Handbuch des Staatsrechts
der Bundesrepublik Deutschland

Handbuch des Staatsrechts

der Bundesrepublik Deutschland

Herausgegeben von

Josef Isensee und Paul Kirchhof

Band I
Historische Grundlagen

Band II
Verfassungsstaat

Band III
Demokratie – Bundesorgane

Band IV
Aufgaben des Staates

Band V
Rechtsquellen, Organisation, Finanzen

Handbuch des Staatsrechts

der Bundesrepublik Deutschland

Herausgegeben von
Josef Isensee und Paul Kirchhof

Band V
Rechtsquellen, Organisation, Finanzen

Dritte, völlig neubearbeitete und erweiterte Auflage

Mit Beiträgen von
Christoph Degenhart · Christoph Gröpl · Markus Heintzen
Josef Isensee · Jörn Axel Kämmerer · Ferdinand Kirchhof
Paul Kirchhof · Walter Krebs · Helmut Lecheler
Wolfgang Loschelder · Fritz Ossenbühl · Hermann Pünder
Reiner Schmidt · Eberhard Schmidt-Aßmann · Meinhard Schröder
Helge Sodan · Peter J. Tettinger · Christian Waldhoff · Dieter Wilke

C. F. Müller Verlag
Heidelberg

Redaktion
Dr. phil. Anja Haferkamp, Bonn
Ass. iur. Marjana Pfeifer, Heidelberg
Ref. iur. Marcus Zelyk, Heidelberg

Zitiervorschlag:
z. B. *Fritz Ossenbühl*, Gesetz und Recht – Die Rechtsquellen
im demokratischen Rechtsstaat, in: HStR V, ³2007, § 100 Rn. 1 ff.

Die Hengstberger-Stiftung und
die Alfried Krupp von Bohlen und Halbach-Stiftung
haben die wissenschaftliche Vorbereitung der dritten Auflage des Bandes V
großzügig gefördert.

Bibliographische Information der Deutschen Nationalbibliothek

Die Deutsche Nationalbibliothek verzeichnet diese Publikation in der Deutschen
Nationalbibliographie; detaillierte bibliographische Daten sind
im Internet unter http://dnb.d-nb.de abrufbar.

© 2007 C.F. Müller, Verlagsgruppe Hüthig Jehle Rehm GmbH,
Heidelberg, München, Landsberg, Berlin
Satz: Mitterweger & Partner, Plankstadt
Druck und Bindung: Druckhaus »Thomas Müntzer«, Bad Langensalza
ISBN 978-3-8114-5522-1

Vorwort

Der Staat ist für das Gemeinwesen umfassend verantwortlich, in den Mitteln jedoch deutlich begrenzt. Seine Aufgaben beschreiben Inhalt und Reichweite des Handelns, die Mittel dessen Art und Intensität. Erst in den Mitteln zeigt sich die Staatsgewalt in ihrer vollen Gestalt und in ihrer ambivalenten Möglichkeit als Garantin der Freiheit und als deren mögliche Widersacherin. Die Verfassung setzt denn auch bei den Mitteln an, um die Staatsgewalt in rechtliche Form zu bringen, auf das Gemeinwohl auszurichten, in den Dienst freier Bürger zu stellen und so zu organisieren, daß deren Freiheit sich entfaltet. Diesen Zwecken dienen die Teilung und Ausbalancierung der Staatsgewalt nach ihren Funktionen, der Rechtsetzung, des Regierens und Verwaltens sowie der Rechtsprechung. Die differenzierte Einheit der Staatsgewalt gewährleistet Wirksamkeit wie Transparenz, Zusammenarbeit wie Kontrolle. Die Organisations- und Verfahrensprinzipien fördern die Richtigkeit und die Berichtigungskraft staatlichen Entscheidens.

Den Mitteln des Staates widmet sich der vorliegende fünfte Band. Er behandelt die verschiedenen Rechtsquellen und Normtypen im demokratischen Rechtsstaat, die Strukturen der Exekutive und der Judikative, ihre Organisations- und Verfahrensgesetzlichkeit, das Amts- und Dienstrecht ihres Personals. Besondere Aufmerksamkeit erfährt das Finanzwesen: Geld und Währung, Einnahmen und Ausgaben in ihrer rechtlichen Verfaßtheit. Das Gesicht des Staates wird wesentlich geprägt durch die Macht des Geldes.

Das hergebrachte Konzept der Mittel staatlichen Handelns steht heute in einer Bewährungsprobe. Der Staat drängt in neue Formen. Er achtet nicht nur das freiheitlich Vorgefundene, sondern gestaltet die individuelle Freiheit. Er begnügt sich nicht mit der Steuerung durch Gesetze. Vielmehr sucht er vor allem die Verständigung, öffnet seine Verfahren der Mitwirkung der Betroffenen, gibt oftmals eher Ziele als konkrete Pflichten vor. Der überregulierten und formalisierten Welt des Rechts sucht er in präterlegale Formlosigkeit zu entfliehen, gefährdet damit aber Norm und Stil rechtsstaatlichen Verwaltens. Der Bürger erwartet von seinem Staat nicht nur gutes Recht, sondern immer mehr auch gutes Geld, und begründet damit eine Mächtigkeit des Staates, die Steuerlasten vermehrt, die Freiheitskraft des einzelnen zur eigenverantwortlichen Gestaltung seines Lebens mindert, die eher zu Kompromiß und Privileg neigt denn zu Regel und Gleichheit. Mit der Finanzmacht wächst die Tendenz zum Vermitteln und Fördern, der Anreiz, dem der Bürger vermeintlich freiwillig folgt, indem er ein Stück seiner Freiheit um des Geldes willen hingibt. Je weniger der Staat Rechtsinhalte definiert und je mehr er Rechtsvoraussetzungen anbietet, desto mehr rühmt er sich eines eleganten, unauffälligen, marktkonformen Verhaltens, desto mehr aber verliert er die verläßliche Struktur des Rechtsstaates, verbirgt seine Macht unter dem Schleier des Vertragspartners, des Förderers, des Organisationshelfers, des Finanziers und Aufklärers.

Vorwort

Auf der Suche nach Bürgernähe verliert er die Distanz zum Bürger, damit ein Stück Unbefangenheit, Unparteilichkeit, Amtsethos.

Diese aktuellen Wirkungsformen des Staates stellen neue Anfragen an das Verfassungsrecht, das grundsätzlich auf Sichtbarkeit, Voraussehbarkeit, Rechtsbindung, individuell zugemessene und verläßlich abgemessene Wirkung angelegt ist. Das Verfassungsrecht folgt in seinen neuen Antworten auf die neuen Fragen dem alten Buchstaben, bewahrt bewährte Ideen, setzt erprobte Instrumente ein, beharrt auf der Verbindlichkeit vorgegebener Maßstäbe und Verfahren. Die Verfassung trägt – als Brücke der Kontinuität – gesicherte politische Erfahrung, erprobte Organisationsformen und verläßliche Werte in das Wagnis der Zukunft, bietet einen festen Rahmen, innerhalb dessen sich das Neue entwickeln und das Bessere erweisen mag.

So wird die Verfassung zu einem Entdeckungsauftrag: Der Verfassungsstaat erscheint im Verfassungstext, ereignet sich aber als Wirkeinheit des Wissens, Wollens und Handelns. Der Staat drängt in seinen Aufgaben schier ins Grenzenlose, findet aber für seine Handlungsmittel im Grundgesetz Maß und Auftrag. In dieser Gegenläufigkeit von herkömmlicher Struktur und Drang zur Erneuerung steht die Verfassung für eine Kultur des Maßes. Die Verfassungsinterpreten sind insoweit dreifach gebunden: im Maß bewährten Rechts, im Auftrag und Verfahren zur kontinuierlichen Erneuerung, in der Verpflichtung, die neuen Anfragen an die Verfassung zu erkennen und zu beantworten.

Bonn und Heidelberg, im August 2007

Josef Isensee   Paul Kirchhof

Inhalt Band V

Vorwort	V
Inhalt aller bislang erschienenen Bände	IX
Verfasser	XIII
Synopse (Bände)	XVI
Synopse (Beiträge)	XVII
Hinweise für den Leser	XX
Abkürzungsverzeichnis	XXI

Achter Teil
Mittel staatlichen Handelns

I. Grundlagen

§ 99 Mittel staatlichen Handelns
Paul Kirchhof 3

II. Staatsfunktionen

1. Rechtsetzen

§ 100 Gesetz und Recht – Die Rechtsquellen im demokratischen Rechtsstaat
Fritz Ossenbühl 135

§ 101 Vorrang und Vorbehalt des Gesetzes
Fritz Ossenbühl 183

§ 102 Verfahren der Gesetzgebung
Fritz Ossenbühl 223

§ 103 Rechtsverordnung
Fritz Ossenbühl 261

§ 104 Autonome Rechtsetzung der Verwaltung
Fritz Ossenbühl 305

§ 105 Satzung
Fritz Ossenbühl 353

2. Regieren und Verwalten

§ 106 Die Bereiche der Regierung und der Verwaltung
Meinhard Schröder 387

§ 107 Weisungshierarchie und persönliche Verantwortung in der Exekutive
Wolfgang Loschelder 409

§ 108 Verwaltungsorganisation
Walter Krebs 457

Inhalt Band V

§ 109 Verwaltungsverfahren
Eberhard Schmidt-Aßmann 521

§ 110 Der öffentliche Dienst
Helmut Lecheler 559

§ 111 Die Beauftragten
Peter J. Tettinger 601

3. Rechtsprechen

§ 112 Die rechtsprechende Gewalt
Dieter Wilke 633

§ 113 Der Status des Richters
Helge Sodan 681

§ 114 Gerichtsorganisation
Christoph Degenhart 725

§ 115 Gerichtsverfahren
Christoph Degenhart 761

III. Finanzwesen

§ 116 Grundzüge des Finanzrechts des Grundgesetzes
Christian Waldhoff 813

§ 117 Geld und Währung
Reiner Schmidt 935

§ 118 Die Steuern
Paul Kirchhof 959

§ 119 Nichtsteuerliche Abgaben
Paul Kirchhof 1101

§ 120 Staatshaushalt
Markus Heintzen 1175

§ 121 Wirtschaftlichkeit und Sparsamkeit staatlichen Handelns
Christoph Gröpl 1227

§ 122 Staatsvermögen
Josef Isensee 1265

§ 123 Staatsverschuldung
Hermann Pünder 1323

§ 124 Subventionen
Jörn Axel Kämmerer 1395

§ 125 Finanzierung der Sozialversicherung
Ferdinand Kirchhof 1441

Personenregister 1467
Gesetzesregister 1469
Sachregister 1545

Inhalt aller bislang erschienenen Bände

Band I
Historische Grundlagen

Erster Teil
Geschichtliche Vorgaben

§ 1 Ursprung und Wandel der Verfassung (*Dieter Grimm*)
§ 2 Die Entwicklung des deutschen Verfassungsstaates bis 1866 (*Rainer Wahl*)
§ 3 Die Verfassung der Paulskirche und ihre Folgewirkungen (*Walter Pauly*)
§ 4 Das Kaiserreich als Epoche verfassungsstaatlicher Entwicklung (*Ernst Rudolf Huber*)
§ 5 Die Reichsverfassung vom 11. August 1919 (*Hans Schneider*)
§ 6 Die nationalsozialistische Herrschaft (*Rolf Grawert*)

Zweiter Teil
Wiederaufbau – Teilung und Einung

§ 7 Besatzungsherrschaft und Wiederaufbau deutscher Staatlichkeit 1945–1949 (*Michael Stolleis*)
§ 8 Zustandekommen des Grundgesetzes und Entstehen der Bundesrepublik Deutschland (*Reinhard Mußgnug*)
§ 9 Die Entwicklung des Grundgesetzes von 1949 bis 1990 (*Hasso Hofmann*)
§ 10 Die staatliche Teilung Deutschlands (*Otto Luchterhandt*)
§ 11 Das Staatsrecht der Deutschen Demokratischen Republik (*Georg Brunner*)
§ 12 Der Vorgang der deutschen Wiedervereinigung (*Michael Kilian*)
§ 13 Die Identität Deutschlands vor und nach der Wiedervereinigung (*Rudolf Dolzer*)
§ 14 Die Verfassungsentwicklung des wiedervereinten Deutschland (*Hartmut Bauer*)

Band II
Verfassungsstaat

Dritter Teil
Staatlichkeit

§ 15 Staat und Verfassung (*Josef Isensee*)
§ 16 Staatsvolk und Staatsangehörigkeit (*Rolf Grawert*)
§ 17 Staatsgewalt und Souveränität (*Albrecht Randelzhofer*)
§ 18 Staatsgebiet (*Wolfgang Graf Vitzthum*)
§ 19 Staatssymbole (*Eckart Klein*)
§ 20 Deutsche Sprache (*Paul Kirchhof*)

Vierter Teil
Verfassungsordnung

§ 21 Die Identität der Verfassung (*Paul Kirchhof*)
§ 22 Die Menschenwürde als Grundlage der staatlichen Gemeinschaft (*Peter Häberle*)

Inhalt aller bislang erschienenen Bände

§ 23   Die Republik (*Rolf Gröschner*)
§ 24   Demokratie als Verfassungsprinzip (*Ernst-Wolfgang Böckenförde*)
§ 25   Die parlamentarische Demokratie (*Peter Badura*)
§ 26   Der Rechtsstaat (*Eberhard Schmidt-Aßmann*)
§ 27   Gewaltenteilung (*Udo Di Fabio*)
§ 28   Das soziale Staatsziel (*Hans F. Zacher*)
§ 29   Bundesstaat als Verfassungsprinzip (*Matthias Jestaedt*)
§ 30   Der Finanz- und Steuerstaat (*Klaus Vogel*)
§ 31   Die Unterscheidung von Staat und Gesellschaft (*Hans Heinrich Rupp*)
§ 32   Der Nationalstaat in übernationaler Verflechtung (*Christian Hillgruber*)

Band III
Demokratie – Bundesorgane

Fünfter Teil
Die Willensbildung des Volkes

I. Legitimation, Amt, Form

§ 33   Grundrechtliche und demokratische Freiheitsidee (*Christian Starck*)
§ 34   Demokratische Willensbildung und Repräsentation (*Ernst-Wolfgang Böckenförde*)
§ 35   Verfassungsrechtliche Möglichkeiten unmittelbarer Demokratie
       (*Peter Krause*)
§ 36   Das öffentliche Amt (*Otto Depenheuer*)
§ 37   Entformalisierung staatlichen Handelns (*Friedrich Schoch*)

II. Politische Willensbildung in der Gesellschaft

§ 38   Die grundrechtliche Freiheit des Bürgers zur Mitwirkung an der Willensbildung
       (*Walter Schmitt Glaeser*)
§ 39   Das Petitionsrecht (*Christine Langenfeld*)
§ 40   Parteien (*Philip Kunig*)
§ 41   Verbände (*Hans-Detlef Horn*)
§ 42   Öffentliche Meinung, Massenmedien (*Michael Kloepfer*)
§ 43   Sachverständige Beratung des Staates (*Andreas Voßkuhle*)

III. Parlamentarismus

§ 44   Das Prinzip Parlamentarismus (*Michael Brenner*)
§ 45   Demokratische Wahl und Wahlsystem (*Hans Meyer*)
§ 46   Wahlgrundsätze, Wahlverfahren, Wahlprüfung (*Hans Meyer*)
§ 47   Regierung und Opposition (*Peter M. Huber*)
§ 48   Entparlamentarisierung und Auslagerung staatlicher Entscheidungsverantwortung
       (*Thomas Puhl*)
§ 49   Koalitionsvereinbarungen und Koalitionsgremien
       (*Katharina Gräfin von Schlieffen*)

Sechster Teil
Die Staatsorgane des Bundes

I. Der Bundestag

§ 50   Stellung und Aufgaben des Bundestages (*Hans Hugo Klein*)
§ 51   Status des Abgeordneten (*Hans Hugo Klein*)
§ 52   Gliederung und Organe des Bundestages (*Wolfgang Zeh*)

Inhalt aller bislang erschienenen Bände

- § 53 Parlamentarisches Verfahren (*Wolfgang Zeh*)
- § 54 Parlamentsausschüsse (*Max-Emanuel Geis*)
- § 55 Untersuchungsausschuß (*Max-Emanuel Geis*)
- § 56 Der Bundesrechnungshof und andere Hilfsorgane des Bundestages (*Ulrich Hufeld*)

II. Der Bundesrat

- § 57 Stellung des Bundesrates im demokratischen Bundesstaat (*Roman Herzog*)
- § 58 Aufgaben des Bundesrates (*Roman Herzog*)
- § 59 Zusammensetzung und Verfahren des Bundesrates (*Roman Herzog*)
- § 60 Der Vermittlungsausschuß (*Winfried Kluth*)

III. Der Bundespräsident

- § 61 Amt und Stellung des Bundespräsidenten in der grundgesetzlichen Demokratie (*Martin Nettesheim*)
- § 62 Die Aufgaben des Bundespräsidenten (*Martin Nettesheim*)
- § 63 Die Bundesversammlung und die Wahl des Bundespräsidenten (*Martin Nettesheim*)

IV. Die Bundesregierung

- § 64 Aufgaben der Bundesregierung (*Meinhard Schröder*)
- § 65 Bildung, Bestand und parlamentarische Verantwortung der Bundesregierung (*Meinhard Schröder*)
- § 66 Innere Ordnung der Bundesregierung (*Steffen Detterbeck*)

V. Das Bundesverfassungsgericht

- § 67 Aufgaben und Stellung des Bundesverfassungsgerichts im Verfassungsgefüge (*Gerd Roellecke*)
- § 68 Aufgabe und Stellung des Bundesverfassungsgerichts in der Gerichtsbarkeit (*Gerd Roellecke*)
- § 69 Amt, Unbefangenheit und Wahl der Bundesverfassungsrichter (*Uwe Kischel*)
- § 70 Zuständigkeiten und Verfahren des Bundesverfassungsgerichts (*Wolfgang Löwer*)

Band IV
Aufgaben des Staates

Siebenter Teil
Ziele, Aufgaben und Grenzen des Staates

I. Ziele und Grenzen staatlichen Handelns

- § 71 Gemeinwohl im Verfassungsstaat (*Josef Isensee*)
- § 72 Ziele, Vorbehalte und Grenzen der Staatstätigkeit (*Roman Herzog*)
- § 73 Staatsaufgaben (*Josef Isensee*)
- § 74 Sicherstellungsauftrag (*Hermann Butzer*)
- § 75 Privatisierung (*Martin Burgi*)
- § 76 Wissen als Grundlage staatlichen Handelns (*Bardo Fassbender*)
- § 77 Planung (*Werner Hoppe*)
- § 78 Hoheitskonzept – Wettbewerbskonzept (*Bernd Grzeszick*)
- § 79 Kontinuitätsgewähr und Vertrauensschutz (*Hartmut Maurer*)
- § 80 Öffentlichkeitsarbeit (*Christoph Engel*)

Inhalt aller bislang erschienenen Bände

II. Bereiche staatlichen Handelns
- § 81 Entwicklung der Bevölkerung und Familienpolitik (*Christian Seiler*)
- § 82 Innere Integration (*Arnd Uhle*)
- § 83 Auswärtige Gewalt (*Christian Calliess*)
- § 84 Verteidigung und Bundeswehr (*Ferdinand Kirchhof*)
- § 85 Innere Sicherheit (*Volkmar Götz*)
- § 86 Kultur (*Udo Steiner*)
- § 87 Sport und Freizeit (*Udo Steiner*)
- § 88 Wissenschaft und Technik (*Hans-Heinrich Trute*)
- § 89 Verkehr (*Robert Uerpmann-Wittzack*)
- § 90 Post und Telekommunikation (*Johannes Masing*)
- § 91 Neue Medien – Internet (*Hanno Kube*)
- § 92 Staatliche Verantwortung für die Wirtschaft (*Reiner Schmidt*)
- § 93 Energieversorgung (*Matthias Schmidt-Preuß*)
- § 94 Arbeitsmarkt (*Maximilian Wallerath*)
- § 95 Gesundheitswesen (*Peter Axer*)
- § 96 Daseinsvorsorge und soziale Sicherheit (*Wolfgang Rüfner*)
- § 97 Schutz natürlicher Lebensgrundlagen (*Jürgen Salzwedel*)
- § 98 Wirtschaftliche Betätigung des Staates (*Michael Ronellenfitsch*)

Verfasser

Professor Dr. *Peter Axer*, Universität Trier
Professor Dr. *Peter Badura*, Universität München
Professor Dr. *Hartmut Bauer*, Universität Potsdam
Professor Dr. Dr. Dr. h.c. *Ernst-Wolfgang Böckenförde*, Universität Freiburg
Professor Dr. *Michael Brenner*, Universität Jena
Professor Dr. Dr. h.c. *Georg Brunner* †, Universität zu Köln
Professor Dr. *Martin Burgi*, Ruhr-Universität Bochum
Professor Dr. *Hermann Butzer*, Universität Hannover
Professor Dr. *Christian Calliess*, Universität Göttingen
Professor Dr. *Christoph Degenhart*, Universität Leipzig
Professor Dr. *Otto Depenheuer*, Universität zu Köln
Professor Dr. *Steffen Detterbeck*, Universität Marburg
Professor Dr. Dr. *Udo Di Fabio*, Universität Bonn
Professor Dr. Dr. *Rudolf Dolzer*, Universität Bonn
Professor Dr. *Christoph Engel*, Universität Bonn
Privatdozent Dr. *Bardo Fassbender*, Humboldt-Universität zu Berlin
Professor Dr. *Max-Emanuel Geis*, Universität Erlangen-Nürnberg
Professor Dr. *Volkmar Götz*, Universität Göttingen
Professor Dr. Dr. h.c. *Rolf Grawert*, Ruhr-Universität Bochum
Professor Dr. *Dieter Grimm*, Humboldt-Universität zu Berlin
Professor Dr. *Christoph Gröpl*, Universität des Saarlandes
Professor Dr. *Rolf Gröschner*, Universität Jena
Professor Dr. *Bernd Grzeszick*, Universität Erlangen-Nürnberg
Professor Dr. Dr. h.c. mult. *Peter Häberle*, Universität Bayreuth
Professor Dr. *Markus Heintzen*, Freie Universität Berlin
Professor Dr. *Roman Herzog*, Hochschule Speyer
Professor Dr. *Christian Hillgruber*, Universität Bonn
Professor Dr. Dr. h.c. *Hasso Hofmann*, Humboldt-Universität zu Berlin
Professor Dr. *Werner Hoppe*, Universität Münster
Professor Dr. *Hans-Detlef Horn*, Universität Marburg
Professor Dr. *Ernst Rudolf Huber* †, Universität Göttingen
Professor Dr. *Peter Michael Huber*, Universität München
Professor Dr. *Ulrich Hufeld*, Andrássy-Universität Budapest
Professor Dr. Dr. h.c. *Josef Isensee*, Universität Bonn
Professor Dr. *Matthias Jestaedt*, Universität Erlangen-Nürnberg
Professor Dr. *Jörn Axel Kämmerer*, Bucerius Law School Hamburg
Professor Dr. *Michael Kilian*, Universität Halle-Wittenberg
Professor Dr. *Ferdinand Kirchhof*, Universität Tübingen
Professor Dr. Dr. h.c. *Paul Kirchhof*, Universität Heidelberg
Professor Dr. *Uwe Kischel*, Universität Greifswald
Professor Dr. *Eckart Klein*, Universität Potsdam
Professor Dr. *Hans Hugo Klein*, Universität Göttingen
Professor Dr. *Michael Kloepfer*, Humboldt-Universität zu Berlin

Verfasser

Professor Dr. *Winfried Kluth*, Universität Halle-Wittenberg
Professor Dr. *Peter Krause*, Universität Trier
Professor Dr. *Walter Krebs*, Freie Universität Berlin
Professor Dr. *Hanno Kube*, Universität Mainz
Professor Dr. *Philip Kunig*, Freie Universität Berlin
Professor Dr. *Christine Langenfeld*, Universität Göttingen
Professor Dr. *Helmut Lecheler*, Freie Universität Berlin
Professor Dr. *Wolfgang Loschelder*, Universität Potsdam
Professor Dr. *Wolfgang Löwer*, Universität Bonn
Professor Dr. *Otto Luchterhandt*, Universität Hamburg
Professor Dr. *Johannes Masing*, Universität Augsburg
Professor Dr. *Hartmut Maurer*, Universität Konstanz
Professor Dr. Dr. h.c *Hans Meyer*, Humboldt-Universität zu Berlin
Professor Dr. *Reinhard Mußgnug*, Universität Heidelberg
Professor Dr. *Martin Nettesheim*, Universität Tübingen
Professor Dr. *Fritz Ossenbühl*, Universität Bonn
Professor Dr. *Walter Pauly*, Universität Jena
Professor Dr. *Thomas Puhl*, Universität Mannheim
Professor Dr. *Hermann Pünder*, Bucerius Law School Hamburg
Professor Dr. *Albrecht Randelzhofer*, Freie Universität Berlin
Professor Dr. *Gerd Roellecke*, Universität Mannheim
Professor Dr. *Michael Ronellenfitsch*, Universität Tübingen
Professor Dr. *Wolfgang Rüfner*, Universität Bonn
Professor Dr. *Hans Heinrich Rupp*, Universität Mainz
Professor Dr. *Jürgen Salzwedel*, Universität Bonn
Professor Dr. *Katharina Gräfin von Schlieffen*, FernUniversität Hagen
Professor Dr. *Reiner Schmidt*, Universität Augsburg
Professor Dr. Dr. h.c. *Eberhard Schmidt-Aßmann*, Universität Heidelberg
Professor Dr. *Matthias Schmidt-Preuß*, Universität Bonn
Professor Dr. Dr. h.c. *Walter Schmitt Glaeser*, Universität Bayreuth
Professor Dr. *Hans Schneider*, Universität Heidelberg
Professor Dr. *Friedrich Schoch*, Universität Freiburg
Professor Dr. *Meinhard Schröder*, Universität Trier
Professor Dr. *Christian Seiler*, Universität Erfurt
Professor Dr. *Helge Sodan*, Freie Universität Berlin
Professor Dr. *Christian Starck*, Universität Göttingen
Professor Dr. *Udo Steiner*, Universität Regensburg
Professor Dr. Dr. h.c. mult. *Michael Stolleis*, Universität Frankfurt am Main
Professor Dr. *Peter J. Tettinger* †, Universität zu Köln
Professor Dr. *Hans-Heinrich Trute*, Universität Hamburg
Professor Dr. *Robert Uerpmann-Wittzack*, Universität Regensburg
Professor Dr. *Arnd Uhle*, Technische Universität Dresden
Professor Dr. Dr. h.c. *Wolfgang Graf Vitzthum*, Universität Tübingen
Professor Dr. Dr. h.c. *Klaus Vogel*, Universität München
Professor Dr. *Andreas Voßkuhle*, Universität Freiburg
Professor Dr. *Rainer Wahl*, Universität Freiburg

Verfasser

Professor Dr. *Christian Waldhoff*, Universität Bonn
Professor Dr. *Maximilian Wallerath*, Universität Greifswald
Professor Dr. *Dieter Wilke*, Freie Universität Berlin
Professor Dr. Dr. h.c. mult. *Hans F. Zacher*, Universität München
Professor Dr. *Wolfgang Zeh*, Hochschule Speyer

Synopse (Bände)

Die dritte Auflage umfaßt völlig neubearbeitete und erweiterte Bände. Bei der zweiten Auflage handelt es sich um lediglich redaktionell durchgesehene Bände, die keine inhaltliche Änderung gegenüber der ersten Auflage erfahren haben.

Erste u. zweite Auflage	Dritte Auflage
Band I (^{1}1987; ^{2}1995) *Grundlagen von Staat und Verfassung* §§ 1–28	Band I (^{3}2003) *Historische Grundlagen* §§ 1–14
Band II (^{1}1987; ^{2}1998) *Demokratische Willensbildung* *– Staatsorgane des Bundes* §§ 29–56	Band II (^{3}2004) *Verfassungsstaat* §§ 15–32
Band III (^{1}1988; ^{2}1996) *Das Handeln des Staates* §§ 57–86	Band III (^{3}2005) *Demokratie – Bundesorgane* §§ 33–70
Band IV (^{1}1990; ^{2}1999) *Finanzverfassung* *– Bundesstaatliche Ordnung* §§ 87–107	Band IV (^{3}2006) *Aufgaben des Staates* §§ 71–98
Band V (^{1}1992; ^{2}2000) *Allgemeine Grundrechtslehren* §§ 108–127	Band V (^{3}2007) *Rechtsquellen, Organisation, Finanzen* §§ 99–125
Band VI (^{1}1989; ^{2}2001) *Freiheitsrechte* §§ 128–157	
Band VII (^{1}1992) *Normativität und Schutz der Verfassung* *– Internationale Beziehungen* §§ 158–183	
Band VIII (^{1}1995) *Die Einheit Deutschlands* *– Entwicklung und Grundlagen –* §§ 184–201	
Band IX (^{1}1997) *Die Einheit Deutschlands* *– Festigung und Übergang –* §§ 202–221	
Band X (^{1}2000) *Gesamtregister*	

Synopse (Beiträge)

Um systematische Veränderungen zwischen den ersten beiden Auflagen einerseits und der vorliegenden Auflage andererseits leichter nachvollziehen zu können, findet der Leser hier zwei Übersichten, die Unterschiede bei Positionen, Autoren oder auch Beitragstiteln anzeigen. Dabei weist die erste Liste von der vorliegenden dritten zur ersten/zweiten Auflage, die zweite Zusammenstellung deutet in die umgekehrte Richtung. Ablesbar sind jeweils die Bezeichnungen für den Band (römische Ziffer), die Beitragsnummer (§) und der Name des Autors. *Kursivdruck* kennzeichnet einen veränderten Titel des Beitrags bei gleichzeitiger thematischer Entsprechung, ein Fehlzeichen (Ø) wiederum zeigt neue oder weggefallene Artikel an.

3. Auflage		1./2. Auflage		3. Auflage		1./2. Auflage	
I	§ 1	Grimm	Ø		III	§ 39	Langenfeld	II	§ 32	Burmeister
I	§ 2	Wahl	I	§ 1	Wahl	III	§ 40	Kunig	II	§ 33	Kunig
I	§ 3	Pauly	Ø		III	§ 41	Horn	II	§ 34	Kaiser
I	§ 4	E. R. Huber	I	§ 2	E. R. Huber	III	§ 42	Kloepfer	II	§ 35	Kloepfer
I	§ 5	H. Schneider	I	§ 3	H. Schneider	III	§ 43	Voßkuhle	II	§ 36	Brohm
I	§ 6	Grawert	I	§ 4	Grawert	III	§ 44	Brenner	Ø	
I	§ 7	Stolleis	I	§ 5	Stolleis	III	§ 45	Meyer	II	§ 37	Meyer
I	§ 8	Mußgnug	I	§ 6	Mußgnug	III	§ 46	Meyer	II	§ 38	*Meyer*
I	§ 9	Hofmann	I	§ 7	*Hofmann*	III	§ 47	P. M. Huber	Ø	
I	§ 10	Luchterhandt	Ø		III	§ 48	Puhl	Ø	
I	§ 11	Brunner	I	§ 10	Brunner	III	§ 49	v. Schlieffen	Ø	
I	§ 12	Kilian	Ø		III	§ 50	H. H. Klein	II	§ 40	H. H. Klein
I	§ 13	Dolzer	Ø		III	§ 51	H. H. Klein	II	§ 41	H. H. Klein
I	§ 14	Bauer	Ø		III	§ 52	Zeh	II	§ 42	Zeh
II	§ 15	Isensee	I	§ 13	Isensee	III	§ 53	Zeh	II	§ 43	Zeh
II	§ 16	Grawert	I	§ 14	Grawert	III	§ 54	Geis	Ø	
II	§ 17	Randelzhofer	I	§ 15	Randelzhofer	III	§ 55	Geis	Ø	
II	§ 18	Vitzthum	I	§ 16	Vitzthum	III	§ 56	Hufeld	Ø	
II	§ 19	E. Klein	I	§ 17	E. Klein	III	§ 57	Herzog	II	§ 44	Herzog
II	§ 20	P. Kirchhof	I	§ 18	P. Kirchhof	III	§ 58	Herzog	II	§ 45	Herzog
II	§ 21	P. Kirchhof	I	§ 19	*P. Kirchhof*	III	§ 59	Herzog	II	§ 46	Herzog
II	§ 22	Häberle	I	§ 20	Häberle	III	§ 60	Kluth	Ø	
					III	§ 61	Nettesheim	II	§ 48	*Schlaich*
II	§ 23	Gröschner	I	§ 21	Henke	III	§ 62	Nettesheim	II	§ 49	*Schlaich*
II	§ 24	Böckenförde	I	§ 22	Böckenförde	III	§ 63	Nettesheim	II	§ 47	Schlaich
II	§ 25	Badura	I	§ 23	Badura	III	§ 64	Schröder	II	§ 50	Schröder
II	§ 26	Schmidt-Aßmann	I	§ 24	Schmidt-Aßmann	III	§ 65	Schröder	II	§ 51	Schröder
II	§ 27	Di Fabio	Ø		III	§ 66	Detterbeck	II	§ 52	Achterberg
II	§ 28	Zacher	I	§ 25	Zacher	III	§ 67	Roellecke	II	§ 53	Roellecke
II	§ 29	Jestaedt	I	§ 26	*Kimminich*	III	§ 68	Roellecke	II	§ 54	Roellecke
II	§ 30	Vogel	I	§ 27	Vogel	III	§ 69	Kischel	II	§ 55	*Geck*
II	§ 31	Rupp	I	§ 28	Rupp	III	§ 70	Löwer	II	§ 56	Löwer
II	§ 32	Hillgruber	Ø		IV	§ 71	Isensee	III	§ 57	Isensee
III	§ 33	Starck	II	§ 29	Starck	IV	§ 72	Herzog	III	§ 58	Herzog
III	§ 34	Böckenförde	II	§ 30	Böckenförde	IV	§ 73	Isensee	III	§ 57	Isensee
III	§ 35	Krause	II	§ 39	Krause	IV	§ 74	Butzer	Ø	
III	§ 36	Depenheuer	Ø		IV	§ 75	Burgi	Ø	
III	§ 37	Schoch	Ø		IV	§ 76	Fassbender	Ø	
III	§ 38	Schmitt Glaeser	II	§ 31	Schmitt Glaeser	IV	§ 77	Hoppe	III	§ 71	Hoppe

XVII

Synopse (Beiträge)

3. Auflage		1./2. Auflage		3. Auflage		1./2. Auflage	
IV § 78	Grzeszick	Ø		V § 102	Ossenbühl	III § 63	Ossenbühl
IV § 79	Maurer	III § 60	Maurer	V § 103	Ossenbühl	III § 64	Ossenbühl
IV § 80	Engel	Ø		V § 104	Ossenbühl	III § 65	Ossenbühl
IV § 81	Seiler	Ø		V § 105	Ossenbühl	III § 66	Ossenbühl
IV § 82	Uhle	Ø		V § 106	Schröder	III § 67	Schröder
IV § 83	Calliess	III § 77	Grewe	V § 107	Loschelder	III § 68	Loschelder
IV § 84	F. Kirchhof	III § 78	F. Kirchhof	V § 108	Krebs	III § 69	Krebs
IV § 85	Götz	III § 79	Götz	V § 109	Schmidt-Aßmann	III § 70	Schmidt-Aßmann
IV § 86	Steiner	III § 86	*Steiner*				
IV § 87	Steiner	Ø		V § 110	Lecheler	III § 72	Lecheler
IV § 88	Trute	Ø		V § 111	Tettinger	Ø	
IV § 89	Uerpmann-Wittzack	III § 81	*Steiner*	V § 112	Wilke	III § 73	Bettermann
				V § 113	Sodan	III § 74	Barbey
IV § 90	Masing	III § 81	*Steiner*	V § 114	Degenhart	III § 75	Degenhart
IV § 91	Kube	Ø		V § 115	Degenhart	III § 76	Degenhart
IV § 92	Schmidt	III § 83	Schmidt	V § 116	Waldhoff	IV § 87	Vogel
IV § 93	Schmidt-Preuß	Ø		V § 117	Schmidt	III § 82	Schmidt
IV § 94	Wallerath	Ø		V § 118	P. Kirchhof	IV § 88	*P. Kirchhof*
IV § 95	Axer	Ø		V § 119	P. Kirchhof	IV § 88	*P. Kirchhof*
IV § 96	Rüfner	III § 80	Rüfner	V § 120	Heintzen	IV § 89	Kisker
IV § 97	Salzwedel	III § 85	*Salzwedel*	V § 121	Gröpl	Ø	
IV § 98	Ronellenfitsch	III § 84	Ronellenfitsch	V § 122	Isensee	IV § 90	Friauf
V § 99	P. Kirchhof	III § 59	P. Kirchhof	V § 123	Pünder	IV § 91	*Friauf*
V § 100	Ossenbühl	III § 61	Ossenbühl	V § 124	Kämmerer	IV § 92	Ipsen
V § 101	Ossenbühl	III § 62	Ossenbühl	V § 125	F. Kirchhof	IV § 93	F. Kirchhof

1./2. Auflage		3. Auflage		1./2. Auflage		3. Auflage	
I § 1	Wahl	I § 2	Wahl	I § 27	Vogel	II § 30	Vogel
I § 2	E. R. Huber	I § 4	E. R. Huber	I § 28	Rupp	II § 31	Rupp
I § 3	H. Schneider	I § 5	H. Schneider	II § 29	Starck	III § 33	Starck
I § 4	Grawert	I § 6	Grawert	II § 30	Böckenförde	III § 34	Böckenförde
I § 5	Stolleis	I § 7	Stolleis	II § 31	Schmitt Glaeser	III § 38	Schmitt Glaeser
I § 6	Mußgnug	I § 8	Mußgnug	II § 32	Burmeister	III § 39	Langenfeld
I § 7	Hofmann	I § 9	*Hofmann*	II § 33	Kunig	III § 40	Kunig
I § 8	Bernhardt	Ø		II § 34	Kaiser	III § 41	Horn
I § 9	Scholz	Ø		II § 35	Kloepfer	III § 42	Kloepfer
I § 10	Brunner	I § 11	Brunner	II § 36	Brohm	III § 43	Voßkuhle
I § 11	Ress	Ø		II § 37	Meyer	III § 45	Meyer
I § 12	Dolzer	Ø		II § 38	Meyer	III § 46	*Meyer*
I § 13	Isensee	II § 15	Isensee	II § 39	Krause	III § 35	Krause
I § 14	Grawert	II § 16	Grawert	II § 40	H. H. Klein	III § 50	H. H. Klein
I § 15	Randelzhofer	II § 17	Randelzhofer	II § 41	H. H. Klein	III § 51	H. H. Klein
I § 16	Vitzthum	II § 18	Vitzthum	II § 42	Zeh	III § 52	Zeh
I § 17	E. Klein	II § 19	E. Klein	II § 43	Zeh	III § 53	Zeh
I § 18	P. Kirchhof	II § 20	P. Kirchhof	II § 44	Herzog	III § 57	Herzog
I § 19	P. Kirchhof	II § 21	*P. Kirchhof*	II § 45	Herzog	III § 58	Herzog
I § 20	Häberle	II § 22	Häberle	II § 46	Herzog	III § 59	Herzog
I § 21	Henke	II § 23	Gröschner	II § 47	Schlaich	III § 63	Nettesheim
I § 22	Böckenförde	II § 24	Böckenförde	II § 48	Schlaich	III § 61	*Nettesheim*
I § 23	Badura	II § 25	Badura	II § 49	Schlaich	III § 62	*Nettesheim*
I § 24	Schmidt-Aßmann	II § 26	Schmidt-Aßmann	II § 50	Schröder	III § 64	Schröder
				II § 51	Schröder	III § 65	Schröder
I § 25	Zacher	II § 28	Zacher	II § 52	Achterberg	III § 66	Detterbeck
I § 26	Kimminich	II § 29	*Jestaedt*	II § 53	Roellecke	III § 67	Roellecke

Synopse (Beiträge)

1./2. Auflage		3. Auflage		1./2. Auflage		3. Auflage	
II	§ 54 Roellecke	III	§ 68 Roellecke	III	§ 74 Barbey	V	§ 113 Sodan
II	§ 55 Geck	III	§ 69 *Kischel*	III	§ 75 Degenhart	V	§ 114 Degenhart
II	§ 56 Löwer	III	§ 70 Löwer	III	§ 76 Degenhart	V	§ 115 Degenhart
III	§ 57 Isensee	IV	§ 71 Isensee	III	§ 77 Grewe	IV	§ 83 Calliess
		IV	§ 73 Isensee	III	§ 78 F. Kirchhof	IV	§ 84 F. Kirchhof
III	§ 58 Herzog	IV	§ 72 Herzog	III	§ 79 Götz	IV	§ 85 Götz
III	§ 59 P. Kirchhof	V	§ 99 P. Kirchhof	III	§ 80 Rüfner	IV	§ 96 Rüfner
III	§ 60 Maurer	IV	§ 79 Maurer	III	§ 81 Steiner	IV	§ 89 *Uerpmann-Wittzack*
III	§ 61 Ossenbühl	V	§ 100 Ossenbühl				
III	§ 62 Ossenbühl	V	§ 101 Ossenbühl			IV	§ 90 *Masing*
III	§ 63 Ossenbühl	V	§ 102 Ossenbühl	III	§ 83 Schmidt	IV	§ 92 Schmidt
III	§ 64 Ossenbühl	V	§ 103 Ossenbühl	III	§ 84 Ronellenfitsch	IV	§ 98 Ronellenfitsch
III	§ 65 Ossenbühl	V	§ 104 Ossenbühl	III	§ 85 Salzwedel	IV	§ 97 *Salzwedel*
III	§ 66 Ossenbühl	V	§ 105 Ossenbühl	III	§ 86 Steiner	IV	§ 86 *Steiner*
III	§ 67 Schröder	V	§ 106 Schröder	IV	§ 87 Vogel	V	§ 116 Waldhoff
III	§ 68 Loschelder	V	§ 107 Loschelder	IV	§ 88 P. Kirchhof	V	§ 118 *P. Kirchhof*
III	§ 69 Krebs	V	§ 108 Krebs			V	§ 119 *P. Kirchhof*
III	§ 70 Schmidt-Aßmann	V	§ 109 Schmidt-Aßmann	IV	§ 89 Kisker	V	§ 120 Heintzen
				IV	§ 90 Friauf	V	§ 122 Isensee
III	§ 71 Hoppe	IV	§ 77 Hoppe	IV	§ 91 Friauf	V	§ 123 Pünder
III	§ 72 Lecheler	V	§ 110 Lecheler	IV	§ 92 Ipsen	V	§ 124 Kämmerer
III	§ 73 Bettermann	V	§ 112 Wilke	IV	§ 93 F. Kirchhof	V	§ 125 F. Kirchhof

Hinweise für den Leser

1. Gängige Gemeinschaftswerke, Handbücher und Kommentare des Staatsrechts werden in einer Kurzfassung zitiert, die im Abkürzungsverzeichnis (S. XXI) nachgewiesen ist.
2. Die Herausgeber tragen die Verantwortung für die Marginalien am Rand der Beiträge. Dasselbe gilt für die Binnenverweisungen innerhalb dieses Bandes des Handbuchs. Diese werden durch Pfeil (→) markiert. Sie machen auf thematische Zusammenhänge, auf ergänzende oder unterschiedliche Sichtweisen aufmerksam.
3. Jeder Band des Handbuchs hat ein eigenes Abkürzungsverzeichnis, Gesetzesregister, Sachregister und Personenregister. Nach Abschluß der dritten Auflage des Gesamtwerkes wird ein Gesamtregister als eigener Band erscheinen.
4. Das Gesetzesregister unterscheidet innerhalb eines Gesetzes nur nach der jeweiligen Fassung der Bekanntmachung. Darüber hinaus werden für das Grundgesetz (GG), den Vertrag zur Gründung der Europäischen Gemeinschaft (EGV) und den Vertrag über die Europäische Union (EUV) auch die einzelnen Änderungsgesetze ausgewiesen.

Abkürzungsverzeichnis

a. A.	anderer Ansicht
a. a. O.	am angegebenen Ort
abgedr.	abgedruckt
AbgG	Gesetz zur Neuregelung der Rechtsverhältnisse der Mitglieder des Deutschen Bundestages (Abgeordnetengesetz)
abl.	ablehnend
ABl	Amtsblatt
ABlEG	Amtsblatt der Europäischen Gemeinschaften 1) mit Kürzel C: Mitteilungen und Bekanntmachungen (ab 2003 C 25: Amtsblatt der Europäischen Union – ABlEU) 2) mit Kürzel L: Rechtsvorschriften (ab 2003 L 27: Amtsblatt der Europäischen Union – ABlEU)
Abs.	Absatz
Abschn.	Abschnitt
Abt.	Abteilung
abw.	abweichend
AbwAG	Gesetz über die Abgaben für das Einleiten von Abwasser in Gewässer (Abwasserabgabengesetz)
AcP	Archiv für die civilistische Praxis
a. E.	am Ende
AEG	Allgemeines Eisenbahngesetz
a. F.	alte Fassung
AfA	Absetzung für Abnutzungen
AFG	Arbeitsförderungsgesetz
AfK	Archiv für Kommunalwissenschaften
AfP	Archiv für Presserecht
AG	Aktiengesellschaft
AGB	Allgemeine Geschäftsbedingungen
AGVwGO	Gesetz zur Ausführung der Verwaltungsgerichtsordnung
AK	Kommentar aus der Reihe der Alternativkommentare
ALG	Gesetz über die Alterssicherung der Landwirte
allg.	allgemein
AllGO	Allgemeine Gebührenordnung
Alt.	Alternative
a. M.	anderer Meinung
AMG	Gesetz über den Verkehr mit Arzneimitteln (Arzneimittelgesetz)
ANBest-I	Allgemeine Nebenbestimmungen für Zuwendungen zur institutionellen Förderung

Abkürzungsverzeichnis

ANBest-P	Allgemeine Nebenbestimmungen für Zuwendungen zur Projektförderung
Änd.	Änderung
ÄndG	Änderungsgesetz
Anh.	Anhang
Anl.	Anlage
Anm.	Anmerkung
Anschütz/Thoma	Gerhard Anschütz/Richard Thoma (Hg.), Handbuch des Deutschen Staatsrechts, Bd. I, 1930; Bd. II, 1932
AO	Abgabenordnung
AöR	Archiv des öffentlichen Rechts
AP	Arbeitsrechtliche Praxis
ArbGG	Arbeitsgerichtsgesetz
ArbSchG	Arbeitsschutzgesetz
ArchPT	Archiv für Post und Telekommunikation (bis 1991: Archiv für das Post- und Fernmeldewesen, ArchPF)
ARGE BAU	Arbeitsgemeinschaft der für das Bau-, Wohnungs- und Siedlungswesen zuständigen Minister und Senatoren der Länder
Art.	Artikel
AS	Amtliche Sammlung
AStG	Außensteuergesetz
AsylVG	Gesetz über das Asylverfahren (Asylverfahrensgesetz)
AtG	Gesetz über die friedliche Verwendung der Kernenergie und den Schutz gegen ihre Gefahren (Atomgesetz)
Aufl.	Auflage
AuR	Arbeit und Recht
ausf.	ausführlich
AuslG	Gesetz über die Einreise und den Aufenthalt von Ausländern im Bundesgebiet (Ausländergesetz)
AVR	Archiv des Völkerrechts
AWG	Außenwirtschaftsgesetz
Az.	Aktenzeichen
B	Bekanntmachung
Bad.-Württ.	Baden-Württemberg; Baden-Württemberger
BadWürttStGH	Staatsgerichtshof des Landes Baden-Württemberg
BadWürttVBl	Verwaltungsblätter für Baden-Württemberg
BadWürttVerf	Verfassung des Landes Baden-Württemberg vom 11. November 1953
BAG	Bundesarbeitsgericht
BAnz	Bundesanzeiger
BAT	Bundesangestelltentarifvertrag (Bund, Länder, Gemeinden)
BauGB	Baugesetzbuch
BauR	Baurecht

Abkürzungsverzeichnis

Bay.	Bayern
bay.	bayerisch
BayBG	Bayerisches Beamtengesetz
BayKostG	Kostengesetz (Bayern)
BayObLG	Bayerisches Oberstes Landesgericht
BayObLGZ	Entscheidungen des Bayerischen Obersten Landesgerichts in Zivilsachen
BayRS	Bayerische Rechtssammlung (hg. v. der Bayerischen Staatskanzlei seit dem 1. Januar 1983)
BayVBl	Bayerische Verwaltungsblätter
BayVerf	Verfassung des Freistaates Bayern vom 2. Dezember 1946
BayVerfGH	Bayerischer Verfassungsgerichtshof
BayVerfGHE	Sammlung von Entscheidungen des Bayerischen Verwaltungsgerichtshofs mit Entscheidungen des Bayerischen Verfassungsgerichtshofs, des Bayerischen Dienststrafhofs und des Bayerischen Gerichtshofs für Kompetenzkonflikte
BayVGH	Bayerischer Verwaltungsgerichtshof
BB	Der Betriebs-Berater
BBankÄndG	Gesetz zur Änderung des Gesetzes über die Deutsche Bundesbank
BBankG	Gesetz über die Deutsche Bundesbank
BBauG	Bundesbaugesetz
BBesG	Bundesbesoldungsgesetz
BBG	Bundesbeamtengesetz
Bd.	Band
Bde.	Bände
BDG	Bundesdisziplinargesetz
BDO	Bundesdisziplinarordnung
BDSG	Gesetz zum Schutz vor Mißbrauch personenbezogener Daten bei der Datenverarbeitung (Bundesdatenschutzgesetz)
BdSt	Bund der Steuerzahler
BDVR	Bund Deutscher Verwaltungsrichter und Verwaltungsrichterinnen
BeamtVG	Gesetz über die Versorgung der Beamten und Richter in Bund und Ländern (Beamtenversorgungsgesetz)
Begr.	Begründung
BeihVerfVO	Beihilfeverfahrensverordnung (EG) Nr. 659/1999 des Rates vom 22. März 1999 über besondere Vorschriften für die Anwendung von Artikel 93 des EG-Vertrags
Bek.	Bekanntmachung
BekV	Bekanntmachungsverordnung
ber.	berichtigt
Berl.	Berlin; Berliner

Abkürzungsverzeichnis

berl.	berlinisch
BerlinVerf	Verfassung von Berlin vom 1. September 1950
BerlVerfGH	Berliner Verfassungsgerichtshof
bes.	besonders
Beschl.	Beschluß
BeschlG	Gesetz zur Beschleunigung verwaltungsgerichtlicher und finanzrechtlicher Verfahren
betr.	betreffend
BetrAVG	Gesetz zur Verbesserung der betrieblichen Altersversorgung
BetrVG	Betriebsverfassungsgesetz
BewG	Bewertungsgesetz
BFH	Bundesfinanzhof
BFHE	Sammlung der Entscheidungen des Bundesfinanzhofs
BFH/NV	Sammlung amtlich nicht veröffentlichter Entscheidungen des Bundesfinanzhofs
BG	Beamtengesetz
BGB	Bürgerliches Gesetzbuch
BGBl	Bundesgesetzblatt
BGG	Gesetz zur Gleichstellung behinderter Menschen
BGH	Bundesgerichtshof
BGHSt	Entscheidungen des Bundesgerichtshofs in Strafsachen
BGHZ	Entscheidungen des Bundesgerichtshofs in Zivilsachen
BGleiG	Gesetz zur Gleichstellung von Frauen und Männern in der Bundesverwaltung und in den Gerichten des Bundes (Bundesgleichstellungsgesetz)
BHO	Bundeshaushaltsordnung
Bibl.	Bibliographie
Bil.	Billion
BImSchG	Gesetz zum Schutz vor schädlichen Umwelteinwirkungen durch Luftverunreinigungen, Geräusche, Erschütterungen und ähnliche Vorgänge (Bundes-Immissionsschutzgesetz)
BImSchV	Bundesimmissionsschutzverordnung
BIP	Bruttoinlandsprodukt
BIZ	Bank für Internationalen Zahlungsausgleich
BJagdG	Bundesjagdgesetz
BK	Kommentar zum Bonner Grundgesetz (Bonner Kommentar), Loseblatt
BLV	Verordnung über die Laufbahnen der Bundesbeamten (Bundeslaufbahnverordnung)
BMF	Bundesminister der Finanzen
BMGS	Bundesministerium für Gesundheit und Soziale Sicherung
BImA	Bundesanstalt für Immobilienaufgaben

Abkürzungsverzeichnis

BMinG	Gesetz über die Rechtsverhältnisse der Mitglieder der Bundesregierung (Bundesministergesetz)
BMU	Bundesminister für Umwelt, Naturschutz und Reaktorsicherheit
BNatSchG	Gesetz über Naturschutz und Landschaftspflege
BND	Bundesnachrichtendienst
BPersVG	Bundespersonalvertretungsgesetz
BPolG	Bundespolizeigesetz
Brandenb.	Brandenburg; Brandenburger
brandenb.	brandenburgisch
BrandenbVerf	Verfassung des Landes Brandenburg vom 20. August 1992
BrandenbVerfG	Brandenburger Verfassungsgericht
BRAO	Bundesrechtsanwaltsordnung
BRD	Bundesrepublik Deutschland
BR-Drs	Drucksachen des Bundesrates
BReg	Bundesregierung
Brem.	Bremen; Bremer
BremStGH	Staatsgerichtshof des Landes Bremen
BremVerf	Landesverfassung der Freien Hansestadt Bremen vom 21. Oktober 1947
BRH	Bundesrechnungshof
BRHG	Gesetz über Errichtung und Aufgaben des Bundesrechnungshofes
BRRG	Rahmengesetz zur Vereinheitlichung des Beamtenrechts (Beamtenrechtsrahmengesetz)
BSchuWG	Gesetz zur Regelung des Schuldenwesens des Bundes (Bundesschuldenwesengesetz)
BSchuWV	Bundesschuldenwesenverordnung
BSchVG	Gesetz über den gewerblichen Binnenschiffsverkehr
BSG	Bundessozialgericht
BSGE	Entscheidungen des Bundessozialgerichts
BSHG	Bundessozialhilfegesetz
BSP	Bruttosozialprodukt
BStBl	Bundessteuerblatt
BT	1) Deutscher Bundestag 2) Besonderer Teil
BT-Drs	Drucksachen des Deutschen Bundestages
BtMG	Betäubungsmittelgesetz
BV	Bundesverfassung
BVerfG	Bundesverfassungsgericht
BVerfGE	Entscheidungen des Bundesverfassungsgerichts, amtliche Sammlung
BVerfGG	Gesetz über das Bundesverfassungsgericht (Bundesverfassungsgerichtsgesetz)

Abkürzungsverzeichnis

BVerfG (K)	Kammerentscheidung des Bundesverfassungsgerichts
BVerfGK	Kammerentscheidungen des Bundesverfassungsgerichts, Eine Auswahl, hg. v. Verein der Richter des Bundesverfassungsgerichts
BVerwG	Bundesverwaltungsgericht
BVerwGE	Entscheidungen des Bundesverwaltungsgerichts, amtliche Sammlung
BvF	Aktenzeichen des BVerfG: abstrakte Normenkontrolle (nach Art. 93 Abs. 1 Nr. 2 GG)
BvR	Aktenzeichen des BVerfG: Verfassungsbeschwerden (nach Art. 93 Abs. 1 Nr. 4a, 4b GG)
BWpV	Bundeswertpapierverwaltung
BWpVerwG	Gesetz zur Neuordnung des Schuldbuchrechts des Bundes und der Rechtsgrundlagen der Bundesschuldenverwaltung (Bundeswertpapierverwaltungsgesetz)
BWV	Bundesbeauftragter für Wirtschaftlichkeit in der Verwaltung
bzw.	beziehungsweise
cap.	capitel (Kapitel)
CMLRev	Common Market Law Review
d.	des, der
DB	Der Betrieb
DDP	Deutsche Demokratische Partei
DDR	Deutsche Demokratische Republik
DDR-Verf	Verfassung der Deutschen Demokratischen Republik
DEKRA	Deutscher Kraftfahrzeug-Überwachungsverein
ders.	derselbe
dgl.	dergleichen
DGleiG	Gesetz zur Durchführung der Gleichstellung von Frauen und Männern (Gleichstellungsdurchsetzungsgesetz)
DGO	Deutsche Gemeindeordnung
d. h.	das heißt
d. i.	das ist
dies.	dieselbe, dieselben
DIN	Deutsches Institut für Normung e. V.
Diss.	Dissertation
diss.	dissentierend
DJT	Deutscher Juristentag
DJZ	Deutsche Juristenzeitung
DM	Deutsche Mark
DNotZ	Deutsche Notar-Zeitschrift
DO	Disziplinarordnung
DÖD	Der öffentliche Dienst

Abkürzungsverzeichnis

Dok.	Dokument
DÖV	Die Öffentliche Verwaltung
Dreier, GG I/II/III	Horst Dreier (Hg.), Grundgesetz-Kommentar, Bd. I, 1996; Bd. II, 1998; Bd. III, 2000
DRiG	Deutsches Richtergesetz
DRSC	Deutsches Rechnungslegungs Standards Committee e. V.
DRiZ	Deutsche Richterzeitung
Drucks.	Drucksache
DRV	Deutsche Rentenversicherung
DSchG	Denkmalschutzgesetz
DSG	Datenschutzgesetz
DStJG	Deutsche Steuerjuristische Gesellschaft
DStR	Deutsches Steuerrecht
DStZ	Deutsche Steuer-Zeitung
DuD	Datenschutz und Datensicherung
DV	Deutsche Verwaltung
DVBl	Deutsches Verwaltungsblatt
DVerwGesch	Deutsche Verwaltungsgeschichte, hg. v. Kurt G. A. Jeserich/Hans Pohl/Georg-Christoph v. Unruh, Bd. I, 1983; Bd. II, 1983; Bd. III, 1984; Bd. IV, 1985; Bd. V, 1987; Registerband 1988
DVGW	Deutscher Verein für Gas- und Wasserfachleute
DVP	Deutsche Verwaltungspraxis
DWG	Gesetz über die Rundfunkanstalt des Bundesrechts „Deutsche Welle" (Deutsche-Welle-Gesetz)
DWW	Deutsche Wohnungswirtschaft
DZWIR	Deutsche Zeitschrift für Wirtschafts- und Insolvenzrecht (9.1999 ff.; vorher: Deutsche Zeitschrift für Wirtschaftsrecht)
EAG	Europäische Atom-Gemeinschaft
EAGV	Vertrag über die Gründung der Europäischen Atom-Gemeinschaft (EAG) vom 25. März 1957
ebd.	ebenda
ECOFIN-Rat	Rat der Wirtschafts- und Finanzminister
ECU	European Currency Unit (Europäische Währungseinheit)
EG	Europäische Gemeinschaft(en)
EGÄndGKO	Einführungsgesetz zum Änderungsgesetz zur Gerichtskostenordnung
EGGVG	Einführungsgesetz zum Gerichtsverfassungsgesetz
EGKS	Europäische Gemeinschaft für Kohle und Stahl
EGKSV	Vertrag über die Gründung der Europäischen Gemeinschaft für Kohle und Stahl vom 18. April 1951

Abkürzungsverzeichnis

EGMR	Europäischer Gerichtshof für Menschenrechte
EGV	Vertrag zur Gründung der Europäischen Gemeinschaft vom 25. März 1957 (in der Fassung des Vertrages über die Europäische Union vom 7. Februar 1992)
EGZPO	Einführungsgesetz zur Zivilprozeßordnung
EIB	Europäische Investitionsbank
Einf.	Einführung
Einl.	Einleitung
EKMR	Europäische Kommission für Menschenrechte
EL	Ergänzungslieferung
EMRK	Europäische Konvention zum Schutz der Menschenrechte und Grundfreiheiten (Europäische Menschenrechtskonvention)
endg.	endgültig
engl.	englisch
EntlG	Gesetz zur Entlastung der Gerichte in der Verwaltungs- und Finanzgerichtsbarkeit
Entsch.	Entscheidung
entspr.	entsprechend
Erg.	Ergänzung
Erl.	Erläuterung
ERP	European Recovery Program (Marshall Plan)
EStG	Einkommensteuergesetz
ESVGH	Entscheidungssammlung des Hessischen und des Württembergisch-Badischen Verwaltungsgerichtshofes
ESZB	Europäisches System der Zentralbanken
ET	Energiewirtschaftliche Tagesfragen
etc.	et cetera
EU	Europäische Union
EuG	Europäisches Gericht erster Instanz
EuGH	Gerichtshof der Europäischen Gemeinschaften
EuGHE	Sammlung der Rechtsprechung des Europäischen Gerichtshofes
EuGH Slg.	Sammlung der Rechtsprechung des Gerichtshofes der Europäischen Gemeinschaften
EuGRZ	Europäische Grundrechte-Zeitschrift
EuLF	The European Legal Forum; Forum iuris communis Europae, deutschsprachige Ausgabe
EuR	Europarecht
EUV	Vertrag über die Europäische Union (Maastricht-Vertrag) vom 7. Februar 1992
EuZöR	Revue européenne de droit public
EuZW	Europäische Zeitschrift für Wirtschaftsrecht
e. V.	eingetragener Verein
EvStL[2]	Evangelisches Staatslexikon, hg. v. Hermann Kunst/Roman Herzog/Wilhelm, [2]1975

Abkürzungsverzeichnis

EvStL[3]	Evangelisches Staatslexikon, hg. v. Roman Herzog/ Hermann Kunst/Klaus Schlaich u.a., 2 Bde., [3]1987
Evtr	Einigungsvertrag vom 31. August 1990
EWG	Europäische Wirtschaftsgemeinschaft
EWGV	Vertrag zur Gründung der Europäischen Wirtschaftsgemeinschaft vom 25. März 1957
EWiR	Entscheidungen zum Wirtschaftsrecht
EWS	Europäisches Wirtschafts- und Steuerrecht
EWWU	Europäische Wirtschafts- und Währungsunion
EZB	Europäische Zentralbank
f.	folgende, -r, -s; für
FAG	Gesetz über den Finanzausgleich (Finanzausgleichsgesetz)
FamRZ	Zeitschrift für das gesamte Familienrecht
FAZ	Frankfurter Allgemeine Zeitung
FDP	Freie Demokratische Partei
FeV	Fahrerlaubnisverordnung
ff.	folgende
FFG	Gesetz über Maßnahmen zur Förderung des deutschen Films (Filmförderungsgesetz)
FG	Festgabe
FG-BVerfG	Bundesverfassungsgericht und Grundgesetz. Festgabe aus Anlaß des 25jährigen Bestehens des Bundesverfassungsgerichts, hg. v. Christian Starck, 2 Bde., 1976
FGG	Gesetz über die Angelegenheiten der Freiwilligen Gerichtsbarkeit
FGO	Finanzgerichtsordnung
FinArch	Finanzarchiv
FinDAG	Finanzdienstleistungsaufsichtsgesetz
Fn.	Fußnote (Fußnote aus anderen Texten als dem HStR; ⇔ N)
Frhr.	Freiherr
FRV	Verfassung des Deutschen Reichs vom 18. März 1849 (Frankfurter Reichsverfassung, Paulskirchenverfassung)
FS	Festschrift
FU	Freie Universität
FVG	Gesetz über die Finanzverwaltung (Finanzverwaltungsgesetz)
G	Gesetz
GATT	General Agreement on Tariffs and Trade (Allgemeines Zoll- und Handelsabkommen)
GBl	Gesetzblatt
GBO	Grundbuchordnung

Abkürzungsverzeichnis

GbV	Verordnung über die Bestellung von und die Schulung der beauftragten Personen in Unternehmen und Betrieben (Gefahrgutbeauftragtenverordnung)
GebG	Gebührengesetz
gem.	gemäß; gemeinsam
GenG	Gesetz betreffend die Erwerbs- und Wirtschaftsgenossenschaften
GenTG	Gesetz zur Regelung der Gentechnik (Gentechnikgesetz)
GewArch	Gewerbearchiv
GewStG	Gewerbesteuergesetz
GG	Grundgesetz für die Bundesrepublik Deutschland vom 23. Mai 1949
GG-AK	Kommentar zum Grundgesetz für die Bundesrepublik Deutschland (aus der Reihe der Alternativkommentare), hg. Rudolf Wassermann, 2 Bde., ²1989 (¹1984)
GG-AK³	Kommentar zum Grundgesetz für die Bundesrepublik Deutschland (aus der Reihe der Alternativkommentare), hg. v. Erhard Denninger, ³2001, Loseblatt
GGO	Gemeinsame Geschäftsordnung
GGO I	Gemeinsame Geschäftsordnung der Bundesministerien, Allgemeiner Teil
GGO II	Gemeinsame Geschäftsordnung der Bundesministerien, Besonderer Teil
GKÖD	Walther Fürst/Otto Mühl/Rudolf Summer/Siegfried Zängl/Peter Wilhelm/Harald Strötz (Hg.), Gesamtkommentar Öffentliches Dienstrecht, Loseblatt, 5 Bde., Stand: 1997
GmbH	Gesellschaft mit beschränkter Haftung
GmbH & Co. KG	Kommanditgesellschaft mit GmbH als Komplementär
GMBl	Gemeinsames Ministerialblatt
GO	1) Gemeindeordnung 2) Geschäftsordnung
GoB	Grundsätze ordnungsgemäßer Buchführung und Bilanzierung
GOBR	Geschäftsordnung des Bundesrates
GOBReg	Geschäftsordnung der Bundesregierung
GOBT	Geschäftsordnung des Deutschen Bundestages
GoltdA	Archiv für Strafrecht und Strafprozeß, begründet von Goltdammer
GoöB	Grundsätze ordnungsgemäßer öffentlicher Buchführung und Rechnungslegung
GOVA	Geschäftsordnung des Vermittlungsausschusses
GPS	Global Positioning System
GPSG	Gesetz über technische Arbeitsmittel und Verbraucherprodukte (Geräte- und Produktsicherheitsgesetz)

Abkürzungsverzeichnis

GR	Die Grundrechte. Handbuch der Theorie und Praxis der Grundrechte. Bd. I, Halbbd. I, hg. v. Karl August Bettermann/Franz L. Neumann/Hans Carl Nipperdey, 1966; Halbbd. II, hg. v. Karl August Bettermann/Franz L. Neumann/Hans Carl Nipperdey, 1967. Bd. II, hg. v. Franz L. Neumann/Hans Carl Nipperdey/Ulrich Scheuner, 1954. Bd. III, Halbbd. I, hg. v. Karl August Bettermann/Hans Carl Nipperdey/Ulrich Scheuner, 1958; Halbbd. II, hg. v. Karl August Bettermann/Hans Carl Nipperdey/Ulrich Scheuner, 1959. Bd. IV, Halbbd. I, hg. v. Karl August Bettermann/Hans Carl Nipperdey/Ulrich Scheuner, 1960; Halbband II, hg. v. Karl August Bettermann/Hans Carl Nipperdey, 1962
grdl.	grundlegend
GRS	Gesellschaft für Anlagen- und Reaktorsicherheit
GrStG	Grundsteuergesetz
GRUR	Gewerblicher Rechtsschutz und Urheberrecht
GS	1) Gesetz-Sammlung für die Kgl. Preußischen Staaten (1810–1906; dann: Preußische Gesetzsammlung) 2) Gedächtnisschrift
GüKG	Güterkraftverkehrsgesetz
GVBl	Gesetz- und Verordnungsblatt
GVG	Gerichtsverfassungsgesetz
GV.NW	Gesetz- und Verordnungsblatt für das Land Nordrhein-Westfalen
GVwR	Grundlagen des Verwaltungsrechts, hg. v. Wolfgang Hoffmann-Riem/Eberhard Schmidt-Aßmann/Andreas Voßkuhle, 3 Bde.
GWB	Gesetz gegen Wettbewerbsbeschränkungen (Kartellgesetz)
H.	Heft
ha	Hektar
HAG	Heimarbeitsgesetz
Halbbd.	Halbband
Hamb.	Hamburg; Hamburger
hamb.	hamburgisch
HambVerf	Verfassung der Freien und Hansestadt Hamburg vom 6. Juni 1952
HambVerfG	Hamburgisches Verfassungsgericht
HChE	Entwurf des Verfassungskonvents in Herrenchiemsee (10.–23. August 1948), Herrenchiemseer Entwurf
HdbFW	Handbuch der Finanzwissenschaft, unter Mitwirkung von Norbert Andel und Heinz Haller, hg. v. Fritz Neumark, Bd. I, ^{3}1977; Bd. II, ^{3}1980; Bd. III, ^{3}1981; Bd. IV, ^{3}1983

Abkürzungsverzeichnis

HdbGR	Handbuch der Grundrechte in Deutschland und Europa, hg. v. Detlef Merten/Hans-Jürgen Papier, Bd. I, 2004; Bd. II, 2006
HdbKWP	Handbuch der kommunalen Wissenschaft und Praxis, hg. v. Günter Püttner, Bd. I, ^{2}1981; Bd. II, ^{2}1982; Bd. III, ^{2}1983; Bd. IV, ^{2}1983; Bd. V, ^{2}1984; Bd. VI, ^{2}1985
HdbStKirchR^2	Handbuch des Staatskirchenrechts der Bundesrepublik Deutschland, hg. v. Joseph Listl/Dietrich Pirson, 2. Aufl., 2 Bde., 1994/1995
HdbVerfR	Handbuch des Verfassungsrechts, hg. v. Ernst Benda/ Werner Maihofer/Hans-Jochen Vogel, ^{2}1994 (^{1}1983)
HdSW	Handwörterbuch der Sozialwissenschaften, hg. v. Erwin v. Beckerath u.a., Bd. I, 1956; Bd. II, 1959; Bd. III, 1961; Bd. IV, 1965; Bd. V, 1956; Bd. VI, 1959; Bd. VII, 1961; Bd. VIII, 1964; Bd. IX, 1956; Bd. X, 1959; Bd. XI, 1961; Bd. XII, 1965; Ergänzungsband 1968
HdWW	Handwörterbuch der Wirtschaftswissenschaft, hg. v. Willi Albers/Karl Erich Born u.a., Bd. I, 1977; Bd. II, 1980; Bd. III, 1981; Bd. IV, 1978; Bd. V, 1980; Bd. VI, 1981; Bd. VII, 1977; Bd. VIII, 1980; Bd. IX, 1982; Ergänzungsband 1983
HdWW^2	Handwörterbuch der Wirtschaftswissenschaft, hg. v. Willi Albers/Karl Erich Born u.a., 10 Bde., ^{2}1988
Hess.	Hessen
hess.	Hessisch
HessVerf	Verfassung des Landes Hessen vom 1. Dezember 1946
HessStGH	Staatsgerichtshof des Landes Hessen
HFR	Höchstrichterliche Finanzrechtsprechung
HG	Gesetz über die Feststellung des Bundeshaushaltsplans (Haushaltsgesetz)
hg.	herausgegeben
Hg.	Herausgeber
HGB	Handelsgesetzbuch
HGrG	Gesetz über die Grundsätze des Haushaltsrechts des Bundes und der Länder (Haushaltsgrundsätzegesetz)
Hinw.	Hinweis
h. M.	herrschende Meinung
HRG	1) Handwörterbuch zur deutschen Rechtsgeschichte, hg. v. Adalbert Erler/Ekkehard Kaufmann, Bd. I, 1971; Bd. II, 1978; Bd. III, 1984; Bd. IV, 1990; 33. Lieferung 1991; 34. Lieferung 1992; 35. und 36. Lieferung 1993 2) Hochschulrahmengesetz
Hs.	Halbsatz
HSG	Hochschulgesetz
HStR	Handbuch des Staatsrechts der Bundesrepublik Deutschland, hg. v. Josef Isensee/Paul Kirchhof, Bd. I,

	^{2}1995 (^{1}1987); Bd. II, ^{2}1998 (^{1}1987); Bd. III, ^{2}1996 (^{1}1988); Bd. IV, ^{2}1999 (^{1}1990); Bd. V, ^{2}2000 (^{1}1992); Bd. VI, ^{2}2001 (^{1}1989); Bd. VII, 1992; Bd. VIII, 1995; Bd. IX, 1997; Bd. X, 2000
HwO	Gesetz zur Ordnung des Handwerks (Handwerksordnung)
HwStW	Handwörterbuch der Staatswissenschaften, hg. v. Ludwig Elster/Adolf Weber/Friedrich Wieser, Bd. I, ^{4}1923; Bd. II, ^{4}1924; Bd. III, ^{4}1926; Bd. IV, ^{4}1927; Bd. V, ^{4}1923; Bd. VI, ^{4}1925; Bd. VII, ^{4}1926; Bd. VIII, ^{4}1928; Ergänzungsband ^{4}1929
ICANN	Internet Corporation for Assigned Names and Numbers
i. d. F.	in der Fassung
i. d. R.	in der Regel
i. d. S.	in diesem Sinne
i. e.	im einzelnen
i. E.	im Ergebnis
i. e. S.	im engeren Sinne
IFG	Informationsfreiheitsgesetz
IFRS	International Financial Reporting Standards
insbes.	insbesondere
InsO	Insolvenzordnung
IPSAS	International Public Sector Accounting Standards
i. S. d.	im Sinne des/der
IStR	Internationales Steuerrecht
i. S. v.	im Sinne von
i. V. m.	in Verbindung mit
IWF	Internationaler Währungsfonds
JA	Juristische Arbeitsblätter
Jb.	Jahrbuch
JbSächsOVG	Jahrbuch des Sächsischen Oberverwaltungsgerichts
jew.	jeweils
JfIR	Jahrbuch für Internationales Recht
JGG	Jugendgerichtsgesetz
JöR	Jahrbuch des öffentlichen Rechts der Gegenwart (1.1907–25.1938)
JöR N. F.	Jahrbuch des öffentlichen Rechts, Neue Folge (1.1951 ff.)
JR	Juristische Rundschau
Jura	Juristische Ausbildung
JurA	Juristische Analysen
JuS	Juristische Schulung
JuSchG	Jugendschutzgesetz

Abkürzungsverzeichnis

JW	Juristische Wochenschrift
JZ	Juristenzeitung
Kap.	Kapitel
Kfz	Kraftfahrzeug
KG	1) Kammergericht 2) Kommanditgesellschaft
KGSt	Kommunale Gemeinschaftsstelle für Verwaltungsvereinfachung
KHG	Gesetz zur wirtschaftlichen Sicherung der Krankenhäuser und zur Regelung der Krankenhauspflegesätze (Krankenhausfinanzierungsgesetz)
KJ	Kritische Justiz
KMU-Beihilfen	Beihilfen für kleinere und mittlere Unternehmen
KO	Konkursordnung
KOM	Kommission der Europäischen Gemeinschaften: Eingegangene Dokumente und Veröffentlichungen
Komm.	Kommentar
krit.	kritisch
KrW-/AbfG	Gesetz zur Förderung der Kreislaufwirtschaft und Sicherung der umweltverträglichen Beseitigung von Abfällen (Kreislaufwirtschafts- und Abfallgesetz)
KStG	Körperschaftsteuergesetz
KStZ	Kommunale Steuer-Zeitschrift
KTA	Kerntechnischer Ausschuß
KTS	Konkurs-, Treuhand- und Schiedsgerichtswesen: Zeitschrift für Insolvenzrecht
KultgSchG	Gesetz zum Schutz deutschen Kulturgutes gegen Abwanderung
K&R	Kommunikation & Recht
KVz	Kostenverzeichnis
KWG	Gesetz über das Kreditwesen
LBG	Landesbeamtengesetz
LFoG	Landesforstgesetz
lfd.	laufende
LG	Landgericht
LGebG	Landesgebührengesetz
LGG	Landesgleichstellungsgesetz
LKRZ	Zeitschrift für Landes- und Kommunalrecht – Hessen/Rheinland-Pfalz/Saarland
LKV	Landes- und Kommunalverwaltung
LMBG	Gesetz über den Verkehr mit Lebensmitteln, Tabakerzeugnissen, kosmetischen Mitteln und sonstigen Bedarfsgegenständen (Lebensmittel- und Bedarfsgegenständegesetz)

Abkürzungsverzeichnis

LOG	Gesetz über die Organisation der Landesverwaltung (Landesorganisationsgesetz)
Losebl.	Loseblattsammlung, -werk
LPersVG	Landespersonalvertretungsgesetz
LPressG	Landespressegesetz
LS	Leitsatz
LSG	Landessozialgericht
LTDrucks	Drucksachen des Landtags
LuftVG	Luftverkehrsgesetz
LVerfG	Landesverfassungsgericht
LVerfGE	Entscheidungen der Verfassungsgerichte der Länder Baden-Württemberg, Berlin, Brandenburg, Bremen, Hamburg, Hessen, Mecklenburg-Vorpommern, Niedersachsen, Saarland, Sachsen, Sachsen-Anhalt und Thüringen; amtliche Sammlung
LVwG	Landesverwaltungsgesetz
LwKG	Gesetz über die Landwirtschaftskammern (Landwirtschaftskammergesetz)
m.	mit
v. Mangoldt/Klein/ Starck, GG I, GG II, GG III	Herrmann v. Mangoldt/Friedrich Klein/Christian Starck, Das Bonner Grundgesetz, Kommentar, Bd. I, ^{5}2005; Bd. II, ^{4}2000; Bd. III, ^{4}2001
Maunz/Dürig, Komm. z. GG	Theodor Maunz/Günter Dürig/Peter Badura/Udo Di Fabio/Matthias Herdegen/Roman Herzog/Rupert Scholz/Hans Hugo Klein/Peter Lerche/Hans-Jürgen Papier/Albrecht Randelzhofer/Eberhard Schmidt-Aßmann/Rupert Scholz, Kommentar zum Grundgesetz, Loseblatt
MdB	Mitglied des Deutschen Bundestages
MdF	Ministerium der Finanzen
MDR	Monatsschrift für Deutsches Recht
m. E.	meines Erachtens
Mecklenb.-Vorp.	Mecklenburg-Vorpommern
mecklenb.-vorp.	mecklenburg-vorpommerisch
MecklenbVorpVerf	Verfassung des Landes Mecklenburg-Vorpommern vom 23. Mai 1993
MedR	Medizinrecht
Mifrifi	mittelfristige Finanzplanung
MittHV	Mitteilungen des Hochschulverbandes
MMR	Multimedia und Recht
m. Nachw.	mit Nachweis(en)
MPG	Gesetz über Medizinprodukte (Medizinproduktegesetz)
Mrd.	Milliarde(n)
MRVG	Maßregelvollzugsgesetz

Abkürzungsverzeichnis

MüKoBGB	Münchener Kommentar zum Bürgerlichen Gesetzbuch, hg. v. Kurt Rebmann/Franz Jürgen Säcker/Roland Rixecker
v. Münch	Ingo v. Münch (Hg.), Grundgesetz-Kommentar, Bd. I, ^{3}1985; Bd. II, ^{2}1983; Bd. III, ^{2}1983
v. Münch/Kunig, GGK I/II/III	Ingo v. Münch (Begr.)/Philip Kunig (Hg.), Grundgesetz-Kommentar, Bd. I, ^{5}2000; Bd. II, $^{4/5}$2001; Bd. III, $^{4/5}$2003
MuSchG	Mutterschutzgesetz
m. weit. Nachw.	mit weiteren Nachweisen
MwSt	Mehrwertsteuer
m. zahlr. Nachw.	mit zahlreichen Nachweisen
N	Nota (Fußnote aus dem HStR; ⇔ Fn.)
Nachdr.	Nachdruck
Nachw.	Nachweis(e)
NBest-Bau	Baufachliche Nebenbestimmungen
Neudr.	Neudruck
n. F.	neue Fassung
N. F.	neue Folge
niedersächs.	niedersächsisch
NiedersächsVBl	Niedersächsische Verwaltungsblätter
NiedersachsVerf	Verfassung des Landes Niedersachsen
NiedersStGH	Staatsgerichtshof des Landes Niedersachsen
NJ	Neue Justiz. Zeitschrift für Rechtsprechung und Rechtsentwicklung in den Neuen Ländern
NJW	Neue Juristische Wochenschrift
NJW-RR	Neue Juristische Wochenschrift – Rechtsprechungsreport
NordÖR	Zeitschrift für öffentliches Recht in Norddeutschland
nordrh.-westf.	nordrhein-westfälisch
Nordrh.-Westf.	Nordrhein-Westfalen
NordrhWestfVerf	Verfassung des Landes Nordrhein-Westfalen vom 18. Juni 1950
NPD	Nationaldemokratische Partei Deutschlands
NPM	New Public Managment
Nr.	Nummer
NSM	Neues Steuerungsmodell
NStZ	Neue Zeitschrift für Strafrecht
NuR	Natur und Recht
NVwZ	Neue Zeitschrift für Verwaltungsrecht
NVwZ-RR	Neue Zeitschrift für Verwaltungsrecht – Rechtsprechungsreport
NWVBl	Nordrhein-Westfälische Verwaltungsblätter
NWVerfGH	Nordrhein-Westfälischer Verfassungsgerichtshof
NZBau	Neue Zeitschrift für Baurecht
NZS	Neue Zeitschrift für Sozialrecht

Abkürzungsverzeichnis

OBG	Gesetz über Aufbau und Befugnisse der Ordnungsbehörden (Ordnungsbehördengesetz)
OECD	Organization for Economic Cooperation and Development (Organisation für wirtschaftliche Zusammenarbeit und Entwicklung)
OLG	Oberlandesgericht
ORDO	Jahrbuch für die Ordnung von Wirtschaft und Gesellschaft
OVG	Oberverwaltungsgericht
OVGE	Entscheidungen der Oberverwaltungsgerichte für das Land Nordrhein-Westfalen in Münster sowie für die Länder Niedersachsen und Schleswig-Holstein in Lüneburg
OWiG	Gesetz über Ordnungswidrigkeiten
Palandt, Komm. z. BGB	Beck'scher Kurzkommentar zum Bürgerlichen Gesetzbuch, begründet von Otto Palandt
ParlStG	Gesetz über die Rechtsverhältnisse der Parlamentarischen Staatssekretäre
PartG	Gesetz über die politischen Parteien (Parteiengesetz)
PersR	Der Personalrat
PersV	Die Personalvertretung
PO-BRH	Prüfungsordnung des Bundesrechnungshofes
PrGS	Preußische Gesetzsammlung (1907–1945; vorher: Gesetz-Sammlung für die Kgl. Preußischen Staaten)
ProdSG	Gesetz zur Regelung der Sicherheitsanforderungen an Produkte und zum Schutz der CE-Kennzeichnung (Produktsicherheitsgesetz)
PrOVG	Entscheidungen des Preußischen Oberverwaltungsgerichts
PrVBl	Preußisches Verwaltungsblatt
PUAG	Gesetz zur Regelung des Rechts der Untersuchungsausschüsse des Deutschen Bundestages (Untersuchungsausschußgesetz)
RabelsZ	Rabels Zeitschrift für ausländisches und internationales Privatrecht
RAO	Reichsabgabenordnung
RdErl	Runderlaß
RdJB	Recht der Jugend und des Bildungswesens
RDV	Recht der Datenverarbeitung
REAF	Revista d'Estudis Autonòmics i Federals
RegE	Regierungsentwurf
RFHE	Sammlung der Entscheidungen und Gutachten des Reichsfinanzhofs
RG	Reichsgericht
RGBl	Reichsgesetzblatt

Abkürzungsverzeichnis

RGSt	Entscheidungen des Reichsgerichts in Strafsachen
RGZ	Entscheidungen des Reichsgerichts in Zivilsachen
Rheinl.-Pfalz	Rheinland-Pfalz
rheinl.-pfälz.	rheinland-pfälzisch
RheinlPfalzVerf	Verfassung des Landes Rheinland-Pfalz vom 18. Mai 1947
RheinlPfalzVerfGH	Verfassungsgerichtshof des Landes Rheinland-Pfalz
RiA	Das Recht im Amt
RIW	Recht der internationalen Wirtschaft
RL	Richtlinie
Rn.	Randnummer(n)
ROG	Raumordnungsgesetz
RöV	Röntgenverordnung
RPVerfGH	Verfassungsgerichtshof des Landes Rheinland-Pfalz
Rs.	Rechtssache
RSK	Reaktor-Sicherheitskommission
Rspr.	Rechtsprechung
RT-Drs	Drucksachen des Reichstags
RV	Verfassung des Deutschen Reiches vom 16. April 1871 (Bismarcksche Reichsverfassung)
RVO	Reichsversicherungsordnung
Rz.	Randziffer
S.	Seite(n); Satz
s.	siehe
s. a.	siehe auch
Saarl.	Saarland
saarl.	saarländisch
SaarlKSVG	Saarländisches Kommunalselbstverwaltungsgesetz
SaarlVerf	Verfassung des Saarlandes vom 15. Dezember 1947
SaarlVerfGH	Saarländischer Verfassungsgerichtshof
Sachs, GG Komm.	Michael Sachs (Hg.), Grundgesetz-Kommentar, bearb. v. Ulrich Battis u.a., ³2003 (²1999, ¹1996)
Sachs.-Anh.	Sachsen-Anhalt
SachsAnhVerf	Verfassung des Landes Sachsen-Anhalt vom 16. Juli 1992
SachsAnhVerfGH	Verfassungsgerichtshof des Landes Sachsen-Anhalt
SachsVerf	Verfassung des Freistaates Sachsen vom 27. Mai 1992
sächs.	sächsisch
SächsGVBl	Sächsisches Gesetz- und Verwaltungsblatt
SächsVerfGH	Sächsischer Verfassungsgerichtshof
SchFG	Schulfinanzgesetz
Schl.-Hol.	Schleswig-Holstein; Schleswig-Holsteiner
schl.-hol.	schleswig-holsteinisch
SchlHA	Schleswig-Holsteinische Anzeigen
SchlHBG	Landesbeamtengesetz Schleswig-Holstein

Abkürzungsverzeichnis

SchlH LS	Landessatzung für Schleswig-Holstein
SchlHolVerf	Verfassung des Landes Schleswig-Holstein vom 13. Juni 1990
Schmidt-Bleibtreu/ Klein, Komm. z. GG	Bruno Schmidt-Bleibtreu/Franz Klein, Kommentar zum Grundgesetz für die Bundesrepublik Deutschland, ^{9}1999
SchVG	Schulverfassungsgesetz; Schulverwaltungsgesetz
schweiz.	schweizerisch
scil.	scilicet (lat.), nämlich, so viel wie
SCM-Übk	Agreement on Subsidies and Countervailing Measures (WTO-Übereinkommen über Subventionen und Ausgleichsmaßnahmen)
SDSRV	Schriftenreihe des Deutschen Sozialrechtsverbandes e. V.
SeemG	Seemannsgesetz
SG	Soldatengesetz
SGb	Die Sozialgerichtsbarkeit
SGB	Sozialgesetzbuch
SGB I	Sozialgesetzbuch, Allgemeiner Teil
SGB II	Sozialgesetzbuch, Grundsicherung für Arbeitsuchende
SGB III	Sozialgesetzbuch, Arbeitsförderung
SGB IV	Sozialgesetzbuch, Gemeinsame Vorschriften für die Sozialversicherung
SGB V	Sozialgesetzbuch, Gesetzliche Krankenversicherung
SGB VI	Sozialgesetzbuch, Gesetzliche Rentenversicherung
SBG VII	Sozialgesetzbuch, Gesetzliche Unfallversicherung
SGB X	Sozialgesetzbuch, Verwaltungsverfahren
SGB XI	Sozialgesetzbuch, Soziale Pflegeversicherung
SGG	Sozialgerichtsgesetz
Slg.	Sammlung
s. o.	siehe oben
sog.	sogenannte, -r, -s
SolZG	Solidaritätszuschlagsgesetz
Sp.	Spalte
spät.	später, -e, -en
SPD	Sozialdemokratische Partei Deutschlands
SpkG	Sparkassengesetz
SSK	Strahlenschutz-Kommission
StabG	Gesetz zur Förderung der Stabilität und des Wachstums der Wirtschaft (Stabilitätsgesetz)
StBerG	Steuerberatungsgesetz
std. Rspr.	ständige Rechtsprechung
StenBer	Stenographischer Bericht
Sten-Prot	Stenographisches Protokoll
StGB	Strafgesetzbuch
StGH	Staatsgerichtshof

Abkürzungsverzeichnis

StL[7]	Staatslexikon, Bd. I, [7]1985; Bd. II, [7]1986; Bd. III, [7]1987; Bd. IV, [7]1988; Bd. V, [7]1989; Bd. VI, [7]1992; Bd. VII, [7]1993
StPO	Strafprozeßordnung
str.	streitig
StrG	Straßengesetz für Baden-Württemberg
StrlSchV	Verordnung über den Schutz vor Schäden durch ionisierende Strahlen (Strahlenschutzverordnung)
StromStG	Stromsteuergesetz
StrWGNRW	Nordrhein-westfälisches Straßen- und Wegegesetz
StUG	Gesetz über die Unterlagen des Staatssicherheitsdienstes der ehemaligen DDR (Stasi-Unterlagen-Gesetz)
StuW	Steuer und Wirtschaft
StV	Strafverteidiger
StVÄG	Strafverfahrensänderungsgesetz
StVj	Steuerliche Vierteljahresschrift
StVZO	Straßenverkehrs-Zulassungs-Ordnung
StWissStPr	Staatswissenschaft und Staatspraxis
s. u.	siehe unten
SUP	strategische Umweltprüfung
SZAG	Sanktionszahlungs-Aufteilungsgesetz
TA Lärm	Technische Anleitung zum Schutz gegen Lärm
TA Luft	Technische Anweisung zur Reinhaltung der Luft
TarSt	Tarifstelle
Teilbd.	Teilband
ThürLV	Landesverfassung Thüringen
ThürStrG	Thüringer Straßengesetz
ThürVBl	Thüringer Verwaltungsblätter
ThürVerf	Verfassung des Freistaates Thüringen vom 25. Oktober 1993
ThürVerfGH	Verfassungsgerichtshof des Freistaates Thüringen
TKG	Telekommunikationsgesetz
TÜV	Technischer Überwachungsverein
TVG	Tarifvertragsgesetz
TVöD	Tarifvertrag öffentlicher Dienst
Tz.	Textziffer
u.	und; unten; unter
UAbs.	Unterabsatz
u. a.	und andere, und anderes; unter anderem, unter anderen
Übers	Übersicht
UGB-KomE	Entwurf der unabhängigen Sachverständigenkommission zum Umweltgesetzbuch
Umbach/Clemens, GG I/II	Dieter C. Umbach/Thomas Clemens (Hg.), Grundgesetz, Mitarbeiterkommentar und Handbuch, Bd. I/II, 2002

Abkürzungsverzeichnis

UMTS	Universal Mobile Telecommunications System
UNCTAD	United Nations Conference on the Trade and Development (Konferenz der Vereinten Nationen für Handel und Entwicklung)
unstr.	unstreitig
unveränd.	unverändert
UPR	Umwelt- und Planungsrecht
UR	Umsatzsteuer-Rundschau
Urt.	Urteil
U. S.	United States
usf.	und so fort
USt	Umsatzsteuer
UStG	Umsatzsteuergesetz
usw.	und so weiter
UTR	Umwelt- und Technikrecht
UVPÄndRL	Änderungsrichtlinie über die Umweltprüfung
UVPG	Bundesgesetz über die Prüfung der Umweltverträglichkeit (Umweltverträglichkeitsprüfungsgesetz)
UVP-RL	Richtlinie über die Umweltverträglichkeitsprüfung
UZwG	Gesetz über den unmittelbaren Zwang bei Ausübung öffentlicher Gewalt durch Vollzugsbeamte des Bundes
v.	vom; von; vor; versus
v. a.	vor allem
VBL	Versorgungsanstalt des Bundes und der Länder
VBl	Verordnungsblatt
VDI	Verein Deutscher Ingenieure
VDStjG	Veröffentlichungen der Deutschen Steuerjuristischen Gesellschaft
verb.	verbundene
Verf.	Verfassung
VerfGH	Verfassungsgerichtshof
VerfGHE	Entscheidungen des Verfassungsgerichtshofes, amtliche Sammlung
VerfGHG	Gesetz über den Verfassungsgerichtshof
Verh.	Verhandlung(en)
VersR	Versicherungsrecht
Verw	Die Verwaltung
VerwArch	Verwaltungsarchiv
VG	Verwaltungsgericht
VGH	Verwaltungsgerichtshof
vgl.	vergleiche
VglO	Vergleichsordnung
v. H.	vom Hundert
VJSchrStFR	Vierteljahresschriften im Steuer- und Finanzrecht
VO	Verordnung

Abkürzungsverzeichnis

vol.	volume (Band)
Vorbem.	Vorbemerkung
VR	Verwaltungsrundschau
VSSR	Vierteljahresschrift für Sozialrecht
VStG	Vermögensteuergesetz
VV-BHO	Verwaltungsvorschrift zur Bundeshaushaltsordnung
VVDStRL	Veröffentlichungen der Vereinigung der Deutschen Staatsrechtslehrer
VwGG	Gesetz über die Errichtung der Verwaltungsgerichtsbarkeit und zur Ausführung der VwGO im Land Brandenburg (Verwaltungsgerichtsgesetz)
VwGO	Verwaltungsgerichtsordnung
VwVfG	Verwaltungsverfahrensgesetz
WährG	Erstes Gesetz zur Neuordnung des Geldwesens (Währungsgesetz)
WBeauftrG	Gesetz über den Wehrbeauftragten des Deutschen Bundestages
WD	Wirtschaftsdienst
WDO	Wehrdisziplinarordnung
WDR	Westdeutscher Rundfunk
WDRG	Gesetz über den Westdeutschen Rundfunk Köln – WDR-Gesetz
WeinG	Weingesetz
weit. Nachw.	weitere Nachweise
WG	Wassergesetz
WHG	Gesetz zur Ordnung des Wasserhaushalts (Wasserhaushaltsgesetz)
WiGBl	Gesetzblatt der Verwaltung des Vereinigten Wirtschaftsgebietes
WiR	Wirtschaftsrecht
WissR	Wissenschaftsrecht, Wissenschaftsverwaltung, Wissenschaftsförderung – Zeitschrift für Recht und Verwaltung der wissenschaftlichen Hochschulen und der wissenschaftspflegenden und -fördernden Organisationen und Stiftungen
WiVerw	Wirtschaft und Verwaltung
WM	Wertpapier-Mitteilungen
II. WoBauG	Zweites Wohnungsbaugesetz (Wohnungsbau- und Familienheimgesetz)
WoBindG	Gesetz zur Sicherung der Zweckbestimmung von Sozialwohnungen (Wohnungsbindungsgesetz)
WRP	Wettbewerb in Recht und Praxis
WRV	Verfassung des Deutschen Reichs vom 11. August 1919 (Weimarer Reichsverfassung)

Abkürzungsverzeichnis

WSI-Mitt	Mitteilungen des Wirtschafts- und Sozialwissenschaftlichen Instituts des Deutschen Gewerkschaftsbundes
WTO	World Trade Organization (Welthandelsorganisation)
WürttBadVerf	Verfassung des Landes Württemberg-Baden
WWU	Wirtschafts- und Währungsunion
zahlr.	zahlreich, -er, -e
ZaöRV	Zeitschrift für ausländisches öffentliches Recht und Völkerrecht
z. B.	zum Beispiel
ZBR	Zeitschrift für Beamtenrecht
ZDF	Zweites Deutsches Fernsehen
ZDF-StV	ZDF-Staatsvertrag
ZDG	Gesetz über den Zivildienst der Kriegsdienstverweigerer (Zivildienstgesetz)
ZEuS	Zeitschrift für Europarechtliche Studien
ZevKR	Zeitschrift für evangelisches Kirchenrecht
ZfA	Zeitschrift für Arbeitsrecht
ZfBR	Zeitschrift für deutsches und internationales Baurecht
ZfP	Zeitschrift für Politik
ZG	1) Zeitschrift für Gesetzgebung 2) Zollgesetz
ZHR	Zeitschrift für das gesamte Handelsrecht und Wirtschaftsrecht
ZIP	Zeitschrift für Wirtschaftsrecht und Insolvenzpraxis
ZK	1) Zivilkammer 2) Zentralkomitee (der SED) 3) Zollkodex
ZLR	Zeitschrift für Lebensmittelrecht
ZMR	Zeitschrift für Miet- und Raumrecht
ZÖffR	Zeitschrift für öffentliches Recht
ZögU	Zeitschrift für öffentliche und gemeinwirtschaftliche Unternehmen
ZParl	Zeitschrift für Parlamentsfragen
ZPO	Zivilprozeßordnung
ZRP	Zeitschrift für Rechtspolitik
ZSE	Zeitschrift für Staats- und Europawissenschaften
z. T.	zum Teil
zul.	zuletzt
ZUM	Zeitschrift für Urheber- und Medienrecht, Film und Recht
zust.	zustimmend
zutr.	zutreffend
ZVglRWiss	Zeitschrift für Vergleichende Rechtswissenschaft
ZVS	Zentrale Vergabestelle für Studienplätze
Zweitb.	Zweitbearbeitung
ZZP	Zeitschrift für Zivilprozeß

Achter Teil
Mittel staatlichen Handelns

I. Grundlagen

§ 99
Mittel staatlichen Handelns

Paul Kirchhof

Übersicht

	Rn.
A. Umfassende Staatsgewalt mit begrenzten Mitteln	1– 79
I. Verfaßtheit des Staates in den Mitteln seines Handelns	1– 28
1. Die Idee des Rechtsstaates und seine Gefährdung	1– 8
2. Allzuständigkeit ohne umfassende Handlungsbefugnisse	9– 11
3. Notwendigkeit und Bedrohlichkeit der Staatsgewalt	12– 15
4. Handlungsmittel je nach Aufgaben	16– 20
5. Die Zielgerichtetheit staatlichen Handelns	21– 24
6. Staatliches Handeln in der Europäischen Union und der Völkerrechtsgemeinschaft	25– 28
II. Ausgangstatbestände	29– 79
1. Aufgabe	30– 41
2. Kompetenz	42– 48
3. Befugnis	49– 54
4. Betroffene, Beteiligte, Teilhabende	55– 62
5. Die Formgebundenheit staatlichen Handelns	63– 68
6. Das Verfahren	69– 79
B. Grundlagen staatlichen Handelns	80–135
I. Staatsgewalt	81– 91
1. Das Begründen von Verbindlichkeiten	83– 87
2. Die Fähigkeit zum Recht	88– 91
II. Staatliches Personal	92– 98
1. Das Amt	93– 95
2. Anforderungen an den „öffentlichen Dienst"	96– 98
III. Finanzmittel	99–117
1. Das Geld als Blankettinstrument staatlichen Handelns	99–103
2. Rechtliche Sonderung einer tatsächlich verbundenen Geldwirtschaft	104–110

	Rn.
3. Sach-, Dienst- und Geldleistungen	111–115
4. Wirtschaftsgüter in privater und öffentlicher Hand	116–117
IV. Organisation	118–135
1. Organisation und Organisationsgewalt	118–119
2. Das Organisationsstatut des Grundgesetzes	120–125
3. Ausgliederung von Tätigkeiten	126–135
C. Die Wirkungsweisen staatlichen Handelns	136–246
I. Wissen, Erfahren, Planen	137–147
1. Vorbereiten von Entscheidungen	139–141
2. Zuständigkeit und Teilhabe	142–143
3. Grenzen des Planbaren und des Plans	144–147
II. Entscheiden	148–178
1. Einhelligkeit	150–153
2. Einseitiges Regeln	154–156
3. Das Vereinbaren	157–169
4. Mehrheitliches Regeln	170–178
III. Ausführen	179–223
1. Begründen von Verbindlichkeiten	180–205
2. Tatsächliches Handeln	206–223
IV. Kontrollieren	224–246
1. Die mitgestaltende Kontrolle	227–230
2. Die Selbstkontrolle	231–235
3. Die unabhängige Rechtskontrolle	236–238
4. Die Aufsicht des Staates	239–242
5. Zusammenwirken verschiedener Kontrollen	243–246
D. Bibliographie	

A. Umfassende Staatsgewalt mit begrenzten Mitteln

I. Verfaßtheit des Staates in den Mitteln seines Handelns

1. Die Idee des Rechtsstaates und seine Gefährdung

1
Charakterisierung des Staates in seinen Mitteln

Das Grundgesetz regelt die Mittel, weniger die Ziele staatlichen Handelns. Der Staat ist in seinen Handlungsweisen, nur selten in seinen Aufgaben verfaßt. Sein Einfluß und seine Verantwortlichkeit berühren alle Bereiche individuellen und gesellschaftlichen Lebens und entwickeln sich von der „policey", des durch Mauern geschützten Gemeinwesens und seiner gemeinsam betriebenen „Politik"[1], über einen aufklärungsgewissen Auftrag einer gemeinsamen „Glückseligkeit" von Fürst und Volk[2] zu einem freiheitsverpflichteten Staat, der in einem prinzipiellen Freiheitsvertrauen die Gestaltung von individuellem Leben und Gemeinwohl[3] von den freiheitsberechtigten Bürgern erwartet. Der Staat stützt die Freiheit des einzelnen durch rechtliche Gewährleistungen und Rechtsinstitute, sichert durch staatliche Einrichtungen, Organisations- und Finanzhilfen Grundlagen individuellen Handelns, wehrt Störungen ab, stimmt das Verhalten des einzelnen auf gemeinschaftliche Bedürfnisse und auf Anliegen des Gemeinwesens ab, plant und lenkt Entwicklungen des öffentlichen Lebens. Der einzelne ist auf die Gemeinschaft angewiesen, der Staat beansprucht eine Allzuständigkeit für den Einsatz begrenzter Handlungsmittel. Diese Allzuständigkeit kommt am deutlichsten in dem thematisch kaum beschränkten Staatsvorbehalt zur Rechtsetzung und zur Rechtsdurchsetzung zum Ausdruck. Je mehr das Recht mit seinen Geboten, Verboten, Genehmigungsvorbehalten und Sanktionsdrohungen an gestaltender Kraft verliert[4], es in der Vielfalt seiner Quellen[5] an Einprägsamkeit, Vertrautheit und Legitimation[6] einbüßt, manche Regelung auch durch die Entwicklung ihres Gegenstandes – der Technik, der Mobilität, der Bedürfnisse und Mentalitäten – fragwürdig wird, desto mehr muß der Staat die Kraft zu Frieden und Recht zurückgewinnen.

2
Rechtsstaat als Schleusenbegriff mit hartem Kern

Im Ideal des Rechtsstaates bestimmt das Recht den Staat. Der Rechtsstaat bezeichnet die Staatsgattung[7] des durch einen rechtlichen Sicherheitsauftrag und durch Freiheitsgarantien geprägten Staates, später die Form des Staates, der bürgerliche Freiheit und rechtliche Gleichheit, Unverbrüchlichkeit und

---

1 *Michael Stolleis*, Entwicklungsstufen der Verwaltungswissenschaften, in: GVwR, Bd. I, 2006, § 2 Rn. 9.
2 Virginia Bill of Rights vom 12.6.1776, abgedruckt in: Günther Franz (Hg.), Staatsverfassungen – eine Sammlung wichtiger Verfassungen der Vergangenheit und Gegenwart in Urtext und Übersetzung, ²1964, S. 6 ff.; zur Tradition der Staatsziele von Wohlfahrt, Glück und Sicherheit: *Hans Maier*, Die ältere deutsche Staats- und Verwaltungslehre, ²1980, S. 214; *Otto Mayer*, Deutsches Verwaltungsrecht, Bd. I, ¹1885, Einleitung.
3 → Bd. IV, *Isensee*, § 71 Rn. 20 ff.
4 *Eberhard Schmidt-Aßmann*, Das allgemeine Verwaltungsrecht als Ordnungsidee, ²2006, S. 19 ff.; *Andreas Voßkuhle*, Neue Verwaltungsrechtswissenschaft, in: GVwR, Bd. I, 2006, § 1 Rn. 10.
5 → Unten *Ossenbühl*, § 100 Rn. 40 ff.
6 → Bd. III, *Böckenförde*, § 34 Rn. 16 ff.
7 *Ernst-Wolfgang Böckenförde*, Recht, Staat, Freiheit, 1991, S. 145 f.

den Vorrang des Gesetzes auch für die handelnde Verwaltung gewährleistet, der eine Unabhängigkeit des Richters garantiert und das Strafverfahren rechtsgeprägt gestaltet. Diese Prinzipien geben dem Staat Maß und Charakter[8]. Der Rechtsstaat handelt stets durch das Recht und legitimiert sich im Recht. Der Rechtsstaat ist jedoch ein „Schleusenbegriff"[9], in den sich wandelnde staats- und verfassungsrechtliche Vorstellungen einfließen, aus dem heraus neue Anfragen an das Recht in der Kontinuität des Rechtlichen beantwortet werden. Der Rechtsstaat gewährt Sicherheit und Landfrieden[10], wird sich dann der Mächtigkeit des Sicherheit gewährenden Staates und der in ihm angelegten Freiheitsgefährdung[11] bewußt. Das Recht dient eher der Staatseingrenzung und Staatsabwehr, drängt den modernen Staat jedoch auch, nicht nur die Freiheitsinhalte zu gewährleisten, sondern auch die Freiheitsvoraussetzungen zu pflegen[12], also den Staat nicht nur zu begrenzen, ihn nicht nur auf die Nichtintervention zu verpflichten, sondern ihn zur Daseinsvorsorge, zur Gestaltung und Umgestaltung individueller Lebensverhältnisse, zur Verteilung und Umverteilung von Finanzkraft, zur Organisations- und Wissenshilfe zu verpflichten, ihn als „sozialen" Staat zu verstehen[13]. In dieser Entwicklung haben sich die Unverbrüchlichkeit, der Vorrang und der Vorbehalt des Gesetzes für die handelnde Verwaltung verfestigt. Individuell einklagbare subjektive öffentliche Rechte schaffen eine Ordnung gegenseitiger Verpflichtungen. Die Distanz zwischen Staat und Bürger geht verloren. Eine Zusammenarbeit zwischen Verwaltung und Bürger setzt auf eine Gemeinschaft des Wissens, des Problemverständnisses, der Zielfindung und Aufgabenerfüllung, des mitwirkungsbedürftigen und informalen Handelns[14].

Auch das unverbrüchliche und unveräußerliche Recht ist geschichtlich geprägt, im Auftrag des Gesetzgebers und des freiheitsberechtigten Bürgers auf Neuerungen angelegt. Das europäische Rechtsdenken sucht die ständig erneuerte tragfähige Synthese zwischen der traditionellen Orientierung und der Moderne, während andere Länder eher von der unabänderlich wörtlichen Geltung eines hergebrachten Gesetzes ausgehen[15]. Die universalen Menschenrechte sind als Texte nahezu weltweit und gleichlautend anerkannt, haben jedoch in der Mannigfaltigkeit der Staatengemeinschaft, der Staats-

3
Geschichtlichkeit des Rechts

---

8 *Böckenförde* (N 7), S. 150 f.
9 *Böckenförde* (N 7), S. 143.
10 *Josef Isensee*, Der Verfassungsstaat als Friedensgarant, in: Rudolf Mellinghoff/Gerd Morgenthaler/Thomas Puhl (Hg.), Die Erneuerung des Verfassungsstaates, 2003, S. 7 ff.
11 *Paul Kirchhof*, Der Staat als Garant und Gegner der Freiheit, 2004, S. 9 f.
12 *Paul Kirchhof*, Grundrechtsinhalte und Grundrechtsvoraussetzungen, in: HbdGR, Bd. I, § 21 Rn. 52 ff.; → Bd. II, *Isensee*, § 15 Rn. 173.
13 Zur Entwicklung *Schmidt-Aßmann* (N 4), S. 62 ff.; *Werner Conze*, Artikel „Sicherheit"; in: Otto Brunner/Werner Conze/Reinhart Koselleck (Hg.), Geschichtliche Grundbegriffe, Bd. V, 1984, S. 831 f.; *Ernst Rudolf Huber*, Deutsche Verfassungsgeschichte seit 1789, Bd. III, ²1978, S. 973 f.
14 Vgl. *Carl-Eugen Eberle*, Arrangements im Verwaltungsverfahren, in: DV 17 (1984), S. 439 f.; *Fritz Ossenbühl*, Informelles Hoheitshandeln im Gesundheits- und Umweltschutz, in: UTR 1987, S. 27 f.; *Hartmut Bauer*, Informelles Verwaltungshandeln im öffentlichen Wirtschaftsrecht, in: VerwArch 78 (1987), S. 241; *Martin Schulte*, Informales Verwaltungshandeln als Mittel staatlicher Umwelt- und Gesundheitspflege, in: DVBl 1988, S. 512 f.; *Schmidt-Aßmann* (N 4), S. 125 f.; *Voßkuhle* (N 4), § 1 Rn. 10.
15 *Karl Lehmann*, Chancen und Grenzen des Dialogs zwischen den „Abrahamitischen Religionen", in: Benedikt XVI. (Hg.), Glaube und Vernunft, 2007, S. 97 (111 f.).

und Regierungsformen sehr unterschiedliche Folgen[16]. Eine Staatsverfassung faßt eine historisch gewachsene Rechtskultur in verbindlichen Regeln zusammen, sucht Bleibendes trotz der Zeit zu bewahren, unterliegt aber selbst einer stetigen Entwicklung; das Grundgesetz ist inzwischen 52mal geändert worden[17]. Das Gesetzesrecht schafft in einzelnen Kernbereichen – des bürgerlichen Rechts, des Strafrechts, des allgemeinen Polizeirechts – stetige und verläßliche Grundlagen des Rechtslebens, verfehlt aber gegenwärtig seinen Auftrag, einem komplizierter werdenden Leben durch einfaches Recht Maßstab und Orientierung zu geben. Eine Normenflut[18] und eine Normänderungsflut[19] machen das Gesetzesrecht unübersichtlich und widersprüchlich, verweigern dem Bürger rechtliche Planungssicherheit, nehmen dem Recht Vertrautheit und damit Vertrauen. Auch das allgemeine Gesetz bemüht sich unter dem Einfluß von Verbänden und einer gestaltungswilligen Rechtsberatung um die Gerechtigkeit des einzelnen Falles und der kleinen Gruppe[20]; der Verhältnismäßigkeitsgrundsatz[21], die Deutung des allgemeinen Gleichheitssatzes als Ausdruck individualisierender Gerechtigkeit[22] und die Vernachlässigung des Art. 19 Abs. 1 S. 1 GG (Verbot des Einzelfallgesetzes) tragen zur Unverläßlichkeit und damit Willküranfälligkeit dieser Gesetzgebung und dementsprechend der Gesetzesanwendung bei[23]. Das Zusammenwirken von Recht aus unterschiedlichen Quellen, insbesondere des Verfassungsrechts, des Europarechts, des Bundes- und Ländergesetzesrechts erschweren die Systematik, Folgerichtigkeit und Widerspruchsfreiheit, schwächen die Steuerungskraft des Rechts[24], verlieren in einem „Mehrebenensystem"[25] die Klarheit geordneter Rechtsentstehens- und Rechtserkenntnisquellen und laufen Gefahr, in der sprachlichen Umdeutung zu gleichwertigen Ebenen ihre Unterschiede in der rechtstaatlichen Funktion und demokratischen Legitimation einzubüßen. Gesetzgebungsfehler[26] schwächen zudem Autorität und Wirkkraft der

---

16 *Klaus Stern*, Idee der Menschenrechte und Positivität der Grundrechte, in: HStR V, ²2000 (¹1992), § 108 Rn. 46.
17 Vgl. das 52. Gesetz zur Änderung des Grundgesetzes vom 28. 8. 2006, BGBl I, S. 2034; zu den Grenzen einer Verfassungsänderung und zum stillen Verfassungswandel → Bd. II, *Isensee*, § 15 Rn. 183; *P. Kirchhof*, § 21 Rn. 28f., 63. Vgl. auch *Peter Badura*, Verfassungsänderung, Verfassungswandel, Verfassungsgewohnheitsrecht, in: HStR VII, 1992, § 160 Rn. 13f.
18 → Unten *Ossenbühl*, § 100 Rn. 77ff.; *Franz Reimer*, Das Parlamentsgesetz als Steuerungsmittel und Kontrollmaßstab, in: GVwR, Bd. I, 2006, § 9 Rn. 99; *Hans Schneider*, Gesetzgebung, ³2002, Rn. 156.
19 *Erika Müller*, Gesetzgebung im historischen Vergleich, 1989, S. 166ff.; *Reimer* (N 18), § 9 Rn. 100; → unten *Ossenbühl*, § 100 Rn. 77ff.
20 *Friedhelm Hufen*, Gesetzesgestaltung und Gesetzesanwendung im Leistungsrecht, in: VVDStRL 47 (1989), S. 142 (154).
21 Vgl. *Fritz Ossenbühl*, Maßhalten mit dem Übermaßverbot, in: FS für Peter Lerche, 1993, S. 151 (156f.); *Detlef Merten*, Zur verfassungsrechtlichen Herleitung des Verhältnismäßigkeitsprinzips, in: FS für Herbert Schambeck, 1994, S. 349 (350f., 377f.).
22 BVerfGE 55, 72 (88) – Präklusion; BVerfGE 100, 195 (205) – Einheitswert; BVerfGE 108, 52 (78) – Kindergeldanspruch für Ausländer.
23 *Reimer* (N 18), § 9 Rn. 102.
24 *Peter M. Huber*, Die entfesselte Verwaltung, in: StWissStP 6 (1997), S. 423 (444); *Thomas von Danwitz*, Verwaltungsrechtliches System und europäische Integration, 1996, S. 206.
25 *Eberhard Schmidt-Aßmann*, Verfassungsprinzipien für den Europäischen Verwaltungsverbund, in: GVwR, Bd. I, 2006, § 5 Rn. 10f.; *Hinnerk Wißmann*, Verfassungsrechtliche Kompetenzordnung, ebd., § 15 Rn. 2.
26 Für eine Übersicht: *Reimer* (N 18), § 9 Rn. 95f.

Gesetze. Vorbereitungen zu großen Kodifikationen, insbesondere im Sozialrecht[27], im Umweltrecht[28], im Informationsrecht[29] und im Steuerrecht[30] suchen die Gesetzgebung wieder auf Grundsatzregelungen zurückzuführen und von Teilordnungen zu entlasten, könnten eine Neuzeit der großen Kodifikationen einleiten[31], bestimmen aber noch nicht das Gegenwartsgesicht der Gesetzgebung. Staatliches Handeln muß in der Fülle des Gesetzesrechts zu einer durch das Gesetz geprägten Struktur zurückfinden, das Gesetz sich auf das „Wesentliche" beschränken und dadurch Gestaltungsmacht zurückgewinnen.

Das Rechtsstaatsprinzip, einer der zentralen Rechtsgedanken des Grundgesetzes[32], hat sich in den letzten 60 Jahre auch gegenüber dem Gesetzesadressaten bewähren und in der Geltungs- und Gestaltungskraft des Rechts behaupten müssen. Die Systemtheorie[33] stellt die Steuerungsfähigkeit des Rechts grundlegend in Frage, weil die Gesellschaft sich in einzelne Teilsysteme – der Wirtschaft, der Kultur, der Wissenschaft, der Religion – untergliedere, dort eigene Handlungsrationalitäten entwickele und auf „Außenreize" weitgehend unvorhersehbar nach eigenen Maßstäben reagiere. Diese Untergliederungen hat das Recht jedoch durch die Autonomie – der Kirchen, der kommunalen Selbstverwaltung, der funktionalen Selbstverwaltung insbesondere der Hochschulen, der Sozialversicherungsträger und der Kammern –, durch die Verselbständigung von Anstalten und Behörden, etwa im Bereich von Kredit und Finanzierung, Prüfung und Sachverstand, Sozial- und Bildungspolitik, sowie durch öffentliche Wirtschaftsunternehmen aufgenommen und in eine Gesamtordnung eingebettet. Zudem nähern sich Staat und Gesellschaft durch Beleihung, gemischt-wirtschaftliche Unternehmen, gemeinnützige Einrichtungen und marktnahes Staatshandeln einander an[34]. Zwischen Gesetz und Gesetzesvollzug drängt sich ein System der Räte[35] und von Organen der Zielführung, Evaluation, Qualitätssicherung und Akkreditierung[36], die das Recht in den Sog von Interessentenwissen, Erwerbsmotiv und Gruppenherrschaft geraten lassen. Staatliche Entscheidungen werden durch gesellschaftlichen Willen beim „Energiekonsens" oder einem „Bündnis für Arbeit"

4
Steuerungsfähigkeit des Rechts

---

27 *Werner Thieme*, Das halbgescheiterte Sozialgesetzbuch, in: FS für Hans Zacher, 1998, S. 1101 f.
28 *Michael Kloepfer/Wolfgang Durner*, Der Umweltgesetzbuch-Entwurf der Sachverständigenkommission, in: DVBl 1997, S. 1081 f.
29 *Friedrich Schoch/Michael Kloepfer*, Informationsfreiheitsgesetz, 2002.
30 *Paul Kirchhof*, Einkommensteuergesetzbuch, 2004; vgl. zum Grundsätzlichen *Hans-Jürgen Papier*, Steuerungs- und Reformfähigkeit des Staates, in: Rudolf Mellinghoff/Gerd Morgenthaler/Thomas Puhl (Hg.), Die Erneuerung des Verfassungsstaates, 2003, S. 103 f.
31 *Reimer* (N 18), § 9 Rn. 2.
32 *Gerhard Leibholz*, Strukturprobleme der modernen Demokratie, ³1974, S. 168 f.; → Bd. II, *Schmidt-Aßmann*, § 26 Rn. 16.
33 *Niklas Luhmann*, Soziale Systeme, ⁵1994, S. 57 f.; *ders.*, Das Recht der Gesellschaft, 1993, S. 38 f.
34 Zu den Erscheinungsformen im einzelnen → unten *Krebs*, § 108 Rn. 22 f., 36 ff., 44 f. Vgl. auch *Thomas Groß*, Die Verwaltungsorganisation als Teil organisierter Staatlichkeit, in: GVwR, Bd. I, 2006, § 13 Rn. 63 f.
35 → Bd. III, *Voßkuhle*, § 43 Rn. 17 ff. Vgl. auch *Meinhard Schröder*, Wirkungen der Grundrechtscharta in der europäischen Rechtsordnung, in: JZ 2002, S. 849 ff.
36 S. u. Rn. 7.

gesellschaftlich vorgeprägt[37]. „Auspaktierte" Regelungen können verfassungsrechtliche Kompetenzen und Grundrechte beeinträchtigen[38], fordern „Begleitstrukturen" zur Sicherung des parlamentarischen Einflusses[39], schwächen die Entscheidungen der Staatsorgane in ihrer unbefangenen Sachgerechtigkeit, in der Gesetzlichkeit, die den Gleichheitssatz und eine Gemeinwohlgewähr am ehesten sichern[40]. „Fast alle Vorkehrungen, die die Verfassung zur Gewährleistung des Demokratieprinzips und des Rechtsstaatsprinzips trifft, werden durch den paktierenden Staat unterlaufen"[41]. Normersetzende Absprachen[42], die Verlagerung von Gesetzgebungsaufgaben auf nichtstaatliche Organisationen[43], die Aushöhlung des parlamentarischen Budgetrechts[44], die Abwanderung von Regelungsgegenständen aus dem staatlichen Herrschaftsbereich[45] und die Vernetzung von Rechtsquellen und Institutionen verschiedener Staaten[46] begründen den Auftrag, das Verfassungsgesetz und seine gesetzliche Ausprägung wieder zur kraftvollen Mitte der Rechtsordnung zu machen, zwischen freiheitsverpflichtetem Staat und freiheitsberechtigter Gesellschaft wieder Distanz zu wahren.

5
Informales Handeln

Vielfach handelt der Staat jenseits von Formbindung und freiheitlicher Distanz zu den Betroffenen, sucht ihr Einvernehmen, ihre Wissens- und Willensbeteiligung an staatlichen Entscheidungen, billigt ihnen faktisch oft eine Vorwegnahme staatlicher Entscheidungen zu[47]: Ein Koalitionsvertrag, ein Atomkonsens oder eine parteiinterne Mitgliederbefragung zur Wahl eines Ministerpräsidenten verlegen Entscheidungsmacht von den Staatsorganen in den nichtstaatlichen Bereich. Die Verwaltung traut sich die Lösung schwieriger ökonomischer, ökologischer, technologischer oder sozialer Probleme nur im Zusammenwirken mit den Betroffenen und Beteiligten zu, klärt im Konsens Rechtsfragen und vermeidet Rechtsstreitigkeiten, erschließt sich privates Wissen für behördliche Entscheidung, sichert die Entwicklungsoffenheit und Anpassungsfähigkeit staatlichen Regelns, beschleunigt das Verfahren, mindert Planungs- und Kostenrisiken[48]. Selbst in der Rechtsprechung werden

---

37 *Matthias Herdegen*, Informalisierung und Entparlamentarisierung politischer Entscheidungen als Gefährdungen der Verfassung?, in: VVDStRL 62 (2003), S. 7 ff.; *Paul Kirchhof*, Demokratie ohne parlamentarische Gesetzgebung?, in: NJW 2001, S. 1332 ff.
38 *Herdegen* (N 37), S. 17.
39 *Martin Morlock*, Informalisierung und Entparlamentarisierung politischer Entscheidungen als Gefährdungen der Verfassung?, in: VVDStRL 2002 (2003), S. 17: Anlehnung an Art. 23 GG; *Herdegen* (N 37), S. 18: „Maßstäbebeschlüsse".
40 S. u. Rn. 74.
41 *Dieter Grimm*, Das Grundgesetz nach 50 Jahren. Versuch einer staatsrechtlichen Würdigung, in: DRiZ 2000, S. 148 (158).
42 Vgl. *Herdegen* (N 37), S. 17.
43 Vgl. die Auferlegung zwangsbewehrter Verhaltenspflichten durch die „Regierungskommission deutscher Corporate Government Kodex".
44 → Bd. III, *Puhl*, § 48 Rn. 64.
45 *Jens-Peter Schneider*, Zur Ökonomisierung von Verwaltungsrecht und Verwaltungsrechtswissenschaften, in: Verw 2001, S. 317 (337 f.): Vergabe von Domain-Adressen im Internet durch private ICANN.
46 *Herdegen* (N 37), S. 10, spricht von einer „Disaggregation des Staates".
47 → Bd. III, *Schoch*, § 37 Rn. 96 f.
48 → Bd. III, *Schoch*, § 37 Rn. 96. Vgl. auch *Schmidt-Aßmann* (N 4), S. 352 ff.; *Jens-Peter Schneider*, Kooperative Verwaltungsverfahren, in: VerwArch 87 (1996), S. 38 (46 f.)

Absprachen üblich, insbesondere bei der einvernehmlichen Beendigung eines Strafprozesses („Deal")[49], bei der Mediation[50] und bei „Stillhalteabkommen" im Rahmen gerichtlicher Eilverfahren[51]. Daneben tritt die staatliche Informationstätigkeit, bei der die öffentliche Hand durch Aufklärung, Beratung, Empfehlung und Warnung ihre Aufgaben mit dem Instrumentarium moderner Informations- und Kommunikationstechniken erfüllt[52]. Ein derart informales Handeln sucht die Nähe zum Bürger, verliert aber mit der Distanz zum Bürger auch ein Stück unbefangener Vergewisserung über Recht und Amtsauftrag, gefährdet im Einvernehmen das unveräußerbare Recht, delegitimiert in der Verlagerung von Entscheidungsmacht staatliche Organe, schwächt im Zusammenwirken Verfahrensgerechtigkeit und Gerichtsschutz, macht staatliches Handeln vom individuellen Verstehen und Verständigen abhängig, überläßt die Auswahl des Partners weitgehend dem nicht rechtlich strukturierten Wollen von Regierung und Verwaltung. Diese Entrechtlichung wird in der Regel Regierung und Verwaltung stärken[53], das auf Allgemeinheit angelegte Parlament schwächen. Die einseitige staatliche Informationstätigkeit wirkt ungeformt in die Breite, kann in ihren Wirkungen unter den Bedingungen moderner Massenmedien kaum verläßlich gemäßigt werden, braucht deshalb zumindest eine verfassungsrechtliche Bindung innerhalb der staatlichen Aufgabe[54], der Kompetenzordnung[55] und eines Sachlichkeitsgebots[56].

Der Staat wechselt seine Handlungsmittel noch grundlegender, wenn er statt durch das Recht mit der Macht des Geldes handelt[57]. Steuern[58] und Abgaben[59] finanzieren nicht nur, sondern lenken, nehmen also dem Steuerpflichtigen ein Stück Freiheit, indem sie finanzielle Vergünstigungen anbieten oder steuerliche Sonderlasten androhen, damit die Unausweichlichkeit staatlichen Lenkens je nach finanzieller Leistungsfähigkeit unterscheiden und den Erfolg staatlichen Handelns auch von der Entscheidung des Adressaten abhängig machen, der sich „freikaufen" kann. Staatliche Leistungssubventionen[60] unterstützen wirtschaftliche Initiativen von Unternehmen, begünstigen Umweltschutz oder Kulturschaffen, fördern das Wohnungswesen, Bildungseinrichtungen oder den Sport. Eine Ökonomisierung des Rechts sucht staatliches Handeln in den Sog marktwirtschaftlichen Tauschens und wettbewerblicher

6
Herrschaft des Geldes

---

49 Vgl. das Referat von *Eberhard Stilz*, Das Justizgewährungsdefizit, in: Verh. des 66. DJT, 2006, Bd. II/1, S. R 49f.
50 *Rainer Pitschas*, Mediation als Methode und Instrument der Konfliktmittlung im öffentlichen Sektor, in: NVwZ 2004, S. 396f.
51 → Bd. III, *Schoch*, § 37 Rn. 44.
52 BVerfGE 105, 252 (268f.) – Glykol; BVerfGE 105, 279 (293) – Osho.
53 → Bd. I, *Grimm*, § 1 Rn. 73f.; → Bd. III, *Schoch*, § 37 Rn. 108f. Vgl. auch *Schmidt-Aßmann* (N 4), S. 330f.
54 BVerfGE 105, 252 (268f.) – Glykol; BVerfGE 105, 279 (293ff.) – Osho.
55 BVerfGE 44, 125 (149) – Öffentlichkeitsarbeit; BVerfGE 105, 252 (270) – Glykol.
56 BVerfGE 57, 1 (8) – NPD; BVerfGE 105, 252 (272f.) – Glykol; sehr kritisch dazu → Bd. III, *Schoch*, § 37 Rn. 111 f. m. weit. Nachw.
57 → Unten *Waldhoff*, § 116 Rn. 8f.; *P. Kirchhof*, § 118 Rn. 46f.; *Heintzen*, § 120 Rn. 15f.; *Gröpl*, § 121 Rn. 4f.
58 → Unten *P. Kirchhof*, § 118 Rn. 46f.
59 → Unten *P. Kirchhof*, § 119 Rn. 24.
60 → Unten *Kämmerer*, § 124 Rn. 1f.

Preis- und Kostenbemessung zu drängen[61]. Die Grenze zwischen der staatlichen Gewähr von Freiheit, Markt und Wettbewerb und der privaten Entfaltung von Wirtschaftstätigkeit[62] wird durch eine vom Staat für den wirtschaftlichen Ablauf übernommene Gesamtverantwortlichkeit „bis zur Unkenntlichkeit" verfremdet[63]. Dementsprechend richten sich die Erwartungen der Bürger an den Staat weniger auf gutes Recht und mehr auf gutes Geld. Die aus der Macht des Geldes abgeleiteten Handlungsformen entziehen sich strikter rechtlicher Bindung. Das Übermaßverbot wird in den Schranken der Staatsverschuldung[64], der grundrechtlichen Obergrenze für Steuerlasten[65] und einer nur schwach ausgeprägten Staatsaufgabenlehre[66] nur sehr vage aufgenommen[67]. Die Knappheit der Haushaltmittel verpflichtet; doch die Verfassungsmaßstäbe der „Sparsamkeit und Wirtschaftlichkeit" (Art. 114 Abs. 2 GG)[68] drängen in einen verallgemeinerten Maßstab der „Effizienz"[69]. Staatliches Handeln wird für die Vielfalt so vieler Kompromisse anfällig, als eine Summe in Euro teilbar ist. Der Wechsel vom Handlungsmittel des Rechts zu dem des Geldes verschiebt aber vor allem die Gleichheit zum Privileg: Würde der Staat heute 80 Millionen Euro gleichheitsgerecht auf 80 Millionen Bürger verteilen, also jedem einen Euro zukommen lassen, wäre diese Maßnahme sinnlos. Gibt er hingegen 80 Bürgern je eine Million Euro, kann er lenken, Strukturen verändern, Bedarf und Begehrlichkeiten wecken.

7
Kooperatives Verwalten

Mitwirkungsoffenes Verwalten gibt dem Bürger ein Stück Selbstbestimmung zurück, eröffnet aber auch den individualnützigen Zugriff auf das Verwaltungshandeln und die Staatskasse. Staat und Bürger arbeiten bei der privaten Rechtsetzung zusammen[70], bei den auf Eigennutz und Eigendynamik angelegten Kompensationslösungen[71], auch bei den marktähnlich wirkenden Zertifizierungen im Umwelt-[72], Wirtschafts-[73] und Bildungsrecht[74], bei der „Selbstbedienung" des Steuerpflichtigen durch Erfüllung eines steuergesetzlichen Verschonungstatbestandes[75]. Zwischen Staat und Bürger schieben sich Akkreditierungsausschüsse, Evaluationsbüros und Qualitätssicherungsagen-

---

61 → Unten *Gröpl*, § 121 Rn. 4f.
62 BVerfGE 25, 1 (23) – Mühlengesetz; BVerfGE 29, 260 (267) – Rentenrechtliche Jahresarbeitsverdienstgrenze; BVerfGE 50, 290 (366) – Mitbestimmung; BVerfGE 65, 196 (210) – Altersruhegeld.
63 → Bd. IV, *Schmidt*, § 92 Rn. 57; vgl. auch *ders.*, Die Reform von Verwaltung und Verwaltungsrecht, in: VerwArch 2000, S. 149 f.
64 → Unten *Pünder*, § 123 Rn. 45.
65 → Unten *P. Kirchhof*, § 118 Rn. 126 f.
66 → Bd. IV, *Isensee*, § 73 Rn. 29 f.; *Burgi*, § 75 Rn. 16 f.
67 *Paul Kirchhof*, Die staatsrechtliche Bedeutung der Steuerreform, in: JöR 2006, S. 1 ff.
68 → Unten *Gröpl*, § 121 Rn. 16.
69 → Unten *Gröpl*, § 121 Rn. 13 f.; vgl. auch *Schmidt* (N 63), S. 155 f.
70 *Ferdinand Kirchhof*, Private Rechtsetzung, 1987, S. 133 ff.; → unten *Ossenbühl*, § 100 Rn. 61 f.
71 *Andreas Voßkuhle*, Das Kompensationsprinzip, 1999, S. 53 ff.
72 *Christoph Engel*, Institutionen zwischen Markt und Staat, in: Verw 2001, S. 1 ff.
73 *Michael Bauer*, Auf dem Weg zur analytisch-kommunikativen Verwaltung? Zum Wandel der öffentlichen Verwaltung in den liberalisierten Netzwerkindustrien, in: Verw 2003, S. 197 ff.
74 Umweltrecht: *Charlotte Kreuter-Kirchhof*, Neue Kooperationsformen im Umweltvölkerrecht, 2005, S. 203 f.; Wirtschaftsrecht: *Friedhelm Hufen*, Lebensmittelrecht, in: Reiner Schmidt (Hg.), Öffentliches Wirtschaftsrecht, Besonderer Teil 2, 1996, § 12 Rn. 137, 140 f., 159 f.; zum Bildungsrecht → Bd. IV, *Trute*, § 88 Rn. 42.
75 → Unten *P. Kirchhof*, § 118 Rn. 46 ff.

turen, die gelegentlich in – erwerbswirtschaftlicher oder kollegialer – institutioneller Befangenheit zu handeln scheinen. Die Verwaltungsrechtsordnung und die Privatrechtsordnung begegnen sich im Verwaltungsprivatrecht und im Privatverwaltungsrecht[76]. Die Kraft des Rechts wird zum zentralen Thema staatlicher Handlungsmittel.

Je mehr der Staat austauschähnlich ein privates Wohlverhalten durch Zuwendungen oder Steuerverschonungen honoriert, rechtliches Regeln durch Einvernehmen ablöst, Feststellungs- und Entscheidungsverfahren privater Mitwirkung öffnet, desto mehr entfernt sich die Verwaltung von den Maßstäben der Unbefangenheit und Distanz und unterwirft staatliches Handeln, öffentliche Haushaltsressourcen und selbst Rechtsmaßstäbe individuellen Teilhabe- und Leistungsrechten. Ein Unterlassen – eine Unterversorgung – wird zum Rechtsverstoß und begründet damit staatliche Handlungspflichten. Diese Entgrenzung erfordert eine erneuerte Rechtsstaatlichkeit und demokratische Legitimation. Die Subjektivierung des Rechts schreitet voran, Akten und Entscheidungsverfahren verlieren an Vertraulichkeit, damit an Vertrauenswürdigkeit, oft auch an Richtigkeit. Die Sichtbarkeit staatlichen Handelns verflüchtigt sich im einvernehmlichen Tausch. Der Maßstab des Rechts ist neu zur Wirkung zu bringen.

8
Entgrenzen des Verwaltens

2. Allzuständigkeit ohne umfassende Handlungsbefugnisse

Der Staat ist umfassend für das Gemeinwesen verantwortlich, braucht aber nicht alle zur Verwirklichung des Gemeinwohls erforderlichen Handlungen eigenständig vorzunehmen. Der Staat findet vielmehr eine „unverletzlich" und „unveräußerlich" im Menschen angelegte Freiheit vor, anerkennt diese Freiheit in einer freiheitlichen Verfassung und überläßt das Verhalten des einzelnen individueller Selbstbestimmung in Distanz zum Staat. Die Zuständigkeit des Staates beschränkt sich auf die Gewährleistung von Sicherheit und Freiheit, die Pflege der tatsächlichen Freiheitsvoraussetzungen und den Ausgleich zwischen Freiheitsausübung und Gemeinschaftsanliegen. Soweit der Staat individuelle Freiheit und Gruppenautonomie anerkennt, beschränkt er sich auf die Aufgaben des Garanten und Kontrolleurs, der nicht selbst handelt, sondern das Handeln der anderen fordert und erwartet, es auch in die Grenzen des Erlaubten verweist.

9
Allzuständigkeit fordert nicht eigenhändiges Handeln

Soweit der Staat zu eigenem Handeln berechtigt oder verpflichtet ist, sind seine Zuständigkeiten und Befugnisse nicht in der Hand eines Organs gebündelt und oft auf die Zusammenarbeit mit privater Hand angelegt. Das Zusammenwirken von Freiheitsrechten und Kompetenzordnung kann staatliche Organe auf eine bloße Legalitätsreserve, auf eine elementare Existenz- und Friedenssicherung, eine Gewährleistungsverantwortung, eine nur subsidiäre

10
Allzuständigkeit ist nicht Alleinzuständigkeit

---
76 *Wolfgang Hoffmann-Riem*, Öffentliches Recht und Privatrecht als wechselseitige Auffangordnung, in: ders./Eberhard Schmidt-Aßmann (Hg.), Öffentliches Recht und Privatrecht als wechselseitige Auffangordnung, 1996, S. 261 (271).

Handlungsberechtigung beschränken. Die Allzuständigkeit des Staates ist nicht Alleinzuständigkeit.

11
Der Staat wirkt universal, nicht totalitär

Der Staat wirkt universal, weil er sich je nach Entwicklung und Einschätzung verschiedenen Aufgaben zuwenden kann. Er wird dadurch nicht totalitär, solange er in den Instrumenten seines Handelns an Grundrechte und Kompetenzschranken gebunden ist. Der Inhaber der Staatsgewalt gewinnt nicht Gewalt über den Staat in seinen jeweiligen Zielsetzungen, sondern übt verfaßte Gewalt des Staates im Dienst verschiedener Staatsaufgaben aus.

3. Notwendigkeit und Bedrohlichkeit der Staatsgewalt

12
Homo homini lupus oder homo homini deus

Die Ausstattung des Staates mit Kompetenzen und Befugnissen hängt davon ab, ob das Staatsvolk den Staatsorganen prinzipiell mit Vertrauen oder mit Argwohn begegnet, ob es von staatlichem Handeln helfende Nähe oder Freiheit achtende Distanz erwartet. Der Mensch kann und soll sein Leben nicht vereinzelt, allein auf sich gestellt führen, sondern ist – als „geselliges"[77], „staatsbildendes"[78] Wesen – auf ein Zusammenleben in einer Schutz- und Bedarfsgemeinschaft angelegt. Die zur Wahrnehmung dieses staatlichen Zusammenhalts unverzichtbare Staatsmacht kann individuelle Existenz und allgemeinen Frieden sichern, jedoch auch selbst zur bedrohlichen Gewalt werden. Umfang und Grenzen staatlicher Handlungsmacht hängen deshalb von der Einschätzung ab, ob der Mensch eher durch die Maximen des Kampfes (Gewalt und List) – „homo homini lupus" – oder durch die Tugenden des Ausgleichs (Gerechtigkeit und Zuwendung zum Nächsten) – „homo homini deus"[79] – bestimmt wird. Ist der Mensch in Freiheit prinzipiell böse, so bedroht er den anderen und ist staatlicher Weisung und Überwachung zu unterwerfen. Wird der Mensch in Freiheit hingegen als prinzipiell gut verstanden, so hat der Staat im wesentlichen die Entfaltung des einzelnen zu sichern und zu erleichtern. Ist der Mensch zur Freiheit berufen, so darf und muß der Staat die Gestaltung des individuellen Lebens persönlicher Selbstbestimmung überlassen; ist er zur Freiheit verdammt, so sucht er Halt in staatlicher Lenkung und Hilfe. Umgekehrt ist der Staat – durch Menschen handelnd – Garant und Gegner der Freiheit zugleich[80].

13
Staatliche Mächtigkeit als Notwendigkeit und Bedrohung

Wird der Staat mit der Autorität des Rechtsetzers und des Rechtvollstreckers und mit der Gestaltungsmacht eines Daseinsgaranten ausgestattet, so steht die konkrete Staatsverfassung vor der Aufgabe, staatliches Handeln möglichst verläßlich auf das Gemeinwohl[81] auszurichten und vom Eigennutz der Herrschenden wegzuführen. Sollte eine Gemeinschaft eine Form finden, die einen

---
77 *Thomas von Aquin*, De regimine principum, 1. Buch, 1. Kap., S. 10f., in: ders., Ausgewählte Werke zur Staats- und Wirtschaftslehre, übertragen von Friedrich Schreivogel, 1932, S. 9f.
78 *Aristoteles*, Politik, 1. Buch, 1253 a 9.
79 *Thomas Hobbes*, Malmesburiensis opera philosophica quae latine scripsit omnia, 1839–1845, Bd. II (Nachdruck 1966), S. 1f.
80 *P. Kirchhof* (N 11), S. 31 ff.
81 → Bd. IV, *Isensee*, § 71 Rn. 7 ff.

Eigennutz der Mächtigen und eine Schädigung der Mitglieder ausschließt, so wäre es unbedenklich, wenn jedes Mitglied alle seine Rechte vollständig und vorbehaltlos an die Gemeinschaft überäußerte[82]. Doch solange der Mensch getrieben ist von Hunger, Erwerbstreben, Ehrgeiz, Machtwillen, Neugierde, Sinnlichkeit und Sexualität, bleibt auch staatliche Macht stets potentiell bedrohlich und mißbrauchsanfällig. Zudem kann eine Gewöhnung an die Macht die ethische Selbstkontrolle schwächen. Jeder Mensch, der zur Führung anderer Menschen berufen ist, trägt in sich unterschiedliche Führungsqualifikationen: Der Tyrann will herrschen, sich andere Menschen unterwerfen. Der Staatsphilosoph steht für Werte, die er anderen verbindlich vorgeben will. Der Kapitalist setzt seine Eigentümermacht ein, um andere für sich einen Mehrwert erarbeiten zu lassen. Der Sozialist beraubt die anderen ihres Eigentums und macht sie so existentiell von sich abhängig. Der Statistiker ermittelt den punktuellen Willen der Mehrheit oder derer, die den Mehrheitswillen formulieren, und behauptet dessen Verbindlichkeit in stetig wechselnden Aussagen. Der Demokrat prüft seine Führungsentscheidungen immer wieder im Willen der Betroffenen, ist auf ständig neue Legitimation angewiesen. Diese unterschiedlichen Führungskonzepte sind zunächst im Menschen angelegt, noch nicht Ausdruck eines staatlichen Herrschaftssystems. Deshalb gilt es, staatliche Mächtigkeit zu begrenzen, zu teilen und zu kontrollieren. Im staatsrechtlich gebundenen „Amt"[83] wird ein unbefangenes und unparteiliches Handeln institutionell vorbereitet und bewahrt, das in der Allgemeinwohlverpflichtung die Verantwortlichkeit des Staatsorgans stärkt, in der staatsrechtlichen Inpflichtnahme seine Empfindsamkeit für die Breitenwirkungen und Fernwirkungen staatlichen Handelns schärft. Das Demokratieprinzip erlaubt nur Macht auf Zeit, bringt den Herrschaftsstatus und jede Ausübung der Staatsgewalt in Abhängigkeit vom Staatsbürger, vom Staatsvolk.

Unterschiedliche Führungskonzepte

Das Grundgesetz geht von einer „Staatsgewalt" als Elementarbefund des Verfassungsrechts aus (Art. 20 Abs. 2 und 3, Art. 1 Abs. 1 und 3 GG), bindet diese Gewalt jedoch an grundrechtliche Freiheitsgewährleistungen, teilt sie in einem System getrennter, aber aufeinander angewiesener Staatsfunktionen und unterwirft sie stetiger institutionalisierter Kontrolle. Das Grundgesetz begegnet der Staatsgewalt nicht mit prinzipiellem Argwohn, sondern anerkennt sie als notwendige Grundlage staatlichen Handelns, von der die Allgemeinheit des Rechts und seine Durchsetzbarkeit, der Zusammenhalt und die Einheit der staatlich verfaßten Gemeinschaft, die Garantie individueller Existenz und der Friedensordnung abhängen. Das Grundgesetz kennt ebenso keine Vermutung für die Vertrauenswürdigkeit freiheitlicher (privater) Macht, insbesondere von Unternehmen, Verbänden oder Medien[84], sondern sucht die Staatsgewalt als prinzipiell überlegenes, rechtsstaatlich gebundenes, in ihrer Mißbrauchsanfälligkeit kontrolliertes Handlungspotential einzurichten.

14
„Staatsgewalt" als verfaßte Handlungsgrundlage

---

82 *Jean-Jacques Rousseau*, Du contrat social I. 6, Paris o J., in: ders., Politische Schriften Bd. I, übertragen von Ludwig Schmidts, 1977, S. 72 ff.
83 → Bd. IV, *Isensee*, § 71 Rn. 132 ff.
84 → Bd. III, *Horn*, § 41 Rn. 8 ff., 32 ff.; *Voßkuhle*, § 43 Rn. 17 ff.

15
Offenheit der freiheitlichen Demokratie

Eine freiheitlich verfaßte Demokratie ist grundsätzlich offen für wechselnde Aufgaben der staatlichen Gemeinschaft. Wenn die Staatsgewalt sich vom jeweiligen Staatsvolk der Gegenwart ableitet (Art. 20 Abs. 2 S. 1 GG) und die Staatsorgane in regelmäßig wiederkehrenden Wahlen neu gewählt werden (vgl. Art. 38 GG), ist die gesamte Handlungsweise des Staates auf dieses Staatsvolk mit seinem jeweiligen Bedarf, seinen jeweiligen Anliegen und Wertungen ausgerichtet. Der einzelne aber bestimmt seinen Einfluß auf das Staatsvolk und den Staat in Freiheit. Sein Freiheitsrecht enthält keine Zielvorgabe, sondern einen Zielfindungsauftrag: Der Staatsbürger entscheidet über die Ziele seines Handelns selbst und stimmt diese Ziele unabhängig vom Staat mit den Zielsetzungen anderer Freiheitsberechtigter ab. Der Staat nimmt die wechselnden Zielsetzungen seiner Bürger, seiner Wähler und der privaten Organisationen auf, ist deshalb für wechselnde Bedürfnisse und Anliegen zugänglich. Das Grundgesetz wahrt die Grundstrukturen[85] dieser Entwicklungsoffenheit und ihre verfassungsrechtlichen Ausprägungen in den Prinzipien individueller Freiheit und parlamentarischer Erneuerung. Staatszielbestimmungen und Gesetzgebungsaufträge geben dem staatlichen Handeln nur gelegentliche und partielle Aufträge.

4. Handlungsmittel je nach Aufgaben

16
Wachsende Handlungsbefugnisse mit wachsenden Aufgaben

Je mehr Aufgaben dem Staat zugewiesen werden, desto mehr Handlungsmittel gewinnt er, desto intensiver wird seine Macht. Der verteilende soziale Staat ist zuerst nehmender Steuerstaat. Staatliche Daseinsvorsorge beobachtet und bestimmt private Lebensgestaltung und dringt damit in den Kernbereich individueller Freiheit vor. Eine staatliche Garantie, „Glück und Sicherheit zu erlangen"[86], überfordert den Staat, der sich eine staatlich nicht erreichbare Handlungskraft anmaßen, außerdem den Bürger bei der Suche nach dem Glück bevormunden würde. Die staatlichen Aufgaben bestimmen die Verhältnisse und damit das „Verhältnismäßige" des Rechtsstaates: Solange die Gesundheitsvorsorge privat ist, gibt es keine Impfpflicht und keine Pflichtversicherung, aber auch keinen staatlichen Sicherungsauftrag[87], keinen staatlichen Schutz gegen Seuchen und allgemeine Krankheitsrisiken. Solange die Bildung jedem einzelnen überlassen ist, gibt es keine Schulpflicht und kein staatliches Verfahren zur Verteilung von Studienplätzen, aber auch keine reale Bildungschance für jedermann und keine Mindestausbildung, damit keine Demokratiefähigkeit des Staatsvolkes. Technische Risiken werden durch ein privatrechtliches Gewährleistungs- und Haftungsrecht nicht vermieden, sondern nur kompensiert, durch ein prinzipielles Verbot mit staatlichem Genehmigungs-, Erprobungs- oder Überwachungsvorbehalt jedoch in die

---

85 → Bd. II, *Häberle*, § 22 Rn. 56 ff.; *Böckenförde*, § 24 Rn. 1 ff.
86 Virginia Bill of Rights vom 12.6.1776, – dort primär als Inhalt eines Freiheitsrechts – abgedruckt in: *Günther Franz*, Staatsverfassungen – eine Sammlung wichtiger Verfassungen der Vergangenheit und Gegenwart in Urtext und Übersetzung, ²1964, S. 6 ff.; zur Tradition der Staatsziele von Wohlfahrt, Glück und Sicherheit: *Maier* (N 2), S. 214.
87 → Bd. IV, *Butzer*, § 74 Rn. 30 ff.

staatliche Verantwortlichkeit einer Gefahrenvorsorge überführt. Solange Güter wie Wasser oder Luft für jedermann zum beliebigen Gebrauch verfügbar erscheinen, bedarf es keines staatlichen Schutzes. Erreicht die Belastung dieser Güter im Allgemeingebrauch hingegen eine nicht mehr erträgliche Intensität, so werden Luft und Wasser zu einem staatlich bewirtschafteten Gut.

Die Mittel staatlichen Handelns sind somit je nach gewählter Aufgabe unterschiedlich. Individuelle Freiheit und Privatheit dürfen nur durch staatliche Rechtsetzung bestätigt und geschützt werden, tatsächliche Voraussetzungen individuellen Handelns[88] können durch staatliche Finanz- und Organisationshilfen sowie durch staatliche Einrichtungen verbessert und erweitert werden. Andere Bedingungen individuellen Handelns mögen zeitweilig – wie im Hochschul- und Rundfunkwesen – in öffentlicher Hand monopolisiert, Freiheitsrechte damit durch einen Anspruch auf gleiche Teilhabe verwirklicht werden. Staatliche Gefahrenvorsorge wirkt durch entwicklungsleitende Verbote und gefahreneindämmende Auflagen und Bedingungen; die Gefahrenabwehr hingegen benötigt neben der sprachlichen Einwirkung auf den Störer auch den staatlichen Realakt, der den rechtsgutgefährdenden Kausalablauf zwangsweise unterbricht. Die heutigen Möglichkeiten des Wissens und der Informationstechnik, die steigenden Vorsorgebedürfnisse einer Sicherheitsgesellschaft und die weiter greifenden Gefährdungspotentiale, insbesondere von Atomwirtschaft, internationaler Finanzkriminalität und Terrorismus, führen zunächst zu dem Versuch, die Übergänge von Gefahrenbeseitigung, Gefahrenvorsorge und Gefahrenaufklärung durch mehr Recht zu formen[89]. Bald jedoch wird ersichtlich[90], daß das polizei- und ordnungsrechtliche Handeln über die konkrete Gefahr hinausgreift, den Nichtstörer „auf Verdacht" in den Kreis der Adressaten einbezieht, die Wissensbeschaffung und Wissensverwertung deutlich mehr als früher zu einer Kernfrage der polizeilichen Tätigkeit wird, die auf den Störer ausgerichtete Gefahrenabwehr in eine Vorfeldaufklärung drängt[91]. Die Zwangsmittel der Polizei werden individuell und verhältnismäßig zugemessen; die Waffen der Bundeswehr wirken raumbezogen ohne Feinsteuerung je nach Betroffenem und Einzelfall. Doch jeder Staat, insbesondere der freiheitliche Verfassungsstaat, braucht vorgegebene und freiheit-

17
Gefahrenabwehr, Gefahrenvorsorge, Freiheitsvorsorge

---

88 *Josef Isensee*, Grundrechtsvoraussetzungen und Verfassungserwartungen an die Grundrechtsausübung, in: HStR V, ²2000 (¹1992), § 115 Rn. 7 f.; *ders.*, Der Verfassungsstaat als Friedensgarant, in: Rudolf Mellinghoff (Hg.), Die Erneuerung des Verfassungsstaates, 2003, S. 7; *P. Kirchhof* (N 12), § 21 Rn. 4 ff.
89 Zur Entwicklung vgl. BVerfGE 54, 143 (144 f.) – Taubenfütterungsverbot, dort: hinreichende Bestimmtheit der polizeilichen Generalklausel durch verfestigte Praxis; BVerfGE 113, 348 (375 ff.) – Telekommunikationsüberwachung, erhöhte Bestimmtheitsanforderungen je nach Unsicherheit bei Beurteilung der Gesetzeslage.
90 Vgl. zur Entwicklung BVerfGE 100, 313 (393 f.) – BND-G 10; 110, 33 (61 ff.) – Zollkriminalamt; 113, 348 (375 f., 387) – Telekommunikationsüberwachung.
91 Vgl. *Markus Möstl*, Die neue dogmatische Gestalt des Polizeirechts, in: DVBl 2007, S. 581 f.; *Hans Lisken/Erhard Denninger*, Handbuch des Polizeirechts, ³2001, E 194, F 182; *Bodo Pieroth/Bernhard Schlink/Michael Kniesel*, Polizei- und Ordnungsrecht, ²2004, § 1 Rn. 32, § 2 Rn. 15, § 4 Rn. 17, § 14 Rn. 32; *Hans-Detlef Horn*, Sicherheit und Freiheit durch vorbeugende Verbrechensbekämpfung – der Rechtsstaat auf der Suche nach dem rechten Maß, in: FS für Walter Schmitt Glaeser, 2003, S. 435 (454).

lich geschaffene Voraussetzungen seines Wirkens: Leben baut auf inneren Frieden und ein Gesundheitssystem; der Beruf stützt sich auf Arbeitsteilung und Arbeitsplatz; Bildung entwickelt sich in Schulen und Hochschulen; Eigentum folgt der Rodung, der Produktion, der schöpferischen Kraft von Erfindern, Wissenschaftlern, Künstlern; die Bewegung nutzt Fahrzeug und Straße.

18
Gesetzesvorbehalt, Richtervorbehalt, Rechtswegvorbehalt

Der Rechtsstaat sucht staatliches Handeln in der Allgemeinheit und Öffentlichkeit des Gesetzes zu formen. Das staatliche Recht nimmt diese Wirklichkeit tatbestandlich auf[92], formt Lebensverhältnisse zu Rechtsverhältnissen[93]. Staatliche Eingriffe in Individualrechte stehen unter Gesetzesvorbehalt und in der Regel auch unter dem Vorbehalt nachträglicher gerichtlicher Kontrolle (Art. 19 Abs. 4 S. 1 GG); Eingriffe in besonders sensible Individualrechtspositionen wie die Freiheitsentziehung (Art. 104 Abs. 2 GG) oder die Durchsuchung von Wohnungen (Art. 13 Abs. 2 GG) sind nur bei vorheriger richterlicher Gestattung zulässig. Die Aufgabenteilung zwischen der Gesetzgebung und den anderen Gewalten weist dem Gesetz im übrigen die Funktion zu, die wichtigen, bedeutsamen, wesentlichen Fragen des Gemeinwesens zu regeln[94], die Maßstäbe für das Verhältnis von Staat und Grundrechtsträger, Haushalt und Haushaltsvollzug, Bund und Länder, Deutschland und Europäische Union zu setzen, in einem System der Richtigkeitsgewähr[95] je nach Organisation, Zusammensetzung, Funktion und Verfahrensweise der Staatsorgane[96] sich auf die von Abgeordneten als Generalisten, im öffentlichen Parlamentsverfahren zu beantwortenden Fragen zu beschränken[97].

19
Rechte in der Zeit und trotz der Zeit

Die staatsrechtlichen Bindungen bei Eingriffen in einen Bestand von Rechten und Rechtsgütern sind enger als bei der erstmaligen Gewährung von Rechten und Gütern; deshalb entfalten Grundrechte und die rechtsstaatlichen Prinzipien von Bestandsschutz, Vertrauensschutz und Anpassungspflichten in der Eingriffsverwaltung andere Wirkungen als in der Leistungsverwaltung. Kurzfristige Rechtsverhältnisse sind durch staatlichen Eingriff weniger abänderbar als Dauerrechtsverhältnisse; Vorgänge in der Zeit können eher staatlich gelenkt werden als ein Rechtsbestand trotz der Zeit. Eine zeitliche Dehnung staatlich bewirkter Entwicklungen kann die Intensität eines staatlichen Eingriffs abschwächen und die Rechte der Betroffenen schonen. Die Dauer staatlicher Belastungen, etwa einer Straßensperre oder einer Haft, begründet zusätzliche rechtliche Beschwer. Das auf langfristige Geltung angelegte Gesetz ist grundsätzlich eher abänderbar als der mit der Gegenwart und im Einzelfall befaßte Verwaltungsbescheid.

---

92 *Friedrich Carl von Savigny*, Vom Beruf unserer Zeit für Gesetzgebung und Rechtswissenschaft, 1892, S. 18.
93 Vgl. *Gustav Radbruch*, Die Natur der Sache als juristische Denkform, in: FS für Rudolf Laun, 1948, S. 169.
94 Geläufig mit der Vormärzverfassung → unten *Ossenbühl*, § 101 Rn. 52.
95 BVerfGE 49, 89 (131) – Kalkar I; BVerfGE 68, 1 (86) – NATO-Doppelbeschluß; BVerfGE 98, 218 (252, 256) – Rechtschreibreform.
96 Vgl. *Thomas von Danwitz*, Der Grundsatz funktionsgerechter Organstruktur, in: Der Staat 35 (1996), S. 329 ff.; → unten *Ossenbühl*, § 101 Rn. 60 f.
97 Zu den Konsequenzen → unten *Ossenbühl*, § 101 Rn. 61 ff.

Der Staat darf bestimmte Handlungsmittel trotz lästiger Auswirkungen oder auch trotz unzulänglicher Wirkungskontrolle einsetzen, wenn die Vorteile staatlichen Handelns die Nachteile unerwünschter Nebenwirkungen überwiegen. Er darf Gefahren trotz des Risikos von Fehlprognosen nach Wahrscheinlichkeit und Verdacht abwehren (vgl. Art. 13 Abs. 3, Art. 35 Abs. 2, Art. 104 Abs. 3 S. 1 GG), die staatliche Zukunftsvorsorge auf Planungen stützen (vgl. Art. 110 GG), umweltbelastende Vorhaben genehmigen. Tatsachenwahrheit darf durch Wahrscheinlichkeit ersetzt werden, wenn der Rang des betroffenen Rechtsguts, die Möglichkeit zum Erkennen der Wirklichkeit und die Art möglicher Fehlerwirkungen einer Relativierung des objektiven Rechts – etwa bei seuchenpolizeilichen Maßnahmen nach Verdacht – nicht entgegenstehen. Die Rechtmäßigkeit eines staatlichen Verhaltens kann auch zur rechtlichen Anerkennung unerwünschter Neben- und Folgewirkungen – zum Beispiel der Emissionen beim Straßenbau oder des polizeilichen Zwangs – führen. Umgekehrt kann der Schutz bestimmter Rechtsgüter, insbesondere die Unantastbarkeit der Menschenwürde, im vorhinein eine gefährdende Annäherung des Staates an dieses Rechtsgut unterbinden[98].

20
Verhaltensrecht und Erfolgsrecht

5. Die Zielgerichtetheit staatlichen Handelns

Die Zulässigkeit staatlichen Handelns wird vom Verhältnismäßigkeitsprinzip und vom Gleichheitssatz bestimmt. Verhältnismäßigkeit und Gleichheit sind beide zielbezogene Rechtsmaßstäbe: Die Verhältnismäßigkeit fordert eine Angemessenheit des Handlungsmittels im Vergleich zum Handlungszweck; die Geeignetheit, Erforderlichkeit, Angemessenheit mißt die Belastungswirkung staatlichen Handelns am Belastungsziel[99]. Die Gleichheit bewertet die Ähnlichkeit oder Unterschiedlichkeit von Sachverhalten mit Blick auf das staatlich bezweckte Gestaltungsziel, die gleichheitsgerecht zu setzende Rechtsfolge[100]. Das Verhältnismäßigkeitsprinzip beurteilt das einzelne Handlungsmittel isoliert in seiner Angemessenheit gegenüber dem Handlungsziel. Der Gleichheitssatz beobachtet, ob die Wirkungen einer Handlungsweise durch das Handlungsziel sachgerecht auf benachbarte Sachverhalte und Betroffene abgestimmt sind. Das Verhältnismäßigkeitsprinzip und der Gleichheitssatz fordern deshalb übereinstimmend, allerdings in unterschiedlicher Ausgangsperspektive, eine zielgerichtete Bewertung staatlicher Verhaltensmittel.

21
Finalität von Verhältnismäßigkeit und Gleichmaß

Die Unterscheidung zwischen Mittel und Zweck ist jedoch nicht so deutlich in jedem staatlichen Verhalten angelegt, daß sie lediglich tatsächlich festgestellt werden müßte. Vielmehr ist dieselbe Handlung oft zugleich Mittel und Zweck. Die Steuererhebung dient dem Zweck, staatliche Einnahmen zu

22
Relativität einer Charakterisierung als Mittel oder Zweck

---

98 *Paul Kirchhof*, Verwalten durch „mittelbares" Einwirken, 1977, S. 195 ff.
99 BVerfGE 16, 194 (202) – Liquorentnahme; BVerfGE 30, 292 (316) – Erdölbevorratung; BVerfGE 78, 38 (50) – Gemeinsamer Familienname; BVerfGE 78, 232 (245) – Landwirtschaftliche Altershilfe.
100 Vgl. BVerfGE 55, 72 (88) – Präklusion; BVerfGE 75, 108 (157) – Künstlersozialversicherung; BVerfGE 76, 256 (329) – Beamtenaltersversorgung.

erzielen. Die staatlichen Einnahmen aber dienen wiederum anderen Zielen, zum Beispiel der Errichtung einer Universität. Die Universität hat unter anderem die Aufgabe, Juristen auszubilden. Die Juristenausbildung dient der Verwirklichung des Rechts, unter anderem des Steuerrechts, das dem Staat die ihm zustehenden Einnahmen vermittelt. Das einzelne Verhalten des Staates steht deshalb nicht immer sachgesetzlich im Sog eines vorgegebenen Handlungsziels, sondern muß rechtlich als Mittel qualifiziert und einem Ziel zugeordnet werden.

23
Staatsziele

Dennoch verzichtet die Verfassung auf eine grundsätzliche Regelung der Staatsziele und eine Rangordnung ihrer Dringlichkeit[101]. In wenigen Staatszielen beschränkt das Grundgesetz die Handlungsziele auf andeutende, oft nur programmatische Vorgaben (Art. 109 Abs. 2, Art. 3 Abs. 2 S. 2, Art. 20a GG)[102]. Die Gewichtung ihrer Dringlichkeit, ihre Ausgestaltung in konkrete Einzelvorgaben sowie ihre Anpassung je nach Gegenwartsfragen an den Staat werden nicht in der langfristigen Unverbrüchlichkeit des Verfassungsrechts vorgezeichnet, sondern den Staatsorganen als Prüfungs-, Handlungs- und Sicherstellungsauftrag[103] aufgegeben. Würde eine Staatszielbestimmung auch als Maßstab der Verfassungsrechtsprechung verstanden, so verschöbe sich durch die Aufnahme eines Zieles in die Verfassung notwendig ein Stück politischer Gestaltungskompetenz von Regierung und Parlament zur rechtsprechenden Gewalt. In gleichem Maße würde die Entwicklungsoffenheit des Verfassungsstaates begrenzt. Grundsätzlich verzichtet das Grundgesetz darauf, in Programmsätzen, Aufgabennormen und Richtlinien allgemeine Zielsetzungen wie die Gemeinwohlverpflichtung oder besondere Aufträge wie kulturstaatliche Aufgaben, Umweltschutz- oder Verteilungspolitik zu regeln.

24
Blankettinstrumente des Staates: Recht, Personal, Geld, Organisation

Die zentralen Mittel staatlichen Handelns sind das Setzen von Recht, der Einsatz von Personal, die Verwendung von Finanzmitteln und die Nutzung hoheitlicher Organisationskraft. Diese Handlungsweisen sind stets instrumental, erreichen nicht schon mit dem bloßen Geschehensablauf ihren Zweck, dienen einem in dem Handlungsmittel noch nicht zwingend angelegten Ziel. Rechtsetzen, Personaleinsatz, Finanzierung und Organisation sind Blankettinstrumente, die in den Dienst unterschiedlicher Staatsaufgaben gestellt werden können. Wenn der moderne Staat inneren und äußeren Frieden zu wahren, individuelle Existenz zu sichern, Freiheit und Gleichheit zu gewährleisten hat, aber auch Stabilisierungspolitik, Kulturentfaltung, Umweltschutz und allgemeine Wohlfahrtspflege betreibt, so kann er sich jeweils aller vier Instrumente bedienen. Auch die drei Handlungsformen der Gesetzgebung, der Vollziehung und der Rechtsprechung treten in den Dienst dieser Aufgaben und wirken an deren Erfüllung lediglich in verschiedenen Handlungsweisen mit[104]: der zukunftsgerichteten, auf Dauer angelegten Setzung generellen

---
101 → Bd. IV, *Isensee*, § 73 Rn. 25 f., 39 ff.
102 → Bd. IV, *Isensee*, § 73 Rn. 39 f.
103 → Bd. IV, *Butzer*, § 74 Rn. 38 ff.
104 Gerhard *Husserl*, Recht und Zeit, 1955, S. 52 f.

Rechts, der mit der Gegenwart befaßten Regelung des Einzelfalls und der rückschauenden Kontrolle am Maßstab des Rechts[105].

6. Staatliches Handeln in der Europäischen Union und der Völkerrechtsgemeinschaft

Der Rechtsstaat sucht in seinem Recht Rationalität, allgemeinverständliche, einsichtige und vertraute Maßstäbe, transparente Handlungsformen und Handlungsverfahren. Dieser auf Wissen bauende, rationale Staat[106] stützt sich als Demokratie auf den Volkssouverän, rechtfertigt sich aus dem Staatsvolk[107]. Der demokratische Rechtsstaat ist auf die Sichtbarkeit und Verständlichkeit seiner Handlungsmaßstäbe, die stete kritische Beobachtung seiner Handlungsformen und -verfahren, die Transparenz seiner Institutionen und ihrer Wirkungsweisen angelegt[108]. Rechtsstaatliche Selbstvergewisserung und Kontrolle, aber auch die demokratische Wahl und Abwahl der Staatsorgane durch den informierten Bürger setzen ersichtliche Verantwortlichkeiten voraus, eine klare Zuweisung von Aufgaben, Kompetenzen und Befugnissen. Wenn nunmehr die Mitgliedstaaten der Europäischen Union „einen Teil ihrer Aufgaben gemeinsam" wahrnehmen, sie „im Einklang mit den bestehenden Verträgen einige ihrer Befugnisse gemeinsam" ausüben[109], so trifft die Rationalität des Mitgliedstaates auf eine – andere – Gemeinschaftsrationalität. Die unmittelbare Legitimation eines Staates durch sein Staatsvolk, bei der jedes der Staatsvölker Ausgangspunkt für eine auf sich selbst bezogene Staatsgewalt ist[110], vermittelt über die nationalen Parlamente auch demokratische Legitimation an die Unionsorgane, gestützt auch auf eine Legitimation durch das Europäische Parlament, die allerdings nicht von einem europäischen Staatsvolk ausgeht und auch nur begrenzten Einfluß auf die Politik und Rechtsetzung der Europäischen Gemeinschaft gewinnt[111]. Die Verschränkung und Verflechtung von Rechtsquellen, Rechtskonzepten, Hoheitsorganen und Gerichten in der Europäischen Union hat zur Folge, daß hoheitliches Handeln nicht mehr allgemein sichtbar und verstehbar ist, daß der Staatsbürger mit der ihn betreffenden europäischen Hoheitsgewalt kaum noch in seiner Sprache sprechen kann, daß die Zugehörigkeit eines Staatsbürgers zu der ihm

25
Staatliches Handeln im Staatenverbund und im Rahmen von Vereinten Nationen

---
105 Zur juristischen Bedeutung dieser These vgl. *Michael Kloepfer*, Verfassung und Zeit, in: Der Staat 13 (1974), S. 457 ff.; *Peter Häberle*, Zeit und Verfassung, in: ZfP 21 (1974), S. 111 ff.; *Paul Kirchhof*, Verwalten und Zeit, 1975, S. 1 ff.; *Günter Dürig*, Zeit und Rechtsgleichheit, in: FS zum 500jährigen Bestehen der Tübinger Juristenfakultät, 1977, S. 21 ff.
106 → Bd. IV, *Fassbender*, § 76 Rn. 1 ff.; → Bd. III, *Voßkuhle*, § 43 Rn. 1 ff.
107 *Dieter Grimm*, Braucht Europa eine Verfassung?, in: JZ 1995, S. 581 f.; → Bd. I, *ders.*, § 1 Rn. 97 f. Vgl. auch *Ernst-Wolfgang Böckenförde*, Die verfassunggebende Gewalt des Volkes, in: Ulrich Klaus Preuß, Der Begriff der Verfassung, 1994, S. 58 (63); *Josef Isensee*, Das Volk als Grund der Verfassung, Nordrhein-Westfälische Akademie der Wissenschaften, Vorträge G 334, 1995, S. 21 ff.; *Paul Kirchhof*, Europäische Einigung und der Verfassungsstaat, in: Josef Isensee (Hg.), Europa als politische Idee und als rechtliche Form, 1993, S. 63 ff. → Bd. II, *Isensee*, § 15 Rn. 1.
108 → Bd. III, *Voßkuhle*, § 43 Rn. 1; → Bd. II, *Böckenförde*, § 24 Rn. 81 ff.; *Badura*, § 25 Rn. 27 ff.; *Schmidt-Aßmann*, § 26 Rn. 46 ff.
109 BVerfGE 89, 155 (188 f.) – Maastricht.
110 BVerfGE 89, 155 (186) – Maastricht.
111 BVerfGE 89, 155 (186) – Maastricht.

§ 99 *Achter Teil: I. Grundlagen*

<small>Universale Menschenrechte</small>

vertrauten staatlichen Gemeinschaft gelockert ist, daß die Offenheit und Transparenz des europäischen Entscheidungsprozesses nicht hinreichend von europaweit wirksamen Parteien, Verbänden, Presse und Rundfunk vermittelt wird[112]. Der europäische „Staatenverbund"[113] begründet eine besonders enge Verbundenheit von Mitgliedstaaten und Unionsorganen im Setzen und Durchsetzen von Recht, in der Macht des Wissens und des Geldes, in den Institutionen der Exekutive und der Gerichtsbarkeit. Die über die Europäische Union hinausgreifenden völkerrechtlichen Verträge suchen universale Menschenrechte weltverbindlich zu machen[114], scheinen gelegentlich das Völkerrecht als ein Weltrecht zu verstehen, das sich von Staaten, Staatsvölkern und demokratischer Legitimation löst. Ein „postnationaler" Verfassungsbegriff läßt Staat und Nation hinter sich[115]. Aus dem Staatenverbund scheint ein „Verfassungsverbund" zu werden[116], aus der Zusammenarbeit der verbundenen Staaten ein Verwaltungsverbund[117], aus dem europäischen Haus mit dem Fundament der Mitgliedstaaten, das die europäische Union trägt, ein „Mehrebenensystem"[118]. Aus der Unterscheidung der Verfassung, die das Entstehen und Erkennen von Recht regelt und seinen materiellen Zusammenhalt in Grundprinzipien sichert, wird eine „Konstitutionalisierung" auch des Verwaltungsrechts, die über die rechtsstaatlich geschriebenen und demokratisch legitimierten Normen hinausgreifend eine „neue Rechtsschicht" entstehen läßt, die sich aus einer „zunächst unsortierten Verdichtung einer Rechtsmaterie entwickelt, zunehmend Normenqualität faktisch gewinnt, sodann in allgemeinen Rechtsgrundsätzen faktisch auch erschwert abänderbar ist"[119]. Aus der dogmatischen Analyse und Systematik des Rechts wird eine originäre Rechtsquelle. Bis ins 16. Jahrhundert lebte Europa in der Einheit und Universalität des Christlichen. Seitdem bestimmen die Staaten und die Menschenrechte zunehmend die Struktur des Politischen in Europa. Jetzt eint die Hoffnung auf eine nunmehr inhaltlich über Europa hinausgreifende europäische Wertegemeinschaft, die aber wohl eher durch als gegen die Staaten verwirklicht werden kann.

---

112 Vgl. BVerfGE 89, 155 (185) – Maastricht.
113 *Paul Kirchhof*, Der deutsche Staat im Prozeß der europäischen Integration, in: HStR VII, 1992, § 183 Rn. 50f., 66; BVerfGE 89, 155 (184f.) – Maastricht.
114 *Stern* (N 16), Rn. 45 ff.
115 *Ingolf Pernice*, Europäisches und nationales Verfassungsrecht, in: VVDStRL 60 (2001), S. 148 (155); vgl. auch *ders.*, Verfassung und europäische Integration, in: AöR 120 (1995), S. 100, 102f.; zur Lockerung von Homogenitätsanforderungen und demokratischer Legitimation durch das Staatsvolk vgl. auch *Georg Nolte*, Verfassungsvertrag für Europa, in: Otto Behrens/Christian Starck, Gesetz und Vertrag I, Abhandlungen der Akademie der Wissenschaften zu Göttingen, 2004, S. 151 (164); *Thomas Schmitz*, Integration in der supranationalen Union, 2001, S. 384; *Peter M. Huber*, Europäisches und nationales Verfassungsrecht, in: VVDStRL 60 (2001), S. 194 (198); *Christoph Möllers*, Verfassunggebende Gewalt – Verfassung – Konstitutionalisierung, in: Armin von Bogdandy (Hg.), Europäisches Verfassungsrecht, Theoretische und dogmatische Grundzüge, 2003, S. 9f., 20.
116 *Pernice* (N 115), S. 163.
117 *Schmidt-Aßmann* (N 25), § 5 Rn. 1 f.
118 *Groß* (N 34), § 13 Rn. 35 f.; *Hinnerk Wißmann*, Verfassungsrechtliche Vorgaben der Verwaltungsorganisation, in: GVwR, Bd. I, 2006, § 15 Rn. 2, 19 f.
119 *Möllers* (N 115), S. 47 f.; vgl. *Rainer Wahl*, Konstitutionalisierung – Leitbegriff oder Allerweltsbegriff?, in: FS Winfried Brohm, 2002, S. 191 f.; *Schmidt-Aßmann* (N 25), § 5 Rn. 1.

Die Mitgliedstaaten der Europäischen Union hatten am 29. Oktober 2004 in Rom feierlich den Entwurf eines „Verfassungsvertrages" für Europa unterzeichnet. Dieser Entwurf wurde in Frankreich am 29. Mai 2005, in den Niederlanden am 1. Juni 2005 abgelehnt. Damit ist in eine Entwicklung, die Tatsächliches und Rechtliches verschränkt und für das Entstehen von Staaten und Verfassungen typisch ist[120], in die Bindung von Demokratievorbehalt, Förmlichkeit der Rechtsentstehung und klarer Entscheidungsverantwortlichkeiten zurückgeführt worden. Andere Staaten haben daraufhin auf eine Volksabstimmung verzichtet. Inzwischen sind auch die Mitgliedstaaten von der Vorstellung eines „Verfassungsvertrages"[121] abgerückt[122]; ein „Reformvertrag" schreibt den Unionsvertrag gegenwartsgerecht fort. Damit findet staatliches Handeln seinen Elementarmaßstab weiterhin in der jeweiligen mitgliedstaatlichen Verfassung; die Idee einer europäischen „Verfassung"[123], die alle mitgliedstaatlichen Verfassungen zu niederrangigem Recht herabstuft, ist nicht aktuell.

26
Europäische „Verfassung" und Konstitutionalisierung

Die Frage nach dem Recht und der tatsächlichen Entwicklung, die einen zukünftigen Konstitutionalisierungsprozeß leitet, ist rechtlich eindeutig beantwortet: Art. 23 GG und viele andere Verfassungen der Mitgliedstaaten[124] qualifizieren die Fortentwicklung der Europäischen Verträge nicht als eine europäische Verfassunggebung, sondern als ein für den jeweiligen Mitgliedstaat in seiner Verfassung gebundenen Vorgang, dessen Rechtswirkungen im jeweiligen Mitgliedstaat von einem dem Verfassungsänderungsverfahren angenäherten staatlichen Rechtsanwendungsbefehl abhängen, an den verfassungsrechtlichen Rahmen (Identitätsgarantie, Struktursicherungsklausel)[125] gebunden sind, die Kompetenz-Kompetenz[126] für die Europäische Union ausschließen[127]. Die sonstige Übertragung von Hoheitsrechten steht ebenfalls unter Gesetzes- und materiellem Verfassungsvorbehalt (Art. 24 GG). Völkerrechtliche Verträge bedürfen der Zustimmung des Gesetzgebers und sind materiell an das Verfassungsrecht gebunden (Art. 59 Abs. 2 GG). Inwieweit in diesem Rahmen eine tatsächliche Entwicklung zur Annäherung an Vereinigte Staaten von Europa oder zur Zurückdrängung der Staaten im Rahmen eines Weltrechts erwünscht oder befürchtet wird[128], hängt von der jeweiligen Rechts- und Lebenserfahrung ab. Der Asylbewerber wird für unterschiedli-

27
Staats- und Freiheitsvertrauen in einem kooperationsoffenen Staat

---

120 Für das Entstehen von Verfassungen → Bd. II, *P. Kirchhof*, § 21 Rn. 1f., 22f.
121 → Bd. II, *P. Kirchhof*, § 21 Rn. 53.
122 Schlußfolgerungen des Vorsitzes der Tagung des Europäischen Rats in Brüssel (21./22. Juni 2007).
123 → Bd. I, *Grimm*, § 1 Rn. 1. Vgl. auch *Christian Starck*, Der Vertrag über eine Verfassung für Europa, in: FS für Volkmar Götz, 2005, S. 74; *Christoph Dorau*, Die Verfassungsfrage der Europäischen Union, 2001, S. 60f.; *Klaus Stern*, Das Staatsrecht der Bundesrepublik Deutschland, Bd. I, ²1984, § 3 II 2; *Roland Bieber/Jürgen Schwarze*, Verfassungsentwicklung der Europäischen Gemeinschaft, 1984, S. 15f.; *Anton Schäfer*, Die Verfassungsdebatte in der Europäischen Union, 2003, S. 144f.
124 → Bd. II, *P. Kirchhof*, § 21 Rn. 53 mit N 132–134.
125 → Bd. II, *P. Kirchhof*, § 21 Rn. 52.
126 Zur Geschichte des Begriffs: *Peter Lerche*, „Kompetenz-Kompetenz" und das Maastricht-Urteil des Bundesverfassungsgerichts, in: FS für den Carl-Heymanns-Verlag, 1995, S. 409f.
127 Vgl. aber *Utz Schliesky*, Souveränität und Legitimität von Herrschaftsgewalt, 2004, S. 378 ff.
128 Vgl. *Christian Seiler*, Der souveräne Verfassungsstaat zwischen demokratischer Rückbindung und überstaatlicher Einbindung, 2005, S. 243 ff.

che und eigenständige Staaten kämpfen, die den Menschen das Recht aus- und einzuwandern, auch das Recht auf Asyl tatsächlich möglich machen. Wer die unterschiedlichen Maßstäbe existenzbedrängenden Rechts[129] oder persönliche Sicherheitsdefizite[130] erlebt hat, wird sein Vertrauen auf den ihm vertrauten Staat setzen. Wer eine Familie gegründet, ein Unternehmen eröffnet, einen langfristigen Arbeitsplatz gefunden hat, wird auf die Kontinuität der ihn umgebenden, bürgernahen Hoheitsgewalt setzen. Wer mit Bürgerstolz und Selbstbewußtsein seine demokratischen Rechte wahrnehmen will, erwartet die Unmittelbarkeit seiner Wahlentscheidung und seiner Einflußnahme auf das ihn betreffende Gemeinwesen, möglichst auch die Begegnung mit der ihn betreffenden Hoheitsgewalt in der ihm vertrauten Staatskultur, Sprache und Rechtsgrundlage. Wer die Entwicklung der Staaten in ihrer Souveränität beobachtet[131], erkennt, daß die staatliche Souveränität stets eine dauernde und höchste Staatsgewalt begründet, die jedoch eine Gewalt zur Wahrung von Recht und Frieden ist, den territorialbegrenzten Staat auf die Zusammenarbeit mit anderen souveränen Staaten anlegt, den Verfassungsstaat in den Freiheitsgewährleistungen auf eine Arbeitsteilung verpflichtet, die wesentlichen Lebensbereiche in der Hand der Gesellschaft, der Freiheitsberechtigten, beläßt[132]. Der Mensch braucht für seine Rechte einen vertrauten und bürgernahen Garanten: den Verfassungsstaat. Öffentliche Sicherheit, soziale Existenzsicherung, Grundrechte und daraus erwachsende Handlungsmittel der öffentlichen Hand wurzeln im Verfassungsstaat, finden dort ihren Maßstab, sind aber verfassungsrechtlich mehr denn je auf europäische und internationale Zusammenarbeit angewiesen[133].

28
Unionsmitgliedschaft ist Auftrag, nicht Ende des Verfassungsstaates

Das Handeln des deutschen Staates ist – insbesondere in der Mitgliedschaft in der Europäischen Union – darauf angelegt, daß seine Mitwirkung in der Europäischen Union im Korridor der Verfassungsänderung (Art. 23 GG) verbleibt, insoweit der Vorrang der Verfassung vor dem Europäischen Vertragsrecht gesichert ist, die demokratische Legitimation für die Europäische Zusammenarbeit verbessert wird, die Verantwortlichkeiten der Mitgliedstaaten und der Organe der Europäischen Union deutlich voneinander abgegrenzt werden, der Bürger diese Verantwortlichkeiten erkennen und demokratisch einfordern kann, die Letztverantwortlichkeit (Kompetenz-Kompetenz) der Staaten aus Gründen des Rechtsstaates wie der Demokratie betont wird, die Rationalität des jeweiligen Mitgliedstaates und die übergreifende Rationalität des Europäischen Rechts bürgernah, verständlich und verallgemeinerungsfähig aufeinander abgestimmt werden. Die Mitgliedstaaten der

---

129 Vgl. BVerfGE 113, 273 (293) – Europäischer Haftbefehl.
130 Vgl. aber *Nolte* (N 115), S. 164.
131 → Bd. I, *Grimm*, § 1 Rn. 12 f.; → Bd. II, *Isensee*, § 15 Rn. 13 f.; *Randelzhofer*, § 17 Rn. 23. Vgl. auch *Dorau* (N 123), S. 48 f.; *Stern* (N 16), Rn. 21 ff.; *Stefan Oeter*, Souveränität – ein überholtes Konzept, in: FS für Helmut Steinberger, 2002, S. 259 (285); *Schliesky* (N 127), S. 386 f.; *Thomas Schmitz*, Integration in der supranationalen Union, 2001, S. 198, 237 f.; *Udo di Fabio*, Verfassungsstaat und Weltgesellschaft, in: Rudolf Mellinghoff/Gerd Morgenthaler/Thomas Puhl (Hg.), Die Erneuerung des Verfassungsstaates, 2003, S. 57 (64 f.).
132 *P. Kirchhof* (N 11), S. 50.
133 Vgl. BVerfGE 111, 307 (318 f.) – Görgülü.

Europäischen Union geben mit der Mitgliedschaft nicht ihre Qualifikation und Rechtfertigung als Verfassungsstaaten auf, sondern verwirklichen mit der Integration einen Verfassungsauftrag. Die Faszination des vereinten Europa ist ungebrochen, die Universalität der Menschenrechte bleibende Aufgabe. Motor dieser Entwicklungen sind die Verfassungsstaaten.

II. Ausgangstatbestände

Das Staatsrecht rechtfertigt und begrenzt traditionell staatliches Handeln durch die Zuweisung von Aufgaben an den Staat, die Aufteilung der Staatsaufgaben auf die Kompetenzen der einzelnen Staatsorgane und ihre Ausstattung mit Befugnissen zum Handeln gegenüber Betroffenen und Beteiligten. Die Aufgabennorm unterscheidet zwischen Tätigkeitsbereichen des Staates und der Gesellschaft, behält bestimmte Lebensbereiche und Gestaltungsanliegen dem Staat, andere dem Privaten vor. Die Kompetenznorm setzt einen staatlichen Handlungsauftrag voraus und regelt, welches Staatsorgan für die Wahrnehmung einer bestimmten Aufgabe zuständig ist. Die Befugnisnorm stattet das Staatsorgan mit Handlungsinstrumenten aus, die den einzelnen in seinen eigenen Rechten treffen und belasten dürfen.

29
Aufgabe, Kompetenz, Befugnis

1. Aufgabe

Die Lehre von den Staatsaufgaben[134] rechtfertigt den Staat durch einen bestimmten Zweck und weist ihn damit zugleich in Grenzen. Die Staatsaufgabenlehre begründet und legitimiert den Staat ursprünglich in seinem Sicherheits- und Friedensauftrag[135], sucht aber mit wachsender Staatstätigkeit vor allem staatliche Macht zu mäßigen und zu kontrollieren.

30
Staatsaufgabenlehre

a) Freiheitsgebundener Staat, freiheitsberechtigte Gesellschaft

Das geltende Verfassungsrecht kennt keine strikte, sachgegenständliche Grenze zwischen staatlichem und gesellschaftlichem Handlungsbereich. Das in der Verfassung angelegte Nebeneinander von Staat und Gesellschaft verbietet jedoch eine Verstaatlichung der Gesellschaft ebenso wie eine Vergesellschaftung des Staates[136]. Der Unterschied zwischen einem grundrechtsverpflichteten Staat und einer grundrechtsberechtigten Gesellschaft bleibt der Ordnungsrahmen, in dem Freiheits- und Gleichheitsgarantien, die Postulate

31
Verfassungsrechtlicher Ordnungsrahmen: Staat und Gesellschaft

---

134 → Bd. IV, *Butzer*, § 74 Rn. 8 ff.
135 *Christoph Link*, Staatszwecke im Verfassungsstaat, in: VVDStRL 48 (1990), S. 7 (27 ff.); *Georg Ress*, Staatszwecke im Verfassungsstaat – nach 40 Jahren Grundgesetz, ebd., S. 57 (83 ff.); *Christian Calliess*, Sicherheit im freiheitlichen Rechtsstaat, in: ZRP 2002, S. 1 ff.; *Markus Möstl*, Die staatliche Garantie für die öffentliche Sicherheit und Ordnung, 2002, S. 14 ff., 37 ff.; *Udo Di Fabio*, Risikoentscheidungen im Rechtsstaat, 1994, S. 41 ff.; *Peter-Tobias Stoll*, Sicherheit als Aufgabe von Staat und Gesellschaft, 2003, S. 18; *Isensee* (N 10), S. 7 (25). → Bd. IV, *Götz*, § 85 Rn. 1 ff.
136 → Bd. II, *Rupp*, § 31 Rn. 44; vgl. auch *Martin Burgi*, Funktionale Privatisierung und Verwaltungshilfe, 1999, S. 22 ff.

von Amtspflicht, Gemeinwohlbindung, Unbefangenheit und Unparteilichkeit ihre Grundlage finden. Das Staatsrecht wendet sich mit seinen Ermächtigungen und Bindungen, Rechtfertigungen und Kompetenzzuweisungen an den „Staat", setzt also eine prinzipielle Unterscheidung zwischen Staat und Gesellschaft voraus.

32
Staatsmonopol mit privater Ergänzung

Der Maßstab für die Zuordnung, Trennung, Durchdringung und Verbindung von Staat und Gesellschaft läßt sich jedoch nicht in wenigen Elementarkategorien ausdrücken, sondern muß den Einzelaussagen von Verfassung und Gesetz entnommen werden. Das staatliche Gewaltmonopol wird durch das Individualrecht der Notwehr, Nothilfe und Selbsthilfe ergänzt[137]. Das staatliche Rechtsetzungsmonopol wird zumindest durch staatlich gesetzte Freiräume für private Rechtsetzung, insbesondere für Tarifverträge und Tarifvereinbarungen, für Satzungen und Vereinsordnungen, gelockert[138]. Die letztverbindliche Streitschlichtung ist zwar den staatlichen Gerichten vorbehalten, jedoch durch Schiedsgerichtsvereinbarungen, die Unterzeichung einer vollstreckungsfähigen Urkunde, Rechtsbehelfsverzichte oder in Sonderfällen auch durch Rechtswegsverzichte sowie die Verleihung von Autonomie an Verbände und Parteien beschränkt. Selbst die ordnung- und friedenstiftende Funktion weist dem Staat eher die Aufgabe eines Erfolgsgaranten, jedoch kein Handlungsmonopol zu[139]. Polizeikräfte und Streitkräfte erfüllen ihre Aufgabe idealtypisch, wenn sie stets handlungsbereit und handlungsfähig sind, mangels Anlaß jedoch nicht handeln müssen. Der Staat ist Ursprung und Garant rechtsstaatlicher, demokratischer und sozialstaatlicher Entwicklungen im Gemeinwesen, ohne daß der Staat diese Entwicklungen eigenhändig bewirken müßte. Der Staat gewährleistet die im Grundgesetz angelegten staatsrechtlichen Strukturen von Staat und Gesellschaft, baut dabei aber auf Handlungen freier Bürger und Menschen. Insbesondere der soziale Staat erwartet, daß das Soziale – das Erzielen von Einkommen durch Berufstätigkeit, die Erziehung der Kinder durch ihre Eltern, die Entwicklung von Fähigkeiten und Fairneß in Vereinen, die geistige Weite zur Transzendenz in Kirchen – sich zunächst in der Gesellschaft ereignet.

33
Pflicht- und Wahlaufgaben

Im Rahmen dieser Elementarordnung von freiheitsverpflichtetem Staat und freiheitsberechtigter Gesellschaft sind dem Staat alle Aufgaben zugänglich, die ihm das Recht nicht versperrt[140]. Das Verfassungsrecht ist in den Staatsaufgaben offen, bindet aber in den Mitteln staatlichen Handelns. Dabei hat der Staat einen Kernbereich von Pflichtaufgaben ausschließlich und eigenhändig zu erfüllen: die Rechtsetzung[141], Polizei und Militär[142], die rechtspre-

---

137 → Bd. III, *Herzog*, § 58 Rn. 39 f.; → Bd. IV, *Götz*, § 85 Rn. 29 ff.
138 Ferdinand *Kirchhof*, Private Rechtsetzung, 1987, S. 107 f.
139 *P. Kirchhof* (N 11), S. 11 ff.
140 Wolfgang *Martens*, Öffentlich als Rechtsbegriff, 1969, S. 117; Fritz *Ossenbühl*, Die Erfüllung von Verwaltungsaufgaben durch Private, in: VVDStRL 29 (1971), S. 137 (151 f.); Markus *Heintzen*, Beteiligung Privater an der Wahrnehmung öffentlicher Aufgaben, in: VVDStRL 62 (2003), S. 222 (227 f.).
141 → Unten *Ossenbühl*, § 100 Rn. 26 ff.
142 → Bd. II, *Isensee*, § 15 Rn. 86 f.; → Bd. IV, *Burgi*, § 75 Rn. 19 f.; *Götz*, § 85 Rn. 19, 41 ff.

chende Gewalt[143]. Auch die Verfassungsgebote demokratischer Legitimation der Staatsgewalt, der Staatsorganisation in Gewaltenteilung und Bundesstaatlichkeit, des Rechtschutzsystems, der Haftung und Grundrechtsbindung[144] verpflichten den Staat zu bestimmten Handlungen in verfassungsrechtlich geprägten Organisations- und Handlungsformen. Vielfach muß auch die Aufgabe staatlicher Schulen und Hochschulen, staatlicher Verwaltungs- und Finanzmonopole eigenhändig durch die Staatsverwaltung wahrgenommen werden[145]. In anderen Lebensbereichen verschieben sich die Anteile staatlicher und privater Handlungsverantwortlichkeit ständig. Das gilt insbesondere für die Energieversorgung[146], die Entwicklung der öffentlichen Daseinsvorsorge von der Eisenbahn bis zur Post, die kommunale Versorgungswirtschaft, den öffentlichen Nahverkehr und das Sparkassenwesen, die kommunale und freie Wohlfahrtspflege, die Regulierung privatisierter Aufgaben[147]. Der Staat betätigt sich wirtschaftlich, gründet staatliche Unternehmen, hält staatliche Beteiligungen, beeinflußt den Markt als Auftraggeber[148], ist zur Kulturpflege beauftragt, fördert die private Kulturpflege[149], wirkt im Sport in den Formen als Dienst-, Schul-, Hochschul-, Militär-, Freizeit-, Breiten-, Behinderten-, Gesundheits-, Resozialisierungs- und Spitzensport[150], trägt eine Organisations-, Förderungs- und Rechtsverantwortung für Wissenschaft und Technik einschließlich ihrer Risiken[151]. Dabei steht der Staat oft vor der Aufgabe eines mitbeteiligten, aber nicht immer eigenhändig handelnden Organs.

Die staatliche Handlungs-, Erfüllungs- oder Gewährleistungsverantwortung im Verkehrswesen, insbesondere für Straßen, Schienennetze, Wasserwege und Luftverkehrsverwaltung[152], bauen auf ein Nebeneinander von staatlichem und privatem Handeln, teilweise sogar eine Konkurrenz[153]. In anderen Bereichen vermengen sich staatliche Aufsicht und staatseigenhändige Mitwirkung: Im Gesundheitswesen und bei der Gesundheitsfinanzierung drängt der Staat mit seinen Institutionen, Abgaben und Zwangsmitgliedschaften immer deutlicher in das Krankenhauswesen, die Gesundheitsfinanzierung und damit auch die Tätigkeit der privaten Ärzte[154]. Der Staat beansprucht die Arbeitsplatzsicherung als Staatsaufgabe, ohne aber die Herrschaft über die Arbeitsplätze zu gewinnen[155]. Im Umweltrecht betreibt der Staat im Dienste eines

34
Nebeneinander von staatlichem und privatem Handeln

---
143 → Unten *Wilke*, § 112.
144 *Hans Hugo Klein*, Zum Begriff der öffentlichen Aufgabe, in: DÖV 1965, S. 755 (758 f.); *Ossenbühl* (N 141), S. 137 (151 f.).
145 *Rüdiger Breuer*, Die staatliche Berufsregelung und Wirtschaftslenkung, in: HStR VI, ²2001 (¹1989), § 148 Rn. 62 f.; *Rudolf Wendt*, Finanzhoheit und Finanzausgleich, in: HStR IV, ²1999 (¹1990), § 104 Rn. 26; → Bd. IV, *Isensee*, § 73 Rn. 36.
146 → Bd. IV, *Schmidt-Preuß*, § 93 Rn. 26 f.
147 → Bd. IV, *Rüfner*, § 96 Rn. 22 f.
148 → Bd. IV, *Ronellenfitsch*, § 98 Rn. 8 f., 20 f., 29 f.
149 → Bd. IV, *Steiner*, § 86 Rn. 1 f.
150 → Bd. IV, *Steiner*, § 87 Rn. 1, 7 f.
151 → Bd. IV, *Trute*, § 88 Rn. 14 ff.
152 → Bd. IV, *Uerpmann-Wittzack*, § 89 Rn. 5 f.
153 Zur steuerrechtlichen Folge → unten *P. Kirchhof*, § 118 Rn. 227 ff.
154 → Bd. IV, *Axer*, § 95 Rn. 5 f.
155 → Bd. IV, *Wallerath*, § 94 Rn. 23 f.

nachhaltigen Umweltschutzes und einer Kreislaufwirtschaft zur Schonung der natürlichen Ressourcen Umweltvorsorge, scheint aber gegenwärtig in vorsichtigen Schritten einige Umweltverantwortlichkeiten in das Regime der Gefahrenabwehr zurückzuführen[156]. Das Wirtschaftsleben folgt der Regel unternehmerischer Freiheit und der Ausnahme staatlicher Intervention[157], weist den Staat aber keinesfalls in eine stetige Distanz zu privatnützigem Markt und freier Wirtschaft. Vielmehr lenkt der Staat durch seine Rechtsetzung, seine Planungen, seine Steueranreize und Subventionen, sein stabilitätspolitisch gebundenes Budget, seine wirtschaftlichen Unternehmen, auch durch eine europäische Währungspolitik das Wirtschaftsgeschehen. Er interveniert in die Wirtschaft, reguliert, nimmt steuerlich teil am privaten Wirtschaftserfolg, nutzt diese Teilhabe für Intervention und sozialen Ausgleich, wird dank seines großen, stabilitätspolitisch gebundenen Etats, seiner Währungshoheit und Geldverantwortlichkeit, seiner Macht des Wissens, Informierens und Koordinierens, seiner Wirtschaftsaufsicht, Regulierungskompetenz und Unternehmensteilhabe zum Mitgestalter des Wirtschaftsgeschehens. Der Staat übt keine distanzierte und neutrale Aufsicht über den Wettbewerb aus, ist einer der größten Arbeitgeber, ein wichtiger Nachfrager, nicht selten auch Produzent und Anbieter von Leistungen[158].

b) Autonomes Handeln, nicht freiheitlicher Wettbewerb

35
Der Staat als Wettbewerber?

Bei aller Unübersichtlichkeit, auch Widersprüchlichkeit staatlichen Handelns bleibt der Staat Rechtsetzer, Aufsichts- und Regulierungsorgan, Steuergläubiger, haushaltsgebundener Anbieter und Nachfrager, steuer- und subventionsrechtlicher Lenker, Informant und Koordinator. Er tritt mit seinen erwerbswirtschaftlichen Unternehmen in einen Wettbewerb mit der privaten Hand, erfüllt aber seine Hoheitstätigkeit nicht in einem „Steuerwettbewerb", „Bildungswettbewerb" oder kommunalen „Ansiedlungswettbewerb". Der Wettbewerb vergleicht das konkurrierende Bemühen freier Menschen um ein nur für einen von ihnen erreichbares Ziel – den wirtschaftlichen Auftrag, die Medaille für den schnellsten Läufer, den Wahlsieg einer politischen Partei – und rechtfertigt den Erfolg des Siegers, die Niederlage der Besiegten. Das Prinzip der Freiheit legitimiert den Gewinn des Besten und den Ausschluß des anderen. Der Wettbewerb vermittelt dadurch Leistungsanreize, erkundet den Bedarf der Nachfrager, spornt zur Erneuerung der wissenschaftlichen Erkenntnis, der wirtschaftlichen Angebote, der sportlichen Leistung, der politischen Alternativen an, schafft ein Verfahren des Erkundens und Erkennens, der Leistungssteigerung und des Verbesserungswillens, dem insbesondere unser Wirtschaftssystem seine allgemeine Prosperität verdankt. Doch ein solcher Wettbewerb rechtfertigt nicht staatliches Handeln. Der Staat ist im Orchester der Dirigent, nicht der Bewerber um einen Platz an einem Pult.

---

156 → Bd. IV, *Salzwedel*, § 97 Rn. 15 f.
157 → Bd. IV, *Schmidt*, § 92 Rn. 27 f.
158 → Bd. IV, *Schmidt*, § 92 Rn. 41 f.

Der Staat handelt autonom, nicht frei. Autonomie[159] bedeutet das Recht, sich selbst Gesetze zu geben[160]. Freiheit meint Selbstbestimmung im eigenen Lebensbereich, ist insoweit Beliebigkeit ohne Rechtfertigungslast, die erst zur Willkür werden kann, wenn der Bereich der Selbstbetroffenheit überschritten und andere durch die Freiheitsausübung mitbetroffen sind. Staatliche Autonomie hingegen beansprucht einen Entscheidungs- und Bestimmungsraum in Verantwortlichkeit für andere, legitimiert sich demokratisch und bindet sich rechtsstaatlich. Autonomie ist dem anderen, Freiheit sich selbst verpflichtet.

36
Autonomie, nicht Freiheit

Autonomie beansprucht ein Staatsvolk, das sich aus der Hegemonie eines anderen Staates lösen will[161]. Autonom handelt auch eine Minderheit innerhalb eines Staates, die gegenüber der Mehrheit politische und kulturelle Eigenständigkeit bewahren will[162], oder ein organisatorisch verselbständigter Hoheitsträger, der das Recht der Selbstgesetzgebung ausübt[163]. Private Rechtssubjekte bringen im Einvernehmen miteinander – „privatautonom" – Verbindlichkeiten hervor[164]. Auch wenn die Philosophie den Gedanken der Autonomie mit der individuellen Freiheit verbindet, denkt sie die Fähigkeit des Menschen, der selbstbestimmten „Persönlichkeit" (Art. 2 Abs. 1 GG), zur ethischen, sittlichen, philosophischen Bindung mit, verweist darauf, daß die menschliche Vernunft sich von individuellem Belieben löst, einem kategorischen Imperativ folgt[165], fordert für den Menschen mehr als nur Freiheit vom äußeren Zwang, sondern auch positiv – jenseits der Kausaldetermination – ein Mehr an Bestimmtheit[166], bringt also den Dreiklang von Unabhängigkeit, Verallgemeinerungsfähigkeit und innerer Bindung zum Klingen, drängt auf die verallgemeinerungsfähige, in innerer Bindung gerechtfertigte Regel, weist auf das allgemeine Gesetz. Autonomie ist das Handlungsprinzip des Verfassungsstaates, dessen Hoheitsgewalt nicht eine beliebige Herrschaft begründet, sondern eine Gewalt zur Wahrung von Recht und Frieden, dessen Staatsgewalt territorial begrenzt ist, also auf die Zusammenarbeit mit anderen, gleich souveränen Staaten angewiesen und angelegt ist, der auf Arbeitsteilung baut, also wesentliche Lebensbereiche in der Hand der Gesellschaft, der Freiheitsberechtigten beläßt, der sich in seinem Verfassungsrecht einer inneren Bindung unterworfen hat[167]. Das

37
Unabhängigkeit, Verallgemeinerungsfähigkeit, innere Bindung

---

159 Zum Begriff der Autonomie vgl. *Rosemarie Pohlmann*, Stichwort: Autonomie, in: Joachim Ritter (Hg.), Historisches Wörterbuch der Philosophie, Bd. I, 1971, S. 702 ff.
160 → Unten *Ossenbühl*, § 104 Rn. 1.
161 *Helmut Quaritsch*, Wiedervereinigung in Selbstbestimmung – Recht, Realität, Legitimation, in: HStR VIII, 1995, § 193 Rn. 19.
162 *Dietrich Murswiek*, Minderheitenschutz in Deutschland, in: HStR VIII, 1995, § 201 Rn. 11.
163 → Unten *Ossenbühl*, § 104 Rn. 1 f. Vgl. auch *Reinhard Hendler*, Das Prinzip Selbstverwaltung, in: HStR IV, ²1999 (¹1990), § 106 Rn. 38.
164 Zur „Tarifautonomie" *Peter Badura*, Arten der Verfassungsrechtssätze, in: HStR VII, 1992, § 159 Rn. 28.
165 Vgl. dazu *Immanuel Kant*, Kritik der praktischen Vernunft, 1788, Originalausgabe, S. 155; dazu *Johannes Hirschberger*, Geschichte der Philosophie, Bd. II, 1951, S. 318 f.
166 *Nicolai Hartmann*, Neue Wege der Ontologie, in: Systematische Philosophie, 1942, S. 204 ff.
167 *P. Kirchhof* (N 11), S. 50 f.

Gesetz schlägt die Brücke zwischen staatlicher Autonomie und individueller Freiheit[168].

38
Wettbewerb der Rechtssysteme?

Der Staat gewährleistet in einer weltoffenen Gesellschaft und Wirtschaft das unausweichliche, deshalb gleiche Recht. Ein Unternehmer, dem das deutsche Mitbestimmungsrecht zu weit geht, das deutsche Steuerrecht zu verwirrend, die Lebensmittelprüfung zu anspruchsvoll oder der Umweltschutz zu strikt erscheint, verlegt seinen Sitz in einen anderen Staat, in dem er ein ihm genehmeres Recht erwarten darf. Das Recht aus- oder einzuwandern, bei Verfolgung Asyl zu erhalten, ist jedoch nicht wettbewerbliche Nachfrage nach dem besseren Recht, sondern Wahrnehmung der Freiheit zur Wahl des Lebens- oder Wirtschaftsmittelpunktes. Ein „Steuerwettbewerb" wäre deshalb ein Wettstreit um die niedrigsten Steuersätze, der sein illegitimes Ziel idealtypisch bei einer Nullbelastung, damit der Zerstörung des steuerfinanzierten, also freiheitlichen[169] Verfassungsstaates erreicht. Ein kommunaler „Standortwettbewerb" durchbricht das unabdingbare Abgabenrecht, insbesondere die Gewerbesteuer[170], lockt ein Unternehmen also durch illegale Abgabenvorteile an, kann dieses rechtswidrige Verhalten aber nicht aus einem Wettbewerb rechtfertigen. Das Bemühen der Länder um einen bessere Schule oder Hochschule folgt nicht den Gesetzmäßigkeiten eines „Kultur- und Bildungswettbewerbs", ist vielmehr Ausdruck der Autonomie, bei der sich die jeweilige demokratische politische Einheit um die bessere Lösung bemüht, nicht aber den anderen als Konkurrenten verdrängen wird. Die kulturelle Autonomie der Länder erreicht ihr Idealziel, wenn die Schulen aller Länder ähnliche Spitzenleistungen erreichen. Insbesondere die Gewährung von Recht bleibt unabhängig von Wettbewerb und Gegenleistung. Brot ist käuflich, Recht nicht.

39
Zehn unterschiedliche Grundsatzfolgen

Autonomes Bemühen um die beste Lösung unterscheidet sich vom freiheitlichen Wettbewerb in zehn Grundsatzfolgen:

(1) Die Bürger der autonomen Staaten sind nicht wechselbereite Kunden, sondern durch Staatsangehörigkeit gebundene Bürger.
(2) Der andere Hoheitsträger ist in einem Status rechtlich gesichert, kann nicht im Wettbewerb verdrängt und „feindlich" übernommen werden.
(3) Eine finanzielle Schwäche wird durch andere Länder im Rahmen eines Finanzausgleichs gemäßigt und aufgefangen.
(4) Die Zusammenarbeit der Staaten und Länder – der Mitgliedstaaten bei der Mehrwertsteuersystemrichtlinie, der Bundesländer in der ARD oder im ZDF, der Kultusminister in der Kultusministerkonferenz – führt nicht zu einem rechtlich zu beanstandenden Kartell, sondern nimmt sachge-

---

168 Vgl. *Herbert Krüger*, Verfassungsvoraussetzungen und Verfassungserwartungen, in: FS für Ulrich Scheuner, 1973, S. 284 (285); *Isensee* (N 88), § 115 Rn. 7 f.; *P. Kirchhof* (N 12), Rn. 7 f.; *Peter Lerche*, Grundrechtlicher Schutzbereich, Grundrechtsprägung und Grundrechtseingriff, in: HStR V, ²2000 (¹1992), § 121 Rn. 38 f.; *Josef Isensee*, Das Grundrecht als Abwehrrecht und staatliche Schutzpflicht, in: HStR V, ²2000 (¹1992), § 111 Rn. 22 f.
169 BVerfGE 93, 121 (134) – Vermögensteuer.
170 Nach § 16 Abs. 4 S. 1 GewStG besteht ein gesetzliches Differenzierungsverbot. Der Hebesatz der kommunalen Gewerbesteuer muß für alle in der Gemeinde vorhandenen Unternehmen gleich sein; vgl. *Dietmar Gosch*, in: Blümich EStG-KStG-GewStG, Stand Oktober 2006, § 16 GewStG Rn. 22.

recht Autonomie wahr; die Aufgaben sind im Recht zugewiesen oder zugelassen, nicht im Markt erkundet worden.

(5) Der Wettbewerb folgt den Prinzipien der Tauschgerechtigkeit, die Autonomie denen der Bedarfsgerechtigkeit[171].

(6) Der Wettbewerber kämpft um Gewinnmaximierung ohne Haltepunkt; Autonomie entfaltet eine Kultur des Maßes, achtet ein Übermaßverbot, sucht im parlamentarischen Verfahren den Ausgleich, dient der Freiheit und den Lebensbedürfnissen der Gesetzesadressaten.

(7) Der Wettbewerber strebt nach einem Wachstum seines Unternehmens, sucht seine Ertrags- und Einflußsphäre möglichst auszudehnen; der Gesetzgeber hingegen bringt Recht als ein möglichst rares, deswegen wertvolles Gut hervor, wirkt auf Deregulierung, Privatisierung, auch einen „schlankeren Staat" hin, definiert seinen Auftrag in klaren Kompetenz- und Befugnisregeln.

(8) Der private Wettbewerber scheidet bei Mißerfolg durch Insolvenz aus dem Markt aus; Staat und Gesetzgeber sind insolvenzunfähig und wirken – jedenfalls in der Europäischen Union und innerhalb eines Bundesstaates – bei finanzieller Gefährdung anderer Staaten auf deren Resolvenz hin.

(9) Das Wettbewerbsrecht sichert immer wieder eine Gleichheit in der freiheitlichen Ausgangschance[172]. Staaten oder staatliche Untergliederungen hingegen sind auf bewußte und transparente Zusammenarbeit im gleichen Erfolg angelegt. Wenn die Staaten in den Vereinten Nationen einen gemeinsamen Frieden anstreben, die Mitgliedstaaten der Europäischen Union den Agrarmarkt gemeinsam regeln, die deutschen Bundesländer Forschungspolitik betreiben, Kommunen in Zweckverbänden ihre Aufgaben gemeinsam wahrnehmen, dann arbeiten die Hoheitsträger auf ein gemeinsames Ziel hin. Das ist rechtlich erwünscht; das Wettbewerbsrecht gilt nicht[173].

(10) Der Wettbewerber sucht seinen Ertrag durch Verhandlungsgeschick zu mehren, der Verfassungsstaat das Recht möglichst gleichmäßig und transparent zuzuteilen. Der Kunde erwartet vom Wettbewerber eine wirtschaftliche Leistung, der Bürger vom Staat vor allem Recht. So bleibt es bei dem für jeden Verfassungsstaat strukturgebenden Ausgangsbefund: Der Staat ist nicht frei, deswegen auch nicht zum freiheitlichen Wettbewerb berechtigt.

Entscheidungsmaßstab und Perspektive von Wettbewerber und Gesetzgeber unterscheiden sich grundlegend. Der Wettbewerber folgt dem Eigennutz, der Gesetzgeber setzt die verallgemeinerungsfähige Regel, entscheidet in institutioneller Unbefangenheit. Im Wettbewerb sind Angebot und Nachfrage auf

40
Streben nach Entgelt und Verbot der Vorteilsannahme

---

171 *Paul Kirchhof*, Die freiheitsrechtliche Struktur der Steuerrechtsordnung, in: StuW 2006, S. 3 ff.
172 Zur Entwicklung eines Kartellrechts gegen den Widerstand der Industrie: *Alfred C. Mierzejewski*, Ludwig Erhard, Biographie, 2006, S. 130, 147, 170 ff., 195.
173 *Paul Kirchhof*, Das Wettbewerbsrecht als Teil einer folgerichtigen und widerspruchsfreien Gesamtrechtsordnung, in: ders. (Hg.), Gemeinwohl und Wettbewerb, 2004, S. 1 ff.

41

UMTS-Lizenzen

Entgelt angelegt, bei staatlichem Handeln begegnet die Entgeltlichkeit schärfster – strafrechtlicher – Gegenwehr in Tatbeständen der Bestechlichkeit und der Vorteilsannahme. Amt und Berufsbeamtentum gewährleisten staatliches Handeln nach Recht und Gemeinnutz, nicht nach Markt und Vorteil.

Deswegen wird der Verfassungsstaat sorgfältig zu würdigen haben, ob das Telekommunikationsgesetz (1996) in § 11 die Vergabe von UMTS-Lizenzen in einem Versteigerungsverfahren vorsehen, die konkrete Versteigerung einen Erlös von 100 Milliarden DM erbringen durfte[174]. Ebenso sind das Prinzip der Nichtentgeltbarkeit von Gesetzgebung, aber auch der alleinige Regelungsanspruch des Gesetzgebers verletzt, wenn die Bundesregierung mit dem Verband forschender Arzneimittelhersteller eine Vereinbarung geschlossen hat, in der sich der Verband bereiterklärt, der gesetzlichen Krankenversicherung 400 Millionen DM zur Konsolidierung ihrer Finanzen zur Verfügung zu stellen, falls die Bundesregierung zusagt, für zwei Jahre auf gesetzliche Preisregulierungen für bestimmte verschreibungspflichtige Arzneimittel verzichten zu wollen[175]. Weder Bundesregierung noch Parlament dürfen eine Gesetzesinitiative und einen Gesetzgebungsentscheid durch Geldzahlungen verfremden lassen. Selbst bloße Verständigungsverfahren zur inhaltlichen Abstimmung unter Gesetzgebungsorganen stoßen auf klare verfassungsrechtliche Grenzen, wenn deren Ergebnisse nicht in der Parlamentsdebatte erörtert und vom Willen des Plenums getragen werden[176].

2. Kompetenz

42

Schwerpunkt grundgesetzlicher Regelungen

Während das Grundgesetz Aufgabenprinzipien, aber kaum Aufgabennormen enthält, macht es die Kompetenzordnung zu einem ihrer beiden Hauptinhalte. Die Funktionenteilung zwischen der Gesetzgebung, der vollziehenden Gewalt und der Rechtsprechung, das Bundesstaatsprinzip, die Mitwirkung bei der Entwicklung der Europäischen Union (Art. 23 Abs. 1 GG)[177], die grundgesetzliche Entscheidung für eine internationale Offenheit der Bundesrepublik[178] binden die Staatsgewalt in einem Zuständigkeitsgefüge, das staatliches Handeln sachkundig und entwicklungsoffen macht, zugleich aber staatliche Handlungsmacht durch Ausgleich und Kontrolle mäßigt.

---

174 Vgl. BVerfGE 105, 185 (187) – UMTS-Erlöse; die Entscheidung betrifft die Verteilung des Aufkommens, nicht dessen Erhebung.
175 Vgl. Pressemitteilung des Presse- und Informationsamtes der Bundesregierung vom 8.11.2001, Nr. 507/01; auch *VFA Verband Forschender Arzneimittelhersteller e.V.*, Stellungnahme zum Entwurf eines Gesetzes zur Änderung des Gesetzes zur Sicherung der Beitragssätze in der gesetzlichen Krankenversicherung und in der gesetzlichen Rentenversicherung (Drucksache 15/542) und zum Antrag „Aufhebung der gesundheitspolitischen Maßnahmen im Beitragssatzsicherungsgesetz" (Drucksache 15/652), Stand: 12.5.2003, S. 2.
176 BVerfGE 101, 297 (305 f.) – Häusliches Arbeitszimmer, zum Vermittlungsverfahren.
177 BVerfGE 89, 155 (181 ff.) – Maastricht.
178 *Klaus Vogel*, Die Verfassungsentscheidung des Grundgesetzes für eine internationale Zusammenarbeit, 1964; *Udo Di Fabio*, Der Verfassungsstaat in der Weltgesellschaft, 2001.

Eine Kompetenzordnung modifiziert die staatliche Souveränität[179]. Staatliche Souveränität beansprucht, die höchste Gewalt im Dienst von Frieden und Sicherheit beim Staat zusammenzufassen und dadurch private Gewalt zu erübrigen und zu verhindern, Recht letztverbindlich zu setzen und durchzusetzen sowie der maßgebende und gleichberechtigte Sprecher des eigenen Staates gegenüber anderen Staaten zu sein. Die Souveränität im Staat wird geteilt, wenn eine Kompetenzordnung nicht einen Träger der Souveränität bestimmt, sondern die Staatsgewalt verschiedenen Staatsorganen zuweist. Die Souveränität des Staates wird verändert, wenn der Staat nicht mehr im Sinne herkömmlicher Nationalstaaten eine unbeschränkte Allzuständigkeit beansprucht, sondern Hoheitsbefugnisse auf supranationale Gemeinschaften überträgt, sich sonstigen völkerrechtlichen Bindungen unterwirft und die Ausübung von Hoheitsbefugnissen mit anderen Staaten koordiniert. Wenn sich dabei hoheitliche Verantwortlichkeiten für die Menschenrechte, für Markt, Investition und Geld, für Umwelt und Migration teilweise aus dem Staat lösen und auf supra- und internationale Organisationen übertragen werden, stellt sich die Frage, ob der Staat noch souverän und autonom[180] handelt oder zu einem Funktionsträger in einem internationalen „Netzwerk" geworden ist[181]. Die Antwort hängt davon ab, ob der Mensch die Maßstäbe seines Zusammenlebens allein in gegenwärtiger Vernunft setzt, oder ob Frieden, Sicherheit und der Rahmen der Freiheit in erlebter Gemeinsamkeit, in gewachsener Kultur und Sprache, in Erfahrung, Erinnern und Gedächtnis[182] und den daraus entstehenden Werten ihre Wurzeln haben. Die Entscheidung des Bundesverfassungsgerichts zum europäischen Haftbefehl[183] zeigt die Unverzichtbarkeit des Staates als Schutz-, Rechts- und Sozialgemeinschaft.

43
Kompetenzordnung und Souveränität

Die wichtigste Kompetenzteilung erwächst gegenwärtig aus der Mitgliedschaft der Bundesrepublik Deutschland in der Europäischen Union (Art. 23 Abs. 1 GG). Die Mitgliedstaaten haben die europäische Union gegründet, um in diesem Verbund demokratischer Staaten[184] einige ihrer Befugnisse gemeinsam auszuüben[185]. Mit der Übertragung von Hoheitszuständigkeiten, die einer Verfassungsänderung gleichkommt (Art. 23 Abs. 1 S. 3 GG), gewinnt die europäische Gemeinschaft insbesondere im Raum des Binnenmarktes, der Währungsunion und der wirtschaftsbezogenen Lebensbereiche der Unionsbürger Gesetzgebungs-, Verwaltungs- und Rechtsprechungskompetenzen, die eine Hoheitsgewalt mit Geltungs- und Wirkungsmacht unmittelbar in den

44
Deutschland und die EU

---

179 → Bd. II, *Randelzhofer*, § 17 Rn. 32 ff. Vgl. auch *Seiler* (N 128), S. 65 f., 120 f., 145 f.; Ulrich Haltern, Was bedeutet Souveränität?, 2007, S. 9; zum Begriff und seinem Ursprung *Seiler* (N 128), S. 19 f. mit Fn. 111.
180 Vgl. *Seiler* (N 128), S. 17.
181 Vgl. die kritische Frage bei *Haltern* (N 179), S. 111; s. o. N 131.
182 *Paul Kirchhof*, Das Grundgesetz als Gedächtnis der Demokratie – Die Kontinuität des Grundgesetzes im Prozeß der Wiedervereinigung und der europäischen Integration, in: Martin Heckel (Hg.), Die innere Einheit Deutschlands inmitten der europäischen Einigung, Tübinger rechtswissenschaftliche Abhandlungen, Bd. 82, 1996, S. 35 ff.
183 BVerfGE 113, 273 (292 ff.) – Europäischer Haftbefehl.
184 BVerfGE 89, 155 (184) – Maastricht; s. o. Rn. 25 ff.
185 BVerfGE 89, 155 (198) – Maastricht.

§ 99   Achter Teil: I. Grundlagen

Mitgliedstaaten eröffnet[186]. Dieser Verbund von gleichberechtigten, demokratischen Staaten ist auf eine Kooperation des Regierens, des Verwaltens und Rechtsprechens angelegt[187]. Die Gesetzgebungskompetenzen der europäischen Gemeinschaft haben jedoch das nationale Recht, insbesondere das Verwaltungsrecht, so weitgehend europäisiert, daß heute der Rechtsalltag in den Mitgliedstaaten wesentlich durch die Entstehensquelle der Europäischen Union und die Erkenntnisquelle des Europarechts bestimmt wird[188]. Da die Europäische Union aber als Staatenverbund folgerichtig regelmäßig durch ihre Regierungen handelt, die Staatsvölker der Mitgliedstaaten aber – neben dem Europäischen Parlament – über die nationalen Parlamente demokratische Legitimation vermitteln, sind der weiteren Übertragung von Hoheitsrechten auf die europäische Gemeinschaft durch das demokratische Prinzip Grenzen gesetzt[189]. Das tragende Organisationsprinzip des Grundgesetzes ist das Erfordernis unmittelbarer demokratischer Legitimation[190], darauf aufbauend das Prinzip der Gewaltenteilung.

45
Handlungskompetenzen der drei Gewalten

Das systemprägende Organisationsprinzip des Grundgesetzes ist die Gewaltenteilung[191]. Die Unterscheidung der drei Gewalten verteilt die politische Macht und Verantwortung im Staat jeweils auf die Staatsorgane, die nach ihrer Organisation, ihrer Zusammensetzung, ihrer Befähigung, ihrer Erfahrung und Verfahrensweise die besten Voraussetzungen für sachgerechtes staatliches Handeln bieten[192]. Zugleich schützt die Gewaltenteilung die Freiheit des einzelnen durch gegenseitige Hemmung, Mäßigung und Kontrolle der Staatsgewalten[193]. Da die Verfassung den Staat nicht durch Maßstäbe einer Staatsaufgabenlehre rechtfertigt, begründet die verfassungsrechtliche Einrichtung der einzelnen Gewalten zugleich eine gegliederte, in ihrer Zuordnung und Balancierung auf Einheit angelegte Staatsgewalt. Das organisatorische Grundprinzip der Gewaltenteilung[194] konstituiert die Gewaltenteilung als Gewaltenverantwortung[195]. Die auch in einer parlamentarischen Demo-

---

186 Zur Notwendigkeit und Grenzen dieser Hoheitsgewalt vgl. BVerfGE 89, 155 (186 f.) – Maastricht; *Paul Kirchhof*, Der deutsche Staat im Prozeß der europäischen Integration, in: HStR VII, 1992, § 183 Rn. 39 ff.; zur weiteren Entwicklung bis hin zu einem – inzwischen aufgegebenen – Gedanken eines europäischen „Verfassungsvertrages" vgl. Armin von Bogdandy (Hg.), Europäisches Verfassungsrecht, 2003, insbesondere mit Beiträgen von *Christoph Möllers*, Verfassunggebende Gewalt – Verfassung – Konstitutionalisierung, S. 1 f.; *Armin von Bogdandy*, Europäische Prinzipienlehre, S. 149 f.; *Christoph Grabenwarter*, Staatliches Unionsverfassungsrecht, S. 283 f.; *Martin Nettesheim*, Kompetenzen, S. 415 f.; *Paul Kirchhof*, Die rechtliche Struktur der europäischen Union als Staatenverbund, S. 893 f.
187 Zum Stichwort des „Kooperationsverhältnis" vgl. BVerfGE 89, 155 (175) – Maastricht.
188 *Schmidt-Aßmann* (N 4), S. 377 f.; *ders*. (N 25), § 5 insbes. Rn. 41 f.; *Voßkuhle* (N 4), § 1 Rn. 13 ff.
189 BVerfGE 89, 155 (186 ff.) – Maastricht.
190 BVerfGE 83, 37 (50 ff.) – Ausländerwahlrecht Schleswig-Holstein; BVerfGE 83, 60 (71 ff.) – Ausländerwahlrecht Hamburg.
191 BVerfGE 3, 225 (247) – Außerkrafttreten des alten Familienrechts; → Bd. II, *Schmidt-Aßmann*, § 26 Rn. 46 ff.; *Di Fabio*, § 27 Rn. 1 ff.
192 BVerfGE 68, 1 (86) – Nato-Doppelbeschluß; BVerfGE 98, 218 (252, 256) – Rechtschreibreform; → unten *Ossenbühl*, § 101 Rn. 61, sowie s. o. Rn. 16 f.
193 BVerfGE 9, 268 (279) – Bremer Personalvertretung; BVerfGE 34, 52 (59) – Hessisches Richtergesetz; BVerfGE 49, 89 (124 f.) – Kalkar I; → Bd. II, *Böckenförde*, § 24 Rn. 87 ff.
194 *Konrad Hesse*, Grundzüge des Verfassungsrechts der Bundesrepublik Deutschland, ¹⁶1988, Rn. 481 f.; → Bd. II, *Schmidt-Aßmann*, § 26 Rn. 56.
195 → Bd. II, *Schmidt-Aßmann*, § 26 Rn. 46 f.; *Di Fabio*, § 27 Rn. 41.

kratie jedem Funktionsträger vorbehaltenen „Kernbereiche"[196] eigenständigen Handelns geben jeder Staatsgewalt eine eigenständige Kompetenz und Verantwortlichkeit. Das Parlament hat die Kompetenz zur Entscheidung aller Fragen, die das Grundgesetz als grundlegend („wesentlich")[197] hervorhebt und deshalb ausdrücklich[198] dem unmittelbar vom Volke gewählten Parlament vorbehält. Das Parlament ist insbesondere ausschließlich zuständig bei grundrechtlichen Vorbehalten, bei Haushalts-, Steuer- und Verschuldungsvorbehalten (Art. 105f., 110, 115 GG), bei Organisationsvorbehalten[199] sowie bei dem Vorbehalt für die Mitwirkung in der Europäischen Union (Art. 23 Abs. 1 S. 2 und 3 GG) und für völkerrechtliche Verträge (Art. 59 Abs. 2 GG). Die Exekutive hat in der Regierung eine Zuständigkeit zur Staatsleitung, in der Verwaltung zum konkretisierenden und je nach Einzelfall vervollständigenden Vollzug der Gesetze, zur Gestaltung im Rahmen der Gesetze. Die selbständige Entscheidungs- und Handlungsvollmacht der Regierung umfaßt insbesondere die „Richtlinien der Politik", die Auswärtige Gewalt, die Haushaltswirtschaft, das Verteidigungswesen, eine Ausübung der Gesetzesinitiative und eine politische Planung als Ausübung eines die Einzelressorts in ihren Initiativen übergreifenden Koordinierungsauftrags[200]. Die Rechtsprechung ist für die rückblickende Entscheidung rechtlich streitiger Fälle zuständig. Auch Rechtsprechen ist aber nicht bloßes Nachsprechen von Vorgeschriebenem, sondern Nachdenken einer durch den Gesetzgeber vorgegebenen Wertung. Das Gesetz ist Auftrag, Orientierungspunkt und Grenze allen staatliche Handelns, ist aber darauf angewiesen, durch die vollziehende Gewalt und die Rechtsprechung aktuell, individuell und konkret zur Geltung gebracht zu werden. Die Gewaltenteilung betrifft auch den Umgang der Staatsgewalt mit der Zeit[201]: Der Gesetzgeber befaßt sich mit der Zukunft, die Verwaltung mit der Gegenwart, die Rechtsprechung mit der Vergangenheit[202].

Neben der in den drei Staatsgewalten konstituierten Souveränität des Bundes gibt es in einem Bundesstaat die Gliedstaaten, die der Staatsgewalt des Bundes untergeordnet sind (Art. 31, 28 Abs. 1 GG). Die Verfassungsstruktur der Länder ist der des Bundes nachgebildet (Art. 28 Abs. 1 GG): Der Föderalismus bietet kleinere, überschaubarere Zuständigkeitsbereiche, die den einzel-

46
Bundesstaatliches Nebeneinander und Zusammenwirken von Handlungskompetenzen

---

196 BVerfGE 49, 89 (124 ff.) – Kalkar I; BVerfGE 68, 1 (87) – Legislative; BVerfGE 22, 49 (77 f.) – Judikative.
197 BVerfGE 49, 89 (124 ff.) – Kalkar I; BVerfGE 68, 1 (87 ff.) – Raketenstationierung; BVerfGE 89, 155 (181 ff.) – Maastricht.
198 Vgl. BVerfGE 49, 89 (126 f.) – Kalkar I; BVerfGE 68, 1 (87) – Atomwaffenstationierung in Modifizierung von BVerfGE 40, 237 (249) – Justizverwaltungsakt.
199 *Eberhard Schmidt-Aßmann*, Verwaltungsorganisation zwischen parlamentarischer Steuerung und exekutivischer Organisationsgewalt, in: FS für Hans Peter Ipsen, 1977, S. 333 f.
200 Vgl. *Walter Leisner*, Regierung als Macht kombinierten Ermessens, in: JZ 1986, S. 727.
201 *Husserl* (N 104), S. 52 ff.; zur juristischen Bedeutung dieser These vgl. *Kloepfer* (N 105), S. 457 ff.; *Peter Häberle*, Zeit und Verfassung, in: ZfP 21 (1974), S. 111 ff.; *Paul Kirchhof*, Verwalten und Zeit, 1975; *Günter Dürig*, Zeit und Rechtsgleichheit, in: FS zum 500jährigen Bestehen der Tübinger Juristenfakultät, 1977, S. 21 ff.
202 *Peter Graf Kielmansegg*, Die Instanz des letzten Wortes, 2004, S. 27, spricht für die Verfassung und ihre Rechtsprechung fragend vom „Paradox des Vorrangs der Vergangenheit vor der Gegenwart."

nen vermehrt in die Entscheidungsfindung und den Vollzug einbeziehen können, das Prinzip alternativer politischer Führung insbesondere für die im Bund in der Opposition stehenden Parteien und Politiker verwirklichen, eine Vielfalt von Initiativen, Erprobungen und alternativer Staatspraxis erlauben, die Zentralisierung von Parteien, Verbänden und Haushalten auflockern und ihr entgegenwirken, Minderheiten schützen und vermehrt beteiligen, in der Teilhabe der Länder am Handeln des Bundes – insbesondere über den Bundesrat[203] – Elemente zusätzlicher Gewaltenteilung begründen. Die Kompetenzverteilung zwischen Bund und Ländern folgt dem Organisationsprinzip der Gewaltenteilung: Die Gesetzgebungskompetenz[204] steht im Grundsatz den Ländern zu (Art. 70 Abs. 1 GG), hat sich jedoch aufgrund eines umfangreichen Katalogs in die ausschließliche, konkurrierende oder Grundsatzgesetzgebungskompetenz des Bundes verlagert. Das Schwergewicht der Gesetzesausführung[205] liegt bei den Ländern (Art. 83 ff. GG). In der Regel vollziehen die Länder die Bundesgesetze als eigene Angelegenheiten, in Sonderfällen auf Weisung des Bundes; der Bundesvollzug von Bundesgesetzen durch bundeseigene Behörden oder durch bundesunmittelbare Körperschaften und Anstalten ist die Ausnahme. Die Landesgesetze werden durch Landesbehörden vollzogen. Die Zuständigkeit der Landesregierungen ergibt sich aus ihrer Leitungs- und Vollzugsverantwortlichkeit für das jeweilige Bundesland, insbesondere in der Gesetzesinitiative gegenüber dem Landesparlament, der Mitwirkung im Bundesrat, im Personal-, Finanz- und Haushaltswesen des Landes, in den Sachbereichen Kultus, Polizei und Kommunalwesen. Für die Rechtsprechung[206] liegen die – in der Regel zweistufigen – Tatsacheninstanzen in der Zuständigkeit der Länder; der Bund errichtet für jeden Gerichtszweig Revisionsgerichte als Oberste Bundesgerichte, die eine einheitliche Anwendung und Fortbildung des Bundesrechts gewährleisten.

47
Befugnis-
begrenzende
Kompetenzen

Die Kompetenzregeln weisen nicht nur Zuständigkeiten zu, sondern bestimmen vielfach auch den Umfang der Regelungsbefugnis des jeweiligen Kompetenzträgers. Wenn Art. 73 Abs. 1 Nr. 14 GG „Die Erzeugung und Nutzung der Kernenergie zu friedlichen Zwecken" in die ausschließliche Gesetzgebungszuständigkeit des Bundes gibt, ist damit die Kompetenz zur Regelung der Kernenergie materiell auf die Friedlichkeit verpflichtet; ein Umkehrschluß gemäß Art. 71 GG, wonach die Regelung der Kernenergie zu unfriedlichen Zwecken bei den Ländern läge, wäre abwegig[207]. Wenn Art. 73 Abs. 1 Nr. 3 GG „Die Freizügigkeit" zum Gegenstand ausschließlicher Bundesgesetzgebung macht, nimmt diese Kompetenzvorschrift den materiellen Begriff der Freizügigkeit (Art. 11 Abs. 1 GG) auf, begründet also eine Kompetenz zur inhaltlichen Verdeutlichung und Ausprägung des Grundrechts[208]. Ist der Bun-

---

203 Zum Versuch, durch die Föderalismusreform I den Zustimmungsvorbehalt des Bundesrates bei der Gesetzgebung des Bundes zurückzunehmen, vgl. *Christian Starck*, Föderalismusreform, 2007, Rn. 7 ff.
204 *Hans-Werner Rengeling*, Gesetzgebungszuständigkeit, in: HStR IV, ²1999 (¹1990), § 100 Rn. 1 ff.
205 → Unten *Schmidt-Aßmann*, § 109 Rn. 12.
206 → Unten *Wilke*, § 112.
207 *Rengeling* (N 204), § 100 Rn. 14, 180 ff.
208 *Rengeling* (N 204), § 100 Rn. 79.

desgesetzgeber nach Art. 73 Abs. 1 Nr. 5 GG für „Die Einheit" des Zoll- und Handelsgebietes, nach Art. 73 Abs. 1 Nr. 10 GG für „Die Zusammenarbeit des Bundes und der Länder" in bestimmten Polizeiaufgaben zuständig, geben diese Kompetenznormen zugleich ein Ziel vor, das den Inhalt der Kompetenzwahrnehmung bestimmt. Die befugnisbegrenzende Funktion der Kompetenznormen hat praktische Bedeutung vor allem gewonnen, wenn zwei Zuständigkeiten sich inhaltlich überschneiden und deshalb nicht gegenläufig wahrgenommen werden dürfen: Greift der Steuergesetzgeber im Rahmen seiner Zuständigkeiten durch Lenkungssteuern in den Sachbereich des Verwaltungsgesetzgebers – insbesondere des Umweltrechts – über, so muß er die beabsichtigte Lenkung der Konzeption und Ausgestaltung der Sachregelung anpassen; ohne eine solche Abstimmung verstößt das lenkende Abgabengesetz gegen die Kompetenzordnung[209]. Nichtsteuerliche Abgaben, die sich nicht auf eine Gesetzgebungskompetenz aus der Finanzverfassung, sondern auf eine Sachkompetenz nach Art. 70 ff. GG stützen[210], müssen gewährleisten, daß die verschiedenen Gesetzgeber nicht unter Umgehung der finanzverfassungsrechtlichen Zuständigkeitsregeln die grundrechtlich geschützten Ressourcen der Bürger durch einen weiteren Zugriff übermäßig belasten[211]; nichtsteuerliche Abgaben bedürfen deshalb einer „besonderen sachlichen Rechtfertigung"[212].

Die gesetzliche Zuweisung von Selbstverwaltungsaufgaben gliedert Zuständigkeiten aus der Staatsorganisation aus und gewährleistet sie in der Hand der Beteiligten. Das geltende Recht anerkennt insbesondere die Selbstverwaltung der Kirchen (Art. 140 ff. GG i.V.m. Art. 137 Abs. 3 S. 1 WRV), sichert eine kommunale Selbstverwaltung (Art. 28 Abs. 2 GG)[213], eine Autonomie von öffentlich-rechtlichen Hochschulen[214] und Rundfunkanstalten[215]. Es gestattet eine wirtschaftliche und soziale Selbstverwaltung durch Kammern, Innungen und Innungsverbände und sieht Selbstregelungen durch Tarifvertragsparteien und Sozialversicherungsträger vor[216]. Die Selbstverwaltung vermittelt zwischen staatlicher Gewährleistung eines Handlungsrahmens und freier Betätigung wirtschaftlicher und sozialer Gruppen. Die eigenverantwortliche Entscheidung über öffentliche Aufgaben unter maßgeblicher Mitwirkung der Mitglieder des jeweiligen Verbandes oder der von einer Sachaufgabe Betrof-

48
Handeln in Selbstverwaltung

---

[209] BVerfGE 98, 83 (97f., 104f.) – Landesabfallabgabe; BVerfGE 98, 106 (118f.) – Verpackungssteuer; BVerfG, in: NJW 2007, S. 573 (575) – Bewertung im Erbschaftsteuerrecht; auch → unten *P. Kirchhof*, § 118 Rn. 57f.
[210] BVerfGE 4, 7 (13) – Investitionshilfe; BVerfGE 108, 1 (13) – Rückmeldegebühr.
[211] BVerfGE 78, 249 (266) – Fehlbelegungsabgabe; BVerfGE 93, 319 (342) – Wasserpfennig; BVerfGE 108, 1 (15f.) – Rückmeldegebühr.
[212] BVerfGE 108, 1 (16) – Rückmeldegebühr; dazu → unten *P. Kirchhof*, § 119 Rn. 13.
[213] *Günter Püttner*, Kommunale Selbstverwaltung, in: HStR IV ²1999 (¹1990), § 107 Rn. 11ff.; *Groß* (N 34), § 13 Rn. 67f.
[214] *Werner Thieme*, Deutsches Hochschulrecht, ³2004, Rn. 171f.
[215] BVerfGE 12, 205 (260ff.) – 1. Rundfunkurteil; BVerfGE 57, 295 (320) – Saarländisches Rundfunkgesetz; BVerfGE 83, 238 (295) – 6. Rundfunkurteil; BVerfGE 90, 60 (87) – Rundfunkgebühr.
[216] *Ulrich Scheuner*, Wirtschaftliche und soziale Selbstverwaltung, in: DÖV 1952, S. 609; *Peter Axer*, Normsetzung der Exekutive in der Sozialversicherung, 2000, S. 251ff.

fenen[217] lockert den staatlichen Zugriff auf die Freiheitssphäre des einzelnen, bildet andererseits Gruppen, bei denen der einzelne vermehrt in die Willensbildung und Leistungskompetenzen seiner Körperschaft und seines Verbandes gebunden wird. Neben diese Kompetenzzuweisung an Selbstverwaltungsorgane treten Mitwirkungs- und Beteiligungsrechte fachkundiger oder betroffener Personen und Gruppen, die dem Staat seine Zuständigkeit und Verantwortlichkeit belassen, die Wahrnehmung dieser Zuständigkeiten jedoch nicht ausschließlich staatseigenhändigem Handeln vorbehalten[218]. Stets sind die Sonderkompetenzen auf die Allgemeinverantwortlichkeit des Staates abzustimmen: Sonderabgaben sind nur als „seltene Ausnahme" zulässig[219], weil sie dem Abgabenschuldner neben der die Allgemeinheit treffenden Steuerpflicht eine zusätzliche Sonderlast aufbürden, in der Zweckbindung des Abgabenertrages das Budgetrecht des Parlaments gefährden und eine finanzerhebliche Zuständigkeit jenseits der Finanzverfassung beanspruchen[220]. Kompetenznormen weisen Zuständigkeiten im Rahmen und in den Bindungen der Gesamtverfassung zu. Insbesondere die Grundrechte wirken als negative Kompetenznormen[221].

3. Befugnis

49
Grundrechte als Befugnisnormen

Staatliches Handeln dient letztlich dem Staatsvolk, dem einzelnen Staatsbürger, wird deshalb auf diese Auswirkungen ausgerichtet und an seiner Individualwirkung gemessen. Die staatliche Befugnis, auf Individualrechtspositionen einzelner einzuwirken, ist staatsrechtlich insbesondere durch die Grundrechte beschränkt. Der grundrechtliche Gesetzesvorbehalt[222] beauftragt den Gesetzgeber, dem Grundsatz der Verhältnismäßigkeit je nach Grundrecht und je nach Funktion der gesetzlichen Regelung einen konkreten Inhalt zu geben. Das Verhältnismäßigkeitsprinzip findet in seinem ursprünglichen Anwendungsbereich, dem Polizeirecht, durch die konkrete Gefahr für die öffentliche Sicherheit und Ordnung in der Realität sein Ziel. Dem Gesetz gibt das Grundgesetz für Beschränkungen der Grundrechte und Schranken der Grundrechtsausübung das Ziel, die Freiheiten und Gleichheiten auszugestal-

---

217 Zur funktionalen Selbstverwaltung im Gegensatz zur räumlich definierten Kommunalverwaltung vgl. *Ernst Thomas Emde*, Die demokratische Legitimation der funktionalen Selbstverwaltung, 1991, S. 5 f.; *Winfried Kluth*, Funktionale Selbstverwaltung, 1997, S. 12 f.; BVerfGE 107, 59 (89) – Lippeverbandsgesetz.
218 → Bd. III, *Schmitt Glaeser*, § 38 Rn. 28 ff.; *Voßkuhle*, § 43 Rn. 41 ff.
219 BVerfGE 82, 159 (181) – Absatzfonds; BVerfGE 91, 186 (203 f.) – Kohlepfennig; BVerfGE 92, 91 (113) – Feuerwehrabgaben; BVerfGE 98, 83 (100) – Landesabfallabgaben; BVerfGE 101, 141 (147) – Ausgleichsfonds; BVerfGE 108, 186 (217) – Altenpflegeabgaben; BVerfGE 110, 370 (384 ff.) – Klärschlamm-Entschädigungsfonds.
220 → Unten *P. Kirchhof*, § 119 Rn. 69 ff. Vgl. auch BVerfGE 4, 7 (13) – Investitionshilfe; BVerfGE 8, 274 (317) – Preisgesetz; BVerfGE 18, 315 (328 f.) – Marktordnung; BVerfGE 29, 402 (409) – Konjunkturzuschlag; BVerfGE 37, 1 (16 f.) – Stabilitätsfonds; BVerfGE 67, 256 (274) – Investitionshilfeabgabe; BVerfGE 82, 159 (181) – Absatzfonds; BVerfGE 91, 186 (202 f.) – Kohlepfennig; BVerfGE 110, 370 (384 ff.) – Klärschlamm-Entschädigungsfonds.
221 *Klaus Stern*, Idee und Elemente eines Systems der Grundrechte, in: HStR V, ²2000 (¹1992), § 109 Rn. 41, 66; *Hasso Hofmann*, Grundpflichten und Grundrechte, in: HStR V, ²2000 (¹1992), § 114 Rn. 49; *Horst Ehmke*, Wirtschaft und Verfassung, 1961, S. 30.
222 → Unten *Ossenbühl*, § 101 Rn. 11 ff.

ten, zu prägen und „verhältnismäßig" einzuschränken²²³. Art und Ausmaß zulässiger Regelungen werden also aus der grundrechtlichen Befugnisnorm abgeleitet.

Der grundrechtliche Gesetzesvorbehalt²²⁴ enthält den Auftrag, innerhalb der Verfassungsordnung die öffentlichen Interessen zu definieren, deren Verfolgung eine Grundrechtseinschränkung geboten oder vertretbar erscheinen läßt. Die Geeignetheit und Zwecktauglichkeit einer Grundrechtseinschränkung bestimmt sich nach dem von dem Gesetzgeber zu konkretisierenden Regelungsziel. Im Rahmen dieser Zielbestimmungen hat der Gesetzgeber das Übermaßverbot zu beachten, das nur die nach dem jeweiligen Zweck geeigneten, erforderlichen und angemessenen Handlungsmittel zuläßt. Das Gebot der Erforderlichkeit gewinnt dabei einen differenzierenden Inhalt²²⁵: „Eingriffe"²²⁶ in den grundrechtlich geschützten Freiheitsbereich sind strikt an die Erforderlichkeit gebunden, wenn der Gesetzgeber die Ausübung des Grundrechts durch Einschränkungen, Bindungen in Rechtsverhältnissen oder durch mißbrauchsabwehrende Vorschriften beschneidet. Der Gesetzgeber darf hingegen einen größeren Gestaltungsraum in Anspruch nehmen, wenn er den Inhalt einer grundrechtlich geschützten Rechtsposition näher ausgestaltet oder gegenüber anderen Rechtsgütern abgrenzt, er damit eine die Grundrechtsausübung ermöglichende, erleichternde oder sichernde Ordnung schafft, der Grundrechtsausübung also ihre rechtliche Grundlage und ihre Verbindlichkeit vermittelt.

50
Gesetzliche Ausprägung des verfassungsrechtlichen Übermaßverbotes

Der Staat hat die Befugnis zu Einwirkungen in einen grundrechtlichen Schutzbereich nur, wenn das von ihm verwendete Mittel die Erreichung des angestrebten Ziels fördert (Geeignetheit), kein schonenderes, aber gleich wirksames Mittel verfügbar ist (Erforderlichkeit) und bei einer Abwägung zwischen der Schwere des Eingriffs und der Bedeutung und Dringlichkeit des mit dem Eingriff verfolgten öffentlichen Interesses die Belastung noch zumutbar erscheint (Angemessenheit)²²⁷.

51
Geeignetheit, Erforderlichkeit, Angemessenheit

Die Befugnisnormen des Grundgesetzes gehen deshalb weniger – wie das Polizeirecht als Ursprung des Verhältnismäßigkeitsprinzips – von einem konstanten Zweck staatlichen Handelns aus, dem variable Handlungsmittel zu dienen hätten; vielmehr sind die konkreten Ziele staatlichen Handelns in ihrer Form und Wirkungsintensität verfassungsrechtlich vorgezeichnet. Die Unantastbarkeit der Grundrechte „in ihrem Wesensgehalt" (Art. 19 Abs. 2 GG)²²⁸ verhindert, daß ein Allgemeininteresse zur Rechtfertigung von

52
Veränderliche Ziele, konstante Mittel

---

223 Lerche (N 168), § 121 Rn. 38 ff.
224 → Unten Ossenbühl, § 101 Rn. 21, 36.
225 Peter Lerche, Übermaß und Verfassungsrecht, 1961, S. 162 ff.; vgl. auch Eberhard Grabitz, Der Grundsatz der Verhältnismäßigkeit in der Rechtsprechung des Bundesverfassungsgerichts, in: AöR 98 (1973), S. 568; Laura Clerico, Die Struktur der Verhältnismäßigkeit, 2001, S. 74 ff.
226 Lerche (N 168), § 121 Rn. 45.
227 Vgl. BVerfGE 30, 292 (326 f.) – Erdölbevorratung; BVerfGE 33, 171 (187 f.) – Honorarverteilung; BVerfGE 67, 157 (173 f.) – G 10.
228 Hesse (N 194), Rn. 332; Gertrude Lübbe-Wolff, Die Grundrechte als Eingriffsabwehrrechte, 1988, S. 25 ff.; Peter Michael Huber, in: v. Mangoldt/Klein/Starck, GG I, Art. 19 Abs. 2, Rn. 137 ff.; → unten Ossenbühl, § 101 Rn. 52 ff.

Grundrechtseinschränkungen so überhöht wird, daß es den Kernbereich eines Grundrechts gefährdet. Die Verfolgung gemeinwohldienlicher Zwecke ist also an den betroffenen Grundrechten zu messen. Insoweit bieten die Grundrechte und das Verfassungsbeschwerdeverfahren (Art. 93 Abs. 1 Nr. 4 a GG) schon dem Gesetzgeber einen Anlaß, sich um die Individualgerechtigkeit seiner allgemeinen Regeln zu bemühen. Die Gemeinschaftsinteressen bleiben dabei hinreichend gewahrt, wenn die Befugnisnorm nach der staatlichen Aufgabe und dem materiellen Gehalt der Kompetenznorm verstanden wird. Außerdem darf ein Grundrecht nach Art. 19 Abs. 2 GG nur insoweit eingeschränkt werden, als der mit der Einschränkung verfolgte gemeinwohldienliche Zweck eine Beschränkung erforderlich macht.

53
Andeutung des Handlungsanlasses und Regelung des Handlungsablaufes im Grundgesetz

Die Gemeinwohlziele sind in der Verfassung angedeutet, gelegentlich in konkreten Handlungsaufträgen verdeutlicht: Der Staat hat die existenzsichernden und freiheitsermöglichenden Grundlagen der Inländer zu wahren, eine friedenstiftende Ordnung zu setzen und durchzusetzen, den Bestand dieses Rechts, des Staatsgebietes und der Einheit zu gewährleisten. Diese Staatsaufgaben klingen in Staatszielbestimmungen, in Schutzpflichten zu Gunsten von Individual- und Gemeinschaftsgütern, in gelegentlichen Verfassungsaufträgen und in einzelnen, bei Kompetenzzuweisungen vorausgesetzten Handlungsbereichen[229] an. Darüber hinaus verdeutlicht die Verfassung in Einzelbestimmungen die den Grundrechten gegenüberstehenden Rechtsgüter, zum Beispiel den die Meinungsfreiheit beschränkenden Schutz der Jugend und das Recht der persönlichen Ehre[230]. Diese Güter, die gegenläufige Rechtsfolgen veranlassen, sind zu einem schonenden Ausgleich zu bringen[231], sollen nach dem Prinzip der praktischen Konkordanz jedes für sich nebeneinander wirksam werden[232]. Soweit die Grundrechte Handlungsziele nicht vorzeichnen, begrenzt das Grundgesetz den Raum gesetzgeberischer Zielfindung. Es hebt nicht Ziel und Mittel staatlichen Verhaltens strikt voneinander ab, sondern verbindet Anlaß und Ablauf staatlichen Handelns jeweils in seinem verfassungsrechtlichen Sinnzusammenhang.

54
Weitere Befugnisregeln

Darüber hinaus enthält das Grundgesetz weitere rechtfertigende und begrenzende Befugnisnormen. Es kennt ausdrückliche Handlungsgebote und Handlungsverbote, Gesetzes- und Richtervorbehalte, Informations- und Beteiligungspflichten, Mitwirkungsvorbehalte, Zuständigkeitsbeschränkungen und Formenbindungen[233]. Auch hier gibt die Verfassung staatlichen Verhaltensweisen nicht eine systematische Orientierung, sondern beschränkt sich auf Grundsatzwertungen und punktuelle, durch die historische Einschätzung des verfassungsrechtlichen Regelungsbedarfs veranlaßte Vorgaben.

---

229 S. o. Rn. 30 ff.
230 Vgl. im übrigen BVerfGE 7, 198 (208 f.) – Lüth.
231 *Lerche* (N 225), S. 125 f.
232 *Hesse* (N 194), Rn. 72, 318.
233 S. u. Rn. 63 ff.

4. Betroffene, Beteiligte, Teilhabende

a) Staatrechtliche Betroffenheit

Grundrechte und individueller Rechtsschutz berechtigen den einzelnen zur Gegenwehr gegen staatliche Einwirkungen, wenn staatliches Verhalten ihn in seinen Rechten selbst, unmittelbar und gegenwärtig betrifft. Diese individualrechtliche Kontrollstelle staatlichen Verhaltens wird zum zentralen Maßstab staatlichen Handelns, je intensiver der Staat durch Daseinsbegleitung und Zukunftsvorsorge individuelle Lebensbedingungen gestaltet und je mehr die punktuellen Eingriffe durch Einwirkungen im Rahmen von Dauerrechtsverhältnissen ersetzt werden. Die Zahl der zur Gegenwehr Betroffenen wird vermehrt, je mehr die Enge der tatsächlichen Lebensverhältnisse – zum Beispiel im Nachbar- oder Wettbewerbsrecht – und die durch eine Regelungsdichte hergestellten rechtlichen Ballungsräume – zum Beispiel im Steuerrecht – den Kreis der durch eine einzelne Maßnahme Betroffenen erweitern. Die Wirkungsbreite staatlichen Handelns, insbesondere bei der Planung, der Umverteilung, der Globalsteuerung, der staatlichen Veränderung faktisch vorgefundener Daten oder dem Angebot allgemein verfügbarer Einrichtungen (Güter im Gemeingebrauch), kann aber auch zur Folge haben, daß sich die Kausalität und Betroffenheit im allgemeinen zu verlieren scheint, der rechtserheblich Betroffene deshalb kaum noch zu individualisieren ist. Die in die Breite wirkenden Entscheidungen sprengen das auf den einzelnen ausgerichtete Verwaltungsrechtsverhältnis und drängen den Rechtsbetroffenen in die Rolle des Popularbeteiligten, den in Distanz Abwartenden in die Rolle des mitwirkend Verfahrensbeteiligten.

55 Verallgemeinerung der Rechtsbetroffenheit zur Popularbeteiligung

Soweit der Staat sich, zum Beispiel durch gesundheits-, bildungs- und verbraucherpolitische Aufklärung, an eine Allgemeinheit wendet, setzt er auf individuelles Verstehen, Eigeninteresse, Mitverantwortlichkeit[234]. Ein dem Staat mit begehrender statt mit abwehrender Hand gegenüberstehender Betroffener ist weniger Kontrolleur, eher Anreger und Förderer staatlichen Handelns. Die Grenze zwischen staatlichem Innen- und Außenbereich wird durchlässig, scheint in einer Gemengelage von Gemeinwohl- und Individualinteressen aufzugehen oder rechtsunerheblich zu werden. Die Betroffenheit in eigenen Rechten ist weniger „Alarmsignal" für individuelle Rechtspositionen und Rechtsbehelfe, sondern Anlaß für Verständigung und Austausch.

56 Betroffenheit bei kooperativen Rechtsverhältnissen

b) Verfahrensbeteiligung und Objektivität des Rechts

Soweit sich die Staatsorganisation für eine Entscheidungsteilhabe Dritter öffnet, nimmt der einzelne auch als Verfahrensbeteiligter – ungeachtet seiner Selbstbetroffenheit in eigenen Rechten – Einfluß auf staatliches Verhalten. Antragsrechte, Anhörungspflichten, Einwendungs- und Beratungsvorbehalte, Mitgestaltungs- und Einspruchsrechte für Personen und Gruppen sowie Entscheidungsvorgaben in institutionellen Beratungsgremien veranlassen eine

57 Öffnung der Staatsorganisation für eine Beteiligung Privater

---
[234] S. u. Rn. 160.

private Mitwirkung, teilweise auch eine private Mitentscheidung an staatlichen Handlungsabläufen und stellen gelegentlich die Eigenständigkeit staatlichen Handelns in Frage. Der Staat droht seine „innerpolitische Neutralität"[235], seine Autorität als „übergeordnete schlichtende Macht"[236] zu verlieren. Der Staat als Garant der Allgemeininteressen wird für Teilinteressen der Gruppen zugänglich. Die demokratische Grundannahme, die Durchsetzungschance für ein Anliegen wachse mit seiner Allgemeinheit, scheint widerlegt[237]. Die Garantie individueller, nicht gruppenmäßig formierter Freiheit läuft Gefahr, unter Beteiligungsvorbehalt zu geraten. Andererseits erlaubt die Verfahrensbeteiligung ein vorbereitendes und vorsorgendes Abstimmen staatlichen Handelns auf Beteiligte und Interessierte, kann deshalb auch ein bürgernahes und grundrechtsschonendes Verwalten sichern.

c) Teilhabeanspruch und selbstbestimmte Verschiedenheit

58
Objektiv-rechtliches Grundrechtsverständnis: Handlungsaufträge statt Unterlassungspflichten?

Der Staat geht zunehmend von der Krisenvorsorge zur Grundrechtspflege über, weil die Inanspruchnahme eines Freiheitsrechts oft nicht allein vom Willen des Berechtigten abhängt, sondern nur im Rahmen gesellschaftlicher oder staatlicher Institutionen wahrgenommen werden kann. Das Recht der Studienzulassung und das Rundfunkrecht sind beredte Beispiele. Außerdem hat sich die Erwartung, daß ein gleiches Freiheitsrecht für jedermann allen Menschen auch tatsächlich Freiheit vermitteln werde, teilweise nicht erfüllt, weil die Inanspruchnahme der Freiheit gesellschaftliche Macht vermittelt, deshalb andere von freiheitlichen Lebensbereichen ausschließt und ihre Mächtigkeit die Freiheit anderer bedroht[238]. Der nicht mehr utopische Zukunftsgedanke an eine fast menschenlose – allein von Computern und Robotern betriebene – Fabrik stellt das staatliche Recht vor die Frage, wie die Gewinne aus dieser Fabrik zu verteilen wären; allein der Kapitalgeber wird nicht den gesamten Gewinn beanspruchen können, weil die bisherigen Arbeitnehmer nun arbeits- und einkommenslos sind, eine Gesellschaft und ein Markt aber eine Zweiteilung in Besitzende und Besitzlose nicht hinnehmen kann[239]. Der Staat ist ebenso zur Erneuerung der privatnützigen Eigentumsordnung veranlaßt, wenn das Fondseigentum Rendite in der Anonymität des Kapitalmarktes vermittelt, ohne daß der Eigentümer für die Wirkungen seiner Kapitalmacht – er mag Waffen oder Weizen produzieren – einstehen müßte. Dieser Realbefund trifft auf ein „objektiv-rechtliches" Verständnis der Grundrechte, das nicht mehr staatliches Handeln abwehrt, sondern staatliches Handeln gebietet. Aus dem Abwehrrecht wird ein Schutzanspruch. An die Seite des Übermaßverbo-

---

235 *Carl Schmitt*, Das Problem der innerpolitischen Neutralität des Staates (1930), in: Verfassungsrechtliche Aufsätze aus den Jahren 1924–1954, 1958, S. 41.
236 *Scheuner* (N 216), S. 609 (614).
237 *Ernst Forsthoff*, Der Staat der Industriegesellschaft, ²1971, S. 25 f.; *Hans-Herbert von Arnim*, Gemeinwohl und Gruppeninteressen, 1977, S. 152 ff.
238 Vgl. *Ernst-Wolfgang Böckenförde*, Grundrechtstheorie und Grundrechtsinterpretation, in: NJW 1974, S. 1529 (1529 ff.); *Peter Häberle*, Grundrechte im Leistungsstaat, in: VVDStRL 30 (1972), S. 43 ff.; *Dieter Grimm*, Grundrechte und soziale Wirklichkeit, in: Winfried Hassemer (Hg.), Grundrechte und soziale Wirklichkeit, 1982, S. 39 ff.
239 Vgl. die Parallele bei *Gerhart Hauptmann*, Die Weber, 1892.

tes tritt ein Untermaßverbot[240]. Die Grundrechte fordern dann nicht staatliches Unterlassen, sondern rügen staatliche Untätigkeit. Die Grundrechte werden zu positiven Handlungspflichten des Staates, geben staatlichem Handeln eine Richtung, bringen es in den Sog der Effektivität[241]. Aus der Befugnisnorm wird eine Aufgabennorm, die eine aktive staatliche Vorsorge für die allgemeine Wohlfahrt und für tendenziell gleiche Freiheitsbedingungen, aber auch eine periodische Korrektur der freiheitlich erreichten Verschiedenheiten verlangt. Die Grundrechte wahren nicht mehr individuelle Freiheit gegenüber staatlichem Handeln, sondern geben freiheitsfördernde und freiheitssichernde Ziele vor, die durch staatliche Intervention zu erreichen sind[242].

Die Bestimmung staatlichen Verhaltens durch einen grundrechtsberechtigten Teilhaber erweitert den Einflußbereich der Grundrechte, veranlaßt Freiheitskonkurrenzen, steigert deshalb die Interpretationsbedürftigkeit der Grundrechtsinhalte und weist dem Grundrechtsinterpreten – insbesondere dem Bundesverfassungsgericht – eine erweiterte Verantwortlichkeit zu. Das „objektivrechtliche" Verständnis der Grundrechte hat bisher zu Ausstrahlungen der Grundrechte auch auf Privatrechtsverhältnisse geführt[243], individuelle Leistungs- und Teilhaberechte des einzelnen gegen den Staat begründet[244], dem Staat Schutzpflichten für grundrechtlich gesicherte Freiheiten auferlegt[245], Verfahrensgarantien für staatliche, möglicherweise grundrechtsbeeinträchtigende Entscheidungsprozesse hervorgebracht[246] und Organisationsprinzipien für Einrichtungen veranlaßt, in denen Grundrechte arbeitsteilig wahrgenommen werden[247]. Die Grundrechte wirken nicht mehr nur staatsgerichtet, sondern bestimmen auch die gesellschaftliche Ordnung; sie wehren nicht mehr nur staatliches Handeln ab, sondern verpflichten zu staatlichen Einwirkungen. In dieser Anwendungsweite und Funktionenvielfalt verlieren die Grundrechte aber an inhaltlicher Voraussehbarkeit und Verbindlichkeitsschärfe.

59 Verlust von inhaltlicher Verläßlichkeit der Grundrechte

Teilhaberechte machen Freiheitsrechte zu Gleichheitsrechten[248], zum Beispiel die Berufswahlfreiheit des Art. 12 Abs. 1 S. 1 GG zu einem Anspruch auf gleichen Zugang zu jedem öffentlichen Amt nach Eignung, Befähigung und fachlicher Leistung (Art. 33 Abs. 2 GG) oder die Studienfreiheit – die freie Wahl der Ausbildungsstätte (Art. 12 Abs. 1 GG) – zu einem Anspruch auf gleichmäßige Berücksichtigung bei der Studienplatzvergabe[249]. Mit der In-

60 Freiheitsrechte werden zu Gleichheitsrechten

---
240 BVerfGE 88, 203 (254) – Schwangerschaftsabbruch II.
241 *Isensee* (N 168), Rn. 165 ff.
242 *Paul Kirchhof*, Der allgemeine Gleichheitssatz, in: HStR V, ²2000 (¹1992), § 124 Rn. 158 ff.
243 BVerfGE 7, 198 (205 f.) – Lüth.
244 BVerfGE 33, 303 (329 ff.) – Numerus clausus I.
245 BVerfGE 39, 1 (42) – Schwangerschaftsabbruch I; BVerfGE 49, 89 (142) – Kalkar I; BVerfGE 56, 54 (73 f.) – Fluglärm; BVerfGE 88, 203 (254) – Schwangerschaftsabbruch II.
246 BVerfGE 60, 253 (294 f.) – Anwaltsverschulden für das „verfahrensabhängige" Grundrecht des Art. 16 Abs. 2 S. 2 GG und BVerfGE 57, 295, (320) – 3. Rundfunkentscheidung; BVerfGE 60, 53 (64) – Rundfunkrat für das „verfahrensgeprägte" Grundrecht des Art. 5 Abs. 1 S. 2 GG.
247 BVerfGE 35, 79 (115) – Hochschulurteil.
248 *P. Kirchhof* (N 242), Rn. 150 ff., 158 ff., 280.
249 BVerfGE 33, 303 (332) – Numerus clausus I.

pflichtnahme des Staates zur Organisation und Verteilung freiheitlich beanspruchter Lebensbedingungen wächst dem Staat ein Herrschaftsanspruch über diese Lebensbereiche zu; würde der Staat zum Beispiel statt durch eine Berufsfreiheit durch ein Individualrecht auf Arbeit in Pflicht genommen, so müßte die öffentliche Hand die Verfügungsgewalt über die Arbeitsplätze übernehmen und die Entscheidungen über Studium, Ausbildung, über die Entwicklung der Arbeitsplätze verbindlich lenken dürfen. Allein die individualrechtliche Sichtweise ist auch kein geeigneter Beurteilungsmaßstab, um freiheitsdienliche Güter durch den Staat sachgerecht hervorzubringen und zu verteilen. Staatliches Handeln steht grundsätzlich nicht unter dem Regime individueller Ansprüche.

61
Teilhabe an der Freiheit und Anstrengung zur Freiheit

Ein Teilhabeanspruch handelt außerdem nur vom individuellen Teilhabebegehren, ohne zugleich einen Antrieb zur Vermehrung und Verbesserung der benötigten Güter zu bieten. Die im freiheitlichen Abwehrrecht angelegte Verpflichtung zur freiheitlichen Selbsthilfe durch Anstrengung, die mit dem Bemühen um individuelle Besserstellung zugleich die allgemeine Wohlfahrt fördert, wird geschwächt, wenn durch eine Umdeutung grundrechtlicher Abwehransprüche in Teilhaberechte nicht mehr die individuelle Anstrengung zur Freiheit angeregt, sondern eine Teilhabe an den von anderen ermöglichten Freiheitsbedingungen versprochen wird. Gleiche Teilhabe aller wird um so mehr durch den Vorbehalt des Möglichen beschränkt, je weniger Menschen sich eine Freiheit aus eigener Kraft erschließen und nicht nur an vorgefundenen Freiheitsbedingungen teilhaben wollen.

62
Freiheitliche Rechtfertigung selbstbestimmter Verschiedenheiten

Schließlich ziehen Teilhabeansprüche den Staat immer mehr in eine Verteilungsverantwortlichkeit, die eine in der Gegenwart hergestellte Verteilungsgerechtigkeit jeweils als Ausgangschance für freiheitliche Betätigung anbieten muß, nach der Freiheitsausübung des einzelnen aber wieder wesentliche Unterschiede in den individuellen Freiheitsbedingungen vorfindet, diese jedoch bei alleiniger Maßgeblichkeit des Anspruchs auf gleiche Teilhabe wieder umverteilen und damit das Freiheitsprinzip ad absurdum führen müßte. Freiheit bedeutet nicht nur, selbstbestimmt verschieden handeln zu dürfen, sondern rechtfertigt auch den Erfolg unterschiedlichen Handelns, also die individuell bewirkte Verschiedenheit in freiheitlichen Lebensbedingungen. Staatliche Verteilungsverantwortlichkeiten müssen deshalb im Freiheitsprinzip ein Maß und eine Grenze finden. Wenn die staatlichen Verteilungsmaßstäbe auf das Zufallsprinzip („Losverfahren") zurückgreifen[250], rechtsstaatliche Anliegen der Rationalität und der Berechenbarkeit also durch das Prinzip der Willkür schlechthin verdrängt werden, so ist das Prinzip der Freiheit ebenso wie das der Gleichheit diskreditiert; der Rechtsstaat ist gescheitert.

---

250 BVerfGE 43, 291 (324f.) – Numerus clausus II.

5. Die Formgebundenheit staatlichen Handelns

Das Grundgesetz konstituiert einen Rechtsstaat, der durch Entscheidungskompetenzen, Verfahrensregeln, gesetzesförmliche Entscheidungsvorgaben, Verantwortungszuweisungen, Zuordnungs- und Kooperationsregeln staatliches Handeln in bestimmten Abläufen sichtbar macht, die Staatsgewalt bindet, verschränkt und einer Kontrolle unterwirft[251]. Die nach Art. 1 und Art. 20 GG zu verwirklichende Rechtsidee verbindet formelle und materielle Elemente notwendig und auf Dauer. Eine rechtliche Formenbindung des Staates sichert die Funktionen- und Kompetenzordnung, macht staatliches Handeln vorhersehbar und planbar, wahrt Distanz zwischen freiheitsverpflichtetem Staat und freiheitsberechtigter Gesellschaft, sucht die Richtigkeit staatlichen Entscheidens zu verbessern, gibt der Verbindlichkeit dieser Entscheidungen und dem schützenswerten Vertrauen der Entscheidungsbetroffenen eine verläßliche Grundlage, erleichtert die Kontrolle und die Korrektur staatlichen Handelns. Darüber hinaus macht eine Formalisierung die Bedeutung eines Rechtsaktes bewußt, faßt das Ergebnis eines Verfahrens oder arbeitsteiligen Entscheidens abschließend zusammen, konzentriert einen Entscheidungsvorgang und einen Vollzug auf ein Ergebnis, macht eine Entscheidung in einem maßgeblichen Text erkennbar und überprüfbar, läßt sie für Betroffene oder jedermann begreifbar werden. Der Rechtsstaat gewinnt in der Form sein Maß.

63
Der Rechtsstaat gewinnt in der Form sein Maß

a) Rechtsförmliches und „tatsächliches" Handeln

Staatliche Einwirkungen in die Individualrechte des einzelnen werden deshalb ursprünglich als grundsätzlich formgebunden gedacht. Die vom Bild des staatlichen Eingriffs bestimmte Grundrechtsinterpretation[252] unterscheidet eine „tatsächliche" von einer „rechtlichen", das ist rechtsförmlich herbeigeführten Betroffenheit und mißt allein der rechtlichen Betroffenheit Grundrechtserheblichkeit zu. Die nur „tatsächliche" Betroffenheit stehe ihrer Formlosigkeit wegen außerhalb der Rechtsordnung und werde deswegen nicht durch Aussagen der Grundrechte erfaßt und begrenzt. Damit wird die rechtsförmlich geordnete Einwirkung der staatserheblichen gleichgestellt. Diese Gleichstellung ist zulässig, solange eine staatliche Einwirkung in den Schutzbereich der Grundrechte nur in rechtlich geordneten Formen stattfinden darf[253]. Die rechtlich nicht geformte Einwirkung ist nicht vom Ordnungsanspruch des Staatsrechts ausgenommen, sondern als eine Maßnahme ohne Rechtsgrundlage von vornherein unzulässig. Sobald diese Prämisse jedoch nicht mehr gilt, muß die „tatsächliche", das ist die nicht rechtlich vorgezeichnete Betroffenheit in das Wirkungsfeld individueller Schutzrechte einbezogen werden. Die Grundrechte erfüllen ihre Aufgabe, die Staatsgewalt wirkungs-

64
Formenbindung und Grundrechtsschutz

---

251 → Bd. III, *Schoch*, § 37 Rn. 8.
252 Darstellung und Kritik bei *Peter Lerche*, Rechtsprobleme der wirtschaftslenkenden Verwaltung, in: DÖV 1961, S. 486 (490); *Peter Häberle*, Die Wesensgehaltsgarantie des Art. 19 Abs. 2 Grundgesetz, ³1983, S. 178 f.; *Josef Isensee*, Subsidiaritätsprinzip und Verfassungsrecht, ²2001, S. 165 f.
253 Vgl. insbes. *Häberle* (N 252); *Isensee* (N 252).

voll zu begrenzen, erst dann, wenn sie auch die bloß faktischen Einwirkungen des Staates in Grenzen weisen[254]. Die Anwendung der grundrechtlichen Freiheitsgarantien auf alle vom Staat veranlaßten Individualwirkungen begründet jedoch die Gefahr, staatliches Verhalten normativ festzuschreiben und insbesondere jede individuell erreichte Staatsgunst grundrechtlich zu verfestigen und damit die risikooffene Freiheit zu einer gleichheitswidrigen Privilegierung zu verfremden[255]. Würde einem Staat, der die tatsächliche Lebensgestaltung seiner Bürger planmäßig verändert, weitgehend die Verantwortung auch für die Grundrechtsausübung zugewiesen, so wäre der Bürger dadurch „entmündigt"[256]. Die Grundrechte müssen deshalb zwar gegenüber allen staatlichen Einwirkungen zur Geltung kommen, die staatliche Verantwortlichkeit jedoch auf eine steuerbare und kontrollierbare Verhaltensverantwortlichkeit beschränken. Die Rechtsstellung des Grundrechtsberechtigten ist von derjenigen des politisch mitgestaltenden Bürgers im demokratischen Staat zu unterscheiden[257]. Die Schutzintensität der Grundrechte gegenüber faktischen Einwirkungen muß so dem Schutz gegenüber imperativen Eingriffen angeglichen werden[258].

65
Formenbindung und Staatshaftung

Auch das Staatshaftungsrecht[259] anerkennt, daß rechtsstaatliche Herrschaft durch die formalisierte Steuerbarkeit staatlichen Handelns begrenzt ist. Das Kriterium der „Unmittelbarkeit" bietet einen Zurechnungsmaßstab, der Ausgleichsansprüche nur zuläßt, wenn eine gesetzliche oder gesetzesähnliche Vorausplanung staatlichen Verhaltens die jeweilige Fehlwirkung hätte vermeiden oder zumindest durch gesetzlich vorwegbestimmte Entschädigungen hätte ausgleichen müssen. Der Staat ist deshalb für Nebenwirkungen von einer Haftung entlastet, weil das für den Staat geltende Gesetz nur eigenhändiges Staatshandeln in Grenzen weisen könnte. Eine Haftung entfällt auch für Fernwirkungen, weil ein Gesetz den Gesetzesadressaten nur während des Einwirkungsvorgangs zur Gesetzesbefolgung bestimmen könnte und deswegen nur vorausssteuerbare Fehlentwicklungen ausgleichen soll. Atypische Wirkungen bleiben von der Haftung ausgenommen, weil jedes Gesetz abstrahieren und in bestimmten Grenzen typisieren darf[260]. Die Haftungsverantwortlichkeit wird also auf die tatsächlichen Wirkungsweisen des Staates beschränkt, die der Staat aufgrund seiner formalen Bindungen hätte mäßigen und kontrollieren können.

---

254 *Lerche* (N 252) S. 490; *Hans-Ullrich Gallwas*, Faktische Beeinträchtigungen im Bereich der Grundrechte, 1970; *Michael Kloepfer*, Grundrechte als Entstehenssicherung und Bestandsschutz, 1970, S. 97 ff.; *Wolfgang Roth*, Faktische Eingriffe in Freiheit und Eigentum, 1994, S. 78 ff.
255 *Lerche* (N 225), S. 241 f.; *Hans Hugo Klein*, Die Teilnahme des Staates am wirtschaftlichen Wettbewerb, 1968, S. 111 f.
256 *Karl Heinrich Friauf*, Zur Rolle der Grundrechte im Interventions- und Leistungsstaat, in: DVBl 1971, S. 674 (681).
257 Vgl. *Friauf* (N 256), S. 681 f.; *Gallwas* (N 254), S. 46 f., 51 ff.; s. o. Rn. 57 f.
258 Vgl. zum Grundrechtsschutz bei staatlichen Informationen BVerfGE 105, 252 (264 ff.) – Glykol; BVerfGE 105, 279 (292 ff.) – Osho.
259 *Hans-Jürgen Papier*, Staatshaftung, in: HStR VI, ²2001 (¹1989), § 157 Rn. 11 ff., 54 ff.
260 BVerfGE 84, 348 (359) – Lohnsteuerkarte; BVerfGE 99, 280 (290) – Zulage Ost; BVerfGE 105, 73 (127) – Rentenbesteuerung; BVerfGE 112, 268 (280 f.) – Kinderbetreuungskosten II; BVerfGE 116, 164 (182 f.) – § 32 c EStG; *P. Kirchhof* (N 98), S. 55 f.

b) Traditionelle Form und gegenwärtiger Handlungsbedarf

Die Staatspraxis drängt gegenüber ihren verfassungsrechtlichen Formenbindungen darauf, ihren Handlungsraum zu erneuern und zu erweitern. Das Bundesstaatsprinzip trifft auf tatsächliche Formen eines kooperativen Föderalismus, bei denen Institutionen und Absprachen der Zusammenarbeit zwischen Bund und Ländern entwickelt, Gemeinschaftseinrichtungen und Gemeinschaftsorgane gebildet, Ansätze einer „dritten Ebene" etabliert werden[261]. Exekutivplanungen bestimmen langfristige Verbindlichkeiten, Einzelfallgesetze regeln das Gegenwärtige und Besondere. Die Indienstnahme des Abgabenrechts als Interventions- und Verwaltungsmittel begründet die Gefahr, daß sich neben der Finanzverfassung des Grundgesetzes eine „apokryphe Finanzverfassung" herausbildet[262]. Auch wenn der Gesetzgeber durch Verweisung auf nicht-gesetzliche Regelungen Verantwortlichkeiten verlagert oder Individualenteignungen generell durch Legalenteignungen ersetzt[263], stellt sich die Frage eines Formenmißbrauchs des Staates[264]. Die Unterscheidung zwischen Öffentlichem Recht und Privatrecht wird vom Grundgesetz genutzt, um insbesondere ein Gerichtsschutzsystem und eine Formenordnung für staatsspezifisches und privates Handeln voneinander abzuheben, muß auf dieser Grundlage aber eine staatliche „Flucht in das Privatrecht" unterbinden oder zumindest den dadurch erhofften Erfolg einer „Vertragsfreiheit" auch für die öffentliche Hand versagen[265].

66 Verfassungsrechtlicher Formenmißbrauch?

Informale Absprachen der Regierung, die Inhalte künftiger Gesetzesvorhaben oder ein gesetzgeberisches Stillhalten versprechen[266], drängen den Bundestag, außerparlamentarisch erzielte Verhandlungsergebnisse zu billigen, gleichsam – wie bei Art. 59 Abs. 2 GG – Verständigungserfolge der Regierung nur noch zu ratifizieren. Das Grundgesetz hingegen weist dem Bundestag originär die Gesetzgebungsaufgabe zu: Seine „Spezialisierung auf das Allgemeine" wahrt den Zusammenhalt der Teilrechtsordnungen, damit die Einheit der Rechtsordnung[267], und erschließt sich spezielles Fachwissen in der Gesetzesinitiative der Bundesregierung durch den Sachverstand der Fachministerien. Ein „Auspaktieren" von Gesetzgebungsinhalten mit betroffenen Gruppen nimmt dem Gesetzgebungsverfahren auch ein Stück seiner Sichtbarkeit, damit seiner Vertrauenswürdigkeit und Kontrollierbarkeit, birgt zudem die Gefahr, daß einem ausgehandelten Konzept vorschnell die „Weihe parteiübergreifender Verständigung"[268] zugesprochen wird. Die Entformalisierung

67 Formenflüchtige Gesetzgebung

---

261 *Josef Isensee*, Idee und Gestalt des Föderalismus im Grundgesetz, in: HStR IV, ²1999 (¹1990), § 98 Rn. 163 ff.; → Bd. II, *Jestaedt*, § 29 Rn. 65.
262 *Peter Selmer*, Steuerinterventionismus und Verfassungsrecht, 1972, S. 183; und → unten *P. Kirchhof*, § 119 Rn. 73.
263 BVerfGE 24, 367 (396) – Hamburger Deich, BVerfGE 95, 1 (22) – Südumfahrung Stendal.
264 *Christian Pestalozza*, „Formenmißbrauch" des Staates, 1973, S. 17 f.
265 *P. Kirchhof* (N 98), S. 100 f., 329 f.; *Martin Burgi*, Rechtsregime, in: GVwR, Bd. I, 2006, § 18 Rn. 56, 65 f.; *Christoph Möllers*, Methoden, in: GVwR, Bd. I, 2006, § 3 Rn. 8 ff.
266 S. o. Rn. 40; → Bd. III, *Schoch*, § 37 Rn. 28 f.
267 *Paul Kirchhof*, Der demokratische Rechtsstaat – die Staatsform der Zugehörigen, in: HStR IX, 1997, § 221 Rn. 9.
268 *Matthias Herdegen*, Informalisierung und Parlamentarisierung politischer Entscheidungen als Gefährdung der Verfassung, in: VVDStRL 62 (202), S. 14.

der Gesetzgebung geht mit einer immer mehr förmlich abgesicherten Sachverständigenberatung des Staates[269] einher. Das Parlament ist dann nicht mehr Mitte der Gesetzgebungsentscheidung, die demokratische Wahl nicht mehr Filter bei der Gewichtung unterschiedlicher Gruppeninteressen.

68
Vorbeugende Formalisierung und „schlichtes" Handeln

Schlichte („informale") Absprachen dienen auch der normanwendenden oder normvollziehenden Kooperation[270]. Realakte der vollziehenden Gewalt, staatliches Handeln durch Information, Appell und Selbstdarstellung[271], fiskalisches Handeln und die tatsächliche Veränderung von Lebensbedingungen insbesondere im Rahmen der Währungs-, Verteidigungs- und Außenpolitik begründen individualrechtserhebliche Wirkungen in staatlicher Verantwortung, ohne daß die herkömmliche Formenbindung des Staates vorkehrende Sicherungen begründet hätte. Diese Erscheinungsweisen staatlichen Verhaltens werden mit einem generellen Verbot eines Formenmißbrauchs nicht hinreichend beantwortet: Der Rechtsmißbrauch ist ein fehlgeschlagener Subsumtionsversuch[272]; die Korrektur dieses Fehlers liegt in dem Auftrag, dieses Verhalten zumindest annähernd wieder der ihm entsprechenden Formenbindung zuzuführen. Staatsrechtliche Formung staatlichen Handelns fordert stetige Formgebung und Formalisierung, bei formlosem Handeln eine Annäherung an die Ordnungsstruktur des Formalen. Die Form gibt staatlichem Handeln Maß, Stetigkeit und Berechenbarkeit[273].

6. Das Verfahren

a) Die grundgesetzliche Verfahrensordnung

69
Verfaßtes ist verfahrensgebundenes Staatshandeln

Rechtlich verfaßtes Staatshandeln ist auf Sichtbarkeit, einen gegliederten und abgestuften Ablauf, eine zeitgerechte und rechtzeitige Entscheidungsfindung, eine geregelte Mitwirkungsoffenheit und einen verbindlichen Abschluß angelegt, also verfahrensrechtlich gebunden. Diese Bindung gilt für eigenhändiges Planen, Entscheiden, Vollziehen und Kontrollieren des Staates, bezieht aber zunehmend auch Betroffene, Beteiligte und Teilhabende ein, je mehr der Staat nicht nur Grundlagen des Zusammenlebens regelt und diese überwachend und störungsabwehrend kontrolliert, sondern auch die individuellen Lebensbedingungen des einzelnen planend, vorbereitend, gestaltend und verteilend mitbestimmt. Wird aus der Distanz zwischen Staat und Bürger[274] eine Nähe zwischen daseinsgarantierendem Staat und Daseinshilfe beanspruchendem Menschen, zwischen öffentlich bestimmtem und individuell beansprucht-

---

269 → Bd. III, *Voßkuhle*, § 43 Rn. 51 f., 63 f.
270 → Bd. III, *Schoch*, § 37 Rn. 28 ff., 42 ff.; vgl. auch *Eberhard Bohne*, Der informale Rechtsstaat, 1981, S. 132 f.; *Lothar Michael*, Rechtsetzungsgewalt im kooperierenden Verfassungsstaat, 2002, S. 460 ff.
271 S. o. Rn. 5.
272 *Pestalozza* (N 264), S. 62 f.
273 S. u. Rn. 192 ff.; zur Grenze zwischen förmlicher Verfassungsänderung und stillem Verfassungswandel → Bd. II, *P. Kirchhof*, § 21 Rn. 61 ff. Vgl. auch *Badura* (N 17), § 160 Rn. 13 ff.
274 Wie sie etwa für das Rechtsverhältnis der Regelbesteuerung maßstabgebend ist: *Paul Kirchhof*, Besteuerung und Eigentum, in: VVDStRL 39 (1981), S. 213 (250); → unten *P. Kirchhof*, § 118 Rn. 206.

tem Lebensraum[275], so sind öffentliche und private Hand dauernd auf Zusammenarbeit und kooperative Entscheidungsfindung angewiesen. Diese Offenheit staatlichen Handelns setzt aber strikt einen geordneten Entscheidungsablauf, eine sachverhalts- und beteiligtennahe Problemermittlung, eine für Einwendungen und Verständigung aufgeschlossene Klärungs- und Aufklärungsbereitschaft, also ein rechtlich geformtes Verfahren voraus.

Das Grundgesetz enthält für die wichtigsten staatlichen Handlungsabläufe eigene Verfahrensvorschriften oder veranlaßt einfachgesetzliche Verfahrensbestimmungen. Es regelt in Grundzügen die Bundestagswahl (Art. 38 Abs. 1 S. 2), die Wahl und Abwahl des Bundeskanzlers (Art. 63, 67, 68), das Zustandekommen eines Bundesgesetzes (Art. 76–78, 82), die konkrete Normenkontrolle vor dem Bundesverfassungsgericht (Art. 100 Abs. 1), Einzelheiten der Haushaltsplanung (Art. 110 Abs. 3, 113), es zeichnet den Arbeitsablauf der wichtigsten Bundesorgane, insbesondere von Bundestag, Bundesrat, der Bundesregierung und eines bundesstaatlichen Zusammenwirkens vor, bestimmt auch das Verfahren einer zulässigen Neugliederung (Art. 29). Das Grundgesetz ist Verfahrensordnung.

70 Grundgesetz als Verfahrensordnung

Staatsrechtliche Verfahrensregeln haben vor allem die Entscheidungsfindung zum Gegenstand. Das Grundgesetz veranlaßt eine strikte Verfahrensbindung für die Gesetzgebung[276] und die Rechtsprechung[277], sieht für die vollziehende Gewalt im Auftrag der Gesetzesausführung deutliche prozedurale Vorgaben vor, trifft aber für das Verwaltungshandeln[278] im übrigen und die Tätigkeit der Regierung kaum Regelungen.

71 Strikte Verfahrensbindung für Gesetzgebung und Rechtsprechung

b) Materielles Staatsrecht und Verfahrensabläufe

Grundrechte garantieren einen materiellen Erfolg, erreichen diesen aber oft durch prozedurale Vorkehrungen. Verfahren sichern grundrechtlichen Schutz[279], zum Beispiel bei der Verhaftung (Art. 104 Abs. 2–4 GG), beim Schutz der Wohnung (Art. 13 Abs. 2–7 GG), beim Enteignungsverfahren (Art. 14 Abs. 3 GG)[280], im Atomrecht[281] und im Asylrecht[282]; organisieren eine Grundrechtsausübung und geben ihr damit eine tatsächliche Grund-

72 Grundrechtlich veranlaßte Verfahren

---

275 Vgl. *Ernst Forsthoff*, Rechtsfragen der leistenden Verwaltung, 1959, S. 25 f.; *Schmidt-Aßmann* (N 4), S. 157; *Walter Schmitt Glaeser*, Die Position der Bürger als Beteiligte im Entscheidungsverfahren gestaltender Verwaltung, in: Peter Lerche/Walter Schmitt Glaeser/Eberhard Schmidt-Aßmann, Verfahren als staats- und verwaltungsrechtliche Kategorie, 1984, S. 35 (41).
276 → Unten *Ossenbühl*, § 102 Rn. 1 ff.
277 → Unten *Degenhart*, § 115 Rn. 10 ff.
278 → Unten *Schmidt-Aßmann*, § 109 Rn. 20 ff.
279 → Unten *Schmidt-Aßmann*, § 109 Rn. 20 ff.; *Degenhart*, § 115 Rn. 10 ff.
280 Zu diesem traditionellen Grundrechtsschutz durch Verfahren → unten *Schmidt-Aßmann*, § 109 Rn. 21.
281 BVerfGE 49, 89 (124 ff.) – Kalkar I; BVerfGE 53, 30 (66) – Mülheim-Kärlich; BVerfGE 61, 82 (104) – Sasbach; BVerfGE 81, 310 (331 ff.) – Kalkar II; BVerfGE 84, 25 (31 ff.) – Schacht Konrad; *Fritz Ossenbühl*, Kernenergie im Spiegel des Verfassungsrechts, in: DÖV 1981, S. 1 (5); *Peter-Michael Huber*, Grundrechtsschutz durch Organisation und Verfahren als Kompetenzproblem in der Gewaltenteilung und im Bundesstaat, 1988, S. 73.
282 BVerfGE 52, 391 (407) – Auslieferungsverfahren; BVerfGE 60, 253 (294 f.) – Anwaltsverschulden; BVerfGE 80, 315 (345 f.) – Tamilen; BVerfGE 94, 49 (85 ff.) – Asyl - Drittstaatenregelung; vgl. ferner zu Art. 5 Abs. 1 S. 2 GG: BVerfGE 57, 295 (320) – 3. Rundfunkentscheidung; BVerfGE 60, 53 (64) – Rundfunkrat.

lage[283], zum Beispiel bei der Koalitionsfreiheit[284], der Wissenschaftsfreiheit[285] und der Rundfunkfreiheit[286], beschaffen Informationen, stimmen Anliegen aufeinander ab, koordinieren Entscheidungen, verbessern die Gewähr richtigen Handelns, begründen Rechts- und Planungssicherheit[287]. Das Verfahren dient als Instrument zur Lösung von Grundrechtskollisionen[288], zum Beispiel für einen mitbestimmungsrechtlichen Ausgleich zwischen Eigentümern und Arbeitnehmern[289], einen erziehungsrechtlichen Ausgleich zwischen Elternrecht und Persönlichkeitsrecht des Kindes[290] oder einen schulrechtlichen Ausgleich zwischen negativer und positiver Religionsfreiheit[291].

73
Erleichterung des Grundrechtsausgleichs

Darüber hinaus mögen rechtsstaatliche Verfahren der Sachverhaltserkundung, der Tatbestandsgewichtung und Interessenabwägung ausgleichende Gesetzesentscheidungen vorbereiten und teilweise jene Striktheitsverluste mäßigen, die Grundrechte durch Interpretation und Handhabung als Abwägungs- und Ausgleichsmaßstäbe hinnehmen müssen. Dies gilt vor allem, wenn die Berufsfreiheit des Art. 12 GG in Angemessenheitsstufen und staatlich definierten Berufsbildern verwirklicht[292], eine allgemeine Handlungsfreiheit des Art. 2 Abs. 1 GG durch „legitime öffentliche Interessen" modifiziert werden soll[293], die Meinungsfreiheit des Art. 5 Abs. 1 GG auf ein Gesetz von materieller Allgemeinheit trifft[294], das Verhältnismäßigkeitsprinzip und der Gleichheitssatz dem Abwägungs- und Bewertungspflichtigen auch Entscheidungskompetenzen zuweisen[295]. Verfahren zur Lösung von Grundrechtskonflikten[296] können vor allem gegenläufige Individualrechtspositionen im Vorfeld der Verfestigung lockern und ausgleichen[297]. Verfahrenserfordernisse werden aber keinesfalls grundrechtliche Substanzverluste kompensieren, sondern allenfalls den grundrechtlich gebotenen Ausgleich erleichtern.

---

283 *Christian Starck*, Staatliche Organisation und staatliche Finanzierung als Hilfen zur Grundrechtsverwirklichung?, in: FG-BVerfG II, S. 480f.
284 BVerfGE 50, 290 (322 ff.) – Mitbestimmung.
285 BVerfGE 35, 79 (111 ff.) – Hochschulurteil.
286 BVerfGE 57, 295 (320) – 3. Rundfunkentscheidung; BVerfGE 60, 53 (64) – Rundfunkrat.
287 → Unten *Schmidt-Aßmann*, § 109 Rn. 3.
288 *Peter Lerche*, Vorbereitung grundrechtlichen Ausgleichs durch gesetzgeberisches Verfahren, in: Peter Lerche/Walter Schmitt Glaeser/Eberhard Schmidt-Aßmann, Verfahren als staats- und verwaltungsrechtliche Kategorie, S. 97 (106 f.).
289 BVerfGE 50, 290 (322 ff.) – Mitbestimmung.
290 BVerfGE 47, 46 (80) – Sexualkundeunterricht; zur Planung und Organisationshoheit des Staates, auch zum Vorbehalt des organisatorisch und finanziell Möglichen vgl. BVerfGE 96, 288 (301 f.) – Integrative Unterricht behinderter Schüler.
291 BVerfGE 41, 29 (50) – Simultanschule. Vgl. auch BVerfGE 93, 1 (15) – Kruzifix.
292 BVerfGE 7, 377 (397) – Apothekenurteil; aber Grundrechtschutz auch jenseits der traditionell oder rechtlich fixierten „Berufsbilder", BVerfGE 33, 125 (155 f.) – Facharzt; BVerfGE 81, 242 (253 f.) – Handelsvertreter; zur staatlichen Verbreitung zutreffender und sachlich gehaltener Informationen am Markt BVerfGE 105, 242 (265 f.) – Glycol; → unten *Schmidt-Aßmann*, § 109 Rn. 3.
293 BVerfGE 6, 32 (34 f.) – Elfes; BVerfGE 20, 150 (153 f.) – Sammlungsgesetz; BVerfGE 80, 137 (152) – Reiten im Walde; BVerfGE 109, 279 (330 f.) – Großer Lauschangriff. Zu diesem traditionellen Grundrechtschutz durch Verfahren → unten *Schmidt-Aßmann*, § 109 Rn. 21.
294 BVerfGE 7, 198 (203 f.) – Lüth; BVerfGE 25, 256 (263) – Blinkfüer; BVerfGE 34, 269 (279 f.) – Soraya; BVerfGE 35, 202 (220 f.) – Lebach; BVerfGE 101, 361 (379 f.) – Caroline von Monaco II.
295 Vgl. *Lerche* (N 225), S. 118.
296 *Peter Lerche*, Grundrechtsschranken, in: HStR V, ²2000 (¹1992), § 122 Rn. 23.
297 *Lerche* (N 225), S. 188 f.

Die Entwicklung von wachsenden Staatsaufgaben bei verminderter Bedeutungsgewißheit rechtsverbindlicher materieller Wertungen macht das Verfahren vermehrt zum Ursprung der Gemeinwohlfindung[298]. Die Verfassung zielt auf einen guten Zustand des Gemeinwesens, das „allgemeine Beste", kennt auch einige ausdrückliche Hinweise auf das „Wohl der Allgemeinheit"[299], meidet aber eine prinzipielle Verpflichtung auf das Gemeinwohl, weil dieser Begriff heute nicht nur für ein unverzichtbares Staatsethos steht, sondern auch als unbedachter, gar arglistiger Gemeinplatz verwendet wird, zwischen den rechtlichen Anspruch auf unbefangene Treuhänderschaft und eine rechtszerstörende Unbestimmtheit in Optimierungsstrategien geraten ist, zu sehr politische Rhetorik, bemäntelten Eigennutz, Hinterlist und Niedertracht in Blankettformeln zu fördern scheint. Die Verfassung regelt den rechtlichen Rahmen des staatlichen Lebens verbindlich, erwartet aber, daß Staat und Gesellschaft in einer Gemeinwohlidee diesen freiheitlichen Staatsentwurf gelingen lassen[300]. Die Verfassung garantiert Berufsfreiheit, das Gemeinwohl drängt auf Arbeit für jedermann. Die Verfassung gewährt die Eigentumsgarantie, das Gemeinwohl erwartet Wohlstand für alle. Die Verfassung sichert die Kunstfreiheit, das Gemeinwohl entfaltet auf dieser Grundlage Literatur und Musik. Die Verfassung formuliert ein soziales Staatsziel, das Gemeinwohl erwartet eine gesellschaftliche Realität menschenwürdiger und gerechter Existenzbedingungen für jedermann. Die Chancen des Gemeinwohls erhöhen sich durch ein Amt[301] mit Amtseid, durch ein Distanzgebot, durch Unbefangenheit, Treuhänderschaft, Uneigennützigkeit, durch die Allgemeinheit des Gesetzes und die Gleichheit vor diesem allgemeinen Gesetz, durch die demokratische Legitimation und Repräsentation, die den Repräsentanten an das Staatsvolk rückbindet, eine „dialogische Beziehung zum Staatvolk schafft"[302]. Kollektive Güter bieten ein stetiges Fundament zur Gemeinwohlverwirklichung[303]. Im Zusammenwirken von materiellen Vorgaben und Entscheidungsoffenheit erwächst eine Gemeinwohlerwartung, die nicht rechtlich abrufbarer Bestand, sondern kontinuitätsgebundener Auftrag ist. Das Gerichtsverfahren lehrt, daß allein ein faires Verfahren noch nicht das richtige Recht finden, nicht seine eigene formelle Wahrheit erzeugen kann[304], das gute Urteil vielmehr einen klaren materiellen Maßstab braucht. Soweit die Erfordernisse des Gemeinwohls aber nicht materiell vorgegeben sind, sondern in einem Verfahren gefunden werden müssen, kommt der Offenheit des Verfahrens für Betroffene oder Wissende, der Ermittlung und Aufarbeitung der entscheidungsbestimmenden Erkenntnisse, der Bewertung und Gewichtung dieser Erkenntnisse in Würdigung von Anhörungen und Einwendungen, der Zusammenarbeit staatlicher Organe, der Erprobung und Korrektur geplanter

74
Erkenntnis- und Entscheidungsverfahren zur Gemeinwohlfindung

---

298 → Bd. IV, *Isensee*, § 71 Rn. 22.
299 → Bd. IV, *Isensee*, § 71 Rn. 70 f. m. weit. Nachw.
300 → Bd. IV, *Isensee*, § 71 Rn. 13 und passim.
301 → Bd. IV, *Isensee*, § 71 Rn. 24, 59, 64, 135.
302 → Bd. III, *Böckenförde*, § 34 Rn. 1 f.
303 *Michael Anderheiden*, Gemeinwohl in Republik und Union, 2006, S. 110 f.
304 So aber *Niklas Luhmann* (N 33), S. 57 f.; *ders.*, Das Recht der Gesellschaft, 1993, S. 38 f.

§ 99   *Achter Teil: I. Grundlagen*

Verhaltensweisen und der entwicklungsbegleitenden Überwachung und Kontrolle entscheidungsbestimmende Bedeutung zu. Soweit Entscheidungen mit gegenläufigen, auf Dauer und in die Breite wirkenden Folgen zu treffen sind, ist die Ermittlungs- und Entscheidungskapazität eines einzelnen Staatsorgans oft überfordert; der einzelne Willensakt wird durch eine abgestufte, mehrphasige, beteiligtenoffene Annäherung an die gesuchte Lösung ersetzt. Oft ist mehr die empirische Erfahrung als willentliches Entscheiden gefordert. Im Rahmen von Planungs-, Gestaltungs-, Finanzierungs- und Verteilungsentscheidungen sind vielfach verschiedene Abwägungsergebnisse vertretbar, so daß die Autorität und Durchsetzbarkeit der Entscheidung nicht nur von ihrem Inhalt und dem Rang des entscheidenden Organs, sondern auch von der Art ihres Zustandekommens – der Nachvollziehbarkeit, Ablaufverläßlichkeit, allgemeinen Sichtbarkeit und Mitwirkungsoffenheit des Entscheidungsvorgangs – abhängt.

75
Ausgleichende Wirkung des Verfahrens

Soweit die Gemeinwohlfindung Aufgabe von Staat und Gesellschaft ist, müssen die öffentlichen und privaten Erkenntnis- und Entscheidungshilfen dem allein für die Gemeinwohlentscheidung zuständigen Staat geordnet und koordiniert zugeführt werden. Durch eine vorherige Beteiligung von Interessenten und Beteiligten wird eine spätere Entscheidung oft leichter durchsetzbar; eine Selbstverpflichtung der Beteiligten kann Teilverbindlichkeiten der späteren Abschlußentscheidung vorwegnehmen[305]. Schließlich vermittelt ein Verfahren, das eine Region oder eine Gruppe von Beteiligten in den staatlichen Erkenntnis- und Entscheidungsprozeß einbezieht, zwischen dem das Konkrete und Individuelle regelnden Verwaltungsakt und dem das Prinzip und das Allgemeine regelnden Gesetz. Ein solches Erkenntnis- und Entscheidungsverfahren mag die Interpretationsbedürftigkeit und Situationsoffenheit eines Gesetzes ausgleichen, den Kompetenz- und Befugniszuwachs der planenden, gestaltenden und verteilenden Verwaltung mäßigen und die individuelle und punktuelle gerichtliche Kontrolle durch vorverlegte Anhörung und Kritik ergänzen.

76
Kernfunktionen des Verfahrens

Das Verfahren hat demnach die Aufgabe, das Anliegen staatlichen Handelns zu präzisieren und den Beteiligten bewußt zu machen, die für eine Entscheidung notwendigen Kenntnisse zu sammeln, zu sichten und zu bewerten, Sachverstand zur Wirkung zu bringen, Einwendungen, Alternativen und gegenläufige Rechtspositionen zu berücksichtigen, die Handlungsmittel bereitzustellen und gegenüber den Handlungszielen abzuwägen, vorläufige Handlungspläne mit anderen Staatsorganen zu beraten, mit Betroffenen und Interessenten zu erörtern, die vorgesehenen Maßnahmen den Betroffenen und Beteiligten vorzustellen und das jeweilige Umfeld auf die Maßnahme vorzubereiten, Verfahrensabläufe in einer Schlußentscheidung zu bündeln und Organe und Beteiligte in einen Entscheidungsablauf einzubeziehen, in einem abschließenden Entscheidungsakt das Ergebnis zu fixieren und die staatliche Verantwortlichkeit klarzustellen. Das Verfahren dient insbesondere der Problemermittlung,

---

305 Vgl. *Luhmann* (N 33), S. 32 ff. (Akzeptanz aufgrund eines vorausgehenden Lernprozesses).

der Verständigung mit Beteiligten und Betroffenen, der Bündelung verschiedener Entscheidungs- und Handlungsabläufe, der abgestuften Gliederung aufeinanderfolgender Prozesse und der Stabilisierung von Entscheidungsergebnissen im bestands- oder rechtskräftigen Staatsakt.

c) Risiken des Prozeduralen

Gesteigerte Anforderungen an das Handlungs- und Entscheidungsverfahren können allerdings auch die Gestaltungskraft materiell-rechtlicher Handlungsvorgaben gefährden und die Bereitschaft und Fähigkeit zum Handeln schwächen. Verfahrenserfordernisse begünstigen einen Hang zum Verweigern oder Verzögern von Entscheidungen[306], verlängern Handlungsabläufe, können die Rechtzeitigkeit, damit meist auch die Richtigkeit einer Entscheidung gefährden, beanspruchen und binden Handlungs- und Entscheidungskraft der Staatsorgane in Verfahrensabläufen und behindern gelegentlich ein zielstrebiges, erfolgsorientiertes Handeln. Jedes Verfahren braucht Zeit, beteiligt Interessenten, lädt zu Ersatzaktivitäten ein. Der Entscheidungspflichtige kann Sachentscheidungen durch Verfahrenshandlungen und das Errichten von Verfahrensbarrieren ausweichen, eine Regelung durch bloße Initiativen zu Verfahrensabläufen umgehen, die gestaltende Handlung oder die sachliche Entscheidung in Gesten und Gehabe verweigern.

77 Schwächung staatlicher Entscheidungskraft

Die Staatsgewalt kann durch Parzellierung und Detaillierung von Verantwortlichkeiten an innerer Einheit und an Effektivität verlieren, weil sie die Verantwortlichkeit des einzelnen Amtsträgers verschleiern, die Allgemeinverantwortlichkeit des Staates durch vermehrte Rücksichtnahme auf partikulare Interessen schwächen, die Durchsetzbarkeit staatlichen Willens durch Mitbeteiligungen in Frage stellen, den Handlungsablauf auf zu vielen Stufen und Untergliederungen behindern und zerfasern, die Autorität und Verantwortlichkeit des Staates zur Entscheidung hinter Verfahrensabläufen verbergen.

78 Verlust an Allgemeinverantwortlichkeit und Durchsetzungskraft

Diese Praktiken der Entscheidungsschwäche, der Verfahrensverschleppung und der Rechtsverweigerung stellen jedoch nicht die klare Formgebung als Grundlage rationalen Staatshandelns[307] in Frage, sondern sind durch übersteigerte Anforderungen an das Verfahren veranlaßt. Auch die Verfahrenserfordernisse müssen deshalb in ihrer Geeignetheit, Erforderlichkeit und Angemessenheit geprüft werden. Außerdem wird das mitwirkungsoffene Verfahren vermehrt die Mitverantwortung der Beteiligten, zum Beispiel in Präklusionsfristen und Darlegungslasten, begründen. Auch in Verfahren der Gemeinwohlfindung bleibt der Staat allein entscheidungsbefugt und entscheidungsverantwortlich.

79 Verfahrensanforderungen und ihre Übersteigerung

---

306 *Schmidt-Aßmann* (N 4), S. 61 f., 310 f.
307 → Bd. III, *Schoch*, § 37 Rn. 8.

B. Die Grundlagen staatlichen Handelns

80

Jedes staatliche Handeln stützt sich auf tatsächliche Voraussetzungen, die unabhängig von der einzelnen Staatsverfassung zur Verfügung stehen, deren unterschiedliche Nutzung jedoch wesentlich die Struktur der verschiedenen Verfassungstypen bestimmt[308]. Handlungsgrundlagen des Staates sind die Staatsgewalt, das staatliche Personal, die Staatsfinanzen und die staatliche Organisationskraft.

I. Staatsgewalt

81
Der Staat handelt, indem er herrscht

Ein Staat handelt, indem er herrscht. Der Staat hat Sicherheit zu gewährleisten – für das Leben, die Freiheit und das Eigentum seiner Bürger[309]; der Bürger ordnet sich in die staatliche Gemeinschaft und ihr Recht ein, leistet Abgaben und persönliche Dienste, solange der Staat diese Sicherheit bietet[310]. Das Staatsvolk stattet die Staatsorgane deshalb mit überlegen-souveräner[311] Gewalt aus, um Frieden und Sicherheit zu garantieren, deshalb Recht zu setzen und durchzusetzen, die Lebensbedingungen gemeinsam zu gestalten, individuell nicht erfüllbare Bedürfnisse in der Gemeinschaft zu befriedigen. Der Staat ist Herrschaftsverband, eine zum Einsatz körperlichen Zwangs als Handlungsmittel berechtigte Organisation. Der Staat braucht den Akteur, das Organ, um handeln zu können[312]. Das Gewaltmonopol des Staates und das Gewaltverbot für Private gibt diesen Organen eine Überlegenheit, die staatliche Hoheit begründet, zugleich aber auch eine Beschränkung und Mäßigung staatlicher Handlungsmittel notwendig macht[313].

82
Staatsgewalt beansprucht Herrschaft, weniger Zwangsanwendung

Die „Staatsgewalt" (Art. 20 Abs. 2 S. 1 GG) beansprucht Herrschaft, will weniger Zwang anwenden. Sie stützt sich auf die Überzeugungskraft ihres Rechts, die Autorität der Staatsorgane und die Befolgungsbereitschaft der Staatsbürger. Die Demokratie begründet eine vom Staatsvolk abgeleitete Staatsgewalt, nicht eine Herrschaft auf Unterwerfung. Der Rechtsstaat begegnet dem Bürger mit dem Instrument der Sprache, nicht der Körperkraft und der Waffe[314]. Seine Handlungsform ist das Anweisen, nicht das Angreifen. Er fordert und befiehlt, bietet an und vereinbart, belehrt und beanstandet, vermeidet jedoch möglichst unmittelbaren Zwang. Der gute Gesetzgeber ist Erzieher der Bürger; er überredet und überzeugt, erübrigt insoweit Gewalt[315]. Der Staat ist zugleich ein durch Zusammenschluß der Beteiligten entstande-

---

[308] *Isensee* (N 88), § 115 Rn. 1 ff.; *P. Kirchhof* (N 12), Rn. 4 ff.
[309] *Gerhard Robbers*, Sicherheit als Menschenrecht, 1987, S. 51 f.; *Stoll* (N 135), S. 3 f.
[310] *Josef Isensee*, Das Grundrecht als Abwehrrecht und staatliche Schutzpflicht, in: HStR V, ²2000 (¹1992), § 111 Rn. 25 f.
[311] Zum Begriff der Souveränität: *Helmut Quaritsch*, Souveränität: Entstehung und Entwicklung des Begriffs in Frankreich und Deutschland vom 13. Jahrhundert bis 1806, 1986, S. 13 f.; *Seiler* (N 168), S. 19 ff.; *Haltern* (N 179), S. 10 f.; → Bd. II, *Randelzhofer*, § 17 Rn. 23 f.
[312] *Kielmannsegg* (N 202), S. 31.
[313] → Bd. II, *Isensee*, § 15 Rn. 83 ff.; *Randelzhofer*, § 17 Rn. 39 f. Vgl. auch *P. Kirchhof* (N 11), S. 47 ff.
[314] → Bd. II, *P. Kirchhof*, § 20 Rn. 10; *ders.*, § 21 Rn. 29.
[315] *Platon*, Nomoi, 722 b, dazu: *Christian Starck*, Nomos und Physis, in: GS für Günther Küchenhoff, 1987, S. 149 (158).

ner Verband und eine durch Unterordnung bestätigte Herrschaftsorganisation[316]. Das nicht immer einseitige, oft auf Gegenseitigkeit angelegte Handeln des Staates wendet sich an den selbstverantwortlichen Bürger, wird deshalb oft im mitwirkungsbedürftigen Verwaltungsakt und in einem gegenseitigen Rechtsverhältnis erfaßt[317].

1. Das Begründen von Verbindlichkeiten

Der demokratische Rechtsstaat herrscht mit dem Anspruch, verbindlich bestimmen zu dürfen und dadurch die Anwendung von Gewalt möglichst zu vermeiden. Der Staat wählt die schonend abgestufte Verbindlichkeit, handelt aber stets mit letztverbindlicher Bestimmungsmacht und Durchsetzungskraft. Der Staat mag empfehlen, wird aber letztlich befehlen; er wird die Verständigung suchen, bei fehlender Übereinstimmung jedoch anordnen; er wird fordern und bei Nichterfüllung vollstrecken; er beansprucht Gefolgschaft, die er bei Verweigerung erzwingt.

83
Schonende Abstufung staatlicher Herrschaftsausübung

Der Staat setzt Recht in unterschiedlichen Verbindlichkeitsgraden. Er unterscheidet zwischen Unabänderlichem und Wandelbarem, zwischen Vorgefundenem und rechtlich Geschaffenem, zwischen Gesichertem und zu Erprobendem. Das Verfassungsgesetz ist auf dauernde Geltung angelegt, beansprucht grundsätzlich Bestand und wird nur ausnahmsweise geändert. Das Grundgesetz nennt in Art. 79 Abs. 3 Grundstrukturen des Verfassungsstaates, die auch gegenüber dem verfassungsändernden Gesetzgeber bestandsfest sein sollen und damit die Identität des nach dem Grundgesetz verfaßten Staates wahren[318], sucht selbst für die Verfassungsablösung noch Maßstäbe vorzugeben (Art. 146 GG)[319]. Die Verfassung bindet sodann den verfassungsändernden Gesetzgeber (Art. 79 Abs. 1 und Abs. 2 GG), danach den einfachen Gesetzgeber und alle folgenden Rechtsetzer (Art. 20 Abs. 3, 1 Abs. 3 GG). Die Verfassung wird durch das einfache Parlamentsgesetz verdeutlicht und ausgeführt, im Bereich des verfassungsgesetzlich offengelassenen Staatsrechts auch fortgebildet und gegenwartsgerecht weiterentwickelt. Das Parlamentsgesetz ermächtigt auch zu Rechtsverordnungen (Art. 80 GG) und weist der autonomen Selbstgesetzgebung durch Satzungen ihren Wirkungsbereich zu[320]. Landesrecht entsteht nicht im Kompetenzbereich von Bundesrecht (Art. 70 ff. GG) und wird bei einer Kollisionslage durch die Verbindlichkeit des Bundesrechts gebrochen (Art. 31 GG)[321]. Der nach dem Grundgesetz verfaßte Staat

84
Unterschiedliche Verbindlichkeitsgrade

---

316 *Georg Jellinek*, Allgemeine Staatslehre, ³1914, S. 408; → Bd. II, *P. Kirchhof*, § 20 Rn. 2 ff.; *ders.*, § 21 Rn. 73.
317 Vgl. *Wilhelm Henke*, Die Rechtsformen der sozialen Sicherungen und das Allgemeine Verwaltungsrecht, in: VVDStRL 28 (1969), S. 149 (161); *Otto Bachof*, Die Dogmatik des Verwaltungsrechts vor den Gegenwartsaufgaben der Verwaltung, in: VVDStL 30 (1972), S. 193 (231); *Peter Häberle*, Die Verfassung des Pluralismus, 1980, S. 250; *Schmitt Glaeser* (N 275), S. 35 (84 f.).
318 → Bd. II, *P. Kirchhof*, § 21 Rn. 3 f.
319 → Bd. II, *P. Kirchhof*, § 21 Rn. 8 f., 11, 20 f.
320 BVerfGE 33, 125 (127 f.) – Facharzt.
321 *Rengeling* (N 204), § 100 Rn. 54.

ist „ursprünglich ausschließlicher Hoheitsträger"[322], öffnet sich aber der Europäischen Union in Form und Grenzen der Verfassung (Art. 23 GG)[323]. Stärkere Verfassungsbindungen gelten für die Übertragung von Hoheitsrechten auf zwischenstaatliche Einrichtungen (Art. 24 GG) und die Verbindlichkeit allgemeiner Regeln des Völkerrechts (Art. 25 GG). Der Verfassungsstaat nimmt insoweit seinen Herrschaftsanspruch im Geltungsbereich des Grundgesetzes im Rahmen seiner Verfaßtheit zurück[324].

85
Erkenntnisgrund für Verbindlichkeit: Gewachsenes und gesetzliches Recht

Die Geschichtlichkeit des Rechts tritt ins Bewußtsein, wenn neben dem geschriebenen Recht auch Gewohnheitsrecht Verbindlichkeit beansprucht[325] und wenn die Bindung der Staatsgewalt an „Gesetz und Recht" (Art. 20 Abs. 3 GG) das Nebeneinander von Rechtswertungsquellen und Rechtserkenntnisquellen[326] zum Maßstab macht sowie die Warnung vor positivem Unrecht in das Gefüge staatlicher Verbindlichkeiten einbringt. Einzelne Rechtssätze leiten ihren Inhalt wesentlich aus der Wirklichkeit ab (Gleichheitssatz, Gefahrenabwehr, Schadenersatz), nehmen vorgefundene Teilrechtsordnungen (Eigentum, Berufsbeamtentum, Schule) oder rechtlich geschaffene Strukturen (Gericht, Verfahren, Wahl, Steuer) auf, erklären Ergebnisse eines Erkennens für verbindlich (Arzneimittelrecht, Atomrecht, Straßenverkehrszulassungsrecht), verweisen auf tatsächliche Gepflogenheiten (Handelsbrauch, Ortsüblichkeit, öffentliche Ordnung, gute Sitten) oder geläufige und praktizierte Wertungen (öffentliche Belange, Wohl der Allgemeinheit, wichtiger Grund) als Erkenntnisgrund für Recht, sind auf willentliche Weiterbildung angelegt (Bewertungs- und Ermessensräume).

86
Allgemeinheit des Rechts und Besonderheit der Rechtsverwirklichung

Die für die Allgemeinheit verbindliche Regel setzt der Gesetzgeber. In der Allgemeinheit bietet das Gesetz eine gleichheitssichernde Breitenwirkung, wahrt Distanz zur Individualität und Freiheit der Adressaten, regelt in der Abstraktheit der Aussagen das Grundlegende, auf Dauer Bedeutsame, hofft auch in einer materiellen Verallgemeinerungsfähigkeit das Vernünftige, der Moral nicht Widersprechende zu finden[327]. Das allgemeine Gesetz muß jedoch von den Besonderheiten der Individualität, des Einzelfalls und der Gegenwart abstrahieren[328], deshalb durch konkretisierende Anwendungsakte vollzogen werden. Die allgemeine, auf Dauer angelegte Regel wahrt die Gleichheit aller Verpflichteten, kann aber die Einzigartigkeit jedes Menschen, die Ergebnisse seiner freiheitlichen Betätigung und die Veränderungen in den Fragen an das Recht nur generell berücksichtigen. Die abstrakte Norm bindet

---

[322] BVerfGE 31, 145 (174) – Milchpulver.
[323] BVerfGE 89, 155 (181 ff.) – Maastricht.
[324] BVerfGE 37, 271 (280) – Solange I.
[325] BVerfGE 9, 109 (117) – Entscheidungsabschriften; BVerfGE 15, 226 (323 ff.) – Vorkonstitutionelles Gewohnheitsrecht; BVerfGE 22, 114 (121) – Entziehung der Verteidigungsbefugnis; BVerfGE 28, 21 (28 f.) – Robenstreit.
[326] *Paul Kirchhof*, Rechtsquellen und Grundgesetz, in: Christian Starck (Hg.), Bundesverfassungsgericht und Grundgesetz, Bd. II, 1976, S. 50 (53) m. weit. Nachw.
[327] *Hasso Hofmann*, Das Postulat der Allgemeinheit des Gesetzes, in: Christian Starck (Hg.), Die Allgemeinheit des Gesetzes, 1987, S. 9 (33 ff.); → Bd. II, P. Kirchhof, § 21 Rn. 28 ff.
[328] Zur Typisierung → Bd. II, P. Kirchhof, § 118 Rn. 7.

deshalb je nach Sachbereich in unterschiedlicher Intensität, gewährt der „konkretisierenden Rechtsschöpfung" einen verschieden großen Raum[329].

Die Gesetzesanwendung hat die Unverbrüchlichkeit des Gesetzes zu wahren, zugleich aber in den Grenzen des gesetzlich eröffneten Anwendungsraumes die durch den einzelnen und das Konkrete bestimmte Billigkeit zu finden[330]. Der klassische Ausgleich zwischen einem ius strictum und einem ius aequum[331], zwischen dem allgemeinen, ordnungsstiftenden Gesetz und einer für das Individuelle und Gegenwärtige, aber auch für die aequitas, für Milde und Nachsicht aufgeschlossenen Gerechtigkeit[332] fordert Instrumentarien, mit denen allgemeine Verbindlichkeiten, aber auch konkrete Anordnungen begründet werden können. Deshalb macht der Gesetzgeber seine Regelungen durch Einschätzungs-, Beurteilungs- und Ermessensräume, durch die Ermächtigung zu Ausnahmeregelungen, durch tatbestandliche Verweisungen auf individuelle, gruppenbezogene oder regionale Besonderheiten und durch mitwirkungsoffenen Gesetzesvollzug für das Individuelle und Konkrete zugänglich.

87
Ius strictum und ius aequum

2. Die Fähigkeit zum Recht

Der Mensch ist deshalb nicht Objekt staatlicher Bestimmungsmacht, sondern Anlaß, Mitgestalter und Partner staatlichen Handelns. Staatliches Handeln baut auf die Bereitschaft der Bürger zum Staat und ihre Fähigkeit zur Freiheit.

88

Staatliches Wirken setzt die Mitwirkungsbereitschaft und Befolgungsfähigkeit der beteiligten Menschen voraus. Der Staat entsteht durch den Willen und das Bedürfnis zur Gemeinschaft. Er stützt seine Wirkkraft letztlich auf die Anerkennung seiner Bürger. Ein staatlicher Befehl muß vom Adressaten aufgenommen, verstanden und befolgt werden. Die Gestaltungskraft des Rechts mag im Einzelfall durch Zwang und Unterwerfung erreicht werden, kann aber allgemein und auf Dauer nur durch Verständnis und Respekt, durch die in guter Gewohnheit gefestigte Befolgungsbereitschaft zur Wirkung gebracht werden.

Bereitschaft zum Staat

Vor allem eine freiheitliche Rechtsordnung ist darauf angewiesen, durch die Freien angenommen zu werden. Das Freiheitsrecht erlaubt und ermöglicht Freiheit; aktuelle Freiheit ereignet sich jedoch erst bei freiheitlichem Verhalten des einzelnen. Nicht die Kunstfreiheit, sondern das Dichten und Musizieren; nicht das Recht auf Familie, sondern das Familienleben; nicht die Eigentumsgarantie, sondern die Ausübung individueller Sachherrschaft begründen

89
Fähigkeit zur Freiheit

---

329 *Karl Engisch*, Die Idee der Konkretisierung in Recht und Rechtswissenschaft unserer Zeit, 1968, S. 192 f.
330 *Engisch* (N 329), S. 193.
331 *Ferdinand Elsener*, Gesetz, Billigkeit und Gnade im Kanonischen Recht, in: Tübinger Juristenfakultät, summum ius summa iniuria, 1963, S. 168 (169 ff.); *Joachim Gernhuber*, Die Billigkeit und ihr Preis, ebd., S. 205.
332 *Elsener* (N 331), S. 170 f.

reale Freiheit. Das Recht auf Pressefreiheit schafft noch keine Vielfalt von Informationen und Informationsquellen, die Wissenschaftsfreiheit noch keine Erkenntnisse; das Recht an der eigenen Wohnung noch keinen bewohnenswerten Wohnraum; die Religionsfreiheit noch kein Glaubensleben. Die freiheitliche Rechtsordnung ist ein Angebot, das durch die Freiheitsfähigen verwirklicht werden muß. Das Freiheitsrecht anerkennt die Fähigkeit des Menschen zum selbstbestimmten Entscheiden und zur Verantwortlichkeit. Die individuelle Einschätzung des Eigenbedarfs, die persönliche Anstrengung zu eigenem Nutzen, die Selbstvorsorge für das eigene Wohlergehen, die Pflege des Individuellen und Eigenen sind in der Summe auch Antrieb für das Wohlergehen der Allgemeinheit.

90
Gegenwarts- und Zukunftsfreiheit

Diese verfassungsrechtlichen Freiheitsangebote gewähren Rechte, sehen den Berechtigten also stets in seiner Beziehung zu einem Gegenüber, der grundsätzlich gleiche Freiheiten beansprucht. Deswegen begründet ein Freiheitsrecht nur dann ein Recht zur Beliebigkeit, wenn die Wahrnehmung der rechtlich definierten – begrenzten – Freiheit ausschließlich den Berechtigten betrifft. Im Rahmen dieser Gegenwartsfreiheiten kann sich der Freiheitsberechtigte heute entscheiden, ein Glas Bier oder ein Glas Wein zu trinken, zu Fuß zu gehen oder mit dem Auto zu fahren, ein Buch zu lesen oder ein Theater zu besuchen. Insoweit beansprucht er eine allein ihn betreffende Gegenwartsfreiheit, schuldet niemandem Rechenschaft. Will der Grundrechtsträger hingegen in die großen Gärten der Freiheit eintreten, also seine langfristigen Zukunftsfreiheiten wahrnehmen, sind stets andere Freiheitsberechtigte mitbetroffen. Diese Freiheit ist die Freiheit zur Bindung. Der Grundrechtsträger studiert fünf Jahre, um mit dem Studienerfolg seinen Lebensberuf vorzubereiten, sich durch seine Ausbildung für den beruflichen Dienst gegenüber anderen zu qualifizieren. Er gründet eine Firma, erweitert damit seinen Freiheitsbereich erheblich, übernimmt aber Verantwortung für seine Arbeitnehmer, seine Kunden und Vorlieferanten. Er errichtet ein Haus und anerkennt damit die Verpflichtung, dieses so standsicher zu bauen, daß darin seine Kinder und Enkelkinder auch noch sicher leben können. Er verficht beharrlich eine wissenschaftliche These in dem Bewußtsein, daß sie erst nach vielen Jahren zum Gemeingut der Rechtsgemeinschaft werden wird. Er begründet eine unkündbare und unscheidbare Elternschaft, ist auch hier im ersten Schritt frei, dann aber seinem Kind ein Leben lang unkündbar und unscheidbar verantwortlich. Der Wille zur Bindungslosigkeit wäre hier Freiheitsverzicht. Wer seine langfristigen Zukunftsfreiheiten wahrnimmt, beansprucht Rechte, die auf andere Berechtigte abzustimmen sind, oft mit diesen zusammen nach Maßgabe des Rechts ausgeübt werden. Grundrechtliche Freiheit befolgt – freiheitsgewährende – Rechte.

91
Freiheitsvertrauen

Eine freiheitliche Rechtsordnung baut auf die Bereitschaft und Fähigkeit der Menschen zur Freiheit. Sie ist deshalb nur in Hochkulturen möglich, in denen die Menschen über Selbstbewußtsein, Bildung und Urteilskraft verfügen. Die gegenwärtige Gesetzgebung allerdings scheint vom Menschen weniger Freiheitskraft zu erwarten. Das Allgemeine Gleichbehandlungsgesetz[333] traut den Erwerbstätigen nicht mehr zu, aus eigenem Willen und in gegenseitiger Selbstkontrolle Diskriminierungen zu vermeiden, trifft deshalb Regelungen, die Benachteiligungen aus Gründen der Rasse, der ethnischen Herkunft, des Geschlechts, der Religion oder Weltanschauung, einer Behinderung, des Alters oder der sexuellen Identität verhindern oder beseitigen. Die EG-Richtlinie 2006/25 zum Schutz vor künstlichen optischen Strahlungen[334] verfolgt ein berechtigtes Schutzanliegen, das aber bisher aus praktischer Vernunft und Lebenserfahrung erfüllt worden ist; ein der Richtlinie vorausgehender Entwurf zu einer „Sonnenscheinrichtlinie"[335] sollte auch vor dem Licht der Sonnenstrahlen schützen, also bewährte Alltagserfahrung durch Normen überlagern. Der Steuergesetzgeber traut dem Steuerpflichtigen nicht mehr zu, daß er selber wisse, was er mit seinem selbstverdienten Einkommen zu tun habe. Deswegen drängt er ihn durch Steueranreize, in wenig Ertrag versprechende Vorhaben zu investieren, Unternehmen in wenig aussichtsreichen Regionen zu finanzieren, sein Kapital in unübersichtlichen Fonds und Immobilien anzulegen. Diese Steueranreize führen vielfach in die ökonomische Unvernunft[336]. Die Frage, ob und inwieweit die mit den Lenkungssteuern und Steuervergünstigungen verbundenen Zielsetzungen erreicht werden, kann „nahezu unmöglich" beantwortet werden[337]. Der Gesetzgeber hält dennoch an Steuerlenkun-

---

333 Allgemeines Gleichbehandlungsgesetz vom 14. 8. 2006 (BGBl I, S. 1897) geändert durch Art. 8 Abs. 1 des Gesetzes vom 2. 12. 2006 (BGBl I, S. 2742). Das Gesetz zur Umsetzung Europäischer Richtlinien zur Verwirklichung des Grundsatzes der Gleichbehandlung (Allgemeines Gleichbehandlungsgesetz) wurde vom Bundestag am 29. 6. 2006 in namentlicher Abstimmung beschlossen (BT-Plenarprot. 16/43, S. 4042; vgl. auch BR-Drs 329/06, 466/06). Der Bundesrat rief den Vermittlungsausschuß nach Art. 77 Abs. 2 GG nicht an (BR-Plenarprot. 824, S. 230 A). Das Gesetz dient der Umsetzung der Richtlinien – RL 2000/43/EG des Rates vom 29. 6. 2000 zur Anwendung des Gleichbehandlungsgrundsatzes ohne Unterschied der Rasse oder der ethnischen Herkunft (ABl EG Nr. L180, 29. 6. 2000, S. 22), – RL 2000/78/EG des Rates vom 27. 11. 2000 zur Festlegung eines allgemeinen Rahmens für die Verwirklichung der Gleichbehandlung in Beschäftigung und Beruf (ABl EG Nr. L 303, 29. 6. 2000, S. 16.), – RL 2002/73/EG des Europäischen Parlaments und des Rates vom 23. 9. 2002 zur Änderung der Richtlinie 76/207/EWG des Rates zur Verwirklichung des Grundsatzes der Gleichbehandlung von Männern und Frauen hinsichtlich des Zugangs zur Beschäftigung, zur Berufsbildung und zum beruflichen Aufstieg sowie in bezug auf die Arbeitsbedingungen (ABl EG Nr. L 269, 29. 6. 2000, S. 15) und – RL 2004/113/EG des Rates vom 13. 12. 2004 zur Verwirklichung des Grundsatzes der Gleichbehandlung von Männern und Frauen beim Zugang zu und bei der Versorgung mit Gütern und Dienstleistungen (ABl EG Nr. L 373, 29. 6. 2000, S. 37). Das zivilrechtliche Benachteiligungsverbot findet nur auf Vermieter Anwendung, die mehr als 50 Wohnungen vermieten (§ 19 Abs. 5 AGG).
334 Richtlinie 2006/25/EG des Europäischen Parlaments und des Rates vom 5. 4. 2006 über Mindestvorschriften zum Schutz von Sicherheit und Gesundheit der Arbeitnehmer vor der Gefährdung durch physikalische Einwirkungen vom 27. 4. 2006 ABl L 114 vom 27. 4. 2006.
335 Die Richtlinie 2006/25/EG über Mindestvorschriften zum Schutz von Sicherheit und Gesundheit der Arbeitnehmer vor der Gefährdung durch physikalische Einwirkungen (künstliche optische Strahlung) (ABl EG Nr. L 114, 27. 4. 2006, S. 38) wurde im Entwurfsstadium als „Sonnenscheinrichtlinie" bezeichnet.
336 Vgl. zu den steuerfinanzierten „Schrottimmobilien" BGH, in: NJW 2004, S. 2731; BGH Urt. v. 25. 4. 2006 – IX ZR-193/04; BGH Urt. v. 16. 5. 2006, XI ZR 6/04.
337 Deutscher Bundestag, Wissenschaftliche Dienste, Das Aufkommen und die Wirkungsweise von Lenkungssteuern und Steuervergünstigungen in Deutschland – WD4 – 048/07; ebenso Bundesrechnungshof, Bemerkungen 2006, Kurzfassung, Ziff. 55 S. 29. Antwort auf die Anfrage von Volker Wissing, MdB, S. 5.

gen mit unerreichbaren Zielvorgaben fest. Die Gesundheitsreform 2007[338] scheint eine Entwicklung einzuleiten, die sich immer mehr vom Gedanken der Privatautonomie löst und Sicherheit beim staatlichen Zwangsversicherer sucht[339]. Das Konzept des freiheitlichen Verfassungsstaates ist gegenwärtig weniger durch gesetzliche Ermächtigungen zu individuellen Freiheitseingriffen und mehr durch gesetzliche Strukturveränderungen entgegen der Freiheitsgarantie gefährdet.

II. Staatliches Personal

92
Personal des Verfassungsstaates

Der Staat genügt seinen Verantwortlichkeiten nur, wenn das staatliche Personal nach seiner Begabung, Berufsqualifikation und Zuverlässigkeit den staatsrechtlichen Handlungsauftrag erfüllen kann. Rechtliche Verfaßtheit des Staates setzt die Fähigkeit und Bereitschaft des staatlichen Personals zur Verwirklichung des Rechts voraus. Das positive Recht selbst herrscht nicht, bedarf vielmehr der Amtsträger, die es vollziehen, gesetzliche Vorgaben deuten und vervollständigen, im nicht geregelten Bereich Entscheidungen treffen. Nicht das Polizeigesetz vermeidet Willkür, sondern der gesetzesgebundene Polizeibeamte, der die Gefahrenlage nüchtern einschätzt, in der Krisensituation gelassene Entscheidungen trifft, den Einsatz der polizeilichen Mittel, einschließlich seiner Waffe, verläßlich beherrscht. Wesentlicher Garant des Verfassungsstaats ist ein für die staatlichen Aufgaben geeignetes, nach Maßstäben des Staatsrechts ausgewähltes Personal. Die Mitglieder der Staatsorgane und der öffentliche Dienst verkörpern die stetige Handlungs- und Organisationskraft des Staates, seine Institutionen, seine ständig erneuerte Erfahrung, sein Wissen, seine Informiertheit und Informationsbereitschaft[340].

1. Das Amt

93
Handeln im Dienst der Allgemeinheit

Der Staat handelt deshalb durch das Amt und den Amtsträger[341]. Amt ist anvertraute Ausübung politischer Herrschaft[342]. Das Amt[343] vertraut einer Amtsperson eine öffentliche Aufgabe an und erwartet einen treuhänderischen Dienst am Ganzen[344]. Der Amtswalter hat eine jeweils gemeinsame

---

338 Gesetz zu Stärkung des Wettbewerbs in der Gesetzlichen Krankenversicherung, BGBl I, S. 378, vom 26. 3. 2007.
339 *Helge Sodan*, Private Krankenversicherung und Gesundheitsreform 2007, 2006, insbes. S. 37 f., 56 f., 85 f., 111 f.
340 Zur wachsenden Bedeutung des Wissensstaates → Bd. IV, *Fassbender*, § 76 Rn. 16 ff.; zur staatlichen Verantwortung für neue Informationstechniken → Bd. IV, *Kube*, § 91 Rn. 11 ff.
341 *Herbert Krüger*, Allgemeine Staatslehre, 1964, S. 253 f.; → Bd. III, *Depenheuer*, § 36 Rn. 1.
342 → Bd. III, *Depenheuer*, § 36 Rn. 4.
343 *Josef Isensee*, Das antiquierte Amt. Erinnerung an eine Voraussetzung der Freiheit, in: Wolfgang Knies (Hg.), Staat – Amt – Verantwortung, 2002, S. 45 f.; *ders.*, Das Amt als Medium des Gemeinwohls in der freiheitlichen Demokratie, in: Gunnar Volke Schuppert/Friedhelm Neidhardt (Hg.), Gemeinwohl auf der Suche nach Substanz, 2002, S. 271; *Peter Badura*, Das politische Amt des Ministers, in: FS für Helmut Quaritsch, 2000, S. 295 f.; → Bd. II, *Gröschner*, § 23 Rn. 62 f.; → Bd. III, *Depenheuer*, § 36 passim.
344 → Bd. II, *Gröschner*, § 23 Rn. 62.

Angelegenheit zu erledigen, er unterliegt dem „republikanischen Gebot der Selbstlosigkeit"[345]. Verlangt wird neben der Legalität ein Ethos des treuhändischen Dienstes für die res publica[346]. Das Amt fordert die Bindung an „Gesetz und Recht" (Art. 20 Abs. 3 GG), Sachkunde, Unbefangenheit, Unparteilichkeit, Distanz, verständige Offenheit für die Betroffenen, Verantwortlichkeit für jede Amtshandlung gegenüber den Beteiligten und im Rahmen der Organisationshierarchie[347].

Der Staat handelt mit einer vom Staatsvolk ausgehenden Staatsgewalt, in einer Verpflichtung gegenüber dem Gemeinwohl und in rechtsstaatlicher Form und Bindung. Die Staatsorgane sind Treuhänder des Staatsvolkes: Die Abgeordneten sind „Vertreter des ganzen Volkes" (Art. 38 Abs. 2 GG); öffentliche Ämter sind dem Amtsinhaber „anvertraut" (vgl. Art. 34, 92 GG); der Bundeskanzler stützt sich auf das Vertrauen des Parlaments als Repräsentanten des Volkes (vgl. Art. 68 Abs. 1 GG); die Verfassung setzt für die Ausübung rechtsprechender Gewalt ihr Vertrauen auf den Richter (Art. 92 Hs. 1 GG). Die gewählten Amtsträger erhalten ihre Legitimation somit – ohne vorherige förmliche Qualifikationsnachweise – im Wahlakt. Die ernannten Amtsträger weisen sich vorher durch eine besondere Qualifikation für das Amt[348], der Fachqualifikation wie der Persönlichkeit[349], aus, legitimieren sich in ihrem Amtsauftrag, ihrem Rechtsmaßstab und in der Ernennung durch einen gewählten Amtsträger[350].

94
Das Amt ist „anvertraut"

Die Treuhänderschaft des Amtsinhabers gegenüber dem Staatsvolk setzt eine stetige Gebundenheit in diesem Staatsvolk voraus. Amtsinhaber können deshalb grundsätzlich nur Personen mit deutscher Staatsangehörigkeit sein[351]. Soweit Amtsinhaber[352] durch Wahl des Staatsvolkes bestimmt werden, ist die Wählbarkeit der Bewerber nicht durch besondere Qualifikationsnachweise[353] rechtlich beschränkt; die Wahlentscheidung trifft das Staatsvolk. Soweit hingegen staatliche Organe in Ausübung ihrer Personalhoheit[354] Personal der

95
Wahl und Auslese des Personals

---

345 → Bd. IV, *Isensee*, § 71 Rn. 136.
346 Zur Treuepflicht des Beamten: BVerfGE 39, 334 (346 f.) – Extremisten im Öffentlichen Dienst; → Bd. IV, *Isensee*, § 71 Rn. 59.
347 *Michael Fehling*, Verwaltung zwischen Unparteilichkeit und Gestaltungsaufgabe, 2001, S. 198 ff. Zum Remonstrationsrecht und einer entsprechenden Pflicht vgl. §§ 56 Abs. 2 und 3 BBG, § 38 Abs. 2 und 3 BRRG. → Unten *Loschelder*, § 107 Rn. 89 ff., 97 f.; *Lecheler*, § 110 Rn. 4 f.
348 Zu den Eignungskriterien BVerfGE 108, 282 (296) – Kopftuch.
349 BVerfGE 39, 334 (353) – Extremistenbeschluß; BVerfGE 92, 140 (155) – Sonderkündigung; BVerfGE 108, 282 (296) – Kopftuch Ludin.
350 Zu den drei Formen demokratischer Legitimation und dem erforderlichen Legitimationsniveau vgl. BVerfGE 83, 60 (71 f.) – Ausländerwahlrecht II; BVerfGE 93, 37 (66 f.) – Mitbestimmungsgesetz Schleswig-Holstein.
351 Vgl. zum (passiven) Wahlrecht → Bd. II, *Böckenförde*, § 24 Rn. 28; → Bd. III, *Starck*, § 33 Rn. 45; *Meyer*, § 46 Rn. 7 f. Vgl. ferner: Art. 33 Abs. 2 GG; § 4 Abs. 1 Nr. 1 BRRG; § 7 Abs. 1 Nr. 1 BBG; § 6 Abs. 1 Nr. 1 LBG Bad.-Württ.; § 9 Nr. 1 DRiG.
352 Zum übergreifenden Tatbestand des Amtes vgl. BVerfGE 40, 296 (314) – Abgeordnetendiäten; BVerfGE 76, 256 (341) – Beamtenversorgung; → Bd. III, *Böckenförde*, § 34 Rn. 19; *H. H. Klein*, § 51 Rn. 1 ff.
353 Vgl. insbes. Art. 38 Abs. 2 und 3 GG.
354 Zur Personalhoheit über Beamte als Teil der Regierungsgewalt vgl. BVerfGE 9, 268 (282 f.) – Bremer Personalvertretung; zur formellen Ernennungskompetenz Art. 60 Abs. 1 GG.

Verwaltung, der Bundeswehr und der Gerichte auslesen, haben sie ihre Entscheidungen nach rechtlich vorgegebenen Eignungsmaßstäben zu treffen. Welche Person in ein öffentliches Amt berufen wird, bestimmt sich nach dem Qualifikations- und Leistungsprinzip des Art. 33 Abs. 2 GG; das Grundgesetz postuliert strikte Chancengleichheit je nach Eignung für das jeweilige öffentliche Amt. Art. 33 Abs. 2 GG vermittelt aber keinen Anspruch auf Übernahme in ein öffentliches Amt[355]; aus der Berufsfreiheit wird ein Anspruch auf Gleichheit nach Eignung, Befähigung und fachlicher Leistung. Bei Antritt des Amtes leistet der Amtsinhaber einen Amtseid[356], begründet eine ethische, über die bloße Treue zum Recht hinausgreifende Selbstbindung des Amtsträgers, die durch Feierlichkeit und Öffentlichkeit verstärkt wird[357]. Wer den Eid mit der religiösen Beteuerung leistet, sucht Unterstützung, übernimmt aber auch Verantwortlichkeit jenseits des demokratischen Verfassungsstaates für diesen Staat.

2. Anforderungen an den „öffentlichen Dienst"

96
Dienst in einem Amt

Das dank seiner Persönlichkeit und Qualifikation jemandem anvertraute Amt (Art. 33 Abs. 2 GG) ist als „öffentlicher Dienst" (Art. 33 Abs. 3, 4 und 5 GG), als eine dem Amt und dem Staatsvolk dienende Tätigkeit auszuüben. Das Amt ist nicht Grundlage zur Selbstverwirklichung des Amtsinhabers, sondern Inpflichtnahme durch die Amtsaufgabe, vermittelt nicht Freiheit, sondern begründet Bindungen. Amtliches Handeln ist grundrechtsverpflichtet, nicht grundrechtsberechtigt. Der Beamte ist insbesondere „Diener der Gesamtheit, nicht einer Partei"[358]. Er handelt unbefangen, in Parteinahme für das Recht, stets in fremder Sache[359]. Er sichert durch strikte Gesetzesgebundenheit die demokratische Rechtfertigung, die Willkürfreiheit, die Voraussehbarkeit und Kontrollierbarkeit seines Handelns. Er gewinnt aus seinem Rechtsmaßstab die Grundlage für die materielle Richtigkeit und formelle Kompetenz seines Wirkens. Er unterliegt im Rahmen eines öffentlich-rechtlichen „Dienst- und Treueverhältnisses" (Art. 33 Abs. 4 GG) dienstlichen Weisungen und den Bindungen einer auf funktions- und bereichsspezifische Zuordnung und Zusammenarbeit angelegten Behördenorganisation[360]. Der Beamte gewährleistet innerhalb seiner Remonstrationspflicht[361] die Selbstkontrolle dienstlichen

---

355 BVerfGE 39, 334 (354) – Extremistenbeschluß; BVerfGE 108, 282 (295) – Kopftuch.
356 → Bd. II, *Gröschner*, § 23 Rn. 68; → Bd. III, *Nettesheim*, § 61 Rn. 51 f.
357 → Bd. III, *Nettesheim*, § 61 Rn. 51.
358 Art. 130 Abs. 1 WRV; zur Fortgeltung dieses Prinzips als hergebrachten Grundsatz des Berufsbeamtentums (Art. 33 Abs. 5 GG): *Ernst Benda*, Der Stabilitätsauftrag des öffentlichen Dienstes – eine Überforderung im Parteienstaat?, in: Gerhart Rudolf Baum/Ernst Benda/Josef Isensee/Alfred Krause/Richard L. Merritt (Hg.), Politische Parteien und öffentlicher Dienst, 1982, S. 29 f.; *Josef Isensee*, Der Parteienzugriff auf den öffentlichen Dienst – Normalzustand oder Alarmzeichen?, in: ebd., S. 52 f.; → unten *Loschelder*, § 107 Rn. 82 ff., 103 f.
359 *Paul Kirchhof*, Die Bedeutung der Unbefangenheit für die Verwaltungsentscheidung, in: VerwArch 66 (1975), S. 370 (370 f.).
360 → Unten *Loschelder*, § 107 Rn. 42 ff.; → Bd. III, *Depenheuer*, § 36 Rn. 19 ff.
361 Vgl. § 56 Abs. 2 und 3 BBG, § 38 Abs. 2 und 3 BRRG. → Unten *Loschelder*, § 107 Rn. 89 ff., 97 ff.

Anweisens und den Nichtvollzug grob rechtswidriger Weisungen. Der Staat erwartet traditionell eine Dienstbereitschaft zu angemessenen, aber ungemessenen Diensten, die zwar durch eine Formalisierung dem allgemeinen Arbeitsrecht angenähert worden ist[362], jedoch zumindest als Handlungsreserve im Dringlichkeitsfall fortwirkt und eine Maxime für die Entwicklung des öffentlichen Dienstes bietet.

Das Grundgesetz unterscheidet innerhalb der öffentlichen Bediensteten zwischen Beamten und sonstigen Dienstnehmern. Die Beamten, die durch besondere Amtsgebundenheit und rechtsverpflichtete Unabhängigkeit die Rechtmäßigkeit, Stetigkeit und Unbefangenheit staatlichen Handelns gewährleisten, üben in der Regel die „hoheitsrechtlichen Befugnisse" aus (Art. 33 Abs. 4 GG). Dieser Funktionsvorbehalt[363] umschließt die Befehls- und Zwangsgewalt des Staates, aber auch sonstige, dem Staat zugewiesene Tätigkeiten, die aufgrund ihres Inhalts, ihres Zwecks oder ihrer Instrumente strikt staatsrechtlich verfaßtem Handeln vorbehalten sein sollen. Den Beamten sind die Tätigkeiten zugewiesen, bei denen sich der Staat in seiner staatsrechtlichen Verfaßtheit besonders zu bewähren hat[364]. Hoheitlich sind insbesondere die Entscheidungstätigkeiten, welche die Verfassungs- und Gesetzmäßigkeit staatlichen Handelns gewährleisten, die gegenüber wechselnden Interessen und parteilichen Einflüssen Distanz wahren und einen Ausgleich zu suchen haben, die einen einheitlichen, inhaltlich aufeinander abgestimmten und stetigen Verwaltungsvollzug garantieren, den Erfordernissen der Staatssicherheit und der Geheimhaltung genügen müssen und bei denen der Staat zu repräsentieren ist. Nicht die Handlungsform, sondern der Funktionsinhalt bestimmt den Vorbehaltsbereich des Art. 33 Abs. 4 GG. Deshalb können auch Tätigkeiten im Verwaltungsinnenbereich den Beamten vorbehalten sein, zum Beispiel die Planung, die Entwicklung von Gestaltungszielen und Verteilungsmaßstäben sowie die Erteilung von Weisungen, aber auch vermeintliche Hilfstätigkeiten bei sicherheitsempfindlichen Aufgaben.

97 Funktionsvorbehalt

Der den Beamten in Art. 33 Abs. 4 GG vorbehaltene Funktionsbereich entspricht ihrer in Art. 33 Abs. 5 GG gewährleisteten Dienst- und Treuebindung. Diese besondere Treuepflicht[365] verpflichtet grundsätzlich zu lebenslänglicher, hauptberuflicher „voller Hingabe" an das Amt, zu einer dem Recht verpflichteten, Distanz zu Parteien und Gruppen wahrenden, amtsverschwiegenen, unbestechlichen Amtsführung. Ihr stehen die den Staat verpflichtenden statusrechtlichen Garantien rechtlicher und wirtschaftlicher Sicherheit für den Beamten und seiner Familie gegenüber[366]. Das verfassungsrechtliche Streikverbot[367] nimmt dem Bediensteten das Arbeitskampfmittel als Instrument zur Durchsetzung persönlicher Arbeitnehmeranliegen, den Koalitionen

98 Besondere Treuepflicht

---

362 → Unten *Lecheler*, § 110 Rn. 59 f.
363 → Unten *Lecheler*, § 110 Rn. 13 ff.
364 → Unten *Lecheler*, § 110 Rn. 13 ff.
365 BVerfGE 39, 334 (336 f.) – Extremistenbeschluß.
366 Vgl. im einzelnen *Josef Isensee*, Öffentlicher Dienst, in: HdbVerfR, S. 1149 (1179 f.). → Unten *Lecheler*, § 110 Rn. 42, 67 ff.
367 BVerfGE 8, 1 (17) – Teuerungszulage; BVerfGE 44, 249 (264) – Alimentationsprinzip.

§ 99 *Achter Teil: I. Grundlagen*

eine unmittelbare Einwirkungsmacht auf den demokratischen Rechtsstaat. Die staatliche Aufgabenerfüllung und ihre finanzwirtschaftlichen Grundlagen sind gegen den Einfluß privater Kampfmittel abgeschirmt, wenn das Streikverbot nicht nur für Beamte[368], sondern für den gesamten öffentlichen Dienst[369] wirksam wird[370]. Die gesteigerte Treuebindung des öffentlichen Dienstes verpflichtet außerdem zu strikt amtsgemäßem Verhalten bei der Diensttätigkeit und zur Zurückhaltung bei außerdienstlichen Äußerungen und Gesten, sofern sie das Amt berühren können[371].

III. Finanzmittel

1. Das Geld als Blankettinstrument staatlichen Handelns

99
Geld als Handlungsmacht

Das Recht, nicht das Geld regiert staatliches Handeln. Die Staatsorgane empfangen im Recht ihren Handlungsmaßstab, in den Finanzmitteln jedoch ein Blankettinstrument zu wirtschaftlichem Handeln. Die Verfügungsgewalt über Geldmittel befähigt zum Erwerb aller am Markt verfügbaren Güter und Dienstleistungen, zur Verteilung individueller Nachfragekraft, zur Lenkung des für finanzielle Anreize zugänglichen Individualwillens bereits in der Entstehensphase und zur wirtschaftlichen Bindung des einzelnen innerhalb von staatlichen Handlungsprogrammen. Die Verfügungsgewalt über Finanzmittel befähigt den Staat, Bedienstete einzustellen und Verwaltungsvermögen zu erwerben, durch Subventionsangebote den einzelnen zur Mitarbeit bei öffentlichen Aufgaben und zu staatsbestimmtem privaten Wirtschaften zu veranlassen, durch Sachleistungsangebote individuellen Bedarf zu decken, zu befriedigen und in der Sachnutzung private Verhaltensweisen zu lenken, durch die Schaffung von Einrichtungen eine Freiheitsausübung anzuregen, inhaltlich zu bestimmten und auf gemeinsame Ausübungsformen abzustimmen. Das öffentliche Sachenrecht[372] und die Handlungsformen[373] der Anstalt, der Körperschaft und der Stiftung sowie das Recht der Leistungsverwaltung[374] und des Finanzmonopols zeigen die Breite finanzwirtschaftlicher Einwirkungsmöglichkeiten je nach Individualität, Intensität und Dauerwirkung.

---

368 So aber *Wolfgang Däubler*, Der Streik im öffentlichen Dienst, ²1971, S. 21 f., 94 f.
369 → Unten *Lecheler*, § 110 Rn. 59 ff.
370 *Gerhard Wacke*, Grundlagen des öffentlichen Dienstrechts, 1957, S. 90; im Grundsatz ebenso *Rupert Scholz*, in: Maunz/Dürig, Komm. z. GG, Art. 9 Rn. 379; *Isensee* (N 366), S. 1195.
371 → Unten *Loschelder*, § 107 Rn. 87; *Lecheler*, § 110 Rn. 62, 67 ff.; *Sodan*, § 113 Rn. 75 ff.
372 *Wolfgang Rüfner*, Formen öffentlicher Verwaltung im Bereich der Wirtschaft, 1967, S. 290 f.; *Werner Weber*, Die öffentliche Sache, in: VVDStRL 21 (1964), S. 145 (170); *Oliver Lepsius*, Besitz und Sachherrschaft im öffentlichen Recht, 2002.
373 *Rüfner* (N 372), S. 291; *Horst Dreier*, Hierarchische Verwaltung im demokratischen Staat, 1991, S. 228 ff., 238 ff., 245; *Groß* (N 34), § 13 Rn. 45 f.; *Matthias Jestaedt*, Grundbegriffe des Verwaltungsorganisationsrechts, in: GVwR, Bd. I, 2006, § 14 Rn. 27.
374 → Bd. IV, *Rüfner*, § 96 Rn. 62 ff., 72 ff.; → unten *Kämmerer*, § 124 Rn. 12 ff.; *F. Kirchhof*, § 125 Rn. 11 ff., 17 ff. Vgl. auch *Schmidt-Aßmann* (N 4), S. 166 f.; *Helmuth Schulze-Fielitz*, Grundmodi der Aufgabenwahrnehmung, in: GVwR, Bd. I, 2006, § 12 Rn. 39 ff.; *Dietrich Murswiek*, Grundrechte als Teilhaberechte, soziale Grundrechte, in: HStR V, ²2000 (¹1992), § 112 Rn. 40 f., 66 f.

100

Nehmen und Geben

Der Staat übt schon bei der Beschaffung von Geldmitteln Finanzmacht aus. Staatliche Abgabengewalt ist nicht nur Belastungs- und Vereinnahmungsbefugnis, sondern auch Lenkungsmittel[375]. Das staatliche[376] Notenschöpfungs- und Währungsmonopol gibt Verfügungsmacht über marktbestimmende Daten, die global- und individualwirksame Steuerungen erlauben. Staatliche Leistungsangebote und Leistungen erwarten Wohlverhalten und Gegenleistungen[377]. Erwerbswirtschaftliche Tätigkeit[378] vermittelt dem Staat als Anbieter und Nachfrager eine Marktmacht, die auf bestimmten Teilmärkten zu einem Staatsmonopol verdichtet ist. Staatliche Kreditnachfrage und auch eine staatliche Geldanlage schaffen Abhängigkeiten und Einfluß gegenüber den Banken und dem Kapitalmarkt. Finanzwirtschaftliches Nehmen und Geben begründen also je eigene Handlungsmöglichkeiten.

101

Funktionen des Haushaltsplans

Das Grundgesetz koordiniert staatliches Geben und Nehmen im Staatshaushalt[379]. Während ursprünglich mit der periodischen Bewilligung des Etats über das gesamte Finanzgebaren des Staates entschieden worden ist, hat sich heute die staatliche Einnahmepolitik im Abgabenrecht verselbständigt; der Haushalt handelt nur noch von den Staatsausgaben. Der Haushaltsplan enthält die periodische Aufgabenlehre für finanzstaatliches Geben. Das Haushaltsgesetz ist heute ein Organgesetz, das die Exekutive zur eigenverantwortlichen Erfüllung der finanzwirtschaftlichen Staatsaufgaben im Rahmen der parlamentarisch vorgegebenen Art und Zeitfolge ermächtigt (parlamentsrechtliche Funktion). Der Haushaltsplan konkretisiert jährlich die mittelfristige, empfehlend richtunggebende Finanzplanung der Regierung (Planungsfunktion). Der Haushalt sichert, daß die Abgabenschuldner als Finanziers des Staates die durch das Aufgabenaufkommen begründete Leistungskraft in der Allgemeinheit des Staatsvolkes auch wieder vollständig empfangen werden (formalegalitäre, demokratische Funktion). Der Staatshaushalt bietet auch die Berechnungsgrundlage für den bundesstaatlichen Vergleich der „Finanzkraft" von Bund und Ländern und damit eine Bemessungsgrundlage für den horizontalen und vertikalen Finanzausgleich (Finanzausgleichsfunktion). Außerdem benennt der Haushaltsgesetzgeber in der Summe der für Investitionen veranschlagten Ausgaben eine Regelgrenze für die Staatsverschuldung, kompensiert also die zukunftsbelastenden Einnahmen durch zukunftsbegünstigende Ausgaben (verschuldensbegrenzende Funktion). Die Vollständigkeit des Nachweises von Einnahmen und Ausgaben im Haushaltsplan[380] ist

---

375 → Unten *P. Kirchhof*, § 118 Rn. 46 ff.
376 Zur Verselbständigung dieser Aufgabe bei der Europäischen Zentralbank und der Bundesbank → unten *Schmidt*, § 117 Rn. 2 ff.
377 S. o. N 374.
378 *H.-H. Klein* (N 255); *Günter Püttner*, Die öffentlichen Unternehmen, 1969; *Volker Emmerich*, Das Wirtschaftsrecht der öffentlichen Unternehmen, 1985; *Hubertus Gersdorf*, Öffentliche Unternehmen im Spannungsfeld zwischen Demokratie- und Wirtschaftlichkeitsprinzip, 2000; → Bd. IV, *Ronellenfitsch*, § 98 Rn. 1 ff., 32 ff.
379 → Unten *Heintzen*, § 120 Rn. 1 ff.
380 Zur Gefährdung des parlamentarischen Budgetrechts durch Nebenhaushalte vgl. *Michael Kilian*, Nebenhaushalte des Bundes, 1993, S. 538 f.; *Paul Kirchhof*, Der demokratischre Rechtsstaat, in: HStR IX, 1997, § 221 Rn. 42 f. → Bd. III, *Puhl*, § 48 Rn. 33 f.

zugleich Voraussetzung für eine umfassende Finanzkontrolle durch Rechnungshof, Parlament, Gerichte und Öffentlichkeit (rechtsstaatliche Funktion). Mit diesen Aussagen begründet das Haushaltsgesetz lediglich eine an die Staatsorgane gewendete Innenrechtsverbindlichkeit; die bei der Haushaltsplanung vorausgesetzten Belastungswirkungen werden durch das Abgabenrecht, die im Haushaltsplan aufgenommenen Geldzahlungspflichten durch das staatliche Leistungsrecht geregelt.

102
Wirkungsschwäche des Haushalts

Der Haushalt kann seine Aufgabe als finanzwirtschaftliches Regierungsprogramm von Parlament und Regierung allerdings in der gegenwärtigen Ausgestaltung nur ungenügend erfüllen. Das parlamentarische Ausgabenbewilligungsrecht ist durch eine Flucht aus dem Budget – die Bildung von Nebenhaushalten[381] – elementar bedroht[382]; allein 1992 verfügten 300 Nebenhaushalte zusammen über ein Ausgabevolumen von 727 Mrd. DM, denen der Bundeshaushalt mit einem Gesamtvolumen von 427 Mrd. DM gegenüberstand[383]. Eine gesetzliche Zweckbindung von Abgaben – wie bei den Sonderabgaben[384] oder auch den Steuern, etwa für den Straßenbau[385] oder für die Rentenversicherung[386] – nimmt die Bewilligung vorweg. Eine Fülle von Leistungsgesetzen schreibt die Ausgabenentscheidung im vorhinein fest[387]; etwa 90 % der staatlichen Ausgaben sind gesetzlich durch Leistungsgesetze vorgeschrieben[388]. Steuersubventionen wenden den Steuerpflichtigen Geldwerte zu, ohne daß die dadurch bedingten Mindereinnahmen zahlenmäßig erfaßt werden könnten, sie im übrigen oft zu Lasten fremder Haushalte gewährt werden[389]. Neue Formen der „Quersubventionierung"[390] verkürzen die Zahlungswege von der Besteuerung und anschließenden Subventionsvergabe zu einer gesetzlich erzwungenen unmittelbaren Leistung zwischen privaten Vertragspartnern oder Konkurrenten. Besonders schwer lastet die Staatsverschuldung auf dem Staatshaushalt; der Bund zweigt von jedem Euro an Steuereinnahmen 18,5 Cent an Zinsen für früher aufgenommene Kredite ab und müßte weitere 87,3 Cent aufwenden, wollte er seine fälligen Kreditschulden vertragsgemäß tilgen und nicht einfach sämtliche Altverbindlichkeiten durch Neukredite prolongieren[391]. Die Bewilligung von Personalstellen auf Lebenszeit und

---

381 *Kilian* (N 380), S. 98ff., 221; *Thomas Puhl*, Budgetflucht und Haushaltsverfassungsrecht, 1996, S. 20ff., 37ff.; → unten *Heintzen*, § 120 Rn. 28.
382 *Kilian* (N 380), S. 863ff.; *Puhl* (N 381), S. 16ff.; sowie → Bd. III, *Puhl*, § 48 Rn. 37f.; → unten *Waldhoff*, § 116 Rn. 132; *Isensee*, § 122 Rn. 99.
383 → Bd. III, *Puhl*, § 48 Rn. 37.
384 → Unten *P. Kirchhof*, § 119 Rn. 72ff.; zu den mit den Sonderabgaben verbundenen haushaltsrechtlichen Informationspflichten und deren Berücksichtigung bei der Aufstellung der Haushalte vgl. BVerfGE 95, 322 (334) – Spruchgruppen; BVerfGE 108, 186 (232) – Altenpflegeumlagen.
385 → Bd. III, *Puhl*, § 48 Rn. 34.
386 → Bd. III, *Puhl*, § 48 Rn. 34; vgl. auch BVerfGE 110, 274 (294) – Ökosteuer.
387 → Bd. III, *Puhl*, § 48 Rn. 34.
388 *Christoph Gröpl*, Haushaltsrecht und Reform, 2001, S. 296; → unten *Heintzen*, § 120 Rn. 97.
389 → Unten *P. Kirchhof*, § 118 Rn. 52f.; anders beim amerikanischen Haushaltsrecht *Klaus Vogel*, Die Abschichtung von Rechtsfolgen im Steuerrecht, in: StuW 1977, S. 97 (98f.); *Werner Heun*, Staatshaushalt und Staatsleitung, 1989, S. 262.
390 *Hanno Kube/Ulrich Palm/Christian Seiler*, Finanzierungsverantwortung für Gemeinwohlbelange, in: NJW 2003, S. 927f.
391 → Bd. III, *Puhl*, § 48 Rn. 34.

insbesondere die Pensionslasten sowie der Verzicht auf Abschreibungen entsprechend dem Wertverzehr des Anlagevermögens greifen ebenfalls auf die zukünftige Steuer- und Ausgabenkraft zu, erhöhen damit die Schuldenlast um ein Mehrfaches. Die Präsidenten der Rechnungshöfe des Bundes und der Länder warnen deshalb nachdrücklich vor diesen übermäßigen öffentlichen Defiziten und ihren Voraussetzungen[392]. Die überhöhte Nettoneuverschuldung greift auf zukünftige Steuereinnahmen vor, begründet aktuelle Zins- und Rückzahlungsschulden, höhlt damit das parlamentarische Budgetbewilligungsrecht bedrohlich aus[393]. Auch schweigt der Haushaltsplan zu den mit den Haushaltsansätzen verbundenen Verwaltungsleistungen und ihren Kosten. Zudem werden die Einnahmen und Ausgaben nicht immer demselben Ressort zugewiesen, damit ein Verantwortungszusammenhang gestört[394]. Der Staatshaushalt scheint die Haushaltswirtschaft der jeweiligen Gebietskörperschaft kaum noch steuern und koordinieren zu können, die parlamentarische Verantwortung und Kontrolle der Haushalts- und Wirtschaftsführung nur noch eingeschränkt zu ermöglichen, dem Finanzausgleich nur noch eine unzulängliche Bemessungsgrundlage zu bieten. Er ist in seinem kameralistischen Konzept der in der Privatwirtschaft praktizierten gegenwartsnahen und realitätsgerechten Buchführung deutlich unterlegen[395]. Der Finanzstaat sieht sich stetig wachsenden Einnahmen, damit wachsender Finanzmacht gegenüber, schwächt aber die Wirkung seines zentralen Legitimations-, Planungs- und Kontrollinstruments.

Das Parlament verzichtet im Rahmen der Haushaltsflexibilisierung im jeweiligen Budget auf detaillierte inhaltliche Vorgaben an die Exekutive und weist ihr größere eigenständige Bewirtschaftungsräume zu[396]. Wird die Titelstruktur so vergröbert, verringert sich tendenziell die Steuerungskraft des parlamentarisch bewilligten Haushalts; die Überschaubarkeit des Haushalts wird freilich verbessert. Das „Haushaltsrechtsfortentwicklungsgesetz" vom 22. Dezember 1997[397] begründet zudem die Deckungsfähigkeit verschiedener Ausgabetitel, die Übertragbarkeit von Mitteln in das nächste Haushaltsjahr, die Zweckbindung von Einnahmen und die Veranschlagung von Mitteln „zur Selbstbewirtschaftung" („Budgetierung"[398]). Die schon länger währende Praxis „globaler" Mindereinnahmen schwächt das Vertrauen in die Haushaltsplanung[399]. Eine ersichtlich notwendige Reform ist somit auf dem Weg.

103
Haushaltsreform

---

392 Beschluß der Konferenz der Präsidentinnen und Präsidenten der Rechnungshöfe des Bundes und der Länder von 3.5.–5.5.2006, Niedersächsischer Landtag, LTDrucks 15/1050, S. 40 f.
393 → Unten *Pünder*, § 123 Rn. 80; → Bd. III, *Puhl*, § 48 Rn. 34. Vgl. auch *Paul Kirchhof*, Die Staatsverschuldung als Ausnahmeinstrument, in: FS für Reinhard Mußgnug, 2005, S. 131 ff.
394 *Schmidt-Aßmann* (N 4), S. 372.
395 Vgl. *Gröpl* (N 388), S. 359 f.; → Bd. III, *Puhl*, § 48 Rn. 38 f.
396 *Gröpl* (N 388), S. 439 ff.; → Bd. III, *Puhl*, § 48 Rn. 35.
397 BGBl I, 1997, S. 3251; dazu *Monika Böhm*, Fortentwicklung des Haushaltsrechts, in: NVwZ 1998, S. 934 f.; *Gröpl* (N 388), S. 213 f.
398 Kommunale Gemeinschaftsstelle (KGSt), Budgetierung, in: Ein neues Verfahren der Steuerung kommunaler Haushalte, KGSt – Mitteilungen 6/1993; Abschlußbericht des Sachverständigenrats „Schlanker Staat", 1997, S. 145 f.; *Robert Heller*, Haushaltsgrundsätze für Bund, Länder und Gemeinden, 1998, Kapitel 4, Rn. 34 f.
399 So wurden im Bundeshaushalt 2004 globale Mindereinnahmen in Höhe von 13 Mrd. Euro angesetzt, vgl. BMF, Monatsbericht Oktober 2004, S. 15.

Allerdings veranlaßt die Finanzverfassungsreform 1967/1969, die mit großem Optimismus das „neue Steuerungsinstrument" der „Globalsteuerung" eingeführt hat, deren Erfolg wir heute aber sehr sachlich, eher ernüchtert beurteilen[400], Zurückhaltung gegenüber finanzwirtschaftlicher Steuerung: Die Haushaltsprobleme werden nicht in den Steuerungsinstrumentarien gelöst, sondern in den Haushaltsvoraussetzungen, dem Steuerrecht, der Staatsverschuldung und den Ausgabeerwartungen.

2. Rechtliche Sonderung einer tatsächlich verbundenen Geldwirtschaft

104
Geld als Blankettinstrument

Das Handlungsmittel des Geldes ist in seiner Wirkungsweise so konturenarm, daß es den Berechtigten nahezu beliebige wirtschaftliche Verhaltens- und Einwirkungsweisen erlaubt. Das Staatsrecht kann deshalb die Finanzmächtigkeit des Staates nicht in diesem Blankettinstrument „Geld" begrenzen und ausrichten, sondern muß die Macht des Geldes durch das Recht formen und mäßigen. Deshalb sondert es das Abgabenrecht vom Leistungsrecht und die finanzwirtschaftlichen Zwecke von sonstigen Handlungszielen.

a) Die Sonderung von Abgabenrecht und Leistungsrecht

105
Distanz zwischen staatlicher Finanzkraft und dem Finanzier

Das Abgabenrecht nimmt den Pflichtigen unabhängig von der späteren Verwendung des Abgabenaufkommens in Anspruch, schafft also Distanz zwischen dem Abgabenzahler und der aus dem Abgabenaufkommen abgeleiteten staatlichen Leistungskraft, wahrt damit die Unbefangenheit und Eigenständigkeit staatlicher Ausgabentscheidungen gegenüber ihrem Finanzier[401]. Die Unterscheidung zwischen Steuerrecht und Ausgabenrecht (Haushalts- und Leistungsgesetze) betont die Trennung zwischen Abgaben- und Leistungsrecht, um die Gleichheit staatlichen Leistens nach Aufgabe und Bedarf, nicht nach individueller Vorleistung auszurichten[402]. Besonderheiten gelten nur für die Vorzugslast, die den Vermögenswert staatlicher Leistungszuwendungen ganz oder teilweise kompensiert, sowie für die Sonderabgaben und sonstige Abgaben[403]. Das Abgabenaufkommen ist grundsätzlich nicht für bestimmte Zwecke gebunden[404].

b) Sonderung des Verwaltungsmaßstabes von finanzrechtlichen Vorgaben

106
Spezialität des Verwaltungsrechts

Das Recht der Staatsleistungen wird von seinen finanzwirtschaftlichen und finanzrechtlichen Vorgaben gelöst, um die Verwaltungsentscheidung ausschließlich auf die Sachaufgabe auszurichten, sie aus der Abhängigkeit von staatlicher Finanzkraft zu lösen und von „fiskalischen" Motiven freizustellen.

---

400 *Gröpl* (N 388), S. 213 ff.; *Böhm* (N 397), S. 934 f.; → unten *Heintzen*, § 120 Rn. 97.
401 *P. Kirchhof* (N 274), S. 213 (250 f.).
402 → Unten *P. Kirchhof*, § 118 Rn. 205 f.
403 → Unten *P. Kirchhof*, § 119 Rn. 17 ff., 71 f., 107 ff.
404 § 7 HGrG; § 8 BHO; vgl. auch BVerfGE 49, 343 f. – Kommunalabgabengesetz. Eine Zweckbindung des Steueraufkommens ist verfassungsrechtlich bis zur Grenze eines „unvertretbaren Ausmaßes" zulässig, BVerfGE 93, 319 (348) – Wasserpfennig; BVerfGE 110, 284 (294 f.) – Ökosteuer.

Maßstab der Sachgerechtigkeit ist das vom Finanz- und Abgabenrecht abgehobene, jeweils sachlich einschlägige Verwaltungsrecht. Die Warnung vor einer „Kommerzialisierung" der öffentlichen Verwaltung[405], vor einem „Verkauf von Hoheitsakten"[406] lehnt jede materielle Verschränkung von Staatsleistung und Abgabenvorleistung, weitgehend auch die Abhängigkeit einer Leistung von gebühren- und beitragsrechtlichen Gegenleistungen ab. Die Spezialität des verwaltungsrechtlichen Maßstabes gegenüber finanz- und haushaltsrechtlichen Zielsetzungen führte auch zur These von der grundsätzlichen Ermessensfehlerhaftigkeit fiskalisch bestimmter Ermessensentscheidungen[407] und zur Unterscheidung zwischen einem der Haushaltsgesamtplanung vorbehaltenen kombinierten und einem der jeweiligen Fachverwaltung zustehenden isolierten Ermessen[408]. Auch das Kopplungsverbot[409], das Verbot eines „Formenmißbrauchs"[410], die Pflicht zur Vermeidung von Interessenkollisionen[411] und die rechtliche Verselbständigung der Gebührenfolge[412] trennen das Verwaltungsmotiv vom Erwerbsmotiv[413]. Je mehr allerdings Verwaltungsentscheidungen und Verwaltungsmaßnahmen haushaltserheblich werden, desto mehr müssen die Maßstäbe des Finanzrechts auch diese Verwaltungsentscheidungen bestimmen. Die finanzielle Leistungsfähigkeit des Staates ist begrenzt[414], darf deshalb durch Verwaltungsentscheid nicht überfordert werden. Der Vorbehalt des Möglichen[415] verhindert nicht erst den Staatsbankrott[416], sondern fordert ein finanzbewußtes, die Staatsressourcen schonendes Verwalten. Der Verfassungsmaßstab wirtschaftlicher und ordnungsmäßiger Haushalts- und Wirtschaftsführung (Art. 114 Abs. 2 S. 1 GG)[417] bestimmen die gesamte Staatsverwaltung. Das grundrechtliche Institut der Teilhaberechte[418] und die Vorsicht bei der Anerkennung verfassungsrechtlicher Leistungsansprüche halten den individualrechtlichen Zugriff auf den Staatshaushalt in Distanz. Das Bundesstaatsrecht kennt bei Geldleistungsgesetzen, Finanzhilfen und ausgabeerheblichen Gesetzen spezielle Gesetzesvorbehalte, die insbesondere bundesrechtliche Zuweisungen von Lasten an Länder und Gemeinden mäßigen sollen (Art. 104a Abs. 2 bis 5, Art. 104b, Art. 106 Abs. 8 GG). Die Verfassungsgeschichte der Neuzeit ist auch von dem stetigen Bemü-

Begrenzte finanzielle Leistungsfähigkeit des Staates

---

405 *Herbert Krüger*, Die Auflage als Instrument der Wirtschaftsverwaltung, in: DVBl 1955, S. 380, 450 (518 ff.).
406 *Krüger* (N 405), S. 520.
407 *Hans J. Wolff/Otto Bachof/Rolf Stober*, Verwaltungsrecht, Bd. I, 1999, § 31 IV 4.
408 *Walter Leisner*, Regierung als Macht kombinierten Ermessens, in: JZ 1968, S. 727 (zur Unterscheidung von Regierung und Verwaltung).
409 *Ernst Forsthoff*, Lehrbuch des Verwaltungsrechts, Bd. I, [10]1974, S. 70, 99, 294.
410 *Pestalozza* (N 264), S. 166 ff.
411 *Ernst-Werner Fuß*, Die Überschreitung des Wirkungskreises juristischer Personen des öffentlichen Rechts, in: DÖV 1956, S. 566 ff.
412 → Unten *P. Kirchhof*, § 119 Rn. 19 ff.
413 Zur aktuellen Fehlentwicklung s. o. Rn. 41.
414 → Unten *Waldhoff*, § 116 Rn. 35 f.
415 S. u. Rn. 108 ff.
416 → Unten *Waldhoff*, § 116 Rn. 32 f.
417 → Unten *Heintzen*, § 120 Rn. 90 f.
418 S. o. Rn. 58 ff.

hen geprägt, die staatliche Kreditaufnahme zu begrenzen[419]. Die parlamentarische Demokratie behält Finanzentscheidungen grundsätzlich parlamentarischer Ermächtigung vor; das finanzwirksame Plebiszit wäre mit der parlamentarischen Demokratie, auch mit der rechtstaatlichen Republik unvereinbar[420]. Sollte die gegenwärtig überhöhte Staatsverschuldung sich auf ein Extrem zubewegen, könnte diese Krisenlage Neukonzeptionen veranlassen, nach denen die Höhe staatlicher Leistungen von dem Ausmaß der Staatsverschuldung abhängt[421].

107
Befugnis zur Lenkung durch Geldleistungen

Wenn die Verwaltungshandlung jedoch in einer Geldleistung besteht, staatliches Handeln also auf monetäre Wirkungen angelegt ist, stellt sich – in bewußter Umkehrung des strafrechtlichen Bestechungstatbestandes[422] – die Frage, ob der Staat befugt ist, auf einzelne Personen oder Gruppen durch „Gewährung von Geschenken und sonstigen Vorteilen" Einfluß auszuüben. Diese Frage wird durch das Haushaltsgesetz, durch Finanzgesetze und Geldleistungsgesetze beantwortet[423], muß im übrigen aber durch materielle Maßstäbe der Finanzierbarkeit und Sparsamkeit (Art. 114 Abs. 2 GG) sowie durch eine bereichsspezifische Absonderung von finanzwirtschaftlich lenkbaren und finanzfernen Verwaltungsaufgaben vertieft werden.

c) Der Vorbehalt des Möglichen

108
Maßstab des Rechts und Maßstab des Möglichen

Finanzleistungen des Staates hängen von seiner finanziellen Leistungsfähigkeit ab. Bei einem grundsätzlich nicht selbst erwerbswirtschaftlich tätigen Staat setzt staatliches Geben immer vorheriges Nehmen, die Begünstigung durch Leistung immer die vorherige Belastung durch Abgabenerhebung voraus. Hat der Staat Zahlungspflichten zu erfüllen, die seine Zahlungsfähigkeit, das ist die Belastbarkeit seiner Abgabenschuldner, langfristig deutlich übersteigen, so verdrängt der Maßstab des finanziell Möglichen den Maßstab des Rechts[424]. Die Abhängigkeit individualrechtlicher Leistungserwartungen von der Leistungsfähigkeit des Finanzstaates ist schon unter Geltung der Weimarer Reichsverfassung anerkannt worden. Sie hatte dort insbesondere zur Folge, daß die Unverletzlichkeitsgarantie wohlerworbener Rechte des Beamten (Art. 129 Abs. 1 S. 3 WRV) bald nicht mehr als verfassungsrechtliche Gewährleistung eines ziffernmäßig bestimmten Gehaltes, sondern als institutionelle Garantie, deshalb als inhaltlich variabler Anspruch auf standesgemäßen Unterhalt verstanden wurde[425].

---

419 *Ernst Rudolf Huber*, Dokumente zur deutschen Verfassungsgeschichte, Bd. II, ³1986, S. 401; ders., Bd. I, ³1978, S. 380; für eine Übersicht *P. Kirchhof* (N 393), S. 131 (137).
420 *Josef Isensee*, Plebiszit unter Finanzvorbehalt, in: FS für Reinhard Mußgnug, S. 101 f.
421 *P. Kirchhof* (N 393), S. 131 (141).
422 Vgl. *Arnold Köttgen*, Subventionen als Mittel der Verwaltung, in: DVBl 1953, S. 485 (488); auch *Martin Bullinger*, Vertrag und Verwaltungsakt, 1962, S. 113; *Michael Rodi*, Die Subventionsrechtsordnung, 2000.
423 Zur Frage nach Art und Umfang des Gesetzesvorbehalts vgl. *P. Kirchhof* (N 98), S. 258 f., 398 f.
424 BVerfGE 15, 126 (140 f.) – Staatsbankrott; BVerfGE 27, 253 (283 ff.) – Kriegsfolgeschäden; BVerfGE 41, 126 (150 f.) – Reparationsschäden; BVerfGE 84, 90 (125, 130 f.) – Lastenausgleich; vgl. auch *Josef Isensee*, Die Normativität des Grundgesetzes in: HStR VII, 1992, § 162 Rn. 60 ff.
425 *Gerhard Anschütz*, Die Verfassung des Deutschen Reiches vom 11. 8. 1919, ¹⁴1933, S. 593 f.

Die jüngere Entwicklung des sozialstaatlichen Leistungsrechts hat die hohen individuellen Leistungserwartungen gegenüber dem Staat vielfach zu Leistungsansprüchen verfestigt, also nicht einem Dringlichkeits- und Finanzierbarkeitsvorbehalt unterworfen. Die finanzielle Hilfsfähigkeit des Staates scheint grenzenlos; bei sonstigen Hilfeleistungen des Staates, zum Beispiel dem polizeirechtlichen Sicherungsauftrag zum Schutz von Leib und Leben, ist die Begrenztheit staatlicher Leistungsfähigkeit aktuell bewußt. Dem Leistungsstaat gelingt es, in der Gebärde des Gebens und Helfens den vorherigen Steuerzugriff vergessen zu machen. Auch die Planung staatlicher Leistungen und Investitionen ist nicht strikt auf die periodische Haushaltsplanung abgestimmt, sondern wird weitgehend verbindlich festgeschrieben, droht sogar in der Perspektive eines subjektiven öffentlichen Rechts in den Sog einer Planungsgewährleistungspflicht[426] zu geraten und zur normativen Grundlage eines Vertrauensschutzes zu werden. Deshalb ist es geboten, planungsrechtlich den Haushaltsplan wiederum in den Rang des zentralen finanzstaatlichen Koordinationsinstruments zu rücken, individualrechtlich nicht nur den Leistungsnachfrager, sondern insbesondere auch den Finanzier staatlicher Leistungskraft, den Steuerzahler[427], zu schützen. Der Vorbehalt des Möglichen ist das Verhältnismäßigkeitsprinzip des Finanzstaates, das wegen der Austauschbarkeit der Finanzmittel für verschiedene Zwecke konturenarm, als Obergrenze finanzstaatlichen Handelns aber im Haushaltsgesetz und bei Begründung staatlicher Leistungspflichten strikt handhabbar ist. Die Verfassung wird ihre Staatsorgane nicht zu unmöglichen Leistungen verpflichten; deswegen müssen die sozialen Teilhaberechte grundsätzlich so interpretiert werden, daß ihr Gegenstand nur im Rahmen des Möglichen und Angemessenen garantiert wird[428]. Die Grenze des Möglichen ist dabei nicht erst die Zahlungsunfähigkeit des Staates, sondern die Gestaltungskraft des Haushaltsgesetzgebers[429].

109
Verfestigung der Leistungserwartungen zu Leistungsansprüchen?

Vorbehalt des Möglichen – finanzstaatliches Verhältnismäßigkeitsprinzip

Dieser Vorbehalt des faktisch Möglichen ist im Rahmen der haushaltspolitischen Prioritätsentscheidungen allerdings nicht schicksalhaft vorgegeben, sondern beruht auf politischen Entscheidungen. Das „politisch Mögliche"[430] entscheidet aber in erster Linie der Gesetzgeber und umschließt auch Prioritätswertungen[431], hat das Interesse anderer Nachfrager nach Staatsleistungen zu wahren[432] und die Erfordernisse des gesamtwirtschaftlichen Gleichgewichts zu berücksichtigen (Art. 109 Abs. 2 GG)[433]. Die in der Haushaltsplanung auf die Allgemeinheit ausgerichtete Entscheidungskompetenz des Parlaments muß gegen ein Regime individualrechtlicher Leistungsforderungen abgeschirmt werden. Dieser Vorbehalt des Möglichen gilt allerdings nur für

110
Rechtsteilhabe auf Dauer, Finanzteilhabe unter Vorbehalt

---

426 *Hans Peter Ipsen*, Plangewährleistung, in: FS für Ernst Rudolf Huber, 1973, S. 219 ff.
427 → Unten *P. Kirchhof*, § 118 Rn. 206.
428 *Dietrich Murswiek*, Grundrechte als Teilhaberechte, soziale Grundrechte, in: HStR V, ²2000 (¹1992), § 112 Rn. 58; BVerfGE 33, 303 (333) – Numerus clausus I.
429 *Murswiek* (N 428), § 112 Rn. 58.
430 *Josef Isensee*, Verfassungsrecht als „politisches Recht", in: HStR VII, 1992, § 162 Rn. 60 f.
431 BVerfGE 33, 303 (334) – Numerus clausus I.
432 BVerfGE 33, 303 (335) – Numerus clausus I.
433 BVerfGE 33, 303 (336) – Numerus clausus I; → unten *Pünder*, § 123 Rn. 44 ff.

die finanzstaatliche Teilhabe, nicht auch für die Rechtsteilhabe, bei der ein Gesetzgeber allein durch verbindliches Regeln in Abwägung langfristiger Begünstigungen und Drittbelastungen ein Rechtsgut auf Dauer garantiert. Finanzstaatliche Teilhaberechte sind grundsätzlich nur unter einem Vorbehalt des haushaltsrechtlich Möglichen, individuelle Teilhabe am Recht und seinem Schutz hingegen ohne jeden Vorbehalt zu gewähren. In der gegenwärtigen Krise überhöhter Staatsverschuldung ist zu erwägen, ob staatliche Leistungen nicht generell – von der Sozialhilfe über das Beamtengehalt bis zur Subvention – unter einen Schuldenvorbehalt gestellt werden sollten: Wenn die Staatsschuld sich erhöht, werden alle Staatsleistungen prozentual gesenkt. Verringert sich die Staatsschuld, darf die Staatsleistung zu einem geringeren Prozentsatz erhöht werden[434].

3. Sach-, Dienst- und Geldleistungen

111 Staatliche Finanzkraft befähigt zu unterschiedlichen Handlungsweisen. Der Staat kann das Geld als Haushaltsmittel bereithalten, als Finanzvermögen – Privateigentum ohne Widmung – nutzen, als Blanketthandlungsinstrument an Private weitergeben, mit dem Geld Leistungen finanzieren. Er kann Sachen und Einrichtungen finanzieren, um sie einem bestimmten Zweck zu widmen, oder privates Verhalten finanziell stützen.

112
Geld- oder Sachleistungen

Mit Geldleistungen, die insbesondere bei Gehaltszahlungen, sozialrechtlichen Leistungen und Subventionen üblich sind, vermittelt der Staat dem einzelnen Nachfragekraft, begründet oder stärkt also seine Handlungsmacht am Güter- und Dienstleistungsmarkt. Geldleistungen vermitteln Freiheit zu beliebigem Nachfrageverhalten. Sachleistungen hingegen geben dem Empfänger ein konkret in seiner Zweckbestimmung und Nutzungsmöglichkeit festgelegtes Wirtschaftsgut, vermitteln deshalb eine begrenzte Nutzungs- und Verfügungsgewalt. Die Ersetzung der Sachleistung durch eine Geldleistung ist ein wesentliches Anliegen im Kampf um individuelle Freiheiten gewesen. Im 19. Jahrhundert hat die Arbeiterschutzgesetzgebung durchgesetzt, daß Arbeiter nicht in Waren, sondern in Geld entlohnt werden[435]. Die Art sozialrechtlicher Hilfe zum Lebensunterhalt bestimmt die gewählte Freiheit: Die Geldleistung ermöglicht die freie Gestaltung individueller Bedarfsdeckung, die Sachleistung bestimmt den individuellen Bedarf und gibt die Art der Bedarfsdeckung vor. Deshalb hängt die Leistungsart von der Selbsthilfefähigkeit des Bedürftigen ab[436].

113
Inhalt der Staatsleistungen

Die Art und Intensität staatlicher Einflußnahme durch Finanzleistungen unterscheiden sich je nach der Art des Leistungsangebots. Die zum Lebensunterhalt gewährte Mahlzeit befriedigt einen aktuellen, dringlichen Bedarf; das

---

434 Vgl. *P. Kirchhof* (N 393), S. 131 (142).
435 Sogenanntes Truckverbot, § 134 der Gewerbeordnung des Norddeutschen Bundes vom 21.6.1869, RGBl 1869, S. 245 (275); ebenso § 115 des Preußischen Arbeiterschutzgesetzes vom 1.6.1891, GS Bd. V (1890–1895), S. 104 (107).
436 BVerwGE 72, 354 (357f.).

familien- oder eigentumspolitisch begründete Angebot eines Baugrundstücks verbessert langfristig die Qualität tatsächlicher Entfaltungsmöglichkeiten. Ein Telefon- oder Gleisanschluß begünstigt individuell, das Angebot einer Stadthallennutzung oder eine dem Gemeingebrauch gewidmete Straße wirkt in die Breite. Die Inanspruchnahme von Gemeingebrauch[437] ist grundsätzlich voraussetzungslos, die Nutzung von zulassungsbedürftigen staatlichen Einrichtungen von Bedarf, Qualifikation, Vorleistungen oder Entgelten abhängig. Anstalten stehen zur Nutzung, Körperschaften zur mitgliedschaftlichen Mitgestaltung zur Verfügung. Ein Theater wird einmalig für ein Kulturerlebnis, ein Studienplatz auf Jahre zur Ausbildung, eine berufliche Stellung im öffentlichen Dienst als lebenslängliche Existenzgrundlage, eine verdinglichte Berechtigung als über die einzelne Person hinauswirkende Rechtsposition genutzt. Bestimmte Staatsleistungen werden nur entgeltlich, insbesondere gegen Zahlung einer Gebühr erbracht[438], andere Staatsleistungen, insbesondere Leistungs- und (steuerliche) Verschonungssubventionen, hängen von der Mitwirkung in staatlichen Verwaltungsprogrammen ab[439]. Sozialstaatliche Leistungen befriedigen einen staatlich anerkannten individuellen Bedarf; vertragliche oder vertragsähnliche Leistungen anerkennen Vor- und Gegenleistungen des Empfängers. Bildungspolitische Leistungen schaffen individuelle Qualifikationen; vermögenspolitische Leistungen verteilen vorgefundenes Eigentum.

Bedingungen der Staatsleistungen

Während der Staat bei Sach- und Geldleistungen den von ihm veranlaßten Wirkungsablauf aus der Hand gibt, sich staatliches Bewirken also vergegenständlicht und außerhalb staatlicher Einwirkungsmacht verselbständigt, behält der Staat bei Dienstleistungen den Geschehensablauf in eigener Hand und unter eigener Kontrolle. Der Zugriff des Polizeibeamten, die Impfung durch den Amtsarzt, der Erlaß eines Verwaltungsakts oder der Unterricht eines Lehrers werden auf die Betroffenen ausgerichtet, ihnen individuell zugemessen, in ihren Wirkungen grundsätzlich auf die Adressaten begrenzt. Auch wenn der Staat belehrt, warnt und berät, kann er die Wirkungen seines Handelns begrenzen oder verallgemeinern, unterbrechen, erweitern und beschleunigen. Der Plan, die öffentliche Einrichtung oder die öffentliche Rede eines Staatsorgans hingegen wirken gegenüber jedermann ins Unbestimmte, müssen deshalb auch als Allgemeinakt bemessen und verantwortet werden. Eigenhändiges Handeln des Staates steht unter Anweisung und Kontrolle des Staatsrechts, während das Geld oder das Sachgut mit der Hingabe den unmittelbaren Einflußbereich des Staatsrechts verläßt. Andererseits sind die Wirkungsmöglichkeiten von Dienstleistungen vielfältiger als die Hingabe von Geld- und Sachleistungen: Sie reichen von der bloßen Anregung bis zum verbindlichen Befehl, von der Geste bis zur Anwendung körperlichen Zwangs, von der Beratung über die Planung, Empfehlung, Lenkung bis zur existenzerhaltenden und daseinsbegleitenden Betreuung. Staatliche Dienstleistungen sind deshalb staatsrechtlich ebenso formbedürftig wie formbar.

114
Dienstleistungen

---

437 *Anderheiden* (N 303), S. 123 ff.
438 → Unten *P. Kirchhof*, § 119 Rn. 24 ff.
439 → Unten *P. Kirchhof*, § 148 Rn. 46 ff.

115
Kollektive Güter

Viele finanzerhebliche Güter bietet der Staat als „kollektives Gut"[440] jedermann an, so daß die Begünstigten nicht miteinander rivalisieren, der Staat Nachfrager nur selten ausschließen muß: Solche Güter sind die Gewährung von Recht und Frieden[441], die Rahmenordnung eines funktionierenden Marktes[442], Mindestleistungen des sozialen Staates bei individueller Bedürftigkeit[443], aber auch öffentliche Schulen (Art. 7 GG) oder Infrastrukturleistungen wie Straßen, Erschließungen, Versorgungs- und Entsorgungseinrichtungen. Die Unterscheidung zwischen Statusgütern (etwa die Staatsangehörigkeit), Ordnungsgütern (etwa die Rechtsstaatlichkeit), Sozialgütern, geistigen Gütern, Infrastrukturgütern, Wirtschaftsstrukturgütern und supranationalen Strukturgütern[444] zeigt die Breite staatlicher Leistungen und Gewährleistungsverantwortlichkeiten, die in der Regel jedermann begünstigen und nicht auf den demokratischen Bürger, schon gar nicht auf einen individuellen Teilhabeberechtigten beschränkt sind. Die steuerliche Gemeinlast wird hier für die Allgemeinheit eingesetzt, an sie zurückgegeben.

4. Wirtschaftsgüter in privater und öffentlicher Hand

116

Staatliche Sachherrschaft über Wirtschaftsgüter wirkt prinzipiell anders als private Sachherrschaft. Die staatliche Widmung eines Wirtschaftsgutes unterstellt es einer Gemeinwohldienlichkeit, stellt es – als Sachvermögen oder Einrichtung im Gegensatz zum Finanzvermögen – in den Dienst einer konkreten verwaltungsrechtlichen Aufgabe[445]. Art. 14 GG gibt die Wirtschaftsgüter grundsätzlich, wenn auch nicht ausschließlich in private Hand. Die Individualnützigkeit eines Wirtschaftsgutes steigert die Bereitschaft zu individueller Anstrengung beim Hervorbringen und Erwerben von Gütern und damit auch

Antriebsfunktion

die Summe der gesamtwirtschaftlich nutzbaren Wirtschaftsgüter (Antriebsfunktion). Individuelles Privateigentum fördert den Sinn für den Wert des

Erziehungsfunktion

Wirtschaftsgutes und das Bemühen um seine Erhaltung (Erziehungsfunktion), während das für die Allgemeinheit nutzbare Wirtschaftsgut durch staatliche Nutzungsordnung und Nutzungsaufsicht kaum gleichartig geschützt werden kann. Im Unterschied von Mein und Dein schafft das Eigentum Voraus-

Friedensfunktion

setzungen für den inneren Frieden (Friedensfunktion), während Gemeineigentum immer wieder neu individueller Nutzbarkeit zugewiesen werden muß, dabei aber auch umverteilt werden kann. Der privat Verfügungs- und Nutzungsberechtigte tauscht Wirtschaftsgüter nach Selbsteinschätzung des eigenen Bedarfs und erreicht durch seine Nachfrage einen individualgerechten

Verteilungsfunktion

Verteilungserfolg (Verteilungsfunktion); staatliche Verteilungsprogramme hingegen erfassen Bedarfslagen überindividuell, können die Bedarfsbefriedigung auch von der Entgeltfähigkeit lösen, andererseits individuellen Bedarf

---

440 *Anderheiden* (N 303), S. 145 f.
441 *Anderheiden* (N 303), S. 146.
442 BVerfGE 50, 290 (339) – Mitbestimmung; BVerfGE 105, 17 (30) – Sozialpfandbriefe.
443 *Anderheiden* (N 303), S. 147.
444 *Christof Gramm*, Privatisierung und notwendige Staatsaufgaben, 2001, S. 272 f.
445 *Lepsius* (N 372) S. 131 ff.; *Anderheiden* (N 303), S. 110 f.; → unten *Isensee*, § 122 Rn. 37 ff.

und individuelle Priorität nicht mit gleicher Sensibilität erkunden. Die Sachherrschaft über Eigenes ermöglicht Freigiebigkeit gegenüber Dritten (Sozialfunktion) und gemeinnützige Rechtsbindungen des Eigentümers (sozialstaatliche Funktion); staatliche Sachherrschaft hingegen unterliegt uneingeschränkter, von Staats wegen zu konkretisierender Sozialpflichtigkeit, ohne daß eine gegenläufige Mitbetroffenheit Privater die sozialdienliche Verwendung kontrolliert. Uneingeschränkte Sozialpflichtigkeit schließt individualnützige Teilhabe, aber auch eine Betroffenenkontrolle aus. Das Eigentum in privater Hand schirmt das Eigene gegen Dritte ab und wirkt den Abhängigkeiten des einzelnen in einer austeilenden und umverteilenden Industriegesellschaft entgegen (Abwehrfunktion); Sachgüter in öffentlicher Hand hingegen mehren die staatliche Umverteilungsmacht, wecken Begehrlichkeiten, steigern individuelle Abhängigkeiten vom Staat, dienen allerdings einer staatlich definierten Verteilungsgerechtigkeit unmittelbar. Das privat Eigene erlaubt schließlich langfristige Dispositionen und Vorkehrungen gegen wechselnde wirtschaftliche Entwicklungen, insbesondere gegen Krankheit, Alter und Arbeitslosigkeit (Sicherungsfunktion); das System öffentlich-rechtlicher, kollektiver Sicherung schafft eine übergreifende Solidargemeinschaft, die reale Gleichheit vermittelt, aber auch alle Versicherten der Entwicklung und den Risiken kollektiver Sicherheit unterwirft und Art und Maß der jeweiligen Sicherung an allgemeinen Maßstäben ausrichtet.

Sozialfunktion

Sozialstaatliche Funktion

Abwehrfunktion

Sicherungsfunktion

Privateigentum ist auch der Anknüpfungspunkt, um ökonomische Verantwortlichkeit individuell zuzuordnen. Der Rechtsstaat begründet allerdings als Sanktion für eigene ökonomische Fehlleistungen in der Regel nur eine Geldhaftung, verzichtet also auf Nachbesserungspflichten oder sonstige Verhaltensbindungen, um bei der Erfüllung einer finanzwirtschaftlichen Schuld noch einen Handlungsraum zu belassen[446]. Auch der Steuerstaat nimmt nur am individuellen Erfolg privaten Wirtschaftens teil, beläßt aber den Verlust allein in privater Verantwortlichkeit. Die Entwicklung von Großunternehmen und Unternehmensverflechtungen führt jedoch zu Produktions- und Dienstleistungsorganisationen, die wegen ihrer wirtschaftlichen Bedeutung, der Breite ihrer Wirkungsmöglichkeit und ihrer rechtlichen Verantwortlichkeit gegenüber Markt und Arbeitnehmern kollektiv-rechtlichen Bindungen unterworfen werden und in einer Bestandskrise heute oft auch staatliche Hilfe erwarten. Privatunternehmen mit öffentlicher Bedeutung ebnen den Unterschied zwischen privater und öffentlicher Sachherrschaft ein.

117

Ökonomische Verantwortlichkeit

IV. Organisation

1. Organisation und Organisationsgewalt

Der Staat ist eine Herrschaftsorganisation. Seine Organisation ist die Erscheinungs- und Wirkeinheit, durch die das Gemeinwesen eine von den handelnden Personen unabhängige Stetigkeit gewinnt, als souveränes Rechtssubjekt

118

Staatsorganisation als Wirkeinheit

---

446 Vgl. aber im einzelnen *Papier* (N 259), § 157 Rn. 10.

gegenüber dem einzelnen Menschen und gegenüber anderen Staaten handeln kann, sein inneres Gefüge als gewaltengeteilte[447], bundesstaatliche[448], demokratische[449] Einheit formt und zusammenhält, staatsrechtlicher Verfaßtheit einen Gegenstand und staatsrechtlichen Pflichten einen Schuldner gibt. Die Staatsgewalt gewinnt in der Staatsorganisation das institutionelle Instrument, das den Staat und sein Handeln stetig sichtbar und einsetzbar macht. Die Verfaßtheit des Staates verlangt eine funktionsgerechte, nach Verantwortlichkeit gegliederte Organisation, um die Handlungsfähigkeit des Staates zu sichern, die Gestaltungskraft der Wirkeinheit „Staat" zu gewährleisten und das staatliche Handeln überschaubar und kontrollierbar zu machen. Das Entstehen des Staates und einer Verfassung setzt eine Mindestorganisation voraus[450]; die Verfassung gebietet, diese Organisation rechtlich zu formen und zu stabilisieren.

119
Organisationsgewalt des Verfassunggebers

Die Organisationsgewalt des Staates liegt beim Verfassunggeber. Die Verfassung bestimmt, welche Gewalten im Staat eingerichtet werden, wie die Staatlichkeit zu untergliedern ist[451], welche Staatsorgane gebildet, ob und inwieweit Kompetenzen und Befugnisse dezentralisiert und Handlungseinheiten verselbständigt werden sollen, wie die Organe und Organwalter zusammenwirken und die Staatseinheit wahren. Die Verfassung regelt außerdem, ob und in welcher Weise Tätigkeiten aus dem Staat ausgegliedert und in juristischen Personen in abgestufter Nähe zum Staat verselbständigt werden[452]. Die Verfassung entscheidet auch, ob die Aufgaben eines Organs monokratisch von einem Organwalter wahrgenommen und mit Unterstützung von weisungsabhängigen Bediensteten erfüllt werden oder – kollegial – mehrere gleichberechtigte Organwalter verantwortlich sind, ob die Staatsorgane – hierarchisch – durch Weisungsstrukturen einander nachgeordnet oder mit dem Auftrag zur Verständigung nebeneinander tätig sind, ob und wie die demokratische Legitimation vom Staatsvolk an jedes Organ und jede Stelle der Staatsverwaltung vermittelt wird[453]. Das Grundgesetz bestimmt, wie Sachverstand und Entscheidungskraft am besten organisiert und je nach Aufgabe einem Verantwortungsträger zugewiesen werden, ob und inwieweit Staatsaufgaben aus der Organisation staatseigenhändigen Handelns in eine Selbstverwaltung oder auch in private Hand gegeben werden, wie die Aufgaben der Rechtsetzung und des Rechtsvollzugs, der Information und der Verwertung von Wissen und wissenschaftlicher Erkenntnis, der Finanzgewalt und der erwerbswirtschaftlichen Tätigkeit zu organisieren, die Einheit und Vielfalt der Verwaltungsorganisation aufeinander abzustimmen sind. Die Verfassung regelt, wie die Kontrolle staatlichen Handelns, die Fehlerkorrektur und die Haftung möglichst

---

447 → Bd. II, *Di Fabio*, § 27 Rn. 18 ff.
448 → Bd. II, *Jestaedt*, § 29 Rn. 15 ff.
449 → Bd. II, *Böckenförde*, § 24 Rn. 9 ff.; *Badura*, § 25 Rn. 10 ff.
450 → Bd. II, *P. Kirchhof*, § 21 Rn. 15 f.
451 → Bd. II, *Jestaedt*, § 29 Rn. 1.
452 Zur Organisationsgewalt *Klaus Stern*, Das Staatsrecht der Bundesrepublik Deutschland, Bd. II, 1980, S. 793 f. (zur Verwaltungsorganisation); *ders.* (N 123), S. 824 f.
453 → Bd. II, *Böckenförde*, § 24 Rn. 9 ff.; *Badura*, § 25 Rn. 27 ff.

wirksam gewährleistet werden kann und inwieweit Grundrechte institutionelle Garantien enthalten, in welchem Umfang die staatliche Organisation für private Mitwirkung geöffnet, aber auch Distanz zwischen freiheitsverpflichtetem Staat und freiheitsberechtigter Gesellschaft gewahrt wird[454].

2. Das Organisationsstatut des Grundgesetzes

Das Grundgesetz organisiert den Staat als Demokratie, als gewaltengeteilte Funktionseinheit und als Bundesstaat. Die Legislative ist nach Grundsätzen der repräsentativ-parlamentarischen Demokratie eingerichtet und bundesstaatlich modifiziert. Die Exekutive wird in eine auf periodische Erneuerung angelegte Regierung und eine für den stetigen Gesetzesvollzug eingerichtete Verwaltung aufgeteilt. Die Organisation der Bundesregierung ist insbesondere durch die Richtlinienkompetenz des Bundeskanzlers und die Ressortverantwortlichkeit der Bundesminister sowie durch die Zuweisung von Sonderkompetenzen an einzelne Minister vorgezeichnet. Für den Bundesvollzug von Bundesrecht sieht das Grundgesetz teilweise ausdrückliche Kompetenzzuweisungen an den Bund vor (obligatorische Bundesverwaltung), teilweise hängt der Bundesvollzug des Bundesrechts von der Entscheidung des Bundesgesetzgebers ab (fakultative Bundesverwaltung)[455]. Das Grundgesetz weist die Organisationsgewalt für die Bundesverwaltung der Bundesregierung (Art. 86 S. 2 GG) zu, behält dem Parlament jedoch eine anderweitige Bestimmung vor. Einige Landesverfassungen hingegen verteilen die Kompetenz nicht durch eine Regelzuständigkeit und einen Ausnahmevorbehalt, sondern stellen zwei organisationsrechtliche Zuständigkeitsbereiche nebeneinander: Dem Parlament ist die Organisation der allgemeinen Landesverwaltung und die Regelung der Zuständigkeiten vorbehalten; die Einrichtung der Behörden im einzelnen obliegt der Landesregierung[456]. Die Organisation der Rechtsprechung ist durch die Einrichtung des Bundesverfassungsgerichts (Art. 93, 94 GG), die verfassungsrechtliche Verpflichtung zur Errichtung von Obersten Gerichtshöfen für die Fachgerichtsbarkeiten (Art. 95 GG) sowie durch den Status der Richter (Art. 98 ff. GG) grundgesetzlich geregelt, im übrigen dem Gesetzgeber überlassen.

120 Funktionenteilung

Nach Art. 20 Abs. 1 und 2 GG geht alle Staatsgewalt vom Volke aus und wird vom Volke in Wahlen und Abstimmungen und durch besondere Organe der Gesetzgebung, der vollziehenden Gewalt und der Rechtsprechung ausgeübt. Diese Organe bedürfen der demokratischen Legitimation, damit das Volk durch sie die von ihm ausgehende Staatsgewalt ausübt. Diese Legitimation wird durch Wahlen vermittelt. Mit der Stimmabgabe der Wahlen betätigt sich der Bürger als Mitglied des Staatsvolkes und beansprucht einen effektiven

121 Demokratische Legitimation

---

454 → Unten *Loschelder*, § 107 Rn. 1 f., 23 ff., 38 ff., 52 ff., 74 ff., 87 ff.; *Krebs*, § 108 Rn. 14 f., 29 f., 60 f., 76 f. Vgl. auch *Schmidt-Aßmann* (N 4), S. 249 f.
455 *Armin Dittmann*, Die Bundesverwaltung, 1983, S. 78 f. → unten *Krebs*, § 108 Rn. 64 ff.
456 So insbes. Art. 70 Abs. 2 Bad-WürttVerf; Art. 77 Abs. 1 S. 2 BayVerf; Art. 77 NordrhWestfVerf; Art. 45 Abs. 3 Schl.-Hol. Landessatzung; Art. 116 SaarlVerf.

Einfluß auf die Ausübung der Staatsgewalt durch diese Organe[457]. Alle Akte der Staatsgewalt müssen auf den Willen des Volkes zurückgeführt und ihnen gegenüber verantwortet werden[458]. Der Staat muß deshalb zunächst die demokratischen Wahlen des Parlaments organisieren, die vom Parlament beschlossenen Gesetze als Maßstab der vollziehenden Gewalt und der Rechtsprechung vorgeben, den Einfluß des Staatsvolkes auch durch den Einfluß des Parlamentes auf die Politik der Regierung sowie durch die grundsätzliche Weisungsgebundenheit der Verwaltung gegenüber der Regierung herstellen[459]. Dabei begründet die Verfassung bereits eine funktionelle (institutionelle) demokratische Legitimation, wenn sie – und damit das Volk durch die von ihm ausgehende Gewalt – der gesetzgebenden, vollziehenden und rechtsprechenden Gewalt je eigene Funktionen zuweist[460]. Die organisatorisch-personelle demokratische Legitimation[461] fordert sodann die individuelle Berufung der Amtswalter durch das Volk oder durch volksgewählte Organe[462]. Die sachlich-inhaltliche demokratische Legitimation[463] bindet die Ausübung der Staatsgewalt ihrem Inhalt nach an den Wählerwillen des Staates zurück, verpflichtet die Staatsgewalt insbesondere auf die Gesetzgebung des Parlaments und fordert demokratische Verantwortlichkeit für die Wahrnehmung der den Staatsorganen eingeräumten Aufgaben. Dabei ist nicht die Form der demokratischen Legitimation, sondern das wirksam werdende

Legitimationsniveau „Legitimationsniveau" entscheidend[464]. „Dieses kann bei den verschiedenen Erscheinungsformen von Staatsgewalt im allgemeinen und der vollziehenden Gewalt im besonderen unterschiedlich ausgestaltet sein; innerhalb der Exekutive ist dabei auch die Funktionenteilung zwischen der für die politische Gestaltung zuständigen, parlamentarisch verantwortlichen Regierung und der zum Gesetzesvollzug verpflichteten Verwaltung zu berücksichtigen"[465]. Das bewußte Abschirmen einer Staatstätigkeit – die Unabhängigkeit der Zentralbanken zum Schutz der Geldwertstabilität gegen parlamentarischen Einfluß – ist in Art. 88 GG ausnahmsweise anerkannt, diese Ausnahme darf allerdings nicht verallgemeinert werden[466]. Wenn sich die Staatsorganisation stärker den Mitwirkungsmöglichkeiten der Gesellschaft öffnet, begründet diese Mitwirkung keine eigene demokratische Legitimation, macht die Staatsorganisation vielmehr eher Interessseneinfluß und Interessentenwissen zugänglich. Einflüsse auf die Staatsorganisation, die nicht in der Förmlichkeit des Verfas-

---

457 BVerfGE 83, 37 (50f.) – Ausländerwahlrecht I Schleswig-Holstein; BVerfGE 83, 60 (71 f.) – Ausländerwahlrecht II Hamburg.
458 BVerfGE 83, 60 (72) – Ausländerwahlrecht II Hamburg.
459 BVerfGE 83, 37 (67) – Ausländerwahlrecht I Schleswig-Holstein; BVerfGE 83, 60 (72) – Ausländerwahlrecht II Hamburg.
460 BVerfGE 49, 89 (125) – Kalkar I; BVerfGE 68, 1 (89) – Stationierung; → Bd. II, *Böckenförde*, § 24 Rn. 15.
461 → Bd. II, *Böckenförde*, § 24 Rn. 16.
462 *Roman Herzog*, Allgemeine Staatslehre, 1971, S. 210.
463 → Bd. II, *Böckenförde*, § 24 Rn. 21.
464 BVerfGE 83, 60 (72) – Ausländerwahlrecht II Hamburg.
465 BVerfGE 83, 60 (72) – Ausländerwahlrecht II; BVerfGE 93, 37 (67) – Mitbestimmungsgesetz Schleswig-Holstein.
466 BVerfGE 97, 350 – Euro.

sungsrechts auf das Volk zurückgehen, sind je nach Intensität des Amtsauftrags verfassungsrechtlich ausgeschlossen[467]. Das Demokratieprinzip verlangt für die Ausübung von Staatsgewalt bei Entscheidungen von Bedeutung jedenfalls, daß die Letztentscheidung eines dem Parlament verantwortlichen Entscheidungsträgers gesichert ist (Verantwortungsgrenze)[468]. Eine Mitbestimmung der Personalvertretung beschränkt sich auf innerdienstliche Maßnahmen und darf nur so weit gehen, wie die besonderen, in dem Beschäftigungsverhältnis angelegten Interessen der Angehörigen der Dienststelle sie rechtfertigen (Schutzzweckgrenze)[469].

Die Grundrechte sind grundsätzlich materielle Kompetenzausübungsschranken, zeichnen staatliche Befugnisnormen – insbesondere zu Grundrechtseingriffen – inhaltlich vor, enthalten daneben aber auch Aussagen für das Staatsorganisationsrecht. Soweit die Grundrechte Abwehrrechte sind[470], schaffen sie Distanz zwischen Staat und freier Gesellschaft. Begründen sie Schutzpflichten, wird der Grundrechtsberechtigte Einfluß auf die Staatsorganisation gewinnen, wenn dieser Straßen baut[471], emittierende Atomkraftwerke betreibt[472] oder eine Gewährleistungsverantwortung trägt (Art. 87f Abs. 1, 87e Abs. 4 S. 1 GG). Soweit der grundrechtliche Schutz durch ein Verfahren gesichert wird, wirkt sich auch dieses mittelbar auf die Staatsorganisation aus[473]. Begründen die Grundrechte Leistungsansprüche, so sind deren Erfüllung, etwa aus Art. 6 Abs. 4 GG[474], organisatorisch abzusichern. Bei abgeleiteten – derivativen – Teilhabeansprüchen steht der Anspruch zwar unter dem Vorbehalt des haushaltspolitisch und organisatorisch Möglichen; bei bestehenden Einrichtungen kann das Grundrecht jedoch zu bestimmter Kapazitätsanspannung verpflichten[475]. Enthalten die Grundrechte grundrechtsgleiche Gewährleistungen oder institutionelle Garantien – zum Beispiel des Religionsunterrichts (Art. 7 Abs. 3 GG), des Berufsbeamtentums (Art. 33 Abs. 5 GG), der Universitäten[476] – so hat der Gesetzgeber die jeweilige Organisation grundrechtsbewußt und grundrechtspflegend auszugestalten. Die Grundrechte begegnen sich mit dem Demokratieprinzip, wenn sie insbesondere durch das Bürgerrecht auf Wahlen (Art. 38 Abs. 1 S. 1 GG) eine demokratische Legitimation aller Staatsgewalt fordern. Grundrechte als objektive Wertordnung[477] können objektiv-rechtliche Folgen für die Gewaltenteilung, auch für die Rechts-, Fach- und Dienstaufsicht haben. Wesentlicher Bestandteil der Grundrechtsgarantien sind der Art. 19 Abs. 4 GG und der Art. 93 Abs. 1 Nr. 4a GG.

122
Grundrechtliche Prägung der Staatsorganisation

---

467 BVerfGE 93, 37 (70f.) – Mitbestimmungsrecht Schleswig-Holstein.
468 BVerfGE 93, 37 (70) – Mitbestimmungsrecht Schleswig-Holstein.
469 BVerfGE 93, 37 (70) – Mitbestimmungsrecht Schleswig-Holstein.
470 *Isensee* (N 168), § 111 Rn. 1 ff.
471 BVerfGE 99, 18 – Schutz vor Straßenlärm.
472 BVerfGE 49, 89 (127) – Kalkar I; BVerfGE 53, 30 (62 ff.) – Mülheim-Kärlich.
473 → Unten *Schmidt-Aßmann*, § 109 Rn. 20 ff.; *Degenhart*, § 115 Rn. 10 ff.; vgl. auch Art. 13 Abs. 3–5, Art. 14 Abs. 3, Art. 18, Art. 19 Abs. 4 GG und § 28 VwVfG.
474 Vgl. auch BVerfGE 115, 259 (271 ff.) – Mutterschutz.
475 BVerfGE 33, 303 (330) – Numerus clausus.
476 BVerfGE 35, 79 (112 ff.) – Hochschulurteil.
477 BVerfGE 7, 198 (205) – Lüth; BVerfGE 35, 79 (113) – Hochschul-Urteil.

123
Bundesstaatsprinzip

Die Organisation des Bundesstaates dezentralisiert die Staatsgewalt durch die Unterteilung des Staates in Bund und Länder[478]. Die bundesstaatliche Kompetenzzuweisung lehnt sich an die Aufteilung der drei Gewalten an und weist dem Bund die Schwerpunktzuständigkeiten für die Gesetzgebung und die Regierung, den Ländern im wesentlichen den Gesetzesvollzug sowie eine eigene Organisations-, Personal- und Finanzgewalt zu. Die rechtsprechende Gewalt liegt bei den Ländern, jedoch in der letzten, Bundesrecht vereinheitlichend fortbildenden Revisionsinstanz beim Bund[479]. Entsprechend der Eigenstaatlichkeit der Länder[480] regelt das Grundgesetz die Organisation nur der Bundesorgane, bindet aber die Länder bei der Ausübung ihrer Organisationsgewalt durch die verfassungsrechtliche Homogenitätsklausel des Art. 28 Abs. 1 GG[481].

124
Organisatorischer Gesetzes- und Exekutivvorbehalt

Im übrigen beläßt das Grundgesetz dem jeweiligen Inhaber der Organisationsgewalt einen Entscheidungsraum, der die Anpassungsfähigkeit des Organisationsstatuts sichert[482]. Die Organisationsgewalt für den Bereich der Bundesregierung liegt im wesentlichen beim Bundeskanzler (Art. 65 GG), für den Bereich der Bundesverwaltung bei der Bundesregierung (Art. 86 GG). Bundestag und Bundesrat haben das Recht der Selbstorganisation[483]. Das Gesetz strukturiert jedenfalls die Verwaltungsorganisation[484]. Für die Organisation der Rechtsprechung gilt ein Gesetzesvorbehalt[485]. Generell ist für Organisationsregelungen eine gesetzliche Grundlage erforderlich, soweit das Bundesstaatsrecht – insbesondere für die Ausführung von Bundesgesetzen und für das Finanzwesen – der Legislative die Ausprägung und Modifizierung der Verfassung ausdrücklich vorbehält[486], Organisationsakte die Rechtsstellung Dritter statusbildend erfassen oder verfassungsrechtliche Selbstverwaltungsgarantien, insbesondere für die Gemeinden, nur gesetzlich ausgestaltet werden dürfen. Im übrigen gilt – unter Wahrung des Exekutivvorbehalts[487] – kein Vorbehalt, sondern ein Vorrang des Gesetzes. Das Organisationsrecht der Länder wird im Rahmen der allgemeinen grundgesetzlichen Vorgaben (Art. 28 Abs. 1 GG) durch das jeweilige Landesverfassungsrecht geregelt.

125
Erneuerung der Staatsorganisation?

Gegenwärtig steht die Staatsorganisation in grundsätzlicher Kritik. Die Föderalismusreform hat in ihrem ersten Teil vor allem das Zusammenwirken von Bund und Ländern überprüft und einen zu weiten Zustimmungsvorbehalt für

---

478 → Bd. II, *Jestaedt*, § 29 Rn. 64 ff.
479 S. o. Rn. 46.
480 → Bd. II, *Jestaedt*, § 29 Rn. 65.
481 *Theodor Maunz*, Die Verfassungshomogenität von Bund und Ländern, in: HStR IV, ²1999 (¹1990), § 95 Rn. 1 ff.
482 *Ernst-Wolfgang Böckenförde*, Die Organisationsgewalt im Bereich der Regierung, ²1983 (¹1964); *Dittmann* (N 455), S. 97 f.; BVerfGE 63, 1 (34) – Schornsteinfegerversorgung; *Friedrich E. Schnapp*, Überlegungen zu einer Theorie des Organisationsrechts, in: AöR 105 (1980), S. 243 (261 f., 267 f.); *Hermann Butzer*, Zum Begriff der Organisationsgewalt, in: Verw 27, S. 157 f.; *Dodo Traumann*, Die Organisationsgewalt im Bereich der bundeseigenen Verwaltung, 1998; *Jestaedt* (N 373), § 14 Rn. 58.
483 → Bd. III, *Herzog*, § 58 Rn. 41 ff.; *Zeh*, § 52 Rn. 2, 26; zur Organisation des Bundestages vgl. auch *Norbert Achterberg*, Parlamentsrecht, 1984, S. 122 ff.
484 *Schmidt-Aßmann* (N 4), S. 253 ff.
485 → Unten *Sodan*, § 113 Rn. 2 ff., 8 ff.; *Wilke*, § 112 Rn. 3 ff., 28 ff.
486 → Unten *P. Kirchhof*, § 118 Rn. 94; → Bd. II, *Vogel*, § 30 Rn. 47 ff.
487 → Unten *Krebs*, § 108 Rn. 98 f.

den Bundesrat gerügt[488]. Im zweiten Teil will die Reform die Zuständigkeiten und Verantwortlichkeiten, aber auch die Effizienz der Finanzverfassung stärken. Daneben erscheint vor allem die Staatsverwaltung gegenwärtig zu bürokratisch, zu formalisiert, zu zentralisiert, soll deswegen durch eine weniger formgebundene, dezentrale, kooperierende Verwaltung abgelöst werden[489]. „Neue Steuerungsmodelle" sollen die hoheitliche Anordnung gegenüber dem Rechtsunterworfenen durch Verwaltungsleistungen gegenüber dem Kunden ablösen, wettbewerbsähnliche Leistungsanreize schaffen und insbesondere das Staatsbudget moderner privatwirtschaftlicher Wirtschaftsführung annähern[490]. Die Weisungshierarchie[491] sei zu steil, die Verwaltungsorganisation[492] unterscheide zu sehr zwischen Außen- und Innenrecht, die demokratische Legitimation[493] sei zu streng und durch eine Offenheit gegenüber Bürgern, interessierten Gruppen und Fachwissen zu lockern. Aus diesen Forderungen ergeben sich insbesondere Folgerungen für die Organisation staatlichen und gesellschaftlichen Zusammenwirkens, für eine funktionale Selbstverwaltung, für die Einwirkungen wissenschaftlich-technischen Sachverstandes, für Privatisierungen und Deregulierungen, für öffentliche und gemischt-wirtschaftliche Unternehmen[494]. Die „Aufmerksamkeitsfelder" scheinen sich von Amt und Amtsträger, von Hierarchie und Rechtsmaßstab, von Entscheidung und Kontrolle zur Informationsverarbeitung, zu Koordinationssystemen, zu Machtstrukturen, zu informalen Organisationen, zu Mechanismen externer Koordination den unterschiedlichen Arten von Abhängigkeiten zu verschieben[495]. Neben das Hierarchie- und Kollegialprinzip treten insbesondere der Abwägungsgrundsatz und das Verhandlungsprinzip[496]. Gelegentlich wird der wichtigste Veränderungsprozeß in einer deutlichen Verschränkung von privat- und öffentlich-rechtlichem Recht gesehen[497]. Diese Neuerungsanliegen haben ihren Ursprung in den Mißständen der Normenflut[498], der bürokratischen Überorganisation und einer vom Staat kaum steuerbaren, den Staat teilweise beherrschenden Mächtigkeit gesellschaftlicher Gruppen. Sie sehen den Menschen mehr in seinem staatlich geplanten, weniger in seinem freiheitlichen Lebensbereich. Deswegen geht es mehr um Teilhaberechte, Verfahrensabläufe, Abwägungen, weniger um Freiheit vom Staat. Orientierungsfall sind der staatliche Plan und die staatliche Einrichtung, nicht das Recht der Gefahrenabwehr und -vorsorge, der Steuer und Subvention. Diese Reformvorhaben erhalten im Budgetrecht und der Budgetverantwortlichkeit des Parlaments

Neue Steuerungsmodelle

---

488 *Starck* (N 203), Rn. 7 f.
489 *Helmut Klages*, Modernisierung als Prozeß, in: Herrmann Hill/Otto Klages (Hg.), Reform der Landesverwaltung, 1995, S. 7 (12); Schmidt-Aßmann (N 4), S. 242.
490 *Gröpl* (N 388), S. 244 ff.; Pitschas (N 50), S. 396 ff.; Schmidt-Aßmann (N 4), S. 20 f.
491 → Unten *Loschelder*, § 107 Rn. 1 ff.
492 → Unten *Krebs*, § 108 Rn. 31 ff.
493 S. o. Rn. 121.
494 Für eine Übersicht Schmidt-Aßmann (N 4), S. 243 f.
495 Für eine Übersicht Schmidt-Aßmann (N 4), S. 247 f.
496 *Matthias Ruffert*, Interessenausgleich im Verwaltungsorganisationsrecht, in: DÖV 1998, S. 897 f.
497 *Jestaedt* (N 373), § 14 Rn. 30; *Gunnar Folke Schuppert*, Verwaltungsorganisation und Verwaltungsorganisationsrecht als Steuerungsfaktor, in: GVwR, Bd. I, 2006, § 16 Rn. 120.
498 S. o. Rn. 3.

§ 99 *Achter Teil: I. Grundlagen*

(Art. 110 GG), in einer – bisher wohl überschätzten – Globalsteuerung der Bundes- und Landeshaushalte (Art. 109 Abs. 3 GG) und in den moderneren Ausprägungen der Grundrechte als Schutzpflichten und Teilhaberechte[499] einen verfassungsrechtlichen Impuls. Allerdings kommen sie dem Zugriff gesellschaftlicher Gruppen und Grundrechtsträger auf Staatsorganisation, Staatsentscheidungen und Staatshaushalt zu sehr entgegen. Das geschriebene Staatsorganisationsrecht, das Erfordernis demokratischer Legitimation, die Mittelpunktfunktion des allgemeinen, auf Grundsatzregeln zurückgeführten Gesetzes, das rechtsstaatliche Erfordernis klarer Entscheidungsverantwortlichkeiten und das Bundesstaatsprinzip setzen hier eine deutliche verfassungsrechtliche Grenze.

3. Ausgliederung von Tätigkeiten

a) Erscheinungsformen

126 Unmittelbare und mittelbare Bundesverwaltung

Der Staat handelt grundsätzlich eigenhändig, das heißt durch Personen, die in der Staatsorganisation stehen und staatlich geleitet und kontrolliert werden, bedient sich aber auch verselbständigter Personen oder Organisationseinheiten, deren Bindung in der Staatsorganisation gelockert oder die völlig aus der Staatsorganisation ausgegliedert sind. Für die Exekutive sieht Art. 86 GG eine „bundeseigene", das heißt in die Staatsorganisation des Bundes eingegliederte Verwaltung[500], sowie eine mittelbare Bundesverwaltung[501] durch „bundesunmittelbare Körperschaften oder Anstalten des öffentlichen Rechts" vor, die durch rechtlich verselbständigte juristische Personen, zum Beispiel durch soziale Versicherungsträger (Art. 87 Abs. 2 GG), ausgeübt wird[502]. Die mittelbare Bundesverwaltung ist die Handlungsart, die für eine Beteiligung außerstaatlicher Kräfte besonders zugänglich ist[503]. Innerhalb der mittelbaren Bundesverwaltung ist die Handlungsform der mitgliedschaftlich verfaßten Körperschaft im Gegensatz zu der zweckgebundenen verselbständigten Anstalt für außerstaatliche Einflußnahme so weit offen, daß die Staatlichkeit auf die Rechtsaufsicht reduziert werden kann[504].

127 Selbstverwaltung

Weitergehende Verselbständigungen gegenüber dem Staat werden erreicht, wenn das Grundgesetz Organisationen ausdrücklich Autonomie zuweist (Art. 28 Abs. 2 GG) oder die grundrechtlichen Freiheitsgarantien die Organisationsform öffentlich-rechtlicher Autonomiezuweisung verlangen, wie zum Beispiel bei den Hochschulen oder beim Rundfunk. Eigenständige Verwaltungsträger werden insbesondere gebildet, um Entscheidungen zu entpoliti-

---

499 S. o. Rn. 58 ff.
500 → Unten *Krebs*, § 108 Rn. 21.
501 → Unten *Krebs*, § 108 Rn. 22.
502 Zur Zurechnung auch der Stiftung des öffentlichen Rechts zu Art. 86 und 87 Abs. 3 S. 1 GG: *Stern* (N 452), Bd. II, S. 831.
503 *Dittmann* (N 455), S. 90; zu den verfassungsrechtlichen Schranken der funktionalen Privatisierung siehe *Burgi* (N 136), S. 175 ff.
504 *Dittmann* (N 455), S. 97.

sieren (Bundesbank)[505], grundrechtliche Freiräume abzuschirmen (Hochschulen)[506] oder in einem staatserheblichen Handeln Distanz zum Staat zu wahren (Rundfunkanstalten)[507]. Daneben bedient sich die Staatsverwaltung der privaten Hand, die private Verwaltungstätigkeit in Form der Beleihung ausübt, private Verwaltungshilfe – insbesondere als Subventionsmittler, als Interventionsmittler oder Umverteilungsmittler – leistet oder Verwaltenswirkungen – staatliche Lasten ebenso wie staatliche Begünstigungen – weitergibt[508]. Die Organisationsprivatisierung sucht häufig eine rechtliche Unabhängigkeit gegenüber dem staatlichen Dienst-, Besoldungs-, Haushalts- und Verschuldungsrecht[509], vor allem aber auch den privaten Tausch statt der staatlichen Zuteilung nach Gesetz und Bedarf[510]. Staatliches Verwalten öffnet sich in seiner Mitwirkungsbedürftigkeit auch dem Einfluß Betroffener und Beteiligter, insbesondere bei der vertragsrechtlichen Verständigung, bei der kooperativen Verwirklichung von Umwelt- und Subventionsprogrammen sowie bei der rechtsunverbindlichen Willenslenkung, vor allem durch Information, Werbung, Erziehung und durch Veränderung entscheidungserheblicher Daten[511]. Soweit der Staat juristische Personen des Privatrechts im Alleineigentum des Staates als Handlungsmittel nutzt oder sich an privaten Gesellschaften beteiligt, wenden sich die Handlungs- und Kontrollmaßstäbe teilweise vom Staatsrecht ab[512]; eine „Flucht in das Privatrecht" stellt aber nicht von verfassungsrechtlichen Bindungen frei.

Verwalten in abgestufter Nähe zum Staat

Wenn der Staat umgekehrt einen wirtschaftlichen Vorgang privater Entscheidungsmacht entzieht und im – heute immer selteneren – Verwaltungsmonopol[513] staatseigener Organisationsgewalt unterwirft, handelt der Staat – als Wirtschaftssubjekt verselbständigt – eigenhändig, legt seine Handlungsweisen aber auf eine einvernehmliche Zusammenarbeit mit dem Privaten an. Das Finanzmonopol wirkt ähnlich wie eine Besteuerung[514], das Sicherungsmonopol zwingt zur Annahme staatlicher oder staatlich bestimmter Leistungen[515], das Lenkungsmonopol setzt überindividuelle, gesamtwirtschaftlich wirksame Daten[516], Sach- und Dienstleistungsmonopole, die Leistungen im Post- und Verkehrswesen boten, sind nach der Privatisierung auf staatliche Gewährlei-

128
Verwaltungsmonopole

---

505 → unten *Schmidt*, § 117 Rn. 39 f.
506 *Thomas Oppermann*, Freiheit von Forschung und Lehre, in: HStR VI, ²2001 (¹1989), § 145 Rn. 18 f., 51 f.
507 → Unten *Krebs*, § 108 Rn. 24.
508 *P. Kirchhof* (N 98), S. 10 ff.
509 *Paul Kirchhof*, Der demokratische Rechtsstaat – die Staatsform der Zugehörigen, in: HStR IX, 1997, § 221 Rn. 42 f.
510 *Paul Kirchhof*, Staatliche Verantwortlichkeit und privatwirtschaftliche Freiheit, in: FS für Walter Schmitt Glaeser, 2003, S. 1 ff. → Unten *Krebs*, § 108 Rn. 23 ff., 96, 102.
511 → Bd. III, *Schoch*, § 37 Rn. 22 ff.
512 *Winfried Brohm*, Strukturen der Wirtschaftsverwaltung, 1969, S. 87 f.; *H. H. Klein* (N 378), S. 32 f.; *Rüfner* (N 372), S. 241 f.; *Püttner* (N 378), S. 119 f.; *Klaus Vogel*, Öffentliche Wirtschafteinheiten in privater Hand, 1959, S. 157 f., 189 f., 242 f.; → Bd. IV, *Ronellenfitsch*, § 98 Rn. 29 f.
513 *Peter Badura*, Das Verwaltungsmonopol, 1963; → unten *Isensee*, § 122 Rn. 94.
514 *Badura* (N 513), S. 218 ff.; *P. Kirchhof* (N 508), S. 401.
515 *Badura* (N 513), S. 218 ff.; *P. Kirchhof* (N 508), S. 401.
516 *Badura* (N 513), S. 218 ff.; *P. Kirchhof* (N 508), S. 401.

stungsverantwortlichkeiten zurückgenommen[517]. Stets verdrängt das Monopol private Anbieter, beeinflußt private Nachfrager und bezieht Zulieferer und Wirkungsmittler in einen staatlichen Handlungsplan ein. Der Staat bindet privates Entscheiden, wird aber auch für private Vorentscheidungen – Markt-„Gesetzlichkeiten" – zugänglich.

129
Öffentlich-rechtliche Selbstgesetzgebung und private Rechtsetzung

Auch die Rechtsetzung kann sich unter Kontrolle des Staatsrechts vom staatlichen Rechtsetzer lösen und öffentlich-rechtlicher Autonomie oder privater Berechtigung unterstellt werden[518]. Öffentlich-rechtliche Selbstgesetzgebung ereignet sich insbesondere in Gemeinden und in berufsständischen und sozialpolitisch wirkenden Körperschaften. Private Rechtsetzer bringen vor allem im Arbeitsrecht, im Parteien-, Unternehmens-, Verbands- und Vereinsrecht, im Tarifvertragsrecht (Art. 9 Abs. 3 GG), bei der Ausübung grundrechtlicher Freiheiten und aufgrund gemeinsam ausgeübter Sachherrschaft Rechtssätze hervor[519].

b) Gründe einer Verselbständigung

130
Nutzung von Sachkunde und Sachnähe

Die Gründe für eine Verselbständigung von Organisationseinheiten sind vielfältig[520]. Der Gedanke der Selbstverwaltung gibt die eigene Angelegenheit in die Hand der Betroffenen, um die Sachkunde der beteiligten Kreise zu nutzen, die Entscheidungsverantwortlichkeit durch Mitbetroffenheit zu organisieren, die Ausgleichsfähigkeit unter Beteiligten zu stärken. Teilweise wird in der organisatorischen Verselbständigung auch eine besondere Sachkunde, zum Beispiel der Bundesbank, des Bundesrechnungshofs oder eines Sachverständigenrates, den politischen Leitentscheidungen entgegengestellt. Eigene Beauftragte[521] gewinnen in der Organisationsspezialisierung Sachnähe und Unabhängigkeit. Andere verselbständigte Organisationseinheiten, zum Beispiel die Hochschule oder die Rundfunkanstalt, nutzen staatliche Organisations- und Finanzhilfen in grundrechtlichen Freiräumen. Sachverständiges Entscheiden wird um so mehr in einer Unabhängigkeit vom Staat organisiert, je grundrechtssensibler der zu betreuende Lebensbereich ist.

Abschirmen grundrechtlicher Freiräume

131
Bindung Betroffener in staatlichen Handlungsprogrammen

Andere Organisationsformen werden gebildet, um die durch staatliche Lenkungsmaßnahmen Betroffenen verstärkt in das staatliche Handlungsprogramm einzubinden, zum Beispiel in eine „Konzertierte Aktion" (§ 3 StabG), durch eine Zusammenfassung von Steinkohleunternehmen in einer Aktiengesellschaft und insbesondere durch Steuerlenkung[522] und durch Leistungssubventionen[523]. Organisationen der allgemeinen Wirtschaftsförderung, der Angleichung verschiedener Märkte, der Selbsthilfe privater Rechtssubjekte,

---

517 → Bd. IV, *Masing*, § 90 Rn. 37 f.
518 → Unten *Ossenbühl*, § 100 Rn. 38 f.
519 Vgl. *F. Kirchhof* (N 138); → unten *Ossenbühl*, § 100 Rn. 61 ff.
520 *Gunnar Folke Schuppert*, Die Erfüllung öffentlicher Aufgaben durch verselbständigte Verwaltungseinheiten, 1981. → Unten *Krebs*, § 108 Rn. 22 ff., 96, 102.
521 → Unten *Tettinger*, § 111 Rn. 6 ff.
522 → Unten *P. Kirchhof*, § 118 Rn. 46 ff.
523 → Unten *Kämmerer*, § 124 Rn. 12 ff.

der staatlichen Ausfuhrpolitik und der Kreditpolitik, zunehmend auch des Umweltrechts dienen der staatlichen Lenkung durch Beteiligung Dritter.

Gelegentlich vermeidet der Staat auch die Selbstorganisation, um bestimmte Handlungsweisen nicht als staatlich in Erscheinung treten zu lassen, zum Beispiel bei der auswärtigen Kulturpolitik, bei humanitären Einrichtungen, bei der Entwicklungshilfe und auch bei der Wirtschaftsförderung. Anpassungsorganisationen formen in Übergangsphasen ein Handlungsprogramm vorläufig, zum Beispiel zur Abwicklung der Nachkriegswirtschaft oder beim Hineinwachsen eines nationalen Marktes in den europäischen Gemeinsamen Markt[524]. Diese Handlungsfelder sollen nach der Anpassung wieder strikt staatlicher oder privater Organisationsverantwortlichkeit zugeordnet werden. Daneben dienen verselbständigte Organisationen im Zwischenbereich von Staat und Privatem dem Übergang zur Verstaatlichung oder zur Entstaatlichung[525].

132 Zurückhaltung im Staatlichen

Anpassungsorganisationen

c) Die Ausgliederung als Ausnahme

Soweit das Grundgesetz eine Ausgliederung staatserheblicher Tätigkeiten aus der Staatsorganisation fordert oder zuläßt, bleibt diese Verselbständigung die begründungsbedürftige Ausnahme. Zwar weist das Grundgesetz dem Staat nur einen Kern von Pflichtaufgaben zu, überläßt im übrigen die Abgrenzung der Staatsaufgaben staatlicher Entscheidung. Insoweit besteht ein weiter Entscheidungsraum für Ent- oder Reprivatisierung. Soweit jedoch Staatsgewalt ausgeübt oder andere Mittel staatlichen Handelns eingesetzt werden, muß dieses Handeln grundsätzlich sichtbar staatlicher Verantwortlichkeit zugeordnet und staatsrechtlicher Bindung unterworfen, also eigenhändig durch den Staat vollzogen werden.

133 Grundsatz sichtbaren, eigenhändigen Staatshandelns

Staatseigene Pflichtaufgaben müssen prinzipiell eigenhändig durch den Staat erfüllt werden. Die Rechtsetzungsbefugnis des parlamentarischen Gesetzgebers weist der gesetzgebenden Gewalt die Aufgabe zu, „Hüter des Gemeinwohls gegenüber Gruppeninteressen zu sein"[526]. Die Gesetzgebungsbefugnis ist Gesetzgebungspflicht[527]. Deshalb darf der Gesetzgeber sich seiner Rechtsetzungsbefugnis nicht völlig entäußern und seinen Einfluß auf den Inhalt von Normen, die von anderen Stellen innerhalb oder außerhalb der Staatsorganisation erlassen werden, nicht gänzlich preisgeben. Die unveräußerliche Verantwortlichkeit des Gesetzgebers gilt insbesondere der Verwirklichung und Begrenzung von Grundrechten sowie der Wahrung des Allgemeininteresses gegenüber autonom wahrgenommenen beteiligten Anliegen[528]. Der Gesetzgeber genügt dieser Pflicht nicht, wenn er in § 161 AktG grundrechtserhebli-

134 Pflichtaufgaben

---
524 → Bd. IV, *Grzeszick*, § 78 Rn. 17, 41.
525 Zur Treuhand-Verwaltung vgl. *Matthias Schmidt-Preuß*, Die Treuhand-Verwaltung, in: HStR IX, 1997, § 219 Rn. 3 ff., 20 ff.
526 BVerfGE 33, 125 (159) – Facharzt.
527 BVerfGE 33, 125 (157 f.) – Facharzt.
528 BVerfGE 33, 125 (158 f.) – Facharzt.

che Normgebungskompetenzen einer „Regierungskommission" überträgt[529]. Auch die Bundesregierung steht in der Verantwortung, Entscheidungen von politischer Tragweite selbst zu treffen und ihre Verwirklichung selbst sicherzustellen[530]; das Distanzgebot gegenüber Interessentenwissen und Beratung[531] bei informalen Annäherungen und Absprachen[532] gewinnt aktuelle Bedeutung. Die Ausübung der rechtsprechenden Gewalt ist grundsätzlich dem staatlichen Richter vorbehalten (Art. 92, 97 GG).

135
Zulässigkeit des „ministerialfreien Raums"

Auch die vollziehende Gewalt darf nur in Ausnahmefällen verselbständigten Verwaltungsträgern übertragen werden. Im parlamentarischen Regierungssystem des Grundgesetzes wird die Tätigkeit der Verwaltung dem Verantwortlichkeitsbereich der Regierung zugeordnet und, vermittelt durch die Regierung, parlamentarisch kontrolliert. Verwaltungstätigkeit untersteht der Verantwortung und Kontrolle eines Ministers. Ein „ministerialfreier Raum"[533] ist zwar nicht schlechthin unzulässig[534], darf aber die bestimmende Kraft der Regierung gegenüber der Verwaltung nicht gefährden und ihre parlamentarische Verantwortlichkeit für Verwaltungshandeln nicht lockern[535]. Die Zulässigkeit verselbständigter Verwaltungstätigkeiten wird von der Bedeutung und der Breitenwirkung, aber auch von der personellen Zusammensetzung des Entscheidungsträgers, seiner Organisation, seiner Bindung an Weisungen und allgemeine Verwaltungsvorschriften, der Beteiligung von Ministerialbeamten oder Abgeordneten in Aufsichtsorganen dieser Verwaltungsstelle, von Kassations-, Beanstandungs- und Selbsteintrittsrechten der Ministerialverwaltung bestimmt.

C. Die Wirkungsweisen staatlichen Handelns

136
Ablauf staatlichen Handelns

Staatliches Handeln beginnt mit dem vorausschauenden Planen und Erkunden eines Handlungsbedarfs sowie dem tatsächlichen und rechtlichen Bereitstellen der staatlich verfügbaren Handlungsinstrumente, setzt sich sodann in vorbereitenden Beratungen, Abwägungen und Vermittlungen fort, findet in

---

529 Auch im alten § 292a Abs. 2 HGB kam der Gesetzgeber dieser Pflicht nicht nach, indem er sich mit einer dynamischen Verweisung auf von Sachverständigen hervorgebrachte, internationale Standards der Rechnungslegung begnügte. Dieses Defizit ist nunmehr durch das sich aus der Verordnung (EG) Nr. 1606/2002 ergebende Zulassungsverfahren behoben.
530 BVerfGE 9, 268 (282) – Bremer Personalvertretung; BVerfGE 93, 37 (65 ff.) – Personalvertretung Schleswig-Holstein.
531 → Bd. III, *Voßkuhle*, § 43 Rn. 17 ff.
532 → Bd. III, *Schoch*, § 37 Rn. 28 ff.
533 *Eckart Klein*, Die verfassungsrechtliche Problematik des ministerialfreien Raumes, 1974, S. 66; *Janbernd Oebbecke*, Weisungs- und unterrichtungsfreie Räume in der Verwaltung, 1986; *Horst Dreier*, Hierarchische Verwaltung im demokratischen Staat, 1991, S. 134 f.; *Matthias Jestaedt*, Demokratieprinzip und Kondominialverwaltung, 1993, S. 102 f.; → unten *Loschelder*, § 107 Rn. 52; → Bd. III, *Puhl*, § 48 Rn. 41.
534 BVerfGE 9, 268 (282) – Bremer Personalvertretung; → unten *Krebs*, § 108 Rn. 95.
535 Vgl. *Carl Peter Fichtmüller*, Zulässigkeit ministerialfreien Raums in der Bundesverwaltung, in: AöR 91 (1966), S. 297 f.; *Klein* (N 533), S. 27 ff.; *Thomas Puhl*, Die Minderheitsregierung nach dem Grundgesetz, 1986, S. 161 f.; großzügiger Schmidt-Aßmann (N 4), S. 259 f.

der Regel in einem die Handlungsverantwortlichkeit[536] klarstellenden, abschließenden Entscheidungsakt seine formalisierte außenverbindliche Grundlage, erreicht den Betroffenen mit dem Entscheidungsvollzug durch rechtsverbindliches oder tatsächliches Einwirken und wird durch eine begleitende oder nachherige Kontrolle stets auf die rechtlichen Maßstäbe und tatsächlichen Planungen zurückverwiesen. Der Ablauf staatlichen Handelns ist also durch die vier Phasen des Planens, des Entscheidens, des außenwirksamen Entscheidungsvollzugs und der Kontrolle bestimmt. Staatliches Handeln wird vor allem als Wollen gedacht, wir aber zunehmend Ausdruck eines Wissens[537].

I. Wissen, Erfahren, Planen

Menschliches Handeln ist auf ein vorausschauendes Bestimmen von Zielen, ein Abwägen und Bewerten verschiedener Ziele und das gedankliche Vorwegnehmen der zur Zielverwirklichung erforderlichen Verhaltensweisen angelegt. Das Sammeln von Wissen, der Informationsaustausch, das Erfahren und Beurteilen, das Planen sind Denk- und Handlungsweisen jedes Menschen.

137
Planen als menschliche Verhaltensweise

Staatliches Handeln ist als menschliches Verhalten auf Information, Wissen[538], Erfahrung und Planung[539] angewiesen, darüber hinaus durch die Verfassung zu planvollem Vorgehen angehalten. Der Verfassungsstaat sucht in der Völkerrechtsgemeinschaft ein langfristiges System der Friedenssicherung, der Begegnung und des Austausches zu begründen. Der Rechtsstaat verpflichtet zu vorbeugendem Rechtsgüterschutz und zu einer den Maßstäben des Rechts entsprechenden Zukunftsgestaltung, fordert also eine zukunftsgerichtete, von Vermutung und Prognose bestimmte, maßstabgebundene Verhaltensweise. Daneben verlangt der Auftrag des sozialen Staates zur Daseinsbegleitung und Daseinsvorsorge staatliche Planung[540]. Die funktionengeteilte und bundesstaatlich gegliederte Staatsorganisation und die Arbeitsteilung in der Gesellschaft müssen durch Planung aufeinander bezogen und abgestimmt werden. Auch die Verteilung der knappen Wirtschaftsgüter und teilhabefähigen Kapazitäten sowie die Gewichtung und der Ausgleich unter gegenläufigen Interessen setzen vorausblickende Zielstrebigkeit und erfolgsbezogene Vorbereitungen des Staates voraus. Der einzelne kann seine Bedürfnisse nicht vollständig selbst befriedigen, sondern ist auf eine vorausgreifende Vorsorge der staatli-

Verfassungsrechtliche Planungspflichten

---
536 Zur Unterscheidung von Erfüllungs-, Sicherstellungs- und Auffangverantwortung → Bd. IV, *Butzer*, § 74 Rn. 12 ff.
537 → Bd. IV, *Fassbender*, § 76 Rn. 16 ff., 21 ff., 58 ff., 86 ff.
538 Zur Bedeutung staatlichen Wissens und seiner Instrumente → Bd. IV, *Fassbender*, § 76 Rn. 1 ff., 80 ff.; zu neuen Anfragen der Informationstechnik → Bd. IV, *Kube*, § 91 Rn. 3 ff.
539 Zum Begriff „Plan" → Bd. IV, *Hoppe*, § 77 Rn. 6 f.; zur allgemeinen Bedeutung vgl. *Thomas Würtenberger*, Staatsrechtliche Probleme politischer Planung, 1979, S. 42; *Ernst-Wolfgang Böckenförde*, Planung zwischen Regierung und Parlament, in: Der Staat 11 (1972), S. 429 (430); → Bd. IV, *Hoppe*, § 77 Rn. 2.
540 *Stern* (N 452), Bd. II, S. 706; *Rainer Wahl*, Notwendigkeit und Grenzen langfristiger Aufgabenplanung, in: Der Staat 11 (1972), S. 459 (467); *Eberhard Schmidt-Aßmann*, Planung unter dem Grundgesetz, in: DÖV 1974, S. 541 (543).

chen Rechtsgemeinschaft und der staatlich gestützten Wirtschaftsgemeinschaft angewiesen. Das Grundgesetz selbst ist ein fragmentarischer Plan staatlicher Entwicklung und beauftragt den Staat zu vorausschauenden Zielsetzungen und planvollem Gestalten.

138
Im Grundgesetz vorgesehene und angelegte Planungen

Der klassische Plan des Staatsrechts ist der Haushaltsplan[541], der die Aufgaben und Ziele des Finanzstaates periodisch definiert, die verfügbaren Finanzmittel feststellt und auf die Ziele abstimmt. Das Grundgesetz erweitert später den Auftrag zur Haushaltsplanung (Art. 110) durch die Finanzplanung (Art. 109 Abs. 3)[542], die bundesstaatliche Ausgleichsplanung (Art. 106 Abs. 3 S. 4 Nr. 1), die Rahmenplanung bei Gemeinschaftsaufgaben (Art. 91a Abs. 3), die Bildungsplanung (Art. 91b) und eine Verteidigungsplanung (Art. 53a). Der Haushaltsplan ist sodann Grundlage einer Sachplanung (Art. 87a Abs. 1 S. 2, Art. 97 Abs. 2 S. 1 GG). Eigenständige Bedeutung gewinnt derzeit die Wissenschafts- und Hochschulentwicklungsplanung[543]. Das herkömmliche Instrument staatlichen Planens ist das Gesetz, die „Vor"-Schrift. Der Gesetzgebung ist die Entscheidung über nachfolgendes staatliches Handeln „vor"-behalten; sie ist deshalb die mit der planvollen Zukunftsgestaltung befaßte Gewalt. Regieren ist insbesondere staatsleitende Planung. Verwaltungs-, Ressort-, Raum- und Fachplanung schließen sich an[544]. Inhaltlich ist zwischen Aufgaben- und Ressourcenplanung, zwischen der konzeptionellen Programmplanung und der entscheidungsorientierten Maßnahmeplanung, zwischen der die Grundsätze benennenden Rahmen- und der die Ausführung vorsehenden Detailplanung sowie nach der Zeitwirkung zwischen kurzfristiger, mittelfristiger und langfristiger Planung zu unterscheiden.

1. Vorbereiten von Entscheidungen

139
Entscheidungsvorbereitung und Plan

Staatliches Planen dient zunächst dem Bewußtmachen von Handlungszielen, dem Hervorbringen, Nutzen, Bewahren und Beurteilen von Erfahrung und Wissen[545], der Vergewisserung über die verfügbaren Handlungsmittel, dem Abwägen und Beraten von Handlungsalternativen. Planen ist Entscheidungsgrundlage für das verantwortliche Staatsorgan und Orientierungshilfe für Beteiligte und Betroffene, fordert oft auch ein Zusammenwirken zwischen Staat und Gesellschaft[546]. Die Planung endet in der Regel in einer den Planungsvorgang abschließenden Entscheidung (Plan) und einer durch Verkündung dieser Entscheidung entstehenden Rechtsverbindlichkeit. Sie trifft einen Zwischenentscheid für Folgeplanungen oder für Vollzugsmaßnahmen und gibt zugleich einen Maßstab für eine Selbstkontrolle bei der Durchführung und Anpassung des Geplanten.

---

541 → Unten *Heintzen*, § 120 Rn. 50 ff.; → Bd. IV, *Hoppe*, § 77 Rn. 35. Außerdem s. o. Rn. 101 f.
542 → Unten *Heintzen*, § 120 Rn. 76 ff.; → Bd. IV, *Hoppe*, § 77 Rn. 37.
543 → Bd. IV, *Hoppe*, § 77 Rn. 41 m. weit. Nachw.
544 Zu den verschiedenen Planungstypen *Stern* (N 452), S. 697 (709 ff.). → Bd. IV, *Hoppe*, § 77 Rn. 26 ff.
545 → Bd. IV, *Fassbender*, § 76 Rn. 80 ff.
546 Zu den Grundrechten als Planungsmaßstab → Bd. IV, *Hoppe*, § 77 Rn. 93 ff.

Die Rechtswirkungen eines Plans folgen aus seinem Entstehungsgrund, seinem Inhalt und seiner Form. Pläne sind verbindlich, wenn sie ihrer jeweiligen Rechtsform nach Verbindlichkeit beanspruchen: Der Bundeshaushaltsplan begründet als (Organ-)Gesetz (Art. 110 Abs. 2 GG), der Bebauungsplan als Satzung (§ 10 BauGB), die Planfeststellung als Verwaltungsakt (vgl. § 17 FStrG) Rechte und Pflichten. Inhaltlich beanspruchen diese verbindlichen (imperativen) Pläne[547] staatliche Befehls- und Zwangsgewalt[548].

140
Verbindliche Pläne

Informierende (indikative) Pläne bieten staatlichen Organen und Privaten Daten, Vorausberechnungen, Einschätzungen und Bewertungen an, die Grundlagen für weitere Planungen und Entscheidungen sein mögen. Diese Pläne werden in der Regel als „Berichte", zum Beispiel zur Lage der Landwirtschaft, zur Sozialversicherung oder über Wirtschaftsdaten veröffentlich. Beeinflussende (influenzierende) Pläne suchen individuelles Verhalten in staatliche Programme zu binden, setzen die Planungsziele jedoch nicht durch Befehl und Zwang, sondern durch Anreize (insbesondere Subventionsangebote und Strukturverbesserungsmaßnahmen) oder wirtschaftliche – auch steuerliche – Benachteiligung des nicht planentsprechenden Verhaltens durch. Informierende und beeinflussende Pläne entfalten grundsätzlich keine rechtliche Außenwirkung, können jedoch durch gesetzliche und sonstige Regelungen, insbesondere durch gesetzliche Subventions- und Förderprogramme, aufgenommen werden. Soweit Pläne ohne formale Außenverbindlichkeit Verhaltensweisen des einzelnen veranlassen, stellt sich mit dem kooperativen Vollzug eines Plans die Frage eines Planbefolgungs- und Plangewährleistungsanspruchs[549]. In der Regel müssen alle Pläne – mögen sie verbindlich sein oder einen Vertrauensschutz begründen – inhaltlich so offen oder auf ständige Fortschreibung angelegt sein, daß sie neuen Lagen und veränderten Gegebenheiten angepaßt werden können. Die Planbindung sichert deshalb nicht die Identität, sondern die Kontinuität des Planvollzugs.

141
Informierende und beeinflussende Pläne

Kontinuität, nicht Identität des Planvollzugs

2. Zuständigkeit und Teilhabe

Planvolles Handeln ist Eigenart jeder Staatstätigkeit; Planlosigkeit widerspräche rechtsstaatlicher Gebundenheit, gefährdete sozialstaatliche Zielstrebigkeit, nähme dem Handeln Effizienz und Rationalität. Das Grundgesetz regelt jedoch durch die Funktionenteilung, das Bundesstaatsprinzip, die Autonomiezuweisung und die Garantie grundrechtlicher Freiheiten unterschiedliche Pla-

142

---

547 Zur Unterscheidung zwischen imperativen, indikativen und influenzierenden Plänen vgl. *Gerhard Tholl*, Französische Planification – ein Vorbild?, in: ORDO XV/XVI, 1965, S. 197 (198 f.). → Bd. IV, *Hoppe*, § 77 Rn. 20.
548 Hierzu insgesamt: *Fritz Ossenbühl*, Welche normativen Anforderungen stellt der Verfassungsgrundsatz des demokratischen Rechtsstaates an die planende staatliche Tätigkeit?, in: Verhandlung des 50. DJT, 1974, Bd. I, Gutachten B; S. B 29; *Norbert Achterberg*, Allgemeines Verwaltungsrecht, ²1986, S. 155; *Roland Voigt*, Die Rechtsformen staatlicher Pläne, 1979, S. 21 f.; *Stern* (N 452), S. 712.
549 Zur Plangewährleistung: *Martin Oldiges*, Grundlagen eines Plangewährleistungsrechts, 1970; *Ossenbühl* (N 548), S. B 196 ff.; *ders.*, Die Handlungsformen der Verwaltung, in: JuS 1979, S. 681 (684 f.); *Willi Thiele*, Zur Problematik des Plangewährleistungsanspruchs, in: DÖV 1980, S. 109 ff.; *Ipsen* (N 426), S. 219 ff.; → Bd. IV, *Hoppe*, § 77 Rn. 119 ff.

Primärzuständigkeit der Regierung für das staatliche Planen, der Gesetzgebung für den staatsleitenden Plan

nungskompetenzen. Bei der staatsleitenden Planung liegt die Primärzuständigkeit für das Planen bei der Exekutive, für den Plan bei der Legislative. Die Fähigkeit zur stetigen und arbeitsteiligen Problemanalyse, zur Entwicklung und Entfaltung von Wissen, zur Wertung von Informationen, zur Abstimmung von rechtlichen Vorgaben und Meinungen, zur Handhabung von Prognosetechniken, zur systematischen Ausarbeitung von Entwürfen und Alternativen liegt bei der Regierung und der ihr verfügbaren Erfahrung, Ermittlungs- und Gestaltungskraft der Verwaltung. Der verbindliche staatsleitende Plan hingegen ist das Gesetz. Der „Vor"-Rang und „Vor"-Behalt des Gesetzes bindet die übrige staatliche Planung und nimmt die Ergebnisse anderweitiger Planung auf[550]. Das Parlament ist jedoch nicht darauf beschränkt, einen von der Exekutive entwickelten Planentwurf insgesamt für allgemeinverbindlich zu erklären oder zu verwerfen, sondern es hat in seiner Integrations-, Koordinations- und Kodifikationsfunktion[551] die Aufgabe und Berechtigung, Planungsvorhaben zu überprüfen, Planungsziele abzuwandeln und Planungsergebnisse zu ändern. Die staatsleitende Planung wird zunehmend eine gemeinsame Aufgabe von Regierung und Parlament, die eine Zusammenarbeit schon beim vorbereitenden Plan veranlassen. Da der Staat vielfach auch auf „privates Wissen" der Bürger angewiesen ist[552], er in seinen Planungen zudem das in den verschiedenen Staatsorganen und Behörden verfügbare Wissen sammeln und zusammenführen muß[553], Planungen auch das Wissen und die Anliegen von Beteiligten und Betroffenen von anderen Staaten, inter- und supranationalen Organisationen aufnehmen, wird Planung zunehmend auch zu einem Instrument der Zusammenarbeit im Wissen und der Verständigung im Wollen.

143
Planungsteilhabe

Die Breitenwirkung und Vorläufigkeit des Plans legen es nahe, bei der Problemformulierung, der Informationssammlung und der Beratung von Alternativen einzelne Private oder Gruppen zu beteiligen. Erwartungen und Postulate privater Teilhabe an staatlicher Planung umschließen die bloße Anhörung und die Mitbestimmung, die bloße Detailkorrektur und die Vorgabe des Planungsziels, die einmalige Einflußnahme und das langdauernde Zusammenwirken, die Beteiligung privater Sprecher oder die Amts- und Verwaltungshilfe, das Einbringen von Erfahrungen, Sachverstand oder Interessen. Der problemoffene, aber allgemeinwohlverpflichtete Staat wird bei der Planung hören und beobachten, aber schon bei der Annäherung an die Entscheidung Distanz wahren. Die Breitenwirkung und Langfristigkeit der Planung geben dem individuellen Schutz durch Grundrechte zunächst nur einen schwachen Ansatz, weil die Grundrechte prinzipiell erst bei Eingriff und Betroffenheit wirken[554]. Die Grundrechte können jedoch die von der Planung vorgesehenen Einzelmaßnahmen abwehren, geben außerdem der Gesamtintention der Pla-

---

550 → Bd. IV, *Hoppe*, § 77 Rn. 35 ff.; *Ossenbühl* (N 548), S. B 155 f.
551 S. u. Rn. 227 f.
552 → Bd. IV, *Fassbender*, § 76 Rn. 58 ff.
553 → Bd. IV, *Fassbender*, § 76 Rn. 54 f.
554 *Rupert Scholz*, in: Maunz/Dürig, Komm. z. GG, Art. 12 Rn. 394.

nung einen Maßstab[555]. Daneben mag der in den Grundrechten gewährte Vertrauensschutz eine Kontinuität der Planung verlangen, eine den Grundrechten innewohnende Schutzpflicht eine Planänderung fordern[556]. Auch diese Grundrechtswirkungen werden auf die Planungsteilhabe zurückwirken.

3. Grenzen des Planbaren und des Plans

Planen ist stets ein Handeln nach Wahrscheinlichkeit und Vermutung, findet deshalb in der Voraussehbarkeit der Zukunft, der Einschätzbarkeit zukünftigen menschlichen Handelns, des Wandels der Planungsvoraussetzungen, insbesondere der wissenschaftlichen, technischen und wirtschaftlichen Daten, sowie in der staatlichen Offenheit für einen Wertewandel seine Grenzen. Planen ist Entscheidungsvorbereitung unter Korrekturvorbehalt, der Plan eine Festlegung zumindest unter Anpassungsvorbehalt.

144
Begrenzte Prognosefähigkeit

Staatliches Handeln steht primär in der Verantwortung gegenüber der Gegenwart. Die Demokratie verleiht Macht auf Zeit, der Rechtsstaat fordert Sachgerechtigkeit, das ist Tatsachen-, also Gegenwartsgerechtigkeit, baut grundsätzlich auf Erfahrung und Beweis, vorkehrend auf Vermutung und Verdacht. Die Entscheidungsfreiheit jeder Generation bei der Grundrechtsausübung und bei der Wahrnehmung staatsbürgerlicher Rechte setzt die Offenheit des Staates für zukünftige Entscheidungen voraus. Der verfaßte Staat ist deshalb zwar nicht durch die Perspektive des Gegenwärtigen beschränkt, wohl aber in dem Vorgriff auf die Zukunft begrenzt. Das Grundgesetz sichert die kommende Generation gegen vorgreifende Belastungen, insbesondere bei der Staatsverschuldung (Art. 115 GG), bei der verbindlichen Umweltplanung, im Bereich der Kernenergie und nuklearen Entsorgung[557], bei der sozialen Sicherung, der Bildung und Ausbildung und bei der Folgenabschätzung von technischen und wissenschaftlichen Experimenten.

145
Vorgriff auf die Zukunft

Planung kann Freiheit ermöglichen und Freiheit begrenzen. Die Planung einer Bildungseinrichtung wird den zukünftigen Nutzer bei seiner Freiheitsausübung begünstigen, den Finanzier, den Vertreter eines anderen, in der Priorität zurückgesetzten Bedarfs und den von der Nutzung Ausgeschlossenen belasten. Planung erschließt knappe Freiheitsressourcen, bewirtschaftet den Mangel[558]. Darüber hinaus läuft die daseinsbegleitende und vorsorgende Planung Gefahr, in einen Gegensatz zur zukünftigen, abweichenden Freiheitsausübung zu geraten[559], also statt für individuelle Freiheit vorzusorgen, das Dasein zu fixieren. Insbesondere eine Planung des „individuellen Glücks"

146
Freiheitsermöglichende und freiheitsbehindernde Planung

---

[555] *Roman Herzog*, Regierungsprogramm und Regierungspläne, 1972, 37, 57f.; → Bd. IV, *Hoppe*, § 77 Rn. 97.
[556] → Bd. IV, *Hoppe*, § 77 Rn. 93f.
[557] *Paul Henseler*, Verfassungsrechtliche Aspekte zukunftsbelastender Parlamentsentscheidung, in: AöR 108 (1983), S. 489ff., insbes. S. 539; → unten *Pünder*, § 123 Rn. 58.
[558] Vgl. *Ossenbühl* (N 548), S. B 153; *Walter Schmitt Glaeser*, Planung und Grundrechte, in: DÖV 1980, S. 1ff.; *Stern* (N 452), S. 697 (722f.); *Roman Herzog*, in: Maunz/Dürig, Komm. z. GG, Art. 20 Abschn. VIII Rn. 62.
[559] S. o. Rn. 12ff., 58ff.

oder der „Qualität des Lebens" kann von der Freiheitspflege zur Bevormundung geraten, im übrigen die Situations- und Entwicklungsabhängigkeit auch staatlichen Handelns leugnen und mit der Ersetzung des Schicksalhaften durch das behauptete, staatlich planbare „Glück" einem Hang zum Totalitären nachgeben.

147
Kompetenzgrenzen für das Planen und die Planwirkungen

Planung ist zu Beginn thematisch ungebunden, später ziel- und projektbezogen, kann deshalb Sachverantwortlichkeiten und Zuständigkeiten übergreifen, ein grundrechtserhebliches Vertrauen begründen, Ressourcen binden. Eine allgemeinverständliche und insbesondere eine ins Werk gesetzte Planung eines Staatsorgans können eine Vorbild- und Sogwirkung auf das Verhalten anderer Staatsorgane ausüben und bei einer Unterstützung durch Finanzierungs- und sonstige Hilfsangebote faktisch unausweichlich werden. Deshalb müssen die Planungsberechtigung und die Einflußsphäre der Pläne in die grundgesetzliche Ordnung von Kompetenzen und Befugnissen eingefügt werden. Planung ist als staatliches Handeln staatsrechtlich verfaßt.

II. Entscheiden

148
Verantwortlicher Entscheidungsakt

Staatliches Handeln bestimmt sich nach Gesetz und Sachgesetzmäßigkeit, nach allgemeiner Gewohnheit oder organinterner Übung, nach Erfahrung und Hergebrachtem, nach Wissen und Informationsstand, nach amtlicher Einschätzung und Prognose, nach staatlichem Willen und Erwartung der Betroffenen. Staatliche Handlungsabläufe werden vielfach in mehrstufigen Verfahren vorbereitet, unter Mitwirkung mehrerer Staatsorgane abgestimmt und oft unter Beteiligung Dritter beraten. Staatliches Handeln ist in wiederkehrenden Lagen wiederholbar, bedarf oft keiner erneuten Willensbildung. Dennoch fordert eine staatsrechtliche Pflichtenordnung grundsätzlich für jedes staatliche Handeln eine Entscheidung, die das staatliche Verhalten in das Bewußtsein des rechtlich Angeleiteten hebt, die Verantwortlichkeit des entscheidenden Organs festhält und staatliches Wirken in einem rechtserheblichen Akt sichtbar und kontrollierbar macht.

149
Verschiedene Grade des Einvernehmens

Das Verfassungsgesetz wirkt einend und ermutigt zur Freiheitsverwirklichung, wenn es den Bürger zur Selbstgestaltung seines Lebens und zur Mitwirkung im Staat veranlaßt und nicht nur Verhaltensweisen eines eingeschüchterten Untertans erwartet. Der freiheitlich verfaßte Staat baut deshalb auf verschiedene Grade eines Einvernehmens mit seinen Bürgern: Die Staatsgrundlagen sollen von Einhelligkeit getragen werden; der Wille im Staat wird im Prinzip mehrheitlich gebildet; das Staatsorgan regelt sodann einseitig oder sucht das Einvernehmen mit dem Bürger im mitwirkungsbedürftigen Verwalten oder bei der vertraglichen Verständigung.

1. Einhelligkeit

Der Staat entsteht durch ein Staatsvolk, das in bewußter Zusammengehörigkeit lebt, eine gemeinsame Tradition pflegt, nach einer gesetzten Ordnung handelt und die Handlungen gemeinsamer Organe anerkennt. Der Willensbildung im Staat geht ein staatsbegründendes und staatserhaltendes Einvernehmen voraus. Die einhellige Achtung eines rechtlichen Minimalbefundes ist Voraussetzung einer dauerhaften, friedenstiftenden Ordnung, Grundlage politischer Einheitsbildung und Voraussetzung für die normative Kraft der Verfassung[560]. Der Staat ist Handlungs- und Wissenseinheit[561]. Er stützt sich auf das Grundgesetz als das Gedächtnis der Demokratie[562], also auf historisch gewachsenes und erprobtes Wissen, findet in der Sachgerechtigkeit[563] die Grundlage für ein freiheitsgerechtes (Verhältnismäßigkeit) und gleichheitsgerechtes Handeln (Angemessenheit zum Vergleichsziel), also in einem gemeinsamen Wissensfundament ein wesentliches Stück seiner Einheit. Die Idee der „universalen Menschenrechte"[564] bietet eine gemeinsame, staatenübergreifende Werteordnung im Elementaren. Das Grundgesetz baut auch auf die deutsche Sprachgemeinschaft, die Gemeinsamkeit der politischen Lage in Mitteleuropa, die traditionell gewachsenen und hergebrachten politisch-ethischen Standards sowie einen allgemein anerkannten existentiellen und kulturellen Bedarf.

150 Grundlagen staatlicher Einheit

Diese Einhelligkeit unterscheidet sich vom vertraglichen Einverständnis, vom allgemeinen Konsens. Einverständnis wird innerhalb einer Gruppe von Gesprächspartnern über einen bewußt definierten Gegenstand erzielt. Das einhellige Miteinanderleben hingegen umschließt einen großen Kreis von Personen, die von ihrer Zusammengehörigkeit wissen, sich aber persönlich nicht begegnen. Der Vertrag ist die rechtliche Fassung einer durch Einvernehmen der Betroffenen begründeten Rechtsverbindlichkeit; Einhelligkeit erfaßt die real-soziologische Gemeinsamkeit, die auf rechtliche Formung und Verbindlichkeit angelegt, jedoch noch nicht verfaßt ist. Bei der Einhelligkeit braucht die Übereinstimmung nicht bewußt und ausdrücklich ausgesprochen zu sein, sondern kann sich auch im bloßen Dulden, im Nicht-Widersprechen, im Geschehenlassen äußern. Einhelligkeit mag sich auf die soziale Lebenslage beziehen, ohne die rechtlichen Grundlagen und Alternativen zu erwägen. In Krisen des Verfassungsstaates sind die Staatsorgane beauftragt, die einhellige Anerkennung der nationalen Einheit und der Verfassung herzustellen.

151 Einhelligkeit und Konsens

---

560 *Hesse* (N 194), S. 7 f.
561 → Bd. IV, *Fassbender*, § 76 Rn. 16.
562 *Paul Kirchhof*, Das Grundgesetz als Gedächtnis der Demokratie – Die Kontinuität des Grundgesetzes im Prozeß der Wiedervereinigung und der europäischen Integration, in: Heckel (N 182), 1996, S. 35 ff.
563 BVerfGE 84, 239 (281 f.) – Zinsbesteuerung; BVerfGE 87, 153 (172) – Grundfreibetrag; BVerfGE 93, 121 (136) – Vermögensteuer; BVerfGE 93, 165 (173, 176) – Erbschaftsteuer; BVerfGE 99, 216 (293) – Kinderbetreuungskosten; BVerfGE 99, 280 (290) – Zulage Ost; BVerfGE 105, 73 (126) – Rentenbesteuerung; BVerfGE 105, 17 (46) – Sozialpfandbriefe.
564 *Stern* (N 16), § 108 Rn. 45 ff.

152

Einhelligkeit über die Verfassungsgeltung, Vielfalt im politischen Willen

Ein demokratisch verfaßter Staat baut auf eine einhellig als geltend anerkannte Grundordnung, behauptet jedoch nicht die Einhelligkeit einer politischen Wertung, die gegen Widerspruch als wahr oder verbindlich festgestellt wird. Die repräsentative Demokratie unterstellt insbesondere nicht ein identisches Wollen von Herrschenden und Beherrschten, sondern benötigt eine Einhelligkeit über die gleichbleibende Offenheit des Staates, insbesondere die Freiheit zum Andersdenken und zur politischen Opposition. Demokratie wirbt um Übereinstimmung in den Grundlagen gemeinsamer Rechtsetzung und politischer Wertung, sucht den Beteiligten in der Rechtsetzung und in jedem Einzelakt ein Einverständnis zu erleichtern und so die Einhelligkeit zu fördern und zu festigen.

153

Annäherungen im Rahmen des Mehrheitsprinzips

Deshalb ist die gleichbleibende Geltung der Verfassung die Regel, ihre Änderbarkeit die Ausnahme[565]. Bestimmte, die Identität der Verfassung wahrende Grundregeln sind von der Änderung ausgenommen, Änderungen im übrigen erschwert (Art. 79 GG)[566]. Weitere Erfordernisse einer „qualifizierten" Mehrheit für Entscheidungen von besonderem Gewicht[567], bundesstaatliche Zustimmungsvorbehalte, die Verleihung von Autonomie an bestimmte Gruppen, die Lenkung oder Ersetzung parlamentarischer Mehrheiten durch informellen Konsens nähern das Mehrheitsprinzip einem durch gegenseitige Verständigung erreichten Einvernehmen an.

2. Einseitiges Regeln

154

Einseitig gesetztes Recht als Grundlage des Rechtsstaates

Die staatsbildende Einhelligkeit anerkennt eine staatliche Ordnung, die alle Staatsgewalt und alle Staatsbürger bindet. Die für den Einzelfall verbindliche Rechtsfolge ist unabhängig von Rechtsanwender und Rechtsbeteiligtem im Gesetz vorgegeben. Idealtypisch herrscht in einem Rechtsstaat nicht eine Person, sondern das Gesetz. Deshalb ist die staatliche Entscheidung grundsätzlich in der vorher gesetzten und veröffentlichten Regel vorgezeichnet, der durch staatliche Entscheidung Betroffene von der Mitentscheidung ausgenommen. Eine durch Gesetz bestimmte und insofern einseitige rechtliche Regelung begrenzt die Staatsgewalt gleichbleibend, macht ihre Ausübung vorhersehbar, bindet den Unfriedlichen in einer gemeinsamen Friedensordnung, stimmt individuelles Verhalten langfristig und schonend auf staatliche Regelungen ab, gewährleistet die unbefangene und gleiche Rechtsanwendung, macht das Recht vertraut und begründet damit Vertrauen, wahrt die Kontinuität der Rechtsentwicklung und erleichtert die Begründung eines Rechtsentscheids durch bloßen Hinweis auf den Rechtssatz.

---

[565] → Bd. II, *P. Kirchhof*, § 20 Rn. 38.
[566] → Bd. II, *P. Kirchhof*, § 20 Rn. 39.
[567] Vgl. Art. 42 Abs. 1 S. 2 GG; Art. 61 Abs. 1 S. 3 GG; Art. 80a Abs. 1 S. 2 GG; Art. 98 Abs. 2 GG; Art. 115a, e, h GG; sowie *Peter Häberle*, Das Mehrheitsprinzip als Strukturelement der freiheitlich-demokratischen Grundordnung, in: JZ 1977, S. 241 (244); zur demokratischen Bedeutung → Bd. II, *Böckenförde*, § 24 Rn. 53.

Das Recht kann jedoch nicht jede staatliche Entscheidung vorzeichnen. Vielmehr weist das Grundgesetz der Regierung, aber auch der Verwaltung die Kompetenz und Befugnis zur eigenverantwortlichen Entscheidung zu, die allein die Exekutive wegen ihres Fachwissens, ihrer Sachnähe, ihrer Organisationsstruktur und ihres Verfahrens treffen kann[568]. Kompetenznormen weisen Entscheidungsverantwortlichkeiten zu. Die Befugnisnormen der Grundrechte belassen im Verhältnismäßigkeitsprinzip und im Gleichheitssatz Entscheidungsräume, die Tatsacheneinschätzungen, Prognosen, Beurteilungen und Bewertungen verlangen. Das Verwaltungsrecht begrenzt dementsprechend die richterliche Überprüfung von Verwaltungsentscheidungen in der Kontrolldichte und unterscheidet zwischen strikter Normbindung, unbestimmtem Rechtsbegriff – auf der Tatbestandsseite – und Ermessen auf der Rechtsfolgeseite[569]. Die Verwaltung hat dank ihres Wissens, ihrer Facherfahrung und Sachnähe Tatsachen zu gewichten und Gesetzestatbestände zu ergänzen[570], Dringlichkeiten abzuwägen, Wissen auszuwählen, zu ordnen und zu bewerten. Dieser Befund der verwaltungseigenen Konkretisierung offener Rechtsmaßstäbe und der Maßstabsergänzung ist Anlaß für das Anliegen, die Unterscheidung zwischen Beurteilungs- und Ermessensraum in einer Lehre von der eigenständigen Letztentscheidung der Verwaltung („Rechtsmacht zur letztverbindlichen Optionenwahl"[571]) zusammenzuführen. Die Gerichte werden im Ergebnis auf eine Nachvollziehbarkeits- und Evidenzkontrolle zurückgenommen; bei der Wahrnehmung eigenständiger Verwaltungskompetenz sollen die Gerichte – ähnlich den Planungsentscheidungen – nur noch prüfen, ob die Verwaltung bei der Sachverhaltsbeurteilung und Maßstabsergänzung die verschiedenen Beurteilungsmöglichkeiten abgewogen hat, sie dabei die rechtserheblichen Belange einbezogen, die Bedeutung der betroffenen Belange erkannt, zu einer verhältnismäßigen Gewichtung einzelner Belange gefunden, die verfahrensrechtlichen Vorgaben und die Begründungsanforderungen beachtet hat[572]. Soweit damit nicht das Entscheidungsergebnis, sondern nur der Weg zum Ergebnis der gerichtlichen Kontrolle unterworfen sein sollte, wird diese Beschränkung dem verfassungsrechtlichen Auftrag der Gerichtsbarkeit nicht gerecht: Der Gerichtsschutz nach Art. 19 Abs. 4 GG fordert die Kontrolle der – insbesondere grundrechtserheblichen – Betroffenheit des Bürgers, also der Wirkung der Verwaltungsentscheidung. Soweit in der näheren Analyse von Tatsacheneinschätzungen, Wissensbewertung, Abwägung und Maßstabsergänzung die Bindungsintensität aus dem Konditionalprogramm von Tatbestands- und Rechtsfolgeseite einer Norm gelöst wird, eröffnen sich verläßliche Maßstäbe für die Zuordnung von Verwaltung und Rechtsprechung.

155
Beurteilungsraum, Ermessensraum, Optionsraum

Gerichtliche Kontrolle der Verwaltung

---

568 S.o. Rn. 45.
569 *Wolfgang Hoffmann-Riem*, Eigenständigkeit der Verwaltung, in: GVwR, Bd. I, 2006, § 10 Rn. 92 f.
570 Vgl. *Hans-Joachim Koch*, Unbestimmte Rechtsbegriffe und Ermessensermächtigungen im Verwaltungsrecht, 1979, S. 136 ff., 186.
571 *Hoffmann-Riem* (N 569), § 10 Rn. 93.
572 *Hoffmann-Riem* (N 569), § 10 Rn. 57, 34 f., 100 f.; vgl. auch *Michael Gerhardt*, in: Friedrich Schoch/Eberhard Schmidt-Aßmann/Rainer Pietzner (Hg.), VwGO, § 113 Rn. 20.

156
Einseitige Freiheitsausübung

Während die Anliegen einer Machtbegrenzung, der Unbefangenheit des Verwaltens, von Rechtsfrieden und Vertrauensschutz, von Freiheitssicherung und Gleichheit vor dem Recht das einseitige Regeln durch den Staat fordern, überlassen die Freiheitsrechte individuelles Entscheiden allein dem Freien, weisen die Willensbildung also auf die Seite des Grundrechtsberechtigten. Grundrechte gewährleisten private Selbstbestimmung in Distanz zum Staat und bestimmten die Gesamtwirkungen einer freiheitlichen Rechtsordnung als Summe individueller Freiheitsausübungen.

3. Das Vereinbaren

157
Verständigung unter Gleichen

Der Vertrag ist das Verständigungsmittel unter Gleichen: Der Staat nutzt den Vertrag zu Vereinbarungen mit anderen Staaten und Hoheitsträgern; private Vertragspartner üben ihre Freiheit korrespondierend durch Vereinbarung in Distanz zum Staat aus. Die „Privatrechtsgesellschaft"[573] folgt dem Freiheitsprinzip vor allem im Vertrag, in dem Freiheitsberechtigte in gegenseitigem Vereinbaren Rechtsverbindlichkeiten hervorbringen. Auch der Staat trifft in Sonderfällen Vereinbarungen mit freiheitsberechtigten Grundrechtsträgern[574]. Für den privaten Vertragsschluß gilt das Staatsrecht nur mittelbar, in der Regel vermittelt durch das unabdingbare Privatrecht[575]. Bei Vereinbarungen mit anderen Staaten werden das Grundgesetz, das Verfassungsrecht des anderen Vertragspartners und das Völkerrecht wirksam[576]. Beim Vollzug von Entscheidungen werden auch die Verträge unter Hoheitsträgern Handlungsmaßstäbe für allein staatsrechtlich verfaßte Organe.

a) Staatsrechtlicher Anlaß

158
Freiheitsausübung zusammen mit dem Staat

Der Vertrag ist das Rechtsinstrument privater Hand. Die Freiheitsausübung setzt oft ein Zusammenwirken mit anderen voraus, die sich am korrespondierenden Freiheitsgebrauch unter Freien beteiligen, zum Beispiel eine Ehe eingehen, einen Verein gründen, ein Arbeitsverhältnis vereinbaren oder Eigentum übertragen. Partner einer korrespondierenden Freiheitsausübung kann auch der Staat sein. Die öffentliche Hand beschafft sich die benötigten Arbeitskräfte nicht durch Anordnung von Zwangsarbeit, sondern durch Arbeitsvertrag oder mitwirkungsbedürftige Begründung eines öffentlich-rechtli-

---

573 Zum Begriff: *Franz Böhm*, Privatrechtsgesellschaft und Marktwirtschaft, in: ORDO 17 (1966), S. 75; kritisch dazu *Ludwig Raiser*, Die Zukunft des Privatrechts, 1971.
574 → Bd. III, *Schoch*, § 37 Rn. 28 ff.; *Joachim Scherer*, Rechtsprobleme normsetzender „Absprachen" zwischen Staat und Wirtschaft am Beispiel des Umweltrechts, in: DÖV 1991, S. 1 ff.; *Michael Kloepfer*, Zu den neuen umweltrechtlichen Handlungsformen des Staates, in: JZ 1991, S. 737 ff.; *Bohne* (N 270), S. 49 ff.; *Peter Körner*, Informelles Verwaltungshandeln im Umweltrecht, 2000, S. 75 ff.; *Udo di Fabio*, Selbstverpflichtungen der Wirtschaft – Grenzgänger zwischen Freiheit und Zwang, in: JZ 1997, S. 969 ff.; *Ernst-Hasso Ritter*, Der kooperative Staat – Bemerkungen zum Verhältnis von Staat und Wirtschaft, in: AöR 104 (1979), S. 389 ff.; *Manfred Bulling*, Kooperatives Verwaltungshandeln in der Verwaltungspraxis, in: DÖV 1989, S. 277 ff.
575 *Wolfgang Rüfner*, Grundrechtsadressaten, in: HStR V, ²2000 (¹1992), § 117 Rn. 65 ff.
576 *Rudolf Bernhardt*, Verfassungsrecht und völkerrechtliche Verträge, in: HStR VII, 1992, § 174 Rn. 28 f.

chen Dienstverhältnisses, erwirbt die benötigten Sachgüter nicht durch Enteignung, sondern durch vertraglichen Eigentumserwerb. Der Fiskus macht sich zum gleichgeordneten Teil der „Privatrechtsgesellschaft"[577], akzeptiert also auch für staatliches Handeln Privatautonomie, Vertragsfreiheit, Wettbewerb und Eigentum[578]. Der Vertrag ist Ausdruck einer unter den Grundrechtsberechtigten wahrgenommenen Freiheit; beansprucht der Staat dieses Handlungsinstrument des Vertrages als Ausdruck verfassungsrechtlicher Freiheit, so rechtfertigt sich dieses in der Regel aus dem Bemühen, dem Freiheitsberechtigten freiheitsgerecht zu begegnen[579]. Der freiheitsverpflichtete Staat achtet in Markt und Wettbewerb die Freiheitsrechte der Marktteilnehmer, indem er sich wie ein Freiheitsberechtigter beteiligt.

Das einverständige Zusammenwirken zwischen Staat und Grundrechtsberechtigtem erleichtert die Durchsetzung staatlicher Forderungen, kann den Grundrechtsberechtigten freiheitsschonender in ein staatliches Verwaltungsprogramm einbeziehen, mag vielfach Zeit sparen und Verfahren vereinfachen. Für die Grundstruktur eines freiheitlichen Staates bleibt die einverständige Kooperation mit der privaten Hand dennoch die Ausnahme, weil der den Vertrag suchende und vertraglich gebundene Grundrechtsberechtigte auch im öffentlich-rechtlichen Vertrag nur begrenzt staatliches Handeln binden darf, er beim Vertragsschluß auch den Erwartungen des Staates über die gesetzliche Pflicht hinaus entgegenzukommen bereit sein mag, vor allem aber der Staat in seiner Rechtsbindung nur über einen begrenzten Verständigungsraum verfügt. Der Staat neigt gegenwärtig, vor allem im Umweltschutz, auch bei der Fachplanung, nachdrücklich im Subventionswesen und bei der Steuerverschonung, zur Kooperation, trifft aber insbesondere bei der finanziellen Verlockung zur Subvention auf klare grundrechtliche Grenzen[580] und muß bei der Planung seine Allgemeinverantwortlichkeit auch gegenüber den kooperationswilligen Betroffenen und Verbänden – ihren Eigeninteressen und ihrem Interessentenwissen – wahren.

159
Ausnahmefall freiheitsschonenden Vereinbarens

---

577 *Böhm* (N 573) S. 75 ff.; *Claus-Wilhelm Canaris*, Verfassungs- und europarechtliche Aspekte der Vertragsfreiheit in der Privatrechtsgesellschaft, in: FS für Peter Lerche, 1993, S. 873; *Konrad Hesse*, Verfassungsrecht und Privatrecht, 1988; *Paul Kirchhof*, Der Weg zu einem neuen Steuerrecht – klar, verständlich und gerecht, 2005; *Ernst-Joachim Mestmäcker*, Recht in der offenen Gesellschaft, 1993, S. 18 f.; kritisch insbes.: *Ludwig Raiser*, Die Zukunft des Privatrechts, 1971.
578 Vgl. zu diesen Kriterien *Canaris* (N 577), S. 873 ff.; *Franz Bydlinski*, „Privatrechtsgesellschaft" und Rechtssystem, in: FS für Peter Raisch, 1995, S. 7 (21), nennt ergänzend das Subsidiaritätsprinzip als ein grundlegendes Prinzip der Privatrechtsgesellschaft.
579 *Paul Kirchhof*, Der Vertrag als Ausdruck grundrechtlicher Freiheit, in: FS für Peter Ulmer, 2003, S. 1211 (1215 f., 1227 f.).
580 → Unten *P. Kirchhof*, § 118 Rn. 47.

b) Staatsrechtliche Gebundenheit

160
Beidseitige Gestaltungskraft und Verantwortlichkeit

Wenn der Staat nicht anordnet, sondern sich verständigt, erreicht er andere Rechtswirkungen als beim einseitigen Regeln[581]. Die Verantwortung für die richtige Entscheidung wird auf beide Vertragspartner aufgeteilt, der Bürger also in Mitverantwortung auch für die staatlich gemeinte Rechtsfolge genommen. Beim Zusammenwirken des einzelnen mit dem Staat durch Einverständnis statt durch Befolgung werden die Berechenbarkeit, die tatbestandliche Gebundenheit und die Förmlichkeit staatlichen Handelns gelockert. Beim Vertragsschluß bedient sich auch die öffentliche Hand der rechtlichen Verständigungsformen, die im allgemeinen Rechts- und Geschäftsverkehr unter Gleichgeordneten üblich sind, die Staatsgewalt also weniger bewußt machen. Einverständliches Bestimmen setzt ein willentliches Aufeinanderzugehen voraus, kann die Vertragsbeteiligten mehr als im gesetzten Regelfall einander annähern, die Staatsgewalt gegenüber dem Bürger mehren, dem Bürger aber auch bevorzugend Einfluß auf das Staatswesen geben.

161
Gebundene Vertragsfreiheit

Die vertragliche Vereinbarung nutzt einen beidseitigen Raum zur Verständigung. Beim privatrechtlichen Vertrag begegnen sich Grundrechtsberechtigte in ihrer Freiheit. Der Staat jedoch ist nicht frei, sondern freiheitsverpflichtet. Die gesetzliche Vertragsgrundlage, die dem Vertrag Verbindlichkeit vermittelt und die Grenzen der Vertragsfreiheit bestimmt, hat deshalb für Verträge mit der öffentlichen Hand einen anderen Inhalt. Der Staat steht auch bei der Entscheidung für einen Vertrag in der rechtsstaatlichen Verantwortlichkeit gegenüber der Allgemeinheit, hat also im Vertrag und bei vertragsähnlichen Austauschverhältnissen seine Verpflichtung auf das Gemeinwohl, den Amtsauftrag, das Gleichmaß, das Schenkungs- und Bevorteilungsverbot, die Sachgerechtigkeit und Unbefangenheit zur Wirkung zu bringen. Auch bei der einverständigen Bindung des Bürgers hat der Staat Individualrechte zu achten. Der private Vertragspartner ist schutzwürdig, weil der Staat oft eine rechtliche und tatsächliche Überlegenheit besitzt, der Private vielfach auf die von der öffentlichen Hand angebotene Leistung oder auf ein konkretes Dauerrechtsverhältnis mit der öffentlichen Hand angewiesen ist[582]. Eine vertragliche Einigung kann Allgemeinheit und Gleichheit wahrendes Regeln deshalb nur ersetzen, wenn beide Vertragspartner über den Regelungsgegenstand Bestimmungsmacht besitzen[583] und in der Ausübung ihres Bestimmungsrechts tatsächliche willentliche Entscheidungsalternativen vorfinden. Ein Vertrag wird in der Regel behördliche Entscheidungsräume ausfüllen, den Austausch von Gütern und Dienstleistungen regeln, die Zusammenarbeit und Planung im Bereich des Wirtschaftswesens verbindlich machen.

Beidseitige Bestimmungsmacht über den Vertragsgegenstand

---

581 *Martin Bullinger*, Zur Notwendigkeit funktionalen Umdenkens des öffentlichen und privaten Vertragsrechts im leistungsintensiven Gemeinwesen – Bemerkungen zum Musterentwurf eines Verwaltungsverfahrensgesetzes, in: GS für Hans Peters, 1967, S. 667 (681); *P. Kirchhof* (N 579), S. 1215 ff.; *Willy Spannowsky*, Grenzen des Verwaltungshandelns durch Verträge und Absprachen, 1994, S. 271 ff., sowie s.o. Rn. 6.
582 → Bd. IV, *Ronellenfitsch*, § 98 Rn. 31 ff.
583 *P. Kirchhof* (N 579), S. 1220 ff.

Staatliches Handeln ist grundsätzlich nicht auf Entgeltlichkeit angelegt und darf in der Regel nicht je nach Zahlungsfähigkeit und Zahlungsbereitschaft des Betroffenen bestimmt werden. Die Ausübung staatlicher Hoheitsgewalt darf nicht „kommerzialisiert"[584], der Einsatz staatlicher Handlungsmittel nicht individualdienlich gebunden, staatliche Unbefangenheit nicht durch individuelles Entgegenkommen verfremdet, staatliche Haushaltsmittel dürfen nicht verschenkt werden. Soweit der Staat individuelle Arbeitskraft nachfragt, ist die Nachfrage von der staatlichen Aufgabe, dem „öffentlichen Dienst" (Art. 33 GG), dem Dienen am Allgemeinwohl bestimmt (Art. 33 Abs. 2 GG).

162 Staatshandeln nach Entgeltlichkeit

Der Staatsbürger schuldet dem Staat Verhaltensweisen nach Gesetz und Recht, unabhängig von einer Gegenleistung des Staates. Die grundsätzlich dem Gesetzgeber vorbehaltene Verpflichtung des Bürgers stützt sich nicht auf Einverständnis, sondern auf die rechtlichen Schranken individueller Rechte. Nicht die Einwilligung des Betroffenen ermächtigt zu staatlichen Belastungen, sondern nur die gesetzliche Ermächtigung. Grundrechte gewähren einen der Disposition der Berechtigten entzogenen Individualschutz, entfalten eine auch überindividuelle Schutzwirkung und verbieten vielfach die staatliche Einwirkung auf den individuellen Willen in jeder – auch der vertragsanbahnenden – Form. Im öffentlichen Recht gilt deshalb nicht der Satz „volenti non fit iniuria"[585], sondern die staatsstrukturbestimmende grundrechtliche Freiheit, die eine willentliche Freiheitsausübung auf individualrechtlich nicht disponibler Verfassungsgrundlage sichert.

163 Kein Grundrechtsverzicht

Wenn der Staat nach den Vorgaben der Freiheitsrechte sich mit einem Grundrechtsberechtigten verständigen darf, genügt das Privatrecht in seinen unabdingbaren Teilen dem Vorbehalt des Gesetzes. Soweit in diesen Grenzen ein Raum zur partnerschaftlich freien Verständigung zwischen Staat und Privatem eröffnet, insbesondere die strikte Legalität zu einer Opportunität erweitert ist, können sich einseitiges und einverständiges Regeln ergänzen[586].

164 Vorbehalt des privatrechtlichen Gesetzes

c) Gesetzesvermeidende Absprachen

Die staatsrechtliche Problematik staatlicher Verständigung zeigt sich insbesondere in den gesetzesvermeidenden Absprachen. Die Rechtsetzung steht in der Entscheidungsverantwortung des Rechtsetzers, der zwar seine Rechtsetzungsgewalt nicht durch rechtlich verbindliche Normsetzungsverträge Dritten gegenüber einschränken oder inhaltlich binden kann[587], jedoch in Wahrnehmung seiner Kompetenz einen Regelungsbedarf verneinen darf, wenn ein gesetzlich regelbares Verhalten in anderer Weise gesteuert werden kann.

165 Unveräußerbarkeit des Gesetzgebungsrechts

---

584 S. o. Rn. 106.
585 *Michael Sachs*, Volenti non fit iniuria, in: VerwArch 76 (1985), S. 398; s. o. Rn. 57 f.
586 Zur gegenläufigen Ungeeignetheit des Vertrages, öffentlich-rechtliche Regeln abzubedingen, vgl. *Paul Kirchhof*, Der Vertrag, ein Instrument zur Begründung steuerlicher Ungleichheit?, in: FS für Volker Röhricht, 2005, S. 919 ff.
587 *Martin Bullinger*, Vertrag und Verwaltungsakt, 1962, S. 82 f.; *Dieter Birk*, Normsetzungsbefugnis und öffentlich-rechtlicher Vertrag, in: NJW 1977, S. 1797 f.; *Lothar Michael*, Rechtsetzende Gewalt im kooperierenden Verfassungsstaat, 2002, S. 105; zur Rücknahme einer Gesetzesinitiative gegen Entgelt aber s. o. Rn. 40.

166
Selbstbeschränkungsabsprachen

Dementsprechend stellen Hoheitsträger gelegentlich – stillschweigend oder ausdrücklich – in Aussicht, von verbindlichen Regelungen abzusehen, solange die Adressaten möglicher Regelungen von sich aus bestimmten Verhaltenserwartungen entsprechen. Die Adressaten sagen ihrerseits – unverbindlich, gelegentlich in verbindlichem Vertrag gegenüber dem Staat, teilweise durch verbindliche Absprachen innerhalb der Gruppe der Adressaten – die Beachtung der Verhaltenserwartungen zu, um ein Tätigwerden des Gesetz- oder Verordnungsgebers zu vermeiden. Mineralölkonzerne begrenzen in „Selbstbeschränkungsabkommen" zum Schutz der heimischen Kohle ihren Inlandsabsatz auf bestimmte Quoten, die Zigaretten- oder Pharmaindustrie verzichtet auf bestimmte Werbemethoden, der Getränkehandel und die Getränke- und Verpackungsindustrie beschränken ihren Marktanteil am Abfall umweltbelastender Einwegbehältnisse[588]. Verbände des Fotolaborgewerbes sagen erhebliche Verringerungen des Schadstoffeintrags schwer abbaubarer Chemikalien in Gewässer zu, Bundesregierung und Energieversorgungsunternehmen bereiten in Konsensgesprächen den Ausstieg aus der friedlichen Nutzung der Kernenergie vor, die deutsche Wirtschaft verpflichtet sich zu einer Reduktion des Ausstoßes klimaschädlichen Kohlendioxyds.

167
Verlust an rechtsstaatlicher Qualität

Die staatlich veranlaßte, private Selbstregulierung mag gegenüber einer überschaubaren Gruppe schneller wirken als eine gesetzliche Regelung, mag die Beteiligten auch leichter an die staatlichen Zielvorgaben binden, mag eine rasche Anpassung des Handlungsprogramms an wirtschaftliche, technische und politische Veränderungen erlauben, mag auch den Gesetzgeber entlasten, die Normenflut eindämmen. Andererseits mindert die Flexibilität dieser Absprachen die Verläßlichkeit staatlicher Verhaltenserwartungen. Fehlgeschlagene Absprachen begründen für den potentiellen Störer einen Zeitgewinn[589]. Zudem können die staatlich veranlaßten Absprachen nicht nur die Rechtsposition der Beteiligten, sondern auch die Rechte Dritter, insbesondere von Zulieferern und Abnehmern betreffen, ohne daß dem Dritten rechtliche Gegenwehr wie gegenüber einem Gesetz möglich wäre[590].

168
Gebundenheit an die Verfassungsordnung

Das staatliche Hinwirken auf gesetzesabwendende private Absprachen bleibt formal außerhalb der Kompetenz- und Befugnisordnung, erfüllt keine verfassungsrechtlichen Handlungsaufträge, weil die staatlichen Organe nur eine Inanspruchnahme von Kompetenzen und Befugnissen ankündigen und dann eine Nichtregelung in Aussicht stellen. Diese Willenslenkung durch die „Drohung" mit einem Gesetz ist jedoch nur zulässig, wenn die „angedrohten"

---

588 *Joseph H. Kaiser*, Industrielle Absprachen im öffentlichen Interesse; in: NJW 1971, S. 585 (585 ff.); *Martin Oldiges*, Staatlich inspirierte Selbstbeschränkungsabkommen der Privatwirtschaft, in: WiR 1973, S. 1 (13 f.); *Jürgen Becker*, Informales Verwaltungshandeln zur Steuerung wirtschaftlicher Prozesse im Zeichen der Deregulierung, in: DÖV 1985, S. 1003 f.; *Walter Frenz*, Selbstverpflichtung der Wirtschaft, 2003; *Angela Faber*, Gesellschaftliche Selbstregulierungssysteme im Umweltrecht, 2001, S. 32.
589 *Heinrich Frhr. von Lersner*, Verwaltungsrechtliche Instrumente des Umweltschutzes, 1983, S. 24; *Bekker* (N 588), S. 1003 ff. (1008 mit Fn. 46); *Tobias Köpp*, Normvermeidende Absprachen zwischen Staat und Wirtschaft, 2001, S. 103 ff.
590 *Eberhard Bohne*, Informales Verwaltungs- und Regierungshandeln als Instrument des Umweltschutzes, in: VerwArch 75 (1984), S. 343 (367); *Köpp* (N 589), S. 218 ff., 256 ff., 290.

Gestaltungsmittel – die Kompetenz zur Gesetzesinitiative, zum Gesetzesbeschluß und zur Mitwirkung beim Zustandekommen des Gesetzes sowie die Befugnis zur grundrechtserheblichen Einwirkung – dem Handelnden nach der Kompetenzordnung und insbesondere nach den Befugnisnormen (Grundrechten) tatsächlich zur Verfügung stehen. Die Lenkung der Selbstregulierung und die Abwägung von staatlicher Regelung und privater Selbstregulierung stehen nur dem Regelungsbefugten zu. Im übrigen verbietet das Rechtsstaatsprinzip, daß der Staat in einer Drohgebärde Kompetenzen und Befugnisse beansprucht, die den Betroffenen jenseits der Gesetzgebungsverfahren belasten oder begünstigen.

Die Grundrechtsberechtigten dürfen sich in Selbstbeschränkungsabsprachen Bindungen auferlegen, soweit darin eine Grundrechtsausübung und kein Grundrechtsverzicht liegt[591], im übrigen die faktische Mitbetroffenheit Dritter deren Grundrechte nicht verletzt. Wenn zum Beispiel Werbebeschränkungsabsprachen auch die Rechte von Zeitungsverlagen oder Rundfunkanstalten faktisch betreffen, begründet auch diese faktische Einwirkung eine grundrechtliche Verantwortlichkeit des einwirkenden Staates; sie bemißt sich je nach der Intensität der Einwirkung, der Schwere der Belastung und dem Schutzbereich des Grundrechts[592]. Schließlich muß der gesetzesgebundene Staat bei seinen Einwirkungen auch berücksichtigen, ob die Selbstbeschränkungsabsprachen unter das Verbot wettbewerbsbeschränkender Vereinbarungen (§ 1 GWB) fallen und inwieweit dieses Verbot durch eine Erlaubnis durchbrochen werden kann[593].

169
Rechtsstellung der privaten Beteiligten

4. Mehrheitliches Regeln

Wie die einverständige Absprache von der Verfügungsgewalt der Beteiligten über den Vertragsgegenstand abhängt, so bestimmt sich auch der Wirkungsbereich des Mehrheitsprinzips nach der Bestimmungsmacht einer Mehrheit über einen Entscheidungsgegenstand. Entscheiden nach Mehrheit bezeichnet zunächst nur ein Zählverfahren, das bei widerstreitenden Meinungen eine Willensbildung unter mehreren Beteiligten zu einem Abschluß bringt. Eine solche Mehrheitsentscheidung setzt einen für mehrheitliche Bestimmung zugänglichen Entscheidungsgegenstand, die Unterscheidbarkeit von Auffassungen, die Definition der mehrheitlich Entscheidungsbefugten und einen Maßstab für die Mehrheitsfeststellung voraus. Demokratie gibt nicht der Mehrheit die Herrschaft über die Minderheit, sondern erschließt der Mehrheit einen – zum Schutz der Minderheit begrenzten – Entscheidungsraum.

170
Zählverfahren zur Entscheidung von Alternativen

---

591 S. o. Rn. 163.
592 S. o. Rn. 55 ff., sowie *Oldiges* (N 588), S. 1 (28 f.); *Karl Heinrich Friauf*, Zur Rolle der Grundrechte im Interventions- und Leistungsstaat, in: DVBl 1971, S. 674 (681); *Köpp* (N 589), S. 218 ff.
593 *Kaiser* (N 588), S. 587 f.; *Oldiges* (N 588), S. 14 f.; *Michael Kloepfer*, Umweltschutz als Kartellprivileg?, in: JZ 1980, S. 781 f.

a) Voraussetzungen

171
Entscheidungsalternativen

Das Mehrheitsprinzip gibt in einer Demokratie jedem Bürger – als Ausdruck elementarer und politischer Freiheit[594] – gleichen Anteil am Prozeß der politischen Willensbildung. Dieses Mehrheitsprinzip gilt aber nur, wenn unter mehreren – grundsätzlich gleich richtigen – Alternativen auszuwählen ist. Ist eine Entscheidung verfassungsrechtlich vorgegeben oder hängt sie nicht vom Willen, sondern von der Erkenntnis, zum Beispiel einem wissenschaftlichen Forschungsergebnis, der Analyse einer technischen Gefahrenquelle oder der Diagnose einer Krankheit ab, so wird die Sachfrage[595] sachverständig beantwortet, nicht durch Zählung von Mehrheiten entschieden. Hat die Rechtsordnung die Entscheidungsbefugnis einem einzelnen Staatsorgan oder einem freien Bürger zugewiesen, so setzt sich die Entscheidung des einzelnen gegen die Mehrheit durch. Der grundrechtlich abgeschirmte Individualwille wirkt auch gegen mehrheitlichen oder einstimmigen Parlamentsentscheid oder gegen das Plebiszit des Staatsvolkes. Die Durchsetzungskraft dieses Rechts gegenüber einer Mehrheit wird insbesondere im Recht und in der Pflicht des Entscheidungsorgans, die Beanstandung rechtswidriger Entscheidungen durch den Vorsitzenden dieses Organs, im Nichtvollzug derartiger Entscheidungen durch ein rechtsstaatlich gebundenes Vollzugsorgan und im Gerichtsschutz bestärkt.

172
Minderheitenschutz

Der für eine Demokratie konstituierende Schutz des einzelnen Grundrechtsberechtigten und der jeweiligen Minderheiten ist nur im Repräsentationsorgan möglich, das die Verfassung rechtlich binden kann. Für das unmittelbar entscheidende Staatsvolk läßt sich diese Pflichtenstellung nicht begründen; der Minderheitenschutz würde leerlaufen.

173
Unterscheidbarkeit verschiedener Willen

Eine Mehrheit kann nur gezählt werden, wenn unterschiedliche Einschätzungen, Meinungen und Willenserklärungen möglich und tatsächlich unterscheidbar sind. Das Mehrheitsprinzip baut auf rechtserhebliche Meinungsunterschiede, Gruppierungen und Parteien, weist also den Anspruch zurück, einen „wahren Mehrheitswillen" erkennen und deshalb für verbindlich erklären zu können[596]. Mehrheitsentscheidungen über Personen (Wahlen) setzen mehrere Kandidaten, Mehrheitsentscheidungen über Sachfragen (Abstimmungen) Sachalternativen voraus. Eine verfahrensrechtlich geordnete und angeleitete Mehrheitsfindung fordert formalisiert voneinander abgehobene, in ihrer Unterscheidbarkeit rechtlich bewußt gemachte Gruppierungen, Programme und Sachziele. Wird eine Sachfrage mit einer Personalentscheidung zu einer einheitlichen Abstimmungsfrage verbunden, so kann der Wille der Mehrheit zur Sachfrage in den Sog der Personalfrage geraten. Wird etwa dem Bundestag auferlegt, eine außenpolitische Frage in einheitlicher Abstimmung mit der Vertrauensfrage gemäß Art. 68 GG zu beantworten[597], so dürfte die

---

594 → Bd. II, *Böckenförde*, § 24 Rn. 37 ff., 41 ff., 54; → Bd. II, *Badura*, § 25 Rn. 31; → Bd. III, *Starck*, § 33 Rn. 33.
595 Anders die allgemeinpolitischen Folgerungen → Bd. II, *Böckenförde*, § 24 Rn. 57.
596 → Bd. II, *Böckenförde*, § 24 Rn. 53, 56.
597 Zu dieser Praxis vgl. *Christoph Schönberger*, Parlamentarische Autonomie unter Kanzlervorbehalt?, in: JZ 2002, S. 211 ff.

Entscheidung weniger die Auffassung des Parlaments zur Sachfrage und mehr die Unterstützung für den Bundeskanzler spiegeln. Das umgekehrte Problem stellt sich, wenn die Vertrauensfrage gelegentlich faktisch der Auflösung des Bundestages dient, also ein Mißtrauensvotum erwartet, das nicht dem Kanzler mißtraut, sondern ihm eine neue Legitimation durch den Wähler verschaffen will[598].

Eine Mehrheitsentscheidung ist schließlich ausgeschlossen, wenn die Beteiligten keinen prinzipiell gleichen Zugang zum Entscheidungsgegenstand haben. Rechtserheblich ist nur die aus einem freien, offenen, regelmäßig zu erneuernden Meinungs- und Willensbildungsprozeß hervorgegangene Mehrheit[599]. Wer nach Grundsätzen der Geheimhaltung, der Vertraulichkeit und des Datenschutzes einen anderen nicht informieren darf, kann diesen nicht als Abstimmungspartner suchen. Wer Wissen an den Nichtwissenden weiterzugeben hat, wird sich in der Auswahl seiner Themen und Vermittlungsmethoden auf den Empfänger einstellen, kann den Lernenden jedoch nicht mit einer Mitverantwortlichkeit für die Wissensaussage belasten. Wer Erziehungs- und Betreuungspflichten für noch nicht Entscheidungsfähige oder Hilfsbedürftige zu erfüllen hat, wird dem ihm Anvertrauten durch Zuwendung, nicht durch formale Willensbildungsverfahren gerecht. Soweit das Staatsrecht Verantwortlichkeiten einem einzelnen Organträger und nicht einem Kollegialorgan zuweist, hat dieser Organträger seine Entscheidungsbefugnis als Entscheidungspflicht zu handhaben, kann sich deshalb nicht durch Mitbestimmungs- und Mitentscheidungserklärungen anderer – innerhalb oder außerhalb des Staates (Koalitionen, Fraktionen) – entlasten; eine über den Rat hinausgehende Einflußnahme wäre rechtswidrig[600]. Schließlich ist die sofortige oft die allein richtige Entscheidung und kann deshalb bei Gefahr im Verzug zeitaufwendige Willensbildungsverfahren verbieten.

174
Gleicher Zugang zum Entscheidungsgegenstand

b) Maßstab

Jede mehrheitliche Willensbildung braucht einen Maßstab für Mehrheiten. Die zu zählende Größe kann die Erklärung jedes Stimmbeteiligten, die Zahl der ihm rechtlich zugewiesenen Stimmen, die Größe der durch ihn repräsentierten Interessen (seiner Wähler, seines Volkes, seines Gebietes, seiner Kapitalanteile, seiner Mitgliedschaften), die Anerkennung seiner Erfahrung, seiner Betroffenheit und der Gewichtigkeit seiner Einschätzungen (Vorzugsstimmrechte) sein. Die Entscheidungsmitwirkung ist nach der Gleichheit im Zählwert bestimmt. Diese Gleichheit bezieht sich wiederum auf eine Realität, die rechtlich zur Entscheidung befähigt oder im Gegenstand entscheidungserheblich ist.

175
Gleichheit der Stimmen

In der repräsentativen Demokratie handeln die Wähler grundsätzlich als Legitimationsspender, nicht als Betroffene, die Gewählten als Repräsentationsorgane, nicht als Vertreter besonderer Interessen (Art. 38 Abs. 1 S. 2 GG).

176
Stimmengewicht

---
598 BVerfGE 62, 1 (11 ff.) – Bundestagauflösung I; BVerfGE 114, 121 (125 ff.) – Bundestagauflösung II.
599 BVerfGE 44, 125 (142) – Öffentlichkeitsarbeit.
600 Vgl. BVerfGE 93, 37 (65 ff.) – Mitbestimmungsgesetz Schleswig Holstein.

Jeder Wähler – ob Staatsphilosoph oder Ohnemichel – hat eine Stimme mit gleichem Zählwert[601]. Der Bundestag entscheidet grundsätzlich mit der Mehrheit der abgegebenen Stimmen (Art. 42 Abs. 2 S. 1 GG)[602]. Jeder Abgeordnete ist Vertreter des ganzen Volkes, nicht nur Repräsentant der Bürger, die ihn gewählt haben und ihm deshalb ein unterschiedliches Stimmgewicht vermitteln könnten. Jeder Abgeordnete hat im Deutschen Bundestag eine Stimme mit gleichem Zählwert[603]. Soweit ein Freiheitsrecht mehrere zur gemeinschaftlichen Freiheitsausübung berechtigt, wird das Mehrheitsprinzip vielfach als Technik der Entscheidungsbildung unter Freien benötigt; der Abstimmungsbeteiligte ist dann zugleich Abstimmungsbetroffener. Der Zählwert einer Stimme mag nach der Gleichheit oder Verschiedenheit individueller Teilhabe an dem freiheitlich verfügbaren Entscheidungsgegenstand bemessen werden, ausgedrückt im Kapitalanteil des Anteilseigners, im Wohnungsanteil eines Wohnungsmiteigentümers, in der Vorleistung eines an einer Beitragsgemeinschaft Berechtigten. Entscheidungen innerhalb einer Gruppe von gleich Freien zielen entweder grundsätzlich auf Einverständnis, zum Beispiel in einer Ehe, oder sie bemessen sich nach der Mehrheit der gleich Stimmberechtigten, zum Beispiel in Vereinen und Gesellschaften. Diese Abstimmungsmodalitäten stehen jedoch zur Disposition der Grundrechtsberechtigten, die insbesondere das Erfordernis der Einstimmigkeit, einer qualifizierten Mehrheit oder einer einverständigen Absprache vorsehen können.

177
Art der Mehrheiten

Soweit die zu zählenden Größen (Stimmen) definiert sind, muß das Zählverfahren eine Aussage über die zur Entscheidung erforderliche Stimmensumme treffen. Im Regelfall genügt die relative Mehrheit, bei der eine Alternative mehr Stimmen auf sich vereinigt als jede konkurrierende Alternative (vgl. Art. 42 Abs. 2 GG). Die Mehrheit der Stimmen verlangt, daß eine Alternative die Mehrheit der abgegebenen Stimmen auf sich vereinigt. Die Mehrheit der Stimmberechtigten setzt voraus, daß mehr als die Hälfte der zur Abstimmung Berechtigten sich für eine Alternative entscheidet, ihre Mehrheit also die Summe der Gegenstimmen, der Enthaltungen und der nicht abstimmenden Abstimmungsberechtigten übersteigt (vgl. Art. 63 Abs. 2 GG). Darüber hinaus mag das Erfordernis qualifizierter Mehrheiten – etwa einer Zweidrittelmehrheit (vgl. Art. 79 Abs. 3 GG) – die Macht der Mehrheit zum Schutz von Minderheiten und Freiheitsrechten rechtsstaatlich begrenzen. Soweit diese

Ersatzentscheidungsverfahren

Zählverfahren nicht zu einer Entscheidung, sondern zu einer Stimmengleichheit, zu einem Verfehlen der erforderlichen Mehrheit oder zu einem nicht rechtzeitigen Abschluß des Entscheidungsverfahrens führen, kann der Entscheidungsmaßstab Ersatzentscheidungsverfahren vorsehen. Das geltende Recht weist insbesondere dem Vorsitzenden des entscheidenden Gremiums das Recht zur vorläufigen oder endgültigen Ersatzentscheidung zu. Gelegentlich gibt die Stimme des Vorsitzenden den Ausschlag. Auch kann ein Losentscheid vorgesehen sein, in dem bewußt das Prinzip des Zufalls zum maßstab-

---

601 BVerfGE 51, 222 (234f.) – 5%-Sperrklausel III; BVerfGE 85, 148 (157f.) – Wahlprüfungsumfang.
602 BVerfGE 44, 308 (313ff.) – Beschlußfähigkeit.
603 Vgl. BVerfGE 93, 37 (65ff.) – Mitbestimmungsgesetz Schleswig Holstein.

gebenden Kriterium wird. Ein Losentscheid ist vertretbar, wenn die Tatsache der Entscheidung – die verbindliche, friedenstiftende Regelung – wesentlicher ist als die Legitimation der Entscheidung durch das Staatsvolk oder durch Betroffene.

c) Abstimmungsberechtigung und Abstimmungsrichtigkeit

Die Abstimmungsberechtigung hängt von der Zugehörigkeit zu dem rechtlich definierten Kreis der Beteiligten ab. Mehrheiten und Minderheiten sind logisch nahezu beliebig definierbar, weil jedermann mit anderen in bestimmter Beziehung ähnliche oder verschiedene Anliegen haben wird. Die Entscheidungsbefugnis muß deshalb nach einem für den Stimmgegenstand wesentlichen, möglichst gleichbleibenden persönlichen Status bestimmt werden, insbesondere nach der Staatszugehörigkeit, der Kirchenangehörigkeit oder der Mitgliedschaft in einer Vereinigung. Entscheidungsbefugnis gewinnt jemand aber vor allem durch Wahl. Die parlamentarische Demokratie leitet alle Staatsgewalt vom Volke ab, bestimmt deshalb die Wähler nach ihrer Staatszugehörigkeit[604]. Die mehrheitliche Willensbildung wird stets erneut auf die Staatsgewalt des Volkes zurückgeführt, indem Wahlen periodisch erneuert werden und parlamentarische Abstimmungsergebnisse immer wieder überprüft werden können. Die Mehrheit beansprucht keine Vermutung für die Sachrichtigkeit oder Vernunft ihrer Entscheidung; ein Überwiegen der Zustimmenden begründet keine größere Autorität des Entscheidenden. Die Minderheit von heute ist die potentielle Mehrheit von morgen, die auch in der Gegenwart eine gleichwertige, gleich „richtige", gleich „wahre" Meinung vertritt. Das dem Mehrheitsprinzip gleichrangige Recht auf persönliche Freiheit sichert vor der Fiktion gedanklicher Unterwerfung unter eine Mehrheitsentscheidung und fordert nur äußeren Gehorsam gegenüber mehrheitlich gesetztem Recht. Das Grundgesetz gibt rechtsstaatlich geformter Mehrheit Herrschaft auf Zeit und mäßigt diese Herrschaft über das Volk in Inhalt und Wirkungsweisen zur individuell tragbaren Last.

178 Stimmberechtigung

Offenheit für die Mehrheit der Zukunft

III. Ausführen

Staatliches Entscheiden ist auf Wirkungen angelegt, deshalb meist Teil einer einheitlichen, gezielt bewirkenden Handlung. Die rechtliche Sonderung von Entscheiden und Ausführen stellt Verantwortlichkeiten klar, bestimmt insbesondere den Adressaten staatsrechtlicher Pflichten. Soweit eine Entscheidung mit rechtlicher Verbindlichkeit ausgestattet ist, geht von ihr bereits gestaltende Wirkung aus; das Entscheiden und die erste Phase der Durchführung fallen in einem Akt zusammen. Ist eine Entscheidung hingegen nur die Grundlage für tatsächliches Handeln, so wird der Entschluß erst in der Durchführung wirksam. Erst die tatsächliche Handlung macht das Entscheiden

179 Verbindliches Regeln und tatsächliches Handeln

---

604 → Bd. II, *Isensee*, § 15 Rn. 155; *P. Kirchhof*, § 21 Rn. 80; *Böckenförde*, § 24 Rn. 2, 27; → Bd. III, *Starck*, § 33 Rn. 31 ff.; *Meyer*, § 46 Rn. 7 ff.

sichtbar. Im rechtsstaatlichen Regelfall wird das Ob und Wie staatlichen Handelns in einer formalisierten, verbindlichen Anordnung bestimmt; diese Regelung wird sodann durch weitere konkretisierende Entscheidungen durchgeführt.

1. Begründen von Verbindlichkeiten

180
Rechtsstaatliche Schonung durch gedehnte Verfahren

Die rechtsstaatlich formalisierte Verantwortlichkeit und die Kontrolle staatlichen Handelns durch Selbstkorrektur und Rechtsbehelfe veranlaßt ein gedehntes Verfahren, in dem zunächst geregelt und sodann gehandelt wird. Die bekanntgemachte Regelung erlaubt den Betroffenen, sich auf die staatlichen Verhaltenserwartungen einzurichten und sich gegebenenfalls rechtsstaatlich gegen sie zu wehren. Staatliche Aufsicht kann ebenfalls noch eingreifen, bevor eine fehlerhafte Entscheidung tatsächliche Wirkungen verursacht hat. Die wichtigsten Formen, in denen der Staat verbindlich entscheidet, sind das Gesetz, der Verwaltungsakt, der Vertrag und die Weisung.

a) Das Gesetz

181
Allgemein-verbindliche, voraussehbare Regel zur Wiederholung ähnlicher Rechtsakte

Das Gesetz ist die gegenüber allen übrigen Regelungen vorrangige Äußerung eines verbindlichen Staatswillens[605]. Das Gesetz enthält die Rechtssätze, die das Verhalten in vergleichbaren Fällen wiederholt bestimmen[606]. Der Rechtssatz enthält ruhendes Recht, das im Rechtsakt – dem Vollzug durch Staatsorgane oder dem Aufgreifen der Verbindlichkeit durch den Adressaten – zur Wirkung gebracht wird. Der Rechtssatz ist darauf angelegt, durch seine generelle Verbindlichkeit ähnliche Rechtsakte wieder hervorzubringen. Gesetztes Recht begründet Rechtssicherheit, verstetigt staatliches Verhalten, macht Verhaltenspflichten vorhersehbar und berechenbar, erlaubt dem Gesetzesadressaten eine den Rechtsbruch vermeidende Befolgung und stützt in seiner Allgemeinheit die materielle Gleichheit[607]. Die Vorschrift – Vorausschrift – ist das Handlungskonzept, das für alle an der Rechtsgemeinschaft Beteiligten verbindlich ist.

182
Funktion des Gesetzes im demokratischen Rechtsstaat

Das „Gesetz" übernahm im modernen Verfassungsstaat zunächst kompetenzzuweisende Funktion, als der Monarch bestimmte Entscheidungen mit den neu gebildeten ständischen Versammlungen teilen mußte[608]. Auf dieser Grundlage wurde das Gesetz zur Ermächtigung für Handlungen, die in Freiheit und Eigentum eingreifen[609]. In der parlamentarischen Demokratie ist das Gesetz die Rechtsetzung durch die parlamentarische Volksvertretung[610]. Die rechtsstaatlich und demokratisch verfaßte Gesetzgebung soll in der Entscheidungskompetenz der Volksrepräsentanten die Freiheit des Bürgers und seine Teilhabe an der Staatsgewalt sichern, in der Allgemeinheit des Gesetzes nur

---

605 → Unten *Ossenbühl*, § 100 Rn. 19 f.; *ders.*, § 101 Rn. 1.
606 Die Frage der unmittelbar – nicht durch Verwaltungsrecht vermittelten – verbindlichen Norm betrifft nach § 90 Abs. 2 S. 1 BVerfGG den verfassungsrechtlichen Rechtsschutz, → Bd. III, *Löwer*, § 70 Rn. 195 ff.
607 S. o. Rn. 21.
608 *Christian Starck*, Der Gesetzesbegriff des Grundgesetzes, 1970, S. 83; → unten *Ossenbühl*, § 101 Rn. 18.
609 Zur Freiheits- und Eigentumsformel → unten *Ossenbühl*, § 101 Rn. 18 f.
610 → Unten *Ossenbühl*, § 100 Rn. 21 m. weit. Nachw.

für alle gleich geltende Beschränkungen ermöglichen, in dem parlamentarisch-öffentlichen Entscheidungsablauf auf die Vernünftigkeit und Gerechtigkeit des Gesetzesinhaltes hinwirken, in der Stetigkeit des Allgemeinen Distanz zwischen Staat und Bürger wahren und in der Verkündung des Geschriebenen die Berechenbarkeit und Vertrauenswürdigkeit staatlichen Regelns begründen. Das Gesetz regelt die dauerhaften, maßgeblichen Verhaltensanweisungen, die in der Rangfolge von Verfassungsgesetz, einfachem Parlamentsgesetz, Rechtsverordnung und Satzung[611] eine friedenstiftende Gesamtordnung und detaillierte Verhaltensmuster begründen. Das Gesetz ist Ausdruck des politischen Parlamentswillens[612], aber auch gleichbleibender ethischer Wertungen, Erfahrungen und Verhaltenserwartungen[613].

Ein entwicklungsbegleitender, die Existenzbedingungen je nach wechselnden Herausforderungen gestaltender Staat bringt im Gesetz allerdings nicht nur gleichbleibende Verhaltensgrundsätze zum Ausdruck, sondern nutzt das Gesetz als Lenkungs-, Anpassungs-, Interventions-, Planungs- und Experimentierinstrument. Das Gesetz wird oft zum verbindlichen Entwurf, der auf Überprüfung, Korrektur und Ergänzung angelegt ist, gelegentlich auch als Instrument zum legislatorischen Experimentieren, zum Erkunden von Reaktionen, zum Provozieren von Ausweichtechniken, zur Vorwarnung oder zur Beruhigung dient[614]. **183** Instrumentale Funktion des Gesetzes

Das Gesetz wendet sich in der Regel an den Bürger, bestimmt sein Verhalten und erreicht bei diesem Adressaten eine Wirkung. Organgesetze wenden sich aber nur an die Staatsorgane; Organisationsgesetze binden Staatsorgane in einer gewaltengeteilten und bundesstaatlichen Verfassungsstruktur; Finanz- und Planungsgesetze beziehen verschiedene Entscheidungsträger in die Verbindlichkeit ein, können also Verbindlichkeiten für Staat, Bürger, aber auch für den regelnden Gesetzgeber selbst begründen. Gesetzliche Verhaltenslenkung richtet sich nicht prinzipiell nur an bestimmte Adressaten, sondern kann an das Staatsvolk, den Staatsbürger, den Einwohner, den Menschen, an Staatsorgane, Spruchkörper, einzelne Amtsträger oder an rechtlich faßbare Gruppen gewendet sein[615]. **184** Adressat gesetzlicher Regelung

---

611 Zu neueren Entwicklungen *Christian Seiler*, Der einheitliche Parlamentsvorbehalt, 2000; *ders.*, Parlamentarische Einflußnahmen auf den Erlaß von Rechtsverordnungen im Lichte der Formenstrenge, in: ZG 2001, S. 50 f.; *Hans-Detlef Horn*, Die grundrechtsunmittelbare Verwaltung. Zur Dogmatik des Verhältnisses zwischen Gesetz, Verwaltung und Individuum unter dem Grundgesetz, 1999; *Armin von Bogdandy*, Gouvernative Rechtsetzung. Eine Neubestimmung der Rechtsetzung und des Regierungssystems unter dem Grundgesetz in der Perspektive gemeineuropäischer Dogmatik, 2000; *Axer* (N 216).
612 → Unten *Ossenbühl*, § 100 Rn. 22.
613 BVerfGE 39, 1 (59) – Schwangerschaftsabbruch I.
614 Für eine Übersicht → unten *Ossenbühl*, § 100 Rn. 21 ff., 26 ff., 31 ff. Vgl. *Reimer* (N 18), § 9 Rn. 4 ff.
615 Vgl. zur Zulässigkeit des Einzelfallgesetzes BVerfGE 25, 3 (71) – Lex Rheinstahl; zum Gesetzesvorbehalt bei der Satzungsautonomie BVerfGE 33, 125 (155 f.) – Facharzt; zur Legal- im Unterschied zur Administrativenteignung BVerfGE 95, 1 (22) – Südumfahrung Stendal; zum Verhältnis von dynamischem Grundrechtsschutz und begrenztem Gesetzesvorbehalt BVerfGE 49, 89 (137) – Kalkar I; zur Klarheit und Bestimmtheit der Norm zum Schutz des Adressaten: BVerfGE 110, 33 (52 ff.) – Außenwirtschaftsgesetz sowie *Reimer* (N 614), § 9 Rn. 1, und → unten *Ossenbühl*, § 101 Rn. 35 ff.

b) Der Verwaltungsakt

185
Konkretisierung der gesetzlichen Vorgaben

Die gesetzlich angeleiteten Handlungsweisen der Verwaltung überbringen die generellen und abstrakten Anordnungen des Gesetzes als Anordnungen für den individuellen und konkreten Fall. Die Verwaltung begründet im Verwaltungsakt eine konkrete und individuelle Verbindlichkeit, mit der sie dem Adressaten etwas gebietet oder verbietet, erlaubt, gewährt oder versagt, gestaltet oder feststellt. Das behördeninterne Entscheidungsverfahren ist auf einen Abschluß durch den Verwaltungsakt ausgerichtet; diese abschließende Regelung formt das vorausgegangene Verfahren durch Konzentration, Formalisierung, gesetzliche Disziplinierung, Beteiligung und durch eine Entscheidungspflicht. Die Entscheidungsmaßstäbe müssen in der Begründung[616] des

Endpunkt eines Entscheidungsfindungsverfahrens

Verwaltungsaktes benannt und kontrollierbar gehandhabt werden. Die Betroffenen werden durch Mitwirkungsrechte, insbesondere Antrags-, Anhörungs- und Akteneinsichtsrechte in die Entscheidungsfindung und damit auch schon in den Entscheidungsvollzug einbezogen[617]. Andere Behörden und Verwaltungsträger werden durch das Erfordernis eines Einvernehmens, der Zustimmung oder des Benehmens auf den Vollzug vorbereitet. Wenn der inhaltlich bestimmte[618] Verwaltungsakt sodann mit seiner Bekanntgabe an den Betroffenen wirksam wird[619], so sind gegenüber dem Adressaten Verhaltenspflichten oder Rechtsverhältnisse verbindlich geregelt.

186
Bestandskraft

Die Bestandskraft des Verwaltungsakts bestimmt die Rechte und Pflichten des Adressaten und begrenzt die Befugnisse und Handlungsweisen der Behörden. Gegenüber anderen Hoheitsträgern – Behörden und Gerichten – kann der Verwaltungsakt verbindliche Vorgaben (sogenannte Tatbestandswirkung) begründen, zum Beispiel einen Ehevertrag rechtswirksam werden lassen oder eine Erlaubnis erteilen. Die Bestandskraft des Verwaltungsakts entfaltet Rechtswirksamkeit unabhängig von einer Rechtswidrigkeit[620], steht jedoch unter einem Vorbehalt des Widerspruchsverfahrens, der Anfechtbarkeit und der Aufhebbarkeit[621].

187
Vollstreckbarkeit

Wenn die Verwaltung durch einen einseitig regelnden Verwaltungsakt Verbindlichkeiten begründet hat, kann sie diesen gestaltenden Akt auch einseitig zwangsweise durchsetzen. Ist ein Verwaltungsakt unanfechtbar oder kommt dem Widerspruch gegen den Verwaltungsakt keine aufschiebende Wirkung zu, so ist der Verwaltungsakt ein vollstreckbarer Titel; die Verwaltung kann ohne vorheriges gerichtliches Urteil ihre Regelungen durchsetzen.

188

Neben dem herkömmlichen Verwaltungsakt haben sich andere Formen von Behördenäußerungen entwickelt, bei denen die Verwaltung in modifizierter

---

616 § 39 VwVfG.
617 → Unten *Schmidt-Aßmann*, § 109 Rn. 25 ff.
618 § 37 VwVfG.
619 § 43 Abs. 1 VwVfG.
620 Anders bei Nichtigkeit: § 44 VwVfG. → Bd. IV, *Maurer*, § 79 Rn. 87, 92.
621 §§ 48, 49 VwVfG für Rücknahme und Widerruf von Verwaltungsakten; § 48 Abs. 2 VwVfG (Geldleistungen); § 130 und § 172 f. AO. → Bd. IV, *Maurer*, § 79 Rn. 87; dort Rn. 107 auch zur anfänglichen Beschränkung der Geltungskraft.

Verbindlichkeit – durch Zusage[622] und Auskunft[623] – oder lediglich informierend tätig wird. Das Grundgesetz läßt weitere Regelungsformen zu, insbesondere Regelungsweisen, in denen die Mitwirkungsbedürftigkeit sich der vertraglichen Verständigung annähert, Entscheidungen in mehrstufigen Verbindlichkeiten entwickelt und fortgebildet werden oder Realakt und regelnde Willensäußerung bei Dringlichkeit zusammenfallen.

Sonstige Willensäußerungen

c) Der Vertrag

Staatliches Entscheiden kann einvernehmlich mit Dritten in Vertragsform verbindlich werden, aber auch im Vollzug Verträge veranlassen. Der Vertrag konkretisiert oder individualisiert dann die gesetzliche Vorgabe oder auch den Verwaltungsakt, erfüllt zum Beispiel eine behördliche Bedingung oder Auflage, vereinbart eine im Umweltrecht vorgegebene Zielvorgabe, regelt eine finanzielle Ablösungspflicht oder wickelt eine öffentlich-rechtliche Rechtsbeziehung ab. Innerhalb des Bundesstaates können Staatsverträge[624] oder Verwaltungsabkommen[625] Grundgesetz oder Gesetz vollziehen, dabei neben den bundesstaatlichen[626] auch zwischenstaatliche und supranationale Rechtsbeziehungen regeln.

189
Vollzugsvertrag

Vereinbarungen unter Hoheitsträgern binden nicht nur die Vertragsbeteiligten, sondern begründen auch Verbindlichkeiten gegenüber Dritten. Während der herkömmliche Vertrag nur die Vertragspartner verpflichtet, ein Dritter allenfalls durch Zustimmung in die Vertragsverbindlichkeit einbezogen werden kann[627], gewinnen die auf eine gesetzliche Zustimmung angewiesenen Verträge über dieses Gesetz Rechtsverbindlichkeit auch gegenüber den der gesetzgebenden Gewalt Unterworfenen[628]. Die Vereinbarungen gelten dann nicht nur für die an den Vereinbarungen Beteiligten, sondern treffen allgemeine Regelungen wie ein Gesetz. Völkerrechtliche Verträge können den Staatsbürger im Rahmen der gesetzlichen Zustimmung nach Art. 59 Abs. 2 GG binden. Staatsverträge werden für den einzelnen verbindlich, wenn sie in Landes- oder Bundesrecht umgesetzt werden[629]. Verwaltungsverträge stützen sich auf die Organisations- und Verwaltungshoheit der Vertragspartner, entfalten also grundsätzlich keine Wirkungen gegenüber Dritten[630]. Abkommen zwischen öffentlich-rechtlichen Körperschaften und Anstalten, wie sie zum

190
Verbindlichkeit des Vertrages für Dritte

---

622 → Bd. IV, *Maurer*, § 79 Rn. 114.
623 → Bd. IV, *Maurer*, § 79 Rn. 117.
624 *Walter Rudolf*, Kooperation im Bundesstaat, in: HStR V, ²2000 (¹1992), § 105 Rn. 49 ff.
625 *Martin Bullinger*, Zur Notwendigkeit funktionalen Umdenkens des öffentlichen und privaten Vertragsrechts im leistungsintensiven Gemeinwesen – Bemerkungen zum Musterentwurf eines Verwaltungsverfahrensgesetzes, in: GS für Hans Peters, 1967, S. 667 (681); *P. Kirchhof* (N 579), S. 1215 ff.; → Bd. IV, *Ronellenfitsch*, § 98 Rn. 31 ff.
626 *P. Kirchhof* (N 579), S. 1220 ff.
627 Vgl. § 58 VwVfG.
628 Vgl. *Wiegand Hennicke*, Die Vereinbarung als Verwaltungsrechtsquelle, 1959, S. 57 f.; *Rolf Grawert*, Verwaltungsabkommen zwischen Bund und Ländern in der Bundesrepublik Deutschland, 1966, S. 114 f.
629 *Hans Schneider*, Verträge zwischen Gliedstaaten im Bundesstaat, in: VVDStRL 19, 1960, S. 1 (14).
630 Die Außenwirkung kraft Selbstbindung dürfte sich ähnlich den Verwaltungsvorschriften entwickeln; → unten *Ossenbühl*, § 104 Rn. 53 ff.

Beispiel zur Gründung von Verwaltungsgemeinschaften, für den Übergang bei Gebietsänderungen, für die Verteilung von Wege- und Schullasten oder für die kulturelle und finanzielle Zusammenarbeit üblich sind, können rechtlich und faktisch gegenüber Mitgliedern, Benutzern und Dritten wirken. Das Bemühen um effizienteres Verwaltungshandeln hat – als Ausprägung des sogenannten Neuen Steuerungsmodells – steuernde Absprachen zwischen Politik und Verwaltung sowie verwaltungsintern befördert, die als Kontrakte bezeichnet werden[631]. Sofern dabei ein Verwaltungsträger zusagt, seine gesetzlichen Kompetenzen nicht oder nur eingeschränkt wahrzunehmen, berührt dies den Grundsatz der Gesetzmäßigkeit der Verwaltung; Staatsorgane sind zur Erfüllung ihrer Aufgaben nicht nur berechtigt, sondern auch verpflichtet. Dementsprechend werden Kontrakte nicht als öffentlich-rechtliche Verträge des Binnenrechts, sondern als informales Verwaltungshandeln in Gestalt von „Zielvereinbarungen" angesehen[632].

191
Verfassungsrechtliche Gebundenheit

Der durch das Grundgesetz legitimierte und gebundene Vertragspartner darf keine Verpflichtungen eingehen oder Berechtigungen vereinbaren, die der Verfassung widersprechen. Wenn bei Staatsverträgen und soweit bei Verwaltungsvereinbarungen alle Vertragsbeteiligten den grundgesetzlichen Bindungen unmittelbar unterliegen, kann sich die Verfassungswidrigkeit des Vertrages grundsätzlich mit der Nichtigkeits- oder Vernichtbarkeitsfolge durchsetzen[633]. Soweit ein Vertragspartner, insbesondere ein anderer Staat, durch das Grundgesetz nicht gebunden ist[634], darf wegen der verfassungsrechtlichen Bindungen des deutschen Vertragspartners eine grundgesetzwidrige Rechtsbindung nicht fortbestehen und nicht vollzogen werden. Ebensowenig darf aber der verfassunggebundene Teil die von ihm eingegangene Vereinbarung gegenüber dem anderen Vertragspartner als rechtlich nicht existent behandeln. Deshalb müssen die gegenläufigen Vertrags- und Verfassungsverbindlichkeiten durch Korrektur- und Anpassungspflichten aufeinander abgestimmt werden[635]. Im Ergebnis ist jedenfalls sicherzustellen, daß die Verfaßtheit des Staates nicht durch den Willen der Staatsorgane – mag er auch vertragsförmlich gegenüber Dritten erklärt sein – gelockert wird.

d) Formlose Absprachen

192
Staatsrechtlich nicht geformtes Handeln

Neben diese Verträge treten zunehmend rechtlich unverbindliche Absprachen, in denen Staat und Private bestimmte Verhaltensweisen vorsehen und die im Rahmen einer Dauerkooperation beachtet werden. Derartige unverbindliche, aber als Pflicht gehandhabte Verständigungen werden vielfach als

---

631 Vgl. *Veith Mehde*, Neues Steuerungsmodell und Demokratieprinzip, 2000, S. 91 f.
632 *Hermann Pünder*, Zur Verbindlichkeit der Kontrakte zwischen Politik und Verwaltung im Rahmen des Neuen Steuerungsmodells, in: DÖV 1998, S. 63 ff. (64).
633 BVerfGE 22, 221 (230) – Schulfinanzwesen; BVerfGE 37, 104 (113) – Bonus-Malus.
634 Zur Bindungswirkung der Verfassungen aller Vertragspartner vgl. *Bernhardt* (N 576), § 174 Rn. 21 f.
635 BVerfGE 6, 290 (295) – Washingtoner Abkommen; BVerfGE 16, 220 (227 f.) – Deutsch-Niederländischer Finanzvertrag I; BVerfGE 45, 83 (96 f.) – Deutsch-Niederländischer Finanzvertrag II; BVerfGE 111, 307 (315 ff.) – Görgülü.

„informale" Absprachen gekennzeichnet[636], ohne daß in der bloßen Negation des Formalen die staatsrechtliche Bedeutung dieser gesetzesvermeidenden und normvollziehenden Verständigungen hinreichend sichtbar würde.

aa) Absprachen beim Gesetzesvollzug

Das Handlungsmittel unverbindlicher Verständigung dient heute zunehmend auch dem Vollzug von Gesetzen[637]. Das Anwachsen der Staatsaufgaben, die nur begrenzte Normierbarkeit der Lebenswirklichkeit, die Offenheit des Gesetzes für das Gegenwärtige und das Individuelle sowie die Eigenverantwortlichkeit der Exekutive veranlassen den Gesetzgeber, der Exekutive im Rahmen von unbestimmten Rechtsbegriffen und Ermessenstatbeständen[638] weite Handlungsräume zu öffnen[639]. Zur Konkretisierung und Individualisierung dieser Handlungsräume suchen Behörden und Betroffene im Vorfeld gesetzlich vorgesehener Regeln eine Verständigung über den Verfahrensablauf und die materiellen Voraussetzungen für die Exekutiventscheidung. Insbesondere bei Anwendung des Steuer-[640], Kartell-[641], Bau-[642], Energiewirtschafts-[643], Wirtschaftsförderungs-[644] und des Umweltrechts[645] wählen die Behörden die Verständigung mit den Betroffenen, um Entscheidungen erleichtert vorzubereiten oder sie – insbesondere bei den „Sanierungsabsprachen" – zu ersetzen.

193
Ausfüllen gesetzlicher Handlungsräume

Diese unverbindlichen Verständigungsweisen konkretisieren betroffenennah generelle Gesetzesaussagen, ersparen zeit- und kostenaufwendige Ermittlungs- und Entscheidungsabläufe, gestatten eine flexible Reaktion auf veränderte Umstände und vermeiden Rechtsstreitigkeiten. Der Verlust an Distanz zwischen Verwaltung und Betroffenen begründet jedoch auch rechtsstaatliche Gefährdungslagen[646]: Die Beteiligten können einen gesetzlich nicht vorgesehenen Einfluß auf die Verwaltungsentscheidung gewinnen, Verwaltungsregelungen verzögern oder voreilige Entscheidungen veranlassen, auf Kompromisse zu Lasten der Allgemeinheit oder Dritter hinwirken, die Gestaltungskraft des Rechts schwächen und hemmen. Die auch in unverbindlichen Selbstregulierungsabsprachen angelegte private Mitverantwortung läßt

194
Keine Bindungslosigkeit bei unverbindlichen Absprachen

---

636 *Bohne* (N 270), S. 132 f.; *Helmuth Schulze-Fielitz*, Der informale Verfassungsstaat, 1984; *Becker* (N 588), S. 1003 f.; → Bd. III, *Schoch*, § 37 Rn. 28 ff.
637 *Bohne* (N 590), S. 344 f.; *Wolfgang Hoffmann-Riem*, Selbstbindungen der Verwaltung, in: VVDStRL 40 (1982), S. 187 (187 ff.); *Schmidt-Aßmann* (N 4), S. 175; *Carl-Eugen Eberle*, Arrangements im Verwaltungsverfahren, in: Verw 17 (1984), S. 439 ff.; *Helge Rossen*, Vollzug und Verhandlung, 1999, S. 290 ff.
638 S. o. Rn. 87.
639 *Roman Herzog*, in: Maunz/Dürig, Komm. z. GG, Art. 20 Abschn. V Rn. 112 f.; *Puhl* (N 535), S. 117 f.
640 *Josef Isensee*, Die typisierende Verwaltung, 1976, S. 188 ff.; → unten *P. Kirchhof*, § 118 Rn. 31.
641 *Meinrad Dreher*, Verrechtlichung und Entrechtlichung – Gesetzgebung und Gesetzesanwendung im Kartellrecht, in: ZG 1987, S. 312 (314 f., 333 ff.).
642 *Bohne* (N 590), S. 94 f.
643 *Michael Ronellenfitsch*, Das atomrechtliche Genehmigungsverfahren, 1983, S. 313 (319 ff.).
644 *Lothar Zechlin*, Beeinträchtigungen der Koalitionsfreiheit durch Subventionsauflagen, in: NJW 1985, S. 585 f.
645 *Bohne* (N 590), S. 343 (370 ff.); *Hans D. Jarass*, Reichweite des Bestandsschutzes industrieller Anlagen gegenüber umweltrechtlichen Maßnahmen, in: DVBl 1986, S. 314 (319 ff.); *Andreas Voßkuhle*, Das Kompensationsprinzip, 1999, S. 53 ff.
646 *Hartmut Bauer*, Informelles Verwaltungshandeln im öffentlichen Wirtschaftsrecht, in: VerwArch 78 (1987), S. 241 (250 f.).

die Kompetenz, Verantwortlichkeit und rechtliche Gebundenheit des Staates für den Verwaltungserfolg weniger deutlich sichtbar werden, mag deshalb die Selbst- und Fremdkontrolle dieses staatlichen Verhaltens schwächen. Gerade bei den weniger strikt steuernden, „offenen" Normen können verfahrensrechtliche Grundsätze notwendig sein, die Gemeinwohlbelange, Drittinteressen und die Rechte der Betroffenen aufeinander abstimmen, die unparteiliche Amtsführung[647] und die Amtsermittlung[648] gewährleisten. Auch die Beteiligung von anderen Behörden oder Dritten ist bei der nur tatsächlichen, nicht rechtsförmlichen Verständigung weniger verläßlich gesichert.

195
Tauschfähigkeit staatlichen Verhaltens

Absprachen setzen grundsätzlich tauschfähige Gegenstände voraus. Beim Normenvollzug mag ein gegenseitiges Entgegenkommen zwischen Verwaltung und Betroffenem zum Abbau von Rechtsunsicherheit, zur Vereinfachung der Tatsachenermittlung, zur wechselseitigen Teilhabe von Sachverstand und Verwaltungserfahrung, zur schonenden Abstimmung von Regelungsanforderungen auf die Individualität und den konkreten Fall zulässig und hilfreich sein. Der Handlungsmaßstab der Verwaltung darf jedoch nicht einvernehmlich relativiert werden, die Durchsetzung und Kontrolle dieses Maßstabes nicht auf Wunsch des Pflichtigen gelockert, die Effektivität und Dringlichkeit staatlichen Handelns nicht dem Einfluß der Betroffenen unterworfen, die gesetzlich gebundene Staatsleistung nicht dem Zahlungsfähigen und Zahlungsbereiten vorbehalten werden. Die Anwendung staatlichen Rechts ist keine Ware; sie ist mit der Autorität und Vollstreckungskraft des Rechtsstaates zu verwirklichen, steht nicht zur Disposition eines Marktes.

196
Rechtsverwirklichung nicht Gegenstand des Wagens und Gewinnens

Grundsätzlich sind der Rechtsmaßstab staatlichen Handelns und seine Verwirklichung nicht Gegenstand vertraglicher Ausdehnung oder Verringerung, nicht Gegenstand des Wagens und Gewinnens. Auch die Entwicklung und Erneuerung von Handlungsmaßstäben des technischen Sicherheitsrechts, des Umweltschutzrechts, der Gewerbe- und Gesundheitsaufsicht müssen zwar den Sachverstand und die Erfahrung der Beteiligten nutzen, jedoch in staatlicher Alleinverantwortlichkeit geregelt und kontrolliert werden. Staatliche Gefahrenabwehr und Gefahrenvorsorge ist auf die Mitwirkung von Störern und Nichtstörern angewiesen, bestimmt die schützenswerten Rechtsgüter und die Intensität des Schutzes jedoch allein nach rechtlichen Vorgaben. Staatsbürgerliche Rechte werden formal gleich eröffnet, in individueller Freiheit wahrgenommen; eine vertragliche Vermischung von Einwirkungsangebot und Freiheitsannahme gefährdet die staatsbürgerliche Gleichheit und beschränkt individuelle Freiheit.

197

Die strikte Trennung zwischen Rechtsetzer und Rechtsverpflichtetem, zwischen Kontrolleur und Kontrolliertem rechtfertigt nur dann ein abwartendes Vertrauen auf die regulierende Kraft eines freien Marktes und die technische und ökonomische Anpassungskraft privater Verantwortung[649], wenn und so-

---

647 *Bohne* (N 590), S. 351 f.
648 *Eberle* (N 637) S. 460 ff.
649 Dazu *Wolfgang Hoffmann-Riem*, Umweltschutz zwischen staatlicher Regulierungsverantwortung und unternehmerischer Eigeninitiative, in: WiVerw 1983, S. 120 (120 f.).

weit der staatliche Rechtsfindungs-, Rechtsvollzugs- und Ordnungsauftrag die verantwortliche Mitwirkung der Betroffenen in die Grenzen privater Freiheit verweist. Schreibt zum Beispiel ein Verwaltungsakt nur den vom Adressaten zu gewährleistenden Sicherungserfolg vor (Zielanordnung), überläßt dem Adressaten aber die zur Zielerreichung benötigten Vorkehrungen, Verfahrensweisen, Produktänderungen und Selbstkontrollen (Methodenoffenheit), so ist die staatliche Regelung wenig bestimmt, deshalb mit geringer Verläßlichkeit kontrollierbar, erreicht aber ihr Ziel gegenüber einem bei Erfüllung des Sicherungsauftrags mitgestaltenden, die Entwicklung von Technologie und Markt nutzenden Adressaten eher. Die Grenze des rechtsstaatlich Vertretbaren ist jedoch überschritten, wenn bei der Festsetzung zulässiger Belästigungen und Umweltschädigungen nur die Gesamtsumme staatlich bestimmt ist, dem Betroffenen jedoch überlassen wird, durch welche Maßnahmen er ein Überschreiten dieses Gesamtsaldos vermeiden will. Der Unternehmer dürfte dann unter dieser „Emissionsglocke"[650] seine Emissionsursachen umorganisieren, ohne daß eine schadenspotenzierende Konzentration der Emissionen, eine Verlagerung der Gesamtemissionen in besonders vorbelastete Gebiete oder eine durch formale Kombination juristischer Personen ermöglichte, nur scheinbare Übermaßkompensation ausgeschlossen werden könnte[651]. Staatliches Verwalten ist auf den mitwirkungsbereiten Betroffenen angelegt, jedoch im Handlungsmaßstab und in den Handlungsmitteln vom Gesetz – der Gemeinwohlverpflichtung – bestimmt.

Staatliche Zielanordnung bei privater Methodenwahl

bb) Gepflogenheiten in der Praxis von Staatsorganen

Das Handeln, die Organisation und das Verfahren von Staatsorganen stützen sich auf ungeschriebene, nicht rechtsverbindliche Abreden, in denen gegenseitige Verhaltenserwartungen festgehalten werden. Ziele und Entscheidungen der Politik folgen nicht aus dem Recht, sondern finden dort ihren Rahmen[652]. Diese formlosen Absprachen werden beachtet und praktiziert, begründen jedoch keine Rechtsverbindlichkeit und können insbesondere nicht mit Hilfe der Gerichte geltend gemacht werden.

198
Unverbindliche Verhaltenserwartungen

Verfassungsabsprachen weisen einer relativen Mehrheit einen besonderen Einfluß zu, behalten zum Beispiel der stärksten Partei im Bundestag die Benennung des Bundespräsidenten vor. Sie nehmen auf Minderheiten Rücksicht, garantieren zum Beispiel einer kleinen Partei einen Sitz in den Bundestagsausschüssen. Sie organisieren eine stetige Zusammenarbeit, zum Beispiel in Koalitionsvereinbarungen oder interfraktionellen Absprachen[653]. Sie fixieren die Selbstdisziplin eines Organs und ihrer Mitglieder, zum Beispiel bei der

199
Erscheinungsweisen

---

650 Vgl. zu amerikanischen Vorbildern *Hoffmann-Riem* (N 649), S. 128 f.
651 *Paul Kirchhof*, Kontrolle der Technik als staatliche und private Aufgabe, in: NVwZ 1988, S. 97 (103 f.).
652 *Veith Mehde*, Kooperatives Regierungshandeln – Verfassungsrechtslehre vor der Herausforderung konsensorientierter Politikmodelle, in: AöR 127 (2002), S. 655 (660 ff.); *Ludger Helms*, Die Informalisierung des Regierungshandelns in der Bundesrepublik, in: ZSE 2005, S. 70 (75 f.); *Isensee* (N 430), § 162 Rn. 72; → Bd. III, *Schoch*, § 37 Rn. 8.
653 Kritisch *Rüdiger Zuck*, Verfassungswandel durch Vertrag?, in: ZRP 1998, S. 457 ff.; vgl. auch BVerfGE 106, 310 (310, 313 f., 332 f.) – Zuwanderungsgesetz.

Verteilung der Gesamtredezeit im Parlament⁶⁵⁴. Sie verdeutlichen Statusanforderungen, zum Beispiel beim Verbot bestimmter Beraterverträge für Mitglieder des Deutschen Bundestages⁶⁵⁵, oder füllen ein Stück offengebliebenen Organisations- und Verfahrensrechts aus, zum Beispiel bei den regelmäßigen Zusammenkünften der Landesregierungen oder ihrer Mitglieder in Länderkonferenzen oder beim Erfordernis einstimmiger Beschlüsse auf dieser „Dritten Ebene"⁶⁵⁶. Diplomatische Gepflogenheiten begründen stillschweigend beachtete Konventionen, die eine Zusammenarbeit und Verständigung erleichtern, in Krisenlagen oft den Fortgang von Gesprächen erst ermöglichen.

200
Bewährung der Staatsorgane außerhalb der Verfassungsbindung

Diese informalen Absprachen und Gepflogenheiten bestimmen eine Verfassungswirklichkeit, in der politische Kultur sich bewähren, aber auch Recht mißachtet werden kann. Verfassungsrecht ist mit seinen punktuellen Elementarregelungen auf eine Ergänzung und Erweiterung durch Verfassungskonventionen und eine Verfassungskultur angewiesen; die Staatsorgane entfalten und bewähren sich in ihrer realen Staatlichkeit, werden in ihrer Verfaßtheit eher begrenzt und gemäßigt. Allerdings ist diese Grenze normativ zur Geltung zu bringen, wenn der Staat „informal"⁶⁵⁷ zu werden, die Staatlichkeit an Formdisziplin zu verlieren droht. Formloses Handeln kann förmliches Staatshandeln nur ergänzen, es aber nicht verdrängen oder verfremden. Das freie Mandat (Art. 38 Abs. 1 S. 2 GG) des Bundestagsabgeordneten muß gegen einen Fraktionszwang⁶⁵⁸, die Freiheit zum Parteiaustritt gegen die Sanktion einer Zahlungspflicht oder einer Verpflichtung zum Mandatsverzicht abgeschirmt werden⁶⁵⁹.

201
Verfassungsrecht und verfassungserhebliche Gepflogenheiten

Verfassungswidrig ist auch das „Ruhen des Mandats", bei dem sich ein zum Minister ernannter Abgeordneter den Wiedereintritt in sein Mandat nach Amtsverzicht „zusichern" läßt und dadurch die Unabhängigkeit des nachgerückten Mandatswalters beeinträchtigt⁶⁶⁰. Unvereinbar mit Art. 33 Abs. 2 GG ist die wechselseitig hingenommene parteipolitische Ämterpatronage, die der jeweils bestimmenden politischen Partei eine Bevorzugung ihrer Mitglieder bei der Vergabe von Ämtern einräumt; dieses „Beutesystem" widerspricht der Allgemeinwohlverpflichtung der Regierung und den an Aufgaben gebundenen Maßstäben der Personalauswahl im öffentlichen Dienst⁶⁶¹. Ebenso sind ausdrücklich verabredete oder stillschweigend gehandhabte Proporzmaßstäbe, die bei der Vergabe von Ämtern im öffentlichen Dienst und in der Gerichtsbarkeit auf eine prinzipielle Bevorzugung von Parteimitgliedern aufbauen, mit der Verfassung unvereinbar. Die verfassungserhebliche Gepflogenheit kann sich außerhalb rechtlicher Vorgaben, aber nicht gegen das Ver-

---

654 → Bd. III, *H. H. Klein*, § 51 Rn. 25.
655 → Bd. III, *H. H. Klein*, § 51 Rn. 29.
656 *Willi Blümel*, Verwaltungszuständigkeit, in: HStR IV, ²1999 (¹1990), § 101 Rn. 167 ff.
657 *Schulze-Fielitz* (N 636), S. 99 f. und passim; → Bd. III, *Schoch*, § 37 Rn. 4 ff.
658 → Bd. III, *H. H. Klein*, § 51 Rn. 5 und 14.
659 → Bd. III, *H. H. Klein*, § 51 Rn. 19.
660 → Bd. III, *H. H. Klein*, § 51 Rn. 21.
661 S. o. Rn. 96.

fassungsrecht entwickeln. Das Grundgesetz sieht gerade bei der Organisation und der verfahrensrechtlichen Bindung staatlichen Handelns Formalisierungen vor, die das „Informale" verdrängen oder verbieten. Das materielle Verfassungsrecht fordert zwar nicht stetige Formengebundenheit, verlangt aber verfassungsbestätigendes und verfassungserneuerndes informales Handeln.

e) Die Weisung

Auch die innerdienstliche Weisung dient der Ausführung von Entscheidungen, mag sie aus der Außensicht des Verwaltungsadressaten auch Bestandteil innerdienstlicher Willensbildung sein. Die Weisung bringt Entschiedenes zur Wirkung, ist also nicht ein Mittel der Entscheidungsfindung, sondern der Ausführung einer Entscheidung.

202 Innerdienstlicher Entscheidungsvollzug

Die innerdienstliche Weisung stützt sich auf den hierarchischen Aufbau der Verwaltungsorganisation und die Weisungsgebundenheit der öffentlichen Bediensteten. Weisungen sichern die Einheitlichkeit und Geschlossenheit staatlichen Verwaltens, insbesondere den gleichmäßigen Gesetzesvollzug[662]. Die horizontale Trennung der Weisungslinien – in der Regel je nach Geschäftsbereich eines Ministers – und die vertikale Trennung – insbesondere durch das Bundesstaatsprinzip, eine Autonomieverleihung oder eine Teilausgliederung von Aufgaben aus der Staatsorganisation – hindern zwar eine Zentralisierung der Weisungsverantwortlichkeit in einer Hand, sind aber auf eine kollegiale oder arbeitsteilige Abstimmung der Anweisenden angelegt. Das rechtsstaatliche Gebot eindeutiger, inhaltlich folgerichtiger Weisungslinien steht einer abgestuften oder nebeneinander geordneten Weisungsverantwortlichkeit nicht entgegen. Auch der Maßstab der Weisungen kann verschieden sein und unterschiedliche Zuständigkeit begründen; ein Bediensteter unterliegt entweder der Rechts- oder der Fachaufsicht, daneben aber auch der Dienstaufsicht, so daß ihn in derselben Sache unterschiedliche, inhaltlich abstimmungsbedürftige Anordnungen erreichen können. Die Weisung ergeht als konkreter, meist individuell wirkender Dienstbefehl[663] oder als generelle Weisung in Form der Verwaltungsvorschrift[664] oder der Festlegung technisch-wissenschaftlicher Standards[665], die normähnliche Wirkungen erreichen.

203 Einheitliche Verwaltungslenkung in einer gegliederten Verwaltungsorganisation

Die Weisung ist das Mittel der Regierung gegenüber der Verwaltung, mit der sie das Verwaltungshandeln lenkt, die Verwaltungsentscheidungen in die Verantwortlichkeit der Regierung zurückführt[666] und die parlamentarische Verantwortlichkeit der Regierung für das gesamte Exekutivhandeln wahrnimmt. Die Lenkung der Verwaltung durch einheitliche Weisungen ermöglicht eine Gleichmäßigkeit des Verwaltungshandelns, vermittelt jedem Bediensteten

204 Rechtsstaatliche und demokratische Funktion der Weisung

---

662 S. o. Rn. 96.
663 → Unten *Loschelder*, § 107 Rn. 93 ff.
664 → Unten *Ossenbühl*, § 104 Rn. 4 ff.; dort Rn. 6 auch zu den Sonderverordnungen in „besonderen Gewaltverhältnissen" und deren Ablösung durch formales Recht.
665 → Unten *Ossenbühl*, § 104 Rn. 7 ff.
666 → Bd. II, *Böckenförde*, § 24 Rn. 20, 21 mit Verweis auf *Lorenz von Stein*, Die Verwaltungslehre, Teil 1, 1. Halbbd., 1869, S. 345 f.

einen hohen Kenntnis- und Informationsstand, vereinfacht die Einzelentscheidung, stärkt die Entscheidungskraft und Effektivität des Verwaltens, begründet Verantwortungs- und Kontrollrechtsverhältnisse. Die monokratische Ordnung innerhalb der Behördenorganisation und des öffentlichen Dienstes erleichtert eine Erfüllung der Verwaltungsaufgaben nach dem Leistungsprinzip. Die Weisungsgebundenheit des Bediensteten verdeutlicht die rechtsstaatliche Struktur der Verwaltung. Der Status des Angewiesenen als rechtlich gebundener, unbefangener Amtsträger stellt dem Anweisenden einen Legalitätsgaranten entgegen. Die beamtenrechtliche Remonstrationspflicht[667] ergänzt die rechtsstaatliche Kontrolle des Anweisenden in seiner Kontrolle durch den Angewiesenen. Die Weisung ordnet innerhalb der realen Gewaltenteilung zwischen abrufbarer Gubernative und lebenslänglich in der Wahrung des Rechts erprobter Verwaltung[668] beide Gewalten als Handlungsverbund einander zu und gewährleistet mit diesen Voraussetzungen ein koordiniertes, kontinuierliches und vereinheitlichtes Verwaltungshandeln.

205
Distanzierung des öffentlichen Dienstes gegenüber Gesellschafts- und Eigeninteressen

Wenn die Weisung die Verwaltung auf Entscheidungen der Regierung ausrichtet, bindet sie ihr Handeln unmittelbar an verfaßte Organe, schafft so Distanz zu Betroffenen und Interessenten. Die Weisung stützt damit die Unbefangenheit der Verwaltung gegenüber Einflüssen der Gesellschaft, muß allerdings in ihrem Inhalt vermehrt gegen den bei Regierungsentscheidungen eher wirksamen Parteien- und Verbändeeinfluß abgeschirmt werden. Gegenüber den Eigeninteressen des Bediensteten bringt die Weisung die Verpflichtung aus der Verwaltungsaufgabe, die ausschließliche Orientierung an Gesetz und Recht zur Wirkung. Die Weisung fordert ein „Dienen" des öffentlichen Dienstes im Rahmen des Amtsauftrags, wehrt also Postulate individueller oder gruppenorganisierter Selbstverwirklichung der Bediensteten im Dienst ab[669]. Die Weisung erneuert den Amtsauftrag im Konkreten, Individuellen und Gegenwärtigen.

2. Tatsächliches Handeln

206
Staat als Handlungseinheit

Der Staat ist Handlungseinheit, erfüllt seine Aufgaben nicht durch bloßes Denken und Wollen, sondern durch sein Tun[670]. Das verfassungsrechtliche Postulat, der Staat möge regelnd die willentliche Mitwirkung des Bürgers veranlassen und dadurch tatsächliche Zwangsanwendung erübrigen, fordert zwar eine Vorherigkeit sprachlicher vor tatsächlicher Gewalt. Dieser verfassungsrechtliche Anspruch hat aber zur Voraussetzung, daß der Staat sich als sichtbare, begreifbare Handlungseinheit darstellt, er seinen Einfluß auf die Realität durch Tathandlungen gewinnt, das Entscheiden mit der Realitätsermittlung beginnt und mit dem Realakt der Verkündung oder Bekanntgabe endet, die Nichtbefolgung von Regelungen letztlich tatsächlich erzwungen werden muß.

---

667 S.o. zu N 361. → Unten *Loschelder*, § 107 Rn. 98 f.
668 → Unten *Loschelder*, § 107 Rn. 1 ff., 42 ff.
669 Vgl. auch BVerfGE 93, 37 (65 ff.) – Personalvertretung Schleswig-Holstein.
670 *Paul Laband*, Das Staatsrecht des Deutschen Reichs, ⁵1911, Bd. II, S. 176.

Tatsächliches Einwirken kann durch den tatsächlichen Zugriff unausweichlich Befolgung erzwingen oder dem Adressaten – in bloßen Gesten, einem Ansprechen oder einem Anbieten – ein Ausweichen gestatten. Der Zugriff auf Personen nimmt Freiheit, der Zugriff auf Sachen nimmt Freiheitsgrundlagen. Geistiges Einwirken kann sich an die Allgemeinheit wenden und in die Breite wirken, zum Beispiel durch einen allgemeinen Appell zur Beteiligung an Wahlen und eine Information über Schutzimpfmöglichkeiten, oder beeinflußt individuell, zum Beispiel bei der Beratung einer Steuererklärung oder eines Rechtsbehelfs. Staatliches Handeln erreicht unterschiedliche Stufen der Verbindlichkeit, von der bloßen Begrüßung des Diplomaten oder des Glückwunsches an den Jubilar über die lenkende Einwirkung, zum Beispiel einer Unterrichtung über Subventionsangebote oder über Ausbildungsmöglichkeiten, bis zur zwangsweisen Inpflichtnahme, wie sie bei den polizeilichen Standardmaßnahmen geläufig ist.

207
Wirkungsweisen tatsächlichen Handelns

a) Die Sichtbarkeit und der geistige Einfluß des Staates

Bestand und Funktionsfähigkeit des Staates beruhen auf einer Selbstdarstellung und Begreifbarkeit, die Existenz und Handlungsweisen des Staates für den Bürger verständlich machen, die Universalität[671] und Unausweichlichkeit der Staatsgewalt im Bewußtsein halten, die zwangsweise Durchsetzbarkeit von Zielen und Regelungen des Staates als typische Bedingung seines Handelns außer Zweifel stellen. Grundlage dieser Staatsgewalt als Einheit zu potentiellen Zwangshandlungen ist die staatsbürgerliche Mitwirkungsbereitschaft, die in einem stetigen Integrationsprozeß durch „Staatspflege"[672] erneuert und gefestigt wird. Der Staat steht vor der ständigen Aufgabe, sich in seinen Organen und Institutionen, seinen Repräsentanten und Handlungsweisen, seiner Verfassung, seinen Symbolen und Veranstaltungen[673], in seinen Bauten[674] selbst darzustellen[675].

208
Elementarverfassungsrechtliches Postulat: der sichtbare und begreifbare Staat

Grundlage rechtsstaatlicher Entscheidung und demokratischer Repräsentation ist die Distanz zwischen Staat und Bürger; Voraussetzung demokratischer Wahl und rechtsstaatlicher Kontrolle die Publizität des Staatshandelns und die damit erreichte Information des Bürgers über den Staat, seine wissende Nähe zum Staat. Legitimation und Kontrolle der Staatsgewalt durch das Volk setzen politisches Urteilsvermögen bei jedermann oder zumindest selbstbestimmte Teilhabe am Urteil anderer voraus, also hinreichende Kenntnis der Sachlagen, Verständnis für die Handlungsweisen und Wirkungsgrenzen des Staates und hinreichende Einschätzungskraft gegenüber Alternativen. Das

209
Grundlage demokratischer Willensbildung und rechtsstaatlicher Mitwirkung: der informierte Bürger

---

671 S. o. Rn. 11.
672 *Albert Haenel*, Deutsches Staatsrecht, Bd. I, 1892, S. 331 f.; *Herbert Krüger*, Von der Staatspflege überhaupt, in: Helmut Quaritsch (Hg.), Die Selbstdarstellung des Staates, 1977, S. 21 f.; *Stern* (N 123), S. 283 f.; → Bd. III, *Kloepfer*, § 42 Rn. 15; → Bd. IV, *Herzog*, § 72 Rn. 90 f.
673 *Stern* (N 123), S. 275 f. → Bd. II, *E. Klein*, § 19.
674 *Helmut Quaritsch*, Probleme der Selbstdarstellung des Staates, in: Recht und Staat, 478/479 (1977), S. 7 (19 f.).
675 *Quaritsch* (N 674), passim.

staatliche Bildungs- und Erziehungssystem[676] begründet die verfassungsnotwendige Mindestgemeinsamkeit der Sprache[677], elementare Übereinstimmungen in Grundsatzwertungen, prinzipielle Zustimmung zu Gepflogenheiten der Lebensführung, der Nachbarschaft und unverzichtbarer Zukunftserwartungen.

210
Handlungsmittel des geistigen Einflusses

Staatliches Handeln wird durch die Öffentlichkeit staatlicher Entscheidungsverfahren sichtbar[678]. Das auf gegenseitige Information und Beratung angelegte Rechtsverhältnis zwischen Parlament und Regierung[679] wird so gehandhabt, daß Informationen der Regierung an das Parlament adressiert, aber auch für die Öffentlichkeit formuliert werden, parlamentarische Debatten sich an den Parlamentarier wenden, aber die beobachtende Öffentlichkeit meinen. Einrichtungen wie Presse- und Informationsämter von Bundes- oder Landesregierungen[680], Beratungsstellen oder statistische Ämter verwenden die Handlungsinstrumentarien des geistigen Einflusses[681], durch die der Bürger zur demokratischen Mitentscheidung und zur rechtsstaatlichen Mitgestaltung befähigt, dem Staat aber auch ein Instrument zur Persönlichkeitsprägung in die Hand gegeben wird. Die monopolähnliche Dominanz des Staates im Schul- und Hochschulwesen gibt dem Staat ein Wissenspotential und ein rechtlich gesichertes Wissensvermittlungsrecht, das ihn für die berufliche und intellektuelle Entfaltungsfreiheit des einzelnen in Mitverantwortung nimmt.

211
Bedingung staatlicher Offenheit: Informationspflicht, private Informationsweitergabe, Vertraulichkeit

Der Staat wendet sich an die Öffentlichkeit als der zum Staatsvolk zu formenden Allgemeinheit, trifft aber im Öffentlichkeitsprinzip als „institutionalisiertem Mißtrauen"[682] auf einen Bürger, der den Staat eher kritisch beobachtet als mitgestaltend stützt. Derzeit ist die Politik von einem öffentlichen Mißtrauen, fast von einem allgemeinen Unrechtsverdacht umgeben, der Entscheidungskraft und Unbefangenheit gefährdet. Der Staat erreicht den überwiegenden Teil der Bürger nur durch Vermittlung der Medien[683]. Diese mittelbare, durch private Hand vermittelte Information wird in grundrechtlicher Freiheit der Informationsmittler ausgewählt, dargeboten und kommentiert. Der prinzipielle Informationswille des Staates und das Informationsbedürfnis des Bürgers treffen auf eine Meinungsäußerungs-, Informations-, Presse- und Rundfunkfreiheit, die dem Staat den Informationsfluß vor Erreichen der Allgemeinheit der Staatsbürger aus der Hand nimmt. Der staatliche Informati-

---

676 → Bd. II, *Böckenförde*, § 24 Rn. 67; vgl. ferner die Bildungs- und Erziehungsaufträge der Landesverfassungen, z. B. Art. 11 NordrhWestfVerf; Art. 12 Abs. 1, 21 BadWürttVerf.
677 → Bd. II, *P. Kirchhof*, § 20 Rn. 2, 100 f.
678 → Bd. III, *Kloepfer*, § 42 Rn. 53 f.; *Ernst-Gottfried Mahrenholz*, „Die Kritik ist der Tod des Königs" – Bemerkungen zur Öffentlichkeit, in: FS für Helmut Simon, 1987, S. 261 (272 f.).
679 Vgl. im einzelnen *P. Kirchhof* (N 98), S. 120 f.
680 *Walter Leisner*, Öffentlichkeitsarbeit der Regierung im Rechtsstaat, 1966; *Wolfgang Martens*, Öffentlich als Rechtsbegriff, 1969, S. 68 f.; *Otto-Ernst Kempen*, Grundgesetz, amtliche Öffentlichkeitsarbeit und politische Willensbildung, 1975; *Frank Schürmann*, Öffentlichkeitsarbeit der Bundesregierung, 1992.
681 *Roman Herzog*, Allgemeine Staatslehre, 1971, S. 167 f.
682 *Wilhelm Kewenig*, Staatsrechtliche Probleme parlamentarischer Mitregierung am Beispiel der Arbeit der Bundestagsausschüsse, 1970, S. 50.
683 Vgl. *Quaritsch* (N 674), S. 48 f. → Bd. III, *Schmitt Glaeser*, § 38 Rn. 15; *Kloepfer*, § 42 Rn. 35 f.; → Bd. IV, *Kube*, § 91 Rn. 66.

onswille ist außerdem durch eine Pflicht zur Vertraulichkeit begrenzt, die im Amtsgeheimnis, im nicht-öffentlichen Verfahren und in Verschwiegenheitspflichten ihre Grundlage hat. Soweit Grundrechtsberechtigte durch die Information betroffen werden, ziehen auch das Recht auf Privatsphäre, der Schutz von Ehe und Familie, das Berufsgeheimnis, die Unverletzlichkeit der eigenen Wohnung, das Brief-, Post- und Fernmeldegeheimnis, Aussageverweigerungs- und sonstige Mitwirkungsverweigerungsrechte sowie ein Grundrecht auf Datenschutz[684] eine Grenze zwischen Privatem und Verallgemeinerungsfähigem, zwischen vertraulicher und veröffentlichter Äußerung, zwischen geschlossenem und öffentlichem Verfahren. Schließlich kann sich der Informationsadressat gegen Informationen abschirmen. Der Wille, nicht zu hören, wehrt auch zudringliches Berichten, aufdringliches Belehren, persönlichkeitslenkendes Informieren ab. Der Wille, nicht zu sehen, berechtigt auch zum Übersehen, zum Wegsehen, zum sich Vorsehen, in der Privatheit auch zum bewußten Verharren in Unwissenheit und Irrtum.

b) Information, Appell und Beratung

212 *Alternativität von sprachlichem Realakt und förmlicher Regelung*

Im Rahmen eines konkreten Verwaltungsvorhabens bietet der Staat durch Information, Appell und Beratung dem Bürger eine rationale Grundlage für selbstverantwortliches Entscheiden und bestimmt ihn motivationslenkend zu einem Verhalten. Die staatliche Information über Schadstoffkonzentrationen in Nahrungsmitteln und die damit verbundenen Gesundheitsgefahren wehren oft eine Gefahr wirksamer ab als ein förmliches Verbot. Die öffentlich begründete Empfehlung einer Schutzimpfung kann die gesetzliche Anordnung[685], die Warnung vor technisch fehlerhaften Geräten das Verkaufsverbot ersetzen. Eine sichtbare wirtschaftspolitische Verläßlichkeit des Staates begegnet einer Kapitalflucht eher als der warnende Hinweis. Nicht regelungsfähiges Verhalten der Bürger, insbesondere das Anbieten und Nachfragen am Güter- und Dienstleistungsmarkt, beeinflußt der Staat vor allem mit dem Instrument der Information, des Appells und des Schweigens.

213 *Aufklärung und Beratung*

Die Verkündung von Gesetzen wird oft von allgemeinen Aufklärungsaktionen begleitet, um die Gesetzesadressaten auf die neue Rechtslage einzustimmen[686]. Andere staatliche Aufgaben wie der Verfassungsauftrag zur gesamtwirtschaftlichen Stabilisierung[687] lassen sich kaum durch Normen, sondern nur durch Publikationen von Daten und Prognosen sowie durch verhaltenssteuernde Unterrichtungen und Appelle erfüllen. Die sozialstaatliche Pflicht zur Mitgestaltung tatsächlicher Verhältnisse in der Gesellschaft[688] erlaubt amtliche Einflußnahmen, die durch Informationen und Appelle auf dem Gebiet des Gesundheit-, Umwelt- und Verbraucherschutzes zur Selbstver-

---

684 BVerfGE 21, 1 (5f.) – Mikrozensus; BVerfGE 65, 1 (41f.) – Volkszählung; BVerfGE 67, 100 (142ff.) – Flick-Untersuchungsausschuß; vgl. auch das PUAG vom 19.6.2001, in: BGBl I, S. 1142.
685 BGHZ 24, 45 (47) – „Gewissenszwang"; BGHZ 31, 187 (191) – „psychologisches Abfedern".
686 Vgl. BVerfGE 44, 125 (148) – Öffentlichkeitsarbeit; BGH, in: DVBl 1965, S. 479, sowie §§ 13, 14 SGB I.
687 Art. 109 Abs. 2–4 GG; *Hans Peter Ipsen*, Diskussionsbeitrag, in: VVDStRL 24 (1966), S. 222, spricht vom „Verfassungsauftrag zur Wachstumsvorsorge", dazu → Bd. II, *Zacher*, § 28 Rn. 25, 56.
688 → Bd. II, *P. Kirchhof*, § 21 Rn. 92; *Zacher*, § 28 Rn. 21, 26.

ständlichkeit behördlicher Praxis geworden sind[689]. Diese an die Allgemeinheit gewendete Information und Aufklärung wird durch individuelle Beratung ergänzt, insbesondere durch eine Berufs-, Studien-, Arbeits-, Gesundheits-, Schwangerschafts- und Schuldnerberatung.

214
Allgemeine Wissensverbreitung und Informationseingriff

Wenn der informierende Staat mit seiner verfassungsstaatlichen Autorität vor Jugendsekten[690], vor dem Verzehr eines Weines[691] oder vor Meditationsvereinen[692] warnt, so ist dieses ein Informationseingriff in den Schutzbereich von Grundrechten, nicht bloße Verbreitung von Allgemeinwissen[693]. Die Information ist eine Handlungsform des Staates, die wie alle anderen den Bindungen des Verfassungsstaates unterliegt. Wenn ein Grundrechtsträger – der Betreiber einer Weinkellerei – sich in seinem Wettbewerb den marktüblichen Informationen und konkurrierenden Werbekampagnen gegenübersieht, ist dieses eine Begegnung gleichgestellter Wettbewerber in gleicher Konkurrenz. Verändert der Staat mit seinem Informationseingriff die Wettbewerbslage, handelt er hingegen hoheitlich, nicht als Wettbewerbsteilnehmer, und muß sich verfassungsrechtlich nach der Kompetenzordnung wie nach den Grundrechten ähnlich rechtfertigen wie bei der Gesetzgebung. Er wirkt auf den Lebensbereich des Wettbewerbs ein, ist dabei durch den Schutz des Art. 12 Abs. 1 GG gegenüber staatlichen Eingriffen in Pflicht genommen[694]. Die individualisierende Information über eine bestimmte Person, eine bestimmte Vereinigung oder ein bestimmtes Unternehmen ist deshalb als grundrechtserheblicher Informationseingriff an die Maßstäbe des jeweils betroffenen Grundrechts gebunden: Bei der informierenden Einwirkung auf die von Art. 12 Abs. 1 GG geschützte Berufstätigkeit gilt das abgestufte Verhältnismäßigkeitsprinzip[695]. Beim Informationseingriff gegenüber einer Religions- oder Weltanschauungsgemeinschaft hat sich der religiös-weltanschauliche Staat gemäß Art. 4 Abs. 1 und 2 GG „besondere Zurückhaltung aufzuerlegen"[696]. Die Zuständigkeit der

---

689 Vgl. *Fritz Ossenbühl*, Umweltpflege durch behördliche Warnungen und Empfehlungen, 1986; *Gertrude Lübbe-Wolff*, Rechtsprobleme der behördlichen Umweltberatung, in: NJW 1987, S. 2705; *Gunther Schwerdtfeger*, Verbrauchslenkung durch Information, in: FS zum 125jährigen Bestehen der Juristischen Gesellschaft zu Berlin, 1984, S. 715; *Di Fabio* (N 135), S. 395 ff.; *Stoll* (N 135), S. 290 ff.
690 BVerwGE 82, 76 (79).
691 BVerfGE 105, 252 (265 f.) – Glykol.
692 BVerfGE 105, 279 (283) – Osho.
693 Zur Grundrechtserheblichkeit individualisierender Informationstätigkeit vgl. *Dietrich Murswiek*, Staatliche Warnungen, Wertungen, Kritik als Grundrechtseingriffe – zur Wirtschafts- und Meinungslenkung durch staatliches Informationshandeln, in: DVBl 1997, S. 1021; *Peter M. Huber*, Die Informationstätigkeit der öffentlichen Hand – ein grundrechtliches Sonderregime aus Karlsruhe?, in: JZ 2003, S. 290 (292); *Wolfram Höfling*, Kopernikanische Wende rückwärts? – Zur neueren Grundrechtsjudikatur des Bundesverfassungsgerichts, in: FS für Wolfgang Rüfner, 2003, S. 329 (337 f.); *Michael Sachs*, Informationsinterventionismus und Verfassungsrecht, in: FS für Peter Selmer, S. 209 (213 ff.); *Herbert Bethge*, Zur verfassungsrechtlichen Legitimation informalen Staatshandelns der Bundesregierung, in: Jura 2003, S. 327 (332 f.); → Bd. III, *Schoch*, § 37 Rn. 56, 111 ff.
694 Vgl. *Ernst-Wolfgang Böckenförde*, Schutzbereich, Eingriff, verfassungsimmanente Schranken, in: Der Staat 42 (2003), S. 165 (178); *Christian von Coelln*, Zulässigkeit staatlicher Informationen zum Verbraucherschutz, in: JA 2003, S. 216 (218); *Huber* (N 693), S. 292; *Bethge* (N 693), S. 327 (332); *Höfling* (N 693), S. 322 f.; → Bd. III, *Schoch*, § 37 Rn. 112.
695 BVerfGE 7, 377 (397 ff.) – Apotheken-Urteil; BVerfGE 81, 242 (253 ff.) – Handelsvertreter; BVerfGE 98, 106 – (117 ff.) kommunale Verpackungsteuer; BVerfGE 104, 337 (347 ff.) – Schächtverbot.
696 BVerfGE 105, 279 (295) – Osho.

Bundesregierung zu einem Informationseingriff ergibt sich nicht aus einer allgemeinen „Aufgabe der Staatsleitung"[697]; aus einer Aufgabe könnten niemals unmittelbar Kompetenzen und Befugnisse abgeleitet werden[698]. Auch der Informationseingriff steht deswegen einem Staatsorgan nur im Rahmen seiner verfassungsrechtlichen Kompetenzen zu. Andere und offenere Maßstäbe gelten für die allgemeine Informationstätigkeit der Regierung, die über vergangene, gegenwärtige und bevorstehende Ziele und Tätigkeiten einer staatlichen Stelle unterrichtet[699]. Auch die regelmäßige Berichtstätigkeit[700] pflegt eine Wissens- und Bewertungsgrundlage, eine allgemeine Informationsquelle für die Bürger, stärkt damit deren Mündigkeit, schafft ein allgemeines Bewußtsein für Fragen der Politik oder einer veränderten individuellen Lebensgestaltung, stärkt auch die parlamentarische Kontrolle und die öffentliche Kritik an den berichtenden Staatsorganen. Der Staat kann durch Öffentlichkeitsaufklärung konkrete Verwaltungsaufgaben – etwa des Gesundheitsschutzes – wahrnehmen[701], er kann polizeiliche Aufgaben der Gefahrenabwehr durch Aufklärung über Gefährdungslagen erfüllen[702], die Information kann auch ein bloßes allgemeines Wissen über Wirtschaftsdaten, die Rechtsentwicklung in Deutschland und Europa, die internationale Lage oder bevorstehende Risikostrukturen vermitteln[703]. Wissen ist im Wandel der Staatszwecke und Staatsaufgaben[704] stets eine Bedingung des mündigen Bürgers im freiheitlichen Staat. Deswegen ist die allgemeine Wissensvermittlung eine Frage der Kompetenz und des Amtsauftrags, der Informationseingriff ist hingegen am Maßstab der Grundrechte zu messen.

Öffentlichkeitsarbeit der Bundesregierung

Das informierende und appellierende Staatshandeln ist somit in der verfassungsrechtlichen Aufgaben-, Zuständigkeits- und Befugnisordnung gebunden[705]. Das Demokratieprinzip und der Grundsatz der Chancengleichheit bei Wahlen stehen parteibetreffendem Einwirken amtlicher Stellen auf den Wahlkampf entgegen[706]. Der allgemeine Gleichheitssatz fordert die gleichmäßige Berücksichtigung aller Interessenten bei der staatlichen Informationsvergabe[707]. Geheimhaltungspflichten im Interesse des Staates[708] oder zur Gewährleistung des Grundrechtes auf Datenschutz[709] verbieten oder beschränken staatliche Informationstätigkeit. Wirken staatliche Informationen oder

215

Verpflichtung zur Objektivität, Neutralität und Sachkundigkeit

---

697 So BVerfGE 105, 252 (268 ff. sowie 2. Leitsatz) – Glykol; BVerfGE 105, 279 (301 f. sowie 2. Leitsatz) – Osho.
698 S. o. Rn. 29 ff.
699 Zur Einschränkung während der Zeit der Wahlwerbung vgl. BVerfGE 44, 125 (147 ff.) – Öffentlichkeitsarbeit; BVerfGE 63, 230 (243 ff.) – Öffentlichkeitsarbeit II.
700 Zu den gesetzlichen Berichtspflichten → Bd. III, *Schoch*, § 37 Rn. 65 ff.
701 *Rolf Gröschner*, Öffentlichkeitsaufklärung als Behördenaufgabe, in: DVBl 1990, S. 619 (620 ff.).
702 *Thorsten Engel*, Die staatliche Informationstätigkeit in den Erscheinungsformen Warnung, Empfehlung und Aufklärung, 2000.
703 Über die einzelnen Typen staatlichen Informationshandelns → Bd. III, *Schoch*, § 37 Rn. 46 ff.
704 → Bd. IV, *Fassbender*, § 76 Rn. 23 ff.
705 Vgl. BVerfGE 44, 125 (149) – Öffentlichkeitsarbeit I; *Lübbe-Wolff* (N 689), S. 2706 f.
706 BVerfGE 44, 125 (138 f.) – Öffentlichkeitsarbeit I; BVerfGE 63, 230 (243 ff.) – Öffentlichkeitsarbeit II.
707 BVerwGE 47, 253 (273 f.).
708 → Bd. IV, *Fassbender*, § 76 Rn. 77 ff.
709 BVerfGE 65, 1 (43 ff.) – Volkszählung; BVerfGE 67, 100 (281) – Flick-Untersuchungsausschuß; BVerfGE 84, 239 (279 ff.) – Zinsurteil.

Appelle mittelbar – vermittelt durch das Verhalten der Angesprochenen – auf die Rechte Dritter ein, wirkt zum Beispiel die Warnung der Verbraucher vor umweltbedenklichen oder gesundheitsgefährdenden Produkten wie ein Verkaufsverbot gegenüber dem Hersteller, so sind die Grundrechte des Erstadressaten des Informationseingriffs und die des letztbetroffenen Herstellers zu beachten[710]. Der Schutzbereich der Grundrechte bestimmt die Reichweite des Gesetzesvorbehalts und den materiellen Maßstab der rechtlichen Beurteilung. Das Rechtsstaatsprinzip und das in den Grundrechten angelegte Freiheitsprinzip verpflichten staatliches Informieren, Beraten und Appellieren zu Wahrheit und Objektivität, zu Neutralität und Sachkundigkeit. Wenn der Staat freiheitlicher Entscheidung Grundlagen des Wissens vermittelt, müssen diese als Befähigung zur Freiheit, nicht als Bevormundung zum Irrtum angelegt sein.

c) Betroffenenbeteiligung

216 *Arten verfahrensrechtlicher Beteiligungen*

Die tatsächliche Einflußnahme durch Vermittlung und Auswahl von Kenntnissen, Prognosen und Empfehlungen wird innerhalb von Verwaltungsrechtsverhältnissen zu Verwaltungspflichten und auch zu Austauschverbindlichkeiten geformt und gefestigt, wenn das Verfahrensrecht Auskunfts-, Beratungs- und Hinweispflichten von Behörden und Gerichten gegenüber Beteiligten oder gegenüber der Öffentlichkeit vorsieht, auf Antragstellung, Wissens- und Willenserklärungen der Betroffenen aufbaut, die Bekanntgabe von Hoheitsakten zur Wirksamkeitsvoraussetzung macht[711] und eine Begründung für Entscheidungen von Gerichten[712] und Behörden[713] vorsieht[714]. Akteneinsichts- und Anhörungsrechte geben Beteiligten die Möglichkeit, ihr Informationsbedürfnis aktiv gestaltend zur Geltung zu bringen.

217 Diese Beteiligungsrechte der Betroffenen oder in Sonderfällen – insbesondere im Planungsverfahren – der Öffentlichkeit[715] dienen vor allem der rechtzeitigen und wirksamen Geltendmachung von Grundrechten[716], der Gewähr-

---

710 *P. Kirchhof* (N 98), S. 189 f.; *Ossenbühl* (N 689), S. 29 f.; *Lübbe-Wolff* (N 689), S. 2711 a. E.; s. o. Rn. 55 f.
711 Vgl. *Eberhard Schmidt-Aßmann*, in: Maunz/Dürig, Komm. z. GG, Art. 19 Rn. 250 f.; → Bd. II, *Schmidt-Aßmann*, § 26 Rn. 76, 78.
712 *Hinrich Rüping*, in: BK (Zweitb.), Art. 103 Abs. 1 Rn. 55 f.; zur Einschränkung: BVerfG, in: NJW 1982, S. 925; vgl. ferner die Beiträge von *Rainer Sprung*, Die Entwicklung der zivilgerichtlichen Begründungspflicht, S. 43 ff., und *Franz Becker*, Die Entscheidungsbegründung im deutschen Verwaltungs-, verwaltungsgerichtlichen und verfassungsgerichtlichen Verfahren, in: Rainer Sprung (Hg.), Die Entscheidungsbegründung in europäischen Verfahrensrechten und im Verfahren vor internationalen Gerichten, 1974, S. 101 ff.
713 BVerfGE 6, 32 (44 f.) – Elfes-Urteil; BVerfGE 40, 276 (286) – St. Pauli-Nachrichten; BVerfGE 49, 24 (66 f.) – Kontaktsperregesetz; *Rudolf Dolzer*, Zum Begründungsgebot im geltenden Verwaltungsrecht, in: DÖV 1985, S. 9 f.
714 Anders bei Legislativakten: *Schmidt-Aßmann* (N 711), Art. 19 Rn. 253; Normsetzungsakte unterliegen keiner Begründungspflicht, vgl. *Schmidt-Aßmann* (N 711), Rn. 253 m. weit. Nachw.; für eine Begründungsobliegenheit des Verordnungsgebers BVerwG, in: NVwZ 1987, S. 682 (684); *Jörg Lücke*, Begründungszwang und Verfassung – zur Begründungspflicht der Gerichte, Behörden und Parlamente, 1987; *Uwe Kischel*, Die Begründung, 2003.
715 *Willi Blümel*, Grundrechtsschutz durch Verfahrensgestaltung, in: ders. (Hg.), Frühzeitige Bürgerbeteiligung bei Planungen, 1982, S. 23 (50 f.), m. weit. Nachw. in Fn. 3.
716 BVerfGE 53, 30 (62 ff.) – Mülheim-Kärlich; *Blümel* (N 715), S. 26; *Dieter Grimm*, Verfahrensfehler als Grundrechtsverstöße, in: NVwZ 1985, S. 865 f.; zum Grundrechtsschutz durch Verfahren vgl. *Huber* (N 281), S. 65 ff.

leistung individuellen Rechtsschutzes[717] und binden den Bürger rechtzeitig in staatliche Entscheidungs- und Unterrichtungsverfahren ein. Der mit der Ausweitung gestaltender Staatstätigkeit abnehmenden Direktionskraft des Gesetzes entspricht die zunehmend freiheitsstützende Bedeutung des Verfahrensrechts, in dessen Verletzung zugleich ein verfassungsgerichtlich überprüfbarer Grundrechtsverstoß liegt, wenn und soweit das einfache Verfahrensrecht Ausfluß des objektiv-rechtlichen Mindeststandards der Grundrechte als Verfahrensgarantien ist. In Betracht kommen insofern vor allem Verstöße gegen die Pflichten zur gründlichen Sachverhaltsaufklärung, zur Gewährung von Verfahrensteilhabe durch Unterrichtung und Anhörung sowie zur Gleichbehandlung der Betroffenen[718]. Ein Verstoß gegen die Begründungspflicht kann eine – in der Regel heilbare – Rechtswidrigkeit des Staatsaktes zur Folge haben[719]. Ein Verstoß gegen die – einfachgesetzliche[720] – Pflicht zur Rechtsbehelfsbelehrung berührt in der Regel nicht die Rechtmäßigkeit der Verwaltungs- oder Gerichtsentscheidung, sondern verlängert die Rechtsbehelfsfrist.

<small>Verfassungsrechtliche Bedeutung der Beteiligungen</small>

d) Tathandlungen

Während diese Sprechhandlungen stets darauf angelegt sind, vom Adressaten willentlich aufgenommen und dann in eigenes Verhalten umgesetzt zu werden, bedient sich der Staat auch der Tathandlung, die ungeachtet und gegen den Willen der Betroffenen Fakten schaffen. Der Staat baut eine Brücke, löscht ein Feuer, zahlt einen Geldbetrag, wendet polizeilichen Zwang an. Das Staatsrecht steht vor der Aufgabe, diese sofort wirksamen, oft nicht mehr korrigierbaren Handlungen vorbeugend so zu formen, daß die Wirkungen vom Handelnden beherrschbar sind und nach den Anforderungen des Rechts gesteuert werden können. Die rechtsstaatliche Disziplin staatlichen Handelns wird erhöht, wenn das Recht nicht nur bestimmte Handlungswirkungen mißbilligt, sondern durch vorbeugenden Rechtsgüterschutz mißbilligte Wirkungen im Verhalten der Staatsorgane vermeidet.

218
<small>Handlung und Handlungswirkung</small>

Das Grundgesetz konzipiert den Staat als einen durch verbindliches Regeln handelnden Staat, ermächtigt aber die „vollziehende Gewalt" (Art. 1 Abs. 3, 20 Abs. 2 S. 2 und Abs. 3) zu Tathandlungen und mäßigt diese Handlungsweise in ausdrücklichen Geboten und Verboten. Das Grundgesetz verbietet einen Zwang zur Arbeit (Art. 12 Abs. 2 und 3), zum Kriegsdienst an der Waffe gegen das eigene Gewissen (Art. 4 Abs. 3 S. 1), zu bestimmten religiösen Handlungen (Art. 140 GG, 136 Abs. 4 WRV), untersagt Mißhandlungen (Art. 104 Abs. 1 S. 2) und bestimmte Störungen (Art. 4 Abs. 2, 26 Abs. 1 S. 1), das Stattfinden einer Zensur (Art. 5 Abs. 1 S. 3), schließt Maßnahmen gegen die Koalitionsfreiheit (Art. 9 Abs. 3) aus, unterbindet die Behinderung der Unterrichtsfreiheit (Art. 5 Abs. 1 S. 1) und die Auslieferung von Deutschen (Art. 16 Abs. 2

219
<small>Ausdrückliche Verbote von Tathandlungen</small>

---
[717] Vgl. BVerfG, in: DVBl 1987, S. 1062 (1063).
[718] Vgl. BVerfGE 53, 30 (62 ff.) – Mülheim-Kärlich; *Grimm* (N 716), S. 865 (867 ff.) m. weit. Nachw.
[719] Vgl. §§ 39, 45 Abs. 1 Nr. 2 und Abs. 3, 46 VwVfG. Eingehend hierzu *Friedhelm Hufen*, Fehler im Verwaltungsverfahren, S. 192 ff., 287, 378 f.
[720] *Schmidt-Aßmann* (N 711), Art. 19 Rn. 257.

§ 99 *Achter Teil: I. Grundlagen*

S. 1), schafft die Todesstrafe ab (Art. 102), erklärt die Menschenwürde für unantastbar (Art. 1 Abs. 1 S. 1), die Menschenrechte (Art. 1 Abs. 2), die Freiheit der Person (Art. 2 Abs. 2 S. 2), die Glaubens-, Gewissens- und Bekenntnisfreiheit (Art. 4 Abs. 1), das Brief-, Post- und Fernmeldegeheimnis (Art. 10 Abs. 1) und die Wohnung (Art. 13 Abs. 1) für unverletzlich, schützt die Menschenwürde (Art. 1 Abs. 1 S. 2), gewährleistet eine ungehinderte Unterrichtung (Art. 5 Abs. 1 S. 1), eine ungestörte Religionsausübung (Art. 4 Abs. 2), die Errichtung von Privatschulen (Art. 7 Abs. 4 S. 1).

220
Rechtliche Formung von Tathandlungen

Neben diesen Gewährleistungen, die tatsächliche Belastungen untersagen oder einschränken, kennt das Grundgesetz auch Regelungen, die Tathandlungen rechtlich formen und dadurch mäßigen. Gesetzesvorbehalte im Grundrechtsbereich[721] und Richtervorbehalte[722] dienen der vorbeugenden Bindung und Kontrolle tatsächlichen Handelns. Die Schutzaufträge der Art. 1 Abs. 1 S. 2 und Art. 6 Abs. 1 GG, die Gleichstellungsaufträge der Art. 3 Abs. 2, 6 Abs. 5, 33 Abs. 2 GG und der Annäherungsauftrag des sozialen Staates veranlassen aktiv gestaltende Tathandlungen des Staates. Im übrigen gehört zu den Hauptfunktionen der „vollziehenden Gewalt", durch tatsächliche Sachverhaltsermittlung eine Regelung vorzubereiten, durch Tathandlungen eine Regelung auszuführen und durch ergänzende Handlungen eine Regelung zu begleiten. Tathandlungen der vollziehenden Gewalt können auch Regelungen ersetzen, insbesondere wenn die Polizei bei Gefahr im Verzug polizeiliche Standardmaßnahmen ergreift[723].

221
Grundrechtseingriffe

Tathandlungen sind oft Grundrechtseingriffe[724], können aber dennoch nicht immer auf den Betroffenen abgestimmt werden. Die körperliche Gewalt des Polizeibeamten wird individuell und konkret dem einzelnen zugemessen; die militärische Verteidigungsgewalt schützt Raum und Objekte, ohne ihre Handlungsweisen auf individuell Betroffene abstimmen zu können. Die Geldschöpfung, die Pflege auswärtiger Handelsbeziehungen oder die Schaffung bildungs- und marktwirksamer Standards verändert mit Wirkung für jedermann eine Realität, die den einzelnen betrifft, von ihm jedoch als tatsächliche Lebensbedingung vorgefunden wird und kaum als staatlich gestaltete Wirklichkeit erscheint. Die „Mittelbarkeit" und die Allgemeinheit dieser Einwirkungen lassen den Betroffenen in der Gesamtheit des Staatsvolkes aufgehen, schwächen deshalb seine individualrechtliche Rechtsposition, nicht aber die objektiv staatsrechtliche Bindung der Staatsgewalt[725].

222

Tathandlungen sind auch geeignet, grundrechtliche Freiheit zu stützen. Wenn der Staat Einrichtungen schafft und Leistungen erbringt, gewährt er tatsächliche Voraussetzung für die individuelle Freiheitsausübung[726]; das Schließen

---

[721] Besonders deutlich: Art. 2 Abs. 2 S. 3; Art. 5 Abs. 2; Art. 10 Abs. 2; Art. 11 Abs. 2; Art. 12 a Abs. 3–6; Art. 13 Abs. 2 und 3; Art. 14 Abs. 3 S. 2; Art. 15 S. 1; Art. 16 Abs. 1 S. 2; Art. 104 Abs. 1 S. 1 und 2 GG.
[722] Insbes. Art. 13 Abs. 2, Art. 104 Abs. 2 S. 1, Abs. 3 S. 1 und 2 GG.
[723] Zur Qualifikation dieser Maßnahme vgl. einerseits BVerwGE 26, 161 (175) und andererseits *Gerhard Robbers*, Schlichtes Verwaltungshandeln, in: DÖV 1987, S. 272 (275 f.).
[724] S. o. Rn. 64 f.
[725] S. o. Rn. 55 ff.
[726] Vgl. dazu *Isensee* (N 88), § 115 Rn. 136 ff.; *P. Kirchhof* (N 12), § 21 Rn. 68 ff.

einer Einrichtung, das Unterlassen einer Erneuerung oder die Beendigung eines Leistungsrechtsverhältnisses können praktizierter Freiheit die Grundlage nehmen. Freiheitsstützende Tathandlungen dürfen immer nur die Grundlagen freien Handelns anbieten und sichern, nicht den Entschluß zur Freiheitsausübung vorwegnehmen: Das Feuerlöschen bewahrt individuell gestaltete Freiheitsvoraussetzungen von Wohnung und Eigentum; das Befördern von Postsendungen vermittelt die korrespondierende Freiheitsausübung; der Autobahnbau bereitet ein Angebot an die Allgemeinheit zur Sicherheit und Leichtigkeit des Straßenverkehrs vor. Eine Schutzimpfung dient der Freiheitsvorsorge, eine polizeiliche Störungsabwehr der aktuellen Freiheitssicherung, eine Unfallhilfe dem Rückgewinnen individueller Normalität.

<small>Grundrechtsstützende Tathandlungen</small>

Soweit der Staat zu Tathandlungen verpflichtet ist, folgt diese Pflicht grundsätzlich aus einer Aufgabe, nicht aus Individualansprüchen. Grundrechte unterbinden und mäßigen Tathandlungen, unterwerfen sie jedoch nicht dem Regime von Individualinteressen[727]. Der rechtliche Handlungsauftrag und der Vorbehalt des Möglichen beschränken generell die individuelle Teilhabe an staatlichen Leistungen und Einrichtungen; die Teilhabe am staatlich gewährten Recht steht zwar jedermann zu, ist aber inhaltlich durch grundrechtliche Abwehrrechte bestimmt[728]. Die Entlastung des einzelnen von Selbstvorsorge und Selbsthilfe würde zur Bevormundung, wenn existenzsichernde Tathandlungen existenzgestaltende Entscheidungen vorwegnähmen[729], sonstige begünstigende Tathandlungen mit grundrechtsbelastenden Nebenwirkungen verbunden würden[730] oder wenn wiederkehrende Freiheitshilfen den Grundrechtsträger der Freiheit entwöhnten, die Freiheitsvorsorge damit die individuelle Kraft zur Freiheit lähmte[731].

<small>**223**
Schutzaufgaben, weniger Schutzansprüche</small>

IV. Kontrollieren

Jedes planvolle, an Maßstäbe gebundene Handeln wird sich immer wieder seiner Richtigkeit vergewissern, ist also auf Kontrolle angelegt. Kontrolle ist ursprünglich – contra rotulus – die Gegenaufzeichnung, der Vergleich zwischen Ist und Soll. Verfassungsrechtliche Kontrolle vergleicht die Tätigkeit des verfaßten Staates mit seinen Handlungsmaßstäben und wirkt auf die Berichtigung verfassungswidrigen Handelns und verfassungswidriger Handlungserfolge hin. Bei der staatspolitischen Kontrolle hingegen setzt das Kontrollorgan den Kontrollmaßstab im Rahmen seiner Kompetenz selbst; diese Kontrolle ist mehr Mitgestaltung als berichtigende Einwirkung. Die parlamentarische Demokratie versteht den Wähler als den stetigen Beobachter und Kontrolleur, das Parlament als Legitimationsspender und mitsprechenden Widerhall staatlichen Handelns. Der Rechtsstaat erwartet eine ständige

<small>**224**
Staatliche Selbstvergewisserung</small>

---

[727] Zu den grundrechtlichen Schutzpflichten s. o. Rn. 58 ff., 62, 161 ff.
[728] S. o. Rn. 58 ff., 110.
[729] S. o. Rn. 111 ff.
[730] S. o. Rn. 64 ff.
[731] S. o. Rn. 58 ff.

Selbstvergewisserung des Staates am Maßstab des Rechts. Der funktionsgeteilte Staat organisiert eine dauernde Lernfähigkeit der Staatsorgane in Beobachtungsaufgaben, Berichtspflichten, Mitwirkungsvorbehalten, Nachbesserungs- und Ausgleichspflichten.

225
Verantwortlichkeit durch Kontrolle

Das Staatsrecht verfaßt den Staat im Recht, muß deshalb Prüfungsorgane bereitstellen, die staatliches Handeln mit den staatsrechtlichen Maßstäben vergleichen, Abweichungen feststellen und daraus Folgerungen für die Berichtigung von Verhaltensfehlern und die Vermeidung zukünftiger Verhaltensmängel ziehen. Staatsrechtliche Verantwortlichkeit wird wirksam, wenn sie eingefordert werden kann; staatliche Macht wird gehemmt, wenn ihr eine kontrollierende Gegenmacht gegenübersteht. Verantwortlichkeit des demokratischen Rechtsstaats meint Rechenschaftspflicht der Staatsorgane gegenüber dem sie beauftragenden Staatsvolk[732], setzt die Inpflichtnahme einzelner Staatsorgane für Verhaltensfehler und eine Korrigierbarkeit der Fehler oder eine Ausgleichbarkeit der Fehlerfolgen voraus.

226
Maßstabgebundene Beanstandung und Kompetenz zur Beeinflussung anderer

Kontrolle prüft und beanstandet einen Vorgang nach vorgegebenem Maßstab. Wenn das Staatsrecht die staatliche Gewalt als eine in Aufgaben, Kompetenzen und Befugnissen verfaßte Herrschaft einrichtet, so ist alle Staatsgewalt auf rechtliche Verantwortlichkeit und Rechenschaft angelegt. Demokratische Kontrolle üben vor allem Parlament und Wähler, rechtsstaatliche Kontrolle vor allem die Gerichtsbarkeit[733] (Fremdkontrolle) und die handelnden Organe in der Pflichtenstellung des Amtes (Selbstkontrolle) aus. Ist die Kontrolle in Maßstab und Gegenstand zur Finanzkontrolle (Art. 114 GG), zur Sachkontrolle (Art. 84 Abs. 3, Art. 85 Abs. 4 GG), zur Personalkontrolle[734] oder allgemein zur „politischen" Kontrolle geformt, so wird die Kontrolle zur Kompetenz, fremdes Verhalten zu beeinflussen. Diese Kontrolle setzt eine Funktionenteilung voraus[735], stützt sich außerdem auf demokratische Repräsentation und bundesstaatliche Untergliederungen.

1. Die mitgestaltende Kontrolle

227
Notwendiges Zusammenwirken mehrerer Machtträger

Das Grundgesetz hat die Staatsorgane in dem Prinzip der Funktionenordnung und Funktionengliederung[736], in der demokratischen Legitimation von Parlament und Regierung durch das Volk[737], im Bundesstaatsprinzip[738] und insgesamt in der Abgrenzung und Zuordnung von Kompetenzen auf ein gegenseiti-

---

732 *Ulrich Scheuner*, Verantwortung und Kontrolle in der demokratischen Verfassungsordnung, in: FS für Gebhard Müller, 1970, S. 379 (380).
733 *Hoffmann-Riem* (N 569), § 10 Rn. 81 ff.; *Voßkuhle* (N 4), § 1 Rn. 15.
734 S. o. Rn. 96.
735 *Ralf Poscher*, Die Funktionsordnung des Grundgesetzes, in: GVwR, Bd. I, 2006, § 8 Rn. 24 ff.
736 *Georg Brunner*, Kontrolle in Deutschland, eine Untersuchung zur Verfassungsordnung in beiden Teilen Deutschlands, 1972, S. 11; → Bd. II, *Böckenförde*, § 24 Rn. 87 ff.; *Schmidt-Aßmann*, § 26 Rn. 48 ff.
737 *Karl-Ulrich Meyn*, Kontrolle als Verfassungsprinzip, 1982, S. 184 f. und passim (akzentuiert: Kontrolle als „Surrogat für die idealiter geforderte Selbstentscheidung", ebd., S. 389). → Bd. II, *Böckenförde*, § 24 Rn. 16.
738 Vgl. *Karl Loewenstein*, Political power and the governmental poses, deutsche Ausgabe: Verfassungslehre, ²1969, S. 296 f.; → Bd. II, *Jestaedt*, § 29 Rn. 15 ff.

ges Zusammenwirken, dabei aber auch auf gegenseitiges Beobachten, Bewerten, Lenken und Bestimmen angelegt. Diese „politische" Kontrolle[739] versteht die Ausübung von Staatsgewalt als Zusammenarbeit mehrerer Staatsorgane, bei der kein staatlicher Machtträger dem anderen seinen Willen aufzwingen kann, die volle Inanspruchnahme staatlicher Mächtigkeit aber auch nicht ohne das andere Staatsorgan möglich ist.

Diese Kontrolle durch Mitentscheidung fordert nicht nur die Beachtung eines vorgegebenen Maßstabes, sondern bestimmt aufgrund eigener politischer Einschätzungen und Bewertungen eine staatliche Entscheidung und ihren Maßstab mit. Wenn die Länder im Bundesrat bei der Gesetzgebung und der Verwaltung des Bundes mitwirken, Bundesregierung und Bundesrat durch das Gesetzesinitiativrecht die parlamentarische Gesetzgebung beeinflussen, der Bundestag durch die Wahl des Bundeskanzlers, seine Mitverantwortung für die Staatsleitung und die Möglichkeit des Mißtrauensvotums auf das Handeln der Bundesregierung einwirkt, der Bundestag aufgrund seines Zitier- und Auskunftsrechts, durch seine Zustimmung nach Art. 59 Abs. 2 GG, durch die Einsetzung von Untersuchungsausschüssen und durch „schlichte Parlamentsbeschlüsse" Teile der Regierungspolitik mitlenkt, so fügen sich zwei Entscheidungsabläufe in gegenseitiger Anregung, Ergänzung und Korrektur zu einer verbindlichen Entscheidung des Staates zusammen. Die mäßigende und ausgleichende Wirkung dieses nicht auf Arbeitsteilung, sondern auf wiederholende Vergewisserung angelegten Zusammenwirkens wird durch die Sichtbarkeit staatlichen Handelns für die Allgemeinheit der Wähler gefestigt. Diese demokratische Verantwortlichkeit der Staatsorgane macht eine Kontrolle durch die „Öffentlichkeit"[740] wirksam.

228 Mitregelnde, nicht rechtsanwendende Kontrolle

Wird staatliches Handeln durch Aufsichtsorgane mit Weisungs- oder auch mit Selbsteintrittsrecht überprüft, so vermengen sich Kontroll- und Anleitungsfunktionen. Das Aufsichtsorgan prüft nicht das Handeln eines selbständigen Entscheidungsträgers, sondern beobachtet ein Verhalten, das im vorhinein durch Weisungen gelenkt werden kann. Die Aufsicht über das angewiesene Vollzugsorgan kontrolliert nicht nur das vom Aufsichtsorgan bestimmte Handlungsziel und Handlungsmittel, sondern auch die Befolgung der Weisung. Dennoch steht auch den Aufsichtsorganen, die durch Aufsicht und Weisung das Handeln des Angewiesenen vorzeichnen[741], das Handlungsmittel der mitentscheidenden Kontrolle zur Verfügung. Die Regierung steht der Verwaltung als anweisendes und als kontrollierendes Organ gegenüber[742]. Die Bundesregierung kann die Länder beim Vollzug von Bundesgesetzen durch Verwaltungsvorschriften oder auch durch Weisungen binden, muß sie aber zugleich auch am Maßstab des Rechts oder der Zweckmäßigkeit überwa-

229 Kontrolle und Aufsicht

---
[739] Loewenstein (N 738), S. 31 f.
[740] → Bd. III, Kloepfer, § 42 Rn. 18, 56 f.; H. H. Klein, § 50 Rn. 42 ff.
[741] Ulrich Scheuner, Die Kontrolle der Staatsmacht im demokratischen Staat, 1977, S. 15, spricht bei Unterordnung von Aufsicht, bei Selbständigkeit beider Entscheidungsträger von Kontrolle.
[742] → Unten Schröder, § 106 Rn. 1 ff., 29 f.; s. o. Rn. 204 f.

chen⁷⁴³. Ähnliches gilt für die Kontrolle von Körperschaften und Anstalten. Bei der bloßen Rechtsaufsicht wahrt der Angewiesene seine Autonomie; bei der Fachaufsicht trägt das Aufsichtsorgan eine Mitverantwortlichkeit für die beaufsichtigte Maßnahme, weil es auch die Zweckmäßigkeit durch Weisung oder durch Unterlassen der Weisung mitbestimmt. Das Aufsichtsorgan beanstandet und berichtigt nicht nur Fehlverhalten, sondern veranlaßt und leitet dieses Verhalten. Eine umfassende Aufsichtskontrolle ist deswegen auch Selbstkontrolle.

230
„Regulierte Selbstkontrolle"

Das Anliegen, an die Stelle staatlicher Kontrolle vermehrt die Selbstkontrolle des Freiheitsberechtigten treten zu lassen, kommt unter anderem im Umweltrecht in einer Vielzahl neuer Gestaltungsformen zum Ausdruck. § 6 Abs. 3 VerpackV gibt privaten Wirtschaftsbeteiligten die Möglichkeit, den Rücknahmepflichten aus der Verpackungsverordnung dadurch zu entgehen, daß sie sich an einem System flächendeckender Abholung von Verkaufsverpackungen (sogenanntes Duales System) beteiligen. Im Falle der Umwelt-Auditierung sind Unternehmen nach erfolgreicher Überprüfung und Validierung ihrer Betriebsabläufe durch einen privaten – zugelassenen, unabhängigen und fachkundigen – Umweltgutachter berechtigt, ein entsprechendes Emblem zu führen und es zu Werbezwecken einzusetzen; die Zulassung und Beaufsichtigung der Umweltgutachter wiederum obliegen einer privaten Zulassungsgesellschaft, die insoweit gemäß § 28 UmweltauditG als Beliehene handelt.

2. Die Selbstkontrolle

231
Verfaßtes ist selbstkontrolliertes Handeln

Verfassungsrechtlich gebundenes Handeln garantiert seine Rechtmäßigkeit selbst, ist auf Selbstkontrolle angelegt. Der Freiheitsberechtigte handelt selbstbestimmt, der verfaßte Staat selbstkontrolliert. Gerät staatliches Handeln außer Kontrolle, ist es willkürlich. Diese Selbstkontrolle leistet zunächst der einzelne Amtsträger, wenn er im vorhinein die Rechtmäßigkeit und Erfolgsdienlichkeit seines Handelns prüft und stetig das Verbleiben seines Handelns und Wirkens in diesem Handlungsrahmen überwacht. Die Selbstkontrolle innerhalb einer Entscheidungsinstanz nähert sich bereits einer „Gewaltenteilung innerhalb der Gewalten"⁷⁴⁴, wenn ein Handeln auf Kollegialentscheidung gestützt, in einem abgestuften Verfahren und unter Beteiligung verschiedener Personen vorbereitet oder von mehreren Personen verantwortet wird. Innerhalb der Verwaltung wirkt die Rechts-, Fach- und Dienstaufsicht als Selbstkontrolle der Verwaltung, innerhalb der Exekutive die überwachende und korrigierende Ausübung des Weisungsrechts der Regierung gegenüber der Verwaltung und die Ausübung der Remonstrationspflicht der Verwaltung gegenüber der Regierung als exekutivinterne Selbstkontrolle. Auch die das Gesetzgebungsverfahren bestimmenden, aufeinanderfolgenden Kontrollstellen der Gesetzesinitiative, des Gesetzesbeschlusses im

---

743 → Unten *Loschelder*, § 107 Rn. 45 ff.
744 *Walter Leisner*, Gewaltenteilung innerhalb der Gewalten, in: FG für Theodor Maunz, 1971, S. 267 f.

Bundestag, der Mitwirkung des Bundesrates, der Gegenzeichnung und der Ausfertigung durch den Bundespräsidenten sind Selbstkontrollen staatlicher Rechtsetzung innerhalb eines Rechtsetzungsvorgangs. Selbst die Überprüfung der Rechtsprechung durch Rechtsmittelinstanzen kann als Selbstkontrolle der rechtsprechenden Gewalt verstanden, jede Funktionenzuordnung innerhalb des Staates letztlich als Selbstkontrolle des Staates gedeutet werden.

Die Selbstkontrolle in institutioneller Identität von Kontrolleur und Entscheidendem bringt Verfassungsrecht in anderer Weise zur Wirkung als das Prüfen und Beanstanden aus der Distanz der Gewaltenteilung. Die Selbstkontrolle ist das Instrument zum bewußten, Rechtsmaßstab und Handlungsplan im eigenen Verhalten zur Wirkung bringenden Handeln. Fremdkontrolle hingegen beobachtet, beanstandet und korrigiert ein Handeln, das von einem anderen Rechtssubjekt in seiner Verantwortlichkeit bestimmt und ausgeführt wird. Selbstkontrolle ist deshalb vorherige, das Verhalten mitsteuernde Kontrolle; sie wird von dem handelnden Organ, aber auch im Rahmen von Genehmigungsvorbehalten, Mitentscheidungskompetenzen, Beteiligungserfordernissen, Planungs-, Finanzierungs- oder Vollzugsgemeinschaften wahrgenommen. Die Selbstbindung der Verwaltung in Verwaltungsvorschriften[745] bietet den wichtigsten Maßstab der Selbstvergewisserung. Die nachherige Kontrolle durch Beanstandungen der Rechtsaufsicht, durch Abhilfen der Widerspruchs- und Einspruchsbehörden oder durch gerichtliche Urteile hingegen leistet keine verhaltensbestimmende Vorabkontrolle, sondern berichtigt und kompensiert bereits vollzogene Fehler. Selbstkontrolle vermeidet, nachherige Fremdkontrolle korrigiert den Verfassungsverstoß.

232
Vorherige, verhaltensbestimmende Kontrolle

Selbstkontrolle ist grundsätzlich auch selbst veranlaßte Kontrolle; sie findet „von Amts wegen" aus eigenem Recht des Kontrollorgans statt. Soweit Kontrollen hingegen auf Ersuchen, Antrag oder Klage eines Dritten eingeleitet werden, prüft und beanstandet diese fremdveranlaßte Kontrolle in der verfahrenseinleitenden Dispositionsgewalt des Dritten und stellt dem kontrollierten Verhalten den einen Dritten betreffenden Maßstab entgegen.

233
Selbstveranlaßte Kontrolle

Selbstkontrolle ist außerdem selbstregelnde Beanstandung, die ein fehlerhaftes Verhalten verbindlich berichtigt und Maßnahmen zur Vermeidung zukünftiger Fehler selbst anordnet und vollzieht. Eine bloß anregende und empfehlende Kontrolle, wie sie bei der Rechnungsprüfung (Art. 114 Abs. 2 GG) geläufig ist[746], ist beratende und beanstandende Kontrollhilfe, die nicht staatliches Handeln bestimmt, sondern Grundlagen für staatliche Selbst- und Fremdkontrollen vorbereitet. Empfehlungen und Einwendungen bleiben rechtsunverbindlich, gewinnen deshalb nur abgeschwächt gestaltende Kraft und unterliegen verminderten staatsrechtlichen Bindungen.

234
Selbstregelnde Beanstandung

Selbstkontrolle nimmt Eigenentscheidungskompetenz wahr und ist deshalb im Maßstab nicht auf eine Rechtskontrolle beschränkt. Kontrolle in Entscheidungsverantwortlichkeit prüft den Entscheidungsvorgang, das Entscheidungs-

235
Umfassende Kontrolle

---
745 → Unten *Ossenbühl*, § 104 Rn. 18 ff.
746 → Unten *Heintzen*, § 120 Rn. 84 ff.

ergebnis und die erwarteten Entscheidungswirkungen grundsätzlich auf ihre Rechtmäßigkeit, ihre plangemäße Folgerichtigkeit und ihre Erfolgswirksamkeit. Selbstkontrolle ist Sachkontrolle vor und während der Entscheidung, ist vorausgreifende Erfolgskontrolle. Eine Beschränkung von Kontrollgegenstand und Kontrollmaßstab setzt eine Trennung von Entscheidendem und Kontrolleur voraus, organisiert also weniger die Rationalität und Erfolgsverantwortung des Entscheidens, sondern setzt funktionsteilend dem Entscheidungsorgan ein Kontrollorgan entgegen.

3. Die unabhängige Rechtskontrolle

236
Rechtsprechende Gewalt als Gewalt des Rechts

Das Grundgesetz verstärkt die Verpflichtung aller Staatsgewalt auf das Recht, wenn es in der Rechtsprechung eine eigene, unabhängige Staatsgewalt einrichtet, die dem einzelnen als Gegengewalt gegen die übrigen, seine eigenen Rechte verletzenden Staatsgewalten dient (Art. 19 Abs. 4 GG) und in der Verfassungsgerichtsbarkeit einen Garanten für die Wirkkraft des Staatsrechts gegenüber allen Staatsgewalten konstituiert. Die rechtsprechende Gewalt[747] gibt dem Recht staatliche Gewalt, bringt das Gesetz in mündlicher Verhandlung mit dem Betroffenen zum Sprechen. Die Unabhängigkeit des Richters[748] sichert die ausschließliche Parteinahme für das Recht; die Gerichtsorganisation[749] und das Gerichtsverfahren[750] gewährleisten die jederzeitige Anrufbarkeit der Gerichtsbarkeit, um das objektive Recht zu wahren und den Individualrechtsschutz durch die Gerichte unmittelbar anzubieten[751].

237
Nachträgliche, regelbildende Kontrolle und Korrektur

Die Rechtsprechung übt eine allein den Maßstab des Rechts zur Geltung bringende Kontrolle[752] aus „eigener, nicht machtbeteiligter Verantwortung"[753] aus. Gerichtskontrolle hat in der Regel vorangehendes Verhalten zum Gegenstand, setzt also nachträglich ein, erreicht aber in der Entscheidung[754] eines zukünftigen Fällen vergleichbaren Streites Präjudizwirkung und einen „generellen Edukationseffekt"[755]. Die Rechtsprechung stellt auf Antrag – negativ – die Rechtswidrigkeit eines Verhaltens fest, bestimmt sodann – korrigierend – die Maßnahmen zur Beseitigung des Unrechts und zur Kompensation nicht korrigierbarer Fehlerfolgen, ermöglicht schließlich auch – positiv – richtige Entscheidungen. Entscheidungen der Gerichte zur Kontrolle des Staates können die Prozeßbeteiligten binden[756], aber auch alle Verfassungsorgane des Bundes und der Länder sowie alle Gerichte und Behörden[757].

---

747 → Unten *Wilke*, § 112.
748 → Unten *Sodan*, § 113 Rn. 19 ff.
749 → Unten *Degenhart*, § 114.
750 → Unten *Degenhart*, § 115.
751 BVerfGE 54, 277 (292) – Justizgewähranspruch.
752 *Walter Krebs*, Kontrolle in staatlichen Entscheidungsprozessen, 1984, S. 52 f.
753 *Werner Weber*, Spannungen und Kräfte im westdeutschen Verfassungssystem, ³1970, S. 165.
754 So ausdrücklich Art. 93 Abs. 1 GG (für das BVerfG).
755 BVerfGE 33, 247 (259) – Kriegsfolgen, für die Verfassungsbeschwerde.
756 § 121 VwGO, § 141 SGG, § 110 FGO.
757 § 31 Abs. 1 BVerfGG.

Gerichtliche Kontrolle dirigiert[758] in ihren beispielgebenden Rechtsakten auch künftige staatliche Entscheidungen[759]. Die Rechtsprechung schafft als die mit der Vergangenheit befaßte Gewalt[760] ein Richterrecht, das – gesetzesähnlich in Leitsätzen veröffentlicht – auf das Bedürfnis nach anerkannten, ordnungsstiftenden Konkretisierungen des Gesetzesrechts trifft und aufgrund der tatsächlichen Beachtung regelbildende Kraft gewinnt.

Rechtsprechen ist nicht bloßes Nachsprechen, sondern wertendes Nachdenken von Vorgeschriebenem. Die Rechtsprechung hat auf Antrag zu entscheiden, wenn die Beteiligten eine sie betreffende Rechtsfrage nicht oder nicht einvernehmlich aus einer Vorschrift beantworten konnten. Der Richter hat den abstrakten, auf Dauer geltenden Rechtssatz in konkrete, individuelle Verbindlichkeit umzusetzen und so der gesetzlichen Regel durch schöpferischen Akt[761] Individualität, Spezialität, Gegenwartsnähe und fallgerechte Sachgerechtigkeit zu geben. Richterliche Rechtskontrolle führt um so mehr auch zur Rechtsfortbildung, je weniger die gegenwärtigen Anfragen an das Gesetz aus dem traditionellen Gesetzesverständnis beantwortet werden können. Auch richterliche Kontrolle leistet in der Beanstandung zugleich Entscheidungshilfe für die Zukunft.

238
Richterliche Rechtsfortbildung

4. Die Aufsicht des Staates

Die Staatsverfassung gewährleistet nicht nur rechtmäßiges Verhalten des Staates, sondern beauftragt auch die Staatsorgane, in der Realität der Gesellschaft das Recht zur Wirkung zu bringen. Der Rechtsstaat setzt voraus, daß individuelle Freiheit sich auch in der Gesellschaft nach Regeln des Rechts ereignet. Eine staatliche Wirtschafts-, Gesundheits-, Bau- oder Straßenverkehrsaufsicht ist deshalb rechtsstaatliche Pflichtaufgabe. Das Prinzip des sozialen Staates erwartet, daß der Staat die Gesellschaft und ihre Entwicklung beobachtet. Wie der Rechtsstaat die Normativität gesellschaftlicher Strukturen zu sichern hat, so hat der soziale Staat die Teilhabe jedes einzelnen an der gesellschaftlichen Normalität zu gewährleisten[762]. Die Garantie und die Kontrolle des Rechts in der gesellschaftlichen Wirklichkeit sind ständige Aufgabe des Staates.

239
Garantie und Kontrolle des Rechts in der gesellschaftlichen Wirklichkeit

Die grundrechtliche Unterscheidung zwischen freiheitsberechtigter Gesellschaft und freiheitsgarantierendem Staat fordert für diese Aufsicht ein Prüfen und Beanstanden aus der Distanz des Unbeteiligten[763]. Diese rechtliche Aufsicht setzt Unbefangenheit, Unparteilichkeit und hoheitliche Durchsetzungs-

240
Aufsicht in Distanz

---
[758] *Christian-Friedrich Menger*, Rechtsschutz im Bereich der Verwaltung, in: DÖV 1969, S. 153 (160).
[759] Vgl. *Kurt Eichenberger*, Die Problematik der parlamentarischen Kontrolle im Verwaltungsstaat, in: ders., Der Staat der Gegenwart, 1980, S. 415 (420 f.).
[760] *Gerhard Husserl*, Recht und Zeit, 1955, S. 52 f.
[761] *Paul Kirchhof*, Der Auftrag des Grundgesetzes an die rechtsprechende Gewalt, in: Richterliche Rechtsfortbildung, FS der Juristischen Fakultät Heidelberg zur 600-Jahr-Feier der Ruprecht-Karls-Universität Heidelberg, 1986, S. 11 (16 f.)
[762] → Bd. II, *Zacher*, § 28 Rn. 53 ff.
[763] *Fehling* (N 347), S. 351 ff.; s. o. Rn. 196 f.

gewalt voraus. Maßstabgebender und letztlich verbindlich entscheidender Prüfer ist der Staat. Die private Hand wird ihrerseits Formen der Selbstkontrolle pflegen und dadurch die Aufsicht des Staates erleichtern; staatliche Aufsicht ersetzen kann die private Hand nicht. Die Intensität und Häufigkeit staatlicher Prüfungen bestimmt sich nach der Gefährlichkeit privaten Handelns, insbesondere seiner Breiten- und Folgewirkung. Der Staat gewährleistet[764] vielfach – nicht nur als Folge einer Privatisierung (Art. 87e Abs. 4, Art. 87f Abs. 1 GG) – den Erfolg privater Leistungserbringung, überläßt elementare Versorgungsaufgaben privater Hand, steht aber bei deren Versagen in einer Reserveverantwortlichkeit.

241
Gewährleistungen

Bei der Privatisierung von Wirtschaftszweigen wie Bahn, Post, Telekommunikation und Strom, die bisher in der Hand eines Staatsmonopols lagen, verbleibt dem Staat auch nach seinem Rückzug eine Verantwortlichkeit für wirtschaftliche, soziale und ökologische Standards. Er hat einen funktionierenden Wettbewerb sicherzustellen, eine angemessene Grundversorgung zu sichern und die ökologische Verträglichkeit des Übergangs wie der dauernden Marktwirkungen zu garantieren. Diese regulierende Staatstätigkeit greift inzwischen – unter dem Stichwort des „Gewährleistungsstaats"[765] – über die Gewährleistungsaufträge der Verfassung (Art. 87e Abs. 4, Art. 87f GG) hinaus. Übergibt der Staat „Netzwerkindustrien" in private Hand, so hat er insbesondere zu gewährleisten, daß die künftigen Netzbetreiber jedermann eine ähnliche Netzbenutzung ermöglichen. Diese Regulierung ist ursprünglich eine Nachwirkung exklusiver Staatstätigkeiten auf Gebieten, die nun für gesellschaftliche Selbstorganisation erschlossen ist. Sie veranlaßt inzwischen aber allgemein die Frage nach einer staatlichen Gewährleistungsverantwortung auch auf anderen Märkten oder für marktähnliche Themen, die jenseits des wirtschaftlichen Austausches wirksam werden. Ob der Staat sich bei den Gewährleistungen eher zurückzieht oder seine Tätigkeit lediglich verlagert[766], ist gegenwärtig noch nicht abschließend zu beurteilen.

242
Aufsicht über die mittelbare Staatsverwaltung und den Verwaltungshelfer

Eine besondere staatsrechtliche Aufgabe stellt sich, wenn der Staat Aufgaben oder Gestaltungsmittel in nichtstaatliche Hand übergibt. Der Staat ist gegenüber der mittelbaren Staatsverwaltung und gegenüber dem privaten Verwaltungshelfer verpflichtet, durch eine strikte Aufsicht das Handeln im Auftrag des Staates in den Grenzen des den Staat bindenden öffentlichen Rechts zu halten. Diese Aufsicht kann – insbesondere durch Genehmigungsvorbehalte – als mitentscheidende Aufsicht ausgestaltet sein; sie kann auch durch nachherige Beanstandungen, Anordnungen, letztlich auch durch Ersatzvornahme

---

764 *Matthias Knauff*, Der Gewährleistungsstaat: Reform der Daseinsvorsorge, 2004, S. 38 ff.; *Andreas Voßkuhle*, Beteiligung Privater an der Wahrnehmung öffentlicher Aufgaben und staatliche Verantwortung, in: VVDStRL 62 (2203), S. 266 (307 ff.); *Schulze-Fielitz* (N 374), § 12 Rn. 18 ff.
765 *Michael W. Bauer*, Auf dem Weg zur „analytisch-kommunikativen Verwaltung"?, in: Verw 2003, S. 197 f.; *Johannes Masing*, Grundstrukturen eines Regulierungsverwaltungsrechts: Regulierung netzbezogener Märkte am Beispiel Bahn, Post, Telekommunikation und Strom, in: Verw 2003, S. 1 f.; *Matthias Knauff*, Der Gewährleistungsstaat: Reform der Daseinsvorsorge, 2004, S. 38 ff.; *Voßkuhle* (N 764), S. 307 ff.); *Schulze-Fielitz* (N 374), § 12 Rn. 18 ff.
766 So *Bauer* (N 765), S. 223.

oder eine Ersetzung des Verwaltungsträgers zur Wirkung gebracht werden. Die Staatsaufsicht gegenüber der mittelbaren Staatsverwaltung und dem privaten Verwaltungshelfer ist der noch verbliebene Teil staatlicher Aufgabenverantwortung. Die allgemeine Aufsicht gegenüber der Gesellschaft hingegen übt der Staat als Garant des Rechts und seiner Verwirklichung aus.

5. Das Zusammenwirken verschiedener Kontrollen

Wenn die staatsrechtliche Kontrolle im Rahmen eines ausgeformten, abgestimmten Systems staatliches Handeln im vorhinein auf Recht, Plan und Zweck ausrichtet, es begleitend immer wieder an diesen Maßstäben mißt, es im nachhinein entsprechend diesen Vorgaben korrigiert, so greifen verschiedene Kontrollhandlungen – sich ergänzend oder sich voneinander abhebend – ineinander. Staatsrechtliche Verfaßtheit bringt in ihren wesentlichen Aussagen staatliches Handeln unter Kontrolle.

243 Staatsrechtliche Verfaßtheit ist auf Kontrolle angelegt

Einzelne Kontrollen ergänzen sich gegenseitig und vermeiden dadurch Lücken in dem System staatsrechtlicher Anleitungen und Korrekturen. Die parlamentarische Kontrolle überwacht die Planungen und Konzeptionen der Regierung generell, ohne den Maßstab individueller Rechte vorrangig zur Wirkung zu bringen. Die fachgerichtliche Kontrolle hingegen korrigiert im nachhinein die Verletzung individueller Rechte. Die Rechnungsprüfung durch den Rechnungshof und die parlamentarische Haushaltskontrolle prüfen die Rechtmäßigkeit und Wirtschaftlichkeit finanz- und verteilungsstaatlichen Handelns objektivrechtlich, während die auf Antrag eines Betroffenen tätig werdende fachgerichtliche Kontrolle meist die Rechtmäßigkeit der Individualwirkung sichert. Die Selbstkontrolle der Staatsorgane erfaßt schlechthin jede Staatstätigkeit; die Kontrolle des Staates durch die „Öffentlichkeit" richtet sich auf Einzelgegenstände zeitabhängiger Aufmerksamkeit, die Gerichtskontrolle auf Gegenstände individueller Antragstellung. Die Kontrolle der parlamentarischen Mehrheit gegenüber der Regierung zielt eher auf die Befolgung eines gemeinsam entworfenen Handlungsprogramms; die Kontrolle der parlamentarischen Minderheit eher auf die Berücksichtigung programmatischer Alternativen. Die Rechts-, Fach- und Dienstaufsicht bringt gegenüber demselben Sachverhalt unterschiedliche Maßstäbe zur Wirkung.

244 System staatsrechtlicher Anleitung und Korrektur

Andere Kontrollen hebt das Grundgesetz bewußt gegeneinander ab, weil die Kontrolleistungen verschieden, gelegentlich auf gegenseitige Mäßigung und gegenseitigen Ausgleich ausgerichtet sind. Die rechtsprechende Gewalt ist ausschließlich den Richtern anvertraut (Art. 92 GG); ihre Kontrolle kann grundsätzlich[767] nicht durch andere Kontrollorgane ersetzt werden. Der Gesetzgeber stellt den Maßstab der Rechtskontrolle zur Verfügung. Weder die Exekutive noch die Judikative darf gesetzesvertretende Maßstäbe entwickeln. Die Selbstkontrolle der drei Staatsgewalten gehört grundsätzlich zu

245 Ausschließliche Kontrolle

---

767 Vgl. aber Art. 10 Abs. 2 S. 2 GG und dazu BVerfGE 30, 1 – Abhörurteil; BVerfGE 100, 313 – BND-Abhörbefugnisse.

ihrem verfassungsrechtlich garantierten Eigenbereich[768], eine Intervention in den Entscheidungsprozeß und den Handlungsablauf einer anderen Staatsgewalt ist auch im Mantel der „Kontrolle" unzulässig. Die „politische" Kontrolle des Parlaments und die Wirtschaftlichkeitskontrolle durch den Rechnungshof fordern Ziel- und Zweckgerechtigkeit, die Rechtskontrolle durch die Gerichte Rechtstreue.

246
Kontrolliertes Zusammenwirken

Jede Kontrolle soll den Staatsorganen ihre staatsrechtliche und staatspolitische Verantwortlichkeit ins Bewußtsein rücken und Maßstabwidrigkeiten für die Zukunft vermeiden. Ein nur auf Beanstandungen reagierender Staat würde lediglich rückschauend Korrekturen und Untätigkeiten veranlassen; ein die Kontrollmaßstäbe vorausschauend befolgender Staat gewinnt an Gestaltungsraum und Handlungskraft. Kontrolle unter den Staatsgewalten wird so zu einem arbeitsteiligen Zusammenwirken, das sich gegenseitig stützt, ergänzt und anregt. Kontrolle ist Echo, in dem staatliches Handeln in seinen Stärken und Schwächen widerhallt. Der rechtlich gebundene, kontrolliert handelnde Staat pflegt vorausschauend, begleitend, lenkend und lernend die Kultur des Maßes, das wesentliche Handlungsprinzip des Verfassungsstaates.

---

[768] S. o. N 196.

F. Bibliographie

Michael Anderheiden, Gemeinwohl in Republik und Union, 2006.
Peter Axer, Normsetzung der Exekutive in der Sozialversicherung, 2000.
Eberhard Bohne, Der informale Rechtsstaat, 1981.
Martin Burgi, Funktionale Privatisierung und Verwaltungshilfe, 1999.
Udo Di Fabio, Risikoentscheidungen im Rechtsstaat, 1994.
Michael Fehling, Verwaltung zwischen Unparteilichkeit und Gestaltungsaufgabe, 2001.
Christoph Gröpl, Haushaltsrecht und Reform, 2001.
Josef Isensee, Subsidiaritätsprinzip und Verfassungsrecht, ^{2}2001.
Paul Kirchhof, Verwalten durch „mittelbares" Einwirken, 1977.
Hans Hugo Klein, Die Teilnahme des Staates am wirtschaftlichen Wettbewerb, 1968.
Hanno Kube, Finanzgewalt in der Kompetenzordnung, 2004.
Peter Lerche/Walter Schmitt Glaeser/Eberhard Schmidt-Aßmann, Verfahren als staats- und verwaltungsrechtliche Kategorie, 1984.
Niklas Luhmann, Das Recht der Gesellschaft, 1993.
Rudolf Mellinghoff/Gerd Morgenthaler/Thomas Puhl (Hg.), Die Erneuerung des Verfassungsstaates, 2003.
Eberhard Schmidt-Aßmann, Das allgemeine Verwaltungsrecht als Ordnungsidee, ^{2}2006.
Christian Seiler, Der souveräne Verfassungsstaat zwischen demokratischer Rückbindung und überstaatlicher Einbindung, 2005.
Christian Starck, Föderalismusreform, 2007.
Peter-Tobias Stoll, Sicherheit als Aufgabe von Staat und Gesellschaft, 2003.
Andreas Voßkuhle, Das Kompensationsprinzip, 1999.
Thomas Würtenberger, Staatsrechtliche Probleme politischer Planung, 1979.

II. Staatsfunktionen

1. Rechtsetzen

§ 100
Gesetz und Recht – Die Rechtsquellen im demokratischen Rechtsstaat

Fritz Ossenbühl

Übersicht

	Rn.
A. „Rechtsquellen" – Ursprung und Entstehung des Rechts	1–3
B. „Gesetz und Recht"	4–18
I. Zum Begriff des Gesetzes	5–13
1. Historischer Rückblick	6–7
2. Weitere Begriffsbildungen	8–12
3. Formaler Gesetzesbegriff	13
II. Recht und Gesetz – „Gesetz und Recht"	14–18
1. Unterscheidungen	15–16
2. „Recht" als Inhalt und Grenze des Gesetzes	17–18
C. Funktion des Gesetzes im demokratischen Rechtsstaat	19–37
I. Gesetz als „Eckstein des demokratischen Rechtsstaates"	20
II. Gesetz als Instrument der Politik	21–25
III. Inhalt und Typologie der Gesetze	26–33
1. Empirischer Befund	27–30
2. Formale Typisierungen	31–33
IV. Gesetz und Verfassung	34–37
D. Verteilung der Rechtsetzung im demokratischen Rechtsstaat	38–84
I. Rechtsetzungsmonopol oder Rechtsetzungsprärogative des Staates?	38–39
II. Vielfalt der Rechtsquellen und Rechtsetzungsformen	40–46
1. Nationales und internationales sowie supranationales Recht	41
2. Erweiterung der Rechtsetzungsformen und -prozesse	42–43

	Rn.
3. Numerus clausus der Rechtsetzungsformen (Typenzwang)?	44–46
III. Dekonzentration und Dezentralisation der Rechtsetzung	47–62
1. Gesetz und Verordnung	48
2. Autonome Einheiten	49
3. Richterrecht	50–56
4. Gewohnheitsrecht	57–60
5. Private Rechtsetzung	61–62
IV. Supranationales und internationales Recht	63–69
1. Völkerrecht	64–66
2. Europarecht	67–69
V. Gegenwärtige Problematik der Rechtsetzung	70–84
1. Bedeutungsverlust des Gesetzes	71–76
2. Normenflut	77–79
3. Gesetzesqualität	80
4. Divergenz von Inhalt und Form	81
5. Recht und Wirklichkeit der Gesetzgebung	82–83
6. Gesetzgebungswissenschaft	84
E. Einheit der Rechtsordnung und und Rangordnung der Rechtsnormen	85–93
I. Einheit der Rechtsordnung	85–86
II. Rangordnung der Rechtsquellen	87–93
1. Völkerrecht und innerstaatliches Recht	87
2. Europarecht und innerstaatliches Recht	88–90
3. Stufenbau der innerstaatlichen Rechtsordnung	92–94
F. Bibliographie	

A. „Rechtsquellen" – Ursprung und Entstehung des Rechts

1
Rechtsquelle als Metapher

Das sympathische und erfrischende Bild der Quelle ist bezogen auf das Recht ungenau und vieldeutig[1]. Es vermittelt allerdings die richtige Vorstellung, daß das Recht, unbeschadet eines Kernbestandes zeitloser und damit ewiger Prinzipien, sich in einem ständigen Werden befindet, indem es fortlaufend aus den vorhandenen Quellen gespeist und erneuert wird. Sprachlich und dem gewählten Bilde nach inkorrekt ist es aber, die Rechtsquellen mit den geschriebenen oder einverständlich ausgeübten und beachteten Rechtsnormen gleichzusetzen. Denn die Rechtsnormen verkörpern in ihrer Gesamtheit das Recht selbst, nicht seine Quelle. Die Rechtsquellen ihrerseits bringen erst das Recht hervor wie die natürlichen Quellen das Bachwasser[2]. Um das Bild mit einiger Übertreibung vollständig zu machen, kann man mit Eugen Ehrlich[3] die Erscheinungsformen der Rechtssätze als den Schaum betrachten, der auf der Oberfläche des Wassers sichtbar wird. Die Ursprünge und Kräfte, aus

Rechtserzeugungsquellen

denen das Recht hervorgeht, liegen tiefer. Die Rechtstheorie bezeichnet sie als Rechtserzeugungsquellen[4]. Die Rechtserzeugungsquellen wirken in ihrer Vielfalt und Heterogenität bei der Entstehung des Rechts zusammen und sind weder voneinander abzugrenzen noch zu systematisieren. Zu den damit gemeinten Bedingungen und Einflußfaktoren der Rechtsentstehung gehören alle tatsächlichen und natürlichen Gegebenheiten, angefangen von der Religion über das Klima bis zu den Produktionsverhältnissen. Hinzu kommen traditionell gewachsene, logisch nicht mehr vermittelbare Leitbilder, gemeinsame ethische und moralische Vorstellungen und politische Überzeugungen, die sich im „Zeitgeist"[5] niederschlagen, existentielle Bedürfnisse[6] etc.

2

Rechtswertungsquellen

All diese Faktoren und Bedingungen sind der Humus, auf dem sich das Recht bildet. Aber sie erzeugen in ihrer Gesamtheit nicht automatisch anwendbare Rechtssätze. Diese entstehen erst durch bewußte Ein- und Ausübung von Verhaltensnormen und durch die autoritative Festlegung von Rechtssätzen. Hierzu bedarf es der vermittelnden Maßstäbe und Gründe, die ihrerseits als Rechtswertungsquellen zusammengefaßt werden. Zu ihnen gehören die Vernunft, die Natur der Sache, Rechtssicherheit, Gleichheit, Gerechtigkeit usw. „Die Unterscheidung von Rechtserzeugungsquellen und Rechtswertungsquellen bringt den Konflikt zwischen geltendem und gerechtem Recht zum Ausdruck"[7].

---

1 Vgl. *Ulrich Meyer-Cording*, Die Rechtsnormen, 1971, S. 50. → Bd. II, *P. Kirchhof*, § 21 Rn. 13.
2 *Meyer-Cording* (N 1), S. 51.
3 Zitiert nach *Georges Curvitch*, Grundzüge der Soziologie des Rechts, Soziologische Texte, 1960, S. 119.
4 Vgl. *Alf Ross*, Theorie der Rechtsquellen, 1929; *Peter Liver*, Der Begriff der Rechtsquelle, in: Rechtsquellenprobleme im Schweizerischen Recht, 1955, S. 1 ff.; *Meyer-Cording* (N 1), S. 50 ff.; *Paul Kirchhof*, Rechtsquellen und Grundgesetz, in: FG-BVerfG, Bd. II, S. 50 (53 f.).
5 Vgl. *Thomas Würtenberger*, Zeitgeist und Recht, ²1991.
6 Vgl. *Meyer-Cording* (N 1), S. 51.
7 *Kirchhof* (N 4), S. 54.

Weder die Rechtserzeugungsquellen noch die Rechtswertungsquellen liefern unmittelbar geltende und unmittelbar anwendbare Rechtssätze. Diese Rechtssätze sind vielmehr (erst) den Rechtserkenntnisquellen zu entnehmen. Rechtsquelle in diesem Sinne ist der „Erkenntnisgrund für etwas als Recht"[8]. Als Rechtsquellen sind danach alle Handlungsanweisungen und Maßstäbe zu verstehen, die Verhaltensmuster vorschreiben, Ziele und Maßstäbe des Verwaltungshandelns festlegen und die rechtliche Entscheidung von Konflikten bestimmen, gleichgültig in welcher äußeren Form sie in Erscheinung treten. Zum Recht gehört deshalb auch das formlose, urwüchsig durch gemeinsame Übung in Rechtsüberzeugung gebildete Recht (Gewohnheitsrecht, ungeschriebenes Recht). Die Regel aber ist das in seinen Entstehungsvoraussetzungen formalisierte gesetzte (positive) Recht, das von einem mit Rechtssetzungsgewalt ausgestatteten Normsetzer ausgeht und auf seinem Willen beruht.

3

Rechtserkenntnisquellen

B. „Gesetz und Recht"

In einem zur Staatlichkeit gediehenen Gemeinwesen ist Normsetzer prinzipiell der Staat. Diese Aussage relativiert sich allerdings in dem Maße, in dem der Staat sich nach außen und innen öffnet[9], das heißt in über- und internationale Staatenverbindungen und -verbände[10] eintritt und Regulierungsaufgaben an Private weitergibt oder ihnen überläßt[11]. Auch die durch Prozesse der Globalisierung ausgelöste Entgrenzung und Entstaatlichung führt zu einer zunehmenden Pluralisierung normsetzender Stellen, die mit einem Bedeutungsverlust des staatlichen Gesetzes verbunden ist[12].

4

Der Normwille, der dem Rechtssatz Autorität und Verbindlichkeit verleiht, ist im demokratischen Rechtsstaat der Wille des Volkes; er wird durch den Mund seiner Vertreter formuliert und legitimiert staatliches Handeln[13]. Der Wille des Volkes kommt im Gesetz zum Ausdruck. Vollziehende Gewalt und Rechtsprechung sind nach Art. 20 Abs. 3 GG an „Gesetz und Recht" gebunden[14]. Bei der Verwendung des Begriffs „Gesetz" wird in erster Linie an das parlamentsbeschlossene Gesetz gedacht. Aber ebenso wie der Inhalt des Rechts ist auch seine Terminologie traditionsbeladen. Will man „Gesetz und Recht" als Rechtsquellen des demokratischen Rechtsstaates begreifen, so ist es unumgänglich, sich der Begriffsinhalte zu vergewissern.

„Gesetz und Recht" (Art. 20 Abs. 3 GG)

---

[8] *Ross* (N 4), S. 291 f.; *Josef Esser*, Grundsatz und Norm in der richterlichen Fortbildung des Privatrechts, ³1974, S. 134 ff.; *Klaus Adomeit*, Rechtquellenfragen im Arbeitsrecht, 1969, S. 78 f.; *Liver* (N 4), S. 12; *Ralf Dreier*, Probleme der Rechtsquellenlehre, in: FS für Hans J. Wolff, 1973, S. 3 (14 ff.).
[9] Vgl. *Udo Di Fabio*, Das Recht offener Staaten, 1998.
[10] S. u. Rn. 67 ff.
[11] S. u. Rn. 16, 38, 61 f.
[12] S. u. Rn. 71 f.; *Matthias Ruffert*, Die Globalisierung als Herausforderung für das öffentliche Recht, 2004; *Rüdiger Voigt* (Hg.), Globalisierung des Rechts, 2000.
[13] *Paul Kirchhof*, Das Parlament als Mitte der Demokratie, in: FS für Peter Badura, 2004, S. 237 ff.
[14] → Bd. II, *Schmidt-Aßmann*, § 26 Rn. 33 ff.

I. Zum Begriff des Gesetzes

5

Kein raumzeitloser Gesetzesbegriff

Weder das Grundgesetz noch die Landesverfassungen geben eine Definition des Gesetzesbegriffs. Die Bemühungen um eine materielle Bestimmung des Gesetzesbegriffs haben nicht nur in der Staatstheorie, sondern auch in der Staatsrechtslehre zahlreiche Zeugnisse hinterlassen[15]. Sie liefern den Beweis, daß alle Versuche zum Scheitern verurteilt sind, denen es darum geht, den Gesetzesbegriff verfassungsunabhängig und damit gleichsam raum- und zeitlos zu definieren. Der Begriff des Gesetzes läßt sich aus verfassungsrechtlicher Sicht nur im engeren Kontext einer raum-zeitlich geltenden Verfassungsordnung bestimmen.

1. Historischer Rückblick

6

Konstitutionalismus

„Freiheit und Eigentum"-Formel

Schon ein flüchtiger historischer Rückblick zeigt, daß die Verfassungsabhängigkeit des Gesetzesbegriffs auch durch die deutsche Verfassungsgeschichte nachdrücklich belegt wird. Eine entscheidende verfassungspolitische und verfassungsrechtliche Bedeutung wuchs dem Begriff des Gesetzes im Zusammenhang mit der Etablierung der Gewaltenteilung zu, zeitlich gesprochen mit der Verwirklichung des Konstitutionalismus zu Beginn des 19. Jahrhunderts[16]. Mit dem Begriff „Gesetz" wurden kategorisch jene Entscheidungen erfaßt, die von dem aus absolutistischer Zeit überkommenen Monarchen und den neu gebildeten ständischen Versammlungen nur gemeinsam getroffen werden konnten. Es lag nahe, diese Entscheidungen sachgegenständlich aufzulisten oder doch durch eine generelle Inhaltsumschreibung der Sache nach festzulegen. Dies geschah in den ersten landständischen Verfassungen auf deutschem Boden unter Rückgriff auf die „Freiheit und Eigentum"-Formel, die aus der Staatsphilosophie des ausgehenden 17. und 18. Jahrhunderts stammte, sowie durch Einzelaufzählung der jeweils erfaßten Entscheidungsgegenstände. Zuweilen wurden aber auch allgemein die besonders wichtigen Angelegenheiten generell der gemeinsamen Entscheidung von Monarch und ständischen Versammlungen in der Form der Gesetzgebung unterstellt.

7

Verfassungsabhängigkeit des Gesetzesbegriffs

In der frühliberalen Epoche diente der Gesetzesbegriff also gleichsam als Kompetenzbegriff. Seine Enge und Weite entschied über die Abgrenzung der Machtsphären zwischen Monarch und ständischen Versammlungen. Aber der Gesetzesbegriff wurde nicht von außerhalb der Verfassung inhaltlich aufgefüllt, sondern durch thematische Festlegung der Gesetzesinhalte in den landständischen Verfassungen materiell bestimmt. Er war insoweit ein verfas-

---

15 Vgl. *Ernst-Wolfgang Böckenförde*, Gesetz und gesetzgebende Gewalt, ²1981; *Gerd Roellecke*, Der Begriff des positiven Gesetzes und das Grundgesetz, 1969; *Christian Starck*, Der Gesetzesbegriff des Grundgesetzes, 1970.
16 Vgl. *Rolf Grawert*, „Gesetz", in: Otto Brunner/Werner Conze/Reinhart Koselleck (Hg.), Geschichtliche Grundbegriffe, Bd. II, 1975, S. 863 ff. (903 ff.); *Böckenförde* (N 15), S. 14 ff.; *Jürgen Staupe*, Parlamentsvorbehalt und Delegationsbefugnis, 1986, S. 42 ff.; *Ulrich Karpen*, Verfassungsgeschichtliche Entwicklung des Gesetzesbegriffs in Deutschland, in: Gedächtnisschrift für Wolfgang Martens, 1987, S. 137 ff. → Bd. I, *Wahl*, § 2 Rn. 21 ff., 48 f.; → Bd. II, *Rupp*, § 31 Rn. 4 ff.

sungsabhängiger Begriff, der in Gestalt einer nüchternen Kategorie des Verfassungsrechts die realpolitische Rivalität zwischen Landesherrn und bürgerlichen Repräsentationsorganen umschrieb. Gesetz wurde dann in der spätkonstitutionellen Staatsrechtslehre als Regelung definiert, die in Freiheit und Eigentum eingreift[17]. Dieser spätkonstitutionelle Gesetzesbegriff ist eine historisch-konventionelle Kategorie, die in ihrer Zeit ihren verfassungsrechtlichen Sinn und ihre verfassungsrechtliche Gültigkeit hatte, aber nicht in einen durchgebildeten demokratischen Rechtsstaat, wie ihn die grundgesetzliche Ordnung darstellt, übernommen werden kann.

2. Weitere Begriffsbildungen

a) Schrankenziehungsformel

„Gesetz" und „Recht" wurden in der Staatsrechtslehre des 19. Jahrhunderts gleichgesetzt[18]. Diese Gleichsetzung präjudizierte den Rechtssatzbegriff als Regelung, die in Freiheit und Eigentum eingreift. Die Konsequenz dieser verengten Rechtssatzdefinition war, daß weite Bereiche staatlicher Aktivitäten, namentlich der sogenannte Innenbereich des Staates (Organisation, Anstalten) wie auch die Leistungsverwaltung, durch Nicht-Rechtssätze (sprich: Verwaltungsvorschriften) geregelt wurden und damit außerhalb des Rechts standen.

8

Innenbereich des Staates, Leistungsverwaltung

Zu demselben Ergebnis kam die spätkonstitutionelle Staatsrechtslehre unter Führung von Paul Laband mit Hilfe der Schrankenziehungsformel, die das wesentliche Merkmal des Rechtssatzes in der Schrankenziehung zwischen selbständigen Willenssphären bzw. Rechtssubjekten erblickte[19]. In diesem Sinne wurde auch der Staat ebenso wie jeder andere Hoheitsträger als impermeables Rechtssubjekt begriffen, dessen innere Vorgänge als „Verwaltungsinterna" sich außerhalb der Rechtsordnung bewegten. Denn die „innere Ordnung" des Staates, womit der Verwaltungsapparat und die sonstigen Leistungsapparaturen des Staates gemeint sind, stellte keine Schrankenziehung zwischen selbständigen Rechtssubjekten dar und blieb deshalb per definitionem außerhalb des Rechts.

Labands Schrankenziehungsformel

Die auf zivilistischen Denkweisen beruhende Schrankenziehungsformel Labands war nichts anderes als die konstruktive Fortführung eines historisch-konventionell verengten Gesetzes- und Rechtssatzbegriffs.

b) Doppelter (dualistischer) Gesetzesbegriff

Für Laband, der vom Zivilrecht her kam, war die Vorstellung selbstverständlich, daß ein Gesetz dadurch gekennzeichnet ist, daß es eine allgemein gefaßte Rechtsregel enthält und sich dadurch von der Einzelanordnung unterscheidet.

9

---

17 *Böckenförde* (N 15), S. 271 ff.
18 Vgl. *Gerhard Anschütz*, Kritische Studien zur Lehre vom Rechtssatz und formellen Gesetz, ²1913, S. 68, 97, 163 und passim; *Böckenförde* (N 15), S. 219 („Axiom der spätkonstitutionellen Staatsrechtslehre").
19 Dazu *Böckenförde* (N 15), S. 233 ff., 257 ff., 272 ff.

Diese Vorstellung war jedoch mit dem geltenden und praktizierten Verfassungsrecht nicht vollständig in Einklang zu bringen, denn in der Form eines Gesetzes ergingen auch solche Entscheidungen, die inhaltlich keine Rechtsregeln, sondern Einzelanordnungen enthielten. Aus diesem Zusammenhang erwuchs der von Laband kreierte dualistische Gesetzesbegriff[20]. Der gemeinte Doppelsinn des Gesetzes knüpft an den Inhalt und die Form des Gesetzes an. Inhaltlich ist Gesetz jeder Rechtssatz; Gesetz, Rechtssatz, Rechtsnorm sind danach synonyme Begriffe. Der förmliche (formale) Gesetzesbegriff hingegen knüpft nicht an den Inhalt, sondern an die Art und Weise des Zustandekommens der Gesetze an. Gesetz im formellen Sinne ist danach jeder im verfassungsmäßig vorgesehenen (förmlichen) Gesetzgebungsverfahren zustande gekommene Willensakt der Gesetzgebungsorgane ohne Rücksicht auf seinen Inhalt. Beide Gesetzesbegriffe sind zwei sich teilweise deckenden, einander schneidenden Kreisen vergleichbar[21]: was dem Bereich des einen angehört, kann, muß aber nicht auch in den des anderen fallen. Es gibt danach Gesetze im formellen und materiellen Sinne (Bürgerliches Gesetzbuch), Gesetze im (nur) formellen Sinne (gewisse Zustimmungsgesetze nach Art. 59 Abs. 2 GG) und Gesetze im (nur) materiellen Sinne (Rechtsverordnungen, Satzungen, Gewohnheitsrecht).

10 Der dualistische Gesetzesbegriff hat durch die Veränderung der Verfassungsstruktur heute seine politisch-staatsrechtliche Bedeutung verloren. Er vermag jedoch unter den gegenwärtigen Verhältnissen gleichwohl eine gewisse Verständigungsfunktion zu erfüllen. Zuweilen hat der Verfassunggeber sich selbst die Zweiteilung in der Formulierung zunutze gemacht (so in Art. 104 Abs. 1 GG). Andererseits mahnt der dualistische Gesetzesbegriff bei allen Verfassungsvorschriften, in denen der Begriff „Gesetz" auftaucht, zur Vorsicht. Er bedarf aus dem jeweiligen Kontext der Präzisierung im Sinne eines förmlichen und/oder materiellen Gesetzes[22].

c) Allgemeinheit des Gesetzes

11 Die gesamte europäische Rechtsgeschichte durchzieht der Gedanke, daß ein Gesetz durch seine Allgemeinheit ausgezeichnet ist[23]. Ein Gesetz regelt danach eine Vielzahl von Fällen und wendet sich an eine Vielzahl von Adressaten, die ihrerseits einen nicht geschlossenen Kreis bilden. Gesetz ist eine abstrakt-generelle Regelung. Die Allgemeinheit unterscheidet das Gesetz von anderen Emanationen der Staatsgewalt, namentlich vom Urteilsspruch und Verwaltungsakt.

---

20 *Paul Laband*, Das Budgetrecht nach den Bestimmungen der Preußischen Verfassungsurkunde unter Berücksichtigung der Verfassung des Norddeutschen Bundes, 1871. Thema probandum war für Laband das Haushaltsgesetz, das er als (nur) formelles Gesetz ansah; dies aus heutiger Sicht ablehnend BVerfGE 20, 56 (89); *Reinhard Mußgnug*, Der Haushaltsplan als Gesetz, 1976. → Bd. III, *H. H. Klein*, § 50 Rn. 22.
21 *Albert Haenel*, Studien zum deutschen Staatsrecht, Bd. II, 1888, S. 110.
22 Z.B. Art. 2 Abs. 2 GG (Gesetz = förmliches Gesetz); Art. 3 Abs. 1 GG (Gesetz = materielles Gesetz); Art. 100 Abs. 1 GG (Gesetz = förmliches [nach-konstitutionelles] Gesetz).
23 Vgl. *Hans Schneider*, Gesetzgebung, ³2002, S. 22 ff.; *Hasso Hofmann*, Das Postulat der Allgemeinheit des Gesetzes, in: Christian Starck (Hg.), Die Allgemeinheit des Gesetzes, 1987, S. 9 ff. (Lit.)

Indessen zeigen schon jene Fälle, in denen nach dem Grundgesetz auch konkret-individuelle Sachverhalte Inhalt von parlamentarisch beschlossenen Gesetzen sein können[24], daß die Allgemeinheit jedenfalls kein Essentiale des Gesetzesbegriffs im Sinne des Grundgesetzes darstellt. Das Bundesverfassungsgericht hat demzufolge sogenannte Individual- und Maßnahmegesetze (Einzelfallgesetze) für verfassungsrechtlich zulässig und den Begriff des Maßnahmegesetzes für „verfassungsrechtlich irrelevant" erklärt[25]. Bei Individualgesetzen sieht das Gericht die Allgemeinheit des Gesetzes schon dann als gegeben an, wenn künftig weitere Adressaten in den Kreis der Normbetroffenen eintreten können, mag auch bei dem Gesetzeserlaß nur eine einzige Person von dem Gesetz betroffen sein[26].

Individual- und Maßnahmegesetze

Die Rechtsprechung des Bundesverfassungsgerichts steht offenkundig unter dem Eindruck der veränderten Bedingungen der Staatsaufgabenerfüllung. Die Breite und Vielfalt der Bedürfnisse des Staates lassen es unter Umständen als geboten erscheinen, das Gesetz auch als Instrument zur Ordnung bedeutsamer Einzelfälle einzusetzen[27]. Indessen wird ungeachtet solcher Notwendigkeiten mit Recht die Fahne der Allgemeinheit des Gesetzes hochgehalten[28]. Die Allgemeinheit des Gesetzes ist Ausdruck notwendiger Distanz des Staates gegenüber seinen Bürgern. Diese Distanz verbürgt die Gewährleistung der Gleichbehandlung aller Bürger und bildet damit eine Stütze des Rechtsstaates[29]. Individualgesetze signalisieren stets die Gefahr eines Verstoßes gegen den Gleichheitssatz[30]. Dies wird vom Grundgesetz in dem speziellen Gleichheitsgebot des Art. 19 Abs. 1 S. 1 unmißverständlich zum Ausdruck gebracht. Bei Individualgesetzen ist demzufolge eine erhöhte Aufmerksamkeit auf Einhaltung der Gleichheit und Vermeidung von Willkür geboten.

12

Rechtsstaatliche Distanz

Art. 19 Abs. 1 S. 1 GG

3. Formaler Gesetzesbegriff

Der Begriff des Gesetzes im Sinne des Grundgesetzes kann nach dem vorher Gesagten also weder durch überkommene, anerkannte Sachkriterien noch durch den Charakter der Allgemeinheit materiell substantiiert und definiert werden. Aus diesem Befund ist schon recht bald die Folgerung gezogen worden, daß der Gesetzesbegriff des Grundgesetzes nicht mehr inhaltlich zu bestimmen ist, sondern nur noch formal, und zwar in der Weise, daß Gesetze alle Anord-

13

Keine inhaltliche Bestimmung des Gesetzes

---

[24] Vgl. *Klaus Stern*, Das Staatsrecht der Bundesrepublik Deutschland, Bd. II, 1980, S. 826.
[25] BVerfGE 25, 371 (396); 36, 383 (400).
[26] Vgl. den Fall der Bahnhofsapotheke in Frankfurt a. M.: BVerfGE 13, 225.
[27] Vgl. BVerfGE 95, 1 – Südumfahrung Stendal; dazu *Rolf Schneller*, Objektbezogene Legalplanung, 1999; *Fritz Ossenbühl*, Der Gesetzgeber als Exekutive, in: FS für Werner Hoppe, 2000, S. 183 ff.; *Josef Isensee*, Rechtsstaat – Vorgabe und Aufgabe der Einung Deutschlands, in: HStR IX, 1997, § 202 Rn. 193 ff.
[28] Vgl. *Schneider* (N 23), S. 21 ff.
[29] Vgl. *Christoph Degenhart*, Gesetzgebung im Rechtsstaat, in: DÖV 1981, S. 477 (479); *Michael Kloepfer*, Gesetzgebung im Rechtsstaat, in: VVDStRL 40 (1982), S. 63 ff.
[30] Vgl. zum Fall der lex ZDF: *Fritz Ossenbühl*, Rundfunksanierung durch Steuervorteile, in: FS für Werner Flume, Bd. II, 1978, S. 201 ff.

nungen darstellen, die in dem in der Verfassung vorgesehenen Gesetzgebungsverfahren zustande kommen und wirksam werden[31].

Entfallen ist die am Anfang der konstitutionellen Bewegung stehende Beschränkung des Gesetzgebers auf bestimmte Sachgegenstände. Die Frage, was gesetzlich geregelt werden soll, ist weitestgehend dem gesetzgeberischen Ermessen anheimgestellt[32]. Der Verlust an Wesenskriterien des Gesetzes wird im gegenwärtigen Verfassungssystem durch eine breite richterliche Gesetzeskontrolle am Maßstab der Grundrechte und anderer substanzreicher Verfassungsprinzipien aufgewogen.

II. Recht und Gesetz – „Gesetz und Recht"

14
Zusammenhang von „Gesetz und Recht"

Das Grundgesetz benutzt den Begriff „Gesetz" in vielfältigen Zusammenhängen[33]. Aber nur in Art. 20 Abs. 3 GG findet man die Konjunktion von „Gesetz und Recht". Die vollziehende Gewalt und die Rechtsprechung sind nach dieser Verfassungsvorschrift an „Gesetz und Recht" gebunden. „Die rechtsprechende Gewalt ist den Richtern anvertraut" (Art. 92 GG). Aber der Richter ist nach dem Wortlaut des Art. 97 Abs. 1 GG „nur dem Gesetz unterworfen". Vom „Recht" ist hier im Gegensatz zu Art. 20 Abs. 3 GG keine Rede. Eine solche Begriffsverwendung im Grundgesetz bedarf der Erläuterung.

1. Unterscheidungen

15
Bindung des Rechts an das Gesetz im materiellen Sinne

Der Begriff „Gesetz" lenkt unsere Vorstellung zuallererst auf das parlamentsbeschlossene Gesetz. Nachdem der dualistische Gesetzesbegriff in der deutschen Staatsrechtslehre Fuß gefaßt hat, wird jedoch der Begriff „Gesetz" in einem erweiterten Sinne verwendet: Gesetz (im materiellen Sinne) ist jeder Rechtssatz. Zu den materiellen Gesetzen in diesem Sinne gehören alle Rechtsnormen, denen allgemeinverbindliche Wirkung zukommt, also formelle Gesetze, Rechtsverordnungen, Satzungen, Gewohnheitsrecht. Wenn der Richter gemäß Art. 97 Abs. 1 GG „nur dem Gesetz unterworfen ist", so gehören zu den Gesetzen in diesem Sinne alle vorgenannten materiellen Rechtssätze. Die materiellen Gesetze in ihrer Gesamtheit bilden das geltende Recht.

16 Dies ist freilich nur in einem vorläufigen Sinne gemeint. Denn neben den herkömmlich anerkannten, klassischen Rechtsquellen – förmliches Gesetz, Rechtsverordnung, Satzung, Gewohnheitsrecht – haben sich weitere Rechts-

---

31 Vgl. schon *Ulrich Scheuner*, Die Aufgabe der Gesetzgebung in unserer Zeit, in: DÖV 1960, S. 601 ff.; abgedruckt in: ders., Staatstheorie und Staatsrecht. Gesammelte Schriften, 1978, S. 501 ff. (505 f.); *Norbert Achterberg*, Kriterien des Gesetzesbegriffs unter dem Grundgesetz, in: DÖV 1973, S. 289 ff. (297); *Degenhart* (N 29), S. 477; *Stern* (N 24), S. 825 f.; *Böckenförde* (N 15), S. 381; kritisch *Albert Janssen*, Über die Grenzen des legislativen Zugriffsrechts, 1990, S. 45 ff., 235 ff. → Bd. I, *Grawert*, § 6 Rn. 5.
32 Vgl. *Janssen* (N 31); *Eberhard Schmidt-Aßmann*, Das allgemeine Verwaltungsrecht als Ordnungsidee, ²2004, S. 186 ff.
33 Vgl. *Starck* (N 15), S. 32 ff.

normen etabliert, denen nur eine modifizierte oder partielle Allgemeinverbindlichkeit zukommt und deren Einbau in die Rechtsquellenlehre und demzufolge auch deren Anerkennung als eigengeartete Rechtsquellen umstritten ist. Zu ihnen gehören etwa die Regelbildungen in Gestalt des Richterrechts[34], die allgemeinen Grundsätze des Verwaltungsrechts[35] sowie ein Teil der Verwaltungsvorschriften[36]. Zu nennen sind ferner die vielfältigen Rechtsregeln, die als „Private Rechtsetzung"[37] zusammengefaßt werden und für den einzelnen nicht minder bedeutsam sind als die staatlich gesetzten Rechtsnormen.

<small>Richterrecht</small>

<small>Private Rechtsetzung</small>

2. „Recht" als Inhalt und Grenze des Gesetzes

Wenn Art. 20 Abs. 3 GG die vollziehende Gewalt und die Rechtsprechung an „Gesetz und Recht" bindet, so bleibt nach den soeben getroffenen Unterscheidungen dunkel, welche Rechtsnormen als „Gesetz" und welche als „Recht" zu rubrizieren sind. Man kann „Gesetz" in diesem Kontext verstehen als jede geschriebene materielle Rechtsnorm[38]; in diesem Falle bliebe für die Kategorie des „Rechts" im Sinne des Art. 20 Abs. 3 GG nur das ungeschriebene Recht (Gewohnheitsrecht) übrig. Andere wollen als „Gesetz" im Sinne des Art. 20 Abs. 3 GG nur das „förmliche Gesetz" einordnen[39]. Wieder andere verstehen das „Gesetz" in diesem Zusammenhang als materiellen Rechtssatz, ohne darauf abzuheben, ob der materielle Rechtssatz geschrieben ist oder nicht[40]. – Die Rechtsnormen nach „Gesetz" und „Recht" im Sinne des Art. 20 Abs. 3 GG zu sortieren, bringt keinen Gewinn und erscheint auch müßig, weil plausible Begründungen weder für die eine noch für die andere Auffassung beizubringen sind.

17
<small>Interpretationsdissens über Art. 20 Abs. 3 GG</small>

Wichtiger ist, daß die Formel von „Gesetz und Recht" in Art. 20 Abs. 3 GG offenbar einen anderen, nicht sogleich in kleine juristische Münze umsetzbaren Sinn hat. Sie will daran erinnern, daß das von Menschen gesetzte Recht nicht notwendig auch der Gerechtigkeit entsprechen muß. Insoweit läßt sich die Formel von „Gesetz und Recht" nur auf dem Hintergrund von Unrechtserfahrungen der Schöpfer des Grundgesetzes und ihres Bestrebens verstehen, diese ihre Erfahrungen als Mahnung in der Verfassung festzuhalten[41]. „Die Formel hält das Bewußtsein aufrecht, daß sich Gesetz und Recht zwar faktisch im allgemeinen, aber nicht notwendig und immer decken"[42]. Insoweit erfüllt

18
<small>Transzendierung des positiven Gesetzes</small>

<small>34 S. u. Rn. 51 ff.
35 Vgl. *Fritz Ossenbühl*, Rechtsquellen und Rechtsbindungen der Verwaltung, in: Hans-Uwe Erichsen/Dirk Ehlers (Hg.), Allgemeines Verwaltungsrecht, [12]2002, § 6 X; *ders.*, Allgemeine Rechts- und Verwaltungsgrundsätze – eine verschüttete Rechtsfigur, in: FG 50 Jahre BVerwG, 2003, S. 289 ff.
36 → Unten *Ossenbühl*, § 104 Rn. 48 ff.
37 Vgl. *Ferdinand Kirchhof*, Private Rechtsetzung, 1987; *Meyer-Cording* (N 1).
38 So *Roman Herzog*, in: Maunz/Dürig, Komm. z. GG, Art. 20 Rn. 51, 53.
39 → Bd. II, *Schmidt-Aßmann*, § 26 Rn. 37.
40 *Friedrich E. Schnapp*, in: v. Münch/Kunig, GGK II, Art. 20 Rn. 43
41 → Bd. II, *Schmidt-Aßmann*, § 26 Rn. 37.
42 BVerfGE 34, 269 (286 f.).</small>

Art. 20 Abs. 3 GG eine appellative Funktion[43], die sich in erster Reihe an den parlamentarischen Gesetzgeber selbst wendet.

C. Funktion des Gesetzes im demokratischen Rechtsstaat

19 Dem Gewicht, wenn auch nicht der Quantität nach, ist die zentrale Rechtsquelle im demokratischen Rechtsstaat das parlamentsbeschlossene (förmliche) Gesetz. Nur von ihm soll im folgenden Abschnitt die Rede sein.

I. Gesetz als „Eckstein des demokratischen Rechtsstaates"

Wesenselemente von Demokratie und Rechtsstaat

Der verfassungsrechtliche Stellenwert, der dem Gesetz im demokratischen Rechtsstaat zukommt, drückt sich in den Prädikaten und Charakterisierungen aus, die ihm zuerkannt werden. So ist das Gesetz als „die Achse der rechtsstaatlichen Verfassung" und als „Schlüsselbegriff des demokratischen Rechtsstaates" apostrophiert worden[44]. Trotz der inhaltlichen Leere und Offenheit des Gesetzesbegriffs stellt das Gesetz „ein zentrales Bauelement demokratischer Verfassungsstruktur" dar[45]. Anderen gilt das Gesetz als „der Eckstein des neuen Staatsrechts"[46]. Das Gesetz wird sowohl als Wesenselement der Demokratie wie auch des Rechtsstaates gefeiert. Mehr noch: Das Gesetz bildet die Klammer, die Demokratie und Rechtsstaat zum demokratischen Rechtsstaat verbindet. „Demokratie erfüllt sich wesentlich in Gestalt der Gesetzgebung, und müssen Rechtsstaatlichkeit und Demokratieprinzip zueinander gebracht werden, so ist das Gesetz die Klammer, die Gesetzgebung als

Gesetzesstaat

Prozeß die zusammenführende Garantin"[47]. Der demokratische Rechtsstaat ist Gesetzesstaat und Gesetzgebungsstaat. Die Herrschaft des Staates ist die Herrschaft seiner Gesetze[48].

20

Form- und Inhaltsqualität des Gesetzes

Gesetzgebung ist Rechtsetzung durch die parlamentarische Volksvertretung in der Form des Gesetzes[49]. Durch Gesetze schafft der demokratische Rechtsstaat die Grundlagen seiner Rechtsordnung. Im Gesetz verwirklichen sich die wesentlichen Grundsätze und Werte der Demokratie und des Rechtsstaates.

---

43 *Herzog* (N 38), Art. 20, Abs. 6, Rn. 51, 52; zusammenfassend: *Birgit Hoffmann*, Das Verhältnis von Gesetz und Recht, 2003.
44 *Ernst-Wolfgang Böckenförde*, Entstehung und Wandel des Rechtsstaatsbegriffs, in: FS für Adolf Arndt, 1969, S. 53 ff. (58), abgedruckt in: ders., Staat, Gesellschaft, Freiheit, 1976, S. 65 ff. (69 f.); *Peter Badura*, Staatsrecht, ³2003, S. 537 (F 3).
45 *Böckenförde* (N 15), S. 381.
46 *Peter Badura*, Planung durch Gesetz, in: FS für Hans Huber, Bern 1981, S. 15 ff.; ders., Diskussionsbeitrag, in: VVDStRL 40 (1982), S. 105.
47 *Kurt Eichenberger*, Gesetzgebung im Rechtsstaat, in: VVDStRL 40 (1982), S. 7 ff. (10); → Bd. II, *Di Fabio*, § 27 Rn. 50 ff.
48 → Bd. II, *Isensee*, § 15 Rn. 171 f.
49 *Peter Badura*, Die parteienstaatliche Demokratie und die Gesetzgebung, 1986, S. 6; ders., Staatsrecht, ³2003, S. 546 ff.

„Die Zustimmung der Volksrepräsentation wahrt das Prinzip der Freiheit und die Subjektstellung des Bürgers, die Allgemeinheit des Gesetzes verhindert gezielte Eingriffe in den Bereich der bürgerlichen und gesellschaftlichen Freiheit über deren allgemeine, das heißt für alle gleichermaßen geltende Eingrenzung bzw. Ausgrenzung hinaus, das durch Diskussion und Öffentlichkeit bestimmte Verfahren verbürgt das menschlich erreichbare Maß an Vernünftigkeit des Gesetzesinhalts. Das so beschaffene Gesetz ist rechtsverbindlich für die handelnde Verwaltung, die dadurch gebunden und begrenzt wird"[50].

Diese in einer gewissen Allgemeinheit und Abstraktionshöhe verbleibenden Beschreibungen und Verklärungen des Gesetzes stehen in einem Spannungsverhältnis zu den Erfahrungen, die in der politischen Wirklichkeit mit dem Gesetz gemacht werden. Sie hängen mit dem erweiterten Funktionsbereich zusammen, der dem Gesetz im modernen Industrie- und Sozialstaat zugefallen ist.

II. Gesetz als Instrument der Politik

Die Gesetzeslehre des 19. Jahrhunderts hat das Gesetz „vor allem in seiner Funktion innerhalb der Rechtsordnung und ohne Zusammenhang mit der politischen Entwicklung gesehen"[51]. Im Gesetz drückten sich die dauerhaften Grundsätze und Wertvorstellungen der Gemeinschaft als Rechtsnormen aus. Dem Vorstellungsbild des Gesetzes entsprach die Kodifikation als tragendes und bleibendes Fundament der Rechtsordnung[52]. Diesem Grundverständnis vom Gesetz korrespondierte das Bemühen um die Auffindung allgemeiner und zeitunabhängiger Kriterien des Gesetzesbegriffs.

21 Unpolitisches Gesetzesverständnis im 19. Jahrhundert

Die idyllische Vorstellung vom Rechtsgesetz des 19. Jahrhunderts ist durch die ungeahnte Aufgabenerweiterung des modernen Industriestaates und durch die rauhe Wirklichkeit des nehmenden und verteilenden, des planenden und experimentierenden Sozialstaates zerstört worden. Das Gesetz ist heute in erster Linie Instrument der Politik[53]. Die Zeit der großen Kodifikationen ist vorbei[54]. Natürlich bleibt die alte Funktion, die das Gesetz im liberalen Rechtsstaat erfüllte, auch für die Gegenwart wichtig. „Das Gesetz ist nicht nur Instrument zur Steuerung gesellschaftlicher Prozesse nach soziologischen Erkenntnissen und Prognosen, es ist auch bleibender Ausdruck sozialethischer und – ihr folgend – rechtlicher Bewertung menschlicher Handlungen; es soll sagen, was für den Einzelnen Recht und Unrecht ist"[55]. Doch scheint

22 Gesetz als politisches Instrument

Sozialethische Bedeutung

---
50 *Böckenförde* (N 44), S. 69 f.
51 *Ulrich Scheuner*, Die Funktion des Gesetzes im Sozialstaat, in: FS für Hans Huber, Bern 1981, S. 127 ff. (130).
52 *Bernd Mertens*, Gesetzgebungskunst im Zeitalter der Kodifikationen, 2004, S. 6 ff.
53 Vgl. *Badura*, Parteienstaatliche Demokratie (N 49), S. 8 f.; *Stern* (N 24), S. 828; *Eichenberger* (N 47), S. 10 ff.; *Scheuner* (N 51), S. 133 f.; *Helmuth Schulze-Fielitz*, Theorie und Praxis parlamentarischer Gesetzgebung, 1988, S. 375 ff.; *Gunnar Folke Schuppert*, Verwaltungswissenschaft, 2000, S. 461 ff.
54 Vgl. *Friedrich Kübler*, Kodifikation und Demokratie, in: JZ 1969, S. 645 ff.
55 BVerfGE 39, 1 (59).

diese Funktion des Gesetzes in den Hintergrund gedrängt; dies schon angesichts der Tatsache, daß die Grundüberzeugungen von Recht und Unrecht im Zeitalter des Pluralismus, der Toleranz und Liberalität immer mehr im Schwinden begriffen sind, ein tragender Basiskonsens nicht einmal mehr in „Lebensfragen"[56] verzeichnet werden kann und nicht nur überkommene Wert- und Moralvorstellungen, sondern auch bewährte Gemeinschaftsstrukturen der Ablehnung und dem Verfall unterliegen. Das gegenwärtige Bild des Gesetzes wird durch seine Instrumentalität geprägt. Das Gesetz als parlamentarische Mehrheitsentscheidung ist der Weg, auf dem die politischen Parteien ihre Vorstellungen in einem geordneten Verfahren in allgemeinverbindliches Recht umsetzen. Dies geschieht im Sozial- und Verteilerstaat der Gegenwart auf breitester Front. Denn der Sozialstaat der Gegenwart nimmt ein umfassendes Mandat der Gesellschafts-, Wirtschafts-, Sozial- und Kulturpolitik für sich in Anspruch. Der Sozialstaat ist vor allem Verteiler- und Lenkungsstaat. Die Steuerung und Beeinflussung gesellschaftlicher und wirtschaftlicher Prozesse erfordert in hohem Maße staatliche Planungen, die auch im Gesetz ihre Form und vor allem dort ihre allgemeinverbindliche Wirkung finden[57].

23

Gesetz als Experiment

Das „Sozialstaatsgesetz" ist nicht in erster Linie bleibender Ausdruck sozialethischer Wertvorstellungen, sondern Planungs- und Lenkungsinstrument. Insoweit wird ein Gesetz niemals „verabschiedet", sondern es unterliegt der nachfolgenden Beobachtung, Korrektur, Veränderung und Nachbesserung, zu der der Gesetzgeber unter Umständen sogar verfassungsrechtlich verpflichtet sein kann[58]. Das Gesetz als Experiment und der experimentierende Gesetzgeber[59] sind Konsequenzen einer Instrumentalisierung des Gesetzes durch die Politik.

24

Gesetz als Druckmittel

Steuerungseffekte können mit dem Instrument des Gesetzes auch bewirkt werden, ohne daß gesetzliche Regelungen in Kraft treten, oder zwar in Krafttreten, aber keine praktische Wirksamkeit entfalten. Die erste Variante könnte man überschreiben mit dem Motto „Gesetz als Druckmittel". Regelungseffekte sollen allein durch die Ankündigung oder die Möglichkeit des Erlasses eines Gesetzes ausgelöst werden. Ein vielzitiertes Beispiel ist die Vereinbarung der Bundesregierung mit dem Verband der forschenden Arzneimittelhersteller, in der sich der Verband bereiterklärt hat, der gesetzlichen Krankenversicherung 400 Mio. DM (204,52 Mio. Euro) zur Konsolidierung ihrer Finanzen zur Verfügung zu stellen, die Bundesregierung ihrerseits

---

[56] Z.B. Abtreibung, Sterbehilfe, Gentechnologie.
[57] Vgl. *Badura* (N46). → Bd. II, *Zacher*, § 28 Rn. 76.
[58] Vgl. BVerfGE 25, 1 (12f.); 49, 89 (130, 132); 50, 290 (332f.); 55, 274 (308, 317); 56, 54 (78ff.); 59, 119 (227); 65, 1 (55f.); 71, 364 (368); 73, 118 (169, 180, 203); 77, 84 (109); 80, 1 (31, 33); 82, 60 (84, 98); 84, 239 (285); 87, 114 (151); 87, 348 (358); 88, 203 (309, 310); 90, 145 (219f.); *Peter Badura*, Die verfassungsrechtliche Pflicht des Gesetzgebers zur „Nachbesserung" von Gesetzen, in: FS für Kurt Eichenberger, 1982, S. 481ff.; *Dietrich Murswiek*, Die staatliche Verantwortung für die Risiken der Technik, 1985, S. 184ff.; *Christian Mayer*, Die Nachbesserungspflicht des Gesetzgebers, 1996; → oben *P. Kirchhof*, § 99 Rn. 183.
[59] Vgl. *Kloepfer* (N 29), S. 91ff.; *Hans-Detlef Horn*, Experimentelle Gesetzgebung unter dem Grundgesetz, 1989; *Rudolf Stettner*, Verfassungsbindungen des experimentierenden Gesetzgebers, in: NVwZ 1989, S. 806; *Walter Leisner*, Krise des Gesetzes, 2001, S. 148ff.; *Georg Müller*, Elemente der Rechtssetzung, Zürich/Basel/Genf ²2006, S. 70ff.

zusagt, für zwei Jahre auf gesetzliche Preisregulierungen für bestimmte verschreibungspflichtige Arzneimittel zu verzichten[60]. Ein Beispiel aus jüngerer Zeit bildet das angekündigte Gesetz zur Ausbildungsplatzabgabe, welches in Kraft gesetzt werden soll, wenn die Wirtschaft von sich aus innerhalb eines bestimmten Zeitraums Ausbildungsplätze in ausreichender Zahl nicht selbst zur Verfügung stellt. Auf die verfassungsrechtliche Problematik einer solchen Politik mit dem Instrument des Gesetzes kann hier nicht eingegangen werden.

Von anderer Art ist die Politik durch den Erlaß symbolischer Gesetze[61]. Diese sind dadurch gekennzeichnet, daß ihr Vollzug aus den verschiedensten Gründen von vornherein in Frage gestellt ist. Dazu gehört etwa die Strafandrohung für Gewaltanwendung in der Ehe oder in der Kindererziehung. Dazu gehört andererseits aber auch etwa die Aufhebung der Todesurteile von hingerichteten Opfern des Nationalsozialismus. In diesen Fällen kann das Gesetz die Wirklichkeit nicht (mehr) steuern oder bestimmen, es kann auch vollendete Tatsachen nicht aus der Welt schaffen. Es kann aber die rechtliche Bewertung einer nur schwer oder gar nicht veränderbaren Wirklichkeit zum Ausdruck bringen und so dem Rechtsbewußtsein Genugtuung geben und eine Stütze sein. Insoweit kann auch symbolischen Gesetzen durchaus eine praktische Bedeutung zukommen.

25

Symbolische Gesetze

III. Inhalt und Typologie der Gesetze

Der Inhalt von Gesetzen weist dieselbe Vielfalt auf wie die Staatsaufgaben, die mit Hilfe der Gesetzgebung erfüllt werden sollen. Auch wenn man die Gesetze unter formalen und strukturellen Gesichtspunkten betrachtet, ergibt sich ein höchst buntes Bild. Um Vielfalt und Bilderreichtum in eine gewisse übersichtliche Ordnung zu bringen, werden unterschiedliche Gesetzestypen unterschieden[62]. Die Typologisierung orientiert sich dabei vorwiegend am Inhalt der Gesetze, aber auch an formalen Kriterien, denen verfassungsrechtliche Relevanz zukommt. Im folgenden geht es nicht darum, die Typologien ausführlicher zu beschreiben. Vielmehr ist nur beabsichtigt, mit Hilfe der vorzufindenden Einteilungen einen Eindruck von der Wirklichkeit zu vermitteln, die sich hinter dem abstrakten Begriff des Gesetzes und der Gesetzgebung verbirgt.

26

Unterscheidung nach Gesetzestypen

1. Empirischer Befund

In den ersten zwölf Wahlperioden (1949–1999) hat der deutsche Bundestag im Durchschnitt pro Wahlperiode 408 Gesetze erlassen, insgesamt 4896 Gesetze verabschiedet[63]. Diese Zahlen geben freilich kein plastisches Bild von der Gesetzgebungswirklichkeit.

27

---

60 Vgl. *Kirchhof* (N 13), S. 237 ff. (257) mit Nachw.; *Florian Becker*, Kooperative und konsensuale Strukturen in der Normsetzung, 2005, S. 248 ff., vgl. auch *Müller* (N 59), S. 16 Fn. 47.
61 Vgl. *Klaus von Beyme*, Der Gesetzgeber, 1997, S. 324 ff.; *Schulze-Fielitz* (N 53), S. 558 ff.; *Jens Newig*, Symbolische Umweltgesetzgebung, 2003; vgl. auch *Müller* (N 59), S. 171 ff.
62 *Schneider* (N 23), Rn. 188 ff.
63 Datenhandbuch zur Geschichte des Deutschen Bundestages 1949, 1999, Bd. II, S. 2387, 2389.

§ 100   *Achter Teil: II. Staatsfunktionen*

Mangel an empirischen Erhebungen

Um einen konkreten Eindruck von der Gesetzgebungswirklichkeit zu vermitteln, bedürfte es einer unter typisierenden Kriterien erstellten Durchforstung und Bestandsaufnahme der Gesetzgebung. Solche empirischen Erhebungen und Analysen sind jedoch nach wie vor Mangelware[64]. Die soweit ersichtlich letzte umfassende Erhebung von Schulze-Fielitz[65] stammt aus dem Jahre 1988 und betrifft die 9. Wahlperiode des Deutschen Bundestages (1980–1983). Sie ist nach wie vor bedeutsam und aufschlußreich, kann aber für die gegenwärtige Lage der Gesetzgebung nicht mehr durchgängig repräsentativ sein. Schulze-Fielitz gruppiert nach Vertragsgesetzen, international determinierten Kooperationsgesetzen, Kodifikationsgesetzen und Anpassungsgesetzen. Für diese vier Gruppen ergibt sich für den Erhebungszeitraum der 9. Wahlperiode (1980–1983) folgende Übersicht

	Anzahl	in %
Vertragsgesetze	51	37,5
International determinierte Kooperationsgesetze	10	7,4
Kodifikationsgesetze	7	5,1
Anpassungsgesetze	68	50,0
Insgesamt	**136**	**100,0**

Vertragsgesetze

Auffällig ist insoweit zunächst die hohe Zahl an Vertragsgesetzen nach Art. 59 Abs. 2 S. 1 GG. Sie bilden im wesentlichen „formelle" Gesetze, die wegen der Ratifikationslage im Bundestag Modifikationen oder Änderungen im allgemeinen ausschließen.

28

International determinierte Kooperationsgesetze

Zur Gruppe der international determinierten Kooperationsgesetze werden namentlich diejenigen Gesetze gerechnet, die europarechtliche Richtlinien umsetzen oder geltendes Gesetzesrecht an europäische Verordnungen anpassen[66]. Insoweit ist allerdings gegenüber der 9. Wahlperiode ein deutlicher Trend zur Zunahme von europäischen Impulsen an der Gesetzgebung des Bundes zu verzeichnen, der sich in erster Linie in den absoluten Zahlen der Gesetze ausdrückt. Die von Schulze-Fielitz für die 9. Wahlperiode angegebene Zahl von 7,4 % ist nicht mehr repräsentativ. Für die maßgeblichen innenpolitischen Ressorts werden für die 11. Wahlperiode (1987–1990) und die 12. Wahlperiode (1990–1994) Anteile von 20,9 % und 20,6 % angegeben[67]. Man wird also davon ausgehen können, daß der Anteil der international determinierten Kooperationsgesetze gegenwärtig einen Anteil von etwa einem Viertel der gesamten Bundesgesetzgebung ausmacht. Dies betrifft allerdings nur die absoluten Zahlen der Gesetze, nicht den europäischen Einfluß auf die natio-

---

64 Datenhandbuch (N 63), S. 2384, 2411.
65 *Schulze-Fielitz* (N 53).
66 *Schulze-Fielitz* (N 53), S. 83 ff.; *Annette Elisabeth Töller*, Europapolitik im Bundestag, eine empirische Untersuchung zur europapolitischen Willensbildung im EG-Ausschuß des 12. Deutschen Bundestages, 1995.
67 Datenhandbuch (N 63), S. 2385.

nale Gesetzgebung insgesamt, der sich auch darin ausdrückt, daß in bestimmten Bereichen ein Tätigwerden des nationalen Gesetzgebers von vornherein ausgeschlossen ist oder nationale Gesetze in Kenntnis laufender europäischer Konsultationen von vornherein so strukturiert werden, daß sie den zu erwartenden europäischen Vorgaben entsprechen[68]. Daraus wird gefolgert, „daß die vorgestellten Zahlen nur die „Spitze des Eisbergs" der Auswirkung europäischer Rechtsetzung auf die Gesetzgebungsfunktion des Bundestages darstellen"[69].

Als Kodifikationsgesetze werden solche Gesetze eingeordnet, die als fundamentale Neuregelung eines bislang rechtlich überhaupt nicht geregelten Lebensbereichs gelten oder doch bereits geregelte Lebensbereiche in einem Ausmaß ordnen, daß man von einem „neuen" Gesetz sprechen muß[70].

29
Kodifikationsgesetze

Fundamentale Neuregelungen in bisher nicht geregelten Lebensbereichen sind die Ausnahme. Aus neuerer Zeit kann insoweit etwa auf das Gentechnikgesetz, auf das Telekommunikationsgesetz und auf das Energiewirtschaftsgesetz verwiesen werden. Grundlegende Reformen in bislang schon geordneten Lebensbereichen sind nach wie vor quantitativ gering. Den Hauptanteil in der Bundesgesetzgebung macht die Gruppe der Anpassungsgesetze aus.

Neuregelungen als Ausnahme

Anpassungsgesetze knüpfen an eine bestehende Gesetzeslage an und ändern sie in bestimmten Punkten[71]. Gesetzesreformen liegen je nach Umfang auf der Grenze zwischen bloßer Anpassung und (neuer) Kodifikation. Insbesondere Änderungen, die in mehrere Gesetze ausgreifen, ergehen im allgemeinen in der Gestalt von sogenannten Artikel-Gesetzen. Artikel-Gesetze, auch als „Paketgesetze"[72] oder als „Mantelgesetze"[73] bezeichnet, sind Gesetze, die einen Teilbereich der Rechtsordnung, der in mehreren unterschiedlichen Gesetzen und auch in Rechtsverordnungen normative Gestalt gewonnen hat, neu ordnen. Diese Neuordnung soll gleichsam „mit einem Schlag"[74] geschehen und „aus einem Guß" sein[75]. Eine andere Art von Artikel-Gesetzen sind die Haushaltsstruktur- und Haushaltsbegleitgesetze, in denen zur Haushaltskonsolidierung eine Fülle gesetzlicher Leistungsbegrenzungen gebündelt wird[76]. In beiden Fällen sind von den Änderungen häufig sowohl förmliche Gesetze wie auch Rechtsverordnungen betroffen[77]. Um die vorgesehene Teilreform der Rechtsordnung respektive Haushaltsstruktur umfassend und abschließend zu regeln, werden deshalb auch die betroffenen Rechtsverordnungen in das förmliche Gesetzgebungsverfahren einbezogen und vom parla-

30
Anpassungsgesetze

Artikel-Gesetze

---

68 Datenhandbuch (N 63), S. 2386 unter Hinweis auf *Töller* (N 66).
69 Datenhandbuch (N 63), S. 2386 unter Hinweis auf *Töller* (N 66).
70 *Schulze-Fielitz* (N 53), S. 88 ff.
71 *Schulze-Fielitz* (N 53), S. 94 ff.
72 *Detlef Merten*, Gesetzeswahrheit und Titelklarheit, in: FS für die Gesellschaft für Rechtspolitik, 1984, S. 295 (297, 300).
73 *Schneider* (N 23), Rn. 199, 218, 332.
74 *Schneider* (N 23), Rn. 199.
75 *Horst Sendler*, Verordnungsänderung durch Gesetz und „Entsteinerungsklausel", in: NJW 2001, S. 2859.
76 Vgl. *Werner Heun*, Staatshaushalt und Staatsleitung, 1998, S. 212 ff.
77 Vgl. *Christoph Külpmann*, Änderungen von Rechtsverordnungen durch den Gesetzgeber, in: NJW 2002, S. 3436.

mentarischen Gesetzgeber geändert und neu gefaßt. Verfassungsrechtlich umstritten ist insoweit die Frage, wie die Änderungen von Rechtsverordnungen der Exekutive durch den parlamentarischen Gesetzgeber einzuordnen sind[78]. Mit der gesetzlichen Neuordnung will der parlamentarische Gesetzgeber nicht die exekutive Verordnungsermächtigung wieder an sich ziehen. Vielmehr soll alles beim alten bleiben und das, was der parlamentarische Gesetzgeber durch Änderung der Rechtsverordnung im Artikel-Gesetz selbst angeordnet hat, soll mit Inkrafttreten des Gesetzes den normativen Charakter und Rang einer Rechtsverordnung wiedererhalten. Dies geschieht in der Staatspraxis auf pragmatisch einfache Weise durch eine „Entsteinerungsklausel"[79], das heißt eine in das Gesetz eingefügte Vorschrift, nach welcher der Verordnungsgeber weiterhin befugt bleibt, die durch förmliches Gesetz neugefaßte Verordnungsvorschrift zu ändern. Die verfassungsrechtliche Beurteilung und Einordnung dieser Staatspraxis ist kontrovers[80]. Das Bundesverfassungsgericht hat im Interesse der Rechtssicherheit die im Gesetzgebungsverfahren vorgenommenen Verordnungsänderungen einheitlich als Rechtsverordnungen gedeutet, so daß ein mit Inkrafttreten des Artikel-Gesetzes entstehendes Mischgebilde aus förmlichen Gesetzen und Rechtsverordnungen vermieden wird[81].

„Entsteinerungsklausel"

2. Formale Typisierungen

31
Typisierung je nach Grad der Konkretisierung

Formale Typisierungen orientieren sich zwar auch am Gesetzesinhalt, aber nicht in dem Sinne, daß sie nach der Sachmaterie des Gesetzes fragen, sondern beispielsweise danach unterscheiden, ob das Gesetz eine generelle Regelung enthält oder nur einen Einzelfall ordnet; ferner ob das Gesetz nur Grundsatzregelungen enthält oder auch vollziehbare Detailvorschriften. Dem entsprechen als Kategorien die sogenannten Maßnahmegesetze oder Einzelfallgesetze einerseits und die Maßstäbegesetze oder Grundlagengesetze andererseits.

32
Maßnahmegesetze

Maßnahmegesetze regeln einen Einzelfall. Typisch für das Gesetz ist seine Allgemeinheit. Die Allgemeinheit kennzeichnet das Gesetz als abstrakt-generelle Regelung. Dadurch entscheidet sich das Gesetz vom Urteilsspruch und Verwaltungsakt[82]. Aber die Allgemeinheit ist kein vom Grundgesetz eingefordertes Wesensmerkmal des Gesetzes. Dem Grundgesetz kann nicht entnommen werden, daß es von einem Gesetzesbegriff ausgeht, der nur generelle Regelungen zuläßt[83]. Schon früh hat das Bundesverfassungsgericht deshalb Maßnahmegesetze für verfassungsrechtlich irrelevant erklärt[84] und sodann im

---

78 → Unten *Ossenbühl*, § 103 Rn. 38.
79 Vgl. *Bundesjustizministerium* (Hg.), Handbuch der Rechtsförmlichkeit, ²1999, Rn. 704 ff.
80 → Unten *Ossenbühl*, § 103 Rn. 38.
81 BVerfGE 114, 196 (233 ff.); 114, 303.
82 S. o. Rn. 11.
83 BVerfGE 95, 1 (17).
84 BVerfGE 25, 371 (396); 36, 383 (400).

Zuge der Wiedervereinigung für den Aufbau der Infrastruktur in Ostdeutschland erlassene Einzelfallgesetze für unbedenklich erklärt[85], jedoch für deren Verwendung „gute Gründe" gefordert, um sie im Interesse der Gewaltenteilung von den Exekutivakten abzugrenzen[86].

Maßstäbegesetze betreffen einen anderen Regelungsaspekt. Bei ihnen geht es darum, grundlegende Regelungen und Prinzipien durch Konkretisierung von Maßstäben von Detailvorschriften abzuschichten. Einen solchen Verfassungsauftrag zur Maßstabgesetzgebung hat das Bundesverfassungsgericht dem Grundgesetz für die Finanzverfassung entnommen[87]. Durch das Maßstäbegesetz sollen die durch unbestimmte Rechtsbegriffe in der Verfassung vorgegebenen Maßstäbe der Steuerzuteilung und des Finanzausgleichs vollzugsfähig konkretisiert werden, bevor die rechnerischen Auswirkungen dieser Maßstäbe bekannt werden. Ob dieses theoretisch plausible Konzept sich in der praktischen Politik sachgerecht umsetzen läßt, weckt erhebliche Zweifel.

33
Maßstäbegesetze

In einer etwas anderen Intention wird der Gedanke des Maßstäbegesetzes unter dem Topos des Grundlagengesetzes seit langem immer wieder in die Diskussion gebracht[88]. Die Idee besteht darin, das parlamentarische Gesetz auf die grundlegenden Fragen und Prinzipien eines Regelungsbereichs zu beschränken und die Durchführungsvorschriften dem Verordnungsgeber zu überlassen. Solche Vorstellungen sind insbesondere im Umwelt- und Technikrecht bereits weitgehend verwirklicht. Die großzügige Auslegung des Art. 80 GG durch das Bundesverfassungsgericht gibt für einen solchen Gedanken erheblichen Spielraum.

Grundlagengesetz

IV. Gesetz und Verfassung

Die Bedeutung des Gesetzes in der grundgesetzlichen Ordnung läßt sich erst voll erfassen, wenn man das Verhältnis von Verfassung und Gesetz mit in den Blick nimmt. Nichts hat die Verfassungs- und Rechtsordnung unter der Geltung des Grundgesetzes und den Stellenwert des Gesetzes in diesem System mehr bestimmt als der Vorrang der Verfassung und seine Absicherung und Realisierung durch die Institution der Verfassungsgerichtsbarkeit[89]. Der Vorrang der Verfassung hat den Vorrang des Gesetzes abgelöst und damit das

34
Vorrang der Verfassung

---
85 Dazu *Isensee* (N 27), § 202 Rn. 198 ff.
86 Vgl. *Fritz Ossenbühl*, Der Gesetzgeber als Exekutive, in: FS für Werner Hoppe, 2000, S. 183 ff.
87 BVerfGE 101, 158; *Fritz Ossenbühl*, Das Maßstäbegesetz – dritter Weg oder Holzweg des Finanzausgleichs?, in: FS für Klaus Vogel, 2000, S. 227 ff.
88 *Friedhelm Hufen*, Über Grundlagengesetze, in: Gunnar Folke Schuppert (Hg.), Das Gesetz als zentrales Steuerungsinstrument des Rechtsstaates, 1998, S. 11 ff.; *Hans H. Klein*, Die mehrspurige Demokratie, in: FS für Herbert Helmrich, 1994, S. 255 (262 f.) unter Hinweis auf Friedrich August von Hayek und Hans H. Rupp; *Eckart Klein*, Gesetzgebung ohne Parlament?, 2004, S. 27; *Peter Blum*, Wege zu besserer Gesetzgebung – sachverständige Beratung, Begründung, Folgenabschätzung und Wirkungskontrolle, Gutachten I zum 65. Deutscher Juristentag, 2004, S. 41 ff.
89 Vgl. *Rainer Wahl*, Der Vorrang der Verfassung, in: Der Staat 20 (1981), S. 485 ff.; *ders.*, Der Vorrang der Verfassung und die Selbständigkeit des Gesetzesrechts, in: NVwZ 1984, S. 401 ff.; *Leisner* (N 59), S. 45 ff.; → Bd. I, *Wahl*, § 2 Rn. 59 ff.

Gesetz als oberste Rechtsquelle im Staat entthront. Daraus ergeben sich für die Rechtsquellenlehre im demokratischen Rechtsstaat eine Reihe wichtiger Konsequenzen.

35
Grundgesetz als Rechtsquelle

Unmittelbare Geltung des Verfassungsgesetzes

Das Grundgesetz selbst ist mit der vollen Verwirklichung des Vorrangs der Verfassung zur unmittelbaren Rechtsquelle geworden (Art. 1 Abs. 3, Art. 20 Abs. 3, Art. 100 GG). Die Verfassung bedarf nicht mehr der interpositio auctoritatis des (einfachen) Gesetzgebers, um in anwendbares Recht umgeformt zu werden. Freilich steht dem Gesetzgeber nach wie vor die Aufgabe zu, Grundrechte auszuformen und auszuprägen[90]. Überdies hat der Gesetzgeber den verfassungsrechtlichen Auftrag, in Wahrnehmung seiner „Erstzuständigkeit zur Verfassungsinterpretation" die Zuteilungs- und Ausgleichsprinzipien der Finanzverfassung zu konkretisieren und zu ergänzen[91]. Aber ungeachtet dieser Konkretisierungsaufgabe sind die Verfassungsnormen unmittelbar anwendbares Recht, nicht nur für das Bundesverfassungsgericht, sondern auch für den Gesetzgeber, die vollziehende Gewalt und die Fachgerichtsbarkeit. Verfassungsrecht ist „Gesetz und Recht" im Sinne des Art. 20 Abs. 3 GG. Der unmittelbare Durchgriff des Gesetzesanwenders auf die Verfassung führt dazu, daß verfassungsrechtliche Grundprinzipien permanent in das Geschäft der täglichen Rechtsanwendung hineinwirken. Dies gilt namentlich für die wertsetzende Bedeutung der Grundrechte, die als objektive Wertentscheidungen auf die allgemeine Rechtsordnung ausstrahlen und in dieser Ausstrahlungswirkung als Interpretationsdirektiven die Auslegung des einfachen Gesetzesrechts lenken und leiten[92]. Aber auch objektive Verfassungsprinzipien wie der allgemeine Gleichheitssatz gemäß Art. 3 Abs. 1 GG und vor allem der ungeschriebene Verfassungsgrundsatz der Verhältnismäßigkeit üben im öffentlichen Recht eine maßgebliche Wirkung aus[93].

36
Bindung des Gesetzgebers an die Verfassung

Gesetzgebung nicht bloßer Verfassungsvollzug

Nicht nur der Gesetzesanwender, auch der Gesetzgeber selbst muß bei der Gesetzgebung den Vorrang der Verfassung beachten und seine Gesetze so gestalten, daß sie mit den Inhalten und Wertsetzungen des Grundgesetzes in Einklang stehen. Die legislative Gestaltungsfreiheit ist insoweit durch Verfassungsgrundsätze und Verfassungsdirektiven eingeschränkt. Doch bedeutet dies nicht, daß Gesetzgebung damit zum Verfassungsvollzug verkümmert. Gesetzgebung bleibt nach wie vor politische Gestaltung nach dem Willen des parlamentarischen Gesetzgebers[94]. Jedoch wird der politische Wille, der sich im Gesetz ausdrückt, durch den Vorrang der Verfassung und die damit verbundene Verfassungsabhängigkeit der gesamten Rechtsordnung an grundle-

---

90 Vgl. *Roman Herzog*, Grundrechte aus der Hand des Gesetzgebers, in: FS für Wolfgang Zeidler, 1987, S. 1415 ff.; *Matthias Cornils*, Die Ausgestaltung der Grundrechte, 2005.
91 BVerfGE 101, 158 (214 ff.) – Maßstäbegesetz; *Ossenbühl* (N 87), S. 227 ff.
92 *Fritz Ossenbühl*, Grundsätze der Grundrechtsinterpretation, in: Detlef Mertens/Hans-Jürgen Papier (Hg.), Handbuch der Grundrechte, Bd. I, 2004, S. 595 ff. (Rn. 27).
93 Vgl. *Lothar Hirschberg*, Der Grundsatz der Verhältnismäßigkeit, 1981; *Michael Chr. Jakobs*, Der Grundsatz der Verhältnismäßigkeit, 1985; *Rainer Dechsling*, Das Verhältnismäßigkeitsgebot, 1989; *Fritz Ossenbühl*, Der Grundsatz der Verhältnismäßigkeit (Übermaßverbot) in der Rechtsprechung der Verwaltungsgerichte, in: Jura 1997, S. 617 ff.
94 *Josef Isensee*, Verfassungsrecht als „politisches Recht", in: HStR VII, 1992, § 162.

gende und bleibende Wertvorstellungen und Rechtsprinzipien zurückgebunden. Die Stabilität und Kontinuität der Rechtsordnung wird heute nicht mehr durch die große dauerhafte und bleibende Kodifikation, sondern durch die Verfassung sichergestellt. Mit dem Einsatz des Gesetzes als Instrument der Politik ist die Funktion der Dauerhaftigkeit und der Festlegung grundsätzlicher Wertsetzungen, die früher dem „klassischen" Gesetz vorbehalten war, weitgehend auf die Verfassungsebene übergegangen[95] und damit institutionell aus dem politischen Alltagsgeschäft herausgelöst und dem Verfassungs(änderungs)geber sowie dem Bundesverfassungsgericht zugeordnet worden.

Rechtsstabilität durch Verfassung

Dieser Funktionsverlust hat für den gegenwärtigen verfassungsrechtlichen Stellenwert des Gesetzes Folgen. Der Respekt vor dem parlamentarischen Gesetz ist einer zunehmend kritischen Einstellung gewichen. Das parlamentarische Gesetz befindet sich in einer permanenten Defensive und einem dauernden Zwang zur Rechtfertigung an den Maßstäben der Verfassung. Der Legitimationsverlust, der durch die Instrumentalisierung des Gesetzes eingetreten ist, wird auf diese Weise kompensiert. Aber es zeigt sich andererseits auch die Gefahr einer schleichenden Systemverschiebung in der Akzentuierung des Gewaltenteilungsgefüges.

37
Rechtfertigungszwang des Gesetzes vor der Verfassung

D. Verteilung der Rechtsetzung im demokratischen Rechtsstaat

I. Rechtsetzungsmonopol oder Rechtsetzungsprärogative des Staates?

Ein Blick in die Wirklichkeit lehrt, daß bei der Aufstellung von Rechtsregeln neben dem Staat und sonstigen Hoheitsträgern auch private Institutionen, Verbände, Gesellschaften usw. am Werk sind[96]. Dies führt zu der Frage, ob dem Staat ein Rechtsnormsetzungsmonopol zusteht oder ob neben ihm auch private Normsetzer einen legitimen Platz haben. Ein staatliches Rechtsnormsetzungsmonopol wäre jedoch ein realitätsfremdes Postulat. Ein solches Monopol ist auch vom Grundgesetz oder sonstigen ungeschriebenen verfassungsrechtlichen Grundsätzen weder gefordert noch mit der Verfassung in Einklang zu bringen. Der Wortlaut des Grundgesetzes sieht ein ausdrückliches staatliches Rechtsetzungsmonopol nicht vor. Im Gegenteil enthält das Grundgesetz an zahlreichen Stellen entweder unzweideutige Verweise auf außerstaatliches Recht oder sogar verfassungsrechtliche Verbürgungen privater Normsetzung[97].

38
Private Rechtsetzung

---

95 *Scheuner* (N 51), S. 141.
96 Vgl. *Ferdinand Kirchhof*, Private Rechtsetzung, 1987; *Udo Di Fabio*, Produktharmonisierung durch Normung und Selbstüberwachung, 1996; *Peter Marburger*, Die Regeln der Technik im Recht, 1979; *Steffen Augsberg*, Rechtsetzung zwischen Staat und Gesellschaft, 2003; *Gregor Bachmann*, Private Ordnung, 2006.
97 Vgl. *Kirchhof* (N 96), S. 124 ff.

39

Internationales Recht

Tarifrecht

Schon in Art. 20 Abs. 3 GG wird mit dem Verweis auf das „Recht" fremdgesetztes Gewohnheitsrecht als bindendes Recht anerkannt. In Art. 24 Abs. 1 und 2 GG und Art. 25 GG wird das staatliche Rechtssystem nach außen geöffnet und für staatsfremdes internationales und supranationales Recht zugänglich gemacht, das im innerstaatlichen Bereich Verbindlichkeit erlangt. Ähnliches zeigt sich im innerstaatlichen Raum. So stammen Tarifverträge, Vereins- und Parteisatzungen von Privaten. Ihre Normsetzungen werden vom Staat nicht nur geduldet, sondern sogar veranlaßt und verfassungsrechtlich verbürgt (Art. 9 Abs. 3 GG).

Innere Souveränität

Gewaltmonopol

Solche Räume privater und außerstaatlicher Rechtsetzung stehen weder mit der inneren Souveränität des Staates noch mit dem staatlichen Gewaltmonopol in Widerspruch[98]. Die innere Souveränität des Staates ist gewahrt, wenn dem Staat in der Normsetzung das „letzte Wort" bleibt[99]. Hierzu bedarf es eines Rechtsnormsetzungsmonopols des Staates nicht. Es genügt vielmehr, daß die Rechtsetzungsmacht des Staates allen anderen normsetzenden Stellen im Staate übergeordnet ist. Das Gewaltmonopol des Staates betrifft lediglich die Anwendung physischer Gewalt[100]. Ein Verbot wirtschaftlicher und sozialer Gewalt wird nur in beschränktem Maße ausgesprochen. Als soziale Gewaltausübung kommt deshalb private Regelbildung mit dem staatlichen Gewaltmonopol nicht in Konflikt[101].

Kein Rechtsetzungsmonopol des Staates

Ein Rechtsnormsetzungsmonopol des Staates wäre auch kaum wünschenswert. Es entspricht dem Sinn eines freiheitlichen demokratischen Rechtsstaates, den Kräften in der Gesellschaft eigenen Entfaltungsraum zu eröffnen. Diesen Raum auch regelbildend auszufüllen ist angesichts der übergeordneten staatlichen Rechtsetzungsmacht, die jederzeit korrigierend eingreifen kann, unschädlich.

II. Vielfalt der Rechtsquellen und Rechtsetzungsformen

40

Unterscheidung zwischen Gewohnheitsrecht und positivem Recht

Das Recht verdankt seine Entstehung nicht einer einzigen Quelle. Dies zeigt schon die Unterscheidung zwischen dem durch Übung der Rechtsbeteiligten gewachsenen Recht, dem Gewohnheitsrecht, und dem von einem Normsetzer geschaffenen Recht (positives Recht). Auch bei der Erzeugung positiven Rechts ist nicht nur *ein* Normsetzer am Werk, vielmehr setzt sich das positive Recht aus einer Vielzahl von Regelungen unterschiedlicher normsetzender Instanzen zusammen. In dem so entstandenen Kosmos des positiven Rechts bildet das (nationale) Gesetz nur *eine* Regelungsform, die selbst im nationalen Raum nicht einmal die häufigste Rechtsquelle darstellt[102].

---

98 Vgl. *Meyer-Cording* (N 1), S. 39 ff.; *Kirchhof* (N 96), S. 107 ff.
99 → Bd. II, *Isensee*, § 15 Rn. 105 ff.
100 Vgl. *Josef Isensee*, Die Friedenspflicht der Bürger und das Gewaltmonopol des Staates, in: FS für Kurt Eichenberger, 1982, S. 23 ff.; *Detlef Merten*, Rechtsstaat und Gewaltmonopol, 1975, S. 31. → Bd. II, *Isensee*, § 15 Rn. 83 ff.; *Randelzhofer*, § 17 Rn. 35 ff.; *Hillgruber*, § 32 Rn. 48
101 Vgl. *Kirchhof* (N 96), S. 119.
102 → Unten *Ossenbühl*, § 103 Rn. 6.

1. Nationales und internationales sowie supranationales Recht

In einem Handbuch des Staatsrechts gilt das vorrangige Interesse selbstredend dem nationalen Recht. Das Völkerrecht als internationales Recht, das im Kern nach wie vor als Zwischenstaatenrecht besteht[103], und das Europarecht als supranationales Recht bilden Rechtsordnungssysteme mit eigenen Rechtserzeugungsverfahren und Geltungsanordnungen. Aber diese verschiedenen Rechtsordnungen liegen nicht hermetisch abgeriegelt nebeneinander, sondern sind vielfach miteinander verknüpft und ineinander verwoben. Zumal das Europarecht steht mit dem nationalen Recht in einer oft kaum zu entwirrenden Gemengelage. Aber auch das Völkerrecht wirkt in die nationale Rechtsordnung hinein. Die allgemeinen Regeln des Völkerrechts sind Bestandteil des Bundesrechts (Art. 25 S. 1 GG). Das Völkervertragsrecht erzeugt nach Maßgabe der Inkorporation ebenfalls innerstaatliche Bindungswirkungen und Berücksichtigungspflichten[104] (Art. 59 Abs. 2 GG).

41

Verknüpfung der Rechtsordnungssysteme

2. Erweiterung der Rechtsetzungsformen und -prozesse

Kennzeichnend für alle drei Rechtsordnungssysteme, das heißt die nationale Rechtsordnung, das Völkerrecht und das Europarecht, ist eine starke Tendenz zur Erweiterung der Rechtsetzungsformen und Rechtsetzungsprozesse. Für das Völkerrecht wird im Bereich der Rechtsbildung am Ende des 20. Jahrhunderts eine starke Umgestaltung registriert. Sie besteht in dem zunehmenden Neben- und Miteinander von originären Rechtsquellen einerseits und neuartigen Formen des Erzeugens von Willenserklärungen andererseits, sowie Absprachen und Konsensbildungen, die formalisierten Rechtserzeugungsverfahren nicht zuzuordnen sind und aus diesem Grunde die Grenzen zwischen Recht und Nicht-Recht verwischen[105]. Nicht viel anders steht es im Europarecht. Die Rechtsakte, die von den Gemeinschaftsorganen erlassen werden können, zählt Art. 249 EGV auf (Verordnungen, Richtlinien, Entscheidungen). Obwohl den Gemeinschaftsorganen das Recht, neue Typen von Rechtsakten zu erfinden („Typenerfindungsrecht"), nicht zugestanden wird[106], hat sich in der Praxis eine von Kommentatoren[107] als „chaotisch" charakterisierte Vielfalt nicht gekennzeichneter Rechtsakte entwickelt. Die Gründe hierfür dürften zum einen in der Eigengesetzlichkeit großer bürokratischer Verwaltungen liegen, zum andern aber auch in einem Regelungsbedarf, der mit den in Art. 249 EGV vertypten Regelungsformen nicht befriedigt werden kann.

42

Tendenz der Erweiterung

---

103 Vgl. *Wolfgang Graf Vitzthum*, Begriff, Geschichte und Quellen des Völkerrechts, in: ders. (Hg.), Völkerrecht, 1997, S. 15.
104 BVerfGE 111, 307 = JZ 2004, S. 1171 m. Anm. von *Eckart Klein*.
105 *Vitzthum* (N 103).
106 Vgl. *Thomas Oppermann*, Europarecht, ²1999, Rn. 535.
107 Vgl. *Matthias Ruffert*, in: Christian Calliess/Matthias Ruffert (Hg.), Kommentar zu EU-Vertrag und EG-Vertrag, ²2002, Art. 249 EGV Rn. 121; vgl. auch *Thomas Groß*, Exekutive Vollzugsprogrammierung durch tertiäres Gemeinschaftsrecht?, in: DÖV 2004, S. 20 ff.

43

Bedeutungsverlust des Gesetzes

Eine vergleichbare Erweiterung der Rechtsetzungsformen und -prozesse ist auch für den nationalen Bereich zu verzeichnen. Sie führen zu einem Bedeutungsverlust des parlamentarischen Gesetzes[108]. Besonders auffällig ist die Ausprägung von Regelungskategorien *unterhalb* von Gesetzen und Rechtsverordnungen als den herkömmlichen klassischen Rechtsquellen. Zu diesen Regelungskategorien zählen nicht nur die Verwaltungsvorschriften, sondern auch andere Regelungsmechanismen, die der Kategorie der Verwaltungsvorschriften nicht zugerechnet werden können, aber gleichwohl für den Bürger von fundamentaler Bedeutung sein können[109].

3. Numerus clausus der Rechtsetzungsformen (Typenzwang)?

44

Numerus clausus der Rechtsetzungsformen

Die Verlagerung der Rechtsetzung in untergesetzliche Formen, vor allem aber die gesetzliche Konstituierung eines eigengearteten Regelungssystems mit Allgemeinverbindlichkeitswirkung im Recht der Krankenversicherung[110] haben die verfassungsrechtliche Frage aufgeworfen, ob Formen und Verfahren der Rechtserzeugung im Grundgesetz abschließend bestimmt sind und damit ein verfassungsrechtlicher Numerus clausus zulässiger Rechtsetzungsformen besteht[111] oder ob der (einfache) Gesetzgeber Freiheit in der Gestaltung der Rechtsetzungsformen besitzt, also den überkommenen Kanon der klassischen Rechtsquellen (Gesetze, Rechtsverordnungen, Satzungen) durch neuartige Rechtsetzungsverfahren ergänzen und anreichern kann. Die Frage ist zu verneinen, wenn das Grundgesetz das Thema des Verfahrens der Rechtserzeugung dem Verfassunggeber respektive Verfassungsänderungsgeber vorbehält (Verfassungsvorbehalt)[112]. Einen ausdrücklichen Verfassungsvorbehalt für Form und Verfahren der Rechtsetzung enthält das Grundgesetz nicht. Andererseits ergibt sich aus der Existenz verfassungsrechtlich nicht besonders erwähnter Rechtsquellen, wie beispielsweise dem Gewohnheitsrecht und dem Parlamentsrecht, die neben den genannten klassischen Rechtsquellen bestehen, kein Einwand gegen die Annahme eines Numerus clausus. Denn der hier in Rede stehende Numerus clausus der Rechtsetzungsformen betrifft selbstredend lediglich die „formalisierte Rechtsetzung", wozu das ungeschriebene Recht nicht gehört, und er erfaßt lediglich das an den Bürger adressierte oder auf dessen Rechtsstellung einwirkende Recht (Außenrecht) und nicht das lediglich im internen Raum Wirkung entfaltende Parlamentsrecht (Innenrecht).

---

108 S. u. Rn. 70 ff.
109 → Unten *Ossenbühl*, § 104 Rn. 7 ff.
110 Dazu *Peter Axer*, Normsetzung der Exekutive in der Sozialversicherung, 2000, S. 52 ff.; *Andreas Hänlein*, Rechtsquellen im Sozialversicherungsrecht, 2001; *Thorsten Koch*, Normsetzung durch Richtlinien des Bundesausschusses der Ärzte und Krankenkassen?, in: Die Sozialgerichtsbarkeit, 2001, S. 109 ff.; *Adina Kessler-Jensch*, Die Richtlinien im SGB XI, 2005; *Jonathan J. Fahlbusch*, Das gesetzgeberische Phänomen der Normsetzung durch oder mit Vertrag, 2004.
111 Dazu *Fritz Ossenbühl*, Richtlinien im Vertragsarztrecht, in: NZS 1997, S. 497 (499 ff.); *Axer* (N 110), S. 153 ff.; *Friedrich E. Schnapp*, Untergesetzliche Rechtsquellen im Vertragsarztrecht am Beispiel der Richtlinien, in: FS 50 Jahre BSG, 2004, S. 497 ff.; *Josef Isensee*, Vorbehalt der Verfassung, in: FS für Walter Leisner, 1999, S. 359 (380 ff.); *Markus Kaltenborn*, Gibt es einen Numerus clausus der Rechtsquellen?, in: Rechtstheorie 2003, S. 459 ff.
112 *Isensee* (N 111) S. 380 ff.

Ob das Grundgesetz einen Numerus clausus der Rechtsetzungsformen kennt, hat das Bundesverfassungsgericht offengelassen. Staatspraxis und Bundesverfassungsgericht haben sich bei der Rechtsetzung durchweg an dem Kanon der überkommenen klassischen Rechtsquellen orientiert. In diesem Sinne sind Modifikationen der herkömmlichen Rechtsetzungsformen nicht unter dem Gesichtspunkt eines Numerus clausus, sondern auf ihre Verträglichkeit mit dem Demokratiegebot verfassungsrechtlich geprüft worden[113]. Insoweit geht der Vorbehalt der Verfassung im Vorrang der Verfassung auf. Eine veränderte Rechtsetzungsform wurde nicht als Novum, sondern als Variante einer herkömmlichen klassischen Rechtsetzungsform betrachtet und für zulässig erklärt, wenn sie den verfassungsrechtlichen Anforderungen demokratischer Legitimation genügten. Prüfungsmaßstäbe waren also nicht überkommene Rechtsetzungsformen, sondern Legitimationsmuster. Demokratische Legitimation kann einer staatlichen Rechtsetzung in zwei Zusammenhängen zufließen: zum einen durch personelle oder direktive Rückführung auf das Parlament als gesetzgebende Instanz; zum andern im Kontext von Selbstverwaltungskörperschaften durch Beschlüsse der Vertretungen ihrer Mitglieder (autonome Rechtsetzung). Demokratischer Bezugspunkt ist im ersten Fall das „Gesamtvolk", im zweiten Fall das „Verbandsvolk". Andere Bezugspunkte einer demokratischen Legitimation sind nicht erkennbar. Allerdings kann die demokratische Legitimation sowohl durch eine personell vermittelte Verantwortungskette begründet werden (personelle demokratische Legitimation) wie auch durch hinreichend bestimmte Vorgaben und Entscheidungsmaßstäbe einer demokratisch legitimierten Instanz, also durch hinreichend bestimmte gesetzliche Vorgaben des Parlamentes (inhaltlich-materielle demokratische Legitimation). Von diesem Legitimationsmodus weicht auch die Entscheidung des Bundesverfassungsgerichts zur demokratischen Legitimation der Wasserverbände nicht ab[114]. Streitpunkt dieser Entscheidung ist die Erfüllung von die Allgemeinheit angehenden Aufgaben der Wasserversorgung in einem bestimmten Flußeinzugsgebiet. Weil der Kreis der Betroffenen bei der Erfüllung dieser Aufgabe über den Kreis der Verbandsmitglieder weit hinausgreift, konnte die demokratische Legitimation der Wasserverbände aus dem der Selbstverwaltungsidee inhärenten Korrespondenzgebot (die Entscheider müssen dem Kreis der Betroffenen grundsätzlich entsprechen) nicht konsistent begründet werden[115]. Das insoweit bestehende Legitimationsdefizit wurde vom Bundesverfassungsgericht jedoch durch die hinreichende inhaltliche Bestimmtheit der zu erfüllenden Aufgabe in förmlichen Gesetzen und Rechtsverordnungen (inhaltlich-materielle demokratische Legitimation) als ausgeglichen erachtet. Die Wasserverbände agieren also auf zwei demokratischen Grundlagen: Für die inneren Angelegenheiten der Mitglieder gilt

---

113 Zuletzt BVerfGE 107, 59 (89 ff.); 111, 191 (215 ff.).
114 BVerfGE 107, 59 (89 ff.). Zu den Legitimationsstufen → Bd. III, *Böckenförde*, § 24 Rn. 16 ff.
115 Zum Korrespondenzgebot: *Peter Tettinger/Thomas Mann/Jürgen Salzwedel*, Wasserverbände und demokratische Legitimation, 2000, S. 25; *Eberhard Schmidt-Aßmann*, Das allgemeine Verwaltungsrecht als Ordnungsidee,² 2006, S. 263; *Markus Möstl*, Normative Handlungsformen, in: Hans U. Erichsen/Dirk Ehlers (Hg.), Allgemeines Verwaltungsrecht,¹³ 2006, S. 588; BVerfGE 111, 191 (216).

§ 100   Achter Teil: II. Staatsfunktionen

die autonome Legitimation; für die Erledigung der Wasserversorgungsaufgaben die allgemeine auf das Parlament zurückführende klassische demokratische Legitimation.

46
Normsetzung in der Sozialversicherung

Was die exekutive Normsetzung in der Sozialversicherung anbetrifft, so befinden sich Rechtsprechung und Lehre im Hinblick auf die demokratische Legitimation nach wie vor in Erklärungsnot. Das Problem kann nicht dadurch kaschiert werden, daß der demokratische Legitimationsaspekt ausgeblendet und die Legitimationsfrage kurzerhand auf den rechtsstaatlichen Aspekt des Eingriffs reduziert wird[116]. Das Bundessozialgericht[117] sieht den Rettungsanker für die in der untergesetzlichen Normsetzung der Sozialversicherung vermißte demokratische Legitimation neuerdings in der zitierten Entscheidung des Bundesverfassungsgerichts zu den Wasserverbänden. Dabei geht das Bundessozialgericht von der falschen Annahme aus, die Legitimation der funktionalen Selbstverwaltung leite sich daraus ab, „daß die beteiligten Körperschaften durch Gesetz errichtet worden sind und daß ihnen durch Gesetz ausdrücklich die Aufgabe der Rechtsetzung mit Außenwirkung zugewiesen worden ist (BVerfGE 107, 59, 91 f.)"[118]. In der genannten Entscheidung des Bundesverfassungsgerichts ist jedoch von „Rechtsetzung mit Außenwirkung" an keiner Stelle die Rede. Die autonome Rechtsetzung ist gar nicht ihr Thema. Es ging um die demokratische Legitimation der Wasserverbände zur Erfüllung der Aufgaben der Wasserversorgung, nicht um die normative Inhaltsbestimmung dieser Aufgaben. Diese ist vielmehr durch parlamentsbeschlossene Gesetze hinreichend bestimmt vorgegeben. Und weil das so ist, wird das Defizit an autonom begründeter demokratischer Legitimation durch die inhaltlich-materielle Legitimation in Gestalt des hinreichend bestimmten Gesetzes – „also durch einen Akt des vom Volk gewählten und daher klassisch demokratisch legitimierten parlamentarischen Gesetzgebers"[119] – ausgeglichen. Diese Duplizität demokratischer Legitimation hat das Bundessozialgericht verkannt. Auch ist die Eignung der Aufgabe etwa der Krankenversicherung, die 90 v. H. der Gesamtbevölkerung umfaßt, als Aufgabe der Selbstverwaltung problematisch. Denn Selbstverwaltung vollzieht sich in „abgegrenzten Bereichen" mit „überschaubaren Aufgabenbereichen"[120], was bei der Wasserversorgung mit ihrer räumlichen Eingrenzung bejaht werden konnte. Die vom Bundessozialgericht beschworene „Normsetzung durch Vertrag" genügt den demokratischen Legitimationsanforderungen nicht[121]. Die fehlende demokratische Legitimation der normsetzenden Gremien kann auch nicht durch eine inhaltlich-materielle Legitimation ausgeglichen werden, denn diese Gremien

Normsetzung durch Vertrag

---

116 So *Schnapp* (N 111), 506 ff.
117 BSG, Urt. vom 9.12.2004, in: MedR 2005, S. 538 ff.
118 BSG (N 117).
119 BVerfGE 107, 59 (94). Vgl. zur Konzeption einer spezifischen demokratischen Legitimation für die funktionale Selbstverwaltung auch *Fritz Ossenbühl*, Gedanken zur demokratischen Legitimation der Verwaltung, in: FS für Walter Schmitt Glaeser, 2003, S. 101 ff. (115 ff.).
120 BVerfGE 107, 59 (95).
121 Vgl. *Hermann Butzer/Markus Kaltenborn*, Die demokratische Legitimation des Bundesausschusses der Ärzte und Krankenkassen, in: MedR 2001, S. 333 ff. (337 ff.); *Timo Hebeler*, Verfassungsrechtliche Probleme „besonderer" Rechtsetzungsformen funktionaler Selbstverwaltung, in: DÖV 2002, S. 936 ff. (938 ff.); *Schmidt-Aßmann* (N 115), S. 263.

sollen gerade das regeln, was der Gesetzgeber offengelassen hat; und das sind letztlich die wesentlichen Entscheidungen, die der demokratischen Legitimation in besonderem Maße bedürfen.

III. Dekonzentration und Dezentralisation der Rechtsetzung

Der soziale Rechtsstaat wird nach aller Erfahrung ein „geradezu gigantisches Normierungsbedürfnis"[122] behalten. Diesen Normbedarf kann er nur decken, wenn mehrere Normsetzer in Arbeitsteilung tätig sind. Damit ist das Problem gestellt, wie die Rechtsetzungsaufgabe angemessen und verfassungsgerecht verteilt werden kann[123].

47
„Gigantisches Normierungsbedürfnis" des sozialen Rechtsstaats

In der grundgesetzlichen Ordnung gibt es entsprechend der Vielzahl der Normsetzer eine Vielzahl unterschiedlicher Rechtsquellen. Diese Heterogenität der Rechtsquellen ist Spiegel der Verfassungsstruktur und hat ihre Ursache namentlich in drei Besonderheiten der Verfassungsentwicklung:

– zum einen in der Differenzierung der Staatsgewalt, die sich in Deutschland mit der Verfassungsbewegung im 19. Jahrhundert als Ergebnis des gewaltenteilenden Rechtsstaates eingestellt hat;

Gewaltenteilung

– zum andern in der föderalistischen Struktur der Bundesrepublik, in der neben dem Bund die Länder als selbständige Staaten mit eigener Gesetzgebungsgewalt existieren;

Föderalismus

– schließlich in der rechtlichen Verselbständigung gewachsener oder geschaffener Lebensbereiche mit eigener, gegenständlich, personell oder territorial beschränkter Rechtsetzungsbefugnis in Gestalt sogenannter Satzungsgewalt (Autonomie der Gemeinden, Universitäten, berufsständische Kammern, Sozialversicherungsträger).

Autonomie

1. Gesetz und Verordnung[124]

Im Bereich der organisierten Rechtsetzung kennt das Grundgesetz im Anschluß an die überkommene Rechtslage vier Rechtsquellen: die Verfassung, das förmliche Gesetz, die Rechtsverordnung und die Satzung.

48

Die Rechtsverordnung ist Ausdruck einer Dekonzentration der Gesetzgebung. Der parlamentarische Gesetzgeber überträgt zu seiner Entlastung partielle Rechtsetzungsgewalt auf die Exekutive (Art. 80 GG). Die Exekutive betätigt diese delegierte Rechtsetzungsgewalt in Form der Rechtsverordnung. Ihr kommt die Aufgabe zu, die parlamentsbeschlossenen Gesetze zu konkretisieren, zu verdeutlichen und zu ergänzen und damit vollzugsfähig zu machen. Die Zentralität der Normsetzung bleibt erhalten. Das Problem besteht darin, die verfassungsgerechte Balance zwischen förmlichem Gesetz und Rechtsverordnung zu finden und zu wahren. Die Rechtsverordnung darf nicht das Gesetz ersetzen. Das Gesetz seinerseits sollte nicht mit Details überladen werden.

Rechtsetzungsgewalt der Exekutive

---

122 *Eichenberger* (N 47), S. 22.
123 *Eichenberger* (N 47), S. 25 ff.
124 → Unten *Ossenbühl*, § 103 Rn. 10 ff.

2. Autonome Einheiten[125]

49
Selbstverwaltung

Dem Organisationsprinzip der Dezentralisation entspricht die Gliederung des Staates in zahlreiche autonome Einheiten. In ihnen verwirklicht sich die Idee der Selbstverwaltung. Sie findet in den verschiedensten Lebensbereichen Ausdruck, als kommunale Selbstverwaltung, als akademische, berufsständische, sozialversicherungsrechtliche und funktionale Selbstverwaltung. Selbstverwaltung bedeutet das Recht der Betroffenen eines in sich abgeschlossenen, territorial oder personal begrenzten Lebensbereichs, ihre Angelegenheiten selbst zu ordnen. Zur Selbstverwaltung gehört regelmäßig auch die Befugnis, für den eigenen Bereich abstrakt-generelle Regelungen (Satzungen) zu erlassen (Satzungsgewalt).

Satzungen

Die Satzungen stellen eine wichtige Rechtsquelle im demokratischen Rechtsstaat dar. Durch die Anerkennung und Einrichtung von Selbstverwaltungseinheiten, in denen das Prinzip der Selbstbestimmung gilt, werden sowohl das Demokratiegebot wie auch das Rechtsstaatsprinzip effektuiert. Die Satzungsgewalt und die in ihrer Ausübung erlassenen Satzungen entlasten die Zentrale von Rechtsetzungsaufgaben und aktivieren zugleich die gesellschaftlichen Kräfte bei der Verteilung der Rechtsetzungsaufgabe.

3. Richterrecht[126]

50

Nicht zu den organisierten Rechtsquellen gehört das Richterrecht. Seine Existenz und Legitimität stehen heute nicht mehr prinzipiell in Streit. Die

---

125 → Unten *Ossenbühl*, § 105 Rn. 4 ff.
126 Vgl. *Peter Badura*, Grenzen und Möglichkeiten des Richterrechts, 1973; *Franz Bydlinski*, Hauptpositionen zum Richterrecht, in: JZ 1985, S. 149 ff.; *Claus Dieter Classen*, Gesetzesvorbehalt und Dritte Gewalt, in: JZ 2003, S. 693 ff.; *Helmut Coing*, Zur Ermittlung von Sätzen des Richterrechts, in: JuS 1975, S. 277 ff.; *Hans-Gerd von Dücker*, Der Richter als Ersatzgesetzgeber, in: FS für Hauser, 2001, S. 49 ff.; *Josef Esser*, Richterrecht, Gerichtsgebrauch und Gewohnheitsrecht, in: FS für Fritz von Hippel, 1967, S. 95 ff.; *Robert Fischer*, Die Weiterbildung des Rechts durch die Rechtsprechung, 1971; *Bruno Heusinger*, Rechtsfindung und Rechtsfortbildung im Spiegel richterlicher Erfahrung, 1975; *Christian Hillgruber*, Richterliche Rechtsfortbildung als Verfassungsproblem, in: JZ 1996, S. 118 ff.; *Jörn Ipsen*, Richterrecht und Verfassung, 1975; *ders.*, Rechtsprechung im Grenzbereich zur Gesetzgebung, in: Norbert Achterberg (Hg.), Rechtsprechungslehre, 1986, S. 435 ff.; *Paul Kirchhof*, Richterliche Rechtsfindung, gebunden an „Gesetz und Recht", in: NJW 1986, S. 2275 ff.; *Heinrich Wilhelm Kruse*, Das Richterrecht als Rechtsquelle des innerstaatlichen Rechts, 1971; *Peter Lerche*, Koalitionsfreiheit und Richterrecht, in: NJW 1987, S. 2465 ff.; *Theo Mayer-Maly*, Über die der Rechtswissenschaft und der richterlichen Rechtsfortbildung gezogenen Grenzen, in: JZ 1986, S. 557 ff.; *Friedrich Müller*, „Richterrecht", 1986; *Gerhard Müller*, Gedanken zum Richterrecht, in: AuR 1977, S. 129; *Fritz Ossenbühl*, Richterrecht im demokratischen Rechtsstaat, 1988; *Eduard Picker*, Richterrecht und Rechtsdogmatik – Alternativen der Rechtsgewinnung?, in: JZ 1988, S. 1 ff., 62 ff.; *Konrad Redeker*, Legitimation und Grenzen richterlicher Rechtsetzung, in: NJW 1972, S. 409 ff.; *Thomas Raiser*, Richterrecht heute, in: Norbert Achterberg (Hg.), Rechtsprechungslehre, 1986, S. 627 ff.; *Gerd Roellecke/Christian Starck*, Die Bindung des Richters an Gesetz und Verfassung, in: VVDStRL 34 (1976), S. 7 ff., 43 ff.; *Horst Sendler*, Richterrecht – rechtstheoretisch und rechtspraktisch, in: NJW 1987, S. 3240 f.; *ders.*, Die Methoden der Verfassungsinterpretation – Rationalisierung der Entscheidung oder Camouflage der Dezision?, in: FS für Martin Kriele, 1997, S. 457 ff.; *Hans-Peter Schneider*, Richterrecht. Gesetzesrecht und Verfassungsrecht, 1969; *Rupert Schätz*, Arbeitsverfassung und Richterrecht, in: DB 1972, S. 3 ff. (7 ff.); *Alfred Schramm*, „Richterrecht" und Gesetzesrecht, in: Rechtstheorie 36 (2005), S. 185 ff.; *Rainer Stahl*, Die Bindung der Staatsgewalten an die höchstrichterliche Rechtsprechung, 1973; *Rolf Wank*, Grenzen richterlicher Rechtsfortbildung, 1978; *Reinhold Zippelius*, Zum Problem der Rechtsfortbildung, in: NJW 1964, S. 1981 ff.

Diskussion betrifft aus gegenwärtiger Sicht im wesentlichen nur noch Umfang und Grenzen des Richterrechts. Nach dem Selbstverständnis der deutschen Gerichte liegt „die Aufstellung allgemeiner Rechtsgrundsätze in der Natur der Tätigkeit der höheren Gerichte"[127]. Die „schöpferische Rechtsfindung" gilt als eine „herkömmliche und stets bewältigte richterliche Aufgabe"[128]. Diese Feststellung wird durch die einschlägigen Prozeßordnungen bestätigt, die den Gerichten die „Rechtsfortbildung" zur Aufgabe machen (§ 137 GVG, § 11 Abs. 4 VwGO).

Schöpferische Rechtsfindung

Grundsätzliche Meinungsverschiedenheiten über die Zulässigkeit und Grenzen des Richterrechts werden zuweilen durch Differenzen über die Definition des Richterrechts überdeckt[129]. Es besteht nämlich keine übereinstimmende Anschauung darüber, wo die im Wege der Gesetzesauslegung und Gesetzesanwendung vor sich gehende Rechtsfindung durch den Richter endet und wo die schöpferische Komponente beginnt. Insbesondere wird der Standpunkt vertreten, daß die schöpferische Komponente zu den herkömmlichen Bestandteilen des Rechtsprechens gehöre und notwendig in den Prozeß der Gesetzesauslegung eingeschlossen sei. Wer so argumentiert, wird für weite Bereiche die Existenz und Notwendigkeit von Richterrecht neben der Gesetzesauslegung, die ohnehin zur Aufgabe des Richters gehört, überhaupt bestreiten[130].

Streit über Grenzen des Richterrechts

Typologisch läßt sich die Frage nach den Erscheinungsformen des Richterrechts durch die Unterscheidung von vier Phänomenen beantworten. Danach gibt es vier verschiedene Typen von Richterrecht: lückenfüllendes, gesetzeskonkretisierendes, gesetzesvertretendes und gesetzeskorrigierendes Richterrecht[131]. Schon in diesen Charakterisierungen kommt die richterliche Rolle im Zusammenhang der Verteilung der Rechtsetzungsaufgabe andeutungsweise zum Ausdruck.

51
Typologie des Richterrechts

Noch am nächsten liegt die Vorstellung, daß es zu den tradierten und angestammten Aufgaben des Richters gehört, festgestellte Lücken im System der Normen zu füllen. Insoweit besteht kein Grundsatzstreit. Doch konzentriert sich das Problem auf die schwierige Frage der Lückenfeststellung und Lückenfüllung, die nur im Wege problematischer Wertungen beantwortet werden kann[132].

52
Lücken im Recht

Es gibt auch keine Meinungsverschiedenheiten im Hinblick auf die Konkretisierungsaufgabe des Richters. Sie ist dort gefordert, wo der Gesetzgeber sich der Generalklauseln und unbestimmten Rechtsbegriffe (Gemeinwohl, öffentliche Interessen, unbillige Härte, Zuverlässigkeit) bei der Gesetzesfassung

Konkretisierung

---
127 BVerfGE 26, 327 (337).
128 BVerfGE 3, 225 (243).
129 Vgl. *Müller* (N 126); *ders.*, Richterliche Rechtsfortbildung, in: FS der Juristischen Fakultät zur 600-Jahr-Feier der Ruprecht-Karls-Universität Heidelberg, 1986, S. 691 ff.; kritisch dazu: *Sendler* (N 126), S. 3240; grundlegend: *Picker* (N 126), S. 1 ff., 62 ff.
130 So *Müller* (N 126).
131 Vgl. *Ipsen* (N 126).
132 Vgl. BVerfGE 65, 182 (192).

bedient. Solche Generalklauseln und solche unbestimmten Rechtsbegriffe müssen in einem schwierigen Konkretisierungsvorgang, unter Umständen unterstützt und geleitet durch das umfangreiche Fallmaterial eines sich über viele Jahre oder Jahrzehnte hinziehenden Erfahrungsprozesses („case law"), erst noch anwendungsreife Gestalt gewinnen. Diese Konkretisierung ist unzweifelhaft kein Akt bloßer Erkenntnis, sondern ein Vorgang, der auch bewertende, volitive und dezisive Elemente enthält. Hält man ihn gleichwohl für einen herkömmlichen Akt richterlicher Erkenntnis, so taucht der Gedanke an Richterrecht gar nicht erst auf. Nach anderer Anschauung bedeutet jedoch die Verwendung unbestimmter Gesetzesbegriffe und unbestimmter Generalklauseln ein Stück offengelassener Gesetzgebung, die sich als apokryphe Delegation von Gesetzgebungsmacht auf die rechtsanwendenden Instanzen, genauer gesagt: auf die das Gesetz letztverbindlich auslegenden Richter darstellt.

53

Lückenfüllendes und gesetzeskonkretisierendes Richterrecht ergänzt und vervollständigt defizitäre Gesetze, tritt aber nicht an ihre Stelle. Es kann aber auch sein, daß der Richter gezwungen ist, ganze Lebensbereiche, die einer gesetzlichen Regelung ermangeln, im Wege der Entwicklung richterrechtlicher Prinzipien und Institute zu ordnen. Das klassische Beispiel für ein solches gesetzesvertretendes Richterrecht ist das Arbeitskampfrecht. Das Arbeitskampfrecht beruht auf der Rechtsprechung des Bundesarbeitsgerichts. Der Richter ist kraft eines gewohnheitsrechtlich geltenden Rechtsverweigerungsgebotes, nach anderer Auffassung kraft eines rechtsstaatlich begründeten Justizgewährungsanspruchs, verpflichtet[133], eine rechtsfriedenstiftende Entscheidung zu treffen. Da die Materie des Arbeitskampfrechts bislang infolge Untätigkeit oder Unfähigkeit des Gesetzgebers ungeregelt geblieben ist, entstand das Arbeitskampfrecht als Richterrecht. Andere Beispiele sind der weite Bereich des Staatshaftungsrechts und Teile des allgemeinen Verwaltungsrechts.

54

Die Praxis kennt schließlich auch markante Beispiele eines gesetzeskorrigierenden Richterrechts[134]. Ein Judizieren contra legem ist in der Rechtsprechung dann zu beobachten, wenn Gesetze, die über mehrere Jahrzehnte gegolten haben, sich inzwischen inhaltlich durch industrielle, technische, soziale, gesellschaftliche oder sonstige Entwicklungen als überholt erweisen, aber durch den Gesetzgeber nicht auf den neuesten Stand gebracht worden sind. Hier greift der Richter gelegentlich, meist unter Berufung auf die objektiven Wertsetzungen der unmittelbar geltenden Grundrechtsgewährleistungen, einer längst als überfällig empfundenen Gesetzeskorrektur durch den Gesetzgeber vor. Dieses Vorgreifen wird freilich durch den Rückgriff auf vorrangiges Verfassungsrecht meist in seiner Qualität kaschiert.

---

133 BVerfGE 54, 277 (292); *Ipsen* (N 126), Richterrecht und Verfassung, S. 50 f.; *Kirchhof* (N 126), S. 2275 (2280) m. weit. Nachw.
134 Vgl. BVerfGE 34, 269 – Soraya-Beschluß; ferner zur Subsidiaritätsklausel im Amtshaftungsrecht die Rspr. des BGH; dazu mit Nachweisen *Fritz Ossenbühl*, Staatshaftungsrecht, ⁵1998, S. 78 ff.

Die Zulässigkeit von Richterrecht ist heute im Prinzip unbestritten. Gesetzeskonkretisierendes und lückenfüllendes Richterrecht ist in die Staatsfunktion „Rechtsprechung" in ihrem herkömmlichen Verständnis eingeschlossen. Insoweit ist dieses Richterrecht in dem Zusammenhang der Verteilung der Rechtsetzungsaufgabe auf die verschiedenen Instanzen im Staate zu sehen. Auch der Richter entlastet den Gesetzgeber. Dies wird zuweilen dadurch deutlich betont, daß der parlamentarische Gesetzgeber die Regelung bestimmter Sachbereiche oder Fragen offen der richterlichen Fortentwicklung überläßt, nicht zuletzt deswegen, weil die organisierte Rechtsetzung mangels vorhandener Erfahrungen überfordert ist und die für eine Regelung notwendigen Erfahrungen erst in einem Prozeß jahrelangen Judizierens an Hand von praktischen Konfliktfällen nachgeholt werden müssen.

55
Prinzipielle Zulässigkeit des Richterrechts

Ein ewiges Problem, das sich nicht generell, sondern allenfalls am konkreten Konfliktfall plausibel diskutieren läßt, wird die Frage bleiben, wo die Grenzen zulässigen Richterrechts verlaufen. Mag man dem Richter beim gesetzesvertretenden Richterrecht noch eine Art Notkompetenz konzedieren, so ist die Grenze beim gesetzeskorrigierenden Richterrecht grundsätzlich überschritten. Jedoch wird man auch insoweit nicht übersehen dürfen, was allgemein für das Verhältnis zwischen parlamentarischem Gesetzesrecht und „aristokratischem" Richterrecht gilt. Der Richter hat bei der Verteilung der Rechtsetzungsaufgabe mehrere Rollen zu erfüllen. Er ist zunächst einmal die Feuerwehr, die dafür sorgen muß, daß eine notleidende Rechtsordnung, um Schaden zu verhüten, notdürftig geflickt wird. Der Richter ist aber auch allgemein der Nothelfer in der staatlichen Rechtsetzung. Die Gerichte nehmen praktisch eine subsidiäre Kompetenz für sich in Anspruch, wenn der parlamentarische Gesetzgeber versagt. Ein solches Versagen kann durch politische Unfähigkeit zur Gesetzgebung (Beispiel: Arbeitskampfrecht), aber auch durch Desinteresse an wahlpolitisch uninteressanten Bevölkerungsgruppen (z. B. an Kindern[135], Strafgefangenen[136]) verursacht sein. So hängen Richterrecht und Richtermacht zugleich immer auch von dem Zustand der anderen Rechtsetzungsinstanzen ab.

56
Notkompetenz des Richters

Subsidiäre Kompetenz des Richters

4. Gewohnheitsrecht[137]

Zu den nicht organisierten Rechtsquellen im demokratischen Rechtsstaat gehört auch das Gewohnheitsrecht. Gewohnheitsrecht ist von den Rechtsbeteiligten und Betroffenen selbst geschaffenes Recht, Urrecht, im Gegensatz zum geplanten, organisierten, gesetzten Recht allmählich gewachsenes Recht.

57
Gewachsenes Recht
Longa consuetudo

---

135 BVerfGE 25, 167 – Gleichstellung nichtehelicher Kinder.
136 BVerfGE 33, 1 (13) – Grundrechte im Strafvollzug; vgl. des näheren *Fritz Ossenbühl*, Bundesverfassungsgericht und Gesetzgebung, in: FS 50 Jahre BVerfG, 2001, S. 33 (40 ff.).
137 *Ernst Höhn*, Gewohnheitsrecht im Verwaltungsrecht, 1960; *Hans Gröpper*, Gewohnheitsrecht, Observanz, Herkommen und unvordenkliche Verjährung, in: DVBl 1969, S. 945 ff.; *Christian Tomuschat*, Verfassungsgewohnheitsrecht?, 1972; *Karl Heinrich Friauf*, Gewohnheitsrecht, in: EvStL³, Sp. 1150 ff.; *Esser* (N 126), S. 95 ff.; *Heinrich Hubmann*, Entstehung und Außerkrafttreten von Gewohnheitsrecht, in: JuS 1968, S. 61 ff.; *Adomeit* (N 8), S. 53 ff.; *Meyer-Cording* (N 1), S. 70 ff.; *Thorsten Ingo Schmidt*, Abschied vom Verwaltungsgewohnheitsrecht, in: NVwZ 2004, S. 930 ff.

Opinio iuris et necessitatis

Zu seiner Entstehung gehört als objektives Element eine langdauernde und allgemeine Übung (longa consuetudo), die durch die Überzeugung der Beteiligten von der Rechtmäßigkeit der Übung (opinio iuris; subjektives Element) getragen wird. Schließlich muß die Übung als Rechtssatz formulierbar sein (formales Element)[138].

58

Gewohnheitsrecht im Verwaltungsrecht

Der Anwendungsbereich des Gewohnheitsrechts erstreckt sich über die gesamte Rechtsordnung. Gewohnheitsrechtliche Prinzipien und Institute existieren nicht nur in allen Bereichen der einfachen Rechtsordnung, also sowohl im Privatrecht und im Strafrecht wie auch im Verwaltungsrecht. Ob sich Gewohnheitsrecht auch auf der Ebene des (formellen) Verwaltungsrechts bilden kann, ist umstritten[139]. Namentlich im Bereich des Verwaltungsrechts besteht trotz der inzwischen erlassenen Verwaltungsverfahrensgesetze ein erheblicher Fundus an gewohnheitsrechtlichen Rechtsbildungen, insbesondere im Staatshaftungsrecht[140] und im allgemeinen Verwaltungsrecht[141]. In den Gemeinden begegnet man örtlich beschränkten Gewohnheitsrechtssätzen (sogenannte Observanzen), die sich seit altersher etwa im Wasser- und Wegerecht, aber auch im Nachbarrecht gebildet haben[142].

Observanz

59

Gewohnheitsrecht contra geschriebenes Recht

Das Gewohnheitsrecht hat gegenüber dem geschriebenen Recht im wesentlichen lückenfüllende und ergänzende Funktion, kann sich aber auch ausnahmsweise gegen das Gesetz (contra legem) entwickeln und durchsetzen (consuetudo abrogatoria)[143].

Entstehungsvoraussetzungen im Pluralismus

Die Problematik des Gewohnheitsrechts liegt in den Entstehungsvoraussetzungen. Seine Eigenständigkeit als selbständige Rechtsquelle scheitert an den eigenen Rechtserzeugungsbedingungen. Sowohl die longa consuetudo wie auch die opinio iuris lassen sich im Regelfall nicht durch annähernd rationalisierbare Maßstäbe und Kriterien ermitteln. Eine gemeinsame Rechtsüberzeugung, von der eine Übung getragen sein muß, setzt ein Minimum an Konsens über Verhaltensmuster und Wertvorstellungen in der Gemeinschaft voraus. Davon kann im Zeitalter des Pluralismus nicht mehr ohne weiteres ausgegangen werden. Hinzu kommt die damit zusammenhängende Neigung, sich von Traditionen loszusagen und Regeln nur anzuerkennen, wenn sie plausibel und

---

138 *Hans J. Wolff/Otto Bachof*, Verwaltungsrecht, Bd. I, ⁹1974, § 25 III; BVerwGE 8, 317 (321); BVerwG, in: DVBl 1979, S. 116 (117).

139 Vgl. *Stern* (N 24), S. 109 f.; *Frauf* (N 137), Sp. 1152; *Detlef Merten*, Das System der Rechtsquellen, in: Jura 1981, S. 169 ff. (182), 236 ff. (242); *Hartmut Bauer*, Die Bundestreue, 1992, S. 237 ff.; anders *Tomuschat* (N 137); *Isensee* (N 112), S. 367; zurückhaltend *Peter Badura*, Verfassungsänderung, Verfassungswandel, Verfassungsgewohnheitsrecht, in: HStR VII, 1992, § 160 Rn. 10 (nur „theoretische" Bedeutung).

140 Vgl. für den enteignungsgleichen Eingriff: *Jörn Ipsen*, Enteignung, enteignungsgleicher Eingriff und Staatshaftung, in: DVBl 1983, S. 1029 (1034); *Fritz Ossenbühl*, Neuere Entwicklungen im Staatshaftungsrecht, 1984, S. 19.

141 Vgl. *Ossenbühl* (N 35), § 6 Rn. 68 ff.; für Eingriffe in den Rechtskreis des Bürgers bedarf die Verwaltung einer formalgesetzlichen Grundlage; *Frauf* (N 137), Sp. 1152; *Dietrich Jesch*, Gesetz und Verwaltung, ²1968, S. 115 f.; vgl. demgegenüber BVerwGE 19, 243 (245).

142 Dazu *Gröpper* (N 137); OVG Münster, in: DÖV 1976, S. 677; BVerwG, in: DVBl 1979, S. 116.

143 Str.; vgl. BVerwGE 8, 317 (321); BVerfGE 9, 213 (221); VGH Baden-Württemberg, in: DÖV 1978, S. 696; BVerwG, in: DVBl 1979, S. 116 (118); *Wolff/Bachof* (N 138), § 25 III.

rational begründet werden[144]. Damit sind die realen Vorbedingungen für die Entstehung von Gewohnheitsrecht weitgehend entfallen.

Davon abgesehen bedarf es einer Instanz, die feststellt, wann sich eine durch Rechtsüberzeugung getragene Übung zu Gewohnheitsrecht verfestigt hat. Diese Feststellung obliegt dem Richter. In einiger Überspitzung wird aus dieser Sicht die Folgerung gezogen: „Das Gewohnheitsrecht ist nichts anderes als Richterrecht"[145]. Denn seine praktische Verbindlichkeit erlangt das Gewohnheitsrecht erst durch „richterliche Anerkennung"[146]. Dennoch erscheint es zu weitgehend, aus diesem Zusammenhang die Existenz von Gewohnheitsrecht prinzipiell zu bestreiten. Denn die „richterliche Anerkennung" im vorgenannten Sinne ist kein Willensakt, sondern letztlich ein Erkenntnisakt, der nicht beliebig getroffen werden kann.

60

Richterliche Anerkennung

5. Private Rechtsetzung

Neben den staatlichen Instanzen sind bei der Konstituierung der Rechtsordnung auch private Normsetzer am Werk. Dies gilt namentlich für den Bereich der Wirtschaft und der Technik, in welchem Marktmechanismen und technischer Sachverstand an die Stelle politischer Entscheidungen und Regelungen treten und sich der Staat zunehmend auf die Rolle eines Gewährleistungsstaates zurückzieht, der sich seinerseits auf Zielvorgaben sowie Überwachung und Kontrolle beschränkt[147]. Eine Bestandsaufnahme vermittelt insoweit ein überaus vielfältiges und buntscheckiges Bild, welches Normen zutage fördert, deren Einordnung in die herkömmliche Rechtsquellenlehre nur zum Teil gelingen kann.

61

Unproblematische Beispiele bilden die Tarifverträge[148] und die Betriebsvereinbarungen[149]. Die zwischen Gewerkschaften und Arbeitgebern/Arbeitgeberverbänden abgeschlossenen Tarifverträge enthalten Rechtsnormen, deren staatlicher Geltungsbefehl dem Tarifvertragsgesetz zu entnehmen ist. Der Tarifvertrag ist privat gesetztes Recht, denn er wird von Verbänden und Privatrechtssubjekten abgeschlossen, die nicht in die staatliche Organisation eingegliedert sind. – Ähnliches gilt aufgrund des § 77 Abs. 4 S. 1 des Betriebsverfassungsgesetzes für die zwischen Betriebsrat und Arbeitgeber abgeschlossenen Betriebsvereinbarungen. Sie enthalten Rechtsnormen und erfassen alle Betriebsangehörigen.

Tarifverträge

---

144 *Meyer-Cording* (N 1), S. 73.
145 *Meyer-Cording* (N 1), S. 70.
146 *Adomeit* (N 8), S. 56; *Esser* (N 126), insbes. S. 124 ff.; *Hans Ryffel*, Grundprobleme der Rechts- und Staatsphilosophie, 1969, S. 429; weit. Nachw. bei *Tomuschat* (N 137), S. 55 Fn. 49.
147 Vgl. *Stefan Meder*, Die Krise des Nationalstaates und ihre Folgen für das Kodifikationsprinzip, in: JZ 2006, S. 477 ff. (478) m. Nachw.; *Georg Müller*, Elemente einer Rechtssetzungslehre, ²2006, S. 29 ff., 264 ff. (Rechtsetzung im modernen Gewährleistungsstaat).
148 §§ 1 Abs. 1, 4 Abs. 1 TVG; *Rupert Scholz*, Koalitionsfreiheit, in: HStR VI, ²2001 (¹1989), § 151 Rn. 102.
149 Vgl. *Rolf Dietz/Reinhard Richardi*, Betriebsverfassungsgesetz, mit Darstellung des Streitstandes zur Qualifikation der Betriebsvereinbarungen; *Kirchhof* (N 37), S. 212 ff.

62

Allgemeine Geschäftsbedingungen

Schwieriger ist das Regelungsphänomen der Allgemeinen Geschäftsbedingungen zu beurteilen. Die Allgemeinen Geschäftsbedingungen haben zwar normgleiche Wirkungen, aber doch nur in einem soziologischen Sinne[150]. Rechtlich entfalten sie ihre Wirkung erst dann, wenn sie durch Vereinbarung der Vertragsparteien zum Vertragsinhalt gemacht worden sind[151]. Insoweit handelt es sich um Regelungsmodelle ohne unmittelbare Verbindlichkeit.

Technische Regeln

Einen wiederum anderen praktisch bedeutsamen Bereich bilden die durch private Verbände aufgestellten technischen Regeln, die mittels der legislativen Verweisung in staatliche Gesetze inkorporiert werden[152].

IV. Supranationales und internationales Recht

63

Öffnung zum internationalen Recht

Kennzeichnend für die gegenwärtige Staatsrechtsordnung ist eine zunehmende Internationalisierung und Supranationalisierung. Die Öffnung der staatlichen Rechtsordnung für supranationales Recht ist im Grundgesetz selbst deutlich angelegt (Art. 24 Abs. 1, 25 GG).

1. Völkerrecht

64

Das Völkerrecht (bestehend aus internationalen Übereinkünften, internationalem Gewohnheitsrecht und von den Kulturvölkern anerkannten allgemeinen Rechtsgrundsätzen, Art. 38 Abs. 1 IGH-Statut) hat sich als Rechtsordnung zwischen unabhängigen Staaten entwickelt („Zwischensouveränitätenordnung"). Trotz personaler und gegenständlicher Erweiterungen ist das Völkerrecht im Kern Zwischenstaatenrecht geblieben[153]. Das Völkerrecht steht als Rechtskreis selbständig neben der staatlichen Rechtsordnung[154]. Es hat im innerstaatlichen Raum keine unmittelbare Geltung. Hierzu bedarf es vielmehr der „Umsetzung"

Umsetzung des Völkerrechts in innerstaatliches Recht

durch innerstaatliche Normen, die nach herkömmlicher Lehre das Völkerrecht in innerstaatliches Recht umwandeln (Transformationslehre), nach einer neueren Auffassung den Charakter des Völkerrechts unangetastet lassen, es jedoch durch Anwendungsbefehl innerstaatlich in Vollzug setzen (Vollzugslehre)[155]. Bei dieser „Umsetzung" ist zu unterscheiden zwischen den „allgemeinen Regeln des Völkerrechts" und den völkerrechtlichen Verträgen.

---

150 *Meyer-Cording* (N 1), S. 85 f., 94 f.
151 Vgl. § 305 Abs. 2 BGB.
152 Vgl. *Andreas Rittstieg*, Die Konkretisierung technischer Standards im Anlagenrecht, 1982, S. 46 ff.; *Marburger* (N 96), S. 379 ff. → Unten *Ossenbühl*, § 104 Rn. 7 ff.
153 *Wolfgang Graf Vitzthum*, Begriff, Geschichte und Quellen des Völkerrechts, in: ders. (Hg.), Völkerrecht 1997, Rn. 21.
154 Dualistische Theorie: Vgl. *Heinrich Triepel*, Völkerrecht und Landesrecht, 1899, unveränd. Nachdr. 1958, S. 111 ff.; *Walter Rudolf*, Völkerrecht und deutsches Recht, 1967, S. 128 ff., 139 ff. m. weit. Nachw.; *Christian Tomuschat*, Die staatsrechtliche Entscheidung für die internationale Offenheit, in: HStR VII, 1992, § 172.
155 Vgl. *Rudolf* (N 154); zur Vollzugslehre: *Karl Josef Partsch*, Die Anwendung des Völkerrechts im innerstaatlichen Recht, Überprüfung der Transformationslehre, Berichte der Deutschen Gesellschaft für Völkerrecht, 1964, S. 19 ff. (40); die Rechtsprechung des BVerfG läßt beide Deutungen zu, vgl. den Bericht von *Otto Kimminich*, in: AöR 93 (1968), S. 485 (496 ff.); ferner *Rudolf Bernhardt*, Bundesverfassungsgericht und völkerrechtliche Verträge, in: FG-BVerfG, Bd. II, S. 154 ff.; *Rudolf Geiger*, Grundgesetz und Völkerrecht, 1985, S. 194 ff.; BVerfGE 73, 339 (375).

a) Allgemeine Regeln des Völkerrechts

Zu den allgemeinen Regeln des Völkerrechts gehören namentlich die Normen des Völkergewohnheitsrechts, wie beispielsweise bestimmte Regeln über die Auslieferung, den diplomatischen Schutz oder das Verhalten von Vertragspartnern[156]. Die „allgemeinen Regeln des Völkerrechts" sind nach Art. 25 GG (generelle Transformation) „Bestandteil des Bundesrechts". Sie binden deshalb die Staatsorgane unmittelbar.

65
Allgemeine Regeln des Völkerrechts

b) Völkervertragsrecht

Die Transformation völkerrechtlicher Verträge (Staatsverträge, Verwaltungsabkommen)[157] richtet sich nach Art. 59 Abs. 2 GG. Sie erfolgt bei Staatsverträgen durch besonderes Zustimmungsgesetz und bei den sogenannten normativen Verwaltungsabkommen durch Rechtsverordnung[158]. Zu den in dieser Weise umgesetzten völkerrechtlichen Verträgen gehört beispielsweise die für die Rechtspraxis bedeutsame Konvention zum Schutze der Menschenrechte und Grundfreiheiten vom 4. November 1950[159].

66
Völkerrechtliche Verträge

Sonstige Verwaltungsabkommen bedürfen keiner förmlichen Transformation, weil sie sich mit ihren Regelungen gegenständlich im originären Funktions- und Entscheidungsbereich der Exekutive halten. Auf ihre Einhaltung und Beachtung in der täglichen Verwaltungspraxis können die Zentralbehörden durch Verwaltungsvorschriften hinwirken. Die Bindung der (innerstaatlichen) Exekutive an Regelungen des Verwaltungsabkommens mit Wirkung gegenüber betroffenen einzelnen (Bürgern oder Ausländern) wird man mit dem Institut der Selbstbindung der Verwaltung[160] zu begründen haben.

2. Europarecht

Zunehmende Bedeutung im innerstaatlichen Bereich gewinnt das Europarecht (Europäisches Gemeinschaftsrecht). Es hat sich zu einer Rechtsmasse eigener Art „zwischen" dem nationalen Recht der EG-Staaten und dem Völkerrecht entwickelt[161]. Europarecht ist das Recht der drei Europäischen Gemeinschaften (EGKS, EAG, EG) und der Europäischen Union (EU)[162]. Es besteht aus dem „primären Gemeinschaftsrecht" und dem „sekundären Gemeinschaftsrecht". Das primäre Gemeinschaftsrecht wird von den Mitgliedstaaten geschaffen

67
„Rechtsmasse eigener Art"

---

[156] BVerfGE 9, 174 (181 f.); 18, 112; 31, 145 (178); 36, 1 (36); *Helmut Steinberger*, Allgemeine Regeln des Völkerrechts, in: HStR VII, 1992, § 173.
[157] Zur Terminologie und Begriffsabgrenzung: *Vitzthum* (N 153), Rn. 71 ff.; *Rudolf Streinz*, in: Sachs, GG Komm., ³2003, Art. 25 Rn. 76 ff.; *Elfried Härle*, Die völkerrechtlichen Verwaltungsabkommen der Bundesrepublik, in: JfIR 12 (1965), S. 93; *Rudolf* (N 154), S. 222 ff.; *Franz-Joseph Jasper*, Die Behandlung von Verwaltungsabkommen im innerstaatlichen Recht (Art. 59 Abs. 2 S. 2 GG), 1980; *Rudolf Bernhardt*, Verfassungsrecht und völkerrechtliche Verträge, in: HStR VII, 1992, § 174.
[158] *Streinz* (N 157), Rn. 81.
[159] Zustimmungsgesetz vom 7. 8. 1952 (BGBl II, S. 685), geändert durch Protokoll Nr. 5 vom 20. 1. 1966 (BGBl 1968 II, S. 1120), Neubekanntmachung der Konvention in der Fassung des 11. Zusatzprotokolls in BGBl 2002 II, S. 1054.
[160] → Unten *Ossenbühl*, § 104 Rn. 53 ff.
[161] Vgl. *Oppermann* (N 106), Rn. 466.
[162] *Oppermann* (N 106), Rn. 475 ff.; *Peter Badura*, Staatsrecht, ³2003, S. 403 ff.

und ist in den Gemeinschaftsverträgen normiert, ergänzt durch Gewohnheitsrecht und allgemeine Rechtsgrundsätze[163]. Das sekundäre Gemeinschaftsrecht wird von den Gemeinschaftsorganen (Rat, Kommission, Parlament) inhaltlich bestimmt und erlassen („Folgerecht", „Organrecht")[164].

Staatenverbund

Das Europäische Gemeinschaftsrecht steht in keinem Ableitungszusammenhang mit dem staatlichen Recht. Mit der Errichtung der Europäischen Gemeinschaften ist ein Verband eigener Art entstanden, der sich den herkömmlichen Kategorien nicht zuordnen läßt und den das Bundesverfassungsgericht als „Staatenverbund" apostrophiert[165]. Diesem Verband wird eine eigene originäre Hoheitsgewalt zugeordnet. Der „Staatenverbund" bildet eine eigene Rechtsgemeinschaft mit eigenen Organen, eigener Rechtsordnung und eigenem Rechtsschutzsystem. Das Gemeinschaftsrecht und das innerstaatliche Recht der Mitgliedstaaten sind „zwei selbständige voneinander verschiedene Rechtsordnungen", die freilich in zunehmendem Maße zusammenwachsen und sich immer mehr in einer kaum unterscheidbaren Gemengelage verbinden. Dies hat seinen Grund darin, daß das sekundäre Gemeinschaftsrecht keiner speziellen Umsetzung in innerstaatliches Recht bedarf, sondern kraft des primären Gemeinschaftsrechts im innerstaatlichen Raum der Mitgliedstaaten unmittelbare Wirkung entfaltet und entgegenstehendes nationales Recht überlagert und verdrängt[166].

68

Verordnungen

Richtlinien

Empfehlungen

Das Sekundärrecht umfaßt Verordnungen, Richtlinien, Entscheidungen (Art. 249 EGV, Art. 161 EAGV), Empfehlungen und sonstige Entscheidungen (Art. 14 EGKSV). Die Verordnungen haben allgemeine Geltung. Sie sind in allen ihren Teilen verbindlich und gelten „unmittelbar in jedem Mitgliedstaat" (Art. 249 Abs. 2 EGV; Art. 161 Abs. 2 EAGV). Richtlinien sind dagegen für jeden Mitgliedstaat, an den sie gerichtet sind, hinsichtlich des zu erreichenden Ziels verbindlich, überlassen jedoch den innerstaatlichen Stellen die Wahl der Form und Mittel. Die normativen Zielbestimmungen für die Gemeinschaften bedürfen danach noch der Umsetzung durch nationales Recht[167]. Für Empfehlungen nach Art. 14 Abs. 3 EGKSV gilt dasselbe, weil sie kraft Legaldefinition – in freilich verwirrender Terminologie – den Richtlinien nach Art. 249 Abs. 3 EGV entsprechen.

69

Vertrag über eine Verfassung für Europa

Der am 29. Oktober 2004 von den Staats- und Regierungschefs der Europäischen Union in Rom unterzeichnete „Vertrag über eine Verfassung für Europa" sieht nicht nur eine Neuordnung der Kompetenzen vor, sondern gruppiert auch die Rechtsquellen anders[168]. Danach übt die Union die ihr

---

163 *Oppermann* (N 106), Rn. 479 ff.; *Helmut Lecheler*, Neue allgemeine Rechtsgrundsätze im Gemeinschaftsrecht?, 2004.
164 *Oppermann* (N 106), Rn. 510 ff.
165 BVerfGE 89, 155 (184, 188) – Maastricht.
166 BVerfGE 22, 293 (296 f.); 37, 271 (277); 73, 339 (368); BVerwGE 38, 90 (94).
167 Dies schließt nicht aus, daß einer Richtlinie „Durchgriffscharakter" zukommt mit der Konsequenz, daß der einzelne Marktbürger sich vor nationalen Gerichten unmittelbar auf eine Gemeinschaftsrichtlinie berufen kann, vgl. EuGH 1970, S. 825 – Leber-Pfennig; EuGH in: NJW 1982, S. 499 (500) – 6. Richtlinie zur Umsatzsteuerharmonisierung; *Oppermann* (N 106), Rn. 556.
168 Vgl. Artikel I – 32. Der Vertrag tritt erst nach Ratifikation in allen Mitgliedstaaten in Kraft. Diese ist nach den ablehnenden Referenden in Frankreich und den Niederlanden in Frage gestellt.

übertragenen Zuständigkeiten durch folgende Rechtsakte aus: Europäisches Gesetz, Europäisches Rahmengesetz, Europäische Verordnung, Europäischer Beschluß, Empfehlung und Stellungnahme. Die Europäischen Gesetze und Rahmengesetze treten nach Inkrafttreten der Verfassung an die Stelle der bislang noch geltenden Verordnungen und Richtlinien. Die Umbenennung von Verordnungen und Richtlinien in Gesetze und Rahmengesetze zeigt an, daß diese Regelungen nach dem in der Verfassung vorgesehenen Verfahren nicht ohne Zustimmung des Parlamentes erlassen werden können. Die Europäische Verordnung wird dann der Durchführung der Gesetzgebungsakte dienen und damit dieselbe Funktion übernehmen wie im nationalen Recht. Der Europäische Beschluß hingegen ist ein Rechtsakt ohne Gesetzescharakter, der in allen Teilen verbindlich ist und allgemein gefaßt oder an bestimmte Adressaten gerichtet sein kann.

V. Gegenwärtige Problematik der Rechtsetzung

Im folgenden geht es nicht darum, alle Klagen über Defizite der Rechtsetzung aufzunehmen oder eine vollständige Mängelliste vorzulegen[169]. Vielmehr sollen nur einige wichtige Punkte herausgegriffen werden, die zugleich als Systemfragen von Bedeutung sind.

70
Defizite der Rechtsetzung

1. Bedeutungsverlust des Gesetzes

In jüngerer Zeit wird ein stetig zunehmender Bedeutungsverlust des Gesetzes und eine damit verbundene Entparlamentarisierung der Rechtsetzung konstatiert[170]. Dieser Bedeutungsverlust hat heterogene Gründe und vollzieht sich auf mehreren Ebenen.

71
Entparlamentarisierung der Gesetzgebung

Die radikalste Form der Entparlamentarisierung der Gesetzgebung besteht in dem völligen Verlust der Regelungsmacht des staatlichen Gesetzgebers. Sie zeigt sich im Zusammenhang mit der Globalisierung und der damit verbundenen Internationalisierung des Rechts[171], wie beispielsweise bei der privaten

---

169 Vgl. zu weiteren Aspekten *Stern* (N 24), S. 639 ff.; *Eichenberger* (N 47), S. 15 ff.; *Peter Blum*, Wege zu besserer Gesetzgebung – sachverständige Beratung, Begründung, Folgenabschätzung und Wirkungskontrolle, Gutachten I zum 65. DJT, 2004.
170 Vgl. *Paul Kirchhof*, Demokratie ohne parlamentarische Gesetzgebung?, in: NJW 2001, S. 1332; *Matthias Ruffert*, Entformalisierung und Entparlamentarisierung politischer Entscheidungen als Gefährdungen der Verfassung?, in: DVBl 2002, S. 1145 ff.; *Matthias Herdegen/Martin Morlok*, Informalisierung und Entparlamentarisierung politischer Entscheidungen als Gefährdungen der Verfassung?, in: VVDStRL 62 (2003), S. 7 ff., 37 ff.; *Klein* (N 88); *Kirchhof* (N 13), S. 237 (244 ff.); *ders.*, Die Zukunft der Demokratie im Verfassungsstaat, in: JZ 2004, S. 981 (984); *Heiko Sauer*, Kooperierende Rechtsetzung – Reaktionen einer herausgeforderten Verfassung, in: Der Staat 2004, S. 563 ff.; *Wolfgang Hoffmann-Riem*, Gesetz und Gesetzesvorbehalt im Umbruch, in: AöR 130 (2005), S. 5 ff.; *Gunnar Folke Schuppert*, Erscheinungsformen und Grenzen kooperativer Rechtsetzung, in: FS für Peter Selmer, 2004, S. 227 ff.; *Florian Becker*, Kooperative und konsensuale Strukturen in der Normsetzung, 2005.
171 Vgl. *Matthias Schmidt-Preuß*, Technikermöglichung durch Recht, in: Michael Kloepfer (Hg.), Kommunikation-Technik-Recht, 2002, S. 176 (191); *Herdegen* (N 170), S. 11; *Christoph Engel*, Das Internet und der Nationalstaat, Preprints aus der Max-Planck-Projektgruppe Recht der Gemeinschaftsgüter, 1999/7; *Paul Kirchhof*, Die Zukunft der Demokratie im Verfassungsstaat, in: JZ 2004, S. 981 (984); *Müller* (N 147), S. 247 ff.

Normsetzung im Internet oder den Formen der Rechtsentstehung, die durch internationale Organisationen und weltweit agierende Anwaltskanzleien vorangetrieben werden.

72
Übergang der Regelungsmacht auf die EU

Immer deutlicher spürbar wird der Übergang von Regelungsmacht der Nationalstaaten auf die Europäische Union. Schon vor mehreren Jahren ist der Anteil von Rechtsnormen europarechtlichen Ursprungs im Wirtschafts- und Steuerrecht mit 80 v. H. angegeben worden. Inzwischen ist die Europäisierung der Rechtsordnung auf zahlreichen Gebieten weiter vorangeschritten. Die deutschen parlamentsbeschlossenen Gesetze werden zunehmend durch „Europäische Gesetze"[172] verdrängt. Im Gewande deutscher Gesetze erscheinende Regelungen erweisen sich vielfach als europäisch geprägte Normen, deren politischer Gehalt vom nationalen Parlament nur noch geringfügig geformt werden kann. Das nationale parlamentarische Gesetz verkümmert zur bloßen Umsetzungsnorm exekutiver europäischer Rechtsetzung, die im nationalen Bereich durch die Gesetzesform nachträglich mit zusätzlicher demokratischer Legitimation versehen wird.

73
Präjudizierung politischer Entscheidungen

Im innerstaatlichen Raum entstehen weitere Bedeutungsverluste des Gesetzes durch die Präjudizierung politischer Entscheidungen zu Lasten parlamentarischer Gestaltungsmacht[173]. Dies gilt zum einen für die verstärkte Tendenz, das parlamentarische Gesetz durch Vereinbarungen zwischen Bundesregierung und Unternehmen oder durch „Bündnisse", „runde Tische", Selbstverpflichtungen der Wirtschaft und dergleichen entbehrlich zu machen oder zum Sanktionsinstrument solcher Konsensrunden zu denaturieren[174].

74
Entstaatlichung

Eine andere Variante findet im Zuge der Entstaatlichung, dem Streben nach einem „schlanken Staat", gegenwärtig eine zunehmende Verwirklichung. Dabei geht es um die Ersetzung staatlicher Regelungen durch selbständige gesellschaftliche und ökonomische Mechanismen zur Konkretisierung und Realisierung des Gemeinwohls (Selbstregulierung)[175]. Das Gesetz stellt für diesen Bereich allenfalls noch eine Rahmenordnung bereit, die die Selbstregulierung kanalisiert und sanktioniert. Hier wird das Gesetz in den Zusammenhang eines veränderten Staatsbildes gestellt. Die regulierte Selbstregulierung weist dem Gesetz eine subsidiäre Funktion zu. Ein bestimmter Sach- oder Lebensbereich wird den Regeln des Marktes und dem freien Spiel und der freien Initiative der Gesellschaft überlassen respektive überantwortet. Aber es werden staatliche Regeln und Institutionen vorgegeben, die ein Marktversagen oder Defizite freier Initiative kompensieren respektive ver-

---

172 Art. I-32 Abs. 1 des Vertrages über eine Verfassung für Europa.
173 *Herdegen* (N 171), S. 15.
174 *Hans-Georg Dederer*, Korporative Staatsgewalt, 2004; *Sauer* (N 170); *Max Reicherzer*, Authentische Gesetzgebung. Gesetzesvorbereitende Vereinbarungen mit Umsetzungsgesetz auf dem Prüfstand des Grundgesetzes, 2006.
175 *Gunnar Folke Schuppert*, Das Konzept der regulierten Selbstregulierung als Bestandteil einer als Regelungswissenschaft verstandenen Rechtswissenschaft, in: DV 2001, Beiheft 4, S. 201 ff.; *Winfried Brohm*, Alternative Steuerungsmöglichkeiten als „bessere" Gesetzgebung, in: Hermann Hill (Hg.), Zustand und Perspektiven der Gesetzgebung, 1989, S. 217 ff.; *Lothar Michael*, Selbstverpflichtungen der Wirtschaft und Absprachen mit dem Staat, in: DV 37 (2004), S. 557 ff.

hindern sollen. Der Staat mutiert vom Fürsorgestaat zum Gewährleistungsstaat[176]. Das Gesetz wird zur Rahmenordnung für gesellschaftliche Initiativen verdünnt.

Schließlich tritt ein Bedeutungsverlust des parlamentarischen Gesetzes dadurch ein, daß die zunehmend wichtiger werdenden regelungsbedürftigen Materien der Wissenschaft und Technik sich nur bedingt in die Form von Gesetzen bringen lassen, weil entweder die für eine normative Regelung notwendigen Erfahrungen und Erkenntnisse erst noch gewonnen werden müssen oder die technischen Fragen angesichts der hohen Dynamik und Veränderlichkeit technischer Entwicklungen sich einer normativen Festlegung im formellen Gesetz widersetzen. Hier führt die Not des Gesetzgebers im technisch-wissenschaftlichen Zeitalter sachbedingt zu einer Verlagerung notwendiger Regelungen in untergesetzliche Normebenen, namentlich Rechtsverordnungen und Verwaltungsvorschriften[177].

75
Schwierigkeit des Gesetzgebers im wissenschaftlichen Zeitalter

All diese Entwicklungen, gleichgültig ob selbst erzeugt oder sachbedingt vorgegeben, können bei der Betrachtung der Funktion der Gesetze selbstredend nicht einfach ausgeblendet werden. Sie verlangen nach Lösungen und sachgebotenen Anpassungen. Dabei dürfen jedoch die institutionellen und prozeduralen Sicherungen nicht verlorengehen, die das parlamentsbeschlossene Gesetz als Rechtsetzungsform des demokratischen Rechtsstaates kennzeichnen und unverzichtbar machen. Zu diesen qualitätsbestimmenden Merkmalen, die den „Mehrwert" des Gesetzes gegenüber allen anderen Rechtsetzungsformen und -verfahren ausmachen, gehören[178]:

76

Qualitätsbestimmende Merkmale

– die Sicherung demokratischer Legitimation,
– Öffentlichkeit und Transparenz der Entscheidungsfindung,
– die Kapazität des Parlaments zu Interessenausgleich und Interessenintegration,
– die Sicherung der grundrechtlichen Freiheiten,
– die Gewährleistung eines pluralistischen Diskurses bei der Entscheidungsfindung,
– Wahrung der Egalität der Staatsbürger durch Distanz und Allgemeinheit der Regelungen,
– Gewährleistung der Sachrichtigkeit des Ergebnisses.

Wegen dieser institutionellen und prozeduralen Sicherungen nimmt das Gesetz nach wie vor die Schlüsselstellung im demokratischen Rechtsstaat ein[179]. Gesetzgebungskritik, die allgegenwärtig ist, ist deshalb nicht lediglich Kritik an der Steuerungsfähigkeit des Gesetzes, sondern übergreifende System-

Schlüsselstellung des Gesetzes im Rechtsstaat

---

[176] Vgl. *Gunnar Folke Schuppert*, Verwaltungswissenschaft, 2000, S. 933 ff.; *Martin Eifert*, Grundversorgung mit Telekommunikationsleistungen im Gewährleistungsstaat, 1998.
[177] *Fritz Ossenbühl*, Die Not des Gesetzgebers im naturwissenschaftlich-technischen Zeitalter, Nordrhein-Westfälische Akademie der Wissenschaften, Vorträge G 367, 2000.
[178] Vgl. *Herdegen* (N 171), S. 10; *Klein* (N 170), S. 23; → Bd. II, *Di Fabio*, § 27 Rn. 51 ff.
[179] *Badura* (N 162), D 49; *Eberhard Schmidt-Aßmann*, Das Allgemeine Verwaltungsrecht als Ordnungsidee, ²2004, S. 81, 185.

kritik und Parlamentarismuskritik[180]. Mit der Entthronisierung des Gesetzes wäre das System der parlamentarisch-rechtsstaatlichen Demokratie als Ganzes in Frage gestellt. „Es gibt für das Gesetz keinen Ersatz"[181], und: „Das Parlamentsgesetz als Handlungsform kann in vielerlei Hinsicht einen Mehrwert an demokratischer Verantwortung und zugleich an realer Freiheit für alle schaffen. Deshalb bleibt eine moderne Gesellschaft auf Parlamentsgesetze angewiesen"[182].

Gesetzgebung Optimum der Rechtsetzung

Verlagerungen der Normsetzung von der verfassungsrechtlichen Grundform der Gesetzgebung auf andere Instanzen und in andere Verfahren müssen sich deshalb je nach ihrem Inhalt an den Kriterien und Qualitäten der Gesetzgebung messen lassen[183]. Legitimation, Transparenz und Integration sind im Gesetzgebungsverfahren und im Gesetz als dessen Endergebnis optimal aufgefangen. Verminderungen dieser Wesensmerkmale grundgesetzlicher Normsetzung bedürfen besonderer Rechtfertigung. Dies gilt nicht nur für Bestrebungen zu einer verstärkten gubernativen Normsetzung[184], sondern auch für die Auslagerung von Regelungsmacht auf private Institutionen, beispielsweise in Gestalt der „Regierungskommission Deutsche Corporate Governance Kodex"[185].

2. Normenflut

77

Hypertrophie des Gesetzes

Zum ständigen Repertoire von Theorie und Praxis des Gesetzgebungsstaates gehört die Klage über eine unmäßige Normenflut[186]. Mit solchen Klagen verbinden sich düstere Visionen. Sie reichen von der „Selbstgefährdung des Rechts"[187] bis zur Pervertierung des Gesetzes – einst Hort bürgerlicher Freiheit – zur Gefahr für die Selbstbestimmung des Bürgers. Solche Klagen richten sich im allgemeinen gegen den parlamentarischen Gesetzgeber.

Normumschichtung von der Legislative auf die Exekutive?

Man wird solchen Klagen mit Reserviertheit gegenübertreten müssen[188]. Dies aus mehreren Gründen. Wichtig erscheint die Feststellung, daß eine Schrumpfung der parlamentarischen Gesetzgebung nicht zu einem Abbau der Normenmasse insgesamt führen wird, sondern lediglich zu einer Umschichtung zugunsten der Exekutive[189]. Ob dies wünschenswert ist oder nicht, ist keine

---

180 Vgl. *Schmidt-Aßmann* (N 179), S. 184; *Oliver Lepsius*, Steuerungsdiskussion, Systemtheorie und Parlamentarismuskritik, 1999, S. 21; *Hans-Jürgen Papier*, Steuerungs- und Reformfähigkeit des Staates, in: Die Erneuerung des Verfassungsstaates, 2003, S. 103 ff.
181 *Schmidt-Aßmann* (N 179), S. 185.
182 *Wolfgang Hoffmann-Riem*, Gesetz und Gesetzesvorbehalt im Umbruch, in: AöR 130 (2005), S. 69.
183 Vgl. *Kirchhof* (N 13), S. 260.
184 *Armin von Bogdandy*, Gubernative Rechtsetzung, 2000.
185 Vgl. *Herdegen* (N 170), S. 22.
186 Vgl. *Josef Isensee*, Mehr Recht durch weniger Gesetze?, in: ZRP 1985, S. 139 mit Nachw. in Fn. 2; *Rainer Holtschneider*, Normenflut und Rechtsversagen, 1991.
187 *Hans-Dietrich Weiß*, Verrechtlichung als Selbstgefährdung des Rechts, in: DÖV 1978, S. 69.
188 Vgl. auch *Isensee* (N 186); *Schulze-Fielitz* (N 53), S. 17 ff., 133 f.
189 Vgl. *Fritz Ossenbühl*, Der Vorbehalt des Gesetzes und seine Grenzen, in: Volkmar Götz//Hans Hugo Klein/Christian Starck (Hg.), Die öffentliche Verwaltung zwischen Gesetzgebung und richterlicher Kontrolle, 1985, S. 12 ff.

Frage der Beherrschung der Normenflut, sondern – bei im wesentlichen gleichbleibender Zahl von Vorschriften – der Legitimation und Funktionsfähigkeit der rechtsetzenden Instanzen, also letztlich der sachgerechten Verteilung von Rechtsetzungsbefugnissen. Ob der Bürger als Normbetroffener sich förmlichen Gesetzen oder Rechtsverordnungen und Verwaltungsvorschriften gegenübersieht, ist ihm ziemlich gleichgültig; eine Normumschichtung hat für seinen Bewegungsspielraum keine entlastende Wirkung.

Richtig dürfte sein, daß das „gigantische Normierungsbedürfnis" sich als eine schicksalhafte Begleiterscheinung des Sozialstaates im Zeitalter der Industriegesellschaft darstellt und aus dieser Sicht unvermeidbar ist[190]. Hinzu kommt, daß man nicht den Pluralismus zum Lebensprinzip der Gesellschaft erklären sowie den Abbau überkommener gemeinsamer Wertvorstellungen und Auffassungen befördern oder gutheißen kann, um sich dann über einen erhöhten Regelungsbedarf zu beklagen. Der Normbedarf ist nicht nur auf den „Normhunger der Verwaltung" oder ein ungeahntes Normierungsbedürfnis des industriellen Sozialstaates, sondern auch auf den Verlust des Basiskonsenses, also grundlegender gemeinsamer unbestrittener Wertvorstellungen in der Gesellschaft zurückzuführen. Dieser Verlust an gemeinsamen Überzeugungen über Verhaltensstandards und Verhaltensmuster muß durch positives Recht ausgeglichen werden.

78
Normierungsbedürfnis des Sozialstaates

Verlust des gesellschaftlichen Grundkonsenses

Es ist zwar richtig, sich bei jeder Norm zu vergewissern, ob sie notwendig ist oder zuviel regelt. Aber die Klagen über die Normenflut sollten endlich verstummen[191]. Als ein Heilmittel gegen die Normenflut wird vorgeschlagen und teils praktiziert, Normen von vornherein nur befristet zu erlassen, wie dies beispielsweise für Polizeiverordnungen seit langem üblich ist[192]. Es wäre selbstredend absurd, eine solche „Sunset-Legislation"[193] allgemein vorzusehen, weil es, wie bemerkt, neben zeit- und situationsbedingten „Steuerungsgesetzen" nach wie vor das auf Kontinuität und Dauer angelegte „Rechtsgesetz" gibt[194]. Immerhin könnte sich die befristete Norm („Gesetz mit Verfallsdatum") in einigen Sach- und Lebensbereichen (etwa im Steuerrecht)[195], in denen es auf kurzfristige Steuerungen ankommt, als hilfreich erweisen, was dann allerdings genauer Begründung bedürfte. Stets sollte auch geprüft werden, ob der Problemlösung nicht mehr gedient ist, wenn zeitlich fixierte Überprüfungs- und Nachbesserungspflichten[196] des jeweiligen Normgebers statuiert werden, anstatt das gesamte Gesetz der Guillotine einer Befristung auszusetzen[197].

79
Lösungsvorschlag

---

190 Vgl. *Eichenberger* (N 47), S. 21 f.
191 Differenzierend *Schulze-Fielitz* (N 53), S. 17 ff.
192 Vgl. *Peter Zimmermann*, Reform der Staatstätigkeit durch generelle Befristung von Gesetzen – Aspekte einer Problembewältigung mit verfassungswidrigen Mitteln, in: DÖV 2003, S. 940 ff.
193 *Dietrich Rethorn*, „Sunset"-Gesetzgebung in den Vereinigten Staaten von Amerika, in: Harald Kindermann (Hrsg.), Studie zu einer Theorie des Gesetzgebung, 1982, S. 317.
194 Aus grundsätzlicher verfassungsrechtlicher Sicht: *Anna Leisner*, Kontinuität als Verfassungsprinzip, 2002.
195 Vgl. *Leisner* (N 194), S. 543 ff.
196 S. o. Rn. 23.
197 *Bundesministerium der Justiz* (Hg.), Handbuch der Rechtsförmlichkeit, ²1999, Rn. 498.

3. Gesetzesqualität

80
Widersprüche, Unklarheit der Normen

Geklagt wird ferner über mangelnde Gesetzesqualität. Gemeint sind Widersprüchlichkeiten, Unklarheiten, systematisch verfehlte Normstrukturen, begriffliche Fehler, Vollzugsprobleme[198] etc. Solche Klagen sind unzweifelhaft in vielen Fällen berechtigt. Ob sie die generelle Klage über die Gesetzesqualität rechtfertigen, erscheint zweifelhaft, zumindest nicht hinreichend belegt. Gewichtiger als die formale Gesetzesqualität ist die Frage der Steuerungsfähigkeit von parlamentarischen Gesetzen und die damit zusammenhängende Problematik von Vollzugsdefiziten.

4. Divergenz von Inhalt und Form

81
Keine Beliebigkeit der Formen

Eine Systemfrage ersten Ranges ist angesprochen, wenn es um die Konvergenz respektive Divergenz von Inhalt und Form eines Rechtssatzes geht[199]. Das Grundgesetz stellt für die Rechtsetzung im wesentlichen nur das parlamentsbeschlossene Gesetz und die Rechtsverordnung zur Verfügung[200]. Welche dieser Rechtsetzungsformen für eine zu treffende Regelung zur Verfügung steht, ist nur in Grenzen dem Belieben des parlamentarischen Gesetzgebers überlassen.

Gesetzesvorbehalt

Der Gesetzesvorbehalt zieht insoweit verfassungsrechtliche Grenzen[201]. Ungeachtet dessen gehört zu einer verfassungs- und systemgerechten Rechtsordnung, daß die zur Verfügung stehenden Rechtsetzungsformen dem ihnen anvertrauten Normsetzungsinhalt adäquat sind. Die Verteilung der Rechtsetzungsaufgabe auf die verschiedenen staatlichen Instanzen muß so vorgenommen werden, daß den legislativen Entscheidungen ein ihrem Gewicht und ihrer Tragweite entsprechendes Maß an demokratischer Legitimation zukommt, andererseits aber auch gewährleistet ist, daß ein gesetzgebendes Organ von seiner Struktur und dem von ihm zu beobachtenden Verfahren her in der Lage ist, funktionsgerecht seine Aufgabe zu erfüllen. Diese

Adäquanz von Form und Inhalt

Adäquanz von Rechtsetzungsform und Norminhalt wird nur zum Teil durch den Gesetzesvorbehalt verfassungsrechtlich gewährleistet. Der Gesetzesvorbehalt kann nicht verhindern, daß sich das Parlament mit Nebensächlichkeiten überlastet. Der Gesetzesvorbehalt kann auch nicht verhindern, daß die überkommenen Rechtsetzungsformen und die sich erst in der Gegenwart stellenden Norminhalte auseinanderlaufen. Insbesondere im technischen Sicher-

Technisches Sicherheitsrecht

heitsrecht, aber auch in anderen durch Erkenntnisse und Standards der Naturwissenschaften beeinflußten Sachbereichen, etwa dem Gesundheitsrecht, hat sich gezeigt, daß Rechtsetzungsformen und Regelungsgegenstände nicht mehr ohne weiteres in Übereinstimmung gebracht werden können, weil die zur Ver-

---

198 Vgl. *Isensee* (N 186), S. 139; *Eichenberger* (N 47), S. 15 ff.; „Wege zur besseren Gesetzgebung" war Thema des 65. Deutschen Juristentages 2004 in Bonn, vgl. dazu das Gutachten von *Blum* (N 169) und die Referate von *Jochen Dieckmann, Udo Di Fabio, Ulrich Karpen* und *Christoph E. Palmer.*
199 Vgl. *Georg Müller,* Inhalt und Formen der Rechtsetzung als Problem der demokratischen Kompetenzordnung, 1979.
200 Verfassungsändernde Gesetze und Satzungen seien hier beiseitegelassen.
201 → Bd. II, *Schmidt-Aßmann,* § 26 Rn. 63 ff. → Unten *Ossenbühl,* § 101 Rn. 11 ff.

fügung stehenden Rechtsetzungsformen den neuen Regelungsbedürfnissen nicht adäquat erscheinen[202]. Die Folge ist die, daß in den genannten Bereichen wichtige Regelungen nicht mehr in förmlichen Gesetzen und Rechtsverordnungen zu finden sind, sondern in Verwaltungsvorschriften und in Regelungskategorien, die nach der gegenwärtigen Rechtsquellenlehre überhaupt nicht mehr eingeordnet werden können[203]. Deshalb stellt sich die Frage, ob der überkommene Kanon der Rechtsetzungsformen nicht weiterentwickelt werden muß. Die insoweit bestehenden Grauzonen des demokratischen Rechtsstaates sind inzwischen so angewachsen, daß diese Frage immer dringlicher wird. Die Staatspraxis hat sich zum Teil durch die Kreation von Zwischenformen geholfen[204], die jedoch nur einen Teil des Normbedarfs abdecken.

Kreation neuer Rechtsetzungsformen

5. Recht und Wirklichkeit der Gesetzgebung

Hervorgehoben wird ferner, daß in der parlamentarischen Gesetzgebung Recht und Wirklichkeit deutlich auseinandergetreten sind[205]. Dies gilt namentlich für die Vorbereitungsphase der Gesetzgebung und für die Beteiligten am Gesetzgebungsprozeß.

82
Dilemmata des Gesetzgebungsverfahrens

Die Vorbereitungsphase liegt schwergewichtig in den Händen der Exekutive. Sie formuliert den Gesetzesentwurf und begleitet ihn durch das Gesetzgebungsverfahren. Auch wo die Fraktionen oder einzelne Abgeordnete „Formulierungshilfe" wünschen, bleibt der Einfluß der Exekutive in der Präparationsphase ungemindert. Es hat sich gezeigt, daß das „Know-how für die Rechtsetzung" bei der Exekutive liegt und damit ein „materielles Kernstück der Gesetzgebung" schwergewichtig Regierung und Verwaltung überantwortet ist[206]. Abgesehen davon, daß es zu diesem Vorgang keine praktikablen Alternativen gibt, muß in Betracht gezogen werden, daß die Exekutive zwar über ein erhebliches Maß an Einfluß verfügt und mit dem Gesetzesentwurf die zu treffenden Regelungen präformieren und präjudizieren kann, aber sie sich doch schon bei der Abfassung des Entwurfs an den voraussichtlichen Auffassungen und Mehrheiten im Parlament ausrichten wird, wenn sie ihre Aufgabe loyal ausübt.

Machtzuwachs der Exekutive

Des weiteren wird darauf hingewiesen, daß Gesetzgebung sich nicht als einseitiger hoheitlicher Akt eines demokratisch gewählten Parlamentes vollzieht, sondern daß formell und informell zahlreiche Institutionen und Verbände in das Gesetzgebungsverfahren eingeschaltet sind[207], ohne daß die Verfassung dazu auch nur ein einziges Wort sagt. „In den konsensualen Aushandlungen

83
Vertrags- und Verhandlungsdemokratie

---

202 Vgl. *Fritz Ossenbühl*, Die Bewertung technischer Risiken bei der Rechtsetzung, in: DÖV 1982, S. 833 ff.; *Udo Di Fabio*, Verlust der Steuerungskraft klassischer Rechtsquellen, in: NZS 1998, S. 449 ff. (452); *Axer* (N 110).
203 Vgl. *Peter Marburger*, Atomrechtliche Schadensvorsorge, 1983, S. 132 ff.; *Fritz Ossenbühl*, Informelles Hoheitshandeln im Gesundheits- und Umweltschutz, in: Jahrbuch des Umwelt- und Technikrechts, 1987, S. 27 ff. (40 ff.).
204 → Unten *Ossenbühl*, § 104 Rn. 7 ff.
205 *Scheuner* (N 31), S. 510 f.; *Eichenberger* (N 47); *Schulze-Fielitz* (N 53), S. 280 ff.
206 *Eichenberger* (N 47), S. 29 ff.
207 → Unten *Ossenbühl*, § 102 Rn. 12 ff.

mit sozial wirksamen Organisationen und im aufmerksamen Hinhören auf wie auch immer geäußerte Stimmen aus der Öffentlichkeit realisiert sich seit Jahrzehnten und immer stärker eine spezifische Vertrags- und diffuse Verhandlungsdemokratie, und zwar auch im parlamentarischen Regierungssystem"[208]. Dies alles geschieht, um von vornherein politische Akzeptanz der getroffenen Regelungen zu erreichen und späteren Widerstand und Protest zu vermeiden. Man kann diesen Tatbestand gewiß je nach Erfahrung unterschiedlich bewerten. Einerseits mag man darauf hinweisen, daß das Gesetz zum „Vertrag pluralistischer Kräfte" degeneriert und als solcher den unbeteiligten Bürger innerlich nicht mehr zu binden vermag[209], also Autorität verliert. Andererseits kann es dem Gesetzgeber nicht verwehrt sein, die in der Gesellschaft vorhandenen Strömungen und Kräfte in seine Abwägungen aufzunehmen und eine friedenbewahrende und friedenstiftende Regelung zu treffen. Der parlamentarische Gesetzgeber bewegt sich auf einem schmalen Grat zwischen Selbstaufgabe und Friedenswahrung.

6. Gesetzgebungswissenschaft

84
Chancen der Theorie?

Die „Größe und Not der Gesetzgebung"[210] ist längst erkannt. Dennoch hat sich die Theorie erst spät der Gesetzgebung als Forschungsgegenstand angenommen[211]. Seit Anfang der 70er Jahre hat sich jedoch in einem hohen Tempo eine Gesetzgebungswissenschaft etabliert, die bereits zu ansehnlicher Blüte gelangt ist[212]. Sie ist gewiß nützlich und hilfreich. Ob sie an den als solchen empfundenen Mißständen viel ändern wird, dürfte eher skeptisch zu beurteilen sein.

---

208 *Eichenberger* (N 47), S. 29.
209 Vgl. *Scheuner* (N 31), S. 510 f.
210 *Hermann Jahrreiß*, Größe und Not der Gesetzgebung, in: ders., Mensch und Staat, 1957, S. 17 ff.; *Fritz Ossenbühl*, Die Not des Gesetzgebers im naturwissenschaftlich-technischen Zeitalter, 2000.
211 Bahnbrechend war hier die Schweizer Jurisprudenz; vgl. z.B. *Peter Noll*, Gesetzgebungslehre, 1973; *Kurt Eichenberger* u.a., Grundfragen der Rechtsetzung, 1978; *Müller* (N 147).
212 Vgl. *Kindermann* (N 193); *Schneider* (N 23); *Hermann Hill*, Einführung in die Gesetzgebungslehre, 1982; ders., Einführung in die Gesetzgebungslehre, in: Jura 1986, S. 57 ff., 286 ff.; *Norbert Achterberg*, Gesetzgebung als Wissenschaftsdisziplin, in: DÖV 1982, S. 976 ff.; *Dieter Wyduckel*, Gesetzgebungslehre und Gesetzgebungstechnik, in: DVBl 1982, S. 1175 ff.; *Reinhold Hotz*, Methodische Rechtsetzung, 1983; *Heinz Schäffer/Otto Triffterer* (Hg.), Rationalisierung der Gesetzgebung, 1984; *Uwe Thaysen*, Gesetzgebungslehren, in: ZParl 1984, S. 137 ff.; *Werner Hugger*, Gesetze – Ihre Vorbereitung, Abfassung und Prüfung, 1983; *Waldemar Schreckenberger*, Gesetzgebungslehre, 1986; *Schulze-Fielitz* (N 53); *Müller* (N 147); *Gunnar Folke Schuppert*, Gute Gesetzgebung – Bausteine einer kritischen Gesetzgebungslehre, in: ZG, Sonderheft 2003; *Ulrich Karpen* (Hg.), Zum gegenwärtigen Stand der Gesetzgebungslehre in der Bundesrepublik Deutschland, 1998; ders., Zum Stand der Gesetzgebungswissenschaft in Europa, in: Waldemar Schreckenberger/Detlef Merten (Hg.), Grundfragen der Gesetzgebungslehre, 2000, S. 11 ff.

E. Einheit der Rechtsordnung und Rangordnung der Rechtsnormen

I. Einheit der Rechtsordnung

Die Vielfalt und Vielheit der aufgezeigten Rechtsquellen und Rechtsnormen bilden die Rechtsordnung der Bundesrepublik Deutschland. Diese Rechtsordnung muß sich im Endergebnis zu einer widerspruchslosen Einheit zusammenfügen. Nur wenn dies gelingt, kann die Rechtsordnung ihre Aufgabe, Gerechtigkeit, Rechtsfrieden und Rechtssicherheit zu schaffen, voll erfüllen. Andererseits liegt es auf der Hand, daß bei der Rechtserzeugung Widersprüche unvermeidbar sind, wenn zahlreiche Normsetzer nebeneinander wirken. Es muß deshalb eine besondere Art von Normen geben, denen die Aufgabe zufällt, solche Normwidersprüche aufzulösen. Diese kollisionslösende Funktion kommt den Regeln über die Rangordnung der Rechtsnormen zu. Sie schaffen eine Rechtsquellenhierarchie, die bei Normwidersprüchen den Normvorrang festlegt.

85 Widerspruchslose Einheit

Rechtsquellenhierarchie

Zur Rangordnung gehört eine weitere Schicht von Normen, die ebenfalls für die Bewertung von Normkollisionen wichtig sind. Es sind die Kompetenznormen, die den einzelnen Normsetzern ihre Rechtsetzungskompetenz erst zuweisen. Kompetenzwidrig erlassene Rechtsnormen sind per se verfassungswidrig respektive rechtswidrig und deshalb nichtig. Eine Kollision mit anderen Normen kann deshalb insoweit nicht entstehen. Da das Grundgesetz die Gesetzgebungszuständigkeiten abschließend Bund oder Ländern zuordnet, sind echte Doppelkompetenzen und dementsprechende Normkollisionen selten. Sie sind denkbar im Verhältnis von Grundgesetz und sonstigem Bundesrecht einerseits und Landesverfassungsrecht andererseits (etwa hinsichtlich der Grundrechte oder Staatszielbestimmungen). Normenkollisionen werden demzufolge oft schon durch die Kompetenznormen verhindert. Die hier in Rede stehenden Rangordnungsregeln gelten nur für solche Nonnen, die kompetenzgemäß erlassen worden sind.

86 Gesetzgebungskompetenzen

Den Rangordnungsregeln vorgelagert sind an die rechtsetzenden Organe von Bund und Ländern gerichtete Verfassungsgebote der Rücksichtnahme bei der Ausübung ihrer Gesetzgebungskompetenzen. Weitergehend hat das Bundesverfassungsgericht aus dem Rechtsstaatsprinzip ein in Bund und Länder übergreifendes Gebot der Widerspruchsfreiheit der Rechtsordnung abgeleitet, welche den jeweiligen Gesetzgeber verpflichtet, gesetzliche Vorgaben anderer Gesetzgeber im selben Themenbereich zu respektieren[213]. Kollisionen lassen sich jedoch regelmäßig mit Hilfe der Kompetenzzuweisung lösen (etwa: Sachkompetenz geht der Steuerkompetenz vor). Ein anderes Thema bildet die Frage, ob ein und derselbe Gesetzgeber verpflichtet ist, seine Gesetze so zu fassen, daß sie den Postulaten normativer Systemgerechtigkeit und der Modellkonsistenz entsprechen.

Rücksichtnahme bei der Kompetenzausübung

---

213 BVerfGE 98, 106 (118f.) – Verpackungssteuer.

II. Rangordnung der Rechtsquellen[214]

1. Völkerrecht und innerstaatliches Recht

87
Art. 25 GG

Die „allgemeinen Regeln des Völkerrechts" haben kraft der generellen Transformation durch Art. 25 GG im innerstaatlichen Bereich die Qualität von Bundesrecht. Sie gehen gemäß Art. 25 S. 2 GG „den Gesetzen vor", nehmen also den Vorrang vor den förmlichen Bundesgesetzen ein. Ob mit dieser Formulierung der Verfassung zugleich der Verfassungsrang des Völkerrechts verbunden ist oder ob den allgemeinen Regeln des Völkerrechts eine Zwischenposition zwischen Verfassung und einfachem Bundesrecht zugewiesen ist, ist nach wie vor umstritten, aber wohl eher in letzterem Sinne zu lösen[215].

Art. 59 Abs. 2 GG

Das nach Art. 59 Abs. 2 GG speziell transformierte Völkervertragsrecht nimmt den Rang des jeweiligen innerstaatlichen Zustimmungsaktes ein.

2. Europarecht und innerstaatliches Recht

88

Die Zuordnung von Europarecht und nationalem Recht ist von Anfang an heftig diskutiert worden. Denn sie bildete ein existentielles Problem der Europäischen Gemeinschaften als Rechtsgemeinschaft. Seit dem Beschluß des Bundesverfassungsgerichts vom 22. Oktober 1986[216] ist die Entwicklung vorerst zur Ruhe gekommen. Sie läßt sich in ihrem Ergebnis dahin umreißen, daß dem Europarecht der Vorrang vor dem nationalen Recht gebührt; dieser Vorrang erstreckt sich auch auf die grundgesetzlich verbürgten Grundrechte.

„Solange II-Beschluß"

In Artikel I-10 des Vertrags über eine Verfassung Europas wird erstmals eine Rangregel im Europarecht aufgestellt. Danach ist vorgesehen, daß die Verfassung und das von den europäischen Organen gesetzte Recht Vorrang vor dem Recht der Mitgliedstaaten haben[217].

a) Europarecht und nationale Gesetze

89
Vorrang des Gemeinschaftsrechts

Eine echte Kollision zwischen Europarecht und nationalem Recht besteht bei den Gemeinschaftsnormen mit Durchgriffscharakter (insbesondere den Verordnungen der Europäischen Gemeinschaften). Diese Kollision ist vom Gerichtshof der Europäischen Gemeinschaften bereits früh im Sinne eines Anwendungsvorrangs des Europarechts vor dem nationalen Recht gelöst

---

214 *Albert Hensel*, Die Rangordnung der Rechtsquellen, insbesondere das Verhältnis von Reichs- und Landesgesetzgebung, in: Anschütz/Thoma, Bd. II, S. 313 ff.; *Wolff/Bachof* (N 138), § 26; *Fritz Ossenbühl*, Verwaltungsvorschriften und Grundgesetz, 1968, S. 468 ff.; *Schneider* (N 23), Rn. 640 ff.; *ders.*, Rang und Rangänderung von Rechtsnormen in der Bundesrepublik Deutschland, in: FS für Hans Kutscher, 1981, S. 385 ff.; *Theodor Schilling*, Rang und Geltung von Normen in gestuften Rechtsordnungen, 1994.
215 Vgl. *Stern* (N 24), S. 493 f. m. Nachw.; *Streinz* (N 157), Art. 25 Rn. 85 ff.; *Bernhardt* (N 157), § 174.
216 BVerfGE 73, 339. *Hans Peter Ipsen*, Die Bundesrepublik Deutschland in den Europäischen Gemeinschaften, in: HStR VII, 1992, § 181 Rn. 57 ff.
217 Vgl. dazu *Adelheid Puttler*, Sind die Mitgliedsstaaten noch „Herren" der EU?, in: EuR 2004, S. 669 (683 ff.).

worden²¹⁸. Desgleichen hat das Bundesverfassungsgericht zum Ausdruck gebracht, daß die Vorschriften des Europarechts „im innerstaatlichen Raum unmittelbare Wirkung entfalten und entgegenstehendes nationales Recht überlagern und verdrängen"²¹⁹. Aus europäischer Sicht wird die Vorrangregel exemplarisch in den Art. 249 Abs. 2 EGV, Art. 161 Abs. 2 EAGV und Art. 14 Abs. 2 EGKSV erblickt²²⁰. Aus der Sicht des deutschen Verfassungsrechts wird der Vorrang aus Art. 24 Abs. 1 GG deduziert²²¹, der als „Integrationshebel" nicht nur die Möglichkeit eröffnet, daß deutsche Hoheitsgewalt in supranationaler Hoheitsgewalt „aufgeht", sondern als deren Konsequenz auch die innerstaatliche Verbindlichkeit und Unantastbarkeit der supranational gesetzen Normen einschließt.

Vorrang des Europarechts bedeutet nicht, daß das nationale Recht bei themenidentischen Regelungen neben dem Gemeinschaftsrecht keinen Platz mehr hätte²²². Trotz thematischer Identität (Kartellrecht) können nationale Normen und Europarecht nebeneinander gelten und zur Anwendung kommen. Das nationale Recht wird nach dem „Prinzip der Funktionssicherung" jedoch insoweit verdrängt, als es „die einheitliche Anwendung des Gemeinschaftskartellrechts und die volle Wirksamkeit der zu seinem Vollzug ergangenen Maßnahmen auf dem gesamten Gemeinsamen Markt beeinträchtigt"²²³.

90
Konkurrenz von nationalem und supranationalem Recht

b) Europarecht und nationale Grundrechte

Die Entwicklung in der Frage des Vorrangs des Europarechts vor den nationalen Grundrechten ist aus deutscher Sicht dramatischer verlaufen. Hier hat das Bundesverfassungsgericht in einem vielkritisierten Beschluß vom 29. Mai 1974²²⁴ zunächst den verfassungsrechtlichen Grundrechtsgarantien gegenüber dem Europarecht den Vorrang eingeräumt, weil es den Grundrechtsstandard des Europarechts gegenüber dem Grundgesetz (noch) nicht für adäquat hielt. Nachdem sich durch weitere Entscheidungen eine Wende bereits angedeutet hatte²²⁵, hat das Bundesverfassungsgericht durch Beschluß vom 22. Oktober 1986²²⁶ erklärt, im Hoheitsbereich der Europäischen Gemeinschaften sei mittlerweile ein Maß an Grundrechtsschutz erwachsen, das nach Konzeption,

91

„Solange I-Beschluß"

„Solange II-Beschluß"

---

218 EuGH Slg. 1964, S. 1251 (1269 f.); dazu *Bernhard Großfeld*, Recht der europäischen Wirtschaftsgemeinschaften und nationales Recht, in: JuS 1966, S. 347; ferner EuGH Slg. 1969, S. 1 (13 ff.). Die Präsisierung im Sinne des Anwendungsvorrangs erfolgte erst durch EuGH Slg. 1991, I – 297 (321 Tz 19) – Nimz; *Oppermann* (N 106), Rn. 616 ff.; *Hans D. Jarass/Sasa Beljin*, Die Bedeutung von Vorrang und Durchführung des EG-Rechts für die nationale Rechtsetzung und Rechtsanwendung, in: NVwZ 2004, S. 1 ff.
219 BVerfGE 31, 145 (174).
220 *Oppermann* (N 106).
221 Vgl. BVerfGE 31, 145 (173 f.); *Christian Tomuschat*, in: BK, Art. 24 Rn. 75.
222 Näheres bei *Oppermann* (N 106), Rn. 615 ff.
223 EuGH Slg. 1969, S. 1 (13 ff.); *Oppermann* (N 106), Rn. 633.
224 BVerfGE 37, 271 (279) – Solange I-Beschluß.
225 BVerfGE 52, 187 (202) – „Vielleicht"-Beschluß; BVerfGE 58, 1 (28); 59, 63 – Eurocontrol.
226 BVerfGE 73, 339; zum gegenwärtigen Stand der Grundrechtsentwicklung in Europa: *Hans-Werner Rengeling/Peter Szczekalla*, Grundrechte in der Europäischen Union, 2004; *Dirk Ehlers* (Hg.), Europäische Grundrechte und Grundfreiheiten, ²2005.

§ 100 *Achter Teil: II. Staatsfunktionen*

Inhalt und Wirkungsweise dem Grundrechtsstandard des Grundgesetzes im wesentlichen gleichzuachten sei. Angesichts dieser Entwicklung erscheine der Schutz der Grundrechte gegenüber der Hoheitsgewalt der Gemeinschaften durch den Europäischen Gerichtshof generell in einer Weise gewährleistet, die dem vom Grundgesetz als unabdingbar gebotenen Grundrechtsschutz im wesentlichen entspricht. Demgemäß wird das Bundesverfassungsgericht seine Gerichtsbarkeit über die Anwendbarkeit von abgeleitetem Europarecht, das als Grundlage für ein Verhalten deutscher Gerichte und Behörden im Hoheitsbereich der Bundesrepublik Deutschland in Anspruch genommen wird, nicht mehr ausüben und dieses Recht mithin nicht mehr am Maßstab der Grundrechte des Grundgesetzes prüfen.

Die Problematik des Grundrechtsschutzes wird weiter entschärft, wenn der „Vertrag über die Verfassung für Europa" in Kraft tritt, der in Teil II auch die Charta der Grundrechte in sich aufgenommen hat.

3. Stufenbau der innerstaatlichen Rechtsordnung

92
Kollisionsrecht im Bundesstaat

Im innerstaatlichen Recht zeigt die Rechtsquellenhierarchie zunächst drei Blöcke: Bundesrecht, Landesrecht und autonomes Recht. Bundes- und Landesrecht gehen als staatliches Recht dem autonomen Recht vor, weil sich die Autonomie aus staatlichem Recht ableitet[227]. Im Verhältnis zwischen Bundesrecht und Landesrecht gilt Art. 31 GG: „Bundesrecht bricht Landesrecht"[228].

93
Rechtsquellenhierarchie

Innerhalb der Blöcke Bundesrecht und Landesrecht gilt die Rangfolge: Verfassung (Grundgesetz), förmliche Gesetze, Rechtsverordnungen. Gewohnheitsrecht kann sich auf allen Stufen bilden. Es nimmt dann im Rangordnungssystem den Rang der Stufe ein, auf der es sich gebildet hat. Bei richterrechtlichen Regelbildungen kann die Stufung problematisch werden[229]. Für Normen verschiedener Stufe gilt der Vorrang der höherstufigen Norm. Widersprüche führen zur Rechtswidrigkeit respektive Verfassungswidrigkeit der nachrangigen Norm.

94
Kollisionen auf derselben Stufe

Für Normkollisionen auf derselben Stufe gelten verschiedene Prinzipien. Auf Verfassungsebene wird bei Grundrechtskollisionen das Prinzip der Konkordanz angewendet[230]. Im einfachen Recht hilft bei Widersprüchen entweder die Lex-specialis-Regel oder die Lex-posterior-Regel. Zwischen beiden vorgenannten Kollisionsnormen hat wiederum die Lex-specialis-Regel den Vorrang, wobei es jedoch im Einzelfall sehr schwierig sein kann, die lex specialis von der lex generalis (posterior) abzugrenzen. Daneben wird diskutiert, ob auf der Stufe der Verfassung oder der Gesetze weiter nach „starken" und

---

227 Vgl. *Markus Heintzen*, Das Rangverhältnis von Rechtsverordnung und Satzung, in: DV 29 (1996), S. 17 ff.
228 *Hanns-Jakob Pützer*, Landesorganisationshoheit als Schranke der Bundeskompetenz, 1988, S. 135 ff.
229 Vgl. etwa für den enteignungsgleichen Eingriff: *Ossenbühl* (N 134), S. 18; für den Folgenbeseitigungsanspruch: BVerwGE 69, 366 (370).
230 *Fritz Ossenbühl*, Grundsätze der Grundrechtsinterpretation, in: Detlef Merten/Hans-Jürgen Papier (Hg.), Handbuch der Grundrechte, Bd. I, 2004, § 15 Rn. 30.

„schwachen" oder „allgemeinen" und „vollziehenden" Normen rangmäßig differenziert werden kann[231]. Diese Frage ist namentlich im Verhältnis von Plan- und Vollzugsgesetz sowie allgemeinem Gesetz und Einzelfallgesetz am Beispiel des Haushaltsgrundsätzegesetzes und der kommunalen Neugliederungsgesetze sowie des Maßstäbegesetzes[232] erörtert worden.

---

231 Vgl. *Wolff/Bachof* (N 138), § 26 III; *Günter Püttner*, Unterschiedlicher Rang der Gesetze?, in: DÖV 1970, S. 322; *Helmut Quaritsch*, Das parlamentslose Parlamentsgesetz, ²1961, S. 18 ff.; *Hartmut Maurer*, Vollzugs- und Ausführungsgesetze, in: FS für Klaus Obermayer, 1986, S. 95 ff.
232 Vgl. *Ossenbühl* (N 87), S. 230 ff.

F. Bibliographie

Klaus Adomeit, Rechtsquellenfragen im Arbeitsrecht, 1969.
Gerhard Anschütz, Kritische Studien zur Lehre vom Rechtssatz und formellen Gesetz, ²1913.
Peter Badura, Planung durch Gesetz, in: FS für Hans Huber, Bern 1981, S. 15 ff.
ders., Die parteienstaatliche Demokratie und die Gesetzgebung, 1986.
Florian Becker, Kooperative und konsensuale Strukturen in der Normsetzung, 2005
Klaus von Beyme, Der Gesetzgeber, 1997.
Ernst-Wolfgang Böckenförde, Gesetz und gesetzgebende Gewalt, ²1981.
Christoph Degenhart, Gesetzgebung im Rechtsstaat, in: DÖV 1981, S. 477 ff.
Kurt Eichenberger, Gesetzgebung im Rechtsstaat, in: VVDStRL 40 (1982), S. 7 ff.
ders., Von der Rechtsetzungsfunktion im heutigen Staat, in: ders., Der Staat der Gegenwart, 1980, S. 332 ff.
Rolf Grawert, Gesetz, in: Otto Brunner/Werner Conze/Reinhart Koselleck (Hg.), Geschichtliche Grundbegriffe, Bd. II, 1975, S. 863 ff.
ders., Gesetz und Gesetzgebung im modernen Staat, in: Jura 1982, S. 247 ff.
Andreas Hänlein, Rechtsquellen im Sozialversicherungsrecht, 2001.
Wolfgang Hoffmann-Riem, Gesetz und Gesetzesvorbehalt im Umbruch, in: AöR 130 (2005), S. 5 ff.
Josef Isensee, Mehr Recht durch weniger Gesetze?, in: ZRP 1985, S. 139 ff.
Ferdinand Kirchhof, Private Rechtsetzung, 1987.
Paul Kirchhof, Rechtsquellen und Grundgesetz, in: FG-BVerfG, Bd. II, S. 50 ff.
Michael Kloepfer, Gesetzgebung im Rechtsstaat, in: VVDStRL 40 (1982), S. 63 ff.
Walter Leisner, „Gesetz wird Unsinn ...". Grenzen der Sozialgestaltung im Gesetzesstaat, in: DVBl 1981, S. 849 ff.
ders., Krise des Gesetzes. Die Auflösung des Normenstaates, 2001.
Hans-Joachim Mengel, Gesetzgebung und Verfahren, 1997.
Detlef Merten, Das System der Rechtsquellen, in: Jura 1981, S. 169 ff., 236 ff.
Ulrich Meyer-Cording, Die Rechtsnormen, 1971.
Georg Müller, Inhalt und Formen der Rechtsetzung als Problem der demokratischen Kompetenzordnung, Zürich/Basel/Genf ²2006.
ders., Elemente einer Rechtsetzungslehre, 1999.
Christian Pestalozza, Gesetzgebung im Rechtsstaat, in: NJW 1981, S. 2081 ff.
Gerd Roellecke, Der Begriff des positiven Gesetzes und das Grundgesetz, 1969.
Alf Ross, Theorie der Rechtsquellen, 1929.
Ulrich Scheuner, Die Aufgabe der Gesetzgebung in unserer Zeit, in: DÖV 1960, S. 601 ff.; abgedruckt in: ders., Staatstheorie und Staatsrecht. Gesammelte Schriften, 1978, S. 501 ff.
ders., Die Funktion des Gesetzes im Sozialstaat, in: FS für Hans Huber, Bern 1981, S. 127 ff.
Hans Schneider, Gesetzgebung, ³2002.
Helmuth Schulze-Fielitz, Theorie und Praxis parlamentarischer Gesetzgebung – besonders des 9. Deutschen Bundestages (1980–1983) –, 1988.
ders., Das Parlament als Organ der Kontrolle im Gesetzgebungsprozeß, in: Horst Dreier/Jochen Hofmann (Hg.), Parlamentarische Souveränität und technische Entwicklung, 1986, S. 71 ff.
Christian Starck, Der Gesetzesbegriff des Grundgesetzes, 1970.

§ 101
Vorrang und Vorbehalt des Gesetzes

Fritz Ossenbühl

Übersicht

	Rn.		Rn.
A. Vorrang des Gesetzes	1–10	III. Gegenwärtiger Stand der Entwicklung	35–80
I. Grundlagen	1–2	1. Typologie der Gesetzesvorbehalte	35–40
II. Inhalt und Durchsetzung des Vorrangprinzips	3–10	a) Grundrechtliche Gesetzesvorbehalte	36
1. Rechtsstaatlicher Gesetzesvorrang und bundesstaatlicher Rechtsvorrang	3	b) Institutionell-organisatorische Gesetzesvorbehalte	37
2. Ausführungs- und Beachtungspflichten	4–8	c) Finanz- und haushaltsrechtliche Gesetzesvorbehalte	38
a) Anwendungsgebot	5	d) Gesetzesvorbehalte für internationale Beziehungen	39
b) Abweichungsverbot	6–8	e) Allgemeiner ungeschriebener Gesetzesvorbehalt	40
3. Verstoß gegen den Vorrang des Gesetzes	9–10	2. Gesetzesvorbehalt und Parlamentsvorbehalt	41–51
B. Vorbehalt des Gesetzes	11–80	a) Rechtsstaatlicher Gesetzesvorbehalt	42–45
I. Grundlagen	11–19	b) Demokratischer Parlamentsvorbehalt	46–50
1. Gesetzesvorbehalt als Kompetenzproblem	11–13	c) Verhältnis von Gesetzesvorbehalt zu Parlamentsvorbehalt	51
2. Terminologische Bemerkungen	14–17	3. Zur Wesentlichkeitstheorie	52–62
3. Entwicklungsgeschichtliche und verfassungsstrukturelle Zusammenhänge	18–19	a) Inhalt und Zielrichtung	52–55
II. Versuche einer Neuorientierung des Gesetzesvorbehaltes nach Inkrafttreten des Grundgesetzes	20–34	b) Konkretisierungs- und Anwendungsprobleme	56–59
1. Gesetzesvorbehalt und Grundrechtsgewährleistung	21	c) Verfassungsrechtliche und verfassungspolitische Perspektiven	60–62
2. Erweiterungen des allgemeinen Gesetzesvorbehaltes	22–34	4. Grenzen des Vorbehaltes des Gesetzes	63–80
a) Lehren vom Totalvorbehalt	23–28	a) Verfassungsrechtliche Grenzen	66–76
b) Erweiterungen des klassischen Eingriffsvorbehaltes	29–31	b) Sachstrukturelle Grenzen	77–80
c) Entwicklung der Rechtsprechung zum Gesetzesvorbehalt	32–34	C. Bibliographie	

A. Vorrang des Gesetzes

I. Grundlagen

1
Herrschaft des Gesetzes

Das Prinzip des Vorrangs des Gesetzes ist verfassungsgeschichtlich ein Wesenselement der „Herrschaft des Gesetzes"[1], die sich als Grundbedingung einer rechtsstaatlichen Verfassung im 19. Jahrhundert durchgesetzt hat. Zur Herrschaft des Gesetzes in diesem Sinne gehören „seine rechtssatzschaffende Kraft, sein Vorrang und sein Vorbehalt"[2]. Mit der Etablierung der Herrschaft des Gesetzes wurde der Exekutive ein erhebliches Maß ihr zustehender Bestimmungsmacht im Staat abgetrotzt. Verfassungsgeschichtlich richtet sich demzufolge der Vorrang des Gesetzes in erster Linie an die Adresse der Exekutive[3]. Das Gesetz ist „die rechtlich stärkste Art von Staatswillen"[4]. Es geht jeder anderen Willensäußerung, namentlich von seiten der Verwaltung, vor[5].

Bindung der Exekutive

Die Verwaltung steht unter dem Gesetz. Die „vollziehende Gewalt" ist an das Gesetz gebunden (Art. 20 Abs. 3 GG)[6]. „Der Gesetzesvorrang dokumentiert die fortlaufende, unaufgebbare politische Verantwortung des Parlaments und ist insofern Ausdruck eines jederzeit aktivierbaren parlamentarischen Revisionsvorbehaltes"[7].

2
Normenhierarchie

Nachdem uns diese rechtsstaatliche Errungenschaft zur Selbstverständlichkeit geworden ist, hat die ursprüngliche Zielrichtung des Vorrangs des Gesetzes an Aktualität wesentlich eingebüßt. In dem gegenwärtig bestehenden, in vielfacher Weise abgestuften Rechtsquellensystem tritt stärker die technische Bedeutung des Vorrangs des Gesetzes als Rangordnungsregel hervor, die dazu dient, das Rechtsquellensystem im Interesse der Einheit der Rechtsordnung zu einer geschlossenen Normenhierarchie auszuprägen. Innerhalb dieser Normenhierarchie haben die ranghöheren Normen den Vorrang vor den rangniederen Normen[8]. An der Spitze dieser Normenhierarchie steht das förmliche, vom Parlament beschlossene Gesetz. Diese Spitzenstellung des Gesetzes ist jedoch unter der Geltung des Grundgesetzes erheblich verändert worden. Der Vorrang des Gesetzes ist durch den Vorrang der Verfassung[9] abgelöst worden. Der Vorrang der Verfassung hat sich mit der Etablierung einer Verfassungsgerichtsbarkeit durchgesetzt, die über ein umfassendes Kontrollrecht gegenüber dem Gesetzgeber verfügt. Der Vorrang der Verfassung

Vorrang der Verfassung

---

1 Vgl. *Otto Mayer*, Deutsches Verwaltungsrecht, Bd. I, unveränd. Nachdr. der 1924 erschienenen dritten Auflage, 1969, S. 65.
2 *Mayer* (N 1), S. 65, von dem der Begriff „Vorrang des Gesetzes" stammt.
3 *Mayer* (N 1), S. 65.
4 *Mayer* (N 1), S. 68.
5 BVerfGE 8, 155 (169 f.); 40, 237 (247).
6 → Oben *Ossenbühl*, § 100 Rn. 4, 14, 17.
7 *Wolfgang Hoffmann-Riem*, Gesetz und Gesetzesvorbehalt im Umbruch, in: AöR 130 (2005), S. 5 ff. (56); zum Zugriffsrecht des Parlaments: *Albert Janssen*, Über die Grenzen des parlamentarischen Zugriffsrechts, 1990.
8 → Oben *Ossenbühl*, § 100 Rn. 92 f.
9 Vgl. *Rainer Wahl*, Der Vorrang der Verfassung, in: Der Staat 20 (1981), S. 485 ff.; *ders.*, Der Vorrang der Verfassung und die Selbständigkeit des Gesetzesrechts, in: NVwZ 1984, S. 401 ff.

bedeutet den Nachrang des förmlichen Gesetzes und den Nachrang des Gesetzgebers, nicht nur gegenüber dem Verfassunggeber, sondern auch gegenüber der Instanz, die die Verfassung letztverbindlich interpretiert[10]. Die Herrschaft des Gesetzes wird durch die Herrschaft der Verfassung nicht aufgehoben, aber überhöht.

II. Inhalt und Durchsetzung des Vorrangprinzips

1. Rechtsstaatlicher Gesetzesvorrang und bundesstaatlicher Rechtsvorrang

Das Prinzip des Vorrangs des Gesetzes ist zwar eine Rangordnungsregel, aber es betrifft thematisch nicht das Verhältnis zwischen Bundesgesetzen und Landesgesetzen. Der Gesetzesvorrang ist seinem historischen Ursprung nach ein demokratisches und rechtsstaatliches Thema. Beide Aspekte sind im Grundgesetz in der Bindung der vollziehenden Gewalt an das Gesetz gemäß Art. 20 Abs. 3 GG eingefangen. Der bundesstaatliche Vorrang hingegen, der in Art. 31 GG besonders geregelt ist, betrifft nicht lediglich den Gesetzesvorrang, sondern einen Rechtsvorrang[11].

3
Bundesstaatlicher Vorrang

2. Ausführungs- und Beachtungspflichten

Der Vorrang des Gesetzes enthält für die vollziehende Gewalt und die Rechtsprechung ein Anwendungsgebot und ein Abweichungsverbot[12].

4

a) Anwendungsgebot

Art. 20 Abs. 3 GG enthält für die vollziehende Gewalt und die Rechtsprechung das zwingende Gebot, die Gesetze anzuwenden. Der Gesetzesvollzug steht nicht zur Disposition der Verwaltung. Vielmehr besteht eine Ausführungspflicht. Die Verwaltung muß alles tun, um den Willen des Gesetzgebers in die Wirklichkeit umzusetzen. Dies schließt nicht nur den Erlaß von Einzelfallentscheidungen und faktischen Maßnahmen, sondern gegebenenfalls auch den Erlaß von Rechtsverordnungen ein[13].

5
Gebot des Gesetzesvollzugs

Problematisch erscheint das Anwendungsgebot im Hinblick auf nichtige Gesetze. Infolge des Vorrangs der Verfassung ist das verfassungswidrige und damit nichtige Gesetz durchaus keine seltene Erscheinung. Da jedoch die Verfassungswidrigkeit eines Gesetzes durchweg keinen offenkundigen Tatbestand darstellt, sondern erst einer dem Bundesverfassungsgericht letztverbindlich zustehenden Entscheidung bedarf, ist die Verwaltung prinzipiell ver-

„Nichtigkeit" des Gesetzes

---

10 *Wahl*, Vorrang der Verfassung (N 9), S. 487.
11 Art. 31 GG: „Bundesrecht bricht Landesrecht". Zum Bundesrecht gehören nicht nur Bundesgesetze, sondern auch Bundesrechtsverordnungen.
12 Vgl. *Christoph Gusy*, Der Vorrang des Gesetzes, in: JuS 1983, S. 191; *Hans-Detlef Horn*, Die grundrechtsunmittelbare Verwaltung, 1999, S. 21 ff. (26).
13 BVerfGE 13, 248 (254); 16, 332 (338); *Fritz Ossenbühl*, Richterliches Prüfungsrecht und Rechtsverordnungen, in: FS für Hans Huber, Bern 1981, S. 283 ff. (292). → Unten *Ossenbühl*, § 103.

pflichtet, bis zum Spruch des Bundesverfassungsgerichts auch das von ihr für nichtig gehaltene Gesetz anzuwenden[14].

b) Abweichungsverbot

6
Schranke der Verwaltung

Vollziehende Gewalt und Rechtsprechung dürfen nicht gegen das Gesetz verstoßen. Für die Verwaltung ist das Gesetz nicht nur Auftrag und Ermächtigungsgrundlage, sondern auch Schranke[15]. Die Schrankenfunktion des Gesetzes gewinnt namentlich im Bereich der sogenannten gesetzesfreien Verwaltung zentrale Bedeutung. Wo die Verwaltung nach eigenen Zwecksetzungen, das heißt ohne speziellen formalgesetzlichen Auftrag, das Gemeinwohl verwirklicht, führt sie zwar keine Gesetze aus, aber sie muß die Grenzziehungen bestehender Gesetze beachten.

7
Interpretation des Gesetzes

Im Bereich gesetzesgebundener Verwaltung sind Abweichungen nur zulässig, wenn sie durch entsprechende Dispensvorschriften besonders vorgesehen sind[16]. Das Abweichungsverbot umfaßt nicht nur die Mißachtung des Gesetzes im Sinne eines frontalen Gesetzesverstoßes, sondern auch dessen Konterkarierung im Wege der Interpretation. Da Gesetze stets auslegungsbedürftig sind, besteht hier die Gefahr, daß die Verwaltung durch eine entsprechende Auslegung den Gesetzeswillen bewußt oder unbewußt verfehlt. Diese Gefahr läßt sich nicht dadurch ausräumen, daß man das Gebot der Bestimmtheit von Normen zum Bestandteil des Gesetzesvorrangs erklärt. Die Auslegungsbedürftigkeit von Gesetzen als sprachliche Gestalt von Gedankeninhalten ist unaufhebbar. Das Abweichungsverbot führt damit zum Thema der Rechtssicherheit und „Gesetzessicherheit". Sie läßt sich nur gewährleisten durch ein Entscheidungssystem mit Auslegungsinstanzen, denen die Befugnis zur letztverbindlichen Interpretation zukommt. Diese Befugnis steht für das Verfassungsrecht dem Bundesverfassungsgericht zu[17]. Für das (einfache) Gesetzesrecht wird sie faktisch von den Fachgerichten ausgeübt[18].

Recht des letzten Wortes

8
Bindung an höchstrichterliche Rechtsprechung

Bindung an das Gesetz und das damit verbundene Abweichungsverbot ist jedoch nicht gleichbedeutend mit Bindung an die Auslegungsresultate der höchstrichterlichen Rechtsprechung. Richterliche Urteile, mit Ausnahme der Entscheidungen des Bundesverfassungsgerichts (§ 31 BVerfGG), binden nur die Parteien des jeweiligen Rechtsstreits (Bindungswirkung inter partes). Darüber hinaus bestehen für die Verwaltung, die beim Gesetzesvollzug die Normen im ersten Zugriff in eigener Verantwortung auslegt und anwendet, im Hinblick auf die höchstrichterliche Rechtsprechung Beachtens- und Berück-

---

14 *Ulrich Battis*, Der Verfassungsverstoß und seine Rechtsfolgen, in: HStR VII, 1992, § 165 Rn. 30.
15 Vgl. *Ulrich Scheuner*, Das Gesetz als Auftrag der Verwaltung, in: DÖV 1969, S. 585 ff.
16 *Reinhard Mußgnug*, Der Dispens von gesetzlichen Vorschriften, 1964; *Andreas Schenke*, Befreiungsermessen, 1998.
17 Die Entscheidungen des Bundesverfassungsgerichts in Normenkontrollsachen haben Gesetzeskraft (§ 31 Abs. 2 BVerfGG).
18 Vgl. *Fritz Ossenbühl*, Die Bindung der Verwaltung an die höchstrichterliche Rechtsprechung, in: AöR 92 (1967), S. 478 ff. (Nachdruck in: Gerd Roellecke [Hg.], Zur Problematik der höchstrichterlichen Entscheidung, 1982, S. 307 ff.); *Walter Leisner*, Die allgemeine Bindung der Finanzverwaltung an die Rechtsprechung, 1980.

sichtigungspflichten[19]. Die im Steuerrecht seit Jahrzehnten geübte Praxis von Nichtanwendungserlassen des Bundesministers der Finanzen betreffend Entscheidungen des Bundesfinanzhofes, die die Exekutive für verfehlt erachtet, sind demzufolge prinzipiell gerechtfertigt, sofern sie nicht allein durch fiskalische Motive getragen sind[20].

3. Verstoß gegen den Vorrang des Gesetzes

Der Vorrang des Gesetzes wirkt sich dort aus, „wo ein Widerspruch zwischen dem Gesetz und der Willensäußerung niedrigeren Ranges besteht"[21]. „Willensäußerungen niedrigeren Ranges" können in vielfältiger Weise in Erscheinung treten: als Rechtsverordnungen, Satzungen und Verwaltungsvorschriften ebenso wie als Allgemeinverfügungen und Einzelentscheidungen der Verwaltung oder Entscheidungen und Anordnungen der rechtsprechenden Gewalt.

9 Untergesetzliche Normen

Verwaltungsakte sowie richterliche Entscheidungen und Maßnahmen sind im Fall des Gesetzesverstoßes grundsätzlich wirksam, aber anfechtbar[22]. Gesetzwidrige Normen hingegen sind grundsätzlich nichtig[23]. Gesetzwidrige Verwaltungsakte kann die Verwaltung zurücknehmen[24]. Gesetzwidrige Normen (Rechtsverordnungen, Satzungen, Verwaltungsvorschriften) muß sie aufheben[25]. Der Bürger kann ihre Nichtigkeit im Wege der abstrakten Normenkontrolle gerichtlich feststellen lassen[26]. Solange gesetzwidrige Normen der Verwaltung nicht von dem kompetenten administrativen Normsetzer aufgehoben oder gerichtlich für nichtig erklärt worden sind, müssen sie von den normunterworfenen Verwaltungsstellen beachtet werden. Eine Inzidentverwerfung durch die vollziehende Gewalt scheidet hier – ebenso wie bei förmlichen Gesetzen – grundsätzlich aus[27].

10 Fehlerfolgen Grundsätzliche Nichtigkeit der Normen

Keine Verwerfungskompetenz der Verwaltung

---

19 Vgl. *Ossenbühl* (N 18), S. 478 ff. (bzw. Nachdruck S. 307 ff.).
20 Vgl. *Klaus Tipke/Joachim Lang*, Steuerrecht, ¹⁷2002, § 5 Rn. 28 f. m. Nachw. Bemerkenswert ist in diesem Zusammenhang, daß es außer Nichtanwendungserlassen der Finanzverwaltung auch Nichtanwendungsgesetze gibt, durch die eine nicht für akzeptabel gehaltene Rechtsprechung des BFH korrigiert wird.
21 BVerfGE 40, 237 (247). → Unten *Ossenbühl*, § 103, § 104, § 105.
22 *Hans-Uwe Erichsen*, Das Verwaltungshandeln, in: ders./Dirk Ehlers (Hg.), Allgemeines Verwaltungsrecht, ¹²2002, § 15, Rn. 23.
23 Vgl. *Christoph Böckenförde*, Die sogenannte Nichtigkeit verfassungswidriger Gesetze, 1966; *Jörn Ipsen*, Rechtsfolgen der Verfassungswidrigkeit von Norm und Einzelakt, 1980, S. 23 ff.; *Fritz Ossenbühl*, Eine Fehlerlehre für untergesetzliche Normen, in: NJW 1986, S. 2805 ff.
24 *Erichsen* (N 22), § 17.
25 Eine solche Aufhebung durch die erlassende Instanz hat freilich nur deklaratorische Bedeutung, ist aber im Interesse der Rechtssicherheit notwendig, solange noch keine gerichtliche Nichtigkeitserklärung vorliegt.
26 Vgl. § 47 VwGO, der allerdings Einschränkungen vorsieht.
27 Vgl. *Jost Pietzcker*, Inzidentverwerfung rechtswidriger untergesetzlicher Rechtsnormen durch die Verwaltung, in: DVBl 1986, S. 806 ff.; *Matthias Wehr*, Inzidente Normverwerfung durch die Exekutive, 1998; *Hartmut Maurer*, Allgemeines Verwaltungsrecht, ¹⁴2002, § 4 Rn. 46 ff.

B. Vorbehalt des Gesetzes

I. Grundlagen

1. Gesetzesvorbehalt als Kompetenzproblem

11
Kompetenzabgrenzung Legislative – Exekutive

Mit dem Begriff des Gesetzesvorbehaltes wird verfassungsrechtlich ein Kompetenzproblem erfaßt. Es betrifft die Abgrenzung der Wirkungsbereiche von Gesetzgebung und Verwaltung, von Parlament und Exekutive. Mit dem Begriff „Vorbehalt des Gesetzes" werden Sachbereiche und Gegenstände umrissen, die dem „Gesetz vorbehalten", also einer autonomen Regelung der Verwaltung entzogen sind. Das Problem des Gesetzesvorbehaltes ist damit eine Zentralfrage der Gewaltenteilung[28].

12
Gewaltenteilung
Verfassungsrechtliche Vorgaben

Die mit dem Gesetzesvorbehalt bezeichnete Kompetenzgrenze bildet keine starre Linie, auch nicht unter ein und derselben Verfassungsordnung. Der Grenzverlauf hängt namentlich von zwei Größen ab: zum einen von der verfassungsrechtlichen Konstituierung und Zuordnung von Parlament und Exekutive, die für jede Verfassung neu getroffen wird und deshalb nur eine raumzeitlich begrenzte Gültigkeit beanspruchen kann; zum anderen von der Art

Staatliche Praxis

und Weise des Wirkungsbereichs und des Aufgabenbestandes, den ein Staat gemäß seinen Zwecken für sich in Anspruch nimmt. Der Gesetzesvorbehalt ist demzufolge sowohl von der jeweiligen Verfassungsstruktur[29] wie auch vom herrschenden Staatsverständnis abhängig. Entsprechend dieser Abhängigkeit haben Inhalt und Umfang des Vorbehaltes des Gesetzes in der deutschen Verfassungsentwicklung grundlegende Veränderungen erfahren. Aber auch unter ein und derselben Verfassungsordnung sind die Auffassungen über die Zuord-

Wechselnde Reichweite des Vorbehalts

nung von Parlament und Exekutive in einem ständigen Wandel begriffen. Der Vorbehalt des Gesetzes gehört deshalb zu den ewigen Problemen des Verfassungsrechts[30].

13

Hinzugefügt sei, daß die real vorfindbare Gewaltenteilung, in die der Gesetzesvorbehalt als Teilaspekt eingebettet ist, nicht nur von normativ definierten Kompetenzzuweisungen und Abgrenzungen abhängt, sondern auch von dem wirklichen Zustand, in dem sich das jeweils kompetente Staatsorgan befindet. Ein Parlament, das von einzelnen Kompetenzen gar keinen oder nur einen halbherzigen Gebrauch macht und sich aus Kompromißschwäche oder aus sonstigen Gründen als entscheidungsgehemmt oder entscheidungsunfähig erweist, muß damit rechnen, daß die ungenutzten Kompetenzen von anderen Staatsorganen wahrgenommen werden. Es entsteht kein Regelungsvakuum,

---

28 Vgl. *Fritz Ossenbühl*, Aktuelle Probleme der Gewaltenteilung, in: DÖV 1980, S. 545 ff.; *Peter Lerche*, Gewaltenteilung – deutsche Sicht, in: Josef Isensee (Hg.), Gewaltenteilung heute, 2000, S. 75 ff.; → Bd. II, *Di Fabio*, § 27 Rn. 18 ff.
29 Dazu namentlich *Dietrich Jesch*, Gesetz und Verwaltung, 1961.
30 Auf europäischer Ebene wird der Gesetzesvorbehalt erst dann ein Thema werden, wenn sich eine Europäische Verfassung etabliert hat; vgl. *Meinhard Hilf/Kai-Dieter Classen*, Der Vorbehalt des Gesetzes im Recht der Europäischen Union, in: FS für Peter Selmer, 2004, S. 71 ff.

sondern als Ersatzgesetzgeber werden sowohl das Bundesverfassungsgericht[31] wie auch die Exekutive tätig. Die Tendenzen, dem Parlament auch im Bereich der Gesetzgebung durch informelle Absprachen, runde Tische und dergleichen das Heft aus der Hand zu nehmen[32], führen zu Wirklichkeitsbefunden, die bei einer verfassungsrechtlichen Betrachtung nicht außer acht gelassen werden dürfen, jedoch keine dominierende Rolle spielen.

BVerfG und Exekutive als Ersatzgesetzgeber

2. Terminologische Bemerkungen

Die Diskussion um den Gesetzesvorbehalt wird durch terminologische Mißverständnisse erheblich belastet[33]. Höchst unterschiedliche Begriffsprägungen werden verwendet, die vorab der Klarstellung bedürfen.

14

Erst in sachlichem Zusammenhang mit der sogenannten Wesentlichkeitstheorie ist der Begriff des Parlamentsvorbehaltes aufgekommen[34]. Er ist inzwischen in der Literatur[35] bodenständig und auch in der Rechtsprechung[36] zu einem gängigen Terminus avanciert. Mit dem Begriff „Parlamentsvorbehalt" werden Regelungen und Entscheidungen erfaßt, die ausschließlich dem Parlament vorbehalten sind. Der Parlamentsvorbehalt greift thematisch über den Gesetzesvorbehalt hinaus. Er erfaßt nicht nur normative Regelungen, sondern auch Entscheidungen von konkreten Einzelfällen. Für den Bereich der europäischen Integration[37] und den Auslandseinsatz der Bundeswehr[38] hat das Bundesverfassungsgericht den „staatsleitenden Parlamentsvorbehalt" entwickelt[39]. Insofern ist der Parlamentsvorbehalt ein Sachvorbehalt, kein Formvorbehalt[40]. Die folgende Darstellung beschränkt sich auf die Verwendung des Terminus „Parlamentsvorbehalt" im thematisch engeren Kontext der Gesetzgebung. Die Gegenstände des Parlamentsvorbehaltes sind „delegationsfeindlich"[41]. „Es handelt sich beim Parlamentsvorbehalt mithin um einen

Parlamentsvorbehalt

---

31 Vgl. *Fritz Ossenbühl*, Bundesverfassungsgericht und Gesetzgebung, in: FS 50 Jahre BVerfG, Bd. I, 2001 S. 33 ff. (45 ff.).
32 → Oben *Ossenbühl*, § 100 Rn. 71 ff.
33 Vgl. *Jürgen Staupe*, Parlamentsvorbehalt und Delegationsbefugnis, 1986, S. 27 ff.
34 → Bd. III, *H. H. Klein*, § 50 Rn. 22 ff.
35 Vgl. *Hans-Uwe Erichsen*, Schule und Parlamentsvorbehalt, 1984, S. 113 ff.; *Carl-Eugen Eberle*, Gesetzesvorbehalt und Parlamentsvorbehalt, in: DÖV 1984, S. 485 ff.; *Walter Krebs*, Zum aktuellen Stand der Lehre vom Vorbehalt des Gesetzes, in: Jura 1979, S. 304 (311); *Jost Pietzcker*, Vorrang und Vorbehalt des Gesetzes, in: JuS 1979, S. 712; *Staupe* (N 33), S. 29, m. Nachw. über weitere terminologische Varianten wie „Vorbehalt der Legislative", „Vorbehalt des Gesetzgebers", „Vorbehalt des formellen Gesetzes" etc.; *Horn* (N 12), S. 42 ff.; *Christian Seiler*, Der einheitliche Parlamentsvorbehalt, 2000; *Peter Badura*, Staatsrecht, ³2003, E 2, G 83; ablehnend, weil unnötig und verwirrend: *Gunter Kisker*, Zulässigkeit und Konsequenzen einer Mitwirkung des Parlaments beim Erlaß von Rechtsverordnungen, in: Schule im Rechtsstaat, Bd. II, 1980, S. 14.
36 BVerfGE 57, 295 (321); 58, 257 (268); BVerwGE 56, 31 (37 f.); 57, 130 (137); 89, 155 (203) – Maastricht; 90, 286 (381) – Einsatz von Streitkräften; 98, 218 (252). HessVGH, in: DÖV 1983, S. 858 f.
37 BVerfGE 89, 155 (203) – Maastricht.
38 BVerfGE 90, 286 (381) (387: „Prinzip der konstitutiven Beteiligung des Parlaments beim Einsatz bewaffneter Streitkräfte").
39 *Badura* (N 35), E 2.
40 S. u. Rn. 50.
41 *Walter Krebs*, Vorbehalt des Gesetzes und Grundrechte, 1975, S. 109.

Delegationsverbot

zum Delegationsverbot verdichteten Gesetzesvorbehalt[42]". Das Aufkommen des Terminus „Parlamentsvorbehalt" signalisiert eine Erweiterung der Fragestellung. Die bisherige Diskussion um die Vorbehaltsproblematik wurde von dem Frageansatz aus geführt, was die Exekutive aus eigener Machtvollkommenheit darf und wozu sie eine formalgesetzliche Ermächtigung benötigt. Demgegenüber wird in der neueren Vorbehaltsdiskussion danach gefragt, welche Regelungen das Parlament selbst treffen muß und demzufolge auch nicht auf die Exekutive übertragen darf[43]. Demnach sind voneinander abzuschichten: ausschließliche Parlamentskompetenzen, übertragbare Parlamentskompetenzen, originäre Exekutivkompetenzen.

15

Verhältnis Gesetzesvorbehalt – Parlamentsvorbehalt

Mit dem Begriff des Parlamentsvorbehaltes sollen die Gegenstände umrissen werden, die zu den ausschließlichen Parlamentskompetenzen gehören. Ob damit ein Verständigungsgewinn erzielt oder nur weitere Verwirrung geschaffen worden ist, scheint keineswegs ausgemacht[44]. Die Kategorie der ausschließlichen Parlamentskompetenz ist nämlich auch in dem herkömmlichen Begriff des Vorbehaltes des Gesetzes stets mitgedacht worden. Denn der Vorbehalt des Gesetzes schließt zugleich einen Kern ausschließlicher, nicht übertragbarer Parlamentskompetenzen ein. Dies folgt daraus, daß die Übertragung von Rechtsetzungsmacht auf die Exekutive aus Gründen des Demokratiegebotes und des Rechtsstaatsprinzips gemäß Art. 80 Abs. 1 GG an Kautelen gebunden ist, welche gewährleisten, daß Ziel, Zweck und Rahmen einer Regelung vom Parlament selbst bestimmt werden. Mit der Feststellung, daß eine Materie (etwa das Schulverhältnis) dem Gesetzesvorbehalt unterliegt, ist deshalb zugleich die Aussage verbunden, daß die Grundentscheidungen über diese Materie nur durch das Parlament getroffen werden dürfen[45]. Der Vorbehalt des Gesetzes ist also der weitere, eine Delegation von Rechtsetzungsmacht einschließende Begriff, der Parlamentsvorbehalt der engere, eine Delegation von Rechtsetzungsmacht ausschließende Begriff.

16

Rechtssatzvorbehalt

Der Vorbehalt des Gesetzes bezieht sich auf das förmliche (formelle), vom Parlament beschlossene Gesetz. Dadurch unterscheidet er sich inhaltlich vom Rechtssatzvorbehalt[46], der auch als Vorbehalt des materiellen Gesetzes bezeichnet wird. Der Rechtssatzvorbehalt läßt Regelungen auch unterhalb der Ebene des förmlichen Gesetzes zu, beispielsweise durch Rechtsverord-

---

42 *Hans-Uwe Erichsen*, Die sog. unbestimmten Rechtsbegriffe als Steuerungs- und Kontrollmaßgaben im Verhältnis von Gesetzgebung, Verwaltung und Rechtsprechung, in: DVBl 1985, S. 22 (27).

43 *Horn* (N 12), S. 51 ff., erblickt in der Wesentlichkeitstheorie nicht lediglich einen neuen Frageansatz im Sinne einer Erweiterung des Gesetzesvorbehaltes, sondern im Anschluß an eine Formulierung von *Michael Kloepfer*, Der Vorbehalt des Gesetzes im Wandel, in: JZ 1984, S. 685 (687), einen „Theorieumsturz", der die überkommene Vorbehaltsdiskussion nicht erweitert, sondern ablöst und auf ein „neues Fundament", nämlich die *demokratische* Verfassungsordnung (anstatt der traditionellen Begründung aus dem Rechtsstaatsprinzip) stellt; s. u. Rn. 22 ff.

44 *Kisker* (N 35) will es deshalb lieber bei dem „alten" Vorbehaltsbegriff belassen.

45 Vgl. BVerfGE 58, 257 (274); *Fritz Ossenbühl*, Zur Erziehungskompetenz des Staates, in: FS für Friedrich Wilhelm Bosch, 1976, S. 751 (756); *Michael Nierhaus*, Bestimmtheitsgebot und Delegationsverbot des Art. 80 Abs. 1 S. 2 GG und der Gesetzesvorbehalt der Wesentlichkeitstheorie, in: FS für Klaus Stern, S. 717 ff. (721 ff.).

46 Vgl. *Staupe* (N 33), S. 31.

nungen oder Satzungen, umfaßt aber, da auch die förmlichen Gesetze „Rechtssätze" darstellen, inhaltlich zugleich den Bereich des Parlamentsvorbehaltes. Der Rechtssatzvorbehalt ist also der weitere Begriff. Während der Parlamentsvorbehalt Regelungen „durch (förmliches) Gesetz" fordert, läßt der bloße Rechtssatzvorbehalt auch Regelungen „aufgrund eines Gesetzes" zu. Der Begriff des Rechtssatzvorbehaltes wird allerdings nur selten verwendet.

Die Begriffe „Vorbehalt des Gesetzes" und „Gesetzesvorbehalt" werden häufig synonym verwendet. Zum Teil wird der Begriff „Gesetzesvorbehalt" jedoch lediglich auf in der Verfassung besonders normierte Vorbehalte bezogen. Solche Spezial- oder Sondervorbehalte[47] sind nicht nur im Grundrechtskatalog zahlreich vorhanden, sondern auch an anderen Stellen der Verfassung verbreitet[48]. Derartigen speziellen Gesetzesvorbehalten wird der allgemeine Vorbehalt des Gesetzes gegenübergestellt[49]. Der allgemeine Vorbehalt des Gesetzes ist in der Verfassung nicht schriftlich fixiert. Seine Existenz und seine Abmessungen werden aus unterschiedlichen verfassungsrechtlichen Prinzipien und Kategorien abgeleitet. Dies ist das Zentralthema der nachstehenden Darstellung. Die Begriffe „Gesetzesvorbehalt" und „Vorbehalt des Gesetzes" werden dabei synonym verwendet.

17
Vorbehalt des Gesetzes und Gesetzesvorbehalt: Synonyme

3. Entwicklungsgeschichtliche und verfassungsstrukturelle Zusammenhänge

Vorrang und Vorbehalt des Gesetzes sind nach herkömmlicher Auffassung Ausprägungen des rechtsstaatlichen Grundsatzes der Gesetzmäßigkeit der Verwaltung. Der Gesetzesvorbehalt war ein wesentliches Postulat der liberalen Verfassungsbewegung zu Beginn des 19. Jahrhunderts. Er steht in unmittelbarem Zusammenhang mit der allmählichen Auflösung der Monopolisierung der Staatsgewalt in den Händen des Landesherrn und der Beteiligung der Stände an den aus damaliger Sicht für grundlegend erachteten Entscheidungen des Staates. Zu diesen Entscheidungen gehörten nicht nur, aber vor allem Eingriffe in die persönliche Freiheit und das Eigentum der Untertanen[50]. Denn die Individualsphäre der bürgerlichen Gesellschaft konstituierte sich durch die persönliche Freiheit und das Privateigentum. In diese Rechte sollte nach den Vorbehalten der Verfassungen nur noch und erst eingegriffen werden können, wenn die Betroffenen durch ihre Repräsentationsorgane, das heißt ursprünglich die landständischen Versammlungen, zuvor ihre Zustimmung erteilt hatten. Der Gesetzesvorbehalt war in der konstitutionellen Ära nichts anderes als der „juristische Problemausdruck" für die realpolitische

18
Liberale Tradition

Freiheit und Eigentum

---

47 Diese Begriffsbildungen gehen auf *Richard Thoma*, Der Vorbehalt der Legislative und das Prinzip der Gesetzmäßigkeit von Verwaltung und Rechtsprechung, in: Anschütz/Thoma, Bd. II, S. 221 ff., zurück.
48 Vgl. Art. 24 Abs. 1, 28 Abs. 2, 38 Abs. 3, 41 Abs. 3, 48 Abs. 3 S. 3, 59 Abs. 2, 109 Abs. 3, 110 Abs. 2, 106 Abs. 3 S. 3 GG.
49 *Thoma* (N 47), S. 222, spricht von „Allgemeinvorbehalt"; vgl. auch *Jesch* (N 29), S. 31, 34.
50 Vgl. *Krebs* (N 41), S. 16 ff.; *Rolf Grawert*, „Gesetz", in: Otto Brunner/Werner Conze/Reinhart Koselleck (Hg.), Geschichtliche Grundbegriffe, Bd. II, 1975, S. 863 (903 ff.).

Rivalität zwischen Landesherrn und bürgerlichen Repräsentationsorganen[51], in der Sprache der spätkonstitutionellen Staatsrechtslehre: zwischen Parlament und Exekutive. Das „Gesetz" diente dabei als Chiffre für die Grenzziehung zweier Machtsphären; es bezeichnete die Gegenstände parlamentarischer, das heißt bürgerlicher Mitbestimmung, die der vormaligen Alleinkompetenz des Landesherrn entrissen worden waren. Umfang und Inhalt des in den Verfassungen nicht definierten Gesetzesbegriffs bestimmten demzufolge das Maß der Machtbeschränkung des Monarchen, positiv gewendet: das Maß der Mitbestimmung der betroffenen Gesellschaft. Als Kompetenzbegriff war der Gesetzesbegriff damit der juristisch nüchterne Terminus für einen realen Machtkampf zwischen Volks- und Fürstensouveränität.

Volks- versus Fürstensouveränität

19

Rechtsstaatliche und demokratische Momente

Seine grundlegende verfassungsrechtliche und verfassungspolitische Bedeutung gewann der Gesetzesbegriff demnach erst mit der Realisierung der Gewaltenteilung. Die Idee der bürgerlichen Beteiligung an der Staatsgewalt und der Gedanke des Schutzes vor willkürlichen Akten des Landesherrn, anders gesprochen: demokratische und rechtsstaatliche Forderungen und Prinzipien waren im Gesetzesvorbehalt miteinander verquickt[52]. In den ersten landständischen Verfassungen wurde der Gesetzesvorbehalt teils mit der aus der Staatsphilosophie des ausgehenden 17. und 18. Jahrhunderts stammenden „Freiheit und Eigentum"-Formel verbunden, zuweilen aber auch sachlich weit darüber hinausgehend durch Einzelaufzählung der dem Gesetzesvorbehalt unterfallenden Gegenstände definiert[53]. „Gesetzesbegriff" und „Gesetzesvorbehalt" sind in diesem Sinne an einer bestimmten Verfassungsstruktur ausgerichtet und ausgeformt worden, also historisch-konventionell geprägt. Ihre Abhängigkeit von der jeweiligen Verfassungsstruktur kennzeichnet sie als wandelbare Begriffe und Kategorien, die einer steten Neuorientierung bedürfen. Diese Neuorientierung kann bei einer revolutionären Umwälzung der Verfassungsstruktur zu einer fundamentalen Veränderung des Sinngehaltes des Gesetzesvorbehaltes führen. Aber auch unter ein und derselben geschriebenen Verfassung macht der permanente „stille Verfassungswandel" den Gesetzesvorbehalt zum ewigen Problem.

II. Versuche einer Neuorientierung des Gesetzesvorbehaltes nach Inkrafttreten des Grundgesetzes

20

Eine grundsätzliche Neuorientierung des Vorbehaltsgedankens unter der Geltung des Grundgesetzes ist in mehrfacher Weise diskutiert und versucht worden. Maßgeblich für eine solche Neuorientierung waren namentlich drei fundamentale Veränderungen der verfassungsrechtlichen und verfassungsrealen Grundlagen gegenüber dem konstitutionellen System des 19. Jahrhunderts,

---

51 Vgl. *Ernst Rudolf Huber*, Deutsche Verfassungsgeschichte seit 1789, Bd. II, 1960, S. 16 ff.
52 Vgl. im einzelnen zum historischen Ablauf: *Hans-Uwe Erichsen*, Verfassungs- und verwaltungsrechtsgeschichtliche Grundlagen der Lehre vom fehlerhaften belastenden Verwaltungsakt und seiner Aufhebung im Prozeß, 1971, S. 136 ff.; *Krebs* (N 41), S. 16 ff.; *Staupe* (N 33), S. 42 ff.
53 Vgl. *Grawert* (N 50), S. 905.

das den historischen Hintergrund für die Entwicklung des Gesetzesvorbehaltes als maßgebliche Kategorie des Verfassungsrechts bildete. Diese Veränderungen betreffen:

- die Wandlung der Staatsform durch die volle Ausbildung der parlamentarischen Demokratie, *Demokratisierung der Staatsgewalt*
- die ungeahnte Ausweitung der Staatsaufgaben, namentlich der Ausbau der Leistungs- und Lenkungsverwaltung, *Ausweitung der Staatsaufgaben*
- die Gewährleistung eines lückenlosen Grundrechtsschutzes mit unmittelbarer Geltung der Grundrechte und deren Absicherung durch richterlichen Rechtsschutz. *Ausbau des Grundrechtsschutzes*

1. Gesetzesvorbehalt und Grundrechtsgewährleistung

Der Gesetzesvorbehalt wurde von Anfang an mit der „Freiheit und Eigentum"-Formel verbunden und in der spätkonstitutionellen Staatsrechtslehre zunehmend auf Eingriffe in Freiheit und Eigentum beschränkt. In dieser traditionellen Beschränkung als „Eingriffsvorbehalt" war der Gesetzesvorbehalt nach der Gewährleistung eines umfassenden, aktuellen und gerichtlich abgesicherten Grundrechtsschutzes fragwürdig geworden. Es entstanden Zweifel, ob der traditionelle Eingriffsvorbehalt neben den speziellen Gesetzesvorbehalten der Grundrechte noch eine eigene verfassungsrechtliche Funktion zu erfüllen habe. Diese Frage ist im Schrifttum vereinzelt verneint worden[54]. Nach dieser Auffassung wiederholt der allgemeine Vorbehalt des Gesetzes nur das, „was sich auch unmittelbar bereits aus den Grundrechtsartikeln entnehmen läßt"[55]. Diese Deutung erscheint als konsequente Fortführung der früheren Lehre, die dem allgemeinen Vorbehalt des Gesetzes die Funktion einer „Auffangnorm" für Eingriffe in Freiheit und Eigentum zumaß[56]. Nachdem mit Art. 2 Abs. 1 GG ein Auffanggrundrecht für unbenannte Freiheiten in den Grundrechtskatalog eingeführt worden ist, scheint die Auffangfunktion des allgemeinen Gesetzesvorbehaltes entfallen zu sein. Gleichwohl hat die herrschende Lehre diese Konsequenz nicht gezogen. Auch das Bundesverfassungsgericht hat das Verhältnis zwischen dem allgemeinen Gesetzesvorbehalt und den speziellen Gesetzesvorbehalten der Grundrechte nicht problematisiert[57]. Nach wohl zutreffender Ansicht stehen die speziellen Gesetzesvorbehalte und der allgemeine Gesetzesvorbehalt nebeneinander. Die grundrechtlichen Gesetzesvorbehalte haben aus heutiger Sicht eine grundlegend andere Funktion als der allgemeine Vorbehalt des Gesetzes. Der allgemeine Vorbehalt des Gesetzes soll das Bestimmungsrecht des Gesetzgebers wahren und stärken. Die grundrechtlichen Gesetzesvorbehalte hingegen wenden sich gegen den Gesetzgeber. Sie engen die legislative Gestaltungsfreiheit nach

21

Rechtsstaatlicher und grundrechtlicher Gesetzesvorbehalt

Auffanggrundrecht: Art. 2 Abs. 1 GG

Stärkung oder Begrenzung des Gesetzgebers

---

54 Vgl. *Klaus Vogel*, Gesetzgeber und Verwaltung, in: VVDStRL 24 (1966), S. 125 (151).
55 *Vogel* (N 54).
56 Vgl. die Darstellung bei *Krebs* (N 41), S. 28 ff.
57 Vgl. z. B. BVerfGE 49, 89 (127).

dem Maß abgestufter Gesetzesvorbehalte ein[58]. Davon abgesehen enthalten die grundrechtlichen Gesetzesvorbehalte nicht nur Eingriffsvorbehalte, sondern auch Ausprägungs- und Ausformungsvorbehalte, die den Gesetzgeber unter Umständen verpflichten, einen freiheitlichen Lebensbereich als Element objektiver Ordnung inhaltlich regelnd auszugestalten[59]. Die vielfachen neuen Dimensionen, die den Grundrechten in den letzten Jahrzehnten zugewachsen sind[60], lassen es deshalb nicht zu, die grundrechtlichen Gesetzesvorbehalte mit dem traditionellen Eingriffsvorbehalt zu erfassen.

Eingriffs- und Ausgestaltungsvorbehalt

2. Erweiterungen des allgemeinen Gesetzesvorbehaltes

22

Der allgemeine Vorbehalt des Gesetzes bestimmt die Abgrenzung der Kompetenzen zwischen Gesetzgebung und Verwaltung. Nachdem mit der Demokratisierung der Staatsform das Parlament zum obersten Staatsorgan avancierte und die Exekutive, wie für das parlamentarische Regierungssystem kennzeichnend, vom Parlament abhängig geworden war, lag es nahe, die Kompetenzgrenzen zwischen der gesetzgebenden und der exekutiven Gewalt neu zu ziehen. Hierbei zeichneten sich verschiedene Richtungen ab. Während einige den überkommenen klassischen Eingriffsvorbehalt zu einem Totalvorbehalt vervollständigen wollten, traten andere für einen erweiterten Gesetzesvorbehalt ein, wobei freilich die Grenzziehungen unterschiedlich gesehen wurden[61].

Ausweitungstendenzen

a) Lehren vom Totalvorbehalt

23

Die Anstöße für einen Totalvorbehalt, das heißt für eine Erweiterung des klassischen Eingriffsvorbehaltes auf den gesamten Bereich der sogenannten Leistungsverwaltung, gingen von der Staatsrechtslehre in Österreich[62] und in der Schweiz[63] aus. Sie wurden in Deutschland in grundsätzlicher Weise von Dietrich Jesch[64] aufgegriffen. Jesch argumentiert im wesentlichen aus dem demokratischen Prinzip, welches die Verfassungsstruktur gegenüber der konstitutionellen Monarchie fundamental verändert hat. Die Exekutive hat ihre Führungsrolle eingebüßt. Das Parlament, vormals lediglich ein beschränkender Faktor der monarchischen Gewalt, ist zum obersten Staatsorgan aufge-

Totalvorbehalt

Demokratisches Argument (Jesch)

---

58 Vgl. *Kloepfer* (N 43), S. 687; *Thomas Wülfing*, Grundrechtliche Gesetzesvorbehalte und Grundrechtsschranken, 1981; *Michael Sachs*, in: Klaus Stern, Staatsrecht III/2, 1994, S. 373; *Christian Bumke*, Der Grundrechtsvorbehalt, 1998, S. 48.
59 *Matthias Cornils*, Die Ausgestaltung der Grundrechte, 2005.
60 Vgl. *Fritz Ossenbühl*, Grundsätze der Grundrechtsinterpretation, in: Detlef Merten/Hans-Jürgen Papier (Hg.), Handbuch der Grundrechte, 2004, S. 595 ff. Rn. 45 ff.
61 Vgl. *Fritz Ossenbühl*, Verwaltungsvorschriften und Grundgesetz, 1968, S. 221 ff.
62 Vgl. z. B. *Hans Spanner*, Gutachten zum 43. DJT, 1960, Bd. I, 2. Teil, S. A 8 ff.; *ders.*, Organisationsgewalt und Organisationsrecht, in: DÖV 1957, S. 640 ff.
63 Vgl. *Max Imboden*, Das Gesetz als Garantie rechtsstaatlicher Verwaltung, 1954, ²1962, S. 41 f.; *Ernst Höhn*, Gewohnheitsrecht im Verwaltungsrecht, 1960, S. 21; *Gottfried Roos*, Der Grundsatz der gesetzmäßigen Verwaltung, in: FG für den schweiz. Juristenverein 1955, S. 128; *Zaccaria Giacometti*, Allgemeine Lehren des rechtsstaatlichen Verwaltungsrechts, Bd. I, 1960, S. 251; *Kurt Eichenberger*, Problem der Rechtsetzung, Referate zum schweiz. Juristentag 1974, S. 21.
64 *Jesch* (N 29).

stiegen. Aus dieser Stellung des Parlaments als höchstem Staatsorgan folgert Jesch die Notwendigkeit einer parlamentarischen Ermächtigung für exekutives Handeln.

Diese Überlegung überzeugt jedoch nicht. Inzwischen ist erkannt und anerkannt, daß auch die Exekutive sowohl über eine eigenständige demokratische Legitimation wie auch über einen eigenen „Kernbereich exekutiver Eigenverantwortung"[65] verfügt. Das Bundesverfassungsgericht hat sich wiederholt gegen „einen aus dem Demokratieprinzip fälschlich abgeleiteten Gewaltenmonismus in Form eines allumfassenden Parlamentsvorbehalts" gewandt, die „exekutivische Eigenverantwortung" betont und darauf hingewiesen, daß die rechtsstaatliche Demokratie vor allem „eine gewaltenteilende Demokratie" sei[66].

Demokratische Legitimation der Exekutive

24

Während Jesch die Vorbehaltsfrage dominierend im demokratischen Prinzip verankerte und den Totalvorbehalt aus der verfassungsrechtlichen Spitzenstellung abzuleiten versuchte, sah Hans Heinrich Rupp[67] die Vorbehaltsfrage nicht als ein demokratisches, sondern als ein rechtsstaatliches Problem an. Die Begründung eines Totalvorbehaltes wird in der Veränderung des Freiheitsbegriffs gesucht. In der liberalen Epoche habe der Freiheitsbegriff eine autonome Eigensphäre des einzelnen, einen „selbstbeherrschten Lebensraum", bezeichnet, in den der Staat nur durch Gesetz oder aufgrund Gesetzes eindringen konnte. An die Stelle der autonomen Eigensphäre im Sinne eines selbstbeherrschten und auch beherrschbaren Lebensraumes sei die völlige soziale Abhängigkeit des Bürgers vom Staat getreten. Damit habe der Freiheitsgedanke heute eine andere Zielrichtung als früher. Der Bürger versuche, die in der sozialen Abhängigkeit liegende Unfreiheit durch gesetzliche Rechtsverbürgungen abzuschütteln und dadurch seine (verlorengegangene) Freiheit wiederherzustellen. „Freiheit" bedeute demnach heute nicht (nur) Abwesenheit staatlicher „Eingriffe", sondern auch „Teilhabe" an staatlichen Leistungen. Deshalb müsse der Gesetzesvorbehalt über den „Eingriffsvorbehalt" hinaus auf die gesamte leistende Verwaltung ausgedehnt werden.

Rechtsstaatliches Argument (Rupp)

25

Das Bestreben, dem Bürger unter den gewandelten Daseinsbedingungen einen gefestigten status positivus socialis zu verschaffen, ist legitim. Diesem Ziel kann aber durch eine Erweiterung des Gesetzesvorbehaltes nicht wirksam gedient werden. Vielmehr erweisen sich Postulate nach Vorbehaltserweiterungen für den Bürger letztlich als Danaergeschenk. Denn: daß der Gesetzgeber die leistende Verwaltung nach der geltenden Verfassung ohne weiteres mit gesetzlichen Grundlagen versehen kann, ist völlig unbestritten. Insoweit zieht der Gesetzesvorbehalt keine Kompetenzgrenze mehr, die den parlamentarischen Entscheidungsbereich beschneiden könnte. Ein „Totalvorbehalt" hätte danach vornehmlich nicht die Wirkung, dem Parlament neue Entschei-

Ausweitung auf die Leistungsverwaltung

---

[65] BVerfGE 67, 100 (139); 68, 1 (87); *Fritz Ossenbühl*, Gedanken zur demokratischen Legitimation der Verwaltung, in: FS für Walter Schmitt Glaeser, 2003, S. 103 ff.
[66] BVerfGE 49, 89 (124 ff.); 68, 1 (87); 98, 218 (252). → Bd. II, *Schmidt-Aßmann*, § 26 Rn. 63 ff.
[67] *Hans Heinrich Rupp*, Grundfragen der heutigen Verwaltungsrechtslehre, 1965, S. 113 ff.

dungsmöglichkeiten zu eröffnen, sondern den Aktionsraum der Exekutive einzuengen. Wer deshalb für den „Totalvorbehalt" optiert, raubt dem Bürger die Chance, Leistungen in einem Bereich zu erhalten, in dem der Gesetzgeber bislang keine eigene Initiative ergriffen hat, sei es, weil er bewußt untätig bleibt, sei es, weil er effektiv nicht in der Lage ist, den „Normhunger der Verwaltung"[68] zu stillen[69]. Konsequenterweise müßte nach der Konzeption eines Totalvorbehaltes auch die seit Jahrzehnten praktizierte, ausgedehnte Subventionsverwaltung[70] für verfassungswidrig erklärt werden, obwohl die Verwaltung nichts anderes tut, als im parlamentsbeschlossenen Haushaltsgesetz eingesetzte Milliardenbeträge nach den Zielweisungen des Gesetzgebers – aber selbstgesetztem Verteilungsschlüssel in Gestalt von Subventionsrichtlinien – auszuschütten.

Subventionen

26 Die höchstrichterliche Rechtsprechung[71] umgeht die Vorbehaltsproblematik im Subventionsbereich, indem sie zwar an dem Erfordernis einer gesetzlichen Legitimation für die Darreichung von Subventionen festhält, aber eine ausreichende gesetzliche Legitimation als gegeben erachtet, wenn

Haushaltsplan als gesetzliche Grundlage

– im Haushaltsplan als Bestandteil des förmlichen Haushaltsgesetzes entsprechende Mittel eingesetzt sind,
– innerhalb des Haushaltsplans eine ausreichende Umreißung der Zweckbestimmung dieser Mittel vorgesehen ist,
– die Vergabe dieser Mittel zu den den betreffenden Verwaltungsinstanzen zugewiesenen verfassungsmäßigen Aufgaben gehört.

27 Ob man allerdings das Haushaltsgesetz als geeignete formalgesetzliche Grundlage im Sinne des Gesetzesvorbehaltes ansehen kann, ist umstritten[72]. Hiergegen spricht eine Reihe nicht unerheblicher Bedenken, namentlich die Beschränkung der haushaltsgesetzlichen Bestimmungen auf den sogenannten innerorganschaftlichen Rechtskreis, also die fehlende Außenwirkung im Ver-

Kritik

---

68 So eine plastische Formulierung von *Ernst Forsthoff*, Lehrbuch des Verwaltungsrechts, Bd. I, [10]1973, S. 136.
69 Vgl. *Martin Bullinger*, Vertrag und Verwaltungsakt, 1962, S. 96; *Hans-Julius Wolff/Otto Bachof*, Verwaltungsrecht, Bd. III, [4]1978, § 138 IIIb; *Gunter Kisker*, Neue Aspekte im Streit um den Vorbehalt des Gesetzes, in: NJW 1977, S. 1313 ff.
70 Dazu namentlich *Hans Peter Ipsen/Hans F. Zacher*, Verwaltung durch Subventionen, in: VVDStRL 25 (1967), S. 257 ff., 308 ff.; *Wolfgang Rüfner*, Formen öffentlicher Verwaltung im Bereich der Wirtschaft, 1967; *Gerd Schetting*, Rechtspraxis der Subventionierung, 1973; *Michael Rodi*, Die Subventionsrechtsordnung, 2000; *Martin Oldiges*, Die Entwicklung des Subventionsrechts seit 1996, in: NVwZ 2001, S. 280 ff. (286); zur Frage des Gesetzesvorbehaltes: *Hans D. Jarass*, Der Vorbehalt des Gesetzes bei Subventionen, in: NVwZ 1984, S. 473 ff.; *Hartmut Bauer*, Der Gesetzesvorbehalt im Subventionsrecht, in: DÖV 1983, S. 53 ff.; *Hans Peter Ipsen*, Subventionen, in: HStR IV, [2]1999 ([1]1990), § 92 Rn. 38 ff.
71 Vgl. BVerfGE 8, 155; BVerwG 6, 282; BVerwG, in: NJW 1959, S. 1098 = DÖV 1959, S. 706 = DVBl 1959, S. 573; BVerwG 12, 16; BVerwG, in: DVBl 1961, S. 207; BVerwG, in: DÖV 1963, S. 387; BVerwGE 18, 352; BVerwG, in: DÖV 1977, S. 606; BVerwG, in: DVBl 1979, S. 881 mit Anm. *Volkmar Götz*; BVerwGE 58, 45 (48); 104, 220; OVG Lüneburg, in: DVBl 1956, S. 24 (25); VGH Kassel, in: ESVGH 6, 231; 14, 55; VGH Kassel, in: DVBl 1968, S. 259 (261); BayVGH, in: BayVBl 1970, S. 408; *Albert Bleckmann*, Der Gesetzesbegriff des Grundgesetzes. Zur Funktion des Haushaltsplans im Subventionsrecht, in: DVBl 2004, S. 333 ff.
72 Vgl. *Albert Bleckmann*, Der Gesetzesbegriff des Grundgesetzes. Zur Funktion des Haushaltsplans im Subventionsrecht, in: DVBl 2004, S. 333 ff.

hältnis Staat – Bürger[73]. Überdies wird man zumindest die Frage stellen müssen, ob die weitgreifenden und hochabstrakten Ziel- und Zwecksetzungen, die in Haushaltsvermerken zum Ausdruck kommen, nicht eine so (abgeschwächte) „minimale Orientierung" der Verwaltung am Gesetz darstellen, daß von einer Gesetzesbindung der Exekutive schlechterdings keine Rede mehr sein kann[74]. Das Bundesverwaltungsgericht[75] hat sich – zum Teil auch gegen die Kritik einiger Instanzgerichte[76] – über diese Bedenken hinweggesetzt.

Die in der Staatsrechtslehre vorgetragenen Konzeptionen eines Totalvorbehaltes haben einen theoretisch gangbaren Weg voll ausgelotet, konnten aber keine praktische Beachtung finden. Denn: „Eine nur auf Grund von Gesetzen verfahrende Verwaltung wäre nur in einem regierungslosen Staat zu finden, einer Ausgeburt politischer Metaphysik, der in der Wirklichkeit nichts entspricht"[77].

28
Impraktikabilität der Doktrin vom Totalvorbehalt

b) Erweiterungen des klassischen Eingriffsvorbehaltes

Wie schon angedeutet, sind die Rechtsprechung und die herrschende Lehre einer radikalen Neuorientierung des Gesetzesvorbehaltes nicht gefolgt. Vielmehr stand das Bemühen im Vordergrund, den überkommenen Gesetzesvorbehalt unter den neu gegebenen Verfassungsbedingungen zeitgemäß und eher pragmatisch fortzuentwickeln. Die insoweit höchst heterogenen Gedankengänge und Entwicklungen unter der Geltung des Grundgesetzes können hier nicht im einzelnen nachgezeichnet werden[78]. Einige grundsätzliche Anmerkungen müssen genügen.

29
Pragmatische Fortentwicklung

Wie die Rechtsprechung des Bundesverwaltungsgerichts zum Gesetzesvorbehalt für staatliche Subventionen gezeigt hat, kann man der Diskussion über die Reichweite des Gesetzesvorbehalts dadurch ihre praktische Spitze nehmen, daß man die Anforderungen an die Dichte und Ausführlichkeit der gesetzlichen Vorgaben verringert. Hält man eine „minimale Orientierung am Gesetz" für ausreichend, so kann dem Gesetzesvorbehalt leichter Genüge getan werden, als wenn man eine umfassende eigene Entscheidung des Parlaments fordert. Der allgemeine Vorbehalt des Gesetzes ist auf diese Weise unlösbar mit dem verfassungsrechtlichen Grundsatz der Bestimmtheit[79] verbunden. Unbestimmtheit in der Gesetzgebung bedeutet der Sache nach Verlagerung der Entscheidungsmacht auf die Exekutive, möglicherweise verbunden mit einer Verminderung des gerichtlichen Rechtsschutzes. Bestimmtheitserfordernisse dienen demnach der Intensivierung des Gesetzesvorbehaltes. Wie ausführlich und wie dicht der Gesetzgeber seine Gesetze formulieren muß, läßt sich nicht allgemein sagen. Deutlich ist aber die Tendenz, die Anfor-

30
Regelungsdichte

Bestimmtheit des Gesetzes

---
73 Vgl. dazu BVerfGE 20, 56. → Unten *Heintzen*, § 120 Rn. 51 ff.
74 Vgl. *Volkmar Götz*, Recht der Wirtschaftssubventionen, 1966, S. 299.
75 Vgl. etwa BVerwGE 18, 352 – Honnefer Modell.
76 Vgl. z. B. VG Frankfurt, in: DVBl 1961, S. 52; OVG Münster, in: DVBl 1963, S. 860 (861).
77 *Georg Jellinek*, Allgemeine Staatslehre, ³1914, 6. Neudr. 1959, S. 621.
78 Vgl. dazu *Ossenbühl* (N 61), S. 221 ff.
79 Vgl. *Roland Geitmann*, Bundesverfassungsgericht und „offene" Normen, 1971; BVerfGE 58, 257 (278).

§ 101 *Achter Teil: II. Staatsfunktionen*

31

Lösung vom „Eingriff"

derungen des Gesetzesvorbehaltes bei Leistungsgesetzen weniger eng zu sehen als bei Eingriffsgesetzen.

Des weiteren ist bemerkenswert, daß sich in der Debatte betreffend den Gesetzesvorbehalt recht bald der überkommene Eingriffsbegriff als ungenügend erwies. Schon in der Subventions- und Wirtschaftsverwaltung zeigte sich, daß Eingriff und Leistung nahe beieinander liegen können und daß sich der klassische, durch Finalität gekennzeichnete Eingriff des Staates in weniger fühlbare mittelbare und reflexive staatliche Maßnahmen auflöste[80], die aber den einzelnen nicht weniger beeinträchtigten. Besonders in den Bereichen, in denen komplexe, lediglich durch Zielorientierungen geleitete und durch Abwägungen gekennzeichnete Verwaltungsentscheidungen zu treffen sind, wie namentlich im Risikoverwaltungsrecht, im Planungsrecht und im Regulierungsrecht, tritt die Unzulänglichkeit der Orientierung des Gesetzesvorbehaltes am Einzeleingriff deutlich zutage und es wird eine Neuorientierung des Gesetzesvorbehaltes angemahnt[81].

c) Entwicklung der Rechtsprechung zum Gesetzesvorbehalt

32

Besondere Gewaltverhältnisse

Das Problem der Reichweite und Intensität des Gesetzesvorbehaltes war bis Ende der 60er Jahre in erster Linie Gegenstand wissenschaftlicher Betrachtungen. Die Rechtsprechung hatte das Problem für die praxisrelevanten Bereiche frühzeitig entschärft. Für andere rechtsstaatlich notleidende Räume, wie namentlich die besonderen Gewaltverhältnisse, war das Problembewußtsein angesichts der grundsätzlich gehaltenen Debatte noch nicht genügend geschärft.

33

Schule

Seit Anfang der 70er Jahre ist sodann durch eine Reihe grundlegender Entscheidungen des Bundesverfassungsgerichts zum Schulrecht[82] und zu anderen besonderen Gewaltverhältnissen[83] sowie autonomen Verwaltungseinheiten[84] die Diskussion über die Reichweite des Gesetzesvorbehaltes neu angefacht worden; diesmal mit erheblichen praktischen Konsequenzen. Im Schulrecht setzte sich der Gesetzesvorbehalt innerhalb eines Jahrzehnts durch[85].

Erweiterung auf andere Sachgebiete

Einer Welle der Rechtsprechung[86] folgten sodann entsprechende Schulgesetze der Landesgesetzgeber. Alsbald erstreckte sich die Vorbehaltsrechtsprechung sodann auf zahlreiche andere Sachbereiche, namentlich das Atom-

---

80 Vgl. *Peter Lerche*, Rechtsprobleme der wirtschaftslenkenden Verwaltung, in: DÖV 1961, S. 486 (490); *Hans Peter Ipsen*, Gesetzliche Bevorratungspflicht Privater, in: AöR 90 (1966), S. 393 (426, 429); *Karl Heinrich Friauf*, Verfassungsrechtliche Grenzen der Wirtschaftslenkung und Sozialgestaltung durch Steuergesetze. 1966, S. 40 ff.
81 Vgl. *Udo Di Fabio*, Risikoentscheidungen im Rechtsstaat, 1994, S. 465 f.; *Arno Scherzberg*, Risikosteuerung durch Verwaltungsrecht, in: VVDStRL 63 (2004), S. 214 (249); *Wolfgang Hoffmann-Riem*, Risiko- und Innovationsrecht im Verbund, in: DV 38 (2005), S. 145 (149, 174).
82 BVerfGE 34, 165 (192 f.); 41, 251 (259 ff.); 45, 400 (417 ff.); 47, 46 (78 f.); 58, 257 (268 ff.).
83 BVerfGE 40, 237 (249) – Strafvollzug.
84 BVerfGE 33, 125 – Facharzturteil.
85 Vgl. *Fritz Ossenbühl*, Schule im Rechtsstaat, in: DÖV 1977, S. 801; *Dieter Hömig*, Grundlagen und Ausgestaltung der Wesentlichkeitslehre, in: FG 50 Jahre BVerwG, 2003, S. 273 ff. (279 ff.).
86 Vgl. BVerwGE 47, 201; 64, 308; 68, 69; 56, 155; 64, 308; HessStGH: in: DÖV 1984, S. 718; BayVerfGH, in: DVBl 1975, S. 425; VGH Kassel, in: NJW 1976, S. 1856; *Ossenbühl* (N 45), S. 751 ff.

recht[87], Prüfungsrecht[88], Hochschulrecht[89], Planungsrecht[90], Rundfunkrecht[91], Kommunalrecht[92], Subventionsrecht[93], Steuerrecht[94], Gentechnikrecht[95], Jugendschutzrecht[96], Wiedervereinigungsrecht[97], Tierschutzrecht[98], Beamtenbeihilfenrecht[99].

Die Renaissance des Gesetzesvorbehaltes in der Rechtsprechung der Verwaltungsgerichte und des Bundesverfassungsgerichts hat ihre Ursache vor allem in der dominierenden Bedeutung der demokratischen Komponente[100] des Gesetzesvorbehaltes, nach welchem alle wesentlichen Entscheidungen im Staat dem Parlament vorbehalten sind. Hinter dem juristischen Problemausdruck des Gesetzesvorbehaltes steht wie schon zu seiner historischen Geburtsstunde ein fundamentales verfassungsrechtliches Problem: die Bestimmung von Funktion und Aufgaben des Parlamentes im demokratischen Rechtsstaat, und zwar insbesondere in Abgrenzung zum Funktionsbereich der Exekutive[101]. Dies erklärt zugleich, daß das Vorbehaltsproblem nicht auf einige Sachbereiche beschränkt ist, sondern sich auf den gesamten staatlichen Wirkungskreis erstreckt. Das Argument, eine Regelung oder Entscheidung, die die Exekutive etwa in Gestalt von Rechtsverordnungen oder Verwaltungsvorschriften getroffen hat, sei verfassungswidrig, weil sie zum Kompetenzkreis des Parlamentes gehörten, rechnet zu den Standardrügen von öffentlich-rechtlichen Streitigkeiten. Die Gerichte sind mit dem Vorbehaltsproblem im ganzen gesehen souverän und pragmatisch umgegangen. Wo es nötig war, einzelne Lebens- und Sachbereiche rechtsstaatlich-demokratisch zu kultivieren, wie beispielsweise bei den überkommenen besonderen Gewaltverhältnissen, namentlich dem Strafgefangenenverhältnis und dem Schulverhältnis, aber auch bei den autonomen Verwaltungseinheiten[102], haben die Gerichte den

34

Demokratische Komponente

---

87 BVerfGE 49, 89 (126 ff.); *Klaus Löffler*, Parlamentsvorbehalt im Kernenergierecht, 1985.
88 BVerwG, in: DVBl 1984, S. 269.
89 BVerfGE 33, 303; 45, 393 (399); BVerwGE 56, 31 (40); 65, 323.
90 Vgl. *Fritz Ossenbühl*, Gutachten für den 55. DJT 1976, Bd. I, S. B 155 ff.
91 BVerfGE 57, 295.
92 Vgl. *Herbert Bethge*, Parlamentsvorbehalt und Rechtssatzvorbehalt für die Kommunalverwaltung, in: NVwZ 1983, S. 577 ff.; *Karl-Ulrich Meyn*, Gesetzesvorbehalt und Rechtsetzungsbefugnis der Gemeinden, 1977; *Rainer Pitschas*, Die Zulassung von Schaustellern zu Volksfesten nach Gewerbe- und bayerischem Gemeinderecht, in: BayVBl 1982, S. 641 ff.
93 Vgl. *Bauer* (N 70), S. 53; *Hans Dieter Grosser*, Verfassungsdirektiven der staatlichen Subventionierung nach der Wesentlichkeitsrechtsprechung des Bundesverfassungsgerichts, in: BayVBl 1983, S. 551; *Jarass* (N 70), S. 473.
94 BVerfGE 48, 210 (221); *Christian Seiler*, Der einheitliche Parlamentsvorbehalt, 2000.
95 VGH Kassel, in: NVwZ 1990, S. 276; krit. *Rainer Wahl/Johannes Masing*, Schutz durch Eingriff?, in: JZ 1990, S. 553 (554 ff.); *Horst Sendler*, Gesetzes- und Richtervorbehalt im Gentechnikrecht, in: NVwZ 1990, S. 5231 ff.; *Lothar Determann*, Neue gefahrverdächtige Technologien als Rechtsproblem, 1996, S. 209 mit zahlr. weit. Nachw.
96 BVerfGE 83, 130 (142 f., 151 f.).
97 BVerfGE 95, 267 (307 f.).
98 BVerfGE 101, 1 (34 f.).
99 BVerwG, in: DVBl 2004, S. 1420; *Rudolf Summer*, Gedanken zum Gesetzesvorbehalt im Beamtenrecht, in: DÖV 2006, S. 249 ff.
100 S. u. Rn. 45 ff.
101 Zur Bedeutung des Gesetzesvorbehaltes für die Judikative *Christian Hillgruber*, Richterliche Rechtsfortbildung als Verfassungsproblem, in: JZ 1996, S. 118 (123); *Claus Dieter Classen*, Gesetzesvorbehalt und Dritte Gewalt, in: JZ 2003, S. 693 ff.
102 BVerfGE 33, 125 (157) – Facharztbeschluß.

Gesetzesvorbehalt wirksam werden lassen. Überdehnungen, Übertreibungen und Verfälschungen des Gesetzesvorbehaltes sind dabei die absolute Ausnahme geblieben[103]. Frühzeitig, namentlich im Schulrecht, in dem der Gesetzesvorbehalt als Waffe gegen mißliebige Kultusministerialerlasse eingesetzt wurde, zeigte sich, daß eine Verrechtlichung einzelner Lebensbereiche natürliche Regelungsgrenzen aufweist, wie beispielsweise im Verhältnis der menschlichen Begegnung zwischen Lehrern, Schülern und Eltern[104], und daß andererseits das Parlament durch bestimmte Aufgaben auch überfordert sein kann, so daß eine Regelung oder Entscheidung bei der Fachverwaltung besser aufgehoben ist, wie dies das Bundesverfassungsgericht für die Rechtschreibreform zum Ausdruck gebracht hat[105]. Zutreffend ist deshalb die Feststellung, daß die Verwaltungsgerichte ebenso wie das Bundesverfassungsgericht aufgrund der zwischenzeitlich gewonnenen Erfahrungen dazu übergegangen sind, den Gesetzvorbehalt behutsamer anzuwenden[106].

III. Gegenwärtiger Stand der Entwicklung

1. Typologie der Gesetzesvorbehalte

35

Die Diskussion um den Vorbehalt des Gesetzes konzentriert sich durchweg auf die Frage nach Reichweite und Intensität des allgemeinen (ungeschriebenen) Gesetzesvorbehaltes. Dabei gerät zuweilen in Vergessenheit, daß das Grundgesetz zu der Frage, was das Parlament durch förmliches Gesetz selbst regeln muß, keineswegs schweigt. Vielmehr enthält das Grundgesetz in zahlreichen Vorschriften spezielle Gesetzesvorbehalte, die einzelne Fragen und Materien der Regelung durch ein förmliches Gesetz überantworten und damit dem Parlament „vorbehalten". Diese speziellen Gesetzesvorbehalte betreffen so unterschiedliche Materien wie beispielsweise die Herstellung von Kriegswaffen (Art. 26 Abs. 2 S. 3 GG), die Neugliederung des Bundesgebietes (Art. 29 Abs. 2 S. 1 und Abs. 7 S. 2 GG) oder die Bestimmung von Gemeinschaftsaufgaben (Art. 91 a Abs. 2 GG). Funktion und Bedeutung dieser speziellen Gesetzesvorbehalte sind unterschiedlich.

Spezielle Gesetzesvorbehalte

a) Grundrechtliche Gesetzesvorbehalte

36

Seit langem bekannt sind insoweit zunächst die speziellen grundrechtlichen Gesetzesvorbehalte, die es dem Gesetzgeber zur Aufgabe machen, den Grundrechten Grenzen zu ziehen, sie inhaltlich auszuprägen und auszuformen, Grundrechtskollisionen zu lösen oder eine Grundrechtsausübung durch die Bereitstellung einer Organisations- oder Verfahrensordnung erst zu ermöglichen. Die grundrechtlichen Gesetzesvorbehalte sind mit dem allgemeinen Gesetzesvorbehalt nicht identisch[107].

---

103 Vgl. etwa VGH Kassel (N 95).
104 S. u. Rn. 80.
105 BVerfGE 98, 218 (256).
106 *Hömig* (N 85), S. 288.
107 S. o. Rn. 21.

b) Institutionell-organisatorische Gesetzesvorbehalte

Eine große Gruppe von Vorschriften des Grundgesetzes enthält institutionell-organisatorische Gesetzesvorbehalte[108]. Sie betreffen zum einen die Ausgestaltung von verfassungsrechtlich gewährleisteten Institutionen, wie die kommunale Selbstverwaltung (Art. 28 Abs. 2 GG), das Beamtentum (Art. 33 Abs. 5 GG) und die Parteien (Art. 21 Abs. 3 GG), zum andern die Bildung, Verfahrensweise und Verfassung von Staatsorganen (Art. 54 Abs. 7, 94 Abs. 2, 95 Abs. 3 S. 2 GG) und schließlich die Organisation und das Verfahren der Verwaltung (Art. 84 Abs. 2, 85 Abs. 2, 87 Abs. 3, 87 b Abs. 1 S. 3, 87 d Abs. 2, 91 a Abs. 2, 108 Abs. 1 S. 2 GG). Einige dieser Gesetzesvorbehalte implizieren eine Normsetzungspflicht des Gesetzgebers, weil entsprechende Gesetze zur Ordnung und Regulierung des Verfassungslebens notwendig sind und sich damit als verfassungsergänzendes Recht, mit anderen Worten: als Verfassungsrecht im materiellen Sinne erweisen (Art. 38 Abs. 3, 41 Abs. 3, 45 b S. 2, 48 Abs. 3 S. 3 GG).

37
Ausgestaltung von materiellem Verfassungsrecht

c) Finanz- und haushaltsrechtliche Gesetzesvorbehalte

Zahlreich sind auch die finanz- und haushaltsrechtlichen Gesetzesvorbehalte[109], die zum Teil auf alte verfassungsrechtliche Traditionen zurückgehen (wie beispielsweise das Budgetrecht des Parlaments, Art. 110 GG) oder schon deswegen notwendig sind, weil Gegenstände der Finanzverantwortung und Finanzverteilung von Bund und Ländern in Rede stehen (so Art. 107 Abs. 2, 109 Abs. 3, 106 Abs. 3 S. 3 GG).

38

d) Gesetzesvorbehalte für internationale Beziehungen

Weniger zahlreich, aber nicht weniger bedeutsam sind die Gesetzesvorbehalte für internationale Beziehungen (Art. 24 Abs. 1, 59 Abs. 2 GG) sowie für die europäische Integration (Art. 23 Abs. 1 S. 2, Abs. 3 S. 3, Abs. 7 GG)[110].

39
Internationale Beziehungen

e) Allgemeiner ungeschriebener Gesetzesvorbehalt

Neben den vorgenannten speziellen geschriebenen Gesetzesvorbehalten der Verfassung besteht ein allgemeiner ungeschriebener Gesetzesvorbehalt. Den Kern dieses ungeschriebenen allgemeinen Gesetzesvorbehaltes bildet der an der überkommenen „Freiheit und Eigentum"-Formel orientierte Eingriffsvor-

40
Eingriffsvorbehalt

---

[108] Vgl. Art. 28 Abs. 2, 84 Abs. 1, 85 Abs. 1, 87 b Abs. 1 S. 3, 87 d Abs. 2, 91 a Abs. 2, 93 Abs. 2, 94 Abs. 2, 95 Abs. 3 S. 2, 98 Abs. 3 GG; *Günther Cornelius Burmeister*, Herkunft, Inhalt und Stellung des institutionellen Gesetzesvorbehalts, 1991; *Thomas Groß*, Das Kollegialprinzip in der Verwaltungsorganisation, 1999; *Christoph Ohler*, Der institutionelle Vorbehalt des Gesetzes, in: AöR 131 (2006), S. 336 ff.; *Franz Reimer*, Das Parlamentsgesetz als Steuerungsmittel und Kontrollmaßstab, in: Wolfgang Hoffmann-Riem/Eberhard Schmidt-Aßmann/Andreas Voßkuhle, Grundlagen des Verwaltungsrechts, Bd. I, 2006, S. 533 (560 ff.). → Unten *Krebs*, § 108 Rn. 70 f.
[109] Vgl. Art. 106 Abs. 3 S. 3, 107 Abs. 2, 109 Abs. 3, 110 Abs. 2 GG.
[110] *Hermann Mosler*, Die Übertragung von Hoheitsgewalt, in: HStR VII, 1992, § 175 Rn. 57 ff.

behalt. Im folgenden geht es allein um den gegenwärtigen Stand der Erweiterungen und Neuorientierungen dieses allgemeinen ungeschriebenen Gesetzesvorbehaltes.

2. Gesetzesvorbehalt und Parlamentsvorbehalt

41

Eine Neuorientierung des allgemeinen Gesetzesvorbehaltes wird von verschiedenen Denkansätzen her versucht[111]. Notwendig ist allemal eine grundsätzliche Besinnung auf die Funktion des Gesetzes in der gegenwärtigen Verfassungsordnung und auf die verfassungsrechtlichen Fundamente, die den Gesetzesvorbehalt tragen. Insoweit ist von maßgeblicher Bedeutung, daß der Gesetzesvorbehalt sowohl aus rechtsstaatlichen wie auch aus demokratischen Quellen der Verfassung gespeist wird. Auch wenn man der Auffassung zustimmt, daß Rechtsstaat und Demokratie zusammengehören[112], darf man die doppelte Stütze des Gesetzesvorbehaltes nicht aus den Augen verlieren. Die Tendenz geht dahin, den demokratischen Sinngehalt des Gesetzesvorbehaltes stärker zu akzentuieren. Diese Tendenz findet auch terminologisch in dem inzwischen verbreiteten Begriff „Parlamentsvorbehalt" ihren Ausdruck.

Rechtsstaatliche und demokratische Quellen

a) Rechtsstaatlicher Gesetzesvorbehalt

42

Die beiden tragenden verfassungsrechtlichen Säulen des Gesetzesvorbehaltes sind das Rechtsstaatsprinzip und das Demokratiegebot[113]. Beide Verfassungsprinzipien sind aufeinander bezogen und bedingen einander[114]. Gleichwohl bedürfen sie im Hinblick auf ihre den Gesetzesvorbehalt prägende und tragende Kraft gesonderter Betrachtung.

43

Rechtsstaatsprinzip und Demokratiegebot sind in den verschiedenen Epochen deutscher Verfassungsentwicklung durchaus unterschiedlich ausgeformt, verwirklicht und akzentuiert worden. Solche Balancierungen haben sich auf Inhalt und Umfang des Gesetzesvorbehaltes ausgewirkt. In den Vormärzverfassungen hat die demokratisch-partizipatorische Komponente des Gesetzesvorbehaltes im Vordergrund gestanden[115]. Und es ist sicher bemerkenswert, daß seinerzeit das Kriterium der „Bedeutsamkeit" für die Abgrenzung des Gesetzesbegriffs eine maßgebliche Rolle gespielt hat[116]; ein Kriterium, welches im gegenwärtigen Stadium, in dem die demokratische Komponente des Gesetzesvorbehaltes wieder in den Vordergrund rückt, in der sogenannten Wesentlichkeitstheorie seine Auferstehung feiert. Die demokratische Komponente ist indessen in der spätkonstitutionellen Staatsrechtslehre durch die

Dominanz des demokratischen Moments im Vormärz

Bedeutsamkeit als Kriterium

---

111 Vgl. *Ernst-Wolfgang Böckenförde*, Gesetz und gesetzgebende Gewalt, ²1981, S. 382 ff. → Bd. II, *H. H. Klein*, § 50 Rn. 22 ff.
112 → Bd. II, *Böckenförde*, § 24 Rn. 82 ff.
113 Vgl. *Böckenförde* (N 111), S. 383; *Kloepfer* (N 43), S. 693 f.
114 → Bd. II, *Böckenförde*, § 24 Rn. 82 ff.
115 *Staupe* (N 33), S. 46.
116 Vgl. *Grawert* (N 50), S. 905 f.; *Staupe* (N 33), S. 109.

rechtsstaatliche Komponente des Gesetzesvorbehaltes verdrängt worden. In den Vordergrund trat der Gesichtspunkt der Notwendigkeit einer Ermächtigungsgrundlage der Verwaltung für Eingriffe in den Rechtskreis des Bürgers[117]. Daraus erklärt sich, daß die Verbindung zwischen Gesetzesvorbehalt und Gesetzmäßigkeit der Verwaltung die Diskussion lange Zeit beherrscht hat. Allerdings ist beizeiten bemerkt, wenn auch weitgehend verdrängt worden, daß der rechtsstaatlich orientierte Eingriffsvorbehalt sich dort als Umschreibung des Gesetzesvorbehaltes zu kurz erweist, wo es um staatliche Regelungen geht, die nicht ohne weiteres als „Eingriffe" qualifizierbar sind, aber weittragende Folgen und Auswirkungen für das Ganze und den einzelnen haben. Dazu gehören namentlich Leistungen und Wohltaten des Staates an den Bürger sowie grundlegende organisatorisch-institutionelle Maßnahmen, aber auch allgemeine politische Leitentscheidungen, wie beispielsweise die Einfügung in die europäische Integration oder die strukturelle Ausgestaltung des Rundfunkwesens, einschließlich Zulassung des Privatfunks.

Dominanz des rechtsstaatlichen Moments im Spätkonstitutionalismus

Davon abgesehen ist aber auch seit einiger Zeit die Kategorie des „Eingriffs" selbst aus den Fugen geraten, was nicht ohne Einfluß auf das Junctim von (rechtsstaatlichem) Gesetzesvorbehalt und Eingriff geblieben ist. Die Rede ist von einer „Auflösung" zumindest einer „Krise" des „Eingriffs"[118]. Die Thematik hat ihren Schwerpunkt in der Dogmatik der Grundrechte[119] und ist letztlich eine Folge einer sich ins Uferlose ausweitenden Grundrechtseuphorie, die die überkommene klassische Abwehrfunktion weit hinter sich gelassen hat. Der klassische „Eingriff", der an den Gesetzesvorbehalt gekoppelt ist, hat klare Konturen: Er ist durch feste Merkmale gekennzeichnet als rechtförmlicher, finaler, imperativer, intensiver, unmittelbarer und vorhersehbarer Hoheitsakt[120]. Die Erweiterungstendenzen betreffen vor allem die klassischen Merkmale der Rechtförmlichkeit und der Unmittelbarkeit des Eingriffs. Sie beziehen auch faktische Auswirkungen staatlicher Maßnahmen und schlichthoheitliches Handeln in den Eingriffsbegriff[121] und betreffen namentlich gezielte autoritative staatliche Warnungen vor Sekten und Produkten[122]. Gesetzliche Eingriffsermächtigungen, die für solche (erweiterten) Eingriffe nach dem Gesetzesvorbehalt notwendig sind, werden durch unmittelbaren Rückgriff auf verfassungsrechtliche Grundlagen ersetzt[123]. Das verfassungs-

44

„Krise des Eingriffs"

---

117 Vgl. *Erichsen* (N 52), S. 151 ff.
118 *Herbert Bethge*, Der Grundrechtseingriff, in: VVDStRL 57 (1998), S. 7 ff. (37).
119 *Bethge* (N 118); *Eberhard Schmidt-Aßmann*, Das allgemeine Verwaltungsrecht als Ordnungsidee, ²2004, S. 70 ff.; *Josef Isensee*, Das Grundrecht als Abwehrrecht und als staatliche Schutzpflicht, in: HStR V, ²2000 (¹1992), § 111 Rn. 58 ff.
120 *Josef Isensee*, Diskussionsbeitrag, in: VVDStRL 57 (1998), S. 108; *Michael Sachs*, in: Sachs, GG Komm., ³2003, Vor Art. 1 Rn. 78 ff.
121 *Rolf Eckhoff*, Der Grundrechtseingriff, 1992; *Wolfgang Roth*, Faktische Eingriffe in Freiheit und Eigentum, 1994; *Udo Di Fabio*, Grundrechte in präzeptoralen Staat am Beispiel hoheitlicher Informationstätigkeit, in: JZ 1993, S. 689 ff.
122 BVerfGE 105, 252 – Glykolwein; 105, 279 – Osho; BVerwGE 71, 183 – Transparenzlisten; 82, 76 – Transzendentale Meditation; 87, 37 – Glykolwein.
123 Vgl. die Nachweise oben in N 122; zuletzt BVerfGE 105, 279 (306, 5 ff., 308) – Osho. Zum Teil sind die nach Erweiterung des Eingriffsbegriffs als fehlend empfundenen rechtlichen Grundlagen inzwischen geschaffen worden: z. B. § 8 GPSG; zu den landesrechtlichen Regelungen *Hartmut Maurer*, Allgemeines Verwaltungsrecht, ¹⁴2002, § 15 Rn. 13 a und 13 b.

rechtliche Junctim zwischen Gesetzesvorbehalt und Eingriff wird auf diese Weise praktisch aufgelöst und durch einen „Richterinterpretationsvorbehalt" notdürftig auszugleichen versucht. Der rechtsstaatliche Gesetzesvorbehalt erweist sich damit in mehrfacher Hinsicht als nicht mehr hinreichend, um den gegenwärtigen Regelungsraum hoheitlichen Handelns abzudecken[124].

45

„Politische Bedeutsamkeit"

Versagen der nur rechtsstaatlichen Deutung

Auf das Ungenügen des rechtsstaatlichen Gesetzesvorbehaltes ist für den organisatorischen Raum bereits frühzeitig hingewiesen worden[125]. So hat sich in Theorie und Staatspraxis schon längst vor Etablierung der Wesentlichkeitstheorie im Hinblick auf Organisationsfragen die Auffassung durchgesetzt, daß die politisch bedeutsamen Entscheidungen ohne Rücksicht auf ihren Regelungsgegenstand vom Parlament getroffen werden müssen[126]. Mit dem Begriff der politischen Bedeutsamkeit war ein neuer Aspekt in die Diskussion um den Gesetzesvorbehalt eingeflossen, der mit der „Eingriffs-Formel" nicht mehr in Verbindung gebracht werden konnte. Auch bei der insbesondere in den 50er Jahren entfachten Kontroverse um die Erstreckung des Gesetzesvorbehaltes auf den Bereich der Leistungsverwaltung hat sich das sachliche Defizit des rechtsstaatlichen Gesetzesvorbehalts alsbald gezeigt[127]. Die in dieser Kontroverse unternommenen Versuche, durch eine Neuinterpretation des Freiheitsbegriffs und eine Erweiterung der Eingriffsvorstellung den Gesetzesvorbehalt zu dehnen, wirken in der Retrospektive eher gekünstelt. Heute ist erkannt, daß der Gesetzesvorbehalt in diesen Bereichen eine neue Dimension erreicht hat, die durch bloße Modifikationen des klassischen rechtsstaatlichen Gesetzesvorbehaltes nicht abgedeckt werden kann. Die lange Zeit im Hintergrund gebliebene demokratische Komponente des Gesetzesvorbehaltes drängte auf Anerkennung.

b) Demokratischer Parlamentsvorbehalt

46

Reaktivierung der demokratischen Deutung im Schulrecht

Es erscheint nicht zufällig, daß sich die demokratische Komponente des Gesetzesvorbehaltes in Gestalt der Wesentlichkeitstheorie exemplarisch im Schulrecht durchgesetzt hat. Allerdings ist der mit erheblicher Verspätung, nämlich erst in den 70er Jahren voll einsetzende Kampf um die Verwirklichung des Gesetzesvorbehaltes im Schulrecht zu einem Teil mit dem klassischen Eingriffsvorbehalt geführt worden[128]. Mit dem Eingriffsvorbehalt

---

124 Zum Teil wird befürwortet, den Schutzgewährleistungsgehalt der Grundrechte von dem durch die Grundrechtsnorm erfaßten Sach- und Lebensbereich zu unterscheiden und „neu", d. h. enger zu definieren, so daß die Balance zwischen Gesetzesvorbehalt und Eingriff wiederhergestellt wird; vgl. dazu *Wolfgang Hoffmann-Riem*, Grundrechtsanwendung unter Rationalitätsanspruch, Der Staat 43 (2004), S. 203, 214 ff.; *Ernst-Wolfgang Böckenförde*, Der Staat 42 (2003), S. 165 ff.; *Christian Bumke*, Erscheinungsformen, Funktionen und verfassungsrechtlicher Rahmen einer Handlungsform des Gewährleistungsstaats, in: DV 37 (2004), S. 3 ff.
125 Vgl. schon *Rudolf Smend*, Verfassung und Verfassungsrecht, 1928, in: ders., Staatsrechtliche Abhandlungen, 1955, S. 237; ferner *Ossenbühl* (N 61), S. 269 mit Fn. 109.
126 Vgl. *Werner Bickelhaupt*, Die Praxis der Organisationsbestimmung im deutschen Recht, Diss. Heidelberg 1958, S. 127; aus jüngerer Zeit: *Fritz Ossenbühl*, Grundlagen und Reichweite des parlamentarischen Organisationsvorbehaltes, in: Mathias Ruffert (Hg.), Recht und Organisation, 2003, S. 11 ff.
127 Vgl. *Bauer* (N 70), S. 53.
128 Vgl. die Nachw. bei *Ossenbühl* (N 45), S. 754.

konnte jedoch nur ein Teil des Schulverhältnisses erfaßt werden, namentlich der Status des Schülers und dementsprechend beispielsweise Schulverweise oder Schulstrafen. Wesentliche Partien des Schulverhältnisses blieben dabei außerhalb des Blickfeldes, insbesondere die Festlegung von Bildungs- und Lernzielen, die Aufstellung des Fächerkataloges, die Rechtschreibreform und schulorganisatorische Fragen. Bei der Regelung der vorstehenden Themen geht es nicht, jedenfalls nicht primär, um individuelle Betroffenheiten. Insoweit haben die Verwaltungsgerichte erst nach gescheiterten Bemühungen, mit dem rechtsstaatlichen Eingriffsvorbehalt weiterzukommen, zur demokratischen Komponente des Gesetzesvorbehaltes gefunden[129]. Schulische Maßnahmen jenseits des Eingriffs

Auch die rechtliche Fragestellung nahm in den auftretenden Konflikten nunmehr eine andere Wendung. Es ging nicht mehr darum, ob eine Oberstufenreform oder die Einführung einer zweiten Fremdsprache als Pflichtfach aus Gründen des Grundrechtsschutzes eingeführt werden durfte oder nicht, sondern darum, ob dies durch schlichten Erlaß des Kultusministers zulässig ist oder eines förmlichen parlamentsbeschlossenen Gesetzes bedarf[130]. Zur Debatte stand dabei nicht mehr (nur) der Inhalt, sondern die Form der Regelung, die Zuständigkeit der regelnden Instanz, das Regelungsverfahren. **47**
Streit um das Regelungsverfahren

Auf eine scharfe Alternative gebracht, stellt sich das Problem des demokratischen Parlamentsvorbehaltes dahin, ob und gegebenenfalls welche Angelegenheiten des Gemeinwesens bürokratisch, das heißt durch die Ministerialverwaltung geregelt werden dürfen und welche Angelegenheiten der Entscheidung durch das Parlament „vorbehalten" sind. Schon diese Problemformulierung impliziert, daß es ein Zuordnungsverhältnis zwischen Inhalt, Gewicht und Bedeutung einer Regelung einerseits und Zusammensetzung, Legitimation und Verfahrensweise des zuständigen Regelungsorgans andererseits geben muß. Konkret gesprochen geht es also darum, ob an einer gemeinwichtigen Entscheidung mehrere Instanzen mitwirken sollen, ob in der Öffentlichkeit eine entsprechende Diskussion stattfinden und ob das Entscheidungsorgan nach seiner Zusammensetzung integrierend wirken soll oder ob die betreffende Entscheidung mehr oder weniger bürokratisch getroffen wird. Angesichts der politischen Homogenität zwischen Parlamentsmehrheit und Exekutive (Bürokratie), die sich durch übermäßige Personalunionen noch dadurch verstärkt, daß die führenden politischen Köpfe auf beiden Seiten sitzen, stellt sich ganz im Gegensatz zur politischen Ausgangslage des 19. Jahrhunderts die Vorbehaltsproblematik heute nicht in erster Linie dahin, dem Parlament Kompetenzen vor einer Machtusurpation durch die Exekutive zu bewahren, sondern das Parlament anzuhalten, von seinen nur ihm zustehenden verfassungsrechtlichen Kompetenzen auch wirklich Gebrauch zu machen und diese nicht durch eine „Flucht aus der Verantwortung" oder aus wahl- oder machttaktischen Erwägungen der Regierung zu überlassen. **48**
Sinn des Gesetzesvorbehalts bei politischer Homogenität von Parlament und Regierung

Keine Flucht des Parlaments aus seiner Verantwortung

---

129 *Ossenbühl* (N 45), S. 754.
130 Vgl. BVerfGE 58, 257 (271).

49 Die verfassungspolitische Funktion des Gesetzesvorbehaltes hat sich damit praktisch umgekehrt. Richtete sich der Gesetzesvorbehalt in seiner rechtsstaatlichen Ausprägung gegen die Exekutive, so wendet sich der demokratische Gesetzesvorbehalt fordernd an das Parlament, seine Gesetzgebungsaufgabe nicht zu vernachlässigen.

Die (neue) Version des demokratischen Gesetzesvorbehaltes lautet schlicht, „daß der Gesetzgeber verpflichtet ist, – losgelöst vom Merkmal des „Eingriffs" – in grundlegenden normativen Bereichen, zumal im Bereich der Grundrechtsausübung, soweit diese staatlicher Regelung zugänglich ist, alle

Wesentlichkeitstheorie

wesentlichen Entscheidungen selbst zu treffen"[131]. Diese als Wesentlichkeitstheorie apostrophierte Aussage drängt freilich nach Konkretisierung. Sie

Grundrechtsrelevanz

gelangt dabei über das Kriterium der „Grundrechtsrelevanz" wiederum in die Argumentationszone des rechtsstaatlichen Gesetzesvorbehaltes, bleibt aber letztlich deutlich von ihm abgesetzt.

50 Bevor darauf im einzelnen eingegangen wird, sei ein weiterer Gedanke hinzugefügt. In der Zwischenüberschrift ist vom „demokratischen Parlamentsvorbehalt" die Rede. Er ist dem „rechtsstaatlichen Gesetzesvorbehalt" gegenüberzustellen. In der bisherigen Entwicklung ist der Parlamentsvorbehalt (lediglich) als demokratische Komponente des Gesetzesvorbehaltes begriffen worden, die ihrerseits den überkommenen rechtsstaatlichen Gesetzesvorbehalt erweitert hat. Genau besehen werden auf diese Weise unterschiedliche Vorbehaltskategorien vermengt. Zu unterscheiden sind nämlich Sachvorbe-

Sach- und Formvorbehalte

halte einerseits und Formvorbehalte andererseits[132]. Sachvorbehalte beziehen sich auf Regelungsgegenstände (Sachmaterien), Formvorbehalte auf Entscheidungsformen (zum Beispiel formelle Gesetze, schlichte Parlamentsbeschlüsse). – Der Parlamentsvorbehalt ist ein Sachvorbehalt. Er sagt nur etwas darüber aus, ob eine Sachmaterie der Regelung durch das Parlament vorbehalten ist oder nicht. Mehr als diese Konsequenz ergibt sich aus dem den Parlamentsvorbehalt tragenden Demokratiegebot nicht. Das Parlament kann jedoch seinerseits seine Entscheidungen in mehreren Formen treffen, als förmliche Gesetze oder als schlichte Parlamentsbeschlüsse. Welche dieser Entscheidungsformen in Betracht kommt, hängt wiederum von der Sachmaterie und dem intendierten Verbindlichkeitsgrad der zu treffenden Regelung ab. Daraus folgt, daß es nach dem demokratischen Parlamentsvorbehalt auch genügen kann, wenn Regelungen nicht durch förmliches Gesetz, sondern auf andere Weise getroffen werden. Dies gilt beispielsweise für die „staatsleitenden Parlamentsvorbehalte" betreffend die europäische Integration[133] und den Auslandseinsatz der Bundeswehr[134]. Ein Beispiel im Bereich der Rechtset-

Zustimmungsverordnungen

zung bildet der schlichte Parlamentsbeschluß im Zusammenhang mit Zustimmungsverordnungen. Die in der Staatspraxis entwickelte und vom Bundesverfassungsgericht für unbedenklich erachtete Zustimmungsverordnung verbin-

---

131 BVerfGE 49, 89 (126).
132 Vgl. *Ossenbühl* (N 61), S. 273.
133 BVerfGE 89, 155; dazu *Badura* (N 35), S. 440.
134 BVerfGE 90, 286.

det Flexibilität exekutiver Rechtsetzung mit dem demokratischen Legitimationswert des Parlaments[135]. Dieses Modell könnte dazu anregen, neue Formen der Regelung zu finden, die die alte Dichotomie von parlamentsbeschlossenem förmlichem Gesetz und exekutivischer Rechtsverordnung überwinden und zu neuzeitlichen, modernen Bedürfnissen angepaßten Regelungsmechanismen führen, die den Erfordernissen sowohl des rechtsstaatlichen Gesetzesvorbehaltes als auch des demokratischen Parlamentsvorbehaltes genügen[136].

c) Verhältnis von Gesetzesvorbehalt zu Parlamentsvorbehalt

Noch keine volle Klarheit besteht in der Frage des Verhältnisses zwischen der rechtsstaatlichen und der demokratischen Komponente des Gesetzesvorbehaltes. Nach Böckenförde fallen Gesetzesvorbehalt und Parlamentsvorbehalt inhaltlich zusammen[137]. Diese Konsequenz resultiere aus den Anforderungen der Wesentlichkeitstheorie. In der Tat führt der Parlamentsvorbehalt, wenn man „Wesentlichkeit" durch Umfang und Intensität der „Grundrechtsrelevanz" einer Regelung definiert, zu denselben Abgrenzungs- und Definitionskriterien wie der rechtsstaatliche Gesetzesvorbehalt. Dennoch besteht keine Kongruenz. Denn der rechtsstaatliche Gesetzesvorbehalt erfaßt alle Grundrechtseingriffe, ohne Rücksicht auf ihr Gewicht und ihre Tiefe. Auch das Bußgeld von fünf Euro bedarf der formalgesetzlichen Grundlage, nicht nur der „wesentliche" Eingriff. Damit bleibt für den rechtsstaatlichen Gesetzesvorbehalt Raum zur Differenzierung in ausschließliche und übertragbare Parlamentskompetenzen, das heißt in „wesentliche" Eingriffe, die der Gesetzgeber selbst abschließend regeln muß, und weniger wichtige Eingriffsregelungen, die er im Wege der Delegation der Exekutive überlassen kann.

51

Kurzum: Der rechtsstaatliche Gesetzesvorbehalt erfaßt die ausschließlichen und die übertragbaren Parlamentskompetenzen, der demokratische Gesetzesvorbehalt hingegen nur die ausschließlichen Parlamentskompetenzen. Der Gesetzesvorbehalt ist also durch die demokratische Komponente auf Regelungen, die keine „Eingriffe" darstellen, partiell erweitert worden, nicht aber hat eine Restriktion des überkommenen rechtsstaatlichen Gesetzesvorbehalts auf „wesentliche Eingriffe" stattgefunden[138].

Erweiterung des rechtsstaatlichen Vorbehalts durch den demokratischen

---

135 BVerfGE 8, 274 (321); *Klaus Grupp*, Zur Mitwirkung des Bundestages bei dem Erlaß von Rechtsverordnungen, in: DVBl 1974, S. 177. → Unten *Ossenbühl*, § 103 Rn. 57 ff.
136 Vgl. *Fritz Ossenbühl*, Die Bewertung technischer Risiken bei der Rechtsetzung, in: DÖV 1982, S. 833 (841 f.); *ders.*, Umweltschutz und Gemeinwohl in der Rechtsordnung, in: Bitburger Gespräche, Jahrbuch 1983, S. 22 f.; *ders.*, Gesetz und Verordnung im gegenwärtigen Staatsrecht, in: Gunnar Folke Schuppert (Hg.), Das Gesetz als zentrales Steuerungsinstrument des Rechtsstaates, 1998, S. 27 ff. (42 ff.).
137 *Böckenförde* (N 111), S. 392 ff.
138 Vgl. *Peter Lerche*, Bayerisches Schulrecht und Gesetzesvorbehalt, 1981, S. 60. – Das Bundesverfassungsgericht vermengt beide Komponenten und kommt in E 47, 46 (78 f.) sogar zu einem „Theoriumsturz"; vgl. die Kritik bei *Kloepfer* (N 43), S. 689. Dabei wird aber übersehen, daß es beim Schulverhältnis um das spezielle Problem der Geltung von Grundrechten in besonderen Gewaltverhältnissen geht. Für diese Verhältnisse mag gelten, daß nur „wesentliche" Grundrechtseingriffe einer formalgesetzlichen Grundlage bedürfen (so wohl auch *Lerche*, a. a. O.). Dies gilt jedoch nicht für das allgemeine Gewaltverhältnis. Hier bedarf nach dem „Eingriffsvorbehalt" auch der unwesentliche Eingriff, das Bußgeld von 5 Euro, der formalgesetzlichen Grundlage.

3. Zur Wesentlichkeitstheorie

a) Inhalt und Zielrichtung

52
„Keine Theorie"

Die „ebenso rhetorisch einprägsame wie rechtlich unklare Kernaussage der Wesentlichkeitstheorie"[139] lautet, daß alle wesentlichen Entscheidungen im Staat dem Parlament vorbehalten sind. Jeder unbefangene Nichtjurist würde sich wahrscheinlich wundern, wenn man diese Banalität[140] als theoretische Novität der verfassungsrechtlichen Entwicklung der letzten Jahrzehnte ausgeben wollte. Der Gedanke, daß der Inhalt des Gesetzes durch seine Wichtigkeit, Bedeutsamkeit, Wesentlichkeit gekennzeichnet ist, war bereits in den Vormärzverfassungen lebendig und ist auch in der Rechtsprechung der 50er und 60er Jahre des vorigen Jahrhunderts leitend gewesen[141], ohne daß man freilich daraus eine „Theorie" gemacht hätte. Der Wesentlichkeitsgedanke ist also so alt wie der Vorbehalt des Gesetzes selbst[142]. Er hat jedoch, und dies ist die Besonderheit, erst seit der Rechtsprechung Anfang der 70er Jahre eine Renaissance erlebt und damit eine durchschlagende Bedeutung für grundlegende Konfliktlagen gewonnen[143].

53
Parlamentsvorbehalt für das „Wesentliche"

Gebot verstärkter Regelungsdichte

Die Wesentlichkeitstheorie und der Parlamentsvorbehalt gehören zusammen. Der Parlamentsvorbehalt wird durch die Wesentlichkeitstheorie substantiiert. Das Wesentliche gehört zum Entscheidungsmonopol des Gesetzgebers. Er ist zur Regelung verpflichtet[144]. Deshalb darf er seine Gesetzgebungsgewalt nicht anderen überlassen oder übertragen. Den Kern des Parlamentsvorbehaltes bilden das mit ihm verbundene Delegationsverbot und das „Gebot verstärkter Regelungsdichte"[145]. Sie sollen bewirken, daß dem parlamentarischen Gesetzgeber jeder Ausweg versperrt wird, der ihm verfassungsrechtlich zukommenden Gesetzgebungsaufgabe auszuweichen, sei es durch offene, sei es durch verdeckte Delegationen in Gestalt von Generalklauseln und unbestimmten Rechtsbegriffen.

54
Diese verfassungspolitische Funktion des Parlamentsvorbehaltes – und in seinem Gefolge der Wesentlichkeitstheorie – wird besonders in dem Bereich deutlich, in dem die Wesentlichkeitstheorie zum Durchbruch gelangt ist. Es ist nicht zufällig, daß der Wesentlichkeitsgedanke in neuerer Zeit im Bereich des

---

139 *Kloepfer* (N 43), S. 689.
140 *Thomas Oppermann*, Verh. des 51. DJT. 1976, Bd. II, Sitzungsbericht, S. M 115, spricht von „Binsenwahrheit". Vgl. auch *Peter Lerche*, Grundrechtlicher Schutzbereich, Grundrechtsprägung und Grundrechtseingriff, in: HStR V, ²2000 (¹1992), § 121 Rn. 46; → Bd. II, *Schmidt-Aßmann*, § 26 Rn. 64 f.
141 *Staupe* (N 33), S. 106 ff.
142 *Staupe* (N 33), S. 110.
143 Maßgeblich waren folgende Entscheidungen: BVerfGE 33, 1 (10 ff.) – Grundrechte von Strafgefangenen; BVerfGE 33, 125 (158 f., 163) – Facharztbeschluß; BVerfGE 33, 303 (307, 346) – Numerus clausus; BVerfGE 34, 165 (192 f.) – Hessische Förderstufe; BVerfGE 41, 251 (259 f.) – Speyer-Kolleg; BVerfGE 45, 400 (417 f.) – Oberstufenreform in Hessen; BVerfGE 47, 46 (78 f.) – Sexualkunde-Unterricht: BVerfGE 58, 257 (268) – Schulausschluß; aus jüngerer Zeit: BVerfGE 101, 1 (34) – Käfighaltung, m. weit. Nachw.
144 Dabei wird vorausgesetzt, daß der Staat überhaupt einen Sachbereich regeln soll und will. Das ist, wie z. B. bei der Regelung der Gentechnologie oder Sterbehilfe, eine politische Frage.
145 *Staupe* (N 33), S. 30 f., 136 ff.; *Nierhaus* (N 45), S. 717 ff; *Horn* (N 12), S. 55 ff.

Schulrechts seinen Anfang genommen hat. Die Schulen waren bis in die 70er Jahre nach einem Wort von Gerhard Anschütz „Inseln des Absolutismus" geblieben"[146]. Auch „erstrangige bildungspolitische Entscheidungen" wurden „im Halbdunkel eines kultusexekutiven Arkanums"[147], also durch Kultusministererlasse getroffen. Von seiten der Exekutive wie bemerkenswerterweise auch von seiten der Parlamente hörte man Stimmen, die diesen Zustand beibehalten wissen wollten[148]. Schon waren erste Anzeichen festzustellen, den eingeforderten Gesetzesvorbehalt durch sogenannte Rechtsgrundlagengesetze zu unterlaufen, in denen die schulischen Entscheidungen wiederum pauschal auf die Exekutive delegiert wurden[149]. Die zuständigen Länderparlamente verweigerten sich also der ihnen verfassungsrechtlich zukommenden Aufgabe. Schulreformen fanden, vom Parlament unbeanstandet, genauer gesagt: unter Ausschaltung der parlamentarischen Opposition per Ministererlaß statt.

Schule als hergebrachtes Reservat der Exekutive

In dieser Lage war mit dem überkommenen rechtsstaatlichen Gesetzesvorbehalt nicht viel auszurichten. Der aus der „Wesentlichkeitstheorie" resultierende Parlamentsvorbehalt hat die verfassungspolitische Funktion, den Entscheidungsbereich zu umreißen, der in der ausschließlichen Kompetenz des Parlaments liegt und der einer Delegation auf die Exekutive verschlossen ist. Ein solches Delegationsverbot für „eingriffsfreie" grundlegende Entscheidungen war im herkömmlichen rechtsstaatlichen Gesetzesvorbehalt nicht angelegt.

55

Verfassungsrechtlich konnte der Weg zum Parlamentsvorbehalt samt Delegationsverbot in den genannten Fällen nur durch eine Loslösung vom „Eingriffsdenken" erreicht werden. Aber die Wesentlichkeitslehre mußte nicht an die Stelle des Eingriffsdenkens treten, sondern konnte neben es treten[150].

Wesentlichkeitskriterium neben Eingriffskriterium

b) Konkretisierungs- und Anwendungsprobleme

Das Problem der „Wesentlichkeitstheorie" besteht darin, im konkreten Fall zu bestimmen, was „wesentlich" ist. Es dürfte weithin Einigkeit darüber bestehen, daß es kaum gelingen wird, generelle Kriterien zu entwickeln, die ein verläßliches Urteil über die „Wesentlichkeit" einer Entscheidung ermöglichen. Ob es deshalb gerechtfertigt ist, von einer „rechtsdogmatischen Bankrotterklärung"[151] oder einer „Sackgasse"[152] zu sprechen, erscheint zweifelhaft. In bewußter Zuspitzung ist im Schrifttum die Festellung getroffen worden: „Im Ergebnis handelt es sich bei der Wesentlichkeitstheorie bisher weitge-

56

---

146 *Gerhard Anschütz*, Die Verfassungs-Urkunde für den Preußischen Staat vom 31. Januar 1850, Bd. I, 1912, Art. 26 Anm. 5.
147 *Thomas Oppermann*, Gutachten C zum 51. DJT, 1976, S. C 49.
148 Vgl. *Ossenbühl* (N 85), S. 801 (803 m. Nachw.).
149 Vgl. *Ossenbühl* (N 85), S. 801 (804).
150 Deshalb zu überschäumend BVerfGE 47, 46 (78 f.).
151 *Gunter Kisker*, Verh. des 51. DJT, 1976, Bd. II, Sitzungsbericht, S. M 82; ders., Neue Aspekte im Streit um den Vorbehalt des Gesetzes, in: NJW 1977, S. 1313 (1317 ff.); *Hans-Ulrich Evers*, Gesetzesvorbehalt im Schulrecht, in: JuS 1977, S. 804 (807); für Abschied von der Wesentlichkeitstheorie: *Franz Reimer* (N 108), S. 569 (576).
152 *Eckart Pieske*, Der Weg des deutschen Schulrechts nach dem 51. Deutschen Juristentag in Stuttgart im September 1976, in: DVBl 1977, S. 673 (677).

hend nur um eine theoretisierende Bemäntelung freier richterlicher Dezision: Wesentlich ist, was das Bundesverfassungsgericht dafür hält"[153]. Diese Formulierung erinnert an Hermann Heller, der schon 1928 feststellte: „Was zum Vorbehalt des Gesetzes gehört, welche Gegenstände die Gesetzgebung ergreift, das bestimmt nicht die Logik und nicht eine theoretische Formel, sondern Tradition, Zweckmäßigkeit, Machtlage und Rechtsbewußtsein"[154].

Dezision des BVerfG?

In solchen Stellungnahmen manifestiert sich Skepsis gegenüber Dogmatisierungen des Gesetzesvorbehaltes schlechthin. So ist denn auch von maßgeblicher Seite darauf hingewiesen worden, daß mit dem Begriff „wesentlich" nicht ein dogmatischer Ansatz bezweckt ist, sondern daß er lediglich als heuristischer Begriff fungieren soll[155].

Heuristischer Begriff

57
Grundrechtsrelevanz

Das Bundesverfassungsgericht versuchte anfangs, den Begriff „wesentlich" vor allem am Schutz der Grundrechte zu orientieren, ohne auf diese Weise wiederum in das überkommene Eingriffsdenken einzumünden[156]. Doch dürfte auch mit dem Kriterium der sogenannten „Grundrechtsrelevanz" nicht viel gewonnen sein, auch dann nicht, wenn man auf die „Intensität" der Grundrechtsrelevanz abstellt. Der Satz: „Im grundrechtsrelevanten Bereich bedeutet somit ‚wesentlich' in der Regel ‚wesentlich' für die Verwirklichung der Grundrechte", den das Bundesverfassungsgericht mehrfach verwendet[157], soll zwar eine Überwindung des Eingriffsdenkens andeuten, erscheint aber seinem Inhalt nach tautologisch. Eine „Rationalisierung" der Grenzziehung zwischen „wesentlich" und „unwesentlich" dürfte kaum je voll gelingen. Vieles wird nach wie vor der Dezision anheimfallen. Vermutlich wird nur eine Fallgruppenbildung in den einzelnen Sachbereichen weiterhelfen, so wie es sich im Schulrecht gezeigt hat[158].

58
„Unwesentliche" Eingriffe durch Gesetz

Die Wesentlichkeitstheorie kann andererseits aber auch nicht als Dogma verstanden und entsprechend praktiziert werden. Denn nicht alles, was „wesentlich" ist, wird durch Gesetz geregelt; und umgekehrt: nicht alles, was im Gesetz steht, ist „wesentlich". Unwesentlich sind beispielsweise Eingriffe wie die Auferlegung von geringfügigen Bußgeldern für Verletzungen der Straßenverkehrsordnung. Gleichwohl gilt für sie der („Eingriffs"-)Gesetzesvorbehalt. Andererseits gibt es weite Bereiche, in denen es um „wesentliche" Regelungen geht, die nicht durch förmliches Gesetz getroffen werden, sondern durch Verwaltungsvorschriften oder andere untypische Regelungen unterhalb der klassischen Rechtquellen (zum Beispiel Richtlinien im Krankenversiche-

---

153 *Kloepfer* (N 43), S. 692.
154 *Hermann Heller*, Der Begriff des Gesetzes in der Reichsverfassung, in: VVDStRL 4 (1928), S. 98 (121).
155 *Helmut Simon*, Verh. des 51. DJT, 1976, Bd. II, Sitzungsbericht, S. M 108; *Oppermann*, ebd., S. M 115; BVerfGE 47, 46 (79).
156 BVerfGE 47, 46 (79).
157 BVerfGE 34, 165 (192); 40, 237 (248f.); 41, 251 (260f.); 47, 46 (79).
158 Vgl. *Hermann Heußner*, Vorbehalt des Gesetzes und „Wesentlichkeitstheorie", in: FS für Erwin Stein, 1983, S. 111 (124); *Klaus Rennert*, Entwicklungen der Rechtsprechung zum Schulrecht, in: DVBl 2001, S. 504ff. (513f.); *Hömig* (N 85), S. 279f.; vgl. aber auch den verallgemeinernden Versuch einer Entwicklung von Kriterien für die Feststellung der Wichtigkeit einer Regelung von *Georg Müller*, Inhalt und Formen der Rechtsetzung als Problem der demokratischen Kompetenzordnung, 1979, S. 110ff.

rungsgesetz) oder durch richterliche Rechtsschöpfung. Erinnert sei an das Arbeitskampfrecht, das Staatshaftungsrecht und an das technische Sicherheits- sowie Umweltrecht. Gewiß kann man die in diesen Bereichen zu findenden Verhältnisse nicht ohne weiteres als mit dem Parlamentsvorbehalt unvereinbar und deshalb verfassungswidrig apostrophieren. So ist beispielsweise die Festsetzung von Grenzwerten im Umweltrecht gewiß eine „wesentliche" Frage für den Gesundheitsschutz ebenso wie für die mit ihnen verbundenen investitions- und arbeitsmarktpolitischen Implikationen. Gleichwohl ist diese Festsetzung der Exekutive überlassen und kein mit den Problemen vertrauter Kenner der Materie käme auf die Idee, die Festsetzung in das förmliche Gesetz zu verlagern. Schon daraus erhellt, daß Tragweite und Anwendungsbereich der Wesentlichkeitstheorie noch längst nicht ausgelotet sind.

Gesetzesfreie Materien

Offene Reichweite des Wesentlichkeitskriteriums

Positiv zu vermerken ist, daß der Wesentlichkeitsgedanke die Vorbehaltsdiskussion auch für andere Topoi geöffnet hat, indem unter Hintansetzung dogmatisierter Kriterien auf die Funktion des Gesetzes rekurriert werden kann. Der unmittelbare Durchgriff auf die Eigenschaften und Qualitäten des Gesetzes und des Gesetzgebungsverfahrens fördert zusätzliche für die Abgrenzung wichtige und verwertbare Gesichtspunkte zutage wie „Transparenz", „Öffentlichkeit des Verfahrens", „Gelegenheit der Betroffenen und des Publikums, ihre Auffassungen auszubilden und zu vertreten"[159], „Überforderung des Gesetzgebers", „größere Sachkompetenz der Exekutive"[160], „Verfahrenslegitimation", „Gewährleistung der Beteiligung der parlamentarischen Opposition"[161]. Hinzu treten sachbereichsspezifische Kriterien wie beispielsweise „Dynamik der Bildung", „erforderliche Flexibilität des Schulwesens". Solche Kriterien geben die Möglichkeit einer zusätzlichen plausiblen Abstützung auf unsicherem Boden.

59

„Erforderliche Flexibilität"

c) Verfassungsrechtliche und verfassungspolitische Perspektiven

Die durch die Wesentlichkeitstheorie hervorgerufene Betrachtungsweise der Vorbehaltsproblematik führt zu neuen Perspektiven und Kriterien. Zum einen wird deutlich, daß die aus der konstitutionellen Ära herrührende Verengung des Blickwinkels auf das Verhältnis zwischen Gesetzgebung und Verwaltung außer Betracht läßt, daß auch die dritte Gewalt in den Zusammenhang der Problematik um den Gesetzesvorbehalt als Ausprägung der Gewaltenteilung gestellt ist. Wenn aus demokratischen Gründen ein Parlamentsvorbehalt gefordert wird, dann wohl nicht nur in Richtung auf Eigeninitiativen der Exekutive, sondern auch der Judikative[162]. Zum anderen hat die

60

Richtung des Gesetzesvorbehalts auf die Judikative

---

159 BVerfGE 85, 386 (403); 95, 267 (307).
160 BVerfGE 98, 218 (256); 101, 1 (35).
161 BVerfGE 95, 267 (307).
162 Vgl. *Christian Hillgruber*, Richterliche Rechtsfortbildung als Verfassungsproblem, in: JZ 1996, S. 118ff. (123); *Claus Dieter Classen*, Gesetzesvorbehalt und Dritte Gewalt, in: JZ 2003, 693 f.; *Ulrich R. Haltern/Franz C. Mayer/Christoph R. Möllers*, Wesentlichkeitstheorie und Gerichtsbarkeit. Zur institutionellen Kritik des Gesetzesvorbehaltes, in: DV 30 (1997), S. 51 ff.

Wesentlichkeitstheorie einer funktionell-rechtlichen Betrachtungsweise[163] des Gesetzesvorbehaltes Auftrieb gegeben. Eine funktionell-rechtliche Betrachtung der Gewaltenteilung, das heißt der Kompetenzzuweisungen an die verschiedenen Staatsorgane, betont die Funktionsfähigkeit des jeweiligen Staatsorgans. Für die Ausprägung und Interpretation der Kompetenzordnung kommt es danach vor allem auch auf den verfassungsrechtlichen Status und die Leistungsfähigkeit eines Staatsorgans an. Beides wird durch die Zusammensetzung des Staatsorgans, seine demokratische Legitimation, das Entscheidungsverfahren, das Procedere, die Integrationskraft usw. bestimmt. Was gemeint ist, wird am besten durch das Stichwort „funktionsgerechte Organstruktur"[164] eingefangen.

Funktionsgerechte Organstruktur

61 Mit dem Terminus „funktionsgerechte Organstruktur" soll zum Ausdruck kommen, daß mehr und andere Anforderungen an ein Gewaltenteilungssystem zu stellen sind als nur die Sicherung der Freiheit und der Machtbalance. Ein verfassungsrechtliches Gewaltenteilungssystem erfordert, daß die Staatsfunktionen so verteilt sein müssen, daß die Staatsaufgaben und Entscheidungen von solchen Organen getroffen werden, die nach ihrer inneren Struktur, Besetzung und Arbeitsweise, dem zu beobachtenden Entscheidungsprozeß usw. für die betreffende Aufgabe legitimiert und gerüstet sind. Insoweit ist hinzuweisen auf Entscheidungen des Bundesverfassungsgerichts, in denen eindeutig zum Ausdruck kommt, daß es für staatliche Entscheidungen nicht nur auf ein Höchstmaß an demokratischer Legitimation ankommt, sondern auch darauf, daß sie „möglichst richtig, also von den Organen getroffen werden, die dafür nach ihrer Organisation, Zusammensetzung, Funktion und Verfahrensweise über die besten Voraussetzungen verfügen"[165]. Erneut wird in Anknüpfung an den Kalkar-Beschluß[166] davor gewarnt, aus dem Demokratieprinzip einen „fälschlich abgeleiteten Gewaltenmonismus in Form eines allumfassenden Parlamentsvorbehalts" zu entnehmen[167]. Daraus zieht das Gericht Folgerungen für exekutivische Zuständigkeiten im Bereich der auswärtigen Gewalt. „Die grundsätzliche Zuordnung der Akte des auswärtigen Verkehrs zum Kompetenzbereich der Exekutive beruht auf der Annahme, daß Institutionen und auf Dauer typischerweise allein die Regierung in hinreichendem Maße über die personellen, sachlichen und organisatorischen Mög-

Richtigkeitsgewähr der Entscheidungen

Kein allumfassender Parlamentsvorbehalt

---

163 Vgl. *Ernst-Wolfgang Böckenförde*, Die Methoden der Verfassungsinterpretation – Bestandsaufnahme und Kritik, in: NJW 1976, S. 2089 (2099); *Hans-Peter Schneider*, Verfassungsgerichtsbarkeit und Gewaltenteilung, in: NJW 1980, S. 2103 (2104); *Konrad Hesse*, Funktionelle Grenzen der Verfassungsgerichtsbarkeit, in: FS für Hans Huber, Bern 1981, S. 261 ff. (265); *Helmut Simon*, Verfassungsgerichtsbarkeit, in: HdbVerfR, S. 1280 ff.; *Brun-Otto Bryde*, Verfassungsentwicklung, 1982, S. 303 ff.; *Gunnar Folke Schuppert*, Funktionellrechtliche Grenzen der Verfassungsinterpretation, 1980; *Fritz Ossenbühl*, Zur Justitiabilität der Finanzverfassung, in: FS für Karl Carstens, Bd. II, 1984, S. 751 ff.; *ders.*, Aktuelle Probleme der Gewaltenteilung, in: DÖV 1980, S. 545 (548); *Staupe* (N 33), S. 201 ff.; *Hans Herbert von Arnim*, Zur „Wesentlichkeitstheorie" des Bundesverfassungsgerichts, in: DVBl 1987, S. 1241 (1248 f.).
164 So schon *Otto Küster*, Das Gewaltenproblem im modernen Staat, in: AöR 75 (1949), S. 397 ff.; Nachdruck bei Heinz Rausch (Hg.), Zur heutigen Problematik der Gewaltentrennung, 1969, S. 1 ff.; *Thomas von Danwitz*, Der Grundsatz funktionsgerechter Organstruktur, in: Der Staat 35 (1996), S. 329 ff.
165 BVerfGE 68, 1 (86); 98, 218 (252, 256) – Rechtschreibreform; vgl. auch BVerwGE 72, 300 (317).
166 BVerfGE 49, 89.
167 BVerfGE 68, 1 (86); 98, 218 (252)

lichkeiten verfügt, auf wechselnde äußere Lagen zügig und sachgerecht zu reagieren und so die staatliche Aufgabe, die auswärtigen Angelegenheiten verantwortlich wahrzunehmen, bestmöglich zu erfüllen"[168]. Im Urteil zur Rechtschreibreform heißt es, Art und Inhalt von Rechtschreibregeln seien „pädagogische, sprachwissenschaftliche und schulpraktische Fragen, für deren Beantwortung die zuständigen Fachverwaltungen grundsätzlich besser ausgerüstet erscheinen als die Landesparlamente und deren Behandlung deshalb auch in der Vergangenheit nahezu ausschließlich der Exekutive anvertraut war"[169]. Damit ist das im Schrifttum verwendete Kriterium der „funktionsgerechten Organstruktur" aufgenommen und für die Vorbehaltslehre fruchtbar gemacht.

Von gleicher Wichtigkeit ist ein zweiter, von Ernst-Wolfgang Böckenförde betonter Gedanke, der aus der Wesentlichkeitstheorie abgeleitet werden kann. Stellt die Wesentlichkeitstheorie eine neue, den Eingriffsvorbehalt ablösende und an seine Stelle tretende Definition des Gesetzesvorbehaltes dar[170], so ergibt sich die umgekehrte Konsequenz, „daß eine gesetzesabhängige, spezifizierende und konkretisierende Rechtsetzung, die keine dem Kriterium der Wesentlichkeit unterfallenden Regelungen trifft, zum Funktionsbereich der Exekutive gehört"[171]. Durch die Zuweisung gesetzesspezifizierender Regelungen zum Funktionsbereich der Exekutive wird eine zwar gesetzesabhängige, aber gleichwohl originäre[172] Verordnungskompetenz der Exekutive geschaffen[173]. Eine solche originäre Normsetzungskompetenz der Verwaltung in der gegebenen Beschränkung ist in der Rechtsprechung längst anerkannt[174]. Sie führt zu erheblicher Vereinfachung in der Verfassungsdogmatik, ohne rechtsstaatliche Sicherungen preiszugeben. Der Rückgriff auf die „systemsprengende Behelfskonstruktion über eine sogenannte antizipierte Selbstbindung der Verwaltung"[175] bei der Außenwirkung von Verwaltungsvorschriften wird entbehrlich. Die Verhaltenssteuerung über Verwaltungsvorschriften bedarf nicht mehr der Krücken des Gleichheitssatzes, um Verbindlichkeit zu erlangen. Daraus ergeben sich wichtige Vorteile für den Bürgerrechtsschutz und die Rechtssicherheit[176]. Die Gesetzesabhängigkeit der exekutiven Normsetzungsmacht sichert gegen Gefahren einer Ausweitung zu

62

Funktionsbereich der Exekutive

Originäre Rechtsetzungskompetenz der Exekutive

---

168 BVerfGE 68, 1 (86).
169 BVerfGE 98, 218 (256).
170 So kann BVerfGE 47, 46 (78 f.) verstanden werden; vgl. aber oben N 138.
171 *Böckenförde* (N 111), S. 394, unter Hinweis auf *Ossenbühl* (N 61), S. 509 ff., und *Walter Krebs*, Zur Rechtsetzung der Exekutive durch Verwaltungsvorschriften, in: VerwArch 70 (1979), S. 268 ff.; schon vorher *Klaus Stern*, Staatsrecht, Bd. II, 1980, S. 659; krit. ablehnend: *Christian Seiler*, Der einheitliche Parlamentsvorbehalt, 2000, S. 229 ff.
172 Insoweit m. E. nicht richtig die Gleichsetzung von „originärer Rechtsetzung" und „gesetzesabhängiger Rechtsetzung" bei *Böckenförde* (N 111), S. 397 unten. Die Gesetzesabhängigkeit betrifft nur Inhalt und Umfang des exekutiven Verordnungsrechts, nicht hingegen dessen Rechtsgrundlage. Diese besteht ohne besondere Ermächtigung. Deshalb ist das Verordnungsrecht der Exekutive „originär", d. h. ihrem verfassungsrechtlichen Funktionsbereich immanent, nicht vom Gesetzgeber abgeleitet.
173 → Unten *Ossenbühl*, § 104 Rn. 12 f.
174 Vgl. BVerfGE 40, 237 (254, 255); BVerwGE 72, 300 (320) – Wyhl.
175 *Böckenförde* (N 111), S. 394. → Bd. IV, *Maurer*, § 79 Rn. 122 ff.; *Paul Kirchhof*, Der allgemeine Gleichheitssatz, in: HStR V, ²2000 (¹1992), § 124.
176 Vgl. *Böckenförde* (N 111), S. 387.

einem allgemeinen Verordnungsrecht der Exekutive. Kollisionen mit Art. 80 Abs. 1 GG sind nicht ersichtlich. Denn Art. 80 Abs. 1 GG setzt den Gesetzesvorbehalt voraus, definiert ihn jedoch nicht[177]. Was nicht unter den Gesetzesvorbehalt fällt, unterliegt demzufolge auch nicht den Delegationsregeln für Rechtsverordnungen. Auf diese Weise könnte das parlamentsbeschlossene Gesetz bei behutsamer Weiterentwicklung seine eigentliche Funktion, das Grundsätzliche im Staat zu bestimmen, wieder zurückgewinnen.

4. Grenzen des Vorbehaltes des Gesetzes

63 „Darf"- und „Muß"-Reichweite des Gesetzes

Die Frage nach den Grenzen des Gesetzesvorbehaltes ist die Frage nach der Regelungsbefugnis und zugleich nach der Regelungspflicht des Gesetzgebers. Daraus resultiert demzufolge eine doppelte Problemstellung, die sich in zwei Fragen formulieren läßt: (1) Wieviel darf der Gesetzgeber regeln?[178] (2) Wieviel muß der Gesetzgeber sinnvollerweise regeln?[179]

64 Eigene Handlungsbereiche der vollziehenden Gewalt

Die erste Frage wird gleichsam verteidigend aus der Sicht der vollziehenden Gewalt, von Regierung und Verwaltung, gestellt, die eigene verfassungsgeschützte Handlungsbereiche für sich reklamieren. Sie umfaßt vor allem auch das sogenannte Zugriffsrecht des Parlamentes[180]. Die zweite Frage ist aus der Sicht eines „legislative restraint" gestellt, nach welcher der vollziehenden Gewalt möglichst weite Gestaltungs- und Handlungsspielräume eröffnet werden sollen. Beide Grenzen, die „Darf"-Grenze und die „Muß"-Grenze, nehmen einen unterschiedlichen Verlauf. Ob im Konfliktfall die eine oder andere Frage prozeßentscheidende Bedeutung gewinnt, hängt von der spezifischen Konfliktsituation ab. In einer systematischen Betrachtung erscheint eine getrennte Behandlung der beiden aufgeworfenen Grenzziehungsfragen nicht empfehlenswert.

65 Verfassungsrechtliche und sachstrukturelle Grenzen

Im folgenden sollen zwei Gruppen von Vorbehaltsgrenzen dargestellt werden, zum einen verfassungsrechtliche Grenzen, zum anderen sachstrukturelle Grenzen. Diese Zweiteilung hat rein darstellerische Gründe. Es wird nicht verkannt, daß zwischen rechtlichen und sachstrukturellen Gründen strenggenommen keine scharfe Grenze gezogen werden kann, weil sich das Recht auch an der Sachstruktur ausrichtet.

a) Verfassungsrechtliche Grenzen

66 Vorbehalte der Exekutive

Der Gesetzesvorbehalt umgreift jene Angelegenheiten, die vom Parlament geregelt werden müssen oder doch dürfen. Diesem Vorbehalt stellen sich entsprechende Regierungsvorbehalte und Verwaltungsvorbehalte der zweiten Gewalt verteidigend entgegen. Der Gesetzesvorbehalt findet an den Regie-

---

177 Vgl. *Krebs* (N 171), S. 270; *Böckenförde* (N 111), S. 395 ff.; *Niehaus* (N 45).
178 *Roman Herzog*, Gesetzgeber und Verwaltung, in: VVDStRL 24 (1966), S. 188.
179 *Klaus Stern*, Das Staatsrecht der Bundesrepublik Deutschland, Bd. II, 1980, S. 757.
180 Dazu *Ernst-Wolfgang Böckenförde*, Die Organisationsgewalt im Bereich der Regierung, 1964, S. 79 (103 ff.); *Ossenbühl* (N 61), S. 261; *Friedrich E. Schnapp*, Der Verwaltungsvorbehalt, in: VVDStRL 43 (1985), S. 187 ff.; *Albert Janssen*, Über die Grenzen des parlamentarischen Zugriffsrechts, 1990.

rungs- und Verwaltungsvorbehalten seine verfassungsrechtlichen Grenzen. Die Schwierigkeiten bestehen jedoch darin, diese Grenzen hinreichend sichtbar und deutlich zu machen.

aa) Regierungsvorbehalte

Ein „allgemeiner Regierungsvorbehalt" als Pendant zum Parlamentsvorbehalt oder zum Vorbehalt des Gesetzes ist dem deutschen Staatsrecht fremd. Eine solche Begriffsbildung muß schon daran scheitern, daß sich der materielle Begriff der Regierung als Staatsfunktion einer hinlänglich präzisen, juristisch verwertbaren Umgrenzung entzieht[181]. Allerdings spricht das Bundesverfassungsgericht mehrfach von dem „Kernbereich exekutivischer Eigenverantwortung"[182]. Aber es fehlt der Versuch einer generellen Umreißung dieses Kernbereichs. Vielmehr beschränkt sich das Bundesverfassungsgericht – verständlicherweise und mit vollem Recht – darauf, am jeweiligen Streitfall orientierte begrenzte zugriffsfeste Exekutivbereiche aufzuweisen. Dies hat das Gericht beispielsweise hinsichtlich der internen Willensbildung der Regierung[183] und der außenpolitischen Kompetenzen der Regierung[184] getan. Hinzu kommen die Personalhoheit und der Initiativbereich der Regierung[185]. Soweit solche verfassungskräftigen Regierungsvorbehalte existieren, tritt der parlamentarische Gesetzesvorbehalt zurück.

67 Kein allgemeiner Regierungsvorbehalt

Besondere Vorbehalte: Interne Willensbildung, Personalhoheit, Initiative

bb) Verwaltungsvorbehalte

Für die hier interessierende Problemstellung erscheint aus praktischer Sicht die Frage gravierender zu sein, ob dem Gesetzesvorbehalt auch ein entsprechender „Verwaltungsvorbehalt" gegenübersteht. Der „Verwaltungsvorbehalt" als Inbegriff eines verfassungskräftigen, gegen Zugriffe des Parlaments abgesicherten, eigenen Gestaltungsbereichs der Exekutive ist ein altes Thema der deutschen Staatsrechtslehre[186], das jedoch bislang im Schatten der Diskussion um den Gesetzesvorbehalt gestanden hat. Erst seine Thematisierung auf der Staatsrechtslehrertagung 1984 in Göttingen hat zu gründlicheren Darstellungen geführt[187]. Dabei sind viele wichtige Aspekte zutage gefördert worden. Dennoch bleibt der Ertrag der Diskussion gering, wenn man nach der Substanz fragt, die nunmehr gesichert als „Verwaltungsvorbehalt" für die Exekutive verfassungsrechtlich reserviert ist.

68 Kein allgemeiner Verwaltungsvorbehalt

Zunächst ist festzuhalten, daß es bisher nicht gelungen ist und auch vermutlich nicht gelingen wird, einen „allgemeinen Verwaltungsvorbehalt" zu formu-

69

---

[181] Vgl. *Roman Herzog*, in: Maunz/Dürig, Komm. z. GG, Art. 62 Rn. 51 ff.; *Stern* (N 171), S. 674 f. → Bd. III, *Schröder*, § 64 Rn. 9 ff.
[182] Vgl. zuletzt BVerfGE 67, 100 (139) – Aktenherausgabe: BVerfGE 68, 1 (87) – Raketenstationierung.
[183] BVerfGE 67, 100 (139) – Aktenherausgabe.
[184] BVerfGE 68, 1 (87) – Raketenstationierung.
[185] Vgl. *Meinhard Schröder*, Der Verwaltungsvorbehalt, in: DVBl 1984, S. 814 (818 mit Fn. 59).
[186] Vgl. *Schröder* (N 185), S. 815 mit Fn. 2. → Unten *Schröder*, § 106 Rn. 22 ff.
[187] Vgl. *Hartmut Maurer*, Der Verwaltungsvorbehalt, in: VVDStRL 43 (1985), S. 135 ff.; *Friedrich E. Schnapp*, Der Verwaltungsvorbehalt, ebd., S. 172 ff.

lieren[188]. Wenn überhaupt, dann können verfassungsfeste exekutive Gegenpositionen zum Gesetzesvorbehalt nur bereichs- und abschnittweise festgemacht werden. Insoweit erscheinen unter dem speziellen Aspekt der Gegenwirkung gegen den Gesetzesvorbehalt die folgenden Bestandteile (Elemente) eines Verwaltungsvorbehaltes oder, wenn man im Plural sprechen will, die folgenden Verwaltungsvorbehalte besonders wichtig:

Besondere Verwaltungsvorbehalte

– der Selbstverwaltungsvorbehalt,
– die exekutive Vollzugsgewalt,
– die exekutive Organisationsgewalt,
– die exekutive Normsetzungsgewalt,
– die exekutive Komplementärgewalt.

70
Selbstverwaltung

Zu den „zentralen Gestaltungsbereichen der Exekutive"[189] gehören zunächst die Räume der Selbstverwaltung. Der Selbstverwaltung widerspricht wesensmäßig eine Durchnormierung des den Selbstverwaltungsträgern zugeordneten Wirkungsbereichs. Die gesetzlichen Vorgaben müssen, soll nicht die Selbstverwaltung um ihren Sinn gebracht werden, auf die grobe Umreißung der Aufgaben oder auf die Formulierung von Zielen beschränkt sein. Die Regelungsdichte ist freilich abhängig von der Art der gestellten Selbstverwaltungsaufgaben. Soweit die Selbstverwaltungsbereiche verfassungsrechtlich garantiert sind, wie beispielsweise der Bereich der kommunalen[190] oder der akademischen Selbstverwaltung[191], findet der Gesetzesvorbehalt eine inhaltliche Grenze.

71
Gesetzesvollzug

Zum „Kernbereich" der Exekutive gehört ferner der Gesetzesvollzug. Im Grundgesetz selbst wird die Exekutive ausdrücklich als „vollziehende Gewalt" bezeichnet (Art. 1 Abs. 3, Art. 20 Abs. 3 GG). Mit der Vollzugskompetenz wachsen der Exekutive erhebliche Auslegungs-, Ermessens- und Gestaltungsspielräume zu. „Die Vollzugskompetenz bedeutet Herrschaft über die Alternative."[192] Die Verwirklichungsmöglichkeiten, die in einem Gesetz angelegt sind, verschaffen der Exekutive beträchtliches Machtpotential. Indessen: Dieses Machtpotential besteht nur nach Maßgabe der Gesetze. Es schwindet mit dem Maß der Regelungsdichte. Die Regelungsdichte steht aber prinzipiell in der Dispositionsbefugnis des parlamentarischen Gesetzgebers. Das mit der Vollzugsgewalt der Exekutive zufallende Maß an Gestaltungsraum ist letztlich nicht mehr als eine disponible „Restkompetenz" ohne feste verfassungsrechtliche Grenze gegen eine Schmälerung durch das Parlament.

---

188 Vgl. *Schröder* (N 185), S. 820 f.
189 So die Formulierung in BVerfGE 68, 1 (87).
190 *Günter Püttner*, Kommunale Selbstverwaltung, in: HStR IV, ²1999 (¹1990), § 107.
191 *Thomas Oppermann*, Freiheit von Forschung und Lehre, in: HStR VI, ²2001 (1989), § 145 Rn. 54 ff.
192 *Gerhard Zimmer*, Funktions-Kompetenz-Legitimation, 1979, S. 224, unter Hinweis auf *Richard Bartlsperger*, Organisierte Einwirkungen auf die Verwaltung – Zur Lage der zweiten Gewalt, in: VVDStRL 33 (1975), S. 249, und *Rupert Scholz*, Verwaltungsverantwortung und Verwaltungsgerichtsbarkeit, in: VVDStRL 34 (1976), S. 214 mit Fn. 268.

Was für die Vollzugsgewalt gilt, findet auch auf die exekutive Organisationsgewalt Anwendung. Das parlamentarische Zugriffsrecht auf die Organisationsgewalt ist prinzipiell unbegrenzt[193]. Die aktuelle Substanz der der Exekutive verbleibenden Organisationsgewalt wird deshalb zuvörderst durch die von der Legislative nicht verbrauchten Organisationsbefugnisse gebildet. Freilich verbleiben einige verfassungsfeste Eigenbereiche. Dazu gehört die Geschäftsordnungsautonomie der Bundesregierung[194]. Dazu gehört auch die nach Subtraktion der formellen Gesetze verbleibende „Rest-Organisationsgewalt" der Exekutive, die ihr nicht durch inhaltlose Sperrgesetze genommen werden kann[195]. Per Saldo aber fehlt auch hier prinzipiell ein nennenswerter substantiell absolut geschützter Bereich eigener exekutiver Organisationsgewalt.

72 Organisationsgewalt

Daß die Exekutive verfassungsrechtlich befugt ist, originäres Recht zu setzen, also Rechtsnormen mit Außenwirkung zu erlassen, ohne einer Ermächtigung durch ein formelles Gesetz zu bedürfen, ist in der Rechtsprechung, auch in der des Bundesverfassungsgerichts, längst anerkannt[196]. Im Zusammenhang mit der Wesentlichkeitstheorie wird die Auffassung vertreten, daß sich als deren Kehrseite eine allgemeine verfassungsrechtliche Befugnis der Verwaltung ergebe, gesetzesabhängige außenwirksame normative Regelungen, die nicht wesentlich sind, zu erlassen[197]. Damit ist unzweideutig ein verfassungsunmittelbares originäres administratives Verordnungsrecht als Bestandteil der Exekutive anerkannt. Dieses Verordnungsrecht bildet jedoch keine zugriffsfeste Verfassungsposition der Exekutive. Vielmehr ist diese Verordnungsbefugnis eine „für die vollziehende Gewalt abfallende Rechtsetzungsbefugnis", also wiederum nur eine „Restkompetenz", die dem Zugriffsrecht des Parlaments verhaftet bleibt[198].

73 Normsetzungskompetenz der Exekutive

Originäres Verordnungsrecht

Ein letzter Gedanke betrifft die exekutive Komplementärgewalt. Die die Verwaltung kennzeichnenden Merkmale drücken sich aus in ihrer Permanenz, Ubiquität und Präsenz[199]. Verwaltet wird ohne Unterbrechung, überall und ständig. Wegen dieser Eigenschaften kommt der Verwaltung in besonderem Maße die Aufgabe zu, den Gesetzgeber in seiner Regelungsaufgabe zu ergänzen[200]. So ist beispielsweise anerkannt, daß dort, wo ein Normenvakuum besteht, eine „Notkompetenz der Verwaltung"[201] existiert, welche dazu ermächtigt, solche Regelungen zu treffen und Maßnahmen zu ergreifen, die notwendig sind, um die Funktionsfähigkeit des betreffenden Verwaltungsbereichs zu sichern. Dort, wo das Gesetz bewußt oder unbewußt Lücken läßt,

74 Komplementärgewalt

Administratives Ergänzungsrecht

---

193 Vgl. *Ossenbühl* (N 61), S. 261 f. → Unten *Krebs*, § 108 Rn. 98 f.
194 Vgl. *Böckenförde* (N 180).
195 Vgl. *Ossenbühl* (N 61), S. 272; *Schnapp* (N 187), S. 193; Norbert Achterberg, Innere Ordnung der Bundesregierung, in: HStR II, ²1998 (¹1987), § 52 Rn. 80 ff.
196 Vgl. BVerfGE 40, 237 (248 ff.); BVerwGE 72, 300 (320); → unten *Ossenbühl*, § 104 Rn. 48 ff.
197 So *Böckenförde* (N 111), S. 391 f.
198 *Schröder* (N 185), S. 821 f.
199 *Ossenbühl* (N 61), S. 196.
200 *Ossenbühl* (N 61), S. 194.
201 BVerfGE 33, 303 (347).

schafft die Verwaltung durch gesetzesspezifizierende Verwaltungsvorschriften administratives Ergänzungsrecht[202].

75
Recht des ersten Zugriffs

In diesen Zusammenhang gehört auch das Recht des ersten Zugriffs, das sich im Interesse des Gemeinwohls zur Pflicht verdichten kann. Auch da, wo so schnelle Regelungen erforderlich sind, daß ein gesetzgeberisches Einschreiten zu spät käme oder wegen zu intensiver Detaillierung tatsächlich oder rechtlich unmöglich wäre, kann der Gesetzesvorbehalt nicht gelten. Hier muß die Exekutive quasi im Sinne eines Verwaltungsvorbehalts – freilich auf der Grundlage vorausschauender allgemeiner Gesetze – handeln[203]. Alles in allem ist die Exekutive als Komplementärgewalt der rettende Anker in Notfällen, insoweit unentbehrlich, ungemein wichtig, aber gleichwohl ohne „Normal-Befugnis".

76
Restkompetenz der Verwaltung

Zieht man das Resümee, so bleibt hinsichtlich der Verwaltungsvorbehalte festzustellen, daß die Verwaltung – von verfassungskräftigen Selbstverwaltungsvorbehalten abgesehen – in den hier interessierenden Bereichen (Vollzugsgewalt, Organisationsgewalt, Normsetzungsgewalt, Komplementärgewalt) lediglich über „Restkompetenzen" verfügt, die dem parlamentarischen Zugriffsrecht verhaftet bleiben, also der Verwaltung keine absolute Vorbehaltssubstanz zu vermitteln vermögen.

b) Sachstrukturelle Grenzen

77
Tatsächliche Grenzen des Gesetzesvorbehaltes

Die Darlegungen zur Exekutive als Komplementärgewalt haben schon gezeigt, daß das Netz gesetzlicher Regelungen, mag es auch noch so fein gesponnen sein, immer erhebliche Löcher aufweisen wird. Solche Löcher resultieren aus der Eigenart der Gesetzgebung als einer übermenschlichen Aufgabe. Damit seien nochmals die tatsächlichen Grenzen des Vorbehaltes des Gesetzes im Zusammenhang skizziert. Diese Grenzen sind gleichsam in der Sache angelegt und in diesem Sinne sachstrukturelle Grenzen. Drei Komplexe treten ins Blickfeld: Sachbereiche ohne Regelungsreife, regelungsfeindliche Sachbereiche und persönlichkeitsgeprägte Beziehungen. Die Grenzen zwischen ihnen sind fließend.

aa) Sachbereiche ohne Regelungsreife

78
Fehlende Regelungsreife

Der Gesetzesvorbehalt findet dort seine natürlichen Grenzen, wo es für bestimmte Sachbereiche (noch) an der Kodifikationsreife fehlt, weil sich die Dinge im Fluß befinden, hinreichende Erkenntnisse und Erfahrungen fehlen und weitere Erprobungen notwendig sind. Solche Situationen können nicht nur im technologischen Bereich (Medientechnik, Gentechnologie) auftreten[204], sondern auch in kulturpolitisch (Schulwesen, Prüfungswesen, Zulassungsrecht), gesellschaftspolitisch und technisch-juristisch geprägten Bereichen (Kodifikationsreife des allgemeinen Verwaltungsrechts). Soweit und

---

202 S. o. N 166. → Unten *Ossenbühl*, § 105.
203 *Michael Kloepfer*, Gesetzgebung im Rechtsstaat, in: VVDStRL 40 (1982), S. 74 (135); *Schröder* (N 185), S. 819.
204 Vgl. *Fritz Ossenbühl*, Die Not des Gesetzgebers im naturwissenschaftlich-technischen Zeitalter, 2000.

solange der Gesetzgeber mangels Regelungsreife untätig bleibt und vielleicht auch bleiben muß, schlägt die Stunde der Exekutive und Judikative als (legislative) Komplementärgewalten. Jedoch hat sich inzwischen auch die Übung durchgesetzt, das notwendige Erprobungs- und Erfahrungsstadium durch Experimentiergesetze legislativ in den Griff zu bekommen[205].

Komplementärfunktion von Exekutive und Judikative

bb) Regelungsfeindliche Sachbereiche

Eine Reihe von Sachbereichen entzieht sich einer Regelung aus Gründen der tatsächlichen Unmöglichkeit. Die Gründe, die einer Normierung entgegenstehen, sind vielgestaltig. Sie können zum einen, wie namentlich im technischen Sicherheitsrecht, in der Dynamik des zu regelnden Sachbereichs liegen. Die seit langem gestellte und diskutierte Aufgabe, das auf Statik und Kontinuität angelegte Recht mit der durch Dynamik gekennzeichneten Technik zu verbinden, hat diese Problematik in vielfacher Weise deutlich gemacht[206]. Das Atomgesetz beispielsweise beschränkt sich bei der Regelung für Kernkraftwerke auf eine grobe Skizzierung der Sicherheitsanforderungen, verweist aber im übrigen auf den jeweiligen Stand von Wissenschaft und Technik. Dieser „Stand" wird aber letztlich von der Exekutive verbindlich formuliert. Das Wichtige für die Sicherheit von Kernkraftwerken findet man deswegen nicht im Atomgesetz, sondern in einem Kranz von heterogenen administrativen Festlegungen. Hinzu treten andere Sachbereiche, die durch die Unvorhersehbarkeit und Plötzlichkeit auftretender Sonderlagen gekennzeichnet sind, die vom Staat ein sofortiges und situationsgerechtes Reagieren erfordern. Darauf ist das Parlament mit seinen schwerfälligen Entscheidungsprozeduren nicht eingerichtet. Deshalb fallen diese Aufgaben gleichsam natürlicherweise der Exekutive zu. Man denke dabei an Gebiete wie Außen- und Verteidigungspolitik oder Konjunktur-, Währungs-, Struktur-, Infrastrukturpolitik usw. In diesen Bereichen kann der Gesetzgeber allenfalls grobe Zielsetzungen vorgeben, auch noch Instrumentarien bereitstellen; die situationsgerechten Entscheidungen aber werden der Exekutive verbleiben müssen[207].

79
Tatsächliche Unmöglichkeit

Jeweiliger Stand von Wissenschaft und Technik

Außen-, Verteidigungspolitik

cc) Persönlichkeitsgeprägte Beziehungen

Normative Regelungen scheiden dann aus, wenn die Erfüllung der Aufgabe situationsgebunden, auf Spontaneität angewiesen ist und durch die Persönlichkeit des handelnden Amtswalters geprägt wird. Dies ist der Fall bei Aufgaben, die sich in helfenden und wegleitenden menschlichen Begegnungen erfüllen oder die innovativ-künstlerischen Charakter tragen. Hierher gehören beispielsweise weite Bereiche der sozialen Dienste. Altenbetreuung und Jugendfürsorge sind je für sich nur vor Ort sinnvoll zu erfüllen und deshalb im Kern normenfeindlich. Dasselbe gilt für das Schulwesen, genauer: für das

80
Persönlichkeits- und situationsgebundene Sachbereiche

Soziale Dienste

Schulwesen

---
205 Vgl. dazu *Kloepfer* (N 203), S. 91; kritisch *Peter Lerche*, Diskussionsbeitrag, in: VVDStRL 40 (1982), S. 116; *Hans-Detlef Horn*, Experimentelle Gesetzgebung unter dem Grundgesetz, 1989; *Rudolf Stettner*, Verfassungsbindungen des experimentierenden Gesetzgebers, in: NVwZ 1989, S. 806.
206 Vgl. *Ossenbühl* (N 136), S. 833 ff.; *ders.* (N 204).
207 Vgl. *Herzog* (N 181), Art. 20 Rn. 100.

§ 101   *Achter Teil: II. Staatsfunktionen*

Lehrer-Schüler-Verhältnis. Dieses Verhältnis hängt entscheidend von der Persönlichkeit des Lehrers ab. Es läßt sich weder durch Reglements noch durch Lernziele wesentlich verbessern oder verschlechtern. „Als Sachverhalt namentlich pädagogischer Entfaltung und pädagogischer Funktionserfüllung steht das Schulwesen in seinen strukturellen Eigengesetzlichkeiten teilweise außerhalb gesetzlich faßbarer oder konstruierbarer Tatbestandlichkeiten"[208].

Kunst   Ähnliches gilt für künstlerische Tätigkeiten, wie beispielsweise die Programmgestaltung im Rundfunk, die sich einer normativen Steuerung entzieht[209].

---

208 *Rupert Scholz/Hans Bismark*, Schule im Rechtsstaat, Bd. II: Gutachten für die Kommission Schulrecht des DJT, 1980, S. 140.
209 *Fritz Ossenbühl*, Programmnormen im Rundfunkrecht, in: Rundfunkrecht, Schriften der Gesellschaft für Rechtspolitik, Bd. I, 1981, S. 1 ff. (59 ff.).

C. Bibliographie

Hans Herbert von Arnim, Zur „Wesentlichkeitstheorie" des Bundesverfassungsgerichts, in: DVBl 1987, S. 1241 ff.
Hartmut Bauer, Der Gesetzesvorbehalt im Subventionsrecht, in: DÖV 1983, S. 53 ff.
Herbert Bethge, Parlamentsvorbehalt und Rechtsatzvorbehalt für die Kommunalverwaltung, in: NVwZ 1983, S. 577 ff.
Ernst-Wolfgang Böckenförde, Gesetz und gesetzgebende Gewalt, ²1981.
Hans-Uwe Erichsen, Schule und Parlamentsvorbehalt, in: FS zum 125jährigen Bestehen der Juristischen Gesellschaft zu Berlin, 1984, S. 113.
Norbert Henke, Gedanken zum Vorbehalt des Gesetzes – Ein Beitrag aus sozialrechtlicher Sicht, in: AöR 101 (1976), S. 576 ff.
Reinhard Hermes, Der Bereich des Parlamentsgesetzes, 1988.
Wolfgang Hoffmann-Riem, Gesetz und Gesetzesvorbehalt im Umbruch, in: AöR 130 (2005), S. 5 ff.
Hans-Detlef Horn, Die grundrechtsunmittelbare Verwaltung, 1999, S. 21 ff.
Hans D. Jarass, Der Vorbehalt des Gesetzes bei Subventionen, in: NVwZ 1984, S. 473 ff.
Dietrich Jesch, Gesetz und Verwaltung. Eine Problemstudie zum Wandel des Gesetzmäßigkeitsprinzips, 1961.
Michael Kloepfer, Der Vorbehalt des Gesetzes im Wandel, in: JZ 1984, S. 685 ff.
Walter Krebs, Vorbehalt des Gesetzes und Grundrechte, 1975.
ders., Zum aktuellen Stand der Lehre vom Vorbehalt des Gesetzes, in: Jura 1979, S. 304 ff.
Thomas Kuhl, Der Kernbereich der Exekutive, 1993.
Peter Lerche, Bayerisches Schulrecht und Gesetzesvorbehalt, 1981.
Bernd Löhning, Der Vorbehalt des Gesetzes im Schulverhältnis, 1974.
Norbert Niehues, Der Vorbehalt des Gesetzes im Schulwesen. Eine Zwischenbilanz, in: DVBl 1980, S. 465 ff.
Fritz Ossenbühl, Verwaltungsvorschriften und Grundgesetz, 1968.
ders., Der Vorbehalt des Gesetzes und seine Grenzen, in: Volkmar Götz/Hans Hugo Klein/Christian Starck (Hg.), Die öffentliche Verwaltung zwischen Gesetzgebung und richterlicher Kontrolle, 1985, S. 9 ff.
ders., Grundlagen und Reichweite des parlamentarischen Organisationsvorbehaltes, in: Matthias Ruffert (Hg.), Recht und Organisation, 2003, S. 11 ff.
Hans-Jürgen Papier, Der Vorbehalt des Gesetzes und seine Grenzen, in: Volkmar Götz/Hans Hugo Klein/Christian Starck (Hg.), Die öffentliche Verwaltung zwischen Gesetzgebung und richterlicher Kontrolle, 1985, S. 36 ff.
ders., Die finanzrechtlichen Gesetzesvorbehalte und das grundgesetzliche Demokratieprinzip, 1973.
Jost Pietzcker, Vorrang und Vorbehalt des Gesetzes, in: JuS 1979, S. 710 ff.
Frank Rottmann, Der Vorbehalt des Gesetzes und die grundrechtlichen Gesetzesvorbehalte, in: EuGRZ 1985, S. 277 ff.
Helmuth Schulze-Fielitz, Theorie und Praxis parlamentarischer Gesetzgebung – besonders des 9. Deutschen Bundestages (1980–1983), 1988.
Christian Seiler, Der einheitliche Parlamentsvorbehalt, 2000.
Christian Starck, Der Gesetzesbegriff des Grundgesetzes, 1970.
Jürgen Staupe, Parlamentsvorbehalt und Delegationsbefugnis, 1986.

§ 102
Verfahren der Gesetzgebung

Fritz Ossenbühl

Übersicht

	Rn.
A. Rechtliche Grundlagen	1– 7
I. Grundgesetz	2
II. Geschäftsordnungen	3
III. Verwaltungsvorschriften	4
IV. Parlamentsbrauch und Gewohnheitsrecht	5
V. Tendenzen zur Verrechtlichung	6– 7
B. Anstoß und Vorbereitung der Gesetzgebung	8–17
I. Impulse zum Erlaß eines Gesetzes	9–11
II. Vorarbeiten und Vorbereitungen in den Ministerien	12–17
1. Verfahren bis zum Referentenentwurf	13
2. Abstimmung des Referentenentwurfs	14–15
3. Behandlung im Kabinett	16
4. Stellungnahme des Bundesrates und Gegenäußerung der Bundesregierung	17
C. Gesetzesinitiative	18–29
I. Gesetzesinitiative und weiteres Verfahren	18–19
II. Gesetzesinitiative der Bundesregierung	20–24
III. Gesetzesinitiative „aus der Mitte des Bundestages"	25–26
IV. Gesetzesinitiative des Bundesrates	27–29
D. Gesetzgebungsarbeit im Bundestag	30–43
I. Beratungen (Lesungen) im Bundestagsplenum	31–37
1. Grundsätzliche Bemerkungen	31
2. Erste Beratung	32
3. Zweite Beratung	33–35
4. Dritte Beratung	36–37
II. Arbeit in den Ausschüssen	38–39
III. Gesetzesbeschluß	40

	Rn.
IV. Diskontinuität	41–43
1. Inhalt und Problematik der Diskontinuität	41–42
2. Sinn und Rechtsgrundlage der Diskontinuität	43
E. Mitwirkung des Bundesrates	44–54
I. Grundsätzliche Bemerkungen	44–47
II. Verfahren bei Einspruchsgesetzen	48–50
III. Verfahren bei Zustimmungsgesetzen	51–54
F. Vermittlungsverfahren	55–63
I. Vermittlungsausschuß	57–58
II. Zuständigkeiten und Befugnisse des Vermittlungsausschusses	59–62
III. Verfahren im Vermittlungsausschuß	63
G. Ausfertigung	64–71
I. Gegenzeichnung („Kontrasignatur")	65–67
II. Ausfertigung	68–71
H. Verkündung und Inkrafttreten	72–77
I. Verkündung	72–73
II. Inkrafttreten	74–77
1. Gesetzliche Bestimmung des Inkrafttretens	75
2. Aufschiebend bedingtes Inkrafttreten	76
3. Inkrafttreten bei Schweigen des Gesetzgebers	77
I. Berichtigung von Gesetzen	78–79
J. Gesetzgebungsverfahren in besonderen Fällen	80–87
I. Gesetzgebungsnotstand	81
II. Verfahren der Gesetzgebung im Verteidigungsfall	82–83
III. Finanzwirksame Gesetze	84–85
IV. Verfassungsändernde Gesetze	86
V. Vertragsgesetze	87
K. Bibliographie	

A. Rechtliche Grundlagen

1
Gesetzgebungsverfahren des Bundes

Die folgende Darstellung beschreibt nur das Verfahren der Gesetzgebung des Bundes. Das Verfahren der Gesetzgebung in den Ländern bleibt ausgeklammert[1]. Vorschriften über das Verfahren der Gesetzgebung entstammen höchst unterschiedlichen Quellen.

I. Grundgesetz

2
Regelungsthemen des Grundgesetzes

Das Grundgesetz regelt lediglich die Befugnisse und das Zusammenwirken der Bundesorgane bei der Gesetzgebung (insbes. Art. 76–79, 82, 110 Abs. 3, 113 GG) sowie das Gesetzgebungsverfahren in Ausnahmesituationen (Art. 81 GG: Gesetzgebungsnotstand; Art. 115 d: Verteidigungsfall; Art. 115e: Notgesetzgebung). Dabei geht es namentlich um das Recht der Gesetzesinitiative, die Mitwirkungsrechte des Bundesrates an der Gesetzgebung, das Vermittlungsverfahren und die Ausfertigung und Verkündung des Gesetzes durch den Bundespräsidenten. Das Grundgesetz regelt also lediglich die interorganrechtlichen Beziehungen im Gesetzgebungsverfahren, läßt jedoch das Thema der Gesetzgebungsarbeit innerhalb der gesetzgebenden Körperschaften unberührt.

II. Geschäftsordnungen

3

Geschäftsordnungsautonomie

Die Gesetzgebungsarbeit innerhalb der an der Gesetzgebung beteiligten Bundesorgane ist Gegenstand der Geschäftsordnungen. Die Behandlung von Gesetzentwürfen im Bundestag, insbesondere die verschiedenen Etappen der Beratungen (drei „Lesungen") regeln die §§ 75 ff. GOBT[2]. Für die Beratungen und Abstimmungen im Bundesrat enthält die Geschäftsordnung des Bundesrates (GOBR) entsprechende Regeln[3]. Vereinzelte Vorschriften findet man ferner in der GOBReg[4] (§§ 15, 16 Abs. 3, 28, 29) und in der Geschäftsordnung für den Gemeinsamen Ausschuß[5]. Die Geschäftsordnungen beruhen auf der Geschäftsordnungsautonomie der Bundesorgane. Autonome Regelungen müssen sich auf den internen Bereich beschränken[6]. Deshalb können Geschäftsordnungen keine Rechte oder Pflichten anderer Organe begrün-

---

1 Vgl. dazu *Hans Schneider*, Gesetzgebung, ³2002, S. 118 ff.; *Norbert Achterberg*, Parlamentsrecht, 1984, S. 354 ff. (380 ff.); *Martin Schürmann*, Grundlagen und Prinzipien des legislatorischen Einleitungsverfahrens nach dem Grundgesetz, 1987, S. 34 f.
2 Abgedruckt in: Sartorius I, Verfassungs- und Verwaltungsgesetze der Bundesrepublik, Nr. 35; *Joseph H. Kaiser*, Verbände, in: HStR II, ²1998 (¹1987), § 34 Rn. 31; *Norbert Achterberg*, Innere Ordnung der Bundesregierung, ebd., § 52 Rn. 91.
3 Abgedruckt in: Sartorius (N 2), Nr. 37. → Bd. III, *Herzog*, § 59 Rn. 22 ff.
4 Abgedruckt in: Sartorius (N 2), Nr. 38.
5 Abgedruckt in: Sartorius (N 2), Nr. 39.
6 *Hans Schneider*, Autonome Satzung und Rechtsverordnung, in: FS für Philipp Möhring, 1965, S. 521 (532 f.).

den[7]. Die Geschäftsordnung für den Vermittlungsausschuß ist gemeinsam vom Bundestag und Bundesrat erlassen worden (Art. 77 Abs. 2 S. 2 GG)[8]. Die Geschäftsordnungen werden als Innenrecht eingestuft, dem keine Außenwirkung zukommt[9]. Daraus wird gefolgert, daß Verstöße gegen Vorschriften der Geschäftsordnungen der gesetzgebenden Körperschaften die Gültigkeit und Wirksamkeit des Gesetzes unberührt lassen[10]. Demgegenüber sind sonstige geschäftsordnungswidrige Beschlüsse ungültig. Von der geltenden Geschäftsordnung kann nur nach deren vorheriger Änderung oder im Einzelfall mit Zweidrittelmehrheit der anwesenden Mitglieder (§ 126 GOBT) abgewichen werden[11].

Keine Außenwirkung

III. Verwaltungsvorschriften

Die Vorbereitung und formale Gestaltung von Gesetzentwürfen der Bundesregierung sind in der Gemeinsamen Geschäftsordnung der Bundesministerien (GGO)[12] geregelt. Dem Rechtscharakter nach handelt es sich bei der Gemeinsamen Geschäftsordnung jedoch nicht um eine autonome Verfassungssatzung, sondern um eine Verwaltungsvorschrift[13]. Solche in die Rechtsgestalt einer Verwaltungsvorschrift gekleideten „legistischen Richtlinien" haben eine weite Verbreitung auch in den Ländern und anderen Staaten gefunden und in der Gesetzgebungspraxis eine große Bedeutung gewonnen[14]. Für die Bundesgesetzgebung hat das Bundesministerium der Justiz Empfehlungen zur einheitlichen rechtsförmlichen Gestaltung von Gesetzen und Rechtsverordnungen ausgesprochen[15].

4
Gemeinsame Geschäftsordnung der Bundesministerien

IV. Parlamentsbrauch und Gewohnheitsrecht

Neben den geschriebenen Vorschriften haben sich in der parlamentarischen Gesetzgebungspraxis eine Reihe von Regeln entwickelt, die man entweder als Parlamentsbrauch oder sogar schon als Gewohnheitsrecht mit Verfassungs-

5
Parlamentarische Gesetzgebungspraxis

---

7 Es sei denn, die Geschäftsordnung wird in der Form des Gesetzes erlassen; BVerfGE 70, 324 (360).
8 Abgedruckt in: Sartorius (N 2), Nr. 36.
9 *Achterberg* (N 1), S. 59; *Achterberg/Schulte*, in: v. Mangoldt/ Klein/Starck, GG II, ⁴2000, Art. 40 Rn. 39; *Klaus Stern*, Das Staatsrecht der Bundesrepublik Deutschland, Bd. II, 1980, S. 84; krit. *Gerald Kretschmer*, Geschäftsordnungen deutscher Volksvertretungen, in: Hans-Peter Schneider/Wolfgang Zeh (Hg.), Parlamentsrecht und Parlamentspraxis in der Bundesrepublik Deutschland, 1989, § 9 Rn. 51; *Thomas Schwerin*, Der Deutsche Bundestag als Geschäftsordnungsgeber, 1998, S. 117.
10 HessStGH, in: ESVGH 17, 18 (21); *Theodor Maunz*, in: Maunz/Dürig, Komm. z. GG, Art. 40 Rn. 23; *Achterberg* (N 1), S. 61 f.; *Stern* (N 9), S. 84.
11 *Stern* (N 9), S. 84; BVerfGE 112, 118 (148) – Vermittlungsausschuß; anders die überwiegende Lehre.
12 In der Fassung der Bekanntmachung vom 9. 8. 2000 (GMBl, S. 526).
13 Vgl. *Harald Kindermann*, Ministerielle Richtlinien der Gesetzestechnik, 1979, S. 27; *Dieter Wyduckel*, Gesetzgebungslehre und Gesetzgebungstechnik. Aktueller Stand und künftige Entwicklungstendenzen, in: DVBl 1982, S. 1175 (1177).
14 Vgl. *Kindermann* (N 13); *Heinz Schäffer*, Legistische Richtlinien in Österreich, in: Jürgen Rödig (Hg.), Studien zu einer Theorie der Gesetzgebung, 1976, S. 192 ff.; *Georg Müller*, Richtlinien der Gesetzestechnik in Bund und Kantonen, ebd., S. 211 ff.
15 *Bundesministerium der Justiz*, Handbuch der Rechtsförmlichkeit, ²1999.

rang qualifizieren kann[16]. Dazu gehören beispielsweise der Grundsatz der Unverrückbarkeit[17] von Gesetzesbeschlüssen und der Grundsatz der parlamentarischen Diskontinuität[18]. Zu nennen sind auch die Grundsätze über Stil und Procedere im Gesetzgebungsverfahren. Sie resultieren aus dem Gebot zur Organtreue und begründen die Verpflichtung, daß die gesetzgebenden Organe untereinander und miteinander so zu prozedieren haben, daß sie ihrer verfassungsrechtlichen Verantwortlichkeit genügen können[19]. Ein Gesetzgebungsverfahren erfordert deshalb auch zeitliche Rücksichtnahmen. „Nacht- und Nebelgesetze" leiden an verfassungsrechtlichen Mängeln[20].

„Nacht- und Nebelgesetze"

V. Tendenzen zur Verrechtlichung

6
Regelungsabstinenz des Grundgesetzes in Verfahrenspflichten

Das Bild der normativen Grundlagen für das Verfahren der Gesetzgebung ist durch ein erstaunliches Maß an Regelungsabstinenz geprägt. Die Vorschriften des Grundgesetzes setzen erst in einer Phase der Gesetzgebung ein, in der mit der Aufstellung des Entwurfs bereits wichtige Vorentscheidungen gefallen sind. Der Behandlung des Gesetzentwurfs im Bundestag setzt das Grundgesetz jedenfalls explizit keine Grenzen. Es sagt nur, daß ein Beschluß des Bundestages erforderlich ist (Art. 77 Abs. 1 S. 1 GG). Das Gesetzgebungsverfahren wird damit vom Grundgesetz als ein politischer Prozeß der Findung von Konsens oder wenigstens eines Kompromisses verstanden, der sich einer Formalisierung weitgehend entzieht. Demgegenüber bestehen Tendenzen, einem „Niedergang des Gesetzgebungsverfahrens"[21] dadurch entgegenzuwirken, daß das Gesetzgebungsverfahren unter Rückgriff auf allgemeine Prinzipien des Grundgesetzes (etwa Demokratiegebot, Rechtsstaatsprinzip, Übermaßverbot) normativ strukturiert und gesetzgeberisches Entscheiden gewissen aus dem Grundgesetz abgeleiteten Pflichten, insbesondere prozeduraler Sorgfalt, unterstellt wird[22]. Solche Bestrebungen könnten namentlich durch die in

---

16 Vgl. *Hans-Joachim Konrad*, Parlamentarische Autonomie und Verfassungsbindung im Gesetzgebungsverfahren, in: DÖV 1971, S. 80. → Bd. III, *Zeh*, § 53 Rn. 12 f.
17 Vgl. dazu *Theodor Maunz*, Die Unverrückbarkeit parlamentarischer Beschlüsse, in: FS für Werner Weber, 1974, S. 299 ff.; *Eckart Schiffer*, Feststellung des Inhalts und Änderung von Beschlüssen im Gesetzgebungsverfahren, in: FS für Hans Schäfer, 1975, S. 39; *Schneider* (N 1), Rn. 128.
18 Vgl. *Schneider* (N 1), Rn. 136. Nach *Christian Tomuschat*, Verfassungsgewohnheitsrecht?, 1972, S. 86, „bildet das Diskontinuitätsprinzip heute einen selbstverständlichen Bestandteil der formellen Verfassung im Sinne des Art. 79 Abs. 1 GG"; kritisch dazu *Schneider*, a. a. O.; ferner *Achterberg* (N 1), S. 208 ff.; *Stern* (N 9), S. 74 ff., beide m. ausf. Nachw.
19 Vgl. *Hans Schneider*, Der Niedergang des Gesetzgebungsverfahrens, in: FS für Gebhard Müller, 1970, S. 421 (423) mit Beispielen; *Klaus Stern/Herbert Bethge*, Öffentlich-rechtlicher und privatrechtlicher Rundfunk, 1971, S. 31 ff.; *Wolf-Rüdiger Schenke*, Die Verfassungsorgantreue, 1977, S. 112 ff.
20 *Stern* (N 9), S. 624. → Bd. III, *Zeh*, § 53.
21 *Schneider* (N 19), S. 421 ff.
22 Vgl. *Konrad* (N 16); *Günther Schwerdtfeger*, Optimale Methodik der Gesetzgebung als Verfassungspflicht, in: FS für *Hans Peter Ipsen*, 1977, S. 173 ff.; *Hans-Joachim Mengel*, Grundvoraussetzungen demokratischer Gesetzgebung, in: ZRP 1984, S. 153 ff.; *ders.*, Gesetzgebung und Verfahren, 1997; *Klaus Messerschmidt*, Das Gesetzgebungsermessen, 2000; *Peter Blum*, Wege zu besserer Gesetzgebung – sachverständige Beratung, Begründung, Folgenabschätzung und Wirkungskontrolle, Gutachten I für den 65. DJT, 2004, S. 29 ff.; *Hans-Peter Schneider*, Meliora Legalia – Wege zu besserer Gesetzgebung, in: ZG 2004, S. 105 ff.

den letzten Jahrzehnten aufblühende Gesetzgebungswissenschaft[23] einen gewissen Auftrieb erhalten. Das Bundesverfassungsgericht war in seiner bisherigen Rechtsprechung nicht zaghaft, wenn es darum ging, den parlamentarischen Gesetzgeber an seine Entscheidungspflichten zu erinnern[24], aber es hat sich doch auffällig zurückgehalten bei der Statuierung von legislativen Verfahrenspflichten[25]. Insoweit besteht eine deutliche Divergenz zwischen Kontrollnormen des Bundesverfassungsgerichts einerseits und Verfahrensnormen der Gesetzgebung andererseits. Wenn das Bundesverfassungsgericht beispielsweise den materiellen Kontrollmaßstab des Übermaßverbotes mit seiner Eignungs- und Erforderlichkeitsprüfung sachgerecht anwenden will, braucht es mehr als den nackten Gesetzestext[26].

Prozedurale Sorgfalt als Verfassungspflicht

Der Satz, daß der Gesetzgeber gar nichts anderes schulde als das Gesetz[27], erscheint deshalb problematisch. Gewiß ist das Gesetz ein Produkt des politischen Kompromisses und als solches Ausdruck der demokratischen Mehrheitsentscheidung. Seine maßgebliche praktische Grundlage ist die politische Akzeptanz, nicht seine sachliche Richtigkeit oder innere Vernunft. Aber sowohl das Mehrheitsprinzip als auch der Prozeß politischer Kompromißfindung sind verfassungsrechtlich durch explizite Regelungen des Minderheitenschutzes (Grundrechte) wie auch der Vernunft und des Maßes (Übermaßverbot) eingeschränkt. Insoweit ist der urwüchsige Prozeß politischer Entscheidungsfindung rechtlich kanalisiert und „rationalisiert". Solche Ratio tut auch dem politischen Entscheidungsprozeß gut. Deshalb erscheint es zu weitgehend, jede normative Disziplinierung des Gesetzgebungsverfahrens aus allgemeinen Verfassungsbestimmungen radikal abzuweisen[28]. Andererseits würde es der Sache ebensowenig gerecht, wollte man als Ziel eine „Prozeßordnung für das innere Gesetzgebungsverfahren" anpeilen[29]. Eine „optimale Methodik der Gesetzgebung als Verfassungspflicht"[30] läßt sich nicht überzeugend

7

Rechtliche Rationalisierung des Verfahrens

---

23 Vgl. z. B. *Peter Noll*, Gesetzgebungslehre, 1973; *Kurt Eichenberger u. a.*, Grundfragen der Rechtssetzung, 1978; *Georg Müller*, Inhalt und Formen der Rechtsetzung als Problem der demokratischen Kompetenzordnung, 1979; *Harald Kindermann* (Hg.), Studien zu einer Theorie der Gesetzgebung, 1982; *Schneider* (N 1); *Hermann Hill*, Einführung in die Gesetzgebungslehre, 1982; *Norbert Achterberg*, Gesetzgebung als Wissenschaftsdisziplin, in: DÖV 1982, S. 976 ff.; *Wyduckel* (N 13); *Reinhold Hotz*, Methodische Rechtsetzung, 1983; *Harald Stolzlechner*, Rationalisierung der Gesetzgebung, in: DÖV 1983, S. 25 ff.; *Heinz Schäffer/Otto Triffterer* (Hg.), Rationalisierung der Gesetzgebung, 1984; *Uwe Thaysen*, Gesetzgebungslehren, in: ZParl 1984, S. 137 ff.; *Werner Hugger*, Gesetze – Ihre Vorbereitung, Abfassung und Prüfung, 1983; *Norbert Achterberg*, Die Bedeutung der Gesetzgebungslehre für die Entwicklung einer Allgemeinen Regelungstheorie, in: ZG 1986, S. 22 ff.; *Hermann Hill*, Einführung in die Gesetzgebungslehre, in: Jura 1986, S. 57 ff.; *Waldemar Schreckenberger*, Rationalisierung der Gesetzgebung, 1986; *Georg Müller*, Elemente einer Rechtssetzungslehre, Zürich/Basel/Genf ²2006; *Waldemar Schreckenberger/Detlef Merten* (Hg.), Grundfragen der Gesetzgebungslehre, 2000.
24 Vgl. *Fritz Ossenbühl*, Bundesverfassungsgericht und Gesetzgebung, in: FS 50 Jahre BVerfG, Bd. I, 2001, S. 33 ff. (39 ff.).
25 Vgl. *Schwerdtfeger* (N 22).
26 Vgl. *Fritz Ossenbühl*, Diskussionsbeitrag, in: VVDStRL 39 (1981), S. 189 ff.; *Klaus König*, Gesetzgebungsvorhaben im Verfahren der Ministerialverwaltung, in: FS für Carl Hermann Ule, 1987, S. 121 ff. (124).
27 *Klaus Schlaich*, Verfassungsgerichtsbarkeit im Gefüge der Staatsfunktionen, in: VVDStRL 39 (1981), S. 109; *Christoph Gusy*, Das Grundgesetz als normative Gesetzgebungslehre?, in: ZRP 1985, S. 291 (298).
28 So *Gusy* (N 27).
29 So *Mengel* (N 22).
30 *Schwerdtfeger* (N 22).

begründen[31]; sie würde dem Gesetz als Synthese von Ratio und Kompromiß nicht gerecht werden können. Jeder Versuch der Rationalisierung der Gesetzgebung muß den Primat der Politik beachten[32].

Primat der Politik

B. Anstoß und Vorbereitung der Gesetzgebung

8
Verfahrensetappen vor der förmlichen Initiative

Wichtige Etappen der Gesetzgebung liegen schon vor der förmlichen Gesetzesinitiative. Sie betreffen die Erarbeitung von Gesetzentwürfen in den Ministerien, aber auch die Antriebe und Anstöße, die ihrerseits das Gesetzgebungsverfahren auslösen.

I. Impulse zum Erlaß eines Gesetzes

9
Motive zur Gesetzgebung

Eine Systematisierung oder erschöpfende Darstellung aller Gründe und Faktoren, die die gesetzgebenden Organe dazu bewegen, legislativ tätig zu werden, kann hier nicht gegeben werden[33]. Jedoch sind zu diesem Komplex einige Bemerkungen angebracht.

Politischer Gestaltungswille

Das Gesetz ist die Form, in der das Parlament die wesentlichen Entscheidungen für den Staat trifft. Solche Entscheidungen werden im allgemeinen nur dann getroffen, wenn sie sich als notwendig erweisen oder jedenfalls von den politischen Kräften für notwendig gehalten werden. Impuls für die Gesetzgebung ist dann der politische Gestaltungswille[34]. Regelungsnotwendigkeiten und Regelungsbedürfnisse können sich aus plötzlich auftretenden Ereignissen ergeben[35] oder als Konsequenz der Einlösung von Wahlversprechen oder der Umsetzung von Wahlprogrammen der politischen Parteien erweisen. Wichtige Einflußfaktoren sind ferner die Medien, die Verbände, aber auch die Wissenschaft, wenn sie öffentlich oder in der Fachwelt neue Gesetze fordert.

10 Ob ein die Allgemeinheit berührendes Problem überhaupt durch ein Gesetz geregelt werden soll, ist zuweilen eine höchst problematische Frage[36]. Hier kann sich die größere Weisheit des Gesetzgebers unter Umständen darin zei-

---

31 Vgl. *Detlef Merten*, Optimale Methodik der Gesetzgebung als Sorgfalts- oder Verfassungspflicht?, in: Hermann Hill (Hg.), Zustand und Perspektiven der Gesetzgebung, 1989, S. 81 ff.
32 *Josef Isensee*, Verfassungsrecht als „politisches Recht", in: HStR VII, 1992, § 162 Rn. 61, 68 ff.
33 Vgl. dazu *Hermann Hill*, Impulse zum Erlaß eines Gesetzes, in: DÖV 1981, S. 487 ff.; *Wolfgang Zeh*, Impulse und Initiativen zur Gesetzgebung, in: Waldemar Schreckenberger/Detlef Merten (Hg.), Grundfragen der Gesetzgebungslehre, 2000, S. 33 ff.; *Müller*, (N 23), S. 50 ff.
34 → Bd. III, *H.H. Klein*, § 50 Rn. 20.
35 Z.B. Erlaß des Strahlenschutzvorsorgegesetzes vom 19.12.1986 (BGBl I, S. 2610) aus Anlaß des Reaktorunfalls in Tschernobyl; Erlaß des Kontaktsperregesetzes vom 18.8.1976 (BGBl I, S. 2181) aus Anlaß terroristischer Anschläge.
36 Beispiele: Sollen Gesetze zur Sterbehilfe erlassen werden oder ist das Parlament damit überfordert? Sollen Ausbildungsplätze durch gesetzliche Einführung einer Ausbildungsplatzabgabe oder durch Appelle an die Arbeitgeber geschaffen werden? Sollen zur Vermeidung von Gewalttätigkeiten die Polizeigesetze verschärft werden?

gen, von einer Regelung ganz abzusehen. Häufig sind jene Fälle, in denen der Gesetzgeber zum Erlaß von Gesetzen verpflichtet ist. Solche Pflichten zur Gesetzgebung resultieren zum einen aus internationalen Verbindungen und Verträgen, die eine normative Umsetzung in nationales Recht erfordern. Namentlich die Richtlinien des Rates und der Kommission der Europäischen Gemeinschaften enthalten nach Art. 249 EGV bindende Regelungsaufträge an den Gesetzgeber, die Direktiven der Europäischen Gemeinschaften im nationalen Bereich in geltendes Recht umzusetzen und zu verwirklichen.

Europarechtliche Pflichten zur Gesetzgebung

Eine Einschränkung der Gestaltungs- und Regelungsfreiheit des Gesetzgebers ergibt sich auch aus verfassungsrechtlich fixierten Staatszielbestimmungen und Gesetzgebungsaufträgen. Gesetzgebungsaufträge sind Verfassungsnormen, die dem Gesetzgeber die (bestimmte) Regelung einzelner Vorhaben oder Sozialbereiche vorschreiben[37]. Staatszielbestimmungen hingegen umreißen zwar ebenfalls ein bestimmtes Programm der Staatstätigkeit, überlassen es aber der politischen Gestaltungsfreiheit des Gesetzgebers, in welcher Weise und zu welchem Zeitpunkt er die ihm gestellte Aufgabe erfüllt[38]. Bedeutende Impulse für die Gesetzgebung gehen ferner von der Rechtsprechung, namentlich von der des Bundesverfassungsgerichts, aus. Das Bundesverfassungsgericht hat über die Feststellung von Verfassungsverstößen hinausgehend dem Gesetzgeber bindende Regelungsaufträge, zum Teil verbunden mit Fristsetzungen, erteilt[39]. Von besonderer Bedeutung sind in diesem Zusammenhang die Regelungspflichten, die aus der von den Gerichten praktizierten Wesentlichkeitstheorie[40] resultieren.

11

Gesetzgebungsaufträge der Verfassung

Wesentlichkeitstheorie

II. Vorarbeiten und Vorbereitungen in den Ministerien

Etwa 80 v. H. aller Gesetzentwürfe, mit denen sich der Bundestag befaßt, werden von der Ministerialverwaltung ausgearbeitet. Die Gesetzestexte werden von den Ministerien entworfen, die ihrerseits entweder eine Regierungsvorlage vorbereiten oder Formulierungshilfen für das Parlament geben[41]. Wenn ein Gesetzentwurf im Bundestag eingebracht wird, hat er bereits eine völlig

12

Ministerialverwaltung

---

37 Siehe Art. 3 Abs. 2 und Art. 117 Abs. 1 GG; Art. 6 Abs. 5 GG.
38 Vgl. *Bundesministerium des Innern und der Justiz* (Hg.), Staatszielbestimmungen/Gesetzgebungsaufträge, Bericht der Sachverständigenkommission, 1983, S. 21.
39 Vgl. z. B. BVerfGE 33, 1 (16); 39, 169 (194); 41, 251 (266f.); 54, 11 (17); zum Ganzen *Schlaich* (N 27), S. 181ff. – Der Kreis solcher Regelungspflichten des Gesetzgebers ist mit dem Aufkommen neuer legislativer Verfassungspflichten (z. B. Nachbesserungspflicht, grundgesetzliche Schutzpflichten) erweiterungsverdächtig; vgl. *Ossenbühl* (N 24), S. 39ff.
40 → Oben *Ossenbühl*, § 100 Rn. 56ff.
41 Dazu *Schneider* (N 1), Rn. 95ff.; *Joachim Rottmann*, Die Bedeutung der Verwaltung bei der Gesetzesvorbereitung, in: Christian Graf von Krockow (Hg.), Verwaltung zwischen Bürger und Politik, Schriftenreihe der Bundeszentrale für politische Bildung, Bd. 218, S. 53ff.; ders., Wandlungen im Prozeß der Gesetzgebung in der Bundesrepublik Deutschland, FG zum 10jährigen Jubiläum der Gesellschaft für Rechtspolitik, 1984, S. 329ff.; *König* (N 26); ders., Zur Überprüfung von Rechtsetzungsvorhaben des Bundes, Speyerer Forschungsberichte, Bd. 53, 1986; *Heinrich Oberreuter*, Entmachtung des Bundestages durch Vorentscheider auf höchster politischer Ebene?, in: *Hill* (N 23), S. 121ff.

ausgearbeitete Gestalt, die in den folgenden parlamentarischen Beratungen häufig nur noch geringfügig geändert wird. Das Verfahren zur Vorbereitung eines Gesetzentwurfs der Bundesregierung wird üblicherweise in folgende Abschnitte aufgegliedert: Erstellen eines Referentenentwurfs, Abstimmung des Referentenentwurfs, Behandlung im Kabinett, Gegenäußerung der Bundesregierung zur Stellungnahme des Bundesrates[42].

1. Verfahren bis zum Referentenentwurf

13
Gesetzentwurf der Bundesregierung

Referentenentwurf

Ergibt sich ein staatlicher Handlungsbedarf, dem durch eine gesetzliche Regelung Rechnung getragen werden soll, so wird das zuständige Ministerialressort zunächst einen Referentenentwurf erarbeiten. Dabei wird ein komplexer und oft langwieriger Prozeß in Gang gesetzt, der durch interne Vorschriften und Anordnungen teilweise vorstrukturiert wird. Insoweit existiert neben den Vorschriften der §§ 40ff. GGO ein Beschluß der Bundesregierung vom 11. Dezember 1984 betreffend Prüffragen für Rechtsvorschriften des Bundes[43], die durch ein Handbuch des Bundesministeriums des Innern zur Vorbereitung von Rechts- und Verwaltungsvorschriften von 1991 sowie „Empfehlungen des Bundesministeriums der Justiz zur einheitlichen rechtsförmlichen Gestalt von Gesetzen"[44] ergänzt werden. Diese Regelungen geben Hilfen und Anregungen zu den Fragestellungen und zur Methodik der Problembewältigung sowie zu den Förmlichkeiten der Gestaltung eines Gesetzentwurfs. Welche Erkenntnisquellen bei der Formulierung des Referentenentwurfs ausgeschöpft werden, mit welchen Stellen Kontakte und Abstimmungen vorgenommen werden, das hängt weitestgehend von der Art der zu regelnden Materie ab.

2. Abstimmung des Referentenentwurfs

14
Beteiligung des Ressorts

Bundesministerium der Justiz

Wenn der Referentenentwurf erstellt wird, so geschieht dies innerhalb des Ressorts unter Beteiligung der Leitungsebene und anderer betroffener Referate, namentlich des Haushaltsreferates. Daneben werden aber auch andere Ressorts in die Entwurfsarbeiten einbezogen. Nach § 40 GGO ist dem Bundeskanzleramt Mitteilung zu machen, wenn „die Arbeit an der Gesetzesvorlage durch wichtige Vorgänge beeinflußt wird". Wenn Zweifel bei der Anwendung des Grundgesetzes auftreten, sind das Bundesministerium der Justiz und das Bundesministerium des Innern hinzuzuziehen. Falls Belange der Gemeinden und Gemeindeverbände berührt werden, ist eine Beteiligung des Bundesministeriums des Innern notwendig. In jedem Falle ist eine Gesetzesvorlage der Bundesregierung, bevor sie dem Kabinett vorgelegt wird, vom Bundesministerium der Justiz auf ihre Rechtsförmlichkeit zu überprüfen.

---

42 *Klaus Leonhardt*, Vom Gesetzgebungsauftrag bis zur Gesetzesverabschiedung, in: Bundesakademie für Öffentliche Verwaltung (Hg.), Praxis der Gesetzgebung, 1983, S. 47ff.; *König* (N 26), S. 127.
43 Abgedruckt in: *Bundesministerium der Justiz* (N 15), Anhang 3; dazu *Blum* (N 22), S. 23ff.; vgl. jetzt § 43 GGO, der seit September 2000 gilt.
44 Abgedruckt in: *Bundesministerium der Justiz* (N 15).

Schon im Entwurfsstadium finden auch Abstimmungen mit Stellen außerhalb der Bundesregierung statt, namentlich mit den Ländern, Verbänden, Fraktionen. Gedacht ist auch an eine Abstimmung mit den „beteiligten Fachkreisen oder Verbänden". Allerdings muß hier besonders vorsichtig verfahren werden, damit nicht schon im Entwurfsstadium Präjudizierungen oder Festlegungen eintreten, die sich für das Kabinett als hinderlich erweisen können. Bei Gesetzentwürfen von besonderer politischer Bedeutung setzt deshalb eine Fühlungnahme mit Verbänden oder Fachkreisen eine Entscheidung des Bundeskanzlers voraus. Die Beteiligung der Fachkreise und Verbände in einem frühen Stadium des Gesetzgebungsverfahrens ist gelegentlich als verfassungsrechtlich unzulässig betrachtet worden, weil den Verbänden dadurch faktisch eine unkontrollierte und unkontrollierbare Macht zur Inhaltsgebung von Gesetzen zugespielt werde[45]. Die damit aufgezeigte Gefahr muß stets im Auge behalten werden. Aber sie kann nicht dazu führen, die Verbände aus dem Verfahren der Gesetzesvorbereitung völlig zu verbannen. Vielmehr dürfte im Regelfall eine entsprechende Kontaktnahme nicht nur zum Zwecke notwendiger Informationsgewinnung, sondern auch aus Gründen der politischen Akzeptanz nützlich sein[46]. Falls Verbände beteiligt werden, ist der Gesetzentwurf auch den Geschäftsstellen der Fraktionen des Bundestages und dem Bundesrat zur Kenntnis zu geben (§ 48 Abs. 2 GGO).

15
Frühe Beteiligung der Länder

Verbände und Fachkreise

3. Behandlung im Kabinett

Alle Gesetzesentwürfe sind nach § 15 Abs. 1 GOBReg der Bundesregierung „zur Beratung und Beschlußfassung zu unterbreiten". Die Kabinettvorlagen[47] werden zu diesem Zweck dem Bundeskanzleramt zugeleitet und für die Kabinettssitzung mit einem sogenannten Kabinettvermerk versehen. Ist der Gesetzentwurf beschlossen, wird er als Regierungsentwurf vom Bundeskanzler dem Bundesrat zugeleitet (Art. 76 Abs. 2 S. 1 GG).

16
Kabinettvorlagen

4. Stellungnahme des Bundesrates und Gegenäußerung der Bundesregierung

Der Bundesrat ist berechtigt, innerhalb von sechs Wochen zu der Regierungsvorlage Stellung zu nehmen[48]. Macht er von diesem Recht Gebrauch, so leitet er seine Stellungnahme durch den Präsidenten des Bundesrates dem Bundeskanzler zu. Sodann arbeitet das federführende Ministerium unter Berücksichtigung der notwendigen Beteiligungen eine Gegenäußerung aus, die dem Bundeskanzleramt als Kabinettvorlage zuzuleiten ist (§ 53 GGO).

17
Stellungnahme des Bundesrates

---

45 Vgl. *Tomuschat* (N 18), S. 89 ff.; *Kaiser* (N 2), § 34 Rn. 31.
46 Vgl. *Hugger* (N 23), S. 60 f.
47 → Bd. III, *Schröder*, § 64 Rn. 24 f.
48 S. u. Rn. 23. → Bd. III, *Herzog*, § 58 Rn. 20.

C. Gesetzesinitiative

I. Gesetzesinitiative und weiteres Verfahren

18

Recht zur Gesetzesinitiative

Das förmliche parlamentarische Gesetzgebungsverfahren beginnt mit der Gesetzesinitiative. Sie besteht in der Einbringung eines textlich ausformulierten Gesetzesvorschlags beim Bundestag (Art. 76 Abs. 1 GG). Der Gesetzentwurf wird eingebracht, indem der Initiator ihn dem Präsidenten des Bundestages übersendet. Der Befugnis zur Gesetzesinitiative korrespondiert auf seiten des Bundestages die Pflicht, sich mit dem Gesetzesvorschlag inhaltlich zu befassen. Das Recht zur Gesetzesinitiative steht der Bundesregierung, dem Bundesrat und Abgeordneten „aus der Mitte des Bundestages" zu.

19

Stationen des Gesetzgebungsverfahrens

Die weiteren Stationen des Gesetzentwurfs, auf denen er allmählich zu einem gültigen Gesetz heranwächst, sehen wie folgt aus[49]:

1. Fraktionsberatungen,
2. erste Lesung und Überweisung an die Ausschüsse,
3. Ausschußberatungen,
4. Bericht über die Ausschußberatungen und zweite Lesung im Plenum,
5. gegebenenfalls nochmals Ausschußberatungen und dritte Lesung im Plenum: Beschluß des Bundestages,
6. zweiter Durchgang[50] im Bundesrat: Zustimmung, Bedenken, Einwände,
7. gegebenenfalls Anrufung des Vermittlungsausschusses (Einspruchsgesetze: Bundesrat; Zustimmungsgesetze: Bundesrat, Bundestag, Bundesregierung),
8. Billigung (Ablehnung) der Vorschläge des Vermittlungsausschusses durch Bundestag und Bundesrat,
9. Gegenzeichnung durch Ressortminister und Bundeskanzler,
10. Ausfertigung durch den Bundespräsidenten,
11. Verkündung im Bundesgesetzblatt.

Im folgenden geht es darum, die einzelnen Stationen des Gesetzgebungsverfahrens darzustellen.

II. Gesetzesinitiative der Bundesregierung

20

Erster Durchgang im Bundesrat

Im Vordergrund der praktischen Gesetzgebungsarbeit stehen am Anfang die Gesetzesvorlagen der Bundesregierung. Nach Art. 76 Abs. 2 S. 1 GG sind die Gesetzesvorlagen der Bundesregierung zunächst dem Bundesrat zuzuleiten. Der Bundesrat ist berechtigt, innerhalb von sechs Wochen zu der Regierungsvorlage Stellung zu nehmen. Damit beginnt der „erste Durchgang" im Bundesrat. Eine Stellungnahme des Bundesrates ist nicht obligatorisch. Der erste Durchgang im Bundesrat hat den Sinn, noch vor Einbringung der Gesetzes-

---

49 *Hugger* (N 23), S. 62 ff., mit einer Feingliederung des Verfahrens insgesamt.
50 Falls eine Gesetzesvorlage der Bundesregierung vorliegt.

vorlage beim Bundestag die Auffassung der Länderkammer kennenzulernen und in den Gesetzgebungsprozeß einzubringen[51]. Insbesondere können die Erfahrungen der Länderverwaltungen aus dem Gesetzesvollzug und ihr kraft der Vollzugskompetenz gewachsener administrativer Sachverstand frühzeitig im Gesetzgebungsprozeß des Bundes Berücksichtigung finden[52]. Der Bundesrat kann in unterschiedlicher Weise Stellung nehmen[53]: Er kann seine Zustimmung zu der Vorlage dadurch bekunden, daß er ausdrücklich keine Einwendungen erhebt; er kann einzelne Vorschriften beanstanden und Änderungen vorschlagen; er kann schließlich die gesamte Vorlage ablehnen, beispielsweise weil er sie für überflüssig oder konzeptionell für verfehlt hält.

Die Stellungnahme des Bundesrates wird vom Präsidenten dem Bundeskanzler und vom Bundeskanzleramt dem federführenden Ministerium zugeleitet. Falls notwendig, arbeitet das federführende Ministerium eine Gegenäußerung der Bundesregierung zur Stellungnahme des Bundesrates aus. Soll Änderungswünschen des Bundesrates Rechnung getragen werden, muß sich dies aus der Gegenäußerung der Bundesregierung ergeben. Der Gesetzentwurf der Bundesregierung darf nicht geändert werden. Wird er geändert, so handelt es sich um einen *neuen* Gesetzentwurf, der dem Bundesrat wiederum zur Stellungnahme zugeleitet werden muß. Diese verfahrensrechtliche Konsequenz ist wichtig, wenn die Stellungnahme des Bundesrates erkennen läßt, daß Vorschriften eines zustimmungsbedürftigen Gesetzes keine Billigung finden und das Zustandekommen des ganzen Gesetzes gefährden könnten. Dann taucht die Frage auf, ob die mißbilligten Vorschriften zustimmungsbedürftig sind und aus der Vorlage herausgenommen und zum Gegenstand einer besonderen Gesetzesvorlage gemacht werden können. Eine solche (formellreaktive) Gesetzesteilung ist auch *nach* dem ersten Durchgang ebenso zulässig wie eine Gesetzesteilung bei der Entwurfsaufstellung im Schoße der Bundesregierung[54]. Sie führt jedoch dazu, daß das Initiativverfahren wieder ganz von vorn beginnt.

21
Gegenäußerung der Bundesregierung

Änderung des Regierungsentwurfs

Der Bundeskanzler leitet den Gesetzentwurf der Bundesregierung mit Begründung sowie die Stellungnahme des Bundesrates und die Gegenäußerung der Bundesregierung dem Präsidenten des Bundestages zu. Damit ist der Regierungsentwurf im Sinne des Art. 76 Abs. 1 GG „beim Bundestag eingebracht".

22
Einbringung beim Bundestag

Die Bundesregierung kann eine Gesetzesvorlage bei der Zuleitung an den Bundesrat ausnahmsweise als besonders eilbedürftig bezeichnen (Art. 76 Abs. 2 S. 3 GG). In diesem Fall kann die Bundesregierung die Gesetzesvorlage bereits nach drei Wochen dem Bundestag zuleiten, auch wenn die Stellung-

23
Eilbedürftige Gesetzesvorlagen

---

51 Vgl. *Michael Kirn*, Die Umgehung des Bundesrates bei ganz besonders eilbedürftigen Gesetzen, in: ZRP 1974, S. 1 (3); *Stern* (N 9), S. 619 f.; *Gernot Fritz*, Teilung von Bundesgesetzen, 1982, S. 130 f.; *Martin Schürmann*, Die Umgehung des Bundesrates im „ersten Durchgang" einer Gesetzesvorlage, in: AöR 115 (1990), S. 45 ff. (58 f.).
52 Vgl. *Kirn* (N 51).
53 Vgl. *Edzard Schmidt-Jortzig/Martin Schürmann*, in: BK Art. 76 Rn. 270 ff. (Stand: November 1996).
54 Vgl. *Fritz* (N 51), S. 128 ff.; *Christian Pestalozza*, Ausschaltung des Bundesrates durch Einbringung von Gesetzesteilen als Teilgesetze?, in: ZRP 1976, S. 153 ff.

nahme des Bundesrates noch nicht bei ihr eingegangen ist; sie hat in diesem Fall die Stellungnahme des Bundesrates unverzüglich nach Eingang dem Bundestag nachzureichen (Art. 76 Abs. 2 S. 3 GG).

24
Übernahme einer Regierungsvorlage durch Abgeordneteninitiative

Um die Regelfrist von sechs Wochen für eine Stellungnahme des Bundesrates zu vermeiden, wird in der Praxis gelegentlich ein von der Bundesregierung ausgearbeiteter Entwurf „aus der Mitte des Bundestages" eingebracht[55]. Die Frage stellt sich, ob ein solches Verfahren (nur) „verfassungspolitisch unerwünscht und bedenklich"[56] oder schon „verfassungswidrig"[57] ist. Richtig ist, daß Regierungsvorlagen grundsätzlich nicht am Bundesrat vorbei in den Bundestag eingebracht werden dürfen. Dies folgt eindeutig aus Art. 76 Abs. 2 S. 3 GG. Jedoch kann niemand die Abgeordneten des Bundestages daran hindern, sich einen Gesetzentwurf der Bundesregierung zu eigen zu machen und „aus der Mitte des Bundestages" einzubringen; ebensowenig wie die Bundesregierung daran gehindert werden kann, einen Gesetzesentwurf der sie tragenden Fraktion zu „übernehmen". Dieses Zusammenspiel ist legitim[58]. Eine Verfassungswidrigkeit käme nur in Sicht, wenn der Bundesrat um seine verfassungsrechtlichen Rechte gebracht würde. Davon kann aber keine Rede sein. Die Mitwirkungsrechte des Bundesrates beim Zustandekommen des Gesetzes bleiben unberührt. Die Gesetzesinitiativen stehen gleichwertig nebeneinander. Die Unterscheidung der Initiatoren kann nur formal geschehen. „Umgehungen" des Bundesrates im Initiativstadium sind nicht verfassungswidrig[59].

Umgehung des Bundesrates?

III. Gesetzesinitiative „aus der Mitte des Bundestages"

25
Gesetzesinitiative einzelner Abgeordneter

Quorum

Gesetzesinitiativen können auch „aus der Mitte des Bundestages" kommen (Art. 76 Abs. 1 GG)[60]. Das Initiativrecht steht damit auch einzelnen Abgeordneten zu. Über das Quorum macht das Grundgesetz allerdings keine Aussage. In welcher zahlenmäßigen Gruppierung den Abgeordneten das Initiativrecht zusteht, regelt die Geschäftsordnung des Bundestages. Nach mehreren Änderungen[61] bestimmt jetzt § 76 Abs. 1 GOBT, daß Vorlagen von Mitgliedern des Bundestages von einer Fraktion oder von fünf vom Hundert der Mitglieder des Bundestages (Fraktionsstärke) unterzeichnet sein müssen. Zu diesen „Vorlagen" gehören auch Gesetzentwürfe. Sie müssen mit einer kurzen Begründung versehen werden (§ 76 Abs. 2 GOBT).

---

55 Vgl. *Bernhard Goppel*, Die Rechtsstellung des Bundesrates und des Bayerischen Senates bei der Gesetzgebung, Diss. Würzburg, 1968, S. 140; *Kirn* (N 51).
56 So *Maunz* (N 10), Art. 76 Rn. 13 f.; *Hill* (N 23), S. 89; *Schmidt-Jortzig/Schürmann* (N 53), Art. 76 Rn. 264 f.; *Brun-Otto Bryde*, in: v. Münch/Kunig, GGK III, [4/5]2003, Art. 76 Rn. 21; *Martin Schürmann*, Die Umgehung des Bundesrates im „ersten Durchgang" einer Gesetzesvorlage, in: AöR 115 (1990), S. 45 ff. (63); *Schneider* (N 1), Rn. 117 (S. 81); differenzierend *Johannes Masing*, in: v. Mangoldt/Klein/Starck, GG II, [4]2000, Art. 76 Rn. 97 ff. (102).
57 So *Goppel* (N 55); *Kirn* (N 51); *Stern* (N 9), S. 621. Darstellung des Streitstandes bei *Johannes Masing*, in: v. Mangoldt/Klein/Starck, GG II, [5]2005, Art. 76 Rn. 97 ff.
58 Vgl. *Bryde* (N 56), Art. 76 Rn. 21.
59 Vgl. die Nachweise in N 56; ebenso wohl BVerfGE 30, 250 (261).
60 → Bd. II, *H. H. Klein*, § 51 Rn. 28.
61 Vgl. *Jekewitz*, in: GG-AK, Art. 76 Rn. 16.

Zu der Frage, auf welche Weise solche Gesetzentwürfe „aus der Mitte des Bundestages" zustande kommen, macht auch die Geschäftsordnung keine Aussage. Die Gesetzesvorlagen der Regierungsfraktionen werden in den entsprechenden Ministerien mit erarbeitet. Die Oppositionsfraktionen hingegen können sich den Sachverstand einzelner Ministerialbeamter nur dann für die Entwurfsarbeit zunutze machen, wenn der zuständige Minister hierzu seine Genehmigung erteilt (§ 56 Abs. 3 GGO)[62]. In der Praxis werden sie sich des Sachverstandes und des Arbeitspotentials der Bundesländer bedienen, in denen sie die Regierung stellen. Den Oppositionsfraktionen stehen aber auch die inzwischen gut ausgestatteten und ausgerüsteten Wissenschaftlichen Dienste des Bundestages[63] zur Verfügung. Außerdem haben sich die Fraktionen selbst leistungsfähige Stäbe zugelegt[64].

26
Hilfsdienste für Parlamentarier

Nach Einbringung der Gesetzesvorlage hat das federführende Ministerium eine Stellungnahme der Bundesregierung herbeizuführen und sie gegenüber dem Bundestag zu vertreten (§ 56 Abs. 1 GGO).

IV. Gesetzesinitiative des Bundesrates

Art. 76 Abs. 1 GG gewährt auch dem Bundesrat ein eigenes Initiativrecht. Dieses Recht steht nicht einzelnen Mitgliedern oder einer Gruppe von Mitgliedern zu, sondern dem Bundesrat als Organ. Gesetzesinitiativen des Bundesrates kommen demzufolge nur durch Mehrheitsbeschlüsse zustande (Art. 52 Abs. 3 S. 1 GG). Der Anstoß zu einer Bundesratsinitiative kann von einem Land oder einer Gruppe von Ländern ausgehen. Bundesratsinitiativen sind statistisch nicht häufig, aber offenbar im Zunehmen begriffen[65]. Die Zahl der Initiativen im Bundesrat dürfte unter anderem davon abhängen, wie die politischen Mehrheitsverhältnisse im Bundestag und Bundesrat beschaffen sind. Ein Bundesrat mit oppositioneller Mehrheit gegenüber dem Bundestag ist legislativ aktiver als ein Bundesrat, dessen Mehrheitsverhältnisse denen des Bundestages konvergieren[66].

27
Mehrheitsbeschlüsse

Der sachliche Umfang der Initiative des Bundesrates ist nicht begrenzt. Obwohl im politischen Jargon als „Länderkammer" bezeichnet, ist der Bundesrat ein oberstes Bundesorgan. Seiner Initiative steht demzufolge auch das gesamte Feld bundesgesetzlicher Kompetenzen offen. Insbesondere ist es

28
Keine kompetentielle Beschränkung

---

[62] Trotz der Genehmigungspflicht wird jedoch wegen der Gemeinwohlverpflichtung der Bundesregierung und der Neutralität des Beamtentums ein Mitwirkungsgebot angenommen: vgl. *Stern* (N 9), S. 622.
[63] Vgl. *Wolfgang Zeh*, Die Wissenschaftlichen Dienste des Deutschen Bundestages – ein Gesetzgebungs-Hilfsdienst?, in: Jürgen Rödig (Hg.), Studien zu einer Theorie der Gesetzgebung, 1976, S. 173 ff.
[64] Vgl. *Jekewitz* (N 51), Art. 76 Rn. 17. → Bd. II, *Zeh*, § 52 Rn. 13.
[65] Vgl. die Zahlenangaben in: Handbuch des Bundesrates, 2002/2003, S. 295.
[66] In den ersten 5 Wahlperioden (1949–1969) sind 72 Gesetzesvorlagen des Bundesrates eingebracht worden, von der 6. bis zur 9. Wahlperiode (1969–1983) zur Zeit der sozialliberalen Koalition waren es 193 Gesetzesvorlagen. Jedoch ist bemerkenswert, daß die gestiegene Initiativtätigkeit des Bundesrates in der 10. Wahlperiode (1983–1987) mit 61 Vorlagen fortgeführt und in der 13. Wahlperiode (1994–1998) auf 147 Vorlagen gesteigert worden ist. In der 14. Wahlperiode (1998–2002) waren es hingegen nur 95 Gesetzesvorlagen.

nicht erforderlich, daß Länderinteressen in besonderem Maße berührt sein müssen, um ein Initiativrecht des Bundesrates zu begründen.

29
Mitwirkung der Bundesregierung

Ebenso wie das Initiativrecht der Bundesregierung mit dem Recht des Bundesrates zur Stellungnahme verknüpft ist, ist umgekehrt das Initiativrecht des Bundesrates an die Mitwirkung der Bundesregierung gebunden. Bundesratsvorlagen können nicht unmittelbar im Bundestag eingebracht werden. Sie müssen vielmehr dem Bundestag „durch die Bundesregierung innerhalb von drei Monaten" zugeleitet werden. Dabei hat die Bundesregierung ihre Auffassung zu dem Gesetzentwurf darzulegen (Art. 76 Abs. 3 GG). Die Behandlung des Gesetzentwurfs innerhalb der Bundesregierung regelt § 57 GGO. Das federführende Bundesministerium arbeitet eine Kabinettsvorlage aus. Die Stellungnahme der Bundesregierung wird sodann mit den wesentlichen Alternativvorschlägen der Bundesregierung dem Bundestag zugeleitet. Die für die Stellungnahmen, Beratungen und Zuleitungen vorgesehenen Fristen sind durch das Gesetz zur Änderung des Grundgesetzes vom 27. Oktober 1994 (BGBl I, S. 3146) im Interesse einer „Stärkung des Föderalismus" neu geregelt worden[67].

D. Gesetzgebungsarbeit im Bundestag

30
Verhandlung des Bundestages

Nach Einbringung der Gesetzesvorlage ist der Bundestag verpflichtet, sich in angemessener Frist mit der Gesetzesvorlage zu befassen[68]. Das Grundgesetz trifft jedoch zu dem weiteren Verfahren der Gesetzgebungsarbeit im Bundestag keine Aussage. In Art. 42 Abs. 1 S. 1 GG ist nur die allgemeine Regelung enthalten, daß der Bundestag öffentlich „verhandelt". Was speziell das Gesetzgebungsverfahren anbetrifft, beschränkt sich Art. 77 Abs. 1 S. 1 GG auf den Satz, daß Bundesgesetze vom Bundestag beschlossen werden. Die Gesetzgebungsarbeit im Bundestag zwischen Einbringung der Gesetzesvorlage im Bundestag und Gesetzesbeschluß gemäß Art. 77 Abs. 1 S. 1 GG ist in der Geschäftsordnung geordnet.

I. Beratungen (Lesungen) im Bundestagsplenum

1. Grundsätzliche Bemerkungen

31
Drei Lesungen

Gesetzentwürfe werden im Bundestag in drei Beratungen (Lesungen) behandelt (§ 78 GOBT). Für Verträge mit auswärtigen Staaten und ähnliche Verträge, die die politischen Beziehungen des Bundes regeln oder sich auf Gegenstände der Bundesgesetzgebung beziehen (Art. 59 Abs. 2 GG), sind

---

67 Vgl. *Hans Hofmann*, Die Ausgestaltung des Gesetzgebungsverfahrens nach der Reform des Grundgesetzes, in: NVwZ 1995, S. 134 ff.
68 Vgl. schon *Heinrich Triepel*, Der Weg der Gesetzgebung nach der neuen Reichsverfassung, in: AöR 39 (1920), S. 456 ff. (476); *Anton Jaumann*, Zur verfassungsrechtlichen Bedeutung des Gesetzesinitiativrechts des Bundesrates, in: BayVBl 1975, S. 489 ff. (490 f.).

grundsätzlich nur zwei Beratungen vorgesehen, die aber auf besonderen Beschluß des Bundestages auf drei Beratungen erweitert werden können. Die Beratungsstruktur der drei Lesungen geht auf alte parlamentarische Traditionen zurück[69] und ist in den Bundesländern teilweise sogar in der Verfassung festgelegt[70]. Ob diese Struktur den Erfordernissen eines zeitgemäßen ökonomischen Entscheidungsverfahrens entspricht, steht auf einem anderen Blatt[71]. Die erste Lesung ist „weitgehend zum Ritual verkümmert"[72]. Die dritte Lesung hingegen ist meist entbehrlich, weil sich nach der zweiten Lesung kaum noch Änderungen ergeben. Deshalb sind Bestrebungen geäußert worden, die zweite und dritte Lesung unmittelbar aufeinanderfolgen zu lassen oder die dritte Lesung ganz zu streichen[73].

Entbehrlichkeit der dritten Lesung

2. Erste Beratung

Die erste Beratung hat im Regelfall nur den Zweck, die Gesetzesvorlage an einen oder mehrere Ausschüsse zu verweisen (§§ 79, 80 GOBT). Bei Verweisung an mehrere Ausschüsse ist ein federführender Ausschuß zu bestimmen. Eine allgemeine Aussprache findet in der ersten Beratung nur statt, wenn es vom Ältestenrat oder bis zum Aufruf des betreffenden Punktes von einer Gruppe von Abgeordneten in Fraktionsstärke verlangt wird. Falls eine allgemeine Aussprache stattfindet, werden nur die Grundsätze des Gesetzentwurfs besprochen. Sachanträge dürfen nicht gestellt werden. Insbesondere ist es unzulässig, den Gesetzentwurf jetzt schon abzulehnen oder seine weitere Behandlung zu verhindern[74]. Am Schluß der ersten Beratung steht die Überweisung an einen oder mehrere Ausschüsse. Auf Antrag einer Fraktion oder von 5 v. H. der Mitglieder des Bundestages kann der Bundestag mit Zweidrittelmehrheit der anwesenden Mitglieder beschließen, ohne Ausschußüberweisung in die zweite Beratung einzutreten (§ 80 Abs. 2 GOBT).

32
Verfahren der ersten Lesung

3. Zweite Beratung

Zwischen erster und zweiter Beratung liegt die im parlamentarischen Verfahren im allgemeinen ausschlaggebende Ausschußberatung, die mit einer Beschlußempfehlung und einem Bericht endet. Die zweite Beratung beginnt am zweiten Tag nach der Verteilung der Beschlußempfehlung und des Ausschußberichts. Eine Verkürzung dieser Frist ist nur ausnahmsweise und unter erschwerten Voraussetzungen möglich (§ 81 Abs. 1 S. 2 GOBT).

33
Ausschußberatung

---

69 Vgl. *Jürgen Jekewitz*, Ein ritualisierter historischer Irrtum. Zur Herkunft, Ausgestaltung und Notwendigkeit von drei Lesungen im parlamentarischen Gesetzgebungsverfahren, in: Der Staat 15 (1976), S. 537 ff.
70 Art. 49 Abs. 1 HambVerf; Art. 59 Abs. 5 BerlinVerf.
71 Vgl. *Deutscher Bundestag*, Enquête-Kommission Verfassungsreform, Schlußbericht (I), in: Zur Sache 3/1976, S. 173 ff. = BT-Drs 7/5924 Kap. 5. → Bd. II, *Zeh*, § 53 Rn. 41 f.
72 *Jekewitz* (N 61), Art. 77 Rn. 8.
73 Vgl. *Deutscher Bundestag* (N 71).
74 Vgl. *Hans Troßmann*, Parlamentsrecht des Deutschen Bundestages, 1977, § 78 Rn. 2; *Stern* (N 9), S. 624; *Achterberg* (N 1), S. 356 Fn. 66.

34
Verfahren der zweiten Lesung

Am Anfang der zweiten Lesung erfolgt die Berichterstattung durch den Vorsitzenden des federführenden Ausschusses. Hat der Ausschuß eine Änderung des Gesetzentwurfs vorgeschlagen, so wird insoweit die ursprüngliche Entwurfsfassung verdrängt[75]. Gegenstand und Grundlage der Beratung und Abstimmung ist der Gesetzentwurf in der vom Ausschuß geänderten Fassung. An die Berichterstattung schließt sich eine allgemeine Aussprache an, wenn dies vom Ältestenrat oder einer Gruppe von Abgeordneten in Fraktionsstärke verlangt wird (§ 81 Abs. 1 S. 1 GOBT).

35
Abstimmung

Anschließend wird über jede einzelne Bestimmung des Gesetzentwurfs die Aussprache eröffnet und geschlossen; ihr folgt eine Einzelabstimmung. Die Reihenfolge der zur Beratung anstehenden Vorschriften sowie die Zusammenfassung mehrerer Vorschriften zur gemeinsamen Beratung kann jederzeit beschlossen werden. Es kann auch über mehrere oder alle Teile des Gesetzentwurfs gemeinsam abgestimmt werden (§ 81 Abs. 2–4 GOBT). Während der Beratung eines Gegenstandes können von jedem Abgeordneten schriftlich Anträge zur Änderung des Gesetzentwurfs gestellt werden.

Solange nicht die letzte Einzelabstimmung erledigt ist, kann die Gesetzesvorlage ganz oder teilweise – auch hinsichtlich der bereits beratenen Teile – an den mit dem Entwurf schon befaßten oder einen anderen Ausschuß (zurück-)verwiesen werden. Die in der zweiten Beratung beschlossenen Änderungen läßt der Präsident des Bundestages zusammenstellen (§ 83 Abs. 1 GOBT). Die Beschlüsse der zweiten Beratung bilden die Grundlage der dritten Beratung (§ 83 Abs. 2 GOBT).

4. Dritte Beratung

36
Verfahren der dritten Lesung

Die dritte Beratung schließt sich unmittelbar an die zweite Beratung an, wenn in der zweiten Beratung keine Änderungen beschlossen worden sind. Wenn Änderungen beschlossen worden sind, beginnt die dritte Beratung am zweiten Tag nach Verteilung der Drucksachen mit den beschlossenen Änderungen, früher nur, wenn auf Antrag einer Gruppe von Abgeordneten in Fraktionsstärke der Bundestag mit zwei Dritteln der anwesenden Mitglieder einen entsprechenden Beschluß faßt. Die dritte Beratung beginnt nur dann mit einer allgemeinen Aussprache, wenn eine solche in der zweiten Beratung nicht stattgefunden hat und sie vom Ältestenrat oder einer Gruppe von Abgeordneten in Fraktionsstärke verlangt wird. Änderungsanträge können in der dritten Beratung nur noch in beschränktem Maße gestellt werden. Der einzelne Abgeordnete hat kein Antragsrecht (mehr). Änderungsanträge müssen vielmehr von einer Fraktion oder einer Gruppe von Abgeordneten in Fraktionsstärke getragen sein (§ 85 Abs. 1 S. 1 GOBT). Außerdem dürfen sich die Änderungsanträge nur auf diejenigen Bestimmungen beziehen, zu denen in zweiter Beratung Änderungen beschlossen wurden (§ 85 Abs. 1 S. 2 GOBT). Die Einzelberatungen sind auf diese Änderungen beschränkt.

Änderungsanträge

---

75 Vgl. *Achterberg* (N 1), S. 357.

Die dritte Beratung kann auf zweierlei Weise enden. Die Gesetzesvorlage kann zum einen erneut an den federführenden oder einen anderen Ausschuß verwiesen werden (§ 85 Abs. 2 GOBT). Im Regelfall folgt jedoch auf die dritte Beratung die Schlußabstimmung (§ 86 GOBT)[76]. Sie findet im unmittelbaren Anschluß an die dritte Beratung statt. Wurden jedoch in der dritten Beratung Änderungen vorgenommen, so muß auf Antrag einer Fraktion oder einer Gruppe von Abgeordneten in Fraktionsstärke die Schlußabstimmung ausgesetzt werden, bis die Beschlüsse zusammengestellt und verteilt sind. Die Schlußabstimmung erfolgt über den Gesetzentwurf als Ganzes. Mit ihr ist durch Gesetzesbeschluß der Inhalt des Gesetzes festgelegt. Das Gesetzgebungsverfahren innerhalb des Bundestages ist beendet; das Gesetz wird „verabschiedet". Der Bundestag wird mit dem Gesetzentwurf erst wieder befaßt, wenn der Bundesrat Einspruch einlegt oder das Vermittlungsverfahren damit endet, daß der Vermittlungsausschuß eine Änderung des Gesetzesbeschlusses vorschlägt.

37

Schlußabstimmung

II. Arbeit in den Ausschüssen

In der Praxis liegt der Schwerpunkt der Gesetzgebungsarbeit in den Ausschußberatungen[77]. Die Ausschußarbeit geschieht weitestgehend unter Ausschluß der Öffentlichkeit. Allerdings kann der beratende Ausschuß die Öffentlichkeit einer Sitzung beschließen, wenn er dies angesichts des Beratungsgegenstandes für opportun hält (§ 69 Abs. 1 GOBT). Im allgemeinen wird aber gerade der Umstand, daß die Abgeordneten nicht unter den Augen von Presse und Öffentlichkeit verhandeln, als Vorzug erachtet, der der Sache dienlich ist und der einen offenen Austausch von Argumenten und Ansichten fördert. Der Ausschuß selbst kann nach § 55 GOBT Unterausschüsse bilden, die den Entscheidungsprozeß noch weiter abschirmen und „nach innen verlagern"[78]. Die Ausschußberatungen werden begleitet von Sitzungen der Fraktionen und ihrer Arbeitskreise, die alle wesentlichen Fragen mit beraten und vorberaten[79]. In beiden Gremien, sowohl in den Ausschüssen des Bundestages wie auch in den Arbeitskreisen der Fraktionen, pflegen die zuständigen Beamten der betroffenen Ressorts an den Beratungen teilzunehmen[80].

38

Ausschluß der Öffentlichkeit

Fraktionen und Arbeitskreise

Zur Information über einen Gegenstand kann ein Ausschuß öffentliche Anhörungen von Sachverständigen, Interessenvertretern und anderen Auskunftspersonen vornehmen (§ 70 Abs. 1 S. 1 GOBT)[81]. Eine solche Anhörung

39

Anhörungen

---

76 Zur mangelnden Besetzung des Plenums bei dieser Abstimmung: *Schneider* (N 1), S. 77 ff.; BVerfGE 44, 308.
77 Vgl. *Schneider* (N 1), S. 72 ff.; *Friedrich Schäfer*, Die Ausschußberatung im Deutschen Bundestag, in: FS für Ferdinand A. Hermens, 1976, S. 99 ff.; *Peter Dach*, Das Ausschußverfahren nach der Geschäftsordnung und in der Praxis, in: Hans-Peter Schneider/Wolfgang Zeh (Hg.), Parlamentsrecht und Parlamentspraxis, 1989, S. 1103 ff. → Bd. II, *Zeh*, § 52 Rn. 39 ff.; § 53 Rn. 59 ff.
78 *Jekewitz* (N 61), Art. 77 Rn. 8.
79 → Bd. II, *Zeh*, § 53 Rn. 63.
80 *Jekewitz* (N 61), Art. 77 Rn. 8; *Schneider* (N 1), Rn. 120.
81 Vgl. *Suzanne S. Schüttemeyer*, Öffentliche Anhörungen, in: Hans-Peter Schneider/Wolfgang Zeh (Hg.), Parlamentsrecht und Parlamentspraxis, 1989, S. 1145 ff.

kann bei Gesetzesvorlagen, die an einen federführenden Ausschuß überwiesen worden sind, von einer Minderheit von einem Viertel der Ausschußmitglieder erzwungen werden. Welche Verbände und Sachverständigen zu Worte kommen sollen, ist grundsätzlich dem Ermessen der Gesetzgebungsorgane und ihrer Ausschüsse überlassen[82]. Für die Anhörung der Gemeinden und Gemeindeverbände sieht § 69 Abs. 5 GOBT eine ausdrückliche Regelung vor[83]. Von der Möglichkeit der Anhörung wird in der Praxis zunehmend Gebrauch gemacht[84]. Sinn und Qualität der Anhörungen sind unterschiedlich zu sehen. Sie hängen davon ab, ob der Ausschuß für das Problem noch wirklich offen ist und sich belehren lassen will oder ob er lediglich eine bereits gefaßte politische Entscheidung „sachverständig" bestätigt haben möchte[85]. Es gibt deshalb sehr tiefgründige und nützliche Anhörungen ebenso wie reine Alibiveranstaltungen. Der Ausschuß selbst kann den Gesetzesentwurf nur beraten und inhaltlich verändern. Ein Gesetzgebungsrecht von Ausschüssen kennt das Grundgesetz nicht[86]. Die Ausschußberatungen enden jedoch mit einer Beschlußempfehlung und einem Ausschußbericht, der, ohne verbindlich zu sein, die maßgebliche Grundlage der Plenarberatungen bildet und im allgemeinen nicht mehr wesentlich verändert wird.

Beschlußempfehlung, Ausschußbericht

III. Gesetzesbeschluß

40

Die Schlußabstimmung im Plenum stellt den Gesetzesbeschluß im Sinne des Art. 77 Abs. 1 GG dar. Der Gesetzesbeschluß bedeutet, daß der Gesetzesinhalt jetzt mit bindender Wirkung festgestellt wird. Die zusätzliche Funktion der Erteilung eines Gesetzesbefehls (Gesetzessanktion), die dem früheren Staatsrecht eigen war[87], ist entfallen. Die Bindungswirkung richtet sich zunächst gegen den Bundestag selbst. Nach dem Grundsatz der „Unverrückbarkeit des Parlamentsbeschlusses"[88] kann der Gesetzesbeschluß durch den Bundestag nicht mehr umgestoßen werden. Eine neue Lage ergibt sich erst, wenn der Bundesrat Einspruch einlegt oder den Vermittlungsausschuß anruft. Sind Einspruchs- und Vermittlungsverfahren beendet, so löst ein fortbestehender Gesetzesbeschluß des Bundestages für die anderen beteiligten Verfassungsorgane insoweit Bindungswirkungen aus, als sie verpflichtet sind, ihre Entscheidungen zu treffen, die zum Inkrafttreten des Gesetzes notwendig sind.

„Unverrückbarkeit" des Parlamentsbeschlusses

---

82 BVerfGE 30, 292 (330).
83 *Adalbert Leidinger*, Die Mitwirkung der kommunalen Spitzenverbände an der Gesetzgebung im Bund und in den Ländern, in: FS für Friedrich Schäfer, 1980, S. 162 ff.
84 → Bd. II, *Zeh*, § 53 Rn. 64 („jeder Gesetzentwurf von einiger Bedeutung").
85 Zum Problem: *Hans-Joachim Mengel*, Die Funktion der parlamentarischen Anhörung im Gesetzgebungsprozeß, in: DÖV 1983, S. 226 ff; *Blum* (N 22), S. 107 ff.
86 *Robert von Lucius*, Gesetzgebung durch Parlamentsausschüsse?, in: AöR 7 (1972), S. 568 ff.
87 Vgl. *Walter Mallmann*, Die Sanktion im Gesetzgebungsverfahren, 1938; *Walter Jellinek*, Das einfache Reichsgesetz, in: Anschütz/Thoma II, S. 160 ff. (163).
88 Vgl. *Schneider* (N 1), Rn. 128; ferner die Nachweise in N 18; *Stern* (N 9), S. 626 Fn. 321; *Hans Troßmann*, Der Bundestag: Verfassungsrecht und Verfassungswirklichkeit, in: JöR 28 (1979), S. 1 ff. (206).

IV. Diskontinuität[89]

1. Inhalt und Problematik der Diskontinuität

Das Gesetzgebungsverfahren im Bundestag muß innerhalb der laufenden Wahlperiode abgeschlossen werden. Alle Gesetzesvorlagen, die nicht bis zum Gesetzesbeschluß gemäß Art. 77 Abs. 1 GG gediehen sind, gelten am Ende der Wahlperiode als „erledigt" (§ 125 S. 1 GOBT). Dies bedeutet, daß das Gesetzgebungsverfahren im neu gewählten Parlament wieder von vorn beginnen muß. Mit dem Ende der Wahlperiode wird also reiner Tisch gemacht. Das neue Parlament tritt nicht die Erbschaft einer Menge unerledigter und womöglich unerwünschter Pläne und Vorhaben an, sondern kann sein Arbeitsprogramm unbelastet selbst bestimmen. Zwischen den Wahlperioden besteht also eine strenge Zäsur, nicht nur hinsichtlich der Zusammensetzung des Bundestages (formelle Diskontinuität), sondern auch hinsichtlich seiner Funktionen (materielle Diskontinuität)[90]. Der Sache nach beschränkt sich die Diskontinuität auf das parlamentarische Verfahren. Sie greift nicht über das Gesetzgebungsverfahren im Bundestag hinaus. Ist also der Gesetzesbeschluß noch innerhalb der Wahlperiode gefaßt worden, kann das Gesetz auch nach Ablauf der Wahlperiode noch zustande kommen; beispielsweise dann, wenn der Bundesrat einem zustimmungsbedürftigen Gesetz zustimmt[91]. Erfordert das Zustandekommen des Gesetzes eine weitere Beteiligung des Bundestages, etwa bei Einsprüchen des Bundesrates oder im Rahmen des Vermittlungsverfahrens, so verhindert der Grundsatz der Diskontinuität das Zustandekommen des Gesetzes, weil der „neue" Bundestag den Gesetzesbeschluß des „alten" Bundestages weder verändern noch bestätigen kann[92].

In der Praxis führt die Diskontinuität dazu, daß am Ende einer Legislaturperiode häufig viele Gesetzentwürfe auf der Strecke bleiben[93]. Die Gesetzgebungsarbeit in der Spätphase der Wahlperiode steht unter erheblichem Zeitdruck. Große Reformen, die viele Jahre, unter Umständen Jahrzehnte brauchen, können nur schrittweise realisiert werden. In der Praxis werden schon gereifte, aber wegen Ablaufs der Wahlperiode steckengebliebene Gesetze wieder wortgleich neu eingebracht, vielfach als Vorlagen „aus der Mitte des Bundestages", um das Gesetzgebungsverfahren abzukürzen[94]. Über die Nütz-

---

89 Vgl. aus der umfangreichen Literatur insbesondere: *Dieter Hömig/Klaus Stoltenberg*, Probleme der sachlichen Diskontinuität, in: DÖV 1973, S. 689 ff.; *Jürgen Jekewitz*, Der Grundsatz der Diskontinuität in der parlamentarischen Demokratie, in: JöR 27 (1978), S. 75 ff. (insbesondere mit rechtshistorischem und rechtsvergleichendem Ausblick); *Stern* (N 9), S. 74 ff.; *Achterberg* (N 1), S. 208; *Schneider* (N 1), Rn. 136; *Schürmann* (N 1), S. 153 ff.; alle m. ausf. Nachw.
90 Zur Unterscheidung: *Achterberg* (N 1), S. 210.
91 Vgl. *Jekewitz* (N 89), S. 137; *Achterberg* (N 1), S. 211.
92 Vgl. *Jekewitz* (N 89), S. 138.
93 Vgl. *Schneider* (N 1), Rn. 136.
94 Vgl. die Verfahrensweise bei Erlaß des Staatshaftungsgesetzes vom 26. 6. 1981 (BGBl I, S. 553); Darstellung mit Nachweisen bei *Fritz Ossenbühl*, Staatshaftungsrecht, ⁵1998, S. 452 ff.

lichkeit der Diskontinuität wird gestritten[95]. Sie ganz aufzugeben, dürfte nicht empfehlenswert sein[96]. Der Diskontinuität liegt ein plausibler Gedanke zugrunde, der auch heute noch trägt. Unzuträglichkeiten lassen sich durch eine flexible und pragmatische Handhabung der Diskontinuität weitgehend vermeiden.

2. Sinn und Rechtsgrundlage der Diskontinuität

43 Über Sinn und Rechtsgrundlage des Grundsatzes der Diskontinuität gehen die Meinungen auseinander. Beide, Sinn und Rechtsgrundlage, hängen eng zusammen. Betrachtet man die materielle Diskontinuität als notwendige Konsequenz der formellen Diskontinuität, so liegt die Unterbrechung des Gesetzgebungsverfahrens darin begründet, daß mit dem Ende der Wahlperiode auch die parlamentarische Legitimation entfällt und durch die Wahl neu geschaffen wird. Es gibt jedoch auch Auffassungen, die weniger auf den Legitimationszusammenhang als vielmehr auf die Überlegung abstellen, daß kein Parlament die Hypothek einer zurückgebliebenen Arbeitslast übernehmen soll, die es sich nicht selbst aufgeladen hat und die es – insbesondere bei einer grundlegenden Veränderung der Mehrheiten im Bundestag – möglicherweise für überflüssig oder verfehlt hält. Je nachdem, welchen Gedanken und Grund man der Diskontinuität zuordnet, dürfte auch die Rechtsgrundlage unterschiedlich ausfallen. Versuchen, die Diskontinuität als Verfassungsgebot aus den Grundprinzipien des Grundgesetzes abzuleiten[97], kann man allenfalls dann zuneigen, wenn dominierend auf den Legitimationszusammenhang abgestellt wird. Jedoch scheint das Legitimationsargument nicht überzeugend zu sein, weil der neue Bundestag jederzeit die Möglichkeit hat, unerledigte Vorlagen zu übernehmen oder abzulehnen. Mit einer Befassung in der einen oder anderen Weise wächst dem Gesetzentwurf die Legitimation (auch) des neu gewählten Parlamentes zu. Im Vordergrund dürfte der Gedanke stehen, daß es dem neuen Bundestag erspart bleiben soll, sich überhaupt mit Vorlagen zu befassen, die das frühere Parlament hinterlassen hat[98]. Er soll seine Arbeit unbelastet beginnen können. Geht man von diesem Grundgedanken aus, so dürften Ableitungen aus Verfassungsprinzipien des Grundgesetzes, die den Grundsatz der Diskontinuität auf die Verfassungsebene heben, kaum denkbar sein. Solche Ableitungen sind aber auch entbehrlich, weil der Grund-

---

95 Vgl. dazu etwa *Jekewitz* (N 89), S. 144 ff.; *Ulrich Scheuner*, Vom Nutzen der Diskontinuität zwischen Legislaturperioden, in: DÖV 1965, S. 510; *Ludger Anselm Versteyl*, Wider den Grundsatz der Diskontinuität der Parlamente – Überlegungen mit besonderer Berücksichtigung des Haushaltsrechts, in: DVBl 1973, S. 161 ff.
96 Vgl. *Schneider* (N 1), S. 85.
97 Dazu *Jekewitz* (N 89), S. 151 ff.
98 Ebenso *Schneider* (N 1), Rn. 136, 139.

satz der Diskontinuität als ein Satz des Verfassungsgewohnheitsrechts angesprochen werden kann[99]. § 125 GOBT hat insoweit demzufolge nur deklaratorische Bedeutung.

Verfassungsgewohnheitsrecht

E. Mitwirkung des Bundesrates

I. Grundsätzliche Bemerkungen

Jede Gesetzesvorlage, die vom Bundestag beschlossen worden ist, muß den Bundesrat passieren (Art. 77 Abs. 1 S. 2 GG). Der Bundesrat ist also stets in das Gesetzgebungsverfahren eingeschaltet. Seine Beteiligung an der Gesetzgebung ist verfassungsrechtlich notwendig und unumgänglich. Unterschiedlich sind jedoch die Einwirkungsmöglichkeiten und die Befugnisse des Bundesrates im Gesetzgebungsverfahren. Insoweit unterscheidet das Grundgesetz zwischen sogenannten Einspruchsgesetzen und Zustimmungsgesetzen. Die Unterscheidung ist verfahrensrechtlich entscheidend. Einspruchsgesetze können auch gegen das Votum des Bundesrates zustande kommen. Zustimmungsgesetze hingegen bedürfen unabdingbar des Plazets des Bundesrates. Das statistische Verhältnis zwischen Einspruchsgesetzen und Zustimmungsgesetzen hat sich entgegen den Erwartungen des Grundgesetzgebers so entwickelt, daß der Anteil der Zustimmungsgesetze an der Bundesgesetzgebung mehr als 50 v. H. beträgt[100]. Ob man den Bundesrat wegen seiner starken Position in der Bundesgesetzgebung als zweite Kammer ansieht oder nicht, ist verfassungsrechtlich ohne Eigenwert[101]. Aus solchen Einordnungen unter die Begriffe der allgemeinen Staatslehre lassen sich weder rechtliche noch praktische Folgerungen ziehen. Die Frage der Zustimmung des Bundesrates ist nach dem Enumerationsprinzip geregelt. Alle Fälle, in denen eine Zustimmung erforderlich ist, sind im Grundgesetz besonders aufgeführt[102].

44
Notwendige Beteiligung des Bundesrates

Einspruchs- und Zustimmungsgesetze

Zweite Kammer?

---

99 Vgl. schon für die Weimarer Zeit: *Julius Hatschek*, Deutsches und Preußisches Staatsrecht, Bd. I, 1922, S. 480; *Ludwig Gebhard*, Die Verfassung des Deutschen Reiches vom 11. 8. 1919, 1932, Art. 24 Anm. 6b; aus der neueren Literatur: *Hömig/Stoltenberg* (N 89), S. 691; *Stern* (N 9), S. 76 mit Fn. 168; *Schneider* (N 1), Rn. 136; zum Teil wird allerdings nur Gesetzesrang angenommen: *Achterberg* (N 1), S. 210; *Scheuner* (N 95), 1965, S. 512; jedoch ist die alte, von *Gerhard Anschütz*, Die Verfassung des Deutschen Reichs vom 11. 8. 1919, ¹⁴1933, Art. 24 Anm. 8, gegebene Begründung, es gebe kein Verfassungsgewohnheitsrecht, unzutreffend, auch wenn diese Begründung heute immer wieder herangezogen wird. Wer kein Gewohnheitsrecht anerkennen will, dem bleibt nur die Ableitung der Diskontinuität unmittelbar aus dem Grundgesetz und die Qualifikation als „formelles Verfassungsrecht", so *Tomuschat* (N 18), S. 85 f.
100 Vgl. die Zahlenangaben im Handbuch des Bundesrates, 2002/2003, S. 296 sub 6.3.1 (53,2 v. H.). → Bd. III, *Herzog*, § 58 Rn. 6 ff. – Der Anteil der Zustimmungsgesetze soll durch die Neufassung des Art. 84 Abs. 1 GG erheblich reduziert werden; dazu weiter im Text.
101 Vgl. *Hans H. Klein*, Der Bundesrat der Bundesrepublik Deutschland – die „Zweite Kammer", in: AöR 108 (1983), S. 329 ff. → Bd. III, *Herzog*, § 57 Rn. 30 f.
102 Vgl. *Fritz Ossenbühl*, Die Zustimmung des Bundesrates beim Erlaß von Bundesrecht, in: AöR 99 (1974), S. 369 ff. (372 ff.); *Michael Antoni*, Zustimmungsvorbehalte des Bundesrates zu Rechtsetzungsakten des Bundes – Die Zustimmungsbedürftigkeit von Bundesgesetzen, in: AöR 113 (1988), S. 329 ff.

	In der Praxis spielt die Frage, ob ein Gesetz zustimmungspflichtig ist oder
Praktische Relevanz der Zustimmungsfrage	nicht, letztlich erst dann eine entscheidende Rolle, wenn Bundestag und Bundesrat sich nicht einigen können. Deshalb wird in den meisten Fällen die Zustimmungsfrage gar nicht besonders gestellt, weil sie nicht relevant wird.

45

Die Quote zustimmungsbedürftiger Gesetze von mehr als 50 v. H. führt dazu, daß die Regierungsmehrheit wichtige Reformgesetze nicht durchbringen kann, wenn im Bundesrat die oppositionellen Kräfte die Mehrheit haben. Das Problem ist spätestens seit der sozialliberalen Koalition der 70er Jahre permanent virulent[103], wird aber neuerdings angesichts grundlegender Reformvorhaben erneut unter dem Schlagwort der Blockadepolitik als verfassungsrechtliche Systemfrage gesehen, die gelöst werden müsse[104]. Deshalb wurde es als eines der Hauptziele der im Jahre 2004 vom Deutschen Bundestag eingesetzten Föderalismuskommission erachtet, die Zustimmungsquote zu halbieren. Da diese Quote zu 70 v. H. auf dem in Art. 84 Abs. 1 GG a. F. statuierten Zustimmungserfordernis für Bundesgesetze, die Organisation und Verfahren der landeseigenen Verwaltung regeln, beruht, wurde die Regelung des Art. 84 Abs. 1 GG grundlegend geändert. Danach bleibt die dort vorgesehene Bundesgesetzgebungsbefugnis zwar aufrechterhalten, die Länder können aber die Bundesregelung durch eigene Gesetze ersetzen[105].

Halbierung der Zustimmungsquote

46

Ein völlig anderer Ansatz, um die Zustimmungsquote zu reduzieren, wäre die Verwerfung der sogenannten Einheitsthese, die der Rechtsprechung des Bundesverfassungsgerichts zugrunde liegt. Die Einheitsthese wird allgemein als die eigentliche Ursache für die hohe Zustimmungsquote angesehen. Nach der Einheitsthese bedurfte ein Bundesgesetz gemäß Art. 84 Abs. 1 GG a. F. insgesamt (als Einheit) der Zustimmung des Bundesrates, wenn auch nur eine einzige Vorschrift dieses Gesetzes eine Organisations- oder Verfahrensbestimmung enthielt[106]. Im Extremfalle genügte also eine einzige Vorschrift etwa über die Zustellung einer Verwaltungsentscheidung, um ein umfangreiches Bundesgesetz, welches eine weitgreifende umfangreiche Reform betraf, der Zustimmungspflicht zu unterwerfen. Die Einheitsthese wird zunehmend in Zweifel gezogen[107]. Auch hat das Bundesverfassungsgericht seine Bereitschaft signalisiert, die Einheitsthese zu überprüfen[108]. Ursache und Grund der

Verwerfung der Einheitsthese

---

103 Vgl. *Ossenbühl* (N 102).
104 Vgl. *Hans-Jürgen Papier*, Steuerungs- und Reformfähigkeit Staates, in: Rudolf Mellinghoff/Gerd Morgenthaler/Thomas Puhl (Hg.), Die Erneuerung des Verfassungsstaates, 2003, S. 103 ff.; demgegenüber *Hans H. Klein*, Der Bundesrat im Regierungssystem der Bundesrepublik Deutschland, in: ZG 2002, S. 297 ff. (312).
105 Vgl. Art. 84 Abs. 1 i.d.F. des 52. Gesetzes zur Änderung des GG v. 28. 8. 2006 (BGBl. I S. 2034); darin *Jörn Ipsen*, Die Kompetenzverteilung zwischen Bund und Ländern nach der Föderalismusnovelle, in: NJW 2006, S. 2801 ff.; *Ulrich Jäde*, in: JZ 2006, S. 930 (934); *Peter Selmer*, in: Jus 2006, S. 1052 (1057).
106 Vgl. *Ossenbühl* (N 102); *Peter Lerche*, Zustimmungsgesetze, in: Vierzig Jahre Bundesrat, 1989, S. 189 ff. (189).
107 Vgl. schon *Ossenbühl* (N 102), S. 395 ff.; neuerdings: *Christof Gramm*, Gewaltenverschiebungen im Bundesstaat, in: AöR 124 (1999), S. 212 ff. (221 ff.); *Jörg Lücke*, in: Sachs, GG Komm., ³2003, Art. 77 Rn. 15; *Hans-Heinrich Trute*, in: v. Mangoldt/Klein/Starck, GG III, ⁴2001, Art. 84 Rn. 24; *Hartmut Maurer*, Staatsrecht, Bd. I, ²2001, S. 580 f.; Reformbedarf reklamiert *Rudolf Dolzer*, Das parlamentarische Regierungssystem und der Bundesstaat, in: VVDStRL 58 (1999), S. 7 (29 f.) m. weit. Nachw.
108 BVerfGE 105, 313 (339).

Einheitsthese liegen in „dem durch einen Gesetzesbeschluß des Bundestages zu einer Einheit zusammengefaßten Gesetz"[109]. Sie steht im Dienste des Schutzes des Bundestages, dessen einheitlicher Wille nicht im nachfolgenden Gesetzgebungsverfahren durch partielle Ablehnung seitens des Bundesrates manipuliert werden darf. Wer die rechtliche Schicksalsgemeinschaft zwischen zustimmungsfreien und zustimmungsbedürftigen Normen aufgeben möchte, gerät in erhebliche Schwierigkeiten im weiteren Gesetzgebungsverfahren und bei der Gesetzesverkündung[110]. Sie wollen bedacht sein, wenn man das Zustimmungsproblem durch eine Veränderung der Interpretation lösen möchte. Die immer wieder angemahnte Abstinenz des Bundes bei der Einfügung von Organisations- und Verfahrenvorschriften in seine Gesetze, die das Problem praktisch lösen würde, hat offenbar nicht gefruchtet und ist mehr oder weniger in Vergessenheit geraten.

Ein anderer in der Praxis nicht selten beschrittener Weg, um der Zustimmungsbedürftigkeit von Gesetzen zu entgehen, ist deren Aufteilung (Aufspaltung) in zwei Gesetze, wobei in einem Gesetz die materiell-rechtlichen Regelungen getroffen werden und einem davon getrennten zweiten Gesetz die zustimmungspflichtigen organisatorischen und verfahrensrechtlichen Vorschriften[111]. Diese Aufspaltung kann auch noch während des Gesetzgebungsverfahrens vorgenommen werden („reaktive Teilung")[112]. Die Begrenzung des Stoffs der Gesetzgebung liegt in der Dispositionsbefugnis des Gesetzgebers; sie umschließt auch die Befugnis, Gesetzesvorlagen „zustimmungsfrei" zu stellen. Mit der Gesetzesaufteilung wird weder in die Rechte der Länder, an der Gesetzgebung mitzuwirken, eingegriffen noch die verfassungsrechtliche Kompetenzverteilung in der Gesetzgebung zwischen Bundestag und Bundesrat verschoben[113]. Allerdings hat die Teilung von Gesetzen verfassungsrechtliche Grenzen. Mit dem Willkürverbot und der Mißbrauchsgrenze sind sie nicht hinreichend markiert. Die verfassungsrechtliche Grenze wird der Sache nach dann überschritten, wenn durch die Teilung eine gesetzliche Regelung, die nur als Sinneinheit geordnet werden kann, sachwidrig durchtrennt wird[114].

47
Gesetzesaufteilung

---

109 *Ossenbühl* (N 102), S. 413; *Lerche* (N 106), S. 190 f.
110 Vgl. *Josef Isensee*, Einheit des Gesetzesbeschlusses – Zur Reichweite der Zustimmung des Bundesrates, in: FS für Hans Herbert von Arnim, 2004, S. 603 ff.
111 Vgl. *Gernot Fritz*, Die Teilung von Bundesgesetzen, 1981.
112 *Rupert Scholz/Arnd Uhle*, „Eingetragene Lebenspartnerschaft" und Grundgesetz, in: NJW 2001, S. 393 ff. (394); *Volker Beck*, Die verfassungsrechtliche Begründung der Eingetragenen Lebenspartnerschaft, in: NJW 2001, S. 1894 (1896).
113 BVerfGE 105, 313 (338 ff.); BVerfG v. 13. 9. 2005, in: DVBl 2005, S. 1503 (1505).
114 Vgl. *Scholz/Uhle* (N 112).

II. Verfahren bei Einspruchsgesetzen

48
Mögliche Entscheidungen des Bundesrates

Bei Einspruchsgesetzen hat der Bundesrat mehrere Möglichkeiten. Wenn er mit dem Gesetz einverstanden ist, stimmt er zu. Die rechtstechnische Frage, ob es sich um ein Zustimmungsgesetz handelt oder um ein Einspruchsgesetz, stellt sich hier nicht. Wünscht der Bundesrat dagegen Änderungen, so kann er binnen drei Wochen nach Eingang des Gesetzesbeschlusses verlangen, daß der Vermittlungsausschuß einberufen wird (Art. 77 Abs. 2 S. 1 GG). Schlägt der Vermittlungsausschuß eine Änderung des Gesetzesbeschlusses des Bundestages vor, so muß der Bundestag erneut Beschluß fassen (Art. 77 Abs. 2 S. 5 GG).

49
Einspruch

Nach Abschluß des Vermittlungsverfahrens kann der Bundesrat binnen zwei Wochen gegen das vom Bundestag beschlossene Gesetz Einspruch einlegen (Art. 77 Abs. 3 GG). Der Einspruch kann wieder zurückgenommen werden (Art. 78 GG). Er ist als überwindbares Veto ausgestaltet. Der Bundestag kann den Einspruch des Bundesrates zurückweisen. Allerdings bedarf es hierzu unter Umständen qualifizierter Mehrheiten. Ein mit absoluter Mehrheit beschlossener Einspruch des Bundesrates kann nur durch einen mit absoluter Mehrheit gefaßten Beschluß des Bundestages zurückgewiesen werden. Ist der Bundesratseinspruch mit einer Mehrheit von zwei Dritteln beschlossen worden, so bedarf die Zurückweisung durch den Bundestag der Zweidrittelmehrheit der abgegebenen Stimmen, mindestens jedoch der Mehrheit der Mitglieder des Bundestages (Art. 77 Abs. 4 GG).

Zurückweisung durch den Bundestag

50
Praktischer Einfluß des Bundesrates

Einspruchsgesetze verschaffen dem Bundesrat also ein Einwirkungsrecht auf den Gesetzesinhalt. Dieses Einwirkungsrecht ermöglicht es dem Bundesrat, seine Vorstellungen im Gesetzgebungsverfahren zur Geltung zu bringen. Letztlich kann sich der Bundesrat aber gegen eine stabile Bundestagsmehrheit nicht durchsetzen.

In den ersten 14 Wahlperioden (1949–2002) hat der Bundesrat nur 49 Einsprüche erhoben. Davon wurden 37 vom Bundestag zurückgewiesen, 12 nicht zurückgewiesen oder nicht behandelt.[115]

III. Verfahren bei Zustimmungsgesetzen

51
Rechtswirkung der Zustimmung

Anders sieht der Verfahrensablauf bei den Zustimmungsgesetzen aus. Ohne die Zustimmung des Bundesrates kommt ein solches Gesetz nicht zustande (Art. 78 GG). Verfassungsrechtlich hat der Beschluß des Bundesrates also von vornherein dasselbe Gewicht wie der Gesetzesbeschluß des Bundestages. Das Zustandekommen des Gesetzes hängt deshalb bei unterschiedlichen Vorstellungen im Bundestag und Bundesrat entscheidend von dem Verlauf des Vermittlungsverfahrens ab.

52
Bei Zustimmungsgesetzen stehen dem Bundesrat verfahrensrechtlich folgende Möglichkeiten zur Verfügung:

---

115 Vgl. Handbuch des Bundesrates, 2002/2003, S. 299.

– Hält der Bundesrat einen Gesetzesbeschluß des Bundestages insgesamt entweder für überflüssig oder für verfehlt, so kann er seine Zustimmung verweigern, ohne vorher den Vermittlungsausschuß anrufen zu müssen. Dies folgt im Gegenschluß aus Art. 77 Abs. 3 GG, der für Einsprüche das Vermittlungsverfahren als Vorstufe obligatorisch vorsieht. *Verweigerung der Zustimmung*

Mit der Verweigerung der Zustimmung durch den Bundestag ist das Gesetzgebungsverfahren jedoch noch keineswegs zu Ende. Vielmehr können Bundestag und Bundesregierung die Einberufung des Vermittlungsausschusses verlangen (Art. 77 Abs. 2 S. 4 GG). Gegenstand dieses Vermittlungsverfahrens ist der trotz Zustimmungsverweigerung fortbestehende Gesetzesbeschluß des Bundestages[116].

– Hält der Bundesrat den Gesetzesbeschluß nur in einzelnen Punkten für reparaturbedürftig und will er Änderungen durchsetzen, so kann er den Vermittlungsausschuß anrufen (Art. 77 Abs. 2 S. 1 GG). *Anrufung des Vermittlungsausschusses*

53

Nach Abschluß des Vermittlungsverfahrens muß der Bundesrat entscheiden, ob er dem Gesetzesbeschluß des Bundestages zustimmen will oder nicht. Wegen der verfassungsrechtlichen Bedeutung der Zustimmung (Art. 78 GG) muß der Beschluß des Bundesrates eindeutig erkennen lassen, was gewollt ist. Erst in diesem späten Stadium wird die Frage der Zustimmungspflicht entscheidend. Im Zweifelsfalle kann der Bundesrat die Zustimmung verweigern und zugleich vorsorglich Einspruch einlegen[117]. Der Bundestag wird, wenn er anderer Ansicht über die Zustimmungspflicht ist, den Einspruch des Bundesrates zurückweisen und dann folgerichtig das Gesetz zur Ausfertigung und Verkündung dem Bundespräsidenten zuleiten. Teilt der Bundespräsident die Auffassung des Bundestages, so wird er das Gesetz ausfertigen und verkünden. Alsdann kann der Bundesrat ein Organstreitverfahren nach Art. 93 Abs. 1 Nr. 1 GG, §§ 63 ff. BVerfGG beim Bundesverfassungsgericht in Gang bringen. Eine abstrakte Normenkontrolle kann nicht vom Bundesrat, sondern nur von den Landesregierungen eingeleitet werden (Art. 93 Abs. 1 Nr. 2 GG, §§ 76 ff. BVerfGG). *Frist für Bundesrat*

Zweifel über das Zustimmungserfordernis

Kompetenzen des BVerfG

54

In der Zeit von 1949 bis 2002 bedurften von den 5944 vom Bundestag beschlossenen Gesetzen nach Auffassung des Bundesrates 3163 seiner Zustimmung. Insgesamt 150 dieser Gesetze hat der Bundesrat nicht zugestimmt. Von diesen konnten (zum Beispiel nach Einschaltung des Vermittlungsausschusses durch Bundestag und/oder Bundesregierung gemäß Art. 77 Abs. 2 S. 4 GG) 84 verkündet werden. Lediglich 66 Zustimmungsgesetze sind am „Veto" des Bundesrates gescheitert[118]. *Statistik der Zustimmungsgesetze*

---

116 Vgl. *Max Josef Dietlein*, Die „Theorie vom weißen Blatt" – ein Irrweg, in: ZRP 1987, S. 277 ff.
117 BVerfGE 37, 363 (396).
118 Zahlenangaben in: Handbuch des Bundesrates, 2002/2003, S. 296 sub 6., S. 298 sub 8.

F. Vermittlungsverfahren[119]

55 Das Gesetzgebungssystem, namentlich auch das Verfahren der Bundesgesetzgebung, ist bundesstaatlich geprägt. Die Gesetze werden zwar vom Bundestag beschlossen, aber der Bundesrat wirkt bei der Gesetzgebung des Bundes mit, trägt insoweit Mitverantwortung für die gesamtstaatliche Willensbildung und hat bei den Zustimmungsgesetzen ein absolutes Vetorecht. Ein solches Gesetzgebungsverfahren mit zwei gesetzgebenden Körperschaften, die statistisch bei mehr als 50 v.H. aller Bundesgesetze zu einer Einigung kommen müssen, bedarf besonderer Mechanismen, die den Einigungsprozeß befördern und lenken. Diesen Mechanismus hat das Grundgesetz mit dem Vermittlungsverfahren institutionalisiert und damit in der deutschen Verfassungsentwicklung Neuland betreten.

Institutionalisierter Einigungsprozeß

56 Der Vermittlungsausschuß hat von Anfang an eine große praktische Bedeutung gewonnen, in den ersten zwölf Wahlperioden (1949–1994) ist er insgesamt 605 mal angerufen worden (Gesamtzahl der Gesetze: 4896). In den genannten Fällen der Anrufung ist es durch Vermittlung bei 511 Gesetzen zu einer Verkündung gekommen; 66 Gesetze sind aus unterschiedlichen Gründen[120] nicht bis zur Verkündung gelangt. Die Erfolgsquote des Vermittlungsausschusses ist also beachtlich. Der Vermittlungsausschuß ist deswegen „als eine besonders glückliche und gelungene Einrichtung des Grundgesetzes" gewürdigt worden[121].

Hohe Erfolgsquote des Vermittlungsausschusses

---

119 *Ekkehart Hasselsweiler*, Der Vermittlungsausschuß – Verfassungsgrundlagen und Staatspraxis, 1981; *Max Josef Dietlein*, Der Vermittlungsausschuß des Deutschen Bundestages und des Bundesrates, 1983; *ders.*, Zulässigkeitsfragen bei Anrufung des Vermittlungsausschusses, in: AöR 106 (1981), S. 525; *ders.*, Der Dispositionsrahmen des Vermittlungsausschusses, in: NJW 1983, S. 80; *ders.*, Vermittlung zwischen Bundestag und Bundesrat, in: Hans-Peter Schneider/Wolfgang Zeh (Hg.), Parlamentsrecht und Parlamentspraxis, 1989, S. 1565 ff.; *Hans Schäfer*, Der Vermittlungsausschuß, in: Der Bundesrat als Verfassungsorgan und politische Kraft, Beiträge zum 25 jährigen Bestehen des Bundesrates, 1974, S. 279 (291); *Everhardt Franßen*, Der Vermittlungsausschuß – politischer Schlichter zwischen Bundestag und Bundesrat?, in: FS für Martin Hirsch, 1981, S. 273 ff.; *Helmuth Schulze-Fielitz*, Gesetzgebung als materiales Verfassungsverfahren. Die Befugnisse des Vermittlungsausschusses und die Aufspaltung von Gesetzen, in: NVwZ 1983, S. 709; *Franz Bardenhewer*, Die Entstehung und Auflösung von Meinungsverschiedenheiten zwischen Gesetzgebungsorganen, 1984, S. 212 ff.; *Wolf-Rüdiger Schenke*, Die verfassungsrechtlichen Grenzen der Tätigkeit des Vermittlungsausschusses, 1984; *Paul Henseler*, Möglichkeiten und Grenzen des Vermittlungsausschusses, in: NJW 1982, S. 853; *Hans Troßmann*, Bundestag und Vermittlungsausschuß, in: JZ 1983, S. 6 ff.; *Diether Posser/Friedrich Vogel*, Der Vermittlungsausschuß, in: Vierzig Jahre Bundesrat, 1989, S. 203 ff.; *Christian Dästner*, Die Geschäftsordnung des Vermittlungsausschusses, 1995; *Fritz Ossenbühl*, Der Handlungsspielraum des Vermittlungsausschusses, in: ZG 1989, S. 159 ff.; *Matthias Cornils*, Politikgestaltung durch den Vermittlungsausschuß, in: DVBl 2002, S. 497 ff.; *Peter M. Huber/Daniel Fröhlich*, Die Kompetenzen des Vermittlungsausschusses und ihre Grenzen, in: DÖV 2005, 322 ff. → Bd. II, Zeh, § 52 Rn. 52 ff.

120 Datenhandbuch zur Geschichte des Deutschen Bundestages 1949 bis 1999, Bd. II, S. 2389, 2451.

121 *Hasselsweiler* (N 119), S. 292, 296; ebenso *Klein* (N 101), S. 365.

I. Vermittlungsausschuß

Der Vermittlungsausschuß ist ein gemeinsamer Ausschuß der beiden Gesetzgebungskörperschaften des Bundes. Seine Zusammensetzung und sein Verfahren regelt eine Geschäftsordnung, die vom Bundestag beschlossen wird und der Zustimmung des Bundesrates bedarf. Nach § 1 der Geschäftsordnung des Vermittlungsausschusses (GOVA) besteht der Vermittlungsausschuß aus 22 Mitgliedern, die je zur Hälfte dem Bundestag und dem Bundesrat angehören. Die Mitglieder des Bundestages werden im Verhältnis der Stärke der einzelnen Fraktionen in den Ausschuß gewählt (Grundsatz der Spiegelbildlichkeit)[122]. Die Entsendung der dem Bundesrat angehörenden Mitglieder geschieht in der Weise, daß jede der sechzehn Landesregierungen die Bestellung ihrer Mitglieder dem Präsidenten des Bundesrates schriftlich mitteilt, der diese Namen dem Vorsitzenden des Vermittlungsausschusses übermittelt (§ 11 Abs. 4 GOBR).

57
Zusammensetzung und Verfahren

Die Mitglieder des Vermittlungsausschusses sind an Weisungen nicht gebunden. Dies folgt für die Abgeordneten des Bundestages aus Art. 38 Abs. 1 S. 2 GG, für die vom Bundesrat entsandten Mitglieder aus Art. 77 Abs. 2 S. 3 GG. Dies bedeutet jedoch nicht, daß sich im Vermittlungsausschuß Regierungsmehrheit und Opposition nicht zu gegenüberstehenden Lagern formieren könnten. Wenn sich dann auf beiden Seiten Stimmengleichheit einstellt, wie 1981/82 und 2004 geschehen, ist die Funktionsfähigkeit des Vermittlungsverfahrens jedenfalls für wesentliche Gesetze in Frage gestellt[123].

58
Weisungsfreiheit – parteipolitische Polarisierung

II. Zuständigkeiten und Befugnisse des Vermittlungsausschusses

Der Vermittlungsausschuß ist aufgrund seiner verfassungsrechtlichen Heraushebung, seiner Zusammensetzung, Eigenständigkeit und des Gewichts seiner Tätigkeit als „ein sektoral verselbständigtes Unterorgan von Bundestag und Bundesrat"[124] angesehen worden. In seiner Vermittlerfunktion ist er das „ergänzende Regulativ zu der föderalistischen Teilung gesetzgeberischer Gewalt auf Bundestag und Bundesrat"[125]. Als „Ausschuß der ehrlichen Makler" hat er das Mandat eines „Entscheidungshelfers der föderativen Demokratie"[126]. Die Gefahr, daß sich der Vermittlungsausschuß „zur dritten Kammer, zu einer Art Überparlament" entwickelt[127], ist weder institutionell angelegt noch nach der bisherigen Praxis zu befürchten. Allerdings ist die Klage

59
Vermittlerfunktion

---

122 BVerfGE 112, 118.
123 Vgl. *Dietlein* (N 116). Im Jahre 2004 hat die Bundestagsmehrheit wegen der Stimmengleichheit von Vertretern der Regierungskoalition und der Opposition einen Abgeordneten der Koalitionsfraktionen zusätzlich in den Bundesrat entsandt mit der Begründung, die Mehrheit im Bundestag müsse sich auch im Bundesrat abbilden. Dazu BVerfGE 112, 118.
124 *Hasselsweiler* (N 119), S. 71.
125 *Dietlein*, Vermittlungsausschuß (N 119), S. 3.
126 *Josef Isensee*, Der Ausschuß der ehrlichen Makler, in: Deutsche Zeitung/Christ und Welt, 1976, S. 4.
127 So die Befürchtungen von Politikern; vgl. den Hinweis bei *Klein* (N 101), S. 363.

über angebliche Kompetenzübergriffe des Vermittlungsausschusses alt[128] und sie wird immer wieder von jenen vorgebracht, die ihre politischen Projekte nicht unmodifiziert verwirklichen können.

60
Kompetenzen und Befugnisse

Kompromißvorschlagskompetenz

Kompetenzen und Befugnisse des Vermittlungsausschusses werden durch seine Vermittlungsfunktion begründet und beschränkt. „Das Vermittlungsverfahren hat den Zweck, das Gesetzgebungsziel soweit wie möglich zu verwirklichen, ohne auf der Grundlage einer erneuten Gesetzesinitiative, die den Meinungsverschiedenheiten zwischen Bundestag und Bundesrat Rechnung trägt, das Gesetzgebungsverfahren nochmals durchlaufen zu müssen. Um der Effizienz der Gesetzgebung willen eröffnet das Grundgesetz die Möglichkeit, die Beratung von Vorlagen einem Ausschuß zu übertragen, der nach seiner Zusammensetzung und seinem Verfahren in besonderem Maße geeignet ist, einen Kompromiß zu erarbeiten. Entscheidungskompetenzen sind dem Vermittlungsausschuß nicht eingeräumt"[129].

61
Anrufungen

Der Gegenstand des Vermittlungsverfahrens wird durch die Gesetzesbeschlüsse des Bundestages, durch die im Verlauf des vorangegangenen Gesetzgebungsverfahrens in dieses eingeführten Anträge, Stellungnahmen und Anregungen und durch den Inhalt des Anrufungsbegehrens bestimmt[130]. Das Anrufungsbegehren wird bei Anrufungen durch den Bundesrat, die statistisch den Regelfall darstellen[131], regelmäßig durch Formulierung der angestrebten Vermittlungsziele und ausformulierte Änderungs- und Ergänzungsvorschläge präzisiert. Die Anrufungen durch Bundesregierung und Bundestag enthalten solche Konkretisierungen im allgemeinen nicht (offene Anrufungen)[132].

62
Umfang des Vermittlungsgegenstandes
„Querschnittgesetze",
„Paketgesetze"

Sachzusammenhang

Gleichwohl bleiben Probleme der Abgrenzung in der Frage, wieweit der Vermittlungsausschuß seine Kompromißtätigkeit thematisch ausdehnen kann[133]. Solche Abgrenzungsprobleme treten insbesondere bei Querschnittgesetzen (etwa Haushaltsstrukturgesetzen)[134] und interdependenten Materien auf, die zu einem „Paket" zusammengefaßt sind oder werden können. Insoweit wird eine Kompetenzüberschreitung des Vermittlungsausschusses daran gemessen, ob der (inhaltliche) Sachzusammenhang mit dem Gegenstand des Gesetzesbeschlusses des Bundestages gewahrt ist[135]. Dieser inhaltliche Sachzusammenhang bildet die thematische Grenzlinie der Vermittlungstätigkeit. Es ist leicht ersichtlich, daß das Kriterium des Sachzusammenhangs nicht mehr als

---

128 Vgl. *Vogel* (N 119), S. 220.
129 BVerfGE 72, 175 (188); bestätigt durch BVerfGE 78, 249 (271); ausführlich ergänzt durch BVerfGE 101, 297 (306f.).
130 So die in BVerfGE 72, 175 (189f.) wiedergegebene Staatspraxis.
131 In der Zeit von 1949 bis 2002 ist der Vermittlungsausschuß 774mal angerufen worden, davon 686mal durch den Bundesrat, vgl. Handbuch des Bundesrates, 2002/2003 S. 297.
132 *Dietlein*, Vermittlungsausschuß (N 119), S. 13 f.
133 Vgl. dazu *Schenke* (N 119); *Dietlein*, Vermittlungsausschuß (N 119); *Henseler* (N 119).
134 Vgl. BVerfGE 72, 175 (189), betr. Haushaltsstrukturgesetz.
135 Vgl. BVerfGE 72, 175 (190); dazu *Michael Sachs*, Grenzen der Befugnisse des Vermittlungsausschusses, in: JuS 1987, S. 821 ff. (821 f.); *Walter Georg Leisner*, Die Erhöhung der Erbschaft- und Schenkungsteuer durch das Haushaltsbegleitgesetz 2004 – verfassungswidrig?, in: NJW 2004, 1129 ff.; *Peter M. Huber/Daniel Fröhlich*, Die Kompetenz des Vermittlungsausschusses und ihre Grenzen, in: DÖV 2005, S. 322 ff.

einen groben Anhaltspunkt für eine verfassungsrechtliche Beurteilung bildet, der nur Mißbrauchsfälle greifbar macht. Die Linie der Rechtsprechung des Bundesverfassungsgerichts zieht hier großzügig einen weiten Bogen um den Dispositionsraum des Vermittlungsausschusses[136]. Dem Vermittlungsausschuß verbleibt also ein erheblicher Spielraum. Ohne ihn könnte er seine Aufgabe nicht sachgerecht erfüllen. Die Grenze seiner Aktivität ist weit gezogen. Sie besteht im wesentlichen darin, daß dem Gesetzesbeschluß des Bundestages „keine neue Thematik aufgepfropft werden darf, die über die zu regelnde Materie hinausgeht und seine Identität so verfremdet, daß daraus ein völlig neues Gesetz entsteht"[137].

III. Verfahren im Vermittlungsausschuß

Das Verfahren im Vermittlungsausschuß ist in der Geschäftsordnung geregelt, beruht aber in seiner Struktur auch auf einer eingeübten Praxis[138]. Die hohe Erfolgsquote des Vermittlungsverfahrens wird vor allem auf zwei Umstände zurückgeführt. Zum einen darauf, daß im Vermittlungsverfahren die Politiker „unter sich" sind[139]. Es fehlen die durch ihr früheres Auftreten festgelegten Abgeordneten ebenso wie die Beamten der Ministerien. Zum andern wird als existentiell für das Vermittlungsverfahren der Umstand erachtet, daß die Beratungen im Vermittlungsausschuß vertraulich sind. Die Vertraulichkeit der Beratungen wird mittelbar den § 3 S. 3, §§ 5, 6 GOVA entnommen[140]. Sie führt dazu, daß auch die Protokolle des Vermittlungsausschusses erst vier bis acht Jahre nach der Sitzung, auf die sich das jeweilige Protokoll bezieht, der Öffentlichkeit zugänglich sind[141].

63

Vertraulichkeit

G. Ausfertigung

Ein Gesetz wird, sobald es nach Art. 78 GG „zustande gekommen"[142] ist, vom Bundespräsidenten nach Gegenzeichnung ausgefertigt und im Bundesgesetzblatt verkündet (Art. 82 Abs. 1 S. 1 GG). Es folgen also noch drei Akte, die dem Inkrafttreten des Gesetzes vorausgehen: Gegenzeichnung, Ausfertigung und Verkündung[143].

64

Verfahren nach dem Zustandekommen

---

136 Nachweise s. o. in N 129; ferner *Cornils* (N 119).
137 *Dietlein*, Vermittlungsausschuß (N 119), S. 15.
138 Vgl. zu dieser *Hasselsweiler* (N 119), S. 191 ff.
139 Vgl. *Klein* (N 101), S. 364.
140 Vgl. *Dietlein*, Der Vermittlungsausschuß (N 119), S. 17.
141 *Dietlein*, Vermittlungsausschuß (N 119), S. 18. → Bd. II, *Zeh*, § 52 Rn. 53.
142 Der Begriff „Zustandekommen" hat jeweils nur im engeren Regelungskontext seinen Sinn. Er bedeutet für Art. 78 GG Unverrückbarkeit des Votums von Bundestag und Bundesrat und damit interne Verbindlichkeit, vgl. Juliane Kokott, in: BK, Art. 78 Rn. 4 (Stand: März 1997).
143 Vgl. *Karlheinz Rode*, Die Ausfertigung der Bundesgesetze, 1968; *Gisela Wild*, Die Ausfertigung von Gesetzen und Rechtsverordnungen und die Anordnung zu ihrer Verkündung, 1969; *Wolfgang Ziegler*, Die Ausfertigung von Rechtsvorschriften, insbesondere von gemeindlichen Satzungen, in: DVBl 1987, S. 280.

I. Gegenzeichnung („Kontrasignatur")

65
Gegenzeichnungspflicht

Anordnungen und Verfügungen des Bundespräsidenten bedürfen zu ihrer Gültigkeit der Gegenzeichnung durch den Bundeskanzler oder durch den zuständigen Bundesminister (Art. 58 S. 1 GG[144]). Diese allgemeine Gegenzeichnungspflicht ist für die Ausfertigung in Art. 82 Abs. 1 S. 1 GG nochmals besonders erwähnt. Das zustande gekommene Gesetz wird also nicht unmittelbar dem Bundespräsidenten zur Ausfertigung und Verkündung zugeleitet. Vielmehr findet vorher noch das Gegenzeichnungsverfahren statt.

66

Sobald das federführende Bundesministerium vom Bundeskanzleramt über das Zustandekommen des Gesetzes unterrichtet wird, veranlaßt es die Herstellung der Zuschrift (§ 58 GGO). Sodann veranlaßt es die Gegenzeichnung des Gesetzes durch seinen und etwa beteiligte weitere Minister[145].

67
Verfassungshistorischer Funktionsverlust

Die Gegenzeichnung, die im konstitutionellen System des 19. Jahrhunderts ausgeprägt worden ist, hatte ursprünglich eine plausible verfassungsrechtliche Bedeutung. Heute ist sie aufgrund des Wandels der Verfassung mit der Etablierung eines parlamentarischen Regierungssystems zu einer „ehrwürdigen Überflüssigkeit" geworden[146]. Im Zusammenhang des Gesetzgebungsverfahrens hat sie praktisch die Funktion der Vorbereitung der Ausfertigung übernommen[147].

II. Ausfertigung

68
Feststellung des authentischen Textes

Innerhalb des Gesetzgebungsverfahrens ist der Gesetzestext im Regelfall ständigen Änderungen unterworfen. Am Schluß dieses Verfahrens muß schon aus Gründen der Rechtssicherheit amtlich festgestellt werden, welcher Text den endgültigen Willen des Gesetzgebers wiedergibt. Diese Funktion kommt der Ausfertigung durch den Bundespräsidenten zu. Die Ausfertigung hat den Zweck, festzustellen und zu bezeugen, daß der Inhalt der Urkunde mit dem Willen des Gesetzgebers übereinstimmt (Bezeugung der Authentizität).

69
Formelles Prüfungsrecht des Bundespräsidenten

Darüber hinaus erklärt der Bundespräsident mit der Ausfertigung, daß das Gesetz „nach den Vorschriften dieses Grundgesetzes zustande gekommen" ist (Bezeugung der Legalität, Art. 82 Abs. 1 S. 1 GG). Dies setzt unbestrittenermaßen eine zumindest formelle, das Gesetzgebungsverfahren betreffende Verfassungsprüfung durch den Bundespräsidenten voraus[148].

70

Bliebe das Prüfungsrecht des Bundespräsidenten auf die Identitätsprüfung und die Verfahrenskontrolle beschränkt, so wäre die Ausfertigung lediglich „eine staatsnotarielle Aufgabe mit rechtsbewahrender Funktion"[149]. Ob dem

---

144 Klaus Schlaich, Die Funktionen des Bundespräsidenten im Verfassungsgefüge, in: HStR II, ²1998 (¹1987), § 49 Rn. 60 ff.
145 Zur Zuständigkeit Schlaich (N 144), § 49 Rn. 80.
146 Vgl. Schlaich (N 144), § 49 Rn. 67.
147 Vgl. Stern (N 9), S. 631.
148 Vgl. Schlaich (N 144), § 49 Rn. 33.
149 Stern (N 9), S. 217.

Bundespräsidenten ein – wenn auch begrenztes – materielles Prüfungsrecht zusteht, ist umstritten[150]. Fest steht jedoch, daß dem Bundespräsidenten keine politische Prüfungskompetenz zukommt. Den Sachinhalt eines Gesetzes zu bestimmen, ist allein Aufgabe der parlamentarischen Körperschaften. – Kommt der Bundespräsident zu dem Ergebnis, daß das Gesetz ordnungsgemäß zustande gekommen ist, so hat er die Pflicht, das Gesetz auszufertigen. Fälle einer Verweigerung der Gesetzesausfertigung sind nur selten vorgekommen. Die bisherigen Bundespräsidenten haben von ihrem Prüfungsrecht einen beherrschten Gebrauch gemacht und die Rolle des Bundesverfassungsgerichts als Hüter der Verfassung durchweg respektiert[151].

Materielles Prüfungsrecht

Pflicht zur Ausfertigung

Eine Frist für die Ausfertigung sieht das Grundgesetz im Gegensatz zur Weimarer Verfassung[152] nicht vor. Dem Bundespräsidenten muß jedoch eine angemessene Zeit zur Prüfung belassen werden. Wenn er diese Prüfung abgeschlossen hat, muß er unverzüglich ausfertigen.

71
Frist

H. Verkündung und Inkrafttreten

I. Verkündung

Die vom Bundespräsidenten vorgenommene Ausfertigung des Gesetzes ist im Bundesgesetzblatt zu verkünden[153]. Das ausgefertigte Gesetz wird zu diesem Zweck der Schriftleitung des Bundesgesetzblattes zugeleitet (§ 60 GGO).

72

Das Bundesgesetzblatt besteht aus drei Teilen. In Teil I werden veröffentlicht (§ 76 I GGO)

Bundesgesetzblatt

– alle Bundesgesetze, soweit sie nicht in Teil II veröffentlicht werden,
– Verordnungen, soweit sie nicht im Bundesanzeiger oder anderen amtlichen Verkündungsblättern veröffentlicht werden,
– die Entscheidungsformeln der Urteile des Bundesverfassungsgerichts nach § 31 Abs. 2 S. 3 BVerfGG,
– Entscheidungen über die sachliche Zuständigkeit nach Art. 129 Abs. 1 des Grundgesetzes,
– Anordnungen und Erlasse des Bundespräsidenten,

---

150 Vgl. einerseits *Schneider* (N 1), Rn. 468; andererseits *Schlaich* (N 144), § 49 Rn. 35 ff. Ferner *Michael Nierhaus*, in: Sachs, GG Komm., Art. 54 Rn 9 ff.
151 Vgl. *Schneider* (N 1), Rn. 469 ff.; vgl. auch die Dokumentation im Datenhandbuch zur Geschichte des Deutschen Bundestages 1949–1999, Bd. II, S. 2453 ff.; ferner *Johannes Rau*, Vom Gesetzesprüfungsrecht des Bundespräsidenten, in: DVBl 2004, S. 11 f.; *Schlaich* (N 144), § 49 Rn. 38 ff. – Erhebliche Unruhe gab es im Jahre 2006 im Bundestag, als Bundespräsident Köhler innerhalb eines kurzen Zeitraums die Ausfertigung und Verkündung mehrerer Bundesgesetze verweigerte.
152 Nach Art. 70 WRV war eine Frist von einem Monat vorgesehen.
153 *Werner Weber*, Die Verkündung von Rechtsvorschriften, 1942; *Schneider* (N 1), Rn. 464 ff.; *Almut Wittling*, Die Publikation der Rechtsnormen einschließlich der Verwaltungsvorschriften, 1991.

- Bekanntmachungen über innere Angelegenheiten des Bundestages und des Bundesrates,
- andere Bekanntmachungen im allgemeinen nur dann, wenn es vorgeschrieben ist.

73 In Teil II des Bundesgesetzblattes werden veröffentlicht
- völkerrechtliche Übereinkünfte, die zu ihrer Inkraftsetzung erlassenen Rechtsvorschriften sowie damit zusammenhängende Bekanntmachungen,
- Rechtsvorschriften auf dem Gebiet des Zolltarifwesens.

In der „Sammlung des Bundesrechts, Bundesgesetzblatt Teil III" wurden und werden die Rechtsvorschriften, die bei der Rechtsbereinigung als fortgeltendes Bundesrecht festgestellt worden sind, nach Sachgebieten geordnet neu veröffentlicht. Nicht aufgenommene Gesetze sind außer Kraft getreten[154].

Spannungs- und Verteidigungsfall

Eine vereinfachte Verkündung oder Bekanntgabe von Gesetzen durch Rundfunk, Tagespresse oder Aushang ist nach dem Gesetz vom 18. Juli 1975 (BGBl I, S. 1919 = Sartorius Nr. 71) für den Spannungs- und Verteidigungsfall vorgesehen.

II. Inkrafttreten

74 Die Verkündung ist der letzte für die Rechtserzeugung eines Gesetzes notwendige Akt im Gesetzgebungsverfahren. Aber er ist zu unterscheiden von dem Inkrafttreten des Gesetzes. Mit der Verkündung ist das Gesetzgebungsverfahren zwar abgeschlossen, aber das Gesetz – noch nicht notwendig – auch

Kein Teil des Gesetzgebungsverfahrens

schon in Kraft getreten. Inkrafttreten eines Gesetzes bedeutet, daß das Gesetz von einem bestimmten Zeitpunkt an seine Rechtswirkungen entfaltet, also die in ihm enthaltenen Befehle und Anordnungen befolgt und umgesetzt werden müssen. Das Inkrafttreten ist also nicht mehr Bestandteil des Gesetzgebungsverfahrens; es betrifft vielmehr seine materielle Bedeutung[155].

1. Gesetzliche Bestimmung des Inkrafttretens

75
Art. 82 Abs. 2 S. 1 GG

Jedes Gesetz soll den Tag des Inkrafttretens bestimmen (Art. 82 Abs. 2 S. 1 GG). Diese verfassungsrechtliche Regel ist auch praktisch der Normalfall. Der Zeitpunkt des Inkrafttretens kann in der Zukunft liegen, mit der Verkündung zusammenfallen oder auf einen Zeitpunkt in der Vergangenheit zurückbezogen werden.

Die zuerst genannten beiden Fälle sind unproblematisch. Bei Gesetzen, die eine längere Zeit der organisatorischen Vorbereitung zum Gesetzesvollzug bei den Behörden erfordern oder der vorherigen „Einübung" bei der Bevölkerung bedürfen, wird der Zeitpunkt des Inkrafttretens weit in die Zukunft

---

154 Vgl. zum Stand der Rechtsbereinigung: *Schneider* (N 1), Rn. 697 ff.
155 BVerfGE 42, 263 (283).

verlegt, möglicherweise auf ein Jahr hinausgeschoben. Problematisch sind die Gesetze, die sich rückwirkende Kraft beilegen und belastend in bereits in der Vergangenheit liegende, abgewickelte und abgeschlossene Tatbestände eingreifen. Eine solche retroaktive Rückwirkung ist aus rechtsstaatlichen Gründen nur in Ausnahmefällen zulässig[156]. *Rückwirkung*

2. Aufschiebend bedingtes Inkrafttreten

Der Gesetzgeber braucht den Zeitpunkt des Inkrafttretens nicht kalendermäßig festzulegen. Vielmehr kann er den Zeitpunkt des Inkrafttretens auch von einer Bedingung abhängig machen, also von dem zukünftigen Eintritt eines ungewissen Ereignisses[157]. In diesem Fall muß jedoch die Feststellung, zu welchem Zeitpunkt das zukünftige ungewisse Ereignis eingetreten ist, ausdrücklich getroffen werden oder wegen Offenkundigkeit entbehrlich sein. Jedenfalls muß dem Grundsatz der Rechtssicherheit und Rechtsklarheit in vollem Umfang Rechnung getragen werden. **76** *Bedingung*

3. Inkrafttreten bei Schweigen des Gesetzgebers

Trifft das Gesetz über sein Inkrafttreten keine ausdrückliche Regelung, so tritt es mit dem 14. Tag nach Ablauf des Tages in Kraft, „an dem das Bundesgesetzblatt ausgegeben worden ist" (Art. 82 Abs. 2 S. 2 GG). Für die Frage, wann diese „Ausgabe" erfolgt ist, begründet das in der Kopfleiste angegebene Datum eine widerlegbare Vermutung[158]. **77** *Subsidiäre 14-Tages-Frist*

I. Berichtigung von Gesetzen

Die Vielzahl der in das Gesetzgebungsverfahren eingebauten Kontrollen schließt es nicht aus, daß sich nach Verkündung des Gesetzes Fehler herausstellen, die während des Gesetzgebungsverfahrens nicht bemerkt worden sind. In diesem Falle stellt sich die Frage einer Zulässigkeit der Berichtigung des Gesetzes[159]. Eine solche Berichtigung wird bei sogenannten offenbaren Unrichtigkeiten und Unstimmigkeiten (Redaktionsfehlern, falsche Schreibweise, Verdrehung von Buchstaben, falsche Fundstellen etc.) in der Gesetzgebungspraxis seit über hundert Jahren praktiziert. Manche sehen hierin des- **78** *Druckfehler und andere offenbare Unrichtigkeiten*

---

156 Vgl. *Schneider* (N 1), Rn. 530 ff.
157 BVerfGE 42, 263 (283 ff.); *Jürgen Salzwedel*, Das Inkrafttreten von Gesetzen unter aufschiebender Bedingung, in: FS für Hermann Jahrreiß, 1974, S. 195 ff.; *Schneider* (N 1), Rn. 519.
158 Vgl. *Schneider* (N 1), Rn. 488.
159 *Andreas Reich*, Korrekturen im Gesetzestext, 1973, S. 846 ff.; *Michael Kirn*, Die „Berichtigung" von beschlossenen, noch nicht ausgefertigten und verkündeten Gesetzen, in: ZRP 1973, S. 49 ff.; *Johann-Friedrich Staats*, Zur Berichtigung von Gesetzesbeschlüssen des Bundestages wegen Redaktionsversehen, in: ZRP 1974, S. 183 ff.; *Eckart Schiffer*, Feststellung des Inhalts und Änderung von Beschlüssen im Gesetzgebungsverfahren, in: FS für Hans Schäfer, 1975, S. 39 ff.; *Schneider* (N 1), Rn. 494 ff.

halb ein verfassungsrechtliches Gewohnheitsrecht[160]. Der Streit geht im wesentlichen nicht darum, ob überhaupt, sondern in welchem Umfang und bei welchen Fehlern eine Berichtigung vorgenommen werden darf, so daß sich eine Änderung im formellen Gesetzgebungsverfahren erübrigt. Eine Berichtigung darf unter keinen Umständen dazu führen, daß der Gesetzesinhalt in seiner normativen Substanz in irgendeiner Weise verändert wird. Für eine Berichtigung bleiben demzufolge nur „Druckfehler oder andere offenbare Unrichtigkeiten", deren Berichtigung den Gesetzesinhalt völlig unberührt läßt. Die Zulässigkeit der Berichtigung solcher Fehler ist allgemein anerkannt[161].

79
Berichtigungsverfahren

In § 61 GGO und in § 122 Abs. 3 GOBT sind Vorschriften enthalten, die das Berichtigungsverfahren ordnen. Dabei kommt es darauf an, wann sich der Fehler in das Gesetzgebungsverfahren eingeschlichen hat. Ist er nach Ausfertigung des Gesetzes im Verkündungsstadium geschehen, so wird er in der nächsten Ausgabe des Bundesgesetzblattes formlos korrigiert. War der Fehler schon vor der Ausfertigung in den Vorlagen entstanden, so sind je nach Verfahrensstadium die Einwilligungen verschiedener Stellen einzuholen (Bundestagspräsident, Bundesratspräsident etc.).

J. Gesetzgebungsverfahren in besonderen Fällen

80

In bestimmten Fällen folgt das Verfahren der Gesetzgebung abweichenden Regeln. Diese besonderen Gesetzgebungsverfahren sind mit spezifischen historischen Situationen (Gesetzgebungsnotstand, Verteidigungsfall) oder mit dem besonderen Inhalt der Gesetze (finanzwirksame Gesetze, verfassungsändernde Gesetze) verknüpft.

I. Gesetzgebungsnotstand

81
Erklärung des Notstands

Unter den Voraussetzungen des Art. 81 Abs. 1 GG kann der Bundespräsident mit Zustimmung des Bundesrates für eine Gesetzesvorlage der Bundesregierung den „Gesetzgebungsnotstand"[162] erklären. Materiell sind zwei Situationen erfaßt:
– der Antrag des Bundeskanzlers, ihm das Vertrauen auszusprechen, hat keine Mehrheit im Bundestag gefunden; es besteht also eine Minderheitsregierung;
– der Bundeskanzler hat mit einer Gesetzesvorlage die Vertrauensfrage verbunden; diese ist vom Bundestag abgelehnt worden.

---
160 *Staats* (N 159), S. 185.
161 BVerfGE 48, 1 (18f.); 105, 313 (334f.); OVG Nordrh.-Westf. in: NWVBl 2006, S. 50 (54).
162 Vgl. *Eckart Klein*, Funktionsstörungen in der Staatsorganisation, in: HStR VII 1992, § 168 Rn. 31 ff.

Wenn in diesen Situationen die Bundesregierung eine Gesetzesvorlage „als dringlich bezeichnet hat", dann kann auf ihren Antrag der Gesetzgebungsnotstand erklärt werden. In diesem Fall gilt das Gesetz als zustande gekommen, wenn der Bundestag die Gesetzesvorlage erneut ablehnt, aber der Bundesrat der Gesetzesvorlage zustimmt. Ein Gesetz kann damit auch ohne und sogar gegen den Willen des Bundestages zustande kommen.

Der Gesetzgebungsnotstand ist jedoch zeitlich und sachlich eingeschränkt. Er ist auf sechs Monate begrenzt und ergreift nicht verfassungsändernde Gesetze. Praktische Anwendung hat er bisher nicht gefunden.

II. Verfahren der Gesetzgebung im Verteidigungsfall

Eine grundlegende Umgestaltung erfährt das Gesetzgebungsverfahren im Verteidigungsfall. Die Feststellung, daß das Bundesgebiet mit Waffengewalt angegriffen wird oder ein solcher Angriff unmittelbar droht (Verteidigungsfall), trifft der Bundestag mit Zustimmung des Bundesrates (Art. 115a Abs. 1 GG)[163]. Für diesen Fall gilt das Verfahren gemäß Art. 115d Abs. 2 GG. Gesetzesvorlagen, die die Bundesregierung als dringlich bezeichnet, werden gleichzeitig beim Bundestag eingebracht und dem Bundesrat zugeleitet. Bundestag und Bundesrat beraten diese Vorlagen unverzüglich *gemeinsam* nach einer von ihnen erlassenen Geschäftsordnung.

82
Verteidigungsnotstand

Stehen dem Zusammentritt des Bundestages unüberwindliche Hindernisse entgegen oder ist er nicht beschlußfähig, so tritt der Gemeinsame Ausschuß gemäß Art. 53a GG in die Stellung von Bundestag und Bundesrat ein und nimmt deren Rechte einheitlich wahr (Art. 115e Abs. 1 GG). Seine Befugnisse sind jedoch sachlich eingeschränkt (Art. 115e Abs. 2 GG). Für die Verkündung von Gesetzen kann die vereinfachte Form gewählt werden[164].

83
Gemeinsamer Ausschuß

III. Finanzwirksame Gesetze

Für das Verfahren des Zustandekommens des Haushaltsgesetzes gelten folgende Besonderheiten. Die Befugnis, eine Gesetzesvorlage einzubringen, wird als Budgetinitiative zur Prärogative der Bundesregierung erklärt. Art. 76 Abs. 1 GG ist insoweit durch die Spezialregelung des Art. 110 Abs. 3 GG verdrängt[165]. Dies entspricht nicht nur alter Tradition, sondern auch dem Umstand, daß nur die Regierung über die Kapazitäten verfügt, die für die Aufstellung eines Haushaltsplans notwendig sind. Für die Haushaltsvorlagen gelten auch geschäftsordnungsmäßig besondere Regeln und Fristen (§ 95 GOBT).

84
Haushaltsgesetze

---

163 Vgl. *Wolfgang Graf Vitzthum*, Der Spannungs- und Verteidigungsfall, in: HStR VII, 1992, § 170 Rn. 30.
164 S. o. Rn. 73.
165 H. M.: *Stern* (N 9), S. 1211 m. Nachw.; a. A. *Dieter Birk*, in: GG-AK, Art. 110 Rn. 10: vgl. auch *Reinhard Mußgnug*, Der Haushaltsplan als Gesetz, 1976, S. 355 ff.; *Werner Heun*, Staatshaushalt und Staatsleitung, 1989, S. 302 ff. → Unten *Heintzen*, § 120 Rn. 61 f.

85
Art. 113 GG

Zu nennen ist ferner Art. 113 GG. Danach bedürfen Gesetze, welche die von der Bundesregierung vorgeschlagenen Ausgaben des Haushaltsplans erhöhen oder neue Ausgaben in sich schließen oder für die Zukunft mit sich bringen, der Zustimmung der Bundesregierung. Das gleiche gilt für Gesetze, die Einnahmeminderungen in sich schließen oder für die Zukunft mit sich bringen. Mit diesem Zustimmungsrecht ist der Bundesregierung verfassungsrechtlich ein einschneidendes Instrument im Gesetzgebungsverfahren zugeordnet. Es hat die Funktion, einem erfahrungsgemäß ausgabefreudigen Parlament entgegenzuwirken. Über die verfassungspolitische Wirksamkeit dieses Instruments besteht jedoch erhebliche Skepsis[166].

IV. Verfassungsändernde Gesetze

86 Gesetze, die die Verfassung ändern, unterliegen dem normalen Gesetzgebungsverfahren, kommen aber nur zustande, wenn Bundestag und Bundesrat der Änderung jeweils mit zwei Dritteln ihrer Mitglieder zustimmen (Art. 79 Abs. 2 GG)[167].

V. Vertragsgesetze

87 Umstritten ist, ob Initiator eines Zustimmungsgesetzes gemäß Art. 59 Abs. 2 S. 1 GG nur die Bundesregierung oder auch andere Initiativträger sein können[168]. Das Bundesverfassungsgericht hat diese Frage bisher offengelassen[169].

---

166 Vgl. *Herbert Fischer-Menshausen* in: v. Münch III, Art. 113 Rn. 13 f.; *Schneider* (N 1), Rn. 150; zurückhaltend *Markus Heintzen*, in: v. Münch/Kunig, GGK III, ⁴/⁵ 2003, Art. 113 Rn. 13. → Unten *Heintzen*, § 120 Rn. 64.
167 Vgl. *Peter Badura*, Verfassungsänderung, Verfassungswandel, Verfassungsgewohnheitsrecht, in: HStR VII, 1992, § 160 Rn. 18.
168 Vgl. *Schürmann* (N 1), S. 67 m. Nachw.; ferner *Gerald Kretschmer*, Gesetzesentwürfe aus der Mitte des Bundestages und völkerrechtliche Verträge, in: FS für Herbert Helmrich, 1994, S. 537 ff.; *Schneider* (N 1), Rn. 220 ff. (224).
169 BVerfGE 68, 1 (66).

K. Bibliographie

Norbert Achterberg, Parlamentsrecht, 1984.
Carl Böhret (Hg.), Gesetzgebungspraxis und Gesetzgebungslehre, Speyerer Forschungsberichte, 1980.
Brun-Otto Bryde, Stationen, Entscheidungen und Beteiligte in Gesetzgebungsverfahren, in: Hans-Peter Schneider/Wolfgang Zeh (Hg.), Parlamentsrecht mit Parlamentspraxis, 1989, § 30.
Bundesministerium der Justiz (Hg.), Handbuch der Rechtsförmlichkeit, ²1999.
Kurt Eichenberger u. a., Grundfragen der Rechtsetzung, 1978.
Ekkehard Handschuh, Gesetzgebung – Programm und Verfahren, ²1985.
Hermann Hill, Einführung in die Gesetzgebungslehre, 1982.
ders., Rechtsdogmatische Probleme der Gesetzgebung, in: Jura 1986, S. 286 ff.
ders., (Hg.), Zustand und Perspektiven der Gesetzgebung, 1989.
Hans Hofmann, Die Ausgestaltung des Gesetzgebungsverfahrens nach der Reform des Grundgesetzes, in: NVwZ 1995, S. 134 ff.
Werner Hugger, Gesetze – Ihre Vorbereitung, Abfassung und Prüfung, 1983.
Klaus König, Zur Überprüfung von Rechtsetzungsvorhaben des Bundes, Speyerer Forschungsberichte, Bd. 53, 1986.
Klaus Leonhardt, Das Gesetzgebungsverfahren, in: Bundesakademie für öffentliche Verwaltung (Hg.), Praxis der Gesetzgebung, 1984, S. 47 ff.
Peter Noll, Gesetzgebungslehre, 1973.
Theo Öhlinger (Hg.), Methodik der Gesetzgebung, 1982.
Karlheinz Rode, Die Ausfertigung der Bundesgesetze, 1968.
Jürgen Rödig (Hg.), Studien zu einer Theorie der Gesetzgebung, 1976.
Hans Schneider, Gesetzgebung, ³2002.
Hans-Peter Schneider/Wolfgang Zeh (Hg.), Parlamentsrecht und Parlamentspraxis, 1989.
Martin Schürmann, Grundlagen und Prinzipien des legislatorischen Einleitungsverfahrens nach dem Grundgesetz, 1987.
Helmuth Schulze-Fielitz, Das Parlament als Organ der Kontrolle im Gesetzgebungsprozeß, in: Horst Dreier/Jochen Hofmann (Hg.), Parlamentarische Souveränität und technische Entwicklung, 1986, S. 71 ff.
ders., Theorie und Praxis parlamentarischer Gesetzgebung – besonders des 9. Deutschen Bundestages (1980–1983), 1988.
Thomas Schwerin, Der Deutsche Bundestag als Geschäftsordnungsgeber, 1998.
Klaus Stern, Das Staatsrecht der Bundesrepublik Deutschland, Bd. II, 1980.
Günther Winkler/Bernd Schilcher (Hg.), Gesetzgebung, 1981.
Gebhard Ziller, Zum Spannungsverhältnis zwischen Bundestag und Bundesrat im Gesetzgebungsverfahren, in: FS für Helmut Schellknecht, 1984, S. 135 ff.

§ 103
Rechtsverordnung

Fritz Ossenbühl

Übersicht

	Rn.
A. Begriff und Funktion	1– 9
I. Begriff	1
II. Funktion und Bedeutung	2– 6
III. Abgrenzung zu verwandten Regelungsformen	7– 9
1. Verwaltungsvorschriften	
2. Satzungen	8
3. Verordnungen der Europäischen Gemeinschaften	9
B. Gesetz und Rechtsverordnung	10–28
I. Historische Entwicklung	11–14
II. Geltende Rechtslage	15–28
1. Grundsätzliche Bemerkungen	15–16
2. Erfordernis einer formellgesetzlichen Rechtsgrundlage	17–27
a) Zur Bedeutung des Art. 80 Abs. 1 GG	17–19
b) Bestimmtheitsgebot	20–25
c) Gesetzesvertretende, gesetzesergänzende und gesetzesändernde Rechtsverordnungen	26–27
3. Reformbestrebungen	28
C. Verfahren der Verordnungsgebung	29–77
I. Verordnungsgeber	29–39
1. Kreis der Ermächtigungsadressaten	29–33
2. Ermächtigungskombinationen	34–35
3. Subdelegation (Unterermächtigung)	36–37
a) Kreis der Subdelegatare	36
b) Form der Subdelegation	37
4. Verordnungsänderung durch den Gesetzgeber	38–39
II. Verordnungsermessen	40–52
1. Begriff	41
2. Verordnungsgebung und Normkonkretisierung	42–43
3. Differenzierungen der Intensität des Verordnungsermessens	44–49
a) Selbständige und unselbständige Verordnungen	45
b) Mitwirkungsbedürftige Rechtsverordnungen	46
c) Maßnahme- und Individualverordnungen	47–48
d) Differenzierung nach Sachbereichen	49
4. Verpflichtung zum Erlaß und zur Aufhebung von Rechtsverordnungen	50–52
III. Mitwirkung Dritter	53–67
1. Mitwirkung von Organen und Stellen der Legislative	53–65
a) Zustimmung des Bundesrates	53–56
b) Mitwirkung des Bundestages	57–63
aa) Befund	57–59
bb) Zulässigkeit der Mitwirkung	60–63
c) Mitwirkung von Parlamentsausschüssen	64–65
aa) Befund	64
bb) Zulässigkeit der Mitwirkung	65
2. Mitwirkung anderer Stellen	66–67
IV. Verfahrensabschnitte und Formalien	68–77
1. Vorbereitungsphase	69
2. Anhörung Dritter	70
3. Zitiergebot	71
4. Begründung	72–74
5. Ausfertigung und Verkündung	75
6. Inkrafttreten und Außerkrafttreten	76–77
D. Fehlerhafte Rechtsverordnungen	78–85
I. Fehler und Fehlerfolgen	78–79
II. Kontrollverfahren	80–84
III. Kontrolldichte	85
E. Bibliographie	

A. Begriff und Funktion

I. Begriff

1
Materielle Rechtssätze

Rechtsverordnungen sind Rechtssätze, die im Regelfall aufgrund einer formellgesetzlichen Ermächtigung von Stellen der Exekutive erlassen werden und allgemeinverbindliche Wirkungen erzeugen, das heißt nicht nur die angesprochenen Normadressaten, sondern auch den Richter binden. Das Verordnungsrecht ist nach deutschem Staatsrecht grundsätzlich eine von der Legislative der Exekutive verliehene Rechtsetzungsmacht[1]. Die Rechtsverordnungen sind damit als abgeleitete (derivative) Rechtsquellen Ausdruck einer delegierten Rechtsetzung, einer Dekonzentration der Gesetzgebung. Als hoheitliche Regelungen der Regierungs- und Verwaltungsorgane ergehen Rechtsverordnungen aufgrund eines parlamentsbeschlossenen Gesetzes; sie stehen deshalb in der Rangfolge der Rechtsquellen unter dem Gesetz, erzeugen aber ebenso wie ein förmliches Gesetz allgemeinverbindliches Recht.

Abgeleitete Rechtsquellen

II. Funktion und Bedeutung

2
Entlastung des Parlaments

Die Delegation von Rechtsetzungsgewalt auf die Exekutive hat den Sinn, den parlamentarischen Gesetzgeber zu entlasten[2]. Nach dem geltenden Schema der Gewaltengliederung steht die Gesetzgebungsgewalt prinzipiell dem parlamentarischen Gesetzgeber zu[3]. Trotz der vielbeklagten Gesetzesflut ist der parlamentarische Gesetzgeber jedoch nicht in der Lage, den „Normhunger der Verwaltung"[4] zu stillen und den Regelungsbedarf eines industrialisierten und pluralisierten Gemeinwesens zu decken. Regelungsbedarf des Gemeinwesens und Regelungskapazität des parlamentarischen Gesetzgebers klaffen auseinander. Deshalb eröffnen die Verfassungen dem Gesetzgeber den Weg einer partiellen Übertragung von Rechtsetzungsgewalt auf die Exekutive, die diese ihr übertragene Gesetzgebungsbefugnis durch den Erlaß von Rechtsverordnungen betätigt.

3
Kein Ersatz für das Parlamentsgesetz

Die Rechtsverordnung soll das parlamentsbeschlossene Gesetz nicht ersetzen, sondern lediglich von technischen Details und ephemeren Regelungen sowie fachorientierten sachbedingten Anordnungen ohne oder mit nur geringem politischen Entscheidungsgehalt entlasten. Insoweit ist das Rechtsverordnungsrecht der Exekutive schlechthin unentbehrlich. Eine besonnene Anwendung und Praktizierung des Rechtsverordnungsrechts führt keineswegs zu einem Machtverlust des Parlamentes. Vielmehr wird das Parlament durch die

Grundsätzlich unpolitische Regelungen

---

1 BVerfGE 101, 1 (41); *Michael Nierhaus*, in: Bonner Kommentar zum Grundgesetz, Art. 80 (Stand: November 1988), Art. 80 Abs. 1 Rn. 147, 170; zu neueren Deutungen s. u. Rn. 16.
2 Vgl. *Heinrich Triepel*, Delegation und Mandat im öffentlichen Recht, 1942, S. 111; *Nierhaus* (N 1), Art. 80 Abs. 1 Rn. 24; *Michael Brenner*, in: Mangoldt/Klein/Starck, GG III, ⁴2001, Art. 80 Rn. 9.
3 BVerfGE 34, 52 (59).
4 *Ernst Forsthoff*, Lehrbuch des Verwaltungsrechts, 1973, S. 136.

Entlastung von politisch unwichtigen oder nachrangigen Details erst in den Stand gesetzt, sich mit der notwendigen Aufmerksamkeit und Konzentration den tragenden politischen Entscheidungen und Regelungen zu widmen.

Allerdings hat sich diese überkommene verfassungsrechtliche Ausgangslage in der Staatspraxis erheblich verschoben. Die Vorstellung, daß im parlamentsbeschlossenen Gesetz die politisch wichtigen Entscheidungen getroffen werden, die dann in den gesetzausführenden Rechtsverordnungen in fachtechnischer Hinsicht konkretisiert und sozusagen vollzugsreif gemacht werden, ist angesichts der gegenwärtigen Regelungsprobleme nicht mehr realistisch. Die Alternative Parlamentsgesetz oder Rechtsverordnung wird nicht (allein) durch die Kriterien „politisch wichtig" und „politisch unwichtig" bestimmt, sondern in weiten Bereichen durch Zwänge und Notwendigkeiten der betreffenden Regelungsmaterie präjudiziert. Muß sich ein Regelungssystem mangels hinreichend vorhandener Erfahrungen und Erkenntnisse, wie beispielsweise im technischen Sicherheitsrecht (Atomrecht) oder in naturwissenschaftlich noch nicht völlig abgesicherten risikobehafteten Regelungsbereichen (Gentechnikrecht) erst allmählich aufbauen und aufgrund neuer Erfahrungen und Erkenntnisse erst entwickeln, so muß sich der parlamentarische Gesetzgeber notgedrungen auf allgemein gehaltene hochabstrakte Begriffe und Formeln beschränken (etwa Vorsorge gegen Gefahren nach dem Stand von Wissenschaft und Technik zu treffen) und die Befriedigung des Normbedarfs im weiteren Entwicklungsprozeß der Exekutive überlassen. Regelungsdichte und Regelungstiefe sind nicht immer beliebig erreichbar, sondern abhängig von den Regelungsgegenständen[5]. Dies gilt, um ein anderes modernes Beispiel zu nennen, auch dort, wo der Staat ökonomische Prozesse steuern und „regulieren" möchte, wie beispielsweise im Kreislaufwirtschafts- und Abfallgesetz oder im Telekommunikationsbereich. In solchen Bereichen ist das Parlament weitgehend darauf beschränkt, Prinzipien und Ziele zu formulieren, die einen hohen Abstraktionsgrad aufweisen. Regelungsverluste, die dadurch sachbedingt im parlamentarischen Raum eintreten, werden dann zum Teil durch Mitwirkungsrechte des Parlamentes bei der Gestaltung der Rechtsverordnungen wieder ausgeglichen. So besteht beispielsweise das Kreislaufwirtschafts- und Abfallgesetz aus einer Vielzahl von Verordnungsermächtigungen, in denen der Exekutive Ziele und Maßstäbe vorgegeben werden, die dann durch Rechtsverordnungen erst näher ausgeformt und so konkret gemacht werden, daß das Gesetz vollzogen werden kann. Das Kreislaufwirtschaft- und Abfallgesetz erscheint so als ein Grundlagen- und Grundsatzgesetz, welches durch die Rechtsverordnungen nicht nur ergänzt wird, sondern mit den Rechtsverordnungen eine unlösbare Einheit bildet, eine gleichsam kombinierte Sachregelung, an der Parlament und Regierung in Arbeitsteilung zusammenwirken[6].

---
5 BVerfGE 101, 1 (35) – Käfighaltung; *Johannes Saurer*, Die Funktion der Rechtsverordnung, 2005, der das Problem ausführlich am Referenzgebiet des Umweltrechts darstellt. Dazu ferner *Bundesministerium für Umwelt, Naturschutz und Reaktorsicherheit* (Hg.), Umweltgesetzbuch (UGB-KomE), Entwurf der unabhängigen Sachverständigenkommission beim BMU, 1998, S. 112 ff., 463 ff.
6 Vgl. *Fritz Ossenbühl*, Der verfassungsrechtliche Rahmen offener Gesetzgebung und konkretisierender Rechtsetzung, in: DVBl 1999, S. 1 ff. (4).

5 Gesetzes- akzessorietät	Die Rechtsverordnungen stehen zwar sozusagen im Schlepptau von parlamentsbeschlossenen Gesetzen; sie sind durchweg gesetzesakzessorisch. Dies besagt aber nichts zu ihrer praktischen Bedeutung. Die Verschiebungen zwischen Gesetz und Rechtsverordnung drücken sich nicht nur in der Statistik aus, sondern auch darin, daß – wie namentlich im technischen Sicherheitsrecht – die eigentlich unter Parlamentsvorbehalt stehenden wesentlichen Regelungen für einen Lebensbereich nicht im Parlamentsgesetz, sondern in einer Rechtsverordnung getroffen werden. Aber auch schon die Statistik ist beeindruckend.
6 Statistik: Mehr Verordnungen als Gesetze	Die praktische Bedeutung der Rechtsverordnungen ist erheblich. Sie sind als „häufigste Fundstelle für geltende Rechtssätze"[7] apostrophiert worden. In den ersten zwölf Wahlperioden (1949–1994) sind 4766 Bundesgesetze erlassen worden. Zur Ausführung dieser Bundesgesetze ergingen in dieser Zeit 14618 Rechtsverordnungen[8]. Die meisten dieser Rechtsverordnungen werden auf dem Gebiet des Finanz- und Wirtschafts- sowie des Verkehrs- und Sozialrechts gezählt[9], also in Bereichen, in denen die Rechtsordnung in besonderem Maße auf Wandel und Wechsel angelegt ist.

III. Abgrenzung zu verwandten Regelungsformen

7 Als Regelungen der Exekutive sind die Rechtsverordnungen von administrativen Normsetzungen anderer Art zu unterscheiden.

1. Verwaltungsvorschriften

	Schon terminologisch von den Rechtsverordnungen abgesetzt sind die allgemeinen Verwaltungsvorschriften, die nach überholter Bezeichnungsweise gelegentlich auch „Verwaltungsverordnungen" genannt werden[10]. Verwaltungsvorschriften dienen zwar ebenso wie die Rechtsverordnungen der Rechtskonkretisierung, unterscheiden sich aber von ihnen durch den Kreis der angesprochenen Adressaten, Form und Verfahren sowie in der Bindungs-
Innenwirkung	wirkung[11]. Verwaltungsvorschriften wenden sich im Regelfall als verwaltungsinterne Regelungen von vorgesetzten Behörden und Dienststellen an nachgeordnete Behörden und Bedienstete und erzeugen prinzipiell kein allgemeinverbindliches Recht. Sie werden nach der herkömmlichen, aber im Wandel befindlichen Doktrin geradezu als Gegenbeispiel zu den Rechtsverordnun-
Nicht-Rechtssätze	gen, nämlich als Nicht-Rechtssätze verstanden[12]. Die Rechtsverordnung ist

---

7 *Paul Kirchhof*, Rechtsquellen und Grundgesetz, in: FG-BVerfG, Bd. II, S. 50 ff. (82).
8 Statistisches Jb. 1997, S. 4 f.; Datenhandbuch zur Geschichte des Deutschen Bundestages 1949 bis 1999, Bd. II, S. 2388 f.; *Brenner* (N 2), Rn. 12.
9 Vgl. auch *Hans Schneider*, Gesetzgebung, ³2002, Rn. 231 mit Fn. 4.
10 Vgl. *Fritz Ossenbühl*, Verwaltungsvorschriften und Grundgesetz, 1968, S. 31.
11 Vgl. *Ossenbühl* (N 6), S. 1 ff.
12 → Unten *Ossenbühl*, § 104 Rn. 36 ff.

dadurch eindeutig von den Verwaltungsvorschriften abzugrenzen, daß sie sich inhaltlich auf eine formalgesetzliche Ermächtigung stützen muß.

2. Satzungen

Satzungen sind ebenso wie Rechtsverordnungen abgeleitete Rechtsquellen. Sie unterscheiden sich von den Rechtsverordnungen jedoch dadurch, daß sie einem anderen Organisationsprinzip des staatlichen Gemeinwesens entspringen. Rechtsverordnungen sind Ausdruck einer Dekonzentration der Gesetzgebung im Rahmen der Gewaltenteilung. Satzungen hingegen beruhen auf einer dezentralisierten Struktur des Gemeinwesens, einer Aufgliederung in eine Vielzahl territorial oder personal radizierter Gemeinschaften, die als Selbstverwaltungsträger ihre Angelegenheiten selbständig ordnen und (durch Satzungen) regeln[13].

Randnummer 8 — Selbstverwaltung

3. Verordnungen der Europäischen Gemeinschaften

Von den hier zu behandelnden Rechtsverordnungen der Bundesrepublik Deutschland zu unterscheiden sind ferner die Verordnungen der Europäischen Gemeinschaften (Art. 249 Abs. 2 EGV, Art. 161 EAGV). Sie sind zwar ebenfalls Rechtsetzungen der Exekutive (Rat, Kommission), aber sie entstammen der dem nationalen Recht übergeordneten Rechtsordnung der Europäischen Gemeinschaften. Als sekundäres Gemeinschaftsrecht sind die Verordnungen der Europäischen Gemeinschaften in allen ihren Teilen verbindlich und gelten „unmittelbar in jedem Mitgliedstaat" (Art. 249 Abs. 2 EGV, Art. 161 Abs. 2 EAGV). Sie gehen im Rang dem nationalen Recht, das Verfassungsrecht eingeschlossen, vor[14].

Randnummer 9 — Verordnungen der EG

B. Gesetz und Rechtsverordnung

Wesen und Detailprobleme der Rechtsverordnung als Rechtsquelle lassen sich nur verstehen und klären, wenn man sie in den Gesamtzusammenhang der Gewaltenteilung stellt. Die Entgegensetzung von „Gesetz" und „Rechtsverordnung", wie sie in Art. 80 Abs. 1 GG zum Ausdruck kommt, war erst mit der Etablierung der Gewaltenteilung in der deutschen Verfassungsentwicklung möglich. „Gesetz" und „Rechtsverordnung" sind deshalb Kategorien von Rechtsquellen, die in Deutschland einer bestimmten geistesgeschichtlichen Entwicklungsepoche entstammen, nämlich der konstitutionellen Monar-

Randnummer 10 — Gewaltenteilung

---

13 → Unten *Ossenbühl*, § 105 Rn. 37 ff.
14 BVerfGE 73, 339.

chie und dem frühen Liberalismus[15]. Erst mit der Auflösung des landesherrlichen Rechtsetzungsmonopols und der Aufteilung der Normsetzungsmacht auf verschiedene Gewaltenträger gewann die Unterscheidung zwischen Gesetz und Rechtsverordnung eine ureigene und für die Staatsverfassung zentrale Bedeutung. Das Nebeneinander von Legislativgewalt des Parlamentes einerseits und der Exekutive andererseits ist seit jeher ein Grundproblem aller demokratisch verfaßten Staaten, das höchst unterschiedlich gelöst wird[16]. Das Verordnungsproblem läßt sich deshalb nur für eine raum-zeitlich gültige spezifische Verfassung betrachten und lösen. Solche Lösungen sind nicht ohne Blick in die jeweilige nationale Verfassungsentwicklung möglich.

Verfassungsgesetzliche Bedingtheit

I. Historische Entwicklung[17]

11

Deutsche Entwicklung

Die deutsche Entwicklung des Verordnungsproblems ist besonders lehrreich, „weil in ihr alle denkbaren Antworten auf unsere Frage gegeben worden sind, von der grundsätzlichen Ablehnung jeder gesetzgeberischen Delegation und der entgegengesetzten, ebenso grundsätzlichen Annahme der Zulässigkeit jeder, auch der unbegrenzten Ermächtigung, über das Zwischenstadium der Zulässigkeit inhaltlich begrenzter Ermächtigungen, bis zu der verfassungsrechtlichen Aufhebung der gewaltenteilenden Trennung von Legislative und Exekutive, d.h. bis zur Praxis der eigentlichen Regierungsgesetzgebung"[18].

Absolute Monarchie

Im gewaltenvereinigenden Monismus der absoluten Monarchie kam der Unterscheidung zwischen Gesetz und Verordnung keine tragende verfassungsrechtliche Bedeutung zu. Rechtsetzende Akte wurden in dem Oberbegriff der landesherrlichen Verordnungen zusammengefaßt[19].

12

Konstitutionelle Monarchie

Erst die Aufteilung der Staatsgewalt im konstitutionellen Staatsrecht führte zur Herausbildung eines spezifischen, als Kompetenzkategorie dienenden Begriffs des „Gesetzes"[20], dem die „Verordnung" gegenübergestellt wurde. Im Verordnungsrecht der Exekutive sammelten sich Reste der dem Monarchen aus der absoluten Epoche verbliebenen Rechtsetzungsbefugnisse wie auch Normsetzungsmacht, die der Exekutive im Wege der Delegation durch den Gesetzgeber verliehen wurde. In der Theorie und in der Praxis setzte sich die Auffassung durch, daß die Delegation von Rechtsetzungsmacht auf die

---

15 *Friedrich Klein*, Verordnungsermächtigungen nach deutschem Verfassungsrecht, in: ders./Ulrich Scheuner, Die Übertragung rechtsetzender Gewalt im Rechtsstaat, 1952, S. 7 (28); *Fritz H. Stratenwerth*, Verordnung und Verordnungsrecht im Deutschen Reich, Diss. München 1936, S. 14f., 56ff.
16 Vgl. die Darstellungen zur Übertragung rechtsetzender Gewalt von *Wilhelm K. Geck u.a.* in den Vereinigten Staaten, Frankreich, Belgien, Luxemburg, in der Schweiz und in Italien, in: Klein/Scheuner (N 15); ferner *Schneider* (N 9), Rn. 232ff.
17 Dazu *Klein* (N 15), S. 11ff.; *Stratenwerth* (N 15); *Ernst Rudolf Huber*, Deutsche Verfassungsgeschichte seit 1789, Bd. VI, 1981, S. 434ff.; *Schneider* (N 9), Rn. 192ff.; *Saurer* (N 5), S. 41ff.
18 *Carl Schmitt*, Vergleichender Überblick über die neueste Entwicklung des Problems der gesetzgeberischen Ermächtigungen (Legislative Delegationen), in: ZaöRV 6 (1936), S. 252ff. (259f.).
19 Vgl. *Dietrich Jesch*, Gesetz und Verwaltung, 1961, S. 141.
20 → Bd. I, *Wahl*, § 2 Rn. 21ff., 47f.; → oben *Ossenbühl*, § 100 Rn. 6ff.

Exekutive keinen Schranken verfassungsrechtlicher Art unterlag[21]. „Die schrankenlose Delegationsbefugnis des schrankenlosen Gesetzgebers stand außer Zweifel"[22]. Unter dem Druck der politischen und wirtschaftlichen Ereignisse während des Ersten Weltkrieges übernahm die Verordnungsgebung – entsprechend dem Erfahrungssatz „Die Not ist die Stunde der Exekutive" – teilweise die Funktion einer „vereinfachten Gesetzgebung"[23].

Diese Praxis der Verordnungsgebung wurde in der Zeit der Weimarer Republik durch eine zunehmende Anzahl sogenannter Ermächtigungsgesetze institutionalisiert und verbreitet[24]. Die meisten dieser Gesetze verlangten zwar für die Verordnungsgebung die vorherige Zustimmung des Reichsrates oder eines Ausschusses des Parlamentes, aber sie gestatteten zum Teil sogar ein Abweichen von Grundrechten der Reichsverfassung. Gesetzliche Ermächtigungen konnten auch den Vorrang des (förmlichen) Gesetzes beseitigen und die Exekutive in den Stand setzen, durch Rechtsverordnungen förmliche Gesetze aufzuheben und zu ändern[25]. Durch verfassungsänderndes Gesetz konnte der Exekutive überdies die Ermächtigung verliehen werden, Bestimmungen der Verfassung außer Kraft zu setzen[26].

13
Weimarer Republik
„Ermächtigungsgesetze"

Diese in der Weimarer Reichsverfassung angelegten legalen Möglichkeiten wurden in der nationalsozialistischen Ära zum Hebel für eine grundlegende Verfassungsverschiebung. Das Reichsgesetz zur Behebung der Not von Volk und Reich vom 24. März 1933[27] verschaffte der Reichsregierung die Befugnis, Gesetze auch im formellen Sinne zu erlassen. Schließlich folgte mit dem Reichsgesetz vom 30. Januar 1934[28] die förmliche Inthronisierung der Reichsregierung als Verfassunggeber mit dem lapidaren Satz: „Die Reichsregierung kann neues Verfassungsrecht setzen."

14
Nationalsozialistisches System

II. Geltende Rechtslage

1. Grundsätzliche Bemerkungen

Vor dem Hintergrund dieser leidvollen Erfahrungen deutscher Verfassungsentwicklung muß die Verfassunggebung im Jahre 1949 gesehen werden. Art. 80 Abs. 1 GG sollte der „Ermächtigungsgesetzgebung" einen Riegel vorschieben und eine geräuschlose Verlagerung der Rechtsetzungsmacht auf die Exekutive sowie die damit verbundene Veränderung des Verfassungssystems

15
Absage an Ermächtigungsgesetze

---
21 Vgl. *Klein* (N 15), S. 12.
22 *Schmitt* (N 18), S. 261 Fn. 21.
23 Vgl. *Huber* (N 17), S. 437. Der Begriff „vereinfachte Gesetzgebung" tauchte in Ermächtigungsgesetzen von 1923 auf.
24 Vgl. die systematisierende Übersicht bei *Huber* (N 17) mit detaillierten Nachw.; *Schneider* (N 9), § 5 Rn. 188 ff.
25 Vgl. *Erwin Jacobi*, Die Rechtsverordnungen, in: Anschütz/Thoma, Bd. II, S. 236 ff. (240).
26 Vgl. *Jacobi* (N 25), S. 240 f.; speziell zu den Diktaturverordnungen: *Huber* (N 17), S. 444 ff.
27 RGBl I, S. 141.
28 RGBl I, S. 75.

verhindern²⁹. Art. 80 Abs. 1 GG ist deshalb als Vorschrift zur Sicherung rechtsstaatlicher Grundsätze, aber auch zur Sicherung und Erhaltung des Demokratiegebotes gedacht. Er läßt die Übertragung von Rechtsetzungsmacht auf die Exekutive nur in dosierter und inhaltlich bestimmter Form zu. Damit soll dem Parlament die „Flucht aus der Verantwortung" versperrt werden³⁰. Darüber hinaus sollen die rechtsstaatlichen Sicherungen, die von Anfang an mit dem Gesetz verbunden waren (Schutz vor Willkür der Exekutive), erhalten bleiben.

Mißtrauen gegen die Verordnung

Diese durch historische Erfahrungen geprägte verfassungsrechtliche Ausgangslage hat im Nachkriegsdeutschland zu einem tiefsitzenden Mißtrauen gegenüber einem Verordnungsrecht der Exekutive geführt. Erst seit den 70er Jahren des vorigen Jahrhunderts hat sich das Bewußtsein allmählich gewandelt. Das gewaltige Anwachsen insbesondere des Umweltrechts und des technischen Sicherheitsrechts und die damit verbundenen Regelungsprobleme haben gezeigt, daß das Parlament mit vielen Fragen und Problemen überlastet und überfordert wäre, wenn man von ihm den Erlaß jener Regelungen erwarten würde, die die technisch-wissenschaftliche Entwicklung erfordert³¹. Es wuchs die Einsicht, daß ein aus Art. 80 Abs. 1 GG oder aus dem Demokratiegebot abgeleitetes Rechtsetzungsmonopol des Parlamentes lebensfremd und unrealistisch ist. Ein Blick in die Regelungssysteme anderer demokratischer Verfassungsstaaten, wie beispielsweise Frankreich oder Großbritannien, für die ein selbständiges Verordnungsrecht der Exekutive neben dem Gesetzgebungsrecht des Parlamentes selbstverständlich ist³², bekräftigte diese Einsicht. Inzwischen zeigt die Gesetzgebungspraxis gegenüber der verfassungsrechtlichen Ausgangslage ein zumindest zwiespältiges Bild. Die Rechtsverordnungen sind nicht nur die häufigste staatliche Rechtsquelle, in vielen Fällen sind die in den Rechtsverordnungen getroffenen Regelungen auch aus der Sicht der Betroffenen bedeutsamer, fühlbarer und folgenreicher als die parlamentsbeschlossenen Gesetze, die durch Rechtsverordnungen ergänzt und vollzugsreif gemacht werden sollen. Dies hat seinen Grund unter anderem darin, daß der parlamentarische Gesetzgeber sich bei Gesetzeserlaß vielfach auf hochabstrakte Termini und Maßstäbe wie beispielsweise „Stand von Wissenschaft und Technik" beschränken und die Konkretisierung dieser Begriffe und Maßstäbe der sich allmählich entfaltenden Praxis überlassen muß, die

Kein Rechtsetzungsmonopol des Parlaments

---

29 Vgl. *Dieter Wilke*, in: v. Mangoldt/Klein, GG III, ²1974, Art. 80 Anm. II 1 c (S. 1906).
30 BVerfGE 34, 52 (60); *Ulrich Ramsauer*, in: GG-AK, Bd. II Art. 80 Rn. 7.
31 Vgl. *Fritz Ossenbühl*, Die Not des Gesetzgebers im naturwissenschaftlich-technischen Zeitalter, 2000.
32 Vgl. etwa die der deutschen entgegengesetzte Konzeption des Gesetzes im französischen Verfassungsrecht, wo das Gesetzgebungsrecht des Parlamentes enumerativ festgelegt ist und im übrigen eine selbständige Rechtsetzungsbefugnis der Exekutive existiert: dazu *Volker Schlette*, Die Konzeption des Gesetzes im französischen Verfassungsrecht, in: JöR N.F. 33 (1984), S. 279 ff.; ferner die rechtsvergleichenden Arbeiten von *Anke Frankenberger*, Umweltschutz durch Rechtsverordnung (Deutschland – Kanada), 1998; *Hermann Pünder*, Exekutive Normsetzung in den Vereinigten Staaten von Amerika und der Bundesrepublik Deutschland, 1995; *Georg Nolte*, Ermächtigung der Exekutive zur Rechtsetzung, in: AöR 118 (1993), S. 378 ff.; *Matthias Christian Orlowski*, Der Erlass von Rechtsverordnungen nach amerikanischem Recht, in: DÖV 2005, S. 133 ff.; *Armin von Bogdandy*, Gubernative Rechtsetzung, 2000; *Saurer* (N 5), S. 51 ff.; *Hjalmar Vagt*, Rechtsverordnung und Statutory Instrument. Delegierte Rechtsetzung in Deutschland und Großbritannien, 2006.

sich normativ in Rechtsverordnungen oder gar in Vorschriften unterhalb dieser Ebene niederschlägt. Dabei haben sich in der Staatspraxis auch differenzierte Kombinationsformen entwickelt, in denen Verordnungsgeber und Parlament beim Erlaß von Rechtsverordnungen zusammenwirken[33].

Mit diesem Befund der Notwendigkeiten und Reaktionen der Staatspraxis auf neu sich stellende Regelungsprobleme läßt sich die typisch deutsche Verordnungsphobie der Nachkriegszeit nicht mehr vermitteln. Längst überfällige Reformen haben nicht stattgefunden[34]. Inzwischen zeigen sich aber Bestrebungen einer Neuorientierung in der Staatsrechtslehre. Insoweit kann auf schweizerische Vorbilder zurückgegriffen werden, in denen die Rechtsverordnung zwar nicht aus der Akzessorietät zu einem Parlamentsgesetz gelöst, aber auf die eigenständige Grundlage einer Rechtsetzungsbefugnis der Exekutive gestellt wird[35]. Dem entsprechen Ansätze in der jüngeren Literatur, die das Verordnungsrecht der Exekutive aus dem Delegationszusammenhang zum Gesetzgebungsrecht des Parlamentes lösen und als eigene Kompetenz und Befugnis der Exekutive begründen[36], so daß Gesetzgebung und Verordnungsgebung als „kooperative Normsetzung"[37] erscheinen und die Rechtsverordnung nicht mehr als abgeleitete (derivative) Rechtsquelle aufgefaßt werden kann, sondern (nur noch) als „gesetzesakzessorisches Institut"[38]. Auf diese Weise wird zunächst optisch das praktische Gewicht der Rechtsverordnung unterstrichen. Undeutlich bleibt aber, welche rechtlichen Folgerungen sich des weiteren aus einer solchen Neuorientierung ergeben sollen. Vorstellen könnte man sich eine größerer Bereitschaft, Regelungen dem Verordnungsgeber zu überlassen und eine restriktive Auslegung des Art. 80 Abs. 1 GG zu vermeiden. Indessen haben sich diese Wirkungen in der Praxis längst eingestellt. Die theoretische Neuorientierung hilft wenig weiter, solange es bei der gegebenen Verfassungsrechtslage bleibt. Diese ist sowohl in den Formulierungen des Art. 80 Abs. 1 GG wie auch in der Entstehungsgeschichte so eindeutig, daß es dem Verfassunggeber überlassen bleiben muß, aus neuen historischen und praktischen Erfahrungen endlich die verfassungsrechtlichen Konsequenzen zu ziehen.

16
Neuorientierung

Kooperative Normsetzung

---

33 Dazu s. u. Rn. 57 ff.; ferner *Fritz Ossenbühl*, Gesetz und Verordnung im gegenwärtigen Staatsrecht, in: ZG 1997, S. 305 ff.
34 S. u. Rn. 28.
35 Vgl. *Georg Müller*, Elemente einer Rechtssetzungslehre, ²2006, Rn. 230 ff.; *Kurt Eichenberger*, Verfassung des Kantons Aargau, 1986, § 91 Rn. 4.
36 Vgl. *Hans-Detlef Horn*, Die grundrechtsunmittelbare Verwaltung, 1999, S. 64 ff.; *Christian Seiler*, Der einheitliche Parlamentsvorbehalt, 2000, S. 165 ff.; *Eberhard Schmidt-Aßmann*, Die Rechtsverordnung in ihrem Verhältnis zu Gesetz und Verwaltungsvorschrift, in: FS für Klaus Vogel, 2000, S. 477 ff.; *v. Bogdandy* (N 32), S. 304 ff.; *Claus Pegatzky*, Parlament und Verordnungsgeber, 1999.
37 *Thomas von Danwitz*, Die Gestaltungsfreiheit des Verordnungsgebers, 1989, S. 48 ff.; *Schmidt-Aßmann* (N 36); *Nierhaus* (N 1), Art. 80 Abs. 1 Rn. 74; *Ossenbühl* (N 6), S. 4.
38 *Müller* (N 35), Rn. 210; *Schmidt-Aßmann* (N 36), S. 488; *ders.*, Das allgemeine Verwaltungsrecht als Ordnungsidee, ²2004, S. 326.

2. Erfordernis einer formellgesetzlichen Rechtsgrundlage

a) Zur Bedeutung des Art. 80 Abs. 1 GG

17
Absoluter Vorrang des Gesetzes

Gemäß Art. 80 Abs. 1 GG bedarf die Rechtsverordnung einer formellgesetzlichen Ermächtigungsgrundlage. Damit ist das Verhältnis zwischen Gesetz und Rechtsverordnung nach geltendem Verfassungsrecht prinzipiell eindeutig. Eine echte Konkurrenz zwischen beiden Rechtsetzungsformen kann es nicht geben. Der Vorrang des Gesetzes gilt absolut. Die Verordnungsbefugnis der Exekutive gemäß Art. 80 Abs. 1 GG beruht auf übertragener Rechtsetzungsmacht des Parlamentes. Die „Delegation" respektive „Ermächtigung" führt jedoch nicht zu einem Kompetenzverlust des Gesetzgebers. Die Delegation wird vom Gesetzgeber „stets unter dem stillschweigenden Vorbehalt künftiger und jederzeit möglicher eigener Ausübung seiner Zuständigkeit" vorgenommen (konservierende Delegation)[39]. Deshalb bleibt nicht nur der Vorrang des Gesetzes, sondern auch der „Primat des parlamentarischen Gesetzgebers" gewahrt[40]. Das Parlament bleibt jederzeit „Herr der Rechtsetzung"[41]. Es kann Rechtsverordnungen ohne weiteres durch Gesetz außer Kraft setzen.

18
Kein selbstständiges Verordnungsrecht

Andererseits ist die formellgesetzliche Ermächtigung „Bedingung der Verordnungsgebung"[42]. Ein verfassungsunmittelbares, selbständiges Verordnungsrecht der Exekutive sieht das Grundgesetz nur als Übergangsregelung und nur für eng umgrenzte Sachbereiche vor, die inzwischen zum Teil gegenstandslos geworden sind[43]. Im Gegensatz zu einigen Landesverfassungen[44]

Notstand

besteht nach dem Grundgesetz auch für Notsituationen kein verfassungsunmittelbares Rechtsverordnungsrecht der Exekutive[45].

19
Sperrwirkung des Art. 80 Abs. 1 GG?

Ob man mit diesem Textbefund das Problem des exekutiven Verordnungsrechts als erledigt betrachten kann, erscheint jedoch zweifelhaft. Die Antwort hängt davon ab, ob Art. 80 Abs. 1 GG eine Sperrwirkung in dem Sinne entfaltet, daß eine exekutive Rechtsetzung außerhalb einer ausdrücklichen Ermächtigung durch den Gesetzgeber unzulässig ist. Insoweit wird vorgebracht, daß Art. 80 Abs. 1 GG über den Umfang des Gesetzesvorbehaltes keine Aussage macht, insbesondere kein Rechtsetzungsmonopol des Parlamentes mit der Folge eines Totalvorbehaltes statuiert[46]. Art. 80 Abs. 1 GG erfasse nur solche Regelungen, die dem Gesetzesvorbehalt unterlägen. Aus dieser Sicht ergebe sich unter Berücksichtigung der Wesentlichkeitstheorie[47] die Folgerung, daß die Exekutive aus einer in ihrer Funktion begründeten generellen Ermächtigung befugt sei, nicht-wesentliche, wenngleich außen-

---

39 *Triepel* (N 2), S. 58; *Nierhaus* (N 1), Art. 80 Abs. 1 Rn. 84; *Brenner* (N 2), Rn. 24 f.; BVerfG, in: DVBl 2005, S. 1503 (1506).
40 *Dieter Wilke*, Bundesverfassungsgericht und Rechtsverordnungen, in: AöR 98 (1973), S. 196 (213); *Brenner* (N 2), Rn. 25.
41 *Wilke* (N 40), S. 215.
42 *Wilke* (N 40), S. 216.
43 Vgl. Art. 119 S. 1, 127, 132 Abs. 4 GG.
44 Vgl. Art. 60 NordrhWestfVerf; Art. 111, 112 RheinlPfalzVerf.
45 → Oben *Ossenbühl*, § 102 Rn. 78 ff.
46 *Ernst-Wolfgang Böckenförde*, Gesetz und gesetzgebende Gewalt, ²1981, S. 395 ff.
47 → Oben *Ossenbühl*, § 101 Rn. 50 ff.

wirksame rechtliche Normen zu erlassen. Für eine solche Auffassung gibt es nicht nur im Schrifttum[48], sondern auch in der Rechtsprechung sowohl des Bundesverfassungsgerichts wie auch des Bundesverwaltungsgerichts deutliche Belege[49]. Folgt man ihr, so existiert neben dem abgeleiteten ein originäres, funktionsimmanentes, selbständiges Verordnungsrecht der Exekutive, welches freilich auf nicht-wesentliche Regelungen beschränkt und dem Vorrang des Gesetzes unterworfen bleibt sowie den Primat des gesetzgebenden Parlamentes unberührt läßt. Ob sich ein solches selbständiges Verordnungsrecht aus der Gesetzesabhängigkeit löst, wird man differenziert sehen müssen. Die Gesetzesabhängigkeit fehlt gewiß hinsichtlich des Erfordernisses einer formellen Ermächtigung, sie bleibt aber gleichwohl gegenständlich insoweit bestehen, als die exekutiven Regelungen in Ergänzung oder Konkretisierung gesetzlicher Vorschriften erlassen werden[50].

Originäres Verordnungsrecht für nicht-wesentliche Materien

Das selbständige Verordnungsrecht der Exekutive ist also keineswegs ein in der deutschen Staatsrechtslehre als erledigt zu betrachtendes Thema[51].

b) Bestimmtheitsgebot

Die wichtigste Aussage des Art. 80 Abs. 1 GG enthält das in Satz 2 niedergelegte Bestimmtheitsgebot. Danach müssen Inhalt, Zweck und Ausmaß der erteilten Ermächtigung zum Erlaß von Rechtsverordnungen im Gesetz bestimmt werden. Insoweit stimmt das Grundgesetz mit der Mehrheit der Landesverfassungen inhaltlich überein[52]. Eine pauschale Verlagerung von Rechtsetzungsgewalt auf die Exekutive, mit anderen Worten: die Erteilung einer Blankovollmacht, soll damit unterbunden werden. Das Bundesverfassungsgericht hat den speziellen Bestimmtheitsgrundsatz des Art. 80 Abs. 1 S. 2 GG vornehmlich als Ausprägung eines allgemeinen rechtsstaatlichen Bestimmtheitsgebotes verstanden und in erster Linie aus der Sicht des Bürgers betrachtet[53]. Der Bürger soll schon aus dem ermächtigenden Gesetz mit hinreichender Deutlichkeit ersehen können, „in welchen Fällen und mit welcher Tendenz von der Ermächtigung Gebrauch gemacht werden wird und welchen möglichen Inhalt die aufgrund der Ermächtigung erlassenen Verordnungen haben können"[54]. Dieses Grundverständnis stellt jedoch nicht genügend in Rechnung, daß Art. 80 GG in erster Linie eine Antwort auf den Verfall des demokratischen Funktionensystems darstellt, wie er sich in der Weimarer Ära bereits deutlich gezeigt und in der nationalsozialistischen Zeit vollendet hat. Im Vordergrund steht demzufolge nicht der Rechtsschutz des Bürgers, son-

20

Rechtsstaatliche Begründung

---

48 → Oben *Ossenbühl*, § 101 Rn. 58 ff.; ablehnend *Arnd Uhle*, Die Verordnungsgewalt unter dem Grundgesetz – Originäre oder derivative Kompetenz der Exekutive?, in: ZG 2001, S. 328 ff.
49 Vgl. BVerfGE 40, 237 (254 f.); auch BVerfGE 72, 300 (320) – Wyhl.
50 → Oben *Ossenbühl*, § 101 N 171.
51 → Unten *Ossenbühl*, § 104 Rn. 48 ff.
52 Vgl. Art. 61 BadWürttVerf; Art. 53 HambVerf; Art. 118 HessVerf; Art. 34 NiedersachsVerf; Art. 70 NordrhWestfVerf; Art. 110 RheinlPfalzVerf; Art. 104 SaarlVerf; Art. 33 SchlH LS. Wo ein solcher Bestimmtheitsvorbehalt fehlt, gilt er nach BVerfGE 55, 207 (226) als allgemeines rechtsstaatliches Erfordernis, krit. *Brun-Otto Bryde*, in: v. Münch/Künig, GGK III, ⁴/⁵2003, Art. 80 Rn. 2 a.
53 Vgl. *Schneider* (N 9), Rn. 237. → Bd. II, Schmidt-Aßmann, § 26 Rn. 58 ff., 61 ff.
54 BVerfGE 29, 198 (210); 55, 207 (226); 56, 1 (12).

dern die Bewahrung der politischen Verantwortung des Parlamentes, nicht die Sicherung des Rechtsstaatsprinzips, sondern die Funktionsfähigkeit des Demokratiegebotes[55].

Demokratische Begründung

21 Das Bestimmtheitsgebot liefert keine konkreten Maßstäbe. Die gerichtliche Kontrolle formellgesetzlicher Ermächtigungen an Hand des Bestimmtheitsgebotes ist deshalb weitgehend dem „judicial restraint" anheimgegeben[56]. Das Bundesverfassungsgericht hat von seiner Kontrollbefugnis einen eher zurückhaltenden Gebrauch gemacht. Danach genügt es, „wenn Inhalt, Zweck und Ausmaß einer Ermächtigungsvorschrift nach allgemeinen Auslegungsgrundsätzen aus ihrem Sinnzusammenhang mit anderen Vorschriften des Gesetzes und aus dem von der gesetzlichen Regelung insgesamt verfolgten Ziel unter Heranziehung der Entstehungsgeschichte des Gesetzes ermittelt werden können"[57]. Im Schrifttum ist der Versuch unternommen worden, aus dem Rechtsprechungsmaterial spezifische Entscheidungsformeln herauszudestillieren[58].

Kontrolldichte Zurückhaltung des BVerfG

22 Solche Formeln dokumentieren indessen nur aufs neue die Unmöglichkeit, das Bestimmtheitsgebot als Kontrollmaßstab zu präzisieren. Es bleibt stets bei allgemeinen Wendungen, die über die Kontrolldichte und Kontrolltiefe im konkreten Einzelfall wenig auszusagen vermögen[59]. Die insoweit geübte Zurückhaltung des Bundesverfassungsgerichts bei der Kontrollpraxis zeigt sich darin, daß das Gericht betont, Art. 80 Abs. 1 S. 2 GG dürfe nicht so verstanden werden, daß das ermächtigende Gesetz so bestimmt wie irgend möglich sein müsse; vielmehr genüge es, wenn das Gesetz „hinreichend bestimmt"[60] sei. Diese „hinreichende" Bestimmtheit wird bejaht, wenn die dem Verordnungsgeber delegierten Kompetenzen „nach Tendenz und Programm so genau umrissen" sind, „daß schon aus der Ermächtigung erkennbar und vorhersehbar ist, was dem Bürger gegenüber zulässig sein soll"[61]. Letztlich wirkt Art. 80 Abs. 1 S. 2 GG lediglich als Sperre für Pauschalermächtigungen, die keinerlei weitere Eingrenzungen enthalten und sich damit als Blankoermächtigungen erweisen. Das Bestimmtheitsgebot vermag deshalb – jedenfalls in der vom Bundesverfassungsgericht praktizierten Gestalt – kaum einen nennenswerten disziplinierenden Effekt zu erzielen.

„Hinreichende" Bestimmtheit

Keine Blankoermächtigung

23 Ob damit ein Defizit zu verzeichnen ist, wird man nach den bisherigen Erfahrungen eher zu verneinen haben. Eine restriktive Handhabung des Bestimmtheitsgebotes würde die Vorteile der Verordnungsgebung neutralisieren und

Mehr Parlamentsentlastung oder mehr Berechenbarkeit

---

55 Vgl. *Schneider* (N 9), Rn. 237.
56 Vgl. *Horst Haßkarl*, Die Rechtsprechung des Bundesverfassungsgerichts zu Art. 80 Abs. 1 S. 2 GG, in: AöR 94 (1969), S. 85 ff. (108); *Siegfried Magiera*, Allgemeine Regelungsgewalt („Rechtsetzung") zwischen Parlament und Regierung, in: Der Staat 13 (1974), S. 1 ff. (18); *Bryde* (N 52), Art. 80 Rn. 23; *Wolfram Cremer*, Art. 80 Abs. 1 S. 2 und Parlamentsvorbehalt – Dogmatische Unstimmigkeiten in der Rechtsprechung des Bundesverfassungsgerichts, in: AöR 122 (1997), S. 248 ff.
57 BVerfGE 26, 16 (27); 29, 198 (210); 55, 207 (226); 58, 257 (277); 62, 203 (209); 68, 319 (332); 80, 1 (20 f.); 106, 1 (19).
58 Vgl. *Haßkarl* (N 56); *Saurer* (N 5), S. 268 ff.
59 Vgl. *Bryde* (N 52), Art. 80 Rn. 23.
60 BVerfGE 55, 207 (226); 69, 162 (167); BVerwGE 30, 287 (292); 36, 61 (66); 45, 331 (333); 56, 186 (189); 65, 323 (326); 68, 277 (280); 80, 1 (20 f.); 101, 1 (31).
61 BVerfGE 55, 207 (226).

dem Entlastungsinteresse des Bundestages entgegenwirken. Mehr Bestimmtheit bedeutet mehr Vorausschau und mehr Festlegungen des parlamentarischen Gesetzgebers. Verordnungsgebung hingegen soll gerade auch die Möglichkeit bieten, „situationsnäher und treffsicherer" regeln zu können[62], Erfahrungen zu sammeln und legislativ flexibel auszuwerten. Insoweit enthält das Bestimmtheitsgebot eine innere Spannungslage, die einen mittleren Kontrollkurs erfordert. Einen Weg, unbehebbare Defizite der Bestimmtheit zu kompensieren, bildet die Einschaltung des Parlamentes oder seiner Ausschüsse in das Verfahren der Verordnungsgebung[63]. Die Programmierung des Verordnungsgebers wird in diesem Fall durch die Mitwirkung von Plenum oder Ausschüssen beim Erlaß der Verordnung gleichsam nachgeholt. Eine solche verfahrensrechtliche Kompensation von materiellen Bestimmtheitsdefiziten des ermächtigenden Gesetzes durch Mitwirkungsvorbehalte zugunsten des Parlamentsplenums oder einzelner Parlamentsausschüsse ist der Staatspraxis seit langem vertraut und in Rechtsprechung und Schrifttum grundsätzlich anerkannt[64].

Ein anderes Kapitel der Bestimmtheit betrifft das Problem der Sammelverordnungen[65]. Sammelverordnungen sind Rechtsverordnungen, die sich als rechtsetzungstechnische Einheit auf eine Vielzahl von Ermächtigungsgrundlagen aus unterschiedlichen Gesetzen stützen. Bei ihnen ist oft schwer auszumachen, welche Verordnungsvorschrift durch welche formalgesetzliche Ermächtigung gedeckt ist. Hieraus ergeben sich nicht nur schwierige Kontrollprobleme, sondern auch verfahrensmäßige Komplikationen[66].

24
Sammelverordnung

Eine Kontroverse hat die Frage ausgelöst, welchen Bestimmtheitsanforderungen Gesetzesvorschriften genügen müssen, die die Exekutive ermächtigen, durch Rechtsverordnung Europarecht in nationales Recht umzusetzen[67]. Die Diskussion wurde angeregt durch eine Reihe von Ermächtigungsnormen, die die Umsetzung von Europarecht innerhalb eines bestimmten Regelungsbereichs generell auf den Weg des Erlasses von Rechtsverordnungen verweisen[68]. Hierin sehen einige eine Verletzung des Bestimmtheitsgrundsatzes, weil es an hinreichenden nationalen Vorgaben fehle[69]. Andere plädieren bei der Umsetzung von Europarecht für eine großzügigere Handhabung des Art. 80

25
Umsetzung von Europarecht

---

62 *Schneider* (N 9), Rn. 237.
63 S. u. Rn. 57 ff.
64 Vgl. dazu ausführlich m. Nachw. *Gunter Kisker*, Zulässigkeit und Konsequenzen einer Mitwirkung des Parlaments beim Erlaß von Rechtsverordnungen, in: Schule im Rechtsstaat, Bd. II: Gutachten für die Kommission Schulrecht des DJT, 1980, S. 14 ff. (39 ff.); *Arnd Uhle*, Parlament und Rechtsverordnung, 1999.
65 Vgl. *Max Josef Dietlein*, Zur Zustimmungsbedürftigkeit von Sammelverordnungen, in: DÖV 1984, S. 788; *Andreas Hänlein*, Rechtsquellen im Sozialversicherungsrecht, 2001, S. 106 f.
66 Vgl. *Dietlein* (N 65); *Schneider* (N 9), Rn. 236; *Wilke* (N 40), S. 220.
67 Vgl. *Nierhaus* (N 1), Art. 80 Abs. 1 Rn. 309 ff.; *Thomas Klink*, Pauschale Ermächtigungen zur Umsetzung von Europäischem Umweltrecht mittels Rechtsverordnung, 2005; *Saurer* (N 5), S. 318 ff.
68 Beispielhaft seien genannt § 6 a WHG, § 57 KrW-/AbfG, § 48 a BImSchG.
69 *Rüdiger Breuer*, Deutsche und europäische Anforderungen an die Behandlung von kommunalem Abwasser, in: Das Recht der Wasser- und Entsorgungswirtschaft, Heft 24 (1997), S. 101 (121 f.).

Abs. 1 S. 2 GG[70]. Auch wird darauf hingewiesen, daß namentlich bei den Richtlinien die Umsetzungsspielräume gering und die Vorgaben durch Europarecht regelmäßig dicht formuliert seien. Letztlich geht es um das verfassungsrechtliche Bedenken, daß durch pauschale Ermächtigungen das Parlament unbesehen sein Gesetzgebungsrecht und seine Gesetzgebungspflicht versäumt. Für die Ermächtigung zu Rechtsverordnungen, die Europarecht in nationales Recht umsetzen, gilt grundsätzlich auch der Bestimmtheitsgrundsatz des Art. 80 Abs. 1 S. 2 GG[71]. Angesichts der geringen Umsetzungsspielräume, die dem nationalen Gesetzgeber verbleiben, hat die Kontroverse vermutlich nur geringe praktische Bedeutung. Um den aufgezeigten verfassungsrechtlichen Bedenken Rechnung zu tragen, dürfte die salomonische und praktische Lösung darin liegen, daß nach dem Vorbild der Regelung des § 48 a Abs. 1 S. 3 BImSchG der Erlaß solcher Europarecht umsetzenden Rechtsverordnungen mit einem Zustimmungsvorbehalt zugunsten des Bundestages versehen wird. Dann bliebe gewährleistet, daß mit der Umsetzung verbundene wesentliche Regelungen nicht dem Gestaltungsmandat und dem Verantwortungsbereich des Bundestages entgleiten[72].

Zustimmungsvorbehalt

c) Gesetzesvertretende, gesetzesergänzende und gesetzesändernde Rechtsverordnungen

26
Gesetzesvertretende Verordnungen

Eine breite Diskussion ist der Frage gewidmet, ob das geltende Staatsrecht gesetzesvertretende, gesetzesergänzende und gesetzesändernde Rechtsverordnungen zuläßt[73]. Ungeachtet insoweit bestehender terminologischer Ungeklärtheiten ist festzuhalten, daß gesetzesvertretende Rechtsverordnungen nur in den im Grundgesetz besonders genannten Fällen[74] für zulässig erachtet werden. Letztlich handelt es sich um eine andere Einkleidung des Problems des selbständigen Verordnungsrechts der Exekutive. Wer ein solches selbständiges Verordnungsrecht der Exekutive anerkennt, muß auch die Zulässigkeit gesetzesvertretender Verordnungen in einem anderen Licht sehen.

27
Gesetzesändernde und gesetzesergänzende Verordnungen

Gesetzesändernde und gesetzesergänzende Rechtsverordnungen sind in der Staatspraxis seit langem üblich[75]. Sie zeigen sich in Ermächtigungen, die der Exekutive die Befugnis geben, den Wortlaut formeller Gesetze zu ändern oder vom Gesetz abweichende Neuregelungen zu erlassen. Solche Ermächti-

---

70 *Christian Calliess*, Die verfassungsrechtliche Zulässigkeit von fachgesetzlichen Rechtsverordnungsermächtigungen, in: NVwZ 1998, S. 9 (12); *Dieter H. Scheuing*, Rechtsprobleme bei der Durchsetzung des Gemeinschaftsrechts in der Bundesrepublik Deutschland, in: EuR 1985, S. 229 (235); *Bryde* (N 52), Rn. 23 a.
71 BVerwGE 121, 382 (387).
72 *Ossenbühl* (N 6), S. 6 f.
73 Vgl. *Christoph Peter*, Darf der Bundesgesetzgeber zum Erlaß gesetzändernder Rechtsverordnungen ermächtigen?, in: AöR 92 (1967), S. 357 ff.; *Hans Richard Lange*, Die Zulässigkeit gesetzesvertretender Rechtsverordnungen, in: JZ 1968, S. 417 ff.; *Helmut Sinn*, Die Änderung gesetzlicher Regelungen durch einfache Rechtsverordnung, 1971; *Friedrich Schack*, Die gesetzvertretenden Verordnungen, in: DÖV 1962, S. 652 ff.; *ders.*, Ausführungsverordnung und gesetzergänzende Verordnungen, in: JZ 1964, S. 252 ff.; *Wilke* (N 40), S. 243 ff.; *Manfred Lepa*, Verfassungsrechtliche Probleme der Rechtsetzung durch Rechtsverordnung, in: AöR 105 (1980), S. 337 (352 ff.); *Nierhaus* (N 1), Art. 80 Abs. 1 Rn. 228 ff.
74 Vgl. Art. 119 S. 1, 127, 132 Abs. 4, 115 k GG.
75 *Lepa* (N 73), S. 352 ff.

gungen können von der Sache her sinnvoll und geboten sein[76]. Insoweit hat der Gesetzgeber selbst zum Ausdruck gebracht, daß seine Regelung nur grundsätzlich gelten soll[77]. Der Ausnahmevorbehalt ist im ermächtigenden Gesetz selbst angelegt. Das Gesetz ist unter „Verordnungsvorbehalt" erlassen worden[78]. Wird dieser Verordnungsvorbehalt realisiert, so wird letztlich nicht das Gesetz „geändert", sondern von einer gesetzlich vorgesehenen Ausnahmeregelung Gebrauch gemacht, also das Gesetz sachgerecht angewendet. Die Rangfrage zwischen Gesetz und Verordnung, die in dem Terminus „gesetzesändernde Verordnung" anklingt, stellt sich nicht[79]. Die von vornherein eingeschränkte gesetzgeberische Regelung macht den Raum für eine Verordnung frei. Mit den gebräuchlichen Begriffen der gesetzesändernden oder gesetzesergänzenden Verordnungen werden das Sachproblem und der Sachverhalt nur verdeckt[80]. Gegen Gesetze mit Verordnungsvorbehalt sind verfassungsrechtliche Bedenken nicht zu erheben[81]. Allerdings bedarf ein solcher Verordnungsvorbehalt einer besonderen sachlichen Rechtfertigung. Er darf nicht als Hebel benutzt werden, um das Verhältnis von Gesetz und Verordnung umzukehren oder grundsätzlich zu verändern.

Gesetze unter Verordnungsvorbehalt

Ein anderes Problem bilden Rechtsverordnungen, die in der Form eines parlamentsbeschlossenen Gesetzes erlassen werden[82].

3. Reformbestrebungen

Die Verordnungsgewalt der Exekutive ist Gegenstand der Beratungen und Empfehlungen der Enquête-Kommission Verfassungsreform des Deutschen Bundestages im Jahre 1976 gewesen[83]. Dabei hat auch der Vorschlag zur Debatte gestanden, ein selbständiges Verordnungsrecht der Regierung einzuführen, allerdings in Verbindung mit einem ausdrücklichen Kassationsrecht des Bundestages, weil Vorrang und Vorbehalt des Gesetzes allein nicht für ausreichend erachtet wurden, um den parlamentarischen Zuständigkeitsbereich zu sichern. Dieser Vorschlag hat jedoch keine Mehrheit gefunden, nicht zuletzt aus der Erwägung, daß die Konstruktion eines selbständigen Verordnungsrechts mit parlamentarischem Kassationsvorbehalt keinen nennenswerten Entlastungseffekt herbeiführe. Dagegen ist der Vorschlag, den Bestimmtheitsgrundsatz in der Weise zu begrenzen, daß nur noch der „Zweck" des

28
Enquête-Kommission Verfassungsreform

---

76 Beispiele: § 1 Abs. 2 und 3 BtMG; § 10 Abs. 1 Ladenschlußgesetz; § 79 AMG, § 10 Abs. 2 AWG.
77 *Lepa* (N 73), S. 354, spricht von „subsidiärer" Geltung des Gesetzesbefehls. Vgl. ferner § 79 AMG als Ausnahmeermächtigung für Krisenzeiten. Danach dürfen durch Rechtsverordnungen bei Versorgungsnotständen Ausnahmen vom AMG gemacht werden.
78 Vgl. *Bryde* (N 52) Art. 80 Rn. 3.
79 *Nierhaus* (N 1), Art. 80 Abs. 1 Rn. 234.
80 Zur Kritik an der Terminologie: *Bryde* (N 52), Art. 80 Rn. 3.
81 Vgl. BVerfG, in: NJW 1998, S. 669 – Kammerbeschluß; *Klaus Stern*, Das Staatsrecht der Bundesrepublik Deutschland, Bd. II, 1980, S. 663; *Nierhaus* (N 1), Art. 80 Abs. 1 Rn. 228 ff. (255).
82 → Oben *Ossenbühl*, § 100 Rn. 30 und unter Rn. 38. BVerfGE 114, 196 (233 ff.); 114, 303.
83 Zur Sache 3/76, Beratungen und Empfehlungen zur Verfassungsreform I, S. 189 ff.; *Hans H. Klein*, Erwägungen der Enquête-Kommission Verfassungsreform des Deutschen Bundestages zu einer Neufassung des Art. 80 GG, in: DÖV 1975, S. 523 ff.

ermächtigenden Gesetzes, nicht auch sein „Inhalt" und „Ausmaß" bestimmt sein müssen, beschlossen, aber nicht in das Verfassungsrecht aufgenommen worden.

Verfassungsreform 1994

Bei der Verfassungsreform 1994 ist die Problematik Gesetz – Rechtsverordnung völlig verschwiegen worden. Der Verfassunggeber hat damit gebotene Veränderungen und Modifikationen im Verhältnis von Gesetz und Rechtsverordnungen der Staatspraxis überlassen respektive aufgebürdet. Der ausführliche Reformvorschlag einer unabhängigen Sachverständigenkommission für das Umweltrecht hat bislang keine Verwirklichung gefunden[84].

C. Verfahren der Verordnungsgebung

I. Verordnungsgeber

1. Kreis der Ermächtigungsadressaten

29
Numerus clausus der Erstdelegatare

Der Kreis der potentiellen Ermächtigungsadressaten zum Erlaß von Rechtsverordnungen ergibt sich auf Bundesebene aus Art. 80 Abs. 1 GG. Danach können durch Gesetz „die Bundesregierung, ein Bundesminister oder die Landesregierungen" zum Erlaß von Rechtsverordnungen ermächtigt werden. Der Kreis der Erstdelegatare ist damit erschöpfend aufgezählt. Jedoch kann der Numerus clausus der Erstdelegatare durch weitere Verordnungsgeber, die im Wege der Subdelegation gemäß Art. 80 Abs. 1 S. 4 GG zu ermächtigen sind, erweitert werden.

30
Bundesregierung

Ist die „Bundesregierung" zum Erlaß einer Rechtsverordnung ermächtigt, so ist damit das Kollegium, nicht der einzelne Ressortminister gemeint[85], andernfalls ergäbe die Nennung der Bundesminister neben der Bundesregierung in Art. 80 Abs. 1 S. 1 GG keinen Sinn. Die Bundesregierung darf eine Rechtsverordnung auch im schriftlichen Umlaufverfahren beschließen. Dann muß das Umlaufverfahren allerdings bestimmten Mindestanforderungen an Information, Quoren und Majorität erfüllen, die es zulassen, die Rechtsverordnung der Bundesregierung als Kollegialorgan zuzurechnen, was in der Vergangenheit nicht immer der Fall war[86].

31
Bundesminister

Ist ein einzelner Bundesminister zum Erlaß einer Rechtsverordnung ermächtigt, so kann das Verordnungsrecht nicht von der Bundesregierung als Kollegium ausgeübt werden. In der Auswahl der Bundesminister als Erstdelegatare ist der Gesetzgeber frei[87]. Für das Verfahren der Verordnungsgebung durch einen Bundesminister ergeben sich dadurch Besonderheiten, daß das gesetz-

---

84 Vgl. den Nachw. in N 5.
85 *Martin Oldiges*, Die Bundesregierung als Kollegium, 1983, S. 181.
86 BVerfGE 91, 148 (165 ff.); abw. BVerwGE 89, 121 (124 ff.).
87 BVerfGE 56, 298 (311); *Nierhaus* (N 1), Art. 80 Abs. 1 Rn. 237; begrenzend *v. Danwitz* (N 37), S. 78 f.

lich begründete Verordnungsrecht in seiner Ausübung durch Geschäftsordnungsrecht der Bundesregierung reglementiert wird[88]. Durch die Geschäftsordnung versucht die Bundesregierung, die Regierungspolitik zu koordinieren. Dieses Bestreben ist ebenso legitim und zu beachten wie die Freiheit des Gesetzgebers, den Erstdelegatar zu bestimmen, jedoch bleibt die Organisationsgewalt der Bundesregierung auf den Innenbereich beschränkt. Sie muß sich im Rahmen des Gesetzes halten. § 15 Abs. 1 lit. c GOBReg, nach welchem Rechtsverordnungen eines Bundesministers, die „von politischer Bedeutung" sind, vom Kabinett beraten und beschlossen werden müssen, hat deshalb nur interne Bedeutung. Er läßt das außenwirksame Verordnungsrecht des einzelnen Bundesministers unberührt[89]. Eine unter Verstoß gegen die Geschäftsordnung der Bundesregierung erlassene Rechtsverordnung ist demzufolge wirksam.

Geschäftsordnung der Bundesregierung

Ähnliches gilt für den Zusammenhang zwischen Auswahl des zu ermächtigenden Fachministers und Neuorganisation der Bundesregierung[90]. Der Gesetzgeber ist bei der Auswahl des zu ermächtigenden Bundesministers nicht an die durch die Bundesregierung gezogenen Ressortgrenzen gebunden. Zuständigkeitsprobleme können sich bei einer Neuordnung der Geschäftsbereiche der Bundesminister ergeben[91]. Sie sind durch das Zuständigkeitsanpassungs-Gesetz in der Weise gelöst, daß die Verordnungsermächtigungen auf den nach der Neuabgrenzung zuständigen Bundesminister übergehen[92].

Neuabgrenzung der Ressorts

Als Verordnungsgeber kommen schließlich auch die „Landesregierungen" (nicht die Länder) in Betracht. Daraus ergibt sich zunächst, daß der Bundesgesetzgeber nicht einzelne oberste Landesbehörden unmittelbar als Erstdelegatare auswählen kann. Die Frage, was unter „Landesregierung" zu verstehen ist, wird nach der Rechtsprechung des Bundesverfassungsgerichts durch das jeweilige Landesrecht bestimmt[93].

32
Landesregierungen

Die auf bundesgesetzlicher Ermächtigungsgrundlage von den Landesregierungen erlassenen Rechtsverordnungen sind nicht (partikuläres) Bundesrecht, sondern Rechtsverordnungen des Landesrechts[94]. Dies bedeutet, daß sie dem gesamten Bundesrecht, auch dem Bundesverordnungsrecht sowie dem Landesverfassungsrecht und dem förmlichen Gesetzesrecht des Landes im Rang nachstehen.

Rechtsverordnungen als Landesrecht

---

88 Vgl. *Stern* (N 81), S. 667; *Bryde* (N 52), Art. 80 Rn. 13; *Norbert Achterberg*, Innere Ordnung der Bundesregierung, in: HStR II, ²1998 (¹1987), § 52 Rn. 33 ff.
89 Vgl. *Bryde* (N 52), Art. 80 Rn. 13.
90 Vgl. dazu *Ernst-Wolfgang Böckenförde*, Die Organisationsgewalt im Bereich der Regierung, 1964, S. 295 ff.; *Schneider* (N 9), Rn. 244 ff.
91 Vgl. *Schneider* (N 9), Rn. 244 f.
92 Gesetz zur Anpassung gesetzlich festgelegter Zuständigkeiten an die Neuabgrenzung der Geschäftsbereiche von Bundesministern (Zuständigkeitsanpassungs-Gesetz vom 18. 3. 1975, BGBl I, S. 705).
93 BVerfGE 11, 77 (86).
94 BVerfGE 18, 407; BayVerfGH, in: DVBl 1963, S. 101; HessStGH, in: ESVGH 20, 317. A. A. mit beachtlichen Gründen: *Wilke* (N 29), Art. 80 Anm. V 4c (S. 1928 ff.); *Christian-Friedrich Menger/Hans-Uwe Erichsen*, Höchstrichterliche Rechtsprechung zum Verwaltungsrecht, in: VerwArch 57 (1966), S. 64 ff.

33

Regelung „durch Gesetz"

Nach dem durch die Verfassungsreform 1994 neu in das Grundgesetz eingefügten Art. 80 Abs. 4 GG können die Länder anstatt einer Rechtsverordnung der Landesregierung auch eine Regelung „durch Gesetz" treffen. Durch diese alternative Regelungsforen sollen den Länderparlamenten neue Entscheidungs- und Handlungsmöglichkeiten erschlossen werden. Das „verordnungsvertretende Landesgesetz" wirft als Irregulare im Rechtsquellensystem eine Reihe von Fragen auf[95].

2. Ermächtigungskombinationen

34

Verfassungsrechtlich zulässig und in der Praxis nicht selten sind auch Ermächtigungskombinationen.

Gemeinsame Rechtsverordnungen

Dies gilt zunächst für kumulative Ermächtigungen innerhalb der Bundesregierung. So kann der Gesetzgeber mehrere Bundesminister durch „Ermächtigungen zur gesamten Hand" zum Erlaß einer Rechtsverordnung ermächtigen, soweit sie zum Kreis der potentiellen Erstdelegatare gehören[96]. Solche gemeinsamen Rechtsverordnungen sind verwandt mit den sogenannten Mischverordnungen. Mischverordnungen bestehen der Sache nach aus zwei unterscheidbaren Rechtsverordnungen, die von verschiedenen Verordnungsgebern aufgrund besonderer Ermächtigungsgrundlagen erlassen, aber in einem Regelungswerk zusammengefaßt werden[97].

Mischverordnungen

35

Bundesstaatliche Grenze für Kombinationen

Unzulässig sind hingegen Kombinationen von Ermächtigungen an mehrere Landesregierungen einerseits oder an Landesregierungen und Bundesminister respektive Bundesregierung andererseits. Solche Ermächtigungskombinationen widersprechen als gemeinsame Landesrechtsetzung respektive als gemischte Bund-Länder-Rechtsetzung dem grundgesetzlichen Prinzip der Trennung der Verantwortlichkeiten von Bund und Ländern sowie der Länder untereinander. Insoweit bildet also das bundesstaatliche Prinzip in der grundgesetzlichen Ausprägung eine „föderative Sperre" für den Ermächtigungsgesetzgeber[98].

3. Subdelegation (Unterermächtigung)

a) Kreis der Subdelegatare

36

Kein Numerus clausus der Subdelegatare

Nach Art. 80 Abs. 1 S. 4 GG kann das ermächtigende Gesetz vorsehen, daß eine Ermächtigung weiter übertragen werden kann. Über den Kreis der Subdelegatare macht das Grundgesetz jedoch keine Aussage. Ein Numerus clausus der Subdelegatare besteht demzufolge nicht. Gedacht ist bei der Subdelegation in erster Linie an die den obersten Bundes- und Landesbehörden nach-

---

95 Vgl. im einzelnen *Nierhaus* (N 1), Rn. 817ff.; *Jörg Lücke*, in: Sachs, GG Komm., ³2003, Art. 80 Rn. 48ff.; *Hartmut Maurer*, Das verordnungsvertretende Gesetz, in: FS für Walter Leisner, 1999, S. 583ff.; *Edgar Wagner/Lars Brocker*, Das „verordnungsvertretende Gesetz" nach Art. 80 IV GG, in: NVwZ 1997, S. 759ff.
96 *Wilke* (N 29), Art. 80 Anm. V 5 b (S. 1931).
97 *Wilke* (N 29), Art. 80 Anm. V 5 b (S. 1932).
98 *Wilke* (N 29), Art. 80 Anm. V 5 b (S. 1932), 6 d (S. 1934); *Lepa* (N 73), S. 358.

geordneten Behörden sowie an juristische Personen des öffentlichen Rechts; auch der Bundespräsident kommt als Subdelegatar in Betracht[99]. Unzulässig ist jedoch eine Übertragung von Rechtsetzungsmacht auf Private (sogenannte Beliehene). Art. 80 Abs. 1 GG regelt thematisch nur das Verhältnis zwischen Legislative und Exekutive im Bereich der Staatsfunktion „Rechtsetzung". Wie sich aus der systematischen Stellung dieser Vorschrift und seiner Entstehungsgeschichte ergibt, soll jedoch keine Aussage zu dem Verhältnis zwischen Staat und Gesellschaft gemacht werden[100]. Es wäre deshalb nicht vertretbar, aus dem Schweigen des Grundgesetzes über den Kreis der Subdelegatare auf die Zulässigkeit der Übertragung von Rechtsetzungsmacht auf außerhalb der staatlichen Verwaltung stehende Stellen zu schließen.

Keine Beleihung

Ein eigengearteter Fall einer Subdelegation liegt vor, wenn der Ermächtigte in seiner eigenen *mit* Zustimmung des Bundesrates erlassenen Rechtsverordnung sich selbst ermächtigt, eine Rechtsverordnung *ohne* Zustimmung des Bundesrates zu erlassen (sogenannte Selbstermächtigung)[101]. Eine solche Selbstentäußerung von Zustimmungsrechten durch den Bundesrat wird prinzipiell als unzulässig angesehen. Eine Selbstermächtigung im vorgenannten Sinne ist jedoch zulässig, wenn sie im Ermächtigungsgesetz selbst schon vorgesehen ist[102].

Selbstermächtigung

b) Form der Subdelegation

Die Subdelegation ist nur zulässig, wenn sie im ermächtigenden Gesetz ausdrücklich vorgesehen ist; sie steht also nicht im Belieben des Verordnungsgebers. Andererseits kann der Gesetzgeber seinerseits nicht die Subdelegation vorwegnehmen, indem er im ermächtigenden Gesetz selbst den Subdelegatar bestimmt und die Subdelegation anordnet[103]. Eine solche teilweise für zulässig erachtete „vorweggenommene Subdelegation" würde dem Numerus clausus der Erstdelegatare seinen Sinn nehmen. Die Weitergabe von Verordnungsbefugnissen innerhalb der Verwaltung muß den Exekutivspitzen überlassen bleiben, damit sie den Einfluß auf den Gesetzesvollzug behalten[104]. Die Subdelegation ihrerseits führt – im Gegensatz zu einer „vorweggenommenen Subdelegation" – nicht zu einem Kompetenzverlust des gesetzlich ermächtigten Erstdelegatars, denn die Subdelegation wirkt ebenso wie die (Erst-)Ermächtigung konservierend, nicht devolvierend[105].

37

Keine vorweggenommene Subdelegation

---

99 Vgl. *Gerhard Huwar*, Der Erlaß von Rechts- und Verwaltungsverordnungen durch den Bundespräsidenten, 1967.
100 Vgl. *Hans Peters/Fritz Ossenbühl*, Die Übertragung von öffentlichrechtlichen Befugnissen auf die Sozialpartner unter besonderer Berücksichtigung des Arbeitszeitschutzes, 1967, S. 57f.; *Stern* (N 81), S. 669.
101 Vgl. *Schneider* (N 9), Rn. 243; *Martin Bullinger*, Die Selbstermächtigung zum Erlaß von Rechtsverordnungen, 1958.
102 Art. 80 Abs. 2 GG („vorbehaltlich anderweitiger bundesgesetzlicher Regelung").
103 Vgl. *Wilke* (N 29), Art. 80 Anm. V 1 a (S. 1922); *Bryde* (N 52), Art. 80 Rn. 11; *Stern* (N 81), S. 670.
104 Vgl. *Wilke* (N 29), Art. 80 Anm. V 1 a (S. 1922); *Stern* (N 81), S. 670.
105 *Theodor Maunz*, in: Maunz/Dürig, Komm. z. GG, Art. 80 Rn. 43; *Stern* (N 81), S. 670.

4. Verordnungsänderung durch den Gesetzgeber

38 Daß auch der parlamentarische Gesetzgeber als Verordnungsgeber auftreten kann, erscheint auf den ersten Blick als eine verfassungsrechtliche Absurdität, hat aber in der Staatspraxis eine zunehmende Bedeutung und ist als verfassungsrechtliche Möglichkeit erst kürzlich vom Bundesverfassungsgericht gebilligt worden. Die Staatspraxis, in der sich die Besonderheit der Verordnungsgebung durch den Gesetzgeber herausgebildet hat, ist die sogenannte Artikel-Gesetzgebung[106], die seit Bestehen der grundgesetzlichen Ordnung in Übung ist und in der Zukunft eher zu- als abnehmen wird. In Artikel-Gesetzen werden Reformen in Teilbereichen der Rechtsordnung zusammengefaßt, die in mehrere einzelne Gesetze ausgreifen und auch zu diesen Gesetzen gehörende Rechtsverordnungen thematisch erfassen. Damit die Reform „in einem Guß" verwirklicht werden kann, sollen alle notwendigen Änderungen des geltenden Rechts, auch soweit sie in Rechtsverordnungen ihren Niederschlag gefunden haben, in einem Regelwerk, eben dem Artikel-Gesetz, „mit einem Schlag" in Kraft gesetzt werden. Deshalb werden auch die notwendigen Änderungen der thematisch zur Reform gehörigen Regelungen der Rechtsverordnungen im Artikel-Gesetz aufgenommen. Um die „Rückkehr zum Verordnungsrang" der durch Gesetz geänderten Verordnungsbestimmungen zu ermöglichen, wird den Artikel-Gesetzen seit 1980 eine sogenannte Entsteinerungsklausel eingefügt, welche in unterschiedlichen sprachlichen Versionen bestimmt, daß der Verordnungsgeber befugt ist, die im Artikel-Gesetz geänderte Rechtsverordnungsbestimmung seinerseits wiederum zu ändern[107]. Nach der im Schrifttum verbreiteten Auffassung ist die durch Artikel-Gesetz geänderte Rechtsverordnung ein Mischgebilde, welches sowohl aus förmlichen Gesetzesvorschriften wie auch aus Rechtsvorschriften mit Verordnungsrang besteht. Die „Rückkehr zum Verordnungsrang" findet danach erst statt, wenn der Verordnungsgeber die gesetzliche Verordnungsänderung seinerseits durch „gesetzändernde Verordnung" wieder ändert[108]. Die Vermischung unterschiedlicher Rechtsetzungsformen, die einem verschiedenen Rechtsregime unterliegen, wurde als unverträglich mit den Erfordernissen der Rechtssicherheit empfunden. Namentlich die Frage, welche Gestaltungsfreiheit der Gesetzgeber bei der Verordnungsänderung hat, insbesondere ob und gegebenenfalls in welcher Form er über den von ihm selbst vorgegebenen Ermächtigungsrahmen für die Verordnungsgebung hinausgehen darf, war unklar. Umstritten war auch die Frage, ob eine förmliche Gesetzesvorschrift, durch die eine Rechtsverordnung geändert worden ist, der Normenkontrolle nach Art. 100 Abs. 1 GG durch das Bundesverfassungsgericht oder der verwaltungsgerichtlichen Normenkontrolle nach § 47 Abs. 2 VwGO unterliegt.

---

106 S. o. bei N 72 ff.
107 Vgl. *Schneider* (N 9), Rn. 663; *Bundesministerium der Justiz*, Handbuch der Rechtsförmigkeit, ²1999, Rn. 704 ff.
108 Vgl. *Arnd Uhle*, Verordnungsänderung durch Gesetz und Gesetzänderung durch Verordnung?, in: DÖV 2001, S. 241 ff.; → Bd. III, *Löwer*, § 70 Rn. 86 m. weit. Nachw. in N 682.

Das Bundesverwaltungsgericht hat sich mit wenig überzeugenden Gründen für die verwaltungsgerichtliche Kontrolle ausgesprochen[109].

Um die Rechtssicherheit wiederherzustellen, hat das Bundesverfassungsgericht sich unter Berufung auf den Grundsatz der Normenklarheit im Anschluß an Vorgaben im Schrifttum[110] für eine „Einheitskonzeption" entschieden. Danach wird die im Gesetzgebungsverfahren geänderte Rechtsverordnung mit Inkrafttreten des Artikel-Gesetzes das, was der Name sagt: eine Rechtsverordnung, sowohl ihrem Rechtscharakter wie ihrem Rang nach. Die Entsteinerungsklausel ist danach überflüssig. Sie hat lediglich deklaratorische Bedeutung[111]. Es findet demzufolge keine Verordnungsänderung „durch Gesetz" statt, sondern eine Verordnungsänderung im Gesetzgebungsverfahren. Die geänderte Rechtsverordnungsvorschrift wird zu keinem Zeitpunkt als „förmliche Gesetzesvorschrift" existent. Der Gesetzgeber tritt lediglich als „Verordnungsgeber im Gesetzgebungsverfahren" auf, ist in dieser Rolle aber an seine eigenen Ermächtigungsvorgaben gebunden. Will er von ihnen abweichen, was ihm selbstredend nicht verwehrt ist, so muß er vor der Verordnungsänderung in einem ersten Schritt durch Gesetz die Ermächtigungsgrundlage ändern.

39
Einheitskonzeption

II. Verordnungsermessen

Rechtsverordnungen ergehen aufgrund eines förmlichen Gesetzes. Sie sollen dieses Gesetz durch eine weitere Normschicht vollzugsfähig machen oder doch auf eine konkretere Stufe der Anwendungsreife führen. Als Normkonkretisierung und/oder Gesetzesergänzung ist Verordnungsgebung Rechtsetzung, nicht bloße Rechtsanwendung. Dem Verordnungsgeber steht nach dem Maße der ihm delegierten Rechtsetzungsbefugnis ein Raum eigener Gestaltungsfreiheit zu, den er nicht etwa im Wege deduktiver Ableitung aus gesetzlichen Vorgaben, sondern vielmehr durch politische Sach- und Willensentscheidungen im Rahmen eines gesetzlichen Programms ausfüllt. Dieses dem Verordnungsgeber verliehene Verordnungsermessen ist bislang dogmatisch nur sporadisch aufbereitet[112] und in seiner praktischen Handhabung noch wenig erforscht[113].

40
Politische Gestaltung

---

109 BVerwG, in: JZ 2003, S. 1064 mit Anm. *Ossenbühl*.
110 *Schneider* (N 9), Rn. 663; zustimmend *Christoph Külpmann*, Änderungen von Rechtsverordnungen durch den Gesetzgeber, in: NJW 2002, S. 3436; *Horst Sendler*, Zur verwaltungsgerichtlichen Normenkontrolle, in: DVBl 2005, S. 423 (425).
111 BVerfGE 114, 196 (233 ff.); 114, 303.
112 Vgl. *Manfred Zuleeg*, Die Ermessensfreiheit des Verordnungsgebers, in: DVBl 1970, S. 157 ff.; *Wilke* (N 40), S. 233; *Fritz Ossenbühl*, Richterliches Prüfungsrecht und Rechtsverordnungen, in: FS für Hans Huber, Bern 1981, S. 283 ff.; *Peter Badura*, Das normative Ermessen beim Erlaß von Rechtsverordnungen und Satzungen, in: Gedächtnisschrift für Wolfgang Martens, 1987, S. 25 ff.
113 Vgl. *v. Danwitz* (N 37).

1. Begriff

41
Verordnungs-ermessen

Die Bezeichnungen, mit denen die Regelungsfreiheit des Verordnungsgebers in Theorie und Praxis angesprochen wird, sind unterschiedlich. Ebenso wie bei der Regelungsfreiheit des parlamentarischen Gesetzgebers ist von Beurteilungsspielraum[114], Bewertungsspielraum[115], Einschätzungs- und Wertungsspielraum[116], Ermessen[117], Gestaltungsspielraum[118], Gestaltungsfreiheit[119] und dergleichen die Rede.

Unterschied zu legislativer Gestaltungsfreiheit

Wichtiger als terminologische Einheitlichkeit ist jedoch die Erkenntnis, daß das Verordnungsermessen als eigengeartetes Phänomen von der legislativen Gestaltungsfreiheit des parlamentarischen Gesetzgebers einerseits und von dem administrativen Ermessen (Verwaltungsermessen) andererseits zu unterscheiden ist[120]. Mit der legislativen Gestaltungsfreiheit mag das Verordnungsermessen strukturell vergleichbar sein; jedoch unterscheidet sich die legislative Gestaltungsfreiheit vom Verordnungsermessen durch das Fehlen inhaltlicher Vorgaben und Direktiven und durch das Maß an demokratischer Legitimation. Verordnungsrecht ist exekutiv gesetztes Recht im Rahmen eines nach Inhalt, Zweck und Ausmaß bestimmten Gesetzesrahmens.

Unterschied zum Verwaltungsermessen

Von ganz anderer Art ist das Verwaltungsermessen, welches der Verwaltung bei der Entscheidung eines konkreten Einzelfalles die Freiheit einräumt, die konkret-individuellen Umstände des Einzelfalles zu berücksichtigen[121]. Verwaltungsermessen bedeutet ein gewisses Maß an Freiheit bei der Einzelfallentscheidung. Die Ausübung von Verwaltungsermessen ist damit Bestandteil der Gesetzesanwendung. Verordnungsgebung hingegen ist Rechtsetzung.

2. Verordnungsgebung und Normkonkretisierung

42
Richterliche Kontrolle

Die qualitative Besonderheit der Verordnungsgebung als Rechtsetzung zeigt sich in ihrer praktischen Bedeutung bei der Frage der richterlichen Kontrolle von Rechtsverordnungen. Die normkonkretisierende Funktion der Rechtsverordnungen kann auf zweierlei Weise realisiert werden: zum einen durch abstrakt-generelle Verordnungsregelungen, die die gesetzlichen Vorgaben des Ermächtigungsgesetzes ergänzen; zum andern durch Verordnungsregelungen, die Generalklauseln und unbestimmte Gesetzesbegriffe des auszuführenden Gesetzes konkretisieren und detaillieren. Dieser Vorgang der Normkonkretisierung von unbestimmten Rechtsbegriffen wird bei der (unmittelbaren)

---

114 Vgl. z.B. BVerfGE 26, 16; 38, 348; 45, 142; BVerwGE 38, 105 (111); 59, 195 (198).
115 Vgl. z.B. BVerfGE 42, 191.
116 Vgl. z.B. BVerfGE 53, 1; BVerwGE 72, 126 (132) – „Einschätzungsprärogative"; BVerfGE 16, 1 (16f.) – „Prognosespielraum".
117 Vgl. z.B. BVerfGE 16, 332; 26, 16; 33, 358; BVerwGE 36, 95 (97); 57, 130 (141); 70, 318.
118 Vgl. z.B. BVerfGE 13, 248; 16, 332; 29, 198; 45, 142; 46, 120; 58, 68; 69, 150; BVerwG, in: DVBl 1986, S. 51 (52); BVerwGE 64, 77 (87); BayVGH, in: BayVBl 1987, S. 557 (558).
119 BayVGH, in: BayVBl 1987, S. 557 (559).
120 Vgl. *Ossenbühl* (N 112), S. 286 ff.
121 Vgl. *Fritz Ossenbühl*, in: Hans-Uwe Erichsen/Dirk Ehlers (Hg.), Allgemeines Verwaltungsrecht, [12]2002, § 10 Rn. 10 f.

Gesetzesanwendung im Einzelfall als Auslegung qualifiziert und als Gesetzesauslegung dem ureigenen Bereich der Rechtsprechung zugeordnet. Dies bedeutet volle richterliche Kontrolle der Gesetzesanwendung im Einzelfall.

Die Normkonkretisierung durch Rechtsverordnung hingegen hat eine solche volle richterliche Kontrolle nicht zur Folge. Denn dem Verordnungsgeber wird mit der Einstellung unbestimmter Gesetzesbegriffe in die formalgesetzliche Ermächtigungsgrundlage ein Mandat zur Normkonkretisierung zugeordnet, welches sich gerade darauf bezieht, daß der Verordnungsgeber an Stelle des parlamentarischen Gesetzgebers die formalgesetzlich noch nicht vollständig ausgeformte Entscheidung des Parlamentes zu Ende denken und damit „konkretisieren" soll[122]. Das Mandat zur Normkonkretisierung einerseits und das Mandat zur letztverbindlichen Norminterpretation andererseits sind wesensverschieden. Die Normkonkretisierung ergänzt das gewollt unvollständige Gesetz; die Norminterpretation hingegen erschließt den Sinn einer als vollständig gedachten Rechtsnorm. Dieser Zusammenhang ist bereits im Jahre 1931 von Eberhard Roethe wie folgt treffend umschrieben worden: „Das Gesetz wollte gar nicht alle Einzelheiten regeln. Sie dürfen daher auch nicht aus ihm herausgelesen werden. Sondern es wollte ein gewisses Maß von Entscheidungsbefugnis dem Verordnungsdelegatar übertragen, der dann nicht nur die Aufgabe hat, mit bindender Wirkung die Schlüsse und Einzelheiten aus dem Gesetz zu ziehen, die ohne Verordnung Verwaltung und Gerichte hätten ziehen müssen, sondern selbständig in dem ihm belassenen Bereich zu entscheiden, der nicht nur logisch folgern, sondern autonom bestimmen, Recht setzen soll. Zwar kann unter Umständen auch durch Interpretation ein Ergebnis gewonnen werden. Das Fehlen der Ausführungsbestimmung braucht das Gesetz nicht unausführbar zu machen. Aber auch dann ist die Verordnung nicht auf die Normierung der interpretativ feststellbaren Ergebnisse beschränkt, sondern sie kann selbständig auch zu einem anderen Ergebnis kommen"[123]. Weil Verordnungsgebung demzufolge ein Stück nachgeholter, ergänzender Rechtsetzung darstellt, ist sie der richterlichen Kontrolle nur beschränkt zugänglich. Der Richter kann nur nachprüfen, ob der Verordnungsgeber sich mit seiner Gesetzeskonkretisierung innerhalb des vorgegebenen Bedeutungsrahmens und des Ziels der gesetzlichen Regelung bewegt. „Überall da, wo (sc. im Gesetz) nur Prinzipien und allgemeine Gedanken oder unbestimmte Begriffe vorkommen, darf das Fehlende nicht als Gesetzesinhalt durch Auslegung gesucht werden, sondern es muß der Verzicht des Gesetzes auf eigene Regelung und Überlassung an die Verordnung angenommen werden"[124]. Werden vage Gesetzesbegriffe entsprechend der gesetzlichen Ermächtigung durch gesetzeskonkretisierende Rechtsverordnungen näher umgrenzt und bestimmt, so handelt es sich um eine „delegierte authen-

---

122 Vgl. BayVGH, in: BayVBl 1987, S. 557 (558); OVG Münster, in: DWW 1986, S. 47; BVerfGE 101, 1 (35f.).
123 *Eberhard Roethe*, Die Ausführungsverordnungen im heutigen Staatsrecht, in: AöR 59 (1931), S. 194ff. (262).
124 *Roethe* (N 123), S. 263.

tische Interpretation"¹²⁵ durch den Verordnungsgeber. Das Verordnungsermessen umfaßt deshalb im Gegensatz zum Verwaltungsermessen auch die Konkretisierung des vorgegebenen gesetzlichen Tatbestandes¹²⁶.

Indessen ist damit nur ein prinzipieller Ausgangspunkt beschrieben. Die Umreißung des Gestaltungs- und Bewertungsspielraums des Verordnungsgebers im konkreten Streitfall unterliegt weiteren Kriterien und Erwägungen, denen im folgenden nachgegangen sei.

3. Differenzierungen der Intensität des Verordnungsermessens

44
Differenzierungsmerkmale

Weitere Differenzierungen hinsichtlich der Intensität des Verordnungsermessens und der ihr korrespondierenden gerichtlichen Kontrolldichte ergeben sich aus dem Charakter der jeweiligen Rechtsverordnung. Dieser Charakter wird durch verschiedene Merkmale geprägt: durch die gesetzlichen Vorgaben, durch die verordnende Instanz, durch das Verordnungsverfahren und durch den Verordnungsinhalt. Unter Beachtung dieser Merkmale sei ohne Anspruch auf Vollständigkeit auf folgende Unterschiede hingewiesen¹²⁷:

a) Selbständige und unselbständige Verordnungen

45
Verfassungsunmittelbare Rechtsverordnungen

Bei den selbständigen (verfassungsunmittelbaren) Rechtsverordnungen bezieht der Verordnungsgeber seine Legitimation und Normsetzungsbefugnis unmittelbar aus der Verfassung. Er legiferiert also nicht im Rahmen eines vorgegebenen einfachgesetzlichen „Programms". Daraus folgt ohne weiteres, daß der Verordnungsgeber prinzipiell dieselbe Regelungsfreiheit genießt, die auch dem parlamentarischen Gesetzgeber zukommt.

b) Mitwirkungsbedürftige Rechtsverordnungen

46

Zustimmung des Bundestages

Es gibt eine Reihe von Rechtsverordnungen, die der Mitwirkung anderer legislativer Stellen, insbesondere auch des Bundestages, bedürfen. Durch eine solche Mitwirkung gewinnt die Rechtsverordnung unter Umständen einen „Mehrwert an demokratischer Legitimation". Dies ist augenscheinlich bei den sogenannten Zustimmungsverordnungen, die zwar von der Exekutive erlassen werden, aber der Zustimmung des Bundestages in Form eines schlichten Parlamentsbeschlusses bedürfen¹²⁸. Mit der Zustimmung übernimmt das Parlament die Mitverantwortung für den Verordnungsinhalt. Zugleich wächst der Rechtsverordnung durch die Zustimmung des Parlamentes ein Maß an demokratischer Legitimation zu, das einem förmlichen Gesetz zukommt. Dies berechtigt zu der Schlußfolgerung, daß für Zustimmungsverordnungen prinzi-

---

125 *Dietrich Jesch*, Auslegung gegen den Wortlaut und Verordnungsgebung contra legem?, in: JZ 1963, S. 244 f.
126 BVerfGE 38, 348 (363); *Ossenbühl* (N 112), S. 293; *Peter Marburger*, Atomrechtliche Schadensvorsorge, 1983, S. 207; *Rüdiger Breuer*, Eingriffsmöglichkeiten nach dem Chemikaliengesetz, in: Schriften der Gesellschaft für Rechtspolitik, Bd. III: Chemikalienrecht, 1986, S. 251.
127 Vgl. schon *Ossenbühl* (N 112), S. 288 ff.
128 S. u. Rn. 57 ff.

piell diejenigen Kontrollmaßstäbe und Kontrollformeln zugrunde zu legen sind, die auch für legislative Entscheidungen im übrigen gelten[129].

Für Rechtsverordnungen, die mit Zustimmung von Parlamentsausschüssen ergangen sind, läßt sich nicht ohne weiteres dieselbe Feststellung treffen. Insoweit dürfte es weitgehend auf die Verfahrensausgestaltung und die beteiligten Instanzen ankommen.

Zustimmung von Parlamentsausschüssen

c) Maßnahme- und Individualverordnungen

Rechtsverordnungen enthalten im allgemeinen abstrakt-generelle Regelungen. Aber sie werden auch als Instrumente zur Regelung von Einzelfällen eingesetzt[130]. Soweit dies geschieht, handelt es sich qualitativ nicht mehr um einen Akt der Normsetzung. Deshalb ergibt sich die Frage, ob damit auch das Verordnungsermessen und die ihm korrespondierende gerichtliche Kontrolldichte anders zu beurteilen sind.

47
Abstrakt-generelle Regelungen

Im Bereich der parlamentarischen Gesetzgebung hat das Bundesverfassungsgericht erklärt, daß Maßnahmegesetze „weder als solche unzulässig (seien) noch einer strengeren verfassungsrechtlichen Prüfung als andere Gesetze" unterliegen[131]. Ob man diese Feststellung auf den Verordnungsbereich ausdehnen kann, erscheint mehr als zweifelhaft. Denn die „Souveränität des Parlamentes" ist von anderer Art und Qualität als die Normsetzungsbefugnis des Verordnungsgebers. Näher liegt der Gedanke, daß bei Einzelfallregelungen durch die Exekutive, gleichgültig ob sie in der Form eines Verwaltungsaktes oder einer Rechtsverordnung ergehen, die gerichtliche Kontrolldichte gleichmäßig beurteilt werden muß. Diese Frage berührt nicht ohne weiteres das Problem, ob sich der Rechtsschutz gegen einen Hoheitsakt nach dessen Form oder nach seinem Inhalt zu richten hat[132], denn insoweit stehen die Eröffnung und Prozedur, das Ob und Wie des Rechtsschutzes zur Debatte, während es im vorliegenden Zusammenhang um die Kontrolldichte, um das Wieweit geht. Wenn eine Rechtsverordnung Funktion und Regelungsgehalt eines Verwaltungsaktes übernimmt, so liegt es nahe, sie derselben Kontrollintensität auszusetzen wie Verwaltungsakte, unbeschadet der Frage, in welchem Verfahren die Rechtsverordnung zur richterlichen Überprüfung gelangen kann. Dem entspricht die Auffassung des Bundesverwaltungsgerichts[133], daß das Verordnungsermessen als Befugnis zum Erlaß abstrakt-genereller Regelungen nicht mit dem Planungsermessen gleichgesetzt werden darf, bei dem es um die Ordnung konkret-individueller Verhältnisse und die Abwägung konkreter Einzelinteressen geht. Aus dieser Unterscheidung hat das Bundesverwaltungsge-

48
Maßnahmegesetze

Kontrolldichte

---

129 Abweichend *Nierhaus* (N 1), Rn. 364; *v. Danwitz* (N 37), S. 195.
130 Z.B. im Bereich der Neugliederung der kommunalen Organisation (vgl. Art. 9 Abs. 2 S. 2 BayVerf; § 32 Abs. 2 Sparkassengesetz Nordrhein-Westfalen) oder bei der Festsetzung von Wasserschutzgebieten (str.); vgl. *Rüdiger Breuer*, Öffentliches und privates Wasserrecht, ³2004, Rn. 836 ff.
131 BVerfGE 36, 383 (400).
132 Vgl. dazu *Albert von Mutius*, Rechtsnorm und Verwaltungsakt, in: FS für Hans J. Wolff, 1973, S. 167 (181).
133 BVerwGE 70, 318 (328 f.); vgl. auch VGH Baden-Württemberg, in: DVBl 1983, S. 638 (639); ebenso *Nierhaus* (N 1), Rn. 368; *v. Danwitz* (N 37), S. 193 f.

richt maßgebliche Konsequenzen für den Umfang des Verordnungsermessens und seiner richterlichen Kontrolle gezogen.

d) Differenzierung nach Sachbereichen

49
Verordnungsermessen nach Maßgabe der gesetzlichen Vorgaben

Ob auch rationalisierbare Kriterien in Hinsicht der verschiedenen Sachbereiche, in denen Rechtsverordnungen ergehen (Wirtschaftsrecht, technisches Sicherheitsrecht, Planungsrecht, Sozialrecht, Finanzrecht etc.), gefunden werden können, ist wohl zu verneinen. Freilich ist das Bild der Rechtsprechung zur Kontrolle von Rechtsverordnungen auch hier uneinheitlich. Auf eine generelle Formel gebracht wird man sagen können, daß das Verordnungsermessen um so weiter ist, je unsicherer die gesetzlichen Vorgaben und Entscheidungsgrundlagen sind. Namentlich bei der Einschätzung wirtschaftlicher Lagen und Entwicklungen sowie schlechthin bei Prognosen beschränken sich die Gerichte auf eine Evidenz- und Willkürkontrolle[134], der ein entsprechend weiter Gestaltungsspielraum des Verordnungsgebers korrespondiert.

4. Verpflichtung zum Erlaß und zur Aufhebung von Rechtsverordnungen

a) Erlaßpflicht

50
Entschließungsermessen

Das Verordnungsermessen umschließt grundsätzlich auch die Freiheit des Verordnungsgebers, eine Rechtsverordnung zu erlassen oder von einem solchen Erlaß abzusehen (Entschließungsermessen). Allerdings kann der Verordnungsgeber aus verschiedenen Gründen zum Erlaß einer Rechtsverordnung verpflichtet sein. Eine solche Verpflichtung kann im Ermächtigungsgesetz selbst ausdrücklich enthalten sein. Das Gesetz enthält dann nicht nur eine Ermächtigung, sondern darüber hinaus einen Auftrag an den Verordnungsgeber[135].

Pflicht zum Erlaß

Auch ohne ausdrücklich statuierten Auftrag kann sich die Verpflichtung des Verordnungsgebers zum Erlaß einer Verordnung daraus ergeben, daß ohne entsprechende Durchführungsverordnungen das Gesetz nicht praktikabel ist und deshalb ein Gesetzesvollzug verhindert wird[136]. Denkbar, aber auf seltene Ausnahmen beschränkt, ist schließlich die Möglichkeit, daß sich eine Verpflichtung zum Erlaß von Rechtsverordnungen unmittelbar aus der Verfassung ergibt. In Betracht kommt als Verpflichtungsgrundlage der allgemeine Gleichheitssatz gemäß Art. 3 Abs. 1 GG[137] oder eine aus den Grundrechtsverbürgungen resultierende Schutzpflicht des Staates[138].

---

134 BVerfGE 106, 1 (16 ff.); zur Prognose-Rechtsprechung: *Fritz Ossenbühl*, Die richterliche Kontrolle von Prognoseentscheidungen der Verwaltung, in: FS für Christian-Friedrich Menger, 1985, S. 731 ff.
135 Vgl. *Schneider* (N 9), Rn. 248.
136 Vgl. BVerfGE 13, 248 (254); 16, 332 (338); *Lepa* (N 73), S. 347 f.; *Franz-Joseph Peine*, Gesetz und Verordnung, in: ZG 1988, S. 121 (128); *v. Danwitz* (N 37), S. 181.
137 BVerfGE 13, 248 (255).
138 Vgl. dazu *Dietrich Murswiek*, Die staatliche Verantwortung für die Risiken der Technik, 1985, S. 101 ff.; *Gerhard Robbers*, Sicherheit als Menschenrecht, 1987; *Johannes Dietlein*, Die Lehre von den grundrechtlichen Schutzpflichten, 1992, S. 175 ff.

b) Aufhebungspflicht

Das Ermächtigungsgesetz kann auch die Verpflichtung des Verordnungsgebers begründen, eine erlassene Rechtsverordnung bei Eintritt bestimmter Bedingungen wieder aufzuheben. Eine solche Verpflichtung besteht allgemein dann, wenn die tatsächlichen Umstände, die nach dem Ermächtigungsgesetz zum Erlaß einer Rechtsverordnung vorliegen müssen, zwischenzeitlich entfallen sind. Dies gilt etwa für das Vorliegen eines „erhöhten Wohnbedarfs" in bestimmten Gebieten gemäß § 5 a S. 1 WoBindG[139]. Allerdings steht dem Verordnungsgeber bei der Beurteilung der Frage, ob ein Wandel der tatsächlichen Verhältnisse eingetreten ist, ein gewisser Beurteilungsspielraum zu[140].

51 Voraussetzungen

c) Anspruch der Betroffenen auf Erlaß oder Aufhebung

Ein Anspruch des Normbetroffenen auf Erlaß einer Rechtsverordnung mit bestimmtem Inhalt wird in der Rechtsprechung grundsätzlich abgelehnt[141], weil ein solcher Anspruch als mit dem Gewaltenteilungsgrundsatz unvereinbar erachtet wird und die Gestaltungsfreiheit des Verordnungsgebers tangieren würde. Ausnahmen hiervon werden sich nur in extremen Fällen begründen lassen. Soweit es um die Pflicht zur Aufhebung einer Rechtsverordnung wegen nachträglichen Wegfalls der tatsächlichen Regelungsvoraussetzungen geht, ist indessen ein Anspruch des Normbetroffenen zu bejahen, wenn der Voraussetzungswegfall zweifelsfrei erwiesen ist[142].

52 Anspruch des Normbetroffenen

III. Mitwirkung Dritter

1. Mitwirkung von Organen und Stellen der Legislative

a) Zustimmung des Bundesrates

Eine große Zahl der Bundesrechtsverordnungen bedarf der Zustimmung des Bundesrates[143]. Dies folgt aus Art. 80 Abs. 2 GG. Die daneben bestehenden Spezialvorschriften der Art. 119 und Art. 132 Abs. 4 GG sind inzwischen der Sache 1967 in das nach oder durch Zeitablauf gegenstandslos geworden. Der im Jahre Grundgesetz eingefügte Art. 109 Abs. 4 S. 3 GG bedeutet lediglich

53 Art. 80 Abs. 2 GG

Art. 109 Abs. 4 S. 3 GG

---

139 Vgl. BayVGH, in: BayVBl 1987, S. 557; HessVGH, in: ZMR 1987, S. 75; OVG Münster, in: DWW 1986, S. 47.
140 BVerfGE 42, 374 (396); BayVGH, in: BayVBl 1987, S. 557 (558).
141 BVerwGE 7, 188; 13, 328; 43, 261 (262); HessVGH, in: ESVGH 22, 224 (225); BayVGH, in: NVwZ 1986, S. 636 (637). Aus dem Schrifttum: *Konrad Westbomke*, Der Anspruch auf Erlaß von Rechtsverordnungen und Satzungen, 1976; *Thomas Würtenberger*, Die Normerlaßklage als funktionsgerechte Fortbildung verwaltungsprozessualen Rechtsschutzes, in: AöR 105 (1980), S. 370 ff.; *Helga Sodan*, Der Anspruch auf Rechtsetzung und seine prozessuale Durchsetzung, in: NVwZ 2000, S. 601; *Hanno Barby*, Der Anspruch auf Erlaß einer Rechtsverordnung, in: NJW 1989, S. 80.
142 HessVGH, in: ZMR 1987, S. 75.
143 In den ersten zwölf Wahlperioden sind 14.618 Rechtsverordnungen des Bundes erlassen worden; vgl. die Nachw. oben in N 8. In dieser Zeit sind 6.187 Rechtsverordnungen dem Bundesrat zugeleitet und von ihm beraten worden, vgl. *Bundesrat* (Hg.), Handbuch des Bundesrates, 2002/2003, S. 299. Aus der Literatur *Saurer* (N 5), S. 352 ff.

eine partielle verfassungskräftige Verfestigung des bundesratlichen Zustimmungsrechts, aber keine sachliche Erweiterung[144].

54
Verkehrsverordnungen

Föderativverordnungen

Die nach Art. 80 Abs. 2 GG zustimmungsbedürftigen Rechtsverordnungen bestehen aus zwei Hauptgruppen, und zwar aus den „Verkehrsverordnungen" und den „Föderativverordnungen", die entweder aufgrund von Zustimmungsgesetzen oder aufgrund von Bundesgesetzen ergehen[145], die von den Ländern im Auftrag des Bundes oder als eigene Angelegenheit ausgeführt werden. Die Einschaltung des Bundesrates bei den „Verkehrsverordnungen" verfolgt den Zweck, „die besonderen wirtschaftlichen und Verkehrsbedürfnisse der Länder zu berücksichtigen[146]. Die Zustimmungspflicht der „Föderativverordnungen" rechtfertigt sich durch die Art des Gesetzesvollzuges oder als Folgerung oder Fortsetzung der Zustimmung, deren das der Verordnung zugrundeliegende Gesetz bedarf[147]. Über die Zustimmung des Bundesrates kann der administrative Sachverstand der Länderbürokratien und deren Vollzugserfahrung in die Verordnungsgebung des Bundes eingebracht und für diese nutzbar gemacht werden.

55
Rechtsverordnungen aufgrund von Zustimmungsgesetzen

Umstritten ist die Frage, ob eine Bundesrechtsverordnung auch dann der Zustimmung des Bundesrates bedarf, wenn sie auf einer Ermächtigungsgrundlage beruht, die ihrerseits nicht die Zustimmungspflicht des Ermächtigungsgesetzes ausgelöst hat, und die Rechtsverordnung inhaltlich lediglich Zuständigkeits- und Verfahrensregelungen für die Bundesverwaltung enthält, welche die Länder in keiner Weise berühren. Das Bundesverfassungsgericht geht grundsätzlich davon aus, daß die aufgeworfene Frage zu bejahen ist[148]. Danach bedürfen *alle* Rechtsverordnungen, die aufgrund eines Zustimmungsgesetzes ergehen, der Zustimmung des Bundesrates. Diese rigorose Auffassung erscheint unter dem Gesichtspunkt von Sinn und Zweck der Zustimmungspflicht des Art. 80 Abs. 2 GG jedoch bedenklich[149].

56
Ausschluß der Zustimmungspflicht

Die Zustimmungspflicht von Rechtsverordnungen besteht „vorbehaltlich anderweitiger bundesgesetzlicher Regelung". Durch Bundesgesetz kann also die Zustimmung des Bundesrates ausgeschlossen werden. Ein solches Gesetz bedarf seinerseits bei sinngemäßer Anwendung des Art. 80 Abs. 2 GG jedoch wiederum der Zustimmung des Bundesrates[150]. Der Ausschluß der Zustimmung durch Bundesgesetz wird nur gelegentlich vorgesehen, um die Verordnungsgebung zu beschleunigen oder den Bundesrat nicht mit technischen Details zu behelligen[151].

---

144 Vgl. *Dieter Wilke*, Art. 109 Grundgesetz und das Stabilitätsgesetz in ihrer Bedeutung für das Verordnungsrecht, in: AöR 93 (1968), S. 270 ff. (274 f.).
145 Zum gegenwärtigen Anwendungsbereich nach Privatisierung der Deutschen Bundespost vgl. *Brenner* (N 2), Art. 80 Abs. 2 Rn. 77 ff.
146 § 117 Abs. 2 HChE, in: JÖR N.F. 1 (1951), S. 645.
147 BVerfGE 24, 184 (198).
148 BVerfGE 24, 184; *Dietlein* (N 65).
149 Vgl. *Fritz Ossenbühl*, Die Zustimmung des Bundesrates beim Erlaß von Bundesrecht, in: AöR 99 (1974), S. 369 ff. (434 f.); *Lücke* (N 95), Art. 80 Rn. 34.
150 BVerfGE 28, 66 (76).
151 Vgl. *Schneider* (N 9), S. 146.

b) Mitwirkung des Bundestages

aa) Befund

Die Mitwirkung des Parlamentes bei der Verordnungsgebung der Exekutive ist in der deutschen Verfassungsentwicklung kein Novum. Sie geht auf Vorbilder des Kaiserreiches zurück[152] und war schon zu Beginn der Weimarer Ära geläufige Staatspraxis[153]. Unter der Geltung des Bonner Grundgesetzes ist diese Staatspraxis fortgeführt worden. Von 1949 bis 1994 sind nach einer amtlichen Zählung insgesamt 65 Gesetze ergangen, die eine Mitwirkung des Bundestages bei der Verordnungsgebung vorsehen[154]. **57**
Geschichtliche Vorbilder

Die Modalitäten einer solchen Mitwirkung sind freilich unterschiedlich ausgestaltet[155]. Zu unterscheiden sind folgende Fälle: **58**
Typologie

(1) Rechtsverordnungen, die vor Erlaß der Zustimmung des Bundestages bedürfen („Einwilligungsverordnungen", „Genehmigungsverordnungen", „Zustimmungsverordnungen"), wobei die Zustimmung des Bundestages entweder in der Form eines schlichten Parlamentsbeschlusses ausdrücklich erteilt werden muß oder als erteilt gilt respektive nicht erforderlich ist, wenn der Bundestag nicht innerhalb einer bestimmten Frist einen Beschluß gefaßt hat. Zustimmungsverordnungen

(2) Rechtsverordnungen, bei denen dem Bundestag lediglich Gelegenheit zur (teilweise terminlich befristeten) Stellungnahme gegeben wird („Kenntnisverordnungen"). Kenntnisverordnungen

(3) Rechtsverordnungen, die vom Bundestag nach Erlaß aufgehoben werden können oder deren Aufhebung verlangt werden kann („Aufhebungsverordnungen"). Dabei sind wiederum verschiedene Varianten vorgesehen. Das Aufhebungsverlangen kann nur vom Bundestag oder auch vom Bundesrat (teilweise zeitlich befristet) erhoben werden. Zum Teil ist schließlich vorgesehen, daß eine (vorläufige) Rechtsverordnung zunächst ohne Mitwirkung des Bundestages erlassen werden kann, eine wörtlich damit übereinstimmende zweite Rechtsverordnung dann (innerhalb einer bestimmten Frist) aber der Zustimmung des Bundestages bedarf; mit der neuen Verordnung wird die vorläufige Verordnung aufgehoben („Vorschaltverordnung" und „Nachlaufverordnung")[156]. Aufhebungsverordnungen

Vorschaltverordnungen und Nachlaufverordnungen

Die Mitwirkung des Bundestages bei der Verordnungsgebung kann sich also in folgenden Varianten manifestieren: **59**
Formen der Mitwirkung

– Kenntnisgabe durch die Exekutive vor Erlaß und Möglichkeit der Stellungnahme des Bundestages[157],

---

152 Vgl. die Darstellung m. Nachw. bei *Julius Hatschek*, Deutsches und Preußisches Staatsrecht, Bd. II, 1923, S. 195 ff.; *Uhle* (N 64), S. 15 ff.
153 Vgl. *Klein* (N 15), S. 14 mit Fn. 31; *Huber* (N 17), S. 440.
154 Vgl. *Peter Schindler* (Hg.), Datenhandbuch zur Geschichte des Deutschen Bundestages 1949 bis 1999, 1999, S. 2593 f.
155 Ausführlich *Uhle* (N 64).
156 *Friedrich Schäfer*, Der Bundestag, ²1975, S. 87; *Theodor Klotz*, Das Aufhebungsverlangen des Bundestages gegenüber Rechtsverordnungen, Diss. München 1977, S. 61 ff.
157 Betreffend Rechtsverordnungen der Bundesregierung zur Durchführung von EG-Richtlinien (§ 2 Abs. 2 des Gesetzes vom 14.12.1970 – BGBl I, S. 1709).

- Begründungspflicht der Exekutive gegenüber dem Parlament[158],
- Einspruchs- und Vetorecht[159],
- Zustimmungsrecht (Genehmigungsvorbehalt)[160],
- Aufhebungsbegehren (Kassationsvorbehalt)[161],
- Korrekturrecht („Nachlaufverordnung")[162].

bb) Zulässigkeit der Mitwirkung

60
Keine ausdrückliche Regelung

Die Zulässigkeit der Mitwirkung des Parlamentsplenums bei der Verordnungsgebung der Exekutive ist vereinzelt verfassungsrechtlich ausdrücklich vorgesehen[163]. Es steht aber außer Frage, daß aus diesen Vorschriften kein tragfähiger Umkehrschluß gezogen werden kann[164]. Rechtsprechung[165] und Schrifttum[166] gehen vielmehr übereinstimmend davon aus, daß eine Mitwirkung des Parlamentsplenums bei der Verordnungsgebung jedenfalls nicht grundsätzlich ausgeschlossen ist. Das Bundesverfassungsgericht hat die verfassungsrechtliche Zulässigkeit von Zustimmungsverordnungen mit der Erwägung gerechtfertigt, daß die Ermächtigung zu „Zustimmungsverordnungen" gegenüber der unbeschränkten Delegation ein Minus darstellt[167]. Ein Eingriff in den dem Parlament verschlossenen Kernbereich der Exekutive scheidet danach aus, weil die Verordnungsbefugnis nach der grundgesetzlichen Kompetenzordnung nicht zum originären Funktionsbereich der Exekutive gehört.

Argumentum a maiore ad minus

61
„Legitimes Interesse" des Parlaments

Die entscheidende Beschränkung einer grenzenlosen Ausweitung der Zustimmungspraxis sieht das Gericht in der Notwendigkeit eines „legitimen Interesses der Legislative", einerseits Gesetzgebungsgewalt zu delegieren, aber andererseits sich entscheidenden Einfluß auf Erlaß und Inhalt der Verordnungen vorzubehalten[168]. Hier liegt in der Tat der Kern der Problematik. Das geforderte „legitime Interesse" muß von der Art der zu regelnden Sachmaterie her begründet werden[169].

---

158 Z.B. § 2 Abs. 2 StabG.
159 Es handelt sich rechtstechnisch um Varianten des Zustimmungsvorbehaltes: vgl. *Kisker* (N 64), S. 22.
160 Z.B. § 51 Abs. 3 EStG.
161 Z.B. § 77 Abs. 7 ZG; dazu *Klotz* (N 156).
162 Nachweise bei *Klotz* (N 156), S. 61 Fn. 180.
163 Vgl. Art. 109 Abs. 4 S. 4 GG; Art. 9 Abs. 2 S. 2 BayVerf; Art. 47 Abs. 1 S. 2 BerlinVerf.
164 Vgl. *Kisker* (N 64), S. 26 f.
165 BVerfGE 8, 274 (321); BVerwGE 59, 48 (49 f.); BayVGH, in: DVBl 1983, S. 1157 (1158).
166 Vgl. *Klein* (N 15), S. 96 ff.; *Klaus Grupp*, Zur Mitwirkung des Bundestages bei dem Erlaß von Rechtsverordnungen, in: DVBl 1974, S. 177 ff.; *Wilke* (N 29), Art. 80 Anm. V 8 a (S. 1938); *Mathias Lichtenhahn*, Besondere parlamentarische Kontrolle bei Rechtsverordnungen der Bundesregierung, Diss. Freiburg 1967; *Dieter Hömig*, Mitentscheidungsrechte des Bundestages beim Erlaß allgemeiner Verwaltungsvorschriften des Bundes?, in: DVBl 1976, S. 858 (859); *Albert Hüser*, Die Mitwirkung der gesetzgebenden Körperschaften an dem Erlaß von Rechtsverordnungen, Diss. Göttingen 1978; *Maunz* (N 105), Art. 80 Rn. 60; *Bryde* (N 52), Art. 80 Rn. 17 ff.; *Kisker* (N 64), S. 32; *Stern* (N 81), S. 664 f.; *Schneider* (N 9), Rn. 253 ff.; *Stefan Studenroth*, Einflußnahme des Bundestages auf Erlaß, Inhalt und Bestand von Rechtsverordnungen, in: DÖV 1995, S. 525 ff.; *Jürgen Jekewitz*, Deutscher Bundestag und Rechtsverordnungen, in: NVwZ 1994, S. 956 ff.; anders: *Hans Heinrich Rupp*, Rechtsverordnungsbefugnis des Deutschen Bundestages?, in: NVwZ 1993, S. 756 ff.; *Uhle* (N 64), S. 380 ff., 463 ff.
167 BVerfGE 8, 274 (321).
168 BVerfGE 8, 274 (321).
169 Vgl. *Schneider* (N 9), Rn. 255.

So ist es beispielsweise unmittelbar einleuchtend, daß dem Bundestag in § 51 Abs. 3 EStG ein Zustimmungsrecht eingeräumt wird, wenn durch Verordnung die Steuertarife für die Einkommensteuer um höchstens 10 v. H. gesenkt oder angehoben werden sollen, um einer Störung des gesamtwirtschaftlichen Gleichgewichts entgegenzutreten. Hier werden die Flexibilität der Verordnungsgebung und die Mitverantwortung des Parlamentes in sinnvoller Weise miteinander verbunden. Durch die Zustimmung des Bundestages wächst der Rechtsverordnung weitere demokratische Legitimation zu. Dies ist im Falle des § 51 Abs. 3 EStG schon deswegen geboten, weil die dort vorgesehenen Steuererhöhungen nach der Wesentlichkeitstheorie dem Parlamentsvorbehalt unterliegen.

62 Zustimmungsverordnung nach § 51 Abs. 3 EStG

Zusätzliche demokratische Legitimation

Die Zustimmungsverordnung ist demnach entgegen der Auffassung des Bundesverfassungsgerichts[170] eine neue dritte Form der Rechtsetzung zwischen dem förmlichen Gesetz einerseits und der exekutiven Verordnungsgebung andererseits. Diese dritte Form der Rechtsetzung ist notwendig geworden, weil der eingetretene Regelungsbedarf weder (allein) durch ein förmliches Gesetz noch (allein) durch eine Rechtsverordnung sachgerecht erfüllt werden kann. Das „legitime Interesse der Legislative" liegt damit offen zutage. Der Weg der Zustimmungsverordnung erscheint generell in jenen Fällen geeignet zu sein, in denen aus Gründen sachgerechter Regelung der Ermächtigungsgesetzgeber außerstande ist, dem Bestimmtheitsgebot des Art. 80 Abs. 1 S. 2 GG hinreichend Rechnung zu tragen, mithin wichtige Entscheidungen dem Verordnungsgeber überlassen muß, weil diese Entscheidungen nur in der gegebenen Situation sachgerecht getroffen werden können. In solchen Fällen kann in der Tat ein Mangel an Bestimmtheit des Ermächtigungsgesetzes durch einen Zustimmungsvorbehalt zugunsten des Parlamentsplenums kompensiert werden[171]. Dies liegt auch ganz in der Linie des durch das Bestimmtheitsgebot verfolgten verfassungsrechtlichen Schutzzwecks. Denn dieser Schutzzweck geht dahin, das Parlament daran zu hindern, seine Gesetzgebungsmacht blanko an die Exekutive zu übertragen[172]. Dies ist ein demokratisches Gebot. Ihm kann nicht nur durch die Bestimmtheit der Ermächtigungsgrundlage, sondern auch durch einen Zustimmungsvorbehalt zugunsten des Parlamentsplenums entsprochen werden.

63 Dritte Form der Rechtsetzung

Kompensation der Unbestimmtheit des Gesetzes

Die Zustimmungsverordnung hat also ihren legitimen Platz im Rechtsquellensystem des Grundgesetzes. Sie wird ihn aber nur so lange behalten können, wie das „legitime Interesse der Legislative" als Grund und Grenze für Zustimmungsvorbehalte ernst genommen wird.

---

170 BVerfGE 8, 274 (322).
171 Vgl. dazu *Kisker* (N 64), S. 39 ff.; *Rupert Scholz/Hans Bismark*, Schulrecht zwischen Parlament und Verwaltung. Möglichkeiten und Grenzen schulrechtlicher Gestaltung durch parlamentarisches Gesetz, durch Rechtsverordnung und durch Formen „gemischter" Rechtsetzung, in: Schule im Rechtsstaat, Bd. II: Gutachten für die Kommission Schulrecht des Deutschen Juristentages, 1980, S. 73 ff. (121 ff.).
172 S. o. Rn. 20.

c) Mitwirkung von Parlamentsausschüssen

aa) Befund

64
Keine förmlichen Mitwirkungsvorbehalte in Bundesgesetzen

Der Staatspraxis nicht unbekannt ist auch die Mitwirkung von Parlamentsausschüssen bei der Verordnungsgebung. Denkbar sind hier die schon vorgeführten Abstufungen einer solchen Mitwirkung, die von der Anhörung bis zur Zustimmung reichen. Empirische Erhebungen über die Gesetzgebungspraxis in diesem Bereich sind jedoch – soweit ersichtlich – nicht vorhanden. Auf Bundesebene sind Zustimmungsvorbehalte zugunsten von Parlamentsausschüssen nicht bekannt. Offenbar hat hier die beiläufige Bemerkung des Bundesverfassungsgerichts[173] aus dem Jahre 1955, daß die Ausschüsse der gesetzgebenden Körperschaften nach der Ordnung des Grundgesetzes keine Befugnis mehr haben, selbständig an der Rechtsetzung mitzuwirken, ihre Wirkung nicht verfehlt.

Praxis der Länder

Hingegen sehen die Dinge auf der Landesebene anders aus. Hier finden sich nicht selten Beispiele dafür, daß Rechtsverordnungen der Regierung nur mit Zustimmung eines im Ermächtigungsgesetz bezeichneten Landtagsausschusses erlassen werden dürfen. Dies gilt in Nordrhein-Westfalen beispielsweise für den Erlaß der Allgemeinen Schulordnung[174] sowie der Ausbildungs- und Prüfungsordnungen[175]. Sie ergehen als Rechtsverordnungen des Kultusministeriums mit Zustimmung des Ausschusses für Schule und Weiterbildung des Landtages.

bb) Zulässigkeit der Mitwirkung

65

Anhörrechte der Ausschüsse

Zustimmung der Ausschüsse

Die Mitwirkung von Parlamentsausschüssen bei der Verordnungsgebung gehört zu den bislang noch höchst umstrittenen und von der Rechtsprechung nicht entschiedenen Fragen. Dabei stehen die Einräumung von Anhörrechten und Beratungsfunktionen eines Parlamentsausschusses bei der Verordnungsgebung außerhalb der Diskussion[176]. Das Problem konzentriert sich auf die Zulässigkeit von Zustimmungsvorbehalten zugunsten von Parlamentsausschüssen, wie sie etwa in Nordrhein-Westfalen praktiziert werden. Die hierzu dargelegten Auffassungen im Schrifttum sind geteilt[177]. Eine Antwort auf die

---

173 BVerfGE 4, 193 (203).
174 § 26 Abs. 1 S. 1 SchVG Nordrhein-Westfalen; dazu *Helmut Roewer/Ferdinand Hoischen*, Entspricht die Allgemeine Schulordnung von Nordrhein-Westfalen dem verfassungsrechtlichen Demokratie- und Rechtsstaatsgebot?, in: DVBl 1979, S. 900.
175 § 26b Abs. 1 SchVG Nordrhein-Westfalen; vgl. ferner § 7 Abs. 3 SchFG Nordrhein-Westfalen.
176 Vgl. *Grupp* (N 166), S. 181; *Hüser* (N 166), S. 173 f.; *Klein* (N 15), S. 103; *Scholz/Bismark* (N 171), S. 129.
177 Dafür: *Klein* (N 15), S. 103 f.; *Adolf Süsterhenn/Hans Schäfer*, Kommentar der Verfassung für Rheinland-Pfalz, 1950, Art. 110 Nr. 2; *Friedrich Halstenberg*, Entlastung des Parlaments durch Reform des Art. 80 GG?, in: ZParl 1973, S. 435; *Maunz* (N 105), Art. 80 Rn. 60; *Scholz/Bismark* (N 171), S. 129 ff.; *Robert von Lucius*, Gesetzgebung durch Parlamentsausschüsse?, in: AöR 97 (1972), S. 568 ff. (587); *Ossenbühl* (N 121), § 6 Rn. 28; *Hüser* (N 166), S. 173 ff.; *Bryde* (N 52), Art. 80 Rn. 17; *Stern* (N 81), S. 664; *Wolf-Dietrich Loose*, Möglichkeiten der Entlastung des Deutschen Bundestages bei der Gesetzgebung, Diss. Frankfurt 1977, S. 97 (101); *Nierhaus* (N 1), Art. 80 Rn. 224 ff.; ausführlich *Uhle* (N 64), S. 511 ff. Dagegen: *Grupp* (N 166), S. 181; *Rainer Pietzner*, Petitionsausschuß und Plenum, 1974, S. 80 Fn. 14; *Kisker* (N 64), S. 37; *Wilke* (N 40), S. 228; *Roewer/Hoischen* (N 174).

gestellte Frage kann aus Art. 80 Abs. 1 GG nicht abgeleitet werden[178], denn diese Verfassungsvorschrift betrifft mit der Übertragung von Rechtsetzungsgewalt auf die Exekutive ein anderes Thema[179]. Im vorliegenden Zusammenhang geht es um das Problem parlamentsinterner Delegation, das als solches in der Verfassung nicht explizit angesprochen wird[180]. Man kommt nicht weiter, wenn man sich darauf beschränkt, Defizite der Parlamentsausschüsse und des Ausschußverfahrens gegenüber dem Plenum aufzuzeigen[181]. Eine Antwort kann nur gefunden werden, wenn man von der Frage ausgeht, welchen Sinn eine Einschaltung von Parlamentsausschüssen in die Verordnungsgebung haben kann. Insoweit kommen mehrere Gründe in Betracht: Entlastung des Plenums, Fortsetzung der parlamentarischen Kontrolle im Stadium des Gesetzesvollzuges, Optimierung der Verordnungsgebung als Normsetzung. Die Entlastung des Plenums ist freilich kein legitimer Grund. Denn Plenar- und Ausschußentscheidungen sind sowohl nach dem Entscheidungsträger wie auch nach der Entscheidungsprozedur zu verschieden. Fortsetzung der parlamentarischen Kontrolle und Optimierung der Verordnungsgebung sind hingegen denkbare Gründe, die ihrerseits eine Einschaltung von Parlamentsausschüssen in die Verordnungsgebung begründen können, aber auch begrenzen müssen[182].

Parlamentsinterne Delegation

Parlamentarische Kontrolle

2. Mitwirkung anderer Stellen

Die Ermächtigungsgesetze in Bund und Ländern sehen in vielfältiger und buntscheckiger Form zahlreiche weitere Mitwirkungsmodalitäten vor, die eine Einschaltung anderer Stellen in die Verordnungsgebung anordnen. Hierbei ist nicht an die Mitwirkung im Vorfeld der Verordnungsgebung gedacht[183]. Gemeint ist die Beteiligung nichtstaatlicher Verbände (Elternbeiräte im Schulwesen[184], Spitzenverbände der Kreditwirtschaft[185], Verbände der Binnenschiffahrt[186]), betroffener Wirtschaftskreise, bestellter Beiräte und Sachverständigenausschüsse[187] oder einzelner Sachverständiger[188]. Der Sinn und Zweck solcher Beteiligungen liegt auf der Hand. Sie sollen Sachverstand und Erfahrungen außerstaatlicher Stellen in den Prozeß der Verordnungsgebung einbringen und damit die administrative Normsetzung optimieren. Die Anhörung von Interessenverbänden gibt Gelegenheit, von vornherein deren

66

Korporativistisch verfaßte Gremien

Sachverständige

Interessenverbände

---

178 So aber *Wilke* (N 40), S. 228 f; *Nierhaus* (N 1), Art. 80 Rn. 226.
179 Vgl. *Kisker* (N 64), S. 35.
180 Vgl. *Wilfried Berg*, Zur Übertragung von Aufgaben des Bundestages auf Ausschüsse, in: Der Staat 9 (1970), S. 34; *Kisker* (N 64), S. 35.
181 Z.B. unzureichende demokratische Legitimation, Mangel an pluralistischer Repräsentation, Nichtöffentlichkeit der Beratungen etc.
182 Vgl. *v. Danwitz* (N 37), S. 154 ff.
183 S. u. Rn. 70.
184 Vgl. *Kisker* (N 64), S. 25.
185 § 23 Abs. 2 KWG.
186 § 31 d Abs. 2 BSchVG.
187 Vgl. *Schneider* (N 9), Rn. 263 m. Nachw.
188 § 2 Abs. 1 S. 2 des Gesetzes zur Ergänzung der Kleingarten- und Landpachtordnung: vgl. BVerfGE 10, 221.

Auffassungen kennenzulernen und zu berücksichtigen, wobei freilich vermieden werden muß, daß Interessenstandpunkte zum Allgemeinwohl erklärt werden.

67
Anhörung, Beratung
Mitentscheidung

Soweit sich solche Beteiligungen auf Informationsgewinnung des staatlichen Verordnungsgebers beschränken, also lediglich Anhörrechte und Beratungsfunktionen umfassen, bestehen hiergegen keine prinzipiellen verfassungsrechtlichen Einwände. Problematisch wird die Beteiligung allerdings, wenn die Beteiligungsrechte in ihrer Intensität an die Grenze von Mitentscheidungsrechten herangeführt werden. Die Verantwortung für den Inhalt der Rechtsverordnung und damit das Bestimmungsrecht muß beim Verordnungsgeber bleiben und darf nicht auf außerstaatliche Stellen verlagert werden[189].

IV. Verfahrensabschnitte und Formalien

68
Rechtsquellen

Die einzelnen Verfahrensabschnitte und Formalien der Verordnungsgebung sind verstreut in Regelungen höchst unterschiedlichen Charakters geordnet: im Grundgesetz[190], in den Landesverfassungen[191], in (einfachen) Gesetzen des Bundes[192] und der Länder[193] sowie in Verwaltungsvorschriften[194].

1. Vorbereitungsphase

69
Vorbereitung in den Ministerien

Ebenso wie die förmlichen Gesetze werden die Rechtsverordnungen im Schoße der Ministerialverwaltung inhaltlich ausgearbeitet. Diese Phase der Vorbereitung und die in ihr zu berücksichtigenden Modalitäten, Beteiligungen und Verfahrensweisen sind in den §§ 62 ff. GGO festgelegt. Die Bearbeitung von Verordnungsentwürfen durch die zuständigen Ministerien geschieht im wesentlichen in derselben Verfahrensweise wie bei der Erstellung von Gesetzentwürfen (§ 62 Abs. 2 GGO). Dies gilt sowohl für die Beteiligung der Bundesministerien bei der Entwurfsaufstellung wie auch für die Unterrichtung der beteiligten Fachkreise, Verbände, kommunalen Spitzenverbände, Landesministerien sowie der Fraktionen, Abgeordneten und anderer Stellen[195].

Beteiligungen

Kabinettsvorlage

Die erstellten Entwürfe von Verordnungen, die von der Bundesregierung zu erlassen sind, sind vom federführenden Ministerium dem Bundeskanzleramt als Kabinettsvorlage zum Beschluß zu übersenden. Verordnungen, die von einem oder mehreren Bundesministern zu erlassen sind, müssen dem Kabinett vorgelegt werden, wenn sie von allgemeinpolitischer Bedeutung sind oder Meinungsverschiedenheiten zwischen den beteiligten Ministern bestehen (§ 62 Abs. 3 GGO).

---

189 Vgl. *Schneider* (N 9), Rn. 265.
190 Art. 80, 82 Abs. 1 S. 2 GG.
191 Z. B. Art. 70, 71 Abs. 2 NordrhWestfVerf; Art. 61, 63 BadWürttVerf.
192 Gesetz über die Verkündung von Rechtsverordnungen vom 30. 1. 1950 (BGBl I, S. 23).
193 Namentlich zu nennen sind die Gesetze über das Verfahren beim Erlaß von Polizeiverordnungen: z. B. §§ 25 ff. OBG Nordrhein-Westfalen.
194 §§ 62 ff. GGO der Bundesministerien, abgedruckt als Anhang 1 bei *Schneider* (N 9), S. 411 ff.
195 → Oben *Ossenbühl*, § 102 Rn. 12 ff.

2. Anhörung Dritter

Die durch die Gemeinsame Geschäftsordnung angeordnete Anhörung Dritter, auf die soeben hingewiesen wurde, dient der Informationsbeschaffung, der Abstimmung mit anderen Projekten sowie der Erleichterung der Akzeptanz. Die Gemeinsame Geschäftsordnung begründet jedoch keine Anhörrechte Dritter. Sie ordnet vielmehr nur das interne Verfahren und hat selbst keine Außenwirkung[196]. Daraus folgt, daß mangelnde Anhörung nicht als ein Fehler im Rechtserzeugungsverfahren gerügt werden kann. Insofern ist die Anhörung Dritter in der Vorbereitungsphase grundsätzlich zu unterscheiden von einer verfassungsrechtlich oder einfachgesetzlich statuierten Mitwirkung anderer legislativer Organe oder Dritter bei der Verordnungsgebung. Allerdings betrifft nicht jede einfachgesetzlich vorgesehene Anhörung auch einen selbständigen Verfahrensbestandteil, dessen Fehlen die Verordnungsgebung rechtswidrig und die Verordnung nichtig macht. Vielmehr kann auch durch einfaches Gesetz eine bloß interne Anhörung angeordnet werden, die sich ihrerseits als unselbständiger Bestandteil der Vorbereitungsphase der Verordnungsgebung darstellt. In diesem Sinne hat das Bundesverwaltungsgericht die Beteiligung von Spitzenorganisationen bei Rechtsverordnungen zur Regelung beamtenrechtlicher Verhältnisse gemäß § 110 HessBG als „Beteiligungsrecht im Vorfeld des eigentlichen Rechtsetzungsverfahrens" eingestuft[197].

70
Anhörung – grundsätzlich internes Verfahren

3. Zitiergebot

Nach Art. 80 Abs. 1 S. 3 GG ist die Rechtsgrundlage in der Verordnung anzugeben. Das Zitiergebot ist nicht nur eine reine Ordnungsvorschrift, sondern ein allgemeines „unerläßliches Element des demokratischen Rechtsstaates"[198]. Seine Verletzung führt zur Nichtigkeit der Rechtsverordnung[199].

Sinn und Zweck des Zitiergebotes sind vielfältig. Die Angabe der gesetzlichen Ermächtigungsgrundlage ist zum einen ein leicht feststellbares formales Kriterium zur Qualifikation einer Rechtsvorschrift als Rechtsverordnung und ihrer Abgrenzung gegenüber den Verwaltungsvorschriften. Wichtiger aber ist zum anderen, daß erst die Angabe der Rechtsgrundlage eine Prüfung dahingehend ermöglicht, ob sich der Verordnungsgeber im Rahmen seiner Ermäch-

71

Nichtigkeit

Prüfbarkeit der Verordnung

---

[196] → Unten *Ossenbühl*, § 104 Rn. 21.
[197] BVerwGE 59, 48 (52); ebenso VGH Kassel, in: NVwZ 1982, S. 689 (691), betr. § 29 Abs. 1 S. 1 Nr. 1 BNatSchG (Anhörung von Verbänden „bei der Vorbereitung von Verordnungen"); BayVGH, in: BayVBl 1981, S. 719 (720), betr. Anhörung des Elternbeirates; *Saurer* (N 5), S. 365 ff.
[198] Grundlegend: BVerfGE 101, 1 (41 ff.); *Richard Bartlsperger*, Zur Konkretisierung verfassungsrechtlicher Strukturprinzipien – Erörterungen über die Angabe der Rechtsgrundlage in landesrechtlichen, insbesondere bayerischen Rechtsverordnungen und Satzungen, in: VerwArch 58 (1967), S. 249 ff. (270); *Thomas Schwarz*, Das Zitiergebot bei Rechtsverordnungen (Art. 80 Abs. 1 Satz 3 GG), in: DÖV 2002, S. 852 ff.; *Ralf Müller-Terpitz*, Rechtsverordnungen auf dem Prüfstand des Bundesverfassungsgerichts – Zugleich eine Besprechung des Urteils vom 6. Juli 1999 – 2 BvF 3/90 – zur Hennenhaltungsverordnung, in: DVBl 2000, S. 232 (237 ff.).
[199] BVerfGE 101, 1 (42 f.); dazu *Müller-Terpitz* (N 198), S. 237 ff.; HessVGH, in: NJW 1981, S. 779; *Wilke* (N 29), Art. 80 Anm. XI 2 d (S. 1956); *Stern* (N 81), S. 671; *Bryde* (N 52), Art. 80 Rn. 24; *Brenner* (N 2), Art. 80 Rn. 41.

tigung gehalten hat²⁰⁰. Deshalb sind in der Eingangsformel der Rechtsverordnung die Gesetzesvorschriften, auf die sich die Verordnung stützt, im einzelnen zu benennen. Sammelverordnungen, bei denen im Vorspruch ein „ganzes Bündel" von Ermächtigungen angegeben wird, können die Prüfung, ob sich der Verordnungsgeber im Rahmen seiner Ermächtigung gehalten hat, erschweren. Art. 80 Abs. 1 S. 3 GG sieht für diesen Fall keine weitere Spezifizierung vor²⁰¹. Hilfreich ist es, in der Begründung zur Verordnung anzugeben, auf welche Rechtsgrundlagen die einzelnen Vorschriften der Rechtsverordnung jeweils gestützt sind.

Sammelverordnung

Das Zitiergebot des Art. 80 Abs. 1 S. 3 GG erstreckt sich nicht auf das Europarecht, das durch die Verordnung umgesetzt wird²⁰².

4. Begründung

72

Begründungszwang

Die Frage, ob der Verordnungsgeber beim Erlaß von Rechtsverordnungen einem prinzipiellen Begründungszwang unterliegt, wird schon als Problemstellung aus deutscher Sicht bislang noch als ungewöhnlich empfunden. Jedoch zeigen sich im Schrifttum deutliche Ansätze, den Begründungszwang jedenfalls in dosierter, der Rechtsetzung angemessener Form von den Einzelakten auf legislative Akte zu erstrecken²⁰³.

Art. 253 EGV

Ein solcher Begründungszwang ist nicht ohne praktisch funktionierende Vorbilder. Hinzuweisen ist in erster Reihe auf Art. 253 EGV (ex-Art. 190). Er lautet wie folgt: „Die Verordnungen, Richtlinien und Entscheidungen, die vom Europäischen Parlament und vom Rat gemeinsam oder vom Rat oder von der Kommission angenommen werden, sind mit Gründen zu versehen und nehmen auf Vorschläge und Stellungnahmen Bezug, die nach diesem Vertrag eingeholt werden müssen." Der Zweck dieser Begründungspflicht des „europäischen Gesetzgebers" wird nach übereinstimmender Auffassung in mehrfacher Richtung spezifiziert²⁰⁴. Die Begründungspflicht dient der Selbstkontrolle des erlassenden Organs. Dadurch, daß es seine normativen Regelungen ausreichend begründen muß, wird es gezwungen, die Sachlage nochmals zu überdenken und zu überprüfen, ob die getroffene Regelung sachlich begründet und notwendig ist. Ferner dient die Begründungspflicht der Verbesserung des individuellen Rechtsschutzes. In vielen Fällen ermöglicht erst eine nähere Begründung der Verordnung dem Betroffenen die Prüfung, ob die getroffene Regelung rechtswidrig in seinen Rechtskreis eingreift und deshalb eine Rechtsverteidigung erfolgversprechend erscheint. Schließlich ist die Begrün-

Selbstkontrolle

Rechtsschutz

---

200 BVerfGE 24, 184 (196); 101, 1 (42).
201 BVerfGE 20, 283 (292).
202 BVerwG, in: DÖV 2003, S. 721.
203 Vgl. *Fritz Ossenbühl*, Eine Fehlerlehre für untergesetzliche Normen, in: NJW 1986, S. 2805 (2809); *v. Danwitz* (N 37), S. 179 ff.; *Jörg Lücke*, Begründungszwang und Verfassung, 1987, S. 11 ff., 63 ff., 214 ff.; *Nierhaus* (N 1), Art. 80 Rn. 400 ff.; *Brenner* (N 2), Rn. 58 ff.; *Konrad Redeker/Ulrich Karpenstein*, Über Nutzen und Notwendigkeiten, Gesetze zu begründen, in: NJW 2001, S. 2825 ff.; ablehnend *Uwe Kischel*, Die Begründung, 2003, S. 304 ff.
204 *Martin Gellermann*, in: Rudolf Streinz (Hg.), EUV/EGV, 2003, Art. 253 Rn. 6 ff.

dung notwendig, um eine gerichtliche Kontrolle der Verordnung durchzuführen. Dies gilt auch für den nationalen Bereich[205]. Denn hier zeigt sich immer wieder, daß beispielsweise eine Kontrolle von Rechtsnormen am Maßstab des allgemeinen Gleichheitssatzes und des Grundsatzes der Verhältnismäßigkeit nur dann sinnvoll durchgeführt werden kann, wenn die Erwägungen, die den Normgeber zu der angegriffenen Regelung geführt haben, näher bekannt sind. Ohne solche Informationen kann weder eine Gleichheitsprüfung noch die bei der Verhältnismäßigkeit notwendige Ziel-Mittel-Prüfung sinnvoll vorgenommen werden[206].

Richterliche Kontrolle

Freilich wird man bei der Problematik des Begründungszwangs in mehrfacher Weise differenzieren müssen. Erstens kommt es darauf an, ob die Begründung als internes oder als externes Kontrollmittel gedacht ist[207]. Eine Begründung ist notwendig, wenn die Verordnung der Zustimmung des Bundesrates bedarf, wenn sie finanzielle Auswirkungen auf die öffentlichen Haushalte oder Auswirkungen auf Einzelpreise und das Preisniveau hat. Diese Fälle haben jedoch nur das interne Verordnungsverfahren zum Gegenstand. Sie betreffen Intraorgan- und Interorgan-Beziehungen, die den Normbetroffenen außerhalb der Betrachtungen lassen.

73

Interne Begründungspflicht

Problematisch erscheint aber eben gerade die Begründung als externes Kontrollmittel. Insoweit wird man den im Vordergrund stehenden Rechtsschutz des Normbetroffenen und die Wahrung der gerichtlichen Prüfungskompetenz mit den Notwendigkeiten und Besonderheiten der Normsetzung in eine vernünftige Balance bringen müssen. Diese muß selbstredend für das parlamentarische Gesetz anders aussehen als für die gesetzlich vorgeformte Rechtsverordnung, die ihrerseits in unterschiedlichen Typen in Erscheinung treten kann. Unmittelbar einleuchtend dürfte beispielsweise sein, daß die Maßnahme- und Individualverordnung, die an die Stelle eines Verwaltungsaktes tritt, schon entsprechend ihrer Funktion als konkret-individueller Gesetzesvollzug unter dem Gesichtspunkt des Begründungszwangs anders gesehen werden muß als eine abstrakt-generell gefaßte gesetzesergänzende Rechtsverordnung oder eine Zustimmungsverordnung[208]. Differenzierungen sind geboten, nicht nur nach Verordnungstypen, sondern auch im Hinblick auf Form und Dichte einer erforderlichen Begründung[209]. Die Praxis selbst spürt in vielen Fällen die Notwendigkeit einer über den Normtext der Rechtsverordnung hinausgehenden Aufklärung der Normbetroffenen[210]. Dieses Bestreben vorsichtig auszubauen und in Begründungspflichten umzusetzen, müßte die Linie

74

Externe Begründungspflicht

Maßnahme- verordnung

---

205 Vgl. *Ossenbühl* (N 203), S. 2809.
206 Anders *Kischel* (N 203), S. 307 ff.
207 Vgl. *Lücke* (N 203), S. 11 ff.
208 Vgl. *Friedhelm Hufen/Dieter Leiß*, Ausgewählte Probleme beim Erlaß von Baumschutzverordnungen, in: BayVBl 1987, S. 289 ff. (292).
209 Vgl. BVerfGE 85, 36 (56 ff.) betreffend die Grundlagen und Methoden der Kapazitätsverordnung zur Ermittlung von Studienplätzen.
210 Vgl. z. B. RdErl Außenwirtschaft Nr. 5/83 (BAnz Nr. 15 v. 22. 1. 1983) als Begründung zur 54. VO zur Änderung der Außenwirtschaftsverordnung vom 17. 1. 1983 (BGBl I, S. 29); ferner wurden Sparkasseneingliederungsverordnungen gem. § 32 Abs. 2 SpkG Nordrhein-Westfalen durch ausführliche Einleitungserlasse im Anhörungsverfahren begleitet.

für die weitere Entwicklung sein. Es ist dann eine andere Frage, welchen Stellenwert man der Begründung im gerichtlichen Verfahren zuzumessen hat[211].

5. Ausfertigung und Verkündung

75
Ausfertigung

Rechtsverordnungen werden gemäß Art. 82 Abs. 1 S. 2 GG von der „Stelle, die sie erläßt", ausgefertigt. Die Ausfertigung schafft die Originalurkunde des Normtextes, der die Grundlage und Voraussetzung der Verkündung darstellt[212]. Die erlassende „Stelle" im vorgenannten Sinne ist der im Ermächtigungsgesetz genannte Verordnungsgeber. Die Modalitäten der Ausfertigung von Rechtsverordnungen regeln die §§ 66–68 GGO und § 30 GOBReg.

Verkündung

Die Verkündung der Rechtsverordnungen erfolgt im Bundesgesetzblatt oder im Bundesanzeiger[213]. Im Bundesanzeiger werden veröffentlich Verordnungen a) mit gesetzlich befristeter Geltungsdauer, b) bei Gefahr im Verzuge, c) wenn ihr unverzügliches Inkrafttreten zur Durchführung von Rechtsakten der Europäischen Union erforderlich ist (§ 76 Abs. 3 Nr. 1 GGO). Die übrigen Verordnungen werden im Bundesgesetzblatt Teil I verkündet (§ 76 Abs. 1 Nr. 2 GGO).

6. Inkrafttreten und Außerkrafttreten

76
Zeitpunkt

Jede Rechtsverordnung soll den Zeitpunkt ihres Inkrafttretens selbst bestimmen. Fehlt eine solche Bestimmung, so tritt sie 14 Tage nach Verkündung in Kraft (Art. 82 Abs. 2 GG).

Zeitlicher Vorrang des Ermächtigungsgesetzes

Umstritten ist die Frage, ob eine Rechtsverordnung schon vor dem Inkrafttreten der gesetzlichen Ermächtigungsgrundlage beschlossen, ausgefertigt und verkündet werden darf oder ob diese Akte erst vorgenommen werden dürfen, wenn die gesetzliche Ermächtigung schon in Kraft getreten ist[214]. Im Anschluß an eine Entscheidung des Bundesverfassungsgerichts mit vergleichbarem Problemgehalt[215] ist diese Streitfrage für die Staatspraxis dahin entschieden, daß eine Rechtsverordnung erst ausgefertigt werden darf, wenn das ermächtigende Gesetz in Kraft getreten ist[216].

77
Außerkrafttreten

Das Außerkrafttreten einer Rechtsverordnung bietet keine Schwierigkeiten, wenn die Rechtsverordnung für einen bestimmten Zeitraum erlassen oder durch eine Rechtsverordnung oder ein Gesetz aufgehoben worden ist. Hinge-

---

211 Vgl. BVerwGE 70, 318 (335) und demgegenüber BVerfGE 85, 36 (56 ff.).
212 VGH Baden-Württemberg, in: NVwZ 1985, S. 206; *Wolfgang Ziegler*, Die Ausfertigung von Rechtsvorschriften, insbesondere von gemeindlichen Satzungen, in: DVBl 1987, S. 280 (281).
213 § 1 Abs. 1 des Gesetzes über die Verkündung von Rechtsverordnungen vom 30. 1. 1950 (BGBl I, S. 23).
214 Vgl. *Lepa* (N 73), S. 337; *Otto Kimminich*, Rechtsverordnung und Ermächtigungsnorm: Möglichkeiten der vorherigen Verkündung und das Nachschieben der Rechtsgrundlage, in: FS für Günther Küchenhoff, Bd. II, 1972, S. 541 ff.
215 BVerfGE 34, 9 (23). Die Entscheidung betrifft die Frage, ob der Bundespräsident ein Gesetz ausfertigen darf, wenn die Verfassungsänderung, auf die sich das Gesetz stützt, noch nicht in Kraft getreten ist. Dies wird verneint.
216 Vgl. *Lepa* (N 73), S. 367. Dem entspricht § 66 Abs. 1 GGO.

gen ist fraglich, ob sie automatisch außer Kraft tritt, wenn die sie tragende gesetzliche Ermächtigungsgrundlage weggefallen ist. Das Bundesverfassungsgericht hat mehrfach entschieden, daß weder das nachträgliche Erlöschen noch die nachträgliche Änderung der Ermächtigung von Einfluß auf den Bestand der auf ihr beruhenden Rechtsverordnungen ist[217]. Diese Entscheidungen betreffen jedoch im wesentlichen den Wegfall vorkonstitutioneller Ermächtigungen. Die Einbindung des heutigen Verordnungsgebers in das vorgegebene Programm des Ermächtigungsgesetzes läßt jedoch im Regelfall Ermächtigungsgesetz und Rechtsverordnung als eine funktionale Einheit erscheinen[218], die dazu führt, daß Rechtsverordnungen ohne Ermächtigungsgesetz keine selbständige Bedeutung mehr haben und demzufolge das rechtliche Schicksal des Ermächtigungsgesetzes teilen[219].

Funktionale Einheit Verordnung – Gesetz

Ist hingegen nicht die Ermächtigungsgrundlage als Ganzes erloschen, sondern sind lediglich die tatsächlichen Voraussetzungen entfallen, bei deren Vorliegen eine Rechtsverordnung erlassen werden konnte, so tritt die Rechtsverordnung nicht automatisch außer Kraft; jedoch ist die Rechtsverordnung aufzuheben[220].

Wegfall der tatsächlichen Voraussetzungen

D. Fehlerhafte Rechtsverordnungen

I. Fehler und Fehlerfolgen

Rechtsverordnungen können an formellen und materiellen Fehlern leiden[221]. Zu den formellen Fehlern gehören etwa Verstöße gegen das Zitiergebot, die Zuständigkeit, das Mitwirkungsgebot, die Verkündungsregeln etc. Ein materieller Fehler liegt insbesondere dann vor, wenn die Rechtsverordnung den vorgegebenen gesetzlichen Ermächtigungsrahmen überschreitet oder gegen verfassungsrechtliche Gebote verstößt.

78
Formelle und materielle Fehler

Fehlerhafte Rechtsverordnungen sind grundsätzlich nichtig[222]. Das Nichtigkeitsdogma ist zwar für förmliche Gesetze weitgehend aufgelockert und auch für Satzungen mit Ausnahmen versehen, jedoch bei den Rechtsverordnungen bislang nicht in Frage gestellt. Fraglich ist, wie die Nichtigkeit von Rechtsverordnungen verfahrensmäßig behandelt wird.

79
Nichtigkeit

---

217 BVerfGE 9, 3 (12); 12, 341 (347); 14, 245 (249); 44, 216 (226) (betreffend eine Satzung).
218 BVerfGE 24, 184 (198).
219 Vgl. *Wilke* (N 40), S. 235; *Lepa* (N 73), S. 368; *Ramsauer* (N 30), Art. 80 Rn. 40; *Nierhaus* (N 1), Art. 80 Rn. 397.
220 S. o. Rn. 51.
221 Vgl. die Skala der Nichtigkeitsgründe bei *Wilke* (N 29), Art. 80 Anm. XI (S. 1955); *v. Danwitz* (N 37), S. 173 ff.; *Hermann Hill*, Das fehlerhafte Verfahren und seine Folgen im Verwaltungsrecht, 1986, S. 66 ff.; *Hans Spanner*, Grenzen des Rechts zum Erlaß von Verordnungen und Satzungen nach der Rechtsprechung des Bundesverfassungsgerichts, in: BayVBl 1986, S. 225 ff.
222 Vgl. *Ossenbühl* (N 203), S. 2806 f.; *Ulrich Battis*, Der Verfassungsverstoß und seine Rechtsfolgen, in: HStR VII, 1992, § 165 Rn. 62.

§ 103   *Achter Teil: II. Staatsfunktionen*

II. Kontrollverfahren

1. Zur Prüfungs- und Verwerfungskompetenz der Verwaltung

80
Prüfungspflicht der Verwaltung

Die rechtsanwendende Verwaltung hat unstreitig die Pflicht, die von ihr zu vollziehenden Vorschriften auf ihre Gültigkeit zu überprüfen (Prüfungskompetenz)[223]. Eine andere Frage ist, ob die Verwaltung bei von ihr erkannter Rechtswidrigkeit und damit Nichtigkeit der Norm von einem Vollzug absehen kann oder muß (Verwerfungskompetenz). Diese Frage wird für Gesetze anders beantwortet als für Rechtsverordnungen. Bei Rechtsverordnungen steht der Verwaltung eine Verwerfungskompetenz[224] zu. Sie braucht demzufolge als nichtig erkannte Normen nicht anzuwenden. Praktische Probleme ergeben sich freilich daraus, daß die Verwaltung in ihrer Organisation mehrstufig und vielschichtig differenziert ist. Die einzelnen Verwaltungsträger sind nicht durchweg in eine geschlossene Hierarchie eingebunden, so daß es zu unzulässigen Eingriffen eines Verwaltungsträgers in die Kompetenz eines anderen Verwaltungsträgers kommen kann. Dem ist durch allgemeine Verwaltungsvorschriften, durch Klagerechte selbständiger Verwaltungsträger (etwa der Gemeinden) und durch Aufsichtszüge abzuhelfen[225].

Verwerfung nichtiger Verordnungen

2. Prinzipale Normenkontrolle

81

Eine prinzipale Normenkontrolle kann vor dem Oberverwaltungsgericht oder vor dem Bundesverfassungsgericht respektive den Verfassungsgerichtshöfen der Länder stattfinden.

a) Verwaltungsgerichtliche Normenkontrolle

82
§ 47 Abs. 1 VwGO

Nach § 47 Abs. 1 Nr. 2 VwGO entscheidet das Oberverwaltungsgericht über die Gültigkeit von „im Range unter dem Landesgesetz stehenden Rechtsvorschriften, sofern das Landesrecht dies bestimmt". Für eine prinzipale Normenkontrolle durch das Oberverwaltungsgericht kommen demnach nur die *Landes*rechtsverordnungen, nicht hingegen die *Bundes*rechtsverordnungen in Betracht. Gegen Bundesrechtsverordnungen kann jedoch im Wege der verwaltungsgerichtlichen Feststellungslage Rechtsschutz erreicht werden[226].

Ob auch Rechtsverordnungen, die in der Form eines Parlamentsgesetzes ergehen, im Wege der verwaltungsgerichtlichen Normenkontrolle angegriffen werden können, ist nicht zweifelsfrei[227].

---

[223] Vgl. *Ferdinand O. Kopp*, Das Gesetzes- und Verordnungsprüfungsrecht der Behörden, in: DVBl 1983, S. 821 (822) m. Nachw.
[224] Vgl. *Fritz Ossenbühl*, Normenkontrolle durch die Verwaltung, in: Die Verwaltung 1969, S. 393 ff.; *Kopp* (N 223); *Nierhaus* (N 1), Art. 80 Rn. 443.
[225] Vgl. *Kopp* (N 223), S. 828; *Jost Pietzcker*, Inzidentverwerfung rechtswidriger untergesetzlicher Rechtsnormen durch die Verwaltung, in: DVBl 1986, S. 806 ff. (808).
[226] Vgl. BVerwGE 111, 276.
[227] → Oben *Ossenbühl*, § 103 Rn. 38; bejahend BVerwG, in: JZ 2003, S. 1064 mit krit. Anm. *Ossenbühl*.

b) Verfassungsgerichtliche Normenkontrolle

Rechtsverordnungen können Gegenstand einer bundesverfassungsgerichtlichen Normenkontrolle sein. Für ein entsprechendes Verfahren stehen zum einen die abstrakte Normenkontrolle (Art. 93 Abs. 1 Nr. 2 GG i.V.m. den §§ 13 Nr. 6, 76 BVerfGG)[228], zum andern die Verfassungsbeschwerde (Art. 93 Abs. 1 Nr. 4a GG i.V.m. § 90 BVerfGG) zur Verfügung. Eine Verfassungsbeschwerde gegen eine Rechtsverordnung kommt jedoch nur in Betracht, wenn der Beschwerdeführer geltend machen kann, durch die Rechtsverordnung selbst, gegenwärtig und unmittelbar verletzt zu sein[229]. Eine konkrete Normenkontrolle gemäß Art. 100 Abs. 1 GG scheidet aus, weil sie nur bei förmlichen nachkonstitutionellen Gesetzen zulässig ist[230]. Die Kontrolle von Rechtsverordnungen durch die Landesverfassungsgerichte ist unterschiedlich geregelt. Neben abstrakter Normenkontrolle[231] kommen auch Richtervorlagen[232] (konkrete Normenkontrolle) und Verfassungsbeschwerden[233] in Betracht.

83
BVerfG

Verfassungsbeschwerde

Landesverfassungsgerichte

3. Inzidenzkontrolle

Im übrigen kann jeder Richter im Rahmen der Rechtsanwendung selbständig darüber entscheiden, ob eine Rechtsverordnung als gültig anzusehen oder als nichtig zu qualifizieren ist und deshalb außer Anwendung bleiben muß (Inzidenzkontrolle).

84

III. Kontrolldichte

Der Umfang der richterlichen Prüfung von Rechtsverordnungen hängt von der Fehlertypologie ab. Formelle Fehler werfen keine Probleme der Kontrollintensität auf. Die Kontrolldichte stellt sich bei der Frage, ob sich der Verordnungsgeber im Rahmen der gesetzlichen Ermächtigung gehalten und verfassungsrechtliche Prinzipien beachtet hat. Insoweit ist die Frage der Kontrolldichte die Kehrseite der Frage nach Inhalt und Umfang des Verordnungs-

85
Kehrseite des Verordnungsermessens

---

228 → Bd. III, *Löwer*, § 70 Rn. 63; BVerfGE 106, 1 (12).
229 *Christian Hillgruber/Christoph Goos*, Verfassungsprozeßrecht, 2004, Rn. 185. → Bd. III, *Löwer*, § 70 Rn. 193.
230 *Hillgruber/Goos* (N 229), Rn. 589. → Bd. III, *Löwer*, § 70 Rn. 88; im parlamentarischen Verfahren geändertes Verordnungsrecht ist kein förmliches Gesetz und deshalb ebenfalls nicht dem Verwerfungsmonopol des BVerfG gem. Art. 100. Abs. 1 GG unterworfen; BVerfGE 114, 196 (233 ff.); a. A. → Bd. III, *Löwer*, § 70 Rn. 86.
231 Vgl. *Gerhard Ulsamer*, Abstrakte Normenkontrolle vor den Landesverfassungsgerichten (einschließlich vorbeugende Normenkontrolle), in: *Christian Starck/Klaus Stern* (Hg.), Landesverfassungsgerichtsbarkeit, Teilband II, 1983, S. 43 ff. (57 ff.).
232 Vgl. *Otto Groschupf*, Richtervorlagen zu den Landesverfassungsgerichten, in: Starck/Stern (N 231), S. 85 ff. (95).
233 Vgl. *Ekkehard Schumann*, Verfassungsbeschwerde (Grundrechtsklage) zu den Landesverfassungsgerichten, in: Starck/Stern (N 231), S. 149 ff. (209 ff.).

ermessens[234]. Die Gerichte dürfen ihr Ermessen nicht an die Stelle des Ermessens des Verordnungsgebers treten lassen. Die Kontrolldichte wird im wesentlichen von den Verordnungstypen abhängen und sich an den Maßstäben der Evidenz und Vertretbarkeit zu orientieren haben[235].

---

234 *Jürgen Salzwedel/Berthold Viertel*, Die Kapazitätsberechnung im Hochschulzulassungsrecht, in: DVBl 1987, S. 765 ff.
235 Vgl. näher *v. Danwitz* (N 37), S. 265 ff.; *Matthias Herdegen*, Gestaltungsspielräume bei administrativer Normgebung – Ein Beitrag zu rechtsformabhängigen Standards für die gerichtliche Kontrolle von Verwaltungshandeln, in: AöR 114 (1989), S. 607 ff.; BVerfGE 106, 1 (16 f.).

E. Bibliographie

Armin von Bogdandy, Gubernative Rechtsetzung, 2000.
Wolfram Cremer, Art. 80 Abs. 1 S. 2 und Parlamentsvorbehalt – Dogmatische Unstimmigkeiten in der Rechtsprechung des Bundesverfassungsgerichts, in: AöR 122 (1997), S. 248 ff.
Thomas von Danwitz, Die Gestaltungsfreiheit des Verordnungsgebers, 1989.
Anke Frankenberger, Umweltschutz durch Rechtsverordnung, 1998.
Andreas Hänlein, Rechtsquellen im Sozialversicherungsrecht, 2001.
Erwin Jacobi, Die Rechtsverordnungen, in: Anschütz/Thoma, Bd. II, S. 236 ff.
Friedrich Klein, Verordnungsermächtigungen nach deutschem Verfassungsrecht, in: Walter E. Genzer/Wolfgang Einbeck, Die Übertragung rechtsetzender Gewalt im Rechtsstaat, 1952, S. 7 ff.
Manfred Lepa, Verfassungsrechtliche Probleme der Rechtsetzung durch Rechtsverordnung, in: AöR 105 (1980), S. 337 ff.
Georg Müller, Inhalt und Formen der Rechtsetzung als Problem der demokratischen Kompetenzordnung, 1979.
Ralf Müller-Terpitz, Rechtsverordnungen auf dem Prüfstand des Bundesverfassungsgerichts, in: DVBl 2000, S. 232 ff.
Wilhelm Mößle, Inhalt, Zweck und Ausmaß – Zur Verfassungsgeschichte der VO-Ermächtigung, 1990.
Michael Nierhaus, in: BK, Art. 80 (Stand: November 1988).
Georg Nolte, Ermächtigung der Exekutive zur Rechtsetzung, in: AöR 118 (1993), S. 378 ff.
Fritz Ossenbühl, Richterliches Prüfungsrecht und Rechtsverordnungen, in: FS für Hans Huber, Bern 1981, S. 283 ff.
ders., Gesetz und Verordnung im gegenwärtigen Staatsrecht, in: Gunnar Folke Schuppert (Hg.), Das Gesetz als zentrales Steuerungsinstrument des Rechtsstaates, 1998, S. 27 ff.
ders., Der verfassungsrechtliche Rahmen offener Gesetzgebung und konkretisierender Rechtsetzung, in: DVBl 1999, S. 1 ff.
Christoph Peter, Darf der Bundesgesetzgeber zum Erlaß gesetzändernder Rechtsverordnungen ermächtigen?, in: AöR 92 (1967), S. 357 ff.
Hermann Pünder, Exekutive Normsetzung in den Vereinigten Staaten von Amerika und der Bundesrepublik Deutschland, 1995.
Johannes Saurer, Die Funktion der Rechtsverordnung, 2005.
Carl Schmitt, Vergleichender Überblick über die neueste Entwicklung des Problems der gesetzgeberischen Ermächtigungen (Legislative Delegationen), in: ZaöRV 6 (1936), S. 252 ff.
Hans Schneider, Gesetzgebung, ³2002.
Klaus Stern, Das Staatsrecht der Bundesrepublik Deutschland, Bd. II, 1980, S. 646 ff.
Marco Trips, Das Verfahren der exekutivischen Rechtsetzung, 2006.
Arnd Uhle, Parlament und Rechtsverordnung, 1999.
Hjalmar Vagt, Rechtsverordnung und Statutory Instrument. Delegierte Rechtsetzung in Deutschland und Großbritannien, 2006.
Dieter Wilke, Bundesverfassungsgericht und Rechtsverordnungen, in: AöR 98 (1973), S. 196 ff.

§ 104
Autonome Rechtsetzung der Verwaltung

Fritz Ossenbühl

Übersicht

	Rn.		Rn.
A. Befund und Problematik	1–17	II. Innenwirkung	44
I. Begriffliches	1–2	III. Mittelbare (unselbständige) Außenwirkung	45–47
II. Erscheinungsformen	3–11	IV. Unmittelbare (selbständige) Außenwirkung	48–52
1. Verwaltungsvorschriften	4–5	V. Außenwirkung kraft Selbstbindung	53–75
2. Sonderverordnungen	6	1. Begriff, Fundament und Struktur der Selbstbindung der Verwaltung	53–60
3. Informelle Rechtsetzung durch Festlegung technisch-wissenschaftlicher Standards	7–11	2. Inhalt, Umfang und Grenzen der Selbstbindung	61–75
III. Autonome Rechtsetzung der Verwaltung und Gesetzesvorbehalt	12–13	a) Norminterpretierende Verwaltungsvorschriften	65–67
IV. Das dogmatische Grundproblem	14–17	b) Ermessensrichtlinien	68–70
B. Typologie der Verwaltungsvorschriften	18–35	c) Normkonkretisierende Verwaltungsvorschriften	71–73
I. Organisatorische Verwaltungsvorschriften	19–21	d) Verwaltungsvorschriften in Sonderstatusverhältnissen (Sonderverordnungen)	74
1. Begriff	19	e) Gesetzesunabhängige Verwaltungsvorschriften	75
2. Typisierung	20–21	E. Rechtserzeugung von Verwaltungsvorschriften	76–84
II. Verhaltenslenkende Verwaltungsvorschriften	22–34	F. Verwaltungsvorschriften und gerichtliche Kontrolle	85–87
1. Gesetzesakzessorische Verwaltungsvorschriften	23–32	I. Verfahrensfragen	85–86
a) Norminterpretierende Verwaltungsvorschriften	24	II. Umfang der gerichtlichen Kontrolle	87
b) Ermessensrichtlinien	25	G. Verwaltungsvorschriften und Europarecht	88–91
c) Verwaltungsvorschriften zur Sachverhaltsermittlung	26	I. EG-Verordnungen und nationale Verwaltungsvorschriften	89
d) Gesetzesergänzende, gesetzesausfüllende und gesetzeskonkretisierende Verwaltungsvorschriften	27–32	II. Umsetzung von EG-Richtlinien in deutsches Recht durch Verwaltungsvorschriften	90–91
2. Gesetzesvertretende Verwaltungsvorschriften	33–34	H. Bibliographie	
III. Intersubjektive, interbehördliche und intrabehördliche Verwaltungsvorschriften	35		
C. Zur Rechtsnatur der Verwaltungsvorschriften	36–40		
D. Bindungswirkung der Verwaltungsvorschriften	41–75		
I. Methodisch-systematische Vorbemerkung	41–43		

A. Befund und Problematik

I. Begriffliches

1
Autonomie

Autonomie bedeutet das Recht, sich selbst Gesetze zu geben. Das Recht zur „Selbstgesetzgebung" umschließt die Befugnis staats- oder regierungsunabhängiger rechtlich selbständiger Verwaltungseinheiten, namentlich der Selbstverwaltungskörperschaften, zur normativen Festlegung ihrer inneren Ordnung und zur Bewältigung der ihnen gestellten Aufgaben. Ausdruck dieser Autonomie sind die Satzungen[1].

2
Autonomie der Verwaltung

Autonome Rechtsetzung der Verwaltung im nachstehend gemeinten Sinne erfaßt nicht den überkommenen Bereich der Autonomie von Selbstverwaltungseinheiten, sondern Regelbildungen und Regelsetzungen der Verwaltung als Staatsfunktion, gleichgültig in welcher Gestalt sie organisatorisch in Erscheinung tritt. Die Verwaltung ist eine eigenständige Staatsfunktion[2], die sich unbeschadet formalgesetzlicher Vorgaben selbst organisiert, formiert und die in ihrer organisatorischen Vielfalt und Breite angesichts der Komplexität und Fülle ihrer Aufgaben der normativ dirigierenden Lenkung und Führung bedarf[3]. Autonome Rechtsetzung der Verwaltung ist danach die Gesamtheit jener Normen, die sich die Verwaltung innerhalb ihres verfassungsrechtlich verbürgten Funktionsbereichs selbst gibt, um sich als eigenständige Staatsfunktion verwirklichen zu können. Diese Rechtsetzung ist autonom, weil sie der Verwaltung als Staatsfunktion inhärent ist und nicht erst aufgrund einer speziellen gesetzlichen Delegation zustande kommt.

II. Erscheinungsformen

3

Die Erscheinungsformen, in denen uns autonome Regelbildungen der Verwaltung entgegentreten, sind durch ihren pragmatischen Charakter geprägt. Es fehlt sowohl an einer einheitlichen Terminologie der administrativen Regeln wie auch an einer Formalisierung der Regelerzeugung und an einer ausgebildeten Systematisierung der einzelnen Regeltypen. Verständigung und Darstellung in diesem Bereich sind deshalb schon im Ansatz erschwert und belastet. Zunächst geht es darum, den Problembereich in seinen groben Einteilungen aufzuzeigen. Insoweit lassen sich drei verschiedene Regelungsbereiche und Kategorien unterscheiden, wobei thematische und sachliche Überschneidungen und Überlappungen freilich nicht auszuschließen sind: die Ver-

Typologie

---

1 → Unten *Ossenbühl*, § 105.
2 Vgl. *Hans Peters*, Die Verwaltung als eigenständige Staatsgewalt, 1965; *Fritz Ossenbühl*, Verwaltungsvorschriften und Grundgesetz, 1968, S. 187; *Ralf Dreier*, Zur „Eigenständigkeit" der Verwaltung, in: DV 25 (1992), S. 137 ff.; BVerfGE 49, 89 (125); 68, 1 (86 f.).
3 Vgl. *Josef Isensee*, Die typisierende Verwaltung, 1976. → Oben *Ossenbühl*, § 101 Rn. 66.

waltungsvorschriften, die Sonderverordnungen, die informelle Rechtsetzung durch Festlegung technisch-wissenschaftlicher Standards, Maßstäbe und Daten.

1. Verwaltungsvorschriften

Unter „Verwaltungsvorschriften" versteht man Regelungen, die innerhalb der Verwaltungsorganisation von übergeordneten Verwaltungsinstanzen oder Vorgesetzten an nachgeordnete Behörden, Verwaltungsstellen oder Bedienstete ergehen und die dazu dienen, Organisation und Handeln der Verwaltung näher zu bestimmen[4]. Synonyme Bezeichnungen sind „Verwaltungsverordnungen" oder „Verwaltungsanweisungen". Als genereller Begriff hat sich jedoch inzwischen der Terminus „Verwaltungsvorschriften" durchgesetzt. Er entspricht auch der Terminologie des Grundgesetzes (vgl. Art. 84 Abs. 2, 85 Abs. 2 GG) und der neueren Gesetze[5]. Damit ist jedoch nur der Oberbegriff terminologisch fixiert. In der Verwaltungspraxis treten Verwaltungsvorschriften unter den verschiedensten Bezeichnungen in Erscheinung. Ministerielle Verwaltungsvorschriften ergehen im allgemeinen als Erlasse. Verwaltungsvorschriften anderer Behörden heißen „Verfügungen", „Dienstanweisungen", „Richtlinien", „Anordnungen", „Grundsätze" usw.

4
Begriff

Terminologische Vielfalt

Der Inhalt der Verwaltungsvorschriften umfaßt die ganze Breite der Organisation und Funktion der Verwaltung.

Die Verwaltungsvorschriften werden herkömmlicherweise als Regelungen im sogenannten Innenbereich der Verwaltung verstanden. In der konstitutionellen Staats- und Verwaltungsrechtslehre stand dieser Innenbereich der Verwaltung außerhalb des rechtlich geregelten Raums[6]. Demzufolge wurden die Verwaltungsvorschriften als „Verwaltungsinterna", als Nicht-Recht, der klassischen Rechtsquelle der Rechtsverordnung gegenübergestellt[7]. Dem rechtsfreien Innenbereich der Verwaltung stand der rechtserfüllte Außenbereich der Verwaltung, der das Verhältnis zwischen Staat und Bürger erfaßte, gegenüber. Dieses Denkschema in Innen- und Außenbeziehungen hat die deutsche Verwaltungsrechtsdoktrin von Anfang an geprägt[8]. Inzwischen ist die Vorstellung vom rechtsfreien Innenbereich der Verwaltung längst verabschiedet worden. Aber das Denken in Innen- und Außenbereichen hat nach wie vor eine maßgebliche Bedeutung[9]. Allerdings markieren „innen" und „außen" nicht mehr zwei gegensätzliche Welten – die des Rechts und die des Nicht-Rechts. Vielmehr wird heute das Innenrecht dem Außenrecht gegenübergestellt. Auch den Verwaltungsvorschriften wird eine rechtliche Bedeutung nicht mehr

5
Innenbereich der Verwaltung

---
4 *Thomas Sauerland*, Die Verwaltungsvorschrift im System der Rechtsquellen, 2005, S. 38 ff.
5 Vgl. *Ossenbühl* (N 2), S. 30 f.
6 Vgl. *Ossenbühl* (N 2), S. 54 ff.
7 Vgl. z. B. *Ernst Forsthoff*, Lehrbuch des Verwaltungsrechts, Bd. I, Allgemeiner Teil, [10]1973, S. 139.
8 Vgl. *Ossenbühl* (N 2), S. 17 ff.
9 Vgl. *Peter Lerche*, in: Maunz/Dürig, Komm. z. GG, Art. 84 Rn. 94 ff.; *Winfried Brohm*, Verwaltungsvorschriften als administrative Rechtsquelle – ein ungelöstes Problem des Innenrechts, in: ders. (Hg.), Drittes deutsch-polnisches Verwaltungssymposium, 1983, S. 11 (19). → Unten *Krebs*, § 108 Rn. 32 ff.

§ 104   *Achter Teil: II. Staatsfunktionen*

abgesprochen, aber sie werden anders beurteilt als die herkömmlichen klassischen Rechtsquellen des förmlichen Gesetzes und der Rechtsverordnung[10].

2. Sonderverordnungen

6

Besondere Gewaltverhältnisse

In der Frühzeit der deutschen Verwaltungsrechtsdoktrin sind die Verwaltungsvorschriften in das Schlepptau der sogenannten besonderen Gewaltverhältnisse[11] geraten und von diesem Institut aus definiert worden als Vorschriften, „die kraft eines öffentlich-rechtlichen besonderen Gewaltverhältnisses binden"[12]. Ohne Rücksicht auf die Unterschiedlichkeiten der einzelnen besonderen Gewaltverhältnisse und ungeachtet der Funktionen, die Normierungen innerhalb dieser Gewaltverhältnisse zu erfüllen haben, wurden auf diese Weise völlig heterogene Vorschriften-Typen unter dem Oberbegriff der

Anstaltsordnungen

„Verwaltungsvorschriften" zusammengefaßt. Zu den Verwaltungsvorschriften wurde deshalb auch die große Gruppe der Anstaltsordnungen (Hausordnungen, Schulordnungen, Friedhofsordnungen, Prüfungsordnungen, Versetzungsrichtlinien etc.) gerechnet. Nur dem Umstand, daß auch das Beamtenverhältnis ein besonderes Gewaltverhältnis im überkommenen Sinne darstellt, ist es zuzuschreiben, daß die Anstaltsordnungen mit den innerhalb des Verwaltungsapparates ergehenden befehlslenkenden, „formierenden" und „organisierenden" Vorschriften unter einen Nenner gebracht wurden. Zwischen beiden bestehen jedoch ersichtlich grundlegende Unterschiede. Während die Anstaltsordnungen ein bestimmtes Nutzungsverhältnis regeln, wird durch die Verwaltungsvorschriften die Ausübung der Staatsgewalt gegenüber dem (außenstehenden) Bürger reglementiert. Im Gegensatz zu den Anstaltsordnungen äußern die Verwaltungsvorschriften unter Umständen vielfältige Wirkungen, die über den Bereich des besonderen Gewaltverhältnisses, in dem sie ergehen, hinausreichen. In jüngeren Darstellungen sind deshalb die zur Regelung besonderer Gewaltverhältnisse ergehenden autonomen Vorschriften der

Sonderverordnung

Verwaltung als „Sonderverordnungen" bezeichnet und aus der Kategorie der Verwaltungsvorschriften ausgesondert worden[13].

---

10 Dies gilt namentlich hinsichtlich der Bindungswirkung; s. u. Rn. 41 ff.
11 Vgl. *Ossenbühl* (N 2), S. 23 ff.
12 *Otto Mayer*, Deutsches Verwaltungsrecht, Bd. I, ³1924, S. 84; *Erwin Jacobi*, Die Verwaltungsverordnungen, in: Anschütz/Thoma, Bd. II, S. 255.
13 Vgl. schon *Robert Nebinger*, Verwaltungsrecht, ²1949, S. 190, 192; ferner *Hans Julius Wolff/Otto Bachof*, Verwaltungsrecht, Bd. I, ⁹1974, § 25 VIII; *Günter Dürig*, in: Maunz/Dürig, Komm. z. GG, Art. 19 Abs. 4 Rn. 30; *Klaus Vogel*, Gesetzgeber und Verwaltung, in: VVDStRL 24 (1966), S. 125 ff.; *Werner Thieme*, Zur Systematik verwaltungsrechtlicher Handlungsformen, in: FS für Friedrich Schack, 1966, S. 157 ff. (164); *ders.*, Die besonderen Gewaltverhältnisse, in: DÖV 1956, S. 521 ff. (526); *Winfried Brohm*, Verwaltungsvorschriften und besonderes Gewaltverhältnis, in: DÖV 1964, S. 238; *Ossenbühl* (N 2), S. 23; *Ernst-Wolfgang Böckenförde/Rolf Grawert*, Sonderverordnungen zur Regelung besonderer Gewaltverhältnisse, in: AöR 95 (1970), S. 21. Gegen eine solche Aussonderung: HessStGH, in: ESVGH 21, 1; *Hans-Uwe Erichsen*, Besonderes Gewaltverhältnis und Sonderverordnung, in: FS für Hans J. Wolff, 1973, S. 219; *Friedrich E. Schnapp*, Amtsrecht und Beamtenrecht, 1977, S. 221 ff.; *Norbert Achterberg*, Allgemeines Verwaltungsrecht, ²1986, S. 301; *Sauerland* (N 4), S. 46 ff.; in einem anderen Sinne wird der Begriff „Sonderverordnung" in BVerwGE 45, 8 (10) verwendet. Diese Entscheidung betrifft die vom Verwaltungsrat der Filmförderungsanstalt gem. § 6 Abs. 6 S. 2 des Gesetzes über Maßnahmen zur Förderung des deutschen Films vom 22. Dezember 1967 (BGBl I, S. 1352) erlassenen „Richtlinien" über

Dies ist freilich zunächst nur ein Vorgang der Klassifikation und der Terminologie. Es ist damit noch nichts zu der Frage gesagt, wie weit die Regelungsautonomie der Verwaltung im besonderen Gewaltverhältnis reicht. Dasselbe gilt für die Bindungswirkung und die Beachtlichkeit von Sonderverordnungen durch die Gerichte.

Hinzufügen ist, daß im Zuge der rechtsstaatlichen Kultivierung der herkömmlichen besonderen Gewaltverhältnisse der Status der „Gewaltunterworfenen" (Schüler, Strafgefangene, Beamte, Anstaltsnutzer etc.) inzwischen weitestgehend durch Normen der klassischen Rechtsquellen (Gesetz, Rechtsverordnung, Satzung) geregelt worden ist[14]. Die Sonderverordnung als Ableger oder Variante der Verwaltungsvorschrift hat deshalb nur noch geringe praktische Bedeutung[15].

3. Informelle Rechtsetzung durch Festlegung technisch-wissenschaftlicher Standards, Maßstäbe und Daten

Wie schon erwähnt, haben die Verwaltungsvorschriften unter anderem die Funktion, das Entscheidungsverhalten der Amtswalter, namentlich den Gesetzesvollzug zu dirigieren. Zu diesen den Gesetzesvollzug dirigierenden Verwaltungsvorschriften gehören definitionsgemäß alle Anweisungen an nachgeordnete Behörden und Beamte. Indessen ergibt sich angesichts der Verwaltungswirklichkeit ein Befund, der Erscheinungsformen administrativer Regelsetzung zutage fördert, die nicht – jedenfalls nicht ohne weiteres – als Verwaltungsvorschriften eingeordnet werden können, obgleich die Verwaltungsvorschriften nicht in einem formalisierten Rechtserzeugungsverfahren zustande kommen und demzufolge als Regelungskategorie eine kaum begrenzte Aufnahmekapazität besitzen. Dieses verwirrende Bild der Verwaltungspraxis sei an einigen Beispielen demonstriert. Wie sich zeigen wird, tritt uns hier ein praktisch höchst bedeutsames Feld administrativer Rechtsetzung entgegen[16]. Zu diesem Feld gehören all jene Bereiche unserer Rechtsord-

7
Steuerung des Gesetzesvollzugs

---

die Gewährung von Förderungshilfen. Die Filmförderungsanstalt ist jedoch keine Selbstverwaltungseinheit mit Mitgliederbasis, sondern eine verselbständigte Leistungseinrichtung (vgl. *Klaus Lange*, Die öffentlichrechtliche Anstalt, in: VVDStRL 44 [1986], S. 169 ff. [191 ff.]), die wie jede andere Behörde der Leistungsverwaltung Begünstigungen gewährt, ohne ein besonderes Gewaltverhältnis als Sonderstatus der Benutzer zu begründen. Das Bundesverwaltungsgericht qualifiziert die Richtlinien als „unmittelbar außenwirksames Recht" im herkömmlichen Sinne, das „auf autonomer Grundlage in Verbindung mit der gesetzlichen Ermächtigung" ergeht, und nennt sie „Sonderverordnung". Diese „Sonderverordnung" wird der (allgemeinen) Rechtsverordnung im Sinne des Art. 80 GG an die Seite gestellt. Damit wird ein zweiter, in der Verfassung nicht ausdrücklich ausgeformter Weg der Delegation von Rechtsetzungsgewalt auf die Exekutive aufgezeigt, der zu abgeleiteten Rechtsquellen führt, die von den Verwaltungsvorschriften als originärem Administrativrecht zu unterscheiden sind.
14 BVerwGE, 121, 103 betreffend Beihilfevorschriften für Beamte; ferner s. u. Rn. 31.
15 Vgl. *Fritz Ossenbühl*, Rechtsquellen und Rechtsbindungen der Verwaltung, in: Hans-Uwe Erichsen/Dirk Ehlers, Allgemeines Verwaltungsrecht, [12]2002, § 6 Rn. 59; *Johannes Saurer*, Die Funktionen der Rechtsverordnung, 2005, S. 343 f.; *Joachim Anslinger*, Die Sonderverordnung, 1991.
16 Vgl. *Fritz Ossenbühl*, Informelles Hoheitshandeln im Gesundheits- und Umweltschutz, in: Jahrbuch des Umwelt- und Technikrechts 1987, S. 27 ff.; *Andreas Rittstieg*, Die Konkretisierung technischer Standards im Anlagenrecht, 1982; *Christian Bönker*, Umweltstandards in Verwaltungsvorschriften, 1992.

Technische und wissenschaftliche Standards

nung, in denen die zu treffenden Verwaltungsentscheidungen in hohem Maße durch technische sowie wissenschaftliche Erkenntnisse, Daten und Standards bedingt sind. Dazu gehören namentlich das Umweltschutzrecht, das technische Sicherheitsrecht, insbesondere das Atomrecht, das Arbeitsschutzrecht und das Gesundheitsschutzrecht. Meist existiert für ein bestimmtes Sachgebiet ein förmliches Gesetz, welches sich auf einige generalklauselartige Regelungen beschränkt, die mit weitgefaßten unbestimmten Rechtsbegriffen durchsetzt sind, und günstigenfalls einige zu diesem Gesetz ergangene Rechtsverordnungen. Regelmäßig ist es jedoch so, daß die Entscheidungsmaßstäbe des Gesetzes und der Rechtsverordnungen nicht ausreichen, um konkrete Sachverhalte zu entscheiden. Vielmehr bedarf es weiterer konkretisierender Vorschriften, die die Generalklauseln und unbestimmten Rechtsbegriffe des Gesetzes verdichten und zu anwendungsreifen Maßstäben und Kriterien substantiieren. Zu den klassischen Rechtsquellen des parlamentsbeschlossenen Gesetzes und der Rechtsverordnungen tritt also ein gewaltiger Unterbau von verwaltungseigenen Normen hinzu, die für den Gesetzesvollzug unentbehrlich sind und nicht selten erst die für den Gesetzesadressaten entscheidende Regelung enthalten.

8
Immissionsschutzrecht

TA Luft

Im Immissionsschutzrecht beispielsweise existieren neben dem Bundesimmissionsschutzgesetz eine Reihe von Rechtsverordnungen. Aber damit sind die immissionsschutzrechtlichen Regelungen keineswegs erschöpft. Unterhalb der Ebene der klassischen Rechtsquellen stößt man auf eine breite Palette von Verwaltungsvorschriften. Unter ihnen ist die Technische Anleitung Luft (TA Luft)[17] wohl die bekannteste. Hierbei handelt es sich um ein sehr umfangreiches Regelwerk, das insbesondere der Konkretisierung des Gesetzesbegriffs der schädlichen Umwelteinwirkungen durch Luftverunreinigungen und der Konkretisierung des Standes der Technik bei genehmigungsbedürftigen Anlagen dient, außerdem aber auch ermessenslenkende Funktionen hat und überdies die Sachverhaltsermittlung im Genehmigungs- und Überwachungsverfahren steuert.

9
Atomrecht

Weitaus verwirrender ist die Situation im Atomrecht[18]. Hier existieren unterhalb der Ebene der klassischen Rechtsverordnungen zwar verwaltungsinterne Regelungen, aber keine allgemeinen Verwaltungsvorschriften im technischen Sinne der Art. 84 Abs. 2 und 85 Abs. 2 GG[19]. Vielmehr besteht ein weiter

---

17 Vgl. Erste Allgemeine Verwaltungsvorschrift zum Bundes-Immissionsschutzgesetz (Technische Anleitung zur Reinhaltung der Luft – TA Luft) vom 24.7.2002 (GMBl, S. 511); dazu *Klaus Hansmann*, Die neue TA Luft, in: NVwZ 2003, S. 266; *Michael Kloepfer*, Umweltrecht, ³2004, § 14 Rn. 70f.; zur TA Luft vom 27.2.1986: *Peter Marburger*, Massenstromwerte und Anlagenbegriff der TA Luft, 1993.
18 *Rittstieg* (N 16), S. 76ff.; *Peter Marburger*, Atomrechtliche Schadensvorsorge, 1983, S. 127ff.; *Christoph Degenhart*, Kernenergierecht, 1981, S. 136ff.; *Otto-August Kellermann*, Struktur und Zustandekommen sicherheitsrelevanter Bestimmungen zu technischen Regelwerken für kerntechnische Anlagen, in: Fritz Nicklisch/Dieter Schottelius/Hellmut Wagner (Hg.), Die Rolle der wissenschaftlich-technischen Sachverständigen bei der Genehmigung chemischer und kerntechnischer Anlagen, 1982, S. 51ff.
19 Vgl. *Rittstieg* (N 16), S. 80; *Marburger* (N 18), S. 32f.; *Hans D. Jarass*, Der rechtliche Stellenwert technischer und wissenschaftlicher Standards, in: NJW 1987, S. 1225 (1227 mit Fn. 20); *Peter Rosin*, in: Ulrich Büdenbender/Wolff Heintschel von Heinegg/Peter Rosin, Energierecht, Bd. I: Recht der Energieanlagen, 1999, Rn. 608ff.

Kranz von Regelwerken, Maßstabsetzungen und Prüfungshinweisen mit unterschiedlichem Konkretisierungsgrad und diffuser Bindungswirkung, nämlich

- Sicherheitskriterien für Kernkraftwerke, die vom Länderausschuß für Atomenergie verabschiedet wurden und ursprünglich „als fachtechnischer Teil" für eine noch zu erlassende allgemeine Verwaltungsvorschrift geplant waren[20]. Sie enthalten Begriffsdefinitionen und allgemeine Grundsätze der Sicherheitskonzeption (Redundanz, Diversität, Entmaschung und räumliche Trennung). *Sicherheitskriterien*
- Richtlinien des Bundesinnenministers betreffend den Fachkundenachweis des beim Bau kerntechnischer Anlagen oder beim sonstigen Umgang mit Kernbrennstoffen eingesetzten Personals, betreffend die Dokumentation der im atomrechtlichen Genehmigungsverfahren vom Antragsteller vorzulegenden Prüfungsunterlagen usw. *Richtlinien*
- Empfehlungen und Leitlinien beratender Expertengremien, der Reaktorsicherheitskommission (RSK) und der Strahlenschutzkommission (SSK). So fassen die „RSK-Leitlinien für Druckwasserreaktoren" die sicherheitstechnischen Anforderungen zusammen, die die Reaktorsicherheitskommission bei der Einzelbeurteilung einer Atomanlage zugrunde legt. Die Störfalleitlinien sind vom Bundesinnenministerium nach Anhörung der für den Vollzug des Atomgesetzes zuständigen Genehmigungsbehörden, der Technischen Überwachungsvereine, der Gesellschaft für Anlagen- und Reaktorsicherheit (GRS), der Reaktorsicherheitskommission, der Strahlenschutzkommission, der Gewerkschaften, der Hersteller und Betreiber von Kernkraftwerken und der Umweltverbände am 18. Oktober 1983 bekanntgemacht worden. Sie sind ebenso wie die Sicherheitskriterien durch statische Verweisung (§ 49 Abs. 1 S. 3 StrlSchV, § 28 Abs. 3 S. 4 a. F.) in das Außenrecht partiell einbezogen[21]. *Empfehlungen von Experten*
- Technische Regelwerke Privater wie DIN-Normen, VDI-Bestimmungen, VDI-Richtlinien, DVGW-Arbeitsblätter usw. *DIN-Normen*
- KTA-Regeln, die vom kerntechnischen Ausschuß speziell für das Atomrecht entwickelt werden. *KTA-Regeln*

Ähnliche Regelungsstrukturen findet man im Arzneimittelrecht[22]. Das zuständige Bundesministerium erläßt Verwaltungsvorschriften über die an die analytische, pharmakologisch-toxikologische und klinische Prüfung sowie an die Rückstandsprüfung, die routinemäßig durchführbare Kontrollmethode und das Rückstandsnachweisverfahren zu stellenden Anforderungen und macht diese als Arzneimittelprüfrichtlinien im Bundesanzeiger bekannt. Damit werden Maßstäbe für die Erfüllung der gesetzlichen Zulassungsvoraussetzungen für Arzneimittel gesetzt, wobei hinzuzufügen ist, daß der Inhalt der

10
Arzneimittelrecht

---

20 Die Sicherheitskriterien wurden am 12.10.1977 vom Länderausschuß für Atomenergie erlassen und im Bundesanzeiger veröffentlicht (BAnz Nr. 206 vom 3.11.1977).
21 Vgl. *Rüdiger Nolte*, Richterliche Anforderungen an die technische Sicherheit von Kernanlagen, 1984, S. 153 f.
22 Vgl. *Udo Di Fabio*, Risikoentscheidungen im Rechtsstaat, 1994, S. 346 ff.

Arzneimittelprüfrichtlinien in zunehmendem Maße durch EG-Richtlinien bestimmt wird.

11
Sozialversicherungsrecht

Erwähnung verdient in der beispielhaften Aufzählung schließlich die für das Sozialversicherungsrecht typische Rechtsquellenvielfalt, die ihren Ort unterhalb der Ebene des förmlichen Gesetzes, aber auch unterhalb der Ebene der Rechtsverordnungen hat. Sie zeigt insofern eine spezifische Komponente, als die unterhalb der klassischen Rechtsquellen bestehenden Vorschriften nicht von Stellen der staatlichen Hierarchie ausgehen, sondern von ihrerseits wiederum problematisch zusammengesetzten Gremien erlassen werden. „Insgesamt ist deshalb heute eine beklagenswerte Intransparenz der normativen Strukturen des Sozialversicherungsrechts festzustellen"[23]. Diese Undurchschaubarkeit führt nicht nur zu endlosen Deutungsschwierigkeiten der Gerichte, sondern auch zu beträchtlichen Unsicherheiten in der Beurteilung der Sozialpolitik und der Zuweisung sozialpolitischer Verantwortlichkeiten.

Heterogenes Material

Ein flüchtiger Rundblick in einige Sonderbereiche des Verwaltungsrechts zeigt also eine Fülle von heterogenen, rechtlich kaum systematisierbaren Vorschriften, die zwar nicht zu den klassischen Rechtsquellen zählen, aber Wirkungen auslösen, die diesen Rechtsquellen nahezu gleichkommen. Hier breitet sich autonome Rechtsetzung der Verwaltung zunehmend aus.

III. Autonome Rechtsetzung der Verwaltung und Gesetzesvorbehalt

12

Gesetzesvorbehalt

Verwaltungsautonomie für „Unwesentliches"

Autonomes Verordnungsrecht

Die autonome Rechtsetzung der Verwaltung in Gestalt von Verwaltungsvorschriften hat einen thematischen Bezug zu vielfältigen unterschiedlichen Problembereichen des Staats- und Verwaltungsrechts. Von grundlegender Bedeutung ist die thematische Verknüpfung von autonomer Rechtsetzung der Verwaltung einerseits und Gesetzesvorbehalt andererseits. Im Gesetzesvorbehalt wird die Rechtsetzungsgewalt des Parlaments begrifflich erfaßt. Enge und Weite dieses Gesetzesvorbehaltes bestimmen auch den Umfang der autonomen Rechtsetzung der Verwaltung. So eröffnet die neuerlich betonte und praktizierte Wesentlichkeitstheorie im Rahmen der Doktrin vom Gesetzesvorbehalt zwanglos die Möglichkeit, dem Funktionsbereich der Verwaltung solche Regelungen zuzuweisen, die nicht dem Kriterium der Wesentlichkeit unterfallen[24]. Damit ist der Weg frei zur Begründung eines aus der Verwaltungsfunktion resultierenden unmittelbaren administrativen Verordnungsrechts, das sich schon nach geltendem Verfassungsrecht als gangbarer Weg erweist, um konstruktive Verkrampfungen zu lösen, die Rechtsprechung und Lehre machen müssen, weil sie sonst praktischen Erfordernissen nicht gerecht werden können.

---

23 → Unten *Ossenbühl*, § 105 Rn. 11; *Andreas Hänlein*, Rechtsquellen in der Sozialversicherung, 2001. Dort eine akribische Bestandsaufnahme der Rechtsquellen, mit der versucht wird, dem verwirrenden Befund eine systematische Gestalt zu geben. Zuletzt kritisch: *Thorsten Kingreen*, Verfassungsrechtliche Grenzen der Rechtsetzungsbefugnis, in: NJW 2006, S. 877 ff., mit der bemerkenswerten Feststellung (S. 880): „Im Gesundheitsrecht steht das Wesentliche nicht im Gesetz."
24 → Oben *Ossenbühl*, § 101 Rn. 52 ff.; *Sauerland* (N 4), S. 300 ff.

Die Abgrenzung zwischen dem Gesetzesvorbehalt und der autonomen Rechtsetzung der Verwaltung vollzieht sich dann nicht mehr nach dem Schema von Innenrecht und Außenrecht, sondern nach den Kriterien von wesentlich/ unwesentlich[25]. Die grundsätzlichen Normierungen bleiben dem Parlament vorbehalten, die weniger wichtigen Normen kann die Verwaltung autonom erlassen, ohne einer besonderen formalgesetzlichen Ermächtigung zu bedürfen. Der bestehende Vorrang des förmlichen Gesetzes ebenso wie das Recht des Parlamentes zum jederzeitigen Zugriff lassen alle Bedenken aus dem demokratischen und rechtsstaatlichen Gedankengut, die bislang gegen ein solches verwaltungsautonomes Recht erhoben worden sind, verblassen. Mit der Anerkennung eines selbständigen Verordnungsrechts der Verwaltung kann sich ein Regelungssystem ausbilden, welches das Parlament wieder in seine ihm angemessene Funktion, die wesentlichen, richtungweisenden Entscheidungen zu treffen, einsetzen und die historisch bedingte deutsche Prüderie gegenüber einem verfassungsunmittelbaren Verordnungsrecht der Exekutive überwinden würde. Dies ist schon in kräftigen Ansätzen geschehen. An der Zeit wäre es nur, sich dazu offen zu bekennen[26] und diese Ansätze nicht mit Hilfe überkommener, unrealistisch gewordener Vorstellungen in unnötiger Weise konstruktiv zu verbrämen und damit letztlich zu verschleiern.

13

Selbständiges
Verordnungsrecht
der Exekutive

IV. Das dogmatische Grundproblem: Einordnung der Verwaltungsvorschriften in die Rechtsquellenlehre

Das dogmatische Grundproblem der Verwaltungsvorschriften besteht in ihrer Einordnung in die Rechtsquellenlehre. Hierzu bieten Theorie und Praxis nach Vorschriftentypen und Regelungsbereichen stark differenzierte Lösungen an, auf die im folgenden noch des näheren einzugehen ist. Einige grundsätzliche Aspekte seien vorweggenommen.

14

Zum tradierten Kanon der staatlichen Rechtsquellen gehören die förmlichen parlamentsbeschlossenen Gesetze und die von der Exekutive ergänzend zum Parlamentsgesetz erlassenen Rechtsverordnungen. Beide Rechtsquellen sollen der gesetzesvollziehenden Verwaltung die für die von ihr zu treffenden Entscheidungen und Maßnahmen notwendigen Maßstäbe liefern. Wird das Gesetz „in zu großer Münze ausgegeben"[27] (Stichworte: Generalklausel, unbestimmte Rechtsbegriffe, unvollständige Normen) und wird es durch

15

Ergänzende
Rechtsquellen

---

25 So BVerwGE 121, 103 betreffend die Beihilfevorschriften für Beamte. Dazu *Johannes Saurer*, Verwaltungsvorschriften und Gesetzesvorbehalt, in: DÖV 2005, S. 587 ff.
26 Vgl. *Achim Rogmann*, Die Bindungswirkung von Verwaltungsvorschriften, 1998, S. 49 ff., 74 und passim; *Hans-Detlef Horn*, Die grundrechtsunmittelbare Verwaltung, 1999, S. 62 ff.; *Eberhard Schmidt-Aßmann*, Die Rechtsverordnung in ihrem Verhältnis zu Gesetz und Verwaltungsvorschrift, in: FS für Klaus Vogel, 2000, S. 477 (491 ff.); *ders.*, Das allgemeine Verwaltungsrecht als Ordnungsidee, ²2004, S. 328 ff.; *Rainer Wahl*, Verwaltungsvorschriften: Die ungesicherte dritte Kategorie des Rechts, in: FG 50 Jahre BVerwGE, 2003, S. 571 ff.; *Sauerland* (N 4).
27 *Udo Di Fabio*, Verwaltungsvorschriften als ausgeübte Beurteilungsermächtigung, in: DVBl 1992, S. 1338 (1344).

Rechtsverordnungen nicht hinreichend ergänzt und konkretisiert, muß die Verwaltung in Ausübung ihres Vollzugsmandates die Vollzugsfähigkeit des Gesetzes durch eine dritte Normenschicht, eben die Verwaltungsvorschriften, selbst herstellen[28]. Insofern haben Verwaltungsvorschriften für die gesetzesvollziehende Verwaltung ebenso wie für den einzelnen vom Gesetz betroffenen Bürger die Funktion, „das strukturell unfertige Recht der Gesetze und Rechtsverordnungen" zu ergänzen, zu konkretisieren und zu interpretieren. Wegen dieser Funktion gehören Verwaltungsvorschriften zum „Normalbestand jeder Rechtsordnung"[29]. Sie sind deshalb kein typisch deutsches Phänomen, sondern auch anderen Rechtsordnungen notwendig immanent. Sie sind also beispielsweise in Frankreich, Italien oder Österreich in gleicher Weise virulent und bedeutsam wie in Deutschland[30]. Unterschiedlich ist entsprechend den differenten Verfassungsordnungen jedoch ihre Einordnung in die Rechtsquellenlehre.

16
Mißtrauen gegenüber der Verwaltung

Präjudiziert wird diese Einordnung durch die jeweilige verfassungsrechtliche Position der Exekutive. Im Gegensatz etwa zu England und Frankreich sind die verfassungsrechtlichen Prinzipien und Institutionen in Deutschland zum einen traditionell, zum anderen verursacht durch die Willkürerfahrungen der Nazizeit von einem starken Mißtrauen gegenüber der Verwaltung geprägt. Diese Erfahrungen haben schon im Bereich der klassischen Rechtsquellen zu einer ausgesprochenen Phobie gegenüber Rechtsverordnungen geführt, die erst Jahrzehnte nach Inkrafttreten des Grundgesetzes durch neue Erfahrungen abgebaut worden ist[31]. In noch größerem Maße trifft die Ablehnung administrativer Normsetzung die Kategorie der Verwaltungsvorschriften. Bis in die Gegenwart besteht in der Theorie eine verbreitete Abneigung, diesem „Bastard" in der gepflegten Familie der klassischen Rechtsquellen einen eigenen Platz einzuräumen[32].

17
Aufwertung der Verwaltungsvorschriften

Deshalb stehen die Verwaltungsvorschriften, auch wenn ihre Bedeutung inzwischen erkannt und ihre Ordnungsfunktion aufgewertet worden ist, nach wie vor im dogmatischen Zwielicht. In der Theorie zeigt sich in jüngerer Zeit eine zunehmend sich verstärkende Tendenz, den Verwaltungsvorschriften den ihnen gebührenden Platz in der Rechtsquellenlehre zuzuweisen und sie als Normen anzuerkennen, die in gleicher Weise wie Gesetze und Rechtsverordnungen auch im Außenverhältnis gegenüber den Bürgern Bindungswirkun-

---

28 Vgl. *Walter Schmidt*, Die Gleichheitsbindung an Verwaltungsvorschriften, in: JuS 1971, S. 184 ff.; *Wahl* (N 26), S. 571 f.
29 *Wahl* (N 26), S. 572; *Ulrich Scheuner*, Das Gesetz als Auftrag der Verwaltung, in: ders., Staatstheorie und Staatsrecht, 1978, S. 575 ff. (561); *Horst Dreier*, Hierarchische Verwaltung im demokratischen Staat, 1991, S. 163, 168.
30 Vgl. *Anna Leisner*, Verwaltungsgesetzgebung durch Erlasse, in: JZ 2002, S. 219 ff.; *Armin von Bogdandy*, Gubernative Rechtsetzung, 2000, S. 449 ff.; ferner etwa: *Lorenz Ködderitzsch*, Die Rolle der Verwaltungsvorschriften im japanischen Verwaltungsrecht, 1995.
31 → Oben *Ossenbühl*, § 103 Rn. 4.
32 Vgl. *Michael Gerhardt*, Normkonkretisierende Verwaltungsvorschriften, in: NJW 1989, S. 2233 (2234); *Di Fabio* (N 27), S. 1338.

gen auslösen und ebenso die Verwaltungsgerichte binden[33]. Die Verwaltungsgerichte hingegen zeigen kein ausgeprägtes Interesse an einer Aufwertung der Verwaltungsvorschriften. In dem dogmatischen Zwielicht, in dem die Verwaltungsvorschriften noch stehen, eignen sie sich sozusagen als Knetmasse, die einmal dazu dienen kann, die Verantwortung bei der Verwaltung anzusiedeln, indem den Verwaltungsvorschriften Verbindlichkeit zugesprochen wird, ein anderes Mal den gerichtlichen Kontrollzugriff voll durchzuführen. Das Bild der Verwaltungsvorschriften ist also nach wie vor schwankend. Teils sind sie in ihrer rechtlichen Relevanz förmlichen Gesetzen und Rechtsverordnungen gleich bedeutend und gleich wirksam, teils wird ihnen jegliche Verbindlichkeit abgesprochen.

B. Typologie der Verwaltungsvorschriften

Die vorstehende grobe Bereichsgliederung sei im folgenden durch eine weitere Auffächerung der verschiedenen Arten von Verwaltungsvorschriften fortgeführt. Die Verwaltungsvorschriften decken inhaltlich die gesamte Breite administrativen Wirkens ab. Davon mag die nachfolgende Typologie einen ersten Eindruck vermitteln.

18
Breiter Verwendungsbereich

I. Organisatorische Verwaltungsvorschriften

1. Begriff

Die Befugnis zur Regelung der Organisation der Verwaltung ist in einem komplizierten System auf Gesetzgeber und Verwaltung verteilt[34]. Die grundlegenden organisatorischen Entscheidungen werden durch förmliches Gesetz getroffen. Entsprechende institutionelle Gesetzesvorbehalte sind im Grundgesetz und in den Landesverfassungen vorgesehen[35]. Daneben hat aber auch die Verwaltung eine originäre Organisationsgewalt[36], die sie in den Stand setzt, ohne besondere gesetzliche Ermächtigung ihre Organisation zu regeln. Diese Organisationsgewalt der Verwaltung wird durch den Erlaß von organisatorischen Verwaltungsvorschriften betätigt. Organisatorische Verwaltungs-

19

Organisationsgewalt der Verwaltung

---

33 Vgl. *Wahl* (N 26); *v. Bogdandy* (N 30), S. 449 ff.; *Eberhardt-Schmidt-Aßmann*, Das allgemeine Verwaltungsrecht als Ordnungsidee, ²2004, S. 328 ff.; *Sauerland* (N 4); *Leisner* (N 30); kritisch: *Johannes Saurer*, Die neueren Theorien zur Normkategorie der Verwaltungsvorschriften, in: VerwArch 2006, S. 249 ff.
34 Vgl. *Ernst-Wolfgang Böckenförde*, Die Organisationsgewalt im Bereich der Regierung, 1964; *Ossenbühl* (N 2), S. 250 ff.
35 Vgl. z.B. Art. 87 GG, Art. 77 Abs. 1 BayVerf, Art. 70 Abs. 1 BadWürttVerf, Art. 43 Abs. 2 NiedersachsVerf, Art. 77 S. 1 NordrhWestfVerf, Art. 116 SaarlVerf, Art. 38 Abs. 2 Landessatzung Schleswig-Holstein.
36 Zum Begriff: *Hermann Butzer*, Zum Begriff Organisationsgewalt. Vom „Hausgut" der Exekutive zum „Hausgut" aller Verfassungsorgane und Autonomieträger?, in: DV 27 (1994), S. 157 ff.

vorschriften regeln demzufolge den Aufbau, die innere Ordnung sowie Zuständigkeiten und Verfahren der Behörden im Rahmen der originären exekutiven Organisationsgewalt der Verwaltung.

2. Typisierung

20 Die Organisationsvorschriften lassen sich nach sachgegenständlichen Bereichen in vielfacher Weise differenzieren. So wird entsprechend den drei Elementen der staatlichen Organisation zwischen personellen, institutionellen und sachlichen Organisationsvorschriften unterschieden, wobei die institutionellen Organisationsvorschriften weiter differenziert werden in Errichtungsnormen, Zuweisungsnormen, Verfahrensnormen etc.[37].

Verfahrensvorschriften
Von den Verfahrensvorschriften gehören zur exekutiven Organisationsgewalt in erster Linie die internen Verfahrensnormen, also die Normen, die den „Geschäftsgang" innerhalb einer verwaltungsorganisatorischen Einheit regeln. Dagegen werden die externen Verfahrensvorschriften, die den Verkehr mit dem Bürger betreffen, von der exekutiven Organisationsgewalt grundsätzlich nicht umschlossen[38]. Damit ist keineswegs gesagt, daß diese Normen insgesamt dem Gesetzesvorbehalt unterfallen. Vielmehr können Verwaltungsvorschriften zum externen Verwaltungsverfahren auch aufgrund der exekutiven Geschäftsleitungsgewalt als verhaltenslenkende Verwaltungsvorschriften[39] oder als gesetzesergänzende Regelungen[40] erlassen werden.

21
Geschäftsordnungen
Häufig wird die innere Organisation einer Behörde durch eine Geschäftsordnung geregelt. Solche auch als „allgemeine Dienstanweisungen" bezeichneten Regelwerke stellen Kodifikationen von Organisations- und Verwaltungsgrundsätzen für den inneren Aufbau, den Geschäftsablauf und das Zusammenwirken mit anderen Funktionsträgern dar und sind für das ordnungsgemäße Funktionieren der Behörden unumgänglich. Solche administrativen Geschäftsordnungen sind Verwaltungsvorschriften. Sie dürfen in ihrer Rechtsqualität nicht verwechselt werden mit den parlamentarischen Geschäftsordnungen[41], den Regierungsgeschäftsordnungen[42] und den Geschäftsordnungen der Gerichte[43]. Nicht zu den Regierungsgeschäftsordnungen, sondern zu den Verwaltungsvorschriften gehört die Gemeinsame Geschäftsordnung der Ministerien[44].

---

37 Vgl. *Ernst Rasch/Werner Patzig*, Verwaltungsorganisation und Verwaltungsverfahren, 1962, S. 3 ff., 10 f.; *Ernst Rasch*, Die staatliche Verwaltungsorganisation, 1967, S. 95 ff.
38 Vgl. *Ossenbühl* (N 2), S. 279.
39 S. u. Rn. 26 ff.
40 S. u. Rn. 27 f.
41 *Klaus Friedrich Arndt*, Parlamentarische Geschäftsordnungsautonomie und autonomes Parlamentsrecht, 1966; *Norbert Achterberg*, Parlamentsrecht, 1986, S. 38 ff. → Bd. II, *Zeh*, § 53 Rn. 12 ff.
42 *Böckenförde* (N 34), S. 116 ff.; *Norbert Achterberg*, Innere Ordnung der Bundesregierung, in: HStR II, ²1998 (¹1987), § 52 Rn. 80 ff.
43 Vgl. *Artur Mellwitz*, Die Geschäftsordnungen des Bundesverfassungsgerichts und der oberen Bundesgerichte, in: NJW 1962, S. 778 ff.
44 Vgl. *Achterberg* (N 42), § 52 Rn. 91.

II. Verhaltenslenkende Verwaltungsvorschriften

Verhaltenslenkende Verwaltungsvorschriften leiten und lenken die Verwaltung in ihren Aktionen. Sie kanalisieren, dirigieren und rationalisieren administrative Entscheidungsvorgänge und sonstige Maßnahmen.

22

1. Gesetzesakzessorische Verwaltungsvorschriften

Die gesetzesakzessorischen Verwaltungsvorschriften betreffen den Teil der Verwaltung, der dem Gesetzesvollzug dient.

23
Gesetzesvollziehende Verwaltung

a) Norminterpretierende Verwaltungsvorschriften

Norminterpretierende Verwaltungsvorschriften, häufig als Auslegungserlasse bezeichnet, dienen der Klärung von Zweifelsfragen, die bei jedem Gesetz aufzutreten pflegen. Namentlich die gehäufte Verwendung unbestimmter Gesetzesbegriffe im Verwaltungsrecht erhöht die Schwierigkeiten der Gesetzesauslegung und des Gesetzesverständnisses und erzeugt einen hohen Bedarf an Auslegungshilfe durch die übergeordneten Verwaltungsinstanzen. Norminterpretierende Verwaltungsvorschriften haben eine doppelte Aufgabe. Zum einen nehmen sie dem juristisch meist nicht vorgebildeten Amtswalter an der Verwaltungsfront zeitraubende und meist auch von ihm nicht zu leistende Denkarbeit ab. Zum andern gewährleisten sie ein Mindestmaß an Einheitlichkeit des Gesetzesvollzuges, indem sie bei Zweifelsfragen zunächst eine „Verwaltungsmeinung" als Gesetzesinterpretation verwaltungsintern verbindlich machen und dadurch dem Gebot der Gleichbehandlung aller von einem Gesetz Betroffenen dienen. Rationalisierung der Verwaltungsarbeit und Vereinheitlichung des Gesetzesvollzuges sind damit die maßgeblichen Zwecke und Ziele norminterpretierender Verwaltungsvorschriften.

24
Auslegungshilfe

Doppelte Aufgabe

b) Ermessensrichtlinien

Als Ermessensrichtlinien liefern die Verwaltungsvorschriften Entscheidungsmaßstäbe und Entscheidungsmuster für eine sachgemäße Ausübung des Verwaltungsermessens. Durch die Einräumung von Verwaltungsermessen wird der Verwaltung beim Gesetzesvollzug ein gewisses Maß an Entscheidungsfreiheit zugestanden, das ihr ermöglicht, den besonderen Umständen des Einzelfalles im Gesetzesvollzug angemessen Rechnung zu tragen. Der Vorgang der Ermessensausübung ist komplex[45]. Sein Wesen und Kern bestehen nach herr-

25
Entscheidungsmaßstäbe und Entscheidungsmuster

---

45 Vgl. *Ossenbühl* (N 2), S. 323; *Ralf Brinktrine*, Verwaltungsermessen in Deutschland und England, 1997, S. 54 ff., 94 ff.

schender Lehre und Rechtsprechung in Deutschland[46] in der Ergänzung und Vervollständigung eines gesetzlich vorgegebenen Tatbestandes durch die Aufstellung verwaltungsautonomer Maßstäbe, die sich am Gesetzeszweck orientieren und der sich eine Abwägung der Umstände des Einzelfalles anschließt. In der Ausprägung dieser gesetzesergänzenden Maßstäbe liegt die Aufgabe der Ermessensrichtlinien[47]. Insoweit haben die Verwaltungsvorschriften in Gestalt von Ermessensrichtlinien die eminent wichtige Funktion der Integration des komplizierten und differenzierten Verwaltungsapparates unter einem einheitlichen Administrativkonzept. Es ist Aufgabe der Zentralbehörden, im Bereich der der Exekutive verbleibenden Entscheidungs- und Gestaltungsfreiheit etwa im Ausländerrecht ein einheitliches Verwaltungskonzept zu entwickeln und in Gestalt von Ermessensrichtlinien den nachgeordneten Behörden als Entscheidungsmaßstäbe für die Abwägung im Einzelfall vorzugeben. Des weiteren kommt den Ermessensrichtlinien die Aufgabe zu, den nachgeordneten Verwaltungsstellen für die im Einzelfall zu treffende eigenbestimmte Wertabwägung der konkret-individuellen Interessen- und Konfliktlage Entscheidungsmuster an die Hand zu geben. Hierbei dürfen die Ermessensrichtlinien jedoch nicht so weit gehen, daß die individuelle Ermessensentscheidung zum Subsumtionsakt verkümmert[48].

Einheitlichkeit der Verwaltungspraxis

c) Verwaltungsvorschriften zur Sachverhaltsermittlung

26

Sachverhaltsermittlung

Soweit gesetzliche Regelungen fehlen, erläßt die Verwaltung im Bereich der Gesetzesausführung auch Verwaltungsvorschriften zur Sachverhaltsermittlung[49]. Sie können einen unterschiedlichen Inhalt haben.

Verfahrensregelungen

Sie können Verfahrensregelungen enthalten, die der Aufklärung von Sachverhalten dienen, wie beispielsweise die Einholung bestimmter Sachverständigengutachten, die Anhörung anderer Behörden, die Einschaltung von Auskunftsstellen etc. Die Gründe und Zwecke solcher Verfahrensregelungen sind

---

46 Vgl. dazu *Ossenbühl* (N 15), § 10 Rn. 10. Demgegenüber werden im Europarecht ebenso wie in anderen Rechtsordnungen (z.B. Frankreich) alle Arten der Verwaltung eröffneten Spielräume, auch im Auslegungsbereich, als „Ermessen" erfaßt. Es fehlt die deutsche Unterscheidung zwischen Ermessen und unbestimmtem Rechtsbegriff (vgl. *Thomas von Danwitz*, Verwaltungsrechtliches System und Europäische Integration, 1996, S. 184 ff., 326 ff., 360 ff.; *Michael Brenner*, Der Gestaltungsauftrag der Verwaltung in der Europäischen Union, 1996, S. 381 ff.; vgl. zum Verwaltungsermessen in England: *Brinktrine* [N 45]). Im Zuge der Angleichung der nationalen Dogmatiken dürfte damit zu rechnen sein, daß die deutsche Ermessenslehre einer Revision unterzogen wird (vgl. *Brenner*, a.a.O., S. 383 m. weit. Nachw.; *Bleckmann*, Ermessensfehlerlehre – Völker- und Europarecht, Vergleichendes Verwaltungsrecht, 1997; *Monika Böhm*, Die gerichtliche Kontrolle von Verwaltungsentscheidungen in Deutschland – Reformbedarf und -perspektiven, in: DÖV 2000, S. 990; *Eckehard Pache*, Tatbestandliche Abwägung und Beurteilungsspielraum, 2001).
47 Vgl. *Ossenbühl* (N 2), S. 323 ff.
48 Vgl. *Ossenbühl* (N 2), S. 327 ff.
49 Vgl. *Joachim Martens*, Verwaltungsvorschriften zur Beschränkung der Sachverhaltsermittlung, 1980, S. 52 ff.; *Ossenbühl* (N 2), S. 343 ff.; *Klaus Vogel*, Verwaltungsvorschriften zur Vereinfachung der Sachverhaltsermittlung und „normkonkretisierende" Verwaltungsvorschriften, in: FS für Werner Thieme, 1993, S. 605 ff.; *Lerke Osterloh*, Gesetzesbindung und Typisierungsspielräume bei der Anwendung der Steuergesetze, 1992, S. 451 ff.; *Sebastian Müller-Franken*, Maßvolles Verwalten, 2004, S. 438 ff.; *Steffen Kautz*, Verhaltenslenkende Verwaltungsvorschriften und ihre unterschiedliche Bindungswirkung, in: GewArch 2000, S. 230 ff.

einerseits die Zweckmäßigkeit, Rationalisierung und Verwaltungsökonomie, andererseits die Erforschung des richtigen Sachverhalts, die lückenlose Tatsachenermittlung, das Finden der Wahrheit.

Vereinfachungsanweisungen dienen der Rationalisierung des Besteuerungsverfahrens und sehen zu diesem Zwecke unter anderem vor: Pauschalierungen, typisierende Unterstellungen sogenannter Erfahrungssachverhalte, Schätzungen, Aufstellung von Bagatellgrenzen etc. Die rechtliche Zulässigkeit solcher Vereinfachungsanweisungen ist Gegenstand eines breiten steuerrechtlichen Schrifttums[50]. *Vereinfachungsanweisungen*

Als besondere Gruppe werden die Bewertungsrichtlinien aus den Vorschriften zur Sachverhaltsermittlung ausgegliedert. Ihnen fällt die Aufgabe zu, eine gleichmäßige Bewertung der zu versteuernden Gegenstände zu sichern, soweit es an gesetzlichen Bewertungsgrundsätzen und Bewertungsmaßstäben fehlt[51]. *Steuerliche Bewertungsrichtlinien*

d) Gesetzesergänzende, gesetzesausfüllende und gesetzeskonkretisierende Verwaltungsvorschriften

Die folgenden Differenzierungen der Verwaltungsvorschriften orientieren sich nicht in erster Linie an dem sachgegenständlichen Inhalt, sondern an dem Verhältnis, welches die Verwaltungsvorschriften zu dem zu vollziehenden Gesetz, zu dem sie ergangen sind, einnehmen. **27**

Die gesetzesergänzenden Verwaltungsvorschriften vervollständigen einen Gesetzestorso und machen dadurch das Gesetz erst vollzugsreif. Dazu gehören etwa behördliche Zuständigkeitsvorschriften und Verfahrensregelungen. Solche Verwaltungsvorschriften sind indes nur zulässig, soweit nicht der Gesetzesvorbehalt eingreift; anders gesagt: soweit sie zum originären Funktionsbereich der Exekutive gehören. Das Bundesverfassungsgericht hat dies zumindest für solche Verfahrensvorschriften bejaht, denen eine „untergeordnete" Bedeutung zukommt[52]. Das Bundesverwaltungsgericht ist hinsichtlich der administrativen Festlegung von Zuständigkeitsregelungen unter dem Gesichtspunkt der Wahrung der Flexibilität der Verwaltung großzügiger[53]. Es zeigt überdies die Bereitschaft, gesetzesergänzende Verwaltungsvorschriften auch im Bereich des materiellen Verwaltungsrechts zu konzedieren, wenn sie inhaltlich bereits in hinreichendem Maße durch das Gesetz vorgezeichnet sind und nur enge Spielräume ausfüllen[54]. *Gesetzesergänzung*

Prototyp einer gesetzesergänzenden Verwaltungsvorschrift sind insoweit die Regelsätze im Sozialhilferecht. Nach § 28 SGB XII werden die laufenden Leistungen zum Lebensunterhalt nach pauschalierenden „Regelsätzen" gewährt. **28** *Regelsätze im Sozialhilferecht*

---

50 Vgl. *Isensee* (N 3), S. 35, 112 f., 134 ff.; *Martens* (N 49), S. 106 ff.; *Osterloh* (N 49); *Müller-Franken* (N 49).
51 *Klaus Tipke/Joachim Lang*, Steuerrecht, 17 2002, § 5 Rn. 25.
52 BVerfGE 40, 237 (251); dazu *Wolf-Rüdiger Schenke*, Gesetzgebung durch Verwaltungsvorschriften?, in: DÖV 1977, S. 27.
53 BVerwGE 36, 327; BVerwG, in: DÖV 1972, S. 129 (130).
54 BVerwGE 38, 139 (Bestimmung von Zu- und Abschlägen zu den Dienstbezügen [Kaufkraftausgleich] für im Ausland tätige Beamte).

§ 104 *Achter Teil: II. Staatsfunktionen*

Die Festsetzung dieser Regelsätze in Gestalt von bestimmten Euro-Beträgen geschieht teilweise nicht durch Rechtsverordnungen, sondern durch Verwaltungsvorschriften[55]. Die Regelsätze erscheinen „so als materiellrechtlicher Schlußstein, der von der Exekutive anspruchskonkretisierend gesetzt wird". Der „Anspruch des Sozialhilfeberechtigten in bezug auf den Regelbedarf" erhält damit „die abschließende Gestalt"[56].

29
Verweisungen

In zahlreichen Gesetzen wird zur Vervollständigung einer formalgesetzlichen Regelung ausdrücklich auf bereits erlassene oder noch zu erlassende Verwaltungsvorschriften verwiesen[57]. In solchen Fällen geschieht die Vervollständigung der gesetzlichen Norm mit Hilfe der Verweisungstechnik[58]. Diese an sich schon problematische Figur der Gesetzgebungstechnik wirft bei der Verweisung auf gesetzesausfüllende Verwaltungsvorschriften zusätzliche Bedenken auf[59].

30
Gesetzeskonkretisierende Verwaltungsvorschriften

Eine neue Kategorie bilden die normkonkretisierenden Verwaltungsvorschriften. Auch sie treffen auf einen Tatbestand der Unvollständigkeit von Gesetzen. Er besteht darin, daß das Gesetz lediglich weit gefaßte Generalklauseln und unbestimmte Rechtsbegriffe enthält, die nur in einem mit erheblichen dezisionistischen Anteilen versehenen Konkretisierungsprozeß durch eine aus (technischen) Maßstäben, Parametern, Richtwerten, Grenzwerten, Verhaltensregeln usw. gebildete normative Zwischenschicht zur Anwen-

---

55 Vgl. BVerwGE 94, 335 (§ 22 BSHG a. F.); BVerwGE 122, 264 = DÖV 2005, S. 605 (§ 101 a BSHG).
56 BVerwG 94, 335 (340); BVerwGE 122, 264 = DÖV 2005, S. 605, wo Rechtsverordnungen und Verwaltungsvorschriften als Rechtsetzungsformen alternativ nebeneinandergestellt werden. Folgerichtig können nen Verwaltungsvorschriften deshalb auch Gegenstand einer abstrakten Normenkontrolle gem. § 47 Abs. 1 Nr. 2 VwGO sein.
57 Vgl. *Ossenbühl* (N 2), S. 351; vgl. auch § 49 Abs. 1 S. 3 StrlSchVO (statische Verweisung); vgl. *Rüdiger Nolte*, Rechtliche Anforderungen an die technische Sicherheit von Kernanlagen, 1984, S. 153 f.
58 Die Verweisung als Mittel der Gesetzgebungstechnik gewinnt im gesamten Bereich der Rechtsquellen zunehmend an Bedeutung; vgl. aus der Rspr.: BVerfGE 26, 338 (363 ff.); 47, 285; 64, 208; BVerwGE 27, 239 (243); OLG Hamburg, in: NJW 1980, S. 2830; BAG AP § 1 TVG Nr. 7 mit Anm. von *Herbert Wiedemann*; aus dem Schrifttum: *Fritz Ossenbühl*, Die verfassungsrechtliche Zulässigkeit der Verweisung als Mittel der Gesetzgebungstechnik, in: DVBl 1967, S. 401 ff.; *Hans-Ulrich Karpen*, Die Verweisung als Mittel der Gesetzgebungstechnik, 1970; *Gottfried Arndt*, Die dynamische Rechtsnormverweisung in verfassungsrechtlicher Sicht, in: JuS 1979, S. 784 ff.; *Eberhard Baden*, Dynamische Verweisungen und Verweisungen auf Nichtnormen, in: NJW 1979, S. 623 ff.; *Ernst Werner Fuß*, Zur Verweisung des deutschen Umsatzsteuergesetzes auf den gemeinsamen Zolltarif der Europäischen Gemeinschaften, in: FS für Heinz Paulick, 1973, S. 293 ff.; *Dieter Hömig*, Zur Zulässigkeit statischer Verweisung des Bundesrechts auf nicht normative Regelungen, in: DVBl 1979, S. 307 ff.; *Wolf-Rüdiger Schenke*, Die verfassungsrechtliche Problematik dynamischer Verweisungen, in: NJW 1980, S. 743 ff.; *Rainer Staats*, Verweisung und Grundgesetz, in: Jürgen Rödig (Hg.), Studien zu einer Theorie der Gesetzgebung, 1976, S. 244 ff.; *Volker Krey*, Zur Verweisung auf EWG-Verordnungen in Blankettstrafgesetzen, in: Schriftenreihe zum Europäischen Weinrecht, 1981, S. 109 ff.; *Michael Sachs*, Die dynamische Verweisung als Ermächtigungsnorm, in: NJW 1981, S. 1651; *Hermann Hill*, Zur Verweisung auf Richtlinien im Kassenarztrecht, in: NJW 1982, S. 2104 ff.; *Ingwer Ebsen*, Fremdverweisungen in Gesetzen und Publikationsgebot, in: DÖV 1984, S. 654 ff.; *DIN – Deutsches Institut für Normung e. V.* (Hg.), Verweisung auf technische Normen in Rechtsvorschriften, 1982; *Winfried Brugger*, Rechtsprobleme der Verweisung im Hinblick auf Publikation. Demokratie und Rechtsstaat, in: VerwArch 78 (1987), S. 1 ff.; *Thomas Clemens*, Die Verweisung von einer Rechtsnorm auf andere Vorschriften, in: AöR 111 (1986), S. 63 ff.; *Hans Schneider*, Gesetzgebung, ³2002, Rn. 377 ff.; *Georg Müller*, Elemente einer Rechtsetzungslehre, 1999, S. 166.
59 Vgl. *Joachim Wolf*, Die Kompetenz der Verwaltung zur „Normsetzung" durch Verwaltungsvorschriften, in: DÖV 1992, S. 849 (851).

dungsreife gebracht werden können[60]. Diese Konkretisierung wurde lange Zeit als ein Vorgang der Gesetzesinterpretation verstanden und dem Richter zur letztverbindlichen Erkenntnis vorbehalten. Namentlich im Bereich des technischen Sicherheitsrechts erkennt jedoch das Bundesverwaltungsgericht mit Recht einen der Verwaltung zugeordneten Konkretisierungsauftrag an, der mit Hilfe entsprechender gesetzeskonkretisierender Verwaltungsvorschriften in Gestalt von technischen Standards, Maßstäben und Sicherheitskriterien verwirklicht wird[61].

Technische Standards

31 *Differenzierende Betrachtung*

Die Kategorie der normkonkretisierenden Verwaltungsvorschriften ist im Bereich des technischen Sicherheitsrechts (Immissionsschutzrecht, Atomrecht, Abwasserrecht) entwickelt worden. Die Rechtsprechung macht von ihr einen sparsamen Gebrauch. Mit Recht, denn die Funktion und Bedeutung der Verwaltungsvorschriften ist in den einzelnen Sondergebieten des Verwaltungsrechts (Steuerrecht, Sozialrecht, Beamtenrecht[62], Subventionsrecht, Umweltrecht) so unterschiedlich, daß von vornherein eine differenzierte Sicht und Würdigung des Problems der Verwaltungsvorschriften geboten ist. Die normkonkretisierende Verwaltungsvorschrift ist keine ohne weiteres zu verallgemeinernde Kategorie[63]. Der mit ihr verbundene exekutive Konkretisierungsspielraum bedeutet, daß bei Unsicherheiten und Ungewißheiten risikobehafteter Entscheidungen die Verantwortung bei der Verwaltung verbleiben soll und deshalb insoweit eine Gerichtskontrolle ausscheidet. Diese Ratio kann sich beispielsweise im Lebensmittelrecht oder im Arzneimittelrecht ebenso einstellen wie etwa im Atomrecht oder im Immissionsschutzrecht.

32 *Administrative Konkretisierungsermächtigung*

Jedoch besteht ein Konkretisierungsspielraum der Verwaltung selbstredend nicht bei allen unbestimmten Rechtsbegriffen. Vielmehr muß sich eine administrative Konkretisierungsermächtigung aus dem Gesetz selbst ergeben. Für das Atomrecht ist sie beispielsweise unter anderem aus der Normstruktur des § 7 Abs. 2 Nr. 3 AtG abgeleitet worden. Ein solcher Konkretisierungsspielraum scheidet indessen von vornherein aus, wenn der Gesetzgeber einen unbestimmten Gesetzesbegriff im Zusammenhang mit einer Statusregelung verwendet, die ihrerseits entweder als wesentlich im Sinne des Gesetzesvorbehaltes eingeordnet werden muß[64] oder als Grundlage für eine Grundrechtsbe-

---

60 Thematisch betroffen sind vor allem zahlreiche Spezialgebiete des Umweltrechts, aber auch etwa das Lebensmittelrecht (vgl. *Martin Holle*, Verfassungsrechtliche Anforderungen an Normierungskonzepte im Lebensmittelrecht, 2000); vgl. *Jarass*, (N 19), S. 1225 ff.; s. o. Rn. 7 ff.
61 Vgl. BVerwGE 72, 300 (316 f., 320) – Atomrecht; 107, 338 (341) – Rahmen-Abwasser-Verwaltungsvorschrift. Aus der Literatur: *Di Fabio* (N 22), S. 344 ff.; *Michael Gerhardt*, Normkonkretisierende Verwaltungsvorschriften, in: NJW 1989, S. 2233 ff.; *Robert Uerpmann*, Normkonkretisierende Verwaltungsvorschriften im System staatlicher Handlungsformen, in: BayVBl 2000, S. 705 ff.
62 Der Sache nach sind bis zur Wende der Rechtsprechung (BVerwGE 121, 103) auch die Beihilfevorschriften im Beamtenrecht als „normkonkretisierende Verwaltungsvorschriften" verstanden worden; vgl. BVerwGE 71, 342 (349 f.): „Durch dieses ,Programm' konkretisieren die Beihilfevorschriften in ihrem Anwendungsbereich somit die Fürsorgepflicht des Dienstherrn (§ 79 BBG; § 31 SG)."
63 Vgl. *Joachim Wolf*, Die Kompetenz der Verwaltung zur „Normsetzung" durch Verwaltungsvorschriften, in: DÖV 1992, S. 849 (854 f.); *Monika Jachmann*, Die Bindungsordnung normkonkretisierender Verwaltungsvorschriften, in: DV 28 (1995), S. 17 ff. (22 ff.); für das Steuerrecht insbes. *Müller-Franken* (N 49), S. 367 ff.
64 So BVerwGE 121, 103 für die Beihilfevorschriften im Beamtenrecht; dazu *Saurer* (N 25), S. 587 ff.

schränkung⁶⁵ erlassen worden ist. In beiden Fällen kann eine Konkretisierung nicht durch Verwaltungsvorschriften, sondern nur durch herkömmliche klassische Rechtsnormen, entweder durch das Gesetz selbst oder durch Rechtsverordnung, stattfinden.

2. Gesetzesvertretende Verwaltungsvorschriften

33
Gesetzesfreie Verwaltung

Gesetzesvertretende Verwaltungsvorschriften kommen im Bereich der sogenannten gesetzesfreien Verwaltung vor. Selbstredend kann die Verwaltung nicht überall dort, wo gesetzliche Regelungen fehlen, stellvertretend mit Verwaltungsvorschriften in die Bresche springen. Gesetzesvertretende Verwaltungsvorschriften sind nur zulässig, soweit nicht der Gesetzesvorbehalt eingreift. Demzufolge scheiden gesetzesvertretende Verwaltungsvorschriften mit eingreifendem Charakter von vornherein aus. Dem Bürger nachteilige gesetzesvertretende Verwaltungsvorschriften sind allenfalls insofern denkbar, als sie Rechtsgedanken und ungeschriebene Rechtsgrundsätze verlautbaren, die sich beispielsweise nach allgemeiner Auffassung als Konkretisierungsprodukte der Verfassung darstellen.

34
Subventionsrichtlinien

Das Feld der gesetzesvertretenden Verwaltungsvorschriften ist demnach der Bereich der Leistungsverwaltung. Hier sind es namentlich die Subventionsrichtlinien der Verwaltung, die auf der Grundlage einer groben Zielweisung im Haushaltsplan das Verteilungsprogramm in den Einzelheiten festlegen und damit die „Funktion gesetzesvertretender Verordnungen"⁶⁶ übernehmen.

III. Intersubjektive, interbehördliche und intrabehördliche Verwaltungsvorschriften

35
Verwaltungsvorschriften:

Nach dem Verhältnis von Regelungsgeber und Regelungsadressaten und dem entsprechenden Geltungsraum einer Verwaltungsvorschrift lassen sich intrabehördliche, interbehördliche und intersubjektive Verwaltungsvorschriften unterscheiden⁶⁷.

– intrabehördliche

Intrabehördliche Verwaltungsvorschriften ergehen innerhalb ein und derselben Verwaltungseinheit von der Verwaltungsspitze an die nachgeordneten Bediensteten. Interbehördliche Verwaltungsvorschriften ergehen demgegen-

– interbehördliche

---

65 BVerwGE 80, 257 (266 f.) – Altersgrenze für den Beruf eines Notars.
66 *Friedrich Klein*, Verfassungsrechtliche Grenzen der Gemeinschaftsaufgaben zwischen Bund, Ländern und Gemeinden, 1961, S. 25 (171); *Christian-Friedrich Menger*, Verwaltungsrichtlinien – autonome Rechtsetzung durch die Exekutive?, in: Demokratie und Verwaltung, 1972, S. 299 (310); *Martin Oldiges*, Richtlinien als Ordnungsrahmen der Subventionsverwaltung, in: NJW 1984, S. 1927 ff.; *Hans Peter Ipsen*, Subventionen, in: HStR IV, ²1999 (¹1990), § 92 Rn. 41 ff. – In der Rechtsprechung werden die Subventionsrichtlinien als „verwaltungsinterne Weisungen" eingestuft, die dazu bestimmt sind, das Ermessen der Subventionsverwaltung zu regeln (so BVerwGE 104, 220 [222]). Damit wird zwar deren „gesetzesvertretende Funktion" nicht bestritten, aber aus dieser Funktion die aus der Sicht der Begünstigten zu erwartenden rechtlichen Konsequenzen zu ziehen.
67 Näheres bei *Ossenbühl* (N 2), S. 362 ff.; *Sauerland* (N 4), S. 100 ff.

über zwischen verschiedenen Behörden und Funktionsstellen. Dabei können die regelungsbefugten und die folgepflichtigen Behörden und Funktionsstellen ein und demselben Verwaltungsträger wie auch verschiedenen Verwaltungsträgern angehören. Schließlich können Verwaltungsvorschriften auch von einem Verwaltungsträger gegenüber einem anderen Verwaltungsträger erlassen werden. Solche intersubjektiven Verwaltungsvorschriften existieren nicht nur im Verhältnis zwischen Bund und Ländern (Art. 84 Abs. 2 und Art. 85 Abs. 2 GG) sowie Ländern und Gemeinden, sondern auch zwischen anderen Verwaltungsträgern. Von den intersubjektiven Verwaltungsvorschriften zu unterscheiden sind die interföderativ-akkordierten Verwaltungsvorschriften. Sie beruhen auf gemeinsamen politischen Willenserklärungen der Regierungen von Bund und Ländern oder auf Absprachen der Länderfachreferenten und bezwecken eine einheitliche Gesetzesanwendung und Verwaltungspraxis. Ein bekanntes Beispiel ist der Radikalenerlaß im Beamtenrecht[68].

– intersubjektive

– interföderativ-akkordierte

C. Zur Rechtsnatur der Verwaltungsvorschriften

Das juristische Interesse an dem Thema der Verwaltungsvorschriften konzentriert sich im wesentlichen auf die Frage, für wen und in welcher Weise die Verwaltungsvorschriften Bindungswirkungen und Befolgungspflichten auslösen. Lange Zeit glaubte man, die Frage dann beantwortet zu haben, wenn man die Rechtsnatur der Verwaltungsvorschriften ermittelt hatte. Die Diskussion betreffend die Rechtsnatur der Verwaltungsvorschriften wiederum wurde ausschließlich unter dem Aspekt der Alternative: „Rechtsnormen – Ja oder Nein?" geführt. Erst verhältnismäßig spät ist voll erkannt worden, daß eine solche Fragestellung das Problem nicht einer Lösung zuführen kann. Erkannt wurde insbesondere, daß jahrzehntelang auf zwei Ebenen diskutiert worden ist[69]. Die diametral entgegenstehenden Auffassungen über die Rechtssatzeigenschaft von Verwaltungsvorschriften gingen aneinander vorbei, weil sie auf völlig verschiedenen Vorstellungen von den Begriffen „Recht" und „Rechtssatz" beruhten.

36

Bindungswirkung?

Die überkommene Gleichung: Verwaltungsvorschriften = Nicht-Recht stimmt nur in dem Koordinatensystem des Rechts, das dem historisch-konventionell verengten Rechtssatzbegriff des 19. Jahrhunderts zugrunde liegt. Dagegen sind Verwaltungsvorschriften unter rechtstheoretischem Aspekt in der Tat „zweifellos Rechtsnormen"[70]. Der entscheidende, aber längst erkannte Fehler

37

Historische Blickverengung

---

68 Vgl. *Klaus Stern*, Zur Verfassungstreue der Beamten, 1974, S. 1 ff., mit ausführlicher Darstellung des Problems der interföderativ-akkordierten Verwaltungsvorschriften.
69 Vgl. *Böckenförde/Grawert* (N 13), S. 6 ff.
70 Vgl. *Ulrich Meyer-Cording*, Die Rechtsnormen, 1971, S. 119; diese Erkenntnis ist schon klar ausgesprochen von *Erich Kaufmann*, Art. „Verwaltung, Verwaltungsrecht", in: Karl Freiherr von Stengel/Max Fleischmann, Wörterbuch des Deutschen Staats- und Verwaltungsrechts, 1914, Bd. III, S. 688, 696 rechte Sp.; *Richard Thoma*, Der Vorbehalt des Gesetzes im preußischen Verfassungsrecht, in: FG für Otto Mayer, 1916, S. 107 (176); ders., Grundbegriffe und Grundsätze, in: Anschütz/Thoma, Bd. II, S. 124 f.; Hinweise auch schon bei *Ernst Rudolf Bierling*, Juristische Prinzipienlehre, Bd. II, Neudruck 1961, S. 190 Fn. 6.

liegt darin, daß das historisch-konventionelle Begriffsarsenal der Rechtsquellenlehre verabsolutiert, das heißt als rechtstheoretisches Rüstzeug ausgegeben wurde. Auf diese Weise hatte sich eine verhängnisvolle Befangenheit im Denken entwickelt, die es der Verwaltungsrechtslehre und namentlich der Rechtsprechung lange Zeit verwehrt hat, über den Schatten der eigenen Vergangenheit zu springen.

38
Unterteilung: Innen- und Außenbereich

Bis in die Gegenwart wird der seit langem unternommene Versuch fortgeführt, mit Hilfe der traditionellen Zweiteilung in Innenbereich und Außenbereich einer Lösung näherzukommen[71]. Allerdings wird der Innenbereich nicht mehr als rechtsfrei eingestuft. Vielmehr wird das Innenrecht (= Verwaltungsvorschriften) dem Außenrecht (= Gesetze, Rechtsverordnungen etc.) als eigengearteter Rechtsbereich gegenübergestellt[72]. Indessen kann dieses verräumlichende Denken allenfalls eine veranschaulichende Funktion übernehmen. Denn inzwischen hat sich mit aller Deutlichkeit gezeigt, daß auch Verwaltungsvorschriften keineswegs mehr in ihren Wirkungen auf den Innenbereich beschränkt bleiben, sondern in vitaler Weise auf den Rechtskreis des Bürgers einzuwirken vermögen und auch darauf gerichtet sind, solche Einwirkungen zu begründen. Der Unterschied zwischen den klassischen Rechtsquellen der Gesetze und Rechtsverordnungen einerseits und den Verwaltungsvorschriften andererseits besteht nicht, wie man lange Zeit geglaubt hat, in der Gegenüberstellung von Innenwirkung und Außenwirkung, sondern vielmehr in den Modalitäten und in der Intensität der Bindungswirkung[73].

39
Abschied vom hergebrachten Rechtssatzbegriff

Demnach erweist sich die Frage nach der Rechtssatzeigenschaft der Verwaltungsvorschriften als falsch gestellt. Ob die Verwaltungsvorschriften Rechtssätze im Sinne der konstitutionellen Doktrin darstellen, interessiert aus heutiger Sicht nicht mehr. Andererseits besagt die Feststellung, daß Verwaltungsvorschriften Rechtssätze im rechtstheoretischen Sinne darstellen, nichts für die praktisch interessierenden Fragen nach den Modalitäten der Rechtserzeugung, der Bindungswirkung und dem Rechtsschutz. Diese Fragen lassen sich nur nach geltendem Recht und nur in differenzierender Sicht beantworten[74]. Schon die oben vorgeführte Typologie der Verwaltungsvorschriften macht evident, daß man hinsichtlich der Rechtserzeugung, der Bindungswirkung, des Rechtsschutzes usw. für die Kategorie der Verwaltungsvorschriften keine

---

71 Vgl. *Lerche* (N 9), Art. 84 Rn. 95 ff. Auch der von *Lerche* betonte Unterschied von Außenwirkung und Außengerichtetheit von Vorschriften (so auch BVerwGE 104, 220 [224]) ist nicht geeignet, die Verwaltungsvorschriften von den Rechtsnormen im herkömmlichen Sinne abzugrenzen. Denn nicht nur die gesetzesergänzenden Zuständigkeits- und Verfahrensvorschriften, sondern auch zahlreiche andere Verwaltungsvorschriften (z. B. Ausschreibungsbedingungen, Subventionsrichtlinien, Verwaltungsgrundsätze gem. § 50 Abs. 1 S. 4 GWB, Grundsätze gem. § 10 Abs. 1 S. 2 KWG) richten sich (auch) unmittelbar an den Bürger, sind also „außengerichtet", was z. T. schon durch die Publikationspflicht in einem für die Allgemeinheit bestimmten Publikationsorgan (z. B. Bundesanzeiger) deutlich unterstrichen wird; vgl. wie hier *Rogmann* (N 26), S. 54 ff.
72 Grundlegend insoweit *Hans Heinrich Rupp*, Grundfragen der heutigen Verwaltungslehre, 1965, S. 19 ff.; ferner *Jürgen Schwabe*, Innenrecht und Außenrecht, in: JA 1975, S. 45; *Schnapp* (N 13), S. 160 ff.
73 Vgl. auch *Klaus Stern*, Das Staatsrecht der Bundesrepublik Deutschland, Bd. II, 1980, S. 654 ff.
74 Vgl. *Meyer-Cording* (N 70), S. 115; *Böckenförde* (N 34), S. 69; *Ossenbühl* (N 2), S. 154 ff.; *Böckenförde/ Grawert* (N 13), S. 19.

generalisierenden Aussagen machen kann[75]. Dies ist schon deswegen unmöglich, weil unter dem Oberbegriff der Verwaltungsvorschriften höchst heterogene administrative Regelungen zusammengefaßt werden. Zu konkreten verwertbaren Aussagen kann man deshalb nur vordringen, wenn man die Verwaltungsvorschriften differenziert und unter den Gesichtspunkten ihres Inhalts und ihrer Funktion gesondert in den Blick nimmt.

Mit der Feststellung, daß Verwaltungsvorschriften Rechtssätze sind, ist nichts gewonnen. Daß aus Verwaltungsvorschriften für die Verwaltung Recht „quillt", daß also die Verwaltungsvorschriften Rechtsquellen sind, ist angesichts der Verwaltungswirklichkeit heute überhaupt nicht zu bestreiten. Aber in differenzierten Rechtssystemen sind Rechtsquellen stets nach ihrer Eigenart verschieden. Diese Eigenarten festzustellen ist die Aufgabe der Rechtsquellenlehre. Sie ginge aber fehl, wenn sie sich darum bemühte, alte Etiketten auf neue Regelungsphänomene kleben zu wollen, um dies sodann für eine juristische Qualifikation zu halten und daraus Folgerungen zu ziehen. Mit der Subsumtion unter vorgefaßte Begriffe läßt sich hier kein Problem lösen.

40
Rechtsquellen

D. Bindungswirkung der Verwaltungsvorschriften

I. Methodisch-systematische Vorbemerkung

Die Verwaltungsvorschriften stehen im Schnittpunkt verschiedener Problembereiche. Im Kern geht es um die Stellung der Verwaltung in der Gewaltengliederung des demokratischen Rechtsstaates, also um das Verhältnis der Verwaltung zur Legislative und zur dritten Gewalt. Verwaltungsvorschriften sind in diesem Kontext Ausdruck und Instrument der Eigenständigkeit der Verwaltung. Diese Eigenständigkeit der Verwaltung wird gegenüber der Legislative insbesondere durch den Gesetzesvorbehalt umschrieben[76]. Im Verhältnis zur dritten Gewalt ergibt sich die Grenzziehung nach Maßgabe des Umfangs und der Kontrolldichte der gerichtlichen Prüfung administrativer Entscheidungen und Maßnahmen. Von der Abgrenzung der Eigenständigkeit der Verwaltung gegenüber der Legislative war schon oben die Rede. Die im folgenden zu erörternde Bindungswirkung der Verwaltungsvorschriften betrifft außer der Selbstbindung der Verwaltung vor allem auch den Kontrollumfang der Gerichte, mithin die Frage, inwieweit die Verwaltungsgerichte die Verwaltungsentscheidungen und Verwaltungsmaßnahmen kontrollieren können, also bei ihrer Kontrolle die in den Verwaltungsvorschriften bestimmten Maßstäbe und Direktiven ungeprüft zugrunde zu legen haben. Insoweit ist im Blick zu behalten, daß die für das deutsche Verwaltungsrechtssystem traditionell typische Perspektive der Betrachtungsweise die ist, daß vom Kontroll-

41
Eigenständigkeit der Verwaltung

Gerichtliche Kontrolle

---
75 Vgl. *Stern* (N 73), S. 657.
76 S. o. Rn. 12 f.

aspekt der Verwaltungsgerichte ausgehend gedacht und argumentiert wird. Eigenständigkeit der Verwaltung kann sich aus dieser Sicht nur dort zeigen oder entwickeln, wo das Recht endet oder Freiräume läßt. Prägend im wörtlichen Sinne ist demzufolge für das deutsche Verwaltungsrecht das Kontrolldenken, das vor dem Handlungsdenken rangiert[77]. Wenn deshalb im folgenden von Bindungswirkung der Verwaltungsvorschriften die Rede ist, dann geht es damit zugleich auch um den Umfang des Kontrollanspruchs der Verwaltungsgerichte. Das Maß der Bindungswirkung markiert deshalb auch zugleich die Erstreckung und Begrenzung der gerichtlichen Kontrolle, mit anderen Worten die verwaltungsgerichtliche Kontrolldichte bei der Anwendung von Verwaltungsvorschriften.

42

Hinzugefügt sei aber auch ein weiterer Gedanke. Die Grenze zwischen Eigenständigkeit der Verwaltung einerseits und gerichtlicher Kontrolle andererseits kann man sowohl von der einen wie von der anderen Seite aus angehen. Wie gesagt kommt die deutsche Verwaltungsrechtslehre – jedenfalls dominierend – von der Kontrollseite her und zieht demzufolge die Grenze im wesentlichen dort, wo die Möglichkeit der Rechtsprüfung endet, wo also letztlich jegliche Rechtsmaßstäbe fehlen oder unbehebbare Ungewißheitslagen bestehen. In anderen Rechtsordnungen dominiert demgegenüber die Sicht des Handlungsdenkens. Danach wird das Maß der Eigenständigkeit der Verwaltung aus der Sicht der Exekutive bestimmt, bemessen nach den Notwendigkeiten von Freiräumen und Beurteilungsspielräumen im Interesse einer sachrichtigen und möglichst optimalen Entscheidung. Diese Perspektive gewinnt zunehmend an Bedeutung und ist auch im Kontext der Bindungswirkung bemerkbar, etwa wenn es darum geht, daß die Verantwortung für bestimmte Ungewißheitslagen der Verwaltung überlassen bleiben muß und deshalb exekutive Beurteilungsspielräume und Normkonkretisierungsermächtigungen zuzuerkennen sind. Die Erwägungen zur Bindungswirkung der Verwaltungsvorschriften sind also nichts anderes als Standortbestimmungen der Exekutive im Verhältnis zur Dritten Gewalt. Diese Standortbestimmungen werden aus der Sicht verschiedener Perspektiven im Verhältnis dieser Gewalten zueinander getroffen.

Sicht des Handlungsdenkens

43
Differenzierte Bindungswirkung

Die Bindungswirkung der Verwaltungsvorschriften läßt sich nur sachgerecht erfassen, wenn in mehrfacher Hinsicht differenziert wird. Die oben dargestellte Typologie der Verwaltungsvorschriften, die keineswegs als vollständig gelten kann, hat schon gezeigt, daß unter dem Begriff der Verwaltungsvorschriften höchst heterogene Vorschriftentypen zusammengefaßt werden. Die Bindungswirkung kann deshalb nicht für alle Verwaltungsvorschriften in gleicher Weise beurteilt werden. Vielmehr ist nach den verschiedenen Typen von Verwaltungsvorschriften zu unterscheiden. Hinzu kommt, daß die Bindungswirkung unterschiedlich strukturiert und ausgeprägt sein kann. Dies gilt namentlich in zweierlei Richtung. Zum einen hinsichtlich der Personen und Instanzen, die durch die Verwaltungsvorschriften gebunden werden. Zu ihnen können nachgeordnete Instanzen im Verwaltungszug, aber auch außenste-

---

77 Vgl. *Wahl* (N 26), S. 596; *Sauerland* (N 4), S. 274 f.

hende Institutionen sowie Bürger und schließlich auch die Gerichte gehören. Zum andern ist zu beachten, daß die Modalitäten und die Intensität der Bindung von Verwaltungsvorschriften erhebliche Abstufungen erkennen lassen.

II. Innenwirkung

Unproblematisch ist zunächst die Innenwirkung der Verwaltungsvorschriften. Verwaltungsvorschriften sind von jeher verstanden worden als Anweisungen an nachgeordnete Behörden und Bedienstete. Sie ergehen im Innenbereich der Verwaltung. Hier entfalten sie ihre Wirkung kraft der Geschäftsleitungs- und/oder Organisationsgewalt der vorgesetzten Stelle. Innerhalb der Verwaltungshierarchie sind die nachgeordneten Stellen an die Weisungen der übergeordneten Instanzen gebunden. Für den einzelnen Amtswalter wird die Bindungswirkung durch die gesetzlich begründete Gehorsams- und Amtswahrnehmungspflicht individuell umgesetzt[78].

44

Verwaltungsvorschriften als Weisungen

Gehorsamsverweigerungen sind disziplinarrechtlich und haftungsrechtlich sanktioniert. Bei interbehördlichen und intersubjektiven Verwaltungsvorschriften kommt ein Selbsteintrittsrecht der anweisenden Stelle nur in Betracht, wenn es gesetzlich vorgesehen ist[79]. Bei intrabehördlichen Verwaltungsvorschriften stellt sich das Problem nicht, weil die Verwaltungsspitze hier kraft ihrer Geschäftsleitungsgewalt unmittelbar selbst handeln kann.

Die Verwaltungsvorschriften stellen sich also im Innenbereich als bindende allgemeine Regelungen dar. Ihr Charakter als sogenannte Innenrechtssätze ist heute nicht mehr umstritten. Die Innenwirkung der Verwaltungsvorschriften gilt für alle Typen dieser Kategorie. Weitere Differenzierungen sind hinsichtlich Bindungswirkung und Bindungsintensität nicht vonnöten.

Innenrechtssätze

III. Mittelbare (unselbständige) Außenwirkung

Ebenso unbestritten wie die sogenannte Innenwirkung der Verwaltungsvorschriften ist inzwischen die Erkenntnis, daß trotz der Entgegensetzung von „Innenbereich" und „Außenbereich" von jeher rechtliche Verknüpfungen zwischen beiden Bereichen bestanden. Diese Verknüpfung führte und führt dazu, daß Verwaltungsvorschriften an- und eingebunden in den Tatbestand klassischer Rechtsquellen (Gesetze, Rechtsverordnungen etc.) ihre regelnde Kraft auch mit Wirkung gegenüber dem Bürger und sonst außerhalb der Verwaltung stehenden Dritten zu entfalten vermögen. Freilich sind die Strukturen solcher Verknüpfungen höchst unterschiedlich beschaffen.

45

Verknüpfung

---

[78] Vgl. schon *Gerhard Anschütz*, Kritische Studien zur Lehre vom Rechtssatz und formellen Gesetz, 2. unveränd. Auflage 1913, S. 71; *Werner Weber*, Die Verkündung von Rechtsvorschriften, 1942, S. 39.
[79] Vgl. *Wolfgang Engel*, Staatlicher Selbsteintritt und kommunale Selbstverwaltung, in: DVBl 1982, S. 757 ff.; *Matthias Herdegen*, in: DV 23 (1990), S. 183 ff.; *Ulrich Guttenberg*, Weisungsbefugnisse und Selbsteintrittsrecht, 1992.

46

Amtspflichten nach § 839 BGB

Verwaltungsvorschriften können als Tatbestandselemente eines förmlichen Gesetzes oder einer Rechtsverordnung in Erscheinung treten und auf diese Weise über das Medium eines klassischen Rechtssatzes in den Außenbereich extravertiert werden. So hat beispielsweise schon das Reichsgericht[80] anerkannt, daß Amtspflichten, deren Verletzung gemäß § 839 BGB die Amtshaftung auslöst, durch allgemeine Dienstbefehle an Bedienstete der öffentlichen Verwaltung begründet werden können. Auch nach der Rechtsprechung des Bundesgerichtshofes[81] können allgemeine Dienstanweisungen Amtspflichten gegenüber dem Bürger zur Entstehung bringen, deren Verletzung Schadensersatzpflichten begründet. Der Bürger kann zwar die Befolgung solcher Verwaltungsvorschriften nicht prophylaktisch erzwingen, aber ihre Nichtbeachtung „liquidieren". Insoweit wirkt sich die Amtshaftung als eine indirekt wirksame Sanktion gegen die Verletzung von Verwaltungsvorschriften aus.

47

Strafrecht

Ähnliche Verflechtungen zwischen Verwaltungsvorschriften und Gesetzesrecht bestehen im Strafrecht und im Recht der Ordnungswidrigkeiten[82]. So können Verwaltungsvorschriften bei der Bestimmung der Sorgfaltspflicht im Rahmen der Fahrlässigkeit[83] oder beispielsweise als „subventionserhebliche Tatsache" im Rahmen des Subventionsbetruges[84] eine Rolle spielen. Schließlich sei darauf hingewiesen, daß Verwaltungsvorschriften auch als blankettausfüllende Normen im Zusammenhang mit Blankettgesetzen des Strafrechts und des Verwaltungsrechts eine maßgebliche Bedeutung für den einzelnen Bürger gewinnen können[85].

Tatbestandselemente eines Außenrechtssatzes

In allen vorgenannten Fällen fungieren die Verwaltungsvorschriften als Tatbestandselemente eines klassischen Außenrechtssatzes. Der Regelungsgehalt der Verwaltungsvorschriften teilt sich dem Außenrechtssatz mit und wirkt über ihn in den Außenbereich hinein.

IV. Unmittelbare (selbständige) Außenwirkung

48

Gesetzesgleiche Bedeutung

Verwaltungsvorschriften können auch eine unmittelbare (selbständige) Außenwirkung haben, ohne daß es dazu des Mediums eines klassischen Außenrechtssatzes bedarf. In diesem Fall kommt den Verwaltungsvorschriften eine gesetzesgleiche Bedeutung und Wirkung zu. Im bisherigen Schrifttum und in der Rechtsprechung sind insoweit bislang zwei unterschiedliche Typen

---

80 RG, in: JW 1906, S. 745 (Beachtung der Dienstvorschriften über Schußwaffen der Polizeibeamten schließt Rechtswidrigkeit i. S. v. § 839 BGB aus!); RG, in: Warneyer Erg.-Bd. 1915, S. 481 ff.; RG, in: JW 1925, S. 956 Nr. 26; RG, in: JW 1934, S. 2398 (2399); RGZ 148, 256; 145, 215; 105, 100; 87, 414; 51, 261.
81 BGHZ 10, 389 (390); 26, 232 (234); 27, 278 (282) = in: NJW 1958, S. 1234 (1235) m. Anm. *Gerhard Nedden*, ebd., S. 1819; BGHZ 34, 375 = in: VersR 1961, S. 471; BGH, in: VersR 1961, S. 512; 1963, S. 845.
82 Vgl. *Ossenbühl* (N 2), S. 491 ff.; *Sauerland* (N 4), S. 444 ff.
83 Vgl. *Peter Cramer/Detlev Sternberg-Lieven*, in: Adolf Schönke/Horst Schröder, Strafgesetzbuch, Komm. ²⁶2001, § 15 Rn. 135.
84 Vgl. *Theodor Lenckner*, in: Schönke/Schröder (N 83), S. 264 Rn. 35; *Wolfgang Löwer*, Rechtspolitische und verfassungsrechtliche Bedenken gegenüber dem Ersten Wirtschaftskriminalitätsgesetz, in: JZ 1979, S. 621 (629).
85 Vgl. *Ossenbühl* (N 2), S. 493 ff.; *Sauerland* (N 4), S. 444 ff.

von Verwaltungsvorschriften anerkannt, denen eine solche gesetzesgleiche Wirkung zukommt: den gesetzesergänzenden Verwaltungsvorschriften und den Verwaltungsvorschriften, die für eine Übergangszeit die Stelle noch fehlender formalgesetzlicher Regelungen einnehmen.

1. Administratives Ergänzungsrecht

Zu den gesetzesergänzenden Verwaltungsvorschriften mit unmittelbarer Außenwirkung gehören Zuständigkeitsvorschriften und Verfahrensregelungen der Verwaltung, die eine bewußt offengelassene Regelungslücke ausfüllen und ein förmliches Gesetz erst vollziehbar machen[86]. Soweit der Gesetzgeber die Regelung der Behördenzuständigkeit der Verwaltung ausdrücklich überläßt oder keine vollständige eigene Kompetenzregelung trifft, werden die behördlichen Zuständigkeiten mittels Verwaltungsvorschriften festgelegt. Die so festgelegte Zuständigkeit ist nicht nur verwaltungsintern, sondern auch für die betroffenen Bürger allgemeinverbindlich. Verstöße gegen die Zuständigkeit sind Rechtsverletzungen. Dasselbe gilt für Verfahrensvorschriften. Das Bundesverfassungsgericht hat Verwaltungsvorschriften, die ein im § 24 Abs. 2 EGGVG vorgesehenes verwaltungsrechtliches Vorverfahren betreffen und ein förmliches Gesetz ergänzen, als „Bestandteil der objektiven Rechtsordnung" qualifiziert und eine gesetzesgleiche unmittelbare Außenwirkung zuerkannt[87].

49 Ergänzungsrecht in Gesetzeslücken

Freilich haben die Gerichte diese Qualifikation auf jene Zuständigkeits- und Verfahrensvorschriften beschränkt, die nicht dem Gesetzesvorbehalt unterfallen. Dies wird für Zuständigkeits- und Verfahrensvorschriften von „untergeordneter Bedeutung" bejaht[88]. Wesentlich kommt es wohl auch darauf an, inwieweit die ergänzende Verwaltungsvorschrift inhaltlich bereits durch das Gesetz vorbestimmt und determiniert ist[89].

50 Zuständigkeits- und Verfahrensvorschriften

Soweit die gesetzesergänzenden Zuständigkeits- und Verfahrensregelungen durch die administrative Organisationsgewalt getragen werden und nicht dem Gesetzesvorbehalt unterliegen, konstituieren sie originäres Exekutivrecht, das aus sich selbst heraus gilt und nicht etwa aufgrund eines „antizipierenden Befehls" des Gesetzes zur Geltung gebracht wird[90].

Soweit freilich Verfahrensregelungen nicht mehr allein durch die administrative Organisationsgewalt legitimiert werden können, sondern in den Gesetzesvorbehalt hineinragen, bedürfen sie der formellgesetzlichen Grundlage.

Gesetzesvorbehalt für Verfahrensregelung

---

86 Vgl. BVerwGE 36, 327; BVerwG, in: DÖV 1971, S. 317; BVerwG, in: DÖV 1972, S. 129; BayVGH AS 23, 136; BVerfGE 40, 237; *Fritz Ossenbühl*, Zur Außenwirkung von Verwaltungsvorschriften, in: FG aus Anlaß des 25jährigen Bestehens des Bundesverwaltungsgerichts, 1978, S. 433 (437ff.); *Dieter H. Scheuing*, Selbstbindungen der Verwaltung, in: VVDStRL 40 (1982), S. 158f.
87 BVerfGE 40, 237 (255).
88 BVerfGE 40, 237 (248ff.); BVerwG, in: DÖV 1972, S. 129 (130).
89 Vgl. BVerfGE 40, 237 (251) und schon BVerfGE 8, 143 (154).
90 So aber *Lerche* (N 9), Art. 84 Rn. 99; wie hier *Brun-Otto Bryde*, in: v. Münch/Kunig, GG III, ^{5}2003, Art. 80 Rn. 9 a.

Dies gilt beispielsweise für Regelungen, die einschneidende Eingriffe in Grundrechtspositionen enthalten oder solche Positionen maßgeblich ausprägen. So hat das Bundesverwaltungsgericht mit Recht die Vergaberichtlinien für die Bewerberauswahl bei der Zuteilung von Güterfernverkehrsgenehmigungen für verfassungswidrig erklärt, weil sie in das Grundrecht des Art. 12 Abs. 1 GG eingreifen und demzufolge der gesetzlichen Grundlage bedürfen[91].

Gesetzesergänzende Verwaltungsvorschriften können auch das materielle Recht betreffen. Beispielhaft sei insoweit auf die Regelsätze im Bundessozialhilfegesetz hingewiesen[92].

2. Administratives Übergangsrecht

51 Ein weiterer Anwendungsfall gesetzesgleicher Wirkung von Verwaltungsvorschriften betrifft deren Funktion als „Übergangsrecht". Sie hängt mit der seit Jahren sich vollziehenden und allmählich zum Abschluß kommenden Neuorientierung des Gesetzesvorbehaltes zusammen. Insofern handelt es sich beim administrativen Übergangsrecht um eine absterbende Kategorie[93].

Neue Erkenntnisse und neue Orientierungen betreffend die Reichweite des Gesetzesvorbehaltes haben den Befund erbracht, daß zahlreiche Regelungen, namentlich in besonderen Gewaltverhältnissen (aber nicht nur dort), die bislang durch Verwaltungsvorschriften getroffen worden sind, dem Gesetzesvorbehalt unterliegen und durch förmliche Gesetze oder Rechtsverordnungen abgelöst werden müssen. Diese Ablösung kann jedoch nicht von heute auf morgen geschehen. Demzufolge entsteht ein Übergangsstadium, das durch den Zeitpunkt der Erkenntnis der Erforderlichkeit einer gesetzlichen Grundlage auf der einen und dem Erlaß einer verfassungsrechtlich einwandfreien Rechtsgrundlage auf der anderen Seite eingegrenzt wird. Für diese Übergangszeit können trotz erkannter Verfassungswidrigkeit überkommene, bislang praktizierte Verwaltungsvorschriften weiterhin als geltendes Recht angewendet werden[94].

Übergangsstadium

52 Allerdings gilt es, das „rechtswidrige" Übergangsstadium zu minimalisieren. Dies bedeutet zweierlei. Einmal darf die nunmehr als „rechtsgrundlos" erkannte Verwaltungspraxis nicht weiter in dem überkommenen selbstbestimmten Umfang weitergeführt werden. Vielmehr kann die infolge eines

---

91 BVerwGE 51, 235; dazu *Peter Selmer*, Urteilsanmerkung, in: JuS 1977, S. 616; ferner BVerwGE 75, 109 – Pflicht zur Änderung der Verwaltungsvorschriften wegen Eingriffs in Art. 12 Abs. 1 GG; BVerfGE 80, 257 (266) – Berufswahlfreiheit der Notare.
92 S. o. Rn. 28.
93 Eine andere, aber vergleichbare Fallkonstellation stellt sich bei den „Vorausaktionen" der Exekutive, welche Subventionen vorwegnehmen, die später formalgesetzlich legalisiert werden; vgl. dazu *Volkmar Götz*, Recht der Wirtschaftssubventionen, 1966, S. 295; *Ossenbühl* (N 2), S. 361.
94 Vgl. BVerfGE 33, 1 (12 f.) – Strafvollzug; BVerfGE 33, 303 (347) – Zulassung zum Studium; BVerwGE 41, 261 (266) – Regelung des ärztlichen Notfalldienstes; BVerwGE 42, 296 – Zulassung zum Studium; BVerwGE 48, 305 (312) – Graduierung von Ingenieuren; BVerwGE 51, 235 – Bewerberauswahl bei Güterfernverkehrsgenehmigungen; BVerwG, in: DVBl 1982, S. 301 (303) – Vormerkliste für Kraftdroschkengenehmigungen; BVerwGE 121, 103 (111) – Beihilfevorschriften.

Normenvakuums entstehende „Notkompetenz der Verwaltung"[95] nur solche Maßnahmen und Vorkehrungen tragen, die für das Funktionieren des jeweiligen Verwaltungsbereichs unabdingbar notwendig sind. Zum andern darf die Notkompetenz der Verwaltung nicht länger als erforderlich ausgedehnt werden. Dem jeweiligen Normgeber ist aufzugeben, unverzüglich eine verfassungsgemäße Rechtsgrundlage für das administrative Handeln zu schaffen. Von entsprechenden Appellen und Fristsetzungen an den parlamentarischen Gesetzgeber hat das Bundesverfassungsgericht nicht selten energischen Gebrauch gemacht[96].

Notkompetenz der Verwaltung

V. Außenwirkung kraft Selbstbindung

Soweit Verwaltungsvorschriften nicht schon gesetzesgleiche Bindungskraft entfalten, kann ihnen in Verbindung mit dem Institut der Selbstbindung der Verwaltung eine entscheidende Bedeutung zukommen[97].

53

1. Begriff, Fundament und Struktur der Selbstbindung der Verwaltung

Der Gedanke der Selbstbindung der Verwaltung ist keineswegs neu. Unbegründetes Abweichen von selbstgesetzten Entscheidungsmaßstäben im Ermessensbereich galt von jeher unter dem Aspekt des Willkürverbotes als klassischer Ermessensfehler[98]. Neu sind die ungeahnte Erweiterung des Anwendungsbereichs des Instituts der Selbstbindung und dessen Ausbau zur Grundlage eines eigengearteten originären Administrativrechts.

Selbst-Bindung der Verwaltung steht im Gegensatz zur Fremd-Bindung. Mit dem Begriff der Selbst-Bindung wird deshalb deutlich auf den Bereich der eigenen Disposition der Verwaltung verwiesen[99]. Selbstbindung bedeutet demnach Bindung der Verwaltung an selbst gesetzte Entscheidungsmaßstäbe im eigenen (exekutiven) Funktionsbereich. Die Selbstbindung ist damit abgehoben von der allgemeinen Bindung der Verwaltung an das Gesetz. Gesetzesbindung ist Fremdbindung der Verwaltung an ihr vorgegebene, nicht von ihr selbst bestimmte Entscheidungsmaßstäbe.

Gesetz als Fremdbindung

Als Grundlagen einer solchen Selbstbindung der Verwaltung sind in Praxis und Lehre höchst unterschiedliche Rechtsprinzipien und Rechtsinstitute angeführt worden[100]. Zu ihnen gehören das Willkürverbot und der Gleichbehandlungsgrundsatz, der Grundsatz des Vertrauensschutzes, der Gedanke der Systemgerechtigkeit, die Plangewährleistung, der Grundsatz der Prinzipien-

54

---

95 BVerfGE 33, 303 (347).
96 Vgl. z.B. BVerfGE 33, 1 (13); 33, 303 (348).
97 → Bd. IV, *Maurer*, § 79 Rn. 122 ff.; → oben *Ossenbühl*, § 101 Rn. 62.
98 Vgl. die Nachweise bei *Walter Jellinek*, Gesetz, Gesetzanwendung und Zweckmäßigkeitserwägung, 1913, S. 323 ff.; *ders.*, Verwaltungsrecht, 1931, unveränd. Neudruck 1948, S. 446.
99 Vgl. *Fritz Ossenbühl*, Selbstbindungen der Verwaltung, in: DVBl 1981, S. 857 (858).
100 Vgl. *Ossenbühl* (N 99), S. 859 ff.; *Sauerland* (N 4), S. 190 ff., 198 ff.

Gleichheitssatz treue und Kontinuität der Verwaltung und schließlich der Grundsatz von Treu und Glauben. Durchgesetzt hat sich eindeutig die Auffassung, daß sich die Selbstbindung der Verwaltung „als hauptsächlichste Folge der Geltung des Gleichheitssatzes" darstellt[101]. Freilich wird, namentlich auch in der höchstrichterlichen Rechtsprechung, der Gedanke des Vertrauensschutzes herangezogen, weil er im Gegensatz zum Gleichbehandlungsgebot besser geeignet ist, über konstruktive Schwächen hinwegzuhelfen[102]. Tragender Pfeiler der Selbstbindungskonstruktion ist aber der Gleichheitssatz gemäß Art. 3 Abs. 1 GG. Konstituierend für die administrative Selbstbindung ist das Gleichbehandlungsgebot, das Gebot gleicher Begünstigung oder, anders ausgedrückt: das Verbot unsachgemäßer Differenzierung. Der Gleichheitssatz ist die dogmatische Brücke, über die sich die Gerichte Zugang zu dem „inneren Bereich" der Verwaltung verschafft haben. Auf der Grundlage des Gleichheitssatzes haben Lehre und Rechtsprechung mit dem Institut der Selbstbindung[103] der Verwaltung eine dogmatische Hilfskonstruktion entwickelt, die zu einer durch Art. 3 Abs. 1 GG vermittelten Außenwirkung der Verwaltungsvorschriften führt.

55

Verwaltungspraxis Diese Hilfskonstruktion geht von dem Gebot der Gleichbehandlung aus. Maßstab für diese Gleichbehandlung sind die bereits vorentschiedenen vergleichbaren ähnlichen Fälle. Die vorentschiedenen Fälle bilden in ihrer Gesamtheit die Verwaltungspraxis. Nach Festigung des administrativen Entscheidungsprogramms innerhalb eines gewissen Zeitablaufs gerinnen die getroffenen Verwaltungsentscheidungen zu einer ständigen Verwaltungspraxis (Verwaltungsübung). Diese ständige Verwaltungspraxis ist nach der ursprünglichen Form der Selbstbindung der Vergleichsmaßstab, mit dem neu zu entscheidende Fälle an Art. 3 Abs. 1 GG gemessen werden. Jeder Bürger kann verlangen, so behandelt zu werden wie andere vor ihm in gleicher Lage. Die „gleiche Lage" wird durch die ständige Verwaltungspraxis umrissen. Die ständige Verwaltungspraxis ihrerseits muß im Streitfall nicht durch umständliche empirische Erhebungen festgestellt werden, denn sie spiegelt sich in den

---

101 Vgl. *Dürig* (N 13), Art. 3 Abs. 1 Rn. 414 ff.
102 Vgl. BVerwGE 35, 159; OVG Münster, in: GewArch 1976, S. 290; *Klaus Stern*, Rechtsfragen der öffentlichen Subventionierung Privater, in: JZ 1960, S. 559; *Franz Klein*, Gleichheitssatz und Steuerrecht, 1966, S. 37 f., 237; *Walter Bogs*, Die Einwirkung verfassungsrechtlicher Normen auf das Recht der sozialen Sicherheit, Verh. des 43. DJT, Bd. II, 1962, S. G 33; *Hans Klein*, Rechtsqualität und Rechtswirkung von Verwaltungsnormen, in: FG für Ernst Forsthoff, 1967, S. 163 (179 ff.); *Albrecht Randelzhofer*, Gleichbehandlung im Unrecht?, in: JZ 1973, S. 536 (542 ff.); kritisch: *Dürig* (N 13), Art. 3 Abs. 1 Rn. 433; zusammenfassend: *Sauerland* (N 4), S. 198 ff. → Bd. IV, Maurer, § 79 Rn. 122 ff.
103 Schrifttum: *Hans-Joachim Mertens*, Die Selbstbindung der Verwaltung auf Grund des Gleichheitssatzes, 1963; *Günter Dax*, Das Gleichbehandlungsgebot, 1967; *Heinrich Scholler*, Selbstbindung und Selbstbefreiung der Verwaltung, in: DVBl 1968, S. 409; *ders.*, Die Interpretation des Gleichheitssatzes, 1969, insbes. S. 59 ff.; *Maximilian Wallerath*, Die Selbstbindung der Verwaltung, 1968; *Detlev Christian Dicke*, Der allgemeine Gleichheitssatz und die Selbstbindung der Verwaltung, in: VerwArch 59 (1968), S. 293; *Ossenbühl* (N 2), S. 514 ff.; *Walter Schmidt*, Gesetzesvollziehung durch Rechtsetzung, 1969, S. 15 ff.; *ders.*, Die Gleichheitsbindung an Verwaltungsvorschriften, in: JuS 1971, S. 184; *Dürig* (N 13), Art. 3 Abs. 1 Rn. 428 ff.; *Jost Pietzcker*, Selbstbindungen der Verwaltung, in: NJW 1981, S. 2087 ff.; *Ossenbühl* (N 99), S. 857 ff.; *Dieter H. Scheuing/Wolfgang Hoffmann-Riem/Bernhard Raschauer*, Selbstbindungen der Verwaltung, in: VVDStRL 40 (1982), S. 153 ff. – Zur Rechtsprechung: *Sauerland* (N 4), S. 192 mit Fn. 12.

der Verwaltungspraxis zugrundeliegenden Verwaltungsvorschriften. Die Verwaltungsvorschriften indizieren und repräsentieren die Verwaltungspraxis[104]. Denn kraft der für die Bediensteten der öffentlichen Verwaltung geltenden Gehorsamspflicht besteht eine tatsächliche Vermutung, daß Verwaltungsvorschriften und Verwaltungspraxis sich decken. Aus diesem Zusammenhang folgt, daß ein Abweichen von den Verwaltungsvorschriften unmittelbar als Verstoß gegen den Gleichbehandlungsgrundsatz qualifiziert werden kann. Art. 3 Abs. 1 GG fungiert damit in Verbindung mit der Repräsentationsfunktion der Verwaltungsvorschriften als „Umschaltnorm"[105], die verwaltungsinterne Weisungen in die das Staat-Bürger-Verhältnis unmittelbar regelnde (Außen-)Rechtsordnung extravertiert.

Verwaltungsvorschriften – Indikatoren der Verwaltungspraxis

Die bloße Repräsentationsfunktion der Verwaltungsvorschriften ist im Laufe der Zeit weitestgehend in Vergessenheit geraten. Die Verwaltungspraxis als konstruktiver Anknüpfungspunkt für das Gleichbehandlungsgebot gerät aus dem Blickfeld[106]. Der komplizierte Unterbau der Selbstbindungskonstruktion mit den Verwaltungsvorschriften als bloßen Indizien einer ständigen Verwaltungspraxis tritt nicht mehr deutlich in Erscheinung. Die konkreten Konfliktentscheidungen der Gerichte lassen als Vergleichsmaßstäbe die Verwaltungsvorschriften erscheinen. Als Vergleichsgrundlage, die zur Feststellung einer administrativen Selbstbindung herangezogen wird, werden sowohl je für sich die Verwaltungs*praxis*[107] und die Verwaltungs*vorschriften*[108] als auch beide alternativ[109] angeführt.

56

Vergleichsmaßstäbe

Jenen Entscheidungen, die die Verwaltungs*vorschriften* als unmittelbaren Anknüpfungspunkt der administrativen Selbstbindung erachten, kommt vom praktischen Standpunkt gewiß die größere Plausibilität zu. Aber sie zeigen auch deutlich, daß der Wechsel der Anknüpfung mit einer qualitativen Veränderung der Bindungswirkung verbunden ist. Denn Verwaltungsvorschriften, die aus sich selbst binden und nicht mehr nur die Hilfsfunktion von Indizien einer Verwaltungspraxis einnehmen, ziehen ihre Bindungskraft nicht aus einem tatsächlichen administrativen *Handeln*, sondern aus einem administrativen Normsetzungs*willen* und konstituieren unübersehbar originäres Administrativrecht mit Außenwirkung. In der Tat gibt es einige Entscheidungen, die die „Selbstbindung kraft Verwaltungspraxis" durch eine „Selbstbindung kraft administrativen Willensaktes" ersetzt wissen wollen[110]. Ein durch einen

57

Selbstbindung kraft administrativen Willensaktes

---

104 BVerwG, in: DVBl 1981, S. 1149. → Bd. IV, *Maurer*, § 79 Rn. 131.
105 *Hans F. Zacher*, Verwaltung durch Subventionen, in: VVDStRL 24 (1966), S. 237.
106 Vgl. *Ossenbühl* (N 2), S. 519 ff.
107 Vgl. BVerwGE 36, 323 (327); 44, 1 (6).
108 Vgl. BVerwGE 35, 159 (161 f.); OVG Münster, in: GewArch 1976, S. 290.
109 Vgl. BVerwGE 31, 212 (213); BVerwG, in: ZBR 1972, S. 279 = RiA 1972, S. 159.
110 Vgl. OVG Koblenz, in: DVBl 1962, S. 757 = VerwRspr. 15 (1963), S. 282, unter Berufung auf *Christian-Friedrich Menger*, in: VerwArch 51 (1960), S. 71 Fn. 33; vgl. auch BVerwG, in: ZBR 1965, S. 212; BVerwGE 35, 159 (162); VGH Kassel, in: ESVGH 14, 50 (54 ff.); OVG Münster, in: GewArch 1976, S. 290; BSGE 31, 258 (262); anders SächsOVG, in: SächsVBl 2002, S. 5 (6); ThürOVG, in: ThürVBl 2002, S. 232 (235). – Aus dem Beihilferecht: BVerwGE 71, 342 (346 ff.); dazu *Lerke Osterloh*, in: JuS 1986, S. 571; zu neueren Tendenzen der Rechtsprechung: *Sauerland* (N 4), S. 197 m. Nachw.

solchen Willensakt der Verwaltung kreiertes originäres Administrativrecht steht weder mit der Rechtsetzungskompetenz des Parlamentes in Widerspruch, da es sich nur im eigenen Funktionsbereich der Verwaltung entwickeln kann, noch darf es dem herkömmlichen Gesetzesrecht gleichgesetzt werden, weil es einerseits anderen Rechtserzeugungsregeln unterliegt und andererseits nur eine abgeschwächte Bindungswirkung besitzt. Das Bundesverwaltungsgericht hat in einer jüngeren Entscheidung die Frage, ob für die Selbstbindung der Verwaltung an die Verwaltungsvorschriften oder an die Verwaltungspraxis anzuknüpfen ist, offengelassen[111].

58
"Antizipierte Verwaltungspraxis"

Eine Selbstbindung kraft Willens der Verwaltung vermeidet konstruktive Schwächen, die der Selbstbindungskonstruktion bisher anhaften. Eine Selbstbindung kraft Verwaltungs*praxis* setzt im allgemeinen eine *ständige* Verwaltungsübung voraus. Sie hängt konstruktiv schon am seidenen Faden, wenn die aufgrund von Verwaltungsvorschriften inaugurierte Verwaltungspraxis erst gerade begonnen hat, womöglich erst ein einziger Fall entschieden worden ist. Sie versagt konstruktiv, wenn die Verwaltungsvorschriften der Verwaltung schon erlassen und publiziert, aber noch nicht angewendet worden sind. In diesem Fall behilft sich die Rechtsprechung mit der Fiktion der (durch die erlassenen Verwaltungsvorschriften) „antizipierten Verwaltungspraxis"[112]. Diese Behelfskonstruktion aber sprengt das gesamte System der Selbstbindung kraft Gleichbehandlung[113]. Zum Teil wird ein konstruktiver Ausweg mit

Vertrauensschutz

Hilfe des Gedankens des Vertrauensschutzes gesucht. So hat das Bundesverwaltungsgericht beispielsweise entschieden, daß in die Form von Verwaltungsvorschriften gekleidete Ausschreibungsbedingungen kraft Vertrauensschutzes bereits mit der Bekanntmachung eine Bindungswirkung auslösen[114]. Aber auch der Grundsatz des Vertrauensschutzes trägt nur bedingt. Denn nach seiner bisherigen Anwendungsstruktur setzt er bei demjenigen, der sich auf Vertrauen beruft, ein entsprechendes Vertrauensverhalten voraus[115]. Alle vorgenannten Konstruktionen sind jedoch unnötig, um eine (Selbst-)Bindung der Verwaltung anzunehmen. Die Verwaltung hat einen eigenen Funktionsbereich, in welchem sie eigene Entscheidungsmaßstäbe setzen kann. Wenn sie dementsprechend durch die Veröffentlichung von Verwaltungsvorschriften zu erkennen gibt, daß sie eine solche Bindung eingehen will, dann wird eine Selbstbindung der Verwaltung kraft eigenen Normsetzungswillens ausgelöst. Es ist an der Zeit, diesen Zusammenhang endlich offen anzuerkennen, anstatt sich mit realitätsfernen Konstruktionen und Fiktionen zu behelfen. Ein Norm-

---

111 BVerwGE 104, 220 (223); anders wieder BVerwG, in: DVBl 2004, S. 126 (127).
112 Vgl. BVerwG, in: DÖV 1971, S. 748; BVerwG, in: DÖV 1982, S. 76; BVerwG, in: DVBl 1982, S. 195 (197).
113 *Ernst-Wolfgang Böckenförde*, Gesetz und gesetzgebende Gewalt, ²1981, S. 394.
114 BVerwGE 35, 159 (162); OVG Münster, in: GewArch 1976, S. 290. → Bd. IV, *Maurer*, § 79 Rn. 124.
115 Vgl. auch BVerwGE 104, 220 (226f.).

setzungsrecht der Exekutive im originären administrativen Funktionsbereich ist verfassungsrechtlich legitim und praktisch notwendig[116].

Das aus ihm hervorgehende originäre Administrativrecht läßt sich auch bruchlos in das grundgesetzlich vorgegebene Regelungssystem einfügen. Insbesondere tritt durch die Anerkennung eines solchen originären Administrativrechts keine Egalisierung zwischen den überkommenen klassischen Rechtsquellen und den Verwaltungsvorschriften ein. Denn die Bindungswirkung der Verwaltungsvorschriften ist von eigener Art. Durch die Anerkennung eines originären Administrativrechts ergeben sich überdies Vereinfachungen in einer Reihe von praktischen Problemen, mit denen sich die Rechtsprechung seit langem konfrontiert sieht und die bislang nicht zufriedenstellend gelöst sind.

59
Vorteile der Anerkennung der originären Rechtsetzungskompetenz

So entstehen beispielsweise Schwierigkeiten, wenn die Verwaltungsvorschriften inhaltlich unklar und deshalb auslegungsbedürftig sind. Sind die Verwaltungsvorschriften keine Rechtsnormen, so ist es konsequent anzunehmen, daß sie auch keiner richterlichen Interpretation unterliegen können. Diese für das Subventionsrecht eingenommene Position des Bundesverwaltungsgerichts[117] ist aber mit Recht kritisiert worden[118], weil sie das Ende des Rechtsschutzes bedeutet. Für Prüfungsordnungen nimmt das Bundesverwaltungsgericht dann auch einen anderen Standpunkt ein[119]. Es sieht in der Verkündung der Prüfungsordnung eine „vorweggenommene niedergelegte Verwaltungsübung", die es als „Willenserklärung" qualifiziert und auf diese Weise für eine Auslegung gemäß § 133 BGB öffnet, um dann aber doch wieder auf die tatsächliche Verwaltungspraxis abzustellen[120]. Dieser Zick-Zack-Kurs des Bundesverwaltungsgerichts ist unnötig. Er erübrigt sich, wenn die Verwaltungsvorschriften als administrative Normen anerkannt und auch so behandelt werden.

60
Interpretation von Verwaltungsvorschriften

„Vorweggenommene" Verwaltungsübung

Tut man dies, so entfallen auch alle Probleme, die sich daraus ergeben, daß ein und dieselbe Verwaltungsvorschrift von verschiedenen Behörden unterschiedlich verstanden und gehandhabt wird und zu verschiedenen Verwaltungspraktiken führt, die den Geltungsbereich der administrativen Selbstbindung bestimmen[121].

---

116 Vgl. dazu *Klaus Vogel*, Gesetzgeber und Verwaltung, in: VVDStRL 24 (1966), S. 125 ff. (163 ff.); *Bökenförde* (N 113), S. 391 ff.; *Klein* (N 102), S. 186; *Christian Starck*, Der Gesetzesbegriff des Grundgesetzes, 1970, S. 312; *Siegfried Magiera*, Allgemeine Regelungsgewalt („Rechtsetzung") zwischen Parlament und Regierung, in: Der Staat 13 (1974), S. 1 (24); vgl. auch *Joachim Martens*, Rechtsanwendung und Rechtsetzung durch Verwaltungsvorschriften, in: Klaus Tipke (Hg.), Grenzen der Rechtsfortbildung durch Rechtsprechung und Verwaltungsvorschriften im Steuerrecht, 1982, S. 165 ff. (195); *Pietzcker* (N 103), S. 2090; *Felix Weyreuther*, Über die Rechtsnatur und Rechtswirkung von Verwaltungsvorschriften, in: DVBl 1976, S. 853 ff.; *Hans-Hermann Scheffler*, Wachsende Bedeutung der Verwaltungsvorschriften, in: DÖV 1980, S. 236 (239); *Walter Krebs*, in: VerwArch 70 (1979), S. 265; *Dieter Lorenz*, Der Rechtsschutz des Bürgers und die Rechtsweggarantie, 1973, S. 40 f.; *Stern* (N 73), S. 659; *Brugger* (N 58), S. 39; *Wahl* (N 26); weit. Nachw. bei *Sauerland* (N 4), S. 260 ff.
117 BVerwGE 58, 45; ebenso für Verwaltungsanweisungen im Steuerrecht: BFHE 126, 481.
118 Vgl. *Volkmar Götz*, Anmerkung zu BVerwG, Urt. v. 26. 4. 1979 – 3 C 11179 – in: DVBl 1979, S. 882 f.
119 BVerwG, in: DVBl 1982, S. 195 (197); BVerwG, in: DÖV 1982, S. 76.
120 BVerwG, in: DVBl 1982, S. 195 (197).
121 Vgl. *Ossenbühl* (N 2), S. 539 f.; s. u. Rn. 61 ff.

2. Inhalt, Umfang und Grenzen der Selbstbindung der Verwaltung

61
Flexibilität der Selbstbindung

Selbstbindung bedeutet Bindung der Verwaltung an ein selbst gesetztes Entscheidungsprogramm im originären Funktionsbereich. Gegenüber der Fremdbindung der Verwaltung durch das Gericht ist die Selbstbindung eine Bindung eigener Art. Die Selbstbindung ist durch zwei Merkmale gekennzeichnet, die ihr Flexibilität verleihen und sie von der strikten Gesetzesbindung abheben. Das administrativ gesetzte Entscheidungsprogramm umreißt die Maßstäbe, die für den Einzelfall generell und prinzipiell ausschlaggebend sein sollen. Aber im Gegensatz zur Fremdbindung durch das Gesetz erlaubt die Selbstbindung ein (generelles) Abgehen und ein (individuelles) Abweichen vom selbst gesetzten Entscheidungsprogramm. Das selbst gesetzte Entscheidungsprogramm der Verwaltung folgt prinzipiell administrativen Zwecken, die teilweise kurzfristig erfüllt oder verändert werden müssen und dadurch eine Neufassung oder Modifikation des Entscheidungsprogramms zur Folge haben können. Die im Laufe der Anwendung gewonnenen Erfahrungen der Verwaltung, aber auch die Veränderungen der Rahmenbedingungen und der Verwaltungsziele können jederzeit zu einer generellen Aufgabe des gesamten Entscheidungsprogramms oder einzelner Elemente führen. Deshalb ist anerkannt, daß die Verwaltung, ohne mit dem Gleichheitssatz in Konflikt zu kommen, jederzeit ihr Entscheidungsprogramm generell ändern kann[122].

Abweichungen im Einzelfall

Außerdem gestattet die Selbstbindung im Gegensatz zur Gesetzesbindung individuelle Abweichungen vom administrativen Entscheidungsprogramm. Ob und inwieweit solche individuellen Abweichungen zulässig sind, hängt von Charakter und Inhalt der Verwaltungsvorschriften ab. Die individuelle Abweichung von den Verwaltungsvorschriften kann beispielsweise bei den Ermessensrichtlinien nicht nur erlaubt, sondern sogar geboten sein. Denn wenn das Gesetz Ermessensbereiche eröffnet, räumt es der Verwaltung nicht nur die Freiheit ein, an administrativen Zwecken und Erfordernissen orientierte Entscheidungsmaßstäbe zu setzen, sondern es bezweckt auch eine Berücksichtigung der konkreten Umstände des Einzelfalles und erstrebt damit die in das Gesetz nicht einfüllbare Gerechtigkeit des Einzelfalles.

Ermessensrichtlinien

Die Ermessensrichtlinien erfüllen von dieser doppelten Aufgabe der Ermessensverwaltung nur die erste, nämlich die generelle Festlegung von Entscheidungsmaßstäben. Die Berücksichtigung der besonderen Umstände des Einzelfalles kann jedoch die Abweichung von diesen Entscheidungsmaßstäben gebieten, und zwar aus eben jenem Grunde, der die durch die Verwaltungsvorschriften ausgelöste Selbstbindung trägt, nämlich der Gleichbehandlung[123].

62
Abschließendes Entscheidungsprogramm

Andererseits kann sich je nach Art der in Betracht stehenden Verwaltungsvorschriften aber auch ergeben, daß die Selbstbindung ein individuelles Abweichen nicht zuläßt. Dies ist dann der Fall, wenn die Verwaltungsvorschriften das Entscheidungsprogramm erkennbar abschließend umreißen,

---

122 Vgl. z. B. BVerwG, in: DVBl 1981, S. 1062 = DÖV 1982, S. 80; BVerwGE 70, 127 (136); 104, 220 (223).
→ Bd. IV, *Maurer*, § 79 Rn. 130.
123 Vgl. BVerwGE 15, 196 (202).

also die Entscheidungsmaßstäbe vollständig festlegen und damit andere Maßstäbe ausschließen. In diesem Fall ergibt sich nur noch die Möglichkeit eines generellen Abgehens. Hierher wird man beispielsweise Subventionsrichtlinien zu rechnen haben, die nach einer im Haushaltsplan festgelegten groben Zwecksetzung den Verteilungsmodus der bereitgestellten Mittel festlegen, ohne Ermessensspielräume zu lassen. Dasselbe gilt etwa für Zulassungsbestimmungen. Wenn beispielsweise ein Ministerialerlaß die Bedingungen für die Aufnahme in eine staatliche Schule aufzählt und 200 Personen diese Bedingungen erfüllen, dann können nicht später 40 Personen mit der – an sich sachlichen – Begründung abgewiesen werden, die Klassenkapazität sei erschöpft[124]. Allenfalls kann die Verwaltung im Wege einer generellen Änderung des Entscheidungsprogramms durch weitere Kriterien die Auslese verschärfen und auf diese Weise die überzähligen Bewerber aussieben.

Generelle Änderung

Schwierigkeiten können sich bei der Festlegung der räumlichen Grenze der Selbstbindung der Verwaltung ergeben[125]. Insoweit gewinnt die Frage entscheidende Bedeutung, ob die auf dem Gleichbehandlungsgebot gemäß Art. 3 Abs. 1 GG beruhende Selbstbindung an die Verwaltungspraxis oder an die Verwaltungs*vorschriften* anknüpft. Bei einer Anknüpfung an die Verwaltungs*praxis* lassen sich unter Umständen beim Vollzug ein und desselben Gesetzes unterschiedliche Verwaltungspraktiken der Vollzugsinstanzen feststellen. Solche Diskrepanzen entstehen nicht, wenn man anstatt an die Verwaltungspraxis an die Verwaltungsvorschriften als Bindungselemente im Rahmen der Selbstbindungskonstruktion anknüpft. In diesem Fall decken sich die räumlichen Grenzen der Selbstbindung mit den Zuständigkeitsgrenzen der durch die Verwaltungsvorschriften angesprochenen Behörden. Aber auch dann, wenn man die Verwaltungspraxis als für die Selbstbindung maßgeblich erachtet, kann kraft der schon beschriebenen Indizfunktion der Verwaltungsvorschriften prinzipiell davon ausgegangen werden, daß in den Grenzen ihres Geltungsbereichs eine einheitliche Praxis existiert.

63
Räumliche Grenze

Das Institut der Selbstbindung der Verwaltung erzeugt keine starren, sondern im Prinzip flexible Bindungswirkungen. Die Bindungswirkung kann je nach Inhalt und Funktion der betreffenden Verwaltungsvorschriften höchst unterschiedlich ausfallen. Eine differenzierende Betrachtung zeigt, daß sich einzelne Vorschriftentypen einer Selbstbindung ganz zu entziehen scheinen, wie die norminterpretierenden Verwaltungsvorschriften, während bei anderen Vorschriftentypen, wie beispielsweise den Subventionsrichtlinien, die Selbstbindung zu einer gesetzesgleichen Bindung gerinnen kann.

64
Unterschiede der Bindungswirkung

a) Norminterpretierende Verwaltungsvorschriften

Im Prinzip werfen die norminterpretierenden Verwaltungsvorschriften hinsichtlich der Bindungswirkung keine Probleme auf. Die Norminterpretation ist zwar ein notwendiger Bestandteil des administrativen Gesetzesvollzuges,

65

---
124 So HessVGH, in: DÖV 1956, S. 629.
125 Vgl. dazu *Ossenbühl* (N 2), S. 539 m. Nachw.

aber kein eigenfunktioneller Bereich der Verwaltung, sondern vielmehr eine allgemein anerkannte Domäne des letztverbindlich entscheidenden Richters[126]. Norminterpretierende Verwaltungsvorschriften sind deshalb wohl für die nachgeordneten Behörden und Bediensteten, nicht aber für den Richter verbindlich. Ob die Verwaltung ihre norminterpretierenden Verwaltungsvorschriften entsprechend den Ergebnissen der höchstrichterlichen Rechtsprechung ändern muß, ist eine umstrittene Frage, die wegen sogenannter Nichtanwendungserlasse des Bundesministers der Finanzen betreffend bestimmte Urteile des Bundesfinanzhofes seit langem Theorie und Praxis beschäftigt[127].

Richterliche Norminterpretation

66

Letztentscheidungskompetenz des Gerichts

Auszugehen ist jedenfalls von der nicht angreifbaren Ausgangsposition, daß der Richter den Einzelfall letztverbindlich entscheidet. Die Selbstverständlichkeit, daß norminterpretierende Verwaltungsvorschriften, in denen sich der Sachverstand der Verwaltung ausdrückt, dem Richter eine wichtige Entscheidungshilfe im Rechtsfindungsprozeß sein können, sei nur am Rande erwähnt. Natürlich können sich die Gerichte über die in Verwaltungsvorschriften niedergelegten Rechtsmeinungen und Auslegungsresultate prinzipiell hinwegsetzen[128], aber bemerkenswerterweise wird in den Urteilen zur Bekräftigung des eigenen Standpunktes nicht selten auf norminterpretierende Verwaltungsvorschriften Bezug genommen[129], zum Teil werden sie sogar „zur Ausfüllung unbestimmter Rechtsbegriffe" konkretisierend herangezogen[130].

67

Differenzierende Bindungswirkung für das Gericht

Beurteilungsspielräume

Davon abgesehen sind zwei Problemaspekte, mit denen die Praxis immer wieder konfrontiert ist, bemerkenswert. Erstens geht es um die norminterpretierenden Verwaltungsvorschriften, die administrative Auslegungsspielräume hermeneutisch auffüllen. Sofern solche Auslegungsspielräume anerkannt werden, ist auch die Bindung norminterpretierender Verwaltungsvorschriften folgerichtig[131]. Zweitens erzeugen norminterpretierende Verwaltungsvorschriften dann eine besondere Problematik, wenn das in ihnen niedergelegte Auslegungsresultat für den Bürger günstiger ist als die Interpretation, die von den Gerichten befolgt wird. Solche Diskrepanzen zeigen sich beispielsweise bei der Einberufung zum Wehrdienst[132]. Immer wieder haben hier Wehrpflichtige eine Behandlung nach Einberufungsrichtlinien und dergleichen verlangt, die ihrerseits entweder die Betroffenen über das Gesetz hinaus begünstigen, indem sie außergesetzliche Rückstellungstatbestände schaffen, oder doch das

---

126 Vgl. BVerwGE 31, 149; 34, 278; 36, 313; OVG Münster, in: GewArch 1974, S. 244 (245); OVG Lüneburg, in: SchlHA 1976, S. 115; BFHE 116, 103; BFH, in: DB 1970, S. 2200 und S. 2410; BSG, in: Breithaupt 1973, S. 575 (578); BSG, in: Breithaupt 1977, S. 47 (48).
127 Vgl. dazu *Fritz Ossenbühl*, Die Bindung der Verwaltung an die höchstrichterliche Rechtsprechung, in: AöR 92 (1967), S. 478; *Walter Leisner*, Die allgemeine Bindung der Finanzverwaltung an die Rechtsprechung, 1980; zusammenfassend: *Klaus Tipke*, Die Steuerrechtsordnung, Bd. III, 1993, S. 1118 ff.
128 So z. B. in den N 126 zitierten Entscheidungen.
129 Vgl. z. B. BVerwGE 32, 148; 37, 107; BVerwG, in: DÖV 1975, S. 786.
130 Vgl. OVG Münster, in: GewArch 1974, S. 244 (247, 248; zum Begriff: „volkswirtschaftlich besonders förderungswürdig"); BVerwGE 58, 37 (44).
131 Vgl. *Fritz Ossenbühl*, Administrative Selbstbindung durch gesetzwidrige Verwaltungsübung?, in: DÖV 1970, S. 264 (266); *Christian-Friedrich Menger*, Zur Selbstbindung der Verwaltung durch norminterpretierende Richtlinien, in: VerwArch 63 (1972), S. 213 ff.; noch weitergehend *Schmidt* (N 28) S. 188.
132 Vgl. BVerwGE 36, 313; 36, 323; BVerwG, in: NJW 1975, S. 180.

Wehrpflichtgesetz in einer für den Bürger günstigeren Weise auslegen als die Richter. In diesen Fällen hat das Bundesverwaltungsgericht mehrfach betont, daß entsprechende norminterpretierende Verwaltungsvorschriften und Ermessensrichtlinien keine anspruchsbegründende Selbstbindung der Verwaltung zu erzeugen vermögen[133]. Aber damit ist das Problem nicht erledigt. Denn ungelöst bleibt jene Diskrepanz, die dadurch verursacht wird, daß die Verwaltung einige Betroffene nach ihren „milderen" Verwaltungsvorschriften behandelt, andere dagegen die volle Kraft des Gesetzes spüren läßt. Solche Konstellationen sind judiziell schlecht faßbar, weil eine „Gleichheit im Unrecht" aus naheliegenden Gründen ausscheidet; denn die Verwaltung wäre sonst mit Hilfe eines Anspruchs auf Fehlerwiederholung in die Lage versetzt, die gesetzliche Ordnung aus den Angeln zu heben[134]. Daß allerdings auch bei dem Schlagwort „Keine Gleichheit im Unrecht" eine differenzierende Sicht geboten ist, haben neuere Untersuchungen[135] und Entscheidungen[136] zu dieser Frage gezeigt.

„Keine Gleichheit im Unrecht"

b) Ermessensrichtlinien

Das Hauptanwendungsfeld der Selbstbindung der Verwaltung bildet der Bereich des Verwaltungsermessens. Ermessensrichtlinien haben nicht nur die Funktion, den gesetzesanwendenden Instanzen ihre Aufgabe zu erleichtern, sondern namentlich auch den Zweck, im Interesse der Wahrnehmung und Realisierung des Gleichheitssatzes die Ermessenspraxis zu vereinheitlichen, ohne die Ermessensentscheidung als Einzelfallabwägung voll durchzunormieren. Dieser Zweck wird durch die repressive Gerichtskontrolle mit dem Instrument der Selbstbindung der Verwaltung effektuiert und sanktioniert.

68
Verwaltungsermessen

Die Bindungswirkung ermessenlenkender Verwaltungsvorschriften ist für die Verwaltung anders zu beurteilen als für die Gerichte. Das Institut der Selbstbindung betrifft zunächst das Verwaltungshandeln. Die Verwaltung kann von ihrer durch die Verwaltungsvorschriften inaugurierten Praxis grundsätzlich nicht abweichen. Für Ermessensvorschriften gelten zwei Ausnahmen. Die Verwaltung kann ihre Praxis *generell* umsteuern, das heißt die Ermessensvorschriften ändern, bei Subventionsrichtlinien beispielsweise die Leistungen herabsetzen, wenn sich dies als notwendig erweist. Zum andern dürfen Ermessensvorschriften die im Einzelfall zu treffende Entscheidung nicht vollkommen determinieren. Dies widerspräche dem Sinn und Zweck des gesetz-

69
Abweichen von der Selbstbindung

---

133 Vgl. die Nachweise in N 132; ferner BSG, in: Breithaupt 1973, S. 575 (578); BSG, in: Breithaupt 1977, S. 47 (48).
134 Vgl. *Ossenbühl* (N 131), S. 264 ff.; zust. VG Berlin, in: NJW 1974, S. 330 (332); vgl. auch *Schmidt* (N 28), S. 188. → Bd. IV, *Maurer*, § 79 Rn. 127.
135 Vgl. *Hans-Wolfgang Arndt*, Ungleichheit im Unrecht?, in: FS für Herbert Armbruster, 1976, S. 233; *Dürig* (N 13), Art. 3 Abs. 1 Rn. 185 a, 186; *Volkmar Götz*, Der allgemeine Gleichheitssatz und die Rechtsanwendung im Verwaltungsrecht, in: NJW 1979, S. 1478; *Wilfried Berg*, Keine Gleichheit im Unrecht?, in: JuS 1980, S. 418; *Erich Wolny*, Gleichbehandlung „im Unrecht", in: UPR 1987, S. 121; *Ossenbühl* (N 15), § 6 Rn. 47.
136 VGH Kassel, in: NJW 1984, S. 318; VGH Kassel, in: NVwZ 1986, S. 683; dazu kritisch *Peter Rechenbach*, Verfassungsanspruch auf „Gleichbehandlung im Unrecht"?, in: NVwZ 1987, S. 383; VGH Mannheim, in: NJW 1984, S. 319.

lich eingeräumten Ermessens, welches dazu verliehen wird, um den Umständen des Einzelfalles entsprechend der Einzelfallgerechtigkeit zum Sieg zu verhelfen. Daraus folgt, daß von den ermessenslenkenden Verwaltungsvorschriften auch dann abgewichen werden darf, wenn die Umstände des Einzelfalles eine solche Abweichung gebieten oder doch rechtfertigen.

70
Gerichtlicher Prüfungsmaßstab und -gegenstand

Aus der Sicht der Gerichte hingegen sind die ermessenslenkenden Verwaltungsvorschriften *Maßstab* für die Prüfung, ob der Verwaltung im Streitfall ein Ermessensfehler unterlaufen ist. Zugleich und methodisch vorrangig sind die ermessenslenkenden Verwaltungsvorschriften aber auch *Gegenstand* der gerichtlichen Kontrolle insofern, als kontrolliert werden kann, ob sich die ermessenslenkenden Vorschriften in dem vom Gesetzgeber der Verwaltung eingeräumten Ermessensspielraum halten, also selbst keinen (generellen) Ermessensfehler enthalten (Ermessenüberschreitung, Ermessensfehlgebrauch).

c) Normkonkretisierende Verwaltungsvorschriften

71
Technisches Sicherheitsrecht

Das Anwendungsfeld normkonkretisierender Verwaltungsvorschriften ist, wie bereits früher dargestellt, vor allem das technische Sicherheitsrecht. Hier stellt sich das Problem, gesetzlich vorgegebene Sicherheitsstandards wie beispielsweise den „jeweiligen Stand von Wissenschaft und Technik" zu substantiieren und auszufüllen. Unter mehreren Lösungskonzepten hat sich für die Bewältigung dieses Problems in der Rechtsprechung die Kategorie der normkonkretisierenden Verwaltungsvorschrift durchgesetzt, mit der kurz gesagt die Verteilung der Definitionsmacht und der Verantwortung für Risikoentscheidungen zwischen Verwaltung und kontrollierenden Gerichten ausbalanciert wird.

72
Atomrecht

Die Kategorie der normkonkretisierenden Verwaltungsvorschrift hat in einer Entscheidung des Bundesverwaltungsgerichts zum Atomrecht Eingang in die Rechtsprechung gefunden[137]. Das Atomgesetz sieht in § 7 Abs. 2 Nr. 3 vor, daß eine Genehmigung von Kernanlagen nur erteilt werden darf, wenn „die nach dem Stand von Wissenschaft und Technik erforderliche Vorsorge gegen Schäden durch die Errichtung und den Betrieb der Anlage getroffen ist". Art und Umfang dieser „Vorsorge" sind im Gesetz nicht näher bestimmt. Der Gesetzgeber mußte sie bei Erlaß des Atomgesetzes mangels näherer Erfahrungen der Praxis überlassen. Die Verwaltung hat die „Offenheit" des Gesetzes mit Verwaltungsvorschriften allmählich ausgefüllt, soweit neben bestehenden Rechtsverordnungen Regelungsraum bestand. Das Bundesverwaltungsgericht hat für diese Verwaltungsvorschriften aufgrund der „Normstruktur des § 7 Abs. 2 Nr. 3" sowie „angesichts der Besonderheit des Regelungsgegenstandes" und im Hinblick darauf, daß die Exekutive zur Bewältigung der technischen Aufgabe „besser ausgerüstet" ist, der Verwaltung einen Bewertungs-

---

[137] BVerwGE 72, 300 (315 ff.)

spielraum¹³⁸ zugebilligt, der durch normkonkretisierende Verwaltungsvorschriften ausgefüllt wird, die ihrerseits im Gegensatz zu den norminterpretierenden Verwaltungsvorschriften für die Verwaltungsgerichte innerhalb der durch die Norm gesetzten Grenzen verbindlich sind¹³⁹.

Die im Atomrecht entwickelten Vorstellungen sind sodann auf die zum Bundesimmissionsschutzgesetz ergangenen Verwaltungsvorschriften in Gestalt der TA Luft und TA Lärm erstreckt worden¹⁴⁰. Des weiteren hat das Bundesverwaltungsgericht auch die Allgemeine Rahmen-Verwaltungsvorschrift über Mindestanforderungen an das Einleiten von Abwasser in Gewässer, welche die allgemein anerkannten Regeln der Technik und den Stand der Technik im Sinne des § 7a Abs. 1 WHG näher bestimmt, als normkonkretisierende Verwaltungsvorschrift charakterisiert¹⁴¹.

73
Reichweite der Bindungswirkung

Die Bindungswirkung normkonkretisierender Verwaltungsvorschriften stellt sich wiederum unterschiedlich dar, je nachdem, ob man sie aus der Perspektive der Verwaltung oder des Gerichts betrachtet¹⁴². Die Verwaltung wird die normkonkretisierenden Verwaltungsvorschriften gemäß dem Fortschreiten von Wissenschaft und Technik fortschreiben, ist aber bis zu einer entsprechenden Änderung an diese Vorschriften gebunden. Abweichungen von den normkonkretisierenden Verwaltungsvorschriften sind nur bei atypischen Sachverhalten zulässig, die ihrerseits in der Verwaltungsvorschrift nicht berücksichtigt worden sind oder für die die Verwaltungsvorschrift selbst schon Ausnahmen statuiert.

Durchbrechung der Bindungswirkung

Aus der Sicht des kontrollierenden Verwaltungsgerichts ergeben sich Durchbrechungen der Bindungswirkung in dreierlei Hinsicht. Erstens kann das Gericht prüfen, ob sich der Inhalt der normkonkretisierenden Verwaltungs-

---

138 Verbreitet ist die Übung, von einem exekutiven (administrativen) „Beurteilungsspielraum" zu sprechen. Diese Ausdrucksweise ist jedoch verwirrend, denn der Terminus „Beurteilungsspielraum" ist bereits besetzt. Der „Beurteilungsspielraum" gibt eine Antwort auf die Frage, wer bei der Anwendung eines unbestimmten Rechtsbegriffs auf einen konkreten Sachverhalt, also bei der Subsumtion das letzte Wort haben soll, die Verwaltung oder das kontrollierende Verwaltungsgericht (vgl. *Ossenbühl* [N 15], § 10 Rn. 32 ff.). Wird der Verwaltung ein „Beurteilungsspielraum" konzediert, bleibt deren Entscheidung im Falle einer gerichtlichen Kontrolle bestehen, falls sich Subsumtionszweifel einstellen. – Bei den normkonkretisierenden Verwaltungsvorschriften hingegen geht es nicht um die Bewältigung von Subsumtionszweifeln im konkreten Einzelfall, sondern um die generelle inhaltliche Substantiierung unbestimmter Rechtsbegriffe mit Hilfe von näher ausgeformten Standards, Parametern, Grenzwerten etc., um auf diese Weise durch eine normative Schicht zwischen unbestimmtem Gesetzesbegriff und zu entscheidendem Einzelfall das Gesetz erst anwendungsreif zu machen (*Gusy*, in: DVBl 1987, S. 497 [498]: „Zwischenschritte auf dem Weg vom Gesetz zum Einzelfall"; *Di Fabio* (N 22), S. 371: „Normzwischenschicht"). Für diese administrative Aufgabe, also für die Konkretisierung von unbestimmten Rechtsbegriffen, sollte besser von „Konkretisierungsermächtigung" gesprochen werden.
139 BVerwGE 72, 300 (320).
140 BVerwG, in: NVwZ 1995, S. 994; 2000, S. 440.
141 BVerwGE 107, 338 (342) mit dem Zusatz, einer Verwaltungsvorschrift könne nur dann „ausnahmsweise" normkonkretisierende Wirkung zukommen, wenn dem Erlaß ein umfangreiches Beteiligungsverfahren vorangehe, dessen Zweck es sei, vorhandene Erfahrungen und den Stand der wissenschaftlichen Erkenntnis auszuschöpfen. Nur dann verkörpere sie nämlich in hohem Maße wissenschaftlich-technischen Sachverstand.
142 Vgl. *Hans Jarass*, Bindungswirkung von Verwaltungsvorschriften, in: JuS 1999, S. 105 ff.; *Ulrich Guttenberg*, Unmittelbare Außenwirkung von Verwaltungsvorschriften?, in: JuS 1993, S. 1006; *Rogmann* (N 26), S. 190 ff.

vorschriften innerhalb der Grenzen der im Gesetz zum Ausdruck kommenden Wertungen hält, also „innerhalb der von der Norm gesetzten Grenzen" bleibt[143]. Zweitens entfällt die Bindungswirkung, wenn die normkonkretisierenden Verwaltungsvorschriften in dem entscheidungsrelevanten Zusammenhang durch Erkenntnisfortschritte in Wissenschaft und Technik überholt sind[144]. Drittens entfällt schließlich die Bindungswirkung, wenn ein atypischer Sachverhalt gegeben ist[145].

d) Verwaltungsvorschriften in Sonderstatusverhältnissen (Sonderverordnungen)

74
Schule, Anstalt

Verwaltungsvorschriften in Sonderstatusverhältnissen sollen das Funktionieren eines strukturell eigengearteten Lebens- und Verwaltungsbereichs (Schule, Anstalt) ordnen und fördern. Sofern sie nicht als administratives „Übergangsrecht"[146] gesetzesvertretende Funktion und dementsprechend eine gesetzesgleiche Bindungswirkung haben, erzeugen sie eine administrative Selbstbindung, die jedoch prinzipiell keine konkret-individuellen Abweichungen zuläßt, die nicht in den Verwaltungsvorschriften selbst schon in begründeter Weise vorgesehen sind. Diese Selbstbindung der Verwaltung entsteht nicht erst kraft Handhabung, sondern kraft administrativen Willensaktes, der innerhalb des Sonderbereichs verlautbart wird. Die Sonderverordnungen regeln – gleichsam „gesetzesergänzend" – jenen Bereich, der dem Gesetzesvorbehalt nicht unterliegt[147]. Sie haben deshalb sachlich dieselbe Funktion und Bedeutung wie ein Gesetz und demzufolge auch eine gesetzesgleiche Bindungswirkung. Sonderverordnungen stellen damit ein eigengeartetes originäres Administrativrecht dar[148].

Sonderverordnungen

e) Gesetzesunabhängige Verwaltungsvorschriften

75
Subventionsrichtlinien

Ein weiteres Feld für die Anwendung der administrativen Selbstbindung ist durch jenen Raum markiert, der durch gesetzesunabhängige Verwaltungsvorschriften erfüllt wird. Zu ihnen rechnen namentlich die Subventionsrichtlinien[149]. Sie verpflichten kraft Selbstbindung der Verwaltung, es sei denn, daß sie aus Gründen des Gesetzesvorbehalts per se verfassungswidrig sind[150] oder aber daß sie sich unter eine der von jeher anerkannten Rechtsquellen rubrizieren lassen[151].

---

143 BVerwGE 72, 300 (320); BVerwG, in: NuR 1996, S. 522 (523).
144 BVerwG, in: NVwZ 1995, S. 994; NuR 1996, S. 522 (523); *Sauerland* (N 4), S. 147 ff.
145 *Jarass* (N 142), S. 111 m. Nachw.
146 S. o. Rn. 51 f.
147 Vgl. z. B. BVerwG, in: DÖV 1971, S. 748; BVerwG, in: DÖV 1982, S. 76 – betr. Prüfungsordnung für den Auswärtigen Dienst; BVerwG, in: DVBl 1982, S. 195 (197) – Prüfungsordnung für den nichttechnischen Dienst der Bundeswehr; BVerwGE 52, 193 – Ausbildungs- und Prüfungsordnung.
148 *Ossenbühl* (N 86), S. 449.
149 Vgl. *Ossenbühl* (N 2), S. 550 ff.; vgl. *Bryde* (N 90), Art. 80 Rn. 9 b; BVerwGE 58, 45.
150 Vgl. z. B. VG Berlin, in: NJW 1974, S. 330 – Pressesubvention.
151 Vgl. BVerwGE 45, 8 (10), wo die gemäß § 6 Abs. 6 S. 2 Filmförderungsgesetz vom Verwaltungsrat erlassenen Richtlinien zur Gewährung von Förderungshilfen als „autonomes Recht" qualifiziert werden (dazu N 13); BSGE 35, 164; 35, 262 betreffend die Neutralitäts-Anordnung der Bundesanstalt für Arbeit gem. § 116 Abs. 3 S. 2 AFG 1969, die als „autonome Satzung" qualifiziert wird; vgl. *Fritz Ossenbühl/Reinhard Richardi*, Neutralität im Arbeitskampf, 1987, S. 26.

Die Rechtsprechung stuft die Subventionsrichtlinien als „verwaltungsinterne Weisungen" ein, die dazu bestimmt sind, das Ermessen der Subventionsverwaltung zu regeln[152].

E. Rechtserzeugung von Verwaltungsvorschriften

I. Ermächtigungsgrundlage

Die erste Frage ist die nach der Rechtsgrundlage, die die Befugnis zum Erlaß der Verwaltungsvorschriften vermittelt. Verwaltungsvorschriften ergehen im Funktionsbereich der Exekutive. Dieser Funktionsbereich der Verwaltung kann originär, das heißt verfassungsrechtlich vorgegeben sein; er kann sich aber auch durch Zuweisungen des Gesetzgebers erweitern (derivativer Funktionsbereich). Was zunächst den originären Funktionsbereich betrifft, so ist die Befugnis zum Erlaß von Verwaltungsvorschriften der Exekutivgewalt inhärent[153]. Grundlagen für den Erlaß von Verwaltungsvorschriften sind die Organisationsgewalt und die Geschäftsleitungsgewalt[154].

76 Organisations- und Geschäftsleitungsgewalt

Einer besonderen gesetzlichen Ermächtigung zum Erlaß von Verwaltungsvorschriften bedarf die Exekutive nicht. Gesetzliche Vorschriften, die einzelnen Exekutivstellen die Aufgabe des Erlasses von Verwaltungsvorschriften zuweisen, sind im Regelfall Kompetenznormen, nicht Ermächtigungsgrundlagen[155]. Dies ist anders im Falle von intersubjektiven Verwaltungsvorschriften, die im Verhältnis von Bund und Ländern sowie von Ländern und Gemeinden ergehen. So sind beispielsweise die Art. 84 Abs. 2 und 85 Abs. 2 GG[156] ebenso wie formellgesetzliche Grundlagen, die staatliche Verwaltungsvorschriften in kommunalen Angelegenheiten zulassen[157], Ermächtigungsgrundlagen und nicht lediglich Kompetenzverteilungsregeln. Die Exekutivgewalt schließt auch den Erlaß außenwirksamer und außengerichteter Verwaltungsvorschriften ein. Dies folgt unmittelbar aus dem Umstand, daß der Gesetzesvorbehalt nicht den gesamten Außenbereich abdeckt[158] und die Exekutive demzufolge in jenem Sektor tätig werden darf, der vom Gesetzesvorbehalt nicht erfaßt wird[159]. Hiergegen läßt sich auch nicht einwenden, die Exekutive sei auf die Einzelfallentscheidung beschränkt[160]. Für diese These fehlt nicht nur jede

77 Kein Erfordernis gesetzlicher Ermächtigung

Besonderheit der intersubjektiven Verwaltungsvorschriften

Originäre Rechtsetzungsgewalt der Exekutive

---

152 BVerwGE 104, 220 (222); BVerwG, in: DVBl 2004, 126 (127); zur Bindungswirkung von Ermessensrichtlinien s. o. Rn. 68 ff.
153 Vgl. BVerfGE 26, 338 (396); BVerwG, in: DVBl 1982, S. 195 (196); *Ossenbühl* (N 2), S. 453.
154 Vgl. *Ossenbühl* (N 2), S. 455; nicht die Dienstgewalt, so aber *Brohm* (N 9), S. 24, denn sie ist Personalgewalt, nicht Sachgewalt.
155 BVerfGE 26, 338 (396 f.).
156 BVerfGE 26, 338 (397).
157 Vgl. die Nachweise bei *Ossenbühl* (N 2), S. 454.
158 Vgl. *Krebs* (N 116), S. 265 ff.; *Bryde* (N 90), Art. 80 Rn. 9 f. → Oben *Ossenbühl*, § 101 Rn. 60 f.
159 Vgl. *Böckenförde* (N 113), unter Hinweis auf *Ossenbühl* (N 2), S. 509 ff.; *Stern* (N 73), S. 659; *Vogel* (N 13), S. 163 f.; *Scheuing* (N 86), S. 159; *Krebs* (N 116), S. 265 ff.; *Bryde* (N 90).
160 So aber *Brohm* (N 9), S. 27.

Begründung. Sie ist auch deswegen nicht akzeptabel, weil sie der Verwaltung das Instrument abstrakt-genereller Regelungen auch dort vorenthalten würde, wo es zur Erfüllung der Verwaltungsaufgaben unabdingbar ist und sich mit dem Verfassungsgebot des Gesetzesvorbehaltes inhaltlich verträgt. Art. 80 Abs. 1 GG betrifft nur die delegierte Rechtsetzung, ist also für die administrative Rechtsetzung im *originären* Funktionsbereich der Exekutive nicht einschlägig[161].

Die inneradministrativen Kompetenzen zum Erlaß von Verwaltungsvorschriften sind verfassungsrechtlich und einfachgesetzlich festgelegt. Soweit ausdrückliche Regelungen fehlen, richtet sich die Kompetenz nach der Inhaberschaft der Organisations- und Geschäftsleitungsgewalt.

78

Vollzugsmandat der Exekutive

Nicht zum originären Funktionsbereich gehört der gesetzlich geordnete Raum. Verwaltungsvorschriften, die dem Vollzug eines Gesetzes dienen, sind deshalb hinsichtlich der Frage, ob sie eine Ermächtigungsgrundlage erfordern, differenziert zu betrachten. Zum Teil werden solche Verwaltungsvorschriften vom allgemeinen Vollzugsmandat der Exekutive umfaßt. So gehört zum Vollzugsmandat selbstredend auch der erste Zugriff zur Gesetzesinterpretation. Wenn die Verwaltung ein Gesetz vollziehen soll, muß sie sich durch Auslegung zunächst Klarheit über den Gesetzesinhalt verschaffen. Norminterpretierende Verwaltungsvorschriften, die der Einheitlichkeit des Gesetzesvollzuges dienen, sind deshalb der Exekutivgewalt immanent und bedürfen keiner besonderen Ermächtigungsgrundlage[162]. Das gilt auch für gesetzesergänzende Organisations- und Verfahrensvorschriften von untergeordneter Bedeutung[163]. Anders steht es hingegen um die gesetzesergänzenden Verwaltungsvorschriften, die das materielle Recht vervollständigen (etwa Regelsätze nach dem BSHG)[164], und um die normkonkretisierenden Veraltungsvorschriften, die die Auslegung und Anwendung unbestimmter Rechtsbegriffe (beispielsweise Stand von Wissenschaft und Technik) durch eine normative Zwischenschicht auf eine einheitliche Basis stellen sollen. Ob sich die qualitative

Norminterpretation und Normkonkretisierung

Grenze zwischen Norm*interpretation* und Norm*konkretisierung* generell oder im Einzelfall zuverlässig ziehen läßt, mag dahinstehen[165]. Sowohl bei der Interpretation wie auch bei der Konkretisierung eines unbestimmten Gesetzesbegriffs gerät die Verwaltung in den Funktionsbereich der Gerichte. Norm interpretierende Verwaltungsvorschriften der Verwaltung sind deshalb für die Gerichte nicht verbindlich. Zur Kategorie der normkonkretisierenden Verwaltungsvorschriften gehören jene, die auch für die Gerichte verbindlich sind. Diese Verbindlichkeit kann nicht aus dem Funktionsbereich der Verwaltung unmittelbar resultieren, sondern bedarf einer besonderen Rechtsgrundlage.

---

161 Vgl. *Böckenförde* (N 113), S. 395 ff.; *Lorenz* (N 116), S. 41; *Scheuing* (N 86), S. 160; *Starck* (N 116), S. 306.
162 Über die Bindungswirkung ist damit keine Aussage getroffen. Norminterpretierende Verwaltungsvorschriften haben selbstredend nur interne Bindungswirkung (s. o. Rn. 65 ff.)
163 S. o. Rn. 27 ff.
164 S. o. Rn. 27.
165 Vgl. etwa BVerfGE 80, 257 (267); 78, 214 (228) – Steuerrechtliche Typisierungen und Pauschalierungen.

Sie wird in Anlehnung an die normative Ermächtigungslehre im Gesetz selbst wie auch in zusätzlichen, sich aus dem Gegenstand des Gesetzes ergebenden Argumenten gesucht[166]. Bei Licht betrachtet läuft diese Suche letztlich auf eine Zuweisung von Konkretisierungsbefugnissen an die Verwaltung hinaus, die die Gerichte immer dann vornehmen, wenn sich die für ihre Rechtskontrolle notwendigen Maßstäbe so verflüchtigen, daß sie die Verantwortung für eine Normkonkretisierung lieber bei der Verwaltung belassen wollen.

II. Mitwirkung Dritter

Gesetzliche Bestimmungen über Form und Verfahren beim Erlaß von Verwaltungsvorschriften sind nur vereinzelt zu finden[167]. In einzelnen Gesetzen sind namentlich Vorschriften über die Beteiligung Dritter bei Erlaß von Verwaltungsvorschriften vorgesehen. Die vorgeschriebenen Beteiligungsformen reichen mit zunehmender Intensität von der bloßen Anhörung[168] über die Mitberatung und Mitwirkung bis zur unentbehrlichen Zustimmung oder Genehmigung. In dieser Weise eingeschaltet in das Verfahren beim Erlaß von Verwaltungsvorschriften sind nicht nur inneradministrative Funktionsstellen, namentlich die beteiligten Ministerien und ihnen beigeordnete Gremien, sondern auch außerhalb der Verwaltung stehende Interessengruppen, Verbände oder einzelne Fachleute, insbesondere die Spitzenorganisationen der Gewerkschaften, Berufsverbände und Arbeitgebervereinigungen sowie die Personalvertretungen in den öffentlichen Verwaltungen[169]. Allgemeine Verwaltungsvorschriften der Bundesregierung an die Länder bedürfen gemäß Art. 84 Abs. 2, 85 Abs. 2 GG der Zustimmung des Bundesrates. Ob darüber hinaus durch Gesetz der Erlaß von allgemeinen Verwaltungsvorschriften auch an die Zustimmung des Bundes*tages* gebunden werden kann, ist zweifelhaft[170].

79
Beteiligung anderer privater oder öffentlicher Stellen

Über die gesetzlichen Vorschriften hinausgehend enthalten verschiedene ministerielle Geschäftsordnungen weitere, von den erlassenden Instanzen generell zu beachtende Regeln über die Hinzuziehung außerstaatlicher Fach und Interessenverbände sowie über die interministerielle Kooperation und Koordination beim Erlaß von Verwaltungsvorschriften, die mehrere Ressorts berühren. Verwaltungsvorschriften von besonderer politischer oder sonst grundsätzlicher Bedeutung sind dem Kabinett zur Beratung oder Einholung

80
Koordination und Kooperation

---

166 Vgl. BVerwGE 72, 300 (320); 107, 338 (342); kritisch *Sauerland* (N 4), S. 254 ff.
167 Regelungen enthält die Gemeinsame Geschäftsordnung der Bundesministerien (GGO) v. 9. 8. 2000 (GMBl, S. 526; abgedruckt bei *Hans Schneider*, Gesetzgebung, ³2002, S. 403 ff.) in den §§ 70 Abs. 1, 47.
168 Beispiele: § 116 SGB XII (Anhörung „sozialerfahrener Personen"); § 48 BImSchG (Anhörung „der beteiligten Kreise", d. h. Vertreter der Wissenschaft, der Betroffenen, der beteiligten Wirtschaft, des beteiligten Verkehrswesens und der für den Immissionsschutz zuständigen Landesbehörden); § 15 Abs. 1 ArbGG (Anhörung der Gewerkschaften und Arbeitgebervereinigungen); § 10 Abs. 1 KWG (Anhörung der Spitzenverbände der Kreditinstitute).
169 Vgl. die Nachweise bei *Ossenbühl* (N 2), S. 460; *Sauerland* (N 4), S. 378 ff.
170 Ablehnend: *Dieter Hömig*, Mitentscheidungsrechte des Bundestages beim Erlaß allgemeiner Verwaltungsvorschriften des Bundes?, in: DVBl 1976, S. 858.

einer Grundsatzentscheidung vorzulegen. Wo solche Geschäftsordnungen nicht bestehen, wird meist kraft verwaltungsinterner Übung in gleicher Weise verfahren.

III. Ausfertigung und Verkündung

81
Ausfertigung

Da in der Ministerialpraxis die Verwaltungsvorschriften verfahrensmäßig ebenso behandelt werden wie die Rechtsverordnungen, enthalten manche ministeriellen oder Regierungsgeschäftsordnungen auch Normen über die Ausfertigung der Verwaltungsvorschriften. Sie treffen nähere Bestimmungen darüber, wer (Minister oder Staatssekretär etc.) welche Verwaltungsvorschriften in welcher Reihenfolge (bei mehreren beteiligten Ressorts) zu unterzeichnen hat.

82
Verkündung

Den Schlußpunkt der Rechtserzeugung von Normen bildet die Verkündung. Die Verkündung ist rechtsstaatlich notwendige Voraussetzung für die Normentstehung[171]. Für den Erlaß von Verwaltungsvorschriften ist die Verkündung zum Teil gesetzlich vorgeschrieben[172]. Im übrigen wird die Frage der Publikationspflicht in Schrifttum[173] und Rechtsprechung nach wie vor unterschiedlich und differenziert beantwortet. Dies hängt damit zusammen, daß über die Rechtsnatur der Verwaltungsvorschriften nach wie vor unterschiedliche Auffassungen bestehen und überdies höchst unterschiedliche Typen von Verwaltungsvorschriften mit voneinander abweichenden Bindungswirkungen unterschieden werden. Die Frage der Verkündung läßt sich aus diesem Grunde nicht mit einer einheitlichen Antwort lösen.

83
Publikationspflicht

Die Verknüpfung der Publikationspflicht mit der Außenwirkung von Verwaltungsvorschriften ist folgerichtig. Dementsprechend gilt zunächst die Feststellung des Bundesverwaltungsgerichts[174]: „Die Publikationspflicht für Verwaltungsvorschriften mit unmittelbarer Außenwirkung für Dritte ist im Rechtsstaatsprinzip (Art. 20 Abs. 3 GG, Art. 28 Abs. 1 S. 1 GG) sowie in der Garantie des effektiven Rechtsschutzes (Art. 19 Abs. 4 GG) begründet." Für alle anderen Verwaltungsvorschriften hingegen, namentlich für jene, die (lediglich) eine Selbstbindung, der Verwaltung begründen, wird eine Publikationspflicht verneint[175]. Das Bundesverwaltungsgericht konzediert den „Beteiligten eines Verwaltungsverfahrens" lediglich ein Auskunftsrecht betreffend die für die Verwaltungsentscheidung maßgeblichen Verwaltungsvorschriften, versagt aber Rechtsanwälten sowohl einen Anspruch auf Bekanntgabe[176] wie auch

---

171 BVerwGE 122, 264 (269 f.) (= DÖV 2005, S. 605 [607]).
172 Beispiele: §§ 49, 50 Abs. 1 S. 4 GWB; § 10 Abs. 1 S. 3 KWG.
173 *Fritz Ossenbühl*, Verwaltungsvorschriften und Grundgesetz, 1968, S. 462 ff.; *Almut Wittling*, Die Publikation der Rechtsnormen einschließlich der Verwaltungsvorschriften, 1991, S. 165 ff.
174 BVerwG, in: DÖV 2005, S. 605 (607).
175 BVerwG, in: NVwZ 1998, S. 273 (275); BVerwGE 104, 220 (224).
176 BVerwGE 61, 15.

auf Auskunft[177]. Diese Auffassung erscheint nicht nur zu streng[178], sondern auch nicht folgerichtig. Ist die Publikationspflicht, wie das Bundesverwaltungsgericht selbst betont, auch durch das Verfassungserfordernis des effektiven Rechtsschutzes begründet, so ist eine Verkündung auch für jene Verwaltungsvorschriften geboten, die (lediglich) eine administrative Selbstbindung erzeugen. Denn ein Rechtsanwalt kann seiner Aufgabe nur dann nachkommen, wenn er alle Entscheidungsgrundlagen der Verwaltung kennt. Allerdings sind die insoweit bestehenden praktischen Probleme wohl nicht allzu groß. Denn jeder Rechtsanwalt hat die Möglichkeit, mit Hilfe des Auskunftsrechts seines Mandanten sich auch in den Besitz von Verwaltungsvorschriften zu bringen, die für seine Beratung wesentlich sind.

Soweit eine Publikationspflicht bejaht wird, entsteht die Frage, auf welche Weise ihr genügt werden kann. Es genügt die Publikation in dem für den jeweiligen Verwaltungsträger für die Veröffentlichung von Rechtsnormen vorgeschriebenen amtlichen Medium[179]. Ob daneben andere Veröffentlichungsformen genügen, hat das Bundesverwaltungsgericht offengelassen. Merkblätter allein jedoch genügen dem Publikationsgebot nicht. Vielmehr muß der Normtext als solcher vollständig bekanntgemacht werden[180]. Die Mindestanforderungen an die Verkündung richten sich nach den personellen, zeitlichen und räumlichen Dimensionen der durch den Inhalt der Verwaltungsvorschriften angesprochenen Personenkreise[181].

84
Umfang

F. Verwaltungsvorschriften und gerichtliche Kontrolle

I. Verfahrensfragen

Verwaltungsvorschriften können sowohl Maßstab wie auch Gegenstand der gerichtlichen Kontrolle sein[182]. Betrifft die gerichtliche Kontrolle eine auf der Grundlage einer Verwaltungsvorschrift ergangene Verwaltungsentscheidung, so ist die angewandte Verwaltungsvorschrift beides, sowohl Gegenstand wie auch Maßstab der gerichtlichen Prüfung. Soweit es um die Frage geht, ob die Verwaltungsvorschrift überhaupt Gültigkeit hat und angewendet werden

85
Gegenstand und Maßstab gerichtlicher Kontrolle

---

177 BVerwGE 61, 40; 69, 278; BVerwG, in: NJW 1985, S. 1234.
178 Kritisch: *Hansjörg Jellinek*, Veröffentlichung von verwaltungsinternen Richtlinien, in: NJW 1981, S. 2235; *Lerke Schulze-Osterloh*, Urteilsanmerkung, in: JuS 1981, S. 683; *Scheuing* (N 86), S. 159 f.; *Gerd Ketteler*, Veröffentlichungspflicht und Anspruch auf Bekanntgabe von Verwaltungsvorschriften, in: VR 1983, S. 174 ff.
179 BVerwGE 122, 264 (270) (= DÖV 2005, S. 605 [607]).
180 BVerwGE 122, 264 (270) (= DÖV 2005, S. 605 [607]).
181 Vgl. *Böckenförde/Grawert* (N 13), S. 36; *Gertrude Lübbe-Wolff*, Der Anspruch auf Information über den Inhalt ermessensbindender Verwaltungsvorschriften, in: DÖV 1980, S. 594; *Christoph Gusy*, Die Pflicht zur Veröffentlichung von Verwaltungsvorschriften, in: DVBl 1979, S. 720; BVerwGE 45, 8 (11); OVG Berlin, in: DVBl 1976, S. 266; OVG Berlin, in: DÖV 1976, S. 53; VGH Baden-Württemberg, in: NJW 1979, S. 2117.
182 Vgl. *Sauerland* (N 4), S. 363 ff.

86 Ob und inwieweit der Richter die Verwaltungsvorschrift seiner Entscheidung als Prüfmaßstab zugrunde legen darf oder muß, hängt von der Bindungswirkung der Verwaltungvorschrift ab, die je nach Vorschriftentyp unterschiedlich und innerhalb der Vorschriftentypen differenziert zu beantworten ist[184].

Abstraktes Normenkontrollverfahren
Eine Verwaltungsvorschrift ist ausschließlich *Gegenstand* einer gerichtlichen Kontrolle, wenn es sich um ein abstraktes Normenkontrollverfahren im Sinne des § 47 Abs. 1 Nr. 2 VwGO handelt. Danach können Rechtsvorschriften im Rang unterhalb eines Landesgesetzes mit einer prinzipialen Normenkontrolle gerichtlich angegriffen werden. Ob hierzu auch die Verwaltungsvorschriften zählen, ist wiederum umstritten und davon abhängig, ob man sie als „Rechtsvorschriften" im Sinne des § 47 Abs. 1 S. 2 VwGO einordnet. Das Bundesverwaltungsgericht hat die Zulässigkeit einer Normenkontrolle gemäß § 47 Abs. 1 Nr. 2 VwGO für Verwaltungsvorschriften mit unmittelbarer Außenwirkung (Regelsätze nach dem Bundessozialhilfegesetz) bejaht, im übrigen aber mit der Begründung verneint, den Verwaltungsvorschriften fehle „die für Rechtsvorschriften charakteristische Außenwirkung"[185]. Insoweit kommt man folgerichtig zu anderen Ergebnissen, wenn man mit der im Zunehmen begriffenen Rechtsauffassung die Verwaltungsvorschriften als „vollwertige" Rechtsvorschriften anerkennt, denen auch eine „Außenwirkung" zukommt[186].

II. Umfang der gerichtlichen Kontrolle

87 Der Umfang der gerichtlichen Kontrolle von Verwaltungsvorschriften, gleichgültig ob sie inzidenter oder principaliter überprüft werden, umfaßt zunächst ihre Entstehensvoraussetzungen (Zuständigkeit, Mitwirkung Dritter, Verkündung etc.), wobei sich freilich die Frage ergibt, welche Erzeugungsbedingungen für die Wirksamkeit der Verwaltungsvorschriften essentiell sind.

Inhalt der Verwaltungsvorschriften
Was den Inhalt der Verwaltungsvorschriften betrifft, so richtet sich der Umfang der gerichtlichen Kontrolle nach der Bindungswirkung der Verwaltungsvorschriften für den Richter. Diese Bindungswirkung besteht, wie be-

---

183 Ein Widerspruch zu Subventionsrichtlinien macht eine Verwaltungsentscheidung nach der Rechtsprechung nicht rechtswidrig, weil nach deren Auffassung „keine Rechtsnorm" vorliegt (so BVerwG, in: DVBl 2004, S. 126 [127]).
184 S. o. Rn. 41 ff.
185 BVerwGE 122, 264 (266) (= DÖV 2005, S. 605 [606]).
186 Vgl. schon *Fritz Ossenbühl*, Ministerialerlasse als Gegenstand der verwaltungsgerichtlichen Normenkontrolle, in: DVBl 1969, S. 526 ff.; jetzt auch *Eberhard Schmidt-Aßmann*, Das allgemeine Verwaltungsrecht als Ordnungsidee, ²2004, S. 330.

reits dargelegt, in differenzierten Abstufungen und Schattierungen[187]. Eine grundsätzliche Kontroverse hat sich bei der Frage gestellt, ob Verwaltungsvorschriften, wenn sie zur Erfassung ihres Inhalts der Auslegung bedürfen, wie Rechtsnormen oder Willenserklärungen zu behandeln sind. Da die Auslegungsgrundsätze für Rechtsnormen einerseits und Willenserklärungen andererseits unterschiedlich sind, kommt der Frage auch praktische Bedeutung zu. Eine einheitliche Linie ist insoweit nicht erkennbar[188]. Nach hier vertretener Auffassung sind die für Gesetze gültigen Auslegungsgrundsätze anwendbar. Das Bundesverwaltungsgericht will den Regelungsgehalt normkonkretisierender Verwaltungsvorschriften „im Prinzip nicht anders als bei Rechtsnormen durch Auslegung ermitteln", allerdings soll der Entstehungsgeschichte der Verwaltungsvorschrift bei der Auslegung „im Zweifel mehr Gewicht zukommen als dies regelmäßig bei Rechtsnormen der Fall ist"[189].

G. Verwaltungsvorschriften und Europarecht

Verwaltungsvorschriften sind ein allgemein bekanntes Phänomen jeder Rechtsordnung und demzufolge Bestandteil auch des Europarechts[190]. Doch darum geht es hier nicht. Vielmehr steht die Frage im Vordergrund, ob deutsche Verwaltungsvorschriften auch in Ausführung und Umsetzung von Europarecht in Deutschland eine Rolle spielen können.

88

I. EG-Verordnungen und nationale Verwaltungsvorschriften

EG-Verordnungen gelten nach Art. 249 Abs. 2, 254 Abs. 2 EGV unmittelbar in jedem Staat und wirken für und gegen die Bürger. Einer besonderen Umsetzung in nationales Recht bedarf es nicht. Bei der Anwendung der EG-Verordnungen stellen sich selbstredend dieselben Probleme wie bei der Anwendung von nationalen Rechtsnormen. Es kann sich für die Gesetzesanwendung die Notwendigkeit organisatorischer Verwaltungsvorschriften ergeben, aber ebenso auch die Erforderlichkeit, eingeräumtes Verwaltungsermessen zu dirigieren oder die Auslegung unbestimmter Rechtsbegriffe im Interesse eines gleichmäßigen Normvollzuges zu verdeutlichen. Die deutschen Behörden sind als Vollzugsinstanzen befugt, den für den Normvollzug notwendigen „normativen Unterbau" auch für EG-Verordnungen zu schaffen[191].

89
Unmittelbare Wirkung

---

187 S.o. Rn. 41 ff.; zur gerichtlichen Kontrolle normkonkretisierender Verwaltungsvorschriften: *Michael Gerhardt*, Normkonkretisierende Verwaltungsvorschriften, in: NJW 1989, S. 2233 (2238 f.).
188 Vgl. *Sauerland* (N 4), S. 387 ff. m. Nachw.
189 BVerwGE 110, 216 (Leitsatz), 218; 107, 338 (340 f.).
190 Dazu *Rogmann* (N 26), S. 100 ff.
191 Vgl. *Rogmann* (N 26), S. 93; *Annette Guckelberger*, Zum methodischen Umfang mit Verwaltungsvorschriften, in: DV 35 (2002), S. 61 ff. (70); *Sauerland* (N 4), S. 508 ff.

II. Umsetzung von EG-Richtlinien in deutsches Recht durch Verwaltungsvorschriften

90
Umsetzungs-
erfordernis

Soweit EG-Recht in der Form von Richtlinien erlassen wird, ist eine innerstaatliche Umsetzung in nationales Recht notwendig. Diese Umsetzung geschieht im Regelfall durch parlamentsbeschlossene Gesetze oder durch Rechtsverordnungen. Fraglich ist, ob eine Umsetzung in innerstaatliches Recht auch durch (normkonkretisierende) Verwaltungsvorschriften vorgenommen werden kann. Diese Frage hat einen ausgedehnten Streit ausgelöst[192]. Der Europäische Gerichtshof hat in mehreren Entscheidungen eine Umsetzung durch Verwaltungsvorschriften als nicht ausreichend und deshalb unzulässig erachtet, weil Verwaltungsvorschriften für den Bürger nicht dieselbe Rechtssicherheit erzeugten wie Gesetz und Rechtsverordnung[193].

91
Rechts-
verordnungen

Diese Rechtsprechung hat dazu geführt, daß in der Praxis zunehmend Rechtsverordnungen an die Stelle normkonkretisierender Verwaltungsvorschriften, namentlich im Umweltrecht, treten. Ob die aus dem Jahre 1991 stammende Rechtsprechung des Europäischen Gerichtshofes den gegenwärtigen Stand der deutschen Entwicklung zu den normkonkretisierenden Verwaltungsvorschriften zutreffend widerspiegelt, ist nicht zweifelsfrei[194]. Eine Umsetzung von Europarecht durch nationale Verwaltungsvorschriften scheidet nach inzwischen etablierter Meinung jedenfalls dann aus, wenn durch die Richtlinie dem einzelnen Bürger durchsetzbare subjektive Rechte verliehen werden sollen[195]. Ob daneben noch Umsetzungsraum für Verwaltungsvorschriften besteht, bleibt in der Schwebe.

---

192 Ausführlich dazu m. Nachw. *Sauerland* (N 4), S. 481 ff.
193 EuGH v. 28.2.1991, Rs. C-131/88 – Kommission/Deutschland, Slg. 1991, I – 825 ff. (Grundwasser); EuGH v. 30.5.1991, Rs. C-361/88 – Kommission/Deutschland, Slg. 1991, I – 2596 ff. (TA-Luft); EuGH v. 30.5.1991, Rs. C-59/89 – Kommission/Deutschland, Slg. 1991, I – 2626 ff. (TA-Luft).
194 Vgl. *Sauerland* (N 4), S. 499 ff.; *Guckelberger* (N 191), S. 72.
195 Vgl. *Sauerland* (N 4), S. 498 m. ausf. Nachw.

H. Bibliographie

Peter Axer, Normsetzung der Exekutive in der Sozialversicherung, 2000.
Christian Bönker, Umweltstandards in Verwaltungsvorschriften, 1992.
Winfried Brohm, Verwaltungsvorschriften als administrative Rechtsquelle – ein ungelöstes Problem des Innenrechts, in: ders. (Hg.), Drittes deutsch-polnisches Verwaltungssymposium, 1983, S. 11 ff.
Udo Di Fabio, Verwaltungsvorschriften als ausgeübte Beurteilungsermächtigung, in: DVBl 1992, S. 1338.
Wilfried Erbguth, Normkonkretisierende Verwaltungsvorschriften, in: DVBl 1989, S. 473 ff.
Michael Gerhardt, Normkonkretisierende Verwaltungsvorschriften, in: NJW 1989, S. 2233.
Annette Guckelberger, Zum methodischen Umgang mit Verwaltungsvorschriften, in: DV 35 (2002) S. 61 ff.
Andreas Hänlein, Rechtsquellen im Sozialversicherungsrecht, 2001.
Hermann Hill (Hg.), Verwaltungsvorschriften, Dogmatik und Praxis, 1991.
Monika Jachmann, Die Bindungswirkung normkonkretisierender Verwaltungsvorschriften, in: DV 28 (1995), S. 17 ff.
Steffen Kautz, Verhaltenslenkende Verwaltungsvorschriften und ihre unterschiedliche Bindungswirkung, in: GewArch 2000, S. 230 ff.
Adina Keßler-Jensch, Die Richtlinien im SGB XI, 2005.
Hans Klein, Rechtsqualität und Rechtswirkung von Verwaltungsnormen, in: FG für Ernst Forsthoff, 1967, S. 163 ff.
Walter Krebs, Zur Rechtsetzung der Exekutive durch Verwaltungsvorschriften, in: VerwArch 70 (1979), S. 259 ff.
Anna Leisner, Verwaltungsgesetzgebung durch Erlasse, in: JZ 2002, S. 219 ff.
Ferdinand Mühlenbruch, Außenwirksame Normkonkretisierung durch „Technische Anleitungen", 1992.
Sebastian Müller-Franken, Maßvolles Verwalten, 2004, S. 367 ff.
Fritz Ossenbühl, Verwaltungsvorschriften und Grundgesetz, 1968.
ders., Zur Außenwirkung von Verwaltungsvorschriften, in: FG aus Anlaß des 25jährigen Bestehens des Bundesverwaltungsgerichts, 1978, S. 433 ff.
ders., Rechtsverordnungen und Verwaltungsvorschriften als neben- oder Ersatzgesetzgebung, in: Hermann Hill (Hg.), Zustand und Perspektiven der Gesetzgebung, 1989, S. 99 ff.
Hans-Jürgen Papier, Bedeutung der Verwaltungsvorschriften im Recht der Technik, in: FS für Rudolf Lukes, 1989, S. 159 ff.
Achim Rogmann, Die Bindungswirkung von Verwaltungsvorschriften, 1998.
Thomas Sauerland, Die Verwaltungsvorschrift im System der Rechtsquellen, 2005.
Johannes Saurer, Die neueren Theorien zur Normkategorie der Verwaltungsvorschriften, in: VerwArch 2006, S. 249 ff.
Wolf-Rüdiger Schenke, Gesetzgebung durch Verwaltungsvorschriften?, in: DÖV 1977, S. 27.
Walter Schmidt, Gesetzesvollziehung durch Rechtsetzung, 1969.
Horst Sendler, Normkonkretisierende Verwaltungsvorschriften im Umweltrecht, in: UPR 1993, S. 321 ff.
Rainer Wahl, Verwaltungsvorschriften: Die ungesicherte dritte Kategorie des Rechts, in: FG 50 Jahre BVerwG, 2003, S. 571 ff.

§ 105
Satzung

Fritz Ossenbühl

Übersicht

	Rn.		Rn.
A. Begriff und Bedeutung	1–3	D. Abgrenzung zu verwandten Rechtsquellen	37–42
B. Anwendungsbereich – Befund	4–17	I. Satzungen und Rechtsverordnungen	37–39
I. Selbstverwaltungskörperschaften	6–12	II. Satzungen im öffentlichen Recht und im Privatrecht	40–41
1. Kommunale Selbstverwaltung	6–7	III. Satzungen und Geschäftsordnungen	42
2. Akademische Selbstverwaltung	8	E. Inhalt und Funktion der Satzungen	43–46
3. Wirtschafts- und berufsständische Selbstverwaltung	9–10	I. Satzungsinhalt	43
4. Selbstverwaltung in der Sozialversicherung	11–12	II. Funktion der Satzungen	44–46
II. Anstalten mit Satzungsbefugnis	13–16	1. Satzungen im materiellen und formellen Sinne	44
1. Staatsunabhängige Anstalten	14	2. Satzung als administrative Handlungsform	45
2. Intermediäre Anstalten	15	3. Satzungen als Allgemeinverbindlicherklärungen	46
3. Anstalten der mittelbaren Staatsverwaltung	16	F. Satzungsermessen	47–50
III. Stiftungen mit Satzungsbefugnis	17	I. Begriff	47–48
C. Grundlagen der Satzungsgewalt	18–36	II. Ausübung des Satzungsermessens	49
I. Rechtsgrundlagen	18–23	III. Rechtsanspruch auf Erlaß von Satzungen	50
II. Legitimation der Satzungsgewalt	24–27	G. Verfahren der Satzungsgebung	51–61
III. Satzungsgewalt und Vorbehalt des Gesetzes	28–36	I. Satzungsinitiative	52
1. Satzung und förmliches Gesetz	28–31	II. Satzungsbeschluß	53–54
2. Konsequenzen des Gesetzesvorbehaltes	32–36	III. Genehmigung der Aufsichtsbehörde	55–59
a) Statusbildende Normen in Berufsordnungen	32	IV. Ausfertigung	60
b) Eingriffssatzungen	33	V. Bekanntmachung	61
c) Bindungen Externer (Außenseiterproblem)	34–35	H. Fehlerhafte Satzungen	62–63
d) Bewehrung von Satzungen	36	I. Fehler und Fehlerfolgen	62
		II. Rechtsschutz	63
		I. Bibliographie	

A. Begriff und Bedeutung

1
Definition des BVerfG

„Satzungen sind Rechtsvorschriften, die von einer dem Staat eingeordneten juristischen Person des öffentlichen Rechts im Rahmen der ihr gesetzlich verliehenen Autonomie mit Wirksamkeit für die ihr angehörigen und unterworfenen Personen erlassen werden. Die Verleihung von Satzungsautonomie hat ihren guten Sinn darin, gesellschaftliche Kräfte zu aktivieren, den entsprechenden gesellschaftlichen Gruppen die Regelung solcher Angelegenheiten, die sie selbst betreffen und die sie in überschaubaren Bereichen am sachkundigsten beurteilen können, eigenverantwortlich zu überlassen und dadurch den Abstand zwischen Normgeber und Normadressat zu verringern. Zugleich wird der Gesetzgeber davon entlastet, sachliche und örtliche Verschiedenheiten berücksichtigen zu müssen, die für ihn oft schwer erkennbar sind und auf deren Veränderungen er nicht rasch genug reagieren könnte"[1]. Diese Charakterisierung der Satzungen durch das Bundesverfassungsgericht gibt eine Reihe von Teilaspekten wieder, welche die Eigenart der Satzungen als Rechtsquelle jedoch nur unvollkommen zu erfassen vermögen. Unter dem Begriff „Satzung" werden in Theorie und Praxis höchst unterschiedliche Regelungswerke erfaßt, deren Heterogenität eine einheitliche Definition kaum ermöglicht. Satzungen sind „objektives Recht"[2]. Als Rechtsquellen mit Rang unterhalb des förmlichen Gesetzes treten sie in ihrer praktischen Bedeutung gleichgewichtig neben die Rechtsverordnungen. Sie bilden mit den förmlichen Gesetzen und Rechtsverordnungen den Kreis der überkommenen „klassischen" geschriebenen Rechtsquellen. Um so erstaunlicher ist, daß die Satzungen bisher keine zusammenfassende vertiefende monographische Bearbeitung gefunden haben[3].

Heterogene Materie

2
Autonome Verwaltungseinheiten

Die Autonomie (Rechtsetzungsgewalt, Satzungsbefugnis) ist „ein wesentliches Element der Selbstverwaltung"[4]. Deshalb spiegeln die Satzungen die pluralistische Struktur und die Gliederung des Gemeinwesens in zahlreiche autonome Verwaltungseinheiten im Rechtsquellensystem wider. Der Gedanke der Autonomie ist damit „sinnvoll in das System der grundgesetzlichen Ordnung eingefügt"[5]. Die Vielfalt und Heterogenität der Satzungen entspricht der Mannigfaltigkeit und Unterschiedlichkeit der kommunalen, akademischen, berufsständischen und sonstigen autonomen Gliederungen des Staates und der Gesellschaft. Dieser Umstand erfordert von vornherein eine differenzierte Betrachtung der Satzungen nach den verschiedenen Sachberei-

---

1 BVerfGE 33, 125 (156f.).
2 BVerfGE 10, 20 (50).
3 Solche Monographien bestehen nur für Teilbereiche: Vgl. *Eberhard Schmidt-Aßmann*, Die kommunale Rechtsetzung im Gefüge der administrativen Handlungsformen und Rechtsquellen, 1981; *Michael Kleine-Cosack*, Berufsständische Autonomie und Grundgesetz, 1986; *Matthias Papenfuß*, Die personellen Grenzen der Autonomie öffentlich-rechtlicher Körperschaften, 1991. Die Darstellung von *Andreas Hamann*, Autonome Satzungen und Verfassungsrecht, 1958, stellt nur eine geraffte, wenn auch verdienstvolle Studie dar, die aber inzwischen fast 50 Jahre alt ist.
4 BVerfGE 12, 319 (325).
5 BVerfGE 33, 125 (157).

chen und Anwendungsgebieten. Allgemeingültige Aussagen lassen sich nur in beschränktem Maße treffen.

Die Terminologie ist im wesentlichen einheitlich. Im allgemeinen wird in der Gesetzessprache der Begriff „Satzung" verwendet. Häufig werden Satzungen aber auch unter dem Oberbegriff „Ordnungen" geführt, beispielsweise als Gebühren- und Abgabenordnungen im Kommunalrecht, als Studienordnungen in der akademischen Selbstverwaltung, als Berufsordnungen in der berufsständischen Selbstverwaltung. Ob im Einzelfall ein Regelungswerk als Satzung qualifiziert werden kann, bestimmt sich demzufolge nicht ausschließlich nach dem vom Gesetzgeber gewählten Begriff. Es kommt auch vor, daß gesetzlich als „Satzungen" firmierte Regelungswerke als Rechtsverordnungen verstanden werden müssen[6].

3
Terminologie „Ordnungen"

B. Anwendungsbereich – Befund

Die folgende Bestandsaufnahme erhebt nicht den Anspruch auf Vollständigkeit. Sie soll lediglich die Anwendungsfelder umreißen, auf welchen die Satzungen ihre Regelungen entfalten[7].

4
Anwendungsfelder

Die Befugnis, Satzungen zu erlassen (Autonomie), ist ein kennzeichnendes Element der Selbstverwaltung. Den klassischen Typ der Selbstverwaltung bildet die kommunale Selbstverwaltung der Gemeinden, Städte und Kreise. Sie ist verfassungsrechtlich institutionell in Art. 28 Abs. 2 GG verbürgt. Neben der kommunalen Selbstverwaltung besteht eine Vielzahl höchst heterogener und strukturell unterschiedlicher Selbstverwaltungsinstitutionen, die üblicherweise unter dem Sammelbegriff der funktionalen Selbstverwaltung zusammengefaßt werden[8]. Der Unterschied zwischen kommunaler und funktionaler Selbstverwaltung besteht darin, daß die kommunale Selbstverwaltung gebietsbezogen, die funktionale Selbstverwaltung hingegen aufgabenbezogen (funktionsbezogen) orientiert ist. Die Zusammenfassung der nicht-kommunalen Selbstverwaltungseinheiten unter dem Sammelbegriff der funktionalen Selbstverwaltung ist dogmatisch und systematisch gesehen eher schädlich, weil sie Phänomene unter ein Begriffsdach bringt, die in vieler Hinsicht völlig verschieden sind und deshalb auch rechtlich keinen relevanten gemeinsamen Nenner aufweisen. Aus diesem Grund wird die folgende Bestandsaufnahme einer anderen Einteilung der Selbstverwaltungseinheiten folgen, um die unterschiedlichen Gestaltungen der Selbstverwaltung und die mit ihnen verbundenen rechtlichen Probleme sichtbar zu machen.

5
Selbstverwaltung

---

[6] Vgl. BVerfGE 10, 20 (49 ff.) – Stiftung Preußischer Kulturbesitz.
[7] Vgl. die Übersicht bei *Matthias Papenfuß*, Die personellen Grenzen der Autonomie öffentlich-rechtlicher Körperschaften, 1991, S. 29 ff.
[8] Vgl. *Winfried Kluth*, Funktionale Selbstverwaltung, 1997; → Bd. II, *Böckenförde*, § 24 Rn. 33 ff.; BVerfGE 107, 59 (89).

I. Selbstverwaltungskörperschaften

1. Kommunale Selbstverwaltung

6
Kommunale Satzungen

Garantie in Art. 28 Abs. 2 GG

Die Satzungsbefugnis ist in ihrer geschichtlichen Entwicklung aus dem Wesen der kommunalen Selbstverwaltung nicht wegzudenken. In ungezählten Statuten, Einungen, Willküren usw. haben die Kommunen seit dem 12. Jahrhundert Regelungen der unterschiedlichsten Art getroffen[9]. Nach der gegenwärtigen Rechtsordnung ist die kommunale Satzungsbefugnis in Art. 28 Abs. 2 GG mit garantiert[10]. Sie wird in den Kommunalverfassungsgesetzen der Länder und in zahlreichen Einzelermächtigungen der Gesetze des Bundes und der Länder ausgeformt. Die Satzungsbefugnis beschränkt sich auf die eigenen Angelegenheiten der örtlichen Gemeinschaft der jeweiligen Gemeinde. Kommunale Satzungen haben namentlich für drei Sachbereiche zentrale Bedeutung[11]. Erstens sind Satzungen Instrumente kommunaler Selbstorganisation. Dies drückt sich vornehmlich in der Hauptsatzung aus, in der sich die Gemeinde im Rahmen der gesetzlich vorgegebenen Kommunalverfassung ein individuell-konkretes Organisationsstatut gibt. Zu nennen sind ferner die Satzungen, die Bestimmungen für Unternehmen der Gemeinde in der Rechtsform der rechtsfähigen Anstalt des öffentlichen Rechts treffen (z.B. § 114a GO Nordrh.-Westf.). Zweitens sind die kommunalen Satzungen Regelungsinstrumente zur Bewältigung kommunaler Abgaben- und Massenverwaltung und zur institutionellen Ordnung der gemeindlichen Daseinsvorsorge in Gestalt von öffentlichen Einrichtungen. Als Abgabenordnungen, Straßenbenutzungsordnungen, Anstaltsordnungen usw. konstituieren sie das Ortsrecht. Drittens sind Satzungen Instrumente kommunaler Planung. Zu den Haushalts- und Stellenplänen im finanziellen Bereich treten vielfältige Formen raumbezogener Pläne, von denen der in Satzungsform ergehende Bebauungsplan[12] hervorzuheben ist.

7
Kommunale Rechtsverordnungen

Zu unterscheiden von den kommunalen Satzungen sind die kommunalen Rechtsverordnungen[13]. Sie ergehen aufgrund spezieller formalgesetzlicher Delegation (Ermächtigung) und betreffen Aufgaben der staatlichen Verwaltung. Der wichtigste Anwendungsbereich solcher Gemeindeverordnungen ist das Polizei- und Ordnungsrecht mit seinen Nebengebieten. Die Unterscheidung ist praktisch relevant, weil Rechtserzeugungsverfahren und Geltungsbedingungen von Satzungen und kommunalen Rechtsverordnungen unterschiedlich aussehen.

---

9 Vgl. *Otto Gönnenwein*, Gemeinderecht, 1963, S. 143 (144).
10 BVerfGE 21, 54 (62f.); 32, 346 (361); 52, 95 (117); BVerwGE 6, 247 (252); 90, 359 (361).
11 Vgl. *Schmidt-Aßmann* (N 3), S. 5 f.; *Hermann Hill*, Soll das Kommunale Satzungsrecht gegenüber staatlicher und gerichtlicher Kontrolle gestärkt werden?, Gutachten zum 58. Deutschen Juristentag, 1990, S. 54 ff.; *Hartmut Maurer*, Rechtsfragen kommunaler Satzungsgebung, in: DÖV 1993, S. 184 ff.
12 § 10 BauGB.
13 Sie stellen Ortsrecht dar, nicht staatliches Recht. Vgl. *Peter Badura*, Rechtsetzung durch Gemeinden, in: DÖV 1963, S. 561 (566 ff.); *Schmidt-Aßmann* (N 3), S. 25 ff.; *Gönnenwein* (N 9), S. 159 ff.; *Wolfgang Ziegler*, Die Verkündung von Satzungen und Rechtsverordnungen der Gemeinden, 1976, S. 37 ff.

2. Akademische Selbstverwaltung

Die Satzungsgewalt der Universitäten und wissenschaftlichen Hochschulen ist teilweise in den Landesverfassungen ausdrücklich anerkannt[14]. Nach § 58 Abs. 2 HRG geben sich die Hochschulen Grundordnungen (Verfassungen), die der Genehmigung des Landes bedürfen. Die Hochschulverfassungen sind jedoch in den Hochschulgesetzen der Länder inhaltlich vorstrukturiert, so daß der Regelungsspielraum geringer geworden ist[15]. Dagegen besteht ein echter Spielraum akademischer Autonomie im Bereich von Regelungen, die Forschung und Lehre betreffen. Sie zeigen sich in Gestalt von Habilitations-, Promotions-, Magister- und Studienordnungen und, soweit es um Universitätsprüfungen geht, in Prüfungsordnungen. Soweit die Studentenschaften gesetzlich als öffentlich-rechtliche Zwangskörperschaften innerhalb der Hochschulen organisiert sind[16], geben sie sich eine Satzung. Daneben bestehen Beitragsordnungen, Fachschaftssatzungen, Wahlordnungen etc.

8
Universitätsautonomie

3. Wirtschafts- und berufsständische Selbstverwaltung

Eine bedeutsame Rolle spielen die Satzungen auch in der wirtschafts- und berufsständischen Selbstverwaltung[17]. Zur wirtschaftsständischen Selbstverwaltung gehören die Industrie- und Handelskammern[18] und die in einigen Ländern eingerichteten Landwirtschaftskammern[19]. Sie sind rechtsfähige öffentlich-rechtliche Körperschaften, in denen die Gewerbetreibenden respektive Inhaber landwirtschaftlicher Betriebe zusammengeschlossen sind. Ihre Aufgabe ist die Förderung der gewerblichen Wirtschaft respektive Landwirtschaft. Durch Satzungen wird die innere Organisation dieser Körperschaften geregelt. Daneben bestehen Beitrags- und Gebührenordnungen, die ebenfalls als Satzungen erlassen werden.

9
Berufskammern

---

14 Vgl. z.B. Art. 16 NordrhWestfVerf; Art. 20 Abs. 2 BadWürttVerf; *Thomas Oppermann*, Freiheit von Forschung und Lehre, in: HStR VI, ²2001 (¹1989), § 145 Rn. 52 ff. Die Autonomie der Akademien der Wissenschaften hingegen beruht nicht auf staatlich gewährter Autonomie, sondern ist Ausfluß der grundrechtlich geschützten Privatautonomie; dazu *Fritz Ossenbühl*, Die deutschen Akademien der Wissenschaften als Körperschaften des öffentlichen Rechts, 2005, S. 23 ff.

15 Vgl. *Werner Thieme*, Deutsches Hochschulrecht, ³2004, Rn. 97; *Hans Schneider*, Gesetzgebung, ³2002, Rn. 286.

16 Dazu *Thieme* (N 15), Rn. 937 ff. (939).

17 Vgl. *Kleine-Cosack* (N 3); *Arnulf Brandstetter*, Der Erlaß von Berufsordnungen durch die Kammern der freien Berufe, 1971; *Hans D. Jarass*, Wirtschaftsverwaltungs- und Wirtschaftsverfassungsrecht, ²1984, S. 96 ff.; *Winfried Brohm*, Selbstverwaltung in wirtschafts- und berufsständischen Kammern, in: FG für Georg-Christoph von Unruh, 1983, S. 777 ff.; *Gunnar Folke Schuppert*, Die Erfüllung öffentlicher Aufgaben durch verselbständigte Verwaltungseinheiten, 1981, S. 38 f., 68 f.; *Rainer Pitschas*, Recht der freien Berufe, in: Reiner Schmidt (Hg.), Öffentliches Wirtschaftsrecht, Besonderer Teil 2, 1996, S. 1 ff. (112 ff.); *Peter J. Tettinger*, Kammerrecht, 1997, S. 187 ff.

18 Vgl. das Gesetz zur vorläufigen Regelung des Rechts der Industrie- und Handelskammern vom 18.12.1956 (BGBl I, S. 920), insbesondere die §§ 1, 3 Abs. 1, 4 (Sartorius Nr. 118).

19 Vgl. z.B. das Gesetz über die Errichtung von Landwirtschaftskammern im Land Nordrhein-Westfalen, abgedruckt in: *Ernst v. Hippel/Helmut Rehborn*, Gesetze des Landes Nordrhein-Westfalen, Nr. 111; für das Land Niedersachsen vgl. das Gesetz über Landwirtschaftskammern, abgedruckt in: *Gert März*, Niedersächsische Gesetze, Nr. 760 a.

10

Öffentlich-rechtliche Körperschaften mit Satzungsgewalt sind ferner die Handwerkskammern und die Kammern der freien Berufe (Rechtsanwälte, Patentanwälte, Steuerberater und Wirtschaftsprüfer, Ärzte, Zahnärzte, Tierärzte, Apotheker und Architekten), die den Bereich der berufsständischen Selbstverwaltung repräsentieren. Sie sind teils durch Bundesgesetze[20], teils durch Landesgesetze[21] gebildet worden. Wesentliche Bedeutung gewinnen die Kammern für die Festlegung von sogenannten Berufsordnungen, in denen die Rechte und Pflichten eines Berufsstandes niedergelegt sind (Beteiligung am Notfalldienst, Werbeverbote)[22]. Solche Berufsordnungen ergehen teils in Gestalt von Satzungen (Ärzte, Architekten). Sie haben in diesem Fall allgemeinverbindliche Wirkung, müssen aber den an das Satzungsrecht gestellten Anforderungen der Bestimmtheit der gesetzlichen Ermächtigung und des Gesetzesvorbehaltes genügen[23]. In anderen Fällen wurden bisher die Berufsordnungen in Gestalt von „Standesrichtlinien" festgelegt (Rechtsanwälte, Steuerberater, Wirtschaftsprüfer)[24]. Diese Richtlinien sind nach der Rechtsprechung des Bundesverfassungsgerichts keine Rechtsvorschriften, wurden jedoch gleichwohl als „eine wesentliche Erkenntnisquelle" dafür angesehen, was im Einzelfall „nach der Auffassung angesehener und erfahrener Standesgenossen" der Würde und den Gewohnheiten des jeweiligen Berufsstandes entspricht[25]. Diese Auffassung hat das Bundesverfassungsgericht inzwischen aufgegeben und den Erlaß gesetzlich vorgeprägten Satzungsrechts für erforderlich gehalten[26].

Berufsordnungen

„Standesrichtlinien"

4. Selbstverwaltung in der Sozialversicherung

11

Autonomie der Sozialversicherungsträger

Auch in den verschiedenen Zweigen der Sozialversicherung sind Satzungen als „autonomes Recht"[27] vorgesehen, dessen praktische Bedeutung allerdings im Zusammenhang mit dem Schwund von Spielräumen eigener Verantwortung und Entscheidung der Sozialversicherungsträger als Selbstverwaltungskörperschaften eher skeptisch eingeschätzt wird[28]. Die Satzungen betreffen zunächst den organisatorischen Bereich und enthalten Einzelregelungen der

---

20 Vgl. §§ 60 ff. BRAO; §§ 53 ff. Patentanwaltsordnung; §§ 73 ff. Steuerberatungsgesetz; § 4 Wirtschaftsprüferordnung.
21 Vgl. z.B. §§ 7 ff. Architektengesetz Nordrh.-Westf.; §§ 1 ff. Heilberufsgesetz Nordrh.-Westf., beide Gesetze abgedruckt in: *v. Hippel/Rehborn* (N 19), Nr. 151, 152.
22 Vgl. z.B. *Brohm* (N 17), S. 802 ff.; *Hans D. Jarass*, Die freien Berufe zwischen Standesrecht und Kommunikationsfreiheit, in: NJW 1982, S. 1833; *Jochen Taupitz*, Die Standesordnungen der freien Berufe, 1991; BVerwGE 72, 73 – Werbeverbot für Apotheker.
23 S. u. Rn. 28 ff.
24 Vgl. *Brandstetter* (N 17); *Brohm* (N 17), S. 802; für eine Überführung in Satzungsform: *Rüdiger Zuck*, Standesrecht in Satzungsform, in: ZRP 1987, S. 145.
25 BVerfGE 36, 212 (217); 57, 121 (132); 60, 215 (230); 66, 337 (356).
26 BVerfGE 76, 171; 76, 196; dazu *Michael Kleine-Cosack*, Verfassungswidriges Standesrecht, in: NJW 1988, S. 164; *Rüdiger Zuck*, Die notwendige Reform des anwaltlichen Berufs- und Standesrechts, in: NJW 1988, S. 175.
27 *Andreas Hänlein*, Rechtsquellen im Sozialversicherungsrecht, 2001; *Peter Axer*, Normsetzung der Exekutive in der Sozialversicherung, 2000.
28 Vgl. z.B. *Friedrich E. Schnapp*, Die Selbstverwaltung in der Sozialversicherung, in: FG für Georg-Christoph von Unruh, 1983, S. 881 (884, 893 und passim); *Schneider* (N 15), Rn. 287.

Organisation, der Mitgliedschaft, des Verfahrens etc. einzelner Versicherungsträger oder ihrer Organe[29]. Inhalt von Satzungen sind ferner Beitragsregelungen, die allerdings weitestgehend gesetzlich vorgeformt sind[30]. Weithin bekannt sind die Unfallverhütungsvorschriften, die von den Berufsgenossenschaften als Trägern der Unfallversicherung in der Form autonomer Satzungen erlassen werden[31].

Auf der Leistungsseite ist bemerkenswert, daß in der Krankenversicherung Satzungen dazu vorgesehen sind, vom Gemeinsamen Bundesausschuß erlassene Richtlinien durch Satzungen verbindlich zu machen. § 81 Abs. 3 Nr. 2 und § 210 Abs. 2 SGB V bestimmen, daß die Kassenärztlichen Vereinigungen und die Verbände der Krankenkassen (beide öffentlich-rechtliche Zwangskörperschaften) in ihre Satzungen Bestimmungen aufnehmen, nach denen die genannten Richtlinien für ihre Mitglieder verbindlich sind. Die bei den Krankenkassen versicherten Mitglieder sind jedoch im Gemeinsamen Bundesausschuß nicht vertreten. Umstritten ist, ob den Richtlinien ein eigener Rechtssatzcharakter zukommt[32]. Das Bundessozialgericht hat ihnen eine eigenständige außenwirksame Verbindlichkeit zuerkannt[33]. Durch den inzwischen in das SGB V eingefügte § 91 Abs. 9 sind die Richtlinien des Gemeinsamen Bundesausschusses auch für die Versicherten für verbindlich erklärt worden. Das Bundessozialgericht sieht darin und in der Entscheidung des Bundesverfassungsgerichts zu den Wasserverbänden[34] die verfassungsrechtlichen Probleme der demokratischen Legitimation gelöst[35].

12
Richtlinien des Gemeinsamen Bundesausschusses

II. Anstalten mit Satzungsbefugnis

Verwirrender wird das Bild der Satzungsautonomie im Zusammenhang mit den öffentlich-rechtlichen Anstalten. Dies hängt damit zusammen, daß der Anstaltsbegriff sehr weit gefaßt wird und höchst unterschiedliche Verwaltungseinheiten in sich aufnimmt[36]. In einer groben, unter dem Aspekt der Satzungsautonomie bedeutsamen Differenzierung kann man unterscheiden zwischen staatsunabhängigen und intermediären Anstalten sowie Anstalten der mittelbaren Staatsverwaltung[37].

13
Typologie der Anstalten

Unterschiedliche Rechtsformen hat die Institution der kommunalen Sparkasse. Sie ist nach den Sparkassengesetzen der Länder als rechtsfähige An-

---

29 §§ 320 ff., 671 f., 1338 ff. RVO.
30 Vgl. *Schnapp* (N 28), S. 893: „‚Beitragsautonomie' erscheint fast als eine contradictio in adiecto".
31 §§ 708 ff. RVO; *Schneider* (N 15), Rn. 288.
32 Vgl. *Axer*, (N 27), S. 117 ff.
33 Vgl. *Axer* (N 27), S. 119 ff.
34 BVerfGE 107, 59 (85 ff.).
35 BSG, in: MedR 2005, S. 538 ff. (547 ff.); → oben *Ossenbühl*, § 100 Rn. 46.
36 Vgl. *Wolfgang Löwer*, Die öffentliche Anstalt, in: DVBl 1985, S. 930; *Rüdiger Breuer*, Die öffentlich-rechtliche Anstalt, in: VVDStRL 44 (1986), S. 211 ff. (232 ff.); ob auch nicht rechtsfähige Anstalten Träger von Satzungsgewalt sein können, erscheint zweifelhaft, vgl. *Valentin Lohr*, Satzungsgewalt und Staatsaufsicht. Eine kommunal- und sparkassenrechtliche Untersuchung, 1963, S. 72 ff.
37 *Klaus Lange*, Die öffentlich-rechtliche Anstalt, in: VVDStRL 44 (1986), S. 169 ff. (191 ff.).

stalt des öffentlichen Rechts organisiert. Die Sparkassenverbände hingegen bestehen regelmäßig in der Rechtsform einer Körperschaft des öffentlichen Rechts[38].

1. Staatsunabhängige Anstalten

14
Deutsche Bundesbank, Rundfunkanstalten

Zu den staatsunabhängigen Anstalten zählen die Deutsche Bundesbank und die öffentlich-rechtlichen Rundfunkanstalten[39] der Länder. Ihre staatliche Unabhängigkeit beruht auf grundgesetzlichen Bestimmungen[40]. Sie hat ihren Grund in den besonderen Funktionen dieser Anstalten. Dementsprechend wird den genannten Anstalten durch spezielle Gesetze das Recht eingeräumt, ihre innere Organisation durch Satzung zu regeln[41].

Keine mitgliedschaftliche Basis

Da die Deutsche Bundesbank und die Länderrundfunkanstalten nicht über eine mitgliedschaftliche Basis verfügen und demzufolge keine Körperschaften sind, kann die Grundlage ihrer Satzungsbefugnis nur in dem ihnen aus funktionellen Gründen zustehenden Selbstverwaltungsrecht gesehen werden.

2. Intermediäre Anstalten

15
Partizipation gesellschaftlicher Verbände an der anstaltlichen Selbstverwaltung

Zu den intermediären Anstalten werden solche Verwaltungseinheiten gerechnet, in deren kollegial organisierten Organen sich Repräsentanten gesellschaftlicher Gruppen und Vertreter des Staates in Kooperation bei der Bewältigung einer Staatsaufgabe zusammenfinden. Hierher werden beispielsweise gerechnet Deutsche Weinfonds[42], die Bundesanstalt für den Güterfernverkehr[43], das Bundesinstitut für Berufsbildung[44], die Filmförderungsanstalt[45], die Kreditanstalt für Wiederaufbau[46] und die Bundesagentur für Arbeit[47]. Die Form der öffentlich-rechtlichen Anstalt wird gewählt, um gesellschaftlichen Gruppen die Beteiligung an staatlichen Entscheidungen zu ermöglichen. Solchen intermediären Anstalten steht regelmäßig das Recht zu, innere Organisation und Verfahren durch Satzung näher zu bestimmen. Gelegentlich kann Inhalt solcher autonomer Satzungen aber auch die Art und Weise der von den

---

38 Vgl. *Monika Böhm*, Umfang und Grenzen der Satzungsbefugnis von Sparkassenverbänden, in: DÖV 2004, S. 650ff.
39 Vgl. *Martin Bullinger*, Freiheit von Presse, Funk, Film, in: HStR VI, ²2001 (¹1989), § 142 Rn. 90.
40 Deutsche Bundesbank, Art. 88 GG; die Staatsferne der Rundfunkanstalten wird aus der Rundfunkfreiheit gem. Art. 5 Abs. 1 S. 2 GG abgeleitet, vgl. *Hans D. Jarass*, Die Freiheit des Rundfunks vom Staat, 1981.
41 §§ 31, 34 BBankG; Rundfunkgesetze der Länder.
42 § 16 Weinwirtschaftsgesetz v. 29. 8. 1961 (BGBl I, S. 1622) i. d. F. v. 29. 10. 1992 (BGBl I, S. 1824).
43 § 53 Abs. 1 Güterkraftverkehrsgesetz (GüKG) v. 17. 10. 1952 (BGBl I, S. 697).
44 Gesetz zur Förderung der Berufsbildung durch Planung und Forschung (Berufsbildungsförderungsgesetz) vom 23. 12. 1981 (BGBl I, S. 1692), § 6 Abs. 1.
45 Gesetz über Maßnahmen zur Förderung des deutschen Films (Filmförderungsgesetz) i. d. F. der Bekanntmachung vom 24. August 2004 (BGBl I, S. 2277).
46 Gesetz über die Kreditanstalt für Wiederaufbau i. d. F. der Bekanntmachung vom 23. 6. 1969 (BGBl I, S. 573).
47 Gesetz über die Errichtung einer Bundesanstalt für Arbeitsvermittlung und Arbeitslosenversicherung v. 10. 3. 1952 (BGBl I, S. 123). Die Umbenennung in Bundesanstalt für Arbeit erfolgte durch §§ 242 Abs. 2, 243 AFG.

Anstalten zu erfüllenden Aufgaben sein, so daß die Satzungen über den internen Bereich hinausgehend eine entscheidungsbestimmende Außenwirkung entfalten. Solche außenwirksamen Regelungen führen zu schwierigen Qualifikationsfragen. So wurde beispielsweise die Neutralitäts-Anordnung der Bundesanstalt für Arbeit (jetzt: Bundesagentur für Arbeit) gemäß § 116 Abs. 3 S. 2 AFG a. F. als autonome Satzung qualifiziert[48], aber es bleibt offen, worauf sich insoweit die Satzungsautonomie der Anstalt gründet und wie die Erstreckung der Satzung über den Wirkungsbereich der Anstalt hinaus gerechtfertigt werden kann[49].

Außenwirkungen von Anstaltssatzungen

3. Anstalten der mittelbaren Staatsverwaltung

Schließlich gibt es Anstalten, die nichts anderes darstellen als rechtlich verselbständigte staatliche Organisationseinheiten, die staatliche Aufgaben erfüllen. Ihre Verselbständigung hat ausschließlich Gründe der effizienten Organisation und des durch die gestellte Aufgabe notwendigen Managements. Hierher werden etwa Kredit- und Versicherungsanstalten des Bundes und der Länder gerechnet[50]. Auch ihnen steht durchweg das gesetzlich eingeräumte Recht zu, ihre innere Organisation im Rahmen der Gesetze zu bestimmen.

16
Verselbständigte staatliche Organisationseinheiten

III. Stiftungen mit Satzungsbefugnis

Kaum Bedeutung können die Satzungen im Rahmen von öffentlich-rechtlichen Stiftungen gewinnen, weil diese nach Zweck und Organisation im allgemeinen gesetzlich detailliert vorbestimmt sind[51]. Satzungsrecht besitzt das „Hilfswerk für behinderte Kinder" (Contergan-Stiftung)[52], in dessen satzungsgebendem Stiftungsrat auch Vertreter der Behinderten und ihrer Organisationen sitzen. Demgegenüber ist die von der Bundesregierung mit Zustimmung des Bundesrates erlassene Satzung der Stiftung Preußischer Kulturbesitz vom Bundesverfassungsgericht als Rechtsverordnung qualifiziert worden[53], weil sie nicht von autonomen Organen der Stiftung beschlossen worden ist.

17
Stiftungen des öffentlichen Rechts

Stiftung Preußischer Kulturbesitz

---

48 Vgl. *Franz-Jürgen Säcker*, Gruppenparität und Staatsneutralität als verfassungsrechtliche Grundprinzipien des Arbeitskampfrechts, 1974, S. 91 Fn. 135; *Günther Schwerdtfeger*, Arbeitslosenversicherung und Arbeitskampf, 1974, S. 42; *Walter Schmidt*, Fernwirkung von Schwerpunktstreiks und Sozialversicherungsrecht, in: ZfA 1985, S. 159 ff. (171, Fn. 39).
49 Vgl. die grundsätzliche Kritik von Josef *Isensee*, Satzungsautonomie und Dispensbefugnis im Bereich der Arbeitskampf-Neutralität, in: DB 1985, S. 2681 ff. (2684 ff.). Ferner zur Neutralitäts-Anordnung: *Fritz Ossenbühl/Reinhard Richardi*, Neutralität im Arbeitskampf, 1987, S. 28 f., 193 f.
50 Vgl. *Lange* (N 37), S. 192.
51 Vgl. *Axel Freiherr von Campenhausen*, in: Werner Seifart/Axel Freiherr von Campenhausen (Hg.), Handbuch des Stiftungsrechts, ²1999, S. 461.
52 Gesetz vom 19.12.1971 (BGBl I, S. 2018).
53 BVerfGE 10, 20 (49).

C. Grundlagen der Satzungsgewalt

I. Rechtsgrundlagen

18
Verfassungsrechtliche Grundlagen

Die Satzungsautonomie der Gemeinden ist als essentieller Bestandteil der kommunalen Selbstverwaltung verfassungsrechtlich verbürgt; sie wird unmittelbar aus Art. 28 Abs. 2 GG („regeln") abgeleitet[54]. Desgleichen sind in einzelnen Landesverfassungen Gewährleistungen der Universitäten und wissenschaftlichen Hochschulen enthalten, die die Anerkennung der Satzungsautonomie einschließen[55]. Im übrigen beruht die Satzungsautonomie auf speziellen einfachgesetzlichen Grundlagen. Sie ist regelmäßig Bestandteil des die Verfassung der jeweiligen selbständigen Verwaltungseinheit ausprägenden (einfachen) Organisationsgesetzes.

19

Originaritätstheorie

Über die konzeptionelle Deutung der Satzungsautonomie, namentlich über ihr Verhältnis zum staatlichen Recht, bestehen indessen unterschiedliche theoretische Auffassungen, die jedoch nur geringe praktische Auswirkungen zeigen. Im wesentlichen werden drei Standpunkte vertreten, die zum Teil ineinander übergehen[56]. Die Originaritätstheorie geht davon aus, daß die Satzungsautonomie als originäres Recht dem natürlichen Wirkungskreis der Selbstverwaltungskörperschaft entspringt. Sie ist insofern Ausdruck des naturrechtlich begründeten und gespeisten Autonomiegedankens, der namentlich für die kommunale Selbstverwaltung bis in die jüngere Zeit Ausdruck gefunden hat[57]. Danach fließt die Satzung aus einer vom Staat anerkannten eigenen Rechtsetzungsgewalt des autonomen Verbandes. Sie ist eigene *originäre* Rechtsetzung. Satzungsautonomie wird nicht vom Staat verliehen, sondern als originäre Rechtsetzungsgewalt zugelassen und anerkannt[58]. Die Originaritätstheorie beruht auf der Vorstellung von der Gemeindefreiheit als einer naturrechtlich begründeten Rechtsposition, die als solche die gemeindliche Selbstverwaltung im Sinne einer gesellschaftlichen Selbstverwaltung gegen den Staat abgrenzen und verteidigen soll.

20
Dereliktionstheorie

Nach der Dereliktionstheorie beruht die „gesellschaftliche Selbstverwaltung" darauf, daß dem Selbstverwaltungsträger eine vom Staat derelinquierte öffentliche Angelegenheit als eigene Angelegenheit zur eigenen Gestaltung zufällt[59]. Der Staat „delegiert nichts, sondern privilegiert und habilitiert, indem er dem Träger von Autonomie eine eigene Rechtsetzungsquelle er-

---

[54] Siehe die Nachw. in N 10; *Günter Püttner*, Kommunale Selbstverwaltung, in: HStR IV, ²1999 (¹1990), § 107 Rn. 11.
[55] Vgl. Art. 16 NordrhWestfVerf; Art. 39 Abs. 1 RheinlPfalzVerf; *Oppermann* (N 14), § 145 Rn. 52 ff.
[56] Vgl. zusammenfassend: *Hans-Josef Friehe*, Autonome Satzungen und Geltungsanspruch der Grundrechte, in: JuS 1979, S. 465 ff.
[57] Vgl. etwa Art. 11 Abs. 2 S. 1 BayVerf: „Die Gemeinden sind ursprüngliche Gebietskörperschaften des öffentlichen Rechts".
[58] Vgl. *Fritz Fleiner*, Institutionen des deutschen Verwaltungsrechts, ⁸1928, S. 80; weit. Nachw. bei *Friehe* (N 56), S. 466 ff., und *Lohr* (N 36), S. 41 ff.
[59] *Jürgen Salzwedel*, Staatsaufsicht in der Verwaltung, in: VVDStRL 22 (1965), S. 222 f., 225.

schließt"⁶⁰. Die Rechtsetzungsgewalt der autonomen Verbände beruht nach der Dereliktionstheorie im Gegensatz zur Originaritätstheorie nicht auf naturrechtlichem Fundament, sondern auf einem staatlichen Regelungsverzicht. Die Satzungsgewalt der autonomen Verbände entwickelt sich in einem vom Staat freigelassenen bzw. freigegebenen Raum. Damit wird das staatliche Regelungsmonopol im Prinzip anerkannt. Die Satzungsgewalt besteht nicht außerhalb und möglicherweise gegen die Staatsgewalt, sondern bedarf vielmehr der staatlichen Legitimation, wenn auch lediglich in der Form einer Anerkennung.

21 *Delegationstheorie*

Einen Schritt weiter geht die Delegationstheorie. Danach ist die Satzungsautonomie vom Staat auf innerstaatliche Verbände übertragen (delegiert) worden. Die Satzungen stellen sich danach als abgeleitete Rechtsquellen dar, deren Besonderheit und Abgrenzung gegenüber den Rechtsverordnungen erklärungsbedürftig wird.

22

Die Originaritätstheorie kann heute als obsolet betrachtet werden. Zwischen Dereliktions- und Delegationstheorie bestehen praktisch wie theoretisch kaum erkennbare Unterschiede. Ob der Staat den innerstaatlichen Verbänden Rechtsetzungsmacht überläßt oder überträgt, erscheint fast eine façon de parler zu sein. Unterschiede zwischen beiden Möglichkeiten bewegen sich eher im Bereich der räumlich-bildlichen Vorstellung, die beide Theorien vermitteln. Unbestreitbar ist, daß im demokratischen Rechtsstaat des Grundgesetzes ein prinzipielles staatliches Rechtsetzungsmonopol als Ausdruck der Staatsgewalt besteht. Hoheitsgewalt, deren Ausdruck Rechtsetzung vornehmlich ist, kommt in der grundgesetzlichen Ordnung nur dem Staat zu. Alle Hoheitsgewalt, die Satzungsautonomie eingeschlossen, muß deshalb auf den Staat zurückgeführt werden können, staatlich legitimiert sein⁶¹. Auch die Autonomie wurzelt im staatlichen Recht, beruht auf staatlicher Verleihung. Rechtsetzungsmacht innerstaatlicher Verwaltungseinheiten und Verbände – auch der Gemeinden –⁶² existiert nur *aufgrund* und im Rahmen staatlicher Ermächtigung, gleichgültig ob man von Verleihung oder Delegation spricht. Eine Konkurrenz zwischen staatlicher und autonomer Rechtsetzungsmacht besteht insoweit nicht⁶³. An dieser „zivilisatorischen" Errungenschaft der staatlichen Souveränität gegenüber der Anarchie unkoordinierter Rechtschöpfung partikulärer Rechtsgemeinschaften ist festzuhalten⁶⁴. Die Verfassungsordnung des Grundgesetzes ist zwar pluralistisch, aber nicht korporativistisch strukturiert.

Staatliche Ermächtigung: Grund und Grenze der Satzungsautonomie

---

60 *Hans Schneider*, Autonome Satzung und Rechtsverordnung, in: FS für Philipp Möhring, 1965, S. 523; *ders.* (N 15), Rn. 277; *Wilhelm Karl Geck*, Promotionsordnungen und Grundgesetz, 1966, S. 13 Fn. 12; *Lars Christian Anders*, Das Satzungsrecht der Gemeinden als verfassungsrechtlich eigenständiges Rechtsetzungsrecht?, 1997.
61 *Kleine-Cosack* (N 3), S. 82.
62 *Badura* (N 13), S. 561 ff.
63 *Fritz Ossenbühl*, Die Quellen des Verwaltungsrechts, in: Hans-Uwe Erichsen/Dirk Ehlers (Hg.), Allgemeines Verwaltungsrecht, ¹²2002, § 6 Rn. 62.
64 *Badura* (N 13), S. 561 Fn. 2.

23

Autonomes, nicht staatliches Recht

Dies alles bedeutet nicht, daß die Satzungsautonomie mit den üblichen Delegationsvorgängen im Rechtsetzungsbereich gleichgesetzt werden könnte. Die Satzungsautonomie ist eine auf Vertrauen in die Vernunft engerer Verwaltungseinheiten beruhende Rechtsetzungsmacht, die der Staat (regelmäßig) demokratisch legitimierten Gremien niederer Organisationsstufen zuordnet. Die Satzungen sind danach zwar vom Staat abgeleitete Rechtsquellen, aber nicht staatliches, sondern autonomes Recht, welches sich im Rahmen des vorgegebenen staatlichen Rechts halten muß und seinen Namen deshalb verdient, weil es von einem autonomen, nicht durch Staatsorgane vorgeformten Willen getragen wird.

II. Legitimation der Satzungsgewalt

24

Legitimationsproblem

Die Frage, ob der Gesetzgeber nach Belieben rechtlich verselbständigten Verwaltungseinheiten Satzungsautonomie verleihen kann, hat sich erst in neuerer Zeit deutlich gestellt[65]. Die Ursache für die neu aufgekommene Fragestellung liegt zum einen darin, daß den bisher bekannten und unbestrittenen Autonomiebereichen, wie beispielsweise der kommunalen sowie der akademischen Selbstverwaltung, neue Autonomiebereiche hinzugefügt worden sind, die den bisherigen Leitbildern der Autonomie nicht mehr entsprechen, zum anderen darin, daß bekannte Autonomiebereiche über den bisher anerkannten unproblematischen Wirkungsbereich hinaus ausgedehnt worden sind (Außenseiterproblem).

Außenseiterproblem

25

Verfassungsrechtliche Problemdimension

Die damit verbundene Frage nach der Legitimation der Satzungsautonomie ist ein verfassungsrechtliches Problem. Sie betrifft die Enge und Weite der legislativen Gestaltungsfreiheit. Es geht darum, ob der Gesetzgeber hinreichende Gründe haben muß, wenn er Satzungsautonomie verleihen will, und ob er bei der Verleihung der Satzungsautonomie eine gewisse Systemgerechtigkeit walten lassen muß. Die vom Bundesverfassungsgericht mehrfach verwendete These, nach welcher das Grundgesetz von einem Numerus clausus der zulässigen Rechtsetzungsformen ausgeht[66], hat mit der hier gestellten Problematik nur eine indirekte Berührung. Die Satzungsgebung als Rechtsetzungsform ist für die Gemeinden in Art. 28 Abs. 2 GG verfassungsrechtlich zugelassen. Im übrigen ist das Satzungsverfahren als Rechtsetzungsform vom Verfassunggeber historisch angetroffen und stillschweigend anerkannt worden. Allerdings bezieht sich dieses „Anerkenntnis" auf ein bestimmtes Leitbild der Satzungsgebung, welches seinerseits durch grundlegende, verfassungsrechtliche Prinzipien abgedeckt ist und verfassungsrechtlichen Direktiven entspricht. Nur in dieser Form und unter Beachtung dieser verfassungsrechtlichen Prinzipien und Direktiven ist, wie es das Bundesverfassungs-

---

65 *Isensee* (N 49), S. 2685, 2681 (2684); *Kleine-Cosack* (N 3); zuletzt BVerfGE 107, 59 – Wasserverbände: Lippeverband, Emschergenossenschaft.
66 BVerfGE 8, 274 (323); 24, 184 (199); in Frage gestellt wieder in BVerfGE 44, 322 (346 f.).

gericht ausgedrückt hat, „der Autonomiegedanke sinnvoll in das System der grundgesetzlichen Ordnung eingefügt"⁶⁷. Werden diese Prinzipien außer acht gelassen, wird Autonomie „systemwidrig". Zur Systemgerechtigkeit der Autonomie in diesem Sinne gehört die Aktivierung gesellschaftlicher Kräfte bei der Regelung von Angelegenheiten, „die sie selbst betreffen und die sie in überschaubaren Bereichen am sachkundigsten beurteilen können"⁶⁸. Damit ist die Autonomie an der Selbstverwaltungsidee orientiert, die ihrerseits vom Demokratieprinzip getragen und inhaltlich bestimmt wird⁶⁹. Sie ist „wesentlicher Bestandteil der Selbstverwaltung"⁷⁰. Autonomie wird durch den Selbstverwaltungsgedanken erst legitimiert. Deshalb kann Autonomie nur verliehen werden, wenn die essentialia der Selbstverwaltung gegeben sind. Dazu gehört, daß die Betroffenen ihre eigenen Angelegenheiten durch Vertretungen selbst bestimmen und daß diese Bestimmungen sich auf die Betroffenen beschränken (Korrespondenzgebot)⁷¹. Autonomie setzt also, soweit sie durch den Selbstverwaltungsgedanken legitimiert werden soll, eine Teilmenge von Betroffenen, also eine korporative Basis voraus. Sie ist in ihrem Wirkungsradius auf diese korporative Basis beschränkt.

Systemgerechtigkeit der Satzungsautonomie

Erfordernis der korporativen Basis

Das die autonome Satzungsgewalt tragende Korrespondenzgebot wird durch die Entscheidung des Bundesverfassungsgerichts zu den Wasserverbänden nicht durchbrochen. Denn diese Entscheidung hatte die Satzungsautonomie nicht zum Streitgegenstand. In dem dort entschiedenen Fall ging es lediglich um eine Legitimationslücke für die Erfüllung von Aufgaben, die nicht nur den Kreis der Verbandsmitglieder betreffen, sondern darüber hinausgehen (Wasserversorgung). Diese Legitimationslücke hat das Bundesverfassungsgericht durch eine inhaltlich-materielle demokratische Legitimation als ausgeglichen erachtet⁷².

26

Aus diesem Zusammenhang folgt, daß die Verleihung von Satzungsautonomie an Anstalten prinzipiell nicht durch den Selbstverwaltungsgedanken legitimiert werden kann, weil Anstalten eine Mitgliederbasis und damit eine Betroffenengemeinschaft fehlt⁷³. Die Satzungsautonomie von Anstalten läßt sich, soweit es um die Befugnis geht, die innere Organisation selbst zu bestimmen, nur unter dem Gesichtspunkt der Übertragung von Organisationsgewalt verfassungsrechtlich legitimieren; soweit es sich um Satzungen handelt, die über den inneren organisatorischen Bereich hinauswirken, kann zur Begrün-

27

Organisationsgewalt der Anstalt

---

67 BVerfGE 33, 125 (157).
68 BVerfGE 33, 125 (156); 107, 59 (95); 111, 191 (215 f.).
69 Vgl. *Klaus Stern*, Das Staatsrecht der Bundesrepublik Deutschland, Bd. I, ²1984, S. 406; *Reinhard Hendler*, Selbstverwaltung als Ordnungsprinzip, 1984, S. 302 ff.; *Karl-Ulrich Meyn*, Autonome Satzung und demokratische Legitimation, in: DVBl 1977, S. 593 ff.; *Hans Herbert von Arnim*, Gemeindliche Selbstverwaltung und Demokratie, in: AöR 113 (1988), S. 1 ff.; BVerfGE 83, 37 (54) – „gegliederte Demokratie".
70 BVerfGE 12, 319 (325).
71 Vgl. *Hendler* (N 69), S. 311; ferner → oben Ossenbühl, § 101 Rn. 70.
72 Vgl. BVerfGE 107, 59 (94).
73 Vgl. *Isensee* (N 49), S. 2681 (2684); differenzierend: *Lohr* (N 36), S. 65 ff., der auf die jeweilige Organisationsstruktur abstellen will. Die Antwort kann sich beispielsweise als Fonds einer Körperschaft darstellen; vgl. BVerfGE 111, 191 – Notarkasse.

Funktionelle Sonderstellung der Anstalt

dung auf die funktionelle Sonderstellung der Anstalt zurückgegriffen werden. Wo eine solche funktionelle Sonderstellung fehlt, lebt für Satzungen, die über den Kreis der jeweils betroffenen Mitglieder einer Korporation hinausreichen und außenstehende Dritte betreffen, die Legitimationsfrage neu auf[74]. In einer kühnen Argumentation hat das Bundesverfassungsgericht insoweit die Satzungsautonomie der Kassenärztlichen Vereinigungen entsprechend einer ihnen zugewiesenen selbstverwaltungsfremden neuen Staatsaufgabe erweitert mit dem Hinweis, daß „Systemgerechtigkeit" keinen selbständigen verfassungsrechtlichen Prüfungsmaßstab darstelle[75]. Die Entscheidung ist im Ergebnis wohl nur deshalb vertretbar, weil sie in concreto zu einem allseitigen Interessenausgleich führen dürfte. Verfassungsrechtlich und verfassungspolitisch aber ist die Bedenkenlosigkeit, mit der das Gericht die von ihm erkannte „Systemwidrigkeit" konzediert, beunruhigend. Denn hinter der Systemwidrigkeit steht der Anfang einer Um- und Verformung des Rechtsquellensystems, welche, wie gerade auch an anderen Stellen der Krankenversicherung[76], die Verlagerung politisch brisanter Entscheidungen auf mehr oder weniger anonyme gesellschaftliche Gruppen signalisieren. Die Frage nach der Systemgerechtigkeit, die das Bundesverfassungsgericht mit leichter Hand wegschiebt, ist eine Verfassungsstrukturfrage ersten Ranges, wenn auch im konkreten Fall nur in kleinem Maßstab. Das Gericht hätte besser daran getan, hier ein Zeichen zu setzen[77].

Kassenärztliche Vereinigungen

Verformung des Rechtsquellensystems

III. Satzungsgewalt und Vorbehalt des Gesetzes

1. Satzung und förmliches Gesetz

28

Die Satzungsautonomie beruht auf staatlicher Verleihung. Sie besteht nach Maßgabe und im Rahmen des staatlichen Rechts. Als abgeleitete Rechtsquellen stehen Satzungen im Rang unterhalb des staatlichen Rechts. Demzufolge gilt für Satzungen der Vorrang des Gesetzes[78]. Desgleichen unterliegt der Anwendungsbereich von Satzungen dem Vorbehalt des Gesetzes. Sofern und soweit der Vorbehalt des Gesetzes eingreift, ist die Satzungsautonomie zurückgedrängt; Satzungen können im Bereich des Gesetzesvorbehaltes allenfalls aufgrund spezieller, dem Bestimmtheitsgebot genügender gesetzlicher Grundlagen erlassen werden. Dies hat vor allem für Satzungen, die in Grundrechte eingreifen, naheliegende Konsequenzen[79].

Vorrang des Gesetzes

Vorbehalt des Gesetzes

29

Im Facharzt-Beschluß aus dem Jahre 1972 hat das Bundesverfassungsgericht für die *berufsständische* Satzungsautonomie entschieden, daß auch das autonome Satzungsrecht den strengen Voraussetzungen des Gesetzesvorbehaltes

Facharzt-Beschluß

---

74 Vgl. *Isensee* (N 49), S. 2681 (2684).
75 So BVerfGE 62, 354 (370).
76 → Oben *Ossenbühl*, § 100 Rn. 46.
77 Vgl. aus jüngerer Zeit BVerfGE 107, 59 (89 ff.); 111, 191 (213 ff.).
78 → Oben *Ossenbühl*, § 101.
79 BVerfGE 111, 191 (216 ff.).

unterliegt[80]. Sowohl aus dem Prinzip des Rechtsstaates wie auch aus dem Demokratiegebot des Grundgesetzes folgert das Gericht: „Der Gesetzgeber darf seine vornehmste Aufgabe nicht anderen Stellen innerhalb oder außerhalb der Staatsorganisation zu freier Verfügung überlassen. Das gilt besonders, wenn der Akt der Autonomieverleihung dem autonomen Verband nicht nur allgemein das Recht zu eigenverantwortlicher Wahrnehmung der übertragenen Aufgaben und zum Erlaß der erforderlichen Organisationsnormen einräumt, sondern ihn zugleich zu Eingriffen in den Grundrechtsbereich ermächtigt"[81]. Die grundrechtlichen Gesetzesvorbehalte übertragen „in erster Linie dem Gesetzgeber die Entscheidung darüber, welche Gemeinschaftsinteressen so gewichtig sind, daß das Freiheitsrecht des einzelnen zurücktreten muß. Dieser Entscheidungspflicht kann sich der Gesetzgeber nicht beliebig entziehen"[82].

Grenzen berufsständischer Autonomie

30

Für Regelungen, die sich als „Eingriffe in den Grundrechtsbereich" darstellen, folgt also die Zuständigkeit des parlamentarischen Gesetzgebers aus dem „spezifisch kompetenzrechtlichen Gehalt" der den Grundrechten beigefügten Gesetzesvorbehalte[83]. Diese grundrechtliche Zuständigkeit des parlamentarischen Gesetzgebers resultiert aber auch unmittelbar aus seinen verfassungsrechtlichen Qualitäten. Vor allem das Parlament ist dazu geeignet und berufen, „Hüter des Gemeinwohls gegenüber Gruppeninteressen zu sein"[84]. Insbesondere in der berufsständischen Selbstverwaltung besteht die Gefahr, daß sich ein spezifisches Gruppeninteresse gegenüber den Grundrechten ungerechtfertigt durchsetzt oder dem Gemeinwohl vorgeordnet wird. Deshalb dürfen nicht nur „Eingriffe in den Grundrechtsbereich", sondern auch andere Fragen von wesentlicher Bedeutung keinesfalls einer unbeschränkten Satzungsautonomie überlassen bleiben. Vielmehr muß der parlamentarische Gesetzgeber solche Eingriffsregelungen und wesentlichen Entscheidungen entweder selbst treffen oder doch inhaltlich maßgeblich vorformen. Dies bedeutet nicht, daß Satzungen mit grundrechtsrelevantem Inhalt prinzipiell unzulässig wären. Vielmehr verlangt das Grundgesetz (nur), daß bei der Verleihung und Ausübung der Satzungsautonomie dem grundgesetzlichen „Schutzauftrag des parlamentarischen Gesetzes"[85] Geltung verschafft wird. Dies kann dadurch geschehen, daß parlamentarische Ermächtigungen zur Satzungsgebung in wohldosierten Abstufungen der Bestimmtheit inhaltlicher Vorgaben es dem Satzungsgeber überlassen, den einfachgesetzlichen Rahmen

Grundrechtlicher Gesetzesvorbehalt

Parlament als Hüter des Gemeinwohls

---

80 BVerfGE 33, 125 (157); *Christian Starck*, Autonomie und Grundrechte. Zur Regelungsbefugnis öffentlich-rechtlicher Autonomieträger im Grundrechtsbereich, in: AöR 92 (1967), S. 449 ff.; *ders.*, Regelungskompetenzen im Bereich des Art. 12 Abs. 1 GG und ärztliches Berufsrecht. Bemerkungen zum Facharzt-Beschluß des Bundesverfassungsgerichts, in: NJW 1972, S. 1489 ff.; *Peter Häberle*, Berufsständische Satzungsautonomie und staatliche Gesetzgebung. Zur Facharztentscheidung des Bundesverfassungsgerichts vom 9.5.1972, in: DVBl 1972, S. 909 ff.; *Kleine-Cosack* (N 3), S. 135 ff.
81 BVerfGE 33, 125 (158).
82 BVerfGE 33, 125 (159); 76, 143; 98, 49 (60); 101, 312 (322 ff.).
83 *Starck*, Regelungskompetenzen (N 80), S. 1490; *Herbert Bethge*, Parlamentsvorbehalt und Rechtsatzvorbehalt für die Kommunalverwaltung, in: NVwZ 1983, S. 577 (579).
84 BVerfGE 33, 125 (159); 101, 312 (323); 111, 191 (216). → Bd. IV, *Isensee*, § 71 Rn. 134 ff.
85 *Schmidt-Aßmann* (N 3), S. 8; *ders.*, Die kommunale Rechtsetzungsbefugnis, in: HdbKWP, Bd. III, S. 182 ff. (185); vgl. auch *v. Arnim* (N 69), S. 21 ff.

auszufüllen[86]. „Je stärker die Interessen der Allgemeinheit berührt werden, desto weniger darf sich der Gesetzgeber seiner Verantwortung dafür entziehen, daß verschiedene einander widerstreitende Interessen und Rechtspositionen gegeneinander abzuwägen und zum Ausgleich zu bringen sind"[87].

31
Grenzen kommunaler Autonomie

Die für die berufsständische Satzungsautonomie entwickelte Grundsatzposition findet auch auf andere Autonomiebereiche, namentlich auf die kommunale Selbstverwaltung[88], Anwendung. Auch bei kommunalen Satzungen muß der Schutzauftrag des parlamentarischen Gesetzes zur Geltung gelangen. Allerdings kann die Schutzbedürftigkeit nicht aus einem Gegensatz zwischen Allgemeininteresse und Gruppeninteresse begründet werden. Denn ein spezifisches Gruppeninteresse zeigt sich im kommunalen Raum nicht. Doch auch hier bestehen Gefahren für die Rechte des einzelnen, weil „die geringere Distanz des kommunalen Entscheidungsapparates zu den Regelungsgegenständen die Gefahr einseitiger Normierungen heraufführt"[89]. Die grundsätzliche Bestimmung von Grundrechtspositionen und die Regelung wichtiger Fragen ist stets eine gesamtstaatliche Angelegenheit, die auch einer gesamtstaatlichen, demokratischen Legitimation bedarf[90]. Diese kann nicht durch partikuläre Legitimationsquellen, seien sie gruppenspezifischer oder kommunaler Herkunft, ersetzt werden. Eine Argumentation aus der demokratischen Legitimation volksunmittelbar gewählter Gemeindevertretungen kann zu keinem anderen Ergebnis führen. Die Gemeinden sind keine dritte Gesetzgebungsebene im Staat, sondern „Teil des administrativen Systems"[91], auch dann, wenn sie der materiellen Funktion nach Rechtsetzung ausüben[92]. Als Teil des administrativen Systems aber unterstehen sie in ihrem Handeln insgesamt dem Gesetzesvorbehalt.

2. Konsequenzen des Gesetzesvorbehaltes

32

Aus der Geltung des Gesetzesvorbehaltes ergeben sich für Inhalt und Umfang der Satzungsautonomie eine Reihe gewichtiger Konsequenzen.

a) Statusbildende Normen in Berufsordnungen

Berufsständische Selbstverwaltung

Zentrale Bedeutung gewinnt der Gesetzesvorbehalt für die als Satzungen ergehenden Berufsordnungen in der berufsständischen Selbstverwaltung. So müssen beispielsweise im Bereich des Facharztwesens jedenfalls die „status-

---

86 Vgl. BVerfGE 101, 312 (323); *Walter Dölker*, Anforderungen an Ermächtigungsgrundlagen von Satzungen, Diss. Heidelberg 1984.
87 BVerfGE 101, 312 (323).
88 *Starck*, Regelungskompetenzen (N 80), S. 1490; *Häberle* (N 80), S. 909; *Schmidt-Aßmann* (N 85), S. 185; *Bethge* (N 83), S. 578; *Karl-Ulrich Meyn*, Gesetzesvorbehalt und Rechtsetzungsbefugnis der Gemeinden, 1977; *Albert Bleckmann*, Inhalt und Umfang des Gesetzesvorbehalts bei Gemeindesatzungen, in: DVBl 1987, S. 1085.
89 *Schmidt-Aßmann* (N 85), S. 185; ders./*Hans Christian Röhl*, Kommunalrecht, in: Eberhard Schmidt-Aßmann (Hg.), Besonderes Verwaltungsrecht, [13]2005, S. 75.
90 *Bethge* (N 83), S. 579; *Kleine-Cosack* (N 3), S. 239.
91 *Schmidt-Aßmann* (N 85), S. 184.
92 *Bethge* (N 83), S. 579.

bildenden" Normen, etwa diejenigen Regeln, welche die Voraussetzungen der Facharztanerkennung, die zugelassenen Facharztrichtungen, die Mindestdauer der Ausbildung, das Verfahren der Anerkennung, die Gründe für eine Zurücknahme der Anerkennung sowie endlich auch die allgemeine Stellung der Fachärzte innerhalb des gesamten Gesundheitswesens betreffen, in den Grundzügen durch förmliches Gesetz festgelegt[93] werden. Die dann noch erforderlichen ergänzenden Regelungen können nach Ermessen des Gesetzgebers dem Satzungsrecht der Ärztekammern überlassen bleiben. „Auch Berufspflichten, die sich von statusbildenden Normen unterscheiden, aber in mehr oder minder starkem Maße die freie Berufsausübung einschränken, bedürfen einer gesetzlichen Grundlage"[94]. Der Umfang der Satzungsbefugnis hinsichtlich konkreter Regelungsgegenstände (Niederlassungsrecht, Ausgestaltung des Notfalldienstes, Werbeverbote, Führung von Zusatzbezeichnungen) bedarf an Hand der für den Gesetzesvorbehalt entwickelten Kriterien jeweils der Konkretisierung, die viele weitere Meinungsverschiedenheiten erzeugt[95].

b) Eingriffssatzungen

Dem Gesetzesvorbehalt unterliegen ferner die Satzungen, die zu Eingriffen in Freiheit und Eigentum des Bürgers ermächtigen. Dies hat namentlich für den Bereich der kommunalen Selbstverwaltung Bedeutung. Insbesondere kommunale Abgabensatzungen bedürfen einer speziellen gesetzlichen Ermächtigung[96]. Für die Ausgestaltung dieser gesetzlichen Ermächtigung gilt zwar Art. 80 Abs. 1 S. 2 GG nicht. Jedoch wird im Schrifttum zutreffend bemerkt, daß das Ermächtigungsgesetz nicht allzuweit unter den Anforderungen des Art. 80 Abs. 1 GG liegen darf[97]. Praktische Beispiele solcher speziellen Ermächtigungsgrundlagen für den kommunalen Satzungsgeber bilden etwa die Vorschriften über den Anschluß- und Benutzungszwang in den Kommunalordnungen der Länder[98]. Unzureichend sind die ebenfalls in den Kommunalordnungen enthaltenen generellen Satzungsklauseln[99]. Freilich wird hier das Bestimmtheitsgebot in der Praxis nicht weniger Probleme bieten als im Bereich der Verordnungsgebung. Aber anders als bei den Rechtsverordnungen werden die Anforderungen an die Bestimmtheit der gesetzlichen Ermächtigung in der Rechtsprechung des Bundesverfassungsgerichts stärker betont[100].

33
Eingriffe in Freiheit und Eigentum

Anschluß- und Benutzungszwang

Bestimmtheit der gesetzlichen Ermächtigung

---

93 BVerfGE 33, 125 (163).
94 BVerfGE 33, 125 (163); 76, 143; 101, 312 (322 ff.).
95 Vgl. *Kleine-Cosack* (N 3), S. 279 ff.; BVerfGE 101, 312 (322 ff.); BVerwGE 72, 73 – Werbeverbot für Apotheker.
96 *Alfons Gern*, Deutsches Kommunalrecht, ³2003, S. 178 f.; ferner BVerfGE 111, 191 (217 ff.).
97 *Christian Waldhoff*, Satzungsautonomie und Abgabenerhebung, in: FS für Klaus Vogel, 2000, S. 495 ff.
98 Z. B. § 9 Nordrh.-WestfGO.
99 Vgl. *Schmidt-Aßmann* (N 3), S. 8 mit Fn. 18.
100 BVerfGE 101, 312 (323) betreffend Berufsordnungen; aber die dort angestellten Erwägungen gelten auch für die kommunale Satzungsgebung.

c) Bindungen Externer (Außenseiterproblem)

34
Personaler Geltungsbereich

Autonomes Recht ist grundsätzlich nur für diejenigen verbindlich, „die in einer autonomen Gesamtheit als sich selbst ordnende Gruppe zusammengefaßt sind"[101]. Damit ist der personelle Geltungsbereich von Satzungen auf die Mitglieder einer Selbstverwaltungskörperschaft beschränkt. Bei personenbezogenen Anstalten des öffentlichen Rechts sind Adressaten von Satzungen die Benutzer, Versicherten etc.

Außenstehende

Fraglich ist, inwieweit Satzungen auch außerhalb des autonomen Bereichs stehende Dritte erfassen könne[102]. Ein solcher Fall liegt nicht vor, wenn durch kommunale Satzungen auch die sogenannten Forensen berechtigt und verpflichtet werden. Forensen sind die Eigentümer von Grundstücken und Inhaber von Gewerbebetrieben, die in der Gemeinde gelegen sind respektive betrieben werden, ohne daß die Eigentümer und Gewerbetreibenden in der Gemeinde wohnen. Für die Forensen gilt beispielsweise der durch Satzung begründete Anschluß- und Benutzungszwang. Diese Geltungserstreckung der Satzung stellt jedoch keine „Außenwirkung" dar. Sie folgt vielmehr aus der Besonderheit, daß die Gemeinde eine *Gebiets*körperschaft darstellt und ihre Satzungsgewalt demzufolge *territorial* und nicht personell radiziert ist.

Gebietshoheit der Gemeinde

Gesetzliche Ermächtigung

Unter den Außenstehenden im vorgenannten Sinne wird man diejenigen zu verstehen haben, die in den satzungsgebenden Organen der Selbstverwaltungseinheiten nicht repräsentiert sind und demzufolge auch nicht an der Selbstverwaltung partizipieren. Bei den berufsständischen Körperschaften sind dies typischerweise die Nichtmitglieder. Eine Geltungserstreckung der Satzung auf Außenstehende im vorgenannten Sinne bedarf einer besonderen gesetzlichen Ermächtigung[103].

35
Verfassungsrechtliche Vorgaben für Geltungserstreckung

Der Gesetzgeber seinerseits ist bei der Zulassung einer Geltungserstreckung von Satzungen auf Dritte an enge Grenzen gebunden. Dies folgt zum einen aus dem Demokratiegebot. Wie schon gezeigt, läßt sich die Satzungsautonomie nur rechtfertigen, wenn der mit Satzungsgewalt ausgestattete Selbstverwaltungsträger demokratisch strukturiert ist[104] und die Betroffenen sich gleichsam selbst ihre Normen geben. „Außenstehende" in der hier gemeinten Bedeutung stehen im wörtlichen Sinne außerhalb dieses demokratischen Legitimationszusammenhanges. Divergenzen zwischen Legitimationsbasis des Normgebers und Geltungsradius einer Norm signalisieren System- und Strukturwidrigkeiten, die nicht ohne weiteres hingenommen werden können, zumal dann, wenn sie auf parlamentarischen Entscheidungen beruhen und nicht unvermeidbar aus Sachnotwendigkeiten resultieren. Die Notwendigkeit von Geltungserstreckungen der Satzungsautonomie indiziert regelmäßig, daß ein Regelungsgegenstand aus dem autonomen Bereich herauswächst und zu

---

101 *Schneider*, Autonome Satzung (N 60), S. 532 f.
102 Dazu *Matthias Papenfuß*, Die personellen Grenzen der Autonomie öffentlich-rechtlicher Körperschaften, 1991.
103 BVerfGE 101, 312 (322 ff.).
104 Vgl. *Kleine-Cosack* (N 3), S. 181 ff.

einer Frage des Gemeinwohls avanciert, deren sich der für die Definition des Allgemeinwohls zuständige parlamentarische Gesetzgeber annehmen muß. Hinzu kommt, daß eine unbeschränkte Anreicherung der Satzungsautonomie dazu führen muß, daß neben der Rechtsverordnung ein zweites Instrument administrativer Rechtsetzung geschaffen würde, welches neben der Rechtsverordnung placiert wäre, ohne daß das Grundgesetz für eine solche Rechtserzeugung sein Placet gegeben hätte. Wenn deshalb der Gesetzgeber eine Geltungserstreckung von Satzungen anordnen möchte, muß er die vorstehenden Rahmenbedingungen der Verfassung beachten. Eine Geltungserstreckung erscheint danach nur vertretbar, wenn sie in einem engen Zusammenhang mit der Sachaufgabe der jeweiligen autonomen Körperschaft[105] steht und nach ihrem Gewicht und/oder dem erfaßten Personenkreis lediglich von nachgeordneter Bedeutung ist[106]. Insgesamt scheint die Problematik der Geltungserstreckung noch einer endgültigen Lösung zu bedürfen. Dabei dürfte die soweit ersichtlich bislang noch nicht getroffene Differenzierung zwischen mittelbarer und unmittelbarer „Außenwirkung" von Satzungen Bedeutung gewinnen. Unmittelbare Geltungserstreckung liegt dann vor, wenn der Kreis der Normadressaten ausdrücklich erweitert wird, mittelbare Außenwirkung hingegen dann, wenn Satzungsnormen indirekt auf die Rechtspositionen Außenstehender einwirken, wie dies etwa der Fall ist, wenn Regelungen in Berufsordnungen die freie Arztwahl tangieren oder die Ausbildung betreffen[107].

Unmittelbare – mittelbare Geltungserstreckung

d) Bewehrung von Satzungen

Die Satzungsautonomie umschließt nicht die Befugnis, die Satzungsnormen mit Strafsanktionen zu bewehren. Zwar sind Satzungen auch „Gesetze" im Sinne des Art. 103 Abs. 2 GG. Jedoch obliegt es nach den allgemeinen Grundsätzen des Gesetzesvorbehaltes dem parlamentarischen Gesetzgeber, die Straftatbestände selbst zu formulieren[108]. Ähnliches gilt für die Festlegung von Ordnungswidrigkeiten. Die Verletzungen von Satzungspflichten können nur dann als Ordnungswidrigkeiten geahndet werden, wenn dies in förmlichen Gesetzen festgelegt ist. Für den Bereich der kommunalen Selbstverwaltung ist dies in den Gemeindeordnungen weitgehend geschehen[109].

36
Vorbehalt des Gesetzes für Strafbewehrungen

---

105 *Schneider*, Autonome Satzung (N 60), S. 531 ff.
106 *Kleine-Cosack* (N 3), S. 269 ff.; vgl. auch *Klaus Bieräugel*, Die Grenzen berufsständischer Rechte, Diss. Würzburg 1976, S. 169 ff.; strenger *Matthias Papenfuß*, Die personellen Grenzen der Autonomie öffentlich-rechtlicher Körperschaften, 1991, S. 175.
107 Vgl. *Kleine-Cosack* (N 3), S. 263.
108 BVerfGE 32, 346 (362); *Christian-Friedrich Menger*, Kommunale Satzungen als Strafnormen, in: VerwArch 63 (1972), S. 447 ff.
109 Vgl. *Schmidt-Aßmann* (N 3), S. 9.

D. Abgrenzung zu verwandten Rechtsquellen

I. Satzungen und Rechtsverordnungen

37

Formale Unterschiede zur Rechtsverordnung

Satzungen sind ebenso wie Rechtsverordnungen[110] abgeleitete Rechtsquellen und materielle Gesetze mit allgemeinverbindlicher Geltung und Wirkung. Formal sind beide Gattungen von Rechtsquellen deutlich voneinander getrennt. Sie unterliegen verschiedenen Rechtserzeugungsverfahren und Publikationsbestimmungen. Die Rechtsverordnungen bilden staatliches Recht, die Satzungen autonomes Recht. Der Idee nach bestehen auch nach wie vor grundlegende Unterschiede; diese Unterschiede werden aber durch Ausweitungen und Verformungen beider Regelungsinstrumente in der Praxis auf weiten Strecken zunehmend eingeebnet[111]. Es wird schwieriger, die Wesensverschiedenheiten zwischen Rechtsverordnungen und Satzungen zu erkennen und plausibel darzulegen.

38

Dezentralisation durch Satzung

Dekonzentration durch Rechtsverordnung

Gemeinsam ist den Rechtsverordnungen und Satzungen die rechtliche Grundlage. Beide wurzeln im staatlichen Recht. Auch vom Kreis der jeweils angesprochenen Normadressaten lassen sich angesichts der Tendenz, den persönlichen Geltungsbereich von Satzungen auf Externe zu erstrecken, keine überzeugenden Abgrenzungskriterien entwickeln[112]. Entscheidend ist, daß Rechtsverordnungen und Satzungen als Rechtsquellen Ausdruck einer bestimmten Organisation des Staatswesens sind. Die Satzungsautonomie ist „die typische Rechtssetzungstechnik einer partikularen Gemeinschaft"[113]. Sie setzt eine Ordnung des Gemeinwesens voraus, die entsprechend dem Subsidiaritätsprinzip in territorial und personal radizierte engere Gemeinschaften gegliedert ist, die ihrerseits eingebunden in die staatliche Ordnung eigene Angelegenheiten regeln. So ist die Satzungsautonomie nichts anderes als die logische Konsequenz einer dezentralisierten und gegliederten Staatsordnung[114]. Die Rechtsverordnung hingegen verfolgt den Zweck einer Dekonzentration in der staatlichen Rechtsetzung. Durch Verordnungsermächtigung wird die dem (parlamentarischen) Gesetzgeber zustehende Normsetzungsbefugnis partiell an eine Stelle der bürokratisch-hierarchisch organisierten staatlichen Exekutive abgegeben. Die Verordnung soll den parlamentarischen Gesetzgeber entlasten. Die Verleihung von Satzungsautonomie hingegen soll partikulare Gemeinschaften im Staat in den Stand setzen, ihre Aufgaben wirksam zu erfüllen.

39

Es sind demzufolge die Organisationsziele der *Dekonzentration* einerseits und der *Dezentralisation* andererseits, die der Verschiedenheit von Rechtsverordnungen und Satzungen zugrunde liegen. *Rechtsverordnungen* sind demnach Ausdruck einer *dekonzentrierten, Satzungen* hingegen Instrumente einer

---

110 → Oben *Ossenbühl*, § 103.
111 Vgl. *Schneider*, Autonome Satzung (N 60), S. 531 ff.; *Markus Heintzen*, Das Rangverhältnis von Rechtsverordnung und Satzung, in: DV 29 (1996), S. 17 ff.
112 Vgl. *Kleine-Cosack* (N 3), S. 73.
113 *Kleine-Cosack* (N 3), S. 74.
114 *Hans Peters*, Die Satzungsgewalt innerstaatlicher Verbände, in: Anschütz/Thoma, Bd. II, S. 264 (270).

dezentralisierten Rechtsetzung[115]. Rechtsverordnungen müssen deshalb auch durchgehend „nach Inhalt, Zweck und Ausmaß" gesetzlich bestimmt sein (Art. 80 Abs. 1 GG). Denn sie ergehen im Gefolge eines parlamentsbeschlossenen Gesetzes. Sie sollen das formalgesetzliche Regelungsprogramm ergänzen, konkretisieren und anwendungsreif machen. Satzungsautonomie hingegen ist „blanko und auf Vorrat verliehene Gesamtbefugnis innerhalb abgesteckter Grenzen"[116], nämlich der Grenzen des jeweiligen Selbstverwaltungsbereichs. Von dieser Gesamtbefugnis machen die Selbstverwaltungseinheiten im allgemeinen durch besondere demokratisch legitimierte Organe Gebrauch. Satzungsgebung ist durch die Repräsentation der Betroffenen in den Satzungsorganen demokratisch legitimiert. Die satzungsgebenden Organe definieren im Rahmen der staatlichen Rechtsordnung das Gemeinwohl der jeweils engeren Gemeinschaft. Deshalb lassen sich auch aus Art. 80 Abs. 1 GG keine unmittelbaren Begrenzungen der Satzungsautonomie herleiten[117]. Art. 80 Abs. 1 GG hat seiner verfassungspolitischen Funktion nach einen völlig anderen Sinn. Er ist aufgrund deutscher Erfahrungen mit dem Verordnungsrecht in der Vergangenheit dazu gedacht, den in der Geschichte deutlich gewordenen Gefahren einer Selbstentmachtung des Gesetzgebers durch das Instrument der Rechtsverordnung entgegenzuwirken[118], nicht aber die Autonomie bewährter Selbstverwaltungsinstitutionen zu zügeln. Art. 80 Abs. 1 GG ist deshalb auf die Satzungsautonomie unanwendbar[119]. Dies bedeutet jedoch keineswegs, daß die Satzungsautonomie eine unbegrenzte Blanko-Vollmacht zur lokalen oder gruppenbegrenzten Rechtsetzung darstellt. Vielmehr folgt für grundrechtsrelevante und besonders wichtige Regelungen die Begrenzung und die mit dieser Begrenzung verbundene notwendige Bestimmtheit gesetzlicher Vorgaben für die Ausübung der Satzungsautonomie aus den Prinzipien des Gesetzesvorbehaltes[120]. Blanko-Vollmacht ist die Satzungsautonomie demzufolge nur für Satzungen, die Grundrechte unberührt lassen und deren Regelungsgegenstände auf den Selbstverwaltungsbereich beschränkt bleiben.

Art. 80 Abs. 1 GG

Begrenzte Blanko-Vollmacht

Besteht über die grundsätzliche Unterscheidung von Rechtsverordnungen und Satzungen Einigkeit, so zeigen sich in der Praxis zum Teil Schwierigkeiten der Identifizierung im Einzelfall. Dies gilt nicht nur für jene Fälle, in denen der Gesetzgeber selbst zum falschen Etikett greift[121], sondern auch dort, wo, wie etwa bei den Gemeinden[122], ein und dieselbe Verwaltungseinheit sowohl Satzungen wie auch Rechtsverordnungen erlassen kann.

---

115 *Peters* (N 114), S. 264, 270; *Adolf Kiess*, Rechtsverordnung und Satzung, Diss. Tübingen 1961, S. 95 ff.; *Ossenbühl* (N 63), S. 107; *Kleine-Cosack* (N 3), S. 75; *Albert v. Mutius*, Die Handlungsformen der öffentlichen Verwaltung, in: Jura 1979, S. 167; der Sache nach auch *Klaus Stern*, Das Staatsrecht der Bundesrepublik Deutschland, Bd. II, 1980, S. 589.
116 *Winfried Haug*, Anmerkung zu BVerfG, Beschluß v. 2. 5. 1961 – 1 BvR 203/53, in: NJW 1962, S. 675.
117 BVerfGE 33, 125 (157).
118 → Oben *Ossenbühl*, § 103 Rn. 15.
119 BVerfGE 33, 125 (157 ff.); *Kleine-Cosack* (N 3), S. 217 ff.
120 S. o. Rn. 28 ff.
121 Vgl. BVerfGE 10, 20 (49 ff.).
122 S. o. Rn. 6 f.

II. Satzungen im öffentlichen Recht und im Privatrecht

40
Vereinsautonomie des Privatrechts

Die Satzungsautonomie ist kein öffentlich-rechtliches Spezifikum. Es gibt sie auch im Privatrecht. Die Vereinsautonomie enthält die Befugnis, im Rahmen des Gesetzes die Verfassung eines rechtsfähigen Vereins durch die Vereinssatzung zu bestimmen (§ 25 BGB). Ob die Vereinssatzung den Charakter eines Rechtsgeschäftes (Vertrages) oder einer Rechtsnorm hat, ist umstritten[123]. Der Streit geht auf ältere korporationsrechtliche Vorstellungen zurück. Seine praktische Bedeutung liegt darin, ob die Satzung vom Willen der Gründer abgelöst werden kann und anderen Auslegungsregeln unterworfen werden muß als ein Vertrag[124]. Dies wird allgemein bejaht. Keine öffentlich-rechtlichen Satzungen sind ferner die Satzung der Aktiengesellschaft (§ 23 AktG) und das Statut der Genossenschaft (§ 6 GenG).

41
Tarifautonomie

Schwer einzuordnen in die Rechtsquellenlehre sind die Tarifnormen. Der Gesetzgeber hat den Koalitionen im Tarifvertragsgesetz das Mittel des Tarifvertrages an die Hand gegeben, damit sie die von Art. 9 Abs. 3 GG intendierte autonome Ordnung des Arbeitslebens verwirklichen können[125]. Der Tarifvertrag enthält in seinem normativen Teil Rechtsregeln, also generell-abstrakte, nach Maßgabe des § 4 Abs. 2 TVG zwingende Bestimmungen für den Inhalt der von ihm erfaßten Arbeitsverhältnisse. „Bei der Normsetzung durch die Tarifparteien handelt es sich um Gesetzgebung im materiellen Sinne, die Normen im rechtstechnischen Sinne erzeugt"[126]. Diese Normsetzung wird überwiegend rechtssystematisch im Privatrecht verankert[127]. Eine solche Deutung entspricht dem Umstand, daß die Tarifvertragsparteien keine öffentlich-rechtlichen Körperschaften darstellen und in einem Raum tätig werden, den der Staat der gesellschaftlichen Selbstregulierung überlassen hat. Als privatrechtliche Normen stehen die Tarifnormen in der Rangfolge der Rechtsquellen unterhalb der Rechtsverordnungen und der öffentlich-rechtlichen Satzungen[128].

Allgemeinverbindlicherklärung des Tarifvertrags

Streit besteht des weiteren über die rechtliche Qualifizierung der Allgemeinverbindlicherklärung von Tarifverträgen. Nach der Auffassung des Bundesverfassungsgerichts handelt es sich bei der Allgemeinverbindlicherklärung „im Verhältnis zu den ohne sie nicht tarifgebundenen Arbeitgebern und Arbeitnehmern um einen Rechtsetzungsakt eigener Art zwischen autonomer Regelung und staatlicher Rechtsetzung, der seine eigenständige Grundlage in Art. 9 Abs. 3 GG findet"[129].

---

123 Vgl. *Werner Flume*, Allgemeiner Teil des bürgerlichen Rechts, Bd. I, 2. Teil: Die juristische Person, 1983, S. 315 ff.; *Ulrich Meyer-Cording*, Die Rechtsnormen, 1971, S. 83 f.; *Dieter Reuter*, in: Münchener Kommentar zum BGB, Bd. I, Allg. Teil, 1984, § 25 Rn. 10.
124 Vgl. BGHZ 47, 172 (179 f.).
125 → Bd. III, *Schmitt Glaeser*, § 38 Rn. 19 ff.; *Rupert Scholz*, Koalitionsfreiheit, in: HStR VI, ²2001 (¹1989), § 151 Rn. 101 ff.
126 BVerfGE 44, 322 (341).
127 Vgl. *Herbert Wiedemann/ Hermann Stumpf*, Tarifvertragsgesetz Komm., ⁵1977, § 1 Rn. 15 m. Nachw.
128 *Wiedemann/Stumpf* (N 127); *Klaus Adomeit*, Rechtsquellenfragen im Arbeitsrecht, 1969, S. 76 ff.
129 BVerfGE 44, 322 (340); 55, 20; krit. *Schneider* (N 15), Rn. 294 f. Umstritten ist der Fall bindender Festsetzungen durch den Heimarbeitsausschuß gem. § 19 HAG; dazu BVerfGE 34, 319 f., und krit. *Schneider* (N 15), Rn. 299 f.

III. Satzungen und Geschäftsordnungen

Satzungen müssen entgegen einer sowohl im Schrifttum[130] als auch in der Rechtsprechung[131] anzutreffenden verwirrenden Terminologie von den Geschäftsordnungen staatlicher Organe streng unterschieden werden[132]. Die Befugnis dieser Organe, ihre innere Ordnung im Rahmen der Gesetze und der Verfassung selbst zu bestimmen, mag man als Geschäftsordnungsautonomie bezeichnen. Man muß aber im Auge behalten, daß diese Autonomie mit dem der Selbstverwaltungsidee verbundenen Autonomiebegriff nichts zu tun hat. Geschäftsordnungen staatlicher Organe werden in Wahrnehmung einer staatlichen Kompetenz erlassen und sind daher staatliches, nicht autonomes Recht[133]. Auch Geschäftsordnungen von Selbstverwaltungsorganen (Gemeinderat) sind zwar Rechtsquellen, aber nicht Satzungen, weil sie nicht über den Organbereich hinauswirken. Sie unterscheiden sich insoweit auch von den Organisationssatzungen, die die Verfassung (Organisation) einer Verwaltungseinheit festlegen[134].

42
Geschäftsordnungsautonomie

Da auch die Geschäftsordnung durch das Moment der „Selbstregelung" gekennzeichnet ist, ist im Schrifttum vorgeschlagen worden, die Geschäftsordnungen der Verfassungsorgane als „Verfassungssatzungen" zu bezeichnen[135]. Dieser Terminus hat sich jedoch nicht durchgesetzt.

E. Inhalt und Funktion der Satzungen

I. Satzungsinhalt

Die Satzungsgewalt wird im Regelfall pauschal für die eigenen Angelegenheiten des betreffenden Selbstverwaltungsträgers erteilt. Die Autonomie bezieht sich damit auf einen „von vornherein durch Wesen und Aufgabenstellung der Körperschaft begrenzten Bereich"[136]. Was den Inhalt und Anwendungsbereich der Satzungen im einzelnen betrifft, so kann auf den in früherem Zusammenhang dargelegten Befund der Praxis verwiesen werden[137]. Satzungen dienen danach namentlich der normativen Festlegung der Selbstorganisation einer rechtsfähigen Verwaltungseinheit und der sachgerechten Erledigung der Selbstverwaltungsaufgaben. Im Dienste dieser Zwecke erfüllen die Satzungen verschiedene Funktionen.

43
Reichweite der Satzungsautonomie

---

130 Vgl. *Stern* (N 115), S. 82 m. zahlr. Nachw.
131 Vgl. BVerfGE 1, 144 (148), wo das Gericht apodiktisch feststellt, die Geschäftsordnung des Bundestages sei eine „autonome Satzung".
132 Vgl. *Ernst-Wolfgang Böckenförde*, Die Organisationsgewalt im Bereich der Regierung, 1964, S. 116 ff.; *Klaus Friedrich Arndt*, Parlamentarische Geschäftsordnungsautonomie und autonomes Parlamentsrecht, 1966, S. 156 ff.; *Norbert Achterberg*, Parlamentsrecht, 1984, S. 52 ff.
133 *Böckenförde* (N 132), S. 120.
134 Z.B. die Hauptsatzung der Gemeinde.
135 *Böckenförde* (N 132), S. 122.
136 BVerfGE 12, 139 (325); 33, 125 (157 ff.).
137 S. o. Rn. 11 f.

II. Funktion der Satzungen

1. Satzungen im materiellen und formellen Sinne

44
Satzungen mit Außenwirkung

In Anlehnung an den in der Staatsrechtslehre verwendeten doppelten Gesetzesbegriff[138] kann man zwischen Satzungen im formellen und materiellen Sinne unterscheiden[139]. Satzungen im materiellen Sinne sind jene Satzungen, die den Betroffenenstatus innerhalb eines Selbstverwaltungsbereichs regeln, insbesondere in Freiheit und Eigentum der Betroffenen eingreifen, also nach der herkömmlichen Terminologie Außenwirkung haben. Solche Satzungen mit Außenwirkung sind ihrer Rechtsnatur nach Gesetze im materiellen Sinne. Von ihnen zu unterscheiden sind die Satzungen im formellen (förmlichen)

Nur organisationsinterne Wirkungen

Sinne, die zwar in der Form einer Satzung ergehen und die Eigenschaften einer Satzung haben, aber inhaltlich keine allgemeinverbindlichen, nach außen wirkenden Rechtssätze enthalten, sondern lediglich Regelungen der internen Organisation des Selbstverwaltungsträgers oder interne Maßnahmen betreffen.

2. Satzung als administrative Handlungsform

45
Kommunales Planungsrecht

Eine enge thematische Berührung mit der Unterscheidung zwischen Satzungen im formellen und materiellen Sinne hat die Verwendung der Satzung als administrative Handlungsform[140]. Sie ist besonders im kommunalen Planungsrecht verbreitet. Ohne Rücksicht auf den materiellen Gehalt ergehen als Satzungen nicht nur finanzielle Planentscheidungen (Haushaltsplan, Stellenplan), sondern auch eine Reihe von Raumplanungsentscheidungen, von denen der Bebauungsplan namentlich zu erwähnen ist[141].

3. Satzungen als Allgemeinverbindlicherklärungen

46
Allgemeinverbindlicherklärung

Die Allgemeinverbindlicherklärung ist ein Begriff, der im Zusammenhang mit Tarifverträgen verwendet wird und die Geltungserstreckung von Tarifnormen auf sogenannte Außenseiter betrifft[142]. Das Phänomen der Allgemeinverbindlicherklärung ist jedoch nicht auf diesen Fall beschränkt[143]. Im vorliegenden Zusammenhang geht es um einen verfassungsrechtlich fragwürdigen

Verweisung in Blankettnormen

Tatbestand. Er ist dadurch gekennzeichnet, daß Satzungen dazu dienen, anderwärts aufgestellte Regeln in allgemeinverbindliches Selbstverwaltungs-Recht umzuformen. Diese namentlich in der Krankenversicherung[144] vorge-

---

138 Vgl. *Ossenbühl* (N 63), § 6 Rn. 4.
139 *Gönnenwein* (N 9), S. 152 ff.; *Lohr* (N 36), S. 59.
140 Vgl. *Schmidt-Aßmann* (N 3), S. 5 ff.
141 Vgl. § 10 Abs. 1 BauGB.
142 S. o. Rn. 40 f.
143 Vgl. die Schilderung weiterer Fälle bei *Schneider* (N 15), S. 170.
144 S. o. Rn. 12.

sehene Funktion der Satzung führt zu der Frage der Zulässigkeit der Regelungstechnik der Verweisung in Blankettnormen, die auf verfassungsrechtliche Grenzen stößt[145].

F. Satzungsermessen

I. Begriff

In ihrer typischen Funktion bedeutet Satzungsgebung Rechtsetzung. Sie unterscheidet sich damit im Prinzip grundlegend vom Gesetzesvollzug. Für die Rechtsetzung charakteristisch ist, daß in ihr ein allenfalls rahmenmäßig eingegrenzter selbständiger politischer Wille zum Ausdruck kommt. Die der Selbstverwaltungsidee immanente Gestaltungsfreiheit und Eigenverantwortlichkeit erfaßt auch die Satzungsautonomie als Bestandteil des Selbstverwaltungsrechts. Demzufolge steht dem Satzungsgeber regelmäßig ein gewisser eigener Gestaltungsspielraum zu, den man in Anlehnung an das gesetzgeberische Ermessen des parlamentarischen Gesetzgebers als „Satzungsermessen" bezeichnen kann.

47
Rechtsetzung

Satzungsermessen

Das Satzungsermessen ist strukturell und funktionell vom Verwaltungsermessen zu unterscheiden[146]. Verwaltungsermessen bedeutet Wahlfreiheit der Verwaltung auf der Rechtsfolgenseite der Norm[147]. Das Verwaltungsermessen gibt der Verwaltung die Möglichkeit, zwischen mehreren gesetzlich vorgesehenen Handlungsalternativen zu wählen. Das Satzungsermessen hingegen enthält einen administrativen Gestaltungsauftrag; dieser gibt der Verwaltung die Befugnis, ein komplexes Interessengeflecht und einen vielschichtigen Sachverhalt nach eigenen Vorstellungen im Rahmen der gesetzlichen Vorgaben schöpferisch zu ordnen und zu gestalten. Die Ausübung des Verwaltungsermessens bedeutet demgegenüber einen auf den Einzelfall bezogenen Nachvollzug einer bereits getroffenen gesetzgeberischen Entscheidung. Das Satzungsermessen gibt der Verwaltung einen Gestaltungsauftrag. Das Verwaltungsermessen räumt der Verwaltung lediglich die Möglichkeit ein, abweichend von der Generalität des Gesetzes der Einzelfallgerechtigkeit zu dienen.

48
Verwaltungsermessen

Gestaltungsauftrag des Satzungsgebers

---

145 Vgl. *Fritz Ossenbühl*, Die verfassungsrechtliche Zulässigkeit der Verweisung als Mittel der Gesetzgebungstechnik, in: DVBl 1967, S. 401 ff.; *Thomas Clemens*, Die Verweisung von einer Rechtsnorm auf andere Vorschriften, in: AöR 111 (1983), S. 63 ff.; *Winfried Brugger*, Rechtsprobleme der Verweisung im Hinblick auf Publikation, Demokratie und Rechtsstaat, in: VerwArch 78 (1987), S. 1 ff.; *Schneider* (N 15), Rn. 377 m. weit. Nachw.
146 Vgl. *Fritz Ossenbühl*, Richterliches Prüfungsrecht und Rechtsverordnungen, in: FS für Hans Huber, Bern 1981, S. 283 ff. (286 f.); *Schmidt-Aßmann* (N 3), S. 11; *ders.*, in: Maunz/Dürig, Komm. z. GG. Art. 19 Abs. 4 Rn. 217 (Stand: Februar 2003); anders *Rüdiger Rubel*, Planungsermessen, 1982.
147 Vgl. *Ossenbühl* (N 63), § 10 Rn. 10; die Plazierung des Verwaltungsermessens auf der Rechtsfolgenseite der Norm ist allerdings nicht unumstritten, dazu etwa *Horst Sendler*, Skeptisches zum unbestimmten Rechtsbegriff, in: FS für Carl Hermann Ule, 1987, S. 337 ff.; *Ossenbühl*, a. a. O., § 10 Rn. 10 Fn. 12 und → oben *Ossenbühl*, § 104 N 46.

Das Satzungsermessen wird durch übergeordnete gesetzliche Vorschriften eingeschränkt und dirigiert. Der danach verbleibende Gestaltungsspielraum des Satzungsgebers kann eng oder weit sein. Rechtliche Relevanz gewinnen Umfang und Inhalt des Satzungsermessens namentlich im Hinblick auf die gerichtliche Überprüfung von Satzungen[148].

II. Ausübung des Satzungsermessens

49 Bei der Ausübung des Satzungsermessens ist der Satzungsgeber in mehrfacher Weise rechtlich gebunden. Diese Bindungen lassen sich generell in folgenden Punkten umschreiben[149]:

– Die zu erlassenden Satzungen müssen sich im Rahmen der gesetzlich umgrenzten Satzungsgewalt halten. Der Satzungsgeber muß also den Kompetenzbereich der Selbstverwaltung beachten. Dies hat praktische Bedeutung nicht nur gegenüber dem Wirkungskreis anderer Selbstverwaltungsträger, sondern auch gegenüber außenstehenden Dritten[150]. Für Eingriffssatzungen bedarf es einer besonderen gesetzlichen Ermächtigungsgrundlage[151].

– Bei seinen Regelungen muß der Satzungsgeber die gesetzlichen Vorgaben beachten. Inwieweit dem Satzungsgeber bei der Ausdeutung und Konkretisierung gesetzlicher Tatbestandsmerkmale eine Einschätzungsprärogative zusteht, läßt sich nicht allgemein sagen. Soweit eine solche Interpretations- und Konkretisierungskompetenz des Satzungsgebers nach dem Gesamtzusammenhang in Betracht kommt, ist die gerichtliche Satzungskontrolle zurückgedrängt.

– Der Satzungsgeber muß höherrangiges Recht und die Gesetze über das Normsetzungsverfahren beachten.

– Den Kern der Satzungsgebung bildet die Abwägung. Für die Struktur dieser Abwägung ist in der Rechtsprechung und Literatur zum Planungsermessen grundlegende Arbeit geleistet worden[152], die bei der Beurteilung und Kontrolle des Satzungsermessens allgemein Verwendung finden kann[153]. Danach hat sich der Satzungsgeber von dem zu regelnden Sachverhalt eine hinreichende Kenntnis zu verschaffen, wobei freilich das Maß der Sorgfalt von der jeweils zu regelnden Materie abhängt.

– Beim Abwägungsvorgang hat der Satzungsgeber alle Umstände zu berücksichtigen, die als Abwägungsbelange gesetzlich einzubeziehen sind oder nach der Sachlage als entscheidungsrelevant erachtet werden müssen.

---

148 Vgl. *Schmidt-Aßmann* (N 146), Art. 19 Abs. 4 Rn. 217; *Matthias Herdegen*, Gestaltungsspielräume bei administrativer Normgebung – Ein Beitrag zu rechtsformunabhängigen Standards für die gerichtliche Kontrolle von Verwaltungshandeln, in: AöR 114 (1989), S. 607 ff.
149 Vgl. *Schmidt-Aßmann* (N 146), Art. 19 Abs. 4 Rn. 217.
150 S. o. Rn. 34 f.
151 S. o. Rn. 33.
152 Vgl. *Michael Ronellenfitsch*, Einführung in das Planungsrecht, 1986, S. 8 ff.; *Werner Hoppe*, Planung und Pläne in der verwaltungsgerichtlichen Kontrolle, in: FS für Christian-Friedrich Menger, 1985, S. 747 ff.; vgl. ferner die Beiträge von *Michael Bertrams, Horst Sendler* u. a. in: FS für Werner Hoppe, 2000, S. 975 ff.
153 Ebenso *Schmidt-Aßmann* (N 146), Art. 19 Abs. 4 Rn. 217.

– Den diskretionären Bereich der Abwägung bildet schließlich die Bewertung der gegeneinanderstehenden Belange und Interessen. Auch für sie gibt es freilich denkbare rechtliche Maßstäbe wie etwa den Gleichheitssatz und den Grundsatz der Verhältnismäßigkeit. Aber bei diesen Maßstäben handelt es sich letztlich um Leerformeln, die der substantiellen Ausfüllung bedürfen. Bis zur Willkürgrenze muß sich deshalb im diskretionären Bereich der Wille und die Bewertung des Satzungsgebers gegenüber einer gerichtlichen Kontrolle durchsetzen.

Willkürgrenze

III. Rechtsanspruch auf Erlaß von Satzungen

Die Frage nach einem Rechtsanspruch auf Erlaß von Satzungen wird meist im Zusammenhang mit der Zulässigkeit von Normerlaßklagen schlechthin behandelt[154]. Diese thematische Einbindung ist zu eng. Denn Satzungen sind nicht durchweg Ausdruck materieller Rechtsetzung.

50

Ob ein Rechtsanspruch auf Erlaß einer Satzung besteht, ist eine Frage des materiellen Rechts. Sie wird, soweit es um den Erlaß von Rechtsnormen geht, im Prinzip verneint. Ein solcher Anspruch ist mit der legislativen Gestaltungsfreiheit grundsätzlich unvereinbar. Allerdings kann die Gestaltungsfreiheit des Satzungsgebers nach den Umständen des Einzelfalles in der Weise eingeschränkt sein, daß eine gesetzesgerechte Ausübung des Satzungsermessens nur noch *eine* bestimmte Entscheidung zuläßt. Im Falle einer solchen Ermessensreduzierung auf null wäre ein Rechtsanspruch auf Erlaß einer Satzung denkbar. Solche Möglichkeiten werden im Schrifttum in vielfältiger Weise aufgezeigt[155]. In der Praxis wird man sich einen solchen Rechtsanspruch vor allem für jene Fälle vorstellen können, in denen die Satzung keine materielle Rechtsnorm darstellt, sondern lediglich nach Art einer Individualverordnung oder Maßnahmeverordnung einen begrenzten Einzelfall regelt. Bei generellen Regelungen hingegen dürfte die „atypische Situation" einer zur Ermessensschrumpfung führenden „Programmverdichtung" kaum denkbar sein[156]. Auch und gerade die neuere Tendenz der Ableitung von Schutz- und Handlungspflichten des Gesetzgebers aus Grundrechtspositionen in der Rechtsprechung des Bundesverfassungsgerichts[157] läßt hier Zurückhaltung angeraten erscheinen.

Ermessensreduzierung

---

154 Vgl. z. B. *Konrad Westbomke*, Der Anspruch auf Erlaß von Rechtsverordnungen und Satzungen, 1976; *Thomas Würtenberger*, Die Normerlaßklage als funktionsgerechte Fortbildung verwaltungsprozessualen Rechtsschutzes, in: AöR 105 (1980), S. 370 ff.
155 Vgl. *Würtenberger* (N 154), S. 375 ff.; *Wolf-Rüdiger Schenke*, in: BK (Zweitb.), Art. 19 Abs. 4 Rn. 272 ff.; *Schmidt-Aßmann* (N 3), S. 13; *Westbomke* (N 154), S. 196; *Helge Sodan*, Der Anspruch auf Rechtsetzung und seine prozessuale Durchsetzung, in: NVwZ 2000, S. 601 ff. Die Zulässigkeit vertraglicher Bindungen durch sog. Normsetzungsverträge im Bereich der kommunalen Bauleitplanung wird von der Rechtsprechung abgelehnt: vgl. BVerwG, in: DVBl 1980, S. 668; BVerwG, in: DÖV 1981, S. 878; BGHZ 76, 16 (22); HessVGH, in: BauR 1986, S. 179; differenzierend: *Christoph Degenhart*, Vertragliche Bindungen der Gemeinde im Verfahren der Bauleitplanung, in: BayVBl 1979, S. 289; *Walter Krebs*, Zulässigkeit und Wirksamkeit vertraglicher Bindungen kommunaler Bauleitplanung, in: VerwArch 72 (1981), S. 49 ff.
156 *Schmidt-Aßmann* (N 3), S. 13.
157 Vgl. dazu *Dietrich Murswiek*, Die staatliche Verantwortung für die Risiken der Technik, 1985, S. 101 ff.; *Gerhard Robbers*, Sicherheit als Menschenrecht, 1987; *Johannes Dietlein*, Die Lehre von den grundrechtlichen Schutzpflichten, ²2005.

G. Verfahren der Satzungsgebung

51
Stationen des Verfahrens

Die wichtigsten Stationen des Satzungsgebungsverfahrens sind in den Verfassungsgesetzen der jeweiligen mit Satzungsgewalt ausgerüsteten Verwaltungsträger geregelt. Zu diesen Stationen gehören namentlich der Satzungsbeschluß, die Genehmigung der staatlichen Aufsichtsbehörde und die Bekanntmachung. Die Regelungsdichte des Satzungsverfahrens ist ebenso wie die Verfahrensmodalitäten in den einzelnen Selbstverwaltungsbereichen jedoch höchst unterschiedlich. Es kann deshalb im folgenden nur um einige modellhafte Skizzierungen gehen.

I. Satzungsinitiative

52
Initiativrecht

Im Gegensatz zum parlamentarischen Gesetzgebungsverfahren ist die Satzungsinitiative durchweg nicht besonders geregelt. Demzufolge richtet sich die Frage, wer eine Satzungsvorlage einbringen kann, nach den Vorschriften der Geschäftsordnung des beschließenden Satzungsorgans. Daneben steht die Satzungsinitiative regelmäßig dem neben dem satzungsgebenden Organ bestehenden Exekutivorgan der Selbstverwaltungseinheit zu, also beispielsweise dem Hauptverwaltungsbeamten der Gemeinde (zum Beispiel Bürgermeister in Nordrhein-Westfalen). Die Satzungsinitiative resultiert hier aus der Kompetenz, die Beschlüsse des Rates nicht nur auszuführen, sondern auch vorzubereiten[158]. Vergleichbares gilt für andere Selbstverwaltungseinheiten, in denen neben dem satzungsgebenden Organ ein Exekutivorgan besteht.

II. Satzungsbeschluß

53
Beschlußmonopol des Repräsentativorgans

Der maßgebliche Inhalt der Satzung wird durch den Satzungsbeschluß festgelegt. Dieser Beschluß wird von dem Kollegialorgan gefaßt, welches innerhalb der Selbstverwaltungseinheit die Betroffenen repräsentiert. Das Beschlußmonopol des Repräsentativorgans entspricht dem Demokratiegebot. Repräsentativorgan und damit satzungsgebendes Organ ist bei den Gemeinden/Gemeindeverbänden beispielsweise der Gemeinderat/Kreistag[159]. Bei den mit Satzungsgewalt ausgerüsteten Anstalten und Stiftungen, denen eine korporative Basis fehlt, tritt an die Stelle des fehlenden Repräsentativorgans ein pluralistisch oder fachlich zusammengesetztes Kollegialorgan[160].

54
Der Satzungsbeschluß durch das jeweilige Beschlußorgan der Selbstverwaltungseinheit ist essentiell und unabdingbar. Wird der Satzungsinhalt aufgrund

---

158 Vgl. z. B. § 62 Abs. 2 S. 1 Nordrhein-WestfGO.
159 Vgl. *Rolf Stober*, Kommunalrecht in der Bundesrepublik Deutschland, ³1996, S. 264; *Gern* (N 96), Rn. 254.
160 Vgl. z. B. Hauptausschuß nach dem Berufsbildungsförderungsgesetz (N 44), §§ 7, 8, 15; bei den übrigen Anstalten des öffentlichen Rechts sind es die unterschiedlich zusammengesetzten Verwaltungsräte.

gesetzlicher Vorschrift durch eine staatliche Instanz festgelegt, tritt also an die Stelle des autonomen Willens ein fremder Normsetzungswille, so handelt es sich nicht mehr um eine Satzung, sondern in Wirklichkeit um eine Rechtsverordnung[161]. Dies gilt jedoch dann nicht, wenn die staatliche Aufsichtsbehörde im Wege der Ersatzvornahme anstelle der Selbstverwaltungseinheit die Satzung erläßt (sogenannter Satzungsoktroi). Auch die oktroyierte Satzung behält ihren Charakter als abgeleitete Rechtsquelle des autonomen Rechts. Sie wird nicht dadurch staatliches Recht, daß sie von einer staatlichen Behörde erlassen worden ist[162]. Satzungsoktroi

III. Genehmigung der Aufsichtsbehörde

Selbstverwaltungseinheiten unterstehen der staatlichen Aufsicht. Die Staatsaufsicht ist grundsätzlich auf eine bloße Rechtsaufsicht beschränkt. Die Staatsaufsicht soll darüber wachen, daß sich die Selbstverwaltung innerhalb der ihr zugewiesenen Grenzen bewegt und die staatlichen Gesetze beachtet werden. Diesem Zwecke dient auch die weithin vorgesehene Notwendigkeit der Genehmigung von autonomen Satzungen durch die staatliche Aufsichtsbehörde. Allerdings sind die Modalitäten und die Maßstäbe für die Genehmigungserteilung in den einzelnen Selbstverwaltungsbereichen höchst unterschiedlich ausgestaltet. **55**
Rechtsaufsicht

In der kommunalen Selbstverwaltung hat sich seit der Deutschen Gemeindeordnung von 1935 der Grundsatz der Genehmigungsfreiheit allgemein durchgesetzt[163]. Danach bedürfen kommunale Satzungen nach geltendem Recht nur dann einer Genehmigung der Staatsaufsicht, wenn dies gesetzlich besonders vorgeschrieben ist. Hierbei beschränkt sich die Staatsaufsicht im allgemeinen auf die Rechtsaufsicht. Fließende Übergänge zwischen bloßer Rechtsaufsicht und (beschränkter) Fachaufsicht sind unverkennbar in jenen Fällen, in denen die Maßstäbe der Staatsaufsicht sich in der Einkleidung dehnbarer und ausfüllungsbedürftiger unbestimmter Rechtsbegriffe (wie Wirtschaftlichkeit und Sparsamkeit) präsentieren. **56**
Genehmigungsfreiheit als Grundsatz

Ähnliche Verhältnisse sind in der Sozialversicherung anzutreffen. Die Satzung, die sich jeder Versicherungsträger geben muß, bedarf gemäß § 34 Abs. 1 SGB IV der Genehmigung der Aufsichtsbehörde. Die übrigen Satzungen im Bereich der Sozialversicherung sind durch gesetzliche Bestimmungen weitgehend vorgeformt[164]. Maßstab der staatlichen Aufsicht und damit der Genehmigungserteilung sind gemäß § 87 Abs. 1 SGB IV „Gesetz und sonstiges **57**
Sozialversicherung

---

161 Vgl. BVerfGE 10, 20 (50); problematisch deshalb § 105 Abs. 1 S. 1 HwO, wonach die Satzung für die Handwerkskammer von der obersten Landesbehörde erlassen wird. *Norbert Achterberg*, Allgemeines Verwaltungsrecht, ²1986, § 21 Rn. 36, hält dies wegen des Änderungsrechts der Handwerkskammer für unbedenklich.
162 *Achterberg* (N 161).
163 Vgl. *Lohr* (N 36), S. 62 ff.; *Stober* (N 159), S. 159, 265; *Gern* (N 96), Rn. 290 ff.
164 Vgl. *Schnapp* (N 28), S. 884.

58
Hochschulsatzungen

Recht", wobei freilich auch hier die Grenzziehungen und Übergänge von der Rechts- zur Fachaufsicht fließend und umstritten sind[165].

Im Hochschulrecht ergibt sich ein sehr differenziertes Bild. Bundesgesetzlich ist vorgeschrieben, daß die Grundordnungen der staatlichen Genehmigung bedürfen (§ 58 Abs. 2 S. 1 HRG). Weitere Satzungen sind enumerativ in den Landesgesetzen der Genehmigungspflicht unterworfen. Im übrigen bestehen Anzeigepflichten (vgl. § 108 HG Nordrh.-Westf.). Die Abstufungen hängen damit zusammen, daß der Staat im Interesse der Einheitlichkeit und Gleichwertigkeit der Studien- und Lehrbedingungen nach dem jeweiligen Regelungsgegenstand in unterschiedlichem Maße bei Ausübung der Hochschulautonomie präsent sein muß.

59
Genehmigungsverfahren
Maßgabe-Genehmigungen

Das Genehmigungsverfahren ist unterschiedlich ausgestaltet. In der Praxis verbreitet sind sogenannte Maßgabe-Genehmigungen. Satzungen werden danach genehmigt „mit der Maßgabe, daß folgendes geändert wird". Solche Maßgabe-Genehmigungen sind als aufschiebend bedingte Genehmigungen zu verstehen[166]. Die Bedingung wird durch einen Beitrittsbeschluß des satzungsgebenden Organs erfüllt. Wenn ein solcher Beitrittsbeschluß gefaßt wird, ist ein erneutes Genehmigungsverfahren entbehrlich.

Beitrittsbeschluß

Genehmigung als Verwaltungsakt

Die Rechtsnatur der aufsichtsbehördlichen Genehmigung ist umstritten[167]; Einigkeit besteht weithin jedenfalls darin, daß die staatliche Genehmigung gegenüber der mit Satzungsautonomie ausgerüsteten Selbstverwaltungseinheit einen Verwaltungsakt darstellt, der als solcher unter Umständen im Wege der verwaltungsgerichtlichen Verpflichtungsklage erstritten werden kann[168].

IV. Ausfertigung

60
Gebot der Rechtssicherheit

Nach dem Satzungsbeschluß bedürfen Satzungen der Ausfertigung[169]. Diese Notwendigkeit resultiert aus dem rechtsstaatlichen Gebot der Rechtssicherheit. Durch die Ausfertigung werden die Übereinstimmung der in der Urkunde enthaltenen textlichen und/oder zeichnerischen Aussage mit dem Willen des Satzungsgebers und die Beachtung des für die Rechtswirksamkeit maßgebenden Verfahrens mit öffentlich-rechtlicher Wirkung bezeugt. Die Ausfertigung schafft die Originalurkunde, die zugleich Grundlage und Voraussetzung der Verkündung ist[170].

---

165 Vgl. *Schnapp* (N 28), S. 894 ff.
166 Vgl. *Schneider* (N 15), Rn. 293; *Gern* (N 96), Rn. 295.
167 Vgl. *Achterberg* (N 161), S. 422 m. Nachw.
168 Vgl. *Dieter Keller*, Die staatliche Genehmigung von Rechtsakten der Selbstverwaltungsträger, 1976, S. 133 ff.; *Gern* (N 96), Rn. 293.
169 Vgl. *Hans Julius Wolff/Otto Bachof*, Verwaltungsrecht, Bd. I, ⁹1974, § 28 I a 2. (S. 150); *Schneider* (N 15), Rn. 480; *Ziegler* (N 13), S. 57 ff.; *ders.*, Die Ausfertigung von Rechtsvorschriften, insbesondere von gemeindlichen Satzungen, in: DVBl 1987, S. 280 ff.; VGH Baden-Württemberg, in: NVwZ 1985, S. 206; *Gern* (N 96), Rn. 279; BVerwG, in: ZfBR 1989, 227.
170 VGH Baden-Württemberg, in: NVwZ 1985, S. 206.

Die Notwendigkeit der Ausfertigung von Satzungen ist einfachgesetzlich nur gelegentlich ausdrücklich erwähnt[171]. Die Formalitäten der Ausfertigung (Zuständigkeit, Ausfertigungsformel, Datum, Unterschrift etc.) sind ebenfalls nur gelegentlich in näheren Vorschriften zu finden. Die insoweit bestehenden Regelungslücken und Unsicherheiten sind bislang erst zum Teil durch Rechtsprechung und Schrifttum behoben[172].

V. Bekanntmachung

Die Verkündung von Rechtsnormen ist rechtsstaatliches Gebot. Die Publikation von Satzungen heißt „Bekanntmachung". Die Bekanntmachung von kommunalen Satzungen ist in den Kommunalordnungen der Länder und in dazu ergangenen Verordnungen ausführlich geregelt[173]. Danach können die Gemeinden in der Hauptsatzung als Bekanntmachungsform die Veröffentlichung in einem Amtsblatt, in Tageszeitungen oder durch Aushang vorschreiben. Karten, Pläne oder Zeichnungen als Bestandteile einer Satzung können anstatt einer öffentlichen Bekanntmachung an einer bestimmten Stelle zu jedermanns Einsicht ausgelegt werden, wenn hierauf in der Bekanntmachung der Satzung hingewiesen wird[174].

61
Rechtsstaatliches Gebot

Die Satzungen der Hochschulen werden in einem von der Hochschule in der Grundordnung bestimmten Verkündungsblatt bekanntgemacht[175]. Für die Satzungen der Anstalten[176] sind nur gelegentlich Vorschriften über die Bekanntmachung vorgesehen[177]. Soweit solche anstaltlichen Satzungen lediglich die innere Organisation und den internen Geschäftsgang betreffen, also keine Außenwirkung haben, dürfte eine Bekanntmachung in einem besonderen an die Allgemeinheit gerichteten Publikationsorgan entbehrlich sein.

Verkündungsblatt

H. Fehlerhafte Satzungen

I. Fehler und Fehlerfolgen

Satzungen können Verfahrensfehler, Formfehler und/oder Inhaltsfehler aufweisen. Art, Zahl und Schwere der potentiellen Fehler hängen von den vorgegebenen Verfahrensregeln und den inhaltlichen Beschränkungen und Direkti-

62

---

171 Vgl. die Nachweise bei *Ziegler* (N 13), S. 57 ff.; *Gern* (N 96), Rn. 279, und *Stober* (N 159), S. 266. Beispiel: §§ 33 S. 2 OBG Nordrh.-Westf. Danach werden die Ordnungsverordnungen von Hauptverwaltungsbeamten ausgefertigt. Ferner § 2 BekV Nordrh.-Westf.
172 Vgl. *Ziegler*, Ausfertigung (N 169), S. 280 ff.; VGH Baden-Württemberg, in: NVwZ 1985, S. 206 f.; BVerwG, in: ZfBR 1989, 227.
173 Vgl. *Ziegler*, Ausfertigung (N 169); *Stober* (N 159), S. 266 f.
174 Vgl. z. B. § 10 Abs. 3 BauGB; § 3 Abs. 2 BekV Nordrh.-Westf. vom 26. 8. 1999 (GV. NW S. 516).
175 Vgl. etwa § 2 Abs. 4 Hochschulgesetz Nordrh.-Westf.
176 S. o. Rn. 13 ff.
177 Z. B. § 34 S. 2 BBankG, wonach die Satzung der Deutschen Bundesbank im Bundesanzeiger zu veröffentlichen ist.

ven ab, die dem vorrangigen Recht zu entnehmen sind. Rechtswidrige Satzungen sind ohne Rücksicht auf die Art des Rechtsfehlers grundsätzlich nichtig. Die Rechtsfolge der Nichtigkeit fehlerhafter Satzungen ist jedoch in jüngerer Zeit mehr und mehr einer differenzierten Fehlerfolgenregelung gewichen[178]. Solche Differenzierungen wurden zunächst zur Vermeidung der Nichtigkeitsfolge bei in Satzungsform ergehenden Bebauungsplänen geschaffen. So sahen bereits die §§ 155a und 155b BBauG (heute: §§ 214, 215 BauGB) in einer ausführlichen Regelung vor, daß bestimmte Form- und Verfahrensfehler nur unter bestimmten Voraussetzungen beachtlich sind. Hierin lag die umstrittene[179] Reparatur offenbar schwer erfüllbarer und wenig praktikabler Form- und Verfahrensvorschriften. Der damit vollzogene Einbruch in das Nichtigkeitsdogma ist in einigen Kommunalordnungen der Länder dadurch in bedenklicher Weise vertieft worden, daß die Unbeachtlichkeit von Verfahrens- und Formvorschriften beim Erlaß von kommunalen Satzungen nunmehr über den engeren Bereich der Bebauungspläne hinaus allgemein angeordnet wird[180].

II. Rechtsschutz

63

Normenkontrolle nach § 47 VwGO

Den Normbetroffenen stehen Rechtsschutzmöglichkeiten gegen fehlerhafte Satzungen auf verschiedenen Wegen offen. Gegen Satzungen, die nach den Vorschriften des Baugesetzbuches oder des Städtebauförderungsgesetzes erlassen werden, kann ein Betroffener gemäß § 47 VwGO ein Normenkontrollverfahren beim Oberverwaltungsgericht/Verwaltungsgerichtshof beantragen, wenn er „durch die Rechtsvorschrift oder deren Anwendung einen Nachteil erlitten oder in absehbarer Zeit zu erwarten hat". Dasselbe gilt auch für andere Satzungen, sofern das Landesrecht dies bestimmt[181]. Neben dem abstrakten Normenkontrollverfahren, mit dem die angefochtene Satzung als solche vernichtet werden kann, steht die Möglichkeit, daß der Betroffene eine aufgrund der Satzung getroffene Einzelentscheidung der Verwaltung angreift. In einem solchen Prozeß prüft der Richter inzidenter die Rechtmäßigkeit der Satzung als Rechtsgrundlage des Einzelaktes. In diesem Fall wird dann zwar die Nichtigkeit der Satzung unter Umständen (inzidenter) festgestellt. Es erfolgt aber keine förmliche mit Allgemeinverbindlichkeit ausgestattete Kassation. Ob auch der Verwaltung das Recht der Inzidentverwerfung rechtswidriger untergesetzlicher Rechtsnormen zusteht, ist umstritten[182].

---

178 Vgl. *Fritz Ossenbühl*, Eine Fehlerlehre für untergesetzliche Normen, in: NJW 1986, S. 2805 ff.
179 Vgl. *Hartmut Maurer*, Bestandskraft für Satzungen?, in: FS für Otto Bachof, 1984, S. 215; *Hermann Hill*, Das fehlerhafte Verfahren und seine Folgen im Verwaltungsrecht, 1986, S. 154 ff.
180 Vgl. *Hermann Hill*, Zur Dogmatik sog. Heilungsvorschriften im Kommunalverfassungsrecht, in: DVBl 1983, S. 1 ff.; ders. (N 179), S. 83 ff.
181 So § 5 Abs. 1 AGVwGO Bad.-Württ.; Art. 5 Abs. 1 AGVwGO Bay.; Art. 7 Abs. 1 AGVwGO Bremen; § 11 Abs. 1 AGVwGO Hess.; § 6a VwGO Niedersachs.; § 5a Abs. 1 AGVwGO Rheinl.-Pfalz; § 5a Abs. 1 AGVwGO Saarl.
182 Vgl. *Jost Pietzcker*, Inzidentverwerfung rechtswidriger untergesetzlicher Rechtsnormen durch die Verwaltung, in: DVBl 1986, S. 806; *Rüdiger Engel*, Die Normverfassungskompetenz einer Behörde, in: NVwZ 2000, S. 1258; OVG Lüneburg, ebd., S. 1061; BVerwGE 112, 373 (381 f.).

I. Bibliographie

Peter Axer, Normsetzung der Exekutive in der Sozialversicherung, 2000.
Peter Badura, Rechtsetzung durch Gemeinden, in: DÖV 1963, S. 561 ff.
Herbert Bethge, Parlamentsvorbehalt und Rechtsatzvorbehalt für die Kommunalverwaltung, in: NVwZ 1983, S. 577 ff.
Heinz Conrad, Gemeindliche Autonomie und Gesetzesvorbehalt, in: BayVBl 1970, S. 384 ff.
Joachim David, Die Satzungsgewalt der Gemeinden in Nordrhein-Westfalen, 1961.
Heinz-Josef Friehe, Autonome Satzungen und Geltungsanspruch der Grundrechte, in: JuS 1979, S. 465 ff.
Peter Häberle, Berufsständische Satzungsautonomie und staatliche Gesetzgebung. Zur Facharztentscheidung des Bundesverfassungsgerichts vom 9. 5. 1972, in: DVBl 1972, S. 909 ff.
Andreas Hamann, Autonome Satzungen und Verfassungsrecht, 1958.
Andreas Hänlein, Rechtsquellen im Sozialversicherungsrecht, 2001.
Winfried Haug, Autonomie im öffentlichen Recht, Diss. Heidelberg 1961.
Hermann Hill, Soll das Kommunale Satzungsrecht gegenüber staatlicher und gerichtlicher Kontrolle gestärkt werden?, Gutachten zum 58. Deutschen Juristentag, 1990.
Josef Isensee, Satzungsautonomie und Dispensbefugnis im Bereich der Arbeitskampf-Neutralität, in: DB 1985, S. 2681 ff.
Wolfgang Jakob, Eingriff kommunaler Satzungen in „Freiheit und Eigentum", in: DÖV 1970, S. 666 ff.
Michael Kleine-Cosack, Berufsständische Autonomie und Grundgesetz, 1986.
Valentin Lohr, Satzungsgewalt und Staatsaufsicht. Eine kommunal- und sparkassenrechtliche Untersuchung, 1963.
Karl-Ulrich Meyn, Gesetzesvorbehalt und Rechtsetzungsbefugnis der Gemeinden, 1977.
ders., Autonome Satzung und demokratische Legitimation, in: DVBl 1977, S. 593 ff.
Matthias Papenfuß, Die personellen Grenzen der Autonomie öffentlich-rechtlicher Körperschaften, 1991.
Eberhard Schmidt-Aßmann, Die kommunale Rechtsetzung im Gefüge der administrativen Handlungsformen und Rechtsquellen, 1981.
ders., Rechtsetzungsbefugnis der kommunalen Körperschaften, in: FG für Georg-Christoph von Unruh, 1983, S. 607 ff.
Hans Schneider, Autonome Satzung und Rechtsverordnung. Unterschiede und Übergänge, in: FS für Philipp Möhring, 1965, S. 521 ff.
ders., Gesetzgebung, ³2002.
Christian Starck, Autonomie und Grundrechte. Zur Regelungsbefugnis öffentlich-rechtlicher Autonomieträger im Grundrechtsbereich, in: AöR 92 (1967), S. 449 ff.
ders., Regelungskompetenzen im Bereich des Art. 12 Abs. 1 GG und ärztliches Berufsrecht. Bemerkungen zum Facharzt-Beschluß des Bundesverfassungsgerichts, in: NJW 1972, S. 1489 ff.
Frank Stieler, Satzungsgebung der Universitäten. Staatliche Aufsicht und Wirkung, 1985.
Konrad Westbomke, Der Anspruch auf Erlaß von Rechtsverordnungen und Satzungen, 1976.
Wolfgang Ziegler, Die Verkündung von Satzungen und Rechtsverordnungen der Gemeinden, 1976.

2. Regieren und Verwalten

§ 106
Die Bereiche der Regierung und der Verwaltung

Meinhard Schröder

Übersicht

	Rn.		Rn.
A. Regierung	1–15	1. Schutzpositionen gegenüber dem Gesetz: Verwaltungsvorbehalt und Komplementärfunktion	22–27
I. Begriffliche Annäherung	1– 9		
1. Regierungsfunktion als unverzichtbare Ausdrucksform staatlichen Handelns	1		
2. Definitionsprobleme	2– 3	2. Schutzpositionen gegenüber der Rechtsprechung: Die Kontrolldichte	28
3. Regierung als Staatsleitung	4– 5		
4. Konkretisierungsbemühungen	6– 9	III. Verwaltung und politische Führung	29–31
II. Kompetenzrechtliche Zuordnung	10–12	1. Problem der Abgrenzbarkeit von Regierung und Verwaltung	29–30
III. Rahmenbedingungen	13–15		
1. Rechtliche Grenzen	13–14	2. Position der Verwaltung innerhalb der Exekutive	31
2. Metarechtliche Bindungen	15	C. Amtsrechtliche Abgrenzung	32–39
B. Verwaltung	16–31	I. Statusrechtliche „Gewaltenteilung" zwischen politischem Amt und Verwaltungsamt	33–36
I. Begriffliche Annäherung	16–21		
1. Verwaltung im Grundgesetz	16–18		
2. Negative und positive Bestimmungsansätze in der Wissenschaft	19–21	II. Grenzfall des politischen Beamten	37–39
		D. Bibliographie	
II. Verfassungsrechtlicher Standort der Verwaltung zwischen Gesetzgebung und Rechtsprechung	22–28		

§ 106 *Achter Teil: II. Staatsfunktionen*

A. Regierung

I. Begriffliche Annäherung

1. Regierungsfunktion als unverzichtbare Ausdrucksform staatlichen Handelns

1
Unergiebigkeit der Verfassung

Als ämtereinsetzende, kompetenzzuweisende und -abgrenzende Ordnung entrückt die Verfassung den Bereich der Regierung weitgehend dem öffentlichen Auge[1]. Über das Was und Wie des Regierens sagt sie wenig aus. Im überlieferten Schema der Gewaltenteilung hat die Regierungsfunktion keine ausdrückliche Berücksichtigung gefunden. Vorbehaltsbereiche der Regierung im institutionellen Sinne, die über die entsprechende Funktion Aufschluß geben könnten, gibt es nicht[2]. Der dadurch bewirkte Anschein einer „regierungslosen Konzeption"[3] trügt indes. Wie jede staatliche Gemeinschaft kann auch der demokratisch verfaßte Staat des Grundgesetzes ohne „Regieren" nicht auskommen[4]. Er bedarf einer einheits- und konsensstiftenden Führung und Leitung, die Ziele und Aufgaben der Gemeinschaft definiert und in die Realität umsetzt, die vorausschaut und plant, in der Gesellschaft auftauchende Bedürfnisse und Ideen koordiniert und zu verwirklichungsfähigen Initiativen verarbeitet, Krisen des staatlichen und gesellschaftlichen Lebens nach Möglichkeit abwendet. Die umrissene Aufgabe der Führung und Leitung des Staates erschöpft sich weder in Gesetzgebung und Verwaltung noch ist sie bloße „Restbefugnis", wie noch die konstitutionelle Theorie des 19. Jahrhunderts annahm[5]. Vielmehr stellt sie eine grundlegende, Ausrichtung, Entwicklung und Einheit des Staates bestimmende Funktion dar[6].

Führung und Leitung des Staates

2. Definitionsprobleme

2
Rechtliche Erfassung der Regierungsfunktion

Als unverzichtbarer Ausdrucksform staatlichen Handelns muß der Regierungsfunktion ihr Standort innerhalb der Staatsfunktionen zugewiesen, der Anteil der Verfassungsorgane an ihr bestimmt werden. Nur so kann es gelingen, Wachstum und Ausgreifen der Regierungsaufgaben auf Felder und Erscheinungsformen, die in der Verfassung nicht oder nur unvollkommen berücksichtigt sind, in den Griff zu bekommen. Zu bedenken sind außerdem Folgewirkungen für den Bürger, der mit staatlichem Handeln in Ausübung

---

1 *Wilhelm Hennis*, Aufgaben einer modernen Regierungslehre (1965), in: ders., Politik als praktische Wissenschaft, 1968, S. 86.
2 → Bd. III, *Schröder*, § 64 Rn. 11 ff.
3 So *Werner Frotscher*, Regierung als Rechtsbegriff, 1975, S. 180.
4 Zum Folgenden *Herbert Krüger*, Allgemeine Staatslehre, ²1966, S. 690 f.; *Siegfried Magiera*, Parlament und Staatsleitung in der Verfassungsordnung des Grundgesetzes, 1979, S. 62 ff.; *Wilhelm Mößle*, Regierungsfunktionen des Parlaments, 1986, S. 93 ff., bes. 105 ff.
5 Näheres bei *Magiera* (N 4), S. 50 ff.
6 *Klaus Stern*, Das Staatsrecht der Bundesrepublik Deutschland, Bd. II, 1980, § 39 I 3 a); *Magiera* (N 4), S. 65; *Hans J. Wolff/Otto Bachof/Rolf Stober*, Verwaltungsrecht, Bd. I, ¹¹1999, § 20 Rn. 27; nicht überzeugend *Martin Oldiges*, in: Sachs, GG Komm., Art. 62 Rn. 26 (eine eher politikwissenschaftliche Kategorie).

der Regierungsfunktion konfrontiert ist. Vor allem das anzuwendende Entscheidungsverfahren und der Rechtsschutz können davon beeinflußt werden, ob ein „Regierungsakt" zur Debatte steht.

So gewiß danach der Bereich der Regierung verfassungsrechtlicher Eingrenzung bedarf, so schwierig ist diese zu erreichen. Auf Formen, Techniken und Inhalte nach dem Muster der Gesetzgebung läßt sich die Regierungsfunktion nicht festlegen. Für Handlungen hat das Gesetz im Unterschied zur Verwaltung keine typusbildende Bedeutung. Auch als vierte Staatsgewalt läßt sich die Regierungsfunktion nicht etablieren, selbst wenn man sie als selbständige politische Gewalt apostrophiert[7], weil die verfassungsrechtlich vorgegebene Funktionenteilung dies verbietet. Der Versuch, sich der Regierungstätigkeit durch die Beschreibung und Erfassung rechtlicher Teilaspekte zu nähern, kann Aufschluß über charakteristische Wesenszüge geben oder Indizien für einen selbständigen Bereich der Regierung liefern. Er bleibt aber notwendig unvollkommen, weil der Blickwinkel begrenzt ist. Solche Beschränkungen sucht die Bestimmung des Regierens „aus den Grundlagen, der Frage nach dem Staat, dem Wesen des Politischen und dem Verhältnis von Staat und Recht"[8] zu vermeiden. Obschon auf die Zuhilfenahme rechtlich schwer faßbarer Faktoren angewiesen, ist sie in Literatur und Rechtsprechung vorherrschend geworden.

3 Begriffsbestimmung der Regierungsfunktion

3. Regierung als Staatsleitung

Überwiegend wird die Regierungsfunktion als politische Staatsführung oder gleichbedeutend als Staatsleitung gekennzeichnet[9]. Die oben skizzierte Grundfunktion des Staates[10] ist damit annähernd auf den Begriff gebracht. Eine aussagekräftigere Definition, die dem umfassenden Handlungsauftrag des Regierens gerecht würde, ist bisher nicht gefunden worden und läßt sich wohl auch nicht finden. Wie jede Leitungs- und Führungsaufgabe entzieht sich die Staatsleitung einer trennscharfen oder abschließenden Inhaltsbestimmung. Man kann sie charakterisieren, etwa im Sinne einer permanenten Aufgabe[11]. Die Verfassung kann ihr nach Inhalt, Umfang und Instrumentarium Vorgaben machen. Aber sie kann niemals alle Aspekte und Aufgaben des Regierens im voraus bedenken und regeln. Das Erscheinungsbild der Staatsleitung wechselt, unbeschadet gewisser Konstanten, in der Zeit, ist abhängig von politischen Ideen und Energien, von den handelnden Personen.

4 Unentbehrlichkeit des Begriffs „Staatsleitung"

---

7 So BVerfGE 9, 268 (281 ff.).
8 *Ulrich Scheuner*, Der Bereich der Regierung (1952), in: ders./Joseph Listl (Hg.), Staatstheorie und Staatsrecht, 1978, S. 469.
9 Siehe etwa *Scheuner* (N 8), S. 477; *Franz Knöpfle*, Inhalt und Grenzen der „Richtlinien der Politik" des Regierungschefs, in: DVBl 1965, S. 857 (861); *Peter Badura*, Regierung, in: EvStL[3], Sp. 2951 (2954); *Magiera* (N 4), S. 82 f.; *Stern* (N 6), § 39 I 2 b), m. weit. Nachw.; *Gunnar Folke Schuppert*, Staatswissenschaft, 2003, S. 365. *Georg Hermes*, in: Dreier, GG II, Art. 62 Rn. 30 ff. (krit. zum Begriff der Staatsleitung in Rn. 34). Zur Rechtsprechung des Bundesverfassungsgerichts → Bd. III, *Schröder*, § 64 Rn. 4.
10 S. o. Rn. 1.
11 Dazu *Magiera* (N 4), S. 224 ff.

§ 106 *Achter Teil: II. Staatsfunktionen*

5
Einwände gegen den Begriff „Staatsleitung"

Kein durchschlagender Einwand gegen die Bestimmung der Regierungsfunktion im Sinne der Staatsleitung ist, daß sich daraus der jeweilige Anteil der einzelnen Verfassungsorgane nicht hinreichend deutlich ableiten lasse[12]. Hierzu wie in bezug auf das Verdikt, die Staatsleitung füge sich als „Begriff des monarchischen Herrschens" nicht in die „scharfen Kategorien" des gewaltenteiligen Regierens ein[13], gilt: Als staatliche Grundfunktion ist die Staatsleitung nicht an eine bestimmte Staats- oder Regierungsform gebunden. Sie bezieht ihre rechtlichen Konturen und ihre politische Qualität aus der konkreten Verfassungsordnung. Soweit dieser keine abschließende Zuständigkeitsverteilung entnommen werden kann, lassen sich daraus durchaus Schlußfolgerungen ziehen[14].

4. Konkretisierungsbemühungen

6
Rechtliche Eigenschaften

Unter den Versuchen, der Regierungsfunktion festere Konturen zu geben, verdienen diejenigen Aufmerksamkeit, die über bloße Beschreibungen oder allgemeine Kennzeichnungen hinausgehend besondere (rechtliche) Eigenschaften herausstellen.

7

Regierungsakt

Politische Gestaltungsfreiheit

Hierzu gehört der Versuch, den Bereich der Regierung mit Hilfe der Kategorie des „Regierungsaktes" einzugrenzen. Ursprünglich wohl eher von dem Anliegen getragen, bestimmte Handlungen der obersten Staatsorgane wegen ihres politischen, rechtlichen Bindungen nur eingeschränkt zugänglichen Inhalts der (verwaltungs-)gerichtlichen Kontrolle zu entziehen, wird dem Regierungsakt heute auch die Bedeutung einer genaueren Inhaltsbestimmung der Regierungsfunktion zugemessen[15]. Als konstituierende Merkmale des Regierungsaktes erscheinen die Beteiligung eines Verfassungsorganes oder -organteiles, die gegenständliche Bezogenheit auf den Verfassungsrechtskreis, den Völkerrechtsverkehr oder Prärogativen des Staatsoberhauptes und die in der Regel nur lockere rechtliche Bindung[16]. Sie ergeben eine Liste der im Grundgesetz angelegten Regierungsakte, die hier im einzelnen nicht wiedergegeben werden kann[17]. Erkennbar wird auf diese Weise: Die Regierungsfunktion durchzieht das gesamte Verfassungsleben; bestimmten Verfassungsorganen, insbesondere der Regierung im institutionellen Sinne ist sie nicht vorbehalten. Als weiterer Grundzug erscheint eine weitgehende, von politischen Zielen und Gegebenheiten geprägte Gestaltungsfreiheit, als ihre Kehrseite die lockere rechtliche Bindung.

8
Bedenken gegen die Bestimmung der Regierungsfunktion durch Regierungsakte resultieren zunächst daraus, daß ein Absuchen der Verfassung nach

---
[12] So v.a. *Roman Herzog*, in: Maunz/Dürig, Komm. z. GG, Art. 62 Rn. 56.
[13] So *Walter Leisner*, Regierung als Macht kombinierten Ermessens, in: JZ 1978, S. 727 (729).
[14] S.u. Rn. 10ff.
[15] So insbes. *Georg Kassimatis*, Der Bereich der Regierung, 1967, S. 65 ff.; *Krüger* (N 4), S. 690; *Stern* (N 6), § 39 II 2.
[16] Vgl. *Stern* (N 6), § 39 II 2.
[17] Dazu *Kassimatis* (N 15), S. 100 ff.

Handlungsmöglichkeiten der Verfassungsorgane mit lockeren rechtlichen Grenzen Gefahr läuft, jede diesbezügliche Aktivität als Ausdruck der Staatsleitung zu begreifen. Die grundlegende, Ausrichtung, Entwicklung und Einheit des Staates ausmachende Qualität der Regierungsfunktion[18] gerät aus dem Blickfeld. Eher wäre daher das Augenmerk auf solche politischen Gestaltungsaufträge der Verfassungsorgane zu richten, in denen es um die innen- und außenpolitischen Grundlinien und Perspektiven des Gemeinwesens geht. Einen derartigen Versuch hat Ulrich Scheuner frühzeitig vorgelegt[19]. Aber auch mit dieser Maßgabe ließe sich ein abschließender, den Bereich der Regierung eindeutig abgrenzender Katalog von Regierungsakten nicht gewinnen, weil sich die Regierungsfunktion einer erschöpfenden Normierung, insbesondere im Blick auf die Regierung im institutionellen Sinne, entzieht[20].

Gefahren

In anderer Hinsicht bemerkenswert ist die von Walter Leisner entwickelte „Theorie der Exekutivgewalt". Regierung ist danach nicht Staatsleitung, sondern „Koordination und Kombination vielfachen Ermessens" nach einheitlichen Gesichtspunkten in Richtung auf einheitliche Ziele[21]. Die Kritik hat vor allem hervorgehoben, daß der Ermessensbegriff die Regierung zu sehr in eine verwaltungsrechtliche Sichtweise bringe[22]. Bemerkenswert bleibt gleichwohl, daß die Leisnersche Konzeption über die Regierungstechnik einen charakteristischen Wesenszug der Regierungsfunktion sichtbar macht[23]. Dieser liegt in der rechtlichen wie faktischen Möglichkeit, die verschiedenartigsten Aktionen und Instrumente nach politischen Vorstellungen miteinander zu kombinieren, Kombinationseffekte auszunutzen, aus heterogenen Normsetzungs- und Einzelaktkompetenzen das jeweils situationsgerecht erscheinende Mittel auszuwählen, Tatsachen zu verändern und neue Fakten zu schaffen. Über ein derartig breites, für die Ausrichtung, Entwicklung und Integration des Staates höchst bedeutsames Handlungsspektrum verfügt in erster Linie die Regierung im institutionellen Sinne[24]. Die Kennzeichnung der Regierung als „handlungs- und leistungsfähigste Institution innerhalb des Staatsgefüges" (Klaus Stern) und der von Herbert Krüger geprägte Begriff des „Regierungsstaates" gewinnen auf dem skizzierten Hintergrund ihren spezifischen Sinn[25].

9

Kombination vielfachen Ermessens

II. Kompetenzrechtliche Zuordnung

Schwierigkeiten bereitet die Einordnung der Regierungsfunktion in die Gewaltenteilung. Gewiß kann sie als Bestandteil der vollziehenden Gewalt im

10

---

18 S. o. Rn. 1.
19 *Scheuner* (N 8), S. 486 ff.; ähnl. *Badura* (N 9), Sp. 2954.
20 Vgl. *Kassimatis* (N 15), S. 94.
21 *Leisner* (N 13), S. 729.
22 Vgl. *Stern* (N 6), § 39 II 5 b α).
23 Zum Folgenden auch *Leisner* (N 13), S. 730 f.
24 Weitgehend *Leisner* (N 13), S. 729: nur die Regierung (im institutionellen Sinne).
25 *Stern* (N 6), § 39 I 3 a); *Herbert Krüger*, Der Regierungsstaat, in: ZBR 1978, S. 117 ff.

Sinne des Art. 20 Abs. 2 S. 2 GG[26] mit der durchaus bedeutsamen Folge angesehen werden, daß die Organe der Exekutive nach Maßgabe der in der Verfassung zugewiesenen Kompetenzen Regierungsaufgaben wahrnehmen, die von ihren gleichfalls zur vollziehenden Gewalt rechnenden Verwaltungsfunktionen abzugrenzen sind[27]. Damit wird jedoch nur ein Teilergebnis erzielt. Ein Definitionsmonopol der Exekutive bei Entscheidungen, die für die Ausrichtung, Entwicklung und Einheit des Staates bedeutsam sind, kann es im demokratischen und föderalen Staat nicht geben[28]. Dementsprechend sind an der Staatsleitung auch andere Verfassungsorgane beteiligt[29], die wie das Parlament nicht der vollziehenden Gewalt angehören oder deren Mitwirkung – so im Falle des Bundesrates – nicht immer exekutiver Natur ist. Das zeigt an, daß die Regierungsfunktion nicht alternativ der vollziehenden Gewalt oder der Gesetzgebung zugeordnet werden kann. Sie überlagert die Gewalten[30]. Die Verfassungsorgane sind an ihr in unterschiedlichen Funktionen beteiligt.

11

Rechtlich wie tatsächlich liegt der Schwerpunkt der Staatsleitung bei Bundestag und Bundesregierung. Die verfassungsrechtliche Deutung ihrer Beteiligung steht deshalb seit dem Bestehen des Grundgesetzes im Vordergrund kompetenzrechtlicher Betrachtungen. Ernst Friesenhahn hat sie bündig auf die berühmte Formel gebracht: „Die Staatsleitung steht Regierung und Parlament gewissermaßen zur gesamten Hand zu"[31]. Im Kern ist damit zutreffend zum Ausdruck gebracht, daß sich die Regierungsfunktion in einer Kombination exekutiver und legislativer Wertungen und Entscheidungen verwirklicht, die eine Sonderung nach Funktionsbereichen grundsätzlich ausschließt. Unter dem Blickwinkel von Parlament und Regierung ist die Staatsleitung „zweipolig"[32], eine gemeinsame Aufgabe. Der verfassungsrechtliche Befund bestätigt dieses Ergebnis. Viele für die Staatsleitung bedeutsame Entscheidungen – vor allem im Bereich der Gesetzgebung, der auswärtigen Gewalt und des Haushaltswesens – sind nach grundgesetzlicher Anordnung im Zusammenwirken von Regierung und Parlament zu treffen. Von einer „gesamthänderischen" Zuweisung, mit der sich die Vorstellung gleicher oder gleichartiger Entscheidungsanteile verbindet, kann allerdings nicht die Rede sein[33]. Bundestag und Bundesregierung sind mit unterschiedlichen Beiträgen und in unterschiedlicher Intensität bis hin zur gesonderten Wahrnehmung an der Staatsleitung beteiligt.

---

26 Vgl. *Konrad Hesse*, Grundzüge des Verfassungsrechts, [20]1999, Rn. 531 ff.
27 Zum letzteren Aspekt *Badura* (N 9), Sp. 2955; s. u. Rn. 29 ff.
28 *Leisner* (N 13), S. 728.
29 *Leisner* (N 13), S. 728, u. *Herzog* (N 12), Art. 62 Rn. 58 m. Fn. 30.
30 *Stern* (N 6), § 39 II 1.
31 *Ernst Friesenhahn*, Parlament und Regierung im modernen Staat, in: VVDStRL 16 (1958), S. 38; zust. etwa *Herzog* (N 12), Art. 62 Rn. 58; *Hartmut Maurer*, Der Verwaltungsvorbehalt, in: VVDStRL 43 (1985), S. 135 (152 f.), jew. m. weit. Nachw.
32 So *Ernst Friesenhahn*, Parteien und Parlamentarismus nach dem Grundgesetz für die Bundesrepublik Deutschland, in: Albrecht Randelzhofer (Hg.), Deutsch-spanisches Verfassungs-Kolloquium, 1981, S. 43.
33 Dazu die Kritik bei *Ulrich Scheuner*, Die Kontrolle der Staatsmacht im demokratischen Staat, 1977, S. 31, u. *Herzog* (N 12), Art. 62 Rn. 58.

Die Kardinalfrage, wie die Mitwirkungsanteile von Bundestag und Bundesregierung im einzelnen zu bemessen sind, ist mit der Kennzeichnung der Staatsleitung als einer gemeinsamen Aufgabe beider (und weiterer) Verfassungsorgane nicht beantwortet[34]. Sie führt in Grundprobleme des Verhältnisses von Parlament und Regierung hinein, die hier im einzelnen nicht zu behandeln sind. Nur einige Gesichtspunkte sollen festgehalten werden. Wegen ihrer nur begrenzten Regelbarkeit[35] und des gewaltenüberlagernden Charakters[36] läßt sich die Staatsleitung, von den verfassungsrechtlichen Fällen gesonderter Wahrnehmung abgesehen, nicht streng nach Sachbereichen oder Entscheidungsabschnitten aufteilen[37]. Die Anteile von Parlament und Regierung müssen deshalb letztlich danach bestimmt werden, ob sie, gemessen an der im Grundgesetz angelegten Organstruktur[38] und Funktionsausstattung der beiden Verfassungsorgane, adäquat erscheinen. Im Lichte der „funktionsgerechten Organstruktur" darf auch bezweifelt werden, ob sich das Zusammenwirken von Parlament und Regierung bis zu einer distanzaufhebenden „Mitregierung des Bundestages"[39] verdichten darf.

12

Folgeprobleme

Bestimmung der Mitwirkungsanteile

III. Rahmenbedingungen

1. Rechtliche Grenzen

Im freiheitlichen Verfassungsstaat kann der Bereich der Regierung nicht außerhalb des Rechts angesiedelt sein[40]. Die Staatsleitung muß stets auf dem Boden der Verfassung stehen, die sie begrenzt, aber nicht durchgehend inhaltlich bindet[41]. Begrenzungen ergeben sich zunächst aus Kompetenznormen, die die Regierungsfunktion zwischen den Verfassungsorganen und innerhalb eines Verfassungsorganes aufteilen. Bedeutsame Festlegungen von Intraorganzuständigkeiten enthalten für die Regierung im institutionellen Sinne das Kanzler-, Ressort- und Kabinettsprinzip[42]. Aber auch die inhaltliche Gestaltungsfreiheit ist begrenzt, nämlich durch die Grundrechte, verfassungsgestaltende Grundentscheidungen und Staatszielbestimmungen, überhaupt durch alle inhaltlichen Bindungen staatlichen Handelns. Das Ausmaß der genannten Begrenzungen hängt entscheidend von Art und Inhalt des jeweiligen „Regierungsaktes" ab. Allgemeine Aussagen, die über die generell lockere Bindung der Regierungstätigkeit hinausgehen, lassen sich kaum machen[43].

13

Begrenzung der Staatsleitung

---

34 So mit Recht *Magiera* (N 4), S. 254.
35 S. o. Rn. 4, 8.
36 S. o. Rn. 10.
37 Vgl. auch *Magiera* (N 4), S. 255 f.
38 S. u. Rn. 25.
39 *Wilhelm Kewenig*, Staatsrechtliche Probleme parlamentarischer Mitregierung am Beispiel der Bundestagsausschüsse, 1970; *Magiera* (N 4), S. 269 ff.
40 Grdl. *Scheuner* (N 8), S. 479; ihm folgend die h. M., vgl. nur *Kassimatis* (N 15), S. 146; *Stern* (N 6), § 39 II 5 vor a).
41 Vgl. *Scheuner* (N 8), S. 481 f.; *Badura* (N 9), Sp. 2953; *Magiera* (N 4), S. 82.
42 *Kassimatis* (N 15), S. 146; → Bd. III, *Schröder*, § 64 Rn. 15.
43 Vgl. in diesem Zusammenhang auch *Magiera* (N 4), S. 82.

14
Gerichtliche Kontrolle der Regierung

Ein bedeutsamer Prüfstein für die rechtlichen Bindungen der Regierungsfunktion sind die Möglichkeiten und Bedingungen der gerichtlichen Kontrolle[44]. Der Gerichtsbarkeit schlechthin entzogen sind Handlungen der Staatsleitung nur, wenn dies ausdrücklich (etwa in Art. 44 Abs. 4 S. 1 GG) angeordnet ist. Verallgemeinerungsfähig sind solche Ausnahmen nicht[45]. Regierungsakte, die Rechte des Bürgers verletzen, sind richtiger Auffassung nach öffentliche Gewalt im Sinne des Art. 19 Abs. 4 GG. Deshalb steht der Rechtsweg – in der Regel zu den Verwaltungsgerichten – offen[46]. Konflikte zwischen Verfassungsorganen um Kompetenzen und inhaltliche Bindungen der Staatsleitung rechnen zu den verfassungsrechtlichen Streitigkeiten, bei denen in Anbetracht der weitreichenden Zuständigkeiten des Bundesverfassungsgerichts gleichfalls praktisch immer Rechtsschutz besteht[47]. – Eine andere, zum Teil mit dem Rechtsweg vermengte Frage betrifft die bei staatsleitenden Akten erreichbare Kontrolldichte. Einigkeit besteht darüber, daß sie „mangels eines engen Maßstabsnetzes" in der Regel begrenzt ist[48]. Mit dem Kriterium des Politischen oder der Figur des „judicial self-restraint"[49] dürfte ihr nicht angemessen beizukommen sein, weil damit die Kontrollintensität von der im einzelnen schwer bestimmbaren „politischen" Qualität eines Regierungsaktes abhängig gemacht und richterlicher Dezision anheimgegeben würde[50]. Der an sich richtige Ansatz, daß eine Evidenz- oder Mißbrauchskontrolle der Regierungstätigkeit immer zulässig ist[51], bedarf weiterer Konkretisierung und Entfaltung. Insbesondere wäre zu prüfen, inwieweit die in der Verfassungsgerichtsbarkeit zum Schutz der Regierung und des parlamentarischen Gesetzgebers entwickelten Kontrollrestriktionen auch der fachgerichtlichen Kontrolle von Regierungsentscheidungen Maßstäbe setzen[52].

Judicial self-restraint

2. Metarechtliche Bindungen

15

Klaus Stern hat darauf aufmerksam gemacht, daß sich Bindungen der Regierungstätigkeit auch in der „metarechtlichen Sphäre" finden. Er hat sie als solche der Ethik, der Moral, der politischen Gesittung, der inneren Richtigkeit, der Verpflichtung gegenüber dem Staatsganzen oder der „Verantwortung vor Gott und den Menschen (Satz 1 der Präambel des Grundgesetzes)" qualifiziert[53]. In der Sache wird damit die alte Vorstellung wiederbelebt, daß zum

---

44 → Bd. II, *Schmidt-Aßmann*, § 26 Rn. 59.
45 Richtig *Wolf-Rüdiger Schenke*, in: BK, Zweitb., Art. 19 Abs. 4 Rn. 222.
46 Näheres bei *Schenke* (N 45), Art. 19 Abs. 4 Rn. 219 ff.; *Eberhard Schmidt-Aßmann*, in: Maunz/Dürig, Komm. z. GG, Art. 19 Abs. 4 Rn. 81 f.; *Stern* (N 6), § 39 II 6 b).
47 Vgl. *Stern* (N 6), § 39 II 6 b). → Bd. III, *H. H. Klein*, § 50 Rn. 41; → Bd. III, *Löwer*, § 70 Rn. 8 ff.
48 Vgl. *Schmidt-Aßmann* (N 46), m. Nachw. aus der Rspr.
49 So *Schenke* (N 45), Art. 19 Abs. 4 Rn. 225; *Wilhelm G. Grewe*, Auswärtige Gewalt, in: HStR III, ²1996 (¹1988), § 77 Rn. 93 ff.
50 Vgl. dazu *Stern* (N 6), § 39 II 6 c), u. *Schmidt-Aßmann* (N 46), Art. 19 Abs. 4 Rn. 82 m. Fn. 4.
51 Vgl. *Stern* (N 6), § 39 II 6 c); *Schmidt-Aßmann* (N 46), Art. 19 Abs. 4 Rn. 82; *Schenke* (N 45), Art. 19 Abs. 4 Rn. 225.
52 Dazu bemerkenswert *Schmidt-Aßmann* (N 46), Art. 19 Abs. 4 Rn. 82.
53 *Stern* (N 6), § 39 II 5 c).

Regieren auch ethisch-politische Tugenden gehören. Im demokratischen Verfassungsstaat ist sie weitgehend verlorengegangen. Sein Grundgedanke scheint zu sein, die politischen Institutionen so zu konstruieren, daß es auf Tugenden oder Laster gar nicht mehr ankommt[54]. Ein schwacher Abglanz der Regierungstugenden findet sich in Teilformulierungen des Eides, den der Bundespräsident und die Mitglieder der Bundesregierung nach Art. 56 GG ablegen müssen: Die Kraft soll dem Wohl des deutschen Volkes gewidmet, sein Nutzen gemehrt und Schaden von ihm abgewandt werden; außerdem wird gewissenhaftes Handeln und Gerechtigkeit gegen jedermann erwartet. Die Besinnung auf die Grundlagen und die Erhaltung der politischen Ordnung des Grundgesetzes wird sich mit solchen Andeutungen des positiven Rechts nicht zufriedengeben dürfen: Zustimmung und Konsens in bezug auf diese Ordnung hängen nicht zuletzt davon ab, wie sich die Inhaber von Regierungsämtern den Regierten präsentieren, welches „Amtsethos" sie pflegen. Die Verstrickungen von Regierungsmitgliedern in die Parteispendenaffäre hat die Unentbehrlichkeit metarechtlicher Pflichten und Tugenden bei der Ausübung der Regierungsfunktion jedenfalls eindringlich vor Augen geführt.

Ethisch-politische Tugenden der Regierenden

B. Verwaltung

I. Begriffliche Annäherung

1. Verwaltung im Grundgesetz

Wegen ihres unvollkommenen Erscheinungsbildes im Grundgesetz ist die vollziehende Gewalt und mit ihr die Verwaltung als „vergessene Funktion" bezeichnet worden. Im Gegensatz zur Gesetzgebung und Rechtsprechung sei ein „Mangel an normativer Dichte" zu konstatieren[55]. Soweit damit ein Vorwurf an die Adresse des Verfassunggebers gerichtet werden soll, muß dem widersprochen werden.

16 *Vergessene Verwaltung?*

Das Grundgesetz behandelt die Verwaltung nach überkommener Tradition der Verfassunggebung „eher beiläufig"[56]. In Art. 20 Abs. 2 S. 2 GG gedenkt sie ihrer nur als Teil der vollziehenden Gewalt. Die Abgrenzung zur Regierungsfunktion[57], die Frage nach einem spezifischen Funktionsbereich der Verwaltung, bleibt weitgehend offen. Rechtsbindungen und gerichtliche Kontrolle (Art. 1 Abs. 3, 20 Abs. 3, 19 Abs. 4 GG) scheinen diesen eher zu relativieren.

17 *Positivrechtliche Anhaltspunkte im Grundgesetz*

---

54 Vgl. *Ulrich Matz*, Über politische Untugenden als Hemmnisse des Regierens im demokratischen Verfassungsstaat. Einige allgemeine Bemerkungen und eine Kritik an der Bundesrepublik Deutschland, in: Peter Graf Kielmansegg/Ulrich Matz (Hg.), Regierbarkeit, Bd. II, 1979, S. 211, 213 f.; *Wilhelm Henke*, Die Republik, in: HStR I, ²1995 (¹1987), § 21 Rn. 35.
55 So *Friedrich E. Schnapp*, Der Verwaltungsvorbehalt, in: VVDStRL 43 (1985), S. 172 (176 f.).
56 Zum Folgenden v.a. *Maurer* (N 31), S. 154 f.; *Roman Herzog*, in: Maunz/Dürig, Komm. z. GG, Art. 20 Abschn. V Rn. 99.
57 S. o. Rn. 10 und u. Rn. 29 ff.

Art. 76 Abs. 1 GG mag man implizit entnehmen, daß die Verwaltung über die Ministerialbürokratie an der Gesetzesvorbereitung beteiligt ist[58]. Art. 83 ff. GG bestätigen, was seit jeher bekannt war, daß sie auch mit dem Vollzug von (Bundes-)Gesetzen befaßt ist. Aus Art. 28 Abs. 2 GG folgt, daß zum verfassungsrechtlichen Bild der Verwaltung auch der Typus der weisungsfreien Selbstverwaltung gehört. Schließlich verdeutlicht Art. 33 GG, daß die Verwaltung durch den öffentlichen Dienst über eine besondere „personelle und professionelle Kompetenz" verfügt[59].

18

Punktuelle Aussagen der Verfassung als Mangel?

Es liegt auf der Hand, daß solche punktuellen Aussagen den Funktionsbereich der Verwaltung nicht hinreichend charakterisieren oder gar erschöpfend bestimmen. Weder ist die Beziehung der Verwaltung zum Gesetz durch den „Vollzug" bzw. die „Ausführung" angemessen beschrieben – man denke nur an die gesetzesfreie Verwaltung –, noch treten funktionstypische Merkmale der Verwaltung, etwa ihre „ständige Handlungsbereitschaft"[60], in den vorzugsweise kompetenz- und organisationsrechtlichen Festlegungen des Grundgesetzes (zumal im bundesstaatlichen Kontext) genügend hervor. Als Mangel könnte dies gelten, wenn die Möglichkeit bestünde, das „Wesen" verwaltender Tätigkeit und des ihr zugeordneten Funktionsbereichs normativ einzufangen. Die durchaus flüssige Abgrenzung zur Regierungsfunktion[61], die Mannigfaltigkeit der Verwaltungsagenden[62] und die Variationsbreite des zur Verfügung stehenden Handlungsinstrumentariums[63] lassen jedoch eine Gesamtcharakterisierung in einer hinreichend zukunftsoffenen Fortschreibung nicht zu: Die Verwaltung läßt sich in Verfassungsnormen bestenfalls typisieren, in der einen oder anderen Richtung begrenzen. Vollständig erfaßbar ist sie nicht. Eben darin liegt aus verfassungsrechtlicher Sicht der Schlüssel zur inhaltlichen Bestimmung ihrer Tätigkeit.

2. Negative und positive Bestimmungsansätze in der Wissenschaft

19

Negativdefinitionen der Verwaltung

In Anknüpfung an die Entwicklung der Gewaltenteilung und die seit jeher bestehende relative Unergiebigkeit verfassungsrechtlicher Aussagen ist es lange üblich gewesen, den Funktionsbereich der Verwaltung negativ zu bestimmen, nämlich als alles, was nicht zur Sphäre der Gesetzgebung oder Gerichtsbarkeit gehört[64]. Die Kritik an dieser „Subtraktionsdefinition" hat insbesondere hervorgehoben, sie besage durch ihren Verzicht auf jedes positive Merkmal über die Verwaltung gar nichts[65]. Im übrigen sei damit erst der

---

58 So *Maurer* (N 31), S. 156.
59 Vgl. *Werner Thieme*, Diskussionsbeitrag, in: VVDStRL 43 (1985), S. 205; *Hans F. Zacher*, Diskussionsbeitrag, ebd., S. 224 f.
60 *Hermann Hill*, Diskussionsbeitrag, in: Volkmar Götz/Hans H. Klein/Christian Starck (Hg.), Die öffentliche Verwaltung zwischen Gesetzgebung und richterlicher Kontrolle, 1985, S. 236.
61 S. u. Rn. 29 ff.
62 → *P. Kirchhof*, § 99 Rn. 1 ff.
63 Vgl. nur *Ernst Forsthoff*, Verwaltungsrecht, ¹⁰1973, S. 1, u. *Stern* (N 6), § 41 I 1. S. o. Rn. 4, 8.
64 Vgl. *Stern* (N 6), § 41 III 3 a), m. Nachw.
65 So *Hans Peters*, Lehrbuch der Verwaltung, 1949, S. 4; *Forsthoff* (N 63), S. 1 mit Fn. 1; *Wolff/Bachof/Stober* (N 6), § 2 II a).

Gesamtbereich der Exekutive bezeichnet, von dem die Verwaltung nur einen Teil darstelle[66].

Die Versuche einer positiven Begriffsbestimmung[67] kennzeichnet vor allem das Bestreben, die Verwaltung als Gegenstand des Verwaltungsrechts einzugrenzen. Teilweise weisen sie einen hohen Abstraktionsgrad auf und sind infolgedessen substanzarm, oder sie erheben Teilaspekte der Verwaltungstätigkeit – etwa das Handeln durch konkrete Maßnahmen, die Verwirklichung des öffentlichen Interesses, die Weisungsgebundenheit oder den Gestaltungsauftrag – zum bestimmenden Kriterium. Schon deshalb Einwänden ausgesetzt, sind sie für eine verfassungsrechtliche Betrachtung der Verwaltung nur bedingt hilfreich. Für diese geht es darum, den der Verwaltung durch Art. 20 Abs. 2 S. 2 GG zugewiesenen Funktionsbereich womöglich zu bestimmen und einzugrenzen. Ohne Einbeziehung der gesetzgebenden und rechtsprechenden Funktion, aber auch der Regierung, erscheint dies nicht möglich. Darin liegt der berechtigte Kern der auf eine „Restgewalt" hinauslaufenden negativen Begriffsbestimmung der Verwaltung.

20
Positive Umschreibungen

Bemühungen um ihre Ergänzung durch positive Elemente[68] gewinnen ihre verfassungsrechtliche Relevanz daraus, daß mit der Garantie einer staatlichen Funktion regelmäßig auch ein eigener Wirkungsbereich verbunden ist, den es zu sichern gilt. Er soll sich offenbar nicht nur aus den Aufgaben speisen, die ihm Gesetzgebung und Rechtsprechung zuweisen bzw. übriglassen. Ungewöhnlich wäre es andererseits, wenn die Verwaltung in einer rechtlichen Grundordnung als „undefinierbare", weil im „Rechtlichen unauffindbare", bloß faktische Macht konstituiert worden wäre[69]. Vielmehr muß es darum gehen, etwaige Vorbehaltsgebiete oder funktionstypische Besonderheiten zu ermitteln, die der Verwaltung aus verfassungsrechtlicher Sicht einen besonderen Standort innerhalb der Staatsfunktionen zuweisen.

21
Notwendige Ergänzungen der Negativdefinition

II. Verfassungsrechtlicher Standort der Verwaltung zwischen Gesetzgebung und Rechtsprechung

1. Schutzpositionen gegenüber dem Gesetz: Verwaltungsvorbehalt und Komplementärfunktion

Die neuere Umschreibung des Gesetzesvorbehaltes durch die unscharfen Konturen der „Wesentlichkeitstheorie" läßt Maß und Richtung des Angewiesenseins der Verwaltung auf das Parlamentsgesetz nach wie vor in erheblichem Umfang offen[70] – mit der Folge, daß die administrative Handlungsfähig-

22

---

[66] *Otto Bachof*, Verwaltung, in: EvStL³, Sp. 3827 (3828 f.); vgl. auch *Hartmut Maurer*, Allgemeines Verwaltungsrecht, ¹⁴2002, § 1 Rn. 6.
[67] Übersichten bei *Stern* (N 6), § 41 III 3 b), u. *Dirk Ehlers*, Verwaltung und Verwaltungsrecht, in: Hans U. Erichsen/Dirk Ehlers (Hg.), Allgemeines Verwaltungsrecht, ¹²2002, § 1 Rn. 6; → Bd. II, *Schmidt-Aßmann*, § 26 Rn. 52. → Unten *Krebs*, § 108 Rn. 4.
[68] Dazu *Stern* (N 6), § 41 III 3 c), u. *Bachof* (N 66).
[69] So die zentrale These von *Walter Leisner*, Die undefinierbare Verwaltung, 2002, bes. S. 243, 277.
[70] Hierzu *Fritz Ossenbühl*, Der Vorbehalt des Gesetzes und seine Grenzen, in: Götz/Klein/Starck (N 60), S. 9 (24 ff.); vgl. auch → Bd. II, *Schmidt-Aßmann*, § 26 Rn. 64 f.

§ 106   Achter Teil: II. Staatsfunktionen

Anliegen eines Verwaltungsvorbehalts

keit weitgehend der gesetzlichen Bestimmung überantwortet wird. Zusätzlich hat die seit Jahren beklagte Übernormierung das Bild einer total gelenkten Verwaltung entstehen lassen, die sich im Vollzug zu vieler und zu detaillierter Gesetze ohne hinreichende Eigenverantwortlichkeit buchstäblich erschöpft. Auf diesem Hintergrund ist die dogmatische Figur des Verwaltungsvorbehaltes – sie läßt sich bis in die konstitutionelle Monarchie zurückverfolgen[71] – als Instrument zur Eindämmung des Gesetzesstaates wiederbelebt worden. Ihr Anliegen ist es, entweder einen allgemein umschriebenen oder spezielle Wirkungsbereiche der Verwaltung auszumachen, die im Verhältnis zum parlamentarischen Gesetzgeber und zur Gerichtsbarkeit nicht nur faktisch[72], sondern aus verfassungsrechtlichen Gründen zugriffsfest sind[73] und von daher „die Verwaltung als eigenständige Staatsgewalt"[74] ausweisen.

23

Kein Verwaltungsvorbehalt gegenüber der Rechtsprechung

Obschon der Verwaltungsvorbehalt definitionsgemäß auch den Schutz der Verwaltung vor Einwirkungen der Rechtsprechung erfaßt, stehen diese zu Recht nicht im Vordergrund der Betrachtung. Etwaige Entscheidungspräferenzen der Verwaltung im Sinne kontrollfreier Räume für einzelne, besonders gelagerte Sachverhalte beruhen auf gesetzlicher Begründung und Eröffnung sowie der Anerkennung durch die Gerichte[75]. Einen Vorbehaltsbereich ergeben sie daher nicht. Jedenfalls hängt dieser wesentlich von den gesetzlichen Regelungen ab und führt damit auf die eigentliche Frage des Verwaltungsvorbehaltes, inwieweit der parlamentarische Gesetzgeber in seinen Normierungen die Eigenständigkeit der Verwaltung respektieren muß.

24

Allgemeine und spezielle Verwaltungsvorbehalte

Die bisherigen Bemühungen, den Verwaltungsvorbehalt im Grundgesetz heimisch zu machen[76], müssen als gescheitert angesehen werden. Nicht weiter führt vor allem der Versuch, mit Hilfe der aus der Gewaltenteilungsdiskussion bekannten „Kernbereichsthese" einen gesetzesresistenten Kern der Verwaltungsfunktion herauszudestillieren[77]. Von prinzipiellen methodischen Einwänden gegen diese These einmal abgesehen, können die heterogenen und vielgestaltigen Verwaltungsagenden nach Form und Inhalt weder tatsächlich noch verfassungsrechtlich auf einen gemeinsamen Kern zurückgeführt werden[78]. Daran scheitert die Konstruktion eines allgemeinen Verwaltungsvorbehaltes[79]. Nicht viel besser ist es um Teil- oder spezielle Vorbehalte bestellt, die in bezug auf die Selbstverwaltung, den Gesetzesvollzug, die Organisations-,

---

71 Vgl. *Meinhard Schröder*, Der Verwaltungsvorbehalt, in: DVBl 1984, S. 814f.
72 Zum faktischen Verwaltungsvorbehalt vgl. *Schröder* (N 71), S. 817f.; *Peter Lerche*, Diskussionsbeitrag, in: VVDStRL 43 (1985), S. 213; *Rainer Wahl*, Diskussionsbeitrag, ebd., S. 249.
73 *Maurer* (N 31), S. 149f., u. *Christoph Degenhart*, Der Verwaltungsvorbehalt, in: NJW 1984, S. 2184 u. pass.
74 So der Titel der Kölner Rektoratsrede von *Hans Peters*, 1965.
75 Vgl. *Degenhart* (N 73), S. 2186, 2189.
76 Vgl. dazu i. e. die Berichte von *Maurer* (N 31) u. *Schnapp* (N 55) sowie die Abhandlungen von *Degenhart* (N 73); *Ruppert Stettner*, Der Verwaltungsvorbehalt, in: DÖV 1984, S. 611 ff.; *Walter Schmidt*, Der „Verwaltungsvorbehalt" – ein neuer Rechtsbegriff, in: NVwZ 1984, S. 545ff., u. *Schröder* (N 71).
77 → Bd. II, *Schmidt-Aßmann*, § 26 Rn. 56ff.
78 Hierzu insbes. *Maurer* (N 31), S. 147ff.; *Degenhart* (N 73), S. 2186f.; *Schröder* (N 71), S. 818; positiv demgegenüber *Hill* (N 60), S. 238.
79 Näher *Schröder* (N 71), S. 820; übereinstimmend *Stettner* (N 76), S. 615; *Ossenbühl* (N 70), S. 30.

Personal- und Geschäftsleitungsgewalt sowie eine originäre Normsetzungsgewalt diskutiert werden. Fritz Ossenbühl resümiert zutreffend, daß insoweit im Grundgesetz absolute Grenzen für das Zugriffsrecht des Parlamentes fehlen, also jeweils nur „Restkompetenzen" für die Verwaltung übrigbleiben, die eine Vorbehaltsqualität ausschließen[80].

25

Parallel zur Diskussion um den Verwaltungsvorbehalt, dessen Wiederbelebung im Zusammenhang mit der Präzisierung und Eingrenzung des Parlamentsvorbehaltes steht, treten in Lehre und Rechtsprechung funktionstypische Merkmale der Verwaltung hervor. Dabei handelt es sich nicht um typisierende Beschreibungen der Verwaltungsrealität. Vielmehr sollen mit Hilfe solcher Besonderheiten kompetenzzuweisende Kriterien, vor allem im Verhältnis Parlament – Exekutive, gefunden werden[81]. Den unmittelbaren Bezug zur hier interessierenden Bestimmung des verfassungsrechtlichen Funktionsbereiches der Verwaltung liefert die Rechtsprechung des Bundesverfassungsgerichts. Danach zielt die in Art. 20 Abs. 2 GG „normierte organisatorische und funktionelle ... Trennung der Gewalten" auch darauf ab, „daß staatliche Entscheidungen möglichst richtig, das heißt von den Organen getroffen werden, die dafür nach ihrer Organisation, Zusammensetzung, Funktion und Verfahrensweise über die besten Voraussetzungen verfügen"[82]. Der Maßstab der „funktionsgerechten Organstruktur"[83] kann für die Verwaltung mittels funktionstypischer Merkmale konkretisiert werden. Die negative Begriffsbestimmung der Verwaltung[84] erhält dadurch inhaltliche Substanz.

Funktionstypische Merkmale der Verwaltung

Funktionsgerechte Organstruktur

Als funktionsgerechte Merkmale der Verwaltung sind festzuhalten: Verwaltet wird ohne Unterbrechung überall und ständig. Permanenz, Ubiquität und Präsenz[85] machen die Verwaltung zu der staatlichen Funktion, die in besonderer Weise eine „ständige Handlungsbereitschaft" auszeichnet[86]. Dem entspricht ein „Recht des ersten Zugriffs", das sich bis zur Handlungspflicht verdichten kann, „wo so schnelle oder einzelfallbezogene Regelungen erforderlich sind, daß ein gesetzgeberisches Einschreiten zu spät käme oder wegen zu intensiver Detaillierung tatsächlich oder rechtlich unmöglich wäre"[87]. Als weiteres, die Verwaltungstätigkeit auszeichnendes Merkmal kann ihre besondere Verantwortung für hinreichend differenzierte, der Sach- und Rechtslage

26

Funktionsgerechte Merkmale der Verwaltung

---

80 → Oben *Ossenbühl*, § 101 Rn. 76.
81 Ansätze im Schrifttum in dieser Richtung bei *Hans Peter Ipsen*, Diskussionsbeitrag, in: VVDStRL 43 (1985), S. 226; *Schröder* (N 71), S. 822 f.; *Hill* (N 60), S. 236 ff.
82 BVerfGE 68, 1 (86 ff.); 95, 1 (15); 98, 218 (251 f.); vgl. auch schon BVerfGE 49, 89 (139).
83 Grdl. dazu im Schrifttum *Fritz Ossenbühl*, Aktuelle Probleme der Gewaltenteilung (1980), in: ders., Freiheit, Verantwortung, Kompetenz (Ausgewählte Abhandlungen), 1994, S. 213 (221); danach *Thomas von Danwitz*, Der Grundsatz der funktionsgerechten Organstruktur, in: Der Staat 35 (1996), S. 329 ff.; vgl. auch schon *Meinhard Schröder*, Grundlagen und Anwendungsbereich des Parlamentsrechts, 1979, S. 181 ff., 302 ff.
84 S. o. Rn. 19.
85 Grdl. *Fritz Ossenbühl*, Verwaltungsvorschriften und Grundgesetz, 1968, S. 196; zuletzt *ders.* (N 70), S. 32.
86 So *Hill* (N 60), S. 236.
87 *Michael Kloepfer*, Gesetzgebung im Rechtsstaat, in: VVDStRL 40 (1982), S. 63 (74); *Ossenbühl* (N 70), S. 32; *Schröder* (N 71), S. 819.

Einzelansätze

im Einzelfall angemessene Maßnahmen gelten[88]. Sie bedingt die Abhängigkeit der Verwaltung von der Gewinnung ausreichender Informationen für die Entscheidungsbildung[89] und ist Ansatzpunkt für Handlungsmodalitäten, die ihren Ausdruck in der Hervorhebung des Gestaltungsauftrages[90], im Ermessen oder „Beurteilungsspielraum" finden. In den genannten Besonderheiten dürfte zugleich der Grund dafür liegen, daß die Verwaltung zwar typischerweise „Einzelaktgewalt" ist[91], gleichwohl aber nicht auf einen geschlossenen Kanon von Handlungsinstrumenten festgelegt werden kann[92]. Selbst wenn das Gesetz für bestimmte Maßnahmen Instrumente vorschreibt, bleibt Raum etwa für informelles Handeln, für Absprachen, Beobachtungen und Dienstleistungen verschiedenster Art. Nicht zuletzt zeichnet die Verwaltung ihre fachliche und professionelle Kompetenz aus[93]. In der Aufgabe des Gesetzesvollzuges schon angelegt, unentbehrliches Rüstzeug aber auch bei gesetzesfreiem Handeln, wird sie durch fachspezifische Organisation, Ausstattung und Personal vermittelt.

27

Verwaltung als Komplementärfunktion

Die vorstehend wiedergegebenen Funktionsmerkmale charakterisieren die verfassungsrechtliche Position, die der Verwaltung im Verhältnis zur Gesetzgebung zukommt, als Komplementärfunktion[94]. Zur Durchsetzung seiner Regelungen ist der Gesetzgeber auf sachverständigen, professionellen, im Einzelfall angemessenen Verwaltungsvollzug angewiesen und kann ihn, aufs Ganze gesehen, nur punktuell ausschließen. Der Gesetzesvollzug ist auch ein rechtsschöpferischer Vorgang[95]: Das Regelungsprogramm des Gesetzes ist vielfach nur in Umrissen festgelegt; die Fähigkeit des Gesetzgebers zu „punktgenauer Determination" des Verwaltungshandelns ist begrenzt, insbesondere bei „komplexen, gestaltenden, verteilenden und infrastrukturellen Aufgaben"[96]. Zudem ist mit Schwächen der Steuerungskraft des Gesetzgebers infolge kompromißhafter, unzulänglicher, im Vollzug nachzubessernder Regelungen zu rechnen[97]. So wächst der Verwaltung im Gesetzesvollzug die Aufgabe der Konkretisierung offener Tatbestandsmerkmale, der „Fein- und Nachsteue-

---

88 *Hans-Werner Rengeling*, Diskussionsbeitrag, in: VVDStRL 43 (1985), S. 221 f.; *Zacher* (N 59), S. 225; *Hill* (N 60).
89 Dazu *Rainer Pitschas*, Allgemeines Verwaltungsrecht als Teil der öffentlichen Informationsordnung, in: Wolfgang Hoffmann-Riem/Eberhard Schmidt-Aßmann/Gunnar Folke Schuppert (Hg.), Reform des allgemeinen Verwaltungsrechts, 1993, S. 219 (228 ff.); *Wolfgang Hoffmann-Riem*, Ermöglichung von Flexibilität und Innovationsoffenheit im Verwaltungsrecht, in: ders./Eberhard Schmidt-Aßmann (Hg.), Innovation und Flexibilität des Verwaltungshandelns, 1994, S. 10 (22 ff.); *Eberhard Schmidt-Aßmann*, Das allgemeine Verwaltungsrecht als Ordnungsidee, 1998, S. 236 ff.
90 S.o. Rn. 20 u. *Gunnar Folke Schuppert*, Verwaltungswissenschaft, 2000, S. 76 ff.
91 So *Leisner* (N 13), S. 729.
92 *Stern* (N 6), § 41 I 3 e); *Hill* (N 60), S. 237.
93 Vgl. *Schröder* (N 71), S. 822 f., m. Nachw.; *Zacher* (N 59); *Hill* (N 60), S. 237.
94 Übereinstimmend → oben *Ossenbühl*, § 101 Rn. 74; *Schuppert* (N 90), S. 80; demgegenüber bezeichnet *Hill* (N 60) die Komplementärfunktion zu eng als nur eines unter anderen funktionsspezifischen Merkmalen der Verwaltung.
95 *Schmidt-Aßmann* (N 89), S. 175.
96 *Horst Dreier*, Zur „Eigenständigkeit" der Verwaltung, in: Die Verwaltung 25 (1992), S. 137 (148).
97 Zur mangelnden Qualität der Gesetzgebung zuletzt *Hans Hugo Klein*, Diskussionsbeitrag, in: Gunnar Folke Schuppert (Hg.), Das Gesetz als zentrales Steuerungsinstrument des Rechtsstaates, 1998, S. 47 f.

rung" des Gesetzes zu[98]. Namentlich das Umwelt- und Technikrecht bietet Beispiele dafür, daß das Gesetz bei der Bewältigung technischer Risiken keine eigenen oder jede Einzelheit erfassenden Entscheidungen trifft und treffen kann, so daß zahlreiche Fragen der Beantwortung im Vollzug überlassen sind[99]. Wo es an gesetzlichen Regelungen überhaupt fehlt, ist die Verwaltung berufen, prinzipiell auch ohne gesetzliche Grundlage zu handeln, ihr Recht des ersten Zugriffs auszuüben. Verfassungsrechtlich ist die Komplementärfunktion der Verwaltung durchaus im Begriff der „Vollziehung" (Art. 20 Abs. 2 S. 2 GG) angelegt, weil dieser zum einen prinzipielle Bezogenheit auf Gesetzgebung voraussetzt, andererseits aber bekanntermaßen nicht auf subalternen Gesetzesvollzug reduziert werden kann, vielmehr auch und gerade das unmittelbare Tätigwerden aus eigener Initiative einschließt[100], das einen wesentlichen Teil der Komplementärfunktion der Verwaltung ausmacht.

2. Schutzpositionen gegenüber der Rechtsprechung: Die Kontrolldichte

Die Komplementärfunktion verschafft der Verwaltung eine auch aus verfassungsrechtlicher Sicht hinreichende Eigenständigkeit im Verhältnis zum Gesetzgeber. Bedroht erscheint der Selbststand der Verwaltung jedoch von einer anderen Seite: Die Einengung gesetzlich verbliebener Handlungsspielräume durch die (Verwaltungs-)Gerichte, eine zu weitgehend in Anspruch genommene Kontrolldichte läuft Gefahr, die Balance zwischen zweiter und dritter Gewalt zu verschieben und den Rechtsschutzauftrag des Art. 19 Abs. 4 GG zu verabsolutieren[101]. Auch die gerichtliche Kontrolle der Verwaltung muß auf deren eigenständigen Verantwortungsbereich abgestimmt sein[102]. Sie hat zu berücksichtigen, daß nur „die Verwaltung ... 'institutionell und auf Dauer typischerweise ... in hinreichendem Maß über die personellen, sachlichen und organisatorischen Möglichkeiten' [verfügt], um Bewertungen und Prognosen", insbesondere soweit sie „technischen oder naturwissenschaftlichen Sachverstand voraussetzen, bestmöglich zu erfüllen. Allein die Verwaltung hat die für die effektive Wahrnehmung von Planungsfunktionen adäquate Organstruktur, verfahrensmäßig Konflikte abzuarbeiten, dezentrale Legitimationsleistungen zu erbringen sowie sach- und raumadäquate Vorsorge zu leisten"[103]. Derartige, vom Gesetzgeber im Interesse optimaler Aufgabenerfüllung sachgerecht zugeteilte oder belassene Handlungsmodalitäten dürfen der Verwaltung auch unter dem Gesichtspunkt einer wirksamen

28
Eigenständigkeit der Verwaltung

Gewaltenteilige Restriktionen der Gerichtskontrolle

---

98 *Dreier* (N 96), S. 149.
99 Dazu *Fritz Ossenbühl*, Gesetz und Verordnung im gegenwärtigen Staatsrecht, in: Schuppert (N 97), S. 27 (36 f.).
100 → Bd. III, *Schröder*, § 64 Rn. 2.
101 *Fritz Ossenbühl*, Gedanken zur Kontrolldichte in der Verwaltungsrechtsprechung (1993), in: ders. (N 83), S. 747 (751); *Helmuth Schulze-Fielitz*, in: Dreier, GG I, Art. 19 Abs. 4 Rn. 87; *Schuppert* (N 90), S. 533.
102 Vgl. *Schmidt-Aßmann* (N 89), S. 185.
103 *Thomas Würtenberger*, Rechtliche Optimierungsgebote oder Rahmensetzungen für das Verwaltungshandeln?, in: VVDStRL 58 (1999), S. 139 (163 f.).

III. Verwaltung und politische Führung

1. Problem der Abgrenzbarkeit von Regierung und Verwaltung

29

Das Grundgesetz leistet wenig Hilfe bei der Fragestellung, inwieweit die Bereiche Regierung und Verwaltung voneinander abgrenzbar sind[105]. Frühzeitig ist deshalb die These aufgestellt worden, das deutsche Staatsrecht anerkenne einen grundsätzlichen und wesensmäßigen Unterschied zwischen Regieren und Verwalten nicht[106]. Gelegentlich ist sie wieder aufgenommen worden: Unter Hinweis auf den Begriff der Vollziehung (Art. 1 Abs. 3, 20 Abs. 2 GG) und den im wesentlichen nur graduellen Unterschied von Regierung und nachgeordneter Verwaltung soll es „jedenfalls im Hinblick auf das anzuwendende Recht weder geboten noch gerechtfertigt" sein, „die Verwaltung auch gegenüber der Regierung abzugrenzen"[107]. Für eine verwaltungsrechtliche Sicht, die auf bürgerbezogene Rechtsanwendung und Rechtswegzuständigkeit abstellt, mag eine derartige Argumentationsweise angehen. Verfassungsrechtlich ist der Verzicht auf jede Abgrenzung schon deshalb nicht gangbar, weil die Ineinssetzung von Regierung und Verwaltung zur Vernachlässigung kompetenzrechtlicher Gesichtspunkte führen müßte. Der gewaltenübergreifende Charakter der Regierungsfunktion geht verloren[108].

Abgrenzung zwischen Regierung und Verwaltung

30

Abgrenzungsschwierigkeiten

Eine trennscharfe Abgrenzung von Regierung und Verwaltung stößt auf Schwierigkeiten[109]. Die Regierung im institutionellen Sinne ist mit der Verwaltung über die Ministerien organisatorisch verknüpft, ihr obliegen auch Verwaltungsentscheidungen[110]. Andererseits können Entscheidungen der Verwaltung im Einzelfall durchaus eine staatsleitenden Akten vergleichbare Tragweite haben[111]. Je nachdem, wie man den Begriff des „Politischen" bestimmt, nehmen sie wie Regierungshandlungen politische Qualität an[112]. Fließende Übergänge zeigen sich auch unter dem Gesichtspunkt der rechtlichen Bindung. Die Regierungsfunktion unterliegt typischerweise, jedoch nicht notwendig lockereren Bindungen als die Verwaltung. Deren Gebundenheit kann – etwa bei Planungsentscheidungen – in einem Regierungsakten vergleichbaren Umfang reduziert sein. Die suggestive Kennzeichnung der Regierung als „nicht definierte", der Verwaltung als „definierte" Gewalt, die

---

104 *Ferdinand O. Kopp*, Handlungsspielräume der Verwaltung und Kontrolldichte des gerichtlichen Rechtsschutzes, in: Götz/Klein/Starck (N 60), S. 146 (156).
105 S. o. Rn. 17; zum Folgenden auch → unten *Loschelder*, § 107 Rn. 37 ff.
106 So BVerwGE 4, 24 (28).
107 So *Franz Mayer/Ferdinand O. Kopp*, Allgemeines Verwaltungsrecht, ⁵1985, § 1 III.
108 S. o. Rn. 10.
109 Vgl. nur *Stern* (N 6), § 39 III 2; *Hesse* (N 26), Rn. 536.
110 → Bd. III, *Schröder*, § 64 Rn. 4.
111 *Hesse* (N 26), Rn. 536.
112 So *Bachof* (N 66).

Abgrenzung je nachdem, ob „vielfache Ermessenskombinationen" oder nur „Einzelermessen" zur Verfügung stehen[113], hat jedenfalls Annäherungswert. Sie verdeutlicht, daß die Verwaltung in der Regel im Rahmen vorgegebener Ziele und Zwecke und dementsprechend stärker gebunden, weisungsabhängig handelt, während die Regierung (im materiellen Sinne) die Ziele und Zwecke vorgibt. Letztlich dürfte die Abgrenzung nur unter Rückbesinnung auf die staatsleitende Funktion der Regierung möglich sein, freilich unter Inkaufnahme unscharfer Randzonen[114].

2. Position der Verwaltung innerhalb der Exekutive

Die Position der Verwaltung innerhalb der Exekutive ist zunächst dadurch bestimmt, daß die Verwaltung Instrument der Regierung im institutionellen Sinne ist. Deren Vorgaben hat sie „loyal" umzusetzen und sie hat Hilfestellungen bei der fachlichen Vorbereitung von Regierungsentscheidungen zu leisten[115]. Verfassungsrechtlich wird der instrumentale Charakter in Organisations- und Weisungsbefugnissen sowie in der Personalhoheit, deren Ausdruck das Beamtenernennungsrecht ist, sichtbar[116]. Andererseits ist die Verwaltung nicht bloß verlängerter Arm der Regierung. Ihre Eigenständigkeit manifestiert sich generell in dem (nicht nur auf entsprechende Anordnung ausübbaren) „Recht des ersten Zugriffs"[117] und in der Rechtsbindung, die Weisungen von oben nur begrenzt zugänglich ist, speziell in der verfassungsrechtlichen Abschirmung der kommunalen Selbstverwaltung (Art. 28 Abs. 2 GG) sowie in der bundesstaatlich eingeschränkten Einflußnahme der Bundesregierung auf die Länderverwaltung[118]. Die gegebene Positionsbestimmung der Verwaltung rechtfertigt ihre Einbeziehung in die vollziehende Gewalt; sie ist aber auch ein zusätzlicher Grund für die prinzipielle Unterscheidung zwischen Regierung und Verwaltung.

31
Dienende Funktion der Verwaltung

Eigenständigkeit

C. Amtsrechtliche Abgrenzung

Die funktionstypischen Merkmale der Regierungs- und Verwaltungsfunktion, ihr Ergänzungsverhältnis und ihre Abgrenzungsschwierigkeiten spiegeln sich deutlich im Status der Amtsinhaber wider. Er ist gekennzeichnet durch den Gegensatz und die Komplementarität zwischen politischem Amt und Verwaltungsamt, kennt aber auch Erscheinungsformen der Grenzverflüssigung.

32
Status des Amtsinhabers

---

113 *Leisner* (N 13), S. 727, 730.
114 Übereinstimmend *Stern* (N 6), § 39 III 3; *Hesse* (N 26), Rn. 536.
115 Dazu *Josef Isensee*, Verwaltung zwischen Sachgesetzlichkeit und Parteipolitik, in: Rudolf Hrbek (Hg.), Personen und Institutionen in der Entwicklung der Bundesrepublik Deutschland. Symposium aus Anlaß des 80. Geburtstags von Theodor Eschenburg, 1985, S. 67 ff.; *Matthias Jestaedt*, Demokratieprinzip und Kondominalverwaltung, 1993, S. 294; *Meinhard Schröder*, Verwaltung und politische Führung, in: ZBR 1981, S. 209 ff.
116 → Unten *Lecheler*, § 110 Rn. 83.
117 S. o. Rn. 26 f.
118 *Hesse* (N 26), Rn. 537 f.

I. Statusrechtliche „Gewaltenteilung" zwischen politischem Amt und Verwaltungsamt

33
Amtscharakter staatlicher Funktionsausübung

Heutigem Verständnis von Demokratie entspricht, daß die Übernahme staatlicher Funktionen Amtsausübung ist[119]. So charakterisiert § 1 BMinG die Rechtsstellung der Mitglieder der Bundesregierung als „öffentlich-rechtliches Amtsverhältnis", und das Bundesverfassungsgericht bezeichnet die Bundestagsabgeordneten als Inhaber eines öffentlichen Amtes[120]. Über den konkreten Zuschnitt der Amtsstellung ist damit wenig gesagt. Er hängt wesentlich vom gewaltenteilig bestimmten Wirkungsbereich ab, in dem das Amt ausgeübt wird. In diesem Sinne durchaus funktionsgerecht, schlägt die Wesensverschiedenheit zwischen Regieren und Verwalten auch auf den amtsrechtlichen Status durch[121]. Die statusrechtlichen Unterschiede lassen sich typisierend mit den Begriffen „politisches Amt" bzw. „Verwaltungsamt" auf den Punkt bringen.

Politisches Amt – Verwaltungsamt

34
Merkmale des politischen Amtes

Das politische Amt[122] ist immer Amt auf Zeit (Art. 69 Abs. 2, 39 Abs. 1 GG). Die (erneute) Berufung bleibt ungewiß, weil sie von Wahlentscheidungen abhängig ist (Art. 63 Abs. 1, 38 Abs. 1 GG). Auch gewährt das Amt keinen Schutz gegenüber vorzeitiger Beendigung, etwa durch Kanzlersturz, Auflösung des Bundestages oder Entlassung nach Art. 64 Abs. 1 GG. Der unsichere Status des Amtsinhabers ist Ausdruck der besonderen Nähe zu und der Abhängigkeit der Staatsleitung von den gesellschaftlich-politischen Kräften, deren unterschiedliche, in der Zeit wechselnde Zielvorstellungen sie aufnehmen und einheitsstiftend verarbeiten soll[123]. – Weitere Merkmale des politischen Amtes nehmen vor allem auf den Inhalt der Regierungsfunktion Bezug: So wird fachliches, spezialisiertes Wissen des Fachinhabers nicht vorausgesetzt, weil die Teilhabe an der Regierungsfunktion in erster Linie politische Führungsqualitäten verlangt. Die Rekrutierung soll deshalb unter diesem Vorzeichen erfolgen. Inhaltliche Bezüge zur Regierungsfunktion hat auch die geringe Hierarchisierung der politischen Ämter, ihre Präferenz für horizontale Zuständigkeiten, die koordiniert und ausgeglichen werden müssen. Sie entspricht der Notwendigkeit, vielfältige, im Ansatz einander womöglich widersprechende, jedenfalls auf eindimensionale fachliche Perspektiven nicht reduzierbare Zielvorstellungen auf einen Nenner zu bringen. Positivrechtliche

---

119 Grdl. → Bd. III, *Böckenförde*, § 34 Rn. 19; *Arnold Köttgen*, Abgeordnete und Minister als Statusinhaber, in: GS für Walter Jellinek, 1955, S. 195 (198); *ders.*, Das anvertraute öffentliche Amt, in: FG für Rudolf Smend, 1962, S. 119 (122); *Wilhelm Hennis*, Amtsgedanke und Demokratiebegriff, ebd., S. 52 (55, 60).
120 BVerfGE 40, 296 (315 f.).
121 *Josef Isensee*, Öffentlicher Dienst, in: HdbVerfR, § 32 Rn. 45 m. Fn. 66; *ders.*, Verfassungsrecht als „politisches Recht", in: HStR VII, 1992, § 162 Rn. 18.
122 Im folgenden insbes. *Fritz Duppré*, Der leitende Beamte und die politische Spitze des Amtes, in: Öffentlicher Dienst und politischer Bereich. Vorträge und Diskussionsbeiträge der 35. Staatswissenschaftlichen Tagung der Hochschule für Verwaltungswissenschaften Speyer 1967, 1968, S. 14 (19 f.); *Hans D. Jarass*, Politik und Bürokratie als Elemente der Gewaltenteilung, 1975, S. 115 f., 126 f., 130 f.; *Jestaedt* (N 115), S. 193 ff. – Speziell zur Amtsstellung der Abgeordneten eingehend *Meinhard Schröder*, Grundlagen und Anwendungsbereich des Parlamentsrechts, 1979, S. 288 ff.
123 → Bd. III, *Schröder*, § 64 Rn. 31 ff. Vgl. BVerfGE 7, 155 (162 f.).

Belege finden sich im Ressort- und Kabinettsprinzip, im freien Mandat der Abgeordneten und im Mehrheitsprinzip (Art. 65, 38 Abs. 1, 42 Abs. 2 GG). Hervorzuheben ist schließlich die im wesentlichen nur auf weitmaschige Verfassungsnormen ausgerichtete rechtliche Bindung des Amtswalters. Auch sie ist eine Folge der Eigenart der Regierungsfunktion.

Was für die Merkmale des politischen Amtes gilt – daß sie Ausdruck der Teilhabe an der Regierungsfunktion sind –, trifft gleichermaßen auf das Verwaltungsamt zu. Im Hinblick auf die Permanenz, Ubiquität und stete Präsenz der Verwaltung[124] ist der amtsrechtliche Status hier von wechselnden, politisch-gesellschaftlichen Konstellationen weitgehend unabhängig, ja er darf von ihnen nicht abhängig sein. Rekrutierung und Amtsverlust bestimmen sich nicht nach politischen Gesetzmäßigkeiten. Der Grundstatus des Amtsinhabers spiegelt die Permanenz und Stabilität der Verwaltung, ihre fachliche Professionalität und besondere Verantwortung für ein der Sach- und Rechtslage im Einzelfall angemessenes Handeln wider[125]: Die Anstellung erfolgt grundsätzlich auf Lebenszeit; die Auslese der Amtsbewerber bestimmt sich nach ihrer fachlichen und persönlichen Eignung für ein bestimmtes Amt innerhalb einer Laufbahn(-gruppe). Kristallisationspunkt der Amtspflichten ist die auf Sachwissen und fachliche Leistung gegründete, parteipolitisch neutrale, rechts- und weisungsgebundene Amtsführung. Sie verbürgt Legalität und Einheitlichkeit des Verwaltungshandelns nach vorgegebenen Zielen und Maßstäben. Verfassungsrechtlich sind die Unentbehrlichkeit des Verwaltungsamtes und seine Strukturmerkmale durch die Statusgarantien für den und im öffentlichen Dienst (Art. 33 GG) gesichert und vor beliebiger Manipulation geschützt.

35
Verwaltungsamt

Merkmale des Verwaltungsamtes

Die Unterschiede zwischen politischem Amt und Verwaltungsamt nehmen die Funktionsteilung zwischen „Regierung" und Verwaltung in einer Art statusrechtlicher Gewaltenteilung wieder auf[126]. Insofern haben beide Amtstypen ihren „gesonderten Platz in der demokratischen Staatsorganisation"[127]. Eben damit stehen sie aber auch in einem Verhältnis sinnfälliger Zuordnung und Ergänzung: auf der einen Seite der wenig reglementierte, für den (partei-)politischen Richtungswechsel offene Status des politischen Amtes, in dem die Ziele und Hauptrichtungen der staatlichen Gemeinschaft festgelegt werden; andererseits der Amtsstatus im Bereich der Verwaltung mit vergleichsweise dichten Bindungen, der vor allem permanente Einsatzbereitschaft, Sachverstand und Loyalität bei der Umsetzung staatsleitender Vorgaben verbürgt.

36
„Statusrechtliche" Gewaltenteilung

---

124 S. o. Rn. 26.
125 Zum Folgenden prinzipiell BVerfGE 7, 155 (162); 9, 268 (286); vgl. auch BVerfGE 44, 249 (265); 70, 251 (266); 71, 255 (268). Im Schrifttum *Isensee* (N 121), § 32 Rn. 65 ff.; *Klaus Stern*, Das Staatsrecht der Bundesrepublik Deutschland, Bd. I, ²1984, § 11 III 4; → unten *Loschelder*, § 107 Rn. 89 ff.
126 *Isensee* (N 121), § 32 Rn. 45, spricht von „dienstrechtlicher Gewaltenteilung"; ihm folgend *Jestaedt* (N 115), S. 193 ff.
127 *Josef Isensee*, Öffentlicher Dienst, in: HdbVerfR, ¹1983, S. 1170.

II. Grenzfall des politischen Beamten

37
Begriff

Strukturmerkmale des politischen Amtes und des Verwaltungsamtes verbindet seit der konstitutionellen Monarchie[128] der Status des sogenannten politischen Beamten. Dabei handelt es sich um Inhaber von Ämtern, die im Grenzbereich von Regierung und Verwaltung angesiedelt sind[129] und zu deren Ausübung die fortdauernde Übereinstimmung mit den grundsätzlichen politischen Ansichten und Zielen der Regierung erforderlich ist (§ 31 Abs. 1 BRRG).

38
Statusrechtliche Besonderheiten

Aus der besonderen Nähe des politischen Beamten zur Staatsleitung ergeben sich statusrechtliche Annäherungen an das politische Amt: Die Ausschreibungspflicht besteht nicht (§ 8 Abs. 2 S. 1 BBG). Die Auslese darf legitimerweise nach der Zugehörigkeit des Bewerbers zu der oder den Regierungsparteien erfolgen[130]. Vorher nicht beamtete Bewerber können in das Amt eines politischen Beamten berufen werden[131]. Obschon in der Regel auf Lebenszeit eingestellt, dürfen politische Beamte jederzeit in den einstweiligen Ruhestand versetzt werden, wenn die Übereinstimmung ihrer Amtsführung mit der Regierungspolitik nicht mehr gewährleistet erscheint (§ 36 Abs. 1 BBG).

39
Rechtfertigungsbedarf

Für das Bundesverfassungsgericht gehört die jederzeitige Abberufbarkeit des politischen Beamten zu den hergebrachten Grundsätzen des Berufsbeamtentums[132]. Die Rechtfertigung einer Grenzverflüssigung zwischen politischem Amt und Verwaltungsamt ist damit aus der Tradition beantwortet. Unproblematisch ist dies keinesfalls, weil Aufweichungen der statusrechtlichen Gewaltenteilung indirekt auch die Funktionsteilung zwischen Regierung und Verwaltung, wie sie sich aus der konkreten Verfassungsordnung ergibt, in Frage stellen. Im Spezialschrifttum wird deshalb zu Recht die Frage einer auf den jeweiligen Staatstypus bezogenen Rechtfertigung gestellt[133]. Mit Sicherheit zu weit geht die in diesem Zusammenhang geäußerte Ansicht, daß die Beseitigung, Einschränkung oder Abschwächung der Einrichtung des politischen Beamten „grundlegende Strukturelemente der parlamentarischen Demokratie in Gefahr

Systemadäquanz

bringen" müsse[134]. In der parlamentarischen Demokratie des Grundgesetzes ist der politische Beamte gewiß nicht lebensnotwendig, andererseits aber auch nicht bloß als Anomalie geduldet[135]. Er ist systemadäquat[136], freilich nur in dem

---

128 Vgl. *Reinhard Schunke*, Die politischen Beamten, Diss. Saarbrücken, 1973, S. 6 ff.; *Gerhard Wacke*, Die Versetzung politischer Beamter in den einstweiligen Ruhestand, in: AöR 91 (1966), S. 441 (445 ff.); instruktiv jetzt auch (empirisch) *Schuppert* (N 90), S. 675 ff.
129 *Schunke* (N 128), S. 140; *Jarass* (N 122), S. 128; → unten *Lecheler*, § 110 Rn. 20, 72 f.
130 *Schunke* (N 128), S. 182 f.
131 *Schunke* (N 128), S. 202 ff.
132 BVerfGE 7, 155 (162 f.).
133 Grdl. bereits *Arnold Köttgen*, Das deutsche Berufsbeamtentum und die parlamentarische Demokratie, 1928, S. 152 ff.
134 So *Wacke* (N 128), S. 458.
135 So *Josef Isensee*, Der Parteienzugriff auf den öffentlichen Dienst – Normalzustand oder Alarmzeichen?, in: Gerhard Baum/Ernst Benda/Josef Isensee (Hg.), Politische Parteien und öffentlicher Dienst, 1982, S. 52 ff. (70); *ders.* (N 127), S. 1182.
136 I. d. S. *Philip Kunig*, Das Recht des öffentlichen Dienstes, in: Eberhard Schmidt-Aßmann (Hg.), Besonderes Verwaltungsrecht, ¹²2003, Rn. 86; *Christian-Dietrich Bracher*, Vertrauen in politische Anschauungen und persönliche Loyalität bei beamtenrechtlichen Auswahlentscheidungen, in: DVBl 2001, S. 19 (21); *Schuppert* (N 90), S. 683 f.

Maße, in dem er auf regierungsnahe Ämter wie das des Staatsekretärs, des Botschafters und des Pressesprechers beschränkt wird, die in einem unmittelbaren Sinne Regierungspolitik umsetzen. Die im geltenden Recht nachweisbare Einbeziehung regierungsferner Ämter, namentlich im Sicherheits- und Justizbereich, überschreitet diese Grenze[137]. Sie ist und bleibt unter dem Blickwinkel einer sachgerechten – auch statusrechtlichen – Abgrenzung der Bereiche „Regierung" und Verwaltung bedenklich.

---

137 Hierzu *Werner Thieme*, Der „politische Beamte" im Sinne des § 31 BRRG, in: Öffentlicher Dienst und politischer Bereich (N 122), S. 149 (157 ff.); *Schunke* (N 128), S. 280 ff.; *Isensee* (N 127), S. 1183; vgl. auch den Bericht der Studienkommission für die Reform des öffentlichen Dienstrechts, 1973, Tz. 300.

D. Bibliographie

Peter Badura, Regierung, in: EvStL³, Sp. 2951 ff.
Christoph Degenhart, Der Verwaltungsvorbehalt, in: NJW 1984, S. 2184 ff.
Horst Dreier, Zur „Eigenständigkeit" der Verwaltung, in: Die Verwaltung 25 (1992), S. 137 ff.
Ernst Friesenhahn, Parlament und Regierung im modernen Staat, in: VVDStRL 16 (1958), S. 9 ff.
ders., Parteien und Parlamentarismus nach dem Grundgesetz für die Bundesrepublik Deutschland, in: Albrecht Randelzhofer (Hg.), Deutsch-spanisches Verfassungskolloquium, 1981, S. 23 ff.
Walter Leisner, Die undefinierbare Verwaltung, 2002.
Siegfried Magiera, Parlament und Staatsleitung in der Verfassungsordnung des Grundgesetzes, 1979.
Hartmut Maurer, Der Verwaltungsvorbehalt, in: VVDStRL 43 (1985), S. 135 ff.
Wilhelm Mößle, Regierungsfunktionen des Parlaments, 1986.
Fritz Ossenbühl, Der Vorbehalt des Gesetzes und seine Grenzen, in: Volkmar Götz/ Hans H. Klein/Christian Starck (Hg.), Die öffentliche Verwaltung zwischen Gesetzgebung und richterlicher Kontrolle, 1985, S. 9 ff.
Friedrich E. Schnapp, Der Verwaltungsvorbehalt, in: VVDStRL 43 (1985), S. 172 ff.
Meinhard Schröder, Der Verwaltungsvorbehalt, in: DVBl 1984, S. 814 ff.
Reinhard Schunke, Die politischen Beamten, Diss. Saarbrücken, 1973.
Gunnar Folke Schuppert, Verwaltungswissenschaft, 2000.
Rupert Stettner, Der Verwaltungsvorbehalt, in: DÖV 1984, S. 611 ff.

§ 107
Weisungshierarchie und persönliche Verantwortung in der Exekutive

Wolfgang Loschelder

Übersicht

	Rn.
A. Das Problem	1– 2
B. Hierarchie als Bauprinzip der Exekutive	3–36
I. Hierarchie als Strukturelement	4–22
1. In der Großorganisation	5– 6
2. Im Staat	7–11
3. Im Verfassungsstaat	12–17
4. Im demokratischen Verfassungsstaat	18–22
II. Regierung und Verwaltung in der hierarchischen Verklammerung	23–36
1. Polarität von Regierung und Verwaltung	24–26
2. Verklammerung von Regierung und Verwaltung durch die hierarchische Struktur	27
3. Grenzen der Polarität	28–36
C. Hierarchische Gliederung der Exekutive unter dem Grundgesetz	37–72
I. Grundmuster	38–51
1. Regierung und Verwaltung im parlamentarisch-demokratischen Legitimationsgefüge	39–41
2. Weisungshierarchie der Exekutive	42–51
II. Grenzen und Einschränkungen der Weisungshierarchie	52–72
1. Verselbständigungen im organisatorischen Aufbau	53–60
2. Fraktionierungstendenzen innerhalb der hierarchischen Gliederung	61– 64
3. Einwirkungen gesellschaftlicher Interessen	65– 71
4. Grenzen für die Reduktion der hierarchischen Strukturen	72
D. Weisungshierarchie und persönliche Verantwortung	73–104
I. Weisungshierarchie und Eigenentscheidung	74– 85
1. Maßstäbe und Spielräume der Eigenentscheidung	75– 81
2. Amtliche Indienstnahme	82– 85
II. Eigenverantwortung und Weisungsgebundenheit	86–104
1. Ausformung der Eigenverantwortung	87– 92
2. Verhältnis von Weisungsgebundenheit und Eigenverantwortung	93–104
E. Weisungshierarchie und Eigenverantwortung im System von Staat und Gesellschaft	105–109
I. Weisungshierarchie und Eigenverantwortung als Modell des objektiven Prinzips	106–107
II. Weisungshierarchie und Eigenverantwortung als Komplement des subjektiven Prinzips	108–109
F. Bibliographie	

A. Das Problem

1
Weisungshierarchie und persönliche Verantwortung: Inkompabilität?

Weisungshierarchie und persönliche Verantwortung – die Verkoppelung dieser beiden Begriffe scheint einander grundsätzlich Widerstrebendes zusammenzuspannen. Allgemein wie mit Bezug auf den Bereich der Exekutive schließt, so mag man meinen, das eine Steuerungsprinzip das andere aus. Auch die Wirkungen auf den Betroffenen lassen sich, jedenfalls nach landläufigen Maßstäben, auf den ersten Blick kaum miteinander in Einklang bringen. Weisungshierarchie signalisiert Fremdverfügbarkeit, Unterwerfung unter den Willen anderer; persönliche Verantwortung dagegen bedeutet Eigenentscheidung, assoziiert individuelle Entfaltung und Selbstverwirklichung. Entsprechend kann es nicht verwundern, daß etwa in der Diskussion um zeitgerechte Führungsgrundsätze in der Verwaltung[1], die Aufmerksamkeit weitaus stärker auf dem zweiten Element ruht, mit dem sich die Vorstellung größerer Nähe zur eigentlichen, „natürlichen", von Grundrechts und Demokratie wegen gewollten Befindlichkeit des Menschen verknüpft.

2
Einheitlicher Gesichtspunkt: Pflichten des Beamten

Es muß jedoch bezweifelt werden, daß Weisungsgebundenheit und Eigenverantwortung nach einem so einfachen Schema gegeneinander ausgespielt werden können. Es muß überdies bezweifelt werden, daß beide nach einem Kriterium natürlicher Freiheit zu kontrastieren oder sogar in das angedeutete Prioritätsverhältnis zu setzen sind. Die einschlägigen einfachgesetzlichen – beamtenrechtlichen – Vorschriften zumindest deuten auf ein anderes Verständnis hin. Sie treffen Regelungen, die teils dem einen, teils dem anderen Prinzip zuzuordnen sind, unter dem gleichen, einheitlichen Gesichtspunkt der Pflichten des Beamten. Sie stellen einen unmittelbaren Bezug her zwischen dem Gehorsam, den dieser den Anordnungen seiner Vorgesetzten schuldet[2], und der Beratung und Unterstützung, die er ihnen zu leisten hat[3]. Sie lassen Genauigkeit und Pünktlichkeit in der Befolgung der Weisungen – weil selbstverständlich – unerwähnt, stellen aber ausdrücklich Unparteilichkeit, Gerechtigkeit und Bedachtnahme auf das allgemeine Wohl[4] als Leitlinien seines Handelns heraus. Insbesondere hat der Beamte sein Amt „nach bestem Gewissen"[5] auszuüben und trägt die „volle persönliche Verantwortung"[6] für die Rechtmäßigkeit seines Tuns. Selbst durch Gegenvorstellungen, die er im

---

1 Vgl. dazu *Hartmut Kübler*, Organisation und Führung in Behörden, 1974, S. 220 ff.; *Helmut Lecheler*, Verwaltungslehre, 1988, S. 203 m. weit. Nachw.; *Werner Thieme*, Verwaltungslehre, [4]1984, S. 436 ff.; *Christoph Reichard*, Neuere Ansätze der Führung und Leitung, in: Klaus König/Heinrich Siedentopf (Hg.), [2]1997, Öffentliche Verwaltung in Deutschland, S. 641 f.
2 Vgl. §§ 37 BRRG, 55 BBG, 20 Abs. 1 LBG Brandenb., 58 LBG Nordrh.-Westf.; im einzelnen etwa *Ulrich Battis*, Bundesbeamtengesetz, [3]2004, § 55 Rn. 3; *Hans Walter Scheerbarth/Heinz Höffken/Hans-Joachim Bauschke/Lutz Schmidt*, Beamtenrecht, [6]1992, S. 142.
3 *Battis* (N 2), § 55 Rn. 2; *Horst Zeiler*, Beamtenrecht, 1983, S. 98; *Manfred Wichmann* (Teil I: Allgemeines Beamtenrecht: Rechtstellung des Beamten, Rn. 210 [S. 267]), in: Ferdinand Wind/Rudolf Schimana/Manfred Wichmann/Karl-Ulrich Langer, Öffentliches Dienstrecht, [5]2002, S. 267.
4 §§ 35 BRRG, 52 BBG, 18 LBG Brandenb., 55 LBG Nordrh.-Westf.; vgl. auch *Battis* (N 2), § 56 Rn. 3.
5 §§ 36 BRRG, 54 BBG, 19 LBG Brandenb., 57 LBG Nordrh.-Westf.
6 §§ 38 BRRG, 56 BBG, 21 LBG Brandenb., 59 LBG Nordrh.-Westf.

Instanzenzug erhebt – und gegebenenfalls erheben muß[7] –, vermag er sich vom eigenen Einstehen nur in Grenzen zu lösen. Das heißt: Hierarchie und Verantwortung erscheinen hier als miteinander verschränkt, werden als einander bedingend und ergänzend begriffen[8]. Worauf sich allerdings dieser Zusammenhang gründet, wird nicht erläutert, sondern offenbar vorausgesetzt. Auch daß beide auf verfassungsrechtliche Vorgaben, auf die hergebrachten Grundsätze des Gehorsams und der Treue im Sinne des Art. 33 Abs. 5 GG, zurückzuführen sind[9], beantwortet die Frage nicht.

Wechselseitige Bedingung und Ergänzung

B. Hierarchie als Bauprinzip der Exekutive

Hierarchie ist, vor jeder positiven verfassungsrechtlichen Ausformung, ein notwendiges und zentrales Bauelement staatlicher Exekutive, organisierter Staatlichkeit überhaupt[10]. Dabei wird der Begriff zunächst, von jedem Überbau entkleidet, auf ein Prinzip vertikaler Gliederung arbeitsteiliger, formalisierter Leistungssysteme bezogen, nach welchem die Gesamtheit der Aufgaben und Befugnisse zwischen den engeren Handlungseinheiten in einer festen Stufenfolge von oben nach unten angeordnet ist[11]. Die Tätigkeit jeder Stufe wird von der Spitze her legitimiert und über die jeweiligen Zwischenstufen hinweg, durchlaufend, durch sie gesteuert. In diesem Gefüge erscheint die Zentralinstanz als der grundsätzliche Träger aller Kompetenzen[12], die zur effektiveren Wahrnehmung in immer speziellere, genau umrissene Segmente zerlegt werden bis hin zur konkreten Umsetzung durch die unterste Einheit auf dem engsten Feld. Zugleich liegt darin beschlossen, daß die zentrale und,

3 Hierarchie als formales Organisationsprinzip

Zentralinstanz Träger aller Kompetenzen

---

7 §§ 38 Abs. 2 BRRG, 56 Abs. 2 BBG, 21 Abs. 2 LBG Brandenb., 59 Abs. 2 LBG Nordrh.-Westf.; *Battis* (N 2), § 56 Rn. 1; *Wichmann* (N 3), S. 270; *Otto Depenheuer*, Die volle persönliche Verantwortung des Beamten für die Rechtmäßigkeit seiner dienstlichen Handlungen, in: DVBl 1992, S. 404.
8 *Walter Leisner*, Die undefinierbare Verwaltung, 2002, S. 200; *Werner Thieme*, Beamtentum und Hierarchie, in: DöD 1995, S. 176; *Depenheuer* (N 7), S. 404 f.
9 Grundlegend BVerfGE 9, 268 (286 f.); vgl. auch *Walter Leisner*, Beamtentum, in: Josef Isensee (Hg.), Schriften zum Beamtenrecht und zur Entwicklung des öffentlichen Dienstes 1968 bis 1991, 1995, S. 112; *Walter Maier*, Staats- und Verfassungsrecht, ⁴2001, S. 227; *Scheerbarth/Höffken/Bauschke/Schmidt* (N 2), S. 142 f.; allgemein zu Verantwortlichkeit und Gehorsamspflicht *Günter Hartfiel/Lutz Sedatis/Dieter Claessens*, in: Otto Stammer (Hg.), Beamte und Angestellte in der Verwaltungspyramide, 1964, S. 117 ff.; *Dagmar Felix*, Das Remonstrationsrecht und seine Bedeutung für den Rechtsschutz des Beamten, 1993, S. 11 ff.
10 *Leisner* (N 8), S. 199; *Roman Herzog*, Allgemeine Staatslehre, 1971, S. 189 ff.; *Depenheuer* (N 7), S. 405; *Matthias Jestaedt*, Demokratieprinzip und Kondominalverwaltung, 1993, S. 342 f.; *Helmut Klages*, Hierarchie, III. Soziologisch, in: StL⁷, Bd. II, 1995, Sp. 1277; *Lecheler* (N 1), S. 106; *Eberhard Schmidt-Aßmann*, Das allgemeine Verwaltungsrecht als Ordnungsidee, ²2004, S. 241; *Josef Isensee*, Öffentlicher Dienst, in: Ernst Benda/Werner Maihofer/Hans-Jochen Vogel (Hg.), Handbuch des Verfassungsrechts, Bd. I, ²1995, S. 1527 ff.; *Horst Dreier*, Hierarchische Verwaltung im demokratischen Staat, 1991, S. 129 ff.; *Gunnar Folke Schuppert*, Verwaltungswissenschaft, 2000, S. 590 f.; *Thieme* (N 8), S. 176.
11 *Max Weber*, Wirtschaft und Gesellschaft: Grundriß der verstehenden Soziologie, ⁵1976, S. 551; vgl. auch *Thieme* (N 1), S. 164; *ders.* (N 8), S. 176; vgl. auch *Schuppert* (N 10), S. 590; *Karl-Heinz Mattern*, Allgemeine Verwaltungslehre, ⁴1994, S. 132 f.
12 *Lecheler* (N 1), S. 106; vgl. auch *Frieder Lauxmann*, Die kranke Hierarchie, 1971, S. 48; *Mattern* (N 11), S. 132 f.; *Thieme* (N 8), S. 176.

von ihr abgeleitet, alle nachfolgenden Stellen Weisung und Aufsicht über die ihnen unterstellten Einheiten bis hin zur Basis ausüben[13]. Schließlich ergibt sich aus der Zielsetzung wirksamer Steuerung und Umsetzung auch, daß im Regelfall jede Funktionseinheit im System nur von einer einzigen unmittelbar übergeordneten ihre Weisungen empfängt[14]. Auch die Kontrollbezüge und Informationsflüsse folgen – letztere in beiden Richtungen – diesen Linien.

Weisung, Kontrolle, Information

I. Hierarchie als Strukturelement

4
Offenheit des Prinzips Hierarchie

Das in der beschriebenen Weise formal-organisatorisch verstandene hierarchische Gliederungsprinzip gewinnt in den verschiedenen Leistungssystemen unterschiedliche Bedeutung, ist offen für inhaltliche Anreicherungen, für die Übernahme materieller Funktionen[15].

1. In der Großorganisation

5

Daß allgemein komplexe Organisationen, in denen menschliches Handeln zweckrational zur Erreichung bestimmter Ziele zusammengefaßt wird, hierarchische Strukturen hervorbringen, ist seit Max Weber[16] ein Untersuchungsgegenstand der Soziologie und Verwaltungswissenschaft. Dergestalt ohne nähere Spezifizierung stellt sich Hierarchie vor allem als Mittel dar, alle Glieder des Systems und ihre Aufgaben einander eindeutig und überschaubar zuzuordnen. Es dient dazu, alle Teilaktivitäten von der zentralen Entscheidungsstelle aus möglichst präzise, reibungsfrei, schnell und effektiv zu mobilisieren und zu koordinieren. Auf diese Weise schafft es die Voraussetzung, einen einheitlichen programmierenden Willen über die verschiedenen Konkretisierungsstufen hinweg in eine Vielzahl abgestimmter Realisierungsakte umzusetzen.

Einheitlich programmierender Wille

6
Effizienz und Ökonomie

Im Mittelpunkt steht also bei einer solchen Betrachtung die Wirksamkeit des Leistungssystems, die rationelle Nutzung seiner Mittel, die höchstmögliche Zielverwirklichung bei geringstem Aufwand[17]. Zu den wesentlichen Konsequenzen gehört – insbesondere im Hinblick auf die differenzierte Arbeitsteiligkeit – die Entwicklung des fachlichen Moments[18]. Hierarchische Zuständigkeitsaufteilung verlangt eine aufgabenorientierte Vor- und Ausbildung des Personals, seine Auslese, seinen Einsatz und – wegen der Stufung der Kompetenzen – seinen Aufstieg nach persönlicher Leistungsfähigkeit und Leistungs-

---

13 *Lecheler* (N 1), S. 143; vgl. auch *Hans Paul Bahrdt*, Die Krise der Hierarchie im Wandel der Kooperationsformen, in: Renate Mayntz (Hg.), Bürokratische Organisation, ²1971, S. 127; *Thieme* (N 8), S. 176.
14 *Lecheler* (N 1), S. 106; *Schuppert* (N 10), S. 591; *Mattern* (N 11), S. 133.
15 Zur materiellen Verwurzelung des Hierarchiebegriffs insbesondere in religiösen, kirchlichen Traditionen vgl. im Überblick *Peter Krämer*, Hierarchie, II. Theologisch-kanonistisch, in: StL⁷, Bd. II, Sp. 1275; vgl. auch *Herzog* (N 10), S. 189; *Depenheuer* (N 7), S. 405.
16 *Weber* (N 11), S. 551; vgl. auch *Mattern* (N 11), S. 132; *Depenheuer* (N 7), S. 405.
17 *Thieme* (N 1), S. 297; *Horst Dreier*, Hierarchische Verwaltung im demokratischen Staat, 1991, S. 125 ff.
18 *Klages* (N 10), Sp. 1277; *Thieme* (N 1), S. 164; *Schuppert* (N 10), S. 597 f.; *Depenheuer* (N 7), S. 405.

bereitschaft. Dabei ist zu beachten, daß der Begriff der Leistung hier wie allgemein, mit Bezug auf das Gesamtsystem, nicht nur quantitative Elemente enthält, sondern qualitative Kriterien einbezieht, je nach dem Inhalt der verfolgten Ziele. Denn diese sollen nicht nur maximal, sondern auch optimal erreicht werden, was bedeutet, daß die hierarchischen Organisations- und Verfahrensstrukturen auch auf die Güte der Ergebnisse ausgerichtet sind, über Reibungsfreiheit, Schnelligkeit usw. hinaus größere Richtigkeit bewirken sollen[19].

2. Im Staat

Muß schon, quantitativ wie qualitativ, die Bedeutung des hierarchischen Gliederungsprinzips zunehmen, je umfangreicher und verwickelter die Organisationen, die Leistungssysteme werden, so gilt dies für den Staat in einem eminenten Sinne. Denn der moderne Staat ist dem Wesen nach ein handelnder und gestaltender, also ein Verwaltungsstaat[20].

7
Verwaltungsstaat

Freilich rückt er damit nicht als eine – möglicherweise besonders hochdimensionierte – Einrichtung *neben* die sonstigen Großorganisationen. Er ist schon von seiner Grundanlage her kein gesellschaftliches Subsystem unter anderen[21]. Auch – und gerade – dann, wenn er die partikularen, gesellschaftlichen Kräfte nicht strikt diszipliniert, ihnen Spielraum läßt, tritt er ihnen insgesamt als ein Wirkungszusammenhang gegenüber, der sich von ihnen allen unterscheidet. Er allein verfügt über Kompetenz-Kompetenz, definiert seine Aufgaben selbst, aus eigenem Vermögen und prinzipiell ohne dabei auf sachliche Grenzen zu stoßen[22]. Er allein kann daher beanspruchen, selbst unabgeleitet, über alle anderen, abgeleiteten, zu disponieren. Nur seine Entscheidungen betreffen von vornherein, angesichts seiner umfassenden Aufgabenstellung, das politische Gesamtschicksal, und zwar in letzter Instanz. Und er allein besitzt, im Rahmen des friedensstiftenden Gewaltmonopols, die Befugnis zur einseitigen Durchsetzung seiner Entscheidungen[23].

8
Staat als gesellschaftliches Subsystem?

Kompetenz-Kompetenz

Gewaltmonopol

Die Grundlinien dieses Bildes ändern sich im übrigen selbst dann nicht, wenn ein einzelner, eine Gruppe oder die Vertreter eines – an sich – Partikularinter-

9

---

19 Eingehend dazu *Herbert Krüger*, Allgemeine Staatslehre, ²1966, S. 122; neuere Ansätze hierzu *Schuppert* (N 10), S. 597f.; *Isensee* (N 10), S. 1149ff.; *Depenheuer* (N 7), S. 405.
20 BVerfGE 39, 334 (347); grundlegend dazu *Krüger* (N 19), S. 80ff.; *Hans Peters*, Die Wandlungen der öffentlichen Verwaltung in der neuesten Zeit, 1954, S. 20; *ders.*, Die Verwaltung als eigenständige Staatsgewalt, Rektoratsrede, 1965, S. 8; auch *Rainer Pitschas*, Allgemeines Verwaltungsrecht als Teil der öffentlichen Informationsordnung, in: Wolfgang Hoffmann-Riem/Eberhard Schmidt-Aßmann/Gunnar Folke Schuppert (Hg.), Reform des Allgemeinen Verwaltungsrechts, 1993, S. 269; *Roman Loeser*, System des Verwaltungsrechts, Bd. I, 1994, S. 27; *Klaus König*, Der Verwaltungsstaat in Deutschland, in: VerwArch 1997, S. 545ff.
21 Vgl. kritisch zu den Tendenzen, die grundsätzliche Unterscheidung von Staat und Gesellschaft zu leugnen, *Ernst Forsthoff*, Der Staat der Industriegesellschaft, 1971, S. 21ff.; in diesem Sinne auch *Josef Isensee*, Verfassungsgarantie ethischer Grundwerte und gesellschaftlicher Konsens, in: NJW 1977, S. 545ff. (546); vgl. auch *Schuppert* (N 10), Rn. 51ff.
22 *Krüger* (N 19), S. 760ff.; kritisch zur Definierbarkeit von Staatsaufgaben vgl. *Leisner* (N 8), S. 128f.; zum Begriff der Definitionssupremartie in diesem Zusammenhang vgl. *Stephan Meyer*, Gemeinwohlauftrag und föderatives Zustimmungserfordernis – eine Antinomie der Verfassung?, 2003, S. 16f., 90ff., 107ff.
23 Eingehend zum staatlichen Gewaltmonopol → Bd. II, *Isensee*, § 15 Rn. 86ff.; *Meyer* (N 22), S. 107f.

§ 107   *Achter Teil: II. Staatsfunktionen*

esses die Entscheidungsgewalt, die zentrale Steuerung des Systems in Händen halten. Die umfassende Kompetenz, das Monopol der Durchsetzungsfähigkeit lassen sich nur durch die Einzigkeit der Erscheinung begründen, durch ihren Anspruch, daß damit die Belange des Ganzen wahrgenommen werden, daß Maßstab allen Handelns das allgemeine Wohl bildet. Auch der Alleinherrscher, die oligarchische Gruppe, das usurpierende Partikularinteresse können, wie die geschichtliche Erfahrung bestätigt[24], zu ihrer Rechtfertigung dieses Maßstabs nicht entbehren. Insoweit ist dem modernen Staat ein amtliches Element, der Gedanke, daß seine Macht abgelöst von der privaten Individualität ihrer Inhaber ausgeübt wird[25], jedenfalls dem Grundsatz nach weseneigen.

Gemeinwohl

10   Für den Staat als Organisation – und zugleich für das Gemeinwesen insgesamt – erlangt das hierarchische Prinzip damit eine Bedeutung von neuer Qualität. Weil das Ziel der Organisation darin besteht, das Gesamtschicksal nach dem Maßstab des Gemeinwohls zu lenken[26], lassen sich Wirksamkeit und Richtigkeit der Realisierung mit betriebswirtschaftlichen Kategorien nicht mehr angemessen erfassen. Es handelt sich nicht mehr um Zwecke, deren Erreichung wünschenswert und nützlich, deren Verfehlung in dieser oder jener Hinsicht von Nachteil wäre. Die situationsgerechte Entscheidung und ihr sachgerechter Vollzug enthalten keinerlei Beliebigkeit mehr, sie haben den Charakter des Notwendigen. Infolgedessen ist auch die Wahl der Mittel nicht offen. Der Staat muß seinem Wesen nach die Struktur finden und hervorbringen, die die präziseste, schnellste und vollständigste Erledigung verbürgt und die geringsten Energieverluste und Abirrungen befürchten läßt[27].

Notwendigkeit des staatlichen Handelns

11   Der Umstand, daß er allein über die Fähigkeit zwangsweiser Durchsetzung nach innen und außen verfügt, drängt den Staat zu besonderer Transparenz des Apparates, zu einer vollständigen Steuerung und Kontrolle aller seiner Teile[28]. Nur so kann positiv sichergestellt werden, daß nötiger Zwang ohne Zögern und mit dem gebotenen Nachdruck eingesetzt wird, aber auch ohne Übereilung, ohne Übermaß und vermeidbaren Schaden. Nur so läßt sich negativ ausschließen, daß die Versuchung, die von solcher Macht ausgeht, Einheit und Bestand gefährdet, daß außerstaatliche Kräfte nach dieser Macht greifen oder die Glieder, die sie ausüben, sich mit ihrer Hilfe verselbständigen.

Transparenz

---

24 Vielsagend etwa die offizielle Bezeichnung des sog. Ermächtigungsgesetzes vom 24.3.1933 (RGBl I, S. 141): „Gesetz zur Behebung der Not von Volk und Reich".

25 → Bd. II, *Isensee*, § 15 Rn. 131, 172; vgl. im einzelnen *Wolfgang Loschelder*, Vom besonderen Gewaltverhältnis zur öffentlich-rechtlichen Sonderbindung, 1982, S. 279 ff.

26 → Bd. II, *Isensee*, § 15 Rn. 106 f.; *Krüger* (N 19), S. 763 ff.; *Wolfgang Hoffmann-Riem*, Tendenzen in der Verwaltungsrechtsentwicklung, in: DÖV 1997, S. 433 ff.; zur arbeitsteiligen Gemeinwohlkonkretisierung vgl. *Schuppert* (N 10), S. 408 ff.; *Hans-Heinrich Trute*, Verantwortungsteilung als Schlüsselbegriff eines sich verändernden Verhältnisses von öffentlichem und privaten Sektor, in: Gunnar Folke Schuppert (Hg.), Jenseits von Privatisierung und schlankem Staat: Verantwortungsteilung als Schlüsselbegriff eines sich verändernden Verhältnisses von öffentlichem und privaten Sektor, 1999, S. 13 ff.; *Meyer* (N 22), S. 16.

27 Zu den Prinzipien der Verwaltungsorganisation vgl. *Günter Püttner*, Verwaltungslehre, ³2000, S. 67 ff.; vgl. auch *Meyer* (N 22), S. 90 f.

28 Vgl. zum Zusammenhang von Staatsgewalt und Verwaltungstransparenz *Thomas Ellwein*, Gesetzgebung, Regierung, Verwaltung, in: Ernst Benda/Werner Maihofer/Hans-Jochen Vogel (Hg.), HdbVerfR, ¹1983, S. 1093 (1130).

3. Im Verfassungsstaat

Auch der Verfassungsstaat ist vor allem Staat, aber ein Staat, der sich als prinzipiell begrenzt versteht, in seinen Zielen wie in deren Verwirklichung[29]. Diese Begrenzung äußert sich darin, daß er seine Aufgaben, die gegenständliche Reichweite seiner Aktivitäten zurücknimmt. Er überläßt, was nicht für die Behauptung nach außen erforderlich ist oder nach innen nicht nur von ihm geleistet werden kann, den einzelnen und Gruppen. Auch von seinen Mitteln macht er nur im notwendigen und angemessenen Umfang Gebrauch. Zugrunde liegt der Gedanke, daß zwischen dem Bereich individueller und gesellschaftlicher Freiheit und dem des Staates eine Rangordnung besteht[30]. Jener erscheint als natürlich vorgegeben, grundsätzlich unbeschränkt und keiner Erklärung bedürftig, dieser als dienendes Instrument, dessen Einsatz zu begrenzen und zu begründen ist.

12 Begrenzung der Staatlichkeit

Freiheit als Vorgabe – Rechtfertigungsbedarf des Staates

Gewährleistet wird die Begrenzung durch Normierung. Der Staat richtet sein Handeln, sein Verhältnis zum Bürger nach rechtlichen Regeln aus, an die er sich auch selbst als gebunden ansieht. Er schafft Einrichtungen, die die Einhaltung dieser Schranken kontrollieren und ihrer Verletzung vorbeugen[31].

13 Normierung

Für die Funktion hierarchischer Gliederung, Richtigkeit und Wirksamkeit der staatlichen Aktivitäten zu gewährleisten, liegen hierin keine Abstriche. Ebensowenig geht ihre Bedeutung zurück. Auch der Verfassungsstaat verfügt letztverbindlich über das politische Geschehen und bleibt mit Kompetenz-Kompetenz ausgestattet, soweit der Gegenstand seines Zugriffs bedarf. Auch er – und gerade er – beharrt ohne Zugeständnis auf dem Gewaltmonopol. Jedoch spezifizieren und differenzieren sich mit der neuen Rangordnung der Güter die materiellen Gehalte und Zwecke des Gliederungssystems. Dieses selbst wird in seiner Anwendung modifiziert und limitiert[32].

14 Verfassungsstaat als moderner Staat

Mehr noch: Es wandeln sich Charakter und Sinngehalt des staatlichen Handlungsgefüges. Seine funktionalen Aufteilungen und Relationen werden rechtlich formiert. Die genaue Umschreibung der Aufgaben und Befugnisse auf allen Stufen und für alle Teile des Systems, die eindeutige Festlegung der Weisungs-, Kontroll- und Informationsstränge, die strikte – amtliche – Unterscheidung von öffentlichen Belangen und partikularen Interessen entspringen nun verfassungsgesetzlichem Gebot. Sie dienen nicht mehr allein zu quantitativer und qualitativer Wirksamkeit, sondern auch dazu, die staatliche Macht zum Schutz der Freiheit zu bändigen[33].

15 Rechtliche Formierung der Organisation und Funktion

---

29 *Herzog* (N 10), S. 181; *Ernst von Hippel*, Allgemeine Staatslehre, ²1967, S. 21; *Klaus Stern*, Das Staatsrecht der Bundesrepublik Deutschland, Bd. V, 2000, S. 2163; *Rüdiger Zuck*, Der totale Rechtsstaat, in: NJW 1999, S. 1517 ff.
30 Zum rechtsstaatlichen Verteilungsprinzip *Carl Schmitt*, Verfassungslehre, 1928, S. 126 f.; vgl. ferner → Bd. II, *Rupp*, § 31 Rn. 32 f.; → Bd. IV, *Isensee*, § 73 Rn. 65 ff.
31 Zur Selbstbindung des Staates durch das Gesetz *Otto Mayer*, Deutsches Verwaltungsrecht, Bd. I, ¹1895, S. 86 ff.; vgl. zur Gewaltenteilung i. S. d. Art. 20 Abs. 2 GG und zum Rechtsstaatsprinzip i. S. d. Art. 20 Abs. 3 GG → Bd. II, *Schmidt-Aßmann*, § 26 Rn. 46 ff.; zur Rechtsprechung als besonderer staatlicher Grundfunktion *Wolfgang Heyde*, Rechtsprechung, in: Benda/Maihofer/Vogel (N 10), Bd. II, ²1995, S. 1579 ff.; *Zuck* (N 29), S. 1517 f.
32 Dazu insgesamt → Bd. II, *Isensee*, § 15 Rn. 89 f., 105 ff.; *Depenheuer* (N 7), S. 405.
33 Allgemein zur Verrechtlichung der Staatsgewalt *Mayer* (N 31), S. 54; zu den Grenzen der Staatsgewalt, insbesondere in bezug auf die Grundrechte *Herzog* (N 10), S. 181, 187, 239; *Leisner* (N 8), S. 128.

16 Gewaltenteilung	In der weiteren Konsequenz wird die hierarchisch gegliederte Organisation durch Gegengewichte und Aufteilung abgeschwächt. Gesetzgebung und Gerichtsbarkeit treten aus ihr heraus und werden gegen die Exekutive ausbalanciert. Diese selbst unterliegt ihrer Einwirkung und Kontrolle von außen[34]. Auch kann sie nach innen in verschiedene Körper zerlegt sein, die eigene Steuerungsinstanzen besitzen. Selbst zwischen ihren Gliedern wird die Weisungskette hier und da gelockert, finden sich etwa Teileinheiten, die fachlich unabhängig zur Richtigkeit des Ergebnisses oder zur Überprüfung der übrigen beitragen.
17 Einheit der Staatsgewalt Dezentralisation	Nie allerdings – dies folgt aus der Staatlichkeit des Rechtsstaats – darf die Zergliederung die Grundzwecke in Frage stellen, darf die Bändigung der Exekutive zur Lähmung führen. Ungeachtet der Auflockerungen im einzelnen müssen also Weisungs-, Kontroll- und Informationswege durchlässig bleiben, sind, auch wenn Teile des Systems verselbständigt werden, die Kompetenzen eindeutig zuzuweisen, die Plätze im Gesamtgefüge festzulegen, die Aufsichts- und Dispositionsbefugnisse zu definieren[35]. Je unabhängiger eine ausgegliederte Einheit ist, desto schärfer muß überdies zwischen solchen Aufgaben unterschieden werden, die das Gemeinwesen insgesamt berühren, also zentraler Steuerung bedürfen, und solchen, die ohne Schaden für das Ganze dezentralisiert werden können. Selbst bei letzteren darf endlich die Verbindung zur Spitze nicht gänzlich gekappt werden. Denn die grundlegende Ordnung und Befriedung des Gemeinwesens kann nur einheitlich gewährleistet werden. Das staatliche Gewaltmonopol duldet keine Gegengewalt und muß im Verfassungsstaat wenigstens die Rechtmäßigkeit allen Verwaltungshandelns sicherstellen[36].

4. Im demokratischen Verfassungsstaat

18 Volk als Ursprung der Staatsgewalt	Den demokratischen Verfassungsstaat kennzeichnet es, daß der Ursprung aller – verfassungsrechtlich normierten – Staatsgewalt beim Staatsvolk liegt[37]. Die freien und gleichen Staatsbürger selbst treffen die fundamentalen Entscheidungen im Staat, bestimmen mindestens periodisch über die personelle Besetzung seines zentralen Organs oder, bei Gleichordnung mehrerer, der

---

34 Zur Kontrolle der Exekutive → Bd. II, *Schmidt-Aßmann*, § 26 Rn. 58 ff.; insbesondere zur Kontrolle von außen *Felix Ermacora*, Grundriß einer allgemeinen Staatslehre, 1979, S. 248; *Walter Krebs*, Kontrolle in staatlichen Entscheidungsprozessen, 1984, S. 7 ff.; *Michael Sachs*, in: Sachs, GG Komm. ³2003, Art. 20 Rn. 90.
35 Zur Lenkung und Kontrolle des Vollzugsapparates *Thomas Ellwein*, Regierung und Verwaltung, 1. Teil, 1970, S. 196; *Klaus Lüder*, Verwaltungskontrolle aus sozial- und verwaltungswissenschaftlicher Perspektive, in: Eberhard Schmidt-Aßmann/Wolfgang Hoffmann-Riem (Hg.), Verwaltungskontrolle, 2001, S. 45 ff., S. 326 ff.
36 *Ernst Benda*, Der soziale Rechtsstaat, in: Benda/Maihofer/Vogel (N 10), S. 719 (726); → Bd. II, *Isensee*, § 15 Rn. 89 f.
37 Vgl. Art. 20 Abs. 2 GG; vgl. dazu *Klaus Stern*, Das Staatsrecht der Bundesrepublik Deutschland, Bd. II, 1980, S. 16 f., 22; → Bd. II, *Grawert*, § 16 Rn. 30 f.; *Böckenförde*, § 24 Rn. 2 ff., 10 ff., 26 ff.; *Eckkehart Stein*, Staatsrecht, ¹⁹2004, S. 201.

zentralen Organe. Alle weiteren Entscheidungen, personell wie sachlich, leiten sich hieraus ab, lassen sich hierauf zurückführen und erfolgen im Namen des Volkes[38].

Damit liegt das Spezifikum dieses Verfassungsstaats zwar außerhalb der hierarchisch gegliederten Exekutive. Doch bleibt diese auch für ihn das unverzichtbare Instrument seines Handelns. Ihr Bauprinzip wird in ihm sogar in gewisser Weise noch akzentuiert, empfängt zusätzliche materielle Begründung und Maßstäbe der Ausgestaltung.

19

Zunächst ergibt sich aus dem demokratischen Prinzip die Notwendigkeit, daß auch die Exekutive, das heißt nach dem hierarchischen Gliederungsprinzip: deren zentrale Steuerung, ihre Legitimation vom Souverän, vom Staatsvolk, empfängt[39]. Dies geschieht vor allem durch Wahl, unmittelbar oder auch, wo die Regierung stärker vom Parlament abhängt, mittelbar durch dieses. Damit ist der Ausgangspunkt gewonnen, von dem her, eben durch die hierarchische Abhängigkeit und Verknüpfung, alle weiteren sachlichen und personellen Entscheidungen des Systems sich bis zur untersten Stufe und in geschlossener Kette demokratisch rechtfertigen. Umgekehrt ist diese Abhängigkeit und Verknüpfung die Voraussetzung dafür, daß die Regierung, weil und insoweit sie lückenlos disponiert, für den Gang der gesamten Verwaltung dem Wahlvolk oder Parlament Rechenschaft schuldet[40]. Auch die eindeutige Umschreibung der Instanzen und Kompetenzen erhält neben der organisatorischen und rechtsstaatlichen eine demokratische Funktion, weil sie durch Transparenz die Kontrolle durch Volk und Parlament erst ermöglicht. Nicht zuletzt wird die amtliche Pflicht demokratisch konkretisiert, die staatlichen Aufgaben in Distanz zu allen Interessen wahrzunehmen, insofern es das Volk selbst ist, das hier dem Handelnden diese Aufgaben anvertraut[41].

20
Demokratische Legitimation

Auf der anderen Seite besitzen auch die rechtsstaatlich mäßigenden Einschränkungen und Begrenzungen des Hierarchieprinzips ihre demokratische Dimension, jedoch eine durchaus ambivalente. So kann die Herauslösung verselbständigter Teileinheiten aus der Gesamtverwaltung zwar zugleich als Möglichkeit gewertet werden, die demokratische Mitwirkung der Bürger zu gliedern und zu vervielfältigen, weil sie das administrative Geschehen näher an sie heranrückt und zusätzliche Ebenen schafft, auf denen sie im engeren Kreis auf den politischen Prozeß Einfluß zu nehmen vermögen[42]. Doch läßt sich auch nicht übersehen, daß eine solche Zergliederung in Spannung zum

21
Selbständige Teileinheiten der Verwaltung

---

38 BVerfGE 44, 125 (138f.); 47, 253 (275); 52, 95 (130); *Konrad Hesse*, Grundzüge des Verfassungsrechts der Bundesrepublik Deutschland, ²⁰1995, Rn. 153 ff.; *Stein* (N 37), S. 59.
39 *Püttner* (N 27), S. 153; *Stein* (N 37), S. 201; *Hans-Heinrich Trute*, Die Forschung zwischen grundrechtlicher Freiheit und staatlicher Institutionalisierung: das Wissenschaftsrecht als Recht kooperativer Verwaltungsvorgänge, 1994, S. 207; *Veith Mehde*, Neues Steuerungsmodell und Demokratieprinzip, 2000, S. 167 ff.
40 Insbesondere → Bd. II, *Badura*, § 25 Rn. 12; *Depenheuer* (N 7), S. 405.
41 Vgl. hierzu *Hans Peters*, Die Gewaltentrennung in moderner Sicht, 1954, S. 7 f.; pointiert zur Identität von Regierenden und Regierten *Schmitt* (N 30), S. 235 f.; vgl. auch *Stern* (N 37), S. 23.
42 Vgl. *Ulrich Scheuner*, Gemeindeverfassung und kommunale Aufgabenstellung in der Gegenwart, in: AfK I (1962), Halbband II, S. 149 ff. (156 ff.); *Wolfgang Loschelder*, Kommunale Selbstverwaltung und gemeindliche Gebietsgestaltung, 1976, S. 102 ff. (110 ff.).

egalitären Grundzug der Demokratie tritt, die alle Staatsgewalt dem Staatsvolk insgesamt zuordnet und kein anderes Teilhabekriterium kennt als die Zugehörigkeit zur Nation, also die Staatsangehörigkeit[43]. Die Bildung engerer Gruppierungen nach spezielleren Kriterien räumlicher und sachlicher Betroffenheit durchbricht diese Einheit und Gleichheit des demokratischen Souveräns, weil sie die Staatsbürger je nach Zugehörigkeit mit unterschiedlichen Entscheidungsbefugnissen ausstattet und dabei das, was sie einzelnen „Teilvölkern" an besonderen Kompetenzen zuweist, der Generalkompetenz des Gesamtvolks entzieht[44]. Weder der Gewinn an partizipatorischer Vielfalt noch der rechtsstaatliche Zweck, auch die demokratische Gewalt zu limitieren, können mithin Ausgliederungen in beliebigem Umfang rechtfertigen. Vielmehr unterstreicht gerade die demokratische Maxime die Notwendigkeit, die Zentralität der Exekutive und damit ihre Fähigkeit, Instrument des gesamtdemokratischen Willens zu sein, grundsätzlich zu wahren. Mit spezifischer Begründung zwingt sie zu den gleichen Vorbehalten, die bereits unter rechtsstaatlichen Aspekten abgeleitet wurden: daß nur solche Materien verselbständigt werden dürfen, deren gruppenweise Wahrnehmung das Staatsvolk insgesamt nicht wesentlich betrifft, und daß auch über sie eine mindeste Kontrolle von oben erhalten bleibt[45]. Außerdem muß der Zugriff, müssen Umverteilung und Entzug möglich sein, sobald sich die Bedeutung dieser Materien verändert.

Ungleich strikter noch sind nach demokratischen Maßstäben die Grenzen gezogen, soweit die hierarchische Weisungskette innerhalb des einheitlichen Verwaltungskörpers durch weisungsfreie Glieder oder durch die Einwirkung außerhalb stehender Instanzen abgeschwächt wird[46]. Hier wird nicht lediglich der Dispositionsbereich der zentralen Steuerung um bestimmte Gegenstände verkürzt; diese selbst sieht sich auf ihrem eigenen Feld durch fremde Nebensteuerung in Frage gestellt[47]. Damit ist die Durchsetzungsfähigkeit der (gesamt-)demokratischen Leitungsorgane unmittelbar betroffen[48], woraus zwingend folgt, daß derartige Erscheinungen besonderer Rechtfertigung bedürfen und nur als enge Ausnahmen hinnehmbar sind. Am geringsten sind die Bedenken, wenn die Verselbständigung unabhängigen Sachverstand insti-

---

43 BVerfGE 83, 37 (50f.); umfassend hierzu *Rolf Grawert*, Staat und Staatsangehörigkeit, 1973, S. 211; *Günter Renner*, in: Kai Heilbronner/Günter Renner (Hg.), Staatsangehörigkeitsrecht, ⁴2005, Teil I, Grundlagen, C Rn. 6; *Sachs* (N 34), Art. 20 Rn. 27a m. weit. Nachw.; *Mehde* (N 39), S. 168f.
44 Vgl. – am Beispiel der Mitbestimmung im öffentlichen Dienst – *Walter Leisner*, Mitbestimmung im öffentlichen Dienst, 1970, S. 44ff.; *ders.*, Vorgesetztenwahl?, 1974, S. 43; *Gerd Rollecke*, in: Dieter Umbach/Thomas Clemens (Hg.), Grundgesetz Mitarbeiterkommentar, Band I, 2002, Art. 20 Rn. 166.
45 *Werner Frotscher*, Selbstverwaltung und Demokratie, in: FG für Georg-Christoph von Unruh, 1983, S. 127ff. (146f.).
46 Als Beispiel sind etwa zu nennen der Bundespersonalausschuß (§§ 95ff. BBG), die Vielzahl von Beiräten der Verwaltung – exemplarisch geregelt z.B. die Deutsche Lebensmittelbuchkommission (§§ 33, 34 LMBG) – sowie der Bereich der Personalvertretung; vgl. den eingehenden Überblick bei *Janbernd Oebbecke*, Weisungs- und unterrichtungsfreie Räume in der Verwaltung, 1986, S. 180ff.
47 Vgl. etwa die Mitbestimmungsrechte nach §§ 69 Abs. 1 i. V.m. 75ff. BPersVG; weitergehend noch §§ 62 i.V.m. 63ff. LPersVG Brandenb., §§ 66 Abs. 1 i.V.m. 72ff. LPersVG Nordrh.-Westf.
48 *Ernst-Wolfgang Böckenförde*, Die Organisationsgewalt im Bereich der Regierung, ²1998, S. 97, spricht plastisch davon, daß die Einrichtung weisungsfreier Räume in der staatlichen Verwaltung „die parlamentarische Verantwortlichkeit und Kontrollmöglichkeit durchlöchert"; vgl. auch *Depenheuer* (N 7), S. 405.

tutionalisiert, ohne daß dessen Votum mit Verbindlichkeit ausgestattet wäre[49]. Besteht der Zweck der Weisungsfreiheit darin, strikte Rechtsanwendung oder gleichmäßige Handhabung der Gesetze sicherzustellen, so kann immerhin geltend gemacht werden, daß auch dies der Realisierung des allgemeinen Willens dient. Gegenläufige Entscheidungsmomente kommen nicht ins Spiel[50]. Der Vollzug der generellen Regelungen soll vielmehr gerade vor instanzieller Blickverengung und manipulierenden Partikulareinwirkungen geschützt werden. Wo dagegen Sonderinteressen tatsächlich mitentscheidend beteiligt werden, ist der Konflikt mit dem Demokratiegebot evident[51]. Rechtfertigen lassen sich derartige Mitwirkungsformen daher überhaupt nur, wo sie sich auf Gründe stützen, die nach der konkreten Verfassungslage die Geltung des demokratischen Prinzips einzuschränken vermögen, sich also aus gleichrangigen Strukturelementen ableiten[52]. Auch dann ist Bedingung – wenn jenes Prinzip nicht aufgehoben werden soll –, daß die Mitwirkung entweder nur untergeordnete Fragen, Modalitäten des Aufgabenvollzugs, betrifft oder jedenfalls durch Letztentscheidungsbefugnisse der höheren Instanzen relativiert wird[53].

II. Regierung und Verwaltung in der hierarchischen Verklammerung

23 Hierarchie ist das zentrale Bauprinzip der Exekutive, auch im demokratischen Verfassungsstaat. Sie hat aber, wie die nähere Betrachtung zeigt, für deren beide Bereiche, Regierung und Verwaltung, unterschiedliche Bedeutung.

1. Polarität von Regierung und Verwaltung

24
Einheit und Polarität der Exekutive

Die Polarität von Regierung und Verwaltung, die damit angesprochen wird, tritt gerade in diesem Punkt deutlich hervor. Zwar bilden beide ein einheitliches Wirkungsgefüge, verkörpern in ihrem Zusammenspiel den handelnden und gestaltenden Staat und stehen insoweit Gesetzgebung und Rechtsprechung gemeinsam gegenüber[54]. Andererseits aber ist die Regierung nicht

---

49 So etwa bei der Deutschen Lebensmittelbuchkommission (N 46); hierzu eingehend *Walter Zipfel*, Die Feststellung der Verkehrsauffassung unter besonderer Berücksichtigung des Lebensmittelbuches, in: ZLR 1986, S. 121 ff.; kritisch zur faktisch weiterreichenden Wirkung *Gert Meier*, Rechtliche Bedenken gegen die Quasi-Normierung der Verkehrsfähigkeit von Lebensmitteln durch verfassungsrechtlich Unberufene, in: ZLR 1985, S. 354 ff.
50 *Walther Fürst*, in: GKÖD I, K vor §§ 95-104, S. 1.
51 Vgl. insbesondere zum Konflikt zwischen Demokratieprinzip und Mitbestimmung im öffentlichen Dienst *Isensee* (N 10), S. 1527 (1538 f. m. weit. Nachw.).
52 Vgl. zur Mitbestimmung im öffentlichen Dienst die Darstellung des Meinungsstreits bei *Scheerbarth/Höffken/Bauschke/Schmidt* (N 2), S. 648 m. weit. Nachw.; dezidiert zum Spannungsverhältnis zwischen Demokratiegebot und Personalvertretung *Fritz Ossenbühl*, Grenzen der Mitbestimmung im öffentlichen Dienst, 1986, S. 32 ff., 38 ff.; *Dieter Leuze*, Hierarchie, Gehorsamspflicht und Remonstrationspflicht, in: DöD 1995, S. 2 f.
53 Vgl. dazu §§ 75 ff. BPersVG.
54 → Oben *Schröder*, § 106 Rn. 10, 29 f.; *Hesse* (N 38), Rn. 530; siehe hierzu auch *Stein* (N 37), S. 84 f.

allein die Spitze der Exekutive, sondern zugleich und vor allem Organ der Staatsleitung, die sie sich „gesamthänderisch" mit dem Parlament teilt[55].

25

Amt

Entsprechend stellt die Regierung im hierarchisch gegliederten System der Exekutive zwar den obersten Bezugspunkt, die zentrale Steuerungsinstanz dar, aber sie selbst hat ihren Standort nicht innerhalb dieses Systems, unterliegt nicht seiner Gesetzmäßigkeit[56]. Das bedeutet nun allerdings nicht, daß die Kategorie des Amtes[57] in jenem allgemeinen Verständnis für sie nicht gälte, wonach jede staatliche Aufgabe und Befugnis als fremd, unverfügbar für eigene Zwecke, anvertraut ist[58]. Jedoch sind schon die Kriterien, nach denen das Amt in Regierung und Verwaltung zugeteilt wird, im Ansatz verschieden. Der normalisierten, objektivierten Fachlichkeit hier steht die freie politische Akklamation dort gegenüber. Auch im übrigen – in der Dauer der Übertragung, im Entzug – zeigen sich die abweichenden Ausgangspunkte des im Kern rechtlich und des im Kern politisch definierten Amtes[59].

26

Regierung als Steuerungsinstanz der Verwaltung

Allzuständigkeit im Exekutivbereich

Weisungsgeber, nicht Weisungsempfänger

So schwierig und mit Unschärfen behaftet die Abgrenzung von Regierung und Verwaltung generell ist[60], so werden doch im Hinblick auf das Hierarchieprinzip charakteristische Konturen erkennbar. Dies gilt, obwohl sich eine solche Betrachtung auf die Funktion der Regierung als oberste Steuerungsinstanz des administrativen Apparates beschränkt, ihren Anteil an der Staatsleitung im übrigen, ihren – aus dieser Sicht – politischen Außenbezug, zunächst beiseite läßt. Auch aus einem derart verengten Blickwinkel erweist sich, daß ihre Position im hierarchischen Gefüge sich von der aller anderen Glieder grundlegend unterscheidet. Während diesen stets nur ein begrenzter und genau umschriebener Ausschnitt der Verwaltungsagenden zugewiesen ist, verfügt die Spitze potentiell – im Wege der Weisung, gegebenenfalls auch durch Rückholung und Selbsteintritt – über das gesamte Aktionsfeld[61]. Darüber hinaus ist sie die einzige, die zwar Weisungen erteilt, jedoch keine empfängt. Auch Direktiven von außerhalb, von seiten des Parlaments, binden sie nicht rechtlich, es sei denn sie ergingen in Gesetzesform[62] – was wiederum eine Einzellenkung für den konkreten Fall im Grundsatz ausschließt. Vor allem aber ist das Handeln der Verwaltung, gleich welche Spielräume ihr im übrigen offenstehen, stets im genauen Sinne Vollzug. Kritik kann eine solche Charakterisierung nur auf sich ziehen, wenn sie mit „Gesetzesvollzug" gleichgesetzt wird[63], also die Bereiche gesetz-

---

55 Vgl. zum Begriff „gesamthänderisch" in diesem Zusammenhang *Ernst Friesenhahn*, Parlament und Regierung im modernen Staat, in: VVDStRL 16 (1958), S. 9 (38); zur Problematik des Begriffs → oben *Schröder*, § 106 Rn. 11; *Albert Bleckmann*, Staatsrecht I – Staatsorganisationsrecht, 1993, S. 761; *Stein* (N 37), S. 84 f.
56 Dazu *Hesse* (N 38), S. 226 f.; *Stern* (N 37), S. 696 f.
57 Dazu *Krüger* (N 19), S. 121; *Loschelder* (N 25), S. 279 ff.; → Bd. II, *Isensee*, § 15 Rn. 131.
58 Im einzelnen *Loschelder* (N 25).
59 Insbesondere *Isensee* (N 10), S. 1169 f.
60 Vgl. im einzelnen *Ernst Forsthoff*, Lehrbuch des Verwaltungsrechts, [10]1973, S. 16 f.; → oben *Schröder*, § 106 Rn. 29 f.; *Bleckmann* (N 55), S. 761 ff.; vgl. auch speziell zum Föderalstaat *Leisner* (N 8), S. 205.
61 → Oben *Schröder*, § 106 Rn. 30; *Stern* (N 37), S. 696 f. m. weit. Nachw.
62 *Herzog* (N 10), S. 268 ff.; vgl. *Leisner* zu den Landesregierungen im Föderalstaat (N 8), S. 205.
63 Gegen eine derartige Gleichsetzung wenden sich – zu Recht – etwa *Hesse* (N 38), S. 230 m. weit. Nachw.; *Hans Peters*, Lehrbuch der Verwaltung, 1949, S. 5 ff.; *ders.* (N 20), S. 10; vgl. auch → Bd. III, *Schröder*, § 64 Rn. 2.

lich nicht regulierter „freier Verwaltung" unberücksichtigt bleiben⁶⁴. Auch in den letzteren werden indessen fremdgesetzte Vorgaben nach fremdgesetzten Kriterien verwirklicht. Die Regierung dagegen, mag sie auch vielfach politischen Impulsen von außen folgen, ist eben die Instanz, die rechtlich aus eigenem Vermögen der Verwaltung jene Ziele setzt und jene Realisierungskriterien formuliert. Selbst wo sie ihrerseits, beim Gesetzesvollzug, von Rechts wegen auf fremde Ziele festgelegt ist, behält sie die Herrschaft über die Modalitäten des Vollzugs, etwa über die Norminterpretation oder die Ermessenshandhabung⁶⁵.

Initiativkompetenz gegenüber der Verwaltung

2. Verklammerung von Regierung und Verwaltung durch die hierarchische Struktur

Andererseits: Auch wenn die Regierung selbst in die hierarchische Struktur nicht einbezogen ist, so ist diese doch das Instrument, beide, Regierung und Verwaltung, ungeachtet ihrer jeweiligen Eigengesetzlichkeit zur Handlungseinheit zu verklammern⁶⁶. Sie leitet die Tätigkeitsimpulse von oben nach unten und ermöglicht die notwendige Rückkoppelung für Information und Korrektur. Sie verbindet Zielsetzung mit Zielverwirklichung, Gesamtdisposition mit Einzelkompetenz, Generalentscheidung mit Detailumsetzung und schafft so der Regierung und darüber hinaus der Staatsleitung überhaupt, auch dem Gesetzgeber, das Mittel der Realisierung. Sie erlaubt es, die Verwaltungsaktivitäten jeder nachgeordneten Stufe politisch und rechtlich nicht dieser, sondern der Spitze, dem Ganzen zuzurechnen⁶⁷. Durch ihre Vermittlung erst kann die Regierung hierfür politisch in Anspruch genommen werden, präsentiert sich rechtlich dem Bürger ein einheitliches Handlungs- und Haftungssubjekt. Damit entlastet sie zugleich, indem sie die Konsequenzen auf das Innenverhältnis beschränkt, die nach außen handelnden Amtswalter im Verwaltungsgefüge⁶⁸.

27
Handlungseinheit der Exekutive durch Hierarchie

3. Grenzen der Polarität

Der Umstand, daß die hierarchische Struktur Regierung und Verwaltung sowohl unterscheidet wie verknüpft, signalisiert zugleich, daß die Polarität zwischen beiden nicht schematisch gezeichnet und überzeichnet werden darf.

28
Unterscheidung und Verknüpfung

---

64 Vgl. *Stern* (N 37), S. 754 f.; zu den weitgespannten gestaltenden Aufgaben der Verwaltung auch – kritisch – *Forsthoff* (N 60), S. 79 ff.; *ders.* (N 21), insbesondere S. 105 ff.
65 *Fritz Ossenbühl*, Die Rechtsquellen und Rechtsbindungen der Verwaltung, in: Hans-Uwe Erichsen/Dirk Ehlers (Hg.), Allgemeines Verwaltungsrecht, ¹²2002, S. 133 ff. (197); *Walter Leisner*, Regierung als Macht kombinierten Ermessens, in: JZ 1968, S. 727 ff.; *Joachim Lang*, in: Klaus Tipke/ders., Steuerrecht, ¹⁸2005, § 5 Rn. 114; *Dieter Birk*, Steuerrecht, ⁹2006, § 5 Rn. 355 ff.
66 Zum Zusammenhang zwischen richtungsweisender und ausführender Tätigkeit im Bereich der Regierung → Bd. III, *Schröder*, § 64 Rn. 2; *Thomas Ellwein* (N 28), S. 1093 (1134), bezeichnet die Regierung als den „aktiven und initiativen Kern" der politischen Führung.
67 Dies wird auch von hierarchiekritischen Stimmen betont, vgl. etwa *Lauxmann* (N 12), S. 48.
68 Zur haftungsrechtlichen Seite vgl. etwa *Hartmut Maurer*, Allgemeines Verwaltungsrecht, ¹⁶2006, § 26 Rn. 5 ff.; vgl. insbesondere zu den Motiven der Haftungsentlastung des Beamten *Fritz Ossenbühl*, Staatshaftungsrecht, ⁵1998, S. 7 ff.

a) Überlappung von Leitungs- und Vollzugsfunktionen

29
Übergänge zwischen Leitungs- und Vollzugsaufgaben

Nur in abstracto lassen sich insbesondere Leitungs- und Vollzugsaufgaben trennscharf auseinanderhalten. In der Praxis überlappen sie sich vielfach, gehen gleitend ineinander über[69]. Naturgemäß sind die Übergänge vor allem zur Spitze hin fließend, im Verknüpfungsbereich von Regierung und Verwaltung. Nicht nur ist die Regierung zugleich oberste Verwaltungsinstanz; sie kann, auch wenn sie von Details tunlichst freigehalten wird, im Einzelfall auch Vollzugsentscheidungen treffen[70]. Dabei mag im übrigen je nach Lage schon die Einordnung zweifelhaft sein, weil eine bestimmte Frage – eine sachliche oder personelle Einzelregelung –, die unter gewöhnlichen Umständen nachgeordneter Erledigung überlassen würde, aus besonderen Gründen prinzipielle Bedeutung gewinnen kann.

30
Eigenkompetenz der Verwaltung

Umgekehrt ist die Verwaltung nicht ausschließlich mit der Umsetzung der von der Staatsleitung festgelegten Ziele befaßt. Sie wirkt, gerade im oberen Bereich, auch aktiv an deren Entwicklung mit und gewinnt so materiellen Einfluß auf ihren Gehalt[71]. Allerdings wird, dies bedarf der Betonung, ihre Tätigkeit damit nicht selbst Staatsleitung, hebt eine solche Beteiligung die unterschiedlichen Formen rechtlicher und politischer Bindung nicht auf[72]. Dies zeigt sich augenfällig, wo für Verwaltungspositionen, die dergestalt in die Staatsleitung einbezogen werden, statusrechtliche Besonderheiten vorgesehen sind.

Politischer Beamter

So ist dem deutschen Beamtenrecht die Figur des politischen Beamten[73] geläufig, der jederzeit in den einstweiligen Ruhestand versetzt werden kann[74]. Mit einer solchen Möglichkeit wird einerseits der Erkenntnis Rechnung getragen, daß die Mitwirkung an der zentralen politischen Steuerung eine dauernde Übereinstimmung mit dem Regierungskonzept voraussetzt, die über hierarchische Weisungsgebundenheit und Loyalität grundsätzlich hinausgeht. Andererseits wird aber durch die spezifisch beamtenrechtliche Konfliktlösung gerade unterstrichen, daß der Betroffene nicht über die Linie zwischen Verwaltung und Regierung hinübergewechselt ist, auch in seiner Grenzposition an fremdgesetzte Vorgaben gebunden bleibt.

b) Administrative Gestaltungsspielräume

31
Unterscheidungskriterien zwischen Regierung und Verwaltung?

Die Polarität von Regierung und Verwaltung bedeutet ferner nicht, daß die Weisungsgebundenheit der letzteren mit dem Fehlen von Handlungsalternativen gleichgesetzt werden dürfte. Auch die Regierung wird durch zwingende Rechtssätze gegebenenfalls auf eine einzige Rechtsfolge festgelegt. Demge-

---

69 Vgl. dazu *Stern* (N 37), S. 696. → Bd. III, *Schröder*, § 64 Rn. 2.
70 Vgl. *Josef Kölble*, Die Ministerialverwaltung im parlamentarisch-demokratischen Regierungssystem des Grundgesetzes, in: DÖV 1969, S. 25 ff.; zur Einzelweisungsbefugnis von Ressortministern vgl. *Martin Oldiges*, Die Bundesregierung als Kollegium, 1983, S. 213 ff. (219); zum Selbsteintritts- und Evokationsrecht *Lecheler* (N 1), S. 108.
71 Dazu *Ellwein* (N 35), S. 30 f.
72 Im einzelnen *Hesse* (N 38), S. 230.
73 Dazu *Herzog* (N 10), S. 263; *Thieme* (N 1), S. 378; *Klaus Köpp*, Öffentliches Dienstrecht, in: Udo Steiner (Hg.), Besonderes Verwaltungsrecht, [7]2003, S. 453.
74 §§ 31, 32 BRRG, §§ 36 bis 40 BBG.

genüber kann die Verwaltung, selbst auf der untersten Stufe, über einen breiten Ermessensspielraum, ja mangels gesetzlicher und untergesetzlicher Regelung über Gestaltungsfreiheit verfügen[75]. Man mag allerdings diskutieren, ob die Regierung in einzelnen Tätigkeiten nicht schlechthin geringeren rechtlichen Bindungen oder doch geringerer gerichtlicher Kontrolle ihrer Bindungen unterliegt[76]. Doch betrifft dies nicht das Gegenüber von Regierung und Verwaltung im hierarchischen System.

Dieses wird überhaupt nicht vom Außenrecht her definiert, durch das beide, Regierung wie Verwaltung, allenfalls von gewissen Akten der Staatsleitung abgesehen[77], grundsätzlich gleichermaßen gebunden werden können. Der Unterschied betrifft vielmehr die Frage, inwieweit die vorhandenen Entscheidungsspielräume innenrechtlich zur Disposition stehen und wer über sie disponiert. Dabei ist auf die Feststellung zurückzugreifen, daß die Regierung Weisungen erteilt, und zwar prinzipiell durchlaufend bis zur untersten Stufe, selbst aber keine empfängt. Denn daraus folgt zum einen, daß nur sie in der hierarchischen Gliederung ihrer Handlungsspielräume gewiß ist, während auf allen nachfolgenden Ebenen jederzeit die Möglichkeit der Einengung und Festlegung von oben besteht[78]. Zum andern ergibt sich daraus – da ja alle nachfolgenden Glieder ihre Aufgaben und Befugnisse von der Spitze ableiten –, daß nur diese die Kriterien aus eigener Kompetenz bestimmt, nach denen zwischen Entscheidungsalternativen zu wählen ist. Zwar werden auch auf den weiteren Stufen nicht nur Direktiven der Zentralinstanz umgesetzt, die vollzugsscharf konkretisiert sind. Aber auch wo solche fehlen, wird nicht nach eigenen Maßstäben verfahren. Vielmehr besteht die Aufgabe darin, die allgemeinen Leitlinien der Führungsebene, deren Konzepte und Impulse zu Ende zu denken[79]. Das heißt: Nicht in den Spielräumen an sich, auch nicht primär in der aktuellen Disposition über sie durch hierarchische Weisung, sondern in der prinzipiellen Eigen- oder Fremdorientierung ihrer Nutzung verwirklicht sich die komplementäre Gesetzlichkeit von Leitung und Vollzug.

32

Disposition über die Entscheidungsspielräume

c) Gestufte Entscheidungskonkretisierung in der hierarchischen Gliederung

Dieses Verhältnis bedarf in einer weiteren Richtung der Klärung. Man könnte der Auffassung sein, Handlungsalternativen nachgeordneter Stellen seien zwar möglicherweise nicht zu vermeiden, entsprächen aber nicht dem Idealbild hierarchischer Steuerung[80]. Ein solcher Einwand verkennt die Leistungsfähigkeit zentraler Regelung ebenso wie die Vorteile sachnaher Entscheidung.

33

Handlungsalternativen nachgeordneter Stellen

---

75 *Herzog* (N 10), S. 332; *Hesse* (N 38), S. 230; vgl. auch zum Ermessen im Verwaltungsverfahren *Hartfiel/Sedatis/Claessens* (N 9), S. 88 ff.
76 → Oben *Schröder*, § 106 Rn. 14.
77 → Oben *Schröder*, § 106 Rn. 14.
78 S. o. N 70.
79 Zur Tätigkeit der Verwaltung nach eigener Vorstellung – über den Gesetzesvollzug hinaus – *Lecheler* (N 1), S. 47 f.; zum rechtskonkretisierenden Charakter auch solcher Verwaltungstätigkeit *Hesse* (N 38), S. 230; prägnant zur Gesetzesanwendung als „sinngemäße(r) Fertigstellung, soweit das Gesetz einen Spielraum läßt zu eigenem Entschluß" *Mayer* (N 31), S. 85.
80 Zu diesem Leitbild allgemein *Püttner* (N 27), S. 144 f., 149 f.; vgl. auch *Thieme* (N 8), S. 176.

Er geht am Grundgedanken des Systems vorbei, ein umfassendes Konzept effektiv und planvoll, das heißt unter Ausschöpfung aller vorhandenen Ressourcen, in eine koordinierte Vielzahl einzelner Realisierungsakte umzusetzen. Er übersieht, daß es auch im demokratischen Verfassungsstaat nicht Aufgabe der Leitungsorgane ist und die Qualität ihres und des staatlichen Handelns überhaupt minderte, wenn sie auch mit den weniger bedeutsamen Details befaßt würden. Daß Spielräume nach unten offen stehen, ist vielmehr im hierarchischen Prinzip angelegt, daß sie ohne Schaden eingeräumt werden können, ist einer seiner entscheidenden Vorteile, und wie sie zugeschnitten werden müssen, ergibt sich aus ihm selbst.

34

Hierarchische Arbeitsteilung

Entlastung höherer Stellen von Detailentscheidungen

Ausschöpfung des vollen Potentials

Freilich ist die Dichte der generellen und speziellen Weisungen, mit denen die administrativen Aktivitäten von oben gesteuert werden, von Verwaltungszweig zu Verwaltungszweig unterschiedlich[81]. Aufs Ganze gesehen aber ist eine einzelfallscharfe Fixierung keineswegs die Regel. Nicht selten bleiben bedeutende Bereiche von näheren Vorgaben völlig frei oder werden zumindest nur grob gelenkt[82]. Wie dargelegt besteht hier die Aufgabe im Instanzenzug darin, auf der Grundlage der vorhandenen Anhaltspunkte ein Konzept nach- und weiterzudenken, das sich in die politische Generallinie einfügt. Dieser Vorgang ist wesentlich eigenschöpferischer Natur. In ihm äußert sich die Fähigkeit der hierarchischen Gliederung, Richtigkeit und Wirksamkeit arbeitsteiligen Handelns zu gewährleisten, in besonders einleuchtender Weise. Denn gerade diese Gliederung schafft die Voraussetzung dafür, die eigenschöpferische Aufgabe des Weiterdenkens fortschreitend von Stufe zu Stufe spezieller zu gestalten und ihre Reichweite der zunehmenden Annäherung an die Realität, auf die sie sich bezieht, anzupassen. Auf diesem Wege können das Maß der Steuerung, die Vervollständigung des Konzepts graduell dosiert werden. Die höheren Ebenen werden von weniger wichtigen Fragen befreit und gewinnen Energien für die grundsätzlichen Pläne und Anstöße[83]. Für die weitere Ausführung dagegen wird die zunehmende Anschauung der konkreten Gegebenheiten, die wachsende Deutlichkeit ihrer Einzelheiten fruchtbar gemacht. Damit wird nicht allein eine ökonomische Verteilung des schrittweise erforderlichen Aufwands, eine größere Gewähr sachgerechter Ergebnisse am Ende der Kette erreicht. Es werden auch – gerade hierin liegt die Ausschöpfung des vorhandenen Potentials – alle Stufen in den produktiven Prozeß des Weiterführens und Anreicherns der durchlaufenden Impulse einbezogen.

35

Eigenproduktives Element auch bei strikter Bindung

Dieser hierarchietypische Vorgang kommt im übrigen selbst dort nicht zum Erliegen, wo eine derartige günstige Aufgabenverteilung nicht gelingt. Das eigenproduktive Element behauptet seinen Platz im System auch dann noch, wenn ein komplettes Handlungskonzept in strikter Bindung an Einzelweisungen lediglich in concreto anzuwenden ist. Auch die bloße Übertragung der

---

81 *Ossenbühl* (N 65), S. 85.
82 Dies tritt besonders deutlich bei der sog. gesetzesfreien Verwaltung hervor, vgl. dazu *Hans-Uwe Erichsen*, Das Verwaltungshandeln, in: ders./Ehlers (N 65), S. 229 ff. (320).
83 Vgl. zu diesem Effekt – im Hinblick auf die Ministerialebene – *Kölble* (N 70), S. 36.

Regelung auf den speziellen Sachverhalt fordert fachliche Beurteilung und Bewertung, Abwägung und Entscheidung, Interpretation und Subsumtion[84].

Zudem ist die Rolle in Betracht zu ziehen, die gerade die sachnäheren Instanzen im Vorfeld der Entwicklung des Konzepts spielen. Bevor ihnen Daten von oben gesetzt werden können, haben sie bereits die notwendigen Informationen dorthin geliefert, die ihnen kraft unmittelbarer Anschauung zugänglich sind. Auch liegen diese nicht ohne weiteres bereit. Sie müssen aus dem Gesamtsachverhalt nach fachlichem Urteil ausgewählt, gewichtet und zusammengestellt werden – was letztlich ein Mindestmaß an Vor-Denken künftiger Konzepte voraussetzt. Ebenso erfordert die anschließende Rückkoppelung ein Nach- und Weiterdenken, damit gerade die Angaben über den Effekt und die Modalitäten des Vollzugs nach oben gelangen, die ein sachgerechtes Urteil über Beibehaltung oder Korrektur tragen[85].

36
Aufgabe der sachnahen Instanzen

C. Hierarchische Gliederung der Exekutive unter dem Grundgesetz

Das Grundgesetz entfaltet, geschichtliche Erfahrung reflektierend, mit Nachdruck einen demokratischen Verfassungsstaat[86]. Für das hierarchische Gefüge der Exekutive sind damit die Eckpunkte festgelegt. Freilich entzieht sich eine konkrete, gewachsene Verfassungsordnung jeder schematischen Anwendung vorausliegender, durch Abstraktion gewonnener allgemeiner Kategorien. Wie die großen Linien im einzelnen weiter auszuziehen sind, kann nur anhand des positiven Rechts ermittelt werden.

37
Positives Recht und Hierarchiemodell

I. Grundmuster

Ausdrücklich wird das Hierarchieprinzip im Grundgesetz nicht thematisiert. Es erscheint als selbstverständlich vorgefunden, wird erkennbar als gültig vorausgesetzt. Dies läßt sich nicht nur aus solchen Verfassungsbestimmungen erschließen, die unmittelbar den Aufbau der Verwaltung regeln[87] oder dieser einen spezifischen Status für ihre Amtswalter zur Verfügung stellen[88]. Auch die grundlegenden organisatorischen Entscheidungen über die Funktion der Regierung und ihren Standort im Konzert der Verfassungsorgane sind ohne den entsprechenden hierarchischen Unterbau nicht zu denken.

38
Verfassungsvoraussetzung

---

84 Zu den einzelnen Stufen der Entscheidungsfindung *Hartfiel/Sedatis/Claessens* (N 9), S. 89.
85 Zu derartigen Rückkoppelungseffekten insbesondere *Walter Krebs*, Kontrolle in staatlichen Entscheidungsprozessen, 1984, S. 23.
86 Zum Demokratiebegriff und seiner konkreten verfassungsrechtlichen Ausformung vgl. *Hesse* (N 38), S. 58; → Bd. II, *Böckenförde*, § 24; zu Hierarchie und Amtsgehorsam im Verfassungsstaat *Depenheuer* (N 7), S. 405.
87 Vgl. Art. 83 ff. GG.
88 Vgl. Art. 33, 34 GG.

1. Regierung und Verwaltung im parlamentarisch-demokratischen Legitimationsgefüge

39
Parlamentarisches Regierungssystem

Prinzipielle Eigenständigkeit der Regierung

In erster Linie ist in diesem Zusammenhang die parlamentarische Form des Regierungssystems[89] zu nennen, die Verwaltungshierarchie zur Bedingung hat und ihrerseits prägend auf den administrativen Stufenbau zurückwirkt. Dieses System setzt die Regierung in ihrem Bestand und Fortbestand in Abhängigkeit vom Parlament und unterwirft ihre Tätigkeit dessen umfassender Kontrolle. Die prinzipielle Eigenständigkeit[90] der Regierung wird damit allerdings nicht aufgehoben; diese übt ihre Befugnisse als Organ der Staatsleitung weisungsfrei aus eigenem Recht aus, bleibt damit auch Steuerungsstelle und oberster Bezugspunkt des Verwaltungsapparates.

40
Demokratische Legitimationskette

Da das Hierarchieprinzip Gubernative und Administrative miteinander verklammert, folgen aus der parlamentarischen Bindung der Regierung substantielle Konsequenzen für den nachgeordneten „Vollzug"[91]. Vor allem konkretisiert sich die Legitimationskette, die vom demokratischen Souverän über die Zentralinstanz(en) die administrative Stufenfolge hinab bis zum letzten handelnden Glied verläuft. Diese Legitimation leitet sich hier, anders als in Präsidialsystemen, nicht eigenständig neben der des Parlaments vom Volkswillen ab, sondern knüpft, über die parlamentarische Kreation der Regierung, bei der Volksvertretung an: Sie wird also durch das – allein unmittelbar gewählte – Parlament mediatisiert und vermittelt, was eben dessen Anspruch auf Rechenschaft und Kontrolle begründet[92]. Entsprechend besteht die Funktion der hierarchischen Gliederung darin, solche Rechenschaft und Kontrolle auf die Exekutive insgesamt zu erstrecken und durch eindeutige Kompetenzzuordnung und Überschaubarkeit erst zu ermöglichen. Weil alle Aufgaben und Befugnisse der Verwaltung präzise geordnet bei der Regierung zusammenlaufen, vermag diese das Geschehen in jedem Sektor und auf jeder Ebene dem Parlament gegenüber zu vertreten, kann von ihm dafür zur Verantwortung gezogen werden[93].

Parlamentarische Regierungsverantwortung

41
Politische Wechselbeziehung Regierung – Parlamentsmehrheit

Letztlich ergeben sich hieraus auch Einflüsse auf den Inhalt der administrativen Tätigkeit. Der enge Wechselbezug zwischen Regierung und Parlament – genauer: zwischen Regierung und Parlamentsmehrheit[94] – überspringt bei der Formulierung der politischen Konzepte die institutionelle Trennung. Die Handlungsimpulse, die die Regierung zur Realisierung nach unten sendet, resultieren regelmäßig aus einer in diesem Sinne einheitlichen, das heißt von der Parlamentsmehrheit mitgetragenen und mitgestalteten Regierungspolitik. Aus ihr sind mithin zugleich die entscheidenden Leitlinien zu entnehmen, an denen sich der Vollzug orientiert[95], wenn er das zentral eingespeiste Pro-

---

89 → Bd. II, *Badura*, § 25 Rn. 10 ff.
90 → Bd. II, *Badura*, § 25 Rn. 11; *Sachs* (N 34), Art. 62 Rn. 41.
91 Zum Begriff „Vollzug" in diesem Zusammenhang s. o. Rn. 26; → Bd. III, *Schröder*, § 64 Rn. 2.
92 Eingehend zu den parlamentarischen Kontrollbefugnissen → Bd. III, *H. H. Klein*, § 50 Rn. 33 ff.
93 → Bd. III, *Schröder*, § 65 Rn. 51 ff.
94 Dazu *Hans-Peter Schneider*, Das parlamentarische System, in: Benda/Maihofer/Vogel (N 10), S. 537 (574).
95 S. o. Rn. 32; zur Leitungsbefugnis der Regierung *Hesse* (N 38), S. 100 ff.

gramm Schritt für Schritt vervollständigt und umsetzt. Indessen vermag – dies muß gegen häufige Mißverständnisse der Staatspraxis betont werden – auch diese politische Verschränkung von Regierung und Mehrheitsfraktion(en) die Leitungskompetenz und alleinige Disposition der Regierung über den Bereich der Exekutive nicht zu relativieren. Denn der Selbstand der Regierung bildet die Grundlage für ihre parlamentarische Verantwortung[96]. Anregungen und Forderungen aus der Mitte des Parlaments können infolgedessen für den Verwaltungsvollzug nur Bedeutung gewinnen, wenn sie regierungsamtlich aufgegriffen werden. Läßt sich dies nicht – notfalls im Wege der Auslegung – tatsächlich feststellen, so dürfen sie nicht als Handlungskriterien zugrunde gelegt werden. Jede eigenmächtige Bezugnahme auf einer tieferen Stufe, erst recht jedes aktive Einwirken parlamentarischer Kräfte oder der hinter ihnen stehenden politischen Gruppierungen – etwa aus parteipolitischer Nähe zu den beteiligten Amtswaltern –, bleibt schlechthin ausgeschlossen, ist illegitim eben nach dem Maßstab der parlamentarischen Demokratie[97].

Leitungskompetenz der Regierung über die Verwaltung

2. Weisungshierarchie der Exekutive

Was die Gliederung der Verwaltung selbst anbetrifft, so spiegeln sich in ihr zum einen – horizontal – die Strukturen wider, die das Verfassungsrecht an der Spitze, für das Organ Bundesregierung, vorsieht[98]. Vertikal lassen insbesondere Art. 83 ff. GG erkennen, daß die traditionelle Aufteilung nach Behördenstufen übernommen werden sollte. In beiden Richtungen wird damit die Weisungshierarchie spezifiziert, aber nicht limitiert.

42
Horizontale und vertikale Gliederung

a) Polarität und Verklammerung von Regierung und Verwaltung

Die Aufspaltung der Regierungstätigkeit in Geschäftsbereiche, die von den Bundesministern jeweils in eigener Verantwortung geleitet werden (Art. 65 S. 2 GG), führt zu einer entsprechenden Segmentierung der Verwaltung nach Ressorts. Die Folge ist, daß die verschiedenen Verwaltungszweige erst innerhalb des Bereichs der Regierung zusammengeführt und abgestimmt werden, entweder durch die Gesamtregierung (Art. 65 S. 3 GG) oder, soweit die Richtlinien der Politik betroffen sind, durch den Regierungschef allein (Art. 65 S. 1 GG). Auf diese Weise wird zugleich akzentuiert, daß die grundsätzliche Steuerung und Koordination der Exekutive nicht dem Vollzug, sondern der Staatsleitung zuzurechnen ist[99].

43
Ressortprinzip

Kollegial- und Kanzlerprinzip

Steuerung der Exekutive als Staatsleitung

Eine solche Verselbständigung nach Ressorts, welche die gemeinsame Ausrichtung aller Aktivitäten auf ein einheitliches Regierungskonzept nach oben

44

---

96 Dazu eingehend etwa → Bd. II, *Badura*, § 25 Rn. 11 f.
97 Dazu grundsätzlich und mit der gebotenen Schärfe *Josef Isensee*, Beamtentum – Sonderstatus in der Gleichheitsgesellschaft, in: ZBR 1988, S. 141 ff. (147 ff.).
98 Vgl. dazu Art. 62 ff. GG; zum Standort der Bundesregierung innerhalb der Exekutive *Roman Herzog*, in: Maunz/Dürig, Komm. z. GG, Art. 62 Rn. 20 f.; *Sachs* (N 34), Art. 62 Rn. 41.
99 Zur Abgrenzung von Regierung und Verwaltung s. o. Rn. 26.

Zentrifugale politische Tendenzen

zieht, birgt jedoch auch spezifische Risiken in sich. Sie räumt zentrifugalen Querbezügen ein breites Wirkungsfeld ein, die von den einzelnen Geschäftsbereichen der Regierung zu den jeweils nahestehenden parlamentarischen Kräften und parteipolitischen Formationen verlaufen und durchaus unterschiedliche Richtung und Intensität aufweisen können[100]. Zumal die Partner von Koalitionsregierungen neigen erfahrungsgemäß dazu, die Sektoren, die sie auf der Ministerebene besetzen, auch darüber hinaus als gruppenpolitische Domäne anzusehen. Unter derartigen Bedingungen werden Polarität und Verklammerung zwischen Regierung und Verwaltung zum Problem. Es sind besondere Anstrengungen nötig, damit die Weisungsgebundenheit im Instanzenzug am Gesamtkonzept der Regierung orientiert bleibt, gegen partikulare Einwirkungen an diesem vorbei immun gehalten wird. Zu diesen Anstrengungen sind nicht allein die Regierungsmitglieder von Verfassungs wegen verpflichtet. Auch die Verwaltung hat ihren Beitrag zu leisten. Wiederum wird deutlich, daß ihre Vollzugstätigkeit sich nicht in blinder Befolgung und mechanischer Umsetzung erschöpft. Die fachlich begründete amtliche, selbst- und gruppendistanzierte Loyalität gegenüber dem jeweiligen demokratisch legitimierten Regierungskurs verlangt vielmehr, daß der Ausführende in der Lage und bereit ist, zwischen verbindlicher Weisung und unzulässiger Einflußnahme zu unterscheiden, jene zu befolgen, dieser dagegen zu widerstehen[101].

Amtliche Weisung und politische Einflußnahme

b) Lenkung, Weisung und Kontrolle

45 Dezentralisation

Vertikal, innerhalb der einzelnen Zweige, ist die öffentliche Verwaltung auch unter dem Grundgesetz zunächst in vielfältiger Weise dezentralisiert[102]. Eine tiefgehende Zäsur ergibt sich vor allem aus der – ebenfalls am gewachsenen Formenbestand anknüpfenden – bundesstaatlichen Zerteilung in mehrere Verwaltungskörper. Diese sind allerdings funktional eng miteinander verbunden, weil die Länderverwaltungen zum erheblichen Teil auch die Bundesgesetze vollziehen und insoweit – abgestuft – der Weisung und Aufsicht der Bundesexekutive unterliegen[103]. Art. 84 und 85 GG gestalten diese Verflechtung näher aus. Dabei sind die Elemente einer Weisungshierarchie, die sie zwischen Bund und Ländern installieren, nicht nur so bemessen, daß die administrative Wahrnehmung materieller Bundesgegenstände durch die Länder überhaupt zentral steuerbar bleibt. Das Instrumentarium, das für diesen Zweck vorgesehen ist, erweist sich auch – in der Unterscheidung zwischen landeseigenem Vollzug und Bundesauftragsverwaltung wie in den weiteren Details – als überaus differenziert[104]. Es läßt das Bestreben erkennen, die

Art. 84 und 85 GG

100 *Forsthoff* (N 21), S. 123, spricht davon, daß „der Staat genötigt ist, seine Macht mit den organisierten gesellschaftlichen Kräften zu teilen".

101 *Isensee* (N 97); zur Ergänzung des Remonstrationsrechts durch das Widerstandsrecht vgl. *Wichmann* (N 2), S. 270; *Battis* (N 2), § 56 Rn. 9.

102 Zum Begriff grundlegend *Hans Peters*, Zentralisation und Dezentralisation, 1928, S. 17; *Stern* (N 37), S. 795; *Mattern* (N 11), S. 82.

103 Zum Bund-Länder-Verhältnis insoweit → unten *Krebs*, § 108 Rn. 72 ff.

104 Vgl. dazu etwa die eingehende Darstellung bei *Stern* (N 37), S. 796 ff., 806 ff.

Wirksamkeit und Reichweite der zentralen Befugnisse davon abhängig zu machen, in welchem Umfang je nach Gegenstand die gesamtstaatlichen Belange eine einheitliche Handhabung erfordern.

aa) Zwischen Behörden

Wendet man sich den einzelnen Verwaltungskörpern der unmittelbaren Staatsverwaltung[105] – aber auch größerer verselbständigter Träger – zu, so lassen sich die Kriterien, denen die interne Dekonzentrierung folgt, nicht auf einen einheitlichen Nenner bringen. Räumlich und sachlich, horizontal und vertikal sind die Einzelzuständigkeiten organisatorisch zu größeren Einheiten, zu Behörden zusammengefaßt[106]. Hierauf nimmt das Grundgesetz ausdrücklich Bezug[107]. **46** Dekonzentrierung

Unter dem Blickwinkel der Weisungshierarchie stellt sich damit zum einen die Aufgabe, diese Behörden ihrerseits in eine eindeutig definierte Ordnung einzufügen, damit die Weisungs-, Kontroll- und Informationsstränge ungehindert und grundsätzlich überschneidungsfrei durchlaufen werden können. Eine solche Ordnung ist nicht allein ein Gebot der Zweckmäßigkeit. Sie ist von Rechtsstaats und Demokratie wegen unverzichtbar. **47** Weisungs-, Kontroll- und Informationsstränge

Zum andern ist die Art der Verselbständigung dieser Einheiten von Belang. Soweit sie sich in der Fähigkeit manifestiert, nach außen für den Verwaltungsträger aufzutreten[108], berührt dies die interne hierarchische Weisungskette nicht. Anders steht es dagegen mit Grenzen, die der Disposition zwischen den Behörden, von oben nach unten, gezogen werden. Dabei ist weniger die Frage, wieweit die kompetenziellen Zuweisungen als (innenrechtlich) subjektiviert[109] begriffen werden können – dies ist unter den hier in Rede stehenden Aspekten ein bloßer Folgetatbestand –, als vielmehr die Frage, ob die organisatorische Bündelung den Zugriff der übergeordneten Ebenen auf Aufgabe und Aufgabenausführung, sachlich und personell, einengt oder gar unterbindet. Die bloße Zuständigkeitsverteilung zwischen den verschiedenen Behörden und Behördenstufen stößt insoweit nicht auf Bedenken. Sie beruht auf außenrechtlicher Zuweisung und ist daher im innenrechtlichen Weisungsgefüge grundsätzlich hinzunehmen. Zwar sind damit sachliche Beschränkungen für den Selbsteintritt der vorgesetzten Behörden verbunden[110], da sonst die Zuständigkeitsordnung ausgehöhlt würde. Diese bedürfen jedoch keiner speziellen Rechtfertigung. Die verfassungsrechtlich vorausgesetzten Funktionen der Weisungshierarchie werden hierdurch jedenfalls solange nicht berührt, als die Entscheidung im konkreten Fall durch Anordnung von oben gelenkt, notfalls, wo dies für eine angemessene Handhabung nicht ausreicht, die Angele- **48** Verselbständigung

Außenrechtliche Zuständigkeit

---
105 Vgl. den Überblick → unten *Krebs*, § 108 Rn. 19 ff.
106 Zum Begriff der Dekonzentration *Peters* (N 102), S. 17 ff.; vgl. ferner → unten *Krebs*, § 108 Rn. 19; *Stern* (N 37), S. 795; *Mattern* (N 11), S. 82 f.
107 Vgl. Art. 84 Abs. 5, 85 Abs. 3 und 4 GG.
108 → Unten *Krebs*, § 108 Rn. 43.
109 Dazu ebenfalls → unten *Krebs*, § 108 Rn. 18, 58.
110 Zur Beschränkung des Selbsteintrittsrechts der übergeordneten Behörde → unten *Krebs*, § 108 Rn. 51.

genheit wenigstens ausnahmsweise nach oben gezogen werden kann[111]. Eine weitergehende Verselbständigung einzelner Behörden oder Behördenteile dagegen bedarf besonderer Begründung. Sie ist, wie jede Abschwächung der hierarchischen Ordnung, darauf zu prüfen, durch welchen spezifischen Nutzen für den Gang der Verwaltung sie aufgewogen wird. Wo sie zu substantiellen Einbußen führt, muß sie sich jedenfalls verfassungsrechtlich abstützen lassen. Schlechthin unzulässig ist sie, wenn sie die einheitliche Leitung und Koordination des Verwaltungsgeschehens sowie dessen Verantwortbarkeit durch die Spitze in Frage stellt[112].

Rechtfertigungszwang für Verselbständigung von Exekutiveinheiten

bb) Zwischen Amtswaltern

49

Daß innerhalb der Behörden die verschiedenen Amtsstellen – verstanden als die Wahrnehmungszuständigkeiten der einzelnen Amtswalter – gleichfalls nach dem Muster der Weisungshierarchie geordnet werden müssen, versteht sich von selbst. Insofern erscheinen die Organisations- und Stellenpläne der Behörden nicht zuletzt als Weiterungen aus dem Rechtsstaats- und Demokratieprinzip der Verfassung[113]. Flankiert wird die organisationsrechtliche Gliederung personenrechtlich durch die Verpflichtung der Amtswalter, ihren Geschäftskreis wahrzunehmen, die allgemeinen und Einzelweisungen ihrer Vorgesetzten zu befolgen und sich – natürlich – des Übergriffs auf fremde Agenden zu enthalten. Das Beamtenrecht formuliert diese Pflichten, institutionell in Art. 33 Abs. 5 GG abgesichert, im einzelnen aus[114]. Für Amtswalter im Arbeitnehmerstatus ergeben sie sich aus dem Arbeitsverhältnis.

Organisations- und Stellenpläne

Pflicht zum Amtsgehorsam

50

Darüber hinaus läßt sich am positiven Beamtenrecht auch ablesen, daß sich die Dispositionsbefugnis der vorgesetzten Stellen nicht auf die Modalitäten des Aufgabenvollzugs – welcher Gegenstand in welcher Weise und mit welchem Ergebnis im einzelnen wahrzunehmen ist – beschränkt. Der administrative Apparat kann, wie sich gezeigt hat, wirksam nur geleitet werden, wenn auch die personelle Besetzung der Ämter von oben nach unten geplant und verfügt wird[115]. Entsprechend ist auch das Instrumentarium des Personaleinsatzes hierarchisch geordnet, liegen Einstellung und Anstellung, Versetzung und Abordnung, Versetzung in den Ruhestand und Entlassung in der Hand der Dienstvorgesetzten[116]. Nur wenn die Aufgabenzuweisung nach fachlichen Kriterien, nach Leistungsfähigkeit und Leistungsbereitschaft, in der weiteren Zurechnung von der Regierung selbst verantwortet wird, vermag diese wirklich für den Gang der Verwaltung, inhaltlich und qualitativ, einzustehen, kann

Personalhoheit

---

111 Insoweit zu vage z. B. § 4 Abs. 3 LBG Brandenb., § 5 Abs. 1 LBG Nordrh.-Westf.
112 S. o. Rn. 18, 20.
113 Dazu *Püttner* (N 27), S. 153; zum Stellenplan und zur Stellenbildung vgl. auch *Wichmann* (N 2), S. 92; *Mattern* (N 11), S. 116.
114 Vgl. §§ 36, 37 BRRG, §§ 52, 55 BBG, §§ 18, 20 LBG Brandenb., §§ 57, 58 LBG Nordrh.-Westf.
115 *Ossenbühl* (N 52), S. 53; eingehend zur Personalhoheit *Helmut Lecheler*, Die Personalgewalt öffentlicher Dienstherren, 1977; vgl. auch *Püttner* (N 27), S. 156 ff.; *Mattern* (N 11), S. 115 f.; *Wichmann* (N 3), S. 48.
116 Zum Begriff des Dienstvorgesetzten § 3 Abs. 2 BBG und § 4 Abs. 2 LBG Brandenb., § 3 Abs. 4 LBG Nordrh.-Westf.; dazu auch *Scheerbarth/Höffken/Bauschke/Schmidt* (N 2), S. 206; *Battis* (N 2), § 3 Rn. 4 f.

sie für Gelingen und Mißlingen in Anspruch genommen werden. Zu Recht zählt deswegen das Bundesverfassungsgericht die Personalgewalt zu den essentiellen Befugnissen der Staatsleitung, weist sie primär dem Bereich der Regierung zu und hält jeden direktiven Einfluß für unzulässig, der auf sie von dritter Seite ausgeübt wird[117].

Die Trennung von Fachvorgesetzten und Dienstvorgesetzten[118] dokumentiert im übrigen, daß das Gebot grundsätzlich eindeutiger und überschneidungsfreier Weisungsstränge keineswegs ausschließt, daß für unterschiedliche Gegenstände unterschiedliche übergeordnete Stellen Anordnungen an die gleiche nachgeordnete Stelle erteilen. Hierin kann, wegen der gegenständlichen Sonderung, keine Durchkreuzung der vertikalen Linien, erst recht keine horizontale Überbrückung gesehen werden.

51
Fach- und Dienstvorgesetzte

II. Grenzen und Einschränkungen der Weisungshierarchie

Auch abgesehen von der bundesstaatlichen Zweiteilung des gesamten administrativen Systems entfernt sich die Verwaltungsgliederung in der Bundesrepublik – auf Bundes- wie auf Länderebene – vielfältig vom Idealbild strikter hierarchisch-zentraler Steuerung[119]. Abweichend vom Prinzip finden sich zahlreiche Wahrnehmungsbereiche, die gegenüber der gesamt- oder einzelstaatlichen Zentrale verselbständigt, in größerem oder geringerem Maße eigengelenkt organisiert sind. Innerhalb des Instanzenzuges – sowohl der unmittelbaren, ministerialnachgeordneten Staatsverwaltung wie der verselbständigten Einheiten – laufen überdies die Weisungsstränge ebenfalls nicht ohne Ausnahme von der Spitze bis zur Basis durch[120]. Damit werden die Vorbehalte wirksam, die unter rechtsstaatlichen und demokratischen Maßstäben allgemein gegen Durchbrechungen des hierarchischen Aufbaus der Exekutive entwickelt wurden. Die parlamentarische Demokratie des Grundgesetzes gibt diesen Vorbehalten eine spezifische Färbung, nötigt aber zu keinerlei Abstrichen von ihnen. Sowohl die Schaffung dezentraler Subsysteme wie eine Ausdünnung der zentralen Strukturen stehen mithin auch nach positivem Verfassungsrecht unter Begründungszwang.

52
Abweichung vom Idealbild

Begründungszwang

---

117 BVerfGE 9, 268 ff.; vgl. auch BVerfGE 67, 382 ff.; grundlegend zur Personalgewalt als Regierungsgewalt *Lecheler* (N 115), S. 165 ff.; *Battis* (N 2) § 2 Rn. 26.
118 Zur Unterscheidung *Scheerbarth/Höffken/Bauschke/Schmidt* (N 2), S. 182 (185 ff.); *Battis* (N 2), § 3 Rn. 5.
119 Im einzelnen dazu die Darstellung → unten *Krebs*, § 108 Rn. 51.
120 → Unten *Krebs*, § 108 Rn. 27.

§ 107 *Achter Teil: II. Staatsfunktionen*

1. Verselbständigungen im organisatorischen Aufbau

a) Mittelbare Staatsverwaltung und Selbstverwaltung

53
Mittelbare Staatsverwaltung

Was zunächst den Bereich der mittelbaren Staatsverwaltung[121] angeht – diesen Begriff rein formal verstanden als Verwaltung durch rechtlich selbständige Verwaltungsträger –, so ist das Bild, das er bietet, buntscheckig und schwer überschaubar[122]. Nicht allein die Rechtsformen – Körperschaft, Anstalt usw. –, auch die Funktion und Motivation der Herauslösung aus dem Instanzenzug variieren auf breitester Skala[123].

54
Kommunale Selbstverwaltung

Den Modellfall eigenverantwortlicher Wahrnehmung der eigenen Angelegenheiten durch die Betroffenen bildet die kommunale Selbstverwaltung. Sie ist in Art. 28 Abs. 2 GG institutionell gewährleistet und zielt – unbeschadet weiterer Zwecke, etwa horizontaler Gewaltenteilung und demokratischer Vervielfältigung – vornehmlich darauf ab, die Angelegenheiten der unmittelbaren Daseinssphäre aus den übergreifenden staatspolitischen Bezügen herauszulösen und den engeren Raumgemeinschaften zur Erledigung zu überlassen[124].

Sonstige Selbstverwaltung

Andere Gebilde körperschaftlicher und sonstiger Selbstverwaltung sind einfachgesetzlich geschaffen. Zu Recht werden derartige Verselbständigungen, wird die Einrichtung von Verwaltungsträgern mit eigener Rechtspersönlichkeit dem Vorbehalt des Gesetzes unterstellt[125]. Denn es muß der Volksvertretung selbst vorbehalten bleiben, die Reichweite der von ihr vermittelten demokratischen Legitimation an dieser oder jener Stelle des Vollzugs zu reduzieren. Es muß ihr überlassen bleiben, über die Frage zu befinden, welche Gegenstände ohne Beeinträchtigung der staatlichen Gesamtbelange aus der zentralen Lenkung entlassen und autonomer Wahrnehmung überantwortet werden können.

55

Rahmen der Gesetze (Art. 28 Abs. 2 GG)

Die kommunale Selbstverwaltung bestätigt ihren exemplarischen Charakter auch in der näheren Ausgestaltung. In ihren tragenden Zügen, wie sie das Grundgesetz in seine Garantie aufgenommen hat, finden sich die elementaren Forderungen erfüllt, die der parlamentarisch-demokratische Rechtsstaat an derartige Ausgliederungen allgemein stellt. Indem Art. 28 Abs. 2 GG die selbstverantwortete Wahrnehmung der eigenen Angelegenheiten ausdrücklich an den „Rahmen der Gesetze" bindet, dokumentiert er, daß die Einheit

---

121 Zum Begriff → unten *Krebs*, § 108 Rn. 18; *Winfried Kluth*, in: Hans J. Wolff/Otto Bachof/Rolf Stober (Hg.), Verwaltungsrecht, Bd. III, ⁵2004, § 81 Rn. 264; § 86 Rn. 1 ff.; *Maurer* (N 68), § 23 Rn. 1.
122 → Unten *Krebs*, § 108 Rn. 22 f.; *Kluth* (N 121), § 86 Rn. 3 ff.; *Martin Burgi*, Verwaltungsorganisationsrecht, in: Erichsen/Ehlers (N 65), S. 791 (816); *Maurer* (N 68), § 23 Rn. 1 ff.
123 Insbesondere zur materiellen Entgegensetzung von Selbstverwaltung und mittelbarer Staatsverwaltung vgl. *Jürgen Salzwedel*, Kommunalrecht, in: Wilhelm Loschelder/Jürgen Salzwedel (Hg.), Verfassungs- und Verwaltungsrecht des Landes Nordrhein-Westfalen, 1964, S. 217 ff. (220 ff.); → unten *Krebs*, § 108 Rn. 18; *Kluth* (N 121), § 86 Rn. 3 ff.
124 BVerfG, in: DVBl 1995, S. 286 (287); BVerwGE 67, 321 (324); im einzelnen *Loschelder* (N 42), S. 92 ff.; *ders.*, Die Befugnis des Gesetzgebers zur Disposition zwischen Gemeinde- und Kreisebene, 1986, S. 28 ff.; einschränkend *Kluth* (N 121), § 86 Rn. 5; a. A. mit detaillierter Begründung *Wolfgang Kahl*, Die Staatsaufsicht, 2000, S. 442 ff.
125 *Herzog* (N 10), S. 224; vgl. ferner den Überblick über die juristischen Personen des öffentlichen Rechts bei *Burgi* (N 122), S. 791 (816).

der Staatsgewalt zumindest nach dem Maßstab des Rechts auch hier außer Frage steht[126]. Demgemäß ist die Rechtsaufsicht durch die unmittelbare Staatsverwaltung, die sich äußerstenfalls in bindender Weisung, Selbsteintritt und befristeter Übernahme der Geschäfte niederschlägt[127], nicht als Einschränkung, sondern als notwendiges Korrelat jeder Selbstverwaltung zu werten[128].

Die Formulierung „im Rahmen der Gesetze" trägt darüber hinaus der Bedingung Rechnung, daß die dezentralisierten Wahrnehmungsgegenstände tatsächlich die staatlichen Gesamtinteressen nicht im Kern berühren dürfen. Sie hält zum einen dem Gesetzgeber die Befugnis offen, das Ob und Wie des partikularen Aufgabenvollzugs – nach Maßgabe übergreifender Erfordernisse und bis an die Grenze substantieller Entleerung der Institution – mehr oder weniger detailliert festzulegen[129]. Dabei bedarf es keiner weiteren Begründung, daß dann, wenn der Gesetzgeber sich der verselbständigten Träger für eigene Zwecke bedient, ihnen zusätzliche staatliche Angelegenheiten zur Erledigung überträgt, er auch die Weisungs- und Kontrollbefugnisse der Aufsichtsbehörden – gegebenenfalls bis zur vollen fachlichen Lenkung – ausdehnen darf[130]. Zum andern liegt in der Verfassungsformulierung auch die stets unverzichtbare Möglichkeit beschlossen, der Selbstverwaltung Gegenstände, die im Zeitverlauf über den partikularen Gesichtskreis hinauswachsen, wieder zu entziehen[131].

56
Disposition des Gesetzgebers

Die Grenzen der Verselbständigung, die hier die Verfassung aufzeigt, resultieren letztlich unmittelbar aus den rechtsstaatlichen und demokratischen Anforderungen an die Einheitlichkeit der staatlichen Verwaltung. Sie müssen demgemäß auch in sonstigen Fällen gewahrt bleiben, in denen Gegenstände zur eigenverantwortlichen Wahrnehmung ausgegliedert werden, beispielsweise bei der Organisation berufsständischer Interessen[132] oder der Bildung sozialversicherungsrechtlicher Risikogemeinschaften[133]. Darüber hinaus gelten sie grundsätzlich auch dort, wo die Loslösung nicht materieller Selbstverwaltung dient, sondern auf wirtschaftliche, technische und sonstige Eigengesetzlichkeiten[134] der Materie antwortet oder grundrechtliche Freiräume institutionell unterfängt[135]. Auch hier muß die Verknüpfung mit der allgemei-

57
Grenzen der Verselbständigung

Wirtschaftliche, technische Eigengesetzlichkeiten

---

126 Zum Gesetzesvorbehalt *Loschelder* (N 124), S. 28 ff.; kritisch *Eberhard Schmidt-Aßmann*, Kommunalrecht, in: ders. (Hg.), Besonderes Verwaltungsrecht, ¹³2005, S. 1 (Rn. 8 ff.); zur Kommunalaufsicht im einzelnen *Reimer Bracker*, Theorie und Praxis der Kommunalaufsicht, in: FG für Georg-Christoph von Unruh (N 45), S. 459 ff.
127 Vgl. dazu etwa §§ 119 ff. GO Brandenb., §§ 116 ff. GO Nordrh.-Westf.; *Maurer* (N 68), § 23 Rn. 18 ff.; zu den Mitteln der Rechtsaufsicht vgl. *Alfons Gern*, Deutsches Kommunalrecht, ³2003, Rn. 805 f.
128 Vgl. dazu *Jürgen Salzwedel*, Staatsaufsicht in der Verwaltung, in: VVDStRL 22 (1965), S. 206 ff. (211); *Gern* (N 127), Rn. 805 f.
129 *Edzard Schmidt-Jortzig*, Kommunalrecht, 1982, S. 166 ff.; *Maurer* (N 68), § 23 Rn. 16 ff.
130 Zu den Befugnissen der Aufsichtsbehörden bei der Wahrnehmung von Pflichtaufgaben zur Erfüllung nach Weisung durch die Gemeinden ebenfalls *Schmidt-Jortzig* (N 129), S. 46, 188; *Maurer* (N 68), § 23 Rn. 16 ff.
131 Dazu im einzelnen *Loschelder* (N 124), S. 54 ff. m. weit. Nachw.
132 Vgl. den ausführlichen Überblick bei *Winfried Brohm*, Selbstverwaltung in wirtschafts- und berufsständischen Kammern, in: FG für Georg-Christoph von Unruh (N 45), S. 777 ff.
133 Hierzu bietet einen ausführlichen Überblick *Friedrich E. Schnapp*, Die Selbstverwaltung in der Sozialversicherung, in: FG für Georg-Christoph von Unruh (N 45), S. 881 ff.
134 → Unten *Krebs*, § 108 Rn. 23 f.
135 Beispiele bieten die Universitäten sowie die Rundfunkanstalten.

nen Verwaltungshierarchie zumindest insoweit fortbestehen, als es um die Rechtmäßigkeit der autonomen Aktivitäten sowie um steuerungsbedürftige Rückwirkungen auf den Gang des Ganzen geht.

b) Weisungsunabhängige Ausschüsse und sonstige Organe

58

Bundespersonalausschuß

Kommunale Rechnungsprüfungsämter

Prüfungsausschüsse

Innerhalb des hierarchischen Aufbaus werden Teilbereiche aus den unterschiedlichsten Gründen und in vielfältiger Einzelausformung von Weisungen freigestellt. So unterliegen, um nur wenige Einzelbeispiele aufzuführen, zahlreiche beamtenrechtliche Regelungen der Mitwirkung des sachlich unabhängigen Bundespersonalausschusses[136] und entsprechender Stellen in den Ländern[137], geht der Untersuchungsführer seiner Aufgabe im Disziplinarverfahren ohne Bindung an fremde Direktiven nach[138], stehen die kommunalen Rechnungsprüfungsämter außerhalb der Anordnungsbefugnis von Bürgermeister und Rat[139] und finden schließlich Prüfungsausschüsse ihre Ergebnisse ausschließlich nach eigener Überzeugung[140].

59

Begründungszwang

Die allgemeine Feststellung, daß derartige Enklaven die Grundlagen der Weisungshierarchie empfindlicher berühren als eine volle Verselbständigung von Verwaltungsträgern[141], ist auch für das parlamentarische Regierungssystem unabweisbar. Weil sich hier die Verwaltungsbefugnisse aller Stufen aus der demokratischen Legitimation von Parlament und Regierung ableiten, weil andererseits die Regierung die nachgeordnete Verwaltungstätigkeit dem Parlament gegenüber zu vertreten hat, können weisungsfreie Räume nur begrenzt, als Ausnahme und mit besonderer Begründung hingenommen werden[142]. Auf keinen Fall dürfen sie die Leitungs- und Verantwortungssphäre der Regierung substantiell schmälern. Im übrigen ist wiederum zu differenzieren:

60

Unabhängige Stellen ohne Letztverbindlichkeit

Eine Beteiligung unabhängiger Stellen ohne Letztverbindlichkeit ist unbedenklicher als eine endgültige Regelung, die Anwendung zwingenden Rechts weniger einschneidend als die Ausschöpfung von Beurteilungs- und Entscheidungsspielräumen. Vor allem hängt die Bewertung von den näheren Umständen des Einzelfalls, von der jeweiligen Bedeutung der zugewiesenen Aufgaben ab. Das Beispiel des Bundespersonalausschusses macht dies deutlich. Seine Zuständigkeiten greifen in die Personalgewalt der Regierung ein, sind infolgedessen im Hinblick auf die parlamentarische Verantwortung prekär. Entsprechend muß jeweils sorgsam abgewogen werden, ob die damit verfolgten Ziele

---

136 Vgl. § 98 Abs. 1 Nr. 1-3 BBG; des näheren etwa *Scheerbarth/Höffken/Bauschke/Schmidt* (N 2), S. 208 f.; *Battis* (N 2), § 98 Rn. 3 ff.; *Kluth* (N 121), § 86 Rn. 16.
137 Beispielsweise §§ 121 Abs. 1 Nr. 1, 2 und 3 LBG Brandenb., § 110 Abs. 1 Nr. 1 und 2 LBG Nordrh.-Westf.; *Kluth* (N 121), § 86 Rn. 16.
138 Vgl. § 56 Abs. 3 BDO, § 55 Abs. 3 DO Nordrh.-Westf.
139 Vgl. etwa § 112 Abs. 1 S. 3 GO Brandenb.; § 105 Abs. 2 GO Nordrh.-Westf. für das Gemeindeprüfungsamt; *Kluth* (N 121), § 86 Rn. 17.
140 BVerwGE 12, 359 (363); BVerwGE 14, 31 (34); zum Meinungsstreit innerhalb des Schrifttums vgl. den Überblick bei *Oebbecke* (N 46), S. 57 ff. m. weit. Nachw.
141 S. o. Rn. 22.
142 S. o. Rn. 22; vgl. im übrigen den eingehenden Überblick bei *Oebbecke* (N 46), S. 169 ff.; *Kay Waechter*, Geminderte demokratische Legitimation staatlicher Institutionen im parlamentarischen Regierungssystem, 1994, S. 31 ff.

einer sachgerechten Entwicklung und einheitlichen Anwendung des Beamtenrechts sowie einer Abschirmung der Personalentscheidungen vor Manipulationen[143] den Verlust an zentraler Steuerbarkeit auszugleichen vermögen.

2. Fraktionierungstendenzen innerhalb der hierarchischen Gliederung

Eine Reduzierung einheitlicher Verwaltungslenkung tritt ferner ein, wo der Zugriff der übergeordneten Stellen auf den Informationsbestand der unteren Ebenen eingeengt wird. Eine derartige Abschottung findet sich wiederum in zahlreichen Varianten[144]. Bestimmte Verwaltungszweige sind dadurch gekennzeichnet, daß die Daten, die von den Bürgern erhoben werden, generell dem ursprünglichen Verwendungszweck vorbehalten bleiben, in anderen Zusammenhängen nicht genutzt werden dürfen. So liegen die Dinge seit je beim Steuergeheimnis[145] und in der jüngeren Entwicklung beim Sozialgeheimnis[146]. Im Zuge einer breiten Verallgemeinerung des Datenschutzes zeichnet sich das Bestreben ab, entsprechende Zweckbindungen auf den administrativen Datenbestand überhaupt auszuweiten[147].

61 Abschottung von Informationen

Datenschutz

Mit solchen Festlegungen wird einerseits die Aufgabenerledigung erleichtert, weil dadurch die Bereitschaft der Bürger gesteigert wird, die erforderlichen Informationen preiszugeben. Andererseits liegt ihnen das Motiv zugrunde, die Belange der Betroffenen selbst zu respektieren. Zumal unter dem Gesichtspunkt eines „Grundrechts auf Datenschutz"[148], auf „informationelle Selbstbestimmung", wie es inzwischen auch vom Bundesverfassungsgericht anerkannt wird[149], tritt der Schutz der Individualrechtssphäre stark in den Vordergrund.

62 Grundrecht auf informationelle Selbstbestimmung

Doch wird gerade aus der Perspektive der Weisungshierarchie die Diskussion häufig zu einseitig geführt[150]. Zu kurz kommt gegenüber einer forciert grundrechtsorientierten Argumentation die Einsicht, daß eine generelle Parzellierung des Informationsstandes der Verwaltung deren Aktionseinheit gefährdet[151]. Die einzelnen Wahrnehmungsbereiche werden – gegebenenfalls innerhalb einer einzigen Behörde – nicht nur horizontal gegeneinander abge-

63 Parzellierung des Informationsstandes – Gefahr für die Aktionseinheit

---

143 Vgl. *Fürst* (N 50), S. 1.
144 Zum Begriff „unterrichtungsfreier Raum" vgl. *Oebbecke* (N 46), S. 8, auch S. 217 ff. (exemplarische Erörterung der Unterrichtungsfreiheit an Hand der Situation des Arztes im Gesundheitsamt und im kommunalen Krankenhaus).
145 BVerfGE 84, 239 (280 f.); eingehend *Roman Seer*, in: Tipke/Lang (N 65), § 21 Rn. 263 ff.; *Stefan Magen*, in: Umbach/Clemens (N 44), Art. 35 Rn. 20.
146 BVerfGE 84, 239 (280 f.); dazu etwa *Franz Ruland*, Sozialrecht, in: Eberhard Schmidt-Aßmann, Besonderes Verwaltungsrecht, ¹²2003, S. 779 ff. (Rn. 242 f.); *Magen* (N 145), Art. 35 Rn. 20.
147 In diesem Sinne etwa *Jutta Prölls-Peter*, Moderne Verwaltung und Datenschutz – Sicherheitsinteresse contra Bürgerfreiheit, in: Max Vollkommer (Hg.), Datenverarbeitung und Persönlichkeitsschutz, 1986, S. 65 ff.; eine weitsichtige Analyse dieser Bestrebungen findet sich bei *Christoph Sasse*, Sinn und Unsinn des Datenschutzes, 1976, vgl. insbesondere S. 12 ff.; *Wolfgang Hoffmann-Riem*, Informationelle Selbstbestimmung in der Informationsgesellschaft – Auf dem Weg zu einem neuen Konzept des Datenschutzes, in: AöR 1998, S. 513 (516).
148 So z. B. Art. 11 Abs. 1 BrandenbVerf, Art. 4 Abs. 2 NordrhWestfVerf.
149 BVerfGE 65, 1 (43); vgl. dazu die eingehende Analyse von *Rupert Scholz/Rainer Pitschas*, Informationelle Selbstbestimmung und staatliche Informationsverantwortung, 1984.
150 Vgl. dagegen *Scholz/Pitschas* (N 149), S. 103 ff.
151 Vgl. im einzelnen *Scholz/Pitschas* (N 149), S. 112 ff., 116 ff.

dichtet. Auch vertikal laufen die Kommunikationsstränge leer, sobald sie den Punkt übersteigen, in dem sich die Zuständigkeiten einer erlaubten Nutzung der jeweiligen Daten bündeln. Eine Weitergabe an höhere Stufen oder von dort zurück in andere Bereiche ist durch das Verwendungsverbot blockiert, bleibt jedenfalls ohne Gewinn. Da aber die detaillierte Information von unten, aus der Anschauung des Gegenstandes, und ihre umfassende Umsetzung Voraussetzung für die Entwicklung der Konzepte an der Spitze, für die Koordination der verschiedenen Verwaltungszweige und die Lenkung ihrer Aktionen sind[152], wird auf diese Weise die zentrale Disposition über den gegliederten Apparat insgesamt eingeschränkt, der hierarchische Aufbau in seiner Wirkung gemindert.

64
Effektivität der Verwaltung

Infolgedessen setzt das Hierarchieprinzip auch einer Reduzierung des Informationsflusses Grenzen. Weder können Zwischendecken beliebig eingezogen werden, noch genügt es, zu ihrer Rechtfertigung auf einzelne betroffene Rechtspositionen zu verweisen. Denn auch die Verwaltungseffektivität ist ein Rechtsgut von elementarer Bedeutung, weil sie die Durchsetzung rechtsstaatlicher Ordnung, demokratisch legitimierter Entscheidungen betrifft[153]. Das macht konkrete Abwägung nötig und verbietet Unterbrechungen zwischen den Verwaltungsebenen, die die Steuerung und Abstimmung von der Spitze her im Kern behindern.

3. Einwirkungen gesellschaftlicher Interessen

65
Unterscheidung von Staat und Gesellschaft

Sozialstaat

Auch in der parlamentarischen Demokratie, in der die Staatsgewalt vom Volk selbst ausgeht, wird die Unterscheidung von Staat und Gesellschaft nicht aufgehoben. Das Staatsvolk, die Gesamtheit der Staatsbürger, ist nicht mit der Summe der Bürger und ihrer Zusammenschlüsse gleichzusetzen[154]. Auch der moderne Sozialstaat, der das Dasein der einzelnen und Gruppen umfassend gestaltet, richtet seine Aktivitäten auf einen ihm fremden Raum. Denn dem Wettbewerb der Partikularinteressen steht er selbst in allen seinen Äußerungen als an die allgemeinen Belange gebunden gegenüber[155]. Unter beiden Aspekten ergibt sich mithin keine Handhabe, die Ausrichtung der staatlichen Verwaltung auf Regierung und Parlament aufzulockern und das hierarchische Gefüge der Einwirkung gesellschaftlicher Kräfte zu öffnen. Im Gegenteil: Die größere Nähe und Verflechtung gebietet eher, zusätzliche Vorkehrungen gegen partikulare Zugriffe zu treffen.

66
Beteiligung Privater an staatlichen Entscheidungen

Diese Feststellung ändert allerdings nichts daran, daß die Staatspraxis in vielen Bereichen und auf zahlreichen Verwaltungsebenen, informell wie aufgrund positiver Regelung, einzelne und gesellschaftliche Gruppen an Ent-

---

152 S.o. Rn. 35.
153 S.o. Rn. 12, 18.
154 *Forsthoff* (N 21); *Josef Isensee*, Politik als Schicksal?, in: Paulus Gordan (Hg.), Lebensentscheidung, 1987, S. 165 ff.; *Loschelder* (N 25), S. 197 ff., 278 f.; → Bd. II, *Böckenförde*, § 24 Rn. 26 ff.; → unten *Isensee*, § 122 Rn. 13.
155 → Bd. II, *Isensee*, § 15 Rn. 107; *Loschelder* (N 25), S. 199 ff., 277 f., grundsätzlich zur Gegenüberstellung von subjektivem und objektivem Prinzip S. 265 ff.; → Bd. IV, *Isensee* § 71 Rn. 116.

scheidungen beteiligt[156]. Mag der Nutzen solcher Einflußmöglichkeiten häufig außer Zweifel stehen, so ist doch ebensowenig zu übersehen, daß sich aus ihnen – potentiell oder akut – Spannungen zum hierarchischen Prinzip, zu den in diesem wirksamen Verfassungsanforderungen ergeben. Das gilt im übrigen auch dann, wenn die Einwirkung der partikularen Kräfte, wie vielfach, nicht unmittelbar stattfindet, sondern durch die politischen Parteien vermittelt wird. Denn auch diese verfügen insoweit nicht über eine spezielle Legitimation, sind jenseits ihrer Mitgestaltungsfunktion bei der politischen Willensbildung Erscheinungen des gesellschaftlichen Prozesses[157].

a) Mitwirkung von einzelnen und Gruppen

Gesellschaftliche Beteiligung am administrativen Vollzug kann unterschiedlichen Zwecken dienen und unterschiedliche Intensität aufweisen. Sie kann die Belange der Verwaltung fördern oder individuelle und Gruppeninteressen wahren, gegebenenfalls auch beides zugleich. Entsprechend rechtfertigt sie sich als Zuwachs an Sachrichtigkeit, als Rücksichtnahme auf grundrechtliche Positionen oder als das eine wie das andere. So werden sachkundige Bürger neben den gewählten Ratsmitgliedern in kommunale Ausschüsse berufen, damit bürgerschaftliche Kenntnisse und Energien der örtlichen Selbstverwaltung zugute kommen[158]. Anhörungen, beispielsweise im Rahmen von Planfeststellungsverfahren, verschaffen der Verwaltung Überblick über die Facetten des Sachverhalts und den Betroffenen Gehör für ihre Situation[159]. Verbände führen – vor allem über institutionalisierte Gremien, Beiräte – ihr Fachwissen und ihre Forderungen in die administrativen Erwägungen ein[160]. Unter bestimmten Voraussetzungen, wo die spezielle Materie dies nahelegt, werden Kollegialorgane, Kommissionen mit Entscheidungskompetenz gebildet, in denen Gruppen- und Fachvertreter das Ergebnis durch Ausgleich untereinander suchen[161].

67

Sachkundige Bürger in kommunalen Ausschüssen

Verbände

In keinem dieser Fälle jedoch gewinnt die gesellschaftliche Mitwirkung amtliche Qualität aus sich heraus, aus eigener „gruppendemokratischer" oder grundrechtlicher Rechtfertigung[162]. Sie wird hineingezogen in die Amtshierarchie, die ihre Impulse in ihren Gang aufnimmt und, zur Verwirklichung ihrer eigenen Zwecke oder in Abwägung zu deren sonstigen Determinanten, ver-

68

Keine demokratische oder grundrechtliche Rechtfertigung privater Mitwirkung

---

156 Eingehend dazu *Forsthoff* (N 21), S. 119 ff.
157 So nachdrücklich *Hesse* (N 38), S. 76; → Bd. III, *Kunig*, § 40 Rn. 123 ff.; Hartmut Maurer, Staatsrecht, Bd. I, ⁴2005, § 11 Rn. 16 ff.
158 Dazu im einzelnen *Hermann Fechtrup*, Der sachkundige Bürger im Gemeinderatsausschuß, 1957, S. 8 ff.; *Maurer* (N 68), § 23 Rn. 2.
159 Eingehend etwa *Peter Badura/Peter Huber*, Öffentliches Wirtschaftsrecht, in: Schmidt-Aßmann (N 126), S. 277 ff. (Rn. 92 ff.); *Kluth* (N 121), § 62 Rn. 66 ff.
160 Vgl. *Herzog* (N 10), S. 342 f.; *Püttner* (N 27), S. 314; grundsätzlich zum Hineinwirken der Verbände *Forsthoff* (N 156).
161 Beispielsweise die Deutsche Lebensmittelbuchkommission (N 46) oder die Bundesprüfstelle gem. §§ 17 ff. JuSchG in der Fassung der Bekanntmachung vom 23.7.2002 (BGBl I, S. 2730 zul. geänd. durch Art. 2 d. Gesetzes vom 23.7.2004 (BGBl I, S. 1857, 2600); vgl. auch → unten *Krebs*, § 108 Rn. 25, sowie *Ossenbühl* (N 52), S. 52; *Kluth* (N 121), § 95 Rn. 64.
162 Vgl. *Leisner* (N 44), S. 40 ff.

wendet. Gegenmacht zur demokratisch legitimierten zentralen Steuerung läßt sich hieraus nicht ableiten. Allenfalls mag dem Gruppeninteresse ein begrenzter Spielraum, Durchsetzungsfähigkeit für einzelne Gegenstände eingeräumt sein[163]; doch erfordert dies spezielle verfassungsrechtliche, das heißt grundrechtliche Abstützung und darf die hierarchische Ordnung nicht prinzipiell durchkreuzen.

b) Insbesondere: Mitbestimmung der Bediensteten

69
Personalvertretung

Nähere Kriterien für derartige begrenzte Spielräume lassen sich insbesondere am Beispiel des Personalvertretungsrechts demonstrieren. Personalvertretung ist Beteiligung der betroffenen Verwaltungsangehörigen an Ausschnitten der staatlichen Organisations- und Personalgewalt, also an elementaren Gegenständen der Regierungsverantwortung[164]. Insoweit ist sie weder Ausübung besonderer demokratischer Befugnisse, da sich solche gegenüber dem demokratischen Souverän aus individueller Betroffenheit nicht ableiten lassen[165]; noch ist sie Grundrechtsausübung, weil amtliche Tätigkeit für persönliches Belieben, Selbstverwirklichung, nicht zur Verfügung steht[166]. Sie unterliegt den Gesetzlichkeiten des Amtes, ist auf die öffentlichen Belange verpflichtet[167]. Andererseits beruht sie auf grundrechtlichen Erwägungen, wird als Ausgleich, Kompensation, gewährt für den Verlust an Selbstgestaltung, den die Eingliederung der Person in die Gegebenheiten und Abläufe des Verwaltungsbetriebs mit sich bringt[168]. Nur aus diesem Gesichtspunkt sind etwa die Mitwirkungsmöglichkeiten zu begründen, die die Personalvertretungsgesetze den in der Dienststelle vertretenen Gewerkschaften eröffnen[169].

70
Schranken der Mitbestimmung der Bediensteten

Aus der Verknüpfung von Amtshierarchie und grundrechtlicher Kompensation folgen auch die jeweiligen Schranken, die einer Mitwirkung der Bediensteten im einzelnen gezogen sind. Es liegt auf der Hand, daß die Individualinteressen der Betroffenen schwerer in die Waagschale fallen, wenn bloße Modalitäten des Dienstbetriebs zu regeln sind, andererseits um so weniger maßgeblich sein können, je nachhaltiger die amtliche Aufgabenerfüllung selbst oder der Personaleinsatz berührt werden[170]. Dabei würde es die Problematik unangemessen verkürzen, sähe man hier pauschal Verwaltungseffizienz und Grundrechtsfreiheit im Widerstreit. Auf der einen Seite nämlich schlägt keineswegs verfassungsverbürgte persönliche Freiheit schlechthin zu Buche; vielmehr wird einer bestimmten Gruppe, den Verwaltungsangehörigen, aus

---

163 Z.B. der Personalvertretung s.u. Rn. 69.
164 BVerfGE 93, 37 (69ff.); *Isensee* (N 10), S. 1166f.; *Lecheler* (N 115), S. 165ff.; *Püttner* (N 27), S. 226ff.; *Mehde* (N 39), S. 272f.
165 Dazu *Leisner* (N 44), S. 40ff. (43); *Mehde* (N 39), S. 272f.; vgl. auch *Leuze* (N 52), S. 3, der von einem verfassungswidrigen Eingriff in die der Durchsetzung demokratisch legitimierter Entscheidung dienende Verwaltungseffektivität durch einige Mitbestimmungs- bzw. Personalvertretungsgesetze ausgeht.
166 → Bd. II, *Isensee*, § 15 Rn. 131, 171; *Loschelder* (N 25), S. 279f.; *Mehde* (N 39), S. 272f.
167 Vgl. dazu §§ 66, 67 BPersVG
168 Vgl. im einzelnen *Loschelder* (N 25), S. 333ff.
169 § 2 BPersVG; einschränkend *Leuze* (N 52), S. 2f.
170 BVerfGE 93, 37 (70); vgl. die Abstufung zwischen Mitbestimmung und Mitwirkung: dazu etwa *Scheerbarth/Höffken/Bauschke/Schmidt* (N 2), S. 677ff.

kompensatorischen Erwägungen Einfluß auf den staatlichen Aufgabenvollzug gewährt, den der Bürger außerhalb der Verwaltung nicht besitzt[171]. Auf der anderen Seite ist die ungestörte Tätigkeit der Weisungshierarchie nicht Selbstzweck; sie ist das Mittel, durch das die politischen Leitungsorgane, Parlament und Regierung, ihren Willen verwirklichen, das heißt in der konkreten Ordnung des Grundgesetzes: das Mittel, durch das der parlamentarisch-demokratische Rechtsstaat gesellschaftliche Realität gewinnt. Nicht zuletzt ist sie damit, ordnend und leistend, zugleich eine wesentliche Bedingung grundrechtlicher Freiheit überhaupt[172].

Infolgedessen ist es nicht der Großzügigkeit des Gesetzgebers anheimgegeben, wieweit er den Mitarbeiterinteressen in der Verwaltungshierarchie Raum beläßt. Er ist nicht befugt, die Leitungsgewalt der Regierung im Grundsatz anzutasten. Daher müssen insbesondere alle bedeutsamen personellen Dispositionen – jedenfalls – der Letztverfügung der Personalvertretungen entzogen sein[173]. Zumal im Arbeitnehmerbereich fehlt es an entsprechenden gesetzlichen Vorbehalten, was um so bedenklicher ist, als der Einsatz von Tarifkräften seit langem den verbindlichen – engen – Rahmen des Art. 33 Abs. 4 GG gesprengt hat[174]. Auch im übrigen sind die Befugnisse der Personalvertretungen, vor allem landesrechtlich, weit ausgedehnt worden[175]. Aus dem Blickwinkel intakter Weisungshierarchie ist insoweit eine kritische Überprüfung seit langem geboten.

71

Vorbehalt der Personalhoheit der Regierung

4. Grenzen für die Reduktion der hierarchischen Strukturen

Generelle Vorbehalte gegen die hierarchische Gliederung der öffentlichen Verwaltung, wie sie gelegentlich formuliert worden sind[176], finden nach alledem im geltenden Verfassungsrecht keine Grundlage. Zwar zeigt der Überblick beträchtliche Reduktionen, die aber überwiegend gewachsener Verwaltungstradition entspringen und schon tatsächlich die Regelstruktur nicht in Frage stellen. Weisungshierarchie ist vielmehr auch unter dem Grundgesetz von Rechtsstaats und Demokratie wegen das zentrale administrative Bauprinzip. Ausnahmen und Einschränkungen, auch wenn sie verfassungsrechtlich vorgesehen oder zugelassen sind, dürfen, einzeln wie in der Summierung,

72

Hierarchie als zentrales Bauprinzip

---

171 Dezidiert *Ossenbühl* (N 52), S. 37; → unten *Lecheler*, § 110 Rn. 99 ff.
172 BVerfGE 93, 37 (70); vgl. dazu *Wilhelm Hennis*, Amtsgedanke und Demokratiebegriff, in: FG für Rudolf Smend, 1962, S. 51 ff. (57); *Isensee* (N 10), S. 1539.
173 BVerfGE 93, 37 (70 f.); vgl. § 69 Abs. 4 S. 3 und 4 BPersVG; zur Unzulässigkeit letztentscheidender Mitbestimmung *Leisner* (N 44), S. 57 f.; zu weiteren Grenzen *Loschelder* (N 25), S. 476 f.
174 *Walter Leisner*, Der Beamte als Leistungsträger, in: ders. (Hg.), Das Berufsbeamtentum im demokratischen Staat, 1975, S. 121 ff. (131); ferner *Wolfgang Loschelder*, „Systemgerechte Regelung" – Sachargument oder Leerformel der Dienstrechtsdiskussion, in: ZBR 1978, S. 133 ff. (135 f.); *ders.*, Die Aufgaben der Bundesanstalt für Arbeit – „hoheitsrechtliche Befugnisse"?, in: ZBR 1977, S. 265 ff.; zur Situation in den neuen Ländern *ders.*, Der Kampf um das Berufsbeamtentum – zum wievielten Mal?, in: FS für Wolfgang Rüfner zum 70. Geburtstag, 2003, S. 535 ff. (542).
175 Vgl. §§ 62 ff. LPersVG Brandenb., §§ 64, 65, 72 ff. LPersVG Nordrh.-Westf.; eingehend zum PersVG Hessen *Ossenbühl* (N 52), S. 75 ff.
176 Etwa *Lauxmann* (N 12); *Renate Mayntz*, Soziologie der öffentlichen Verwaltung, ⁴1997, S. 117 f.; vgl. auch den Überblick bei *Lecheler* (N 1), S. 144 ff.; *Mehde* (N 165), S. 128.

weder die umfassende Rechtmäßigkeitskontrolle aller Teile aufheben noch die einheitliche Gestaltung der Gesamtbelange des Gemeinwesens beeinträchtigen. Bei der Abwägung im konkreten Fall ist darüber hinaus in Rechnung zu stellen – dies haben besonders die Beispiele der kommunalen Selbstverwaltung und der Personalvertretung deutlich gemacht –, daß die Gesichtspunkte, die für eine Auflockerung der Hierarchie sprechen, wegen deren umfassenden instrumentalen Charakters regelmäßig ihre – rechtsstaatliche, demokratische, grundrechtliche – Entsprechung auf der Gegenseite finden.

D. Weisungshierarchie und persönliche Verantwortung

73
Stellung des einzelnen Amtswalters

Struktur und Stellenwert der Weisungshierarchie der Exekutive geben zugleich Aufschluß über die Rolle des einzelnen, des Amtswalters, in diesem Gefüge. Damit kann die Frage wieder aufgenommen werden, die am Ausgangspunkt der Betrachtung stand: die Frage nach dem Verhältnis von Hierarchie und persönlicher Verantwortung.

I. Weisungshierarchie und Eigenentscheidung

74

Eigeninitiative und Fremdorientierung des Amtes

Grundlage für ihre Beantwortung ist die Erkenntnis, daß die hierarchische Gliederung dem ausführenden Vollzug nicht allein faktisch auf allen Stufen Entscheidungsspielräume eröffnet. Es ist vielmehr gerade ihr Ziel, alle nachgeordneten Instanzen mit eigenen Beiträgen an der Vervollständigung und Realisierung der zentralen Konzepte zu beteiligen, weil eben auf diesem Wege das administrative Leistungspotential ausgeschöpft wird[177]. Für den einzelnen Amtswalter liegt darin als elementare Konsequenz beschlossen, daß ihm die Handlungsalternativen, über die er verfügt, nicht zur Verwirklichung eigener individueller Interessen eingeräumt sind, sondern ausschließlich dazu, daß er die Verwaltungszwecke nach seinen Kräften und Fähigkeiten fördert[178].

1. Maßstäbe und Spielräume der Eigenentscheidung

75
Maßstäbe und Spielräume

Dieses Grundmuster aus Fremdorientierung und Eigeninitiative konkretisiert sich in den Maßstäben, die der Verwaltungstätigkeit im Instanzenzug vorgegeben werden, und in den differenziert geschnittenen Freiräumen, die anhand dieser Maßstäbe von Stufe zu Stufe weiter auszufüllen sind.

---

177 S. o. Rn. 33 f.
178 Vgl. dazu *Loschelder* (N 25), S. 281; zur Typologie von Eigeninteressen, die ein Amtswalter potentiell verfolgt, *Anthony Downs*, Inside Bureaucracy, Boston 1967, S. 84 ff.; *Mehde* (N 164), S. 459.

a) Maßstäbe der Eigenentscheidung

Auf keiner Ebene der Gliederungspyramide läßt sich, dem Grundsatz nach, Verwaltungstätigkeit denken, die nicht an fremdgesetzten Zielen, Leitlinien und Kriterien orientiert ist[179]. Dies folgt formal aus dem Wesen der hierarchischen Struktur, materiell daraus, daß allein die Leitungsspitze, die Regierung, von Verfassungs wegen berufen ist, autonome Handlungsmaßstäbe der Exekutive zu formulieren[180]. Sie allein, die insoweit ihre Legitimation über das Parlament vom Volk selbst empfängt, hat eigenständige Leitungsfunktion, während alle nachgeordneten Stellen ihre Befugnisse von ihr ableiten und dazu bestimmt sind, ihre Vorgaben zu realisieren.

76

Eigenständige Leitungsfunktion der Regierung

aa) Ausrichtung an den Allgemeinbelangen

Gemeinsam ist allen Leitlinien und Direktiven, ob sie von der Regierung selbst ausgehen oder von Instanzen unterhalb der Lenkungsebene, daß sie strikt auf die Allgemeinbelange ausgerichtet sind[181], für die jeweilige Materie, den bestimmten Gegenstand festlegen, welches Verwaltungshandeln diesen entspricht. Der Unterschied besteht darin, daß nur die Regierung das Gemeinwohl in eigener Kompetenz definiert[182]. Die nachfolgenden Glieder dagegen haben die Aufgabe, die Festlegung weiter zu verdeutlichen. Fehlt eine nähere Bestimmung von oben, so bedeutet dies, daß die Weiterungen aus den allgemeinen Linien des Regierungskonzepts entwickelt werden müssen[183].

77

Ausrichtung am Gemeinwohl

bb) Normative Ausformung der Allgemeinbelange

Das Gesetz, der Außenrechtssatz, bleibt in diesem Zusammenhang außer Betracht. Er ist freilich, in der Verfassungsordnung insgesamt, das erste Mittel, durch das der Gesetzgeber selbst bestimmt, was dem Gemeinwohl dienlich ist[184]. Aber wenn er auch Regierung und Verwaltung gleichermaßen von außen zu binden vermag, so wird doch selbst bei seiner Anwendung auf die Sachverhalte, die er regelt, die Regierung, und nur sie, aus eigenem Recht tätig. Sogar beim zwingenden Rechtssatz, der lediglich der Auslegung Alternativen bietet, entscheidet sie zwischen diesen aus eigenem Vermögen, während die unteren Instanzen die Deutung präzisieren, gegebenenfalls mit- und nach-denkend erschließen[185].

78

Gemeinwohl durch Gesetz

---

179 Vgl. allerdings zur Selbstverwaltung im materiellen Sinne oben Rn. 53. Hier handelt es sich nicht um staatliche, sondern autonom gesetzte Maßstäbe, die aber für die Glieder der kommunalen usw. Administration ebenfalls als „fremdgesetzt" im vorliegenden Sinne zu bewerten sind; *Mehde* (N 165), S. 458.
180 S. o. Rn. 25; *Wichmann* (N 3), S. 265 f.
181 Vgl. BVerfGE 44, 125 (141 f.): „... alle Staatsgewalt (hat) ... stets am Wohl aller Bürger ausgerichtet zu sein." Vgl. auch *Wichmann* (N 3), S. 265 f.
182 S. o. Rn. 29.
183 S. o. Rn. 32, 41.
184 *Herzog* (N 10), S. 268 ff.; *Hans Hofmann*, in: Bleibtreu/Klein, Komm. z. GG, [10]2004, Art. 20 Rn. 59.
185 S. o. Rn. 26.

cc) Konkretisierung der Allgemeinbelange in der Weisungshierarchie

79

Weisungs- und Durchführungsfunktion

Idealtypisch ist auch die Vorgabe der Maßstäbe hierarchisch geordnet. Die Spitze skizziert den Vollzug in den großen Zügen, entsprechend ihrer Entfernung von den Gegenständen der Anwendung. Die weiteren Stufen ergänzen diese Skizze und setzen die Richtpunkte fortschreitend dichter. Die Praxis weicht freilich von einer solchen Verteilung aus einer Vielfalt von Gründen in beiden Richtungen ab: Teils erscheint die Reglementierung kopflastig, wenn bereits die höheren Ebenen das weitere Geschehen fallscharf fixieren; teils bleibt die Umsetzung ohne hinreichende Anweisung von oben und muß auf geringste Anhaltspunkte zurückgreifen[186]. Doch ändert sich am prinzipiellen Charakter von Weisungs- und Durchführungsfunktion in beiden Fällen nichts.

b) Spielräume der Eigenentscheidung

80

Variable Handlungsspielräume

Je nachdem, wie weit oder eng die außenrechtlichen Grenzen gezogen sind, wie punktuell oder flächendeckend die innenrechtlichen Markierungen festgelegt werden, variieren die Handlungsspielräume innerhalb der Weisungshierarchie. Ihre Funktion ist indessen immer dieselbe: Sie eröffnen die Möglichkeit und setzen den Rahmen, das mehr oder weniger deutlich vorgezeichnete Konzept durch eigene Impulse voranzutreiben.

81

Fehlen ausdrücklicher Vorgaben

Fehlt es an ausdrücklichen Orientierungen ganz, so ist damit weitreichende Dispositionsfreiheit verbunden[187]. Dennoch bleibt auch sie unter dem Auftrag, die Vorstellungen der Spitze weiterzudenken. Umgekehrt, wenn nur noch die Subsumtion des Sachverhalts unter genau formulierte Tatbestandsmerkmale zu vollziehen ist, entfällt das eigenschöpferische Moment trotzdem nicht völlig. Es tritt insbesondere unübersehbar hervor, wenn der ausführende einzelne, auf der untersten Stufe, von der innenrechtlichen Regelung abweicht, im atypischen Fall die generelle Weisung durchbricht[188].

2. Amtliche Indienstnahme

82

Amtlicher Gehorsam

Die Weisungshierarchie kann ihre Zwecke jedoch nur erreichen, wenn die Amtswalter, die ihr in der Verwaltungsgliederung unterliegen, sich tatsächlich nach den Leitlinien richten, die ihnen von oben gesetzt werden, und die Tätigkeitsspielräume nutzen, die ihnen dabei eröffnet sind. Daß nur ausdrückliche Gebote befolgt, Verbote nicht übertreten werden, genügt hierfür nicht – eben weil der Verwaltungsvollzug sich nicht in der mechanischen Anwendung positiver Regelungen erschöpft, weil er in einer eigenständigen Ausfüllung und Verwirklichung der übergreifenden Konzepte besteht. Gefordert ist vielmehr, daß sich der einzelne Amtswalter diese Konzepte zu eigen macht,

---

186 Zu den Problemen der exekutivischen Feinregelung vgl. *Krebs* (N 85), S. 73 ff.; s. o. Rn. 34.
187 S. o. Rn. 34.
188 Zur abgeschwächten Verbindlichkeit insoweit *Ossenbühl* (N 65), S. 206 ff.

daß ihre Realisierung für ihn selbst ein Ziel ist, das er aus eigenem Antrieb und unter Anspannung aller Energien in dem ihm übertragenen Bereich verfolgt[189].

Das heißt: Den Anforderungen des hierarchischen Systems muß, auf die Person des einzelnen Amtswalters gewendet, dessen persönliche Verpflichtung entsprechen, diesen Anforderungen gerecht zu werden. Die Wahl, im amtlichen Geschäftskreis tätig zu werden oder nicht, in diesem Sinne zu entscheiden oder in jenem, muß rechtlich in der Weise gebunden werden, daß der Handelnde selbst hierüber im Instanzenzug, gegenüber den vorgesetzten Stellen, Rechenschaft abzulegen hat. Dabei meint Rechenschaft nicht nur Bericht und Kontrolle über den Inhalt der getroffenen Maßnahmen. Sie umfaßt, daß der betreffende Amtswalter für sein amtliches Tun und Lassen als für die Erfüllung oder Verletzung eigener Rechtspflichten einzustehen, gegebenenfalls – von Rechts wegen – positive und negative Sanktionen hinzunehmen hat[190].

83

Rechenschaftspflicht

a) Ausschluß der Individualinteressen

Eine solche von der Weisungshierarchie vorausgesetzte Verpflichtung entspringt dieser aber nicht selbst. Sie muß durch ein Rechtsverhältnis begründet werden, in das der einzelne, bevor ihm Verwaltungsaufgaben übertragen werden, zum Staat tritt[191]. Dieses würde allerdings zuwenig leisten, wenn es nur die unmittelbar amtsbezogenen Pflichten – zur Weisungsbefolgung, zur engagierten Aufgabenwahrnehmung – regelte. Seine Funktion besteht darin, insgesamt – durch die Pflichten und Rechte beider Seiten – Bedingungen zu schaffen, die den Amtswalter in die Lage versetzen, seinen Platz in der hierarchischen Gliederung auszufüllen[192]. Weil aber die Tätigkeit in diesem arbeitsteiligen System strikt fremdorientiert ist, und zwar speziell, von Staats, von Verfassungs wegen, orientiert an den allgemeinen, im demokratisch-rechtsstaatlichen Prozeß konkretisierten Belangen, bedeutet dies vor allem, daß er in die Lage versetzt wird, bei der Amtsausübung auch von seinen eigenen individuellen Interessen schlechthin abzusehen. Eine solche mindeste persönliche Unabhängigkeit bildet zugleich die Basis, auf der die institutionelle Eigenständigkeit der Verwaltung – auch nach oben, der Staatsleitung gegenüber – ruht. Das beamtenrechtliche Dienst- und Treueverhältnis schafft eine derartige Position, rechtlich wie wirtschaftlich. Das Arbeitsverhältnis freilich,

84

Aufgabe des öffentlichen Dienstrechts

---

189 *Loschelder* (N 25), S. 313; zum historischen Hintergrund auch S. 74 f. m. weit. Nachw.; vgl. auch die Formulierung „sittliche Disziplin und Selbstverleugnung" bei *Weber* (N 11), S. 833; auch *Battis* (N 2), § 54 Rn. 3.
190 In positiver Hinsicht ist beispielsweise an die Beförderung (etwa §§ 23, 8 Abs. 1 S. 2 BBG i. V. m. einer entsprechenden dienstlichen Beurteilung, §§ 40 f. BLV) oder – bei Soldaten – an förmliche Anerkennungen gem. §§ 3 ff. WDO zu denken, in negativer Hinsicht an die Durchführung von Disziplinarverfahren, vgl. § 77 BBG i. V. m. der BDO.
191 Zu dieser Verknüpfung von Organisations- und Dienstrecht vgl. → unten *Krebs*, § 108 Rn. 29; grundsätzlich *Friedrich E. Schnapp*, Amtsrecht und Beamtenrecht, 1977.
192 Dazu *Walther Fürst/Wolfgang Loschelder*, Versorgungsgerechtigkeit beim Zusammentreffen von Ruhegehalt und Rente, in: ZBR 1983, S. 1 ff. (5).

Arbeitsrecht des öffentlichen Dienstes

das von der gesellschaftlichen Konkurrenz der Interessen geprägt ist[193], bleibt dahinter zurück – was wiederum seine breite Anwendung in der öffentlichen Verwaltung bedenklich macht.

b) Inpflichtnahme der Person durch die amtliche Aufgabe

85

Pflicht zur „vollen Hingabe"

Der Ausschluß des Eigeninteresses, die Selbstdistanzierung[194], bezeichnet sozusagen die negative Seite der Wirkungen, die das Dienstverhältnis herbeiführen muß. Positiv muß, damit Weisungshierarchie in der Exekutive ihr personelles Substrat findet, der Amtswalter dazu bereit gemacht werden, der amtlichen Aufgabe im Wortsinn zu „dienen". Die traditionelle Wendung der Beamtengesetze, wonach sich der Beamte „mit voller Hingabe seinem Beruf zu widmen" hat[195], trifft, ohne Überschwang, den Sachverhalt genau. Nicht gegenständlich festgelegte Tätigkeiten in begrenzter Arbeitszeit werden geschuldet. Das Amt nimmt die Person selbst in Pflicht, weil sie, jenseits der Subjektivität der Interessen, das objektive Prinzip staatlichen Handelns verkörpert[196]. Auch insoweit kommt dem Beamtenverhältnis Modellcharakter zu.

II. Eigenverantwortung und Weisungsgebundenheit

86

Dienstrecht und Amtswalterrecht

Dienstrechtlich schlägt sich somit für den Amtswalter nieder, was die Ämterhierarchie organisationsrechtlich von der Amtswaltung erwartet. Auch in der näheren Ausgestaltung des Verhältnisses von Eigenverantwortung und Weisungshierarchie korrespondieren die beiden Seiten.

1. Ausformung der Eigenverantwortung

87

Insbesondere dirigiert das Hierarchieprinzip Richtung und Inhalt der Eigenverantwortung im einzelnen.

a) Politische Verantwortung und dienstliche Verantwortung

Richtung der dienstlichen Pflichten nach oben

Während die Lenkungsspitze, die Regierung, die Fülle der Aufgaben und Befugnisse der Exekutive vereinigt, leitet jedes nachgeordnete Verwaltungsglied seine Teilkompetenz hiervon ab, erbringt unter der zentralen Steuerung den ihm zugewiesenen Beitrag zu den Aktivitäten des Gesamtsystems. Entsprechend richtet sich die dienstliche Pflicht des einzelnen Amtswalters, diesem Auftrag nachzukommen, nach oben, auf den Staat, der ihm in der gestuften Folge der Vorgesetzten und Dienstvorgesetzten gegenübertritt. Ihnen schuldet er Rechenschaft für seine Amtstätigkeit, und an ihnen ist es, seine

---

193 *Fürst/Loschelder* (N 192), S. 6 m. weit. Nachw.
194 Dazu *Krüger* (N 19), S. 266; *Loschelder* (N 25), S. 300f.
195 Etwa §§ 36 BRRG, 54 BBG, 19 LBG Brandenb., 57 LBG Nordrh.-Westf.; *Battis* (N 2), § 54 Rn. 3; *Fritjof Wagner*, Beamtenrecht, ⁹2006, Rn. 206f.
196 Vgl. grundlegend *Otto Hintze*, Der Beamtenstand, 1911, S. 10; ferner dazu *Fürst/Loschelder* (N 192), S. 5f. m. weit. Nachw.; *Loschelder* (N 25), S. 313; *Wagner* (N 195), Rn. 206f.

persönliche Verantwortung für die Wahrnehmung der übertragenen Aufgaben geltend zu machen. Nach außen dagegen bewirkt diese Zentrierung auf die Spitze, daß der Amtswalter als Verkörperung seines Amtes hinter diesem – prinzipiell – nicht als eigenständige, pflichtige Person, als Rechtssubjekt, in Erscheinung tritt. Zurechnungssubjekt der Verantwortung ist in dieser Richtung das Gesamtsystem, die Exekutive, der als Exekutive handelnde Staat[197].

Außenverantwortung: der Staat als Exekutive

Noch einmal zeichnet sich so insbesondere die Unterscheidung zwischen rechtlicher Verantwortung im Instanzenzug und politischer Verantwortung an der Spitze klarer ab[198]. Teilverantwortung kontrastiert mit Gesamtverantwortung, Rechenschaft gegenüber höheren Stellen innerhalb der Verwaltungsgliederung mit Rechenschaft gegenüber dem Parlament und dem Bürger, rechtliche, meßbare, kontrollierte Sanktion mit dem Risiko, ob die freie politische Entscheidung der Abgeordneten und Wähler die Amtsführung insgesamt honoriert oder verwirft. Die Bedingungen der Selbstdistanzierung, die hier wie dort gefordert wird, sind in beiden Kontrollkreisen von Grund auf verschieden: Die rechtliche Sicherheit des Status konkretisiert, dosiert und begrenzt die Konsequenzen im Interesse der Stabilität des administrativen Vollzugs. Die Freiheit der Leitung dagegen kennt einerseits keine gestuften Reaktionen auf mehr oder minder bedeutsame Abweichungen von Vorgaben, steht andererseits unter dem umfassenden Vorbehalt, daß die Übereinstimmung mit dem Mehrheitswillen in Parlament und Bürgerschaft im ganzen gewahrt bleibt.

88

Rechtliche Verantwortung der Verwaltung, politische der Regierung

b) Verantwortung in der Weisungshierarchie

Auch inhaltlich wird die Verantwortung des Amtswalters in der Verwaltung durch seine gliedschaftliche Stellung im System bestimmt. Auch insoweit schlagen sich dienstrechtlich die Anforderungen der Funktion nieder.

89

Inhaltliche Verantwortung

aa) Verantwortung für die Rechtmäßigkeit und Zweckmäßigkeit der eigenen Amtstätigkeit

Das dokumentiert sich zum einen darin, daß der Amtswalter nicht nur für die Rechtmäßigkeit, sondern auch für die Zweckmäßigkeit seiner Amtsführung einsteht[199]. Denn wie im einzelnen dargelegt[200], beschränkt sich die Aufgabe der Verwaltungsglieder nicht auf die Umsetzung positiv formulierter Anordnungen, schon gar nicht darauf, nur den Rahmen der außenrechtlichen Gebote einzuhalten. Sie lautet vielmehr, die Ziele der Exekutive, fremd- wie selbstgesetzte, nach bestem Vermögen zu erkennen und auf dem jeweiligen Feld durch den eigenen Beitrag zu fördern. Das Dienstrecht mag die Folgen

90

Rechtmäßigkeit und Zweckmäßigkeit

---

197 Das geltende Amtshaftungsrecht führt diesen Gedanken allerdings nur für den Bereich der hoheitlichen Tätigkeit folgerichtig durch; vgl. *Ossenbühl* (N 68), S. 7 (20 ff.); *Mehde* (N 40), S. 187 f.; *Isensee* (N 10), S. 1536 f.
198 S. o. Rn. 25; ferner hierzu und zum Folgenden *Isensee* (N 10), S. 1537 f.
199 Es wird von ihm – in der klassischen Formulierung von *Hermann Schulze*, Lehrbuch des Deutschen Staatsrechts, 1. Buch, 1886, S. 327 – erwartet, daß er „dem Staate ... allen Vortheil (verschafft), der von ihm abhängt, allen Nachtheil nach Kräften (abwendet)"; *Köpp* (N 73), Rn. 115, S. 486 f.
200 S. o. Rn. 34.

unterschiedlich gestalten, auch nach Schwere staffeln, je nachdem, ob gegen Außen- oder Innenrecht, gegen ausdrückliche Regelung oder die allgemeine Pflicht zum mitdenkenden Nachvollzug verstoßen wird[201]. Doch kann dies die grundsätzlich gleichförmige Verbindlichkeit selbst nicht in Frage stellen. Auch die beamtenrechtlichen Vorschriften zur Remonstrationspflicht[202] sprechen nicht dagegen. Sie betreffen zwar speziell den (drohenden) Verstoß gegen Außenrecht, besagen jedoch über die Reichweite der Verantwortung im übrigen nichts.

Remonstrationslast

bb) Verantwortung für die Rechtmäßigkeit und Zweckmäßigkeit fremder Amtstätigkeit

91

Persönliche Verantwortung über unmittelbaren Geschäftskreis hinaus

Aus der arbeitsteiligen Verknüpfung der Ämter folgt zum anderen, daß die Aufgabe des Amtswalters und damit seine Verantwortung nicht vollständig erfaßt werden, wenn man die zugewiesenen Wahrnehmungsgegenstände isoliert betrachtet. Jede Amtsstelle zwischen Spitze und Basis ist zugleich Schaltstelle für die Impulse, die sie von oben empfängt, gegebenenfalls vervollständigt und konkretisiert und nach unten weitergibt. Sie ist Kontrollstelle für den weiteren Vollzug und Übermittlungsstelle der rückgemeldeten Daten. Sie ist in ihrem Tätigkeitssegment auf die Anteile der über- und nachgeordneten Glieder angewiesen wie diese auf den ihren. Entsprechend muß die Pflicht des Amtswalters, seine persönliche Verantwortung, über den unmittelbaren Geschäftskreis nach oben und unten hinausreichen. Er hat auch darauf Bedacht zu nehmen, daß die Erfüllung seiner Aufgabe sich in die Aktivitäten oberhalb und unterhalb einfügt, diesen entsprechend der funktionalen Verzahnung dient und weiterhilft. Wiederum zieht das Beamtenrecht die Konsequenz am klarsten. Es verpflichtet einerseits den Beamten ausdrücklich, seine Vorgesetzten zu beraten und zu unterstützen[203], läßt andererseits zumindest für den Außenrechtsverstoß erkennen, was kraft der Weisungsordnung allgemein gilt: daß auch die Amtsführung der nachgeordneten Bediensteten in die Verantwortung der Vorgesetzten einbezogen ist[204].

Beratung des Vorgesetzten

cc) Verantwortungsteilung zwischen den hierarchischen Stufen

92

Hierarchische Aufteilung der Verantwortung

Diese übergreifende Verantwortung über den eigenen Kreis der Wahrnehmungsgegenstände hinaus hebt die arbeitsteilige Ordnung, die eindeutige Kompetenzgliederung nicht auf. Auch soweit die Tätigkeitsbeiträge anderer in Rechnung zu stellen und durch die eigene Tätigkeit zu fördern, zu lenken und zu kontrollieren sind, bleibt die Verantwortung zwischen den Stufen hierarchisch aufgeteilt. Die Beratung und Unterstützung der Vorgesetzten ist eigene Aufgabe in den Grenzen der zugewiesenen Amtsgeschäfte, ebenso die

---

201 S. o. Rn. 83; vgl. dazu auch die Stufung der disziplinarischen Maßnahmen, etwa §§ 5 ff. BDG.
202 Vgl. etwa §§ 38 Abs. 2 und 3 BRRG, 56 Abs. 2 und 3 BBG, 21 Abs. 2 und 3 LBG Brandenb., 59 Abs. 2 und 3 LBG Nordrh.-Westf.; s. u. Rn. 96 ff.
203 Vgl. die Nachweise oben in N 114; *Wichmann* (N 3), S. 265 f.; *Battis* (N 2), § 55 Rn. 2.
204 Zu diesem allg. Grundsatz vgl. *Scheerbarth/Höffken/Bauschke/Schmidt* (N 2), S. 142; *Isensee* (N 10), S. 1536 f.

Anweisung und Hilfe für die Untergebenen[205]. Nur soweit die sachliche Verklammerung der eigenen Agenden im Instanzenzug reicht und nur soweit im Hinblick auf sie eine Einflußnahme auf fremde Entscheidungen nach der Ordnung der Weisungshierarchie zulässig und geboten ist, dehnt sich auch die persönliche Verantwortung des Amtswalters aus.

2. Verhältnis von Weisungsgebundenheit und Eigenverantwortung

Es entspricht der Struktur hierarchischer Verwaltungsgliederung, daß die Eigenverantwortung des einzelnen Amtswalters grundsätzlich nach Maßgabe der Weisungen besteht, die von oben an ihn gerichtet werden. Er führt die Anordnungen seiner Vorgesetzten nach bestem Wissen und Können aus, vervollständigt sie und füllt weiterdenkend die Lücken und Freiräume, die sie lassen. Aber er ist nicht in der Lage, ihnen seine eigene Auffassung entgegenzusetzen und unter Berufung auf bessere Einsicht ihre Befolgung zu verweigern[206].

93

Kein Weigerungsrecht

a) Grundsätzliche Weisungsbefolgungspflicht

Im Regelfall beansprucht mithin die Pflicht, der Weisung nachzukommen, den Vorrang vor der eigenverantwortlichen Wahrnehmung. Das bedeutet indessen nicht, daß der Weisungsunterworfene seinen abweichenden Standpunkt von vornherein beiseite zu lassen hätte. Wenn es der Zweck des hierarchischen Prinzips ist, die Fähigkeiten aller Glieder des Leistungssystems zur Verwirklichung der zentral gesetzten Ziele auszuschöpfen[207], so dürfen die Ressourcen nicht abgeschnitten werden, die in der Beobachtungs-, Erkenntnis- und Urteilsfähigkeit der Bediensteten liegen. Gerade die größere Nähe zum Gegenstand, die genauere Erfassung der Details auf den nachgeordneten Stufen mögen die Informationen vermitteln, welche die Konzeption und Koordinierung benötigen. Entsprechend darf ihre Weitergabe nicht davon abhängen, ob sie erwünscht sind, wird die Verpflichtung zur Beratung des Vorgesetzten nicht suspendiert, wenn der Rat von dessen Vorstellung abweicht[208]. Erst wenn die Entscheidung gefallen, die Weisung erteilt ist, fordert sie Vollzug, endet zugleich insoweit die Verantwortung des Vollziehenden.

94

Vorrang der Folgepflicht

Unerwünschter Rat

b) Verantwortung trotz Weisung

Selbst die strikteste und detaillierteste Anordnung bedarf überdies des eigenen Zutuns des Umsetzenden. Dieses eigenschöpferische Moment, das noch in der bloßen Interpretation einer Regelung, in der Subsumtion des konkreten Falles gegenwärtig ist, setzt verantwortliche Tätigkeit des Anwenders

95

Eigenschöpferisches Moment

---

205 Vgl. §§ 37 BRRG, 55 BBG und 20 LBG Brandenb., 58 LBG Nordrh.-Westf.; zu den Hilfspflichten etwa *Helmut Schnellenbach*, Beamtenrecht in der Praxis, 6.2005, S. 277; *Walter Wiese*, Beamtenrecht, 3.1988, S. 118f.; *Wagner* (N 195), Rn. 212.
206 Nachdrücklich *Weber* (N 11), S. 833.
207 S. o. Rn. 34.
208 *Scheerbarth/Höffken/Bauschke/Schmidt* (N 2), S. 414ff.

voraus²⁰⁹. Hinzu kommt, daß die verbindliche Entscheidung den Vollzugsprozeß nicht schlechthin beendet. Auch die Rückmeldung an die höhere Ebene, die für die Bestätigung und Präzisierung, gegebenenfalls auch die Berichtigung oder den Abbruch des Tätigkeitsprogramms nötig ist, beruht auf eigenem Urteil und Entschluß²¹⁰.

c) Grenzen der Verantwortung und Grenzen der Weisungsbefolgung

96
Begrenzung der Verantwortung durch Weisung

Ein echter Konflikt zwischen Weisung und Verantwortung ist dem hierarchischen Gliederungssystem, betrachtet man es losgelöst von seinen Außenbezügen, dagegen fremd. Treffen tatsächlich widerstreitende Auffassungen über die richtige Entscheidung aufeinander, so beansprucht der übergeordnete Wille den Vorrang. Bei Meinungsverschiedenheiten auf gleicher Stufe gibt der gemeinsame Vorgesetzte den Ausschlag. Systemimmanent begrenzt die Weisung die Verantwortung, nicht umgekehrt.

97
Volle persönliche Verantwortung für die Wahrung des Außenrechts

Dennoch geht das geltende Beamtenrecht davon aus, daß unter bestimmten Voraussetzungen die Weisung ihrerseits auf Grenzen stößt. Soweit die Rechtmäßigkeit des amtlichen Handelns in Frage steht, wird der handelnde Beamte selbst mit der „vollen persönlichen Verantwortung"²¹¹ belastet – auch nach außen hin²¹². Für diesen Fall ist also die strikte Innenausrichtung der Verantwortlichkeit im Instanzenzug durchbrochen – wenngleich sich die hierarchische Ordnung wenigstens insoweit behauptet, als die Verantwortung bei rechtswidriger Weisung nach oben, auf den Weisungsgeber, verschoben werden kann²¹³. Vor allem aber wird die Verpflichtung des Empfängers gelockert, der Weisung nachzukommen. Erst nach ergebnislosen Gegenvorstellungen muß – und darf – er sie befolgen²¹⁴. Wiegen die Außenrechtsverstöße besonders schwer, so gilt – ausnahmsweise – selbst dies nicht²¹⁵.

98
Remonstrationsverfahren

An der Schnittstelle von Innen- und Außenrecht schränken so die Remonstrationsregeln die Gehorsamspflicht ein und spiegeln damit zugleich, auf der Ebene des Dienstrechts, eine bedeutsame Abschwächung des hierarchischen Prinzips wider. Insofern reichen sie entschieden über die spezielle Materie hinaus, greifen in den Bereich materiellen Verfassungsrechts über.

99
Auf der anderen Seite werden damit die Bindungen im administrativen Gefüge keineswegs prinzipiell angetastet. Schon die dezidierte Formulierung der einschlägigen Bestimmungen als funktionsabhängig gestufte Ausnahmen

---

209 S.o. Rn. 81.
210 S.o. Rn. 36.
211 §§ 38 Abs. 1 BRRG, 56 Abs. 1 BBG.
212 *Battis* (N 2), § 56 Rn. 3; *Depenheuer* (N 7), S. 404 f.; *Leuze* (N 52), S. 1 ff.; *Erwin Quambusch*, Die unakzeptierte Remonstrationspflicht, in: PerV 2003, S. 364 ff.; *Philip Kunig*, Das Recht des öffentlichen Dienstes, in: Schmidt-Aßmann (N 126), S. 735 ff. (Rn. 130).
213 Vgl. im einzelnen §§ 38 Abs. 2, 3 BRRG, 56 Abs. 2, 3 BBG; *Battis* (N 2), § 56 Rn. 4.
214 §§ 38 Abs. 2, 3 BRRG, 56 Abs. 2, 3 BBG; dazu etwa *Siegfried Zängl*, in: GKÖD I, K § 56 Rn. 59; *Battis* (N 2), § 56 Rn. 4.
215 §§ 38 Abs. 2 S. 2, Abs. 3 BRRG, 56 Abs. 2 S. 2, Abs. 3 BBG.

stellt den Regeltatbestand der Folgepflicht außer Zweifel[216]. Mehr noch: Die dienstrechtlich eröffnete Möglichkeit der Remonstration setzt die gliederte Ämter- und Weisungsordnung voraus, ihre personenrechtliche Ausgestaltung läßt sich überhaupt nur in deren verbindlichem organisationsrechtlichen Rahmen erfassen. Das zeigt sich sogleich, wenn es gilt, Rechtsnatur und Reichweite im einzelnen zu bestimmen.

Vorausgesetzte Ämterhierarchie

So kann nur aus einer solchen Zusammenschau bündig begründet werden, daß die Einwände, welche der Amtswalter – nicht nur der Beamte, sondern ebenso der Arbeitnehmer – hier geltend macht, nicht grundrechtlich fundiert sind, etwa Meinungsäußerungsfreiheit verwirklichen[217]. Sie betreffen amtliche Gegenstände und erfüllen insoweit in erster Linie eine dienstliche Pflicht. Freilich kann der Amtswalter nicht eigentlich verpflichtet werden, „Bedenken" gegen die Rechtmäßigkeit der Weisung zu tragen, wohl aber, letztere jeweils mit angemessener Sorgfalt am Maßstab des Außenrechts zu prüfen und daraus resultierende ernstliche Zweifel mitzuteilen. Daß es sich hierbei um mehr handelt als um eine bloße Obliegenheit, eine „Verbindlichkeit gegen sich selbst", folgt wiederum aus der Einverleibung in das hierarchische System, das – wie allgemein, so auch für den Konflikt mit den außenrechtlichen Vorgaben – das eigene Erkenntnis- und Urteilsvermögen seiner Glieder im Interesse größerer Richtigkeit zu nutzen sucht. Dienstrechtlich konkretisiert entsprechend die Remonstrationsregelung die Treuepflicht gegen den Dienstherrn, des näheren die Verpflichtung, die Vorgesetzten zu beraten und Schaden vom Staat fernzuhalten[218]. Zwar hat der Beamte auch ein Recht auf Gegenvorstellung. Doch entspringt dieses Recht nicht dem grundrechtlich geschützten individuellen Belieben. Vielmehr ist es dem Amtswalter durch das Dienstverhältnis im Hinblick auf seine amtliche Tätigkeit eingeräumt, sowohl im Interesse der Rechtmäßigkeit des Verwaltungsgeschehens wie auch, fürsorglich, zugleich in seinem eigenen Interesse, weil er sich durch seine Ausübung wenn nicht von der Verantwortung im personalen, moralischen Sinne, so doch von den rechtlichen Konsequenzen, die nach innen und außen an sein Handeln geknüpft sind, zu entlasten vermag[219].

100

Amtspflicht zu sorgfältiger Prüfung

Treuepflicht

Entlastung von Verantwortung

Auch die weitere Frage, in welchem Umfang und mit welcher Intensität der Amtswalter die (Außen-)Rechtmäßigkeit der empfangenen Weisung nach-

101

---

216 Das wird besonders deutlich, wenn man die noch engeren Regelungen für Vollzugsbeamte hinzunimmt, vgl. etwa § 7 Abs. 1 S. 2, Abs. 2 S 1, Abs. 3 UZwG; vgl. auch – noch eingeschränkter – § 11 Abs. 1 S. 3, Abs. 2 SG. An dieser Regel/Ausnahme-Verhältnis ändert auch nichts, wenn man die Remonstrationsregeln nicht für abschließend, etwa auch den offensichtlich rechtswidrigen Befehl für unverbindlich hält: so etwa *Günter Stratenwerth*, Verantwortung und Gehorsam, 1958, S. 152 ff., 197 f.; detailreich hierzu und zu den weiteren Fragen *Hellmuth Günther*, Folgepflicht, Remonstration und Verantwortlichkeit des Beamten, in: ZBR 1988, S. 297 ff. m. weit. Nachw.; *Leuze* (N 52), S. 1 ff.; *Quambusch* (N 212).
217 Zutreffend *Wiese* (N 205), S. 114 f.; zur Begrenzung der Weisungsbefolgungspflicht und zur entsprechenden Anwendung der beamtenrechtlichen Regelungen bei Arbeitnehmern im öffentlichen Dienst vgl. *Siegmar Baumgürtel*, in: GKÖD IV, T § 8 Rn. 54 ff.
218 *Wiese* (N 205), S. 114; zur dienstlichen Pflicht, die Weisung rechtlich zu überprüfen und gegebenenfalls Gegenvorstellungen zu erheben, auch *Zängl* (N 214), K § 56 Rn. 25, 26; *Alexander Wiedow*, in: Ernst Plog/Alexander Wiedow/Gerhard Beck, Kommentar zum BBG mit BeamtVG, ²1965 ff., § 56 Rn. 4; vgl. *Stratenwerth* (N 216), S. 196; *Wichmann* (N 3), S. 270.
219 *Battis* (N 2), § 56 Rn. 4; *Wiedow* (N 218), § 56 Rn. 8 f.

prüfen und aus seinem Urteil Folgerungen für den dienstlichen Gehorsam ziehen muß und darf, beantwortet sich vor dem Hintergrund der hierarchischen Strukturen. Dabei ist von der Überlegung auszugehen, daß die Einräumung der Befugnis zur Remonstration zwar einerseits das ohnehin im System angelegte Element der Eigenverantwortung für bestimmte Konstellationen zusätzlich akzentuiert; andererseits mindert sie jedoch die verläßliche Wirkung der zentralen Steuerung und bürdet dadurch der Leitung wie dem Amtswalter, dem Beamten selbst, beträchtliche Risiken auf. Wird nämlich von der Möglichkeit, Gegenvorstellungen zu erheben und äußerstenfalls der Anordnung endgültig nicht Folge zu leisten, ein überzogener Gebrauch gemacht – aus überängstlicher Bedenklichkeit, aus querulatorischer Böswilligkeit, aus Arbeitsunlust oder auch nur, weil der Betroffene lediglich seinen Teilbereich, nicht die Gesamtzusammenhänge überblickt –, so muß die Unsicherheit des Weisungsvollzugs die Schlagkraft der Verwaltung beeinträchtigen. Der Amtswalter andererseits steht in der Gefahr, daß er zum eigenen Nachteil die Lage fehlbewertet, zwischen Innen- und Außenrecht die falsche Entscheidung trifft. Und zwar droht ihm, da er sich auf die Verbindlichkeit der Weisung bei einer solchen – möglichen – Kollision nicht verlassen darf, nicht allein die interne Sanktion des Disziplinarrechts oder Regresses. Er gerät zugleich extern vielfach zwischen zwei Fronten, wenn sowohl der Vollzug der Weisung – der Schußwaffengebrauch gegenüber dem Geiselnehmer etwa – als auch das unterlassene Einschreiten – im Hinblick auf das Opfer – straf- oder haftungsrechtlich relevant ist.

102
Abstufungen

Schon das Dienstrecht selbst allerdings unterscheidet zwischen dem allgemeinen Außenrechtsverstoß, der nur die remonstrationsbedingte Verzögerung der Ausführung rechtfertigt, und der Verletzung von Straf- und Ordnungsnormen sowie der Menschenwürde, die schließlich die Pflicht zur Folgeleistung ganz aufhebt. Auch verkürzt es das Remonstrationsverfahren im Eilfall und hebt als Bedingung der fortdauernden Verantwortlichkeit besonders hervor, daß die Strafbarkeit usw. der dienstlichen Handlung bei hinreichender Sorgfalt für den Handelnden erkennbar war[220]. Damit wird zum einen dem Gedanken Rechnung getragen, daß um der Allgemeinbelange willen in der Abwägung zwischen innen- und außenrechtlicher Bindung regelmäßig, das heißt jenseits schwerster Verstöße, dem wirksamen Verwaltungsvollzug der Vorrang vor den Bedenken im Einzelfall gebührt – zumal dem betroffenen Bürger die nachträgliche gerichtliche Überprüfung bleibt. Zum anderen wird berücksichtigt, wie unterschiedlich in der komplexen hierarchischen Gliederung der Gesichtskreis der einzelnen Amtswalter auf den verschiedenen Ebenen geschnitten ist. Insoweit steht eine Beurteilung der Situation vielfach unter dem Vorbehalt, daß als tatsächliche Grundlage nur ein Segment verfüg-

---

220 Bei Gefahr im Verzug kann schon der unmittelbare Vorgesetzte die sofortige Ausführung der Anordnung verlangen, vgl. § 56 Abs. 3 BBG; dazu *Zängl* (N 214), K § 56 Rn. 62; vgl. auch die vom gleichen Gesichtspunkt geprägten Sonderregelungen für Vollzugsbeamte und Soldaten oben in N 216; zur Erkennbarkeit der Strafbarkeit oder Ordnungswidrigkeit § 56 Abs. 2 S. 3 BBG, § 7 Abs. 2 S. 2 UZwG, § 11 Abs. 2 SG; hierzu *Wiedow* (N 218), § 56 Rn. 12 f.; *Battis* (N 2), § 56 Rn. 6; *Wagner* (N 195), S. 98 f.

bar ist. Entsprechend darf, unbeschadet der Umstände des Einzelfalls, der Adressat der Weisung nicht nur im Grundsatz davon ausgehen, daß die übergeordneten Instanzen bei Weisungserteilung – und gegebenenfalls erneut auf die Remonstration hin – ihrerseits die (Außen-)Rechtmäßigkeit kontrollieren[221]; er darf – und muß – auch in Betracht ziehen, daß diese Kontrolle aus einer breiteren Übersicht heraus vorgenommen wird.

103 Auf der Folie der hierarchischen Struktur verdeutlicht sich so der Ausnahmecharakter der Remonstrationsregelung, der Begrenzung der Pflicht zur Weisungsbefolgung. Nicht nur der Amtswalter, der, indolent oder servil, jeder, auch der außenrechtlich bedenklichen Anordnung folgt, verweigert den erwarteten eigenständigen Beitrag im arbeitsteiligen Verwaltungssystem und verletzt seine dienstliche Pflicht. Auch der Amtswalter, der ohne triftigen Anlaß die Verwirklichung der administrativen Ziele anhält oder unterbricht, läßt Eigenverantwortung vermissen. Er flüchtet sich aus dem eigenen Urteil und der eigenen Entscheidung und handelt deswegen ebenfalls pflichtwidrig. Umgekehrt kann aber den Amtswalter kein Vorwurf treffen, der nach reiflicher, sachgerechter Erwägung unter Ausschöpfung seiner Erkenntnismöglichkeiten seine ursprünglichen Einwände für unbegründet hält, selbst wenn sich diese Bewertung nachträglich als unzutreffend herausstellt. Insbesondere muß dies gelten, wenn er im Wege der Gegenvorstellung erneut die Entscheidung zweier Vorgesetzter – im Eilfall: eines Vorgesetzten – eingeholt hat[222]. Im einzelnen wird vielfältig zu differenzieren sein, vornehmlich nach dem Gewicht des Außenverstoßes. Steht strafbares Verhalten zur Diskussion, so *Strafbares Verhalten* müssen die Anforderungen – objektiv und subjektiv – höher geschraubt werden. Ist lediglich eine Ordnungswidrigkeit in Erwägung zu ziehen, so kann sich der Amtswalter – durchweg, wenn nicht besondere Umstände hinzutreten – eher mit der Bestätigung der Anordnung begnügen. Im Hinblick auf die *Verstoß gegen die* Verletzung der Menschenwürde scheiden derartige Abwägungen an sich aus – *Menschenwürde* es sei denn, dieser zentrale Verfassungswert würde in allzu kleine Münze umgesetzt[223]. Überdehnt man seinen Bereich, so fallen wiederum die Güter, die die Weisungsordnung verkörpert, korrigierend in die andere Waagschale.

104 Für das Organisationsgefüge der Exekutive selbst dokumentiert sich in der positiven Begrenzung ausdrücklich der spezifische instrumentale Charakter, der dem hierarchischen Gliederungsprinzip hier insgesamt zukommt. Im

---

221 Hierzu insbesondere *Wiedow* (N 218), § 56 Rn. 8, sowie VGH Baden-Württemberg, in: ZBR 1974, S. 337 (342); zum regelmäßigen Vorrang der Weisung um der Funktionsfähigkeit der Verwaltung willen *Stratenwerth* (N 216), S. 152 f.; vgl. *Helmut Rittstieg*, Die Weisungsunterworfenheit des Beamten, in: ZBR 1970, S. 72 (77 f.); *Schnapp* (N 191), S. 174 f.
222 Zur Verpflichtung des Beamten, sorgsam und gewissenhaft zu erwägen, ob seine rechtlichen Bedenken stichhaltig sind – insbesondere im Hinblick auf die eigene Verantwortung und Prüfungspflicht des anweisenden Vorgesetzten – vgl. *Wiedow* (N 218), § 56 Rn. 8; *Battis* (N 2), § 56 Rn. 4, 7; *Kunig* (N 212), S. 679 (746 f.).
223 Grundsätzlich hierzu *Hans Heinrich Rupp*, Grundfragen der heutigen Verwaltungsrechtslehre, 1965, S. 66 f.; problematisch insoweit etwa die These, daß bereits das Ansinnen, eine offensichtlich rechtswidrige Weisung zu vollziehen, gegen die Menschenwürde des Beamten verstoße: so *Battis* (N 2), § 56 Rn. 6; *Kunig* (N 212), S. 679 (746 f.); früher auch *Zängl* (N 214), der dies nun nicht mehr vertritt, vgl. K § 56 Rn. 75, 76, K § 55 Rn. 68.

Vorrang der Verfassung und des formellen Gesetzes

demokratischen Rechtsstaat, in der Verfassungsordnung des Grundgesetzes bildet die Exekutive kein Leistungssystem, das seine Ziele generell autonom bestimmt. Seine prinzipalen Zwecke werden durch die Verfassung festgelegt, die ihm nicht nur die Gestaltung der sozialen Wirklichkeit nach ihren Maßstäben, sondern vor allem den Vollzug der Gesetze zuweist. Die Regierung ist an der Leitung des Staates aus eigener Kompetenz beteiligt[224]. Aber der Wille des Gesetzgebers, der den demokratischen Souverän unmittelbar repräsentiert, bindet auch sie – wie alle nachfolgenden Glieder der Verwaltung. Nur in diesem Rahmen formuliert sie selbständig die Handlungsziele des Systems und lenkt zentral dessen Aktivitäten[225]. Setzt sie sich dabei oder setzen sich nachgeordnete Steuerungsinstanzen in Widerspruch zum Gesetz, so zieht nicht erst das Ergebnis, die nach außen wirkende Umsetzung der Anordnung, das Verdikt der Rechtswidrigkeit auf sich. Die Anordnung selbst, die gegen das Außenrecht verstößt, wird von außen – durch die Remonstrationsregelung – vorläufig oder endgültig in der Durchsetzung gehemmt.

E. Weisungshierarchie und Eigenverantwortung im System von Staat und Gesellschaft

105
Eigenverantwortung als zentrale Vollzugsbedingung

Weisungshierarchie im allgemeinen und Weisungshierarchie in der Exekutive des Grundgesetzes im besonderen schließen, dies ist der Befund, die Eigenverantwortung des einzelnen, der in sie eingebunden ist, nicht aus. Sie setzen diese Eigenverantwortung vielmehr voraus, sind auf sie für die Verwirklichung ihrer Zwecke grundlegend angewiesen. Kein hierarchisches Leistungssystem kann darauf verzichten, daß die Individuen, die es in Dienst nimmt, sich seine Ziele persönlich zu eigen machen, keines kann ohne Handlungsspielräume auf allen Stufen bestehen, die von den Beteiligten aus eigenem Antrieb, in loyalem Einsatz für diese Ziele ausgefüllt werden. Das personale Moment der Eigenverantwortung gewinnt um so höhere Bedeutung, je komplexer und sublimer die verfolgten Ziele sind, je weniger sie durch nur quantitativ meßbare Tätigkeit realisiert werden können. Für den Staat, der das politische Gesamtschicksal nach dem Maßstab des Gemeinwohls lenkt, für den Rechtsstaat, der die Freiheit des einzelnen mit der Freiheit aller nach dem Maßstab des Rechts in Einklang hält, für den demokratischen Rechtsstaat, dem der Wille des Volkes diese Maßstäbe konkretisiert, rückt Eigenverantwortung damit in den Mittelpunkt der Vollzugsbedingungen.

---

224 S. o. Rn. 24, 39.
225 S. o. Rn. 32, 77.

I. Weisungshierarchie und Eigenverantwortung als Modell des objektiven Prinzips

Weisungsgebundenheit und Eigenverantwortung lassen sich damit aber auch nicht in den Gegensatz von Fremdbestimmung und persönlichem Belieben bringen. Weisungsgeber wie Weisungsempfänger sind gleichermaßen an die Ziele gebunden, die das System insgesamt mit seinen Aktivitäten verfolgt. Auch wo die Vorgaben der höheren Instanzen durch eigenes Zutun zu vervollständigen sind, bleibt das Bemühen an den zentralen Konzepten orientiert. Für die staatliche Exekutive, konkret: die Exekutive des Grundgesetzes, gilt dies ausnahmslos. Denn ihre Spitze, die Regierung, verfügt ebenfalls nicht über die Kriterien ihres Handelns als über Gegenstände eigenen Rechts. Ihre Befugnis mag weiter gezogen, ihre Verantwortung anders ausgestaltet sein. Doch ist auch ihre Kompetenz amtlicher Natur, ein von Verfassungs wegen anvertrautes fremdes Gut.

106
Kein Gegensatz von Fremdbestimmung und persönlichem Belieben

Regierung als Amt

Damit entbehrt jegliche Weisungsberechtigung ebenso wie jegliche Entscheidungsmöglichkeit im Rahmen der Weisungen der Qualität grundrechtlich geschützter individueller Freiheit. Beide sind Ausdruck des objektiven Prinzips, dem alles staatliche Handeln unterliegt[226]. Sie werden in Distanz zu jedem individuellen und Gruppeninteresse ausgeübt, auch dem eigenen, dienen allein den allgemeinen Belangen des Gemeinwesens, finden allein in diesen die Richtpunkte, denen sie folgen[227].

107
Objektives Prinzip des Amtes

II. Weisungshierarchie und Eigenverantwortung als Komplement des subjektiven Prinzips

Die Zuordnung von Weisungshierarchie und Eigenverantwortung zum objektiven Prinzip besagt andererseits nicht, daß diese Strukturelemente der Exekutive dem Bereich individueller und gesellschaftlicher Freiheit, dem Bereich des subjektiven Prinzips unvermittelt gegenüber- oder gar entgegenstünden[228]. Zwar haben sie selbst keinen Anteil an der gesellschaftlichen Konkurrenz der Interessen, sind kein Mittel der Selbstentfaltung für die, denen die amtliche Weisung und Entscheidung anvertraut ist. Aber wie der Staat überhaupt, wie seine Tätigkeit unter dem objektiven Prinzip insgesamt zielen sie darauf ab, das subjektive Prinzip, die Entfaltung und Konkurrenz der gesellschaftlichen Interessen erst zu ermöglichen[229]. Nur eine Exekutive, in der Weisung und Weisungsvollzug ausschließlich an die Belange des Ganzen gebunden sind, schafft – sichernd und ordnend, ausgleichend und regulierend – die Voraussetzung dafür, daß individuelle und Gruppenfreiheit ihren Ort und Rahmen finden. Hieran nehmen auch die Amtswalter selbst teil, sobald sie den Kreis der Amtsgeschäfte verlassen und sich in ihrer eigenen, persönlichen Sphäre bewegen[230].

108
Objektives Prinzip des Amtes – subjektives Prinzip der Freiheit

---

226 Zum objektiven Prinzip im einzelnen *Loschelder* (N 25), S. 268 ff., 274 ff.
227 *Isensee* (N 155).
228 Zum subjektiven Prinzip *Loschelder* (N 25), S. 265 ff.
229 Zur Verknüpfung beider Prinzipien *Loschelder* (N 25), S. 273 f.
230 Zur Abschichtung von amtlicher und privater Sphäre *Loschelder* (N 25), S. 318 ff.; zur prinzipiellen Grundrechtsteilhabe ebd., S. 372 ff.

109
Sittliche Freiheit oberhalb staatstheoretischer Distinktionen

Jenseits der Reichweite rechtlicher Distinktionen, oberhalb staatstheoretischer Begrifflichkeit freilich auch amtliche Eigenverantwortung in Freiheit – in einem Sinn, der die Alternative von Selbstdistanzierung und Selbstentfaltung übersteigt und aufhebt. Sie gründet in der sittlichen Freiheit, über die eigenen Bedürfnisse und Wünsche hinaus die Bedürfnisse und Wünsche der anderen und die Notwendigkeiten des Ganzen in Bedacht zu nehmen – in einer Freiheit damit, ohne die weder Persönlichkeitsverwirklichung noch Gemeinschaftsbildung gedacht werden können[231].

---

231 Zu dieser ethischen Dimension insbesondere *Josef Isensee*, Demokratischer Rechtsstaat und staatsfreie Ethik, in: Essener Gespräche, Bd. XI, 1977, S. 92, 106 ff.; *ders.*, Grundrechtliche Freiheit – Republikanische Tugend, in: Erich E. Geißler (Hg.), Verantwortete politische Bildung, 1988, S. 65 ff.

F. Bibliographie

Ernst Benda/Werner Maihofer/Hans-Jochen Vogel (Hg.), Handbuch des Verfassungsrechts der Bundesrepublik Deutschland, ²1995.
Ernst-Wolfgang Böckenförde, Die Organisationsgewalt im Bereich der Regierung, ²1998.
Wilhelm Hennis, Amtsgedanke und Demokratiebegriff, in: FG für Rudolf Smend, 1962, S. 51 ff.
Walter Krebs, Kontrolle in staatlichen Entscheidungsprozessen, 1984.
Herbert Krüger, Allgemeine Staatslehre, ²1966.
Helmut Lecheler, Die Personalgewalt öffentlicher Dienstherren, 1977.
Walter Leisner, Mitbestimmung im öffentlichen Dienst, 1970.
ders., Vorgesetztenwahl?, 1974.
ders., Die undefinierbare Verwaltung, 2002.
Wolfgang Loschelder, Vom besonderen Gewaltverhältnis zur öffentlich-rechtlichen Sonderbindung, 1982.
Renate Mayntz, Soziologie der öffentlichen Verwaltung, ³1985.
Veith Mehde, Neues Steuerungsmodell und Demokratieprinzip, 2000.
Janbernd Oebbecke, Weisungs- und unterrichtungsfreie Räume in der Verwaltung, 1986.
Fritz Ossenbühl, Grenzen der Mitbestimmung im öffentlichen Dienst, 1986.
Hans Peters, Zentralisation und Dezentralisation, 1928.
Gunnar Folke Schuppert, Verwaltungswissenschaft, 2000.
Klaus Stern, Das Staatsrecht der Bundesrepublik Deutschland, Bd. V, 2000.
Werner Thieme, Verwaltungslehre, ⁴1984.
Kai Waechter, Geminderte demokratische Legitimation staatlicher Institutionen im parlamentarischen Regierungssystem, 1994.
Max Weber, Wirtschaft und Gesellschaft: Grundriß der verstehenden Soziologie, 1976.
Hans J. Wolff/Otto Bachof/Rolf Stober (Hg.), Verwaltungsrecht, Bd. III, 2004.

§ 108
Verwaltungsorganisation

Walter Krebs

Übersicht

	Rn.
A. Begriff und Grenzen der Verwaltungsorganisation	1–15
I. Begriffliches	1– 4
II. Verwaltungsorganisation als Teil organisierter Staatlichkeit	5–15
1. Innerstaatliche Grenzzonen	5
2. Verwaltungsorganisation im Grenzbereich zur Gesellschaft	6–15
a) Staatliche Organisation	6–12
b) Beteiligung Privater	13
c) Privatisierung	14–15
B. Einheit und Pluralität der Verwaltung	16–28
I. Grundraster der Verwaltungsorganisation	17–27
1. Unmittelbare und mittelbare Staats- und Kommunalverwaltung	17–24
2. Verselbständigte Verwaltungseinheiten	25–27
II. Einheitsbildende Faktoren	28
C. Organisationsrechtliche Grundbegriffe	29–59
I. Aufgaben und Eigenart des Organisationsrechts	29–31
II. Innenrecht – Außenrecht	32–35
III. Verwaltungseinheiten	36–45
1. Juristische Personen und teilrechtsfähige Verwaltungseinheiten des öffentlichen Rechts	36–43
2. Privatrechtssubjekte als Verwaltungsträger	44–45
IV. Verhältnis der Verwaltungseinheiten zueinander	46–59
1. Aufsicht über Verwaltungsträger	46–50
2. Intrapersonale Kontrollbeziehungen	51–54
3. Gerichtsschutz für Verwaltungseinheiten	55–59
a) Gerichtsschutz als Kompetenzschutz	55
b) Gerichtsschutz für Verwaltungsträger	56
c) (Verwaltungs-)Organstreitigkeiten	57–59
D. Verfassungsrechtliche Vorgaben für die Verwaltungsorganisation	60–103
I. Verfassungsrechtliche Relevanz der Verwaltungsorganisation	60–61
II. Organisationsspezifische Verfassungsbestimmungen	62–75
1. VIII. Abschnitt innerhalb des Grundgesetzes	62–63
2. Vorgaben für die Organisationsstruktur der Bundesverwaltung	64–69
3. Institutionelle Gesetzesvorbehalte	70–71
4. Bund – Länder	72–75
III. Organisationsrelevante Verfassungsbestimmungen	76–103
1. Grundrechtsschutz vor und durch Verwaltungsorganisation	76–85
a) Grundrechtsrelevanz der Verwaltungsorganisation	76–80
b) Einzelfragen	81–85
2. Verwaltungsorganisation unter den Geboten der Staatsstrukturbestimmungen	86–103
a) Aussagekraft der Staatsstrukturbestimmungen für die Verwaltungsorganisation	86–89
b) Einzelfragen	90–103
E. Bibliographie	

A. Begriff und Grenzen der Verwaltungsorganisation

I. Begriffliches

1
Organisiertes staatliches Handeln

Verwaltung ist organisiertes staatliches Handeln; Organisation ist die Erscheinungs- und Verwirklichungsform von Verwaltung. Der Begriff der Organisation ist ebenso wie der der Verwaltung doppelsinnig; in ihm sind dynamische und statische Aspekte eingefangen: Verwaltung und Organisation sind Aktion und Zustand. Verwaltungsorganisation als Institution und als Medium der Verwaltung läßt sich wie die Verwaltung selbst in ihrer Daseinsvielfalt nicht grenzscharf definieren. Im Randbereich verschwimmt der Begriff der Verwaltungsorganisation gegenüber Phänomenen, die nicht mehr oder noch nicht „Verwaltung" oder noch nicht „Organisation" sind.

2
Organisationsbegriff

Der multidisziplinär besetzte[1] Begriff der Organisation wird in der rechtswissenschaftlichen Literatur mehrdimensional aufgefächert[2]. Institutionell versteht man Organisation als soziales Gebilde, als Wirkeinheit von funktionsteilig handelnden Organen. Der instrumentale Organisationsbegriff knüpft an die griechische und lateinische Wortwurzel (Werkzeug, Teil des Körpers) an und bezeichnet die innere Struktur der Wirkeinheit, die Beziehungen der Organe zueinander, während Organisation im funktionalen Sinn den Vorgang des Herstellens der Wirkeinheit (das „Organisieren") meint. Die Begriffsbildung zeigt potentielle Erkenntnisinteressen der Rechtswissenschaft auf. Es geht um die Abgrenzung einer Verwaltungsaufgaben wahrnehmenden Wirkeinheit gegenüber ihrer Umwelt und die dieses Verhältnis bestimmenden Rechtsnormen, die rechtliche Binnenstruktur der Organisation sowie um die organisationsintern wie -extern wirkenden Entscheidungen.

3
Grad institutioneller Verfestigung

An seinen Randzonen ist der Begriff der Organisation unscharf, weil sich nicht exakt angeben läßt, welche Qualität und Intensität eine wechselseitige Beziehung von Funktionssubjekten erreichen muß, um eine als Organisation zu identifizierende Wirkeinheit zu konstituieren[3]. Von einer Organisation kann man erst ab einem bestimmten Grad institutioneller Verfestigung eines Interaktionsgefüges sprechen. Insofern liegen Verwaltungsorganisation und Verwaltungsverfahren an den Grenzlinien dicht aneinander[4]. Das gilt auch im

---

1 Für die Betriebswirtschaftslehre vgl. *Erich Kosiol*, Organisation der Unternehmung, ²1976, S. 15 ff.; *Alfred Kieser/Peter Walgenbach*, Organisation, ⁴2003, S. 1 ff.; für die Sozialwissenschaften vgl. *Niklas Luhmann*, „Organisation, soziologisch", in: EvStL², Sp. 1689 ff.; *Renate Mayntz*, Soziologie der öffentlichen Verwaltung, ⁴1997, S. 82 ff.; für die Verwaltungswissenschaften vgl. *Bernd Becker*, Öffentliche Verwaltung, 1989, S. 160 ff.; *Peter Eichhorn* (Hg.), Verwaltungslexikon, ³2003, S. 779; *Werner Thieme*, Einführung in die Verwaltungslehre, 1995, § 20, S. 53 ff.; *Gunnar Folke Schuppert*, Verwaltungswissenschaft, 2000, S. 544 ff.
2 Vgl. *Hans Julius Wolff*, Organisations- und Dienstrecht, in: ders./Otto Bachof, Verwaltungsrecht, Bd. II, ⁴1976, § 71 II; *Hans Peter Bull*, Allgemeines Verwaltungsrecht, ⁶2000, Rn. 132 ff.; *Martin Burgi*, Verwaltungsorganisationsrecht, in: Hans-Uwe Erichsen/Dirk Ehlers (Hg.), Allgemeines Verwaltungsrecht, ¹³2006, § 6, Rn. 4 ff.
3 Dazu *Winfried Brohm*, Strukturen der Wirtschaftsverwaltung, 1969, S. 18 ff.
4 Dazu *Karl August Bettermann*, Das Verwaltungsverfahren, in: VVDStRL 17 (1959), S. 118 (130 ff.). → Unten Schmidt-Aßmann, § 109 Rn. 7.

Hinblick auf die Dynamik des Beziehungsgefüges. Die verwaltungswissenschaftliche Terminologie von der „Aufbau- und Ablauforganisation"[5] verdeutlicht diesen Befund.

Verwaltungsorganisation als organisierte und organisierende Verwaltung ist zudem mit der Unschärfe des Verwaltungsbegriffs belastet. Verwaltung ist Handeln für die Zwecke des Staates, aber nicht alles staatliche Handeln ist Verwaltung[6]. Der Begriff der Verwaltungsorganisation weist somit auch Öffnungen und Übergänge zu Wirkeinheiten auf, die keine spezifischen Verwaltungsaufgaben wahrnehmen und insofern auch nicht „Verwaltungs-"Organisation sind. Dies gilt sowohl innerhalb des Bereichs der Staatsorganisation als auch an der Übergangszone von organisiertem staatlichem und organisiertem gesellschaftlichem Handeln.

4
Unschärfe des Verwaltungsbegriffs

II. Verwaltungsorganisation als Teil organisierter Staatlichkeit

1. Innerstaatliche Grenzzonen

Verwaltung als eine neben anderen Staatsfunktionen wird auch von Funktionsträgern wahrgenommen, die legesferieren, judizieren oder regieren. Die Träger der gesetzgebenden und rechtsprechenden Gewalt verfügen über Verwaltungsorganisationen, die sich als eine Art Annexverwaltung von den Hauptfunktionen der Parlamente und Gerichte abheben[7]. Demgegenüber gehen bei den den Regierungsorganen zuarbeitenden Organisationen Regierungs- und Verwaltungstätigkeit ununterscheidbar ineinander über. Die funktionelle Verbindung von Regierung und Verwaltung[8] findet ihren organisatorischen Ausdruck in dem Umstand, daß Ministerien oberste Verwaltungsbehörden sind und die innere Struktur der Ministerialorganisation – soweit ersichtlich[9] – auf die staatsrechtsdogmatische Funktionenunterscheidung zwischen Regierung und Verwaltung zumindest nicht durchgängig Rücksicht nimmt.

5
Annexverwaltungen der Parlamente, Gerichte, Regierungen

Organisatorische Verzahnung von Regierung und Verwaltung

---

5 *Michael Gaitanides*, Ablauforganisation, in: Erich Freise (Hg.), Handwörterbuch der Organisation, ³1992, Sp. 1 ff.; *Gerhard Sadler*, Ablauforganisation, in: Ulrich Becker/Werner Thieme (Hg.), Handbuch der Verwaltung, Heft 3. 3 (1976), S. 1 ff.; *Manfred Arp*, Aufbauorganisation, in: Ulrich Becker/Werner Thieme (Hg.), Handbuch der Verwaltung, Heft 3. 2 (1978), S. 1 ff.; *Friedrich Hoffmann*, Aufbauorganisation, in: Freise, a. a. O., Sp. 208 ff. Zusammenfassend *Becker* (N 1), S. 548 ff.; *Günter Püttner*, Verwaltungslehre, ³2000, § 10 I 1 (S. 144 f.); *Rupert Eilsberger/Detlef Leipelt*, Organisationslehre für die Verwaltung, 1994, S. 237.
6 → Oben *Schröder*, § 106 Rn. 16 ff.
7 → Bd. III, *Zeh*, § 52 Rn. 26 ff.
8 Zur Abgrenzung und Verbindung von Regierung und Verwaltung ausführlich → oben *Schröder*, § 106 Rn. 16 ff., 29 ff., 32 ff.
9 Vgl. in diesem Zusammenhang *Frido Wagener*, Die Organisation der Führung in Ministerien, in: Aktuelle Probleme der Ministerialorganisation, 1972, S. 27 ff.; *Eberhard Laux*, Eignung der herkömmlichen Organisation der Ministerien zur Erfüllung ihrer Aufgaben, in: Organisation der Ministerien des Bundes und der Länder, 1973, S. 19 ff.; *Klaus König* (Hg.), Ministerialorganisation zwischen Berlin und Bonn, 1997; *Jens Kullik*, Organisation und Kommunikation im ministeriellen und interministeriellen Leitungsbereich, Diss. Speyer 2002, S. 24 ff.

2. Verwaltungsorganisation im Grenzbereich zur Gesellschaft

a) Staatliche Organisation

6
Staatlichkeit der Verwaltungsorganisation

Verwaltungsorganisation ist im institutionellen Sinn die Gesamtheit der Wirkeinheiten, mit deren Hilfe der Staat Verwaltungsfunktionen wahrnimmt. Ohne Zurechenbarkeit zum Bereich des Staatlichen ist eine Organisation kein Teil der Verwaltungsorganisation. Eine derartige Zurechnung kann im Einzelfall überaus problematisch sein. Wie schwer sich die Staats- und Verwaltungsrechtsdogmatik[10] mit Bestimmungsfaktoren für das Staatliche tut, zeigt sich schon an dem theoretischen[11] Ungenügen der Theorien, die das öffentliche Recht, also das Sonderrecht des Staates definieren und damit eigentlich Auskunft über das spezifisch Staatliche bestimmter Rechtssätze geben müßten. Sie verweisen entweder auf Kriterien, die die Lebens- und Rechtswirklichkeit allenfalls verkürzt widerspiegeln (Subordinationstheorie), in ihrer Vagheit vieles offenlassen (Interessentheorie), oder verzichten von vornherein auf inhaltliche Kriterien, wenn öffentliches Recht als Summe von Rechtssätzen verstanden wird, bei denen zumindest ein Zuordnungssubjekt der Staat bzw. eine staatliche Untergliederung ist (Subjektstheorie). Der modifizierende Zusatz, der Rechtssatz müsse den Staat „als solchen"[12] berechtigen oder verpflichten, manifestiert das dogmatische Dilemma auch semantisch.

7
Öffentlich-rechtliche oder privatrechtliche Verwaltungsorganisation

Vor diesem Hintergrund behält die nach wie vor verbreitete Auffassung eine gewisse Plausibilität, nach der es dem Staat innerhalb der Schranken ausdrücklichen Verfassungs- und Gesetzesrechts freisteht, ob er seine Aufgaben in den Handlungs- und Organisationsformen des öffentlichen oder des Privatrechts erfüllt[13]. Sie ist allerdings nicht unbestritten, und einige Untersuchungen plädieren dafür, die Organisationsformen des öffentlichen Rechts zumindest als Regelform organisierter Verwaltungstätigkeit anzunehmen[14]. Allerdings geht es verfassungsrechtlich vorrangig darum, daß die Entscheidungen staatlicher Verwaltungseinheiten rechtsstaatlichen und demokratischen An-

---

10 Verwaltungswissenschaftliche Indikatorenkataloge finden sich bei *Schuppert* (N 1), S. 341 ff.; *ders.*, Die Erfüllung öffentlicher Aufgaben durch verselbständigte Verwaltungseinheiten, 1981, S. 187 ff.; *Roman Loeser*, Die Bundesverwaltung in der Bundesrepublik Deutschland, 1986, Bd. I, S. 129 f.; *Bernd Becker*, Bundesverwaltung durch privatrechtlich organisierte Bundesunternehmen, in: ZögU (1978), Heft 4, S. 1 (5).
11 Die Unterscheidung zwischen öffentlichem und privatem Recht macht in der Rechtspraxis erheblich weniger Schwierigkeiten als es der andauernde Theorienstreit vermuten läßt. Das gilt jedenfalls für die Qualifikation von Rechtsnormen. Bei Rechtshandlungen (z.B. Verträge) oder Tathandlungen (Realakte) zeigen die Theorien allerdings auch ihre rechtspraktischen Schwächen.
12 Vgl. dazu *Otto Bachof*, Über öffentliches Recht, in: FG aus Anlaß des 25jährigen Bestehens des Bundesverwaltungsgerichts, 1978, S. 1 (13, 20). Zum Staatsbegriff → Bd. II, *Isensee*, § 15 Rn. 137 ff., 145 ff.
13 *Hartmut Maurer*, Allgemeines Verwaltungsrecht, [16]2006, § 3 Rn. 9; *Thomas Mann*, Die öffentlich-rechtliche Gesellschaft, 2002, S. 39 ff.; *Dirk Ehlers*, Verwaltung in Privatrechtsform, 1984, S. 109 ff. (113, 172 ff.). → Oben *P. Kirchhof*, § 99 Rn. 33 f., 119.
14 Vgl. insbesondere *Ehlers* (N 13), S. 374 ff. (417 ff.); *Bernhard Kempen*, Die Formenwahlfreiheit der Verwaltung, 1989, S. 91 ff.; zuvor schon *Joachim Burmeister*, Plädoyer für ein rechtsstaatliches Instrumentarium staatlicher Leistungsverwaltung und Wirtschaftsagende, in: WiR 1972, S. 311 (350); *Christian Pestalozza*, Formenmißbrauch des Staates, 1973, S. 185 f.; *ders.*, Kollisionsrechtliche Aspekte der Unterscheidung von öffentlichem Recht und Privatrecht, in: DÖV 1974, S. 188 (193).

forderungen gerecht werden. Je nach Eigenart der wahrzunehmenden Aufgabe kann sich dann die Frage stellen, ob auch privatrechtliche Organisationsformen eine derartige Entscheidungsqualität sicherstellen. Für Verwaltungsaufgaben, deren Eigenart es mit sich bringt, in rechtsstaatlich gebotener Distanz[15] zum Bürger wahrgenommen zu werden, erscheinen privatrechtliche Organisationsformen inadäquat. Daher ist es auch richtig, die Ausübung hoheitlicher Befugnisse grundsätzlich öffentlich-rechtlich organisierten Verwaltungsträgern vorzubehalten und sie Privatrechtssubjekten nur unter der Voraussetzung der Beleihung zur Verfügung zu stellen. Die Verwendung öffentlich-rechtlicher Rechtsformen läßt deshalb den regelmäßigen Schluß auf die Zugehörigkeit einer organisierten Einheit zur Verwaltungsorganisation zu. Das ist allerdings nur der Regelbefund, die öffentlich-rechtlich organisierten Religionsgemeinschaften sind ein Gegenbeispiel[16].

8
Qualifikation bei Verwendung privatrechtlicher Organisationsformen

Gerade wenn es dem Staat erlaubt sein kann, seine Aufgaben auch in den Organisationsformen des Privatrechts zu erfüllen, kann die Verwendung einer der Organisationsformen des Privatrechts[17] die Zuordnung einer Organisation zum Bereich des Staatlichen nicht ausschließen[18]. Die damit erforderliche Suche nach geeigneten Abgrenzungskriterien zwischen gesellschaftlichen und staatlichen Organisationen in den Rechtsformen des Privatrechts zeigt eindrucksvoll, wie verklammert Staat und Gesellschaft sind. Prozesse des Hineinwachsens der Gesellschaft in die staatliche Organisation[19] wie auch „Abwanderungsprozesse staatlicher Verwaltungsstellen in den gesellschaftlichen Bereich"[20] gehören zu den Charakteristika der Entwicklung der Verwaltungsorganisation. Dementsprechend gibt es zwischen Staat und Gesellschaft vielfache organisatorische Grauzonen. Der Anteil des Staatlichen oder des Gesellschaftlichen an einer Organisation läßt sich auch nicht immer exakt quantifizieren.

9
Formen staatlicher Einflußnahmen auf Organisationen

Die Skala der staatlichen Einflußnahme auf privatrechtliche Vereinigungen reicht von kaum nennenswerten Steuerungsimpulsen bis zu ihrer vollständigen Beherrschung. Derartige Einflußnahmen finden in den unterschiedlichsten organisatorischen Gestaltungsformen statt. Dirk Ehlers hat sie nach

---

15 Zur rechtsstaatlichen Forderung nach Distanz vgl. *Michael Kloepfer*, Gesetzgebung im Rechtsstaat, in: VVDStRL 40 (1982), S. 63 (65 ff.).
16 Dazu *Alexander Hollerbach*, Grundlagen des Staatskirchenrechts, in: HStR VI, ²2001 (¹1989), § 138 Rn. 127 ff. Eine bayerische Besonderheit behandelt *Franz Knöpfle*, die Körperschaften des öffentlichen Rechts im formellen Sinn, in: FS für Carl Hermann Ule, 1987, S. 93 ff. Diese Einrichtungen sollen „weder genuin staatliche noch vom Staat zugewiesene" (ebd., S. 98) Aufgaben übernehmen, deren Erfüllung aber im öffentlichen Interesse liege. Vgl. auch *Ludwig Renck*, Die Rechtsstellung des Bayerischen Roten Kreuzes, in: NVwZ 1987, S. 563 f.; *Udo di Fabio*, Staatsaufsicht über formelle Körperschaften des öffentlichen Rechts, in: BayVBl 1999, S. 449 ff.
17 Vgl. die Aufzählung bei *Ehlers* (N 13), S. 6. Zur Verwendungshäufigkeit der einzelnen privatrechtlichen Organisationsformen vgl. *Stefan Storr*, Der Staat als Unternehmer, 2001, S. 11 ff.
18 Dazu *Thomas Groß*, Die Verwaltungsorganisation als Teil organisierter Staatlichkeit, in: Wolfgang Hoffmann-Riem/Eberhard Schmidt-Aßmann/Andreas Voßkuhle (Hg.), Grundlagen des Verwaltungsrechts, Bd. I, 2006, § 13 Rn. 10.
19 *Schuppert* (N 10), S. 96 ff. Grundsätzlich zur Unterscheidung von Staat und Gesellschaft → Bd. II, *Rupp*, § 31 Rn. 17 ff., 29 ff.
20 *Eberhard Schmidt-Aßmann*, Der Verfahrensgedanke in der Dogmatik des öffentlichen Rechts, in: Peter Lerche/Walter Schmitt Glaeser/Eberhard Schmidt-Aßmann, Verfahren als staats- und verwaltungsrechtliche Kategorie, 1984, S. 2 (22).

Beteiligung, externer Einflußsicherung und einer Verbindung beider Einflußmöglichkeiten systematisiert[21]. Dabei meint „Beteiligung" eine dauerhafte mitgliedschaftliche Beziehung einschließlich kapitalmäßiger Beteiligung und „externe Einflußsicherung" etwa die Einflußnahme durch Finanzierung. Das für die Zugehörigkeit der Privatrechtsvereinigung zur Verwaltungsorganisation möglicherweise entscheidende Ausmaß staatlicher Einflußnahme entzieht sich weitgehend schematischer Bestimmung und ist oft eine Frage des Einzelfalles. So kann nicht nur entscheidend sein, ob der Staat Alleinaktionär einer Aktiengesellschaft ist oder überwiegenden oder mehrheitlichen Kapitalanteil besitzt. Ebenso einflußreich kann der Staat auch dann sein, wenn seinem relativ geringen Kapitalanteil ein breit gestreuter Rest an Anteilseigentum gegenübersteht[22]. Staatliche Finanzierung kann, muß aber nicht staatliche Einflußmöglichkeiten eröffnen; ein durch Finanzierung geschaffenes Steuerungspotential muß in der Verwaltungspraxis nicht notwendig genutzt werden.

10
Aufgabe als Zuordnungskriterium

Auch die Qualität der Aufgabe kann zur Identifizierung einer Organisation als staatliche oder gesellschaftliche nur bedingt herangezogen werden. Die umstrittene These von der Unterscheidbarkeit privater, öffentlicher und staatlicher Aufgaben[23] ist eher durch rechtsdogmatische Anliegen motiviert, sachangemessene Anknüpfungspunkte für bestimmte, etwa haftungsrechtliche[24], normative Ordnungsmodelle zu finden, als durch die Vorfindlichkeit trennscharfer Aufgabenkategorien gerechtfertigt. Die Problematik einer Staatsaufgabenlehre[25] unterstreicht diesen Befund, der durch tatsächliche Entwicklungsprozesse der Verstaatlichung oder Privatisierung von Aufgaben empirisch bestätigt wird.

11
Normativer Zurechnungsansatz

In jüngster Zeit ist ein neues Zurechnungsmodell entwickelt worden, das zum einen andere als die bisherigen Zurechnungskriterien heranzieht und zum anderen die Frage nach der Zuordnung nicht mit einem „Entweder-Oder", sondern differenzierend beantwortet[26]. Es handelt sich um einen normativen Zurechnungsansatz, wonach eine Organisationseinheit in Privatrechtsform insoweit staatliche Entscheidungen trifft und Teil staatlicher Organisation ist, wie sie in Wahrnehmung einer rechtlich zugewiesenen Zuständigkeit entscheidet.

12
Verwaltungsprivatrecht

Gleichwohl wird in der Verwaltungsrechtswissenschaft nach wie vor zuweilen davon ausgegangen, daß die staatliche Wahrnehmung öffentlicher Aufgaben in Privatrechtsform dem Regime eines „Verwaltungsprivatrechts" unterstehe,

---

21 *Ehlers* (N 13), S. 7 ff.
22 Beispiele bei *Loeser* (N 10), Bd. I, S. 129 f.
23 Dazu *Hans Peters*, Öffentliche und staatliche Aufgaben, in: FS für Hans Carl Nipperdey, Bd. II, 1965, S. 877 ff.; *Fritz Ossenbühl*, Die Erfüllung von Verwaltungsaufgaben durch Private, in: VVDStRL 29 (1971), S. 137 (144, 151 ff.); *Hans Peter Bull*, Die Staatsaufgaben nach dem Grundgesetz, ²1977, S. 47 ff.; *Schuppert* (N 10), S. 155 ff. → Bd. IV, *Isensee*, § 73 Rn. 6 ff., 27 ff.
24 Vgl. *Fritz Ossenbühl*, Staatshaftungsrecht, ⁵1998, S. 12 ff.
25 Vgl. dazu *Wolfgang Weiß*, Privatisierung und Staatsaufgaben, 2002, S. 97 ff.; *Christof Gramm*, Privatisierung und notwendige Staatsaufgaben, 2001, S. 190 ff.
26 *Ariane Berger*, Staatseigenschaft gemischtwirtschaftlicher Unternehmen, 2006.

wohingegen die Wirtschaftstätigkeit der öffentlichen Hand sich weitestgehend nach privatem Recht beurteile[27]. Dementsprechend wurden herkömmlicherweise aus der Verwaltungsorganisation diejenigen Bereiche ausgegrenzt, „in denen die öffentliche Hand in privatrechtlichen Organisationsformen als wirtschaftlicher Unternehmer auftritt"[28]. Soweit damit eine Exemtion der Organisation von den rechtlichen Sonderbindungen des Staates begründet werden soll, ist die Aussage mit der verfassungsrechtlichen Prämisse unvereinbar, wonach der Staat verfassungsrechtlich konstituiert ist[29]. Auch wenn man diese Prämisse nicht teilt, wird ein solches Vorgehen in dem Maße fragwürdig, wie der Staat seine Unternehmereigenschaft bewußt für genuin staatliche Zwecke instrumentalisiert, also etwa Wirtschafts-, Struktur-, Konjunktur- oder Verkehrspolitik als Unternehmer betreibt, oder aber die Quantität der Wirtschaftstätigkeit ein Steuerungspotential eröffnet, das – genutzt oder ungenutzt – der Wirksamkeit öffentlich-rechtlicher Einwirkungsmöglichkeiten auf die Gesellschaft in nichts nachsteht. Die Feststellung, daß sich der Staat auch in diesen Fällen nicht seiner spezifischen Verantwortung entziehen darf, mag leicht zu treffen sein. Viel schwieriger ist indes die Frage zu beantworten, wie diese staatliche Verantwortung sachadäquat rechtlich geltend gemacht werden kann.

Wirtschaftstätigkeit der öffentlichen Hand

b) Beteiligung Privater

Zwischen der Verwaltung in den Organisationsformen des Privatrechts, also der Verwaltung durch Privatrechtssubjekte und der „Erfüllung von Verwaltungsaufgaben durch Private"[30], bestehen Überschneidungsbereiche und gleitende Übergänge. Akzentuiert man die Unterschiedlichkeit beider Phänomene, so geht es bei der Verwaltung durch Privatrechtssubjekte neben der bloßen Ausnutzung der Rechtsform um die Einbeziehung der privatrechtlichen Organisation aus dem Bereich des Gesellschaftlichen in den Bereich organisierter Staatlichkeit, wohingegen es im Fall der Verwaltung durch Private bei der prinzipiellen Verwurzelung des Inanspruchgenommenen in der gesellschaftlichen Sphäre bleibt. Gleichwohl kann seine Vereinnahmung Ausmaße annehmen und seine Beteiligung an der Wahrnehmung von Verwal-

13
Verwaltung durch Privatrechtssubjekte und Private

---

27 *Ehlers* (N 13), S. 88; *Franz Mayer/Ferdinand Kopp*, Allgemeines Verwaltungsrecht, ⁵1985, § 3 IV 2 d; *Peter Badura*, Wirtschaftsrecht, in: Eberhard Schmidt-Aßmann (Hg.), Besonderes Verwaltungsrecht, ¹³2005, 3. Kap., Rn. 78; dazu auch *Peter Lerche*, in: Maunz/Dürig, Komm. z. GG, Art. 83 Rn. 42; *Markus Möstl*, Grundrechtsbindung öffentlicher Wirtschaftstätigkeit, 1999, S. 66 m. weit. Nachw. → Bd. IV, *Ronellenfitsch*, § 98 Rn. 21 ff., 48 ff.
28 *Werner Weber*, Verwaltungsorganisation, in: HdSW XI, S. 276.
29 *Ehlers* (N 13), S. 86; *Rolf Stober*, in: Hans J. Wolff/Otto Bachof/ders., Verwaltungsrecht, Bd. III, ⁵2004, § 91 Rn. 73; *Klaus Stern*, Das Staatsrecht der Bundesrepublik Deutschland, Bd. I, ²1984, § 3 III 9, S. 95; *Hans-Uwe Erichsen*, Staatsrecht und Verfassungsgerichtsbarkeit, Bd. I, ³1982, S. 114; *Andreas von Arnauld*, Grundrechtsfragen im Bereich von Post und Telekommunikation, in: DÖV 1998, S. 437 (440). Vgl. auch BVerfGE 42, 312 (331 f.).
30 Dazu die Referate von *Fritz Ossenbühl* und *Hans-Ulrich Gallwas*, Die Erfüllung von Verwaltungsaufgaben durch Private, in: VVDStRL 29 (1971), S. 137 ff., 211 ff., sowie *Markus Heintzen* und *Andreas Voßkuhle*, Beteiligung Privater an der Wahrnehmung öffentlicher Aufgaben und staatliche Verwaltung, in: VVDStRL 62 (2003), S. 220 ff., 266 ff.

tungsfunktionen rechtlich wie faktisch so bedeutsam sein, daß der Private in seiner Rolle als Verwaltungsfunktionär zum integrierten Bestandteil der Verwaltungsorganisation wird. Die Verwaltungsrechtsdogmatik versucht diesem Umstand dadurch Rechnung zu tragen, daß sie zwischen „Beleihung"[31] und „Indienstnahme Privater" unterscheidet und den Beliehenen als Verwaltungsträger versteht, dem Indienstgenommenen aber diesen Status vorenthält[32]. Mit diesen Instituten läßt sich freilich die Fülle der Erscheinungsformen der Beteiligung Privater nicht einmal andeuten, geschweige denn rechtlich bewältigen[33]. Das Ausmaß der Inspruchnahme reicht von der Übertragung ganzer Aufgabenbereiche über die Überwachung, Förderung und Anregung von Privathandeln bis hin zu Formen kooperativen Verwaltungshandelns[34]. Die Teilhabe an Verwaltungsfunktionen reicht über Antragsberechtigungen, Anhörung und Beratung[35], Mitentscheidung[36] bis zur Alleinentscheidung[37]. Die Palette der formell wie informell institutionalisierten Beteiligungen Privater zeigt nicht nur die vielfältige organisatorische Verklammerung von Staat und Gesellschaft bis hin zu einem ununterscheidbaren Kondominium, sondern auch die erwähnte fließende Grenze zwischen Verwaltungsorganisation und -verfahren[38].

c) Privatisierung

14 Der Problemdruck, den Übergangsbereich von staatlicher und gesellschaftlicher Organisation auch verfassungsrechtsdogmatisch zu verarbeiten, ist durch die erhebliche Zunahme der „Privatisierung" von einstmals durch den Staat in öffentlich-rechtlichen Organisationsformen erfüllten Aufgaben beträchtlich angewachsen. Unterschieden werden herkömmlicherweise die „formelle" (oder auch „Organisations"-) Privatisierung und die „materielle" (oder „Aufgaben"-) Privatisierung[39]. Während unter „formeller" Privatisierung nur der Wechsel der Rechtsform, also die Überführung von zuvor öffentlich-rechtlich organisierten Verwaltungsträgern in eine privatrechtliche Rechts- bzw. Organisationsform bei staatlichem Anteilseigentum verstanden wird, bezeichnet „materielle" Privatisierung die vollständige Überführung eines Aufgabenbe-

---

31 S. u. Rn. 45.
32 *Martin Burgi*, Funktionelle Privatisierung und Verwaltungshilfe, 1999, S. 82; *Sibylle v. Heimburg*, Verwaltungsaufgaben und Private, 1982, S. 39 f.
33 Vgl. den Systematisierungsversuch bei *Ossenbühl* (N 23), S. 145 ff.; vgl. auch *ders.* (N 24), S. 15 ff.
34 Dazu *Barbara Remmert*, Private Dienstleistungen in staatlichen Verwaltungsverfahren, 2003, S. 29 ff., 109 ff.
35 Vgl. §§ 44 Abs. 4, 47 Abs. 3 GGO der Bundesministerien; § 70 GOBT; § 51 BImSchG; § 94 BBG. Vgl. zusammenfassend: *Hans Schneider*, Gesetzgebung, ³2002, § 1982, Rn. 103 ff.; *Joseph H. Kaiser*, Verbände, in: HStR II, ²1998 (¹1987), § 34 Rn. 29 ff.; → Bd. III, *Horn*, § 41 Rn. 47 ff.
36 Etwa durch Inkorporierung Privater in die Verwaltungsräte von Anstalten des öffentlichen Rechts, so etwa beim Deutschen Weinfonds (§ 40 I WeinG) oder der Filmförderungsanstalt (§ 6 I FFG) und die Fernseh- oder Rundfunkräte öffentlich-rechtlicher Rundfunkanstalten (z.B. § 21 I ZDF-StV, § 31 III DWG).
37 So i. d. R. im Falle der Beleihung; s. u. Rn. 44.
38 Vgl. insofern *Walter Schmitt Glaeser*, Partizipation an Verwaltungsentscheidungen, in: VVDStRL 31 (1973), S. 179 (191); s. o. N 4. → Unten *Schmidt-Aßmann*, § 109 Rn. 7.
39 → Bd. IV, *Burgi*, § 75 Rn. 6 ff.

reichs aus der staatlichen in die gesellschaftliche Sphäre[40]. Zumindest teilweise nur einen Unterfall der „materiellen" Privatisierung stellt die sogenannte „Vermögensprivatisierung" dar, mit der die Veräußerung von staatlichen Beteiligungen an Wirtschaftsunternehmen oder auch Grundstücken an Private bezeichnet werden soll[41]. Auch hier sind die Übergänge gleitend, wie insbesondere die Privatisierungen der „großen" Staatsunternehmen – Post und Eisenbahn – in den 90er Jahren zeigen. Die vormaligen Sondervermögen des Bundes – Deutsche Bundespost und Deutsche Bundesbahn – wurden zunächst in Aktiengesellschaften umgewandelt, deren Aktien in Besitz des Bundes verblieben („formelle" Privatisierung). Im Anschluß daran wurden die Aktien an den Nachfolgeunternehmen der Deutschen Bundespost (teilweise) an private Anteilseigner veräußert (teilweise „materielle" bzw. „Vermögens-"Privatisierung). Bei der Deutschen Bahn AG steht dieser Schritt derzeit noch aus.

Verfassungsrechtlich stellt sich bei der „formellen" Privatisierung das schon angedeutete[42] Problem der Sicherstellung rechtsstaatlicher und demokratischer Entscheidungsqualität von Organisationen, die ungeachtet ihres Wechsels zur privatrechtlichen Rechtsform ihre Qualität als staatliche Verwaltungseinheiten nicht verloren haben. Demgegenüber geht es bei der „materiellen" Privatisierung auch darum, inwieweit die Verfassung dem Staat erlaubt, seinen Aufgabenbestand abzubauen. Allerdings geht die genannte verfassungsrechtliche Problematik des Phänomens „Privatisierung" über diese Fragen weit hinaus und ist ähnlich komplex wie das Phänomen selbst[43]. Das rührt nicht zuletzt daher, daß sich der Staat einerseits durch Privatisierung zu entlasten sucht, andererseits aber aus unterschiedlichen rechtlichen oder politischen Gründen gehindert sein kann, sich seiner Verantwortung für die Wahrnehmung der ehemals genuin staatlich erfüllten Aufgaben zu entledigen. Ein Versuch, diese Problematik wissenschaftlich aufzuarbeiten, besteht darin, ein System abgestufter staatlicher Verantwortung („Von der Erfüllungsverantwortung zur Gewährleistungsverantwortung"[44]) zu entwickeln[45]. Ähnlich sind die Probleme gelagert, wenn es nicht um Organisationsprivatisierung, sondern um die Überlassung von Verfahrensabschnitten an Private geht[46].

15
Sicherstellungsauftrag

---

40 Zur Begriffsbildung → Bd. IV, *Burgi*, § 75 Rn. 6 ff., 16 ff.; *Maurer* (N 13), § 23 Rn. 61 ff.; *Burgi* (N 2), § 9 Rn. 9 f.; *Jörn Axel Kämmerer*, Privatisierung, 2001, S. 16 ff.; *Lerke Osterloh*, Privatisierung von Verwaltungsaufgaben, in: VVDStRL 54 (1995), S. 204 (210).
41 *Maurer* (N 13), § 23 Rn. 64; → unten *Isensee*, § 122 Rn. 115 ff.
42 S. o. Rn. 7. → Bd. IV, *Butzer*, § 74 Rn. 38 ff.; *Burgi*, § 75 Rn. 28 ff.
43 Vgl. insoweit die umfassenden Darstellungen von *Kämmerer* (N 40), *Gramm* (N 25) und *Weiß* (N 25). → Bd. IV, *Butzer*, § 74 Rn. 38 ff.; *Burgi*, § 75 Rn. 1 ff.
44 *Gunnar Folke Schuppert*, Geändertes Staatsverständnis als Grundlage des Organisationswandels öffentlicher Aufgabenwahrnehmung, in: Dietrich Budäus (Hg.), Organisationswandel öffentlicher Aufgabenwahrnehmung, 1998, S. 19 (25).
45 Zusammenfassend *Schuppert* (N 1), S. 402 ff. m. weit. Nachw.; vgl. auch *Johannes Masing*, Regulierungsverantwortung und Erfüllungsverantwortung, in: VerwArch 95 (2004), S. 151 (156 ff.).
46 *Remmert* (N 34), S. 198 f.

B. Einheit und Pluralität der Verwaltung

16
Pluralität der Aufbauorganisation

Der Aufbau der Verwaltungsorganisation in der Bundesrepublik Deutschland ist häufig als verwirrend und unübersichtlich bezeichnet worden[47]. Das ist richtig, wenn man auf das Filigran der Verwaltungsorganisation abstellt, und stimmt um so mehr, je tiefer man in die verzweigten Organisationsstrukturen eindringt und nach einem einheitlichen Ordnungsmuster sucht. Rechtliche und verwaltungswissenschaftliche Strukturbegriffe wie unmittelbare und mittelbare (Landes-, Bundes-)Verwaltung[48], Zentralisation und Dezentralisation, Konzentration und Dekonzentration[49] verlieren in der Organisationswirklichkeit angesichts zahlreicher Überschneidungen und Durchbrechungen schnell ihre systembildende Kraft. Die von ihnen vorausgesetzte Rationalität des Ordnungsmusters findet ihre Grenze an historisch gewachsenen, unter politischen Rücksichtnahmen gestalteten, bisweilen sogar eher zufällig so gebildeten Organisationsstrukturen[50]. Der historisch beladenen, zwischen Verfassungstheorie, Verwaltungspolitik, Verwaltungswissenschaft und Rechtsdogmatik changierenden Beschwörungsformel von der „Einheit der Verwaltung"[51] steht in der Verwaltungswirklichkeit eine vielgliedrig ausdifferenzierte, pluralistische Gesamtheit von Verwaltungseinheiten gegenüber. Diese

„Einheit der Verwaltung"

---

47 *Hans Peters*, Lehrbuch der Verwaltung, 1949, S. 40; *Ernst Rasch*, Die staatliche Verwaltungsorganisation, 1967, S. 211.
48 S. u. Rn. 22.
49 „Von Zentralisation spricht man, wenn alle wesentlichen Aufgaben und Befugnisse bei einem Verwaltungsträger, i. d. R. beim Staat, konzentriert sind, von Dezentralisation, wenn der Staat Aufgaben und Befugnisse mit selbständigen anderen Verwaltungsträgern (Gemeinden, Kommunen usw.) teilt. Konzentration liegt vor, wenn alle wesentlichen Aufgaben und Befugnisse bei einer Behörde oder Verwaltungseinheit zusammengefaßt sind, Dekonzentration, wenn die Aufgaben und Befugnisse auf mehrere Behörden derselben Ebene oder nachgeordneter Ebenen verteilt sind." (*Mayer/Kopp* [N 27], § 60 V 2); vgl. auch *Hans Peters*, Zentralisation und Dezentralisation, 1928; *Bernd Becker/Wolfgang Graf Vitzthum*, Grundfragen der Verwaltungsorganisation, 1980, S. 123 ff.; *Klaus Stern*, Das Staatsrecht der Bundesrepublik Deutschland, Bd. II, 1980, § 41 IV 10 e ß; *Günter Beuermann*, Zentralisation und Dezentralisation, in: Freise (N 5), Sp. 2611 ff.; zum Verhältnis von Einheit der Verwaltung und Dezentralisation sowie Dekonzentration *Martin Oldiges*, Einheit der Verwaltung als Rechtsproblem, in: NVwZ 1987, S. 737 (740 f.).
50 Zur Geschichte der Verwaltungsorganisation *Gerd Heinrich/Friedrich-Wilhelm Henning/Kurt Jeserich* (Hg.), Verwaltungsgeschichte Ostdeutschlands 1815–1945, 1992; *Martin Knaut*, Geschichte der Verwaltungsorganisation, 1961; *Theodor Mayer*, Die Verwaltungsorganisationen Maximilians I., 1920; *Ernst Meier*, Die Reform der Verwaltungsorganisation unter Stein und Hardenberg, 1881; *Eduard Rosenthal*, Geschichte des Gerichtswesens und der Verwaltungsorganisation Baierns, Bd. I: 1889; Bd. II: 1906; *Werner Frotscher*, Überblick über die Verwaltungsorganisation in den Bundesstaaten (des Deutschen Reiches von 1871), in: DVerwGesch, Bd. III, S. 407 ff.; *Wolfgang Rüfner*, Entwicklung der Verwaltung in Preußen, ebd., S. 678 ff.; *Werner Frotscher*, Organisation der Reichsverwaltung und der Länderverwaltungen einschließlich Vorschläge zur Reichsreform (in der Weimarer Republik), in: DVerwGesch, Bd. IV, S. 112 ff.
51 Vgl. *Karl Freiherr vom und zum Stein*, Nassauer Denkschrift, in: Erich Botzenhart u. a. (Hg.), Freiherr vom Stein. Briefe und Amtliche Schriften, Bd. II/1, 1959, S. 380 (385); *Bill Drews*, Grundzüge einer Verwaltungsreform, 1919, S. 11 ff. Aus jüngerer Zeit etwa *Georg-Christoph von Unruh*, Einheit der Verwaltung, in: DVBl 1979, S. 761 ff.; *Bernhard Schlink*, Die Amtshilfe, 1982, S. 62 ff., 75 ff.; vgl. dazu auch *Frido Wagener*, Neubau der Verwaltung, 1968, S. 302 ff., 308 f.; *Brun-Otto Bryde* und *Görg Haverkate*, Die Einheit der Verwaltung als Rechtsproblem, in: VVDStRL 46 (1988), S. 181 ff. und 217 ff.

stehen in derart unterschiedlichen rechtlichen wie tatsächlichen Beziehungen zueinander, daß ihre systematische Erfassung nachgerade ausgeschlossen erscheint. Eine der vielfältigen Organisationswirklichkeit auch nur angenäherte Beschreibung kann hier nicht geleistet werden[52].

I. Grundraster der Verwaltungsorganisation

1. Unmittelbare und mittelbare Staats- und Kommunalverwaltung

Das Grundgesetz unterscheidet die Verwaltungen des Bundes und der Länder und garantiert durch Art. 28 Abs. 2 GG einen eigenständig wahrzunehmenden Aufgabenkreis der Kommunalverwaltung. Die Verwaltungsorganisation ist damit verfassungsrechtlich in dem Sinne dezentral vorstrukturiert, als die drei Verwaltungsbereiche des Bundes, der Länder und der Kommunen nicht beziehungslos, aber grundsätzlich unabhängig nebeneinander stehen[53]. Bund, Länder und Kommunen sind zwar nicht die einzigen Verwaltungsträger im Sinne rechtlich verselbständigter, also (teil-)rechtsfähiger Verwaltungseinheiten; Bundes-, Landes- und Kommunalverwaltung lassen sich aber als die „Hauptverwaltungsbereiche"[54] bezeichnen, denen alle Verwaltungseinheiten zugeordnet werden können[55].

17
Hauptverwaltungsträger: Bund, Länder, Kommunen

Diese Verwaltungsbereiche sind keine einheitlichen Verwaltungsblöcke, sondern je für sich in unterschiedlichem Ausmaß zergliedert. Diesen Umstand will das Begriffspaar der mittelbaren und unmittelbaren Verwaltung verdeutlichen. Mit unmittelbarer Staats- bzw. Kommunalverwaltung werden Grup-

18
Unmittelbare und mittelbare Verwaltung

---

52 Vgl. insofern für die Bundesverwaltung *Loeser* (N 10), Bd. I und II; für die Bundes- und Länderverwaltung auch *Klaus Müller* (Hg.), Behörden- und Gerichtsaufbau in der Bundesrepublik Deutschland, 1978/1979.
53 Vgl. auch *Lerche* (N 27), Art. 83 Rn. 14.
54 *Frido Wagener*, Typen der verselbständigten Erfüllung öffentlicher Aufgaben, in: ders. (Hg.), Verselbständigung von Verwaltungsträgern, 1976, S. 31 (37); von Hauptverwaltungseinheiten sprechen *Loeser* (N 10), Bd. I, S. 17, und *Püttner* (N 5), § 7 II 3 (S. 75).
55 Dies gilt auch für die „Gemeinschaftseinrichtungen" dieser Hauptverwaltungsbereiche, wie die gemeinsame Filmbewertungsstelle der Länder in Wiesbaden, das Zweite Deutsche Fernsehen (ZDF), die Zentralstelle für die Vergabe von Studienplätzen in Dortmund (ZVS) oder die Versorgungsanstalt des Bundes und der Länder in Karlsruhe (VBL). Im verfassungsrechtlich konstituierten Staat des Grundgesetzes (s. o. N 28) kann es innerstaatlich eine von der Verfassung nicht konstituierte Ausübung von (deutscher) Staatsgewalt nicht geben. „Echte" Gemeinschaftseinrichtungen, deren Einrichtung und Tätigkeit weder dem Bund noch den Ländern, also keinem Staat zugeordnet werden können (in der Literatur zuweilen auch „dritte Ebene" genannt), sind damit verfassungsrechtlich nicht denkbar, weil das Grundgesetz einen solchen Verwaltungstyp nicht zur Verfügung stellt, vgl. auch *Rolf Grawert*, Verwaltungsabkommen zwischen Bund und Ländern in der Bundesrepublik Deutschland, 1967, S. 282; *Josef Kölble*, „Gemeinschaftsaufgaben" der Länder und ihrer Grenzen, in: NJW 1962, S. 1081 (1083 f.). Vgl. auch *Jost Pietzcker*, Zusammenarbeit der Gliedstaaten im Bundesstaat – Landesbericht Bundesrepublik Deutschland, in: Christian Starck (Hg.), Zusammenarbeit der Gliedstaaten im Bundesstaat, 1988, S. 17 (54 ff.); in rechtstatsächlicher Hinsicht auch *Christoph Vedder*, Intraföderale Staatsverträge: Instrumente der Rechtsetzung im Bundesstaat, 1997, S. 108; a. A. wohl *Gunter Kisker*, Kooperation im Bundesstaat, 1971, S. 260. Zumindest i. E. mit der hier vertretenen Auffassung übereinstimmend hat das Bundesverwaltungsgericht festgestellt, daß das ZDF eine Anstalt des Landes Rheinland-Pfalz ist, vgl. BVerwGE 22, 299 (311).

pen von Verwaltungseinheiten bezeichnet, die, ohne rechtlich selbständig zu sein, als Organe der Hauptverwaltungsträger deren Aufgaben erfüllen. Davon werden solche Verwaltungseinheiten unterschieden, die rechtlich verselbständigt, also selbst „Verwaltungsträger" sind und insofern dem Hauptverwaltungsträger nur „mittelbar" zuzurechnen sind[56]. Da das Kriterium der (Un-) Mittelbarkeit an der rechtlichen Verselbständigung[57] der Verwaltungseinheit anknüpft, Rechtsfähigkeit aber ein gradueller Begriff mit vielen Abstufungen („Teilrechtsfähigkeit") ist, gibt es nur begrenzt Auskunft über den tatsächlichen Grad an Selbständigkeit einer Organisationseinheit. Immerhin läßt sich mit dieser Begrifflichkeit eine Grobeinteilung vornehmen und können die Bereiche der unmittelbaren Bundes-, Landes- und Kommunalverwaltung als die Gravitationszentren der Verwaltungsorganisation aufgefaßt werden, die in mehr oder weniger loser Verbindung zu den übrigen ihnen zuzuordnenden Verwaltungsträgern stehen.

19
Pluralität der unmittelbaren Staatsverwaltung

Die Gesamtheit der Verwaltungsorganisation ist nicht nur im Hinblick auf ihre föderale Grundstruktur und das Phänomen der mittelbaren Verwaltungen plural. Die Separation von Verwaltungseinheiten setzt sich vielmehr auch im Bereich der unmittelbaren Staatsverwaltung fort. Allenfalls die nach ihrer Binnenstruktur je nach Bundesländern unterschiedlichen Kommunalverwaltungen[58] vermitteln nach außen noch halbwegs das Bild von der „Einheit der Verwaltung" als einer geschlossenen Verwaltungsorganisation. Demgegenüber ist die unmittelbare Bundes- und Landesverwaltung nach den unterschiedlichsten Strukturprinzipien[59], sofern rationale Ordnungsmuster überhaupt erkennbar sind, aufgeteilt. Allgemeine wie Sonderverwaltungen[60] sind horizontal und/ oder vertikal dekonzentriert[61]. Dabei zeigt sich die Dekonzentration nicht nur in der sachlichen Aufteilung, sondern auch als räumliche Trennung. So sind etwa die Bundesoberbehörden über das ganze Bundesgebiet verteilt[62].

---

56 Vgl. statt vieler *Maurer* (N 13), § 23 Rn. 1.
57 Mit den Begriffen „unmittelbarer" oder „mittelbarer Verwaltung" ist eine bestimmte Qualität eines Zurechnungsverhältnisses von Verwaltungseinheiten bezeichnet. Solche Zurechnungsverhältnisse kann es selbstverständlich auch im Verhältnis der oben bezeichneten Hauptverwaltungsträger zueinander geben. Da staatsrechtlich die Kommunalverwaltung Teil der Landesverwaltung ist, ist sie insofern auch „mittelbare" Landesverwaltung. Über das Ausmaß der rechtlichen (und tatsächlichen) Selbständigkeit der Kommunen gegenüber dem Land ist damit noch nichts gesagt. Zum Streit um den Begriff „mittelbare" Staatsverwaltung und seine Anwendung auf Kommunalverwaltungen vgl. *Lerche* (N 27), Art. 83 Rn. 14; *Weber* (N 28), S. 278; *Edzard Schmidt-Jortzig*, Kommunalrecht, 1982, Rn. 4 m. weit. Nachw.
58 Einen Überblick über die kommunale Binnenorganisation in den Ländern geben *Eberhard Schmidt-Aßmann*, in: ders. (N 27), 1. Kap, Rn. 55 ff.; *Winfried Kluth*, Das Recht der internen Organisation der Gemeinden, in: Wolff/Bachof/Stober (N 29), § 95 Rn. 1 ff.; *Dian Schefold/Maja Neumann*, Entwicklungstendenzen der Kommunalverfassungen in Deutschland, 1996, S. 3 ff.
59 Zum Gebiets- und Aufgabenorganisationsmodell vgl. *Wagener* (N 54), S. 35 ff., sowie ähnlich schon *Peters* (N 47), S. 53: Territorial- und Realprinzip.
60 Definitionen bei *Werner Thieme*, Verwaltungslehre, ⁴1984, § 48 Rn. 279, und *Eichhorn* (N 1), S. 963.
61 Zum Begriff s. o. Rn. 16 ff. und N 48.
62 Zum „verwaltungsgeographischen Zweck" der Dezentralisation und Dekonzentration vgl. *Püttner* (N 5), § 8 IV (S. 115 ff.).

Die Organisation der unmittelbaren Landesverwaltung, über die in einigen Bundesländern Organisationsgesetze Auskunft geben[63], weist bei aller Verschiedenheit in der Feinstrukturierung einige gemeinsame Grundzüge auf. So ist (außer in den Stadtstaaten) die allgemeine Verwaltung vertikal dekonzentriert, wobei auf der Mittelstufe[64] die Wahrnehmung der Verwaltungsaufgaben in Gestalt von Bezirksregierungen bzw. Regierungspräsidenten regional (Regierungsbezirke) konzentriert ist. Die unteren Landesbehörden der allgemeinen staatlichen Verwaltung sind auf der Kreisebene angesiedelt, so daß die entsprechenden Verwaltungsorganisationen sowohl staatliche als auch Aufgaben der Kommunalverwaltung wahrnehmen. Die Organisation dieser Doppelfunktion variiert in den einzelnen Bundesländern[65]. Festzustellen ist, daß die Flächenländer über keinen eigenen Behördenapparat verfügen, der sich bis auf die Gemeindeebene herunterzieht. Im Bereich der Sonderverwaltungen lassen sich oberste Landesbehörden, Landesoberbehörden, Landesmittelbehörden und untere Landesbehörden unterscheiden[66]. Der damit erweckte Anschein eines durchgängigen vierstufigen Behördenaufbaus täuscht allerdings. So gibt es oberste Landesbehörden ohne organisatorischen Unterbau (zum Beispiel Landesrechnungshof[67]), verfügen Landesoberbehörden nur teilweise über einen eigenen Verwaltungsunterbau oder unterstehen untere Landesbehörden unmittelbar einer Landesoberbehörde, die damit gleichsam die „Mittelstufe" einnimmt.

20
Unmittelbare Landesverwaltung

Statt von unmittelbarer Bundesverwaltung spricht das Grundgesetz von „bundeseigener Verwaltung"[68]. Sie ist den Länderverwaltungen vergleichbar in unterschiedlicher Weise horizontal wie vertikal (de-)konzentriert. Die bundeseigene Verwaltung hat teilweise obligatorisch und zum Teil fakultativ einen eigenen Verwaltungsunterbau[69], zum Teil ist ihr die Einrichtung einer

21
Bundeseigene Verwaltung

---

63 Verwaltungsorganisationsgesetze gelten in Baden-Württemberg, Landesverwaltungsgesetz vom 2.1.1984 – LVwG Bad.-Württ. (GBl S. 101); Brandenburg, Landesorganisationsgesetz vom 12.9.1994 – LOG Brandenb. (GVBl Bbg I 1994 S. 406); Mecklenburg-Vorpommern, Landesorganisationsgesetz vom 14.3.2005 – LOG Mecklen.-Vorp. (GVOBl Mecklenb.-Vorp. S. 98); Nordrhein-Westfalen, Landesorganisationsgesetz vom 10.7.1962 – LOG Nordrh.-Westf. (GV NW S. 421); Saarland, Landesorganisationsgesetz vom 27.3.1997 – LOG Saarl. (ABl S. 410); Schleswig-Holstein, Landesverwaltungsgesetz vom 2.6.1992 – LVwG Schl.-Hol. (GVBl S. 243), jeweils mit Änderungen. Vgl. auch *Michael König*, Kodifikation des Landesorganisationsrechts, 1999.
64 In Brandenburg, Mecklenburg-Vorpommern und Schleswig-Holstein fehlt die Mittelstufe. Gleiches gilt auch im Saarland mit Ausnahme von Oberbergamt und Oberfinanzdirektion (§ 6 LOG Saarl.).
65 Vgl. im einzelnen dazu *Fritz Achim Baumann*, Die allgemeine untere staatliche Verwaltungsbehörde im Landkreis, 1967, S. 33 ff.; *Reinhold Plenk*, Die untere Verwaltungsbehörde in Bayern, Diss. Würzburg 1963; *Werner Weber*, Der Staat in der unteren Verwaltungsinstanz, ²1964, S. 13 ff.; *Albert v. Mutius*, Stellung des Landrats/Oberkreisdirektors im geltenden Kommunalrecht der Bundesrepublik Deutschland, in: Der Landkreis 1980, S. 404 ff.; *Niels Krüger/Christoph Apitz*, Wer ist untere Verwaltungsbehörde im Freistaat Sachsen, in: LKV 1998, S. 90 ff.
66 Vgl. etwa §§ 3, 4, 6, 7, 9 LOG Nordrh.-Westf.
67 Vgl. etwa Art. 87 NordrhWestfVerf.
68 Z.B. Art. 86, 87 Abs. 1, 87 b, 87 d, 87 e Abs. 1 GG. Zur Terminologie vgl. *Stern* (N 48), § 41 VII 3 b; *Lerche* (N 26), Art. 83 Rn. 23 f.
69 Obligatorisch ist ein mehrstufiger Verwaltungsunterbau gemäß Art. 87 Abs. 1 S. 1 GG für den Auswärtigen Dienst, für die Bundesfinanzverwaltung und nach Maßgabe des Art. 89 GG für die Verwaltung der Bundeswasserstraßen und der Schiffahrt. Fakultativ ist dagegen ein mehrstufiger Verwaltungsaufbau, z.B. gemäß Art. 87 d Abs. 1 GG im Bereich der Luftverkehrsverwaltung.

solchen mehrstufigen Organisation untersagt[70]. Insofern lassen sich auch neben den obersten Bundesbehörden, die teilweise im Grenzbereich zur Regierungsorganisation liegen (Ministerien) und ihre verfassungsrechtliche Grundlage außerhalb des VIII. Abschnitts des Grundgesetzes finden[71], Bundesober-, -mittel- und -unterbehörden unterscheiden. Keinen eigenen Verwaltungsunterbau haben zum Beispiel die von Art. 87 Abs. 3 S. 1 GG so bezeichneten „selbständigen Bundesoberbehörden"[72]; dreistufig ist zum Beispiel die Bundesfinanzverwaltung[73] aufgebaut. Einigen Bundesministerien, so dem Bundesministerium für Bildung und Forschung und dem Bundesministerium für Wirtschaftliche Zusammenarbeit und Entwicklung, ist kein Behördenapparat nachgeordnet.

22
Mittelbare Staats- und Kommunalverwaltung

Noch mehr als der hier nur grob und keinesfalls vollständig skizzierte Bereich der unmittelbaren Staats- und Kommunalverwaltung entzieht sich die mittelbare Bundes-, Landes- und Kommunalverwaltung dem systematischen Zugriff[74]. Nach umstrittener Auffassung zählen zu diesen rechtlich verselbständigten Trabanten innerhalb der Verwaltungsorganisation nicht nur Organisationen in den Rechtsformen des öffentlichen Rechts, sondern auch solche in den Rechtsformen des Privatrechts[75]. Das ist insofern zutreffend, als auch durch Privatrechtsorganisationen Verwaltungsaufgaben erfüllt werden, Verwaltung durch Privatrechtssubjekte also Verwaltung durch rechtlich verselbständigte Organisationseinheiten ist. Zudem rückt diese Sicht die öffentlich-rechtlich und privatrechtlich organisierte Verwaltung näher aneinander und verhindert ein Abwandern der Verwaltung durch Privatrechtssubjekte aus dem Blickfeld des Verwaltungsorganisationsrechts[76]. Die Wahrnehmung von

---

70 Einstufig ist die unmittelbare Bundesverwaltung nach Art. 87 Abs. 3 S. 1 GG (selbständige Bundesoberbehörden) und nach Art. 87 Abs. 1 S. 2 2. Fall GG (Zentralstellen).
71 Beispielsweise findet die Bundesregierung ihre verfassungsrechtliche Grundlage in Art. 62, 65 GG, die Bundestagsverwaltung in Art. 40 GG.
72 Z.B. Statistisches Bundesamt, Umweltbundesamt, Bundeskartellamt, Bundesamt für Güterverkehr, Biologische Bundesanstalt für Land- und Forstwirtschaft.
73 Oberbehörde: z.B. Bundesamt für Finanzen, Bundeswertpapierverwaltung; Mittelbehörden: z.B. Oberfinanzdirektionen, Zollkriminalamt; Unterbehörden: z.B. Zollfahndungsämter, Hauptzollämter, Bundesforstämter; dabei gibt es jedoch keine dieser Dreistufigkeit entsprechenden durchgängigen Weisungsstränge.
74 Vgl. *Loeser* (N 10), Bd. I, S. 92 ff.; Ausführungen zur mittelbaren Landesverwaltung in Hessen bei *Hans Meyer*, in: ders./Michael Stolleis (Hg.), Hessisches Staats- und Verwaltungsrecht, ⁵2000, S. 71 (85 ff.); in Nordrhein-Westfalen bei *Norbert Achterberg*, Verwaltungsorganisation, in: Dieter Grimm/Hans-Jürgen Papier (Hg.), Nordrhein-westfälisches Staats- und Verwaltungsrecht, 1986, S. 63 (99 ff.); in Niedersachsen bei *Edmund Brandt*, Recht der Verwaltungsorganisation und des Verwaltungshandelns, in: ders./Manfred-Carl Schinkel (Hg.), Staats- und Verwaltungsrecht für Niedersachsen, 2002, S. 145 (160); in Schleswig-Holstein bei *Wolfgang Clausen*, Recht der Verwaltungsorganisation und des Verwaltungshandelns, in: Hans-Joachim Schmalz/Wolfgang Ewer/Albert v. Mutius/Edzard Schmidt-Jorzig (Hg.), Staats- und Verwaltungsrecht für Schleswig-Holstein, 2002, S. 91 (111 f.); zu Eigenbetrieben und rechtsfähigen Betriebseinheiten der Kommunen vgl. *Andreas Gaß*, Die Umwandlung gemeindlicher Unternehmen, 2003, S. 33 ff.
75 In diesem Sinne: *Armin Dittmann*, Die Bundesverwaltung, 1983, S. 86; *Hans-Uwe Erichsen/Ulrich Knoke*, Organisation bundesunmittelbarer Körperschaften durch die Länder?, in: DÖV 1985, S. 53 (57). Dagegen: *Lerche* (N 27), Art. 86 Rn. 88 m. weit. Nachw. Daß für eine verfeinerte Rechtstypologie eine solche Zuordnung zu undifferenziert ist – so die Bedenken von *Loeser* (N 10), Bd. I, S. 89 –, spricht nicht gegen diese Grobeinteilung.
76 Hingewiesen sei auf die aufgrund empirischer Untersuchung getroffene Feststellung *Beckers* (N 10), S. 8, wonach privatrechtliche Organisationen oft Ersatz für fehlende Behördenorganisationen sind.

Verwaltungsaufgaben durch (teil-)rechtsfähige Organisationen ist nicht nur der Bundes- und Landesverwaltung vorbehalten. Insbesondere bei Einbeziehung privatrechtlicher Organisationen gehört auch die „mittelbare" Kommunalverwaltung („Stadthallen-GmbH") zum gegenwärtigen Erscheinungsbild der Verwaltungsorganisation.

Die Organisation von Verwaltungsaufgaben durch rechtliche Verselbständigung von Organisationseinheiten gegenüber den Hauptverwaltungsträgern läßt sich nicht monokausal erklären. Die Idee der Selbstverwaltung[77] als eine Verwaltung eigener Angelegenheiten in weitgehend eigener Verantwortung ist nicht nur bei der kommunalen Selbstverwaltung, sondern in vielen anderen Verwaltungsbereichen[78] tragender Grund rechtlicher Verselbständigung der Aufgabenwahrnehmung – so etwa bei den berufsständischen Organisationen.

23

Selbstverwaltung

Selbstverwaltung ist allerdings nicht das einzige Motiv und findet auch keineswegs bei allen Verwaltungsträgern der mittelbaren Verwaltungsorganisation statt. Insgesamt wie im einzelnen Fall kann eine Reihe von Gründen zur Herausbildung eigenständiger Verwaltungsträger geführt haben, wie etwa Entpolitisierung (Bundesbank)[79], Staatsferne (Rundfunkanstalten)[80], Abschottung grundrechtlicher Freiräume (Hochschulen)[81]. Bei der Wahl privatrechtlicher Organisationsformen spielt häufig eine größere Flexibilität gegenüber dem Dienst-, Besoldungs- und Haushaltsrecht eine Rolle[82]. Verselbständigung als organisatorische Ausdifferenzierung ist auch Reaktion auf die anwachsende Komplexität von Verwaltungsaufgaben. Im übrigen ist organisatorisch mediatisierte Verwaltung in besonderem Maße geeignet, Prozesse des Hineinwachsens der Gesellschaft in den Bereich des Staatlichen und der Abwanderung von Verwaltungsstellen in den Bereich des Gesellschaftlichen aufzunehmen und einen organisatorischen Übergangsbereich zwischen Staat und Gesellschaft zu bilden[83].

24

Entpolitisierung

Budget- und beamtenrechtliche Freiräume

---

77 Dazu *Reinhard Hendler*, Selbstverwaltung als Ordnungsprinzip, 1984; *ders.*, Das Prinzip Selbstverwaltung, in: HStR IV, ²1999 (¹1990), § 106 Rn. 2 ff., 12 ff., 67 ff.; *Winfried Kluth*, Funktionale Selbstverwaltung, 1997; *Günter Püttner*, Kommunale Selbstverwaltung, in: HStR IV, ²1999 (¹1990), § 107 Rn. 2 ff.
78 Einen Überblick vermittelt *Kluth* (N 77), S. 30 ff.; *Albert v. Mutius* (Hg.), Selbstverwaltung im Staat der Industriegesellschaft, in: FG für Georg-Christoph v. Unruh, 1983. Den Umfang mittelbarer Staats- und Kommunalverwaltung wird man eher unter- als überschätzen. Allein im Bereich der nach Art. 87 Abs. 2 GG als bundesunmittelbare Körperschaften des öffentlichen Rechts organisierten Sozialversicherungsträger existierten nach den Angaben von *Loeser* (N 10), Bd. I, S. 92, seinerzeit 250 Organisationen. Aus dem Bereich der Verwaltung durch Privatrechtssubjekte sei beispielhaft auf die 1978 von *Becker* (N 10) durchgeführte Untersuchung hingewiesen. Sie bezog sich auf 460 Unternehmen, an denen der Bund zu mindestens 75 v. H. beteiligt war. Von diesen wurden 33 als „Unternehmen mit Verwaltungsfunktion" (ebd., S. 7) eingestuft.
79 → Unten *Schmidt*, § 117 Rn. 33 ff.
80 *Martin Bullinger*, Freiheit von Presse, Rundfunk, Film, in: HStR VI, ²2001 (¹1989), § 142 Rn. 89 ff.
81 *Thomas Oppermann*, Freiheit von Forschung und Lehre, in: HStR VI, ²2001 (¹1989), § 145 Rn. 18 f., 51 ff.
82 Vgl. – kritisch – zu den Motiven für die Wahl privatrechtlicher Organisationsformen *Peter Unruh*, Kritik des privatrechtlichen Verwaltungshandelns, in: DÖV 1997, S. 653 (654 ff.); *Paul Kirchhof*, Der demokratische Rechtsstaat – die Staatsform der Zugehörigen, in: HStR IX, 1997, § 221 Rn. 42 ff.
83 Zu den „Systemgedanken" der Schaffung verselbständigter Verwaltungseinheiten vgl. auch *Eberhard Schmidt-Aßmann*, Das allgemeine Verwaltungsrecht als Ordnungsidee, ²2004, 5. Kap., Rn. 36 ff.

2. Verselbständigte Verwaltungseinheiten

25
Verselbständigte Verwaltungseinheit

Anders als der Begriff der mittelbaren Staatsverwaltung, der – soweit als Rechtsbegriff verwendet – die organisatorische Verselbständigung von Verwaltungsträgern an dem eher formellen Kriterium der Rechtsfähigkeit einer Verwaltungseinheit festmacht, nimmt der Begriff der „verselbständigten (oder selbständigen) Verwaltungseinheit" die materielle Qualität der Selbständigkeit in den Blick. Das ist verwaltungswissenschaftlich[84] einleuchtend, da gewollte oder ungewollte Ausgliederungseffekte auch durch andere Organisationstechniken unterhalb und außerhalb der Verleihung von Rechtsfähigkeit an Verwaltungseinheiten erzielt werden können. In Betracht kommt die organisatorische Verselbständigung von Personal- und Sachmitteln, Verselbständigung der Willensbildung einer Organisationseinheit (zum Beispiel durch Einbeziehung „pluralistischer Entscheidungsgremien"[85]) oder Verselbständigung der Entscheidungstätigkeit (zum Beispiel durch Reduktion der Programmdichte).

26
Relativität der Rechtsfähigkeit

Das Phänomen der Verselbständigung von Verwaltungseinheiten neben oder unterhalb der Verleihung von Rechtsfähigkeit verdient aber auch rechtswissenschaftliche Beachtung[86]. Auch rechtlich kann dem Kriterium der „Rechtsfähigkeit" keine exklusive Maßgeblichkeit für rechtlich relevante organisatorische Ausgliederungen zukommen. Rechtsfähigkeit ist Rechtssubjektivität im Hinblick auf bestimmte Rechtssätze, so daß es immer darauf ankommt, in bezug auf welche Rechtssätze Rechtsfähigkeit besteht. Die sogenannte Vollrechtsfähigkeit meint oft nur die Rechtssubjektivität im vermögensrechtlichen, haftungsrechtlichen und prozessualen Bereich. Die „Rechtsfähigkeit" gibt daher nur begrenzt Aufschluß über das Ausmaß der (Un-)Abhängigkeit einer Verwaltungseinheit von einer anderen[87]. Soweit Rechtsnormen aber auch auf das tatsächliche Ausmaß an Verselbständigung reagieren[88], ist das Kriterium der Rechtsfähigkeit rechtsdogmatisch zu aussagearm.

27
Stufung der Unabhängigkeit von Verwaltungseinheiten

Der verwaltungswissenschaftliche Ursprung der „verselbständigten Verwaltungseinheit" macht sich allerdings insofern bemerkbar, als er gegenüber der „juristischen Person des öffentlichen Rechts" einen Verlust an Konturenschärfe hinnimmt[89]. Er ist eher ein Tendenzbegriff, der eine Begriffsskala erfordert, auf der sich der Grad an Unabhängigkeit der Organisation ablesen

---

84 Vgl. etwa *Wagener* (N 54); *Schuppert* (N 10); *Christopher Hood* (Hg.), Verselbständigte Verwaltungseinheiten in Westeuropa: Die Erfüllung öffentlicher Aufgaben durch Para-Government Organizations (PGOs), 1988; *Vark Helfritz*, Verselbständigte Verwaltungseinheiten in der Europäischen Union, 2000.
85 *Edith Schreyer*, Pluralistische Entscheidungsgremien im Bereich sozialer und kultureller Staatsaufgaben, 1982; *Ulrich Hufeld*, Die Vertretung der Behörde, 2003, S. 160 ff.; vgl. auch *Helge Sodan*, Kollegiale Funktionsträger als Verfassungsproblem, 1987.
86 Vgl. auch *Walter Krebs*, Die öffentlichrechtliche Anstalt, in: NVwZ 1985, S. 609 (615 f.).
87 Vgl. *Eberhard Schmidt-Aßmann*, Verwaltungsorganisation zwischen parlamentarischer Steuerung und exekutivischer Organisationsgewalt, in: FS für Hans Peter Ipsen, 1977, S. 333 (348).
88 S. u. Rn. 82, 90, 92, 101.
89 So auch die Kritik von *Klaus Lange*, Die öffentlichrechtliche Anstalt, in: VVDStRL 44 (1986), S. 169 (203).

läßt[90]. Eine solche Skala kann vermitteln, welche Brüche die Entscheidungsstränge zwischen der zentralen und der abgesonderten Verwaltungseinheit aufweisen („Einflußknicke"[91]), und kann damit die Intensität der Verselbständigung beschreiben. Eine derartige Vorgehensweise verdeutlicht, wieweit sich organisatorische Separationsprozesse auch in den Bereich der unmittelbaren Staatsverwaltung vorgeschoben haben und auch dort die Vorstellung einer Einheit der Verwaltung zumindest organisatorisch relativieren. Selbst die Kommunalverwaltung, die noch am ehesten diesem Bild entsprechen könnte, steht erkennbar unter dem Einfluß derartiger zentrifugaler Kräfte, die einen gleitenden Übergang von unmittelbarer zur mittelbaren Verwaltung bewirken[92].

II. Einheitsbildende Faktoren

Die Betrachtung der Aufbauorganisation der Verwaltung läßt die Vorstellung von der „Einheit der Verwaltung" schnell als Trug- oder Wunschbild erscheinen. Die Einheit der Verwaltung wird man eher in ihrem Entscheiden und Handeln als in ihrem organisatorisch institutionellen Gefüge suchen müssen. Für die Einheitlichkeit des Verwaltungshandelns ist die Aufbauorganisation aber nur einer neben anderen Bestimmungsfaktoren. So wird der durch die bundesstaatlich strukturierte Verwaltungsorganisation hervorgerufene Eindruck pluralistischen Verwaltungsgeschehens durch Ausmaß und Gewicht der Bundesgesetzgebung erheblich modifiziert. Hingewiesen sei nur auf die unmittelbar organisationsrelevanten Bundeskompetenzen für die Statusrechte und -pflichten der Beamten (Art. 74 Abs. 1 Nr. 27 GG) und das Haushaltswesen. Darüber hinaus werden die Verwaltungsträger in den Ländern vielfach durch einheitliche Sachprogramme verklammert. Auch in den Sachbereichen, in denen der Bund keine Gesetzgebungszuständigkeit besitzt, haben Formen föderaler Zusammenarbeit einheitsbildend gewirkt. Das betrifft nicht nur „materielle" Verwaltungsagenden wie das Bauordnungsrecht[93]. Einheitsstiftend sind auch die ergänzenden vereinheitlichten Regelungen über das Verwaltungsverfahren. Die zentrifugal wirkenden Kräfte dezentraler Verwaltungsorganisation werden dergestalt durch zentripetal wirkende Kräfte zentraler Verwaltungssteuerung kompensiert – bisweilen überkompensiert. Dies gilt nicht nur im Verhältnis Bund – Länder, sondern ent-

28
Einheit der Verwaltungsorganisation und des Verwaltungshandelns

---

90 Zu einer Skala der Verselbständigung bzw. der Einwirkungsmöglichkeiten auf verselbständigte Einheiten vgl. *Wagener* (N 54), S. 40 f.; *Schuppert* (N 10), S. 169 ff., 187 ff.; *Ulrich Becker*, Aufgabenerfüllung durch verselbständigte Betriebseinheiten aus der Sicht der Großstadt, in: Frido Wagener (Hg.), Regierbarkeit? Dezentralisation? Entstaatlichung?, 1976, S. 91 (116 f.).
91 *Wagener* (N 54), S. 41.
92 Beispiele sind: Verwaltungsneben- und Außenstellen. Bezirksverwaltungen mit gewählter Bezirksvertretung, Eigenbetriebe, nichtrechtsfähige Anstalten und Kommunalunternehmen (rechtsfähige Anstalten). Dazu *Gaß* (N 74), insbes. S. 33 ff.
93 Die Bauordnungen der Länder entsprechen weitgehend der „Musterbauordnung (MBO)", deren aktueller Fassung ein Beschluß der Bauministerkonferenz (Konferenz der für Städtebau, Bau- und Wohnungswesen zuständigen Minister und Senatoren der Länder – ARGE BAU) vom 8. 11. 2002 zugrunde liegt.

§ 108 *Achter Teil: II. Staatsfunktionen*

Staatsaufsicht
Kooperation

sprechend auch für den jeweiligen Verwaltungsbereich jedes Bundeslandes. Instrumente des Haushalts-, Finanz- und Planungsrechts sowie der Staatsaufsicht[94] wirken einem Auseinanderstreben selbständiger Verwaltungsträger entgegen. Neben die vielfältigen formellen Einrichtungen zur Herbeiführung vereinheitlichten Verwaltungsgeschehens treten ebenso vielfältige Formen informeller Abstimmung und Zusammenarbeit[95]. Sie modifizieren den Eindruck einer pluralistischen Verwaltungsorganisation und vervollständigen das Gesamtbild der Verwaltung, von der Einheitsbildung und Bewältigung der Daseinsvielfalt gleichermaßen erwartet wird.

C. Organisationsrechtliche Grundbegriffe

I. Aufgaben und Eigenart des Organisationsrechts

29
Apersonalität des Organisationsrechts

Die kontinuierliche Erfüllung der Verwaltungsaufgaben verlangt notwendig die Tätigkeit von Menschen, ist aber zugleich darauf angewiesen, vom „Dasein, Wechsel und Wegfall"[96] bestimmter Einzelpersönlichkeiten unabhängig zu sein. Zwar muß es auch für den Bürger einen „persönlichen" Kontakt mit der Verwaltung geben können. Seine Kontaktperson kann aber nicht das Verpflichtungs- und Berechtigungssubjekt seiner Rechte und Pflichten sein. Verwaltungsorganisation besteht demnach in der Verteilung der Verwaltungsaufgaben auf entindividualisierte Stellen. Das Verwaltungsorganisationsrecht, das diese Funktion zu erfüllen hat, ist damit prinzipiell apersonal strukturiert. Diejenigen Rechtsnormen, mit deren Hilfe bestimmte Menschen verpflichtet werden, Verwaltungsaufgaben zu übernehmen, die also die Verknüpfung von Verwaltungsstelle und natürlicher Person bewirken, werden

Dienstrecht

dem Dienstrecht zugerechnet und zählen nicht zum Organisationsrecht im engeren Sinne[97].

30

Mit der rechtlichen Zuordnung von Aufgaben und Befugnissen, also von Zuständigkeiten bzw. von Kompetenzen[98], zu apersonalen Stellen werden diese rechtlich fähig, Träger von Rechtspflichten zu sein. In diesem Sinne ist jede Stelle, die Zurechnungsendpunkt zumindest eines organisationsrechtlichen Rechtssatzes ist, pflicht- und damit im Hinblick auf diesen Rechtssatz

---

94 S. u. Rn. 45 ff.
95 Vgl. *Püttner* (N 5), § 9 III 4 (S. 136 f.); *Vedder* (N 55), S. 49 ff.; *Mayntz* (N 1), S. 113.; *Josef Isensee*, Idee und Gestalt des Föderalismus im Grundgesetz, in: HStR IV, ²1999 (¹1990), § 98 Rn. 93 ff., 98 ff.; *Walter Rudolf*, Kooperation im Bundesstaat, in: HStR VI, ²2001 (¹1989), § 105 Rn. 1 ff., 30 ff. Zu einheitsstiftenden Faktoren vgl. auch *Groß* (N 18), § 13 Rn. 95 ff.
96 *Friedrich E. Schnapp*, Überlegungen zu einer Theorie des Organisationsrechts, in: AöR 105 (1980), S. 243 (257), m. Hinw. auf RGSt 32, 365 (366).
97 So *Wolff* (N 2), § 71 IVb; *Ernst Forsthoff*, Lehrbuch des Verwaltungsrechts, Bd. I, Allgemeiner Teil, ¹⁰1973, § 23 (S. 431).
98 Die Begriffe „Zuständigkeit" und „Kompetenz" werden vielfach synonym verwendet. Zum Begriff der Kompetenz *Wolff* (N 2), § 72 Ic; *Rupert Stettner*, Grundfragen einer Kompetenzlehre, 1983, S. 31 ff.

auch „rechtsfähig"[99]. Eine dogmatische Grundfrage des Verwaltungsorganisationsrechts ist daher, welches Handeln welcher Verwaltungseinheit und welche Rechte und Pflichten welchen (apersonalen) Rechtssubjekten zuzurechnen sind. Wird das Handeln einer Verwaltungsstelle rechtlich keiner anderen Stelle mehr zugeordnet, dann ist diese Stelle eine juristische Person, andernfalls ist sie eine organisationsrechtliche Teileinheit einer juristischen Person[100]. Die Kunstfigur der juristischen Person ist deshalb als rechtsfähige Apersonalität für das Verwaltungsorganisationsrecht unverzichtbar[101].

<small>Zurechnungsproblematik</small>

<small>Juristische Person</small>

Die rechtsstaatliche Wahrnehmung von Verwaltungsaufgaben besteht nicht nur, aber insbesondere in der Herstellung von Entscheidungen nach den Regeln des Rechts[102]. Dies erfordert denknotwendig eine Antwort auf die Frage, wer welche Entscheidung zu treffen hat und wem welche Entscheidungen zuzurechnen sind. Verwaltungsorganisationsrecht ist damit unerläßliche Voraussetzung für die Anwendung und Durchsetzung geltenden Rechts[103]. Das Organisationsrecht weist insofern Affinitäten zur Funktion des Verfahrensrechts auf. Mit der Bezeichnung als „nur" formelles Recht würde diese Funktion des Organisationsrechts abqualifiziert.

31

<small>Organisationsrecht und „materielles" Recht</small>

II. Innenrecht – Außenrecht

Zu den das Verwaltungsrecht bis heute kennzeichnenden Dichotomien gehört die des Innen- und Außenrechts[104]. Die Unterscheidung geht auf die in der spätkonstitutionellen Zeit entwickelte Impermeabilitätstheorie[105] zurück. Sie

32

<small>Impermeabilitätstheorie</small>

---

[99] Darauf, daß die Pflichtfähigkeit den eigentlichen Kern der Rechtsfähigkeit ausmacht, hat zu Recht *Hans Heinrich Rupp*, Grundfragen der heutigen Verwaltungsrechtslehre, 1965, S. 81 ff., hingewiesen. *Hans Julius Wolff*, in: ders./Otto Bachof, Verwaltungsrecht, Bd. I, ⁹1974, § 32 III, unterscheidet die Rechtssubjektivität als „die Eigenschaft eines Menschen oder eines anderen sozialen Substrats, Zuordnungssubjekt mindestens eines Rechtssatzes zu sein", von der Rechtsfähigkeit als der „rechtsordnungsgemäßen Fähigkeit eines Menschen oder einer Organisation, in einem System von Rechtssätzen im Verhältnis zu anderen Trägern von Pflichten und Rechten, d.h. *End*subjekt rechtstechnischer Zuordnung zu sein." Diese Begrifflichkeit verdeckt die Relativität der rechtlichen Zuordnung: So können Teileinheiten juristischer Personen (Organe) im Verhältnis zueinander durchaus Zuordnung*send*subjekte von Rechtssätzen sein.
[100] Die Kritik von *Lerche* (N 27), Art. 86 Rn. 38 (Fn. 41), trifft nicht, weil sie die Existenz unterschiedlicher Zurechnungsebenen nicht hinreichend in Rechnung stellt. So können bestimmte Handlungen der Bundesländer völkerrechtlich dem Bund zuzurechnen sein, ohne daß dadurch innerstaatlich ihre Staatsqualität verlorengeht.
[101] Ebenso *Schnapp* (N 96), S. 259 f.
[102] Vgl. *Walter Krebs*, Die Juristische Methode im Verwaltungsrecht, in: Eberhard Schmidt-Aßmann/ Wolfgang Hoffmann-Riem (Hg.), Methoden der Verwaltungsrechtswissenschaft, 2004, S. 209 (209 f.).
[103] Dazu *Friedrich E. Schnapp*, Amtsrecht und Beamtenrecht, 1977, S. 107 ff.; *ders.*, Zu Dogmatik und Funktion des staatlichen Organisationsrechts, in: Rechtstheorie 9 (1978), S. 275 (289 ff.); *Eberhard Schmidt-Aßmann*, Einleitende Problemskizze, in: ders./Wolfgang Hoffmann-Riem (Hg.), Verwaltungsorganisationsrecht als Steuerungsressource, 1997, S. 9 (19 f.).
[104] Dazu *Rupp* (N 99), S. 19 ff.
[105] Hauptvertreter waren *Paul Laband*, Das Staatsrecht des Deutschen Reiches, Bd. II, 1911, S. 181 ff.; *Georg Jellinek*, Gesetz und Verordnung, 1887, S. 240 ff.; *Gerhard Anschütz*, Kritische Studien zur Lehre vom Rechtssatz und formellen Gesetz, ²1913, S. 28 f. (72 ff.).

war Folge einer sich zu Beginn des 19. Jahrhunderts[106] entwickelnden Rechtsauffassung, die in Ablösung der Herrscherperson vom Staat letzterem eine eigene Rechtspersönlichkeit zuwies und zur Anschauung des Staates als rechtlich unzergliedertes Rechtssubjekt („juristische Person") führte. Im Zusammenspiel mit einem Rechtssatzverständnis, das dem Recht die Aufgabe zuwies, Willenssphären einzelner Subjekte gegeneinander abzugrenzen[107], war der Staat als unzergliederte Rechtspersönlichkeit für das Recht undurchdringbar (impermeabel). In rechtsdogmatischer Konsequenz dieser Auffassung unterfiel die Ordnung innerhalb der Staatsperson nicht den „Rechts-"-Erzeugungsregeln und konnten Streitigkeiten innerstaatlicher Funktionssubjekte keine „Rechts-"Streitigkeiten sein. Die Impermeabilitätstheorie war auf die von ihr behauptete Kompetenzverteilung zwischen monarchischer Krone und Parlament zugeschnitten und damit verfassungsrechtsdogmatischer Herkunft. Sie kam allerdings nicht zuletzt wegen der damals vorherrschenden juristischen Methode in rechtstheoretischer Begrifflichkeit einher und nahm so eine gewisse Allgemeingültigkeit in Anspruch. Auch auf diesen Umstand ist es zurückzuführen, daß sie den Wechsel der Verfassungen überdauerte. Zumindest terminologisch setzte sie sich lange in der ebenso unzutreffenden wie hartnäckig festgehaltenen Ausdrucksweise fort, der zufolge Verwaltungsvorschriften „keine Rechtsnormen" sein sollten[108].

33
Rechtscharakter des Organisationsrechts

Unabhängig vom Wert und von der Unterscheidbarkeit von Innen- und Außenrecht ist demgegenüber zu betonen, daß alles Organisationsrecht „Recht" ist und daß, wie Richard Thoma schon 1916 festgestellt hat, „eine organisatorische Norm selbst bescheidenster Art theoretisch nicht anders denn als Rechtssatz bezeichnet werden"[109] kann. Darüber hinaus bedient sich das Organisationsrechts aller Kategorien des Rechtsquellenkanons. Es kommt in der Rechtsform der Verwaltungsvorschrift ebenso vor wie in der der Rechtsverordnung, des Gesetzes oder des Verfassungsgesetzes. Man sollte allerdings in der Auswechselung der rechtstheoretischen Etiketten noch keine Überwindung der Impermeabilitätstheorie sehen.

34
Unterscheidbarkeit von Innenrecht und Außenrecht

Ob die Rechtsfigur der juristischen Person eine für den Staat verfassungstheoretisch angemessene Modellvorstellung abgibt, kann mit guten Gründen bezweifelt werden[110], soll hier aber dahinstehen. Jedenfalls ist die Impermeabilitätstheorie, die schon zu ihrer Entstehungszeit nach positivem Recht nicht

---

106 *Wilhelm Eduard Albrecht*, Rezension von Romeo Maurenbrecher, Grundsätze des heutigen deutschen Staatsrechts in den monarchischen Bundesstaaten, in: Göttingische Gelehrte Anzeigen, 1837, S. 1489 (1510 ff.).
107 *Laband* (N 105), S. 181; *Jellinek* (N 105), S. 240 f.
108 Z.B. BVerwGE 55, 250 (255); 58, 45 (49); 75, 109. Vgl. nunmehr auch *Young-Hoon Ko*, Verwaltungsvorschriften als Außenrecht, 1991; *Achim Rogmann*, Die Bindungswirkung von Verwaltungsvorschriften, 1998.
109 *Richard Thoma*, Der Vorbehalt des Gesetzes im preußischen Verfassungsrecht, in: FG für Otto Mayer, 1916, S. 165 (177).
110 *Ernst-Wolfgang Böckenförde*, Organ, Organisation, Juristische Person, in: FS für Hans Julius Wolff, 1973, S. 269 (287 ff.); heftige Kritik bereits bei *Otto Mayer*, Die juristische Person und ihre Verwertbarkeit im öffentlichen Recht, in: FG für Paul Laband, Bd. I, 1908, S. 1 (56 ff.).

konsistent durchzuhalten war[111], organisationsrechtsdogmatisch unhaltbar. Zwar ist die Rechtsfigur der juristischen Person in ihrer Rechtstechnizität für das Verwaltungsorganisationsrecht unverzichtbar; nur ist nicht „die" Verwaltungsorganisation eine juristische Person, sondern die juristische Person ist eine rechtliche Konstruktion zur Bündelung von Kompetenzen. Die Verwaltungsorganisation besteht aus einer Vielzahl derartiger Kompetenzträger. Demnach ist es auch nicht möglich, das Begriffspaar „Innen – Außen" mit „innerhalb und außerhalb der Verwaltungsorganisation" zu übersetzen[112]. Damit blieben allein die Rechtsverhältnisse zwischen Organisationseinheiten der Verwaltung und dem Bürger dem Außenrecht vorbehalten, wohingegen etwa die Rechtsverhältnisse zwischen dem Bund und den Ländern oder die zwischen dem Land und den Gemeinden solche des Innenrechts wären. Daß eine solche Vorstellung geltendem Recht widerspricht, belegt schon der Umstand, daß etwa Anordnungen der staatlichen Aufsichtsbehörden gegenüber Gemeinden in deren Selbstverwaltungsbereich ganz unbestritten als Verwaltungsakte qualifiziert werden[113], also als Entscheidungen, die auf unmittelbare Rechtswirkungen „nach außen" (§ 35 VwVfGe) gerichtet sind. Die Scheidelinie zwischen Innen- und Außenrecht verläuft damit quer durch die Verwaltungsorganisation; Verwaltungsorganisationsrecht kann zumindest auch „Außenrecht" sein. Die Unterscheidung von Innen- und Außenrecht muß demnach in die Verwaltungsorganisation selbst hineingetragen werden. Insofern bietet sich an, das Außenrecht vor der juristischen Person halt machen zu lassen und als Innenrecht die Rechtssätze anzusehen, die sich auf die Beziehungen der rechtlichen Untergliederungen juristischer Personen zueinander beziehen[114]. Nur muß man sich vergegenwärtigen, daß die verräumlichende Ausdrucksweise von „Innen und Außen" der rechtlichen Eigenart der juristischen Person nicht ganz gerecht wird, die sich durch ihre Rechtsfähigkeit definiert. Rechtsfähigkeit meint immer Rechtsfähigkeit im Hinblick auf bestimmte Rechtssätze, beschreibt also keine apriorische Fähigkeit realer

„Innen" und „Außen" der Verwaltungsorganisation

---

111 *Ernst Wolfgang Böckenförde*, Gesetz und gesetzgebende Gewalt, ²1981, S. 236 ff.
112 Zur Unterscheidung von Innen- und Außenrecht vgl. auch *Hans-Uwe Erichsen*, Der Innenrechtsstreit, in: FS für Christian-Friedrich Menger, 1985, S. 211 (214 ff.).
113 *Ferdinand Kopp/Wolf-Rüdiger Schenke*, Verwaltungsgerichtsordnung, ¹⁴2005, Anh. § 42 Rn. 80; BVerwGE 6, 101 (103); 19, 121 (123); BayVGH, in: BayVBl 1984, S. 659; vgl. auch OVG Münster, in: DVBl 1981, S. 227 (228).
114 In diesem Sinne *Erichsen* (N 112), S. 218. Auf die umstrittene Frage, ob rechtliche Untergliederungen juristischer Personen (Innenrechtsobjekte) nur apersonale Stellen oder auch physische Personen sein können, kann hier nicht im einzelnen eingegangen werden, dazu *Erichsen* (N 112), S. 216 ff. Die Annahme, natürliche Personen könnten mit Übernahme einer bestimmten Rollenfunktion („als Amtswalter") die Fähigkeit erlangen, Innenrechtssubjekte zu sein, schließt die Annahme ein, daß natürliche Personen mit Eintritt in diese Rolle ihre Fähigkeit verlieren, Außenrechtssubjekte zu sein, vgl. *Erichsen* (N 112), S. 221: „Die natürliche Person ist indessen als der mit Individualrechten ausgestattete Mensch ein Außenrechtssubjekt, wohingegen der Organ- bzw. Amtswalter [...] eine Erscheinung des Innenbereichs ist, die als solche nicht Träger individueller persönlicher Rechte sein kann." Nach dieser Auffassung müßte der Mensch rechtlich in eine natürliche Person (Außenrechtssubjekt) und eine rein physische Existenz (Innenrechtssubjekt) zerlegt werden können. Das ist zwar rechtstheoretisch nachvollziehbar, ein rechtsdogmatischer Zwang zu einer solchen Konstruktion besteht aber nicht. Vgl. zu diesem Problemkreis auch *Frank Rottmann*, Grundrechte und Rechtsschutz im Beamtenverhältnis, in: ZBR 1983, S. 77 (83 ff.) m. weit. Nachw.

§ 108   Achter Teil: II. Staatsfunktionen

Relationsbegriffe   Organisationen, sondern Rechtsrelationen. Insofern sind auch Innenrecht und Außenrecht „Relationsbegriffe"[115].

35
Begrenzte Ergiebigkeit der Distinktion „Innen – Außen"

Im übrigen sollte man die dogmatische Ergiebigkeit der Unterscheidung von Innen- und Außenrecht nicht überschätzen. So steht etwa mit der Zuordnung eines Rechtssatzes zu der einen oder anderen Kategorie noch nicht fest, wer die Kompetenz hat, ihn zu erlassen. Ebensowenig ist schon mit dem Charakter eines Rechtssatzes als Innen- oder Außenrechtssatz abschließend begründet, ob ein Streit über seinen Inhalt vor den Gerichten ausgetragen werden darf. Alles andere wäre auch nur eine moderne Fortsetzung der Impermeabilitätstheorie.

III. Verwaltungseinheiten

1. Juristische Personen und teilrechtsfähige Verwaltungseinheiten des öffentlichen Rechts

36
Verwaltungseinheit

Unter dem in der verwaltungsrechtlichen wie verwaltungswissenschaftlichen Literatur vielfach verwendeten Begriff der Verwaltungseinheit[116] wird hier im Rechtssinn jede Stelle verstanden, der durch organisationsrechtliche Rechtssätze Verwaltungsaufgaben zur Erledigung zugewiesen sind. Die kleinste Verwaltungseinheit ist der auf einen einzelnen Menschen zugeschnittene Aufgabenkreis, der – sofern die Verwaltungsstelle öffentlich-rechtlich organisiert ist

Amt
Verwaltungsträger

– gemeinhin als das von einem Amtswalter wahrzunehmende Amt bezeichnet wird[117]. Als Verwaltungsträger werden hingegen rechtlich in der Regel binnendifferenzierte Verwaltungseinheiten verstanden, die die Eigenschaft einer juristischen Person haben[118]. Daher setzt auch die überkommene rechtssystematische Erfassung der Verwaltungseinheiten am Begriff der juristischen Person an.

37
Juristische Personen des öffentlichen Rechts

Als juristische Personen des öffentlichen Rechts werden Körperschaften, (rechtsfähige) Anstalten und Stiftungen unterschieden. Die Gemeinsamkeit dieser Verwaltungseinheiten wird in eben ihrer Eigenschaft, juristische Personen zu sein, gesehen, ihre Unterschiedlichkeit in der Verschiedenheit ihrer Binnenstruktur. Organisationsrechtlich wirft diese Einteilung in beiderlei Hinsicht Probleme auf. Zum einen ist die vorgenannte Organisationstrias traditionell mit den Abgrenzungsschwierigkeiten zwischen Körperschaft und Anstalt[119] und mit dem Streit darüber belastet, ob die Anerkennung eines

---

115 Vgl. auch *Schnapp* (N 96), S. 250 ff.; *Rupp* (N 99), S. 34.
116 *Maurer* (N 13), § 21 Rn. 8; *Püttner* (N 5), § 7 I 2 (S. 69 f.); *Kluth* (N 58), § 83 Rn. 89 ff. m. weit. Nachw.
117 *Wolff* (N 2), § 73 I c 3; *Maurer* (N 13), § 21 Rn. 37; *Burgi* (N 2), § 7 Rn. 30; *Kluth* (N 58), § 83 Rn. 194.
118 *Maurer* (N 13), § 21 Rn. 2, 4; *Burgi* (N 2), § 7 Rn. 6; *Wolff* (N 99), § 34 I b 2; den rechtsdogmatischen Wert dieser Begriffsbildung bezweifelnd *Kluth* (N 58), § 83 Rn. 93 ff., 95: „nur deskriptive Funktion".
119 Vgl. dazu z. B. *Hans Jecht*, Die öffentliche Anstalt, 1963, S. 122 ff.; *Forsthoff* (N 97), § 25 II 2 (S. 487 ff., 491), § 25 II 3 (S. 495); *Wilfried Berg*, Die öffentlichrechtliche Anstalt, in: NJW 1985, S. 2294 ff.; *Burgi* (N 2), § 7 Rn. 12 ff.; *Martin Müller*, Grundlagen des öffentlichen Anstaltsrechts, in: Wolff/Bachof/Stober (N 29), § 88 Rn. 4.

gegenüber der Anstalt eigenständigen Rechtstyps Stiftung sinnvoll ist[120]. Zum anderen ist die Unterscheidung zwischen Verwaltungseinheiten, die juristische Personen sind, und solchen, die es nicht sind, mit Hilfe des Kriteriums „Rechtsfähigkeit" durchaus nicht so eindeutig, wie man meinen möchte.

Unter Stiftungen[121] werden Verwaltungsträger verstanden, „die mit einem Kapital- oder Sachbestand Aufgaben der öffentlichen Verwaltung erfüllen"[122]. Die Affinität zwischen Anstalt und Stiftung zeigt sich, wenn der Begriff der öffentlichen Anstalt[123] heute immer noch in Anlehnung an die von Otto Mayer getroffene klassische Formulierung geprägt wird, nach der sie „ein Bestand von Mitteln, sächlichen wie persönlichen (ist), welche in der Hand eines Trägers öffentlicher Verwaltung einem besonderen öffentlichen Zweck dauernd zu dienen bestimmt sind"[124].

38
Stiftung

Anstalt

Körperschaften[125] sind mitgliedschaftlich verfaßte, unabhängig vom Wechsel ihrer Mitglieder bestehende, in der Regel mit Hoheitsgewalt ausgestattete Verwaltungsträger[126]. Das Problem der Unterscheidbarkeit der Körperschaft von der Anstalt rührt daher, daß die der Abgrenzung zugrunde gelegten Kriterien, die auf die Rechtsstellung der der Organisation zuzuordnenden Personen abheben, sich nicht notwendig widersprechen. So können die Personen, die als Mitglieder an der Willensbildung der Verwaltungseinheit maßgeblich beteiligt sind, auch Destinatäre der Organisationsleistungen (Nutzer) sein, und umgekehrt können den Nutzern auch Einflußmöglichkeiten auf die Willensbildung der Organisation eingeräumt sein[127]. Die Unterschiede ver-

39
Körperschaft

---

120 Dagegen etwa *Mayer* (N 110), S. 69 mit Fn. 2; *ders.*, Deutsches Verwaltungsrecht, Bd. II, § 56, ²1917, S. 598 f. = ³1924, S. 331 f.; aus jüngerer Zeit *Rüdiger Breuer*, Die öffentlichrechtliche Anstalt, in: VVDStRL 44 (1986), S. 211 (221); vgl. auch *Burgi* (N 2), § 52 Rn. 16.
121 Zur Stiftung vgl. *Walter Klappstein*, Anmerkungen zur Stiftung des öffentlichen Rechts, in: GS für Jürgen Sonnenschein, 2003, S. 811 ff.; *Ulrich Battis*, Der Staat als Stifter, in: FS für Dimitris Tsatsos, 2003, S. 11 ff.; *Martin Schulte*, Der Staat als Stifter: Die Errichtung von Stiftungen durch die öffentliche Hand, in: Non profit law yearbook 1 (2001), S. 127 ff.; *ders.*, Staat und Stiftung, 1989; *Heide Gölz*, Der Staat als Stifter, Diss. Bonn 1999; aus der älteren Literatur *Gerald Totenhöfer-Just*, Öffentliche Stiftungen, 1973; *Harry Ebersbach*, Die Stiftung des öffentlichen Rechts, 1961; *ders.*, Handbuch des deutschen Stiftungsrechts, 1972.
122 *Walter Rudolf*, in: Hans-Uwe Erichsen (Hg.), Allgemeines Verwaltungsrecht, ¹¹1998, § 52 Rn. 20, im Anschluß an § 46 LVwG Schl.-Hol.; vgl. nunmehr auch *Kluth* (N 58), § 89 Rn. 11 ff., insbes. 14.
123 Zur Anstalt vgl. *Jecht* (N 119); *Wolfgang Rüfner*, Die Nutzung öffentlicher Anstalten, in: Die Verwaltung 17 (1984), S. 19 ff.; *ders.*, Zur Lehre von der öffentlichen Anstalt, in: DÖV 1985, S. 605 ff.; *Krebs* (N 86); *Lange* (N 89); *Breuer* (N 120); *Wolfgang Löwer*, Die öffentliche Anstalt, in: DVBl 1985, S. 928 ff.; *Hans-Werner Laubinger*, Die nutzbare Anstalt des öffentlichen Rechts – ein Fabelwesen, in: FS für Hartmut Maurer, 2001, S. 641 ff.
124 *Mayer* (N 120), ²1917, § 51, S. 468 = ³1924, S. 268; vgl. auch ebd., § 33 (S. 1). Otto Mayer hat diesen Begriff im übrigen gerade nicht als organisationsrechtliche Kategorie entwickelt und die „Zwiefältigkeit des Wortes öffentliche Anstalt" bedauert; vgl. dazu *Krebs* (N 86), S. 610 f., 613, m. weit. Nachw.
125 *Karl Jürgen Bieback*, Die öffentliche Körperschaft, 1976; *Gunnar Folke Schuppert*, Öffentlich-rechtliche Körperschaften, in: HdWW, Bd. V, S. 399 ff.; *Alfred Endrös*, Entstehung und Entwicklung des Begriffs „Körperschaft des öffentlichen Rechts", 1985; *Werner Weber*, Körperschaften des öffentlichen Rechts, in: HdSW, Bd. VI, S. 38 ff.; mit Einzelfragen befassen sich *Joachim Goldbeck*, Die Deichgenossenschaften, 1991; *Ulrich Irriger*, Genossenschaftliche Elemente bei öffentlich-rechtlichen Körperschaften, 1991, und *Christiane Weller*, Aufgaben, Organisation und Finanzierung der Wasser- und Bodenverbände, 1991.
126 *Maurer* (N 13), § 23 Rn. 37; *Burgi* (N 2), § 7 Rn. 12; *Wolff* (N 2), § 84 II b 3; vgl. auch *Kluth* (N 58), § 87 Rn. 5 ff.
127 Vgl. auch *Meinhard Hilf*, Die Organisationsstruktur der Europäischen Gemeinschaften, 1982, S. 265.

§ 108 *Achter Teil: II. Staatsfunktionen*

schwimmen insbesondere dann, wenn die Klientel der Organisation fest umrissen ist. Von jeher bereiten daher etwa die Universitäten Zuordnungsprobleme[128] und ist etwa die Kategorisierung der in Art. 87 Abs. 2 GG angesprochenen Sozialversicherungsträger im einzelnen unsicher[129]. Die Abgrenzung kann sich auch nur selten auf das positive Recht stützen. Die Gesetzessprache bietet häufig nur schwache Anhaltspunkte, ist zuweilen indifferent gegenüber den Unterschiedlichkeiten von „Körperschaft" und „Anstalt", wenn sie nicht sogar terminologische Beliebigkeit obwalten läßt. So zwingt Art. 86 GG mit der gleichzeitigen Erwähnung von Körperschaft und Anstalt ebensowenig wie Art. 87 Abs. 3 GG zur Unterscheidung der genannten Organisationstypen[130]. Von nachgerade klassischer Indifferenz war § 367 Abs. 3 SGB III in der bis zum 31. Dezember 2003 geltenden Fassung (vgl. auch früher § 189 Abs. 1 AFG): „Träger der Arbeitsförderung ist die Bundesanstalt für Arbeit als rechtsfähige bundesunmittelbare Körperschaft des öffentlichen Rechts mit Selbstverwaltung (Bundesanstalt)"[131]. Trotz dieses wenig ermutigenden Befundes sollte die differenzierende Begrifflichkeit nicht aufgegeben werden. Der Organisationstyp der Stiftung ist schon im Hinblick auf zahlreiche Stiftungsgesetze[132] von Belang; der Begriff der Körperschaft bezeichnet eine mögliche Binnenstruktur („mitgliedschaftliche Verfaßtheit") bestimmter Verwaltungseinheiten, und mit dem recht offenen Begriff der Anstalt, in welchem Verhältnis zur Körperschaft er auch stehen mag, läßt sich eine rechtsdogmatisch relevante Verselbständigung von Verwaltungseinheiten erfassen. Freilich sind diese Begriffe hochabstrakt und keine Abbildung der praktisch unübersehbaren Organisationsvielfalt. Das ist allerdings kein dogmatisches Spezifikum des Verwaltungsorganisationsrechts.

40

Keineswegs unproblematisch ist auch die Fragestellung, welche rechtliche Eigenschaft für die Charakterisierung einer Verwaltungseinheit als juristische Person ausschlaggebend ist. Mit dieser Rechtsfigur soll die dem Organisationsrecht aufgegebene Zurechnungsproblematik gelöst werden[133]. Das findet in der überkommenen Wesensbestimmung der juristischen Person als einer rechtsfähigen Organisationseinheit[134] aber nur unvollkommen Ausdruck. Rechtsfähigkeit als Fähigkeit, Zurechnungssubjekt bestimmter Rechtssätze

---

128 In den Hochschulgesetzen werden die Universitäten fast durchweg als Körperschaften des öffentlichen Rechts und zugleich als staatliche Einrichtungen bezeichnet, z. B. § 58 Abs. 1 HRG; § 8 Abs. 1 S. 1 Bad.-WürttHSG; Art. 11 Abs. 1 BayHSG; § 2 Abs. 1 S. 1 BerlHSG; § 2 Abs. 1 S. 1 HSchG Brandenb.; ähnlich § 2 Abs. 1 S. 1 HambHSG („Einrichtungen der Freien und Hansestadt Hamburg"); § 2 Abs. 1 Nordrh.-WestfHSG („vom Land getragene, rechtsfähige Körperschaften des öffentlichen Rechts"). Zur Qualifikation vgl. *Kluth* (N 58), § 97 Rn. 34, 46 ff. Zur Möglichkeit der Verwendung anderer Organisationsformen ebd., Rn. 49 ff. m. weit. Nachw.; vgl. auch *Markus Heintzen/Lutz Kruschwitz* (Hg.), Die Freie Universität Berlin als Stiftungsuniversität, 2002.
129 Vgl. *Breuer* (N 120), S. 234, 236 f.; s. u. Rn. 66 mit N 245.
130 *Lerche* (N 27), Art. 86 Rn. 86 f.; *ders.* (N 27), Art. 87 Rn. 191; *Stern* (N 49), § 41 VII 7 b.
131 Gesetz v. 24. 3. 1997 (BGBl I, S. 594). Die Bundesanstalt heißt aufgrund des Gesetzes v. 23. 12. 2003 (BGBl I, S. 2848) nunmehr „Bundesagentur für Arbeit".
132 Z. B. Stiftungsgesetz für das Land Nordrhein-Westfalen v. 21. 6. 1977 (GV NW S. 274); Bayerisches Stiftungsgesetz v. 19. 12. 2001 (GVBl 2002, S. 10); Stiftungsgesetz für das Land Rheinland-Pfalz v. 19. 7. 2004 (GVBl S. 385).
133 S. o. Rn. 30.
134 Vgl. statt vieler *Wolff* (N 99), § 34 I a 1, b 2.

zu sein, sagt noch nichts darüber aus, im Hinblick auf welche Rechtssätze eine Verwaltungseinheit Zurechnungssubjekt sein muß, um als juristische Person qualifiziert zu werden.

Bemerkenswerterweise wird davon ausgegangen, daß mit Zuerkennung des Status einer juristischen Person des öffentlichen Rechts zunächst die privatrechtliche (Voll-)Rechtsfähigkeit[135] verliehen ist, also die Fähigkeit, am Privatrechtsverkehr teilzunehmen[136]. Das verweist auf die Herkunft dieser Rechtsfigur sowie darauf, daß gerade die öffentlich-rechtliche Qualität einer juristischen Person des öffentlichen Rechts ihr besonderes organisationsrechtliches Problem ist. So erscheint fraglich, ob es neben der privatrechtlichen „(Voll-)Rechtsfähigkeit"[137] überhaupt eine öffentlich-rechtliche Vollrechtsfähigkeit gibt. Das Organisationsrecht weist den jeweiligen Verwaltungseinheiten immer nur bestimmte Zuständigkeiten und Kompetenzen zu. Die juristische Person ist daher ein Komplex von Zuständigkeiten und Kompetenzen. Juristische Personen des öffentlichen Rechts und teilrechtsfähige Verwaltungseinheiten bezeichnen im Hinblick auf ihre jeweilige öffentlich-rechtliche Rechtssubjektivität keine unterschiedlichen Kategorien, sondern graduelle Abstufungen an Rechtsfähigkeit[138]. Der Unterschied in bezug auf den Umfang der Rechtsfähigkeit ist zum Beispiel bei den oben sogenannten Hauptverwaltungseinheiten Bund, Länder und Gemeinden, die einen sehr weiten bzw. „universalen" Wirkungskreis haben, im Verhältnis zu anderen Verwaltungseinheiten offenkundig, kann aber im übrigen – bei fest umrissenem Aufgabenkreis der juristischen Person – sehr gering ausfallen.

41
Juristische Person und teilrechtsfähige Verwaltungseinheit

Die Unterscheidung zwischen „juristischen Personen des öffentlichen Rechts" und „nicht-rechtsfähigen Verwaltungseinheiten" zielt auf die unterschiedliche Fähigkeit von Verwaltungseinheiten, Zurechnungssubjekte bestimmt gearteter Rechtssätze zu sein oder eben nicht zu sein, zum Beispiel solcher Rechtssätze, die Entscheidungsbefugnisse gegenüber dem Bürger verleihen. Da jede Verwaltungseinheit Verwaltungsaufgaben erfüllt, also Zurechnungssubjekt organisatorischer Rechtssätze ist, kann der Begriff der Rechtsfähigkeit die Eigenart der juristischen Person noch nicht abschließend erklären. Die juristische Person muß sich durch eine weitere Eigenschaft auszeichnen. Diese wurde oben[139] darin gesehen, daß ihr Handeln rechtlich keiner anderen Verwaltungseinheit mehr zugerechnet wird. Gilt hingegen das Handeln einer Verwaltungseinheit rechtlich als das Handeln einer anderen, so ist

42
Juristische Person des öffentlichen Rechts

---

135 Daß sich diese Aussage nur auf Rechtssätze bezieht, die nicht an die besonderen Eigenschaften einer natürlichen Person anknüpfen, ist selbstverständlich und nur deshalb erwähnenswert, weil damit auch auf die Relativität der Rechtsfähigkeit im Privatrecht hingewiesen wird. Dazu *Fritz Fabricius*, Relativität der Rechtsfähigkeit, 1963.
136 *Otto Bachof*, Teilrechtsfähige Verbände des öffentlichen Rechts, in: AöR 83 (1958), S. 208 (266ff.); *Wolff* (N 99), § 34 I b 2; *Kluth* (N 58), § 83 Rn. 22; *Peter Badura*, Staatsrecht, ³2003, Abschn. G, Rn. 17 (S. 595).
137 Das ist allerdings auch im Privatrecht eine Abbreviatur; s.o. N 133.
138 Das gilt im übrigen auch im Hinblick auf Verwaltungseinheiten, denen das Prädikat „juristische Person" zugesprochen wird. So gibt es z.B. Universitäten mit und ohne Dienstherrenfähigkeit. Demnach sind auch juristische Personen nur „teil"-rechtsfähig.
139 S. o. Rn. 30.

die erste insofern eine rechtliche Untergliederung der anderen[140]. Binnenrechtlich ist die juristische Person damit der Endpunkt einer Zurechnungskette, deren einzelne Glieder aus Verwaltungseinheiten bestehen, deren Handeln ihr in unterschiedlich vermittelten Abstufungen zugerechnet wird.

43

Organ und Organteil

Die zwischen Organ und Organteil differenzierende Terminologie bringt diese Abstufungen in der Staffelung der Zurechnung zum Ausdruck[141]: Das Handeln des Organs wird der juristischen Person, das des Organteils dem Organ zugerechnet. Der Begriff „Organ" meint daher eine Rechtsrelation zwischen Verwaltungseinheiten. Er muß die rechtliche Eigenschaft einer realen organisatorischen Binnendifferenzierung keineswegs abschließend festschreiben. So wird im Falle der Organleihe das Handeln der Untergliederung einer Organisation je nach zugewiesener Aufgabe unterschiedlichen Verwaltungsträgern zugerechnet[142]. Der Begriff „Organleihe" bezeichnet eigentlich nur einen realen organisatorischen Vorgang[143], (zuordnungs-)rechtlich besteht zwischen „geliehenen" und „eigenen" Organen kein Unterschied. Ebenso kann das Handeln einer Verwaltungseinheit im Hinblick auf die Wahrnehmung einer bestimmten Verwaltungsaufgabe einer anderen Verwaltungseinheit zugerechnet werden und insofern deren Organeigenschaft begründen und im Hinblick auf die Wahrnehmung einer anderen Verwaltungsaufgabe nicht. Man spricht dann, wie zum Beispiel bei den Fakultäten einer Universität, von teilrechtsfähigen Organisationen[144] und hat rechtlich ein Stück juristischer Person vor sich[145]. Relativ, das heißt bezogen auf bestimmte Zuständigkeiten und Kompetenzen, ist auch die Behördeneigenschaft eines Organs, also die rechtliche Fähigkeit einer organisatorischen Binnendifferenzierung, für die juristische Person nach außen handeln zu können[146]. So kann ein und dieselbe Verwaltungseinheit in der einen rechtlichen Beziehung „Behörde" sein, in einer anderen nur Organ ohne Behördeneigenschaft[147].

Zurechnungskette

Organleihe

Teilrechtsfähige Organisationen

Behördenbegriff

2. Privatrechtssubjekte als Verwaltungsträger

44

Privatrechtliche Organisationsformen

Ob man auch die mit Verwaltungsaufgaben betrauten Privatrechtssubjekte den „Verwaltungsträgern" zuzurechnen hat, mag zweifelhaft erscheinen. Dagegen ließe sich nicht nur die privatrechtliche Organisationsform, sondern auch der Umstand anführen, daß für sie teilweise besondere Rechtsvorschriften gelten[148]. Allerdings gibt es auch Sondervorschriften für bestimmte öffent-

---

140 Zur Kritik von *Lerche* an diesem Modell s. o. N 99.
141 *Wolff* (N 2), § 74 I f 10.
142 *Maurer* (N 13), § 21 Rn. 54; *Burgi* (N 2), § 8 Rn. 17.
143 Vgl. auch BVerfGE 63, 1 (32).
144 BVerwGE 45, 39 (42).
145 Konsequenterweise werden durch § 11 Nr. 1 und 2 VwVfG und § 61 Nr. 1 und 2 VwGO juristische Personen und „Vereinigungen, soweit ihnen ein Recht zustehen kann", verfahrensrechtlich gleichgestellt.
146 *Wolff* (N 2), § 76 I d. Die gesetzliche Terminologie folgt nicht immer dieser organisationsrechtlichen Bestimmung und sorgt damit für Unklarheiten. So muß die „Behörde" i. S. d. § 54 VwVfG, der für die juristische Person den Vertrag schließt, ein Organ mit der im Text bezeichneten Eigenschaft sein, obwohl § 1 Abs. 4 VwVfG (Bund) den Behördenbegriff weiter definiert; vgl. dazu *Hermann Borgs-Maciejewski*, in: Hans Meyer/Hermann Borgs-Maciejewski, Verwaltungsverfahrensgesetz, ²1982, § 1 Rn. 21.
147 Vgl. z. B. zur Stellung des Bürgermeisters/Gemeindedirektors *Schmidt-Aßmann* (N 58), Rn. 70 ff.
148 Zu den haushaltsrechtlichen Besonderheiten *Ehlers* (N 13), S. 164 ff.

lich-rechtliche Verwaltungseinheiten[149]. Im übrigen ist es gerade ein rechtsdogmatisches Problem, inwieweit die unterschiedlichen Rechtsformen der mit Verwaltungsaufgaben betrauten Organisationen auch unterschiedlichen rechtlichen Regimen unterworfen sind. Man sollte daher die Verwaltung durch Privatrechtssubjekte nicht schon im Wege der Begriffsbildung an den Rand des rechtsdogmatischen Blickfeldes verbannen. Die Zuordnung von Privatrechtssubjekten zu den Verwaltungsträgern ist allerdings mit den oben[150] beschriebenen Abgrenzungsschwierigkeiten belastet. Verwaltungsträger können Privatrechtssubjekte nur bei hinreichendem staatlichem Einfluß und auch nur dann sein, wenn sich die von ihnen wahrgenommenen Aufgaben als Verwaltungsaufgaben darstellen. Der Erfassung der rechtlichen Struktur der (juristischen) Rechtssubjekte des Privatrechts kommt entgegen, daß die privatrechtlichen Organisationsformen – anders als die des öffentlichen Rechts[151] – durchgängig gesetzlich vertypt sind. Der dadurch erzielte Gewinn an Rechtsformenklarheit wird allerdings in der Organisationspraxis durch Gestaltungen organisationsrechtlicher Verschachtelungen rechtlich selbständiger Organisationen geschmälert. Auch die Verwendung einer privatrechtlichen Rechtsform hat für die Frage der faktischen Selbständigkeit einer Organisation daher nur einen begrenzten Indikationswert.

Eher in der Nähe der Verwaltungsträger des öffentlichen Rechts als des Privatrechts stehen die sogenannten Beliehenen. Das sind Privatrechtssubjekte, denen die Befugnis verliehen ist, Verwaltungsaufgaben selbständig und in den Handlungsformen des öffentlichen Rechts[152] wahrzunehmen[153]. Ihre Zuordnung zu den „Privatrechtssubjekten" rechtfertigt sich allein aus dem Um-

45
Beliehene

---

149 Z.B. § 55 HGrG; § 105 BHO und die entsprechenden landesrechtlichen Bestimmungen.
150 S.o. Rn. 8ff.
151 Ansätze zur gesetzlichen Vertypung der Organisationsformen des öffentlichen Rechts finden sich jedoch im LVwG Schl.-Hol., das z.B. Körperschaft (§ 37), Anstalt (§ 41) und Stiftung (§ 46) des öffentlichen Rechts definiert, sowie in einigen Gemeindeordnungen, die nunmehr die Möglichkeit der Schaffung kommunaler Unternehmen in Anstaltsform („Kommunalunternehmen") vorsehen: vgl. Art. 89ff. BayGO; § 113 aff. NiedersächsGO; § 114a Nordrh.-WestfGO; §§ 86a, 86b Rheinl.-PfälzGO; § 116 Abs. 1 Sachs.-Anh.GO; § 106a Schl.-Hol.GO. Dazu *Schmidt-Aßmann* (N 58), Rn. 126; *Gaß* (N 74), S. 36 ff.; *Hans-Günter Henneke* (Hg.), Kommunale Aufgabenerfüllung in Anstaltsform, 2000; *Thomas Mann*, Die „Kommunalunternehmen" – Rechtsformalternative im kommunalen Wirtschaftsrecht, in: NVwZ 1996, S. 557 f.; *Joachim Erdmann*, Die Anstalt des öffentlichen Rechtes – eine neue Rechtsform für gemeindliche Betriebe in Niedersachsen, in: Niedersächs. VBl 2003, S. 261 ff.
152 Wenn vielfach nur gesagt wird, der Beliehene könne selbständig und *hoheitlich* tätig werden bzw. nehme *hoheitliche* Kompetenzen wahr (so z.B. *Maurer* [N 13], § 23 Rn. 56; *Wolff* [N 2], § 104 I b), so kommt sprachlich nicht zum Ausdruck, daß der Beliehene nach einhelliger Auffassung nicht nur „hoheitlich-obrigkeitlich" i.S.v. rechtlich befehlend tätig werden kann, sondern daß ihm jede öffentlich-rechtliche Handlungsform zur Verfügung steht; vgl. *Wolff* (N 2), § 104 II b; *Matthias Jestaedt*, Grundbegriffe des Verwaltungsorganisationsrechts, in: Hoffmann-Riem/Schmidt-Aßmann/Voßkuhle (N 18), § 14 Rn. 31 m. weit. Nachw.; *Rüdiger Michaelis*, Der Beliehene, 1969, S. 66 f.; *Klaus Vogel*, Diskussionsbeitrag, in: VVDStRL 29 (1971), S. 256, der dort erläuternd zu *ders.*, Öffentliche Verwaltungseinheiten in privater Hand, 1959, S. 79 ff. (81), darauf hinweist, daß der Beliehene allgemein das Recht zur Begründung öffentlich-rechtlicher Rechtsbeziehungen im Verhältnis zu Dritten hat, also nicht nur obrigkeitliche Befehls- und Zwangsbefugnisse gemeint sind.
153 *Michaelis* (N 152), S. 66 f.; *Udo Steiner*, Öffentliche Verwaltung durch Private, 1975, S. 13; *ders.*, Der „beliehene Unternehmer", in: JuS 1969, S. 69 (71); vgl. in jüngerer Zeit *Remmert* (N 34), S. 252 ff., 258; *Burgi* (N 32), S. 80 f.; *ders.*, Der Beliehene – ein Klassiker im modernen Verwaltungsrecht, in: FS für Hartmut Maurer, 2001, S. 581 (585); *Klaus Weisel*, Das Verhältnis von Privatisierung und Beleihung, 2003, S. 53 ff.

§ 108 *Achter Teil: II. Staatsfunktionen*

stand, daß es sich bei ihnen entweder um natürliche Personen[154] oder um Organisationen in Rechtsformen des Privatrechts handelt. Die damit verbundene Privatrechtsfähigkeit unterscheidet sie allerdings gerade nicht von den juristischen Personen des öffentlichen Rechts[155]. Soweit sie öffentlich-rechtliche Handlungsbefugnisse besitzen, müssen sie auch Zuordnungssubjekte öffentlich-rechtlicher Rechtssätze sein. Daher sind auch Beliehene eigentlich ein Stück juristische Person des öffentlichen Rechts[156].

IV. Verhältnis der Verwaltungseinheiten zueinander

1. Aufsicht über Verwaltungsträger

46
Zentrale Steuerung der dezentralen Verwaltungsorganisation

Anders als die Gemeinden haben Bund und Länder nicht nur Exekutiv-, sondern auch Legislativbefugnisse. Der dezentralen Verwaltungsorganisation steht damit ein zentrales staatliches Steuerungspotential gegenüber, wobei das der Länder alle Verwaltungsträger der Länder einschließlich der Kommunen erfaßt und das des Bundes über den Bereich der Bundesverwaltung hinausgreift und nach grundgesetzlicher Maßgabe auch die Landes- und Kommu-

---

154 Beliehene sind etwa die mit polizeilichen Befugnissen ausgestatteten Schiffskapitäne (§§ 75 Abs. 1, 101, 106 SeemG), Flugkapitäne (§ 29 Abs. 3 LuftVG) und der Jagdaufseher (§ 25 Abs. 2 BJagdG) und die amtlich anerkannten Sachverständigen für den Kraftfahrzeugverkehr bei der Prüfung von Kraftfahrzeugen (§ 29 StVZO) sowie bei der Abnahme von Fahrprüfungen (§§ 15 ff. FeV), wobei letztere gleichzeitig in Anstellungsverhältnis zu einem bürgerlich-rechtlichen Verein (TÜV, DEKRA etc.) stehen. Zu weiteren (aktuellen) Fällen der Beleihung *Burgi* (N 32), S. 80; *Gerrit Stadler*, Die Beleihung in der neueren Bundesgesetzgebung, 2002, S. 39 ff.
155 S. o. Rn. 41.
156 Wie hier auch *Horst Dreier*, Hierarchische Verwaltung im demokratischen Staat, 1991, S. 250; vgl. auch *Remmert* (N 34), S. 258 m. Fn. 36. Ohne jeweils die Konsequenz zu ziehen, den Beliehenen als juristische Person zu qualifizieren, herrscht zudem weitgehende Einigkeit darüber, daß der Beliehene seine Aufgaben selbständig wahrnimmt und daß allein ihm seine Handlungen zuzurechnen sind: Vgl. nur *Christian-Friedrich Menger*, Rechtsschutzprobleme bei Entscheidungen amtlich anerkannter Sachverständiger oder Prüfer für den Kraftfahrzeugverkehr nach § 29 StVZO, in: VerwArch 67 (1976), S. 205 (208 f.); *Michaelis* (N 152), S. 127 ff.; *Steiner*, Der „beliehene Unternehmer" (N 153), S. 74 f., jeweils m. weit. Nachw. Dem entspricht auch, daß nach überwiegender Ansicht der Beliehene im Widerspruchsverfahren nach §§ 68 ff. VwGO hinsichtlich eines vom Beliehenen erlassenen Verwaltungsaktes die Behörde ist, welche den Verwaltungsakt erlassen hat (§ 70 Abs. 1 VwGO), und verwaltungsgerichtliche Klagen unmittelbar gegen den Beliehenen zu richten sind, der einer Körperschaft i. S. d. § 78 Abs. 1 Nr. 1 VwGO gleichgestellt wird; so z. B. *Burgi* (N 153), S. 594; *Steiner*, Der „beliehene Unternehmer" (N 153), S. 74 f.; *Ossenbühl* (N 23), S. 195; *Konrad Redeker/Hans Joachim v. Oertzen*, Verwaltungsgerichtsordnung, Kommentar, ¹⁴2004, § 78 Anm. 1 a; *Claus Meissner*, in: Friedrich Schoch/Eberhard Schmidt-Aßmann/Rainer Pietzner (Hg.), Verwaltungsgerichtsordnung, Kommentar, Stand: 13. Erg-Lfg. 2006, § 78 Rn. 32; *Michaelis* (N 152), S. 209 f.; im Grundsatz auch *Menger*, ebd., S. 208. A. A. teilweise *Volkmar Götz*, Anm. zu BayVGH, Urt. v. 11.2.1974, in: DÖV 1975, S. 210 (211 f.). Bei der Annahme, daß die Handlungen allein dem Beliehenen zuzurechnen seien, ist es inkonsequent, wenn *im Rahmen der Amtshaftung* nicht dieser, sondern der Hoheitsträger, der im Einzelfall die Beleihung vorgenommen hat bzw. dessen Funktion der Beliehene übernommen hat, haften soll; vgl. *Maurer* (N 13), § 23 Rn. 59; *Steiner*, Der „beliehene Unternehmer" (N 153), S. 75; *Wolff* (N 2), § 104 V c, m. weit. Nachw. auch zur Rechtsprechung. Dahinter steht wohl das rechtspolitische Bemühen, dem Geschädigten ein zahlungskräftiges Haftungssubjekt zu verschaffen. Ganz anders *Ulrich Stelkens*, Die Stellung des Beliehenen innerhalb der Verwaltungsorganisation – dargestellt am Beispiel der Beleihung nach § 44 III BHO/LHO, in: NVwZ 2004, S. 304 (307), der den Beliehenen als Behörde des beleihenden Verwaltungsträgers ansieht und insofern konsequent zu der Annahme gelangt, daß letzterer Haftungssubjekt von Amtshaftungsansprüchen ist.

nalverwaltung erfassen kann. Mit der in Art. 20 Abs. 3 GG grundsätzlich ausgesprochenen Gesetzesbindung aller Verwaltungstätigkeiten und damit aller Verwaltungseinheiten an die (zentral-)staatliche Normsetzung geht zudem durchweg eine staatliche Kontrolle der Verwaltungseinheiten zumindest zur Gewährleistung dieser Rechtsbindung einher. In staatlicher Steuerung und Kontrolle verwirklicht sich die Einheit der Staatsgewalt und kommt zum Ausdruck, daß alle Verwaltungstätigkeit Ausübung von verteilter, aber in ihrem Ursprung einheitlicher Staatsgewalt ist (Art. 20 Abs. 2 GG)[157]. Diese verfassungsrechtsdogmatische Aussage ist zwar zu abstrakt, um daraus eine ausnahmslose Staatsaufsicht über alle Verwaltungsträger abzuleiten[158]. Ihr entspricht jedoch auch der positiv-rechtliche Regelbefund.

Aufsicht[159] zielt auf die Beachtung von Entscheidungsdeterminanten durch den Beaufsichtigten, der zu diesem Zweck dem Zugriff durch den Beaufsichtigenden unterstellt ist. Je nach Dichte der maßgeblichen Entscheidungsdeterminanten und je nach Reichweite der Zugriffsmöglichkeiten ist die Aufsicht inhaltlich und instrumental in ihrer Intensität gestaffelt. Die Kontrolldichte reicht von der Rechts- bis zur uneingeschränkten Aufsicht, die Zugriffsintensität von der Beobachtung, Information und – in der Praxis bedeutsamen – Beratung bis zum staatlichen Oktroi in unterschiedlicher rechtlicher Gestalt[160].

47
Aufsicht

Bestimmungsfaktoren für die unterschiedlichen Aufsichtsmodalitäten sind die Art der von dem beaufsichtigten Verwaltungsträger wahrzunehmenden Aufgabe (fremde oder eigene Angelegenheiten) und – damit zusammenhängend – die verfassungsrechtliche und gesetzliche Absicherung der Rechtsstellung des beaufsichtigten Verwaltungsträgers. So ergibt sich die Selbständigkeit der Länder gegenüber dem Bund schon aus ihrer Staatsqualität, und es kann deshalb keine generelle Aufsicht des Bundes über die Länder geben[161]. Da auch die Ausführung der Bundesgesetze durch die Länder gemäß Art. 83 GG deren „eigene Angelegenheit" ist, beschränkt Art. 84 Abs. 3 GG die Bundesauf-

48
Fremde oder eigene Aufgaben

---

157 Vgl. auch *Hans-Uwe Erichsen*, Kommunalaufsicht – Hochschulaufsicht, in: DVBl 1985, S. 943 (944).
158 Zum Streit hierüber vgl. die knappe Darstellung von *Meinhard Schröder*, Grundfragen der Aufsicht in der öffentlichen Verwaltung, in: JuS 1986, S. 371 (372 f.). Vgl. im übrigen *Wolfgang Kahl*, Die Staatsaufsicht: Entstehung, Wandel und Neubestimmung unter besonderer Berücksichtigung der Aufsicht über die Gemeinden, 2000, S. 472 ff., insbes. 474, 476 f.
159 Dazu grundlegend *Kahl* (N 158); *Gunnar Folke Schuppert*, Staatsaufsicht im Wandel, in: DÖV 1998, S. 831 ff.; *Heinrich Triepel*, Die Reichsaufsicht, 1917; *Jürgen Salzwedel*, Staatsaufsicht in Verwaltung und Wirtschaft, in: VVDStRL 22 (1965), S. 206 ff.; *Wolff* (N 2), § 77 II. Zur Aufsicht über Rundfunkanstalten insbesondere *Claudia Gotzmann*, Die Staatsaufsicht über die öffentlich-rechtlichen Rundfunkanstalten, 2003; *Bernhard Frye*, Die Staatsaufsicht über die öffentlich-rechtlichen Rundfunkanstalten, 2001.
160 *Schröder* (N 158), S. 373 ff.; *Schuppert* (N 159), S. 832; modellhaft ist die Kommunalaufsicht, dazu *Kahl* (N 158), S. 33 ff.; *Erichsen* (N 157); *Reimer Bracker*, Theorie und Praxis der Kommunalaufsicht, in: FG für Georg-Christoph von Unruh, 1983, S. 459 (471 ff.); *Franz-Ludwig Knemeyer*, Die Staatsaufsicht über die Gemeinden und Kreise, in: HdbKWP, Bd. I, S. 265 (272 ff.); *Schmidt-Jortzig* (N 57), Rn. 86 ff. Vgl. auch die ausdrückliche gesetzliche Normierung verschiedener Instrumente der Kommunalaufsicht z. B. in den §§ 122 ff. BrandenbGO, §§ 118 ff. Nordrh.-WestfGO.
161 *Theodor Maunz*, Verfassungshomogenität von Bund und Ländern, in: HStR IV, ²1999 (¹1990), § 95 Rn. 20 ff.; *Willi Blümel*, Verwaltungszuständigkeit, ebd., § 101, Rn. 41 ff., 69 f.; *Isensee* (N 95), § 98 Rn. 64 ff., 92, 118 ff.

Bundesaufsicht sicht[162] grundsätzlich auf die Rechtsaufsicht. Weitergehende Aufsichtsbefugnisse stehen dem Bund nur im Falle der Bundesauftragsverwaltung gemäß Art. 85 GG zu[163]. Art. 28 Abs. 2 GG garantiert den Gemeinden die Verwaltung eigener Angelegenheiten „in eigener Verantwortung". Dem entspricht, daß nach allen Landesverfassungen[164] die Staatsaufsicht der Länder über die **Kommunalaufsicht** Gemeinden bei der Wahrnehmung ihrer – pflichtigen wie freiwilligen – Selbstverwaltungsaufgaben grundsätzlich auf Rechtsaufsicht beschränkt ist[165]. Bei der Wahrnehmung von Verwaltungsaufgaben, die nicht zum genuinen Selbstverwaltungsbereich der Gemeinden zählen, ist die Aufsichtsdichte erhöht. In Ländern, in denen Gemeinden neben ihren eigenen Aufgaben auch „Auftrags-" oder „übertragene" Angelegenheiten wahrnehmen[166] („dualistische Aufgabenstruktur"), sind sie insofern – mit Besonderheiten in Bayern[167] – prinzipiell einem unbeschränkten fachlichen Weisungsrecht unterstellt. In den Ländern, in denen die Gemeinden neben ihren Selbstverwaltungsaufgaben „Pflichtaufgaben zur Erfüllung nach Weisung" wahrnehmen[168] („monistische Aufgabenstruktur"), bestehen diesbezüglich gegenüber der Rechtsaufsicht gesteigerte Aufsichtsbefugnisse (in Brandenburg und Nordrhein-Westfalen: **Sonderaufsicht** „Sonderaufsicht"[169]) nach Maßgabe näherer gesetzlicher Regelung.

49 Auch die gegenüber den Hauptverwaltungseinheiten dezentralisierten Verwaltungsträger unterliegen zwar nicht notwendig[170], aber grundsätzlich der Aufsicht durch die Hauptverwaltungsträger – in der Regel Bund und Län-

Staatsaufsicht über dezentralisierte Verwaltungsträger

---

162 Dazu *Karl Heinz Ahlert*, Das Aufsichtsrecht des Bundes über die Länder nach dem Bonner Grundgesetz, 1952; *Martin Bullinger*, Der Anwendungsbereich der Bundesaufsicht, in: AöR 83 (1958), S. 279 ff.; *ders.*, Zum Verhältnis von Bundesaufsicht und Bundestreue, in: AöR 87 (1962), S. 488 ff.; *Günter Dux*, Bundesrat und Bundesaufsicht, 1963; *Jochen Abr. Frowein*, Die selbständige Bundesaufsicht nach dem Grundgesetz, 1961; *Hans v. Mangoldt*, Vom heutigen Standort der Bundesaufsicht, 1966; aus jüngerer Zeit *Michael Ronellenfitsch*, Die Bundesaufsicht in der Bundesrepublik Deutschland, in: Peter Bußjäger (Hg.), Vollzug von Bundesrecht durch die Länder, 2002, S. 63 ff.; *Klaus Vogel*, „Selbständige Bundesaufsicht" nach dem Grundgesetz, besonders bei der Anwendung europäischen Rechts, in: FS für Klaus Stern, 1997, S. 819 ff.
163 Dazu *Thomas Tschentscher*, Bundesaufsicht in der Bundesauftragsverwaltung, 1992; *Rudolf Steinberg*, Bundesaufsicht, Länderhoheit und Atomgesetz, 1990, insbes. S. 20 ff.
164 Art. 75 Abs. 1 S. 1 BadWürttVerf; Art. 83 Abs. 4 BayVerf; Art. 97 Abs. 1 S. 2 BrandenbVerf; Art. 137 Abs. 3 S. 2 HessVerf; Art. 72 Abs. 4 MecklenbVorpVerf; Art. 57 Abs. 5 NiedersachsVerf; Art. 78 Abs. 1 NordrhWestfVerf; Art. 49 Abs. 3 S. 2 RheinlPfalzVerf; Art. 122 SaarlVerf; Art. 89 Abs. 1 SachsVerf; Art. 87 Abs. 4 SachsAnhVerf; Art. 46 Abs. 3 SchlHolVerf; Art. 94 ThürVerf.
165 Die Gesetzessprache verwendet insofern die Ausdrücke „allgemeine Aufsicht" (§ 116 Abs. 1 Nordrh.-WestfGO), „Kommunalaufsicht" (§ 120 BrandenbGO; § 127 Abs. 1 S. 2 NiedersächsGO) oder „Rechtsaufsicht" (Art. 109 Abs. 1 BayGO).
166 Art. 8 Abs. 1 BayGO; § 5 Abs. 1 NiedersächsGO; § 2 Abs. 2 S. 1 Rheinl.-PfälzGO; § 6 SaarlKSVG.
167 Art. 109 Abs. 2 S. 2 BayGO normiert Einschränkungen der Kontrolle kommunaler Ermessensbetätigung. Vgl. dazu *Knemeyer* (N 160), S. 281.
168 § 2 Abs. 3 Bad-WürttGO; § 3 Abs. 4 BrandenbGO; § 4 HessGO; § 3 Abs. 2 Nordrh.-WestfGO; § 3 Abs. 1 Schl.-HolGO.
169 § 132 Abs. 1 BrandenbGO; § 119 Abs. 2 Nordrh.-WestfGO.
170 Umstritten ist etwa, ob die Bundesbank der Rechtsaufsicht unterliegt. Vgl. dazu *Konrad v. Bonin*, Zentralbanken zwischen funktioneller Unabhängigkeit und politischer Autonomie, 1978, S. 186 ff.; *Klaus Irrgang*, Die Rechtsnatur der Deutschen Bundesbank, 1969, S. 97 ff.; *Ortrun Lampe*, Die Unabhängigkeit der Deutschen Bundesbank, ²1971, S. 76 f.; *Hugo J. Hahn*, Die Deutsche Bundesbank im Verfassungsrecht, in: BayVBl 1952, S. 33 (34); *Stern* (N 49), § 35 V 3 a.

der[171] –, denen sie rechtlich zugeordnet sind. Die Aufsichtsmodalitäten sind zum Teil gesetzlich positiviert[172]. Verfassungsrecht kann eine Minimalisierung der Aufsicht bei der Wahrnehmung bestimmter Aufgaben – zum Beispiel durch die Rundfunkanstalten – gebieten[173]. Im übrigen wird man verallgemeinernd sagen können, daß die Staatsaufsicht bei der Wahrnehmung von Selbstverwaltungsaufgaben grundsätzlich nur Rechtsaufsicht ist[174] und bei der Wahrnehmung staatlich übertragener Aufgaben weitergehende Aufsichtsbefugnisse bestehen können[175]. Dem Gesetzgeber steht es allerdings im Rahmen des Verfassungsrechts frei, wie er die Aufsichtsverhältnisse im einzelnen gestaltet.

Nach geltendem Recht unterliegt die Verwaltung durch Privatrechtssubjekte grundsätzlich nicht der staatlichen Aufsicht[176]. Ob dieser Rechtszustand befriedigt, hängt davon ab, inwieweit der durch diesen Mangel entstehende Steuerungsverlust durch anderweitige Einflußmöglichkeiten[177] kompensiert werden kann. Hier wird vieles auf die Ausgestaltung der Rechtsbeziehungen zu den Privatrechtssubjekten im Einzelfall ankommen. Wenn Träger von Privatrechtssubjekten ihrerseits staatlicher Aufsicht unterliegen (zum Beispiel privatrechtlich organisierte Kulturbetriebe der Gemeinden), können sie durch die beaufsichtigende Stelle zum Gebrauch ihrer Einflußmöglichkeiten angehalten werden[178]. Soweit Privatrechtssubjekte zur Wahrnehmung ihrer Verwaltungsaufgaben mit hoheitlichen Befugnissen ausgestattet sind, unterstehen sie allerdings grundsätzlich der Rechts-, möglicherweise auch der Fachaufsicht[179]. Auch insoweit zeigt sich die hier bereits herausgestellte[180] Gemeinsamkeit zwischen den Beliehenen und den juristischen Personen des öffentlichen Rechts.

50
Steuerung privatrechtlicher Verwaltungsträger

---

171 Siehe aber nunmehr die Möglichkeit zur Schaffung kommunaler Unternehmen in Anstaltsform („Kommunalunternehmen"), s. o. N 149.
172 Vgl. z. B. §§ 19, 20 LOG Brandenb. i. V. m. §§ 122–128 BrandenbGO; §§ 19, 20 LOG Mecklenb.-Vorp. i. V. m. § 80 ff. Mecklenb.-Vorp.GO; §§ 20, 21 LOG Nordrh.-Westf. i. V. m. §§ 119 ff. Nordrh.-WestfGO; §§ 20, 21 LOG Saarl. i. V. m. §§ 125–131 und 137 SaarlKSVG; § 19 LVwG Schl.-Hol.
173 *Gotzmann* (N 159), S. 196 ff.; *Frye* (N 159), S. 126 ff.
174 BVerwG, in: DVBl 1961, S. 449; *Hendler* (N 77), S. 284; *Wolff* (N 2), § 77 II c 2.
175 Eine entsprechende Differenzierung enthalten z. B. §§ 106, 107 Nordrh.-WestfHSG.
176 *Ehlers* (N 13), S. 268. Im Rahmen der Privatisierung insbesondere von Bundespost und Bundesbahn haben sich jedoch z. T. über die klassische Wirtschaftsaufsicht hinausgehende Aufsichtsformen über (formell oder sogar materiell) privatisierte Unternehmen herausgebildet (z. B. „Steuerungsaufsicht" oder „Regulierungsaufsicht"), dazu *Schuppert* (N 159), S. 832 ff.; Klaus König/Angelika Benz (Hg.), Privatisierung und staatliche Regulierung, 1997. Diese laufen z. T. auf eine der Rechtsaufsicht vergleichbare Aufsicht hinaus, so z. B. die allgemeine Eisenbahnaufsicht (§ 5 Abs. 1 AEG), können aber auch darüber hinausgehen, wie z. B. die Befugnisse des Eisenbahnbundesamtes zur Sicherstellung des diskriminierungsfreien Zugangs von Eisenbahnverkehrsunternehmen zur Eisenbahninfrastruktur (vgl. § 14 Abs. 3 a, 5 AEG).
177 S. o. Rn. 9.
178 *Günter Püttner*, Die Einwirkungspflicht, in: DVBl 1975, S. 353 (354); vgl. auch *Frank Engellandt*, Die Einflußnahme der Kommunen auf ihre Kapitalgesellschaften über das Anteilseignerorgan: Rechtliche, organisatorische und kompetenzielle Probleme ihrer Einwirkungspflicht, 1995, S. 20 ff.
179 *Wolff* (N 2), § 104 III a 4.
180 S. o. Rn. 45.

2. Intrapersonale Kontrollbeziehungen

51

Aufsicht innerhalb der unmittelbaren Staatsverwaltung

Über die Beziehungen der rechtlichen Untergliederungen der Verwaltungsträger zueinander lassen sich nur auf relativ abstraktem Niveau verallgemeinernde Aussagen machen[181]. Die oben[182] geschilderte, systematisch kaum erfaßbare Vielfalt im Aufbau der Verwaltungsorganisation ist auch und in erster Linie eine Vielfalt in dem Verlauf der Entscheidungszüge. Gemeinsame Kontrollstrukturen finden sich noch am ehesten innerhalb der unmittelbaren Bundes- und Landesverwaltungen. Nicht nur, aber besonders in diesem Bereich ist die Verwaltungsorganisation dem idealtypischen Modell einer Bürokratie mit hierarchischer Gliederung der Verwaltungseinheiten angenähert[183]. So bestimmt § 11 LOG Nordrh.-Westf. (wie einige andere Landesorganisationsgesetze auch[184]): „Die nachgeordneten Landesbehörden unterstehen der Dienstaufsicht und der Fachaufsicht". Dabei erstreckt sich die Dienstaufsicht „auf den Aufbau, die innere Ordnung, die allgemeine Geschäftsführung und die Personalangelegenheiten der Behörde"[185] und meint damit das, was organisationsrechtlich die allgemeine Organ- bzw. Behördenaufsicht

Allgemeine Organaufsicht

genannt wird[186]. Die mit der allgemeinen Organaufsicht häufig verkoppelte

Fachaufsicht

Fachaufsicht erstreckt sich auf die rechtmäßige und zweckmäßige Wahrnehmung der Aufgaben[187]. Eine derartig intensive Kontrolldichte führt allerdings nicht zur völligen Beherrschbarkeit der nachgeordneten Behörden. Einer Vereinnahmung der untergeordneten Verwaltungseinheiten steht rechtlich eine Staffelung des Einsatzes der Aufsichtsmittel entgegen. Insbesondere ist

Selbsteintrittsrecht

ein Selbsteintrittsrecht der übergeordneten Behörde an besondere rechtliche Voraussetzungen gebunden[188]. In tatsächlicher Hinsicht scheitert sie an der begrenzten Kontrollkapazität der Aufsichtsinstanz. Oft wird umgekehrt die Wahrnehmung der Aufsicht zum praktischen Problem und ist die Steuerung der Organisation auch auf Koordination von unten nach oben angewiesen[189]. Im übrigen ist auch in der unmittelbaren Staatsverwaltung das hierarchische Entscheidungsmodell vielfach modifiziert. Die straff vertikalen Entscheidungszüge werden durch kollegiale Beratungs- und Entscheidungsgremien

---

181 *Wolff* (N 2), § 77 II.
182 S. o. Rn. 16 ff.
183 *Dreier* (N 156), S. 141 ff., 148 ff.
184 § 11 LOG Saarl. Ähnlich §§ 20 ff. LVwG Bad.-Württ.; § 15 LOG Brandenb.; § 15 Abs. 1 LOG Mecklenb.-Vorp.; § 14 Abs. 1, 2 LVwG Schl.-Hol.
185 § 12 Abs. 1 LOG Nordrh.-Westf.; vgl. auch § 15 Abs. 2 LOG Brandenb.; § 16 Abs. 1 LOG Mecklenb.-Vorp; § 12 Abs. 1 LOG Saarl.; § 15 Abs. 1 LVwG Schl.-Hol.
186 *Schröder* (N 158), S. 372; *Wolff* (N 2), § 77 II b 4.
187 § 15 Abs. 3 LOG Brandenb.; § 16 Abs. 2 LOG Mecklenb.-Vorp.; § 13 Abs. 1 LOG Nordrh.-Westf.; § 13 Abs. 1 LOG Saarl.; § 15 Abs. 2 LVwG Schl.-Hol.
188 *Georg Brunner*, Der Selbsteintritt der höheren Behörde, in: DÖV 1969, S. 773 ff.; *Reinhard Mußgnug*, Das Recht auf den gesetzlichen Verwaltungsbeamten, 1970, S. 53 ff.; *Hans Schneider*, Zum Selbsteintritt der höheren Behörde in Angelegenheiten der unteren Verwaltungsstelle, in: DVBl 1950, S. 702 ff.; *Heinrich Völker*, Der Selbsteintritt der übergeordneten Behörde, Diss. Tübingen 1970; *Ulrich Guttenberg*, Weisungsbefugnisse und Selbsteintritt, 1992.
189 *Püttner* (N 5), § 9 III 1 (S. 130).

und „weisungs- und unterrichtungsfreie Räume"[190] unterbrochen und durch die oben[191] angedeuteten vielfachen Formen der Verselbständigung der Verwaltungseinheiten („Einflußknicke") abgeschwächt.

Um noch einiges buntscheckiger sind die Entscheidungs- und Kontrollmuster bei den Trägern mittelbarer Staatsverwaltung. Nach Art. 28 Abs. 1 S. 2 GG müssen alle Gemeinden ein gewähltes Vertretungsorgan haben. Daraus läßt sich folgern, daß dieses als kollegiales Organ strukturierte Beschlußgremium zumindest für grundsätzliche Angelegenheiten der gemeindlichen Selbstverwaltung zuständig sein und gewisse Aufsichtsfunktionen gegenüber den anderen Gemeindeorganen haben muß[192]. Ansonsten ist die innere Gemeindeorganisation in den entsprechenden Landesgesetzen nach unterschiedlichen Modellvorstellungen geordnet[193]. Auch bei anderweitiger Verwendung der körperschaftlichen Organisationsform wird der mitgliedschaftlichen Verfassung durch gewichtige Anteilnahme des Repräsentativorgans an der Steuerung und Kontrolle des Verwaltungsträgers Rechnung getragen[194]. Im übrigen läßt die Konturenlosigkeit der Organisationstypen des öffentlichen Rechts kaum abstrakte Verallgemeinerungen der Entscheidungs- und Kontrollstrukturen zu. Gesetzlich vorgezeichnet ist dagegen die Willensbildung bei den Verwaltungsträgern in Privatrechtsform.

52
Binnendifferenzierung mittelbarer Staatsverwaltung

„Aufsicht" zählt zu den klassischen organisationsrechtlichen Instrumenten zur Steuerung der Verwaltungstätigkeit, ist aber nur eines unter vielen anderen. Weitere Steuerungsfaktoren sind etwa, neben dem gesetzlichen Programm, die Personalauswahl, die Bereitstellung personeller und sächlicher Ressourcen, der Zuschnitt der Fachressorts, die Länge hierarchischer Weisungszüge etc. Zur Veränderung insbesondere der Ablauforganisation kann das eine oder andere Instrument eingesetzt werden. Eine umfassende Verwaltungsreform wird möglichst viele der Steuerungsfaktoren in ein neu gestaltetes Gesamtkonzept einbringen. Diesen Weg verfolgen Überlegungen zur Verwaltungsmodernisierung unter anderem mit dem Ziel, betriebswirtschaftliche Managementkonzepte in die Verwaltungspraxis zu implementieren. Der mit diesen Überlegungen häufig verbundene Begriff „Neues Steuerungsmodell" zielt dabei weniger auf eine bestimmte Konzeption, sondern dient vielfach als plakatives Schlagwort für unterschiedlichste Vorstellungen. Die inzwischen in ihren Ausmaßen unüberschaubare Diskussion dieses Themas[195] ist nicht aka-

53

„Neues Steuerungsmodell"

---

190 *Janbernd Oebbecke*, Weisungs- und unterrichtungsfreie Räume in der Verwaltung, 1986; vgl. auch *Matthias Jestaedt*, Demokratieprinzip und Kondominialverwaltung, 1993, S. 102 ff.; *Thomas Groß*, Das Kollegialprinzip in der Verwaltungsorganisation, 1999, S. 96 ff., 246 f.
191 S. o. Rn. 15 f., 26 m. N 89.
192 *Schmidt-Jortzig* (N 57), Rn. 192 ff.; *Hendler*, Prinzip Selbstverwaltung (N 77), Rn. 36; → Bd. IV, *Butzer*, § 74 Rn. 29.
193 Dazu bereits die Nachw. oben in N 56.
194 Vgl. *Wolff* (N 2), § 84 III g; *Maurer* (N 13), § 23 Rn. 40; *Kluth* (N 58), § 87 Rn. 78; ders. (N 77), S. 474 ff.
195 Vgl. nur *Veith Mehde*, Neues Steuerungsmodell und Demokratieprinzip, 2000, S. 26 ff.; *Hermann Hill*, Neue Organisationsformen in der Staats- und Kommunalverwaltung, in: Schmidt-Aßmann/Hoffmann-Riem (N 103), S. 65 (71 f.); *Jens-Peter Schneider*, Das Neue Steuerungsmodell als Innovationsimpuls für Verwaltungsorganisation und Verwaltungsrecht, ebd., S. 103 ff., sowie die zahlreichen Nachw. bei *Kluth* (N 58), § 80 vor Rn. 288 (S. 72 ff.).

§ 108   *Achter Teil: II. Staatsfunktionen*

demisch geblieben. Sie hat die Verwaltungspraxis nicht nur, aber insbesondere in den kommunalen Organisationen[196] und auch die der Hochschulen[197] in erheblichem Umfang verändert.

54

„Zielvereinbarungen"

Die Neuausrichtung der Verwaltungstätigkeit hat auch neuartige Steuerungsinstrumente hervorgebracht, die in unserem Zusammenhang erwähnenswert sind, weil sich ihre Funktion der der „klassischen" Aufsicht nähern kann. So können durch „Zielvereinbarungen"[198] Inhalte und Modalitäten von Verwaltungsleistungen, aber auch die Verfügbarkeit von Ressourcen festgeschrieben werden. Dabei kann es sich um interpersonale Vereinbarungen, zum Beispiel zwischen Staat und Universität[199], handeln, aber auch um intrapersonale Vereinbarungen zwischen der Organisationsleitung (zum Beispiel Rektorat, Präsidium) und Untereinheiten der Organisation (zum Beispiel Fakultät)[200]. Ihr Rechtscharakter ist fraglich. Während interpersonale Vereinbarungen eher rechtsverbindliche Verträge sein werden[201], namentlich, wenn ihr Abschluß gesetzlich vorgesehen ist[202], werden intrapersonale Vereinbarungen zumindest überwiegend eher den Charakter rechtsunverbindlicher Absprachen haben[203]. Neben den Chancen, die Zielvereinbarungen versprechen (zum Beispiel Planungssicherheit[204]), bergen sie auch Risiken, die insbesondere aus ihrer funktionalen Nähe zu den Instrumenten der Aufsicht herrühren. Soweit Aufsicht, insbesondere die Rechtsaufsicht, (verfassungs-)rechtlich vorgeschrieben ist, kann sie durch Zielvereinbarungen weder kompensiert noch ersetzt werden. Soweit das Verhältnis zwischen Verwaltungssubjekten (verfas-

Planungssicherheit

---

196 Vgl. die „Experimentierklauseln" in den GOen, § 146 Bad-WürttGO; Art. 117 a BayGO; § 133 HessGO; § 42 a Mecklenb.-VorpKV; § 129 Nordrh.-WestfGO; § 126 a SaarlKSVG; § 146 Sachs.-AnhGO; § 131 SächsGO; § 135 a Schl.-HolGO.
197 Vgl. § 8 Abs. 1 Baden-WürttHSG; § 7 a BerlHSG; §§ 2 Abs. 6, 5 a HSG Brandenb.; § 105 a BremHSG; § 2 Abs. 3 HambHSG; § 88 Abs. 2 HessHSG; § 15 Abs. 3 Meck.-VorpHSG; § 1 Abs. 3 NiedersächsHSG; § 6 Nordrh.-WestfHSG; § 2 Abs. 9 Rheinl.-PfälzHSG; § 7 Abs. 1 SaarlHSG; § 99 SächsHSG; § 57 Sachs.-AnhHSG; § 15 a Schl.-HolHSG; §§ 11 f. ThürHSG.
198 Dazu *Maximilian Wallerath*, Kontraktmanagement und Zielvereinbarungen als Instrumente der Verwaltungsmodernisierung, in: DÖV 1997, S. 57 ff.; *Hermann Hill*, Zur Rechtsdogmatik von Zielvereinbarungen in Verwaltungen, in: NVwZ 2002, S. 1059 ff.; *Schneider* (N 195), S. 116 f.; *Mehde* (N 195), S. 316 ff.; *Kluth* (N 58), § 80 Rn. 320 ff. Zu Zielvereinbarungen im Hochschulbereich *Hans Heinrich Trute*, Die Rechtsqualität von Zielvereinbarungen und Leistungsverträgen im Hochschulbereich, in: WissR 2000, S. 134 (137 ff.); *Werner Hoffacker*, Kontrakt und Kontraktmanagement: Neue Instrumente der Steuerung im Hochschulbereich – Probleme und Problematik –, in: DÖV 2001, S. 681 ff.
199 Vgl. dazu *Barbara Remmert*, Verwaltungsvertrag und Parlamentskompetenz: Garantieren Hochschulverträge finanzielle Planungssicherheit?, in: Walter Krebs (Hg.), Liber amicorum Hans-Uwe Erichsen, 2004, S. 163 (164 f.); *Trute* (N 198), S. 140 f.
200 *Trute* (N 198), S. 141 f.; vgl. zum ganzen auch *Werner Thieme*, Deutsches Hochschulrecht, ³2004, Rn. 573 m. weit. Nachw.
201 *Remmert* (N 199), S. 167 ff.; *Trute* (N 198), S. 146 ff.
202 Vgl. z. B. Artikel II § 1 des (Berliner) Gesetzes zur Beseitigung des strukturellen Ungleichgewichts des Haushalts (Haushaltsstrukturgesetz 1997) v. 12. 3. 1997 (GVBl S. 69) sowie bereits die Nachw. in N 195.
203 So für Absprachen im kommunalen Bereich *Hermann Pünder*, Zur Verbindlichkeit der Kontrakte zwischen Politik und Verwaltung im Rahmen des Neuen Steuerungsmodells, in: DÖV 1998, S. 63 (65 ff.); *Thomas Wolf-Hegerbekermeier*, Die Verbindlichkeit im kommunalen Kontraktmanagement, in: DÖV 1999, S. 419 (423); für intrapersonale Vereinbarungen im Hochschulbereich *Trute* (N 198), S. 150 ff., 152.
204 *Remmert* (N 199), S. 165 m. weit. Nachw.

sungs-)rechtlich weisungsfrei gestaltet ist, darf diese durch Weisungsfreiheit erreichte Unabhängigkeit nicht durch Zielvereinbarungen beeinträchtigt werden[205].

3. Gerichtsschutz für Verwaltungseinheiten

a) Gerichtsschutz als Kompetenzschutz

Der verwaltungsgerichtliche Rechtsschutz ist durch Art. 19 Abs. 4 GG subjektiv-rechtlich determiniert, also grundsätzlich an der personalen Rechtsstellung von Privaten ausgerichtet. Verwaltungseinheiten sind Träger von Bündeln an Verwaltungsaufgaben. Ihre rechtliche Existenz beruht auf Zuständigkeits- und Kompetenzzuweisungen. Gerichtsschutz für Verwaltungseinheiten ist demnach Schutz für apersonale Rechtsstellungen und eine Instrumentalisierung der Gerichtsbarkeit für eine Konfliktbereinigung innerhalb der Verwaltungsorganisation. Art. 19 Abs. 4 GG vermag daher für die Notwendigkeit eines Gerichtsschutzes für Verwaltungseinheiten zumindest grundsätzlich nichts herzugeben[206]. Darüber täuscht eine Begrifflichkeit hinweg, nach der auch Verwaltungseinheiten „subjektive Rechte" zustehen können. Die Zuerkennung subjektiver Rechte für Verwaltungseinheiten bedeutet in unserem Zusammenhang eine rechtstechnische Inanspruchnahme dieser Rechtsfigur zur Vergerichtlichung der Rechtsbeziehungen zwischen Verwaltungseinheiten. Eine derartige Versubjektivierung der Rechtsstellung von Verwaltungseinheiten ist nach derzeitigem Recht für die Verwaltungsträger und für ihre rechtlichen Untergliederungen in unterschiedlichem Ausmaß vorhanden.

55
Rechtsschutz für apersonale Rechtsstellungen

Art. 19 Abs. 4 GG

b) Gerichtsschutz für Verwaltungsträger

Der verwaltungsgerichtliche Rechtsschutz[207] steht den Verwaltungsträgern zur Verteidigung der selbstverantwortlichen Wahrnehmung ihrer eigenen Angelegenheiten grundsätzlich zur Verfügung. Rechtsverbindliche Maßnahmen der staatlichen (Rechts-)Aufsicht gelten als Verwaltungsakte, deren gerichtliche Aufhebung mit Hilfe der Anfechtungsklage begehrt werden kann. Die Klagebefugnis gründet sich auf Selbstverwaltungsrechte und die

56
Gerichtsschutz gegen staatliche Aufsichtsmaßnahmen

---

205 Zu dieser Problematik *Hoffacker* (N 198), S. 682 f.; vgl. demgegenüber die autonomiesichernde Funktion von Zielvereinbarungen hervorhebend *Trute* (N 198), S. 140 f.
206 Vgl. auch *Eberhard Schmidt-Aßmann*, in: Maunz/Dürig, Komm. z. GG. Art. 19 Abs. 4 Rn. 147 f.; *Walter Krebs*, in: v. Münch/Kunig, GGK I, Art. 19 Rn. 51 m. weit. Nachw.; *Hans-Jürgen Papier*, Rechtsschutzgarantie gegen die öffentliche Gewalt, in: HStR VI, ²2001 (¹1989), § 154 Rn. 21.
207 Auf die Möglichkeiten der Inanspruchnahme der Verfassungsgerichte kann hier nicht eingegangen werden. Zu den Bund-Länder-Streitigkeiten vgl. *Peter Selmer*, Bund-Länder-Streit, in: FS 50 Jahre BVerfG, Bd. I, 2001, S. 563 ff.; *Winfried Brechmann*, Der Bund-Länder-Streit in der aktuellen Rechtsprechung des Bundesverfassungsgerichts, in: Josef Aulehner u. a. (Hg.), Föderalismus – Auflösung oder Zukunft der Staatlichkeit?, 1997, S. 113 ff.; *Walter Leisner*, Der Bund-Länder-Streit vor dem Bundesverfassungsgericht, in: FG-BVerfG, Bd. I, S. 260 ff.; zu den Bundes- und Landeskommunalverfassungsbeschwerden vgl. *Wolfgang Litzenburger*, Die kommunale Verfassungsbeschwerde in Bund und Ländern, Diss. Kiel 1985; *Werner Hoppe*, Die kommunale Verfassungsbeschwerde vor Landesverfassungsgerichten, in: Christian Starck/Klaus Stern (Hg.), Landesverfassungsgerichtsbarkeit, Teilbd. II, 1983, S. 257 ff.

rechtlichen Maßgaben der Staatsaufsicht[208]. Die Rechtsschutzklauseln in den Gemeindeordnungen[209] sind für die Zulässigkeit der Klage nicht konstitutiv, sondern haben ihre Bedeutung für das Widerspruchsverfahren[210]. Zurückgenommen ist dagegen die Möglichkeit eines gerichtlichen Rechtsschutzes gegenüber fachaufsichtlichen Weisungen. Die Diskussion konzentriert sich bisweilen noch auf den Streit darüber, ob diese Maßnahmen Verwaltungsakte sind oder nicht[211]. Richtigerweise hängt aber die Zulässigkeit einer Klage davon ab, ob der Verwaltungsträger in seinen eigenen (Selbstverwaltungs-) Rechten betroffen[212] und damit klagebefugt ist[213]. Der Verwaltungsaktcharakter entscheidet nur über die Klageart, und der diesbezügliche Streit dürfte im praktischen Ergebnis mehr Relevanz für das Verwaltungsverfahrensrecht[214] als für das Prozeßrecht besitzen.

c) (Verwaltungs-)Organstreitigkeiten[215]

57

Verwaltungs-organstreitigkeiten

Die Austragung von Streitigkeiten zwischen Staatsorganen vor einer dritten Instanz ist historisch tradiert und war auch schon gemäß Art. 19 WRV (reichs-)verfassungsgerichtlich möglich. Demgegenüber ist die grundsätzliche Anerkennung der Möglichkeit einer verwaltungsgerichtlichen Bereinigung von Konflikten zwischen Untergliederungen juristischer Personen des öffentlichen Rechts („Organstreitigkeiten")[216] jüngeren Datums[217]. Ihr stand histo-

---

208 *Schröder* (N 158), S. 375.
209 § 125 Bad-WürttGO; Art. 119 f. BayGO; § 130 BrandenbGO; § 142 HessGO; § 85 Mecklenb.-VorpKV; § 126 Nordrh.-WestfGO; § 126 Rheinl.-PfalzGO; § 136 SaarlKSVG; § 141 Sachs.-AnhGO; §§ 124 f. ThürGO.
210 Vgl. *Erichsen* (N 157), S. 947.
211 Der Verwaltungsaktcharakter wird mit der Begründung verneint, daß eine solche Weisung *intra*personal sei, wenn sie den Aufgabenbereich der Gemeinde betreffe, der sich „nicht mit der Außenrechtssubjektivität vermittelnden eigenen Wirkungskreis" decke – so *Erichsen* (N 157), S. 948 – bei fachaufsichtlichen Weisungen im Rahmen der Auftragsverwaltung, anders hingegen (ebd., S. 947) bei Pflichtaufgaben zur Erfüllung nach Weisung. Diese Auffassung muß darüber hinwegsehen, daß auch bei der Auftragsverwaltung die Gemeindeorganisation rechtlich nicht zum Organ der Staatsverwaltung wird. Weisungen treffen sie auch insofern als (Außen-)Rechtssubjekt, wenn auch nur als Pflichtsubjekt, sind also *inter*personal. Läßt man dies für die Annahme der „Außen"-Wirkung im Sinne der Begriffsbestimmung der Verwaltungsakte genügen, so sind fachaufsichtliche Weisungen Verwaltungsakte: so *Schröder* (N 158), S. 375. Andernfalls muß man anerkennen, daß nur die Betroffenheit in subjektiven Rechten die vom Verwaltungsakt geforderte Außenwirkung konstituiert.
212 Insofern übereinstimmend *Schröder* (N 158), S. 375, und *Erichsen* (N 157), S. 948.
213 Noch anders *Schmidt-Jortzig* (N 57), Rn. 558, der das Problem als eines der Begründetheit der Klage ansieht.
214 Vgl. insofern *Schmidt-Aßmann* (N 58), Rn. 45.
215 *Wolfgang Roth*, Verwaltungsrechtliche Organstreitigkeiten, 2001; *Martin Jockisch*, Die Prozeßvoraussetzungen im Kommunalverfassungsstreitverfahren, Diss. Regensburg 1996; *Günter Kisker*, Insichprozeß und Einheit der Verwaltung, 1968; *Werner Hoppe*, Organstreitigkeiten vor den Verwaltungs- und Sozialgerichten, 1970; *Friedrich Schoch*, Der Kommunalverfassungsstreit im System des verwaltungsgerichtlichen Rechtsschutzes, in: JuS 1987, S. 783 ff.; *Walter Krebs*, Rechtsprobleme des Kommunalverfassungsstreits, in: VerwArch 68 (1977), S. 189 ff.; *ders.*, Grundfragen des verwaltungsrechtlichen Organstreits, in: Jura 1981, S. 569 ff.; *Dieter Lorenz*, Zur Problematik des verwaltungsgerichtlichen Insichprozesses, in: AöR 93 (1968), S. 308 ff.; *Herbert Bethge*, Grundfragen innerorganisationsrechtlichen Rechtsschutzes, in: DVBl 1980, S. 309 ff.; *Erichsen* (N 112).
216 Der Begriff umfaßt nicht nur Streitigkeiten zwischen Organen, sondern auch solche, an denen Organteile beteiligt sind.
217 Von ausdrücklicher gesetzlicher Zuweisung ist insofern abgesehen, vgl. dazu Beispiele bei *Diether Haas*, Verwaltungsstreit zwischen Behörden des gleichen Rechtsträgers, in: DÖV 1952, S. 135 (136 ff.).

risch die Rechtsauffassung vom rechtlich impermeablen Innenraum juristischer Personen im Wege[218], und sie ist bis heute mit der Schwierigkeit belastet, eine derartige „Innenrechts"-streitigkeit mit einer Prozeßordnung zu harmonisieren, die erkennbar[219] nur auf den Außenrechtskreis zugeschnitten ist. Wie häufig treten auch hier materiellrechtliche Problemlagen im verwaltungsgerichtlichen Verfahren zutage.

Die materiellrechtliche Problematik ist mit der Aufgabe der Impermeabilitätstheorie noch keineswegs erledigt. Mit der Annahme, daß auch die juristische Person „rechtlich" gegliedert ist und ihre rechtlichen Untergliederungen Zurechnungssubjekte von (Innen-)Rechtssätzen und insofern „rechtsfähig" sind, steht noch nicht fest, ob und unter welchen Voraussetzungen diese auch Inhaber justitiabler subjektiver (Organ-)Rechte sind. Die wissenschaftliche Diskussion hat dazu eine Palette von Vorschlägen vorgelegt[220]. Es kommt darauf an, welche rechtliche Eigenständigkeit einem Organ (oder Organteil) in Wahrnehmung seiner Organfunktionen im Willensbildungsprozeß der Organisation zukommt und – damit zusammenhängend – welche außergerichtlichen Mechanismen zur innerorganisatorischen Konfliktbereinigung zur Verfügung stehen. Beide Gesichtspunkte sprechen zum Beispiel prinzipiell gegen die Annahme gerichtlich durchsetzbarer Organrechtsstellungen von Verwaltungseinheiten, die in hierarchische Entscheidungszüge eingegliedert sind. Umgekehrt spricht zum Beispiel die weisungsfreie Funktionswahrnehmung der Mitglieder kommunaler Vertretungsorgane dafür, daß die ihnen zustehenden Mitgliedschaftsrechte auch gerichtlich durchsetzbar sein sollen[221].

58
Subjektive Organrechte

Prozeßrechtsdogmatisch geht es darum, die Friktionen des Organstreits mit den Regelungen der Verwaltungsgerichtsordnung zu überwinden. Keine Schwierigkeiten bereitet insofern die Rechtswegklausel des § 40 Abs. 1 VwGO, da außer Streit steht, daß auch Streitigkeiten über intrapersonale Kompetenzzuweisungen „Rechts-"Streitigkeiten sind. Demgegenüber steht der Wortlaut des die Beteiligtenfähigkeit regelnden § 61 VwGO einem Organstreit insofern entgegen, als die Beteiligten weder natürliche oder juristische Personen im Sinne des § 61 Nr. 1 VwGO noch – hinsichtlich ihres Streites – Behörden im Sinne des § 61 Nr. 3 VwGO sind. Das von § 61 Nr. 2 VwGO vorausgesetzte Recht meint eigentlich ein Recht des Außenrechtskreises[222]. Vielfach behilft man sich mit einer Analogie zu dieser Vorschrift[223]. Freilich

59
Verwaltungsprozessuale Problematik des Organstreits

Beteiligtenfähigkeit der Organe

---

218 S. o. Rn. 32.
219 Das wird deutlich bei der Regelung der Beteiligtenfähigkeit in § 61 VwGO. Dazu s. u. Rn. 59.
220 Vgl. zum Überblick die Skizze bei *Krebs*, Grundfragen (N 215), S. 574 ff., und *Erichsen* (N 112), S. 225 ff.
221 Vgl. in diesem Zusammenhang auch *Erichsen* (N 112), S. 229 f., mit Beispielen aus der Rechtsprechung; *Stefan Barth*, Subjektive Rechte von Gemeinderatsmitgliedern im Kommunalverfassungsstreit, Diss. Regensburg 1997, S. 28 ff.
222 Vgl. dazu *Erichsen* (N 112), S. 222; *Krebs*, Grundfragen (N 215), S. 579; *Walter Schmitt Glaeser/Hans-Detlef Horn*, Verwaltungsprozeßrecht, 15.2000, Rn. 93.
223 So etwa *Wolfgang Bier*, in: ders./Schmidt-Aßmann/Pietzner (N 156), § 61 Rn. 7; *Hoppe* (N 215), S. 213; *ders.*, Organstreitigkeiten und organisationsrechtliche subjektiv-öffentliche Rechte, in: DVBl 1970, S. 845 (849); *Otto Lüders*, Die kommunalverfassungsrechtliche Stellung der Ratsausschüsse, ihrer Teile und Mitglieder nach der nordrhein-westfälischen Gemeindeordnung, Diss. Münster 1979, S. 64 ff.; vgl. für Universitätsorgane, Fakultäten und deren Organe, Organteile oder organinterne Funktionsträger VGH Baden-Württemberg, in: DÖV 1982, S. 84 (85).

Klageart

könnte man ebensogut (oder ebensowenig) § 61 Nr. 1 VwGO analog heranziehen[224]. Unter den Klagearten steht die Anfechtungsklage nicht zur Verfügung, da Organe als Innenrechtssubjekte nicht in ihrem Außenrechtskreis und damit nicht durch Verwaltungsakte betroffen sein können. Die Rechtsprechung hat früher gelegentlich eine Klage „sui generis" angenommen[225], greift inzwischen aber auf die von der Verwaltungsgerichtsordnung zur Verfügung gestellten Rechtsschutzformen zurück[226], die dem Anliegen des Organstreits auch regelmäßig genügen. Daher ist auch einer richterrechtlichen Rechtsfortbildung des Systems der Rechtsschutzformen zugunsten einer kassatorischen Gestaltungsklage (außerhalb der Anfechtungsklage) mit Skepsis zu begegnen[227]. Die Klage- oder Prozeßführungsbefugnis gründet sich auf das geltend gemachte subjektive Organrecht.

Klagebefugnis

D. Verfassungsrechtliche Vorgaben für die Verwaltungsorganisation

I. Verfassungsrechtliche Relevanz der Verwaltungsorganisation

60

Verwaltungsorganisation

Verwaltungsorganisation wurde nicht immer selbstverständlich zu den auch genuin staatsrechtlichen Gegenständen gezählt. Arnold Köttgen meinte gar, daß die „Verwaltung und ihre Organisation ... als solche nicht zu den eigentlichen Themen des Verfassungsrechts (gehören), weshalb man das Verwaltungsrecht nur mit Vorbehalt im Sinne Fritz Werners als konkretisiertes Verfassungsrecht betrachten sollte"[228]. Verwaltungsorganisation kann demgegenüber nicht verfassungsneutral sein. Die vom Grundgesetz doppelt (Art. 1 Abs. 3, 20 Abs. 3 GG) betonte Verfassungsbindung der Verwaltung liefe inhaltlich zum großen Teil leer, wenn die Verfassung für die Verwaltungsorganisation als Erscheinungs- und Verwirklichungsform der Verwaltung keine substanzhaften Aussagen bereithielte. Im übrigen liegt es in der Eigenart einer Verfassung, daß sie Bestimmungen unterschiedlicher Regelungsdichte enthält, also unterschiedliche Konkretisierungsspielräume eröffnet, und es liegt in der Eigenart einer Bundesverfassung, daß sie in ihren Festlegungen auf die Eigenstaatlichkeit der Länder und ihre Organisationshoheit Bedacht

---

224 Für eine Analogie zu § 61 Nr. 1 VwGO spricht, daß auch der Organbegriff ein Relationsbegriff ist (s. o. Rn. 42), also das Zurechnungsverhältnis zwischen einer Verwaltungseinheit und der juristischen Person beschreibt. Das Verhältnis von Organen untereinander könnte daher auch als das zwischen juristischen Personen aufgefaßt werden. Gegen eine analoge Anwendung des § 61 VwGO überhaupt *Erichsen* (N 112), S. 223 ff.: „Rechtsfortbildung".
225 Vgl. OVGE Lüneburg 2, 225 (227 ff.); OVG Saarl., AS 10, 82 (84); OVGE Münster 28, 208 (210).
226 So OVGE Münster 32, 192 (194). Vgl. auch *Jost Pietzcker*, in: Schoch/Schmidt-Aßmann/Pietzner (N 156), Vorbemerkung § 42 Abs. 1 Rn. 18; *Schoch* (N 215), S. 787 ff., jeweils m. weit. Nachw.
227 Vgl. aber BayVGH, in: BayVBl 1976, S. 753 (754); dazu kritisch *Krebs*, Rechtsprobleme (N 215), S. 195 f.
228 *Arnold Köttgen*, Das Bundesverfassungsgericht und die Organisation der öffentlichen Verwaltung, in: AöR 90 (1965), S. 205 (215).

nimmt. Man wird daher noch am ehesten für die Bundesverwaltung, aber auch insofern nur in relativ geringem Umfang, eine inhaltlich abschließende verfassungsrechtliche Determination von Organisationsentscheidungen erwarten dürfen. Das Grundgesetz nimmt Rücksicht darauf, daß es, wie das Bundesverfassungsgericht betont, eines „weiten Spielraums bei der organisatorischen Ausgestaltung der Verwaltung bedarf ..., um den – verschiedenartigen und sich ständig wandelnden – organisatorischen Erfordernissen Rechnung tragen und damit eine wirkungsvolle und leistungsfähige Verwaltung gewährleisten zu können"[229]. Aber auch jenseits verfassungsrechtlicher Fixierung ist Verwaltungsorganisation nicht verfassungsirrelevant. In geringerer normativer Verdichtung lassen sich den grundgesetzlichen Aussagen auch Ziel- und Maßbestimmungen, also Richtungsentscheidungen für die Verwaltungsorganisation entnehmen. Schließlich ist die Verfassung wie überall auch hier Schranke für Organisationsentscheidungen.

Weiter Gestaltungsspielraum

Verfassungsrechtliche Determinanten insbesondere für die Organisation der Bundesverwaltung enthält das Grundgesetz in spezifisch organisationsrechtlichen Normen innerhalb und außerhalb des VIII. Abschnitts („Die Ausführung der Bundesgesetze und die Bundesverwaltung"). Richtungsentscheidungen und Schrankenbestimmungen für die Verwaltungsorganisation finden sich auch außerhalb des spezifischen Verfassungsorganisationsrechts. Organisationsrelevant sind sowohl die Grundrechtsbestimmungen als auch die Staatsstrukturbestimmungen der Art. 20 und 28 Abs. 1 GG.

61
Rechtsquellen im Grundgesetz

II. Organisationsspezifische Verfassungsbestimmungen

1. VIII. Abschnitt innerhalb des Grundgesetzes

Spezifisch verwaltungsorganisationsrechtliche Vorschriften enthält das Grundgesetz außerhalb des VIII. Abschnitts in den Art. 28 Abs. 1 S. 2-4; Art. 28 Abs. 2; Art. 65; Art. 108; Art. 115 c Abs. 3; Art. 120; Art. 120 a; Art. 130; Art. 135. Nur unter Vorbehalt kann in diesem Zusammenhang auch noch Art. 114 Abs. 2 GG genannt werden, da sich der Bundesrechnungshof nicht ohne weiteres der Exekutive zuordnen läßt[230]. Die außerhalb des VIII. Abschnitts angesiedelten Normen können zum Teil als Ergänzungen verstanden werden, bisweilen stehen sie aber auch in einer weitergehenden inhaltlichen Beziehung zu den Normen des VIII. Abschnitts. So ist etwa der Normgehalt des Art. 86 GG unter Berücksichtigung von Art. 65 GG zu erschließen[231]. Im übrigen ist der VIII. Abschnitt des Grundgesetzes ein Teil der „Einheit der Verfassung", konkretisiert insbesondere die Staatsstrukturbestimmungen der Art. 20, 28 Abs. 1 GG und erhält von ihnen seine besondere verfassungsdogmatische Einfärbung.

62
Organisationsrechtliche Dimensionen des VIII. Abschnitts des Grundgesetzes

---

[229] BVerfGE 63, 1 (34).
[230] Nach § 1 BRHG ist der Bundesrechnungshof „eine oberste Bundesbehörde und als unabhängiges Organ der Finanzkontrolle nur dem Gesetz unterworfen". Zur verfassungsrechtlichen Stellung vgl. *Walter Krebs*, Kontrolle in staatlichen Entscheidungsprozessen, 1984, S. 178 ff.
[231] Dazu *Stern* (N 49), § 41 VII 4 d.

63

Richtungsentscheidungen

Gesetzesvorbehalte

Verwaltungszuständigkeiten

Im einzelnen lassen sich die Aussagen der Vorschriften des VIII. Abschnitts des Grundgesetzes in mehreren Dimensionen entfalten.

– Zum einen kann man ihnen „Richtungsentscheidungen" für die Organisationsstruktur der Bundesverwaltung entnehmen,

– zum anderen treffen sie mit der Normierung von institutionellen Gesetzesvorbehalten Aussagen über die Verteilung der Organisationsgewalt

– und schließlich verteilen sie Verwaltungszuständigkeiten zwischen Bund und Ländern, worin vielfach ihre wesentliche, gelegentlich sogar ihre einzige Bedeutung gesehen wird[232].

Darüber hinaus läßt sich der VIII. Abschnitt auch noch aufgabenrechtlich fruchtbar machen[233].

2. Vorgaben für die Organisationsstruktur der Bundesverwaltung

64

Keine abschließende Fixierung der Bundesverwaltung

Der VIII. Abschnitt des Grundgesetzes zeichnet kein filigranes Muster der Organisation der Bundesverwaltung, läßt aber Grundstrukturen und Formgrenzen erkennen und enthält damit für die Ausübung der Organisationsgewalt Richtungsentscheidungen und Schranken[234]. Die Organisationsnormen unterscheiden zwischen „bundeseigener" Verwaltung (Art. 86, 87 Abs. 1 GG) und Bundesverwaltung durch bundesunmittelbare Körperschaften und Anstalten des öffentlichen Rechts (Art. 87 Abs. 2, Art. 87 Abs. 3 GG) und unterteilen damit die Verwaltungsorganisation in unmittelbare (bundeseigene) und mittelbare Bundesverwaltung. Für beide Organisationsformen enthalten sie – wenn auch nicht im Detail – Strukturvorgaben.

65

Gebot bundeseigener Verwaltung

Schon oben[235] wurde darauf hingewiesen, daß unmittelbare und mittelbare Staatsverwaltung keine grenzscharfen Kategorien bezeichnen. Das Grundgesetz macht ihre Unterscheidbarkeit aber zum Rechtsproblem, weil es für die Wahrnehmung bestimmter Verwaltungsaufgaben „bundeseigene", also unmittelbare Bundesverwaltung zwingend vorschreibt[236] und damit eine rechtliche Grenzziehung zu den Organisationsformen der mittelbaren Bundesverwaltung verlangt.

---

232 Dazu – kritisch – *Dittmann* (N 75), S. 8 f.
233 Vgl. dazu *Bull* (N 23), S. 149 ff.
234 Vgl. auch *Blümel* (N 161), § 101 Rn. 74 ff.; *Eberhard Schmidt-Aßmann/Günter Fromm*, Aufgaben und Organisation der Deutschen Bundesbahn in verfassungsrechtlicher Sicht, 1986, S. 100; BVerfGE 63, 1 (33 f.).
235 S. o. Rn. 18; *Blümel* (N 161), § 101 Rn. 74 ff.
236 Art. 87 Abs. 1, 87 b, 87 d, 87 e Abs. 1, 87 f Abs. 2 S. 2, 89 Abs. 2 GG. Art. 87 d Abs. 1 S. 2 GG läßt nunmehr allerdings eine Luftverkehrsverwaltung in privatrechtlicher Organisationsform – statt bundeseigener Verwaltung – zu. Umstritten ist insofern, ob die Norm auch eine Organisationsform mittelbarer (öffentlich-rechtlicher) Bundesverwaltung zuläßt, so etwa *Robert Uerpmann*, in: v. Münch/Kunig, GGK III, ⁵2003, Art. 87 d Rn. 8; zu Art. 87 e GG ebd., Art. 87 e Rn. 5, jeweils m. weit. Nachw. Systematisch sind jedoch keine Anhaltspunkte dafür ersichtlich, daß das Grundgesetz den Begriff der bundeseigenen Verwaltung in Art. 87 d, 87 e GG anders als in Art. 86, 87 oder Art. 87 f Abs. 2 S. 2 verstanden wissen will. Vgl. wie hier *Georg Hermes*, in: Dreier, GG III, Art. 87 d Rn. 17; *Lerche* (N 27), Art. 87 Rn. 40.

Unmittelbare und mittelbare Bundesverwaltung lassen sich als graduelle Abstufungen an Nähe oder Ferne einer Verwaltungseinheit zu den zentralen Entscheidungszügen verstehen. Mit den Begriffen „Körperschaft" und „Anstalt" bringt das Grundgesetz einen bestimmten Grad der Entkoppelung einer Verwaltungseinheit zum Ausdruck. Beide Begriffe bezeichnen klassische Standardformen der juristischen Person des öffentlichen Rechts, die nicht zwingend, aber typischerweise durch die Autonomie ihrer Aufgabenwahrnehmung gekennzeichnet ist. Deshalb wird man rechtlich jedenfalls dann von mittelbarer Bundesverwaltung ausgehen müssen, wenn eine Verwaltungseinheit als juristische Person des öffentlichen Rechts rechtlich verselbständigt und entweder weisungsfrei oder nur unter Rechtsaufsicht gestellt ist[237]. In dieser Negativ-Abgrenzung ist allerdings nicht positiv eingeschlossen, daß bundeseigene Verwaltung stets eine Verselbständigung bis an diese Grenze erlaubt. Andererseits verlangt die unmittelbare Bundesverwaltung keineswegs eine durchgängige hierarchische „Behördenverwaltung"[238]. Vielmehr wird man differenzieren müssen. Hinter der Entscheidung für bundeseigene Verwaltung steht die verfassungsgesetzliche Vorstellung von der „Staatsnähe" bestimmter Verwaltungsaufgaben und, damit verbunden, die besondere Betonung des Prinzips der Regierungsverantwortlichkeit und der Parlamentskontrolle[239]. Die Entscheidung für die bundeseigene Verwaltung ist damit auch eine organisatorische Richtungsentscheidung zugunsten intensiverer Formen der Anbindung von Verwaltungseinheiten an die Entscheidungszentrale sowie insbesondere nach den Untersuchungen Armin Dittmanns[240] – zugunsten einer „staatlichen", das heißt von unmittelbaren gesellschaftlichen Einflußnahmen distanzierten Verwaltung. Die vom Grundgesetz an den Staatsaufgaben orientierte Differenzierung läßt – sich bei aller Unschärfe aufgabenorientierter Vorgehensweise – noch in die jeweiligen Aufgabenbereiche hineintragen: Organisatorische Formen der Verselbständigung von Verwaltungseinheiten sind innerhalb der unmittelbaren Bundesverwaltung um so eher zulässig, als es sich nicht um essentialia der jeweiligen Sachaufgabe handelt[241]. Umgekehrt müssen die Kernbereiche der Aufgaben bundeseigener Verwaltung in strikter Anbindung an die politische(n) Entscheidungszentrale(n) organisiert werden. Ausnahmen von diesem Grundsatz können nur durch besondere Sachzwänge gerechtfertigt sein.

Hinsichtlich der Verwaltungsaufgaben, die nicht in bundeseigener Verwaltung zu erfüllen sind, normiert das Grundgesetz in Einzelfällen ein Gebot mittelbarer Verwaltung, so für die sozialen Versicherungsträger gemäß Art. 87 Abs. 2

---

237 Überwiegend wird auf die rechtliche Selbständigkeit abgestellt, vgl. *Stern* (N 49), § 41 VII 3 b; *Forsthoff* (N 97), § 25 I a (S. 471); *Lerche* (N 27), Art. 86 Rn. 38f., 44, 84. *Blümel* (N 161), § 101 Rn. 77ff.
238 Zur Zulässigkeit von Verselbständigungen innerhalb der unmittelbaren Staatsverwaltung *Lerche* (N 27), Art. 86 Rn. 44ff.; vgl. auch *Dreier* (N 156), S. 246f.
239 Vgl. auch *Armin Dittmann*, Bundeseigene Verwaltung durch Private?, in: Die Verwaltung 8 (1975), S. 431 (444f.); *Dreier* (N 156), S. 129ff. → Bd. II, *Badura*, § 25 Rn. 10ff.; → Bd. III, *H. H. Klein*, § 50 Rn. 33ff.; *Schröder*, § 65 Rn. 51ff.
240 *Dittmann* (N 75), S. 90f.
241 Vgl. – am Beispiel der bis zum 31.12.1993 in bundeseigener Verwaltung zu führenden Deutschen Bundesbahn – auch *Schmidt-Aßmann/Fromm* (N 234), S. 100ff., mit Beispielen.

Strukturvorgaben für die mittelbare Bundesverwaltung Art. 87 Abs. 2 und 3 GG	GG, läßt aber im übrigen einen weiten Organisationsspielraum. Art. 87 Abs. 3 GG enthält ein Gebot zur Verselbständigung von Verwaltungseinheiten und damit ein Verbot von Ministerialverwaltung[242] und eröffnet mit den genannten Organisationsformen die Möglichkeit graduell abgestufter Verselbständigung von Verwaltungseinheiten bis hin zu den Formen mittelbarer Staatsverwaltung.
Körperschaften und Anstalten	Mit „Körperschaften und Anstalten des öffentlichen Rechts" sind alle Organisationsformen – und ihre Variationen – juristischer Personen des öffentlichen Rechts gemeint, einschließlich der vom Grundgesetz gar nicht erwähnten Stiftung[243]. Relativ eindeutig äußert sich das Grundgesetz zur
Stufung des Behördenaufbaus	Zulässigkeit der Stufung des Behördenaufbaus, die es teilweise vorschreibt[244], verbietet[245] oder fakultativ zuläßt[246]. Weniger eindeutig lassen sich der unterschiedlichen Erwähnung von – nur – „Körperschaften" (Art. 87 Abs. 2 GG) und „Körperschaften und Anstalten" andererseits (Art. 87 Abs. 3 GG) organisationsrechtliche Gehalte abgewinnen. Gegen die aus dieser Differenzierung getroffene Folgerung eines Gebotes körperschaftlicher Verfaßtheit der sozialen Versicherungsträger[247] spricht, daß das Grundgesetz den Begriff der Körperschaft nicht definiert und auch nicht von einem fest umrissenen Körperschaftsbegriff ausgehen konnte. Allerdings wird man allgemein sagen können, daß die Zulässigkeit der Verwendung von Organisationsformen mittelbarer Staatsverwaltung das Gebot der Staatlichkeit der Verwaltungsorganisation zugunsten der Öffnung für gesellschaftliche Einflußnahme lockert[248] und die Körperschaft hier besondere Gestaltungsmöglichkeiten bietet. Daher ist Art. 87 Abs. 2 GG als Richtungsentscheidung zu verstehen[249].
68 Art. 87 d, 87 e und 87 f GG	Die ursprünglich im Grundgesetz gar nicht erwähnte Verwaltung in den Organisationsformen des Privatrechts ist im Zuge der Reformen von Luftverkehrsverwaltung, Post und Eisenbahn durch Verfassungsänderung[250] ausdrücklich in Art. 87 d, 87 e und 87 f GG geregelt worden. Diese Normen lassen die Verwendung privatrechtlicher Organisationsformen für die Luftverkehrsverwal-
Eisenbahn und Post	tung fakultativ zu (Art. 87 d Abs. 1 S. 2 GG) bzw. ordnen sie für die Eisenbahnen des Bundes und die aus der Deutschen Bundespost hervorgegangenen Unternehmen obligatorisch an (Art. 87 e Abs. 3 S. 1, 87 f Abs. 2 S. 1 GG). Letztere können durch Verkauf der Anteile des Bundes an den in Aktiengesell-

---

242 *Stern* (N 49), § 41 VII 6 c δ; zur Selbständigkeit der Bundesoberbehörden vgl. auch *v. Mangoldt/Klein/ Starck*, GG III², Art. 87 Anm. VI 5 b.
243 *Lerche* (N 27), Art. 86 Rn. 87.
244 Art. 87 Abs. 1 S. 1, 87 b Abs. 1 S. 1 GG.
245 Art. 87 Abs. 3 S. 1 GG.
246 Art. 87 Abs. 3 S. 2 GG. Die Art. 87 d Abs. 1 S. 1, Art. 87 e Abs. 1 S. 1 und Art. 87 f Abs. 2 S. 2 GG erwähnen einen Unterbau nicht; ob sie ihn zulassen, ist str.; dazu *Hermes* (N 236), Art. 87 d Rn. 18, *Kay Windthorst*, in: Michael Sachs (Hg.), Grundgesetz, Kommentar, ³2003, Art. 87 e Rn. 19; *ders.*, ebd., Art. 87 f Rn. 33, jeweils m. weit. Nachw.
247 So aber *Dittmann* (N 75), S. 95, gegen die herrschende Meinung; nach der einfachgesetzlichen Regelung des § 29 Abs. 1 SGB IV sind die Träger der Sozialversicherung Körperschaften des öffentlichen Rechts.
248 *Dittmann* (N 75), S. 90 f.
249 Ähnlich *Lerche* (N 27), Art. 87 Rn. 160.
250 Art. 87 d Abs. 1, neu gefaßt durch Gesetz v. 14. 7. 1992 (BGBl I, S. 1254); Art. 87 e eingefügt durch Gesetz v. 20. 12. 1993 (BGBl I, S. 2089); Art. 87 f eingefügt durch Gesetz v. 30. 8. 1994 (BGBl I, S. 2245).

schaften umgewandelten Unternehmen an private Anteilseigner auch ganz aus der Bundesverwaltung entlassen werden[251]. Allerdings begründen Art. 87e Abs. 4 und Art. 87 f Abs. 1 GG in diesem Fall für den Bund im Verhältnis zur Allgemeinheit der Nutzer die Pflicht – und im Verhältnis zu den Ländern die Kompetenz[252] –, die Versorgung mit Eisenbahnverkehrs- und Post- bzw. Telekommunikationsdienstleistungen zu gewährleisten[253].

Privatisierung

Sicherstellung

69
Zulässigkeit privatrechtlicher Bundesverwaltung außerhalb der ausdrücklich geregelten Fälle

Auch außerhalb dieser ausdrücklich geregelten Fälle darf man das Schweigen der Verfassung weder als striktes Verbot noch als schrankenloses Zulässigkeitsattest deuten[254]. Die Grenze der Zulässigkeit der Privatrechtsform verläuft auch nicht unbedingt parallel zu der zwischen unmittelbarer und mittelbarer Bundesverwaltung[255]. Etwas anderes gilt nur für den Beliehenen wegen dessen Affinität zu den juristischen Personen des öffentlichen Rechts[256]; eine Beleihung ist damit im Rahmen unmittelbarer Bundesverwaltung grundsätzlich ausgeschlossen[257]. Die verfassungsrechtliche Unterscheidung zwischen unmittelbarer und mittelbarer Bundesverwaltung gibt aber für die Zulässigkeit privatrechtlicher Organisationsformen Anhaltspunkte, da die Entscheidung für bundeseigene Verwaltung nach dem oben Gesagten[258] eine solche für die besondere Staatlichkeit, das heißt für die von außerstaatlicher Einflußnahme distanzierte Organisation ist und eine enge Anbindung der Verwaltungseinheit an die politische Entscheidungszentrale verlangt. Soweit die Aufgabenwahrnehmung durch Organisation in Privatrechtsform diesen Voraussetzungen entsprechen kann[259], ist sie auch im Rahmen unmittelbarer Bundesverwaltung zulässig. Das wird aber eher in den Rand- als in den Kernbereichen der Verwaltungsaufgaben der Fall sein, die in bundeseigener Verwaltung zu erfüllen sind.

---

251 Art. 87 e Abs. 3 S. 2 und 3 GG enthält jedoch für Eisenbahnunternehmen des Bundes, deren Tätigkeit den Bau und Erhalt von Schienenwegen umfaßt, ein teilweises Verbot der „materiellen" Privatisierung. Zur Privatisierung der Eisenbahnen des Bundes vgl. auch *Joachim Homeister*, Öffentliche Aufgabe, Organisationsform und Rechtsbindungen, Diss. Berlin, 2005.
252 Art. 87 e Abs. 4 GG nimmt den Schienenpersonennahverkehr von der Gewährleistungspflicht des Bundes aus, so daß es insoweit bei der Kompetenz der Länder bleibt. Diese erhalten zur Erfüllung dieser Aufgabe jedoch Finanzmittel aus dem Steueraufkommen des Bundes nach Maßgabe des Art. 106 a GG.
253 → Bd. IV, *Butzer*, § 74 Rn. 27.
254 Zur Zulässigkeit der Organisation in den Rechtsformen des Privatrechts im allgemeinen *Ehlers* (N 13), S. 109 ff.; vgl. auch *ders.*, Die Entscheidung der Kommunen für eine öffentlich- oder privatrechtliche Organisation ihrer Einrichtungen und Unternehmen, in: DÖV 1986, S. 897 ff.
255 Str., vgl. *Dittmann* (N 75), S. 87 f.
256 S. o. Rn. 45.
257 Ausnahmen enthalten insofern Art. 143 a Abs. 1 S. 3, Art. 143 b Abs. 3 S. 2 GG, die eine Übertragung von Dienstherrenbefugnissen für die während einer Übergangszeit weiter zu beschäftigenden Beamten auf die Nachfolgeunternehmen von Deutscher Bundesbahn und Deutscher Bundespost zulassen.
258 S. o. Rn. 65 f.
259 Zur gesellschaftsrechtlichen Rechtslage vgl. unter diesem Gesichtspunkt *Ehlers* (N 13), S. 132 ff.; ebd., S. 145 ff., auch zu den Restriktionen, die sich aus den gesetzlichen Mitbestimmungsregelungen ergeben. Vgl. insofern auch *Schmidt-Aßmann/Fromm* (N 234), S. 117 f.

3. Institutionelle Gesetzesvorbehalte

70
Organisationsrechtliche Gesetzesvorbehalte

Das Grundgesetz enthält einige ausdrückliche Aussagen über die Verteilung der Organisationsgewalt, indem es für bestimmte Organisationsentscheidungen die Gesetzesform vorschreibt. Diese institutionellen Gesetzesvorbehalte[260] sind vom grundrechtlichen und rechtsstaatlichen Gesetzesvorbehalt[261] zu unterscheiden, weil letztere bundeseinheitlich (Art. 28 Abs. 1 S. 1 GG) geltende demokratische und rechtsstaatliche Standards festschreiben, wohingegen die grundgesetzlichen institutionellen Gesetzesvorbehalte jeweils tatbestandlich begrenzt sind. Die Verteilung der Organisationsgewalt zwischen Gesetzgebung und Exekutive folgt also nur in gewissem Umfang bundeseinheitlichen Grundsätzen und ist im übrigen Sache des jeweiligen Landesverfassungsrechts.

71
Kein durchgängiges Prinzip der institutionellen Gesetzesvorbehalte

Die vom Grundgesetz aufgestellten institutionellen Gesetzesvorbehalte treffen überwiegend eher punktuelle Aussagen über die Organisation der (Bundes-)Verwaltung. Ihnen eine durchgehende Leitlinie im Sinne eines Kompetenzverteilungsschemas hinsichtlich der Organisationsgewalt zu entnehmen, fällt schon deshalb schwer, weil sie durchaus nicht nur als Regelungen im Beziehungsgefüge Parlament – Regierung aufzufassen sind, sondern teilweise auch föderal motiviert sind, das Gesetzgebungsverfahren also auch als Schutz für die Landesorganisationsgewalt einsetzen. Das trifft nicht nur, aber besonders für die Fälle zu, in denen der Bundesrat dem Gesetz seine Zustimmung erteilen muß (zum Beispiel Art. 87 Abs. 3 S. 2 GG). Von allgemeinerer Bedeutung ist Art. 87 Abs. 3 S. 1 GG, der die Errichtung von Verwaltungseinheiten in den Organisationsformen der mittelbaren Bundesverwaltung durchweg unter Gesetzesvorbehalt stellt. Für die Organisation der bundeseigenen Verwaltung gelten mehr (zum Beispiel Art. 108 Abs. 1 S. 2 GG) oder minder weitgehende Gesetzesvorbehalte. Auch soweit die Organisationsgewalt für die Bundesverwaltung bei der Regierung liegt[262], unterfällt sie gemäß Art. 86 S. 2 GG einem Zugriffsrecht des Gesetzgebers.

Zugriffsrecht des Gesetzgebers

4. Bund – Länder

72
Prinzipiell keine Einflußnahme der Länder auf die Bundesverwaltung

Das Grundgesetz weist die Verwaltung gemäß Art. 30, 83 GG prinzipiell den Ländern zu und regelt die in ihrer Intensität gestaffelten Ingerenzmöglichkeiten des Bundes auf die Länderverwaltungen[263]. Bundesverwaltung kann unter diesem Blickwinkel auch als das Ende dieser Intensitätsskala gewertet, und in

---

260 Dazu grundsätzlich → oben *Ossenbühl*, § 101 Rn. 37; *Günter Cornelius Burmeister*, Herkunft, Inhalt und Stellung des institutionellen Gesetzesvorbehalts, 1991; *Arnold Köttgen*, Die Organisationsgewalt, in: VVDStRL 16 (1958), S. 154 (161 ff.); *Ernst-Wolfgang Böckenförde*, Die Organisationsgewalt im Bereich der Regierung, 1964, S. 95 ff.; *Wolff* (N 2); § 78 II b 2; OVG Münster, in: NJW 1980, S. 1406 (1407).
261 S. u. Rn. 85, 101 f. → Oben *Ossenbühl*, § 101 Rn. 42 ff., 46 ff.
262 Ob sich Art. 86 GG insoweit eine Grundsatzentscheidung entnehmen läßt, ist umstritten. Dafür etwa *Böckenförde* (N 260), S. 137; dagegen *Köttgen* (N 260), S. 165. Umstritten ist auch, ob mit „Regierung" i. S. d. Art. 86 GG das Gesamtorgan oder das Kollegium gemeint ist. Vgl. dazu *Martin Oldiges*, Die Bundesregierung als Kollegium, 1983, S. 244 m. weit. Nachw.; BVerwGE 36, 327 (333 f.).
263 *Blümel* (N 161), § 101 Rn. 1 ff.

den differenzierenden Bestimmungen der Art. 83 ff. GG kann das Bemühen der Verfassung gesehen werden, das Ausmaß der Bundesverwaltung zu begrenzen. Insbesondere in Art. 87 Abs. 3 GG mit seinen nochmals unterschiedlich strengen Voraussetzungen wird dieses Anliegen verdeutlicht. Umgekehrt folgt daraus, daß gesetzgeberische wie exekutivische Einflußnahmen der Länder auf die Organisation der Bundesverwaltung prinzipiell unzulässig sind[264]. Dieser Grundsatz wird vom Grundgesetz nur in geringem Umfang modifiziert[265].

Trotz der im grundgesetzlichen Bundesstaat grundsätzlichen „Trennung der Verwaltungsräume"[266] von Bund und Ländern sind Bundesverwaltung und Landesverwaltungen keineswegs hermetisch gegeneinander abgeschottet. Ganz im Gegenteil gehören zahlreiche Formen der Verwaltungskooperation zwischen Bund und Ländern zum Erscheinungsbild der „geteilten Verwaltung im Bundesstaat"[267]. Diese informellen wie formellen Formen der Zusammenarbeit erreichen vielfach Grade einer institutionellen Verfestigung, die es rechtfertigen, von einer organisatorischen Verflechtung von Bundes- und Länderverwaltung zu sprechen. Für das Zusammenwirken von Bund und Ländern bei der Erfüllung von Verwaltungsaufgaben hat sich der Begriff „Mischverwaltung"[268] eingebürgert, der allerdings zunächst nicht mehr als eine Sammelbezeichnung der verschiedenen Kooperationsformen ist, gelegentlich aber auch zur verfassungsrechtlichen Stigmatisierung bestimmter organisatorischer Gestaltungen verwendet wird[269].

73 Trennung der Verwaltungsräume

Mischverwaltung

Zu Recht von einem normativen Ansatz ausgehend hat das Bundesverfassungsgericht dazu festgestellt: „Eine verwaltungsorganisatorische Erscheinungsform ist nicht deshalb verfassungswidrig, weil sie als Mischverwaltung einzuordnen ist, sondern nur, wenn ihr zwingende Kompetenz- oder Organisationsnormen oder sonstige Vorschriften des Verfassungsrechts entgegenstehen[270]". Soweit das Grundgesetz ein Zusammenwirken von Bund und Ländern nicht ohnehin zuläßt[271], ist die Frage seiner Zulässigkeit eine solche nach

74

---

264 *Erichsen/Knoke* (N 75), S. 57, 59; *Dittmann* (N 75), S. 85.
265 Dazu *Dittmann* (N 75), S. 99 ff.
266 *Michael Ronellenfitsch*, Die Mischverwaltung im Bundesstaat, 1973, S. 249; vgl. auch *Grawert* (N 55), S. 264; *Stern* (N 49), § 41 VIII 1 sowie BVerfGE 63, 1 (36 f.); *Isensee* (N 95), § 98 Rn. 63 ff., 93 ff., 179.
267 *Theodor Maunz*, Die geteilte Verwaltung im Bundesstaat, in: FS für den Boorberg Verlag, 1977, S. 95 ff. Zu den verschiedenen Formen der Kooperation im Bundesstaat ausführlich auch *Vedder* (N 55), S. 49 ff.
268 Dazu *Roman Loeser*, Theorie und Praxis der Mischverwaltung, 1976; *Ronellenfitsch* (N 266); *Kisker* (N 55); *Grawert* (N 55); *Timo Hebeler*, „Mischverwaltung" – Verfassungsrechtlicher Argumentationstopos oder lediglich staats- und verwaltungswissenschaftliche Umschreibung eines Phänomens bundesstaatlicher Ebenenverflechtung?, in: Gabriele Bauschke u. a. (Hg.), Pluralität des Rechts – Regulierung im Spannungsfeld der Rechtsebenen, 2003, S. 37 ff.; *Isensee* (N 95), § 98 Rn. 100, 179 ff.; *Blümel* (N 161), § 101 Rn. 120 ff.
269 Als normativer Begriff zur Bezeichnung verfassungswidriger Bund-Länder-Kooperation muß „Mischverwaltung" notwendig in einem engeren Sinne verstanden werden. Vgl. insofern *Lerche* (N 27), Art. 83 Rn. 85.
270 BVerfGE 63, 1 (38). Aus der älteren Rechtsprechung vgl. BVerfGE 32, 145 (156); 39, 96 (120); 41, 291 (311).
271 So bei den Gemeinschaftsaufgaben, Art. 91 a, 91 b GG, und für bestimmte Notrechtssituationen, Art. 35 Abs. 2, Abs. 3, 91 GG.

dem Inhalt bestimmter Normen und dem Gewicht und der Bedeutung des jeweiligen Interaktionsgefüges[272]. Die Beurteilung hat von dem Grundgedanken auszugehen, daß verfassungsrechtliche Organisations- und Kompetenzbestimmungen weder einfachgesetzlich abänderbar noch vertraglich verfügbar sind. Darüber hinaus hat das Bundesverfassungsgericht[273] darauf hingewiesen, daß der zuständige Verwaltungsträger seine Verwaltungsaufgaben grundsätzlich mit eigenen Verwaltungseinrichtungen, also „mit eigenen personellen und sächlichen Mitteln" wahrzunehmen habe. Der nicht nur auf den Einzelfall beschränkten Inanspruchnahme von fremden Verwaltungseinrichtungen sind damit quantitative und qualitative Grenzen gesteckt, und sie bedarf der Rechtfertigung durch einen sachlichen Grund.

75
Bundesstaatliche Begrenzung privatrechtlicher Bundesverwaltung

Ob Art. 30, 83 ff. GG auch für die erwerbswirtschaftliche Betätigung der öffentlichen Hand gelten[274], hängt davon ab, ob alle Betätigungen des Staates als verfassungsrechtlich konstituiert anzusehen sind[275]. Davon abgesehen binden die Normen jedenfalls auch die Verwaltung in den Organisationsformen des Privatrechts[276]. Die Verwendung der Privatrechtsform darf daher kein Ersatz für eine unzulässige öffentlich-rechtliche Bundesverwaltung sein und nicht dazu benutzt werden, die bundesstaatliche Kompetenzverteilung zu unterlaufen. Die Organisationspraxis ist insofern nicht immer bedenkenfrei[277].

III. Organisationsrelevante Verfassungsbestimmungen

1. Grundrechtsschutz vor und durch Verwaltungsorganisation

a) Grundrechtsrelevanz der Verwaltungsorganisation

76
Keine Grundrechtsindifferenz der Verwaltungsorganisation

Daß Verwaltungsorganisation nicht grundrechtsneutral ist, sondern vom normativen Gehalt der Grundrechte erreicht wird, gehört inzwischen zum festen Bestand der Grundrechtsdogmatik. Das Ausmaß der den Grundrechten abzugewinnenden substanzhaften Aussagen ist hingegen in mancherlei Hinsicht ungeklärt. Insofern kommt es darauf an, welche Bedeutungsschichten man den Grundrechten zuzugestehen bereit ist und auf welcher dieser Bedeutungsschichten Verwaltungsorganisation grundrechtsrelevant wird.

77
Grundrechtsberechtigt sind Verwaltungsorganisationen, soweit auf sie gemäß Art. 19 Abs. 3 GG die Grundrechte „ihrem Wesen nach" anwendbar sind. Ob

---

272 Vgl. auch *Schmidt-Aßmann/Fromm* (N 234), S. 130 f.
273 BVerfGE 63, 1 (41).
274 Ablehnend z. B. *Stern* (N 49), § 41 VII 7 b γ; *Hans H. Klein*, Die Teilnahme des Staates am wirtschaftlichen Wettbewerb, 1968, S. 195; vgl. aber die Bedenken bei *Lerche* (N 27), Art. 83 Rn. 42; *Wilfried Erbguth*, in: Sachs, GG Komm., ³2003, Art. 30 Rn. 33, jeweils m. weit. Nachw.
275 S. o. Rn. 10 mit N 28.
276 BVerfGE 12, 205 (228 ff., 244 ff.); 22, 180 (217); *Lerche* (N 27), Art. 53 Rn. 42; *Ossenbühl* (N 23), S. 167 ff.
277 Vgl. auch die Hinweise von *Hans Meyer* und *Klaus Lange*, Diskussionsbeiträge, in: VVDStRL 44 (1986), S. 274 f. und S. 287, sowie *Roman Loeser*, Die bundesstaatliche Verwaltungsorganisation in der Bundesrepublik Deutschland, 1981, S. 41 f.

das der Fall sein kann, ist umstritten²⁷⁸. Angesichts des von den Grundrechten intendierten Schutzes personaler Freiheit vertritt das Bundesverfassungsgericht zu Recht die Auffassung, daß Verwaltungsträger grundsätzlich nicht die Grundrechte zum Schutz ihres Aufgabenkreises in Anspruch nehmen können²⁷⁹. Konsequenterweise gilt dies auch, wenn Verwaltungsaufgaben in den Organisationsformen des Privatrechts wahrgenommen werden²⁸⁰. Art. 1 Abs. 3 GG läßt sich entnehmen, daß sich die Bereiche des Staatlichen und der Grundrechtsgebundenheit decken. Mit dem Eintritt in den Bereich organisierter Staatlichkeit tritt demnach auch die Grundrechtspflichtigkeit ein. Das kann für die Integration vordem gesellschaftlicher Organisationen aber nur in dem jeweiligen Umfang der Integration gelten: So darf der beliehenen privaten Person Grundrechtsfähigkeit nicht insgesamt aberkannt werden²⁸¹. Den juristischen Personen des öffentlichen Rechts steht nur ausnahmsweise Grundrechtsschutz zu; etwa dann, wenn die öffentlich-rechtliche Rechtsform entgegen der Regel kein Ausdruck der Staatlichkeit der Organisation ist (Rundfunkanstalten) oder wenn etwa Grundrechts- und Amtsausübung institutionell miteinander verbunden sind (Fakultäten)²⁸².

Grundrechtsfähigkeit von Verwaltungsträgern

Beliehene

Aus der Sicht des Staates geht es bei der Verwaltungsorganisation in erster Linie um die Pflichtseite der Grundrechte, also darum, inwieweit staatliche Organisationsentscheidungen auch von den Grundrechten Steuerungsimpulse erfahren. Mit „staatlicher Organisation" ist hier nicht der weitere, schwierige Problembereich angesprochen, inwieweit unter den gegenwärtigen Lebensbedingungen private Freiheit staatlich zu organisierende und organisierte Freiheit ist²⁸³, sondern der engere Fragenkreis des rechtlichen Zusammenhanges von Verwaltungsorganisation und Grundrechten. Verwaltungsorganisation ist aus der Sicht der grundrechtlich geschützten Freiheit zunächst ambivalent: Sie kann private Freiheit sowohl gefährden oder sogar vernichten als auch

78
Grundrechtspflichtigkeit von Verwaltungsorganisation

---

278 Dazu näher *Herbert Bethge*, Die Grundrechtsberechtigung juristischer Personen nach Art. 19 Abs. 3 Grundgesetz, 1985, S. 61 ff.; *Krebs* (N 206), Art. 19 Rn. 27 ff.; *Hans-Uwe Erichsen*, Staatsrecht und Verfassungsgerichtsbarkeit, Bd. I, 1972, S. 153 ff.; *Wolfgang Rüfner*, Grundrechtsträger, in: HStR V, ²2000 (¹1992), § 116 Rn. 29 ff.; *Josef Isensee*, Anwendung der Grundrechte auf juristische Personen, ebd., § 118 Rn. 2 ff.
279 BVerfGE 21, 362 (370); 61, 82 (101); 68, 193 (206); teilweise a. A. zu den Grundrechten der bayerischen Verfassung BayVerfGH, in: NVwZ 1985, S. 260 ff.
280 BVerfGE 45, 63 (75 ff.); 65, 193 (207 ff.); NJW 1990, S. 1783 (zu sog. gemischt-wirtschaftlichen Unternehmen). In der Literatur ist die Grundrechtsfähigkeit gemischt-wirtschaftlicher Unternehmen hingegen nach wie vor stark umstritten, vgl. dazu *Eberhard Schmidt-Aßmann*, Der Grundrechtsschutz gemischt-wirtschaftlicher Unternehmen nach Art. 19 Abs. 3 GG, in: BB 1990 (Beilage 34 zu Heft 27/1990), S. 4 ff.; *Kay Windthorst*, Zur Grundrechtsfähigkeit der Deutschen Telekom AG, in: VerwArch 95 (2004), 377 (380 ff.) m. weit. Nachw.
281 Soweit es sich um natürlichen Personen handelt, ist das evident. Das muß aber auch für juristische Personen gelten. Vgl. auch *Norbert Achterberg*, Die Rechtsordnung als Rechtsverhältnisordnung, 1982, S. 151; *Isensee* (N 278), § 118 Rn. 26.
282 *Rüfner* (N 278), § 116 Rn. 63 ff. Für Rundfunkanstalten: BVerfGE 31, 314 (322); 59, 231 (254); 74, 294 (317 f.); 95, 220 (234); für Fakultäten: BVerfGE 15, 256 (262).
283 Vgl. dazu *Walter Krebs*, Rechtliche und reale Freiheit, in: Detlef Merten/Hans-Jürgen Papier (Hg.), Handbuch der Grundrechte in Deutschland und Europa, Bd. II, 2006, § 31 Rn. 1 ff., 97 ff.; *Hans Heinrich Rupp*, Vom Wandel der Grundrechte, in: AöR 101 (1976), S. 161 (187 ff.); *Herbert Bethge*, Zur Problematik von Grundrechtskollisionen, 1977, S. 324 ff.; *Christian Starck*, Staatliche Organisation und staatliche Finanzierung als Hilfen zu Grundrechtsverwirklichungen?, in: FG-BVerfG, Bd. II, S. 480 ff.

schützen oder erst ermöglichen. Entsprechend ist die abwehrrechtliche wie leistungsrechtliche Dimension der Grundrechte angesprochen: Grundrechtsschutz vor und durch Verwaltungsorganisation.

79

Abwehrrechtliche Grundrechtsdimension

Als „klassisch" wird gerne der Gehalt von Grundrechten bezeichnet, der den einzelnen subjektivrechtlich vor ungerechtfertigten normativen Befehlen des Staates schützt. Auf diese abwehrrechtliche Funktion der Grundrechte ist unser Rechtsschutzsystem in erster Linie zugeschnitten. Sie wird allerdings bei der Entscheidung über Ob und Wie der Verwaltungsorganisation eher seltener relevant, kann aber auch hier bedeutsam werden, wie im Fall der Zwangsmitgliedschaften in öffentlich-rechtlichen Vereinigungen[284] oder der Veränderung von Zuständigkeitsbereichen von Verwaltungseinheiten. Die Grundrechte können als Abwehrrechte aber auch dann betroffen sein, wenn die Art und Weise der Verwaltungsorganisation grundrechtsrelevante staatliche Entscheidungen inhaltlich mitbestimmt. Das grundrechtsdogmatische

Grundrechtsrelevanz von Verfahren

Problem deckt sich hier mit dem der „Grundrechtsrelevanz von Verfahren"[285]. Die grundrechtliche Bedeutung von Organisation und Verfahren ist insoweit unmittelbar abhängig von der materiellrechtlichen Vorzeichnung der staatlichen Entscheidung und nimmt bei Abnahme der Regelungsdichte zu. Verwaltungsorganisation kann – wie das Verfahren – entscheidungserheblich und dergestalt zu einem „Grundrechtsrisiko"[286] werden und die Grundrechte als subjektive Abwehrrechte auf den Plan rufen. Im Falle weitgehender Beeinflussung der materiellen Verwaltungsentscheidung durch die Bedingungen der Verwaltungsorganisation erstrecken sich die grundrechtlichen Schutzmechanismen auch auf die organisatorischen Entscheidungsdeterminanten.

80

Im übrigen muß man sich vergegenwärtigen, daß die Art und Weise der Gestaltung von Verwaltungsorganisation dem Bürger regelmäßig nichts ge- oder verbietet. Dies gilt mit Ausnahme rechtlicher Monopole selbst für die Verstaatlichung von öffentlichen Aufgaben. Verwaltungsorganisation betrifft

Faktische Grundrechtsbeeinträchtigungen

aber in vielfältiger Hinsicht die Möglichkeiten faktischer Inanspruchnahme grundrechtlich thematisierter Freiheit. Die Verwaltungsorganisation greift, soweit sie freiheitsgefährdend ist, die Grundrechte rechtlich nicht frontal, son-

---

284 Dazu *Burkhard Schöbener*, Verfassungsrechtliche Aspekte der Pflichtmitgliedschaft in Kammern, in: VerwArch 91 (2000), S. 374 (377 ff.); *Helge Sodan*, Berufsständische Zwangsvereinigung auf dem Prüfstand des Grundgesetzes, 1991, S. 21 ff.; *Hendler* (N 77), S. 334 ff.; *Erichsen* (N 278), ³1982, S. 184 ff.; BVerfGE 10, 89 (102 ff.); 15, 235 (239 ff.); 38, 281 (293 ff.); 107, 59 (102); NVwZ 2002, S. 335 ff.; BVerwGE 39, 100 (102 ff.); 107, 169 (170 ff.).

285 Vgl. dazu *Peter Häberle*, Grundrechte im Leistungsstaat, in: VVDStRL 30 (1972), S. 43 (86 ff.); *Rupp* (N 283), S. 183 ff.; *Helmut Goerlich*, Grundrechte als Verfahrensgarantien, 1981, insbes. S. 57 ff., 186 ff., 343 ff.; *Herbert Bethge*, Grundrechtsverwirklichung und Grundrechtssicherung durch Organisation und Verfahren, in: NJW 1982, S. 1 ff.; *Fritz Ossenbühl*, Grundrechtsschutz im und durch Verfahrensrecht, in: FS für Kurt Eichenberger, 1982, S. 183 ff.; *Erhard Denninger*, Staatliche Hilfe zur Grundrechtsausübung durch Verfahren, Organisation und Finanzierung, in: HStR V, ²2000 (¹1992), § 113 Rn. 5 ff., 19 ff., 29 ff.; *Wolfgang Kahl*, Grundrechtsschutz durch Verfahren in Deutschland und in der EU, in: VerwArch 95 (2004), S. 1 ff.; *Eberhard Schmidt-Aßmann*, Grundrechtsschutz durch Verfahrensgestaltung – Perspektive oder nur Erinnerungsposten?, in: Walter Krebs (Hg.), Liber amicorum Hans-Uwe Erichsen, 2004, S. 207 ff.

286 Vgl. dazu *Walter Krebs*, Kompensation von Verwaltungsverfahrensfehlern durch gerichtlichen Rechtsschutz?, in: DVBl 1984, S. 109 (115).

dern von der Flanke an und kann andererseits freiheitseffektuierenden Flankenschutz leisten. Das wird in der wissenschaftlichen Diskussion entsprechend thematisiert: Grundrechtsverwirklichung und -sicherung durch Organisation[287]. Die organisationsbestimmende Kraft der Grundrechte hängt damit weitgehend davon ab, inwieweit man in ihnen Schutzgarantien realer Freiheit sieht[288]. Zugleich wird deutlich, wie schnell diese Problematik in Bereiche unsicherer Grundrechtsdogmatik vorstößt. Die Behauptung grundrechtlicher Leistungspflichten, die über die (abwehrrechtlichen) Unterlassungspflichten hinausgehen, verlangt besondere Behutsamkeit. Sie hat in Rechnung zu stellen, daß sich grundrechtliche Leistungspflichten nur ausnahmsweise zu konkreten Verhaltenspflichten verdichten können[289]. Das entbindet aber nicht von der Aufgabe, auch diese Bedeutungsebene der jeweiligen (Einzel-) Grundrechte daraufhin zu untersuchen, inwieweit sich ihnen Organisationsge- oder -verbote oder sogar Strukturvorgaben für die Verwaltungsorganisation abgewinnen lassen.

Leistungsrechtliche Grundrechtsdimension

b) Einzelfragen

Die organisierte Erfüllung von Aufgaben als Verwaltungsaufgaben ist dem Staat durch die Grundrechte verwehrt, wenn und soweit sich aus ihnen ergibt, daß bestimmte Angelegenheiten nicht in Eigenregie des Staates wahrgenommen, sondern gesellschaftlicher oder privater Selbstregulierung überlassen bleiben müssen. Die Diskussion des Subsidiaritätsprinzips, dem als allgemeines Verfassungsprinzip die Anerkennung weitgehend versagt worden ist[290], warnt davor, den Grundrechten pauschal Organisationsverbote zu entnehmen[291]. Allerdings kann im Einzelfall die Errichtung und Einrichtung von Verwaltungseinheiten grundrechtlichen Restriktionen unterliegen oder zumindest unter dem Zwang stehen, sich als Einbruch in grundrechtliche Freiheit vor den Grundrechten rechtfertigen zu müssen[292]. Dabei kann das grundrechtliche Gebot der Staatsfreiheit und damit auch das Gebot einer Freiheit von Verwaltungsorganisation eines Lebens- und Freiheitsbereiches unterschiedlich intensiv ausfallen. Sehr weitgehend ist es etwa im Bereich des Art. 5 Abs. 1 GG, dem sich entnehmen läßt, daß das Verbot staatlicher Intervention in den Presse- und Rundfunkbereich nicht organisatorisch unterlaufen werden darf. Etwas zurückhaltender hat das Bundesverfassungsgericht Art. 9

81
Grundrechtliche Organisationsverbote

Subsidiaritätsprinzip

Presse- und Rundfunkbereich

---

287 *Denninger* (N 285), § 113 Rn. 5 ff., 19 ff., 29 ff.; *Groß* (N 190), S. 209 ff.; *Hufeld* (N 85), S. 116 ff.; *Bethge* (N 285); *Starck* (N 283); *Konrad Hesse*, Bestand und Bedeutung der Grundrechte in der Bundesrepublik Deutschland, in: EuGRZ 1978, S. 427 (434 ff.).
288 Dazu *Krebs* (N 283).
289 *Krebs* (N 283), Rn. 114.
290 *Mann* (N 13), S. 25 ff.; *Kluth* (N 58), § 97 Rn. 19; *Roman Herzog*, Subsidiaritätsprinzip, in: EvStL³, Bd. II, Sp. 3563 (3566 f.); *Michael Hoffmann-Becking*, Die Begrenzung der wirtschaftlichen Betätigung der öffentlichen Hand durch Subsidiaritätsprinzip und Übermaßverbot, in: FS für Hans Julius Wolff, 1973, S. 445 (446); dogmatisch differenzierend *Josef Isensee*, Subsidiaritätsprinzip und Verfassungsrecht, ²2001, S. 313 ff., 365 ff., 376 f. → Bd. II, *Rupp*, § 31 Rn. 51 ff. → Bd. IV, *Isensee*, § 73 Rn. 65 ff.
291 Auf unterverfassungsrechtliche „Organisationsverbote" sei hier nur verwiesen. Vgl. etwa das kommunalrechtliche Subsidiaritätsprinzip z.B. in Art. 87 Abs. 1 S. 1 Nr. 4 BayGO; § 107 Abs. 1 S. 1 Nr. 3 Nordrh.-WestfGO.
292 Vgl. auch *Lange* (N 89), S. 189; → unten *Isensee*, § 122 Rn. 94.

§ 108　　　　　*Achter Teil: II. Staatsfunktionen*

Koalitionsfreiheit

Abs. 1 GG immerhin einen „Vorrang der freien Verbandsbildung" und Art. 2 Abs. 1 GG das Recht abgewonnen, „nicht durch Zwangsmitgliedschaft von ‚unnötigen' Körperschaften in Anspruch genommen zu werden"[293]. Art. 9 Abs. 3 GG ist eine Entscheidung zugunsten gesellschaftlicher Selbstregulierung, verbietet zwar nicht jedwede staatliche Intervention, gibt aber den Gewerkschaften das Recht, sich „gegen die Errichtung und Betätigung anderer Vertretungskörperschaften (zu) wehren, wenn solche Körperschaften die Wirkungsmöglichkeiten oder sogar den Bestand der Gewerkschaften beeinträchtigen"[294].

82

Schule

Grundrechte schützen nicht nur davor, an der Ausübung der jeweiligen Freiheit durch rechtlichen Zwang gehindert zu werden, sondern auch davor, daß ihre Ausübung durch die Existenz und Betätigung von Organisationseinheiten des Staates faktisch unmöglich gemacht[295] oder erschwert wird. Die Erstellung und Gestaltung von Verwaltungseinheiten, die sich mit der vor- oder außerschulischen Erziehung befassen, kann daher Steuerungsimpulse von der Vorrangentscheidung des Art. 6 Abs. 2 GG zugunsten des Erziehungsrechts der Eltern erfahren, und die Privatschulgarantie des Art. 7 Abs. 4 GG kann unter Umständen Ausstrahlungswirkung auf die Organisation staatlicher oder kommunaler Schulen haben[296].

83

Grundrechtliche Legitimation für dezentrale Verwaltungsorganisation

Eine andere Frage ist die, ob die Grundrechte im Überschneidungsbereich von Staat und Gesellschaft organisationsbestimmende Wirkung entfalten und dem Staat bei der Wahrnehmung bestimmter Verwaltungsaufgaben ein organisatorisches Heranrücken an die Gesellschaft in Form dezentralisierter Entscheidungseinheiten gebieten. Der Versuch, Grundrechte allgemein als Gebote mittelbarer Staatsverwaltung oder gar als Gebote von Selbstverwaltung in grundrechtsrelevanten Bereichen zu entfalten, ist allerdings in der Literatur auf Skepsis gestoßen[297]. Ein über „die besonderen Fälle des Art. 5 Abs. 1 und 3 GG sowie des Art. 28 Abs. 2 GG hinausgreifendes bundesverfassungsrechtliches Gebot zur Bildung bzw. Bestandserhaltung von Selbstverwaltungseinrichtungen" könne nicht anerkannt werden[298]. Zutreffend ist, daß die Zurücknahme zentralstaatlicher Steuerungs- und Kontrollgewalt nicht nur aus Sicht der Grundrechte beurteilt werden kann[299] und verfassungsrechtlich ambivalent ist. Auch wird sich die grundrechtlich gebotene Rücksichtnahme auf geschützte Freiheitsinteressen nur in Ausnahmefällen zu einer einzigen organisatorischen Alternative verdichten. Andererseits erfährt die Wahrnehmung bestimmter Verwaltungsaufgaben durch die Grundrechte eine beson-

---

[293] BVerfGE 38, 281 (298); *Detlef Merten*, Vereinsfreiheit, in: HStR VI, ²2001 (¹1989), § 144 Rn. 58 ff.; *Hans-Uwe Erichsen*, Allgemeine Handlungsfreiheit, ebd., § 152 Rn. 68 ff.
[294] BVerfGE 38, 281 (306); *Rupert Scholz*, Koalitionsfreiheit, in: HStR VI, ²2001 (¹1989), § 151 Rn. 59, 84.
[295] Vgl. auch BVerfGE 38, 281 (303 f.).
[296] Dazu *Jürgen Staupe*, Parlamentsvorbehalt und Delegationsbefugnis, 1986, S. 338 ff.; *Thomas Oppermann*, Schule und berufliche Ausbildung, in HStR VI, ²2001 (¹1989), § 135 Rn. 17 ff.
[297] *Hendler* (N 77), S. 329 ff.; *Kluth* (N 77), S. 511 ff.; *Eberhard Schmidt-Aßmann*, Zum staatsrechtlichen Prinzip der Selbstverwaltung, in: GS für Wolfgang Martens, 1987, S. 249 ff.
[298] *Hendler* (N 77), S. 332.
[299] S. u. Rn. 93 ff.

dere Akzentuierung. Insbesondere können die Grundrechte bei einer individualisierbaren Verwaltungsklientel – wie etwa bei den von den berufsständischen Korporationen oder auch den Industrie- und Handelskammern wahrzunehmenden Aufgaben – organisatorische Formen der Selbst- und Mitbestimmung der Betroffenen nahelegen („grundrechtsgeleitete Verwaltungsorganisation") oder jedenfalls ihre partielle Abkoppelung von den zentralen Entscheidungszügen verfassungsrechtlich legitimieren[300].

Die organisationsbestimmende Kraft der Grundrechte muß notwendig in dem Maße zunehmen, in dem Freiheitsausübung nur noch in der oder durch Verwaltungsorganisation stattfindet und damit das Grundrechtsproblem des Ausgleichs von Allgemeininteressen und Individualinteressen – auch gegenläufiger Art – mitten in die Verwaltungsorganisation hineingetragen wird. Auch hier werden zwar die Grundrechte den Organisationsspielraum des Staates kaum jemals auf ganz bestimmte Organisationsformen verengen, sie halten aber für die Entscheidung über die Gestaltung der Verwaltungsorganisation präzisere Zielvorstellungen vor. So haben etwa die ausdrücklichen Maßgaben der Art. 6 und 7 GG für den Bereich des staatlichen Schulwesens eine umfassende judizielle und literarische Würdigung erfahren[301]. Die Diskussion und höchstrichterliche Judikatur zur Hochschulorganisation[302] hat die Grundrechtssensibilität für Verwaltungsorganisation verstärkt und die mögliche Tiefenwirkung der grundrechtlichen Organisationsdirektiven verdeutlicht. Die tägliche Erfahrung lehrt, wie gerade mikroadministrative Organisationsentscheidungen – etwa die über die Personal- und Sachmittel im konkreten Einzelfall – auch über die Verwirklichung von Wissenschaftsfreiheit entscheiden[303]. Ebenso wie für den Wissenschaftsbereich läßt sich Art. 5 Abs. 3 GG angesichts des umfangreichen staatlichen und kommunalen Mäzenatentums und der teilweisen Indienststellung der Kunst für Staatszwecke („auswärtige Kulturpolitik"[304]) für den Kulturbereich fruchtbar machen und als Gebot der organisatorischen Absicherung der Freiheit von staatlicher Bevormundung verstehen. Art. 1 Abs. 1 GG und Art. 2 Abs. 1 GG wird man entnehmen können, daß Strafvollzug mehr sein muß als nur Verwahrung. Die Normen enthalten daher auch Direktiven für eine dementsprechende Verwaltungsorganisation[305]. Im Hinblick auf den von Art. 2 Abs. 1 GG gewährleisteten Schutz der eigenen Ver-

84
Grundrechtliche Maßgaben für die Binnenorganisation der Verwaltung

Hochschulorganisation

Wissenschaftsfreiheit

---

300 *Kluth* (N 77), S. 236 f.; vgl. auch *Schreyer* (N 85), S. 124 ff., 173; BVerfGE 107, 59 (80).
301 BVerfGE 34, 165 (182 ff.); 45, 400 (415 ff.); 53, 185 (196); *Norbert Niehues/Johannes Kux*, Schul- und Prüfungsrecht, Bd. I, [4]2006, Rn. 181 ff.; *Ursula Fehnemann*, Bemerkungen zum Elternrecht in der Schule, in: DÖV 1978, S. 489 ff.; *Staupe* (N 296), S. 338 ff., m. weit. Nachw.
302 Dazu *Thieme* (N 200), Rn. 974 ff.; *Michael Hartmer*, in: ders./Hubert Detmer (Hg.), Hochschulrecht, 2004, S. 167 ff.; *Otto Kimminich*, Grundgesetz und Gruppenuniversität, in: WissR 1973, S. 193 ff.; *Hans Heinrich Rupp*, „Gruppenuniversität" und Hochschulselbstverwaltung, in: WissR 1974, S. 89 ff.; *Hans-Uwe Erichsen/Walter Krebs*, Stellung und Begriff des Hochschullehrers im Verfassungsrecht, in: VerwArch 68 (1977), S. 371 ff.; *Starck* (N 283), S. 409 ff.; BVerfGE 35, 79; 43, 242; 47, 327; *Thomas Oppermann*, Freiheit von Forschung und Lehre, in HStR VI, [2]2001 ([1]1989), § 145 Rn. 51.
303 Zum Problem der Mindestausstattung vgl. BVerwGE 52, 339; OVG Münster, in: MittHV 1974, S. 243; OVG Berlin, in: MittHV 1977, S. 35; BadWürttStGH, in: ESVGH 24, 12 (14).
304 Vgl. dazu *Dittmann* (N 239), S. 437 ff.
305 *Herrmann Hill*, Verfassungsrechtliche Gewährleistungen gegenüber der staatlichen Strafgewalt, in: HStR VI, [2]2001 ([1]1989), § 156 Rn. 8 ff.

fügung der Grundrechtsträger über ihre persönlichen Daten hat das Bundesverfassungsgericht darauf hingewiesen, daß angesichts der „Gefährdungen durch die Nutzung der automatischen Datenverarbeitung ... der Gesetzgeber mehr als früher auch organisatorische und verfahrensrechtliche Vorkehrungen zu treffen (hat), welche der Gefahr einer Verletzung entgegenwirken"[306].

85 Mit der Grundrechtsrelevanz von Verwaltungsorganisation werden nicht nur inhaltliche Anforderungen an Organisationsentscheidungen rechtsverbindlich, sondern erlangen auch die rechtsstaatlichen Schutzmechanismen der Grundrechte Geltung. Das sind in erster Linie der Gesetzesvorbehalt, das Übermaßverbot und der Gerichtsschutz. Sie sind dogmengeschichtlich zwar nicht in erster Linie an Organisationsentscheidungen ausgerichtet, sind damit auch nicht schablonenhaft auf diese anwendbar, finden andererseits aber auch bei ihnen ihre spezifischen Ansatzpunkte. Immerhin ist es besonders der Schulorganisationsbereich gewesen, in dem die höchstrichterliche Rechtsprechung ihre „Wesentlichkeitstheorie" entfaltet hat. Zu ihren Verdiensten zählt, daß sie die für die Anwendung des grundrechtlichen Gesetzesvorbehalts vordem entscheidende Schranke zwischen Eingriffs- und Leistungsverwaltung abgebaut hat[307]. Soweit demnach Organisationsentscheidungen „wesentlich für die Verwirklichung der Grundrechte"[308] sind, unterfallen sie – je nach Intensität der Grundrechtsbetroffenheit – dem Gesetzes- oder sogar dem Parlamentsvorbehalt. Der grundrechtliche Gesetzesvorbehalt tritt dergestalt zu den institutionellen Gesetzesvorbehalten[309] ergänzend hinzu. Auch die Regelungskomponenten des Übermaßverbots lassen sich – wenn auch mit unterschiedlicher Akzentuierung – zur Beurteilung von Organisationsentscheidungen heranziehen[310]. Je mehr sich die Errichtung und Betätigung einer Verwaltungsstelle als eine Vereinnahmung auch gesellschaftlich wahrgenommener Aufgaben darstellen, desto stärker drängt sich die Frage nach ihrer Geeignetheit und Erforderlichkeit auf. Bei dem Problem des Freiheitsschutzes in und durch Verwaltungsorganisation ist der Ausgleich divergierender Individual- und Allgemeininteressen nach Maßgabe des Verhältnismäßigkeitsgrundsatzes vorzunehmen. Das Ausmaß des Gerichtsschutzes, jedenfalls des Individualrechtsschutzes, hängt davon ab, ob die staatliche Organisationsentscheidung die Grundrechte in ihrer subjektivrechtlichen Dimension betrifft. Angesichts des von den Grundrechten regelmäßig belassenen Organisationsspielraums des Staates wird eine bestimmte Organisationsform nur ausnahmsweise gerichtlich erzwungen werden können; Gerichtsschutz gegen eine bestimmte grundrechtsverletzende organisatorische Gestaltung ist hingegen eher möglich.

Wesentlichkeitstheorie

Grundrechtlicher Gesetzesvorbehalt

Übermaßverbot

Gerichtsschutz

---

306 BVerfGE 65, 1 (44); *Walter Schmitt Glaeser*, Schutz der Privatsphäre, in: HStR VI, ²2001 (¹1989), § 129 Rn. 81 ff.
307 Die im Hinblick auf die Nichtgeltung des Gesetzesvorbehalts vielfach zitierte Formulierung, „Die Regelung von Verfahren und Zuständigkeiten der leistungsgewährenden Verwaltung unterliegt keinem Gesetzesvorbehalt", BVerfGE 8, 155 (169), ist damit zumindest teilweise überholt. → Oben *Ossenbühl*, § 101 Rn. 45, 46 ff., 56 ff.
308 BVerfGE 47, 46 (79) m. weit. Nachw.; 57, 295 (321), vgl. auch BVerfGE 49, 89 (126); 83, 130 (152).
309 S. o. Rn. 70 f. → Oben *Ossenbühl*, § 101 Rn. 37.
310 Hinsichtlich der Pflichtmitgliedschaft in öffentlich-rechtlichen Vereinigungen vgl. BVerfGE 38, 281 (302); NVwZ 2002, S. 335 (337); BVerwGE 39, 100 (103); 107, 169 (175 ff.).

2. Verwaltungsorganisation unter den Geboten der Staatsstrukturbestimmungen

a) Aussagekraft der Staatsstrukturbestimmungen für die Verwaltungsorganisation

Die Vorstellung, daß die Verwaltungsorganisation Ausdruck der grundsätzlichen programmatischen Aussagen der Verfassung über das Selbstverständnis des Staates sein könne und zu sein habe, war im 19. Jahrhundert noch lebendig. Rudolf von Gneist[311] etwa verstand die von ihm entworfene und propagierte Reform der Verwaltungsorganisation durchaus als eine spezifisch rechtsstaatliche Architektur. Heute würde man zunächst eher zögern, eine bestimmte Gestaltung von Verwaltungsorganisation als spezifisch demokratisch oder sozialstaatlich zu bezeichnen und als von den Geboten der staatlichen Fundamentalnormen gefordert zu sehen. Zu abstrakt scheinen die in Art. 20, 28 Abs. 1 GG niedergelegten Staatsstruktur- und -zielbestimmungen und zu sehr in Gefahr, als plakative Hülsen politischer Wunschvorstellungen mißbraucht zu werden, um unmittelbar Maßgaben für konkrete Organisationsentscheidungen zu sein[312]. Daher ist der Hinweis zutreffend, daß sich der Inhalt der Staatsgrundsätze erst aus ihren verfassungsgesetzlichen Konkretisierungen ergebe[313], also Demokratie die grundgesetzlich ausgestaltete Demokratie und Rechtsstaat das sei, was sich in der verfassungsgesetzlichen Ausprägung darbiete[314]. Diese Einzelaussagen finden ihrerseits ihre Konkretisierung durch den einfachen Gesetzgeber und durch Untergesetzesrecht. Das konkrete Erscheinungsbild der Staatsstrukturbestimmungen bietet sich so erst in zum Teil mehrfacher Mediatisierung dar.

86 Verfassungsrechtliches Staatsverständnis

Grundsätze und Konkretisierungen

Gleichwohl sprechen mehrere Gründe dagegen, den rechtlichen Gehalt der Fundamentalnormen in deren verfassungsrechtlichen Einzel-Konkretisierungen verbraucht zu sehen. Schon die Annahme einer Konkretisierung schließt in gewisser Weise diejenige einer konkretisierungsfähigen Substanz ein, die auch für künftige Konkretisierungen als maßgeblich erhalten bleiben und angesichts Art. 79 Abs. 3 GG auch justitiablen Charakter aufweisen muß. Die zu bewahrende wie herzustellende Einheit der Verfassung erschließt sich erst in einer verfassungsrechtsdogmatischen Interaktion zwischen Grundsatznorm und Einzelaussage und weist so auch dem Grundsatz Selbstand zu. Wollte man dies leugnen, entzöge man sich der Inpflichtnahme der Verfassung als aufgegebener Grundordnung und verzichtete auf ein Reservoir an Direktiven für die künftige Verfassungsentwicklung[315]. Die Grauzone zwischen normativem Gehalt und appellativem Charakter von Verfassungsnormen ist nicht ver-

87 Selbstand der Staatsstrukturbestimmungen

---
311 *Rudolf von Gneist*, Der Rechtsstaat und die Verwaltungsgerichte in Deutschland, ²1879, S. 278 ff.
312 Vgl. jüngst auch *Martin Bullinger*, Fragen der Auslegung einer Verfassung, in: JZ 2004, S. 209 (212 f.).
313 *Hans-Uwe Erichsen*, Staatsrecht und Verfassungsgerichtsbarkeit, Bd. II, ²1979, S. 24; vgl. auch BVerfGE 42, 312 (330).
314 Dazu *Philip Kunig*, Das Rechtsstaatsprinzip, 1986, insbes. S. 457 ff. (463); vgl. auch *Friedrich E. Schnapp*, Der Verwaltungsvorbehalt, in: VVDStRL 43 (1985), S. 172 (179 f.).
315 Vgl. auch *Peter Häberle*, Rezension zu Kunig, das Rechtsstaatsprinzip, in: NJW 1987, S. 175 (176). → Bd. II, *P. Kirchhof*, § 21 Rn. 81 ff., 83 ff., 93 ff.

meidbarer Nachteil, sondern Spezifikum von Verfassungsrecht, dessen Problematik man nicht bewältigt, indem man sie verdrängt. Unabhängig von dieser Überlegung sei darauf hingewiesen, daß das Bundesverfassungsgericht eine Anzahl ungeschriebener Verfassungsrechtssätze unmittelbar den Staatsstrukturbestimmungen, insbesondere dem Rechtsstaatsprinzip, zuordnet[316] und diesem damit die Fähigkeit zuerkennt, in einem weiteren Sinne eine Rechtsquelle unmittelbar anwendbaren Verfassungsrechts zu sein. Im übrigen zieht es in ständiger Rechtsprechung die Staatsstrukturbestimmungen als Kontrollnormen heran[317], unterstellt also ihre Justitiabilität.

Ungeschriebene Verfassungsrechtssätze

88
Determinationskraft der Staatsstrukturbestimmungen

Nach alledem ist die rechtliche Aussagekraft der in den Art. 20, 28 Abs. 1 GG niedergelegten Staatsgrundsätze nicht durch die Einzelaussagen der Verfassung konsumiert. Das erklärt auch, warum nicht alle organisationsrechtlichen Probleme durch Interpretation von verfassungsrechtlichen Einzelnormen gelöst werden können, sondern zum Teil den Rückgriff auf die grundlegenden Verfassungsprinzipien erfordern. Daß diese keine abrufbaren Entscheidungsmodelle vorhalten, bedarf dabei keiner weiteren Begründung[318]. Ihr Programmcharakter und ihr Zusammenspiel mit den verfassungsgesetzlichen Einzelausgestaltungen vermag aber in gewisser Weise die Diskussion der denkbaren Alternativen zu leiten und die Alternativenauswahl zu limitieren. Im übrigen mahnen die Staatszielbestimmungen mit ihrem programmatischen Impetus, Verwaltungsorganisation als Medium der Staatstätigkeit im Sinne einer permanenten Verfassungsaufgabe zu verstehen.

89
Wechselbezüglichkeit der Staatsstrukturbestimmungen

Verwaltungsorganisation läßt sich weder an einer einzelnen noch an bestimmten einzelnen Staatsstrukturbestimmungen festmachen. Wenn auch in unterschiedlicher Akzentuierung finden sich Bezüge zu allen Staatsgrundsätzen der Art. 20, 28 Abs. 1 GG. So ist der VIII. Abschnitt des Grundgesetzes zwar stark vom Bundesstaatsprinzip, keineswegs aber nur von ihm geprägt[319]. Die grundgesetzlich vorstrukturierte Verwaltungsorganisation trägt kaum nennenswerte republikanische Züge[320], erfährt aber neben einer bundesstaatlichen auch eine demokratische, rechtsstaatliche und sozialstaatliche Prägung. Dabei gehen die einzelnen rechtlichen Gehalte der Staatszielbestimmungen – teilweise ununterscheidbar – ineinander über. Sprachlich verdeutlicht das Grundgesetz diese Überlappung der Grundprinzipien durch ihre adjektivische For-

---

316 BVerfGE 6, 32 (43); 7, 89 (92); 19, 342 (348 f.); 30, 1 (20 f., 25). → Bd. II, *Schmidt-Aßmann*, § 26 Rn. 69 ff.
317 BVerfGE 30, 1 (24 f., 25); 44, 125 (138 ff.); 47, 253 (271 ff.); 77, 1 (40); 83, 60 (71 ff.); 93, 37 (66 ff.); 107, 59 (86 ff., 102 f.).
318 Vgl. etwa BVerfGE 11, 310 (321): „Aus dem den Art. 20 Abs. 1 und Art. 28 Abs. 1 GG zugrundeliegenden Bekenntnis zur Demokratie läßt sich eine konkrete Forderung nach einer bestimmten organisatorischen Gestaltung der Sozialversicherung nicht herleiten"; BVerfGE 107, 59 (93): „Darüber hinaus ergibt sich aus dem demokratischen Prinzip des Art. 20 Abs. 2 GG nicht, welche Aufgaben dem Staat als im engeren Sinne staatliche Aufgaben vorzubehalten sind. Insbesondere läßt sich Art. 20 Abs. 2 GG nicht entnehmen, daß Aufgaben im Bereich der Daseinsvorsorge oder sonstige Aufgaben allein deshalb zwingend unmittelbar vom Staat zu erledigen wären, weil sie von wesentlicher Bedeutung für das Allgemeinwohl sind".
319 S. o. Rn. 62 ff.
320 → Bd. II, *Isensee*, § 15 Rn. 131; *Gröschner*, § 23 Rn. 62 ff.

mulierung: Die Bundesrepublik ist ebenso ein demokratischer und sozialer Bundesstaat (Art. 20 Abs. 1 GG) wie ein demokratischer und sozialer Rechtsstaat (Art. 28 Abs. 1 GG). Verwaltungsorganisation darf demnach nicht einseitig an einer Strukturbestimmung ausgerichtet sein und hat der Verwirklichung der Gesamtheit der Verfassungsziele zu dienen.

b) Einzelfragen

Steigende Rationalität minimalisiert die Willkür in staatlichen Entscheidungen[321]. Daher folgt das Gebot rationaler Organisation aus dem material verstandenen Rechtsstaatsprinzip[322]. Rationalität bewirkt Vorhersehbarkeit, Kontrollierbarkeit und Nachvollziehbarkeit, für den Bürger damit Verantwortungsklarheit und Berechenbarkeit staatlichen Handelns[323]. Auf diesen Zusammenhang hat Lutz Richter schon 1926 hingewiesen: „Die Garantie des geordneten Instanzenzuges, die gesetzliche Zuständigkeitsordnung und die Erzeugung des Organwillens in festgelegten Formen gelten ... als die Bürgschaften des Rechtsstaates"[324]. Rechtsstaatlich gewollte Rationalität der Verwaltungsorganisation gebietet aber nicht nur Klarheit der Kompetenzordnung, sondern ebenso eine rationale Zuordnung von Aufgabe und Kompetenz. Effektivität der Aufgabenerfüllung ist nicht nur politisches Postulat, sondern gleichermaßen rechtsstaatlich gefordert. Das trifft sich mit dem in Art. 20 Abs. 2 GG positivierten, rechtsstaatliche wie demokratische Anliegen verfolgenden Gebot der Funktionengliederung. Dieses Prinzip enthält keineswegs nur ein formelles Kompetenzverteilungsschema, sondern trifft zuallererst eine materielle Aussage: Es konstituiert die einzelnen Gewalten und fordert eine Kompetenzordnung, die nicht nur einen Machtmißbrauch der Funktionsträger verhindert, sondern vor allem eine sachangemessene Aufgabenerledigung ermöglicht[325]. Das Funktionengliederungsprinzip bringt damit Funktion und Organisations- bzw. Organstruktur, Verwaltungsaufgabe und Ausgestaltung der Verwaltungsorganisation in einen rechtlichen Zusammenhang. Das in der Rechtsprechung des Bundesverfassungsgerichts anklingende Gebot optimaler Verwaltungsorganisation[326] ist damit auch rechtlich fundiert. Daraus folgt, daß „verwaltungsökonomische Gesichtspunkte ... bei der organisatorischen Ausgestaltung einer Verwaltungseinrichtung eine Rolle spielen und auch ‚atypische' Ausgestaltungsformen rechtfertigen"[327] können.

90
Rechtsstaatliche Rationalität

Funktionengliederung

Gebot optimaler Verwaltungsorganisation

---

321 Krebs (N 230), S. 36 f., 41 ff.
322 Remmert (N 34), S. 204 f. m. weit. Nachw; Groß (N 190), S. 200 ff.; Helmuth Schulze-Fielitz, Rationalität als rechtsstaatliches Prinzip für den Organisationsgesetzgeber: Über Leistungsfähigkeit und Leistungsgrenzen „weicher" Leitbegriffe, in: FS für Klaus Vogel, 2000, S. 311 (326 ff.).
323 Vgl. auch BVerfGE 107, 395 (416).
324 Lutz Richter, Die Organisationsgewalt, 1926, S. 17.
325 Vgl. Martin Burgi, Selbstverwaltung angesichts von Europäisierung und Ökonomisierung, in: VVDStRL 62 (2003), S. 405 (430 f.); Udo di Fabio, Verwaltungsentscheidung durch externen Sachverstand, in: VerwArch 81 (1990), S. 193 (210); Groß (N 190), S. 200 ff.; Konrad Hesse, Grundzüge des Verfassungsrechts der Bundesrepublik Deutschland, ²⁰1995 (Neudruck 1999), Rn. 492 ff.; Fritz Ossenbühl, Aktuelle Probleme der Gewaltenteilung, in: DÖV 1980, S. 545 (549).
326 BVerfGE 63, 1 (34).
327 BVerfGE 63, 1 (43); vgl. zum Zusammenhang des Funktionengliederungsprinzips mit ökonomischen Gesichtspunkten nunmehr auch Burgi (N 325), S. 431 m. weit. Nachw.

91

Rechtsstaatsprinzip und Pluralisierung der Verwaltungsorganisation

Das Rechtsstaatsprinzip ist neben den anderen Staatsstruktur- und -zielbestimmungen in erster Linie Ziel-, nicht Strukturvorgabe für die Verwaltungsorganisation. Es läßt sich ihm nicht ohne weiteres ein Gebot bestimmter Verwaltungsgliederung entnehmen, es enthält also nicht etwa ein Votum für eine Aufgabenwahrnehmung in grundsätzlich staatsunmittelbarer Verwaltung. Die vom Funktionengliederungsprinzip an die Verwaltungsorganisation herangetragenen Forderungen können im Gegenteil auch Gestaltungen in Formen ausgegliederter Verwaltungseinheiten rechtfertigen. So kann die Notwendigkeit von Orts- und Sachnähe bei der Aufgabenerledigung eine Dezentralisation und Dekonzentration der Organisation nahelegen. Verselbständigung von Verwaltungskompetenzen bis hin zur Möglichkeit ihrer gerichtlichen Verteidigung in Form von Organstreitigkeiten kann die Wirksamkeit inneradministrativer Kontrollen erhalten, also rechtsstaatliche Effekte haben. Pluralisierung der Verwaltungsorganisation kann als „Gewaltenteilung innerhalb der Gewalten"[328] einen machthemmenden Einfluß ausüben. Angesichts der Bekenntnisse des Grundgesetzes zum funktionengegliederten Rechtsstaat und zum Bundesstaat und der grundgesetzlichen Garantie der kommunalen Selbstverwaltung kann eine plurale Verwaltungsorganisation nicht von vornherein verfassungsrechtlich verdächtig sein[329].

Pluralisierung

„Gewaltenteilung innerhalb der Gewalten"

92

Mißbrauch von Organisationsformen

Das Rechtsstaatsprinzip ist nach alledem weniger geeignet, Verwaltungsorganisation positiv zu determinieren, kann ihrer Gestaltung aber Grenzen setzen. Insbesondere läßt sich diesem Staatsgrundsatz ein Verbot des Mißbrauchs der Organisationsform entnehmen[330]. Dieses Verbot zielt nicht auf die Motivationslage des Inhabers der Organisationsgewalt, sondern objektiv auf die Verhinderung einer Organisationsgestaltung, die eine Herabsetzung rechtsstaatlicher Standards zur Folge hat. So verbietet das Rechtsstaatsprinzip nicht generell die Organisation der Verwaltung in den Rechtsformen des Privatrechts, wohl aber dann, wenn sie dazu führt, daß Parlamentskompetenzen (Gesetzesvorbehalt!) und (zum Beispiel föderale) Zuständigkeitsverteilungen unterlaufen, materielle Rechtsbindungen vermindert, Verantwortlichkeiten verwischt und Rechtsschutzmöglichkeiten des Bürgers verringert werden[331]. Die Grenzzonen[332] der Verwaltungsorganisation im Übergangsbereich zwischen Staat und Gesellschaft gehören rechtsstaatlich zu den besonderen Aufmerksamkeitsfeldern. Die rechtsstaatlichen Schutzmechanismen sind auf „Verwaltung", also auf staatliches Handeln, zugeschnitten, so daß bei der Verwi-

---

328 Begriff: *Walter Leisner*, Gewaltenteilung innerhalb der Gewalten, in: FG für Theodor Maunz, 1971, S. 267 ff. Dazu *Schlink* (N 51), S. 13 ff.; *Kluth* (N 58), § 81 Rn. 24 ff. → Bd. II, *Di Fabio*, § 27 Rn. 18 ff.
329 Die von *Leisner* vorgetragene Befürchtung, „Subdivision" schwäche die vollziehende Gewalt und bringe sie damit in ihrer Gesamtheit in ein Machtungleichgewicht zu den anderen Gewalten (vgl. N 326; *ders.*, Die quantitative Gewaltenteilung, in: DÖV 1969, S. 405 [410 f.]), kann in dieser Allgemeinheit nicht teilen. Dezentralisation kann – und soll – zwar machthemmend wirken, kann aber auch das Konfliktlösungspotential erhöhen und damit die Entscheidungsfähigkeit des Gesamtsystems verbessern.
330 *Martin Bullinger*, Vertrag und Verwaltungsakt, 1962, S. 92 f.; *Walter Leisner*, Verwaltungspreis – Verwaltungssteuer, in: GS für Hans Peters, 1967, S. 730 (746).
331 Zu diesem Problemkreis *Ehlers* (N 13), S. 251 ff.
332 S. o. Rn. 8 ff.

schung der „Verwaltungs"-Grenzen ihre Ansatzpunkte unsicher werden. Rechtsstaatliche Bindung der Verwaltung fordert notwendig Klarheit darüber, was – noch oder schon – „Verwaltung" ist[333]. Damit setzt das Rechtsstaatsprinzip auch Organisationsformen kondominialer Aufgabenerfüllung von Staat und Gesellschaft äußerste Grenzen.

Im Hinblick auf die Verselbständigung von Verwaltungseinheiten ist das Demokratieprinzip ambivalent[334]. Das Grundgesetz hat mit der Konstituierung des parlamentarischen Regierungssystems eine Entscheidung zugunsten einer zentralen politischen Steuerungs- und Kontrollgewalt getroffen. Die gegenüber direktdemokratischen Einflüssen zurückhaltende verfassungsrechtliche Ausformung dieses Prinzips unterstreicht diese Entscheidung. Ausgliederungen von Verwaltungseinheiten aus den zentralen Entscheidungszügen werden demnach verfassungsrechtlich problematisch, wenn sie die Steuerungs- und Kontrollleistung dieses Systems beeinträchtigen. Für die verfassungsrechtlich notwendige Enge oder Weite der Anbindung von Verwaltungseinheiten an die Regierungs- und Parlamentsleitung ist damit aber noch nicht allzuviel gewonnen. Demokratie im Sinne des Grundgesetzes meint eine bestimmte Qualität des geformten wie ungeformten politischen Willensbildungsprozesses, die eine über die Parlamentswahlen weit hinausgreifende Kommunikation zwischen Staat und Gesellschaft voraussetzt. Das Bundesverfassungsgericht betont, daß sich in der Demokratie die Willensbildung „vom Volk zu den Staatsorganen"[335] vollziehen müsse und charakterisiert diesen Kommunikationsprozeß noch treffender: „Willensbildung des Volkes und Willensbildung in den Staatsorganen vollziehen sich in vielfältiger und tagtäglicher Wechselwirkung"[336]. Dieser Zusammenhang erhellt, daß die Verwaltung ihre demokratische Legitimation nicht nur durch die immer wieder herausgestellte Legitimationskette erhält, die vom Volk und den Volkswahlen ausgeht und über Parlament und Regierung die Verwaltung durchzieht. Demokratische Legitimation kann der Verwaltung zumindest ergänzend auch aus anderen Legitimationsquellen zuwachsen[337], wie das Bundesverfassungsgericht nunmehr auch in ständiger Rechtsprechung mit der Formel von der Erforderlichkeit eines bestimmten demokratischen „Legitimationsniveaus" zum Ausdruck bringt[338]. Auf Art. 28 Abs. 1 S. 2 GG sei hier nur hingewie-

93
Demokratieprinzip und Pluralisierung der Verwaltungsorganisation

Ausgliederungen der Verwaltungseinheiten aus der Weisungshierarchie

Demokratische Willensbildung

Quellen demokratischer Legitimation

„Legitimationsniveau"

---

333 *Walter Krebs*, Neue Bauformen des Organisationsrechts und ihre Einbeziehung in das Allgemeine Verwaltungsrecht, in: Schmidt-Aßmann/Hoffmann-Riem (N 103), S. 339 (344).
334 → Bd. II, *Böckenförde*, § 24 Rn. 16 ff., 24, 31 ff.
335 BVerfGE 20, 56 (99).
336 BVerfGE 44, 125 (139). → Bd. III, *Kloepfer*, § 42 Rn. 20 ff., 44 ff.
337 Vgl. für die mittelbare Staatsverwaltung nunmehr ausdrücklich auch BVerfGE 107, 59 (91): „Außerhalb der unmittelbaren Staatsverwaltung und der in ihrem sachlich-gegenständlichen Aufgabenbereich nicht beschränkten gemeindlichen Selbstverwaltung ist das Demokratiegebot offen für andere, insbesondere vom Erfordernis lückenloser personeller demokratischer Legitimation aller Entscheidungsbefugten abweichende Formen der Organisation und Ausübung von Staatsgewalt." Dazu *Andreas Musil*, Das Bundesverfassungsgericht und die demokratische Legitimation der funktionalen Selbstverwaltung, in: DÖV 2004, S. 116 ff.; vgl. auch *Peter Tettinger/Thomas Mann/Jürgen Salzwedel*, Wasserverbände und demokratische Legitimation, 2000; *Eberhard Schmidt-Aßmann*, Verwaltungslegitimation als Rechtsbegriff, in: AöR 116 (1991), S. 330 (382).
338 BVerfGE 83, 60 (72); 93, 37 (67); 107, 59 (87).

sen³³⁹. Die Legitimationsstränge brauchen auch nicht notwendig immer über die Regierung zu laufen.

94
Kommunikation zwischen Staat und Gesellschaft

Im übrigen verlangt der vielfältige Kommunikationsprozeß zwischen Staat und Gesellschaft Kommunikationspartner und kommt nicht ohne organisiertes Gespräch aus. Auch die Verwaltung muß damit organisatorische Vorkehrungen treffen, um Ansprechpartner für den Bürger und seine Organisationen sein zu können, die gesellschaftliche Interessen vorformen und artikulieren. Unter diesem Gesichtspunkt rechtfertigt das Demokratieprinzip Organisationsformen, in denen die Verwaltung auf die Gesellschaft zugeht. Pluralisierung der Verwaltungsorganisation kann Zahl und Qualität der Kommunikationschancen erhöhen³⁴⁰ und in gewissem Maße demokratisch geboten, jedenfalls legitimiert sein³⁴¹. Die Spannungslage zwischen „Einheit der Verwaltung" und ihrer Pluralisierung ist im Demokratieverständnis des Grundgesetzes selbst angesiedelt³⁴².

95
Ministerialfreie Räume

Die Ambivalenz des Demokratieprinzips im Hinblick auf die Straffung oder Lockerung der Entscheidungsstränge in der Verwaltungsorganisation spricht gegen ein verfassungsrechtliches Regel-Ausnahme-Prinzip zugunsten einer bestimmten Organisationsform, etwa zugunsten einer unmittelbaren hierarchisch gegliederten Staatsverwaltung oder zugunsten verwaltungsorganisatorischer Formen von Selbstverwaltung³⁴³. Daher kann auch die Schaffung „ministerialfreier Räume" nicht schon allein wegen des grundgesetzlichen Demokratieprinzips als verfassungsrechtlich bedenklich angesehen werden. Die auf diese Verwaltungsbereiche bezogene Diskussion³⁴⁴ hat gelegentlich darunter gelitten, daß sie die vielfältigen Möglichkeiten parlamentarischer Kontrolle³⁴⁵ unterschätzte und zu Unrecht davon ausging, daß „Ministerialfreiheit" auch „parlamentarische Kontrollfreiheit" bedeute³⁴⁶. Die Herausnahme einer Verwaltungseinheit aus dem ministeriellen Entscheidungszug muß nicht notwendig die parlamentarische Steuerung ausschließen. Sie kann

---

339 Der Umstand, daß sich die von einem Verbandsvolk ausgehende Legitimation von der unterscheidet, die vom Gesamtvolk ausgeht, besagt noch nicht, daß das Verbandsvolk keinerlei Legitimation vermitteln kann. Vgl. dazu *Schmitt Glaeser* (N 38), S. 209 ff.; *Winfried Brohm*, Die Dogmatik des Verwaltungsrechts vor den Gegenwartsaufgaben der Verwaltung, in: VVDStRL 30 (1972), S. 245 (269); *ders.* (N 3), S. 245 ff., 253 ff.; *Jestaedt* (N 190), S. 213 ff.; *Musil* (N 337), S. 118 f., 120; *Kluth* (N 77), S. 374 ff. Nach dem Urteil des VerfGH Nordrh.-Westf., in: DVBl 1986, S. 1196, können Bedienstetenvertretungen oder Personalversammlungen demokratische Legitimation nicht vermitteln; zum Problemkreis der Mitbestimmung ferner BVerfGE 93, 37 (69 ff.).
340 Vgl. *Schlink* (N 51), S. 21 f.
341 Vgl. dazu auch *Brohm* (N 3), S. 27 f.
342 Vgl. auch *Klaus König*, Verwaltungsreform und Demokratiediskussion, in: Demokratie und Verwaltung, 25 Jahre Hochschule für Verwaltungswissenschaften Speyer, 1972, S. 271 (285): „Für uns bleibt eine Spannungslage von dezentral formulierten Partikularinteressen und zentral formulierten Gesamtinteressen."
343 Vgl. dazu auch *Hendler* (N 77), S. 301 ff.
344 Dazu ausführlich *Oebbecke* (N 190); *Lerche* (N 27), Art. 86 Rn. 70 ff. Vgl. im übrigen nur *Wolfgang Müller*, Ministerialfreie Räume, in: JuS 1985, S. 497 ff. m. weit. Nachw.; *Dreier* (N 156), S. 134 ff.
345 Dazu *Krebs* (N 230), S. 120 ff.
346 Vgl. etwa *Eckart Klein*, Die verfassungsrechtliche Problematik des ministerialfreien Raumes, 1974, S. 43. Dagegen *Schuppert* (N 10), S. 351 ff.; *Oebbecke* (N 190), S. 122 ff.; *Krebs* (N 86), S. 615; *Dreier* (N 156), S. 135 f.

aber die Gewichte im System der Staatsleitung unzulässig zuungunsten der Regierung verschieben, und das Parlament darf die Regierungsverantwortung nicht ohne hinreichenden Grund durch Schaffung „ministerialfreier Räume" schmälern[347]. Der Organisationsspielraum des Parlaments findet insofern an einem Regierungs- oder Ministerialvorbehalt seine Grenze.

Regierungs- oder Ministerialvorbehalt

96

Demokratieprinzip und verselbständigte Verwaltungseinheiten

Im übrigen stellen die „ministerialfreien Räume" nur einen Teilausschnitt aus der Gesamtproblematik der Auskoppelung von Entscheidungseinheiten dar, die organisatorisch in vielfältiger Form[348], insbesondere auch durch Schaffung von Privatrechtsvereinigungen, vorgenommen werden kann. Das Demokratieprinzip zwingt insofern zu einer differenzierten verfassungsrechtlichen Beurteilung im Sinne eines abgestuft weiten Beurteilungsspielraums: Angesichts der verfassungsrechtlichen Entscheidung für das parlamentarische Regierungssystem kann eine vollständige Abkoppelung einer Verwaltungseinheit von der zentralen Leitung nur ganz ausnahmsweise, in der Regel nur bei ausdrücklicher verfassungsrechtlicher Anordnung zulässig sein[349]. Ansonsten gibt es Verwaltungsagenden, die staatsunmittelbar und unter Regierungs- und Ministerverantwortlichkeit organisiert werden müssen, Verwaltungsaufgaben, die partiell ausgegliedert werden dürfen, und schließlich Verwaltungsagenden, die ausgegliedert sein müssen. Für die Zuordnung einer Verwaltungsaufgabe zu der einen oder der anderen Kategorie sind zunächst die Einzelaussagen der Verfassung heranzuziehen, die – wie im VIII. Abschnitt des Grundgesetzes – Festlegungen enthalten oder – wie die Grundrechte – Anhaltspunkte geben können.

97

Bedeutung der Verwaltungsaufgabe für das Staatsganze

Erfordernis entscheidender Einflußnahme der Staatsleitung

Darüber hinaus ist die notwendige Differenzierung danach auszurichten, welche Bedeutung die Wahrnehmung der Verwaltungsaufgabe für die Allgemeinheit und das Staatsganze hat[350]. Die für die in diesem Sinne „allgemeinen Aufgaben" bestehende demokratische Verantwortung der Staatsleitung gegenüber der Allgemeinheit darf weder ausgehöhlt werden noch dürfen sich Parlament und Regierung ihrer freiwillig begeben. Die organisatorische Wahrnehmungsform der Verwaltungsaufgabe muß diesem Grundsatz folgen. Das zwingt nicht notwendig zu durchgängig hierarchischer Organisation, aber zu organisatorischen Gestaltungen, die eine entscheidende Einflußnahme der Staatsleitung gewährleisten.

98

Verteilung der Organisationsgewalt

Die vorstehenden Überlegungen verdeutlichen die in mancherlei Hinsicht enge Beziehung zwischen Verwaltungsorganisation und Staatsleitung, die nach dem Grundgesetz Parlament und Regierung „gewissermaßen zur gesam-

---

347 → Oben *Loschelder*, § 107 Rn. 52 ff. Vgl. auch *Oebbecke* (N 190), S. 24 ff., 139.
348 S. o. Rn. 25.
349 Vgl. Art. 114 Abs. 2 GG und § 1 BRHG.
350 BVerfGE 9, 268 (282): „Wohl aber gibt es Regierungsaufgaben, die wegen ihrer politischen Tragweite nicht generell der Regierungsverantwortung entzogen und auf Stellen übertragen werden dürfen, die von Regierung und Parlament unabhängig sind". Vgl. auch BremStGH, in: NJW 1974, S. 2223 (2229 f.), und *Ulrich Scheuner*, Voraussetzungen und Form der Errichtung öffentlicher Körperschaften (außerhalb des Kommunalrechts), in: GS für Hans Peters, 1967, S. 797 (811 ff.). Möglicherweise weiter nunmehr aber BVerfGE 107, 59 (93 f.).

ten Hand zu (steht)"[351]. Schon von daher wird man kaum annehmen dürfen, daß die Organisationsgewalt, verstanden als Befugnis, Verwaltungseinheiten und Verwaltungsstellen rechtlich und tatsächlich zu verfassen[352], ein originärer Kompetenztitel der Exekutive ist[353]. Die quantitative wie qualitative Unterschiedlichkeit der diesem Generalbegriff zuzuordnenden Befugnisse sowie die differenzierende verfassungsrechtliche Zuständigkeitsverteilung lassen eine derartige pauschale Annahme nicht zu. Vielmehr kommt Organisationsgewalt in einem Kompetenzgeflecht zum Ausdruck, das über dem ganzen Bereich organisierter Staatlichkeit liegt und Parlament und Regierung sowie jede Verwaltungseinheit umspannt. Verfassungsrechtlich wird dieses Kompetenzgeflecht durch eine Reihe von Gesetzesvorbehalten, das Zugriffsrecht des Gesetzgebers sowie Regierungs- und Verwaltungsvorbehalte strukturiert.

99
Verwaltungsvorbehalte für den Organisationsbereich

Der Verwaltungsvorbehalt soll der Verwaltung sichern, „was der Verwaltung ist". Insofern kann es kaum verwundern, daß es nicht gelungen ist, ihn als einen allgemeinen subsumtionsfähigen Rechtssatz zu definieren[354]. Andererseits dürfte kaum streitig sein, daß es eine Reihe von einzelnen Exekutiv- (Regierungs- und Verwaltungs-)vorbehalten gibt. Sie lassen sich auf den Grundgedanken zurückführen, daß die Exekutive einen exklusiven Bereich an verfassungsunmittelbaren Kompetenzen haben muß, um den von ihr verfassungsrechtlich vorausgesetzten eigenständigen Platz im Gefüge der Funktionengliederung einnehmen zu können. Das gilt auch für den Organisationsbereich. So teilt das Verfassungsrecht der Regierung Organisationsgewalt in einem Ausmaß zu, das sie in die Lage versetzt, ihren Anteil an der Staatsleitung verantwortlich wahrzunehmen. Wenn auch die Landesverfassungen das Parlament an der Kabinettsorganisation unterschiedlich beteiligen[355], muß allgemein davon ausgegangen werden, daß die Ministerialorganisation einem

---

351 *Ernst Friesenhahn*, Parlament und Regierung im modernen Staat, in: VVDStRL 16 (1958), S. 9 (37/38). → Oben *Schröder*, § 106 Rn. 11.
352 Zu Definitionen der Organisationsgewalt vgl. *Wolff* (N 2), § 78 I a; *Kluth* (N 58), § 82 Rn. 4 ff.; *Stern* (N 49), § 41 IV 10 e und α; *Böckenförde* (N 260), S. 21 ff.; *Edzard Schmidt-Jortzig*, Kommunale Organisationshoheit, 1979, S. 10 ff.; *Hermann Butzer*, Zum Begriff der Organisationsgewalt, in: Die Verwaltung 27 (1994), S. 157 (160 ff.).
353 Zur Diskussion um die Verteilung der Organisationsgewalt vgl. *Lutz Richter*, Die Organisationsgewalt, 1926; *Köttgen* (N 260); *Böckenförde* (N 260); *Schmidt-Aßmann* (N 87); *Erichsen/Knoke* (N 75), S. 54 ff.; aus jüngerer Zeit *Dodo Traumann*, Die Organisationsgewalt im Bereich der bundeseigenen Verwaltung, 1998; *Hartmut Maurer*, Zur Organisationsgewalt im Bereich der Regierung, in: FS für Klaus Vogel, 2000, S. 331 ff.; *Ulrich Stelkens*, Organisationsgewalt und Organisationsfehler – Voraussetzungen der Errichtung von Behörden und juristischen Personen des öffentlichen Rechts und Rechtsfolgen ihrer Missachtung, in: LKV 2003, S. 489 ff.
354 Überwiegend wird davon ausgegangen, daß es *den* Verwaltungsvorbehalt als einen normativen Grundsatz nicht gibt, vgl. etwa *Meinhard Schröder*, Der Verwaltungsvorbehalt, in: DVBl 1984, S. 814 (820 f.). Vgl. im übrigen *Hartmut Maurer* und *Friedrich E. Schnapp*, Der Verwaltungsvorbehalt, in: VVDStRL 43 (1985), S. 135 ff. und 172 ff. → Oben *Schröder*, § 106 Rn. 22 ff.
355 Vgl. z. B. Art. 52 ff. NordrhWestfVerf einerseits und Art. 45 Abs. 3 BadWürttVerf, Art. 49 BayVerf und Art. 55 Abs. 2, 56, 58 Abs. 4 BerlinVerf (1995) andererseits.

weitgehenden Regierungsvorbehalt untersteht, also „gesetzesfest" ist[356]. Der Exekutivvorbehalt greift allerdings teilweise noch weiter. Für den Bundesbereich kann auf Art. 86 GG verwiesen werden. Zwar stehen die der Bundesregierung dort zugewiesenen Kompetenzen unter dem Vorbehalt des Zugriffs des Gesetzgebers. Dieser wird allerdings die sich in dieser Vorschrift manifestierende (Mit-)Verantwortung der Bundesregierung für die Bundesverwaltung nicht vollständig usurpieren dürfen[357]. Darüber hinaus sei auf die schlichte Tatsache hingewiesen, daß eine rationale Aufgabenerledigung ohne Organisation nicht möglich ist. Daher muß im Grunde jede (teil-)selbständige Verwaltungseinheit auch an der Organisationsgewalt teilhaben. Da dieser Umstand zu den Identifikationsmerkmalen der Verwaltung, also zu ihrer „Eigenart" gehört, hat er nicht nur faktisches, sondern auch rechtliches Gewicht[358].

Regierungsvorbehalt für die Ministerialorganisation

Bis an die Grenze der Exekutivvorbehalte wird dem Gesetzgeber ein „Zugriffsrecht" auf den Organisationsbereich zugestanden[359]. Diese Begrifflichkeit könnte dahin mißverstanden werden, als sei die Organisationsgewalt prinzipiell Sache der Exekutive. Sie wird daher zu Recht kritisiert[360]. Dieser von Exekutiv- und Gesetzesvorbehalten ausgesparte Organisationsbereich läßt sich auch nicht prinzipiell der Legislative zuordnen, da andernfalls der Verwaltung ein Tätigwerden ohne gesetzliche Freigabe verwehrt wäre. Richtigerweise wird man daher davon auszugehen haben, daß es verfassungsrechtlich einen Bereich konkurrierender Zuständigkeiten von Gesetzgebung und Verwaltung für die Verwaltungsorganisation gibt.

100
Zugriffsrecht des Gesetzgebers

Von *dem* organisationsrechtlichen Gesetzesvorbehalt zu sprechen, wäre angesichts der unterschiedlichen verfassungsrechtlichen Fundierung und verfassungstextlichen Verortung der Kompetenzzuweisungen an den Gesetzgeber im Organisationsbereich verfehlt. Auch lassen sich die verschiedenen organisationsrechtlichen Gesetzesvorbehalte nicht auf einen einzigen verfassungsrechtsdogmatischen Grundgedanken zurückführen. Die im VIII. Abschnitt des Grundgesetzes enthaltenen institutionellen Gesetzesvorbehalte dienen nicht nur einer funktionsgerechten Kompetenzverteilung zwischen Gesetzgeber und vollziehender Gewalt, sondern zum Teil auch bundesstaatlichen Zielen[361]. Auch folgen die im Grundgesetz und in den Landesverfassun-

101
Heterogene organisationsrechtliche Gesetzesvorbehalte

---

356 Vgl. auch *Schmidt-Aßmann* (N 87), S. 347; *Schnapp* (N 314), S. 192. Die Organisationsgewalt der Regierung soll jedoch nach dem Urteil des VerfGH Nordrh.-Westf., in: NJW 1999, S. 1243 (1245 f.), dadurch begrenzt sein, daß die Wesentlichkeit der Organisationsentscheidung für grundlegende Prinzipien der Verfassung – im konkreten Fall: für den Grundsatz der Gewaltenteilung bei der Zusammenlegung von Justiz- und Innenministerium – eine Entscheidung des Gesetzgebers erfordert. Zu diesem Problemkomplex auch *Andreas von Arnauld*, Justizministerium und Organisationsgewalt, in: AöR 124 (1999), S. 658 ff. Zur Wesentlichkeitstheorie s. u. Rn. 100.
357 *Schnapp* (N 314), S. 187f., 193; *Böckenförde* (N 260), S. 106 f.; *Lerche* (N 27), Art. 86 Rn. 107; allgemein zur „Soweit-Klausel" des Art. 86 S. 2 GG: *Traumann* (N 353), S. 365; *Oldiges* (N 262), S. 223.
358 Vgl. auch *Böckenförde* (N 260), S. 88, und *Peter Lerche*, Diskussionsbeiträge, in: VVDStRL 43 (1985), S. 213 f.
359 *Böckenförde* (N 260), S. 286 ff.
360 *Erichsen/Knoke* (N 75), S. 56; vgl. auch *Lerche* (N 27), Art. 86 Rn. 102.
361 S. o. Rn. 70 f.

Kein einheitliches Kompetenzverteilungsschema

gen niedergelegten ausdrücklichen organisationsrechtlichen Gesetzesvorbehalte nicht einem einheitlichen Kompetenzverteilungsschema, sondern unterschiedlichen Ordnungsmodellen[362], und machen darauf aufmerksam, daß die Verteilung der Organisationsgewalt nur begrenzt bundeseinheitlich erfolgt ist. Zu den bundesrechtlich einheitlichen Standards lassen sich dagegen die grundrechtlich fundierten Gesetzesvorbehalte zählen[363]. Die Frage nach der verfassungsrechtlichen Zuordnung der Organisationsgewalt im Einzelfall verweist also zunächst auf die Interpretation von Einzelvorschriften. Nur subsidiär kann auf einen aus dem Rechtsstaats- und Demokratieprinzip ableitbaren allgemeinen Gesetzesvorbehalt zurückgegriffen werden. Angesichts der Eigenstaatlichkeit der Bundesländer, für die die Organisationsgewalt ein besonders sensibler Bereich ist, sind die organisationsrechtlichen Bedeutungsschichten dieses Verfassungsgrundsatzes eher zurückhaltend zu entfalten. Die auch in der höchstrichterlichen Rechtsprechung vorrangig auf die Staat-Bürger-Beziehung bezogene „Wesentlichkeitstheorie"[364] ist rechtsdogmatisch in den allgemeinen Grundrechtslehren zu verorten[365] und kann daher nicht unmittelbar auf das Staatsorganisationsrecht übertragen werden. Nimmt man allerdings den Wesentlichkeitsgedanken abstrakt, dann kann dem Anliegen des Gesetzesvorbehalts, dem Parlament seinen Anteil an der Staatsleitung zu verbürgen, auch im Organisationsbereich Rechnung getragen werden. Eine entsprechende organisationsrechtliche Wesentlichkeitslehre ist dann aber spezifisch organisationsrechtsdogmatisch zu entwickeln. Sie hat darauf Rücksicht zu nehmen, daß das Verfassungsrecht auch Organisationsentscheidungen von hohem staatspolitischem Gewicht unter Exekutivvorbehalt gestellt hat[366]. Eine Organisationsentscheidung kann demnach nur dann „wesentlich" im Sinne einer organisationsrechtlichen Wesentlichkeitslehre sein, wenn sie zum einen wesentlich für die Wahrnehmung der Staatsleitung und zum anderen nicht der Exekutive vorbehalten ist.

Wesentlichkeitstheorie

Organisationsrechtliche Wesentlichkeitslehre

102

Gesetzesvorbehalt für die Verselbständigung von Verwaltungseinheiten

Zu den bedeutsamen Aufgaben der Staatsleitung gehören die Steuerung und Kontrolle der Verwaltung. Demnach kann eine Veränderung der zentralen Entscheidungszüge in der Verwaltungsorganisation die „Wesentlichkeitsschwelle" übersteigen. Jedenfalls wird im Ergebnis schon seit Otto Mayer davon ausgegangen, daß die Errichtung juristischer Personen des öffentlichen

---

362 Dazu *Schmidt-Aßmann* (N 87), S. 341 ff.; *Schnapp* (N 314), S. 193.
363 S. o. Rn. 70, 85.
364 BVerfGE 40, 237 (249); 47, 46 (78 ff.); 58, 257 (268 f.); 108, 282 (311); BVerwGE 47, 201 (203); 57, 360 (363). Vgl. dazu *Christoph Gusy*, Gesetzesvorbehalte im Grundgesetz, in: JA 2002, S. 610 (613 ff.); *Ulrich Haltern/Franz Mayer/Christoph Möllers*, Wesentlichkeitstheorie und Gerichtsbarkeit: Zur institutionellen Kritik des Gesetzesvorbehalts, in: Die Verwaltung 30 (1997), S. 51 ff.; *Hans Herbert von Arnim*, Zur ‚Wesentlichkeitstheorie' des Bundesverfassungsgerichts: einige Anmerkungen zum Parlamentsvorbehalt, in: DVBl 1987, S. 1241 ff.; *Michael Kloepfer*, Der Vorbehalt des Gesetzes im Wandel, in: JZ 1984, S. 685 (689 ff.); *Carl Eugen Eberle*, Gesetzesvorbehalt und Parlamentsvorbehalt, in: DÖV 1984, S. 485 ff.; die Referate von *Fritz Ossenbühl* und *Hans-Jürgen Papier*, Der Vorbehalt des Gesetzes und seine Grenzen, in: Volkmar Götz/Hans H. Klein/Christian Starck (Hg.), Die öffentliche Verwaltung zwischen Gesetzgebung und richterlicher Kontrolle, 1985, S. 9 (24 ff.), 36 ff.
365 *Krebs* (N 283), Rn. 62, 116.
366 Vgl. in diesem Zusammenhang auch BVerfGE 49, 89 (124 ff.).

Rechts einer gesetzlichen Organisationsentscheidung bedarf[367]. Das gilt auch für die Beleihung[368]. Freilich bestehen insofern schon nach Bundesverfassungsrecht und Landesrecht ausdrückliche Gesetzesvorbehalte[369], so daß an sich der Rückgriff auf den allgemeinen Gedanken nicht immer notwendig ist. In der Annahme eines Gesetzesvorbehalts für die Schaffung rechtsfähiger Verwaltungseinheiten kommt aber zum Ausdruck, daß die Verselbständigung einer Verwaltungseinheit ab einer bestimmten Qualität die Staatsleitung betrifft und damit dem Gesetzesvorbehalt unterfällt. Für den insofern entscheidenden Grad an Verselbständigung ist die Rechtsfähigkeit der Verwaltungseinheit eher ein Akzidens, er kann auch schon eher oder unabhängig davon erreicht sein[370]. Auch die Übertragung von Verwaltungsaufgaben auf Privatrechtsvereinigungen kann die Staatsleitung in relevanter Weise betreffen und einer gesetzgeberischen Entscheidung bedürfen[371].

Gesetzgeberische Organisationsentscheidungen darf die Exekutive nicht eigenmächtig ändern. Wegen des Vorranges des Gesetzes (Art. 20 Abs. 3 GG) ist dem Gesetzgeber der von ihm einmal besetzte Bereich auch künftig vorbehalten[372]. Daher sei auf den derzeit erreichten hohen Grad der Vergesetzlichung der Verwaltungsorganisation sowie darauf hingewiesen, daß organisationsrechtliche Gesetzesvorbehalte auch auf der Ebene des einfachen Gesetzes angesiedelt sind[373].

103
Vorrang des Gesetzes

---

367 *Mayer* (N 120), § 56 I 1, ²1917, S. 602 = ³1924, S. 333 f.; *Köttgen* (N 260, S. 172; *Scheuner* (N 350), S. 805; *Burgi* (N 2), § 7 Rn. 4; *Peter Badura*, Die organisatorische Gestaltungsfreiheit des Staates, FS zum 50-jährigen Bestehen des Bayerischen Verfassungsgerichtshofs, 1997, S. 9 (10); *Schmidt-Aßmann* (N 83), 5. Kap., Rn. 26 ff.
368 *Michaelis* (N 152), S. 151; *Wolff* (N 2), § 104 II a; *Kluth* (N 58), § 90 Rn. 44; *Burgi* (N 2), § 9 Rn. 27; ders., Der Beliehene (N 153), S. 588; BVerwG, in: DVBl 1970, S. 735 (736); OVG Münster, in: NJW 1980, S. 1406 (1406 f.); OVG Münster, in: NJW 1983, S. 1390 (1391).
369 So enthalten z. B. Art. 87 Abs. 3 S. 1 GG, §§ 18, 20 LOG Brandenb., § 10 Abs. 4 LOG Mecklenb.-Vorp., §§ 18, 21 LOG Nordrh.-Westf., §§ 18, 21 LOG Saarl., §§ 38, 42, 47 LVwG Schl.-Hol. einen Gesetzesvorbehalt für die Errichtung juristischer Personen des öffentlichen Rechts. § 21 LOG Brandenb., § 4 LOG Mecklenb.-Vorp., § 24 LVwG Schl.-Hol. statuieren einen Gesetzesvorbehalt für die Beleihung. → Oben *Ossenbühl*, § 101 Rn. 37.
370 Ebenso *Schmidt-Aßmann* (N 87), S. 347 f.; *Krebs* (N 86), S. 615; *Jecht* (N 119), S. 36; vgl. auch schon RGZ 130, 169 (172 ff.).
371 So auch *Lerche* (N 27), Art. 87 Rn. 205; *Schmidt-Aßmann* (N 83), 5. Kap., Rn. 28; *Stober* (N 29), § 91 Rn. 81 f. m. weit. Nachw.; vgl. auch *Ehlers* (N 13), S. 152 ff.; a. A. etwa *Günter Püttner*, Die öffentlichen Unternehmen, ²1985, S. 122 ff.
372 → Oben *Ossenbühl*, § 101 Rn. 3 ff.
373 Vgl. die Nachweise in N 368.

E. Bibliographie

Otto Bachof, Teilrechtsfähige Verbände des öffentlichen Rechts, in: AöR 83 (1958), S. 208 ff.
Ernst-Wolfgang Böckenförde, Die Organisationsgewalt im Bereich der Regierung, 1964 (^{2}1998).
Rüdiger Breuer, Die öffentlichrechtliche Anstalt, in: VVDStRL 44 (1986), S. 211 ff.
Winfried Brohm, Strukturen der Wirtschaftsverwaltung, 1969.
Martin Burgi, Funktionale Privatisierung und Verwaltungshilfe, 1999.
Armin Dittmann, Die Bundesverwaltung, 1983.
Horst Dreier, Hierarchische Verwaltung im demokratischen Staat, 1991.
Dirk Ehlers, Verwaltung in Privatrechtsform, 1984.
Hans-Uwe Erichsen, Der Innenrechtsstreit, in: FS für Christian-Friedrich Menger, 1985, S. 211 ff.
Thomas Groß, Das Kollegialprinzip in der Verwaltungsorganisation, 1999.
Wolfgang Hoffmann-Riem/Eberhard Schmidt-Aßmann/Andreas Voßkuhle, Grundlagen des Verwaltungsrechts, Bd. I, 2006.
Wolfgang Kahl, Die Staatsaufsicht: Entstehung, Wandel und Neubestimmung unter besonderer Berücksichtigung der Aufsicht über die Gemeinden, 2000.
Winfried Kluth, Funktionale Selbstverwaltung, 1997.
Klaus Lange, Die öffentlichrechtliche Anstalt, in: VVDStRL 44 (1986), S. 169 ff.
Peter Lerche, in: Maunz/Dürig, Kommentar zum GG, Art. 83-87.
Roman Loeser, Die Bundesverwaltung in der Bundesrepublik Deutschland, 1986.
Thomas Mann, Die öffentlich-rechtliche Gesellschaft, 2002.
Barbara Remmert, Private Dienstleistungen in staatlichen Verwaltungsverfahren, 2003.
Eberhard Schmidt-Aßmann, Verwaltungsorganisation zwischen parlamentarischer Steuerung und exekutivischer Organisationsgewalt, in: FS für Hans Peter Ipsen, 1977, S. 333 ff.
ders./Wolfgang Hoffmann-Riem (Hg.), Verwaltungsorganisationsrecht als Steuerungsressource, 1997.
Friedrich E. Schnapp, Zu Dogmatik und Funktion des staatlichen Organisationsrechts, in: Rechtstheorie 9 (1978), S. 275 ff.
Meinhard Schröder, Grundfragen der Aufsicht in der öffentlichen Verwaltung, in: JuS 1986, S. 371 ff.
Gunnar Folke Schuppert, Die Erfüllung öffentlicher Aufgaben durch verselbständigte Verwaltungseinheiten, 1981.
Frido Wagener (Hg.), Verselbständigung von Verwaltungsträgern, 1976.
Hans Julius Wolff, Vierter Teil. Die Verwaltungsorganisation, in: ders./Otto Bachof, Verwaltungsrecht, Bd. II, ^{4}1976.
ders./Otto Bachof/Rolf Stober, Verwaltungsrecht, Bd. III, ^{5}2004.

§ 109
Verwaltungsverfahren

Eberhard Schmidt-Aßmann

Übersicht

	Rn.		Rn.
A. Begriff, Idee und Rechtsgrundlagen	1–19	1. Prozedurale Komponenten demokratischer Legitimation	34–35
I. Verfahrensgedanke im öffentlichen Recht	2–11	2. Akzeptanz, Partizipation, Öffentlichkeit	36–37
1. Verfahren als Ordnungsidee	3–4	C. Einwirkung des europäischen Rechts	38–49
2. Verfahrensrecht als formelles Recht	5–7	I. Europäisierung des deutschen Verfahrensrechts	39–44
3. Rechtsbegriffe des Verwaltungsverfahrens	8–11	1. Instrumentalisierung: Bestandskraft und Vertrauensschutz	40–42
II. Rechtsgrundlagen des Verwaltungsverfahrensrechts	12–19	2. Umorientierung: Konzept informierter Öffentlichkeit	43–44
1. Anwendungsbereich der Verwaltungsverfahrensgesetze	14–17	II. Verfahren europäischer Verwaltungskooperation	45–49
2. Konzept des überkommenen verfahrensrechtlichen Denkens	18–19	D. Bauformen der verwaltungsrechtlichen Verfahrensrechtslehre	50–69
B. Verfassungsabhängigkeit und Eigengesetzlichkeit des Verwaltungsverfahrensrechts	20–37	I. Grundformen	54–62
I. Grundrechtsschutz und Verwaltungsverfahren	21–29	1. Verfahrensphasen	55–56
1. Wichtige Entwicklungsimpulse	22–24	2. Verfahrenssubjekte	57–59
2. Schwierige dogmatische Präzisierung	25–29	3. Verfahrensrechtsverhältnis	60–61
II. Verwaltungsverfahren und gerichtliches Verfahren	30–32	4. Verfahrensermessen	62
III. Demokratische Funktionen des Verwaltungsverfahrens	33–37	II. Verfahrensfehler und Fehlerfolgen	63–69
		1. System der Fehlersanktionen	64–67
		2. Einzelfragen	68–69
		E. Bibliographie	

§ 109   *Achter Teil: II. Staatsfunktionen*

A. Begriff, Idee und Rechtsgrundlagen

1
Allgemeiner Begriff

Verwaltungsverfahren sind planvoll geordnete Vorgänge der Informationsgewinnung und -verarbeitung, die in der Verantwortung eines Trägers öffentlicher Verwaltung ablaufen und die Verwaltung befähigen sollen, auf rationale Weise zu handeln[1]. Sie bilden Handlungsgefüge (Interaktionssysteme) zwischen Verwaltung und Bürger oder zwischen einzelnen Verwaltungseinheiten, die als Realgeschehen und als Ordnungsmodell betrachtet werden können[2]. Neben dem Verwaltungsrecht beschäftigen sich vor allem die Entscheidungstheorien, die Kommunikationswissenschaften und die Verwaltungswissenschaften mit den Phänomenen des Verwaltungsverfahrens[3].

I. Verfahrensgedanke im öffentlichen Recht

2
Verfahren als Realgeschehen und Ordnungsidee

Als Realgeschehen ist das Verwaltungsverfahren für das Verwaltungsrecht beachtlich, wenn es um die ordnungsgemäße Handhabung von Verfahrensregeln geht, wie sie die Gesetze in Zuständigkeits-, Beteiligungs- und Bekanntmachungsvorschriften seit alters vielfältig enthalten. Dieses ist der Bereich der sogenannten formellen Rechtmäßigkeit des Verwaltungshandelns und der damit verbundenen Verfahrensfehlerlehre[4]. Außerdem interessiert sich das Verwaltungsrecht für das Institut des Verwaltungsverfahrens als Ordnungsidee, insofern das Verfahren als geordneter Vorgang Überschaubarkeit, Distanz und Rationalität, Koordination und Kontakt vermittelt, die ihrerseits wichtige Rechtswerte sichern und entfalten können[5].

1. Verfahren als Ordnungsidee

3
Aufträge des Verwaltungsverfahrens

Das Verwaltungsverfahrensrecht nutzt die Erkenntnisse, die die Rechtswissenschaft in langer Tradition mit staatlichen Entscheidungsverfahren gesammelt hat[6]. Es orientiert sich an den Verfahren der benachbarten Staatsfunktionen, an den Rechtsschutzaufgaben der gerichtlichen und an der Legitima-

---

1 Vgl. *Thomas Vesting*, Die Bedeutung von Information und Kommunikation für die verwaltungsrechtliche Systembildung, in: Wolfgang Hoffmann-Riem/Eberhard Schmidt-Aßmann/Andreas Voßkuhle (Hg.), Grundlagen des Verwaltungsrechts, Bd. II, 2007, § 20.
2 *Eberhard Schmidt-Aßmann*, Das allgemeine Verwaltungsrecht als Ordnungsidee, ²2004, S. 305 ff. und 356 ff.
3 Vgl. *Werner Thieme*, Entscheidungen in der öffentlichen Verwaltung, 1981, S. 7 ff.; *Gunnar Folke Schuppert*, Verwaltungswissenschaft, 2000, S. 721 ff. und 776 ff.; ferner *Niklas Luhmann*, Legitimation durch Verfahren, ²1975, S. 58 ff.; *Bernd Becker*, Entscheidungen in der öffentlichen Verwaltung, in: Klaus König/Heinrich Siedentopf, Öffentliche Verwaltung in der Bundesrepublik Deutschland, 1996/97, S. 435 ff.; *Klaus-Peter Sommermann*, Verfahren der Verordnungsentscheidung, ebd., S. 459 ff.
4 *Hermann Hill*, Das fehlerhafte Verfahren und seine Folgen im Verwaltungsrecht, 1986, S. 301 ff.; *Friedhelm Hufen*, Fehler im Verwaltungsverfahren, ⁴2002; s. u. Rn. 52 ff.
5 Vgl. *Rainer Pitschas*, Verwaltungsverantwortung und Verwaltungsverfahrensrecht, 1990; *Gralf-Peter Calliess*, Prozedurales Recht, 1999.
6 Dazu *Johann Josef Hagen*, Elemente einer allgemeinen Prozeßlehre, 1972; *Wolfgang Grunsky*, Grundlagen des Verfahrensrechts, ²1974, *Calliess* (N 5), S. 91 ff.

tionsfunktion parlamentarischer Verfahren. Vor allem aber bringt es die Besonderheiten der „zweiten Gewalt" als eines eigenständigen Entscheidungssystems zur Geltung[7]. Verwaltungsverfahren lassen sich regelmäßig nicht auf nur einen Zweck festlegen. Sie dienen vielmehr, der Breite exekutivischer Aufgabenstellung entsprechend, administrativer Information, Koordination und Richtigkeitsgewähr, individueller Rechtssicherung und institutioneller Konsensbeschaffung. In den unterschiedlichen Verfahrensarten treten diese Zwecke unterschiedlich deutlich hervor. Spricht man jedoch über *das* Verwaltungsverfahren und geht es um ein systematisches allgemeines Verwaltungsverfahrensrecht, dann hat die Multifunktionalität des Verwaltungsverfahrens die Grundlage zu sein[8].

Vor allem in dieser Bedeutung hat das Verwaltungsverfahren als Beschäftigungsgegenstand des öffentlichen Rechts in den zurückliegenden Jahrzehnten eine erhebliche Aufwertung erfahren[9]. Heute steht das Verfahrensrecht gleichberechtigt neben den Formen und den Maßstäben des Verwaltungshandelns als dritter Teil des Allgemeinen Verwaltungsrechts. Die Gründe für diese Entwicklung sind oft beschrieben worden[10]: Die Ausdifferenzierung der Verwaltungsaufgaben und der Verwaltungsorganisation, die strukturellen Grenzen parlamentarischer Steuerung, die Einflüsse des europäischen Rechts und gerichtlicher Kontrolle machen es erforderlich, das Verwaltungsverfahren als Ordnungsidee kooperativer Gemeinwohlkonkretisierung[11] breiter zu entfalten. Dabei geht es um zweierlei:

4
Aktuelle Bedeutung

– Verwaltungsverfahren sind Ausdruck eines gewandelten Verhältnisses zwischen Verwaltung und Bürger. Zutreffend hebt das Bundesverfassungsgericht diese Seite des Verfahrensgedankens hervor, wenn es sagt: „Die Notwendigkeit des Gesprächs zwischen Verwaltung und Bürger entspricht dem grundgesetzlichen Verständnis der Stellung des Bürgers im Staat"[12]. Staatliche Herrschaft wird heute nicht durchgängig in punktuellen Kontakten und in der Form des kurzen Befehls, sondern oft auch in länger andauernden Begegnungen, Gesprächen und Erklärungen, in der Vermittlung von

Gespräch mit dem Bürger

---

7 *Winfried Kluth*, Grundlagen des Verwaltungsverfahrens und der Verwaltungsvollstreckung, in: Hans J. Wolff/Otto Bachof/Rolf Stober (Hg.), Verwaltungsrecht, Bd. II, [6]2000, § 58 Rn. 8: Die Eigenständigkeit des Verwaltungsverfahrens als Ausdruck der Eigenständigkeit der Exekutive. Vgl. ferner BVerfGE 49, 89 (124); 68, 1 (88). *Christoph Möllers*, Gewaltengliederung, 2005, S. 112 ff.; → Bd. II, *Schmidt-Aßmann*, § 26 Rn. 75 ff.
8 Ähnlich *Rainer Wahl*, Verwaltungsverfahren zwischen Verwaltungseffizienz und Rechtsschutzauftrag, in: VVDStRL 41 (1983), S. 151 (157); ausführlich *Hill* (N 4), S. 199 ff.; *Kluth* (N 7), § 58 Rn. 16 f.
9 Dazu *Peter Lerche/Walter Schmitt Glaeser/Eberhard Schmidt-Aßmann*, Verfahren als staats- und verwaltungsrechtliche Kategorie, 1984; mit weit. Nachw. *Eberhard Schmidt-Aßmann*, Verwaltungsaufgaben und Verwaltungskultur, in: NVwZ 2007, S. 40 ff.
10 *Wolfgang Kahl*, Das Verwaltungsverfahrensgesetz zwischen Kodifikationsidee und Sonderrechtsentwicklungen, in: Wolfgang Hoffmann-Riem/Eberhard Schmidt-Aßmann (Hg.), Verwaltungsverfahren und Verwaltungsverfahrensgesetz, 2002, S. 67 ff. Zu laufenden Veränderungen und zur Reform *Hans-Günter Henneke*, in: Hans Joachim Knack, Verwaltungsverfahrensgesetz, Kommentar, [8]2004, vor § 1 Rn. 15 ff.
11 So nachdrücklich *Walter Schmitt Glaeser*, Die Position der Bürger als Beteiligte im Entscheidungsverfahren gestaltender Verwaltung, in: Peter Lerche/Walter Schmitt Glaeser/Eberhard Schmidt-Aßmann (Hg.), Verfahren als Staats- und verwaltungsrechtliche Kategorie, 1984, S. 37 (53 ff.).
12 BVerfGE 45, 297 (335); *Schuppert* (N 3), S. 722 ff.

Einsehbarkeit aktualisiert. Die europäische Rechtsentwicklung unterstreicht diese Tendenz, das Verwaltungsverfahren als Rahmen für „Verwaltungskommunikation" zu verstehen[13].

– Eine systematische Ausbildung des Verwaltungsverfahrens ist aber nicht nur im Verhältnis zwischen Verwaltung und Individuum, sondern auch zur besseren Entscheidungsfindung im Innenbereich der Exekutive notwendig. Das wird an hochstufigen Raumordnungsplanungen (§§ 6–9 ROG) besonders deutlich. Wenn es der Sinn des föderal-gewaltenteilenden Systems ist, Entscheidungskompetenzen möglichst funktionsgerecht zu verteilen[14], dann gewinnen Fragen der Verfahrensgestaltung auch fern einer individual-rechtlichen Betroffenheit eigenständiges Gewicht.

Strukturierung der Entscheidung

2. Verfahrensrecht als formelles Recht

5
Abgrenzung des Verfahrensrechts zum materiellen Recht

Nicht gelungen ist es bisher, eindeutige Kriterien für die Abgrenzung des Verwaltungsverfahrensrechts vom materiellen Verwaltungsrecht zu finden[15]. Die der Prozeßrechtswissenschaft geläufige Trennung zwischen Verhaltens- und Urteilsnormen läßt sich in das Verwaltungsrecht nicht übertragen, weil sie an der herausgehobenen Stellung des Richters ausgerichtet ist. Für die Verwaltung dagegen sind die Urteilsnormen immer auch Verhaltensnormen, insofern sie in ihren Verfahren Entscheidungsinstanz und Beteiligte zugleich ist. Wegen dieser ihrer Doppelstellung muß bezweifelt werden, ob eine kategoriale Trennung von formellem und materiellem Verwaltungsrecht überhaupt sinnvoll wäre, geht es doch mit der Aktivierung des Verfahrensgedankens gerade darum, die komplementären Steuerungsaufgaben von Verfahren und materieller Rechtserkenntnis herauszuarbeiten, bei denen mit gleitenden Übergängen zu rechnen ist. Die Vorstellung einer nur dienenden Funktion des formellen Rechts ist verfehlt. Als Faustregel, um eine bestimmte Vorschrift dem einen oder anderen Rechtsbereich zuzuweisen, kann immerhin die auf Adolf Merkl zurückgehende Unterscheidung vom Verfahrensrecht als dem Weg und dem materiellen Recht als dem Ziel helfen[16]. Mehr als eine erste Orientierung ist damit freilich nicht gewonnen. Im übrigen muß, wenn es wie zum Beispiel in Art. 84 Abs. 1 GG, § 44a VwGO, § 46 VwVfG darauf ankommt, der Begriff des Verwaltungsverfahrens aus dem konkreten gesetzlichen Kontext ermittelt werden.

6
Form und Verfahren

Unsicher sind auch die Trennungslinien zwischen Verfahren und Form. Beide Erscheinungen werden oft unter der Bezeichnung des „formellen" Rechts zusammengefaßt. Dann sind als Formen üblicherweise bestimmte äußere

---

13 Dazu *Hermann Hill*, Verwaltungskommunikation und Verwaltungsverfahren unter europäischem Einfluß, in: ders./Rainer Pitschas (Hg.), Europäisches Verwaltungsverfahrensrecht, 2003, S. 273 ff.
14 Vgl. BVerfGE 68, 1 (86); ferner BVerfGE 67, 321 (325). → Bd. II, *Schmidt-Aßmann*, § 26 Rn. 53 f.
15 Zum Folgenden *Hill* (N 4), S. 220 ff.; *Heinrich Wolff*, Verfahrensrecht und materielles Recht, in: VR 1996, S. 397 ff.
16 *Adolf Merkl*, Allgemeines Verwaltungsrecht, 1927, S. 313; im gleichen Sinne *Hill* (N 4), S. 224.

Formelemente einer Verwaltungsentscheidung, zum Beispiel die Bekanntmachung oder die Begründung, bezeichnet, die im Realvorgang notwendige Bestandteile auch des Verwaltungsverfahrens sind. Das Verwaltungsrecht spricht von Formen des Verwaltungshandelns jedoch noch in einem weiteren Sinne, wenn es Typologien von Verwaltungsentscheidungen in einer spezifisch rechtsdogmatischen Weise zum Beispiel als Verwaltungsakt, Verordnung oder als Verwaltungsvertrag bildet[17]. Diese Rechtsformen heben auf innere Formelemente ab. Sie sind gedankliche Formungsprinzipien, die aus dem Geflecht vielfältiger Verwaltungshandlungen bestimmte Kristallisationspunkte herausschneiden und sie im Blick auf Stabilität, Abänderbarkeit, Gerichtsschutz und Verwaltungsverfahren jeweils gebündelten Anforderungen unterstellen. In diesem Sinne sind Rechtsformen die Anforderungsprofile administrativer Entscheidungen mit einer bestimmten Speicherleistung für das Rechtssystem. Auch zu diesem Formbegriff steht das Verwaltungsverfahren in enger Beziehung, weil bestimmte Entscheidungsarten bestimmte Verfahrenselemente voraussetzen, die in der Form mitgespeichert sind. Systematisch liegt dieser Formbegriff jedoch außerhalb des Verwaltungsverfahrensrechts. Insofern ist es nicht nur kompetenzrechtlich, sondern auch sachlich zutreffend, daß die Vorschriften über den Verwaltungsakt und den öffentlich-rechtlichen Vertrag im Rahmen der Verfahrensgesetze nur als „konnexe Materien" mitbehandelt werden[18].

Eng verwandt sind Verwaltungsverfahren und Verwaltungsorganisation[19]. In den verwaltungswissenschaftlichen Begriffen „Aufbau-" und „Ablauforganisation" erscheinen beide geradezu als nur verschiedene Aggregatzustände derselben Sache. Beide bilden „Arrangements", die auf die Rechtsanwendung in hohem Maß von Einfluß sind[20]. Beide sind Ausdruck von „Kontextsteuerung". Für das Verwaltungsrecht ist trotz gleitender Übergänge zwischen Organisation und Verfahren, die sich bei der Einordnung von weniger verfestigten Organisationsformen, zum Beispiel von Konferenzen, Arbeitsgemeinschaften oder Gesprächskreisen, ergeben, das Element des Dauerhaften oder Institutionellen ein wesentliches Abgrenzungskriterium. Institutionalisierung verlangt wegen der mit ihr verbundenen Verfestigung besondere rechtliche Sicherungen; umgekehrt genießen ihre Ergebnisse erhöhte Beständigkeit. Organisationsgewalt und Verfahrensermessen der Verwaltung haben folglich zwar einen gemeinsamen Ausgangspunkt, dogmatisch sind sie jedoch an unterschiedlich strenge Regeln gebunden[21].

7
Verwaltungsverfahren und Verwaltungsorganisation

---

17 Dazu *Schmidt-Aßmann* (N 2), S. 297 ff.
18 Dazu *Carl Hermann Ule/Hans-Werner Laubinger*, Verwaltungsverfahrensrecht, ⁴1995, § 2 Rn. 9.
19 → Oben *Krebs*, §108.
20 Dazu die Beiträge in: *Eberhard Schmidt-Aßmann/Wolfgang Hoffmann-Riem* (Hg.), Verwaltungsorganisationsrecht als Steuerungsressource, 1997; *Schuppert* (N3), S. 544 ff.
21 Zur Organisationsgewalt NWVerfGH, in: DVBl 1999, S. 714 ff.; → oben *Krebs*, § 108.

3. Rechtsbegriffe des Verwaltungsverfahrens

8
Unterschiedlich weite Rechtsbegriffe

Einen einheitlichen Rechtsbegriff des Verwaltungsverfahrens gibt es nicht[22]. Die in der Literatur anzutreffenden Definitionen gelten jeweils nur für einen bestimmten gesetzlichen oder systematischen Kontext. Dabei stehen Begriffsbestimmungen, die auf die Rechtsform des Verfahrensergebnisses abheben, im Vordergrund. Das wiederum hat zur Folge, daß diejenigen Handlungsformen, die die Verwaltungsrechtslehre bisher am stärksten beschäftigt haben, der Verwaltungsakt und der Verwaltungsvertrag, begriffsbeherrschend auch für das Verwaltungsverfahren geworden sind.

Verfahren zum Erlaß eines Verwaltungsaktes oder Abschluß eines öffentlich-rechtlichen Vertrages

In diesem Sinne kommt der Definition des § 9 VwVfG eine historisch erklärbare herausragende Bedeutung zu. Ein Verwaltungsverfahren ist danach „die nach außen wirkende Tätigkeit der Behörden, die auf die Prüfung der Voraussetzungen, die Vorbereitung und den Erlaß eines Verwaltungsaktes oder auf den Abschluß eines öffentlich-rechtlichen Vertrages gerichtet ist; es schließt den Erlaß des Verwaltungsaktes oder den Abschluß des öffentlich-rechtlichen Vertrages ein"[23]. § 9 VwVfG fügt hinzu, daß es hierbei um den Begriff des Verfahrens „im Sinne dieses Gesetzes" gehe. Damit wird klargestellt, daß die Definition keine allgemeine Geltung beansprucht[24]. Das Verwaltungsverfahrensgesetz umreißt mit seiner Definition nicht weniger, aber auch nicht mehr als *ein* Grundmodell eines Verwaltungsverfahrens[25]; man kann insofern auch von einem Standardverfahren sprechen.

9
Administrative Rechtsetzungsverfahren

Forschungsgegenstand hat ein erweiterter Verfahrensbegriff zu sein. Dieser muß die administrativen Rechtsetzungsverfahren, die zum Erlaß extern wirkender Rechtsverordnungen und Satzungen führen, einbeziehen. Diese Verfahren der „Breitensteuerung" und die sie beherrschenden realen Kräfte sind zu bedeutsam, als daß sie systematischer Durchdringung verschlossen bleiben dürfen. Das ist in jüngerer Zeit vor allem für das Sozialverwaltungsrecht und das Umweltrecht herausgearbeitet worden[26]. Hinzu kommt, daß Verwaltungsakt und Rechtsverordnung oder Satzung in manchen Bereichen, zum Beispiel in der räumlichen Planung, oft austauschbare Institute sind, die paralleler Behandlung bedürfen. Das gilt beispielsweise für die Bestandskraftlehre, die sich für städtebauliche Pläne ganz isoliert und daher systematisch wenig überzeugend entwickelt hat. Das deutsche Verwaltungsrecht befindet sich hier

---

22 Zur Bedeutung von Verfahrenstypen für die Verfahrensrechtslehre *Andreas Voßkuhle*, Strukturen und Bauformen ausgewählter neuer Verfahren, in: Wolfgang Hoffmann-Riem/Eberhard Schmidt-Aßmann (Hg.), Verwaltungsverfahren und Verwaltungsverfahrensgesetz, 2002, S. 277 (285 ff.).
23 Vgl. *Paul Stelkens/Herbert Schmitz*, in: Paul Stelkens/Heinz Joachim Bonk/Michael Sachs, Verwaltungsverfahrensgesetz, Kommentar, ⁶2001, § 9 Rn. 104 ff.
24 *Wolfgang Clausen*, in: Hans Joachim Knack, Verwaltungsverfahrensgesetz, Kommentar, ⁸2004, § 9 Rn. 3.
25 Vgl. *Hermann Pünder*, Grundmodell des Verwaltungsverfahrens, in: Hans-Uwe Erichsen/Dirk Ehlers (Hg.), Allgemeines Verwaltungsrecht, ¹³2006, § 13.
26 Vgl. nur *Peter Axer*, Normsetzung der Exekutive in der Sozialversicherung, 2000, insbes. S. 395 ff.; *Evelyn Hagenah*, Prozeduraler Umweltschutz, 1996; *Anke Frankenberger*, Umweltschutz durch Rechtsverordnung, 1998.

zum Beispiel gegenüber dem amerikanischen Recht in einem Entwicklungsrückstand[27].

Aber auch Verfahren zum Erlaß von Verwaltungsvorschriften, Richtlinien und vorbereitenden Plänen gehören dazu[28]. Die Bedeutung dieses Bereichs wird durch die Technischen Anweisungen des Immissionsschutzrechts, durch Förderungsprogramme, Regional- und Flächennutzungspläne sowie Frequenznutzungspläne nach § 54 TKG hinreichend belegt.

Erlaß von Verwaltungsvorschriften, Richtlinien etc.

Auch über die Bedeutung administrativer Ausschreibungs- und Vergabeverfahren für ein rechtsstaatliches Verwaltungsrecht kann ernstlich nicht mehr gestritten werden[29]. Die Macht des Staates als Nachfrager von Leistungen wird im Beschaffungswesen deutlich. Diese Vorgänge werden nach herrschender Ansicht in den Formen des Privatrechts abgewickelt. Gleichwohl existierten auch hier schon früher manche Verfahrensregelungen, von denen das Verwaltungsrecht lange Zeit kaum Kenntnis genommen hatte. Die beliebte Bezeichnung „fiskalische Hilfsgeschäfte" ist irreführend, weil sie ihre wirtschaftliche und rechtliche Relevanz verdeckt. Es bedurfte erheblichen Drucks des EG-Rechts, um diesem Mangel abzuhelfen. Heute sind die Vergabeverfahren nach wie vor unübersichtlich geregelt, aber in ihrer Stellung als wichtige Typen von Verwaltungsverfahren sind sie mittlerweile anerkannt[30].

10
Ausschreibungs- und Vergabeverfahren

Schließlich darf die verwaltungsrechtliche Systematik prozedurale Arrangements in den Regelungsstrukturen regulierter Selbstregulierung nicht ausblenden. Zwar läuft oft nur ein Teil dieser Verfahren in der Verantwortung eines Trägers öffentlicher Verwaltung ab und erfüllt damit die oben angegebene Definition eines Verwaltungsverfahrens, während andere Teile oder Abschnitte „Privatverfahren" darstellen. Für das rechtsstaatliche Verwaltungsrecht aber sind die Verkoppelungen und Verschränkungen solcher Bauformen in Grenzbereichen zwischen Verwaltung und Gesellschaft eine große Herausforderung, denn hier wird über Transparenz, Legitimität und Verantwortungsklarheit entschieden. Beispiele sind die Mediation im Umfeld von Verwaltungsverfahren sowie Zertifizierungs- und Akkreditierungsverfahren, wie sie sich zum Beispiel im Produktsicherheitsrecht finden[31].

11
Abgrenzungsfragen: Verfahren regulierter Selbstregulierung

II. Rechtsgrundlagen des Verwaltungsverfahrensrechts

Eine Kodifikation des Verwaltungsverfahrensrechts in seiner ganzen Breite existiert nicht. Vom Bundesgesetzgeber kann sie schon aus Kompetenzgründen nicht erwartet werden, denn anders als für das gerichtliche Verfahrens-

12
Frage der Kodifikation

---

27 Vgl. *Hermann Pünder*, Exekutive Normsetzung in den Vereinigten Staaten von Amerika und der Bundesrepublik Deutschland, 1995.
28 *Fritz Ossenbühl*, Verwaltungsvorschriften und Grundgesetz, 1968, S. 451 ff.
29 *Jost Pietzcker*, Der Staatsauftrag als Instrument des Verwaltungshandelns, 1978, insbes. S. 378 ff.
30 Vgl. ausf. *Voßkuhle* (N 22), S. 290 ff.; BVerfG, in: NVwZ 2006, S. 1397 ff.
31 Vgl. dazu nur *Martin Eifert*, Regulierungsstrategien, in: Hoffmann-Riem/Schmidt-Aßmann/Voßkuhle (N 1), Bd. I, 2006, § 19; *Helmuth Schulze-Fielitz*, Grundmodi der Aufgabenwahrnehmung, dort § 12, und *Ivo Appel*, Privatverfahren, dort Bd. II § 32.

recht (Art. 74 Abs. 1 Nr. 1 GG) besteht zur Regelung administrativer Verfahren keine umfassende Bundeszuständigkeit: Eine ausschließliche Gesetzgebungskompetenz ist für den Bund in Art. 86 GG stillschweigend nur für die Verfahren der bundeseigenen Verwaltung mitgeschrieben. Im Bereich der Bundesauftragsverwaltung sind primär die Länder zur Verfahrensgesetzgebung befugt; der Bund kann jedoch Verfahrensregelungen auf Grund einer ungeschriebenen Zuständigkeit treffen, ohne an die Zustimmung des Bundesrates gebunden zu sein[32]; daran hat die Förderalismusreform nichts geändert. Beim landeseigenen Vollzug von Bundesgesetzen sind primär wie bisher schon die Länder zur Verfahrensgesetzgebung zuständig. Der Bund kann aber etwas anderes bestimmen und selbst Verfahrensrecht schaffen. Das ist nach der Neufassung des Art. 84 Abs. 1 GG durch das Gesetz vom 28. August 2006 (BGBl I, S. 2034) ohne Zustimmung des Bundesrates möglich. Die Länder erhalten dafür aber ein Abweichungsrecht. In Ausnahmefällen darf der Bund wegen eines besonderen Bedürfnisses nach bundeseinheitlicher Regelung das Verwaltungsverfahren ohne eine solche Abweichungsmöglichkeit für die Länder regeln; solchenfalls bedarf es der Zustimmung des Bundesrates[33]. Verfahren der landeseigenen Verwaltung können im übrigen nur landesrechtlich geregelt werden.

13
Bedarf an Sonderregelungen

Unabhängig vom Fehlen einer einheitlichen, umfassenden Regelungsbefugnis des Bundesgesetzgebers liegt eine Kodifikation des Verwaltungsverfahrens auch deshalb in weiter Ferne, weil einzelne Verfahrensarten immer wieder einen Bedarf an Sonderregelungen anmelden und politisch durchzusetzen vermögen. Nicht selten treten daher umgekehrt „Dekodifikations"-Tendenzen hervor[34]. Mehr Rechtseinheit im Verfahrensrecht ist daher kaum in der Uniformität einer Gesamtkodifikation zu suchen. Sinnvoller erscheint es,

Teilkodifikationen

zunächst auf Teilkodifikationen zu setzen, die ihrerseits große Bereiche des Fachrechts zusammenfassen (Umweltgesetzbuch, Informationsgesetzbuch), und dem Verwaltungsverfahrensgesetz innerhalb eines solchen Kreises die Zentralposition für die Normierung wirklich allgemeiner Verfahrensstandards zuzuerkennen[35].

1. Anwendungsbereich der Verwaltungsverfahrensgesetze

14
Sektorale Normierungen des Verfahrensrechts

Selbst für jene Verwaltungsverfahren (im engeren Sinne), die den Erlaß eines Verwaltungsaktes oder den Abschluß eines öffentlich-rechtlichen Vertrages zum Gegenstand haben, sind die Rechtsgrundlagen mehrschichtig, obwohl dieses der Bereich der Verwaltungsverfahrensgesetze (VwVfG) – genauer des

---

32 Streitig; vgl. *Gabriele Britz*, Zustimmungsbedürftigkeit von Bundesgesetzen und die Verwaltungsorganisationshoheit der Länder, in: DÖV 1998, S. 636 (640f.); *Willi Blümel*, Verwaltungszuständigkeit, in: HStR IV, ²1999 (¹1990), § 101 Rn. 54.
33 *Hans-Werner Rengeling*, Föderalismusreform und Gesetzgebungskompetenzen, in: DVBl 2006, S. 1537 (1359).
34 Vgl. *Kahl* (N 10), S. 71 ff.
35 Ausf. *Kahl* (N 10), S. 89 ff., für eine Gesamtkodifikation auf lange Sicht (S. 127 ff.).

Bundesverwaltungsverfahrensgesetzes vom 25. Mai 1976 (BGBl I, S. 1253) und der in seinem Gefolge erlassenen Verwaltungsverfahrensgesetze der Länder[36] – ist. In den Grundzügen stellt sich die Rechtslage folgendermaßen dar[37]:

Verwaltungsverfahrensgesetze

Vorrang genießen alle inhaltsgleichen und alle entgegenstehenden Verfahrensregelungen, die die Fachgesetze nach wie vor in reicher Zahl enthalten[38]. Manche Gesetze, zum Beispiel das Bundesimmissionsschutzgesetz oder das Asylverfahrensgesetz, bieten ein ziemlich vollständiges eigenes Verfahrensrecht[39]. Andere Fachgesetze beschränken sich auf einzelne Punkte. Die Übersichtlichkeit wird dadurch erschwert, daß sich zwischen das allgemeine Verfahrensrecht und das strukturähnliche Fachrecht eine dritte Gruppe von Verfahrensregeln schiebt, die Querschnittsthemen behandeln (Datenschutzgesetze, Informationsfreiheitsgesetze). Sie beziehen sich nicht speziell auf laufende Verfahren, wirken in diese aber unmittelbar hinein und bilden im übrigen eigene Teilkodifikationen entscheidungsunabhängiger Verfahrensstandards. Die Interpretationsarbeit, inwieweit eine eigenständige Regelung abschließend oder aber durch die allgemeinen Verfahrensgesetze zu ergänzen ist, kann nur an Hand des einzelnen Gesetzestatbestandes geleistet werden. Soweit gleichlautendes oder entgegenstehendes Fachrecht nicht existiert, ist das allgemeine Verfahrensrecht zwingend und unmittelbar anzuwenden.

15
Konkurrierende Verfahrensregelungen

Besonderes Verfahrensrecht für zwei große Bereiche der Massenverkehrsverwaltung beinhalten die Abgabenordnung (AO) in der Fassung der Bekanntmachung vom 1. Oktober 2002 (BGBl I, S. 3866) und Teil X des Sozialgesetzbuches (SGB X) in der Fassung der Bekanntmachung vom 18. Januar 2001 (BGBl I, S. 130). Diese Vorschriften enthalten, soweit es die Materie zuläßt, vielfach gleichlautende Regelungen wie die Verwaltungsverfahrensgesetze, mit denen zusammen sie eine „Säulen-Trias" des Verfahrensrechts bilden[40]. Sie stellen jedoch eigene, geschlossene Regelungen dar, in die der Anwendungsanspruch der Verwaltungsverfahrensgesetze nicht hineinreicht. Im einzelnen ist nach den diffizilen Vorgaben über den jeweiligen Anwendungsbereich (§ 1 AO, § 1 SGB X) und über die Bereichsausgrenzungen (§ 2 VwVfG) abzugrenzen.

16
Besonderes Verfahrensrecht

Säulen-Trias

Das Verhältnis der Verwaltungsverfahrensgesetze von Bund und Ländern untereinander stellt sich in Verkürzung des verklausulierten § 1 VwVfG so dar, daß das Bundesgesetz von allen Bundesbehörden und bundesunmittelbaren Verwaltungsträgern anzuwenden ist, während die Landesbehörden sowie die Kommunalkörperschaften und alle sonstigen dem Landesorganisationsbe-

17
Bundes- und Landesverwaltungsverfahrensgesetze

---

36 Nachweise der Landesgesetze bei *Ferdinand Kopp/Ulrich Ramsauer*, Verwaltungsverfahrensgesetz, ⁹2005, Einl. Rn. 7 f. Dem Bundesgesetz voraus ging das Landesverwaltungsgesetz von Schleswig-Holstein vom 18.4.1967 (GVBl, S. 131).
37 Vgl. *Heinz Joachim Bonk/Herbert Schmitz*, in: Paul Stelkens/Heinz Joachim Bonk/Michael Sachs, Verwaltungsverfahrensgesetz, Kommentar, ⁶2001, § 1 Rn. 186 ff.
38 *Walter Klappstein*, Rechtseinheit und Rechtsvielfalt im Verwaltungsrecht, 1994.
39 Nahezu nicht mehr anzutreffen sind fachrechtliche Regelungen zur Befangenheit (§§ 20 f. VwVfG), zur Amtssprache § 23 VwVfG sowie zu allgemeinen Fristenfragen (§§ 31 ff. VwVfG).
40 Dazu *Paul Stelkens/Michael Sachs*, in: Paul Stelkens/Heinz Joachim Bonk/Michael Sachs, Verwaltungsverfahrensgesetz, Kommentar, ⁶2001, Einl. Rn. 68 ff.

reich zuzurechnenden Verwaltungseinheiten nach ihrem eigenen Landesverwaltungsverfahrensgesetz auch dann verfahren, wenn sie Bundesgesetze ausführen[41].

2. Konzept des überkommenen verfahrensrechtlichen Denkens

18
Merkmale des Gesetzeskonzepts

Welchem Verfahrenskonzept folgt das Gesetzgebungswerk? Diese Frage läßt sich mit einem Verweis auf die Anwendungsregeln der §§ 1 und 9 VwVfG allein nicht beantworten. Manches erschließt sich erst aus der Analyse von Einzelregelungen.

Danach ergeben sich neun das Gesetzeskonzept bestimmende Merkmale:

Hoheitsverwaltung

(1) Der zugrunde gelegte Regeltypus des Verwaltens ist die Hoheitsverwaltung. Allein das für diese typisch öffentlich-rechtliche Handeln ist Gegenstand des Verwaltungsverfahrensgesetzes (§ 1 Abs. 1).

Entscheidungsorientierung

(2) Das Gesetz ist entscheidungsorientiert. Die Verwaltung wird als Organisation zur Herstellung verbindlicher Entscheidungen gesehen. Realleistungen, schlichtes Verwaltungshandeln oder administrative Dienste interessieren das Gesetz nur so weit, als es um die diesen Vorgängen zugrundeliegenden Entscheidungen geht.

Einzelentscheidungen

(3) Unter den Entscheidungen sind es wiederum die Einzelentscheidungen, die das Gesetz in den Mittelpunkt rückt (§ 9). Das erfaßte Verwaltungshandeln ist Vollzugshandeln. Die administrative Normsetzung als Form einer zwischen das parlamentarische Gesetz und den Einzelvollzug tretenden Konkretisierung und Selbstprogrammierung hat in der Systematik des Gesetzes keinen Platz.

Einseitige Regelungen

(4) Unter den Vollzugsentscheidungen dominieren die einseitigen Regelungen. Das Zentralinstitut ist der Verwaltungsakt. Öffentlich-rechtliche Verträge der Verwaltung finden zwar ebenfalls Anerkennung. Das Gesetz interessiert sich allerdings vor allem für (subordinationsrechtliche) Verträge in Situationen, in denen der Vertrag den Verwaltungsakt ersetzt (§ 54 S. 2). Der koordinationsrechtliche Vertrag und mit ihm Situationen, in denen Verwaltung und Vertragspartner auf dem Boden der Gleichordnung gemeinsam an der Gemeinwohlkonkretisierung beteiligt sind, bleiben eher blaß. Die Anforderungen kooperativer Verwaltung sind allenfalls in Ansätzen erfaßt.

Dienende Funktion

(5) Das Gesetz geht von einer dienenden Funktion der verfahrensrechtlichen Regelungen gegenüber dem materiellen Recht aus (§ 46). Dahinter steht ein spezifisches Richtigkeitsverständnis von Entscheidungen, das stärker kontroll- als handlungsorientiert ist und der gerichtlichen Kontrolle die zentrale Position zuweist.

Bürger und Verwaltung

(6) Die kommunikativen Beziehungen zwischen Bürger und Verwaltung werden als Rechtsverhältnis mit festen Rollen definiert. Der Bürger verfolgt seine individuellen Rechte; die Verwaltung ist zwar rechtsgebunden, aber für die

---

[41] Einzelheiten bei *Bonk/Schmitz* (N 37), § 1 Rn. 56 ff.

Definition des Gemeinwohls letztlich allein verantwortlich. Besonders deutlich zeigt sich das bei den Ausprägungen des Untersuchungsgrundsatzes (§ 24).

(7) Die Interessen der Bürger sind nach den Vorstellungen des Gesetzes vor allem auf den Bestandserhalt einmal erlangter Vergünstigungen gerichtet. Rechtssicherheit, Bestandskraft und Vertrauensschutz spielen eine zentrale Rolle (§§ 43, 48, 59). Der Vertrauensschutz war ein Schlüsselthema bei der Ausarbeitung des Gesetzes. Die Vertrauensbasis ist von der Vorstellung bestimmt, die Verwaltung trage für die Rechtmäßigkeit ihrer Akte grundsätzlich die alleinige Verantwortung. *Bestandserhalt von Vergünstigungen*

(8) Die handelnde Verwaltung ist als in sich geschlossene Einheit vorgestellt. Es herrscht das Prinzip der Aktengeheimhaltung, das nur durch das Akteneinsichtsrecht der Verfahrensbeteiligten relativiert wird (§ 29). Die inneradministrativen Datenflüsse sind nicht als eigenständiges Rechtsproblem erfaßt. *Prinzip der Aktengeheimhaltung*

(9) Das Gesetz ist inlandszentriert. Vorgänge des internationalen Verwaltungsverkehrs sind, wie die spärlichen Amtshilferegelungen der §§ 4–8 dokumentieren, nicht sein Interesse. *Inlandszentrierung*

Insgesamt ist das zugrunde gelegte Verfahrenskonzept des Verwaltungsverfahrensgesetzes das der klassischen gesetzesvollziehenden Verwaltung. Dieses Konzept besitzt auch heute seine unbestreitbare Bedeutung. Täglich wird eine Vielzahl von Verwaltungsentscheidungen des Bau- und Gewerberechts, des Subventions-, des Abgaben- und des Sozialrechts nach diesem Modell getroffen.

19

Das Verfahrensrecht anderer Handlungsformen ist noch unübersichtlicher und unvollständiger geregelt. Für Rechtsverordnungen enthalten die Verfassungen des Bundes und der Länder sowie die Verkündungsgesetze immerhin punktuelle Verfahrensaussagen[42]. Im Bereich des Satzungsrechts sind es die Gemeinde- und Landkreisordnungen, die manche Normierung bringen[43]. Einige dieser Regelungselemente drücken allgemeine Rechtsgedanken aus, so daß sie auf Satzungsverfahren anderer Körperschaften entsprechend angewendet werden können. Formenübergreifend ist das Verfahrensrecht der Bauleitpläne geregelt[44]. Für Technische Anweisungen und andere normative Umweltstandards finden sich einige Verfahrensregeln zum Beispiel in § 51 BImSchG. Vergabeverfahren sind nach Art eines Kaskadenprinzips auf der Basis der ihrerseits durch EG-Richtlinien veranlaßten §§ 97 ff. GWB in der Verordnung über die Vergabe öffentlicher Aufträge in der Fassung der Bekanntmachung vom 11. Februar 2003 (BGBl I, S. 169) in Verbindung mit Vergabe- und Verdingungsordnungen geregelt, die Regelwerke privater Verbände darstellen[45]. Insgesamt sind dort allerdings nur einzelne Verfahrensfra- *Erlaß von Rechtsverordnungen* *Satzungsverfahrensrecht* *Verfahrensrecht der Bauleitpläne*

---

42 Dazu *Hill* (N 4), S. 66 ff.
43 Vgl. *Eberhard Schmidt-Aßmann*, Die kommunale Rechtsetzung im Gefüge administrativer Handlungsformen und Rechtsquellen, 1981, S. 14 ff.; *Hill* (N 4), S. 78 ff.
44 Vgl. *Werner Hoppe/Christian Bönker/Susan Grotefeld*, Öffentliches Baurecht, ²2002, § 3 Rn. 54 ff. und § 5 Rn. 237 ff.
45 Vgl. BVerfG, in: NVwZ 2006, S. 1397 ff.

gen beantwortet, während für andere auf Analogieschlüsse oder allgemeine Lehren zurückgegriffen werden muß[46].

B. Verfassungsabhängigkeit und Eigengesetzlichkeit des Verwaltungsverfahrensrechts

20
Verfassungs-
konkretisierung

Als Teil des Verwaltungsrechts ist das Verwaltungsverfahrensrecht in eben jenem Maße „konkretisiertes Verfassungsrecht", in dem dieses für das Verwaltungsrecht allgemein gilt[47]. Einschlägig sind Vorgaben des Bundesstaats- und des Sozialstaatsprinzips sowie der Garantie kommunaler Selbstverwaltung (Art. 28 Abs. 2 GG). Vor allem aber steht das Verwaltungsverfahren an einer Schnittstelle zwischen grundrechtlich-rechtsstaatlichen und demokratischen Verfassungsstrukturentscheidungen[48].

Verfassungsrecht-
liche Vorgaben

Freilich dürfen die Erwartungen an die Verläßlichkeit der einzelnen verfassungsrechtlichen Vorgaben nicht überspannt werden. Verfassungsrecht läßt oft keine unvermittelte Subsumtion unter festliegende Rechtsbegriffe zu. Treffend hat Rüdiger Breuer diesen Vorgang umschrieben[49]: „Ungeachtet des Vorrangs der Verfassung schieben sich die gesetzlichen Konkretisierungsakte zwischen die strukturellen Gewährleistungen wie das Rechtsstaatsgebot und die gerichtlichen Entscheidungen realer Konflikte. Hierzu bedarf es eines kooperativen, prozeßhaften und wandlungsbereiten Vorgehens mit wechselseitigen Anstößen." Konkretisierung hat „keinen rein nachvollziehenden und deklaratorischen Charakter". Sie mündet folglich oft nicht in Ergebnisse ein, die nach dem Willen der Verfassung so und nicht anders hätten ausfallen können und sich daher als verfassungsfest bezeichnen dürften. Natürlich gibt es, zum Beispiel in den Kompetenz- und Organisationsvorschriften, zahlreiche Beispiele verfassungsfixierten Verwaltungsrechts. Auch aus der Gesetzesbindung (Art. 20 Abs. 3 GG) oder der Rechtsschutzgarantie (Art. 19 Abs. 4 GG) haben sich zahlreiche verwaltungsrechtliche Lehrsätze entwickeln lassen, die an Rang und Verläßlichkeit des Verfassungsrechts heute teilhaben. Im Regelfall sind die Konkretisierungsschritte jedoch komplizierter und unsicherer.

Verfassungsstruktur-
entscheidungen

Das gilt insbesondere für Verfassungsstrukturentscheidungen[50]. Gerade hier ist vom Interpreten Zurückhaltung zu verlangen. Daran mangelte es in der Vergangenheit gelegentlich. Nicht selten ist versucht worden, aus Vorschriften des Grundgesetzes – zumal aus Grundrechten – sehr spezielle und eigenwillige Folgerungen zu ziehen, die mehr mit politischen Postulaten als mit rechtswissenschaftlicher Argumentation zu tun haben. Solche Aussagen geben sich

---

46 Vgl. OLG Brandenburg, in: NVwZ 1999, S. 1142 (1146) betr. § 20 VwVfG.
47 *Wahl* (N 8), S. 153 f. und 171 f.; → oben *P. Kirchhof*, § 99, Rn. 70.
48 → Bd. II, *Schmidt-Aßmann*, § 26 Rn. 75 ff.
49 *Rüdiger Breuer*, Konkretisierungen des Rechtsstaats- und Demokratiegebotes, in: FG 50 Jahre Bundesverwaltungsgericht, 2003, S. 223 (227).
50 Dazu *Franz Reimer*, Verfassungsprinzipien, 2001, S. 470 ff.

als verfassungsnotwendige Ergebnisse, die die Eigenständigkeit und Veränderbarkeit des Verwaltungsrechts unzulässig einschränken[51]. Gerade bei der Entfaltung des Verfahrensrechts ist gegenüber der Ableitung zwingender verfassungsunmittelbarer Anforderungen Vorsicht geboten[52].

I. Grundrechtsschutz und Verwaltungsverfahren

Hier ist zunächst zwischen dem Grundrechtsschutz im und einem solchen durch Verwaltungsverfahren zu unterscheiden[53]. Der erste Bereich betrifft Fragen „verfahrensverursachter Grundrechtseingriffe" und ist ein eher konventionelles Feld. Gefragt wird, inwieweit für solche Eingriffe eine besondere gesetzliche Grundlage erforderlich ist und wie das Verfahrensermessen ausgeübt werden muß. Dabei spielen auch Probleme prozeduraler Gleichbehandlung und verhältnismäßiger Anwendung administrativer Zwangsbefugnisse, zum Beispiel in Vollstreckungsverfahren, eine Rolle.

21
Grundrechtsschutz im Verfahren

Wesentlich schwieriger sind die Probleme eines Grundrechtsschutzes durch Verfahren. Hier geht es um eine spezifisch verfahrensrechtliche Schicht der Grundrechte, die neben ihrem materiellen Gewährleistungsgehalt auszumachen ist. Schon das 19. Jahrhundert kannte zum Beispiel ein besonders rechtssichernd ausgestaltetes Enteignungsverfahren als Teil verfassungsrechtlicher Eigentumsgarantien[54]. Ähnlich wollte § 140 der Paulskirchenverfassung die Unverletzlichkeit der Wohnung durch Vorkehrungen des administrativen Verfahrens schützen. Die Weimarer Reichsverfassung verknüpfte die Freiheit der Person in Art. 114 Abs. 2 mit einem Minimumstandard verwaltungsverfahrensrechtlicher Sicherungen. Im Grundgesetz ist es die Privatschulfreiheit, die ausdrücklich mit dem verfahrensrechtlichen Institut eines Genehmigungsvorbehalts verbunden wird (Art. 7 Abs. 4 GG).

„Verfahrensrechtliche Schicht" der Grundrechte

1. Wichtige Entwicklungsimpulse

Gleichwohl standen für die grundrechtliche Entwicklung nach 1949 zunächst materielle Themen, vor allem eine breite Entfaltung des Verhältnismäßigkeitsprinzips, im Vordergrund. Es bedeutete daher einen wichtigen Schritt, als das Bundesverfassungsgericht 1969 im Hamburger Deichurteil, über diese materielle Seite hinausgreifend, feststellte: „Nach der grundgesetzlichen Konzeption ist hiernach ein effektiver – den Bestand des Eigentums sichernder –

22

---

51 Dagegen zutr. *Rainer Wahl*, Der Vorrang der Verfassung, in: Der Staat 1981, S. 485 (502): „Gleichwohl ist das konkretisierte Verfassungsrecht einfaches Recht und als solches am wirklichen Verfassungsrecht zu messen".
52 Vgl. *Fritz Ossenbühl*, Grundrechtsschutz im und durch Verfahrensrecht, in: FS für Kurt Eichenberger, 1982, S. 183 ff.
53 *Jürgen Held*, Der Grundrechtsbezug des Verwaltungsverfahrens, 1984, S. 64 f.; *Erhard Denninger*, Staatliche Hilfe zur Grundrechtsausübung durch Verfahren, Organisation und Finanzierung, in: HStR V, ²2000 (¹1992), § 113 Rn. 5 ff.
54 *Michael Frenzel*, Herkunft und Entwicklung des rechtsstaatlichen Verfahrensgedankens am Beispiel des Enteignungsrechts, in: Der Staat 18 (1979), S. 592 ff.

Rechtsschutz ein wesentliches Element des Grundrechts selbst"[55]. Es folgten einige weitere Entscheidungen zu Verfahrensfragen im Zusammenhang mit Art. 14 GG[56]. Seither sind aber auch die meisten anderen materiellen Grundrechte verfassungsgerichtlich auf „prozedural-organisatorische Komponenten" hin untersucht worden[57]: In der Mülheim-Kärlich-Entscheidung wird festgestellt, daß die atomrechtlichen Verfahrensvorschriften über die Beteiligung Dritter Normen sind, die der Staat in Erfüllung der aus Art. 2 Abs. 2 GG folgenden Schutzpflicht erlassen hat[58]. Im Rahmen des Art. 12 GG sind es die berufsqualifizierenden Prüfungsverfahren, für die besondere Sorgfaltstandards gefordert werden[59]. Auch der Versammlungsfreiheit des Art. 8 GG wird eine prozedurale Komponente zugesprochen, die sich insbesondere in einer kooperativen Verfahrensgestaltung zwischen den Veranstaltern von Demonstrationen und der Polizeibehörde zeigen soll[60]. Art. 5 Abs. 1 S. 2 GG fordert das Verfahrens- und Organisationsrecht im Zusammenhang mit der Gebührenfinanzierung der öffentlich-rechtlichen Rundfunkanstalten heraus[61]; für die Kunstfreiheit des Art. 5 Abs. 3 GG gilt Vergleichbares mit Blick auf Indizierungsverfahren[62]. Die Wissenschaftsfreiheit soll dem einzelnen Wissenschaftler einen Anspruch auf staatliche Maßnahmen auch organisatorischer Art, zum Beispiel auf Schaffung der erforderlichen Mitwirkungsrechte und Einflußmöglichkeiten in den Selbstverwaltungsorganen geben[63]. Gefährdungen des Persönlichkeitsrechts durch Datenspeicherung ist durch „organisatorische und verfahrensrechtliche Vorkehrungen" entgegenzuwirken[64]. Bei Art. 4 Abs. 3 GG wird sogar von einem Grundrecht unter „Verfahrensvorbehalt" gesprochen[65]. Ähnliches nimmt das Bundesverfassungsgericht für das Grundrecht auf Asyl an[66].

23 Die anderen Gerichte haben den Gedanken, materielle Grundrechtsgehalte um verfahrensrechtliche Gewährleistungen zu ergänzen, aufgenommen. Neben dem Asylrecht bieten die gerichtsschutznahen Bereiche des Prüfungsrechts reichhaltiges Rechtsprechungsmaterial[67]. Aber auch andere Grundrechtsfragen, zum Beispiel solche des Bau- oder des Gewerberechts, haben immer wieder zu prozeduralen Folgeüberlegungen geführt. Eine bestandskräftige Ablehnung eines Baugesuchs – so entschied das Bundesverwaltungsge-

---

55 BVerfGE 24, 367 (401).
56 Zum Beispiel BVerfGE 35, 348 (361); 46, 325 (334 f.); 49, 220 (225); 51, 150 (156) – Zwangsversteigerungen.
57 Grundlegend das Referat von *Konrad Hesse*, Bestand und Bedeutung der Grundrechte in der Bundesrepublik Deutschland, in: EuGRZ 1978, S. 427 (434 ff.); ausf. Bestandsaufnahme bei *Hans Werner Laubinger*, Grundrechtsschutz durch Gestaltung des Verwaltungsverfahrens, in: VerwArch 1982, S. 60 (62 ff.); Nachweise zum heutigen Stand bei *Michael Sachs*, in: Sachs, GG Komm., ³2003, vor Art. 1 Rn. 34.
58 BVerfGE 53, 30 (65 f.); vgl. aber auch 77, 170 (229).
59 BVerfGE 52, 380 (388); 84, 34 (45 f.) und 59 (72 ff.).
60 BVerfGE 69, 315 (355 ff.).
61 BVerfGE 83, 238 (332 f.); 90, 60 (96 ff.).
62 BVerfGE 83, 130 (149 f.).
63 BVerfGE 35, 79 (114 ff.); std. Rspr. 95, 193 (209 f.).
64 BVerfGE 65, 1 (44).
65 BVerfGE 69, 1 (25).
66 BVerfGE 56, 216 (236); 60, 253 (295).
67 Dazu nur BVerwGE 92, 132 (135 ff.); 107, 263 (372 ff.).

richt 1975 – dürfe in einem nachfolgenden Beseitigungsverfahren nicht als verbindliche Feststellung der materiellen Baurechtswidrigkeit genommen werden, weil andernfalls der aus Art. 14 GG abzuleitende Anspruch auf effektiven Rechtsschutz verletzt werde[68]. Der Verfahrensgedanke verfügt unbestreitbar über eine beachtliche Produktivkraft, die die juristische Phantasie beflügelt. Das jüngste Beispiel bildet das Urteil des Bundesverwaltungsgerichts vom 2. Juli 2003, das im Zusammenhang mit der Kontingentierung von Genehmigungen nach dem Personenbeförderungsrecht aus Art. 12 GG einen verfassungsunmittelbaren Informationsanspruch eines „potentiell Verfahrensbeteiligten" unabhängig von einer verfahrensrechtlichen Beteiligtenstellung ableiten will[69].

Auch in der Kommentarliteratur zu den Verwaltungsverfahrensgesetzen des Bundes und der Länder ist es üblich geworden, für wichtige Verfahrensregelungen wie das Anhörungs- und Akteneinsichtsrecht, den Geheimnisschutz, die Bekanntgabe- und Begründungspflichten oder die Wiedereinsetzungsvorschriften auch eine grundrechtliche Verankerung nachzuweisen, die freilich im Regelfall folgenlos bleibt, weil das einfache Gesetzesrecht über einen grundrechtlich verbrieften Mindeststandard ohnehin hinausgeht. Ein weiterer Kristallisationspunkt grundrechtsinitiierter Diskussionen ist die Verfahrensfehlerlehre, insbesondere die der §§ 45, 46 VwVfG und der §§ 214–216 BauGB[70]. Dabei wird auch das Verwaltungsvertragsrecht einbezogen (§ 59 VwVfG), das sonst grundrechtlich-prozedural bisher eher eine Unterbilanz aufzuweisen hatte[71]. Sieht man sich die Argumente näher an, so entstammen sie allerdings nur selten genauen Analysen eines einzelnen Grundrechtstatbestandes, sondern sind eher als allgemeine Anforderungen an eine wirksame Rechtsdurchsetzung zu verstehen. Oft wird als Verklammerung besonders auf die Rechtsschutzgarantie des Art. 19 Abs. 4 GG Bezug genommen, dem gewisse „Vorwirkungen" oder „Nachwirkungen" für das Verwaltungsverfahren zugeschrieben werden. Soweit einzelne Grundrechte, zum Beispiel Art. 12 oder 14 GG, ausdrücklich genannt werden, verdanken sie das regelmäßig dem Umstand, daß sie für den betroffenen Verwaltungsbereich als solche thematisch einschlägig sind, ohne daß aus ihrer spezifischen Tatbestandsstruktur, zum Beispiel der jeweiligen Schrankensystematik, verfahrens- oder organisationsrechtsdogmatische Konsequenzen gezogen würden. Die meisten Ergebnisse ließen sich auch als allgemeine Rechtsgrundsätze formulieren. Etwas anders stellt sich die Situation dort dar, wo im Fachverwaltungsrecht zum Beispiel für bau- oder gewerberechtliche Genehmigungen, für ausländerrechtliche Entscheidungen oder für den Hochschulzugang ein Sonderverfahrensrecht geschaffen worden ist. Hier erfolgten schon die gesetzgeberischen

24
Grundrechtliche Verankerung von Verfahrensregelungen?

Fachverwaltungsrecht

---

[68] BVerwGE 48, 271 (277).
[69] BVerwGE 118, 270 ff.
[70] *Hill* (N 4), S. 227 ff.; *Daniel Bergner*, Grundrechtsschutz durch Verfahren, 1998, insbes. S. 105 ff. (auch rechtsvergleichend zum britischen Verwaltungsrecht).
[71] Vgl. jetzt aber *Hans-Christian Röhl*, Verwaltung durch Vertrag (i. E.), § 7 unter Bezugnahme auf *Walter Krebs*, Verträge und Absprachen zwischen der Verwaltung und Privaten, in: VVDStRL, 52 (1993), S. 248 (277 ff.).

Schritte regelmäßig (auch) „im Lichte" der einschlägigen Grundrechte. Für die Exekutive bildet solches Fachverfahrensrecht dann den Rahmen, um Verfahrensprobleme im Wege der verfassungsgeleiteten („verfassungskonformen") Auslegung zu behandeln.

2. Schwierige dogmatische Präzisierung

25

„Bestmöglichster" Grundrechtsschutz durch Verfahrensgestaltung

Der Gedanke, nach den Auswirkungen der materiellen Grundrechte, insbesondere der speziellen Freiheitsrechte, auf das Verwaltungsrecht zu fragen, hat bis in die jüngste Zeit immer wieder zu Anstößen zu neuen Rechtsentwicklungen geführt. Er hat freilich auch manche Irritationen im Gefolge gehabt. Als wenig hilfreich hat sich die Formel von der Gewährleistung eines „bestmöglichen Grundrechtsschutzes" durch Verfahrensgestaltung erwiesen[72]. Der Begriff „bestmöglich" ist mehrdeutig. Er teilt dieses Schicksal mit dem verwandten „Optimierungsgebot"[73]. Obwohl der Wortsinn nicht zwingend darauf festgelegt ist, werden beide Begriffe nur zu leicht als Verpflichtung zur Schaffung von Maximalzuständen interpretiert. Auch den ersten Aussagen des Bundesverfassungsgerichts zum Grundrechtsschutz durch Verfahren ist dieses zugestoßen[74]. Die seinerzeit von manchen Autoren angemeldeten weitreichenden Forderungen nach einer möglichst verfahrensaufwendigen Ausgestaltung von Planfeststellungsverfahren beruhten – wie es heute heißt – auf einer „unzulässigen Überinterpretation"[75]. Sie sind von der überwiegenden Ansicht in der Literatur schnell zurückgewiesen worden und finden heute kaum noch Anhänger. Im Grundsatz besteht weitgehend Einigkeit darüber, daß ein „bestmöglicher Grundrechtsschutz" regelmäßig nicht dazu nötigt, nur einen ganz bestimmten prozedural-organisatorischen Gewährleistungsgehalt oder gar einen möglichst zeitaufwendigen als verfassungsgeboten anzusehen.

26

Problem der Offenheit der Grundrechtstatbestände

Verfahren als variable Arrangements

Das zeigt sich auch an den bisherigen Ergebnissen der Judikatur. Die Unsicherheiten haben zum einen mit der Offenheit der einschlägigen Grundrechtstatbestände zu tun, die sich eben auf materielle Aussagen beschränken und – anders als Rechtsschutzgarantien und Richtervorbehalte – keine Hinweise darauf geben, *welche* prozedural-organisatorischen Sicherheitsvorkehrungen sie zu ihrer wirksamen Durchsetzung für notwendig erachten. Die aus dieser Offenheit resultierenden Schwierigkeiten werden durch die Struktureigenheiten des in Bezug genommenen Mediums „Verfahren" noch erheblich gesteigert. Verfahren bestehen aus einer Vielzahl von Handlungen und Interaktionen und haben ihre eigene, nicht in allen Punkten vorhersehbare Entwicklungsdynamik. Sie erweisen sich als variable Arrangements, nicht als feste Rechtsinstitute. Ihre Elemente und Bauformen liegen nicht von vornher-

---

[72] So die Formulierung im Minderheitsvotum von *Helmut Simon/Hermann Heußner*, in: BVerfGE 53, 30 (75), die nach Auffassung von *Hans-Jürgen Papier*, in: Maunz/Dürig, Komm. z. GG, Art. 14 Rn. 48 Fn. 4, den Stand der Rechtsprechung des Gerichts selbst zutreffend wiedergeben soll.
[73] Dazu krit. *Peter Lerche*, Die Verfassung als Quelle von Optimierungsgeboten?, in: FS für Klaus Stern, 1997, S. 197 ff.
[74] Anschaulich und kritisch zu seinerzeit erhobenen Verfahrenspostulaten *Laubinger* (N 57), S. 72 ff.
[75] So *Papier* (N 72), Art. 14 Rn. 48.

ein fest, sondern hängen von den verfolgten Zwecken und von ihrer Eingliederung in größere Verfahrens- oder Organisationszusammenhänge ab. Ein rechtsschützendes Widerspruchsverfahren muß anders aufgebaut sein als ein interessenausgleichendes Planungsverfahren, ein Selbstverwaltungsorgan anders als ein Sachverständigengremium[76]. Verfahren entwickeln zudem emergente Eigenschaften. Der Einfluß einer bestimmten Verfahrensgestaltung auf die zu treffende Sachentscheidung läßt sich daher nicht so vorhersagen, wie wir es nach den tradierten Methoden für materielle Entscheidungsprogramme tun oder jedenfalls glauben, es tun zu können. Verfahrenssteuerung ist Kontextsteuerung, die sich nicht linear-kausal in subsumtionsfähige Einzelschritte aufgliedern läßt[77].

27 *Verfassungskonforme Gestaltung des Verfahrensrechts*

Daraus folgen besondere Schwierigkeiten ihrer juristischen Handhabbarkeit. Diese Schwierigkeiten hatte das Bundesverfassungsgericht zunächst nicht hinreichend erkannt. Es hat den Eindruck vermittelt, aus dem jeweiligen materiellen Grundrecht ließen sich mit verfassungsrechtlicher Notwendigkeit bestimmte Konsequenzen nicht nur für die Anwendung, sondern auch für die „verfassungskonforme Gestaltung" des Verfahrensrechts gewinnen[78]. Damit wurde eine Methodensicherheit suggeriert, die so nicht besteht. Über die Bedeutung einzelner verfahrenstypischer Handlungen kann nur mit Blick auf die Gesamtheit, nicht aber isoliert entschieden werden. Was unter welchen Voraussetzungen wirksam werden kann, ist nur aus dem Wirkungszusammenhang heraus zu bewerten. Das Urteil, eine bestimmte Vorschrift dieser Art sei in einem weiteren Sinne grundrechtsrelevant oder sogar in einem engeren Sinne für den Grundrechtsschutz unverzichtbar, setzt folglich methodisch anspruchsvolle Funktionsanalysen und Wirksamkeitsbeurteilungen voraus[79].

28 *Verwaltungsverfahren und gerichtlicher Rechtsschutz*

Die höchste Dichte und Überzeugungskraft haben Verfassungsargumente, die den Zusammenhang des Verwaltungsverfahrens mit dem gerichtlichen Rechtsschutz in Verwaltungsangelegenheiten herausstellen[80]. Über diesen engeren Problemkreis hinausgreifend läßt sich als ein allgemeiner grundrechtsgebotener Verfahrensstandard ein Anhörungsrecht derjenigen nachweisen, die von staatlichen Entscheidungen konkret betroffen sind: Für eine Norm wie § 28 VwVfG wird daher zutreffend auch eine grundrechtliche Absicherung genannt. Gleiches gilt für das akzessorische Recht auf Akteneinsicht nach § 29 VwVfG. Dabei ist allerdings weniger an ein einzelnes Grundrecht als vielmehr an die Grundrechte als solche gedacht. Dann aber wird die Abgrenzung zum Rechtsstaatsprinzip allgemein schwieriger[81]; denn während die verfassungsgerichtliche Anknüpfung an einzelne Grundrechte nach juri-

Abgrenzung zum Rechtsstaatsprinzip

---

76 Dazu die Typisierung bei *Thomas Groß*, Das Kollegialprinzip in der Verwaltungsorganisation, 1999, S. 51 ff.
77 Vgl. *Wolfgang Hoffmann-Riem*, Verwaltungsverfahren und Verwaltungsverfahrensgesetz – Einleitende Problemskizze, in: Wolfgang Hoffmann-Riem/Eberhard Schmidt-Aßmann, Verwaltungsverfahren und Verwaltungsverfahrensgesetz, 2002, S. 9 (38 ff.).
78 Signifikant in: BVerfGE 52, 380 (389 f.).
79 Vgl. dazu *Schmidt-Aßmann* (N 2), S. 29 ff.
80 S. u. Rn. 31 ff.
81 Zur eigenständigen Bedeutung des Rechtsstaatsprinzips neben den grundgesetzlichen Einzelgarantien → Bd. II, *Schmidt-Aßmann*, § 26 Rn. 7 ff.

stischen Methodenregeln den Rückgriff auf das allgemeine Rechtsstaatsprinzip ausschließen müßte, warnt das Verfassungsgericht an anderer Stelle zutreffend davor, das allgemeine Verfahrensrecht „nach Maßgabe der jeweils in Rede stehenden subjektiven Rechte (einschließlich der Grundrechte) in ein aktionenrechtliches Verfahrensgeflecht aufzulösen"[82]. Das wiederum legt es nahe, den Rechtsboden der verfassungsgebotenen Verfahrensinstitute vorrangig im Rechtsstaatsprinzip zu sehen[83] und auf einzelne Grundrechte zu zusätzlicher Wertverdeutlichung erst dann zurückzugreifen, wenn jenseits des allgemeinen Standards ein grundrechtlich besonders intensiv geschütztes Rechtsgut zwingend und eindeutig weitere Verfahrenssicherungen verlangt. Im übrigen treffen prozedurale Aussagen auf diesem Felde eher Negativ- als Positivaussagen. Jedenfalls ist es leichter anzugeben, wie bestimmte Verfahrens- oder Organisationsvorschriften nicht gehandhabt werden dürfen, um die Durchsetzung des materiellen Rechts nicht unmöglich zu machen (Behinderungsverbot), als daß sich angeben ließe, welche Verfahrens- oder Organisationsvorkehrungen grundrechtsgeboten sind (Gestaltungsgebot).

29
Verfassungsnotwendige und weitere Elemente

Auch mit der Anerkennung bestimmter verfassungsunmittelbarer Verfahrensinstitute – man mag sie vorrangig dem Rechtsstaatsprinzip oder den Grundrechten zuordnen – ist freilich noch nicht festgelegt, welche Einzelausprägungen dieser Institute zum verfassungsfesten Bestand gehören. Jenseits eines Kerns unbedingt notwendiger Verfahrenselemente, die die Funktionsfähigkeit des Instituts ausmachen, ist der Gesetzgeber zunächst noch an den Grundsatz verhältnismäßiger Abwägung gebunden, in den äußeren Bereichen eines Instituts aber zunehmend zu ganz freier Gestaltung ermächtigt[84]. Diese Eigenständigkeit des einfachen Verfahrensrechts bezieht sich auf die Ausgestaltung eines verfassungsgebotenen Verfahrens und auf die sachlich-gegenständliche Ausformung der einzelnen Verfahrensinstitute, auch sofern diese verfassungsrechtlich als solche vorgegeben sind. Das wird am Beispiel der

Akteneinsicht

Akteneinsicht deutlich[85]: Sie ist im Kern verfassungsfixiert. Schon die Verfahrensarten aber, in denen sie zu gestatten ist, lassen sich von diesem Ausgangspunkt her funktional nur ungenau ermitteln und bleiben folglich auf gesetzliche Konkretisierung angewiesen. Und erst recht liegen die Modalitäten der Rechtsgewährung nicht fest. Ob die Akten dem Berechtigten zugesandt, zur Abholung überlassen oder nur zur Einsichtnahme ausgelegt werden, ist Sache des einfachen Rechts oder des Verwaltungsermessens, ohne daß für eine dieser Varianten von Verfassungs wegen ein Vorrang postuliert werden könnte. Ebenso verfehlt wäre es, im Zeichen eines „effektiven" Grundrechtsschutzes einen immer aufwendigeren Ausbau von Verfahren zu verlangen. Daß solche simplen Rechnungen nicht aufgehen, zeigen die mehrpoligen Verwaltungsverfahren[86]. Aber auch dort, wo sich Staat und Bürger allein gegenüberstehen,

---

82 BVerfGE 60, 253 (297).
83 Im gleichen Sinne *Laubinger* (N 57), S. 83 f.
84 Ähnlich *Hill* (N 4), S. 240 ff.
85 Ausführlich BVerwGE 118, 270 (275 f.).
86 Zu ihnen *Hill* (N 4), S. 262 f.; BVerwGE 60, 297 (306); BVerfGE 61, 82 (114), *Matthias Schmidt-Preuß*, Kollidierende Privatinteressen im Verwaltungsrecht, 1992, S. 495 ff.

verlangt es die abwehrrechtliche Seite der Grundrechte durchaus nicht, Verfahren so zu gestalten oder zu praktizieren, daß der Eingriff möglichst lange hinausgeschoben werden kann. „Verfahren als Verzögerungschance" ist kein grundrechtlicher Wert.

II. Verwaltungsverfahren und gerichtliches Verfahren

Ein eigenes Kapitel bildet der „funktionale Zusammenhang zwischen Verwaltungsverfahrensrecht und verwaltungsgerichtlichem Rechtsschutz"[87]. Gerichtliche Verfahren entlasten das Verwaltungshandeln, indem sie nicht nur korrigieren, sondern Verwaltungsentscheidungen stabilisieren und ihnen mit der Gewährleistung exakter Rechtskontrolle zu zusätzlicher Akzeptanz verhelfen. Wichtige Institute des Verwaltungsrechts wie die Bestandskraftlehre wären ohne ein geordnetes Zusammenspiel von administrativem und gerichtlichem Verfahren nicht denkbar. Umgekehrt können Verwaltungsverfahren gerichtliche Verfahren entlasten. Greifbar ist diese Funktion im Widerspruchsverfahren[88]. Es ist nicht verfassungsgeboten, aber sinnvoll und sollte daher nicht eingeschränkt, sondern eher aus- und, gegebenenfalls unter Einbeziehung kollegialer Entscheidungszuständigkeiten, umgebaut werden. Aber auch andere Verwaltungsverfahren lassen sich als Möglichkeiten nutzen, im Kontakt der Beteiligten einen Ausgleich zu erzielen. Das gilt zum Beispiel für Mediationsverfahren[89]. Rechtlich ersetzen freilich kann auch ein noch so gut ausgestaltetes und geführtes Verwaltungsverfahren den durch Art. 19 Abs. 4 GG garantierten Gerichtsschutz[90] allerdings nicht. Wohl aber kann ein formalisiertes, qualitätssteigerndes Verwaltungsverfahren dem Gesetzgeber die Entscheidung darüber erleichtern, ob er der Exekutive bei der Anwendung unbestimmter Gesetzesbegriffe nach Maßgabe der normativen Ermächtigungsebene eine Beurteilungsermächtigung[91] einräumen sollte.

30
Funktionaler Zusammenhang

Die Garantie gerichtlichen Rechtsschutzes hat gewisse Vorwirkungen auf die gesetzliche Ausgestaltung und die praktische Durchführung von (voraufgehenden) Verwaltungsverfahren[92]. Anzuerkennen sind Pflichten der Behörde zur Aktenführung und zur Bekanntmachung belastender Hoheitsakte. Auch eine Begründungspflicht für solche Akte ist dem Vorwirkungsgedanken zu

31
Vorwirkungen

---

87 So der Titel der Schrift von *Jürgen Schwarze*, Der funktionale Zusammenhang von Verwaltungsverfahrensrecht und verwaltungsgerichtlichem Rechtsschutz, 1974; ferner *Held* (N 53), S. 193 ff.
88 Dazu *Albert v. Mutius*, Das Widerspruchsverfahren der VwGO als Verwaltungsverfahren und Prozeßvoraussetzung, 1969; *Peter Weides*, Verwaltungsverfahren und Widerspruchsverfahren, ²1981, S. 167 f.; *Ferdinand O. Kopp*, Die Rechtsschutzfunktion des Widerspruchsverfahrens nach § 68 VwGO, in: FS für Konrad Redeker, 1993, S. 543 ff.
89 Dazu *Wolfgang Hoffmann-Riem/Eberhard Schmidt-Aßmann* (Hg.), Konfliktbewältigung durch Verhandlungen, Bd. II, 1990; *Ulrike Rüssel*, Mediation in komplexen Verwaltungsverfahren, 2004; *Ines Härtel*, Mediation im Verwaltungsrecht, in: JZ 2005, S. 753 ff.; *Lars Schäfer*, Mediation im öffentlichen Bereich braucht gesetzliche Regeln, in: NVwZ 2006, S. 39 ff.
90 *Hans-Jürgen Papier*, Rechtsschutzgarantie gegen die öffentliche Gewalt, in: HStR VI, ²2001 (¹1989), § 154.
91 Dazu allgemein *Eberhard Schmidt-Aßmann*, in: Maunz/Dürig, Komm. z. GG, Art. 19 Abs. 4 Rn. 185 ff.
92 BVerfGE 61, 82 (110); vgl. *Schmidt-Aßmann* (N 91), Art. 19 Abs. 4 Rn. 250 f.

entnehmen⁹³. Einen Anspruch auf behördliche Rechtsberatung gibt es dagegen nicht. Eine Rechtsbehelfsbelehrung muß nur in besonders schwierigen Verfahrenssituationen, zum Beispiel bei ungewöhnlich kurzen Rechtsbehelfsfristen, erteilt werden⁹⁴. Gelegentlich läßt sich der Vorwirkungsgedanke zu einem Verfahrensstrukturierungsgebot fortentwickeln: Auswahlverfahren dürfen nicht so gestaltet sein, daß sich die Rechtsposition des erfolgreichen Bewerbers zu einem Zeitpunkt endgültig verfestigt, in dem der Mitbewerber, zum Beispiel mangels Kenntnis vom Verfahrensausgang, noch keine Möglichkeit hatte, gerichtlichen Rechtsschutz in Anspruch zu nehmen. Vielmehr kann vorwirkend eine Informationspflicht über das Ergebnis der Bewerberauswahl entstehen: Hier handelt es sich um ein sogenanntes gestuftes Besetzungsverfahren⁹⁵. Bei berufsqualifizierenden Prüfungen kann es notwendig sein, eine Verfahrensphase vorzusehen, um ein Überdenken der Entscheidung auf Gegenvorstellung des Kandidaten zu ermöglichen⁹⁶.

32
Institutionelles Rücksichtnahmegebot

Im übrigen zeigt sich der funktionale Zusammenhang zwischen Verwaltungs- und Gerichtsverfahren in einem gegenseitigen institutionellen Rücksichtnahmegebot: Weder darf ein Verwaltungsverfahren Barrieren errichten, die die Zugänglichkeit des Rechtsweges unzumutbar erschweren; noch darf umgekehrt das gerichtliche Verfahren so gestaltet sein, daß es einem voraufgehenden Verwaltungsverfahren jeden Sinn nimmt und es damit als Institut in Frage stellt. Das folgt aus dem Grundsatz der Gewaltenteilung. Die heuristischen Wirkungen eines solchen institutionellen Rücksichtnahmegebotes hat das Bundesverfassungsgericht zum Beispiel entfaltet, um die Berechtigung der materiellen Präklusion im Verwaltungsverfahren darzutun⁹⁷. Auch die Anerkennung bestandskräftiger Verwaltungsentscheidungen beruht auf diesem Gedanken.

III. Demokratische Funktionen des Verwaltungsverfahrens

33

An Tradition und Zahl reich sind die Verbindungen zwischen Verfahren und Demokratie. Liegen auch das Wahlverfahren⁹⁸ und das formalisierte Gesetzgebungsverfahren⁹⁹ als Elemente demokratischer Staatsformung außerhalb unseres Themenbereichs, so weisen sie doch schon auf die Grunderkenntnis hin, daß rechtlich verfaßte, repräsentative Demokratie eine verfahrensgeprägte Demokratie ist und daß der Angelpunkt dieser Demokratie, das parlamentarische Gesetz, seine Qualität aus der besonderen Gestaltung seines Verfahrens erhält¹⁰⁰. Die Linien setzen sich in den Bereich der Exekutive und

---

93 BVerwGE 99, 185 (189); vgl. auch BVerfGE 84, 34 (46 f.).
94 Vgl. BVerfGE 94, 166 (206): asylrechtliches Flughafenverfahren.
95 So für das Beamtenrecht *Peter Michael Huber*, in: v. Mangoldt/ Klein/Starck, GG I, ⁴1999, Art. 19 Abs. 4 Rn. 497.
96 BVerfGE 84, 35 (46).
97 BVerfGE 61, 82 (115 f.); ferner BVerfGE 69, 1 (49).
98 → Bd. III, *Meyer*, § 46 Rn. 86 ff.
99 → Oben *Ossenbühl*, § 102.
100 Vgl. Schmidt-Aßmann (N 2), S. 43 ff. und 183 ff.; → Bd. II, *Böckenförde*, § 24 Rn. 82 ff.

ihrer Verfahren hinein fort. Ein Mißverständnis freilich wäre es, wollte man Verwaltungsverfahren und Demokratie in jener simplifizierenden Weise kurzschließen, der zufolge ein Mehr an Beteiligung, Mitsprache oder Mitentscheidung von Betroffenen, Interessierten oder überhaupt der Öffentlichkeit dem Verwaltungsverfahren demokratisch höhere Weihen verliehe oder gar von der Verfassungsentscheidung für die Demokratie verlangt würde. Umgekehrt vermag es allerdings ebensowenig zu überzeugen, wenn man die Stränge zwischen demokratischer Staatsstruktur und Verwaltungsverfahren ganz zertrennt und letzteres einseitig auf eine administrative Informations- und eine individuelle Rechtsschutzfunktion reduziert. Gerade angesichts der Verfahrensvielfalt lassen sich recht unterschiedliche Bezüge zum Demokratieprinzip ausmachen. Systematisch hat Hans-Heinrich Trute daraus ein Konzept prozeduraler Legitimation für eine ausdifferenzierte und pluralisierte Verwaltung entworfen[101].

Verfahrensgeprägte Demokratie

Unterschiedliche Bezüge zum Demokratieprinzip

1. Prozedurale Komponenten demokratischer Legitimation

Bekannt sind die instrumentalen Bezüge. Besonders deutlich wird das an Aufsichts- und Kontrollverfahren innerhalb der Exekutive. Sie sind für die grundgesetzliche Demokratie unverzichtbar, weil ohne sie die parlamentarische Verantwortung der Regierung nicht wirksam gesichert werden könnte[102]. Das von Art. 20 Abs. 2 GG verlangte Legitimationsniveau wird nur erreicht, wenn hinreichende Kontrollverfahren existieren. Ganz allgemein läßt sich sagen, daß jede der beiden Hauptformen der demokratischen Legitimation, die organisatorisch-personelle und die sachlich-inhaltliche Legitimation[103], auch eine verfahrensmäßige Komponente besitzt, die die Ableitungs- und Rückkoppelungszusammenhänge praktisch organisiert.

34
Instrumentale Bezüge

Noch intensiver sind die Beziehungen zwischen demokratischem Prinzip und Verwaltungsverfahren für den Bereich der Selbstverwaltung: So kann es keinem Zweifel unterliegen, daß sich in den kollegial organisierten Meinungsbildungs- und Entscheidungsverfahren kommunaler Körperschaften jene Demokratie gegliederter Staatlichkeit vollzieht, die Art. 28 Abs. 2 in Verbindung mit Abs. 1 S. 2 GG ausdrücklich eingerichtet hat[104]. Zutreffend heißt es dazu in der Rastede-Entscheidung des Bundesverfassungsgerichts[105]: „Die Zurückhaltung, die der Verfassungsgeber bei der Zulassung unmittelbardemokratischer Elemente auf Bundesebene geübt hat, wird auf der örtlich

35
Demokratisches Prinzip in der Selbstverwaltung

---

101 *Hans-Heinrich Trute*, Die demokratische Legitimation der Verwaltung, in: Hoffmann-Riem/Schmidt-Aßmann/Voßkuhle (N 31), § 6 Rn. 47, 60 ff.
102 Vgl. dazu BVerfGE 9, 268 (281); ferner *Janbernd Oebbecke*, Weisungs- und unterrichtungsfreie Räume in der Verwaltung, 1986, bes. S. 95 ff.
103 → Bd. II, *Böckenförde*, § 24 Rn. 16 ff.; *Eberhard Schmidt-Aßmann*, Verwaltungslegitimation als Rechtsbegriff, in: AöR 116 (1991), S. 329 (355 ff.).
104 Dazu BVerfGE 52, 95 (111 f.); *Georg-Christoph v. Unruh*, Gebiet und Gebietskörperschaften als Organisationsgrundlagen nach dem Grundgesetz der Bundesrepublik Deutschland, in: DVBl 1975, S. 1 ff.; *ders.*, Demokratie und kommunale Selbstverwaltung, in: DÖV 1986, S. 217 ff.
105 BVerfGE 79, 127 (150).

bezogenen Ebene der Gemeinden ergänzt durch eine mit wirklicher Verantwortlichkeit ausgestattete Einrichtung der Selbstverwaltung, durch die den Bürgern eine wirksame Teilnahme an den Angelegenheiten des Gemeinwesens ermöglicht wird". Auf der unteren Ebene des föderalen Staates ist Demokratie zuallererst Verwaltungsdemokratie, die ihre Legitimationsaufgaben in Verwaltungsverfahren entfaltet. Eine ähnliche Funktion wird man auch den etablierten und vom Grundgesetz anerkannten Trägern funktionaler Selbstverwaltung zusprechen können. Sie vermitteln selbst zwar keine demokratische Legitimation im Sinne des Art. 20 Abs. 2 GG. Aber die funktionale Selbstverwaltung ergänzt und verstärkt das demokratische Prinzip[106]. Die Umsetzung erfolgt in entsprechenden kollegial organisierten Verwaltungsverfahren[107].

2. Akzeptanz, Partizipation, Öffentlichkeit

36
Gedanke der Akzeptanz

Mittel der Akzeptanzverbesserung

Bei der Gestaltung von Verfahrensabläufen kann auch der Gedanke der Akzeptanz Bedeutung erlangen. Akzeptanz bezeichnet den Tatbestand der Hinnahme von Entscheidungen. Sie gehört nicht zu den dogmatischen, sondern zu den ideellen Schichten der Demokratie. Im Blick auf Verwaltungsverfahren veranlaßt sie zu analysieren, welche Schwachstellen des Verfahrens zu Akzeptanzmängeln führen: Das kann die Undurchsichtigkeit des Entscheidungsgefüges und seiner normativen Grundlagen, aber auch ein vermuteter oder bestehender Mangel administrativer Neutralität oder aber ein grundlegender Wertedissens sein. Die Mittel einer Akzeptanzverbesserung sind danach unterschiedlich: Oft können schon eine bessere Informationspolitik und eine größere Dialogbereitschaft der Verwaltung ausreichen. Treten Akzeptanzmängel auf, weil die Neutralität der Verwaltung wegen besonders enger Bindungen an den Verfahrensgegenstand zweifelhaft erscheint, können Zuständigkeitsverlagerungen geboten sein[108]. Auf jeden Fall hat eine Rollentrennung zwischen Projektträger und Zulassungsbehörde als selbstverständlich zu gelten[109]. Verfahren können auch stärker gerichtsähnlich, unter Umständen unter Einbeziehung von Parallelbegutachtungen ausgestaltet werden[110]. Auf Feldern tiefergreifender Akzeptanzprobleme ist daran zu denken, verwaltungsexterne Konfliktmittler heranzuziehen. Konfliktmittler können der Verwaltung die Verantwortung für gesetzlich verlangte Entscheidungen nicht abnehmen. Sie können aber das Interessenfeld so organisieren, daß trotz divergierender Standpunkte nach Gemeinsamkeiten gesucht und ein Ausgleich zwischen den Beteiligten angestrebt wird.

---

106 So BVerfGE 107, 59 (92); mit unterschiedlichen Konsequenzen im einzelnen *Ernst Thomas Emde*, Die demokratische Legitimation der funktionalen Selbstverwaltung, 1991; *Matthias Jestaedt*, Demokratieprinzip und Kondominalverwaltung, 1993, S. 537 ff.; *Winfried Kluth*, Funktionale Selbstverwaltung, 1997; → Bd. II, *Böckenförde*, § 24 Rn. 25, 33 ff.
107 *Groß* (N 76), insbes. S. 163 ff.; *Trute* (N 101) Rn. 82 ff.
108 Dazu – auch mit Angaben zum US-amerikanischen Recht – *Michael Fehling*, Verwaltung zwischen Unabhängigkeit und Gestaltungsaufgabe, 2001, S. 84 ff., insbes. S. 251 ff.
109 *Rudolf Steinberg/Thomas Berg/Martin Wickel*, Fachplanung, ³2000, § 2 Rn. 9, mit zutr. Kritik an BVerwG in: DVBl 1987, S. 1267 ff.; ferner *Fehling* (N 108), S. 284 f.
110 *Thomas Würtenberger*, Die Akzeptanz von Verwaltungsentscheidungen, 1996, S. 120 ff.

Partizipation meint hier die Beteiligung der in spezifischer Weise von Verwaltungsentscheidungen Betroffenen. Während die individuelle Anhörung eher rechtsstaatlich veranlaßt ist, gehören die Interessenten-, Verbands- und allgemeine Öffentlichkeitsbeteiligung in den Kontext des demokratischen Prinzips. Sie findet sich im deutschen Verwaltungsrecht traditionell bei der raumbezogenen Planung und bei raumbezogenen Zulassungsverfahren. Durch das EG-Recht ist die Beteiligung der Öffentlichkeit – vor allem durch eine breite Einführung von Umweltverträglichkeitsprüfungen[111] – erheblich ausgedehnt und intensiviert worden. Partizipation im Verwaltungsverfahren besteht dabei regelmäßig in gegenseitiger Information, Diskussion und in der Pflicht der Verwaltung, sich bei der Abfassung ihrer Entscheidungen mit den vorgebrachten Argumenten auseinanderzusetzen. Es geht um die Mitgestaltung Privater an der gemeinsamen Gemeinwohlkonkretisierung[112]. Befugnisse zu paritätischer Mitentscheidung sind dagegen grundsätzlich unzulässig, weil sie die Legitimation des Art. 20 Abs. 2 und 28 Abs. 1 S. 1 GG beeinträchtigen. Die Rückführbarkeit staatlicher Entscheidungen auf den Willen des Staatsvolkes darf nicht durch zwischengeschaltete Entscheidungsbefugnisse von Gruppen und Gruppenrepräsentanten unterbrochen werden[113]. Auch eine Mitbestimmung der im öffentlichen Dienst Tätigen oder ihrer Berufsverbände an den eigentlichen Sachentscheidungen der Verwaltung ist verfassungsrechtlich unzulässig[114].

37
Begriff der Partizipation

C. Einwirkung des europäischen Rechts

Verwaltungsverfahren und Verwaltungsverfahrensrecht sind in den zurückliegenden zwei Jahrzehnten intensiv durch die europäische Integration beeinflußt worden. Dabei sind systematisch zwei Einwirkungsarten zu trennen: Zum einen verändert sich das mitgliedstaatliche Verfahrensrecht durch Vorgaben des europäischen Rechts. Das ist die häufig als „Europäisierung" behandelte Erscheinung der Überformung und Umformung des nationalen Rechts durch das EG-Recht[115]. Zum anderen ändern sich die Verwaltungsvorgänge selbst, weil die Verwaltung des Gemeinschaftsraumes immer mehr auf der Zusammenarbeit der EG-Verwaltung und der mitgliedstaatlichen Verwaltungen beruht. Hier entstehen neue europäische Verwaltungsverfahren der vertikalen und der horizontalen Kooperation[116].

38
Zwei Einwirkungsarten

---

111 S. u. Rn. 43 f.
112 *Schmitt Glaeser* (N 11), S. 35 (45 ff.).
113 Dazu NWVerfGH, in: DVBl 1986, S. 1196 ff.
114 Vgl. BVerfGE 93, 37 (68 ff.) mit einem Drei-Stufen-Modell für diejenigen Maßnahmen, die das Beschäftigungsverhältnis und die Sachentscheidung betreffen.
115 S. u. Rn. 39 ff.
116 S. u. Rn. 45 ff.

I. Europäisierung des deutschen Verfahrensrechts

39 Die Europäisierung des mitgliedstaatlichen Verfahrensrechts vollzieht sich in den Formen der Instrumentalisierung und der Umorientierung[117].

1. Instrumentalisierung: Bestandskraft und Vertrauensschutz

40
Indienstnahme des nationalen Rechts

Instrumentalisierung meint eine Indienstnahme des nationalen Verfahrensrechts zu Zwecken der gemeinschaftsweit wirksamen Durchsetzung des EG-Rechts. Für die Europäische Gemeinschaft stellte diese Aufgabe von Anfang an eine besondere Herausforderung dar. Da das EG-Recht zum allergrößten Teil durch die Mitgliedstaaten vollzogen wird, muß die erforderliche Wirksamkeit vor allem durch das nationale Verfahrensrecht gewährleistet werden. Bei seinem Einsatz wird den Mitgliedstaaten eine gewisse Autonomie zuerkannt. Sie müssen als Rahmenvorgaben jedoch das Äquivalenz- und das Effektivitätsgebot beachten. Gestützt auf diese Koordinierungsformel (Art. 10 EGV) hat der Europäische Gerichtshof eine umfangreiche, nicht immer gradlinige Judikatur dazu entwickelt, inwieweit nationales Verfahrensrecht im Anwendungsbereich des Gemeinschaftsrechts modifiziert wird[118]. Dabei können unter Umständen auch vertraute Regeln des deutschen Rechts erhebliche Veränderungen erfahren.

41
Vertrauensschutz

Das ist für den Vertrauensschutz bei der Rückforderung gemeinschaftsrechtswidrig gewährter Subventionen (§ 48 VwVfG) immer wieder dargestellt worden[119]. Die Mitgliedstaaten können sich hier nicht hinter einem (zu) großzügig ausgestalteten Vertrauensschutz verschanzen, auch wenn sie dazu verfassungsrechtliche Argumente aufbieten. Eingeschränkt werden auch die Bestandskraft von Verwaltungsakten und die Bedeutung von Präklusionsregeln[120]. Zu einem existenziellen Konflikt zwischen nationalem Verfassungsrecht und EG-Recht sind die Fälle jedoch nicht gediehen[121]. Die Anstöße des EG-Rechts veranlassen vielmehr umgekehrt dazu, zu fragen, wie weit die deutschen Maßstäbe für den Vertrauensschutz zu hoch angesetzt wurden.

42
Stärkerer Schutz individueller Rechtspositionen

Auf der anderen Seite kann die Instrumentalisierung dazu führen, daß individuelle Rechtspositionen stärker als nach deutschem Recht geschützt werden. Soweit Vorschriften des EG-Rechts eine individuelle oder gruppenspezifische

---

117 So die Unterscheidung von *Dieter H. Scheuing*, Europarechtliche Impulse für innovative Ansätze im deutschen Verwaltungsrecht, in: Wolfgang Hoffmann-Riem/Eberhard Schmidt-Aßmann (Hg.), Innovation und Flexibilität des Verwaltungshandelns, 1994, S. 279 (289 ff.). Zu der nachfolgenden Darstellung vgl. *Siegbert Alber*, Die Rolle des EuGH bei der „Europäisierung des Verwaltungsverfahrensrechts", in: Hermann Hill/Rainer Pitschas (Hg.), Europäisches Verwaltungsverfahrensrecht, 2003, S. 445 ff., sowie die Beiträge in: *Jan Bergmann/Markus Kenntner* (Hg.), Deutsches Verwaltungsrecht unter europäischem Einfluß, 2002.
118 Vgl. nur EuGHE 1987, 901 (921); 1990, 3437 (3457) und 1997, 1591 (1607 ff.). Dazu BVerwGE 92, 81 ff. und 106, 328 ff.
119 Dazu nur *Josef Blanke*, Vertrauensschutz im deutschen und europäischen Verwaltungsrecht, 2000, S. 460 ff.; *Kyrill-Alexander Schwarz*, Vertrauensschutz als Verfassungsprinzip, 2002, S. 529 ff.
120 Nachweise bei *Eberhard Schmidt-Aßmann*, Die Europäisierung des Verwaltungsverfahrensrechts, in: FG 50 Jahre Bundesverwaltungsgericht, 2003, S. 487 (490 ff.).
121 BVerfG (K), in: EuZW 2000, S. 445 ff.

Begünstigung erkennen lassen, müssen die Mitgliedstaaten sicherstellen, daß den Begünstigten auch Möglichkeiten der Rechtsdurchsetzung zur Verfügung stehen. Für das Recht der öffentlichen Auftragsvergabe zum Beispiel hat das zu einer deutlich verbesserten Stellung der Bieter und damit zu einer gleichheitsrechtlich geforderten Veränderung des deutschen Verfahrensrechts geführt, zu der die eigene grundrechtliche Kraft bis dahin gefehlt hatte.

2. Umorientierung: Konzept informierter Öffentlichkeit

Als Umorientierung sollen Vorgänge bezeichnet werden, in denen das EG-Recht auf tiefergreifende Änderungen im Konzept des nationalen Verwaltungsrechts zielt. Veränderungen dieser Art werden üblicherweise durch Akte der Rechtsetzung eingeleitet. Als repräsentativ kann für einen wichtigen Entwicklungsbereich die Richtlinie über die Umweltverträglichkeitsprüfung (UVP-RL) gelten[122]. Sie knüpft an vorhandene Zulassungsverfahren des nationalen Rechts und die dort bekannten Formen der Publizität an. Die Unterscheidung zwischen allgemeiner Öffentlichkeit und betroffener Öffentlichkeit zeigt eine Doppelung der Systemgedanken, der es einerseits um eine möglichst breite Informationsgewinnung und Interessendarstellung und andererseits um die Aktivierung der Öffentlichkeit als Kontrollmedium geht. Vor diesem Hintergrund verfolgt die Richtlinie das Konzept eines gestuften „inneren Verfahrens", das den Umweltbelangen eine eigene Darstellungschance eröffnet, bevor sie sich der Abwägung mit anderen öffentlichen und privaten Interessen stellen müssen. Das ist der Sinn der Unterscheidung von Beschreibung, Bewertung und Berücksichtigung der Umweltauswirkungen bei der Entscheidungsfindung (Art. 3 in Verbindung mit Art. 8 UVP-RL). Die Einhaltung dieses Verfahrens steht dann aber auch für die Richtigkeit der Entscheidung.

Allgemeine und betroffene Öffentlichkeit

43

Dem deutschen Verwaltungsrecht, das traditionell an einer weitgespannten behördlichen Überwachungsverantwortung ausgerichtet ist, fällt es nicht leicht, sich auf die veränderten Ansätze prozeduraler Steuerung einzustellen. Die Schwierigkeiten werden an zwei Entscheidungen des Bundesverwaltungsgerichts aus dem Jahre 1996 deutlich[123]. Das Gericht stellt die Umweltverträglichkeitsprüfung in die Lehre der planerischen Abwägung ein. Die Umweltverträglichkeitsprüfung wird dabei als reines Verfahrenselement verstanden, das den Abwägungsvorgang strukturieren soll. Fehler bei der Umweltverträglichkeitsprüfung sollen weder automatisch Abwägungsfehler sein noch auch nur ein Indiz für solche abgeben. Dominierend bleibt also der traditionelle Denkansatz, der vom Vorrang der materiellen Gesetzesbegriffe und folglich der materiellen gerichtlichen Kontrolle geprägt ist. Hier treffen zwei Verfah-

44

Lehre der planerischen Abwägung

---

122 RL 85/337/EWG, zuletzt geändert durch Art. 3 der RL 2003/35. Dazu *Franz-Josef Feldmann*, Umweltverträglichkeitsprüfung: EG-Richtlinie und ihre Umsetzung in Deutschland, in: Hans-Werner Rengeling (Hg.), Handbuch zum europäischen und deutschen Umweltrecht, Bd. I, ²2003, § 34.
123 BVerwGE 100, 238 (242 ff.) und 370 ff.; krit. *Wilfried Erbguth*, Entwicklungslinien im Recht der Umweltverträglichkeitsprüfung: UVP-RL – UVPÄndRL – UVPG – SUP, in: UPR 2003, S. 321 (324).

Richtigkeitsgewähr durch Verfahren

rensphilosophien aufeinander: Das deutsche Recht betont die dienende Funktion des Verfahrens und orientiert sich vor allem in der gerichtlichen Kontrolle am materiellen Recht. Das EG-Recht setzt vorrangig auf eine „Richtigkeitsgewähr durch Verfahren"[124]. Ob die vom Bundesverwaltungsgericht verfolgte Sicht der Umweltverträglichkeitsprüfung und die sehr zurückhaltende Art, in der für isolierte Verfahrenspositionen Rechtsschutz gewährt wird, den Anforderungen des EG-Rechts entsprechen, ist unsicher[125]. Die offene Formel des Europäischen Gerichtshofes, die nationalen Gerichte hätten die „volle Wirksamkeit" des EG-Rechts zu gewährleisten, läßt das zweifelhaft erscheinen. Die weitere Bedeutungsminderung des Verwaltungsverfahrensrechts, wie sie in der jüngeren deutschen Beschleunigungsgesetzgebung zutage tritt, befindet sich mit dem verfahrensrechtlichen Denken des EG-Rechts auf Kollisionskurs. Es ist allerdings nicht damit getan, dem deutschen Verwaltungsrecht die volle Wirksamkeit verfahrensrechtlicher Vorkehrungen neben der Ausrichtung am materiellen Steuerungsprogramm anzuempfehlen. Wenn die prozeduralen Vorgaben des EG-Rechts künftig besser rezipiert werden sollen, dann ist das Zentralthema der verwaltungsgerichtlichen Kontrolldichte einzubeziehen. „Man kann mit der Kontrolle nicht auf beiden Seiten maximieren, sowohl beim Verfahren wie beim materiellen Recht, jedenfalls tut dies keine Rechtsordnung der Welt"[126]. Solange die Verwaltungsgerichte dazu verpflichtet sind, Verwaltungsentscheidungen inhaltlich grundsätzlich vollständig zu kontrollieren, und damit Verantwortung für die Ergebnisrichtigkeit übernehmen, kommt das Verwaltungsverfahrensrecht aus seiner dienenden Funktion nicht heraus.

II. Verfahren europäischer Verwaltungskooperation

45
Vollzugsebenen des EG-Rechts

Der Vollzug des EG-Rechts ist zum allergrößten Teil den nationalen Verwaltungen und nur zum kleineren Teil den EG-Verwaltungsinstanzen, das heißt der Kommission und einem stetig wachsenden Kreis europäischer Ämter und Agenturen anvertraut. Beide Vollzugsebenen agieren jedoch nicht unabhängig voneinander, sondern sind auf gegenseitige Zusammenarbeit angewiesen[127]. Es entwickeln sich Kooperationsstrukturen mit eigenen gestuften Verfahren[128]. Die am Vollzug des EG-Rechts beteiligten gemeinschaftlichen und mitgliedstaatlichen Instanzen bleiben auch jetzt organisatorisch getrennte Verwaltungen. Gleichzeitig sind sie im Vollzug des EG-Rechts jedoch „kodependente

---

124 Begriff in BayVGH, in: DVBl 1994, S. 1199 ff.
125 Vgl. *Eberhard Schmidt-Aßmann/Clemens Ladenburger*, Umweltverfahrensrecht, in: Hans-Werner Rengeling (Hg.), Handbuch zum europäischen und deutschen Umweltrecht, Bd. I, ²2003, § 18 Rn. 79 ff.
126 *Rainer Wahl*, Das Verhältnis von Verwaltungsverfahren und Verwaltungsprozeßrecht in europäischer Sicht, in: DVBl 2003, S. 1285 (1291).
127 *Eberhard Schmidt-Aßmann*, Verwaltungskooperation und Verwaltungskooperationsrecht in der Europäischen Gemeinschaft, in: EuR 1990, S. 270 ff.; *Rainer Pitschas*, Europäisches Verwaltungsverfahrensrecht und Handlungsformen der gemeinschaftlichen Verwaltungskooperation, in: Hermann Hill/Rainer Pitschas (Hg.), Europäisches Verwaltungsverfahrensrecht, 2004, S. 301 ff.
128 Vgl. *Hanns Peter Nehl*, Europäisches Verwaltungsverfahren und Gemeinschaftsverfassung, 2002.

Mechanismen"[129]. Trennung und Verbindung, Alleinzuständigkeit und Zusammenarbeit machen das Vollzugskonzept des Gemeinschaftsrechts aus.

Erst in jüngerer Zeit hat dieser zweite Bereich der Europäisierung die erforderliche rechtswissenschaftliche Beachtung gefunden[130]. Im Grunde aber ist die Notwendigkeit, beim Vollzug des Gemeinschaftsrechts administrativ zusammenzuarbeiten, von vornherein in den Gemeinschaftsverträgen angelegt gewesen: besonders ausgeprägt im Agrarrecht und im Zollrecht. Aber auch das Binnenmarktrecht, das Sozialrecht und das Umweltrecht können sinnvoll nur vollzogen werden, wenn die beteiligten Verwaltungen in ein enges Netz gegenseitiger Informations-, Abstimmungs- und Rücksichtnahmepflichten eingebunden sind. Selbst die Beihilfeaufsicht nach Art. 87, 88 EGV läßt sich ohne Zusammenarbeit zwischen der EG-Kommission und den mitgliedstaatlichen Exekutiven nicht wirksam durchführen.

46
Notwendigkeit der administrativen Zusammenarbeit

Die europäische Zusammenarbeit vollzieht sich sowohl vertikal zwischen nationalen und europäischen Verwaltungsinstanzen als auch horizontal zwischen den Verwaltungen der Mitgliedstaaten. Kooperation erfüllt dabei mehrere Aufgaben: Ihre Grundfunktion ist es, die beteiligten Verwaltungen mit den erforderlichen Informationen zu versehen (informationelle Kooperation). Hierher gehören der gelegentliche Datenaustausch ebenso wie der Aufbau zentraler Netze, die Unterhaltung von Informationsagenturen und die besondere Rolle des Berichtwesens und der Statistik in der Gemeinschaft. Kooperation zeigt sich zum zweiten in vielfältigen Formen gegenseitiger Unterrichtung, Abstimmung und gemeinsamer Verfahrensführung (prozedurale Kooperation). So können zum Beispiel die Pflichten zur gegenseitigen Anerkennung von Verwaltungsgenehmigungen praktisch nicht ohne begleitende Verfahren normiert werden, die für Eil- und Streitfälle schnellgreifende Klärungsmechanismen verfügbar machen. Schließlich kann Kooperation in eigens dazu gebildeten Gremien geleistet werden (institutionelle Kooperation). Beispiele dafür sind die Verwaltungsräte der Europäischen Agenturen und das auf Gemeinschaftsebene weit entwickelte Ausschußwesen.

47
Vertikale und horizontale Zusammenarbeit

Informationelle Kooperation

Prozedurale Kooperation

Institutionelle Kooperation

Die Verwaltungszusammenarbeit besteht zunächst einmal in praktischen Handlungen des Informationsaustausches, der Verfahrensbeteiligung und der Verständigung. Sie hat aber auch eine rechtliche Gestalt und führt zu eigenen Rechtsproblemen. Vertraute Rechtsformen der administrativen Kooperation sind Amtshilferegelungen[131]. Ein weiteres Instrument stellen die aus dem nationalen Gewerberecht bekannten Inspektionen dar, die sich im EG-Recht heute in vielen Verwaltungsbereichen und in unterschiedlichen Formen wiederfinden[132].

48
Umfang der Verwaltungszusammenarbeit

---
129 *Sabino Cassese*, Der Einfluß des gemeinschaftsrechtlichen Verwaltungsrechts auf die nationalen Verwaltungssysteme, in: Der Staat 33 (1994), 25 (26).
130 Dazu m. weit. Nachw. *Gernot Sydow*, Die Vereinheitlichung des mitgliedstaatlichen Vollzugs des Europarechts in mehrstufigen Verwaltungsverfahren, in: DV 34 (2001), S. 517 ff.; *ders.*, Verwaltungskooperation in der Europäischen Union, 2004; *Eberhard Schmit-Aßmann/Bettina Schöndorf-Haubold* (Hg.), Der Europäische Verwaltungsverbund, 2005.
131 Vgl. *Florian Wettner*, Die Amtshilfe im Europäischen Verwaltungsrecht, 2006.
132 Dazu *Antje David*, Inspektionen im europäischen Verwaltungsrecht, 2003.

49

Kooperationsspezifischer Zuschnitt des Verfahrensrechts

Das einschlägige Verfahrensrecht entstammt nicht einer neuartigen Rechtsquelle zwischen EG-Recht und nationalem Recht. Es ist entweder der einen oder der anderen Ebene zuzuordnen. Aber die Rechtsinstitute und Verfahren erhalten einen kooperationsspezifischen Zuschnitt. Das zeigen die transnationalen Verwaltungsakte, das heißt Entscheidungen einer mitgliedstaatlichen Verwaltung, denen nach Maßgabe des EG-Rechts gemeinschaftsweite Wirkungen auch im Hoheitsgebiet der anderen Mitgliedstaaten zukommen sollen[133]. Beispiele bilden die Zolltarifauskünfte, Zulassungen des Banken- und Versicherungsaufsichtsrechts sowie dezentral erteilte Genehmigungen des Arzneimittel- und des Gentechnikrechts. Auch Diplom- und Prüfungszeugnisse können sich je nach der Ausgestaltung ihrer durch das EG-Recht vorgezeichneten Anerkennungsmechanismen als transnationale Verwaltungsakte erweisen.

D. Bauformen der verwaltungsrechtlichen Verfahrensrechtslehre

50

Aufgabe der Verwaltungsrechtswissenschaft

Aufgabe der Verwaltungsrechtswissenschaft ist es, die in der Gesetzes- und Verwaltungspraxis vorkommenden Verfahren zu analysieren und ihre Bestandteile zu einer systematischen Verwaltungsverfahrenslehre zusammenzufügen[134]. Dazu müssen neben den abstrakten Regelungen, die die Verwaltungsverfahrensgesetze des Bundes und der Länder zu einem Standardverfahren geordnet haben[135], auch neue Verfahrenstypen im Blick behalten werden. Beispielhaft sind Verteilungsverfahren, Qualitätssicherungsverfahren und Risikoverfahren herauszustellen[136]:

51

Verteilungsverfahren

– Verteilungsverfahren dienen der Distribution knapper Ressourcen und haben insbesondere im Schutzbereich des Art. 12 GG eine wichtige grundrechtssichernde Bedeutung. Hierher gehören unter anderem die Konzessionierung und andere Formen der Vergabe von Nutzungsrechten an öffentlichen Einrichtungen, ferner die Bewerberauswahl zum Beispiel im öffentlichen Dienst und bei Privatisierungsvorgängen[137]. Besonders genau geregelt ist die Vergabe öffentlicher Bau-, Liefer- und Dienstleistungsauf-

---

133 Dazu m. weit. Nachw. *Thomas Groß*, Die administrative Föderalisierung der EG, in: JZ 1994, 596 ff.; *Volker Nessler*, Der transnationale Verwaltungsakt – Zur Dogmatik eines neuen Rechtsinstituts, in: NVwZ 1995, S. 863 ff.; *Matthias Ruffert*, Der transnationale Verwaltungsakt, in: DV 34 (2001), S. 453 ff.; *Friedrich Schoch*, Die europäische Perspektive des Verwaltungsverfahrens- und Verwaltungsprozeßrechts, in: Eberhard Schmidt-Aßmann/Wolfgang Hoffmann-Riem, Strukturen des Europäischen Verwaltungsrechts, 1999, S. 308 f.
134 Systematisch *Kluth* (N 7), §§ 58–65.
135 S. o. Rn. 12 ff.; *Pünder* (N 25); *Jens-Peter Schneider*, Strukturen und Typen von Verwaltungsverfahren, in: Hoffmann-Riem/Schmidt-Aßmann/Voßkuhle (N 1), § 28.
136 Grdl. *Voßkuhle* (N 22), S. 290 ff.
137 Vgl. zu letzterem *Martin Burgi*, Die Funktion des Verfahrensrechts in privatisierten Bereichen – Verfahren als Gegenstand der Regulierung nach Verantwortungsteilung, in: Wolfgang Hoffmann-Riem/Eberhard Schmidt-Aßmann, Verwaltungsverfahren und Verwaltungsverfahrensgesetz, 2002, S. 155 ff.

träge. Gemeinsame Strukturelemente, mit denen das Verfahrensrecht auf die besonderen rechtsstaatlichen Anforderungen an Rationalität und Sachgerechtigkeit der Verteilung antwortet, sind unter anderem die Information potentiell interessierter und qualifizierter Personen am Beginn und die Unterrichtung der Beteiligten über die beabsichtigte Verteilungsentscheidung vor dem Ende des Verfahrens, ferner die Vorhaltung eines rationalen Auswahlkonzepts, das eine abschichtende Behandlung der Verteilungskriterien ermöglicht, sowie Regeln zur Sicherung der behördlichen Neutralität.

– Qualitätssicherungsverfahren stehen heute neben den klassischen administrativen Prüfungsverfahren und sind dadurch gekennzeichnet, daß private Sachverständige in ihnen eine eigenständige Rolle spielen. Beispiele bilden das Zusammenspiel von Zertifizierung und Akkreditierung im Produktsicherheitsrecht, das Umwelt-Audit und das Datenschutz-Audit (§ 9 BDSG). Typisch für Qualitätssicherungsverfahren ist die Abfolge von privatrechtlichen und öffentlich-rechtlichen Verfahrensabschnitten. Verfahren dieser Art verlangen eine exakte und transparente Aufteilung der privaten und der behördlichen Prüfungsaufgaben. Registrierungs- und Dokumentationspflichten haben in ihnen besondere Bedeutung. **52** *Qualitätssicherungsverfahren*

– Risikoverfahren haben die Aufgabe, für risikobehaftete Innovationen zu verantwortbaren und akzeptierbaren Verwaltungsentscheidungen zu gelangen, obwohl hinreichendes Erfahrungswissen nicht verfügbar ist. Die Behörden haben hier einen erheblichen Gestaltungsspielraum, weil sie nicht nur prüfen und prognostizieren, sondern auch eine Risikoabwägung treffen müssen. Die entsprechend aufwendigen Verfahrensvorkehrungen lassen sich zum Beispiel im Arzneimittel- und im Technikrecht analysieren[138]: Aufbereitungspflichten des Antragstellers, Risikokommunikation unter Einschluß der Öffentlichkeit, Entscheidungsvorbereitung durch kollegiale Sachverständigengremien, ausgeprägte Möglichkeiten der Reversibilität von Entscheidungen. **53** *Risikoverfahren*

I. Grundformen

Grundlegende Gliederungskriterien einer allgemeinen Verwaltungsverfahrenslehre sind die Verfahrensphasen, die Verfahrenssubjekte, das Verfahrensrechtsverhältnis und das Verfahrensermessen[139]. Alle müssen heute auch daraufhin überprüft werden, inwieweit sie die informationstechnischen Vernetzungen der Verwaltung mit einbeziehen[140]. Querschnittsthemen sind ferner die Neutralität und Unbefangenheit[141], die allgemeine Öffentlichkeit von Behörden- **54** *Gliederungskriterien*

---

138 *Voßkuhle* (N 22), S. 277 (330 ff.); *Calliess* (N 5), S. 224 ff.
139 Zum folgenden Abschnitt ausführlich schon *Hill* (N 4), S. 258 ff.
140 Dazu *Gabriele Britz*, Reaktionen des Verwaltungsverfahrensrechts auf die informationstechnischen Vernetzungen in der Verwaltung, in: Wolfgang Hoffmann-Riem/Eberhard Schmidt-Aßmann (Hg.), Verwaltungsverfahren und Verwaltungsverfahrensgesetz, 2002, S. 213 ff.
141 Dazu *Michael Fehling*, Verwaltung zwischen Unparteilichkeit und Gestaltungsaufgabe, 2001; *Paul Kirchhof*, Die Bedeutung der Unbefangenheit für die Verwaltungsentscheidung, in: VerwArch 66 (1975), S. 370 ff.; rechtsvergleichend *Tanja Maier*, Befangenheit im Verwaltungsverfahren, 1998.

akten[142], der Schutz staatlicher und persönlicher Geheimnisse[143] und die Einbeziehung privaten Sachverstandes in die Entscheidungsverfahren der Verwaltung[144].

1. Verfahrensphasen

55 Als Ordnungsmodelle sind Verwaltungsverfahren phasengegliederte Abläufe. In der Realität mögen diese Phasen zu einem Vorgang von Sekundenschnelle zusammengezogen sein; für die wissenschaftliche Durchdringung sind sie unverzichtbar[145]. Verfahren nach einfachen Modellen bestehen aus einer Einleitungsphase, einer Phase der Entscheidungsvorbereitung, einer solchen der Entscheidungsfindung und aus der Phase der Entscheidungsformung und Bekanntgabe. Umsetzung (Implementation) und Kontrolle (Evaluation) schließen sich regelmäßig als selbständige Verfahren an. Jedem dieser Abschnitte sind typische Rechtsprobleme zugeordnet: Geht es in der *Einleitungsphase* um die Fragen eines Tätigwerdens von Amts wegen, um Bedeutung, Form und Fristen für Anträge[146] und um die Zulässigkeit von Vorgesprächen und informellen Kontakten[147], so sind bei der *Entscheidungsvorbereitung* besonders sorgsam die Fragen der Anhörung oder sonstiger Beteiligungen Dritter[148], der Öffentlichkeit oder anderer Verwaltungsstellen zu prüfen. Die Konstituierung des Verfahrens als Gesprächsmöglichkeit und Forum des Informationsaustausches vollzieht sich vor allem in diesem Abschnitt[149]. Die Phase der *Entscheidungsfindung* lenkt die Aufmerksamkeit dann auf die ordnungsgemäße Arbeit des Entscheidungsträgers am materiellen Entscheidungsprogramm, auf die richtige Auslegung des Tatbestandes und die Erfüllung seiner Ermittlungspflichten[150], auf die Ausfüllung normativ zuerkannter Beurteilungs-, Prognose- oder Ermessensermächtigungen und auf die subjektive Seite des Entscheidens. Die Phase der *Entscheidungsformung* schließlich hat sich vor allem mit der rechtsförmigen Klassifizierung der Entscheidung und den formabhängigen Bekanntmachungs- und Begründungsvorschriften zu befassen.

56 Verfahren komplexer Modelle bauen diese Grundphasen weiter aus, zerlegen sie in Unterabschnitte oder sehen spezifische Rückkoppelungen zwischen ihnen vor[151]. Genehmigungsverfahren für Industrieanlagen, Planfeststellungs-

---

142 *Friedrich Schoch/Michael Kloepfer*, Informationsfreiheitsgesetz (IFG-ProfE), 2002.
143 *Matthias Jestaedt*, Das Geheimnis im Staat der Öffentlichkeit, in: AöR 126 (2004), S. 204 ff.
144 → Bd. III, *Voßkuhle*, § 42.
145 Zu Einzelheiten *Thieme* (N 3), S. 35 ff.; *Hill* (N 4), S. 285 ff.
146 Dazu *Martin Schnell*, Der Antrag im Verwaltungsverfahren, 1986.
147 *Eberhard Schmidt-Aßmann*, in: Eibe Riedel (Hg.), Die Bedeutung von Verhandlungslösungen im Verwaltungsverfahren, 2002, S. 21 (30 f.).
148 Dazu *Dirk Ehlers*, Anhörung im Verwaltungsverfahren, in: Jura 1996, S. 617 ff.
149 Speziell zur Sprachenfrage vgl. *Reinhart E. Ingerl*, Sprachrisiko im Verfahren, 1988; → Bd. II, *P. Kirchhof*, § 20 Rn. 103.
150 *Michael Holoubek*, Die Bedeutung des Untersuchungsgrundsatzes im Verwaltungsverfahren, in: Wolfgang Hoffman-Riem/Eberhard Schmidt-Aßmann (Hg.), Verwaltungsverfahren und Verwaltungsverfahrensgesetz, 2002, S. 193 ff.
151 *Wolfgang Hoffmann-Riem*, Ermöglichung von Flexibilität und Innovationsoffenheit im Verwaltungsrecht, in: ders./Eberhard Schmidt-Aßmann (Hg.), Innovation und Flexibilität des Verwaltungshandelns, 1994, S. 9 (19 ff.).

verfahren für Infrastruktureinrichtungen und Normsetzungsverfahren sind so regelmäßig vielgliedrige Handlungsketten. Ein besonderes Problem ist es, dabei die Abschichtungsleistungen der einzelnen Phasen und den Verbindlichkeitsanspruch der in ihnen getroffenen (Teil-)Entscheidungen exakt zu bestimmen. Gestaltungselemente gestufter Verfahren sind Vorbescheide, Teilgenehmigungen[152] und unterschiedliche Arten von Präklusionen und die von ihnen vorausgesetzten verfahrensspezifischen Mitwirkungslasten der Beteiligten[153].

2. Verfahrenssubjekte

Unter den Verfahrenssubjekten[154] (Beteiligten im weiteren Sinne) hat die verfahrensleitende Verwaltungsstelle eine herausgehobene Position. Sie trägt die Verantwortung dafür, daß das Verfahren vorangetrieben und ordnungsgemäß abgewickelt wird. Inwieweit ihr die Verfahrensherrschaft voll umfänglich zusteht, hängt davon ab, ob die Einleitung des Verfahrens antragsbestimmt und wie lange ein gestellter Antrag rücknehmbar ist.

57 Stellung der verfahrensleitenden Behörde

Die Beteiligung weiterer Verwaltungsstellen kann in Anhörungs-, Vorlage-, Einvernehmens- oder Genehmigungstatbeständen gesetzlich vorgeschrieben sein[155]. Entsprechende Organisationsformen sind heute in §§ 71 a–e VwVfG vorgesehen[156]. Besonders ausgiebig sind Beteiligungsmöglichkeiten unter Einschluß der grenzüberschreitenden Behördenbeteiligungen in §§ 7, 8 UVPG vorgeschrieben. Im übrigen stehen sie im Ermessen der verfahrensleitenden Behörde, die sich dadurch weitere Informationsquellen erschließen oder die Implementation ihrer Entscheidung erleichtern will[157].

58 Verfahrensbeteiligte im weiteren Sinne

Die Beteiligung Privater kann unmittelbar verfassungsgeboten sein[158]. Regelmäßig wird sie jedoch erst durch das einfache Recht angeordnet und ausgeformt. Die Gesetze nehmen die notwendigen Typisierungen und Formalisierungen der Beteiligung vor, ohne die Verwaltungsverfahren schwer handhabbar wären. Insofern verdient die Regelungstechnik des § 13 VwVfG, die zwischen „geborenen" Beteiligten und durch förmliche Hinzuziehung „gekorenen" Beteiligten trennt, über den Anwendungsbereich der Verwaltungsverfahrensgesetze hinaus Beachtung.

59 Beteiligung Privater

---

152 BVerwGE 70, 365 (372); 72, 300 (306 ff.); *Stefan Salis*, Gestufte Genehmigungsverfahren im Umweltrecht, 1991; vgl. auch *Christoph Brüning*, Einstweilige Verwaltungsführung, 2003.
153 Dazu *Hans Christian Röhl/Clemens Ladenburger*, Die materielle Präklusion im raumbezogenen Verwaltungsrecht, 1997, S. 16 ff.
154 Vgl. *Ule/Laubinger* (N 18), §§ 9 ff.; *Hill* (N 4), S. 265 ff.
155 *Thorsten Siegel*, Die Verfahrensbeteiligung von Behörden und anderen Trägern öffentlicher Belange, 2001.
156 Dazu *Heinz Joachim Bonk*, in: Paul Stelkens/Heinz Joachim Bonk/Michael Sachs, Verwaltungsverfahrensgesetz, Kommentar, ⁶2003, §§ 71 a ff.
157 Speziell zur Amtshilfe vgl. §§ 4–8 VwVfG; *Ule/Laubinger* (N 18), § 11.
158 Vgl. die Nachweise in N 78 und 123.

3. Verfahrensrechtsverhältnis

60

Figur des Verfahrensrechtsverhältnisses

Ein weiteres Strukturelement der Verfahrenslehre ist das Verfahrensrechtsverhältnis[159]. Es lenkt die Aufmerksamkeit auf das Beziehungsgefüge zwischen den Verfahrenssubjekten. Das Verfahrensrechtsverhältnis kann zeitlich über die Dauer des Verfahrens hinausgreifen. Ein Verfahren kann aber auch aus mehreren Verfahrensrechtsverhältnissen bestehen. Rechtsverhältnisse verklammern Rechte, Befugnisse, Pflichten und Obliegenheiten, die primär gesetzlich begründet sein müssen. Im Rahmen der entsprechenden gesetzlichen Tatbestände ist der Gedanke des Verfahrensrechtsverhältnisses ein Element der systematischen und teleologischen Interpretation. Darüber hinausgehend kann er Grundlage ungeschriebener verfahrensrechtlicher Nebenpflichten sein[160], die als Obliegenheiten auch private Beteiligte treffen, ohne daß es zu ihrer Begründung einer speziellen gesetzlichen Regelung bedarf[161]. Erzwingbare Pflichten und strikte Sanktionen, zum Beispiel Präklusionsregelungen, müssen dagegen stets gesetzlich begründet sein.

61

Gedanke der Waffengleichheit

Besondere Bedeutung erlangt das Verfahrensrechtsverhältnis im Zusammenhang mit mehrpoligen Interessenlagen und ihrer Klärung durch komplexe Verwaltungsentscheidungen. Das Verfahrensrecht muß hier den gerechten Ausgleich kollidierender Privatinteressen nach Maßgabe des materiell-rechtlichen Konfliktschlichtungsprogramms sicherstellen[162]. Es dient hier dazu, dem Gedanken der Waffengleichheit zwischen den privaten Interessenträgern in konkreten Mitwirkungsrechten und -lasten Ausdruck zu geben.

4. Verfahrensermessen

62

Grundregel

In den vielfältigen Einzelfragen der Verfahrensführung steht der verfahrensleitenden Stelle, unbeschadet spezieller gesetzlicher Pflichtentatbestände, im übrigen ein Verfahrensermessen zu[163]. Soweit Sonderregelungen nicht bestehen, sind Verfahren einfach, zweckmäßig und zügig durchzuführen[164]. Der eingesetzte Verfahrensaufwand muß in einem vernünftigen Verhältnis zu Bedeutung und Gewicht der zu erwartenden Entscheidung stehen. Ein einklagbarer Rechtsanspruch auf eine bestimmte Verfahrensgestaltung besteht regelmäßig nicht[165]. Die Determinanten der Ermessensbetätigung ergeben sich aus der jeweiligen Funktion des Verfahrens und können sehr unterschied-

---

159 Dazu *Hill* (N 4), S. 271 ff.; *Stelkens/Schmitz* (N 23) § 9 Rn. 5 ff.
160 *Stelkens/Schmitz* (N 23), § 9 Rn. 30 ff.; *Hartmut Bauer*, Rechtsformen und Rechtsverhältnisse als Elemente einer zeitgemäßen Verwaltungsrechtsdogmatik, in: DV 1992, S. 301 (321 f.); zurückhaltender *Thomas v. Danwitz*, Zu Funktion und Bedeutung der Rechtsverhältnislehre, in: DV 1997, S. 339 (350 ff.).
161 BVerwGE 69, 46 (47 f.) – Obliegenheit zu unverzüglicher Rüge einer Prüfungsstörung aufgrund des Prüfungsverhältnisses i.V.m. dem Grundsatz von Treu und Glauben.
162 So *Matthias Schmidt-Preuß*, Kollidierende Privatinteressen im Verwaltungsrecht, 1992, S. 495 ff.
163 *Hermann Hill*, Verfahrensermessen der Verwaltung, in: NVwZ 1985, S. 449 ff.
164 So § 10 S. 2 VwVfG, der ein über den Anwendungsbereich des VwVfG (s.o. Rn. 14) hinauswirkender allgemeiner Verfahrensgrundsatz ist. *Martin Bullinger*, Beschleunigung von Investitionen durch Parallelprüfung und Verfahrensmanagement, in: JZ 1993, S. 492 ff.
165 *Clausen* (N 24), § 10 Rn. 9.

lich sein. Ein wichtiges Ziel ist eine rechtzeitige Entscheidung. Läßt sich den gesetzlichen Grundlagen eine bestimmte Richtung der Verfahrensführung entnehmen („intendiertes Ermessen"), so kann das den Verfahrensaufwand vereinfachen[166].

II. Verfahrensfehler und Fehlerfolgen

Der Bedeutung des Verfahrens als eines grundlegenden Ordnungsmodells der verwaltungsrechtlichen Systembildung entsprechend ist die Entwicklung einer Verfahrensfehler- und Fehlerfolgenlehre eine Gegenwartsaufgabe öffentlich-rechtlicher Dogmatik[167]. Verfahrensfehler werden dabei definiert als die unrichtige Anwendung von Verfahrensrecht[168], mag es sich dabei um Verstöße gegen EG-Recht, Verfassungs- und Gesetzesrecht oder gegen verfahrensrechtliche Rechtsgrundsätze handeln. Auch die Verfehlung der gebotenen Verfahrensart und die Durchführung eines Verfahrens trotz fehlender Verfahrensvoraussetzungen gehören in den Bereich der Verfahrensfehler[169]. Die Behandlung der so definierten Verfahrensfehler durch das Recht führt zu zwei großen Problemkreisen, die man als den präventiven und den repressiven Teil einer Verfahrensfehlerlehre bezeichnen kann[170]:

63
Teile einer Verwaltungsverfahrensfehlerlehre

– Zum einen geht es darum, in welchem Maße innerhalb und unter Umständen auch außerhalb eines Verfahrens die Einhaltung des einschlägigen Verfahrensrechts verlangt und gegebenenfalls aufsichtsbehördlich oder gerichtlich isoliert durchgesetzt werden kann. Auch das Problem einer Selbstkorrektur der Verwaltung im laufenden Verfahren fällt in diesen präventiven Teil.

Präventiver Teil

– Zum anderen wird gefragt, welche Konsequenzen Verfahrensfehler für die aus dem Verfahren hervorgegangenen Sachentscheidungen haben. Dabei steht die Frage der Wirksamkeit der solchermaßen „infizierten" Sachentscheidung im Mittelpunkt des Interesses.

Repressiver Teil

1. System der Fehlersanktionen

In beiden Problembereichen geht es um die Sanktionen für fehlerhaftes Verwaltungshandeln, die ihrerseits ein Grundthema des Rechtsstaates sind[171],

64
Fehlersanktionen als System

---

166 Vgl. BVerwGE 105, 55 (57) – Erleichterung der Begründungserfordernisse für die Rücknahme eines Subventionsbescheids.
167 Dazu die Schriften von *Hill* (N 4) und *Hufen* (N 4); *Martin Morlock*, Die Folgen von Verfahrensfehlern am Beispiel kommunaler Satzungen, 1988; *Clemens Ladenburger*, Verfahrensfehlerfolgen im französischen und deutschen Verwaltungsrecht, 1999.
168 *Hill* (N 4), S. 301.
169 *Hill* (N 4), S. 301 ff.
170 Dazu auch rechtsvergleichend *Eberhard Schmidt-Aßmann/Hannes Krämer*, Das Verwaltungsverfahren und seine Folgen, in: EuZöR 1993, Sonderheft, S. 99 ff.
171 Grundlegend *Walter Jellinek*, Der fehlerhafte Staatsakt und seine Wirkungen, 1908; *Hans-Uwe Erichsen*, Verfassungs- und verwaltungsrechtliche Grundlagen der Lehre vom fehlerhaften belastenden Verwaltungsakt und seiner Aufhebung im Prozeß, 1971; *Hans-Jürgen Papier*, Der verfahrensfehlerhafte Staatsakt, 1973; *Jörn Ipsen*, Rechtsfolgen der Verfassungswidrigkeit von Norm und Einzelakt, 1980.

weil sie den Ernst exekutivischer Gesetzesbindung (Art. 20 Abs. 3 GG) widerspiegeln und deshalb im Schnittpunkt von Rechtsdogmatik und Verwaltungskultur liegen. Kein Rechtsstaat kann ohne eine systematische und abgewogene Sanktionslehre auskommen[172]. Der systematische Aspekt zwingt dazu, die Gesamtheit möglicher Schutzmechanismen – neben dem primären und sekundären Rechtsschutz also auch die aufsichts-, haftungs-, disziplinar- und strafrechtlichen Konsequenzen – in die Betrachtung einzubeziehen, weil erst so die praktische Durchsetzungschance des Rechts beurteilt werden kann. Das Gebot abwägender Bestimmung verlangt, die Gesamtheit der auf eine Folgenmaximierung oder -minimierung drängenden Rechtswerte und Interessen auszugleichen, statt eine Lösung nach abstrakten Maximen zu suchen.

65
Unbrauchbarkeit globaler Formeln: „dienende Funktion", „Grundrechtsrelevanz"

Im Lichte dieses Gebotes ist es verfehlt, die Fehlerfolgenlehre ganz vom Topos der „dienenden Funktion des Verfahrensrechts"[173] her aufbauen zu wollen. Das ist in den Diskussionen um die Beschleunigung von Verwaltungsverfahren gelegentlich nicht richtig gesehen worden[174]. Zweifellos steht das Verfahrensrecht vielfach im Dienste materieller Rechtmäßigkeit. Doch ist das nicht seine einzige Aufgabe[175], und sie ist, wo sie sich zum Beispiel bei gebundenen Entscheidungen am ehesten nachweisen läßt, in den einzelnen Verfahrensinstituten zu differenziert ausgebildet, als daß aus ihr eine durchgängige Leitlinie der Verfahrensfehlerlehre gewonnen werden könnte. Zwischen den Polen der Vorschriften mit ausschließlich „dienender Funktion" und solcher mit „Selbstand" läßt sich dann ein breites Spektrum von Verfahrensnormen entfalten, das technische Ordnungsvorschriften, erkenntnisprägende Vorschriften des objektiven Rechts, subjektiv-rechtsschützende und verfahrenskonstitutive Bestimmungen trennt. Die Vorstellung von der dienenden Funktion ist nur Teilaspekt einer funktionalen Analyse des Verfahrensrechts, einer verfahrensrechtlichen Normzwecklehre, die der Ergänzung durch den Gegengesichtspunkt der Selbständigkeit des Verfahrensrechts bedarf. Eine allgemeine Minimalisierung des Verfahrensrechts und seiner Verletzungsfolgen ist daraus nicht zu gewinnen.

66
Grundrechtsrelevanz des Verfahrens

Ebensowenig läßt sich umgekehrt die sogenannte Grundrechtsrelevanz des Verfahrens nutzen, um die Folgen von Verfahrensfehlern möglichst expansiv zu bestimmen[176]. Dieser Topos ist ebenfalls zu weitläufig, als daß er angesichts der ganz unterschiedlichen Nähebeziehungen zwischen Grundrechten und Verfahrensrecht[177] eine allgemeine Leitlinie sein könnte. Sogar in jenen engeren Bereichen, in denen ein Grundrecht bestimmte verfahrensmäßige Siche-

---

172 → Bd. II, *Schmidt-Aßmann*, § 26 Rn. 62 ff.; *Fritz Ossenbühl*, Eine Fehlerlehre für untergesetzliche Normen, in: NJW 1986, S. 2805 ff.; systematisch *Hill* (N 4), S. 332 ff.: „Gebot der sach- bzw. systemgerechten Differenzierung der Sanktionen".
173 Zu diesem oft anzutreffenden Topos vgl. *Schmidt-Aßmann* (N 2), S. 305.
174 Zu dieser Diskussion vgl. nur *Kahl* (N 10), S. 67 (72 ff.) m. weit. Nachw.
175 Darstellung des Meinungsstandes bei *Held* (N 53), S. 35 ff.
176 So im Ergebnis auch *Hill* (N 4), S. 335 f.; *Held* (N 53), S. 237 f.; extensiv dagegen *Friedhelm Hufen*, Heilung und Unbeachtlichkeit grundrechtsrelevanter Verfahrensfehler?, in: NJW 1982, S. 2160 ff. Zu den Konsequenzen der unterschiedlichen Ansätze *Hufen* (N 4), S. 315 Rn. 510, S. 330 ff. Rn. 545 ff.
177 S. o. Rn. 21 ff.

rungen voraussetzt, sind diese doch nicht in allen ihren einfachgesetzlichen Ausprägungen in die Substanz des Grundrechts rezipiert, so daß schon jede Verletzung einer Verfahrensvorschrift notwendig als Grundrechtsverstoß anzusehen wäre. Selbst dort, wo eine solche Verletzung nachweisbar sein sollte, lassen sich die Fehlerfolgen nicht einem vorgegebenen Regelwerk entnehmen, sondern sind gesondert zu bestimmen. Mag dabei das verletzte Grundrecht auch deutlich auf eine möglichst weitgehende Restitution drängen, so muß das doch nicht zwingend zur isolierten Geltendmachung des betroffenen Verfahrensrechts oder zur Anerkennung eines absoluten Aufhebungsgrundes führen. Die Fehlerfolgenlehre der Staatsakte hat vielmehr auch gegenläufige Interessen des Bestandserhalts, der Verwaltungseffizienz und der Rechte Dritter zu berücksichtigen.

Die Lehre von den Verfahrensfehlerfolgen wird nach alledem beherrscht von einem breiten „Sanktionierungsspielraum" (Felix Weyreuther), der zuallererst dem Gesetzgeber zukommt[178]. Die Verwaltungsrechtswissenschaft hat die maßgeblichen Kriterien aufgezeigt, an denen sich eine Folgensystematik orientieren kann[179]. Dieses sind die Handlungsform, der Gegenstand und der Regelungsgehalt der Entscheidung, die Verfahrensstruktur, die Art und Bedeutung der betroffenen Vorschriften, die Interessenkonstellation der Verfahrensbeteiligten einschließlich der im Spiel befindlichen Grundrechtspositionen und die verfügbaren (flankierenden) Sicherungsinstrumente. Das alles kann nur in einer differenzierten Fehlerfolgensystematik zusammengeführt werden.

67
Sanktionierungsspielraum des Gesetzgebers

Voraussetzung ist die funktionale Analyse

2. Einzelfragen

Die Bestimmung der adäquaten Fehlerfolge setzt eine gründliche Analyse der Bedeutung der jeweiligen Verfahrensnorm voraus. Die grundrechtlichen Schutzaufgaben dürfen dabei angesichts der Multifunktionalität des Verfahrensrechts nicht überbewertet werden. Verfahrensvorschriften können auch bloße Ordnungsvorschriften des inneradministrativen Entscheidungsprozesses sein, die auf andere Weise, zum Beispiel über aufsichtsbehördliche Mittel, statt durch das überkommene System der Aufhebungsansprüche unter Sanktion gestellt werden können. Wieder andere Verfahrensregeln haben zwar einen hohen rechtsschützenden Wert, lassen sich aber durch eben dieses System nur unzulänglich sichern, sie verlangen vielmehr die Ausbildung spezieller Schutzmechanismen. So ist Verstößen gegen Geheimhaltungsvorschriften auch präventiv zu begegnen, während sie auf die Rechtmäßigkeit der Sachentscheidung nur dann einwirken, wenn sie mit einem Verwertungsverbot gekoppelt sind. Das Beispiel zeigt, daß die Einschränkung der isolierten Geltendmachung von Verfahrensfehlern, wie sie § 44a VwGO vorsieht, nur

68
Unterschiedliche Funktionen der Verfahrensvorschriften

---

178 Ebenso *Hill* (N 4), S. 332 ff.; *Schmidt-Aßmann/Krämer* (N 170), S. 99 ff.
179 *Hill* (N 4), S. 339 ff.

69
Gesetzliche
Lösungsansätze

einen schmalen Ausschnitt der Problematik erfaßt und nicht extensiv gehandhabt werden darf[180].

Vorschriften, die den repressiven Teil der Fehlerlehre systematisch angehen, sind die §§ 45, 46 VwVfG und die §§ 214–216 BauGB[181]. Sie schaffen für die Folgen von Verfahrensfehlern ein Sonderrecht, das auf der Kombination von drei Systemgedanken beruht: Zum ersten wird an die Unterscheidung von bloßen Ordnungsvorschriften und substantiellen Verfahrensvorschriften angeknüpft und eine Reihe von Verfahrensrechtsverstößen für schlechthin unbeachtlich erklärt. Zum zweiten wird anerkannt, daß unterbliebene Verfahrenshandlungen mit heilender Wirkung nachgeholt werden können[182]. Schließlich zeigen beide Normkomplexe eine Tendenz, Verfahrensfehlerfolgen dort zu begrenzen oder ganz auszuschließen, wo in der Sache selbst richtig entschieden ist. Dazu treten Fristenregelungen für die Geltendmachung von Verfahrensverstößen. Einzelne dieser Ansätze für eine Sonderbehandlung von Verfahrensfehlern finden sich auch in anderen europäischen Rechtsordnungen[183]. In ihrer Massierung sticht das deutsche Recht aber heraus. Selbst wenn die Grenze des verfassungsrechtlich Zulässigen damit nicht überschritten ist, bleiben verwaltungspolitische Einwände. Die wiederholten Änderungen der genannten Vorschriften[184] zeigen Unsicherheiten in der gesetzgeberischen Kursbestimmung an. Eine Stärkung des Verfahrensgedankens muß offensiver angegangen werden[185].

---

180 Zur Kritik an der Regelung des § 44a VwGO vgl. die Nachweise bei *Hufen* (N 4), S. 390 ff. Rn. 634 f.; ausführlich und differenziert die Arbeit von *Michael Eichberger*, Die Einschränkung des Rechtsschutzes gegen behördliche Verfahrenshandlungen, 1986, S. 201 ff.
181 Dazu die Nachweise bei *Hill* (N 4), S. 96 ff. und 154 ff.; zu Einwirkungen des EG-Rechts vgl. *Martin Kment*, Die Stellung nationaler Unbeachtlichkeits-, Heilungs- und Präklusionsvorschriften im europäischen Recht, in: EuR 2006, S. 201 f.
182 Vgl. *Uwe Kischel*, Folgen von Begründungsfehlern, 2004, S. 148 ff.
183 Vgl. nur *Ladenburger* (N 167), S. 290 ff., 383 ff. und 466 ff. (vergleichend zum französischen und deutschen Recht).
184 Zuletzt die Neufassung der §§ 214 – 216 BauGB durch Gesetz vom 24.6.2004 (BGBl I, S. 1359); dazu *Klaus Finkelnburg*, Die Änderung des Baugesetzbuchs durch das Europarechtsanpassungsgesetz Bau, in: NVwZ 2004, S. 897 (901).
185 *Schmidt-Aßmann* (N 9).

E. Bibliographie

Daniel Bergner, Grundrechtsschutz durch Verfahren – Eine rechtsvergleichende Untersuchung des deutschen und britischen Verwaltungsverfahrensrechts, 1998.
Gralf-Peter Calliess, Prozedurales Recht, 1999.
Michael Fehling, Verwaltung zwischen Unabhängigkeit und Gestaltungsaufgabe, 2001.
Jürgen Held, Der Grundrechtsbezug des Verwaltungsverfahrens, 1984.
Hermann Hill, Das fehlerhafte Verfahren und seine Folgen im Verwaltungsrecht, 1986.
ders./Rainer Pitschas (Hg.), Europäisches Verwaltungsverfahrensrecht, 2004.
Wolfgang Hoffmann-Riem/Eberhard Schmidt-Aßmann (Hg.), Verwaltungsverfahren und Verwaltungsverfahrensgesetz, 2002.
Wolfgang Hoffmann-Riem/Eberhard Schmidt-Aßmann/Andreas Voßkuhle (Hg.), Grundlagen des Verwaltungsrechts, Bd. I: 2006; Bd. II: 2007.
Friedhelm Hufen, Fehler im Verwaltungsverfahren, ^{4}2002.
Heike Jochum, Verwaltungsverfahrensrecht und Verwaltungsprozeßrecht, 2004.
Wolfgang Kahl, Grundrechtsschutz durch Verfahren in Deutschland und in der EU, in: VerwArch 2004, S. 1 ff.
Dieter Kugelmann, Die informatorische Rechtsstellung des Bürgers, 2001.
Clemens Ladenburger, Verfahrensfehlerfolgen im französischen und im deutschen Verwaltungsrecht, 1999.
Peter Lerche/Walter Schmitt Glaeser/Eberhard Schmidt-Aßmann, Verfahren als staats- und verwaltungsrechtliche Kategorie, 1984.
Jörg Lücke, Begründungszwang und Verfassung, 1987.
Hanns Peter Nehl, Europäisches Verwaltungsverfahren und Gemeinschaftsverfassung, 2002.
Jost Pietzcker, Verwaltungsverfahren zwischen Verwaltungseffizienz und Rechtsschutzauftrag, in: VVDStRL 41 (1983), S. 193 ff.
Rainer Pitschas, Verwaltungsverantwortung und Verwaltungsverfahren, 1990.
Matthias Rossi, Informationszugangsfreiheit und Verfassungsrecht, 2004.
Arno Scherzberg, Die Öffentlichkeit der Verwaltung, 2000.
Eberhard Schmidt-Aßmann, Das allgemeine Verwaltungsrecht als Ordnungsidee, ^{2}2004.
ders., Verwaltungsverfahren und Verwaltungskultur, in: NVwZ 2007, S. 40 ff.
Friedrich Schoch, Der Verfahrensgedanke im allgemeinen Verwaltungsrecht, in: DV 25 (1992), S. 21 ff.
ders./Michael Kloepfer, Informationsfreiheitsgesetz (IGF-ProfE), 2002.
Gunnar Folke Schuppert, Verwaltungswissenschaft, 2000.
Jürgen Schwarze, Der funktionale Zusammenhang von Verwaltungsverfahrensrecht und verwaltungsgerichtlichem Rechtsschutz, 1974.
Georgios Trantas, Akteneinsicht und Geheimhaltung im Verwaltungsrecht, 1998.
Carl Hermann Ule/Hans-Werner Laubinger, Verwaltungsverfahrensrecht, ^{4}1995.
Rainer Wahl, Das Verhältnis von Verwaltungsverfahren und Verwaltungsprozessrecht in europäischer Sicht, in: DVBl 2003, S. 1285 ff.
ders., Verwaltungsverfahren zwischen Verwaltungseffizienz und Rechtsschutzauftrag, in: VVDStRL 41 (1983), S. 151 ff.
Berndhard W. Wegener, Der geheime Staat, 2006.

§ 110
Der öffentliche Dienst

Helmut Lecheler

Übersicht

	Rn.		Rn.
A. Öffentlicher Dienst als Rechtsbegriff	1– 3	4. Berücksichtigungspflicht	55
B. Verfassungsrecht des öffentlichen Dienstes	4–113	5. Art. 33 Abs. 5 GG als grundrechtsgleiches Recht	56
I. Art. 33 GG – die verfassungsrechtliche Grundlage des öffentlichen Dienstes	4– 12	6. Grundrechtseinschränkung aufgrund Art. 33 Abs. 5 GG	57
1. Staatsdienerrecht als genuines Staatsrecht	4– 5	7. Art. 33 Abs. 5 GG als Gesetzgebungsauftrag	58
2. Bedeutung des Art. 33 GG für den ganzen öffentlichen Dienst	6	V. Beamtenverhältnis – Sonderstatus kraft Verfassung	59– 65
3. Chancengleichheit im öffentlichen Dienst	7– 10	1. Wesentliche Unterschiede zwischen Beamtenstatus und den Bediensteten nach privatem Recht	59– 60
4. Art. 33 GG als unmittelbar bindendes Bundesrecht	11– 12	2. Unterschiede im einzelnen	61– 65
II. Beamtenstatus als Regeltyp des öffentlichen Dienstrechts: Funktionsvorbehalt	13– 29	VI. Konkretisierung der hergebrachten Grundsätze im Beamtenrecht	66–104
1. Verhältnis von Regel und Ausnahme	13– 15	1. Treue nach Gesetz?	67– 73
2. Reichweite des Funktionsvorbehaltes	16– 23	2. Zunehmender Parteieneinfluß auf den öffentlichen Dienst – Kapitulation vor dem Parteienstaat oder neue Form der Objektivität?	74– 82
3. Streitpunkt Verwaltungsprivatrecht	24– 28	3. Formklarheit des Beamtenrechts	83– 90
4. Höchstrichterliche Rechtsprechung	29	4. Laufbahnordnung	91– 98
III. Beamtenrecht – im wesentlichen Bundesrecht	30– 38	5. Mitbestimmung der Beamten	99–104
1. Besoldungsvereinheitlichung	31– 33	VII. Recht der Angestellten und Arbeiter im öffentlichen Dienst	105–113
2. Versorgungsrecht	34– 35	1. Keine Sonderstellung für Dienstordnungsangestellte	106
3. Beamtenrahmengesetz	36– 38	2. Abschluß befristeter Arbeitsverträge	107–108
IV. Beamtenrecht nach hergebrachten Grundsätzen	39– 59	3. Verfassungstreueerfordernis auch für privatrechtliche Bedienstete	109–113
1. Hergebrachte Grundsätze der Beamtenverfassung	39– 52		
2. Voraussetzungen für einen hergebrachten Grundsatz	52– 53		
3. Art. 33 Abs. 5 GG ist unmittelbar geltendes Verfassungsrecht	54	C. Bibliographie	

A. Öffentlicher Dienst als Rechtsbegriff

1
Beamte, Angestellte, Arbeiter des öffentlichen Dienstes

Der öffentliche Dienst ist gegliedert in Beamte, Angestellte und Arbeiter. Der hauptsächliche Unterschied zwischen diesen Bedienstetengruppen besteht darin, daß das Beamtenverhältnis kraft ausdrücklicher verfassungsrechtlicher Regelung öffentlich-rechtlich organisiert und durch seine Pflichtbindung charakterisiert ist (Art. 33 Abs. 4 und 5 GG), während Angestellte und Arbeiter in einem privatrechtlich geregelten Beschäftigungsverhältnis stehen. Diese letzteren beiden Bedienstetengruppen unterscheiden sich zum einen in den tarifrechtlichen Rahmenbedingungen[1], zum anderen in sozialversicherungsrechtlicher Hinsicht[2].

2
Verfassungsrechtlicher Begriff

Der Begriff des öffentlichen Dienstes steht nicht zur freien Disposition des Gesetz- und Verordnunggebers. Er hat seine Tradition im Verfassungsrecht, wie seine selbstverständliche Verwendung in Art. 33 Abs. 4 GG bekundet. In seinen wesentlichen Konturen ist der Begriff damit bereits vorgegeben[3]. Der öffentliche Dienst erfaßt den Kreis derjenigen Personen, die unmittelbar in einem Dienstverhältnis zu einer öffentlich-rechtlichen Anstalt, Körperschaft oder Stiftung stehen. Das sind also die Beamten und die Richter[4], die entweder im Dienst des Bundes oder eines Landes stehen (§ 3 DRiG), und die Soldaten in einem Wehrdienstverhältnis zur Bundesrepublik Deutschland (§ 1 Abs. 1 SG)[5] sowie die Angestellten und Arbeiter öffentlicher Dienstherren.

3
*Notare
Minister*

Notare, die „unabhängige Träger eines öffentlichen Amts" sind (§ 1 BNotO), zählen nicht hierher, weil sie nicht in einem Dienstverhältnis zum Staat stehen[6]; ebenso nicht die Bundesminister, die parlamentarischen Staatssekretäre und – aufgrund ihrer staatsrechtlichen Sonderstellung (Neutralität) – die Mitglieder des Direktoriums der Deutschen Bundesbank: Sie alle stehen in einem öffentlich-rechtlichen Amtsverhältnis, das nach Maßgabe der jeweiligen Gesetze besondere, vom Beamtenrecht abweichende Regelungen enthält[7]. Derartiges Sonderrecht ist gerechtfertigt, soweit es Amtswalter betrifft, die wegen der Eigenart ihrer Aufgabe nicht in den allgemeinen Verwaltungsaufbau eingegliedert sind.

---

1 Bundesangestelltentarif (BAT) für die Angestellten, ergänzt jeweils durch Sondertarife, z.B. im Justizvollzugsdienst, in Versorgungs- und Nahverkehrsbetrieben, bei Sparkassen usw.; Manteltarif für die Arbeiter im öffentlichen Dienst, ebenfalls ausgefüllt von speziellen Tarifverträgen, z.B. für landwirtschaftliche Arbeiter, für Arbeiter der Wasser- und Schiffahrtsverwaltung, für Arbeiter von Kernforschungsanlagen usw.
2 Vgl. *Dirk Böhmann*, TVöD statt BAT, in: Forschung und Lehre 4 (2005), S. 193.
3 BVerfGE 55, 207 (227ff.); ähnlich BVerwGE 30, 81; 49, 147 (140). Aus der Lit. vgl. vor allem *Josef Isensee*, Öffentlicher Dienst, in: HdbVerfR, S. 1149 (1151).
4 → Unten *Sodan*, § 113.
5 → Bd. IV, *F. Kirchhof*, § 84.
6 BayVerfGH, in: VGHE 29, 123 (179).
7 §§ 1 BMinG; 1 Abs. 3 ParlStG; 7 Abs. 4 BBankG (während im übrigen mittelbare Bundesbeamte beschäftigt werden).

B. Verfassungsrecht des öffentlichen Dienstes

I. Art. 33 GG – die verfassungsrechtliche Grundlage des öffentlichen Dienstes

1. Staatsdienerrecht als genuines Staatsrecht

Das Recht des öffentlichen Dienstes wird in seinen Strukturen von der Verfassung des Bundes geprägt. Bewußt knüpft das Grundgesetz an die gewachsene deutsche Rechtstradition an, nimmt sie in die neue Ordnung auf und schafft damit einen spezifisch deutschen Beitrag zur Realität des Verfassungsstaates, ja „die deutsche Form der Demokratie ist nur begreifbar aus der Eigenart des deutschen Beamtentums"[8]. Das öffentliche Dienstrecht ist nicht einer von vielen Teilen des besonderen Verwaltungsrechts. In der deutschen Staatstradition handelt es sich beim Staatsdienerrecht um genuines Staatsrecht, das die Vorbedingungen für den Wirkbereich des Staates schafft[9].

[4] Gewachsene deutsche Rechtstradition

Genuines Staatsrecht

Das Staatsdienerrecht, so wie es im Grundgesetz Gestalt gefunden hat, widerspiegelt auf der personalen Seite des Staates die Verbindung der Aufbauprinzipien dieser staatlichen Ordnung: die Verbindung zwischen Demokratie, sozialem Rechtsstaat und Republik[10]. Die Amtsidee[11] ermöglicht es, die Vollzugsgewalt in einer festen Ordnung überschaubar, lenkbar und kontrollierbar zu machen; sie hat dazu beigetragen, im Konstitutionalismus des 19. Jahrhunderts den Absolutismus des 17. und 18. Jahrhunderts zu überwinden[12]. Die organisatorische Unterordnung unter die Leitungsgewalt des verantwortlichen Ministers verhilft der demokratischen Entscheidung des Parlaments erst zum Leben. Die innere Ordnung der Beziehungen zwischen dem Dienstherrn und seinem Personal wird zum Vorbild und Leitbild einer sozialen Ausgestaltung von Dienstverhältnissen, das heute allerdings Gefahr läuft, aus radikalem und formalem Gleichheitsdenken heraus zerstört zu werden.

[5] Idee des Amtes

2. Bedeutung des Art. 33 GG für den ganzen öffentlichen Dienst

Das Verfassungsrecht des öffentlichen Dienstes hat seine Kernbestimmung in Art. 33 GG. Sie enthält unmittelbar bindendes Recht. Der Schwerpunkt des Art. 33 GG liegt in der Fixierung des Beamtenverfassungsrechts durch die institutionelle Garantie[13] des Berufsbeamtentums: Status und Aufgabenge-

[6] Art. 33 GG als Kernbestimmung

---

8 *Isensee* (N 3), S. 1159, der das dort eingehend begründet (S. 1152 ff.) und die Rolle des Beamtentums als eines geschichtlichen Wegbereiters deutscher Verfassungsstaatlichkeit zu Recht hervorhebt (S. 1159 ff.); anders etwa die Tradition und auch die neuere Entwicklung in der Schweiz: Vgl. dazu *Yvo Hangartner*, Neue Entwicklungen im schweizerischen Beamtenrecht, in: ZBR 1984, S. 197 ff. m. weit. Nachw.
9 → Bd. I, *Isensee*, § 15 Rn. 177, 189.
10 Eingehend *Isensee* (N 3), S. 1152 ff.
11 → Bd. IV, *Isensee*, § 71 Rn. 24, 146, 147 ff.
12 Vgl. *Walter Leisner*, Demokratie – Selbstzerstörung einer Staatsform?, 1979, S. 119.
13 Vgl. *Ute Mager*, Einrichtungsgarantien: Entstehung, Wurzeln, Wandlungen und grundgesetzgemäße Neubestimmung einer dogmatischen Figur des Verfassungsrechts, 2003.

biet werden in Abs. 4 garantiert; in Abs. 5 wird das Treueverhältnis inhaltlich konkretisiert[14]. Die Spezialisierung des allgemeinen Gleichheitssatzes in Art. 33 Abs. 3 GG, der eine Differenzierung nach der Zugehörigkeit oder Nichtzugehörigkeit zu einem Bekenntnis oder einer Weltanschauung verbietet, gilt für den gesamten öffentlichen Dienst, also nicht nur für Beamte, sondern auch für Angestellte und Arbeiter. Ebenso umfassend gilt die positive Auswahlvorschrift des Art. 33 Abs. 2 GG, die jedem Deutschen „nach seiner Eignung, Befähigung und fachlicher Leistung gleichen Zugang zu jedem öffentlichen Amt" gewährt[15].

3. Chancengleichheit im öffentlichen Dienst

7
Gleichheit des Zugangs

Mit der Gewährleistung eines gleichen Zugangs zum öffentlichen Dienst hat die Verfassung die Chancengleichheit für den Binnenbereich des Staates in vollem Umfang verwirklicht. Voraussetzung ist ein besetzbares öffentliches Amt und der Wille des Trägers der Personalhoheit, dieses Amt zu besetzen[16]. Art. 33 Abs. 2 GG ist eine Spezialisierung des allgemeinen Gleichheitssatzes[17]; er gewährt ein Recht auf gleichen Zugang, begründet aber kein Recht auf Einrichtung oder Besetzung von Arbeitsplätzen im öffentlichen Dienst. Die Entscheidung über die Besetzung eines öffentlichen Amtes mit einem Amtswalter muß an der zu erfüllenden Verwaltungsaufgabe und an den verfügbaren Finanzen ausgerichtet werden; sie darf nicht Instrument der Konjunktur- oder Beschäftigungspolitik werden[18].

8
Leistungsprinzip

Bei der Auswahl der Bewerber nach Eignung, Befähigung und fachlicher Leistung gewährleistet die Verfassung das Leistungsprinzip für den gesamten öffentlichen Dienst. Während die Befähigung auf die Vorbildung nach Maßgabe der Festsetzung der Laufbahnverordnungen des Bundes und der Länder abstellt, berücksichtigt das Kriterium der fachlichen Leistung die berufliche Erfahrung. Bei der Befähigung liegen die Schwierigkeiten in der Vergleichbarkeit der Vorbildungsvoraussetzungen, bei der Berücksichtigung der beruflichen Leistung in der Schwierigkeit ihrer Meßbarkeit.

9
Eignung

Am schwierigsten zu handhaben ist das Kriterium der Eignung. Abzustellen ist bei Arbeitern und Angestellten im öffentlichen Dienst auf den in Aussicht genommenen konkreten Dienstposten; bei Beamten auf die Erfordernisse des

---

14 Vgl. *Detlef Merten*, Beamtenrecht und Beamtenverfassungsrecht, in: FS für Willi Blümel zum 70. Geburtstag, 1999, S. 335 ff.
15 *Jörg Gundel*, Neue Entwicklungen beim Konkurrentenstreit im öffentlichen Dienst, in: DV 37 (2004), S. 401 ff.
16 Vgl. zuletzt BVerwG, Urt. v. 22.7.1999 (Az. 2 C 14.98 = NVwZ-RR 2000, S. 172 ff. = DVBl 2000, S. 485 ff.), das – in Übereinstimmung mit BVerwGE 101, 112 – daran festhält, daß der Dienstherr aufgrund seines Organisationsrechts befugt ist, ein Auswahlverfahren zur Besetzung einer Beförderungsstelle aus sachlichen Gründen jederzeit zu beenden.
17 *Michael Sachs*, Besondere Gleichheitsgarantien, in HStR V, ²2000 (¹1992), § 126 Rn. 139 ff.
18 Vgl. zu den beschäftigungspolitischen Möglichkeiten im öffentlichen Dienst *Helmut Lecheler*, Arbeitsmarkt und öffentlicher Dienst, 1979, S. 55 ff.; *ders.*, Öffentlicher Dienst und Arbeitsmarkt, in: ZBR 1980, S. 1 ff.

Amtes. Zulässig und geboten ist die Berücksichtigung physischer (gesundheitliche Tauglichkeit, Lebensalter) und praktischer (etwa pädagogischer) Eignungsmerkmale. Das Problem liegt bei der Beurteilung der charakterlichen Eignung. Sie kann nicht von vornherein ausgeklammert werden, darf aber auch nicht zu einer von den Anforderungen des Amtes isolierten bloßen Persönlichkeitsbewertung werden. Dem stehen die Menschenwürde und der Schutz der Persönlichkeitssphäre des Beamtenbewerbers entgegen.

Eine parteipolitische Eignung kennt die Verfassung nicht, weil eine Berücksichtigung parteipolitischer Gesichtspunkte die Erfüllung der Aufgaben des öffentlichen Dienstes (loyaler Vollzug des Rechts) eher gefährdet als fördert. Ämterpatronage[19], also die Vergabe von öffentlichen Ämtern nach politischen Gesichtspunkten, ist daher mit der Verfassung nicht vereinbar. Das gilt auch für eine Ämterpatronage nach Parteienproporz: Diese bewirkt nicht Unparteilichkeit und Objektivität, sondern parteipolitisches Gleichgewicht innerhalb des öffentlichen Dienstes, was keineswegs das gleiche ist. Das ist auch heute so festzuhalten, auch wenn die Wirklichkeit im öffentlichen Dienst des Bundes und der Länder dem längst nicht mehr überall entspricht.

10
Ämterpatronage

Parteienproporz

4. Art. 33 GG als unmittelbar bindendes Bundesrecht

Als unmittelbar bindendes Bundesrecht verpflichtet Art. 33 GG nicht nur den Bund, sondern auch die Länder[20]. Die Verfassunggeber der Länder gingen zum Teil davon aus, die Regelungen des Art. 33 GG würden ohne weiteres auch für sie gelten, so das eine nähere Regelung des öffentlichen Dienstes bzw. der Berufsbeamten in der Landesverfassung als überflüssig erschien[21].

11
Bindung der Länder

Freilich wurde auch die Auffassung vertreten, Art. 33 GG stelle lediglich eine Rahmenvorschrift dar; dies ergebe sich aus der grundsätzlichen Zuständigkeitsverteilung der Gesetzgebungskompetenz im Grundgesetz, die dem Bund im öffentlichen Dienstrecht grundsätzlich nur begrenzte Kompetenzen zugestehe[22]. Diese Begründung geht heute schon deswegen ins Leere, weil dem Bund inzwischen eine weiterreichende Gesetzgebungskompetenz eingeräumt worden ist (jetzt Art. 74 Abs. 1 Nr. 27). Unabhängig davon war der Schluß von der Rahmenkompetenz des Bundes auf einen bloßen Rahmencharakter des Art. 33 GG auch vorher unzulässig, weil es sich bei dieser Vorschrift um eine selbständige, systematisch außerhalb des Gesetzgebungskatalogs stehende Organisationsbestimmung der Bundesverfassung handelt, die nicht aus dem Kompetenzrahmen für den einfachen Gesetzgeber interpretiert werden kann.

Rahmencharakter des Art. 33 GG?

---

19 Vgl. dazu *Leisner* (N 12), S. 133 ff., sowie unten Rn. 80 ff.
20 Nachw. bei *Franz-Joseph Peine*, Der Funktionsvorbehalt des Berufsbeamtentums, in: Verw 17 (1984), S. 415 (418), Fn. 9.
21 *Gregor Geller/Kurt Kleinrahm/Hans Joachim Fleck*, Die Verfassung des Landes Nordrhein-Westfalen, ³1983, Anm. 1 zu Art. 80.
22 *Rudolf Spreng/Paul Feuchte*, Die Verfassung des Landes Baden-Württemberg, 1954, Anm. 1 zu Art. 77; *Georg-August Zinn/Erwin Stein*, Die Verfassung des Landes Hessen, Bd. I, 1954, Anm. 1 zu Art. 29 sowie Anm. 2 zu Art. 135 HessVerf.

12

Konkretisierungsspielraum

Das Grundgesetz gewährleistet in Art. 33 Abs. 4 und 5 GG die Einrichtung des Berufsbeamtentums. Es trifft inhaltliche Aussagen über die rechtliche Struktur des öffentlichen Dienstes und behält den Beamten die Aufgabe der Wahrnehmung hoheitlicher Befugnisse vor. Die Regelungen haben in der Sache zwar einen gewissen Rahmencharakter, so daß Bund und Ländern ein Konkretisierungsspielraum bleibt. Der Rahmencharakter ist aber kein Argument, um eine abgeschwächte Geltung dieser Verfassungsbestimmung zu begründen. Der Verfassunggeber hat die Ausgestaltung des Dienstrechts im Kern selbst vorgegeben und nur zur Konkretisierung in den Vorschriften über die Verteilung der Gesetzgebungskompetenzen unter den Gesetzgebern des Bundes und der Länder aufgeteilt. Das hat zur Konsequenz, daß die Interpretation von dienstrechtlichen Bestimmungen der Landesverfassungen heute keine entscheidende Rolle mehr spielen kann und das Beamtenrecht der Länder in den Grundsätzen übereinstimmt. Das gilt auch für die neuen Länder.

II. Beamtenstatus als Regeltyp des öffentlichen Dienstrechts: Funktionsvorbehalt

1. Verhältnis von Regel und Ausnahme

13

Funktionsvorbehalt (Art. 33 Abs. 4 GG)

Art. 33 Abs. 4 GG behält „die Ausübung hoheitsrechtlicher Befugnisse [...] als ständige Aufgabe in der Regel Angehörigen des öffentlichen Dienstes" vor, „die in einem öffentlich-rechtlichen Dienst- und Treueverhältnis stehen"[23].

14

Beamtenbegriff

Nach allgemeiner Auffassung ist mit dem öffentlich-rechtlichen Dienst- und Treueverhältnis von Verfassungs wegen der Beamtenbegriff definiert. Es bedeutet lediglich eine Bestätigung, wenn die Beamtengesetze (§§ 2 BRRG, 2 BBG) wiederholen: „Der Beamte steht zu seinem Dienstherrn in einem öffentlich-rechtlichen Dienst- und Treueverhältnis (Beamtenverhältnis)." Den Beamten wird für den Regelfall die Ausübung hoheitsrechtlicher Befugnisse als ständige Aufgabe übertragen.

15

Ausnahmen vom Funktionsvorbehalt

Allerdings ermöglicht es die Verfassung, Angestellten die Ausübung hoheitsrechtlicher Befugnisse vorübergehend oder auch die dauernde Wahrnehmung solcher Befugnisse im Ausnahmefall zu übertragen. Bei einer verfassungskonformen Praxis muß der Ausnahmecharakter der Maßnahme aber erkennbar sein und die Befristung in der Natur der hoheitlichen Aufgabe liegen, die wahrgenommen wird[24]. Als Ausnahmen nehmen sie dem Funktionsvorbehalt in Art. 33 Abs. 4 GG nicht seine normative Verbindlichkeit[25]. Die Aufgabe des Art. 33 Abs. 4 GG, zum Schutz des Bürgers die Wahrnehmung hoheitsrechtli-

---

23 Vgl. *Thomas Strauss*, Funktionsvorbehalt und Berufsbeamtentum, 2000; *Gerrit Manssen*, Der Funktionsvorbehalt des Art. 33 Abs. 4 GG – Anmerkungen zu einem verfassungsrechtlichen Dauerproblem, in: ZBR 1999, S. 253 ff. Zur Zuordnung der Aufgaben des Bundesaufsichtsamts für Kreditwesen zum Funktionsvorbehalt vgl. BAG, Urt. v. 11. 9. 1998, in: NVwZ 1999, S. 917 ff.
24 Dagegen verstoßen Dienstherren, welche Lehrer, deren spätere Verwendung im Beamtendienst beabsichtigt ist, zunächst auf eine begrenzte Zeit als Angestellte beschäftigen.
25 So aber *Klaus Stern*, Das Staatsrecht der Bundesrepublik Deutschland, Bd. I, ²1984, S. 348.

cher Befugnisse in die Hand eines fachlich besonders qualifizierten und sachkundigen Bedienstetentyps zu legen, spricht dafür, diese Vorschrift als Funktionsvorbehalt und nicht als Funktionssperre[26] zu interpretieren, nach der ein Einsatz von Beamten außerhalb der Erfüllung der Hoheitsaufgaben von der Verfassung verboten wäre.

Keine Funktionssperre

2. Reichweite des Funktionsvorbehaltes

Die Reichweite dieses, den Beamten vorbehaltenen Aufgabenkreises (Ausübung hoheitsrechtlicher Befugnisse) ist in der Interpretation nach wie vor umstritten[27]. In diesem Streit steht vor allem die Frage im Vordergrund, ob die Ausübung hoheitsrechtlicher Befugnisse gleichgesetzt werden kann mit der Wahrnehmung hoheitlicher Aufgaben[28]. Der Antwort auf diese Frage kommt aber ganz unterschiedliche Bedeutung für die Organisation des öffentlichen Dienstes zu, je nachdem ob damit auf eine Verwaltungsaufgabe (Aufrechterhaltung der öffentlichen Sicherheit und Ordnung, Bauplanung, Bauordnungsrecht) abgezielt wird oder auf die einem einzelnen Dienstposten zugewiesene Dienstaufgabe. Der Wortlaut des Art. 33 Abs. 4 GG spricht dafür, auf den einzelnen Dienstposten abzustellen[29].

16
„Hoheitliche Befugnisse"

Einzelne Dienstposten

Zwar wurde gerade Art. 33 Abs. 4 GG im Laufe der Beratungen des Grundgesetzes mehrfach geändert. Der jetzigen Fassung gingen Formulierungen voraus wie die Wahrnehmung „dauernder Aufgaben in Ausübung öffentlicher Gewalt" oder die „dauernde Ausübung hoheitlicher Aufgaben". Auch sie stellen aber auf die Ausübung hoheitlicher Aufgaben ab, die begriffsnotwendig mit dem einzelnen Dienstposten verbunden ist. Art. 33 Abs. 4 GG verlangt also für jeden einzelnen Dienstposten die Entscheidung, ob mit ihm die ständige Aufgabe der Ausübung hoheitsrechtlicher Befugnisse verbunden ist. Dagegen stellt die Kommentarliteratur überwiegend auf die Zuordnung jeweils ganzer Verwaltungsbereiche ab[30]. Damit wird aber die herrschende Meinung unzutreffend wiedergegeben.

---

26 In diese Richtung, mit gewissen Einschränkungen, *Werner Thieme*, Der Aufgabenbereich der Angestellten im öffentlichen Dienst, 1962, S. 32; zur überzeugenderen Gegenauffassung vgl. *Peter Lerche*, Verbeamtung als Verfassungsauftrag?, 1973, S. 2.
27 Vgl. *Peine* (N 20); *Gerrit Manssen*, Der Funktionsvorbehalt des Art. 33 IV GG – Anmerkungen zu einem verfassungsrechtlichen Dauerproblem, in: ZBR 1999, S. 253 ff.
28 → Bd. IV, *Isensee*, § 73 Rn. 21 f.; → oben *P. Kirchhof*, § 99 Rn. 97.
29 So übrigens, ohne daß das für die Interpretation der deutschen Verfassung verbindlich wäre, der Europäische Gerichtshof in std. Rspr. für den Ausnahmebereich von der Arbeitnehmerfreizügigkeit in Art. 39 Abs. 4 EGV (grundlegend Slg. 1986, 2147 Rn. 27 [Lawrie/Blum] unter Verweis auf Slg. 1980, 3881 [Zwischenurteil Belgien]).
30 Vgl. *Theodor Maunz*, in: Maunz/Dürig, Komm. z. GG, Art. 33 Rn. 36 f.; *Rüdiger Sannwald*, in: Schmidt-Bleibtreu/Klein, Komm. z. GG, Art. 33 Rn. 12; *Bodo Pieroth*, in: ders./Hans D. Jarass, Art. 33 Rn. 9; *Ulrich Battis*, in: Sachs, Art. 33 Rn. 553; in diese Richtung tendiert auch *Philip Kunig*, in: von Münch/Kunig, Art. 33 Rn. 49, wenngleich er eine – nicht näher erläuterte – Sachgerechtigkeitsprüfung im Einzelfall in Betracht zieht. Eine knappe und übersichtliche Darstellung der unterschiedlichen Meinungen gibt *Gertrude Lübbe-Wolff*, in: Dreier, GG II, 1998 Rn. 57 ff. Lübbe-Wolff entscheidet sich für eine Auffassung, die freilich weder dazu zwingt noch es erlaubt, „die Reichweite des Funktionsvorbehalts strikt auf den Bereich der traditionell so genannten Eingriffverwaltung zu beschränken". Nicht ganz klar *Monika Jachmann*, in: v. Mangoldt/Klein, GG II, ⁴2000, Rn. 33 zu Art. 33 Abs. 4.

17
Eingriffsverwaltung

Unter den Funktionsvorbehalt fallen grundsätzlich alle Dienstposten im Bereich der Eingriffsverwaltung, es sei denn, die mit ihnen verbundenen Aufgaben seien wirtschaftlich-fiskalischer, technischer oder künstlerischer Natur[31].

18
Hilfsdienste

Keine hoheitlichen Befugnisse üben auch diejenigen Hilfskräfte aus, die lediglich untergeordnete Hilfsdienste zu leisten haben. Dabei ist nicht auf die Außenwirkung oder auf eine bestimmte Stellung in der Hierarchie abzustellen, sondern allein auf den inneren Zusammenhang mit der Ausübung hoheitsrechtlicher Befugnisse: Ein solcher Zusammenhang ist immer dann gegeben, wenn die Erfüllung der betreffenden Aufgabe nicht nur eine äußere technische Arbeitsvoraussetzung bildet, sondern diese in ihrer Gesamtheit oder im einzelnen unmittelbar sachlich beeinflußt. Nichts anderes ist auch gemeint mit der gelegentlich verwendeten Formel, nach der an der Ausübung hoheitsrechtlicher Befugnisse nur derjenige Bedienstete teilnimmt, „der selbst entscheidet oder die Maßnahme trifft, sie vorbereitet oder mit vorbereiten hilft"[32].

19
Beschaffungswesen

Keine Anwendung findet der Funktionsvorbehalt auf Beschaffungs- oder Hilfsgeschäfte der Verwaltung (also den Kauf von Brennstoffen, von Arbeitsmaterial, von Dienstkraftfahrzeugen etc.) sowie auf die erwerbswirtschaftliche Betätigung der öffentlichen Hand durch den Betrieb von bzw. die Beteiligung an Handelsgesellschaften bzw. durch Eigenbetriebe der Gemeinden sowie durch die öffentlichen Kreditanstalten[33].

20
Nur Spitzenpositionen?

Politische Beamte

Unrichtig ist die immer wieder vertretene Auffassung, das Beamtenverhältnis sei nur für diejenigen Staatsbediensteten bestimmt, „die im hierarchischen Aufbau der Verwaltung an der Spitze ständen"[34]. Doch das Berufsbeamtentum ist kein Dienstverhältnis für das Upper-Management; für bestimmte exponierte Spitzenpositionen kennt es die Figur des „politischen Beamten", die gerade bestimmte Grundsätze des Beamtentums durchbricht. Das ist aus der Natur der Sache bedingt: durch die Nähe zur politischen Führung. Das Berufsbeamtentum ist das Regelverhältnis für den ganzen öffentlichen Dienst, das zur optimalen Erfüllung der Staatsaufgaben in das Grundgesetz aufgenommen wurde und nicht nur zu ihrer Überwachung oder Leitung[35].

21
Vorgesetztenvorbehalt

Einigkeit besteht darüber, daß jedenfalls der Disziplinarvorgesetzte eines Beamten immer ein Beamter sein muß[36]. Soweit diese disziplinarische Kompetenz nicht ohnedies dem Dienstvorgesetzten obliegt, muß auch derjenige, der für die beamtenrechtlichen Entscheidungen über die persönlichen Angelegenheiten der Beamten gemäß § 3 Abs. 2 S. 1 BBG zuständig ist, Beamter

---

31 *Carl Hermann Ule*, Anlageband 5 zum Bericht der Studienkommission für die Reform des öffentlichen Dienstrechts, 1973, S. 441 (449).
32 *Franz Mayer*, in: Johann Mang/Theodor Maunz/Franz Mayer/Klaus Obermayer (Hg.), Staats- und Verwaltungsrecht in Bayern, [4]1975, S. 410; *ders.*, in: Anlageband 5 zum Bericht der Studienkommission zur Reform des öffentlichen Dienstsrechts, 1973, S. 557 (598).
33 → Bd. IV, *Ronellenfitsch*, § 98 Rn. 46 ff.
34 So etwa *Winfried Benz*, Beamtenverhältnis und Angestelltenverhältnis, 1969, S. 155.
35 Das ist in der Rechtswissenschaft heute überwiegend anerkannt: vgl. *Josef Isensee*, Beamtenstreik. Zur rechtlichen Zulässigkeit des Dienstkampfes, 1971, S. 96 m. weit. Nachw. So ausdrücklich auch BAG, Urt. v. 11.8.1998, in: NVwZ 1999, S. 917 (918 rechte Sp.).
36 *Walter Wiese*, Beamtenrecht, [3]1988, S. 58 m. weit. Nachw.

sein. Das ist so selbstverständlich, daß es nur vereinzelt ausdrücklich verlangt wird[37]. Ganz allgemein gilt, daß der Verwaltungsaufbau dergestalt organisiert sein muß, daß grundsätzlich jeder Vorgesetzte eines Beamten ebenfalls Beamter ist. Nur soweit auf der Ebene der Referats- oder Dezernatsleiter begründeterweise die Verwendung eines Beamten vorübergehend nicht möglich ist, erzwingen die Notwendigkeiten des geordneten Geschäftsfortgangs eine Ausnahme von der Regel des Art. 33 Abs. 4 GG; im Normalfall aber hat auch der Vorgesetzte des Beamten ein Beamter zu sein[38].

22
Außenwirksamkeit

Der Funktionsvorbehalt ist nicht auf das Handeln nach außen beschränkt. Wenn auch die Wahrnehmung hoheitlicher Befugnisse in der Regel nach außen hin wirkt, so steht die Entscheidungsvorbereitung mit der außenwirksamen Entscheidung in unlösbarem Zusammenhang. Nicht auf die Außenwirkung also kommt es an, sondern darauf, „ob der Bedienstete in den verwaltungsmäßigen oder technischen Willensbildungsprozeß mit einbezogen ist"[39]. Damit ist in die Ausübung hoheitsrechtlicher Befugnisse alles das einbezogen, was in der Sprache des allgemeinen Verwaltungsrechts mit „schlichter Hoheitsverwaltung" bezeichnet wird. Nicht mit Beamten besetzt zu werden brauchen lediglich beratende und gutachtende Organisationseinheiten, soweit sie nicht in das hierarchische Weisungsgefüge eingebaut sind.

Schlichte Hoheitstätigkeit

Bei der Beurteilung, ob mit dem Dienstposten hoheitsrechtliche Befugnisse verbunden sind, kommt es auf den zulässigen, nicht dagegen auf den notwendigen Einsatz obrigkeitlicher Mittel an. Hoheitliche und obrigkeitliche Befugnisse werden in der heutigen Verwaltungsrechtsdogmatik weitgehend gleichgesetzt, während früher die obrigkeitlichen Befugnisse teils enger[40], teils weiter[41] verstanden wurden.

23
Zulässiger Einsatz hoheitlicher Mittel

3. Streitpunkt Verwaltungsprivatrecht

Die Reichweite des Funktionsvorbehalts in Art. 33 Abs. 4 GG kann nicht dahin resümiert werden, das geplante privatrechtliche (im weiteren Sinne fiskalische) Verwaltungshandeln falle aus dem Funktionsvorbehalt heraus. Denn damit wäre gerade der Streitpunkt ausgeklammert: das Verwaltungsprivatrecht, das heißt die unmittelbare Erfüllung öffentlicher Verwaltungsaufgaben in der Rechtsform des Privatrechts, die gerade für die Gemeinden traditionell eine besondere Bedeutung hat.

24
Privatrechtliches Verwaltungshandeln

---

37 Z.B. *Oskar Georg Fischbach*, Bundesbeamtengesetz-Komm., ³1964, § 3 Anm. A V 1.
38 Zum Status der Beamten in Privatunternehmen vgl. BGH, Urt. v. 16.7.2004, in: NJW 2004, S. 319 ff. m. zahlr. Nachw.; *Fritz Ossenbühl/Klaus Ritgen*, Beamte in privaten Unternehmen. Zum Status der von der Deutschen Telekom AG übernommenen Bundesbeamten, 1999; zu diesem Problemkreis auch *Dirk Lechtermann*, Versetzung in die Untätigkeit?, in: DVBl 2004, S. 1334 ff.
39 Vgl. *Walter Leisner*, Der Beamte als Leistungsträger – Die Anwendbarkeit des beamtenrechtlichen Funktionsvorbehaltes (Art. 33 Abs. 4 GG) auf die Leistungsverwaltung, in: Josef Isensee (Hg.), Beamtentum – Schriften Walter Leisners zum Beamtenrecht und zur Entwicklung des öffentlichen Dienstes 1968–1991, 1995, S. 201 ff.
40 Z.B. *Hans Peters*, Lehrbuch der Verwaltung, 1949, S. 129; ähnlich *Oskar-Georg Fischbach*, Voraussetzungen für die Schaffung von Beamtenstellen, in: Beamtenjahrbuch 1935, S. 659 (661).
41 So *Oskar-Georg Fischbach* (N 40) Anm. I 2 zu § 148.

Seit der grundlegenden Arbeit von Hans Julius Wolff[42] unterscheidet die deutsche Verwaltungsrechtswissenschaft die hoheitliche von der nichthoheitlichen (fiskalischen) Verwaltung lediglich nach der Rechtsform: Hoheitliche Verwaltung ist Handeln in öffentlich-rechtlichen Formen; Fiskalverwaltung Handeln in den Formen des Privatrechts. Die Tätigkeiten der Leistungsverwaltung werden damit aufgespalten, weil sie ihre Leistungen nach freier Wahl teilweise in öffentlich-rechtlicher, teilweise in privatrechtlicher Form erbringt.

Leistungsverwaltung in öffentlich- oder privatrechtlicher Form

25
Drei Lösungswege

Bei der Behandlung der Leistungsverwaltung[43] bestehen drei Möglichkeiten:

– Die Leistungsverwaltung wird ganz aus dem Funktionsvorbehalt herausgenommen und der fiskalischen Verwaltung zugeordnet, auch in ihren öffentlich-rechtlichen Aspekten.

– Sie wird in der Weise aufgespalten, daß sie als hoheitsrechtlich im Sinne des Art. 33 Abs. 4 GG qualifiziert wird, wo sie sich der Formen des öffentlichen Rechts bedient, als fiskalisch (verwaltungsprivatrechtlich), wo sie sich auf der Ebene der Gleichordnung, also des bürgerlichen Rechts bewegt.

– Die Leistungsverwaltung wird in Gänze als Ausübung hoheitlicher Befugnisse betrachtet.

a) Herausnahme der gesamten Leistungsverwaltung aus dem Funktionsvorbehalt

26
Globale Herausnahme aus dem Funktionsvorbehalt

Ganz aus dem Funktionsvorbehalt ausgeklammert wird die Leistungsverwaltung nur von wenigen Autoren[44]. Gegen diese Auffassung spricht aber die Tatsache, daß auch die Leistungsverwaltung auf die Mittel des Zwangs nicht völlig verzichten kann. Zudem ist es nahezu unmöglich, die Grenzlinie zu bestimmen, an der der Eingriff beginnt und die bloße Leistung aufhört. Die eher soziologische Unterscheidung von Leistungs- und Eingriffsverwaltung ist von vornherein nicht geeignet, Handlungen der Verwaltung sinnvoll zu typisieren[45].

b) Differenzierung nach der Rechtsform

27
Anknüpfung an die Rechtsform

Anderer Auffassung nach[46] ist die Leistungsverwaltung nur soweit zur Ausübung hoheitlicher Befugnisse zu zählen wie sie aufgrund öffentlichen Rechts handelt; soweit im Rahmen der Leistungsverwaltung dagegen bürgerlich-rechtlich gehandelt werde, bleibe der Staat im Fiskalbereich und der Beamtenvorbehalt der Verfassung sei insoweit nicht anwendbar. Begründet wird die Abgrenzung nach der Rechtsform[47], die vor allem auf Walter Jellinek

---

42 *Hans Julius Wolff*, Organschaft und Juristische Person, 2 Bde., 1933/1934, Neudr. 1969.
43 → Bd. IV, *Ronellenfitsch*, § 98 Rn. 46 ff.
44 Nachw. bei *Isensee* (35), S. 72.
45 *Peter Krause*, Rechtsformen des Verwaltungshandelns – Überlegungen zu einem System der Handlungsformen der Verwaltung mit Ausnahme der Rechtsetzung, 1974, S. 44 f.
46 So vor allem *Peter Lerche* (N 26) S. 20 ff.; *Walter Rudolf*, Der öffentliche Dienst im Staat der Gegenwart, in: VVDStRL 37 (1979), S. 175 (200 ff.); *Carl Hermann Ule*, Beamtenrecht 1970, § 3 BBG Rn. 8.
47 *Hartmut Maurer*, Allgemeines Verwaltungsrecht, 15.2004, S. 44 ff.

gründet, mit ihrer Verläßlichkeit. Gegen eine solch formale Abgrenzung ergeben sich allerdings Bedenken: Schon Otto Bachof hat die ausschließliche Orientierung an der Rechtsform des Verwaltungshandelns grundsätzlich kritisiert[48]. Ernst Forsthoff hat in seiner 1938 erschienenen Schrift „Verwaltung als Leistungsträger" und in seinem Aufsatz „Von den Aufgaben der Verwaltungswissenschaft"[49] die Grundlage für eine andere, am Zweck des Verwaltungshandelns orientierte Betrachtung gelegt. Zudem erweist sich die angebliche Sicherheit einer Abgrenzung nach der Rechtsform auf den zweiten Blick als trügerisch: Die im 19. Jahrhundert sehr stark betonte Unterscheidung zwischen öffentlichem und privatem Recht wird zunehmend brüchiger. Die nahezu uferlose Judikatur zum Vorliegen einer öffentlich-rechtlichen Streitigkeit bei § 40 VwGO bzw. § 13 GVG beweist ebenso wie die Schwierigkeit, ein konsistentes Abgrenzungskriterium zu finden, wie problematisch dieser Abgrenzungsversuch ist. In jüngster Zeit wird deshalb auch zum Amtshaftungsrecht zunehmend die Auffassung vertreten, die Ausübung eines öffentlichen Amtes richte sich nach der Verfolgung von Verwaltungszwecken und nicht nach der dabei gewählten Rechtsform[50].

Zweck des Verwaltungshandelns als Anknüpfungspunkt

Kein konsistentes Abgrenzungskriterium

c) Einbeziehung der Leistungsverwaltung in den Funktionsvorbehalt

Die gesamte Leistungsverwaltung, also jede Erfüllung dieser Verwaltungsaufgaben unabhängig von ihrer Rechtsform, fällt daher unter den Beamtenvorbehalt[51]. Entscheidend ist somit allein, ob mit dem Verwaltungshandeln ein öffentlicher Zweck verfolgt wird. Diese Voraussetzung ist aber in der Leistungsverwaltung generell erfüllt. Nur wo dies nicht der Fall ist, müssen von Verfassungs wegen Beamte nicht eingesetzt werden. Beamte sind ferner dort nicht erforderlich, wo es sich um einfache Hilfsleistungen handelt.

28

Gesamte Leistungsverwaltung als Hoheitsverwaltung

4. Höchstrichterliche Rechtsprechung

Das Bundesverfassungsgericht hatte bisher – soweit ersichtlich – nicht abschließend zu der Frage Stellung zu nehmen, welche Aufgaben im einzelnen dem Funktionsvorbehalt des Art. 33 Abs. 4 GG unterfallen. In früheren Entscheidungen betonte es freilich die große staatsrechtliche Bedeutung des Art. 33 Abs. 4 und setzte den Begriff „hoheitsrechtlich" mit dem allgemein gebräuchlichen Begriff „hoheitlich" gleich, verbunden mit dem Hinweis, daß die Übertragung der ständigen Ausübung hoheitlicher Befugnisse in größerem Umfang auf Nichtbeamte mit dem Grundgesetz nicht vereinbar wäre[52].

29

Bestimmung des Funktionsvorbehalts

---

48 *Otto Bachof*, Die Dogmatik des Verwaltungsrechts vor den Gegenwartsaufgaben der Verwaltung, in: VVDStRL 30 (1972), S. 201.
49 *Ernst Forsthoff*, Von den Aufgaben der Verwaltungswissenschaft, in: Deutsches Recht 1935, S. 398 ff.
50 Vor allem *Fritz Ossenbühl*, Staatshaftungsrecht, ⁵1998, S. 14 ff.
51 BVerwGE 41, 196; vgl. näher dazu *Helmut Lecheler*, Die Beamtenaufgaben nach dem Funktionsvorbehalt des GG, 1986, S. 32 ff.
52 BVerfGE 9, 268 (284).

§ 110 *Achter Teil: II. Staatsfunktionen*

Das Bundesverwaltungsgericht sieht „die nichthoheitliche Tätigkeit des Staates im Gegensatz zu der sowohl die Eingriffsverwaltung als auch die sogenannte Daseinsvorsorge umfassenden hoheitlichen Tätigkeit"[53].

III. Beamtenrecht – im wesentlichen Bundesrecht

30
Gesetzgebungszuständigkeit des Bundes

Der Bund hat die ausschließliche Gesetzgebungskompetenz für die Regelung der Rechtsverhältnisse der in seinem Dienste und im Dienst der bundesunmittelbaren Körperschaften des öffentlichen Rechts stehenden Personen (Art. 73 Abs. 1 Nr. 8 GG) sowie die konkurrierende Kompetenz zur Regelung der Statusrechte und -pflichten auch der Landesbeamten (Art. 74 Abs. 1 Nr. 27 GG). Damit sind die entscheidenden Befugnisse zur Ausgestaltung der Dienstverhältnisse der Beamten beim Bund konzentriert.

Die Landesgesetzgeber sind bei der Regelung der Rechtsverhältnisse der im öffentlichen Dienst der Länder, Gemeinden und anderen Körperschaften des öffentlichen Rechts stehenden Personen darüber hinaus gebunden an die „hergebrachten Grundsätze des Berufsbeamtentums" nach Art. 33 Abs. 5 GG und an die dienstrechtlichen Vorschriften, die der Bund gemäß seiner verfassungsmäßigen Gesetzgebungskompetenz erlassen hat.

1. Besoldungsvereinheitlichung

31
Besoldungsgesetz

Die Besoldungsvereinheitlichung begann 1971 mit dem ersten Gesetz zur Vereinheitlichung und Neuregelung des Besoldungsrechts in Bund und Ländern[54]. Das Bundesbesoldungsgesetz bindet den personalwirtschaftlichen Spielraum der Länder erheblich. Das gilt jedenfalls für die reicheren Bundesländer, die im Wettbewerb um gutes Personal mehr bieten könnten; denn trotz aller immateriellen Gesichtspunkte, die eine Entscheidung für den Eintritt in den öffentlichen Dienst auch beeinflussen, ist die Höhe der Besoldung doch von

Zusicherungen

nicht zu unterschätzender Bedeutung. Die Zusicherung oder Vereinbarung einer höheren Besoldung oder besoldungsgleicher Leistungen (wie der Abschluß von Versicherungsverträgen) wird nach dem hergebrachten Grundsatz der Besoldung nach Gesetz ausgeschlossen. § 50 BRRG erklärt konsequenterweise derartige Vereinbarungen oder Zusicherungen für ungültig.

32
Föderalismusreform

Mit dem Gesetz zur Änderung des Grundgesetzes vom 28. August 2006[55] wurde den Ländern die Gesetzgebungskompetenz für die Besoldung und Versorgung ihrer Beamten wieder überlassen. Die Rahmenkompetenz des Bundes nach Art. 75 GG wurde gestrichen, wobei die Materien des Absatzes 1 (v. a. die Nr. 1) überwiegend in die konkurrierende Gesetzgebungskompetenz des Bundes verlagert wurden.

---

53 BVerwGE 34, 123 (126); 37, 192 (196); 49, 137 (141 f.).
54 Vom 18.3.1971 (BGBl I, S. 208).
55 BGBl I, S. 2034; vgl. dazu *Helmut Lecheler*, Die Auswirkungen der Föderalismusreform auf die Statusrechte der Beamten, in: ZBR 2007, S. 18 ff.

Seit geraumer Zeit werden wieder intensive politische Gespräche darüber geführt, ob und inwieweit den Ländern die Besoldungsautonomie zurückgegeben werden sollte[56]. Die Vorzüge der Besoldungsvereinheitlichung scheinen in Vergessenheit zu geraten. Den Ländern geht es heute vor allem um die Vergrößerung ihres Spielraumes zu Einsparungen und Kostensenkungen.

33 Besoldungsautonomie der Länder?

2. Versorgungsrecht

Mit der Kompetenz des Besoldungsrechts ist auch die für das Versorgungsrecht dem Bund zugewiesen. Besoldung wie Versorgung des Beamten haben ihre gemeinsame Wurzel im Beamtenverhältnis: in der Alimentationsverpflichtung des Dienstherrn. Dieser Zusammenhang zeigt sich in dem zentralen Prinzip der Beamtenversorgung, wonach die Versorgungsbezüge nach dem zuletzt innegehabten Amt zu bemessen sind. Die Versorgung der Bundesbeamten, der Beamten der Länder, der Gemeinden, der Gemeindeverbände sowie der sonstigen der Aufsicht des Bundes oder eines Landes unterstehenden Körperschaften, Anstalten und Stiftungen des öffentlichen Rechts werden vom Beamtenversorgungsgesetz geregelt. Wie die Besoldung, so bemißt sich auch die Versorgung nach dem Gesetz. Weitergehende oder abweichende Vereinbarungen, Zusicherungen oder Vergleiche sind nach ausdrücklicher gesetzlicher Regelung (§ 3 Abs. 2 BeamtVG) unwirksam.

34 Kompetenz für Versorgung

Das Beamtenversorgungsgesetz regelt abschließend die Arten der Versorgung (vor allem Ruhegehalt, Hinterbliebenenversorgung und Unfallversorgung). Es bestimmt Voraussetzung und Umfang der Versorgungsansprüche. Den Ländern verbleiben auf dem Gebiet der Versorgung eigene Rechtszuständigkeiten nicht mehr. Sie sind lediglich für den Vollzug zuständig.

35 Abschließende Regelung durch den Bund

3. Beamtenrahmengesetz

Empfindliche Einschränkungen hat die Rechtsetzungsbefugnis der Länder durch das Beamtenrechtsrahmengesetz erfahren, und zwar nicht nur in seinem Kapitel II (§§ 121 ff.), dessen Bestimmungen unmittelbar und einheitlich in den Bundesländern gelten, sondern auch im (Rahmen-)Kapitel I: Die Arten des Beamtenverhältnisses, die Voraussetzungen für die Berufung in das Beamtenverhältnis, die Fälle der Ernennung bzw. die Gründe, aus denen das Beamtenverhältnis beendet werden kann, aber auch die Rechte und Pflichten des Beamten werden hier im einzelnen konkret vorgezeichnet.

36 Beamtenrechtsrahmengesetz

Regelungsdichte

§§ 11 ff. BRRG binden die Landesgesetzgeber an das Laufbahnprinzip in seiner überkommenen Gestalt, also auch an die Gliederung der Laufbahnen in verschiedene Laufbahngruppen mit jeweils besonderer Zugangsberechtigung und mit einem formalisierten Aufstiegsverfahren zur Überwindung der

---

[56] *Rudolf Summer*, Reföderalisierung in der Besoldung – ein Schreiten in den Nebel, in: ZBR 2003, S. 28 ff.

Grenze zwischen zwei Laufbahngruppen. Das Gesetz verpflichtet die Länder dazu, einen solchen Aufstieg vorzusehen (§ 12 Abs. 3 S. 1 BRRG).

37
Teilzeitbeamte

Das Beamtenrechtsrahmengesetz bestimmt in § 44a, daß die Teilzeitbeschäftigung für Beamte durch Gesetz zu regeln ist. Frühere Versuche, die Voraussetzungen für die Teilzeitbeschäftigung von Beamten im Beamtenrechtsrahmengesetz selbst (§§ 44a und 48a a.F.) zu bestimmen, sind vom Rahmengesetzgeber inzwischen fallengelassen. Die Teilzeitbeschäftigung hat sich praktisch auf breiter Front durchgesetzt. Bedenken aus dem Verfassungsgrundsatz (Art. 33 Abs. 5 GG) der vollen Hingabe des Beamten an seinen Dienstherrn (Hauptberuflichkeit) konnten den Siegeszug der Teilzeitbeschäftigung nicht aufhalten. Der Bund hat diese Materie inzwischen an sich gezogen[57] und hat in § 1 als Ziel des Gesetzes erklärt, Teilzeitarbeit zu fördern (während in den früheren Bestimmungen des Beamtenrechtsrahmengesetzes versucht wurde, Teilzeitarbeit vor den hergebrachten Grundsätzen des Art. 33 Abs. 5 GG zu rechtfertigen)[58]. Teilzeitbeschäftigung muß freilich antragsgebunden bleiben. Ein Zwang zur Teilzeit entspricht nicht den Vorgaben des Art. 33 Abs. 5 GG.

38
Regelungsspielraum der Länder

§ 31 BRRG zwingt die Länder ferner nicht, die Einrichtung von politischen Beamten zu übernehmen oder ihren Kreis in den Einzelheiten ebenso abzugrenzen wie das der Bund in § 36 BBG getan hat. § 31 BRRG räumt den Ländern lediglich die Möglichkeit ein, für solche Beamte eine jederzeitige Versetzung in den einstweiligen Ruhestand vorzusehen, die ein Amt bekleiden, bei dessen Ausübung sie „in fortdauernder Übereinstimmung mit den grundsätzlichen politischen Ansichten und Zielen der Regierung stehen" müssen[59].

IV. Beamtenrecht nach hergebrachten Grundsätzen

Strukturgarantie

Art. 33 Abs. 5 GG verpflichtet die Gesetzgeber des Bundes wie der Länder zur Berücksichtigung der hergebrachten Grundsätze des Berufsbeamtentums.

1. Hergebrachte Grundsätze der Beamtenverfassung

39

a) Der Beamte ist grundsätzlich in den wesentlichen Inhalten seines Dienstverhältnisses der einseitigen Regelungsgewalt durch den Gesetzgeber unterworfen (Grundsatz der Gesetzesunterworfenheit des Beamtenstatus).

---

[57] Mit dem Gesetz über Teilzeitarbeit und befristete Arbeitsverträge und zur Änderung und Aufhebung arbeitsrechtlicher Bestimmungen v. 21.12.2000 (BGBl I, S. 1966); vgl. dazu *Wolfgang Hromadka*, Das neue Teilzeit- und Befristungsgesetz, in: NJW 2001, S. 400 ff. Teilzeitbeschäftigung eines neu eingestellten Beamten darf auch aus arbeitsmarktpolitischen Gründen nur angeordnet werden, wenn dem Bewerber die Möglichkeit zur Wahl der vollen Beschäftigung eingeräumt worden ist: BVerwG, in: NJW 2000, S. 2521. Die Gewährung von Altersteilzeit, die im Bundesteilzeitgesetz nicht geregelt ist, ist nach § 44a BRRG durch Gesetz, das heißt durch Landesgesetz zu regeln. Für § 88a Abs. 3 S. 4 SchlHBG hat das BVerwG (Urt. v. 29.4.2004, in: NVwZ-RR 2004, S. 863 f.) festgehalten, daß dem Dienstherrn insoweit ein Ermessen eingeräumt ist.

[58] Vgl. *Ulrich Battis/Klaus J. Grigoleit*, Zulässigkeit und Grenzen von Teilzeitbeamtenverhältnissen, in: Verantwortung und Leistung, H. 30, Februar 1997.

[59] Bayern zum Beispiel hat von dieser Möglichkeit keinen Gebrauch gemacht. Die Möglichkeit eines einstweiligen Ruhestandes sehen Art. 36 und 37 BayBG nur für die Fälle der Umbildung bzw. der Auflösung von Behörden vor (in Ausfüllung des Rahmens in §§ 19 und 20 BRRG).

b) Das Beamtenverhältnis ist angelegt auf einen Lebensberuf sowie auf eine hauptberufliche Erfüllung (Grundsätze der lebenslangen Bindung sowie der Hauptberuflichkeit). Das folgt aus der besonderen Treuebindung (Art. 33 Abs. 4 GG), der bei nebenberuflicher Tätigkeit die Basis entzogen wird. Mit der Anstellung auf Lebenszeit ist die Regelung einer bestimmten Altersgrenze aber nicht unvereinbar[60]. Auch der Übertragung der Führungsfunktionen auf Zeit steht dieser Grundsatz nicht entgegen, solange das Beamtenverhältnis als solches lebenslang ist. Zu beachten ist freilich, daß durch Teilzeitbeschäftigung die Unabhängigkeit der Amtsführung tangiert wird[61].

40
Hauptberuflichkeit

c) Das Beamtenverhältnis muß als besonderes öffentlich-rechtliches Dienst- und Treueverhältnis ausgestaltet bleiben (Grundsatz des besonderen Treueverhältnisses). Diese besondere Treuebindung wird von der Fürsorgepflicht des Dienstherrn und der Treuepflicht des Beamten charakterisiert.

41
Besonderes Dienst- und Treueverhältnis

Die verfassungsrechtliche Fürsorgepflicht[62] hat eine Fülle von konkretisierenden Rechtsnormen durch den Dienstherrn hervorgebracht (die Verpflichtung zur Fortbildung, zur sachgerechten Ausgestaltung des Beurteilungswesens, zur richtigen Führung der Personalakten sowie zur Auskunftserteilung aus diesen Akten, zur Gewährung von Beihilfen in typisierten Notlagen, vor allem im Krankheitsfall[63], zur Zahlung von Trennungsgeld, Umzugskosten usw.). Der Fürsorgegrundsatz umfaßt die Verpflichtung des Dienstherrn, die bestehenden Regelungen neuen Bedürfnissen anzupassen. Die Fürsorgepflicht ist aber nicht mit einer Addition der verschiedenen konkreten Rechtsregelungen zu definieren, die sich aus der Erfüllung der Fürsorgepflicht entwickelt haben. Die verfassungsrechtliche Fürsorgepflicht ist eine Generalklausel, auf die sich der Beamte dann berufen kann, wenn in einer Notlage eine konkrete gesetzliche Regelung fehlt. Sie kann also selbständige und unmittelbare Rechtsgrundlage für Ansprüche des Beamten gegen seinen Dienstherrn sein.

Fürsorgepflicht

Generalklausel

Die allgemeine Fürsorgepflicht verpflichtet den Gesetzgeber schließlich dazu, Ermessensentscheidungen unter Berücksichtigung des Wohls des Beamten zu fällen. Darauf hat der Beamte einen subjektiven Rechtsanspruch. Bei einer schuldhaften Verletzung der Fürsorgepflicht steht dem Beamten ein Schadensersatzanspruch zu.

d) Das Pendant der Fürsorgepflicht des Dienstherrn ist die Treuepflicht[64] des Beamten: Wie die Fürsorgepflicht (und solange wie diese) ist sie ursprünglich

42
Treuepflicht

---

60 BVerfGE 71, 255 (268).
61 Vgl. zur Teilzeitbeschäftigung Rn. 37.
62 *Helmut Lecheler*, Die Fürsorgepflicht des Dienstherrn – eigenständiges Rechtsinstitut oder Brücke zum Arbeitsrecht?, in: ZBR 1972, S. 129 ff.
63 Vgl. dazu BVerfGE 83, 89 (98 f.), wo das Bundesverfassungsgericht ausführt, daß die Fürsorgepflicht keine lückenlose Erstattung von Krankheitskosten verlangt, sondern daß das Modell der Beihilfe als Ergänzung der Eigenversorgung des Beamten grundsätzlich ausreicht; vgl. auch BVerfGE 89, 207 (= NJW 1992, S. 2371 ff.); die Fürsorgepflicht des Dienstherrn steht weder der Pflegeversicherungspflicht für Beamte entgegen (BVerfG, Beschluß v. 25. 9. 2001, in: DVBl 2000, S. 114 ff.) noch gebietet sie, einem Beamten Wahlleistungen in der Krankenhausversorgung zu gewährleisten (BVerfGE 106, 225 ff.).
64 *Helmut Lecheler*, Die Treupflicht des Beamten – Leerformel oder Zentrum der Beamtenpflichten?, in: ZBR 1972, S. 228 ff.; → oben *P. Kirchhof*, § 99 Rn. 98.

"ungemessen": Zwar hat der Beamte in der Verfassungsordnung des Grundgesetzes grundsätzlich die gleichen staatsbürgerlichen Rechte wie jeder andere Staatsbürger. Die Treuepflicht rechtfertigt aber Einschränkungen dieser Rechte, die im Rahmen der Erfordernisse seines Dienstes bleiben. Nach der herrschenden Auffassung ist auch im Beamtenverhältnis eine entsprechende Grundlage in einem Parlamentsgesetz notwendig. Das kann natürlich nur für wesentliche Eingriffe gelten.

Einschränkungen

Die Beamten-Treuepflicht zeigt sich besonders in seiner Verpflichtung zur Uneigennützigkeit und Objektivität bei der Wahrnehmung der Dienstaufgaben.

43
Streikverbot

e) Der Beamte hat kein Streikrecht (Grundsatz des **Streikverbots**). Das Streikverbot der Beamten ist nicht mit den Verbotsbestimmungen in den Beamtengesetzen zu begründen, sondern aus der Verfassung selbst: Solange der Beamtenstatus überhaupt aufgabenadäquat ist, ist es auch das Streikverbot als sein integraler Bestandteil[65].

44
Alimentationsprinzip

f) Der Gesetzgeber hat für den Unterhalt des Beamten und seiner Familie zu sorgen (**Alimentationsprinzip**). Diese Alimentation[66] hat er so zu bemessen, daß sie einen nach Dienstrang, Bedeutung und Verantwortung des Amtes und entsprechend der Entwicklung der allgemeinen Verhältnisse angemessenen Lebensunterhalt gewährt, damit sich der Beamte ganz dem öffentlichen Dienst als Lebensberuf widmen und in relativer wirtschaftlicher Unabhängigkeit zur Erfüllung der dem Berufsbeamtentum vom Grundgesetz zugewiesenen Aufgabe beitragen kann, im politischen Kräftespiel eine stabile, gesetzestreue Verwaltung zu sichern. Das hat vor allem zur Folge, daß die Beamtenbesoldung wie auch die anderen Modalitäten seiner Dienstleistung nicht im Wege des Arbeitskampfes erstritten werden können, sondern daß sie einseitig durch das Gesetz festgelegt werden.

Familiengerechte Gehaltsbemessung

Hergebrachter Grundsatz des Berufsbeamtentums ist aber auch, die zur Familie des Beamten zählenden Kinder bei der Gehaltsbemessung zu berücksichtigen und dem Beamten kinderbezogene Leistungen zu gewähren. Diese beamtenrechtliche Besonderheit eines angemessenen Familienunterhalts darf nicht dadurch verlorengehen, daß der Beamte in ein allgemeines Sozialleistungssystem einbezogen wird.

45
Beamtenversorgung

g) Hergebrachter Grundsatz ist auch eine eigene **Beamtenversorgung**[67]. Die Beamtenversorgung wurzelt wie die Besoldung in der Alimentationsverpflichtung des Dienstherrn. Besoldung und Versorgung bilden eine rechtliche

---

[65] Eingehende Begründung des Beamtenstreikverbots auf seinen verschiedenen Ebenen (beamtenrechtlich, funktionell, staatsrechtlich) bei *Isensee* (N 35).

[66] *Detlef Merten*, Alimentationsprinzip und Beamtengesetzgebung, in: ZBR 1996, 353 ff.; *Gerhard Till*, Die Entwicklung des Alimentationsprinzips, 1979; BVerfG in std. Rspr., besonders deutlich BVerfGE 16, 94 (115) und 81, 363. Wesentlich ist die ausdrückliche Einbeziehung der Versorgung in die Alimentationsverpflichtung; so schon BVerfGE 11, 203 (217); zu neueren Entwicklungen vgl. auch BVerwG, Urt. v. 19. 12. 2002, in: DÖV 2003, S. 456 ff.

[67] Vgl. *Detlef Bayer*, Beamtenversorgung und Verfassungsrecht, in: DVBl 2002, S. 73 ff.; *Ulrich Battis*, Zwei Bundesgesetze zur Besoldung und Versorgung, in: NVwZ 2001, S. 1250 ff.; zur unterschiedlichen Besteuerung von Beamtenpensionen und Renten vgl. BVerfGE 105, 73.

und sachliche Einheit. Der Pflicht des Beamten, unter Einsatz seiner ganzen Persönlichkeit dem Dienstherrn seine volle Arbeitskraft grundsätzlich auf Lebenszeit zur Verfügung zu stellen, kann nur eine lebenslange Alimentation entsprechen. *Lebenslange Alimentation*

Versorgung wie Besoldung des Beamten haben daher ihre gemeinsame Wurzel im Beamtenverhältnis, sie müssen immer im Zusammenhang mit der Dienstverpflichtung und der Dienstleistung des Beamten gesehen werden. Daraus ergibt sich auch der Grundsatz der Beitragsfreiheit der Beamtenversorgung: Beamte erbringen keine besonderen, ausrechenbaren Vorsorgeleistungen wie etwa die Versicherten in der gesetzlichen Rentenversicherung[68]. Die Gewährung der Beamtenversorgung gehört ebensowenig wie die Beamtenbesoldung zu den allgemeinen Sozialleistungen des Staates, so daß auch die für diese Leistungen entwickelten Grundsätze auf die Beamtenversorgung nicht angewendet werden können. Die Beamtenversorgung ist kraft der Verfassung nicht nur beitragsfrei, sondern vor allem auch bedarfsunabhängig. *Beitragsfreiheit* *Bedarfsunabhängigkeit*

Die Höhe des Versorgungsanspruchs muß angemessen sein und auf „der Grundlage der Dienstbezüge des letzten innegehaltenen Amtes" und nicht etwa aus der Summe der Lebenseinkünfte oder ähnlichen anderen Kriterien errechnet werden[69]. Die amtsbezogene Versorgung stellt selbst einen hergebrachten Grundsatz dar. Es gehört nämlich zu den überkommenen Grundlagen des deutschen Berufsbeamtentums, daß mit einem höheren Amt in der Regel auch höhere Dienstbezüge verbunden sind. Die Anerkennung der Eignung, Befähigung und fachlichen Leistung eines Beamten, die sich mit jeder ordnungsgemäßen Beförderung verbindet, ist nach dem überkommenen System der Beamtenversorgung nicht auf die Zeit beschränkt, in der sich der Beamte im Dienst befindet. Seit jeher hat sie sich auf das Ruhegehalt ausgewirkt. Diese Anerkennung von Beförderungen auch im Versorgungsrecht gewährleistet ein Hinüberwirken des Leistungsgrundsatzes, eines für das Berufsbeamtentum konstitutiven Grundsatzes, in das Ruhebeamtenverhältnis. *Amtsbezogene Versorgung*

h) Das Beamtenverhältnis ist grundsätzlich ein gegliedertes Dienstverhältnis[70]: Der Dienst der Beamten wird in verschiedenen Laufbahngruppen, **46** *Laufbahnprinzip*

---

[68] Daher ist die Verfassungsmäßigkeit des § 14a BBesG umstritten: Für verfassungswidrig halten die Vorschrift *Detlef Merten*, in: NVwZ 1999, S. 809 (814ff.); *Helmut Lecheler/Lothar Determann*, in: ZBR 1998, S. 1, 3ff.; *Rudolf Summer*, in: PersV 1998, S. 142f. Demgegenüber v. a. *Ulrich Battis/Jens Kersten*, Die Bildung von Versorgungsrücklagen zur Alterssicherung von Beamten, in: NVwZ 2000, S. 1337 ff. Daß die Pflegeversicherungspflicht für Beamte den Grundsatz der Vorsorgefreiheit nicht verletzt, hat das Bundesverfassungsgericht (Erste Kammer des Zweiten Senats) in einem Beschluß vom 25. 9. 2001 (DVBl 2002, S. 114 ff.) angenommen.

[69] Eine bedenkliche Lockerung der Sonderstellung der Beamtenversorgung kommt in BVerwGE 66, 360 (364) zum Ausdruck, nach der es genügen soll, wenn der Beamte aus einer anderen öffentlichen Kasse Leistungen erhält, die zwar nicht aus Beamtenverhältnissen fließen, aber ebenfalls seiner Existenzsicherung und der seiner Familie zu dienen bestimmt sind. Demgegenüber ist mit dem Bundesverfassungsgericht daran festzuhalten, daß die personelle Bindung an den Dienstherrn für die Unterhaltsgewährung ungeschmälert bestehen bleiben muß: „Die Alimentationsverpflichtung des Dienstherrn ist unabdingbar und kraft ihrer besonderen rechtlichen Struktur nicht teilbar". Vgl. BVerfGE 44, 249 (268).

[70] Vgl. aber zur Modifikation durch die Föderalismusreform *Günter Bochmann*, Die rahmenrechtliche Neuordnung des Laufbahnwesens im Entwurf für das Gesetz zur Reform der Strukturen des öffentlichen Dienstrechts, in: ZBR 2006, S. 69 ff.

innerhalb dieser Laufbahngruppen nach Maßgabe der Fachrichtung in Laufbahnen mit formal geregeltem Einstieg und Aufrücken von Amt zu Amt geleistet, für welche die Beamten vor- und ausgebildet werden (Laufbahn bzw. Laufbahngruppenprinzip).

47
Leistungsgrundsatz

i) Für den Zugang zum Beamtendienst wie zu jedem höheren Amt entscheiden allein die Eignung, Befähigung und fachliche Leistung (Leistungsgrundsatz)[71]. Dieser für den ganzen öffentlichen Dienst konstitutive Rechtsgrundsatz (Art. 33 Abs. 2 GG) ist als ein hergebrachter Grundsatz des Berufsbeamtentums im Sinne des Absatzes 5 anerkannt.

48
Eigene Personalvertretung

Gruppenprinzip

j) Den Beamten steht aufgrund der Besonderheit ihres Dienstverhältnisses eine eigene Personalvertretung zu[72]. Hier liegt die verfassungsrechtliche Grundlage für das Gruppenprinzip des Personalvertretungsrechts, nach dem die Interessen jeder Bedienstetengruppe im öffentlichen Dienst (Beamte, Angestellte und Arbeiter) durch von ihr gewählte Vertreter gewahrt werden.

49
Amtsbezeichnung

k) Zu den hergebrachten Grundsätzen zählt neben den bereits hervorgehobenen Strukturprinzipien auch der Grundsatz, dem zufolge dem Beamten eine angemessene Amtsbezeichnung gebührt[73].

50
Richterliche Unabhängigkeit

Freiheit zur Organisation der richterlichen Arbeit

l) Besondere hergebrachte Grundsätze haben sich vor allem im Richteramt und im Hochschullehrerrecht herausgebildet. Der Grundsatz der persönlichen und sachlichen Unabhängigkeit des Richters wird vom Bundesverfassungsgericht zunächst als ein solcher hergebrachter Grundsatz betrachtet, in den späteren Entscheidungen aber stets neben den hergebrachten Grundsätzen des richterlichen Amtsrechts geprüft[74]. Art. 33 Abs. 5 GG bedeutet allerdings für den Richter keine konkretere Garantie als Art. 97 Abs. 2 GG[75]. Hergebrachter Grundsatz des Richteramtsrechts ist es, daß der Richter seine Arbeit selbständig organisiert[76]. Nur so können seine Unabhängigkeit und Weisungsfreiheit gesichert werden. Die Freiheit zur Organisation seiner Arbeit besteht wesentlich in der Bestimmung von Ort und Zeit seiner Tätigkeit. Der Richter ist also berechtigt zu entscheiden, wann und wo er seine richterlichen Aufgaben erfüllen will, soweit sich eine Einschränkung nicht aus der Natur der Sache ergibt. Umstritten ist dagegen die Qualifikation bei der

---

71 *Herbert Krüger*, Das Leistungsprinzip als Verfassungsgrundsatz, 1957; *Walter Leisner*, Grundlagen des Berufsbeamtentums – mit einer Studie über das Leistungsprinzip, 1971, S. 60 ff.
72 Nachw. bei *Erwin Schütz*, Beamtenrecht, Komm., Bd. I C, Anm. 3b zu § 105. § 98 BPersVG, in dem das Bundesverwaltungsgericht (BVerwGE 5, 118 [119]) eines der tragenden Elemente des Personalvertretungsrechts sieht, trug bei Erlaß des Bundespersonalvertretungsgesetzes gerade noch dem hergebrachten Grundsatz des Berufsbeamtentums Rechnung, nach dem die Garantie dieses Berufsbeamtentums besondere, das heißt von anderen getrennte Vertreter der Beamten verlangt. Unzutreffend ist also die Auffassung von *Hans-Jürgen Papier*, Wahl der Personalratsvorsitzenden nach dem Landes-Personalvertretungsgesetz von Nordrhein-Westfalen, in: ZBR 1987, S. 202 (204 f.), wonach ein über den Mindeststandard des § 98 BPersVG hinausreichendes, systemkonstituierendes Grundprinzip dem Grundgesetz nicht entnommen werden könne.
73 BVerfGE 62, 374; 43, 154 (167); zur rechtsstaatlichen Bedeutung der Amtsbezeichnungen vgl. *Walter Leisner*, Amtsbezeichnungen als Gebot der Rechtsstaatlichkeit, in: DÖV 1973, S. 145 ff.
74 BVerfGE 26, 116 (141); 41, 147 (155). → Unten *Sodan*, § 113 RN. 19 ff.
75 So BVerfGE 38, 139 (151).
76 Zuletzt OVG Rheinland-Pfalz, Urt. v. 26. 2. 1986, in: ZBR, S. 367 (nicht rechtskräftig) m. weit. Nachw.

Bemessung des richterlichen Gehalts nach seinen richterlichen und nicht nach seinen Verwaltungsaufgaben als hergebrachter Grundsatz[77]. Das Hochschulrecht ist von den Verfassungsgerichten demgegenüber eher stiefmütterlich behandelt worden. Das Bundesverfassungsgericht hat zwar zunächst festgehalten, der Gesetzgeber müsse einen im ganzen forschungs- und lehrfreundlichen Rechtsrahmen schaffen[78], in concreto hat es sich aber bei der Anerkennung hergebrachter Grundsätze eher zurückgehalten[79].

Hochschulrecht

m) Abgelehnt worden ist die Eigenschaft des hergebrachten Grundsatzes vom Bundesverfassungsgericht für folgende Fälle:
- verfassungsrechtlicher Schutz wohlerworbener Rechte der Beamten[80];
- Kürzung der Beamtenbezüge bei Zusammentreffen mit privaten Einkünften anderer Art[81];
- Wechsel des Dienstherrn nur mit Zustimmung des Beamten[82];
- ein Recht „am Amt" im Sinne eines Rechts auf unveränderte und ungeschmälerte Ausübung der dienstlichen Aufgaben[83].

51
Keine hergebrachten Grundsätze

Während das Gericht in diesen Fällen eingehend dargelegt hat, warum es einen hergebrachten Grundsatz nicht angenommen hat, hat es gelegentlich[84] en passant darauf verwiesen, daß die Fülle der Detailregelungen im Beamtenrecht nicht unter den Bestandsschutz des Art. 33 Abs. 5 GG fällt. Gefährlich ist es aber, Beispiele anzuführen[85], ohne im Einzelfall die erforderliche gründliche Prüfung vorzunehmen. Bei der Gewährung von Beihilfen wie auch bei der Gestattung von Nebentätigkeiten wird man mit guten Gründen das Gegenteil annehmen dürfen. Hier zeigt sich, daß das Bild des Berufsbeamten sich in einer Weise gewandelt hat, die bei der Interpretation des Art. 33 Abs. 5 GG nicht unberücksichtigt bleiben kann.

Kein Schutz für Detailregelungen

2. Voraussetzungen für einen hergebrachten Grundsatz

Für die Annahme eines hergebrachten Grundsatzes des Berufsbeamtentums sind folgende zwei Voraussetzungen notwendig:

52

a) Es muß sich um eine Regelung mit Grundsatzcharakter handeln. Das Beamtenrecht einschließlich des Besoldungs- und Versorgungsrechts hat nach 1949 konkrete Ausformungen gefunden, die keineswegs alle von Art. 33 Abs. 5 GG

Grundsatzcharakter

---

77 Bejahend BVerfGE 26, 93; 32, 199 (214); verneinend das Sondervotum BVerfGE 32, 227 (230 f.).
78 BVerfGE 95, 193 (209); 35, 79 (112 f.).
79 Vgl. etwa BVerfGE 35, 31 ff.; 43, 177 ff.; 62, 374; 90, 1 (11 ff.).
80 BVerfGE 3, 58 (137); 8, 1 (12); 8, 332 (343 ff.); 38, 1 (11); 43, 154 (185).
81 BVerfGE 17, 337 (349); 32, 157 (166).
82 BVerfGE 17, 172 (187) für die Übernahme von Polizeibeamten in den Dienst der Gemeinden; das Gericht begründet das damit, daß vor 1918 eher das gegenteilige Prinzip nachzuweisen sei, der Beamte also grundsätzlich nicht zuzustimmen brauchte.
83 BVerfGE 43, 282.
84 Vor allem in der berühmten Entscheidung BVerfGE 44, 249 ff. (zur familiengerechten Alimentation).
85 In der genannten Entscheidung nennt das Bundesverfassungsgericht das 13. Monatsgehalt (das in den meisten Ländern stark gekürzt worden ist), die Leistungszulagen, das Urlaubsgeld, die Überstundenvergütung, Zuschüsse zu Essenskosten, Beihilfegewährung sowie die Gestattung von Nebentätigkeiten.

garantiert oder gefordert werden. Diese Regelungen müssen das Bild des Berufsbeamtentums in seiner überkommenen Gestalt so prägen, daß ihre wesentliche Änderung, Durchbrechung oder Abschaffung dazu führen würde, daß man nicht mehr von einem Fortbestehen des Berufsbeamtentums in seiner herkömmlichen Gestalt sprechen könnte[86]. Das ergibt sich aus der institutionellen Garantie des Berufsbeamtentums in Art. 33 Abs. 4 und 5 GG. Aus dieser folgt die rechtliche Verbindlichkeit der Strukturprinzipien dieser Einrichtung.

53
Herkommen

Weimar als Traditionsbasis

b) Hinzu kommen muß ferner, daß sie ein gewisses Herkommen hat als Ausweis der Bewährung der entsprechenden Regelung.

Das Bundesverfassungsgericht hat es bisher für unabdingbar gehalten, daß sich eine Regelung jedenfalls auf die Weimarer Zeit zurückführen lassen muß[87]. Damit leistet das Gericht der Kritik Vorschub, die Garantie der hergebrachten Grundsätze könne zu einer Versteinerung des Beamtenrechts führen[88]. Stellt man freilich auf die Einrichtung des Berufsbeamtentums und auf seine grundsätzliche wie langfristige Bedeutung für den modernen Staat ab, so hat die Auffassung des Bundesverfassungsgerichts aber doch wohl gute Gründe für sich: Die Einrichtungsgarantie, die in Art. 33 Abs. 5 GG liegt, behindert den Wandel bei der Ausgestaltung des Berufsbeamtentums nicht. Die Garantie der hergebrachten Grundsätze soll es gerade nicht ausschließen, gesellschaftliche Entwicklungen aufzunehmen und durch Änderungen des Beamtenrechts zu berücksichtigen. Der Siegeszug der Teilzeitarbeit ist das vielleicht eklatanteste Beispiel dafür.

3. Art. 33 Abs. 5 GG ist unmittelbar geltendes Verfassungsrecht

54
Institutionelle Garantie

Bindung des Gesetzgebers

Das Bundesbeamtentum ist als eine Einrichtung gewährleistet, die „gegründet auf Sachwissen, fachliche Leistung und loyale Pflichterfüllung eine stabile Verwaltung sichern und damit einen ausgleichenden Faktor gegenüber den das Staatsleben gestaltenden politischen Kräften darstellen soll"[89]. Art. 33 Abs. 5 GG ist damit eine Strukturnorm innerhalb des Verfassungs-Organisationsrechts. Damit bindet Art. 33 Abs. 5 GG den Gesetzgeber bei der Wahrnehmung seiner Aufgabe, das Beamtenrecht zeitgemäß weiterzuentwickeln.

---

86 So das BVerfG in std. Rspr., vgl. etwa die Nachw. in BVerfGE 43, 154 (185) (mit den dissentierenden Voten der Richter Wand und Niebler). Vgl. dazu näher *Rudolf Summer*, Die deutsche Staatsangehörigkeit und das Beamtenverhältnis – zugleich Versuch einer Fortschreibung der Rechtsfigur der öffentlich-rechtlichen Sonderbindung, in: ZBR 1993, S. 97 ff. (103 ff.).
87 BVerfGE 58, 68 (76 f.) bei der Frage nach der Verfassungsgarantie für das gegenwärtige System der Beihilfengewährung. Vgl. auch BVerfGE 106, 225 ff., wo der Zweite Senat in seinem Beschluß vom 7.11.2002 feststellt, daß die Fürsorgepflicht des Dienstherrn als hergebrachter Grundsatz des Berufsbeamtentums es nicht gebiete, einem Beamten Wahlleistungen in der Krankenhausversorgung zu gewährleisten.
88 Diese Auffassung habe ich in der Vorauflage geteilt: *Helmut Lecheler*, Der öffentliche Dienst, in: HStR III, ²1996 (¹1988), § 72 Rn. 64.
89 BVerfGE 3, 58 (137); 7, 155 (162); 8, 1 (12) und öfters.

Art. 33 Abs. 5 GG gibt darüber hinaus einen selbständigen Prüfungsrahmen auch für behördliche Einzelfallentscheidungen[90]. Dies ist auch konsequent, weil unmittelbar geltendes Verfassungsrecht grundsätzlich alle staatlichen Organe bindet. Im übrigen besteht weitgehend Einigkeit darüber, daß der Dienstherr bei der Ausübung seines Entscheidungsermessens unmittelbar vom Fürsorgegrundsatz gebunden wird. Darin kommt die unmittelbare Verbindlichkeit des Art. 33 Abs. 5 GG für die Einzelfallentscheidung besonders deutlich zum Ausdruck.

4. Berücksichtigungspflicht

Seinem Wortlaut nach gebietet das Grundgesetz nur Berücksichtigung, nicht aber die Beachtung der hergebrachten Grundsätze. Das Bundesverfassungsgericht hat aber im Ergebnis zu Recht den Gesetzgeber auf die Beachtung dieser Grundsätze verpflichtet[91]. Dies folgt aus der institutionellen Garantie des Berufsbeamtentums. Die Strukturprinzipien dieser Einrichtung sind dem die Einrichtung ausgestaltenden Gesetzgeber verbindlich als Rahmen vorgegeben. Die zurückhaltende Fassung des Art. 33 Abs. 5 GG hat das Bundesverfassungsgericht damit erklärt, daß der Verfassunggeber bei der Übernahme der hergebrachten Grundsätze aus der Weimarer Tradition einen Freiraum insoweit lassen wollte, als geprüft werden sollte, ob der in Betracht kommende hergebrachte Grundsatz mit der Stellung und mit denjenigen Funktionen des Berufsbeamtentums vereinbar ist, die das Grundgesetz ihm in der freiheitlichen, rechts- und sozialstaatlichen Demokratie zugeschrieben hat[92]. Art. 33 Abs. 5 GG gewährleistet das Berufsbeamtentum als Einrichtung also nur soweit, wie es sich in seiner hergebrachten Gestalt in den Rahmen des demokratischen Staates einfügt[93].

55
Berücksichtigung oder Beachtung?

5. Art. 33 Abs. 5 GG als grundrechtsgleiches Recht

Über den Wortlaut der Vorschrift hinausgehend billigt das Bundesverfassungsgericht[94] unter Zustimmung der Literatur dem einzelnen Beamten aus

56

---

90 Vgl. BVerfGE 43, 154 ff. – Das Gericht maß die Entlassung eines Direktoriumsmitgliedes der schleswig-holsteinischen Datenzentrale unmittelbar an Art. 33 Abs. 5 GG und hob den Verwaltungsakt wegen eines Verstoßes gegen die Fürsorgepflicht des Dienstherrn ebenso auf wie die bisher ergangenen verwaltungsgerichtlichen Urteile. In der dissenting opinion zu dieser Entscheidung wird ausgeführt, Art. 33 Abs. 5 GG könne bei der Überprüfung behördlicher Einzelfallentscheidungen nur insofern als Prüfungsmaßstab herangezogen werden, als die Normen, auf denen diese Einzelfallentscheidungen beruhen, an Art. 33 Abs. 5 GG zu messen sind. Genügt die gesetzliche Regelung den Anforderungen dieser Bestimmung, so verbietet sich die Feststellung, daß die zu überprüfende Maßnahme mit Art. 33 Abs. 5 GG unvereinbar ist.
91 BVerfGE 3, 58 (137); 7, 155 (162); 8, 1 (16); 9, 268 (286); 11, 192 (203); 15, 167 (195); 25, 142 (148) und seither in std. Rspr.
92 So ausdrücklich BVerfGE 3, 137; 15, 167 (195).
93 Nach den grundlegenden Beamtenentscheidungen des BVerfG vor allem im 3., 7. und 8. Band ist das heute kein Problem mehr.
94 Vgl. BVerfGE 43, 166 (167) m. Nachw.

Art. 33 Abs. 5 GG einen subjektiven, grundrechtsähnlichen, mit der Verfassungsbeschwerde durchsetzbaren Anspruch zu, daß der Staat die durch hergebrachte Grundsätze geschaffene persönliche Rechtsstellung nicht verletze[95]. Gegen eine derart offene Überschreitung des Wortlauts des Art. 33 Abs. 5 GG spricht, daß diese Verfassungsbestimmung das Berufsbeamtentum nicht im Interesse der Beamten und ihrer individuellen Rechtsstellung, sondern um der Allgemeinheit und des Staates willen in seinem Bestand sichern soll[96].

Strukturgarantie als Basis von grundrechtsgleichen Rechten
Widerspruch zum Wortlaut des Art. 33 Abs. 5 GG

6. Grundrechtseinschränkung aufgrund Art. 33 Abs. 5 GG

57
Strukturgarantie als Schranke von Grundrechten

Art. 33 Abs. 5 GG rechtfertigt Einschränkungen der Grundrechte der Beamten. Diese haben im freiheitlichen Rechtsstaat des Grundgesetzes im Prinzip die gleichen staatsbürgerlichen wie privaten Rechte wie jeder Bürger, soweit diese nicht dem grundsätzlichen Dienst- und Treueverhältnis widersprechen, das in Art. 33 GG grundlegend strukturiert wird. Art. 33 Abs. 5 GG typisiert die Eingliederungslage des Beamten, innerhalb deren der Gesetzgeber die Freiheitsgewährleistungen für Beamten beschränken darf[97].

7. Art. 33 Abs. 5 GG als Gesetzgebungsauftrag

58
Gesetzgebungsauftrag

Art. 33 Abs. 5 GG beinhaltet einen Auftrag an den Gesetzgeber, die Rechtseinrichtung des Berufsbeamtentums nach den hergebrachten Grundsätzen zeitgemäß auszugestalten. Diese Aufgabe ist praktisch-politisch von noch größerer Bedeutung als die unmittelbare Rechtsgeltung des Art. 33 GG. Denn einer Gesetzgebung, für die Art. 33 GG Schranke und nicht Ziel ist, die das Beamtenrecht hart an der Grenze der Verfassungswidrigkeit entlang umgestalten will, die damit den Grundkonsens zwischen Verfassung und Gesetzgebung verfehlt und so die Basis für das besondere Vertrauensverhältnis zerstört, kann nur sehr unvollkommen mit der Waffe der unmittelbaren Rechtsgeltung begegnet werden.

V. Beamtenverhältnis – Sonderstatus kraft Verfassung

1. Wesentliche Unterschiede zwischen Beamtenstatus und den Bediensteten nach privatem Recht

59
Sonderstatus des Beamten

Art. 33 Abs. 4 und 5 GG garantiert das Beamtenverhältnis als einen umfassenden Sonderstatus und nicht als ein Bedienstetenverhältnis mit punktuellen Besonderheiten. Die zum Status verfestigte Rechtsposition stellt den Beamten in den besonderen Zusammenhang eines durch einen Gemeinzweck

---

95 Zweifelnd noch BVerfGE 3, 136; bejahend dann BVerfGE 12, 87 und seither in std. Rspr.
96 Vgl. näher dazu *Helmut Lecheler*, Die „hergebrachten Grundsätze des Berufsbeamtentums" in der Rechtsprechung des Bundesverfassungsgerichts und des Bundesverwaltungsgerichts, in: AöR 103 (1978), S. 349 ff.
97 *Wolfgang Loschelder*, Grundrechte im Sonderstatus, in HStR V, ²2000 (¹1992), § 123.

geschaffenen Ganzen. Der Beamtenstatus bezeichnet also einen Komplex von Pflichten und Rechten eines Amtswalters, die ihm im Hinblick auf die Sicherung der Amtswaltung gewährt werden. Diese Amtswaltung steht im Vordergrund und nicht die Person des Amtswalters.

Der Gemeinzweck, auf den hin das Beamtenverhältnis geordnet ist, ist die zentrale Aufgabe, „eine stabile Verwaltung zu sichern und damit einen ausgleichenden Faktor gegenüber den das Staatsleben gestaltenden politischen Kräften zu bilden"[98]. Das bedeutet, daß der Beamtenstatus einheitlich gesehen werden muß unter dem Aspekt der Erfüllung seiner Aufgabe. Der Beamtenstatus ist nicht teilbar. Die Stellung des Beamten ist umfassend und in sich geschlossen zu ordnen, durch eigene Regeln für die Versorgung, für die Personalvertretung usw.

Bei jeder Reform im Detail sind die Auswirkungen auf den Status als ganze zu beachten. Reformversuche, die in irgendeiner Form das beamtenrechtliche Grundverhältnis (die Rechtsstellung) und das Betriebsverhältnis (tätigkeitsbezogene Bereiche) voneinander trennen und in unterschiedlicher Weise regeln wollen, zerstören den von der Verfassung garantierten einheitlichen Beamtenstatus und sind damit mit der Verfassung nicht vereinbar[99]. Unvereinbar mit dem Charakter des Beamtenverhältnisses als eines Statusverhältnisses ist es insbesondere, das Statusverhältnis auf die Wahrnehmung bestimmter Rollen zu reduzieren mit der Folge, daß der Rechtsstatus zu einer auflösbaren Kombination von Merkmalen wird, bei denen jeweils im einzelnen geprüft werden muß, ob und inwieweit sie für die wahrgenommene Aufgabe eine Funktion besitzen[100]. Die Sonderstellung des Berufsbeamtentums wäre damit zerbrochen und in eine Vielzahl von unterschiedlich organisierten Teil-Dienstverhältnissen zersplittert, je nach konkreter Erforderlichkeit. Das Wesen des Beamtenstatus liegt aber gerade in einem Überschreiten der Ebene konkreter Sachprobleme und in einer Ordnung auf die Grundbedingungen jeder Wahrnehmung hoheitlicher Aufgaben hin. Der wesentliche Unterschied zwischen Beamtenverhältnis und Arbeitnehmerstellung liegt also in der Geschlossenheit und im Systemcharakter des Beamtenstatus.

60

Keine Reduktion auf Rollen und Funktionen

2. *Unterschiede im einzelnen*

Der Unterschied zwischen dem Arbeitnehmerverhältnis und dem Beamtenstatus besteht nicht nur in der strukturellen Besonderheit des Beamtenstatus; der Unterschied wird auch in einer ganzen Reihe von einzelnen wichtigen

61

Statusunterschiede

---

98 S.o. N 85 sowie BVerfGE 8, 16.
99 Unbedenklich, ja notwendig sind derartige Unterscheidungen bei der Frage nach dem Umfang des Rechtsschutzes für Beamte, weil diesen nicht gegen jede dienstliche Weisung förmlicher Rechtsschutz gewährt werden kann und die Einheitlichkeit des Beamtenstatus von einer solchen Unterscheidung für den Rechtsschutz nicht beeinträchtigt wird. Vgl. dazu *Günter Püttner*, Grund- und Betriebsverhältnis. Eine Lehre Ules, die sich durchsetzte hat, in: DVBl 1987, S. 190 ff.
100 In diese Richtung *Niklas Luhmann*, Das Statusproblem und die Reform des öffentlichen Dienstes, in: ZRP 1971, S. 49 ff.; vgl. demgegenüber *Heinhard Steiger*, Organisatorische Grundlagen des parlamentarischen Regierungssystems, 1973.

Unterscheidungen sichtbar, welche im Grunde nichts anderes sind als Konsequenzen der hergebrachten Grundsätze in der rechtlichen Wirklichkeit der Gegenwart. Genannt seien vor allem:

62

Keine Tarifautonomie

a) Das Streikverbot sowie die Festsetzung der Bedingungen für die Dienstleistung durch den Gesetzgeber.

Die das private Arbeitsrecht beherrschende Autonomie der Tarifvertragsparteien (Art. 9 Abs. 3 GG) endet vor dem Beamtenstatus, der sie nicht nur begrenzt, sondern ihr das Gegenprinzip staatlich geregelter Dienstbeziehungen entgegenstellt.

Beteiligung der Spitzenorganisationen

Vor den Grundrechten der Beamten kann diese Einschränkung des Koalitionsrechts nur aus der Besonderheit der Aufgaben und der Stellung des Berufsbeamtentums im freiheitlichen Staat gerechtfertigt werden[101]. Die Beteiligung der Spitzenorganisationen der zuständigen Gewerkschaften bei der Vorbereitung allgemeiner beamtenrechtlicher Regelungen (§ 58 BRRG) dient vor allem der Sachgerechtigkeit solcher neuer Vorschriften, nicht aber der Abmilderung der Gesetzesunterworfenheit. Das bedeutet eine empfindliche Einschränkung der Koalitionsrechte der Berufsvertretungen der Beamten, denen aus diesem Grund zunächst auch der Koalitionsstatus bestritten wurde[102].

63

Bezahlung

b) Die Gesetzesunterworfenheit schränkt aber nicht nur die Rechte der Beamten ein, sie bindet auch die Dienstherren, denen vor allem ein in der Privatwirtschaft bevorzugtes Mittel der Personalführung nicht zur Verfügung steht – der Leistungsanreiz durch individuelle Sonderabreden über die Dienstbedingungen, vor allem über die Bezahlung[103].

64

Zusätzliche Pflichten

Privatleben

c) Die besondere Bindung des Beamten zeigt sich einmal in der Möglichkeit, dem Beamten – soweit es die Aufgaben des Berufsbeamtentums erfordern – neue Pflichten aufzuerlegen; zum anderen wird sie deutlich in der Verpflichtung des Beamten, grundsätzlich ohne Vergütung über die regelmäßige Arbeitszeit hinaus Dienst zu tun, wenn zwingende dienstliche Verhältnisse dies erfordern (§ 44 BRRG), und in dem Hineinwirken der Beamtenpflichten in das Privatleben: Denn auch ein Verhalten des Beamten außerhalb seines Dienstes ist ein Dienstvergehen, wenn es nach den Umständen des Einzelfalles in besonderem Maße geeignet ist, die Achtung und das Vertrauen in einer für sein Amt oder für das Ansehen des Beamtentums bedeutsamen Weise zu beeinträchtigen (§ 45 Abs. 1 BRRG)[104].

---

101 Vgl. dazu *Isensee* (N 35).
102 Bejahend BVerfGE 4, 95; 19, 303; *Rupert Scholz*, in: Maunz/Dürig, Komm. z. GG, Art. 9 Abs. 3 Rn. 178, 193.
103 Wo die Dienstherren sich diese Freiheit dadurch verschaffen, daß sie im Bedarfsfall den Beamten anregen, seine Entlassung aus dem Beamtenverhältnis zu beantragen, ihn anschließend als außertariflich Bediensteten beschäftigen und ihn schließlich wieder (auf höherer Ebene als es das Laufbahnrecht zulassen würde) in den Beamtendienst übernehmen (als „anderen Bewerber" nach § 4 Abs. 3 BRRG), mißbrauchen und entwerten sie das Beamtenverhältnis als ein im Grundsatz auf Dauer angelegtes Rechtsverhältnis. Der treue (und mangels Gelegenheit) weniger mobile Beamte steht sich dadurch erheblich schlechter als sein gewandterer Kollege.
104 *Loschelder* (N 97), § 123.

d) Die Verletzung der Dienstpflichten der Beamten hat grundsätzlich ein Disziplinarverfahren zur Folge, das im äußersten Fall zur Entfernung des Beamten aus dem Dienst unter Verlust seiner Versorgungsansprüche führen kann. Für den Beamten ist es daher eine Selbstverständlichkeit, daß strafbares Verhalten nicht nur im Wege des allgemeinen Strafrechts, sondern auch in einem Disziplinarverfahren geahndet wird. Dessen Zwecke, die Besserung des Beamten und die Gewährleistung einer pflichtbewußten Beamtenschaft, zielen in eine andere Richtung als die strafrichterliche Verurteilung[105], so daß das Verfassungsverbot des ne bis in idem (Art. 103 Abs. 3 GG) der Disziplinarmaßnahme nicht entgegensteht.

65
Disziplinarverfahren

VI. Konkretisierung der hergebrachten Grundsätze im Beamtenrecht

Im staatsrechtlichen Sinne ist Beamter derjenige Bedienstete, der in einem öffentlich-rechtlichen Dienst- und Treueverhältnis steht, in das er unter Wahrung der gesetzlich vorgeschriebenen Form berufen worden ist. Die Besonderheiten des öffentlich-rechtlichen Dienst- und Treueverhältnisses finden ihre Rechtfertigung in der Besonderheit der Beamtenaufgabe, eine stabile und sachgerechte Verwaltung im Interesse der Bürger zu gewährleisten. Treue zum Staat und seiner freiheitlich-demokratischen Grundordnung, Bemühen um Objektivität und um hohe fachliche Qualität bei der Aufgabenerfüllung bilden daher die inneren Strukturen des Berufsbeamtentums.

66
Staatsrechtlicher Beamtenbegriff

1. Treue nach Gesetz?

a) Verrechtlichung von Treue- und Fürsorgepflicht

Die Treuepflicht des Beamten ist ebenso wie die Fürsorgepflicht des Dienstherrn weithin verrechtlicht: Nicht nur in den Beamtengesetzen selbst, sondern in einer Vielzahl von Rechtsverordnungen und Verwaltungsvorschriften, angefangen bei der Arbeitszeitordnung über die Nebentätigkeitsverordnungen bis hin zu den Grundsätzen über die Einführung der gleitenden Arbeitszeit, ist detailliert und oft kompliziert festgelegt, was der Beamte zu tun und zu lassen hat.

67
Verrechtlichung der Pflichten

In dieser Entwicklung wird ein enormer Wandel sichtbar, in dem die Treuepflicht wie das Recht auf Fürsorge ihre ehedem überragende Bedeutung mehr und mehr verlieren und spezielle Vorschriften an ihre Stelle treten. Nicht mehr Fürsorgepflicht oder Treuepflicht, sondern die spezielle Rechtsgrundlage erscheint als Anspruchsgrundlage für Rechte und Pflichten im Beamtenverhältnis. Damit muß zwangsläufig das Bewußtsein schwinden, in einem besonderen Rechtsverhältnis zu leben, das nicht nur durch die Summe der

68
Einebnung durch Übernormierung

---

105 H.M., vgl. nur *Hans Rudolf Claussen/Werner Janzen*, Bundesdisziplinarordnung, [8]1996, Einl. A Rn. 5a, von den neueren Kommentaren vgl. *Franz Werner Gansen*, Disziplinarrecht in Bund und Ländern, Kommentar 2002, Teil II, Einleitung; vgl. auch *Hans-Dietrich Weiß*, Das neue Bundesdisziplinargesetz, in: ZBR 2002, S. 17 ff.; *ders.*, Fortentwicklungen des Bundesdisziplinarrechts, in: PersV 204, S. 444 ff.

Gleichmäßigkeit

Berechenbarkeit

derzeit bestehenden Regelungen definiert werden kann, sondern kraft Verfassungsrechts wesentlich auf gegenseitige Treue gegründet ist. Die Gründe für diese Entwicklung sind bekannt: Vor allem sind es die Sorge um die Gleichmäßigkeit und Gleichförmigkeit der Fürsorgeleistungen des Staates und der Pflichterfüllung seiner Beamten, die zu einer solchen Normierung geführt haben. Auch das gestiegene Bedürfnis der Beamten nach Vorhersehbarkeit und Berechenbarkeit hat eine Rolle gespielt.

69

Dienst nach Vorschrift

Der Charakter des Beamtenrechts als eines Sonderverfassungsrechts ist mehr und mehr zurückgetreten hinter dem Erscheinungsbild eines Beamtenrechts als einem von zahllosen Teilgebieten des besonderen Verwaltungsrechts. Dann muß freilich auf Dauer auch das Bewußtsein dafür schwinden, daß Beamtendienst mehr ist als ein „Dienst nach Vorschrift". Diese (rechtswidrige) Form[106] des Arbeitskampfes hat überdeutlich gemacht, wohin Übernormierung führt – nämlich letztlich sogar zur Nichtbeachtung der Vorschriften im Interesse des Funktionierens der Verwaltungstätigkeit.

70

Verfassungsunmittelbare Inpflichtnahme des Beamten

Bei der Inpflichtnahme des Beamten aus seiner verfassungsrechtlichen Treueverpflichtung ist Tatbestandsvoraussetzung, daß konkret dargetan wird, inwiefern die Institution oder das Ansehen des Berufsbeamtentums[107], die Erfordernisse des Amtes oder eines geregelten Dienstbetriebes[108] eine entsprechende Inpflichtnahme verlangen. Viel spricht dafür, daß eine derartige Konkretisierung der Inpflichtnahme den Beamten wirksamer schützt als eine mechanische Anwendung des Vorbehalts eines Parlamentsgesetzes für Grundrechtseingriffe auch gegen Beamte[109].

Die Handhabung des unmittelbaren Rückgriffs auf die Verfassungspflicht zur Fürsorge und Treue verlangt von den Dienstherren nicht mehr als sie auch sonst bei der Anwendung unbestimmter Rechtsbegriffe leisten müssen. Ein unmittelbarer Rückgriff auf die Treue- und Fürsorgepflicht, welcher der Besonderheit des Beamtenverhältnisses Rechnung trägt und dieses davor bewahrt, zu einem Rechtsverhältnis unter anderen zu werden, setzt freilich voraus, daß die Gerichte die Erforderlichkeit der Inpflichtnahme und die Unzumutbarkeit der Eigenhilfe im Streitfall ernsthafter überprüfen als bisher. Den Dienstherren darf nicht der bequeme Weg eröffnet werden, pauschal oder in näher nicht nachzuvollziehender Weise auf angebliche oder nicht spezifizierte Erfordernisse des Dienstbetriebs abzustellen.

---

106 Vgl. *Isensee* (N 35), S. 148 ff.
107 Damit rechtfertigt einen Grundrechtseingriff BVerwGE 56, 212 (228). Allgemein zu Grundrechtseingriffen vgl. *Ulrich Battis*, Neuere Rechtsprechung des Bundesverfassungsgerichts zum Beamtenrechts, in: ZBR 1985, S. 33 ff.; *Frank Rottmann*, Grundrechte und Rechtsschutz im Beamtenverhältnis, in: ZBR 1983, S. 77 ff.; *Loschelder* (N 97), § 123.
108 So z. B. BVerwGE 43, 149.
109 In Fortführung der Grundsätze des Bundesverfassungsgerichts in BVerfGE 33, 1 ff. → Oben *Ossenbühl*, § 101 Rn. 27.

b) Treuepflicht als unverzichtbare Voraussetzung für den Zugang zum öffentlichen Dienst

Die Treuepflicht konstituiert nach der Verfassung (Art. 33 Abs. 4 GG) das Berufsbeamtentum. Dementsprechend bestimmen §§ 7 Abs. 1 Nr. 2 BBG und 4 Abs. 1 Nr. 2 BRRG ausdrücklich, daß in das Beamtenverhältnis nur berufen werden „darf", wer „die Gewähr dafür bietet, daß er jederzeit für die freiheitliche demokratische Grundordnung im Sinne des Grundgesetzes eintritt". Diese Vorschriften konkretisieren einen Unterfall der allgemeinen, in der Verfassung selbst angelegten Treueverpflichtung – die politische Treuepflicht des Beamten. Die politische Treue des Beamten zur freiheitlich-demokratischen Grundordnung (und nicht zur Regierung) ist zwingende Voraussetzung für den Zugang zum Beamtendienst. Die Beamtengesetze lassen Ausnahmen nicht zu[110]. Auch für die Landesgesetzgeber gibt es keine Möglichkeit, von dieser Ernennungsvoraussetzung abzusehen.

71 Treue des Beamten

Politische Treuepflicht

Bindung der Länder

c) Insbesondere: politische Treuepflicht der Beamten

Die Formulierung der Beamtengesetze, der Bewerber für ein öffentliches Amt müsse „die Gewähr dafür bieten", „jederzeit für die freiheitlich-demokratische Grundordnung im Sinne des Grundgesetzes" einzutreten, hat eine Fülle von Streitfragen aufgeworfen[111]. Sie haben inzwischen an praktischer Bedeutung verloren.

72 Gewähr der Verfassungstreue

Anlaß zum Streit gab in der Vergangenheit immer wieder die Frage nach der Beweislast für das Vorliegen der Verfassungstreue und inwieweit dem Bewerber eine Mitwirkungslast obliege. Nach der gesetzlichen Regelung der Zugangsvoraussetzungen zum Beamtenverhältnis gibt es hier keine Beweislast[112]. Der Dienstherr muß vom Vorliegen der Verfassungstreue überzeugt sein. Hierzu hat er alle ihm erreichbaren Informationen zu verwerten. Auf seine Überzeugung kommt es an und nicht auf den Nachweis, der Bewerber biete keine Gewähr der Verfassungstreue. Es reicht vielmehr, wenn der Dienstherr seine Zweifel auf feststellbare und auch festgestellte äußere Verhaltensweisen des Bewerbers stützt[113]. Dem Antragsprinzip bei der Übernahme in das Beamtenverhältnis entspricht, daß dem Bewerber bei der Überzeugungsbildung der Behörde eine Mitwirkungslast obliegt[114].

73 „Beweislast"

---

110 §§ 4 Abs. 2 BRRG, 7 Abs. 2 BBG.
111 Grundlegend BVerfGE 39, 334 (348); vgl. ferner BVerwGE 61, 176 (183). Aus der Literatur vgl. *Walter Schick*, Der Radikalenbeschluß des Bundesverfassungsgerichts – Inhalt und Konsequenzen, in: NJW 1975, S. 2169 ff.; *Klaus Stern*, Die Verfassungstreue des Beamtenanwärters – eine Verfassungsforderung, in: ZBR 1978, S. 381 ff.
112 BayVerfGH, in: BayVBl 1986, S. 174 f.; BayVerfGH 3, 65 (66); 12, 91 (104 f.); BVerwGE 47, 300 (334); 1, 57 (59).
113 Vgl. BayVerfGH, in: BayVBl 1985, S. 174 (175). Zur Objektivitätspflicht der Richter, die in jüngster Zeit erneut zu Rechtsstreitigkeiten geführt hat, vgl. *Horst Sendler*, Was dürfen Richter in der Öffentlichkeit sagen?, in: NJW 1984, S. 689 ff.
114 Vgl. BVerwG, in: JZ 1986, S. 537.

2. Zunehmender Parteieneinfluß auf den öffentlichen Dienst – Kapitulation vor dem Parteienstaat oder neue Form der Objektivität?

74
Dienst für das Volk – Parteipolitische Amtsneutralität

Der Beamte dient dem ganzen Volk, nicht einer Partei (§§ 35 Abs. 1 S. 1 BRRG, 52 Abs. 1 S. 1 BBG). Diese Verpflichtung ist etwa in Bayern ausdrücklich in der Verfassung normiert (Art. 96 S. 1 BayVerf); aber auch im Bund hat die Verpflichtung der Beamten zur Objektivität über Art. 33 Abs. 5 GG Verfassungsrang[115].

In den Beamtengesetzen steht die Verpflichtung zur Objektivität bewußt an der Spitze der Pflichtenkataloge der Beamten. Mit dieser Grundpflicht wird der Verfassungsauftrag für das Berufsbeamtentum konkretisiert und seine besondere Stellung charakterisiert[116]. Als Sonderdienstverhältnis rechtfertigt sich das Berufsbeamtentum nur und nur solange, wie es einen Beamtendienst zum Wohl der Allgemeinheit und nicht einzelner Gruppen bedeutet. Die politische Neutralität des Beamtentums bildet eine wesentliche Grundlage für das Vertrauen der Bürger in die Verwaltung des freiheitlichen Rechtsstaates[117].

75
Politisierung des öffentlichen Dienstes

Zwei Entwicklungen vor allem gefährden diese Neutralität und damit das Berufsbeamtentum selbst, wenn es nicht gelingt, in den von der Verfassung vorgegebenen Rahmen zurückzukehren: Zum einen kann der immer häufigere und auch entschiedenere Gebrauch der Grundrechte, vor allem der Meinungsfreiheit und Versammlungsfreiheit, die grundsätzlich auch den Beamten zustehen, zu Zweifeln an der Neutralität der Beamtenschaft führen. Zum andern vergeben die Dienstherren Ämter zunehmend nicht mehr allein nach der Eignung, Befähigung und Leistung des Bewerbers, wie es Art. 33 Abs. 2 GG verlangt, sondern zunehmend nach politischen Erwägungen. Neben dem Verstoß gegen diese Verfassungsvorschrift schaffen die Dienstherren damit schlechte Voraussetzungen für eine neutrale Amtsführung und untergraben das Vertrauen des Bürgers auf die parteipolitische Neutralität der Beamtenschaft.

Politische Patronage

a) Einschränkung der Grundrechtsausübung aufgrund der Neutralitätspflicht

76
Vermutung für die politische Freiheit

Auch im Beamtenrecht gilt wie sonst in der Rechtsordnung, daß der besondere Wertcharakter der Grundrechte in der freiheitlichen Demokratie[118] zu einer grundsätzlichen Vermutung für die Freiheit der Rede in allen Bereichen sowie der aktiven Teilnahme am politischen Meinungs- und Willensbildungsprozeß durch die Ausübung der Versammlungsfreiheit führt[119].

---

115 *Wilfried Berg*, Politisierung der Verwaltung. Instrument der Steuerung oder Fehlsteuerung?, in: Hans Herbert von Arnim/Helmut Klages (Hg.), Probleme der staatlichen Steuerung und Fehlsteuerung in der Bundesrepublik Deutschland, 1986, S. 141 ff.; → oben *P. Kirchhof*, § 99, Rn. 96
116 BVerfGE 69, 315.
117 So § 39 DRiG; ähnlich §§ 10 Abs. 6 SG, 53 BBG, 35 Abs. 1 BRRG. Die entsprechende Vorschrift des Art. 63 Abs. 1 BayBG ist vom BayVerfGH (N 112) mit überzeugender Begründung für verfassungskonform gehalten worden.
118 § 81 Abs. 2 S. 1 BBG.
119 Vgl. dazu *Josef Isensee*, Der Parteienzugriff auf den öffentlichen Dienst – Normalzustand oder Alarmzeichen?, in: Gerhard Rudolf Baum u.a. (Hg.), Politische Parteien und öffentlicher Dienst, 1982, S. 52 ff.; *Hans Herbert v. Arnim*, Ämterpatronage durch politische Parteien, in: PersV 1981, S. 129 ff. und in zahlreichen weiteren Veröffentlichungen.

So unstreitig Grundrechte auch dem Beamten zustehen, so finden diese ihre Grenze in der von der Verfassung gebotenen Objektivität des Beamtendienstes. Diesem Zweck dient die gesetzliche Verpflichtung des Beamten, sich innerhalb und außerhalb seines Amtes, auch bei politischer Betätigung, so zu verhalten, daß das Vertrauen in seine Unabhängigkeit nicht gefährdet wird[120]. Diese in der Verfassung grundgelegte Pflicht verletzt auch derjenige Beamte, der seine Unabhängigkeit der Amtsführung in der Sache zwar wahrt, der sich aber so verhält, daß nach innen oder außen der Eindruck entstehen kann, er sei interessen- oder parteipolitisch festgelegt und werde entsprechend einseitig entscheiden.

77
Objektivitätspflicht

Der böse Schein der Parteilichkeit

Dem Wertcharakter der Grundrechte tritt im Beamtenstatus also eine weitere verfassungsrechtliche Grundentscheidung gegenüber – die Garantie nämlich eines der Allgemeinheit verpflichteten, den Staat tragenden Berufsbeamtentums.

78

Beide Grundentscheidungen der Verfassung müssen im Einzelfall gegeneinander abgewogen werden. Wann konkret in der Allgemeinheit der Eindruck entstehen kann, der Beamte werde bei seiner Amtsführung nicht größtmögliche Objektivität walten lassen, das läßt sich schwer festlegen. Die Verpflichtung zur Zurückhaltung auferlegt dem Beamten um so engere Schranken bei der Wahrnehmung seiner persönlichen Grundrechte, je näher der Gegenstand seiner Meinungsäußerung oder einer Demonstration der amtlichen Tätigkeit des Beamten steht. Gerade dort also, wo der Beamte am fach- und sachkundigsten ist, hat er sich mit öffentlichen Äußerungen seiner Meinung im politischen Kampf zurückzuhalten. Daher ist es abzulehnen, wenn Beamte und Richter sich kollektiv in Presseanzeigen und unter Hinzufügung ihrer Amtsbezeichnungen von der Politik der Landes- bzw. Bundesregierung distanzieren oder militärische Vorgesetzte sich in Uniform an Friedensmärschen beteiligen.

Pflicht zur Zurückhaltung

Vor allem aber sollte das weitgehend obsolete Recht, die Amtsbezeichnung auch außerhalb des Dienstes zu führen[121], nicht zu dem Zweck wiederbelebt werden, persönlichen Auffassungen im politischen Meinungskampf durch Inanspruchnahme eines Amtsbonus mehr Gewicht zu verleihen. Was der Beamte hier an vermuteter Sachkenntnis zur Unterstreichung seiner politischen Auffassung anführt, muß bei Bürgern anderer politischer Meinung die Befürchtung wecken, daß die Objektivität der Amtsführung zumindest gefährdet ist.

79

Politischer Amtsbonus

---

120 Zutreffend *Isensee* (N 119), S. 52.
121 *Theodor Eschenburg*, Ämterpatronage, 1961, hat die verschiedenen Motive plastisch dargestellt: Er unterscheidet eine Herrschaftspatronage, eine Versorgungspatronage usw. Die verschiedenen Formen der Patronage können heute nicht etwa mit dem Argument gerechtfertigt werden, der gesteigerten Bedeutung der politischen Parteien im deutschen Staat werde dadurch Rechnung getragen. Art. 21 GG, der den Parteien unstreitig Aufgaben von großer Wichtigkeit zuweist, macht diese gerade nicht zu Staatsorganen. Unter Berufung auf die ihnen vom Grundgesetz zugewiesenen Aufgaben können die Parteien also Berücksichtigung innerhalb der staatlichen Verwaltung nicht beanspruchen. Zwischen Art. 33 Abs. 2 GG und Art. 21 GG besteht gerade kein Spannungsverhältnis, weil beide Bestimmungen verschiedene Tatbestände regeln.

b) Zunehmende Ämterpatronage und ihre Folgen

80

Unpolitische Eignungsauslese (Art. 33 Abs. 2 GG)

Das verfassungsrechtliche Treueverhältnis zwischen Dienstherren und Beamten wird zunehmend von den Dienstherren selbst verletzt.

Die Verfassung öffnet jedem Deutschen nach seiner Eignung, Befähigung und fachlichen Leistung gleichen Zugang zu jedem öffentlichen Amt (Art. 33 Abs. 2 GG). Diese Verfassungsgarantie gilt für die erste Verleihung eines Amtes (Anstellung) ebenso wie für die spätere Übertragung eines anderen „Amtes mit höherem Endgrundgehalt und anderer Amtsbezeichnung" (Beförderung). Der Bewerber hat einen Rechtsanspruch auf pflichtgemäße Betätigung des Auswahlermessens. Dem Dienstherrn steht bei der Beurteilung der Zugangsvoraussetzung ein Spielraum zu, der einer vollen Nachprüfung durch die Verwaltungsgerichte allerdings entzogen ist, weil er eine wertungsbedingte Gesamtbeurteilung darstellt, die ihrer Natur nach nicht ohne weiteres in allen Einzelheiten überprüft werden kann.

81

Ämterpatronage

Bei der Behandlung des Art. 33 Abs. 2 GG als Grundsatz für den gesamten öffentlichen Dienst wurde dargestellt, daß vor allem das Zugangskriterium der Eignung nur schwer zu erfassen ist. Wieweit der Beurteilungsspielraum der Dienstherren hier auch sein mag – parteipolitische Überlegungen dürfen im Regelfall (von besonderen Ämtern abgesehen) eindeutig nicht in die Überlegung einbezogen werden[122]. Trotzdem: „Die Spatzen pfeifen es von den Dächern, daß hierzulande die Besetzung öffentlicher Ämter und die Karriere im öffentlichen Dienst oftmals von Gunst oder Mißgunst der jeweils regierenden Partei abhängt"[123]. Auf allen Ebenen der Staatlichkeit greift die Ämterpatronage der politischen Parteien um sich. Bekannt ist das Phänomen seit langem[124]. Neu und lebensbedrohend für das Berufsbeamtentum ist seine rapide Ausbreitung. Auf diese Weise werden zwei Grundlagen des Berufsbeamtentums zerstört: das Vertrauen der Bürger in die politische Unabhängigkeit und Objektivität der Verwaltung sowie der Leistungsstandard des Berufsbeamtentums. Beides hat nach dem Krieg ganz wesentlich die Entscheidung beeinflußt, das Berufsbeamtentum in die staatliche Ordnung des Grundgesetzes einzubauen; bis in die Gegenwart waren beide Grundprinzipien des deutschen Berufsbeamtentums Anlaß, seine wesentlichen Grundsätze auch in ausländischen Verwaltungen zu übernehmen.

82

Abwehr der Patronage

Die Gerichte sind gegen diese Entwicklung weitgehend machtlos. Selten nur wird der Beweis für die politische Patronage im Einzelfall zu führen sein. Mehr Möglichkeiten bestünden im Rahmen der Aufsicht innerhalb der staatlichen Verwaltung bzw. über die Kommunalverwaltung[125]. Die Verwaltungslehre, zu deren vordringlichsten Aufgaben es gehört, Vorschläge für eine effizientere Aufsicht zu machen, ist dieser Aufgabe bisher nur sehr mangelhaft

---

122 Darauf verweist *Hans Herbert v. Arnim*, Auswirkungen der Politisierung des öffentlichen Dienstes, in: PersV 1982, S. 454.
123 *Isensee* (N 119), S. 67.
124 Vgl. *Helmut Lecheler*, Verwaltungslehre 1988, S. 48.
125 Vgl. BVerwGE 61, 176 (182) sowie in: DÖD 1983, S. 26 ff.; einen schönen Anwendungsfall bietet BVerwG, Urt. v. 23. 9. 2004, in: NVwZ 2005, S. 458 ff.

nachgekommen[126]. Sie hat – im Gegenteil – das Übel bisher eher vergrößert, denn mit der in den 60er und 70er Jahren geläufigen Empfehlung, Stäbe, Ausschüsse und ähnliche Einrichtungen in die Verwaltungsorganisation einzufügen, hat sie geradezu ideale Spielwiesen für parteipolitische Patronage geschaffen. Eine Mobilisierung der Aufsichtsbehörden setzt aber praktisch die Einsicht in den Parteiführungen voraus, die politischen Parteien müßten im Interesse der gesamten staatlichen Ordnung auf dieses Mittel zur Einflußnahme auf die Verwaltung und zur Versorgung verdienter Parteimitglieder verzichten. Großer Optimismus ist derzeit hier wohl kaum angebracht.

Wenn aber die „Fast-Unmöglichkeit der Umkehr"[127] sich zur endgültigen Unmöglichkeit verfestigt hat, dann ist ein zentrales Strukturprinzip des Berufsbeamtentums zerbrochen, sein Bild in seinem Wesen verändert: Ein neues Berufsbeamtentum erscheint dann am Horizont, auch wenn die gewohnten formalen Spielregeln des formstrengen Beamtenrechts weiterhin angewendet werden.

3. Formklarheit des Beamtenrechts

Inhalt und Form müssen einander entsprechen: Der geforderten objektiven, eindeutigen Amtswaltung des Beamten nach außen hin entspricht die formstrenge Ordnung des Beamtenverhältnisses nach innen. Unsicherheiten sind nach Möglichkeit auszuschließen. Das beginnt beim Beamtenbegriff.

83
Formstrenge

a) Beamtenbegriff

Es ist heute anerkannt, daß staatsrechtlicher und beamtenrechtlicher Beamtenbegriff darin übereinstimmen, daß die gültige Ernennung Voraussetzung für die Begründung des Beamtenverhältnisses und für die rechtliche Fixierung des Beamtenstatus ist. Die Fälle, in denen es einer Ernennung bedarf, sind im Gesetz abschließend geregelt (§ 5 Abs. 1 BRRG). Der rechtliche Ernennungsakt erfolgt durch „Aushändigung einer Ernennungsurkunde", deren Mindestinhalt vom Gesetz zwingend vorgeschrieben wird (§ 5 Abs. 2 S. 2 BRRG). Damit vermeidet das Beamtenrecht die früher bestehende Unsicherheit, die sich daraus ergab, daß für die Annahme der Beamteneigenschaft auf die Wahrnehmung hoheitlicher Aufgaben abgestellt wurde.

84
Form der Ernennung

b) Stabilität der Ämterordnung

Das Beamtenrecht wird vom Amtsbegriff beherrscht. Das Amt bezeichnet einen für einen Bediensteten bestimmter Vor- und Ausbildung abstrakt und allgemein umrissenen Aufgabenkreis innerhalb des öffentlichen Dienstes des Bundes, der Länder oder einer Körperschaft, Stiftung oder Anstalt- des Öffentlichen Rechts[128]. In diesem Sinne spricht man vom Amt des Inspektors, des Regierungsrats, des Ministerialrats usw. In Anlehnung an die Rechtspre-

85
Amt im statusrechtlichen Sinne

---

126 So zu Recht BVerfGE 39, 335 (352 f.).
127 So z. B. BVerwGE 61, 176 (181).
128 Zutreffend BVerwGE 62, 169 (173); 61, 176 (184); ferner in: DÖD 1983, S. 26 ff.

chung des Bundesverwaltungsgerichts[129] hat es sich eingebürgert, hier vom Amt im statusrechtlichen Sinne zu sprechen, weil die Übertragung des jeweiligen Amtes den Status des Beamten bestimmt, vor allem seine Besoldung[130].

86
Amt im funktionalen Sinne

Dem Amt im statusrechtlichen Sinne steht das Amt im funktionellen Sinne gegenüber, das die Dienstaufgabe des Beamten näher charakterisiert: Vom Amt im abstrakt-funktionellen Sinne spricht man zur Kennzeichnung von Aufgaben, die einem Beamten eines bestimmten statusrechtlichen Amtes bei einer konkreten Behörde (Ministerium, Staatsanwaltschaft, Landratsamt) übertragen werden können. Amt im konkret-funktionellen Sinne bezeichnet die bestimmte, einem einzelnen Beamten übertragene Dienstaufgabe, also seinen konkreten Dienstposten. Das staatliche Haushaltsrecht stellt die Verbindung zwischen beiden her: Ein Amt (im statusrechtlichen Sinne) darf nur zusammen mit der Einweisung in eine freie und besetzbare Planstellelle[131] verliehen werden[132].

Planstelle

87
Abstrakt-funktionelles Amt

Umsetzung

Der Begriff des abstrakt-funktionellen Amtes wurde von der Rechtsprechung zur besseren Abgrenzung der anfechtbaren und nicht anfechtbaren Veränderungen des Beamtenverhältnisses eingeführt. Er soll dazu dienen, die innerbehördliche Umsetzung, die Abordnung und die Versetzung[133] besser voneinander abzugrenzen.

Der Numerus clausus der Nichtigkeits- bzw. Rücknahmegründe bei einer fehlerhaften Ernennung gewährleistet die Ämterstabilität[134]. Eine andere Frage ist es allerdings, ob dieser Numerus clausus der Rücknahmegründe für die Verwaltung zugleich die Aufhebungsbefugnis der Verwaltungsgerichte auf die im Beamtenrecht genannten Gründe einschränkt[135].

c) Stabilität durch formalisierte Besoldung

88
Amtsgemäße Besoldung

Im besonderen Maße formalisiert ist auch die Besoldung des Beamten. Sie bemißt sich nicht nach seiner konkreten Leistung, sondern nach seinem Amt und dessen Stellung in der Laufbahnordnung (§ 19 BBesG). Wenn der nachträglich eingefügte § 18 BBesG bestimmt, die Funktionen der Beamten seien nach den mit ihnen verbundenen Anforderungen sachgerecht zu bewerten und entsprechend Ämtern zuzuordnen, so soll damit eine Brücke zwischen der Formalisierung des Amtsbegriffs und der Wirklichkeit der Vielfalt der Dienstposten geschlagen werden.

---

129 Zum beamtenrechtlichen Amtsbegriff vgl. *Josef Isensee*, Transformation von Macht in Recht – Das Amt, in: ZBR 2004, S. 3 ff.
130 BVerwGE 40, 107; 49, 67.
131 Die Besoldungsgruppen der Besoldungsordnung A sind der Ämterordnung nachgebildet. Zur Neugestaltung der Besoldungstabellen vgl. BVerfG, B. v. 6. 5. 2004, in: DVBl 2004, S. 1102 f. (verfassungskonform) (= BVerfGE 110, 353 ff.).
132 Haushaltsrechtliche Bezeichnung für den Dienstposten.
133 Vgl. dazu *Jan Ziekow*, Veränderungen des Amts im funktionellen Sinne – eine Betrachtung nach Inkrafttreten des Dienstrechtsreformgesetzes, in: DÖD 1999, S. 7 ff.
134 Vgl. § 49 BHO und entsprechende Vorschriften der Landeshaushaltsordnungen.
135 Kritisch hiergegen bereits *Helmut Lecheler*, Die Konkurrentenklage – abgelehnt aus Angst vor den Folgen?, in: DÖV 1983, S. 953 ff. Einen umfassenden Überblick über die Rechtsprechung und eine grundlegende dogmatische Behandlung bietet *Jörg Gundel*, Neue Entwicklungen beim Konkurrentenstreit im öffentlichen Dienst, in: Verw, Bd. 37 (2004), S. 401 ff.

d) Sicherung der Objektivität des Beamtendienstes durch die Einheit der Funktionen im Amt

Zunehmend werden herausgehobene Leitungsfunktionen Beamten lediglich auf Zeit übertragen[136]. Der Beamte behält sein statusmäßiges Amt als Oberstudienrat und bekommt die Funktion der Schulleitung auf eine bestimmte Zeit übertragen. Diese Modifikation des überkommenen Dienstrechts zielt weniger auf die Durchbrechung der amtsangemessenen Besoldung oder des Laufbahnprinzips ab als auf die Sicherungen des Lebenszeitprinzips und die dadurch gewährleistete Objektivität. Der Sinn des Lebenszeitprinzips besteht nicht in einer sozialen Basissicherung, sondern in der Stärkung der Unabhängigkeit des Beamten bei der Ausübung seines Amtes, das ihm nicht ohne Pflichtenverstoß und nachfolgendes Disziplinarverfahren vor unabhängigen Gerichten entzogen werden kann.

89
Spitzenposition auf Zeit

Die Stellung eines auf Zeit mit einer Leitungsfunktion beauftragten Beamten ist mit der sachlichen Unabhängigkeit der entsprechenden Leitungsposition auf Lebenszeit nicht zu vergleichen. Damit bringt die Übertragung von Funktionen auf Zeit eine Einschränkung der grundlegenden Sicherung der Objektivität der Amtsführung mit sich und ist daher abzulehnen.

e) Beendigung des Beamtenverhältnisses nur unter den Voraussetzungen und in den Formen der Beamtengesetze

Während der Numerus clausus der Rücknahmegründe für eine fehlerhafte Ernennung die Ämterstabilität gewährleistet, garantiert der Grundsatz der Beendigung des Beamtenverhältnisses nur nach Maßgabe des Gesetzes dem Beamten die Sicherheit seiner Rechtsstellung. Außer durch Tod oder Eintritt in den Ruhestand endet das Beamtenverhältnis durch die Entlassung kraft Gesetzes (§ 22 Abs. 1 BRRG) bzw. Verwaltungsakt (§ 23 BRRG). Die Gründe für die Entlassung sind im Gesetz abschließend geregelt. Ein Ermessen ist dem Dienstherrn nur in der Sondervorschrift für Beamte auf Probe (§ 23 Abs. 3 BRRG) und für Widerrufbeamte (§ 23 Abs. 4 BRRG) zugebilligt. Daneben endet das Beamtenverhältnis kraft Gesetzes (§ 24 BRRG) bei rechtskräftiger strafrichterlicher Verurteilung zur Freiheitsstrafe von mindestens einem Jahr bzw. (bei bestimmten Delikten) von mindestens sechs Monaten. Das gleiche gilt, wenn dem Beamten die Fähigkeit zur Bekleidung öffentlicher Ämter aberkannt wird oder wenn der Beamte aufgrund einer Entscheidung des Bundesverfassungsgerichts gemäß Art. 18 GG ein Grundrecht verwirkt hat.

90
Maßgabe des Gesetzes

Beendigungsgründe

Im Wege des Disziplinarverfahrens hat der Beamte mit der Entfernung aus dem Dienst zu rechnen, wenn er seine Beamtenpflicht schuldhaft in grober

Disziplinarverfahren

---

[136] Vgl. dazu *Carl Hermann Ule*, Befristete Übertragung von Führungspositionen in der staatlichen Verwaltung?, in: ZBR 1987, S. 1 ff.; *Helmut Lecheler*, Leitungsfunktion auf Zeit – eine verfassungswidrige Institution, in: ZBR 1998, S. 331 ff.; *Günther Bochmann*, Führungsfunktionen auf Zeit gem. § 12 b BRRG und ihre Bedeutung für Berufsbeamtentum und Verwaltung unter besonderer Berücksichtigung des Problems der Ämterpatronage, 2000; BayVerfGH, Entsch. v. 26.10.2004 (verfassungswidrig), in: DVBl 2005, S. 306 ff.

Weise verletzt hat (§§ 45 BRRG, 5, 10 BDG). Diese schwerste Sanktion eines Pflichtverstoßes ist einem Disziplinargericht im förmlichen Disziplinarverfahren vorbehalten.

4. Laufbahnordnung

a) Prinzip

91
Laufbahnprinzip

Als Kombination des Leistungsprinzips mit dem Lebenszeitgrundsatz und der rechtsstaatlichen Formalisierung des Beamtenverhältnisses gehört das Laufbahnprinzip zu den tragenden Ordnungsprinzipien des Berufsbeamtentums und damit zu dem Kreis der hergebrachten Grundsätze, die nach Art. 33 Abs. 5 GG zwar nach den jeweiligen Verhältnissen konkretisiert werden müssen, die jedoch nicht aufgegeben werden dürfen. Dieses in der Verfassung selbst grundgelegte Prinzip findet seinen Ausdruck in den Beamtengesetzen und in § 2 Abs. 1 der Bundeslaufbahnverordnung. Alle Ämter derselben Fachrichtung, die die gleiche Vor- und Ausbildung erfordern, werden danach zu Laufbahnen zusammengefaßt. In dieser Anknüpfung an die Vor- und Ausbildung kommt zum Ausdruck, wie wesentlich die fachliche Qualifikation für das Berufsbeamtentum ist. Das grundsätzliche Verbot, Ämter zu überspringen, soll gewährleisten, daß sich die berufliche Entwicklung des Beamten in einem seiner Leistung entsprechenden kontinuierlichen Aufstieg innerhalb seiner Laufbahn vollzieht.

92
Laufbahngruppen

Das Laufbahngruppenprinzip kennzeichnet die Einteilung der Laufbahnen in verschiedene (derzeit vier) Laufbahngruppen, die traditionell an die entsprechenden Abschlüsse im allgemeinen Bildungswesen anknüpfen. Der überkommenen Vierteilung des deutschen Bildungssystems (Hauptschule, Realschule, Gymnasium und wissenschaftliches Studium) entsprechen derzeit noch die vier Laufbahngruppen des einfachen, mittleren, gehobenen und höheren Dienstes. Mit der Flexibilisierung des Bildungswesens hat sich in den letzten Jahren die (im Grundsatz immer schon gegebene) Durchlässigkeit zwischen den Laufbahngruppen erhöht.

b) Veränderungen im Laufbahngefüge

93

In die Laufbahn(gruppen)ordnung ist in vielfältiger Weise Bewegung geraten: Das Abschlußsystem des deutschen Bildungswesens hat sich deutlich verändert, wenn auch nicht in dem Maße, wie es die Empfehlungen des Deutschen Bildungsrates und der Bildungsbericht 1970 der Bundesregierung angenommen hatten. Vor allem die Einführung der Fachhochschulausbildung und der verstärkte Zugang zu den Realschulen hat Konsequenzen für die Laufbahnordnung des öffentlichen Dienstes gehabt[137]. Für den gehobenen Dienst ist heute allgemein eine Fachhochschulausbildung vorgeschrieben und damit der Abstand zum höheren Dienst verringert worden. Für den mittleren Dienst ist

Fachhochschulausbildung

---

[137] Bericht der Bundesregierung betreffend die Berufs-/Laufbahnreform im Zusammenhang mit dem Bildungssystem vom 2. 10. 1079, BT-Drs 8/3228.

der Realschulabschluß Zugangsvoraussetzung geworden. Eine größere Vielfalt der Schulabschlüsse und die Möglichkeit gleitender Übergänge von einem zum anderen Schulzweig könnten zum Anlaß genommen werden, den Abschied vom Laufbahngruppenprinzip und die Einführung einer Einheitslaufbahn mit einer ebenso großen Vielzahl von Einstiegsstellen zu fordern. Die Gliederung des Beamtendienstes hat ihren Grund aber nicht nur in der Anknüpfung an die Bildungsabschlüsse; sie läßt sich vielmehr auch aus den Tätigkeitsfeldern heraus begründen, die den einzelnen Laufbahngruppen zukommen[138].

94 *Aufstieg*

Mit der Einführung eines Aufstiegs „zur besonderen Verwendung"[139] wurde der Wechsel der Laufbahngruppe zu einer breiten Straße. Herkömmlich ist die Einrichtung des Aufstiegs in die nächsthöhere Laufbahngruppe ein Ventil für die angemessene berufliche Förderung besonders herausragender Beamter.

95 *Tendenz zu zwei Laufbahngruppen*

De facto nähert sich die Gliederung der Beamtenschaft hinter der formalen Vierteilung einer bloßen Zweigliederung: Mittlerer Dienst und der untere Teil des gehobenen Dienstes auf der einen Seite stehen dem Block des höheren Dienstes mit dem oberen Teil des gehobenen Dienstes auf der anderen Seite gegenüber. Die konkrete Einteilung des Beamtencorps in vier Laufbahngruppen ist von Art. 33 Abs. 5 GG nicht gefordert. Hergebracht und damit vorgeschrieben ist lediglich die grundsätzliche Gliederung des Beamtendienstes in mehrere Laufbahngruppen nach Vorbildung und Amtsanforderung.

96 *Außenseiter*

Alle Beamtengesetze kennen neben dem Laufbahnbewerber den sogenannten anderen Bewerber, der von außen kommt und mit dem Laufbahnbewerber konkurriert. Diese Öffnung des Beamtendienstes für erfolgreiche Nicht-Beamte ist grundsätzlich zu begrüßen, wenn es gelingt, die Qualifikation des anderen Bewerbers mit der vom Laufbahnbewerber geforderten zu vergleichen. Das ist bisher nicht gelungen. Ein zurückhaltender Gebrauch dieser Durchbrechungsmöglichkeiten des Laufbahnrechts hat überwiegend größeren Schaden verhindert. Es gibt allerdings Bundesländer, in denen die „anderen Bewerber" bereits einen relativ großen Teil der Beamtenschaft ausmachen. Das wird dann besonders bedenklich, wenn sie gar nicht wirklich aus der privaten Wirtschaft kommen, sondern es sich um Beamte handelt, die vorübergehend aus dem Beamtenverhältnis ausgeschieden sind, um als andere Bewerber nach kurzzeitiger Beschäftigung als Angestellte im öffentlichen Dienst oder bei formal privatisierten Staatsbetrieben Zugang zu höheren Laufbahngruppen zu begehren, ohne sich dem im Laufbahnrecht mühsamen Aufstiegsverfahren unterziehen zu müssen.

c) Problem der Leistungsmessung

97

Beamte sind im Grundsatz stets nach Leistung bezahlt worden. Das zwischenzeitlich eingeschränkte und demnächst möglicherweise abgeschaffte System

---

138 Vgl. *Helmut Lecheler*, Das Laufbahnprinzip – seine Entwicklung, seine rechtliche Grundlage und seine Bedeutung für das Berufsbeamtentum, 1981, S. 22 ff.
139 §§ 23, 29 BLV.

Möglichkeiten der Leistungsmessung des Vorrückens in der Besoldung nach Dienstaltersstufen trug durchaus einem Erfahrungszuwachs Rechnung, der pauschaliert auch als Leistungszuwachs im Regelfall verstanden werden konnte. Weiteres Leistungselement war und ist die Beförderung. Wenn nun künftig Einsparungen bei der Beamtenbesoldung dadurch akzeptabel gemacht werden sollen, daß sie bei einzelnen Beamten sogenannte Leistungszulagen ermöglichen, so kommt auch diese modische Verbrämung staatlicher Sparpolitik am Problem der Leistungsmessung nicht vorbei. Das alles konnte und kann nur funktionieren, wenn dem Dienstherrn brauchbare Instrumente zur Leistungsmessung zur Verfügung stehen. Damit ist vor allem die dienstrechtliche **Beurteilung** angesprochen[140]. Sie ist das entscheidende Personalsteuerungsinstrument im Beamtendienst, das aber in seiner praktischen Handhabung diese Aufgabe nur sehr beschränkt erfüllen kann. Die Reform des Beurteilungswesens wird daher seit langem, bisher aber ohne spürbaren Erfolg betrieben[141].

98 Verwaltungspraxis In der Verwaltungspraxis wird bei der Gesamtbeurteilung eines Beamten nicht allein auf seine Leistung abgestellt; es muß vielmehr zugleich eine bestimmte Verwaltungspraxis berücksichtigt werden, nach der nur ein bestimmter Prozentsatz der Beamten der Dienststelle mit überdurchschnittlichen Prädikaten beurteilt werden darf. Allzu große Unterschiede in der Beurteilungspraxis verschiedener Dienstvorgesetzter sollen damit ebenso ausgeschlossen werden wie die naheliegende Versuchung, sich mit überdurchschnittlich guten Beurteilungen das Wohlwollen der nachgeordneten Mitarbeiter zu erkaufen. Daran wird sich auch in den derzeitigen Werbekampagnen für eine verbesserte Leistungsstruktur des öffentlichen Dienstes nichts ändern.

5. Mitbestimmung der Beamten

a) Personalvertretungsrecht als Teil des öffentlichen Dienstrechts

99 Personalvertretungsrecht Das Personalvertretungsrecht ist Teil des öffentlichen Dienstrechts, also Sonderrecht der staatlichen Verwaltung, das sich von den allgemeinen Mitbestimmungsregeln des Arbeitsrechts ebenso unterscheidet wie der öffentlich-rechtliche Sonderstatus des Beamten vom privaten Arbeitnehmerverhältnis[142]. Diese Zugehörigkeit zum öffentlichen Dienstrecht zeigt sich in mehreren Besonderheiten des Personalvertretungsrechts: Seine kompetenzielle Grundlage findet das Personalvertretungsrecht in der **Gesetzgebungskompetenz** für die Regelung des Dienstrechts (Art. 73 Abs. 1 Nr. 8 GG für die Bundesbeamten; Art. 74 Abs. 1 Nr. 27 GG für die Landesbeamten) sowie entsprechenden Kompetenzbestimmungen in Landesverfassungen.

100 Das Personalvertretungsrecht spiegelt die Mehrspurigkeit des öffentlichen Dienstrechts wider. Seine Gliederung in Beamte, Angestellte und Arbeiter

---
140 Z. B. § 40 Abs. 1 BLV.
141 *Traugott R. Suckrow*, Substantiierungspflicht des Dienstherrn bei der Mitarbeiterbeurteilung, in: DÖD 1983, S. 54 ff.; *Rolf Happe*, Zur verwaltungsökonomischen Problematik von periodischen Beurteilungen im öffentlichen Dienst – Überlegungen zur Ablösung der Regelbeurteilung durch die Anlaßbeurteilung am Beispiel des österreichischen Beurteilungssystems, in: RiA 1985, S. 79 ff.
142 BVerfGE 7, 120 (127); 51, 43 (53); 67, 382 (387).

kehrt im Gruppenprinzip des Personalvertretungsrechts wieder, das eines der konstituierenden Grundprinzipien des Personalvertretungsrechts ist[143]. Der hohe Angestelltenanteil mancher Verwaltungen ist kein Argument für die Überlebtheit des Gruppenprinzips – im Gegenteil: In einer einheitlichen Personalvertretung für alle Bedienstetengruppen im öffentlichen Dienst hätte das Berufsbeamtentum kaum mehr eine Chance, Gehör für seine notwendigen Besonderheiten zu finden. Die Notwendigkeit einer besonderen Beamtenvertretung folgt unmittelbar aus der verfassungsrechtlichen Anerkennung des Berufsbeamtentums als besonderen Bedienstetenstatus und als Regeldienstverhältnis im öffentlichen Dienst. Sie bedarf also keines besonderen Verfassungsauftrages.

Gruppenprinzip

Die Personalvertretung im öffentlichen Dienst beruht auf dem Gedanken der Repräsentation aller Beschäftigten, auch wenn diese nicht oder in unterschiedlichen Gewerkschaften organisiert sind[144]. Personalvertretung und gewerkschaftliche Betätigung fallen daher nicht in eins. Das folgt auch aus der Grundverpflichtung des Beamten, jeden Verdacht der Beeinträchtigung der Objektivität zu vermeiden. Dieser Grundsatz wirkt nicht nur nach außen. Ihm ist auch bei der Ausgestaltung der Personalvertretung Rechnung zu tragen, weil die Verwaltung in ihrer Objektivität nach außen unglaubwürdig wird, wenn im Innern des Beamtentums bei Personalentscheidungen gewerkschaftliche Zugehörigkeit eine Rolle spielen würde. Daher verlangt es die Verfassung, daß die koalitionsgemäße Betätigung des Beamten sich auf einen Kernbereich beschränkt[145], der sich vor allem in der Werbung vor Personalratswahlen offenbart. Dieses Recht wird für die Mitglieder der Personalvertretung allerdings von Art. 2 Abs. 1 GG und nicht von Art. 9 Abs. 3 GG geschützt. Die Anwendung des Art. 9 Abs. 3 GG wäre mit der Verpflichtung, alle Beschäftigten zu repräsentieren und das Amt der Personalvertretung objektiv und neutral zu führen, nicht vereinbar[146].

101

Gewerkschaften

b) Verfassungsrechtliche Grundlage für die Mitbestimmung im öffentlichen Dienst

Das Grundgesetz verpflichtet weder ausdrücklich noch mittelbar dazu, den Bediensteten der staatlichen Verwaltung Mitbestimmungsrechte einzuräumen[147].

102

---

143 S. o. N 71; vgl. auch *Friedrich E. Schnapp*, Das personalvertretungsrechtliche Gruppenprinzip – ein hergebrachter Grundsatz des Berufsbeamtentums?, in: ZBR 1999, S. 397 ff.
144 BayVGH, in: BayVBl 1975, S. 390; BVerfGE 28, 295 (308).
145 BVerfGE 51, 77 (88); 19, 303 (312 f.).
146 BVerfGE 28, 295 (308); Urt. des SächsVerfGH v. 22. 2. 2001, in: PersR 2001, S. 267 = PersV 2001, S. 198 ff.
147 Das betont das Bundesverfassungsgericht in: BayVBl 1979, S. 464 (466), zu Recht. Das Bundesverfassungsgericht hat in seinem Beschluß vom 24. 5. 1995 (BVerfGE 93, 37 ff.) die Frage ausdrücklich offengelassen, ob sich der Anspruch der Bediensteten auf Personalvertretung aus den Grundrechtsgarantien oder aus der Garantie des Sozialstaatsprinzips ergibt. So auch *Fritz Ossenbühl*, Grenzen der Mitbestimmung im öffentlichen Dienst, 1986, S. 24 ff.; *Gunther Kisker*, in: PersV 1985, S. 37 ff. Für die Gegenposition vgl. etwa *Alfred Rinken*, Das Grundrecht auf Mitbestimmung in der Verfassung des Freistaates Sachsen als Handlungs- und Kontrollnorm, 1999, m. weit. Nachw. Für Art. 37 Abs. 3 der ThürVerf hat der ThürVerfGH ein Grundrecht auf Mitbestimmung bejaht (in: PersV 2004, S. 252 ff.; vgl. dazu *Helmut Lecheler*, Neubestimmung der Grenze zwischen Verwaltungseffizienz und Mitbestimmung, in: PersV 2004, S. 244 ff.

Keine Verfassungsgarantie der Mitbestimmung

Allenfalls das Grundrecht aus Art. 2 Abs. 1 GG könnte der völligen Beseitigung der Mitbestimmung im Wege stehen. Eine Ausweitung der bestehenden Mitbestimmungsregelungen kann unter Berufung auf Art. 2 Abs. 1 GG dagegen nicht verlangt werden.

Aus dieser verfassungsrechtlich sehr schmalen Legitimation der Personalvertretung im öffentlichen Dienst folgt, daß sie schon im Ansatz nicht die Aufgabe haben kann, über die Wahrung der Bedienteninteressen hinaus allgemein die Verwaltungstätigkeit zu kontrollieren. Die Personalvertretung hat sich vielmehr auf die Ausübung ihrer Beteiligungsrechte im Interesse des Personals zu beschränken. Für eine eigene Beteiligung an oder für eine Verantwortung für die Ausübung hoheitlicher Befugnisse fehlt jede verfassungsrechtliche Ermächtigung. Im Gegenteil, eine solche unmittelbare Teilhabe an der Staatsmacht wäre schon deswegen mit dem Demokratieprinzip unvereinbar, weil die Personalvertretungen bei ihrer Amtsführung keiner wirksamen demokratischen Kontrolle unterliegen.

c) Verfassungsgrenzen für die Mitbestimmung im öffentlichen Dienst

103
Direktive Mitbestimmung

Eine staatsleitende, sogenannte direktive Mitbestimmung findet keine Grundlage in der Verfassung; ihre Einführung durch Gesetz wäre verfassungswidrig[148]. Die direktive Mitbestimmung zielt nämlich unmittelbar auf die Ausübung staatlicher Gewalt. Diese ist nach den Grundstrukturen des Aufbaus unseres demokratischen Staates der parlamentarisch verantwortlichen Verwaltung anvertraut. Konstitutiv für die Binnenorganisation der staatlichen Verwaltung ist der Grundsatz der Trennung von öffentlichen und privaten Interessen. Die Dienstleistung der Beamten dient allein ersteren. Soweit diese es verlangen, haben die persönlichen Belange zurückzustehen. Verfassungsrechtlich unbedenklich ist also die Mitbestimmung nur soweit, wie sie ohne unmittelbaren Einfluß auf die Verwaltungsarbeit bleibt.

104
Personal- und Fachgewalt der Ressortminister

Die Personalvertretung mag geschickten Dienststellenleitern nicht nur Schwierigkeiten bereiten, sondern ihnen – im Gegenteil – sogar neue Integrationschancen eröffnen. Trotzdem ist sie rechtlich betrachtet eine Einschränkung der Personal- und Fachgewalt der Ressortminister. Demzufolge darf die Mitbestimmung nicht dazu führen, daß Angelegenheiten von erheblichem politischem Gewicht auf dem Wege über die Mitbestimmung der parlamentarischen Letztverantwortlichkeit des Ressortministers entzogen werden. Das jedenfalls ist die Trennungslinie, die das Bundesverfassungsgericht in seinem Urteil zum Bremischen Personalvertretungsstreit gezogen und später beibehalten hat[149]. Aus dem Demokratieprinzip wie auch aus dem hergebrachten Grundsatz des Berufsbeamtentums, nach dem über Personalangelegenheiten eines Beamten in der Regel allein die vorgesetzte Dienstbehörde entscheidet,

Demokratieprinzip

---

148 *Walter Leisner*, Mitbestimmung im öffentlichen Dienst, 1970, S. 35 ff.; *Fritz Ossenbühl* (N 142); *Klaus Obermayer*, Mitbestimmung in der Kommunalverwaltung, 1973.
149 BVerfGE 9, 268 (281 ff.); 93, 37 (75 ff.); → Bd. II, *Böckenförde*, § 24 Rn. 20; → oben *Loschelder*, § 107 Rn. 69 ff.

hat das Bundesverfassungsgericht gefolgert, daß jedenfalls Entscheidungen über Einstellung, Beförderung, Versetzung und sonstige Personalangelegenheiten der Beamten nicht einer unabhängigen Schiedsstelle zugewiesen werden dürften. Diese letzte Grenze läßt dem Gesetzgeber allerdings einen zu weiten Spielraum: Indem das Bundesverfassungsgericht allein auf die Verknüpfung der Verantwortung der Ressorts vor dem Parlament abgestellt hat, hat es den notwendigen Handlungsspielraum der Verwaltung zu Unrecht ausgeklammert. Durch gezielte Obstruktion einer oder mehrerer Gewerkschaften oder auch der Personalvertretungen ist es nach dem geltenden Recht sowohl im Bund wie in den meisten Bundesländern durchaus möglich, die Verwaltungsführung praktisch lahmzulegen[150]. Das ist mit der Eigenständigkeit der Verwaltung als Staatsgewalt und mit ihrem Verwaltungsauftrag nicht zu vereinbaren: Die Funktionsfähigkeit der Verwaltung kann nach der Verfassung und ihrer Konzeption vom öffentlichen Dienstrecht auch nicht im Ausnahmefall der Interessenwahrung der Verwaltungsbediensteten nachgestellt werden.

VII. Recht der Angestellten und Arbeiter im öffentlichen Dienst

Das Recht der Angestellten und Arbeiter im öffentlichen Dienst ist im Grundsatz Privatrecht. Für beide Bedienstetengruppen gelten die allgemeinen Regeln des Arbeitsrechts, die freilich durch besondere Tarifverträge modifiziert werden[151]. Insbesondere der Bundesangestelltentarifvertrag versucht in weiten Bereichen, die Rechtsstellung der Angestellten derjenigen der Beamten anzunähern.

105
Privatrecht des öffentlichen Dienstes

Weder die Rechtsverhältnisse der Angestellten und Arbeiter noch die Darstellung der Annäherungstendenzen zum Beamtenrecht hin geben Anlaß zu staatsrechtlicher Behandlung. Eine solche ist nur insoweit geboten, als aus der Verfassung selbst Bindungen der privatrechtlichen Rechtsgestaltungsmacht abzuleiten sind.

1. Keine Sonderstellung für Dienstordnungsangestellte

Die Sozialverwaltung kennt eine besondere Art privatrechtlicher Angestellter: die Dienstordnungsangestellten. Auch sie werden durch privatrechtlichen Vertrag angestellt. Die allgemeinen Anstellungsbedingungen und die Rechtsverhältnisse dieser Angestelltengruppe werden aber durch eine Dienstordnung geregelt[152]. Das hat seinen Grund darin, daß die Berufsgenossenschaften

106
Sozialverwaltung

---

150 *Helmut Lecheler*, Die Personalgewalt als Grenze der Mitbestimmung im öffentlichen Dienst, in: PersV 1981, S. 1 ff.; *Jan Ziekow*, Verfassungsrecht und Personalvertretung – eine unendliche Geschichte fortgesetzt am Beispiel des Berliner Personalvertretungsgesetzes, in: PersV 2002, S. 482 ff. Mehr Raum für Mitbestimmung will lassen *Gunnar F. Schuppert*, Funktionsfähigkeit der Verwaltung und Mitbestimmung, in: PersR 1997, S. 137 ff.
151 *Gerhard Pfohl*, Arbeitsrecht des öffentlichen Dienstes, 2002; *Klaus-Peter Weiß*, Arbeitsrecht für den öffentlichen Dienst, 2003; *Julius Criselli/Werner Tiedke*, Das Tarifrecht der Angestellten im öffentlichen Dienst, Komm., Stand: November 2004.
152 *Peter Lerche*, Verbeamtung als Verfassungsauftrag?, 1973, S. 10.

§ 110 *Achter Teil: II. Staatsfunktionen*

und Krankenkassen ursprünglich keine Dienstherrnfähigkeit besaßen, also nicht das Recht hatten, Beamtenstellen einzurichten und Beamte anzustellen. „Statt dessen befanden sich diejenigen ihrer Bediensteten, die nach dem Maße ihrer Verantwortung und nach der Art ihrer Tätigkeit bei einer Körperschaft mit ‚Dienstherrnfähigkeit' als Beamte bestellt worden wären, in einem dienstrechtlichen Sonderstatus"[153]. Obgleich bei dieser Bedienstetengruppe die Annäherung an den Beamtenstatus besonders deutlich ist, handelt es sich bei ihnen um Angestellte des privaten Rechts und nicht um Beamte im staatsrechtlichen Sinn. Daran ändert auch die Tatsache nichts, daß in der Sozialverwaltung heute echte Hoheitsaufgaben wahrgenommen werden[154]. Der Trend der vergangenen Jahre zur Zurückdrängung des Beamten- und Dienstordnungsstatus bei den Trägern der gesetzlichen Sozialversicherung zugunsten einer vermehrten Einstellung von Tarifangestellten ist im Blick auf Art. 33 Abs. 4 GG und die Vorgaben der §§ 399 SGB III, 143 Abs. 2 S. 1 SGB VI und 144 S. SGB VII zu beanstanden[155].

2. Abschluß befristeter Arbeitsverträge

107
Befristete Arbeitsverträge

Dem Abschluß befristeter Arbeitsverträge stehen im allgemeinen Arbeitsrecht stets besondere Schwierigkeiten im Wege. Zu Recht wird für die Zulässigkeit derartiger Verträge ein sachlicher Grund für die Befristung des Vertrags verlangt, um willkürliche Vertragsgestaltungen durch den Arbeitgeber auszuschließen. Darüber hinaus wird die Zulässigkeit der Befristung an die Voraussetzung gebunden, daß die sozialen Belange des Arbeitnehmers und nicht die Interessen des Betriebs oder sonstige Interessen des Arbeitgebers im Vordergrund der Überlegungen gestanden und den Ausschlag für die Befristung gegeben haben[156].

108
Funktionsvorbehalt

Diese grundsätzlich auch im öffentlichen Dienst geltenden Prinzipien werden allerdings durch Art. 33 Abs. 4 GG wesentlich modifiziert: Die Verfassung geht beim Einsatz von Angestellten typischerweise davon aus, daß ihnen hoheitliche Aufgaben übertragen werden, die nicht auf Dauer anfallen. Die zeitliche Begrenztheit einer Aufgabe muß daher kraft Verfassungsrechts die Befristung eines Arbeitsvertrages rechtfertigen.

3. Verfassungstreueerfordernis auch für privatrechtliche Bedienstete

109
Verfassungstreue

Die Möglichkeit, befristete Hoheitsaufgaben privatrechtlich Bediensteten zu übertragen oder diese im Ausnahmefall anstelle von Beamten bei ihrer Erfül-

---

[153] *Werner Weber*, Die Rechtsstellung der Dienstordnungsangestellten der Sozialversicherungsträger, in: ZBR 1955, S. 127 (129).
[154] Vgl. BAG, in: JZ 1956, S. 169; eine eingehende Analyse des Hoheitsgehaltes der Aufgaben der Träger der gesetzlichen Sozialversicherung findet sich bei *Helmut Lecheler/Lothar Determann*, Rechtliche Vorgaben für den Status der Bediensteten von Sozialversicherungsträgern, in: DÖV 1999, S. 885 ff.
[155] Vgl. dazu eingehend Helmut Lecheler/Lothar Determann (N 154).
[156] Vgl. etwa BAG, in: BB 1985, S. 2045 f.

lung einzusetzen, führt konsequent dazu, daß an die Verfassungstreue der Angestellten die gleichen Anforderungen zu stellen sind wie bei Beamten[157].

110 Vorbereitungsdienst

Ausnahmen von diesem Grundsatz lassen sich in einem privatrechtlich organisierten Vorbereitungsdienst vertreten, der für den Bediensteten gerade nicht zu einer Verbeamtung führen soll, sondern zu einer notwendigen beruflichen Qualifikation (etwa als Rechtsanwalt)[158].

111 Beweislast

Nicht gerechtfertigt ist demgegenüber die Abweichung des Bundesarbeitsgerichts von der Linie, die das Bundesverfassungsgericht für die Prüfung der Verfassungstreue bei Beamten vorgezeichnet hat: Das Bundesarbeitsgericht hat mehrfach ausgeführt, die Behörde müsse Zweifel an der Verfassungstreue konkret begründen und diese Zweifel auch auf Tatsachen stützen, für deren Vorliegen sie die volle Beweislast trage[159]. Von einer Beweislast darf auch hier nicht gesprochen werden. Wie bei Beamten kommt es allein darauf an, zu welcher Überzeugung die Anstellungsbehörde gelangt ist.

112 Streikverbot auch für Angestellte

Ein Streikverbot für Angestellte muß aus ihrer Funktion, aus der Bedeutung ihrer Aufgaben für die Gesamtheit begründet werden. Dabei ist zu berücksichtigen, daß Angestellte heute planmäßig in weiterem Umfang von der öffentlichen Hand beschäftigt werden als es der Konzeption der Verfassung entspricht. Der faktisch gestiegenen Bedeutung der Angestellten kann nur dadurch Rechnung getragen werden, daß im Interesse der Allgemeinheit privates Koalitionsrecht um der sicheren Erfüllung der Hoheitsaufgaben willen eingeschränkt wird. Das bedeutet die Anwendung des funktionellen Streikverbots auch auf Angestellte.

113 „Streikarbeit" von Beamten

Praktisch nehmen die Angestellten bisher weitestgehend ein Streikrecht in Anspruch. Daraus ergibt sich dann das Problem, ob es zulässig ist, Beamte zeitweise zum Ersatz streikender Angestellter heranzuziehen[160]. Aus dem Vorrang der Staatsaufgaben und aus dem verfassungsrechtlich gebotenen Ausnahmecharakter der Beschäftigung von Angestellten folgt die Zulässigkeit des Beamteneinsatzes. Dagegen können weder die Angestellten sich darauf berufen, das von ihnen in Anspruch genommene Streikrecht werde dadurch unterlaufen, noch können die Beamten sich dagegen verwahren, unterwertig beschäftigt zu werden[161]. Entscheidend ist hier nicht die Wertigkeit der abverlangten Tätigkeit, sondern die Gewährleistung der störungsfreien Erfüllung hoheitlicher Aufgaben.

---

157 Vgl. dazu *Helmut Lecheler*, Anm. zum Urteil des BAG v. 5.8.1982, in: PersV 1983, S. 347ff. m. weit. Nachw.
158 Urt. v. 5.8.1982; ähnlich auch BVerwG in: ZBR 1983, S. 77f.
159 Urt. v. 29.7.1982, in: PersV 1983, S. 325ff.
160 Vgl. dazu *Christoph Seiler*, Beamteneinsatz auf bestreikten Arbeitnehmerdienstposten zwischen materiellem Arbeitsrecht und öffentlichem Recht, in: ZBR 1985, S. 213ff.
161 BVerwG, in: NJW 1984, S. 2713ff.; vgl. dazu auch BAG, in: NJW 1986, S. 210. Aus der Literatur vgl. *Peter Badura/Klaus Stern*, Die Rechtmäßigkeit des Beamteneinsatzes beim Streik der Tarifkräfte, 1983; *Ulrich Battis*, Streikeinsatz von Beamten, in: PersV 1986, S. 149ff.

C. Bibliographie

Ulrich Battis, Bundesbeamtengesetz. Kommentar, ³2004.
ders., Die Entwicklung des Beamtenrechts im Jahre 2005, in: NJW 2006, S. 817 ff.
Günter Bochmann/Horst Clemens, Die rahmenrechtliche Neuordnung des Laufbahnwesens, in: ZBR 2006, S. 69 ff. Besoldungsrecht, Loseblattsammlung.
Ernst Forsthoff u. a., u. a. (Hg.), Verfassungsrechtliche Grenzen einer Reform des öffentlichen Dienstrechts, 1973 (Anlageband 5 zum Bericht der Studienkommission zur Reform des öffentlichen Dienstes).
Walter Fürst, Beamtenrecht des Bundes und der Länder, Richterrecht und Wehrrecht, Gesamtkommentar des öffentlichen Dienstrechts, Bd. I, Loseblattsammlung.
Wilhelm Grewe, Inwieweit läßt Art. 33 V GG eine Reform des Beamtentums zu?, in: 39. DJT (1951), Abt. D.
Horst Hattenhauer, Geschichte des Beamtentums, ²1993.
Otto Hintze, Der Beamtenstand, 1911 (Neudruck 1963).
Josef Isensee, Beamtenstreik. Zur rechtlichen Zulässigkeit des Dienstkampfes, 1971.
ders., Öffentlicher Dienst, in: HdbVerfR, S. 1149 ff.
ders. (Hg.), Beamtenrechtliche Schriften von Walter Leisner, 1995.
Gabriele Kucsko-Stadlmayer, Das Disziplinarrecht der Beamten, ³2003.
Helmut Lecheler, Die Personalgewalt öffentlicher Dienstherren, 1979.
Walter Leisner, Beamtentum – Schriften zum Beamtenrecht und zur Entwicklung des öffentlichen Dienstes (hg. von Josef Isensee), 1995.
Ernst Plog u. a. (Hg.), Kommentar zum Bundesbeamtengesetz, Loseblattsammlung.
Erwin Schütz/Joachim Maiwald, Beamtenrecht des Bundes und der Länder, Loseblattsammlung.
Bruno Schwegmann/Rudolf Summer, Bundesbesoldungsgesetz, Loseblattsammlung.
Gerhard Wacke, Entstehungsgeschichte und Inhalt des Art. 33 V des GG, in: Institut zur Förderung öffentlichen Angelegenheiten (Hg.), Neues Beamtentum – Beiträge zur Neuordnung des öffentliches Dienstes, 1951, S. 152 ff.
Hans J. Wolff/Otto Bachof/Rolf Stober, Verwaltungsrecht, Bd. II, ⁶2000 (§§ 105–119).

§ 111
Die Beauftragten

Peter J. Tettinger

Übersicht

	Rn.
A. Bislang staatsrechtlich kaum erschlossenes Organisationsmuster	1– 3
B. Versuch einer typisierenden Bestandsanalyse	4–42
I. Von Gesetzgebungsorganen Beauftragte	6–21
1. Beauftragte des Bundestages	6–12
a) Wehrbeauftragter	6– 7
b) Ermittlungsbeauftragter	8
c) Bundesbeauftragter für den Datenschutz	9–10
d) Stasi-Beauftragter	11–12
2. Landesebene	13–20
a) Datenschutzbeauftragter	14–17
b) Bürgerbeauftragter	18–20
3. Ebene der Europäischen Union	21
II. Von Exekutivorganen Beauftragte	22–40
1. Bundesebene	23–33
a) Regierungsbeauftragte	23–29
b) Beauftragte einzelner Ministerien oder in einzelnen Ministerien	30
c) Beauftragte bei Verwaltungsstellen	31–33
2. Landesebene	34–40
a) Regierungsbeauftragte	35
b) Beauftragte bei einzelnen Ministerien	36
c) Beauftragte bei Verwaltungsstellen	37–39
d) Beauftragte kraft Organisationsentscheidung der kommunalen Selbstverwaltungskörperschaften	40
III. Bundesbeauftragter für Wirtschaftlichkeit in der Verwaltung	41
IV. Beauftragte in der Privatwirtschaft	42
C. Staatsrechtlich relevante Fragestellungen	43–67
I. Aufsichtsführender Staatsbeauftragter	44–45
II. Parlamentsbeauftragter	46–49
III. Von Exekutivorganen Beauftragte	50–66
1. Beachtung der Kompetenzteilung im Bundesstaat	51–53
2. Rechtsstaat und institutioneller Gesetzesvorbehalt	54–55
3. Hinreichendes demokratisches Legitimationsniveau	56–58
4. Sicherung parlamentarischer Verantwortlichkeit	59–63
5. Organqualität von Beauftragten	64
6. Grundrechtsschutz und -gefährdungen	65–66
IV. Betriebsbeauftragte	67
D. Erste verfassungsrechtspolitische Folgerungen	68–69
E. Bibliographie	

A. Bislang staatsrechtlich kaum erschlossenes Organisationsmuster

1
Organisationstyp des Beauftragten

Seitdem vor fast 50 Jahren durch Einfügung des Art. 45 b in das Grundgesetz die Position eines Wehrbeauftragten geschaffen wurde[1], erfreut sich der Organisationstyp des „Beauftragten" hierzulande zunehmender Beliebtheit, ohne daß dies jedoch dazu geführt hätte, daß ihm auch rechtswissenschaftlich entsprechende Aufmerksamkeit zuteil geworden wäre. Namentlich die Verwaltungsrechtslehre hätten die neuen Phänomene und ihre Auswirkungen auf die Verwaltungsstruktur eigentlich zu vertieften verwaltungsorganisationsrechtlichen Analysen ermuntern müssen. Ab den 80er Jahren des 20. Jahrhunderts regen sich zwar vereinzelte, eher politik- und verwaltungswissenschaftliche Ansätze[2], doch im großen und ganzen ist Fehlanzeige zu vermelden[3]. So beschränkt sich auch die einschlägige Lehrbuchliteratur durchweg auf knappe Hinweise[4].

2
Studie zur Einsetzung von Staatsbeauftragten

Wenig Beachtung gefunden hat eine leider wohl allzu versteckte Studie zur Einsetzung von Staatsbeauftragten aus dem Jahre 1975, in der bemerkenswerterweise erste Strukturierungsansätze entwickelt worden waren. Dort wurde differenziert zwischen der Bestellung von Beauftragten aufgrund Verfassungsrechts, gesetzlicher Vorschriften, Organisationsrechts der Bundesregierung, Verwaltungsentscheidung eines Ministers und sonstigen Auftragsverhältnissen[5]. Aus dieser Recherche wurde immerhin die Folgerung dahingehend gezogen, daß sich Staatsbeauftragte unterscheiden

– nach der Art der Rechtsgrundlagen ihrer Einsetzung,
– nach ihrer Einordnung in das Gesamtgefüge des Staates,
– nach ihren Aufgaben und Befugnissen,
– nach ihrer Rechtsstellung, Verantwortlichkeit und Organisation sowie
– nach der Zeitdauer ihrer Einsetzung und nach dem Kostenaufwand[6].

---

1 Siehe das Gesetz zur Ergänzung des Grundgesetzes vom 19.3.1956 (BGBl I, S. 111).
2 Vgl. etwa *Michael Fuchs*, „Beauftragte" in der öffentlichen Verwaltung, 1985; *ders.*, Verwalten durch Beauftragte, in: DÖV 1986, S. 363 ff.; *Helmut Hopp*, Beauftragte in Politik und Verwaltung, 1993.
3 *Konrad Redeker*, Rezension zu: Michael Fuchs, „Beauftragte" in der öffentlichen Verwaltung, in: NVwZ 1986, S. 630, führte dies u. a. darauf zurück, daß Beauftragte eher selten entscheidungsbefugt sind und ihr Handeln so Gegenstand von Rechtsstreitigkeiten wird. Auch nur knappe Hinweise in Fußnoten bei *Horst Dreier*, Hierarchische Verwaltung im demokratischen Staat, 1991, S. 39 u. 155. Siehe dazu aber immerhin *Walter Schmitt Glaeser/Rudolf Mackeprang*, Zur Institution des öffentlich-rechtlichen Beauftragten, in: Die Verwaltung 24 (1991), S. 15 ff.
4 S. *Martin Burgi*, Verwaltungsorganisationsrecht, in: Hans-Uwe Erichsen/Dirk Ehlers (Hg.), Allgemeines Verwaltungsrecht, [12]2002, § 52 Rn. 32; *Jörn Ipsen*, Allgemeines Verwaltungsrecht, 2000, S. 85 (Rn. 280); *Hans J. Wolff/Otto Bachof/Rolf Stober*, Verwaltungsrecht, Bd. I, [11]1999, S. 547; *Günter Püttner*, Verwaltungslehre, [3]2000, S. 160 f. („Sonderbeauftragte"); s. auch *ders.*, Beauftragter im Verwaltungsrecht, in: Deutsches Rechtslexikon, [3]2001, Bd. I, S. 566.
5 *Friedrich v. Pfuhlstein*, Über die Institution des Bundesbeauftragten für Wirtschaftlichkeit in der Verwaltung, Anhang: Über die Einsetzung von Staatsbeauftragten, in: FS für Hans Schäfer, 1975, S. 375 ff., 405 ff. mit ausf. Nachw.
6 *v. Pfuhlstein* (N 5), S. 424 f.

Da kann es nicht verwundern, daß sich auch die Staatsrechtslehre bislang der Erschließung dieses modischen Organisationsmusters kaum zugewandt hat. Im Rahmen der Kommentierungen zu Art. 45 b GG wurde kein Anlaß gesehen, angesichts eines – wie sich zeigen wird – expandierenden, geradezu explodierenden Anwendungsfeldes[7] diesen gewissermaßen als Prototyp in der Verfassung sichtbar gewordenen Beauftragten zur Basis für systematische Untersuchungen einer bislang eher schillernden Rechtsfigur[8] zu nutzen. Auch die parlamentarische Diskussionsebene hat sich ihrer Strukturierung und Problematisierung kaum geöffnet[9]. Daher sei es im folgenden unternommen, auf der Basis des Versuchs einer typisierenden Bestandsanalyse staatsrechtlich relevante Fragestellungen herauszuarbeiten und gegebenenfalls erste vorsichtige verfassungsrechtspolitische Folgerungen zu ziehen.

3

Schillernde Rechtsfigur

B. Versuch einer typisierenden Bestandsanalyse

Die Rechtsfigur des Beauftragten, dem typischerweise organisatorisch verselbständigt, bestimmte thematisch eingegrenzte, durchweg der Exekutive zuzurechnende Funktionen übertragen werden[10], verdankt ihren Einsatz jeweils speziellen Beauftragungen von seiten eines Legislativorgans (dies allerdings eher selten[11]) respektive – und hier in kontinuierlich steigendem Umfang – der Exekutive[12].

4

Jeweils spezielle Beauftragungen

Im Bereich der Judikative weckt die Figur des beauftragten Richters (§§ 355, 361 ZPO, 96 Abs. 2, 98 VwGO, 82 FGO, 118 SGG) Assoziationen zur Figur des Beauftragten. Gleichwohl handelt es sich nur um eng begrenzte Ähnlichkeit. Der beauftragte Richter hat lediglich punktuelle und untergeordnete Teilaufgaben für das erkennende Gericht als Kollegium wahrzunehmen; das ergibt sich schon aus dem verfassungskräftigen Postulat, daß niemand seinem

5

Der beauftragte Richter

---

7 Schon 1985 waren in der alten Bundesrepublik 107 Beauftragte registriert worden; siehe *Fuchs*, „Beauftragte" in der öffentlichen Verwaltung (N 2), S. 58 ff. Seither dürfte die Zahl im wiedervereinigten Deutschland beträchtlich gestiegen sein: 2001 ergab eine Recherche allein für Nordrhein-Westfalen 333 Treffer, allerdings mit Mehrfachnennungen; vgl. LTDrucks 13/1341, S. 3 (unter b).
8 So denn auch *Wolff/Bachoff/Stober* (N 4).
9 S. auf Bundesebene lediglich den Zwischenbericht der Enquête-Kommission für Fragen der Verfassungsreform (1972), BT-Drs VI/3829, S. 33. – Bezeichnend die lediglich ganz allgemein auf die generelle Aufgabe der aufgabenkritischen Überprüfung verweisende Antwort der Landesregierung auf eine Kleine Anfrage in Nordrhein-Westfalen im Jahre 2001; vgl. LTDrucks 13/1341, S. 2 ff. S. aus jüngster Zeit für Nordrhein-Westfalen auch LTDrucks 13/5933 (LReg. zur Thematik: „Inwieweit nutzen Beauftragte dem Land?").
10 Die Landesregierung Nordrhein-Westfalen verweist in ihrer jüngsten vorgenannten Stellungnahme auf das Fehlen einer allgemein rechtsverbindlichen Definition des Begriffs „Beauftragter", bezieht sich sodann allein auf „Beschäftigte oder anderweitig Verpflichtete bei Behörden, Einrichtungen und Kommunen des Landes ..., die eine Aufgabe wahrnehmen, mit der sie nicht in die klassische Aufbauorganisation der Organisationseinheit eingebunden sind, der sie angehören oder organisatorisch zugeordnet sind (‚Doppelstrukturen')", weist darüber hinaus aber noch auf die Existenz von als Teilorganisation in Organisationseinheiten („Aufbauorganisation") integrierten Beauftragten hin; LTDrucks 13/5933, S. 2.
11 S. u. Rn. 6 ff.
12 S. u. Rn. 22 ff.

§ 111   *Achter Teil: II. Staatsfunktionen*

gesetzlichen Richter entzogen werden darf (Art. 101 Abs. 1 S. 2 ff.), und dem prozeßrechtlichen Grundsatz der Unmittelbarkeit[13]. Übergreifende, staatsrechtlich relevante Fragestellungen sind hier nicht zu erwarten.

I. Von Gesetzgebungsorganen Beauftragte

1. Beauftragte des Bundestages

a) Wehrbeauftragter

6

Art. 45 b GG

In Art. 45 b S. 1 GG wird ausdrücklich herausgestellt, daß ein „Wehrbeauftragter des Bundestages" zu berufen ist, der zum Schutz der Grundrechte und als Hilfsorgan des Bundestages tätig werden soll. Die Einzelheiten seines Aufgabenbereichs werden sodann im Gesetz über den Wehrbeauftragten des Deutschen Bundestages gemäß der Ermächtigung in Art. 45 b S. 2 GG geregelt[14]. Danach nimmt der Wehrbeauftragte seine Aufgaben als Hilfsorgan des Bundestages bei der Ausübung der parlamentarischen Kontrolle wahr[15]. Er wird auf Weisung des Bundestages oder des Verteidigungsausschusses zur Prüfung bestimmter Vorgänge tätig oder nach pflichtgemäßem Ermessen aufgrund eigener Entscheidung, wenn ihm Umstände bekannt werden, die auf eine Verletzung der Grundrechte der Soldaten oder der Grundsätze der inneren Führung schließen lassen, es sei denn, der Verteidigungsausschuß hat den Vorgang zum Gegenstand seiner eigenen Beratung gemacht (§ 1 WBeauftrG).

WBeauftrG

Der Wehrbeauftragte hat dem Bundestag einen Jahresbericht vorzulegen, kann ihm oder dem Verteidigungsausschuß darüber hinaus jederzeit Einzelberichte vorlegen. Seine Amtsbefugnisse sind in § 3 WBeauftrG näher bezeichnet. Der Bundestag und der Verteidigungsausschuß können allgemeine Richtlinien für die Arbeit des Wehrbeauftragten erlassen (§ 5 Abs. 1 WBeauftrG). Unbeschadet des § 1 Abs. 2 ist dieser aber von Weisungen frei (§ 5 Abs. 2 WBeauftrG).

7

Wahl des Wehrbeauftragten

Der Bundestag wählt in geheimer Wahl mit der Mehrheit seiner Mitglieder den Wehrbeauftragten (§ 13 WBeauftrG), der seinen Sitz beim Bundestag hat (§ 16 Abs. 1 WBeauftrG) und in einem öffentlich-rechtlichen Amtsverhältnis steht (§ 15 Abs. 1 WBeauftrG). Klaus Stern sah 1980 im Wehrbeauftragten „eine dem bisherigen deutschen Staatsrecht nicht bekannte und nur dem skandinavischen Typus des Ombudsmannes vergleichbare Institution", eine

---

13 Dazu etwa *Heinz Thomas/Hans Putzo*, ZPO, Komm., ²⁶2004, Einl. I Rn. 8; *Peter J. Tettinger/Volker Wahrendorf*, Verwaltungsprozeßrecht, ³2005, § 4 Rn. 5.
14 Gesetz i.d.F. der Bekanntmachung v. 16.6.1982 (BGBl I, S. 677), zuletzt geändert durch Gesetz vom 5.5.2004 (BGBl I, S. 718).
15 Aus einer umfänglichen Literatur s. statt vieler *Carl Hermann Ule*, Der Wehrbeauftragte des Bundestages, in: JZ 1957, S. 422 ff.; *Hartmut Maurer*, Wehrbeauftragter und Parlament, 1965; *Wolfgang R. Vogt*, Militär und Demokratie. Funktionen und Konflikte der Institution des Wehrbeauftragten, 1972; *Günter Erbel*, Parlament und Wehrbeauftragter in der Verfassungsentwicklung der BRD, in: Der Staat 14 (1975), S. 347 ff.; *Rudolf Kreutzer*, Grenzen der parlamentarischen Kontrolle, in: DÖV 1977, S. 165 f.; *Klaus Stern*, Staatsrecht, Bd. II, 1980, § 26 IV 2 d, S. 93 ff. m. weit. Nachw. → Bd. IV, *F. Kirchhof*, § 84 Rn. 38.

"parlamentarische Institution sui generis", deren rechtliche Stellung in der Theorie noch nicht vollends geklärt sei[16], und stellt mit gutem Grund die kritische Frage, ob eine Wahl ohne qualifizierte Mehrheit der intendierten Kontrollfunktion dienlich ist[17]. Schließlich kann der Bundestag auf Antrag des Verteidigungsausschusses durch Beschluß, der gleichfalls der Zustimmung der Mehrheit der Mitglieder bedarf, seinen Präsidenten beauftragen, den Wehrbeauftragten abzuberufen (§ 15 Abs. 4 WBeauftrG).

b) Ermittlungsbeauftragter

§ 10 des Gesetzes zur Regelung des Rechts der Untersuchungsausschüsse des Deutschen Bundestages (PUAG)[18] billigt einem Parlamentarischen Untersuchungsausschuß jederzeit das Recht und auf Antrag eines Viertels seiner Mitglieder[19] die Pflicht zu, zu seiner Unterstützung eine Untersuchung zu beschließen, die von einem oder einer Ermittlungsbeauftragten durchgeführt wird. Der Ermittlungsbeauftragte selbst wird sodann mit einer Mehrheit von zwei Dritteln der anwesenden Mitglieder bestimmt[20]. Er bereitet in der Regel die Untersuchung durch den Untersuchungsausschuß vor, beschafft und sichtet die erforderlichen sächlichen Beweismittel. Er ist dem gesamten Untersuchungsausschuß verantwortlich, im Rahmen seines Auftrags unabhängig. Für den Ermittlungsauftrag kann er in angemessenem Umfang Hilfskräfte einzustellen[21]. Eine Abberufung ist jederzeit, wiederum mit einer Mehrheit von zwei Dritteln der anwesenden Mitglieder, möglich (§ 10 PUAG).

8

§ 10 PUAG

c) Bundesbeauftragter für den Datenschutz

Gemäß § 22 Abs. 1 des Bundesdatenschutzgesetzes (BDSG)[22] wählt der Deutsche Bundestag mit mehr als der Hälfte der gesetzlichen Zahl seiner Mitglieder auf Vorschlag der Bundesregierung für fünf Jahre den Bundesbeauftragten für den Datenschutz[23]. Der Bundesbeauftragte steht zum Bund in

9

§ 22 ff. BDSG

---

16 *Stern* (N 15), S. 93 f. mit Fn. 268; ähnlich *Peter Lerche*, Evangelisches Staatslexikon, ³1987, Sp. 387, der dieses Amt sodann unter organisatorischem, funktionellem und statusrechtlichem Aspekt in den Blick nimmt.
17 *Stern* (N 15), S. 94, unter Bezugnahme auf *Theodor Eschenburg*, Die Wahl des Wehrbeauftragten, in: ders. (Hg.), Institutionelle Sorgen in der Bundesrepublik, 1961, S. 11 (14): „Von vornherein zu einem Majoritäts-Assistenten degradiert".
18 Gesetz v. 19. 6. 2001 (BGBl I, S. 1142), geändert durch Gesetz v. 5. 5. 2004 (BGBl I, S. 718).
19 Damit wird das für Untersuchungsausschüsse übergreifend gültige Prinzip des Minderheitenschutzes auch hier umgesetzt.
20 § 10 Abs. 2 S. 2 PUAG soll eine pragmatische, der Beschleunigung dienende Ersatzlösung ermöglichen, bei der durch Bindung des bestimmungsbefugten Vorsitzenden an das Einvernehmen der Stellvertretung immerhin dem vorgenannten Prinzip ansatzweise Rechnung getragen wird.
21 S. dazu *Jorn Rathje*, Der Ermittlungsbeauftragte des parlamentarischen Untersuchungsausschusses, 2004, S. 85 ff.
22 Heute geltend i. d. F. der Bekanntmachung v. 14. 1. 2003 (BGBl I, S. 66).
23 Zu ihm aus einer reichhaltigen datenschutzrechtlichen Literatur insbes. *Dieter Zöllner*, Der Datenschutzbeauftragte im Verfassungssystem, 1995; *Alfred Büllesbach*, Konzeption und Funktion des Datenschutzbeauftragten vor dem Hintergrund der EG-Richtlinie und der Novellierung des BDSG, in: RDV 2001, S. 1 ff.; *Hans-Hermann Schild*, Der behördliche Datenschutzbeauftragte, in: DuD 2001, S. 31 ff.; *Peter Gola*, Der behördliche Datenschutzbeauftragte. Zu einem Aspekt der Umsetzung der EG-Datenschutzrichtlinie in Hessen, in: DuD 1999, S. 341 ff.; *Peter Gola/Rudolf Schomerus*, Bundesdatenschutzgesetz, ⁸2004; *Spiros Simitis* (Hg.), Bundesdatenschutzgesetz, ⁵2003, jeweils zu §§ 4 f, 4 g, S. 23; *Walter Rudolf*, Datenerbe aus der deutschen Teilung und Datenschutz, in: HStR IX, 2000, § 220 Rn. 24 ff.

einem öffentlich-rechtlichen Amtsverhältnis. Er ist in Ausübung seines Amtes unabhängig, nur dem Gesetz unterworfen und untersteht einer Rechtsaufsicht der Bundesregierung (§ 22 Abs. 4 BDSG). Das Amt wird beim Bundesministerium des Innern eingerichtet, das auch die Dienstaufsicht ausübt (§ 22 Abs. 5 BDSG). Der Bundesbeauftragte für den Datenschutz kontrolliert bei den öffentlichen Stellen des Bundes die Einhaltung der Vorschriften dieses Gesetzes und anderer Vorschriften über den Datenschutz (§ 24 Abs. 1 BDSG). Er hat das Recht der Beanstandung gegenüber den Verantwortlichen (vgl. § 25 BDSG). Dem Deutschen Bundestag hat er alle zwei Jahre einen Tätigkeitsbericht zu erstatten (§ 26 Abs. 1 BDSG). Auf Anforderung des Deutschen Bundestages oder der Bundesregierung hat er Gutachten zu erstellen und Berichte zu erstatten. Auf Ersuchen des Deutschen Bundestages, des Petitionsausschusses, des Innenausschusses oder der Bundesregierung geht der Bundesbeauftragte ferner Hinweisen auf Angelegenheiten und Vorgänge des Datenschutzes bei den öffentlichen Stellen des Bundes nach. Er kann sich jederzeit an den Deutschen Bundestag wenden (§ 26 Abs. 2 BDSG). Darüber hinaus kann er der Bundesregierung und den gemäß § 12 BDSG verpflichteten Stellen Empfehlungen zur Verbesserung des Datenschutzes geben und sie in Fragen des Datenschutzes beraten (§ 26 Abs. 3 BDSG). Im übrigen wirkt er auf die Zusammenarbeit mit den öffentlichen Stellen, die für die Kontrolle der Einhaltung der Vorschriften über den Datenschutz in den Ländern zuständig sind, sowie mit den Aufsichtsbehörden nach § 38 BDSG hin (§ 26 Abs. 4 BDSG). Eine Abberufung durch Entlassung seitens des Bundespräsidenten auf Vorschlag der Bundesregierung ist daran geknüpft, daß Gründe vorliegen, die bei einem Richter auf Lebenszeit die Entlassung aus dem Dienst rechtfertigen (§ 23 Abs. 1 S. 3 BDSG).

10
Volkszählungs-Urteil

Das Bundesverfassungsgericht hatte im Volkszählungsurteil vom 15. Dezember 1983 für den Schutz des dort näher umrissenen Rechts auf informationelle Selbstbestimmung bestimmte Maßnahmen als nach dem bisherigen Erkenntnis- und Erfahrungsstand bedeutsam bezeichnet und unter anderem herausgestellt: „Wegen der für den Bürger bestehenden Undurchsichtigkeit der Speicherung und Verwendung von Daten unter den Bedingungen der automatischen Datenverarbeitung und auch im Interesse eines vorgezogenen Rechtsschutzes durch rechtzeitige Vorkehrungen ist die Beteiligung unabhängiger Datenschutzbeauftragter von erheblicher Bedeutung für einen effektiven Schutz des Rechts auf informationelle Selbstbestimmung."[24] Ob hierin ein verfassungskräftiges Postulat oder lediglich der Hinweis auf eine funktionsgerechte Gestaltungsform zu sehen ist, wird in der Literatur unterschiedlich gedeutet[25]. Jedenfalls sieht inzwischen Europäisches Gemeinschaftsrecht die Beauftragung einer oder mehrerer Stellen durch die Mitgliedstaaten vor,

---

24 BVerfGE 65, 1 (46).
25 Nachw. bei *Zöllner* (N 23), S. 187 ff. Für ein verfassungskräftiges Postulat *Gola/Schomerus* (N 23), § 4 f Rn. 1; wohl auch *Spiros Simitis*, Die informationelle Selbstbestimmung – Grundbedingung einer verfassungskonformen Informationsordnung, in: NJW 1984, S. 394, 403 („verfassungsrechtlicher Auftrag"); dagegen *Peter Krause*, Das Recht auf informationelle Selbstbestimmung – BVerfGE 65, 1, in: JuS 1984, S. 268 (272).

die den Schutz der Rechte und Freiheiten von Personen bei der Verarbeitung personenbezogener Daten in völliger Unabhängigkeit zu überwachen haben und denen dabei Anhörungsrechte, Untersuchungsbefugnisse, wirksame Einwirkungsbefugnisse und ein Klagerecht zustehen[26]. Jede Person oder ein sie vertretender Verband kann sich zum Schutze der einschlägigen Rechte und Freiheiten an jede Kontrollstelle mit einer Eingabe wenden. Diese legen regelmäßig einen Bericht über ihre Tätigkeit vor, der veröffentlicht wird.

d) Stasi-Beauftragter

§ 2 des Gesetzes über die Unterlagen des Staatssicherheitsdienstes der ehemaligen Deutschen Demokratischen Republik (Stasi-Unterlagen-Gesetz – StUG) vom 20. Februar 1991[27] sieht einen Bundesbeauftragten für die Unterlagen des Staatssicherheitsdienstes der ehemaligen Deutschen Demokratischen Republik vor, der diese Unterlagen nach Maßgabe dieses Gesetzes abfaßt, verwahrt, verwaltet und verwendet (§ 2 StUG)[28]. Gemäß § 35 Abs. 1 StUG handelt es sich um eine Bundesoberbehörde im Geschäftsbereich des Bundesministers des Innern[29], deren Leiter auf Vorschlag der Bundesregierung vom Deutschen Bundestag mit mehr als der Hälfte der gesetzlichen Zahl seiner Mitglieder gewählt wird. Seine Aufgaben und Befugnisse sind in § 37 StUG näher bestimmt. Gemäß § 35 Abs. 5 StUG steht der Bundesbeauftragte zum Bund in einem öffentlich-rechtlichen Amtsverhältnis. Er ist in Ausübung seines Amtes unabhängig und nur dem Gesetz unterworfen. Er untersteht der Rechtsaufsicht der Bundesregierung; die Dienstaufsicht führt der Bundesminister des Innern. Zur Unterstützung seiner Arbeit bei der Wahrnehmung seiner Aufgaben kann nach näherer Maßgabe des Landesrechts in den Ländern Berlin, Brandenburg, Mecklenburg-Vorpommern, Sachsen, Sachsen-Anhalt und Thüringen eine Stelle als Landesbeauftragter für die Stasi-Unterlagen bestimmt werden (§ 38 Abs. 1 StUG). Beim Bundesbeauftragten wird ein Beirat gebildet, der von ihm über grundsätzliche und andere wichtige Angelegenheiten zu unterrichten ist und diese mit ihm erörtert (§ 39 StUG). Der Bundesbeauftragte trifft gemäß § 40 Abs. 1 StUG für seine Behörde die organisa-

11

Bundesbeauftragter für die Unterlagen des Staatssicherheitsdienstes der ehemaligen DDR

---

26 Vgl. im einzelnen Art. 28 der Richtlinie 95/46/EG des Europäischen Parlaments und des Rates v. 24.10.1995 zum Schutz natürlicher Personen bei der Verarbeitung personenbezogener Daten und zum freien Datenverkehr (ABl Nr. L 281/31 v. 23.11.1995); s. auch die Richtlinie 2002/58/EG des Europäischen Parlaments und des Rates v. 12.12.2002 über die Verarbeitung personenbezogener Daten und den Schutz der Privatsphäre in der elektronischen Kommunikation (ABl Nr. L 201/37 v. 31.7.2002). Aus der Literatur s. insbes. *Walter Rudolf*, Datenschutzkontrolle in Deutschland und die Europäische Datenschutzrichtlinie, in: FS für Klaus Stern, 1997, S. 1347 ff.
27 Zuletzt geändert durch Gesetz v. 14.8.2003 (BGBl I, S. 1654).
28 Zu ihm näher *Albert Engel*, Die rechtliche Aufarbeitung der Stasi-Unterlagen auf der Grundlage des StUG, 1995, S. 125 ff. u. passim; *Rudolf* (N 23), § 220 Rn. 52.
29 Hierbei handelt es sich um eine oberste Bundesbehörde (s.u. Rn. 23), zu deren Geschäftsbereich als nachgeordnete Behörde auch das Bundesarchiv gehört. Wegen des Widerspruchs zu § 35 Abs. 1 StUG politisch und rechtlich sehr umstritten ist die jüngst erfolgte Zuordnung zum Beauftragten der Bundesregierung für Kultur und Medien durch Organisationserlaß des Bundeskanzlers vom 28.12.2004 (BGBl I, S. 3885). Zu den lebhaften Diskussionen um diese Änderung der Zuordnung s. etwa FAZ, Nr. 304 v. 29.12.2004, S. 31.

torischen und technischen Maßnahmen, die erforderlich sind, um die Unterlagen gegen unbefugten Zugriff zu sichern.

12
Stellung des Bundesbeauftragten

Bereits aus der Entstehungsgeschichte wird ersichtlich, daß der Bundesbeauftragte für die Stasi-Unterlagen durch den parlamentarischen Wahlakt nicht etwa zum Parlaments(hilfs)organ werden sollte, sondern daß dieser Legitimationsakt seine Position als Administrativeinheit vor dem Hintergrund seiner delikaten Aufgabenstellung, die nach der Wiedervereinigung als von „herausgehobener politischer Bedeutung" betrachtet wurde, stärken sollte[30]. Schließlich geht es um Unterlagen aus vorrechtsstaatlicher Zeit, bei denen ein Spannungsfeld von Sperrinteressen zum Schutz des allgemeinen Persönlichkeitsrechts sowie legitimen Interessen am privaten und öffentlichen Zugang

Unabhängigkeit

besteht, das prozedural aufzufangen ist[31]. Im Schrifttum wird die Unabhängigkeit des Bundesbeauftragten problematisiert: sie führe dazu, daß er trotz Zuweisung der Funktion einer Bundesoberbehörde einem umfassenden ministeriellen Weisungsdurchgriff entzogen sei, was seinerzeit wiederum dazu führe, daß die Art und Weise seiner ja oft im Brennpunkt des öffentlichen Interesses stehenden, zu gerichtlichen Auseinandersetzungen führenden Aufgabenwahrnehmung[32] von dem zuständigen Minister dem Parlament gegenüber auch nicht verantwortet werden könne. Gerechtfertigt wird dies damit, daß nur eine funktional verselbständigte Behörde der besonderen Schutzbedürftigkeit der Unterlagen Rechnung trage und daß die fehlende Fachaufsicht durch den parlamentarischen Wahlakt gewissermaßen kompensiert sei[33]. Das besondere Gewicht der Unabhängigkeit wird wie beim Bundesbeauftragten für den Datenschutz auch hier dadurch betont, daß eine Entlassung durch den Bundespräsidenten vor Ablauf der Amtszeit nur vorgesehen ist, wenn der Bundesbeauftragte dies verlangt, oder auf Vorschlag der Bundesregierung, wenn Gründe vorliegen, die bei einem Richter auf Lebenszeit die Entlassung aus dem Dienst rechtfertigen (vgl. § 36 Abs. 1 StUG).

2. Landesebene

13 Auch auf Landesebene wird die Rechtsfigur des Beauftragten genutzt, um bestimmte als wichtig angesehene Funktionen durch eine verselbständigte Institution wahrnehmen zu lassen, deren Leitung ihrerseits der Wahl seitens des jeweiligen Landtages bedarf.

---

30 Nachweise bei *Jörg Gerlings/Christopher Küas*, Der Streit um die Herausgabe von Stasiunterlagen, in: DVBl 2001, S. 1642 (1646); *Selma Kus*, Erweiterte Unabhängigkeit im atomrechtlichen Gesetzesvollzug, 2004, S. 143 m. weit. Nachw.
31 Dazu aus der Literatur *Hans-Heinrich Trute*, Die Regelungen des Umgangs mit den Stasi-Unterlagen im Spannungsfeld von allgemeinem Persönlichkeitsrecht und legitimen Verwendungszwecken, in: JZ 1992, S. 1043 ff.; *Hellmuth Günther*, Streit von Behörden mit dem Bundesbeauftragten für die Unterlagen des Staatssicherheitsdienstes um Aktenzugang, in: Neue Justiz 1997, S. 627 ff.
32 S. zur Herausgabe von Stasi-Unterlagen über Altbundeskanzler Kohl VG Berlin, Urt. v. 4.7.2001, in: NJW 2001, S. 2987; BVerwG, Urt. v. 8.3.2002, BVerwGE 116, 104 = DÖV 2002, S. 739; VG Berlin, Urt. v. 17.9.2003, in: NJW 2004, S. 457; BVerwG, Urt. v. 23.6.2004, in: NJW 2004, S. 2462; dazu *Jeannine Drohla*, Der Fall Kohl und die Verfassungskonformität des neu gefaßten Stasi-Unterlagengesetzes, in: NJW 2004, S. 418 ff.
33 Literaturnachweise bei *Kus* (N 30), S. 144.

a) Datenschutzbeauftragter

In der Verfassung für das Land Nordrhein-Westfalen wurde im Rahmen einer Verfassungsänderung im Jahre 1978[34] nicht nur in Art. 4 Abs. 2 ein eigenständiger Anspruch auf Schutz personenbezogener Daten, sondern auch das Amt des Datenschutzbeauftragten verankert; vorher hatte dieses Amt nur eine einfache gesetzliche Grundlage gehabt. Danach wählt der Landtag auf Vorschlag der Landesregierung einen Landesbeauftragten für den Datenschutz mit mehr als der Hälfte der Zahl seiner Mitglieder (Art. 77 a Abs. 1 NordrhWestfVerf). Dieser Landesbeauftragte für den Datenschutz ist in Ausübung seines Amtes unabhängig und nur dem Gesetz unterworfen. Er kann sich jederzeit an den Landtag wenden (Art. 77 a Abs. 2 NordrhWestfGVerf). Das nähere wird durch Gesetz geregelt (Art. 77 a Abs. 3 NordrhWestfVerf; §§ 21 ff. DSG WestfVerf[35]). Aus der Entstehungsgeschichte wird deutlich, daß es sich bei dem eingefügten Text um eine Kompromißformulierung handelt, da das Parlament bestrebt war, den Datenschutzbeauftragten gegenüber der Exekutive mit Selbständigkeit zu versehen und in möglichst weitem Umfang an das Parlament anzubinden, die Regierung demgegenüber auf das Recht nach Art. 58 NordrhWestfVerf verwies, die Landesbeamten zu ernennen[36].

14

Nordrhein-Westfalen

Auf der Ebene des Landesverfassungsrechts handelte es sich bei der Institutionalisierung dieser Rechtsfigur um ein Novum[37], das sodann aber in den 90er Jahren verbreitet Nachahmung fand, so in Art. 33 a der Verfassung des Freistaates Bayern, Art. 74 der Verfassung des Landes Brandenburg (Abs. 1: „zur Wahrung des Grundrechts auf Datenschutz"; Abs. 2 enthält eine Ermächtigung für den Landtag, weitere Beauftragte zu wählen), Art. 37 der Verfassung des Landes Mecklenburg-Vorpommern, Art. 62 der niedersächsischen Verfassung, Art. 57 der Verfassung des Freistaates Sachsen, Art. 63 der Verfassung des Landes Sachsen-Anhalt und Art. 69 der Verfassung des Freistaats Thüringen[38].

15

Institutionalisierung in den Landesverfassungen

Abgesehen von der Festschreibung der Institution weisen die Verfassungsaussagen freilich nicht unerhebliche Unterschiede auf. So findet sich die Absicherung der Unabhängigkeit in den Verfassungen von Bayern, Brandenburg, Mecklenburg-Vorpommern, Niedersachsen und Sachsen-Anhalt, nicht aber in Sachsen und Thüringen. Auch die Details der Anbindung an den Landtag sowie Bestimmungen zu Dienst- und Rechtsaufsicht variieren[39]. Inzwischen

16

Unterschiedliche Verfassungsaussagen

---

34 Vgl. das 11. Gesetz zur Änderung der Verfassung für das Land Nordrhein-Westfalen vom 29.12.1978 (GVBl, S. 632)
35 Gesetz i.d.F. der Bekanntmachung v. 9.6.2000 (GVBl, S. 542), geändert durch Gesetz v. 29.4.2003 (GVBl, S. 252).
36 Vgl. Beschlußempfehlung und Bericht des Hauptausschusses des Landtags von Nordrhein-Westfalen, LTDrucks 8/3873, S. 6.
37 S. dazu *Jörg Menzel*, in: Wolfgang Löwer/Peter J. Tettinger, Komm. zur Verfassung des Landes Nordrhein-Westfalen, 2002, Art. 77a Rn. 3 u. 4ff.
38 S. dazu *Joachim Linck*, in: ders./Siegfried Jutzi/Werner Hoppe, Die Verfassung des Freistaats Thüringen, Komm., 1994, Art. 69 Rn. 2ff., 6ff.
39 Zur Frage der Unabhängigkeit der Datenschutzbeauftragten im Überblick *Gerd Wippermann*, Zur Frage der Unabhängigkeit der Datenschutzbeauftragten, in: DÖV 1994, S. 929 (932 ff.); *Rudolf* (N 26), S. 1350 f.

ist die Bezeichnung in Nordrhein-Westfalen einfachgesetzlich modifiziert worden: Landesbeauftragter für Datenschutz und Informationsfreiheit (vgl. § 21 DSG Nordrh.-Westf.)[40].

17
Auskunfts- und Einsichtsrechte

In der jüngeren verwaltungsgerichtlichen Rechtsprechung wurde geklärt, daß es sich bei den dem sächsischen Datenschutzbeauftragten zugewiesenen Auskunfts- und Einsichtsrechten um eigenständige Rechte und damit um wehrfähige Rechtspositionen im Sinne von § 42 Abs. 2 VwGO handelt, auch dann, wenn ein entsprechender Anspruch gegen eine Behörde des Freistaates Sachsen (dort: Staatsministerium für Wissenschaft und Kunst) geltend gemacht wird[41].

b) Bürgerbeauftragter

18

In einigen Ländern wurde daneben die Position des Bürgerbeauftragten kreiert[42], der gemäß Art. 36 der Verfassung des Landes Mecklenburg-Vorpommern vom Landtag auf die Dauer von sechs Jahren – bei einmaliger Möglichkeit der Wiederwahl – gewählt wird und nur mit einer Mehrheit von zwei Dritteln der Mitglieder des Landtages vorzeitig abberufen werden kann.

Wahrung der Rechte und Beratung der Bürger

Seine Aufgabe ist die Wahrung der Rechte der Bürger gegenüber der Landesregierung und den Trägern der öffentlichen Verwaltung im Lande sowie die Beratung und Unterstützung in sozialen Angelegenheiten. In der Ausübung seines Amtes ist er unabhängig und nur dem Gesetz unterworfen. Er wird auf Antrag von Bürgern, auf Anforderung des Landtages, des Petitionsausschusses, der Landesregierung oder von Amts wegen tätig[43].

19

§ 1 Abs. 1 des bereits aus dem Jahre 1974 stammenden Landesgesetzes über den Bürgerbeauftragten des Landes Rheinland-Pfalz[44] weist diesem die Aufgabe zu, im Rahmen des parlamentarischen Kontrollrechts des Landtags die Stellung des Bürgers im Verkehr mit den Behörden zu stärken. Ähnliche Aufgabenzuweisungen finden sich in Schleswig-Holstein[45] und Thüringen[46].

---

40 Vgl. zunächst § 13 Abs. 1 Informationsfreiheitsgesetz – IFG – Nordrhein-Westfalen vom 27.11.2001 (GVBl, S. 806). Die Änderung des DSG Nordrhein-Westfalen erfolgte sodann durch Gesetz vom 29.4.2003 (GVBl, S. 252).
41 SächsOVG, Beschluß v. 25.9.1998, in: NJW 1999, S. 2832 ff.
42 Dies war übrigens im Zwischenbericht der Enquête-Kommission für Fragen der Verfassungsreform (1972), BT-Drs VI/3829, S. 33, unter Hinweis auf „verfassungspsychologische Aspekte" propagiert worden.
43 Petitions- u. Bürgerbeauftragtengesetz vom 5.4.1995 (GVBl, S. 190). Dazu *Burkhard Thiele/Jürgen Pirsch/Kai Wedemeyer*, Die Verfassung des Landes Mecklenburg-Vorpommern, 1995, Komm. zu Art. 36.
44 Gesetz v. 3.5.1974 (GVBl, S. 187), geändert durch Gesetz v. 5.11.1974 (GVBl, S. 469); siehe dazu *Hagen Matthes*, Der Bürgerbeauftragte, 1981; *Christoph Gusy*, in: Christoph Grimm/Peter Caesar, Verfassung für Rheinland-Pfalz, Komm., 2001, vor Art. 1 Rn. 39; *Lars Brocker*, ebd., Art. 90 a Rn. 8 ff., jeweils m. weit. Nachw.
45 § 1 des Bürgerbeauftragtengesetzes v. 15.1.1992 (GVBl, S. 42): Aufgabe, in sozialen Angelegenheiten zu informieren, zu beraten und die Interessen Hilfesuchender gegenüber den zuständigen Behörden zu vertreten; siehe dazu *Johannes Reimann*, Fünfzehn Jahre Bürgerbeauftragte für soziale Angelegenheiten in Schleswig-Holstein, in: NordÖR 2004, S. 271 ff.
46 § 1 Abs. 1 des Thüringer Bürgerbeauftragtengesetzes v. 25.5.2000 (GVBl, S. 98): Der Bürgerbeauftragte befaßt sich mit den von den Bürgern an ihn herangetragenen Wünschen, Anliegen und Vorschlägen (Bürgeranliegen).

Betont wird in der Literatur die Bedeutung für eine Effektuierung der Bürgerrechte[47] sowie die Notwendigkeit der Verortung innerhalb des Gefüges der Staatsgewalten[48]. Als problematisch wird das Verhältnis zwischen dem Bürger- und dem Datenschutzbeauftragten bezeichnet, da sich ihre Kompetenzbereiche partiell überschneiden. Angesichts der weiten Formulierung der Zuständigkeiten des Bürgerbeauftragten beziehen diese ersichtlich auch den Schutz des Rechts auf informationelle Selbstbestimmung mit ein. Diese sind so nicht im Sinne eines Spezialitätsverhältnisses allein dem Datenschutzbeauftragten anvertraut[49].

20

Verhältnis: Bürger – Datenschutzbeauftragter

3. Ebene der Europäischen Union

Mit der Schaffung der Rechtsfigur des Bürgerbeauftragten haben die Länder auf eine Institution zurückgegriffen, die im Europäischen Gemeinschaftsrecht seit langem fundiert ist. Gemäß Art. 195 EGV (vorher: Art. 138 e EGV) ernennt das Europäische Parlament einen Bürgerbeauftragten, der befugt ist, Beschwerden von jedem Bürger der Union oder von jeder natürlichen oder juristischen Person mit Wohnort oder satzungsmäßigem Sitz in einem Mitgliedstaat über Mißstände bei der Tätigkeit der Organe oder Institutionen der Gemeinschaft, mit Ausnahme des Gerichtshofs und des Gerichts erster Instanz in Ausübung ihrer Rechtsprechungsbefugnisse, entgegenzunehmen. Dieser Bürgerbeauftragte, der sein Amt in völliger Unabhängigkeit ausübt und bei der Erfüllung seiner Pflichten von keiner Stelle Anweisungen anfordern oder entgegennehmen darf, wird nach jeder Wahl des Europäischen Parlaments für die Dauer der Wahlperiode ernannt[50]. Seine Unabhängigkeit soll auch gegenüber dem Parlament gelten, so daß seine Aktivitäten (und dabei begangene Fehler) diesem nicht zugerechnet werden können[51]. Der Bürgerbeauftragte kann auf Antrag des Europäischen Parlaments vom Europäischen Gerichtshof seines Amtes enthoben werden, wenn er die Voraussetzungen für die Ausübung seines Amtes nicht mehr erfüllt oder eine schwere Verfehlung begangen hat. Das Europäische Parlament legt nach Stellungnahme der Kommission und nach mit qualifizierter Mehrheit erteilter Zustimmung des Rates die Regelungen und allgemeinen Bedingungen für die Ausübung der Aufgaben des Bürgerbeauftragten fest[52].

21

Europäischer Bürgerbeauftragter

---

47 S. insbes. *Gusy* (N 44).
48 Vor dem Hintergrund des Grundsatzes der Gewaltenteilung zu Recht ablehnend gegenüber einer eigenständigen „Einrichtung sui generis" daher *Brocker* (N 44), Rn. 12.
49 In diesem Sinne *Thiel/Pirsch/Wedemeyer* (N 43), Art. 36 Rn. 5, Art. 37 Rn. 2.
50 Zu ihm näher *Rüdiger Strempel*, Ombudsman für Europa, in: DÖV 1996, S. 241 ff.; *Jacob Söderman*, in: Reinhard Bockhofer, Mit Petitionen Politik verändern, 1999, S. 199 ff.; *Johann Schoo*, in: Jürgen Schwarze (Hg.), EU-Komm., 2000, Art. 195 Rn. 3 ff.; *Annette Guckelberger*, Das Petitionsrecht zum Europäischen Parlament sowie das Recht zur Anrufung des Europäischen Bürgerbeauftragten im Europa der Bürger, in: DÖV 2003, S. 829 ff.; *Rudolf Streinz*, EGV, Komm., 2003, Anm. zu Art. 43 mit Nachweisen aus dem Schrifttum.
51 S. EuG, Slg. 2001, II-765 Rn. 17, 19.
52 Dies ist geschehen durch Beschluß des Europäischen Parlaments v. 9.3.1994 über die Regelungen und allgemeinen Bedingungen für die Ausübung der Aufgaben des Bürgerbeauftragten (ABl Nr. L 113/15 v. 4.5.1994), geändert durch Beschluß v. 14.3.2002 (ABl Nr. L 92/13 v. 9.4.2002).

§ 111　*Achter Teil: II. Staatsfunktionen*

Gescheiterter Verfassungsvertrag
Im gescheiterten Vertrag über eine Verfassung für Europa wurden der Europäische Bürgerbeauftragte in seiner Rechtsstellung wie auch das Recht, ihn einzuschalten, bestätigt, und zwar in Art. I-49 (innerhalb des Titels VI: Das demokratische Leben der Union) sowie in Art. II-103 (im Titel V: Bürgerrechte).

II. Von Exekutivorganen Beauftragte

22

Ernennung durch Exekutivorgane

Die Großzahl an Erscheinungsformen von Beauftragten, deren Aufgabenbereich naheliegenderweise durchgängig dem Exekutivbereich zuzuordnen ist, wird – häufig auf gesetzlicher Grundlage – auf der Basis einer Ernennung durch Exekutivorgane tätig. Ohne Anspruch auf Vollständigkeit sei im folgenden getrennt für Bundes- und Landesebene eine Auflistung vorgenommen, in der nach Maßgabe der jeweiligen Aufgabendimensionierung zwischen Regierungsbeauftragten, Beauftragten einzelner Ministerien und Beauftragten bei jeweils einzelnen Verwaltungsstellen unterschieden wird.

1. Bundesebene

a) Regierungsbeauftragte

Bereits in der Verfassung selbst ist eine Einsetzung von Regierungsbeauftragten in verschiedenen Zusammenhängen vorgesehen, und zwar:

23
Bundeskommissar

– im Rahmen der Durchführung des Bundeszwangs (Art. 37 Abs. 2 GG); danach kann die Bundesregierung einem von ihr Beauftragten („Bundeskommissar")[53] das Weisungsrecht gegenüber allen Ländern und ihren Behörden übertragen;

24
Teilnahme an Sitzungen

– bei Sitzungen des Bundestages und seiner Ausschüsse (Art. 43 Abs. 2 GG); auch hierzu Beauftragte der Bundesregierung haben zu allen Sitzungen Zutritt und müssen jederzeit gehört werden[54];

25
Bundesaufsicht

– bei der Aufsicht darüber, daß die Länder, führen sie Bundesgesetze als eigene Angelegenheit aus, diese dem geltenden Recht gemäß ausführen (Art. 84 Abs. 3 S. 2 GG); die Bundesregierung kann zu diesem Zweck Beauftragte zu den obersten Landesbehörden entsenden, mit deren Zustimmung und, falls diese Zustimmung versagt wird, mit Zustimmung des Bundesrates auch zu den nachgeordneten Behörden.

Hilfsorgane der Bundesregierung?

In der Literatur werden solche Beauftragte als Hilfsorgane der Bundesregierung bezeichnet, die ihrerseits im Verhältnis zu dem der Aufsicht unterliegenden Land Untersuchungen anstellen, das heißt Informationen erheben, Ermittlungen durchführen und Akten einsehen, nicht aber selbst Weisungen erteilen können[55]. Betont wird weiter, die Befugnisse der Beauf-

---

[53] So *Hans Schäfer*, Bundesaufsicht und Bundeszwang, in: AöR 78 (1952/53), S. 1 (47); *Theodor Maunz*, in: Maunz/Dürig, Komm. z. GG, Stand 2005, Art. 37 Rn. 56.
[54] Dazu etwa *Hans Hugo Klein*, in: Maunz/Dürig, Komm. z. GG, Art. 43 Rn. 126 ff.
[55] *Peter Lerche*, in: Maunz/Dürig, Komm. z. GG, Art. 84 Rn. 165; *Hans-Heinrich Trute*, in: v. Mangoldt/Klein/Starck, GG III, ⁴2001, Art. 84 Rn. 50; *Georg Hermes*, in: Dreier, GG III, ¹2000, Art. 84 Rn. 80.

tragten richteten sich lediglich auf konkrete Vorgänge, jene könnten daher nicht zu Dauerkontrollbehörden avancieren[56]. Ihre Tätigkeit erschöpfe sich also in Hilfsdiensten des Mängelfeststellungsverfahrens und greife nicht über in das eigentliche Verfahren der Mängelbeseitigung[57].

- bei der sich auf Gesetzmäßigkeit und Zweckmäßigkeit der Ausführung erstreckenden Bundesaufsicht über die Bundesauftragsverwaltung (Art. 85 Abs. 4 S. 2 GG); zu diesem Zweck kann die Bundesregierung Beauftragte zu allen Behörden entsenden.

  26 Bundesauftragsverwaltung

  Wie bei Art. 84 Abs. 3 S. 2 GG wird hier betont, die Entsendung von Beauftragten könne nicht dazu führen, daß diese Dauerkontrollbehörden würden. Die Beauftragungsbefugnis gehe hier aber weiter; sie erstrecke sich kraft ausdrücklicher Verfassungsbestimmung auf eine Entsendung zu „allen" Behörden und damit zu allen der Länderebene zurechenbaren Stellen, die mit der Verwaltung der einschlägigen Materien befaßt sind, mithin einschließlich der kommunalen Behörden[58].

- im Verteidigungsfall (Art. 115 f Abs. 1 Nr. 2 GG); hier kann die Bundesregierung, soweit es die Verhältnisse erfordern, nicht nur, wenn sie es für dringlich erachtet, den Landesbehörden Weisungen erteilen, sondern diese Befugnis auch auf von ihr zu bestimmende Mitglieder der Landesregierungen (als „Weisungsbeauftragter", „Statthalter" oder „Landesverteidigungskommissar"[59]) übertragen.

  27 Verteidigungsfall

  In der Literatur strittig ist hier, ob mit einer Beendigung der Stellung als Mitglied einer Landesregierung damit auch die Befugnis zur Ausübung des Weisungsrechts erlischt und die Bundesregierung einen neuen Beauftragten ernennen muß oder ob in dieser Situation der Bundesregierung das Recht zuzubilligen ist, durch Weisung an die Landesregierung die weitere Regierungsmitgliedschaft ihres Beauftragten sicherzustellen[60]. Die Bestellung eines Bundesbeauftragten mit länderübergreifendem Zuständigkeitsbereich ist jedoch nach herrschender Meinung nicht möglich[61]. Die Einsetzung regionaler Beauftragter führe nicht zu einer Schmälerung der Weisungsbefugnis der Bundesregierung. Sie könnte dem Beauftragten jederzeit seine Befugnis entziehen bzw. sie in sachlicher oder örtlicher Hinsicht einschränken[62].

- wiederum im Verteidigungsfall (Art. 115 i Abs. 1 GG); hiernach sind, wenn die zuständigen Bundesorgane außerstande sind, die notwendigen Maß-

  28

---

56 *Lerche* (N 55), unter Berufung auf die h. M.
57 So *Lerche* (N 55).
58 *Lerche* (N 55), Art. 85 Rn. 86; *Arne Schlatmann*, Anmerkungen zum Entwurf eines Dritten Gesetzes zur Änderung verwaltungsverfahrensrechtlicher Vorschriften, in: DVBl 2002, S. 1005 (1010); *Trute* (N 55), Art. 85 Rn. 38.
59 So *Roman Herzog*, in: Maunz/Dürig, Komm. z. GG, Art. 115 f Rn. 52 mit Fn. 1.
60 S. einerseits *Ludger-Anselm Versteyl*, in: v. Münch/Kunig, GGK III, ⁵2003, Art. 115 f Rn. 11; *Rainer Grote*, in: v. Mangoldt/Klein/Starck, GG III, ⁴2001, Art. 115 f Rn. 22; a.A. *Gerhard Robbers*, in: Sachs, GG Komm., ³2003, Art. 115 f Rn. 10.
61 *Versteyl* (N 60); weit. Nachw. bei *Grote* (N 60), Art. 115 f Rn. 23 m. weit. Nachw.
62 So *Werner Heun*, in: Dreier, GG III, ¹2000, Art. 115 f Rn. 14; *Kurt Ipsen*, in: BK, Art. 115 f Rn. 99 f.; *Grote* (N 60), Art. 115 f Rn. 24 m. weit. Nachw.

Landesbeauftragte nahmen zur Abwehr der Gefahr zu treffen, unter bestimmten Voraussetzungen die Landesregierungen oder die von ihnen bestimmten Behörden oder Beauftragten befugt, für ihren Zuständigkeitsbereich Maßnahmen im Sinne des Art. 115 f Abs. 1 GG zu treffen.

Die Landesregierungen sind hier im Unterschied zur Bundesregierung frei, auf welche Person oder Behörde sie die Befugnis übertragen wollen[63]. Die Bestimmung eines Beauftragten kann so denn auch bereits in Friedenszeiten erfolgen[64]. Durch die Übertragung begibt sich die Landesregierung nicht der Möglichkeit, ihre Befugnisse gegebenenfalls auch selbst auszuüben, was bereits Art. 115 i Abs. 2 GG indiziert; gegenüber divergierenden Entscheidungen von Beauftragten genießt sie konsequenterweise den Vorrang[65].

29
Weitere Beauftragte

Des weiteren sind, abgesehen von dem Beauftragten für Angelegenheiten der Kultur und der Medien (vgl. §§ 2 ff. des Gesetzes zum Schutz deutschen Kulturgutes gegen Abwanderung – KultgSchG[66]), der als oberste Bundesbehörde agiert, in Anlehnung an die in Anlage 3 zur Gemeinsamen Geschäftsordnung vom 26. Juli 2000 enthaltene Liste noch zu nennen

- Beauftragte(r) für die Belange behinderter Menschen (§§ 14, 15 BGG),
- Beauftragter für Ausländerfragen (§§ 91 a ff. AuslG),
- Beauftragter für die Belange der Patientinnen und Patienten (§ 140 h SGB V)[67],
- Drogenbeauftragter (ohne gesetzliche Grundlage),
- Beauftragter der Bundesregierung für Angelegenheiten der neuen Länder,
- Beauftragter der Bundesregierung für Aussiedlerfragen,
- Beauftragter der Bundesregierung für den Berlin-Umzug und den Bonn-Ausgleich,
- Beauftragter der Bundesregierung für Fragen der Abrüstung und Rüstungskontrolle,
- Beauftragter für die Nachrichtendienste des Bundes,
- Koordinator der Bundesregierung für die Deutsche Luft- und Raumfahrt,
- Koordinator für die deutsch-amerikanische zwischengesellschaftliche, kultur- und informationspolitische Zusammenarbeit,
- Koordinator für die deutsch-französische Zusammenarbeit.

b) Beauftragte einzelner Ministerien oder in einzelnen Ministerien

30 Verschiedene Gesetze sehen darüber hinaus die Einsetzung von Beauftragten durch einzelne Bundesministerien vor:

---

[63] S. *Dietrich Rauschning*, in: BK Bonner Komm. z. GG, Stand 2005, Losebl., Art. 115 i Rn. 14 f.
[64] S. *Rauschning* (N 63), Rn. 16; *Versteyl* (N 60), Art. 115 i Rn. 8.
[65] S. *Grote* (N 60), Art. 115 i Rn. 7 f. m. weit. Nachw.
[66] Gesetz i.d.F. d. Bekanntmachung v. 8. 7. 1999 (BGBl I, S. 1754), geändert durch Gesetz v. 29. 10. 2001 (BGBl I, S. 2785).
[67] Zu ihm näher *Stephan Rixen*, Sozialrecht als öffentliches Wirtschaftsrecht, Habilitationsschrift Köln 2004, S. 709: institutionelles Placebo in einem symbolischen Sozialrecht.

– Bundesbeauftragter für Asylangelegenheiten beim Bundesamt für die Anerkennung ausländischer Flüchtlinge (§ 6 AsylVfG); er wird vom Bundesministerium des Innern berufen und abberufen und ist an dessen Weisungen gebunden,
– Bundeswahlbeauftragter für die Sozialversicherungswahlen (§ 53 SGB IV), beim Bundesministerium für Gesundheit und Soziale Sicherung,
– Beauftragter für Menschenrechtspolitik und Humanitäre Hilfe im Auswärtigen Amt (ohne gesetzliche Grundlage),
– Beauftragter der Bundesregierung für Menschenrechtsfragen im Bundesministerium der Justiz,
– Beauftragter für den Zivildienst (§ 2 Abs. 2 ZDG) im Bundesministerium für Familie, Senioren, Frauen und Jugend,
– Ombudsrat zur Begleitung der Einführung der Grundsicherung für Arbeitsuchende („Arbeitslosengeld II") und zur Beobachtung ihrer Auswirkungen auf den Arbeitsmarkt beim Bundesministerium für Wirtschaft und Arbeit (ohne gesetzliche Grundlage)[68].

c) Beauftragte bei Verwaltungsstellen

31
– Beauftragter für den Haushalt bei jeder Dienststelle, die Einnahmen oder Ausgaben bewirtschaftet (§ 9 BHO)[69],
– Beauftragter für den Datenschutz bei öffentlichen Stellen, die personenbezogene Daten automatisiert erheben, verarbeiten oder nutzen (§§ 4f, 4g, 42 BDSG)[70],
– Gleichstellungsbeauftragte (§ 16 BGleiG).

32
Gemäß § 16 Abs. 1 des Art. 1 (Bundesgleichstellungsgesetz [BGleiG]) des Gesetzes zur Durchsetzung der Gleichstellung von Frauen und Männern (DGleiG) vom 30. November 2001 (BGBl I, S. 3234) ist bei jeder Dienststelle mit regelmäßig mindestens 100 Beschäftigten aus dem Kreis der weiblichen Beschäftigten eine Gleichstellungsbeauftragte nach geheimer Wahl durch die weiblichen Beschäftigten[71] von der Dienststelle zu bestellen, und zwar grundsätzlich für vier Jahre mit der Möglichkeit der Wiederwahl. Diese Gleichstellungsbeauftragte gehört der Personalverwaltung an. Sie wird von anderweitigen dienstlichen Tätigkeiten soweit entlastet, wie es nach Art und Größe der

Gleichstellungsbeauftragte

---

[68] Hierbei handelt es sich um eine eher atypische Konstruktion, die Verbindungslinien zu hier nicht näher thematisierten Kollegialorganen wie den für viele Institutionen vorgesehenen beratenden Beiräten oder ähnlichen Gremien aufweist; vgl. zu ihnen etwa *Gunnar Folke Schuppert*, Die Erfüllung öffentlicher Aufgaben durch verselbständigte Verwaltungseinheiten, 1981, S. 269 ff.; *Peter J. Tettinger*, Die Selbstverwaltung im Bereich der Wirtschaft – Verkehrswirtschaft, Energiewirtschaft, Banken und Versicherungen, in: FG für Georg Christoph von Unruh, 1983, S. 809 (811 f.); *Dreier* (N 3), S. 155 mit Fn. 122, 123; *Winfried Brohm*, Sachverständige Beratung des Staates, in: HStR II, ²1998 (¹1987), § 36 m. weit. Nachw.
[69] Dazu *Peter Mießen*, in: Erwin Adolf Piduch (Hg.), Bundeshaushaltsrecht, Losebl., Stand Aug. 2003, § 9 BHO.
[70] Zu ihm näher *Ralf B. Abel*, Der behördliche Datenschutzbeauftragte, in: MMR 2002, S. 289 ff.; *Gola/Schomerus* (N 23) und *Simitis* (N 23), jeweils zu §§ 4f, 4g, 42.
[71] Durch ihre Wahl sowie die ihrer Stellvertreterin soll gesichert werden, daß sie „dienststellenintern demokratisch legitimiert" sind; vgl. BT-Drs 14/5679, S. 27. Die Formulierung ist verfehlt; es geht korrekterweise um die Sicherung einer gruppenspezifischen Repräsentation.

§ 111   *Achter Teil: II. Staatsfunktionen*

Dienststelle zur ordnungsgemäßen Durchführung ihrer Aufgaben erforderlich ist. Sie hat die Aufgabe, den Vollzug dieses Gesetzes sowie des Beschäftigtenschutzgesetzes in der Dienststelle zu fördern und zu überwachen. Sie wirkt bei allen personellen, organisatorischen und sozialen Maßnahmen ihrer Dienststelle mit, die die Gleichstellung von Frauen und Männern, die Vereinbarkeit von Familie und Erwerbstätigkeit sowie den Schutz vor sexueller Belästigung am Arbeitsplatz betreffen (§ 19 Abs. 1 BGleiG). Die Gleichstellungsbeauftragte ist zur Durchführung ihrer Aufgaben unverzüglich und umfassend zu unterrichten. Ihr sind die hierfür erforderlichen Akten einschließlich der Bewerbungsunterlagen und vergleichenden Übersichten frühestmöglich vorzulegen und die erbetenen Auskünfte zu erteilen. Ihr soll Gelegenheit zur aktiven Teilnahme an allen Entscheidungsprozessen zu personellen, organisatorischen und sozialen Angelegenheiten gegeben werden (§ 22 Abs. 1 BGleiG). Bei Verstößen der Dienststelle gegen den Gleichstellungsplan, gegen weitere Vorschriften dieses Gesetzes oder andere Vorschriften über die Gleichstellung von Frauen und Männern hat die Gleichstellungsbeauftragte gegenüber der Dienststellenleitung ein Einspruchsrecht (§ 21 BGleiG). Bleibt der Einspruch erfolglos, so kann die Gleichstellungsbeauftragte das Verwaltungsgericht anrufen, wenn ein nochmaliger Versuch, außergerichtlich zu einer einvernehmlichen Lösung zu gelangen, gescheitert ist (§ 22 Abs. 1 S. 1 BGleiG)[72].

Mitwirkungsrechte

Einspruchsrecht

33 Zu vermerken ist noch, daß dieses Gesetz gemäß § 3 BGleiG expressis verbis für alle Beschäftigten in der unmittelbaren und mittelbaren Bundesverwaltung unabhängig von ihrer Rechtsform sowie in den Gerichten des Bundes gilt. Zur Bundesverwaltung im Sinne dieses Gesetzes gehören auch die in bundeseigener Verwaltung geführten öffentlichen Unternehmen einschließlich sonstiger Betriebsverwaltungen.

Unabhängigkeit von Rechtsformen

2. Landesebene

34 In vergleichbarer Weise müßte eine solche typisierende Bestandsanalyse – soll Vollständigkeit angestrebt werden – nunmehr auch flächendeckend für die Kompetenzbereiche der einzelnen Länder durchgeführt werden. Im folgenden wird wegen der alleinigen staatsrechtlichen Ausrichtung des Beitrags lediglich stellvertretend im wesentlichen auf Erscheinungsformen in Nordrhein-Westfalen rekurriert.

Beispiel Nordrhein-Westfalen

a) Regierungsbeauftragte

35 – Beauftragter für die Belange der Menschen mit Behinderung (§§ 11 ff. BGG Nordrh.-Westf.), das zur Wahrung der Belange von Menschen mit Behinderungen durch eine Soll-Vorschrift zu schaffende Amt, das ebenso in anderen Ländern (§ 10 Sächsisches Integrationsgesetz) vorfindbar ist,

---

72 S. dazu die Gesetzesbegründung, BT-Drs 14/5679, S. 32 f.; *Bernhard Franke*, Das Gesetz zur Durchsetzung der Gleichstellung von Frauen und Männern, in: NVwZ 2002, S. 779 (786).

– Beauftragter für die Reform des öffentlichen Dienstes (Beschluß der Landesregierung Nordrh.-Westf. vom 4. April 2003; ohne gesetzliche Grundlage),
– Beauftragte der Landesregierung für die Verbesserung der Lebensbedingungen für Kinder (Beschluß der LReg Nordrh.-Westf. vom 27. April 1989): die Ministerin für Schule, Gesundheit und Kinder,
– Beauftragter der Landesregierung für Umsiedlungsfragen im Rheinischen Braunkohlenrevier (Beschluß der LReg Nordrh.-Westf.; ohne gesetzliche Grundlage eingerichtet beim Ministerium für Verkehr, Energie und Landesplanung),
– Landesbeauftragter für Naturschutz (§ 29 Abs. 1 Saarl. Naturschutzgesetz). Seine Tätigkeit ist ehrenamtlich. Zur Unterstützung der Naturschutzbehörden sind daneben auch auf Kreisebene und auf Gemeindeebene Beauftragte für Naturschutz zu bestellen[73].

b) Beauftragte bei einzelnen Ministerien

– Mittelstandsbeauftragte(r) beim Ministerium für Wirtschaft und Arbeit (§ 9 Mittelstandsgesetz Nordrh.-Westf.); er/sie steht der mittelständischen Wirtschaft als Ansprechpartner und Ombudsmann zur Verfügung und berät die Ressorts der Landesregierung in allen mittelstandsrelevanten Fragen,   36
– Integrationsbeauftragter beim Ministerium für Gesundheit, Soziales, Frauen und Familie Nordrhein-Westfalen (ohne gesetzliche Grundlage),
– Rußland-Beauftragter und Benelux-Beauftragter beim Ministerium für Wissenschaft und Forschung Nordrhein-Westfalen (ohne gesetzliche Grundlage),
– Eine-Welt-Beauftragter beim Ministerium für Umwelt und Naturschutz, Landwirtschaft und Verbraucherschutz Nordrhein-Westfalen (ohne gesetzliche Grundlage).

c) Beauftragte bei Verwaltungsstellen

– Beauftragter des Innenministeriums zur Wahrnehmung von Aufgaben der Gemeinde – früher: Staatskommissar (§ 121 GO Nordrh.-Westf.)[74],   37
– Beauftragter des (Wissenschafts-)Ministeriums zur Wahrnehmung der Befugnisse von Hochschulgremien (§ 106 Abs. 3 HG Nordrh.-Westf.)[75],

---

73 S. u. Rn. 37 ff.
74 Dazu OVG Saarl., Urt. v. 28.7.1966, in: DÖV 1967, S. 794; *Hartmut Maurer*, Allgemeines Verwaltungsrecht, [15]2004, § 23 Rn. 20; *Peter J. Tettinger*, Besonderes Verwaltungsrecht, [7]2004, Rn. 354; *Hans Uwe Erichsen*, Kommunalrecht des Landes Nordrhein-Westfalen, [2]1997, S. 355; *Jörn Ipsen*, Niedersächsisches Kommunalrecht, [2]1999, S. 318 f.; *Ernst Becker*, in: Friedrich-Wilhelm Held/Ernst Becker u. a., Kommunalverfassungsrecht Nordrhein-Westfalen, Komm., Losebl., Stand Dez. 2004, § 121; Erich *Rehn/Ulrich Cronauge/Hans Gerd v. Lennep*, Gemeindeordnung für das Land Nordrhein-Westfalen, Losebl., Stand Okt. 2004, § 121.
75 Dazu etwa *Thorsten Kingreen*, in: Dieter Leuze/Volker Epping, Hochschulgesetz Nordrhein-Westfalen, Komm., Losebl., Stand Dezember 2003.

- Beauftragter für den Haushalt bei jeder Dienststelle, die Einnahmen oder Ausgaben bewirtschaftet (§ 9 LHO Nordrh.-Westf., § 44 Abs. 2 HG Nordrh.-Westf.: bei Hochschulen ihr Kanzler)[76],
- Beauftragter für den Datenschutz bei öffentlichen Stellen, die personenbezogene Daten verarbeiten (§ 32 a DSG Nordrh.-Westf.)[77],

38 - Gleichstellungsbeauftragte bei jeder Dienststelle mit mindestens 20 Beschäftigten (§§ 15 ff. LGG Nordrh.-Westf.; vgl. auch § 23 HG Nordrh.-Westf.). Für die auf Landesrecht beruhenden Gleichstellungsbeauftragten[78] ist durch obergerichtliche Rechtsprechung festgestellt worden, daß ihnen gegenüber dem Leiter ihrer Dienststelle keine gerichtlich durchsetzbare oder gerichtlich zu klärende Rechtsposition eingeräumt ist. Ihre aus den gesetzlichen Regelungen erkennbare Anbindung an die Verwaltung bedeutet, daß dieses Amt also nicht im Sinne einer Repräsentantin eines mit den Interessen der Dienststellen kollidierenden Fremdinteresses konzipiert ist und daher eine wehrfähige Rechtsposition nicht begründet worden ist[79].

39 - Beauftragter für den Jugendschutz beim WDR (§ 6 WDRG),
- Landesbeauftragter für den Maßregelvollzug (Landesoberbehörde gemäß § 6 Abs. 2 LOG Nordrh.-Westf., § 31 MRVG Nordrh.-Westf.),
- der Direktor der Landwirtschaftskammer bzw. der Direktor der Landwirtschaftskammer für den Bereich Landwirtschaft sowie der Direktor der Landwirtschaftskammer für den Bereich höhere Forstbehörde als Landesbeauftragte (Landesoberbehörde gemäß § 6 Abs. 2 LOG Nordrh.-Westf., § 18 Abs. 4 LWKG Nordrh.-Westf., § 56 LFoG Nordrh.-Westf.),
- die Geschäftsführer der Kreisstellen der Landwirtschaftskammer als Landesbeauftragte im Kreise (Untere Landesbehörde gemäß § 9 Abs. 2 LOG Nordrh.-Westf., § 24 Abs. 5 LWKG Nordrh.-Westf.),
- die Forstämter der Landwirtschaftskammer, bei denen diese Aufgabe von den Leitern der Forstämter als Landesbeauftragte wahrgenommen werden (Untere Landesbehörde gemäß § 9 Abs. 2 LOG Nordrh.-Westf., § 57 Abs. 1 LFoG Nordrh.-Westf.),
- Beauftragter für Denkmalpflege bei der Unteren Denkmalbehörde (§ 24 DSchG Nordrh.-Westf.),
- Beauftragte für Naturschutz bei den Städten und Gemeinden (§ 29 Abs. 2 und 3 Saarl. Naturschutzgesetz).

---

76 Dazu etwa *Gero-Falk Borrmann/Manfred Schwanenberg*, Öffentliche Finanzwirtschaft, 1990, S. 293 ff.; *Mießen* (N 69) u. *Hugo* (N 69), jeweils zu § 9.
77 Siehe hierzu *Martin Zilkens*, Behördlicher Datenschutzbeauftragter in Landes- und Kommunalbehörden Nordrhein-Westfalens, in: RDV 2001, S. 178.
78 S. zu den Gesetzen der neuen Länder *Elke Gurlit*, Frauenförderung in den neuen Bundesländern, in: LKV 1997, S. 145 ff.
79 VGH Bad.-Württ., Urt. v. 9.3.2004, in: DÖV 2004, S. 668 ff.; s. auch OVG Saarland, Urt. v. 19.9.2003, in: NVwZ 2004, S. 247 f.; Hess. VGH, Beschl. v. 30.8.1996, in: PersR 1997, S. 411 ff.; Sächs. OVG, Beschl. v. 3.11.1999, in: NVwZ-RR 2000, S. 728 ff.; in einem obiter dictum zu einem den Personalrat betreffenden Rechtsstreit a. A. OVG Berlin, in: PersR 1995, S. 22. S. auch *Leonhard Kathke*, Frauen-/Gleichstellungsbeauftragte und dienstliche Beurteilungen, in: ZBR 2004, S. 185 ff.

d) Beauftragte kraft Organisationsentscheidung der kommunalen Selbstverwaltungskörperschaften

Neben kommunalen Beauftragten, deren Bestellung auf einer gesetzlichen Verpflichtung basiert, sind in beträchtlichem Umfang auch auf eigenem Entschluß der Kommunen bestellte Beauftragte („freiwillige Bestellung") zu registrieren[80]. Zur kommunalen Organisationshoheit (Aufgabenwahrnehmung Festlegung der Abläufe und Entscheidungszuständigkeiten)[81] gehört die eigenverantwortliche Entscheidung über die Einrichtung der Stelle des kommunalen Beauftragten, dagegen zur kommunalen Personalhoheit[82] die Rekrutierung des hierfür in Aussicht genommenen Gemeindepersonals. Rechtsgrundlage ist ein Gesetz[83] oder die Hauptsatzung[84]. Die Organkompetenz liegt beim Rat als der unmittelbar demokratisch legitimierten Vertretungskörperschaft. Beispiele solcher freiwilligen Bestellung sind der Projektbeauftragte für die demographische Entwicklungsplanung der Stadt Bielefeld sowie der Beauftragte für das Leitbild Köln 2020 der Stadt Köln[85].

40

Kommunale Organisations- und Personalhoheit

Im Bericht der Enquête-Kommission zur Überprüfung des niedersächsischen Kommunalverfassungsrechts aus dem Jahre 1994 findet sich eine Empfehlung, mit den Instrumenten kommunaler Beauftragte und Beiräte zurückhaltend umzugehen[86].

Richtiges Maß?

III. Bundesbeauftragter für Wirtschaftlichkeit in der Verwaltung

Eine Sonderstellung nimmt der Bundesbeauftragte für Wirtschaftlichkeit in der Verwaltung ein, dessen an den Reichssparkommissar anknüpfendes, auf Kabinettsbeschluß fußendes, auf Beratung konzentriertes Amt traditionell an das des Präsidenten des Bundesrechnungshofes angekoppelt ist[87] und dessen in § 88 Abs. 2 BHO mitangesprochener Funktionskreis durch Richtlinien der Bundesregierung[88] näher bestimmt wird[89]; die verfassungsrechtlich in Art. 114 Abs. 2 GG ohnedies garantierte richterliche Unabhängigkeit strahlt auf diese Beratungstätigkeit aus[90].

41

Sonderstellung

---

80 Diverse Beispiele hierfür bei *Holger Weidemann*, Beauftragte in der Kommunalverwaltung – Ein Überblick, in: VR 2000, S. 91; s. auch *Ipsen* (N 74), S. 207 ff.
81 BVerfGE 91, 228 (236); VerfGH Nordrh.-Westf., Urt. v. 15. 1. 2002, in: NWVBl 2002, S. 101 (103).
82 BVerfGE 91, 228 (245); VerfGH Nordrh.-Westf., Urt. v. 15. 1. 2002, in: NWVBl 2002, S. 101 (103).
83 Vgl. § 25 Abs. 4 brandenb. GO i. d. F. d. Bekanntmachung v. 10. 10. 2001 (GVBl I, S. 154); s. auch § 47 f. schl.-hol. GO.
84 S. *Alfons Gern*, Deutsches Kommunalrecht, ²1997, S. 236 f.; *Rolf Stober*, Kommunalrecht in der Bundesrepublik Deutschland, ³1996, S. 217 f.
85 *Kay Waechter*, Kommunalrecht, ³1997, S. 55 f. (Fn. 92 f.), plädiert dazu noch für kommunale Beauftragte gegen „Vetternwirtschaft".
86 Niedersächs. LTDrucks 12/6260, S. 64.
87 Siehe *v. Pfuhlstein* (N 5), S. 375 ff.; *Jens-Hermann Treuner*, Der Bundesbeauftragte für Wirtschaftlichkeit in der Verwaltung, in: DVBl 1992, S. 421 ff.; *Andreas Nebel*, in: Piduch (N 69), § 88 BHO Rn. 6. → Unten *Gröpl*, § 121 Rn. 40 f.
88 S. die Richtlinien i. d. F. v. 26. 8. 1986 (BAnz. Nr. 163, S. 12485).
89 Mitwirkungsaufgaben waren ihm auch in §§ 5, 9 GGO I sowie § 23 GGO II übertragen worden. Siehe nunmehr §§ 21 u. 45 Abs. 2 GGO v. 26. 7. 2000 (mit Anl. 3).
90 Siehe etwa *Stern* (N 15), S. 442 („im Rahmen der Beratungsfunktion des Bundesrechnungshofes"); *Theodor Maunz*, in: Maunz/Dürig, Komm. z. GG, Art. 114 Rn. 31; *v. Pfuhlstein* (N 5), S. 390.

IV. Beauftragte in der Privatwirtschaft

42

Betriebsbeauftragte

Des weiteren ist hier noch auf eine gleichfalls anschwellende, schon vor einem Vierteljahrhundert Anlaß für ironische Anmerkungen[91] bietende Anzahl von Beauftragten in den Betrieben bzw. Unternehmen der Privatwirtschaft, sogenannte Betriebsbeauftragte[92], aufmerksam zu machen, welche auf gesetzlicher Grundlage eine „Indienstnahme Privater" für die Umsetzung von gemeinwohlbezogenen, namentlich dem Umweltschutz, dem Personenschutz, der Betriebssicherheit und sozialen Belangen dienenden Verpflichtungen bewirken, die sich, was ihre Legitimierung angeht, jeweils an den einschlägigen Grundrechten der Betroffenen messen lassen müssen[93]. Genannt seien:

– Beauftragter für den Datenschutz bei nicht-öffentlichen Stellen: §§ 4 f, 4 g, 2 Abs. 4 BDSG,
– Betriebsbeauftragter für Immissionsschutz (Immissionsschutzbeauftragter): §§ 53 ff. BImSchG, § 1 Abs. 1 5. BImSchV[94],
– Störfallbeauftragter: §§ 58 a ff. BImSchG, § 1 Abs. 2 5. BImSchV,
– Betriebsbeauftragter für Abfälle (Abfallbeauftragter): §§ 54, 55 KrW-/AbfG,
– Betriebsbeauftragter für Gewässerschutz (Gewässerschutzbeauftragter): §§ 21 a ff. WHG,
– Beauftragter für die Biologische Sicherheit: §§ 3 Nr. 9, 6 Abs. 4 GenTG,
– Gefahrgutbeauftragter: § 1 Abs. 1 GbV,
– Strahlenschutzbeauftragter: §§ 31 ff. StrlSchV, §§ 13 ff. RöV,
– kerntechnischer Sicherheitsbeauftragter: § 2 ff. der atomrechtlichen Sicherheitsbeauftragten- und Meldeverordnung[95],
– Beauftragte des Arbeitgebers gemäß § 13 Abs. 2 ArbSchG, z.B. Brandschutzbeauftragter (§ 10),
– Sicherheitsbeauftragter: § 22 Abs. 1 SGB VII,
– Beauftragter des Arbeitgebers in Angelegenheiten schwerbehinderter Menschen: § 98 SGB IX,
– Beauftragter für die Durchführung der betrieblichen Berufsbildung: § 98 Abs. 2 BetrVG,
– Stufenplanbeauftragter bei bestimmten pharmazeutischen Unternehmen: § 63 a AMG,
– Informationsbeauftragter bei bestimmten pharmazeutischen Unternehmen: § 74 a AMG,
– Pharmaberater: § 75 AMG,
– Sicherheitsbeauftragter für Medizinprodukte: § 31 MPG.

---

[91] S. *Peter Gola*, Die Beauftragten sind unter uns, in: MDR 1976, S. 376.
[92] Dazu etwa zuletzt *Wilfried Erbguth/Sabine Schlacke*, Umweltrecht, 2005, S. 67 u. 154.
[93] Vgl. *Michael Reinhardt*, Die Überwachung durch Private im Umwelt- und Technikrecht, in: AöR 118 (1993), S. 617, 648 ff.; *Michael Kotulla*, in: Hans D. Jarass/Dietrich Ruchay/Clemens Weidemann, Kreislaufwirtschafts- und Abfallgesetz, Komm., Losebl., Stand August 2004, § 54 Rn. 137.
[94] Dazu bereits *Peter J. Tettinger*, Der Immissionsschutzbeauftragte – ein Beliehener?, in: DVBl 1976, S. 752 ff.
[95] Weit. Nachw. dazu bei *Wolfgang Otten*, Eigensicherung, 2006.

Solche der Eigensicherung und Eigenüberwachung dienende Beauftragte in der Privatwirtschaft[96] sind jedoch schon von ihrer Zwecksetzung her deutlich von den vorhin beschriebenen Typen des Staatsbeauftragten zu separieren.

C. Staatsrechtlich relevante Fragestellungen

Vor dem Hintergrund dieser typisierenden Bestandsanalyse seien nunmehr sich hiernach anbietende übergreifende, staatsrechtlich relevante Fragen aufgeworfen. Dabei empfiehlt es sich, zunächst zwischen dem im deutschen Verfassungsrecht geradezu klassischen Typus des konventionellen aufsichtsführenden Staatsbeauftragten (des Reichs- oder Staatskommissars), dem Parlamentsbeauftragten, dem von Exekutivorganen Beauftragten und dem Beauftragten in der Privatwirtschaft zu differenzieren.

43

Differenzierung

I. Aufsichtsführender Staatsbeauftragter

Bei dem Staatsbeauftragten im klassischen Sinne handelt es sich um eine zur Absicherung notwendiger Mindesterfordernisse der Einheitlichkeit im föderalistischen Staatswesen geschaffene, zur Informationsgewinnung und Aufsichtsführung eingesetzte tradierte Rechtsfigur des deutschen Staatsrechts, die gängigerweise als Reichs- oder Staatskommissar benannt wurde[97]. Die Weimarer Reichsverfassung kannte so einen Beauftragten der Reichsregierung für die Ausführung der Reichsgesetze (Art. 15 WRV), Beauftragte des Reichskanzlers und der Reichsminister für die Teilnahme an Sitzungen des Reichstags und seiner Ausschüsse (Art. 33 Abs. 2 WRV) sowie einen vom Reichspräsidenten ernannten Reichsbeauftragten beim Wahlprüfungsgericht (Art. 31 WRV).

44

Reichs- oder Staatskommissar

Dieser Typus ist auf die Wahrnehmung von Beobachtungsfunktionen ohne Befehlsgewalt beschränkt[98]. Ihm sind nunmehr die oben aufgelisteten, im Grundgesetz vorgesehenen Regierungsbeauftragten zuzuordnen[99]. Der Ge-

45

---

96 Zu ihnen neben den Genannten noch *Udo Steiner*, Technische Kontrolle im privaten Bereich – insbesondere Eigenüberwachung und Betriebsbeauftragte, in: DVBl 1987, S. 1133 (1138 f.); *Klaus Kniep*, Übersicht über die Betriebsbeauftragten, in: GewArch 1992, S. 134 ff.; *Martin Burgi*, Funktionale Privatisierung und Verwaltungshilfe, 1999, S. 92 f.; *Peter-Tobias Stoll*, Sicherheit als Aufgabe von Staat und Gesellschaft, 2003, S. 98 ff., 383 f.
97 Siehe zu diesem gleichfalls höchst vielgestaltigen Typus die diversen Benennungen in: *Graf Hue de Grais/Hans Peters*, Handbuch der Verfassung und Verwaltung in Preußen und dem Deutschen Reiche, 24.1927, so u. a. Reichskommissare in mehreren ministeriellen Geschäftsbereichen (S. 23 f., 46 ff., 92 mit Fn. 73), Staatskommissare für bestimmte Aufgabenkreise (S. 381, 609), darunter ein Staatskommissar für das Wohnungswesen und Bezirkswohnungskommissare (S. 887), ein Kommissar des öffentlichen Interesses im Verwaltungsprozeß – Vorgängerinstitution des heutigen Vertreters des öffentlichen Interesses (§§ 35, 36 VwGO) – (S. 118 mit Fn. 19) und Beauftragte in Gnadensachen (S. 365 mit Fn. 2 u. S. 370 mit Fn. 11). Ferner *v. Pfuhlstein* (N 5), S. 405 ff.; *Dreier* (N 3), S. 39 mit Fn. 13, jeweils m. weit. Nachw.
98 Dazu *Gerhard Anschütz*, Die Verfassung des Deutschen Reichs vom 11. August 1919, 14.1933, Art. 15 Anm. 6.
99 S. o. Rn. 23 ff.

§ 111   Achter Teil: II. Staatsfunktionen

Beobachtungs-
funktion ohne
Befehlsgewalt

gentypus ist der Staatskommissar, wie er für die Reichsexekution (vgl. Art. 18 RV 1971[100] und Art. 48 Abs. 1 WRV) oder die Diktaturgewalt des Reichspräsidenten (Art. 48 Abs. 2 WRV[101]) vorgesehen war. Das Landesrecht kennt den Staatsbeauftragten, der als schärfste Waffe der Staatsaufsicht zur Durchsetzung gesetzlicher Vorgaben vorübergehend Befugnisse bei kommunalen und akademischen Selbstverwaltungskörperschaften auszuüben ermächtigt ist[102].

II. Parlamentsbeauftragter

46
Hilfsorgane
des Parlaments

Die vom Parlament gewählten Beauftragten[103] – wie der Wehrbeauftragte oder der Ermittlungsbeauftragte eines parlamentarischen Untersuchungsausschusses – sind als Hilfsorgane des Parlaments dazu bestimmt, seine demokratische Leitfunktion mit exekutivisch strukturiertem Aufgabenzuschnitt zu unterstützen. Bei diesen (echten) Parlamentsbeauftragten wird allgemein darauf geachtet, daß eine konsequente Einpassung in den parlamentarischen Funktionskreis gelingt[104] und nicht durch Akquisition zentraler oder elementarer Verwaltungsaufgaben in concreto klassische Gewaltenteilungsgrundsätze verletzt werden. Darüber hinaus sollte die Aufmerksamkeit darauf hingelenkt werden, daß nicht das Parlament „in Teilbereichen mit einer Quasi-Verwaltung Regierungsaufgaben" wahrnimmt[105].

47
Absicherung des
Vertrauens

Zur Absicherung des Vertrauens des gesamten Parlaments ist eine Zweidrittelmehrheit als Quorum angemessen, wie dies beim Ermittlungsbeauftragten (vgl. § 10 Abs. 2 PUAG) geschieht und von Theodor Eschenburg und Klaus Stern für den Wehrbeauftragten gefordert wurde. Auch eine hiermit korrespondierende Erschwerung der Abberufungsmöglichkeit (siehe § 10 Abs. 4 S. 2 PUAG) ist insofern nicht mehr als folgerichtig.

48
Unechte Parla-
mentsbeauftragte

Erkennbar handelt es sich um substantiell dem Exekutivbereich zuzurechnende und dort auch normativ verankerte Organisationseinheiten, bei denen die Parlamentswahl lediglich eine Verstärkung der demokratischen Legitimation der betreffenden Amtsträger bewirken soll (unechte Parlamentsbeauftragte), wie dies etwa für den Bundesbeauftragten für die Stasi-Unterlagen gilt[106]. Hier erweisen sich mithin die im nachfolgenden für die von Exekutivorganen Beauftragten formulierten Fragestellungen als einschlägig[107].

---

100 Nachw. hierzu bei *Klaus Stern*, Staatsrecht, Bd. V, 2000, S. 393.
101 Nähere Hinweise bei *Anschütz* (N 98), Art. 48 Anm. 16; *Stern* (N 100), S. 706 f., 730 f.
102 Vgl. *Jörn Ipsen*, Niedersächsisches Kommunalrecht, ²1999, S. 318 f.; s. auch bereits *Hue de Grais/Peters* (N 97), S. 128 (Fn. 6); *Hans Peters*, Lehrbuch der Verwaltung, 1949, S. 319 u. 321 f.
103 S. o. Rn. 6.
104 Mit gutem Grund wird beim Ermittlungsbeauftragten dem Einwand der Durchführung von Untersuchungen durch einen Nichtparlamentarier entgegengehalten, es gehe dabei nur um eine erste vorbereitende Untersuchungsphase mit Materialsuche und -sichtung, während die politische Bewertung der untersuchten Sachverhalte den Parlamentariern vorbehalten bleibt; siehe *Rathje* (N 21), S. 154.
105 So *Steffen Heitmann*, Für jedes Problem ein Beauftragter? – Zum Beauftragtenunwesen in der Bundesrepublik Deutschland, in: NJW 1996, S. 904 (905).
106 Dazu *Engel* (N 28), S. 126 f. u. 188 ff.; *Kus* (N 30), S. 143 m. weit. Nachw.
107 S. u. Rn. 50.

Diskussionen um die nähere Zuordnung hat vor allem die Institutionalisierung der Rechtsfigur des Landesdatenschutzbeauftragten hervorgerufen, dessen Zuordnung zu Landtag und/oder Landesregierung in einigen Landesverfassungen thematisiert wird und unterschiedliche Ausgestaltungen gefunden hat. Besonders betont ist jeweils die sachliche Unabhängigkeit und Freiheit von fachaufsichtlichen Weisungen, die als originäre Konsequenz seiner spezifischen Kontrollfunktion im Interesse effektiven Grundrechtschutzes gilt[108]. Speziell für den Funktionskreis der bis dahin vorbildlosen Figur unabhängiger Datenschutzbeauftragter wird auf die Gemengelage eigenständiger rechtlicher Kontrolle der Verwaltung, datenschutzrechtlicher Beratung von Regierung und Verwaltung, Unterstützung der parlamentarischen Kontrolle sowie der Beratung und Hilfe zugunsten der Bürger hingewiesen[109]. Vor diesem Hintergrund ist es konsequent, daß eine Abberufung an Gründe geknüpft wird, die bei einem Richter auf Lebenszeit die Entlassung aus dem Dienst rechtfertigen (§ 23 Abs. 1 S. 3 BDSG; siehe auch § 36 Abs. 1 StUG).

49
Rechtsfigur des Landesdatenschutzbeauftragten

III. Von Exekutivorganen Beauftragte

Unter dem von Exekutivorganen Beauftragten[110] wurde zwischen Regierungsbeauftragten, Ressortbeauftragten sowie Beauftragten bei einzelnen Verwaltungsstellen unterschieden. Daraus ergeben sich unterschiedliche Fragestellungen, da lediglich bei Regierungsbeauftragten die Beschneidung von Ressortverantwortlichkeiten zu thematisieren ist, während ansonsten verbandskompetentielle, legitimatorische und organisationsstrukturelle Aspekte im Vordergrund stehen.

50
Unterschiedliche Fragestellungen

1. Beachtung der Kompetenzverteilung im Bundesstaat

Da der Grundsatz des Art. 30 GG auch für die nicht gesetzesausführende Verwaltung gilt und im übrigen Bundesverwaltung vor dem Hintergrund des Art. 83 GG nur nach Maßgabe der in Art. 86 ff. GG normierten Voraussetzungen zulässig ist, muß dafür Sorge getragen werden, daß der Bund nicht auf dem Umweg über Kompetenzzuweisungen an einen Bundesbeauftragten in den Zuständigkeitsbereich der Länder übergreift[111].

51
Achtung der Länderkompetenzen

---

108 S. *Gerd Wippermann*, Zur Frage der Unabhängigkeit der Datenschutzbeauftragten, in: DÖV 1994, S. 929 ff.
109 *Berhard Schlink*, Die Bewältigung der wissenschaftlichen und technischen Entwicklung durch das Verwaltungsrecht, in: VVDStRL 48 (1990), S. 235 (251 f.).
110 S. o. Rn. 22 ff.
111 Vgl. bereits *Michael Fuchs*, Verwalten durch Beauftragte, in: DÖV 1986, S. 363 (365, 371); s. auch *Engel* (N 28), S. 188 ff. – Hingewiesen sei zudem etwa auf Diskussionen über eine „kompetenzrechtliche Grauzone" bei der Kooperation von Bundes- und Landesdatenschutzbeauftragten gemäß § 26 Abs. 4 BDSG; vgl. *Zöllner* (N 23), S. 91 f.

52
Schutz kommunaler Selbstverwaltungsträger

Ähnliche Erwägungen haben für Inpflichtnahmen zu Lasten durch Art. 28 Abs. 2 GG geschützter kommunaler Selbstverwaltungsträger zu gelten. Der nordrhein-westfälische Verfassungsgerichtshof sah etwa in der im novellierten § 5 Abs. 2 GO Nordrh.-Westf. Ende 1999 normierten Pflicht zur Bestellung hauptamtlicher Gleichstellungsbeauftragter die Grenzen gewahrt, die einer staatlichen Reglementierung der kommunalen Organisationshoheit gezogen sind. Die Regelung beschränke sich auf den Ausschluß einer ehrenamtlichen Aufgabenwahrnehmung, ohne zugleich Vorgaben in bezug auf den Tätigkeitsumfang der hauptamtlichen Gleichstellungsbeauftragten zu machen. Insbesondere setze das Erfordernis der Hauptamtlichkeit nicht voraus, daß das Amt der Gleichstellungsbeauftragten mit mindestens 50 % der regelmäßigen Arbeitszeit ausgefüllt werde[112].

53
Bestellung einer Frauenbeauftragten

Schon der Niedersächsische Staatsgerichtshof hatte zuvor die gesetzliche Verpflichtung niedersächsischer Kommunen, eine Frauenbeauftragte zu bestellen, die hauptberuflich und weisungsunabhängig tätig ist, für verfassungsgemäß gehalten, soweit Gemeinden und Gesamtgemeinden mit mehr als 20 000 Einwohnern sowie Landkreise betroffen waren. Mit dem Grundsatz der Verhältnismäßigkeit sei es jedoch unvereinbar, für Kommunen in der Größenordnung von mehr als 10 000 bis zu 20 000 Einwohnern keine Sonderregelung vorzusehen[113]. Auch das Verfassungsgericht des Landes Sachsen-Anhalt hielt die Regelung über die kommunale Gleichstellungsbeauftragte für vereinbar mit der Garantie der kommunalen Selbstverwaltung. Allerdings beim ihr gesetzlich zugebilligten Mitzeichnungsrecht wurde eine verfassungskonforme Auslegung dahingehend vorgenommen, daß diese Mitzeichnung der Gleichstellungsbeauftragten nicht generell bei allen kommunalen Vorhaben, sondern nur bei gleichstellungsrelevanten Themen zu erfolgen habe. Dieses Mitzeichnungsrecht räume zudem keine Entscheidungsbefugnis ein, sondern diene allein einer besseren Einbindung der gleichstellungsrelevanten Gesichtspunkte in den verwaltungsinternen Entscheidungsprozeß. Es gehöre zu der Gruppe beratender Einflußnahme; komme es bei einem dadurch initiierten Abstimmungsprozeß zu keiner Einigung, verbleibe die Entscheidungskompetenz bei der zuständigen Behördenspitze[114].

2. Rechtsstaat und institutioneller Gesetzesvorbehalt

54
Institutioneller Gesetzesvorbehalt

Der Rechtsstaat als Gewährleistung von Rechtssicherheit verlangt hinreichende Bestimmtheit und Klarheit in der staatlichen Kompetenzausübung gegenüber dem Bürger. Die Gesetzmäßigkeit des Verwaltungshandelns, mit

---

[112] Urt. v. 15.1.2002, in: NWVBl 2002, S. 101 ff.; s. dazu aus der Literatur auch *Klaus Lange*, Kommunale Frauenbeauftragte, 1993; *Ingrid Alice Mayer*, Die Rechtsstellung der kommunalen Frauenbeauftragten, in: NVwZ 1994, S. 1182 ff.; *dies.*, Verpflichtung der Gemeinden zur Bestellung einer Gleichstellungsbeauftragten, in: NVwZ 1995, S. 663 f.; *Monika Böhm*, Frauenbeauftragte und kommunale Organisationshoheit, in: NVwZ 1999, S. 721 ff. – Anders jetzt die Vorgabe für den Bereich des Bundes (s. o. Rn. 31).
[113] NiedersStGH, Urt. v. 13.3.1996, in: NVwZ 1997, S. 58 (60).
[114] S. Anh.VerfG, Urt. v. 12.12.1997, in: NVwZ 1999, S. 760 (762)

ihr der institutionelle Gesetzesvorbehalt[115], ist einzufordern, sofern der Beauftragte sich nicht nur administrativen Beratungsfunktionen zu widmen hat[116], sondern auch außenwirksam tätig wird, wie dies etwa beim Beauftragten für die Stasi-Unterlagen der Fall ist.

Um die Verortung der sogenannten Organisationsgewalt bei Legislative oder Exekutive, eines der Standardthemen der deutschen Staatsrechtswissenschaft[117], wird seit langem eine leidenschaftliche Diskussion geführt, die sich dem Zeitgeist entsprechend in ihren Ablaufphasen auch jeweils neuer Termini bedient; sie galt in den 80er Jahren etwa dem „Verwaltungsvorbehalt"[118]. Der differenzierte Regelungsansatz, wie er in der nordrhein-westfälischen Landesverfassung pointiert in den beiden Sätzen des Art. 77 zum Ausdruck kommt[119] und in der Literatur als Repräsentant eines von den meisten Landesverfassungen verfolgten Modells („Verwaltungsorganisation im Spannungsfeld zweier Vorbehaltsbereiche") herausgestellt wird[120], verdeutlicht, daß hier für die administrative Ebene eine Verteilung von Organisationsbefugnissen auf Gesetzgeber einerseits und Landesregierung andererseits erfolgt ist, deren Aussagegehalt im einzelnen nachzuspüren und deren Präzisierung in erster Linie angezeigt ist. Gemengelagen erscheinen infolge eines Zugriffsrechts des Parlaments nicht a priori ausgeschlossen[121], wie sich gerade hier bei der Rechtsfigur des Datenschutzbeauftragten gezeigt hat.

55
Organisationsgewalt

3. Hinreichendes demokratisches Legitimationsniveau

Als allgemein anerkannte Ausprägung des demokratischen Prinzips in Art. 20 Abs. 2 GG gilt das Postulat einer hinreichenden sachlichen und persönlichen demokratischen Legitimation für alle Amtsträger, die Staatsgewalt ausüben[122]. Als legitimationsbedürftig angesehen wird dabei jedes verbindliche amtliche Handeln mit Entscheidungscharakter. Das Demokratieprinzip verlangt indes keine durchgängig starre Verwirklichung aller Formen der demokratischen

56
Sachliche und persönliche demokratische Legitimation

---

115 S. dazu etwa OVG Nordrh.-Westf., Urt. v. 27.9.1979, in: OVGE 34, S. 201. Vgl. auch §§ 6 Abs. 3, 7 Abs. 3 LOG Nordrh.-Westf. Aus einer reichhaltigen Literatur insbes. *Thomas Groß*, Das Kollegialprinzip in der Verwaltungsorganisation, 1999, S. 239 ff.
116 Dazu *Brohm* (N 68), § 36 Rn. 42 f.
117 *Eberhard Schmidt-Aßmann*, Verwaltungsorganisation zwischen parlamentarischer Steuerung und exekutivischer Organisationsgewalt, in: FS für Hans Peter Ipsen, 1977, S. 333; vgl. namentlich *Lutz Richter*, Die Organisationsgewalt, 1926; *Hans Spanner*, Organisationsgewalt und Organisationsrecht, in: DÖV 1957, S. 640 ff.; *Arnold Köttgen*, Die Organisationsgewalt, in: VVDStRL 16 (1958), S. 154 ff.; *Felix Ermacora*, ebd., S. 191 ff.; *Ernst-Wolfgang Böckenförde*, Die Organisationsgewalt im Bereich der Regierung, 1964.
118 S. dazu *Hartmut Maurer* und *Friedrich E. Schnapp*, Der Verwaltungsvorbehalt, in: VVDStRL 43 (1985), S. 135 ff. u. 172 ff.
119 Bereits *Hans Peters*, Die Verfassung von Nordrhein-Westfalen, in: DVBl 1950, S. 449 (454), sah hier „die Organisationsgewalt geregelt".
120 S. *Schmidt-Aßmann* (N 117), S. 341; vgl. auch *Reimund Schmidt-De Caluwe*, Verwaltungsorganisationsrecht, in: JA 1993, S. 143 f.; *Peter Badura*, in: Verfassung als Verantwortung und Verpflichtung. FS 50 Jahre BayVerfGH, 1997, S. 9 (10), zu der Parallelnorm des Art. 77 Abs. 1 BayLV: Grundsatz des gesamtdeutschen Verfassungsrechts.
121 Hinweise dazu bei *Peter J. Tettinger*, in: Wolfgang Löwer/ders. (N 37), Art. 77 Rn. 29 ff.
122 Vgl. BVerfGE 38, 258 (270 f.); 47, 253 (272 f.); 52, 59 (112); 93, 37 (68); 107, 59 (94).

Legitimation staatlichen Handelns (institutionelle, funktionelle, sachlich-inhaltliche und organisatorisch-personelle Legitimation), sondern erfordert lediglich insgesamt einen hinreichend effektiven Gehalt an demokratischer Legitimation, ein bestimmtes Legitimationsniveau[123].

57
Abschwächung demokratischer Legitimation

Mit Blick auf die ohnedies zu konstatierende Gemengelage in der Positionierung des Datenschutzbeauftragten begegnet es vor diesem Hintergrund keinen verfassungsrechtlichen Bedenken, wenn durch Statuierung der Unabhängigkeit und Fachweisungsfreiheit dieses Beauftragten eine Abschwächung der sachlich-inhaltlichen demokratischen Legitimation erfolgt, da die Parlamentswahl eine verstärkte organisatorisch-personelle Legitimation des Amtes bewirkt, dessen spezifische, gerade auch bürgerschützende Funktion diese Figuration nahelegt[124]. Ob freilich die optimistische Erwartung begründet ist, daß so die ohnedies bestehende Abwägungspflicht zwischen öffentlichen und privaten Belangen in spezifischer Weise institutionalisiert und damit in materieller Hinsicht Individual- und Gruppenrechte effektiviert werden[125], bedarf allerdings der empirischen Abstützung und ist ohne Pathos mit den aufgezeigten möglichen Negativwirkungen zu kontrastieren[126].

58
Amt des Gleichstellungsbeauftragten

Des weiteren sei daran erinnert, daß das Bundesverfassungsgericht für das Amt des Gleichstellungsbeauftragten ein niedrigeres „Legitimationsniveau" als typischerweise sonst in der Verwaltung konstatiert, darin jedoch letztlich deshalb keinen Verstoß gegen das Demokratieprinzip gesehen hat, weil diesem Amt keine eigenen Sachentscheidungsbefugnisse zukämen, es vielmehr „allein durch die Kraft des Arguments" zur Wirksamkeit gelange[127]. Nimmt man vor diesem Hintergrund jedoch die Regelungen des Bundesgleichstellungsgesetzes in den Blick, so ist die Beachtung der legitimatorischen Ausprägung dieses Staatsstrukturprinzips sehr sorgfältig zu eruieren, insbesondere angesichts der bundesgesetzlich nunmehr ausdrücklich eingeräumten Klagemöglichkeit, und dies auch noch in – ohnedies mit Blick auf das spezialgleichheitsrechtlich durchwirkte Spannungsfeld der Art. 3 Abs. 2 S. 2 und 33 Abs. 2 GG sehr sensiblen – Personalangelegenheiten.

4. Sicherung parlamentarischer Verantwortlichkeit

59
Die verfassungsmäßige Ordnung im demokratischen Rechtsstaat setzt notwendig eine funktionsfähige und verantwortliche Regierung voraus[128]. Aus der damit verlangten prinzipiell flächendeckenden Verantwortlichkeit für die

---

123 Dazu näher bereits *Peter J. Tettinger/Thomas Mann*, in: dies./Jürgen Salzwedel, Wasserverbände und demokratische Legitimation, 2000, S. 1 (4ff.) m. weit. Nachw.
124 Vgl. *Zöllner* (N 23), S. 170ff.
125 So *Gusy* (N 44), vor Art. 1 Rn. 39.
126 S. etwa VG Köln, in: NVwZ 1999, S. 912 (913f.), zur Befugnis des Bundesbeauftragten für Datenschutz, sich zu Belangen des Datenschutzes in der Öffentlichkeit zu äußern, und ihren durch Individualrechte gezogenen Grenzen.
127 BVerfGE 91, 228 (244); siehe auch SachsAnh.Verf, in: NVwZ 1999, S. 760 (762).
128 So BVerfGE 9, 268 (281) unter ausdrücklicher Bezugnahme auf Art. 28 Abs. 1 S. 1 GG und – hieran anknüpfend – VerfGH Nordrh.-Westf., in: OVGE 18, 316 (317).

Wahrnehmung von Regierungsfunktionen[129] ergeben sich Konsequenzen für die Zulässigkeit sogenannter ministerialfreier Räume[130]. In der Rechtsprechung des Bundesverfassungsgerichts ist schließlich anerkannt, daß es in einem demokratischen Staatswesen grundsätzlich keine substantiell bedeutsamen Verwaltungsbereiche geben darf, die ministerieller Verantwortlichkeit entzogen sind, ohne die parlamentarische Kontrolle praktisch nicht durchführbar wäre. Welche Angelegenheiten von solchem politischen Gewicht seien, lasse sich nur von Fall zu Fall beurteilen. Dazu zu rechnen sei „im heutigen Verwaltungsstaat" wegen ihres erheblichen politischen Gewichts jedenfalls die Entscheidung über die personellen Angelegenheiten der Beamten[131]. Ausnahmen werden nur zugelassen für solche Funktionskreise, bei denen eine besondere verfassungsrechtliche Legitimation der Unabhängigkeit vorfindbar ist[132].

Ministerialfreie Räume

Vor diesem Hintergrund ist – auch sub signo „Einheit der Verwaltung"[133] – darauf zu achten, daß nicht durch die Einsetzung unabhängiger Beauftragter, mit der ja doch des öfteren ganz bewußt eine „Ausgliederung" aus der hierarchischen Staatsverwaltung intendiert war, unkontrollierte oder nur erschwert kontrollierbare „Nebenverwaltungen" geschaffen werden, die eine Flucht aus parlamentarischer Verantwortung ermöglichen[134].

60
Einheit der Verwaltung

Die organisatorische Ausgestaltung beim Bundesbeauftragten für die Stasi-Unterlagen, dem die Rechtsstellung des Leiters einer Bundesoberbehörde zugewiesen ist, wurde von Peter Badura als „ungewöhnlich" und unter dem Gesichtspunkt der Gewaltenteilung und der parlamentarischen Verantwortlichkeit des Bundeskanzlers und der Bundesminister „irregulär" bezeichnet. Schließlich gehe es um eine Behörde mit einer umfangreichen Verwaltungsaufgabe. Diese neuartige Erscheinung einer gewissermaßen ressortfreien Bundesoberbehörde sei verfassungsrechtlich angreifbar und schränke die parlamentarische Kontrolle zu sehr ein[135]. Demgegenüber wurde in der Literatur darauf verwiesen, was bei dieser Konstruktion an exekutivischer Aufsicht fehle, werde durch den direkten parlamentarischen Zugriff auf die Behörde in zulässiger Weise wieder ausgeglichen[136]. Das Fehlen einer engen Ressortanbindung sei der Preis für die Unabhängigkeit der Behörde. In der Tat läßt sich

61

Ressortfreie Bundesoberbehörde

---

129 *Alfred Dickersbach*, in: Gregor Geller/Kurt Kleinrahm, Die Verfassung des Landes Nordrhein-Westfalen, Komm., ³1994, Art. 52 Anm. 9 c, spricht von einem „Zwang zur grundsätzlichen Lückenlosigkeit der Ressorteinteilung".
130 Vgl. dazu BVerfGE 9, 268 (282); *Janbernd Oebbecke*, Weisungs- und unterrichtsfreie Räume in der Verwaltung, 1986; *Matthias Jestaedt*, Demokratieprinzip und Kondominialverwaltung, 1993, S. 102 ff.
131 So BVerfGE 9, 268 (282) zum bremische Personalvertretungsrecht. Dazu rechnete BVerfGE 22, 106 (113 f.) aber etwa nicht die Entscheidungen weisungsfreier Ausschüsse über Steuereinsprüche.
132 Dies gilt etwa für die Unabhängigkeit der Europäischen Zentralbank, die in Art. 88 S. 2 GG ausdrücklich verfassungsrechtlich verankert ist und in BVerfGE 89, 155 (108) als Instrument zur Sicherung des in die Währung gesetzten Einlösungsvertrauens der Bürger akzeptiert wurde; vgl. dazu *Peter J. Tettinger*, in: Sachs, GG Komm., ³2003, Art. 88 Rn. 11 a. – Siehe des weiteren auch Art. 114 GG und Art. 87 Abs. 1 NordrhWestfVerf für die Unabhängigkeit der Rechnungshöfe.
133 Vgl. *Peter Häberle*, Diskussionsbeitrag, in: VVDStRL 46 (1988), S. 273 f.
134 So dazu bereits *Fuchs* (N 111), S. 363 (272); *Schmitt Glaeser/Mackeprang* (N 3), S. 27.
135 So *Peter Badura*, Schriftliche Stellungnahme v. 14. 8. 1991 zur öffentlichen Anhörung des Innenausschusses am 27. 8. 1991, Anl. zum Protokoll S. 489 (513 f.).
136 Vgl. *Engel* (N 28), S. 128, unter Bezugnahme auf *Trute* (N 31), S. 1043 (1046 f.).

die Einrichtung dieses Bundesbeauftragten in Anlehnung an den Bundesbeauftragten für den Datenschutz mit Blick auf die außergewöhnlichen Umstände einer vorrechtsstaatlichen Aktenführung mit den damit verbundenen elementaren grundrechtlichen Gefährdungen ausnahmsweise auch ohne spezifizierte verfassungsrechtliche Legitimation der Unabhängigkeit und Fachweisungsfreiheit akzeptieren; zumindest eine Rechtsaufsicht und eine Dienstaufsicht sind schließlich normativ verankert.

62
Kritik am Beauftragtenwesen

Massive Kritik vor allem unter dem Blickwinkel einer kumulierten „Ausgliederung" aus der hierarchisch strukturierten Staatsverwaltung wurde vom damaligen sächsischen Staatsministers Steffen Heitmann geübt. Bei streng rationaler Betrachtung sei die Schaffung sogenannter Beauftragter nicht zu begründen. Es gebe keinen Beauftragten, dessen Aufgabe nicht ebenso gut innerhalb eines der klassischen oder der später hinzugekommenen Ressorts erledigt werden könnte[137]. Nur eine Scheinbegründung sei es, wenn behauptet werde, der Beauftragte sei deshalb nötig, weil in seiner Person Zuständigkeiten aus mehreren Ressorts gebündelt werden könnten. Diese Aufgabe stelle sich bei fast allen aktuellen Problemen. Daß ein Ressort – in der Regel dasjenige, bei dem der Schwerpunkt der Angelegenheit liege – federführend die anderen Ressorts beteilige, sei selbstverständlich. Das Problem der Koordination werde durch die Schaffung eines Beauftragten nicht gelöst; vielmehr müßten die ohnedies betroffenen Ressorts ihre Tätigkeit nunmehr sowohl untereinander als auch noch zusätzlich mit den Beauftragten koordinieren[138]. Fraglich ist jedoch, ob dieser Kritik verfassungsrechtliche Relevanz zukommt. Immerhin wird die Zuordnung der hierarchischen Verantwortlichkeit der Ressortminister verwischt: „Verselbständigte Verwaltungsträger sind im demokratischen Rechtsstaat im Grunde genommen Fremdkörper. Die Regierung ist dem Souverän, dem frei gewählten Parlament, verantwortlich. Amtsträger, die außerhalb der Regierung angesiedelt sind, können diese Verantwortlichkeit nicht teilen."[139]

63

Unter Hinweis gerade auch auf die Diskussion zum Beauftragten für die Stasi-Unterlagen bleibt festzuhalten, daß es jeweils auf normative Detailzuordnungen und bereichsbezogene Gewichtungen ankommen wird.

5. Organqualität von Beauftragten

64
Selbständige Aufgabenwahrnehmung

Wie die typisierende Bestandsanalyse gezeigt hat, erfolgt die Einfügung von Beauftragten in die klassische hierarchische Verwaltungsstruktur auf ganz unterschiedliche Weise. Gesetzliche Gewährleistungen von selbständiger Aufgabenwahrnehmung und Unabhängigkeit provozieren auch die Frage nach ihrer Organqualität, die jeweils nur nach Maßgabe der einschlägigen Normen

---

137 Dies gilt etwa auch für den von *Kay Waechter*, Brauchen wir einen Polizeibeauftragten?, in: ZRP 1986, S. 293 ff., geforderten „Polizeibeauftragten".
138 *Heitmann* (N 105), S. 904 (905).
139 So *Heitmann* (N 105), S. 905.

– und dies häufig negativ – zu beantworten ist. Man verspricht sich durchgängig von Beauftragten eine allgemeine Verbesserung des Gesetzesvollzugs, eine Verfahrensbeschleunigung durch „unbürokratische", flexible und bürgerfreundliche Aufgabenerledigung seitens „entinstitutionalisierter" und „entanonymisierter", sichtbarer Organe[140], soweit nicht lediglich ein Marketing-orientiertes Bemühen um Akzeptanzerhöhung für bestimmte staatliche Aktivitäten oder gar ein Alibi zur Verschleierung von Inaktivität[141] zu vermuten ist. In diesem Kontext sei in Erinnerung gerufen, daß sich bereits Herbert Krüger gegen ein verbreitetes Verlangen nach einer „Re-Personalisierung" staatlicher Herrschaft[142] für eine partielle Aufhebung der durch „Entpersönlichung der Herrschaft" verstärkten Anonymität des Staates ausgesprochen hat[143].

Nutzen durch Personalisierung

6. Grundrechtsschutz und -gefährdungen

Einige der Beauftragten sind gezielt gerade auch mit Blick auf eine prozedural abgesicherte Verstärkung des Grundrechtsschutzes eingerichtet worden. Dies gilt für den Wehrbeauftragten, den Datenschutzbeauftragten und den Beauftragten für die Stasi-Unterlagen, die Gleichstellungsbeauftragten, aber etwa auch für Bürgerbeauftragte zur Effektuierung des Petitionsgrundrechts (vgl. Art. 17 GG).

65
Verstärkung des Schutzes

Einigkeit dürfte im übrigen jedenfalls dahingehend zu erzielen sein, daß durchgängig auch bei den Aktivitäten von Beauftragten darauf zu achten ist, hinreichende Vorsorge gegenüber Grundrechtsgefährdungen zu treffen, wenn etwa bei Stasi-Unterlagen staatliche, massenmediale oder private Zugangsinteressen geltend gemacht werden, die gegenüber den einschlägigen Anforderungen des allgemeinen Persönlichkeitsrechts, welches ja das Recht auf informationelle Selbstbestimmung einschließt, sorgfältig abgewogen werden müssen[144].

66
Vorsorge gegenüber Gefährdungen

IV. Betriebsbeauftragte

Bei der gleichfalls immer länger werdenden Liste von Beauftragten in Betrieben bzw. Unternehmen der Privatwirtschaft werden, wie bereits angedeutet, jeweils vor allem die damit zusammenhängenden Einschränkungen der Berufsausübungsfreiheit (Art. 12 Abs. 1 GG) in den Blick zu nehmen sein. Danach stellt sich aber auch zunehmend die Frage, ob nicht die augenfällige

67
Einschränkungen der Berufsfreiheit

---

140 Vgl. *Fuchs* (N 111), S. 363 (369); *Schmitt Glaeser/Mackeprang* (N 3), S. 15 (20); ferner auch *Thomas Ellwein*, Einführung in die Regierungs- und Verwaltungslehre, 1966, S. 185.
141 *Redeker* (N 3) konstatierte bereits vor 20 Jahren, nicht selten handele es sich lediglich um ein „Feigenblatt politischen Aktionismus"; zustimmend *Dreier* (N 3), S. 155 mit Fn. 121.
142 Auch *Heitmann* (N 105), S. 904 (905), und *Schmitt Glaeser/Mackeprang* (N 3), S. 21, sehen hierin die Faszination des Beauftragten mitbegründet.
143 *Herbert Krüger*, Allgemeine Staatslehre, ²1966, S. 175.
144 Vgl. neben den Angaben in Fn. 30 noch OVG Berlin, in: NJW 1998, S. 257 ff.; s. auch für öffentliche Äußerungen des Bundesbeauftragten für den Datenschutz VG Köln, in: NVwZ 1999, S. 912 (913 f.).

Kumulation der Installierung von Betriebsbeauftragten zur Grundrechtswahrung der Betroffenen im Sinne ihrer binnenorganisatorischen Dispositionsfreiheit[145] ein zusätzliches Anforderungsprofil erfordert, das bürokratiefördernde Übersteigerungen durch sich überlappende Tätigkeitsfelder oder additive Ingerenzen im Lichte des Freiheitsrechtes thematisiert[146].

D. Erste verfassungsrechtspolitische Folgerungen

68

Angesichts der hier konstatierten, letztlich schon kaum mehr überschaubaren Großzahl von Beauftragten[147] und ihres Variantenreichtums – Steffen Heitmann sprach wohl nicht zu Unrecht bereits von einem „Beauftragtenunwesen in der Bundesrepublik Deutschland"[148] – sowie der augenscheinlich nach wie vor weiter steigenden Tendenz der Inanspruchnahme dieser Rechtsfigur[149] einerseits und der mit ihr durchaus nicht nur punktuell verbundenen staatsrechtlich relevanten Fragestellungen andererseits liegt es zunächst nahe, im Sinne rechtsstaatlich geforderter Transparenz staatlichen Handelns auf Bundes- und Landesebene ein Register einzurichten, in das die Beauftragten einzutragen sind, unabhängig davon, ob eine gesetzliche Grundlage vorhanden ist oder nicht. Des weiteren ist für die Zukunft zu verlangen, daß eine Neueinsetzung von Beauftragten jeweils aus beachtenswerten Gemeinwohlerwägungen zu begründen ist und daß sie nur dann erfolgt, wenn die Aufgabe nicht ebenso gut im bestehenden Organisations- und Kompetenzgefüge genügt werden kann[150].

Einrichtung eines Registers

Begründung der Neueinsetzung

69

Für die bereits tätigen Beauftragten ist in regelmäßigen Abständen auch ohne ausdrückliche gesetzliche Regelung die Erstellung eines Tätigkeitsberichts zu fordern. Dieser bildet die Grundlagen für eine Evaluierung dahingehend, ob das jeweilige spezielle Ziel erreicht wird[151], also Bürgernähe abgesichert („Ombudsman-Idee"), ein besonderes (Gruppen-)Interesse gewahrt („Interessen-Beauftragter") oder die verfahrensmäßige Durchführung konkreter

Tätigkeitsbericht

---

145 Zu den diese einbeziehenden Teilelementen unternehmerischer Berufsausübung im Überblick *Peter J. Tettinger*, in: Sachs, GG Komm., Art. 12 Rn. 57.
146 Schließlich wird in der jüngeren Rspr. mit gutem Grund das Erfordernis einer umfassend angelegten Verhältnismäßigkeitsprüfung bejaht; vgl. BVerfGE 95, 173 (183); 99, 202 (211).
147 So verwies die Landesregierung Nordrhein-Westfalen unlängst freimütig darauf, die Zahl der Beauftragten lasse sich derzeit nur mit erheblichem Aufwand ermitteln; vgl. LTDrucks 13/5933, S. 5 (zu Frage 3).
148 *Heitmann* (N 105), S. 904; vorher bereits *Schmitt Glaeser/Mackeprang* (N 3), S. 15 (17).
149 *Günter Püttner*, Verwaltungslehre, ³2000, S. 161, beklagt mit Recht eine neuerdings zu beobachtende „Beauftragten-Inflation". – Jüngstes Beispiel vom Januar 2005: Der Bundeskanzler ernennt Christina Rau, die Ehefrau des ehemaligen Bundespräsidenten, zur persönlichen Beauftragten für die deutsche Hilfe zugunsten der Flutopfer in Asien; vgl. Kölner Stadt-Anzeiger v. 28. 1. 2005, S. 7.
150 So allg. *Schmitt Glaeser/Mackeprang* (N 3), S. 22 ff.; speziell für den kommunalen Bereich die Enquête-Kommission zur Überprüfung des niedersächsischen Kommunalverfassungsrechts, in: niedersächs. LTDrucks 12/6260, S. 65.
151 In diesem Sinne wohl auch die Landesregierung Nordrhein-Westfalen; vgl. LTDrucks 13/5933, S. 5 (zu Frage 5).

Verwaltungsaufgaben erleichtert wird („Verfahrens-Beauftragter")[152] – oder aber ob der unhinterfragt breitgestreute Einsatz dieser wirklich schillernden Rechtsfigur nicht eher Bürokratie, Blockade und Intransparenz von Verwaltungsverantwortlichkeiten fördert[153]. Was bereits vor 30 Jahren resümiert wurde, gilt heute um so mehr: Die Einsetzung von Beauftragten muß die Ausnahme bleiben bei „Sonderaufgaben von staatspolitischem Rang oder außergewöhnlicher Schwierigkeit"[154]. Im „schlanken Staat" der modernen Zivilgesellschaft des 21. Jahrhunderts steht der Verzicht auf eine Vielzahl von Beauftragten auf der Agenda.

---

152 Diese plastische funktionale Klassifizierung findet sich bereits bei *Hopp* (N 2), S. 31 ff., 69 ff. u. 108 ff.; s. auch *Schmitt Glaeser/Mackeprang* (N 3), S. 15 (19 ff.).
153 Nicht nur für den Bereich des Sozialrechts gilt der Prüfaufträge anmahnende Hinweis bei *Peter J. Tettinger*, Verwaltungsrechtliche Instrumente des Sozialstaates, in: VVDStRL 64 (2005), S. 199 (218). Zutreffend bereits der Hinweis auf „häufig recht kurzatmige politisch-legitimatorische Gründe" bei *Dreier* (N 3), S. 155 mit Fn. 121.
154 So bereits *v. Pfuhlstein* (N 5), S. 405 (426).

E. Bibliographie

Alfred Büllesbach, Konzeption und Funktion des Datenschutzbeauftragten vor dem Hintergrund der EG-Richtlinie und der Novellierung des BDSG, in: RDV 2001, S. 1 ff.
Michael Fuchs, „Beauftragte" in der öffentlichen Verwaltung, 1985.
Steffen Heitmann, Für jedes Problem ein Beauftragter? – Zum Beauftragtenunwesen in der Bundesrepublik Deutschland, in: NJW 1996, S. 904 ff.
Helmut Hopp, Beauftragte in Politik und Verwaltung, 1993.
Matthias Jestaedt, Demokratieprinzip und Kondominialverwaltung, 1993, S. 102 ff.
Hagen Matthes, Der Bürgerbeauftragte, 1981.
Hartmut Maurer, Wehrbeauftragter und Parlament, 1965.
Janbernd Oebbecke, Weisungs- und unterrichtungsfreie Räume in der Verwaltung, 1986.
Friedrich v. Pfuhlstein, Über die Institution des Bundesbeauftragten für Wirtschaftlichkeit in der Verwaltung, Anhang: Über die Einsetzung von Staatsbeauftragten, in: FS für Hans Schäfer, 1975, S. 375 ff.
Jorn Rathje, Der Ermittlungsbeauftragte des parlamentarischen Untersuchungsausschusses, 2004, S. 85 ff.
Walter Rudolf, Datenschutzkontrolle in Deutschland und die Europäische Datenschutzrichtlinie, in: FS für Klaus Stern, 1997, S. 1347 ff.
Walter Schmitt Glaeser/Rudolf Mackeprang, Zur Institution des öffentlich-rechtlichen Beauftragten, in: Die Verwaltung 24 (1991), S. 15 ff.
Dieter Zöllner, Der Datenschutzbeauftragte im Verfassungssystem, 1995.

3. Rechtsprechen

§ 112
Die rechtsprechende Gewalt

Dieter Wilke

Übersicht

	Rn.		Rn.
A. Rechtsprechende Gewalt im Text des Grundgesetzes	1	E. Begriff der Rechtsprechung	56–80
B. Rechtsprechung als Teil der Staatsgewalt	2	I. Formeller Begriff der Rechtsprechung	57
C. Rechtsprechung im Schema der Gewaltenteilung	3–13	II. Materieller Begriff der Rechtsprechung	58
I. Rechtsprechung als dritte Gewalt	4	III. Lehre Bettermanns	59–71
II. Bedeutung der Gewaltenteilung	5–6	1. Grundprinzip	60–61
III. Verwirklichung der Gewaltenteilung	7	2. Rechtsprechung als Streitentscheidung	62
IV. Grenzen der Gewaltenverschränkung	8	3. Rechtsprechung und Strafprozeß	63
V. Gewaltenteilung und besondere Organe	9–13	4. Weitere Verfahrensarten	64–65
1. Organe und Organgruppen	10	5. Rechtsstreitigkeiten	66–67
2. Eigenständigkeit der Organe	11–12	6. Rechtsprechende und vollziehende Gewalt	68–71
3. Spezielle Eignung der Organe	13	IV. Auffassung des Bundesverfassungsgerichts	72–78
D. Verfassungsrechtlicher Status der rechtsprechenden Gewalt und das Rechtsprechungsmonopol	14–55	1. Materieller Begriff der Rechtsprechung?	73
I. Rechtsprechung und Durchbrechung der Gewaltenteilung	15–23	2. Rechtsprechung und Strafgewalt	74
1. Art. 92 GG als Bestandsgarantie der dritten Gewalt	16–17	3. Funktioneller Begriff der Rechtsprechung	75–78
2. Richter und Gerichte	18–23	V. Weitere Definitionen der Rechtsprechung	79–80
II. Rechtsprechungsmonopol	24–26	F. Rechtswege und Richtervorbehalte im Grundgesetz	81–85
III. Gewaltenverschränkung und Rechtsprechungsmonopol	27–55	I. Rechtswege	82–83
1. Verhältnis von Legislative und Judikative	28–37	II. Richtervorbehalte	84–85
2. Verhältnis von Exekutive und Judikative	38–47	G. Staatliche und nichtstaatliche Rechtsprechung	86–93
3. Bindung einer Gewalt an Akte der anderen Gewalten	48–55	I. Staatlichkeit von Gerichten	87–89
		II. Staatliche und private Rechtsprechung	90–93
		1. Privatrechtliche Schiedsgerichtsbarkeit	91
		2. Private Verbandsgerichtsbarkeit	92–93
		H. Bibliographie	

A. Rechtsprechende Gewalt im Text des Grundgesetzes

1
„Rechtsprechende Gewalt" und „Rechtsprechung" im GG

Ausdrücklich erwähnt die Verfassung die „rechtsprechende Gewalt" nur ein einziges Mal: in Art. 92 Hs. 1 GG, der sie den Richtern anvertraut[1]. Mehrfach findet sich dagegen der verwandte Begriff „Rechtsprechung"[2]: in Art. 1 Abs. 3 GG, laut dem die Grundrechte nicht nur die Gesetzgebung und die vollziehende Gewalt, sondern auch die Rechtsprechung als unmittelbar geltendes Recht binden; in Art. 20 Abs. 2 S. 2 GG, der die Rechtsprechung als einen Teil der gemäß Art. 20 Abs. 2 S. 1 GG vom Volk ausgehenden Staatsgewalt qualifiziert und die Ausübung dieses Segments der „völkischen" Staatsgewalt durch besondere Organe der Rechtsprechung vorsieht; in Art. 20 Abs. 3 GG, wonach die Rechtsprechung ebenso wie die vollziehende Gewalt an Gesetz und Recht gebunden ist; in Art. 20a GG, der die Rechtsprechung ebenso wie die vollziehende Gewalt nach Maßgabe von Gesetz und Recht auf den Schutz der natürlichen Lebensgrundlagen und der Tiere verpflichtet, und schließlich als Überschrift des IX. Abschnitts des Grundgesetzes (Art. 92–104), der zahlreiche Regelungen der Gerichtsorganisation und des Gerichtsverfahrens enthält, jedoch von einer umfassenden Regelung der rechtsprechenden Gewalt absieht.

B. Rechtsprechung als Teil der Staatsgewalt

2
Dritte Staatsgewalt

Die Rechtsprechung ist ein Teil der Staatsgewalt. Dies wird vor allem an Art. 20 Abs. 2 GG deutlich, der die Rechtsprechung im Anschluß an die beiden anderen Gewalten, Gesetzgebung und vollziehende Gewalt, innerhalb des Gesamtphänomens Staatsgewalt als dritte Gewalt nennt. Wenngleich der Begriff der Staatsgewalt der „Inbegriff der vom Staat wahrgenommenen Tätigkeiten und Befugnisse"[3] ist und jedes dem Staat zuzurechnende hoheitliche Tun, Dulden oder Unterlassen erfaßt[4], schwingt doch im Begriff der Gewalt noch immer das Motiv des Eingreifens, Zupackens und Unterwerfens

---

1 Gelegentlich findet sich auch im einfachen Gesetzesrecht die Formulierung „rechtsprechende Gewalt", z.B. in § 1 und § 4 DRiG. Abweichend bezeichnet § 1 GVG die rechtsprechende Gewalt als „richterliche Gewalt".

2 Für Identität der Begriffe: *Claus Dieter Classen*, in: v. Mangoldt/Klein/Starck, GG III, Art. 92 Rn. 5; *Axel Detterbeck*, in: Sachs, GG Komm., ³2003, Art. 92 Rn. 4. Die „rechtsprechende Gewalt" bleibt jedoch in ihrem Umfang hinter der „Rechtsprechung" zurück, wenn Art. 92 Hs. 1 GG auf die materielle Rechtsprechung beschränkt wird und nicht jede sonstige richterliche Tätigkeit der Rechtspflege erfaßt (s. u. Rn. 57 f.). In Art. 95 Abs. 3 GG ist mit der „Rechtsprechung", deren Einheitlichkeit ein Gemeinsamer Senat der obersten Gerichtshöfe wahren soll, nicht die rechtsprechende Gewalt gemeint, sondern ihr Produkt, nämlich die in Gerichtsentscheidungen enthaltenen Rechtsauffassungen.

3 *Klaus Stern*, Das Staatsrecht der Bundesrepublik Deutschland, Bd. II, 1980, S. 522.

4 *Dirk Ehlers*, Die Staatsgewalt in Ketten – zum Demokratiegebot im Sinne des Grundgesetzes, in: Heiko Faber (Hg.), FS für Ekkehart Stein, 2002, S. 125 (138); *Hans D. Jarass*, in: ders./Bodo Pieroth, GG, ⁷2004, Art. 20 Rn. 4.

mit[5]. Besonders eindringlich ist dies, wenn das Grundgesetz die regelmäßig an zweiter Stelle angeführte Gewalt mit einer heute altertümlich klingenden Wendung als „vollziehende Gewalt" bezeichnet wie in Art. 1 Abs. 3, Art. 20 Abs. 2 S. 2 und Abs. 3 sowie Art. 20 a GG. Zutreffend hat deshalb Karl August Bettermann in der Formulierung „rechtsprechende Gewalt", deren sich die Verfassung in Art. 92 GG an Stelle des sonst üblichen Begriffs „Rechtsprechung" bedient, die Verwendung eines kräftigeren Begriffs gesehen, der andeute, daß „auch die Richter Macht haben und Gewalt ausüben"[6].

C. Rechtsprechung im Schema der Gewaltenteilung

Die rechtsprechende Gewalt, Rechtsprechung, Judikative, Justiz oder Jurisdiktion wird vom Grundgesetz, der verfassungshistorischen Tradition entsprechend, als Teil einer Gewaltentrias behandelt.

3

I. Rechtsprechung als dritte Gewalt

Als dritte Gewalt bildet die Rechtsprechung in den einschlägigen Aufzählungen das Schlußglied nach der ersten Gewalt, der Gesetzgebung oder Legislative, und der zweiten Gewalt, der vollziehenden Gewalt oder Exekutive[7], die häufig noch durch die Regierungsgewalt oder Gubernative ergänzt wird[8]. Dieselbe Anordnung der Gewalten kehrt im Aufbau des Grundgesetzes wieder und läßt dadurch das Prinzip der Gewaltenteilung indirekt erkennen. So folgt dem VII. Abschnitt über die Gesetzgebung des Bundes (Art. 70–82 GG) der VIII. Abschnitt mit dem Thema „Die Ausführung der Bundesgesetze und die Bundesverwaltung" (Art. 83–91) und diesem wiederum – nur durch den erst später in das Grundgesetz aufgenommenen Abschnitt VIIIa Gemeinschaftsaufgaben (Art. 91a, 91b GG) getrennt – der IX. Abschnitt über die Rechtsprechung (Art. 92–104 GG). Innerhalb des dem speziellen Sachbereich Finanzwesen gewidmeten X. Abschnitts (Art. 104a–115 GG) schimmert das Gewaltenteilungsschema gleichfalls durch. Dort finden sich in der üblichen Reihenfolge Vorschriften über die Steuergesetzgebung (Art. 105 GG) und die Finanzverwaltung (Art. 108 GG) sowie an versteckter Stelle auch über die Finanzgerichtsbarkeit (Art. 108 Abs. 6 GG). Selbst im Verteidigungsfall, der den Gegenstand des Abschnitts Xa bildet (Art. 115a–115l GG) und gemeinhin als Stunde der Exekutive gilt, wird die Gewaltenteilung nicht aufgehoben.

4
Verfassungsrechtliches Gewaltenteilungsschema

---
5 Vgl. zum doppelten Gewaltbegriff des Grundgesetzes (vis et potestas) → Bd. II, *Isensee*, § 15 Rn. 87 ff.
6 *Karl August Bettermann*, Die rechtsprechende Gewalt, in: HStR III, ²1996 (¹1988), § 73 Rn. 1.
7 S. o. Rn. 1.
8 Vgl. *Stern* (N 3), S. 537.

Wenngleich im Verteidigungsfall das Verfahren der Bundesgesetzgebung vereinfacht wird (Art. 115 d GG) und die Befugnisse der Bundesregierung erweitert werden (Art. 115 f GG), so dürfen doch die verfassungsmäßige Stellung und die Erfüllung der verfassungsmäßigen Aufgaben des Bundesverfassungsgerichtes und seiner Richter nicht beeinträchtigt werden (Art. 115 g S. 1 GG).

II. Bedeutung der Gewaltenteilung

5
Tragendes Verfassungsprinzip

Die Gewaltenteilung ist ein tragendes Prinzip der Verfassung[9]. Die Trennung der drei Gewalten gehört zum klassischen Fundus des europäischen Staatsrechts und wird gemeinhin als Teil des Rechtsstaatsprinzips angesehen[10]. Im Hinblick auf ihre Geschichte und Bedeutung genießt dieses rechtsstaatliche Organisationsprinzip besondere verfassungsrechtliche Hochachtung[11]. Die Gewaltenteilung wird demgemäß von der Ewigkeitsgarantie des Art. 79 Abs. 3 GG erfaßt und rechnet zu den in den Artikeln 1 und 20 niedergelegten Grundsätzen, die nicht geändert, ja nicht einmal berührt werden dürfen[12]. Die Gewaltenteilung ist überdies Bestandteil jener „Ordnung", gegen deren Beseitigung alle Deutschen gemäß Art. 20 Abs. 4 GG das Recht zum Widerstand haben. Unmittelbar gelten die Staatsstrukturprinzipien des Art. 20 GG und somit auch das der Gewaltenteilung zwar nur für den Bund, doch muß nach Art. 28 Abs. 1 S. 1 GG die verfassungsmäßige Ordnung in den Ländern den Grundsätzen des republikanischen, demokratischen und sozialen Rechtsstaates im Sinne des Grundgesetzes entsprechen. Daß eine solche verfassungsrechtliche Homogenität von Bund und Ländern, die auch das Prinzip der Gewaltenteilung umfaßt, vorhanden ist, wird nach Art. 28 Abs. 3 GG durch den Bund gewährleistet[13].

6

Bei der Gewaltenteilung, wie sie insbesondere in Art. 20 Abs. 2 GG zum Ausdruck kommt, handelt es sich um ein fundamentales organisationsrechtliches Prinzip der politischen Machtverteilung[14]. Die Gewaltentrennung bewirkt die wechselseitige Begrenzung, Beschränkung, Hemmung und Kontrolle der drei Gewalten[15]. Sie führt zu einer Mäßigung der Staatsherrschaft und dient damit dem Schutz der Bürger vor Machtzusammenballung und exzessiver Machtausübung[16]. Dieses Prinzip enthält zunächst eine Gewaltenunterscheidung, indem sämtliche staatlichen Aufgaben und Funktionen je einer der drei Gewalten zugeordnet werden. Mit einer solchen Inventarisierung hat es aber nicht sein Bewenden. Vielmehr werden für jeden der drei Gewaltenzweige

---

9 BVerfGE 3, 225 (247); 67, 100 (130). → Bd. II, *Di Fabio*, § 27 Rn. 1.
10 → Bd. II, *Schmidt-Aßmann*, § 26 Rn. 46, 69; *Jarass* (N 4), Art. 20 Rn. 28, 23; *Hartmut Maurer*, Der Verwaltungsvorbehalt, in: VVDStRL 43 (1985), S. 135 (150).
11 Vgl. *Hans-Jürgen Papier*, Gewaltentrennung im Rechtsstaat, in: Detlef Merten (Hg.), Gewaltentrennung im Rechtsstaat, 1989, S. 95.
12 *Detterbeck* (N 2), Art. 92 Rn. 18.
13 Vgl. BVerfGE 9, 268 (279).
14 BVerfGE 3, 225 (247); 34, 52 (59); 67, 100 (130); 68, 1 (86); 95, 1 (15); *Jarass* (N 4), Art. 20 Rn. 23.
15 BVerfGE 12, 180 (186); 30, 1 (28); 34, 52 (59).
16 BVerfGE 3, 225 (247); 9, 268 (279); 22, 106 (111); 68, 1 (86); 95, 1 (15).

besondere Organe eingerichtet (Art. 20 Abs. 2 S. 2 GG), denen die jeweiligen Staatsaufgaben und -funktionen zur Erledigung zugewiesen werden. Die Gewaltenteilung besteht somit aus zwei Elementen: der Gewaltenunterscheidung, die auch „funktionelle Gewaltenteilung" genannt wird, und der Gewaltenzuordnung, die man als „organisatorische Gewaltenteilung" bezeichnen kann[17].

Funktionelle und organisatorische Gewaltenteilung

III. Verwirklichung der Gewaltenteilung

Allerdings ist nur der Grundgedanke des Gewaltenteilungsprinzips leicht zugänglich. Dagegen erschließt sich die Ausformung des Dogmas im System des Grundgesetzes, das „Gefüge" der Verteilung von Macht, Verantwortung und Kontrolle[18], dem Verständnis nicht ohne weiteres. Denn im geltenden Verfassungsrecht ist die Trennung der Funktionen nicht rein oder absolut verwirklicht und nicht streng durchgeführt, vielmehr ist sie durch mannigfache Durchbrechungen gekennzeichnet[19]. Die konkrete Ausgestaltung des Prinzips weist zahlreiche Modifikationen auf, die sich aus diffusen Einzelregelungen des Grundgesetzes ergeben. Dabei entsteht ein unübersichtliches, facettenreiches Bild, das durch mannigfache Überschneidungen, Verknüpfungen und Vermischungen zwischen den drei Gewalten geprägt wird. Ein eindringliches Beispiel für ein derartiges Ineinandergreifen der Gewalten bietet Art. 19 Abs. 4 S. 1 GG, der den Weg zu den Gerichten eröffnet, wenn jemand durch die öffentliche Gewalt in seinen Rechten verletzt wird. Durch diese Vorschrift werden nicht nur Zuständigkeiten begründet und abgegrenzt, sondern die rechtsprechende Gewalt wird zur Kontrolle der Exekutive berufen. Es handelt sich um einen der zahlreichen Fälle von verfassungsrechtlich zulässigen Übergriffen einer Gewalt in die Kompetenzen einer anderen. Häufig werden auch die Entscheidungen des Grundgesetzes für das parlamentarische Regierungssystem (Art. 63, 67, 68 GG), das Gesetzesinitiativrecht der Bundesregierung (Art. 76 GG), die Delegation von Verordnungsgewalt (Art. 80 GG) und den Gesetzgebungsnotstand (Art. 81 GG) genannt[20]. Insgesamt fügen sie sich zu einem System der gegenseitigen Gewaltenkontrolle zusammen, so daß es gerechtfertigt wäre, statt von Gewaltenteilung besser von Gewaltenverschränkung oder Gewaltenbalancierung zu sprechen[21]. Dieses System ist grundgesetzlich fundiert, aber näherer Ausgestaltung durch einfaches Gesetz zugänglich[22].

7

Durchbrechungen der Gewaltenteilung

System gegenseitiger Gewaltenkontrolle

---

17 BVerfGE 68, 1 (86); 98, 218 (252): „organisatorische und funktionelle Unterscheidung und Trennung der Gewalten"; s. auch *Jarass* (N 4), Art. 20 Rn. 24.
18 BVerfGE 68, 1 (86).
19 BVerfGE 3, 225 (227); 7, 183 (188); 30, 1 (28); 34, 52 (79); 96, 375 (394); 109, 190 (252); s. auch *Schmidt-Aßmann* (N 10), Rn. 55.
20 *Bettermann* (N 6), Rn. 3; *Stern* (N 3), S. 539 ff.
21 BVerfGE 7, 183 (188); 34, 52 (79); 95, 1 (15); BVerwGE 41, 195 (198); 93, 287 (289).
22 BVerfGE 10, 200 (216).

IV. Grenzen der Gewaltenverschränkung

8
Garantie des unveränderbaren Kernbereichs

Der Gesetzgeber, der die Rechtsverhältnisse zwischen den drei Gewalten regelt, muß die in der Verfassung vorgenommene Verteilung der Gewichte respektieren. Keine Gewalt darf ein Übergewicht über die anderen Gewalten erhalten oder der für die Erfüllung ihrer Aufgaben erforderlichen Zuständigkeiten beraubt werden[23]. Um einer uferlosen Gewaltenverschränkung entgegen zu steuern, hat das Bundesverfassungsgericht eine „Kernbereichslehre" entwickelt, die eine Aushöhlung des Gewaltenteilungsgrundsatzes verhindern soll und deshalb jeder der drei Gewalten einen unveränderbaren Kernbereich von Funktionen garantiert[24]. Dadurch sei es ausgeschlossen, daß eine der Gewalten die ihr von der Verfassung zugeschriebenen typischen Aufgaben preisgebe[25]. Allerdings ist diese – dem ungeschriebenen Verfassungsrecht entnommene – Schranke im Bereich der Rechtsprechung nur begrenzt anwendbar[26].

V. Gewaltenteilung und besondere Organe

9
Volk als Souverän

Das Gewaltenteilungsprinzip gilt nicht bei der unmittelbaren Ausübung der Staatsgewalt durch das Volk, die nach Art. 20 Abs. 2 S. 2 GG durch Wahlen und Abstimmungen geschieht. Nur diese beiden pauschalen, also jeweils nicht nach ihren Inhalten differenzierenden Handlungsformen für die Personalrekrutierung und Sachentscheidungen stehen dem Volk als Souverän zur Verfügung, wobei es nicht auf die Themen oder die qualitative Beschaffenheit der Agenda ankommt. Das Gebot der Gewaltenteilung bezieht sich allein auf die mittelbare Ausübung der Staatsgewalt durch das Volk. Hierfür sieht Art. 20 Abs. 2 S. 2 GG *besondere* Organe vor[27]. Wie die entsprechenden Organe der Gesetzgebung und der vollziehenden Gewalt üben auch die besonderen Organe der Rechtsprechung die vom Volk ausgehende Staatsgewalt aus und bedürfen daher einer demokratischen Legitimation[28].

1. Organe und Organgruppen

10

Bei den besonderen Organen, denen der Gewaltenteilungsgrundsatz des Art. 20 Abs. 2 S. 2 GG die staatlichen Funktionen zuweist, handelt es sich nicht um ein einziges Organ für jeden der drei Gewaltenzweige, sondern jeweils um

---

23 BVerfGE 9, 268 (279 f.); 22, 106 (111); 34, 52 (59); 95, 1 (15).
24 BVerfGE 9, 268 (280); 34, 52 (59); 95, 1 (15); *Otto Rudolf Kissel*, in: ders./Herbert Meyer, Gerichtsverfassungsgesetz, ⁴2005, Einleitung, Rn. 141; *Schmidt-Aßmann* (N 10), Rn. 56; *Helmuth Schulze-Fielitz*, in: Dreier, GG II, Art. 20 (Rechtsstaat) Rn. 66.
25 BVerfGE 34, 52 (59); 95, 1 (15).
26 S. u. Rn. 23 f.
27 BVerwG, in: NJW 2002, S. 2263 (2264).
28 *Dieter Classen*, Gesetzesvorbehalt und Dritte Gewalt, in: JZ 2003, S. 693; → Bd. II, *Di Fabio*, § 27 Rn. 25; *Jarass* (N 4), Art. 20 Rn. 2; *Gerd Roellecke*, Zur demokratischen Legitimation der rechtsprechenden Gewalt, in: Josef Isensee (Hg.), FS für Walter Leisner, 1999, S. 553; *Schulze-Fielitz* (N 24), Rn. 104 f., 131 f.; *ders.*, in: Dreier, GG III, Art. 92 Rn. 16.

ganze Organgruppen²⁹. Hierzu nötigt übrigens schon der föderale Aufbau des Staates, der, wie sich aus Art. 92 Hs. 2 GG für den Bereich der dritten Gewalt ergibt, Gerichte des Bundes und der Länder aufweist. Die bloße blankettartige Erwähnung im Grundgesetz macht die besonderen Organe nicht generell zu Verfassungsorganen. Innerhalb der rechtsprechenden Gewalt ist nur den Verfassungsgerichten ein solcher hervorgehobener Status eigen³⁰. Verfehlt ist daher die Behauptung, Gesetzgebung, vollziehende Gewalt und Rechtsprechung stünden einander als besondere Verfassungsorgane gleichberechtigt und gleichwertig gegenüber und nebeneinander³¹.

<small>Keine Verfassungsorgane</small>

2. Eigenständigkeit der Organe

Daß die Ausübung der Staatsgewalt *besonderen* Organen überlassen wird, betont deren Eigenständigkeit. Die Organe jedes Zweiges der drei Gewalten müssen von den Organen (oder Organgruppen) der jeweils anderen Gewalten organisatorisch separiert sein. Es gilt somit im Verhältnis der drei Gewalten ein Sonderungs- oder Trennungsgebot. Im Fall der Justiz hat sich der Verfassunggeber die Konstituierung einer eigenständigen und unabhängigen Gewalt besonders angelegen sein lassen³². Der Rechtsprechung kommt eine „besondere Eigenständigkeit und Unabhängigkeit der Willensbildung im System der Gewaltenteilung" zu³³.

11

<small>Sonderungs- und Trennungsgebot</small>

Gerichte müssen daher selbständig oder organisatorisch verselbständigt sein³⁴. An die Trennung der Justiz von der Verwaltung stellt das Grundgesetz strengere Anforderungen, als sie für die sonstigen Beziehungen zwischen den drei Gewalten gelten³⁵. Die Gerichte müssen als besondere, von der Exekutive getrennte Institutionen gestaltet sein und organisatorisch von den Verwaltungsbehörden hinreichend getrennt sein³⁶. Daher dürfen die Gerichte nicht in die staatliche Verwaltung integriert werden oder mit diesen auf eine Weise verflochten werden, die ihre Eigenständigkeit aufhebt³⁷; jede organisatorische Verschmelzung von Gerichten und Verwaltungsbehörden ist unzulässig³⁸. Auch eine zu enge organisatorische oder personelle Verzahnung zwischen den Organen der rechtsprechenden und der vollziehenden Gewalt ist ausgeschlossen³⁹. Es gilt ein Gebot der personellen Trennung von Rechtsprechung und

12

<small>Verbot organisatorischer Verschmelzung</small>

---

29 *Schmidt-Aßmann* (N 10), Rn. 53; *Stern* (N 3), S. 538.
30 BVerfGE 104, 151 (196); → Bd. II, *Di Fabio*, § 27 Rn. 28; *Gerd Roellecke*, Aufgaben und Stellung des Bundesverfassungsgerichts im Verfassungsgefüge, in: HStR II, ²1998 (¹1987), § 53 Rn. 10; *ders.*, Aufgabe und Stellung des Bundesverfassungsgerichts in der Gerichtsbarkeit, ebd., § 54 Rn. 2.
31 *Kissel* (N 24), Einleitung, Rn. 141.
32 BVerfGE 22, 49 (75).
33 BVerfGE 103, 111 (137).
34 BVerfGE 18, 241 (254).
35 BVerfGE 10. 200 (216).
36 BVerfGE 4, 331 (346); 14, 56 (67, 68); 18, 241 (254); 26, 186 (197); 48, 300 (316, 323); 54, 159 (166).
37 S. u. Rn. 39 ff.
38 BVerfGE 14, 56 (68).
39 BVerfGE 14, 56 (68); vgl. auch BVerfGE 4, 331 (347); 18, 241 (255); 26, 186 (195, 197); 48, 300 (316, 324); 54, 159 (166).

§ 112   *Achter Teil: II. Staatsfunktionen*

Verwaltung[40]. Die richterliche Neutralität[41] darf nicht durch zu enge Verbindung zwischen Ämtern der Rechtspflege und der Verwaltung oder der Legislative in Frage gestellt werden[42]. Im Einklang mit dieser Verfassungsrechtslage ordnet daher § 1 VwGO an, daß die Verwaltungsgerichtsbarkeit durch unabhängige, von den Verwaltungsbehörden getrennte Gerichte ausgeübt wird[43].

3. Spezielle Eignung der Organe

13   Daß die Organe (oder Organgruppen), von denen die Staatsgewalt ausgeübt wird, besondere Organe sein müssen, bedeutet außerdem, daß es sich um spezielle Organe handelt, die für die Erledigung der ihnen zugewiesenen Aufgaben gut geeignet sind. Die Art der Aufgaben macht sich also bei der Gestaltung der Organisationsform geltend und verlangt deren Anpassung an die Qualität der Aufgaben. Auf diesem Gedanken der Spezialität beruht die Judikatur des Bundesverfassungsgerichts, der zufolge der Grundsatz der Gewaltenteilung darauf abzielt, daß staatliche Entscheidungen möglichst richtig getroffen werden[44]. Er gebiete es daher, staatliche Aufgaben solchen Institutionen zu übertragen, die hierfür nach ihrer Organisation, Zusammensetzung, Funktion und Verfahrensweise über die besten Voraussetzungen verfügen[45].

Begrenzung des Justizgesetzgebers

Für den Bereich der rechtsprechenden Gewalt folgt daraus, daß die Organisationsgewalt des Justizgesetzgebers nach Art. 74 Abs. 1 Nr. 1 GG durch die Eigentümlichkeit und die Anforderungen des Rechtsprechens begrenzt wird und daß dieser die Gerichte mit den erforderlichen Strukturen auszustatten hat.

D. Verfassungsrechtlicher Status der rechtsprechenden Gewalt und das Rechtsprechungsmonopol

14   Die Praktizierung des Grundsatzes der Gewaltenteilung im Staatsleben erfordert Klarheit darüber, was unter dem Begriff „Rechtsprechung" zu verstehen ist, welche staatlichen Tätigkeiten also zum Bereich der dritten Gewalt zählen. Wie in den Fällen der beiden anderen Gewalten enthält die Verfassung auch insofern keine ausdrückliche Regelung. Eine authentische Definition des Begriffs der rechtsprechenden Gewalt oder der Rechtsprechung gibt es nicht, er wird vielmehr von der Verfassung vorausgesetzt[46]. Der Begriff ist daher im Wege der Verfassungsinterpretation zu entwickeln.

Keine verfassungsrechtliche Definition

---

40 BVerfGE 54, 159 (166); *Pieroth* (N 4), Art. 92 Rn. 11.
41 BVerfGE 54, 159 (166). S. u. Rn. 60 f.
42 BVerfGE 18, 241 (254).
43 Ähnlich § 1 FGO und § 1 SGG.
44 BVerfGE 68, 1 (86); 95, 1 (15); 98, 218 (252).
45 BVerfGE 68, 1 (86); 95, 1 (15); 98, 218 (252).
46 *Detterbeck* (N 2), Art. 92, Rn. 4; *Schulze-Fielitz* (N 28), Art. 92 Rn. 24; *Bruno Schmidt-Bleibtreu/Axel Hopfauf*, in: Schmidt-Bleibtreu/Klein, Komm. z. GG, [10]2004, Art. 92 Rn. 4.

I. Rechtsprechung und Durchbrechung der Gewaltenteilung

Die Dringlichkeit einer Definition des Begriffs „rechtsprechende Gewalt" oder „Rechtsprechung" und die Anforderungen an die Bestimmtheit einer solchen Definition könnten jedoch dadurch gemindert sein, daß das Grundgesetz an zahlreichen Stellen ausdrücklich Gerichte und ihre Aufgaben nennt (Art. 74 Abs. 1 Nr. 1, Art. 93, Art. 95 Abs. 1, Art. 96 Abs. 1, 2, 3 und 5, Art. 108 Abs. 6 GG) und ferner als Definitionshilfe auf den im Jahre 1949 von der Verfassung angetroffenen traditionellen Bestand an Gerichtsaufgaben zurückgegriffen werden könnte. Da der Gewaltenteilungsgrundsatz ohnehin zahlreiche Durchbrechungen erfahren hat[47], läge es nahe, im übrigen, also außerhalb der im Grundgesetz ausdrücklich enthaltenen Zuweisungen und jenseits der traditionellen Gerichtszuständigkeiten, dem Gesetzgeber bei der Verteilung der weiteren Staatsaufgaben freie Hand zu lassen. Mag diese Methode auch im Verhältnis von Exekutive und Legislative anwendbar sein[48], so versagt sie jedoch, soweit es um das Verhältnis beider zur Judikative geht.

15

Definitionshilfen

1. Art. 92 GG als Bestandsgarantie der dritten Gewalt

Nur der dritten Gewalt wird durch eine spezielle Regelung eine Bestandsgarantie zuteil, kraft deren ihr bestimmte Aufgaben verfassungsfest zugeordnet werden. Hierbei handelt es sich um die Einleitungsvorschrift des IX. Abschnitts „Die Rechtsprechung": Nach Art. 92 Hs. 1 GG ist die rechtsprechende Gewalt den Richtern anvertraut; gemäß Art. 92 Hs. 2 GG wird sie durch die im Grundgesetz vorgesehenen Bundesgerichte und durch die Gerichte der Länder ausgeübt. Anders als Art. 20 Abs. 2 S. 2 GG[49] gilt Art. 92 GG nicht nur für den Bund, sondern unmittelbar auch für die Länder[50].

16

Verfassungsrechtliche Garantie der Gerichte

Gelegentlich wird Art. 92 GG als die zentrale Norm des Grundgesetzes über die rechtsprechende Gewalt bezeichnet[51], doch erscheint dies im Hinblick auf den verfassungsrechtlichen Rang des gleichfalls von der Rechtsprechung handelnden Art. 20 Abs. 2 GG übertrieben[52]. Zutreffend ist lediglich, daß Art. 92 GG als zentrale Grundsatznorm des IX. Abschnitts die Staatsfunktion der Rechtsprechung konturiert und das Prinzip der Gewaltenteilung konkretisiert[53]. Die bereits in Art. 20 Abs. 2 S. 2 GG angelegte Sonderung der Staatsgewalten wird durch Art. 92 GG für den Bereich der Judikative verstärkt und gegen Durchbrechungen gesichert[54].

17

---

47 S. o. Rn. 7.
48 So kann die staatliche Planung weder eindeutig der Legislative noch der Exekutive zugeordnet werden; daher kann auch eine Legalplanung zulässig sein (BVerfGE 95, 1 [16, 22]).
49 S. o. Rn. 5.
50 BVerfGE 103, 111 (136).
51 *Schmidt-Bleibtreu/Hopfauf* (N 46), Art. 92 Rn. 1.
52 S. o. Rn. 1, 2, 6.
53 *Schulze-Fielitz* (N 28), Art. 92, Rn. 16; vgl. BVerfGE 22, 49 (76).
54 *Schulze-Fielitz* (N 24), Art. 20 (Rechtsstaat), Rn. 69.

§ 112   *Achter Teil: II. Staatsfunktionen*

2. *Richter und Gerichte*

18
Richter als personale Träger

Personale Träger der rechtsprechenden oder, wie es § 1 GVG formuliert, der richterlichen Gewalt sind die Richter[55]. Dabei handelt es sich um staatliche Bedienstete, die zufolge ihres besonderen rechtlichen Status zur Wahrnehmung rechtsprechender Gewalt befähigt und berufen sind[56]. Die den Richtern nach Art. 92 Hs. 1 GG anvertraute rechtsprechende Gewalt wird gemäß Art. 92 Hs. 2 GG durch die dort genannten Gerichte ausgeübt. Gerichte bilden somit diejenige Organisationsform, innerhalb deren die Richter ihre Aufgaben erfüllen[57]. Die Richter sind also Gerichten zugeordnet oder zugewiesen[58]; umgekehrt sind die Gerichte mit Richtern besetzt[59].

a) Gerichte als besondere Organe

19

Daß die Verfassung in ein und derselben Vorschrift trotz Identität des Regelungsgegenstandes zwischen Richtern und Gerichten unterscheidet, ist praktisch von geringer Bedeutung, jedoch nicht ohne Hintersinn[60]. Zwar erscheint es auf den ersten Blick eigenartig, daß den Richtern die rechtsprechende Gewalt anvertraut ist, diese aber augenscheinlich nicht von den Richtern selbst, sondern durch die Gerichte, denen sie angehören, ausgeübt werden soll. Es muß jedoch kein Zufall sein, daß sich Art. 20 Abs. 2 S. 2 GG derselben Terminologie bedient. Diese Vorschrift spricht davon, daß die vom Volk ausgehende Staatsgewalt, auch in ihrer Erscheinungsform als Rechtsprechung, durch besondere Organe ausgeübt wird. Sieht man, wozu der Wortlaut drängt, Art. 92 Hs. 2 GG als Parallele hierzu an, so ergibt sich die naheliegende Folge, daß die besonderen Organe im Bereich der Judikative die Gerichte sind[61]. Die Gerichte sind es also, von denen die rechtsprechende Gewalt, und zwar sowohl im Sinne des Art. 20 Abs. 2 S. 2 GG als auch in dem des Art. 92 Hs. 2

Gerichte als Institutionen der Rechtsprechung

GG, ausgeübt wird. Sie sind die staatlichen Institutionen, die mit der Staatsaufgabe der Rechtsprechung betraut sind. Daher trifft § 1 GVG den richtigen Ton, wenn er bestimmt, daß die richterliche Gewalt durch unabhängige, nur dem Gesetz unterworfene Gerichte ausgeübt wird. Daß nach § 1 DRiG die rechtsprechende Gewalt durch Berufsrichter und durch ehrenamtliche Richter ausgeübt wird, stimmt zwar nicht hiermit und auch nicht mit dem Text des

---

55 Vgl. Art. 5 Abs. 3 BayVerf: „Die richterliche Gewalt wird durch unabhängige Richter ausgeübt."; → unten *Sodan*, § 113 Rn. 12.
56 Vgl. zum Begriff des Richters → unten *Sodan*, § 113 Rn. 12 f., sowie BVerfGE 4, 331 (344 ff.); *Günther Barbey*, Der Status des Richters, in: HStR III, ²1996 (¹1988), § 74 Rn. 18; *Kissel* (N 24); § 1 Rn. 28; *Günther Schmidt-Räntsch/Jürgen Schmidt-Räntsch*, Deutsches Richtergesetz, ⁵1995, § 1 Rn. 2, 6f.
57 Vgl. zum Begriff des Gerichts BVerfGE 4, 74 (92ff.); 4, 331 (344ff., 351f.); 10, 200 (213ff.); 14, 56 (65ff.); 18, 241 (253ff.); 26, 186 (194ff.); 48, 300 (315ff.); *Kissel* (N 24), Einleitung, Rn. 162ff.
58 *Roman Herzog*, in: Maunz/Dürig, Komm. z. GG, Art. 92 Rn. 75; → unten *Sodan*, § 113 Rn. 14.
59 *Heinrich Amadeus Wolff*, in: Umbach/Clemens, GG II, 2002, Art. 92 Rn. 4.
60 Unzutreffend und nicht belegt ist die Behauptung *Kissels* (N 24), Einleitung, Rn. 161, Richter und Gerichte seien synonym zu verstehen.
61 VerfGH Nordrh-Westf, in: OVGE 47, 280 (287, 289); *Barbey* (N 56), Rn. 15, 20; *Eberhard Schilken*, Gerichtsverfassungsrecht, ³2003, Rn. 29; *Wolff* (N 59), Art. 92 Rn. 47; unrichtig *Kissel* (N 24), Einleitung, Rn. 161, der sowohl die Gerichte als auch die Richter als besondere Organe i. S. d. Art. 20 Abs. 2 S. 2 GG bezeichnet.

Grundgesetzes überein, jedoch scheint diese verbale Abweichung für das Richterrecht unschädlich zu sein. Unvereinbar mit dem Wortlaut der Verfassung ist die gelegentlich anzutreffende Auffassung, die Richter seien die besonderen Organe im Sinne des Art. 20 Abs. 2 S. 2 GG[62], übten die ihnen anvertraute rechtsprechende Gewalt durch Gerichte aus oder seien verfassungsunmittelbare Organe[63]. Diese Ansicht erweckt überdies den falschen Anschein, als sei die rechtsprechende Gewalt den Richtern ad personam verliehen.

b) Ausübung rechtsprechender Gewalt durch Richter?

Ein Widerspruch liegt nur scheinbar darin, daß das Grundgesetz die Richter, denen es doch die rechtsprechende Gewalt anvertraut, diese aber nicht ausüben läßt[64]. Er löst sich jedoch auf, wenn man, wie es schon Günther Barbey in den Vorauflagen dieses Handbuchs getan hat, das konstruktive Zusammenspiel der beiden Halbsätze des Art. 92 GG berücksichtigt[65]. Aus Art. 92 GG ergibt sich, daß die rechtsprechende Gewalt des Staates nicht Personen, sondern Institutionen zukommt. Die Befugnis zur Rechtsprechung beruht nicht auf personeller Macht; sie stützt sich vielmehr auf die Zuständigkeiten gerichtlicher Institutionen. Die Verfassung weist den Richtern die rechtsprechende Gewalt nicht zu deren Ausübung zu, sondern gewährleistet nur die ausschließlich eigenverantwortliche Mitwirkung der Richter an der Ausübung der rechtsprechenden Gewalt durch die Gerichte. Lediglich insoweit sind sie personale Träger der rechtsprechenden Gewalt[66]. Die gerichtliche Ausübung der rechtsprechenden Gewalt muß so beschaffen sein, daß innerhalb des institutionellen Rahmens, also innerhalb der Organisationsform „Gericht", die Richter eine solche rechtliche Position einnehmen, die das Prädikat verdient, ihnen sei die rechtsprechende Gewalt anvertraut. Dies setzt voraus, daß – trotz der institutionellen Einbindung der Richter – in allen Phasen und Entscheidungslagen die rechtsprechende Gewalt in die verantwortliche Obhut eines jeden Richters gegeben ist. Die rechtsprechende Gewalt muß bei ihrer Ausübung durch die Gerichte jedem Richter zu ausschließlich eigenverantwortlicher Wahrnehmung überantwortet, also ihm anvertraut bleiben. Bereits im Wort „anvertraut" klingt die große Bedeutung des anvertrauten Gutes, der rechtsprechenden Gewalt, mit und deutet sich die Eigenständigkeit und Unabhängigkeit derer an, denen die Verfassung so viel Vertrauen entgegenbringt, daß sie zur Rechtsprechung berufen werden[67]. Nur der, dem man nicht vertraut und deshalb nichts anvertraut, muß weisungsunterworfen sein.

20

Eigenverantwortliche Mitwirkung der Richter

---

62 So sollen die Richter der Wehrdienstgerichte die Staatsgewalt als besondere Organe ausüben und von den Organen der Gesetzgebung und Exekutive unterschieden sein (BVerwGE 93, 287 [289]).
63 *Classen* (N 2), Art. 92 Rn. 34; *Detterbeck* (N 2), Art. 92 Rn. 24; *Wolfgang Meyer*, in: v. Münch/Kunig, GGK III, 4/52003, Art. 92 Rn. 9; *Barbara Kramer*, Modernisierung der Justiz, in: NJW 2001, S. 3449 (3452); *Rudolf Wassermann*, in: GG-AK, Art. 92 Rn. 36.
64 Abweichend die Konzeption des Art. 5 Abs. 3 BayVerf (N 55).
65 *Barbey* (N 56), Rn. 15 ff.
66 Vgl. *Kissel* (N 24), § 1 Rn. 28.
67 *Paul Kirchhof*, Richterliche Rechtsfindung, gebunden an „Gesetz und Recht", in: NJW 1986, S. 2275 f., empfiehlt ein „genaues Hinhören auf diese Verfassungsbestimmung"; ähnlich *ders.*, Der Auftrag des Grundgesetzes an die rechtsprechende Gewalt, in: FS der Juristischen Fakultät Heidelberg, 1986, S. 11 (14).

c) Unabhängigkeit von Richter und Gericht

21

Verfassungsrechtliches Gebot der richterlichen Unabhängigkeit

Art. 92 GG mischt also individuelle und institutionelle Elemente. Der Zug zur Individualisierung der rechtsprechenden Gewalt setzt sich in Art. 97 Abs. 1 GG fort. Danach sind die Richter unabhängig und nur dem Gesetz unterworfen. Die Vorschrift knüpft terminologisch an Art. 92 Hs. 1 GG an, indem sie die Richter, denen die rechtsprechende Gewalt anvertraut ist, und nicht die Gerichte, die sie ausüben, für unabhängig und ausschließlich gesetzesunterworfen erklärt. Art. 97 Abs. 1 GG konkretisiert somit Art. 92 Hs. 1 GG[68]. Das verfassungsrechtliche Gebot richterlicher Unabhängigkeit und das ihm korrespondierende Verbot richterlicher Abhängigkeit lassen sich mit der oben vorgenommenen Auslegung des Art. 92 GG ohne weiteres vereinbaren und können sogar als deren Bestätigung dienen. Denn nur der unabhängige Richter ist zur eigenverantwortlichen Mitwirkung an der gerichtlichen Ausübung der rechtsprechenden Gewalt im Stande und allein in Bezug auf ihn ist die Aussage sinnvoll, ihm sei die rechtsprechende Gewalt anvertraut. Die richterliche Unabhängigkeit ist kein von einem Amt oder einer Funktion losgelöstes Privileg, sondern ein Attribut, das dem Richter nur insoweit zukommt, als er innerhalb eines Gerichts rechtsprechend tätig ist.

22

Organunabhängigkeit als Folge der Amtsträgerunabhängigkeit

Sind aber sämtliche richterlichen Personen als Angehörige von Gerichten unabhängig und ausschließlich gesetzesunterworfen, so sind es auch die Gerichte als Organisationseinheiten bei der Ausübung der rechtsprechenden Gewalt. Die Abhängigkeit der Gerichte schlösse die Unabhängigkeit der Richter aus. Die Unabhängigkeit der Amtsträger findet ihre Ergänzung in der Organunabhängigkeit der Gerichte[69]. Deshalb ist der übliche Sprachgebrauch, der neben der richterlichen Unabhängigkeit auch die Unabhängigkeit der Gerichte nennt, billigenswert[70]. So wird nach § 1 GVG die richterliche Gewalt durch unabhängige, nur dem Gesetz unterworfene Gerichte ausgeübt. Entsprechendes gilt nach § 1 VwGO für die Verwaltungsgerichtsbarkeit, die in den Händen unabhängiger, von den Verwaltungsbehörden getrennter Gerichte liegt[71].

d) Besondere Eigenständigkeit der Rechtsprechung

23

Die Position der Rechtsprechung innerhalb des Gewaltenteilungssystems wird also durch den Komplex dreier Vorschriften festgelegt: Art. 20 Abs. 2 S. 2, Art. 92 und Art. 97 GG. Aus ihnen folgt, daß hinsichtlich der Rechtsprechung – in Abweichung von der normalen gewaltenteilungsrechtlichen Verfassungslage – die Eigenständigkeit besonderes Gewicht hat und Durchbrechungen der Gewaltenteilung sowie Verschränkungen mit den beiden anderen Gewalten auf normative Hindernisse stoßen. Das Bundesverfassungsgericht ent-

---

68 *Barbey* (N 56), Rn. 27, 28, 30; *Pieroth* (N 4), Art. 97 Rn. 1.
69 *Martin Redeker*, in: Konrad Redeker/Hans-Joachim von Oertzen, Verwaltungsgerichtsordnung, ¹⁴2004, § 15 Rn. 3.
70 BVerfGE 60, 253 (296).
71 Ähnlich § 1 FGO und § 1 S. 1 SGG.

nimmt überdies dem Art. 92 GG, daß die rechtsprechende Gewalt gegen Ein- *Verstärkte Einwir-*
wirkungen stärker abgeschirmt sei als die anderen Gewalten; dies zeige sich *kungsbeschränkung*
daran, daß Akte der Rechtsprechung von den Trägern der anderen Gewalten
nicht abgeändert werden könnten, während Akte der Gesetzgebung von den
Verfassungsgerichten für nichtig erklärt werden und Maßnahmen der vollziehenden Gewalt auch von anderen Gerichten aufgehoben werden könnten[72].

II. Rechtsprechungsmonopol

Die rechtsprechende Gewalt ist nach Art. 92 Hs. 1 GG den Richtern anvertraut; sie unterliegt einem Richtervorbehalt. Nur die Richter und niemand **24**
anders darf Recht sprechen[73]. Ist die Rechtsprechung den Richtern vorbehal- *Richtervorbehalt*
ten[74], steht den Richtern somit ein Rechtsprechungsmonopol zu[75]. Da die den
Richtern anvertraute rechtsprechende Gewalt gemäß Art. 92 Hs. 2 GG durch
Gerichte ausgeübt wird und diese Ausübung in Form richterlicher Rechtsprechung geschieht, ist das richterliche Rechtsprechungsmonopol oder Richtermonopol[76] zugleich ein Gerichtsmonopol[77]. Die rechtsprechende Gewalt ist
nach dem Grundgesetz richterliche Gewalt und Gerichtsgewalt[78]. Den Institutionen der Legislative und der Exekutive ist es somit verwehrt, Recht zu sprechen[79]. Auch durch Gesetz (des Bundes oder eines Landes) darf anderen
Amtsträgern als Richtern und anderen Stellen als Gerichten keine rechtsprechende Gewalt übertragen werden[80]. Insbesondere ist jede rechtsprechende
Tätigkeit von Verwaltungsbehörden unzulässig. Daß gegen Entscheidungen
von Verwaltungsbehörden umfassender Rechtsschutz nach Art. 19 Abs. 4 S. 1
GG gewährt wird, berechtigt den Gesetzgeber dennoch nicht, Behörden mit
der Befugnis zur Rechtsprechung auszustatten. Desgleichen sind die nichtrichterlichen Amtsträger der Gerichte von der Rechtsprechung ausgeschlossen (zum Beispiel Rechtspfleger[81] oder Urkundsbeamte). Die Judikative steht *Keine gesetzgeberi-*
somit gewaltenteilungsrechtlich nicht zur Disposition des Gesetzgebers. Er *sche Disposition*
hat sich damit zu begnügen, nach Art. 74 Abs. 1 Nr. 1 GG rechtsprechungsimmanente Regelungen über die Organisation und das Verfahren zu treffen, darf
aber die rechtsprechende Gewalt nicht zwischen den Gewalten und Organen
des Art. 20 Abs. 2 GG verteilen. Das Rechtsprechungsmonopol setzt der

---

72 BVerfGE 7, 183 (188).
73 *Stern* (N 3), S. 893.
74 BVerfGE 76, 100 (106); 101, 397 (404).
75 *Norbert Achterberg*, in: BK, Art. 92 (Zweitbearbeitung) Rn. 263; *Pieroth* (N 4), Art. 92 Rn. 11; *Schmidt-Räntsch* (N 56), § 4 Rn. 2; *Schulze-Fielitz* (28), Art. 92 Rn. 16.
76 *Wassermann* (N 63), Art. 92 Rn. 35, 37.
77 Vgl. *Kissel* (N 24); Einleitung, Rn. 162; *Pieroth* (N 4), Art. 92 Rn. 11; bedenklich *Meyer* (N 63), Art. 92 Rn. 2, nach dem die rechtsprechende Gewalt ausschließlich den Richtern und nicht den Gerichten vorbehalten ist.
78 Vgl. § 1 GVG: „Die richterliche Gewalt wird durch unabhängige, nur dem Gesetz unterworfene Gerichte ausgeübt."
79 BVerwGE 8, 350 (352); *Meyer* (N 63), Art. 92 Rn. 3.
80 BVerfGE 103, 111 (136); *Wolfgang Heyde*, Rechtsprechung, in: HdbVerfR, § 33 Rn. 12; *Schmidt-Bleibtreu/Hopfauf* (N 46), Vorb. v. Art. 92 Rn. 3.
81 Vgl. BVerfGE 101, 397 (404 f.).

§ 112   *Achter Teil: II. Staatsfunktionen*

Justizgesetzgebung aus Art. 74 Abs. 1 Nr. 1 GG Schranken, die nur im Wege der Verfassungsänderung überschritten werden können. Im Bereich der Rechtsprechung haben die Richter vielmehr das erste und letzte, also das einzige Wort[82].

25
Durchbrechungen des Richtermonopols

Eine Durchbrechung dieses Prinzips auf grundgesetzlicher Basis findet sich in Art. 10 Abs. 2 S. 2 GG, der als Bestandteil der Notstandsverfassung weitreichende Beschränkungen des Brief-, Post- und Fernmeldegeheimnisses zuläßt. Danach kann ein einfaches Gesetz bestimmen, daß „an die Stelle des Rechtsweges die Nachprüfung durch von der Volksvertretung bestellte Organe und Hilfsorgane tritt"[83]. Hierin liegt nicht nur eine Abweichung von Art. 19 Abs. 4 GG, weil der Verwaltungsrechtsschutz ausgeschlossen wird, sondern auch eine Modifikation des Art. 92 GG. Ferner mag Art. 84 Abs. 4 S. 1 GG als eine Ausnahme von Art. 92 GG angesehen werden. Diese Vorschrift aus dem Themenkreis der Bundesaufsicht sieht vor, daß der Bundesrat beschließen kann, ob ein Land, von dem die Bundesregierung vergeblich die Beseitigung eines Mangels bei der Ausführung von Bundesgesetzen verlangt hat, das Recht verletzt hat.

26
Reformresistenz des Rechtsprechungsmonopols

Eigenartigerweise sehen die Justizminister der Länder, die sich dem Projekt einer „Großen Justizreform" verschrieben haben, davon ab, das Rechtsprechungsmonopol der Richter und der Gerichte als reformresistentes Datum auch nur zu erwähnen. Während sie immerhin ein Bekenntnis zur uneingeschränkt zu wahrenden richterlichen Unabhängigkeit ablegen, fehlt ein entsprechender Hinweis darauf, daß bei der Auslagerung und Übertragung von Aufgaben sowie der Einbindung Dritter in die Aufgabenerfüllung Art. 92 Hs. 1 GG eine unüberschreitbare Schranke bildet[84]. Nur solche Aufgaben dürfen den Gerichten entzogen werden, die nicht dem Begriff der Rechtsprechung unterfallen. Die Justizminister umschreiben demgegenüber die den Gerichten zu belassenden Kernaufgaben mit der nicht ohne weiteres verfassungskompatiblen Formel, daß es sich hierbei um solche Tätigkeiten handele, „deren Wahrnehmung durch unabhängige Gerichte für einen funktionierenden Rechtsstaat unerläßlich sind"[85].

III. Gewaltenverschränkung und Rechtsprechungsmonopol

27
Sonderrolle der Judikative

Wegen des in Art. 92 GG proklamierten Richter- und Gerichtsmonopols nimmt die Judikative eine Sonderrolle im Vergleich mit den beiden anderen Gewalten ein, denn deren Funktionen werden nicht in vergleichbarer Weise bestimmten Amtsträgern oder Institutionen exklusiv zugewiesen. Sie ist die „Staatsfunktion, in der das Prinzip der Funktionentrennung am weitesten ver-

---

82 *Karl August Bettermann*, Rechtsprechung, rechtsprechende Gewalt, in: EvStL³, Bd. II, Sp. 2773 (2784).
83 Die einfachgesetzliche Regelung findet sich in den §§ 14ff. Artikel 10-Gesetz v. 26. 6. 2001 (BGBl I, S. 1254, 2298). Vgl. BVerfGE 30, 1 (27 f.).
84 „Eckpunkte für eine Große Justizreform". – Beschluß der Justizministerkonferenz am 25. 11. 2004 (BDVR-Rundschreiben 36. Jg. [2004] H. 6, S. 202, 204).
85 „Eckpunkte für eine Große Justizreform" (N 84), S. 204.

wirklicht worden ist"[86]. Die ihr gewidmete grundgesetzliche Regelung weist die größte Nähe zum klassischen Gewaltenteilungsdogma auf. Das System der Gewaltenverschränkung und -balancierung stößt im Bereich der Rechtsprechung somit an enger gezogene Grenzen. Trotz ihrer Sonderrolle kommt der Judikative kein Vorrang gegenüber den beiden anderen Gewalten zu. Insbesondere ist dem Grundgesetz keine Entscheidung zugunsten eines die Präponderanz von Richtern ermöglichenden Richter-, Rechtswege- oder Justizstaates zu entnehmen[87]. Ungeachtet der organisatorischen Trennung der Gerichte von den anderen beiden Gewalten und des ihnen zugewiesenen Rechtsprechungsmonopols sind jedoch die Gerichte – und mit ihnen die Richter – im übrigen in das System der Gewaltenverschränkung oder Gewaltenbalancierung einbezogen.

1. Verhältnis von Legislative und Judikative

Die Legislative erläßt die Gesetze, denen die Richter gemäß Art. 20 Abs. 3 und Art. 97 Abs. 1 GG ausschließlich unterworfen sind und die sie als Entscheidungsmaßstäbe zu beachten haben, regelt ihren Status sowie die Organisation und das Verfahren der Gerichte, wirkt überdies an der Rekrutierung des richterlichen Personals mit, wie nach Art. 94 Abs. 1 und Art. 95 Abs. 2 GG. Im Haushaltsgesetz bewilligt sie die Mittel, deren die Judikative bedarf. Aber auch sonst kommt es gelegentlich zu Berührungen der beiden Gewalten. So klingen Probleme der Gewaltenteilung an, wenn Richter im Parlament als Sachverständige angehört werden oder als Zeugen in parlamentarischen Untersuchungsausschüssen vernommen werden.

28
Regelungskompetenz der Legislative

a) Richterliches Prüfungsrecht

Die Bindung der rechtsprechenden Gewalt an die Gesetze der Legislative ist jedoch nicht unbegrenzt, denn die Richter sind nur an gültige Gesetze gebunden. Die Gültigkeit von Normen, insbesondere Gesetzen, hängt von ihrer förmlichen und materiellen Rechtmäßigkeit ab. Die förmliche oder formelle Rechtmäßigkeit setzt die Entstehung der Normen im Einklang mit den maßgeblichen Verfahrensvorschriften voraus, die materielle Rechtmäßigkeit deren inhaltliche Übereinstimmung mit dem höherrangigen materiellen Recht. Weist eine Norm einen Rechtsverstoß auf, so ist sie ungültig oder nichtig. Neuerdings erodiert dieses Dogma dadurch, daß der Gesetzgeber manche Rechtsfehler daran hindert, die Nichtigkeit von Normen herbeizuführen[88]. Normalerweise steht aber den Richtern ein Prüfungsrecht zu, kraft dessen sie die Gültigkeit von Normen, die für ihre Entscheidungen relevant sind, prüfen

29
Diener und Aufseher des Gesetzes

---

86 *Stern* (N 3), S. 893.
87 Vgl. *Rupert Scholz*, Deutschland – In guter Verfassung?, 2004, S. 183 ff.; *Schulze-Fielitz* (N 28), Art. 92 Rn. 20.
88 Vgl. §§ 214, 215 BauGB; § 7 Abs. 6 Nordrh.-Westf. GO i.d. F. v. 14. 7. 1994 (GV S. 666).

dürfen und sich einer Bindung an rechtswidrige Normen entziehen können[89]: „Der Diener des Gesetzes wird so zugleich dessen Aufseher"[90].

b) Inzidente und prinzipale Normenkontrolle

30
Inzidente Normenkontrolle

Die richterliche Normenkontrolle tritt in zwei Spielarten auf. Bei der inzidenten Normenkontrolle geht es um Normen, deren Gültigkeit die Vorfrage für die Entscheidung eines Prozesses ist. Gelangt das Gericht zu einem negativen Ergebnis, darf es die ungültige Norm nicht anwenden, es ist also berechtigt, sie im konkreten zur Entscheidung anstehenden Fall zu verwerfen. Handelt es sich dagegen um ein nachkonstitutionelles förmliches Gesetz, so steht dem Gericht nur das Prüfungsrecht, nicht aber die Verwerfungskompetenz zu; nach Art. 100 Abs. 1 GG muß es vielmehr die Entscheidung des zuständigen Landesverfassungsgerichts oder des Bundesverfassungsgerichts einholen.

31
Prinzipale Normenkontrolle

Bei der prinzipalen Normenkontrolle ist die Gültigkeit der Norm der Entscheidungsgegenstand selbst. Für diese Art der Normenkontrolle sind typisch die verfassungsgerichtlichen Verfahren der abstrakten und der konkreten Normenkontrolle[91]; weiterhin bietet § 47 VwGO, der bestimmte Satzungen und Verordnungen einer prinzipalen Normenkontrolle durch das Oberverwaltungsgericht unterwirft, hierfür ein Beispiel. Aber auch außerhalb der Normenkontrolle sind Interventionen der rechtsprechenden Gewalt, soweit sie von Verfassungsgerichten ausgeübt wird, in den Bereich der Legislative möglich, wie zum Beispiel in den Verfahren des Organstreits, des Bund-Länder-Streits und bei Verfassungsbeschwerden gegen Normen, gegebenenfalls auch gegen Gerichtsentscheidungen und Verwaltungsakte[92].

c) Richterrecht?

32

Zur Setzung eigener Rechtsnormen sind Richter und Gerichte nicht befugt. Sie dürfen sich nicht „aus der Rolle des Normanwenders in die einer normsetzenden Instanz begeben"[93] und entscheiden jeweils nur den ihnen unterbreiteten einzelnen Rechtsstreit an Hand des dafür maßgeblichen positiven Rechts. Deswegen und weil die Richter nach Art. 97 Abs. 1 GG unabhängig sind, ist die Rechtspflege konstitutionell uneinheitlich[94]. Änderungen der Judikatur in künftigen Fällen sind nicht auszuschließen[95]. Selbst höchstrichterliche Urteile sind kein Gesetzesrecht und erzeugen keine damit vergleichbare Rechtsbindung[96]. Zu einer schöpferischen Rechtsfindung sind die obersten Gerichtshöfe indes berufen[97]. Dennoch können Grundsatzentscheidungen,

---

[89] *Wolfgang Löwer*, Zuständigkeit und Verfahren des Bundesverfassungsgerichts, in: HStR II, ²1998 (¹1987), § 56 Rn. 66.
[90] *Bettermann* (N 6), Rn. 13.
[91] Vgl. Art. 93 Abs. 1 Nr. 2, Art. 100 Abs. 1 GG.
[92] Vgl Art. 93 Abs. 1 Nr. 1, 3 und 4a GG, § 13 Nr. 8a, § 95 Abs. 2, 3 S. 2 BVerfGG.
[93] BVerfGE 87, 273 (280); 96, 375 (394); vgl. auch BVerfGE 82, 6 (12); BVerwGE 59, 242 (247).
[94] BVerfGE 78, 123 (126); 87, 273 (278).
[95] BVerfGE 38, 386 (396); 78, 123 (126); 84, 212 (227f.).
[96] BVerfGE 84, 212 (227).
[97] BVerfGE 38, 386 (396); vgl. auch BVerfGE 84, 212 (226f.).

insbesondere höherer Gerichte, oder eine ständig praktizierte Rechtsprechung Wirkungen entfalten, die den normativen Produkten der Legislative gleichkommen. Gelegentlich mag die Wiederholung richterlicher Erkenntnisse auch die Kraft des Gewohnheitsrechts erlangen. Die oberen Gerichte, denen das Bundesverfassungsgericht die Aufstellung allgemeiner Rechtsgrundsätze zubilligt[98], werden sogar im geltenden Recht zur Rechtsfortbildung aufgefordert[99]. Jedoch dürfen die Gerichte nicht die Grenze zur unzulässigen Rechtsfortbildung überschreiten[100]. Das hiermit angedeutete Problem des sogenannten Richterrechts wirft zahlreiche ungelöste Fragen auf[101].

Aufstellung allgemeiner Rechtsgrundsätze

d) Übertragung zusätzlicher Aufgaben auf die dritte Gewalt

Die Richter und die durch sie formierten Gerichte sind die einzigen verfassungsmäßigen Träger der rechtsprechenden Gewalt. Das Rechtsprechungsmonopol verhindert den Entzug solcher Tätigkeiten, die unter den Begriff der Rechtsprechung im Sinne des Art. 92 Hs. 1 GG fallen[102], und deren Zuweisung an andere Gewalten. Es wirkt aber nur in eine Richtung. Gegen die Zuweisung zusätzlicher Aufgaben an die dritte Gewalt bildet es dagegen kein Hemmnis[103]. Die Verfassung schließt es nicht aus, daß den Richtern und Gerichten durch Gesetz Aufgaben der Rechtsetzung oder der Verwaltung überlassen werden, zum Beispiel die Erstattung von Rechtsgutachten[104]. Normative Funktionen üben die Richter bei der gerichtsinternen Geschäftsverteilung aus[105]. Zur Verhinderung der Überbürdung mit Verwaltungsaufgaben sind im einfachen Gesetzesrecht mitunter Sperren aufgerichtet, wie in § 39 VwGO, wonach den Verwaltungsgerichten keine Verwaltungsgeschäfte außerhalb der Gerichtsverwaltung übertragen werden dürfen.

33

Zusätzliche Aufgabenzuweisung

Das in § 4 Abs. 1 DRiG enthaltene, an die Richter adressierte umfassende Verbot der gleichzeitigen Wahrnehmung von rechtsprechender und gesetzgebender oder vollziehender Gewalt konkretisiert zwar das Trennungsgebot des Art. 20 Abs. 2 S. 2 GG[106], ergibt sich aber nicht zwangsläufig aus dem Grundgesetz[107]. Deshalb sind auch die zahlreichen Ausnahmen in § 4 Abs. 2 DRiG mit der Verfassung vereinbar[108]. So dürfen die Richter abseits der ihnen

34

Kein Zuweisungsverbot aus Art. 20 GG

---

98 BVerfGE 26, 327 (337).
99 § 132 Abs. 4 GVG; § 45 Abs. 2 ArbGG; § 11 Abs. 4 FGO; § 42 SGG; § 11 Abs. 4 VwGO; vgl. BVerfGE 69, 188 (203 f.); 71, 354 (362); *Classen* (N 28); *Kirchhof* (N 67), FS der Juristischen Fakultät Heidelberg, S. 15 f.; 31 ff.; *Kissel* (N 24), Einleitung, Rn. 213, § 132 Rn. 37; *Bodo Pieroth/Tobias Aubl*, Die Rechtsprechung des Bundesverfassungsgerichts zu den Grenzen richterlicher Entscheidungsfindung, in: JZ 2003, S. 504.
100 BVerfGE 87, 273 (280).
101 Vgl. *Kissel* (N 24), § 1 Rn. 130; *Schmidt-Bleibtreu-Hopfauf* (N 46), Vorb. v. Art. 92 Rn. 3; *Schulze-Fielitz* (N 28), Art. 92 Rn. 39; *Joachim Wieland*, Bedeutung der Rechtsprechung des Bundesfinanzhofs für die Finanzverwaltung, in: DStR 2004, S. 1 (3 f.).
102 S. o. Rn. 24.
103 BVerfGE 21, 139 (144).
104 BVerfGE 4, 358 (363).
105 Vgl. *Kissel* (N 24), § 21 e Rn. 102 ff.
106 *Pieroth* (N 4), Art. 92 Rn. 11.
107 Vgl. BVerwGE 25, 210 (219).
108 Vgl. BVerwGE 25, 210 (219); 45, 195 (198).

anvertrauten Rechtsprechung folgende Aufgaben übernehmen: Gerichtsverwaltung[109], Forschungs-, Lehr- und Prüfungstätigkeiten, Vorsitz in den betrieblichen und behördlichen Einigungsstellen. Parlamentsmandat und Richteramt sind nach § 36 Abs. 2 DRiG inkompatibel. Strittig ist, ob § 4 DRiG die Richter von kommunalen Mandaten fernhält[110].

35 Eine wesentliche Form legislativer Intervention in die dritte Gewalt besteht darin, daß den Gerichten oder den Richtern durch Gesetz solche Aufgaben übertragen werden, die nicht schon vom Rechtsprechungsmonopol der Gerichte erfaßt werden und auch innerhalb der vollziehenden Gewalt erledigt werden könnten[111]. Das Bundesverfassungsgericht umschreibt diese Angelegenheiten mit der gewundenen Formulierung, daß dem Richter auch Aufgaben zugewiesen werden könnten, „die nicht ohne weiteres zu den regelmäßigen und typischen Aufgaben der Gerichte gehören mögen, sofern das Grundgesetz deren Wahrnehmung nicht einer anderen Gewalt vorbehält"[112]. Bezeichnend für diese Art des Aufgabentransfers ist die gesetzgeberische Entscheidung, daß die Gerichte bei den ihnen zugewiesenen Tätigkeiten die Verfahren und Formen anzuwenden haben, die für die Rechtsprechung sonst gelten. Mit der Übertragung von Maßnahmen, „die aus dem Gebiet der spezifisch richterlichen Aufgaben herausfallen", wird vielfach bezweckt, „daß die Einschaltung des Richters die Anwendung der Garantien des richterlichen Verfahrens gewährleisten soll"[113]. Die Übertragung weiterer Aufgaben in der Weise, daß sie in einem justizförmigen Verfahren erledigt werde, führt insbesondere zur Anwendung der verfassungsrechtlichen Rechtsschutzverbürgungen[114]. Exekutivisch sind zum Beispiel viele Angelegenheiten der freiwilligen Gerichtsbarkeit[115], der Zwangsvollstreckung und des Kostenwesens. Keine Bedenken bestehen dagegen, daß Gerichte auf Ersuchen von Behörden im Wege der Amtshilfe mit der eidlichen Vernehmung von Zeugen oder Sachverständigen betraut werden[116], daß die Durchführung des Versorgungsausgleichs einschließlich der mit ihm verbundenen Berechnungen auf die Familiengerichte übertragen wird[117] und daß Landwirtschaftsgerichte von Amts wegen die dem Höferecht unterliegenden Höfe erfassen[118].

Anwendung der verfassungsrechtlichen Rechtsschutzverbürgungen

36 Die Zuweisung exekutiver Funktionen an Richter und Gerichte durch den Gesetzgeber ist jedoch nicht schrankenlos zulässig. Diese dürfen vielmehr

---

109 Vgl. BVerfGE 4, 331 (347).
110 *Kissel* (N 24), § 1 Rn. 32; *Schmidt-Räntsch* (N 56), § 4 Rn. 11.
111 Vgl. BVerfGE 21, 139 (144); 25, 336 (346); BVerfG, in: BVerfGK I, S. 55 (S. 56 f.); *Christoph Gusy*, Verfassungsfragen vorbeugenden Rechtsschutzes, in: JZ 1998, S. 167 (170); *Kissel* (N 24), Einleitung, Rn. 155, 159, § 1 Rn. 25.
112 BVerfGE 64, 175 (179); 76, 100 (106).
113 BVerfGE 9, 89 (97); 25, 336 (346); 101, 397 (405); *Kissel* (N 24), Einleitung, Rn. 160. – Das ist aber nicht der einzige Grund: Nach BVerfG, in: NJW 2002, S. 815, ist auch die Zustimmung des Gerichts zu Maßnahmen der Staatsanwaltschaft gemäß § 153 StPO ein hoheitlicher Akt der Rechtsprechung.
114 *Kissel* (N 24), Einleitung Rn. 160; *Thomas Pfeiffer*, Rechtsprechungsbegriff, richterliche Neutralität und hessische Wahlprüfung, in: ZRP 2000, S. 378 (380).
115 BVerwGE 25, 210 (219), vgl. BVerfGE 21, 139 (144 f.); 76, 100 (106).
116 BVerfGE 7, 183 (189 f.).
117 BVerfGE 64, 175 (179 f.).
118 BVerfGE 76, 100 (105 f.).

nicht ihrer eigentlichen Aufgabe, der Rechtsprechung, entfremdet und entzogen werden[119]. Deshalb findet eine Übertragung von Verwaltungsaufgaben auf Gerichte dort ihre Grenze, wo diese in ihrer rechtsprechenden Tätigkeit erheblich behindert werden[120]. Zur Vermeidung derartiger Effekte hat sich die Betrauung von Rechtspflegern und anderen nichtrichterlichen Gerichtsangehörigen mit Aufgaben außerhalb der Rechtsprechung bewährt. Selbst das Besoldungsrecht berücksichtigt den Vorrang der Rechtsprechung; das Gehalt des Richters hat sich grundsätzlich nach seinen richterlichen Aufgaben und nicht in erster Linie nach den mit seinem Amt verbundenen Verwaltungsaufgaben zu bemessen[121].

<small>Keine schrankenlose Aufgabenzuweisung</small>

Ebenso wie der Gesetzgeber, wenngleich in Grenzen, die Befugnis hat, Gerichte und Richter mit Aufgaben außerhalb der Rechtsprechung zu betrauen, so steht es ihm frei, solche Delegationen wieder rückgängig zu machen[122]. So soll im Zuge einer sogenannten Großen Justizreform die dritte Gewalt einer umfassenden Aufgabenkritik unterzogen werden, damit sich die Gerichte auf ihre Kernaufgaben beschränken können[123]. Angestrebt wird eine Auslagerung und Übertragung von Aufgaben, zum Beispiel im Bereich der Freiwilligen Gerichtsbarkeit, auf andere Stellen, wie etwa Notare. Das ist nur unbedenklich, wenn die Aufgaben, über die der Gesetzgeber anderweitig zu disponieren wünscht, nicht zur Rechtsprechung im Sinne des Art. 92 GG gehören; denn nicht die gesamte Rechtspflege ist den Richtern anvertraut und damit vorbehalten; vielmehr wird nur ihr verfassungsfester Kern vom Rechtsprechungsmonopol erfaßt[124].

<small>**37**
Rücknahme von Aufgabenzuweisungen</small>

2. Verhältnis von Exekutive und Judikative

An die Trennung der Justiz von der Verwaltung stellt das Grundgesetz strengere Anforderungen als sie für die sonstigen Beziehungen zwischen den drei Gewalten gelten[125]. Allerdings fordert das Grundgesetz keine vollständige Trennung von Verwaltung und Rechtsprechung, läßt vielmehr gewisse Überschneidungen zu[126]. Deshalb ist nicht jede Verbindung zwischen Ämtern der Rechtspflege und der Verwaltung ausgeschlossen[127]. Da nach geltendem Recht der dritten Gewalt weder die Befugnis zur Selbstorganisation noch ein umfassendes Recht der Selbstverwaltung zusteht[128], ist die Exekutive von großem Einfluß auf die Judikative, sieht man von dem Sonderfall der Verfassungsgerichtsbarkeit ab.

<small>**38**
Vorgaben des Grundgesetzes</small>

---

119 *Kissel* (N 24), Einleitung Rn. 159.
120 *Herzog* (N 58), Art. 92 Rn. 54.
121 BVerfGE 32, 199 (214).
122 *Kissel* (N 24), Einleitung Rn. 155, 159.
123 „Eckpunkte für eine Große Justizreform" (N 84), S. 204.
124 S. o. Rn. 24 und u. Rn. 75.
125 BVerfGE 10, 200 (216). S. o. Rn. 15, 23.
126 BVerfGE 4, 331 (346 f.).
127 BVerfGE 10, 200 (216).
128 Vgl. *Hans-Jürgen Papier*, Zur Selbstverwaltung der Dritten Gewalt, in: NJW 2000, S. 2585; *Johannes Wittmann*, Justizmanagement und richterliche Unabhängigkeit, in: Dokumentation zum 13. Deutschen Verwaltungsrichtertag 2001, 2003, S. 163.

§ 112 *Achter Teil: II. Staatsfunktionen*

a) Gerichte und Ministerien

39 Obwohl das Grundgesetz die rechtsprechende Gewalt „mit Betonung" neben die Exekutive stellt[129], sind üblicherweise in Bund und Ländern Fachministerien, in der Regel die Justizministerien, für die Betreuung der Gerichte zuständig. Gelegentlich übernehmen auch die Ministerpräsidenten diese Aufgabe. Doch mag es bei der Auswahl hierfür geeigneter Ministerien Schranken geben, wenn die Zuordnung einer Gerichtsbarkeit zu einem bestimmten Ministerium zu Gefährdungen der richterlichen Unabhängigkeit führen kann[130]. Diese Anbindung der Gerichte an Ministerien verdeckt den verfassungsrechtlichen Rang der Rechtsprechung als der dritten Gewalt im Staatswesen und leistet dem Eindruck Vorschub, den die Spitzen der Exekutive auch nicht zu zerstreuen suchen, bei den Gerichten handele es sich um ihnen überantwortete Organisationseinheiten, vergleichbar nachgeordneten Behörden. Die Gerichte entziehen sich schon deshalb einer solchen patrimonialen Betrachtung, weil sie unabhängige Instrumente einer ausschließlich an Gesetz und Recht orientierten und daher dienenden Gewalt sind. Als Objekte politischer Gestaltung sind sie ungeeignet, und auch eine eigene operative Gerichtspolitik ist ihnen verwehrt. Der mit einem solchen politikfernen Status verbundenen organisatorischen Unauffälligkeit der Gerichte entspricht im übrigen, jedenfalls in der Praxis der Bundesländer, der mindere protokollarische Rang ihrer richterlichen Repräsentanten.

Unabhängigkeit der Gerichte

b) Justiz- und Gerichtsverwaltung

40 Die Exekutive in ihrer Spielart als sogenannte Justizverwaltung[131] bestellt das gerichtliche Personal, trifft die erforderlichen Personalentscheidungen und sorgt dafür, daß die von ihr erforderlich gehaltenen finanziellen und sachlichen Ressourcen, zum Beispiel Gebäude und Räume sowie deren Inventar und Zubehör, ferner Arbeits- und Kommunikationsmittel, vorhanden sind[132]. Diese Intendanturverwaltung[133] darf jedoch nicht so weit gehen, daß die Gerichte in den behördlichen Instanzenzug eingegliedert werden und dadurch die von Verfassungs wegen gebotene organisatorische Eigenständigkeit der Gerichte aufgehoben oder umgangen wird[134]. Deshalb muß ein Mindestbestand an Verwaltungsaufgaben vorhanden sein, der von den Gerichten selbst und weisungsfrei erledigt wird. Dabei handelt es sich um solche Aufgaben, die in staatlicher Hand die Unabhängigkeit der Richter gefährden würden und die deshalb im Wege gerichtlicher Selbstverwaltung erledigt werden müssen. Hierzu rechnet die gerichtsinterne Geschäftsverteilung nach §§ 21 a ff.

Kernbereich gerichtlicher Selbstverwaltung

---

129 BVerfGE 32, 199 (213).
130 Vgl. VerfGH Nordrh.-Westf., in: OVGE 47, 280, das die Zusammenlegung von Innen- und Justizministerium mangels eines Gesetzes für verfassungswidrig erklärt hat.
131 Vgl. zum uneinheitlichen Gebrauch der Begriffe „Justizverwaltung" und „Gerichtsverwaltung" BGH, in: NJW 1988, S. 417 f.; VerfGH Nordrh.-Westf, in: OVGE 47, 280 (287); *Kissel* (N 24), § 1 Rn. 26, 34, § 12 Rn. 84 ff., 90; *Schilken* (N 61), Rn. 249 ff., 257; *Schmidt-Räntsch* (N 56), § 4 Rn. 16.
132 Vgl. *Kissel* (N 24), § 12 Rn. 85.
133 *Meyer* (N 63), Art. 92 Rn. 8, nennt sie despektierlich „gerichtliche Hilfsverwaltung".
134 S. o. Rn. 11 f.

GVG[135] und mögen weiterhin etwa die dienstliche Beurteilung der Richter, also die Zeugniserteilung, die Urlaubsgewährung, die Erteilung von Aussagegenehmigungen, die Dienstaufsicht über die Richter[136], die Entscheidung über die Verwendung des nichtrichterlichen Personals als Helfer der Rechtsprechung und die Information der Öffentlichkeit über die rechtsprechende Tätigkeit der Gerichte gehören. Diese gerichtsinterne Verwaltung kann sich auf weitere Materien erstrecken, die den Gerichten überlassen werden, zum Beispiel die Ausführung des Haushaltsplans, soweit es sich um die auf sie entfallenden Ausgaben handelt, die Gebäudeverwaltung, die Statistik, Teilbereiche der Personalverwaltung, wie die Aktenführung, das Besoldungs- und Beihilfewesen, die Fort- und Weiterbildung der Gerichtsbediensteten oder die Ausbildung von Referendaren. Die Verwaltungsgerichtsordnung nennt in § 38 VwGO als Thema der Gerichtsverwaltung ausdrücklich nur die Dienstaufsicht durch die Gerichtspräsidenten und ordnet – unter Verschärfung des grundgesetzlichen Trennungsgebots – in § 39 VwGO an, daß den Verwaltungsgerichten keine Verwaltungsgeschäfte außerhalb der Gerichtsverwaltung übertragen werden dürfen[137]. Eine personalrechtliche Parallele hierzu bildet § 4 DRiG, der es den Richtern untersagt, neben ihrer rechtsprechenden Tätigkeit Aufgaben der Legislative oder der Verwaltung zugleich wahrzunehmen (Abs. 1), jedoch einige Ausnahmen zuläßt, darunter diejenige zugunsten einer Mitwirkung an der Gerichtsverwaltung (Abs. 2 Nr. 1).

41 Die für die Gerichtsverwaltung typische Gemengelage von weisungsfreien Verwaltungsaufgaben, die untrennbar mit der Funktion einer unabhängigen Rechtsprechung verbunden sind, und solchen, deren Wahrnehmung nach Weisung staatlicher Behörden die Eigenständigkeit der Gerichte nicht beeinträchtigt, erfordert besondere organisatorische Vorkehrungen, die erst dann überflüssig würden, wenn den Gerichten eine umfassende oder jedenfalls weitgehende Selbstverwaltung eingeräumt würde. Da es bei den Sachthemen der Gerichtsverwaltung – abgesehen von der eindeutigen Regelung der gerichtsinternen Geschäftsverteilung in den §§ 21 a ff. GVG – häufig zweifelhaft sein kann, ob und in welchem Umfang sie von den Gerichten staatsfern zu behandeln sind oder im Wege der Auftragsverwaltung erledigt werden können, wäre eine organisatorische Eingliederung der Gerichte in den Instanzenzug der staatlichen Justizverwaltung bedenklich. Wenngleich die Richter kraft der ihnen in Art. 97 Abs. 1 GG verbürgten Unabhängigkeit bei ihrer rechtsprechenden Tätigkeit ausnahmslos weisungsfrei zu agieren haben, ver-

Keine Eingliederung in die staatliche Justizverwaltung

---

135 Das in diesen Vorschriften geregelte Fragment richterlicher Selbstverwaltung dient „als gerichtsverfassungsrechtliches Kernstück der Sicherung der richterlichen Unabhängigkeit und der Garantie des gesetzlichen Richters" (BVerfG, in: BVerfGK I, S. 55 [56]); → unten *Degenhart*, § 114 Rn. 40.
136 § 38 Abs. 1 VwGO: „Der Präsident des Gerichts übt die Dienstaufsicht über die Richter, Beamten, Angestellten und Arbeiter aus." Ähnlich § 31 FGO, während § 15 Abs. 1 S. 1, § 34 Abs. 1 S. 1 und § 40 Abs. 2 S. 1 ArbGG die Dienstaufsicht in die Hände der obersten Landesbehörde, im Fall des Bundesarbeitsgerichts in die des Bundesministeriums für Justiz legt. – Vgl. BVerfGE 38, 139 (151 ff.) zur Entziehung präsidentieller Dienstaufsichtsbefugnisse; → unten *Sodan*, § 113 Rn. 78 ff.
137 Ebenso § 32 FGO.

bietet sich wegen des Sonderungs- oder Trennungsgebots des Art. 20 Abs. 2 S. 2 GG eine pauschale Unterstellung der Gerichte in Justizverwaltungssachen unter das Weisungsregime übergeordneter staatlicher Behörden. Dies gilt um so mehr, als nahezu sämtliche Aufgaben der Gerichtsverwaltung eine unmittelbare Nähe zur Rechtsprechung aufweisen und Interventionen von hoher Hand in diesen Annexbereich mittelbar auf die Rechtsprechung einwirken könnten[138].

42 Eine verfassungskonforme Lösung der damit angedeuteten Organisationsprobleme findet sich nur ansatzweise im Gerichtsverfassungsrecht, wird aber im Rechtsleben – ungeachtet des kargen positivrechtlichen Normenmaterials[139] – praktiziert. Sie besteht darin, daß der Gerichtspräsident (oder ein ihm entsprechender Gerichtsfunktionär) als in den Instanzenzug eingegliederte und insoweit weisungsgebundene Behörde behandelt wird. Damit stehen sowohl das Gericht selbst als Institution wie die Richter außerhalb jeglicher externer Behördenorganisation[140]. Dem Präsidenten kommt dagegen eine Doppelstellung zu[141]. Er ist zugleich Richter und Behörde (bzw. Behördenchef oder Verwaltungsleiter) und in dieser zweiten Funktion weisungsgebunden und weisungsbefugt[142]; auch unterliegt er insoweit einer ministeriellen Dienstaufsicht[143]. Seine Weisungsbefugnis erstreckt sich primär auf die Bediensteten seiner eigenen Gerichtsbehörde, zu denen auch die Richter gehören, die gemäß § 4 Abs. 2 Nr. 1 DRiG Aufgaben der Gerichtsverwaltung wahrnehmen. Die Weisungsbefugnis in Gerichtsverwaltungssachen erfaßt aber auch die Präsidenten nachgeordneter Gerichte. Daher kann es zwischen Gerichtspräsidenten ein hierarchisches Verhältnis geben, das zum Beispiel vom Präsidenten des Oberlandesgerichts über den Präsidenten des Landgerichts zum Direktor eines Amtsgerichts führt.

Doppelstellung des Gerichtspräsidenten

43 Lediglich der Präsident, nicht aber das von ihm repräsentierte Gericht ist bei Maßgeblichkeit der geschilderten Rechtslage also eine nachgeordnete Behörde. Die Stellung als weisungsunterworfene Behörde (bzw. als Chef einer solchen Behörde oder als deren Verwaltungsleiter) hat der Gerichtspräsident jedoch nur hinsichtlich derjenigen Aufgaben der Gerichtsverwaltung, für die er keine Weisungsfreiheit reklamieren kann. Soweit ihm aber Aufgaben der gerichtlichen Selbstverwaltung überantwortet sind, ist er dagegen nicht weisungsgebunden, sondern unabhängiger Repräsentant der rechtsprechenden Gewalt. Ist er rechtsprechend tätig, so genießt er ohnehin wie jeder andere Richter die Unabhängigkeit gemäß Art. 97 Abs. 1 GG[144]. Daß diese Doppel-

Gerichtspräsident als nachgeordnete Behörde

---

138 Vgl. VerfGH Nordrh.-Westf., in: OVGE 47, 280 (289 f.), zur Organisation der Gerichtsverwaltung an der „Schnittstelle zweier Gewalten".
139 Vgl. § 21 a Abs. 2 S. 1, § 21 h, § 59 Abs. 1, § 115 GVG.
140 Nach *Schulze-Fielitz* (N 28), Art. 92 Rn. 56, sollen in Justizverwaltungsangelegenheiten die Gerichte Behörden sein; ähnlich *Detterbeck* (N 2), Art. 92 Rn. 24.
141 *Kissel* (N 24), § 59 Rn. 4 f.; *Schilken* (N 61), Rn. 257.
142 *Kissel* (N 24), § 1 Rn. 41, 45, § 5 Rn. 5, § 12 Rn. 88 f.
143 Art. 4 bay. AGVwGO i. d. F. v. 20. 6. 1992 (GVBl, S. 162): „Der Staatsminister des Innern übt die Dienstaufsicht über den Präsidenten des Verwaltungsgerichtshofs aus."
144 Vgl. BVerfGE 38, 139 (151 ff.).

stellung des Präsidenten, insbesondere des Präsidenten eines oberen Landesgerichts, zu Spannungen und Komplikationen führen kann, liegt auf der Hand, desgleichen, daß die dabei entstehenden Rechtsfragen sich aus pragmatischen Gründen regelmäßig einer verbindlichen gerichtlichen Beurteilung entziehen[145].

So läßt sich etwa die Frage, ob ein Bebauungsplan, der für die unmittelbare Nachbarschaft eines Gerichts eine Nutzung durch Gewerbebetriebe vorsieht, durch den Gerichtspräsidenten eigenständig im Wege der Normenkontrolle nach § 47 VwGO angefochten werden kann, an Hand des einfachen Gesetzesrechts nicht ohne weiteres beantworten; es bedarf vielmehr des Rückgriffs auf die verfassungsrechtlichen Grundlagen des Gerichtsorganisationsrechts[146]. Nach § 47 Abs. 2 S. 1 VwGO steht jeder Behörde das Recht zu, sich mit einem Antrag auf Prüfung der Gültigkeit eines Bebauungsplans gemäß § 47 Abs. 1 Nr. 1 VwGO an das zuständige Oberverwaltungsgericht zu wenden. Wenngleich die der Exekutive angehörenden Behörden bei der Ausübung dieses Antragsrechts nicht von der Gehorsamspflicht gegenüber den ihnen vorgesetzten Behörden freigestellt sind, muß diese Bindung im Bereich der Justiz- und Gerichtsverwaltung nicht ausnahmslos gelten. Denn wenn bauliche Nutzungen auf der Grundlage des Bebauungsplans zu Behinderungen der rechtsprechenden Tätigkeit des Gerichts führen können, zum Beispiel durch erheblichen Lärm oder Einsehbarkeit der Beratungszimmer, muß die Beurteilung einer solchen planungsrechtlichen Konfliktlage in der Hand des obersten Repräsentanten der betroffenen Gerichtsbarkeit liegen. Denn nur er ist in der Lage, ohne Rücksicht auf politische Bedenken die genuinen Bedürfnisse der dritten Gewalt zu artikulieren und im Wege eines Verwaltungsprozesses durchzusetzen. Weicht die Bewertung des Sachverhalts durch Justizverwaltungsbehörden von seiner eigenen ab, so sind diese daran gehindert, durch gegenteilige Weisungen dem Gerichtspräsidenten die Entscheidung über den Antrag aus der Hand zu nehmen, mit dessen Hilfe er versucht, den planungsrechtlichen Belang der Funktionsfähigkeit der Rechtspflege zur Geltung zu bringen.

44

Keine uneingeschränkte Gehorsamspflicht

c) Verwaltungs- und Justizreform

Wie sich die bundesweit betriebenen Verwaltungsreformen auf die Gerichte und ihre Organisation auswirken werden, läßt sich derzeit noch nicht übersehen. Jedenfalls ist auch die rechtsprechende Gewalt in den Sog von Neuerungsbestrebungen geraten, für die etwa das Schlagwort „Neues Steuerungs-

45

---

145 Vgl. die Darstellung einer schwierigen Beziehung aus der Sicht eines Präsidenten: *Dieter Wilke*, Die Berliner Verwaltungsgerichtsbarkeit am Ende des letzten Jahrhunderts – ein Rückblick, in: LKV 2001, S. 111.
146 Ein Normenkontrollantragsrecht von Gerichten wird vom bad.-württ. VGH, in: DVBl 1963, S. 399 (m. Anm. v. *Erich Eyermann*, S. 401) verneint, für den Fall des Gerichtspräsidenten jedenfalls nicht ausgeschlossen.

§ 112   Achter Teil: II. Staatsfunktionen

„Neues Steuerungs- modell" kennzeichnend ist[147]. Gefährdungen der gerichtlichen Eigenständigkeit und der richterlichen Unabhängigkeit sind jedenfalls nicht gänzlich ausgeschlossen[148]. Mitunter erkennen Reformgesetzgeber immerhin das hiermit angedeutete Problem und suchen es durch beschwörende Formeln zu lösen[149].

46 Neuerdings wird sogar eine „Große Justizreform" angestrebt, die eine „leistungsstarke Justiz" zum Ziel hat, und zwar „auch und in besonderem Maße in Zeiten, die durch wirtschaftliche Umbrüche, Sparzwänge der öffentlichen Haushalte und Einschnitte in die sozialen Sicherungssysteme geprägt sind"[150]. Die „notwendige Leistungsstärke und Zukunftsfähigkeit der Justiz" sollen unter uneingeschränkter Wahrung der richterlichen Unabhängigkeit dennoch langfristig gesichert werden. Eigenartigerweise wird die durch Art. 20 Abs. 2 S. 2 GG gebotene organisatorische Trennung der rechtsprechenden Organe von den Behörden der Justizverwaltung nicht als ein reformresistenter Faktor erwähnt. Daß Kollisionen mit dem verfassungsrechtlichen Sonderungs- oder Trennungsgebot[151] sowie dem Prinzip der richterlichen Unabhängigkeit aber nicht fernliegen, wird schon an der technokratischen Sprache der Justizreformatoren erkennbar, die als ein Mittel der Qualitätssicherung die Führungsverantwortung für Richter proklamieren und als Begründung hierfür die Forderung aufstellen: „Die Justiz braucht aktive Führung"[152]. Auch ein weiteres Mittel der Qualitätssicherung, das sogenannte Qualitätsmanagement, tangiert den Einzugsbereich des Art. 97 Abs. 1 GG, der den Richter allein dem Gesetz unterwirft. Dieses Instrument soll gewährleisten, „daß gesetzlich vorgegebene, selbst gesetzte sowie von den Rechtssuchenden gestellte Qualitätsanforderungen an die Justiz bei optimalem Ressourceneinsatz erfüllt werden"[153]. Die Frage ist nicht realitätsfremd, wie mit solchen Richtern verfahren werden soll, die unter Berufung auf ihre Unabhängigkeit sich einer Bindung an außergesetzliche Qualitätsanforderungen zu entziehen suchen.

Qualitätsmanagement

---

147 Vgl. *Horst Eylmann*, Wandel durch Beschränkung und Konzentration, in: Rpfleger 1998, S. 45; *Wolfgang Hoffmann-Riem* (Hg.), Reform und Justizverwaltung, 1998; *ders.*, Justizdienstleistungen im kooperativen Staat, in: JZ 1999, S. 421; *ders.*, Gewaltenteilung – mehr Eigenverantwortung für die Justiz?, in: DRiZ 2000, S. 18; *ders.*, Modernisierung von Recht und Justiz, 2001; *Kissel* (N 24), Einleitung, Rn. 124, § 12 Rn. 86; *Kramer* (N 63), S. 3449; *Heinz-Jürgen Pezzer*, Finanzgerichtsbarkeit im gewaltenteilenden Verfassungsstaat, in: DStR 2004, S. 525 (533 f.); *Rainer Pitschas*, Justizmanagement und richterliche Unabhängigkeit, in: Dokumentation zum 13. Deutschen Verwaltungsrichtertag 2001, 2003, S. 175; *Helmuth Schulze-Fielitz* (Hg.), Justiz und Justizverwaltung zwischen Ökonomisierungsdruck und Unabhängigkeit, 2002 (Die Verwaltung, Beiheft 5); *ders.* (N 28), Art. 92 Rn. 22, 58 f.; *Helge Sodan*, Qualitätsmaßstäbe für die Justiz, in: NJW 2003, S. 1494.
148 Vgl. *Kissel* (N 24), § 1 Rn. 350, § 12 Rn. 86; *Kramer* (N 63), S. 3452 f.; *dies.*, Das Neue Steuerungsmodell und die Unabhängigkeit der Richter, in: ZZP 2001, S. 267; *Schulze Fielitz* (N 28), Art. 92 Rn. 59.
149 Vgl. § 12a des berl. Gesetz zur Ausführung des Gerichtsverfassungsgesetzes v. 23.3.1992 (GVBl. S. 73), wonach ein Verwaltungsreform-Grundsätze-Gesetz für Gerichte entsprechend gilt, „soweit nicht die Regelungen des Gerichtsverfassungsgesetzes entgegenstehen".
150 „Eckpunkte für eine Große Justizreform" (N 84), S. 202.
151 S. o. Rn. 11 f.
152 „Eckpunkte für eine Große Justizreform" (N 84).
153 „Eckpunkte für eine Große Justizreform" (N 84), S. 207.

d) Einwirkungen der Judikative auf die Exekutive

Ungeachtet der Nähe der Gerichte zu den Behörden der Exekutive unterliegt diese einer umfassenden gerichtlichen Kontrolle über die Rechtmäßigkeit ihres Verhaltens. Die Verfassungsgrundlage hierfür bildet Art. 19 Abs. 4 S. 1 GG, der bei Rechtsverletzungen durch die öffentliche Gewalt für jedermann den Rechtsweg eröffnet. Dieser Rechtsschutz wird im wesentlichen durch die allgemeinen und besonderen Verwaltungsgerichte (Finanzgerichte, Sozialgerichte) gewährt, und zwar primär in der Form, daß auf Klage des durch eine Maßnahme der Verwaltung Beschwerten eine repressive Kontrolle erfolgt. Im Grundgesetz sind aber auch Fälle präventiver richterlicher Kontrolle vorgesehen, wie in Art. 13 Abs. 2 (Wohnungsdurchsuchung) und Art. 104 Abs. 2 GG (Freiheitsentziehung). Derartige Richtervorbehalte, die das einfache Gesetzesrecht in die Hand des Strafrichters gelegt hat[154], stellen sicher, daß vor einem behördlichen Grundrechtseingriff oder während seines Ablaufs seine Rechtmäßigkeit von einem Gericht geprüft wird[155]. Ausdrücklich ordnet das Grundgesetz die richterliche Kontrolle der Exekutive durch ordentliche Gerichte zum Beispiel in den folgenden Vorschriften an: Art. 14 Abs. 3 S. 4 GG (Höhe der Enteignungsentschädigung), Art. 19 Abs. 4 S. 2 GG (subsidiäre Eröffnung des ordentlichen Rechtswegs, soweit eine andere Zuständigkeit nicht begründet ist) und Art. 34 S. 3 GG (Amtshaftungs- und Rückgriffsanspruch). Im übrigen ist es Sache des Gesetzgebers, die Zuständigkeiten für die gerichtliche Kontrolle der Exekutive auf die ihm geeignet erscheinenden Gerichte zu verteilen. Neben den primär zuständigen Verwaltungsgerichten sind die Strafgerichte in vielfacher Weise mit der Gewährung von präventivem Rechtsschutz betraut, wie beim Erlaß von Haftbefehlen, Durchsuchungsanordnungen und Beschlagnahmeanordnungen[156] sowie von nachträglichem oder repressivem Rechtsschutz nach den §§ 67 ff. OWiG. Selbst die Zivilgerichte können Rechtsschutz gegenüber der Verwaltung gewähren, etwa wenn Behörden sich der Handlungsformen des Privatrechts bedienen oder bestimmte Hoheitsmaßnahmen, wie Justizverwaltungsakte oder Verfügungen der Kartellbehörden, bei ihnen anzufechten sind[157]. Für Zivilrechtsstreitigkeiten innerhalb des öffentlichen Dienstes sind die Arbeitsgerichte zuständig[158]. Allen Gerichten steht überdies ein richterliches Prüfungsrecht hinsichtlich der von der Exekutive erlassenen Normen, wie Rechtsverordnungen oder Satzungen, zu.

47

Repressive und präventive Kontrolle

Rechtsschutz durch die ordentlichen Gerichte

---

154 Vgl. § 105 StPO (Durchsuchungen), § 114 StPO (Haftbefehl).
155 Vgl. *Malte Rabe von Kühlewein*, Normative Grundlagen der Richtervorbehalte, in: GoltdA 2002, S. 637.
156 Vgl. N 154 sowie §§ 98, 100 StPO (Beschlagnahme).
157 Vgl. § 23 EGGVG, § 63 GWB.
158 Vgl. § 2 Abs. 1 Nr. 3 ArbGG.

3. Bindung einer Gewalt an Akte der anderen Gewalten

48 Am Rande der Gewaltenteilungsproblematik liegt ein Themenbereich, der die Frage zum Gegenstand hat, inwieweit eine Gewalt an die Akte der jeweils anderen beiden Gewalten gebunden ist. Im vorliegenden Zusammenhang kommen nur die Beziehungen in Betracht, an denen die Judikative beteiligt ist.

a) Bindung des Richters an das Gesetz

49

Bindung an gültige Normen

Verfassungsrechtlich ausdrücklich geregelt ist die Bindung der Judikative an Gesetz und Recht in Art. 20 Abs. 3 GG. Zusätzlich und präzisierend ordnet Art. 97 Abs. 1 GG an, daß die Richter nur dem Gesetz unterworfen seien. Unter dem Gesetz ist in der zuletzt genannten Vorschrift nicht nur das förmliche Parlamentsgesetz zu verstehen, sondern die Gesamtheit sämtlicher Rechtsnormen. Infolge des richterlichen Prüfungsrechts entfällt jedoch die Bindung an ungültige Normen[159].

b) Bindung der Gerichte an Verwaltungsakte

50

Bindung auch an rechtswidrige Verwaltungsakte

Auch die Bindung des Richters an Verwaltungsakte hängt meist von deren Gültigkeit ab[160]. Gültig sind nicht nur die rechtmäßigen Verwaltungsakte, sondern auch die meisten rechtswidrigen Verwaltungsakte. Nur bei einigen im Gesetz ausdrücklich genannten Rechtsmängeln tritt als Folge die Nichtigkeit oder Ungültigkeit eines Verwaltungsakts ein, im übrigen nur, soweit er an einem besonders schwerwiegenden Fehler leidet und dies bei verständiger Würdigung aller in Betracht kommenden Umstände offensichtlich ist (§ 44 VwVfG). Außerhalb der Ausnahmetatbestände des § 44 VwVfG sind rechtswidrige Verwaltungsakte gültig, können aber von der Behörde zurückgenommen werden (§ 48 VwVfG). Gültigkeit und Rechtmäßigkeit von Verwaltungsakten sind also nicht identisch. Anders steht es dagegen bei den Rechtsnormen, bei denen die Rechtswidrigkeit zumeist die Nichtigkeit nach sich zieht[161].

51

Anfechtungsklage und Feststellungsklage

Die meisten prozessualen Konstellationen, bei denen Verwaltungsakte einer richterlichen Prüfung unterzogen werden, sind so beschaffen, daß die Gerichtsentscheidung von der Rechtmäßigkeit bzw. Rechtswidrigkeit des Verwaltungsakts abhängt. Das Musterbeispiel ist die verwaltungsgerichtliche Anfechtungsklage, deren Erfolg nach § 113 Abs. 1 S. 1 VwGO die Rechtswidrigkeit des Verwaltungsakts voraussetzt. Ähnlich steht es bei der Amtshaftung nach Art. 34 S. 1 GG. Wenn es in einem Gerichtsverfahren jedoch ausnahmsweise nicht auf die Rechtmäßigkeit sondern nur auf die Gültigkeit eines Verwaltungsakts ankommt, wie im Fall der Feststellungsklage nach § 43 Abs. 2 S. 2 VwGO, so sind die meisten Rechtsfehler unbeachtlich; das Gericht prüft lediglich, ob solche Mängel vorliegen, an die sich die Folge der Nichtigkeit knüpft.

---

159 S. o. Rn. 29.
160 Vgl. zur Bindungswirkung exekutivischer Akte BVerfGE 15, 275 (282); 60, 253 (270); 61, 82 (111); *Michael Sachs*, in: Paul Stelkens/Heinz Joachim Bonk/Michael Sachs: Verwaltungsverfahrensgesetz, [6]2001, § 43 Rn. 115 ff.
161 S. o. Rn. 29.

c) Bindung der Verwaltung an Gerichtsentscheidungen

Die umgekehrte Frage nach der Bindung der Verwaltung an Gerichtsentscheidungen beantwortet sich nicht danach, ob ein Richterspruch rechtmäßig ist. Auch die Gültigkeit ist insoweit nahezu ausnahmslos ohne Belang, wenngleich die Theorie immerhin das Phänomen des nichtigen Urteils kennt[162], dem die Verwaltung den Gehorsam verweigern dürfte. Vielmehr kommt es primär auf die prozeßrechtlichen Regeln über die subjektive und objektive Rechtskraft an[163]. Daher ist die im Rechtsstreit unterlegene juristische Person des öffentlichen Rechts, einschließlich ihrer Behörden, im konkreten Fall an die Entscheidung gebunden, soweit über den Streitgegenstand entschieden worden ist. Des weiteren sind die Behörden an gerichtliche Gestaltungsentscheidungen, wie die Ehescheidung[164], gebunden. Mitunter sehen Gesetze auch vor, daß tatsächliche Feststellungen in Gerichtsentscheidungen für Behörden verbindlich sind[165].

52
Subjektive und objektive Rechtskraft

Gerichtsentscheidungen mögen zwar als Präjudizien willkommene Erkenntnisquellen in gleichgelagerten oder ähnlichen Fällen sein, haben aber keine verbindliche Wirkung in späteren Verfahren. Nicht einmal höchstrichterlichen Grundsatzentscheidungen ist eine derartige allgemein verbindliche Wirkung eigen. Deshalb liegt in der Praxis der Finanzverwaltung, durch sogenannte Nichtanwendungserlasse die Finanzämter an der Übernahme finanzgerichtlicher Rechtserkenntnisse zu hindern, keine Auflehnung gegen die Bindungswirkung von Gerichtsentscheidungen[166]. Mitunter gewährt sogar der Gesetzgeber der Finanzverwaltung seine Hilfe, indem er durch sogenannte Nichtanwendungsgesetze Steuergesetze in einer Weise ändert, daß die Rechtsprechung des Bundesfinanzhofs konterkariert wird[167].

53
Keine Allgemeinverbindlichkeit

Eine erweiterte Bindungswirkung kommt verfassungsgerichtlichen Entscheidungen zu, die nicht nur die Beteiligten, sondern alle Verfassungsorgane sowie alle Gerichte und Behörden binden[168]. In den Verfahren der prinzipalen Normenkontrolle[169] wird den Entscheidungen überdies regelmäßig Gesetzeskraft oder eine allgemeine Verbindlichkeit beigelegt, so daß die Rechtskraft

54
Erweiterte Bindungswirkung verfassungsgerichtlicher Entscheidungen

---

162 *Peter Hartmann*, in Jan Albers/ders., Zivilprozeßordnung, ⁶³2005, Übers § 300 Rn. 14 ff.
163 Vgl. z. B. §§ 322, 325 ZPO; § 121 VwGO; § 110 Abs. 1 FGO; § 141 Abs. 1 SGG.
164 § § 1564 ff. BGB.
165 Vgl. z. B. § 23 BDG.
166 Vgl. zum Problem der Nichtanwendungserlasse *Hans-Friedrich Lange*, Die Nichtanwendung von Urteilen des BFH durch die Finanzverwaltung, in: NJW 2002, S. 3657; *Anna Leisner-Egensperger*, Ungeschriebenes Verfassungsrecht zur Gewaltenteilung, in: DÖV 2004, S. 774 (777); *Pezzer* (N 147), S. 528 ff., und die Replik von *Heinz-Gerd Horlemann*, in: DStR 2004, S. 1113 (1114); *Reimer Voß*, Bundesfinanzhof unter Kuratel des Bundesfinanzministeriums?, in: DStR 2003, S. 441 (442, 444); *Wieland* (N 101), S. 1 ff. – Einen Einblick in die Praxis des Bundesfinanzministeriums und der obersten Landesfinanzbehörden gewährt eine Antwort der Bundesregierung auf eine parlamentarische Anfrage (BT-Drs 15/4614). Danach ist seit 2000 zu jeder 60. Entscheidung des Bundesfinanzhofs ein Nichtanwendungserlaß ergangen, der es den Finanzämtern untersagt, eine Entscheidung des Bundesfinanzhofs über den Einzelfall hinaus anzuwenden.
167 *Pezzer* (N 147), S. 526 ff.
168 § 31 Abs. 1 BVerfGG.
169 S. o. Rn. 31.

inter omnes wirkt[170]. Im Verfassungsprozeß ist darüber hinausgehend sogar eine Bindung an die tragenden Gründe von Entscheidungen anerkannt[171].

d) Bindung der Legislative an Gerichtsentscheidungen

55

Nichtanwendungsgesetze

Für die Bindung der Legislative an Gerichtsentscheidungen gelten die Regeln über die Rechtskraft[172] und über die Erstreckung der Bindungswirkung in den Fällen der Normenkontrolle[173]. Gelegentlich versucht der Gesetzgeber allerdings, eine von den Gerichten favorisierte Auslegung zu Fall zu bringen, wie etwa im Fall der steuerlichen Nichtanwendungsgesetze[174]. Eine solche Korrektur wird neuerdings sogar in der Form für zulässig erachtet, daß der Gesetzgeber eine von Gerichten favorisierte Norminterpretation durch eine klarstellende Regelung oder durch eine authentische Interpretation ersetzt[175]. Nach einer beherzigenswerten Regel des Bundesverfassungsgerichts darf allerdings der Gesetzgeber ein „von der höchstrichterlichen Rechtsprechung zutreffend angewandtes Gesetz nicht rückwirkend ändern, um die Rechtsprechung für die Vergangenheit ins Unrecht zu setzen und zu korrigieren"[176].

E. Begriff der Rechtsprechung

56

Sicherung des inneren Friedens

Die rechtsprechende Gewalt gewährleistet durch ihre besonderen Organe (Art. 20 Abs. 2 S. 2 GG), also die Gerichte[177], und die diesen angehörenden Richter Rechtsschutz. Jedermann kann zur Durchsetzung ihm zustehender oder von ihm reklamierter Rechte die staatlichen Gerichte anrufen, die dann durch eine verbindliche Entscheidung die ihnen unterbreitete Streitfrage beantworten. Damit gewinnen die Verfahrensbeteiligten und die sonst von der Entscheidung Betroffenen Rechtssicherheit, so daß eigenmächtige und willkürliche Akte der Selbsthilfe unterbleiben können. Die Rechtsprechung leistet damit einen wichtigen Beitrag zum inneren Frieden des Staates und der Sicherheit seiner Bürger[178].

---

170 Vgl. § 31 Abs. 2 BVerfGG, § 47 Abs. 5 S. 2 VwGO (unter Beschränkung auf normenverwerfende Entscheidungen).
171 BVerfGE 20, 56 (87).
172 S. o. Rn. 52.
173 S. o. Rn. 54.
174 S. o. Rn. 53.
175 LVerfG Sachs.-Anh., LVerfGE 13, 143.
176 BVerfGE 18, 429.
177 S. o. Rn. 19.
178 Vgl. zu dieser „fundamentalen Aufgabe" des Staates *Isensee* (N 5), Rn. 90. – Weitergehend als der Text: *Paul Kirchhof*, Die Rechtsprechung als Bedingung der Demokratie, in: Michael Holoubek u.a. (Hg.), Dimensionen des modernen Verfassungsstaates, Symposion zum 60. Geburtstag von Karl Korinek, 2002, S. 89.

I. Formeller Begriff der Rechtsprechung

Wegen des den Richtern und den Gerichten zustehenden Rechtsprechungsmonopols[179] kann sich eine Definition des Begriffs „rechtsprechende Gewalt" nicht damit begnügen, an die im positiven Recht vorhandenen Zuständigkeiten der Gerichte anzuknüpfen und deren Gesamtheit mit dem Etikett „Judikative" zu versehen. Wenn alle von der Rechtsordnung vorgesehenen richterlichen oder gerichtlichen Entscheidungen zur rechtsprechenden Gewalt zählten, wäre es der jeweilige Gesetzgeber, der über den Umfang dessen befände, was als Bestandteil der dritten Gewalt anzusehen sei. Ein solcher formeller Begriff der Rechtsprechung ließe Art. 92 GG leerlaufen und nähme dem Rechtsprechungsmonopol seine Sperrwirkung[180]. Nicht jede Gerichts- oder Richtertätigkeit ist also Rechtsprechung[181]. Überträgt der Gesetzgeber solche Aufgaben an die Gerichte, die nicht unter das Rechtsprechungsmonopol des Art. 92 Hs. 1 GG fallen, und sieht er hierfür das reguläre gerichtliche Verfahren vor, so gelten allerdings auch insofern die rechtsstaatlichen Kautelen der Art. 92 ff. GG, insbesondere also das Gebot des unabhängigen gesetzlichen Richters (Art. 97 Abs. 1 und Art. 101 Abs. 1 S. 2 GG)[182]. Diese den Richtern und Gerichten über die Bestandsgarantie[183] hinaus zugewiesenen Aufgaben werden häufig unter dem Begriff „funktionelle Rechtsprechung" zusammengefaßt[184]. Es handelt sich bei ihnen um den aktuellen Bestand der den Gerichten normativ übertragenen Aufgaben[185]; neuerdings findet sich hierfür auch der Terminus Rechtsfürsorge[186].

57 Sperrwirkung des Rechtsprechungsmonopols

Funktionelle Rechtsprechung

II. Materieller Begriff der Rechtsprechung

Art. 92 GG setzt vielmehr einen materiellen Begriff der Rechtsprechung voraus[187]. Dessen Ermittlung an Hand des Grundgesetzes macht die Berücksichtigung der richter- und gerichtsbezogenen Bestimmungen der Verfassung erforderlich, also insbesondere jener Vorschriften, die Rechtswege eröffnen oder Richtervorbehalte statuieren. Auch kommt dem vom Verfassunggeber im Jahre 1949 vorgefundenen Bestand an Gerichtszuständigkeiten Bedeutung zu. Trotz jahrzehntelanger Bemühungen ist es jedoch der Judikatur und der Wissenschaft bisher nicht gelungen, eine allgemein anerkannte und wider-

58

Definitionsprobleme

---

179 S. o. Rn. 24.
180 *Schulze-Fielitz* (N 28), Art. 92 Rn. 24.
181 BVerfGE 21, 139 (144); 22, 49 (78); 76, 100 (106); 103, 111 (137); *Bettermann* (N 6), Rn. 25.
182 S. o. Rn. 35.
183 S. o. Rn. 16.
184 *Detterbeck* (N 2), Art. 92 Rn. 21 a; *Herzog* (N 58), Art. 92 Rn. 60; *Kissel* (N 234), Einleitung Rn. 160, § 1 Rn. 25; *Meyer* (N 63), Art. 92 Rn. 8; *Pieroth* (N 4), Art. 92 Rn. 4, 11.
185 *Kissel* (N 24), Einleitung Rn. 160.
186 *Meyer* (N 63), Art. 92 Rn. 8; *Schulze-Fielitz* (N 28), Art. 92 Rn. 42.
187 BVerfGE 22, 49 (73 ff.); 76, 100 (106); *Classen* (N 2), Art. 92 Rn. 7; *Herzog* (N 58), Art. 92 Rn. 42; *Kissel* (N 24), Einleitung Rn. 145; *Wassermann* (N 63), Art. 92 Rn. 28. *Bettermann* (N 6), Rn. 18, setzt den materiellen Begriff der Rechtsprechung mit dem funktionellen Begriff gleich, verwendet also den zweiten Begriff in anderer Weise als diejenigen Autoren, die mit ihm die den Richtern und Gerichten zusätzlich übertragenen Aufgaben kennzeichnen (s. o. Rn. 57).

spruchsfreie Definition des Begriffs der rechtsprechenden Gewalt zu finden. Noch im Jahre 2001, also nach über 50 Jahren Grundgesetz, hat das Bundesverfassungsgericht festgestellt, daß der Begriff der rechtsprechenden Gewalt durch die Verfassungsrechtsprechung nicht abschließend geklärt sei[188].

III. Lehre Bettermanns

59
Definitionsversuch

Eine ausgereifte und zugleich elegante Theorie zum Begriff der Rechtsprechung ist von Karl August Bettermann in zahlreichen Abhandlungen entwikkelt und von ihm zuletzt – in verkürzter Form – in den Vorauflagen dieses Handbuchs dargelegt worden[189]. Sie beruht auf seinen langjährigen Erfahrungen als Richter in unterschiedlichen Gerichtszweigen und Instanzen sowie auf dem unermüdlichen Nachdenken dieses bedeutenden Theoretikers des Prozeß- und Gerichtsverfassungsrechts. Die Bettermannsche Lehre – geprägt durch eine seltene Kenntnis des gesamten Prozeßrechts und seiner praktischen Handhabung – berücksichtigt dementsprechend eine Fülle prozessualer Einzelheiten und hat überdies den Vorzug, zu eindeutigen (wenngleich mitunter überraschenden) Ergebnissen zu führen. Unter nochmaliger Verkürzung besagt sie im wesentlichen folgendes.

1. Grundprinzip

60

Rechtsprechen heißt jedenfalls: für Recht erkennen, entscheiden, was rechtens ist[190]. Diese pauschale Umschreibung wird folgendermaßen präzisiert und ergänzt. Jede staatliche Entscheidung von Rechtsstreitigkeiten durch einen am Streitgegenstand Unbeteiligten ist Rechtsprechung im Sinne von Art. 92 Hs. 1 GG[191]. Gleichbedeutend soll die folgende Definition sein: Die Entscheidung dessen, was im gegebenen Fall rechtens ist, durch ein am streitigen (oder feststellungsbedürftigen) Rechtsverhältnis unbeteiligtes Staatsorgan ist Rechtsprechung[192]. Die Neutralität ist ein Essentiale der Rechtsprechung[193].

Neutralität als Essentiale

Demgemäß stehen Richter und Gericht als neutrale Dritte zwischen den streitenden Parteien oder zwischen divergierenden Rechtspositionen. Diese Neutralität kennzeichnet alle Gerichtsverfahren, sowohl diejenigen zwischen Bürgern als auch diejenigen, an denen Hoheitsträger beteiligt sind. Im gerichtlichen Instanzenzug wirkt sich das Prinzip der Neutralität in besonderer Weise aus. Neben die selbstverständliche Neutralität des Rechtsmittelgerichts tritt dort die weitere Folge der Neutralität ein, daß in den höheren Instanzen die Gerichte, deren Entscheidungen angefochten werden, nicht

---

[188] BVerfGE 103, 111 (136); vgl. *Pfeiffer* (N 114), S. 378.
[189] *Bettermann* (N 6), Rn. 17 ff.
[190] *Bettermann* (N 6), Rn. 38.
[191] *Bettermann* (N 6), Rn. 43.
[192] *Bettermann* (N 6), Rn. 33.
[193] *Bettermann* (N 6), Rn. 34.

beteiligt sind[194]. Ein wesentliches Mittel zur Sicherung der Neutralität ist die den Richtern und damit zugleich den Gerichten garantierte Unabhängigkeit in Art. 97 Abs. 1 GG[195]. Aus der Neutralität der Rechtsprechung folgt nach Bettermann die Passivität von Richter und Gericht. Der rechtsprechende Staat wird nicht von Amts wegen tätig, sondern nur auf Antrag eines Beteiligten: ne eat iudex ex officio – wo kein Kläger, da kein Richter[196]. Antragsfreie Verfahren unterfallen nicht dem Art. 92 GG, auch wenn sie von einem Gericht betrieben werden[197].

Das Prinzip der Neutralität findet sich in der Judikatur des Bundesverfassungsgerichts in dem rechtsstaatlichen Grundsatz wieder, wonach niemand in eigener Sache Richter sein dürfe und für die richterliche Tätigkeit wesentlich sei, daß sie von einem nichtbeteiligten Dritten ausgeübt werde[198]; diese Vorstellung sei mit den Begriffen „Richter" und „Gericht" untrennbar verknüpft[199]. Angehörige der Legislative oder der Exekutive, die zu Richtern berufen würden, könnten der Natur der Sache nach selbst als Partei erscheinen und würden nicht bereits durch die Gewährung persönlicher und sachlicher Unabhängigkeit zu unbeteiligten Dritten[200]. Allerdings faßt das Bundesverfassungsgericht die richterliche Neutralität nicht ausdrücklich als Begriffsmerkmal der Rechtsprechung selbst auf.

61
Keine Tätigkeit in eigener Sache

2. Rechtsprechung als Streitentscheidung

Die Entscheidung von Rechtsstreitigkeiten ist Rechtsprechung, wenn darüber gestritten und entschieden wird, was rechtens ist[201]. Die Identifikation von Rechtsprechung und Streitentscheidung geht vom Begriff „ordentliche streitige Gerichtsbarkeit" in § 12 GVG aus, der, wie § 13 GVG erweist, sowohl die bürgerlichen Rechtsstreitigkeiten als auch die Strafsachen umfaßt. Was das Gerichtsverfassungsgesetz unter ordentlicher streitiger Gerichtsbarkeit versteht, ist Rechtsprechung im Sinne des Grundgesetzes und steht unter verfassungskräftigem Richtervorbehalt[202]. Dabei kommt es nicht darauf an, ob innerhalb eines konkreten Prozesses zwischen den Parteien wirklich gestritten wird und in welchem Maße dies der Fall ist. Deshalb sind auch Entscheidun-

62
Begrifflichkeit des Gerichtsverfassungsgesetzes

---

194 BVerfGE 3, 225 (229): „Es entspricht nicht der Stellung eines Richters, auf gleicher Ebene mit den Parteien eines bei ihm anhängigen Prozesses vor einem höheren Gericht sich mit eben diesen Parteien über Rechtsfragen zu streiten".
195 S. o. Rn. 21.
196 *Bettermann* (N 6), Rn. 35.
197 Demgemäß hatte es die Entscheidung BVerfGE 76, 100 (s. o. bei N 118) zum Höferecht nicht mit einem Fall materieller Rechtsprechung zu tun, denn die Landwirtschaftsgerichte wurden bei der Erfassung von Höfen von Amts wegen tätig.
198 BVerfGE 3, 377 (381); 4, 331 (346); 14, 56 (69); 18, 241 (255: Erfordernis der richterlichen *Neutralität*); 21, 139 (145f.: *Neutralität* und Distanz des Richters); 26, 186 (198, 199: *Neutralität* der Ehrengerichtshöfe); 27, 312 (322); 48, 300 (316, 323); 60, 175 (214).
199 BVerfGE 21, 139 (144).
200 BVerfGE 18, 241 (256).
201 *Bettermann* (N 6), Rn. 42.
202 *Bettermann* (N 6), Rn. 43 ff., 47.

§ 112   *Achter Teil: II. Staatsfunktionen*

gen nach Aktenlage sowie Versäumnis-, Anerkenntnis- und Verzichtsurteile Akte der Rechtsprechung[203].

3. Rechtsprechung und Strafprozeß

63 Eine Stärke der Bettermannschen Lehre besteht darin, daß auch der Strafprozeß als ein kontradiktorisches Verfahren zwischen Parteien, also dem Staatsanwalt, gegebenenfalls weiteren Beteiligten und dem Angeklagten, gedeutet wird[204]. Demgemäß ist das Strafurteil eine vom Rechtsprechungsmonopol erfaßte Entscheidung eines Rechtsstreits. Das Problem, wie die staatliche Strafgewalt zwischen Gerichten und Verwaltungsbehörden, die zahlreiche Ordnungswidrigkeiten mit Bußgeldbescheiden ahnden können[205], von Verfassungs wegen aufzuteilen ist, löst Bettermann auf unkonventionelle Weise: Art. 92 GG räumt dem Richter nur ein Erkennungsmonopol ein, es behält ihm also die Entscheidung über das Schuldigsprechen und das Freisprechen vor[206]. Für die Strafen selbst sowie die Maßregeln der Besserung und Sicherung[207] steht ihm dagegen kein Verhängungsmonopol zu, allerdings mit der wesentlichen, durch Art. 104 GG gebotenen Ausnahme der Freiheitsentziehung; dementsprechend könnten Behörden in weiterem Umfang als dies das geltende Recht vorsieht zur Strafverfolgung zugelassen werden.

Erkenntnismonopol des Richters

4. Weitere Verfahrensarten

64 Entsprechendes gilt für die anderen Gerichtszweige, wie schon ihre parallele Aufzählung in Art. 95 Abs. 1 GG belegt. Sämtliche Prozeßordnungen orientieren sich an § 13 GVG und machen die Zuständigkeit der (allgemeinen) Verwaltungsgerichte, der Finanzgerichte, der Sozialgerichte und der Arbeitsgerichte vom Vorhandensein von öffentlich-rechtlichen oder bürgerlichen Rechtsstreitigkeiten abhängig[208]. Auch der Zuständigkeitskatalog des Bundesverfassungsgerichts knüpft mehrfach an den Begriff „Streitigkeiten" an, und sei es in der milderen Form von Meinungsverschiedenheiten oder Zweifeln[209]. Nach der Bettermannschen Lehre muß die Rechtsstreitigkeit nicht kontradiktorisch wie der klassische Zivilprozeß oder der Strafprozeß ausgestaltet sein und daher nicht zwischen den streitenden Parteien geführt werden. Auch die prinzipale Normenkontrolle des Verfassungsrechts[210], die als Einparteienprozeß nur einen Antragsteller, aber keinen Beklagten oder Antrags-

Rechtsstreitigkeit als Grundvoraussetzung

---

203 §§ 306, 307, 330, 331, 331 a ZPO.
204 BVerfGE 103, 142 (151): „Im strafrechtlichen Ermittlungsverfahren ... ist der Richter – entsprechend der Trennung von Anklagebehörde und Gericht im deutschen Strafprozeß – unbeteiligter Dritter, der nur auf Antrag der Staatsanwaltschaft tätig wird".
205 Vgl. §§ 1, 17, 35, 65 OWiG.
206 Zustimmend *Meyer* (N 63), Art. 92 Rn. 9.
207 §§ 61 ff. StGB.
208 § 40 Abs. 1 VwGO, § 2 ArbGG, § 33 Abs. 1 FGO, § 51 Abs. 1 SGG.
209 Art. 93 Abs. 1 Nr. 1–4 GG.
210 S. o. Rn. 31.

gegner kennt, geht auf einen Rechtsstreit zurück, gehört zur streitigen Gerichtsbarkeit und endet mit einer Rechts-Streitentscheidung[211]. Daß die prinzipale Normenkontrolle auch als kontradiktorisches Verfahren ausgestaltet sein kann, zeigt übrigens § 47 Abs. 2 S. 2 VwGO; nach dieser Vorschrift ist der Normenkontrollantrag gegen die juristische Person des öffentlichen Rechts zu richten, welche die Rechtsvorschrift erlassen hat.

Eigenwillig, aber nicht ohne Überzeugungskraft ist die Behandlung der freiwilligen Gerichtsbarkeit. So sollen die typischen Angelegenheiten der freiwilligen Gerichtsbarkeit nicht zur Rechtsprechung zählen, so daß für sie von Verfassungs wegen kein Richter- oder Gerichtsvorbehalt besteht[212]. Anderes gilt etwa in den Fällen der richterlichen Freiheitsentziehung nach Art. 104 GG oder des Rechtsschutzes gegen Akte der öffentlichen Gewalt nach Art. 19 Abs. 4 GG, wenn insoweit das Gesetz über die Angelegenheiten der freiwilligen Gerichtsbarkeit maßgeblich ist; hierbei handelt es sich um Rechtsprechung, die nichtrichterlichen Personen verschlossen bleibt[213].

65
Freiwillige Gerichtsbarkeit

5. Rechtsstreitigkeiten

Art. 92 GG behält den Richtern und Gerichten nur die Entscheidung von Rechtsstreitigkeiten vor, so daß alle anderen Arten von Streitigkeiten nicht vom Rechtsprechungsmonopol erfaßt werden. Auch die bloße Aufklärung streitiger Sachverhalte ohne deren verbindliche rechtliche Bewertung ist keine Rechtsprechung[214]. Das Rechtsprechungsmonopol erfaßt allein die rechtliche Seite eines Falles, betrifft also die Rechtmäßigkeit des Parteiverhaltens und dessen Rechtsfolgen[215]. Zur Rechtsprechung gehört sowohl die Feststellung der Faktenlage, soweit Tatfragen für die rechtliche Beurteilung des Falles relevant sind, als auch die Beurteilung der rechtlichen Seite des Falles[216]. Auch Fragen der Zweckmäßigkeit, der Billigkeit und Angemessenheit können bei entsprechender Ausgestaltung der einschlägigen Normen Rechtsfragen sein[217]. Die gerichtliche Kontrolle behördlichen Ermessens gehört gleichfalls zur Rechtsprechung, doch hängt der Prüfungsumfang von der Ausgestaltung der maßgeblichen Vorschriften ab[218]; in diesem Bereich findet ein verdeckter Konkurrenzkampf zwischen der dritten und der zweiten Gewalt statt[219].

66
Verbindliche rechtliche Bewertung

---

211 *Bettermann* (N 6), Rn. 46.
212 *Bettermann* (N 6), 47 f. Auch das Bundesverfassungsgericht spricht in BVerfGE 14, 56 (67) davon, daß die ordentlichen Gerichte Verwaltungsaufgaben im Bereich der freiwilligen Gerichtsbarkeit ausüben. S. o. Rn. 35.
213 *Bettermann* (N 6), Rn. 47, 63.
214 Dies würde z. B. für die Sprüche der Seeämter zutreffen, denen das Bundesverwaltungsgericht nur die Wirkung von fachmännischen Gutachten beigelegt hat (BVerwGE 32, 21 [25]).
215 *Bettermann* (N 6), Rn. 49.
216 *Bettermann* (N 6), Rn. 50. Ebenso *Jost Pietzcker*, Die deutsche Umsetzung der Vergabe- und Nachprüfungsrichtlinie im Lichte der neuen Rechtsprechung, in: NVwZ 1996, S. 313 (316).
217 *Bettermann* (N 6), Rn. 51 ff.
218 Vgl. § 40 VwVfG, § 114 VwGO.
219 *Bettermann* (N 6), Rn. 54, 65; *Schmidt-Aßmann* (N 10), Rn. 59.

67

Beurteilung der aktuellen Rechtslage

Der Richtervorbehalt bezieht sich lediglich auf solche Rechtsstreitigkeiten, die um die Frage geführt werden, was derzeit rechtens ist, nicht darum, was künftig rechtens sein soll[220]. Damit werden nicht nur Leistungsklagen und Feststellungsklagen erfaßt. Auch Gestaltungsklagen unterfallen der Rechtsprechung, wenn das Ob und Wie der Gestaltung nicht im Ermessen des Richters steht, sondern ihm normativ vorgegeben ist, so daß der die Gestaltung begehrende Kläger bei Vorliegen ihrer rechtlichen Voraussetzungen ihre Vornahme und bei Nichtvorliegen der Beklagte ihre Ablehnung beanspruchen kann. Daher ist auch die richterliche Ehescheidung ein Rechtsprechungsakt, denn die Voraussetzungen dieser Eheauflösung sind gesetzlich definiert[221]. Die Entscheidung der mit der Ehescheidung verbundenen Regelungsstreitigkeiten (wie die Alleinzuweisung des Sorgerechts für die gemeinsamen Kinder[222]), die im Gesetz nur unzureichend normiert und mehr oder weniger dem Ermessen des Richters überlassen seien, sollen dagegen keine Rechtsprechungsakte sein; denn es werde nicht festgestellt, was derzeit nach Maßgabe des objektiven Rechts zwischen den Parteien rechtens sei, sondern es werde geregelt, was nach Maßgabe von Billigkeit, Angemessenheit und Zweckmäßigkeit künftig rechtens sein solle. Die Entscheidung solcher und ähnlicher Sozialkonflikte stehe nicht unter dem Richtervorbehalt des Art. 92 GG, vielmehr zur Disposition des einfachen Gesetzgebers. Dieser sei berechtigt, aber nicht verpflichtet, derartige Regelungsstreitigkeiten den Gerichten zu übertragen; daher stehe es ihm auch frei, mit ihrer Entscheidung Justizorgane ohne Richterqualität, wie Rechtspfleger, oder Verwaltungsbehörden zu betrauen.

6. Rechtsprechende und vollziehende Gewalt

68

Das Recht als Handlungs- und Beurteilungsnorm

Die Abgrenzung von rechtsprechender und vollziehender Gewalt wirft keine Zweifel im Bereich der sogenannten gesetzesfreien Verwaltung auf, wo das Gesetz nur die Schranken des Verwaltungshandelns markiert[223]. Sind dagegen Behörden ähnlich wie Gerichte auf die Vollziehung im engeren Sinne, also auf die strikte Gesetzesanwendung beschränkt, handelt es sich also um die sogenannte gesetzesakzessorische Verwaltung, stellt sich die Frage, wodurch sich die vollziehende von der rechtsprechenden Gesetzesanwendung unterscheidet. Nach Bettermanns Auffassung ist das Recht für die Verwaltung Handlungsnorm, während das materielle Recht für den Richter Beurteilungsnorm ist. Denn der Richter wird in fremder Sache tätig und entscheidet den ihm unterbreiteten Fall als unparteiischer und unbeteiligter Dritter. Dagegen ist die Verwaltungsbehörde an dem von ihr geregelten Fall beteiligt; sie wird in eigener Sache tätig, das heißt in der Sache des Rechtsträgers, für den sie agiert.

---

220 *Bettermann* (N 6), Rn. 40 f.
221 §§ 1564 ff. BGB.
222 § 1671 BGB.
223 *Bettermann* (N 6), Rn. 30 ff.

Eine besondere Nähe zur Rechtsprechung weisen feststellende Verwaltungsakte auf[224]. So enthält etwa die Baugenehmigung – über die Freigabe des Baus hinaus – eine verbindliche Aussage darüber, daß ein Bauvorhaben mit dem öffentlichen Recht vereinbar ist[225]. Aber auch hier ist die Genehmigungsbehörde am Gegenstand der Feststellung beteiligt und übt deshalb keine rechtsprechende Tätigkeit aus. Das gleiche gilt, wenn eine Verwaltungsentscheidung in einem förmlichen Rechtsbehelfsverfahren überprüft wird; es handelt sich nicht um Rechtsprechung, sondern um einen Akt der Selbstkontrolle der Verwaltung, also um eine Entscheidung in eigener Sache[226]. Streitentscheidende Verwaltungsakte sollen nur dann gegen Art. 92 GG verstoßen, wenn es sich um einen Rechtsstreit handelt, dessen Entscheidung gesetzlich vorprogrammiert ist und an dessen Gegenstand die Verwaltungsbehörde unbeteiligt ist[227].

69 Feststellende Verwaltungsakte

Streitentscheidende Verwaltungsakte

Bettermann erkennt nur einen schmalen Grenzbereich zwischen Judikative und Exekutive an, in dem der Gesetzgeber ein und dieselbe Staatsaufgabe nach Ermessen durch Beamte oder Richter erledigen lassen kann[228]. Bei von ihm so genannten neutralen Agenden, solchen also, die also nicht traditionell als genuin richterliche verstanden werden oder nicht von der Verfassung Richtern zugewiesen werden, soll dem Gesetzgeber ein Wahlrecht zustehen. Übt er dies zugunsten der Richter aus, muß er die weitere Entscheidung treffen, ob das Gericht den Fall im Wege streitiger Gerichtsbarkeit erledigen oder ihn wie eine Verwaltungsbehörde regeln soll.

70 Neutrale Agenden

Nach der Auffassung Bettermanns folgt daraus, daß Art. 92 Hs. 1 GG den Richtern die Rechtsprechung und damit die letztverbindliche Klärung der Rechtslage anvertraut hat, daß Gerichtsentscheidungen eine stärkere Verbindlichkeit zukommt als Verwaltungsakten[229]. Die Rücknahme und der Widerruf unanfechtbarer oder bestandskräftiger Verwaltungsakte (§§ 48, 49 VwVfG) ist daher schon von Verfassungs wegen leichter möglich als die Beseitigung rechtskräftiger Richtersprüche, die von Amts wegen überhaupt nicht und auf Antrag nur unter den engen Bedingungen des Wiederaufnahmeverfahrens korrigiert werden können[230].

71 Stärkere Verbindlichkeit von Gerichtsentscheidungen

---

224 *Bettermann* (N 6), Rn. 38.
225 BVerwGE 26, 287 (288).
226 *Bettermann* (N 6), Rn. 37.
227 *Bettermann* (N 6), Rn. 42. Hiermit im Einklang steht – entgegen der Auffassung Bettermanns – BVerwGE 27, 202 (203): Die Befugnis der Preisbehörde, im Streitfall über die Zulässigkeit einer Mieterhöhung zu entscheiden, verletzte Art. 92 GG nicht, weil kein privatrechtlicher Streit zwischen Vermieter und Mieter entschieden wurde, sondern nur die preisrechtliche Zulässigkeit einer Mieterhöhung geprüft und gebilligt wurde.
228 *Bettermann* (N 6), Rn. 25 f.
229 *Bettermann* (N 6), Rn. 38.
230 Folgerichtig sieht *Bettermann* (N 6), Rn. 38, das in § 18 Abs. 1 S. 1 FGG enthaltene freie Änderungsrecht als Beleg für seine These an, daß die klassische freiwillige Gerichtsbarkeit nicht zur Rechtsprechung gehöre (s. o. Rn. 35 und N 212).

IV. Auffassung des Bundesverfassungsgerichts

72

Trotz ihrer Vorzüge hat sich die Theorie Bettermanns zum Begriff der Rechtsprechung nicht durchgesetzt. Für die Staatspraxis ist vielmehr maßgeblich die Auffassung des Bundesverfassungsgerichts, das andere Wege zur Definition des Begriffs der Rechtsprechung beschritten hat. Die Leitentscheidung, an der das Gericht in ständiger Judikatur festhält, hatte das Thema zum Gegenstand, ob die Verhängung von Strafen durch Finanzämter mit Art. 92 Hs. 1 GG vereinbar sei[231]. Schon vorher hatte sich das Bundesverfassungsgericht gelegentlich zu Teilaspekten des Begriffs der Rechtsprechung geäußert. So war es der Meinung, „daß zu den wesentlichen Begriffsmerkmalen der Rechtsprechung auf jeden Fall das Element der Entscheidung gehört, der Feststellung und des Ausspruchs dessen, was rechtens ist"[232]. Sogar an einer veritablen Definition hatte das Gericht sich versucht. So bedeute die den Gerichten durch Art. 92 GG zugewiesene Aufgabe, Recht zu sprechen, „in einzelnen Rechtssachen mit verbindlicher Wirkung zu entscheiden, und zwar in Verfahren, in denen durch Gesetz die erforderlichen prozessualen Sicherungen gewährleistet sind und der verfassungsrechtlich geschützte Anspruch auf rechtliches Gehör besteht"[233]. Mehrfach hatte es sich dagegen mit der Feststellung begnügt, daß einzelne Sachbereiche wie die Strafgerichtsbarkeit und die Entscheidung von bürgerlichen Rechtsstreitigkeiten zur rechtsprechenden Gewalt gehören[234].

Entscheidung als wesentliches Begriffsmerkmal

1. Materieller Begriff der Rechtsprechung?

73

Wenngleich das Bundesverfassungsgericht einen materiellen Begriff der Rechtsprechung für erforderlich hält[235] und zahlreiche andere Lehren verwirft[236], entzieht es sich doch – bei Lichte betrachtet – der selbst gestellten Aufgabe, einen eigenen materiellen Begriff zu entwickeln, begnügt sich vielmehr mit der Addition einzelner Fragmente. So sollen von der Rechtsprechung die in zahlreichen Vorschriften des Grundgesetzes umrissenen Aufgaben der Gerichte mit umfaßt werden[237]. Da nahezu der ganze Katalog der Kompetenzen des Bundesverfassungsgerichts (in Art. 93 GG), fast die gesamte Tätigkeit der Verwaltungsgerichte (in Art. 19 Abs. 4 GG) und zahlreiche weitere Zuständigkeiten (wie die zur Verhängung von Freiheitsstrafen nach Art. 104 Abs. 2 GG) im Grundgesetz fixiert seien, würden die „her-

Kompetenzkatalog als Definitionsgrundlage

---

[231] BVerfGE 22, 49 ff.; vgl. BVerfGE 22, 311 (317); 25, 336 (346); 64, 175 (179 f.); 76, 100 (106); 103, 111 (136 f.) m. Anm. v. *Georg Hermes*, in: JZ 2001, S. 873 (875 f.); BVerfG, in: BVerfGK I, S. 55 (S. 56 f.).
[232] BVerfGE 7, 183 (188 f.); 31, 43 (46); 60, 253 (269 f.).
[233] BVerfGE 4, 358 (363). Die Verwendung der Präposition „im" statt „in" (einzelnen Rechtssachen) dürfte auf einem Druckfehler beruhen.
[234] BVerfGE 8, 197 (207); 12, 264 (274); 14, 56 (66); 21, 139 (144). Vgl. auch BVerfGE 4, 74 (92 f.): „Gesetzesanwendung auf einen Unrechts- oder Pflichtwidrigkeitstatbestand durch eine unabhängige Instanz" ist Rechtsprechung i. S. d. Art. 92 GG.
[235] S. o. Rn. 58.
[236] BVerfGE 22, 49 (73 f., 75 f.); 27, 18 (28).
[237] BVerfGE 22, 49 (76 f.).

kömmlicherweise wichtigsten Aufgaben der Gerichte, die Aufgaben, die wegen der Schwere des Eingriffs und ihrer Bedeutung für die Rechtsstellung des Staatsbürgers am ehesten der Sicherungen eines gerichtlichen Verfahrens bedürfen", bereits an anderer Stelle als in Art. 92 Hs. 1 GG von Verfassungs wegen der rechtsprechenden Gewalt zugeordnet[238]. Doch trifft diese Ansicht augenscheinlich nicht zu. Denn sie erfaßt weder die Zivilrechtsprechung noch die Strafrechtsjustiz außerhalb des Bereichs der Freiheitsstrafen, obwohl diese beiden klassischen Kategorien der Rechtsprechung ebenfalls zu den herkömmlicherweise wichtigsten Aufgaben der Gerichte gehören. Angesichts ihrer unterbliebenen Erwähnung sieht sich das Bundesverfassungsgericht zu einer Verlegenheitslösung gezwungen und behilft sich mit der Behauptung, daß der „Verfassunggeber die traditionellen Kernbereiche der Rechtsprechung – bürgerliche Rechtspflege und Strafgerichtsbarkeit – der rechtsprechenden Gewalt zugerechnet habe, auch wenn sie im Grundgesetz nicht besonders aufgeführt sind"[239]. Zugleich räumt es ein, daß die exakte Grenzziehung in Einzelfällen schwierig sein könne und läßt damit Zweifel an der Trennschärfe seiner Theorie erkennen. Wie berechtigt diese sind, wird daraus ersichtlich, daß das Gericht weiterhin der bloßen Aufzählung der einzelnen Gerichtsbarkeiten in Art. 95 und 96 GG (= Art. 96 und 96a GG a.F.) entnimmt, daß „zumindest der Kernbereich der herkömmlicherweise den einzelnen Gerichtsbarkeiten übertragenen Aufgaben als Rechtsprechung im materiellen Sinn angesehen wird"[240]. Da es gerichtliche Zuständigkeiten geben soll, „die von vornherein nicht materielle Rechtsprechung zum Gegenstand haben"[241], wäre es geboten gewesen, einen Maßstab zu nennen, der im konkreten Fall eine Unterscheidung ermöglicht.

2. Rechtsprechung und Strafgewalt

Gleichfalls unsicher ist die verfassungsrechtliche Einordnung der Strafjustiz, jedenfalls außerhalb der Verhängung von Freiheitsstrafen[242]. So soll es der Gesetzgeber in der Hand haben, bei veränderter rechtspolitischer Wertung des Unrechtsgehalts Straftatbestände in Ordnungswidrigkeiten umzuwandeln und dadurch an die Stelle der richterlichen Zuständigkeit diejenige von Verwaltungsbehörden zu setzen. Der Unterschied zwischen Kriminalstrafen und Bußen als staatliche Reaktion auf Ordnungswidrigkeiten soll darin liegen, daß nur die Kriminalstrafe als echte Strafe mit einem ethischen Schuldvorwurf verbunden sei. Die Kriminalstrafe – auch in der Form der Geldstrafe – sei wegen des mit ihr verbundenen autoritativen Unwerturteils „ein so schwerwiegender Eingriff in die Rechtssphäre des Staatsbürgers, daß sie unter allen Umständen nur durch den Richter vorgenommen werden darf"[243]. Zum

74

Kriminalstrafen und Bußen

---
238 BVerfGE 22, 49 (77).
239 BVerfGE 22, 49 (77 f.); 27, 18 (28); vgl. schon BVerfGE 8, 197 (207); 12, 264 (274).
240 BVerfGE 22, 49 (78); ebenso BGHZ 82, 34 (40).
241 BVerfGE 22, 49 (78).
242 BVerfGE 22, 49 (79 ff.).
243 BVerfGE 22, 49 (80); 22, 311 (317).

Kernbereich des Strafrechts, der nicht der Disposition des Gesetzgebers unterliege und daher nicht den Gerichten entzogen werden könne, sollen alle bedeutsamen Unrechtstatbestände rechnen[244]. Im übrigen könnten mindergewichtige Unrechtstatbestände in Ordnungswidrigkeiten umgewandelt und von Behörden mit Bußen geahndet werden. Das schwankende Merkmal der Bedeutsamkeit gewährt dem Gesetzgeber einen beträchtlichen Spielraum. Dies hat Bettermann zu dem Urteil veranlaßt, daß nach der Rechtsprechung des Bundesverfassungsgerichts der Richtervorbehalt des Art. 92 Hs. 1 GG im Bereich der Strafjustiz weitgehend unter Gesetzesvorbehalt stehe[245].

3. Funktioneller Begriff der Rechtsprechung

75 Den in der Leitentscheidung proklamierten Begriff der Rechtsprechung[246] hat das Bundesverfassungsgericht inzwischen variiert, ohne daß es aber zu größerer Klarheit oder gar zu einer überzeugenden Definition gefunden hätte. In Übereinstimmung mit dem Muster steht noch die Aussage, daß Rechtsprechung im materiellen Sinne vorliege, „wenn bestimmte hoheitsrechtliche Befugnisse bereits durch die Verfassung Richtern zugewiesen sind oder es sich von der Sache her um einen traditionellen Kernbereich der Rechtsprechung handelt"[247]. Die Neuerung liegt in folgendem: „Daneben ist rechtsprechende Gewalt im Sinne des Art. 92 GG auch dann gegeben, wenn der Gesetzgeber für einen Sachbereich, der nicht schon materiell dem Rechtsprechungsbegriff unterfällt, eine Ausgestaltung wählt, die bei funktioneller Betrachtung nur der rechtsprechenden Gewalt zukommen kann"[248]. Diese Kombinationstheorie, die die materielle und funktionelle Rechtsprechung unter dem Dach des Art. 92 GG vereinen soll, ist mit der Deutung dieser Vorschrift als eines Rechtsprechungsmonopols kaum verträglich[249]. Denn der funktionelle Bereich der rechtsprechenden Gewalt beruht auf der freien und verfassungsrechtlich zulässigen Entscheidung des einfachen Gesetzgebers, den Richtern und Gerichten zusätzliche Aufgaben zu übertragen[250]. Ihnen werden also weitere Befugnisse anvertraut, allerdings nur auf Widerruf. Denn der Gesetzgeber, der das verfassungsfeste Hausgut der Richter durch Zugaben bereichert, ist berechtigt, diese durch gegenläufige Gesetze den Richtern zu entziehen und den Kompetenztransfer rückgängig zu machen[251]. Am Rechtsprechungsmonopol nehmen die funktionellen Zuständigkeiten, auch wenn das Bundesverfassungsgericht sie dem Begriff der rechtsprechenden Gewalt unterstellt,

Kombinationstheorie

Kein Rechtsprechungsmonopol für funktionelle Rechtsprechung

---

244 BVerfGE 22, 49 (81); 22, 125 (132 f.); 23, 113 (126); 27, 18 (28); 45, 272 (288 f.).
245 *Bettermann* (N 6), Rn. 21.
246 BVerfGE 22, 49 (73 ff.).
247 BVerfGE 103, 111 (137).
248 BVerfGE 103, 111 (137).
249 Kritisch zum funktionellen Begriff der Rechtsprechung auch *Hermes* (N 231), S. 875 f.; *Walter Schmidt*, Wahlprüfungsrecht als Veranschaulichungsbeispiel öffentlich-rechtlicher Grundsatzfragen, in: JuS 2001, S. 545 (547); *Michael Wild*, Anm. zu BVerfGE 103, 111, in: DVBl 2001, S. 888 (891).
250 S. o. Rn. 33, 35, 37.
251 *Kissel* (N 24), Einleitung, Rn. 155, 160, § 1 Rn. 25.

nicht teil[252]. Der Fehler der bundesverfassungsgerichtlichen These liegt darin, daß sie den Gesetzgeber ermächtigt, die mit Verfassungsrang ausgestattete Bestandsgarantie zugunsten der Richter[253] um eine einfachgesetzliche Komponente zu erweitern. Damit wird aber der Anwendungsbereich des Art. 92 Hs. 1 GG überschritten. Denn diese Bestimmung befaßt sich ausschließlich mit denjenigen richterlichen Tätigkeiten, die von Verfassungs wegen den Richtern vorbehalten sind, ihnen somit als Monopol anvertraut sind.

An dieser Rechtslage ändert sich auch dadurch nichts, daß das Bundesverfassungsgericht an die Begründung funktioneller Rechtsprechung durch einfaches Gesetz bestimmte Anforderungen stellt. Diese Variante der Rechtsprechung soll nur gegeben sein, „wenn der Gesetzgeber ein gerichtsförmiges Verfahren hoheitlicher Streitbeilegung vorsieht und den dort zu treffenden Entscheidungen eine Rechtswirkung verleiht, die nur unabhängige Gerichte herbeiführen können"[254]. Zu den wesentlichen Begriffsmerkmalen der Rechtsprechung in diesem Sinne rechnet das Bundesverfassungsgericht das Element der Entscheidung, der letztverbindlichen, der Rechtskraft fähigen Feststellung und des Ausspruchs dessen, was im konkreten Fall rechtens ist[255]. Nach Art. 92 GG sei es „Aufgabe der Gerichte, Rechtssachen mit verbindlicher Wirkung zu entscheiden, und zwar in Verfahren, in denen durch Gesetz die erforderlichen prozessualen Sicherungen gewährleistet sind und der verfassungsrechtlich geschützte Anspruch auf rechtliches Gehör besteht"[256]. Ein Kennzeichen rechtsprechender Tätigkeit sei „typischerweise die letztverbindliche Klärung der Rechtslage in einem Streitfall im Rahmen besonders geregelter Verfahren"[257]. Dieser argumentative Aufwand führt über die traditionell anerkannte Befugnis des Gesetzgebers, Richter und Gerichte mit zusätzlichen Aufgaben zu betrauen[258], nicht hinaus, sondern drapiert sie juristisch nur anders. Er kann sich für eine exekutivische Lösung entscheiden, bei der Richter, zum Beispiel innerhalb der Gerichtsverwaltung, wie Verwaltungsbeamte agieren[259]. Vielfach praktiziert wird aber auch die judikative Lösung, die für die Erledigung der übertragenen Aufgaben das übliche, die Einhaltung rechtsstaatlicher Garantien sichernde gerichtliche Verfahren vorsieht[260].

76
Wahl des Gesetzgebers zwischen exekutivischer und judikativer Lösung

Die vom Bundesverfassungsgericht entwickelte Ansicht, Art. 92 GG beziehe sich auch auf die sogenannte funktionelle Rechtsprechung, ist überdies unnötig. Denn der mit ihr bezweckte Effekt, die Bindung des Richters an die rechtsstaatlichen Verbürgungen des IX. Abschnitts sicherzustellen, tritt auch dann ein, wenn man Art. 92 Hs. 1 GG allein auf die materielle Rechtspre-

77
Richterliche Unabhängigkeit bei funktioneller Rechtsprechung

---

252 So BVerfGE 21, 139 (144) hinsichtlich der freiwilligen Gerichtsbarkeit. – Nach der Ansicht *Kissels* (N 24), Einleitung Rn. 160, fallen zusätzliche Aufgaben „für die Dauer ihrer Zuweisung an die Gerichte unter den Rechtsprechungsbegriff"; ähnlich *Gusy* (N 111), S. 170.
253 S. o. Rn. 16, 24.
254 BVerfGE 103, 111 (137).
255 BVerfGE 103, 111 (137).
256 BVerfGE 103, 111 (137 f.).
257 BVerfGE 103, 111 (138).
258 S. o. Rn. 33, 35.
259 Vgl. BVerwG, in: NJW 2002, S. 226: Heranziehung von Richtern bei der Durchführung von Wahlen.
260 S. o. Rn. 33, 57.

chung bezieht. Die gerichtsverfassungsrechtlichen und prozessualen Vorschriften des Grundgesetzes setzen nicht voraus, daß in ihrem Anwendungsbereich durch Richter oder Gerichte Rechtsprechung im Sinne des Art. 92 Hs. 1 GG ausgeübt wird. Die Richter sind als Mitglieder von Gerichten immer unabhängig (Art. 97 Abs. 1 GG) und unterliegen ausnahmslos dem Gebot des gesetzlichen Richters (Art. 101 Abs. 1 S. 2 GG). Anspruch auf rechtliches Gehör „hat jeder, der an einem gerichtlichen Verfahren als Partei oder in ähnlicher Stellung beteiligt ist oder unmittelbar rechtlich von dem Verfahren betroffen wird"[261]; deshalb findet Art. 103 Abs. 1 GG auch dann Anwendung, „wenn ein Richter in seinem Zuständigkeitsbereich Maßnahmen trifft, die aus dem Gebiet der spezifisch richterlichen Aufgaben herausfallen, ihm aber wegen seiner besonderen verfassungsrechtlichen Stellung anvertraut sind"[262]. Wegen der Maßgeblichkeit dieser Garantien konnte das Bundesverfassungsgericht zu Recht die Frage offenlassen, ob die Tätigkeit der Richter der freiwilligen Gerichtsbarkeit ihrem sachlichen Gehalt der rechtsprechenden Gewalt im Sinne des Art. 92 Hs. 1 GG zugerechnet werden kann[263].

78

Gefahr für das Rechtsprechungsmonopol

Die vorstehend kritisierte Kombinationstheorie genügt nicht einmal dem eigenen Anspruch des Bundesverfassungsgerichts, das in seiner Leitentscheidung noch der Ansicht gewesen war, Art. 92 GG gehe von einem materiellen Begriff der rechtsprechenden Gewalt aus[264]. Durch die Unterstellung der funktionellen Rechtsprechung unter das Regime des Art. 92 Hs. 1 GG wird der Inhalt dieser Vorschrift – außerhalb der im Grundgesetz enthaltenen Gerichtszuständigkeiten und der traditionellen Kernbereiche der Rechtsprechung – der Disposition des Gesetzgebers ausgeliefert. Das Rechtsprechungsmonopol der Richter wird auf diese Weise durch einen Gesetzesvorbehalt ausgehöhlt. Es wäre dann zulässig, außerhalb der beiden materiellen Varianten der Rechtsprechung – nämlich der verfassungsrechtlichen und der traditionellen Gerichtszuständigkeiten – Verfahren verbindlicher Streitentscheidung durch Behörden einzuführen. Bei Beachtung der bundesverfassungsgerichtlichen Vorgaben dürfte es kaum möglich sein, Verwaltungsentscheidungen, durch die Rechtsstreitigkeiten zwischen Privaten verbindlich entschieden werden, als Einbruch in das richterliche Rechtsprechungsmonopol zu qualifizieren.

V. Weitere Definitionen der Rechtsprechung

79 Die Definitionen und Umschreibungen des Begriffs der Rechtsprechung durch das Bundesverfassungsgericht und Bettermann sind nicht die einzigen; mannigfach sind vielmehr die Versuche, dem Begriff und damit dem Rechtsprechungsmonopol des Grundgesetzes klare Konturen zu verleihen[265]. Eine

---

261 BVerfGE 65, 227 (233); 101, 397 (404); → unten *Degenhart*, § 115 Rn. 18.
262 BVerfGE 101, 397 (405).
263 BVerfGE 21, 139 (144).
264 BVerfGE 22, 49 (73).
265 Vgl. *Andreas Voßkuhle*, Rechtsschutz gegen den Richter, 1993, S. 69 ff.

überzeugende Lösung ist allerdings bisher nicht erzielt worden[266]. Eine große Nähe zum Bettermannschen Konzept weist die Lehre Klaus Sterns auf, der allerdings die Notwendigkeit eines Rechtsstreits in Zweifel zieht[267]. Rechtsprechung ist nach seiner Auffassung „die in besonders geregelten Verfahren zu letztverbindlicher Entscheidung führende rechtliche Beurteilung von Sachverhalten in Anwendung des geltenden Rechts durch ein unbeteiligtes (Staats-)Organ, den Richter"[268]. Ähnlich steht es mit dem formell-materiellen Begriff Norbert Achterbergs [269]. Danach ergreift Art. 92 Hs. 1 GG die im Grundgesetz enthaltenen Rechtsweggarantien und Richtervorbehalte und außerdem die Streitentscheidung durch einen unbeteiligten Dritten.

Lehre Klaus Sterns

Begriff nach Norbert Achterberg

80

Vielfach wird die Auffassung des Bundesverfassungsgerichts akzeptiert, wenngleich in Randbereichen modifiziert[270]. Aber auch grundsätzliche Ablehnung hat sie erfahren. So hat Roman Herzog (zu einer Zeit, als er noch nicht Mitglied des Bundesverfassungsgerichts war) die Leitenscheidung[271] mit dem Etikett „Fehlentwicklung" versehen und ihr die eigene Ansicht gegenübergestellt, wonach unter dem Begriff der rechtsprechenden Gewalt lediglich die über das Grundgesetz verstreuten Rechtswegzuweisungen und Richtervorbehalte zusammengefaßt würden[272]. Hiergegen hat schon Bettermann eingewandt, daß damit die gesamte Zivilgerichtsbarkeit und die Strafgerichtsbarkeit – mit Ausnahme der in Art. 104 GG genannten Freiheitsstrafen – nicht von dem verfassungsrechtlichen Richtervorbehalt des Art. 92 Hs. 1 GG erfaßt würden[273]. Soweit es nicht nur um Variationen vorhandener Auffassungen geht, leiden manche Theorien daran, daß sie wegen ihrer Abstraktheit ihren Gegenstand, die Rechtsprechung, nicht ausreichend begrenzen, zudem kaum Kontakt zum Prozeßrecht aufweisen und deshalb für die Lösung praktischer Zweifelsfälle keine brauchbare Handhabe bieten. Dies gilt etwa für die Definition der Rechtsprechung durch Eberhard Schmidt-Aßmann: „Rechtsprechung ist die ausschließlich nach Methoden und Maßstäben des Rechts in einem qualifizierten Verfahren zu treffende verbindliche Entscheidung von Fällen, die typischerweise durch die Gegensätzlichkeit von Rechtsauffassungen gekennzeichnet sind"[274]. Sie ist zudem dem Einwand ausgesetzt, daß ihr zahlreiche Verwaltungsakte unterfallen.

Begriff nach Roman Herzog

Definition von Eberhard Schmidt-Aßmann

---

266 *Detterbeck* (N 2), Art. 92 Rn. 20 f.
267 *Stern* (N 3), S. 894 ff. – Der Bettermannschen Lehre verwandt sind auch die Definitionen weiterer Autoren: *Classen* (N 2), Art. 92 Rn. 10 ff.; *Meyer* (N 63), Art. 92 Rn. 5, 7, 9: *Schmidt-Bleibtreu* (N 46), Vorb. Art. 92 Rn. 4; *Schmidt-Räntsch* (N 56), § 1 Rn. 4; *Wassermann* (N 63), Art. 92 Rn. 28 ff.
268 *Stern* (N 3), S. 898.
269 *Achterberg* (N 75), Art. 92 Rn. 111.
270 *Detterbeck* (N 2), Art. 92 Rn. 4 ff.; *Heyde* (N 80), § 33 Rn. 12 ff.; *Pieroth* (N 4), Art. 92 Rn. 2 ff.; *Schulze-Fielitz* (N 28), Art. 92 Rn. 24 ff.; *Wolff* (N 59), Art. 92 Rn. 11 ff.
271 BVerfGE 22, 49 (73 ff.); s. o. Rn. 72.
272 *Herzog* (N 58), Art. 92 Rn. 49, 34 ff.
273 *Bettermann* (N 6), Rn. 19.
274 *Schmidt-Aßmann* (N 10), Rn. 52. Ähnliche Bedenken richten sich gegen die Definitionen von *Konrad Hesse*, Grundzüge des Verfassungsrechts der Bundesrepublik Deutschland, [20]1995, Rn. 548 f.; *Heyde* (N 80), § 33 Rn. 15; *Kissel* (N 24), Einleitung Rn. 150; *Schilken* (N 61), Rn. 54 ff.

F. Rechtswege und Richtervorbehalte im Grundgesetz

81 Die rechtsprechende Gewalt, die durch die Gerichte ausgeübt wird und den Richtern anvertraut ist[275], wird nur auf Antrag tätig[276]. Mit Hilfe eines solchen Antrags, dessen wichtigste Erscheinungsform die Klage ist, wird der sogenannte Rechtsweg beschritten.

I. Rechtswege

82
Vorgaben im Grundgesetz

Die drei Kardinalvorschriften, die den verfassungsrechtlichen Status der dritten Gewalt festlegen (Art. 20 Abs. 2 S. 2, Art. 92, 97 GG)[277], lassen nicht erkennen, auf welche Weise die rechtsprechende Gewalt zu aktivieren ist. Insbesondere verwenden sie den Begriff des Rechtswegs nicht. Dieser findet sich aber mehrfach an anderen Stellen der Verfassung und gibt darüber Aufschluß, wo innerhalb der Justizorganisation der rechte Ort für bestimmte Rechtsstreitigkeiten ist. So steht nach Art. 19 Abs. 4 GG demjenigen, der durch die öffentliche Gewalt in seinen Rechten verletzt wird, der Rechtsweg offen (S. 1); soweit eine andere Zuständigkeit nicht begründet ist, ist der ordentliche Rechtsweg gegeben (S. 2). Wegen der Höhe der Enteignungsentschädigung „steht im Streitfalle der Rechtsweg vor den ordentlichen Gerichten offen" (Art. 14 Abs. 3 S. 4 GG)[278]. Für den Amtshaftungsanspruch und den Rückgriffsanspruch „darf der ordentliche Rechtsweg nicht ausgeschlossen werden" (Art. 34 S. 3 GG). In diesen Fällen, in denen das Grundgesetz Rechtswege eröffnet, ist die Frage müßig, ob die hiervon erfaßten richterlichen Tätigkeiten ihrer materiellen Qualität nach solche der Rechtsprechung sind.

83

Begriff

Auch die Prozeßgesetze bedienen sich zwecks Bestimmung ihres sachlichen Geltungsbereichs des Begriffs des Rechtswegs und lassen hierbei die Art der Streitigkeit maßgeblich sein[279]. Der Rechtsweg ist der Weg zu den Gerichten[280]. Er führt zu dem Gerichtszweig, der zur Entscheidung für das konkrete Anliegen berufen ist (zum Beispiel die ordentliche oder die allgemeine Verwaltungsgerichtsbarkeit). Welches Gericht innerhalb der jeweiligen Gerichtssparte für einen konkreten Fall zuständig ist, bestimmt sich nach den Regeln über die sachliche, instanzielle und örtliche Zuständigkeit, die sich aus dem Gerichtsverfassungsrecht und den Prozeßgesetzen ergeben. Innerhalb eines Rechtswegs muß kein Instanzenzug bestehen; es gibt auch Gerichte, die in erster und letzter Instanz entscheiden[281]. Aber damit, daß ein Kläger oder Antragsteller den Rechtsweg beschreiten, also ein Gericht mit einer Rechts-

---

[275] S. o. Rn. 18 ff.
[276] S. o. Rn. 60.
[277] S. o. Rn. 23.
[278] Vgl. weiterhin Art. 93 Abs. 1 Nr. 4, Art. 94 Abs. 2 S. 2 GG.
[279] Vgl. § 13 GVG, § 2 ArbGG, § 40 Abs. 1 VwGO, § 33 Abs. 1 FGO, § 51 SGG.
[280] BVerfGE 4, 74 (94); 4, 331 (343); 49, 252 (257); 49, 330 (340); *Gusy* (N 111), S. 170.
[281] BVerfGE 4, 74 (94f.); 11, 232 (233); 48, 300 (323); 49, 329 (341); 65, 76 (90); 78, 88 (99); 83, 24 (32); 87, 48 (61); 92, 365 (410); 96, 27 (39).

schutzbitte anrufen kann, hat es nicht sein Bewenden. Wegen des Rechtsprechungsmonopols der Richter muß innerhalb der Gerichte für das Begehren ein Richter zuständig sein. Der Rechtsweg führt also zum rechtsprechenden Richter[282]. Nichtrichterliche Bedienstete sind von der Rechtsprechung ausgeschlossen[283].

II. Richtervorbehalte

Neben den verfassungsrechtlichen Rechtswegzuweisungen kennt das Grundgesetz auch sogenannte Richtervorbehalte. Nach traditioneller Auffassung sehen sie vor, daß bestimmte hoheitliche Maßnahmen vom Richter selbst vorgenommen werden müssen oder einer richterlichen Billigung bedürfen[284]. Der wichtigste Fall eines Richtervorbehalts wäre hiernach das Rechtsprechungsmonopol des Art. 92 Hs. 1 GG[285]. Nach einer modernen Definition handelt es sich bei Richtervorbehalten dagegen um Kompetenzregelungen, nach denen bei bevorstehenden oder noch andauernden Grundrechtseingriffen der Exekutive ein Richter zur Anordnung der Maßnahmen ausschließlich und obligatorisch zuständig ist[286].

84

Kompetenzregelungen

Unter einem verfassungsrechtlichen Richtervorbehalt stehen etwa die Anordnung der Wohnungsdurchsuchung nach Art. 13 Abs. 2 GG[287], die Anordnung des Einsatzes technischer Überwachungsmittel nach Art. 13 Abs. 3 GG[288], die richterlichen Entscheidungen über die Zulässigkeit und Fortdauer einer Freiheitsentziehung nach Art. 104 Abs. 2 S. 1 GG[289] sowie die Anordnung von Zwangsarbeit nach Art. 12 Abs. 3 GG. Die Freiheitsentziehung nach Art. 104 Abs. 3 GG bietet ein weiteres Beispiel[290]: Jeder wegen des Verdachts einer strafbaren Handlung vorläufig Festgenommene ist einem Richter vorzuführen (S. 1), der unverzüglich einen Haftbefehl erläßt oder die Freilassung anordnet (S. 2). Wie für die Rechtswegzuweisungen kommt es auch für die grundgesetzlichen Richtervorbehalte nicht darauf an, ob es sich bei den von ihnen erfaßten Entscheidungen um materielle Rechtsprechung im Sinne des Art. 92 Hs. 1 GG handelt[291].

85

Verfassungsrechtliche Richtervorbehalte

---

282 BVerfGE 61, 82 (110f.); *Bettermann* (N 6), Rn. 19, 61 f.; *Herzog* (N 58), Art. 92 Rn. 45 f.
283 S. o. Rn. 24.
284 *Detterbeck* (N 2), Art. 92 Rn. 7; *Herzog* (N 58), Art. 92 Rn. 39 f.
285 S. o. Rn. 24.
286 *Rabe von Kühlewein* (N 155), S. 639. Vgl. auch *Gusy* (N 111), S. 167 ff.
287 Vgl. BVerfGE 96, 27 (40, 41 f.); 96, 44 (51 ff.); 103, 142 (151 ff.); 107, 299 (338).
288 BVerfGE 109, 279.
289 Vgl. BVerfGE 22, 311 (317); 83, 24 (32, 33); 96, 27 (40); 105, 239 (248 f.); 107, 299 (338); 109, 190 (253).
290 Vgl. BVerfGE 96, 27 (40); 107, 299 (338).
291 S. o. Rn. 82.

G. Staatliche und nichtstaatliche Rechtsprechung

86 Die rechtsprechende Gewalt ist ein Teil der Staatsgewalt[292] und wird von staatlichen Gerichten ausgeübt[293]. Dies folgt aus Art. 92 Hs. 2 GG, der die Ausübung der rechtsprechenden Gewalt dem Bundesverfassungsgericht, den im Grundgesetz vorgesehenen Bundesgerichten und den Gerichten der Länder zuweist und damit ein Rechtsprechungsmonopol des Bundes und der Länder statuiert[294].

I. Staatlichkeit von Gerichten

87 Daß die mit der Ausübung der rechtsprechenden Gewalt betrauten Gerichte solche des Staates sein müssen, ist keine eindeutige Aussage, sondern läßt die Frage nach der Art oder dem Umfang ihrer Staatlichkeit offen. Regelmäßig sind staatliche Gerichte rechtlich unselbständige Organe des Staates als juristischer Person, also des Bundes oder der Länder. Denkbar ist es aber auch, daß sie – in Analogie zur mittelbaren Staatsverwaltung – rechtlich unselbständige Organe juristischer Personen des öffentlichen Rechts sind, die ihrerseits dem jeweils zuständigen Staat zugeordnet sind[295]. Ob es neben der unmittelbaren Staatsgerichtsbarkeit auch eine mittelbare Staatsgerichtsbarkeit geben darf, ist im Grundgesetz nicht ausdrücklich geregelt[296]. Auf der Ebene des Bundes ist allerdings eine derartige gerichtsverfassungsrechtliche Organisationsform ausgeschlossen, weil Art. 92 Hs. 2 GG die Ausübung rechtsprechender Gewalt durch den Bund auf das Bundesverfassungsgericht und die im Grundgesetz vorgesehenen Bundesgerichte beschränkt. Auf die in Art. 101 Abs. 2 GG enthaltene Ermächtigung, Sondergerichte zu errichten, kann sich der Bund nicht stützen; denn der Kreis der Bundesgerichte ist abschließend bestimmt[297].

Unmittelbare und mittelbare Staatsgerichtsbarkeit

88 Dagegen sind die Länder berechtigt, auf der Grundlage des Art. 101 Abs. 2 GG Sondergerichte – zum Beispiel für die Zivilgerichtsbarkeit – zu schaffen[298]. Ob aber derartige Sondergerichte im Landesbereich sich am Muster der mittelbaren Staatsverwaltung orientieren dürfen, ist zweifelhaft[299]. Das Bundesverfassungsgericht jedenfalls hat nicht darauf bestanden, daß Sondergerichte der Länder diesen unmittelbar zugeordnet sein müssen[300]. So hat es kommunale Friedensgerichte des früheren Landes Württemberg-Baden und baden-württembergische Gemeindegerichte nicht an Art. 92 Hs. 2 GG scheitern lassen,

Sondergerichte auf Länderebene

---

292 S. o. Rn. 2.
293 BVerfGE 4, 74 (92, 94); 18, 241 (253); 26, 186 (194); 48, 300 (315).
294 BVerfGE 10, 200 (214).
295 *Dieter Lorenz*, Der Rechtsschutz des Bürgers und die Rechtsweggarantie, 1973, S. 209.
296 *Herzog* (N 58), Art. 92 Rn. 14, 125 ff.
297 BVerfGE 10, 200 (213); 26, 186 (192); BVerwGE 32, 21 (23).
298 BVerfGE 10, 200 (213), 14, 56 (66).
299 Verneinend *Bettermann* (N 6), Rn. 73 f., 76.
300 BVerfGE 18, 241 (253).

sie vielmehr als nach Art. 101 Abs. 2 GG zulässige Sondergerichte akzeptiert[301]. Es hat sich damit zufrieden gegeben, daß derartigen Gerichten „Rechtsprechungsgewalt des Staates" übertragen sei, und hat deshalb in der Ausübung staatlicher Gerichtsbarkeit durch Gemeinden keinen Widerspruch zu Art. 92 GG gesehen[302].

Diese Rechtsprechung, die keine staatsunmittelbare Organisation der Gerichte verlangt, hat das Bundesverfassungsgericht auch auf andere Konstellationen angewandt. Mehrfach hat es dem Bundesgesetzgeber und dem Landesgesetzgeber die Befugnis zuerkannt, unter Berufung auf Art. 101 Abs. 2 GG Sondergerichte zu schaffen, die den Ländern nicht unmittelbar zugeordnet sind[303]. Zugleich hat es die Anforderungen an die Staatlichkeit solcher Gerichte, die nicht in der Form einer unmittelbaren staatlichen Einrichtung geführt werden, präzisiert, dabei jedoch keine sonderlich strengen Anforderungen an den erforderlichen staatlichen Einfluß gestellt. Es reiche nicht aus, daß die Bildung eines Gerichts auf staatlichem Gesetz beruhe und das Gericht staatliche Aufgaben wahrnehme. Vielmehr gelte das „Erfordernis der personellen Bindung an den Staat"; dazu gehöre, daß der Staat bei der Berufung der Richter mitwirke, zumindest in der Form der Bestätigung[304]. Gelegentlich wird sogar verlangt, daß das Gericht auch personell vom Staat entscheidend bestimmt werde[305]. Die Bindung an den Staat müsse in personeller Hinsicht ausreichend gewährleistet sein und solle die Einflußnahme des Staates auf die Besetzung der Gerichte sowie deren Funktionsfähigkeit sichern[306]. Daher soll es sich, wie im Fall der auf Bundesrecht beruhenden Ehrengerichte für Rechtsanwälte, auch dann um ein staatliches Gericht handeln, wenn ein von einer Körperschaft des öffentlichen Rechts (Standesorganisation) getragenes Gericht eingerichtet wird[307]. Entsprechendes gilt für ärztliche Berufsgerichte[308].

89

Personelle Bindung an den Staat

II. Staatliche und private Rechtsprechung

Die vom Grundgesetz konstituierte und geregelte rechtsprechende Gewalt ist staatliche Gewalt, die von staatlichen Gerichten ausgeübt wird[309]. Das Rechtsprechungsmonopol der Richter und der Gerichte betrifft das Verhältnis der dritten Gewalt zur Exekutive und Legislative, nicht unmittelbar das Verhältnis zu den Bürgern. Demgemäß befaßt sich der IX. Abschnitt (Art. 92–104) nicht mit der Frage, ob es außer oder neben der staatlichen Gerichtsbarkeit

90

---

301 BVerfGE 10, 200 (212f., 214f.); 14, 56 (66).
302 BVerfGE 10, 200 (214, 215); 14, 56 (66, 67ff.).
303 BVerfGE 18, 241 (253, 257); 26, 186 (192ff.).
304 BVerfGE 18, 241 (253f.); 26, 186 (195); 48, 300 (315, 316, 321, 323).
305 BVerfGE 18, 241 (253); 27, 355 (362).
306 BVerfGE 26, 186 (195); 48, 300 (321, 323).
307 BVerfGE 26, 186 (192ff.); 48, 300 (315f.).
308 BVerfGE 4, 74 (92ff.); 18, 241 (253ff.); 27, 355 (361ff.); vgl. auch BVerfGE. 22, 42 (47f.).
309 S.o. Rn. 86ff.

§ 112 *Achter Teil: II. Staatsfunktionen*

Private Gerichtsbarkeit

weitere Institutionen geben darf, die Recht sprechen[310]. Eine Sonderregelung hat immerhin die Kirchengerichtsbarkeit innerhalb des Staatskirchenrechts gefunden[311]. Rechtsprechung ohne Inanspruchnahme öffentlicher oder hoheitlicher Gewalt, also in den Formen des Privatrechts, ist dagegen kein Gegenstand des Staatsorganisationsrechts. Die Zulässigkeit der nichtstaatlichen privaten Sanktionierung individuellen oder kollektiven Verhaltens bemißt sich verfassungsrechtlich nach den jeweils berührten Grundrechten und im übrigen nach dem sonstigen positiven Recht[312]. Traditionsreich sind die bekannten Institute der privaten Schiedsgerichtsbarkeit und der Verbandsgerichtsbarkeit[313]. Neuerdings scheinen Tendenzen einer weitergehenden Privatisierung der Gerichtsbarkeit an Boden zu gewinnen[314]. So spricht sich Wolfgang Hoffmann-Riem für eine Verantwortungsteilung und Zusammenarbeit von Staat und Privaten im Bereich der Justiz aus und plädiert für eine bloße Auffangfunktion der staatlichen Gerichtsbarkeit (wenngleich unter Ausschluß der spruchrichterlichen Tätigkeit)[315]. Eine Privatisierung der richterlichen Rechtsprechung wäre allerdings unzulässig[316].

1. Privatrechtliche Schiedsgerichtsbarkeit

91

Subsidiarität der Staatsgerichtsbarkeit

Die Unterwerfung unter eine private Schiedsgerichtsbarkeit setzt das Vertrauen der Parteien zum Schiedsgericht und damit ihr Einverständnis voraus. Eine Schiedsvereinbarung ist nach § 1029 Abs. 1 ZPO die Vereinbarung der Parteien, bestimmte Rechtsstreitigkeiten zwischen ihnen der Entscheidung durch ein Schiedsgericht zu unterwerfen. Die in § 1025 Abs. 1 ZPO a. F. geforderte Vergleichsfähigkeit ist entfallen. Die neue Regelung der Schiedsfähigkeit in § 1030 ZPO läßt es zu, daß jeder vermögensrechtliche Anspruch Gegenstand einer Schiedsvereinbarung sein kann, und zwar auch dann, wenn die Parteien nicht berechtigt sind, über den Gegenstand des Streits einen Vergleich zu schließen. Ist ein Schiedsgericht zuständig, nimmt der Staat während der Dauer des schiedsgerichtlichen Verfahrens seine Zuständigkeit zur Rechtsprechung in derselben Angelegenheit zurück: Wird ein staatliches Gericht wegen einer Rechtsstreitigkeit angerufen, hinsichtlich deren die Parteien eine Schiedsvereinbarung geschlossen haben, so weist das Gericht nach § 1032 Abs. 1 ZPO die Klage als unzulässig ab, wenn der Beklagte die Klageerhebung rügt. Der Schiedsspruch hat gemäß § 1055 ZPO unter den Parteien die Wir-

---

310 Vgl. *Axel von Campenhausen*, in: v. Mangoldt/Klein/Starck, GG III, Art. 140 GG/Art. 137 WRV, Rn. 112 ff.; *Herzog* (N 58), Art. 92 Rn. 15, 145 ff.; *Kissel* (N 24), § 13 Rn. 182; *Pieroth* (N 4), Art. 92 Rn. 6.
311 Vgl. *Jarass* (N 4), Art. 140 GG/Art. 137 WRV, Rn. 23 f.; *Harald Schliemann*, Die neue Ordnung der Kirchengerichtsbarkeit in der Evangelischen Kirche in Deutschland, in: NJW 2005, S. 392.
312 Vgl. *Bettermann* (N 6), Rn. 77; *Classen* (N 2), Art. 92 Rn. 43; *Detterbeck* (N 2), Art. 92 Rn. 28 f.; *Meyer* (N 63), Art. 92 Rn. 3; *Schulze-Fielitz* (N 28), Art. 92 Rn. 50.
313 Vgl. BGHZ 65, 59 (61); *Classen* (N 2), Art. 92 Rn. 45 ff.; *Lorenz* (N 295), S. 209 ff.; *Karl Heinz Schwab/ Gerhard Walter*, Schiedsgerichtsbarkeit, ⁷2005.
314 *Wolfgang Voit*, Privatisierung der Gerichtsbarkeit, in: JZ 1997, S. 120; *Astrid Stadler*, Außergerichtliche obligatorische Streitschlichtung – Chance oder Illusion?, in: NJW 1998, S. 2479.
315 *Hoffmann-Riem*, Justizdienstleistungen (N 147), S. 421 f.
316 *Meyer* (N 63), Art. 92 Rn. 3.

kungen eines rechtskräftigen gerichtlichen Urteils. Gänzlich ist die staatliche Rechtsprechungsgewalt aber nicht ausgeschaltet, denn nach § 1059 ZPO unterliegt der Schiedsspruch einer staatlichen Überprüfung, falls ein Antrag auf gerichtliche Aufhebung gestellt wird.

2. Private Verbandsgerichtsbarkeit

Ähnlich wie die private Schiedsgerichtsbarkeit ist eine private Verbandsgerichtsbarkeit nur zulässig, wenn die Mitglieder eines Verbandes mit der Entscheidung eines Schiedsgerichts einverstanden sind. Durch ihren Eintritt in einen Verband akzeptieren sie die Zuständigkeit eines Schiedsgerichts, wenn die Satzung eine solche Art der Streiterledigung vorsieht. Für derartige außervertragliche Schiedsgerichte gelten nach § 1066 ZPO die Vorschriften der §§ 1029ff. ZPO über den Schiedsvertrag entsprechend. Nichtmitglieder eines Verbands sind weder dessen Verbandsmacht noch der Judikatur seines Verbandsgerichts unterworfen.

92
Bindung an Mitgliedschaft

Eine gesetzlich geregelte Sonderform der Verbandsgerichtsbarkeit findet sich im Parteiengesetz in der Fassung vom 31. Januar 1994 (BGBl I, S. 149)[317]. § 14 Abs. 1 S. 1 PartG schreibt zur Schlichtung und Entscheidung von Streitigkeiten der Partei oder eines Gebietsverbandes mit einzelnen Mitgliedern und Streitigkeiten über Auslegung und Anwendung der Satzung die Bildung von Schiedsgerichten vor. Außerdem sind die Schiedsgerichte nach § 10 Abs. 5 S. 1 PartG zur Entscheidung über den Parteiausschluß zuständig.

93
Parteimitgliedschaft

---
317 *Pieroth* (N 4), Art. 21 Rn. 25 a.

H. Bibliographie

Karl August Bettermann, Das Gerichtsverfassungsrecht in der Rechtsprechung des Bundesverfassungsgerichts, in: AöR 92 (1967), S. 496.
ders., Rechtsprechung, rechtsprechende Gewalt, in: EvStL³, Bd. II, Sp. 2774.
Wilhelm Dütz, Rechtsstaatlicher Gerichtsschutz im Privatrecht, 1970.
Paul Kirchhof, Der Auftrag des Grundgesetzes an die rechtsprechende Gewalt, in: FS der Juristischen Fakultät Heidelberg, 1986, S. 11.
ders., Die Rechtsprechung als Bedingung der Demokratie, in: Michael Holoubek u. a. (Hg.), Dimensionen des modernen Verfassungsstaates, Symposion zum 60. Geburtstag von Karl Korinek, 2002, S. 89.
Otto Rudolf Kissel/Herbert Mayer, Gerichtsverfassungsgesetz, ⁴2005.
Walter Leisner, Das letzte Wort. Der Richter späte Gewalt, 2003.
Dieter Lorenz, Der Rechtsschutz des Bürgers und die Rechtsweggarantie, 1973.
Hans-Jürgen Pezzer, Finanzgerichtsbarkeit im gewalltengeteilten Verfassungsstaat, in: DStR 2004, S. 525.
Nicola Preuß, Zivilrechtspflege durch externe Funktionsträger, 2005.
Michael Reinhardt, Konsistente Jurisdiktion, 1997.
Eberhard Schilken, Gerichtsverfassungsrecht, ³2003.
Günther Schmidt-Räntzsch/Jürgen Schmidt-Räntzsch, Deutsches Richtergesetz, ⁶2004.
Rupert Scholz, Deutschland – In guter Verfassung?, 2004, S. 183 ff.
Carsten Schütz, Der ökonomisierte Richter, 2005.
Karl Heinz Schwab/Gerhard Walter, Schiedsgerichtsbarkeit,⁷2005.
Stefan Smid, Rechtsprechung, 1990.
Andreas Voßkuhle, Rechtsschutz gegen den Richter, 1993.

§ 113
Der Status des Richters

Helge Sodan

Übersicht

	Rn.		Rn.
A. Funktions-, dienst- und amtsrechtlicher Status des Richters	1	3. Gesetzesbindung des Richters	28–33
B. Rechtsgrundlagen des richterlichen Status	2–10	4. Kollision von richterlicher Unabhängigkeit und Gesetzesbindung?	34–35
I. Grundgesetz	2– 4	D. Ausgestaltungen des funktionsrechtlichen Richterstatus	36–66
1. Funktionsrechtliche Statusnormen	2	I. Richterämter	36–43
2. Dienst- und amtsrechtliche Statusnormen	3	1. Funktionsrechtliche Bedeutung der Richterämter	36
3. Systematik der Statusnormen	4	2. Berufsrichter	37–38
II. Landesverfassungen	5– 7	3. Ehrenamtliche Richter	39–43
1. Bedeutung des Landesverfassungsrechts	5	II. Richterkollegien	44–55
2. Funktionsrechtliche Statusnormen	6	1. Einzelrichter und Richterkollegien	44
3. Dienst- und amtsrechtliche Statusnormen	7	2. Beratung und Abstimmung im Kollegialgericht	45–47
III. „Einfaches" Gesetzesrecht	8–10	3. Anzahl der zur Mitwirkung berufenen Richter	48
1. Bedeutung des „einfachen" Gesetzesrechts für den richterlichen Status	8	4. Zusammensetzung der Spruchkörper	49–52
2. Funktionsrechtliche Statusnormen	9	5. Abstimmungsmehrheiten	53–55
3. Dienst- und amtsrechtliche Statusnormen	10	III. Qualität der Rechtsprechung	56–61
C. Verfassungsrechtlicher Inhalt des funktionsrechtlichen Richterstatus	11–35	IV. Sicherungen des funktionsrechtlichen Status	62–66
		1. Recht auf den gesetzlichen Richter	62–64
I. Art. 92 GG	11–18	2. Anspruch auf rechtliches Gehör	65
1. Elemente des funktionsrechtlichen Richterstatus	11	3. Ausschluß und Ablehnung von Richtern	66
2. Personales Element	12–13	E. Dienst- und amtsrechtlicher Status	67–88
3. Institutionelles Element	14–15	I. Berufsrichter	67–83
4. Richteramt als Voraussetzung und Grenze des funktionsrechtlichen Status	16	II. Ehrenamtliche Richter	84–88
5. Grenzen des Art. 92 GG	17	F. Richteramt und Meinungsfreiheit	89–92
6. Bedeutung des Art. 92 GG	18	I. Alternativität von Richteramt und Meinungsfreiheit	89
II. Art. 97 Abs. 1 GG	19–35	II. Vermengung von Richteramt und Meinungsfreiheit	90–92
1. Allgemeines	19–21	G. Bibliographie	
2. Sachliche Unabhängigkeit des Richters	22–27		

A. Funktions-, dienst- und amtsrechtlicher Status des Richters

1
Hierarchie der Statusebenen

Der Status des Richters ist durch zwei rechtliche Ebenen geprägt: Einerseits bestimmt der funktionsrechtliche Status die Rechtsstellung des Richters bei der Ausübung seines Amtes, nämlich der Wahrnehmung rechtsprechender Gewalt. Andererseits legen das die Berufsrichter betreffende Dienstrecht sowie das für ehrenamtliche Richter relevante Amtsrecht die Ausgestaltung des Dienst- bzw. Amtsverhältnisses im Verhältnis zu übergeordneten Trägern öffentlicher Gewalt fest. Der dienst- bzw. amtsrechtliche Status dient dabei lediglich der Sicherstellung des funktionsrechtlichen Status. Die Vereinbarkeit des ersteren mit dem letzteren ist eine notwendige Vorbedingung der funktionsgerechten Wahrnehmung rechtsprechender Gewalt.

B. Rechtsgrundlagen des richterlichen Status

I. Grundgesetz

1. Funktionsrechtliche Statusnormen

2
Verfassungsrechtlicher Normenbestand

Der Status des Richters wird vom Grundgesetz durch Art. 92, 95 Abs. 2, Art. 96 Abs. 2 S. 5, Art. 97 und 98 GG umrissen[1]. Jedoch bestimmen lediglich Art. 92 sowie Art. 97 Abs. 1 GG den funktionsrechtlichen Status des Richters. In Art. 20 Abs. 2 S. 2 ist das Prinzip der Gewaltenteilung[2] verfassungsrechtlich verankert. Art. 92 GG konkretisiert dieses Prinzip[3] und bestimmt, daß die rechtsprechende Gewalt den Richtern „anvertraut" ist, gleichzeitig jedoch durch die Gerichte von Bund und Ländern „ausgeübt" wird. Gemäß Art. 97 Abs. 1 GG sind die Richter sachlich unabhängig und nur dem Gesetz unterworfen. Die sachliche Unabhängigkeit der Richter dient zum einen – ebenso wie Art. 92 GG – der Verwirklichung des Gewaltenteilungsprinzips; zum anderen können effektiver Rechtsschutz und damit die Rechtsweggarantie des Art. 19 Abs. 4 GG nur durch sachlich unabhängige Richter gewährleistet werden[4]. Art. 92 und 97 Abs. 1 GG stellen als statusrechtliche Normativbestimmungen verfassungsrechtliche Maßstäbe für die Ausgestaltung des Gerichtsverfassungsrechts und des Prozeßrechts auf. Die beiden Gewährleistungen sind als Einrichtungsgarantien aufzufassen. Ihre Achtung ist unbedingte Voraussetzung der freiheitlich-demokratischen Grundordnung[5].

---

[1] BVerfGE 26, 141 (154).
[2] Siehe dazu näher *Helge Sodan/Jan Ziekow*, in: Grundkurs Öffentliches Recht, ²2007, § 7 Rn. 5 ff.
[3] *Bodo Pieroth*, in: Hans D. Jarass/Bodo Pieroth, GG, ⁸2006, Art. 92 Rn. 1; → oben *Wilke*, § 112 Rn. 17.
[4] *Steffen Detterbeck*, in: Sachs, GG Komm., ³2003, Art. 97 Rn. 1.
[5] *Edzard Schmidt-Jortzig*, Aufgabe, Stellung und Funktion des Richters im demokratischen Rechtsstaat, in: NJW 1991, S. 2377 (2378).

2. Dienst- und amtsrechtliche Statusnormen

Gemäß Art. 98 Abs. 1 und 3 GG ist die Rechtsstellung der Bundes- und Landesrichter durch ein besonderes Bundes- bzw. Landesgesetz zu regeln. Art. 95 Abs. 2, Art. 96 Abs. 2 S. 5 und Art. 98 Abs. 2 GG beinhalten Grundsätze zur Berufung, Versetzung und Entlassung der Berufsrichter an den Bundesgerichten. Art. 97 Abs. 2 GG garantiert die persönliche Unabhängigkeit des Berufsrichters. Während die funktionsrechtlichen Statusnormen des Grundgesetzes sowohl für Berufsrichter als auch für ehrenamtliche Richter gelten[6], enthält die deutsche Verfassung keine ausdrücklichen Normen zum amtsrechtlichen Status der ehrenamtlichen Richter[7]. Die persönliche Unabhängigkeit der ehrenamtlichen Richter wird nicht durch Art. 97 Abs. 2 GG gewährleistet, sondern gehört zu den hergebrachten Grundsätzen des Berufsbeamtentums, die ihre grundgesetzliche Verankerung in Art. 33 Abs. 5 GG finden[8]. Art. 98 Abs. 3 bis 5 GG enthalten Rahmenvorschriften bezüglich der dienstrechtlichen Stellung der Landesrichter.

3 Keine ausdrückliche Normierung

3. Systematik der Statusnormen

Die funktions- und dienstrechtlichen Regeln des Grundgesetzes erteilen dem Gesetzgeber einerseits einen Regelungsauftrag zur Ausgestaltung der Rechtsstellung des Richters[9]; andererseits setzen sie Bund und Ländern diesbezüglich verfassungsrechtliche Grenzen. Die auf das Gewaltenteilungsprinzip ausgerichteten Bestimmungen der Art. 92 und 97 Abs. 1 GG bilden die Fundamentalnormen[10] des richterlichen Status. Ihre Bedeutung wird durch die Gesetzgebungsaufträge in Art. 98 Abs. 1 und 3 GG besonders hervorgehoben sowie gesichert und durch Art. 95 Abs. 2, Art. 96 Abs. 2 S. 5, Art. 97 Abs. 2 und Art. 98 Abs. 2 GG in dienstrechtlicher Hinsicht konkretisiert.

4 Fundamentalnormen: Art. 92 und 97 Abs. 1 GG

II. Landesverfassungen

1. Bedeutung des Landesverfassungsrechts

Das Landesverfassungsrecht kann nur sehr begrenzt funktions- oder dienstrechtliche Wirkungen auf den Status des Richters entfalten, da die Gesetzgebungszuständigkeiten der Länder diesbezüglich stark beschränkt sind[11] und das Verfassungsrecht der Länder wegen Art. 31 GG im Falle einer Kollision durch das Grundgesetz bzw. durch entsprechendes Bundesrecht ohnehin gebrochen wird.

5 Begrenzte Wirkung

---

6 BVerfGE 26, 186 (201 f.).
7 Vgl. *Pieroth* (N 3), Art. 98 Rn. 1.
8 *Helmuth Schulze-Fielitz*, in: Dreier, GG III, 2000, Art. 97 Rn. 56.
9 Insbes. Art. 98 Abs. 1 und 3 GG.
10 Vgl. *Wolfgang Schaffer*, Die Unabhängigkeit der Rechtspflege und des Richters, in: BayVBl 1991, S. 641 (645).
11 Gemäß Art. 74 Abs. 1 Nr. 1 GG erstreckt sich die konkurrierende Gesetzgebung auf die Gerichtsverfassung und das gerichtliche Verfahren.

2. Funktionsrechtliche Statusnormen

6 In allen Rechtsprechungsbereichen, in denen auch Bundesrecht Entscheidungsmaßstab sein kann, verlangt die Einheitlichkeit der bundesdeutschen Rechtsordnung nicht nur die Möglichkeit der Vorlage der Rechtsfrage an ein Bundesgericht[12], sondern überdies ein einheitliches Verfahrensrecht sowie eine einheitliche Organisation der Gerichtsbarkeiten und damit die bundesgesetzliche Ausgestaltung des richterlichen Status. Der Bund hat vor diesem Hintergrund regen und erschöpfenden Gebrauch von der Gesetzgebungskompetenz hinsichtlich Gerichtsverfassung und Gerichtsverfahrensrecht gemäß Art. 74 Abs. 1 Nr. 1 GG gemacht.

Landesrechtliche Regelungen des Gerichtsverfassungs- und -verfahrensrechts

Daher bleiben nur wenige Bereiche für eine landesrechtliche Regelung der Gerichtsverfassung und des Verfahrensrechts übrig. Diese Landeskompetenz erstreckt sich im wesentlichen nur auf die Verfassungsgerichtsbarkeit[13], die Disziplinargerichtsbarkeit und die verwaltungsgerichtliche Schiedsgerichtsbarkeit bei Vermögensauseinandersetzungen öffentlich-rechtlicher Verbände[14] sowie teilweise auf die Richterdienstgerichtsbarkeit[15]. Art. 92 Hs. 1 GG, der die rechtsprechende Gewalt den Richtern anvertraut, findet in den wenigsten Landesverfassungen Entsprechungen. Ausdrücklich vertraut die Schleswig-Holsteinische Verfassung die rechtsprechende Gewalt den „Richterinnen und Richtern" an[16]. Ähnliche Bestimmungen weisen die Bayerische[17] und die Sachsen-Anhaltinische Landesverfassung auf[18]. Anders verhält es sich mit Art. 92 Hs. 2 GG, der die Ausübung der rechtsprechenden Gewalt durch die Gerichte zum Gegenstand hat. Inhaltlich übereinstimmende Regelungen finden sich in fast allen Landesverfassungen[19]. Daß die Richter unabhängig und nur dem Gesetz unterworfen sind, bestimmen ebenfalls nahezu alle Verfassungen der Bundesländer[20]. Die Bedeutung der landesverfassungsrechtlichen Bestimmungen zur funktionellen Rechtsstellung des Richters bleibt freilich hinter den entsprechenden Normen des Grundgesetzes zurück, da letztere unmittelbar auch für die Länder sowie ihre Gerichte und Richter gelten und wegen Art. 31 GG erstere ohnehin überlagern.

---

12 Vgl. §§ 133, 135 GVG; § 132 VwGO; § 160 SGG; § 72 ArbGG.
13 Eine Landeskompetenz, die sich aus der gliedstaatlichen Autonomie der Bundesländer ergibt; siehe dazu *Sodan/Ziekow* (N 2), § 8 Rn. 7ff., § 17 Rn. 14.
14 § 187 VwGO.
15 §§ 77–83 DRiG.
16 Art. 43 Abs. 1 S. 1 SchlHolVerf.
17 Art. 5 Abs. 3 BayVerf: „Die richterliche Gewalt wird durch unabhängige Richter ausgeübt".
18 Art. 83 Abs. 1 SachsAnhVerf: „Die Rechtsprechung wird ... durch Berufsrichter und ... durch ehrenamtliche Richter ... ausgeübt".
19 Art. 65 Abs. 1 BadWürttVerf; Art. 79 Abs. 1 BerlinVerf; Art. 135 Abs. 1 BremVerf; Art. 62 S. 1 HambVerf; Art. 126 Abs. 1 HessVerf; Art. 51 Abs. 1 NiedersachsVerf; Art. 121 RheinlPfalzVerf; Art. 109 Abs. 1 SaarlVerf; Art. 77 Abs. 1 SachsVerf; Art. 83 Abs. 1 SachsAnhVerf; Art. 86 Abs. 1 ThürVerf.
20 Art. 65 Abs. 2 BadWürttVerf; Art. 108 Abs. 1 BrandenbVerf; Art. 126 Abs. 2 HessVerf; Art. 76 Abs. 1 S. 2 MecklenbVorpVerf; Art. 51 Abs. 4 NiedersachsVerf; Art. 121 RheinlPfalzVerf; Art. 110 S. 1 SaarlVerf; Art. 77 Abs. 2 SachsVerf; Art. 83 Abs. 2 SachsAnhVerf; Art. 43 Abs. 1 S. 2 SchlHolVerf; Art. 86 Abs. 2 ThürVerf; Art. 85 BayVerf – nur dem Gesetz unterworfen; ähnlich Art. 79 Abs. 1 BerlinVerf; Art. 3 Abs. 3 NordrhWestfVerf – durch unabhängige Richter ausgeübt.

3. Dienst- und amtsrechtliche Statusnormen

In ähnlicher Weise ist die Befugnis der Länder zur Regelung des dienst- und amtsrechtlichen Richterstatus aus Art. 98 Abs. 3 GG durch das aufgrund von Art. 74 Abs. 1 Nr. 27 GG erlassene Bundesrecht sowie durch die in Art. 97 Abs. 2 GG verankerte Unabsetzbarkeit und Unversetzbarkeit der Landesrichter beschränkt. Viele Landesverfassungen – insbesondere aus den alten Bundesländern – beinhalten jeweils eine dem Art. 97 Abs. 2 GG entsprechende Norm[21]. Auch Regeln zur Berufung von Landesrichtern finden sich in einigen Landesverfassungen[22]. Die Entscheidung über Richteranklagen wegen eines Verstoßes gegen die verfassungsmäßige Ordnung eines Bundeslandes in Ausübung des Richteramtes steht nach Art. 98 Abs. 5 S. 2 GG dem Bundesverfassungsgericht zu[23]. Die Länder können jedoch bezüglich der Landesrichter eine dem Art. 98 Abs. 2 GG (Anklage von Bundesrichtern) entsprechende Regelung treffen. Mehrere Landesverfassungen geben Art. 98 Abs. 2 GG inhaltsgleich wieder[24], andere machen den Antrag beim Bundesverfassungsgericht von qualifizierten Mehrheiten abhängig[25]. Gemäß Art. 132 RheinlPfalzVerf kann der Ministerpräsident den Generalstaatsanwalt anweisen, eine Richteranklage vor dem Bundesverfassungsgericht zu erheben. Die Frage, ob Abweichungen von Art. 98 Abs. 2 GG auf Landesebene grundgesetzwidrig oder gemäß Art. 98 Abs. 5 S. 2 GG zulässig sind, blieb aufgrund der praktischen Bedeutungslosigkeit der Richteranklage bisher rein akademischer Natur[26]. Im Gegensatz zum Grundgesetz sieht ein Großteil der Landesverfassungen ausdrücklich die Beteiligung ehrenamtlicher Richter an der Rechtsprechung vor[27].

7

Richteranklagen

III. „Einfaches" Gesetzesrecht

1. Bedeutung des „einfachen" Gesetzesrechts für den richterlichen Status

Die den richterlichen Status bestimmenden Regeln des Grundgesetzes bilden kein abschließendes Normengefüge. Allein aus dem Grundgesetz läßt sich daher keine vollständige Prägung der Rechtsstellung des Richters ableiten.

8

---

21 Art. 66 Abs. 1 BadWürttVerf; Art. 87 Abs. 1 BayVerf; Art. 137 Abs. 1 BremVerf; Art. 127 f. HessVerf; Art. 122 Abs. 2 RheinlPfalzVerf; Art. 111 S. 2–4 SaarlVerf. Unter den neuen Bundesländern nur Art. 79 Abs. 1 SachsVerf.
22 Art. 82 BerlinVerf; Art. 109 BrandenbVerf; Art. 136 BremVerf; Art. 63 HambVerf; Art. 43 Abs. 2 SchlHolVerf.
23 Art. 127 Abs. 4 S. 1 HessVerf weist diese Zuständigkeit dem Staatsgerichtshof zu und ist daher insoweit unwirksam, s. *Herbert Günther*, Verfassungsgerichtsbarkeit in Hessen, Kommentar zum Gesetz über den Staatsgerichtshof, 2004, § 15 Rn. 3.
24 Siehe Art. 66 Abs. 2 BadWürttVerf; Art. 89 Abs. 3 ThürVerf.
25 Vgl. nur Art. 80 Abs. 2 SachsVerf.
26 *Jörg Menzel*, Landesverfassungsrecht, 2002, S. 539 f. (m. weit. Nachw.), bejaht die Geltung abweichenden Landesrechts überzeugend mit dem Verweis auf das Bundesstaatsprinzip und die Verfassungshoheit der Länder. Siehe zur praktischen Eignung der Richteranklage etwa *Rudolf Wassermann*, Richteranklage im Fall Orlet?, in: NJW 1995, S. 303 f.
27 Art. 88 BayVerf; Art. 79 Abs. 2 BerlinVerf; Art. 108 Abs. 2 BrandenbVerf; Art. 135 Abs. 2 BremVerf; Art. 62 S. 2 HambVerf; Art. 76 Abs. 2 MecklenbVorpVerf; Art. 51 Abs. 2 NiedersachsVerf; Art. 72 Abs. 2 NordrhWestfVerf; Art. 123 Abs. 1 RheinlPfalzVerf; Art. 77 Abs. 3 SachsVerf; Art. 83 Abs. 1 SachsAnhVerf.

Ausfüllungsbedürftigkeit der grundgesetzlichen Statusnormen

Einfachgesetzliche Regelungen zum funktions-, dienst- und amtsrechtlichen Status der Richter stellen keine bloßen Ausführungsbestimmungen der entsprechenden grundgesetzlichen Vorschriften dar. Die Statusnormen des Grundgesetzes sind in zweierlei Hinsicht ausfüllungsbedürftig. Zum Teil binden sie den Gesetzgeber zwar grundsätzlich, aber nur hinsichtlich der Zielsetzung, nicht dagegen in bezug auf die konkrete Art und Weise der Zielverwirklichung[28]. Andere Statusnormen stellen wiederum konkrete Anforderungen an den Gesetzgeber, dies jedoch nur in bestimmten Ausschnitten des Statusrechts[29]. Die Gesamtheit der grundgesetzlichen Normen fügt sich nicht zu einem geschlossenen Regelungssystem zusammen. Die gesetzliche Ausgestaltung ist damit zur Begründung eines der freiheitlich-demokratischen Ordnung und insbesondere dem Gewaltenteilungsprinzip gerecht werdenden richterlichen Status unerläßlich; sie bildet eine eigenständige Konkretisierung des Statusrechts. Erst das einfachgesetzliche Statusrecht prägt die Rechtsstellung des Richters inhaltlich durch das Gerichtsverfassungsrecht, das Verfahrensrecht und das die funktionsrechtliche richterliche Stellung gewährleistende Dienst- und Amtsrecht. Erst die einfachen Gesetze legen konkret und rechtlich verbindlich die Regeln fest, unter welchen den Richtern die richterliche Gewalt anvertraut ist.

2. Funktionsrechtliche Statusnormen

9
Beratung und Abstimmung

Das einfachgesetzliche Statusrecht des Richters verteilt sich auf verschiedene Gesetze. In den §§ 192ff. GVG sind die Beratung und Abstimmung innerhalb der Gerichte geregelt. Hier wird detailliert bestimmt, unter welchen Vorkehrungen Beratung und Abstimmung zu erfolgen haben, welche Mehrheiten grundsätzlich gelten und in welcher Reihenfolge abgestimmt wird. Es handelt sich dabei um eine Konkretisierung der Art und Weise, in der die rechtsprechende Gewalt den Richtern anvertraut ist. Diese Normen gelten jedoch direkt nur für die ordentliche Gerichtsbarkeit. Bezüglich anderer Gerichtszweige verweist der Gesetzgeber regelmäßig auf das Gerichtsverfassungsgesetz[30]. Daß die Gerichte sachlich unabhängig sind und die rechtsprechende Gewalt durch die Gerichte ausgeübt wird, legen sowohl das Gerichtsverfassungsgesetz für die ordentlichen Gerichte[31] als auch die Verfahrensgesetze anderer Gerichtszweige als der ordentlichen Gerichtsbarkeit[32] fest. Das Gerichtsverfassungsgesetz stellt schließlich in seiner ersten Vorschrift klar, daß die Gerichte nur dem Gesetz unterworfen sind.

---

28 So Art. 92, 98 Abs. 1 und 3 GG.
29 So Art. 95 Abs. 2, Art. 96 Abs. 2 S. 5, Art. 97, 98 Abs. 2, 4 und 5 GG.
30 Siehe § 17 BVerfGG (ferner bedienen sich verschiedene Landesverfassungsgerichtsgesetze zur Bestimmung der allgemeinen Verfahrensregeln hinsichtlich der Beratung und Abstimmung eines Verweises auf die Titel 14–16 des GVG, siehe § 15 BerlinVerfGHG; § 11 SaarlVerfGHG; § 33 Abs. 1 SachsAnhVerfGG); § 55 VwGO; § 9 Abs. 2 ArbGG; § 61 Abs. 2 SGG.
31 § 1 GVG.
32 § 1 VwGO; § 1 SGG; ähnlich § 1 ArbGG.

3. Dienst- und amtsrechtliche Statusnormen

Das Dienstrecht der Berufsrichter ist entsprechend den Regelungsaufträgen aus Art. 98 Abs. 1 und 3 GG weitgehend im Deutschen Richtergesetz, in den Richtergesetzen der Länder sowie im allgemeinen Beamtenrecht erfaßt. Bund und Länder sind verpflichtet, die Rechtsstellung der Richter in besonderen Gesetzen zu regeln[33]. Damit wird ausdrücklich hervorgehoben, daß Richter von Beamten zu unterscheiden sind und sich diese Differenzierung auch in unterschiedlichen Bestimmungen niederschlagen muß[34]. Die Erwähnung der Richter neben den Beamten in Art. 60 GG, der die Ernennung durch den Bundespräsidenten bestimmt, unterstreicht die Trennung von Richter- und Beamtenstatus ebenfalls. Diese Trennung darf jedoch nicht eine rein terminologische Unterscheidung bleiben; vielmehr muß sich die herausgehobene Stellung des Richters gegenüber dem Beamten auch in den entsprechenden Gesetzen inhaltlich niederschlagen. Eine formelle Trennung, das heißt der Erlaß einschlägiger Normen in verschiedenen Rechtsakten, ist nicht erforderlich[35]. Auch Verweisungen auf das allgemeine Beamtenrecht sind zumindest dann zulässig, wenn die Besonderheiten des richterlichen Status in einem speziellen Gesetz Berücksichtigung finden[36]. Während der erste Teil des Deutschen Richtergesetzes gemeinsame Vorschriften für Richter in Bund und Ländern etwa betreffend die Befähigung zum Richteramt[37] oder zur Versetzung und Amtsenthebung[38] enthält, regelt der zweite Teil das besondere Dienstrecht der Richter des Bundes, beispielsweise die Dienstgerichtsbarkeit[39]; überdies finden sich im Deutschen Richtergesetz Rahmenvorschriften für Richter im Landesdienst[40]. Das Deutsche Richtergesetz deckt jedoch nur die Besonderheiten des richterlichen Dienstrechts ab. Im übrigen verweist es zur Regelung der Rechtsstellung von Bundesrichtern auf das allgemeine Bundesbeamtenrecht[41]; für Landesrichter gilt das Beamtenrechtsrahmengesetz[42]. Amtsrechtliche Bestimmungen für ehrenamtliche Richter enthält das Deutsche Richtergesetz nur vereinzelt. Es finden sich neben funktionsrechtlichen Normen[43] lediglich Regelungen zur Vereidigung der Richter[44] sowie zu deren Amtsbezeichnung. Im übrigen bestimmen sich die Rechte und Pflichten der ehrenamtlichen Richter nach den für die einzelnen Gerichtszweige geltenden Vorschriften[45].

10
Trennung von Richter- und Beamtenstatus

---

33 Art. 98 Abs. 1 und 3 GG.
34 *Claus Dieter Classen*, in: v. Mangoldt/Klein/Starck, GG III, ⁵2005, Art. 98 Rn. 3.
35 A. A. *Detterbeck* (N 4), Art. 98 Rn. 6; *Pieroth* (N 3), Art. 98 Rn. 2; offengelassen: BVerfGE 55, 372 (385 ff.).
36 Vgl. *Classen* (N 34), Art. 98 Rn. 3, der solche Verweisungen nur für zulässig hält, soweit sie keinen pauschalen Charakter haben und auf punktuelle Bezugnahmen beschränkt bleiben.
37 §§ 5 ff. DRiG.
38 §§ 30 ff. DRiG.
39 §§ 61 ff. DRiG.
40 §§ 71 ff. DRiG.
41 § 46 DRiG.
42 § 71 Abs. 1 S. 1 DRiG.
43 § 45 Abs. 1 DRiG – sachliche Unabhängigkeit.
44 § 45 Abs. 2 bis 8 DRiG.
45 § 45 Abs. 9 DRiG. Siehe dazu z. B. §§ 19 ff. VwGO; §§ 20 ff. ArbGG.

C. Verfassungsrechtlicher Inhalt des funktionsrechtlichen Richterstatus

I. Art. 92 GG

1. Elemente des funktionsrechtlichen Richterstatus

11

Nach Art. 92 GG ist die rechtsprechende Gewalt der Bundesrepublik Deutschland den Richtern anvertraut (Hs. 1); andererseits wird sie durch das Bundesverfassungsgericht, die Bundesgerichte und die Gerichte der Länder ausgeübt (Hs. 2). Die Rechtsmacht zur Rechtsprechung ist damit den nicht einzelnen Personen, sondern Institutionen – nämlich den Gerichten – übertragen. Art. 92 Hs. 2 GG bestimmt daher die Gerichte als besondere Organe der Rechtsprechung im Sinne des Art. 20 Abs. 2 S. 2 GG. Innerhalb der institutionellen Organisation der Rechtsprechung ist diese jedoch dem einzelnen Richter anvertraut.

Personales und institutionelles Element des Richterstatus

Der funktionsrechtliche Status des Richters läßt sich damit in ein personales und ein institutionsbezogenes Element aufgliedern, die in gegenseitiger verfassungsrechtlicher Abhängigkeit stehen. Die Rechtsprechung kann von den Gerichten lediglich dann in verfassungsmäßiger Weise ausgeübt werden, wenn sie innerhalb der Institution und des gerichtlichen Verfahrens dem einzelnen Richter anvertraut bleibt (personales Element)[46]. Umgekehrt kann dem Richter die rechtsprechende Gewalt nur anvertraut werden, wenn die Erfüllung dieser öffentlichen Aufgabe im Rahmen des Gerichts erfolgt (institutionelles Element). Als statusrechtliche Normativbestimmung verlangt Art. 92 GG daher, daß in jeder die funktionsrechtliche Stellung des Richters betreffenden Norm des Gerichtsverfassungsrechts und des gerichtlichen Verfahrensrechts beide Elemente des funktionsrechtlichen Status des Richters Berücksichtigung finden.

2. Personales Element

12

Richter als verfassungsunmittelbare Organe

„Anvertraut" im Sinne des Art. 92 GG bedeutet, daß dem Richter die Befugnis zur Rechtsprechung zu treuen Händen übergeben ist. Nicht die Ausübung persönlicher Macht ist damit beabsichtigt, sondern die gewissenhafte Wahrnehmung der rechtsprechenden Gewalt unter Berücksichtigung der berechtigten Interessen derjenigen, die auf die verantwortungsbewußte Ausübung des Amtes vertrauen[47]. Die Betrauung mit der Ausübung rechtsprechender Gewalt durch das Grundgesetz qualifiziert die Richter als verfassungsunmit-

---

[46] Vgl. *Classen* (N 34), Art. 92 Rn. 34; → oben *Wilke*, § 112 Rn. 24.
[47] *Hans-Ernst Böttcher*, Der Richter als zentrales und unabhängiges Organ der Rechtspflege – eine Skizze –, in: SchlHA 2003, S. 83 (83); vgl. ferner *Paul Kirchhof*, Richterliche Rechtsfindung, gebunden an „Gesetz und Recht", in: NJW 1986, S. 2275 (2275 f.).

telbare Organe. Sie sind keine bloßen Organwalter der Gerichte[48]. Die Übertragung der rechtsprechenden Gewalt auf die einzelnen Richter steht übrigens auch nicht im Widerspruch zu Art. 6 Abs. 1 S. 1 EMRK, wonach jede Person ein Recht auf ein faires Verfahren vor „einem unabhängigen und unparteiischen, auf Gesetz beruhenden Gericht" hat. Denn die Schöpfer der Europäischen Menschenrechtskonvention hatten keine abstrakten Institutionen im Auge, sondern aus Menschen bestehende Gerichte[49].

Art. 92 GG bildet lediglich eine objektive Verfassungsbestimmung. Ein subjektives Abwehrrecht des Richters gegen den Entzug richterlicher Macht außerhalb der nach Art. 97 Abs. 2, Art. 98 Abs. 2 oder 5 GG zulässigen Fälle ergibt sich dementsprechend nicht aus Art. 92 GG[50]. Ein entsprechendes subjektives Recht muß vielmehr aus den hergebrachten Grundsätzen des Berufsbeamtentums gewonnen werden, die Art. 33 Abs. 5 GG gewährleistet. Diese Vorschrift gilt auch für Richter[51] und eröffnet ein rügefähiges grundrechtsgleiches Recht[52]. Aus Art. 92 GG in Verbindung mit dem Rechtsstaatsprinzip lassen sich nach Ansicht des Bundesverfassungsgerichts jedoch subjektiv-öffentliche Rechte des Bürgers herleiten[53]. Der Gesetzgeber hat daher das Gerichtsverfassungsgesetz und das gerichtliche Verfahrensrecht so auszugestalten, daß die rechtsprechende Gewalt bei ihrer Ausübung durch die Gerichte jedem Richter zu ausschließlich eigenverantwortlicher Wahrnehmung überantwortet, das heißt „anvertraut" bleibt.

13 Kein subjektives Abwehrrecht

3. Institutionelles Element

In Art. 92 Hs. 2 GG wird deutlich, daß die rechtsprechende Gewalt, wie bereits dargelegt, dem einzelnen Richter nicht als persönliche Rechtsmacht „anvertraut" ist, sondern der Richter diese lediglich im Rahmen eines Gerichts ausübt. Recht wird daher nicht durch die Richter, sondern durch die Gerichte als organisierte Spruchkörper gesprochen. Der zweite Halbsatz in Art. 92 GG ergänzt daher in notwendiger Weise die Bestimmung des ersten. „Anvertraut" ist dem Richter nur die eigenverantwortliche Mitwirkung an der Rechtsprechung. Diese selbst wird durch die Gerichte verbindlich ausgeübt.

14 Keine persönliche Rechtsprechungsmacht

Ob relevante Regelungen des Gerichtsverfassungsgesetzes oder des gerichtlichen Verfahrensrechts dem personalen oder dem institutionellen Element des funktionsrechtlichen Status des Richters dienen, läßt sich wie folgt unterscheiden: Gewährleistet die Norm, daß die Wahrnehmung rechtsprechender Gewalt durch den Richter Bestandteil eines geordneten gerichtlichen Verfahrens ist und damit dem Gericht in der Ausübung rechtsprechender Gewalt

15 Abgrenzung der Elemente des funktionsrechtlichen Richterstatus

---
48 *Schulze-Fielitz* (N 8), Art. 92 Rn. 55; *Detterbeck* (N 4), Art. 92 Rn. 24.
49 *Böttcher* (N 47), S. 83.
50 *Detterbeck* (N 4), Art. 92 Rn. 3; *Classen* (N 34), Art. 92 Rn. 4; *Pieroth* (N 3), Art. 92 Rn. 1; a. A. *Rudolf Wassermann*, in: AK, ³2001, Art. 92 Rn. 40.
51 BVerfGE 12, 81 (88); 38, 139 (151); 55, 372 (391 f.).
52 Siehe BVerfGE 8, 1 (17 f.).
53 Siehe BVerfGE 64, 261 (294).

zugerechnet werden kann, so ist sie institutionsbezogen[54], weil sie der Sicherstellung des öffentlichen Auftrags des Gerichts dient. Soweit die fragliche Vorschrift die eigenverantwortliche Mitwirkung des Richters an der Rechtsprechung durch das Gericht garantiert, unterstreicht sie das personale Element des funktionsrechtlichen Status des Richters.

4. Richteramt als Voraussetzung und Grenze des funktionsrechtlichen Status

16
Amtlicher Status

Seinen funktionsrechtlichen Status erlangt der Richter erst mit der Übertragung des Richteramtes. Dieses Amt ist jedoch auch gleichzeitig Grenze seines funktionsrechtlichen Status. Dieser bezieht sich lediglich auf das konkrete Richteramt und ist nur in Wahrnehmung dieses Amtes unter Beachtung des mit dem Richterstatus vereinbaren Gerichtsverfassungsrechts bzw. gerichtlichen Verfahrensrechts wirksam. Der funktionsrechtliche Richterstatus ist daher ein amtlicher Status[55]. Die von ihm umfaßten Befugnisse und Verpflichtungen stehen dem Richter nur als Amtsträger, nicht dagegen als Bürger und damit nicht als subjektive Individualrechte[56] und -pflichten zu.

5. Grenzen des Art. 92 GG

17
Keine alleinige und endgültige Entscheidungsbefugnis

Da der funktionsrechtliche Status des Richters keine persönliche Rechtsmacht zur Ausübung rechtsprechender Gewalt eröffnet, hat der Richter auch keinen Anspruch auf die alleinige und endgültige Entscheidung einer Rechtssache[57]. Dem Gesetzgeber ist es daher erlaubt, bei der Ausgestaltung von Gerichtsorganisation und -verfahren dem einzelnen Richter die alleinige und endgültige Ausübung rechtsprechender Gewalt zu verwehren. Insbesondere verletzt die Einrichtung von Kollegialgerichten, bei deren Entscheidungen die Rechtsauffassung des einzelnen Richters unter Umständen im Ergebnis keinen Niederschlag findet[58], nicht den funktionsrechtlichen richterlichen Status. Ihre Zulässigkeit wird in Art. 92 Hs. 2 GG vielmehr vorausgesetzt. Ebensowenig widerspricht es Art. 92 GG, wenn richterliche Entscheidungen durch eine Rechtsmittelinstanz überprüft werden und gegebenenfalls geändert[59] oder aufgehoben[60] oder an die Vorinstanz mit der Verpflichtung zur erneuten Beschlußfassung unter Berücksichtigung der Entscheidung der Rechtsmittelinstanz und der sie tragenden Gründe[61] zurückverwiesen werden.

---

54 So z. B. § 196 GVG, der Regeln zur Bildung einer Mehrheitsmeinung im Spruchkörper aufstellt. Auf diese Weise kann das Gericht eine Rechtsauffassung bilden und damit rechtsprechende Gewalt ausüben.
55 *Classen* (N 34), Art. 92 Rn. 4.
56 S. o. Rn. 35.
57 Vgl. BVerfGE 12, 67 (71); 31, 137 (140) – dort jedoch auf die sachliche Unabhängigkeit der Richter bezugnehmend; ferner *Klaus Stern*, Staatsrecht, Bd. II, 1980, S. 912.
58 Siehe dazu die Abstimmungsregeln in den §§ 192 ff. GVG.
59 Vgl. § 129 VwGO; § 331 StPO.
60 Z. B. §§ 538, 562 ZPO.
61 Vgl. § 144 Abs. 6 VwGO; § 563 Abs. 1, 2 ZPO.

6. Bedeutung des Art. 92 GG

Art. 92 GG stellt sicher, daß in allen je nach Verfahrensgegenstand und Instanz gebotenen Differenzierungen der Gerichtsorganisation und des Verfahrensrechts die Rechtsprechung den Richtern anvertraut bleibt, dabei jedoch von den Gerichten als besonderen Organen der rechtsprechenden Gewalt ausgeübt wird. Art. 92 GG erlaubt damit einerseits eine differenzierte Ausgestaltung der rechtsprechenden Gewalt und sichert andererseits deren funktionsgerechte Ausübung. Er bildet daher die Grundnorm[62] des gesamten richterlichen Statusrechts. Die sachliche Unabhängigkeit des Richters nach Art. 97 Abs. 1 GG sowie der dienst- bzw. amtsrechtliche Status des Richters stehen im Dienste des Art. 92 GG.

18
Art. 92 GG als Fundamentalnorm des Statusrechts

II. Art. 97 Abs. 1 GG

1. Allgemeines

Die richterliche Unabhängigkeit ist nicht nur Ausdruck des Gewaltenteilungsprinzips[63], sondern zählt auch zu den grundlegenden Strukturprinzipien des Grundgesetzes[64]. Ihre Gewährleistung war ursprünglich Resultat des Kampfes gegen die absolutistische Kabinettsjustiz. Der monarchischen Kontrolle der Rechtsprechung, die sich teilweise sogar in einem Evokationsrecht des Monarchen substantiierte, sollte ein Riegel vorgeschoben werden[65]. Nur unabhängige Richter ermöglichen die Wahrnehmung des grundrechtlich garantierten effektiven Rechtsschutzes. Zum Wesen richterlicher Tätigkeit gehört, daß sie durch einen nicht beteiligten Dritten in persönlicher und sachlicher Unabhängigkeit ausgeübt wird[66]. Die verfassungsrechtlich gewährleistete Unabhängigkeit bildet das wesentliche Unterscheidungsmerkmal zwischen Richter und Beamten. Der Beamte ist in die Behördenhierarchie eingebunden und Weisungen von Vorgesetzten sachlich unterworfen[67]. Für Richter bestimmt dagegen Art. 97 Abs. 1 Hs. 2 GG nur die Bindung an das Gesetz.

19
Unabhängigkeit als Wesensmerkmal des Richters

In der Literatur wird häufig die Auffassung vertreten, Art. 97 Abs. 1 GG vermittle subjektiv-öffentliche Rechte des Richters[68], obwohl die richterliche Unabhängigkeit anerkanntermaßen nur im Rahmen des Richteramtes gilt. Diese Unabhängigkeit dient jedoch nicht der individuellen Selbstentfaltung[69], sondern der Gewährleistung einer von sachfremden Erwägungen unbeein-

20
Unabhängigkeit dient dem Amt

---

62 Vgl. *Stern* (N 57), S. 893.
63 BVerwGE 78, 216 (219); → Bd. II, *Zacher*, § 27 Rn. 27.
64 *Detterbeck* (N 4), Art. 97 Rn. 1.
65 Überblick dazu *Schaffer* (N 10), S. 643 f.
66 BVerfGE 103, 111 (140); vgl. ferner BVerfGE 87, 68 (85).
67 Siehe dazu nur § 3 Abs. 2 S. 2, § 55 S. 2 BBG; § 37 S. 2 BRRG.
68 *Detterbeck* (N 4), Art. 97 Rn. 7; *Classen* (N 34), Art. 97 Rn. 2.
69 *Classen* (N 34), Art. 97 Rn. 7.

flußten Rechtsprechung[70]. Jedenfalls sind Judikatur[71] und Schrifttum[72] darin einig, daß Art. 97 Abs. 1 GG kein Grundrecht oder grundrechtsgleiches Recht der Richter eröffnet. Jedoch kann der Richter im Rahmen der Verfassungsbeschwerde zur Durchsetzung seiner Unabhängigkeit die Verletzung der hergebrachten Grundsätze des Berufsbeamtentums (Art. 33 Abs. 5 GG) rügen[73]. Nach Ansicht des Bundesverfassungsgerichts sind Berufe des öffentlichen Dienstes in den Schutzbereich des Art. 12 Abs. 1 GG einbezogen[74], so daß auch dem Richter das Grundrecht der Berufsfreiheit zusteht.

21
Partielle Konkretisierung

Art. 97 Abs. 1 GG stellt keine zentrale Normativbestimmung des richterlichen Statusrechts dar. Sein Inhalt durchdringt das gesamte Statusrecht nicht in solch allumfassender Form wie die Vorschrift des Art. 92 GG. Die richterliche Unabhängigkeit und Gesetzesunterworfenheit betreffen vielmehr nur einen Ausschnitt der Art und Weise, wie dem Richter die rechtsprechende Gewalt im Rahmen ihrer gerichtlichen Ausübung „anvertraut" ist. Art. 97 Abs. 1 GG bildet daher eine partielle Konkretisierung des Art. 92 GG.

2. Sachliche Unabhängigkeit des Richters

a) Gewährleistungsbereich

22

Die sachliche Unabhängigkeit des Richters ist kein Selbstzweck, sondern dient der Gewährleistung einer gerechten, von sachfremder Beeinflussung freien Rechtsprechung, weshalb der Richter auch nur innerhalb seiner richterlichen Tätigkeit sachliche Unabhängigkeit genießt.

Umfang der richterlichen Tätigkeit

Zur richterlichen Tätigkeit gehört nicht nur die Spruchtätigkeit des Richters, die lediglich deren innersten Kern bildet. Sie umfaßt des weiteren diejenigen Aufgaben des Richters, die im unmittelbaren Zusammenhang mit der Rechtsfindung stehen[75]. Dazu gehören insbesondere die Bestimmung von Terminen[76] und Fristen, ferner Maßnahmen, die während der Verhandlung vom Richter zum Zwecke der Rechtsfindung vorgenommen werden[77], namentlich die Vernehmung von Zeugen und Sachverständigen, sowie sitzungspolizeiliche Maßnahmen. Die Gewährleistung des Art. 97 Abs. 1 GG erstreckt sich zudem auf solche Aufgaben, die der Gesetzgeber den Richtern gerade vor dem Hintergrund ihrer sachlichen Unabhängigkeit übertragen hat, etwa im Bereich der freiwilligen Gerichtsbarkeit[78]. Nicht zur richterlichen Tätigkeit zählt dagegen die Wahrnehmung funktionell exekutiver Aufgaben und damit

---

70 *Hans-Jürgen Papier*, Die richterliche Unabhängigkeit und ihre Schranken, in: NJW 2001, S. 1089 (1090).
71 BVerfGE 27, 211 (217); 48, 246 (263).
72 *Detterbeck* (N 4), Art. 97 Rn. 7; *Classen* (N 34), Art. 97 Rn. 2.
73 BVerfGE 12, 81 (88); 55, 372 (391 f.).
74 BVerfGE 7, 377 (397 f.); 73, 301 (315); 84, 133 (147); 92, 140 (150 ff.); a. A. *Rupert Scholz*, in: Maunz/Dürig, Komm. z. GG, Art. 12 Rn. 196. Siehe dazu näher *Helge Sodan*, Freie Berufe als Leistungserbringer im Recht der gesetzlichen Krankenversicherung, 1997, S. 138 ff.
75 Vgl. BGHZ 90, 41 (45).
76 Vgl. BVerwGE 46, 69 (71).
77 *Papier* (N 70), S. 1090.
78 *Detterbeck* (N 4), Art. 97 Rn. 11a.

insbesondere die Gerichtsverwaltung[79], das heißt die Referendarausbildung[80], das gerichtliche Haushaltswesen sowie die Vollstreckung des Dienstrechts der Richter und anderer Gerichtsangehöriger[81].

b) Schutzrichtungen der sachlichen Unabhängigkeit

Der Richter genießt insbesondere eine sachliche Unabhängigkeit im Verhältnis zur Exekutive. Diese Schutzrichtung bildet das zentrale Element der richterlichen Unabhängigkeit[82]. Wie bereits erwähnt, sollte mit deren Einführung insbesondere der Einflußnahme durch die vollziehende Gewalt ein Riegel vorgeschoben werden. Mit Art. 97 Abs. 1 GG unvereinbar und damit unzulässig ist daher jede behördliche Einflußnahme auf die richterliche Tätigkeit in Gestalt von Einzelweisungen[83], Verwaltungsvorschriften oder anderen Handlungsformen[84]. Eine Ausnahme bildet jedoch die Tatbestandswirkung unanfechtbarer Verwaltungsakte, die später entscheidende Gerichte bindet[85].

23 Unabhängigkeit gegenüber der Exekutive

Die Unabhängigkeit gegenüber der Legislative kann sich nicht auf eine Unabhängigkeit von Recht und Gesetz erstrecken, denn Richter sind nach Art. 97 Abs. 1 Hs. 2 GG gerade dem Gesetz unterworfen. Die Anwendung und Konkretisierung der Gesetze ist der Kern der richterlichen Tätigkeit. Rechtsprechung und Gesetzesbindung sind folglich keine Gegensätze, sondern gegenseitige Bedingung[86]. Art. 97 Abs. 1 GG stellt zwar die Überordnung des Gesetzgebers im Verhältnis zur Judikative im Wege der Gesetzesbindung klar, beschränkt aber auch gleichzeitig diese Überordnung auf die alleinige Bindung des Richters an die Gesetze. Art. 97 Abs. 1 GG verwehrt dem Gesetzgeber damit die Einflußnahme auf die Entscheidung einzelner anhängiger Rechtsstreitigkeiten[87]. Dabei sind Parlamentsbeschlüsse ebenso unzulässig wie informelle Maßnahmen des Gesetzgebers[88] sowie Einzelfallgesetze, die gerade dazu bestimmt sind, in einer konkreten Rechtssache eine andere Entscheidung als nach der bisherigen Rechtslage herbeizuführen[89].

24 Unabhängigkeit gegenüber der Legislative

Auch gegenüber der rechtsprechenden Gewalt selbst besteht grundsätzlich eine sachliche Unabhängigkeit des Richters. Ein Gericht braucht bei der Auslegung und Anwendung von Normen einer vorherrschenden Meinung nicht zu folgen. Es ist selbst dann nicht gehindert, eine eigene Rechtsauffassung zu vertreten und seinen Entscheidungen zugrunde zu legen, wenn alle anderen Gerichte – auch die übergeordneten – den gegenteiligen Standpunkt einnehmen. Die Rechtspflege ist wegen der Unabhängigkeit der Richter konstitutio-

25 Unabhängigkeit gegenüber der Judikative

---

79 Vgl. BVerfGE 38, 139 (152 f.).
80 Siehe BGH, in: NJW 1991, S. 426 (427).
81 *Papier* (N 70), S. 1090.
82 *Roman Herzog*, in: Maunz/Dürig, Komm. z. GG, Art. 97 Rn. 23; *Schaffer* (N 10), S. 645.
83 BVerfGE 60, 175 (214).
84 Vgl. BVerfGE 26, 79 (92 ff.); 55, 372 (389) – Richterbesoldung.
85 Vgl. BVerfGE 60, 253 (270).
86 *Detterbeck* (N 4), Art. 97 Rn. 12; → oben *Wilke*, § 112 Rn. 28 ff.
87 *Herzog* (N 82), Art. 97 Rn. 22.
88 *Detterbeck* (N 4), Art. 97 Rn. 12.
89 *Herzog* (N 82), Art. 97 Rn. 22.

nell uneinheitlich⁹⁰. Ausnahmen sind jedoch vor dem Hintergrund des traditionellen Verständnisses von der inneren Ordnung der rechtsprechenden Gewalt und der Sicherstellung ihrer Funktionsfähigkeit erlaubt und in Art. 97 Abs. 1 GG impliziert⁹¹. Aus Gründen der Rechtssicherheit sind rechtskräftige Gerichtsurteile in der konkreten Sache für andere Gerichte nicht überprüfbar⁹². Ferner bindet die Rechtsauffassung der Rechtsmittelinstanz bei der Zurückweisung des Verfahrens an die Vorinstanz die letztere, einschließlich der die Entscheidung tragenden Gründe⁹³. Allgemein anerkannt ist schließlich die Bindungswirkung verfassungsgerichtlicher Entscheidungen, insbesondere solcher mit Gesetzeskraft⁹⁴.

26
Verletzung der sachlichen Unabhängigkeit

Nicht nur zwischen den einzelnen Gerichten, sondern auch innerhalb einer Gerichtsbarkeit und eines Spruchkörpers gewährt Art. 97 Abs. 1 GG die sachliche Unabhängigkeit des Richters. Ändert der Vorsitzende einer Kammer bzw. der Präsident eines Gerichts richterliche Einzelentscheidungen inhaltlich durch Streichungen ohne Zustimmung der betroffenen Richter ab, so verletzt er deren sachliche Unabhängigkeit. Der Vorsitzende oder Präsident kann sich seinerseits insoweit nicht auf Art. 97 Abs. 1 GG berufen, da er in einem solchen Fall keine Rechtsprechung ausübt⁹⁵. In einer Kammerentscheidung stellte das Bundesverfassungsgericht fest, „daß die sachliche Unabhängigkeit jedenfalls vor solchen internen Eingriffen schützt, für die es an einer Ermächtigung zur Wahrnehmung richterlicher Funktionen nach jedem denkbaren rechtlichen Gesichtspunkt fehlt"⁹⁶.

27
„Drittwirkung" der sachlichen Unabhängigkeit

Problematisch gestaltet sich die Beantwortung der Frage, ob Art. 97 Abs. 1 GG die sachliche Unabhängigkeit der Dritten Gewalt auch gegenüber privaten Dritten oder der Öffentlichkeit schützt, also gewissermaßen eine „Drittwirkung"⁹⁷ entfaltet. Zur grundsätzlichen Herleitung einer solchen Gewährleistungsdimension läßt sich auch Art. 20 Abs. 1 und Abs. 2 S. 1 GG heranziehen. Danach geht alle Staatsgewalt vom Volk und nicht von bestimmten Interessengruppen aus⁹⁸. Die sachliche Unabhängigkeit der Gerichte muß umfassend sein und damit auch die gezielte private oder gesellschaftliche Einflußnahme auf eine konkrete Entscheidung ausschließen⁹⁹. Jedoch stößt der Schutz des Art. 97 Abs. 1 GG auf enge Grenzen. So kann Privaten beispielsweise nicht die Ausübung ihrer Kommunikationsfreiheiten, insbesondere der

---

90 BVerfGE 87, 273 (278); beachte jedoch auch BVerfGE 12, 67 (71); 31, 137 (140).
91 *Schaffer* (N 10), S. 646.
92 Vgl. BVerfGE 22, 322 (329); 47, 146 (161).
93 Vgl. § 144 Abs. 6 VwGO; § 563 Abs. 1, 2 ZPO.
94 Siehe § 31 Abs. 1 und 2 BVerfGG. Bei Entscheidungen mit Gesetzeskraft ergibt sich die Ausnahme bereits aus Art. 94 Abs. 2 S. 1 GG, *Schaffer* (N 10), S. 646.
95 *Papier* (N 70), S. 1090; *Detterbeck* (N 4), Art. 97 Rn. 16.
96 BVerfG (Kammer), in: NJW 1996, S. 2149 (2150).
97 *Herzog* (N 82), Art. 97 Rn. 39.
98 Vgl. *Schaffer* (N 10), S. 646.
99 *Herzog* (N 82), Art. 97 Rn. 39 ff.; *Detterbeck* (N 4), Art. 97 Rn. 17; *Pieroth* (N 3), Art. 97 Rn. 9. Zur Unabhängigkeit gegenüber Kritik durch Politiker: *Horst Sendler*, Politikermeinung und richterliche Unabhängigkeit, in: NJW 2001, S. 1909 ff.; *ders.*, Zur Unabhängigkeit des Verwaltungsrichters, in: NJW 1983, S. 1449 ff.

Meinungs-, Presse- und Rundfunkfreiheit, versagt bleiben, wenn ein anhängiges Gerichtsverfahren Gegenstand des kommunikativen Austausches ist. Daher begegnet die öffentliche Kritik auch an konkreten Gerichtsentscheidungen durch die Medien grundsätzlich keinen verfassungsrechtlichen Bedenken[100]. Die Einflußnahme seitens der Öffentlichkeit ist letztlich ebensowenig greifbar wie kontrollierbar. Hier ist am Ende die innere Unabhängigkeit des Richters gefordert[101]. Schließlich ist der Richter nicht nur berechtigt, sondern auch verpflichtet[102], ohne fremden Einfluß eine Entscheidung zu finden; denn die richterliche Unabhängigkeit ist kein Standesprivileg, sondern dient der Gewährleistung einer von sachfremden Erwägungen unbeeinflußten Rechtsprechung[103].

3. Gesetzesbindung des Richters

Schon der Wortlaut des Art. 97 Abs. 1 GG zeigt, daß die sachliche Unabhängigkeit des Richters nicht unbeschränkt gewährt wird; nach Hs. 2 ist der Richter dem Gesetz und zwar nur dem Gesetz unterworfen. Rechtsprechung und Gesetzesbindung schließen sich nicht aus, sondern bedingen einander. Die Gesetzesbindung konkretisiert die Bestimmung des Art. 92 GG, wonach dem Richter die Rechtsprechung „anvertraut" ist. Sie konstituiert ein positives Merkmal des funktionsrechtlichen Status des Richters. Die Beschaffenheit der Gesetzesbindung stellt erhebliche Anforderungen an die Ausgestaltung des funktionsrechtlichen Status im Gerichtsverfassungsgesetz und gerichtlichen Verfahrensrecht.

28 Rechtsprechung und Gesetzesbindung

Art. 97 Abs. 1 GG unterwirft den Richter „dem Gesetz". Dagegen ist die Rechtsprechung gemäß Art. 20 Abs. 3 GG „an Gesetz und Recht" gebunden. Der unterschiedliche Wortlaut zieht aber keine unterschiedliche Interpretation der Normen nach sich. Die differierenden Formulierungen resultieren lediglich aus der unterschiedlichen Entstehungsgeschichte und Rechtstradition[104]. Beide Vorschriften binden die Dritte Gewalt nicht nur an Gesetze im formellen, sondern auch an solche im materiellen Sinne, das heißt an alle mit verbindlicher Außenwirkung ausgestatteten Rechtssätze[105]. Dazu gehören insbesondere Parlamentsgesetze, Rechtsverordnungen und Satzungen sowie in Deutschland unmittelbar geltende Rechtssätze internationaler Organisationen, vor allem der Europäischen Union[106]. Ferner zählt dazu das Gewohnheitsrecht[107], welches in der deutschen Rechtsordnung jedoch einen geringen

29 Bindung an Gesetz und Recht

---

100 *Detterbeck* (N 4), Art. 97 Rn. 19; → unten *Degenhart*, § 115 Rn. 42.
101 *Sendler* (N 99), S. 1910.
102 BVerwGE 78, 216 (219).
103 *Papier* (N 70), S. 1090.
104 *Herzog* (N 82), Art. 97 Rn. 4; *Classen* (N 34), Art. 97 Rn. 12.
105 Vgl. BVerfGE 18, 52 (59); 19, 17 (31 f.); 78, 214 (227).
106 Zur unmittelbaren Anwendbarkeit von Richtlinien und Entscheidungen der Europäischen Gemeinschaften siehe *Werner Schroeder*, in: Rudolf Streinz (Hg.), EUV/EGV, Kommentar, 2003, Art. 249 EGV Rn. 101 ff., 137 ff.
107 BVerfGE 78, 214 (227).

Stellenwert einnimmt. Verwaltungsvorschriften binden grundsätzlich nur die Behörden selbst und entfalten damit keine Außenwirkung[108]. Ausnahmsweise hat die Rechtsprechung bisher vor allem im technischen Sicherheitsrecht und im Umweltschutzrecht hinsichtlich normkonkretisierender Verwaltungsvorschriften eine Bindungswirkung auch gegenüber Richtern anerkannt[109]. Wegen der sachlichen Unabhängigkeit der Richter innerhalb der Justiz kann das sogenannte Richterrecht dagegen grundsätzlich[110] keine verbindliche Wirkung gegenüber dem einzelnen Richter entfalten.

30
Entscheidungsleistung des Richters

Die Bindung des Richters an das Gesetz und das Rechtsprechen bedingen zwar einander, decken sich jedoch nicht. Es besteht vielmehr ein fließender Übergang zwischen „einfacher" Rechtsfindung durch bloße Subsumtion des Sachverhalts und der richterlichen Rechtsfortbildung[111]. Die rechtsprechende Tätigkeit des Richters erschöpft sich nämlich nicht in der Subsumtion eines konkreten Sachverhalts unter einen bestimmten Rechtssatz. Dazu wäre eine Rechtsordnung erforderlich, die für jeden konkreten Einzelfall eine einschlägige Rechtsnorm bereithält. Eine solche Rechtsordnung wäre nicht nur technisch nicht zu bewerkstelligen, sondern auch von einer solchen Unübersichtlichkeit, daß sich kaum ein Normadressat nach ihr ausrichten könnte[112]. Daß eine Norm Sachverhalte lediglich in abstrakter Form regelt, ist nicht nur aus praktischen Erwägungen hinzunehmen, sondern sogar erforderlich. Die Rechtsordnung soll ordnungsstiftende Prinzipien setzen, die in der Vielfalt der örtlichen, persönlichen und zeitlichen Sachverhalte ebenso beständig wie wirksam sind. Dazu muß das Gesetz einerseits so konkret sein, daß es als verhaltensbestimmender Maßstab verschiedene Lebenssachverhalte hinreichend erfassen kann; andererseits muß es so abstrakt formuliert sein, daß es seiner ordnungsstiftenden Funktion auch unter einer sich wandelnden Lebensrealität gerecht werden kann[113]. Eine Konkretisierbarkeit wohnt der Rechtsordnung damit als wesentliches Merkmal inne.

31
Vergegenwärtigte Konkretisierung der Rechtsordnung

Die spezifische Entscheidungsleistung des Richters besteht daher nicht in der bloßen Subsumtion eines Lebenssachverhalts unter eine bestimmte Rechtsnorm, sondern in einer auf den Entscheidungsgegenstand bezogenen vergegenwärtigten Konkretisierung der einschlägigen Rechtsnorm[114]. Die Rechtsprechung soll Rechtsungewißheit überwinden und Rechtsgewißheit schaffen. Sie dient mithin nicht der Ausführung der Befehle des Gesetzgebers, sondern der Konkretisierung des Normbefehls[115].

---

108 BVerfGE 78, 214 (227).
109 Vgl. etwa BVerwGE 110, 216 (218f.) – TA Luft. Überblick bei *Hans Jarass*, Bindungswirkung von Verwaltungsvorschriften, in: JuS 1999, S. 105 ff.
110 Eine Ausnahme besteht bei der Bindung an die Auffassung der Rechtsmittelinstanz, wenn die Rechtssache an die Vorinstanz zurückverwiesen wurde, s.o. Rn. 25.
111 *Kirchhof* (N 47), S. 2275.
112 BVerfGE 34, 269 (287).
113 Vgl. *Adolf Laufs*, Die Generalklausel. Ein rechtsgeschichtlicher Beitrag zur Freiheit und Bindung des Richters, in: DRiZ 1973, S. 145 ff.
114 BVerfGE 34, 269 (287 f.); → Bd. II, *Schmidt-Aßmann*, § 26 Rn. 66.
115 *Kirchhof* (N 47), S. 2277.

Der Richter ist bei der Konkretisierung des Gesetzes in mehrfacher Hinsicht an dieses gebunden. Zunächst gibt die Rechtsnorm die Beurteilungsperspektive der Einzelfallentscheidung vor. So muß der Richter etwa in einem Rechtsstreit bauordnungsrechtlicher Natur die sicherheitstechnische Beschaffenheit des Bauwerks prüfen. Richtet sich eine Klage gegen eine denkmalschutzrechtliche Verfügung, so hat das Gericht das Alter und die denkmalschutzrechtliche Bedeutung des fraglichen Grundstücks einer Beurteilung zu unterziehen[116]. Sodann prüft der Richter die abstrakten Vorgaben der einschlägigen Vorschrift anhand des konkreten Einzelfalls. Dabei kann er die gesetzliche Regelung – soweit möglich – systemimmanent inhaltlich konkretisieren und ergänzen[117]. Weiterhin ist er befugt und verpflichtet, verfassungsrechtliche Gebote und Verbote auf einfachgesetzlicher Ebene durch entsprechende Konkretisierungen umzusetzen[118].

32
Norm gibt Beurteilungsperspektive

Insbesondere ist der Richter zur gegenwartsgerechten Auslegung und Fortbildung des Gesetzes angehalten. Dies erfordert die Konzeption des Gesetzes als eine in die Zukunft gerichtete Verankerung eines ordnungsstiftenden Prinzips. Die parlamentarische Prognosefähigkeit ist begrenzt und verlangt damit vom Adressaten sowie von der rechtsprechenden Gewalt eine zeitgerechte Interpretation der Norm. Der Richter steht in der Pflicht, den Normadressaten vor einer überholten Rechtsfolge zu schützen und das Gesetz vor dem Hintergrund der gegenwärtigen Lebensrealität weiterzubilden[119]. Die Entwicklung der Lebenswirklichkeit und insbesondere der technische Fortschritt können dabei zur Erschließung völlig neuer Regelungsgegenstände ein und derselben Norm führen[120].

33
Gegenwartsbezogene Auslegung und Fortbildung

Die einfachgesetzliche Ausgestaltung des funktionsrechtlichen Status des Richters muß auf die beschriebene Entscheidungsleistung ausgerichtet sein. Das Gerichtsverfassungsgesetz und das gerichtliche Verfahrensrecht müssen die Gewähr dafür bieten, daß der Richter die von ihm geforderte gegenwartsgerechte Konkretisierung von Recht und Gesetz wirksam vornehmen kann.

4. Kollision von richterlicher Unabhängigkeit und Gesetzesbindung?

Der Gesetzgeber selbst ist bei der Gestaltung der Rechtsordnung nicht immer sachlich unabhängig und politisch neutral, sondern nimmt oft aktiv an der Gesellschaftsplanung teil und zeigt sich dabei nicht selten parteiisch. Eine solche Parteinahme der Rechtsordnung kann die Rechtsprechung nicht unberührt lassen. Sachliche Unabhängigkeit der Richter und Gesetzesbindung stehen damit auf den ersten Blick insoweit in einem Kollisionsverhältnis. Die

34
Parteilichkeit des Gesetzgebers

---

116 *Kirchhof* (N 47), S. 2277.
117 *Classen* (N 34), Art. 97 Rn. 14.
118 Vgl. BVerfGE 34, 269 (287); 49, 286 (301 ff.).
119 *Kirchhof* (N 47), S. 2278.
120 Aufgrund seines hohen Abstraktionsgrades war insbesondere das Grundgesetz häufig Gegenstand zeitgemäßer Neudeutungen, vgl. etwa BVerfGE 12, 205 (226) – „Rundfunk" i. S. d. Art. 5 Abs. 1 S. 2 GG sind sowohl Hör- als auch Fernsehfunk.

Richter sind durch die Konkretisierung der Rechtsordnung in die politisch motivierte Gesellschaftsplanung eingebunden. Soweit das angewendete Gesetz gesellschaftsgestaltend und damit parteiisch wirkt, wird auch der Richter veranlaßt, die gesetzgeberische Parteinahme, sofern sie mit höherrangigem Recht vereinbar ist, in seine Entscheidungsfindung einfließen zu lassen. Auch der Richter wird damit über die Gesetzesbindung zur Parteilichkeit gezwungen[121].

35
Kein Konflikt

Ein Konflikt zwischen sachlicher Unabhängigkeit und Gesetzesgebundenheit des Richters ergibt sich daraus jedoch nicht. Gemäß Art. 97 Abs. 1 GG ist der Richter zwar unabhängig, aber dem Gesetz unterworfen. Die sachliche Unabhängigkeit ist insoweit eingeschränkt. Sie schützt den Richter nur vor der Einflußnahme des Gesetzgebers auf die Entscheidung eines konkreten Rechtsstreites[122]. Schließlich bedingt der Auftrag des Richters, Recht zu sprechen, gerade die Bindung an das Recht, dessen Konkretisierung und Fortbildung der Richter vornehmen soll. Bei der Auslegung des Gesetzes muß er den historischen Willen des Gesetzgebers und den Zweck des Gesetzes berücksichtigen, die wertneutral oder politisch motiviert sein können[123]. Rechtsprechung und Parteinahme für die gesetzlich bevorteilte Partei sind insoweit miteinander verwoben.

D. Ausgestaltungen des funktionsrechtlichen Richterstatus

I. Richterämter

1. Funktionsrechtliche Bedeutung der Richterämter

36
Persönlicher Status

Das funktionsrechtliche Statusrecht des Richters muß gewährleisten, daß die rechtsprechende Gewalt verbindlich durch die Gerichte ausgeübt wird und die zur Entscheidung berufenen Richter in ausschließlich eigener Verantwortung daran mitwirken. Es steht dabei in zweierlei Beziehung zum persönlichen, dienst- und amtsrechtlichen Status des Richters: Zum ersten bestimmt das persönliche Statusrecht die Anforderungen an die persönliche Qualifikation des Richters zur Gewährleistung einer funktionsgerechten Ausübung der

---

121 So *Herzog* (N 82), Art. 97 Rn. 17.
122 S. o. Rn. 24.
123 Nach BVerfGE 11, 126 (129 f.) muß sich der gesetzgeberische Wille jedoch im Gesetzestext objektivieren. „Während die ‚subjektive' Theorie auf den historischen Willen des ‚Gesetzgebers' = Gesetzesverfassers, auf dessen Motive in ihrem geschichtlichen Zusammenhang abstellt, ist nach der ‚objektiven' Theorie, die in Rechtsprechung und Lehre immer stärkere Anerkennung gefunden hat, Gegenstand der Auslegung das Gesetz selbst, der im Gesetz objektivierte Wille des Gesetzgebers. ‚Der Staat spricht nicht in den persönlichen Äußerungen der an der Entstehung des Gesetzes Beteiligten, sondern nur im Gesetz selbst. Der Wille des Gesetzgebers fällt zusammen mit dem Willen des Gesetzes' ...". Siehe dazu näher *Helge Sodan*, Methoden der Verfassungsinterpretation in der verfassungsgerichtlichen Judikatur, in: Otto Depenheuer/Ilyas Dogan/Osman Can (Hg.), Deutsch-Türkisches Forum für Staatsrechtslehre I, 2004, S. 11 (15 ff.).

richterlichen Gewalt. Zum zweiten ist der persönliche Status des Richters bedeutsam für die Frage, wie die Ausübung der rechtsprechenden Gewalt durch die Gerichte zu regeln und hierbei der funktionsrechtliche Status der unterschiedlichen Richterämter in einer den Anforderungen des Art. 92 GG genügenden Weise auszugestalten ist. Daher sind bereits die Grundarten der Richterämter, nämlich die der Berufsrichter und der ehrenamtlichen Richter, die Basis des an sie anknüpfenden funktionsrechtlichen Status.

2. Berufsrichter

Berufsrichter sind Richter, welche die Befähigung zum Richteramt erworben haben[124], in einem Dienstverhältnis zum Bund oder zu einem Land stehen und hauptberuflich als Richter tätig sind. Es werden Richter auf Lebenszeit, Richter auf Zeit, Richter kraft Auftrags und Richter auf Probe unterschieden[125]. Die Ämter der Berufsrichter sind maßgeblich dafür, in welchem Umfang einem Berufsrichter die Wahrnehmung rechtsprechender Gewalt anvertraut werden kann.

37
Qualifikation der Berufsrichter

Richter auf Lebenszeit sind wegen ihrer förmlich nachgewiesenen Befähigung zum Richteramt und aufgrund ihrer lebenslangen Anstellung in der Lage, jedes ihnen übertragene Richteramt wahrzunehmen[126]; sie sind dazu berufen, in den ihnen bei einem bestimmten Gericht übertragenen Richterämtern in allen zugewiesenen Aufgabenbereichen an der Ausübung der rechtsprechenden Gewalt durch das Gericht mitzuwirken. Richter auf Zeit, kraft Auftrags oder auf Probe können trotz nachgewiesener Befähigung zum Richteramt aufgrund der besonderen gesetzlichen Gründe ihrer Berufung nur nach Maßgabe besonderer Bundesgesetze in bestimmte Richterämter berufen werden[127]. Ihre Mitwirkung an der Rechtsprechung des Gerichts, dem sie angehören, ist beschränkt[128].

38
Fähigkeit zur Übernahme jeden Richteramtes

3. Ehrenamtliche Richter

Ehrenamtliche Richter wirken zwar in einem Spruchkörper als Richter mit, müssen aber nicht zwingend die Befähigung zum Richteramt haben[129]. Ob und in welchem Umfang ein Spruchkörper mit ehrenamtlichen Richtern besetzt ist, steht im Ermessen des Gesetzgebers. Das Grundgesetz enthält

39
Qualifikation

---

124 Siehe § 9 Nr. 3 und §§ 5 ff. DRiG.
125 § 8 DRiG.
126 Vgl. dazu §§ 27 f. DRiG. Nach § 10 Abs. 1 DRiG muß der Richter auf Lebenszeit nach dem Erwerb seiner Befähigung zum Richteramt mindestens drei Jahre im richterlichen Dienst tätig gewesen sein.
127 §§ 11, 12, 14 DRiG.
128 Gemäß § 29 S. 1 DRiG darf bei einer gerichtlichen Entscheidung nicht mehr als ein Richter auf Probe oder ein Richter kraft Auftrags mitwirken. Ein Richter auf Probe darf nach § 22 Abs. 6 GVG im ersten Jahr nach seiner Ernennung Geschäfte in Insolvenzsachen nicht wahrnehmen. Dasselbe gilt gemäß § 23 b Abs. 3 S. 2 GVG für Familiensachen. Verwaltungsrichter auf Probe dürfen im ersten Jahr nicht Einzelrichter sein (§ 6 Abs. 1 S. 2 VwGO).
129 Vgl. *Günther Schmidt-Räntsch*, Deutsches Richtergesetz. Kommentar, ⁵1995, § 44 Rn. 3.

dazu keine detaillierten Vorgaben[130]. Es erlaubt selbst die Besetzung eines Gerichts ausschließlich mit ehrenamtlichen Richtern[131]. Einen dem Status des Berufsrichters vergleichbaren, auf einer allgemeinen Befähigung zum Richteramt beruhenden und von speziellen Gesetzen unabhängigen persönlichen Status des ehrenamtlichen Richters gibt es nicht. Ehrenamtliche Richter dürfen bei einem Gericht nur aufgrund eines Gesetzes und unter den gesetzlich bestimmten Voraussetzungen tätig werden[132]. Die für die Berufung des ehrenamtlichen Richters relevanten Gesetze bestimmen die für das konkrete Amt erforderliche spezifische Befähigung und den durch die Berufung erworbenen persönlichen Status; die gesetzlich geregelten Befugnisse und Verpflichtungen des ehrenamtlichen Richters umreißen gleichzeitig seinen funktionsrechtlichen Status.

40 Die Ämter der ehrenamtlichen Richter lassen sich abhängig von den Berufungsvoraussetzungen und den daraus resultierenden Befähigungen für ein Ehrenrichteramt in drei Gruppen gliedern[133].

Repräsentanten der Allgemeinheit Die erste Gruppe bilden diejenigen ehrenamtlichen Richter, die zu ihrer Berufung keiner gesonderten Qualifikation bedürfen und der Repräsentation der Allgemeinheit in den Gerichten dienen. Als Beispiele lassen sich die Schöffen an den Strafgerichten[134] sowie die ehrenamtlichen Richter in der Verwaltungsgerichtsbarkeit[135] und der Finanzgerichtsbarkeit[136] anführen. Solche ehrenamtlichen Richter sind dazu berufen, neben Berufsrichtern als nicht rechtskundige Personen an der Ausübung rechtsprechender Gewalt durch die Gerichte mitzuwirken und dabei nicht fachjuristisch geprägte Rechtsanschauungen als Elemente der Rechtsfindung und unter Umständen als Korrektive des berufsrichterlichen Elements einzubringen[137]. Die Besetzung mit Laienrichtern soll die Gerichtsbarkeit volksnah[138] gestalten und dem von der Entscheidung betroffenen Bürger die Erkenntnis vermitteln, daß die Entscheidung auch von nicht juristisch ausgebildeten Bürgern getragen wird. Die Hinzuziehung nicht gesondert qualifizierter ehrenamtlicher Richter hat daher auch eine vertrauensbildende Funktion[139]. Der Installation einer demokratischen Komponente in der Rechtsfindung[140] dient die Berufung ehrenamtlicher Richter dagegen nicht. Zwar geht gemäß Art. 20 Abs. 2 S. 1 GG alle

---

130 Vgl. BVerfGE 14, 56 (73); 42, 206 (208 f.).
131 BVerfGE 48, 300 (317). Z. B. sind die Richter der Landesverfassungsgerichte bzw. Staatsgerichtshöfe regelmäßig ehrenamtlich tätig, siehe u. a. § 7 Abs. 1 BadWürttStGHG; § 8 Abs. 2 MecklenbVorpVerfGG; § 9 Abs. 1 S. 1 ThürVerfGHG.
132 § 44 Abs. 1 DRiG.
133 Vgl. aber auch *Schmidt-Räntsch* (N 129), § 44 Rn. 4.
134 §§ 29 ff., 76 f. GVG.
135 §§ 19 f. VwGO. Siehe ausführlich zu deren rechtlicher Stellung *Jan Ziekow*, in: Helge Sodan/Jan Ziekow (Hg.), Verwaltungsgerichtsordnung, Großkommentar, ²2006, § 19 Rn. 10 ff.
136 §§ 16 ff. FGO.
137 Siehe dazu *Helmut Schnellenbach*, Das Spruchkörperprinzip in der Verwaltungsgerichtsbarkeit, in: FS für Christian-Friedrich Menger, 1985, S. 341 (353 f.).
138 *Classen* (N 34), Art. 92 Rn. 29.
139 *Ludwig Gehrmann*, Der demokratische Auftrag des ehrenamtlichen Richters und sein Informationsbedürfnis, in: DRiZ 1988, S. 126 (130).
140 *Gehrmann* (N 139), S. 129 f.

Staatsgewalt vom Volke aus; daher ergeht der Richterspruch nicht im Namen des Rechts, sondern im Namen des Volkes[141]. Gleichwohl wirkt der ehrenamtliche Richter nicht an einem demokratischen Willensbildungsprozeß wie der Gesetzgebung mit, sondern an der Ausübung rechtsprechender Gewalt. Hier verpflichtet Art. 97 Abs. 1 GG auch den ehrenamtlichen Richter zur sachlichen Unabhängigkeit und damit zur Befreiung von äußerer, auch vom Willen der Mehrheit der Bevölkerung unterstützter Einflußnahme[142].

Zur zweiten Gruppe zählen diejenigen Richter, die wegen eigener Erfahrungen und besonderer Sachkenntnisse in den der Rechtsprechung eines Gerichts unterliegenden Materien in ein Richteramt berufen werden. Im Gegensatz zur erstgenannten Gruppe müssen diese ehrenamtlichen Richter ein besonderes Qualifikationsmerkmal aufweisen, nämlich eine die besondere Sachkenntnis und -nähe vermittelnde persönliche Eigenschaft, die in einem unmittelbaren Bezug zum Gegenstand der Entscheidung oder zu den Streitparteien steht[143]. Die Hinzuziehung von Personen mit besonderer Sachnähe und Kenntnis soll „zu einer lebensnahen und sachlich zutreffenden Urteilsfindung beitragen"[144]. Solche besonderen persönlichen Eigenschaften können beispielsweise die Kaufmannseigenschaft[145], der Freie Beruf des Arztes, Zahnarztes oder Psychotherapeuten[146] sowie die Befähigung zum höheren Verwaltungsdienst[147] sein. Soweit die besondere Qualifikation an gruppenspezifische Merkmale anknüpft, die den Prozeßparteien eigen sind, werden die entscheidenden Spruchkörper in kontradiktorischen Verfahren, deren Streitparteien unterschiedlichen Gruppen angehören, jeweils nach den differierenden gruppenspezifischen Merkmalen mit ehrenamtlichen Richtern besetzt. So wird zum Beispiel jede Kammer des Arbeitsgerichts in der Besetzung mit einem Vorsitzenden und je einem ehrenamtlichen Richter aus Kreisen der Arbeitgeber und der Arbeitnehmer tätig[148].

41
Experten als ehrenamtliche Richter

Dem rein juristisch ausgebildeten Berufsrichter fehlt regelmäßig in vielen Rechtsmaterien die umfassende Erfahrung, die ein ehrenamtlicher Richter mit besonderer Qualifikation in der einschlägigen Materie mitbringt. Dieser soll das Einfließen von Erfahrungen und Anschauungen des betroffenen Personenkreises und damit eine sach- sowie interessengerechte Judikatur sicherstellen[149]. Vor diesem Hintergrund ist es unzutreffend, von „Laienrichtern" zu sprechen. Die ehrenamtlichen Richter fördern die Entscheidung des Spruchkörpers. Ihre Bedeutsamkeit zeigt sich insbesondere in dem Umstand, daß ehrenamtliche Richter mit besonderer Qualifikation nicht nur in den Ein-

42
Entscheidungsfördernde und -stabilisierende Funktion

---

141 Treffend: *Kirchhof* (N 47), S. 2280.
142 S.o. Rn. 27.
143 Vgl. BVerfGE 26, 186 (199 f.) – Rechtsanwälte an Ehrengerichten für Rechtsanwälte; BVerfGE 54, 159 (166 ff.) – Landwirte an Landwirtschaftsgerichten.
144 BVerfGE 54, 159 (166).
145 § 109 Abs. 1 Nr. 3 GVG – Kammern für Handelssachen bei den Landgerichten.
146 § 12 Abs. 3 SGG – Kammern für Angelegenheiten des Kassenarztrechts bei den Sozialgerichten.
147 Vgl. § 2 Abs. 3 S. 1 SaarlVerfGHG – Zusammensetzung des Saarländischen Verfassungsgerichtshofs.
148 § 16 Abs. 2 ArbGG.
149 *Ulf Berger-Delhey*, Stellung und Funktion der ehrenamtlichen Richter in der Arbeitsgerichtsbarkeit, in: BB 1988, S. 1662.

gangsinstanzen richterliche Funktionen wahrnehmen, sondern auch in den höheren Gerichten bis zu den Senaten oberster Bundesgerichte[150] an der Ausübung der rechtsprechenden Gewalt mitwirken.

43
Ehrenamtliche Richter mit Befähigung zum Richteramt

Schließlich qualifiziert sich die dritte Gruppe der ehrenamtlichen Richter durch die Befähigung zum Richteramt als notwendige Voraussetzung der Berufung. Solche ehrenamtlichen Richter können nicht nur in allen Rechtsinstanzen, also auch bei den höchsten Bundesgerichten[151] tätig sein, sondern auch aufgrund einer entsprechenden gesetzlichen Ermächtigung erstinstanzliche Spruchkörper allein besetzen[152]. Ehrenamtliche Richter mit der Befähigung zum Richteramt stellen ferner den größten Teil der Landesverfassungsrichter[153].

II. Richterkollegien

1. Einzelrichter und Richterkollegien

44
Grundsätzlich Rechtsprechung durch Kollegialgerichte

Gemäß Art. 92 GG ist die Rechtsprechung zwar den Richtern anvertraut, wird aber gleichzeitig von den Gerichten ausgeübt. Diese Festlegungen wirken sich auch auf die Beantwortung der Frage aus, inwiefern Spruchkörper aus einem Richterkollegium bestehen müssen oder von einem Einzelrichter gebildet werden können. Die Rechtsprechung soll Rechtsungewißheit überwinden und Rechtsgewißheit schaffen, indem sie die vergegenwärtigte Konkretisierung der einschlägigen Rechtsnorm leistet[154]. Für diese Entscheidungsleistung ist grundsätzlich das Kollegialgericht gegenüber der Zuständigkeit eines Einzelrichters die vorzugswürdige, weil funktionsgerechtere Organisationsform. Die kollegiale Beratung und Abstimmung sowie die in ihr angelegte Diskussion der eigenverantwortlich gebildeten Auffassungen der Einzelrichter dienen der sachgerechten Rechtsfindung in besonderer Weise. Zudem sei auch in diesem Zusammenhang daran erinnert, daß dem Richter die Rechtsprechung nicht als persönliche Macht anvertraut ist. Er ist angehalten, die rechtsprechende Gewalt unter Berücksichtigung der berechtigten Interessen derjenigen, die auf die verantwortungsbewußte Ausübung des Amtes vertrauen, gewissenhaft[155] und im Rahmen des Gerichts, dem nach Art. 92 Hs. 2 GG die Ausübung der rechtsprechenden Gewalt übertragen ist, wahrzunehmen. Die Differenzierung von Richtern und Gerichten in Art. 92 GG zeigt, daß das Grundgesetz grundsätzlich die Rechtsprechung durch Kollegialgerichte anordnet. Die Zuständigkeit eines Spruchkörpers, dem lediglich

---

150 Vgl. § 97 Abs. 2 StBerG – der Senat für Steuerberater- und Steuerbevollmächtigtensachen beim Bundesgerichtshof besteht u. a. aus zwei Steuerberatern oder Steuerbevollmächtigten als Beisitzern.
151 § 106 Abs. 2 S. 1 BRAO – drei Rechtsanwälte als Beisitzer im Senat für Anwaltssachen beim Bundesgerichtshof.
152 Vgl. BVerfGE 48, 300 (316 ff.) – Ehrengerichte für Rechtsanwälte.
153 Vgl. Art. 68 Abs. 3 S. 1 BadWürttVerf; § 7 Abs. 1 BadWürttStGHG; § 3 Abs. 3 BerlinVerfGHG; § 3 Abs. 2 S. 2 NiedersachsStGHG.
154 *Kirchhof* (N 47), S. 2277.
155 *Böttcher* (N 47), S. 83; vgl. ferner *Kirchhof* (N 47), S. 2275 f.

ein Einzelrichter angehört, ist aber zulässig, wenn ein Rechtsmittel zu einem Kollegialgericht bereitsteht[156] oder die Rechtssache keine besonderen Schwierigkeiten tatsächlicher oder rechtlicher Natur und keine grundsätzliche Bedeutung aufweist[157].

2. Beratung und Abstimmung im Kollegialgericht

Auch in den Kollegialgerichten muß die rechtsprechende Gewalt dem einzelnen Richter anvertraut bleiben, das heißt er wirkt in eigenverantwortlicher Weise an der Entscheidungsfindung des Gerichts mit. Seine und die Rechtsauffassung der übrigen Richter führt das Gericht zu einer einheitlichen Entscheidung zusammen. In staatlichen Kollegialorganen, die keine rechtsprechende Gewalt ausüben, kann ein Beschluß mit einer wie auch immer gearteten Mehrheit gefaßt werden, ohne daß die die Mehrheit tragenden Mitglieder des Beschlußorgans aus denselben Gründen und Motiven zu ihrer übereinstimmenden Entscheidung gekommen sind. Hier genügen regelmäßig die Unterrichtung der beschlußfassenden Mitglieder, die Einhaltung des erforderlichen Quorums und die Erzielung der erforderlichen Majorität[158]. Die Beweggründe für die finale Entscheidung sind daher dort unerheblich.

45
Einheitliche Entscheidung des Gerichts

Gerichten ist eine ergebnisorientierte Entscheidung, welche die tragenden Gründe nicht berücksichtigt, schlechthin verwehrt. Vielmehr besteht jede gerichtliche Entscheidung aus einer Summe von Teilentscheidungen, die im einzelnen im Richterkollegium beraten und abgestimmt werden müssen[159]. Die vom Gericht gefundene abschließende Entscheidung bildet lediglich die Schlußfolgerung aus den vorangegangenen Einzelentscheidungen[160]. Soweit zunächst ungewiß ist, welche Fragen entscheidungserheblich sind, muß erst über diese Frage beraten und abgestimmt werden. Sodann werden die Einzelfragen in wohlgeordneter Reihenfolge einzeln durch alle an der Entscheidung beteiligten Richter beraten und abgestimmt. Selbst wenn alle oder eine Mehrheit der beteiligten Richter für sich allein im Ergebnis zu einer anderen Entscheidung gekommen wären, da sie in einer bestimmten Teilfrage eine andere Rechtsauffassung als die Mehrheit der Richter vertreten, so bleibt es bei der Entscheidung des Kollegialgremiums. Eine globale Abstimmung der abschließenden Frage ist auch in solchen Fällen unzulässig[161]: Die Rechtsprechung ist zwar den Richtern anvertraut, wird aber von den Gerichten ausgeübt (Art. 92

46
Keine globale Abstimmung der abschließenden Frage

---

156 Vgl. § 22 Abs. 1 GVG – Einzelrichter am Amtsgericht.
157 Siehe nur § 6 Abs. 1 VwGO; vgl. ferner § 76 Abs. 4 AsylVG.
158 Vgl. BVerfGE 91, 148 (166). Ausführlich zur Beschlußfassung der Bundesregierung *Volker Epping*, Die Willensbildung in Kollegialorganen, in: DÖV 1995, S. 719 (720).
159 Zur gestaffelten Abstimmung in der Strafgerichtsbarkeit siehe *Norbert Michel*, Beratung, Abstimmung und Beratungsgeheimnis – Dargestellt am Beispiel der Großen Strafkammer beim Landgericht, in: DRiZ 1992, S. 263 (264 ff.).
160 Die abschließende Entscheidung fällt mit einer der Teilentscheidungen zusammen: bei positiver abschließender Entscheidung mit der letzten Teilentscheidung, bei negativer Gesamtentscheidung mit der verneinenden Teilentscheidung.
161 Anders *Hans Brox*, Rechtsprobleme der Abstimmungen beim Bundesverfassungsgericht, in: FS für Gebhard Müller, 1970, S. 1 (2 f.).

Hs. 2 GG). Daher kommt es nicht auf die persönliche Rechtsauffassung der Richter, sondern auf die des Gerichts an. Diese deckt sich jedoch nicht mit denen der einzelnen Kollegiumsmitglieder; jeder der im Ergebnis dissentierenden Richter bleibt nämlich für sich in der Minderheit. Eine andere Sichtweise wäre auch mit der rechtsprechenden Funktion der Gerichte unvereinbar. Die Rechtsprechung soll durch eine vergegenwärtigte Konkretisierung der Rechtsordnung Rechtsungewißheit überwinden und Rechtsgewißheit schaffen. Würde das Gericht in den beschriebenen Fällen über das Entscheidungsergebnis global entscheiden, so wäre der Überwindung der Rechtsungewißheit wenig gedient. Dem Normadressaten bliebe verschlossen, auf welchen Gründen die Entscheidung beruht, denn in allen entscheidenden Punkten vertrat das Gericht eine Rechtsauffassung, die der gegenteiligen Gesamtentscheidung zumindest nicht im Wege stand. Läge ein zukünftiger Sachverhalt in einer entscheidenden Teilfrage anders, so könnte der Normadressat aus der Entscheidung nicht die rechtlichen Konsequenzen ablesen. Das Gericht hätte seine Aufgabe der vergegenwärtigten Konkretisierung der Rechtsordnung mithin verfehlt.

47
Normierung der Grundsätze im GVG

Die genannten Grundsätze finden in den §§ 194 ff. GVG ihre Umsetzung. Gemäß § 194 Abs. 2 GVG entscheidet das Gericht Meinungsverschiedenheiten über den Gegenstand, die Fassung und die Reihenfolge der Fragen sowie über das Ergebnis der Abstimmung. Kein Richter darf eine Abstimmung verweigern, weil er bei der Abstimmung über eine vorangegangene Frage in der Minderheit blieb (§ 195 GVG). Die Vorschrift in § 196 GVG enthält detaillierte Vorgaben für die Mehrheitsfindung innerhalb des Spruchkörpers. Hierdurch wird sichergestellt, daß die Richter in eigenverantwortlicher Weise an der gesamten Entscheidungsfindung beteiligt sind und die abgegebenen Voten auf jeder Stufe der Entscheidungsfindung des Gerichts zur Ausübung rechtsprechender Gewalt integriert werden.

3. Anzahl der zur Mitwirkung berufenen Richter

48
Entscheidungsfindung nach den Regeln kollegialer Beratung und Abstimmung

Die gerichtliche Entscheidung wird durch diejenigen Richter herbeigeführt, denen das Gesetz, der Geschäftsverteilungsplan des Gerichts und die Anordnung des Vorsitzenden über die Verteilung der Geschäfte innerhalb des Spruchkörpers die gerichtliche Entscheidung übertragen haben. Gesetzlich festgelegt müssen dabei nur die Entscheidungsquoren sein, nicht dagegen die Anzahl der einem Spruchkörper angehörenden Richter; denn die tatsächliche Verfahrensbelastung eines Spruchkörpers kann der Gesetzgeber nur bedingt vorhersehen. Es muß dem Gerichtspräsidium daher erlaubt sein, unter Beachtung der gesetzlich festgeschriebenen Quoren die konkrete Anzahl der Richter eines Spruchkörpers zu bestimmen[162]. Diese Zahl muß jedoch so bemessen sein, daß eine Entscheidungsfindung nach den Regeln

---

162 Vgl. die Ausführungen des Bundesverfassungsgerichts hinsichtlich Art. 101 Abs. 1 S. 2 GG, BVerfGE 19, 52 (61); siehe ferner BVerfGE 95, 322 (328).

kollegialer Beratung und Abstimmung ohne Verletzung der Grundsätze des Art. 92 GG gewährleistet ist. Eine bestimmbare Obergrenze läßt sich freilich nicht festlegen[163].

4. Zusammensetzung der Spruchkörper

Das Gerichtsverfassungsrecht regelt, ob und in welcher Zahl Richter unterschiedlicher Richterämter in den einzelnen Spruchkörpern vertreten sind. Die Zusammensetzung der Spruchkörper muß dabei den Anforderungen des Art. 92 GG gerecht werden; denn eine unterschiedliche Gewichtung der verschiedenen Richterämter beeinflußt die Art und Weise, in der die Gerichte rechtsprechende Gewalt ausüben. Eine Zusammensetzung, die keine funktionsgerechte Wahrnehmung der rechtsprechenden Gewalt zuläßt, ist mit dem funktionsrechtlichen Status des Richters unvereinbar[164].

49
Anforderungen des Art. 92 GG

Die Mitwirkung nicht hauptamtlich und planmäßig angestellter Richter, das heißt von Richtern auf Probe, kraft Auftrags oder abgeordneten Richtern, muß möglichst begrenzt bleiben. Berufsrichter müssen grundsätzlich hauptamtlich und planmäßig endgültig tätig sein. Richter, bei denen diese Garantien der persönlichen Unabhängigkeit, die letztlich der sachlichen Unabhängigkeit dient, fehlen, dürfen nur aus zwingenden Gründen herangezogen werden. Das Grundgesetz verbietet nicht generell, unumgänglichen Bedürfnissen der Rechtspflege durch Verwendung von Hilfsrichtern Rechnung zu tragen; es beschränkt aber ihre Verwendung auf das zwingend gebotene Maß[165]. Deshalb darf an einer gerichtlichen Entscheidung nicht mehr als ein Richter auf Probe, ein Richter kraft Auftrags oder ein abgeordneter Richter beteiligt sein[166].

50
Richter auf Probe, kraft Auftrags und abgeordnete Richter

Die Frage, inwieweit ehrenamtliche Richter eingesetzt werden können, ohne die Grundsätze des Art. 92 GG zu verletzen, ist hingegen schwerer zu beantworten. Unzweifelhaft zulässig ist die Besetzung eines Spruchkörpers mit einer Mehrheit an Berufsrichtern. Hier haben die zur uneingeschränkten Wahrnehmung richterlicher Gewalt befähigten Berufsrichter wesentlichen Einfluß auf das Ergebnis der Entscheidung; denn ohne Mitwirkung mindestens eines Berufsrichters können die ehrenamtlichen Richter keine Abstimmungsmehrheit erzielen.

51
Ehrenamtliche Richter

---

163 Das Bundesverfassungsgericht hielt einen zehnköpfigen Senat beim Bundesfinanzhof für vereinbar mit Art. 92 GG, BVerfGE 19, 52 (63). *Schnellenbach* (N 137), S. 342 (Fn. 6a), zweifelt dagegen schon an der Arbeitsfähigkeit eines Entscheidungsgremiums mit sieben Mitgliedern.
164 Das Bundesverfassungsgericht sah bisher keinen Anlaß, an der Zulässigkeit der Zusammensetzung eines Spruchkörpers zu zweifeln. Insbesondere in den nicht in Art. 94, 95 GG aufgeführten Gerichtszweigen hielt es auch ausschließlich mit ehrenamtlichen Richtern besetzte Spruchkörper für vereinbar mit Art. 92 GG, vgl. BVerfGE 48, 300 (317) – Ehrengerichte für Rechtsanwälte.
165 Siehe BVerfGE 14, 156 (163). Vgl. auch BVerfGE 4, 331 (345): „Der Gesetzgeber des Grundgesetzes ist ... als selbstverständlich davon ausgegangen, daß die Gerichte, soweit Berufsrichter beschäftigt werden, grundsätzlich mit hauptamtlich und planmäßig endgültig angestellten Richtern besetzt sind und daß die Heranziehung von Richtern auf Probe oder auf Widerruf nur in den Grenzen erfolgt, die sich nach verständigem Ermessen aus der Notwendigkeit, Nachwuchs heranzubilden, oder aus anderen zwingenden Gründen ergeben."
166 § 29 S. 1 DRiG.

52
Einbindung der ehrenamtlichen Richter

Im deutschen Gerichtswesen existieren jedoch auch Spruchkörper, die mehrheitlich mit ehrenamtlichen Richtern besetzt sind[167]. Hier können die ehrenamtlichen Richter Entscheidungen ohne Mitwirkung eines Berufsrichters treffen. Ihr Einfluß auf das Abstimmungsergebnis ist damit wesentlich gestärkt. Die erhöhten Einflußmöglichkeiten der ehrenamtlichen Richter sollten jedoch nicht überschätzt werden. Insbesondere die stringenten Abstimmungsregeln in den §§ 192ff. GVG binden die ehrenamtlichen Richter in die gerichtliche Entscheidung ein. Ferner sollen ehrenamtliche Richter mit besonderer Sachkenntnis und -nähe die Entscheidungsfindung lebens- und sachnah gestalten sowie der Schärfung der Argumentation der Berufsrichter dienen. Auch dürfte die Gefahr einer funktionsuntauglichen Rechtsprechung dort gering sein, wo die ehrenamtlichen Richter zumindest zum Teil die Befähigung zum Richteramt vorweisen müssen und daher die Mitglieder des Spruchkörpers mit dieser Qualifikation in der Mehrheit sind. Problematisch erscheint zumindest die Zusammensetzung aus ehrenamtlichen Richtern als Repräsentanten der Allgemeinheit, die innerhalb des Spruchkörpers eine deutliche Mehrheit gegenüber den Berufsrichtern bilden. Zu nennen sind hier insbesondere die Schöffengerichte und Jugendschöffengerichte, bei denen einem Berufsrichter zwei ehrenamtliche Richter ohne besondere Qualifikation zur Seite stehen. Hier reduziert sich die Steuerungsmöglichkeit der in der Minderheit verbleibenden umfänglich qualifizierten Berufsrichter auf ein bedenkliches Niveau.

5. Abstimmungsmehrheiten

53
Stimmengewichtung

Die rechtsprechende Gewalt wird zwar von den Gerichten ausgeübt, ist jedoch den Richtern anvertraut. Aufgabe, Leistung und Verantwortung aller Mitglieder des entscheidenden Senats sind gleichwertig[168]. Die Mitwirkung der einzelnen Richter gebietet daher auch eine gleichwertige Gewichtung der Stimmen. Einzelnen Richtern mehrere Stimmen zuzubilligen oder deren Stimme höher oder niedriger[169] zu bewerten, ist grundsätzlich unzulässig. Auch einer Sonderstellung des Vorsitzenden sind vor diesem Hintergrund Grenzen gesetzt. Eine Ausnahme muß jedoch zur Sicherstellung einer funktionsgerechten Rechtsprechung bei Abstimmungsgleichheit gelten. Hier ist es dem Gesetzgeber erlaubt, die endgültige Entscheidung dem Vorsitzenden zu überantworten[170]. Entsprechende Regelungen existieren insbesondere für die Großen Senate bei den obersten Bundesgerichten[171].

---

167 Z.B. § 16 ArbGG – Kammern der Arbeitsgerichte; § 29 GVG – Schöffengericht; § 33a JGG – Jugendschöffengericht.
168 BVerfGE 26, 72 (76ff.).
169 Das Bundesverfassungsgericht hielt beispielsweise die Regelung des § 52 Abs. 3 S. 2 AO a.F., der bei Stimmengleichheit die Stimme des jüngsten Richters nicht mitzählen ließ, für verfassungsgemäß, BVerfGE 19, 52 (62 f.).
170 *Classen* (N 34), Art. 92 Rn. 36.
171 Vgl. nur § 132 Abs. 6 S. 4 GVG – Bundesgerichtshof in Straf- bzw. Zivilsachen; § 11 Abs. 6 S. 4 VwGO – Bundesverwaltungsgericht; § 41 Abs. 6 S. 3 SGG – Bundessozialgericht. Gemäß § 196 Abs. 4 GVG gibt die Stimme des Vorsitzenden des mit zwei Berufsrichtern und zwei Schöffen besetzten Schöffengerichts bei Stimmengleichheit den Ausschlag.

Eine Entscheidung des Gerichts erfolgt mit der absoluten Mehrheit der Stimmen, soweit gesetzlich nichts anderes bestimmt ist[172]. Die absolute Mehrheit gewährleistet eine Entscheidungsfindung des Gerichts, ohne die gleichberechtigte Mitwirkung der angehörigen Richter zu vernachlässigen. Ihre Stimme findet in der Entscheidung ihren adäquaten Ausdruck. Es gibt jedoch auch Entscheidungsgegenstände, die einen höheren Grad an Rechtsgewißheit verlangen. Hier muß eine höhere Abstimmungsmehrheit ausschlaggebend sein. So ist beispielsweise im Strafprozeß zu jeder dem Angeklagten nachteiligen Entscheidung über die Schuldfrage und die Rechtsfolgen der Tat eine Mehrheit von zwei Dritteln der Stimmen erforderlich[173]. Die Ablehnung eines Rechtsschutzverlangens wegen offensichtlicher Unzulässigkeit oder offensichtlicher Unbegründetheit mit besonderen Rechtsnachteilen wie einem vereinfachten Ablehnungsverfahren[174] oder dem Ausschluß von Rechtsmitteln erfordert sogar eine einstimmige Entscheidung des zuständigen Spruchkörpers. In diesen Fällen ist eine besonders hohe Rechtsgewißheit gefordert, nämlich das Fehlen vernünftiger Zweifel[175]. Die Rechtsgewißheit, daß keine Zweifel an der mangelnden Zulässigkeit bzw. Begründetheit vorliegen, ist nämlich bereits bei einer Gegenstimme erschüttert. Die Rechtsprechung wäre dem Richter nicht mehr gemäß Art. 92 Hs. 1 GG anvertraut, wenn sich seine Zweifel an der von der Mehrheit der anderen Richter vertretenen Rechtsauffassung nicht in dem Votum über die Offensichtlichkeit der Ansicht der Spruchkörpermehrheit niederschlagen würden.

54
Grundsätzlich absolute Mehrheit

Besondere Probleme bereitet die Regelung des § 15 Abs. 4 S. 3 BVerfGG, wonach bei Stimmengleichheit innerhalb eines Senats des Bundesverfassungsgerichts ein Verstoß gegen das Grundgesetz oder sonstiges Bundesrecht nicht festgestellt werden kann[176]. Das Gericht wird infolge struktureller Mängel seiner Verfassung in solchen Fällen an einer Entscheidung gehindert, die den Art. 92 und 97 GG gerecht würde. Die höhere Gewichtung des Senatsvorsitzenden sieht das Gesetz über das Bundesverfassungsgericht nicht vor. Die genannte Regelung entspricht nicht dem Abstimmungsvotum; denn es besteht ein Gleichgewicht zwischen der Rechtsauffassung, die eine Unvereinbarkeit mit dem Grundgesetz bzw. dem sonstigen Bundesrecht konstatiert, und der gegenläufigen Rechtsansicht. Art. 92 Hs. 1 GG ist verletzt, da er dem Votum derjenigen Richter, die diese Rechtsfolge gerade ablehnen, entgegensteht, diese Richter jedoch nicht überstimmt wurden. Ihre Mitwirkung an der Rechtsprechung ist damit empfindlich beschnitten. Die Gewährleistung der sachlichen Unabhängigkeit der Richter nach Art. 97 Abs. 1 GG ist verletzt, da das Gesetz dem Verfahren ein Ergebnis oktroyiert, das nicht Ausfluß einer in ausschließlich eigener Verantwortung getroffenen richterlichen Entscheidung ist. Die Ausübung der rechtsprechenden Gewalt durch das Gericht (Art. 92

55
Stimmengleichheit

---
172 § 196 Abs. 1 GVG.
173 § 263 Abs. 1 StPO.
174 Siehe etwa § 24 S. 1 BVerfGG.
175 Vgl. BVerfGE 65, 76 (95).
176 Vgl. dazu BVerfGE 25, 352 (358); 73, 206 (242).

§ 113 *Achter Teil: II. Staatsfunktionen*

Hs. 2 GG) wird so nicht gewährleistet, da § 15 Abs. 4 S. 3 BVerfGG nicht die Art und Weise der Ausübung der Rechtsprechung regelt, sondern anstelle des Gerichts die vorgelegte Frage entscheidet[177]. In der Literatur wird dagegen teilweise argumentiert, das Bundesverfassungsgericht müsse den gesetzgeberischen Willen mit einer „qualifizierten Anstrengung"[178] und damit einer Mehrheitsentscheidung überwinden. Jedoch obliegen die Beachtung sowie Einschätzung der Verfassungsmäßigkeit eines Gesetzes dem Gesetzgeber und dem Bundesverfassungsgericht gleichermaßen. Dem Gesetzgeber steht insoweit keine Einschätzungsprärogative zu.

III. Qualität der Rechtsprechung

56
Qualitätsverlust aufgrund von Arbeitsüberlastung

Bei der Sicherung des funktionsrechtlichen Status des Richters darf auch die tatsächliche Qualität der Rechtsprechung durch die Gerichte der Bundesrepublik Deutschland nicht außer acht gelassen werden. Die chronische Arbeitsüberlastung der Justiz aufgrund eines massiven Personalmangels[179] führt nicht selten dazu, daß im Zivilprozeß ein schneller Vergleich und im Strafprozeß ein sogenannter Deal gesucht werden; beides bewirkt zwar eine zügigere Erledigung gerichtlicher Verfahren, wird aber der Aufgabe der Justiz, nämlich Recht zu sprechen, vielfach nicht gerecht.

57
Qualitätsstandards

Art. 92 und 97 Abs. 1 GG verpflichten die Richter, die Erreichbarkeit und Durchsetzbarkeit des verfassungsrechtlichen Rechtsschutzauftrags sicherzustellen. Die den Richtern anvertraute Aufgabe muß dabei gewissen Qualitätsstandards genügen. Qualität ist freilich ein relativer Begriff und nur schwer meßbar[180]; sie setzt sich aus verschiedenen Qualitätskriterien[181] zusammen.

58
Ergebnisqualität

Die Ergebnisqualität und damit die inhaltliche Qualität einer gerichtlichen Entscheidung bildet sicherlich das sensibelste Qualitätskriterium; denn es betrifft die richterliche Unabhängigkeit, welche die Freiheit der inhaltlichen Gestaltung der Entscheidung garantiert. Die Allgemeinheit und der rechtsuchende Bürger erwarten von der Rechtsprechung vor allem die Herstellung von Einzelfallgerechtigkeit. Die Gerechtigkeit im Einzelfall ist jedoch schwer oder gar nicht zu beurteilen. Ein Gerichtsverfahren endet regelmäßig mit dem Obsiegen einer Streitpartei. Die unterliegende Partei wird die Entscheidung zumeist nicht als gerecht empfinden. Dennoch kann der Richter zu einer Steigerung der inhaltlichen Qualität beitragen. Ein hochwertiges Urteil ist durch die vollständige Ermittlung des Sachverhalts, ein angemessenes Verhältnis

---

177 Folgerichtig für eine ungerade Anzahl der Senatsmitglieder plädierend: *Ralph Alexander Lorz*, Die Gefahr der Stimmengleichheit, in: ZRP 2003, S. 36 (39).
178 *Karl-Georg Zierlein*, in: Dieter C. Umbach/Thomas Clemens (Hg.), BVerfGG, Kommentar, 1992, § 15 Rn. 50.
179 Im Jahr 2002 fehlten in der Bundesrepublik insgesamt rund 4000 Richter und Staatsanwälte, was einer Defizitquote von 16 % entspricht, s. *Geert W. Mackenroth/Hanspeter Teetzmann*, Mehr Selbstverwaltung der Justiz, in: ZRP 2002, S. 337 (338).
180 *Manfred Kleinknecht*, Diskussionspapier „Qualität in der Justiz", in: DRiZ 2002, S. 77 (79 f.).
181 Siehe dazu näher *Helge Sodan*, Qualitätsmaßstäbe für die Justiz?, in: NJW 2003, S. 1494 ff.

zwischen Effektivität der Beweisaufnahme und ihrem Kostenaufwand, die Erörterung der relevanten Rechtsfragen und Rechtsvorschriften sowie eine der Schaffung von Rechtssicherheit dienende Begründung gekennzeichnet.

Der Richter hat ferner die Verfahrensqualität zu sichern. Er muß den Arbeitsaufwand richtig einschätzen und ausrichten, die Verfahrensdauer angemessen beurteilen, sich bei der Terminierung an den Interessen der Beteiligten orientieren und für eine schnelle Abfassung seiner Entscheidung sorgen[182].

59 Verfahrensqualität

Bei der Qualitätssicherung der rechtsprechenden Gewalt ist selbstverständlich nicht nur die Person des Richters selbst gefragt. Steigende Eingangszahlen sowie das genannte Stellendefizit erschweren eine sach- und zeitgerechte Behandlung der anhängigen Verfahren. Die Organisationsqualität setzt voraus, daß die Gerichte mit genügend Richterstellen besetzt sind und die Richter in geeigneten Räumlichkeiten sowie mit moderner Büroausstattung untergebracht sind[183].

60 Organisationsqualität

Zur Messung der Qualität der Rechtsprechung stehen zwar auch Größen zur Verfügung, die sich leicht messen lassen, wie etwa die Verfahrenslänge, die Erledigungsart oder die Rechtsmittelquote bzw. der Rechtsmittelerfolg[184]. Ihre Aussagekraft ist jedoch begrenzt. Die Rechtsmittelquote läßt kaum Rückschlüsse auf die Qualität der Entscheidungen zu. Die unterlegene Streitpartei dürfte sich nur selten wegen der Qualität einer Entscheidung von der Einlegung eines Rechtsmittels abhalten lassen. Der Rechtsmittelerfolg ist zwar aussagekräftiger, jedoch muß bedacht werden, daß auch die besten Juristen bei der Lösung schwieriger Rechtsprobleme mit guten Argumenten zu unterschiedlichen Ergebnissen kommen können. Der Gesichtspunkt der Schnelligkeit eines Verfahrensabschlusses steht mit den Aspekten der Gründlichkeit und der Rechtssicherheit in einem Zielkonflikt. Die inhaltliche Qualität muß jedenfalls vor der Kürze der Verfahrensdauer Vorrang genießen, so daß sich eine einseitig ökonomisierende Betrachtungsweise verbietet. Auch die Erledigungsart kann nur bedingt der Qualitätsmessung dienen. Während der gegen eine Behörde klagende Bürger mit einer vergleichsweisen Lösung zufrieden sein kann, mag es für die beklagte Behörde wichtig sein, eine Entscheidung in den Händen zu halten, um künftiges Behördenhandeln daran ausrichten zu können. Letztlich ist Qualitätssicherung in der Justiz eine gesamtgesellschaftliche Aufgabe, die nur durch das Zusammenwirken aller drei Staatsgewalten gelingen kann: Die Legislative hat für eine klarere, durchdachte und deutlich entschlackte Gesetzeslage zu sorgen sowie die Finanzmittel für die notwendige personelle und sachliche Ausstattung der Justiz bereitzustellen. Die Exekutive muß durch sinnvolle Verwendung der Mittel und gut strukturierte Gerichtsorganisation die notwendigen Rahmenbedingungen

61 Meßbarkeit der Rechtsprechungsqualität

---

182 *Helge Sodan*, Das Spannungsverhältnis von Qualität und Quantität in der Justiz, in: DÖV 2005, S. 764 (768).
183 Daß die Ausstattung der Gerichte in großen Teilen Deutschlands nicht zufriedenstellend ist, ist hinlänglich bekannt. Dazu *Mackenroth/ Teetzmann* (N 179), S. 338.
184 Siehe zu diesen Qualitätsmerkmalen den Beschluß der Bundesvertreterversammlung des Deutschen Richterbundes vom 15.11.2002, „Qualität in der Justiz", in: ZRP 2003, S. 8 (10).

schaffen. Innerhalb dieser Rahmenbedingungen kann schließlich die Judikative als dritte Gewalt im Bemühen um effektive Verfahrensgestaltung dem Rechtsuchenden weiterhin qualitativ hochwertigen Rechtsschutz in angemessener Zeit gewähren.

IV. Sicherungen des funktionsrechtlichen Status

1. Recht auf den gesetzlichen Richter

62
Korrelation von funktionsrechtlichem Status und Justizgewährleistungspflicht

Der funktionsrechtliche Status des Richters soll die funktionsgerechte Wahrnehmung rechtsprechender Gewalt durch Richter sowie Gerichte ermöglichen und letztlich die Rechte der Verfahrensparteien sichern. Diese haben folglich ein elementares Interesse daran, daß die funktionsrechtlichen Statusnormen des Grundgesetzes und der einfachen Gesetze eingehalten werden. Die Gewährleistungen der Art. 92 und 97 Abs. 1 GG einerseits und die Justizgewährleistungspflicht andererseits korrelieren miteinander[185]. Das Grundgesetz eröffnet den Verfahrensbeteiligten daher subjektive Rechte zur Durchsetzung der richterlichen Ausübung rechtsprechender Gewalt und der Unabhängigkeit der Justiz.

63
Geschäftsverteilung

Gemäß Art. 101 Abs. 1 S. 2 GG darf niemand seinem gesetzlichen Richter entzogen werden. Dies bedeutet nicht nur, daß bei der Besetzung eines Spruchkörpers die maßgeblichen gesetzlichen Vorschriften des Gerichtsverfassungsrechts und des Verfahrensrechts eingehalten werden müssen. Vielmehr kann „gesetzlicher Richter" im Sinne dieser Vorschrift auch nur derjenige Richter sein, dem nach der gerichtsinternen Geschäftsverteilung das konkrete Verfahren zugeordnet ist[186]. Die Verfahrensgarantie des Art. 101 Abs. 1 S. 2 GG sichert nicht nur die Freiheit vor Eingriffen durch Organe der Legislative und Exekutive; ihre Schutzfunktion richtet sich auch nach „innen", also darauf, daß niemand durch Maßnahmen der Gerichtsorganisation dem in seiner Sache gesetzlich berufenen Richter entzogen wird[187].

64
Funktionsrechtlicher Status und Recht auf den gesetzlichen Richter

Die Maßstäbe der Art. 92 und 97 Abs. 1 GG schlagen vollständig auf das Recht auf den gesetzlichen Richter durch. Richter im Sinne des Art. 101 Abs. 1 S. 2 GG ist nur derjenige, der in jeder Hinsicht den Anforderungen des Grundgesetzes entspricht[188]. Das Recht auf den gesetzlichen Richter verleiht damit den Streitparteien das subjektive und beschwerdefähige Recht darauf, daß in dem anhängigen Verfahren die Anforderungen der Art. 92 und 97

---

185 Vgl. *Hans-Jürgen Papier*, Zur Selbstverwaltung der Dritten Gewalt, in: NJW 2002, S. 2585 (2588).
186 Während das Bundesverfassungsgericht zunächst nur die Geschäftsverteilungspläne der Gerichtspräsidien zur Bestimmung des gesetzlichen Richters für maßgeblich erachtete (BVerfGE 17, 294 [298 ff.]; 19, 52 [59 f.]) und die Geschäftsverteilungspläne innerhalb des Spruchkörpers (Mitwirkungsplan) ausdrücklich davon ausnahm (BVerfGE 69, 112 [120]), erstreckt es die Garantie des gesetzlichen Richters nunmehr auch auf die letzteren gerichtsinternen Zuordnungen (BVerfGE 95, 322 [328]); → unten *Degenhart*, § 114 Rn. 36.
187 BVerfGE 82, 286 (298).
188 Vgl. BVerfGE 10, 200 (213); 14, 156 (161); vgl. ferner BVerfGE 60, 175 (214); 82, 286 (298).

Abs. 1 GG beachtet werden[189]. Art. 101 Abs. 1 S. 2 GG vermittelt dem Bürger damit das Recht, einem sachlich und persönlich unabhängigen Richter gegenüberzustehen, der ein sachliches und objektives Gerichtsverfahren zu gewährleisten vermag[190].

2. Anspruch auf rechtliches Gehör

Den Richtern ist mit der rechtsprechenden Gewalt die vergegenwärtigte Konkretisierung der Rechtsordnung anvertraut, die ohne die Gewährleistung eines Anspruchs des Bürgers auf rechtliches Gehör nicht funktionsgerecht wahrgenommen werden könnte. Insoweit sichert der Anspruch auf rechtliches Gehör aus Art. 103 Abs. 1 GG die Achtung und Gewährleistung des funktionsrechtlichen Status des Richters[191].

65

3. Ausschluß und Ablehnung von Richtern

Die Neutralität des Richters ist eine elementare Voraussetzung der rechtsstaatlich geprägten Rechtsprechung. Folglich muß das Gesetz Vorsorge dafür treffen, daß im Einzelfall Richter, die nicht die Gewähr der Unparteilichkeit bieten, von der Ausübung ihres Amtes ausgeschlossen werden können[192]. Zur Vervollkommnung dieser Garantie ist dem Bürger ein Recht auf Ablehnung einzuräumen[193]. Eine Versagung wäre mit dem Anspruch auf rechtliches Gehör nicht vereinbar[194].

66

Sicherung der Unparteilichkeit

Die Unparteilichkeit des Richters steht freilich nur bedingt der Kontrolle anderer offen. Die innere Unabhängigkeit eines Richters kann von außen schwer beurteilt werden. Daher haben Maßnahmen zur Sicherung der Unbefangenheit des Richters dort anzusetzen, wo äußere Umstände die Besorgnis der Parteilichkeit hinreichend begründen[195], wie etwa die Mitgliedschaft in einer streitführenden juristischen Person. Ferner sind das Prinzip kollegialer Beratung und Abstimmung sowie die hierfür relevanten Verfahrensregeln genau zu beachten, um die Gefahr der unsachlichen Ausübung rechtsprechender Gewalt durch voreingenommene Richter zu minimieren.

---

189 Siehe dazu BVerfGE 14, 156 (161) – Verletzung des Rechts auf den gesetzlichen Richter (auch) wegen Verstoßes gegen Art. 92 GG.
190 *Christoph Degenhart*, in: Sachs (Hg.), GG, ³2003, Art. 101 Rn. 8; kritisch: *Thomas Roth*, Das Grundrecht auf den gesetzlichen Richter, 2000, S. 49 ff.
191 Vgl. *Classen* (N 34), Art. 92 Rn. 45; *Franz-Ludwig Knemeyer*, Rechtliches Gehör im Gerichtsverfahren, in: HStR VI, ²2001 (¹1989), § 155 Rn. 12 ff.
192 BVerfGE 21, 139 (146); 30, 149 (153).
193 Vgl. nur § 42 ZPO; § 24 StPO; § 54 Abs. 1 VwGO i. V. m. § 42 ZPO.
194 Vgl. BVerfGE 21, 139 (146).
195 Vgl. für den Bereich der Zivilgerichtsbarkeit etwa *Reinhard Bork*, in: Stein/Jonas (Hg.), ZPO, Kommentar, ²²2004, § 42 Rn. 3 ff.

E. Dienst- und amtsrechtlicher Status

I. Berufsrichter

1. Allgemeines

67
Dienstrechtlicher Status

Im Gegensatz zum funktionsrechtlichen Status, der den amtlichen Status des Richters bei der Mitwirkung an der Rechtsprechung bestimmt, handelt es sich beim dienstrechtlichen Status des Berufsrichters um einen persönlichen Status des Richters.

Die persönliche Unabhängigkeit des Richters ist zunächst in Art. 97 Abs. 2 GG niedergelegt. Diese Norm eröffnet dem Richter jedoch kein grundrechtsgleiches Recht zur Durchsetzung seiner persönlichen Unabhängigkeit. Vielmehr gehört dieser Grundsatz zu den hergebrachten Grundsätzen des Berufsbeamtentums und kann daher von dem betroffenen Richter über Art. 33 Abs. 5 GG geltend gemacht werden[196].

2. Befähigung zum Richteramt

68

Wenn Art. 92 Hs. 1 GG den Richtern die rechtsprechende Gewalt anvertraut, so muß auch die persönliche Befähigung des Richters zur Wahrnehmung des Richteramtes sichergestellt sein. Insbesondere an Berufsrichter sind hohe Anforderungen zu stellen. Die Befähigung zum Richteramt ist damit unbedingte Voraussetzung für die Berufung in das Richterverhältnis[197]. Nach derzeitiger Rechtslage erwirbt die Befähigung zum Richteramt, wer ein rechtswissenschaftliches Studium an einer Universität von mindestens vier Jahren mit der ersten Staatsprüfung und einen anschließenden juristischen Vorbereitungsdienst von zwei Jahren mit der zweiten Staatsprüfung abschließt[198].

3. Berufung der Richter

69
Ernennung und Ernennungsurkunde

Durch die Berufung zum Richter werden diejenigen Personen bestimmt, denen gemäß Art. 92 GG die rechtsprechende Gewalt anvertraut sein soll. Die Berufung des Richters erfolgt durch Ernennung, die formell mit der Aushändigung der Ernennungsurkunde vollzogen wird[199]. Einer Ernennung bedarf es jedoch nicht nur zur Begründung eines Richterverhältnisses, sondern auch zur Umwandlung des Richterverhältnisses in ein solches anderer Art, zur Verleihung eines anderen Amtes bei einem Gericht desselben Dienstherren mit anderem Endgrundgehalt[200] sowie zur Begründung eines

---

196 Vgl. BVerfGE 12, 81 (88); 55, 372 (391 f.); BVerfG (Kammer), in: NJW 1996, S. 2149 (2150).
197 §§ 5 ff., 9 DRiG.
198 § 5 Abs. 1 DRiG.
199 § 17 Abs. 1 DRiG.
200 § 17 Abs. 2 DRiG.

Richterverhältnisses bei einem anderen Dienstherrn[201]. Organisation und Verfahren der Richterberufung in Bund und Ländern weisen eine erhebliche Vielfalt auf, vor allem in bezug auf die Beteiligung von Richterwahlausschüssen, die Mitwirkung der Präsidialräte und die Zusammensetzung dieser Gremien[202].

4. Persönliche Unabhängigkeit des Richters

Gemäß Art. 97 Abs. 2 GG können hauptamtlich und planmäßig endgültig angestellte Richter wider ihren Willen nur kraft richterlicher Entscheidung und unter Beachtung der Gesetze vor Ablauf ihrer Amtszeit entlassen oder versetzt[203] werden. Man spricht vom Grundsatz der Inamovibilität[204]. Hauptamtlich angestellt ist der Richter, wenn er keine andere Haupttätigkeit ausübt; planmäßig dann, wenn ihm eine im Haushaltsplan vorgesehene Planstelle zugeordnet wird. Endgültig bedeutet nicht, daß der Richter auf Lebenszeit eingestellt sein muß; vielmehr sind auch Richter auf Zeit[205] für einen bestimmten Zeitraum endgültig bestellt[206]. Richtern auf Probe[207] sowie Richtern kraft Auftrags[208] gewährt Art. 97 Abs. 2 GG dagegen keine persönliche Unabhängigkeit. Ein abgeordneter Richter genießt die persönliche Unabhängigkeit nach Art. 97 Abs. 2 GG nur, wenn er an ein anderes Gericht und nicht etwa an eine sonstige Stelle im öffentlichen Dienst abgeordnet wird[209].

70
Inamovibilität

Art. 97 Abs. 2 GG verbietet nicht nur im Grundsatz formelle Amtsenthebungen und Versetzungen, sondern auch solche Maßnahmen, die einer Amtsenthebung bzw. Versetzung gleichkommen, indem sie den Richter von der Mitwirkung an der rechtsprechenden Gewalt faktisch ausschließen, wie etwa durch eine Geschäftsverteilung innerhalb des Gerichts, die den Richter praktisch der Ausübung rechtsprechender Gewalt beraubt[210], oder durch die Belastung mit einem weiteren Richteramt, welches den Richter an der Wahrnehmung des ersteren hindert[211]. Doch die persönliche Unabhängigkeit des Rich-

71
Faktische Maßnahmen

---

201 Dienstherren sind der Bund bzw. die Länder, § 3 DRiG.
202 Vgl. dazu *Peter Marqua*, Die Richterwahl in Bund und Ländern, in: DRiZ 1989, S. 225 ff.; *Benno Erhard*, Richterwahlen, in: Festschriftenbeitrag aus Recht und Pflicht 1992, S. 137 ff.; *Ernst Gottfried Mahrenholz*, Über Richterwahlausschüsse in den Ländern, in: NiedersächsVBl 2003, S. 225 ff. Zur Parteipolitik bei der Richterwahl siehe *Lutz Menard*, Parteiliche Richterwahl – wieder einmal Probe auf's Exempel, in: DRiZ 1987, S. 19 ff.; *Friedrich-Karl Fromme*, Verfassungsrichterwahl, in: NJW 2000, S. 2977 f.; *Joachim Jahn*, Richterwahlen – Kompetenz vor Parteipolitik, in: DRiZ 2001, S. 424.
203 Problematisch können sich Fälle gestalten, in denen ein Richter zwar nicht an eine „andere Stelle", d. h. an ein anderes Gericht, sondern vom Hauptsitz des Gerichtes an eine Außenstelle versetzt wird, siehe dazu *Classen* (N 34), Art. 97 Rn. 40.
204 *Detterbeck* (N 4), Art. 97 Rn. 22.
205 § 11 DRiG.
206 *Classen* (N 34), Art. 97 Rn. 38.
207 § 12 DRiG.
208 § 14 DRiG.
209 *Detterbeck* (N 4), Art. 97 Rn. 28.
210 BVerfGE 17, 252 (259 ff.).
211 BGHZ 67, 159 (164 f.). Eine solche Belastung durch ein weiteres Richteramt ist folglich von der Zustimmung durch den betroffenen Richter abhängig, obwohl § 27 Abs. 2 DRiG für die Übertragung eines weiteren Richteramtes grundsätzlich nur ein entsprechendes Gesetz verlangt.

ters erschöpft sich nicht im Schutz vor Amtsenthebung und Versetzung. Das Bundesverfassungsgericht billigt dem Richter in diesem Rahmen auch eine angemessene Besoldung zu[212]. So ist beispielsweise ein freies Ermessen des Justizministeriums bei der Gewährung von Gehaltserhöhungen, ohne daß der betroffene Richter in ein höherrangiges Richteramt aufsteigt, nicht mit dem Grundgesetz vereinbar[213].

72
Ausnahmen

Ausnahmen vom grundsätzlichen Versetzungs- und Amtsenthebungsverbot ergeben sich unmittelbar aus dem Grundgesetz: im Falle des Einverständnisses des Richters (Art. 97 Abs. 2 S. 1 GG), aufgrund einer richterlichen Entscheidung entsprechend den Gesetzen[214], bei der Überschreitung gesetzlich festgelegter Altersgrenzen (Art. 97 Abs. 2 S. 2 GG), bei der Umgestaltung der Gerichte oder ihrer Bezirke, sofern dem Richter das volle Gehalt verbleibt (Art. 97 Abs. 2 S. 3 GG), sowie unter den Voraussetzungen des Art. 98 Abs. 2 und 5 GG, wenn ein Richter gegen die Grundsätze des Grundgesetzes bzw. die verfassungsmäßige Ordnung eines Landes verstößt.

73
Richter auf Probe, kraft Auftrags und ehrenamtliche Richter

Richter auf Probe oder kraft Auftrags sowie ehrenamtliche Richter genießen, wie bereits dargelegt wurde, nicht den Schutz des Art. 97 Abs. 2 GG, wenngleich diese Norm die Bildung anderer Richtertypen nicht verbietet[215]. Auch diesen Richtern muß jedoch ein Mindestmaß an persönlicher Unabhängigkeit garantiert sein; anderenfalls wäre ihre sachliche Unabhängigkeit, die unstreitig für alle Richter gilt, kaum sicherzustellen. Daher dürfen auch solche Richter vor Ablauf ihrer Amtszeit unfreiwillig nur kraft richterlicher Entscheidung unter den im Gesetz vorgesehenen Voraussetzungen ihres Amtes enthoben bzw. versetzt werden[216]. Da sich zur Herleitung dieses Grundsatzes der Rückgriff auf Art. 97 Abs. 2 GG verbietet, muß Art. 33 Abs. 5 GG herangezogen werden, wobei dessen Schutz zugunsten anderer als hauptamtlich und planmäßig endgültig angestellter Richter dem Schutz aus Art. 97 Abs. 2 GG nicht vollständig entsprechen muß[217]. Zu den das Amtsrecht der Richter charakteristischen hergebrachten Grundsätzen im Sinne des Art. 33 Abs. 5 GG gehört jedenfalls der elementare Grundsatz der persönlichen und sachlichen Unabhängigkeit des Richters, der auch den Ausschluß jeder vermeidbaren Einflußnahme der Exekutive auf den Status des einzelnen Richters umfaßt[218].

5. Inkompatibilitäten

74
Institutionelle und personelle Trennung der Gewalten

Gemäß Art. 20 Abs. 2 S. 2 GG üben die Legislative, Exekutive und Judikative die staatliche Gewalt in der Bundesrepublik Deutschland aus. Art. 92 GG konkretisiert den Gewaltenteilungsgrundsatz und bestimmt, daß den Richtern

---

212 BVerfGE 12, 81 (88).
213 BVerfGE 26, 79 (93f.). – hier sieht das Bundesverfassungsgericht jedoch die sachliche Unabhängigkeit gemäß Art. 97 Abs. 1 GG verletzt.
214 Vgl. etwa § 34 DRiG – Versetzung in den Ruhestand wegen Dienstunfähigkeit.
215 Vgl. BVerfGE 87, 68 (85).
216 BVerfGE 4, 331 (344f.); 14, 56 (70); 17, 252 (259); 18, 241 (255); 26, 186 (198f.); 42, 206 (209).
217 *Detterbeck* (N 4), Art. 97 Rn. 32.
218 BVerfGE 12, 81 (88).

die rechtsprechende Gewalt anvertraut ist und durch die Gerichte ausgeübt wird. Die Rechtsprechung dient der Kontrolle der Exekutive sowie in Gestalt der Verfassungsgerichtsbarkeit in Bund und Ländern auch der Kontrolle der Gesetzgebung. Mit dieser Aufgabe wäre es unvereinbar, den Richtern neben ihrer Richtertätigkeit die Mitwirkung an einer der übrigen Gewalten zu erlauben, denn das Gewaltenteilungsprinzip erfordert neben der institutionellen Trennung die personelle Abgrenzung der verschiedenen Staatsfunktionen[219]. § 4 Abs. 1 DRiG bestimmt folgerichtig, daß Richter Aufgaben der rechtsprechenden Gewalt einerseits und Aufgaben der gesetzgebenden oder vollziehenden Gewalt andererseits nicht gleichzeitig wahrnehmen dürfen. § 4 Abs. 2 DRiG sieht jedoch zugleich Ausnahmen unter anderem für Aufgaben der Gerichtsverwaltung sowie die Tätigkeiten in Forschung und Lehre vor[220].

6. Besondere Dienstpflichten des Richters

Neben den für alle öffentlich-rechtlichen Dienstverhältnisse geltenden Dienstpflichten bestehen für den Richter besondere Dienstpflichten[221], die sich aus der Natur der rechtsprechenden Gewalt und der Pflicht zur richterlichen Unabhängigkeit ergeben. Diese besonderen Dienstpflichten schlagen sich in dem mit dem Richtereid bekräftigten Versprechen nieder, das Richteramt getreu dem Grundgesetz für die Bundesrepublik Deutschland und dem Gesetz auszuüben, nach besten Wissen und Gewissen ohne Ansehen der Streitparteien zu urteilen und nur der Wahrheit und Gerechtigkeit zu dienen[222]. Dieser Eid richtet sich nicht auf ein nachprüfbares, äußeres Verhalten, sondern appelliert an den Richter, sich bei der Entscheidungsfindung nur vom Gesetz, seinem unvereingenommenen Gewissen und sachlichen Erwägungen leiten zu lassen, mit anderen Worten: die gebotene innere Unabhängigkeit zu wahren. Diese entzieht sich jedoch der Kontrolle und damit der Justitiabilität. Seine innere Unabhängigkeit muß der Richter in permanenter Selbstkontrolle immer wieder neu gewinnen[223].

75 Innere Unabhängigkeit

Eine mangelhafte Haltung und Einstellung des Richters wird erst durch ein äußeres Verhalten erkennbar. Entsprechend verpflichtet § 39 DRiG den Richter, sich innerhalb und außerhalb seines Amtes, auch bei politischer Betätigung, so zu verhalten, daß das Vertrauen in seine Unabhängigkeit nicht gefährdet wird. Diese Norm verdeutlicht, daß die richterliche Unabhängigkeit Privileg und Pflicht des Richters zugleich ist[224]. Selbstverständlich bleibt kein Richter unbeeinflußt von seiner Umwelt und insbesondere politischen sowie

76 Zurückhaltung in der Öffentlichkeit

---

219 Vgl. BVerwGE 25, 210 (218f.).
220 Zu den Landesverfassungsrichtern vgl. § 3 Abs. 2 BerlinVerfGHG; § 3 Abs. 3 und 4 NordrhWestfVerfGHG; § 4 Abs. 2 S. 2 ThürVerfGHG. Vgl. zu der auch für Landesverfassungsrichter geforderten Unabhängigkeit *Helge Sodan*, Unabhängigkeit und Methodik von Verfassungsrechtsprechung, in: ders. (Hg.), Wechsel und Kontinuität im Verfassungsgerichtshof des Landes Berlin, 2001, S. 21 (23f.).
221 §§ 38ff. DRiG.
222 § 38 DRiG.
223 *Schaffer* (N 10), S. 648.
224 Vgl. VG Schleswig, in: NJW 1985, S. 1098 (1099).

gesellschaftlichen Umständen. Eine völlige Unabhängigkeit kann daher nicht Voraussetzung für die Ausübung des Richteramtes sein. Ein gewisses Maß an (gesellschafts)politischer Prägung und Beeinflussung muß hingenommen werden. Jedoch ist der Richter verpflichtet, durch ein neutrales Verhalten in der Öffentlichkeit den guten Willen zur bestmöglichen Unabhängigkeit nachzuweisen[225]. Virulent wird die richterliche Pflicht zur Zurückhaltung insbesondere bei Meinungsäußerungen in der Öffentlichkeit[226].

77
Rechtsgutachten, Beratungsgeheimnis

Ferner ist es Richtern gemäß § 41 Abs. 1 DRiG grundsätzlich untersagt, außerdienstlich Rechtsgutachten zu erstellen oder Rechtsauskünfte zu erteilen. Ausnahmen sieht § 41 Abs. 2 DRiG für sogenannte Professorenrichter vor. Diesen muß die Wahrnehmung ihrer durch Art. 5 Abs. 3 GG geschützten Wissenschaftsfreiheit erlaubt sein. Gemäß § 43 DRiG hat der Richter über den Hergang von Beratung und Abstimmung zu schweigen. Dem Beratungsgeheimnis unterliegt der Richter auch nach Beendigung seines Dienstverhältnisses[227].

7. Dienstaufsicht

78
Maßnahmen nach § 26 Abs. 2 DRiG

Die Richter unterliegen der Dienstaufsicht durch aufsichtführende Behörden, allerdings gemäß § 26 Abs. 1 DRiG nur, soweit nicht ihre sachliche und persönliche Unabhängigkeit beeinträchtigt wird. Der Dienstaufsicht steht nach § 26 Abs. 2 DRiG auch die Befugnis zu, Richtern die ordnungswidrige Art der Amtsführung vorzuhalten und ihre ordnungsgemäße, unverzögerte Erledigung anzumahnen. Die Dienstaufsicht überwacht damit die richterliche Tätigkeit selbst und nicht etwa nur Tätigkeiten der Gerichtsverwaltung[228].

79
Richterliche Unabhängigkeit und Dienstaufsicht

Zunächst fällt das Augenmerk auf das Spannungsfeld zwischen richterlicher Unabhängigkeit und Dienstaufsicht, welches sich in § 26 Abs. 1 DRiG auch gesetzlich substantiiert. Die Dienstaufsicht lediglich als zulässige Einschränkung der richterlichen Unabhängigkeit zu begreifen, wäre jedoch zu kurzsichtig. Sowohl die Dienstaufsicht als auch die richterliche Unabhängigkeit finden ihre gemeinsame Grundlage in der rechtsstaatlichen Justizgewährleistungspflicht. Zwar soll die richterliche Unabhängigkeit einen wirkungsvollen Rechtsschutz gewähren. Jedoch stellt diese Unabhängigkeit, wie bereits ausgeführt wurde, nicht nur ein Privileg, sondern auch eine Pflicht des Richters dar. Dieser hat seine richterliche Tätigkeit an der Justizgewährleistungspflicht des Staates zu orientieren. Die Dienstaufsicht sichert die Einhaltung dieser richterlichen Pflichten[229].

---

225 *Horst Arndt/Otto Mühl*, in: Walther Fürst/Otto Mühl/Horst Arndt (Hg.), Richtergesetz, Kommentar, 1992, § 39 Rn. 3.
226 Siehe dazu *Gerd Hager*, Freie Meinung und Richteramt, in: NJW 1988, S. 1694 ff.; *Rudolf Wassermann*, Aktuelles zur Freiheit richterlicher Meinungsäußerung, in: NJW 1995, S. 1653 f.; *ders.*, O si tacuisses – Was Richter nicht sagen sollten, in: NJW 2001, S. 1470 f.
227 Zum Beratungsgeheimnis siehe *Hans Joachim Faller*, Beratungsgeheimnis, „dissenting vote" und richterliche Unabhängigkeit, in: DVBl 1995, S. 985 ff.; *Rolf Lamprecht*, Beratungsgeheimnis, „dissenting vote" und richterliche Unabhängigkeit, in: DRiZ 1996, S. 233 ff.
228 *Arndt/Mühl* (N 225), § 26 Rn. 11.
229 *Papier* (N 70), S. 1091.

Zur Überprüfung der Verletzung der richterlichen Unabhängigkeit durch dienstaufsichtsrechtliche Maßnahmen hat das Dienstgericht des Bundes am Bundesgerichtshof eine besondere Rechtsdogmatik entwickelt. Danach ist zwischen einem „Kernbereich" und einem „äußeren Ordnungsbereich" richterlicher Tätigkeit zu unterscheiden[230]. Der Kernbereich betrifft dabei die eigentliche Entscheidungsfindung sowie vor- und nachbereitende Sach- und Verfahrensentscheidungen[231]. Zum äußeren Ordnungsbereich gehören solche Tätigkeiten, „die dem Kernbereich der eigentlichen Rechtsprechung so weit entrückt sind, daß für sie die Garantie des Art. 97 Abs. 1 GG nicht in Anspruch genommen werden"[232] kann. Dienstaufsichtsrechtliche Eingriffe in den Kernbereich richterlicher Tätigkeit sind grundsätzlich unzulässig[233]. Über den Inhalt der Entscheidung hat der Richter grundsätzlich in sachlicher und persönlicher Unabhängigkeit selbst zu befinden. Schließlich ist es den Streitparteien freigestellt, die Entscheidung mit einem Rechtsmittel anzugreifen und einer erneuten Beurteilung der Rechtslage zuzuführen[234]. Doch steht auch der Kernbereich der richterlichen Tätigkeit der Überprüfung durch die Dienstaufsicht offen, soweit der Richter sein Amt offensichtlich fehlerhaft ausübt; im Zweifelsfalle ist jedoch die richterliche Unabhängigkeit zu respektieren[235]. Da im äußeren Ordnungsbereich die richterliche Unabhängigkeit nicht berührt wird, stößt ein diesbezüglicher Eingriff auf keine verfassungsrechtlichen Bedenken.

80
„Kernbereich" und „äußerer Ordnungsbereich" richterlicher Tätigkeit

Die Differenzierung zwischen Kernbereich und äußerem Ordnungsbereich der richterlichen Tätigkeit stieß mit dem Vorwurf der Unbestimmtheit auf Kritik in der Literatur[236]. Der Bundesgerichtshof hält jedoch eine abschließende Aufzählung der denkbaren Fallgruppen ebensowenig für möglich wie die Entwicklung einer restlos Sicherheit gewährenden, abstrakten Abgrenzungsformel[237]. Daher hat die Kasuistik des Dienstgerichts des Bundes am Bundesgerichtshof inzwischen einen beachtlichen Umfang erreicht[238]. So sieht das Gericht nur den äußeren Ordnungsbereich als betroffen an, wenn in einer dienstlichen Beurteilung des Richters die Terminierung älterer Rechtssachen als verzögernd gewertet und eine zügigere Terminierung angemahnt wird[239]. Das gleiche gilt für die Erörterung der Erledigungszahlen eines Richters und den Vergleich mit anderen Richtern desselben Gerichts in einer dienstlichen Beurteilung[240]. Dagegen ist der Kernbereich der richterlichen Tä-

81
Abgrenzung der Bereiche richterlicher Tätigkeit

---

230 Siehe BGHZ 42, 163 (169); BGH, in: DRiZ 1991, S. 410 (410); NJW 1995, S. 2494 (2494); DRiZ 1997, S. 467 (468).
231 Vgl. BGHZ 42, 163 (169); 90, 41 (45); BGH, in: NJW 1991, S. 426 (427).
232 BGHZ 42, 163 (169).
233 In BGHZ 42, 163 (169) hält der Bundesgerichtshof Eingriffe in den Kernbereich richterlicher Tätigkeit noch für „schlechthin unzulässig".
234 *Papier* (N 70), S. 1091.
235 BGH, in: DRiZ 1991, S. 410 (410).
236 Vgl. *Kurt Rudolph*, Richterliche Unabhängigkeit und Dienstaufsicht, in: DRiZ 1979, S. 97 ff.; *Schmidt-Räntsch* (N 129), § 26 Rn. 25 f.
237 BGHZ 42, 163 (170).
238 Siehe dazu *Papier* (N 70), S. 1092 f.
239 BGHZ 90, 41 (45 f.); 93, 238 (244).
240 BGHZ 69, 309 (313).

tigkeit verletzt, wenn Rückstände beanstandet werden, deren Entstehung der Richter nicht zu verantworten hat, da auch kein anderer Richter die Verfahrensbelastung ohne Abstriche in der Qualität der Entscheidungsfindung hätte bewältigen können. Ein dahin wirkender Erledigungsdruck liefe auf die Aufforderung zu einer sachwidrigen Bearbeitung hinaus und wäre mit dem Rechtsprechungsauftrag des Richters nicht zu vereinbaren[241]. Der Kernbereich richterlicher Tätigkeit ist ferner dann betroffen, wenn die Dienstaufsicht den Richter zur Abhaltung zweier Sitzungstage pro Woche auffordert. Es muß dem Richter überlassen sein, wie er die mündliche Verhandlung und Absetzung der Entscheidungsgründe miteinander in ein individuell abhängiges, aber angemessenes Verhältnis bringt[242].

82
Rechtsweg

Welchen Rechtsweg der Richter zur Abwehr dienstaufsichtsrechtlicher Maßnahmen beschreiten muß, hängt vom Klagegrund ab. Grundsätzlich ist die Verwaltungsgerichtsbarkeit gemäß § 126 BRRG zuständig; behauptet der Richter jedoch, die angegriffene Maßnahme verletze seine Unabhängigkeit, so ist nach § 26 Abs. 3 DRiG das zuständige Dienstgericht anzurufen.

8. Beendigung des Richterverhältnisses

83

Das Richterverhältnis endet durch Tod, Übertritt wegen Erreichens der Altersgrenze[243] oder Versetzung in den Ruhestand wegen Dienstunfähigkeit[244], durch Entlassung kraft Gesetzes[245] oder Verfügung der obersten Dienstbehörde (insbesondere auf Antrag des Richters)[246] sowie durch Beendigung des Richterverhältnisses kraft gerichtlicher Entscheidung[247].

II. Ehrenamtliche Richter

1. Berufungsvoraussetzungen, Berufungsverfahren

84
Art des ehrenamtlichen Richteramtes

Berufungsvoraussetzungen und Berufungsverfahren der ehrenamtlichen Richter sind abhängig von der Art des ehrenamtlichen Richteramtes und je nach Verfahrensordnung vielgestaltig geregelt. Gemeinsam ist allen Ämtern nur, daß ehrenamtliche Richter Deutsche sein müssen, welche die Fähigkeit zur Bekleidung öffentlicher Ämter besitzen, nach näherer Maßgabe der jeweiligen Berufungsvorschriften unbescholten[248] und nicht aus spezifischen Inkompatibilitätsgründen[249] von der Wahrnehmung des jeweiligen Richter-

---

241 BGH, in: NJW 1988, S. 419 (420).
242 BGH, in: NJW 1988, S. 421 (422 f.).
243 § 21 Abs. 2 Nr. 5 DRiG.
244 § 34 DRiG.
245 § 21 Abs. 1 DRiG.
246 § 21 Abs. 2 Nr. 4 DRiG.
247 § 24 DRiG. Zur Entlassung der Richter auf Probe und kraft Auftrags siehe §§ 22 f. DRiG.
248 Z.B. § 18 Abs. 1 Nr. 1 FGO – keine Vorstrafen auf dem Gebiet des Steuer- und Monopolstrafrechts bei ehrenamtlichen Richtern an den Finanzgerichten.
249 Beispielsweise können Vorstände von Trägern und Verbänden der Sozialversicherung, der Kassen-(zahn)ärztlichen Vereinigungen und der Bundesanstalt für Arbeit grundsätzlich nicht ehrenamtliche Richter an den Sozialgerichten sein, § 17 Abs. 2 und 4 SGG.

amtes ausgeschlossen sind[250]. Diejenigen ehrenamtlichen Richter, die wegen besonderer Erfahrungen und Sachnähe in das Richteramt berufen werden, müssen entsprechende besondere Voraussetzungen erfüllen.

Die als Repräsentanten der Allgemeinheit tätigen ehrenamtlichen Richter werden regelmäßig basierend auf Vorschlagslisten, die von kommunalen Körperschaften aufgestellt werden[251], durch einen bei Gericht gebildeten Wahlausschuß[252] ausgewählt. Die wegen ihrer besonderen Sachkenntnisse tätigen ehrenamtlichen Richter werden aufgrund von Vorschlagslisten ernannt, die typischerweise von den jeweils betroffenen Interessenverbänden oder Berufsgruppen[253], zum Teil aber auch von dem Präsidenten des jeweiligen Gerichts[254] aufgestellt werden. Die Landesverfassungsrichter werden in den meisten Bundesländern vom Landesparlament mit Zweidrittelmehrheit gewählt[255].

85
Vorschlagslisten

2. Persönliche Unabhängigkeit

Ehrenamtliche Richter genießen, wie bereits dargelegt wurde, nicht den Schutz des Art. 97 Abs. 2 GG. Jedoch muß auch diesen Richtern ein Mindestmaß an persönlicher Unabhängigkeit garantiert sein; anderenfalls wäre deren sachliche Unabhängigkeit[256] nicht sicherzustellen. Daher dürfen auch ehrenamtliche Richter vor Ablauf ihrer Amtszeit unfreiwillig nur kraft richterlicher Entscheidung unter den im Gesetz vorgesehenen Voraussetzungen ihres Amtes enthoben bzw. versetzt werden[257]. Dieser Grundsatz der Unabsetzbarkeit findet keine Ergänzung in einem Prinzip der Unversetzbarkeit, da ehrenamtliche Richter im Gegensatz zu Berufsrichtern stets nur an ein ganz bestimmtes Gericht berufen werden.

86

Unabsetzbarkeit

3. Amtsrechtliche Richterpflichten

Auch ehrenamtliche Richter haben den besonderen Richtereid[258] zu leisten. Sie sind zur ordnungsgemäßen Ausübung ihres Amtes verpflichtet. Gemäß ihrem Eid obliegt es ihnen, „nach bestem Wissen und Gewissen" zu urteilen und „nur der Wahrheit und Gerechtigkeit" zu dienen. Die ehrenamtlichen Richter müssen ihrer Aufgabe, eine sach- und volksnahe Rechtsprechung zu gewährleisten, gerecht werden und sich daher aktiv an der Entscheidungsfindung beteiligen. Insbesondere diejenigen ehrenamtlichen Richter, die auf-

87
Aktive Mitwirkung an der Rechtsprechung

---

250 Siehe dazu §§ 31 ff. GVG; §§ 20 ff. VwGO; §§ 17 ff. FGO; §§ 16 ff. SGG; §§ 21 ff. ArbGG.
251 Siehe § 36 GVG.
252 Siehe § 40 GVG; § 23 FGO.
253 Vgl. § 20 Abs. 2 ArbGG – Gewerkschaften sowie Arbeitnehmer- und Arbeitgebervereinigungen; ferner § 14 SGG.
254 So beispielsweise in § 25 FGO.
255 Beispielhaft: § 2 Abs. 1 S. 1 BerlinVerfGHG; § 4 S. 5 BrandenbVerfGG; Art. 52 Abs. 3 MecklenbVorpVerf; Art. 134 Abs. 3 S. 1 RheinlPfalzVerf. Siehe näher *Helge Sodan*, Berliner Verfassungsgerichtsbarkeit – eine späte Errungenschaft, in: DVBl 2002, S. 645 (649 f.).
256 § 45 Abs. 1 S. 1 DRiG.
257 § 44b Abs. 2 DRiG; siehe ferner BVerfGE 26, 186 (198 f.); 42, 206 (209).
258 § 45 Abs. 2 und 3 DRiG.

grund besonderer Sachkenntnisse zum Richteramt berufen werden, sind angehalten, ihr Expertenwissen bei der Beratung und Abstimmung zur Kenntnis der Berufsrichter zu bringen. Ziehen sich die ehrenamtlichen Richter auf die Rolle des bloßen Zuhörers zurück, der lediglich der Auffassung der Berufsrichter zustimmt, so verletzen sie nicht nur ihre Eidspflicht, sondern erfüllen auch ihre Aufgabe nicht, nämlich die Wahrnehmung rechtsprechender Gewalt[259]. Ebenso wie die Berufsrichter haben auch die ehrenamtlichen Richter das Beratungsgeheimnis zu wahren[260].

4. Beendigung des Richterverhältnisses

88 Das Amt des ehrenamtlichen Richters endet durch Tod, Ablauf der Amtszeit oder durch Abberufung aus dem Amt aufgrund gerichtlicher Entscheidung.

F. Richteramt und Meinungsfreiheit

I. Alternativität von Richteramt und Meinungsfreiheit

89
Pflicht zu maßvoller Freiheitswahrnehmung

Während dem Richter in Ausübung seines Amtes die sachliche und persönliche Unabhängigkeit garantiert ist und diese Prinzipien den Richter gleichzeitig auch zur Mäßigung in seinem Auftreten in der Öffentlichkeit[261] sowie zur Unparteilichkeit bei der Entscheidungsfindung verpflichten, kann sich der Richter als Privatperson wie alle Bürger auf die Meinungsfreiheit aus Art. 5 Abs. 1 S. 1 GG berufen[262]. § 39 DRiG setzt schon in seinem Wortlaut die Zulässigkeit der politischen Betätigung durch Richter voraus. Das Verhältnis zwischen Richteramt und Recht auf freie Meinungsäußerung ist jedoch seit langem von Spannungen geprägt[263], insbesondere dort, wo sich das Auftreten als Richter und dasjenige als Privatperson nicht ohne weiteres voneinander unterscheiden lassen.

II. Vermengung von Richteramt und Meinungsfreiheit

90
Schutzumfang der Meinungsfreiheit

Außerdienstliche Äußerungen, die der Richter ohne Hinweis und Berufung auf sein Amt, das heißt lediglich in seiner Eigenschaft als Staatsbürger tätigt, sind von der grundgesetzlich verankerten Meinungsfreiheit gedeckt. Soweit kein unmittelbarer Bezug zu konkreten, von ihm zu entscheidenden Rechtsstreitigkeiten besteht, kann sich der Richter mit der gebotenen Sachlichkeit

---

259 Vgl. *Gehrmann* (N 139), S. 130.
260 § 45 Abs. 1 S. 2 DRiG.
261 Vgl. BVerfGE 39, 334 (366 f.).
262 BVerwGE 78, 216 (220 f.).
263 Siehe nur *Heinz Boberach*, Beispiele für politisches Engagement von Richtern und Staatsanwälten im 19. Jahrhundert, in: DRiZ 1987, S. 191 ff.

und Distanz in Wort und Schrift in Zeitschriften, Referaten und ähnlichem auch zu rechtspolitischen Themen äußern[264]. Dem Richter kann nicht zugemutet werden, zum Zwecke einer loyalen und funktionsgerechten Ausübung des Staatsdienstes ein für die freiheitlich-demokratische Grundordnung konstitutives Grundrecht[265] wie die Meinungsfreiheit und damit ein wesentliches Bürgerrecht aufzugeben. An unkritischen Richtern sollten Staat und Gesellschaft auch kein Interesse haben. Bei der Meinungsäußerung als Privatperson ist es dem Richter ferner nicht verwehrt, sein Richteramt zu erwähnen[266], wie es § 46 DRiG in Verbindung mit § 81 Abs. 2 S. 1 BBG auch für Bundesrichter ausdrücklich erlaubt[267].

Das Bundesverwaltungsgericht[268] verlangt jedoch zu Recht eine klare Trennung zwischen Richteramt sowie Teilnahme am politischen und demokratischen Meinungskampf; denn der Richter genießt sein Grundrecht auf freie Meinungsäußerung nur als Privatperson, nicht dagegen als Amtsträger[269]. Neutralität, Unparteilichkeit und Distanz sind mit dem Begriff des Richters im Sinne von Art. 97 GG untrennbar verknüpft, wie er sich aus dem Rechtsstaatsprinzip, dem Gebot der Gewaltenteilung, aus Art. 92 und 101 Abs. 1 S. 2 GG ergibt[270]. Die subjektive Überzeugung des Richters, unabhängig zu sein, schließt einen Neutralitätsverstoß nicht aus. Maßgebend ist vielmehr der Eindruck, den das Verhalten des Richters bei denjenigen hinterläßt, die auf die innere und äußere Unabhängigkeit des Richters vertrauen: den Bürgern[271]. Zwar darf der Richter sich nicht nur eine politische Meinung bilden, sondern auch am politischen Meinungskampf teilnehmen; jedoch ist es ihm verboten, bei der privaten Meinungsäußerung den Anschein einer amtlichen Stellungnahme zu erwecken. Daher ist es nicht mit der richterlichen Unabhängigkeit vereinbar, das Richteramt sowie das damit verbundene Ansehen und Vertrauen durch eine besondere Hervorhebung dazu zu benutzen, der eigenen Auffassung im politischen Meinungskampf mehr Nachdruck und Bedeutsamkeit zu verleihen und es damit zur wirksameren Durchsetzung politischer Ansichten zu mißbrauchen[272]. Der Richter kann sich auf seine Meinungsfreiheit aus Art. 5 Abs. 1 S. 1 GG nur berufen, soweit sein Verhalten mit Art. 33 Abs. 5 GG und damit den hergebrachten Grundsätzen des Berufsbeamten-

91
Trennung von Richteramt und Meinungskampf

---

264 BVerwGE 78, 216 (221).
265 BVerfGE 7, 198 (208).
266 BVerwGE 78, 216 (221).
267 Zu den entsprechenden Landesregelungen vgl. etwa § 7 BerlRiG i. V. m. § 47 Abs. 2 S. 1 BerlLBG.
268 Bedeutsamste Entscheidung dazu bisher BVerwGE 78, 216 ff. – Zeitungsanzeige einer Gruppe von Richtern und Staatsanwälten mit der Überschrift „35 Richter und Staatsanwälte des Landgerichtsbezirks Lübeck gegen die Raketenstationierung". Ausführliche Entscheidungsbesprechung bei *Gerd Hager*, Richterdienstrecht nach Meinungsfreiheit – aktuelle Tendenzen, in: ZBR 1990, S. 311 ff. m. weit. Nachw. zur Diskussion in der Literatur. Eine Kammer des Bundesverfassungsgerichts bestätigte die Entscheidung des Bundesverwaltungsgerichts in einem Nichtannahmebeschluß, BVerfG (K), in: NJW 1989, S. 93 f.
269 BVerwGE 78, 216 (220 f.).
270 BVerwGE 78, 216 (219).
271 BVerwGE 78, 216 (220).
272 BVerwGE 78, 216 (222).

tums vereinbar ist. Ein Mißbrauch des Richteramtes zur Durchsetzung der persönlichen Auffassungen wäre nicht von diesen Grundsätzen gedeckt[273].

92
Grenzen des grundrechtlichen Schutzes

Jedoch ist nicht nur die Ausübung der persönlichen Meinungsfreiheit unter Inanspruchnahme des Richteramtes aufgrund der gebotenen Trennung von Amt und persönlicher Teilnahme an der öffentlichen Meinungsbildung unzulässig, sondern auch der umgekehrte Fall der Vermengung von Amt und Meinung, nämlich die Wahrnehmung des Richteramtes unter Inanspruchnahme persönlicher Meinungsfreiheit. Äußerungen bei der Wahrnehmung rechtsprechender Gewalt sind nicht von der Meinungsfreiheit geschützt. Ein Amtswalter nimmt lediglich Zuständigkeiten wahr, nicht etwa Rechte[274]. Selbstverständlich ist dem Richter bei der Entscheidungsfindung und -begründung durch seine sachliche Unabhängigkeit ein weiter Gestaltungsspielraum eingeräumt; daher ist der Kernbereich der richterlichen Tätigkeit auch nicht der Dienstaufsicht zugänglich[275]. Solange das richterliche Wort bei der Entscheidungsfindung sowie bei den vor- und nachbereitenden Sach- und Verfahrensentscheidungen sachlich bleibt und eine juristische Relevanz für den zu entscheidenden Fall aufweist, ist es nicht zum äußeren Ordnungsbereich der richterlichen Tätigkeit zu rechnen[276].

---

273 Vgl. BVerfG (K), in: NJW 1989, S. 93.
274 *Hager* (N 268), S. 316.
275 S.o. Rn. 80 f.
276 *Hager* (N 268), S. 317.

G. Bibliographie

Ludwig Gehrmann, Der demokratische Auftrag des ehrenamtlichen Richters und sein Informationsbedürfnis, in: DRiZ 1988, S. 126 ff.
Gerd Hager, Richterdienstrecht nach Meinungsfreiheit – aktuelle Tendenzen, in: ZBR 1990, S. 311 ff.
Paul Kirchhof, Richterliche Rechtsfindung, gebunden an „Gesetz und Recht", in: NJW 1986, S. 2275 ff.
Frank Lansnicker, Richteramt in Deutschland, 1996.
Peter Ouart, Umfang und Grenzen politischer Betätigungsfreiheit des Richters, 1990.
Hans-Jürgen Papier, Die richterliche Unabhängigkeit und ihre Schranken, in: NJW 2001, S. 1089 ff.
ders., Zur Selbstverwaltung der Dritten Gewalt, in: NJW 2002, S. 2585 ff.
Gerd Roellecke, Die Bindung des Richters an Gesetz und Verfassung, in: VVDStRL 34 (1976), S. 7 ff.
Wolfgang Schaffer, Die Unabhängigkeit der Rechtspflege und des Richters, in: BayVBl 1991, S. 641 ff.
Edzard Schmidt-Jortzig, Aufgabe, Stellung und Funktion des Richters im demokratischen Rechtsstaat, in: NJW 1991, S. 2377 ff.
Horst Sendler, Zur Unabhängigkeit des Verwaltungsrichters, in: NJW 1983, S. 1449 ff.
Helge Sodan, Unabhängigkeit und Methodik von Verfassungsrechtsprechung, in: ders. (Hg.), Wechsel und Kontinuität im Verfassungsgerichtshof des Landes Berlin, 2001, S. 21 ff.
ders., Berliner Verfassungsgerichtsbarkeit – eine späte Errungenschaft, in: DVBl 2002, S. 645 ff.
ders., Qualitätsmaßstäbe für die Justiz?, in: NJW 2003, S. 1494 ff.
ders., Das Spannungsverhältnis von Qualität und Quantität in der Justiz, in: DÖV 2005, S. 764 ff.

§ 114
Gerichtsorganisation

Christoph Degenhart

Übersicht

	Rn.
A. Verfassungsrechtliche Grundlagen	1–13
I. Rechtsschutz durch Organisation und Verfahren – Gerichtsorganisation im Rechtsstaat des Grundgesetzes	1–7
1. Verfassungsrechtliche Funktionen der Rechtsprechung	1–2
2. Folgerungen für die Gerichtsorganisation	3–7
II. Justizgewährung, Prozeßgrundrechte, Gerichtsorganisation	8–13
1. Justizgewähr und effektiver Rechtsschutz – Zivil-, Verwaltungs- und Strafgerichtsbarkeit	8–10
2. Verfassungsrechtliche Direktiven der Gerichtsorganisation	11–13
B. Einrichtung der Gerichte – staatsorganisatorische Vorgaben des Grundgesetzes	14–32
I. Gerichtsorganisation im Bundesstaat	14–20
1. Rechtsprechungskompetenzen und Gerichtsorganisation	14–15
2. Gesetzgebung des Bundes für die Gerichtsorganisation	16
3. Länderzuständigkeiten – Gesetzesvorbehalte	17–19
4. Gerichtsorganisation im Europäischen Rahmen	20
II. Art. 95 GG als Gewährleistung fachlich gegliederter Gerichtsbarkeit	21–27
1. Aussage des Art. 95 Abs. 1 GG	21
2. Einzelne Fachgerichtsbarkeiten – Zuständigkeiten und verfassungsrechtliche Bedeutung	22–25
3. Entwicklungsoffenheit in Organisation und Zuständigkeiten	26–27
III. Garantie einer mehrinstanzlichen Gerichtsbarkeit?	28–32
1. Kein Anspruch auf eine zweite Instanz	28
2. Rechtsmittelgerichte als objektives Verfassungsgebot	29–31
3. Rechtsmittelklarheit – Grundrechtsausgestaltung in verfassungsrechtlicher Gebundenheit	32
C. Der zur Entscheidung berufene Richter: Gerichtsorganisation und gesetzlicher Richter	33–48
I. Grundsätzliche Bedeutung: rechtsstaatliche Funktion der Gerichtsorganisation	33–34
II. Das Recht auf den gesetzlichen Richter: normative Regelung und richterliche Selbststeuerung in der Gerichtsorganisation	35–42
1. Normative Vorausbestimmung des gesetzlichen Richters	35–36
2. Durchbrechungen	37–41
3. Das Recht auf den grundgesetzgemäßen Richter	42
III. Gesetzlicher Richter und gerichtliche Entscheidung	43–47
1. Entzug des gesetzlichen Richters durch die Rechtsprechung	43–45
2. Entzug des dem Grundgesetz gemäßen Richters	46
3. Gerichtsorganisation und Erreichbarkeit des gesetzlichen Richters	47
IV. Verbot von Ausnahmegerichten	48
D. Bibliographie	

A. Verfassungsrechtliche Grundlagen

I. Rechtsschutz durch Organisation und Verfahren – Gerichtsorganisation im Rechtsstaat des Grundgesetzes

1. Verfassungsrechtliche Funktionen der Rechtsprechung

1
Rechtsprechung im Rechtsstaat

In Fällen verletzten oder bestrittenen Rechts autoritativ zu entscheiden, mit dieser ihrer wesensprägenden Aufgabe[1] sind der Rechtsprechung zentrale rechtsstaatliche Funktionen zugewiesen. Der Rechtsstaat verwirklicht sich maßgeblich in der Staatsfunktion der Rechtsprechung – für den Rechtsstaat des Grundgesetzes gilt dies in der besonderen Akzentuierung seiner justizstaatlichen Elemente[2]. Durch die Rechtsprechung erfüllt der Staat seine grundlegende, Staatlichkeit erst konstituierende Aufgabe der Wahrung der Rechtsordnung. Sie ist Korrelat zur Rechtsunterworfenheit des Bürgers[3]. Nicht nur zentrales Anliegen[4], sondern darüber hinaus konstituierende Voraussetzung des Rechtsstaates ist die Abstandnahme von der eigenmächtig-gewaltsamen Durchsetzung tatsächlicher oder vermeintlicher Rechtsansprüche zwischen Privaten und deren Klärung in einem geordneten, justizförmigen Verfahren durch unabhängige Rechtsprechungsorgane[5]. So wird die Verpflichtung zu staatlicher Justizgewährung zu Recht den Schichten „rechtsstaatlichen Urgesteins" zugeordnet[6]. Eben deshalb wird die rechtsprechende Gewalt durch Art. 92 GG den Richtern anvertraut[7], deren Unabhängigkeit in Art. 97 GG als Wesensmerkmal rechtsprechender Tätigkeit ausdrücklich garantiert wird.

2
Grundrechtliche Konkretisierungen

Prozeßgrundrechte

Die verfassungsrechtlichen Funktionen der Rechtsprechung werden im Rechtsstaat des Grundgesetzes durch spezifische, auf die Rechtsprechung bezogene Verfassungsgarantien akzentuiert hervorgehoben und abgesichert[8], in den organisatorischen Vorgaben des IX. Abschnitts des Grundgesetzes, wie insbesondere auch durch Verfassungsgarantien, die mit der Rechtsqualität von Prozeßgrundrechten ausgestattet sind. Derartige Prozeßgrundrechte werden mit dem prozessualen „Urrecht" des Rechts auf Gehör in Art. 103 Abs. 1 GG[9] wie auch mit dem Recht auf den gesetzlichen Richter in Art. 101 Abs. 1 S. 2 GG ausdrücklich normiert. Sie werden aber auch in richterrechtlichen Ableitungen aus dem Rechtsstaatsprinzip entwickelt[10], wie vor allem das Pro-

---

1 Vgl. *Konrad Hesse*, Grundzüge des Verfassungsrechts der Bundesrepublik Deutschland, ²⁰1995, Rn. 548; das Element der Entscheidung betont BVerfGE 103, 111 (137) zum Hessischen Wahlprüfungsgericht.
2 → Bd. II, *Schmidt-Aßmann*, § 26 Rn. 71.
3 Zum Rechtsgehorsam → Bd. II, *Isensee*, § 15 Rn. 111 ff.
4 BVerfGE 85, 337.
5 BVerfGE 54, 277 (292); 81, 347 (356); 87, 68 (85); → oben *Wilke*, § 112 Rn. 56.
6 *Schmidt-Aßmann* (N 2), § 26 Rn. 70.
7 Vgl. → oben *Sodan*, § 113 Rn. 62 ff.
8 Vgl. BVerfGE 107, 395 (402 f.) zu den institutionellen Vorkehrungen des Grundgesetzes.
9 BVerfGE 55, 1 (6); 70, 180 (188); 107, 395 (408).
10 Vgl. hierzu *Michael Sachs*, in: ders., GG Komm., ⁴2007, Art. 20 Rn. 162 f.

zeßgrundrecht auf ein faires Verfahren[11] oder der ihm begrifflich vorgelagerte Justizgewährungsanspruch[12]. Diesen Konkretisierungen des allgemeinen Rechtsstaatsgebots wird grundrechtliche Qualität beigemessen; sie sind über das allgemeine Freiheitsrecht des Art. 2 Abs. 1 GG verfassungsbeschwerdefähig und stehen jedem Verfahrensbeteiligten zu. Die Garantien der Europäischen Menschenrechtskonvention werden hierbei zusehends als Erkenntnisquellen herangezogen[13]. Wie die Rechtsstaatlichkeit des Grundgesetzes generell auch auf organisatorischen und verfahrensmäßigen Sicherungen aufbaut[14], so sind Organisation und Verfahren der Rechtsprechung, sind also Gerichtsorganisation und Gerichtsverfahren[15] auf die Funktionen der Rechtsprechung im Rechtsstaat des Grundgesetzes auszurichten.

2. Folgerungen für die Gerichtsorganisation

a) Freiheitssichernde Funktion

Hieraus folgen zwingende verfassungsrechtliche Anforderungen bereits an die Organisation der Gerichtsbarkeit[16]. Auf der Ebene der Gerichtsorganisation ist insbesondere sicherzustellen, daß der konkrete Rechtsfall durch Richter entschieden wird, die sich auch in diesem konkreten Fall allein dem Recht verpflichtet sehen, die in der Lage sind, in der gebotenen Neutralität, Sachlichkeit und Distanz[17] gegenüber den Beteiligten Recht zu sprechen. Wie das gerichtliche Verfahren in seiner grundrechtssichernden Funktion ist auch die Organisation der Gerichtsbarkeit von zentraler rechtsstaatlicher Bedeutung. Ist der Rechtsuchende zudem darauf verwiesen, seine Rechte im Konfliktfall mit Hilfe der Gerichte zu realisieren, ist er dann, wenn seine Rechte von hoheitlicher oder privater Seite beeinträchtigt werden, auf die Hilfe der Gerichte verwiesen, so bedeutet dies weiterhin die Verpflichtung des Staates, nicht nur Rechtsschutz, sondern auch wirksamen Rechtsschutz zu gewährleisten[18]. Hierfür sind nicht nur geeignete Verfahren bereitzustellen, hierfür sind auch organisatorische Vorkehrungen zu treffen. Wie dem Verfahrensrecht generell „in hohem Maße freiheitsgewährleistende Funktion für den Einzelnen wie für das Gemeinwesen" zukommt[19], so gilt dies auch für die Bestimmungen über den Aufbau der Gerichtsbarkeit, die Bildung und den Aufbau der Gerichte, die Aufgabenverteilung zwischen ihnen, also die Zuständigkei-

3 Verfassungsrechtliche Anforderungen

---

11 BVerfGE 78, 123 (126).
12 BVerfGE 50, 1 (3); 78, 165 (178); 85, 337 (345); 88, 118 (123); 93, 99 (107); 97, 169 (185); 107, 395 (401 f.); BayVerfGH, in: NJW 2005, S. 3699 (3704).
13 Vgl. etwa BVerfGE 75, 1 (23); 82, 106 (114); 107, 395 (409); vgl. für den Justizgewährungsanspruch *Konrad Redeker* in seiner Anm. zu BVerfGE 107, 395, in: NJW 2003, S. 2956 (2957 f.); für das Recht auf den gesetzlichen Richter *Andreas Hänlein*, in: Umbach/Clemens, GG II, 2002, Art. 101 Rn. 27.
14 Vgl. hierzu *Sachs* (N 10), Art. 20 Rn. 158.
15 → Unten *Degenhart*, § 115.
16 Vgl. z.B. BVerfGE 54, 277 (292 f.); BayVerfGH, in: NJW 2005, S. 3699 (3704).
17 Zu diesen Kriterien als Wesen der richterlichen Tätigkeit nach dem Grundgesetz zusammenfassend BVerfGE 103, 111 (140); → oben *Sodan*, § 113 Rn. 66.
18 BVerfGE 78, 165 (178); *Schmidt-Aßmann* (N 2), § 26 Rn. 74.
19 Vgl. in diesem Sinn das Minderheitsvotum zu BVerfGE 30, 149 (157 ff.).

ten und Instanzenzüge, ihre Gliederung in Spruchkörper, deren Zusammensetzung und die Aufgabenverteilung zwischen ihnen und die Anforderungen an den dann konkret zur Entscheidung berufenen Richter. Der Staat ist daher verfassungsrechtlich verpflichtet, für eine funktionsfähige Rechtspflege zu sorgen[20].

b) Recht der Gerichtsorganisation im Bundesstaat

4
Rechtseinheit im Bundesstaat

Die wesentlichen Fragen der Gerichtsorganisation[21], wie sie vorstehend umrissen wurden, werden annähernd vom Kompetenztitel des Art. 74 Abs. 1 Nr. 1 GG für die „Gerichtsverfassung"[22] erfaßt. Ebenso wie für das gerichtliche Verfahren besteht hier also eine weitreichende konkurrierende Gesetzgebungszuständigkeit, von der der Bund auch nahezu erschöpfend Gebrauch gemacht hat. Er durfte dies auch nach der verschärften Erforderlichkeitsklausel des Art. 72 Abs. 2 GG in der Fassung der Grundgesetzrevision 1994, ehe die sogenannte Föderalismusreform 2006 gerichtliches Verfahren und Gerichtsverfassung dem neu geschaffenen Kompetenztypus der Vorranggesetzgebung als Unterfall der konkurrierenden Gesetzgebung zuordnete, für die die 1994 verschärfte Erforderlichkeitsklausel gänzlich außer Kraft gesetzt wurde[23]. Damit trägt der verfassungsändernde Gesetzgeber der Tatsache Rechnung, daß das Recht der Gerichtsorganisation stets beispielhaft für jene Gesetzgebungsmaterien genannt wurde, für die typischerweise ein gesamtstaatliches Interesse an Rechtseinheit anzuerkennen ist[24]: Der rechtsuchende Bürger muß die Gewähr haben, in allen Ländern der Bundesrepublik gleichermaßen Rechtsschutz zu finden[25]; der Rechtsverkehr im Bundesstaat bedingt insoweit Rechtseinheit. Aus gleichen Erwägungen ist die Schaffung einheitlicher und gleichwertiger Rechtsschutzstandards eine noch zu leistende Aufgabe der Europäischen Union – der diese sich auch zusehends zu stellen scheint.

5
Neben der rechtsstaatlichen weist also das Recht der Gerichtsorganisation eine relevante bundesstaatliche Dimension auf[26] – wie ja die Staatsfunktionen nach dem Grundgesetz stets auch der bundesstaatlichen Zuordnung bedürfen. Insbesondere die Rechtsprechung bedarf dieser Zuordnung, um ihren Funktionen im Rechtsstaat gerecht zu werden, Rechtssicherheit und Gleichheit im Recht zu gewährleisten. Dabei hat für den Justizbereich in der deutschen

---

20 Vgl. grundsätzlich zu den verfassungsrechtlichen Anforderungen an die Gerichtsorganisation BayVerfGH, in: NJW 2006, S. 3699, zur Verfassungsmäßigkeit der Auflösung des BayObLG.
21 Zum Begriff der Gerichtsorganisation s. *Eberhard Schilken*, Gerichtsverfassungsrecht, ³2003, Rn. 243 ff.
22 „Gerichtsverfassung" i. S. v. Art. 74 Abs. 1 Nr. 1 GG umfaßt in erster Linie die äußere Organisation der Gerichtsbarkeit, näher *Christoph Degenhart*, in: Sachs, GG Komm., ⁴2007, Art. 74 Rn. 22.
23 Zu Art. 72 Abs. 2 GG vgl. näher BVerfGE 106, 62 (142); *Rupert Stettner*, in: Dreier, GG II, ²2006, Art. 72 Rn. 15 f.; *Stephan Oeter*, in: v. Mangoldt/Klein/Starck, GG III, ⁵2005, Art. 72 Rn. 31 ff., 37 ff., 43 ff., 86 ff.; zur Neufassung 2006 s. *Christoph Degenhart*, Die Neuordnung der Gesetzgebungskompetenzen durch die Föderalismusreform, in: NVwZ 2006, S. 1209 (1209 f.); *ders.*, in: Sachs, GG Komm., ⁴2007, Art. 72 Rn. 6 ff.
24 BVerfGE 106, 62 (145 f.).
25 BVerfGE 106, 62 (146).
26 Dazu eingehend *Norbert Achterberg*, in: BK, Art. 92 (Zweitb. 1981) Rn. 52 ff.

Rechtsentwicklung meist deutlich die unitarische Komponente im Vordergrund gestanden[27]. Schon in dem der Reichsgründung 1871 folgenden Prozeß staatlicher Konsolidierung kam dem Justizsektor herausragende Bedeutung zu. Rechtsvereinheitlichung als Grundlage einer gleichmäßigen effektiven Rechtspflege, vor allem aber auch als Grundlage einer rechtsstaatlichen Justiz, in der die Unabhängigkeit der Gerichte aller Arten und Stufen von Anfang an gewährleistet war[28], wurde bereits mit den am 21. Dezember 1876 beschlossenen und 1879 in Kraft getretenen sogenannten Reichsjustizgesetzen erzielt[29]: Gerichtsverfassungsgesetz (GVG)[30], Zivilprozeßordnung (ZPO)[31], Strafprozeßordnung (StPO)[32] und Konkursordnung (KO)[33]. Sie beendeten eine als untragbar empfundene Rechtszersplitterung in der Justizorganisation und verwirklichten zentrale rechtsstaatliche Errungenschaften wie die Unabhängigkeit der Gerichte. Vielfältig reformiert, sind sie, neben weiteren verfahrensrechtlichen Kodifikationen dieser Epoche[34], auch im 21. Jahrhundert Grundlage einer einheitlichen deutschen Rechtspflege und damit Grundlage einer rechtsstaatlich geforderten Rechtseinheit im Bundesstaat.

<small>Rechtsvereinheitlichung als Grundlage</small>

c) Rechtsprechung in der Funktionenordnung des Grundgesetzes – maßgebliche Verfassungsbestimmungen

Vorrangig allerdings thematisiert das Grundgesetz die Rechtsprechung unter unmittelbar-rechtsstaatlichen Aspekten, mit der Einordnung der rechtsprechenden Gewalt in das gewaltenteilende System des Grundgesetzes, mit der Gewährleistung der Unabhängigkeit des Richters, mit der grundrechtsgleichen Garantie des gesetzlichen Richters in Art. 101 GG[35] und den damit verbundenen Anforderungen an die Gerichtsorganisation und mit grundsätzlichen Anforderungen an ein rechtsstaatlich-faires Verfahren.

<small>**6**
Recht auf den gesetzlichen Richter und weitere Anhaltspunkte im Verfassungstext</small>

---

27 Vgl. näher *Christoph Degenhart*, Jurisdicción, in: Manuel Gerpe/Mercé Barceló, El federalismo judicial. Aproximación a los sistemas judiciales de Estados Unidos, Suiza, Canadá y Alemania, in: REAF 3 (2006), S. 301 ff.
28 *Ernst Rudolf Huber*, Das Kaiserreich als Epoche verfassungsstaatlicher Entwicklung, Bd. I, § 4 Rn. 38; näher *ders.*, Deutsche Verfassungsgeschichte seit 1789, Bd. III, ³1988, S. 981 ff.
29 Vgl. *Ernst Kissel*, 100 Jahre Gerichtsverfassungsgesetz, in: NJW 1979, S. 1953.
30 Vom 27.1.1877, RGBl I, S. 1077.
31 Vom 30.1.1877, RGBl I, S. 83.
32 Vom 1.2.1877, RGBl I, S. 1074, 1319.
33 Vom 10.2.1877, RGBl I, S. 351.
34 Gesetz über die Angelegenheiten der Freiwilligen Gerichtsbarkeit (FGG) vom 17.5.1898, RGBl I, S. 369, 771; Grundbuchordnung (GBO) vom 24.3.1898, RGBl I, S. 139.
35 Vgl. *Helmuth Schulze-Fielitz*, in: Dreier, GG III, 2000, Art. 101 Rn. 17. Die Terminologie ist nicht einheitlich: „grundrechtsgleiches" Recht (*Bodo Pieroth*, in: Hans D. Jarass/Bodo Pieroth, GG, ⁸2006, Art. 101 Rn. 1; *Michael Sachs*, in: Klaus Stern, Das Staatsrecht der Bundesrepublik Deutschland III/1, 1988, S. 359 f.); „grundrechtsähnliches" Recht (*Herrmann Hill*, Verfassungsrechtliche Gewährleistungen gegenüber der staatlichen Strafgewalt, in: HStR VI, ²2001 [¹1989], § 156 Rn. 50 f.; *Klaus Stern*, Das Staatsrecht der Bundesrepublik Deutschland, Bd. II, 1984, S. 916 f.; *Gabriele Britz*, Das Grundrecht auf den gesetzlichen Richter in der Rechtsprechung des Bundesverfassungsgerichts, in: JA 2001, S. 573 [573]); offengelassen bei *Philipp Kunig*, in: v. Münch/Kunig, GGK III, ⁵2003, Art. 101 Rn. 4. Andererseits werden Art. 101 ff. durchweg als „Justizgrundrechte" bezeichnet (vgl. *Hill*, a. a. O.); das Bundesverfassungsgericht spricht in BVerfGE 28, 314 (323) von einem „prozessualen Grundrecht", in: BVerfGE 14, 156 (161 f.) von einem „Grundrecht"; Art. 101 Abs. 1 S. 2 als „Grundrechtsvorschrift" sieht *Hans-Jürgen Papier*, Justizgewähranspruch, in: HStR VI, ²2001 (¹1989), § 153 Rn. 2.

7

In der grundrechtsgleichen Gewährleistung des Rechts auf den gesetzlichen Richter und des Verbots von Ausnahmegerichten vor allem verwirklicht sich diese rechtsstaatliche, freiheitssichernde Funktion der Gerichtsorganisation[36]. Eingriffe Unbefugter in die Rechtspflege sollen hierdurch verhindert, das Vertrauen in Unparteilichkeit und Sachlichkeit der Gerichte und eben auch diese Unparteilichkeit und Sachlichkeit selbst gesichert werden. So ist es nur folgerichtig, wenn die Verfassungsjudikatur das Recht auf den gesetzlichen Richter über seine historische Stoßrichtung gegen Eingriffe von außen – im Sinn einer „Kabinettsjustiz"[37] – hinaus auch und entscheidend für die Bestimmung des konkret zur Entscheidung berufenen Richters innerhalb der Gerichtsbarkeit zur Geltung bringt[38], es weitergehend auch in einer materiellen Dimension entfaltet[39]: als Recht auf den allen grundgesetzlichen Anforderungen tatsächlich entsprechenden, tatsächlich die Gewähr für Neutralität und Sachlichkeit bietenden Richter[40]. Art. 101 Abs. 1 S. 2 GG erscheint so als die zentrale Verfassungsaussage über die rechtsstaatlichen Anforderungen an die Organisation der Gerichtsbarkeit, deren Grundlinien im übrigen in den auf die Rechtsprechung bezogenen Aussagen der Art. 92, 95, 96 und 97 GG nur andeutungsweise umrissen, hierbei vor allem auch in das bundesstaatliche Kompetenzgefüge des Grundgesetzes einbezogen werden. Der rechtsstaatlichen Zuordnung des Rechts auf den gesetzlichen Richter entspricht, daß abweichend von den allgemeinen Grundsätzen für die Grundrechtsberechtigung juristischer Personen sich jeder auf das Recht auf den gesetzlichen Richter berufen kann, der Rechtsschutz vor den Gerichten sucht – auch juristische Personen des öffentlichen Rechts, auch ausländische juristische Personen des privaten wie des öffentlichen Rechts[41].

Verfassungsaussage des Art. 101 Abs. 1 S. 2 GG

II. Justizgewährung, Prozeßgrundrechte, Gerichtsorganisation

1. Justizgewähr und effektiver Rechtsschutz – Zivil-, Verwaltungs- und Strafgerichtsbarkeit

8

Justizgewähranspruch

Auf die Gewährleistung effektiven Rechtsschutzes zielt ein aus dem Rechtsstaatsprinzip des Grundgesetzes abgeleiteter Justizgewährungsanspruch ab[42], der über Art. 2 Abs. 1 GG mit der Qualität eines individuell einklagbaren und

---

36 Hierzu etwa *Ernst Träger*, Der gesetzliche Richter – Aktuelle Fragen aus Verfassung und internationalem Recht, in: FS für Wolfgang Zeidler, Bd. I, 1987, S. 123 (124).
37 Vgl. *Träger* (N 36), S. 123 (124).
38 BVerfGE 3, 359 (364); 10, 200 (213); 17, 294 (299), sowie aus der neuen Judikatur BVerfGE 95, 322 (327 ff.).
39 Vgl. *Träger* (N 36), S. 123 (125); *Degenhart* (N 22), Art. 101 Rn. 8 f.
40 Vgl. *Günther Barbey*, Der Status des Richters, in: HStR III, ²1996 (¹1988), § 74 Rn. 40.
41 Vgl. zuletzt BVerfGK 1, 32 (38) für die Republik Argentinien m. weit. Nachw. der Rspr. des BVerfG.
42 BVerfGE 78, 165 (178); 85, 337 (349); 88, 118 (123); 93, 99 (107); 97, 169 (195); *Steffen Detterbeck*, Streitgegenstand, Justizgewährungsanspruch und Rechtsschutzanspruch, in: AcP 192 (1992), S. 325 (328); *Schmidt-Aßmann* (N 2), § 26 Rn. 71 ff.; *Papier* (N 35), § 153; zur staatlichen Justizgewährungspflicht in ihrer Bedeutung für die Gerichtsorganisation s. insbesondere BayVerfGH, in: NJW 2006, S. 3699 (3704).

letztlich im Wege der Verfassungsbeschwerde durchsetzbaren Grundrechts ausgestattet wird[43]. Ihm entspricht in der Schutzrichtung das in Art. 6 Abs. 1 EMRK garantierte Recht auf ein Gericht und auf Zugang zu diesem Gericht[44]. Insbesondere durch die Plenarentscheidung des Bundesverfassungsgerichts zum Rechtsschutz gegen Gehörsverletzungen[45] wurde dieser Justizgewährungsanspruch in seiner Schutzrichtung und seinem Anwendungsbereich gegenüber den Prozeßgrundrechten des Grundgesetzes und hier vor allem dem Recht auf Gehör aus Art. 103 Abs. 1 GG einerseits, der Rechtsschutzgarantie des Art. 19 Abs. 4 GG andererseits einer grundsätzlichen Klärung zugeführt. Während das Recht auf Gehör als Prozeßgrundrecht im Verfahren greift, richtet sich der Justizgewährungsanspruch ebenso wie der Rechtsschutzanspruch des Art. 19 Abs. 4 GG[46] auf den Zugang zur Gerichtsbarkeit[47], richtet sich darauf, daß ein gerichtliches Verfahren eröffnet und in einer Weise durchgeführt wird, die effektiven Rechtsschutz gewährleistet[48]. Sowohl Art. 19 Abs. 4 GG also auch der Anspruch auf Justizgewähr sind also im Sinn einer Rechtsschutzgarantie zu sehen; die Rechtsschutzgarantie des Art. 19 Abs. 4 GG richtet sich als besondere rechtsstaatliche Sicherung gegen Rechtsverletzungen durch die nicht in richterlicher Unabhängigkeit handelnde vollziehende Gewalt[49], trägt hierin der besonderen Schutzbedürftigkeit des Bürgers gegenüber dem ihm hoheitlich gegenübertretenden Staat Rechnung. Außerhalb des Anwendungsbereiches dieser für die justizstaatliche Prägung grundgesetzlicher Rechtsstaatlichkeit kennzeichnenden Garantie des Art. 19 Abs. 4 GG ist es der allgemein-rechtsstaatliche Justizgewährungsanspruch, der effektiven Rechtsschutz gewährleistet, dies auch gegen Rechtsverletzungen durch die rechtsprechende Gewalt selbst, wie vor allem Gehörsverletzungen. Auch gegen sie muß also die Anrufung eines Gerichts möglich sein. Das Recht auf Gehör aus Art. 103 Abs. 1 GG und die Rechtsschutzgarantie – ob nun aus Art. 19 Abs. 4 GG oder dem rechtsstaatlichen Justizgewährungsanspruch abgeleitet – ergänzen sich: „Diese sichert den Zugang zum Verfahren, während Art. 103 Abs. 1 GG auf einen angemessenen Ablauf des Verfahrens zielt."[50] Deshalb sind es vor allem dieser Justizgewährungsanspruch und der Anspruch auf effektiven Rechtsschutz, die eine adäquate Gerichtsorganisation bedingen.

Rechtsschutzgarantie

Damit erlangt der Justizgewährungsanspruch für die Rechtsbeziehungen zwischen Privaten die Funktion, die der Rechtsschutzgarantie des Art. 19 Abs. 4 GG für das Verhältnis des Bürgers zur hoheitlichen Gewalt des Staates zugeordnet ist: den Weg zu den Gerichten und wirksamen Rechtsschutz durch die

9
Privatrechtsbeziehungen und Staat-Bürger-Verhältnis

---
43 Vgl. BVerfGE 80, 103.
44 Vgl. dazu etwa EGMR, in: NJW 2003, S. 649.
45 BVerfGE 107, 395.
46 *Hans-Jürgen Papier*, Rechtsschutzgarantie gegen die öffentliche Gewalt, in: HStR VI, ²2001 (¹1989), § 154 Rn. 49 ff.
47 BVerfGE 107, 395 (409 f.).
48 BVerfGE 81, 123 (129) für Art. 19 Abs. 4 GG.
49 Vgl. BVerfGE 107, 395 (405 f.); dort auch zur Geltung im Anwendungsbereich der Richtervorbehalte nach Art. 13 sowie Art. 104 GG.
50 BVerfGE 107, 395 (409).

Gerichte zu gewährleisten. Ein Anspruch auf Justizgewährung wurde demgemäß primär auf den Zugang zum Gericht in Privatrechtsstreitigkeiten bezogen[51]. So erscheint die Rechtsschutzgarantie des Art. 19 Abs. 4 GG auch als spezifische Ausprägung des Staat-Bürger-Verhältnisses im Rechtsstaat des Grundgesetzes. Rechtsstaatlichkeit bedeutet rechtliche Bindung auch aller staatlichen Gewalt[52] im Verhältnis zum Bürger. Diese zu gewährleisten wird durch die Rechtsschutzgarantie des Art. 19 Abs. 4 umfassend der Rechtsprechung übertragen, wie auch die Wahrung der Freiheiten des Bürgers gegenüber dem Gesetzgeber in der positiven rechtsstaatlichen Ordnung des Grundgesetzes Aufgabe der rechtsprechenden Gewalt ist. Diese wird grundsätzlich der Verfassungsgerichtsbarkeit zugewiesen. Auch im Staat-Bürger-Verhältnis ist es, ebenso wie in den Rechtsbeziehungen zwischen Privaten, Aufgabe der Gerichtsorganisation, die organisatorischen Bedingungen für effektiven Rechtsschutz und damit für die Verwirklichung des Justizgewährungs- und Rechtsschutzanspruchs des Bürgers zu schaffen.

10
Freiheitssicherung im Strafprozeß

Im Strafprozeß ist es typischerweise nicht der Bürger, der den Weg zum Gericht sucht, sondern der Staat, der hierin seinen Strafanspruch durchzusetzen trachtet. Hier ist es der Träger hoheitlicher Gewalt, der aufgrund der ihm spezifisch zugeordneten Machtbefugnisse ein Verfahren gegen den Bürger einleitet, das dieser zunächst hinzunehmen hat. Es geht also unter rechtsstaatlichen Gesichtspunkten der Freiheitssicherung um die Begründung wirksamer Schutzpositionen des Bürgers im Verfahren[53]. Im Rechtsstaat ist der staatliche Strafanspruch in einem justizförmig geordneten Verfahren zu verwirklichen[54]. Justizgewährung gegenüber dem staatlichen Strafanspruch ist mithin rechtsstaatlich relevante Funktion des Strafprozesses, der spezifisch strafprozessuale Garantien wie die rechtsstaatliche Unschuldsvermutung zugeordnet sind. In der Konsequenz ist es vor allem das gerichtliche Verfahren, auf das sich rechtsstaatliche Anforderungen an die Strafrechtspflege konzentrieren[55]. Doch sind auch hier durch die Organisation der Gerichtsbarkeit die verfassungsrechtlichen Anforderungen an die Rechtsprechung abzusichern. Spezifische Relevanz erlangt die Gerichtsorganisation schließlich dort, wo Maßnahmen von typischerweise gesteigerter Eingriffsintensität wie Durchsuchungen[56] und Freiheitsentziehungen[57] unter Richtervorbehalt stehen[58].

---

51 BVerfGE 88, 118 (123); 93, 99 (107); 97, 169 (185).
52 *Christoph Degenhart*, Staatsrecht I, ²²2006, Rn. 255 ff.
53 *Walter Sax*, Grundsätze der Strafrechtspflege, in: GR III/2, S. 967 ff., 970; *Hill* (N 35), § 156 Rn. 4, 8 ff.
54 BVerfGE 74, 358 (370).
55 → Unten *Degenhart*, § 115 Rn. 7 ff.
56 BVerfGE 103, 142 (155).
57 BVerfGE 104, 220 (231 f.); 105, 239 (251).
58 Zu dessen Bedeutung s. BVerfGE 107, 395 (406).

2. Verfassungsrechtliche Direktiven der Gerichtsorganisation

Gerichtsorganisation dient also dem Rechtsschutz durch Organisation und Verfahren. Bezugspunkte sind in subjektiver Hinsicht der rechtsstaatliche Justizgewährungsanspruch, die Rechtsschutzgarantie des Art. 19 Abs. 4 GG sowie die Position des Beschuldigten im Strafverfahren, objektiv das Rechtsstaatsprinzip, das in seiner Schutzwirkung jedoch In-Sich-Konflikte aufweisen kann und auch für die Staatsfunktion der Rechtsprechung den klassischen Konflikt zwischen größtmöglicher Gerechtigkeit im Einzelfall und Rechtssicherheit offenbart. Denn das Rechtsstaatsprinzip fordert einerseits einen wirkungsvollen Rechtsschutz des einzelnen Rechtsuchenden, andererseits aber auch die Herstellung von Rechtssicherheit[59], die voraussetzt, daß strittige Rechtsverhältnisse in angemessener Zeit geklärt und Verfahren abgeschlossen werden[60]. Diese Verfassungsgarantien fordern eine funktionsfähige, effektive Gerichtsbarkeit und insbesondere auch eine Gerichtsbarkeit, die ihre Aufgabe in Objektivität und Distanz erfüllt. Nur durch die Bereitstellung eines unparteiischen Richters wird der Justizgewährungsanspruch erfüllt[61]. Diese Gewährleistung des unparteiischen und auch sonst den Anforderungen des Grundgesetzes an den Richter entsprechenden Richters wird organisatorisch abgesichert durch die Vorgaben der Art. 92, 95 und 97 GG. Sie mit Grundrechtsqualität zu sichern, ist auf der Ebene der Gerichtsorganisation spezifischer Schutzzweck des grundrechtsgleichen Rechts auf den gesetzlichen Richter in Art. 101 Abs. 1 S. 2 GG – wie es für das gerichtliche Verfahren Funktion des speziellen Verfahrensgrundrechts aus Art. 103 Abs. 1 GG und weiterer prozessualer Positionen ist, die auch unter Einbeziehung der auf die Rechtsprechung bezogenen Garantien des Art. 6 EMRK zu bestimmen sind[62].

11 Rechtsschutz durch Organisation und Verfahren

Es handelt sich dabei um Verfassungsgewährleistungen, die der gesetzlichen Ausgestaltung bedürfen[63]. Die Prozeßgrundrechte des Grundgesetzes sind wesensgemäß und notwendig auf Realisation durch den Gesetzgeber angewiesen; sie zählen zu den gesetzesabhängigen Grundrechten par excellence und entfalten im Rahmen des einfachgesetzlichen Verfahrensrechts, des Gerichtsverfassungsrechts und der Prozeßordnungen Wirkung[64]. So nimmt auch für die positiv im Grundgesetz normierten Prozeßgrundrechte der Verfassungstext auf die durch Verfahrensrecht normativ geprägten Begriffe des gesetzlichen Richters und des rechtlichen Gehörs[65] Bezug. Gleichermaßen gesetzlicher Ausgestaltung zugänglich und bedürftig sind die unmittelbar aus

12 Grundrechtsausgestaltung

---

59 Vgl. *Schilken* (N 21), Rn. 35 f.
60 BVerfGE 88, 118 (124); 93, 99 (108).
61 BVerfGE 89, 28 (36 f.).
62 Vgl. *Degenhart* (N 22), Art. 103 Rn. 3 b.
63 *Christoph Degenhart*, Grundrechtsausgestaltung und Grundrechtsbeschränkung, in: HdbGR, Bd. III, § 60 Rn. 29.
64 Vgl. hierzu *Degenhart* (N 22), Art. 103 Rn. 11 f.; *Schulze-Fielitz* (N 35), Art. 103 Abs. 1 Rn. 26 ff.
65 Grundlegend BVerfGE 9, 89 (95 f.); 18, 399 (405); aus neuerer Zeit s. BVerfGE 74, 1 (5); 81, 123 (129); 89, 28 (36); 89, 381 (391); das BVerfG spricht – etwa in BVerfGE 9, 89 (95) – vom vorverfassungsrechtlichen Gesamtbild des Prozeßrechts, das der Auslegung des Abs. 1 zugrunde zu legen ist.

dem Rechtsstaatsprinzip des Grundgesetzes abgeleiteten Prozeßgrundrechte wie das Recht auf ein rechtsstaatlich-faires Verfahren[66] und das Recht auf effektiven Rechtsschutz als Inhalt des Justizgewährungsanspruchs bzw. der Rechtsschutzgarantie des Art. 19 Abs. 4 GG.

13
Gerichtsorganisation in verfassungsrechtlicher Determiniertheit – Justizgewährungspflicht

Damit wird also auch die Gerichtsorganisation – ebenso wie das gerichtliche Verfahren – durch das Rechtsstaatsprinzip des Grundgesetzes und dessen explizite wie richterrechtliche Konkretisierungen verfassungsrechtlich determiniert. Der verfassungsrechtliche Auftrag der Rechtsprechung im Rechtsstaat des Grundgesetzes fordert eine Organisation der Rechtsprechung, die eine effektive Justizgewähr und einen effektiven Rechtsschutz durch Gerichte ermöglicht, die den grundgesetzlichen Anforderungen entsprechen. Dem Justizgewährungsanspruch entspricht eine Justizgewährungspflicht als Verfassungspflicht, für eine funktionsfähige Rechtspflege zu sorgen[67]. In diesem Sinn kann von einem Verfassungsauftrag zur Sicherung einer grundgesetzgemäßen Gerichtsorganisation gesprochen werden. Er richtet sich an den Gesetzgeber, der im Rahmen der organisatorischen Vorgaben der Art. 92 ff. GG die wesentlichen Regelungen über die Bildung und die Zuständigkeit der Gerichte und ihrer Spruchkörper zu treffen hat[68]; er richtet sich an die Rechtsprechung, die hierüber im Einzelfall zu entscheiden hat und deren Organe in richterlicher Selbstverwaltung in Geschäftsverteilungs- und Mitwirkungsplänen die gesetzlichen Zuständigkeitsregelungen konkretisieren. Schließlich richtet sich ein Verfassungsauftrag zur Gewährleistung einer grundgesetzgemäßen Gerichtsorganisation an die Exekutive, die ihrerseits die tatsächlichen Voraussetzungen für eine funktionsfähige Rechtsprechung und damit die tatsächlichen Grundrechtsvoraussetzungen sicherzustellen hat. Die vom Gesetz vorgesehenen Gerichte sind einzurichten und ordnungsgemäß zu besetzen sowie mit personellen und sächlichen Mitteln auszustatten, so daß sie die ihnen gesetzlich zugewiesenen Aufgaben „in der richtigen Besetzung und mit der gebotenen Sorgfalt" wahrnehmen können[69].

---

66 → Unten *Degenhart*, § 115 Rn. 2.
67 Vgl. BayVerfGH, in: NJW 2005, S. 3699 (3704).
68 Vgl. BVerfGE 19, 52 (60); 95, 322 (328); *Schulze-Fielitz* (N 35), Art. 101 Rn. 20.
69 Vgl. BayVerfGH, in: NJW 2005, S. 3699 (3704).

B. Einrichtung der Gerichte – staatsorganisatorische Vorgaben des Grundgesetzes

I. Gerichtsorganisation im Bundesstaat

1. Rechtsprechungskompetenzen und Gerichtsorganisation

Auch die Staatsfunktion der Rechtsprechung bedarf, wie dargelegt, im Bundesstaat der kompetenzmäßigen Zuordnung[70]. Auch insoweit gilt zunächst der Grundsatz des Art. 30 GG: Die Ausübung staatlicher Befugnisse ist Sache der Länder, soweit nicht das Grundgesetz sie dem Bund ausdrücklich zuweist. Die Einrichtung der Gerichte, denen gemäß Art. 92 GG die Ausübung der rechtsprechenden Gewalt obliegt, erfolgt daher grundsätzlich durch die Länder nach Maßgabe des Rechts der Gerichtsverfassung und des gerichtlichen Verfahrens, für das nach Art. 74 Abs. 1 Nr. 1 GG eine konkurrierende Zuständigkeit im Sinn einer Vorranggesetzgebung des Bundes gemäß Art. 72 Abs. 2 GG besteht. Bundeszuständigkeiten für die Gerichtsorganisation begründet Art. 95 Abs. 1 GG. Hiernach werden für die dort genannten Zweige der Gerichtsbarkeit oberste Gerichtshöfe als Bundesgerichte errichtet. Es sind dies der Bundesgerichtshof (für die ordentliche Gerichtsbarkeit), das Bundesverwaltungsgericht, der Bundesfinanzhof, das Bundessozialgericht und das Bundesarbeitsgericht. Diese obersten Bundesgerichte werden damit verfassungsrechtlich institutionell garantiert[71]. Ihre Aufgaben sind nahezu ausschließlich die von Rechtsmittelgerichten, die für die in Art. 95 GG genannten fünf Zweige der Gerichtsbarkeit den Instanzenzug abschließen. Auch dies ergibt sich schon aus dem Wortlaut der Verfassungsnorm, die von obersten Bundesgerichten spricht[72]. Doch ist der Bundesgesetzgeber nicht gehindert, den obersten Bundesgerichten in besonders gelagerten Fällen erstinstanzliche Zuständigkeiten zuzuweisen[73]. Die Zuständigkeit wird damit im Verhältnis von Bund und Ländern nach Funktionen, nicht nach Sachgebieten verteilt[74]. Eine Ausnahme bildet Art. 96 GG für die dort vorgesehenen fakultativen Bundesgerichte. Diese sind Gerichte für besondere und eher spezielle, nicht im Zentrum der Rechtspflege stehende Rechtsgebiete – Bundesgerichte für den gewerblichen Rechtsschutz, Art. 96 Abs. 1 GG und – in sehr engem Rahmen – die Wehrstrafgerichte. Von der Ermächtigung des Art. 96 GG hat der Bundesgesetzgeber zudem nur teilweise Gebrauch gemacht[75], so durch die Errichtung des Bundespatentgerichts für Teilbereiche des gewerblichen Rechtsschutzes, nicht aber durch Errichtung von Wehrstrafgerichten. Diese Beschränkung der Rechtsprechungsfunktionen der Bundesebene ist kennzeichnend für die bundesstaatliche Ordnung des Grundgesetzes, in der Exe-

14
Einrichtung der Gerichte – oberste Gerichtshöfe des Bundes

Aufgaben der obersten Gerichtshöfe

Fakultative Bundesgerichte

---
70 S. o. Rn. 4.
71 *Steffen Detterbeck*, in: Sachs, GG Komm., ⁴2007, Art. 95 Rn. 1.
72 BVerfGE 8, 174 (177).
73 BVerfGE 109, 1 (6 ff.) für die erstinstanzliche Zuständigkeit des BVerwG nach § 50 VwGO.
74 *Wolfgang Meyer*, in: v. Münch/Kunig, GGK III, ⁵2003, Art. 95 Rn. 2.
75 Vgl. *Willi Blümel*, Rechtsprechungszuständigkeit, in: HStR IV, ²1999 (¹1990), § 102 Rn. 2.

kutiv- und Legislativfunktionen auf Bundes- und Landesebene wahrgenommen werden, die Rechtsprechung aber in einer Bund und Länder übergreifenden Instanzenordnung organisiert ist[76].

15
Rechtsprechungseinheit als Verfassungsauftrag

In dieser Zuordnung der Rechtsprechungszuständigkeiten zu den Gerichten des Bundes und der Länder kommt eine den obersten Gerichten des Bundes zugewiesene Funktion der Wahrung der Rechtsprechungseinheit im Bundesstaat zum Ausdruck. Mit den verfassungsrechtlichen Vorgaben für die Gerichte des Bundes ist also bereits die Grundentscheidung über die konkrete Ausgestaltung des bundesstaatlichen Prinzips auf der Ebene der Rechtsprechung getroffen. Bundes- und Landesgerichtsbarkeit stehen nicht selbständig nebeneinander, bauen vielmehr aufeinander auf und sind ineinander verschränkt. Wenn objektiv der Bestand von Bundesgerichten als Rechtsmittelgerichten zwingend vorgeschrieben ist, so kommt hierin deren Funktion der Wahrung der Rechtsprechungseinheit[77] im Interesse der Rechtseinheit und der Rechtssicherheit im Bundesstaat zum Ausdruck. Ihnen ist nicht nur die Gewährleistung von Rechtsschutz im Einzelfall, sondern vor allem auch die Wahrung der Einheit der Rechtsprechung unter bundesstaatlichen Gesichtspunkten aufgetragen – wie ja bereits in den Reichsjustizgesetzen[78] mit der Errichtung des Reichsgerichts am 1. Oktober 1876 in Leipzig[79] der entscheidende Schritt zur Gewährleistung der Einheit der Rechtsprechung unternommen wurde. Ihr wird im Bundesstaat des Grundgesetzes ein hoher Stellenwert zugeschrieben: Bundesrecht soll im Bundesgebiet gleichmäßig angewandt werden. In der Rechtsprechung zeigt also der Bundesstaat des Grundgesetzes seine unitarische Komponente – dies durchaus in der Tradition deutscher Bundesstaatlichkeit, in der staatliche Einheit stets maßgeblich über die Rechtseinheit angestrebt wurde – nach der Reichgründung 1871[80] wie nach der deutschen Wiedervereinigung 1990.

Sowohl unter bundesstaatlichen als auch unter rechtsstaatlichen Gesichtspunkten ist die Funktion der Wahrung der Rechtseinheit, wie sie den obersten Bundesgerichten übertragen ist[81], verfassungsrechtlich gefordert: Rechtseinheit als relevante bundesstaatliche Zielvorgabe[82] bedingt ebenso Einheitlichkeit in der Rechtsprechung, wie das Gebot der Rechtssicherheit als Konsequenz aus dem Rechtsstaatsgebot des Grundgesetzes. Rechtsprechungs-

---

76 Anders etwa die Organisation der Rechtsprechung in den USA, hierzu näher *G. Alan Tarr*, Judicial Federalism in the United States: Structure, Jurisdiction and Operation, in: Gerpe/Barceló (N 27), S. 32 ff.
77 Vgl. hierzu *Heinrich Jagusch*, Revision oder Grundsatzentscheidung?, in: NJW 1953, S. 161; *Hermann Reuß*, Zur Neuordnung des Revisionsrechts, insbesondere im verwaltungsgerichtlichen Verfahren, in: DÖV 1959, S. 10; *Konrad Kruis*, Das Bayerische Oberste Landesgericht und die föderale Gliederung der Rechtspflege, in: NJW 2004, S. 640 (641).
78 S.o. Rn. 4.
79 Dazu s. *Arno Buschmann*, 100 Jahre Gründungstag des Reichsgerichts, in: NJW 1979, S. 1966.
80 Vgl. näher *Degenhart* (N 27).
81 Zur Neuordnung des Revisionsrechts in Zivilsachen s.z.B. BGH, in: JZ 2003, S. 263; zur Bedeutung des Bayerischen Obersten Landesgerichts s. *Kruis* (N 77).
82 Insbesondere als Voraussetzung für Rechts- und Wirtschaftseinheit i.S.v. Art. 72 Abs. 2 GG vgl. BVerfGE 106, 62 (144 ff.).

einheit im Verhältnis der Fachgerichtsbarkeiten schließlich wird durch Art. 95 Abs. 3 GG gefordert[83].

2. Gesetzgebung des Bundes für die Gerichtsorganisation

Die konkurrierende Gesetzgebungszuständigkeit nach Art. 74 Abs. 1 Nr. 1 GG für das Recht der Gerichtsverfassung gilt für alle Gerichte, auch die der Länder[84]; für die Gerichte des Bundes allein hätte es keiner ausdrücklichen Kompetenzzuweisung bedurft. Abzugrenzen ist die Gerichtsverfassung als Gegenstand konkurrierender Gesetzgebung, für den die Erforderlichkeit einer bundesgesetzlichen Regelung nach Art. 72 Abs. 2 GG i. S. d. Neufassung nach der Föderalismusreform 2006 nicht mehr eigens nachzuweisen ist[85], von der Organisationszuständigkeit der Länder[86]. Hiernach ist die Errichtung der einzelnen Gerichte, abgesehen von den Gerichten des Bundes, für die eine Bundeszuständigkeit aus der Natur der Sache besteht, jedoch Ländersache, ebenso die konkreten Zuständigkeitsabgrenzungen durch die Bestimmung der Gerichtsbezirke[87]. Demgegenüber ist die generelle Bestimmung der örtlichen, sachlichen und funktionellen Zuständigkeit Gerichtsverfassung bzw. gerichtliches Verfahren im Sinne von Nr. 1[88]. Hierfür hat der Bund die Vorrangkompetenz nach Art. 74 Abs. 1 Nr. 1, Art. 72 Abs. 2 GG. Durch umfassende Kodifizierung sind in diesen Kompetenzfeldern die Länder von der Gesetzgebung weitestgehend ausgeschlossen. Recht der Gerichtsverfassung ist die Bestimmung der einzelnen Arten von Spruchkörpern bei den Gerichten – Einzelrichter, Spruchkammern –[89], sie erfolgt durch Bundesgesetz. Eine Frage der inneren Gerichtsorganisation ist dann die Einrichtung dieser Spruchkörper bei den Gerichten[90] wie schließlich auch die Besetzung der Spruchkörper, also die Zuordnung der einzelnen Richter zu den Spruchkörpern. Maßgebliche verfassungsrechtliche Direktive ist hier das Recht auf den gesetzlichen Richter in Art. 101 Abs. 1 S. 2 GG[91].

16
Konkurrierende Zuständigkeit nach Art. 74 Abs. 1 Nr. 1 GG

Die Zuständigkeitsabgrenzung bei der Festlegung der Organisation der Rechtsprechung folgt damit einem für die bundesstaatliche Kompetenzordnung des Grundgesetzes kennzeichnenden Muster. Die generelle normative Festlegung der Regeln ist Sache des Bundes, der Vollzug und die konkrete Umsetzung in der Organisation obliegen ganz überwiegend den Ländern.

Zuständigkeitsabgrenzung

---

83 Vgl. dazu *Dagmar Felix*, Einheit der Rechtsordnung, 1998, S. 170 ff.
84 BVerfGE 11, 192 (198); 30, 103 (106); für die Verwaltungsgerichte s. BVerfGE 20, 238 (248).
85 Vgl. hierzu *Christoph Degenhart*, in: Sachs, GG Komm., ⁴2007, Art. 72 Rn. 7 ff.; *ders.* (N 23), S. 1209 (1210).
86 Vgl. *Degenhart* (N 22), Art. 74 Rn. 18; *Oeter* (N 23), Art. 74 Rn. 24; anders *Schilken* (N 21), Rn. 26: für einen weitergehenden Begriff der Gerichtsverfassung unter Einbeziehung auch der Gerichtsorganisation; insoweit hat aber jedenfalls der Bundesgesetzgeber von einer etwaigen konkurrierenden Kompetenz keinen Gebrauch gemacht (und dürfte auch keine bundesgesetzliche Regelung erforderlich sein).
87 BVerfGE 2, 307 (316); 11, 192 (198 f.); 24, 155 (166); 30, 103 (106); *Oeter* (N 23), Art. 74 Rn. 24.
88 *Degenhart* (N 22), Art. 74 Rn. 18.
89 Dazu näher *Schilken* (N 21), Rn. 347 ff.
90 Dazu näher *Schilken* (N 21), Rn. 363 ff.
91 BVerfGE 95, 322 (328 ff.).

3. Länderzuständigkeiten – Gesetzesvorbehalte

17
Gerichtsorganisation durch die Länder und Gesetzesvorbehalt

Den Ländern verbleiben im Bereich der Rechtsprechung im wesentlichen organisatorische Zuständigkeiten. Während durch Bundesgesetz über die einzelnen Arten von Gerichten nach fachlichen und instanziellen Kriterien, über deren generelle sachliche und funktionelle Zuständigkeit entschieden wird und die generellen Kriterien für die örtliche Zuständigkeit festgelegt werden, obliegt den Ländern die konkrete Einrichtung der einzelnen Gerichte, obliegt es insoweit dem Gesetzgeber oder der von ihm hierzu ermächtigten Verwaltung, durch organisationsrechtliche Normen die einzelnen Gerichte zu errichten und ihren Gerichtsbezirk zu bestimmen[92]. Auf dieser ersten Stufe[93] werden also grundsätzlich durch formelles Gesetz[94], für Detailfragen[95] auch auf der Grundlage eines formellen Gesetzes durch Rechtsverordnung[96] die einzelnen Gerichte, deren Bezeichnung, deren Sitz und deren konkrete örtliche Zuständigkeitsbereiche – die eigentlichen „Gerichtsbezirke" – festgelegt[97].

Festlegung der Gerichtsbezirke

Der hierfür geltende Vorbehalt des Gesetzes soll die Unabhängigkeit der Rechtspflege entsprechend Art. 97 GG und das Recht auf den gesetzlichen Richter gleichermaßen sichern. Grundsätzlich dem Gesetzgeber vorbehalten ist die Errichtung der Gerichte und die Bestimmung der Gerichtsbezirke[98]; Einzelfragen wie die Bildung gemeinsamer Amtsgerichte oder die Konzentration örtlicher Zuständigkeiten für bestimmte Sachbereiche[99] können auf die Exekutive delegiert werden[100]. Gemeinsame Gerichte mehrerer Bundesländer können, wie das gemeinsame Oberverwaltungsgericht Berlin-Brandenburg, durch Staatsvertrag errichtet werden[101].

18
Gerichtsorganisation in rechtsstaatlicher Gebundenheit

Wenn auch in der konkreten Abgrenzung der Gerichtsbezirke Gestaltungsfreiheit des Gesetz- bzw. Verordnungsgebers besteht, so ist hierbei doch der staatlichen Justizgewährungspflicht ebenso Rechnung zu tragen wie der Stellung der Rechtsprechung als dritter Gewalt[102]. Das für staatliche Organisationsakte kennzeichnende Ermessen des Gesetzgebers kann hierdurch weitergehende Einschränkungen erfahren. Eine Optimierungspflicht besteht allerdings nicht. Solange die Funktionsfähigkeit der Rechtspflege insgesamt gewahrt ist, können etwa in die Entscheidung über die Zusammenlegung von Gerichtsbezirken, aber auch über die Auflösung eines Gerichts auch rechtsprechungsexterne Gesichtspunkte eingehen. Neben haushaltsmäßigen Erwägungen nennt der Bayerische Verfassungsgerichtshof in seiner Entscheidung

Rechtsprechungsexterne Gesichtspunkte

---

92 BVerfGE 95, 322 (328); s. auch bereits BVerfGE 24, 155 (170).
93 Vgl. zu den einzelnen Stufen in der Bestimmung des gesetzlichen Richters *Hartmut Maurer*, Rechtsstaatliches Prozessrecht, in: FS 50 Jahre BVerfG, Bd. II, 2001, S. 467 (495).
94 BVerfGE 2, 307 (326).
95 *Maurer* (N 93), S. 467 (495).
96 Zu deren Anforderungen näher BVerfGE 24, 155 (166ff.).
97 Vgl. z. B. Sächsisches Justizgesetz vom 24.11.2000 – SächsGVBl, S. 482.
98 BVerfGE 2, 307 (319f.).
99 BVerfGE 24, 155 (166); 27, 18 (34ff.).
100 BVerfG (K), in: NVwZ 1993, S. 1079 (1080).
101 S. dazu VerfGH Berlin, in: DVBl 2007, S. 506: Ausübung der Rechtsprechungsgewalt für jeweils eines der beteiligten Länder.
102 Vgl. BayVerfGHE 48, 17 (23); BayVerfGH, in: NJW 2005, S. 3699 (3705).

zum Gesetz über die Auflösung des auf das Jahr 1625 zurückgehenden Bayerischen Obersten Landesgerichts auch Überlegungen regional- und strukturpolitischer Art, die einen begrenzten Qualitätsverlust der Rechtsprechung zu rechtfertigen vermögen[103] – auch wenn hierdurch „ein hoch angesehenes Gericht mit langer Tradition aufgelöst und seine Funktionen auf andere Stellen der Rechtsprechung verteilt" wurden[104]. Es ist Aufgabe des Gesetzgebers, die Vor- und Nachteile derartiger gerichtsorganisatorischer Maßnahmen willkürfrei abzuwägen.

Wenn hierbei insbesondere auch Gesichtspunkte regional- und strukturpolitischer Art einwirken können, so bewegt sich damit auch die Gerichtsorganisation in dem für Fragen der staatlichen Organisation kennzeichnenden Spannungsverhältnis von Effizienz und Bürgernähe. So sind in der Frage der Größe der Gerichtsbezirke Gesichtspunkte der Effizienz der Rechtspflege im Sinn der Bildung größerer, auch zu einer Spezialisierung führenden Einheiten in Ausgleich zu bringen mit Gesichtspunkten der Ortsnähe und Erreichbarkeit für den einzelnen Rechtsuchenden[105]. Letztere betreffen konkrete Modalitäten der Justizgewähr durch die Gerichte und sind daher in vorrangig rechtsstaatlicher Zuordnung zu sehen[106] – doch wurden auf dieser Ebene keine Defizite konstatiert. Gegen die staatsvertraglich vorgesehene Bildung gemeinsamer Fachobergerichte für Berlin und Brandenburg wurden allerdings dahingehende Bedenken unter dem Gesichtspunkt effektiven Rechtsschutzes geltend gemacht[107]. Auch bedarf die Bildung gemeinsamer Gerichte durch mehrere Bundesländer als ein Verzicht der beteiligten Länder auf eigene und Anerkennung „fremder" Hoheitsgewalt einer landesverfassungsrechtlichen Ermächtigung[108]. Gerichtsbezirke den Verwaltungsbezirken anzugleichen, ist verfassungsrechtlich nicht gefordert.

19
Gerichtsorganisation im Spannungsverhältnis von Effizienz und Bürgernähe

Auf der Grundlage dieser normativen Festlegungen über die einzelnen Gerichte erfolgt deren innere Organisation durch die Justizverwaltung – doch auch dies wiederum im Rahmen detaillierter bundesgesetzlicher Vorgaben, die die generellen Regelungen enthalten. Sie hat sich insbesondere am Gebot des gesetzlichen Richters zu orientieren[109].

Innere Organisation

4. Gerichtsorganisation im Europäischen Rahmen

Angesichts des hohen Stellenwerts, der einheitlichen Rechtsschutzstandards in der Gerichtsorganisation unter dem Gesichtspunkt der Rechtseinheit im gesamtstaatlichen Interesse an ungehindertem Rechtsverkehr[110] beizumessen

20
Europäischer Rechtsraum

---

103 BayVerfGH, in: NJW 2005, S. 3699 (3705 f.).
104 BayVerfGH, in: NJW 2005, S. 3699 (3707).
105 Den Gesichtspunkt der Spezialisierung betont BVerfGE 24, 155 (166 ff.).
106 Unter sozialstaatlichen Gesichtspunkten BVerfGE 24, 155 (166 ff.).
107 Vgl. *Christian Pestalozza*, Zur Verlobung: Gemeinsame Fachobergerichte Berlin-Brandenburg, in: LKV 2004, S. 396 (399).
108 *Pestalozza* (N 107), S. 396 (399 f.).
109 S. u. Rn. 33.
110 BVerfGE 106, 62 (144).

§ 114 *Achter Teil: II. Staatsfunktionen*

ist, erscheint ein Postulat gleichwertiger Rechtsschutzstandards auch im Verhältnis der Mitgliedstaaten der Europäischen Union unabweisbar, soll Europa als einheitlicher Rechtsraum konzipiert werden. Für das Recht auf den gesetzlichen Richter allerdings werden im Vergleich deutlich unterschiedlich ausgeprägte Verfassungsstandards konstatiert[111].

II. Art. 95 GG als Gewährleistung fachlich gegliederter Gerichtsbarkeit

1. Aussage des Art. 95 Abs. 1 GG

21
Oberste Bundesgerichte und fachspezifische Instanzgerichte

Den in Art. 95 Abs. 1 GG genannten Teilgebieten der Gerichtsbarkeit, also der ordentlichen Gerichtsbarkeit, Verwaltungsgerichtsbarkeit, Finanz- sowie Arbeitsgerichtsbarkeit und Sozialgerichtsbarkeit werden die jeweiligen institutionell garantierten obersten Gerichtshöfe des Bundes zugeordnet. Hierin ist auch die prinzipielle Gewähr einer fachlich gegliederten Gerichtsbarkeit zu sehen[112]. Wenngleich die Bestimmung sich nicht unmittelbar auf die durch die Länder einzurichtenden Instanzgerichte bezieht[113], so wird doch der Bestand einer fachlich diversifizierten Instanzgerichtsbarkeit vorausgesetzt: den obersten Gerichten sind fachspezifische Instanzgerichte zuzuordnen[114]. Auch soweit die Einrichtung von Rechtsmittelzügen im Ermessen des Gesetzgebers steht[115], wird doch jedenfalls deren fachliche Diversifizierung gefordert. Daß das Grundgesetz dahingehende Aussagen über die Gerichtsorganisation treffen wollte, diese Annahme entspricht auch der Gesetzgebungskompetenz des Bundes nach Art. 74 Abs. 1 Nr. 1 GG: Kann der Bundesgesetzgeber Aufbau und Organisation der Gerichtsbarkeit auf einfachgesetzlicher Ebene regeln, so sind auch die diesbezüglichen materiellen Verfassungsaussagen hierauf zu beziehen. Jedenfalls muß in der Neuregelung der Art. 95, 96 GG 1968[116], durch die unter die Diskussion um die Vereinheitlichung der Gerichtsbarkeit ein gewisser Schlußpunkt gesetzt wurde[117], eine Grundsatzentscheidung für eine fachlich gegliederte Gerichtsbarkeit gesehen werden[118]. Der Wegfall des unerfüllten Verfassungsauftrags des Art. 96 GG a. F.[119], ein oberstes Bundesgericht zu errichten, bedeutet nicht nur eine prinzipielle Entscheidung gegen eine Vereinheitlichung[120], vielmehr hat der Verfassungsgesetzgeber gerade in

---

111 *Schulze-Fielitz* (N 35), Art. 101 Rn. 9 ff.; *Kunig* (N 35), Art. 101 Rn. 2.
112 S. hierzu *Norbert Achterberg*, in: BK, Art. 95 (Zweitb. 1985) Rn. 130; *Detterbeck* (N 71), Art. 95 Rn. 5 ff.; vgl. auch *Eckart Hien*, Verwaltungs-, Sozial- und Finanzgerichtsbarkeit unter einem Dach?, in: DVBl 2004, S. 464 (466 f.); *Konrad Redeker*, Vereinheitlichung der öffentlich-rechtlichen Gerichtsbarkeiten?, in: NJW 2004, S. 496 ff.
113 *Roman Herzog*, in: Maunz/Dürig, Komm. z. GG, Art. 95 Rn. 42 ff.; *Redeker* (N 112).
114 Vgl. *Schulze-Fielitz* (N 35), Art. 95 Rn. 19; unentschieden für Art. 95 Abs. 1 GG *Andreas Voßkuhle*, in: v. Mangoldt/Klein/Starck, GG III, ⁵2005, Art. 95 Rn. 27.
115 BVerfGE 54, 277 (291).
116 Durch 16. ÄndG zum Grundgesetz v. 18.6.1968; hierzu eingehend *Achterberg* (N 112), Art. 95 Rn. 41–103, bes. Rn. 85 ff.
117 *Rudolf Wassermann*, in: GG-AK, Bd. II, ²1989, Art. 95 Rn. 11.
118 *Stern* (N 35), § 33 II 2; *Achterberg* (N 112), Art. 95 Rn. 130.
119 Hierzu *Stern* (N 35), § 33 II 1; → Bd. I, *Hofmann*, § 9 Rn. 35.
120 *Wassermann* (N 117), Art. 95 Rn. 11.

Kenntnis der Diskussion um die Vereinheitlichung[121] eine positive Entscheidung für unterschiedliche Gerichtsbarkeiten getroffen[122].

2. Einzelne Fachgerichtsbarkeiten – Zuständigkeiten und verfassungsrechtliche Bedeutung

Die in Art. 95 GG genannten Fachgerichtsbarkeiten nehmen gleichwertig Funktionen der Gerichtsbarkeit im Sinne von Art. 92 GG wahr. Ordentliche Gerichte, Arbeitsgerichte, Verwaltungs-, Sozial- und Finanzgerichte sind gleichwertige Gerichte im Sinne dieser Verfassungsnorm[123]. Ihre Zuständigkeiten ergeben sich im einzelnen aus den einfachgesetzlichen Regelungen der Gerichtsorganisation und des gerichtlichen Verfahrens[124]. Hierbei bestehen für die einzelnen Teilgerichtsbarkeiten besondere Verfahrensordnungen, die auch deren spezifischen Verfassungsbezug realisieren.

22
Gleichwertigkeit der Gerichtsbarkeiten

Dies gilt insbesondere für die verwaltungsgerichtliche Generalklausel des § 40 Abs. 1 VwGO. Die generelle Zuständigkeit der Verwaltungsgerichte für alle öffentlich-rechtlichen Streitigkeiten nichtverfassungsrechtlicher Art (vorbehaltlich bestimmter Sonderzuweisungen)[125] verwirklicht unmittelbar die Rechtsschutzgarantie des Art. 19 Abs. 4 GG[126], die dem Bürger umfassenden Gerichtsschutz – durch Gerichte im Sinne von Art. 92 GG[127] – gegen Akte öffentlicher Gewalt sichert. Hierauf sind konkret die Bestimmungen der Verwaltungsgerichtsordnung über die Zuständigkeit der Verwaltungsgerichte und über die einzelnen Verfahrensarten zu beziehen. Demgemäß haben die Verwaltungsgerichte auch über Rechtsschutzbegehren zu entscheiden, die unter keine der ausdrücklich geregelten Verfahrensarten fallen, wie vor allem im Fall der allgemeinen Leistungsklage. Aus der Rechtsschutzgarantie folgt auch die grundsätzliche Zulässigkeit vorbeugenden Rechtsschutzes auch gegen Maßnahmen der Verwaltung, die rechtsschutzsichernde Anwendung der Instrumente des einstweiligen Rechtsschutzes zur Vermeidung vollendeter Tatsachen[128].

23
Verwaltungsgerichtsbarkeit und Rechtsschutzgarantie

Einen Sonderzweig der Verwaltungsgerichtsbarkeit bildet die Sozialgerichtsbarkeit, deren Verfahrensbestimmungen der strukturell bedingten Schutzbedürftigkeit der Rechtsschutzsuchenden Rechnung tragen sollen[129], hierin auf

24

---

121 Zur Frage der Vereinheitlichung der Gerichtsbarkeit vgl. *Ulrich Scheuner*, Die Selbständigkeit und Einheit der Rechtspflege, in: DÖV 1953, S. 517 ff.; *Andreas Hamann*, Vereinheitlichung der Gerichtsbarkeiten?, in: DVBl 1955, S. 205 ff.; *Wolfgang Cartellieri*, Ein Recht, aber wieviel Gerichtsbarkeiten?, in: BB 1953, S. 1021 ff.; *Eduard Kern*, Einheitliche Gerichtsbarkeit, in: DRiZ 1956, S. 214 ff.; weit. Nachw. bei *Achterberg* (N 26), Art. 92 Rn. 130.
122 A.M. *Herzog* (N 113), Art. 95 Rn. 42 ff.
123 Vgl. für die obersten Bundesgerichte *Meyer* (N 74), Art. 95 Rn. 4.
124 S. hierzu im Überblick *Manfred Wolf*, Gerichtsverfassungsrecht aller Verfahrenszweige, ⁶1987, S. 75 ff.
125 Ein Entscheidungsmonopol der Verwaltungsgerichte für öffentlich-rechtliche Fragen besteht von Verfassungs wegen nicht, vgl. *Meyer* (N 74), Art. 95 Rn. 8.
126 *Papier* (N 46), § 154.
127 Art. 19 Abs. 4 GG begründet insoweit einen verfassungskräftigen Richtervorbehalt, vgl. *Degenhart* (N 52), Rn. 408.
128 Vgl. *Hartmut Krüger/Michael Sachs*, in: Sachs, GG Komm., ⁴2007, Art. 19 Rn. 148 f.
129 Vgl. einführend *Helmar Bley/Ralf Kreikebohm/Andreas Marschner*, Sozialrecht, ⁸2001, Rn. 1174 ff.

§ 114 *Achter Teil: II. Staatsfunktionen*

Sozialgerichts-
barkeit, Arbeits-
gerichtsbarkeit

verfahrensrechtlicher Ebene die soziale Staatszielbestimmung des Grundgesetzes[130] verwirklichen. Dies gilt in ähnlicher Weise für die Arbeitsgerichtsbarkeit als einen aus der ordentlichen Gerichtsbarkeit hervorgegangenen, verselbständigten Gerichtszweig[131]. Auch hier soll einer besonderen Schutzbedürftigkeit – der Arbeitnehmer – Rechnung getragen werden. So sollen durch spezifische Regelungen bezüglich Anwaltszwang und Kostenpflichtigkeit Zugangsbarrieren abgebaut werden. Über die Besetzung der Gerichte wird die typische Interessenkonstellation arbeitsrechtlicher Streitigkeiten, an die auch Art. 9 Abs. 3 GG anknüpft, berücksichtigt[132].

25
Ordentliche
Gerichtsbarkeit

In grundrechtlicher Privatautonomie stehen sich die Parteien im Zivilprozeß gegenüber. Dem entspricht mit der Zivilprozeßordnung eine Verfahrensordnung, die die Verfügung über den Streitstoff grundsätzlich den Parteien überläßt[133]. Anders verhält es sich im Strafprozeßrecht. Dort bestimmt das im Grundsatz rechtsstaatlich abzuleitende Erfordernis der Verwirklichung des staatlichen Strafanspruchs die wesentlichen Verfahrensmaximen. Vor allem aber kommt der verfahrensrechtlichen Sicherung der Stellung des Betroffenen (des Beschuldigten und Angeklagten) entscheidendes Gewicht zu[134].

Die unterschiedlichen Verfahrensordnungen für die einzelnen Teilgerichtsbarkeiten sind mithin Ausdruck nicht nur der jeweils spezifischen Interessenkonstellation, sondern sie sind auch in spezifisch verfassungsrechtlicher Funktion zu sehen. Auch dies bestätigt den verfassungsrechtlichen Stellenwert der fachlich gegliederten Gerichtsbarkeit[135].

3. Entwicklungsoffenheit in Organisation und Zuständigkeiten

26
Offenheit der
Organisation

Die grundsätzliche Entscheidung für den Bestand von Fachgerichtsbarkeiten schließt gesetzliche Änderungen von Organisation und Zuständigkeiten nicht aus[136].

So bleibt eine stärkere verwaltungsmäßig-organisatorische Zusammenfassung von Gerichten auf allen Ebenen möglich, solange innerhalb einer derartigen, organisatorisch vereinheitlichten Gerichtsbarkeit funktional deutlich voneinander gesonderte Rechtswege verbleiben und auch in den Zuständigkeiten das Gesamtbild gesonderter Gerichtsbarkeiten gewahrt wird. Eine weitergehende verwaltungsmäßige Vereinheitlichung, insbesondere unter Anbindung an ein einheitliches Rechtspflegeministerium[137], erschiene zudem geeignet,

---

130 *Hans Zacher*, Das soziale Staatsziel, Bd. II, § 28.
131 *Wolf* (N 124), S. 98 ff.
132 Vgl. *Peter Badura*, Staatsrecht, ³2003, H Rn. 8: Den Koalitionen soll die Mitwirkung an der Rechtsprechung ermöglicht werden.
133 → Unten *Degenhart*, § 115 Rn. 9.
134 → Unten *Degenhart*, § 115 Rn. 7 f.
135 Weitere Aspekte bringt *Meyer* (N 74), Art. 95 Rn. 4: fachlich differenzierte Gerichtsbarkeit als (verfassungspolitisches) Element „faktischer Gewaltenteilung", durch die eine rechtsstaatlich problematische Konzentration von Staatsmacht verhindert wird.
136 *Meyer* (N 74), Art. 95 Rn. 4.
137 Zur verfassungsrechtlichen Unbedenklichkeit *Achterberg* (N 112), Art. 95 Rn. 136.

rechtsstaatlich relevante Nachteile einer fachlich gegliederten Gerichtsbarkeit[138] abzumildern: Verluste an richterlicher Distanz in sachlicher Hinsicht[139], die Gefahr einer Abschottung einzelner Rechtsbereiche von der allgemeinen Rechtsentwicklung[140], die – auch personell bedingte – Problematik der „Hausgerichtsbarkeiten"[141].

Auch an Änderungen der Zuständigkeiten ist der Gesetzgeber nicht gehindert; die „Kernkompetenzen" der Fachgerichtsbarkeiten sind jedoch zu wahren[142]. Die Entscheidung für fachlich spezifizierte Gerichtsbarkeiten würde leerlaufen, wenn einzelnen dieser Gerichtsbarkeiten substantielle Zuständigkeiten entzogen werden könnten. Auch hat der Verfassunggeber mit der Verweisung auf die Sachbereiche der in Art. 95 Abs. 1 GG enumerierten Gerichtsbarkeiten ein vorgefundenes Gesamtbild von Zuständigkeiten positiv rezipiert. Im Zusammenhang mit dieser Regelung ist die Entscheidung insbesondere des verfassungsändernden Verfassungsgesetzgebers für den Bestand funktionsmäßig spezifizierter, unterschiedlicher Gerichtsbarkeiten zu sehen. Sie bedeutet eine Entscheidung auch für den Bestand des die jeweilige Funktion dieser Gerichtsbarkeiten bestimmenden Kernbereichs von Zuständigkeiten im Sinn einer institutionellen Gewährleistung[143].

27
Kernkompetenzen

III. Garantie einer mehrinstanzlichen Gerichtsbarkeit?

1. Kein Anspruch auf eine zweite Instanz

Die Prozeßgrundrechte des Grundgesetzes, insbesondere der durch das Rechtsstaatsprinzip in Verbindung mit Art. 2 Abs. 1 GG begründete Justizgewährungsanspruch und die Rechtsschutzgarantie des Art. 19 Abs. 4 GG garantieren dem Rechtsuchenden die Eröffnung des Rechtswegs, verleihen ihm also einen Anspruch darauf, daß seine Rechtssache von einem Gericht im Sinn der Art. 92, 95 GG verhandelt und entschieden wird, jedoch keinen Anspruch auf die Anrufung einer weiteren Instanz[144]. Das Grundgesetz gewährleistet Rechtsschutz durch den Richter. Dem wird bereits durch die einmalige Verhandlung einer Sache genügt. Die Rechtsschutzgarantie des Grundgesetzes sichert jedoch dem Verfahrensbeteiligten keinen Instanzen-

28
Rechtsschutz durch den Richter, nicht gegen den Richter?

---

138 Hierzu etwa *Cartellieri* (N 121) *Scheuner* (N 121).
139 Eine im Bereich der Arbeitsgerichtsbarkeit nicht gänzlich von der Hand zu weisende Möglichkeit.
140 Auch dies ist ein Problem, das etwa die Arbeitsgerichtsbarkeit betrifft, aber auch am Beispiel der Rechtsprechung bestimmter Finanzgerichte im Zusammenhang der Parteispendenproblematik deutlich wird.
141 Vgl. *Scheuner* (N 121), S. 524.
142 *Stern* (N 35), § 33 II 2b.
143 *Stern* (N 35), § 33 II 2b – nicht gehindert ist der Gesetzgeber an einer Vereinheitlichung des gerichtlichen Verfahrens; vgl. hierzu *Rupert Scholz*, Die Verwaltungsprozeßordnung im Gesetzgebungsverfahren, in: DVBl 1982, S. 605 ff.
144 BVerfGE 54, 277 (291 f.); s. zuletzt die Plenarentscheidung BVerfGE 107, 395 – anders *Andreas Voßkuhle*, Rechtsschutz gegen den Richter, 1993, S. 255 ff.: Garantie eines zweistufigen Verfahrens durch Art. 19 Abs. 4 GG.

zug[145]. Dies gilt für den Anwendungsbereich des Art. 19 Abs. 4 GG[146] ebenso wie für den des allgemeinen Justizgewährungsanspruchs. Es ist grundsätzlich Sache des Gesetzgebers, darüber zu entscheiden, in welchem Maße den Verfahrensbeteiligten weitere Instanzen zu eröffnen sind. Auch diese grundsätzliche Entscheidung wird in dem für den Rechtsstaat des Grundgesetzes kennzeichnenden, ihm immanenten Spannungsfeld von Einzelfallgerechtigkeit und Rechtssicherheit getroffen. Denn „das Rechtsstaatsprinzip fordert, daß jeder Rechtsstreit um der Rechtssicherheit und des Rechtsfriedens willen irgendwann ein Ende findet"[147]. Deshalb sind Beschränkungen von Rechtsmitteln oder deren Ausschluß auch unter Inkaufnahme einzelner unrichtiger Entscheidungen im Einzelfall hinzunehmen, wenn ein unabhängiges Gericht in einem rechtsstaatlichen Verfahren unter Beachtung der rechtsstaatlichen Verfahrensgrundsätze des Grundgesetzes entschieden hat. Hat aber das Gericht selbst diese rechtsstaatlichen Verfahrensgrundsätze verletzt, so verfehlt es damit seinerseits seine verfassungsrechtliche Aufgabe der Justizgewähr bzw. – im Anwendungsbereich des Art. 19 Abs. 4 GG – der Rechtsschutzgarantie gegenüber Eingriffen der öffentlichen Gewalt. Daß jedenfalls dann, wenn dem Verfahrensbeteiligten das Recht auf Gehör verweigert wurde, das Gericht insoweit also nicht nur über Rechtsverhältnisse zwischen Privaten falsch entschieden oder die Rechtssphäre des einzelnen im Verhältnis zum Staat verkürzend bestimmt hat, sondern im Rahmen seiner eigenen, originären Rechtsschutzfunktionen eigenständige Verfassungsverstöße begangen hat, Rechtsschutz gegen diesen Grundverstoß gegeben sein muß, dies hat das Bundesverfassungsgericht in seiner Plenarentscheidung vom 30. April 2003 klargestellt[148]. In diesem Fall ist Rechtsschutz auch gegen das Gericht selbst gefordert, das nicht nur einen exekutivseitig erfolgenden Eingriff gebilligt, sondern selbst einen Grundrechtseingriff im Rahmen seiner verfahrenslenkenden Befugnisse vorgenommen hat. Dies müßte in der Konsequenz auch für Verstöße gegen sonstige Prozeßgrundrechte wie etwa das Recht auf den gesetzlichen Richter gelten. Verfassungsrechtliche Funktion des Rechts der Gerichtsorganisation ist es hier, adäquate Kontrollinstanzen bereitzustellen, Effektivität des Rechtsschutzes zu gewährleisten[149].

2. Rechtsmittelgerichte als objektives Verfassungsgebot

29 Daß kein subjektives Recht auf Eröffnung einer zweiten Instanz besteht und insbesondere auch die Prozeßgrundrechte des Grundgesetzes kein solches Recht begründen, bedeutet noch nicht, daß nicht objektiv-verfassungsrecht-

---

145 So zuletzt BVerfGE 107, 395 (402 ff.).
146 Vgl. zuletzt BVerfGE 96, 27 (39); 104, 220 (231 f.), std. Rspr.
147 BVerfGE 107, 395 (401) unter Bezugnahme auf BVerfGE 1, 433 (437).
148 BVerfGE 107, 395 (406 ff.); s. dazu die Anm. von *Konrad Redeker*, Anm. zu BVerfGE 107, 395, in: NJW 2003, S. 2956, und *Indra Spiecker genannt Döhmann*, Verletzung rechtlichen Gehörs in der Rechtsmittelinstanz, in: NVwZ 2003, S. 1464; *Andreas Voßkuhle*, Bruch mit einem Dogma: Die Verfassung garantiert Rechtsschutz gegen den Richter, in: NJW 2003, S. 2193; *Eckhard Pache/Matthias Knauf*, Zum grundrechtsgleichen Anspruch auf Rechtsschutz gegen den Richter, in: BayVBl 2004, S. 385 ff.
149 Vgl. *Pache/Knauf* (N 148), S. 388, zum iudex a quo.

lich eine mehrinstanzliche Gerichtsbarkeit geboten sein kann. Dies folgt schon aus der Aussage des Art. 95 Abs. 1 GG, wenn dort, wie dargelegt, mit der Existenz fachlich diversifizierter Bundesgerichte die Existenz entsprechender Fachgerichte auf Länderebene notwendig vorausgesetzt wird. Art. 95 GG setzt einen Instanzenzug von den Gerichten der Länder zu denen des Bundes voraus[150], und damit auch den Bestand von mehreren (zumindest zwei) Instanzen[151]. Nur dann ist auch Gleichmäßigkeit und Berechenbarkeit der Rechtsanwendung gewährleistet. Bereits aus diesem Grund stellt sich die grundsätzliche Gewährleistung von Rechtsmitteln als originäres Anliegen des Rechtsstaats dar[152]. Auch fordert der Rechtsstaat des Grundgesetzes, der – nie generell auszuschließenden – Möglichkeit von Fehlentscheidungen und Fehlentwicklungen in allen Teilbereichen der Ausübung staatlicher Gewalt zu begegnen. Dem ist durch institutionelle Vorkehrungen bereits in den organisatorischen Rahmenbedingungen der Rechtsprechung Rechnung zu tragen, im Recht auf den gesetzlichen Richter und in der Sicherung der Unabhängigkeit der Rechtsprechung. Unter der Voraussetzung entsprechender verfahrensmäßiger und organisatorischer Sicherungen sind verbleibende Risiken fehlerhafter Rechtsanwendung im Interesse der Rechtssicherheit hinzunehmen[153], jedenfalls aus der Sicht der Verfahrensbeteiligten. Wenn das Bundesverfassungsgericht hier das gesetzgeberische Ermessen betont und die dahingehende Gewährleistung einer zweiten Instanz auch nicht aus Art. 95 GG ableiten will[154], so scheint diese restriktive Linie doch in erster Linie auf den Ausschluß eines subjektiven Rechts auf Eröffnung einer zweiten Instanz abzuzielen, nicht ihrer objektiven Gewährleistung. Denn eine objektive Gewährleistung des Bestandes von mindestens zwei Instanzen ist in Art. 95 Abs. 1 GG angelegt, entspricht dem rechtsstaatlichen Postulat der Gleichmäßigkeit und Berechenbarkeit staatlichen Handelns auch in seiner Teilfunktion der Rechtsprechung und mindert insgesamt das zwar hinzunehmende, aber doch auf ein Mindestmaß zu reduzierende Risiko von Fehlentscheidungen.

Grundsätzliches Erfordernis von Rechtsmittelgerichten

Gleichmäßigkeit und Berechenbarkeit der Rechtsanwendung

Das geltende Recht der Gerichtsorganisation weist jedoch keine strukturellen diesbezüglichen Defizite auf. Der Regelfall sind eine oder zwei Tatsacheninstanzen sowie eine – allerdings meist nur eingeschränkt zugängliche – Revisionsinstanz[155]. In der Verwaltungsgerichtsbarkeit beginnt der Instanzenzug regelmäßig beim Verwaltungsgericht, für bestimmte Angelegenheiten, insbesondere Klagen gegen Großvorhaben, beim Oberverwaltungsgericht (Verwaltungsgerichtshof) nach § 48 Abs. 1 S. 1 VwGO, so daß hier die Berufungsinstanz als zweite Tatsacheninstanz entfällt[156]. Dies ist auch vor dem verfas-

30
Keine Defizite im geltenden Recht

---

150 Vgl. *Achterberg* (N 112), Art. 95 Rn. 117; *Michael Krugmann*, Die Rechtsweggarantie des Grundgesetzes – Zum Gebot eines qualitativen Rechtsschutzes, in: ZRP 2001, S. 306 (307).
151 Ebenso *Maurer* (N 93), S. 467 (482).
152 *Voßkuhle* (N 144), S. 210.
153 BVerfGE 107, 395 (402 f.).
154 BVerfGE 54, 277 (291).
155 Vgl. den zusammenfassenden Überblick bei *Wolf* (N 124), S. 121 ff.
156 Die erstinstanzliche Zuständigkeit des OVG wurde begründet durch § 9 EntlG 1978 i. d. F. d. BeschlG v. 4.7.1985 (BGBl I, S. 1274); hierzu *Ferdinand Kopp/Wolf-Rüdiger Schenke*, VwGO, ¹⁴2005, § 48 Rn. 2 ff.

Beschränkung auf eine Tatsacheninstanz

sungsrechtlichen Hintergrund des Art. 19 Abs. 4 GG durch die in diesen Fällen typischerweise gegebene Komplexität der Materie gerechtfertigt[157]. Zum einen würde eine zweite Tatsacheninstanz die Rechtsfindung nicht notwendig erleichtern; zum anderen würde die dann regelmäßig zu erwartende längere Verfahrensdauer wirksamer – und das heißt entscheidend auch: rechtzeitiger – Rechtsverwirklichung entgegenstehen. Zudem handelt es sich in den Fällen der §§ 47, 48 VwGO meist um komplexe Verfahren mit einer Vielzahl Beteiligter, deren Rechtsschutzinteressen zu wahren und auszugleichen sind[158]. Der verfassungsrechtlich gleichfalls geforderte effektive Rechtsschutz der Adressaten der angefochtenen Genehmigung etwa kann durch ein sich über einen übermäßig langen Zeitraum hinziehendes Verfahren im Ergebnis vereitelt werden. Die Beschränkung auf nur eine Tatsacheninstanz nimmt hier einen sachgerechten Ausgleich vor. Drei Instanzen sind regelmäßig im sozialgerichtlichen Verfahren eröffnet, der Weg zum Bundessozialgericht allerdings nur im Wege der Zulassungsrevision[159], während für die Finanzgerichtsbarkeit von vornherein nur zwei Instanzen zur Verfügung stehen[160]. Die ordentliche Gerichtsbarkeit ist vierstufig ausgebaut. Der Instanzenzug hängt davon ab, ob ein Amtsgericht oder ein Landgericht Eingangsgericht war[161]. Daß bei erstinstanzlicher Zuständigkeit der Landgerichte in Strafsachen (bzw. des Oberlandesgerichts in Staatsschutzsachen[162]) nur eine Tatsacheninstanz zur Verfügung steht, rechtfertigt sich insbesondere aus der Erschwerung der Wahrheitsfindung bei vollständiger Neuverhandlung der hierbei zu verhandelnden Fälle in einer zweiten Tatsacheninstanz.

31
Instanzenzug und effektiver Rechtsschutz

Somit wird gerade in schwerwiegenden, sachlich komplexen Fällen der Instanzenzug auf nur eine Tatsacheninstanz beschränkt. Der Rechtsstaat des Grundgesetzes fordert aber nicht eine größtmögliche Zahl von Instanzen: verfassungsrechtliche Direktive des gerichtlichen Verfahrens ist die Verwirklichung materiellen Rechts im rechtsstaatlich geordneten Verfahren. Dies kann die Beschränkung des Instanzenwegs rechtfertigen, ja sogar fordern[163]: der Rechtsstaat fordert die effiziente Verwirklichung des Rechts, auch und gerade in der zeitlichen Dimension[164].

---

157 Vgl. *Christoph Degenhart*, Kernenergierecht – Schwerpunkte, Entscheidungsstrukturen, Entwicklungslinien, ²1982, S. 246f.
158 Zur verfassungsrechtlich relevanten Interessenlage in derartigen komplexen Verwaltungsverfahren im Hinblick auf Art. 19 Abs. 4 GG vgl. *Christoph Degenhart*, Kernenergierecht in der Entwicklung – Schwerpunkte, Ergebnisse und Tendenzen neuerer Rechtsprechung, in: ET 1983, S. 230, 238 ff., 244 ff.; ders., Präklusion im Verwaltungsprozeß, in: FS für Christian-Friedrich Menger, 1985, S. 621 ff. (629).
159 Vgl. § 160 SGG.
160 Vgl. § 2 FGO: Finanzgerichte als obere Landesgerichte, Bundesfinanzhof.
161 Zusammenfassende Darstellung des Instanzenzugs bei *Wolf* (N 124), S. 121 ff. – problematisch in diesem Zusammenhang insbesondere die Möglichkeit für die Staatsanwaltschaft, wahlweise beim Amtsgericht oder Landgericht Anklage zu erheben, je nach Höhe der erwarteten Strafe, § 24 Abs. 1 Nr. 2, 3 GVG; zum System der beweglichen Zuständigkeiten s. u. Rn. 37.
162 Vgl. § 120 GVG.
163 Vgl. BVerfGE 93, 99 (107).
164 BVerfGE 107, 395 (401); → unten *Degenhart*, § 115.

3. Rechtsmittelklarheit – Grundrechtsausgestaltung in verfassungsrechtlicher Gebundenheit

Diesen rechtsstaatlichen Zielkonflikt zu entscheiden, ist Aufgabe des Gesetzgebers, denn auch im Recht der Rechtsmittel bedarf die Rechtsschutzgewährung durch die Gerichte der Ausgestaltung durch den Gesetzgeber[165]. Wenn aber der Gesetzgeber Rechtsmittel eröffnet, gelten auch hierfür die verfahrensmäßigen und organisatorischen Anforderungen der Prozeßgrundrechte des Grundgesetzes, der rechtsstaatlichen Organisation und Verfahrensgestaltung[166]. Es gilt insbesondere ein rechtsstaatliches Postulat der Rechtsmittelklarheit[167], das sich an Gesetzgeber und Rechtsprechung gleichermaßen richtet. Gerade die Bestimmungen über die Rechtswege und Rechtsmittelzüge verwirklichen in herausragender Weise die freiheitssichernde Funktion der Gerichtsorganisation und des gerichtlichen Verfahrens[168]. Zu Recht trat daher das Bundesverfassungsgericht[169] einer Handhabung von Bestimmungen über die Revisionszulassung in Zivilsachen entgegen[170], die die Ablehnung auch erfolgversprechender Revisionen unter Aspekten der „Selbststeuerung" der Arbeitsbelastung des Gerichts zuließ. Hier war in der Tat das Erfordernis der Rechtsanwendungsgleichheit[171] als maßgebliche verfassungsrechtliche Direktive für Gerichtsorganisation und gerichtliches Verfahren[172] nicht mehr gewahrt, war die Möglichkeit sachwidriger Einflüsse aus der gerichtlichen Sphäre typischerweise eröffnet. Erst eine derartige typischerweise bestehende Gefahr, nicht schon die Möglichkeit sachwidriger Handhabung im Einzelfall, läßt für den justitiellen Bereich eine gesetzliche Regelung als nicht mehr hinreichend bestimmt erscheinen. Im Bereich der Exekutive ist dagegen von vornherein auch der abstrakten Möglichkeit sachwidriger Einflußnahme entgegenzuwirken[173]. Werden Rechtsmittel zugelassen, so muß also der Zugang den Verfahrensbeteiligten gleichmäßig gewährleistet sein und darf nicht sachwidrig erschwert werden[174]. Auch der grundrechtsausgestaltende Gesetzgeber wird in verfassungsrechtlicher Gebundenheit tätig[175].

32 Rechtsmittelrecht in verfassungsrechtlicher Gebundenheit

---

165 Vgl. BVerfGE 93, 99 (107).
166 *Maurer* (N 93), S. 467 (482).
167 BVerfGE 87, 48 (65).
168 BVerfGE 54, 277 (292); s. auch BVerfGE 49, 148 (164).
169 BVerfGE 54, 277 (292).
170 § 554a ZPO i.d.F. des Gesetzes v. 8. 7. 1975 (BGBl I, S. 1863).
171 Vgl. für das Recht der Rechtsmittel auch BVerfGE 65, 76 (91).
172 → Unten *Degenhart*, § 115.
173 S. auch BVerfGE 25, 336 (346).
174 Vgl. BVerfGE 40, 272 (274); 54, 94 (96f.); 78, 88 (99); 96, 27 (39); für den Anwendungsbereich der Rechtsschutzgarantie des Art. 19 Abs. 4 GG jüngst BVerfGE 104, 220 (231f.); *Maurer* (N 93), S. 467 (482).
175 Näher *Degenhart* (N 63), § 60.

C. Der zur Entscheidung berufene Richter: Gerichtsorganisation und gesetzlicher Richter

I. Grundsätzliche Bedeutung: rechtsstaatliche Funktion der Gerichtsorganisation

33
Gesetzlicher Richter und verfassungskonforme Gerichtsorganisation

Um dem Justizgewährungs- und Rechtsschutzanspruch des Grundgesetzes Rechnung zu tragen, bedarf es der Entscheidung durch den grundgesetzgemäßen, unvoreingenommenen, sachlichen und unparteilichen Richter[176] und einer Gerichtsorganisation, die eben dies gewährleistet und sachwidrigen Einflüssen auf die Rechtsprechung entgegenwirkt. Hierauf zielt das Recht auf den gesetzlichen Richter des Art. 101 Abs. 1 S. 2 GG ab. In ihm kommt die freiheitssichernde Funktion der Gerichtsorganisation zum Tragen. Als grundrechtsgleiches Recht bzw. Prozeßgrundrecht[177] bezeichnet das Recht auf den gesetzlichen Richter – ebenso wie das Recht auf Gehör – ein allgemeines rechtsstaatliches Erfordernis an eine verfassungskonforme Gerichtsorganisation und ein verfassungskonformes Gerichtsverfahren. Es steht daher jeder Prozeßpartei in gerichtlichen Verfahren unter der Geltung des Grundgesetzes zu, also jedem der an einem gerichtlichen Verfahren als Partei oder in ähnlicher Rechtsstellung[178] beteiligt ist, auch der an sich nicht grundrechtsfähigen juristischen Person des öffentlichen Rechts[179], ausländischen juristischen Personen[180] und nicht rechtsfähigen Vereinigungen, wenn sie parteifähig sind[181].

34
Adressaten

Das Recht auf den gesetzlichen Richter richtet sich hierin nicht nur gegen die Exekutive, die niemanden seinem gesetzlichen Richter entziehen, nicht mit diesem Ziel in die Organisation der Gerichtsbarkeit eingreifen darf[182]; dies freilich ist seine historische Stoßrichtung als zentrales Postulat des Konstitutionalismus[183]. Eine normativ gefügte Organisation der Gerichtsbarkeit soll derartige Eingriffe abwehren. Das Recht auf den gesetzlichen Richter richtet sich auch und vor allem gegen den Gesetzgeber[184], der die Organisation der Gerichtsbarkeit in einer Weise zu bestimmen hat, daß für jeden Fall verletzten oder bestrittenen Rechts der zur Entscheidung berufene Richter bestimmt oder bestimmbar ist. Das Recht auf den gesetzlichen Richter wirkt schließlich

---

176 Vgl. *Träger* (N 36), S. 123 (124).
177 S. o. N 35.
178 Vgl. BVerfGE 96, 231.
179 BVerfGE 21, 362 (373); 61, 81 (104) – für Gemeinden; BerlVerfGH, in: DÖV 2001, S. 337 – Asta; *Hans-Jürgen Wipfelder*, Die Rechtsprechung des Bundesverfassungsgerichts zu Art. 101 Abs. 1 S. 2 GG, in: BadWürttVBl 1982, S. 33 ff.
180 BVerfGE 18, 441 (447); 64, 1 (1).
181 Für eine Gesellschaft des bürgerlichen Rechts vgl. BVerfG (K), in: DVBl 2003, S. 130.
182 Hierzu *Schulze-Fielitz* (N 35), Art. 101 Rn. 47 ff.
183 Das Recht auf den gesetzlichen Richter findet sich bereits im 19. Jahrhundert in den meisten Landesverfassungen; ebenso in Art. 105 WRV, vgl. *Schulze-Fielitz* (N 35), Art. 101 Rn. 4; umfassend zu den historischen Grundlagen *Ulrike Seif*, Recht und Justizhoheit, 2003.
184 Vgl. *Schulze-Fielitz* (N 35), Art. 101 Rn. 40 ff.); BVerfGE 17, 294 (298 ff.); 22, 254 (258); 30, 149 (152 f.); 40, 268 (271); 54, 277 (291 f.).

auch gegenüber der Rechtsprechung selbst[185], wenn die Gerichte ihrerseits den gesetzlichen Richter fehlerhaft bestimmen (wobei jedoch der error in procedendo[186] grundsätzlich noch keinen Verfassungsverstoß begründet). Dabei wird, wie eingangs dargelegt, das Prozeßgrundrecht des Art. 101 Abs. 1 S. 2 GG, seiner rechtsstaatlichen Funktion gemäß, von der Verfassungsjudikatur in zwei grundsätzlichen Dimensionen entfaltet: als Recht auf den gesetzlich bestimmten, zuständigen Richter und als Recht auf den allen gesetzlichen Anforderungen, insbesondere den Anforderungen des Grundgesetzes gemäßen Richter. Das Verbot von Ausnahmegerichten in Art. 101 Abs. 1 S. 1 GG soll Umgehungen der Garantie des gesetzlichen Richters entgegenwirken[187]. Wenn Abs. 2 die Errichtung von Gerichten für „besondere Sachgebiete" zuläßt, so dürfen dies eben keine Ausnahmegerichte im Sinne von Abs. 1 S. 1 sein, es muß sich vielmehr um Gerichte handeln, die den Anforderungen an den gesetzlichen Richter entsprechen[188].

II. Das Recht auf den gesetzlichen Richter: normative Regelung und richterliche Selbststeuerung in der Gerichtsorganisation

1. Normative Vorausbestimmung des gesetzlichen Richters

Der im konkreten Einzelfall zur Entscheidung berufene Richter muß im voraus bestimmt sein. Nur dann wird mit der geforderten Sicherheit ausgeschlossen, daß über die Bestimmung der im Einzelfall entscheidenden Richter sachwidrig Einfluß auf die Rechtsprechung genommen wird. Es soll vermieden werden, daß durch eine auf den Einzelfall bezogene Auswahl der zur Entscheidung berufenen Richter diese beeinflußt werden kann, gleichgültig, von welcher Seite eine solche Manipulation ausgeht[189]. Deshalb ist eine rechtssatzmäßige, abstrakt-generelle und rechtsstaatlichen Bestimmtheitserfordernissen genügende Bestimmung erforderlich[190]. Entscheidend ist nicht die Manipulation im Einzelfall, sondern bereits die Möglichkeit der Manipulation auf Grund Fehlens hinreichend bestimmter Rechtssätze[191]. Entscheidender Richter ist dabei sowohl das zuständige Gericht als organisatorische Einheit als auch der innerhalb des Gerichts zur Entscheidung berufene Spruchkörper, wie schließlich auch der im Einzelfall tätige Richter[192]. Der Richter in diesem Sinn muß im voraus und nach generellen Regeln möglichst eindeutig be-

35
Bestimmung des im Einzelfall zuständigen Richters

---

185 *Schulze-Fielitz* (N 35), Art. 101 Rn. 50 ff.
186 S. u. Rn. 44.
187 *Träger* (N 36), S. 124.
188 Vgl. *Schulze-Fielitz* (N 35), Art. 101 Rn. 33.
189 BVerfGE 95, 322 (327) unter Bezugnahme auf BVerfGE 17, 294 (299); 48, 246 (254); 82, 286 (296).
190 BVerfGE 95, 322 (329).
191 BVerfGE 18, 65 (69); 95, 322 (330).
192 BVerfGE 14, 56 (70); 17, 294 (298); 18, 65 (69); 18, 344 (349); 19, 52 (59); 40, 356 (361); 69, 112 (120 f.); BVerfG, in: NJW 1995, S. 2703; BVerfGE 95, 322 (327 f.); *Walter Leisner*, „Gesetzlicher Richter" – vom Vorsitzenden bestimmt?, in: NJW 1995, S. 285 f.; *Bernd Sangmeister*, Grundrechtsschutz durch Grundrechtsentziehung, in: NJW 1998, S. 721 ff.

stimmt sein[193], um Eingriffe ad hoc abzuwehren. Daß die Bestimmung weitestgehend durch formelles Gesetz zu treffen ist[194], entspricht zunächst dem Wortlaut des Art. 101 Abs. 1 S. 2 GG, der vom gesetzlichen Richter spricht, und auch seiner rechtsstaatlichen Zielsetzung, Rechtssicherheit zu schaffen und Eingriffe vor allem von seiten der Exekutive zu hindern[195].

36
Verfahrensstufen – gesetzliche und justitielle Ebene

Diese Bestimmung des letztlich konkret rechtsprechenden Richters erfolgt in mehreren Stufen. Dem Gesetzgeber obliegt zunächst die Bestimmung des zuständigen Gerichts als organisatorischer Einheit[196]. Auf den folgenden Stufen sind der zur Entscheidung berufene Spruchkörper innerhalb des zuständigen Gerichts sowie dessen konkrete Zusammensetzung zu bestimmen. Dies kann dann nicht mehr unmittelbar durch formelles Gesetz erfolgen. Dem stehen Gesichtspunkte der Praktikabilität zwingend entgegen[197], insbesondere bei der für die Bundesrepublik kennzeichnenden Gerichtsorganisation mit einer Vielzahl von Spruchkörpern innerhalb der einzelnen Gerichte, die der Grundgesetzgeber vorgefunden und auf die er die Grundaussagen des Art. 101 GG bezogen hat. Doch auch insoweit müssen sachwidrige Eingriffe ausgeschlossen werden, ist eine vorausgehende, rechtssatzmäßige Bestimmung des zur Entscheidung berufenen, in diesem Sinn „gesetzlichen" Richters zu fordern. Dies ist die Funktion der Geschäftsverteilungspläne[198], die bei den Kollegialgerichten durch das Präsidium der Gerichte in richterlicher Unabhängigkeit[199] jährlich im voraus[200] für das folgende Jahr aufzustellen

Funktion der Geschäftsverteilungspläne

sind. In ihnen erfolgt die Bestimmung des gesetzlichen Richters auf der zweiten Stufe, also des innerhalb des Gerichts als organisatorischer Einheit zuständigen Spruchkörpers, der Kammer oder des Senats. Ihre Aufstellung im Rahmen richterlicher Unabhängigkeit und Selbstverwaltung dürfte es rechtfertigen, sie in ihrer Rechtsnatur als besondere Art einer autonomen Satzung einzustufen[201]. Jedenfalls aber schafft ihre Aufstellung in richterlicher Unabhängigkeit die entscheidende Legitimationskette vom Gesetz zur konkreten richterlichen Entscheidung, die den auf den Einzelfall bezogenen Eingriff insbesondere durch die Exekutive ausschließt[202]. Die geforderte generelle Fassung der Geschäftsverteilungspläne soll derartige Eingriffe auch für die Sphäre der Gerichtsbarkeit selbst ausschließen – auch für sie gilt die Gewährleistung des

---

193 BVerfG in std. Rspr., vgl. BVerfGE 17, 294 (298 ff.); 19, 52 (59); 22, 254 (258); 30, 149 (152); 40, 268 (271); 48, 246 (253); 63 (77, 79); 82, 286 (298); 95, 322 (328 ff.).
194 Vgl. *Kunig* (N 35), Art. 101 Rn. 26.
195 BVerfG in std. Rspr., z. B.: BVerfGE 30, 149 (152 f.); 95, 322 (327 f.).
196 S. o. Rn. 17.
197 *Karl August Bettermann*, Die Unabhängigkeit der Gerichte und der gesetzliche Richter, in: GR, Bd. III, 2. Halbbd., S. 523 ff. (550); *Wipfelder* (N 179), S. 34 f., 37 ff.; BVerfGE 95, 322 (328 ff.).
198 Vgl. BVerfGE 17, 294 (299, 301); 19, 52 (59 f.); 31, 47 (54); 95, 322 (328); *Paul Müller*, Gesetzlicher Richter und Geschäftsverteilungsplan, in: JZ 1976, S. 587 ff.; zu den verfassungsrechtlichen Anforderungen etwa *Hänlein* (N 13), Art. 101 Rn. 37 ff.; → oben *Sodan*, § 113 Rn. 63.
199 Vgl. *Schulze-Fielitz* (N 35), Art. 101 Rn. 22.
200 Nicht notwendig stets vor Jahresbeginn, BVerfGE 69, 112 (121).
201 Vgl. *Schulze-Fielitz* (N 35), Art. 101 Rn. 22; offengelassen bei BVerfGE 31, 47 (52); vgl. auch BayVerfGH, in: NJW 1986, S. 1673 m. zahlr. weit. Nachw.: keine Rechtsvorschrift, die mit Popularklage angreifbar wäre; differenzierend *Schilken* (N 21), Rn. 371.
202 Vgl. *Kopp/Schenke* (N 156), § 4 Rn. 7 ff.

im voraus bestimmten, gesetzlichen Richters[203]. Auf der letzten, der dritten Stufe in der Bestimmung des gesetzlichen Richters geht es um die konkrete Besetzung des zur Entscheidung berufenen Spruchkörpers – ein Problem insbesondere der überbesetzten Spruchkörper[204].

2. Durchbrechungen

a) Gesetzliche Ebene und gerichtliche Selbstorganisation

Die generelle, rechtssatzmäßige Vorausbestimmung des zur Entscheidung berufenen Richters durch Gerichtsverfassungsrecht, Verfahrensordnungen und gerichtsinterne Geschäftsverteilungspläne sowie spruchkörperinterne Mitwirkungsgrundsätze[205] wird in der Rechtsordnung jedoch nicht völlig lückenlos durchgeführt. Durchbrechungen finden sich auf gesetzlicher Ebene im Gerichtsverfassungsrecht und in der Strafprozeßordnung, wenn dort unterschiedliche Gerichtsstände in gleicher Sache geschaffen werden[206]. Ein derartiges System beweglicher Zuständigkeiten[207] erscheint vor allem dann bedenklich, wenn der Staatsanwaltschaft ein Wahlrecht eingeräumt wird. Wenngleich sich das Gebot möglichst genauer vorausgehender Richterbestimmung an alle Teilgewalten richtet[208], ist Eingriffsmöglichkeiten der Exekutive, wie sie in diesen Fällen für die weisungsgebundene Staatsanwaltschaft eröffnet werden, mit besonderer Zurückhaltung zu begegnen. Sie vor allem sollen nach dem historischen und systematischen Kontext des Art. 101 GG stringent ausgeschlossen werden. Ein Wahlrecht der Staatsanwaltschaft in der Anklageerhebung zwischen Amtsgericht und Landgericht ist daher vom Bundesverfassungsgericht zu Recht verfassungskonform eingeschränkt worden[209]. Darüber hinaus aber läßt sich generell ein rechtlich ungebundenes Wahlrecht der wenn auch in die Justiz organisch eingebundenen[210], so doch weisungsgebundenen und daher politisch abhängigen Staatsanwaltschaft in der Bestimmung des örtlich und sachlich zuständigen Gerichts mit dem Erfordernis der gesetzlichen Bestimmung des zuständigen Richters schwerlich vereinbaren. Die der Staatsanwaltschaft vom Bundesverfassungsgericht konzedierte Befugnis, die einmal erhobene Anklage zurückzunehmen und bei einem anderen Gericht neu zu erheben[211], belegt die rechtsstaatliche Problematik des staatsanwaltschaftlichen Wahlrechts.

37
Wahlrecht der Exekutive

Wahlrecht der Staatsanwaltschaft

---

203 Vgl. hierzu etwa BVerwG, in: NJW 1987, S. 2031: Änderung einer Übergangsregelung in einem Geschäftsverteilungsplan für eine konkrete Streitsache; vgl. auch BVerfG (K), in: NJW 2003, S. 345, zur Änderung von Zuständigkeiten für bereits anhängige Verfahren durch Änderung des Geschäftsverteilungsplans: kein Entzug des gesetzlichen Richters, wenn die Neuregelung generell gilt.
204 S. u. Rn. 40.
205 Vgl. *Hänlein* (N 13), Art. 101 Rn. 22 f., 32 ff.
206 Für Zulässigkeit BVerfGE 9, 223 (226 f.); 22, 254 (259 ff.); a. M. – verfassungsrechtlich bedenklich – *Kunig* (N 35), Art. 101 Rn. 26, 28; *Pieroth* (N 35), Art. 101 Rn. 9; *Schulze-Fielitz* (N 35), Art. 101 Rn. 46; Zweifel auch bei *Hänlein* (N 13), Art. 101 Rn. 38; vgl. auch BVerfGE 27, 18 (34), für Verfahren nach OWiG: Gerichtsstand der Verwaltungsbehörde.
207 Grundlegend hierzu *Christoph Sowada*, Der gesetzliche Richter im Strafverfahren, 2002, S. 466 ff.
208 BVerfGE 27, 297 (304); 48, 246 (259).
209 BVerfGE 9, 223.
210 BVerfGE 9, 223 (228); vgl. *Hänlein* (N 13), Art. 101 Rn. 36.
211 BVerfGE 18, 423 (428).

38
Zuständigkeitsbestimmung durch den Richter

Der Gesichtspunkt des potentiell sachwidrigen Eingriffs von außen entfällt, wenn die Zuständigkeitsbestimmung der Gerichtsbarkeit selbst zugewiesen wird. Soweit es darum geht, die durch die Vielfalt der Gerichtsbarkeiten notwendig bedingten Fälle nicht eindeutiger gesetzlicher Zuständigkeitsbestimmung zu entscheiden, ist dies immanente Funktion der Rechtsprechung. Gerade diese Entscheidung ist dem gesetzlichen Richter im Sinne von Art. 101 Abs. 1 S. 2 GG zugewiesen. Die Zuständigkeitsbestimmung durch das Gericht, auch die bindende Weiterverweisung, verwirklicht dann das Recht auf den gesetzlichen Richter: Die Rechtsentscheidung, welcher Richter nach den generellen gesetzlichen Regeln, wie sie die Verfassungsnorm fordert, konkret zur Entscheidung berufen ist, hat notwendig das Gericht zu treffen[212]. Aber auch ein echtes Wahlrecht des Rechtsmittelgerichts bei der Zurückverweisung einer Sache wurde zu Recht nicht als Verstoß gegen das Erfordernis der weitestmöglichen gesetzlichen Bestimmung des zuständigen Richters gesehen[213]. Die Zurückverweisung an ein anderes als das Ausgangsgericht ist typische Funktion eines Rechtsmittelgerichts. Der von diesem zu bestimmende Richter erscheint daher von vornherein als der gesetzliche Richter. Auch ist im Blick auf die Bindung an die Entscheidung des Rechtsmittelgerichts die Gefahr einer weitergehenden, sachwidrigen Einflußnahme ohnehin gemindert. Damit bestätigt sich erneut, daß Art. 101 Abs. 2 GG schwerpunktmäßig die Exekutive[214] an sachwidrigen Eingriffen in die Rechtsprechung hindert, Befugnisse zu gerichtlicher Selbstorganisation nicht generell ausgeschlossen sind. Doch darf auch durch Maßnahmen der Gerichtsorganisation niemand seinem gesetzlichen Richter entzogen werden[215].

Zurückverweisung

39
Rechtsmittelklarheit

Ob schließlich, wenn der Gesetzgeber – der hierzu nicht grundsätzlich verpflichtet ist – einen Instanzenzug eröffnet hat, im konkreten Fall der Weg zu einem Rechtsmittelgericht beschritten werden kann, ist wiederum mit weitestgehender Bestimmtheit gesetzlich zu regeln. Verfassungsdirektiven der Rechtsmittelklarheit[216] und der Gleichheit im Zugang zum Gericht erweisen sich hier als bestimmende Direktiven für den grundrechtsausgestaltenden Gesetzgeber der Gerichtsorganisation. Als ein Problem des gesetzlichen Richters kann schließlich auch die Bestimmung der Prüfungskompetenz der Revisionsinstanz gelten[217].

b) Gerichtliche Selbstorganisation und Geschäftsverteilung

40
Mehrfachzuweisungen und Überbesetzung

Durchbrechungen des Gebots weitestgehender, genereller Vorausbestimmung des gesetzlichen Richters finden sich auch auf der Ebene der Geschäftsverteilungspläne; so etwa die mehrfache Zuweisung eines Richters zu mehre-

---

212 S. auch BVerfGE 6, 45 (52) – kein Eingriff.
213 BVerfGE 20, 336 (342); *Paul-Arthur Zeihe*, Die Zurückweisung an einen anderen Senat, in: DVBl 1999, S. 1322 ff.
214 Vgl. auch BVerfGE 28, 324 (342).
215 BVerfGE 4, 412 (416).
216 S. o. Rn. 29.
217 *Sowada* (N 207), S. 640 ff.

ren Spruchkörpern[218] und Überbesetzungen von Kammern[219]. Bis zur Plenarentscheidung des Bundesverfassungsgerichts vom 8. April 1997[220] galt die Überbesetzung einer Kammer bzw. eines Senat grundsätzlich als zulässig bei Unvermeidbarkeit im Interesse einer geordneten Rechtsprechung, insbesondere im Blick auf den zu erwartenden Geschäftsanfall oder mögliche Verhinderungsgründe[221], also im Interesse einer weitergehenden gerichtlichen Selbstorganisation in der Geschäftsverteilung. Für diesen Fall wurde die Verteilung der richterlichen Aufgaben grundsätzlich als Sache des Vorsitzenden gesehen[222]. Als unzulässig galt jedoch eine Überbesetzung, die zur Bildung ganz unterschiedlicher Spruchgruppen führen konnte, die Überbesetzung mit mehr als zwei Richtern[223]. Diese generalisierende Grenzziehung für zulässige Bildung überbesetzter Spruchkörper[224] wird im Plenumsbeschluß aufgegeben; nunmehr ist jede Überbesetzung im Blick auf die Bestimmung des gesetzlichen Richters durch die Aufstellung verfassungskonformer Mitwirkungspläne nach § 22 g Abs. 2 GVG für die Verteilung der Aufgaben innerhalb des überbesetzten Spruchkörpers auszugleichen[225].

Für sie gilt zunächst, was auch für die Geschäftsverteilungspläne hinsichtlich der abstrakt-generellen, möglichst genauen Vorausbestimmung gilt. Insbesondere sind den im Spruchkörper gebildeten Sitzgruppen die einzelnen Fälle nach objektiven Kriterien wie Eingangsdatum, Rechtsgebiet oder Herkunftsgerichtsbezirk zuzuweisen; daß sich erst durch die Terminierung des Vorsitzenden die konkrete Sitzgruppe ergibt, reicht nicht aus[226]. Derartige Mitwirkungspläne können jedoch Geschäftsverteilungspläne nicht gleichwertig ersetzen[227].

Mitwirkungspläne

Dem grundsätzlichen Erfordernis möglichst weitgehender vorheriger Bestimmung des im Einzelfall zuständigen Richters entspricht auch das Gebot, die Möglichkeit der Verhinderung einzelner Richter im voraus einzubeziehen[228],

41
Vorsorge für den Verhinderungsfall

---

218 Vgl. hierzu BVerfGE 17, 294 ff.: Besetzung der Spruchkörper an kleinem Landgericht in der Weise, daß jeder Richter einer der vier Kammern zugewiesen war, als Verstoß gegen Art. 101 Abs. 1 S. 2 GG; s. auch BVerfGE 18, 65 ff.
219 Vgl. zur Problematik bis zur Plenumsentscheidung BVerfGE 95, 322 auf Vorlagebeschluß BVerfG, in: NJW 1995, S. 2703 mit Anm. *Günther Felix*, in: BB 1995, S. 1811, etwa BVerfGE 18, 65 (69); 18, 344 (349 ff.); 22, 282 (286); 69, 112 (121 f.); BFH, in: MDR 1992, S. 830; BGH, in: JZ 1993, S. 733; *Markus Wiebel*, Die senatsinterne Geschäftsverteilung beim BGH (Zivilsenate), in: BB 1992, S. 573; *ders.*, Die Bestimmung des Berichterstatters, in: BB 1995, S. 1197; *Oskar Katholnigg*, Zur Geschäftsverteilung bei obersten Gerichtshöfen des Bundes- und innerhalb ihrer Senate, in: NJW 1992, S. 2256; *Bernd Sangmeister*, Grundsätzliches vom Bundesgerichtshof, in: NJW 1995, S. 289.
220 BVerfGE 95, 422; dazu etwa *Sangmeister* (N 192), in: NJW 1998, S. 721; *Hänlein* (N 13), Art. 101 Rn. 53 f.
221 BVerfGE 18, 65 (69).
222 BVerfGE 18, 344 (352); 22, 282 (286); 69, 112 (121); BFH, in: MDR 1992, S. 830; vgl. etwa *Michael Zärbahn*, Senatsinterne Geschäftsverteilung – Ermessen, Vertrauen und gesetzlicher Richter, in: MDR 1995, S. 1203 ff., sowie insbesondere zur Rolle des Vorsitzenden *Sangmeister* (N 192), in: NJW 1998, S. 721 (728 f.).
223 BVerfGE 17, 294 (300); 18, 344 (350); 19, 145 (147); 22, 282 (285).
224 Nach Anm. *Jörg Berkemann*, in: JR 1997, S. 282, sind die Aussagen der früheren Judikatur nunmehr obsolet.
225 Dazu i. e. BVerfGE 95, 322 (327 ff.); BVerfGE 97, 1 (10 f.); zur spruchkörperinternen Geschäftsverteilung s. *Otto Rudolf Kissel*, Die Novelle 1999 zur Präsidialverfassung, in: NJW 2000, S. 460 (462).
226 BVerfGE 95, 322 (330 f.); 97, 1 (10 f.).
227 *Schulze-Fielitz* (N 35), Art. 101 Rn. 54.
228 Vgl. *Hänlein* (N 13), Art. 101 Rn. 39.

insbesondere durch Bestimmung von Vertretern. Wenn allerdings bei Nichterreichbarkeit des Vertreters des an sich nach der Geschäftsverteilung zuständigen „gesetzlichen" Richters dem Gerichtspräsidenten die Befugnis zugestanden wurde, einen zufällig noch in den Abendstunden im Gerichtsgebäude angetroffenen Richter zum Haftrichter zu bestimmen[229], so erscheint dies gerade in diesem „grundrechtsrelevanten" Zusammenhang mit der rechtsstaatlichen Zielsetzung des Art. 101 Abs. 1 S. 2 GG nur schwer vereinbar. Derartige Fallgestaltungen eröffnen jene Möglichkeiten unkontrollierbarer Einflußnahme[230], die durch diese Bestimmung ausgeschlossen werden sollen, im Interesse des Vertrauens in die Sachlichkeit und Unabhängigkeit der Rechtsprechung[231]. Erfordernisse „wirksamer" Rechtspflege[232] dürfen grundrechtsgleiche Verfahrensgarantien nicht relativieren: nicht schlechthin die effiziente, sondern nur die im Rahmen grundgesetzlicher Verfahrensgarantien effiziente Rechtsprechung ist das rechtsstaatliche Anliegen des Grundgesetzes.

3. Das Recht auf den grundgesetzgemäßen Richter

42
Objektivität, Neutralität, Distanz

Art. 101 Abs. 1 S. 2 GG verleiht in seiner materiellen Komponente den Prozeßparteien das subjektive, verfassungsbeschwerdefähige Recht darauf, daß die Anforderungen an den dem Grundgesetz gemäßen Richter gewahrt werden[233], also darauf, daß nur Gerichte bestehen, deren Mitglieder den Anforderungen nach Art. 97 genügen, daß also nur solche Richter entscheiden, die Gewähr für Neutralität und Objektivität bieten[234]. Die Rechtsprechung des Bundesverfassungsgerichts übernimmt hierin die materiellen Anforderungen des Art. 6 Abs. 1 S. 1 EMRK[235] an ein unabhängiges und unparteiisches, auf Gesetz beruhendes Gericht[236], wendet die Grundgesetzbestimmung so an, als

---

229 Anerkannt durch BVerfG, in: NJW 1982, S. 29 – Vorprüfungsausschuß; im konkreten Fall hätte auch angesichts einer sich bereits im Laufe des fraglichen Tages abzeichnenden Möglichkeit erhöhten Geschäftsanfalls (Kundgebung, bei der Ausschreitungen befürchtet wurden) zumindest an den Nachweis der Nichterreichbarkeit der an sich vertretungsweise zuständigen Richter hohe Anforderungen gestellt werden müssen – obschon auch dann schwerlich vom „gesetzlichen" Richter die Rede sein konnte: dies waren die durch den Geschäftsverteilungsplan bestimmten Vertreter; waren diese vorübergehend verhindert, dann mußte bis zum nächsten Tag zugewartet werden; vgl. die abweichende Bewertung des Sachverhalts durch BayVerfGH, in: NJW 1984, S. 1874; s. auch *Hänlein* (N 13), Art. 101 Rn. 41.
230 BVerfG, in: NJW 1982, S. 29, betont die in richterlicher Unabhängigkeit getroffene Entscheidung des Gerichtspräsidenten und fordert daher den Nachweis der Willkür entspr. BVerfGE 6, 45 (52); 29, 45 (48); weit. Nachw. bei *Leibholz/Rinck/Hesselberger*, GG, Art. 101 Rn. 6; vgl. demgegenüber aber auch *Bettermann* (N 197), S. 523 (551), der bei Entscheidung durch den Gerichtspräsidenten allein diesen tendenziell als Organ der Justizverwaltung sieht; von hier aus liegt für den Ausgangssachverhalt die Annahme des unbefugten Eingriffs in die gesetzliche Zuständigkeitsbestimmung nahe, darf die verfassungsrechtliche Kontrolle sich nicht auf den Willkürmaßstab zurückziehen.
231 S. in gleichem Zusammenhang auch BayVerfGH, in: NJW 1984, S. 1874.
232 BVerfG, in: NJW 1982, S. 29; zur Problematik dieser Argumentationsformel → unten *Degenhart*, § 115.
233 *Pieroth* (N 35), Art. 101 Rn. 5; *Hänlein* (N 13), Art. 101 Rn. 25.
234 BVerfGE 10, 200 (213); 14, 156 (162); 54, 159 (172); 60, 175 (214); 82, 286 (298); 89, 28 (36); *Schulze-Fielitz* (N 35), Art. 101 Rn. 41.
235 Vgl. *Hänlein* (N 13), Art. 101 Rn. 27.
236 S. zur Unparteilichkeit des Richters etwa EGMR, in: EuGRZ 1993, S. 122 (127); näher *Jochen Abr. Frowein/Wolfgang Peukert*, EMRK-Kommentar, ²1996, Art. 6 Rn. 124ff.

sei sie entsprechend der Konventionsnorm formuliert – auch dies ein Beleg für die Wechselwirkung zwischen Grundrechten des Grundgesetzes und Gewährleistungen der Europäischen Menschenrechtskonvention. Demgemäß ist der Gesetzgeber gehalten, durch die Ausgestaltung des Rechts der Gerichtsorganisation und des gerichtlichen Verfahrens Vorsorge für einen Ausschluß oder die Ablehnung eines Richters zu treffen, der nicht die Gewähr der Unabhängigkeit bietet.

III. Gesetzlicher Richter und gerichtliche Entscheidung

1. Entzug des gesetzlichen Richters durch die Rechtsprechung

Ist der gesetzliche Richter durch Gesetz und Geschäftsverteilungspläne hinreichend bestimmt, so kann doch die im Einzelfall fehlerhafte Bestimmung des hiernach zuständigen Richters, kann die fehlerhafte Anwendung der genannten Bestimmungen den gesetzlichen Richter im Sinne von Art. 101 Abs. 1 S. 2 GG entziehen.

43

a) Error in procedendo und Verfassungsverstoß

Hier freilich kann nicht jede nur fehlerhafte Rechtsanwendung einen Verfassungsverstoß begründen: Art. 101 Abs. 1 S. 2 GG hebt nicht die Gesamtheit der unterverfassungsrechtlichen Normen der Gerichtsorganisation und des gerichtlichen Verfahrens auf die Ebene des Verfassungsrechts; auch für die Prozeßgrundrechte ist das Bundesverfassungsgericht nicht „Superrevisionsinstanz"[237]. Der Richter, der Zuständigkeiten rechtsfehlerhaft bestimmt, „entzieht" damit den Regelungssachverhalt noch nicht dem gesetzlichen Richter. Er tut dies nur dann, wenn er seinerseits unter Mißachtung seiner Rechtsbindung sachwidrig in die bestehende Zuständigkeitsverteilung eingreift. Nicht schon der error in procedendo, erst die Willkür der Entscheidung begründet den Verstoß gegen Art. 101 Abs. 1 S. 2 GG[238]. Sie muß auf sachwidrigen Erwägungen beruhen oder in der Sache offensichtlich unhaltbar sein[239]. Deshalb wird bei richterlichen Zuständigkeitsbestimmungen darauf abgestellt, ob die Bedeutung des Abs. 1 S. 2 „grundlegend verkannt" wurde[240], ist die bewußte Außerachtlassung des Geschäftsverteilungsplans verfassungswidrig[241]. Gerade vor solchen Eingriffen will die Garantie des gesetzlichen Richters in Art. 101 Abs. 1 S. 2 GG schützen. Strengere Maßstäbe gelten insoweit für die

44
Unzuständiger Richter

---

237 Vgl. *Klaus Schlaich/Stefan Korioth*, Das Bundesverfassungsgericht, ⁶2004, Rn. 311 ff.
238 Vgl. BVerfGE 3, 359 (364); 4, 412 (416); 7, 327 (329); 9, 223 (230); 13, 132 (144); 14, 56 (72); 15, 245 (248); 19, 38 (42); 29, 45 (49); 37, 67 (75); 42, 237 (240); 45, 142 (181); 54, 100 (115); 64, 1 (20); 69, 112 (120); 73, 339 (365 f.); 82, 159 (194); 86, 133 (142); 87, 282 (286 f.); 95, 322 (328 ff.); BVerfG (K), in: NJW 2006, S. 3129 (3130); eingehend und kritisch hierzu *Sowada* (N 207), S. 202 ff.
239 Vgl. BVerfGE 15, 245 (248); 29, 45 (49); 73, 339 (365 f.); 86, 133 (143); 87, 282 (286 f.); 96, 68 (77); BVerfG (K), in: NJW 1995, S. 2912 (2913), zur Mitwirkung befangener Richter; eingehend zur Willkürrechtsprechung *Schulze-Fielitz* (N 35), Art. 101 Rn. 59 ff.; *Hänlein* (N 13), Art. 101 Rn. 62 ff.
240 Siehe z. B. BVerfGE 82, 286 (299); instruktiv BGH, in: NJW 1992, S. 2104; s. zur willkürlichen Zuständigkeitserklärung BGH, in: NJW 1997, S. 204; s. auch BVerfG (K), in: NJW 1996, S. 116.
241 Vgl. *Manfred Seebode*, Freiheit und Gebundenheit des Richters, in: Jura 1997, S. 418 ff.

§ 114 *Achter Teil: II. Staatsfunktionen*

Exekutive, deren Eingriff in die gesetzliche Zuständigkeitsverteilung per se als sachwidrig gelten muß, als Einwirkung auf das Gericht von außen dem Verfahrensirrtum in der Entscheidungsfindung des Gerichts nicht gleichzusetzen[242] ist. Hier ist also nicht Willkür gefordert[243].

b) Insbesondere: Vorlagepflichten

45
Strengere Handhabung – EuGH als gesetzlicher Richter

Vorlagepflichten[244] werden generell strikter gehandhabt[245]. Die Abweichung eines Oberlandesgerichts von einer Entscheidung des Bundesgerichtshofs unter Verletzung der Vorlagepflicht bedeutet unter der Voraussetzung einer objektiv unter keinem Gesichtspunkt vertretbaren Gesetzesanwendung einen Verfassungsverstoß[246]. Ebenso gilt dies für unterlassene Vorlage zum Europäischen Gerichtshof als gesetzlichem Richter unter Verstoß gegen Art. 234 EGV[247], wenn die Zuständigkeitsregel „in offensichtlich unhaltbarer Weise gehandhabt" wird[248], sei es daß sie überhaupt nicht in Erwägung gezogen wird, daß ein Gericht bewußt von der Rechtsprechung des Europäischen Gerichtshofs abweicht oder – bei Fehlen einer EuGH-Rechtsprechung[249] – sich auf Mindermeinungen in strittigen Fragen des Europarechts stützt[250]. Insoweit beschränkt sich das Bundesverfassungsgericht in der Sache nicht auf bloße Willkürkontrolle, sondern es prüft die Einhaltung der prinzipiellen Zuständigkeitsabgrenzung zwischen Europäischem Gerichtshof und innerstaatlicher Rechtsprechung[251]. Dies gilt auch im Fall des Art. 100 Abs. 2 GG, wo die Nichtvorlage zum Bundesverfassungsgericht trotz objektiv ernsthafter Zweifel über die allgemeine Regel des Völkerrechts regelmäßig einen Verfassungsverstoß darstellt[252], während im übrigen bei Verletzung einer Vorlage-

---

242 S. BVerfGE 30, 165 (167).
243 Vgl. für Eingriffe von außen *Hänlein* (N 13), Art. 101 Rn. 64.
244 Eingehend zur Kasuistik der Rechtsprechung *Hänlein* (N 13), Art. 101 Rn. 70 ff.
245 Vgl. *Schulze-Fielitz* (N 35), Art. 101 Rn. 61; BVerfG (K), in: NJW 2001, S. 1267.
246 BVerfGE 42, 237 (241 f.); vgl. auch Beschluß des BerlVerfGH, in: JR 2003, S. 320, für die Einholung eines Rechtsentscheids des KG gem. § 541 Abs. 1 S. 1 2. Hs. ZPO.
247 Vgl. etwa zuletzt BVerfG (K), in: NVwZ 2003, 1111; *Reiner Tillmanns*, Durchsetzung der Pflicht zur Vorlage an den EuGH im Wege des Art. 101 Abs. 1 Satz 2 GG, in: BayVBl 2002, S. 723 ff.; *Carsten Nowak*, Nichterfüllung der Vorlagepflicht aus Art. 234 III EG als Verstoß gegen Art. 101 I 2 GG – Das Grundrecht auf den gesetzlichen Richter in Luxemburg, in: NVwZ 2002, S. 688 ff.
248 BVerfG (K), in: NVwZ 2003, S. 1111.
249 S. dazu BVerfG (K), in: NJW 2006, S. 3049.
250 Zusammenfassend zum EuGH als gesetzlichem Richter BVerfGE 82, 159 (195 f.) sowie BVerfGE 102, 147 ff. = JZ 2001, S. 923 mit Anm. *Andreas Voßkuhle*; s. auch BVerfGE 73, 339 (365 f.); zuletzt BVerfGK 1, 207 (208).
251 Vgl. auch BVerfGE 75, 223 (233 ff.) zur Nichtbeachtung einer Entscheidung des Europäischen Gerichtshofes wegen Kompetenzüberschreitung durch diesen; BVerfGE 82, 159 (182 f.); für weitergehende verfassungsgerichtliche Kontrolle auf Grund des Art. 23 Abs. 1 GG *Christian Heitsch*, Prüfungspflichten des BVerfG unter dem Staatsziel der europäischen Integration, in: EuGRZ 1997, S. 461 (467): Verstoß gegen Art. 101 Abs. 1 S. 2 GG bereits dann, wenn das Gericht seine Vorlagepflicht mit nicht einleuchtender Begründung verneint. – Zur Geltung der Vorlagepflicht für die Verfassungsgerichte der Mitgliedstaaten s. HessStGH, in: EuGRZ 1997, S. 213.
252 Vgl. zuletzt den Beschluß des BVerfG vom 5. 11. 2003, in: DVBl 2004, S. 112 (113): bereits bei ernsthaften Zweifeln; ferner BVerfGE 23, 288 (320); 64, 1 (20 f.); BVerfG (K), in: NJW 2001, S. 1848.

pflicht auf – objektivierte – Willkür abgestellt wird[253]. Die unterlassene Vorlage an ein übergeordnetes Gericht soll im übrigen nur dann das Recht auf den gesetzlichen Richter verletzen, wenn sich die Notwendigkeit der Vorlage aufdrängt oder sonst objektive Willkür vorliegt[254]. Andererseits aber fordert insbesondere der verfassungsrechtliche Justizgewährungsanspruch, objektiv nicht gebotene Vorlagen zu unterlassen, um Verzögerungen zu vermeiden[255]. Demgemäß besteht auch im Eilverfahren keine Vorlagepflicht[256].

2. Entzug des dem Grundgesetz gemäßen Richters

Nicht nur an den Gesetzgeber, auch an die Gerichte selbst richtet sich der Verfassungsauftrag zur Gewährleistung des materiell dem Grundgesetz gemäßen Richters[257]. Konsequent ist es daher, wenn in der Mitwirkung eines ausgeschlossenen Richters kein bloßer error in procedendo gesehen wird[258]. Dies betrifft zum Beispiel die Mitwirkung vorbefaßter Richter im Wiederaufnahmeverfahren, so daß ein Verstoß gegen die Ausschließungsvorschrift des § 23 Abs. 2 StPO notwendig einen Verstoß gegen die Garantie des gesetzlichen Richters bedeutet[259]. Entsprechend verfassungskonform sind die Vorschriften über die Richterablehnung zu handhaben[260]. Auch hier geht es zunächst nur um die fehlerhafte Anwendung des einfachgesetzlichen Verfahrensrechts, das hier jedoch in gesteigertem Verfassungsbezug gesehen wird. Objektivität und Unvoreingenommenheit des Richters erscheinen hier typischerweise betroffen – gerade sie zu sichern, ist jedoch die zentrale rechtsstaatliche Funktion des Art. 101 Abs. 1 S. 2 GG. Die Mitwirkung eines befangenen (bzw. zur Besorgnis der Befangenheit Anlaß gebenden) Richters, der erfolglos abgelehnt wurde, kann daher das Recht auf den gesetzlichen Richter verletzen,

46
Der ausgeschlossene Richter

---

253 BVerfGE 13, 132 (143); 17, 99 (104); 18, 441 (447); 19, 38 (43); 22, 254 (266); 23, 288 (319); 29, 198 (207); 42, 237 (241 f.); 45, 142 (181); 67, 90 (94 f.); 76, 93 (96); 87, 282 (285); kennzeichnend für einen objektivierten Willkürbegriff bes. BVerfGE 82, 6 (17 f.) zur Nichteinholung eines Rechtsentscheids in mietrechtlichen Angelegenheiten: objektiver Gesetzeszweck; BVerfG (K), in: NJW 1999, S. 1020 – Nichtvorlage durch ein Landesverfassungsgericht; s. zur Verletzung von Vorlagepflichten *Walter Leisner*, Urteilsverfassungsbeschwerde wegen Nichtvorlage bei Abweichung, in: NJW 1989, S. 2446 ff., sowie die typisierende Darstellung der möglichen Verfassungsverstöße bei *Michael Rodi*, Vorlageentscheidungen gesetzlicher Richter und Willkür, in: DÖV 1989, S. 750 ff.; insbesondere zum Willkürbegriff s. insoweit Anm. zu BVerfG v. 9. 1. 2001 von *Andreas Voßkuhle*, Zur Verletzung des Rechts auf den gesetzlichen Richter bei Nichtvorlage an den EuGH, in: JZ 2001, S. 924 (925 f.).
254 BerlVerfGH, in: JR 1998, S. 452.
255 BVerfGE 78, 165 (178).
256 BVerfG, in: ZUM 2006, S. 919.
257 Vgl. BVerfG (K), in: NJW 1998, S. 369, dort auch zur Frage einer Hinweispflicht des Gerichts.
258 BVerfGE 4, 412 (417); 30, 165 (167); 63, 77 (79).
259 BVerfGE 30, 165 (168); 31, 295 (296); 63, 77 (79); zur Frage der Mitwirkung des nur am Eröffnungsbeschluß beteiligten Richters BVerfGE 30, 149 (152 ff.) mit Sondervotum (157 ff.): keine „Mitwirkung" i. S. v. § 23 Abs. 2 StPO; deutlich wird hier die verfassungsgerichtliche Gleichsetzung der strafprozessualen Ausschließungsvorschrift mit der grundgesetzlichen Verfahrensgewährleistung; zur Problematik s. *Gunther Arzt*, Ausschließung und Ablehnung des Richters im Wiederaufnahmeverfahren, in: NJW 1971, S. 1112.
260 Vgl. für § 26a StPO BVerfG (K), in: NJW 2006, S. 3129 (3131) mit Anm. *Georg-Friedrich Güntge*, Die willkürliche Ablehnung von Befangenheitsgesuchen nach § 26 a StPO und der gesetzliche Richter, in: JR 2006, S. 363.

dies allerdings erst dann, wenn das Ablehnungsgesuch aus willkürlichen Erwägungen zurückgewiesen wurde[261]. Andererseits darf der an sich zuständige, also „gesetzliche" Richter nicht ohne triftigen Grund ausgeschlossen werden[262]. Deshalb kann sich ein „im privaten Bereich" von einer Frau betrogener Kläger nicht darauf berufen, ihm fehle das Vertrauen in die Objektivität von Richterinnen[263]. Bei Medienäußerungen von Richtern ist Zurückhaltung geboten. Der Eindruck persönlicher Festlegung ist jedenfalls zu vermeiden[264].

3. Gerichtsorganisation und Erreichbarkeit des gesetzlichen Richters

47
Effektiver Rechtsschutz – Richtervorbehalte

Justizgewährungsanspruch und Rechtsschutzgarantie des Grundgesetzes sowie das Recht auf den gesetzlichen Richter als verfassungsrechtliche Direktiven begründen eine objektive Verfassungspflicht zur Bereitstellung einer effektiven Rechtsschutz gewährleistenden Gerichtsorganisation und entfalten insoweit eine leistungsrechtliche Dimension[265]. Sie verleihen jedoch keinen Anspruch auf Bildung bestimmter konkreter Gerichtsbezirke[266], auf Einrichtung bestimmter Gerichte oder Spruchkammern und auf eine bestimmte personelle Ausstattung der Gerichte. Wo allerdings Eingriffe wie Durchsuchungen und Freiheitsentziehungen unter Richtervorbehalt stehen[267], sind besondere Vorkehrungen auch in der Gerichtsorganisation erforderlich. Ihre Außerachtlassung läßt den Eingriff fehlerhaft werden. So müssen sowohl die Strafverfolgungsbehörden als auch die Ermittlungsrichter und die Gerichtsorganisation im Rahmen des Möglichen sicherstellen, daß auch in der Masse der Alltagsfälle die in der Verfassung für Richtervorbehalte vorgesehene „Verteilung der Gewichte"[268], nämlich die Regelzuständigkeit des Richters, gewahrt bleibt[269].

IV. Verbot von Ausnahmegerichten

48
Ausnahme, nicht Willkür

Das Verbot der Ausnahmegerichte korrespondiert dem Recht auf den gesetzlichen Richter und will dessen Umgehung hindern[270]. Wenn Art. 101 Abs. 1 S. 2 GG die Entscheidung durch den gesetzlichen, im voraus nach generellen Kriterien bestimmten Richter fordert, so sind von vornherein Gerichte verfas-

---

261 Vgl. BVerfG (K), in: NJW 1995, S. 2912; NJW 2005, S. 3410; s. auch BVerfGE 102, 192 zur „Befangenheit" im Normenkontrollverfahren; generell zur Befangenheit von Richtern des BVerfG s. *Ernst Benda*, Befangenes zur Befangenheit, in: NJW 2000, S. 3620.
262 Vgl. BVerfG (K), in: NJW 2004, S. 3550 (3551): bloß kollegiales Verhältnis eines Richters zur Gegenpartei begründet i.d.R. noch keinen Zweifel an der Objektivität.
263 LSG Hessen, in: NJW 2003, S. 1270.
264 BGH, in: NJW 2006, S. 3290.
265 Vgl. *Maurer* (N 93), S. 492.
266 BVerfGE 24, 155 (166 ff.).
267 BVerfGE 103, 142 (155); 105, 239 (251).
268 Vgl. BVerfGE 95, 1 (15).
269 BVerfGE 103, 142 (155).
270 S.o. Rn. 35 f.; zu den Richtervorbehalten → oben *Wilke*, § 112 Rn. 84 f.

sungswidrig, die ad hoc ohne gesetzliche Grundlage[271] bzw. in Abweichung von der gesetzlichen Zuständigkeit[272] errichtet oder zugelassen werden. Auch hier geht es also zunächst um die Abwehr ungesetzlicher Eingriffe in die Gerichtsorganisation von außen, um Eingriffe vornehmlich durch die Exekutive. Willkür ist insoweit, wie stets bei Eingriffen von außen, nicht zu fordern[273] (obgleich sie in den genannten Fällen regelmäßig vorliegen dürfte). Doch auch an den Gesetzgeber richtet sich das Verbot von Ausnahmegerichten, wenn Gerichte für bestimmte Fälle oder Fallgruppen durch hierauf konkret bezogene gesetzliche Anordnung gebildet werden[274]. Demgemäß bedürfen Gerichte für besondere Sachgebiete im Sinne von Art. 101 Abs. 2 GG der vorausgehenden, generellen Aufgabenzuweisung[275], die dann ihre Eigenschaft als „gesetzlicher Richter" im Sinne von Abs. 1 S. 2 begründet. Auf der anderen Seite können aber auch gesetzlich vorgesehene Gerichte dann unzulässige Ausnahmegerichte sein, wenn ihre Zuständigkeit der Bestimmung im Einzelfall überlassen bleibt[276]. Das Verbot von Ausnahmegerichten richtet sich also an den Gesetzgeber, an die Verwaltung und an die Rechtsprechung selbst.

---

271 Vgl. BVerfGE 12, 200 (212); der Gesetzesvorbehalt für die Errichtung von Gerichten folgt bereits aus dem Wortlaut des Art. 101 Abs. 1 S. 2 GG.
272 BVerfGE 3, 231 (232); 8, 174 (182); 10, 200 (212); 14, 56 (72); *Kunig* (N 35), Art. 101 Rn. 6.
273 *Kunig* (N 35), Art. 101 Rn. 8.
274 *Hänlein* (N 13), Art. 101 Rn. 14.
275 *Kunig* (N 35), Art. 101 Rn. 41, zu Beispielen s. Rn. 21 ff.: Arbeits- und Sozialgerichte, Jugendgerichte, Berufsgerichte für freie Berufe und Ehrengerichtshöfe für Rechtsanwälte.
276 *Kunig* (N 35), Art. 101 Rn. 6.

D. Bibliographie

Gabriele Britz, Das Grundrecht auf den gesetzlichen Richter in der Rechtsprechung des Bundesverfassungsgerichts, in: JA 2001, S. 573 ff.
Christoph Degenhart, Jurisdicción, in: Manuel Gerpe/Mercé Barceló, El federalismo judicial. Aproximación a los sistemas judiciales de Estados Unidos, Suiza, Canadá y Alemania, in: REAF 3 (2006), S. 301 ff.
Steffen Detterbeck, Streitgegenstand, Justizgewährungsanspruch und Rechtsschutzanspruch, in: AcP 192 (1992), S. 325 ff.
Hartmut Maurer, Rechtsstaatliches Prozessrecht, in: FS 50 Jahre BVerfG, Bd. II, 2001, S. 467 ff.
Christian Pestalozza, Zur Verlobung: Gemeinsame Fachobergerichte Berlin-Brandenburg, in: LKV 2004, S. 396 ff.
Bernd Sangmeister, Grundrechtsschutz durch Grundrechtsentziehung, in: NJW 1998, S. 721 ff.
Christoph Sowada, Der gesetzliche Richter im Strafverfahren, 2002.
Ernst Träger, Der gesetzliche Richter – Aktuelle Fragen aus Verfassung und internationalem Recht, in: FS für Wolfgang Zeidler, Bd. I, 1987, S. 123 ff.
Andreas Voßkuhle, Rechtsschutz gegen den Richter. Zur Integration der Dritten Gewalt in das verfassungsrechtliche Kontrollsystem vor dem Hintergrund des Art. 19 Abs. 4 GG, 1993.
ders., Bruch mit einem Dogma: Die Verfassung garantiert Rechtsschutz gegen den Richter, in: NJW 2003, S. 2193 ff.

§ 115
Gerichtsverfahren

Christoph Degenhart

Übersicht

	Rn.		Rn.
A. Verfassungsrechtliche Funktionen des gerichtlichen Verfahrens	1– 9	3. Zugang zur Verwaltungsgerichtsbarkeit – Rechtsschutzgarantie des Art. 19 Abs. 4 GG	29
I. Grundlagen	1– 4		
II. Verfassungsrechtliche Funktionen der Rechtsprechung: Die einzelnen Gerichtszweige	5– 9	II. Durchführung des gerichtlichen Verfahrens in verfassungsrechtlicher Gebundenheit	30–45
B. Verfassungsrechtliche Determinanten des gerichtlichen Verfahrens	10–24	1. Der Bürger im Prozeßrechtsverhältnis: Informations-, Aufklärungs- und Fürsorgepflichten des Gerichts	30–34
I. Grundrechtsausgestaltung im Recht des gerichtlichen Verfahrens	10–15	2. Stellung der Verfahrensbeteiligten – das Recht auf Gehör als Recht auf Äußerung	35–37
1. Gesetzesabhängigkeit der Prozeßgrundrechte des Grundgesetzes	10	3. Insbesondere: wirksame Verteidigung und faires Verfahren im Strafprozeß	38–39
2. Grundrechtsausgestaltung in der Kompetenzordnung des Grundgesetzes und Rechtsquellen der Prozeßgrundrechte	11–15	4. Prozessuale Gleichheit und faires Verfahren im Zivilprozeß	40
III. Maßgebliche Verfassungsaussagen	16–24	5. Öffentlichkeit des Verfahrens	41–44
1. Überblick und systematische Zuordnung	16	6. Dauer des Verfahrens	45
		III. Gerichtliche Entscheidung	46–52
2. Prozessuale Gewährleistungen des Grundgesetzes	17–22	1. Berücksichtigungs- und Erwägungspflichten als Inhalt des Rechts auf Gehör	46–49
3. Bilanz – grundrechtliche Verfahrensmaximen, Rechtssicherheit und Rechtsschutz	23–24	2. Tatsächliche Grundlagen der gerichtlichen Entscheidung – Beweisgewinnung	50
C. Verfassungsrechtliche Bindungen des gerichtlichen Verfahrens – die einzelnen Verfahrensstadien	25–56	3. Berücksichtigung des Parteivorbringens, Begründungserfordernisse und Rationalität	51–52
I. Einleitung des gerichtlichen Verfahrens – Zugang zum Gericht und zu den Instanzen	25–29	IV. Verletzung von Verfahrensgarantien – Feststellung und Rechtsfolgen	53–56
1. Zugang zum Gericht in Zivilrechtsstreitigkeiten	25–27		
2. Einleitung des Strafverfahrens – Legalitätsprinzip	28	D. Bibliographie	

A. Verfassungsrechtliche Funktionen des gerichtlichen Verfahrens

I. Grundlagen

1. Verfahrensgrundrechte und rechtsprechende Gewalt

1
Gleichheit vor dem Gesetz

Im gerichtlichen Verfahren steht der Bürger „vor dem Gesetz". Die hoheitliche Gewalt des Staates tritt ihm hier in ihrer wohl unmittelbarsten und ursprünglichsten Form gegenüber[1]. Eben auf diese Situation ist das zum historischen Kernbestand der Menschenrechte zählende Gebot der Gleichheit vor dem Gesetz zugeschnitten[2]. Die gerichtliche Entscheidung ohne Ansehen der Person nach Maßgabe allein des Gesetzes ist konstituierendes Element des auf der Achtung der Menschenrechte beruhenden, demokratischen Rechtsstaates. Dem sind Gerichtsorganisation[3] und gerichtliches Verfahren verfassungsrechtlich zugeordnet. Sie gewährleisten im Rechtsstaat des Grundgesetzes die für ihn wesensbestimmenden verfassungsrechtlichen Funktionen der Rechtsprechung. Im Rahmen der Gerichtsorganisation sind, abgesehen von der dort vorzunehmenden Einordnung der Rechtsprechung in das bundesstaatliche Organisationsgefüge, die Voraussetzungen dafür zu schaffen, daß ein Rechtsstreit durch dem Grundgesetz gemäße Rechtsprechungsorgane entschieden wird, ein rechtsstaatliches Verfahren also stattfinden kann. Dies insbesondere ist Funktion der Verfahrensgrundrechte des Grundgesetzes. Sie sollen gewährleisten, daß die richterliche Entscheidung „willkürfrei durch eine nach objektiven Kriterien bestimmte Instanz auf einer hinreichenden Tatsachengrundlage und auf Grund einer unvoreingenommenen rechtlichen Würdigung unter Einbeziehung des Vortrags der Parteien ergeht"[4].

2
Gerichtliches Verfahren und Rechtsschutzziel

Durch Organisation und Verfahren haben also der Gesetzgeber und im Rahmen der gesetzlichen Vorgaben die Rechtsprechung selbst sowie die Gerichtsverwaltung dafür Sorge zu tragen, daß die Rechtsprechung die ihr im Rechtsstaat des Grundgesetzes zugeordneten Aufgaben wahrnehmen kann. Die Prozeßgrundrechte des Grundgesetzes[5], für das gerichtliche Verfahren insbesondere das Recht auf Gehör aus Art. 103 Abs. 1 GG als die prozessuale Grundnorm des Grundgesetzes, aber auch richterrechtliche Konkretisierungen wie ein aus dem Rechtsstaatsprinzip als allgemeines Prozeßgrundrecht[6] abgeleitetes, über Art. 2 Abs. 1 GG als Grundrecht einklagbares Gebot eines

---

1 Vgl. BVerfGE 106, 28 (48).
2 *Christian Starck*, in: v. Mangoldt/Klein/Starck, GG I, Art. 3 Rn. 1 f.
3 → Oben *Degenhart*, § 114.
4 BVerfGE 107, 395 (403).
5 Zum Begriff der Prozeßgrundrechte des Grundgesetzes, unter Einbeziehung sowohl der expliziten Garantien der Art. 101 und 103 GG als auch richterrechtlicher Konkretisierungen des Rechtsstaatsgebots → oben *Degenhart*, § 114.
6 BVerfGE 78, 123 (126).

fairen Verfahrens[7] bezeichnen maßgebliche verfassungsrechtliche Direktiven für die gesetzliche Ausgestaltung des gerichtlichen Verfahrens und seine Handhabung durch die Gerichte. Verbindliche Vorgaben jedenfalls für die Gerichte enthält auch Art. 6 EMRK[8]. Ein hieraus abzuleitender genereller Anspruch auf ein faires Verfahren („due process") hat, wie auch das Recht auf Gehör[9], die Qualität eines allgemeinen Rechtsgrundsatzes des Gemeinschaftsrechts[10] und war auch für die Europäische Grundrechtscharta vorgesehen[11]. Das Recht des gerichtlichen Verfahrens dient dem Rechtsschutzziel[12] der dem Recht gemäßen und in diesem Sinn „gerechten"[13] Entscheidung. Verfassungsrechtliche Grundlage ist damit zunächst das Rechtsstaatsgebot des Grundgesetzes, das gesicherte Verfahrenspositionen der Beteiligten und objektiv gesicherte justitielle Verfahrensstandards bedingt[14].

2. Menschenwürde und Rechtsstaatsgebot

Justizgrundrechte wie das Recht auf Gehör konkretisieren zudem den Menschenwürdesatz des Art. 1 Abs. 1 GG für das gerichtliche Verfahren[15], in dem der Betroffene „nicht Objekt der richterlichen Entscheidung sein, sondern ... zu Wort kommen, um Einfluß auf das Verfahren und sein Ergebnis nehmen zu können" soll, so daß über sein „Recht nicht von Obrigkeits wegen verfügt wird"[16]. Dieser Zusammenhang mit der Menschenwürdegarantie, hierin deutlich von der klassischen „Objektformel" beeinflußt, ist gesicherte Leitlinie für Ausgestaltung und Handhabung des gerichtlichen Verfahrens[17] und belegt den hohen Rang der justitiellen Garantien des Grundgesetzes. Für die konkrete Ableitung verfassungsrechtlicher Verfahrensdirektiven erlangt jedoch weniger der – verfassungssystematisch zudem nicht zwingende – Rückgriff auf die grundrechtliche Fundamentalnorm des Art. 1 GG[18] entscheidende Bedeu-

3
Rechtsstaatliche Funktion des justizförmigen Verfahrens

---

7 Vgl. aus der neueren Rspr. BVerfGE 101, 397 (405); 103, 44 (68 f.) – Ton- und Bildaufnahmen im Gerichtssaal; für den Strafprozeß BVerfGE 64, 135 (145); 68, 237 (255); 70, 297 (307, 322); 74, 358 (370); 77, 65 (76); 86, 288 (317, 339); 89, 120 (130); BVerfG, in: NJW 2004, S. 1443; ThürVerfGH, in: ThürVBl 2004, S. 116; für den Zivilprozeß BVerfGE 78, 123 (126); 83, 123 (126); 87, 48 (65); 93, 99 (113); für das verfassungsgerichtliche Verfahren selbst BVerfGE 104, 42 (50) – Parteiverbot; *Hartmut Maurer*, Rechtsstaatliches Prozeßrecht, in: Festschrift 50 Jahre BVerfG, Bd. II, 2001, S. 467 (500 f.).
8 Vgl. z. B. für die Unschuldsvermutung der EMRK BVerfGE 74, 358 (370); ThürVerfGH, in: ThürVBl 2004, S. 116; BVerwG, in: DVBl 2004, S. 51; für das Recht auf einen fairen Zivilprozeß *Wolfgang Peukert*, Verfahrensgarantien und Zivilprozeß (Art. 6 EMRK), in: RabelsZ 63 (1999), S. 600 ff.
9 Vgl. *Helmuth Schulze-Fielitz*, in: Dreier, GG III, 2000, Art. 103 Abs. 1 Rn. 8.
10 Vgl. EuGH, in: EuZW 1999, S. 115; EuGRZ 2000, S. 44; EuGRZ 2000, S. 601 (602).
11 Vgl. dazu *Eckhard Pache*, Der Grundsatz des fairen gerichtlichen Verfahrens auf europäischer Ebene, in: EuGRZ 2000, S. 601 (603).
12 Vgl. *Maurer* (N 7), S. 467 (493).
13 BVerfGE 107, 395 (402 f.).
14 Vgl. *Schulze-Fielitz* (N 9), Art. 103 Abs. 1 Rn. 13.
15 Vgl. etwa *Hinrich Rüping*, in: BK, Art. 103 Abs. 1 (Zweitb. 1980) Rn. 12 ff.; zurückhaltender *Johannes Mauder*, Der Anspruch auf rechtliches Gehör, 1986, S. 10 f.
16 Vgl. grundlegend etwa BVerfGE 9, 89 (95) und aus der neueren Rspr. BVerfGE 84, 188 (190); 86, 133 (144).
17 BVerfGE 7, 275 (279); 9, 89 (95); 26, 66 (71); 57, 250 (275); 63, 332 (337); *Ferdinand O. Kopp*, Das rechtliche Gehör in der Rechtsprechung des Bundesverfassungsgerichts, in: AöR 106 (1981), S. 604 (607 ff.).
18 Gegen die Anbindung an Art. 1 Abs. 1 GG s. etwa *Mauder* (N 15), S. 3 ff.

Recht auf Gehör

tung[19] als vielmehr die eigenständige rechtsstaatliche Funktion eines justizförmigen Verfahrens. Sie vor allem verwirklicht sich im Recht auf Gehör. Bestmögliche Wahrheitsfindung, wie sie im gerichtlichen Verfahren anzustreben ist, bedingt aktive Teilhabe der Verfahrensbetroffenen[20]. Rechtsgewinnung im Verfahren erfordert stets die Berücksichtigung divergierender rechtlicher Interessen. Das Recht der Verfahrensbeteiligten, ihre Belange selbst vorzubringen und hiermit im gerichtlichen Verfahren „Gehör" zu finden, dient objektiv der Wahrheitsfindung und Rechtsgewinnung; es dient aber auch – und hierin liegt seine primäre materiell-rechtsstaatliche Funktion – dem Schutz der subjektiven Rechte der Verfahrensbeteiligten: Wer gerichtlicher Entscheidungsgewalt unterworfen ist, soll in die Lage versetzt werden, seine Rechte selbständig in das Verfahren einzubringen, um sie bestmöglich wahrzunehmen. Hinzu tritt die eigentlich prozeßbezogene Schutzfunktion des Rechts auf Gehör und weiterer Verfahrensgrundrechte: Die Prozeßsituation bringt ein gesteigertes Unterworfensein der Verfahrensbeteiligten unter die hoheitliche Gewalt des Staates und spezifische Eingriffsbefugnisse mit sich. Das Rechtsstaatsgebot in seiner Ausrichtung auf Begrenzung und rechtliche Bindung staatlicher Funktionen[21] erfordert daher die Gewährleistung eigenständiger Verfahrenspositionen der Verfahrensbeteiligten. Insbesondere die wesentlichen Aspekte des Rechts auf Gehör – subjektive Schutzfunktionen im Blick auf materielle Rechte der Verfahrensbeteiligten, objektive Optimierungsfunktionen im Verfahren der Entscheidungsfindung, spezifisch prozessuale Schutzfunktionen in verfahrensmäßigen Eingriffslagen – ordnen es dem weitergreifenden thematischen Umkreis des Rechtsstaatsprinzips zu[22], aus dem ja auch weitere prozessuale Positionen abgeleitet werden.

4
Kein unmittelbarer Rückgriff auf Art. 1 Abs. 1 GG

Unmittelbar auf Art. 1 Abs. 1 GG zurückzugreifen dürfte daher typischerweise nicht veranlaßt sein[23]. Der Zuordnung zu eigenständigen verfahrensbezogenen Inhalten des Rechtsstaatsprinzips im prozessualen Komplex der Art. 101 ff. GG entspricht auch die Ausdehnung des Rechts auf Gehör – wie generell der Prozeßgrundrechte – in ihrem subjektiven Geltungsbereich über den personalen Geltungsbereich der Grundrechte hinaus: auch die nicht grundrechtsfähigen juristischen Personen des öffentlichen Rechts[24], auch aus-

---

19 Ähnlich *Kopp* (N 17), S. 608; vgl. auch *Karin Graßhof*, Rechtliches Gehör, in: HdbGR, Bd. IV, § 132, die darauf verweist, daß sich seit BVerfGE 74, 1 (5) und BVerfGE 74, 220 (224) keine unmittelbare Anknüpfung an Art. 1 Abs. 1 GG in der Rechtsprechung mehr findet.
20 *Wolfgang Brehm*, in: Friedrich Stein/Martin Jonas, Kommentar zur Zivilprozeßordnung, Bd. I, ^{22}2003, vor § 1 Rn. 283.
21 *Christoph Degenhart*, Gesetzgebung im Rechtsstaat, in: DÖV 1981, S. 477 ff. → Bd. II, *Schmidt-Aßmann*, § 26 Rn. 46 ff.
22 Zum Zusammenhang von Art. 103 Abs. 1 GG und Rechtsstaatsgebot s. *Kopp* (N 17), S. 607; *Rüping* (N 15), Art. 103 Abs. 1 Rn. 6; *Eberhard Schmidt-Aßmann*, in: Maunz/Dürig, Komm. z. GG, Art. 103 Rn. 4 ff.; *Graßhof* (N 19).
23 *Kopp* (N 17), S. 608; *Graßhof* (N 19).
24 Grundsätzlich hierzu – und zu möglichen Ausnahmen – zuletzt BVerfGE 68, 193; BGHZ 72, 84; OLG Frankfurt, in: NJW 1987, S. 506; *Wolfgang Rüfner*, Grundrechtsträger, in: HStR V, ^{2}2000 (^{1}1992), § 116 Rn. 85.

ländische juristische Personen[25] können sich im gerichtlichen Verfahren auf die Prozeßgrundrechte berufen[26]. Als Auslegungsrichtlinie bleibt der Bezug zu Art. 1 Abs. 1 GG gleichwohl bedeutsam, dies vor allem auch für weitergreifende Verfahrenserfordernisse im Sinn eines Rechts auf faires Verfahren[27]: hier ist die Subjektstellung der Beteiligten gegenüber der im Verfahren wirkenden hoheitlichen Gewalt des Staates[28] maßgeblich zu verwirklichen.

II. Verfassungsrechtliche Funktionen der Rechtsprechung: Die einzelnen Gerichtszweige

Die verfassungsrechtliche Funktion rechtsprechender Gewalt und damit auch der verfassungsrechtliche Auftrag des Gerichtsverfahrens stellen sich für die einzelnen Zweige der Gerichtsbarkeit in unterschiedlicher Akzentuierung dar. Die verfassungsrechtliche Schutzfunktion des gerichtlichen Verfahrens wird dabei am unmittelbarsten im Grundgesetz selbst für den Rechtsschutz gegen die hoheitliche Gewalt des Staates zum Ausdruck gebracht, der in Art. 19 Abs. 4 GG explizit mit grundrechtlicher Qualität gewährleistet wird.

5 Differenzierung nach Gerichtszweigen

1. Rechtsschutz gegen die öffentliche Gewalt: Verwaltungsgerichtsbarkeit

Dieser Rechtsschutz gegen die öffentliche Gewalt ist in der positiven Ausgestaltung des Verfahrensrechts durch den Gesetzgeber der Verwaltungsgerichtsbarkeit aufgetragen[29]. Diese ist durch die Rechtsschutzgarantie des Art. 19 Abs. 4 GG[30] unmittelbar grundrechtlich determiniert. Hierauf ist die Verfahrensgestaltung auszurichten[31]. Der Träger öffentlicher Gewalt entscheidet zunächst einseitig-verbindlich über die Rechtssphäre des Bürgers, dies sowohl durch die belastende als auch durch die Ablehnung der begünstigenden Maßnahme – auch die Verweigerung der präventiven Erlaubnis beschränkt grundrechtliche Freiheit. Diese von vornherein bestehende Verfahrensunterworfenheit des Bürgers in seinen materiellen Rechten begründet die für das verwaltungsgerichtliche Verfahren kennzeichnende Eingriffskonstellation und prägt die Rechtsschutzgarantie des Art. 19 Abs. 4 GG. Sie läßt insbesondere die Sicherung effektiven Rechtsschutzes als verfassungsrechtliche Funktion des Verfahrensrechts[32] akzentuiert hervortreten. Dabei bedeutet Effektivität hier vor allem auch rechtzeitigen Rechtsschutz und Schutz vor

6 Verfahrensunterworfenheit und Rechtsschutzerfordernisse

---

25 Vgl. *Christoph Degenhart*, Grundrechtsschutz ausländischer juristischer Personen bei wirtschaftlicher Betätigung im Inland, in: EuGRZ 1981, S. 161 ff.
26 Vgl. zuletzt BVerfGK 1, 32 (38) für die Republik Argentinien m. weit. Nachw. der Rspr. des BVerfG.
27 Vgl. hierzu grundsätzlich *Peter Lerche*, Zum „Anspruch auf rechtliches Gehör", in: ZZP 78 (1965), S. 1 (5 ff.).
28 Vgl. BVerfGE 106, 28 (48).
29 Vgl. *Helmuth Schulze-Fielitz*, in: Dreier, GG I, ²2004, Art. 19 Abs. 4 Rn. 90 ff.
30 Zu ihrer Bedeutung für das gerichtliche Verfahren s. BVerfGE 107, 395 (401 ff.); 110, 339 (342); *Maurer* (N 7), S. 467 (471 ff.).
31 BVerfGE 107, 395.
32 BVerfGE 97, 298 (315); 101, 106 (129); vgl. *Manfred Wolf*, Gerichtsverfassungsrecht aller Verfahrenszweige, ⁶1987, S. 263 ff.

vollendeten Tatsachen[33], da die Behörde auch einseitig-verbindlich die sofortige Vollziehung einer Maßnahme anordnen kann und keines gerichtlichen Vollstreckungstitels bedarf. Daher ist ein wirksames Instrumentarium einstweiligen Rechtsschutzes unmittelbar verfassungsgefordert[34]. Daß das verwaltungsgerichtliche Eilverfahren in der Praxis vor allem in komplexen Verfahren bei gestuften Verwaltungsverfahren die Funktion des Hauptsacheverfahrens übernimmt, liegt in der Verfahrenskonstellation auf exekutiver Ebene begründet. Diese Aufgabe des Verfahrensrechts, wirksamen Rechtsschutz zu gewährleisten, wird für den Bereich des verwaltungsgerichtlichen Verfahrens durch die grundrechtliche Rechtsschutzgarantie des Art. 19 Abs. 4 GG besonders hervorgehoben[35]. Sie stellt sich darüber hinaus jedoch für alle staatlichen, also auch gerichtlichen Verfahren, wenn in ihnen über die Realisierung der Rechte der Betroffenen verbindlich entschieden wird.

2. Strafverfahren

7

Grundlage des Strafverfahrens ist der staatliche Strafanspruch. Er ist im Strafverfahren festzustellen und zu verwirklichen, im Rechtsstaat jedoch nicht auf jede beliebige, den Strafverfolgungsbehörden geeignet erscheinende Weise, sondern unter Wahrung rechtlicher Garantien für den Betroffenen – also den Beschuldigten. Durch dieses Gebot soll nicht nur der Unschuldige vor unberechtigter Strafverfolgung, sondern auch der Schuldige vor übermäßiger staatlicher Reaktion geschützt werden. Verfassungsrechtlich relevante Aufgabe des Strafprozesses ist es, den Strafanspruch des Staates in einem justizförmig geordneten Verfahren durchzusetzen, das eine wirksame Sicherung der Grundrechte des Beschuldigten gewährleistet[36], hierbei einem nach Inhalt und Grenzen durch das Gebot der Achtung der Menschenwürde bestimmten, auf dem Schuldgrundsatz aufbauenden materiellen Strafrecht verpflichtet ist[37]. Doch wird andererseits auch eine „funktionstüchtige Strafrechtspflege" als Anliegen des Rechtsstaates gesehen – nicht zuletzt auch deshalb, weil der Rechtsstaat auch den Bürger als Opfer einer Straftat darauf verweist, sein Recht vor staatlichen Gerichten zu suchen[38]. So ist auch das gerichtliche Verfahren einem rechtsstaatlichen Insichkonflikt ausgesetzt. Zum einen ist die wirksame Verteidigung des Beschuldigten unter Wahrung seiner Unschulds-

---

33 *Christoph Degenhart*, Vollendete Tatsachen und faktische Rechtslagen im Verwaltungsrecht, in: AöR 103 (1978), S. 163 ff.; *Schmidt-Aßmann* (N 22), Art. 19 Abs. 4 Rn. 273 ff.
34 Vgl. auch BVerfG (K), in: NJW 2003, S. 3043: Grundsatz des fairen Verfahrens.
35 Da der Rechtsschutz gegen die öffentliche Gewalt in Bd. VI gesondert abgehandelt wird, wird für die spezifischen Erfordernisse des Art. 19 Abs. 4 GG hierauf verwiesen und im folgenden schwerpunktmäßig auf das gerichtliche Verfahren im Bereich der Zivil- und Strafgerichtsbarkeit sowie auf allgemeine Verfahrensgrundsätze eingegangen; zur Bedeutung des Art. 19 Abs. 4 GG gegenüber Akten öffentlicher Gewalt im (zivilgerichtlichen) Verfahren nach vgl. BVerfGE 77, 275.
36 BVerfGE 57, 250 (275); 74, 358 (370); 82, 106 (114 f.).
37 BVerfGE 74, 358 (370); 109, 279 (312); zum Schuldprinzip auch grundsätzlich BVerfGE 77, 275.
38 BVerfGE 51, 324 (344); 74, 257 (261 f.); *Detlef Merten*, Rechtsstaat und Gewaltmonopol, 1975, S. 56 f.

vermutung³⁹ rechtsstaatlich geboten, zum anderen aber auch wirksame Strafverfolgung auf der Grundlage des strafprozessualen Legalitätsprinzips als Pflicht zur Strafverfolgung und Strafvollstreckung⁴⁰. Es dient nicht nur der Wahrung der Rechtsordnung, sondern verwirklicht auch unmittelbar die „Gleichheit vor dem Gesetz"⁴¹.

Aus dieser Pflicht zur Strafverfolgung resultiert andererseits eine besondere grundrechtliche Schutzbedürftigkeit auf Grund spezifischer Verfahrensunterworfenheit. Sie bestimmt Ausgestaltung und Handhabung des Strafverfahrensrechts⁴². Auch hier ist es der Träger hoheitlicher Gewalt, der auf Grund der ihm spezifisch zugeordneten Machtbefugnisse ein Verfahren gegen den Bürger einleitet, das dieser zunächst hinzunehmen hat. Es geht unter rechtsstaatlichen Gesichtspunkten der Freiheitssicherung um die Begründung wirksamer Schutzpositionen des Bürgers im Verfahren⁴³. Dabei bedeutet im Strafverfahren nicht erst die im Verfahren zu gewinnende Entscheidung über den staatlichen Strafanspruch einen intensiven Eingriff – bereits das Verfahren selbst ist von intensiver Eingriffsrelevanz im Hinblick auf die diskriminierende Wirkung gegen den Bürger und auf die der staatlichen Gewalt im Verfahren zugewiesenen Zwangsbefugnisse. Die rechtsstaatliche Unschuldsvermutung als Direktive für die Verfahrensgestaltung soll dies ausgleichen. Auch sollte der Gesichtspunkt der Funktionstüchtigkeit staatlicher Einrichtungen als legitimierender Grund für Grundrechtsbeschränkungen zurückhaltend eingesetzt werden⁴⁴. Zweifellos bedarf andererseits der das Strafverfolgungsmonopol zu Recht beanspruchende Rechtsstaat der Möglichkeiten wirksamer Strafverfolgung, sachgerechter Strafrechtspflege. Die Polarität von Eingriff und individueller Freiheit wird hierdurch jedoch nicht aufgehoben und darf auch durch die – wenngleich im Ansatz berechtigte – verfassungsrechtliche Zuordnung des ersteren nicht überspielt werden. Der freiheitliche Rechtsstaat fordert nicht den Verzicht auf Effizienz in der staatlichen Aufgabenerfüllung, auf wirksame Strafverfolgung. Erforderlich bleibt es jedoch, sich deren prinzipiell freiheitsbeschränkender, freiheitsgefährdender Wirkung bewußt zu bleiben, aber auch ihrer Mißbrauchsanfälligkeit. Gerade dieser letztgenannte Gesichtspunkt sollte besonders stark gewichtet werden angesichts einer Rechtstradition, in der im Konflikt zwischen bürgerlich-rechtsstaatlicher Frei-

8
Grundrechtliche Schutzerfordernisse im Strafverfahren

Schutz der individuellen Freiheit

---

39 Zur Unschuldsvermutung BVerfGE 74, 358 (370); 82, 106 (114) – dort auch zur positiven Unschuldsvermutung in Art. 6 Abs. 2 EMRK, BVerfG (K), in: EuGRZ 2002, S. 466 – Datenspeicherung trotz Freispruch; BVerfG (K), in: NJW 2005, S. 817; s. auch BrandenbVerfG, in: NJW 1997, S. 451 zum Verhältnis von Unschuldsvermutung und selbständiger Einziehung; ThürVerfGH, in: ThürVBl 2004, 116 (118); zu Art. 6 EMRK s. näher *Wolfgang Peukert*, in: Jochen Abr. Frowein/ders., Europäische Menschenrechtskonvention, EMRK-Kommentar, ²1996, Art. 6 Rn. 111 ff.; EGMR, in: NJW 2004, S. 43; BVerfG, in: DVBl 2002, S. 1110.
40 *Martin Niemöller/Gunnar Folke Schuppert*, Die Rechtsprechung des Bundesverfassungsgerichts zum Strafverfahrensrecht, in: AöR 107 (1982), S. 387 (414); s. etwa BVerfGE 46, 214 (222 f.); 57, 250 (275); BVerfG, in: NStZ 1987, S. 419.
41 *Claus Roxin*, Strafverfahrensrecht, ²⁵1998, § 14 A.
42 Hierzu grundsätzlich *Walter Sax*, Grundsätze der Strafrechtspflege, in: GR, Bd. III, Halbbd. II, S. 909 ff.; *Niemöller/Schuppert* (N 40), S. 387 ff.
43 Vgl. auch *Sax* (N 42), S. 967 ff., 970.
44 Dahingehend vor allem die Kritik von *Niemöller/Schuppert* (N 40), S. 474.

heit und Staatsräson nicht immer zugunsten der Freiheit entschieden wurde, in der den Belangen einer „wirksamen" Strafverfolgung mitunter mehr Verständnis entgegengebracht wurde als dem Gedanken eines fairen Verfahrens.

3. Zivilprozeß

9
Gleichheit vor dem Gesetz und Privatautonomie

Ein verfassungskräftiger Anspruch auf Justizgewährung[45], Wirksamkeit der Rechtsverfolgung und damit wirksamer Rechtsschutz[46], Rechtssicherheit in der prozessualen Position und die verfahrensrechtlich gesicherte Möglichkeit adäquater und chancengleicher Einwirkung auf das Verfahren sind notwendiges Korrelat zum Angewiesensein auf gerichtliche Hilfe im Rechtsstaat[47]. Primär bezweckt also der Zivilprozeß den Individualrechtsschutz und dient damit gleichzeitig der Wahrung des objektiven Rechts[48], des Rechtsfriedens. Dabei stehen sich die Parteien des Zivilprozesses in prinzipieller, privatautonomer Gleichberechtigung gegenüber. Sie beherrschen, im Gegensatz zum Strafverfahren, den Zivilprozeß und den arbeitsgerichtlichen Prozeß[49]. Verhandlungs- und Dispositionsmaxime sind Ausdruck dieser auch im Prozeß zu realisierenden grundrechtlichen Privatautonomie. Diese gleichberechtigte Stellung im Prozeß zu verwirklichen, hierbei auch die Gleichwertigkeit der materiellen Erfolgschancen zu gewährleisten, ist Aufgabe des Verfahrensrechts. Der Richter hat den Parteien „zu ihrem Recht zu verhelfen", in Bindung allein an das Gesetz die materiell richtige Entscheidung anzustreben.

Dispositionsmaxime

Anders als im Verwaltungs- und im Strafprozeß ist es jedoch im Zivilprozeß nicht Aufgabe des Gerichts, von sich aus den Sachverhalt umfassend aufzuklären – der Verfahrensstoff steht grundsätzlich zur Disposition der Parteien. Sieht man hierin den Ausdruck grundrechtlicher Privatautonomie, so muß dies vom Gericht auch hingenommen werden. Deshalb besteht auch kein allgemeiner Rechtssatz des Inhalts, daß gesetz- und sittenwidrige Leistungen nicht mit staatlicher Hilfe realisiert werden dürfen und diesbezüglich eine vom Verhalten des Schuldners unabhängige gerichtliche Amtsprüfung vorgenommen wird, bevor ein Vollstreckungsbescheid in materielle Rechtskraft erwächst[50]. Die formale Gleichordnung der Parteien, in „Gleichheit vor dem Gesetz", beschränkt auch die Möglichkeiten des Gerichts, zum Schutz einer als gesteigert schutzbedürftig gesehenen Partei in das Verfahren einzugreifen[51] – Waffengleichheit im Zivilprozeß ist jedoch verfassungsrechtlich und

---

45 BVerfGE 107, 395 (402 ff.); BVerfG, in: NVwZ 2006, S. 1396.
46 BVerfGE 93, 99 (107).
47 → Oben *Degenhart*, § 114 Rn. 1 f.; vgl. auch *Hans-Jürgen Papier*, Justizgewähranspruch, in: HStR VI, ²2001 (¹1989), § 153.
48 Vgl. *Brehm* (N 20), vor § 1 Rn. 5 ff.
49 BVerfGE 63, 380 (392).
50 BVerfGE 84, 160.
51 Vgl. zum „sozialen Zivilprozeß" *Peter Meyer*, Wandel des Prozessrechtsverständnisses – vom „liberalen" zum „sozialen Zivilprozess?", in: JR 2001, S. 1 ff.; zurückhaltend auch *Brehm* (N 20), vor § 1 Rn. 298 f.

auch durch Art. 6 Abs. 1 EMRK gefordert[52]. Der Richter, der den Parteien in unmittelbarer Ausübung hoheitlicher Gewalt gegenübertritt, ist hierin jedoch grundrechtsgebunden und zu rechtsstaatlich-fairer Verfahrensgestaltung verpflichtet[53].

B. Verfassungsrechtliche Determinanten des gerichtlichen Verfahrens

I. Grundrechtsausgestaltung im Recht des gerichtlichen Verfahrens

1. Gesetzesabhängigkeit der Prozeßgrundrechte des Grundgesetzes

Die Prozeßgrundrechte des Grundgesetzes zählen zu den gesetzesabhängigen Grundrechten[54] par excellence. Sie verwirklichen sich im Prozeß, also in rechtlich geordneten Verfahren, und setzen eben deshalb die Existenz prozeßrechtlicher Regeln voraus, die die Art und Weise der Ausübung regeln. Sie bedürfen der Ausgestaltung durch Prozeßrecht[55], sind damit auf Realisation durch den Gesetzgeber angewiesen. Sie entfalten in erster Linie im Rahmen des einfachgesetzlichen Verfahrensrechts, des Gerichtsverfassungsrechts und der Prozeßordnungen ihre Wirkung[56]. Demgemäß nimmt auch für die explizit im Grundgesetz aufgenommenen Prozeßgrundrechte der Verfassungstext auf die durch Verfahrensrecht normativ geprägten Begriffe des gesetzlichen Richters, des rechtlichen Gehörs[57] Bezug. Doch gelten die einschlägigen Verfassungsnormen und -grundsätze unmittelbar[58], kann also beim Fehlen einer einschlägigen prozeßrechtlichen Bestimmung unmittelbar auf die explizit im Grundgesetz enthaltenen Prozeßgrundrechte wie auch auf die richterrechtlichen Konkretisierungen des Rechtsstaatsgebots zurückgegriffen werden. Diese geben die grundsätzliche Richtung vor[59], die Modalitäten etwa der Gehörsgewährung[60] sind der Ausgestaltung durch den einfachen Gesetzgeber überlassen. So bewirken Präklusionsvorschriften[61], verfassungsrechtlich legi-

10

Notwendigkeit der Ausgestaltung durch Prozeßrecht

---

52 BVerfGE 69, 126 (139); *Max Vollkommer*, Der Grundsatz der Waffengleichheit im Zivilprozeß – eine neue Prozeßmaxime?, in: FS für Karl Heinz Schwab, 1990, S. 503 ff.; *Helmuth Schulze-Fielitz*, in: Dreier, GG II, ²2006, Art. 20 Rn. 217; *Peukert* (N 8), S. 613 ff.
53 BVerfGE 106, 28 (48).
54 S. hierzu *Christoph Degenhart*, Grundrechtsausgestaltung und Grundrechtsbeschränkung, in: HdbGR, Bd. III, 2005, § 60 Rn. 29 ff.; *Maurer* (N 7), S. 467 (489 f.).
55 Vgl. BVerfGE 89, 28 (35); 93, 99 (107).
56 Vgl. hierzu *Christoph Degenhart*, in: Sachs, GG Komm., ⁴2007, Art. 103 Rn. 11 f.; *Schulze-Fielitz* (N 9), Art. 103 Abs. 1 Rn. 26 ff.
57 Grundlegend BVerfGE 9, 89 (95 f.); 18, 399 (405); aus neuerer Zeit s. BVerfGE 74, 1 (5); 81, 123 (129); 89, 28 (36); 89, 381 (391); das BVerfG spricht – etwa in BVerfGE 9, 89 (95) – vom vorverfassungsrechtlichen Gesamtbild des Prozeßrechts, das der Auslegung des Abs. 1 zugrunde zu legen ist.
58 Vgl. für das Recht auf Gehör *Philip Kunig*, in: v. Münch/Kunig, GGK III, ⁵2003, Art. 103 Rn. 8.
59 BVerfGE 31, 364 (370).
60 Vgl. hierzu *Schulze-Fielitz* (N 9), Art. 103 Abs. 1 Rn. 49 ff.
61 Vgl. näher *Georg Nolte*, in: v. Mangoldt/Klein/Starck, GG III, ⁵2005, Art. 103 Rn. 60 ff.; grundsätzlich aus der Rspr. des Bundesverfassungsgerichts, s. BVerfGE 54, 117 (123); 55, 72 (90 ff.); 75, 302 (312 ff.).

timiert aus dem rechtsstaatlichen Aspekt der Verfahrenskonzentration und -beschleunigung, auf der Ebene des Verfahrensrechts eine Ausgestaltung des Rechts auf Gehör, wie sie generell Funktion des Prozeßrechts ist, sie dürfen jedoch wiederum zu keiner unzumutbaren Einschränkung führen[62]. Dies gilt auch für die Ausgestaltung des durch Art. 19 Abs. 4 GG[63] sowie den allgemeinen Justizgewährungsanspruch garantierten Zugang zum Gericht und den effektiven Rechtsschutz[64]. Die Prozeßgrundrechte des Grundgesetzes wirken als Verfassungsdirektiven für die Ausgestaltung des gerichtlichen Verfahrens durch den Gesetzgeber und dessen Handhabung durch die Rechtsprechung selbst.

2. Grundrechtsausgestaltung in der Kompetenzordnung des Grundgesetzes und Rechtsquellen der Prozeßgrundrechte

11
Grundrechtsausgestaltung in der föderalen Ordnung

Obliegt also zunächst dem Gesetzgeber die Ausgestaltung der Prozeßgrundrechte des Grundgesetzes und der Rechtsprechung deren weitere Konkretisierung, so gilt auch insoweit, daß jegliche Grundrechtsausgestaltung in rechtlicher, insbesondere verfassungsrechtlicher Gebundenheit erfolgt. In der grundgesetzlichen Ordnung wird diese nicht nur durch die dirigierende Kraft der auszugestaltenden Grundrechte des Grundgesetzes selbst begründet. In einer föderal gegliederten und in eine übernationale Rechtsgemeinschaft eingebundenen Rechtsordnung wie der der Bundesrepublik Deutschland erfolgt die Grundrechtsausgestaltung einerseits in unterschiedlichen Kompetenzsphären und bedarf hierin kompetenzieller Zuordnung, sind andererseits die Direktiven, die Maßstabsnormen hierfür unterschiedlichen normativen Ordnungen zu entnehmen.

a) Gesetzgebungskompetenzen – Gerichtsverfahren als Bundesrecht

12
Rechtseinheit im Gerichtsverfahrensrecht

Gesetzgeber ist hier in aller Regel der Bundesgesetzgeber. Für das gerichtliche Verfahren besteht eine konkurrierende Zuständigkeit nach Art. 74 Abs. 1 Nr. 1 GG. Gerichtliches Verfahren im Sinn dieses Kompetenztitels ist die verfahrensmäßige Behandlung von Rechtsangelegenheiten durch die Gerichte[65]; die einzelnen Prozeßordnungen sind dabei grundsätzlich als abschließende Kodifikationen zu werten[66]. Das Recht des gerichtlichen Verfahrens zählt nach der sogenannten Föderalismusreform 2006 zu jenen Materien einer Vorranggesetzgebung des Bundes, für die nach dem erneut neugefaßten Art. 72 Abs. 2 GG das Erfordernis einer bundesgesetzlichen Regelung nicht eigens nachgewiesen werden muß, sondern vom verfassungsändernden Gesetz-

---

62 Vgl. z.B. *Schmidt-Aßmann* (N 22), Art. 103 Rn. 131.
63 Vgl. *Maurer* (N 7), S. 467 (489f.).
64 Vgl. *Schulze-Fielitz* (N 29), Art. 19 Abs. 4 Rn. 79; BVerfGE 77, 275 (284).
65 *Hans-Werner Rengeling*, Gesetzgebungszuständigkeit, in: HStR IV, ²1999 (¹1990), § 100 Rn. 138; *Christoph Degenhart*, in: Sachs, GG Komm., ⁴2007, Art. 74 Rn. 25f.
66 BVerfGE 35, 65 (75); 37, 191 (198); 83, 24 (30).

gebung in generalisierender Bewertung vorausgesetzt wurde[67]. Ebenso wie für das Gerichtsverfassungsrecht, das dem Bürger Gewähr bieten muß, in allen Ländern gleichermaßen Rechtsschutz zu finden, die Rechtseinheit im gesamtstaatlichen Interesse erforderlich ist, gilt dies auch für das gerichtliche Verfahren. Auch hier hat in der Entwicklung des deutschen Bundesstaates, beginnend mit den Reichsjustizgesetzen, stets die unitarische Komponente im Vordergrund gestanden[68]. So wurde auch im Bundesstaat des Grundgesetzes das Recht des gerichtlichen Verfahrens stets im wesentlichen als Sache des Bundesgesetzgebers gesehen, unabhängig von den Pendelbewegungen der Föderalismus-Debatten. Mithin war es der Bundesgesetzgeber, der den Anforderungen des Grundgesetzes an das gerichtliche Verfahren im Verfahrensrecht Gestalt verlieh und weiterhin verleiht.

b) Verfahrensrecht und Grundrechte der Landesverfassungen

Ist das Recht des gerichtlichen Verfahrens im wesentlichen Recht des Bundes, so sind die Gerichte, die es im konkreten Streitfall anwenden, doch ganz überwiegend Gerichte der Länder. Ihnen obliegt auch die Gerichtsorganisation im engeren Sinn der Einrichtung der einzelnen Gerichte. Diese sind in Wahrnehmung ihrer Verfahrensherrschaft an die Prozeßgrundrechte des Grundgesetzes gebunden, unterliegen als staatliche Organe der Länder aber auch der jeweiligen Landesverfassung und ihren Verfahrensgrundrechten. Daß diese den Bundesgesetzgeber nicht binden können, besagt noch nicht, daß nicht in Anwendung des Verfahrensrechts des Bundes auch Grundrechte der Landesverfassung verletzt werden können. Es ist dies keine Frage des Art. 31 GG. Denn die Kollisionsregel des Art. 31 GG kommt zur Anwendung, wenn bundes- und landesverfassungsrechtliche Normen für den gleichen Regelungssachverhalt unterschiedliche Regelungen treffen[69]. Demgegenüber geht es bei der Frage nach der Bedeutung von Verfahrensgrundrechten der Landesverfassungen im gerichtlichen Verfahren um die Frage, ob die staatlichen Organe eines Landes, also auch dessen Gerichte, bei Anwendung von Bundesrecht weiterhin auch ihrer Landesverfassung unterliegen. Dann jedenfalls, wenn die anzuwendenden Normen Spielraum belassen für die Realisation von Grundrechten, steht dem Geltungsanspruch auch der Landesgrundrechte nichts entgegen – mithin auch bei der Durchführung gerichtlicher Verfahren, die ja auch eine Stufe der Grundrechtsausgestaltung darstellt. In bundesrechtlich geregelten Verfahren ergangene Entscheidungen der Gerichte der Länder sind deshalb dann am Maßstab landesverfassungsrechtlicher Verfahrensgrundrechte zu überprüfen, wenn diese zu Art. 103 Abs. 1 GG inhalts-

13
Landesgrundrechte als Maßstab in bundesrechtlich geregelten Verfahren

---

67 Näher *Christoph Degenhart*, Die Neuordnung der Gesetzgebungskompetenzen durch die Föderalismusreform, in: NVwZ 2006, S. 1209 (1209 f.); *ders.*, in: Sachs, GG Komm., ⁴2007, Art. 72 Rn. 6 ff.
68 → Oben *Degenhart*, § 114 Rn. 5.
69 Näher *Christoph Degenhart*, Die Grundrechte der Sächsischen Verfassung, in: ders./Claus Meissner, Handbuch der Verfassung des Freistaates Sachsen, 1997, § 7 Rn. 4; *Jost Pietzcker*, Zuständigkeitsordnung und Kollisionsrecht im Bundesstaat, in: HStR IV, ²1999 (¹1990), § 99 Rn. 23 ff.

§ 115 *Achter Teil: II. Staatsfunktionen*

gleich sind[70]. Dies ist weitgehend der Fall. Die Landesverfassungen enthalten, soweit sie einen eigenen Grundrechtsteil umfassen, überwiegend, wenn auch nicht ausnahmslos, Garantien des rechtlichen Gehörs[71]. Darüber hinaus rezipieren neuere Landesverfassungen mitunter allgemein-rechtsstaatliche Anforderungen, wie sie das Bundesverfassungsgericht entwickelt hat, sowie Verfahrensgarantien der Europäischen Menschenrechtskonvention, wie etwa das Recht auf ein zügiges Verfahren[72]. Inhaltsgleichheit bedeutet, daß Bundes- und Landesgrundrecht auch in der Anwendung zu gleichen Ergebnissen führen. Dann aber sind die Grundrechte auf Landesebene in Konkordanz zu den entsprechenden Gewährleistungen des Grundgesetzes auszulegen und anzuwenden – auch hierin erweist sich die unitarische Komponente des Verfahrensrechts.

c) Europäische Menschenrechtskonvention und Gemeinschaftsrecht

14
Zunehmende Bedeutung der EMRK als Erkenntnisquelle

Mit einem Recht auf ein faires Verfahren wird den Anforderungen auch des Art. 6 Abs. 1 EMRK[73] Rechnung getragen. Die Bedeutung der Europäischen Menschenrechtskonvention geht mittlerweile deutlich über die eines einfachen Bundesgesetzes, wie es ihrem formalen Rang entspricht, hinaus. Vor allem als Rezeptionsquelle für Gemeinschaftsgrundrechte wirken die Gewährleistungen der Europäischen Menschenrechtskonvention zurück auf die Ordnung des Grundgesetzes. Sie wirken aber auch unmittelbar auf die Grundrechte und rechtsstaatlichen Garantien des Grundgesetzes ein. Sie sind allerdings auf Grund ihres Ranges in der Normenhierarchie kein unmittelbarer verfassungsrechtlicher Prüfungsmaßstab[74]. Doch können sie auch auf der Ebene des Verfassungsrechts als Auslegungshilfen und Erkenntnisquellen herangezogen werden[75]. Prozeßgrundrechte hatte auch die Europäische Grundrechtscharta vorgesehen, die in den justitiellen Rechten in Kapitel VI weitgehend auf den Garantien der Europäischen Menschenrechtskonvention

---

70 BVerfGE 96, 345 (365); BrandenbVerfGE 8, 82 (84); BrandenbVerfG, in: NJ 2003, S. 418; NJW 2004, S. 3259; BerlVerfGH, in: NJW 1999, S. 47; JR 2001, S. 363; SächsVerfGH, in: JbSächsOVG 3, S. 97; ThürVerfGH, in: DÖV 2001, S. 335; LKV 2002, S. 227; ThürVBl 2004, S. 116 (118) – dort für die rechtsstaatliche Unschuldsvermutung; RheinlPfalzVerfGHG, in: NJW 2006, S. 3341; einschränkend HessStGH, in: DÖV 1999, S. 388: Aussetzung des Verfahrens bis zur Entscheidung durch das BVerfG; anders, wenn Verfahrensgegenstand der Hoheitsakt einer Bundesbehörde ist: SächsVerfGH, in: NJW 1999, S. 51; *Christoph Degenhart*, Staatsrecht I – Staatsorganisationsrecht, ²² 2006, Rn. 859 ff.
71 Vgl. für Bayern Art. 91 Abs. 1, für Berlin Art. 15 Abs. 1, für Brandenburg Art. 52 Abs. 3, für Rheinland-Pfalz Art. 6 Abs. 2, für Sachsen Art. 78 Abs. 2, für Sachsen-Anhalt Art. 21 Abs. 4, für Thüringen Art. 88 Abs. 1 S. 1 der jeweiligen Landesverfassung.
72 Vgl. z. B. Art. 78 Abs. 3 S. 1 SachsVerf zum Recht auf ein „gerechtes, zügiges und öffentliches" Verfahren und zum Recht auf Verteidigung.
73 Vgl. auch *Nolte* (N 61), Art. 103 Rn. 15; *Eckhard Pache*, Das europäische Grundrecht auf einen fairen Prozeß, in: NVwZ 2001, S. 1342; *Franz Matscher*, Der Einfluß der EMRK auf den Zivilprozeß, in: FS für Wolfram Henckel, 1995, S. 593 ff. – dort auch Überblick über weitere prozessuale Garantien; *Manfred Wolf*, Zivilprozessuale Verfahrensgarantien in Art. 6 Abs. 1 EMRK als Grundlage eines europäischen Zivilprozeßrechts, in: FS für Alfred Söllner, 2000, S. 1279 ff.
74 BVerfGE 111, 307 (318).
75 BVerfGE 74, 358 (370); 83, 119 (128); grundsätzlich jetzt BVerfGE 111, 307 (318 ff.); s. auch *Peter Schlosser*, EMRK und Waffengleichheit im Zivilprozeß, in: NJW 1995, S. 1404 – zu EGMR, in: NJW 1995, S. 1413.

beruhte[76]. Die Grundrechtecharta ist auf Grund des Scheiterns des Europäischen Verfassungsvertrags vorerst nicht in Kraft getreten, ließ jedoch die Bedeutung der Europäische Menschenrechtskonvention als einer Erkenntisquelle für gemeinsame Rechtsüberzeugungen der Mitgliedstaaten der Europäischen Union deutlich werden. Die damit einhergehende Aufwertung der Europäischen Menschenrechtskonvention findet zusehends Niederschlag in der Rechtsprechung[77] – wie denn auch der Europäische Gerichtshof für die Auslegung von Gemeinschaftsgrundrechten[78], Gerichte der Bundesrepublik für die Auslegung von Grundrechten des Grundgesetzes Grundrechte der Europäischen Menschenrechtskonvention heranziehen, in der Ausgestaltung, die sie durch die Spruchpraxis der Straßburger Organe erhalten[79]. Schon für das Recht auf den gesetzlichen Richter nach Art. 101 Abs. 1 S. 2 GG konnte konstatiert werden, daß ihm der Gewährleistungsgehalt des Art. 6 Abs. 1 EMRK unterlegt wird[80].

Wie Rechtseinheit im Recht des gerichtlichen Verfahrens für den Bundesstaat als Voraussetzung für ungehinderten Rechtsverkehr im gesamtstaatlichen Interesse liegt, so wird im Zuge der Schaffung eines europäischen Rechtsraumes eine Harmonisierung gefordert sein. Wege zu einem europäischen Zivilprozeßrecht weisen Vorschriften des Sekundärrechts der Europäischen Gemeinschaft zur internationalen Zuständigkeit sowie zur Anerkennung von Entscheidungen und zur Vollstreckbarkeitserklärung sowie zu rechtsstaatlichen Mindeststandards rechtlichen Gehörs[81]. Über Art. 6 Abs. 2 EUV erlangen die prozessualen Menschenrechte der Europäischen Menschenrechtskonvention zudem die Qualität von allgemeinen Grundsätzen des Gemeinschaftsrechts[82]. Sie verlangen Geltung auch bei Anwendung sekundären Gemeinschaftsrechts und stehen der Anerkennung bzw. Vollstreckung von Gerichtsentscheidungen jedenfalls dann entgegen, wenn im Ursprungsstaat rechtliches Gehör nicht gewährt wurde, kein faires Verfahren stattgefunden hat[83]. Ungehinderter Rechtsverkehr in einem europäischen Rechtsraum bedarf vergleichbarer Standards im gerichtlichen Verfahren. Dies gilt in besonderem Maße für die Rechtshilfe und den Auslieferungsverkehr in Strafsachen, wo angesichts des intensiven eingriffsmäßigen Betroffenseins das Ver-

15
Europäischer Zivilprozeß?

---

76 *Christoph Grabenwarter*, Die Charta der Grundrechte der Europäischen Union, in: DVBl 2001, S. 1 (8).
77 Vgl. z. B. BVerfG (K), in: NJW 2001, S. 3696; ThürVerfGH: in: NJW 2001, S. 2708; BGHSt 45, 308; 46, 93; 46, 159; 46, 178; BGH, in: NJW 2001, S. 237; BVerwGE 110, 203 (205 f.) dahinter zurückbleibend LG Mainz, in: NJW 1999, S. 1271 – dazu kritisch *Dieter Dörr*, Akteneinsichtsrecht des Beschuldigten, in: JuS 2000, S. 287.
78 *Theodor Schilling*, Bestand und allgemeine Lehren der bürgerschützenden allgemeinen Rechtsgrundsätze des Gemeinschaftsrechts, in: EuGRZ 2000, S. 3 (13).
79 Vgl. dazu *Siegbert Alber/Ulrich Widmaier*, Die EU-Charta der Grundrechte und ihre Auswirkungen auf die Rechtsprechung zu den Beziehungen zwischen EuGH und EGMR, in: EuGRZ 2000, S. 497 (502 ff.).
80 → Oben *Degenhart*, § 114 Rn. 11, 42.
81 Vgl. *Reinhold Geimer*, in: Richard Zöller, Zivilprozeßordnung, ^{26}2007, Einl. Rn. 153 ff. insbesondere zur VO (EG) Nr. 44/2001 vom 22.12.2000.
82 Vgl. *Geimer* (N 81), Einl. Rn. 151; s. auch etwa *Heimo Schack*, Wechselwirkungen zwischen europäischem und nationalem Zivilprozeßrecht, in: ZZP 107 (1994), S. 279 ff.
83 Vgl. EuGH, in: NJW 2000, S. 1853; ZIP 2000, S. 859 für das Adhäsionsverfahren, dort wurde dem Verteidiger eines abwesenden Angeklagten verwehrt, für diesen aufzutreten; zum europäischen Haftbefehl s. OLG Stuttgart, in: NJW 2004, S. 3437.

trauen des Bürgers in die eigene Rechtsordnung in besonderem Maße schutzwürdig ist. Dies war bei der Umsetzung des Rahmenbeschlusses über den Europäischen Haftbefehl und die Übergabeverfahren zwischen den Mitgliedstaaten der Europäischen Union im Europäischen Haftbefehlsgesetz nicht berücksichtigt worden[84]. Daß gemeinschaftsrechtliche Vorgaben auch tradierte und scheinbar unverrückbare Institute des Rechts des gerichtlichen Verfahrens ins Wanken bringen können, zeigt die Rechtsprechung des Europäischen Gerichtshofs zur Staatshaftung für fehlerhafte Rechtsanwendung durch die Gerichte[85], die das Spruchrichterprivileg des § 839 Abs. 2 BGB zusehends in Frage stellt.

III. Maßgebliche Verfassungsaussagen

1. Überblick und systematische Zuordnung

16
Klassische Prozeß-grundrechte und neue prozessuale Positionen

Neben den klassischen Prozeßgrundrechten des Grundgesetzes, die das gerichtliche Verfahren bestimmen, dem Recht auf den gesetzlichen Richter und dem Gehörsrecht wurden weitere prozessuale Positionen entwickelt, neben dem rechtsstaatlichen Anspruch auf Justizgewähr und der Rechtsschutzgarantie des Art. 19 Abs. 4 GG vor allem das aus dem Rechtsstaatsgebot in Verbindung mit Art. 2 Abs. 1 GG abgeleitete Recht auf ein rechtsstaatliches bzw. rechtsstaatlich-faires Verfahren, das als allgemeines Prozeßgrundrecht[86] die Bedeutung einer prozeßrechtlichen Generalklausel hat. Weitere prozessuale Positionen wurden damit im Zusammenhang ausgeformt, so insbesondere für den Strafprozeß das Recht auf wirksame Verteidigung[87], für den Zivilprozeß[88] ein Grundsatz prozessualer Waffengleichheit als Gebot einerseits des Art. 3 Abs. 1 GG[89], aber auch des rechtsstaatlichen Fairneßgebots[90], und ein Gebot effektiven Rechtsschutzes[91]. Im Strafprozeß wiederum ist Waffengleichheit ein Teilaspekt eines fairen Verfahrens – das Recht des Angeklagten auf freie Verteidigerwahl wird sowohl gleichheitsgrundrechtlich

---

84 BVerfGE 113, 273 (308 ff.); s. zum europäischen Haftbefehl auch OLG Stuttgart, in: NJW 2004, S. 3437.
85 Vgl. EuGH, in: NJW 2003, S. 3539; dazu *Jeanette Grune*, Staatshaftung bei Verstößen nationaler Gerichte gegen Europäisches Gemeinschaftsrecht, in: BayVBl 2004, S. 753 ff.
86 Vgl. BVerfG (K), in: NJW 1997, S. 999 (1000).
87 BVerfGE 38, 105 (118); 39, 156 (168); 57, 250 (274 ff.); 63, 45 (60); 64, 135 (145); 66, 313 (318); im Zusammenhang mit Prozeßabsprachen s. BGH, in: StV 2006, S. 292.
88 Zum Recht auf faires Verfahren im Zivilprozeß s. BVerfGE 78, 123 (126); 93, 99 (107).
89 Vgl. BVerfGE 51, 131 (153 ff.). – Arzthaftungsrecht; BVerfGE 69, 126 (139) – Präklusion.
90 Vgl. BVerfGE 248 (254); BVerfG (K), in: NJW 2000, S. 1483, zur Beweislastverteilung im arbeitsgerichtlichen Verfahren als Frage des Art. 20 Abs. 3 GG; s. auch BVerfGE 53, 131 (132 ff., 153 ff.); *Siegbert Reinhardt*, Die Umkehr der Beweislast aus verfassungsrechtlicher Sicht, in: NJW 1994, S. 93 ff.; für Maßgeblichkeit allein des Art. 3 Abs. 1 GG demgegenüber *Maurer* (N 7), S. 467 (499).
91 So unterscheidet *Ekkehard Schumann*, Der Einfluß des Grundgesetzes auf die zivilprozessuale Rechtsprechung, in: 50 Jahre Bundesgerichtshof, FG der Wissenschaft, Bd. III, 2000, S. 3 (15 f.), diese vier vom Bundesverfassungsgericht entwickelten Positionen (neben den „klassischen" Prozeßgrundrechten): effektiver Rechtsschutz, vorhersehbares Verfahren, fairer Prozeß und Rechtsschutzanspruch (gemeint ist mit letzterem der Justizgewährungsanspruch); *Max Vollkommer*, in: Richard Zöller, Zivilprozeßordnung, ²⁶2007, Einl. Rn. 48 ff., unterscheidet Justizgewährungsanspruch, Rechtsschutzanspruch und Anspruch auf wirkungsvollen Rechtsschutz.

als auch unmittelbar rechtsstaatlich abgeleitet[92]. Für das systematische Verhältnis der justitiellen Garantien des Grundgesetzes ist in grundsätzlicher Weise zwischen Rechten auf Zugang zum Verfahren und Rechten auf geordneten Verfahrensablauf zu unterscheiden[93]. Den Zugang zum Verfahren, aber auch einen wirksamen Rechtsschutz sichern Justizgewährungsanspruch und Rechtsschutzgarantie des Art. 19 Abs. 4 GG; den ordnungsgemäßen Ablauf des Verfahrens garantieren das Recht auf Gehör und weitere prozessuale Grundrechte. Dabei werden explizite Verfahrensgrundrechte wie das Recht auf Gehör und allgemein-rechtsstaatliche Verfahrenserfordernisse nicht durchweg in ihrem Anwendungsbereich klar geschieden[94]. So werden die Handhabung von Fristen und Wiedereinsetzung regelmäßig dem rechtlichen Gehör[95], mitunter – vor allem wenn es um den erstmaligen Zugang zu einem Gericht oder einer Instanz geht – einem allgemeinen Grundsatz rechtsstaatlicher Verfahrensgestaltung[96], aber auch der Rechtsschutzgarantie des Art. 19 Abs. 4 GG[97] zugeordnet, die Zurückweisung verspäteten Vorbringens dem Willkürverbot des Art. 3 Abs. 1 GG[98], Präklusionsvorschriften dem Recht auf Gehör wie auch einem aus Art. 3 Abs. 1 GG abgeleiteten Grundsatz der Waffengleichheit[99]. Doch sind jedenfalls allgemein-rechtsstaatliche Verfahrenserfordernisse auf der Grundlage des Art. 20 Abs. 3 GG in Verbindung mit Art. 2 Abs. 1 GG[100] und die explizit verfahrensbezogenen Gewährleistungen des Grundgesetzes in einem Verhältnis von lex generalis und lex specialis zu sehen[101].

Zugang zum Verfahren und geordneter Verfahrensablauf

2. Prozessuale Gewährleistungen des Grundgesetzes

a) Justizgewährungsanspruch, Rechtsschutzgarantie und effektiver Rechtsschutz

Der im Rechtsstaatsprinzip begründete, über Art. 2 Abs. 1 GG mit grundrechtlicher Qualität ausgestattete Justizgewährungsanspruch betrifft, wie dargelegt, zunächst den Zugang zum Verfahren. Eine vergleichbare Gewährleistung enthält Art. 6 Abs. 1 EMRK. Hiernach hat, jedenfalls für zivilrechtliche

17
Effektiver Rechtsschutz als Gebot des Rechtsstaates

---

92 Vgl. BVerfG (K), in: EuGRZ 2001, S. 519 (521) = NJW 2001, S. 3695.
93 BVerfGE 107, 305 (402 ff.); dazu → oben *Degenhart*, § 114 Rn. 11.
94 Kennzeichnend etwa BVerfGE 89, 120 (130) – Hauptverhandlung in Abwesenheit des Angeklagten.
95 Vgl. BVerfGE 41, 23 (28); 44, 302 (302 f., 306); 50, 1 (39); 51, 146 (149); 51, 352 (354); 53, 148 (151); 62, 334 (336); 72, 84 (88); 74, 220 (224); 87, 275 (278); s. auch BVerfGE 110, 229 (342); ThürVerfGH, in: ThürVBl 2004, S. 116 (119): Fristen sind fair zu handhaben.
96 BVerfGE 69, 381 (385); 79, 372 (375); 93, 99 (107); vgl. auch BrandenbVerfG, in: JR 2002, S. 368: Wiedereinsetzung bei Versäumung der Einspruchsfrist gegen Strafbefehl als Frage rechtlichen Gehörs und eines fairen Verfahrens.
97 S. BVerfG (K), in: NJW 1995, S. 2545, für das Strafbefehlsverfahren; NJW 1995, S. 2544, für den Zugang zur Revisionsinstanz.
98 BVerfGE 54, 117 (123); s. zum allgemeinen Willkürverbot auch BVerfGE 42, 64 (72); 71, 202 (204).
99 Vgl. BVerfGE 69, 126 (139).
100 Vgl. z. B. BVerfGE 83, 182 (194).
101 Vgl. BVerfGE 83, 192 (194); allgemein s. *Konrad Redeker*, Verfahrensgrundrecht und Justizgewährungsanspruch, in: NJW 2003, S. 2956.

Ansprüche[102], jedermann Anspruch darauf, daß seine Sache in einem fairen Verfahren vor einem unabhängigen und unparteiischen, auf Gesetz beruhendem Gericht gehört wird. Damit werden nicht nur Fairneß und Gehör im Verfahren garantiert, sondern auch die Bereitstellung eines bestimmten rechtsstaatlichen Anforderungen entsprechenden „Gerichts", das über die Rechtssache entscheidet[103]. Die Anforderungen an das Gericht werden für das Grundgesetz mit dem Recht auf den gesetzlichen Richter in Art. 101 Abs. 1 S. 2 GG abgedeckt. Dem Anspruch auf Justizgewährung entspricht für den Rechtsschutz gegen die öffentliche Gewalt die Rechtsschutzgarantie des Art. 19 Abs. 4 GG. Auch sie ist also, wie der allgemeine Justizgewährungsanspruch, eine Ausprägung jener Garantie wirkungsvollen Rechtsschutzes[104], die als Bestandteil des Rechtsstaatsprinzips[105] den Zugang zum Gericht, die Prüfung des Streitbegehrens in einem förmlichen Verfahren und die verbindliche gerichtliche Entscheidung umfaßt[106], sich den Zugang zum Gericht hinaus also auch auf die Ausgestaltung des gerichtlichen Verfahrens selbst erstreckt. Die Verfahrensbeteiligten sind in die Lage zu versetzen, ihre Rechte wirksam wahrzunehmen. Dieses rechtsstaatliche Gebot effektiven Rechtsschutzes erlangt für die Parteien des Zivilprozesses grundrechtliche Qualität über Art. 2 Abs. 1 GG, für das Verwaltungsstreitverfahren unmittelbar aus Art. 19 Abs. 4 GG[107]. Auch hierin kommt der das Recht des gerichtlichen Verfahrens nach dem Grundgesetz bestimmende Grundsatz einer aktiven Rolle des Verfahrensbeteiligten – der eben nicht Objekt staatlichen Handelns sein darf – zum Tragen. Effektiver Rechtsschutz ist gleichermaßen im Strafprozeß gefordert, bedeutet hier ein Recht auf wirksame Verteidigung.

b) Das Recht auf Gehör – Stufen der Realisation

18
Recht auf Information, auf Äußerung und auf Erwägung

Ausmaß und Modalitäten des zu gewährenden rechtlichen Gehörs bestimmen sich zunächst nach Maßgabe des einfachgesetzlichen Prozeßrechts. Das Grundrecht ist dann zum einen Maßstab für diese einfachgesetzlichen, prozeßrechtlichen Regelungen des rechtlichen Gehörs, es ist zum anderen – und hierin liegt der Schwerpunkt seiner praktischen Relevanz – maßgebliche Leitlinie für deren Anwendung. Dabei kommt das Recht auf Gehör im gerichtlichen Verfahren in unterschiedlichen Stufen der Realisation zur Entfaltung – wie ja auch der Rechtsschutzanspruch des Grundgesetzes sich in den Stadien des Zugangs zum Gericht, des Verfahrens und der Entscheidung verwirklicht[108]. Rechtliches Gehör bedeutet zunächst[109], daß den Verfahrensbeteilig-

---

102 Zur Auslegung s. EGMR, in: NJW 2002, S. 3453: keine Steuersachen, da sie zum Kern staatlicher Hoheitsrechte gehören.
103 Ebenso *Brehm* (N 20), vor § 1 Rn. 286; enger *Papier* (N 47), § 153 Rn. 9.
104 Vgl. etwa BVerfGE 84, 366 (369); 85, 337 (345); 88, 88 (91); 91, 176 (181); 101, 123 (126).
105 BVerfGE 88, 118 (123); 96, 27 (39f.); 101, 123 (126); 107, 395 (401).
106 BVerfGE 107, 395 (401); zur Frage der Justizgewährung bei Überprüfung kirchlicher Maßnahmen s. BVerfGE 111, 1.
107 Vgl. BVerfGE 88, 118 (123).
108 BVerfGE 107, 395 (401).
109 Zu den Phasen der Verwirklichung s. *Schulze-Fielitz* (N 9), Art. 103 Abs. 1 Rn. 19; *Schmidt-Aßmann* (N 22), Art. 103 Rn. 69 ff.

ten Gelegenheit gegeben wird, sich zum Verfahrensstoff in tatsächlicher wie rechtlicher Hinsicht zu äußern[110], Ausführungen zu machen und Anträge zu stellen[111], um auf das Verfahren Einfluß nehmen zu können[112]. Dieses Recht steht allen Verfahrensbeteiligten zu, Parteien, Streitgenossen und Beigeladenen wie sonstigen Beteiligten, die durch das Verfahren unmittelbar rechtlich betroffen werden[113]. In Effektuierung dieses Rechts darf das Gericht seinerseits nur solche Tatsachen seiner Entscheidung zugrunde legen, zu denen die Beteiligten sich äußern konnten[114] – gerade auch „vor dem Gesetz" darf der Bürger nicht zum Objekt staatlichen Handelns werden. Die Möglichkeit, sich zu äußern, setzt ihrerseits voraus, daß die Beteiligten hinreichend Kenntnis von verfahrensrelevanten Vorgängen erhalten. Hierdurch erst werden die Verfahrensbeteiligten in die Lage versetzt, sich zum Verfahrensstoff in der von Art. 103 Abs. l GG vorausgesetzten Weise zu äußern. Demgemäß begründet das Recht auf Gehör auf einer ersten Stufe der Realisation Mitteilungs- und Informationspflichten des Gerichts[115]. Auf einer zweiten Stufe der Realisation des Rechts auf Gehör ist dann die Möglichkeit einzuräumen, sich zum Verfahrensstoff in der von Abs. 1 vorausgesetzten Weise zu äußern. Schließlich muß das Gericht – und dies bezeichnet die dritte Stufe in der Realisation des Verfahrensgrundrechts – die Äußerungen der Verfahrensbeteiligten zur Kenntnis nehmen und „in Erwägung ziehen"[116]. Hieraus folgt auch ein grundsätzlicher Anspruch auf hinreichende Begründung der gerichtlichen Entscheidung, im Interesse nicht nur einer Kontrolle durch Rechtsmittelgerichte – sowie im Verfahren der Verfassungsbeschwerde –, sondern gleichermaßen im Hinblick auf die Gewährleistung eines Mindestmaßes an Rationalität gerichtlicher Entscheidungsgewinnung. Auch dies ist ein relevanter rechtsstaatlicher Aspekt[117] des Rechts auf Gehör.

Inhalt des Rechts auf Gehör

---

110 BVerfGE 6, 12 (14); 29, 345 (347); 36, 92 (97); 50, 381 (384); 55, 95 (98); 60, 305 (310); vgl. *Rüping* (N 15), Art. 103 Abs. 1 Rn. 42; zum „Rechtsgespräch" s. Rn. 33.
111 BVerfGE 1, 418 (429); 36, 85 (87).
112 BVerfG in std. Rspr., vgl. aus neuerer Zeit etwa BVerfGE 89, 28 (35); 101, 128 (129).
113 *Rüping* (N 15), Art. 103 Abs. 1 Rn. 76 ff.; BVerfGE 12, 6 (8); 17, 356 (361); 21, 362 (373).
114 BVerfG in std. Rspr.; vgl. zum Äußerungsrecht BVerfGE 1, 418 (429); 6, 12 (14); 60, 175 (210); 60, 305 (310); 64, 135 (143 f.); 65, 227 (234); 81, 123 (126); 84, 188 (190); 86, 133 (144 f.); 89, 381 (392); 101, 106 (129); zum korrespondierenden Verwertungsverbot s. BVerfGE 6, 12 (14); 24, 56 (61); 12, 110 (113); 57, 250 (274); 65, 135 (143 ff.).
115 Insbesondere zu den Informationspflichten des Gerichts s. BVerfGE 25, 40 (43 f.); 74, 1 (5); 84, 188 (190); 86, 133 (144); 86, 280 (284); 89, 28 (36); *Franz-Ludwig Knemeyer*, Rechtliches Gehör im Gerichtsverfahren, in: HStR VI, ²2001 (¹1989), § 155 Rn. 29; *Nolte* (N 61), Art. 103 Rn. 30 ff.
116 BVerfG in std. Rspr., vgl. z. B. BVerfGE 11, 218 (220); 34, 344 (347); 42, 364 (367 f.); 53, 219 (223); 54, 86 (91); 59, 330 (333); 60, 250 (252); 64, 108 (114); 64, 135 (143 f.); 70, 215 (218); 81, 97 (107); 86, 133 (145).
117 Eben in dieser Rationalität, Nachvollziehbarkeit der Entscheidungsfindung ist m. E. ein maßgeblicher Aspekt rechtsstaatlicher Verfahrensgarantien – über den Bereich der Rechtsprechung hinaus – zu sehen.

c) Das Recht auf faires Verfahren

19
Rechtsstaatliche Generalklausel – widersprüchliches Verhalten, Sprachprobleme

Auf das Recht auf faires Verfahren wird nicht zurückgegriffen für jene Aspekte des gerichtlichen Verfahrens, die durch das Recht auf Gehör in seinen unterschiedlichen Stufen der Realisation erfaßt werden. Demgegenüber gelangt es zur Geltung, wenn es sich um Verfahren außerhalb der Rechtsprechung handelt – so vor dem Rechtspfleger[118], aber auch in parlamentarischen Untersuchungsverfahren[119] sowie für die Tätigkeit der Strafverfolgungsbehörden[120]. Für den Bereich der Rechtsprechung wird der Grundsatz des fairen Verfahrens für den Zivilprozeß als Verpflichtung des Richters gekennzeichnet, das Verfahren so zu gestalten, wie die Parteien „es von ihm erwarten dürfen", sich nicht widersprüchlich zu verhalten, insbesondere aus der gerichtlichen Sphäre zuzurechnenden Versäumnissen keine Nachteile für die Parteien

Recht auf ein vorhersehbares Verfahren

abzuleiten[121]. Daher kann auch das Recht auf ein vorhersehbares Verfahren[122] als ein Teilaspekt prozessualer Fairneß gelten. Das Recht auf ein faires Verfahren ergreift so als prozessuale Generalklausel einerseits jene Teilaspekte des Verfahrens, die, wie etwa die Beschränkung der Gerichtsöffentlichkeit im Interesse Verfahrensbeteiligter[123], keinem der speziellen Verfahrensgrundrechte zugeordnet werden können, kann andererseits aber auch in bestimmten Fallgruppen erfaßt werden, etwa im Gebot einer fairen Handhabung des Beweisrechts[124]. Auch bezeichnet es einen konstruktiven Ansatzpunkt, um verfahrensbezogene Anforderungen der Europäischen Menschenrechtskonvention auf verfassungsrechtlicher Ebene zu realisieren[125]. Dies betrifft etwa die Position der der Gerichtssprache nicht mächtigen Partei, insbesondere des Angeklagten, sein Recht auf Beiordnung eines Dolmetschers, obschon diese Frage der sprachlichen Verständigung gleichermaßen der Thematik der Äußerungsmöglichkeiten vor Gericht und damit dem Recht auf Gehör zugeordnet werden könnte[126]. Hier kann zudem das Diskriminierungsverbot des Gemeinschaftsrechts zum Tragen kommen[127]. Im Strafprozeß, für den das Recht auf ein faires Verfahren mitunter auch an das materielle Grundrecht der Freiheit der Person in Art. 2 Abs. 2 GG angebunden wird[128], ist Fairneß im Verfahren besonders durch wirksame Verteidigung anzustreben, ist die Stellung des Beschuldigten bzw. Angeklagten gegenüber der ihm

---

118 BVerfGE 101, 397 (405); näher *Bettina Mielke*, Zur verfassungsrechtlichen Stellung des Rechtspflegers, in: BayVBl 2004, S. 520.
119 Vgl. zu § 44b AbgG BVerfGE 98, 139; 99, 19.
120 BVerfGE 109, 279 (369).
121 BVerfGE 78, 123 (126f.): Nichtberücksichtigung einer unleserlichen Unterschrift, die das Gericht über längere Zeit nicht beanstandet hatte; BVerfG (K), in: NJW 2004, S. 2887, zur Wiedereinsetzung nach Irreführung durch das Gericht; BVerfG (K), in: NJW 2005, S. 3346; für den Strafprozeß s. EGMR, in: NJW 2003, S. 1229, zur (ausnahmsweisen) Verantwortung des Staates für Fehler eines Pflichtverteidigers.
122 Vgl. *Brehm* (N 20), vor § 1 Rn. 297; BVerfGE 87, 48 (65).
123 Dazu BVerfGE 103, 44 (82).
124 BVerfGE 106, 28 (48ff.).
125 Vgl. BVerfGE 74, 358 (370).
126 Näher s.u. Rn. 37.
127 Vgl. EuGH, in: EuZW 1999, S. 82.
128 Vgl. BVerfGE 70, 297 (308); BVerfG (K), in: JR 2004, S. 37 (38f.) mit Anm. *Martin Böse*, S. 142ff.

an Mitteln häufig überlegenen Anklagebehörde[129] gleichwertig zu gestalten[130]. Das Recht auf faires Verfahren steht dabei in prinzipieller Gegenläufigkeit zu staatlichen Interessen an „funktionstüchtiger Strafrechtspflege"[131]. Die prinzipielle Gegenläufigkeit der Verfahrensbelange kann für den Zivilprozeß nicht in gleicher Weise vorausgesetzt werden: Ungeachtet der unterschiedlichen Interessen der Parteien am Verfahrensausgang befinden sie sich im Verhältnis zum Gericht in gleicher Verfahrenssituation. Sie ist gekennzeichnet durch das gleichmäßige Interesse an Justizgewährung, an Wirksamkeit des Rechtsschutzes, an Wahrheitsfindung im Prozeß. Hieran ist die rechtsstaatliche Gestaltung des Verfahrens auszurichten, an der Gleichheit der Parteien vor dem Richter.

d) Der Gleichheitssatz des Art. 3 Abs. 1 GG – Waffengleichheit und Willkürverbot

Gleichheit vor dem Gesetz als die ursprüngliche Dimension des Gleichheitssatzes bedeutet Gleichheit vor dem Richter, Gleichheit im Verfahren. Über die formale Gleichheit der Stellung im Verfahren begründet der Gleichheitssatz des Art. 3 Abs. 1 GG einen Grundsatz materiell gleichwertiger Wirkungsmöglichkeiten im Verfahren im Sinn prozessualer Waffengleichheit[132]. Auch dieses Verfahrensgrundrecht erfaßt alle Zweige der Gerichtsbarkeit, auch das Verfahren der Verfassungsbeschwerde[133]. Dem entspricht die Ableitung einerseits aus dem Rechtsstaatsprinzip und andererseits aus dem Gleichheitssatz des Art. 3 Abs. 1 GG[134]. In seiner Schutzwirkung wie in seiner rechtsstaatlichen Ableitung ist das Erfordernis prozessualer Waffengleichheit damit dem des fairen Verfahrens vergleichbar gelagert; die Verfahrensgrundsätze werden parallel zur Geltung gebracht[135]. Mitunter wird der Grundsatz der Waffengleichheit auch seinerseits aus dem Grundsatz des fairen Verfahrens abgeleitet, so insbesondere für den Anwendungsbereich des Art. 6 Abs. 1 EMRK[136]. Auf das Willkürverbot des Art. 3 Abs. 1 GG stützt sich eine Rechtsprechung, die eine im Einzelfall nicht nachvollziehbare, unverständliche, „schlechthin willkürliche" Rechtsanwendung als Verfassungsverstoß beanstandet[137]. Dies betrifft sowohl die Anwendung des materiellen als auch des Verfahrensrechts[138]. Das

20
Gleichheit und materielle Willkür

---

129 So etwa BVerfGE 63, 45.
130 Vgl. *Roxin* (N 41), § 11 V.
131 Hierzu eingehend *Niemöller/Schuppert* (N 40), S. 394 ff.
132 Vgl. dazu BVerfGE 74, 78 (95); 93, 213 (236); *Schumann* (N 91), S. 19.
133 Vgl. BVerfGE 98, 163 (167).
134 So bei BVerfGE 74, 78 (95).
135 BVerfGE 63, 380 (392).
136 Vgl. *Peukert* (N 8), S. 615 f.
137 Vgl. BVerfGE 58, 163 (167 f.); 62, 189 (192); 80, 48 (51); 86, 59 (62); 87, 273 (278); BVerfG (K), in: NJW 2004, S. 209; NJW 2005, S. 3345 (3346); BerlVerfGH, in: JR 2003, S. 365; ThürVerfGH, in: LKV 2004, S. 125; s. aber auch BVerfGE 67, 90, wonach die „zweifelsfrei fehlerhafte Anwendung einfachen Rechts allein noch keinen Verstoß" gegen Art. 3 Abs. 1 GG begründet; BerlVerfGH, in: NJ 2003, S. 361; BayVerfGHE 36, 75 (78); 50, 60 (64); 51, 67 (69); 53, 157 (159); BayVerfGH, in: NJW 2005, S. 1347; BayVBl 2005, S. 302 (303).
138 Vgl. BVerfGE 96, 189 (203), für die richterliche Beweiswürdigung; dazu auch BerlVerfGH, in: JR 2002, S. 453; vgl. auch BayVerfGH, in: BayVBl 2004, S. 80.

Willkürverbot wird so als Korrektiv herangezogen, um rechtsstaatlich unerträgliche Fehlentscheidungen zu korrigieren.

e) Materielle Grundrechte – Grundrechtsrelevanz des Verfahrensrechts?

21
Eigenständigkeit des Verfahrensrechts

Ungeachtet der materiell-grundrechtlichen Schutzfunktion des gerichtlichen Verfahrens[139] ist der unmittelbare Rückgriff auf Grundrechte für dessen verfassungsrechtliche Durchdringung nur bedingt weiterführend angesichts von Eigenständigkeit und rechtsstaatlichem Eigenwert des Verfahrensrechts. Das materielle Recht bedarf der Erkenntnis und Durchsetzung unter Wahrung rechtsstaatlicher Verfahrensgarantien. Deren Beachtung geht der Feststellung und der Realisation des materiellen Rechts voraus; Verfahrenserfordernisse beanspruchen daher zunächst unabhängig von der Art und Weise konkreten materiellen Rechtsbetroffenseins Geltung. Der rechtsstaatlichen Funktion des gerichtlichen Verfahrens ist durch spezifisch verfahrensrechtliche Kategorien Rechnung zu tragen, die allein aus materiellen Grundrechten nicht zu entwickeln sind. Der materielle Grundrechtsbezug des Verfahrensrechts ermöglicht demgegenüber die unmittelbare Herleitung von Verfahrenserfordernissen typischerweise für Verfahrenshandlungen von unmittelbar materieller Eingriffsrelevanz, wenn zum Beispiel das Verfahren der Begutachtung im Rahmen eines Unterbringungsverfahrens entscheidend für die Freiheitsentziehung ist[140], das Vorgehen des Zwangsvollstreckungsverfahrens den unmittelbaren Eigentumseingriff[141] bewirkt. Materielle Grundrechte sind dann zur Geltung zu bringen, wenn, wie im Fall von Durchsuchungen und Freiheitsentziehungen, der Grundrechtseingriff unmittelbar unter Richtervorbehalt steht[142]. Sie wirken dann zurück auf die Verfahrensgestaltung – die Anforderungen an die Intensität der Gehörsgewährung bestimmen sich auch nach der Schwere des Grundrechtseingriffs[143].

22
Materiell-grundrechtliche Einflüsse

Insgesamt wird also der Zivilprozeß vom Gedanken der Grundrechtsrelevanz des Verfahrensrechts[144] nur am Rande beeinflußt[145]. Für das arbeitsgerichtliche Verfahren kann Art. 12 Abs. 1 GG die Verfahrensgestaltung beeinflussen[146], in familienrechtlichen Angelegenheiten das Grundrecht des Art. 6

---

139 S. hierzu grundlegend aus der Rechtsprechung des Bundesverfassungsgerichts BVerfGE 53, 30, (57 ff.) – dort zum Verwaltungsverfahren – Mühlheim-Kärlich; differenzierend hierzu *Dieter Lorenz*, Der grundrechtliche Anspruch auf effektiven Rechtsschutz, in: AöR 105 (1980), S. 623 ff.; *Fritz Ossenbühl*, Grundrechtsschutz im und durch Verfahrensrecht, in: FS für Kurt Eichenberger, 1982, S. 183 ff.
140 S. dazu die Grundsatzentscheidung BVerfGE 70, 297.
141 BVerfGE 46, 325; 49, 220; 51, 150, behandeln derartige Zuschlagsfälle, dürfen deshalb aber auch nicht unbesehen verallgemeinert werden.
142 BVerfGE 103, 142 (155); 105, 239 (251); s. auch *Hans Lisken*, Zur polizeilichen Rasterfahndung, in: NVwZ 2002, S. 513 (517 f.).
143 BVerfG (K), in: NJW 2004, S. 1519 (für Art. 13 GG).
144 Vgl. auch *Michael Sachs*, in: ders., GG Komm., ⁴2007, vor Art. 1 Rn. 21.
145 Vgl. auch *Claus Dieter Classen*, Gesetzesvorbehalt und Dritte Gewalt – zur demokratischen Legitimation der Rechtsprechung, in: JZ 2003, S. 693 (694): „Zivilprozeß greift nicht in Grundrechte ein".
146 BVerfGE 97, 169 (178 f.) zur Beweislastverteilung; dazu auch BVerfG (K), in: NJW 2000, S. 1483; s. auch BVerfGE 89, 276 (289) zu Art. 3 Abs. 2 GG für das Diskriminierungsverbot des § 611a Abs. 1 BGB a. F.

Abs. 2 GG[147]. Deshalb kann, wenn es um das Kindeswohl geht, um das Sorgerecht, das Recht zur Aufenthaltsbestimmung oder um eine Rückführung, eine Verpflichtung des Gerichts zur Bestellung eines Pflegers aus Art. 103 Abs. 1 in Verbindung mit Art. 6 Abs. 2 GG folgen[148]. Wenn für Mieterhöhungsklagen eine das Eigentumsgrundrecht aus Art. 14 Abs. 1 GG wahrende Handhabung auch der maßgeblichen prozessualen Bestimmungen gefordert wird[149], so ist der Grund hierfür in den spezifischen verfahrensmäßigen Anforderungen an die Wahrnehmung eigentümerischer Befugnisse zu sehen. Für den Strafprozeß ist vorrangig auf das Gebot der Fairneß abzustellen, ergänzend aber auch das Grundrecht der Freiheit der Person in Art. 2 Abs. 2 S. 2 GG[150], für den Verwaltungsprozeß auf die Rechtsschutzgarantie des Art. 19 Abs. 4 GG[151].

3. Bilanz – grundrechtliche Verfahrensmaximen, Rechtssicherheit und Rechtsschutz

Prozeßgrundrechte und allgemein-rechtsstaatliche Verfahrensgrundsätze lassen das gerichtliche Verfahren in durchgängiger verfassungsrechtlicher Determiniertheit erscheinen. Dies betrifft die einzelnen Stadien des Verfahrens, wie insbesondere für die Realisation des Rechts auf Gehör deutlich wurde, betrifft den Zugang zum Gericht und zu den einzelnen Instanzen, betrifft die Durchführung des Verfahrens und das Verhältnis zwischen Verfahrensbeteiligten und Gericht sowie die gerichtliche Entscheidungsfindung, schließlich deren Dokumentation in der Entscheidungsbegründung. Bestimmende Leitlinien werden durch die verfassungsrechtliche Zuordnung der Prozeßgrundrechte des Grundgesetzes aufgezeigt. Es sind dies vor allem die Wahrung einer aktiven Rolle der Beteiligten im Verfahren und die Effektivität des Rechtsschutzes. Informationspflichten des Gerichts, Äußerungsrechte der Verfahrensbeteiligten und Berücksichtigungspflichten des Gerichts erlangen durch diese grundrechtlichen Verfahrenserfordernisse Verfassungsrang.

23
Prozeßgrundrechte als Verfahrensmaximen

Wenn andererseits das Recht auf Gehör wie die weiteren prozessualen Rechte der Verfahrensbeteiligten zunächst grundsätzlich im Rahmen und nach Maßgabe des einfachgesetzlichen Verfahrensrechts zu verwirklichen sind, so sind hierin notwendig auch begrenzende Konkretisierungen dieser prozessualen Positionen angelegt. Denn der Rechtsstaat fordert nicht nur, daß den Verfahrensbeteiligten umfassend Gehör und möglichst effektiver Rechtsschutz gewährleistet wird, fordert also nicht nur die Gewähr für die gerechte Entscheidung im Einzelfall. Rechtstaatlichkeit bedeutet auch Rechtssicherheit, fordert mithin das Institut der Rechtskraft, fordert nicht nur, daß „jeder

24
Rechtsstaatliche Insichkonflikte

---
147 BVerfGE 99, 145 (162 ff.): Art. 6 Abs. 2 i. V. m. Art. 103 Abs. 1 GG erfordert Pflegerbestellung – zu weiteren materiellen Grundrechten s. *Nolte* (N 61), Art. 103 Rn. 88; s. auch EKMR, in: FamRZ 1999, S. 1645, zum Zugang zum Gericht in diesen Fällen.
148 BVerfGE 99, 145 = BVerfG, in: JZ 1999, S. 459 (461) mit Anm. *Dagmar Coester-Waltjen*.
149 BVerfGE 79, 80 (84 f.); näher *Schumann* (N 91), S. 27.
150 Vgl. auch BVerfG (K), in: JR 2004, S. 37.
151 S. aber auch BVerfG (K), in: NJW 1995, S. 2544 und 2545 für das Strafverfahren; für das sozialgerichtliche Verfahren s. BVerfG (K), in: NVwZ 2001, S. 425.

Rechtsstreit irgendwann ein Ende findet"[152], sondern auch, daß er dieses Ende in angemessener Zeit findet[153]. Dies rechtfertigt Begrenzungen des rechtlichen Gehörs im Interesse der Verfahrensbeschleunigung durch Präklusionsnormen[154]. Doch können zeitliche Grenzen für prozessuales Verhalten gerade auch im Interesse der Beteiligten selbst liegen und „Ausdruck prozessualer Fürsorge für sie sein"[155], wenn diese etwa sich binnen bestimmter Frist darüber klar werden müssen, ob sie sich mit der getroffenen Entscheidung abfinden oder ein Rechtsmittel ergreifen. Wenn es legitimer Zweck des gerichtlichen Verfahrens auch ist, Rechtssicherheit zu schaffen, so rechtfertigen sich hieraus zeitliche Begrenzungen des Rechtsganges und damit die Institute von Präklusion und Rechtskraft und hierauf bezogene Fristen. Dieses dem Rechtsstaat – über die Bereiche des gerichtlichen Verfahrens hinaus – immanente Spannungsverhältnis zwischen Rechtssicherheit und Einzelfallgerechtigkeit zu entscheiden, ist primär Aufgabe des Gesetzgebers, der nach dem Prinzip der praktischen Konkordanz eine konkretisierende Ausgestaltung der Prozeßgrundrechte des Grundgesetzes vorzunehmen hat.

C. Verfassungsrechtliche Bindungen des gerichtlichen Verfahrens – die einzelnen Verfahrensstadien

I. Einleitung des gerichtlichen Verfahrens – Zugang zum Gericht und zu den Instanzen

1. Zugang zum Gericht in Zivilrechtsstreitigkeiten

a) Berechenbarkeit, Gleichmäßigkeit als Verfassungsdirektiven

25
Gesetzgebung und Rechtsprechung

In zivilrechtlichen Streitigkeiten wird der durch Art. 6 Abs. 1 EMRK explizit gewährleistete[156] Zugang zum gerichtlichen Verfahren verfassungsrechtlich abgesichert durch einen Anspruch auf vorhersehbaren und gleichmäßigen Zugang zum Gericht und, soweit Rechtsmittelinstanzen eröffnet sind, zu diesen[157]. Ob dieser Anspruch nun als eigenständige prozessuale Position aufgefaßt wird[158] oder aber als ein Teilaspekt des Rechts auf effektiven Rechtsschutz[159], das ist im Ergebnis ohne Bedeutung. Als rechtsstaatliches Verfahrenserfordernis hat dieser Anspruch Verfassungsrang; über Art. 2 Abs. 1 GG

---

152 BVerfGE 107, 395 (401 f.).
153 BVerfGE 99, 93 (107).
154 Näher s. u. Rn. 49.
155 BVerfGE 60, 253 (271).
156 *Peukert* (N 8), S. 608 ff.
157 Vgl. BVerfGE 74, 228 (234); BVerfG, in: NJW 2004, S. 151, zur Nichtannahme der Revision bei gefestigter Rechtsprechung; BVerfG, in: NJW 2004, S. 1371, zur Revisionszulassung nach § 543 Abs. 2 ZPO; OLG Koblenz, in: NJW 2003, S. 2100.
158 So bei *Schumann* (N 91).
159 So wohl BVerfGE 85, 337 (345); 88, 118 (123).

bezeichnet er ein Grundrecht der Rechtsuchenden, das auch vom grundrechtsausgestaltenden Gesetzgeber nicht unverhältnismäßig erschwert werden darf[160]. Nach dem Gesetzgeber ist auch die Rechtsprechung selbst in der Pflicht, das Verfahrensrecht in gleichmäßiger, vorhersehbarer und verhältnismäßiger Weise anzuwenden. Sie darf deshalb dem Rechtssuchenden nicht das Risiko einer Abweichung von gesicherter Rechtsprechung überbürden[161], entsprechend dem rechtsstaatlichen Postulat der Rechtssicherheit im Sinn der Berechenbarkeit staatlichen Handelns[162].

b) Kostenrecht und Waffengleichheit – Prozeßkostenhilfe als rechtsstaatliches Postulat

Erfordert das Rechtsstaatsgebot gleichmäßige Gewährung von Gerichtsschutz, so darf dieses Recht durch Kostenrisiken nicht ausgehöhlt werden. Das Institut der Prozeßkostenhilfe dient diesem verfassungsrechtlichen Gebot gleichmäßigen Zugangs zum Gericht[163], als Grundsatz auch des europäischen Rechts[164]. Sein verfassungsrechtlicher Standort ist daher vorrangig im Rechtsstaatsprinzip zu sehen, das – in Verbindung mit dem Gleichheitssatz des Art. 3 Abs. 1 GG – durch das Erfordernis prozessualer Waffengleichheit konkretisiert wird[165] und erst in zweiter Linie im Sozialstaatsprinzip als Element staatlicher Fürsorge und Gewährung[166]. Denn vorrangig geht es um Überwindung staatlicherseits der durch die Kostenrisiken des Prozeßrechts errichteten Hindernisse für die Erlangung von Rechtsschutz. Verfassungsrechtlich gerechtfertigt sind Gerichtskosten[167], auch wenn sie den Zugang zum Gericht erschweren, nicht nur zur Vermeidung leichtfertiger Inanspruchnahme der Gerichte[168], sondern auch im Hinblick auf eine besondere Inanspruchnahme staatlicher Funktionen. Den Schwerpunkt der Kosten eines Rechtsstreits bilden zudem die Anwaltskosten. Hierfür erscheint Kostentragung durch die Prozeßparteien unabdingbar, da nur eine privat finanzierte Anwaltschaft die für wirksamen Rechtsschutz erforderliche Unabhängigkeit gewährleisten kann[169]. Kostenrisiken, die den Zugang zum Gericht faktisch erschweren, können daher nicht von vornherein vermieden werden, dürfen

26
Gleichmäßiger Zugang zum Gericht

---

160 BVerfGE 88, 118 (123).
161 BVerfG (K), in: NJW-RR 2001, S. 1076; s. auch BAG, in: MDR 1996, S. 956.
162 Vgl. *Christoph Degenhart*, Staatsrecht I – Staatsorganisationsrecht, ²²2006, Rn. 369, 385 ff.
163 In seiner Ergänzung auch durch die Beratungshilfe siehe Gesetz über Rechtsberatung und Vertretung für Bürger mit geringem Einkommen – Beratungshilfegesetz – vom 18. 6. 1980 (BGBl I, S. 689); hierzu s. *Wolfgang Grunsky*, Die neuen Gesetze über die Prozeßkosten- und die Beratungshilfe, in: NJW 1980, S. 2041 ff.
164 Vgl. EuGH, in: EuGRZ 2000, S. 44 für Art. 6 Abs. 1 EMRK.
165 Vgl. BVerfG (K), in: NVwZ 2003, S. 341; NJW 2003, S. 2976; NJW 2003, S. 3190; NJW 2005, S. 3489; für das verwaltungs- und sozialgerichtliche Verfahren ist Grundlage die Rechtsschutzgarantie des Art. 19 Abs. 4 GG, vgl. BVerfG (K), in: NVwZ 2004, S. 334.
166 So aber offenbar BVerfG 9, 256 (258); 10, 264 (270); 22, 83 (86); auf Rechtsstaats- und Sozialstaatsprinzip gleichermaßen abstellend BVerfGE 80, 103 (106) – Kosten im Scheidungsverfahren, Überwindung staatlicherseits durch die Kostenrisiken des Prozeßrechts errichteter Hindernisse für den rechtsstaatlich gewährleisteten Schutz individueller Rechte.
167 Vgl. hierzu BVerfGE 80, 103 (106); 83, 337 (345).
168 Vgl. etwa *Hans-Martin Pawlowski*, Zur Funktion der Prozeßkosten, in: JZ 1975, S. 197 ff.
169 *Pawlowski* (N 168), S. 200.

gleichwohl die Gleichwertigkeit der Erfolgschancen im Prozeß nicht prinzipiell aufheben.

27
Rechtsstaatliche Defizite?

Rechtsstaatliche Defizite verbleiben – dies wird für Unterlassungs- und Schadensersatzklagen mit hohen Streitwerten gegen kritische Äußerungen beispielhaft deutlich[170]. Umfassende Gleichwertigkeit der Erfolgschancen im Zivilprozeß erscheint, was die Kostenrisiken betrifft, gleichwohl nicht erzielbar[171], wohl aber weitergehende Annäherung an dieses Verfassungspostulat eines fairen, rechtsstaatlichen Verfahrens, die Bereitschaft vorausgesetzt, tradierte prozessuale Vorstellungen in der Frage der Kosten zu überdenken[172]. Dies gilt etwa für die Frage der Trennung der Kosten nach Instanzen: Die zunächst obsiegende Partei kann bei Einlegung von Rechtsmitteln durch die Gegenseite typischerweise gerade durch das Risiko, mit den Kosten des gesamten Verfahrens belastet zu werden, an der Verfolgung ihrer Rechte gehindert sein. Warum schließlich die Möglichkeit der Vereinbarung erfolgsbezogener Anwaltshonorare mit der Stellung des Anwalts als eines „Organs der Rechtspflege" stets unvereinbar sein soll, ist nicht einsichtig: Dem Anwalt obliegt die bestmögliche Wahrnehmung der Rechte seines Mandanten im Verfahren. Erfolgshonorare sind deshalb dort ausnahmsweise jedenfalls zuzulassen, wo die damit verbundene Risikoverlagerung es dem Rechtsuchenden erst möglich macht, sein Recht vor Gericht wahrzunehmen[173]. Differenzierungen in der Prozeßkostenhilfe – etwa zu Lasten juristischer Personen[174], zu Lasten ausländischer Beteiligter – werden im Grundsatz durch sachlich legitimierende Erwägungen getragen, ebenso deren Beschränkung bei mißbräuchlicher Herbeiführung der Prozeßsituation[175].

2. Einleitung des Strafverfahrens – Legalitätsprinzip

28
Durchbrechungen des Legalitätsprinzips?

Die Verfahrensunterworfenheit des Bürgers akzentuiert das ursprüngliche rechtsstaatliche und demokratische Anliegen der Gleichheit vor dem Gesetz. Hierin liegt ein verfassungsrechtlicher Geltungsgrund des Legalitätsprinzips. Daß es für Bereiche der leichten und auch mittleren Kriminalität durch gesetzlich eröffnete Möglichkeiten der Verfahrenseinstellung zunehmend durchbrochen wird[176], begegnet noch keinen durchgreifenden rechtsstaat-

---

170 S. hierzu insbesondere die bei *Erich Fechner*, Kostenrisiko und Rechtswegsperre – Steht der Rechtsweg offen?, in: JZ 1969, S. 349 (352 ff.), genannten Fälle.
171 Vgl. hierzu die differenzierte Darstellung bei *Wolfgang Grunsky*, Empfehlen sich im Interesse einer effektiven Rechtsverwirklichung für alle Bürger Änderungen des Systems des Kosten- und Gebührenrechts?, in: 51. DJT, 1976, S. A 5 ff.
172 Hierzu – m. weit. Nachw. – *Grunsky* (N 171), S. A 50 ff., A 66 ff., sowie BVerfG, in: NJW 2007, S. 979.
173 Für die Zulässigkeit von Erfolgshonoraren mit überzeugenden Gründen *Grunsky* (N 171) 173a, S. A 77 ff.; siehe jetzt BVerfG, in: NJW 2007, S. 979 (983 f.).
174 Zur Gewährung des Armenrechts für juristische Personen s. BVerfGE 35, 348; die Abhängigkeit der Gewährung des Armenrechts für Ausländer von der Verbürgung der Gegenseitigkeit nach § 114 Abs. 2 S. 1 ZPO a. F. ist mittlerweile entfallen.
175 Vgl. BVerfGE 67, 245; 67, 251: Verfahrenskosten bei Ehescheidung von Scheinehen.
176 Zu Durchbrechungen des Legalitätsprinzips s. *Roxin* (N 41), § 14 B.II.

lichen Bedenken[177]. Der Rechtsstaat bedarf auch der Flexibilität der staatlichen Reaktion, auch in eingriffsintensiven Bereichen staatlichen Handelns. Strafprozessuale Gestaltungen, die die Verfahrensbeendigung ohne Verurteilung zu einer Kriminalstrafe in Fällen geringer strafrechtlicher Schuld ermöglichen, sind daher mit einem aus dem Rechtsstaatsprinzip abzuleitenden Verfolgungszwang vereinbar, Gleichheit vor dem Gesetz vorausgesetzt. Beim sogenannten „Kronzeugen"[178] geht es um den Verzicht auf den staatlichen Strafverfolgungsanspruch wegen bestimmter Delikte, um weitergehende, gewichtige Strafverfolgungsinteressen zu realisieren – auch dahingehende Schwerpunktbildung in der Strafverfolgung kann verfassungsrechtlich gerechtfertigt sein. Auch kann im Einzelfall von der Feststellung eines Strafverfolgungsinteresses abgesehen werden, wenn der Gesetzgeber die Voraussetzungen hierfür im einzelnen festgelegt hat[179]. Mit zunehmender Schwere der Delikte muß jedoch das Gebot der Wahrung der Rechtsordnung verstärktes Gewicht erlangen. Auch im Strafprozeß kann jedoch der Zugang zum Gericht sich als Frage eines Anspruchs auf Justizgewährung darstellen – dies im Fall der Klageerzwingung durch den Nebenkläger[180].

3. Zugang zur Verwaltungsgerichtsbarkeit – Rechtsschutzgarantie des Art. 19 Abs. 4 GG

Verfassungsrechtliche Direktive für das Verfahren der Verwaltungsgerichtsbarkeit ist die Rechtsschutzgarantie des Art. 19 Abs. 4 GG, die einen lückenlosen gerichtlichen Rechtsschutz gegen Akte der staatlichen Gewalt gewährleistet. Auch hier gilt, wie für den allgemeinen Justizgewährungsanspruch, daß der Gesetzgeber den Weg zu den Gerichten näher ausgestalten, nicht aber unzumutbar erschweren darf. Wirksamer, umfassender und rechtzeitiger Rechtsschutz wird hierdurch positiv gefordert[181]. Darlegungslasten, Fristen und Präklusionsfolgen[182] werden so unmittelbar verfassungsrechtlich begrenzt. Der Zugang zu einer weiteren Instanz ist auch in Anwendung des Art. 19 Abs. 4 GG gleichmäßig zu gewährleisten[183]. Wirksame gerichtliche

29
Effektiver Rechtsschutz gegen die öffentliche Gewalt

---

177 Vgl. hierzu *Roxin* (N 41), § 14 B.II.; *Peter Rieß*, Die Zukunft des Legalitätsprinzips, in: NStZ 1981, S. 2 ff.; auch die Thematik der Absprachen ist in diesen Zusammenhang einzuordnen – zu eng BVerfG, in: NStZ 1987, S. 419, vgl. hierzu die Anm. von *Volker Gallandi*, in: NStZ 1987, S. 420 f.; ferner *Günter Haas*, Vereinbarungen im Strafprozeß, in: NJW 1988, S. 1345 ff.
178 Hierzu s. *Heike Jung*, Der Kronzeuge – Garant der Wahrheitsfindung oder Instrument der Überführung?, in: ZRP 1986, S. 38 ff.
179 Hierfür ist hinreichende Bestimmtheit zu fordern; in einem Kernbereich dürfte das Legalitätsprinzip jedenfalls als gesetzesfest anzusehen sein, vgl. *Niemöller/Schuppert* (N 40), S. 414, unter Hinweis etwa auf BVerfGE 46, 214 (223).
180 Vgl. BayVerfGH, in: BayVBl 2004, S. 493.
181 BVerfGE 40, 272 (274 f.); 54, 94 (96 f.); 65, 76 (90); 84, 34 (49); 96, 27 (39 f.); 97, 298 (315); 101, 106 (124 ff.); 104, 220 (231 ff.); *Wolf-Rüdiger Schenke*, in: BK, Art. 19 Abs. 4 (Zweitb. 1982) Rn. 383 ff.; *Schmidt-Aßmann* (N 22), Art. 19 Abs. 4 Rn. 262 f.; vgl. auch BVerfG (K), in: NVwZ 2004, S. 334, zur Prozeßkostenhilfe im sozialgerichtlichen Verfahren.
182 BVerfG (K), in: NVwZ 2000, S. 546; *Schenke* (N 22), Art. 19 Abs. 4 Rn. 433 ff.; *Christoph Degenhart*, Präklusion im Verwaltungsprozeß, in: FS für Christian-Friedrich Menger, 1985, S. 621 ff. (626 ff.); *Schmidt-Aßmann* (N 22), Art. 19 Abs. 4 Rn. 227 f., 235 f.
183 BVerfGE 65, 76 (90); 78, 88 (99); 104, 220 (231 f.); BVerfG (K), in: NVwZ 1993, S. 465; *Schulze-Fielitz* (N 29), Art. 19 Abs. 4 Rn. 94.

Kontrolle ist schließlich auch dort gefordert, wo Grundrechtseingriffe sich typischerweise durch Vollzug erledigen, ehe eine Hauptsacheentscheidung erlangt werden kann[184]. In diesen Fällen prozessualer Überholung darf die Behörde nicht klaglos, der Adressat nicht rechtsschutzlos gestellt werden. Dies bedingt eine verfassungskonforme Handhabung des einfachgesetzlichen Verfahrensrechts – hier also des § 113 Abs. 1 S. 4 VwGO in der Frage eines Feststellungsinteresses. Die besondere Verfahrenskonstellation im Bereich des Rechtsschutzes gegen die öffentliche Gewalt, die sich selbst ihre Vollstreckungstitel schafft, fordert schließlich wirksamen einstweiligen Rechtsschutz. Ihn zu gewährleisten, ist wesentliche verfassungsrechtliche Funktion der Verwaltungsrechtsprechung. – Effektiven Individualrechtsschutz fordert schließlich auch ein europäisches Grundrecht auf effektiven Rechtsschutz im Verhältnis zur Europäischen Union[185].

II. Durchführung des gerichtlichen Verfahrens in verfassungsrechtlicher Gebundenheit

1. Der Bürger im Prozeßrechtsverhältnis: Informations-, Aufklärungs- und Fürsorgepflichten des Gerichts

a) Informationspflichten des Gerichts und Recht auf Gehör

30

Gehörserheblicher Verfahrensstoff

Sollen die Verfahrensbeteiligten die ihnen von Verfassungs wegen zugedachte aktive Rolle wahrnehmen, Einfluß auf das Verfahren und sein Ergebnis nehmen können, so bedingt dies Information und Aufklärung von seiten des Gerichts über die aus seiner Sicht für die Entscheidung maßgeblichen Gesichtspunkte[186]. Es ist dies eine Frage des rechtlichen Gehörs auf seiner ersten Stufe der Realisierung. Demgemäß wird aus Art. 103 Abs. 1 GG die Verpflichtung des Gerichts abgeleitet, über den relevanten Verfahrensstoff zu informieren[187]. Sie erstreckt sich in der Regel auf den Verfahrensstoff in tatsächlicher Hinsicht. Bedeutsam hinsichtlich des Verfahrensstoffs, der den Beteiligten zu Kenntnis zu bringen ist, sind insbesondere beigezogene Gerichtsakten[188] und Sachverständigengutachten aus anderen Verfahren, auf die das Gericht sich stützt[189], ebenso von Amts wegen in den Prozeß eingeführte Tatsachen und Beweismittel[190], wie auch Beweismittel, die bei erlaubter Abwesenheit des Betroffenen eingeführt werden, ohne daß dieser hiervon

Umfang der Informationspflicht

---

184 BVerfGE 96, 27 (39); vgl. auch *Wolf-Rüdiger Schenke*, Verwaltungsprozeßrecht, [10]2005, Rn. 583.
185 *Christian Calliess*, Kohärenz und Konvergenz beim europäischen Individualrechtsschutz, in: NJW 2002, S. 3577 ff.
186 BVerfGE 84, 188 (190); 86, 133 (144); s. auch BVerfG, in: NJW 1995, S. 2544.
187 Vgl. *Nolte* (N 61), Art. 103 Rn. 32; aus neuerer Zeit BVerfGE 89, 28 (35 f.).
188 BVerfG (K), in: NJW 1994, S. 1210.
189 BGH, in: NJW 1991, S. 2824 (2825), dies gilt generell für Tatsachenfeststellungen aus anderen Verfahren; für gerichtskundige Tatsachen BVerfGE 10, 177 (192 f.).
190 BVerfG (K), in: NJW 1991, S. 2757; BGH, in: NJW 1994, S. 2824; s. auch für als offenkundig behandelte Tatsachen BVerfGE 48, 206 (209).

Kenntnis hat[191]. Informationspflichten des Gerichts beziehen sich auch auf Sachverständigengutachten[192]. Legt das Gericht seiner Entscheidung ungeprüft ein Sachverständigengutachten zugrunde, das wesentliche Befundtatsachen nicht offenlegt und deshalb keine Möglichkeit zur Prüfung eröffnet, so kann hierin ein Verstoß gegen Anspruch auf ein rechtsstaatlich-faires Verfahren liegen[193]. Systematisch vorzugswürdig erschiene auch hier die Anknüpfung im Recht auf Gehör. Hiergegen wird jedenfalls verstoßen durch unkritische Übernahme der Ergebnisse von Sachverständigengutachten, wenn Privatgutachten zu deutlich anderen Bewertungsergebnissen gelangen[194]. Generell zählen zum relevanten Verfahrensstoff die Äußerungen, insbesondere Schriftsätze der Beteiligten, die daher der jeweilgen Gegenseite bekanntgegeben werden müssen, einschließlich der Anlagen hierzu[195]. Zu informieren ist über das wesentliche prozessuale Geschehen, so zum Beispiel über die Selbstablehnung eines Richters[196] oder über Wiedereinsetzungsbeschlüsse[197]. Leitlinie für die Bestimmung der Informationspflicht muß wiederum die Schutzfunktion des Art. 103 Abs. 1 GG sein, den Beteiligten eine aktive Rolle im Verfahren zu sichern[198]. Deshalb dürfen „in camera" gewonnene Informationen, wie im Verfahren nach § 99 VwGO, über die die Partei im einzelnen nicht informiert wird, zu denen sie sich daher nicht äußern kann, nur ausnahmsweise dann für die Entscheidung herangezogen werden, wenn dies der Effektivität des Rechtsschutzes dient[199].

Der Realisierungsstufe gerichtlicher Informationspflichten sind Fragen der Zustellung zuzuordnen[200]. Problematisch sind hierbei Formen der Zustellung, bei denen die tatsächliche Kenntnisnahme durch den Adressaten nicht gewährleistet ist, wie Ersatzzustellung oder öffentliche Zustellung[201]. Sie können verfassungsrechtlich durch Erfordernisse der geordneten Verfahrensab-

31
Zustellung

---

191 Vgl. für das Ordnungswidrigkeitsverfahren OLG Hamm, in: NJW 1996, S. 534, und OLG Köln, in: NJW 1996, S. 535; vgl. ferner BayObLG, in: NJW 1995, S. 2800: keine Verletzung des rechtlichen Gehörs durch Verwertung von Zentralregisterauszügen; BVerwG, in: NVwZ 1996, S. 1102, für das vereinfachte Berufungsverfahren nach § 130 a VwGO.
192 BerlVerfGH, in: JR 2000, S. 493.
193 Vgl. BVerfGE 91, 176 (181 f.); BVerfG (K), in: NJW 1997, S. 1909 – für ein Mietwagengutachten mit nur vagen Angaben zu den Vergleichsobjekten; zum Offenlegungsverlangen im Mieterhöhungsprozeß als Frage des Art. 103 Abs. 1 GG s. aber BVerf6 (K), in: NJW 1997, S. 311.
194 BVerfG (K), in: NJW 1997, S. 122.
195 BVerfGE 49, 325 (328); 50, 82 (84); 55, 95 (99).
196 BVerfGE 89, 28 (36): kein innerdienstlicher Vorgang, sondern Informationspflicht über die tatsächlichen Umstände, die Selbstablehnung rechtfertigen können, um den Beteiligten ein Eingehen hierauf zu ermöglichen; s. aber auch BVerfG (K), in: NJW 1998, S. 369 (370).
197 BVerfGE 62, 320 (322); allgemein für prozeßleitende Verfügungen BVerfGE 64, 203 (207).
198 Vgl. BVerfGE 101, 106 (129).
199 BVerfGE 101, 106 (129 f.); vgl. auch *Jan Oster*, Die Verwertbarkeit „in camera" gewonnener Informationen, in: DÖV 2004, S. 916; vgl. auch VG Weimar, in: ThürVBl 2002, S. 93, zur Sperrung von Akten nach § 96 StPO; zum in-camera-Verfahren nach § 99 VwGO s. BVerwG, in: DÖV 2006, S. 655 f.
200 Vgl. zu Bekanntgabe und Zustellung *Schulze-Fielitz* (N 9), Art. 103 Abs. 1 Rn. 37 ff.; zu unzulässiger Zugangsvermutung s. BVerfG (K), in: NJW 1991, S. 2757; zur Zustellung an den Verteidiger (§ 145 a StPO) BVerfG (K), in: NJW 2002, S. 1640; ferner *Hans-Friedrich Gaul*, Nichtigkeitsklage bei erschlichener oder fehlerhaft bewilligter öffentlicher Zustellung wegen Gehörsverletzung?, in: JZ 2003 S. 1088.
201 Vgl. insbes. zur Ersatzzustellung BVerfGE 25, 158 (165); 26, 315 (318); 67, 208 (212); s. auch BVerfGE 81, 123 (126 ff.) zur Form der Anhörung.

wicklung und Verfahrensbeschleunigung gerechtfertigt sein, doch ist bereits auf gesetzlicher Ebene eine Abwägung mit dem Erfordernis effektiven Gehörs vorzunehmen. Öffentliche Zustellung kann hiergegen verstoßen, wenn eine andere Form ohne weiteres möglich gewesen wäre[202].

32
Transparenz und faires Verfahren im Strafprozeß

Im Strafverfahren ist Transparenz im Verfahren von besonderer Bedeutung. Das Recht auf Gehör ist hier in funktionalem Zusammenhang zum Erfordernis eines „fairen" Verfahrens[203] zu sehen. Gerade im Strafprozeß darf der Angeklagte nicht in eine Situation gebracht werden, in der er annehmen muß, über seine Position im Verfahren werde „obrigkeitlich verfügt." Deshalb verlangt bereits das Recht auf Gehör, daß der Angeklagte zur wirksamen Rechtsverteidigung[204] von allen Gesichtspunkten Kenntnis erlangt, die seitens der Anklagebehörde in das Verfahren eingebracht werden[205]. Hieraus folgt ein verfassungsrechtlich fundiertes Recht auf Akteneinsicht[206]. Es wird jedoch auf die tatsächlich vorliegenden Akten beschränkt, also nicht auf eine Beiziehung zusätzlicher Akten erweitert[207]. Verstöße gegen § 147 StPO sind damit in aller Regel auch Verstöße gegen das Prozeßgrundrecht[208]. Daß hiernach Akteneinsicht nur dem Verteidiger, nicht dem Beschuldigten selbst gewährt wird[209], steht teilweise im Widerspruch zur Rechtsprechung des Europäischen Gerichtshofs für Menschenrechte[210]. Rechtliches Gehör bedeutet zudem im Strafverfahren, daß das Gericht bei zunächst ungenauer Fassung der Anklageschrift den Angeklagten baldmöglichst eindeutig über den zugrunde zu legenden genauen Tatablauf zu informieren hat[211].

b) „Rechtsgespräch" und Überraschungsentscheidung –
prozessuale Fürsorgepflichten

33
Hinweispflicht für Rechtsauffassung des Gerichts?

In Ausnahmefällen kann das Gericht verpflichtet sein, auf seine Rechtsauffassung hinzuweisen, dies dann, wenn auch ein sorgfältiger Verfahrensbeteiligter, der die Vielfalt möglicher Rechtsauffassungen in Erwägung zieht, mit der des Gerichts nicht zu rechnen brauchte[212], jedoch auch nur dann: Grundsätzlich

---

202 BVerfG (K), in: NJW 1988, S. 2361; *Schulze-Fielitz* (N 9), Art. 103 Abs. 1 Rn. 39.
203 Vgl. hierzu BVerfGE 57, 250 (274 ff.) – „V-Mann-Entscheidung"; BVerfGE 63, 45 (60 ff.) – Spurenakten; BVerfGE 109, 279 (369) – Unterlagen über Lauschangriff.
204 Vgl. hierzu BVerfGE 63, 1 (41); 65, 171; 66, 313.
205 Vgl. BVerfGE 57, 250 (288).
206 Vgl. *Nolte* (N 61), Art. 103 Rn. 33 ff.; insbesondere für das Strafvollstreckungsverfahren *Manfred Seebode*, Einsicht in Personalakten Strafgefangener, in: NJW 1997, S. 1754 (1756); für das verwaltungsgerichtliche Verfahren BayVGH, in: NVwZ 1999, S. 889.
207 BVerfGE 63, 45 (59 f.), dort insbesondere zur Beiziehung von Spurenakten; vgl. auch BVerfGE 18, 399 (495); s. auch BVerfG (K), in: NJW 1996, S. 2222 (2223): Keine Beeinträchtigung, wenn Aktenversendungspauschale erhoben wird; zum „Lauschangriff" nunmehr BVerfGE 109, 279 (368).
208 Vgl. *Kunig* (N 58), Art. 103 Rn. 15 – „Akteneinsicht", unter Bezugnahme auf BVerfGE 18, 399 (405); zur Akteneinsicht vgl. ferner *Nolte* (N 61), Art. 103 Rn. 33 ff.; *Schulze-Fielitz* (N 9), Art. 103 Abs. 1 Rn. 40 f.
209 S. dazu *Nolte* (N 61), Art. 103 Rn. 35; BVerfGE 53, 207 (214); zum Akteneinsichtsrecht des inhaftierten Beschuldigten s. BVerfG (K), in: NJW 1994, S. 3219 (3220).
210 EGMR, in: NStZ 1998, S. 429; problematisch daher LG Mainz, in: NJW 1999, S. 1271; s. dazu *Nolte* (N 61), Art. 103 Rn. 35.
211 BGH, in: NJW 1998, S. 3788; NJW 2003, S. 2107.
212 Grundsätzlich BVerfGE 84, 188 (190); 86, 133 (144 f.); 98, 218 (263), vgl. auch etwa BVerfGE 86, 189 (216 f.).

ist das Gericht weder zu einem Hinweis auf seine Rechtsauffassung[213] noch zu einem „Rechtsgespräch" verpflichtet[214]. Entscheidet allerdings das Gericht im Gegensatz zu seiner geäußerten Rechtsauffassung, so liegt hierin ein Verstoß gegen Art. 103 Abs. 1 GG sowie gegen den Grundsatz des rechtsstaatlich-fairen Verfahrens[215]. Auch hier zeigt sich, daß das klassische Prozeßgrundrecht und die prozessuale Position eines rechtsstaatlich-fairen Verfahrens nicht durchweg klar geschieden werden können. Doch liegt beim Gehörsverstoß der Schwerpunkt auf der Verweigerung der Information durch das Gericht in seinen nachteiligen Auswirkungen auf die Position des Verfahrensbeteiligten, während der Aspekt des fairen und vorhersehbaren Verfahrens das widersprüchliche Verhalten des Gerichts im Verlauf des Verfahrens erfaßt. Insoweit begründet das Prozeßgrundrecht des rechtlichen Gehörs des Art. 103 Abs. 1 GG also auch einen Schutz vor Überraschungsentscheidungen[216] – der dann freilich nicht eingreift, wenn die maßgeblichen rechtlichen Gesichtspunkte bereits im Vortrag der Partei angesprochen waren[217], wohl aber dann, wenn das Gericht sich auf Erwägungen stützt, mit denen auch ein gewissenhafter, kundiger, mit der Vielfalt vertretener Rechtsauffassungen vertrauter Beteiligter nach dem Prozeßverlauf nicht zu rechnen brauchte[218]. Auch auf zusätzliche Substantiierungsanforderungen muß grundsätzlich hingewiesen werden[219]. Im Strafverfahren allerdings gewährt Art. 6 Abs. 3 lit. a EMRK dem Angeklagten das Recht, über die rechtliche Bewertung des ihm vorgeworfenen Sachverhalts genau und vollständig informiert zu werden. Der Europäische Gerichtshof für Menschenrechte wertet dies als wesentliche Voraussetzung einer wirksamen Verteidigung und damit wiederum als wesentliche Voraussetzung eines fairen Verfahrens[220]. Dies gilt auch für ein Gebot der Fairneß, soweit es aus dem Rechtsstaatsgebot des Grundgesetzes abgeleitet wird.

Schutz vor Überraschungsentscheidungen

---

213 BVerfGE 66, 116 (147); 74, 1 (5); für die Beweiswürdigung s. BSG, in: NJW 2000, S. 3590 (3591).
214 BVerfGE 31, 364 (379); 86, 133 (145); *Schulze-Fielitz* (N 9), Art. 103 Abs. 1 Rn. 36; *Nolte* (N 61), Art. 103 Rn. 48 ff.; nach heute allgemeiner Ansicht muß Gelegenheit zur Äußerung auch zu Rechtsfragen gegeben werden; die weitergehende These vom „Rechtsgespräch" – so *Adolf Arndt*, Das rechtliche Gehör, in: NJW 1959, S. 6 ff., hat sich demgegenüber nicht durchgesetzt, vgl. *Lerche* (N 27), S. 9 ff.
215 ThürVerfGH, in: NJW 2003, S. 740; s. aber BayVerfGH, in: BayVBl 2003, S. 205: keine Hinweispflicht für länger zurückliegende Änderung der Rechtsprechung.
216 Vgl. *Schulze-Fielitz* (N 9), Art. 103 Abs. 1 Rn. 45; neben BVerfGE 86, 133 (144 f.), 89, 113 (118); 108, 341 (345 f.) vgl. z. B. BVerfG (K), in: NJW 1994, S. 1274; NJW 1996, S. 45 (46); NJW 1998, S. 2515 (2523); NJW 2002, S. 1334; NJW 2003, S. 2524; BGH, in: JR 1999, S. 423; BSG, in: NJW 2000, S. 3590; BerlVerfGH, in: JR 1999, S. 234; JR 2006, S. 418 mit zutr. Kritik im Sondervotum; s. auch *Kunig* (N 58), Art. 103 Rn. 15 „Zivilprozeß" zu entsprechenden Hinweispflichten aus § 139 ZPO, wenn das Vorbringen einer Partei ergänzungsbedürftig ist; zur Verpflichtung des Finanzgerichts auf Wiedereröffnung der mündlichen Verhandlung s. BFH, in: NJW 2002, S. 166; *Schulze-Fielitz* (N 9), Art. 103 Abs. 1 Rn. 45; *Nolte* (N 61), Art. 103 Rn. 50; zum Asylverfahren s. *Wolfram Höfling/Stephan Rixen*, Stattgebende Kammerentscheidungen des Bundesverfassungsgerichts (2. Teil), in: AöR 125 (2000), S. 613 (619).
217 BVerfGE 88, 133 (145) verneint einen Verfassungsverstoß unter diesem Gesichtspunkt; ähnlich BVerfGE 89, 113 (118).
218 Vgl. zuletzt BVerfGE 108, 341 (345 f.); ferner BVerfGE 84, 188 (190); 86, 133 (144 f.); 96, 189 (204); s. auch BerlVerfGH, in: JR 1999, S. 234.
219 Zu den Anforderungen an den Sachvortrag s. grundsätzlich BVerfGE 84, 188 (190).
220 EGMR, in: NJW 1999, S. 3543.

34
Fürsorgepflichten

Verfassungsrechtliches Gewicht hat die dem Gericht obliegende Prozeßförderungs- und Fürsorgepflicht gegenüber den Parteien[221]. Richterliche Fürsorge gegenüber den Parteien kann im Rahmen der Verpflichtung zu rechtsstaatlich-fairer Verfahrensgestaltung Hinweispflichten des Gerichts in Rechtsmittelfragen und auch die Weiterleitung diesbezüglicher, beim unzuständigen Gericht eingereichter Schriftsätze der Parteien gebieten – sofern es sich nicht nur um ein „nobile officium" des Gerichts handelt[222]. Prozessuale Fürsorgepflichten sind insbesondere auch im Strafprozeß verfassungsrechtlich fundiert[223].

2. Stellung der Verfahrensbeteiligten – das Recht auf Gehör als Recht auf Äußerung

35
Gehörsverstoß: keine Gelegenheit zur Äußerung

Das Recht auf Gehör ist jedenfalls dann verletzt, wenn eine gerichtliche Entscheidung ergeht, ohne daß dem Betroffenen überhaupt Gelegenheit zur Äußerung gegeben wurde. Deshalb darf die mündliche Verhandlung dann nicht durchgeführt werden, wenn nicht ausgeschlossen werden kann, daß die Partei ohne Verschulden keine Kenntnis von der Terminbestimmung erhalten hat[224]. Das Recht auf Äußerung wird unzulässig verkürzt, wenn der Aufruf zur Sache nicht ordnungsgemäß erfolgte[225] oder bei nur geringfügiger Verspätung einer Partei die mündliche Verhandlung geschlossen[226] oder auch trotz berechtigter Gründe eine Terminverschiebung nicht vorgenommen wurde. In diesem Fall liegt ein Gehörsverstoß auch dann vor, wenn in Abwesenheit des Prozeßbevollmächtigten verhandelt wird[227]. Demgemäß ist die Entscheidung über einen Wiedereinsetzungsantrag ohne vorherige Anhörung der Gegenpartei ebenso fehlerhaft und hierin nicht nur gesetzes-, sondern auch verfassungswidrig[228], wie bei einem Verweisungsantrag[229]. In letzterem Fall wurde ein Anspruch auf Anhörung, da in der Zivilprozeßordnung nicht positiv geregelt, unmittelbar aus Art. 103 Abs. 1 GG abgeleitet.

36
Modalitäten

Die Modalitäten der Gehörsgewährung[230] sind zunächst der Ausgestaltung durch den Gesetzgeber überlassen. Entsprechend dem Schutzzweck des Prozeßgrundrechts, den Verfahrensbeteiligten wirksame und aktive Wahrnehmung ihrer Rechte zu gewährleisten, ist grundsätzlich vorheriges Gehör zu

---

221 S. dazu BVerfGE 75, 183 (188).
222 BVerfGE 93, 99 (114).
223 Vgl. näher *Nolte* (N 61), Art. 103 Rn. 50.
224 Vgl. BVerfG, in: NVwZ-RR 1995, S. 534.
225 Vgl. BVerfGE 42, 364 (370ff.); BVerwGE 72, 28 (30ff.).
226 BVerwG, in: NVwZ 1989, S. 858.
227 VGH Bad.-Württ., in: NVwZ 2000, S. 213.
228 Vgl. BVerwG, in: NJW 1992, S. 2042 – mündliche Verhandlung in Abwesenheit des Betroffenen; BVerwG, in: NJW 1984, S. 882 – kurzfristige Erkrankung des Prozeßbevollmächtigten; s. aber auch BVerfGE 14, 195 (196): keine notwendige Terminverschiebung wegen Urlaub des Bevollmächtigten; aber auch BVerwG, in: NJW 1992, S. 2042, für Erkrankung einer Partei.
229 BVerfGE 61, 37 (41); zu Art. 103 Abs. 1 als unmittelbare Anspruchsgrundlage s. ferner BVerfGE 9, 89 (96f.); 24, 56 (62); 60, 7 (14); OVG Saarlouis: in: NVwZ 1998, S. 645 zu § 6 Abs. 1 VwGO.
230 Hierzu s. auch *Schulze-Fielitz* (N 9), Art. 103 Abs. 1 Rn. 49 ff.

gewähren[231], sofern nicht andernfalls der Verfahrenszweck vereitelt würde[232]. Dies gilt auch im verwaltungsgerichtlichen Eilverfahren[233]. Die Mündlichkeit der Anhörung ist verfassungsrechtlich nicht zwingend[234], ausnahmsweise jedoch dann geboten, wenn sie gerade durch die in der Sache betroffenen Rechte bedingt ist[235]. Sieht allerdings das Gesetz die mündliche Verhandlung als Regelfall vor, so bedeutet der Verstoß hiergegen auch einen Grundrechtsverstoß[236]. Unmittelbarkeit der Anhörung ist jedoch geboten; dem genügt Vermittlung durch Behörden (Polizei) in der Regel nicht[237]. Die Verfahrensbeteiligten müssen ihre Äußerungsrechte nicht notwendig persönlich wahrnehmen. Mit der Wahrnehmung des Äußerungsrechts durch einen Verfahrensbevollmächtigten ist dem der Partei genügt[238]. Umgekehrt wird die Zuziehung eines Anwalts grundsätzlich nicht zum Inhalt des Gehörs nach Art. 103 Abs. 1 GG gezählt[239]. Entscheidet das Gericht ohne mündliche Verhandlung, obgleich der Kläger auf deren Durchführung nicht wirksam verzichtet hat, so wird der Kläger hierdurch auch in seinem Grundrecht aus Art. 103 Abs. 1 GG verletzt[240]. Sachlich bezieht sich das Äußerungsrecht auf den gesamten Verfahrensstoff in rechtlicher und tatsächlicher Hinsicht[241] und korrespondiert hierin mit dem Umfang der gerichtlichen Informationspflichten. Insbesondere zu Tatsachen und Beweismitteln, die das Gericht von Amts wegen in den Prozeß einführt und die es bei seiner Entscheidung berücksichtigen will, hat es die Beteiligten zu hören[242]. Den Beteiligten ist auch die Möglichkeit einzuräumen, Fragen an gerichtliche Sachverständige zu stellen[243]. Inwieweit der Berechtigte jedoch von seinem Recht auf Äußerung Gebrauch macht, liegt bei ihm: Es besteht keine Äußerungspflicht[244]. Andererseits hat der Verfahrensbeteiligte, der die ihm verfahrensrechtlich eröffneten Äußerungsmöglich-

Umfang des Äußerungsrechts

---

231 Grundlegend BVerfGE 9, 89 (96); 57, 346 (359); 83, 24 (35); *Nolte* (N 61), Art. 103 Rn. 47.
232 Vgl. z. B. für Beschlagnahmeanordnungen BVerfGE 7, 346 (350); 49, 329 (342) – Vereitelungsfälle, auch wird hier aber Abweichung vom Vorherigkeitsgrundsatz nur im Rahmen des Erforderlichen.
233 Vgl. OVG Nordrh.-Westf., in: NVwZ-RR 1997, S. 759, zum Aussetzungsantrag des Baunachbarn im Verhältnis zum Bauherrn; BVerfG, in: EuGRZ 1997, S. 502 für § 80 VII VwGO im sog. Flughafenverfahren zu Abschiebungshindernissen.
234 BVerfGE 9, 89 (95 ff.); 60, 1 (5); 74, 1 (5); 81, 123 (129 f.); 89, 28 (36); 89, 381 (391); zur Anhörung bei Entscheidung ohne mündliche Verhandlung s. BVerwG, in: NVwZ-RR 1996, S. 477; s. auch BerlVerfGH, in: JR 1998, S. 232: Kein Anspruch auf mündliche Verhandlung auch im Rahmen der richterlichen Anhörung; daher ist dem Recht auf Gehör bei anwaltlich vertretenen Beteiligten grundsätzlich genügt, wenn sein Anwalt in der Verhandlung anwesend ist, OVG Hamb., in: NVwZ-RR 2001, S. 408; s. demgegenüber für Art. 6 Abs. 1 EMRK BVerwGE 110, 203 (für Normenkontrollverfahren).
235 Vgl. für Gewissensentscheidungen des Kriegsdienstverweigerers BVerwGE 77, 157 (159); 81, 229 (241); für Feststellung der Prozeßfähigkeit BSG, in: NJW 1994, S. 215.
236 BFHE 166, 415 (416 f.); *Schulze-Fielitz* (N 9), Art. 103 Abs. 1 Rn. 50.
237 Vgl. BVerfGE 83, 24 (36); Aussage vor Polizei genügt Art. 103 Abs. 1 GG allenfalls dann, wenn bekannt ist, daß sie für das Gericht bestimmt ist.
238 BVerfGE 81, 123 (126); s. bereits BVerfGE 7, 327 (329); zum Schlußwort des Angeklagten s. BVerfGE 54, 140 (141); vgl. auch OVG Hamb., in: NVwZ-RR 2001, S. 408; *Wolf* (N 73), S. 1282.
239 BVerfGE 9, 124 (132); 31, 297 (301); 38, 105 (118); 39, 156 (168); a. A. wohl *Schulze-Fielitz* (N 9), Art. 103 Abs. 1 Rn. 52: jedenfalls bei schwierigem Prozeßstoff; für das Insolvenzverfahren s. BVerfG, in: NJW 2003, S. 2668.
240 BSG, in: NJW 1996, S. 1496.
241 Vgl. etwa nur BVerfGE 84, 188 (190); 86, 133 (144); 86, 280 (284).
242 BVerfGE 70, 180 (189); 101, 106 (129).
243 BerlVerfGH, in: JR 2000, S. 493.
244 *Nolte* (N 61), Art. 103 Rn. 38.

keiten zurechenbar nicht wahrnimmt, hierdurch sein Äußerungsrecht ausgeschöpft[245].

37
Recht auf Dolmetscher – Art. 6 Abs. 3 lit. e EMRK

Ein Recht auf Beiordnung eines Dolmetschers folgt für den Strafprozeß unmittelbar aus Art. 6 Abs. 3 lit. e EMRK[246]. – Auch deshalb wird es, wie generell die verfahrensbezogenen Garantien der Europäischen Menschenrechtskonvention, vorrangig über das Recht auf faires Verfahren rezipiert[247] – obschon es bei der Behandlung sprachlicher Verständigungsschwierigkeiten um die Verwirklichung rechtlichen Gehörs auf der Stufe der Äußerungsrechte geht[248]. Der „unverstandene" Verfahrensbeteiligte läuft – in allen Verfahren – Gefahr, Objekt des Verfahrens zu werden. Lehnt das Gericht die Verwertung einer fremdsprachigen Urkunde jedoch allein mit der Begründung ab, es liege keine deutsche Übersetzung vor, verletzt es das rechtliche Gehör[249]. Eine Rechtsmittelbelehrung muß in einer für den Beteiligten verständlichen Sprache abgefaßt sein, andernfalls darf er im Fall der Fristversäumung nicht anders behandelt werden als ob die Rechtsmittelbelehrung überhaupt unterblieben wäre[250]. In der Sache jedenfalls ist der Regelungsgehalt der §§ 185 ff. GVG verfassungsgefordert[251] und dürfen mangelnde Sprachkenntnisse nicht zu einer Verkürzung des Rechts auf Gehör führen[252].

3. Insbesondere: wirksame Verteidigung und faires Verfahren im Strafprozeß

38
Wirksame Verteidigung und „funktionstüchtige Strafrechtspflege"

Im Strafprozeß folgt ein Recht auf Verteidigerbeistand aus der rechtsstaatlichen Garantie wirksamer Verteidigung[253] – obschon auch insoweit der Rückgriff auf das speziellere klassische Prozeßgrundrecht des rechtlichen Gehörs vorzugswürdig erschiene[254]. Das Erfordernis wirksamer Verteidigung zieht sich als Leitlinie durch die gesamte Rechtsprechung[255]. Wenn der Angeklagte nicht zum Objekt staatlichen Handelns werden darf[256], so zeigt sich auch

---

245 Vgl. etwa BVerfGE 5, 9 (10); 15, 256 (267); 41, 246 (249) – zum Abwesenheitsverfahren nach StPO, dazu s. *Rüping* (N 15), Art. 103 Abs. 1 Rn. 35; ebd., Rn. 72 f. zur Möglichkeit einer Verwirkung.
246 Dazu s. BGH, in: NJW 2001, S. 309.
247 BVerfGE 64, 135 (146 f.); BVerfG (K), in: NJW 2004, S. 50, 1095, 1443; s. aber andererseits BVerfG (K), in: NJW 1991, S. 2208, sowie BerlVerfGH, in: JR 2001, S. 101; ambivalent *Schulze-Fielitz* (N 9), Art. 103 Abs. 1 Rn. 53.
248 S. dazu BVerfGE 40, 95 (100); *Schmidt-Aßmann* (N 22), Art. 103 Rn. 116 ff.; *Schulze-Fielitz* (N 9), Art. 103 Abs. 1 Rn. 53.
249 BVerwG, in: NJW 1996, S. 1553.; BVerfG (K), in: NJW 2004, S. 1443, sieht die Übersetzung der Anklageschrift demgegenüber als Frage des fairen Verfahrens.
250 BVerfGE 40, 95 (100); s. aber auch BayObLG, in: NJW 1996, S. 1836 (1837); näher *Lutz Meyer-Goßner*, StPO, [49]2006, § 184 GVG Rn. 3.
251 BVerfGE 64, 135 (146); *Schmidt-Aßmann* (N 22), Art. 103 Rn. 119 ff.; *Michael Sachs*, Anm. zu BVerfG v. 17. 5. 1983, in: BayVBl 1984, S. 208.
252 BVerfG (K), in: NJW 1991, S. 2208; *Schulze-Fielitz* (N 9), Art. 103 Abs. 1 Rn. 53.
253 BVerfGE 39, 156 (168); 66, 313 (321 ff.); s. zu § 142 StPO nach StVÄG 1987 *Lutz Meyer-Goßner*, Das Strafverfahrensänderungsgesetz 1987, in: NJW 1987, S. 1161 ff.; zu Wahl- und Pflichtverteidigung s. z. B. *Eberhard Kempf*, Die Funktion von Strafrecht und Strafverteidigung in einer modernen Gesellschaft, in: NJW 1997, S. 1729 (1734).
254 Zur „Konfliktverteidigung" s. *Bertrand Malmendier*, „Konfliktverteidigung" – ein neues Prozeßhindernis?, in: NJW 1997, S. 227 (233 ff.).
255 BVerfGE 57, 250; 63, 45; 65, 171; 66, 313.
256 BVerfGE 63, 45 (70 ff.); ebenso BVerfGE 57, 250 (274).

hierin der Bezug zu Art. 1 Abs. 1 GG. Für den Angeklagten folgt aus dem Recht auf wirksame Verteidigung – für dessen Begründung Gesichtspunkte der Rechtsstaatlichkeit, der „Fairneß", der Waffengleichheit, der Subjektstellung des Verfahrensbetroffenen letztlich austauschbar erscheinen – jedenfalls das Recht, in der Hauptverhandlung anwesend zu sein und hier seine Rechte wahrnehmen zu können[257]. Bereits aus Art. 103 Abs. 1 GG ist diese Verfahrensposition zu begründen[258], doch wird sie in Art. 6 Abs. 3 EMRK als Bestandteil des Rechts auf ein faires Verfahren geschützt[259]. So wird auch das Anwesenheitsrecht des Beschuldigten bei der richterlichen Vernehmung des Mitbeschuldigten als Frage des fairen Verfahrens gesehen[260]. Auch bedeutet wirksame Verteidigung für den Angeklagten, sich in jedem Stadium des Verfahrens des Beistands eines Verteidigers bedienen zu können[261]. Verfassungsrechtlich gewährleistet ist das Institut der notwendigen Verteidigung[262] und das Recht der Verteidigung, in jeder Situation des Verfahrens auf dessen Durchführung und damit die Wahrheitsermittlung Einfluß zu nehmen[263]. Das Recht auf freie Wahl des Verteidigers ist hierbei verfassungsrechtlich geschützt[264]. Die Beiordnung eines zusätzlichen Pflichtverteidigers durch das Gericht gegen den Willen des Angeklagten wurde, wenngleich extra legem erfolgend, aus dem Erfordernis einer „funktionstüchtigen Strafrechtspflege" gerechtfertigt, doch durften die Kosten hierfür – jedenfalls bei Freispruch – nicht dem Angeklagten überbürdet werden[265]. Wiederholt wurde die extensive Handhabung von Ausschließungsgründen – etwa Verbot der Mehrfachverteidigung – als Eingriff in das Recht auf freie Verteidigerwahl beanstandet[266]. Gegenüber Beschränkungen von Verteidigerrechten aus dem Topos der „Funktionstüchtigkeit der Strafrechtspflege" ist jedenfalls Zurückhaltung geboten[267]. Dies gilt auch für Eingriffe in die forensische Redefreiheit des Anwalts[268]. Deshalb kann Art. 6 Abs. 1 EMRK dann verletzt sein, wenn ein Anwalt wegen Mißachtung des Gerichts belangt wird[269] – die Grenzen der Äußerungsfreiheit sind hier weit zu ziehen.

Recht auf Anwesenheit

Freie Verteidigerwahl

---

257 BVerfGE 41, 246 (249); 54, 100 (116); s. auch EGMR, in: NJW 2001, S. 2387.
258 Auf das Recht auf Gehör und auf ein faires Verfahren gleichermaßen abstellend BVerfGE 89, 120 (129).
259 Dazu EGMR, in: NJW 2001, S. 2387; NJW 2003, S. 1229; näher *Jörg Eisele*, Die Berücksichtigung der Beschuldigtenrechte der EMRK im deutschen Strafprozess aus dem Blickwinkel des Revisionsrechts, in: JR 2004, S. 12 ff.
260 Vgl. BGH, in: JR 1998, S. 165: keine entspr. Anwendung des § 168 c Abs. 2 StPO.
261 BVerfGE 38, 105 (118); 39, 156 (168); 66, 313 (323); vgl. auch BayObLG, in: JR 2003, S. 79, für die Rechtsbeschwer des mittellosen und nicht am Ort des Amtsgerichts wohnhaften Betroffenen; zur Bedeutung der freien Advokatur s. BVerfGE 110, 226 (232).
262 BVerfGE 65, 171 (174) zum Ableitungszusammenhang Rechtsstaat – ordnungsgemäßes Verfahren – wirksame Verteidigung – notwendige Verteidigung.
263 BVerfGE 63, 45 (70 ff.).
264 BVerfGE 66, 313 (321 ff.); zu § 142 Abs. 1 StPO i. d. F. des StVÄG 1987 (BGBl I, S. 475) s. *Meyer-Goßner* (N 253), S. 1161 ff.
265 BVerfGE 66, 313 (321 ff.); zu den Kosten des Pflichtverteidigers s. auch BVerfG (K), in: NJW 2003, S. 196; zu den Kosten eines zweiten Wahlverteidigers s. BVerfG (K), in: NJW 2004, S. 3319.
266 Vgl. hierzu *Niemöller/Schuppert* (N 40), S. 438; kritisch insbesondere zur extensiven Auslegung des § 146 StPO s. *Roxin* (N 41), § 19 C.4. m. zahlr. weit. Nachw.
267 S. o. Rn. 19.
268 Vgl. hierzu *Christoph Degenhart*, in: BK, Art. 5, Rn. 245.
269 EGMR, in: NJW 2006, S. 2901.

39
Prozeßabsprachen

Als Problem eines fairen Verfahrens kann sich der „Austausch übereinstimmender Vorstellungen"[270] zwischen Gericht, Staatsanwaltschaft und Verteidigung, etwa „über die Höhe der Strafe für den Fall, daß der Angeklagte ein Geständnis ablegt", darstellen – mit diesem Euphemismus umschreibt der Bundesgerichtshof[271] den Tatbestand der Prozeßabsprachen, auf deren Grundlage dann die Hauptverhandlung, wenn überhaupt, deutlich verkürzt durchgeführt wird. Bei fehlender Transparenz der übereinstimmenden Willensbekundungen von Staatsanwaltschaft, Gericht und Verteidigung, der Abgabe eines Geständnisses in Kenntnis der Vorstellungen von Gericht, Staatsanwaltschaft und Verteidigung über die Strafhöhe, bei fehlender Rechtsmittelbelehrung oder Entgegennahme eines Rechtsmittelverzichts ohne ausdrückliche Gewährung einer Gelegenheit zur Beratung mit der Verteidigung kann ein Verstoß gegen den Grundsatz des fairen Verfahrens gegeben sein[272]. Die grundsätzliche rechtsstaatliche Problematik der Absprachepraxis wird mit den konkretisierenden Anforderungen der Rechtsprechung, die sich vor allem auf ein Mindestmaß an Transparenz wie auch auf die Wahrung des Schuldprinzips beziehen und einen generellen Rechtsmittelverzicht ausschließen[273], allerdings nicht gelöst. Denn Prozeßabsprachen bedeuten erhebliche Abstriche an den verfassungsrechtlichen Funktionen des Strafverfahrens, den Strafanspruch des Staates in einem justizförmig geordneten Verfahren durchzusetzen, mögen diese auch durch gleichermaßen rechtsstaatlich begründete Erfordernisse der Funktionstüchtigkeit der Strafrechtspflege und der Sicherung einer angemessenen Verfahrensdauer gerechtfertigt werden können. Doch steht zu befürchten, daß sich der Staat mit einer weitergehenden gesetzlichen Zulassung von Prozeßabsprachen vor allem seiner verfassungsrechtlichen Pflicht zur Schaffung einer hinreichend leistungsfähigen Gerichtsorganisation[274] entzieht. Nicht zuletzt berühren – wie aktuelle Verfahren aus neuerer und neuester Vergangenheit belegen – Prozeßabsprachen den elementaren Verfassungsgrundsatz der Gleichheit vor dem Gesetz[275].

Gleichheit vor dem Gesetz

---

270 Vgl. BGH, in: StV 2006, S. 292 Rn. 11; zu den Anforderungen etwa BGHSt 43, 195 (205) sowie die Entscheidung des Großen Senats für Strafsachen vom 3.3.2005, BGHSt 50, 40.
271 Vgl. BGH, in: StV 2006, S. 292 Rn. 11.
272 BGH, in: StV 2006, S. 292 Rn. 12 ff.; zu den Mindestbedingungen für Prozeßabsprachen s. BGHSt 43, 195, bestätigend BGHSt 50, 40.
273 Dazu insbesondere die Entscheidung des Großen Senats für Strafsachen vom 3.3.2005, BGHSt 50, 40 unter Rn. 33: keine Absprache über den Schuldspruch, Überprüfung des Geständnisses auf Glaubhaftigkeit; Einbeziehung aller Verfahrensbeteiligten; Offenlegung; Zusage nur einer Strafobergrenze; Abweichung nur bei neuen schwerwiegenden Umständen; Schuldangemessenheit; kein Rechtsmittelverzicht; allgemein zur Problematik *Werner Beulke/Sabine Swoboda*, Zur Verletzung des fair-trial Grundsatzes bei Absprachen im Strafprozess, in: JZ 2005, S. 67 ff.; s. auch *Winfried Hassemer*, Strafrecht – Sicherheit, in: StV 2006, S. 321 (327).
274 S. dazu *Degenhart*, § 114 Rn. 18, 47; diese problematische Tendenz klingt durch bei *Elisabeth Heister-Neumann*, (Justizministerin Niedersachsen), Absprachen im Strafprozess – Der Vorschlag Niedersachsens zu einer gesetzlichen Regelung, in: ZRP 2006, S. 136 (139): hiernach trägt der Entwurf dazu bei, „...das Funktionieren der Strafrechtspflege auf Dauer sicher zu stellen, indem er personelle und finanzielle Ressourcen der Justiz schont."
275 S. o. Rn. 1.

4. *Prozessuale Gleichheit und faires Verfahren im Zivilprozeß*

Auch wenn es im Zivilprozeß an der für das Strafverfahren und bedingt auch für den Verwaltungsprozeß kennzeichnenden eingriffsmäßigen Betroffenheit der Parteien fehlt, steht doch auch hier der Bürger vor dem Gesetz und hat deshalb Anspruch auf Gleichheit vor dem Gesetz, mithin zunächst auf formelle Gleichwertigkeit der prozessualen Stellung[276]. Prozessuale Waffengleichheit für den Zivilprozeß als Erfordernis des Art. 3 Abs. 1 GG bedeutet daher vor allem formale Rechtsanwendungsgleichheit[277] in bezug auf Verfahrensrecht und rechtliches Gehör, Gleichstellung der Parteien auch durch objektive, unvoreingenommene und in diesem Sinne „faire" Verhandlungsführung[278]. Die Herstellung gleicher Chancen der Rechtsverfolgung durch sachgerechte Ausgestaltung des Kostenrechts[279] und gegebenenfalls auch staatliche Prozeßkostenhilfe betreffen vor allem den Zugang zum Gericht. Auch kann das Gebot der Waffengleichheit auf die Handhabung des Beweisverfahrens einwirken, etwa eine Parteivernehmung erforderlich machen[280]. Eine weiterreichende, materielle Dimension der prozessualen Gleichheit im Sinn einer über die gleichwertige prozessuale Stellung der Parteien vor dem Richter hinausreichenden Gleichwertigkeit der Erfolgschancen und fairen Zuordnung der Prozeßrisiken wurde für Fragen der Beweislastverteilung in Fällen typischer beweismäßiger Ungleichgewichtslagen erwogen, insbesondere im Arzthaftungsrecht[281]. Gleichheit und faires Verfahren in diesem Sinn würde eine nach eigenständigen verfassungsrechtlichen Maßstäben, insbesondere nach Maßgabe des materiellen Grundrechtsbetroffenseins vorzunehmende Verteilung der Verfahrensrisiken bedeuten, würde also über formale Waffengleichheit der Parteien im Sinn der Gleichheit vor dem Richter[282] weit hinausreichen. Prozessuale Gleichheit, verstanden als weitergreifendes Postulat der Wahrung gleichwertiger Erfolgschancen im Prozeß, würde damit zu erheblichen Eingriffen in das zivilprozessuale Beweisrecht führen. Es würde unter den Vorbehalt eines auf effizienten Schutz verfahrensbetroffener materieller Rechte, insbesondere Grundrechte, gerichteten Verfahrens gestellt. Derart weitreichende Konsequenzen wurden in der Folge jedoch nicht gezogen. Sie erscheinen allenfalls dort gerechtfertigt, wo die vorgegebene Verfahrenssituation, die ihr zugrundeliegende Beweislastverteilung zu einem gänzlichen Leerlaufen materieller Grundrechte führen würde – die Arzthaftungsentscheidung dürfte hier einen Grenzfall bezeichnen[283]. Will das Gericht materielle Gleichheit im Zivilprozeß – zugunsten der „schwächeren", schutz-

40
Formelle und materielle Gleichheit?

Prozessuale Gleichheit und Beweislastverteilung

---

276 BVerfGE 52, 131 (153 ff.); *Vollkommer* (N 91), Einl. Rn. 102.
277 *Paul Kirchhof*, Der allgemeine Gleichheitssatz, in: HStR V, ²2000 (¹1992), § 124; *ders.*, Gleichheit in der Funktionenordnung, ebd. § 125.
278 I.S.v. BVerfGE 52, 131 (153 ff. – die Entscheidung tragende Auffassung).
279 BVerfGE 74, 78 (94); BVerfG, in: NJW 2007, S. 979 (983 f.). Näher s.o. Rn. 27.
280 Vgl. *Schlosser* (N 75).
281 Vgl. *Vollkommer* (N 91), Einl. Rn. 102; für Beweislastumkehr dort jedoch die die Entscheidung nicht tragende Auffassung in BVerfGE 52, 131 (143 ff.).
282 So bei BVerfGE 52, 131 (153 ff.) die die Entscheidung tragende Auffassung.
283 S. auch BVerfG (K), in: NJW 2000, S. 1483, zur Beweislastverteilung im arbeitsgerichtlichen Verfahren als Frage des Art. 20 Abs. 3 GG, aber auch des Art. 12 Abs. 1 GG.

§ 115 *Achter Teil: II. Staatsfunktionen*

bedürftigen Partei – verwirklichen, so kann es hierbei in Konflikt geraten mit dem Gebot der formalen Gleichordnung der Parteien, die sich in grundrechtlicher Privatautonomie gegenüberstehen[284].

5. *Öffentlichkeit des Verfahrens*

a) Gerichts- und Medienöffentlichkeit in verfassungsrechtlicher Zuordnung

41
Rechtsstaats- und Demokratiegebot

Wenngleich dem strafprozessualen Grundsatz der Öffentlichkeit der Hauptverhandlung kein unmittelbarer Verfassungsrang zuerkannt wird[285], erfordern doch Rechtsstaats- und Demokratiegebot grundsätzliche Öffentlichkeit des Verfahrens[286]. Im Blick auf das Demokratiegebot[287] ist vor allem die Kontrollfunktion der Gerichtsöffentlichkeit zu nennen. Gerade angesichts der für die Rechtsprechung als Staatsfunktion – im Verhältnis zur exekutiven Gewalt – geringer ausgeprägten demokratischen Verantwortlichkeit und Kontrolle erlangt die Kontrolle durch die Öffentlichkeit, auch sie eine der zentralen Errungenschaften liberalrechtsstaatlicher Rechtspflege, gesteigerte Bedeutung.

42
Kontrollfunktion der Medien

Diese Kontrolle ist in erheblichem Maße auf die Massenmedien übergegangen[288]. Ihre grundrechtliche Funktion der Berichterstattung über Angelegenheiten von öffentlichem Interesse umschließt die Herstellung von Öffentlichkeit bezüglich der Wahrnehmung staatlicher Funktionen. Es sind dies Angelegenheiten von öffentlichem Interesse, unabhängig vom konkreten Interesse an einem bestimmten Gerichtsverfahren. Die für freiheitliche Demokratie notwendige Rückbindung zwischen der Ausübung staatlicher Gewalt, der Verwirklichung also des organisierten Staatswillens, und der öffentlichen Willensbildung, der Willensbildung also auf der Ebene des eigentlichen Trägers der Staatsgewalt, ist so zu sichern. Als Medium und Faktor der öffentlichen Meinungsbildung ermöglichen Presse und Rundfunk die Kontrolle staatlicher Gewalt, auch der rechtsprechenden Gewalt. Gerichtsöffentlichkeit ist daher auch und gerade als Medienöffentlichkeit demokratiestaatlich gefordert. Für die Rechtsprechung ist die vertrauensbildende Wirkung der Öffentlichkeit – meist als deren zentrale Funktion genannt[289] – ein wesentlicher Aspekt demokratischer Akzeptanz. Demgemäß können sich Presse und Rundfunk im Rahmen ihrer Gerichtsberichterstattung[290] auf das Grundrecht der Presse- und Rundfunkfreiheit aus Art. 5 Abs. 1 S. 2 GG berufen[291]. Schon aus dem

Presse- und Rundfunkfreiheit

---

284 S. o. Rn. 9 zum „sozialen Zivilprozeß".
285 BVerfGE 4, 74 (94); 15, 303 (307); s. aber auch BGHSt 1, 334 (335): grundlegende Einrichtung des Rechtsstaats.
286 Vgl. auch zur historischen Herleitung BVerfGE 103, 44 (64).
287 Hierzu etwa *Adolf Arndt*, Gerichtsöffentlichkeit, in: NJW 1960, S. 423 ff.
288 Vgl. *Joachim Scherer*, Gerichtsöffentlichkeit als Medienöffentlichkeit, 1979, bes. S. 74 ff., 130 ff.
289 *Thomas Wickern*, in: Löwe/Rosenberg, Die Strafprozeßordnung und das Gerichtsverfassungsrecht, Bd. VII, ²⁵2003, vor § 169 GVG Rn. 2; *Otto Kissel*, Gerichtsverfassungsgesetz, ⁴2005, § 169 Rn. 3; *Roxin* (N 41), § 45 A.
290 Zum Verbot von Rundfunk- und Filmaufnahmen gem. § 169 S. 2 GVG s. *Wickern* (N 289), vor § 169 Rn. 8: Beeinträchtigung der Wahrheitsfindung; kritisch hierzu *Scherer* (N 288), S. 88 ff.
291 BVerfGE 50, 234; *Martin Bullinger*, in: Martin Löffler, Presserecht, Kommentar, ⁵2005, § 1 LPressG Rn. 93; *Christoph Degenhart*, in: BK, Art. 5, Rn. 385 ff., 513 ff.; *Martin Bullinger*, Freiheit von Presse, Funk und Film, in: HStR VI, ²2001 (¹1989), § 142 Rn. 10 ff., 87 ff.

Grundrecht der Informationsfreiheit folgt ein Recht der Presse und des Rundfunks auf Anwesenheit bei öffentlichen Gerichtsverhandlungen als allgemein zugänglichen Ereignissen[292]. Wenn demgemäß ein Pressevertreter sitzungspolizeilich von der öffentlichen Verhandlung auch auf Grund von früherer, nachteiliger Berichterstattung über die Verhandlungsführung des Vorsitzenden ausgeschlossen wird[293], so liegt hierin ein Verstoß gegen spezifische Erfordernisse des Art. 5 Abs. 1 GG: Inhalt und Tendenz freier Meinungsäußerung und Presseberichterstattung entziehen sich staatlicher Einflußnahme und Bewertung, sind auch nicht zulässiger Anknüpfungspunkt für staatliche Reaktionen. Kritik am Gericht darf keine Beschränkungen freier Berichterstattung von seiten des Gerichts – etwa im Wege sitzungspolizeilicher Maßnahmen – nach sich ziehen. Bei der Anwendung sitzungspolizeilicher Befugnisse ist im übrigen der Bedeutung der Presse- und Rundfunkfreiheit stets Rechnung zu tragen. Wie weit das Informationsrecht der Medien reicht, hängt ab von den jeweiligen Bestimmungen über das Ausmaß der Gerichtsöffentlichkeit. Diese bedeuten damit keine Einschränkung der Informations- und Rundfunkberichterstattungsfreiheit, müssen aber gleichwohl in verfassungskonformer Weise der Bedeutung der Freiheiten des Art. 5 Abs. 1 GG Rechnung tragen. Für das Verbot von Fernsehaufnahmen in der mündlichen Verhandlung nach § 169 S. 2 GVG wurde dies bejaht[294].

b) Schranken

Die Öffentlichkeit des gerichtlichen Verfahrens, insbesondere die Medienöffentlichkeit, kann in Kollision geraten mit Erfordernissen einerseits eines geordneten Verfahrensablaufs im Interesse der Funktionstüchtigkeit der Rechtspflege[295], andererseits auch berechtigten Belangen Verfahrensbeteiligter. Doch ist hier der Gesichtspunkt des „geordneten Verfahrensablaufs" differenziert zu sehen. Verfahrenszweck ist stets die Wahrheitsfindung im rechtsstaatlich geordneten Verfahren. Eben dieses Geschehen transparent zu machen, bezeichnet maßgebliche Kontrollfunktionen des Öffentlichkeitsprinzips, das mithin auch eine Garantiefunktion für ein rechtsstaatliches Verfahren erfüllt. Deshalb bedürfen Beschränkungen der Öffentlichkeit der Legitimation aus einer konkreten Gefährdung der Wahrheitsfindung, wie sie bei Gefährdung von Zeugen zweifelsfrei gegeben ist[296]. Der Ausschluß von Rundfunk- und Fernsehaufnahmen im Gerichtssaal während der Verhandlung wird aus einer typischerweise zu besorgenden Gefährdung des Rollenverhaltens der Verfahrensbeteiligten begründet. Damit wird auch dem Interesse der Verfahrensbeteiligten an ungestörter Wahrheitsfindung und an einem „fairen" Verfahren Rechnung getragen. Auch dies kann also zu Beschränkun-

43
Rechtspflege und Persönlichkeitsrechte

---

292 S. hierzu BVerfGE 50, 234 (244 f.); 103, 44 (59 f.); *Erich Steffen*, in: Martin Löffler, Presserecht, Kommentar, [5]2006, § 6 LPressG Rn. 205 ff.; *Herbert Bethge*, in: Sachs, GG Komm., [4]2007, Art. 5 Rn. 70.
293 BVerfGE 50, 234.
294 Vgl. BVerfGE 91, 125 (138); 103, 44 (61, 65).
295 BVerfGE 103, 44 (64).
296 Vgl. BGHSt 3, 344; 9, 280 (284).

gen insbesondere der Medienöffentlichkeit führen[297] – ebenso der Schutz der Persönlichkeitsrechte Beteiligter, die durch die Gerichtsberichterstattung der Medien nachhaltig betroffen sein können[298]. Grundsätzlich aber ist die Presseberichterstattung auch über laufende Strafverfahren mit rechtsstaatlichen Erfordernissen des gerichtlichen Verfahrens, insbesondere auch Art. 6 Abs. 1 EMRK vereinbar, denn, so der Europäische Gerichtshof für Menschenrechte, „Gerichte werden nicht im luftleeren Raum tätig"[299].

44
„Vorverurteilungen?"

„Vorverurteilungen" durch die Medien[300] dürfen in aller Regel nicht als Problem der rechtsstaatlichen Unschuldsvermutung gelten, im Sinn einer Beeinflussung der Verfahrensbeteiligten zu Lasten des Angeklagten. Dahingehende sachwidrige Einflüsse dürften angesichts der Struktur des deutschen Strafverfahrens, seiner Ausgestaltung als Amtsprozeß[301], ohne bestimmenden Einfluß von Laienrichtern, schwerlich belegbar sein. Vorverurteilende Presseberichterstattung ist in erster Linie eine Frage der Schranken der Pressefreiheit. Dabei erlangen Informationsinteressen der Öffentlichkeit um so stärkeres – grundrechtliches – Gewicht, als das den Gegenstand des Verfahrens bildende Verhalten von vornherein in die öffentliche Sphäre einbezogen war, insbesondere bei Fragen etwa der Führung politischer Ämter. In Ausnahmefällen kann allerdings zu erwägen sein, ob eine öffentliche „Vorverurteilung" – die nicht notwendig durch die Berichterstattung der Medien initiiert sein muß – ein faires Verfahren hindert. Dann wäre ein unmittelbar verfassungsabgeleitetes Verfahrenshindernis in Betracht zu ziehen[302].

6. Dauer des Verfahrens

45
Impulse der EMRK

Es war vor allem die Rechtsprechung des Europäischen Gerichtshofs für Menschenrechte, die das Bewußtsein für eine angemessene Verfahrensdauer als verfassungsrechtliche Verfahrensmaxime geschärft hat[303]. Fragen der Verfahrensdauer werden in Art. 103 Abs. 1 GG nicht unmittelbar angesprochen – anders, als in den neueren Landesverfassungen, wo zum Beispiel Art. 52 Abs. 4 S. 1 BrandenbVerf[304] ebenso wie Art. 78 Abs. 3 S. 1 SächsVerf[305] ausdrücklich das Recht auf ein zügiges Verfahren anerkennen. Der Europäische Gerichtshof für Menschenrechte leitet aus dem Recht auf faires Verfahren die

---

297 S. auch EGMR, in: NJW 2004, S. 3691.
298 BVerfGE 103, 44 (68 ff.).
299 EGMR, in: NJW 2004, S. 3691.
300 Hierzu und zum Folgenden *Winfried Hassemer*, Vorverurteilung durch die Medien?, in: NJW 1985, S. 1921 ff. Sowie *Helmut Kohl*, Vorverurteilung durch die Medien. Bericht über die 57. Tagung des Studienkreises für Presserecht und Pressefreiheit in Heilbronn am 31.5. und 1.6.1985, in: AcP 1985, S. 102 ff.
301 BVerfGE 63, 45 (63 ff.).
302 Zurückhaltend *Hassemer* (N 300), S. 1927.
303 Vgl. *Jörg Gundel*, Neue Anforderungen des EGMR an die Ausgestaltung des nationalen Rechtsschutzsystems, in: DVBl 2004, S. 17.
304 Dazu s. BrandenbVerfG, in: NJ 1996, S. 585; NJ 1997, S. 22; LKV 2003, S. 427; LKV 2005, S. 354.
305 Dazu SächsVerfGH, in: LKV 2003, S. 426.

Konventionswidrigkeit überlanger Verfahrensdauer[306] ab, dies auch für die Verfassungsgerichte[307]. Der Europäische Gerichtshof leitet ein Verbot überlanger Verfahrensdauer aus dem Gebot eines fairen Verfahrens als eines allgemeinen Grundsatzes des Gemeinschaftsrechts ab[308]. Gleiches gilt aus der Sicht des Grundgesetzes[309]. Hier fordert jedenfalls das Rechtsstaatsprinzip – auch in Verbindung mit Art. 6 Abs. 1 EMRK[310] – im Interesse der Rechtssicherheit, daß strittige Rechtsverhältnisse in angemessener Zeit geklärt werden. Dies ist eine Frage der Abwägung im Einzelfall[311]. Die zur Europäischen Menschenrechtskonvention entwickelten Grundsätze der Straßburger Organe sind hierbei heranzuziehen[312]. Bei mit Freiheitsentziehungen verbundenen gerichtlichen Verfahren wird das Beschleunigungsgebot aus dem materiellen Freiheitsgrundrecht des Art. 2 Abs. 2 S. 2 GG in Verbindung mit dem Rechtsstaatsgebot[313], aber auch unmittelbar aus Art. 6 Abs. 1 EMRK abgeleitet[314]. Hier ist im Fall der Untersuchungshaft insbesondere Art. 5 Abs. 3 EMRK zu beachten[315]. Überlange Verfahrensdauer kann im Strafprozeß unter besonderen Umständen ein zur Verfahrenseinstellung führendes Verfahrenshindernis begründen, ist im übrigen im Wege der Strafzumessung zu kompensieren[316], aber auch außerhalb des Strafprozesses zu berücksichtigen[317].

---

306 Für ein faires Strafverfahren s. z. B. EGMR, in: NJW 1999, S. 3545; NJW 2002, S. 2856; NVwZ-RR 2006, S. 513; für Steuersachen s. EGMR, in: NJW 2002, S. 3453; für den Zivilprozeß EGMR, in: NJW 2006, S. 2389.
307 Vgl. EGMR, in: EuGRZ 1996, S. 514; NJW 1997, S. 2809; NJW 2001, S. 211 und 213; zur Einbeziehung auch des Art. 13 EMRK insoweit s. jetzt EGMR, in: NJW 2001, S. 2694; die lange Dauer (3 Jahre und 4 Monate) eines Verfassungsbeschwerdeverfahrens wurde jedoch wegen besonderer einigungsbedingter Belastung des BVerfG hingenommen von EGMR, in: EuGRZ 1996, S. 514; ähnlich in: NJW 2001, S. 211; demgegenüber für 7 Jahre EGMR, in: EuGRZ 2004, S. 150.
308 EuGH, in: EuGRZ 1999, S. 38.
309 Vgl. BVerfG (K), in: NJW 2000, S. 797: fünfzehnjähriger Rechtsstreit zwischen Wohnungseigentümern, dreijähriges Untätigbleiben auf sofortige weitere Beschwerde wegen Arbeitsüberlastung des Gerichts; s. auch BVerfG (K), in: NJW 2003, S. 2225, sowie NJW 2003, S. 2228, für Strafverfahren.
310 Vgl. BGH, in: JZ 2001, S. 1091.
311 Vgl. etwa BVerfG (K), in: NJW 1997, S. 2811; NJW 1999, S. 2582 (2583); NJW 2000, S. 797; NJW 2001, S. 214: 26 Jahre Verfahrensdauer für Schadensersatzprozeß gegen Stadt; BVerfG (K), in: NJW 2004 S. 3320 für Telekom-Klagen.
312 Vgl. ThürVerfGH, in: NJW 2001, S. 2708 (2709 f.).
313 BVerfG (K), in: EuGRZ 2001, S. 516 (517 f.) = NJW 2001, S. 2707, zur Strafaussetzung nach § 57 a StGB – 11 Monate als überlange Verfahrensdauer; BVerfG (K), in: NJW 2005, S. 3485 zu achtjähriger Untersuchungshaft.
314 Vgl. z. B. BGH, in: NJW 2000, S. 748.
315 Vgl. z. B. EGMR, in: EuGRZ 2001, S. 391 – dort zu überlanger Untersuchungshaft bei sehr komplexen Verfahren gegen mutmaßliche Terroristen: 5 Jahre und 11 Monate als Verstoß gegen Art. 5 Abs. 3 EMRK.
316 Vgl. grundsätzlich BVerfG (K), in: NStZ 1997, S. 591; NJW 2003, S. 2225 und 2228; BGH, in: NStZ 1999, S. 181; NJW 2000, S. 748; JZ 2001, S. 1091; NJW 2003, S. 2579.
317 Vgl. BVerfG (K), in: NJW 2004, S. 835, für effektiven Rechtsschutz in Kindschaftssachen; zur Frage einer „Staatshaftung" bei überlanger Dauer von Gerichtsverfahren, s. unter eben diesem Titel *Christoph Brüning*, in: NJW 2007, S. 1094.

III. Gerichtliche Entscheidung

1. Berücksichtigungs- und Erwägungspflichten als Inhalt des Rechts auf Gehör

a) Zu berücksichtigendes Vorbringen der Beteiligten

46
Zulässiges Vorbringen und aufnahmebereites Gericht

Im Stadium der Entscheidungsfindung durch das Gericht ist die Berücksichtigung des Parteivorbringens notwendige Realisation des Rechts auf Gehör. Das Gericht hat die Ausführungen der Äußerungsberechtigten zur Kenntnis zu nehmen und in Erwägung zu ziehen, sie also angemessen zu berücksichtigen[318]. Wenn mithin ein Vorbringen von vornherein unberücksichtigt bleibt[319], weil ein in zulässiger Weise eingereichter Schriftsatz übersehen oder nicht berücksichtigt wird, so liegt hierin stets eine Verletzung des Rechts auf Gehör[320]. Doch gilt auch für die Berücksichtigungspflicht des Gerichts das Recht auf Gehör nach Maßgabe gesetzlicher Ausgestaltung. Es gewährt keinen Schutz dagegen, daß das Gericht ein Parteivorbringen aus Gründen des formellen oder materiellen Rechts unberücksichtigt läßt[321]. Das Gericht muß auch nicht auf jedes, sondern nur auf verfahrenserhebliches, in keinem Fall aber auf abwegiges[322] Vorbringen eingehen[323]. Das Recht auf Gehör setzt unter dem Aspekt der Berücksichtigung des Parteivorbringens ein aufnahmebereites Gericht voraus. Ein Gehörsverstoß liegt deshalb vor, wenn das Gericht nicht aufnahmefähig oder nicht aufnahmebereit war[324]. Dies betrifft den schlafenden Richter, bei dem es bereits an der Aufnahmefähigkeit fehlt[325], während beim blinden Richter dies nur ausnahmsweise der Fall ist[326] – insbesondere dann, wenn der strafprozessuale Unmittelbarkeitsgrundsatz verlangt, daß sich jedes Mitglied des Spruchkörpers einen auch optischen Eindruck von den Verfahrensbeteiligten machen kann[327]. Auch die Problematik eines Richterwechsels ist in diesem Zusammenhang zu sehen[328]. Die Abfassung des Urteils noch während – oder gar vor – der Verhandlung kann, muß aber nicht

---

318 *Schulze-Fielitz* (N 9), Art. 103 Abs. 1 Rn. 53 ff.
319 Zur Kasuistik stattgebender Kammerentscheidungen des BVerfG s. *Höfling/Rixen* (N 216), S. 613 (619 f. – Asylrecht, 623 f. – Mietrecht, 625 f. – Arbeitsrecht, 626 f. – Familienrecht).
320 BVerfGE 11, 218 (220); 70, 288 (295); 72, 119 (121); 83, 24 (35); BVerfG (K), in: NJW 1990, S. 2374; VGH Bad.-Württ., in: NVwZ-RR 2000, S. 399.
321 BVerfG in std. Rspr., vgl. etwa BVerfGE 21, 191 (194); 69, 141 (143); 69, 145 (148); 70, 288 (294); 82, 209 (235); 84, 34 (58); 96, 205 (208).
322 Vgl. BVerfG (K), in: NJW 1996, S. 2785; NJW 1997, S. 1433.
323 Vgl. BVerfGE 47, 182 (187); 58, 353 (357): die wesentlichen, der Rechtsverfolgung dienenden Tatsachen; ebenso *Schmidt-Aßmann* (N 22), Art. 103 Rn. 99; *Knemeyer* (N 115), § 155 Rn. 32.
324 Vgl. *Rüping* (N 15), Art. 103 Abs. 1 Rn. 52; *Schulze-Fielitz* (N 9), Art. 103 Abs. 1 Rn. 59 f.
325 Vgl. hierzu BVerwG, in: DÖV 1986, S. 437: Kämpfen mit dem Schlaf und Dasitzen mit geschlossenen Augen einerseits, fester Schlaf andererseits; *Nolte* (N 61), Art. 103 Rn. 55, nimmt generell Gehörverletzung an.
326 BVerfGE 20, 52 (55); BVerfG (K), in: NJW 1992, S. 2075: wenn es auf Sehvermögen ankommt, ähnlich bei sonstigen körperlichen Behinderungen; s. zum blinden Richter *Peter Reichenbach*, Die Mitwirkung blinder Richter im Strafverfahren, in: NJW 2004, S. 3160; für abwesende Richter s. *Christoph Gusy*, Rechtliches Gehör durch abwesende Richter? – BVerwG, in: NJW 1986, S. 3154; JuS 1990, S. 712 ff.
327 BVerfG (K), in: NJW 2004, S. 2150.
328 Vgl. etwa *Gusy* (N 326), S. 712 ff.

eine Gehörsverletzung sein³²⁹, obschon hier der Schutzzweck des Art. 103 Abs. 1 GG nachhaltig betroffen ist. Dem Verfahrensbeteiligten darf jedenfalls nicht die Chance genommen werden, in der Verhandlung auf das Ergebnis Einfluß zu nehmen.

b) Recht auf Gehör und Berücksichtigung des Parteivorbringens – Fristen und Präklusion

Das Verfahrensrecht kann gesetzlich oder richterlich bestimmte Fristen für das Parteivorbringen vorsehen. Dies wird insbesondere aus dem rechtsstaatlichen Erfordernis zeitgerechten, Rechtssicherheit schaffenden Rechtsschutzes legitimiert³³⁰. Fristen dürfen jedoch keine unzumutbare Erschwerung des Rechtsschutzes bewirken³³¹. Insoweit können Verfahrensverstöße in erheblichem Umfang auch Verfassungsverstöße darstellen³³²; hierzu wurde in der Verfassungsrechtsprechung eine breite Kasuistik entfaltet. So sind insbesondere Verzögerungen, die ihre Ursache in der Sphäre des Gerichts haben, nicht den Verfahrensbeteiligten anzulasten³³³. Entscheidend ist nur, ob der fristgebundene Schriftsatz oder Antrag rechtzeitig in dessen Verantwortungsbereich gelangt ist³³⁴. Fristen dürfen von den Beteiligten bis zum letzten Tag ausgenutzt werden³³⁵. Dabei darf auf die regelmäßigen Postlaufzeiten vertraut werden³³⁶, auch unter Berücksichtigung der Übermittlungsmöglichkeiten durch Telefax u. ä³³⁷. In den genannten Fällen ist Wiedereinsetzung zu gewähren³³⁸, bei der generell die Anforderungen an unverschuldete Fristversäumung nicht

47
Verfassungskonforme Handhabung der Fristen

---

329 Vgl. BGHSt 11, 74 (76); krit. *Rüping* (N 15), Art. 103 Abs. 1 Rn. 54; *Schulze-Fielitz* (N 9), Art. 103 Abs. 2 Rn. 60; großzügiger demgegenüber *Horst Sendler*, Anspruch auf Gehör und Effizienz richterlicher Tätigkeit – Urteilsentwurf vor mündlicher Verhandlung?, in: FS für Peter Lerche, 1993, S. 833 ff.
330 Auf sie wird im Zusammenhang mit der Fristenproblematik abgestellt, vgl. zusammenfassend BVerfG (K), in: NJW 1991, S. 2076; NJW 1996, S. 1811, zum Grundsatz fairer Verfahrensführung im Strafprozeß; vgl. auch BVerfGE 60, 253 (266 ff.).
331 BVerfG in std. Rspr., zusammenfassend etwa in: NJW 1991, S. 2076; für richterliche Äußerungsfristen s. BVerfG (K), in: NJW 2003, S. 2524.
332 Vgl. kritisch hinsichtlich der in diesem Punkt sehr weitgespannten verfassungsrechtlichen Kontrolle etwa *Ekkehard Schumann*, Die Wahrung des Grundsatzes des rechtlichen Gehörs – Dauerauftrag für das BVerfG?, in: NJW 1985, S. 1134; sehr häufig geht es hier um Bagatellstreitigkeiten.
333 Instruktiv etwa BVerfG (K), in: NJW 1996, S. 1811; grundsätzlich BVerfGE 75, 183 (190); 78, 123 (126).
334 Vgl. grundsätzlich BVerfGE 52, 203 (209); 57, 117 (120); 69, 381 (386).
335 BVerfGE 40, 42 (44); 69, 381 (385); BVerfG (K), in: NJW 1991, S. 2076; NJW 2000, S. 574, zur Sorgfalt bei Notfristen, dazu *Wolfgang Späth*, Anforderungen an die (zeitliche) Sorgfalt bei Ausnutzung einer Notfrist bis zum letzten Tag, in: NJW 2000, S. 1621.
336 BVerfGE 53, 25 (28); 62, 216 (221); 62, 334 (336); BVerfG (K), in: NJW 1994, S. 1854; NJW 1995, S. 2546; NJW 2001, S. 744.
337 BVerfG (K), in: NJW 1994, S. 1854 – Bestätigung der Rspr.; NJW 1995, S. 2546; für Funktionsstörungen auf Empfängerseite s. BVerfG (K), in: NJW 1996, S. 2857, das hierfür primär auf Art. 2 Abs. 1 GG abstellt, aber auch das Recht auf Gehör einbezieht; zur Übermittlung einer Berufungsbegründung per Fax s. BVerfG (K), in: NJW 2001, S. 3473: Art. 2 Abs. 1 i. V. m. Art. 20 Abs. 3 GG werden verletzt, wenn bei sechs Stunden vor Fristablauf begonnenem, gescheitertem Übermittlungsversuch Wiedereinsetzung versagt wird, obwohl Empfangsstörung nicht auszuschließen ist; bestätigt in BVerfG (K), in: NJW 2000, S. 1636 – bei fehlgeschlagener Übermittlung zum Beschwerdegericht kann aber Übermittlung zum Prozeßgericht entsprechend § 577 Abs. 2 S. 2 ZPO a.F. verlangt werden; enger OVG Hamb., in: NJW 2000, S. 1667; zu den Sorgfaltspflichten des Anwalts s. BayVGH, in: NJW 2006, S. 169.
338 Eingehend zur Rspr. des BGH zur Wiedereinsetzung *Gerda Müller*, Die Rechtsprechung des BGH zur Wiedereinsetzung in den vorigen Stand, in: NJW 2000, S. 322 ff.

überspannt werden dürfen³³⁹. Wiedereinsetzung ist auch zu gewähren bei Fristversäumung nach Zustellung durch Niederlegung bei der Post während urlaubsbedingter Abwesenheit³⁴⁰. Wird der Briefumschlag eines fristgebundenen Antrags, dessen Poststempel die Überprüfung der Fristwahrung gestattet, bei Gericht nicht aufbewahrt, so darf dies nicht zu Lasten der Partei gehen³⁴¹. Bei Fristversäumung durch Anwaltsverschulden wird dieses grundsätzlich der Partei zugerechnet³⁴², nicht aber im Strafverfahren für die Wiedereinsetzung³⁴³.

48
BVerfG als Revisionsinstanz?

Art. 103 Abs. 1 GG ist in jedem Fall verletzt, wenn fristgerecht eingegangene Schriftsätze³⁴⁴ vom Gericht nicht berücksichtigt wurden³⁴⁵; dies gilt sowohl für gesetzliche wie für richterlich bestimmte Fristen³⁴⁶. Letztere sind so zu bemessen, daß hinreichend Raum für eine substantiierte Stellungnahme der Partei verbleibt³⁴⁷. Die Nichtberücksichtigung des § 222 Abs. 2 ZPO³⁴⁸ bedeutet daher gleichzeitig einen Verstoß gegen Art. 103 Abs. 1 GG. Da hier die Bestimmungen des einfachgesetzlichen Verfahrensrechts das Prozeßgrundrecht unmittelbar realisieren, wird eine weitreichende verfassungsgerichtliche Überprüfung der Handhabung des Verfahrens durch das Fachgericht erzielt. Das Bundesverfassungsgericht übernimmt für diesen Bereich verfassungsbezogenen Verfahrensrechts, auch und gerade in zivilrechtlichen³⁴⁹ Bagatellstreitigkeiten, Funktionen einer Revisionsinstanz³⁵⁰.

49
Ausnahmecharakter der Präklusionsnormen

Präklusionsnormen³⁵¹ bewirken eine begrenzend-konkretisierende Ausgestaltung des Rechts auf Gehör³⁵², die der Gesetzgeber im Interesse der Verfahrensbeschleunigung³⁵³ anordnen durfte, auch wenn sie sich „für das Bemühen um eine materiell richtige Entscheidung zwangsläufig nachteilig" auswirken.

---

339 Vgl. *Schmidt-Aßmann* (N 22), Art. 103 Rn. 125; *Bodo Pieroth*, in: Hans D. Jarass/Bodo Pieroth, GG, ⁸2006, Art. 103 Rn. 29; BVerfGE 38, 35 (38); 60, 251 (289); für Strafbefehlsverfahren s. BVerfG (K), in: NJW 1991, S. 351; NJW 1995, S. 2545.
340 BVerfGE 35, 296; 37, 100.
341 BVerfG (K), in: NJW 1997, S. 1770 (1771).
342 BVerfGE 60, 253 (266); BVerfG (K), in: NJW 2000, S. 1633; NJW 2001, S. 814; s. aber für geringe Verspätung in der mündlichen Verhandlung BVerfG, in: NVwZ 1989, S. 857; zu Postlaufverzögerung wegen falscher Postleitzahl s. BFH, in: NJW 2000, S. 1520.
343 BVerfG (K), in: NJW 1994, S. 1856.
344 Vgl. zur Rspr. des BVerfG die Nachw. oben in N 334; ferner etwa BVerfGE 61, 119; 62, 347; 65, 293.
345 BVerfGE 11, 218; 23, 286; 46, 185; 52, 203; 60, 120; 61, 119; 62, 347; ferner vgl. z. B. die Fallgestaltung bei BVerwG, in: NJW 1986, S. 204: keine Möglichkeit der Kenntnisnahme vom Aufruf zur Sache.
346 Zusammenfassung der Rspr. bei BVerfGE 61, 119 (122); s. auch etwa BVerfGE 60, 96; 61, 78; 67, 199; 67, 202.
347 BVerfGE 12, 6 (8); 49, 212 (215); 60, 313 (318).
348 BVerfGE 61, 119 (123).
349 Anders im Strafprozeß auf Grund der Heilungs- und Korrekturmöglichkeiten, die das Rechtsmittelverfahren bietet, vgl. *Niemöller/Schuppert* (N 40), S. 477.
350 Kritisch *Ekkehard Schumann*, Bundesverfassungsgericht, Grundgesetz und Zivilprozeß, in: ZZP 96 (1983), S. 137 (151 f.).
351 Vgl. näher *Nolte* (N 61), Art. 103 Rn. 60 ff.; grundsätzlich aus der Rspr. des BVerfG s. BVerfGE 54, 117 (123); 55, 72 (90 ff.); 75, 302 (312 ff.); zu § 531 Abs. 2 Nr. 3 ZPO n. F. siehe BVerfG (K), in: NJW 2005, S. 1478; NJW 2005, S. 1768; *Marc Hunke/Robert Dübbers*, Anregung zur konkreten Normenkontrolle des § 351 Abs. 2 Nr. 3 ZPO, in: NJ 2002, S. 184; zu § 103 Abs. 1 StPO s. BVerfG (K), in: NJW 2003, S. 3545.
352 Hierzu s. *Schulze-Fielitz* (N 9), Art. 103 Abs. 1 Rn. 72 ff.
353 BVerfGE 54, 117 (123); 55, 72 (90 ff.).

Deshalb ist in ihrer Anwendung ihr Ausnahmecharakter zu beachten[354]. Bei fehlerhafter Anwendung wird daher von einem Verfassungsverstoß nicht nur dann ausgegangen, wenn die Rechtsanwendung offenkundig unrichtig[355], sondern auch dann, wenn fehlerhafte Verfahrensgestaltung durch das Gericht Ursache für die Fristversäumnis war[356], insbesondere bei unzureichender Terminvorbereitung[357] und bei mißbräuchlicher Anwendung von Präklusionsvorschriften. Sie wird dann angenommen, wenn die Präklusion im konkreten Fall ersichtlich nicht dem Ziel der Verfahrensbeschleunigung dient[358], wie auch dann, wenn sich das Gericht in Widerspruch zu seinem prozessualen Vorverhalten setzt[359] – wie fehlerhafte Verfahrensgestaltung typischerweise den Mißbrauchseinwand nach sich zieht[360]. In das Recht auf Gehör findet hier also auch die Verpflichtung des Gerichts zu widerspruchsfreiem Verhalten als ein Aspekt eines fairen Verfahrens und zur Wahrung prozessualer Chancengleichheit der Prozeßparteien[361] Eingang. Es wird im Ergebnis auf eine spezifisch grundrechts- und rechtsstaatswidrige Handhabung von Präklusionsnormen abgestellt, während frühere Entscheidungen teilweise – kritisch – dahingehend interpretiert wurden, daß jede fehlerhafte Zurückweisung verspäteten Parteivorbringens den Anspruch auf rechtliches Gehör verletze[362]. Wenn eine Verletzung des Rechts auf Gehör auch darin liegt, daß auf Grund divergierender Rechtsprechung unterschiedlicher Fachgerichtsbarkeiten Einwendungen dergestalt abgeschnitten werden, daß sie im Ergebnis von keiner der beiden Gerichtsbarkeiten gehört werden[363], so wird auch hier die Verbindungslinie zum Grundsatz des fairen Verfahrens deutlich.

Mißbräuchliche Anwendung der Präklusionsvorschriften

---

354 Zum „strengen Ausnahmecharakter" der Präklusionsvorschriften vgl. BVerfGE 59, 330 (334); 60, 1 (6); 62, 249 (254); 63, 177 (180); 67, 39 (41); grundsätzliche Zusammenfassung der Rechtsprechung bei BVerfGE 75, 302 (312); 81, 264 (273); s. ferner BVerfGE 69, 145 (149); darauf Bezug nehmend z. B. BVerfG (K), in: NJW 2000, S. 945, zur Nichtberücksichtigung von Beweisanträgen; zu § 67 Abs. 1 ArbGG BVerfG (K), in: NJW 1995, S. 2980.
355 BVerfGE 69, 145 (149); 75, 302 (313).
356 BVerfGE 51, 188 (192); 60, 1 (6); s. auch BVerfG, in: NJW 1985, S. 1149: als Durchlauftermin ausgestalteter früher erster Termin, gleichwohl dann Anwendung des § 296 Abs. 2 ZPO.
357 BVerfGE 69, 145 (149).
358 BVerfGE 75, 302 (313 ff.): wenn klar erkennbar, daß eine Verspätung nicht kausal für eine Verzögerung ist, ist die Anwendung der Präklusionsvorschriften rechtsmißbräuchlich.
359 Dies ist maßgeblicher Gesichtspunkt auch bei BVerfGE 69, 126 (139) – unzureichende Terminvorbereitung durch gleichzeitige Anberaumung von über 50 frühen ersten Terminen.
360 So auch BVerfGE 75, 183 (190).
361 BVerfGE 69, 126 (140).
362 Für BVerfGE 51, 188 (192) s. *Karl G. Deubner*, Die Verfassungsbeschwerde wegen Verletzung des Anspruchs auf rechtliches Gehör als Rechtsbehelf im Zivilprozeß, in: NJW 1980, S. 265 f.; für BVerfGE 59, 1 (33); 60, l; 62, 249; 67, 39 s. ebenso *Dieter Leipold*, in: Friedrich Stein/Martin Jonas, Kommentar zur Zivilprozeßordnung, Bd. III, ²¹1997, § 296 Fn. 11; demgegenüber aber s. BVerfGE 69, 126: das Bundesverfassungsgericht „hat aber bislang nicht entschieden, daß die fehlerhafte Anwendung einer einfachrechtlichen Präklusionsvorschrift stets eine Verletzung des Art. 103 Abs. 1 GG darstellt (vgl. BVerfGE 66, 260 [264])." – Tatsächlich können die vorgenannten Entscheidungen m. E. nicht in Richtung auf eine Gleichsetzung von Gesetzes- und Verfassungsverstoß interpretiert werden, vgl. etwa BVerfGE 67, 39, wo ausdrücklich auf die nach dem Bundesverfassungsgericht – std. Rspr., vgl. die Nachw. a. a. O. – für die Anwendung der Präklusionsvorschriften zu fordernde Voraussetzung eines Verstoßes gegen Prozeßförderungspflichten der Parteien verwiesen wird; klarstellend auch BVerfGE 76, 126.
363 Vgl. BVerfG (K), in: NJW 1997, S. 726 – unterschiedliche Rspr. von Finanz- u. Verwaltungsgerichtsbarkeit.

2. Tatsächliche Grundlagen der gerichtlichen Entscheidung – Beweisgewinnung

50
Rechtsstaatliche Anforderungen

Auf Grund welcher Beweise das Gericht sich Kenntnis vom entscheidungsrelevanten Sachverhalt verschafft, auch dies ist eine Frage des Rechts auf Gehör. Denn das Gericht darf nur solche Erkenntnisse und Beweise zugrunde legen, zu denen die Beteiligten sich äußern konnten[364], muß andererseits in Schriftsätzen enthaltene erhebliche Beweisanträge berücksichtigen[365]. Generell gewährt Art. 103 Abs. 1 GG weder das Recht auf ein bestimmtes Beweismittel noch auf bestimmte Arten von Beweismitteln[366]. Dies gilt auch für den Strafprozeß, wo das Recht des Angeklagten, Beweisanträge zu stellen, sich auch als Folgerung aus dem Prozeßgrundrecht auf ein rechtsstaatlich-faires Verfahren darstellt[367]. Dies betrifft die Vorlage von Spurenakten, die nicht als Frage des rechtlichen Gehörs gesehen wird[368], die Verwendung mittelbarer Beweismittel (V-Männer, Zeugen vom Hörensagen)[369], die Verwertung der Aussagen anonymer Zeugen[370]. Hier wird die freie Beweiswürdigung durch das Gericht als Korrektiv für eine Beeinträchtigung der materiellen Wahrheitsfindung zu Lasten des Angeklagten gesehen. Insbesondere im Strafprozeß sind deshalb grundlegende rechtsstaatliche Anforderungen an die Form der Beweisgewinnung zu beachten[371]. Nur dann wird annähernde „Waffengleichheit" im Sinn eines fairen Verfahrens erzielt. Diese Vorgaben sind durchaus auch geeignet, der „Wahrheitsfindung"[372] im Prozeß entgegenzuwirken, wenn die Strafverfolgungsbehörden in ihrer Ermittlungstätigkeit beschränkt, diese Beschränkungen durch Beweisverwertungsverbote[373] abgesichert werden. Nur die im korrekten rechtsstaatlichen Verfahren festzustellende Wahrheit kann jedoch Verfahrensziel sein; gerade hierin liegt auch für den Strafprozeß der materielle Eigenwert des rechtsstaatlichen Verfahrens. Deshalb dürfen Erkenntnisse aus DDR-Verfahren im (strafrechtlichen) Rehabilitierungsverfahren nicht ungeprüft übernommen werden[374], kann die Gewinnung von Beweismitteln auf Grund des Einsatzes von „agents provocateurs" oder von unzulässigen verdeckten Ermittlungen als Verletzung des Rechts auf ein faires Verfahren und als Verstoß auch gegen Art. 6 Abs. 1

Beweisverwertungsverbote

---

364 Für „in camera" gewonnene Informationen aber s. o. Rn. 30.
365 Vgl. *Schulze-Fielitz* (N 9), Art. 103 Abs. 1 Rn. 65 f.
366 BVerfG (K), in: NJW 1996, S. 3145, in familienrechtlichem Zusammenhang (Kindesrückführung).
367 BVerfGE 57, 250 (274); BVerfG (K), in: NJW 1997, S. 999 (1000).
368 BVerfGE 63, 45 (69).
369 Dazu grundlegend BVerfGE 57, 250 (274 ff., 280 ff.); s. auch BVerfG (K), in: NJW 1992, S. 168; NJW 1997, S. 199.
370 EGMR, in: NJW 2006, S. 2753.
371 BVerfGE 57, 250 (274 ff.); 63, 45 (60); vgl. auch BVerfG (K), in: JR 2004, S. 37 (38) mit Anm. von *Martin Böse*, S. 42 ff.: fehlerhafte Beweiswürdigung als Verstoß gegen die Grundsätze fairen Verfahrens – die hier aus dem materiellen Grundrecht des Art. 2 Abs. 2 S. 2 GG abgestützt werden.
372 Als Ziel des Strafverfahrens vgl. BVerfGE 32, 373 (381); BVerfG (K), in: NStZ 1987, S. 419.
373 *Roxin* (N 41), § 24 D.IV.; s. insbesondere für den Fall des „Großen Lauschangriffs" die Besprechung von BVerfGE 109, 279 durch *Günter Haas*, Der „große Lauschangriff" – klein geschrieben, in: NJW 2004, S. 3082; s. auch BVerfGE 112, 304 (314) – zur Fahndung mittels GPS.
374 BVerfGE 101, 275 (295).

EMRK ein Beweisverwertungsverbot nach sich ziehen[375]. Grundsätzlich ist jedoch das Beweisverfahren Sache der staatlichen Gerichte in Anwendung des nationalen Rechts. Der Europäische Gerichtshof für Menschenrechte prüft nur, ob das Verfahren insgesamt, unter Einbeziehung der Beweiswürdigung, fair war[376]. Auch das Gebot der fairen Handhabung des Beweisrechts wirkt als verfassungsrechtliche Verfahrensmaxime für alle Bereiche des gerichtlichen Verfahrens und kann ein Verwertungsverbot begründen, wenn die Beweisgewinnung unter Mißachtung von Grundrechten[377] – und erst recht unter Einsatz von Folter im Sinne von Art. 3 EMRK[378] – erfolgte. Es steht andererseits aber auch einer beliebigen Ausdehnung von Zeugnisverweigerungsrechten entgegen[379].

3. Berücksichtigung des Parteivorbringens, Begründungserfordernisse und Rationalität

Von einer Verletzung des Rechts auf Gehör ist generell dann auszugehen, wenn relevantes Vorbringen der Parteien nicht berücksichtigt[380], wenn etwa ein gestellter Antrag[381], insbesondere ein Beweisantrag[382], ein Klageantrag[383] oder ein angebotener Zeugenbeweis[384] vom Gericht nicht geprüft wird. Um dahingehende Verfahrensverstöße festzustellen, ist es erforderlich – falls nicht das Gericht die Berücksichtigung des Parteivorbringens ausdrücklich abgelehnt hat –, auf die Begründung der Entscheidung einzugehen. Dies jedoch würde eine eingehende Sachauseinandersetzung mit der fachgerichtlichen Rechtsanwendung bedeuten, die die verfassungsgerichtliche Kontrolle nicht leisten kann. Das Bundesverfassungsgericht geht demgemäß für den Regelfall davon aus, daß die Gerichte das ihnen vorliegende und von ihnen auch entgegengenommene, also nicht etwa von vornherein als unzulässig zurückgewiesene[385] Parteivorbringen auch zur Kenntnis nehmen und im Rahmen ihrer Entscheidung berücksichtigen[386]; die Nichtberücksichtigung muß sich ein-

51
Berücksichtigung als Regelfall – notwendige Begründung

---

375 EGMR, in: EuGRZ 1999, S. 660; JR 2004, S. 127; dazu *Robert Esser*, Grenzen für verdeckte Ermittlungen gegen inhaftierte Beschuldigte aus dem europäischen nemo-tenetur-Grundsatz, in: JR 2004, S. 98.
376 EGMR, in: NJW 2004, S. 2653.
377 Vgl. BVerfGE 106, 28 (39 ff., 48 ff.) für rechtswidrig mitgehörte Telefongespräche; s. dazu *Ulrich Foerste*, Lauschzeugen im Zivilprozess, in: NJW 2004, S. 262; bei sonstigen Verfassungsverstößen BVerfG (K), in: EuGRZ 2004, S. 807 (808); insbesondere bei schwerwiegenden Verfahrensverstößen als Folge einer fehlerhaften Durchsuchung und Beschlagnahme BVerfGE 112, 29 (61).
378 EGMR, in: NJW 2006, S. 3117.
379 BVerfGE 77, 65 (76).
380 Vgl. z. B. BVerfGE 22, 267; 25, 137; 28, 378; 46, 185; 46, 315; 50, 32; 54, 43; 58, 353; 60, 305.
381 BVerfGE 28, 378.
382 BVerfGE 25, 137; 50, 32; 53, 205 (206); 65, 305; s. für eidesstattliche Versicherung auch BVerfG (K), in: NJW 1988, S. 250; zum Recht auf Stellung von Beweisanträgen BVerfG (K), in: NJW 2004, S. 209 (211).
383 BVerfGE 28, 378; 60, 96; s. auch BVerfGE 14, 320: Antrag des Nebenklägers im Strafverfahren.
384 BVerfGE 53, 219.
385 Vgl. etwa BVerfG (K), in: NJW 1992, S. 495, für Zurückweisung einer Bezugnahme auf vorinstanzliches Vorbringen, das erst in 2. Instanz relevant, da nach dem Rechtsstandpunkt der 1. Instanz unerheblich ist; s. auch BVerfGE 60, 305 (311); 70, 288 (295).
386 Vgl. BVerfGE 40, 101 (104); 51, 126 (129); 54, 43 (46); 86, 133 (145 f.); 88, 366 (375); BayVerfGH, in: NJW 1999, S. 1020 (1021).

deutig und offensichtlich aus der Begründung der Entscheidung ergeben[387]. Dann aber bedarf die Verpflichtung des Gerichts, die Ausführungen der Prozeßbeteiligten auch tatsächlich in Erwägung zu ziehen, zu ihrer Effektuierung eines Anspruchs auf hinreichende Begründung der gerichtlichen Entscheidung[388]. Auch wenn grundsätzlich davon ausgegangen wird, daß das Gericht das Vorbringen der Beteiligten berücksichtigt hat, müssen doch die wesentlichen, der Rechtsverfolgung und Rechtsverteidigung dienenden Tatsachen in den Entscheidungsgründen verarbeitet werden[389]. Auch wenn keine Verpflichtung besteht, andere Gerichtsentscheidungen zu zitieren[390], kann doch ein unbegründetes Abweichen von höchstrichterlicher Rechtsprechung (BGH) in einer strittigen Rechtsfrage das Recht auf Gehör verletzen[391]. Eine Begründung gerichtlicher Entscheidungen erfordert auch Art. 6 Abs. 1 EMRK unter dem Gesichtspunkt einer geordneten Rechtspflege[392]. Auch hierin sind die Prozeßgrundrechte des Grundgesetzes und die teilweise spezielleren Garantien der Europäischen Menschenrechtskonvention in Konkordanz zu bringen.

52
Verfahren und Rationalität

Verfassungskräftige Begründungserfordernisse bestehen im Interesse nicht nur einer Kontrolle durch Rechtsmittelgerichte[393] – sowie im Verfahren der Verfassungsbeschwerde –, sondern gleichermaßen im Hinblick auf die Gewährleistung eines Mindestmaßes an Rationalität gerichtlicher Entscheidungsgewinnung. Auch dies ist ein relevanter rechtsstaatlicher Aspekt des Rechts auf Gehör. Denn eben in dieser Rationalität und Nachvollziehbarkeit der Entscheidungsfindung ist ein maßgeblicher Aspekt rechtsstaatlicher Verfahrensgarantien – über den Bereich der Rechtsprechung hinaus – zu sehen.

---

387 *Kunig* (N 58), Art. 103 Rn. 10: Allein der Umstand, daß ein Parteivorbringen nicht in den Entscheidungsgründen berücksichtigt wird, begründet noch nicht die Annahme, das Gericht habe dieses Vorbringen nicht zur Kenntnis genommen.
388 BVerfGE 54, 86 (91); 71, 122 (135); 81, 97 (106); *Kunig* (N 58), Art. 103 Rn. 15; *Pieroth* (N 339), Art. 103 Rn. 28.
389 BVerfGE 47, 182 (187); 58, 353 (357); BVerfG (K), in: NJW 1996, S. 2785 (2786): Das Gericht hat zu begründen, warum es trotz neuer Beweisanträge die Berufung als offensichtlich unbegründet nach § 313 Abs. 2 S. 1 StPO ablehnt; vgl. auch z. B. BayObLG, in: NJW 1996, S. 1765, zum Abwesenheitsverfahren nach § 74 OWiG, wenn schriftlicher Beweisantrag weder in der Hauptverhandlung beschieden noch in den Urteilsgründen behandelt wird: Verstoß gegen Art. 103 Abs. 1 GG; zur verkürzten Begründung „zu Protokoll" gem. § 495 a ZPO s. BrandenbVerfG, in: NJ 1997, S. 307.
390 BVerfGE 80, 170 (181).
391 BVerfG (K), in: NJW 1995, S. 2911; s. auch BVerfG (K), in: NJW 1997, S. 187.
392 EGMR, in: NJW 1999, S. 2429.
393 Dem entsprechen eingeschränkte Begründungspflichten für Entscheidungen, die nicht mehr mit Rechtsmitteln angefochten werden können, vgl. BVerfGE 50, 287 (289); 104, 1 (8); für Urteile der Landesarbeitsgerichte offengelassen bei BVerfG (K), in: NJW 1996, S. 245, wo als Grundlage allerdings das Rechtsstaatsprinzip i. V. m. Art. 2 Abs. 1 GG herangezogen wird; s. auch BVerfG (K), in: NJW 1997, S. 1693: auch dann, wenn ein Bundesgericht (BFH) zunächst die Revision wegen grundsätzlicher Bedeutung zugelassen hat, sie dann aber einstimmig wegen offensichtlicher Unbegründetheit zurückweist; s. auch EGMR, in: NJW 1999, S. 2429: Rechtsmittelgericht kann auf Begründung der angefochtenen Entscheidung verweisen; s. auch BrandenbVerfG, in: NJ 2004, S. 22: verspätete Urteilsabfassung als Rechtsschutzverletzung unter dem Gesichtspunkt des Zugangs zur Rechtsmittelinstanz.

IV. Verletzung von Verfahrensgarantien – Feststellung und Rechtsfolgen

1. Zur Feststellung des Verfassungsverstoßes: spezifisches Verfassungsrecht

Bei den Prozeßgrundrechten kann die Unterscheidung zwischen Gesetzeswidrigkeit und spezifischer Verfassungswidrigkeit nicht mit gleicher Stringenz erfolgen wie bei materiellen Grundrechte. Dies ist durch die Gesetzesabhängigkeit der Prozeßgrundrechte bedingt, die nur nach Maßgabe des einfachgesetzlichen Verfahrensrechts verwirklicht werden können, so daß sich der Grundrechtsverstoß regelmäßig in fehlerhafter Gesetzesanwendung manifestiert. Ein Verfahrensfehler kann mithin einen Verfassungsverstoß bedeuten, muß dies aber nicht[394]. Wie stets kommt es auf die Verletzung spezifischen Verfassungsrechts an[395]. Soweit jedoch Normen des Prozeßrechts unmittelbar den Gehalt des Prozeßgrundrechts zum Ausdruck bringen, bedeutet der Verfahrensfehler regelmäßig bereits einen Verfassungsverstoß[396]. Typisierend kann auf die Offensichtlichkeit von Gesetzesverstößen, die das rechtliche Gehör verkürzen, abgestellt werden[397], auf die Intensität des Grundrechtsverstoßes[398] sowie vor allem auf ein grundsätzliches Verkennen der Bedeutung des Prozeßgrundrechts. Davon ist jedenfalls dann auszugehen, wenn die Gesetzesauslegung durch das Fachgericht, als abstrakter Rechtssatz formuliert, verfassungswidrig wäre[399]. Von diesen grundsätzlichen Kriterien abgesehen, wird die Abgrenzung für die einzelnen prozeßrechtlichen Institute unterschiedlich vorgenommen; insbesondere bei Präklusionsvorschriften werden Gesetzesverstöße weitgehend mit Verfassungsverstößen gleichgesetzt. Insgesamt kann festgehalten werden, daß für die Prozeßgrundrechte das Bundesverfassungsgericht bei der Urteilsverfassungsbeschwerde die Beschränkung auf die Feststellung spezifischer Verfahrensverstöße bisher weniger restriktiv gehandhabt hat als bei materiellen Grundrechten[400]. Dies gilt jedenfalls für Gehörsverstöße. Bei den richterrechtlich entwickelten prozessualen Positionen wie dem Recht auf faires Verfahren stellt sich die Abgrenzungsproblematik in dieser Weise nicht – dahingehende Verfahrensgrundsätze sind von vornherein als spezifisches Verfassungsrecht formuliert.

53 Intensität verfassungsgerichtlicher Kontrolle

Verfahrensfehler und Verfassungsverstoß?

---

394 Vgl. die Rechtsprechung zusammenfassend BVerfGE 75, 302 (312ff.); *Schulze-Fielitz* (N 9), Art. 103 Abs. 1 Rn. 29f.
395 Vgl. etwa BVerfG (K), in: NJW 1997, S. 2229.
396 Vgl. insbesondere für das Strafverfahren *Niemöller/Schuppert* (N 40), S. 477; BVerfG (K), in: NJW 1988, S. 817; für den Zivilprozeß BVerfGE 17, 265 (268); 18, 380 (384).
397 Vgl. BVerfGE 69, 145 (149), in: NJW 1985, S. 1150 (1151); BVerfGE 69, 145 (149); 70, 288 (293); 86, 133 (145); BVerfG (K), in: NJW 2004, S. 3551 (3552); NJW 2005, S. 3410; *Peter Lerche*, Dunklere und hellere Seiten des Anspruchs auf rechtliches Gehör, in: FS für Andreas Heldrich, 2005, S. 1283 (1286ff.).
398 BVerfGE 59, 330 (334); 60, 1 (6); 60, 177 (180); 62, 249 (254); 69, 145 (149).
399 BVerfGE 74, 228 (233); 89, 28 (36); sog. „Schumannsche Formel", vgl. *Ekkehard Schumann*, Verfassungs- und Menschenrechtsbeschwerde gegen gerichtliche Entscheidungen, 1963, S. 207.
400 Vgl. etwa BVerfGE 60, 305 (310); 75, 302 (312); 89, 38 (39).

2. Kassation und Kausalitätserfordernis

54
Kassation und Heilung

Die Verletzung rechtlichen Gehörs oder anderweitiger Prozeßgrundrechte führt dann zur Aufhebung der Gerichtsentscheidung, wenn sie auf diesem Mangel beruht[401]. Dies ist der Fall, wenn nicht ausgeschlossen werden kann, daß die Gewährung des Gehörs zu einer anderen Entscheidung geführt hätte[402]. Der Rechtsfolgenausspruch kann auf Beseitigung der Rechtskraft beschränkt werden, wenn gewichtige öffentliche Interessen oder Rechte Dritter betroffen sind[403]. Beim Verstoß gegen Art. 6 EMRK stellt der Europäische Gerichtshof für Menschenrechte den Konventionsverstoß fest, während beim Verstoß gegen den Grundsatz des fairen Verfahrens in seiner Qualität als allgemeiner Grundsatz des Gemeinschaftsrechts der Europäische Gerichtshof im Rechtsfolgenausspruch flexibel ist[404]. Eine Heilung von Verfahrensverstößen ist jedoch grundsätzlich möglich[405].

3. Verfassungsbeschwerde und fachgerichtliche Abhilfe

55
Rechtsschutz gegen Gehörsverletzungen

Die besondere Gesetzesabhängigkeit des Rechts auf Gehör und die daraus resultierende weitgehende Überlagerung von Gesetzes- und spezifischen Verfassungsverstößen hat in Verbindung mit unvollständig ausgebildeten Rechtsschutzmöglichkeiten gegen richterliche Grundrechtsverstöße zu einer weitgehenden Verlagerung von Rechtsschutzfunktionen auf die verfassungsgerichtliche Ebene[406] geführt[407], teilweise im Widerspruch zu der verfassungsrechtlichen Aufgabenverteilung zwischen Fachgerichten und Verfassungsgerichten. Das Recht auf Gehör ist – wie auch die weiteren Prozeßgrundrechte – unmittelbar an die rechtsprechende Gewalt selbst gerichtet. Grundrechtsverstöße erfolgen damit auf der gerichtlichen Ebene. Deshalb muß effektiver Rechtsschutz auch gegen Rechtsverletzungen durch die rechtsprechende Gewalt im Verfahren gewährleistet, muß hiergegen die Anrufung eines Gerichts möglich sein. Der Rechtsweg hiergegen steht im Rahmen des allgemeinen Justizgewährungsanspruchs bzw. der Rechtsschutzgarantie des Art. 19 Abs. 4 GG[408]

Nachholung des Gehörs

offen. Gefordert ist also ein Rechtsbehelf, der zu einer Nachholung des Gehörs[409] und zu einer Korrektur der Gehörsverletzung auf justitieller Ebene durch die Fachgerichte führt[410]. Deshalb war die Zivilprozeßordnung in ihrer

---

401 *Schulze-Fielitz* (N 9), Art. 103 Abs. 1 Rn. 77.
402 Dieser Beruhenszusammenhang ist im Rahmen der Begründung einer Verfassungsbeschwerde auszuführen, BVerfGE 72, 122 (132); BVerfG (K), in: NJW 2004, S. 1443.
403 Z. B. bei Volljährigenadoption: BVerfG, in: NJW 1994, S. 1053; BVerfG (K), in: NJW 1995, S. 316.
404 Vgl. dazu *Pache* (N 73), S. 1342; *ders.* (N 11), S. 601 (606).
405 *Schulze-Fielitz* (N 9), Art. 103 Abs. 1 Rn. 78.
406 Zur Landesverfassungsgerichtsbarkeit s. BVerfGE 96, 345 – zum Vorlagebeschluß SächsVerfGH, in: JbSächsOVG 3, S. 97; ferner BerlVerfGH, in: NJW 1994, S. 436; HessStGH, in: DÖV 1999, S. 388; RheinlPfalzVerfGH, in: NJW 2001, S. 2621.
407 Vgl. *Hans-Friedrich Müller*, Abhilfemöglichkeiten bei der Verletzung des Anspruchs auf rechtliches Gehörs, in: NJW 2002, S. 2743.
408 BVerfGE 107, 395 (401 f.).
409 Zur Heilung s. BVerfGE 73, 322 (326).
410 *Nolte* (N 61), Art. 103 Rn. 77 ff.

bis 2001 geltenden Fassung insoweit verfassungswidrig, als sie außer der streitwertabhängigen Revision keinen Rechtsbehelf gegen Gehörsverletzungen vorsah[411].

Die Korrektur von Gehörsverstößen ist primär über die Fachgerichte anzustreben, dies auch im Wege der Selbstkorrektur[412]. Dann erst kann nach der verfassungsrechtlichen Aufgabenverteilung zwischen Verfassungsgericht und Fachgerichten der subsidiäre Rechtsbehelf der Verfassungsbeschwerde[413] eingreifen[414]. Der Korrektur von Gehörsverstößen diente zunächst eine großzügige Handhabung möglicher Rechtsbehelfe[415], über die Zulassung einer Revision wegen grundsätzlicher Bedeutung[416], erweiterte Zulassung der Nichtigkeitsklage[417], wie auch durch neuartige Rechtsbehelfe[418], Wiedereröffnung der mündlichen Verhandlung[419], in analoger Anwendung des § 514 Abs. 2 ZPO[420] und des § 321 a ZPO[421], im Wege der Gegenvorstellung[422]. Die Forderung des Bundesverfassungsgerichts in seiner Plenarentscheidung nach effektivem Rechtsschutz bei Gehörsverletzungen, der auch durch den judex a quo gewährt werden kann[423], führte dann zum Anhörungsrügegesetz vom 9. Dezember 2004[424]. Außerordentliche Rechtsbehelfe wie die Gegenvorstel-

56
Anhörungsrügengesetz und Verfahrensgrundrechte

---

411 BVerfGE 108, 341 (347f.).
412 Vgl. z. B. BVerfG (K), in: NJW 2003, S. 1513, für nachträgliche Anhörung nach § 33 a StPO bei Durchsuchungsanordnung.
413 Vgl. BVerfGE 60, 96 (98f.); 61, 119 (121); 72, 119 (121); 79, 80 (83); s. auch z. B. BVerfG (K), in: NJW 1996, S. 1273; zur Subsidiarität bei Möglichkeit fachgerichtlicher Selbstkorrektur (§ 33 a StPO) s. BVerfG (K), in: NJW 2003, S. 1513, für Durchsuchungsanordnung.
414 S. jetzt grundsätzlich BVerfGE 107, 395 (411 ff.).
415 Vgl. BVerfGE 42, 243 (248); 49, 252 (259); 61, 78 (80); 63, 77 (79); 69, 233 (242); 73, 322 (327); 81, 97 (102); BVerfG (K), in: NJW 1993, S. 2793; BrandenbVerfG, in: NJW 2004, S. 3259; *Nolte* (N 61), Art. 103 Rn. 77 ff.; *Hans-Bernhard Brockmeyer*, in: Schmidt-Bleibtreu/Klein, Komm. z. GG, Art. 103 Rn. 2 b.
416 BGHZ 152, 182; s. auch BAG, in: NJW 2005, S. 2637, zur Nichtzulassungsbeschwerde.
417 Vgl. aber jetzt BGHZ 153, 189 mit Anm. *Friedhelm Gaul*, in: JZ 2003, S. 1088.
418 Überblick bei *Brockmeyer* (N 415), Art. 103 Rn. 2 b; s. auch *Andreas Voßkuhle*, Bruch mit einem Dogma – Die Verfassung garantiert Rechtsschutz gegen den Richter, in: NJW 2003, S. 2193 (2194); vgl. auch BGH, in: JR 2005, S. 201 – ergänzende Zulassung der Rechtsbeschwerde analog § 321 ZPO.
419 Für das Verwaltungsgericht s. *Michael Dolderer*, Die Wiedereröffnung der mündlichen Verhandlung vor dem Verwaltungsgericht, in: DÖV 2000, S. 491 (493f.).
420 BVerfG (K), in: NJW 1997, S. 1301, unter Bezugnahme auf BVerfGE 60, 96 (99) (zu § 513 ZPO a. F.).
421 Vgl. z. B. HessStGH, in: DVBl 2005, S. 824; ebenso BrandenbVerfG, in: NJW 2004, S. 1651; NJW 2004, S. 3259; s. auch OLG Jena, in: NJW 2003, S. 3495; zur Zurückweisung der Berufung durch Beschluß nach § 522 II ZPO s. OLG Celle, in: NJW 2003, S. 906; OLG Koblenz, in: NJW 2003, S. 2100; OLG Rostock, in: NJW 2003, S. 2105; zu § 321 a ZPO etwa *Müller* (N 407), S. 2743.
422 Vgl. BFH, in: NJW 1996, S. 1496, für Entscheidung ohne mündliche Verhandlung trotz Fehlens eines wirksamen Verzichts, unter Bezugnahme auf BVerfGE 73, 322.
423 Kritisch *Voßkuhle* (N 418), S. 2193 (2197); *Johann Braun*, Die Korrektur von Gehörverletzungen im Zivilprozess, in: JR 2005, S. 1.
424 BGBl I, S. 3229; zu den Folgen für die anwaltliche Praxis s. *Rüdiger Zuck*, Rechtliches Gehör in Zivilprozessen – Die anwaltlichen Sorgfaltspflichten nach dem Inkraft-Treten des Anhörungsrügegesetzes, in: NJW 2005, S. 1226 – Zivilprozeß, sowie NVwZ 2005, S. 739 – Verwaltungsstreitverfahren; *Jürgen Treber*, Neuerungen durch das Anhörungsrügegesetz, in: NJW 2005, S. 97 – für ArbGG; zur Gehörsrüge gegen Entscheidungen des Bundesfinanzhofes s. BFHE 209, 419; zu § 152 a VwGO s. VGH Bad.-Württ., in: NJW 2005, S. 920; *Wolf-Rüdiger Schenke*, Außerordentlicher Rechtsbehelfe im Verwaltungsprozessrecht nach Erlass des Anhörungsrügegesetzes, in: NVwZ 2005, S. 729; bei Nichtzulassungsbeschwerde s. BGH, in: JR 2005, S. 455.

§ 115 *Achter Teil: II. Staatsfunktionen*

lung sind damit nicht mehr erforderlich[425], wenn überhaupt noch zulässig[426]. Ob die außerordentlichen Rechtsbehelfe nach dem Anhörungsrügengesetz auch für sonstige Verfahrensgrundrechte gelten sollen, ist nicht explizit im Gesetz geregelt[427]. Die Durchführung des Verfahrens nach § 321a ZPO ist jedenfalls Voraussetzung für die Zulässigkeit der Verfassungsbeschwerde[428]. Die Unterlassung der Einlegung des statthaften Rechtsbehelfs der Abhörungsrüge führt nach einer Kammerentscheidung des Bundesverfassungsgerichts dazu, daß die Verfassungsbeschwerde insgesamt unzulässig ist, „jedenfalls in den Fällen, in denen sich die behauptete Gehörsverletzung auf den gesamten Streitgegenstand des fachgerichtlichen Verfahrens erstreckt"[429]. Erst nach erfolgloser Durchführung des Verfahrens nach § 321a ZPO ist die Verfassungsbeschwerde zulässig – dies auch insoweit, als die Verletzung materieller Grundrechte geltend gemacht wird. Der Beschwerdeführer ist also nicht gehalten, zwei Verfassungsbeschwerden zu erheben[430]. Andererseits kann eine im Verfahren nach § 321a ZPO unterbliebene Gehörsrüge im Verfassungsbeschwerdeverfahren nicht nachgeholt werden[431]. Soll die Verfassungsbeschwerde auf die Verletzung materiellen Rechts beschränkt bleiben, ist sie innerhalb der Beschwerdefrist nach Ergehen der letztinstanzlichen Entscheidung einzulegen, ohne daß auch dann das Verfahren nach dem Gehörsrügengesetz durchgeführt werden müßte. Wenn allerdings eine fehlerhafte Verfahrensgestaltung durch das Fachgericht sowohl einen Verstoß gegen das Recht auf Gehör als auch gegen das Gebot eines rechtsstaatlich-fairen Verfahrens darstellen kann, ist angesichts der Austauschbarkeit dieser grundrechtlich begründeten Verfahrensrügen die sofortige Einlegung der Verfassungsbeschwerde ohne Durchführung des Gehörsrügenverfahrens risikobehaftet – die Nichteinlegung innerhalb der Beschwerdefrist allerdings auch.

---

425 Vgl. für die Gegenvorstellung kritisch unter dem Gesichtspunkt der Rechtsmittelklarheit *Voßkuhle* (N 418), S. 2193 (2198); ähnlich *Schenke* (N 424); zur Bedeutung für die Beschwerdefrist nach § 93 Abs. 1 S. 1 BVerfGG s. BVerfG (K), in: NJW 2003, S. 575; zum Abänderungsantrag nach § 80 Abs. 7 VwGO BVerfG (K), in: NVwZ 2002, S. 848.
426 Vgl. OVG Lüneburg, in: NJW 2005, S. 2171.
427 Für § 152a VwGO bejahend *Schenke* (N 424), S. 736f. – dort auch für materiell grob gesetzwidrige Entscheidungen; zur außerordentlichen Beschwerde s. *Micha Blochinger/Alexander Kettinger*, Verfahrensgrundrechte im Zivilprozess – Nun endlich das Comeback der außerordentlichen Beschwerde?, in: NJW 2005, S. 860; zur Revisionszulassung wegen Verstoß gegen verfahrensgrundrechten BGH, in: JZ 2003, S. 263; mit abl. Anm. *Peter Schlosser*, Voraussetzungen der Zulässigkeit einer Revision, in: JZ 2003, S. 266 (268).
428 S. hierzu BVerfG (K), in: NJW 2005, S. 3059.
429 BVerfG (K), in: NJW 2005, S. 3059 (3060).
430 So ausdrücklich BVerfG (K), in: NJW 2005, S. 3059 (3060); anders *Zuck* (N 424), S. 1226 (1229f.).
431 BayVerfGH, in: NJW 2006, S. 283.

D. Bibliographie

Jörg Eisele, Die Berücksichtigung der Beschuldigtenrechte der EMRK im deutschen Strafprozess aus dem Blickwinkel des Revisionsrechts, in: JR 2004, S. 12 ff.

Karin Graßhof, Rechtliches Gehör, in: HdbGR, Bd IV, § 132.

Jörg Gundel, Neue Anforderungen des EGMR an die Ausgestaltung des nationalen Rechtsschutzsystems, in: DVBl 2004, S. 17 ff.

Ferdinand O. Kopp, Das rechtliche Gehör in der Rechtsprechung des Bundesverfassungsgerichts, in: AöR 106 (1981), S. 604 ff.

Peter Lerche, Zum „Anspruch auf rechtliches Gehör", in: ZZP 78 (1965), S. 1.

Johannes Mauder, Der Anspruch auf rechtliches Gehör, 1986, S. 10 ff.

Hartmut Maurer, Rechtsstaatliches Prozessrecht, in: Festschrift 50 Jahre BVerfG, 2001, Bd. II, S. 467 ff.

Hans-Friedrich Müller, Abhilfemöglichkeiten bei der Verletzung des Anspruchs auf rechtliches Gehör, in: NJW 2002, S. 2743 ff.

Martin Niemöller/Gunnar Folke Schuppert, Die Rechtsprechung des Bundesverfassungsgerichts zum Strafverfahrensrecht, in: AöR 107 (1982), S. 414 ff.

Eckhard Pache, Der Grundsatz des fairen gerichtlichen Verfahrens auf europäischer Ebene, in: EuGRZ 2000, S. 601 ff.

Wolfgang Peukert, Verfahrensgarantien und Zivilprozeß (Art. 6 EMRK), in: RabelsZ 63 (1999), S. 600 ff.

Konrad Redeker, Verfahrensgrundrecht und Justizgewährungsanspruch, in: NJW 2003, S. 2956 ff.

Joachim Scherer, Gerichtsöffentlichkeit als Medienöffentlichkeit, 1979, bes. S. 74 ff., 130 ff.

Egon Schneider, Ausnahmebeschwerde wegen greifbarer Gesetzwidrigkeit und Gehörsrüge, in: MDR 2002, S. 1047 ff.

Ekkehard Schumann, Der Einfluß des Grundgesetzes auf die zivilprozessuale Rechtsprechung, in: 50 Jahre Bundesgerichtshof. FG der Wissenschaft, Bd. III, 2000, S. 3.

ders., Verfassungs- und Menschenrechtsbeschwerde gegen gerichtliche Entscheidungen, 1963, S. 207 ff.

Manfred Wolf, Zivilprozessuale Verfahrensgarantien in Art. 6 I EMRK als Grundlage eines europäischen Zivilprozeßrechts, in: FS für Alfred Söllner, 2000, S. 1279 ff.

III. Finanzwesen

§ 116
Grundzüge des Finanzrechts des Grundgesetzes

Christian Waldhoff

Übersicht

	Rn.
A. Finanzrecht	1– 56
I. Finanzverfassungs- und Finanzrecht	1– 6
II. Funktionen von Finanzen und Geld in der Verfassungsordnung	7– 9
III. Finanzverfassung und Sozialfinanzverfassung	10– 12
IV. Finanzverfassung und Geldverfassung	13
V. Akteure des Finanzrechts und der Finanzverfassung	14– 31
VI. Staatsbankrott und das Problem der Insolvenzfähigkeit staatlicher Instanzen	32– 56
B. Bundesstaatliche Finanzverfassung im Überblick	57– 81
I. Bundesstaat und Finanzverfassung	57– 60
II. Kompetenzaufteilung	61– 81
C. Staatliche Einnahmen im Überblick	82– 97
I. Einnahmensystem	82– 84
II. Steuern	85
III. Vorzugslasten (Kausalabgaben)	86– 90
IV. Sonderabgaben	91– 93
V. Sonstige Abgaben	94– 95
VI. Sonstige Einnahmen, insbesondere Kreditfinanzierung	96– 97
D. Steuerverfassung im Überblick	98–120
I. Steuerverfassungsrechtliche Prüfungsmaßstäbe	98– 99
II. Besteuerung nach der wirtschaftlichen Leistungsfähigkeit als Ausprägung der Steuergleichheit und der Steuergerechtigkeit	100–115
III. Verfassungsrechtliche Schranken der Höhe der Steuerbelastung	116–120
E. Haushaltsverfassungsrecht im Überblick	121–155
I. Funktionswandel des Staatshaushalts	121–129
II. Das Haushaltsverfahren im Überblick	130–131
III. Gefährdungen der parlamentarischen Haushaltsautonomie	132–155
F. Internationalrechtliche und europarechtliche Bezüge	156–174
I. Verfassungsrechtliche Grundlagen des Internationalen Steuerrechts	157–160
II. Einwirkungen des europäischen Gemeinschaftsrechts	161–174
G. Normative Bindung, Interpretation und gerichtliche Kontrolle des Finanzrechts und der Finanzverfassung	175–183
I. Probleme der Normativität und der Justiziabilität der bundesstaatlichen Finanzverfassung und des Steuerverfassungsrechts	175–180
II. Probleme der Interpretation des Finanzrechts des Grundgesetzes	181–183
H. Bibliographie	

A. Finanzrecht

I. Finanzverfassungs- und Finanzrecht

1
Gegenstand und Funktion des Finanzrechts

Das Finanzrecht befaßt sich mit der staatlichen Finanzwirtschaft. Seit der Ablösung der Naturalwirtschaft durch die Geldwirtschaft finanziert sich der Staat mittels Geld. Der moderne Staat ist wesentlich im Wechselspiel zwischen Rüstung und Finanzierung derselben entstanden; die steigenden Militärausgaben zogen einen steigenden Finanzbedarf nach sich, der wiederum eine funktionsfähige Verwaltung zur Erzwingung der Abgaben erforderte und so zur Staatsbildung im Innern der Herrschaftsbereiche beitrug[1]. Die Geldwirtschaft bestand und besteht darin, daß der Staat Geld beschafft, verwaltet und ausgibt. Seit der frühen Neuzeit werden die Sentenzen „Pecunia nervus rerum"[2] oder die Finanzen als „les nerfs de la République"[3] zur Veranschaulichung dieses Zusammenhangs verwendet. Das Finanzrecht des Grundgesetzes meint vor diesem Hintergrund diejenigen finanzrechtlichen Bestimmungen, die sich auf Geld und auf die Staatsfinanzierung beziehen. Gleichberechtigt kann man vom Finanzverfassungsrecht im weiteren Sinne sprechen[4]. Die bundesstaatliche Finanzverfassung (Art. 104a–108 GG) und das Haushaltsverfassungsrecht (Art. 109–115 GG) sind damit nur Teilbereiche des Finanzrechts des Grundgesetzes. Hinzu treten das Geld- und Währungsrecht, das Steuerverfassungsrecht (die verfassungsrechtlichen Vorgaben für die Abgabenerhebung), das Staatsvermögensrecht, das Subventionsrecht sowie der Finanzierungsaspekt des Sozialstaats. Mit anderen Worten: Das Finanzrecht des Grundgesetzes erschöpft sich nicht in bundesstaatlichen und staatsorganisationsrechtlichen Regelungen des organschaftlichen Rechtskreises (Art. 104a–115 GG), sondern betrifft auch das Staat-Bürger-Verhältnis.

2
Staatsfinanzierung als instrumentelle Staatsaufgabe

„Die Finanzen sind die Realität einer Verfassung."[5] Die Beschaffung und Verwaltung von Geld zur Finanzierung des Gemeinwesens erweist sich zunächst und primär als instrumentelle Staatsaufgabe; das heißt nicht die Erfüllung der Aufgaben, sondern die Ermöglichung der Aufgabenerfüllung durch die Bereitstellung finanzieller Ressourcen stehen bei dieser Betrachtung im Vordergrund[6]. Der Staat ist zu finanzieren, damit er seine „eigentlichen" Aufga-

---

1 → Bd. II, *Vogel*, § 30 Rn. 23 f.; *Wolfgang Reinhard*, Geschichte der Staatsgewalt, 1999, S. 24 und durchgehend; *Werner Buchholz*, Geschichte der öffentlichen Finanzen in Europa in Spätmittelalter und Neuzeit, 1996, S. 11 ff.; zur neueren Entwicklung des deutschen Finanzstaates *Hans-Peter Ullmann*, Der deutsche Steuerstaat. Geschichte der öffentlichen Finanzen, 2005; Überblick über die Geschichte des staatlichen Finanzrechts in Deutschland bei *Klaus Vogel/Christian Waldhoff*, in: BK, Vorbem. zu Art. 104a–115 Rn. 104 ff. (= *dies.*, Grundlagen des Finanzverfassungsrechts, 1999, Rn. 104 ff.).
2 Zu der antiken Sentenz und seiner frühneuzeitlichen Bedeutung näher *Michael Stolleis*, Pecunia nervus rerum, 1983.
3 *Jean Bodin*, Six Livres de la République, 1576, VI 2; dazu etwa → Bd. II, *Vogel*, § 30 Rn. 1; *ders.*, Grundzüge des Finanzrechts des Grundgesetzes, in: HStR IV, ²1999 (¹1990), § 87 Rn. 1.
4 Näher zur Begriffsbildung *Vogel/Waldhoff* (N 1), Rn. 1 ff.
5 *Vogel*, Grundzüge (N 3), Rn. 1.
6 *Christian Waldhoff*, Reformperspektiven im Finanzrecht, in: Die Verwaltung 39 (2006), S. 155. → Bd. IV, *Isensee*, § 73 Rn. 32 f.

ben wahrnehmen kann. Erst durch eine entsprechende Finanzkraft wird der Staat handlungsfähig. Die Rede vom instrumentellen Charakter der Staatsfinanzierung beschreibt freilich einen Idealtypus[7]: Bei der Einnahmenerhebung kann, sofern die betreffenden Abgaben auch Lenkungscharakter besitzen, eine über die Beschaffung von Finanzmitteln hinausreichende Verhaltenssteuerung bewirkt werden[8]; auf der Ausgabenseite staatlichen Finanzgeschehens kann ebenfalls wirtschaftslenkend angesichts der konjunkturellen Wirkungen von Investitionen und sonstigen Staatsausgaben agiert werden[9]. Durch die Ausrichtung der gesamten staatlichen Finanzwirtschaft auf die „ökonomische Budgetfunktion" des gesamtwirtschaftlichen Gleichgewichts durch Art. 109 Abs. 2 GG ist dies zu einem Staatsziel erhoben worden[10]. Das Finanzwesen hat dadurch in der Verfassungsordnung eine neue Stellung erhalten[11]. Geld und Finanzen als „Steuerungsmedien" ergänzen die überkommene Finanzierungsfunktion[12].

Verhaltenssteuerung durch Geld

Geld und Finanzen erweisen sich als erstklassiges Machtinstrument des Staats: Die verbindliche staatliche Zwangsgewalt bewährt sich bei der Vereinnahmung der Mittel; durch die Verwaltung, die Anlage und die Verausgabung des Geldes kann angesichts der relevanten Summen ebenfalls Macht ausgeübt und „gesteuert" werden. Von der privaten Finanzmacht unterscheidet sich die staatliche durch ihre Befehls- und Zwangsgewalt[13]. Staatliche Macht bedarf der rechtlichen Bindung. Im Bereich staatlicher Finanzen kommt hinzu, daß wesentliche durch den Markt hervorgerufene Steuerungsinstrumente hier nicht greifen, da der Staat entweder überhaupt kein Marktteilnehmer ist, den Markt demgegenüber vielmehr (mit-)konstituiert[14] oder zumindest eine besondere Marktposition besitzt. Ein rationaler Umgang mit den staatlichen Finanzmitteln beruht daher auf anderen Bedingungen und Voraussetzungen als der Einsatz privater Finanzen am Markt. Auch hier greift nach der Logik des Verfassungsstaates vorrangig die Rechtsbindung staatlichen Finanzhandelns ein.

3

Finanzmacht und Rechtsbindung

---

7 *Peter Badura*, Die Entscheidung über die Staatsaufgaben und ihre Finanzierung in der parlamentarischen Demokratie, in: FS für Peter Selmer, 2004, S. 19 (20); auf den Haushalt bezogen *Albert von Mutius*, Die Steuerung des Verwaltungshandelns durch Haushaltsrecht und Haushaltskontrolle, in: VVDStRL 42 (1984), S. 147 (168).
8 Zum Steuerungsfaktor Geld im Verwaltungsrecht umfassend *Stefan Korioth*, Finanzen, in: Wolfgang Hoffmann-Riem/Eberhard Schmidt-Aßmann/Andreas Voßkuhle (Hg.), Grundlagen des Verwaltungsrechts, Bd. III, 2007, § 44, Rn. 4ff. Umstritten sind hier Verhältnis und Rang von Finanzierungs- und Lenkungszweck zueinander, s. u. Rn. 8, 133.
9 Vgl. nur *Karl Heinrich Friauf*, Öffentlicher Haushalt und Wirtschaft, in: VVDStRL 27 (1969), S. 1 ff.; *Jost Pietzcker*, Der Staatsauftrag als Verwaltungshandelns, 1978, S. 304 ff.; *Reiner Schmidt*, Wirtschaftspolitik, Wirtschaftsverwaltungsorganisation, Wirtschaftsförderung, in: Norbert Achterberg/Günter Püttner/Thomas Würtenberger (Hg.), Besonderes Verwaltungsrecht, Bd. I, ²2000, § 1 Rn. 108 ff.
10 Zur Konjunkturpolitik im Überblick Schmidt (N 9).
11 *Badura* (N 7), S. 20.
12 → Bd. II, *Vogel*, § 30 Rn. 25 ff.; für das Verwaltungsrecht *Korioth* (N 8), § 44.
13 Genauer: durch die Möglichkeit der einseitigen Anordnung und ihrer Durchsetzung; denn bei der Nichterfüllung konsensualer Verpflichtungen steht auch der privaten Finanzmacht mit der zivilprozessualen Zwangsvollstreckung ein (staatlicherseits zur Verfügung gestelltes) Zwangsinstrumentarium zur Verfügung.
14 Zu dem Zusammenhang mit der Steuerrechtfertigung *Moris Lehner/Christian Waldhoff*, in: Paul Kirchhof/Hartmut Söhn/Rudolf Mellinghoff (Hg.), EStG. Kommentar, § 1 Rn. A 76 ff., A 160 ff.; → Bd. IV, *Grzeszick*, § 78 Rn. 17 ff.

4 Prekäre Bereiche der Rechtsbindung	Sowohl bei der Vereinnahmung als auch bei der Verwaltung und der Verausgabung staatlicher Finanzmittel besteht eine prinzipiell uneingeschränkte (Grund-)Rechtsbindung. Insbesondere der allgemeine Gleichheitssatz steht hier im Vordergrund und verwirklicht das Prinzip der Lastengleichheit[15]. Die verfassungsrechtsdogmatisch höchst strittige Frage ist, ob aus den Grundrechten auch Grenzen für die Höhe der Steuerbelastung folgen bzw. wie hier die Balance zwischen politischer Dezision und Rechtsbindung zu tarieren ist[16]. Aufgrund des weitgehenden Fehlens korrigierender Marktmechanismen bis hin zum rechtlichen Ausschluß der Staatsinsolvenz stellt sich die Frage, wieweit Rechtsmaßstäbe – etwa der Wirtschaftlichkeit oder der Sparsamkeit – hier kompensatorische Wirkung entfalten[17]. Vermehrt wird die Frage aufzuwerfen sein, inwieweit institutionelle, das heißt staatsorganisatorische Arrangements im Mehrebenensystem eine Lücke füllen können[18].
5 Vom Steuerstaat zum Dienstleistungs- und Abgabenstaat?	Das Finanzrecht und die Finanzverfassung des Grundgesetzes bauen auf dem Prinzip der Steuerstaatlichkeit auf[19]. Dieses Staatsstrukturprinzip ist in jüngerer Zeit vermehrt angegriffen worden[20]. Die Kontroversen betreffen letztlich die grundlegende Frage, welche öffentlichen Aufgaben durch das allgemeine Finanzaufkommen – welches aus Steuereinnahmen gespeist wird, die dem Leistungsfähigkeitsprinzip verpflichtet sind – finanziert werden und welche über dem Äquivalenzprinzip verpflichtete Abgaben auf die konkret Begünstigten umgelegt werden sollen. Finanzrechtlich geht es um die Unterscheidung zwischen Gemeinlast und Sonderlast. Durch das Kriterium der Kosten käme notwendigerweise eine ökonomische Dimension in die Abgabengestaltung.
Äquivalenzbezogene Finanzierung	Äquivalenzbezogene Finanzierungsmodi tendieren dazu, den Bürger als „Konsumenten" oder „Kunden" zu begreifen. Angesprochen ist die Verbindung zwischen Staatsaufgaben, demokratischer Legitimation und der instrumentellen Aufgabe der Staatsfinanzierung. Das Problem reicht weit über das Finanzrecht hinaus: Letztlich geht es um die demokratisch-parlamentarische Konzeption des Verfassungsstaates des Grundgesetzes, geht es um das Staatsbild insgesamt. Die Trennung zwischen Einnahmen und Ausgaben auf der Ebene des Staatshaushalts, die grundsätzlich fehlende Zweckbindung von Abgaben, die Ermöglichung der politischen Gesamtentscheidung über das Budgetrecht des Parlaments sind nicht nur die Voraussetzungen für eine gleichheitsgerechte Beteiligung der Bürger an der Staatsfinanzierung, sondern erweisen sich als unverzichtbare Elemente der staatlichen Handlungsfä-

---

15 S. u. Rn. 104.
16 S. u. Rn. 116 ff.
17 → Unten *Gröpl*, § 121 Rn. 9 ff.
18 Dazu ausführlich *Christian Waldhoff*, Finanzautonomie und Finanzverflechtung in gestuften Rechtsordnungen, in: VVDStRL 66 (2007) S. 216 ff.
19 → Bd. II, *Vogel*, § 30 Rn. 51 ff.; grundlegend *Josef Isensee*, Steuerstaat als Staatsform, in: FS für Hans Peter Ipsen, 1977, S. 409 ff.; ferner *Vogel/Waldhoff* (N 1), Rn. 327 ff.; → unten *P. Kirchhof*, § 118 Rn. 1 ff.; *Isensee*, § 122 Rn. 70 ff.
20 *Ute Sacksofsky*, Umweltschutz durch nichtsteuerliche Abgaben, 2000, S. 129 ff.; *dies./Joachim Wieland* (Hg.), Vom Steuerstaat zum Gebührenstaat, 2000; *Arndt Schmehl*, Das Äquivalenzprinzip im Recht der Staatsfinanzierung, 2004; *ders.*, Dimensionen des Äquivalenzprinzips im Recht der Staatsfinanzierung, in: ZG 2005, S. 123.

higkeit und damit der parlamentarischen Demokratie. Die Auflösung der staatlichen Finanzgebarung in punktuelle, gar okkasionelle Äquivalenzbeziehungen beschädigt die zentrale Koordinationsfunktion des Parlaments, gefährdet den verfassungsrechtlichen Kerngedanken demokratischer Gleichheit, koppelt die Frage nach den zu erfüllenden Staatsaufgaben an die Einnahmenerhebung und bewirkt in der Konsequenz durch eine grundlegende Umstellung der gesamten „Verwaltungsphilosophie" den Weg zum sogenannten Dienstleistungsstaat[21]. Der nur scheinbar mögliche Ausweg, die grundgesetzliche Strukturentscheidung für die Demokratie[22] selbst in ein äquivalenzorientiertes Prinzip umzudeuten, die finanzielle zur politischen Äquivalenz zu erweitern, verfehlt die Vorgaben der Verfassung. Die vorgeschlagene „Responsivität zwischen der Aufgaben- und der Finanzierungsentscheidung", die durch institutionelle Koppelung parallellaufender Prozesse erreicht werden soll[23], entspricht nicht der demokratischen Konzeption des Grundgesetzes. Die demokratische Gleichheit knüpft an den Staatsbürgerstatus, nicht an eine diffuse Betroffenheit an; nicht derjenige, der für staatliche Leistungen bezahlt, bestimmt mit, sondern das demokratisch konstituierte Staatsvolk[24]. Die Koppelung zwischen der Entscheidung über die Erfüllung der Staatsaufgaben und deren Finanzierung ist zunächst eine politische, keine verfassungsrechtliche. Entsprechende Vermittlungsleistungen sind im politischen Prozeß zu erbringen. Alle Bestrebungen, das finanzrechtliche Äquivalenzprinzip als „Transmissionsriemen für einen partizipativen Einfluß der Zahler auf die staatliche Willensbildung bei der Gestaltung der jeweiligen gegenleistungsabhängig finanzierten Leistungsbereiche anzusehen"[25], sind zurückzuweisen. Im Rahmen der Steuerstaatlichkeit vermag das Äquivalenzprinzip die Höhe bestimmter Kausalabgaben wie Gebühren und Beiträge zu steuern, sofern der grundsätzliche Vorrang der Steuerfinanzierung gewahrt bleibt[26].

Dienstleistungsstaat

Demokratische Legitimation, nicht Betroffenheit

Die Grundzüge des Finanzrechts des Grundgesetzes suchen – den Einzelbeiträgen vorgeschaltet – den verfassungsrechtlichen Maßstäben staatlichen Finanzverhaltens eine Struktur zu geben. In den Grundzügen, das heißt in den Strukturentscheidungen oberhalb technischer Details sind die bundesstaatliche Komponente der Finanzverfassung darzustellen, die Abgabenarten, ihre Voraussetzungen und Bindungen zu analysieren, das staatliche Haushaltsgeschehen sowie der Einsatz von Geld zu Steuerungszwecken zu betrachten. Darüber hinaus sollen diejenigen Querschnittsthemen vertieft behandelt werden, die in einem traditionellen Zuschnitt der finanzverfassungsrechtlichen

6
Schwerpunkte der Darstellung

---

[21] Dazu in anderem Zusammenhang kritisch *Andreas Vosskuhle*, Der „Dienstleistungsstaat", in: Der Staat 40 (2001), S. 495; zur freiheitssichernden Funktion der Steuerstaatlichkeit in diesem Zusammenhang *Hanno Kube*, Rationalität und Paternalismus im Recht der Staatsfinanzierung, in: GS für Angela Augstein, 2006, S. 145.
[22] → Bd. II, *Böckenförde*, § 24.
[23] *Schmehl* (N 20), S. 12, 17, 220 ff.
[24] → Bd. II, *Isensee*, § 15 Rn. 154 ff.; *Böckenförde*, § 24 Rn. 41 ff.
[25] *Schmehl* (N 20), S. 258.
[26] *Joachim Becker*, Transfergerechtigkeit und Verfassung, 2001, S. 94 ff.; *Hanno Kube*, Staatsaufgaben und Solidargemeinschaften, in: Rudolf Mellinghoff (Hg.), Steuern im Sozialstaat, 2006, S. 11; *Christian Seiler*, Besteuerung von Einkommen, Gutachten F zum 66. DJT 2006, S. F 7 (F 13 f.).

Beiträge vernachlässigt zu werden drohen: die Stellung der Gemeinden im staatlichen Finanzrecht, die Frage des Staatsbankrotts, das Problem finanzwirtschaftlicher Entscheidungen in Verfahren der Volksgesetzgebung sowie Fragen eines grundlegenden Wandels der Staatsfinanzierung durch Zweckbindungen von Abgaben, durch den Weg vom Steuer- zum Gebührenstaat und durch die Auflösung einer einheitlichen staatlichen Finanzgewalt. Schließlich ist das Faktum zur Kenntnis zu nehmen, daß auch und gerade im Bereich staatlicher Finanzwirtschaft und damit des Finanzrechts die europa- und internationalrechtliche Überlagerung inzwischen systemprägend ist.

II. Funktionen von Finanzen und Geld in der Verfassungsordnung

1. Staatsfinanzierung

7
Finanzrecht als Recht der Geldbeschaffung, -verwaltung und -verausgabung

Die zentrale Ausgangsfunktion der gesamten staatlichen Finanzwirtschaft und damit im Finanz- und Rechtsstaat des Grundgesetzes ist die Finanzierung der Staatstätigkeit durch die Beschaffung von Finanzmitteln. Das Steuerrecht hat diese instrumentelle Staatsaufgabe[27] in der Einzelanalyse der Steuerrechtsnormen als die Fiskalzweck- oder Lastenausteilungsfunktion der Steuergesetze beschrieben und dogmatisch einzufangen gesucht[28]. Diese stets im Vordergrund stehende Seite des Finanzrechts erschöpft sich nicht in der Vereinnahmung der Mittel, sondern betrifft auch ihre Verwaltung und Verausgabung[29].

2. Verhaltens- und Wirtschaftssteuerung

8
Finanzmacht als Steuerungsressource
Einnahme als Nebenzweck

Neben der Finanzierungsfunktion stand schon lange die Steuerungsfunktion staatlicher Finanzmittel und damit des Finanzrechts[30]. Einfachgesetzlich wurde diese Erkenntnis für die Steuer in § 3 Abs. 1 Hs. 2 AO rezipiert: Die Einnahmeerzielung kann Nebenzweck der Steuer sein. Das mag im Einzelfall zutreffen, bei genereller Betrachtungsweise ist jedoch zu beachten, daß die Steuer als Hauptfinanzierungsinstrument des Staates Lenkungszwecke nur als Nebenzwecke verfolgt. Bei anderen Abgabentypen können demgegenüber Lenkungszwecke dominieren[31].

Finanzen und daraus resultierende Finanzmacht dienen zum einen der Binnenorganisation des Staates selbst; traditionellerweise steht hier das Haus-

---

27 S. o. Rn. 2.
28 Grundlegend *Klaus Vogel*, Die Abschichtung von Rechtsfolgen im Steuerrecht – Lastenausteilungs-, Lenkungs- und Vereinfachungsnormen und die ihnen zuzurechnenden Steuerfolgen, in: StuW 1977, S. 97, wieder abgedruckt in: *ders.*, Der offene Finanz- und Steuerstaat 1991, S. 495.
29 S. u. Rn. 69 ff.
30 → Bd. II, *Vogel*, § 30 Rn. 25 ff.; in historischer Perspektive *Dieter G. Bodenheim*, Der Zweck der Steuer, 1979, S. 95 ff.; grundlegend *Peter Selmer*, Steuerinterventionismus und Verfassungsrecht, 1972; *Karl Heinrich Friauf*, Verfassungsrechtliche Grenzen der Wirtschaftslenkung und Sozialgestaltung durch Steuern, 1966; *Michael Rodi*, Die Rechtfertigung von Steuern als Verfassungsproblem, 1994, S. 80 ff.; *Heinrich Weber-Grellet*, Steuern im modernen Verfassungsstaat, 2001, S. 8 ff. und durchgehend; *Rainer Wernsmann*, Verhaltenslenkung in einem rationalen Steuersystem, 2005; *Hanno Kube*, Finanzgewalt in der Kompetenzordnung, 2004, S. 216 ff.; → oben *P. Kirchhof*, § 99 Rn. 99 ff.
31 S. u. Rn. 133; → unten *P. Kirchhof*, § 118 Rn. 46 ff.

haltsrecht im Vordergrund[32]. Im postindustriellen Sozial- und Interventionsstaat ist die Gesellschaftssteuerung mittels Lenkungsabgaben und Subventionen neben die ordnungsrechtliche Steuerung flächendeckend hinzugetreten. Verschonungssubventionen in Form von Steuervergünstigungen bilden die Schnittstelle zwischen Sozialzwecknormen und Subventionen. Steuersystematisch werfen Steuern, die insgesamt (auch) aus Lenkungszwecken konzipiert wurden (etwa besondere Verbrauchsteuern), geringere Probleme auf als oftmals systemwidrige Einzelnormen in primär dem Fiskalzweck verpflichteten Regelungen (etwa einzelne Tatbestände des Einkommensteuerrechts)[33].

Gesellschaftssteuerung

Verschonungssubventionen

3. Geld als vergemeinschaftete Verfassungsvoraussetzung

Das Substrat des Finanzrechts ist im Finanzstaat das Geld[34]. Die Existenz von funktionsfähigem Geld ist Voraussetzung für das Funktionieren nicht nur der Finanzverfassung, sondern von moderner Staatlichkeit schlechthin[35]. In diesem Zusammenhang sind verschiedene Geldbegriffe zu differenzieren[36]. Vorliegend ist der verfassungsrechtliche Geldbegriff entscheidend. Für den Bürger bedeutet Geld die Ermöglichung von Freiheit; für den Staat stellt es ein Steuerungsmedium sowohl innerhalb der Staatsorganisation als auch gegenüber dem Bürger dar[37]. Aus der angedeuteten Funktion des Geldes für Finanzverfassung und Staatlichkeit folgt, daß der verfassungsrechtliche Geldbegriff nicht nur Zahlungsmittel, sondern insbesondere auch Buchgeld umfaßt. Unabhängig von der umstrittenen Frage, ob der Geldwert verfassungsrechtlich geschützt ist, obliegt es der staatlichen Verantwortung, die Bereitstellung einer funktionsfähigen Geldordnung zu garantieren[38]. Private Klagemöglichkeiten sind damit allerdings nicht zwangsläufig verbunden. Geld erweist sich insoweit als Verfassungsvoraussetzung[39]. Die weitgehende Vergemeinschaftung des Geld- und Währungsrechts ändert an dieser Prämisse zunächst nichts: Die Geldordnung ist seit der stufenweisen Vollendung der Wirtschafts- und Währungsunion weitgehend auf europäische Instanzen übergegangen bzw. wird in einem kooperativen Verwaltungsverbund zwischen europäischen und mitgliedstaatlichen Instanzen im Europäischen System der Zentralbanken administriert[40]; in der Konstruktion und verfassungsgerichtli-

9

Funktionsfähiges Geld als Voraussetzung für Staatlichkeit

Verfassungsrechtlicher Geldbegriff

---

32 *Korioth* (N 8), § 44; s. u. Rn. 121 ff.; → unten *Heintzen*, § 120 Rn. 1 ff.
33 Grundlegend zur methodischen Behandlung *Klaus Vogel*, Die Abschichtung von Rechtsfolgen im Steuerrecht, in: StuW 1977, S. 97.
34 Zum Finanzstaat → Bd. II, *Vogel*, § 30 Rn. 3 ff.
35 Vgl. etwa auch BVerfGE 95, 243 (249); 95, 250 (262 f.); → unten *Schmidt*, § 117 Rn. 4 ff.
36 → Bd. II, *Vogel*, § 30 Rn. 4 ff.; *Vogel/Waldhoff* (N 1), Rn. 270 ff.
37 → Bd. II, *Vogel*, § 30 Rn. 25 ff.
38 BVerfGE 97, 350 (368 ff.); *Karsten Schmidt*, Die Rechtspflicht des Staates zur Stabilitätspolitik und der privatrechtliche Nominalismus, in: FS zum 125jährigen Bestehen der juristischen Studiengesellschaft zu Berlin, 1984, S. 665; *Vogel/Waldhoff* (N 1), Rn. 297 ff.; a. A. *Oliver Lepsius*, Geld als Schutzgut der Eigentumsgarantie, in: JZ 2002, S. 313.
39 → Bd. II, *Vogel*, § 30 Rn. 17 ff., 19.
40 *Ulrich Häde*, Finanzausgleich, 1996, S. 504 ff.; *Schmidt* (N 9), Rn. 123 ff.; s. u. Rn. 165.

chen Auslegung des Maastricht-Vertrags (Art. 98 ff. EGV) hat das Bundesverfassungsgericht dies grundsätzlich gebilligt[41]. Die Verfassungsvoraussetzung „Geld" ist in weitem Umfang vergemeinschaftet worden.

III. Finanzverfassung und Sozialfinanzverfassung

10
Steuer- und Sozialfinanzverfassung

In ihrem Volumen mit den Steuereinnahmen vergleichbar sind die sozialversicherungsrechtlichen Beiträge[42]. Die Finanzierung der sozialen Sicherungssysteme wird als „Finanzverfassung der Sozialversicherung" bezeichnet[43]. Diese anschauliche Begriffsbildung verdeutlicht, daß die Art. 104a–115 GG nur als „Steuerfinanzverfassung" angelegt sind[44]. Finanzverfassungsrechtlich entscheidend ist die Dichotomie der Finanzierung der Sozialversicherung[45]: Neben die Sozialversicherungsbeiträge treten ganz erhebliche, in der Tendenz steigende Steuerzuschüsse in die gesetzliche Renten-, Kranken- und Arbeitslosenversicherung[46]. Es kommt hinzu, daß bestimmte Sozialleistungen – wie vorrangig die Sozialhilfe – ohnehin vollständig steuerfinanziert sind, also aus allgemeinen Haushaltsmitteln bestritten werden. Demgegenüber gehört es zu den auch verfassungsrechtlich relevanten Charakteristika der Sozialversicherung, daß sie im Grundsatz beitragsfinanziert ist: Die Kompetenznorm des Art. 74 Abs. 1 Nr. 12 GG deckt die Regelung der Sozialversicherungsbeiträge mit ab, die Verwaltungszuständigkeit des Art. 87 Abs. 2 GG umfaßt die Ertragshoheit und Art. 120 Abs. 1 S. 4 GG regelt die Lastentragung als lex specialis im Verhältnis zu Art. 104a GG[47]. Haushaltsrechtlich stellt die Sozialversicherung einen Parafiskus dar, ist aus dem allgemeinen Staatshaushalt ausgegliedert. Die Abgrenzung zur „Steuerfinanzverfassung" erfolgt über den Kompetenzbegriff der „Sozialversicherung" in Art. 74 Abs. 1 Nr. 12 GG, der vom Bundesverfassungsgericht in ständiger Rechtsprechung als offener Gattungsbegriff großzügig ausgelegt wird[48].

Sozialversicherung als Parafiskus

---

41 BVerfGE 89, 155 (199 ff.); 97, 350 (368 ff.).
42 Steuergesamteinnahmen 2003: 442, 2 Mrd. Euro; Sozialbudget (gesetzliche Renten-, Kranken-, Pflege-, Unfall-, Arbeitslosenversicherung) einschließlich Arbeitsförderung 2003: 483, 8 Mrd. Euro; Quelle: Institut der deutschen Wirtschaft, Deutschland in Zahlen 2005, S. 67, 74. → Unten *P. Kirchhof*, § 119 Rn. 110 ff.
43 *Thomas Gössl*, Die Finanzverfassung der Sozialversicherung, 1992; *Josef Isensee*, Finanzverfassung des Grundgesetzes und Sozialrecht, in: Sozialfinanzverfassung (SDSRV 35), 1992, S. 7; → unten *F. Kirchhof*, § 125, Rn 20 f.
44 *Werner Heun*, Die Sozialversicherung und das System der Finanzverfassung, in: FS für Peter Selmer, 2004, S. 657; *Ferdinand Kirchhof*, Finanzierungsinstrumente des Sozialstaats, in: Rudolf Mellinghoff (Hg.), Steuern im Sozialstaat, 2006, S. 39 (45); s. u. Rn. 61 ff.
45 *Isensee* (N 43), S. 12 ff.
46 Staats-(Bundes-)zuschuß zur gesetzlichen Rentenversicherung in Euro: 1970: 5, 4 Mrd.; 1980: 15,0 Mrd.; 1990: 20,4 Mrd.; 1995: 37,5 Mrd.; 2000: 61,2 Mrd.; 2003: 73,0 Mrd.; siehe *Institut der deutschen Wirtschaft*, Deutschland in Zahlen 2005, S. 83; eingehend *Rainer Wernsmann*, Die Finanzierung der Sozialversicherung durch Beiträge und Steuern aus Sicht der deutschen Verfassung, in: DRV 2001, S. 67; *Ferdinand Kirchhof*, Finanzierungsinstrumente des Sozialstaats, in: Rudolf Mellinghoff (Hg.), Steuern im Sozialstaat, 2006, S. 39 (52 ff.). → Unten *F. Kirchhof*, § 125 Rn. 37 ff.
47 *Isensee* (N 43), S. 13; *Jörn Lütjohann*, Die Lasten der gesetzlichen Rentenversicherung nach Art. 120 Abs. 1 S. 4 GG, Diss. Tübingen 1994; → unten *F. Kirchhof*, § 125 Rn. 19 ff.
48 Vgl. etwa BVerfGE 11, 105 (111 ff.); 63, 1 (35); 75, 108 (146); *Heun* (N 44), S. 658 ff.

Durch die Trennung der (vorwiegend) steuerfinanzierten allgemeinen staatlichen Finanzwirtschaft von der beitragsfinanzierten Sozialversicherung wird die sachgerechte Abstimmung, die Lastengerechtigkeit der Gesamtabgabenbelastung des Bürgers erschwert. Unter dem Schlagwort von der „Transfergerechtigkeit" wird versucht, die dem Versicherungsprinzip folgenden Kernaufgaben der gesetzlichen Sozialversicherung von lenkenden, subventionierenden und sozialausgleichenden, in jedem Fall steuerfinanzierten Elementen abzuschichten und zuzuordnen[49]. Das Bundesverfassungsgericht hat auch hier dem Gesetzgeber in beachtlichem Maße Spielraum gelassen[50].

11
Lastengerechtigkeit

Die europarechtliche Problematik der Finanzierung des deutschen Sozialversicherungssystems ist dadurch gekennzeichnet, daß die Abgrenzung zwischen Steuern und Sozialbeiträgen in Deutschland kompetenzabschichtend-statisch, im Gemeinschaftsrecht jedoch funktional-dynamisch erfolgt: Nicht die Abschichtung von Zuständigkeitsräumen, sondern die Verwirklichung der jeweils relevanten Gemeinschaftspolitiken bestimmen den Zugriff[51]. Da nun der Finanzierungsmodus der sozialen Sicherungssysteme in der Polarität zwischen versicherungsbasierten Beiträgen und weitgehender Steuerfinanzierung schwankt, steht der Europäische Gerichtshof bei der Anwendung der Diskriminierungsverbote beim grenzüberschreitenden Bezug sozialer Leistungen vor schwierigen Abgrenzungsfragen[52].

12
Europarechtliche Überlagerung

IV. Finanzverfassung und Geldverfassung

Die Begriffsprägung „Geldverfassung"[53] umfaßt die Bereiche des Geld- und des Währungsrechts in seinen Bezügen zum Verfassungsrecht und zählt damit zum Finanzrecht des Grundgesetzes[54]. Durch die Errichtung der Wirtschafts- und Währungsunion ist dieser finanzrechtliche Bereich wie kaum ein anderer vergemeinschaftet worden[55]; nationale Kompetenzen sind hier nur noch rudimentär vorhanden.

13
Geld- und Währungsrecht

---

49 *Becker* (N 26), S. 48 ff.; *Friedhelm Hase*, Versicherungsprinzip und sozialer Ausgleich, 2000; *Christian Rolfs*, Das Versicherungsprinzip im Sozialversicherungsrecht, 2000.
50 BVerfGE 113, 167 (221 f., 224 f.); kritisch *Wernsmann* (N 46), S. 67.
51 Ausführlich *Christian Waldhoff*, Die Abgrenzung von Steuern und Sozialabgaben im europäischen Recht, in: Ulrich Becker/Wolfgang Schön (Hg.), Steuer- und Sozialstaat im europäischen Systemwettbewerb, 2005, S. 193; zum europäischen Steuerbegriff *Philipp Kreibohm*, Der Begriff der Steuer im Europäischen Gemeinschaftsrecht, 2004.
52 Zentral sind hier die Entscheidungen EuGH, Rs. C-34/98 vom 7. 9. 1999, Slg. 2000, I-995; EuGH, Rs. C-169/98 vom 7. 9. 1999, Slg. 2000, I-1049; dazu näher *Waldhoff* (N 51), S. 201 ff.; *Thorsten Kingreen*, Doppelbelastung und Doppelbefreiung im grenzüberschreitenden Sozialrecht, in: Ulrich Becker/Wolfgang Schön (Hg.), Steuer- und Sozialstaat im europäischen Systemwettbewerb, 2005, S. 239.
53 *Hans Gerber*, Geld und Staat. Eine Untersuchung über die Geldverfassung als Problem des Staatsrechts im Rahmen einer allgemeinen Systematik des Rechts, 1926; *Hugo J. Hahn*, Geldverfassung und Ordnungspolitik, 1989; → unten *Schmidt*, § 117 Rn. 3 ff.
54 Eingehender *Vogel/Waldhoff* (N 1), Rn. 270 ff.
55 S. u. Rn. 165 sowie statt aller *Ulrich Häde*, in: Christian Calliess/Matthias Ruffert (Hg.), EUV/EGV, ³2006, Art. 98 ff. EGV; → unten *Schmidt*, § 117 Rn. 15 ff.

V. Akteure des Finanzrechts und der Finanzverfassung

1. Bund und Länder

14
Hauptträger der bundesstaatlichen Finanzverfassung

Das bundesstaatliche Rechtsverhältnis regelt die Rechtsbeziehungen zwischen dem Bund und den Ländern. Dementsprechend sind Bund und Länder Hauptadressaten der kompetenzrechtlichen Bestimmungen der bundesstaatlichen Finanzverfassung der Art. 104a–108 GG[56]. Als Normadressaten kompetenzieller Vorschriften sind Bund und Länder konstruktiv Zurechnungssubjekte der Rechte und Pflichten aus der bundesstaatlichen Finanzverfassung. In der Sache sind sie die Hauptakteure, die alle anderen Akteure mediatisieren oder zumindest dominieren. Die Kompetenzschwerpunkte variieren von Finanzkompetenz zu Finanzkompetenz: Während die Steuerrechtsetzungshoheit vom Bund dominiert wird, haben die Länder bei den Finanzverwaltungskompetenzen das Prä und sind die Ertragskompetenzen – der zentralen Stellung von Art. 106 GG korrespondierend – gleichgewichtig verteilt.

Kompetenzieller Verantwortungsverbund

Wie in der allgemeinen Bundesstaatsdogmatik ist die „Staatlichkeit" der Länder eine im Vergleich zum Bund defizitäre: Schon allein die Verpflichtung von Bund und Ländergesamtheit, im Falle extremer Haushaltsnotlagen helfend einzuspringen[57], verdeutlicht Isensees Diktum von den Ländern als „Staaten ohne Ernstfall" in finanzrechtlicher Hinsicht. Die durch die Finanzreform 1967/69 hinzugetretene Verwischung finanzverfassungsrechtlicher Kompetenzen unter dem Leitgesichtspunkt des sogenannten kooperativen Föderalismus hat ein übriges dazu beigetragen, die Länder ihrer eigenständigen finanzverfassungsrechtlich-kompetenziellen Stellung zu entfernen.

15
Stadtstaaten

Eine Besonderheit des deutschen Föderalismus stellen die Stadtstaaten Berlin, Hamburg und Bremen als Kommunen mit Landesstaatsqualität dar. Gerade in finanzverfassungsrechtlicher Hinsicht sind sie in mehrfacher Weise privilegiert[58], ohne daß stets ein hinreichender sachlicher Grund deutlich wäre. Der Status föderaler Gleichheit ist so relativiert, erhält eine gewisse Asymmetrie mit entsprechenden Rechtfertigungslasten[59]. Dieser Sonderstatus ist nicht zuletzt deshalb problematisch, weil die Stadtstaaten vielfach zwar Privilegien beanspruchen, nicht in gleicher Weise jedoch bereit sind, ihre Besonderheit als „autochtones Element" deutscher Bundesstaatlichkeit durch Verzicht oder Eigenanstrengung zu unterfüttern.

16
Berlin

Demgegenüber teilweise anders gelagert sind zentralstaatliche Funktionen, die Berlin als Bundeshauptstadt[60] erfüllt. Schon Bonn als Regierungssitz

---

56 *Helmut Siekmann*, in: Michael Sachs (Hg.), GG, ³2003, vor Art. 104a Rn. 1.
57 Näher s. u. Rn. 51.
58 Vorrangig ist hier die „Einwohnerveredelung" zu nennen, § 9 Abs. 2 FAG; dazu BVerfGE 72, 330 (400 f., 415 f.); 86, 148 (239 ff.); 101, 158 (230 f.); *Helmut Siekmann*, in: Sachs, GG Komm., ³2003, Art. 107 Rn. 34; *Markus Heintzen*, in: v. Münch/Kunig, GGK III, ⁵2003, Art. 107 Rn. 26; sehr stadtstaatenfreundlich *Joachim Wieland*, Die Rolle der Stadtstaaten im Föderalismus – Zu den Chancen einer Neuordnung des bundesstaatlichen Finanzausgleichs, in: NordÖR 2001, S. 45.
59 *Josef Isensee*, Idee und Gestalt des Föderalismus im Grundgesetz, in: HStR IV, ²1999 (¹1990), § 98 Rn. 136.
60 → Bd. II, *E. Klein*, § 19 Rn. 16 ff.

erhielt einen Sonderlastenausgleich für regierungsspezifische Lasten auf der Grundlage von Art. 106 Abs. 8 GG[61]; dies war jedoch wegen der Landesmediatisierung der Stadt Bonn ein Problem der Finanzbeziehungen zwischen dem Bund und einer Gemeinde. In Berlin stellt sich die Frage durch den Stadtstaatencharakter von vornherein anders. Das Berlin/Bonn-Gesetz vom 26. April 1994[62] sieht in seinem § 5 vor, daß der Bund Berlin bei der Wahrnehmung der gesamtstaatlichen Repräsentation unterstützt, ohne jedoch Einzelheiten festzulegen. Erfolgte bisher ein gewisser Ausgleich auf konsensualer Grundlage[63], so wurde durch die Föderalismusreform ein neuer Art. 22 Abs. 1 in das Grundgesetz eingefügt: „Die Hauptstadt der Bundesrepublik Deutschland ist Berlin. Die Repräsentation des Gesamtstaates in der Hauptstadt ist Aufgabe des Bundes. Das Nähere wird durch Bundesgesetz geregelt."[64] Eine von Berlin gewünschte Formulierung wurde nicht aufgenommen: „Die Gewährleistung notwendiger hauptstadtbezogener Infrastruktur und die Repräsentation des Gesamtstaates in der Bundeshauptstadt, insbesondere auf dem Gebiet der Kultur und der gesamtstaatlichen Darstellung und Dokumentation deutscher Geschichte sind Aufgaben des Bundes, soweit er sie nicht auf Berlin überträgt. Der Bund erstattet Berlin die hierfür sowie für sonstige hauptstadtbedingte Sonderbelastungen notwendigen Kosten."[65] Finanzverfassungsrechtlich ändert die in Kraft tretende Regelung nichts: Die Sonderlasten können – und sollten – nach wie vor über Art. 106 Abs. 8 GG ersetzt werden; die allgemein schlechte Finanzlage Berlins ist von vornherein nicht Gegenstand eines wie auch immer gearteten Hauptstadtartikels.

Sonderlasten

2. Gemeinden und sonstige Kommunalverbände

Die Kommunen sind nach heutigem verfassungsrechtlichem Verständnis Teil des Staates[66]. Sie ordnen sich als Träger kommunaler Selbstverwaltung (Art. 28 Abs. 2 GG) nahtlos in die staatliche Binnenorganisation ein und üben Staatsgewalt aus, die folglich demokratisch legitimiert sein muß (Art. 20

17
Kommunen in der Finanzverfassung

---

61 Vereinbarung im Hinblick auf die Aufgaben der Stadt Bonn als Bundeshauptstadt vom 18.3.1980, erneuert und bis 1999 begrenzt; vgl. bereits *Isensee* (N 59), Rn. 137.
62 Gesetz zur Umsetzung des Beschlusses des Deutschen Bundestages vom 20.6.1991 zur Vollendung der Einheit Deutschlands, in: BGBl I, S. 918; dazu *Rupert Scholz*, Das Berlin/Bonn-Gesetz, in: NVwZ 1995, S. 35; *Markus Heintzen*, Der verfassungsrechtliche Status der Bundesstadt Bonn, 2000.
63 Zu nennen ist vorrangig der Hauptstadtvertrag vom 30.6.1994 und seine Verlängerung sowie der Hauptstadtkulturvertrag vom 17.5.2000.
64 Gesetz zur Änderung des Grundgesetzes vom 28.8.2006, in: BGBl I, S. 2034; vgl. auch BT-Drs 16/813, S. 2; vgl. zur Diskussion in der Reformkommission: Dokumentation der Kommission von Bundestag und Bundesrat zur Modernisierung der bundesstaatlichen Ordnung, 2005, S. 947 ff.; *Volker Busse*, Hauptstadt Berlin und Bundesstadt Bonn, in: DÖV 2006, S. 631 (639 f.); kritisch *Markus Heintzen*, Der Bund und die Finanzen seiner neuen Hauptstadt, in: FS für Peter Raue, 2006, S. 83 (89 ff.).
65 *Deutscher Bundestag* (Hg.), Dokumentation der Kommission von Bundestag und Bundesrat zur Modernisierung der bundesstaatlichen Ordnung (= Zur Sache 1/2005), 2005, S. 948 f.
66 *Eberhard Schmidt-Aßmann/Hans-Christian Röhl*, Kommunalrecht, in: Eberhard Schmidt-Aßmann (Hg.), Besonderes Verwaltungsrecht, [13]2005, Rn. 8; *Horst Dreier*, in: Dreier, GG II, Art. 28 Rn. 79.

§ 116   *Achter Teil: III. Finanzwesen*

Zweistufiger Staatsaufbau

Abs. 2 GG)[67]. Die deutsche bundesstaatliche Doktrin geht von einem zweistufigen Staatsaufbau aus: Dem Bund als zentraler Ebene werden die Länder als Gliedstaaten gegenübergestellt[68]. Gleichwohl bilden die Städte und Gemeinden sowie die Landkreise eine eigene Verwaltungsebene. Zweistufiger Staatsaufbau und drei- oder mehrstufiger Verwaltungsaufbau sind zu unterscheiden. Nicht zuletzt daraus resultiert die eigentümliche „Doppelrolle"[69], in der sich die mit Selbstverwaltungsrecht ausgestatteten Kommunalkörperschaften in der grundgesetzlichen Verfassungsordnung befinden: Einerseits erweisen sie sich als Teil der administrativen Dezentralisation, andererseits prägen sie den Staatsaufbau politisch-demokratisch[70]. Das Bundesverfassungsgericht hat daraus die spezifische Funktion, die die Gemeinden im Staatsaufbau erfüllen, entwickelt und umschrieben[71].

18

Mediatisierung der Kommunen durch die Länder

Zweistufige Finanzverfassung

Die Gemeinden und Gemeindeverbände sind im Rahmen einer „gegliederten" oder „gestuften Demokratie"[72] Teile der Länder, sie bilden keine dritte Staatsebene[73]. Der zehnte Abschnitt des Grundgesetzes geht von einer zweistufigen Finanzverfassung in Korrelation zu einem zweistufigen bundesstaatlichen Aufbau aus[74]. Die Gemeinden sind durch die Länder finanzverfassungsrechtlich mediatisiert[75]. Die zahlreichen Erwähnungen der Gemeinden und Gemeindeverbände in den finanzverfassungsrechtlichen Vorschriften[76] widersprechen dem Dargelegten nicht: Art. 106 Abs. 9 GG rechnet ausdrücklich die Einnahmen und Ausgaben der Gemeinden und Gemeindeverbände den Ländern zu[77]. Auch Art. 104b Abs. 1 GG weist in die gleiche Richtung: Die dort vorgesehenen Finanzhilfen des Bundes an die Kommunen werden diesen

---

67 BVerfGE 8, 122 (132); 38, 258 (270); 61, 82 (103); 73, 118 (191); 83, 37 (54); *Isensee* (N 59), Rn. 166; *Günter Püttner*, Kommunale Selbstverwaltung, in: HStR IV, ²1999 (¹1990), § 107 Rn. 14 f.; *Eberhard Schmidt-Aßmann*, Die Garantie der kommunalen Selbstverwaltung, in: FG 50 Jahre Bundesverfassungsgericht, Bd. II, 2001, S. 803 (805 f.).

68 → Bd. II, *Jestaedt*, § 29 Rn. 10.

69 *Friedrich Schoch/Joachim Wieland*, Finanzierungsverantwortung für gesetzgeberisch veranlaßte kommunale Aufgaben, 1995, S. 65; *Dreier* (N 66), Art. 28 Rn. 80; *Friedrich Schoch*, Der verfassungsrechtliche Schutz der kommunalen Selbstverwaltung, in: Jura 2001, S. 121 (124); *Schmidt-Aßmann/Röhl* (N 66), Rn. 8.

70 Vgl. *Püttner* (N 67), Rn. 1.

71 BVerfGE 79, 127 (143 ff.).

72 *Georg Christoph von Unruh*, Gebiet und Gebietskörperschaften als Organisationsgrundlage nach dem Grundgesetz der Bundesrepublik Deutschland, in: DVBl 1975, S. 1 (2); *ders.*, Demokratie und kommunale Selbstverwaltung, in: DÖV 1986, S. 217 (219 f.); *Hans-Günter Henneke*, Öffentliches Finanzwesen, Finanzverfassung, ²2000, Rn. 828.

73 *Häde* (N 40), S. 188; *Henneke* (N 72), Rn. 826; *Siekmann* (N 56), Rn. 9 f.

74 *Paul Kirchhof*, Kommunale Finanzhoheit, in: Günter Püttner (Hg.), Handbuch der kommunalen Wissenschaft und Praxis, Bd. VI, ²1985, S. 5; *Rudolf Wendt*, Finanzhoheit und Finanzausgleich, in: HStR IV ²1999 (¹1990), § 104 Rn. 62; *Rolf Grawert*, Die Kommunen im Länderfinanzausgleich, 1989, S. 23 ff.; *Kyrill-A. Schwarz*, Finanzverfassung und kommunale Selbstverwaltung, 1996, S. 62 ff.

75 Vgl. dazu näher *Jürgen W. Hidien*, Die Gemeindefinanzen im bundesstaatlichen Finanzausgleich, in: Hans-Günter Henneke/Hermann Pünder/Christian Waldhoff (Hg.), Recht der Kommunalfinanzen, 2006, § 26.

76 Art. 104b Abs. 1 – Finanzhilfen des Bundes für die Gemeinden; Art. 105 Abs. 3 – Zustimmungserfordernis des Bundesrats für Steuergesetze, deren Aufkommen den Gemeinden zufließt; Art. 106 Abs. 3 und Abs. 5–9 – Ertragshoheit der Gemeinden; Art. 107 Abs. 2 S. 1 Hs. 2 – Berücksichtigung der Finanzkraft und des Finanzbedarfs der Gemeinden beim horizontalen Finanzausgleich; Art. 108 Abs. 4 S. 2, Abs. 5–7 – Übertragungsmöglichkeit hinsichtlich der Steuerverwaltung durch die Gemeinden.

77 Vgl. dazu näher *Hidien* (N 75).

durch das jeweilige Land zugeleitet, um unmittelbare finanzverfassungsrechtliche Beziehungen zwischen Bund und Gemeinden zu vermeiden[78]. Auch das Bundesverfassungsgericht hat sich dieser Sichtweise angeschlossen: „Diese Bestimmungen erhalten ihren Sinn aus dem Zusammenhang der Finanzverfassung mit der staatsorganisationsrechtlichen Regelung, die das Grundgesetz vornimmt. Im Bundesstaat des Grundgesetzes stehen sich Bund und Länder und die Länder untereinander gegenüber; die Kommunen sind staatsorganisationsrechtlich den Ländern eingegliedert."[79] Folge der Zweistufigkeit der bundesstaatlichen Finanzverfassung ist es, daß direkte finanzverfassungsrechtliche Beziehungen oder ein „Durchgriff" zwischen Bund und Gemeinden grundsätzlich nicht statthaft sind[80]. Art. 106 Abs. 8 GG stellt insofern eine Ausnahmevorschrift dar[81]. Die gelegentlich vertretene Gegenauffassung, die die Gemeinden als eigenständige dritte Stufe der Finanzverfassung sieht[82], überzeugt nicht. Die Gemeinden werden weder durch eine Zusammenschau des verfassungsrechtlichen Prinzips der Volkssouveränität (Art. 20 Abs. 2 S. 1 GG) mit dem zweiten Teil der Homogenitätsklausel des Art. 28 Abs. 1 S. 2 GG als eigenständige bundesstaatliche Stufe ausgeformt, noch kann dies im Umkehrschluß aus Art. 106 Abs. 9 GG unter Betonung von dessen Charakter als rechtlicher Fiktion gefolgert werden. Insgesamt sind die Gemeinden also „weit davon entfernt ..., in der Finanzverfassung als ‚vollwertige Partner' von Bund und Ländern zu erscheinen"[83]. Immerhin hat der Zweite Senat des Bundesverfassungsgerichts in seinem Finanzausgleichsurteil vom 11. November 1999 unter Heranziehung auch des neuen Art. 28 Abs. 2 S. 3 GG eine gewisse finanzverfassungsrechtliche Verselbständigung der Kommunen erkannt, welche die „bisherige Zweistufigkeit der Finanzverfassung" modifiziere[84]. Es bleibt abzuwarten, ob sich aus dieser Feststellung in der Zukunft Veränderungen werden herleiten lassen[85].

Kein „Durchgriff" des Bundes

Finanzhoheit bedeutet nach dem Ausgeführten eine aufgabenadäquate, finanzverfassungsrechtlich abgesicherte Finanzausstattung, die zunächst durch die verfassungskräftige Zuweisung entsprechender Ertragshoheiten gesichert wird[86]. Schon allein dadurch wird der entsprechenden Gebietskörperschaft ein gewisser Grad politischer Autonomie gewährleistet, da die für eine eigen-

19
Finanzhoheit und Finanzautonomie

---

78 *Daniel Thürer*, Bund und Gemeinden, 1986, S. 55 ff.; *Christiane Meis*, Verfassungsrechtliche Beziehungen zwischen Bund und Gemeinden, 1989, S. 96 ff.
79 BVerfGE 86, 148 (215).
80 BVerfGE 26, 172 (181 f.); 41, 291 (313 f.); *Thürer* (N 78), S. 54; *Schoch/Wieland* (N 69), S. 115 ff.; *Friedrich Schoch*, Die Dogmatik zum finanzverfassungsrechtlichen Schutz der kommunalen Selbstverwaltung, in: AfK 2000, S. 225 (231).
81 *Rolf Grawert*, Gemeinden und Kreise vor den Aufgaben der Gegenwart, in: VVDStRL 36 (1978), S. 277 (302); *Thürer* (N 78), S. 60; *Meis* (N 78), S. 106 ff.
82 *Gerd Schmidt-Eichstaedt*, Bundesgesetze und Gemeinden, 1981, S. 123 ff.
83 *Thürer* (N 78), S. 26 f.; *Stefan Korioth*, Der Finanzausgleich zwischen Bund und Ländern, 1997, S. 41 f.
84 BVerfGE 101, 158 (230); vgl. zuvor bereits in diese Richtung *Hans Pagenkopf*, Kommunalrecht, Bd. II, 1976, S. 11.
85 Keine Änderung sieht *Rupert Scholz*, in: Maunz/Dürig, Komm. z. GG, Art. 28 Rn. 84a; *Michael Nierhaus*, in: Sachs, GG Komm., ³2003, Art. 28 Rn. 69, spricht im Hinblick auf diese „modifizierte Zweistufigkeit" von „Irritationen" der bisherigen, aus dem Zweigliedrigkeitsdogma folgenden primären Verantwortung der Länder für „ihre" Gemeinden.
86 *Korioth* (N 83), S. 57 f.; *Vogel/Waldhoff* (N 1), Rn. 76.

verantwortliche politische Gestaltung stets notwendigen Finanzmittel zur Verfügung gestellt werden. „Autonomie" im eigentlichen Wortsinn besteht so allerdings nur für die Ausgabenseite des staatlichen Finanzgeschehens[87]. Aktive Regelungsmöglichkeiten finanzwirtschaftlicher Art, die auch die Einnahmenseite der Finanzwirtschaft betreffen müßten, sind damit noch nicht zwangsläufig verbunden[88]. Umfassende Finanzautonomie bedeutet demgegenüber, daß die Finanzen Folge und nicht bloß Voraussetzung autonomer (Sach-)Politik sind[89]. Das entspricht auch dem vom demokratischen Verfassungsprinzip geforderten Verantwortungszusammenhang zwischen staatlicher Entscheidung und den daraus resultierenden Folgen[90]. Für den kommunalen Bereich gelten diese Zusammenhänge über die verfassungsrechtlich garantierte kommunale Selbstverwaltungsgarantie, als deren Teilelement die eigenverantwortliche kommunale Finanzhoheit anerkannt ist, in besonderem Maße[91].

Folgenverantwortung

20

Kommunale Finanzhoheit und Selbstverwaltungsgarantie

Garantie des Art. 28 Abs. 2 GG

Die kommunale Finanzhoheit im Sinne von kommunaler Finanzautonomie nimmt innerhalb der durch die Selbstverwaltungsgarantie geschützten kommunalen Hoheiten eine herausragende Position ein[92]. In Verbindung mit der verfassungsrechtlich abgesicherten Selbstverwaltungsgarantie schützt die kommunale Finanzhoheit gerade die eigenverantwortliche Einnahmen- und Ausgabenwirtschaft[93]. Dies impliziert im Ergebnis unterschiedliche Finanzausstattungen der verschiedenen Gemeinden[94]. Nach Art. 28 Abs. 2 S. 1 GG und den entsprechenden landesverfassungsrechtlichen Garantien ist den Gemeinden das Recht gewährleistet, alle Angelegenheiten der örtlichen Gemeinschaft im Rahmen der Gesetze eigenverantwortlich zu regeln[95]. Üblicherweise werden drei dogmatische Ebenen dieser Verbürgung unterschieden[96]: Als Rechtssubjektsgarantie wird grundsätzlich die Existenz von Gemeinden als Elementen des Verwaltungsaufbaus garantiert. Hinzu tritt die

---

87 Zur Unterscheidung zwischen der Einnahmen- und der Ausgabenseite staatlicher Finanzwirtschaft m. weit. Nachw. *Vogel/Waldhoff* (N 1), Rn. 37 ff.
88 Für die Ebene der Länder *Rolf Grawert*, Finanzreform und Bundesstaatsreform, in: Der Staat 7 (1968), S. 63 (83).
89 Vgl. auch *Christoph Trzaskalik*, Diskussionsbeitrag, in: VVDStRL 52 (1993), S. 164 (165); *Hans-Günter Henneke*, Das Gemeindefinanzierungssystem, in: Jura 1986, S. 568 (569); *Dreier* (N 66), Art. 28 Rn. 132.
90 Vgl. etwa *Paul Kirchhof*, Der Verfassungsauftrag zum Länderfinanzausgleich als Ergänzung fehlender und als Garant vorhandener Finanzautonomie, 1982, S. 13 f.; allgemein jetzt auch *Peter M. Huber*, Klarere Verantwortungsteilung von Bund, Ländern und Kommunen? Gutachten D zum 65. DJT, 2004, S. D 33 ff.
91 Betonung der zentralen Bedeutung der Eigenverantwortlichkeit etwa in BVerfGE 91, 228 (236); *Hans-Günter Henneke*, Kommunale Eigenverantwortung bei zunehmender Normdichte, in: ZG 1994, S. 212 ff.; *ders.*, Öffentliches Finanzwesen (N 72), Rn. 833.
92 *Hans Meyer*, Die Finanzverfassung der Gemeinden, 1969, S. 47 ff.; *Edzard Schmidt-Jortzig/Jürgen Makswit*, Handbuch des kommunalen Finanz- und Haushaltsrechts, 1991, Rn. 14; *Susanne Schmitt*, Inhalt, verfassungsrechtliche Stellung und Bedeutungsgehalt der kommunalen Finanzhoheit, 1996, S. 51.
93 *Schmitt* (N 92), S. 51 ff., 55; *Hans-Günter Henneke*, Die Kommunen in der Finanzverfassung des Bundes und der Länder, ³1998, S. 17, 26.
94 *Paul Kirchhof*, Der Finanzausgleich als Grundlage kommunaler Selbstverwaltung, in: DVBl 1980, S. 711; insofern mit falscher Tendenz *Grawert* (N 81), S. 302.
95 Vgl. dazu aus der Verfassungsrechtsprechung BVerfGE 26, 228 (237 f.); 56, 298 (312); 59, 216 (226) und vor allem 79, 127 (143 ff.).
96 *Schmidt-Aßmann/Röhl* (N 66), Rn. 10 ff.; *Dreier* (N 66), Art. 28 Rn. 92 ff.

subjektive Rechtsstellungsgarantie, die den Gemeinden ein klagefähiges subjektives Verfassungsrecht, eine subjektive Rechtsstellung einräumt. Hier interessiert die dritte Garantieebene: Als Rechtsinstitutionsgarantie wird die Institution „kommunale Selbstverwaltung" im Sinne der eigenverantwortlichen Wahrnehmung des gemeindlichen Aufgabenbereichs geschützt. Kann auch kein gegenständlich bestimmter, nach feststehenden Merkmalen bestimmbarer Aufgabenkatalog im Rahmen der Allzuständigkeit oder Universalität des gemeindlichen Wirkungskreises formuliert werden, so dienen zur Verdeutlichung dieser garantierten Aufgabenwahrnehmung doch die sogenannte Gemeindehoheiten, die zumindest in ihrem Kernbereich für den Selbstverwaltungsgedanken unverzichtbar sind[97]. Sämtliche so geschützten Gemeindehoheiten stehen dabei stets in einem Spannungsverhältnis zu staatlichen Regelungsansprüchen. Die verfassungskräftige Selbstverwaltungsgarantie sucht den Gemeinden einen unverzichtbaren Kernbereich sowie die Eigenverantwortlichkeit der Aufgabenerfüllung zu sichern[98]. Neben der allgemeinen und speziellen Planungs-, der Personal-, der Organisations- und der Rechtsetzungshoheit steht die kommunale Finanzhoheit als Garantie der eigenverantwortlichen Finanzwirtschaft im Vordergrund[99]. Daraus sind verfassungsrechtliche Garantien sowohl für eine angemessene Finanzausstattung als auch für die kommunale Steuer- und Abgabenhoheit und die Haushaltswirtschaft der Gemeinden zu entwickeln.

„Die Crux der kommunalen Selbstverwaltung ist der Verlust des finanziellen Fundaments. Jeder kennt den untrennbaren Zusammenhang von finanzieller Eigenverantwortung und substanzhafter Selbstverwaltung, und jeder weiß, daß alle sonstigen juristischen Vorkehrungen keine echte Selbstverwaltung aufbauen können, wenn dem Selbstverwaltungsträger die eigenverantwortliche Verfügung über die Erschließung und Verteilung seiner Finanzmittel fehlt." So weitsichtig urteilte Werner Weber bereits in den 50er Jahren des 20. Jahrhunderts[100]. Einen ausdrücklichen Anspruch auf eine angemessene kommunale Finanzausstattung kennt das Grundgesetz gleichwohl nicht. Art. 28 Abs. 2 S. 1 GG zielt jedoch nicht nur auf die Möglichkeit der Selbstbestimmung, sondern auch auf deren Effektivität und fordert daher eine angemessene, auf die Selbstverwaltungsaufgabe bezogene Finanzausstattung[101]. Während das Bundesverfassungsgericht diese Frage bisher weitgehend offengehalten hat[102], haben in Ausfüllung ihres Entscheidungsraums zahlreiche Landesverfassungsgerichte judiziert, zum verfassungskräftigen Kern kommunaler Selbstverwaltung gehöre auch ein Anspruch auf aufgabenangemessene, insti-

21

Verfassungsrechtlicher Anspruch auf angemessene kommunale Finanzausstattung

---
97 *Nierhaus* (N 85), Rn. 44.
98 Vgl. auch BVerfGE 91, 228 (236).
99 BVerfGE 71, 25 (36 f.); 83, 363 (386); *Nierhaus* (N 85), Rn. 67.
100 Staats- und Selbstverwaltung in der Gegenwart, 1953, S. 45; ferner *Grawert* (N 81), S. 295.
101 *Grawert* (N 81), S. 299.
102 BVerfGE 26, 172 (181); 71, 25 (36 f.); 83, 363 (386).

§ 116   *Achter Teil: III. Finanzwesen*

„Ohne Geld keine Selbstverwaltung" tutionell zureichende Finanzausstattung[103]. „Ohne Geld keine Selbstverwaltung"[104] – der auf der Hand liegende Zusammenhang zwischen verfügbaren Mitteln und Spielräumen in der Selbstverwaltung[105] wird in Rechtsdogmatik umgemünzt. Auch der ganz überwiegende Teil der Literatur hat sich dieser Sichtweise angeschlossen bzw. ihr vorgearbeitet[106]. Dem liegt der Gedanke zugrunde, daß von den eingeräumten Selbstverwaltungsspielräumen kein Gebrauch gemacht werden könnte, stünden nicht entsprechende Finanzmittel zur Verfügung[107]. In dieser Abstraktheit erweist sich der ausgebreitete Gedanke als weitgehend unproblematisch; die Schwierigkeiten ergeben sich bei seiner Konkretisierung und rechtlichen Durchsetzung[108].

22   Während der Anspruch auf angemessene Finanzausstattung in quantitative Richtung zielt, verlangt die eigenverantwortliche Aufgabenerfüllung im finanzwirtschaftlichen Bereich, daß die Kommunen die Einwohner aus eigenem Recht zu den aus der Aufgabenerfüllung resultierenden Lasten heranziehen können[109]. Die Steuer- und Abgabenhoheit (und damit verbunden die darauf bezogene Satzungshoheit) erweisen sich insofern als Teilelemente der kommunalen Finanzhoheit[110]. Selbst bei ausreichender Finanzausstattung fehlte das Selbstverwaltungselement, bestünden keine eigenen Gestaltungsmöglichkeiten der Kommunen im Bereich der Abgabenerhebung. Zwischen angemessener Finanzausstattung und Abgabenhoheit besteht somit ein unlösbarer Zusammenhang. Zwar müssen nicht alle Finanzmittel aus eigener

Steuer- und Abgabenhoheit als Teilelemente kommunaler Finanzhoheit

---

103 Vgl. nur BayVerfGH, in: NVwZ-RR 1997, S. 301 (302); 1998, S. 601 (602); BrandenbVerfG, in: NVwZ-RR 2000, S. 129 (130); BadWürttStGH, in: DVBl 1994, S. 206 (207); *ders.*, in: DVBl 1999, S. 1351; NiedersStGH, in: DVBl 1995, S. 1175; *ders.*, in: DVBl 1998, S. 185; *ders.*, in: NVwZ-RR 2001, S. 553 (554); NWVerfGH, in: NVwZ-RR 1999, S. 81 (82); RheinlPfalzVerfGH, in: NVwZ-RR 1993, S. 159 (160); SaarlVerfGH, in: NVwZ-RR 1995, S. 153 (154); SachsAnhVerfGH, in: NVwZ-RR 1999, S. 393 (397); *ders.*, ebd., S. 464 (466); SächsVerfGH, in: LKV 2001, S. 223; zur neueren Entwicklung insgesamt *Hans-Günter Henneke*, Neupositionierung der Kommunen im Bundesstaat, in: ZG 2005, S. 193; zu älteren Rechtsprechungsansätzen *Franz Klein*, Die verfassungsrechtliche Gewährleistung der gemeindlichen Finanzhoheit im Spiegel der Rechtsprechung, in: FinArch 27 (1968), S. 271.
104 *Günter Püttner*, Gefährdungen der kommunalen Selbstverwaltung, in: DÖV 1994, S. 552 (553).
105 Vgl. nur *Friedrich Schoch*, Verfassungsrechtlicher Schutz der kommunalen Finanzautonomie, 1997, S. 137; *Stefan Mückl*, Finanzverfassungsrechtlicher Schutz der kommunalen Selbstverwaltung, 1998, S. 91 ff.
106 *Meyer* (N 92), S. 45 ff.; *Klaus Stern*, Das Staatsrecht der Bundesrepublik Deutschland, Bd. I, ²1984, S. 422; *P. Kirchhof* (N 74), S. 1 ff.; *Franz-Ludwig Knemeyer*, Kommunales Selbstverwaltungsrecht und Finanzausstattung der Städte, in: Der Städtetag 1988, S. 330; *Ferdinand Kirchhof*, Gemeinden und Kreise in der bundesstaatlichen Finanzverfassung, in: Jörn Ipsen (Hg.), Kommunale Aufgabenerfüllung im Zeichen der Finanzkrise, 1995, S. 53; *Dreier* (N 66), Art. 28 Rn. 145; *Mückl* (N 105), S. 64 ff.; *Schoch* (N 69), S. 137 ff.; *ders.* (N 80), S. 233 ff.; *ders.*, Die verfassungsrechtlichen Grundlagen der kommunalen Selbstverwaltung, in: Dirk Ehlers/Walter Krebs (Hg.), Grundfragen des Verwaltungsrechts und des Kommunalrechts, 2000, S. 93; *Scholz* (N 85), Rn. 84b f.
107 Zu dieser dienenden Funktion der kommunalen Finanzhoheiten *Schmitt* (N 92), S. 41 ff., 51 ff.
108 Zu den Einzelheiten *Stefan Mückl*, Konnexitätsprinzip in der Verfassungsordnung von Bund und Ländern, in: Hans-Günter Henneke/Hermann Pünder/Christian Waldhoff (Hg.), Recht der Kommunalfinanzen, 2006, § 3 Rn. 15 und durchgehend.
109 *Schoch* (N 69), S. 137 ff.
110 *Albert von Mutius*, Sind weitere rechtliche Maßnahmen zu empfehlen, um den notwendigen Handlungs- und Entfaltungsspielraum der kommunalen Selbstverwaltung zu gewährleisten? Gutachten E zum 53. DJT 1980, S. E 125 f.; *Schmitt* (N 92), S. 54; *Klaus Rennert*, in: Dieter C. Umbach/Thomas Clemens (Hg.), Grundgesetz. Mitarbeiterkommentar und Handbuch, Bd. I, 2002, Art. 28 Abs. 2 Rn. 167, 171.

Steuer- und Abgabenhoheit entspringen[111]; zu fordern ist jedoch ein – nur schwer zu quantifizierender – wesentlicher Teil.

Die Bedeutung der eigenverantwortlichen Gestaltung der kommunalen Abgabenerhebung und des Angewiesenseins der Kommunen auf ausreichende Finanzmittel ist durch den mit Gesetz zur Änderung des Grundgesetzes vom 27. Oktober 1994[112] neu eingefügten Art. 28 Abs. 2 S. 3 GG verdeutlicht worden: „Die Gewährleistung der Selbstverwaltung umfaßt auch die Grundlagen der finanziellen Eigenverantwortung". Durch Gesetz vom 20. Oktober 1997[113] wurde dann noch angefügt: „Zu diesen Grundlagen gehört eine den Gemeinden mit Hebesatzrecht zustehende wirtschaftskraftbezogene Steuerquelle". Die kommunale Finanzhoheit hat mit diesen Bestimmungen erstmals eine explizite verfassungsrechtliche Absicherung gefunden[114], die durch partielle Finanzgarantien im Sinne spezieller Ergänzungs- oder Erstreckungsgarantien abgesichert ist: Zu nennen sind einerseits die Ertragshoheit für Grund- und Gewerbesteuern (Art. 106 Abs. 6 S. 1 Hs. 1 GG), für die örtlichen Verbrauch- und Aufwandsteuern (Hs. 2 dieser Norm), andererseits die Beteiligung der Gemeinden an der Einkommen- und Umsatzsteuer (Art. 106 Abs. 5 und 5a GG)[115] sowie an den Gemeinschaftssteuern (Art. 106 Abs. 7 GG). Auch diese Garantien sind im Zusammenhang mit Art. 28 Abs. 2 GG zu sehen und dienen dazu, Eigenverantwortlichkeit und Eigenständigkeit der kommunalen Aufgabenwahrnehmung zu sichern[116].

23 Eigenverantwortung in der kommunalen Finanzwirtschaft

Die Verfassungsergänzung erfolgte 1994 vor dem Hintergrund einer zunehmenden Inanspruchnahme der Gemeinden und Gemeindeverbände außerhalb ihres geschützten eigenverantworteten Selbstverwaltungsbereichs. Einflüsse des Bundes-, des Landes- und des Europarechts haben zu einer auch finanziellen Belastung der Gebietskörperschaften geführt[117]. Durch die Einfügung des ersten Halbsatzes von Art. 28 Abs. 2 S. 3 GG sollte – ohne die geltende Rechtslage ändern zu wollen – ein Zeichen gesetzt werden, um den Zusammenhang zwischen Aufgabenübertragungen auf die Gemeinden und der finanzwirtschaftlichen Basis des Selbstverwaltungsrechts zu verdeutlichen[118]. Insofern handelt es sich um „ein Stück bloß semantischer Verfassungsreform"[119]. Der Gefahr, durch die Verfassungsänderung die Gemeinden

24 Verfassungsrechtliche Absicherung

---

111 *Püttner* (N 67), Rn. 58 f.
112 BGBl I, S. 3146; ausführlich zur Entstehungsgeschichte (des ersten Halbsatzes) *Kyrill-A. Schwarz* (N 74), S. 72 ff.; *Scholz* (N 85), Rn. 84 ff.; betont kritisch *Hans-Günter Henneke*, Die vorgebliche „Stärkung der kommunalen Selbstverwaltung" durch die Empfehlungen der Gemeinsamen Verfassungskommission aus Sicht der Kreise, in: ders./Hartmut Maurer/Friedrich Schoch, Die Kreise im Bundesstaat, 1994, S. 61.
113 BGBl I, S. 2470.
114 *Dreier* (N 66), Art. 28 Rn. 141; *Schmidt-Aßmann/Röhl* (N 66), Rn. 23.
115 Dazu ausführlich *Kyrill-A. Schwarz*, Die Beteiligung der Kommunen an der Einkommen- und Umsatzsteuer, in: Hans-Günter Henneke/Hermann Pünder/Christian Waldhoff (Hg.), Recht der Kommunalfinanzen, 2006, § 12.
116 *Henneke* (N 93), S. 26.
117 Vgl. Bericht der Gemeinsamen Verfassungskommission, in: Zur Sache 5/93, S. 90 f.; *Schoch/Wieland* (N 69), S. 15 ff.; *Schoch* (N 69), S. 40 ff.
118 *Schoch/Wieland* (N 69), S. 182 f.; *Henneke* (N 93), S. 21 f.
119 *Wolfgang Löwer*, in: v. Münch/Kunig, GGK II, ⁵2001, Art. 28 Rn. 88.

§ 116　　*Achter Teil: III. Finanzwesen*

letztlich doch als dritte Ebene des Bundesstaates – zumindest in finanzverfassungsrechtlicher Hinsicht – aufzuwerten und ihnen eine nicht gewünschte Sonderstellung einzuräumen, wurde mit der konkret gewählten Formulierung gegengesteuert[120]. Die Vorschrift fügt sich somit auch ohne ausdrückliche Bezugnahme in die bestehende bundesstaatliche Finanzverfassung nahtlos ein[121]. Das Bundesverfassungsgericht hat zwar in seinem letzten Urteil zum Länderfinanzausgleich unter Heranziehung von Art. 28 Abs. 2 S. 3 n. F. GG gefolgert, den Gemeinden käme innerhalb der zweistufigen Finanzverfassung eine gewisse Verselbständigung im Sinne einer Stärkung ihrer Unabhängigkeit zu[122]; gleichwohl wird man aus der letztlich unscharfen Bestimmung keine Inpflichtnahme des Bundes über das aus der Finanzverfassung ohnehin Gebotene hinaus herleiten können[123]. Es handelt sich um eine ausgestaltungsbedürftige Bestimmung, aus der allein keine individuelle Anspruchsgrundlage erwächst[124].

25
Verbot des Bundesdurchgriffs

Durch die Föderalismusreform 2006 wurde der Bundesdurchgriff auf die Kommunen verfassungsrechtlich eingegrenzt[125]. Eine Übertragung von Aufgaben auf Kommunen ist nach den neuen Art. 84 Abs. 1 S. 7 und Art. 85 Abs. 1 S. 2 GG durch Bundesgesetz nicht mehr zulässig; eine solche kann nur noch durch landesgesetzliche Regelungen erfolgen.

26
Hebesatzrecht für wirtschaftskraftbezogene Steuerquelle

Im Zuge einer Unternehmenssteuerreform wurde Art. 28 Abs. 2 S. 3 GG durch einen zweiten Halbsatz ergänzt, dem zufolge zu diesen Grundlagen der finanziellen Eigenverantwortlichkeit eine den Gemeinden mit Hebesatzrecht zustehende wirtschaftskraftbezogene Steuerquelle gehört[126]. Konkreter Anlaß dieser umstrittenen[127] Verfassungsergänzung war die Abschaffung der steuerpolitisch unerwünschten, weil substanzbelastenden Gewerbekapitalsteuer bei gleichzeitiger Beteiligung der Gemeinden an der Umsatzsteuer[128]. Mit dem Wegfall der Gewerbekapitalsteuer brach ein Stück gemeindlichen Steuersubstrats weg; die Kommunen forderten eine – auch verfassungsrechtlich abgesicherte – Kompensation, die eigenverantwortliche Gestaltungsmöglichkeiten umfaßt. Derartige wirtschaftskraftbezogene Steuerquellen können sich im geltenden Steuersystem im finanzverfassungsrechtlich auch hier voll

---

120　BT-Drs 12/6000, S. 47.
121　Vgl. auch *Vogel/Waldhoff* (N 1), Rn. 51.
122　BVerfGE 101, 158 (230).
123　*Nierhaus* (N 85), Rn. 69.
124　*Rennert* (N 110), Rn. 169.
125　Vgl. zuvor bereits *Hans-Günter Henneke*, Neupositionierung der Kommunen im Bundesstaat, in: ZG 2005, S. 193 (218 ff.); *ders.*, Die Kommunen in der Föderalismusreform, in: DVBl 2006, S. 867; zur Auslegung der neueingefügten Norm *Friedrich Schoch*, Verfassungswidrigkeit des bundesgesetzlichen Durchgriffs auf Kommunen, DVBl 2007, S. 261.
126　Im Vermittlungsverfahren zwischen Bundestag und Bundesrat wurde der ursprünglich vorgesehene Terminus „wirtschaftsbezogen" durch „wirtschaftskraftbezogen" ersetzt, um nicht das Mißverständnis eines originären gemeindlichen Steuererfindungsrechts im Bereich „Wirtschaft" heraufzubeschwören, vgl. *Löwer* (N 119), Rn. 88; zur näheren Auslegung des Begriffs „wirtschaftskraftbezogen" *Scholz* (N 112), Rn. 84d.
127　Kritik etwa bei *Hans-Günter Henneke*, Der Gewährleistungsgehalt der kommunalen Ertragskompetenzen in Art. 106 GG sowie Art. 28 Abs. 2 S. 3 GG, in: Der Landkreis 1997, S. 482.
128　Gesetz zur Fortsetzung der Unternehmensteuerreform vom 29. 10. 1997 (BGBl I, S. 2590); vgl. BR-DrS 13/8384 und 8488.

gültigen Kompetenzrahmen nur aus der Gewerbeertrag- oder aus der Einkommensteuer ergeben (Art. 106 Abs. 5 und Abs. 6 GG)[129]. Ein neues Steuererfindungsrecht der Gemeinden resultiert daraus nicht, die Steuerquelle muß vielmehr bundesrechtlich zugewiesen werden[130].

Die Aufteilung der Steuergesetzgebungskompetenzen in der bundesstaatlichen Finanzverfassung durch Art. 105 GG ist abschließend und läßt im Ergebnis keinen Raum für ein originäres kommunales Steuererfindungsrecht[131]. Auch aus der kommunalen Satzungsautonomie und Finanzhoheit als Teilen der Selbstverwaltungsgarantie läßt sich kein freies Steuererfindungsrecht begründen; die verfassungsrechtlichen und gesetzlichen Bindungen bei der Schaffung von Steuer- und Abgabensatzungen stehen dem entgegen[132]. Insbesondere folgt aus dem Satzungsrecht nicht die Befugnis zu inhaltlichen Grundrechtseingriffen; es wird lediglich die Rechtsform der autonomen Satzung zur Verfügung gestellt, für Grundrechtseingriffe ist stets eine spezielle Ermächtigungsgrundlage zu fordern[133]. Daß Landesverfassungen und Landeskommunalabgabengesetze innerhalb des bundesrechtlich, insbesondere durch Art. 105 Abs. 2a GG vorgezeichneten Rahmens den Kommunen entsprechende Möglichkeiten eröffnen, steht auf einem anderen Blatt[134]; verfassungsrechtlich wären sie dazu nicht verpflichtet[135].

27
Kommunales Steuererfindungsrecht?

3. Kirchen

Die Kirchensteuer, die eine staatliche Steuer im Sinne von § 3 AO darstellt[136], erweist sich als gemeinsame Angelegenheit von Staat und Kirche (res mixta)[137]. Bei den gemeinsamen Angelegenheiten entsteht kein Kondominium staatlicher und kirchlicher Gewalt; die Bezeichnung „res mixtae" erscheint daher nicht unproblematisch. Es handelt sich vielmehr um Materien, bei denen beide Gewalten (notwendig) zusammenarbeiten[138]. Das Recht

28
Kirchensteuer
Res mixta

---

129 *Scholz* (N 112), Rn. 84d.
130 *Jürgen W. Hidien*, Die Quadratur der Umsatzsteuer – Zur Kritik der „kleinen" Gemeindefinanzreform, in: DVBl 1998, S. 617 (620); *Nierhaus* (N 85), Rn. 70; *Helmut Siekmann*, in: Sachs, GG, ³2003, Art. 105 Rn. 43, 46.
131 BVerwGE 96, 272 (280); *Kirchhof* (N 74), S. 4; *Kay Waechter*, Kommunalrecht, ³1997, Rn. 676; *Schoch* (N 69), S. 41; *Henneke* (N 72), Rn. 847; *Löwer* (N 119), Rn. 92; a. A. etwa *Helmut Mohl*, Die Einführung und Erhebung neuer Steuern aufgrund des kommunalen Steuererfindungsrechts, 1992.
132 A. A. *Meyer* (N 96), S. 50 ff., der in Art. 28 Abs. 2 GG ein gemeindliches Steuererfindungsrecht verbürgt sieht und davon die Frage der anderweitigen, insbesondere finanzverfassungsrechtlichen Restriktionen trennen will.
133 *Christian Waldhoff*, Satzungsautonomie und Abgabenerhebung, in: FS für Klaus Vogel, 2000, S. 495.
134 Vgl. nur *Löwer* (N 119), Rn. 92; *v. Mutius* (N 110), S. E 126.
135 *Dreier* (N 66), Art. 28 Rn. 144.
136 Ausführlich *Felix Hammer*, Rechtsfragen der Kirchensteuer, 2002, S. 143 ff.; *Josef Isensee*, Die Finanzquellen der Kirchen im deutschen Staatskirchenrecht, in: JuS 1980, S. 94 (98).
137 Zu dieser staatskirchenrechtlichen Kategorie allgemein statt anderer *Dirk Ehlers*, Die gemeinsamen Angelegenheiten von Staat und Kirche, in: ZevKR 32 (1987), S. 158; *Bernd Jeand'Heur/Stefan Korioth*, Grundzüge des Staatskirchenrechts, 2000, Rn. 289 f.; auf die Kirchensteuer bezogen BVerfGE 19, 206 (217); 44, 37 (57); 73, 388 (399).
138 *Dirk Ehlers*, Die gemeinsamen Angelegenheiten von Staat und Kirche, in: ZevKR 32 (1987), S. 158; daher sei auch die traditionelle Redeweise von den „res mixtae" abzulehnen.

§ 116 *Achter Teil: III. Finanzwesen*

Korporierte Kirchen der korporierten Kirchen, Kirchensteuer zu erheben, ist durch Art. 137 Abs. 6 WRV in Verbindung mit Art. 140 GG gewährleistet. Die Ertragskompetenz der Kirchen ergibt sich aus diesen Normen, in Art. 106 GG sind die Kirchen nicht ausdrücklich als ertragsberechtigte Körperschaften erwähnt[139]. Die Gesetzgebungskompetenz steht dem Landesgesetzgeber zu, der den Kirchen einen ausfüllungsbedürftigen Rahmen für die nähere Ausgestaltung setzt. Durch die Anerkennung oder Genehmigung der Kirchensteuerordnungen oder Kirchensteuer-Hebesatzbeschlüsse der Kirchen durch staatliche Stellen erlangen diese die Qualität von auch in der staatlichen Sphäre gültigen öffentlich-rechtlichen Normen[140]. Das Kirchensteuerrecht ist damit Beispiel für die Kooperation zwischen Staat und Kirche im Sinne eines notwendig funktionellen Zusammenwirkens bei Rechtsetzung und Verwaltungsvollzug[141]. Die finanzrechtlichen Kompetenzen der insofern nicht zur Sphäre des Staatlichen rechnenden Kirchen bestehen und beschränken sich auf die Ausfüllung des staatskirchenrechtlich gezogenen Rahmens[142].

4. Sozialversicherungsträger

29

Parahaushalt

Außerhalb der Finanzverfassung als Steuerverfassung und aufbauend auf den sich auf die Kompetenzgrundlage des Art. 74 Abs. 1 Nr. 12 GG stützenden einschlägigen gesetzlichen Regelungen steht den Sozialversicherungsträgern die Ertrags- und Verwaltungshoheit einschließlich des eigenständigen, aus dem allgemeinen Haushalt ausgegliederten (Para-)Haushaltes hinsichtlich der Sozialversicherungsbeiträge zu[143].

5. Europäische Gemeinschaften

30

Mehrebenenarchitektur im Finanzrecht

Ausdrücklich sind die Europäischen Gemeinschaften in Art. 106 Abs. 1 Nr. 7 GG erwähnt; danach steht dem Bund die Ertragshoheit von „Abgaben im Rahmen der Europäischen Gemeinschaften" zu. Die Verzahnung der Gemeinschaften im finanzwirtschaftlichen Bereich ist demgegenüber einen anderen Weg gegangen[144]. Die Europäische Gemeinschaft erweist sich so nicht als staatlicher Akteur des mitgliedstaatlichen Finanzrechts, sondern stellt eine eigenständige Ebene im finanzverfassungsrechtlichen Mehrebenensystem dar.

---

139 *Jürgen W. Hidien*, in: BK, Art. 106 Rn. 562.
140 BVerfGE 19, 252 (258).
141 *Heiner Marré*, Das kirchliche Besteuerungsrecht, in: HbdStKirchR², § 37, S. 1114.
142 Zur Grundrechtsbindung in diesem Zusammenhang BVerfG in: NVwZ 2002, S. 1496 (= DVBl 2002, S. 1624); kritisch dazu *Christian Waldhoff*, Zur Grundrechtsbindung bei der Erhebung von Kirchensteuern im Bundesstaat, in: StuW 2005, S. 37.
143 S. o. Rn. 10 sowie näher → unten *F. Kirchhof*, § 125, Rn 19 ff.
144 S. u. Rn. 161 ff.; *Hidien* (N 139), Rn. 1463 ff.; *Vogel/Waldhoff* (N 1), Rn. 642 ff.

6. Der steuerpflichtige Bürger

Der Bürger kann nicht Zurechnungssubjekt der bundesstaatlichen Finanzverfassung sein, da er nicht am staatsorganisationsrechtlichen Organkreis beteiligt ist. Gleichwohl besteht im Finanzrecht wie in kaum einem anderen Bereich staatlichen Handelns eine enge Verbindung zwischen der Kompetenzproblematik und der individuellen Rechtsposition des steuerzahlenden Bürgers[145]. In seiner Sonderabgabenrechtsprechung[146] hat das Bundesverfassungsgericht diesen Zusammenhang der Schutzfunktion der bundesstaatlichen Kompetenzordnung für den Freiheitsschutz des Abgabenbelasteten auf den Punkt gebracht[147]. Nach Art. 2 Abs. 1 GG ist der steuer- und abgabenpflichtige Bürger auch grundrechtlich vor der Erhebung kompetenzwidriger Abgaben geschützt[148]. Hintergrund ist die in historischer Perspektive wie im geltenden Verfassungsrecht besonders enge und spezifische Bindung des staatlichen Besteuerungs- und Abgabenerhebungsrechts an das Demokratieprinzip: „No taxation without representation" war nicht nur das Schlagwort des amerikanischen Unabhängigkeitskampfes in der zweiten Hälfte des 18. Jahrhunderts, sondern bietet noch heute zentrale Anknüpfungspunkte zur verfassungsrechtlichen Domestizierung und Rückbindung dieser praktisch wichtigsten Eingriffsverwaltung. Auf europäischer Ebene ist das Demokratiedefizit in der europäischen Integration eines der Hauptgegenlager zu eigenständigen Besteuerungsbefugnissen der Gemeinschaften[149].

31
Verknüpfung zwischen finanzrechtlichen Kompetenzen und Individualrechtsschutz

Die demokratische Mitbestimmung knüpft an das rechtliche Band der Staatsangehörigkeit[150] an, die Steuerpflicht – von marginalen Ausnahmen abgesehen – an die tatsächliche Ansässigkeit (Wohnsitz oder gewöhnlicher Aufenthalt natürlicher Personen; Sitz oder Ort der Geschäftsleitung von Körperschaften)[151]. Es unterliegt keinem Zweifel, daß das Steuerrecht als Eingriffsrecht in besonderem Maße von dem Vorbehalt des Gesetzes beherrscht wird[152]. Die gesetzgebende Körperschaft wird jedoch nur durch die volljährigen Staatsangehörigen gewählt. Dies führt nicht zur Illegitimität von (Steuer-)Eingriffen gegenüber Personen, die nicht wahlberechtigt sind[153]. Über die Orientierung der Steuerrechtfertigung an primär tatsächlichen bzw. wirtschaftlichen Anknüpfungen (Wohnsitz, gewöhnlicher Aufenthalt usw.) kann nicht das demokratische Band, das den Verfassungsstaat mit seinen Staatsangehörigen verbindet, relativiert werden. Das Bundesverfassungsgericht hat in dem insoweit gewisse Parallelen aufweisenden Fall des österreichischen Rechtshilfeabkommens die Vollstreckung ausländischer Steuertitel in

Auseinanderfallen von Staatsangehörigkeit und Steuerpflicht

---

145 Vgl. auch *Markus Heintzen*, in: v. Münch/Kunig, GGK III, ⁵2003, Vorbem. Art. 104a–115 Rn. 26.
146 S. u. Rn. 91.
147 BVerfGE 55, 274 (302 f.).
148 BVerfGE 19, 206 (125 f.).
149 S. u. Rn. 163.
150 Grundsätzlich a. A. nun *Axel Tschentscher*, Demokratische Legitimation der dritten Gewalt, 2006, S. 119 ff.
151 §§ 1 EStG i. V. m. §§ 8 f. AO; § 1 Abs. 1 KStG i. V. m. § 10 f. AO.
152 Im einzelnen statt anderer *Vogel/Waldhoff* (N 1), Rn. 476 ff.
153 Vgl. zum strafrechtlichen Parallelproblem *Dietrich Oehler*, Internationales Strafrecht, ²1983, Rn. 157 ff.

§ 116 *Achter Teil: III. Finanzwesen*

Deutschland ebenfalls nicht am Demokratieprinzip scheitern lassen und zu Recht darauf hingewiesen, daß die nicht an die Staatsangehörigkeit des Berechtigten anknüpfenden Grundrechte – im Bereich der Besteuerung vor allem Art. 3 Abs. 1 und Art. 14 – hier ausreichend Schutz der nicht Wahlberechtigten bieten[154]. Die Steuerpflicht bildet somit nicht mehr das exakte Spiegelbild der Verantwortlichkeit des Staates. Der früheren Koppelung mit dem Wahlrecht[155] ist das haushaltsrechtliche Nonaffektationsprinzip[156] gegenüberzustellen: Die Verantwortlichkeit des Staates ist gelöst von der Steuerpflicht wie von der tatsächlichen Steuerleistung. Das Auseinanderfallen zwischen Steuerpflicht und demokratischer Zugehörigkeit ist zumindest so lange kein staatsrechtliches Problem, wie eine hinreichende Kongruenz zwischen der Wohnbevölkerung und den Staatsangehörigen besteht[157].

Nonaffektation

VI. Staatsbankrott und das Problem der Insolvenzfähigkeit staatlicher Instanzen

32
Zahlungsunfähigkeit des Staates

Private Insolvenz

Die Akteure des staatlichen Finanzrechts können Störungen in ihrer wirtschaftlichen Leistungsfähigkeit ausgesetzt sein, die sich zur Zahlungsunfähigkeit verdichten mögen. Die finanzwirtschaftliche Solidität und damit die Handlungs- und Funktionsfähigkeit kann durch Überschuldung gefährdet sein. Den zahlungsunfähigen Privaten – Bürger oder Unternehmen – trifft in diesem Fall das Insolvenzrecht. Dabei ist es grundsätzlich unerheblich, ob die Zahlungsunfähigkeit oder die Überschuldung durch die Anforderung öffentlich-rechtlicher Abgaben seitens des Staates oder aufgrund privatwirtschaftlicher Forderungen eintritt. Sanierung und im Extremfall Liquidation sind die Rechtsfolgen für den insolventen Akteur; eine gleichmäßige Befriedigung seiner Gläubiger soll durch das dann durchzuführende Insolvenzverfahren gesichert werden. Im Marktgeschehen kommt dem Insolvenzrecht damit eine zentrale (Selbst-)Reinigungsfunktion zu, indem Akteure ausgeschieden werden können, um den Markt zu erhalten[158]. Die zentrale und nicht abschließend geklärte finanzrechtliche Frage geht dahin, ob und inwieweit diese zunächst für Marktteilnehmer entwickelten Grundsätze auch den Staat und seine juristischen Personen des öffentlichen Rechts erfassen.

33 In Zeiten finanzieller Krisen rückt eine Frage in den Vordergrund, die das Ende nicht nur der Finanzverfassung, sondern unter Umständen des Staates

---

154 BVerfGE 63, 343 (367f.).
155 Vgl. nur m. weit. Nachw. *Christian Waldhoff*, Verfassungsrechtliche Vorgaben für die Steuergesetzgebung im Vergleich Deutschland-Schweiz, 1997, S. 132ff.
156 S. u. Rn. 140ff. → unten *Heintzen*, § 120 Rn. 17.
157 Zur Staatsangehörigkeit im Steuerrecht umfassend *Ekkehart Reimer*, Staatsangehörigkeit und Steuerrecht, 2007.
158 *August Maria Berges*, Vergleich und Konkurs in der Evolution der Marktwirtschaft, in: FS Einhundert Jahre Konkursordnung, 1977, S. 363; *Ludwig Häsemeyer*, Insolvenzrecht, ²1998, Rn. 5.01.

zur Folge haben kann[159]: Als „Damoklesschwert" schwebt über der Verfassungsordnung der Zusammenbruch der staatlichen Finanzwirtschaft, der Staatsbankrott, ohne explizit Gegenstand der einschlägigen verfassungsrechtlichen Bestimmungen sein zu können[160]. Der Staatsbankrott ist die Finanzverfassung im Ausnahmezustand[161]. Um den Untergang des Staates abzuwenden, bedient sich dieser einer Art finanzwirtschaftlichen Befreiungsschlages[162]. Auch das Bundesverfassungsgericht hat Zeiten existentieller Finanzkrisen unter ausdrücklicher Berufung auf die finanzwirtschaftliche Bewältigung des Ersten Weltkriegs als Ausnahmetatbestand für steuerverfassungsrechtliche Anforderungen bezeichnet[163].

Die Finanzverfassung außerhalb der Normallage

Finanzieller Ausnahmezustand

Andererseits knüpft die Rechtsordnung an die bloße Möglichkeit der Insolvenz Rechtsfolgen: Wichtige Judikate des Bundesverfassungsgerichts zur Insolvenzfähigkeit juristischer Personen des öffentlichen Rechts wurden durch die Auferlegung von Beiträgen zur Finanzierung des Konkursausfallgelds[164] oder zur Sicherung von Betriebsrentenansprüchen[165] ausgelöst[166].

34

Die unbegrenzte finanzielle Leistungsfähigkeit des Staates ist eine theoretische Annahme, keine ökonomische Realität[167]. Das vermeintliche Gegenargument, der Staat könne sich kraft seines umfassenden Besteuerungsrechts hinreichende Einnahmequellen erschließen und eine Insolvenz so faktisch ausschließen, beruht auf überholten Prämissen: Der Verfassungsstaat als Steuerstaat muß seine Wirtschaftsquellen erhalten[168]; der Staat ist zu Beginn des 21. Jahrhunderts rechtlich bereits supranational derart eingebunden, daß eine Vielzahl steuerlicher Zugriffe nur mehr eingeschränkt aus staatlicher Souveränität möglich erscheint, zudem sorgt ökonomisch der internationale Standortwettbewerb für ein übriges, den finanziellen Zugriff auf die eigenen

35

Theorem der unbegrenzten Leistungsfähigkeit des Staates

---

159 Dazu immer noch die nationalökonomischen und finanzsoziologischen „Klassikertexte" zur staatlichen Finanzkrise nach dem Ersten Weltkrieg von *Rudolf Goldscheid*, Staatssozialismus oder Staatskapitalismus, 1917; *ders.*, Staat, öffentlicher Haushalt und Gesellschaft. Wesen und Aufgabe der Finanzwissenschaft vom Standpunkte der Soziologie, in: HdbFW, Bd. I, 1926, S. 146 ff.; *ders.*, Finanzwissenschaft und Soziologie, in: Weltwirtschaftliches Archiv, Bd. 9, 1917, S. 253 ff.; sowie von *Joseph A. Schumpeter*, Die Krise des Steuerstaats, 1918, jetzt abgedruckt in: Rudolf Hickel (Hg.), Die Finanzkrise des Steuerstaats, 1976. Aus der heutigen Finanzwissenschaft *Markus C. Kerber*, Der verdrängte Finanznotstand, 2002.
160 *Josef Isensee*, Damoklesschwert über der Finanzverfassung: der Staatsbankrott, in: FS für Peter Selmer, 2004, S. 687. Vgl. jedoch in den Übergangs- und Schlußbestimmungen den sich auf Tatbestände außerhalb des Geltungshorizonts des Grundgesetzes beziehenden Art. 135a, 134 GG; *ders.*, a.a.O., S. 693, 699, spricht hier anschaulich vom Fall des „Nachlaßkonkurses" und einer „Bankrottverfassung"; s. u. Rn. 46.
161 *Anna Leisner*, Die Leistungsfähigkeit des Staates, 1998, S. 47, 59, 61.
162 Vgl. *Horst Kratzmann*, Der Staatsbankrott, in: JZ 1982, S. 319.
163 BVerfGE 93, 121 (138 f.); in anderem Zusammenhang strukturell ähnlich BVerfGE 53, 164 (175 ff.).
164 § 359 Abs. 2 S. 2 SGB III; früher: § 186c Abs. 2 S. 2 AFG.
165 § 17 Abs. 2 i. V. m. § 10 BetrAVG.
166 BVerfGE 60, 135; 65, 359; 66, 1; 89, 144; ausführlich zur Problematik mit Nachweis der fachgerichtlichen Rspr. *Jens Lehmann*, Die Konkursfähigkeit juristischer Personen des öffentlichen Rechts, 1999, S. 1, 29 ff.
167 Eingehend *A. Leisner* (N 161).
168 Im Anschluß an das Reproduktivitätsprinzip Lorenz von Steins so insbesondere *Klaus Vogel*, Rechtfertigung der Steuern: eine vergessene Vorfrage, in: Der Staat 25 (1986), S. 512 (518 f.); → Bd. II, *Vogel*, § 30 Rn. 75.

§ 116　　　　Achter Teil: III. Finanzwesen

36
Staatsbankrott

Bürger in Grenzen zu halten[169]. Folglich ist die faktische Möglichkeit des Staatsbankrotts, der staatlichen Insolvenz stets mitzudenken.

Einen dem Privatrecht vergleichbaren tatbestandlich ausgeformten Insolvenzbegriff gibt es auf finanzverfassungsrechtlicher Ebene freilich nicht und kann es letztlich auch nicht geben[170]. Dem Staatsbankrott haftet stets etwas Faktisches, Tatsächliches an[171]. Insolvenz bedeutet auch hier die nachhaltige und nicht nur kurzfristige Verweigerung der Zahlung von Verbindlichkeiten (oder die Drohung damit), etwa aufgrund von oder im Zusammenhang mit einer Überschuldung[172]. Im Unterschied zur privatrechtlichen Insolvenz kann diese allerdings neben dem Fall der Zahlungsunfähigkeit auch auf Zahlungsunwilligkeit beruhen, zumindest dann, wenn diese nicht mißbräuchlich erscheint, sich an nachprüfbaren Faktoren orientiert[173]. Nur eine wertende Gesamtbetrachtung mit einem ausgeprägten Element staatlicher Selbstbeurteilung kann diese recht abstrakten Maßstäbe konkretisieren. Meint Staateninsolvenz somit Zahlungsunfähigkeit oder nachhaltige Zahlungsunwilligkeit mit oder ohne Verbindung zur Überschuldung, so besteht der Staatsbankrott als „Lösung" dieser Krisenlage darin, daß der Staat sich in „souveräner Disposition über seine Verbindlichkeiten" dieser ganz oder weitgehend entledigt, um seine Handlungsfähigkeit wiederherzustellen bzw. zu gewährleisten[174]. Staatsbankrott oder Staatsinsolvenz implizieren kein geordnetes, normativ vorgezeichnetes Verfahren zur Befriedigung der Gläubiger, sondern das Faktum fehlender Zahlungsfähigkeit und gegebenenfalls daran anknüpfende staatliche Maßnahmen zur Behebung dieser Situation, das heißt regelmäßig zur Entschuldung. Der staatliche Selbsterlaß seiner Schulden ist Sanierung auf Kosten der Gläubiger[175]. Üblicherweise erfolgt dies durch Gesetz, da der Vorbehalt des Gesetzes greift[176]. Die klassische Maßnahme des Staatsbankrotts (neben Steuererhöhungen und Leistungskürzungen) ist dem Verfassungsstaat des Grundgesetzes mittlerweile versagt: Der Währungsschnitt, die umfassende Währungsreform ist ihm entzogen, da das Währungsrecht weitgehend vergemeinschaftet erscheint[177]. Eine solche Maßnahme dürfte allerdings nach Rechtsrahmen und Logik der Wirtschafts- und Währungsunion der Europäischen Gemeinschaft selbst entzogen sein.

Staatlicher Selbsterlaß der Schulden

169　S. u. Rn. 169 ff.
170　Teilweise abweichend *Kratzmann* (N 162), S. 322 ff. mit konkreten Vorschlägen.
171　Vgl. auch BVerfGE 27, 253 (284); 41, 126 (151); *Lehmann* (N 166), S. 81.
172　Vgl. etwa – auch in Abgrenzung zu den privatrechtlichen Tatbeständen – *Christoph Ohler*, Der Staatsbankrott, in: JZ 2005, S. 590 (593); *A. Leisner* (N 161), S. 55.
173　*Eckart Petzold*, Die internationalen Gläubiger-Schuldner-Beziehungen im Recht der Staatsinsolvenz, 1986, S. 50; *Ohler* (N 172), S. 593.
174　*Isensee* (N 59), Rn. 150.
175　*Isensee* (N 160), S. 696.
176　*Tonio Stoll*, Insolvenz und hoheitliche Aufgabenerfüllung, in: KTS 1992, S. 521 (541).
177　S. o. Rn. 9; s. u. Rn. 165; → unten *Schmidt*, § 117 Rn. 10 ff., 28 ff.

1. Insolvenzunfähigkeit des Staates

Der – offene oder latente – Staatsbankrott ist keine theoretische Frage; die Finanz- und Staatengeschichte kennt Beispiele[178]. In der Sache handelte es sich stets um die Entledigung einer ausufernden Staatsschuld durch lediglich nominelle Rückzahlung der Verbindlichkeiten[179]. Die französischen Regierungen des späten Ancien régime unter Sully, Richelieu, Mazarin und Colbert weigerten sich jeweils, die durch ihre Vorgängerregierungen eingegangen Verbindlichkeiten anzuerkennen[180]. Als die französischen Staatsfinanzen zur Zeit Ludwig XV. unter der Regentschaft des Herzogs von Orleans in einen katastrophalen Zustand gerieten, erhielt der schottische Geldtheoretiker und Finanz-(fach-)mann John Law die Chance, die Ideen seines geldtheoretischen Hauptwerks „Mémoire sur les banques" (1715) durch die Umgründung seiner Banque Générale zur Banque Royale und durch die Verschmelzung mit der den Außenhandel und das Münzwesen beherrschenden Compagnie des Indes mittels eines Papiergeldsystems eine Entschuldung des französischen Staates durchzuführen; das „Système Law" scheiterte 1720[181]. Ausgelöst durch ein Spekulationsfieber sah sich Law gezwungen, die durch Staatsverschreibungen und Aktien gedeckten Banknoten zu gesetzlichen Zahlungsmitteln zu erklären und die Umtauschbarkeit in Metallgeld damit auszuschließen. Der dadurch herbeigeführte Vertrauensverlust in eine Staatsbank und in Papiergeld konnte erst wesentlich später abgebaut werden.

37
Historische und aktuelle Beispiele

Système Law

Um das Haushaltsdefizit während der Französischen Revolution zu decken, beschloß die Nationalversammlung Ende 1789 Anweisungen (Assignaten) auf den erwarteten Verkaufserlös der beschlagnahmten Kirchengüter auszugeben[182]. Als diese Papiere nicht mehr verzinst und zu gesetzlichen Zahlungsmitteln erklärt wurden, stellten sie eine Art Papiergeld dar. Die Vervielfachung der Ausgabe dieser Noten von ursprünglich 400 Mio. im Entstehungsjahr auf fast 50 Mrd. bis 1796 führte zu Inflationierung und Wertverfall. Durch mehrfache Umwandlungen dieser „Währung" verloren die Assignaten und ihre Substitute letztlich praktisch vollständig ihren Tauschwert; deren Eigentümer waren entreichert, die Staatsfinanzen saniert. Weitere Beispiele könn-

38
Assignaten

---

178 Vgl. zur historischen Perspektive insgesamt *Gerhard Lingelbach* (Hg.), Staatsfinanzen – Staatsverschuldung – Staatsbankrotte in der europäischen Staaten- und Rechtsgeschichte, 2000; ferner *Kratzmann* (N 162), S. 319 f.; *Lehmann* (N 166), S. 62 ff.; *Ohler* (N 172).
179 Vgl. bereits *Adam Smith*, Der Wohlstand der Nationen (übers. von Recktenwald), 1974, S. 803.
180 *Lehmann* (N 166), S. 63 f.
181 *Zheng Kang*, Art. „Banque Royale", in: Michael North (Hg.), Von Aktie bis Zoll, 1995, S. 50 f.; *ders.*, Art. „Law", John (1671–1729), ebd., S. 214 ff.; Zur Geschichte der Papiergeldtheorie *Michael North*, Das Geld und seine Geschichte, 1994, S. 128 ff.
182 *Karl Erich Born*, Art. „Assignaten", in: Michael North (Hg.), Von Aktie bis Zoll, 1995, S. 25 f.; *Jürgen Brand*, Die Assignaten oder: der revolutionäre Bankrott, in: Gerhard Lingelbach (Hg.), Staatsfinanzen – Staatsverschuldung – Staatsbankrotte in der europäischen Staaten- und Rechtsgeschichte, 2000, S. 39.

§ 116   Achter Teil: III. Finanzwesen

Zusammenhang Staatsbankrott – frühkonstitutionelle Verfassunggebung

ten angeführt werden[183]. Die existentielle Finanzkrise deutscher Territorien nach den napoleonischen Befreiungskriegen und die sich daraus ergebende Notwendigkeit einer Wiederherstellung des Staatskredits wird als wesentlicher Faktor frühkonstitutioneller Verfassunggebung zu Beginn des 19. Jahrhunderts gesehen[184]. Ein lediglich vom Monarchen verbürgter Staatskredit, der sich letztlich als nicht vollstreckbar erweisen würde, erheischt nicht die gleiche Bonität wie ein von Ständen bzw. Volk mitgetragener Finanzaufwand[185]. Die Verfassungsversprechen preußischer Könige im Anschluß an die Reformen zu Beginn des 19. Jahrhunderts erfolgten – kaum zufällig – jeweils in Finanzedikten[186]. „In den Fragen der Kriegsfinanzierung bündeln sich die politischen und finanztechnischen Probleme des frühmodernen Staates"[187] – von solchen kann zu Beginn des konstitutionellen Zeitalters noch gesprochen werden: „Nur ein voll ausgebildeter und über die erforderlichen Besteuerungstechniken verfügender Institutionenstaat, dessen Stärke auf integraler Willensbildung unter Aufhebung der Entfremdung von Staat und Gesellschaft beruht, ist zu einer derartigen Bewältigung einer kriegerischen Ausnahmesituation in der Lage. Daraus ergibt sich das enge Verhältnis von Verfassungs- und Finanzfragen."[188]

39
Dreimaliger deutscher Staatsbankrott im 20. Jahrhundert

Die jüngere deutsche Geschichte hat dreimal einen Staatsbankrott im Gefolge verlorener Kriege bzw. eines staatlichen Zusammenbruchs erlebt: Die beiden Hyperinflationen nach dem Ersten[189] und dem Zweiten Weltkrieg[190] sowie der (finanz-)wirtschaftliche Zusammenbruch der DDR[191].

40
Internationale Beispiele

Auf internationaler Ebene hat zuletzt[192] Argentinien mittels Weigerung, seine Auslandsverbindlichkeiten in Höhe von ca. 82 Mrd. € zuzüglich ca. 20 Mrd. €

---

183 Vgl. etwa *Harm-Hinrich Brandt*, Der österreichische „Staatsbankrott" von 1811, in: Gerhard Lingelbach (Hg.), Staatsfinanzen – Staatsverschuldung – Staatsbankrotte in der europäischen Staaten- und Rechtsgeschichte, 2000, S. 55; *Lehmann* (N 166), S. 64, weist auf 40 Bankrotte im Europa des 19. Jahrhunderts hin.
184 *Herbert Obenaus*, Finanzkrise und Verfassunggebung, in: Gerhard Ritter (Hg.), Gesellschaft, Parlament und Regierung. Zur Geschichte des Parlamentarismus in Deutschland, 1974, S. 57; für Bayern *Hans-Joachim Cremer*, Titel VII §§ 3–6 der Verfassungsurkunde für das Königreich Bayern vom 26.5.1818, 1994, S. 22.
185 Vgl. bereits *Josef von Sonnenfels*, Grundsätze der Polizey, Handlung und Finanzwissenschaft, Dritter Teil (Wien) 1776, S. 384ff.
186 *Waldhoff* (N 155), S. 218 mit Fn. 30.
187 *Brandt* (N 183), S. 56.
188 *Brandt* (N 183), S. 57; insgesamt *Reinhard* (N 1), S. 24 und durchgehend.
189 *Michael North*, Das Geld und seine Geschichte, 1994, S. 173 ff.; *Lehmann* (N 166), S. 64 f. Zu privatrechtlichen Implikationen *Jörn Eckert*, Privatrecht und Staatsbankrott, in: Gerhard Lingelbach (Hg.), Staatsfinanzen – Staatsverschuldung – Staatsbankrott in der europäischen Staaten- und Rechtsgeschichte, 2000, S. 87. Auch in der zivilrechtlichen Aufwertungsproblematik verbarg sich verfassungsrechtlicher Zündstoff: Ein Kompetenzkonflikt zwischen Legislative und Judikative sowie Ansätze zu einem richterlichen Prüfungsrecht und der Grundrechtsbindung des Gesetzgebers werden mit diesen Fragen in der „Inkubationszeit" der Grundrechte verbunden; vgl. RGZ 107, 370; 111, 320 sowie allen voran die Eingabe des Richtervereins beim Reichsgericht an die Reichsregierung vom 8.1.1924, abgedruckt in: JW 1924, S. 90 (= Ernst Rudolf Huber [Hg.], Dokumente zur deutschen Verfassungsgeschichte, Bd. IV, ³1991, S. 425 f.).
190 *Lehmann* (N 166), S. 65 f.
191 *H. Jörg Thieme*, Notenbank und Währung der DDR, in: Deutsche Bundesbank (Hg.), Fünfzig Jahre Deutsche Mark, 1998, S. 609 ff. Vgl. insgesamt *Isensee* (N 160), S. 687.
192 Vgl. für die Zeit zuvor *Lehmann* (N 166), S. 66 f.

aufgelaufene Zinsen zurückzuzahlen, eine Umschuldung und Abwertung auf 25 % des ursprünglichen Nominalwerts erpreßt und sich so unter Berufung auf einen Staatsnotstand[193] weitreichend entschuldet[194].

Seit den 70er Jahren des 20. Jahrhunderts wurde die Kreditvergabe an Entwicklungs- und Schwellenländer sowohl durch Industriestaaten als auch durch internationale Finanzorganisationen wie die Weltbank und ihre Trabanten großzügig ausgeweitet, ohne daß diese den Kapitalimport nachhaltig zum wirtschaftlichen Aufbau einsetzten[195]. Verschärft durch weitere Faktoren wie das zeitweilige Absinken der „terms of trade" für diese Staaten wurde eine Zins-Schulden-Spirale in Gang gesetzt. Gemäß einem insbesondere von der Weltbank propagierten Konzept der „Konditionalität" wurden schließlich neue Kredite nur gewährt, sofern sich der Schuldner zu strengen, abgestimmten Sanierungsmaßnahmen bereiterklärte[196].

41 Internationale Verschuldungskrise

Das allgemeine Völkerrecht thematisiert die Staateninsolvenz nicht, verpflichtet die Staaten folglich auch nicht zur Abgabe einer entsprechenden förmlichen Erklärung[197]. Andererseits steht das Völkerrecht nicht im Wege, ein eigenes finanzverfassungsrechtliches Insolvenzrecht zu schaffen oder sich – bilateral oder multilateral – einem paktierten Insolvenzverfahren zu unterwerfen[198]. Die Liquidation eines Staates – durch die Gläubiger, durch eine übergeordnete Instanz oder auch die Selbstauflösung – infolge Insolvenz würde das völkerrechtliche Grundprinzip der souveränen Gleichheit der Staaten erschüttern und scheidet daher von vornherein aus[199]. Das Völkerrecht zielt auf die Erhaltung, nicht auf die Liquidation von Staaten. In der internationalen Verschuldungskrise bietet das Völkerrecht ferner keine Maßstäbe für einen staatenübergreifenden Verschuldungsausgleich, das heißt für Solidaritätspflichten[200]: Internationale Solidarität ist ein politischer, kein rechtlicher Tatbestand; es fehlt an der die innerbundesstaatliche Solidarität begründen-

42 Völkerrechtliche Perspektive

---

193 Zur Berufung Argentiniens auf den Staatsnotstand auch in zivilgerichtlichen Verfahren vgl. Landgericht Frankfurt a.M., in: JZ 2003, S. 1010 mit krit. Anm. von *August Reinisch*. Das Landgericht hat demgegenüber die Fragen des Staatsnotstandes zu Recht auf ein etwaiges Vollstreckungsverfahren verwiesen; *Alf Baars/Margret Böckel*, Argentinische Auslandsanleihen vor deutschen und argentinischen Gerichten, in: ZBB 2004, S. 445; *Thomas Kleinlein*, Rechtsfragen staatlicher Auslandsanleihen: Odiom Debts, Staatsnotstand und Immunität, in: AVR 44 (2006), S. 404.
194 Dazu *Christian Tietje*, Die Argentinien-Krise aus rechtlicher Sicht: Staatsanleihen und Staatsinsolvenz, 2005; *Baars/Böckel* (N 193); *Thomas Pfeiffer*, Zahlungskrisen ausländischer Staaten im deutschen und internationalen Rechtsverkehr, in: ZVglRWiss 102 (2003); S. 141; *Ohler* (N 178), S. 590 f.; *Josef Isensee*, Die Insolvenzunfähigkeit des Staates, in: Markus Heintzen/Lutz Kruschwitz (Hg.), Unternehmen in der Krise, 2004, S. 227 (254 ff.).
195 Vgl. *Hugo J. Hahn*, Öffentliche Auslandsschulden und Völkerrecht, in: FS für Karl Carstens, Bd. I, 1984, S. 361 (371); *Carsten-Thomas Ebenroth*, Globale Herausforderungen durch die Verschuldungskrise, 1987; *Rudolf Dolzer*, Staatliche Zahlungsfähigkeit: Zum Begriff und zu den Rechtsfolgen im Völkerrecht, in: FS für Karl Josef Partsch, 1989, S. 531.
196 *Carsten Thomas Ebenroth*, Globale Herausforderungen durch die Verschuldungskrise, 1987; *Hans-Jürgen Gruss*, Der Beitrag der Weltbank zur Überwindung der Verschuldungskrise, in: Karl M. Meessen (Hg.), Internationale Verschuldung und wirtschaftliche Entwicklung aus rechtlicher Sicht, 1988, S. 51 ff.; *Dolzer*, (N 155), S. 531; *Matthias Herdegen*, Internationales Wirtschaftsrecht, ⁴2003, § 22 Rn. 12 f.
197 *Dolzer* (N 195), S. 540.
198 *Ohler* (N 178), S. 592.
199 *Herdegen* (N 196), § 22 Rn. 14.
200 *Herdegen* (N 196), § 22 Rn. 13; § 3 Rn. 45 ff.

§ 116　　*Achter Teil: III. Finanzwesen*

den Nähebeziehung, Staatensouveränität und völkerrechtliche Reziprozität verdrängen – zumindest rechtlich – ein „bündisches Prinzip des Einstehens füreinander"[201].

43
In- und ausländische Gläubiger

Öffentliche Auslandsschulden waren traditionell Geldleistungspflichten eines Völkerrechtssubjekts gegenüber einem anderen Völkerrechtssubjekt[202]. Die Struktur der Auslandsschulden und damit der Gläubiger von kapitalimportierenden Staaten hat sich in den letzten Jahren verändert: An die Stelle von Großkrediten ist vielfach die Auflegung von Anleihen getreten[203]. Im Falle des Staatsbankrotts ist in jedem Fall aus völkerrechtlicher Sicht zwischen in- und ausländischen Gläubigern zu unterscheiden. Zahlungsverpflichtungen gegenüber privaten Gläubigerbanken sind allenfalls mittelbar Gegenstand des Völkerrechts. Die Berufung auf einen wirklichen oder vermeintlichen Staatsnotstand in zivilgerichtlichen Verfahren – der allenfalls schuldaufschiebend, nicht schuldbefreiend wirken könnte – dürfte grundsätzlich ausgeschlossen sein[204]. Auf gerichtliche Klagen Privater im Ausland hat ein Staatsbankrott keine unmittelbar rechtlichen, sondern nur faktische Auswirkungen. In der deutschen Verfassungsrechtsordnung stünde der staatliche Justizgewährungsanspruch von Verfassungs wegen entgegen[205]. Der Schuldenstaat ist zudem an das völkerrechtliche Verbot entschädigungsloser Enteignung der privatrechtlichen Forderungen von Ausländern gebunden[206]. Völkerrechtliche Grundsätze der Staatenimmunität betreffen die grundsätzlich rein privatrechtlichen Staatsanleihen zunächst nicht (einmal ganz davon abgesehen, daß die emittierenden Staaten heute auf ihre Immunität regelmäßig verzichten)[207]; erst im Falle der Zwangsvollstreckung wird diese Rechtsfigur relevant[208].

44
Internationales Insolvenzregime?

In der internationalen Diskussion stehen sich zwei Grundansätze zur Lösung der Schuldenproblematik gegenüber[209]: Das Konzept einer völkerrechtlich verbindlichen Insolvenzordnung („Sovereign Debt Restructuring Mechanism")[210] und ein dezentralisiert-marktorientierter Ansatz der vertraglich

---

201 S. u. Rn. 51, 73.
202 *Hahn* (N 195), S. 361.
203 Zu den verschiedenen Typen von Auslandsverbindlichkeiten *Ludwig Leyendecker*, Auslandsverschuldung und Völkerrecht, 1988, S. 22 ff.; *Tietje* (N 194), S. 7 f.
204 LG Frankfurt a. M. (N 193); OLG Frankfurt a. M., in: NJW 2003, S. 2688 (Vorlagebeschluß gem. Art. 100 Abs. 2 GG an das BVerfG); *Herdegen* (N 196), Rn. 16 f.; *Ohler* (N 178), S. 594 f.; *Baars/Böckel* (N 193); von einer rechtshemmenden Einrede geht dagegen *Tietje* (N 194), S. 18, aus.
205 *Ohler* (N 178), S. 595.
206 *Rudolf Dolzer*, Wirtschaft und Kultur im Völkerrecht, in: Wolfgang Graf Vitzthum (Hg.), Völkerrecht, ³2004, Rn. 44.
207 Vgl. *Thomas Pfeiffer/Thomas Kopp*, Der Immunitätsverzicht in Staatsanleihen und seine Reichweite, in: ZVglRWiss 102 (2003), S. 563; *Tietje* (N 194), S. 9 f.
208 Näher *Ohler* (N 178), S. 595 f.
209 *Kyrill-A. Schwarz*, Neue Mechanismen zur Bewältigung der Finanzkrise überschuldeter Staaten, in: ZRP 2003, S. 170; zu den involvierten internationalen Organisationen *Petzold* (N 173), S. 300 ff.; *Isensee* (N 194), S. 257.
210 Vgl. hier vorrangig ein gescheitertes Projekt des IWF, *Anne O. Krueger*, A New Approach to Sovereign Debt Restructuring, IMF, April 2002; *Christoph G. Paulus*, Rechtlich geordnetes Insolvenzverfahren für Staaten, in: ZRP 2002, S. 383; *Steffen Buhlert*, Die Entwicklung eines künftigen Staateninsolvenzrechts, in: DZWIR 2002, S. 275; *Martin Dabrowski/Andreas Fisch/Karl Gabriel/Christoph Lienkmap*, Das Insolvenzrecht für Staaten, 2003; *Ohler* (N 178), S. 598; zu entsprechenden Arbeiten der International Law Commission *Dolzer* (N 195), S. 548 ff.

vereinbarten Umschuldungsklauseln („Collective Action Clauses")[211]. Überlegungen, ein internationales Insolvenzregime für überschuldete Staaten zu schaffen, sind über das Diskussionsstadium bisher nicht hinausgelangt; ihre Realisierungschancen müssen angesichts der widerstreitenden Interessen, der Unterschiedlichkeit der Einzelfälle sowie wegen des Problems rechtlicher Durchsetzung skeptisch beurteilt werden. Eine Lösung der Problematik hat vorrangig an der zivilrechtlichen Vertragsgestaltung von Staatsanleihen von Entwicklungs- und Schwellenländern anzusetzen. Mittels „Collective Action Clauses" können im Falle von Zahlungsschwierigkeiten des Schuldnerstaates dann bindende Mehrheitsbeschlüsse der Gläubiger herbeigeführt werden, um die Insolvenz abzuwehren. Die jeweiligen nationalen Rechtsordnungen sind auf derartige Instrumentarien auszurichten[212].

45 Europarechtliche Überlagerung: Anstaltslast und Gewährträgerhaftung

Das europarechtliche Beihilfenregime (Art. 87 EGV) greift im vorliegenden Sachzusammenhang dann ein, wenn staatliche finanzielle Einstandspflichten bei Zahlungsunfähigkeit juristischer Personen des öffentlichen Rechts bestehen. Im Zusammenhang mit öffentlich-rechtlichen Kreditanstalten ist inzwischen hinsichtlich der Anstaltslast und der Gewährträgerhaftung ein Kompromiß gefunden[213].

46 Staatsbankrott in der Rechtsprechung des BVerfG

Der finanzwirtschaftliche Zusammenbruch des Deutschen Reichs nach 1945 ist vom Bundesverfassungsgericht ausdrücklich als „Staatsbankrott" bezeichnet worden[214]. Die technische Durchführung des Schuldenschnitts wurde im wesentlichen durch das Allgemeine Kriegsfolgengesetz von 1957[215], basierend auf dem Gesetzesvorbehalt aus Art. 135a in Verbindung mit Art. 134 Abs. 4 GG vollzogen[216]. Die darauf beruhenden Regelungen dürften „alles enthalten, was zur Bereinigung des Staatsbankrotts des Reiches gehört"[217]. Unter Betonung der Unterschiede zum überkommenen Konkursrecht wird die Zukunftsbezogenheit der gesetzgeberischen Bewältigung des Staatsbankrotts herausgestellt: „Anders als beim Konkurs eines privaten Schuldners ist bei der Bereinigung eines Staatsbankrotts die gesamte künftige Finanzwirtschaft und dadurch mittelbar die ganze künftige Staatspolitik mit im Spiel; im Vordergrund steht nicht die Abrechnung über die Vergangenheit, sondern die Schaffung einer Grundlage für die Zukunft. Dieses Prinzip der Sanierung lag

---

211 Näher *Tietje* (N 194), S. 20 f.
212 Für Deutschland wäre etwa die Ausdehnung des Anwendungsbereichs des Schuldverschreibungsgesetzes von 1899 zu erwägen; dazu m. weit. Nachw. *Ohler* (N 178), S. 598; *Tietje* (N 194), S. 21.
213 Teilweise wiedergegeben bei *Hans-Günter Henneke*, Verantwortung kommunaler Sparkassenträger im Spannungsverhältnis von modifizierter Haftung und gesichertem Einfluss, in: NWVBl 2002, S. 249 (252); großzügig insofern *Felix Engelsing*, Zahlungsunfähigkeit von Kommunen und anderen juristischen Personen des öffentlichen Rechts, 1999, S. 243 ff.
214 BVerfGE 15, 126 (135 sowie Leitsatz 2): „Das Reich befand sich in der Lage eines ‚Staatsbankrotts'; es war nicht nur vorübergehend zahlungsunfähig, sondern – wie schon im Parlamentarischen Rat ausgesprochen wurde – konkursreif." Ferner ebd., S. 140: „Die Feststellung, daß das Reich sich im Zustand eines Staatsbankrotts befand, lag schon in der besatzungsrechtlichen Währungsreform ..."; Fortführung in BVerfGE 23, 153 (168 ff. sowie Leitsatz 2); vgl. dazu *Lehmann* (N 166), S. 75 ff.
215 Gesetz zur allgemeinen Regelung durch den Krieg und den Zusammenbruch des Deutschen Reiches entstandener Schäden (BGBl I, S. 1747).
216 *Kratzmann* (N 162), S. 321.
217 BVerfGE 15, 126 (140).

Schaffung einer Grundlage für die Zukunft

schon der Währungsgesetzgebung zugrunde. Es findet sich allenthalben in der Geschichte der Staatsbankrotte und ist unvermeidlich, weil gesunde staatliche Finanzen die erste Voraussetzung für eine geordnete Entwicklung des ganzen sozialen und politischen Lebens sind. Hierin liegt der Grund für die ‚Konkursunfähigkeit' des Staates."[218] Eine Liquidation der Aktiven scheide schon deshalb aus, weil diese für das (weitere) Funktionieren des Staates unerläßlich seien. Inhaltlich besitze der Gesetzgeber bei der Schaffung eines derartigen Maßnahmegesetzes mit Übergangscharakter weitreichende Gestaltungsfreiheit; insbesondere die Eigentumsfreiheitsgarantie des Art. 14 GG greift bei vorkonstitutionellen Ansprüchen hier nur bedingt. Die Gestaltungsfreiheit des Gesetzgebers geht bei der Beseitigung der Folgen von Krieg und Unrechtsregime besonders weit[219]. Bei dem gesetzlich angeordneten Schuldenschnitt ist allerdings der allgemeine Gleichheitssatz zu beachten. Die Entscheidung des Kriegsfolgengesetzgebers, die Verbindlichkeiten des Reichs grundsätzlich erlöschen zu lassen, erfüllte nach der Rechtsprechung des Gerichts diese Anforderungen[220]. Zusammenfassend kann festgehalten werden, daß das Bundesverfassungsgericht dem Staat die Schuldenstreichung durch Bankrott dann zugesteht, wenn die Schulden von einem Rechtsvorgänger stammen und so bedrohlich geworden sind, daß es dem Staat untragbar erscheint, die übernommene Finanzwirtschaft fortzusetzen[221]. Da es sich um eine präterkonstitutionelle Rechtsschöpfung handelt und eine Normierung derartiger Situationen weder theoretisch noch praktisch sinnvoll erscheint, kann insofern von Staatsnotrecht gesprochen werden.

47

Anwendbarkeit von Insolvenz- und Zwangsvollstreckungsrecht?

Das seit 1999 geltende neue Insolvenzrecht geht in § 11 InsO von der grundsätzlichen Insolvenzfähigkeit aller juristischen Personen aus[222]. Für juristische Personen des öffentlichen Rechts überwiegen jedoch die Ausnahmen des § 12 InsO. Das Bundesverfassungsgericht betont in ständiger Rechtsprechung, daß die einfachgesetzlichen Bestimmungen von Konkurs- bzw. Insolvenzordnung auf die Zahlungsunfähigkeit des Staates oder staatlicher Stellen „nicht passen": „Das allgemeine Konkursrecht [ist] für einen Staatsbankrott weder gedacht noch geeignet"[223]. Die Zukunftsgerichtetheit sei der entscheidende Unterschied zwischen Konkurs/Insolvenz und Staatsbankrott[224]. Letztlich geht es um eine im Vergleich zur Privatinsolvenz andersgeartete Lösung des Konflikts zwischen Gläubigerinteressen und Gemeinwohl. Das Insolvenzrecht ist die Reaktion der Rechtsordnung auf das Versagen von Marktteilnehmern; der Staat erweist sich jedoch als Marktgarant[225]. Da die Liquidation des Staates ausscheidet, gehe es darum, die vorhandenen Aktiven für die Erfüllung

---

[218] BVerfGE 15, 126 (141).
[219] BVerfGE 23, 153 (168) unter Berufung auf BVerfGE 13, 39 (42f.); 15, 167 (201).
[220] BVerfGE 15, 126 (150ff.); 23, 153 (168ff.); vgl. dazu näher *Lehmann* (N 166), S. 76 ff.
[221] *Lehmann* (N 166), S. 90.
[222] *Häsemeyer* (N 158), Rn. 30.02; *Ulf Gundlach*, Die Insolvenzfähigkeit juristischer Personen und Vermögen des öffentlichen Rechts, in: DÖV 1999, S. 815 (816); vgl. etwa auch § 89 Abs. 2 BGB.
[223] BVerfGE 15, 126 (135).
[224] BVerfGE 15, 126 (141).
[225] *Isensee* (N 160), S. 691; *Paul Kirchhof*, Freiheitlicher Wettbewerb und staatliche Autonomie, in: ORDO 56 (2005), S. 39; → Bd. IV, *Grzeszick*, § 78 Rn. 21.

der öffentlichen Aufgaben zu erhalten. Die Funktionsfähigkeit des Staates ist der zentrale Argumentationstopos, der die Anwendbarkeit des einfachgesetzlichen Konkurs- oder Insolvenzrechts ausschließt[226]. Was § 882a ZPO für die Einzelzwangsvollstreckung vorgibt, wiederholt sich in der Grenzsituation der Insolvenz[227]: Die Handlungsfähigkeit, die Funktionsfähigkeit des Staates und aller seiner Erscheinungsformen und Untergliederungen genießt Vorrang vor den Gläubigerinteressen[228]. Außerdem scheidet die Liquidation des Staates als Folge seines Bankrotts aus[229]. Der Unterschied zwischen Liquidation und Sanierung hat sich freilich mit den Prämissen des neuen Insolvenzrechts, welches ebenfalls primär auf die Erhaltung der zahlungsunfähigen Person zielt, abgeschwächt[230]. § 12 Abs. 1 InsO, der im geltenden Recht die Insolvenzunfähigkeit des Staates normiert, ist gleichwohl deklaratorischer Natur; dieser klarstellenden einfachgesetzlichen Anordnung hätte es nicht bedurft[231]. Entscheidend ist jedoch, daß sich der Staat von Verfassungs wegen keinem Insolvenzverwaltungsregime unterwerfen kann. Die Staatsgewalt kann stets nur von den im Grundgesetz vorgesehenen, demokratisch legitimierten Staatsorganen ausgeübt werden. Vorrang und Vorbehalt der Verfassung stehen einem Insolvenzregime entgegen[232]: „Die verfassungsmäßigen Organe können ihre Kompetenzen nicht mit Insolvenzgläubigern oder Amtswaltern teilen."[233]

Vorrang der Handlungs- und Funktionsfähigkeit des Staates

Nach § 12 Abs. 1 Nr. 1 InsO ist nun explizit – anders als unter der Konkursordnung[234] – das Insolvenzverfahren über das Vermögen des Bundes oder eines Landes unzulässig. Für sonstige juristische Personen des öffentlichen Rechts, die der Aufsicht eines Landes unterstehen (mittelbare Landesverwaltung) kann das Landesrecht die Insolvenzunfähigkeit anordnen[235]. Dies ist in vielfältiger Weise geschehen[236]. Ist das Motiv für die Anordnung der Insolvenzunfähigkeit des Staates und seiner Teile die Erhaltung von deren Handlungs- und Funktionsfähigkeit, werden über die Ausfallhaftung des § 12 Abs. 2 InsO die Schutzinteressen der Arbeitnehmer berücksichtigt[237]. Entsprechende Gewährleistungspflichten bestehen allerdings nur, wenn sie – wie in § 12

48

Einfachgesetzlicher Ausschluß der Insolvenzfähigkeit

---

226 Vgl. bereits *Ernst Forsthoff/Tula Simons*, Die Zwangsvollstreckung gegen Rechtssubjekte des öffentlichen Rechts, 1931, S. 42; *Lehmann* (N 166), S. 61; *Isensee* (N 160), S. 692; *Ohler* (N 178), S. 591, 592; *Claus Ott*, in: Münchener Kommentar zur Insolvenzordnung, Bd. I, 2001, § 12 Rn. 2, 10; *Ulrich Ehricke*, in: Wolfram Henckel/Walter Gerhardt (Hg.), Jaeger. Insolvenzordnung. Großkommentar, Bd. I, 2004, § 12 Rn. 5.
227 Vgl. *Häsemeyer* (N 158), Rn. 30.02; *Ehricke* (N 226), Rn. 5; *Christian Waldhoff*, Vollstreckung und Sanktion, in: Hoffmann-Riem/Schmidt-Aßmann/Voßkuhle (N 8), § 46 Rn. 70 ff.
228 BVerfGE 60, 135 (157); *Isensee* (N 160), S. 692.
229 *Kratzmann* (N 162), S. 322; differenziert *Engelsing* (N 213), S. 142 ff.
230 Zu den beiden – u. U. in eine Spannungslage tretenden – Zielen von Schuldenregulierung und Sanierung *Häsemeyer* (N 158), Rn. 1.12.
231 *Isensee* (N 160), S. 689.
232 *Isensee* (N 160), S. 692 f.
233 *Häsemeyer* (N 158), Rn. 30.03.
234 Zu der Neuerung und ihren Motiven näher *Gundlach* (N 222), S. 818 f.
235 § 12 Abs. 1 Nr. 2 InsO; früher: Art. IV EGÄndKO i. V. m. § 15 Nr. 3 EGZPO; Zur Verfassungsmäßigkeit nach alter Rechtslage: BVerfGE 60, 135.
236 Vgl. die umfassenden Nachweise bei *Christoph Becker*, Ausführung der Reform des Insolvenzrechts durch die Länder, in: KTS 2000, S. 157; *Ott* (N 226), Rn. 22 ff.; *Ehricke* (N 226), Rn. 19 ff.
237 *Wilhelm Uhlenbruck*, in: Peter Gottwaldt (Hg.), Insolvenzrechtshandbuch, ²2001, § 15 Rn. 15; *Ott* (N 226), Rn. 2.

Abs. 2 InsO – einfachgesetzlich angeordnet sind oder sich von Verfassungs wegen ergeben[238].

49
Keine generelle Insolvenzfähigkeit der öffentlichen Hand

Entgegen einer traditionellen Ansicht im Konkurs- bzw. Insolvenzrecht[239] ist aus den dargelegten Gründen von der grundsätzlichen Insolvenzunfähigkeit des Staates im weiteren Sinne auszugehen. § 12 Abs. 1 Nr. 1 InsO hat insoweit deklaratorischen Charakter. § 12 Abs. 1 Nr. 2 InsO ist demgegenüber eine nicht unproblematische, eng auszulegende, systemdurchbrechende Ausnahmeregel für den Bereich der funktionalen Selbstverwaltung. Die Frage der Insolvenzfähigkeit des Staates und seiner Untergliederungen ist primär eine staatsrechtliche, keine insolvenzrechtliche Problemstellung.

50
Präventionsbemühungen

Das Verfassungsrecht kennt kein geschlossenes Normensystem zur Vermeidung staatlicher Insolvenz[240]. An verschiedenen Stellen sind jedoch Einzelvorkehrungen zu verzeichnen: Nach Art. 110 Abs. 1 S. 2 GG ist der Haushalt in Einnahmen und Ausgaben auszugleichen; die Existenz eines Staatsschuldenrechts[241] zeigt jedoch, daß nur ein Haushaltsausgleich im formellen Sinne gemeint sein kann[242]. Nach gängiger und überzeugender Interpretation von Art. 33 Abs. 5 GG umfassen die hergebrachten Grundsätze des Berufsbeamtentums nicht ein generelles Kürzungsverbot bei der Alimentierung der Beamten in finanzwirtschaftlichen Krisen[243]. Entscheidendes Präventionsinstrument im Hinblick auf eine staatliche Insolvenz ist die Verschuldungsbremse des Art. 115 GG, ergänzt durch die entsprechenden Normen der europäischen Währungsunion[244]. Gleichwohl handelt es sich in der praktischen Durchführung sämtlich nicht um scharfe Schwerter, sondern um – in der Staatspraxis – flexibel interpretierte Präventionsinstrumente[245]. De constitutione ferenda wären hier andere Gestaltungen denkbar: Als durchaus wirksam hat sich demgegenüber die „Schuldenbremse" im schweizerischen Finanzverfassungsrecht erwiesen[246].

51

Der Staatsbankrott hat auch eine bundesstaatliche Dimension: Insolvenz oder Bankrott eines Bundesgliedes läßt im bundesstaatlichen Rechtsverhältnis die anderen Bundesglieder wie den Bund selbst nicht unberührt. Der vom Bun-

---

238 *Ott* (N 226), Rn. 19.
239 Vgl. m. weit. Nachw. nur *Ehricke* (N 226), Rn. 8; *Stoll* (N 176), S. 521 ff.; aus dem öffentlich-rechtlichen Schrifttum *Engelsing* (N 213), S. 145; wohl auch *A. Leisner* (N 161), S. 49 f.; offenlassend BVerfGE 66, 1 (19).
240 Vgl. den Überblick bei *Paul Kirchhof*, Die Staatsverschuldung als Ausnahmeinstrument, in: FS für Reinhard Mußgnug, 2005, S. 131; unter gemeinschaftsrechtlichem Bezug *Nico Gumboldt*, Europäisches Gemeinschaftsrecht als nachhaltige Verschuldungsbremse?, in: DÖV 2005, S. 499; de lege ferenda *Matthias Rossi/Gunnar Folke Schuppert*, Notwendigkeit und Inhalt eines Haushaltsnotlagengesetzes, in: ZRP 2006, S. 8.
241 → Unten *Pünder*, § 123 Rn. 1 ff.
242 Ganz h. M., vgl. nur *Christian Hillgruber*, in: v. Mangoldt/Klein/Starck, GG III, ⁵2005, Art. 110 Rn. 52 ff.
243 BVerfGE 8, 332 (342); 15, 167 (198); 44, 249 (263).
244 *Isensee* (N 160), S. 694.
245 Zur Kritik *Josef Isensee*, Schuldenbarriere für Legislative und Exekutive, in: FS für Karl Heinrich Friauf, 1996, S. 705; *Heinrich Amadeus Wolff*, Die Änderungsbedürftigkeit des Art. 115 GG, in: FS für Hans Herbert von Arnim, 2004, S. 313; auch in historischer Perspektive *P. Kirchhof* (N 240), S. 137 f.
246 Art. 126, 159 i. V. m. Art. 196 Nr. 12 BV. Dazu *Peter Locher*, Finanzordnung, in: Daniel Thürer/Jean-François Aubert/Jörg Paul Müller (Hg.), Verfassungsrecht der Schweiz, 2001, § 77 Rn. 33 f.; *Andreas Glaser*, Nachhaltige Entwicklung und Demokratie, 2006, S. 214 ff., *ders.*, Begrenzung der Staatsverschuldung durch die Verfassung – Ein Vergleich deutscher und schweizerischer Regelungen, in: DÖV 2007, S. 98.

desverfassungsgericht kreierte Tatbestand der extremen Haushaltsnotlage eines Landes löst Solidaritätspflichten der anderen Gliedstaaten wie des Bundes aus[247]. § 12 Abs. 1 Nr. 1 InsO behandelt – der deutschen Verfassungstradition folgend – Bund und Länder gleich. Die verfassungsrechtlichen Argumente (Erhaltung der Funktionsfähigkeit; Verfassungsvorbehalt und Erfordernis demokratischer Legitimation jeglichen Staatshandelns) treffen auf Bund und Länder gleichermaßen zu. Gleichwohl trifft eine ausufernde Staatsverschuldung und eine drohende Zahlungsunfähigkeit Bund und Länder unterschiedlich: Der Bund besitzt eine Art bundesstaatlicher Garantenstellung den Ländern gegenüber; diese erweisen sich auch in bezug auf den Staatsbankrott als „Staaten ohne Ernstfall"[248]. Dies zeigt sich im „insolvenznahen Tatbestand" der „extremen Haushaltsnotlage" eines Landes[249]. Durch die bundesstaatlichen Solidaritätspflichten drohen die ohnehin prekären verfassungsrechtlichen Begrenzungen der Staatsverschuldung endgültig aufgeweicht und funktionslos zu werden; außerdem werden so die letzten Ansätze zu sparsamer Finanzwirtschaft auf der Seite der betroffenen Gebietskörperschaften unterminiert[250]. Die Eigenverantwortlichkeit des betroffenen Landes darf nicht mittels Finanzhilfe aufgehoben werden[251]. Sofern die Haushaltsnotlage auf eigene politische Entscheidungen rückführbar ist, widerspräche eine Sanierung auf Kosten anderer dem demokratischen Legitimationszusammenhang, der alles staatliche Finanzrecht beherrscht[252]. Die bisherigen ernüchternden Erfahrungen mit den praktisch wirkungslosen Sanierungshilfen für das Saarland und für Bremen sollten abschreckend wirken.

Bundesstaatliche Aspekte: Haushaltsnotlagen im föderalen Ausgleich

2. Insolvenzunfähigkeit von Gemeinden und sonstigen juristischen Personen des öffentlichen Rechts

Die grundsätzliche Konkursfähigkeit der Gemeinden war zur Zeit der Schaffung von Konkursordnung und Bürgerlichem Gesetzbuch noch allgemeine Meinung. Die deutsche Kommunalgeschichte kennt Fälle eines Gemeinde-

52
Kommunalspezifische Besonderheiten

---

247 BVerfGE 86, 148 (insbes. 262 ff.); BVerfG, in: DVBl 2007, S. 39; s. o. Rn. 14; *Wolfram Höfling*, Die sogenannte extreme Haushaltsnotlage, in: FS für Hans Herbert von Arnim, 2004, S. 259; *Dieter Birk/Rainer Wernsmann*, Der Anspruch eines Landes auf Sanierungshilfe des Bundes, in: DÖV 2004, S. 868; *Andreas Musil/Johannes Kroymann*, Die extreme Haushaltsnotlage, in: DVBl 2004, S. 1204; *Matthias Rossi*, Verschuldung in extremer Haushaltsnotlage, in: DVBl 2005, S. 269; *Kai A. Konrad/Beate Jochimsen* (Hg.), Finanzkrise im Bundesstaat, 2006; zu den Wechselwirkungen ausufernder Staatsverschuldung im bundesstaatlichen Verhältnis *Markus C. Kerber*, Verfassungshüter oder Verfassungsgesetzgeber?, in: DÖV 2004, S. 691; *Christian Waldhoff*, Landesverfassungsrechtlicher Sparzwang unter den Bedingungen einer „extremen Haushaltsnotlage", in: NVwZ 2004, S. 1062.
248 *Isensee* (N 160), S. 700.
249 Vgl. die deutliche Verschärfung der Maßstäbe durch BVerfG, in: DVBl. 2007, S. 35.
250 *Höfling* (N 247).
251 *Dieter Birk/Rainer Wernsmann*, Der Anspruch eines Landes auf Sanierungshilfen des Bundes, in: DÖV 2004, S. 868 ff.
252 *Christian Waldhoff*, Finanzautonomie und Finanzverflechtung in gestuften Rechtsordnungen, in: VVOStrl 66 (2007); differenziert *Andreas Musil/Johannes Kroymann*, Die extreme Haushaltsnotlage, in: DVBl 2004, S. 1204 (1209); vgl. auch BVerfGE 72, 330 (405).

bankrotts[253]. Diese Sichtweise war allerdings zum Teil davon geprägt, daß die Gemeinden noch nicht voll als Teil des Staates begriffen wurden, sondern – an Vorstellungen des 19. Jahrhunderts anknüpfend – zumindest teilweise dem Bereich der Gesellschaft zugeordnet erschienen[254]. Immerhin reagierte nach dem Fall Glashütte der sächsische Gesetzgeber mit der Verordnung zur Sicherung des Staatshaushaltes und der Haushalte der Gemeinden[255], die über § 116 DGO 1935[256] Eingang in die heutigen kommunalrechtlichen Konkurs- bzw. Insolvenzverbote fanden[257]. Auch §§ 359 Abs. 2 S. 2 SGB III[258] und § 17 Abs. 2 BetrAVG nennen die Gemeinden in einem Atemzug mit Bund und Ländern, die von sozialrechtlichen Umlageverpflichtungen wegen Konkurs-/Insolvenzunfähigkeit ausgenommen sind. Tendenzen zu einer Aufweichung des kommunalrechtlichen Insolvenzverbots ist entgegenzutreten: Aus der kommunalen Selbstverwaltungsgarantie folgt organisationsrechtlich, daß Gemeinden allenfalls in einer Gesamtreform durch Gesetz aufgelöst werden können. Entgegen Stimmen in der Literatur[259] reicht das Insolvenzrecht dafür nicht aus. Entscheidend ist jedoch auch hier, daß die Gemeinden Staatsgewalt ausüben, die im Falle der Insolvenz auf den demokratisch nicht legitimierten Insolvenzverwalter überginge. Zudem wäre die kommunale Aufgabenerfüllung nicht gesichert[260]. Letztlich besteht auch kein Bedürfnis für die Kommunalinsolvenz, denn aus der Selbstverwaltungsgarantie bzw. aus den kommunalen Finanzgarantien der Landesverfassungen sind die Länder verpflichtet, den Gemeinden eine angemessene Finanzausstattung zu gewährleisten[261]. Zuschüsse und eine entsprechende Beteiligung am kommunalen Finanzausgleich, die eine drohende Insolvenz abwenden, müssen stets in diesem Sinne als angemessen angesehen werden[262]. Der Kommunalbankrott ist damit heute ein Problem des Kommunalrechts; über entsprechende Aufsichtsmaßnahmen wie etwa Haushaltssicherungskonzepte, die sich an Art. 28 Abs. 2 GG und den entsprechenden landesverfassungsrechtlichen Garantien messen müssen, wird

Kommunalrechtliche Haushaltssicherungskonzepte

---

253 Im 20. Jahrhundert die Stadt Arys in Ostpreußen und Glashütte in Sachsen im Jahr 1929 zu Beginn der Weltwirtschaftskrise, vgl. m. weit. Nachw. *Lehmann* (N 166), S. 92 ff.; zu amerikanischen Kommunalbankrotten und ihrer Bewältigung *Kratzmann* (N 162), S. 321 f.
254 Reste dieser überholten Ansicht noch bei *Lehmann* (N 166), S. 91 ff.
255 Vom 21. 9. 1931, SächsGVBl S. 155.
256 RGBl I, S. 49.
257 Etwa § 128 Abs. 2 GO Nordrh.-Westf.: „Ein Insolvenzverfahren über das Vermögen der Gemeinde findet nicht statt."
258 Früher: § 186c Abs. 2 S. 2 AFG.
259 Vgl. die Nachweise bei *Angela Faber*, Insolvenzfähigkeit für Kommunen?, in: DVBl 2005, S. 933 (939 f.); für Insolvenzunfähigkeit auch *Ehricke* (N 226), Rn. 12.
260 *Faber* (N 259), S. 944; *dies.*, Zahlungsunfähigkeit von Kommunen, in: Hans-Günter Henneke/Hermann Pünder/Christian Waldhoff (Hg.), Recht der Kommunalfinanzen, 2006, § 35; *Wolfgang Löwer*, Risikoabsicherung im Energiehandelsgeschäft mit kommunalen Stadtwerken, 2005, S. 20 ff.; ebd., S. 11 ff. zu der Problematik bei kommunalen Eigenbetrieben.
261 S. o. Rn. 21; näher *Henneke* (N 72), 840 ff.; *ders.*, Grundstrukturen des kommunalen Finanzausgleichs, in: ders./Hermann Pünder/Christian Waldhoff (Hg.), Recht der Kommunalfinanzen, 2006, § 24; *ders.*, Kommunale Finanzgarantien in der Rechtsprechung, ebd., § 25.
262 Wohl abweichend *Lehmann* (N 166), S. 107 f.

die Zahlungs- und damit auch die Handlungsfähigkeit der kommunalen Körperschaften wiederhergestellt[263].

Im Falle der Insolvenz kommunaler Eigengesellschaften, die ihrer Rechtsform entsprechend insolvenzfähig sind, besteht – vorbehaltlich spezialgesetzlicher Anordnung – keine generelle Insolvenzabwendungspflicht im Sinne einer Verlusttragungspflicht der Gemeinden[264]. Die Aufgabenerfüllung kann gegebenenfalls durch eine Neugründung gewährleistet werden.

53
Kommunale Eigengesellschaften

Insolvenzunfähigkeit kommt nur bei den sogenannten korporierten Religionsgesellschaften in Betracht, also denjenigen, die sich gemäß Art. 140 GG in Verbindung mit Art. 137 Abs. 5 WRV der Rechtsform einer Körperschaft des öffentlichen Rechts bedienen[265]. Zwar gilt die Kirchenautonomie nach Art. 140 GG in Verbindung mit Art. 137 Abs. 3 WRV grundsätzlich unabhängig von der Rechtsform der Kirche oder Religionsgesellschaft; das Bundesverfassungsgericht hat jedoch für die korporierten Kirchen eine unmittelbar aus dem Grundgesetz folgende Insolvenzunfähigkeit postuliert: Durch den Verlust der Verfügung über die kirchlichen Vermögensgegenstände wäre das kirchliche Selbstbestimmungsrecht entscheidend beeinträchtigt (und zwar unabhängig und jenseits des Pfändungs- und Verwertungsverbots bezüglich kirchlicher Gegenstände nach § 36 InsO i. V. m. § 882a Abs. 3 ZPO), so daß die insolvenzrechtlichen Normen nicht als „für alle geltendes Gesetz" angesehen werden könnten[266]. Insofern würden die Kirchen in besonderer Weise durch das Insolvenzrecht betroffen, eine Abwägung der widerstreitenden Interessen führt zu diesem zwingenden und überzeugenden Ergebnis. Das vom Gericht angebrachte Hilfsargument, es bestehe kein Bedürfnis für die Anwendung des Konkurs- bzw. Insolvenzrechts, da die Kirchen „aufgrund ihres großen Mitgliederbestandes, ihrer Vermögenssubstanz und ihres Steuererhebungsrechts" praktisch nie in die Gefahr einer Zahlungsunfähigkeit kommen werden[267], ist allerdings zwischenzeitlich durch kirchliche Finanzkrisen widerlegt.

54
Kirchen

Entgegen der Ansicht des Bundesverwaltungsgerichts[268] hat das Bundesverfassungsgericht die Insolvenzunfähigkeit öffentlich-rechtlicher Rundfunkanstalten ausdrücklich bestätigt[269]. In zahlreichen Staatsverträgen und Rundfunkgesetzen ist dies ausdrücklich verankert[270]. Es folgt aber auch aus allgemeinen verfassungsrechtlichen Erwägungen zur Insolvenzunfähigkeit juristischer Personen des öffentlichen Rechts. Zu kritisieren ist die rundfunkrechtliche Herleitung mittels einer inzwischen hypertrophen Überdehnung der Schutzgarantie für den öffentlich-rechtlichen Rundfunk. Gleichwohl folgt

55
Öffentlich-rechtliche Rundfunkanstalten

---

263 *Isensee* (N 160), S. 706; *Faber* (N 259), S. 935 ff.; umfassend zu den Einstandspflichten *Engelsing* (N 213), S. 163 ff.
264 *Thomas Kuhl/Kersten Wagner*, Das Insolvenzrisiko der Gläubiger kommunaler Eigengesellschaften, in: ZIP 1995, S. 433; *Löwer*, (N 260), S. 11 ff.
265 *Ehricke* (N 226), Rn. 37.
266 BVerfGE 66, 1 (19 ff.); zustimmend etwa *Ehricke* (N 226), Rn. 38.
267 BVerfGE 66, 1 (24); kritisch insoweit auch *Lehmann* (N 166), S. 112 f.
268 BVerwGE 75, 318.
269 BVerfGE 89, 144.
270 Nachweise bei *Lehmann* (N 166), S. 130 ff.; *Ehricke* (N 226), Rn. 39.

nach der hier vertretenen Auffassung die Insolvenzunfähigkeit aus generellen Erwägungen, insbesondere aus der formalen Anknüpfung an die Rechtsform[271].

56
Sonstige juristische Personen des öffentlichen Rechts

Entsprechendes gilt entgegen der herrschenden Meinung für sämtliche anderen juristischen Personen des öffentlichen Rechts wie für kommunale Sparkassen und sonstige öffentlich-rechtliche Banken[272], berufsständische Kammern[273], Sozialversicherungsträger[274], Studentenwerke[275] usf., da nach der hier vertretenen Meinung nicht auf die spezialgesetzlichen Ausschlüsse der Insolvenzfähigkeit, sondern auf die grundsätzliche Nichteignung des Insolvenzrechts für sämtliche staatliche Einrichtungen im weiteren Sinne abzustellen ist, die spezialgesetzlichen Tatbestände insoweit nur deklaratorischen Charakter besitzen[276].

B. Bundesstaatliche Finanzverfassung im Überblick

I. Bundesstaat und Finanzverfassung

1. Eckstein des Bundesstaates

57
Bedeutung für die Bundesstaatlichkeit

Ziel der Art. 104a–109 GG ist es, die Finanzmacht zwischen Bund und Ländern „sachgerecht" aufzuteilen. „Sachgerecht" heißt unter dem Grundgesetz „gleichwertig". Die Erfahrungen unter der Reichsverfassung von 1871 und unter der Weimarer Reichsverfassung hatten gezeigt, daß das Reich und die Länder die ihnen zugewiesenen Aufgaben und Zuständigkeiten jeweils nur dann voll ausschöpfen konnten, wenn hierfür auch die nötigen Finanzmittel zur Verfügung standen. Wer in der Finanzausstattung die Vorhand hatte – also zunächst die Länder, sodann das Reich[277] – konnte auch seine organisationsrechtlichen Zuständigkeiten wirkungsvoller nutzen. Der Finanzverfassung des Grundgesetzes liegt daher die Konzeption zu Grunde, einerseits dem Bund, andererseits aber auch den Ländern eine hinreichende Ausstattung mit eigenen Finanzmitteln zu gewährleisten, dazu das Recht, über die Verwaltung und Verwendung dieser Finanzmittel selbständig zu bestimmen[278]. Das Ziel dieser kompromißartigen Konzeption hat das Bundesverfassungsgericht dahingehend umschrieben, sie solle „Bund und Länder in die Lage ... versetzen, die ihnen verfassungsrechtlich zukommenden Aufgaben auch wahrzunehmen".

---

271 S.o. Rn. 49.
272 BGHZ 90, 168; *Lehmann* (N 166), S. 119 ff.; zu Anstaltslast und Gewährträgerhaftung und ihren europarechtlichen Implikationen *Engelsing* (N 226), S. 168 ff., 243 ff.; siehe auch oben Rn. 45.
273 A.A. BVerfGE 89, 132; *Lehmann* (N 166), S. 160 ff.
274 A.A. *Lehmann* (N 166), S. 145 ff.
275 A.A. *Lehmann* (N 166), S. 166 f.
276 Differenziert *Isensee* (N 160), S. 702 ff., der die Insolvenzunfähigkeit durch bestehende staatliche Einstands- und Garantenpflichten rechtfertigt und daran knüpft.
277 Vgl. dazu *Vogel/Waldhoff* (N 1), Rn. 132 ff., 143 ff.
278 Vgl. zur Entstehungsgeschichte des zehnten Abschnitts des Grundgesetzes *Vogel/Waldhoff* (N 1), Rn. 184 ff.

Das Bundesverfassungsgericht fügt hinzu: „Erst dadurch kann die staatliche Selbständigkeit von Bund und Ländern real werden, können sich Eigenständigkeit und Eigenverantwortlichkeit der Aufgabenwahrnehmung entfalten"[279]. Die Finanzverfassung erweist sich daher als „tragender Eckpfeiler der bundesstaatlichen Ordnung"[280]. Vor diesem Hintergrund erklärt sich nicht zuletzt die hohe, in ihrer Technizität für eine „rechtliche Grundordnung des Staates" geradezu atypische Regelungsdichte der Finanzverfassung[281].

<small>Regelungsdichte der Finanzverfassung</small>

2. Finanzverfassung als „Folgeverfassung" und „dienende Funktion der bundesstaatlichen Finanzverfassung"?

Auch wenn es sich bei der Beschaffung und Verwaltung von Geld zur Finanzierung des Gemeinwesens um eine instrumentelle Staatsaufgabe handelt[282], ist die Charakterisierung der Finanzverfassung als Folgeverfassung in dem hier zu untersuchenden Kontext der Bundesstaatlichkeit zumindest ungenau und mißverständlich[283]. Vor allem Ferdinand Kirchhof[284] und Stefan Korioth[285] vertreten jedoch diese Auffassung. Kirchhof formuliert: „Art. 106 ff. GG verteilen die Finanzmittel nach einer anderweitig vorgezeichneten, föderalen Staatsstruktur. Die Finanzverfassung folgt den vorrangigen Organisations- und Aufgabennormen des Grundgesetzes."[286] Diese zu eindimensionale Betrachtungsweise vernachlässigt die zahlreichen Wechselwirkungen zwischen bundesstaatlicher Ordnung und Finanzverfassung: Die bundesstaatliche Finanzverfassung, das heißt die Art. 104a–109 GG sind selbst ein Teil dieser Ordnung und konstituieren sie mit[287]. Zwar ist die Einnahmeerzielung des Staates im Grundsatz eine instrumentelle Staatsaufgabe, welche die Voraussetzungen für die Erfüllung inhaltlicher Staatsaufgaben und damit von (Sach-)Politik allgemein schaffen soll[288], die Verteilung der Finanzhoheiten zwischen Bund und Ländern hat jedoch im prinzipiellen wie im Detail zahlreiche Auswirkungen auf oder Wechselwirkungen mit der „allgemeinen" Staatstätigkeit. Die „dienende Funktion" des staatlichen Finanzwesens kann sich nur auf die – verfassungsrechtlich kaum deduzierbaren – notwendigen Staats-

58
<small>Wechselbeziehung zwischen Finanzverfassung und staatlicher Aufgabenerfüllung</small>

<small>Dienende Funktion der Finanzen</small>

---

279 BVerfGE 72, 330 (383).
280 BVerfGE 55, 274 (300).
281 Dazu bereits *Karl Maria Hettlage*, Die Finanzverfassung im Rahmen der Staatsverfassung, in: VVDStRL 14 (1956), S. 2 (3); s. u. Rn. 175 ff., insbes. Rn. 180.
282 S. o. Rn. 2.
283 Vgl. auch *Werner Heun*, in: Dreier, GG III, Vorb. zu Art. 104a–115 Rn. 19; differenziert *Heintzen* (N 145), Rn. 28.
284 *Ferdinand Kirchhof*, Grundsätze der Finanzverfassung des vereinten Deutschlands, in: VVDStRL 52 (1993), S. 71.
285 *Korioth* (N 83), S. 12 f., 32, 151 f. und durchgehend; *ders.*, Klarere Verantwortungsteilung von Bund, Ländern und Kommunen in der Finanzverfassung?, in: 65. DJT, Bd. II/2, 2004, S. P 89 (91 ff.); vgl. nunmehr auch *Schoch/Wieland* (N 69), S. 92 f.; *Irene Kesper*, Bundesstaatliche Finanzordnung, 1998, S. 41; *Mückl* (N 108), Rn. 4 f., 39 f.
286 *F. Kirchhof* (N 284), S. 80 und öfters; *ders.*, Gutachten D zum 61. DJT Karlsruhe 1996, S. D 12 f.
287 Vgl. demgegenüber *Korioth* (N 83), S. 34 und öfters.
288 *Gunnar Folke Schuppert*, in: Umbach/Clemens, GG II, vor Art. 104a ff. Rn. 25, spricht anschaulich von der „Ausstattungs-" oder „Bereitstellungsfunktion" der Finanzverfassung.

aufgaben beziehen[289]; der (vor allem in finanzieller Hinsicht) größere Teil der Staatsaufgaben, insbesondere der gesamte Bereich der finanzintensiven Leistungsverwaltung und Sozialstaatlichkeit, steht unter dem Vorbehalt der Möglichkeit, innerhalb des verfassungsrechtlich vorgezeichneten Rahmens Finanzmittel zu beschaffen. Im auch finanzrechtlich verfassungsgebundenen Rechtsstaat können die über einen engen Kernbereich[290] hinausweisenden Staatsaufgaben nicht allein die Höhe des staatlicherseits zu erzielenden Finanzvolumens bestimmen.

59
Untrennbarer Zusammenhang

Wenn Kirchhof argumentiert, die Finanzverfassung lasse sich ohne Textänderung durch eine Änderung der Staatsaufgaben reformieren[291], so gilt dies auch andersherum. Es wäre merkwürdig, wenn die Finanzverfassung als Eckstein des Bundesstaates angesehen wird, sie jedoch keinerlei Auswirkungen auf die konkrete Ausformung der Bundesstaatlichkeit hätte. Bundesstaatliche Finanzverfassung und bundesstaatliche Ordnung des Grundgesetzes lassen sich nicht trennen, sondern sind teilidentische Elemente des durch das Grundgesetz aufgerichteten föderalistischen Systems, beide beeinflussen und bedingen sich damit gegenseitig.

60
„Bewegliches System" zwischen Aufgaben und Finanzierung

Zusammenfassend bleibt festzuhalten: Der durch die Redeweisen von der „Finanzverfassung als Folgeverfassung" und der „dienenden Funktion der Finanzverfassung" offenbarte einseitige Blick von den Aufgaben auf die Finanzkompetenzen erscheint mißverständlich, wenn dadurch suggeriert werden sollte, daß der Staat so viele Finanzmittel aufzubringen habe, wie er für der Erfüllung seiner Aufgaben benötigt. Jenseits der notwendigen Staatsaufgaben bestimmt sich das auf der Aufgabenseite Mögliche auch über das auf der Einnahmenseite zur Verfügung stehende Finanzvolumen[292]. Dieser Zusammenhang kann als „bewegliches System" zwischen Aufgaben und Finanzierung charakterisiert werden.

II. Kompetenzaufteilung

61
Finanzhoheiten

Die finanzverfassungsrechtlichen Kompetenzen[293], die das Grundgesetz zwischen den verschiedenen Gebietskörperschaften aufteilt, werden unter der Sammelbezeichnung „Finanzhoheit" zusammengefaßt[294]. In einem umfassen-

---

289 Vgl. zu diesen → Bd. IV, *Isensee*, § 73 Rn. 29.
290 Dieser Kernbereich wird relevant bei der Diskussion um die Finanzierung von Polizeikosten oder von innerer Sicherheit allgemein; vgl. dazu *Monika Jachmann/Rolf Stober* (Hg.), Finanzierung der inneren Sicherheit unter Berücksichtigung des Sicherheitsgewerbes, 2003.
291 *F. Kirchhof* (N 284), S. 80.
292 *Christian Waldhoff*, Reformperspektiven im Finanzrecht, in: Die Verwaltung 39 (2006), S. 155 (156).
293 „Kompetenz" hier als Gegenstand von Zuständigkeitsverteilungsnormen. Unter „Zuständigkeit" wird „die durch organisatorische Rechtssätze und ergänzende Rechtsakte begründete Verpflichtung und Berechtigung, bestimmte Angelegenheiten einer organisatorischen Einheit ... wahrzunehmen", verstanden, *Hans J. Wolff/Otto Bachof*, Verwaltungsrecht II, ⁴1978, S. 13 ff.; *Hans J. Wolff*, Theorie der Vertretung, 1934, S. 272 ff.
294 Vgl. ausführlich *Korioth* (N 83), S. 266 ff. Hier besteht indes große terminologische Unsicherheit: *Klaus Stern*, Das Staatsrecht der Bundesrepublik Deutschland, Bd. II, 1980, S. 1089, Fn. 3, weist darauf hin, daß vor allem im finanzwissenschaftlichen Schrifttum nur die Gesetzgebungshoheit hinsichtlich der Abgaben als Finanzhoheit bezeichnet wird.

den Sinn hat die Finanzhoheit eine funktionale und eine räumliche Komponente: Die funktionale (sachliche[295]) Betrachtungsweise unterscheidet verschiedene Teilhoheiten, die einzelnen Gebietskörperschaften im Bundesstaat zugewiesen werden; Unterbegriffe der Finanzhoheit sind demnach die Gesetzgebungs-, Verwaltungs- und Rechtsprechungshoheit und – als finanzverfassungsrechtliche Besonderheit im Kontrast zur übrigen bundesstaatlichen Kompetenzverteilung – die Ertragshoheit sowie schließlich die Ausgabenhoheit. Besteuerungshoheit ist sodann als besonderer Ausschnitt der umfassenden Finanzhoheit zu verstehen, welche die Kompetenzverteilung hinsichtlich der tatsächlich und rechtlich wichtigsten Abgabenart betrifft, die wiederum in Steuergesetzgebungs-, Steuerertrags-, Steuerverwaltungs- und schließlich Steuerrechtsprechungskompetenz zerfällt.

Besteuerungshoheit

Für die – dem zehnten Abschnitt des Grundgesetzes grundsätzlich nicht unterfallenden – Gebühren läßt sich die prinzipielle Differenzierung zwischen Gesetzgebungs- und Ertragskompetenz dagegen nicht durchführen: Die Gesetzgebungskompetenz folgt grundsätzlich den im Grundgesetz aufgeführten Sachgesetzgebungskompetenzen der Art. 70 ff. GG[296], die Ertragshoheit in der Regel der Verwaltungskompetenz, da es sich um einen Ausgleich für Leistungen des Staates handelt[297].

62
Finanzhoheiten bei Gebühren

1. Steuergesetzgebungskompetenz

Art. 105 GG regelt die Gesetzgebungskompetenz für das materielle Steuerrecht. Neben der Regelung der einzelnen Steuerarten durch spezielle Steuergesetze wird auch die Kompetenz zur Regelung des allgemeinen Steuerrechts verteilt, wie es in Teilen der AO 1977 seinen Niederschlag gefunden hat[298]; daneben ist für die verfahrensrechtlichen Teile allerdings auch Art. 108 Abs. 5 GG zu berücksichtigen. Auch wenn gemäß Art. 105 Abs. 1 GG lediglich Zölle und Finanzmonopole der ausschließlichen Gesetzgebungskompetenz unterfallen, ist Art. 105 GG Grundlage des nahezu vollständig bundesgesetzlich geregelten Steuerrechts. Die konkurrierende Steuergesetzgebungskompetenz des Bundes erstreckt sich nämlich gemäß Art. 105 Abs. 2 GG auf die „übrigen Steuern", das heißt auf alle Steuern mit Ausnahme der Zölle und den insofern noch spezielleren Steuern, die in der Teilrückzuweisung gemäß Abs. 2a bzw. in Art. 140 GG in Verbindung mit Art. 137 Abs. 6 WRV aufgezählt sind. Die Zollkompetenz läuft dagegen praktisch leer, da – mit Ausnahme der Organisation der Zollverwaltung – alle Rechtsetzungskompetenzen hier auf Gemeinschaftsebene abgewandert sind (Art. 23–27 EGV). Der Bund kann seine konkurrierende Gesetzgebungskompetenz ausüben, wenn entweder die

63
Schwerpunkt der Steuerrechtsetzung beim Bund

---
[295] So die Terminologie von *Klaus Tipke*, Die Steuerrechtsordnung, Bd. III, 1993, S. 1077.
[296] Vgl. BVerfGE 95, 189 (191); *Hidien* (N 139), Rn. 569; *Dieter Wilke*, Gebührenrecht und Grundgesetz, 1973, S. 160 ff.
[297] Ausführlich *Hidien* (N 139), Rn. 569; vgl. ferner *Stern* (N 294), S. 1160 f.
[298] *Siekmann* (N 130), Rn. 1; *Theodor Maunz*, in: Maunz/Dürig, Komm. z. GG, Art. 105 Rn. 1. Dort findet sich auch eine Auflistung anderer Gesetzgebungszuständigkeiten über Steuern, die sich jedoch auf die Verteilung der Steuererträge bzw. auf Organisation und Verfahren der Steuerverwaltung beziehen.

Voraussetzungen des Art. 72 Abs. 2 GG[299] erfüllt sind oder ihm das Aufkommen der zu regelnden Steuern ganz oder zum Teil zusteht.

Verschonungssubventionen und Lenkungssteuern

Erfaßt sind auch die Regelungen von Steuerverschonungen sowie von Lenkungssteuern, für die nach der Rechtsprechung des Bundesverfassungsgerichts grundsätzlich nicht zusätzlich die Sachgesetzgebungskompetenz erforderlich ist; fallen allerdings Steuer- und Sachgesetzgebungskompetenz auseinander, so darf die Rechtsordnung nicht widersprüchlich werden[300].

64

Gleichartigkeit von Steuern als Kompetenzproblem

Die Sperrwirkung im Rahmen der konkurrierenden Gesetzgebungskompetenz des Bundes tritt nur ein, sofern der Bund von seinem Steuergesetzgebungsrecht Gebrauch gemacht hat. Dazu muß zwischen der bundes- und der landesrechtlich geregelten Steuer „Gleichartigkeit" bestehen: Die Steuern müssen in ihren wesentlichen Merkmalen vergleichbar sein. Dies erfordert eine typologische Betrachtung von Steuergegenstand, Steuermaßstab, Art der Steuererhebung und den wirtschaftlichen Auswirkungen der Steuer[301]. Nach dem Bundesverfassungsgericht soll entscheidend sein, ob dieselbe Quelle wirtschaftlicher Leistungsfähigkeit angezapft wird[302]. Seit der Entscheidung des Bundesverfassungsgerichts zur Verfassungswidrigkeit der Vermögensbesteuerung nach Einheitswerten[303] blockiert der niemals aufgehobene, jedoch einem Anwendungsverbot unterliegende Normtorso des (Bundes-)Vermögensteuergesetzes entsprechende Legislationsakte der Länder und somit Landes-Vermögensteuergesetze. Eine ausschließliche Landessteuergesetzgebungskompetenz besteht nach Art. 105 Abs. 2a GG für die örtlichen Verbrauch- und Aufwandsteuern[304].

2. Steuerertragskompetenz

65

Die Steuerertragskompetenz ist eine finanzverfassungsrechtliche Besonderheit des 10. Grundgesetzabschnitts[305]. Sie ist im wesentlichen in Art. 106 und in Art. 107 Abs. 1 GG geregelt.

---

299 Vgl. zu Konsequenzen des neu gefaßten Art. 72 Abs. 2 GG für die Steuergesetzgebungskompetenz *Lerke Osterloh,* Die Einheitlichkeit der Lebensverhältnisse als offene Frage der Finanzverfassung, in: GS für Christoph Trzaskalik, 2005, S. 181 (189 ff.), allgemein zu Art. 72 Abs. 2 GG *Christian Waldhoff,* Verfassungsrechtliche Anforderungen an die Ausübung von Gesetzgebungskompetenzen (Art. 72 Abs. 2; 75 Abs. 2; 125a Abs. 2 GG) – materielles Kompetenzzuweisungsrecht als Element einer Föderalismusreform in: Hans-Günter Henneke (Hg.), Föderalismusreform in Deutschland, 2005, S. 55 ff.; zur früheren Rechtslage m. weit. Nachw. *ders.* (N 155), S. 49 f.
300 BVerfGE 98, 83 (97); 98, 106 (118 f.); dazu *Michael Rodi,* Bundesstaatliche Kompetenzausübungsschranken für Lenkungssteuern, in: StuW 1999, S. 105; *Klaus Vogel/Hannfried Walter,* in: BK, Drittbearbeitung, Art. 105 Rn. 68a ff.; *Kube* (N 30), S. 256 ff.; *Rainer Wernsmann,* Verhaltenslenkung in einem rationalen Steuersystem, 2005, S. 176 ff.; *Klaus Vogel,* Neue Diskussion über die Gesetzgebungszuständigkeit für Lenkungssteuern, in: FS für Peter Badura, 2004, S. 589.
301 *Vogel/Walter* (N 300), Rn. 86 ff., insbesondere 94 ff., 111 ff.; *Martin Küssner,* Die Abgrenzung der Kompetenzen des Bundes und der Länder im Bereich der Steuergesetzgebung sowie der Begriff der Gleichartigkeit von Steuern, 1992.
302 BVerfGE 13, 181 (192 ff.).
303 BVerfGE 93, 121.
304 Zu diesen *Christian Waldhoff,* Örtliche Verbrauch- und Aufwandsteuern, in: Hans-Günter Hennke/Hermann Pünder/Christian Waldhoff (Hg.), Recht der Kommunalfinanzen, 2006, § 13, zur Gesetzgebungskompetenz insbesondere Rn. 3 f.
305 *Korioth* (N 83), S. 57.

Der Begriff der Ertragshoheit erscheint im Verfassungstext nicht explizit, er geht vielmehr auf Albert Hensel[306] zurück: „Ertragshoheit eines Abgabenobjekts hat ein Staat immer dann inne, wenn die Erträge einer Abgabe seinem Staatshaushalt zugute kommen, gleichgültig ob diese Abgabe von ihm oder einer anderen Staatsgewalt auferlegt worden ist." Die neuere Literatur hat zum Teil diese Ertragshoheit mit dem einfachgesetzlichen Steueranspruch des Steuerschuldrechts gleichgesetzt[307]. Das ist indes zu undifferenziert[308]: Hier werden einfaches Gesetzesrecht und Verfassungsrecht unzulässigerweise vermengt oder es wird – methodisch problematisch – eine authentische Interpretation von Verfassungssachverhalten durch einfaches Gesetzesrecht versucht[309]. Außerdem liegt der Steueranspruch gegenüber dem Bürger auf einer ganz anderen Ebene als die primär bundesstaatlich motivierten[310] Regelungen des Art. 106 GG[311]. Beide Bereiche unterliegen unterschiedlichen Voraussetzungen und Wertungen: Das Steuerschuldrecht ordnet den staatlichen Steuerzugriff auf den Bürger; die Aufteilung der Steuerertragshoheit in Art. 106 GG dient dagegen der Austarierung der Finanzen im Bundesstaat, wirkt also primär im organschaftlichen Bund-Länder-Verhältnis[312]. Da eine möglichst weitgehend verfassungskräftige Festschreibung der finanzverfassungsrechtlichen Kompetenzen zur Stabilisierung des Bundesstaates unerläßlich ist, kommt der Verteilung der Steuererträge die zentrale Stellung unter den Vorschriften der bundesstaatlichen Finanzverfassung zu[313]. Die Ertragshoheit im finanzverfassungsrechtlichen Sinn begründet somit einen bundesstaatlich motivierten (Verfassungs-)Rechtsanspruch, der sich, wo Ertrags- und Verwaltungskompetenz getrennt sind, gegen die erhebende, also mit Verwaltungskompetenz ver-

66
Begriff „Ertragshoheit"

Steueranspruch gegen den Bürger – bundesstaatliche Verteilung der Erträge

---

306 *Albert Hensel*, Der Finanzausgleich im Bundesstaat in seiner staatsrechtlichen Bedeutung, 1922, S. 20. Ausführlich zu Person und Werk: *Ekkehart Reimer/Christian Waldhoff*, Steuerrechtliche Systembildung und Steuerverfassungsrecht in der Inkubationszeit des modernen Steuerrechts in Deutschland – Zu Leben und Werk Albert Hensels (1895–1933), in: dies. (Hg.), Albert Hensel: System des Familiensteuerrechts und andere Schriften, 2000, S. 1, zur konkreten Schrift: S. 47 ff.; vgl. auch *Korioth* (N 83), S. 108 mit Fn. 190, S. 272 ff.
307 *Hettlage* (N 281), S. 25; *Erwin Adolf Piduch*, Finanzverfassung und Steuerreform, 1964, S. 19 ff.; *Klaus Ulsenheimer*, Untersuchungen zum Begriff „Finanzverfassung", 1969, S. 100 mit Fn. 224; differenzierend der Artikel „Ertragshoheit" von *Hans Bernhard Brockmeyer*, in: Franz Klein (Hg.), Lexikon des Rechts. Steuer- und Finanzrecht, ²1993, S. 173.
308 So auch *Korioth* (N 83), S. 274.
309 Vgl. *Klaus Friedrich*, Der Begriff der Ertragshoheit im Finanzverfassungsrecht, in: DÖV 1976, S. 761 (763).
310 S. o. Rn. 57 ff.
311 Das erkennt auch *Theodor Maunz*, Die Finanzverfassung im Rahmen der Staatsverfassung, in: VVDStRL 14 (1956), S. 1 (25), an.
312 Das schließt freilich nicht aus, daß dadurch ebenfalls – mittelbar – eine Schutzwirkung für den Bürger herbeigeführt wird, s. o. Rn. 1, 31; vgl. auch *Vogel/Waldhoff* (N 1), Rn. 405 ff., 436 ff. *Waldhoff* (N 18), S. 235. Vgl. zu den bundesstaatlichen Implikationen der verfassungsrechtlichen Verteilung der Ertragshoheit in ihren Ausstrahlungen auf das einfache Recht anhand eines komplizierten Beispiels: *Jürgen W. Hidien*, Verfassungsrechtliche Anforderungen an die Interpretation des § 5 Abs. 2 und 3 Finanzverwaltungsgesetz, in: DStZ 1997, S. 429 (432 ff.).
313 *Waldhoff* (N 155), S. 186; *Stern* (N 294), S. 1089.

sehene Gebietskörperschaft richtet[314]; fallen sie zusammen, so begründet die Ertragshoheit einen verfassungsrechtlichen „Rechtsgrund zum Behaltendürfen" der Steuererträge. Freilich verwirklicht sie sich konkret jeweils erst dann, wenn die mit der Steuergesetzgebungskompetenz betraute Gebietskörperschaft von ihrem Gesetzgebungsrecht Gebrauch gemacht hat. In diesem Zusammenhang ist umstritten, ob daraus eine Pflicht zur Erhebung bzw. zur gesetzlichen Regelung bestimmter Steuern resultieren kann[315].

67
Grundlage für „Eigenstaatlichkeit"

Die Steuerertragshoheit als verfassungsrechtlicher Anspruch und Absicherung soll eine ausreichende oder doch angemessene Finanzausstattung von Bund und Ländern als Grundlage ihrer „Eigenstaatlichkeit"[316] und haushaltsrechtlichen Unabhängigkeit sicherstellen[317]. Verfehlt ist es, sie nur als das „Ergebnis" der Verfahren des Finanzausgleichs anzusehen[318].

68
Abgrenzung zu Finanzzuweisungen

Von bloßen Finanzzuweisungen, zu denen eine funktionale Äquivalenz besteht, unterscheidet sich die Ertragshoheit dadurch, daß sie mit einer konkreten Abgabe verknüpft ist und daß sie nicht ohne Mitwirkung der berechtigten Körperschaft entzogen oder geändert werden kann[319]. Die Ertragshoheit bezieht sich auf eigene Einnahmen, Finanzzuweisungen verteilen andere Einnahmen, sind Instrumente der Umverteilung[320].

3. Steuerverwaltungskompetenz

69
Organisation der Finanzverwaltung

Die Steuerverwaltungskompetenz wird durch Art. 108 GG zwischen Bund und Ländern verteilt. Ausführungsgesetz zu Art. 108 Abs. 1 S. 2 GG ist das Gesetz über die Finanzverwaltung (FVG)[321]. Auch wenn die Organisation der Finanzverwaltung nach diesem Gesetz die herkömmliche Gliederung in die drei Instanzen der Ober-, Mittel- und der örtlichen Behörde beibehält, unterscheidet sie sich doch durch ein wesentliches Spezifikum von der üblichen Verwaltungsorganisation: Während sowohl auf örtlicher wie auch auf oberster Ebene jeweils Bundes- und Landesbehörden nebeneinander bestehen, ist die Mittelbehörde, die Oberfinanzdirektion, gemäß den §§ 8 f. FVG eine einheitliche Behörde, die sowohl dem Bund wie auch dem jeweiligen Land zugeordnet

---

314 So wohl auch *Korioth* (N 83), S. 109, Fn. 194, allerdings mit nicht ganz nachvollziehbaren Problemen bei der Konstruktion eines verfassungsrechtlichen Anspruchs, S. 274 f. Anspruchsverpflichtet sind in der Tat nicht die „anderen am Finanzausgleich beteiligten Gebietskörperschaften", sondern die tatsächlich erhebende Körperschaft, vgl. ebd., S. 276 f. Grundsätzlich a. A. wohl *Maunz* (N 311), S. 25, mit der sehr begriffsjuristischen Argumentation, daß (zur Zeit seines Referates im Oktober 1955) das Grundgesetz von „zufließen" gesprochen habe und daher ein „Anspruch" ausgeschlossen sei.
315 *Hidien* (N 139), Rn. 1380 ff.
316 Vgl. nur BVerfGE 32, 333 (338); 34, 9 (20); 39, 96 (108); allgemein kritisch zur „Staatlichkeit" der Länder *Christoph Möllers*, Staat als Argument, 2000, S. 350 ff.
317 *Kyrill-Alexander Schwarz*, Der Finanzausgleich als Ordnungsrahmen effektiver Aufgabenerfüllung, in: Hermann Josef Blanke/Wito Schwanengel (Hg.), Zustand und Perspektiven des deutschen Bundesstaats, 2005, S. 107 (109 ff.).
318 So aber *Friedrich* (N 309), S. 763.
319 *Korioth* (N 83), S. 275.
320 *Korioth* (N 83), S. 278.
321 In der Fassung der Bekanntmachung vom 4. 4. 2006 (BGBl I, S. 846, 1202), geändert durch Art. 3 Abs. 7 des Gesetzes vom 12. 7. 2006 (BGBl I, S. 1466).

ist und der Aufsicht deren jeweiliger Oberbehörde jeweils zum Teil unterliegt. Diese – im Grundgesetz einmalige – „Mischverwaltung" findet ihre verfassungsrechtliche Grundlage in Art. 108 Abs. 4 GG[322]. In der Oberfinanzdirektion werden dementsprechend sowohl Bundes- als auch Landesbeamte tätig, gemäß § 8 Abs. 1 S. 1 FVG steht der Oberfinanzpräsident in einem Beamtenverhältnis sowohl beim Land als auch beim Bund.

<small>Oberfinanzdirektion als Mischverwaltung</small>

Nach Art. 108 Abs. 1 S. 1 GG werden Zölle, Finanzmonopole, die bundesgesetzlich geregelten Verbrauchsteuern und die Abgaben im Rahmen der Europäischen Gemeinschaften durch Bundesbehörden verwaltet; örtliche Behörden sind die Hauptzollämter. Die übrigen Steuern werden nach Art. 108 Abs. 2 S. 1 GG durch Landesbehörden verwaltet, insoweit sind die Finanzämter örtliche Behörden. Mithin ähnelt die Verteilung der Verwaltungskompetenzen derjenigen der Ertragskompetenz nach Art. 106 GG, mit dem Unterschied, daß die Länder die Gemeinschaftssteuern als ganze verwalten, obwohl sie ihnen nur teilweise zufließen, während der Bund die nicht örtlichen Verbrauchsteuern in Gänze verwaltet, obwohl der Ertrag der Biersteuer den Ländern zusteht. Das Verfahren der Steuererhebung wird durch die Abgabenordnung geregelt, welche kompetenziell – neben Art. 105 GG – auf Art. 108 Abs. 5 GG beruht[323].

70
<small>Bundesstaatliche Aufteilung</small>

Gegenstände des Verfassungsrechts sind nicht nur die bundesstaatliche Aufteilung der Kompetenzen der Finanzverwaltungen, sondern auch die inhaltliche Ausgestaltung der Steuer- und Abgabenerhebung[324]. Die bundesstaatliche Verteilung der Steuerverwaltungshoheit gehörte zu den umstrittenen Fragen der bundesstaatlichen Finanzverfassung im Parlamentarischen Rat sowie zwischen diesem und den alliierten Siegermächten. Wie schon die Zeitgenossen in der Finanzkrise nach dem verlorenen Ersten Weltkrieg mit der Erzbergerschen Finanzreform diese Krise nur durch eine schlagkräftige, einheitliche Reichsfinanzverwaltung zu überwinden können glaubten, gingen starke zentralistische Bestrebungen auch 1948/49 in diese Richtung. In der neueren Reformdiskussion wird erneut eine einheitliche Bundesfinanzverwaltung gefordert[325].

71
<small>Wechselwirkungen zwischen Steuerverfassungs- und Steuerverwaltungsrecht</small>

Durch das Auseinanderfallen von Rechtsetzungs- und Vollzugshoheit im Bereich der Besteuerung stellen sich auch auf der Vollzugsebene gleichheitsverfassungsrechtliche Probleme[326]: Der gleichmäßige Vollzug der Steuer-

<small>Gleichheitsprobleme im Rahmen der Steuererhebung</small>

---
322 *Klaus Vogel/Manfred Wachenhausen*, in: BK, Zweitbearbeitung, Art. 108 Rn. 74, 121 ff.
323 Vgl. zur Reichweite der Kompetenz nach Art. 108 Abs. 5 GG: *Dieter Blumenwitz*, Grenzen der Bundesgesetzgebungs- und Vertragskompetenz, in: Thomas Menck/Wolfgang Ritter u. a., Internationale Steuerauskunft und deutsches Verfassungsrecht, 1987, S. 73 ff.
324 S. o. Rn. 1.
325 Vgl. etwa *Dirk Ehlscheid*, Wege zu einer effizienten Finanzverwaltung, in: Orientierungen zur Wirtschafts- und Gesellschaftspolitik 103 (2005), S. 40; vgl. ferner zu diesbezüglichen Beratungen im Rahmen der Föderalismusreform *Deutscher Bundestag* (Hg.), Dokumentation der Kommission von Bundestag und Bundesrat zur Modernisierung der bundesstaatlichen Ordnung (= Zur Sache 1/2005), 2005, S. 929 ff.
326 *Armin Dittmann*, Gleichheitssatz und Gesetzesvollzug im Bundesstaat, in: FS für Günter Dürig, 1990, S. 221; *Rolf Eckhoff*, Rechtsanwendungsgleichheit im Steuerrecht, 1999; *Sigrid Boysen*, Gleichheit im Bundesstaat, 2005, S. 26 ff.

gesetze im Bundesstaat, respektive seine defizitäre Verwirklichung, haben bis in die jüngste Zeit zu Forderungen nach einer umfassenden Bundessteuerverwaltung geführt.

Unter dem Schlagwort „maßvolles Gesetzesvollzug" im Steuerrecht werden administrative Korrekturen in einem Massenverwaltungsrecht verhandelt[327].

4. Ausgaben-/Finanzierungslast

72
Konnexitätsprinzip

Nach Art. 104a Abs. 1 GG tragen „der Bund und die Länder ... gesondert die Ausgaben, die sich aus der Wahrnehmung ihrer Aufgaben ergeben, soweit dieses Grundgesetz nichts anderes bestimmt". Nach dem hier verankerten Konnexitätsprinzip[328] folgt die Ausgabenzuständigkeit der Aufgabenzuständigkeit, wobei die Aufgabenzuständigkeit regelmäßig mit der Verwaltungskompetenz, wie sie sich aus den Art. 83 ff. GG ergibt, übereinstimmt[329]. Soweit das Grundgesetz nicht ausdrücklich eine Ausnahme vorsieht, ist es nach dem Konnexitätsprinzip dem Bund wie gleichermaßen den Ländern verwehrt, Vorhaben zu finanzieren, die nicht ihrer Verwaltungskompetenz unterfallen. Die „Fonds-Verwaltung"[330] sollte dadurch in feste Grenzen verwiesen, einer Aushöhlung der Landeszuständigkeiten durch diese Regelung der Finanzreform von 1969 unterbunden werden[331]. Ausnahmen ergeben sich aus der Regelung des Art. 104a Abs. 3, 104b GG, bei der Finanzierung der Gemeinschaftsaufgaben nach Art. 91a und 91b GG sowie aus Art. 120 GG hinsichtlich der Sozialversicherung und der Kriegsfolgenlasten. Auf Grundlage ungeschriebener Finanzzuständigkeiten haben sich zudem in den vergangen Jahrzehnten verschiedene Formen „praeter-konstitutioneller"[332] Bundeshilfen an die Länder entwickelt[333].

5. Bundesstaatlicher Finanzausgleich

73
Stufenmodell

Die zentrale Aufgabe jeder bundesstaatlichen Finanzverfassung ist die Verteilung der Einnahmen auf den Bund und die Bundesglieder. Für sie hat sich die Bezeichnung „Finanzausgleich" eingebürgert. Allerdings ist der Sprachgebrauch nicht einheitlich. Da die Verteilung der Einnahmen nur in Zusammen-

---

327 *Rolf Eckhoff*, Vom konfrontativen zum kooperativen Steuerstaat, in: StuW 1996, S. 107; *Sebastian Müller-Franken*, Maßvolles Verwalten, 2004; allgemein zur Charakterisierung der Steuerverwaltung als Massenverwaltung *Josef Isensee*, Die typisierende Verwaltung, 1976; *Christian Waldhoff*, Vertrauensschutz im Steuerrechtsverhältnis, in: Heinz-Jürgen Pezzer (Hg.), Vertrauensschutz im Steuerrecht, 2004, S. 129 (144 ff.).
328 Vgl. zu diesem ausführlich: *Mückl* (N 108), durchgehend, zu Art. 104a GG insbesondere Rn. 19 ff.
329 BVerfGE 26 338 (389 f.); BVerwGE 44, 351 (365); 98, 18 (22); *Mückl* (N 108), Rn. 29 ff. mit Hinweis auf abweichende Konzeptionen de constitutione lata et ferenda, Rn. 33 ff.
330 *Arnold Köttgen*, Fondsverwaltung in der Bundesrepublik, 1965; *Henneke* (N 72), Rn. 227.
331 *Heintzen* (N 145), Art. 104a Rn. 52. Demgegenüber sieht *Siegfried Luther*, Die Lastenverteilung zwischen Bund und Ländern nach der Finanzreform, 1974, S. 113, in Art. 104a GG keine Einschränkung, sondern lediglich die Legalisierung der bis 1969 geübten Praxis.
332 *Mückl* (N 108), Rn. 49 in Fn. 117.
333 Dazu kritisch *Helmut Siekmann*, Finanzzuweisungen des Bundes an die Länder auf unklarer Kompetenzgrundlage, in: DÖV 2002, S. 269.

hang mit der Verteilung der Aufgaben und finanziellen Lasten beurteilt und geregelt werden kann, werden vielfach erweiternd auch Aufgaben- und Lastenverteilung in den Begriff des Finanzausgleichs einbezogen[334]. Teilweise wird auch ein besonders enger Begriff des Finanzausgleichs verwendet, der sich lediglich auf eine korrigierende Umverteilung (im folgenden „sekundärer Finanzausgleich" genannt) bezieht. Das Bundesverfassungsgericht und das Bundesgesetz über den Finanzausgleich verwenden den Begriff aus systematischen wie pragmatischen Gründen für die Einnahmenverteilung insgesamt, beziehen den „Aufgabenausgleich" jedoch nicht ein[335]. Unter dieser begrifflichen Prämisse lassen sich vier Ebenen oder Grundformen des Finanzausgleichs differenzieren[336]: Die Aufgabe, Einnahmen sachgerecht zu verteilen, ergibt sich einerseits zwischen einander über- und untergeordneten Hoheitsträgern (Bund und Ländern, auf landesverfassungsrechtlicher Ebene Ländern und Gemeinden[337]), andererseits zwischen gleichgeordneten (den Ländern untereinander). Im ersten Fall spricht man vom vertikalen, im zweiten vom horizontalen Finanzausgleich[338]. Zu unterscheiden sind ferner die Regeln über Ertragszuständigkeiten[339], die abstrakt bestimmen, welchem Hoheitsträger unter welchen Voraussetzungen Einnahmen welcher Art zufließen, und die Regeln über eine anschließende Korrektur des so erzielten Ergebnisses unter Bedarfsgesichtspunkten. Es empfiehlt sich, einerseits vom ertragszuweisenden oder „primären", andererseits vom umverteilenden oder „sekundären" Finanzausgleich zu sprechen[340]. In ihrer Zusammenschau errichten diese vier Formen des Finanzausgleichs in den Art. 106 und 107 GG ein vierstufiges, in sich geschlossenes Finanzausgleichssystem[341]: Auf einer ersten Stufe regelt Art. 106 GG die Aufteilung des Steuerertrags[342] als primären vertikalen Finanzausgleich. Art. 106 Abs. 3 S. 3 ff. GG verleiht bereits diesem einen partiell ausgaben- und bedarfsorientierten Charakter[343]. Als zweite Stufe regelt sodann Art. 107 Abs. 1 GG den primären horizontalen Finanzausgleich, das heißt die Verteilung des Anteils der Ländergesamtheit am Steuerertrag auf die einzelnen Länder. Zum maßgeblichen Kriterium bestimmt Art. 107 Abs. 1 S. 1 GG die örtliche Vereinnahmung, als Korrekturmechanismus wirkt das Zerlegungsgebot nach Art. 107 Abs. 1 S. 2 GG. Von diesen allgemeinen Grundsätzen abweichend bestimmt sich der Anteil an der Umsatzsteuer gemäß Art. 107 Abs. 1 S. 4 GG nach dem Pro-Kopf-Prinzip, mit fakultativer Kor-

Vertikaler und horizontaler Finanzausgleich

Primärer und sekundärer Finanzausgleich

---

334 So etwa *Johannes Popitz*, Der künftige Finanzausgleich zwischen Reich, Ländern und Gemeinden, 1932, S. 1 ff.; *Häde* (N 40), S. 4 ff., vgl. ferner zu diesen terminologischen Problemen: *Hans Pagenkopf*, Der Finanzausgleich im Bundesstaat, 1977, S. 31 ff.
335 BVerfGE 1, 117 (119); 72, 330 (383); Gesetz über den Finanzausgleich zwischen Bund und Ländern vom 20. 12. 2001 (BGBl I, 3955), zuletzt geändert durch Art. 3 des Gesetzes vom 29. 6. 2006 (BGBl I, S. 1402).
336 Vgl. den Katalog bei *Henneke* (N 72), Rn. 688.
337 Vgl. zum kommunalen Finanzausgleich *Henneke*, Grundstrukturen (N 261).
338 Vgl. auch *Korioth* (N 83). S. 22 f.
339 S. o. Rn. 65.
340 Vgl. auch *Korioth* (N 83), S. 23.
341 BVerfGE 72, 330 (383 ff.); *Korioth* (N 83), S. 419 ff.; *Henneke* (N 72), Rn. 689 ff.
342 S. o. Rn. 66.
343 *Henneke* (N 72), Rn. 690.

rektur nach Art. 107 Abs. 1 S. 4 Hs. 2 GG. Die so gefundene Verteilung des Steueraufkommens wird auf einer dritten Stufe durch den sekundären horizontalen Finanzausgleich nach Art. 107 Abs. 2 GG korrigiert. In diesem manifestiert sich das „bündische Prinzip" des „Einstehens" und „Eintretens" füreinander[344] als ein gegenüber der Finanzautonomie komplementäres Grundprinzip der bundesstaatlichen Finanzverfassung. Im Sinne praktischer Konkordanz[345] findet diese „Abgabe der leistungsstärkeren Länder aus Eigenem"[346] ihre Grenze in dem, in seiner Konkretisierung äußerst unklaren und demgemäß umstrittenen, Nivellierungsverbot[347]. Der vertikale sekundäre Finanzausgleich bildet schließlich die vierte und letzte Stufe in Gestalt von Zuweisungen des Bundes an leistungsschwache Länder auf der Grundlage des Art. 107 Abs. 3 S. 3 GG, als „Sammelbecken verbliebener Ausgleichsbedürfnisse"[348]. In diesem Zusammenhang hat sich ein breitgefächertes Tableau verschiedener Typen der Bundesergänzungszuweisung entwickelt[349]. Von besonderer Brisanz sind angesichts einer sich zuspitzenden staatlichen Finanzkrise in diesem Kontext Bundesergänzungszuweisungen im Falle „extremer Haushaltsnotlagen"[350].

Antagonismus zwischen Finanzautonomie und „bündischem Prinzip"

Bundesergänzungszuweisungen

74

Zwingender Charakter des Stufenmodells

Die hier nachgezeichnete Abfolge der Stufen des bundesstaatlichen Finanzausgleichs ist zwingend, die Stufen können „nicht beliebig funktional ausgewechselt oder übersprungen werden"[351]. Dem Konzept von der Finanzverfassung als Rahmenordnung folgend, wurde im vierten Urteil zum Finanzausgleich[352] dem Gesetzgeber aufgegeben, das verfassungsrechtlich nur in unbestimmten Rechtsbegriffen festgelegte vierstufige System des Finanzausgleichs zu konkretisieren und zu ergänzen. Dies ist durch das Maßstäbegesetz[353] im Jahre 2001 erfolgt[354].

75

Ungelöste Reformfragen

Die bundesstaatliche Finanzverfassung blieb und bleibt bei den Verfassungsänderungen sowohl im Zusammenhang mit der Wiedervereinigung[355] als auch bei der jüngsten Föderalismusreform weitgehend ausgespart. Demgegenüber

---

344 BVerfGE 72, 330 (386 f., 404).
345 Vgl. *P. Kirchhof* (N 90), S. 8 f.; *Vogel/Waldhoff* (N 1), Rn. 88; zum Begriff allgemein *Konrad Hesse*, Grundzüge des Verfassungsrechts der Bundesrepublik Deutschland, ²⁰1995, Rn. 72, 317 f.
346 *Henneke* (N 72), Rn. 694.
347 BVerfGE 1, 117 (131 f.); 72, 330 (398); *Vogel/Waldhoff* (N 1), Rn. 78 ff.; *Korioth* (N 83), S. 612 f.; vgl. *Pagenkopf* (N 334), S. 159 ff.
348 *Korioth* (N 83), S. 643.
349 Vgl. etwa die Zusammenstellung bei *Vogel/Waldhoff* (N 1), Rn. 249.
350 S. o. Rn. 51.
351 BVerfGE 72, 330 (383); vgl. *Korioth* (N 83), S. 420; *Häde* (N 40), S. 223; *Karl Heinrich Friauf*, Der bundesstaatliche Finanzausgleich, in: JA 1984, S. 618 (622); *Kyrill-A. Schwarz* (N 74), S. 111.
352 BVerfGE 101, 158 (161 ff.).
353 Gesetz über verfassungskonkretisierende allgemeine Maßstäbe für die Verteilung des Umsatzsteueraufkommens, für den Finanzausgleich unter den Ländern sowie für die Gewährung von Bundesergänzungszuweisungen vom 9. 9. 2001 (BGBl I, S. 2302).
354 Ausführlich zu diesem s. u. Rn. 178.
355 Weil es an „hinlänglicher Entscheidungsreife" fehle, Stenographischer Bericht der 23. Sitzung vom 27. 5. 1993, S. 3, Bericht der Gemeinsamen Verfassungskommission, BT-Drs 12/6000, S. 114 f.; kritisch dazu *Kloepfer*, Verfassungsänderung statt Verfassungsreform, 1995, S. 133; *Hans-Peter Schneider*, Nehmen ist seliger denn Geben. Oder – Wieviel „Föderalismus" verträgt der Bundesstaat?, in: NJW 1998, S. 3757 (3759); positive Bewertung demgegenüber bei *Korioth* (N 83), S. 415.

ist festzuhalten, daß praktisch seit dem Inkrafttreten der „Großen Finanzreform" 1970 das installierte Modell auf dem Prüfstand steht. Der Schlußbericht der Enquête-Kommission „Verfassungsreform" in der siebten Legislaturperiode hatte im Rahmen seines Untersuchungsteilauftrags der Überprüfung des Finanzverbundes diesen grundsätzlich positiv bewertet, dies allerdings auch mit der Realisierungsschwäche alternativer Konzepte unterfüttert[356]. Die sogenannte Albrecht-Initiative von 1988[357] begründete mit der unterschiedlichen strukturellen Entwicklung des Bundesgebiets Sonderförderungen für die norddeutschen Bundesländer wegen deren überdurchschnittlichen Sozialhilfeaufwendungen; der Bund sollte gleichzeitig durch die Einräumung von Umsatzsteuerpunkten auf Kosten aller Länder entlastet werden. Vor der Wiedervereinigung kam es lediglich zur Verabschiedung des sogenannten Strukturhilfegesetzes[358], mit dem neun von seinerzeit elf Bundesländern zusätzliche Förderhilfen des Bundes erhielten. Diese Regelung ging in den Neuregelungen des Finanzausgleichsgesetzes (FAG) im Zuge der Integration der neuen Länder 1993 auf. Im Zuge der Eingliederung der neuen Länder in die bestehende Finanzordnung haben die sogenannten Eckpunkte der Länder für die bundesstaatliche Ordnung im vereinten Deutschland vom 5. Juli 1990[359] sowie die Vorschläge der Konferenz der Präsidenten der deutschen Landesparlamente am 24. September 1991 zur Reform der Finanzverfassung[360] relativ unkonkrete Vorschläge zu einer Stärkung der Landesfinanzautonomie gemacht[361]. Demgegenüber stellt der Beschluß der Konferenz der Präsidentinnen und Präsidenten der deutschen Landesparlamente „Weiterentwicklung und Stärkung des Föderalismus" aus dem Jahr 2000 die bisher wohl bedeutendste Initiative aus dem politischen Raum dar – mit dem erklärten Ziel, den exekutivisch geprägten Charakter der Föderalismusreformdiskussion zu überwinden[362].

Neue Länder

Im Rahmen der Föderalismusreform 2006[363] sind bestimmte Formen der Mischfinanzierung abgebaut worden. Dabei handelt es sich zum einen um die Abschaffung von Gemeinschaftsaufgaben wie „Hochschulbau" (mit Ausnahmen) und „Bildungsplanung" (Art. 91a und b GG). Zum anderen sollen Gegenstände der ausschließlichen Gesetzgebung der Länder von der Mög-

76
Föderalismusreform: Abbau der Mischfinanzierung

---

356 BT-Drs 7/5924, S. 195 f.
357 *Vogel/Waldhoff* (N 1), Rn. 221; *Hans-Günter Henneke*, Reform der Aufgaben- und Finanzbeziehungen von Bund, Ländern und Kommunen, 1999, S. 64 f.
358 Gesetz über Finanzhilfen des Bundes nach Art. 104a Abs. 4 des Grundgesetzes an die Länder Freistaat Bayern ... (Strukturhilfegesetz) als Art. 1 des Gesetzes zum Ausgleich der unterschiedlichen Wirtschaftskraft in den Ländern vom 20.12.1988 (BGBl I, S. 2358).
359 Abgedruckt in: ZParl, 1990, S. 461; dazu etwa *Vogel/Waldhoff* (N 1), Rn. 265; *Henneke* (N 357), S. 65 ff.
360 Niedersächs. LTDrucks 12/2797; dazu etwa *Henneke* (N 357), S. 67 f.
361 Zusammenstellung weiterer Reformansätze bei *Waldhoff* (N 155), S. 95 ff.; *Vogel/Waldhoff* (N 1), Rn. 263 ff.; *Henneke* (N 357), S. 61 ff., 90 ff.
362 Dokumentiert mit einem Kommentar von *Albert Janssen*, in: ZG 2000, Sonderheft: Stärkung des Föderalismus.
363 *Deutscher Bundestag* (Hg.), Dokumentation der Kommission von Bundestag und Bundesrat zur Modernisierung der bundesstaatlichen Ordnung (= Zur Sache 1/2005), 2005, S. 483 ff.; Ergebnis der Koalitionsarbeitsgruppe zur Föderalismusreform, Stand: 7.11.2005. Grundsätzliche Kritik an Mischfinanzierungstatbeständen jetzt bei *Rüdiger Breuer*, Gemeinschaftsaufgaben und Mischfinanzierung – eine Crux des Bundesstaats, in: FS für Peter Krause, 2006, S. 325.

lichkeit der Gewährung von Bundesfinanzhilfen nach Art. 104a Abs. 4 GG a. F. ausgenommen werden. Hierzu ist diese Vorschrift durch einen neuen Art. 104b GG ersetzt worden. Ein Stück Steuerautonomie soll durch einen neuen Art. 105 Abs. 2a S. 2 GG geschaffen werden; nach dieser Vorschrift erhalten die Länder die Befugnis zur Bestimmung des Steuersatzes der Grunderwerbsteuer. Die innerbundesstaatliche EU-Haftung[364] und die teilweise Hochzonung des nationalen Stabilitätspakts auf die Ebene des Grundgesetzes[365] runden dieses Bild ab. Das sind jedoch lediglich Randkorrekturen, die eigentliche Reform der bundesstaatlichen Finanzbeziehungen wurde auch hier ausdrücklich ausgespart. Nichts läge ferner, als Grundgedanken und Leitbilder der jetzt anstehenden Bundesstaatsreform auch auf den finanzverfassungsrechtlichen Bereich zu übertragen. Vor allem Peter M. Huber hat seine auf dem Deutschen Juristentag vorgestellten Entflechtungsvorschläge zur Herstellung von Transparenz und Verantwortlichkeit im deutschen Bundesstaat auch durch das demokratische Verfassungsprinzip abgestützt[366]. Demokratische Rückkopplung und Herstellung von Transparenz bedeuten im Finanzrecht die Betonung der Finanzautonomie gegenüber der Finanzverflechtung[367]. Wenn das Bundesverfassungsgericht den Länderfinanzausgleich und letztlich die bundesstaatlichen Finanzbeziehungen insgesamt in ein das bundesstaatliche Prinzip kennzeichnendes Spannungsfeld zwischen Selbständigkeit, Eigenverantwortlichkeit und Individualität der Länder auf der einen und der solidargemeinschaftlichen Mitverantwortung für Existenz und Eigenstellung der Bundesgenossen auf der anderen Seite eingeordnet sieht[368], wird dadurch ein Argumentationsrahmen bereitgestellt, der nicht nur die Lösung finanzverfassungsrechtlicher Einzelprobleme erleichtert[369], sondern auch ein Raster für die Reformdiskussion bietet. Damit ist zugleich die Verbindung zu Paradigmenwechseln im Verständnis von Bundesstaatlichkeit und Föderalismus angelegt[370]. Bestimmungsfaktor für die im wesentlichen 1969 geschaffene geltende bundesstaatliche Finanzverfassung war die Vorstellung einer aktiven staatlichen Konjunkturpolitik in Form der sogenannten Globalsteuerung. Dies setzte eine hinreichende Finanzverflechtung voraus, damit die vor diesem Hintergrund getroffenen wirtschafts- und finanzpolitischen Entscheidungen wirkmächtig umgesetzt werden konnten. Wirtschafts- und Gesellschaftssteuerung in der technokratischen Euphorie der 60er Jahre kamen mit der üblichen Phasenverschiebung beim verfassungsändernden Gesetzgeber an und verwirklichten ein Modell, das von der zeitgenössischen Ökonomie vielfach begrüßt wurde. Der ökonomische und finanzwirtschaftliche Fehlschlag

---

364 Art. 104a Abs. 6 GG in der Fassung durch die Föderalismusreform 2006.
365 Art. 109 Abs. 5 GG in der Fassung durch die Föderalismusreform 2006.
366 *Peter M. Huber*, Gutachten D zum 65. DJT Bonn 2004, S. D 33 ff.; *ders.*, Deutschland in der Föderalismusfalle?, 2003, S. 14 ff. Huber steht allerdings Hebesatz- oder Zuschlagsrechten bei der Einnahmeerzielung kritisch gegenüber, vgl. Gutachten D, a. a. O., S. D 75.
367 Vgl. auch *Janssen*, in: ZG 2000, Sonderheft, S. 50 ff.; eingehend jetzt *Waldhoff* (N 18).
368 BVerfGE 72, 330 (398).
369 *Vogel/Waldhoff* (N 1), Rn. 60 f., 66 ff.
370 *Vogel/Waldhoff* (N 1), Rn. 70; kritisch *Korioth* (N 83), S. 93, 410.

dieses Konzepts offenbarte sich bereits in seiner ersten Bewährungsprobe während des weltweiten Konjunktureinbruchs durch die Ölkrise seit 1973. In der Ökonomie hat inzwischen ein Paradigmenwechsel stattgefunden; in den Sozialwissenschaften sind die Nachteile des kooperativen Föderalismusmodells unter anderem unter dem Schlagwort „Politikverflechtungsfalle" (Fritz W. Scharpf) analysiert und beschrieben worden[371]. Angesichts dieses Befundes liegt eine deutlichere Betonung des Gedankens der Autonomie der unterschiedlichen staatlichen Ebenen und damit zusammenhängend der Stärkung von Verantwortlichkeiten auch bei finanzwirtschaftlichen Entscheidungen nahe. Die Prämissen der Reform von 1969 dürfen nicht zu Denkverboten oder Verengungen bei Reformüberlegungen in der Gegenwart führen.

77 „Einheitliche" oder „gleichwertige Lebensverhältnisse im Bundesgebiet"

Neben dem gescheiterten Konzept der Globalsteuerung ist ein traditioneller Bestimmungsfaktor der deutschen bundesstaatlichen Finanzverfassung das wenig hinterfragte Postulat von einer gleich hohen Steuerbelastung im ganzen Bundesgebiet, das zumeist in Verbindung mit Forderungen nach „einheitlichen" oder „gleichwertigen Lebensverhältnissen im Bundesgebiet" gebracht wird. Wie an anderer Stelle nachgewiesen wurde, handelt es sich dabei jedoch nicht um eine Staatszielbestimmung, um einen verbindlichen übergreifenden Satz des Verfassungsrechts, sondern lediglich um eine an verschiedenen Stellen des Grundgesetzes aufscheinende, aus ihrem jeweiligen Kontext zu interpretierende Einzelfallregelung[372]. Für eine Verfassungsreformdiskussion darf dieses Postulat alternative Sichtweisen nicht verstellen, die Auslegung geltenden (Finanz-)Verfassungsrechts darf es nicht dominieren[373].

78 Sein-Sollen-Fehlschlüsse

Auch die Anführung von eher tatsächlichen Bestimmungsgründen (vereinheitlichende Wirkung der Bundesgrundrechte und des Sozialstaatsprinzips; bundesweit agierende politische Parteien; Erwartungshaltungen der Bürger) nehmen – mit einem Wort Peter Lerches – den „Trend ... als Faktum ..., dem sich die Rechtswelt zu fügen habe"[374], unterliegen also der Gefahr des Sein-Sollen-Fehlschlusses[375]. Der Argumentationstopos von den einheitlichen oder gleichwertigen Lebensverhältnissen im Bundesgebiet erweist sich als historische Schlacke aus Perioden der Entwicklung der deutschen Bundesstaatlich-

---

371 *Fritz W. Scharpf*, Die Politikverflechtungs-Falle. Europäische Integration und deutscher Föderalismus im Vergleich, in: PVS 26 (1985), S. 323; zu den Problemen aus juristischer Sicht je unterschiedlich *Walter Rudolf*, Kooperation im Bundesstaat, in: HStR IV, ²1999 (¹1990), § 105 Rn. 79ff.; *Jens-Peter Schneider*, Bundesstaatliche Finanzbeziehungen im Wandel, in: Der Staat 40 (2001), S. 272 (278ff.); *Henneke* (N 357), S. 58ff.; *Huber* (N 366), S. D 15ff.; *ders.*, Föderalismusfalle (N 366), S. 13f.
372 *Waldhoff* (N 155), S. 84ff.; *Vogel/Waldhoff* (N 1), Rn. 81ff.; ähnlich auch *Stefan Oeter*, Integration und Subsidiarität im deutschen Bundesstaat, 1998, S. 13; insoweit übereinstimmend auch *Osterloh* (N 299), S. 181.
373 *Waldhoff* (N 18), S. 248; zu Recht weißt etwa *Markus Möstl*, Neuordnung der Gesetzgebungskompetenzen von Bund und Ländern, in: ZG 2003, S. 297 (299), auf einen Widerspruch hin, wenn in der Öffentlichkeit zwar „Entflechtung" des bundesstaatlichen Kompetenzgefüges gefordert, die notwendige Konsequenz größerer Disparitäten zwischen den Ländern jedoch nach wie vor kritisch gesehen werde.
374 *Peter Lerche*, Finanzausgleich und Einheitlichkeit der Lebensverhältnisse, in: FS für Friedrich Berber, 1973, S. 299.
375 In diese Richtung etwa *Hans Peter Bull*, Finanzausgleich im „Wettbewerbsstaat", in: DÖV 1999, S. 269 (279).

§ 116   Achter Teil: III. Finanzwesen

keit, als die politische Einheit gefährdet war. Heute hat die Gefährdung der politischen Einheit ihre Bedeutung weitgehend verloren[376].

79
Historische Einheitlichkeitsvorstellungen

Dieser Diskurs hängt mit Faktoren zusammen, die 1867/71 zur Gründung des Bismarckreiches führten und seine weitere Entwicklung begleiteten. Die Schaffung eines einheitlichen Wirtschaftsgebiets, der endgültige Wegfall der innerstaatlichen Zollschranken und der durch rechtliche Regelungen nicht mehr gehinderte Binnenverkehr gehörten zu den (wirtschafts-)politischen Hauptforderungen des liberalen Bürgertums im 19. Jahrhundert. Hinzu kam eine ständig voranschreitende, auch räumliche Mobilisierung der Bevölkerung im Gefolge der Industrialisierung. Eine gewisse Vorherrschaft alles Wirtschaftlichen resultierte in der zweiten Hälfte des 19. Jahrhunderts aus der politischen Marginalisierung des Bürgertums im Kaiserreich. Den meisten politischen Einigungsbemühungen gingen zunächst Versuche ökonomischer Einigungen voraus[377]. Hinzu traten zahlreiche Abspaltungsbewegungen zu Beginn der Weimarer Epoche und die von außen kommenden – mittelbar zentralisierend und unitarisierend wirkenden – Bedrohungen und Repressionen. Schließlich wurden 1948/49 betont föderalistische Ansichten der alliierten Siegermächte über die staatliche Rekonstruktion Deutschlands, soweit es möglich war, zurückgedrängt. Die ursprüngliche Fassung von Art. 72 Abs. 2 GG bildet das Schulbeispiel[378]. Die Interessen bei den Beratungen des Grundgesetzes waren in diesen Fragen – mit Ausnahme Bayerns – eher einheitsstaatlich geprägt: Hermann Höpker-Aschoff als die prägende Gestalt der Beratungen zur Finanzverfassung besaß als ehemaliger hoher preußischer Beamter und Finanzminister eine ausgesprochen technokratisch-zentralistische Grundprägung[379]. Seine Parteien – die DDP und die FDP – waren ohnehin stets zentralistisch orientiert[380]. Die SPD plädierte traditionell für eine zentralisierte Finanzpolitik als Bedingung der von ihr angestrebten Sozialpolitik[381].

Überholte Prämissen

Teile der Finanzverfassung waren also in ihrem Entstehungsumfeld geprägt durch einen besonderen Willen nach Einheitlichkeit. Viele dieser Bestimmungsgründe sind heute entfallen oder besitzen ein geringeres Gewicht und sollten die Reformdiskussion daher nicht unnötig belasten[382]. Das Leitbild von den einheitlichen oder gleichwertigen Lebensverhältnissen sollte als außerrechtlicher Faktor im Sinne eines bestimmten Vorverständnisses behandelt werden[383].

---

376 Ausführlicher *Waldhoff* (N 155), S. 102 ff.
377 *Heidrun Abromeit*, Der verkappte Einheitsstaat, 1992, S. 121; *Wolfgang Zorn*, Wirtschafts- und sozialgeschichtliche Zusammenhänge der deutschen Reichsgründungszeit (1850–1879), in: HZ 197 (1963), S. 318 ff.
378 *Michael Gruson*, Die Bedürfniskompetenz, 1967, S. 18 ff.; *Waldhoff* (N 299), S. 58 ff.
379 *Thomas Aders*, Die Utopie vom Staat über den Parteien, 1983; *Frank Spieker*, Hermann Höpker Aschoff – Vater der Finanzverfassung, 2004; ähnliches gilt für den einflußreichen Berichterstatter auf dem Herrenchiemseer Verfassungskonvent *Herbert Fischer-Menshausen*.
380 Differenziert *Karl Heinz Lamberty*, Die Stellung der Liberalen zum föderativen Staatsaufbau in der Entstehungsphase der Bundesrepublik Deutschland 1945–1949, Diss. phil. Bonn 1983, S. 116 ff.
381 Vgl. insgesamt die Materialaufbereitung bei *Hans Peter Schneider* (Hg.), Das Grundgesetz. Dokumentation seiner Entstehung, Bd. XXV, 1997
382 Vgl. auch *Klaus Rennert*, Der deutsche Föderalismus in der gegenwärtigen Debatte um eine Verfassungsreform, in: Der Staat 31 (1992), S. 269 (274); a. A. *Schneider* (N 371), S. 282 ff.
383 *Oeter* (N 372), S. 13 f.

Demgegenüber ist die Rekonstruktion des Verantwortungszusammenhangs zwischen politischen Entscheidungen der Wähler (Bürger, Steuerzahler) und finanzwirtschaftlichen, vor allem steuerpolitischen Entscheidungen von Regierung und Parlament erneut sichtbar zu machen. Der durch eine haushaltsverfassungsrechtliche Grundentscheidung nicht stets offenbare Zusammenhang zwischen öffentlichen Leistungen und steuerlicher Belastung, zwischen Nehmen und Geben, muß auch auf gliedstaatlicher Ebene deutlich werden und sollte im politischen Wettbewerb eingesetzt werden[384]. Finanzverantwortung erfordert Entscheidungsspielräume in finanzpolitischen Fragen[385]. Über die Herstellung eines solchen Zusammenhangs ergäbe sich eine bessere Partizipation der Landesbürger an den Erfolgen und Mißerfolgen der Landes-(finanz-)politik[386]. In jedem Fall würde die Transparenz staatlicher Finanzwirtschaft verbessert. Das größere demokratische Potential konkurrenzföderalistischer Modelle offenbarte sich[387]: Die auf der Einnahmenseite staatlichen Finanzgebarens – von der Kreditaufnahme einmal abgesehen – zur Zeit praktisch ausgeschalteten Landesparlamente mit ihrer unmittelbaren Rückkopplung an den Wählerwillen würden gestärkt[388]. Der „gegenüber regionalen Differenzierungen im Steuerrecht besonders sensible ... Bürger"[389] hat im gegenwärtigen System gar keine Chance, Steuerbelastungsgefälle zu akzeptieren, da der politische Verantwortungszusammenhang mit der von Einheitlichkeitsvorstellungen geprägten Seite staatlicher Leistungen nicht hinreichend deutlich wird. Der politische Rechtfertigungsdruck für die Finanzpolitik des Bundes und der Länder würde durch eigene Steuergestaltungsmöglichkeiten der Länder steigen; der stärker belastete Bürger wird sichtbare Mehrleistungen verlangen. Wenn gegenteilig behauptet wird, wegen der gleichen Steuerbelastung werde ein gleiches Leistungsniveau erwartet oder wegen des gleichen Leistungsniveaus erwarte der Bürger und Wähler ein gleiches Steuerniveau in der Fläche[390], erscheint dies zirkulär: Die damit hergestellte Wechselbeziehung sagt noch nichts darüber aus, ob die Reformvorschläge verfassungspolitisch sinnvoll sind.

80
Reformperspektiven

Die Beteiligung der Länder an der Steuerrechtsetzung über den Bundesrat nach Art. 105 Abs. 3 GG kann die fehlende Finanzautonomie auf der Einnahmenseite nicht kompensieren[391]. Verlust von Entscheidungsmacht wird nicht

Keine Kompensation über Bundesratsmitwirkung

---

384 *Hans Herbert v. Arnim*, Staatslehre der Bundesrepublik Deutschland, 1984, S. 486; *Carl-Ludwig Thiele*, Neuordnung des Finanzausgleichs, in: FS für Klaus Offerhaus, 1999, S. 1018 ff.; *Karl Oettle*, Elemente der Ökonomisierung des Verwaltungshandelns, in: Die Verwaltung 32 (1999), S. 291 (310).
385 *Rolf Grawert*, Kommunale Finanzhoheit und Steuerhoheit, in: FG für Georg Christoph von Unruh, 1983, S. 587 (590).
386 *Gisela Färber*, Finanzverfassung, in: 50 Jahre Herrenchiemseer Verfassungskonvent – Zur Struktur des deutschen Föderalismus, 1999, S. 89 (95).
387 *Hartmut Klatt*, Parlamentarisches System und bundesstaatliche Ordnung, in: Aus Politik und Zeitgeschichte 32 (1982), S. 19 (22).
388 *Rudolf Wendt*, Finanzhoheit und Finanzausgleich, in: HStR IV, ²1999 (¹1990), § 104 Rn. 43.
389 *Armin Dittmann*, Gleichheitssatz und Gesetzesvollzug im Bundesstaat, in: FS für Günter Dürig, 1990, S. 221 (239).
390 *Klaus Tipke*, Die Steuerrechtsordnung, Bd. III, 1993, S. 1126; *Heinz Haller*, Wandlungen in den Problemen föderativer Staatswirtschaften, in: FinArch 27 (1968), S. 249 (268).
391 *Ulrich Karpen*, Verfassungsänderung und Föderalismus, in: ZG 1995, S. 356 (359); zur Funktion dieser Beteiligung in rechtsvergleichender Sicht *Waldhoff* (N 155), S. 83.

§ 116 *Achter Teil: III. Finanzwesen*

durch Teilnahme an übergeordneten Entscheidungsprozessen aufgefangen[392]. Da der Bundesrat als Bundesorgan auf eine einheitliche Willensbildung der Länder abzielt und immer nur einer Ländermehrheit Gestaltungskompetenzen einräumt, wird die Entscheidungsmacht des einzelnen Landes nicht gewahrt[393]. Die Länder als Gesamtheit mögen gegenüber dem Bund stark sein, die fehlende finanzwirtschaftliche Entscheidungsmöglichkeit des einzelnen Landes wird dadurch kaum ausgeglichen: „Das Recht aller Länder zur Mitentscheidung im Bundesrat schafft kein länderspezifisches Profil"[394]. Der allgemeine Gleichheitssatz ist kein der Landessteuerautonomie entgegenstehender rechtlicher Maßstab[395].

81

Hebesatz- oder Zuschlagsmodelle

Die technische Durchführung der hier unterstützten Rekonstruktion des demokratischen Verantwortungszusammenhangs der Landesfinanzpolitik und damit der partiellen Entflechtung der bundesstaatlichen Finanzverfassung durch Einräumung eigengestaltbarer Einnahmequellen kann hier nicht abschließend erörtert werden. Sie tritt in ein Spannungsverhältnis zu den Postulaten einer Vereinfachung des Steuersystems, die im Rechtsstaatsprinzip eine verfassungsrechtliche Stütze finden[396]. Ein Hebesatz- oder Zuschlagsmodell der Länder zu den Ertragsteuern des Bundes (Einkommen- und Körperschaftsteuer) unter einheitlicher Steuerbemessungsgrundlage trüge den Gestaltungsbedürfnissen der Gebietskörperschaften Rechnung – bei Erhaltung von Gestaltungsmöglichkeiten im tarifären Bereich, das heißt bei der letztlich politisch zu bestimmenden Höhe der Steuerbelastung[397]. Der Sachverständigenrat zur Begutachtung der gesamtwirtschaftlichen Entwicklung hat in seinem Jahresgutachten 1992/93 entsprechende Anregungen gegeben[398]; auch das Gutachten des Wissenschaftlichen Beirats beim Bundesministerium der Finanzen zum Länderfinanzausgleich in der Bundesrepublik Deutschland und zur Einnahmeverteilung zwischen Bund und Ländern von 1992[399] äußerte sich ebenso in diese Richtung wie ein entsprechendes Gutachten von 1995[400]. Das schweizerische Steuerharmonisierungsprojekt bietet ein funktionierendes und erprobtes Beispiel[401]. Allerdings dürfen auch die Grenzen solcher

---

392 Allgemein *Hesse* (N 345), Rn. 221.
393 *Fritz Ossenbühl*, Föderalismus und Regionalismus in Europa. Landesbericht Bundesrepublik Deutschland, in: ders. (Hg.), Föderalismus und Regionalismus in Europa, 1990, S. 117 (155); *Klaus-Dirk Henke/Gunnar Folke Schuppert*, Rechtliche und finanzwissenschaftliche Probleme der Neuordnung der Finanzbeziehungen von Bund und Ländern im vereinten Deutschland, 1993, S. 22.
394 *Rudolf Wendt*, Neuorientierung der Aufgaben- und Lastenverteilung im „sozialen Bundesstaat", in: Staatswissenschaften und Staatspraxis 1993, S. 56 (71).
395 BVerfGE 10, 354 (371); 21, 54 (68); *Günter Dürig*, in: Maunz/Dürig, Kommentar z. GG, Art. 3 Rn. 233.
396 Vgl. zusammenfassend *Christian Waldhoff*, Regelungsstrukturen des deutschen Gemeinnützigkeits- und Spendenrechts – Kritik und Reform, in: Rainer Walz/Rainer Hüttemann u. a. (Hg.), Non profit Yearbook 2006, m. weit. Nachw.
397 Kritisch *Huber* (N 366), S. D 75 mit dem nach hiesiger Sicht nicht ganz konsistenten Argument, Hebesatz- oder Zuschlagsrechte würden die politische Verantwortung verwischen und Transparenz eher behindern.
398 BT-Drs 12/3774, Tz. 349 ff.
399 Gutachten des Wissenschaftlichen Beirats, S. 92 ff., 99 ff.
400 Wissenschaftlicher Beirat beim BMF, Einnahmeverteilung zwischen Bund und Ländern, 1995, S. 46 f.
401 Vgl. *Waldhoff* (N 155), S. 104 f.

Konzepte nicht verschwiegen werden: Die Steuerharmonisierung auf europäischer Ebene ist zu berücksichtigen und könnte begrenzend wirken[402]; die in besonderem Maße nach der Wiedervereinigung virulent werdende Problematik der Unterschiede in der Finanzkraft der Länder stellt ein Ausgangsproblem dar[403]. Eigene Kompetenzen der Länder im Bereich der direkten Steuern führen zudem zu einem innerstaatlichen Doppelbesteuerungsproblem. Dieses wäre jedoch zu bewältigen, wie entsprechende Lösungen in der Schweiz[404], im Bismarckreich[405] und im Bereich der Gewerbesteuer[406] zeigen.

Europäische Steuerharmonisierung

C. Staatliche Einnahmen im Überblick

I. Einnahmensystem

„Die Finanzverfassung ... ist auf Formenbindung angelegt."[407] Dies setzt verfassungsrechtliche Abgabentypen voraus, die idealerweise in ein verfassungsrechtliches Einnahmen- und Abgabensystem des Grundgesetzes einzuordnen wären. Das Grundgesetz selbst läßt in seinen Regelungen ein solches System nicht erkennen, lediglich die Grundentscheidung für die Steuerfinanzierung ist ihm zu entnehmen[408]. Das Bundesverfassungsgericht hat es – in vertretbarer Deutung der Funktionenteilung zwischen (Verfassungs-)Rechtsprechung und Verfassungsrechtslehre – ausdrücklich abgelehnt, selbst ein geschlossenes finanzverfassungsrechtliches Gebäude der verschiedenen Abgabentypen zu entwickeln[409].

82
Historisch gewachsene Einnahmetypen

1. Kein Numerus clausus der Abgabenarten

Das Finanzverfassungsrecht muß sich um eine begriffliche Erfassung und (verfassungsrechts-)dogmatische Durchdringung aller Formen öffentlicher Abgaben unter den Vorgaben des Grundgesetzes bemühen. Das Bundesverfassungsgericht hat entschieden, „die Finanzverfassung des Grundgesetzes

83
Begrenzte Offenheit des Abgabensystems

---

402 *Dieter Birk*, Diskussionsbeitrag, in: VVDStRL 52 (1993), S. 169.
403 *Häde* (N 40), S. 312 f.
404 Vgl. m. weit. Nachw. nur *Waldhoff* (N 155), S. 201 f.
405 Doppelbesteuerungsgesetz vom 13. 5. 1870 (RGBl, S. 119); ersetzt durch Reichsgesetz vom 22. 3. 1909 (RGBl, S. 332); dazu *Maatz*, Das Reichsdoppelbesteuerungsgesetz in: PrVBl 1903, S. 675, 723; *Paul Laband*, Deutsches Reichsstaatsrecht, [6]1912, S. 48 f.; *Christoph Schönberger*, Unionsbürger, 2005, S. 234 f. mit Fn. 384.
406 Zerlegung des einheitlichen Gewerbesteuermeßbetrags, vgl. m. weit. Nachw. nur *Peter Heine*, Gewerbesteuer, in: Hans-Günter Henneke/Hermann Pünder/Christian Waldhoff (Hg.), Recht der Kommunalfinanzen, 2006, § 8 Rn. 157 ff.
407 BVerfGE 67, 256 (288); dazu kritisch *Dieter Birk*, „Vorteilsabschöpfung" durch Abgaben. Eine neue Kategorie nichtsteuerlicher Umweltabgaben, in: FS für Wolfgang Ritter, 1997, S. 41 (46 f.).
408 S. o. Rn. 5.
409 BVerfGE 93, 319 (342).

§ 116 *Achter Teil: III. Finanzwesen*

enthält keinen abschließenden Kanon zulässiger Abgabetypen"[410] Trotz zunehmender Bemühung um diese Frage konnte ein in sich geschlossenes und widerspruchsfreies verfassungsrechtliches Abgabensystem bisher auch durch die Verfassungsrechtsdogmatik nicht entwickelt werden.

2. Rechtliche Rangfolgen der Einnahmengewichtung?

84

Vorrang der Steuerfinanzierung

Es obliegt zwar zunächst dem politischen Ermessen des Gesetzgebers, welcher Abgabeform sich der Staat zur Finanzierung seiner Aufgaben bedient[411]; wie bereits eingangs festgestellt, folgt aus dem Prinzip des Steuerstaates jedoch der grundsätzliche Vorrang der Steuerfinanzierung des Staates[412]. Die Vorschriften der Art. 105 ff. GG über die Verteilung der Finanzzuständigkeiten und -mittel erwähnen als Einnahmen, die es gesetzlich zu regeln und zu verteilen gilt, nur die Steuern; die bundesstaatliche Finanzverfassung ist „Steuerfinanzverfassung". Daneben findet allein noch die Kreditfinanzierung in Art. 115 GG ausdrückliche Erwähnung. Damit ist zwar noch nichts darüber ausgesagt, ob andere Einnahmen ausgeschlossen sind; würde aber der Staatsbedarf nicht mehr überwiegend durch Steuern, sondern statt dessen durch andere Einnahmen finanziert, so würde dadurch die sorgfältig ausgewogene Regelung des Finanzausgleichs im Grundgesetz und damit ein Kernstück der bundesstaatlichen Ordnung[413] unterlaufen[414]. Die gesamte Finanzverfassung der Art. 104a ff. GG wäre funktionslos, wenn Haupteinnahmequelle des Staates nicht mehr die Steuern wären. Neben diesen kompetenzrechtlich-bundesstaatlichen[415] tritt ein kompetenzrechtlich-organisatorischer Aspekt, wird doch durch parafiskalische Fonds die Etathoheit des Parlaments geschwächt[416]. Schließlich ist unter einem grundrechtlichen Aspekt alleine durch eine vorrangige Steuerfinanzierung die Wahrung der abgabenrechtlichen Lastengleichheit sicherzustellen[417]. Die voraussetzungslose Steuer und die unter der Prämisse des Gesamtdeckungsprinzips ungebundene Finanzmasse des Staatshaushaltes bilden die demokratische Gleichheit der Staatsbürger ab und gehören zu den Prämissen des parlamentarisch-demokratischen Systems des Grundgesetzes[418]. Nur im Rahmen einer Steuerfinanzierung können sozialstaatliche Postulate wie die Steuerfreiheit des Existenzminimums und eine gleichheitsgerechte Besteuerung nach der individuellen wirtschaftlichen Leistungsfähigkeit des einzelnen durchgeführt werden[419].

---

410 BVerfGE 93, 319 (342), vgl. ferner BVerfGE 82, 159 (181); vgl. jetzt den interessanten Eingrenzungsversuch von *Peter Selmer*, Zur Tatbestandsmäßigkeit öffentlich-rechtlicher Geldleistungspflichten, in: FS für Christian Starck, 2007, S. 435.
411 Zuletzt BVerfGE 108, 186 (215).
412 S. o. Rn. 5; → unten *P. Kirchhof*, § 118 Rn. 1 ff.
413 S. o. Rn. 57 und 73.
414 BVerfGE 78, 249 (266 f.).
415 Vgl. die Systematisierung bei *Vogel/Waldhoff* (N 1), Rn. 405.
416 S. o. Rn. 5; s. u. Rn. 106; vgl. BVerfGE 93, 319 (343).
417 S. o. Rn. 5; s. u. Rn. 99 ff.; vgl. BVerfGE 93, 319 (343).
418 Näher s. u. Rn. 132 ff.
419 Näher s. u. Rn. 98 ff.

II. Steuern

Aus der oben aufgezeigten Bedeutung der Steuer im Staat des Grundgesetzes folgt die Notwendigkeit eines verfassungsrechtlichen Steuerbegriffs. Dieser ist zunächst enger als sein staatstheoretisches Pendant[420]. Ausgangspunkt bei der Gewinnung eines spezifisch verfassungsrechtlichen Steuerbegriffs ist der einfachrechtliche Steuerbegriff. Der Verfassunggeber des Grundgesetzes hat den auf Otto Mayer[421] zurückgehenden, von Enno Becker in den § 1 der Reichsabgabenordnung eingefügten und seit langem dauerhaft etablierten Steuerbegriff im Staats- und Verwaltungsrecht vorgefunden. Diese nunmehr in § 3 Abs. 1 Hs. 1 AO enthaltene einfachgesetzliche Definition der Steuer kann als „Ausdruck eines allgemein anerkannten Steuer-Grundbegriffs des Grundgesetzes"[422] bezeichnet werden. Dennoch erschöpft sich der verfassungsrechtliche Steuerbegriff, wie insbesondere Klaus Vogel gezeigt hat, nicht in einer uneingeschränkten Rezeption der einfachrechtlichen Vorgabe. Einer vollständigen Identität[423] beider Steuerbegriffe steht bereits der Vorrang der Verfassung entgegen[424]. Bei der Gewinnung eines verfassungsrechtlichen Steuerbegriffs sind grundlegende Funktionsunterschiede gegenüber dem einfachen Recht zu beachten[425]. Bezieht sich letzteres allein auf das Verhältnis zwischen Staat und Bürger, muß ein verfassungsrechtlicher Steuerbegriff auch den „Funktionszusammenhang der bundesstaatlichen Finanzverfassung" und die wirtschafts- wie gesellschaftspolitischen Aufgaben moderner Steuergesetzgebung reflektieren[426]. § 3 Abs. 1 AO bietet daher nicht mehr – aber auch nicht weniger – als eine zentrale Auslegungshilfe für den grundgesetzlich umschriebenen Begriffsinhalt der Steuer[427]. Daraus ergibt sich: Die wesentliche und unverzichtbare Funktion des verfassungsrechtlichen Steuerwesens ist die Deckung des Finanzbedarfs für die Erfüllung der öffentlichen Aufgaben, wobei die Verwirklichung außerfiskalischer Ziele nicht von vornherein ausgeschlossen ist[428]. Der Steuerbegriff des Grundgesetzes meint demnach einmalige oder laufende Geldleistungen, die dem Leistenden hoheitlich auferlegt sind und an den Bund, die Länder, die Gemeinden oder Gemeindeverbände sowie die öffentlich-rechtlich organisierten Religionsgesellschaften fließen und zur Deckung des öffentlichen Finanzbedarfs und somit nicht ausschließlich zum Ausgleich von Lasten und Vorteilen voraussetzungslos, das heißt unabhängig von einem erhaltenen Vorteil erhoben werden[429].

85
Verfassungsrechtlicher Steuerbegriff

§ 3 AO als Auslegungshilfe für das Verfassungsrecht

---

420 Vgl. zu diesem → Bd. II, *Vogel*, § 30 Rn. 62 f.; *Vogel/Waldhoff* (N 1), Rn. 350.
421 Deutsches Verwaltungsrecht, ²1914, Bd. I, S. 331; ³1924, Bd. I, S. 316.
422 *Vogel/Waldhoff* (N 1), Rn. 362.
423 Vgl. noch BVerfGE 3, 407 (435); 7, 244 (251).
424 *Vogel/Waldhoff* (N 1), Rn. 366 ff.
425 *Wolfgang Knies*, Steuerzweck und Steuerbegriff, 1976, S. 46, 54 ff., 74 f.
426 BVerfGE 55, 274 (299); 67, 256 (282).
427 *Vogel/Waldhoff* (N 1), Rn. 371.
428 *Dieter G. Bodenheim*, Der Zweck der Steuer, 1979; *Weber-Grellet* (N 30), S. 8 ff.; *Rainer Wernsmann*, Verhaltenslenkung in einem rationalen Steuersystem, 2005, S. 177 ff.; *Horst Schaefer*, Der verfassungsrechtliche Steuerbegriff, 1997, S. 147 ff.
429 Näher *Vogel/Waldhoff* (N 1), Rn. 352 ff., 393.

III. Vorzugslasten (Kausalabgaben)

86
Gebühren

Im Gegensatz zu den voraussetzungslos erhobenen Steuern setzen andere Abgaben, die wie die Steuern zur Deckung eines öffentlichen Finanzbedarfs erhoben werden, einen konkreten Bedarf voraus (Kausalabgaben). Sie sollen als Vorzugslasten entweder einen dem Pflichtigen individuell zuzurechnenden Aufwand decken (Gebühren) oder einen Aufwand, der einem Personenkreis zuzurechnen ist, dem der Pflichtige angehört (Verbandslasten/Beiträge). Gebühren finden im Verfassungstext in Art. 74 Abs. 1 Nr. 22 und in Art. 80 Abs. 2 GG eine beiläufige, freilich zur Begriffsbildung nicht weiterführende[430] Erwähnung. Das Bundesverfassungsgericht hat eine genaue finanzverfassungsdogmatische Umgrenzung des Gebührenbegriffs mehrfach vermieden[431]. In dem Beschluß zum sogenannten Wasserpfennig vom 7. November 1995[432] hat es allerdings verdeutlicht, daß es einen weiten verfassungsrechtlichen Gebührenbegriff vertritt. Dieser ist wie der verfassungsrechtliche Steuerbegriff eigenständig, aber unter Rückgriff auf das historisch gewachsene einfache Recht – insbesondere das preußische Kommunalabgabengesetz von 1893[433] – als Auslegungshilfe zu gewinnen[434]. Dies führt zu einem doppelgliedrigen verfassungsrechtlichen Gebührenbegriff[435]: Der durch eine Gebühr auszugleichende Aufwand besteht entweder in einem dem einzelnen als Folge eines Verhaltens eines Hoheitsträgers (im weitesten Sinne) zugeflossenen individuellen (geldwerten) Vorteil oder in von dem einzelnen individuell zu verantwortenden Kosten des Hoheitsträgers. Im ersten Fall wird durch die Gebühr der Vorteil ausgeglichen (kompensiert), im zweiten Fall sollen die entstandenen Kosten ganz oder zum Teil ausgeglichen werden. Aus dieser weiten verfassungsrechtlichen Begriffsbestimmung folgt das Fehlen eines Numerus clausus der Gebührentypen[436]. Neben den klassischen – insbesondere im Kommunalabgabenrecht entwickelten – Prototypen der Verwaltungs- und Benutzungsgebühren für öffentliche Einrichtungen[437] haben sich insbesondere im Zusammenhang mit der Diskussion um Umweltabgaben zahlreiche Ansätze zur Entwicklung neuer Gebührentypen gezeigt. Hierzu zählen etwa die sogenannte Verleihungs- oder Duldungs-[438] sowie die Ressourcen-

Doppelgliedriger verfassungsrechtlicher Gebührenbegriff

Neue Gebührentypen

---

430 BVerfGE 50, 217 (225 f.); *Wilke* (N 296), S. 150 ff.
431 BVerfGE 50, 217 (225 f.); 93, 319 (345); 108, 1 (13 f.); 112, 226 (243); zur Kritik jetzt *Michael Wild*, Die Höhe der Verwaltungsgebühr, in: Die Verwaltung 39 (2006), S. 493.
432 BVerfGE 93, 319 (345).
433 Vom. 14. 7. 1893 (PrGS S. 152).
434 Ausführlich *Vogel/Waldhoff* (N 1), Rn. 410 ff.; → unten *P. Kirchhof*, § 119 Rn. 26.
435 Grundlegend *Klaus Vogel*, Vorteil und Verantwortlichkeit. Der doppelgliedrige Gebührenbegriff des Grundgesetzes, in: FS für Willi Geiger, 1989, S. 518.
436 Vgl. auch *Jörn Heimlich*, Die Verleihungsgebühr als Umweltabgabe, 1996, S. 31.
437 Vgl. zu diesen *Marcel Kaufmann*, Kommunale Gebühren, in: Hans-Günter Henneke/Hermann Pünder/Christian Waldhoff (Hg.), Recht der Kommunalfinanzen, 2006, § 15 Rn. 23 ff. und 33 ff.; zur Entwicklung vgl. *Vogel* (N 435), S. 522.
438 Vgl. *Ferdinand Kirchhof*, Der Baden-Württembergische „Wasserpfennig", in: NVwZ 1987, S. 1031; *Jost Pietzcker*, Abgrenzungsprobleme zwischen Benutzungsgebühr, Verleihungsgebühr, Sonderabgabe und Steuer, in: DVBl 1987, S. 774; *Reinhard Hendler*, Zur Entwicklung des Umweltabgabenrechts, in: NuR 2000, S. 661; *Dietrich Drömann*, Nichtsteuerliche Abgaben im Steuerstaat, 2000; *Susanne Meyer*, Gebühren für die Nutzung von Umweltressourcen, 1995, S. 125, 181.

nutzungsgebühren[439]. Der durch eine Gebühr auszugleichende Sondervorteil wird insoweit nicht mehr auf das unmittelbare Resultat eines Verwaltungshandelns beschränkt[440], sondern auf die Nutzung (knapper) öffentlicher Güter ausgedehnt. Als Anknüpfungspunkt für die Einführung solcher Gebührentatbestände bietet sich dann das öffentlich-rechtliche Nutzungsregime an, das umweltrechtlich über der jeweiligen Ressource errichtet wurde – wie etwa das Regelungsgefüge des sogenannten Wasserpfennigs[441] demonstriert. Letztlich birgt eine solche Ausweitung von Begriff und Funktion der Gebühr die Gefahr, die abgabenbegrenzende Wirkung der Finanzverfassung zu unterlaufen[442]: Bei flächendeckender Ausdehnung[443] des Konzepts der Ressourcennutzungsgebühr wird die Gebühr zum „Preis der Freiheit"[444]. Die Grenzen der Ausdehnung des verfassungsrechtlichen Gebührenbegriffs schließlich hat die Diskussion um die Einordnung des Erlöses aus der Versteigerung der UMTS-Lizenzen markiert[445].

Nicht finanzverfassungsrechtlicher, sondern grundrechtlicher Natur ist die Frage nach der grundsätzlichen Zulässigkeit der Errichtung öffentlich-rechtlicher Nutzungsregime[446]. Genuin finanzverfassungsrechtliche Begrenzungen einer uferlosen Ausweitung der Gebührenerhebung ergeben sich – gerade auch eingedenk der subsidiären Bedeutung der Gebühr im Rahmen der staatlichen Einnahmenerzielung[447] – aus dem Begriff und der Rechtfertigung der Gebühr selbst: Das Gebührenrecht ist das legitime Betätigungsfeld des als Grundsatz der allgemeinen Staatsfinanzierung eingangs abgelehnten[448] Äquivalenzgedankens: Bei der Vorteilsabschöpfung ist das Äquivalenzprinzip im engeren Sinne, bei der Kostenprovokation das Kostendeckungsprinzip zu beachten[449]. Stets ist demnach eine Gegenleistung Voraussetzung der Gebühr, die über die Finanzierung der Gemeinlasten hinausgeht, sonst würde die Ge-

87
Zulässigkeit öffentlich-rechtlicher Nutzungsregime

---

439 Grundlegend *Dietrich Murswiek*, Die Ressourcennutzungsgebühr, in: NuR 1994, S. 170; *Winfried Kluth*, Verfassungs- und abgabenrechtliche Rahmenbedingungen der Ressourcenbewirtschaftung, in: NuR 1997, S. 105; unfassend *Meyer* (N 438).
440 Vgl. BVerfGE 93, 319 (345f.); ablehnend *Birk* (N 407), S. 50f.; vgl. ferner zu weiteren Aspekten eines „ökologischen Abgabenrechts" u. Rn. 135, 139.
441 Vgl. BVerfGE 93, 319.
442 Vgl. auch *Birk* (N 407), S. 51f.
443 *Dietrich Murswiek*, Ein Schritt in Richtung auf ein ökologisches Recht, in: NVwZ 1996, S. 417 (421); *ders.*, Die Entlastung der Innenstädte vom Individualverkehr, Bd. I, 1993, insbesondere S. 49ff.; satirisch: *Christian Treffer*, Der Luftpfennig ist verfassungsgemäß, in: DStZ 1997, S. 213.
444 *Vogel/Waldhoff* (N 1), Rn. 423; vgl. die Warnungen *Karl Heinrich Friaufs*, „Verleihungsgebühren" als Finanzierungsinstrumente für öffentliche Aufgaben?, in: FS der Rechtswissenschaftlichen Fakultät der Universität zu Köln 1988, S. 679 (683, 698).
445 Für die Einordnung als Gebühr statt aller *Florian Becker*, Die Versteigerung der UMTS-Lizenzen: Eine neuartige Form der Allokation von Rechten, in: Die Verwaltung 35 (2002), S. 1 (10ff.); *ders.*, Staatliche staatliche Versteigerungserlöse: Anlaß zur Reform der Finanzverfassung?, in: DÖV 2003, S. 177ff.; dagegen *Peter Selmer*, Die UMTS-Versteigerung vor dem BVerfG, in: NVwZ 2003, S. 1304 (1308); offengelassen durch BVerfGE 105, 185.
446 Vgl. dazu *Kluth* (N 439), S. 106ff., 110ff.
447 S.o. Rn. 76.
448 S.o. Rn. 5.
449 *Vogel/Waldhoff* (N 1), Rn. 418ff.; a.A. wohl *Wilke* (N 296), S. 301ff., der allein auf den Verhältnismäßigkeitsgrundsatz als begrenzenden verfassungsrechtlichen Gebührenmaßstab zurückgreifen will; → unten *P. Kirchhof*, § 119 Rn. 45ff.

§ 116 *Achter Teil: III. Finanzwesen*

bühr gleichermaßen voraussetzungslos wie die Steuer[450]. Greift bei Gebühren das Äquivalenzprinzip, bleibt zur Abmilderung der Folgen wuchernder Gebühren auch kein Raum für die Entfaltung des Leistungsfähigkeitsprinzips etwa in Form der sozialen Abstufung der Gebührenhöhe, zumal Leistungsfähigkeit dann – neben progressiver Besteuerung – doppelt abgeschöpft werden würde[451].

88
Verbandslasten und Beiträge

Die Abgabenkategorie des Beitrags umschließt zwei unterschiedliche Abgabentypen: Den klassischen Beitrag als Vorzugslast („Vorzugsbeitrag") und die sogenannte Verbandslast.

89
Verbandslast: korporativer Beitrag

An die Zugehörigkeit eines Pflichtigen zu einer bestimmten Gruppe knüpft letztere an. Verbandslasten werden also durch öffentliche Körperschaften von ihren Mitgliedern zur Finanzierung erhoben (korporative Beiträge). Die Bezeichnung dieser Lasten als Beiträge ist wenig glücklich[452]. Die Rechtsprechung des Bundesverfassungsgerichts, die eine solche Trennung zwischen finanzrechtlichen und korporativen Beiträgen weitgehend verwischt, wäre zu modifizieren. Versuche, durch krampfhafte Konstruktion eines (individualisierbaren) „Vorteils" bei den Verbandslasten als Finanzierungsinstrument von Zwangsverbänden eine Qualifikation als Beitrag im weiteren Sinne zu erreichen, „führen zu gewaltsamen Dehnungen und Verbiegungen der Beitragsstrukturen"[453]. Mit dem Bundesverwaltungsgericht[454] ist daher der Gedanke

„Lastengemeinschaft"

der „Lastengemeinschaft" in den Vordergrund zu rücken (wenn auch nicht zu verabsolutieren): die kollektive Verbandssolidarität, nicht der Vorteilsausgleich ist für die Rechtfertigung maßgebend[455]. In ihrer „klassischen" Version erweist sich die Verbandslast als Mitgliedsbeitrag, als Finanzierungsinstrument zu den eigentlich im Vordergrund stehenden, stets vielfältigen Selbstverwaltungsaufgaben und somit als „öffentlich-rechtliches Seitenstück des bürgerlichrechtlichen Vereinsbeitrages"[456]. Davon sind wiederum die Lastengemeinschaften als besondere Finanzierungsform zu unterscheiden, die nur im Dienste eines Zwecks stehen[457], nämlich des Finanzierungszwecks. Nicht autonome Aufgabenerfüllung in Selbstverwaltung, das heißt die „kollektive Verbandssolidarität"[458], sondern die Organisation einer für einen ganz konkreten Finanzierungszweck verantwortlichen Gruppe prägt derartige Verbände. Die Zwangsmitgliedschaft ist gar nicht Zweck der Konstruktion, die

---

450 BVerfGE 93, 319 (347).
451 *Vogel/Waldhoff* (N 1), Rn. 420; *Matthias Jestaedt*, Staffelgebühren im Steuerstaat, in: DVBl 2000, S. 1820 (1825 ff.); prinzipiell anders BVerfGE 97, 332 (344): soziale Abstufung bis zur Erreichung der abgegoltenen Gegenleistung, d.h. im Rahmen des Kostendeckungsprinzips grundsätzlich zulässig.
452 *Josef Isensee*, Äquivalenz, Kostenausgleich, Verbandssolidarität im Abgabenrecht, in: GS für Wilhelm Karl Geck, 1989, S. 355 (372 ff.); *ders.*, Umverteilung durch Sozialversicherungsbeiträge, S. 31 f.; *Theo Ubber*, Der Beitrag als Institut der Finanzverfassung, Diss. Köln, 1993, S. 304 ff.
453 *Isensee*, Äquivalenz (N 452), S. 374.
454 Vgl. nur BVerwGE 12, 319 (323); 23, 353 (367).
455 *Isensee*, Äquivalenz (N 452), S. 374.
456 *Isensee*, Äquivalenz (N 452), S. 373; *Albrecht Merkt*, Die mitgliedschaftsbezogene Abgabe des öffentlichen Rechts, 1990, S. 7 ff.; *Gunnar Folke Schuppert*, Nichtsteuerliche Abgaben, intermediäre Finanzgewalten und Verwaltungsorganisation, in: FS für Werner Thieme, 1993, S. 227 (241, 246)
457 Vgl. auch *Ubber* (N 452), S. 314 f.
458 *Isensee*, Äquivalenz (N 452), S. 375.

Mitgliedschaft ist lediglich ein rechtskonstruktiver Anknüpfungspunkt. In den Worten Josef Isensees: Bei diesen „zweckmonistischen" Finanzierungsverbänden ist die „Verbandsmitgliedschaft ... letztlich nur ein rechtstechnischer Kunstgriff des Gesetzgebers"[459], um den Finanzierungszweck sicherzustellen. Da zudem nach richtiger Ansicht bei den korporativen Beiträgen nicht auf einen greifbaren Vorteil als Gegenleistung abgestellt werden kann, der Äquivalenzgedanke somit ausscheidet, muß sich die Rechtfertigung anders ausrichten. In Betracht kommen wiederum materielle Kriterien und Grenzen der überkommenen Abgabentypen, hier vorrangig der Sonderabgabe[460].

Finanzrechtlich bezeichnet „Beitrag" im engeren Sinne dagegen den Gebühren nahestehende, zum Ausgleich eines Vorteils erhobene Abgaben, bei denen die Pflichtigen dadurch verbunden sind, daß ihnen der Vorteil gemeinsam zugute kommt[461]. Bei der Leistung muß es sich um „konkrete, einzeln greifbare wirtschaftliche Vorteile" handeln, die dem Beitragspflichtigen prinzipiell zugänglich sein müssen[462]. Es handelt sich also um eine Beteiligung an Kosten einer Einrichtung, deren Nutzer bisher nur als Gruppe individualisiert sind, so daß das Angebot, die Möglichkeit einer Leistung, entgolten wird[463]. Hierzu zählen die Erschließungsbeiträge gemäß den §§ 127 ff. BauGB[464] ebenso wie Fremdenverkehrsabgaben[465] und Kurtaxen[466]. Dennoch trifft es nicht zu, daß der finanzrechtliche Beitrag lediglich ein „Etikett"[467] für spezielle Gebühren oder Steuern sei. Idealtypisch unterscheidet sich der Beitrag nämlich von der Zwecksteuer dadurch, daß seine Erhebung auf Personen beschränkt ist, die einen individualisierbaren – wenn auch typisierten – Vorteil durch öffentliche Leistung erlangen, während bei der Zwecksteuer lediglich die haushälterische Verwendung des Aufkommens gebunden wird[468]. Von der Gebühr grenzt sich der Beitrag – wenn auch in der Praxis unscharf – durch das Anknüpfen an den potentiellen statt den aktuellen Vorteil ab[469]. Von der

90
Vorzugs- oder Finanzierungsbeitrag

Abgrenzung zu anderen Abgabentypen

---

459 *Isensee*, Äquivalenz (N 452), S. 377.
460 S. u. Rn. 91; BVerfGE 110, 370 (389); ausführlich *Christian Waldhoff*, Finanzierung der Standortsuche für ein atomares Endlager durch eine öffentlich-rechtliche Körperschaft (Verbandsmodell), in: Fritz Ossenbühl (Hg.), Deutscher Atomrechtstag 2004, 2005, S. 153 (163 ff.); *Stefan Mückel*, Die Umlagefinanzierung im neuen Telekommunikationsrecht, in: DÖV 2006, S. 797; vgl. auch *Merkt* (N 456), S. 94; *Schuppert* (N 456), S. 231: „funktional zu den Sonderabgaben" gehörig; in etwas anderem Zusammenhang zur Nähebeziehung von Beitrag und Sonderabgabe BVerwGE 72, 212 (218 ff.).
461 BVerfGE 14, 312 (317); 42, 223 (228); *Klaus Vogel*, Kammerbeitrag und Finanzverfassung, in: DVBl 1958, S. 491; *Ubber* (448), durchgehend; kritisch *Wilke* (N 296), S. 117 ff., → unten *P. Kirchhof*, § 119 Rn. 62 ff.
462 BVerfGE 49, 343 (353).
463 Vgl. *Paul Kirchhof*, Staatliche Einnahmen, in: HStR IV, ²1999, (¹1990), § 88 Rn. 213.
464 Vgl. *Marcus Arndt*, Kommunale Beiträge, in: Hans-Günter Henneke/Hermann Pünder/Christian Waldhoff (Hg.), Recht der Kommunalfinanzen, 2006, § 16 Rn. 21 ff.
465 BVerfGE 42, 223 (228); ausführlich *Karl-Heinz Christmann*, Die Fremdenverkehrsabgabe in deutschen Heilbädern, Kurorten und Fremdenverkehrsgemeinden und der Einfluß der Rechtsprechung auf ihre juristische Ausgestaltung und Fortentwicklung, 1995, S. 20 und durchgehend; *Thomas Schneider-Bienert*, Kurtaxe und Fremdenverkehrsabgaben, Diss. Tübingen, 1991, S. 100 ff.
466 *Christoph Trzaskalik*, Die Kurtaxe, in: FS für Peter Selmer, 2004, S. 947 ff.; *Christmann* (N 465), S. 7 f.; *Schneider-Bienert* (N 465), S. 3 ff.
467 So *Wilke* (N 296), S. 139.
468 *P. Kirchhof* (N 463), Rn. 215; *Christian Waldhoff*, Die Zwecksteuer, in: StuW 2002, S. 285.
469 *Peter Selmer/Carsten Brodersen/Gert Nicolaysen*, Straßenbenutzungsabgaben für den Schwerverkehr, 1989, S. 63; vgl. auch die einschlägigen Formulierungen in den Kommunalabgabengesetzen der Länder; für Nordrh.-Westf,: § 5 Abs. 1, 8 Abs. 2 KAG Nordrh.-Westf.

Sonderabgabe unterscheidet sich der Beitrag dadurch, daß er in den allgemeinen Staatshaushalt und nicht in einen haushaltsflüchtigen Fonds fließt; der Beitrag kompensiert zudem einen Vorteil, die Sonderabgabe folgt einer zu finanzierenden gruppenbezogenen Aufgabe[470].

IV. Sonderabgaben

91
Prätorische Rechtsschöpfung des BVerfG

Die Sonderabgabe wirft zwei wiederum zusammenhängende Fragen auf: Wie ist sie in das verfassungsrechtliche Abgabensystem einzuordnen? Insbesondere: Handelt es sich um eine Auffangkategorie für anderweitig nicht qualifizierbare Abgaben oder um einen fest umrissenen eigenständigen Abgabentypus? Und: Wie ist sie zu rechtfertigen, was sind ihre Grenzen, vor allem im Hinblick auf die durch Sonderabgaben gefährdeten Prinzipien der Steuerstaatlichkeit, des Haushaltsverfassungsrechts, der bundesstaatlichen Finanzverfassung und der Belastungsgleichheit der Bürger. Mehr noch als andere Bereiche des Finanzverfassungsrechts ist das Recht der Sonderabgaben durch eine breite Kasuistik des Bundesverfassungsgerichts geprägt[471]. Leitentscheidung ist hier diejenige zur Ausbildungsplatzförderungsabgabe von 1980[472]. Dort wurden drei kumulativ erforderliche Voraussetzungen postuliert, um eine Sonderabgabe ausnahmsweise von Verfassungs wegen zulässig zu machen: (1) Eine in der Wirklichkeit und/oder in der Rechtsordnung vorfindliche und abgrenzbare homogene soziale Gruppe muß vorliegen, damit sie rechtmäßig mit einer solchen Abgabe belastet werden kann. (2) Eine spezifische Sachnähe/Beziehung zwischen dieser Gruppe und dem zu finanzierenden Zweck ist erforderlich: „Die mit der Abgabe belastete Gruppe muß dem mit der Abgabenerhebung verfolgten Zweck evident näherstehen als jede andere Gruppe oder die Allgemeinheit der Steuerzahler. Aus dieser Sachnähe muß eine besondere Gruppenverantwortung für die Erfüllung der mit der außersteuerlichen Abgabe zu finanzierenden Aufgabe entspringen." (3) Die gruppennützige Verwendung des Abgabenaufkommens als sachgerechte Verknüpfung zwischen Belastung und Begünstigung muß hergestellt werden. Bei der gruppennützigen Verwendung handelt es sich nicht nur um eine einfache haushaltsrechtliche Zweckbindung, vielmehr führt diese zur Haushaltsflüchtigkeit, also der fehlenden Erfassung des Aufkommens aus den Sonderabgaben im Haushaltsplan.

Gruppenhomogenität

Spezifische Sachnähe

Gruppennützige Verwendung

92
Weitere Entscheidungen des BVerfG

Antriebsfunktion

In der Entscheidung zur Schwerbehinderten-Ausgleichsabgabe[473] werden diese Kriterien für Sonderabgaben, die nicht primär Finanzierungszwecken dienen, sondern Antriebs- und Ausgleichsfunktion besitzen, modifiziert: Durch die Schwerbehinderten-Ausgleichsabgabe sollen Arbeitgeber angehalten werden, Schwerbehinderte einzustellen (Antriebsfunktion); die Belastun-

---

470 *P. Kirchhof* (N 463), Rn. 216.
471 Ausführlich zu dieser: *Vogel/Waldhoff* (N 1), Rn. 437 ff.
472 BVerfGE 55, 274.
473 BVerfGE 57, 139 (165 ff.).

gen zwischen denjenigen Arbeitgebern, die dieser Verpflichtung genügen, und denjenigen, die sie nicht erfüllen, sollen ausgeglichen werden (Ausgleichsfunktion der Abgabe). In der Entscheidung zum Absatzfondsgesetz[474] stellt das Bundesverfassungsgericht klar, daß die Kategorie der Sonderabgabe kein Auffangbecken für finanzverfassungsrechtlich nicht zu qualifizierende Abgaben, sondern eine eigene, durch die oben angegebenen tatbestandlichen Elemente qualifizierte Abgabenkategorie bildet. Eine Konsolidierung der bisherigen Rechtsprechung findet sich in der Kohlepfennig-Entscheidung[475]: Die Allgemeinheit der Stromverbraucher treffe keine besondere Finanzierungsverantwortung für die Aufgabe der Förderung des Steinkohleeinsatzes zur Stromerzeugung. Die bloße Nachfrage von Haushalten und Industrie nach dem gleichen Wirtschaftsgut forme die Verbraucher nicht zu einer „homogenen Gruppe" mit Finanzierungsverantwortung für diese Aufgabe. Der Kreis der Stromverbraucher sei nahezu konturenlos und gehe in der Allgemeinheit der Steuerzahler auf: „Das Interesse an einer Stromversorgung ist heute so allgemein wie das Interesse am täglichen Brot. Die Befriedigung eines solchen Interesses ist eine Gemeinschaftsaufgabe des Parlaments, das Finanzierungsinstrument die Gemeinlast der Steuer." Durch den Feuerwehrabgabenbeschluß[476] wurden die bisher entwickelten Grundsätze auch auf landesrechtlich geregelte Sonderabgaben übertragen. Ein neues Erfordernis an die Zulässigkeit von Sonderabgaben nach der Altenpflegeumlage-Entscheidung des Bundesverfassungsgerichts ist die besondere Dokumentationspflicht[477]. Um einer substantiellen Schwächung des Grundsatzes der Vollständigkeit des Haushaltsplans durch die zunehmende Zahl haushaltsflüchtiger Sonderabgaben entgegenzuwirken, sind diese in ihrem vollständigen Bestand in einer dem Haushaltsplan beigefügten Anlage zu dokumentieren. Diese Dokumentationspflicht rückt die Sonderabgabe jedoch auch weiter in den „Bereich des beinahe Normalen und Regelmäßigen"[478] und schwächt dadurch den Charakter der Sonderabgaben als „verfassungsrechtlichen Krisentatbestand"[479] weiter ab[480] – eine nicht unbedenkliche Entwicklung.

Ausgleichsfunktion

Dokumentation

93
Aufweichung der Zulässigkeitskriterien

Die jüngste Rechtsprechung des Bundesverfassungsgerichts zeigt zudem eine Tendenz, die zuvor, insbesondere in der Kohlepfennigentscheidung, sehr strikt gehandhabten Zulässigkeitskriterien der Sonderabgabe Stück für Stück aufzuweichen. Diese Entwicklung tritt am deutlichsten bezüglich der gruppennützigen Verwendung der durch Sonderabgaben erzielten Einnahmen und der mit dieser untrennbar zusammenhängenden besonderen Finanzierungs-

---
474 BVerfGE 82, 159.
475 BVerfGE 91, 186 (205 f.).
476 BVerfGE 92, 91.
477 BVerfGE 108, 186 (218 f.); vgl. auch BVerfGE 110, 370 (389, 393); kritisch zur Umsetzung *Jens Wahlhäuser*, Wird die „heimliche Steuer unheimlich"?, in: NVwZ 2005, S. 1389.
478 *Peter Selmer*, Die sogenannte Gruppennützigkeit der Sonderabgabe – eine Zulässigkeitsvoraussetzung im Wandel, in: FS für Reinhard Mußgnug, 2005, S. 217 (227).
479 *P. Kirchhof* (N 463), Rn. 257.
480 Diese Tendenz begrüßt allerdings *Kay Waechter*, Sonderabgaben sind normale Abgaben, in: ZG 2005, S. 97, insbesondere S. 120 f.

verantwortung der Pflichtigen zutage[481]: Im Klärschlamm-Beschluß hat das Bundesverfassungsgericht eine „generelle Verbesserung der Bedingungen für eine landbauliche Verwertung", eine „mittelbare Verwendung des Abgabenaufkommens im Interesse der Abgabepflichtigen" bereits für ausreichend erachtet[482]. Dem durch das Bundesverfassungsgericht festgestellten „Fortschreiten der Sonderabgabengesetzgebung in Bund und Ländern"[483] wirkt das Gericht durch eine solche Aufweichung ihrer Zulässigkeitskriterien kaum entgegen, vielmehr befördert es sie sogar noch[484].

Steigende grundsätzliche Bedenken gegen die Sonderabgabe

Nur vereinzelt ist die Rechtsprechung des Bundesverfassungsgerichts – beziehungsweise sind die dieser zugrundeliegenden Vorarbeiten von Peter Selmer[485], Reinhard Mußgnug[486] und Karl Heinrich Friauf[487] – insgesamt und kategorial in Frage gestellt worden[488]. Es wird zu Recht kritisiert, daß die entscheidende Frage, ob es die Sonderabgabe „überhaupt als eigenständige Finanzierungsform geben darf", nicht mehr gestellt werde, sondern allein durch grundgesetzferne Zulässigkeitskriterien halbherzig den gröbsten Auswüchsen begegnet werden solle[489]. Zentraler Angriffspunkt gegen die Rechtsprechung des Bundesverfassungsgerichts ist, daß das Gericht die Tatbestandsmerkmale der Sonderabgabe zugleich als deren Zulässigkeitsvoraussetzung sehe[490].

Abgrenzung von anderen Abgabenarten

Die Sonderabgabe ist allerdings sehr wohl idealtypisch von anderen Abgabenarten abgrenzbar, auch wenn die finanzverfassungsrechtliche Qualifizierung von Abgaben in der Rechtsanwendung oft Schwierigkeiten bereitet. Von der Steuer unterscheidet sich die Sonderabgabe dadurch, daß ihr Belastungsgrund nicht das Leistungsfähigkeitsprinzip, sondern die Gruppenverantwortlichkeit für einen speziellen Finanzierungszweck ist. Zudem fließt ihr Aufkommen nicht in den Haushalt. Im Gegensatz zu den Sozialversicherungsbeiträgen schließlich handelt es sich nicht um eine Abgabe mit spezifischem Bezug zur Sachmaterie „Sozialversicherung" im Sinne von Art. 74 Abs. 1 Nr. 12 GG[491]. Damit handelt es sich bei Sonderabgaben nicht um eine Auffangkategorie für

---

481 *Selmer* (N 478), S. 231 ff.; *Fritz Ossenbühl*, Zur Rechtfertigung von Sonderabgaben mit Finanzierungszweck, in: DVBl 2005, S. 667 (672), vgl. bereits *Waldhoff* (N 460), S. 165.
482 BVerfGE 110, 370 (392); vgl. der Sache nach auch BVerfGE 113, 128 (152).
483 BVerfGE 108, 186 (218).
484 *Ossenbühl* (N 481), S. 670.
485 *Selmer* (N 30), S. 183 ff.
486 *Reinhard Mußgnug*, Die zweckgebundene öffentliche Abgabe, in: FS für Ernst Forsthoff, ²1974, S. 59.
487 *Karl Heinrich Friauf*, Öffentliche Sonderlasten und Gleichheit der Steuerbürger, in: FS für Hermann Jahrreiß, 1974, S. 45; *ders.*, Die Zulässigkeit von außersteuerlichen Sonderabgaben, in: FS für Willy Haubrichs, 1976, S. 103.
488 *Maunz* (N 298), Rn. 22; vgl. vermittelnd *Werner Heun*, Die Sonderabgaben als verfassungsrechtlicher Abgabetypus, in: DVBl 1990, S. 666 (667).
489 *Siekmann* (N 56), Rn. 123 ff.
490 *Paul Henseler*, Begriffsmerkmale und Legitimation von Sonderabgaben, 1984; *ders.*, Das Urteil zur Investitionshilfeabgabe in seiner Bedeutung für die Dogmatik des Abgabenrechts, in: NVwZ 1985, S. 398; *Lerke Osterloh*, Zur Zulässigkeit von Sonderabgaben – BVerfG 55, 274, in: JuS 1982, S. 421 (424); *Wolfgang Jakob*, Sonderabgaben – Fremdkörper im Steuerstaat?, in: FS für Franz Klein, 1994, S. 663 (676 ff.); *Siekmann* (N 56), Rn. 129 f.; *Wolfgang Puwalla*, Qualifikation von Abgaben, 1987, zusammenfassend S. 139.
491 *Schuppert* (N 456), S. 232, qualifiziert die Sozialversicherungsbeiträge als „Sonderabgaben i. w. S.".

anderweitig nicht qualifizierbare Abgaben, sondern um einen eigenständigen verfassungsrechtlichen Abgabentyp[492].

Gerade die neuere, aufweichende Rechtsprechung zur Zulässigkeit von Sonderabgaben verdeutlicht erneut deren grundsätzliche Problematik: Bei einer großzügigen Handhabung der richterrechtlich entwickelten Kriterien geht die spezifische Schutzfunktion für den belasteten Bürger, nur durch in der Verfassung vorgezeichnete Abgaben verfassungsrechtlich eingehegt belastet zu werden, verloren. Das haushaltsverfassungsrechtlich nachvollziehbare, erhöhter Transparenz dienende Anliegen der haushaltsmäßigen Dokumentation bringt in einem unlösbaren Zielkonflikt – ungewollt – zugleich eine problematische „Normalisierung" und Gewöhnung an diesen abgabenrechtlichen Fremdkörper.

Unbewältigte Problematik

V. Sonstige Abgaben

Als Auffangkategorie sind Ausgleichs- und Lenkungsabgaben zu nennen, die keine Sonderabgaben sind. Ausgleichsabgaben sind Abgaben, die spezifische Lasten oder Vorteile ausgleichen sollen. Sie werden erhoben, wo einzelne im öffentlichen Interesse besondere Pflichten übernommen haben oder sie ihnen auferlegt worden sind, andere in gleicher Lage dagegen nicht (so bei der Schwerbeschädigtenabgabe, die freilich auch lenken soll[493]), oder wo ihnen ein besonderer Vorteil zugeflossen ist, ohne daß im Zusammenhang damit ein ihnen zuzurechnender Aufwand erwachsen ist (so bei der Fehlbelegungsabgabe[494]). Schon weil diese Abgaben nicht um ihres Aufkommens willen erhoben werden, widersprechen sie nicht dem Grundsatz, daß Staatsaufgaben durch Steuern zu finanzieren sind[495]. Auf der Grenze zwischen Ausgleichs- und Sonderabgaben steht daher eine Gruppe, die das Bundesverfassungsgericht Ausgleichs-Finanzierungsabgaben nennt; bei ihnen sollen „die durch die Abgabe einkommenden Mittel ... Belastungen oder Vorteile innerhalb eines bestimmten Erwerbs- oder Wirtschaftszweigs ausgleichen"[496].

94

Ausgleichsabgaben

Keine Steuern sind ferner Abgaben, die, statt Aufkommen zu erzielen, das Verhalten der Pflichtigen oder allgemein das Verhalten der Wirtschaftssubjekte motivierend beeinflussen sollen (Lenkungsabgaben). So lag es bei dem 1979 erhobenen Konjunkturzuschlag zur Einkommens- und Körperschaftssteuer, der bis zu seiner Rückzahlung bei der Bundesbank stillgelegt wurde[497]. Dagegen hält das Bundesverfassungsgericht eine zu Finanzierungszwecken erhobene Zwangsanleihe für verfassungswidrig[498]. Im Kommunalbereich und

Lenkungsabgaben

---

[492] *P. Kirchhof* (N 463), Rn. 222; *Winfried Kluth*, Die verfassungsrechtlichen Anforderungen an die Erhebung von Sonderabgaben, in: JA 1996, S. 260; *Schuppert* (N 456), S. 245.
[493] BVerfGE 13, 167 (170 ff.); 57, 139 (165, 167 f.); 67, 256 (277).
[494] BVerfGE 78, 249 (267 ff.).
[495] S. o. Rn. 84; → unten *P. Kirchhof*, § 119 Rn. 90 ff., 107 ff.
[496] BVerfGE 67, 256 (285 ff.).
[497] BVerfGE 29, 402 (409); *Paul Kirchhof/Hannfried Walter*, Die verfassungsrechtliche Problematik des rückzahlbaren Konjunkturzuschlags, in: NJW 1970, S. 1575.
[498] BVerfGE 67, 256 (285 ff.); *Hans-Wolfgang Arndt*, Steuern, Sonderabgaben und Zwangsanleihen, 1983, S. 45 ff.

§ 116 *Achter Teil: III. Finanzwesen*

im Umweltrecht erhalten Kompensationsabgaben zunehmend Bedeutung[499]. Systematisch wären zu den Lenkungsabgaben auch in Geldzahlungspflichten bestehende, monetäre Sanktionen (Geldstrafen, Buß- und Zwangsgelder) zu rechnen. Das Recht der Sanktionen hat sich aber historisch gesondert vom Abgabenrecht entwickelt, so daß es nicht üblich ist, sie als Abgaben zu betrachten[500].

95
Sozialversicherungs-beiträge

Schon wegen des Volumens ihres Aufkommens im Vergleich zu allen anderen nichtsteuerlichen Abgaben, zu den Steuern und zum Staatshaushalt nehmen die Sozialversicherungsbeiträge eine herausragende Sonderstellung ein[501]. Ihre verfassungsdogmatische Einordnung ist indes umstritten[502]. Jedenfalls handelt sich nicht um Beiträge im finanzrechtlichen Sinne[503], denn neben Elementen der Äquivalenz sind sie auch durch (umverteilende) Elemente der Leistungsfähigkeit[504] geprägt und kommen (fremdnützig) Dritten zugute[505]. Zudem sind sie am globalen Finanzbedarf der Versicherungsträger und weniger am individuell zurechenbaren Aufwand orientiert[506]. Beiträge im Sinne von Verbandslasten setzen eine korporative Legitimation voraus, die zumindest einige Sozialversicherungszweige nicht erfüllen[507]. Auch die Beitragspflicht von Nichtmitgliedern[508] und die Finanzierung körperschaftsfremder Aufgaben[509] könnte so nicht erklärt werden. Eine Einordnung als Steuer scheitert schon daran, daß die Sozialversicherungskörperschaften keine mit Ertragshoheit im Sinne des Art. 106 GG ausgestatteten Gebilde darstellen[510], spätestens aber daran, daß die Sozialversicherungsbeiträge nicht als Gemein-, sondern als Sonderlast konzipiert sind und es somit an der Voraussetzungslosigkeit mangelt[511]. Von der privaten Versicherungsprämie unterscheidet sich der Sozialversicherungsbeitrag schließlich durch sein Abweichen vom versicherungstechnischen Äquivalenzprinzip und durch seinen öffentlich-rechtlichen Charakter[512].

---

499 *Andreas Voßkuhle*, Das Kompensationsprinzip, 1999, S. 220 ff.; *Christian Seiler*, Befreiende Abgaben, in: Hans-Günter Henneke/Hermann Pünder/Christian Waldhoff (Hg.), Recht der Kommunalfinanzen, 2006, § 18.
500 Anders, allerdings in vorwiegend ökonomischer Betrachtung, *Dietrich Dickertmann/Siegfried Gelbhaar*, Einnahmesystematische Zuordnung und Finanzausgleichsrelevanz von Geldstrafen und anderen monetären Sanktionen, in: Die Verwaltung 28 (1995), S. 475.
501 S. o. Rn. 10; → unten *F. Kirchhof*, § 125 Rn. 17 ff.
502 Ausführlich: *Vogel/Waldhoff* (N 1), Rn. 453 ff.
503 BVerfGE 11, 105 (117); 14, 312 (318).
504 Zu den Unterschieden zwischen „steuerlicher" und sozialversicherungsrechtlicher Leistungsfähigkeit siehe *Isensee* (N 43), S. 20 f.
505 *Isensee*, Umverteilung (N 452), S. 32 ff.; *Thomas M. Gössl*, Die Finanzverfassung der Sozialversicherung, 1992, S. 52; *F. Kirchhof* (N 47), Rn. 16; *P. Kirchhof* (N 463), Rn. 275.
506 *Gössl* (N 505), S. 52.
507 *Isensee*, Umverteilung (N 452), S. 36 f.; für eine Einordnung als Verbandslast jedoch *Selmer* (N 30), S. 183.
508 *F. Kirchhof* (N 47), Rn. 16
509 *P. Kirchhof* (N 463), Rn. 275.
510 *Vogel/Waldhoff* (N 1), Rn. 459; insoweit a. A. *Isensee*, Umverteilung (N 452), S. 38; *ders.* (N 43), S. 17.
511 *Isensee*, Umverteilung (N 452), S. 39 ff; *ders.* (N 43), S. 19 ff.; *F. Kirchhof* (N 47), Rn. 16.
512 *Isensee*, Umverteilung (N 452), S. 31; *P. Kirchhof* (N 463), Rn. 276.

Bei den Sozialversicherungsbeiträgen handelt es sich demnach letztlich um einen Abgabentypus sui generis, der als „Solidarlast" bezeichnet werden kann[513]. „Solidarlast"

Nichts anderes gilt im Ergebnis für die Rundfunkgebühr. Hatte Hans Peter Ipsen diese noch als (Anstalts-)Nutzungsgebühr mit Beitragselementen verstanden[514], handelt es sich nach zutreffender Ansicht um eine Abgabe sui generis mit Beitragselementen zur Gesamtveranstaltung Rundfunk[515]. Eine verfassungsrechtliche Besonderheit der Rundfunkgebühr ist der Koordinationsbedarf zwischen finanzverfassungs- und medienverfassungsrechtlichen Gesichtspunkten. Fast alle verfassungsrechtlichen Streitfragen beruhen auf dieser Gemengelage[516]. Rundfunkgebühr

VI. Sonstige Einnahmen, insbesondere Kreditfinanzierung

Weitere Einnahmen kommen dem Staat aus verschiedensten Quellen zu, so etwa aus Krediten, aus öffentlich-rechtlichen Schadensersatz- und Rückerstattungsansprüchen, aus Zinsen für die verspätete Erfüllung öffentlich-rechtlicher Geldzahlungspflichten, aus vertraglich übernommenen öffentlich-rechtlichen Geldleistungspflichten (etwa aufgrund städtebaulicher Verträge), aus Sanktionen, aus besonderen Abführungen staatlicher Betriebe, Sondervermögen[517], Institutionen wie der Bundesbank und schließlich aus privatrechtlichen Quellen, etwa aus Beteiligung an privaten Unternehmen oder aufgrund des Fiskalerbrechts nach § 1936 BGB. 96
Quellenvielfalt

Von diesen weiteren Einnahmen hat die Kreditfinanzierung mit weitem Abstand die größte Bedeutung[518]. Verfassungsrechtliche Grenzen der Kreditfinanzierung ergeben sich aus Art. 115 GG und aus Art. 109 Abs. 2 GG. „Aufnahme von Krediten" im verfassungsrechtlichen Sinne ist jede Beschaffung von Geldmitteln, die zurückgegeben werden müssen[519]. Der verfassungsrechtliche Kreditbegriff geht somit über den zivilrechtlichen hinaus und ist unabhängig von der zivilrechtlichen Formenwahl[520]. 97
Kreditfinanzierung

---

513 *Isensee*, Umverteilung (N 452), S. 41 f.; *F. Kirchhof* (N 47), Rn. 16; *Gössl* (N 505), S. 52 → unten *F. Kirchhof*, § 125 Rn. 23.
514 *Hans Peter Ipsen*, Die Rundfunkgebühr, ²1958, S. 60 ff.
515 *Alfred Grupp*, Grundfragen des Rundfunkgebührenrechts, 1983, S. 42; vgl. auch *Peter Badura*, Zur Frage der Zulässigkeit von Fördermaßnahmen zugunsten privater Anbieter, die aus dem Aufkommen der Rundfunkgebühr finanziert werden, in: ZUM 1988, S. 155 (163).
516 Vgl. *Reinhart Ricker/Peter Schiwy*, Rundfunkverfassungsrecht, 1997, Rn. C 90 ff.; BVerfGE 90, 60.
517 Vgl. ausführlich: *Christian Waldhoff*, Verfassungsrechtliche Probleme des ERP-Sondervermögens, in: DÖV 2005, S. 674.
518 Die Nettokreditaufnahme der Gebietskörperschaften betrug 2005 49,6 Mrd. Euro, alleine auf den Bund entfielen davon 31,2 Mrd. Euro. Quelle: Institut der deutschen Wirtschaft, Deutschland in Zahlen 2006, S. 73. → Unten *Pünder*, § 123 Rn. 11 ff.
519 *Wolfram Höfling*, Staatsschuldenrecht, 1993, S. 29; ders./*Stephan Rixen*, in: BK, Art. 115 Rn. 124; *Roland Lappin*, Kreditäre Finanzierung des Staates unter dem Grundgesetz, 1994, S. 121.
520 *Christoph Gröpl*, Haushaltsrecht und Reform, 2001, S. 527; *Höfling/Rixen* (N 519), Rn. 125.

D. Steuerverfassung im Überblick

I. Steuerverfassungsrechtliche Prüfungsmaßstäbe

98
Grundrechtliche und außergrundrechtliche Maßstäbe

Steuerverfassungsrecht meint die Anwendung des gesamten Verfassungsrechts auf die Ausgestaltung der Besteuerung in allen ihren Phasen, das heißt bei der Steuerrechtsetzung, bei der Steuererhebung und bei der gerichtlichen Kontrolle von Besteuerungsvorgängen. Sie tritt ergänzend zur steuerlichen Kompetenzordnung der bundesstaatlichen Finanzverfassung hinzu. „Maßstab der Besteuerung sind nicht abstrakte steuerpolitische Ideale, sondern die im Grundgesetz normierten Gerechtigkeitsanforderungen."[521] Das Steuerverfassungsrecht dirigiert die Steuergesetzgebung, die Steuererhebung und damit auch die Steuerrechtsprechung[522]; auch Nebenaspekte wie die Indienstnahme Privater, etwa des Arbeitgebers im Lohnsteuerverfahren, müssen sich insofern rechtfertigen[523]. Das Grundgesetz kennt – im Gegensatz zur überkommenen deutschen Verfassungstradition[524] – kein ausdrückliches Steuerverfassungsrecht. Im Zuge der Rationalisierung der Verfassungstexte sind die expliziten steuerspezifischen Besonderheiten, die noch bis in die Weimarer Reichsverfassung mit ihrem Art. 134 Verfassungstexte prägten, eliminiert. Geradezu gegenläufig kann bei der Anwendung der Maßstäbe eine kontinuierliche Effektuierung festgestellt werden[525]. Die Maßstäbe dieses „ungeschriebenen Finanzrechts des Grundgesetzes"[526] sind einmal die Grundrechte, zum anderen rechts- und sozialstaatliche Postulate[527]. Bei den grundrechtlichen Maßstäben können gleichheits- und freiheitsrechtliche Anforderungen an die Steuererhebung unterschieden werden. Sowohl in historischer wie auch in aktueller Perspektive ist die steuerliche Konkretisierung des allgemeinen Gleichheitssatzes der zentrale Prüfungsmaßstab. Wie zu zeigen sein wird, können gleichheits- und freiheitsrechtliche Anforderungen jedoch nicht mehr strikt getrennt werden, sie überlagern und beeinflussen sich speziell im Steuerverfassungsrecht gegenseitig[528]. Die verfassungsrechtliche Ausrichtung der Steuer erweist sich dann als zentrales Element der Steuerrechtfertigung[529].

„Ungeschriebenes Finanzrecht des Grundgesetzes"

---

521 *Weber-Grellet* (N 30), S. 27; vgl. insgesamt auch *Dieter Birk*, Steuerrecht und Verfassungsrecht, in: Die Verwaltung 35 (2002), S. 91.
522 Zu dem Zusammenhang und zu den Wechselwirkungen zwischen Steuererhebung und Steuergesetz BVerfGE 84, 239; 110, 94.
523 *Oliver Geißler*, Der Unternehmer im Dienste des Steuerstaates, 2001; *Gregor Kirchhof*, Die Erfüllungspflichten des Arbeitgebers im Lohnsteuerverfahren, 2005; *Klaus D. Drüen*, Indienstnahme Privater für den Vollzug von Steuergesetzen, noch nicht veröffentlichte Bochumer Habilitationsschrift.
524 *Klaus Oechsle*, Die steuerlichen Grundrechte in der jüngeren deutschen Verfassungsgeschichte, 1993; *Waldhoff* (N 155), S. 211 ff.
525 *Waldhoff* (N 155), S. 260 ff.
526 *Klaus Vogel*, Das ungeschriebene Finanzrecht des Grundgesetzes, in: GS für Wolfgang Martens, 1987, S. 265.
527 Hinsichtlich der rechtsstaatlichen Anforderungen → unten *P. Kirchhof*, § 99 Rn. 104 ff., sowie im Überblick *Vogel/Waldhoff* (N 1), Rn. 472 ff.
528 *Seiler* (N 26), S. F 7 (F 10 ff.).
529 *Michael Rodi*, Die Rechtfertigung von Steuern als Verfassungsproblem, 1994, S. 64 ff.

Bei allem Respekt vor der Sachlogik des einfachen Rechts, bei allem Eigenstand des einfachrechtlichen Finanzrechts muß konstatiert werden: „Alle grundlegenden Entscheidungen über Anlage und Ausgestaltung eines Steuersystems sind Verfassungsentscheidungen."[530] Die dogmatische Durchdringung des einfachrechtlichen Steuerrechts vollzog sich historisch parallel zur Behandlung steuerverfassungsrechtlicher Maßstäbe. Anders als etwa in dem Verhältnis zwischen Zivilrecht und Verfassungsrecht bestanden und bestehen hier von vornherein ganz andere Wechselwirkungen[531].

99 Besondere Verfassungsgebundenheit des Steuerrechts

II. Besteuerung nach der wirtschaftlichen Leistungsfähigkeit als Ausprägung der Steuergleichheit und der Steuergerechtigkeit

Das Prinzip der Besteuerung nach der individuellen wirtschaftlichen Leistungsfähigkeit ist nicht nur ein finanzwissenschaftliches Postulat, sondern als Ausprägung der Steuergleichheit und damit als Konkretisierung geltenden Verfassungsrechts für den Steuergesetzgeber unmittelbar bindend. Es handelt sich um ein Rechtsprinzip, um die Konkretisierung von Rechtssätzen und damit um mehr als eine bloße Direktive, eine bloße Gerechtigkeitserwägung[532]. Durchbrechungen[533] bedürfen der verfassungsrechtlichen Rechtfertigung. Regelmäßig verfälschen steuerliche Lenkungszwecke die Besteuerung nach der individuellen wirtschaftlichen Leistungsfähigkeit, wenn sie wirksam einen Verhaltensbefehl oder eine Verhaltensempfehlung überbringen wollen. Auch die im (Einkommen-)Steuerrecht häufig anzutreffenden Pauschalierungen und Typisierungen können als „Vereinfachungsnormen" einer leistungsfähigkeitsgerechten Besteuerung im Einzelfall zuwiderlaufen.

100 Leistungsfähigkeitsprinzip: Herleitung und Funktion

Wie viele Besteuerungsprinzipien wurde auch das Leistungsfähigkeitsprinzip zunächst durch die Finanzwissenschaften entwickelt und diskutiert, bevor es in Gesetzestexten oder durch die Rechtsdogmatik rezipiert wurde[534]. Mögen sich die Finanzwissenschaften zwischenzeitlich von der Forderung nach leistungsfähigkeitsgerechter Besteuerung abgewendet haben und die Diskussion in der Ökonomie teilweise andere Wege gegangen sein, so kann dies die (ver-

101 Wirtschaftswissenschaften

---

530 *Klaus Vogel*, Verfassungsrechtsprechung zum Steuerrecht, 1999, S. 5.
531 Wissenschaftsgeschichtlich am Beispiel *Albert Hensels* steuerdogmatischen Pionierleistungen auch und vor allem in Auseinandersetzung mit Art. 134 WRV *Ekkehart Reimer/Christian Waldhoff*, Steuerrechtliche Systembildung und Steuerverfassungsrecht in der Entstehungszeit des modernen Steuerrechts in Deutschland, in: dies. (Hg.), Albert Hensel. System des Familiensteuerrechts und andere Schriften, 2000, S. 1 (56 f., 62 ff., 91 ff.).
532 A.A. *Heinrich Wilhelm Kruse*, Über Gleichmäßigkeit der Besteuerung, in: StuW 1991, S. 322 (327 f.); *ders.*, Die Einkommensteuer und die Leistungsfähigkeit des Steuerpflichtigen, in: FS für Karl Heinrich Friauf, 1996, S. 793; *Hans-Wolfgang Arndt*, Steuerliche Leistungsfähigkeit und Verfassungsrecht, in: FS für Otto Mühl, 1981, S. 12; dagegen bereits eingehend *Vogel/Waldhoff* (N 1), Rn. 524 m. weit. Nachw.; *Joachim Lang*, Die Bemessungsgrundlage der Einkommensteuer, 1988, S. 122 ff.; → unten *P. Kirchhof*, § 118 Rn. 182 ff.
533 Zur lückenhaften Umsetzung vgl. *Kruse* (N 532), S. 798 ff.
534 *Dieter Birk*, Das Leistungsfähigkeitsprinzip als Maßstab der Steuernormen, 1983, S. 6 ff.; in historischer Perspektive *Oechsle* (N 524).

§ 116   *Achter Teil: III. Finanzwesen*

fassungs-)rechtliche Betrachtung wegen ihrer grundsätzlich autonomen Begriffs- und Prinzipienbildung nicht unmittelbar beeinflussen[535].

102
Inhalt

Das Leistungsfähigkeitsprinzip besagt zunächst, daß die Steuerlast eines jeden nach seiner Fähigkeit zu bemessen ist, Steuerleistungen aus seinem Einkommen zu erbringen[536]. Leistungsfähigkeit meint dabei tatsächliche (effektive, in Geldwert vorhandene) Ist-Zahlungsfähigkeit[537]. Das Einkommen (die Einkünfte) ist der Indikator, den der Gesetzgeber zur Bestimmung dieser Größe ausgewählt hat[538]. Damit gibt das Prinzip eine Antwort auf die Frage, nach welchem Maßstab die Bürger zu den öffentlichen Lasten beitragen sollen[539].

103
Doppelte Wirkweise

Das Prinzip der Besteuerung nach der individuellen wirtschaftlichen Leistungsfähigkeit hat zwei Seiten: Infolge seiner Herleitung (auch) aus Grundrechten (vorrangig Art. 3 Abs. 1 GG) hat es eine begrenzende, den Bürger schützende Funktion; als Zugriffsprinzip (Lastenausteilungsmaßstab) hat es darüber hinaus jedoch auch eine fordernde, unter Umständen eine Besteuerung gebietende Funktion[540]. Auch eine (relative, im Verhältnis zu anderen Steuerpflichtigen bestehende) „Unter-" oder „Minderbesteuerung" kann gegen das Prinzip verstoßen. Das Prinzip wirkt nicht nur innerstaatlich, sondern nach richtiger Ansicht hat es der deutsche Steuergesetzgeber auch bei grenzüberschreitenden Besteuerungsvorgängen zu beachten[541].

104
Gleichheitsrechtlicher Ursprung

Die Prinzipien der Allgemeinheit und der Gleichmäßigkeit der Besteuerung erweisen sich als Unterfälle des Prinzips der Besteuerung nach der individuellen wirtschaftlichen Leistungsfähigkeit. Dies folgt daraus, daß „Gleichmäßigkeit", als steuerliche Gleichheit, immer verhältnismäßige Gleichheit sein muß[542]; auch eine Steuer, die nicht „allgemein" ist, sondern nach unsachgemäßen Differenzierungen unterscheidet, kann nicht an der wirtschaftlichen Leistungsfähigkeit ausgerichtet sein. Die ständige Rechtsprechung des Bundesverfassungsgerichts leitet aus dem allgemeinen Gleichheitssatz des Art. 3 Abs. 1 GG ein „grundsätzliches Gebot der Steuergerechtigkeit" her, das sich als Gebot der Besteuerung nach der wirtschaftlichen Leistungsfähigkeit erweist[543]. Im Laufe dieser Rechtsprechungslinie trat dabei die Argumentation aus der „Steuergerechtigkeit" zugunsten einer Entfaltung des Leistungsfähigkeitsgebots zurück, gleichzeitig wurde – zumindest seit den 80er Jahren –

---

535 *Monika Jachmann*, Leistungsfähigkeit und Umverteilung, in: StuW 1998, S. 293. Allgemein zu dem Verhältnis von (öffentlichem) Recht und Ökonomie mit deutlicher Betonung der Autonomie der Rechtswissenschaften *Christian Waldhoff*, Rezension, in: Der Staat 38 (1999), S. 625. Daher ist der Rückgriff auf Relativierungen der Finanzwissenschaften in BVerfGE 43, 108 (120) methodologisch verfehlt.
536 *Lang* (N 532), S. 97; → unten *P. Kirchhof*, § 118 Rn. 170 ff.
537 Vgl. etwa *Dieter Birk/Rainer Barth*, in: Hübschmann/Hepp/Spitaler, AO/FGO, § 4 AO Rn. 457.
538 Aus ökonomischer Sicht *Stefan Bach*, Die Perspektive des Leistungsfähigkeitsprinzips im gegenwärtigen Steuerrecht, in: StuW 1991, S. 116 (120 ff.).
539 *Birk/Barth* (N 537), Rn. 451 f.
540 *Birk/Barth* (N 537), Rn. 461.
541 S. u. Rn. 160.
542 *Becker* (N 26), S. 77 ff., spricht anschaulich von „normativer Gleichheit im Abgabenrecht".
543 BVerfGE 6, 55 (70 f.); 9, 237 (243 ff.); 43, 108 (118 ff.); 61, 319 (342 ff.); 66, 214 (222 ff.); 82, 60 (83 ff.); 91, 93 (108 ff.).

die verfassungsrechtliche Bindung des Steuergesetzgebers verstärkt[544]. Im Schrifttum sind diese Herleitungsansätze des Bundesverfassungsgerichts ergänzt worden. Das Leistungsfähigkeitsprinzip wird nicht allein aus dem allgemeinen Gleichheitssatz in seiner steuerspezifischen Konkretisierung hergeleitet, sondern auf weitere Normen des Grundgesetzes gestützt und so in seiner Ableitung aus der Verfassung erweitert. Neben den allgemeinen Gleichheitssatz des Art. 3 Abs. 1 GG können spezielle Gleichheitssätze mit strengeren Anforderungen an Differenzierungen treten, beispielsweise der entsprechende Teilgehalt des Art. 6 Abs. 1 GG. Hinzu kommen Freiheitsgrundrechte – insbesondere die für die Besteuerung relevante Eigentumsgarantie des Art. 14 GG sowie die Menschenwürdegarantie des Art. 1 Abs. 1 GG –, das Sozialstaatsprinzip (Art. 20 Abs. 1, 28 Abs. 1 GG) und die Zentralnorm der bundesstaatlichen Finanzverfassung (Art. 106 GG), die traditionelle Steuertypen des deutschen Rechts aufnimmt, die in ihrem kondensierten Kern ebenfalls Hinweise auf der Besteuerung offenstehende Quellen steuerlich abzuschöpfender wirtschaftlicher Leistungsfähigkeit bieten[545].

Weitere verfassungsrechtliche Anknüpfungspunkte

In der Rechtsprechung des Bundesverfassungsgerichts wird in einer Deduktion aus dem allgemeinen Gleichheitssatz der Grundsatz der Steuergerechtigkeit hergeleitet, aus dem wiederum das steuerverfassungsrechtliche Leistungsfähigkeitsprinzip folgen soll[546]. Der allgemeine Gleichheitssatz erweist sich jedoch als weitgehend formale, inhaltsleere Vorschrift, die als solche keine Belastungskriterien enthält[547]. Während das Differenzierungsziel bzw. der Zweck des Gesetzes üblicherweise eine erste normative Orientierung bezüglich der für die Gleichheitsprüfung maßgebenden Gesichtspunkte ermöglicht, muß die gleichheitsrechtliche Überprüfung der steuerlichen Lastenausteilungsnormen auf diese Anhaltspunkte, insbesondere auf die Bewertung der Differenzierungskriterien aus dem Zweck des Gesetzes verzichten. Einziger Zweck der Lastenausteilungsnormen (Fiskalzwecknormen) ist die Beschaffung staatlicher Finanzmittel zur Finanzierung der Staatsaufgaben. Dieser Finanzzweck ist aber – im Gegensatz zu Lenkungsabsichten bei steuerlichen Lenkungsnormen – im Prinzip „maßlos"[548]. Damit scheitert sowohl eine grundrechtliche Verhältnismäßigkeitsprüfung bei Lastenausteilungsnormen wie auch die Bewertung gleichheitsrechtlicher Differenzierungen an unterschiedlichen steuerlichen Zwecken[549]. Soll verfassungsrechtliche Steuergerechtigkeit eine bloß formale Ebene überwinden, müssen steuerliche Belastungs- und Verschonungsentscheidungen als Konkretisierungen eines bedarfsgerechten Belastungsmaßstabs ausgestaltet werden[550]. Die inhaltliche

105

Schwäche des allgemeinen Gleichheitssatzes

Fiskalzweck

---

544 Zur Entwicklung dieser Rechtsprechungslinie und zu deren Bewertung *Moris Lehner*, Einkommensteuerrecht und Sozialhilferecht, 1993, S. 304 ff.; *Vogel/Waldhoff* (N 1), Rn. 495 ff., 592 ff.
545 *Vogel/Waldhof* (N 1), Rn. 519 ff.
546 Deutlich in BVerfGE 43, 108 (118 ff.).
547 *Lehner* (N 544), S. 303; *Waldhoff* (N 155), S. 355 ff.
548 *Klaus Vogel*, Diskussionsbeitrag, in: VVDStRL 47 (1989), S. 66.
549 *Lehner* (N 544), S. 303 f.; zu neueren Ansätzen bei der steuerlichen Verhältnismäßigkeitsprüfung jetzt jedoch BVerfGE 115, 97 – zuvor bereits ansatzweise BVerfGE 105, 17 (32 f.) – und u. Rn. 119 f.
550 *Lehner* (N 544), S. 304.

Begrenzung des allgemeinen Gleichheitssatzes als verfassungsrechtliche Ableitungsbasis für Steuergerechtigkeitserwägungen bedarf der Anreicherung durch andere Wertentscheidungen der Verfassung[551]. Hier sind vorrangig die Freiheitsgrundrechte[552] und das damit in steuerlicher Hinsicht zusammenhängende verfassungsrechtliche Prinzip der Steuerstaatlichkeit einzuführen; daneben kann das Sozialstaatsprinzip der Art. 20, 28 Abs. 1 GG zur Maßstabsverdeutlichung herangezogen werden.

106
Materielle Aspekte des allgemeinen Gleichheitssatzes

Die neuere Rechtsprechung des Bundesverfassungsgerichts zum verfassungsrechtlichen Gleichheitssatz hat dessen personale Ausrichtung auf die Menschenwürdegarantie des Art. 1 Abs. 1 GG wieder stärker in das Bewußtsein gerufen[553]. Die Formulierung, daß „alle Menschen" vor dem Gesetz gleich sind, verdeutlicht die Bezogenheit jeder aus dieser Bestimmung fließenden Gerechtigkeitsidee auf die verfassungsrechtliche Verbürgung der Würde des Menschen[554]. Damit wird zugleich die Trennung zwischen dem Gleichheitssatz und dem Willkürverbot vollzogen[555]. Die „neue Formel" des Bundesverfassungsgerichts zum allgemeinen Gleichheitssatz bringt die besondere Rechtfertigungsbedürftigkeit bei Unterscheidungen mit einem solchermaßen personalen Bezug zum Ausdruck, weil sie betont, daß Art. 3 Abs. 1 GG „vor allem dann verletzt [sei], wenn eine Gruppe von Normadressaten im Vergleich zu anderen Normadressaten anders behandelt wird, obwohl zwischen beiden Gruppen keine Unterschiede von solcher Art und solchem Gewicht bestehen, daß sie die Ungleichbehandlung rechtfertigen können"[556]. Freilich ist dies nicht die einzige, die formale Struktur des allgemeinen Gleichheitssatzes anreichernde Ergänzung[557].

107
Konkretisierungen

Das Prinzip der Besteuerung nach der individuellen wirtschaftlichen Leistungsfähigkeit bedarf als verfassungsrechtlicher Prüfungsmaßstab der Konkretisierung, um einzelne Steuervorschriften an ihm messen zu können[558]. Die Kärrnerarbeit bleibt die Einzelanwendung des Leistungsfähigkeitsprinzips als verfassungsrechtlicher Prüfungsmaßstab im konkreten Fall. Der Konkretisierung im Wege abstrakter Deduktion zur Entfaltung des Prinzips sind Grenzen gesetzt; losgelöst von konkreten Einzelfragen läßt sich das Prinzip – und gerade hier erweist sich der Prinzipiencharakter – nur bis zu einem gewissen Grad entfalten[559]. Den Erstzugriff bei der Konkretisierung hat der (Einkommen-)Steuergesetzgeber. Die verfassungsgerichtliche Kontrolle und die steuerdogmatische Interpretation müssen die vom Gesetzgeber getroffenen Entscheidungen ernst nehmen. Für das Einkommensteuergesetz bedeutet dies

---

551 Vgl. auch *Weber-Grellet* (N 30), S. 66.
552 *Monika Jachmann*, Steuergesetzgebung zwischen Gleichheit und wirtschaftlicher Freiheit, 2000, S. 13.
553 Zum Folgenden *Lehner* (N 544), S. 322ff.
554 Grundlegend bereits *Dürig* (N 395), Rn. 3f., 69ff., 120ff.
555 *Lehner* (N 544), S. 323ff.
556 BVerfGE 55, 72 (88). Steuerrechtliche Entscheidungen betreffend: BVerfGE 68, 287 (301); 70, 278 (287f.).
557 Allgemein, nicht auf das Steuerrecht bezogen, *Wolfgang Rüfner*, in: BK, Art. 3 Rn. 66ff.
558 *Vogel/Waldhoff* (N 1), Rn. 523ff.
559 Allgemein zu diesem Problem *Hesse* (N 345), Rn. 64; auf das Leistungsfähigkeitsprinzip bezogen *Vogel/Waldhoff* (N 1), Rn. 527.

die Anknüpfung an das Einkommen der einzelnen natürlichen Person als gesetzgeberischer Grundentscheidung[560].

Die personale Ausrichtung der gleichheitsverfassungsrechtlichen Grundlage, das heißt der Bezug auf den Menschen – wie er in der „neuen Formel" des Bundesverfassungsgerichts anklingt –, impliziert die Ausrichtung des Leistungsfähigkeitsprinzips als auf den einzelnen bezogene Fähigkeit zur Steuerzahlung. Noch vor der Zusammenführung von gleichheitsrechtlichen und freiheitsrechtlichen Fundamenten von Steuergerechtigkeit und leistungsfähigkeitsgerechter Besteuerung postulieren diese Verfassungsprinzipien somit eine „menschengerechte", bedarfsgerechte Besteuerung[561]. Als vergleichsweise pauschale Folgerung sind zunächst das Verbot von Kopfsteuern oder ein weitgehend durchgeführtes, konkretes (Einzelfall-)Äquivalenzprinzip festzuhalten. Entscheidend ist in diesem Zusammenhang jedoch, daß auf die je einzelne Person bezogene individuelle Bedarfe von Verfassungs wegen zu berücksichtigen sind. Die Gleichheitsprüfung ist hier strikt. Demgegenüber könnten Ungleichbehandlungen, die nicht diesen intensiven personalen Bezug aufweisen, also etwa tarifliche Unterscheidungen, an einem weniger strikten Gleichheitsmaßstab überprüft werden. Die Sachlogik einer mathematischen Formel läßt in diesem Bereich des (Einkommen-)Steuertatbestands eine der klassischen Willkürprüfung angenäherte Prüfungsdichte ausreichen[562]. Aus dem Leistungsfähigkeitsprinzip kann kein konkreter Tarifverlauf hergeleitet werden, insbesondere auch nicht der progressive Einkommensteuertarif[563]. Das Prinzip allein dürfte zur Begründung nicht ausreichen; ein progressiver Einkommensteuertarif widerspricht jedoch nicht dem Prinzip der Besteuerung nach der individuellen wirtschaftlichen Leistungsfähigkeit, wird von ihm aber auch nicht zwingend gefordert[564]. In jedem Fall wären ein degressiver Tarifverlauf oder willkürliche „Tarifsprünge" nicht zulässig.

108
Personelle Ausrichtung

Kein vorgegebener Tarifverlauf

Die durch das Leistungsfähigkeitsprinzip gesteuerte Gleichheitsprüfung ist in vertikaler wie in horizontaler Richtung vorzunehmen. Die vertikale Steuergleichheit fordert die Rechtfertigung der unterschiedlichen Besteuerung von Einkommen unterschiedlicher Leistungsfähigkeit; in horizontaler Richtung ist zu gewährleisten, daß gleich hohe Einkommen gleich hoch besteuert werden[565]. „Horizontale" und „vertikale" Steuergerechtigkeit/-gleichheit sind eng aufeinander bezogen, dürfen aber nicht vermengt werden, weil Fehler bei der

109
Steuergleichheit auf zwei Ebenen

---

560 Ausführlich *Lehner/Waldhoff* (N 14), Rn. A 76 ff.
561 Dazu ausführlich insgesamt *Lehner* (N 544).
562 *Lehner* (N 544), S. 336; teilweise abweichend mit eigenständigem Ansatz *Andrea Liesenfeld*, Das steuerfreie Existenzminimum und der progressive Tarif als Bausteine eines freiheitsrechtlichen Verständnisses des Leistungsfähigkeitsprinzips, 2005.
563 *Klaus Tipke*, Die Steuerrechtsordnung, Bd. I, ²2000, S. 480; die Rechtsprechung des BVerfG, ob aus dem Prinzip der progressive Einkommensteuertarif folge, schwankte: vgl. (bejahend) BVerfGE 8, 51 (68 f.); 32, 333 (339); in neueren Judikaten wird diese Folgerung nicht mehr gezogen, vgl. zuletzt BVerfG, in: NJW 2006, S. 1191 (1194).
564 *Tipke* (N 563), S. 403 f.
565 *Klaus Vogel*, Steuergerechtigkeit und soziale Gestaltung, in: DStZ/A 1975, S. 409 (411); *Birk* (N 534), S. 165; aus der jüngeren Rechtsprechung etwa BVerfGE 82, 60 (89 f.); 99, 216 (233 f.); 99, 246 (260); → unten *P. Kirchhof*, § 118 Rn. 207.

Bestimmung der Bemessungsgrundlage eine falsche tarifliche Belastungsentscheidung zur Folge haben[566].

110
Freiheitsrechtlicher Ansatz von Steuergerechtigkeit

Das heutige Verständnis von Steuergerechtigkeit wird durch die Verfassungsentscheidung für einen sozialen Rechtsstaat grundlegend vorbestimmt[567]. Das Grundgesetz setzt den Sozialstaat als Steuerstaat voraus und begründet auf diese Weise eine unmittelbare Abhängigkeit der Leistungsfähigkeit des Staates von der Leistungsfähigkeit seiner Bürger[568]. Die damit angesprochenen Zusammenhänge sind mit der Verknüpfung von sozialstaatlichem Geben und steuerstaatlichem Nehmen nur ansatzweise beschrieben. Sie sind, über die monetäre Verbindung hinaus, Ausdruck einer die individuelle Freiheit sichernden Unterscheidung zwischen Staat und Gesellschaft[569]. Die den Steuerstaat konstituierende Trennung von Staat und Gesellschaft/Wirtschaft bei gleichzeitiger staatlicher Beteiligung am privatwirtschaftlichen Ertrag ist Voraussetzung für die Verwirklichung individueller Freiheit[570]. Das Grundgesetz schützt diese Freiheit nicht durch die Normierung einer verpflichtenden Wirtschaftsverfassung, sondern durch konkrete Freiheitsgrundrechte[571]. Hier kommt an erster Stelle die Eigentumsfreiheitsgarantie des Art. 14 GG in den Argumentationszusammenhang von leistungsfähigkeitsgerechter Besteuerung. Durch die Anknüpfung der steuerlichen Belastung an das Ergebnis eines freiwilligen Erwerbs erweist sich das Leistungsfähigkeitsprinzip im Steuerstaat des Grundgesetzes als freiheitsschonendes Besteuerungsprinzip[572]. Es stellt grundsätzlich nicht auf eine potentielle Soll-Leistungsfähigkeit des einzelnen ab, sondern begnügt sich mit der Erfassung der tatsächlichen, der Ist-Leistungsfähigkeit. Ein wie auch immer gearteter Arbeitszwang wird nicht ausgeübt.

111
Berücksichtigung der Erwerbsumstände

Als Fähigkeit zur Steuerzahlung berücksichtigt das Leistungsfähigkeitsprinzip in differenzierter Form die Umstände, unter denen die Erwerbsfreiheit betätigt wurde. Zwar bleibt ohne steuerliche Auswirkung, was in Form von mehr oder weniger großer individueller Erwerbsanstrengung nicht ohne weiteres in Geld beziffert und zuverlässig bewertet werden kann, doch werden die monetären Grundbedingungen der Erwerbs- und Existenzfreiheit im theoretischen Idealfall umfassend geschont[573]. Für das Einkommensteuerrecht folgen aus dem Leistungsfähigkeitsprinzip und dem derart umrissenen steuerstaatlichen Prinzip Konkretisierungen für die verschiedenen Elemente des Einkommensteuertatbestands. Diese sind in erster Linie auf die Bemessungsgrundlage der Einkommensteuer bezogen. Die logische Folge, daß Entlastungswirkungen dann bei hoher Steuerprogression größer ausfallen als im unteren Bereich des Einkommensteuertarifs, ist systemimmanent und durch das Gebot horizonta-

---

566 Näher *Lehner* (N 544), S. 334 ff.
567 *Lehner* (N 544), S. 337.
568 → Bd. II, *Vogel*, § 30.
569 → Bd. II, *Rupp*, § 31.
570 *Lehner* (N 544), S. 357.
571 Grundlegend ist hier die Investitionshilfeentscheidung BVerfGE 4, 7 (17 f.); ferner BVerfGE 7, 377 (400); 12, 341 (347); 14, 263 (275); 50, 290 (336 f.); dazu *Lehner* (N 544), S. 357 ff.
572 *Lehner* (N 544), S. 361.
573 *Lehner* (N 544), S. 361.

ler Steuergleichheit auch geboten. Sie kann nicht durch vermeintlich „sozialpolitisch" motivierte Argumente relativiert werden.

In seiner Ausprägung als objektives Nettoprinzip nimmt das Leistungsfähigkeitsprinzip für die Einkommensteuer diejenigen Aufwendungen von der steuerlichen Belastung aus, die für den Erwerb und für die Sicherung der Einkommensquelle erforderlich sind[574]. In § 2 Abs. 2 EStG hat es insofern seine Verwirklichung gefunden, als daß Einkünfte nur Reineinkünfte sind, das heißt der Gewinn bzw. der Überschuß der Einnahmen über die Werbungskosten. Durchbrechungen dieses Prinzips bedürfen der verfassungsrechtlichen Rechtfertigung[575]. Angesichts der (Einkommens-)Besteuerung als Ausdruck der Sozialbindung des Eigentums gemäß Art. 14 Abs. 2 GG und angesichts der steuerstaatlichen Prämissen kann nur das am „Markt" erzielte[576], „disponible" Einkommen[577] dem staatlichen Steuerzugriff unterliegen. Dies impliziert zugleich das bereits erwähnte objektive Nettoprinzip, das heißt Aufwendungen, die der Erwerbsermöglichung oder der Erwerbssicherung dienen, dürfen nicht der Einkommensbesteuerung unterliegen[578].

112
Objektives Nettoprinzip

Begrenzung auf das disponible Einkommen

Maßgebend für das Prinzip der Besteuerung nach der Leistungsfähigkeit ist nicht irgendeine, sondern die konkrete, individuelle Ist-Leistungsfähigkeit des Adressaten eines Steuergesetzes[579]. Dies kann als „Individualkomponente des Leistungsfähigkeitsprinzips" bezeichnet werden[580]. Ideal verwirklicht ist dieser Gedanke in der Einkommensteuer als Personensteuer, welche die natürliche Person als Bezugspunkt und Steuersubjekt zugrunde legt und deren persönliche Merkmale berücksichtigt[581]. Deutlich wird dies bei Fragen nach dem steuerlichen Existenzminimum. Die Gleichheitsprüfung mit Hilfe des Leistungsfähigkeitsprinzips erfährt hier ihre konkretisierende Ergänzung durch den freiheitsrechtlichen Maßstab der Menschenwürdegarantie des Art. 1 Abs. 1 GG (und gegebenenfalls durch das objektiv-rechtlich akzentuierte Sozialstaatsprinzip, Art. 20 Abs. 1, 28 Abs. 1 GG)[582]. Das subjektive Nettoprinzip fordert die Berücksichtigung auf die Person bezogener unvermeidbarer existenzsichernder Aufwendungen im Rahmen der Bemessungsgrundlage[583]. Im Gegensatz zu den erwerbssichernden Aufwendungen, die im Rahmen des

113
Subjektives Nettoprinzip

Steuerliches Existenzminimum

---

574 *Paul Kirchhof*, in: ders./Hartmut Söhn/Rudolf Mellinghoff (Hg.), EStG, §2 Rn. A 127f.; *Lehner* (N 544), S. 361; *Lang* (N 532), S. 183 ff.; → unten *P. Kirchhof*, § 118 Rn. 187.
575 BVerfGE 27, 58 (64f.); 81, 228 (237).
576 *Paul Kirchhof*, Empfiehlt es sich, das Einkommensteuerrecht zur Beseitigung von Ungleichbehandlungen und zur Vereinfachung neu zu ordnen?, Gutachten F zum 57. DJT, 1988, S. F 20ff.; *ders.* (N 574), Rn. A 145, A 365; *Lehner/Waldhoff* (N 14), Rn. A 211 ff.
577 *Klaus Tipke*, Die Steuerrechtsordnung, Bd. II, ²2003, S. 623 ff.
578 *Adalbert Uelner*, Zur Konkretisierung des subjektiven Nettoprinzips im Einkommensteuerrecht, in: FS für Ludwig Schmidt, 1993, S. 21 ff.; *Winfried Bergkemper*, Die Bedeutng des objektiven Nettoprinzips für den Abzug beruflicher/betrieblicher Aufwendungen in der Rechtsprechung des Bundesfinanzhofs, in: StuW 2006, S. 311; die ausdrückliche verfassungsrechtliche Anerkennung hat das BVerfG allerdings offengelassen, zuletzt BVerfGE 107, 28 (48).
579 *Tipke* (N 563), S. 497f.; *Lehner/Waldhoff* (N 14), Rn. A 142, A 150.
580 *Vogel/Waldhoff* (N 1), Rn. 525.
581 Grundlegend *Lehner/Waldhoff* (N 14), Rn. A 76 ff.
582 Ausführlich *Lehner* (N 544), S. 322 ff.; *ders.*, Freiheitsrechtliche Vorgaben für die Sicherung des familiären Existenzminimums durch Erwerbs- und Sozialeinkommen, in: FS für Peter Badura, 2004, S. 331.
583 Str.; eingehend *P. Kirchhof* (N 574), Rn. A 129ff.; *Lehner* (N 544), S. 134ff., 170ff., 361f., 401 ff.

objektiven Nettoprinzips zu berücksichtigen sind, sind Fragen des steuerlichen Existenzminimums mit dem Steuersubjekt der Einkommensteuer verbunden.

114
„Gleichheit der Pflichtenbelastung"

Der Gestaltungs- und Differenzierungsspielraum des Steuergesetzgebers wird zusätzlich dadurch verengt, daß dem Bürger durch die Steuergesetze Pflichten auferlegt werden[584]. Die „Gleichheit der Pflichtenbelastung" erweist sich somit „als Aspekt der allgemeinen Rechtsgleichheit"[585], die „egalitäre Komponente" ist „wesensbestimmend für die Figur der Grundpflichten im Verfassungsstaat des Grundgesetzes"[586]. Bei der Einräumung staatsbürgerlicher Rechte, etwa durch Art. 33 Abs. 1 GG, ist ein weitgehend formales Gleichheitsprinzip zu beachten. Die genannte Vorschrift bezieht sich auf „Rechte und Pflichten". Ähnliches gilt im Bereich der Steuerpflicht, die eine strenge Beachtung gleichheitsrechtlicher Maßstäbe verlangt. Diese Folgerung knüpft an den Gleichklang von Steuerpflicht und Steuergleichheit in den Bestimmungen des konstitutionellen Staatsrechts an: Bei den schärfsten und nachhaltigsten Eingriffen in Rechtspositionen des einzelnen, die durch entsprechende staatsbürgerliche Pflichten abgesichert waren – Wehr- und Steuerpflicht –, konnten großzügige Differenzierungsmaßstäbe nicht hingenommen werden[587].

115
Gebot der Folgerichtigkeit

Der Gleichheitsprüfung immanent ist zudem ein Gebot der Folgerichtigkeit: Die einmal getroffene Belastungsentscheidung muß im weiteren Steuertatbestand konsequent durchgeführt werden[588].

III. Verfassungsrechtliche Schranken der Höhe der Steuerbelastung

116
Gerechte Höhe der Steuer

Steuergerechtigkeit wird üblicherweise als Verteilungsgerechtigkeit und damit als Gleichheitsproblem verstanden[589]. Dabei wird jedoch übersehen, daß auch die Höhe der Belastung als vertikale Dimension der Steuergerechtigkeit im weiteren Sinne relevant ist. Im steuerverfassungsrechtlichen Bereich verschärft sich das Problem noch dadurch, daß regelmäßig nur einzelne Steuern betrachtet werden, die kumulative Steuerbelastung im Vielsteuersystem der deutschen Rechtsordnung unterbelichtet bleibt[590]. Bis in die

---

584 *Hans-Jürgen Papier*, Grundgesetz und Wirtschaftsordnung, in: HdbVerfR, ²1994, § 18 Rn. 108; *Vogel/Waldhoff* (N 1), Rn. 527.
585 *Otto Luchterhandt*, Grundpflichten als Verfassungsproblem, 1988, S. 571.
586 *Herbert Bethge*, Grundpflichten als verfassungsrechtliche Dimension, in: NJW 1982, S. 2145 (2149); *Hasso Hofmann*, Grundpflichten als verfassungsrechtliche Dimension, in: VVDStRL 41 (1983), S. 42 (75).
587 *Waldhoff* (N 155), S. 216 ff.
588 *Paul Kirchhof*, Steuergleichheit, in: StuW 1984, S. 297 (301 f.); *Vogel/Waldhoff* (N 1), Rn. 527; *Rainer Prokisch*, Von der Sach- und Systemgerechtigkeit zum Gebot der Folgerichtigkeit, in: FS für Klaus Vogel, 2000, S. 293.
589 Kritisch *Jörn Ipsen*, Besteuerung und Eigentum, in: FS für Peter Badura, 2004, S. 201 (209).
590 Obgleich die beiden zentralen Entscheidungen zur Vermögensbesteuerung nach Einheitswerten (BVerfGE 93, 121) und zur Geltung des Halbteilungsgrundsatzes (BVerfGE 115, 97) gerade das Zusammenwirken von zwei Steuerarten (Einkommen- und Vermögen- bzw. Einkommen- und Gewerbesteuer) betrafen; vgl. zuvor bereits *Karl-Heinrich Friauf*, Substanzeingriff durch Steuer-Kumulation und Eigentumsgarantie, in: StuW 1977, S. 59. Zu diesem verfassungsrechtlichen Problem allgemein m. weit. Nachw. *Jörg Lücke*, Der additive Grundrechtseingriff sowie das Verbot der übermäßigen Gesamtbelastung des Bürgers, in: DVBl 2001, S. 1469; *Gregor Kirchhof*, Kumulative Belastungen durch unterschiedliche staatliche Maßnahmen, in: NJW 2006, S. 732.

Gegenwart fortwirkend hat hier die These Ernst Forsthoffs, eine verfassungsrechtliche Überprüfung der Höhe der Steuerbelastung sei nicht möglich, da der Steuerstaat den Rechts- mit dem Sozialstaat verbinde[591], eine dogmatische Auseinandersetzung jenseits politischer Vorverständnisse behindert und eine „Immunisierung"[592] der Eigentumsgarantie gegenüber Besteuerungsvorgängen befördert, obgleich historisch kein Zweifel daran bestand, daß die Besteuerung einen Eigentumseingriff darstellt[593]. Nicht erklärt werden konnte mit diesem Postulat, warum in dem qualitativ wie quantitativ neben dem Polizeirecht wichtigsten Bereich der Eingriffsverwaltung der Grundrechtsschutz wenn nicht ausgeschlossen, so doch entscheidend eingeschränkt sein solle. Entgegen den Annahmen von Forsthoff stellt dies nicht die Verwirklichung, sondern eine kaum zu begründende Ausnahme von Rechtsstaatlichkeit, nämlich von Rechtsbindung dar[594].

117 Rechtsprechung des BVerfG

Nachdem bereits früh in Abgrenzung von einem weiteren einflußreichen Mißverständnis Forsthoffs[595] geklärt werden konnte, daß Besteuerung verfassungsrechtlich niemals Enteignung sein kann[596], war die Rechtsprechung des Bundesverfassungsgerichts – und ist diejenige des Ersten Senats bis in die Gegenwart[597] – geprägt durch die logisch nur schwer nachvollziehbare Feststellung, daß die Auferlegung öffentlicher Abgaben grundsätzlich die Eigentumsgarantie schon tatbestandlich nicht berühre[598], dieses Grundrecht aber verletzt sei, wenn der Pflichtige übermäßig belastet und dadurch seine Vermögensverhältnisse grundlegend beeinträchtigt werden, die Abgabe erdros-

Steuer kein Eigentumseingriff

---

591 *Ernst Forsthoff*, Eigentumsschutz öffentlich-rechtlicher Rechtsstellungen, in: NJW 1955, S. 1249 (1250); *ders.*, Begriff und Wesen des sozialen Rechtsstaats, in: VVDStRL 12 (1954), S. 8 (32); ferner *Hettlage* (N 281), S. 4 f.; *Peter Badura*, Diskussionsbeitrag, in: VVDStRL 39 (1981), S. 396 f.; *ders.*, Eigentum, in: HdbVerfR, ²1994, § 10 Rn. 42; *Ulrich K. Preuß*, Rechtsstaat – Steuerstaat – Sozialstaat, in: Dieter Deiseroth/Friedhelm Hase/Karl-Heinz Ladeur (Hg.), Ordnungsmacht, 1981, S. 54 f.; *Joachim Wieland*, in: Dreier, GG I, ²2004, Art. 14 Rn. 48; *Brun-Otto Bryde*, Steuerverweigerung und Sozialstaat, in: FS für Friedrich von Zezschwitz, 2005, S. 321; richtige Rekonstruktion des Zusammenhangs demgegenüber bei *Hanno Kube*, Staatsaufgaben und Solidargemeinschaften, in: Rudolf Mellinghoff (Hg.), Steuern im Sozialstaat, 2006, S. 11 (16 ff.): Vorrang der Steuerfinanzierung zur Erzielung politisch „ungebundener" Finanzmittel zu sozialstaatlicher Gestaltung.
592 Vgl. *Gunnar Folke Schuppert*, Verfassungsrechtliche Prüfungsmaßstäbe bei der verfassungsrechtlichen Überprüfung von Steuergesetzen, in: FS für Wolfgang Zeidler, 1997, S. 691.
593 Die überkommene, den Vorbehalt des Gesetzes auslösende konstitutionelle Formel von den „Eingriffen in Freiheit und Eigentum" meinte zuallererst den Steuereingriff. → Unten *P. Kirchhof*, § 118 Rn. 65 ff., 80 ff.
594 *Ipsen* (N 589), S. 205 f.: „Nicht einleuchtend ist freilich, warum die unabweisbare sozialstaatliche Notwendigkeit der Mittelbeschaffung zu rechtsstaatlichen ‚Lockerungen' sollte führen können." – So jetzt auch explizit BVerfGE 115, 97 (110 ff.); der im Haupttext dargelegten Fehlvorstellung unterliegen auch Teile des Sondervotums *Böckenförde* zum Vermögensteuerbeschluß, BVerfGE 93, 149 (163 f.): Sozialstaatlichkeit als „letzter Grund" für die Exemtion der Abgabenerhebung aus dem Schutzbereich von Art. 14 GG; besonders deutlich bei *Bryde* (N 591).
595 *Ernst Forsthoff*, Begriff und Wesen des sozialen Rechtsstaats, in: VVDStRL 12 (1954), S. 8 (32).
596 BVerfGE 2, 237 (258 f.); nach der Rückschneidung und Formalisierung des Enteignungstatbestands auf einen zwangsweisen hoheitlichen (Sach-)Güterbeschaffungsvorgang, insbesondere durch die Naßauskiesungsentscheidung BVerfGE 58, 300, wird dies noch deutlicher; explizit wiederum BVerfGE 115, 97 (110 ff.); anders gelagert ist der argumentative Rückgriff von *Klaus Vogel*, Verfassungsrechtsprechung zum Steuerrecht, 1999, S. 20.
597 BVerfGE 95, 267 (300).
598 BVerfGE 4, 7 (17); 75, 108 (154); 78, 249 (277); 81, 108 (122).

selnde Wirkung besitze⁵⁹⁹. Außerhalb konsistenter Grundrechtsdogmatik⁶⁰⁰ wurde und wird so die Berührung des Schutzbereichs an die Verletzung des Grundrechts gekoppelt, die Frage der tatbestandlichen Einschlägigkeit mit der Frage der Rechtfertigung eines Eingriffs vermengt.

118
Konzept des „Halbteilungsgrundsatzes"

Diese Konsequenz vermied der Zweite Senat des Bundesverfassungsgerichts in seiner Entscheidung zur Vermögensbesteuerung nach Einheitswerten⁶⁰¹. Diese knüpft an ein Vorverständnis der Eigentumsgarantie an, welches jenseits substanzhafter Eigentumsvorstellungen und damit auch der Umgehung der Frage nach dem eigentumsrechtlichen Schutz des „Vermögens als solchem" Eigentum im Sinne eines Handlungsspielraums aus den dem Eigentümer zustehenden Vermögenswerten auffaßt⁶⁰². Angesichts des Versagens der überkommenen grundrechtlichen Schranken-Schranken wird im Wege einer quantifizierten verfassungsrechtlichen Grenze judiziert, daß die Gesamtsteuerbelastung – im konkreten Fall bezogen auf die kumulativen Wirkungen von Vermögen- und Einkommensteuer – „bei typisierender Betrachtung von Einnahmen, abziehbaren Aufwendungen und sonstigen Entlastungen in der Nähe der hälftigen Teilung zwischen privater und öffentlicher Hand" verbleiben solle. Dieser sogenannte steuerrechtliche Halbteilungsgrundsatz⁶⁰³, der vom Ersten Senat niemals akzeptiert wurde, ist inzwischen auch vom Zweiten Senat aufgegeben worden⁶⁰⁴. An seine Stelle soll der Grundsatz der Verhältnismäßigkeit treten; eine abwägend-dynamische Schranken-Schranke der Eigentumsgarantie soll den strikten Zahlenwert ersetzen und damit zugleich den politischen Gestaltungsspielraum des Steuergesetzgebers hinsichtlich der Höhe der Steuerbelastung vergrößern.

119
Verhältnismäßigkeit der Steuerbelastung?

Es gehörte zu den gesicherten Erkenntnissen der Grundrechtsdogmatik, daß eine Verhältnismäßigkeitsprüfung hinsichtlich des Fiskalzwecks von Steuergesetzen nicht möglich sei. Der Zweck-Mittel-Relation des Übermaßverbots fehle das abwägungstaugliche Ziel, da der Fiskalzweck als solcher „maßlos" sei⁶⁰⁵. Zu Recht wurde ganz überwiegend⁶⁰⁶ der Versuchung widerstanden,

---

599 BVerfGE 19, 119 (128 f.); 23, 12 (30); 30, 250 (271 f.); 63, 312 (327); 68, 287 (310 f.)
600 *Selmer* (N 30), S. 255; *Karl Heinrich Friauf*, Steuergesetzgebung und Eigentumsgarantie, in: JurA 1970, S. 302 f.; *Jürgen Eschenbach*, Der verfassungsrechtliche Schutz des Eigentums, 1996, S. 231 ff.; *Vogel/Waldhoff* (N 1), Rn. 540 ff.; *Ipsen* (N 589), S. 208 ff.
601 BVerfGE 93, 121 (135 ff.); im wesentlichen zustimmend: *Hermann Butzer*, Der Halbteilungsgrundsatz und seine Ableitung aus dem Grundgesetz, in: StuW 1999, S. 227, ders., Freiheitsrechtliche Grenzen der Steuer- und Sozialabgabenlast, 1999; Kritik etwa bei *Petra Helbig*, Der steuerverfassungsrechtliche Halbteilungsgrundsatz, 2002.
602 *Paul Kirchhof*, Besteuerung und Eigentum, in: VVDStRL 39 (1981), S. 213; *ders*. (N 463), Rn. 81 ff.; abweichend *Birk* (N 534), S. 204 ff.
603 Zu dem überkommenen kirchensteuerrechtlichen Halbteilungsgrundsatz bei konfessions-, nicht hingegen bei glaubensverschiedenen Ehen BVerfGE 19, 226; 19, 242; 19, 268; → unten *P. Kirchhof*, § 118 Rn. 126 ff.
604 BVerfGE 115, 97.
605 *Hans-Jürgen Papier*, Die finanzrechtlichen Gesetzesvorbehalte und das grundgesetzliche Demokratieprinzip, 1973, S. 76 ff.; *ders.*, Besteuerung und Eigentum, in: DVBl 1980, S. 787 (793); *Birk* (N 534), S. 189.
606 A.A. insbesondere *Hans Herbert von Arnim*, Besteuerung und Eigentum, in: VVDStRL 39 (1981), S. 286; *Michael Elicker*, Der Grundsatz der Verhältnismäßigkeit in der Besteuerung, DVBl 2006, S. 480; *Walter Frenz*, Die Verhältnismäßigkeit von Steuern, in: GewArch 2006, S. 282 (285 ff.).

die konkret zu finanzierenden Staatsaufgaben für diese Abwägung heranzuziehen. Dies würde nicht nur der finanzverfassungsrechtlichen Grundentscheidung der Trennung von Einnahmen und Ausgaben widersprechen, sondern stellte letztlich wohl einen weit stärkeren Übergriff in den Politikbereich der Legislative dar als eine Quantifizierung der Steuerhöchstbelastung oder eine wertende Beurteilung von Belastungsgrenzen allein aus der Belastungswirkung heraus. Die Allgemeinheit dieser Feststellung ist allerdings inzwischen für steuerrechtliche Ausnahmetatbestände, die etwa die Umgehung bestimmter steuerlicher Regelungen verhindern sollen und damit einen abwägungsfähigen Zweck umzusetzen suchen, relativiert worden[607]; für Lenkungszwecke von Steuern galt er nie, da der Sachzweck – ganz ähnlich wie etwa im Recht der Gefahrenabwehr – ein abwägungstaugliches Ziel darstellt[608].

120 Ist der Schutzbereich der Eigentumsfreiheitsgarantie des Art. 14 GG thematisch einschlägig und vermag der sogenannte Halbteilungsgrundsatz allenfalls in Sondersituationen als effektive Schranken-Schranke zu wirken, stellt sich die Frage nach der verfassungsrechtlichen Rechtfertigung eines durch die Auferlegung einer Steuer oder sonstigen Abgabe bewirkten Eingriffs neu: Sofern und soweit der Weg der Quantifizierung versperrt ist, bleibt der Grundsatz der Verhältnismäßigkeit als relevantes verfassungsrechtliches Widerlager[609]. Die Formulierung der Sozialpflichtigkeit des Eigentums in Art. 14 Abs. 2 GG deutet auf eine wertend-abwägende Bestimmung der Grenze hin[610]; andere Textstellen des Grundgesetzes wie Art. 106 Abs. 3 S. 4 Nr. 2 Alt. 2 GG[611] verdeutlichen, daß eine übermäßige Steuerbelastung einen Verfassungsverstoß darstellte. In seinem Beschluß vom 18. Januar 2006 hat der Zweite Senat nunmehr eine Art abgeschwächte oder eingeschränkte Verhältnismäßigkeitsprüfung kreiert[612]: Der Fiskalzweck sei hinsichtlich der Geeignetheit und der Erforderlichkeit kein tauglicher Abwägungsgesichtspunkt, wohl aber die Verhältnismäßigkeit im engeren Sinne, das heißt die Angemessenheit des Steuereingriffs[613]. Wie dies geschehen soll und ob der Verhältnismäßigkeitsgrundsatz in dieser Weise aufspaltbar ist, bleibt dunkel und harrt der Konkretisierung[614]. Zur Identifizierung einer besonders hohen und damit besonders rechtfertigungsbedürftigen Steuerbelastung soll (auch) der internationale Belastungsvergleich dienen. Vor dem Verdikt der Übermäßigkeit und damit Verfassungswidrigkeit steht noch eine Darlegungspflicht

Neuer Ansatz des BVerfG

Angemessenheit des Steuereingriffs

---

607 *Markus Heintzen*, Die unterschiedliche Behandlung von Gewinnen und Verlusten, in: Rüdiger von Groll (Hg.), Verluste im Steuerrecht, 2005, S. 163 (179 ff.).
608 *Wernsmann* (N 428), S. 203 ff., 237 ff.; *Tina Beyer*, Die Freiheitsrechte, insbesondere die Eigentumsfreiheit als Kontrollmaßstab für die Einkommensbesteuerung, 2004, S. 162 f., 164 ff.; zu den damit verbundenen Abschichtungsproblemen siehe die Nachweise o. Rn. 8.
609 Vgl. insgesamt – wenn auch nicht stets überzeugend – *Beyer* (N 608), insbes. S. 142 ff.
610 *Ipsen* (N 589), S. 213 f.
611 Zu dieser Bestimmung *Waldhoff* (N 155), S. 254 ff.
612 BVerfGE 115, 97 (114 ff.).
613 Vgl. bereits *Ipsen* (N 589), S. 214.
614 *Walter Frenz*, Die Verhältnismäßigkeit von Steuern, in: GewArch 2006, S. 282 (283); Insofern zu Recht auch *Ute Sacksofsky*, Halbteilungsgrundsatz ade – Scheiden tut nicht weh, in: NJW 2006, S. 661 (662), mit dem Hinweis, daß auch hier der problematische Rückgriff auf eine verfassungsgerichtliche Ausgaben- und damit Aufgabenbeschränkung offenbleibt.

§ 116   Achter Teil: III. Finanzwesen

des Gesetzgebers zur Rechtfertigung dieser Last. Auch hier zeigt sich – wie so oft in neueren Judikaten[615] – die Tendenz, durch Darlegungspflichten des Gesetzgebers entweder die bei isolierter Prüfung des Gesetzes womöglich drohende Verfassungswidrigkeit abzuwehren bzw. durch die vom Gesetzgeber dargelegten Begründungen Argumente und Ansatzpunkte für eine Abwägung zu erhalten. Es bleibt abzuwarten, ob und inwieweit dieser neue Ansatz tragfähig ist.

E. Haushaltsverfassungsrecht im Überblick

I. Funktionswandel des Staatshaushalts

121

Budgetkämpfe im deutschen Konstitutionalismus

Der Staatshaushaltsplan hat in der Verfassungsgeschichte einen Funktionswandel durchlaufen. Als historische Wurzeln treffen im 19. Jahrhundert das Steuerbewilligungsrecht sowie das Budget als Instrument der Veranschlagung von Ausgaben zusammen, das heißt der Haushaltsplan bezog sich zunächst auf Einnahmen und auf Ausgaben der staatlichen Finanzwirtschaft[616]. Insbesondere auch die Periodizität betraf die Steuergesetze, die im staatlichen Finanzgesetz enthalten waren. Es gehört zur Budgetgeschichte des deutschen Konstitutionalismus, daß – über das Haushaltsmodell der Preußischen Verfassungsurkunde von 1850 und die Reichsverfassung 1871 – der Staatshaushalt sich bei dauerhaften Steuergesetzen ganz auf die Ausgabenseite konzentrierte und durch Gesetz festzustellen war. Die im preußischen Heeres- und Verfassungskonflikt von 1862 bis 1866 kulminierenden Budgetkämpfe sind nur vor dem Hintergrund des konstitutionellen Dualismus zu verstehen[617]: Die Volksvertretungen suchten über die Mittelbewilligung im Haushaltsplan Einfluß auf die monarchische, parlamentarisch gerade nicht verantwortliche Exekutive zu erhalten. Die Zusammenführung separierter Fonds aus der Fondswirtschaft des (aufgeklärten) Absolutismus und die Entwicklung sogenannter Budgetgrundsätze wie der Budgeteinheit, der Jährlichkeit, der Öffentlichkeit und vor allem einer hinreichenden Spezialität dienten diesem Anliegen[618]. Mehr noch als die Mitwirkung der Volksvertretungen an der Sachgesetzgebung erwies sich das Budgetrecht als „der eigentliche Gegenpol zum monarchischen Prinzip in der konstitutionellen Verfassung"[619].

---

615 Analyse bei *Christian Waldhoff*, „Der Gesetzgeber schuldet nichts als das Gesetz". Zu alten und neuen Begründungspflichten des parlamentarischen Gesetzgebers, in: FS für Josef Isensee, 2007.
616 *Werner Heun*, Staatshaushalt und Staatsleitung, 1989, S. 33 ff.; *Waldhoff* (N 155), S. 110 ff.; *Horst Dreier*, Der Kampf um das Budgetrecht als Kampf um die staatliche Steuerungsherrschaft – Zur Entwicklung des modernen Haushaltsrechts, in: Wolfgang Hoffmann-Riem/Eberhard Schmidt-Aßmann (Hg.), Effizienz als Herausforderung an das Verwaltungsrecht, 1998, S. 59 (69 ff.). → Unten *Heintzen*, § 120 Rn. 9 ff.
617 → Bd. I, *Wahl*, § 2 Rn. 42 ff.; *Dreier* (N 616), S. 60.
618 Zur historischen Entwicklung der Budgetgrundsätze *Sonja Strube*, Die Geschichte des Haushaltsrechts vom Mittelalter bis zur Gegenwart, 2002; zur Funktion der Budgetgrundsätze im Budgetkampf näher *Dreier* (N 616), S. 80 ff.
619 *Ernst-Wolfgang Böckenförde*, Der Verfassungstyp der deutschen konstitutionellen Monarchie im 19. Jahrhundert, in: ders., Moderne deutsche Verfassungsgeschichte, ²1981, S. 146 (155); *Heun* (N 616), S. 31.

In der parlamentarischen Demokratie kann kein Zweifel daran bestehen, daß der Haushaltsplan ein staatsleitender Hoheitsakt in Gesetzesform ist[620]. Das Budgetrecht des Deutschen Bundestags stellt das wesentliche Instrument der parlamentarischen Regierungskontrolle dar[621]. Das voll ausgebildete Budgetrecht von Volksvertretung bzw. Parlament ist in historischer Perspektive der entscheidende Schlußstein einer Parlamentarisierung des konstitutionellen staatsrechtlichen Systems gewesen bzw. nahm sie vor der entscheidenden staatsrechtlichen Wende 1918/19 vorweg[622]. Durch die Wendung zum Sozial- und Interventionsstaat hat sich – bei prinzipiell unverändertem Wortlaut der einschlägigen Normen – die Bedeutung des parlamentarischen Haushaltsrechts noch verstärkt[623]. Die parlamentarische Ausgabenbewilligung durch die Verabschiedung eines Haushaltsplans ist heute „Gemeingut aller Verfassungsstaaten"[624].

122
Staatshaushalt in der parlamentarischen Demokratie

Durch den Übergang vom konstitutionellen Dualismus zwischen Volksvertretung und monarchischer Exekutive zum parlamentarischen Regierungssystem mit seinem monistischen Legitimationsmodell hat sich die grundsätzliche Funktion des Budgetrechts im Grundsatz nicht verändert[625]. Das Parlament wurde unangefochten zum „Herrn des Budgets"[626]. Auch im Gegenüberstehen der von der Parlamentsmehrheit getragenen Regierung gegenüber der parlamentarischen Opposition besitzen die antagonistischen Kräfte über ihre Beteiligung in Haushaltsausschuß und Plenum entsprechende parlamentarische Einflußmöglichkeiten[627]. Das parlamentarische Budgetrecht ist – rechtstechnisch – das Recht des Deutschen Bundestags, den von der Regierung vorgelegten Haushaltsplan durch Gesetz festzustellen (Art. 110 Abs. 2 GG) und mit Hilfe eines unabhängigen Rechnungshofs den ordnungsgemäßen Haushaltsvollzug zu überprüfen (Art. 114 GG)[628]. Abgesichert wird das Budgetrecht dadurch, daß die Aufnahme von Krediten und ähnlicher Verpflichtungen ebenfalls gesetzlicher Ermächtigung bedürfen (Art. 115 GG). Das normativ weitgehend unberührte Grundgerüst der Haushaltsverfassung im neuen Legitimationszusammenhang der parlamentarischen Demokratie führte jedoch dazu, daß darin nicht mehr der einzige, sondern nur noch ein Hebel des Parlaments zur Steuerung der Verwaltung besteht[629]: „Die Abhängigkeit der Regierung in ihrem Bestand vom Vertrauen des Parlaments entläßt das

123
Funktionswandel des parlamentarischen Haushaltsrechts

---

620 Vgl. nur *Badura* (N 7), S. 21. → Unten *Heintzen*, § 120 Rn. 50 ff.
621 BVerfGE 70, 324 (355 f.); 79, 311 (329); → Bd. II, *Vogel*, § 30 Rn. 36 f.; → unten *Heintzen*, § 120 Rn. 19 f.
622 *Wilhelm Mößle*, Regierungsfunktionen des Parlaments, 1986, S. 60 ff., 126 ff.; *Dreier* (N 616), S. 87; *Josef Isensee*, Budgetrecht des Parlaments zwischen Sein und Schein, in: JZ 2005, S. 971 (972).
623 *Badura* (N 7), S. 21; differenziert *Gunnar Folke Schuppert*, Die Steuerung des Verwaltungshandelns durch Haushaltsrecht und Haushaltskontrolle, in: VVDStRL 42 (1984), S. 216 (224 ff.).
624 *Werner Heun*, in: Dreier, GG III, 2000, Art. 110 Rn. 5.
625 *Heun* (N 616), S. 32; *Badura* (N 7), S. 24.
626 BVerfGE 45, 1 (34).
627 → Bd. II, *Badura*, § 25 Rn. 10 ff.; → Bd. III, *Brenner*, § 44 Rn. 33 ff., 60.
628 → Bd. III, *Hufeld*, § 56; zur staatsrechtlichen Stellung *Norbert Hauser*, Stellung des Bundesrechnungshofs im System der Gewaltenteilung und in der öffentlichen Verwaltung, in: DVBl 2006, S. 539; zur inzwischen auch hier gemeinschaftsrechtlichen Überlagerung *Matthias Mähring*, Externe Finanzkontrolle im europäischen Mehrebenensystem, in: DÖV 2006, S. 195.
629 *Dreier* (N 616), S. 88 f.

Budget aus seiner Rolle als Instrument des Machtkampfes zwischen Regierung und Parlament."[630] Sowohl Sach- als auch Personalfragen können unmittelbar parlamentarisch über die Sachgesetzgebung geklärt werden. Man mag darin einen Bedeutungsverlust des parlamentarischen Budgetrechts sehen; zumindest wird man eine Funktionsverschiebung konstatieren müssen, der „Kampf um das System" hat sich zu einem „Kampf im System" gewandelt[631].

124
Koordination von Nehmen und Geben

Die zentrale Funktion des Staatshaushaltes besteht in der periodischen Koordination von Nehmen und Geben. Da das Haushaltsgesetz mit den komplexen Steuerungsaufgaben des funktionsausgeweiteten Verfassungsstaates in seiner sozialtechnokratischen und interventionistischen Spielart allein überfordert wäre, ist die allgemeine Gesetzgebung in diese „Steuerungslücke" getreten[632].

Demokratische Legitimation

Gleichwohl wird über Zuweisung und Kontrolle von Finanzmitteln nach wie vor die in Gestalt ihrer Amtswalter mittelbar demokratisch legitimierte Exekutive, die das Normprogramm des Sach-(Verwaltungs-)Rechts durchführt, zusätzlich parlamentarisch kontrolliert und damit zugleich legitimiert.

Parlamentarische Kontrolle

Die haushaltsrechtlich zugewiesene, angemessene Finanzausstattung erweist sich als Vollzugsvoraussetzung für die Verwaltung[633]. Die parlamentarische Kontrolle[634] hat einen doppelten Ansatzpunkt: Durch die Ausgabenbewilligung wird den Verwaltungsstellen die zur Erfüllung ihrer Aufgaben notwendige Finanzausstattung zugewiesen und über Art und Ausmaß der Zuweisung auch das Verwaltungshandeln gesteuert. Durch die nachträgliche Finanzkontrolle besteht insgesamt eine zusätzliche Kontrollebene, insbesondere auch für die Bereiche des Verwaltungshandelns, die ohne gesetzliche Ermächtigung erfolgen. In der parlamentarischen Beteiligung vereinigen sich so die legitimatorische und die kontrollierende Komponente des Haushaltsrechts[635].

125
Verrechtlichung staatlicher Finanzwirtschaft

Das Budget dient durch das Anknüpfen an gesetzesförmige Ermächtigungen und die Bindung an veranschlagte Einnahmen der Verrechtlichung staatlicher Finanzwirtschaft. Neben die in Gesetzesform gegossenen Eingriffsbefugnisse, Handlungsanweisungen und politischen Programme des Verwaltungsrechts als Sachrecht tritt eine zweite Legitimations- und Kontrollebene über das Steuerungsinstrument der Zuweisung finanzieller Mittel[636]. An die Seite des aus dem Vorbehalt des Gesetzes, der verwaltungsrechtlichen Handlungsformen und der Zuständigkeitsordnung sich formierenden Verwaltungsrechts tritt die konkrete Zuweisung von Personal und sachlichen Mitteln durch Rechtsakte; erst dadurch wird die Verwaltung instand gesetzt, real handeln zu können. „Die Finanzkraft befähigt, das Haushaltsgesetz beauftragt, das Verwaltungsrecht ermächtigt zu finanzwirtschaftlichem Handeln."[637] Die von der

---

630 *Heun* (N 616), S. 83, 79.
631 *Dreier* (N 616), S. 89, 90.
632 *Heun* (N 616), S. 17 und durchgehend.
633 *Gunter Kisker*, Staatshaushalt, in: HStR IV, ²1999 (¹1990), § 89 Rn. 13 ff.
634 → Bd. III, *H. H. Klein*, § 50 Rn. 33 ff.
635 *Heun* (N 624), Rn. 6.
636 → Bd. II, *Vogel*, § 30 Rn. 28 ff.: Geld als Mittel zur Lenkung des Staatsapparats.
637 *Paul Kirchhof*, Die Steuerung des Verwaltungshandelns durch Haushaltsrecht und Haushaltskontrolle, in: NVwZ 1983, S. 505.

Regelungsdichte abhängige, letztlich nur begrenzte Determinationskraft des Verwaltungsgesetzes wird durch Rechtsakte im organschaftlichen Rechtskreis ausgeglichen[638]. Insofern ist die Begriffsbildung vom Haushaltsrecht als dem „Verfahrensrecht des Finanzstaates"[639] zu verstehen. Anschaulich ist davon gesprochen worden, daß die Stellen- und Sachpläne im Staatshaushalt „Organisation durch Zuweisung von Geld" bedeutet: In der Organisationsfunktion des Haushaltsplans findet ein Stück Lenkung bzw. Steuerung des Staatsapparats mittels des Mediums Geld statt[640]. Was im primären Finanzausgleich auf der Ebene der Verfassung vorgezeichnet ist, findet in dieser Organisationsfunktion des Staatshaushaltes periodisiert und auf die Bedürfnisse des Verwaltungsalltags heruntergebrochen seine logische Fortsetzung: Staatliche Einheiten werden erst durch die haushaltsmäßige Zuweisung von Geld handlungs- und funktionsfähig: „Die Zuständigkeit, über Geld zu verfügen, ist verfassungsrechtlich nicht weniger bedeutsam als die Zuständigkeit, Gebote zu erlassen, von Geboten freizustellen oder Zuständigkeiten zum Erlaß oder zur Freistellung von Geboten zu übertragen."[641] Das Geld als Steuerungs- und damit Machtinstrument ist über das Haushaltsrecht parlamentarisch-demokratisch rückgekoppelt. Diese grundsätzliche Koordinationsleistung des Haushaltsrechts im staatlichen Innenrechtskreis wird regelmäßig nur im Falle von Koordinationsstörungen bewußt: Haushaltssperren, Haushaltsstruktur- und -begleitgesetze im Falle des Haushaltsnotstandes und der Knappheit der Finanzmittel führen zu für jedermann spürbaren Folgen im Außenrechtsbereich zwischen Staat und Bürger[642].

Organisations- und Steuerungsleistung des Staatshaushalts

Die Finanzwissenschaften gliedern die staatlichen Ausgaben in Realausgaben, Transfers und Maßnahmen des Geld- und Kapitalverkehrs; das Finanzrecht fragt demgegenüber, ob es sich um Beschaffungsausgaben zur Bedarfsdeckung (einschließlich der Personalausgaben) handelt oder um Zweckausgaben, die der Verwirklichung von Verwaltungszwecken dienen[643]. Jegliche staatliche Ausgabe bedarf der Haushaltsermächtigung. Subventionen unterliegen darüber hinaus der (nationalen, supra- und internationalen) Subventionsrechtsordnung, staatliche Aufträge dem Vergaberecht. Bei allen Staatsausgaben ist das übergeordnete Staatsziel aus Art. 109 Abs. 2 GG zu beachten. Mit seiner begrenzten Direktivkraft[644] werden so verfassungsrechtliche Vorgaben hinsichtlich der Höhe und des Zeitpunkts der Veräußerung der Mittel geschaffen, während die zu verwirklichenden Sachprogramme Ergeb-

126
Gliederung der Staatsausgaben

Sachgesetze

---

638 *P. Kirchhof* (N 637), S. 511; → Bd. II, *Vogel*, § 30 Rn. 28 ff.
639 *Schuppert* (N 623), S. 218.
640 → Bd. II, *Vogel*, § 30 Rn. 28 ff.; → Bd. III, *Brenner*, § 44 Rn. 49; *v. Mutius* (N 7), S. 153, 189 ff.; *Schuppert* (N 623), S. 234 ff.
641 → Bd. II, *Vogel*, § 30 Rn. 36.
642 *Paul Kirchhof*, Die Steuerung des Verwaltungshandelns durch Haushaltsrecht und Haushaltskontrolle, in: NVwZ 1983, S. 505 (507).
643 *Klaus Vogel*, Grundzüge des Finanzrechts des Grundgesetzes, in: HStR IV, ²1999 (¹1990), § 87 Rn. 105 ff.
644 *Christian Hillgruber*, in: v. Mangoldt/Klein/Starck, GG III, ⁵2005, Art. 109 Rn. 49, 59 ff.; *Michael Rodi*, in: BK, Art. 109 Rn. 181 ff., 207 ff.

§ 116   Achter Teil: III. Finanzwesen

127
Subventionen

nis des politischen Prozesses sind und folglich durch die Gesetzgebung bestimmt werden[645].

Subventionen sind staatliche Zweckausgaben in Form vermögenswerter Zuwendungen an Personen oder Unternehmen zur Förderung eines im öffentlichen Interesse liegenden Zwecks[646]. Dabei handelt es sich nicht um einen scharf konturierten Rechtsbegriff (von § 264 Abs. 7 StGB einmal abgesehen; § 12 StabG und § 14 HGrG sprechen in jeweils eigenem und unterschiedlichem Zusammenhang von „Finanzhilfen" bzw. von „Zuwendungen")[647]. Entscheidend ist die ganz oder teilweise fehlende (marktmäßige) Gegenleistung des Subventionsempfängers. Steuervergünstigungen erweisen sich funktional (das heißt hier ökonomisch) als Verschonungssubventionen[648]. Subventionierung ist Verhaltenssteuerung, Zweckverfolgung über das Medium Geld[649]. Über Anreizinstrumente durch die Auszahlung von Geldbeträgen oder vermögenswerten Leistungen (etwa die Bürgschaftsübernahme oder die Realförderung durch die Überlassung bestimmter Grundstücke) oder durch die Verschonung von Zahlungsverpflichtungen kann jenseits der Eingriffsverwaltung Einfluß auf das Wirtschaftsleben genommen werden.

Rechtliche
Anforderungen

Bei den Subventionen ist darüber hinaus nach wie vor strittig und unklar, ob und inwieweit die Lehre vom Vorbehalt des Gesetzes greift[650]. Im Bereich von steuerlichen Verschonungssubventionen (Steuervergünstigungen) gilt der strenge steuerliche Gesetzesvorbehalt[651]; Steuervergünstigungen müssen sich vor dem Gleichheitssatz in der Ausprägung als Prinzip der Besteuerung nach der wirtschaftlichen Leistungsfähigkeit[652] rechtfertigen. Im Bereich der Leistungssubventionen ist in jedem Fall ein Gesetz erforderlich, wenn die Begünstigung des einen zu einem Eingriff bei einem anderen führt[653]. Dieser überkommene rechtsdogmatische Streit wird zunehmend durch die Bedeutung inter- und supranationaler Rechtsregimes überlagert und verdrängt. Das europäische Beihilfenrecht (Art. 87 ff. EGV)[654] und die Rechtsbindungen durch das Welthandelsrecht, insbesondere durch das Allgemeines Zoll- und Handelsabkommen (GATT) und die Welthandelsorganisation (WTO)[655] sind

---

645 *Badura* (N 7), S. 19.
646 → Unten *Kämmerer*, § 124 Rn. 1; BVerfGE 17, 210 (216); ausführlich *Michael Rodi*, Die Subventionsrechtsordnung, 2000, S. 29 ff.; ferner *Schmidt* (N 9), Rn. 148 ff.; *Hartmut Maurer*, Allgemeines Verwaltungsrecht, [16]2006, § 17 Rn. 5.
647 *Maurer* (N 646), Rn. 3 ff.
648 *Paul Kirchhof*, Steuersubventionen, in: FS für Peter Selmer, 2004, S. 745; gleichwohl werden sie – anders als unter den gemeinschaftsrechtlichen Begriff der Beihilfe – regelmäßig nicht unter den nationalen Subventionsbegriff gefaßt, vgl. nur *Schmidt* (N 9), Rn. 151; → unten *P. Kirchhof*, § 118 Rn. 46 ff.
649 → Bd. II, *Vogel*, § 30 Rn. 25 ff., 39 ff.; s. o. Rn. 8.
650 Die Verwaltungsrechtsprechung läßt die „etatmäßige Bereitstellung" genügen, BVerwGE 6, 282 (287 f.); 58, 45 (48); 90, 112 (126); BVerfGE 8, 155 (167).
651 S. o. Rn. 63; zu Steuervergünstigungen als (funktionalen) Subventionen vgl. nur *Rodi* (N 646), S. 657 ff., 695 ff.
652 S. o. Rn. 100 ff.
653 OVG Berlin, in: JZ 1976, S. 402 (404 f.); BVerwGE 90, 112 (126); zu den Rechtsschutzproblemen in diesem Bereich *Peter-Michael Huber*, Konkurrenzschutz im Verwaltungsrecht, 1991, S. 358 ff.
654 Vgl. nur *Rodi* (N 646), S. 141 ff.
655 Vgl. nur *Rodi* (N 646), S. 116 ff.

bis hin zu den Steuervergünstigungen[656] inzwischen die inhaltlich bedeutsamen Prüfungsmaßstäbe. Im nationalen Recht geht es um die Entwicklung einer Subventionsrechtsordnung, die insbesondere die Zweckbindung und -verwirklichung von Subventionen sicherstellt und sanktioniert[657].

Verwirklichen die Staatsausgaben nicht unmittelbar ein Zweckprogramm, sondern dienen sie der Beschaffung sächlicher Mittel, handelt es sich um staatliche Auftragsvergabe[658]. Im Vergaberecht werden verhaltensrechtliche Maßstäbe für die staatliche Nachfragetätigkeit aufgestellt. Handelte es sich in Deutschland traditionell um eine Rechtsmaterie des Haushaltsrechts, bei der Wirtschaftlichkeit und Sparsamkeit als Leitmaximen im Vordergrund standen, hat die im Vollzug gemeinschaftsrechtlicher Vorgaben 1999 vollzogene Vergaberechtsreform den wettbewerblichen Charakter der teils erheblichen Marktmacht der öffentlichen Hand durch die Überführung der einschlägigen Normen in die §§ 97 ff. GWB deutlich gemacht und durch spezifische Transparenzanforderungen zu bewältigen gesucht[659].

128
Staatliche Auftragsvergabe/Vergaberecht

Die dargestellte demokratische Koordinations- und Legitimationsfunktion des Staatshaushaltes ist durch neuere Entwicklungen gefährdet[660]. Grundlegende Reformüberlegungen verändern nicht nur Details des Haushaltsgeschehens, sondern können – beabsichtigt oder unbeabsichtigt – zumindest in ihrer Kumulation die Funktion des parlamentarischen Budgetrechts wandeln[661]. Diesen Gefahren wird nachzugehen sein. Zuvor ist das Haushaltsverfassungsrecht in seinen Rechtsquellen und seiner Anwendung zu skizzieren.

129
Gefährdungen der Haushaltsfunktionen

II. Das Haushaltsverfahren im Überblick

Das Haushaltsverfassungsrecht der Art. 109–115 GG enthält die wesentlichen bundesstaatlichen wie organisatorischen Kompetenzvorschriften das Haushaltswesen betreffend sowie einige Haushaltsgrundsätze[662]. Während die

130
Rechtsquellen

---

656 *Mirko M. Koschyk*, Steuervergünstigungen als Beihilfen nach Artikel 92 EG-Vertrag, 1999; *Lucas Wartenburger*, Die Bedeutung des Gemeinschaftsrechts für innergemeinschaftliche Steueroasen, in: IStR 2001, S. 397; *Hanno Kube*, Competence Conflicts and Solutions: National Tax Exemptions and Transnational Controls, in: The Columbia Journal of European Law 9 (2002), S. 79; *ders.*, Finanzgewalt in der Kompetenzordnung, 2004, S. 598 ff.; *Lehner/Waldhoff* (N 14), Rn. A 590 ff.; *Johann Wagner*, Direkte Steuern und Welthandelsrecht, 2006.
657 *Görg Haverkate*, Rechtsfragen des Leistungsstaats, 1983, S. 115, 145 ff.; *Rodi* (N 646), S. 57 ff., 421 ff. und durchgehend.
658 *Pietzcker* (N 9), S. 235 ff.; *Thomas Puhl*, Der Staat als Wirtschaftssubjekt und Auftraggeber, in: VVDStRL 60 (2001), S. 456.
659 Vgl. nur *Jost Pietzcker*, Die neue Gestalt des Vergaberechts, in: ZHR 162 (1998), S. 427; *ders.*, Die Zweiteilung des Vergaberechts, 2001; *Hermann Pünder*, Zu den Vorgaben des grundgesetzlichen Gleichheitssatzes für die Vergabe öffentlicher Aufträge, in: VerwArch 95 (2004), S. 38.
660 *Isensee* (N 622), S. 971 ff.; *Gero Pfennig*, Öffentliche Haushalte ohne parlamentarische Kontrolle? in: FS für Peter Raue, 2006, S. 285; allgemein → Bd. III, *Puhl*, § 48.
661 Zu den Reformansätzen insgesamt *Christoph Gröpl*, Haushaltsrecht und Reform, 2001; *Hermann Pünder*, Haushaltsrecht im Umbruch, 2003.
662 Für einen Überblick *Dieter Birk*, Das Haushaltsrecht in der bundesstaatlichen Finanzverfassung (Art. 109–115 GG), in: JA 1983, S. 563; *Klaus Grupp*, Haushaltsrecht, in: Norbert Achterberg/Günter Püttner/Thomas Würtenberger (Hg.), Besonderes Verwaltungsrecht, Bd. II, ²2000, § 19 Rn. 10 ff. mit dem Nachweis des Landeshaushaltsrechts in Rn. 13.

Art. 104 a–108 GG für alle Teile des Bundesstaates gelten (Bund, Länder und gegebenenfalls Gemeinden), betrifft das Haushaltsverfassungsrecht nur den Bund; für die Länder enthalten die Landesverfassungen jeweils eigene haushaltsverfassungsrechtliche Vorschriften. Darüber hinaus finden sich einfachrechtliche Vorschriften, die den Haushalt des Bundes betreffen, im Stabilitätsgesetz (StabG)[663], im Haushaltsgrundsätzegesetz (HGrG)[664], im Bundesrechnungshofgesetz (BRHG)[665] und vor allem in der Bundeshaushaltsordnung (BHO)[666]. Weitere, insbesondere technisch-organisatorische Konkretisierung erfährt das Haushaltsverfahren durch die Verwaltungsvorschriften zur Bundeshaushaltsordnung[667]. Inzwischen haben sich daneben sogenannte Haushaltsbegleitgesetze etabliert, die nicht spezifisch haushaltsrechtlichen Inhalts sind, sondern vielmehr in Form eines Artikelgesetzes sonstiges materielles Recht dem sich aus dem jeweiligen Haushalt ergebenden Finanzrahmen anpassen. Die finanzverfassungsrechtliche Sonderstellung der Sozialversicherungsträger[668] spiegelt sich auch in einem eigenen Haushaltsrecht wider, das in den §§ 67 ff. SGB IV sowie konkretisierenden Verordnungen geregelt ist.

131
Haushaltskreislauf

Das Haushaltsgeschehen wird in seiner Gesamtheit auch als „Haushaltskreislauf" bezeichnet, der sich in die Stufen der Aufstellung und Ausführung des Haushaltsplans sowie der Rechnungslegung und Entlastung untergliedern läßt[669]. Die Aufstellung und Feststellung des Haushaltsplans erfolgt in mehreren „Etappen"[670]: Die Budgetinitiative steht alleine der Exekutive zu[671]. Konkret stellt die Verwaltung in ihrer hierarchischen Gliederung zunächst Voranschläge (§ 9 Abs. 2 S. 1 BHO) auf, die beim zuständigen Fachminister gebündelt werden, um schließlich beim Bundesminister der Finanzen zusammenzulaufen; dieser kann „im Benehmen mit den beteiligten Stellen" gemäß § 28 Abs. 1 S. 2 BHO die Voranschläge abändern, sich letztlich also über deren Willen hinwegsetzen. Dies stellt sich in der Regel als erhebliche Kürzung der veranschlagten Haushaltsposten dar[672]. Nach § 29 BHO beschließt sodann die Bundesregierung den Entwurf des Haushaltsplans. Vom normalen Gesetzgebungsverfahren (hier Art. 76 Abs. 2 GG) abweichend wird dieser gemäß Art. 110 Abs. 3 GG zugleich mit der Zuleitung an den Bundesrat beim Bundestag eingebracht. Nach § 30 BHO soll dies spätestens in der ersten Sitzungs-

---

663 Gesetz zur Förderung der Stabilität und des Wachstums der Wirtschaft vom 8.6.1967 (BGBl I, S. 582), zuletzt geändert durch Art. 101 der Verordnung vom 25.11.2003 (BGBl I, S. 2304).
664 Vom 19.8.1969 (BGBl I, S. 1273), zuletzt geändert durch Art. 63 des Gesetzes vom 23.12.2003 (BGBl I, S. 2848).
665 Vom 11.7.1985 (BGBl I, S. 1445), zuletzt geändert durch Art. 17 des Gesetzes vom 9.7.2001 (BGBl I, S. 1510).
666 Vom 19.8.1969 (BGBl I, S. 1284), zuletzt geändert durch Art. 3 des Gesetzes vom 22.9.2005 (BGBl I, S. 2809).
667 Vom 14.3.2001 (GMBl, S. 307, Nr. 16/2001), zuletzt geändert durch Rundschreiben des Bundesministeriums der Finanzen vom 14.3.2006 (GMBl, S. 444, Nr. 23/2006).
668 S. o. Rn. 10, 29.
669 Ausführlich: *Grupp* (N 662), Rn. 59 ff.; *Birk* (N 662), S. 566 ff.; vgl. auch *v. Mutius* (N 7), S. 178 ff. → Unten *Heintzen*, § 120 Rn. 58 ff.
670 *v. Mutius* (N 7), S. 178; *Grupp* (N 662), Rn. 68 ff.
671 BVerfGE 45, 1 (29, 46); 70, 324 (357); *Grupp* (N 662), Rn. 68 m. weit. Nachw.; a. A. *Reinhard Mußgnug*, Der Haushaltsplan als Gesetz, 1976, S. 24 f.; 355 ff.
672 *Birk* (N 662), S. 566 in Fn. 31; *Grupp* (N 662), Rn. 71.

woche nach dem 1. September erfolgen und gemäß § 31 BHO, § 50 HGrG mit der Erstattung des Finanzberichts und der Vorlage des fünfjährigen Finanzplans einhergehen. Schließlich wird der Haushaltsplan durch das Haushaltsgesetz gemäß Art. 110 Abs. 2 S. 1 GG festgestellt. Die Beschlußfassung durch den Bundestag folgt dabei den allgemeinen Regeln des Art. 77 GG, der Bundesrat kann – es handelt sich nicht um ein Zustimmungsgesetz – nach Art. 77 Abs. 4 GG Einspruch einlegen. Die Ausführung des Haushaltsplans ist in den §§ 34 ff. BHO geregelt. Daraus folgt die Ermächtigung der Verwaltung, für die im Plan genannten Zwecke Ausgaben zu tätigen und Verpflichtungsermächtigungen einzugehen (§§ 34 Abs. 2, 38, 45 BHO). Das Grundgesetz selbst enthält in Art. 114 Abs. 2 GG nur allgemeine Grundsätze zur Bewirtschaftung der Mittel und regelt in Art. 111 und 112 GG die – zumindest als solche konzipierten[673] – Sonderfälle von Ausgaben vor Feststellung des Haushaltsplans und über- bzw. außerplanmäßige Ausgaben. Art. 113 GG bringt ein Sonder-Eingriffsinstrumentarium der Bundesregierung gegenüber dem Bundestag, sofern dieser ausgabenerhöhende Beschlüsse faßt – eine in der parlamentarischen Demokratie eher systemfremde Konstellation[674]. Anderseits hat sich gezeigt, daß gerade Volksvertretungen in parlamentarischen Demokratien – im Gegensatz zum konstitutionellen Staatsrecht des 19. Jahrhunderts – kaum mehr in der Lage sind, ausgaben- und damit einnahmebegrenzend zu wirken[675]. Auch während des Haushaltsvollzugs hat der Bundesfinanzminister besondere Ingerenzmöglichkeiten[676], insbesondere die Haushaltssperre nach § 41 BHO, nach deren Erlaß Ausgabe- und Verpflichtungsermächtigungen seiner Einwilligung bedürfen. Auf den Haushaltvollzug folgen nach Art. 114 GG Rechnungslegung und Entlastung. Über Zahlungen ist nach den §§ 71 ff. BHO Buch zu führen, die Bücher sind am Ende des Haushaltsjahres nach § 76 BHO abzuschließen. Aufgrund der abgeschlossenen Bücher erfolgt die Rechnungslegung (§ 80 BHO). Daran schließt sich die Aufstellung der Haushalts- und Vermögensrechnung durch den Bundesfinanzminister nach den §§ 81 ff. BHO an, die gemäß Art. 114 Abs. 1 GG Bundestag und Bundesrat vorzulegen ist. Auch die tatsächliche Bewirtschaftung der Mittel – und nicht nur der Voranschlag – sind der Volksvertretung zugänglich, die sich so ein Bild von der Tätigkeit der Verwaltung als Grundlage für die künftige Haushaltsplanung machen kann[677]. Dies ist in der Praxis jedoch weitgehend zum „parlamentarischen Ritual denaturiert"[678]. Der Entlastungsbeschluß des Parlaments schließt den Haushaltskreislauf. Dieser hat lediglich politischen Charakter und entfaltet jedenfalls keine unmittelbaren rechtlichen Wirkungen[679].

Ausgabenbegrenzungsschwäche der parlamentarischen Demokratie

---

673 Die Praxis, nach der die Feststellung des Haushaltsplans erst mit mehrmonatiger Verspätung erfolgt und Art. 111 GG somit regelmäßig zur Anwendung bringt, rügt BVerfGE 45, 1 (33); vgl. *Birk* (N 662), S. 568.
674 Vgl. *Christoph Gröpl*, in: BK, Art. 113 Rn. 13.
675 Vgl. statt aller m. weit. Nachw. *Waldhoff* (N 155), S. 111 ff., 132 ff., 261; i. E. auch *Gröpl* (N 674).
676 *v. Mutius* (N 7), S. 182; *Grupp* (N 662), Rn. 97.
677 *Grupp* (N 662), Rn. 150; *Birk* (N 662), S. 568.
678 *v. Mutius* (N 7), S. 186.
679 *Klaus Vogel/Paul Kirchhof*, in: BK, Art. 114, Zweitbearb., Rn. 157 f.; *Grupp* (N 662), Rn. 150.

III. Gefährdungen der parlamentarischen Haushaltsautonomie

132
Überblick

In der parlamentarischen Demokratie ist das Haushaltsrecht des Parlaments durch vielfältige Faktoren gefährdet, die in ihrer Summe zu einer „Entparlamentarisierung des Budgets" führen könnten[680]: Der dargestellte Funktionswandel des Budgetrechts bei politischer Interessenidentität zwischen Regierung und Parlamentsmehrheit und damit das Fortfallen eines die Situation im Konstitutionalismus beherrschenden Dualismus zwischen Parlament und monarchischer Exekutive hat insgesamt eine Bedeutungsminderung der parlamentarischen Mitwirkung in diesem Bereich bewirkt[681]. Hinzu kommt, daß das „freie" Haushaltsvolumen und damit wirkliche politische Gestaltungschancen eher gering zu veranschlagen sind angesichts des beachtlichen Anteils am Gesamthaushalt, der durch dauerhafte Personalstellen, Kreditaufnahmen, Verpflichtungsermächtigungen und sonstige Dauerverpflichtungen in Form von Selbstbindungen des Parlaments gebunden ist[682]. Die immer

Nebenhaushalte

noch nicht effektive Eingrenzung zahlreicher Nebenhaushalte[683] tut ihr übriges. Haushaltsreformen, die eine effizientere Haushaltswirtschaft durch eine grundlegende Änderung der Budgetaufstellung und der staatlichen Rechnungslegung im Rahmen einer Stärkung von sogenannten Globalhaushalten bzw. der sogenannten Budgetierung und Dezentralisierung der Haushalte (zusammengefaßt im „Neuen Steuerungsmodell") und damit notwendig verbunden einer Haushaltsflexibilisierung zu erreichen suchen, lockern in der Tendenz die Direktivkraft parlamentarischer Steuerung[684]. Privatisierung und Veräußerung von Staatsvermögen werden traditionell als Agenden der Exekutive behandelt und entziehen in finanzwirtschaftlich relevanten Bereichen dem Parlament Entscheidungsmacht[685]. Die langsame aber stetige Aufwertung direktdemokratischer Elemente im demokratischen System, vor allem auf Landesebene, ist nur dann mit dem parlamentarischen Budgetrecht kompatibel, sofern sogenannte Finanzausschlußklauseln wirksam sind. Die Abkehr vom Steuerstaat in Richtung eines Gebühren- oder Abgabenstaates zersetzt mit dem parlamentarischen Budgetrecht eine wesentliche Steuerungsressource des Parlaments, da die politische Gesamtentscheidung über Einnahmen und Ausgaben mit ihrer spezifischen Koordinationsfunktion wenn nicht verunmöglicht, so doch entscheidend erschwert wird.

---

680 → Bd. III, *Puhl*, § 48 Rn. 33 ff.; → oben *P. Kirchhof*, § 99 Rn. 102.
681 S. o. Rn. 121 f.
682 → Bd. II, *Vogel*, § 30 Rn. 32; → Bd. III, *Puhl*, § 48 Rn. 34.
683 → Bd. III, *Puhl*, § 48 Rn. 37 ff.; *ders.*, Budgetflucht und Haushaltsverfassung, 1996; *Michael Kilian*, Nebenhaushalte des Bundes, 1993; → unten *Heintzen*, § 120 Rn. 28 f.
684 → Bd. III, *Puhl*, § 48 Rn. 35 f.; insgesamt *Christoph Gröpl*, Haushaltsrecht und Reform, 2001; *ders.*, BK, Art. 110 Rn. 185 ff.; für die kommunale Ebene *Hermann Pünder*, Haushaltsrecht im Umbruch, 2003; *ders.*, Kommunales Haushaltsrecht in der Reform – von der Kameralistik zur Doppik, in: Hans-Günter Henneke/Hermann Pünder/Christian Waldhoff (Hg.), Recht der Kommunalfinanzen, 2006, § 5.
685 *Dieter Birk/Reiner Wernsmann*, Beteiligungsrechte des Parlaments bei der Veräußerung von Staatsvermögen, insbesondere Unternehmensbeteiligungen, in: DVBl 2005, S. 1.

1. Verfassungsrechtliches Verbot zweckgebundener Abgaben – Begrenzte Bedeutung des Äquivalenzprinzips in der Staatsfinanzierung

Von dem allgemeinen Zweck jeder Steuer, dem Staat die für die Erfüllung seiner Aufgaben erforderlichen finanziellen Mittel zuzuführen[686], sind speziellere Zwecke zu unterscheiden. Im Zusammenhang mit den tatbestandlichen Voraussetzungen einer Steuer können neben diesem Lenkungs- oder Sozialzwecke der Steuer ausgemacht werden[687]. Im Zusammenhang mit der Rechtsfolgenseite des Steuertatbestands können neben dem abstrakten Zweck der allgemeinen Staatsfinanzierung spezielle Finanzierungszwecke unterschieden werden. Zwecksteuer meint vor diesem Hintergrund die Zweckbindung des Abgabenaufkommens, die Reservierung konkreter Einnahmen für bestimmte Ausgabenzwecke[688]. Sie ist von Lenkungszwecken und -steuern zunächst grundsätzlich unabhängig. Die vorgestellten Abschichtungen werden komplizierter, wenn sich spezielle Finanzierungs- und Lenkungszwecke in einer Steuer überlagern[689]. Dann vermag die Aufkommensbindung ihrerseits wieder einen neuen Lenkungseffekt hervorzurufen.

133 Lenkungs- und Verwendungszwecke von Abgaben

Die Gegenleistungsfreiheit der Steuer führt zu einer Abstraktheit von Leistung und Gegenleistung. Die „Anonymität der Mittel"[690] hat seit je negative Folgen für die Steuermoral[691]. Die Zweckbindung von Abgaben vermag den Steuerwiderstand zu senken, sofern der Verwendungszweck von dem Abgabenschuldner akzeptiert wird: Der stets zu bedenkende Konnex zwischen Geben und Nehmen wird deutlicher[692]. Dies fördert zugleich die politische Begründ- und damit Durchsetzbarkeit neuer oder höherer Abgaben, sofern der steuerzahlende Wähler oder das zustimmungspflichtige Parlament die Notwendigkeit des zu finanzierenden Zwecks nicht bestreiten können[693]. Demgegenüber scheinen die allgemeinen Steuern im großen Topf des Staatshaushaltes zu „versickern".

134 Finanzpsychologische Attraktivität der Zwecksteuer

Zum einen haben umweltökonomische Erwägungen über eine Ökologisierung des Steuersystems das Aufkommen von Zweckabgaben befördert. Während nach einer Konzeption die überkommenen „großen" Steuern in eine Vielzahl „kleinerer Abgaben" mit Umweltbezug aufgelöst werden sollen[694],

135 Ökologische Motivation

---

686 S.o. Rn. 2, 5 ff., 85.
687 S.o. Rn. 8; → unten *P. Kirchhof*, § 118 Rn. 46 ff.
688 Vgl. bereits PrOVGE 64, 247 (252).
689 *Günther Schmölders*, Art. „Zwecksteuer. 1. Finanzwissenschaft", in: Georg Strickrodt/Wilhelm Hartz (Hg.), Handwörterbuch des Steuerrechts, Bd. II, ²1981, S. 1680; *Karl Bräuer*, Finanzsteuern, Zwecksteuern und Zweckzuwendungen von Steuererträgen, 1928, S. 7.
690 *Dora Schmidt*, Nichtfiskalische Zwecke der Besteuerung, 1926, S. 21; Deutung dieser Anonymität als Voraussetzung staatlicher Macht bei *Walter Leisner*, Der Gleichheitsstaat, 1980, S. 171 ff.; *ders.*, Der Steuerstaat – Wege der Gleichheit zur Macht, in: StuW 1986, S. 305 (306).
691 *Ute Sacksofsky*, Rechtliche Ansatzpunkte zur Hebung der Steuermoral, in: Kilian Bizer/Armin Falk/Joachim Lange (Hg.), Am Staat vorbei, 2004, S. 159 (164).
692 *P. Kirchhof* (N 642), S. 507; *Görg Haverkate*, Verfassungslehre, 1992, S. 284 f.
693 *Fritz Neumark*, Der Reichshaushaltsplan, 1929, S. 168; *Günther Hedtkamp*, Lehrbuch der Finanzwissenschaft, ²1977, S. 83.
694 Vgl. die Zusammenstellung bei *Ute Sacksofsky*, Umweltschutz durch nicht-steuerliche Abgaben, 2000, S. 43 ff.; kritisch differenziert *Christoph Trzaskalik*, Der instrumentelle Einsatz von Abgaben, in: StuW 1992, S. 135.

§ 116 *Achter Teil: III. Finanzwesen*

fordert eine andere Spielart ergänzende Umweltlenkungsabgaben. Die 1999 durchgeführte „ökologische Steuerreform"[695] kann als verwässertes Beispiel der zweiten Richtung gesehen werden. Beide Modelle verbinden Lenkungs- mit Verwendungszwecken unter dem Leitgedanken ökologischer Zielsetzungen.

136
Institutionenökonomische Motivation

Davon wiederum sind institutionenökonomische, aus einem normativen Ansatz der Finanzwissenschaften entspringende Modellvorstellungen abzugrenzen[696]. Diese Vorschläge, die von dem schwedischen Finanzwissenschaftler Knut Wicksell am Ende des 19. Jahrhunderts[697] bis zu dem amerikanischen Wirtschaftsnobelpreisträger James Buchanan reichen[698], nehmen das Funktionieren des politischen Prozesses und das „Design" der politischen Institutionen nicht mehr als vorgegeben hin. Mittels einer Partikularisierung des Budgets, gekoppelt mit Zweckbindungen, sollen simultane Entscheidungen über öffentliche Ausgaben und die dazu notwendigen Einnahmen erreicht und damit dem „fiskalischen Leviathan" Zügel angelegt werden. Mit solchen Aufkommensbindungen werden Gedanken des alten Äquivalenzprinzips verwirklicht und die dem Marktprinzip zugrundeliegende Tauschlogik in den öffentlichen Bereich überführt[699].

Beide Denkrichtungen unterscheiden sich bereits im Ansatz, treffen sich wiederum im Mittel, unterscheiden sich jedoch schließlich im Ziel: Geht die ökologische Abgabenmodernisierung von einem interventionistischen Modell aus, ist der neuere finanzwissenschaftliche Ansatz durch einen staatsskeptisch-liberalen Ansatz geprägt.

137
Beispiele aus dem Verbrauch- und Verkehrsteuerrecht

Paradefall der rechtlichen Einnahmenbindung einer Steuer ist die Mineralölsteuer[700]. Entgegen manchen Vermutungen bestehen im Umfeld der Kraftfahrzeugsteuer und der Verbrauchsteuern auf Tabak oder Alkohol dagegen keine Aufkommensbindungen mehr[701]. Eher zweitrangige Bedeutung haben

---

695 BGBl I, 1999, S. 378; BGBl I, 2000, S. 2433; *Waldhoff* (N 468), S. 296 m. weit. Nachw.; vgl. zur Kritik *Matthias Herdegen/Wolfgang Schön*, Ökologische Steuerreform, 2000, S. 8f., 46; aus finanzwissenschaftlicher Sicht etwa *Dieter Brümmerhoff*, Finanzwissenschaft, [8]2001, S. 537ff.
696 Vgl. dazu etwa *Bernd Hansjürgens*, Äquivalenzprinzip und Staatsfinanzierung, 2001; *ders.*, Äquivalenzprinzip und Finanzpolitik, in: Zeitschrift für Wirtschaftspolitik 46 (1997), S. 275; *Walter Wittmann*, Steuerung und Versorgung mit Staatsleistungen über das Äquivalenzprinzip, in: FS für Heinz Haller, 1979, S. 287; *ders.*, Zweckbindung öffentlicher Einnahmen, in: Dieter Pohmer (Hg.), Beiträge zum Äquivalenzprinzip und zur Zweckbindung öffentlicher Einnahmen, 1981, S. 9.
697 Vgl. *Charles Beat Blankart*, Knut Wicksells finanztheoretische Untersuchungen 1896–1996, in: FinArch 52 (1995), S. 437 (439ff.).
698 Grundlegend *James M. Buchanan*, The Economics of Earmarked Taxes, in: Journal of Political Economy 71 (1963), S. 457; *Geoffrey Brennan/James M. Buchanan*, Besteuerung und Staatsgewalt, 1988, S. 170ff., 191f. Aus dem Sekundärschrifttum *Wittmann* (N 696), S. 287; *Brümmerhoff* (N 695), S. 228f.; *Blankart* (N 697), S. 173f.; *Wolfgang Kersting*, Die politische Philosophie des Gesellschaftsvertrags, 1994, S. 321ff.
699 S.o. Rn. 5.
700 Zu den Zweckbindungen im Verkehrsbereich insgesamt *Reinhard Mußgnug*, Die zweckgebundene öffentliche Abgabe, in: FS für Ernst Forsthoff, [2]1974, S. 259 (262f.); instruktiv die parlamentarischen Auseinandersetzungen zum Straßenbaufinanzierungsgesetz (28.3.1960, BGBl I, S. 201): StenBer 45 (1960), S. 5660ff.; vgl. auch *Waldhoff* (N 468), S. 292f.
701 Auch zu entsprechenden rechtspolitischen Diskussionen *Peter Selmer/Carsten Brodersen/Gert Nicolaysen*, Straßenbenutzungsabgaben für den Schwerverkehr, 1989, S. 20ff.

oder hatten die Verwendungsbindungen der Totalisatorsteuer des Rennwett- und Lotteriegesetzes[702], der Feuerschutzsteuer und der landesrechtlichen Feuerwehrabgaben[703].

Die Zweckbindung kann – wie Beispiele aus der schweizerischen Bundesverfassung dokumentieren[704] – auf der Stufe der Verfassung selbst vorgenommen werden. Die allgemeine Aufteilung des Steuerertrags zwischen den Gebietskörperschaften sowie zweckgebundene sekundäre, umverteilende Finanzzuweisungen[705] fallen jedoch nicht in die Kategorie der Zwecksteuer. Sind die Aufkommensbindungen in Präambeln von Gesetzen angeordnet, können sie nahtlos in allgemeine Zweckbestimmungen im Sinne einer (politischen) Rechtfertigung durch Benennung des allgemeinen Gesetzeszwecks übergehen. Andererseits kann eine rechtlich wirksam angeordnete Verwendungsbindung stets eine weitere Spezialisierung durch den Haushaltsplan erfordern und erfahren.

138
Ebenen der rechtlichen Verwendungsbindung

Neben solchen positivrechtlich verankerten Verwendungsbindungen treten politische Verknüpfungen unterschiedlicher Intensität. Sie sollen hier in Abgrenzung zur rechtsverbindlichen Verwendungsbindung als „Verwendungsabsicht" bezeichnet werden. Auf einer niedrigen Stufe erscheinen Ausgabenanlässe als Begründung einer Steuer etwa in den Gesetzesmaterialien oder -beratungen. Bestes Beispiel ist der im Zuge der Wiedervereinigung eingeführte Solidaritätszuschlag zur Einkommen- und Körperschaftsteuer[706]. Im Gesetzeswortlaut ist hier allenfalls in dem Wortbestandteil „Solidarität" ein lockerer Verwendungszweckanlaß angedeutet[707]. Mit wem Solidarität geübt werden soll, das ergibt sich erst aus dem politischen Kontext. Dieser Steuerzuschlag fließt vollständig in den allgemeinen Staatshaushalt. Eine rechtliche Bindung seines Aufkommens existiert nicht.

139
Politische Verwendungsabsicht

Einen neueren Anwendungsfall stellt die mehrstufige Ökologische Steuerreform dar[708]. Auch hier besteht grundsätzlich keine rechtliche Bindung des Aufkommens aus der erhöhten Mineralölsteuer und der neueingeführten Verbrauchsteuer auf elektrischen Strom[709]. Das Konzept, mit Umweltlenkungsabgaben den „Faktor Arbeit" durch eine Absenkung von Sozialversicherungsbeiträgen zu entlasten, bildet jedoch die politische Philosophie dieses Projekts, das durch steuer- und sozialrechtliche Parallelgesetzgebung verwirklicht wurde. Eine mittelbare rechtliche Rückkopplung stellt die Vorschrift über die Erstattung der Stromsteuer in § 10 Abs. 2 StromStG dar, welcher die Entla-

Ökologische Steuerreform

---

702 § 16 Rennwett- und Lotteriegesetzes vom 8.4.1922, RGBl I, S. 393, mit späteren Änderungen.
703 Einzelheiten m. weit. Nachw. bei *Waldhoff* (N 468), S. 294.
704 So etwa Art. 130 Abs. 2 und Art. 131 Abs. 3 BV vom 18.4.1999.
705 S. o. Rn. 73.
706 Gesetz zur Einführung eines befristeten Solidaritätszuschlags und zur Änderung von Verbrauchsteuer- und anderen Gesetzen (Solidaritätsgesetz) vom 24.6.1991 (BGBl I, S. 1318) mit späteren Änderungen.
707 BT-Drs 12/220, S. 6; siehe auch *Joachim Wieland*, Solidarität gegen Vertrauen, in: StVj 1992, S. 97.
708 S. o. Rn. 136; vgl. BT-Drs 14/40, S. 9; *Herdegen/Schön* (N 695), S. 41 ff., zur Verwendungsbindung.
709 *Anselm Thorsten Jobs*, Steuern auf Energie als Element einer ökologischen Steuerreform, 1999, S. 247; *Wernsmann* (N 46), S. 79.

stung bestimmter Betriebe mit deren Entlastung durch die Absenkung der zu zahlenden Sozialversicherungsanteile verbindet. Nur rechtliche Verwendungsbindungen sind an höherrangigen Rechtsmaßstäben zu beurteilen. Politische Verknüpfungen bleiben der Bewertung im politischen Prozeß vorbehalten[710]. Unerheblich ist, wie die Verwendungsbindung gesetzestechnisch ausgestaltet ist[711], ob das gesamte Aufkommen oder ein Prozentsatz gebunden wird und ob die zu erfüllende Aufgabe an das Aufkommen gekoppelt oder eine etwaige Finanzierungslücke durch allgemeine Haushaltsmittel auszufüllen ist[712].

140
Verfassungsrechtliche Maßstäbe

Prinzip der Gesamtdeckung

Die überkommene Rechtsprechung[713] und Lehre[714] sehen rechtliche Verwendungsbindungen als grundsätzlich erlaubt an. In der Entscheidung zum „Wasserpfennig" hat das Bundesverfassungsgericht die Frage offengelassen[715]. Das wesentliche Regulativ für die Rechtmäßigkeit von Zwecksteuern ist das haushaltsrechtliche Prinzip der Gesamtdeckung (§ 8 S. 1 BHO; auch Nonaffektations-, Universalitäts- oder Zentralisationsprinzip genannt). Das Prinzip der Gesamtdeckung ist entgegen der herrschenden Meinung aus grundrechtlichen, haushalts- und finanzverfassungsrechtlichen Erwägungen in seinem Kern verfassungskräftig[716]. Es kann daher nur unter Beachtung besonderer Rechtfertigungsgründe eingeschränkt werden. Sämtliche Haushaltsgrundsätze beruhen auf Erkenntnissen der Finanzwissenschaften[717]. Als ökonomische Gesetz- oder Zweckmäßigkeit haben sie allein noch keine Rechtsverbindlichkeit[718]. Andererseits zeigen die vielfältigen Überschneidungen und Zusammenhänge zwischen unterschiedlichen Grundsätzen, daß ihr juristischer Gehalt nicht allein auf eine mehr oder minder explizite Erwähnung in Verfassung und Gesetz reduziert werden kann[719]. Ihre Funktion und ihr Rechtswert ergeben sich vielmehr aus dem verfassungsrechtlich vorausgesetzten parlamentarischen Haushaltsgeschehen[720]. Der Kern des parlamentarischen Haushaltsrechts ist die Mitverantwortung und Kontrolle des Handelns der Verwaltung qua finanzwirtschaftlicher Steuerung; es handelt sich um eine „überragende ... rechtlich umfassende, alleinige Entscheidungs- und Feststel-

---

710 Vgl. auch BVerfGE 93, 319 (347); *Peter Selmer*, Zur Zweckbindung von Umweltsteuern im Rahmen eines Umweltgesetzbuches, in: Eberhard Bohne (Hg.), Perspektiven für ein Umweltgesetzbuch, 2002, S. 297 (300 f.).
711 Dazu näher *Hans Fecher*, Probleme der Zweckbindung öffentlicher Einnahmen, 1963, S. 37 ff.
712 *Gernot Schiller*, Sonderabgaben mit eigener wirtschaftslenkender Antriebs- und Sanktionsfunktion in der Wirtschafts- und Finanzverfassung des Grundgesetzes, 2000, S. 68 f.
713 BVerfGE 7, 244 (254 f.); 9, 291 (300); 36, 66 (70); 49, 343 (353 f.); 65, 325 (344); BayVerfGHE 6, 75 (79); RFHE 33, 18 (24 f., 27); BFHE 57, 473.
714 → Bd. III, *Puhl*, § 48 Rn. 34; *Selmer* (N 30), S. 193, 196; *Wilke* (N 296), S. 50; *Maunz* (N 298), Rn. 10; *Hans D. Jarass*, Nichtsteuerliche Abgaben und lenkende Steuern unter dem Grundgesetz, 1999, S. 8; *Schaefer* (N 428), S. 188 ff.
715 BVerfGE 93, 319 (348).
716 Eingehend *Waldhoff* (N 468), S. 298 ff.; → unten *Heintzen*, § 120 Rn. 47.
717 Zur historischen Entwicklung *Strube* (N 618).
718 *Gunter Kisker*, Staatshaushalt, in: HStR IV, ²1999 (¹1990), § 89 Rn. 59.
719 In anderem Zusammenhang strukturell ähnlich *Heun* (N 616), S. 162, 164, 167.
720 S. o. Rn. 131.

lungskompetenz des Gesetzgebers"[721] als einem von mehreren Bestandteilen des demokratischen Verfassungsprinzips.

Der Haushaltsgrundsatz der Gesamtdeckung hängt eng mit anderen Haushaltsprinzipien wie dem Grundsatz der Budgeteinheit, der Vollständigkeit, dem Bruttoprinzip und dem Prinzip der Kasseneinheit zusammen. Nur in ihrem Zusammengreifen sichern sie die geforderte parlamentarische Gesamtentscheidung über Haushalt und Staatshandeln. Insofern erweist sich das Gesamtdeckungsprinzip als „notwendige Voraussetzung der politischen Willensbildung"[722]. Als Ergebnis eines „politischen Parallelogramms der Kräfte" stellen die parlamentarischen Dezisionen im Haushaltsbereich keine logisch vorgezeichneten Operationen, sondern Akte politischer Wertung im Sinne einer Gesamtentscheidung dar[723]. Sie sind mehr als die Summe ihrer in der Rechtsordnung anderweitig vorgezeichneten Teile. Die haushaltsrechtliche Gesamtentscheidung erhält gewissermaßen eine zusätzliche Erkenntnisdimension durch die politisch verantwortete globale Koordination der verschiedenen Bereiche. Es ist etwas politisch wie rechtlich Verschiedenes, die Abwägung zwischen Abgabenbelastung und Ausgabenvolumen im Rahmen konkreter Einzelentscheidungen oder auf einem höheren Abstraktionsniveau vorzunehmen[724]. Diese notwendige Gesamtkoordination der Ausgaben und Einnahmen kann ihrer Idee nach wiederum nur periodisch erfolgen. Durch Aufkommensbindungen von Steuern wird diese parlamentarische Gesamtentscheidung eingeschränkt und behindert. Der Haushaltsplan zeichnet nur mehr anderweitig getroffene Entscheidungen nach. Finanzielle Sonderkreisläufe relativieren trotz Etatisierung dieser Einnahmen den Gedanken des Gesamthaushalts, ganz abgesehen von formalen Beeinträchtigungen wie Klarheit und Übersichtlichkeit des Budgets. Daher ist weniger entscheidend, auf welcher Normstufe die zur Absicherung dieses Funktionsmodus erforderlichen Grundsätze und Prinzipien positiviert sind, als vielmehr, welche Ausgestaltungen dieses parlamentarische Zentralrecht beeinträchtigen. Dieses Auslegungsergebnis wird auch durch die neuere Legislationsgeschichte des Prinzips gestützt[725]: In der Reichsverfassung von 1871 noch auf Verfassungsebene (Art. 70 f. RV) niedergelegt, „rutschte" der Grundsatz in die wiederum mit verfassungsändernder Mehrheit beschlossene Reichshaushaltsordnung von 1922, um schließlich einfachgesetzlich in § 8 BHO zu enden. Die unbestrittenermaßen in Art. 110 Abs. 1 GG verankerten Haushaltsgrundsätze der Einheit und Vollständigkeit umfassen in dem dargelegten Umfang auch die Prinzipien der Bruttoveranschlagung und der Gesamtdeckung. Für das Brutto-

141
Gesamtdeckungsprinzip und andere Haushaltsprinzipien

Zweckbindungen

---

721 BVerfGE 45, 1 (32); vgl. *Gröpl* (N 520), S. 267.
722 *Fecher* (N 711), S. 22; einschränkend allerdings ebd., S. 47; *Selmer* (N 710), S. 306. → Unten *Heintzen*, § 120 Rn. 47.
723 *Herbert Mandelartz*, Das Zusammenwirken von Parlament und Regierung beim Haushaltsvollzug, 1980, S. 67, 72; vgl. zur Begrenzung durch langfristige Engagements und andere Sachzwänge BVerfGE 45, 1 (32).
724 *Heun* (N 616), S. 273; *Ekkehard Moeser*, Die Beteiligung des Bundestages an der staatlichen Haushaltsgewalt, 1978, S. 41 ff.
725 Näher *Waldhoff* (N 468), S. 300.

prinzip ist dieser Sachverhalt strittig, für das Gesamtdeckungsprinzip wurde er bisher nicht erörtert.

142
Fachgesetzliche Verwendungsbindung – Periodizitätsprinzip des Haushaltsplans

Das Spannungsverhältnis zwischen der Idee nach dauerhaft festgelegten fachgesetzlichen Verwendungsbindungen und dem Periodizitätsprinzip des flexibleren Haushaltsplans behindert die skizzierten Aufgaben des Parlaments ebenfalls[726]. Rechtsdogmatisch stellt sich die Frage, ob und wie die Verwendungszweckentscheidungen im Steuergesetz oder in einem Finanzierungsgesetz auf der Haushaltsebene wieder modifiziert und beseitigt werden können. Steuer- und Abgabengesetze und das den Haushaltsplan feststellende Haushaltsgesetz sind normhierarchisch gleichrangig, so daß das zeitlich nachfolgende Haushaltsgesetz via Haushaltsplan die vorangegangene Verwendungsbindung abzuändern in der Lage wäre. Labands Budgettheorie, die einen generellen Vorrang der materiellen Gesetze vor dem bloß formellen, als kaschierten Verwaltungsakt gedeuteten Haushaltsplan behauptete, ist mit der Integration des Haushaltsrechts in den demokratischen Verfassungsstaat obsolet[727]. Eine verfahrensrechtliche Stufung und damit Bindung wie zwischen Haushaltsgrundsätzegesetz und Haushaltsordnung/Haushaltsgesetz kommt dann zum Tragen, wenn das die Verwendungsbindung anordnende Gesetz zustimmungspflichtig ist. Dann vermag das konkrete Haushaltsgesetz des Bundes als Einspruchsgesetz das vorangegangene, die Aufkommensbindung aufrichtende Gesetz nicht abzuändern. Einschränkungen der Abänderbarkeit ergeben sich auch aus dem haushaltsrechtlichen Bepackungsverbot (Art. 110 Abs. 4 GG). Aufgrund seiner zeitlichen Dimension, der Jährlichkeit, kann es nur für diesen Haushaltszeitraum die Verwendungsbindung außer Kraft setzen. Damit ergibt sich gegenüber dem Haushaltsgesetz eine zumindest partielle Änderungsfestigkeit gesetzlich angeordneter Aufkommensbindungen. Der Haushaltsgesetzgeber ist nicht nur politisch, sondern in gewissem Umfang auch rechtlich gebunden. Das bedeutet zugleich, daß dauerhafte Zweckbindungen von Einnahmen nur durch außerbudgetäre Rechtsetzung möglich sind. Der Gedanke, der Gesetzgeber übe mit einer gesetzlichen Aufkommensbindung „schon vorab ein für alle Mal" sein Budgetrecht aus, trifft damit allenfalls einen theoretischen Sonderfall.

Bepackungsverbot

143
Nonaffektationsprinzip

Die These von der Rechtsnatur des Nonaffektationsprinzips als Verfassungsgrundsatz erfährt eine weitere Stütze aus der bundesstaatlichen Finanzverfassung, konkret durch den verfassungsrechtlichen Steuerbegriff[728]. Anknüpfungspunkt ist die Gegenleistungsfreiheit der Steuer. Zwecksteuern erreichen zwar regelmäßig nicht den Gegenleistungsbezug wie Gebühren oder Beiträge; sie relativieren jedoch die Gegenleistungsfreiheit, mögen sie sie auch nicht in jedem Einzelfall aufheben. Der Verfassungsrang dieses Teilelements der

---

726 Näher *Waldhoff* (N 468), S. 300 f.
727 *Dietrich Jesch*, Gesetz und Verwaltung, ²1968, S. 20 ff., 92 ff.; *Heun* (N 616), S. 165 ff., etwa gegen *Mußgnug* (N 671), S. 302 ff., 307 ff.; *Ernst-Wolfgang Böckenförde*, Die Organisationsgewalt im Bereich der Regierung, 1964, S. 110 f.; differenziert *Klaus Lange*, Die Abhängigkeit der Ausgabenwirtschaft der Bundesregierung von der parlamentarischen Budgetbewilligung, in: Der Staat 11 (1972), S. 313.
728 S. o. Rn. 85; *Wolfgang Löwer*, Wen oder was steuert die Öko-Steuer?, 2000, S. 34 f.

Steuer und damit der Ungebundenheit des Steueraufkommens wird dadurch verdeutlicht, daß die Steuerertragsverteilung nach den Absätzen 3 und 4 des Art. 106 und nach Art. 107 GG nach Gesichtspunkten des Finanzbedarfs und der Finanzkraft global zur Deckung von Ausgaben erfolgt: Die Aufteilung der Gemeinschaftssteuern geht von ungebundenen Finanzmassen aus. Die Regelung zur Verteilung des Umsatzsteueraufkommens in Art. 106 Abs. 3 GG spricht von der „Deckung der notwendigen Ausgaben", also von Ausgaben in ihrer Gesamtheit. Entsprechend ordnet Abs. 4 dieser Norm eine Neuverteilung des Umsatzsteueraufkommens an, sofern „sich das Verhältnis zwischen den Einnahmen und Ausgaben des Bundes und der Länder wesentlich anders entwickelt". Stets werden „die Ausgaben" hier als Block den Einnahmen gegenübergestellt, um Deckungslücken festzustellen. Der Mechanismus dieser Verteilungsregelung wird gestört, wenn bedeutsame Teile der Einnahmen vorab gesetzlich an Verwendungszwecke, an Ausgaben gekoppelt sind. Erst recht gälte dies, sofern im Bundesstaat ebenenübergreifende Bindungen festgesetzt wären.

Die dargelegten Zusammenhänge werden durch die Abgrenzung zu anderen Abgaben deutlicher: Die Sonderabgabe ist im Gegensatz zur Steuer schon begrifflich durch eine Verwendungsbindung gekennzeichnet, unterscheidet sich jedoch von der Zwecksteuer durch ihre Haushaltsflüchtigkeit. Zwecksteuern können damit niemals in einen speziellen Fonds neben dem Haushalt fließen. Das Argument gegen die Etatisierung als Abgrenzungskriterium zwischen (Zweck-)Steuern und Sonderabgaben, der Gesetzgeber habe es dann in der Hand, durch die Gestaltung der haushaltsmäßigen Behandlung der Abgabe deren Charakter zu bestimmen, greift nicht durch: Wegen der strengen zusätzlichen Anforderungen an die Einführung von Sonderabgaben besteht für den Gesetzgeber gerade kein Wahlrecht zwischen diesen und einer Steuerfinanzierung. Auch die Argumentation, Sonderabgaben zeichneten sich gegenüber Zwecksteuern durch eine „hochspezifizierte Zweckbindung" aus, weil letztere einen „erfahrungsgemäß allgemeinen Charakter" aufweisen, vermag mangels hinreichender Trennschärfe kaum zu überzeugen. Der Grad der Konkretisierung des Verwendungszwecks ist kein taugliches Abgrenzungskriterium.

144
Sonderabgaben und Zwecksteuern

Mit den Gebühren und Beiträgen teilt die Zwecksteuer die Haushaltsgebundenheit. Ihr fehlt jedoch der konkrete und zwingende Gegenleistungscharakter als Charakteristikum für den Abgabentypus selbst: Der Kreis der Abgabepflichtigen ist nicht streng mit dem Kreis der Vorteilsempfänger identisch, denn die Zwecksteuern knüpfen nicht an empfangene staatliche Leistungen, sondern an allgemeine Merkmale an. Gegenleistungsbezogenheit und Verwendungsbindung sind zumindest im Ansatz gedanklich auseinanderzuhalten. Hieran ändern auch in den Einzelheiten umstrittene gebührenrechtliche Grundsätze wie das Äquivalenz- oder das Kostendeckungsprinzip nichts, denn sie bieten Maßstäbe für die Gebührenbemessung, sagen jedoch zunächst nichts über die tatsächliche Verwendung aus.

145
Abgrenzung zu Gebühren und Beiträgen

Probleme von gesetzlichen Verwendungsbindungen können sich auch mit der bundesstaatlichen Kompetenzordnung ergeben. Wie die eingangs getroffenen Abschichtungen deutlich gemacht haben, gehören Aufkommensbindungen

146
Kompetenzrechtliche Probleme

§ 116 Achter Teil: III. Finanzwesen

nicht zum Steuertatbestand und unterfallen damit auch nicht – anders als steuerliche Sozialzwecknormen[729] – der Aufteilung der Steuergesetzgebungskompetenz des Art. 105 GG. Eine in bundesstaatlicher Hinsicht ebenenübergreifende gesetzlich angeordnete Verwendungsbindung scheitert regelmäßig an der in Art. 109 Abs. 1 GG verankerten Haushaltsautonomie und würde auch in die einer anderen Gebietskörperschaft zustehende Ertragskompetenz nach Art. 106 GG eingreifen[730]. Die bundesgesetzlich im Straßenverkehrsgesetz vorübergehend angeordnete Verwendungsbindung kommunaler Parkgebühren zur Förderung bestimmter Verkehrsprojekte ist an dieser kompetenziellen Situation gescheitert.

147
Grundrechtliche Erwägungen

Das Prinzip der Gesamtdeckung in seinem Zusammenwirken mit den Grundsätzen der Einheit, der Vollständigkeit und der Bruttoveranschlagung garantieren die Gleichheit der Lastenverteilung der steuerzahlenden Bürger auf einer institutionellen Ebene. Haushaltsrechtlich bildet sich so das rechtlich verfaßte Staatsvolk in seiner zu Sonderinteressen distanzierten Allgemeinheit und damit als Garant von Gleichheit und Freiheit ab[731]. Dem allgemeinen Wahlrecht entspricht so in gewisser Weise die Globalität des Haushalts. Die wichtigste verfassungsrechtliche Anforderung an jeglichen Steuerzugriff, die Besteuerung nach der individuellen wirtschaftlichen Leistungsfähigkeit als sachbereichsspezifische Konkretisierung des allgemeinen Gleichheitssatzes[732], kann letztlich nur bei einer Abstraktion von konkreten Leistungsbeziehungen durchgeführt werden. Die Diskussionen um die Möglichkeiten der sozialen Staffelung von Gebührensätzen haben diese Zusammenhänge in gebührenrechtlichem Zusammenhang aus einer anderen Perspektive verdeutlicht.

148
Durchbrechungen des verfassungsrechtlichen Zwecksteuerverbots

Dieser Verfassungsrang der haushaltsrechtlichen Nonaffektation kann nur auf der Stufe eines Grundsatzes, eines Verfassungsprinzips mit entsprechend eingeschränkter normativer Wirkkraft begründet werden[733]. Die Gesamtdeckung unterliegt von vornherein der gesetzlichen Ausgestaltung, wie dies auch in den einfachgesetzlichen Konkretisierungen der Haushaltsordnungen zum Ausdruck kommt. Entscheidend wird damit, welche Anforderungen an die Rechtfertigung der Durchbrechung des Prinzips zu stellen sind, um sein „Leerlaufen" zu verhindern. Folge ist, daß der einfachgesetzliche Dispens durch die normhierarchische Hochzonung zum verfassungsrechtlichen Gesetzesvorbehalt erstarkt.

149
Rechtfertigung von Durchbrechungen

Die Rechtfertigung muß sich auf zwei miteinander zusammenhängenden Ebenen vollziehen: Aus einer institutionellen Position heraus ist zu gewährleisten, daß der ganz überwiegende Teil der staatlichen Einnahmen ungebunden bleibt. Nur so kann der entfaltete, verfassungsrechtlich vorausgesetzte parla-

---

[729] S. o. Rn. 63.
[730] *Selmer* (N 710), S. 303 f.
[731] Allgemein zur staatsbürgerlich-demokratischen Gleichheit → Bd. II, *Badura*, § 25 Rn. 31, 39.
[732] S. o. Rn. 99 ff.
[733] Zu weitgehend daher *Frank Rainer Balmes*, Verfassungsmäßigkeit und rechtliche Systematisierung von Umweltsteuern, 1997, S. 127 f.

mentarische Haushaltsprozeß im Kern erhalten bleiben[734]. Quantifizierungsversuche, wie sie mit einer Begrenzung auf 5 bis 10 % des Gesamteinnahmevolumens in der Literatur vorgeschlagen werden, bleiben stets angreifbar. Neben diese volumenbezogene Sicht ist auf der zweiten, konkreten Ebene der einzelnen Abgabe ein tragfähiger Rechtfertigungsgrund für die Zweckbindung darzulegen. Ein sachlicher Grund, der dem Gewicht der verfassungsrechtlichen Verortung des gegenlaufenden Prinzips entspricht, muß die „zweckgerechte Besonderung", die Zuordbarkeit eines Steueraufkommens zu einer konkreten Sachaufgabe nachweisen[735]. Es geht um die verfassungsrechtlich geforderte Symmetrie zwischen Abgabepflicht und Finanzierungsverantwortung und damit um die Abgrenzung des allgemeinen Pflichtenstatus des Steuerbürgers von dem besonderen Pflichtenstatus der Gruppenverantwortlichkeit. Diese Ebene der Rechtfertigung erfüllt eine ähnliche Funktion, wie sie die im Rahmen der haushaltsflüchtigen Sonderabgaben von der Verfassungsrechtsprechung geforderten Kriterien der hinreichenden Sachnähe der Abgabenpflichtigen zum Abgabenzweck und eine – wenn auch lockere – gruppennützige Verwendung einnehmen: Die erforderliche Beziehung fügt die Verwendungsbindung mit der gemeinwohlorientierten gleichheitsrechtlichen Rechtfertigung der Steuer zusammen. Weitgehend fremdnützige Zwecksteuern ohne jeglichen Konnex zwischen Abgabe- und Finanzierungszweck wären danach ebenso unzulässig wie entsprechende Sonderabgaben, ohne daß der Maßstab völlig identisch sein müßte. Die Finanzwissenschaften sprechen bei Komplementarität zwischen der „Bemessungsgrundlage" der Abgabe und der damit zu finanzierenden Ausgabe von Zielkonformität, bei deren Fehlen von „sinnentleerten" oder „nichtzielkonformen Zweckbindungen". Die Anforderungen an diese Ebene der Rechtfertigung von außerbudgetären Aufkommensbindungen dürfte – auch angesichts des politischen Gestaltungsspielraums des Gesetzgebers – niedriger sein als bei den Sonderabgaben. Die Gefahren der Haushaltsflüchtigkeit sind hier nicht gegeben. Gefordert ist somit eine lockere Äquivalenzbeziehung, die über bloße Plausibilitätserwägungen hinaus einen finanzwirtschaftlichen Zusammenhang aufzeigt. Ein Großteil der staatlichen Handlungen und Leistungen eignet sich für eine solche Verknüpfung von vornherein nicht, da sie in „allgemeinen Diensten" bestehen. Insbesondere bei der Koppelung von Elementen von Lenkungs- und Zwecksteuern wie in der Ökosteuerreform sind sachliche Zusammenhänge oft schwer zu begründen: Die Allgemeinheit aller energieverbrauchenden Bürger ist nicht deckungsgleich mit den sozialversicherungspflichtigen Arbeitnehmern; daraus ergeben sich nicht zu rechtfertigende Asymmetrien zwischen Be- und Entlastung. Demgegenüber dürfte die Äquivalenzbeziehung zur Straßennutzung bei der Mineralölsteuer den entwickelten Kriterien weitgehend standhalten.

Zielkonformität

---

734 Entsprechendes ist wohl gemeint, wenn gesagt wird, daß es grundsätzlich ein Zweckbindungsgebot nicht geben dürfe, vgl. *Klaus Meßerschmidt*, Umweltabgaben als Rechtsproblem, 1986, S. 181; *Selmer* (N 710), S. 307, 308 f.
735 Ähnlich *Selmer* (N 710), S. 311 ff.

150

Verfassungsgeschichtliche und staatstheoretische Hintergründe

In der seit der frühen Neuzeit einsetzenden Entwicklung zum modernen Steuerstaat[736] war die Steuerfinanzierung lange Zeit subsidiär. Die Ausschreibung von Abgaben und Steuern bezog ihre Legitimation wie die Chance ihrer politischen Durchsetzung aus einer zumeist auch in der Bezeichnung der Abgabe deutlich werdenden Zweckbeziehung. Diese ausreichende und überzeugende Begründung in Form einer fiskalischen Äquivalenzbeziehung mußte von den Betroffenen als verpflichtend anerkannt werden, sollte der Abgabenwiderstand angesichts völlig unzureichender administrativer Durchdringung des Gemeinwesens keinen Erfolg haben. Es bildeten sich typisierte Rechtfertigungsgründe für die Steuererhebung heraus, die sich zu Steuerbewilligungspflichten verdichten konnten: Staatsschulden, die Verheiratung der Fürstentochter („Prinzessinensteuer"), Kriegsgefahr oder „dringende Not". Die den Nothilfecharakter der Steuern zum Ausdruck bringende Zweckbestimmung der Mittel diente der Überzeugungsarbeit gegenüber den Abgabepflichtigen. Sie war auch erforderlich, um die ständische Steuerbewilligung zu erlangen. Für die Stände war die Zweckbindung das wirkungsvolle Instrument, die Verwendung der Gelder zu kontrollieren, um dadurch Einfluß auf die Politik zu gewinnen. Außerdem sollte sie Schutz vor übermäßiger Abgabenbelastung der Untertanen gewährleisten. Die Ausgabenbewilligung resultierte rechtlich allein aus der Zweckbindung. Das vormoderne „Budget" stellte ein systematisierendes und nicht rechtsverbindliches Verwaltungsinternum dar. Letztlich führte die Zweckbindung zu einer eine einheitliche Finanzwirtschaft verhindernden Fondswirtschaft, in der eine bestimmte Einnahme einer bestimmten Ausgabe zugeordnet war. Mit Beginn des 19. Jahrhunderts, dem Aufkommen konstitutioneller Verfassungen, der Auffassung des Staates als einheitlich gedachter juristischer Person und dem ständigen Vordringen dauerhaft bewilligter Steuern als Haupteinnahmequellen der staatlichen Finanzwirtschaft wurde die altlandständische Zweckbindung der Steuern dysfunktional. Das System der Zweckbindungen taugte nicht mehr zum Schutz vor übermäßiger Abgabenbelastung und zur Kontrolle staatlichen Handelns. Die Rationalisierung staatlicher Finanzwirtschaft kam darin zum Ausdruck, daß nunmehr die Deckungslücke in dem einheitlich verstandenen Etat den Rechtfertigungsgrund für die dem Vorbehalt des Gesetzes unterfallende Steuererhebung bildete. Das Budget insgesamt machte den Steuerbedarf evident. Damit war der Grund für die Nonaffektation von Einnahmen und Ausgaben gelegt. Die Abwägung zwischen der Abgabenbelastung und dem Ausgabevolumen fand nicht mehr bei konkreten Einzelentscheidungen, sondern auf dem höheren Abstraktionsniveau der Haushaltserstellung statt. Dieser Prozeß kann sowohl als Ausdruck einer zunehmenden Rationalisierung staatlicher Finanzwirtschaft wie auch der sich ausbildenden inneren Souveränität und administrativen Durchdringung des Gemeinwesens gesehen werden. Der politische Ehrgeiz der Volksvertretungen richtete sich nunmehr auf Mitspracherechte bei der Ausgabentätigkeit und kulminierte schließlich im preußischen und in anderen Verfassungskonflikten als Sollbruchstellen des konstitutionellen Systems.

Wandel im 19. Jahrhundert

---

[736] S. o. Rn. 1; → Bd. II, *Vogel*, § 30 Rn. 1 ff., 55 ff.

Nicht nur eine rationale Finanzwirtschaft, sondern die moderne Staatsgewalt in ihrer Handlungsfähigkeit selbst wären im Extremfall durch ein flächendeckendes Vordringen anachronistischer synallagmatischer Vorstellungen der Finanz- wie überhaupt der Rechtsbeziehungen zwischen Staat und Bürger relativiert. Die Verwendungsfreiheit der Einnahmen ist eine wesentliche Basis für die Macht und damit auch für den demokratisch legitimierten Gestaltungsauftrag des Verfassungsstaats. In vielen Bereichen verwaltender Tätigkeit wäre zudem der rechtsstaatliche Distanzschutz gefährdet. Die hintergründig-dogmatische Konstruktion der hier verteidigten Zusammenhänge im modernen Staat ist die Trennung und das Zusammengreifen von Verwaltungsrecht als „Sachrecht" und Haushaltsrecht: Das Staatshandeln unterliegt einer doppelten, je eigenen Sachgesetzlichkeiten folgenden rechtlichen Bindung und damit auch Kontrolle und erfährt insofern eine doppelte Legitimation[737]. Das Verwaltungsrecht konstituiert, formt und leitet das Verwaltungshandeln sowohl dem Bürger gegenüber wie auch im Binnenbereich des Staates. Daneben tritt ergänzend und überlagernd die haushaltsrechtliche Ebene, die für kurze Perioden das finanzwirtschaftlich Mögliche im Rahmen einer politischen Gesamtentscheidung festlegt. Beide Ebenen ergänzen sich zu einem Gesamtregime, das erst die gewünschte demokratische Feinsteuerung ermöglicht: Die im Prinzip dauerhaft angelegten verwaltungsrechtlichen Handlungsformen und Programme und die auf die aktuelle konjunkturelle und finanzwirtschaftliche Lage abgestimmte periodische Mittelzuweisung finden jeweils ihre Rechtsgrundlage im Parlamentsgesetz, unterscheiden sich jedoch in ihrer Funktion. Die einfachgesetzlich angeordnete Verwendungsbindung stört dieses als Ergebnis eines Entwicklungsprozesses herausgestellte und inzwischen in den demokratischen Verfassungsstaat integrierte doppelte Regime. Mit den Rationalitäten der dauerhaft angelegten Sachgesetzgebung wird in das notwendig periodische Haushaltsregime übergegriffen, die aus der politischen Gesamtentscheidung resultierende zusätzliche Legitimation durch den Haushalt wird bei den Zwecksteuern relativiert.

2. Finanzausschlußklauseln in Verfahren direkter Demokratie

Haushaltsverfassungsrechtliche Bedeutung haben auch die Finanzausschlußklauseln (Finanztabus) in den Volksgesetzgebungsverfahren. Direktdemokratische Verfahren finden sich – von den Ausnahmen der Art. 29 und 118 GG abgesehen – auf landesverfassungsrechtlicher Ebene[738]. Dort gehört es zur deutschen Regelungstradition, daß Finanzfragen in unterschiedlichem Aus-

---
737 S.o. Rn. 122 ff.
738 → Bd. III, *Krause*, § 35 Rn. 12, 27 ff.

§ 116 *Achter Teil: III. Finanzwesen*

Kein Plebiszit — maß von den Verfahren der Volksgesetzgebung ausgeschlossen sind[739]. Angesprochen ist damit das spannungsreiche Verhältnis zwischen direkter Demokratie und Finanzfragen, die „auffällige Unsicherheit gegenüber der Frage, wieweit Finanzangelegenheiten sich für die Methoden der unmittelbaren Demokratie eignen"[740].

153 Historische Entwicklung — Die erste Vorschrift dieser Art stellt § 23 Abs. 3 des Gesetzes, die badische Verfassung betreffend, vom 21. März 1919 dar: „Ausgeschlossen von der Volksabstimmung sind: ... das Finanzgesetz; die Gesetze über Steuern und Abgaben, soweit bei diesen nicht das Staatsministerium die Vornahme der Volksabstimmung beschließt." Auf diese Norm wurde dann auch bei den Beratungen des späteren Art. 73 Abs. 4 WRV, der wiederum Vorbildwirkungen für alle weiteren Verfassungen bis in die Zeit nach 1945 hinein entfaltete, Bezug genommen. Art. 73 Abs. 4 WRV lautet: „Über den Haushaltsplan, über Abgabengesetze und Besoldungsordnungen kann nur der Reichspräsident einen Volksentscheid veranlassen."[741]

154 Obrigkeitsstaatliches Relikt? — Die Tatsache, daß es sich bei den Finanzausschlußklauseln um ein spezifisch deutsches Instrument handelt, sowie ihre Genese werfen den Verdacht auf, es handele sich um ein obrigkeitsstaatliches Relikt. Jörg Detlef Kühne formuliert plastisch, diese seien „verfassungspolitisch-anthropologisch nichts anderes als der bemerkenswerte Fall eines Mißtrauens gegenüber dem Volk durch die von ihm eingesetzten Organe"[742]. Teilweise wird gar eine übertriebene Sparsamkeit gegenüber Minderheiten als tieferer Grund der Finanzausschlußklauseln vermutet[743].

Zuzugeben ist, daß das in den Materialien nachweisbare Argument, Finanzfragen seien zu komplex für die Bevölkerung, in dieser Allgemeinheit noch nicht verfängt[744]: In hochentwickelten Gesellschaften existieren kaum noch „unkomplexe" Entscheidungslagen[745]. Dennoch liegt dieser Ansicht ein

---

739 Finanzausschlußklauseln finden sich in allen Landesverfassungen: Art. 60 Abs. 6 BadWürttVerf; Art. 73 BayVerf; Art. 62 Abs. 5 BerlinVerf; Art. 76 Abs. 2 BrandenbVerf; Art. 70 Abs. 2 BremVerf; Art. 50 Abs. 1 S. 2 HambVerf; Art. 124 Abs. 1 S. 2 HessVerf; Art. 59 Abs. 3 i. V. m. Art. 60 Abs. 2 MecklenVorpVerf; Art. 48 Abs. 1 S. 3 NiedersachsVerf; Art. 68 Abs. 1 S. 4 NordrhWestfVerf; Art. 109 Abs. 3 S. 2 RheinlPfalzVerf; Art. 99 Abs. 1 S. 3 SaarlVerf; Art. 81 Abs. 1 S. 3 SachsAnhVerf; Art. 73 Abs. 1 SachsVerf; Art. 41 Abs. 2 SchlHolVerf und Art. 82 Abs. 2 ThürVerf. Zur direkten Demokratie auf Landesebene allgemein → Bd. III, *Krause*, § 35 Rn. 29 ff.; zu den Finanzausschlußklauseln ebd., Rn. 33.

740 *Carl Schmitt*, Demokratie und Finanz, hier zitiert nach: Positionen und Begriffe, ³1994, S. 97. Dieser Vortrag ist später auch in die Veröffentlichung: Volksentscheid und Volksbegehren, 1927, S. 51 ff., eingeflossen. Zur Rückführung derartiger Auffassungen auf Rousseau vgl. *Christian Waldhoff*, Finanzwirtschaftliche Entscheidungen in der Demokratie, in: Martin Bertschi u. a. (Hg.), Demokratie und Freiheit, 1999, S. 181 (183).

741 → Bd. III, *Krause*, § 35 Rn. 9; näher *Waldhoff* (N 155), S. 150 ff.; *Otmar Jung*, Das Finanztabu bei der Volksgesetzgebung, in: Der Staat 38 (1999), S. 41; *Torsten Rosenke*, Die Finanzbeschränkungen bei der Volksgesetzgebung in Deutschland, 2005, S. 33 ff.

742 *Jörg Detlef Kühne*, Volksgesetzgebung in Deutschland, in: ZG 1991, S. 116 (118).

743 So *Jürgen Krafczyk*, Der parlamentarische Finanzvorbehalt in der Volksgesetzgebung, 2005, S. 62 – was allerdings die Frage aufwirft, wie Minderheiteninteressen ausgerechnet durch ein Plebiszit, bei dem schließlich auch Mehrheit entscheidet, durchgesetzt werden sollen.

744 Weitergehend allerdings noch *Waldhoff* (N 740), S. 218 ff.; *ders.* (N 155), S. 180.

745 *Detlef Merten*, Grundgesetz und Verfassungen der neuen deutschen Länder, in: Willi Blümel u. a. (Hg.), Verfassungsprobleme im vereinten Deutschland, 1993, S. 51 (58).

richtiger Gedanke zugrunde, der sich als Spezifikum des Haushaltsverfassungsrechts erweist: Ein einfaches plebiszitäres „Ja" oder „Nein" sprengte das fein austarierte Haushaltsverfahren[746] zwischen alleiniger Budgetinitiative der Exekutive und alleiniger Budgethoheit des Parlaments[747]. Geht es lediglich um punktuelle „Korrekturmöglichkeiten" durch das Volk bei im übrigen repräsentativ-demokratisch getroffenen Entscheidungen – Peter Lerche formuliert anschaulich, daß durch Volksabstimmungen getroffene Entscheidungen „in das organisatorische und zeitliche Funktionieren der Staatsorgane sozusagen hineingeschnitten werden"[748] –, handelt es sich bei den Finanzausschlußklauseln geradezu um eine zwingende Korrektur der Korrektur. Punktuelle direktdemokratische finanzwirtschaftliche Entscheidungen stellen in einem Repräsentativsystem ein Störungspotential, eine „Strukturwidrigkeit"[749], dar. Diese kann im Einzelfall die Funktionsfähigkeit der demokratischen Ordnung stärker beeinträchtigen als punktuelle direktdemokratische (sonstige) Sachentscheidungen[750]. Mehr noch als jede andere Entscheidung ist eine solche über Finanzfragen auf die „Läuterung der Interessen durch Repräsentation"[751], auf die erkenntnistheoretische Notwendigkeit der parlamentarischen Repräsentation[752] angewiesen[753]. Auch wenn das Parlament in der parlamentarischen Demokratie kaum mehr die Schutzfunktionen erfüllt, die Staatsausgaben zu zügeln und damit die Steuerbelastung und Staatsverschuldung im Rahmen zu halten[754], was letztlich zu dem Instrumentarium des Art. 113 GG geführt hat[755], erfüllt der Ausschluß des Plebiszits in Finanzfragen eine fundamentale Aufgabe der Gewaltenteilung: Er gewährleistet die Budgethoheit und damit in letzter Konsequenz die aus der Volkssouveränität folgende Staatsleitung durch das Parlament[756]. Diese Deutung erklärt auch zwanglos die abweichende Rechtslage in der Schweiz sowie auf einzelstaatli-

<small>Strukturelement der repräsentativen Demokratie</small>

<small>Schutz der Budgethoheit des Parlaments</small>

---

746 Für den Bundeshaushalt s.o. Rn. 131; vgl. BremStGH, in: NVwZ 1998, S. 388 (389); ferner BVerfGE 102, 176 (187); ThürVerfGH, in: LKV 2002, S. 83; SächsVerfGH, in: NVwZ 2003, S. 472 (475).
747 *Josef Isensee*, Plebiszit unter Finanzvorbehalt, in: FS für Reinhard Mußgnug, 2005, S. 101 (107f.); *Sebastian Müller-Franken*, Plebiszitäre Demokratie und Haushaltsgewalt, in: Der Staat 44 (2005), S. 19 (25ff., 34ff.)
748 Grundfragen repräsentativer und plebiszitärer Demokratie, in: Peter Huber/Wilhelm Mößle/Martin Stock (Hg.), Zur Lage der parlamentarischen Demokratie, 1995, S. 179 (184); allgemein → Bd. III, *Brenner*, § 44 Rn. 62 ff.
749 *Ernst Fraenkel*, Die repräsentative und die plebiszitäre Komponente im demokratischen Verfassungsstaat, in: ders., Deutschland und die westlichen Demokratien, 1991, S. 153 (176); *Josef Isensee*, Verfahrensfragen der Volksgesetzgebung – Überlegungen zum Landesverfassungsrecht, in: FS für Peter Krause, 2006, S. 303; → Bd. III, *Brenner*, § 44 Rn. 34; allgemein → Bd. II, *Badura*, § 25 Rn. 44.
750 A. A. *Rosenke* (N 741), S. 214 ff.
751 *Isensee* (N 747), S. 108 ff.
752 *Oliver Lepsius*, Die erkenntnistheoretische Notwendigkeit des Parlamentarismus, in: Martin Bertschi u. a. (Hg.), Demokratie und Freiheit, 1999, S. 123, durchgehend.
753 Vgl. ThürVerfGH, in: LKV 2002, S. 83 (93).
754 *Christoph Degenhart*, Direkte Demokratie in den Ländern – Impulse für das Grundgesetz?, in: Der Staat 31 (1992), S. 77 (94).
755 S. o. Rn. 106; auf Art. 113 GG stellt – als Argument zur Rechtfertigung der Finanzausschlußklauseln – auch ab: *Julia Platter*, Neue Entwicklungen in der Rechtsprechung zum Haushaltsvorbehalt bei der Volksgesetzgebung, in: ZParl 2004, S. 496 (505).
756 *Isensee* (N 747), S. 106, 108; *Müller-Franken* (N 747), S. 35 ff., 38 ff.; vgl. *Badura* (N 7), S. 26 f.

§ 116　*Achter Teil: III. Finanzwesen*

cher Ebene in den USA[757]: Sofern praktisch alle repräsentativ-demokratisch getroffenen Entscheidungen in der Referendumsdemokratie unter plebiszitärem Vorbehalt stehen, entfällt die Interpretation der Finanzausschlußklauseln unter dem Leitgesichtspunkt der Erhaltung des parlamentarischen Budgetrechts[758].

155
Anwendungsbereich der Finanzausschlußklauseln

Nach dem Wortlaut der meisten Finanzausschlußklauseln beziehen sich diese auf den „Staatshaushalt" (nebst einigen terminologischen Varianten), nur die Verfassungen von Nordrhein-Westfalen und Rheinland-Pfalz wählen die allgemeinere Formulierung der „Finanzfragen", am deutlichsten die Verfassung des Saarlandes: „finanzwirksame Gesetze, insbesondere Gesetze über Abgaben, Besoldungen, Staatsleistungen und den Staatshaushalt." Bereits unter der Geltung des Art. 73 Abs. 4 WRV war im höchsten Maße umstritten, ob der dort verwendete Begriff des „Haushaltsplans" in einem formellen oder materiellen Sinn zu verstehen sei[759]. Während Heinrich Triepel für eine Interpretation im strikten Wortsinn eintrat[760], setzten andere Stimmen dem einen materiellen Haushaltsbegriff entgegen, der maßgeblich auf die Finanzwirksamkeit des in Rede stehenden Gesetzes abstellte[761]. Diese beiden Begriffsverständnisse prägen die Rechtsprechung bis zum heutigen Tage: Während sich der sächsische Verfassungsgerichtshof der formellen Sicht angeschlossen hat[762], folgen die anderen Landesverfassungsgerichte dem materiellen Verständnis[763]. Ein materielles Begriffsverständnis unterstellt, stimmen die Formulierungen der Finanzausschlußklauseln in den meisten Ländern mit derjenigen der „Finanzfragen" in den restlichen Landesverfassungen inhaltlich überein[764]. Als Folgeproblem stellt sich jedoch sogleich die Frage, wann ein Gesetz „finanzwirksam" ist. Größtenteils kann hierbei auf die zu Art. 113 GG entwickelte Dogmatik zurückgegriffen werden[765]. In jedem Fall ist eine substantielle Auswirkungen auf das Volumen des Haushaltes erforderlich.

---

757 Zur Rechtslage dort *Waldhoff* (N 155), S. 162 ff. und 378 ff.; vgl. ferner *Sandra Landwehr*, Die finanzwirksame Volksgesetzgebung im Volksgesetzgebungsverfahren der Länder, 2004, S. 83 ff.
758 Für die Übertragbarkeit ohne überzeugende Argumente jedoch *Weber-Grellet* (N 30), S. 61 ff.; wie hier *Landwehr* (N 757), S. 86 f.
759 Ausführlich *Isensee* (N 747), S. 106 f.; *ders.*, Volksgesetzgebung – Vitalisierung oder Störung der parlamentarischen Demokratie?, in: DVBl 2001, S. 1161; *Krafczyk* (N 743), S. 25 ff., vgl. zur Weimarer Diskussion *Christopher Schwieger*, Volksgesetzgebung in Deutschland, 2005, S. 133 ff.; *Jung* (N 741).
760 *Heinrich Triepel*, Der Weg der Gesetzgebung nach der neuen Reichsverfassung, in: AöR 39 (1920), S. 456 (507).
761 *Gerhard Anschütz*, Die Verfassung des Deutschen Reichs, ¹⁴1933, Art. 73, Anm. 10; *Georg Kaisenberg*, Die Volksgesetzgebung nach Reichsrecht, in: ZÖffR 1927, S. 169 (188); *Carl Schmitt*, Volksentscheid und Volksbegehren, 1927, S. 22 f.
762 Abgedruckt in: NVwZ 2003, S. 472 (473, 475); vgl. zuvor *Frank Rüdiger Jach*, Der Ausschluß finanzwirksamer Gesetze von der Volksgesetzgebung, in: DVP 1997, S. 179 (182 f.); *Otmar Jung*, Unverdient höchster Segen, in: NVwZ 2002, S. 41.
763 BayVerfGH 47, 276 (304 ff.); 53, 35 (67 ff.); BremStGH, in: NVwZ 1998, S. 388 (389.); BVerfGE 102, 176 (188); HambVerfG, in: DVBl 2006, 631 (633); ThürVerfG, in: LKV 2002, S. 83 (93); Brandenb-VerfG, in: DVBl 2001, S. 1777; SaarlVerfGH, Urt. v. 23.1.2006, Az. Lv3/05 zitiert nach: http://www.juris.de; vgl. auch zur Entwicklung der Rechtsprechung: *Platter* (N 755), S. 502 ff.; *Jessica Kertels/Stefan Brink*, Quod licet jovi – Volksgesetzgebung und Budgetrecht, in: NVwZ 2003, S. 435 ff.
764 Vgl. NWVerfGH, in: NVwZ 1982, S. 188.
765 *Isensee* (N 747), S. 119, ausführlich S. 120 ff.

F. Internationalrechtliche und europarechtliche Bezüge

Die offene Staatlichkeit[766] fordert auch im Finanzrecht des Grundgesetzes ihren Tribut. Weder die Steuerordnung noch die sonstige Finanzgebarung sind strikt auf den überkommenen Nationalstaat radizierbar[767]. Besteuerungsvorgänge machen ebensowenig an Staatsgrenzen halt wie Menschen, Kapital, der Handel oder sonstige Wirtschaftsbeziehungen[768]. Anschaulich ist von der „Transnationalität des modernen Steuerstaats" gesprochen worden[769]. Andererseits gehören Finanzfragen zusammen mit Fragen der inneren und äußeren Sicherheit, insbesondere der Anwendung physischen Zwangs, zu den souveränitätssensiblen und auch in besonderem Maße der demokratischen Legitimation bedürftigen Bereichen staatlicher Tätigkeit[770]. Im Rahmen einer sich steigernden internationalen Interdependenz bilden sie bis zu einem gewissen Grad Residuen nationalstaatlicher Beschränkung. Das Internationale Steuerrecht als das Steuerrecht grenzüberschreitender Wirtschaftsbeziehungen sucht den steuerlichen Zugriff der verschiedenen Staaten zu koordinieren[771]. Darüber hinaus erfaßt die stetig voranschreitende europäische Integration das deutsche Finanzrecht[772]. Durch die Einbindung in eine supranationale Struktur entstehen Wechselwirkungen der Finanzverfassung des Grundgesetzes mit der Zuständigkeitsordnung und dem Finanzierungssystem der Europäischen Gemeinschaften[773]. Darüber hinaus ist das gesamte Abgabenrecht binnenmarktkonform auszugestalten[774].

156
Offene Staatlichkeit

Transnationaler Steuerstaat

I. Verfassungsrechtliche Grundlagen des Internationalen Steuerrechts

Das Internationale Steuerrecht[775] besteht aus Normen des nationalen deutschen Steuerrechts[776] sowie aus einem sich verdichtenden Netz von Doppelbesteuerungsabkommen[777]. Die Aufgabe dieser Rechtsmaterie besteht darin,

157
Steuerliche Grenzüberschreitungen

---

766 *Klaus Vogel*, Die Verfassungsentscheidung des Grundgesetzes für eine internationale Zusammenarbeit, 1964; *Udo Di Fabio*, Das Recht offener Staaten, 1998; → Bd. II, *Hillgruber*, § 32.
767 *Heun* (N 283), Vorbem. zu Art. 104a–115 Rn. 12 ff.; *Weber-Grellet* (N 30), S. 113 ff.
768 *Thomas Menck*, Offener Steuerstaat und internationale Koordination, in: FS für Helmut Debatin, 1997, S. 304; *Gerrit Frotscher*, Internationales Steuerrecht, ²2005, § 1 Rn. 1 ff.
769 *Rudolf Weber-Fas*, Staatsverträge im Internationalen Steuerrecht, 1982, S. 4.
770 Zum Souveränitätsbegriff → Bd. II, *Hillgruber*, § 32 Rn. 46 ff.; zur notwendigen demokratischen Rückkopplung *Weber-Grellet* (N 30), S. 61, allerdings mit verfehlten Überlegungen zu dem Verhältnis Besteuerung und direkter Demokratie; dazu bereits o. Rn. 154.
771 S. u. Rn. 157 ff.
772 S. u. Rn. 161 ff.
773 S. u. Rn. 163.
774 S. u. Rn. 166 ff.
775 *Ottmar Bühler*, Prinzipien des Internationalen Steuerrechts, 1964; *Volker Kluge*, Das Internationale Steuerrecht, ⁴2000; *Harald Schaumburg*, Internationales Steuerrecht, ²1998; *Frotscher* (N 768); für einen Überblick *Klaus Vogel*, Internationales Steuerrecht, in: DStZ 1997, S. 269.
776 Hier sind vorrangig die steuerpflichtnormierenden Vorschriften wie §§ 1 ff., 49 ff. EStG; § 2 AStG; §§ 1 ff. KStG zu nennen; daneben enthält das nationale Recht sogenannte unilaterale Maßnahmen zur Beseitigung der Doppelbesteuerung wie § 34c EStG.
777 Mit Stand vom 1.1.2006 bestanden für Deutschland zu über 90 Staaten Abkommen, BStBl I 2006, S. 85 ff., weltweit wird von der UNCTAD von gut 2.500 Abkommen ausgegangen.

den steuerlichen Zugriff verschiedener Staaten bei grenzüberschreitenden Steuerfällen zu koordinieren, um rechtlich wie ökonomisch nicht erwünschte Doppelbesteuerung oder Nichtbesteuerung zu vermeiden oder zu beseitigen. Beides würde die verfassungsrechtliche Anforderung der Besteuerung nach der individuellen wirtschaftlichen Leistungsfähigkeit[778] verfehlen. Doppelbesteuerung[779] als der relevante Fall internationaler Steuerprobleme ist zwar weder völkerrechtlich unzulässig[780] noch europarechtlich als solche gemeinschaftsrechtswidrig[781]; sie ist jedoch ökonomisch schädlich[782] und zumindest das deutsche Steuerverfassungsrecht fordert ihre Beseitigung oder zumindest Eindämmung.

158
Ansässigkeit als Anknüpfungspunkt

Die deutsche Steuerrechtsordnung knüpft – wie fast alle Steuerrechtsordnungen – hinsichtlich der Steuerpflicht, das heißt des steuerlichen Zugriffs an die Ansässigkeit der Person oder Körperschaft an. Wohnsitz oder gewöhnlicher Aufenthalt der natürlichen Person (§ 1 Abs. 1 S. 1 EStG i. V. m. §§ 8 f. AO) bzw. Ort der Geschäftsleitung oder Sitz der Körperschaft (§ 1 Abs. 1 KStG i. V. m. § 10 AO) vermitteln das faktisch geprägte Band zu dem besteuernden Staat, die Staatsangehörigkeit[783] tritt ganz in den Hintergrund[784]. Die Legitimation des Anknüpfungspunkts für den steuerlichen Zugriff kann nur als Ausfluß der Steuerrechtfertigung insgesamt verstanden werden[785]. Zu Zeiten der sogenannten Opfertheorien erschien die Staatsangehörigkeit als legitimer Anknüpfungspunkt[786]. Heute liegt im Sinne einer generellen oder globalen Äquivalenz die (staatstheoretische) Rechtfertigung des steuerlichen Zugriffs in der Möglichkeit des Ansässigen, staatliche Leistungen im weiteren Sinne (Infrastruktur; eine funktionierende und durchsetzungsstarke Rechtsordnung usw.) in Anspruch nehmen zu können. Dies ist auch in der Rechtsprechung des Bundesverfassungsgerichts anerkannt: „Das – auch strafrechtlich sanktionierte – Verlangen des Staates nach steuerlichen Abgaben begründet sich aus dem Umstand, daß der Betroffene am staatlichen Leben teilnimmt, ihm insbesondere Schutz, Ordnung und Leistungen der staatlichen Gemeinschaft

Generelle Äquivalenz als Steuerrechtfertigung

---

[778] S. o. Rn. 99 ff.; zu der str. Frage der grenzüberschreitenden Wirkung des Leistungsfähigkeitsprinzips *Klaus Vogel*, Über „Besteuerungsrechte" und über das Leistungsfähigkeitsprinzip im Internationalen Steuerrecht, in: FS für Franz Klein, 1994, S. 361; *Lehner/Waldhoff* (N 14), Rn. A 183 ff.

[779] Zum Begriff, zu Voraussetzungen und Abgrenzungen *Lehner/Waldhoff* (N 14), Rn. A 486 ff.; auch die – seltenere – doppelte Nichtbesteuerung stellt ein Problem des Internationalen Steuerrechts dar und ist aus Sicht des deutschen Verfassungsrechts ebenfalls unerwünscht, da auch durch sie eine leistungsfähigkeitsgerechte Besteuerung nicht erfolgt.

[780] BFH, in: BStBl II 1975, S. 497 (498); *Klaus Vogel*, in: ders./Moris Lehner (Hg.), Doppelbesteuerungsabkommen. Kommentar, ⁴2003, Einl. Rn. 10 ff.; *Lehner/Waldhoff* (N 14), Rn. A 458 ff.

[781] Arg. Art. 293 Spiegelstrich 2 EGV; die Mitgliedstaaten sind primärvertraglich verpflichtet, intergouvernemental Doppelbesteuerung abzubauen, die Gemeinschaft selbst besitzt hier grundsätzlich keine Kompetenz, *Lehner/Waldhoff* (N 14), Rn. A 607; EuGH Slg. 1998 I, 2793 – Gilly; EuGH Rs. C-376/03 „D", in: DStR 2005, S. 1219.

[782] *Vogel* (N 780), Rn. 20 ff.

[783] → Bd. II, *Grawert*, § 16.

[784] *Lehner/Waldhoff* (N 14), Rn. A 224; *Ekkehart Reimer*, Staatsangehörigkeit und Steuerrecht, 2007.

[785] Grundsätzlich zu diesem Zusammenhang *Lehner/Waldhoff* (N 14), Rn. A 160 ff.

[786] *Lehner/Waldhoff* (N 14), Rn. A 29, A 629. Noch heute ist die Staatsangehörigkeit alternativer Anknüpfungspunkt etwa im US-amerikanischen Steuerrecht, vgl. nur *Jörg Kroschel*, Die Federal Income Tax der Vereinigten Staaten von Amerika, 2000, S. 49. Zu den Steuerrechtfertigungstheorien in historischer Perspektive *Fritz Karl Mann*, Steuerpolitische Ideale, 1937.

zugute kommen. Deshalb darf ihm ein Anteil an den finanziellen Lasten zur Aufrechterhaltung des staatlichen Lebens auferlegt werden."[787] Durch die Figur der generellen oder globalen Äquivalenz wird nicht – wie bei konkreten Äquivalenzbeziehungen – die Gegenleistungsfreiheit der Steuer[788] aufgehoben, sondern ein genereller Legitimationszusammenhang zwischen staatlichem „Geben" und „Nehmen" hergestellt. Zumindest für die Personalsteuern, welche die Leistungsfähigkeit einer Person erfassen, legitimiert sich dadurch auch die Unterscheidung zwischen der das Welteinkommensprinzip verwirklichenden unbeschränkten Steuerpflicht (§ 1 Abs. 1 S. 1 EStG) und der das Quellenprinzip verwirklichenden beschränkten Steuerpflicht, die lediglich „inländische Einkünfte" erfaßt (§§ 1 Abs. 4; 49 ff. EStG)[789].

Doppelbesteuerungsabkommen sind völkerrechtliche Verträge zwischen zwei oder mehreren Staaten zur Beseitigung oder Vermeidung von Doppelbesteuerung. Ihr Abschluß folgt den verfassungsrechtlichen Regeln des Vertragsrechts (Art. 32, 59 Abs. 2 GG)[790]. Aufgrund ihres Inhalts sollen die meisten Bestimmungen solcher Abkommen nicht nur die beteiligten Vertragsstaaten binden, sondern sind unmittelbar anwendbar („self-executing")[791]. Im Rang einfacher Gesetze handelt es sich regelmäßig um eine lex specialis zum innerstaatlichen Steuerrecht, § 2 AO bringt dies deklaratorisch zum Ausdruck. Strittig geworden ist die Frage, ob nachträglich erlassene innerstaatliche Gesetze, die dem Inhalt eines gültigen Abkommens widersprechen (Abkommensverletzung, „Treaty overriding"[792]) nach der Lex-posterior-Regel Vorrang genießen[793] oder ob sich hier (ausnahmsweise) die völkerrechtlichen Verträge durchsetzen[794]. Doppelbesteuerungsabkommen begründen keine staatlichen Steueransprüche, sondern koordinieren diese. Zwischen den beteiligten Staaten – Quellenstaat und Ansässigkeitsstaat – wird vereinbart, welchem Staat der Steuerzugriff zukommen soll, welcher Staat mit seinem Anspruch zurücktritt[795].

159
Doppelbesteuerungsabkommen

---

787 BVerfGE 67, 100 (143).
788 S.o. Rn. 85.
789 Aus der Rechtsprechung des BVerfG zu dieser Unterscheidung BVerfGE 19, 119 (123 f.); Kammerbeschluß, in: StRK § 50 EStG R.21; Kammerbeschluß, in: HFR 1975, 540; BVerfGE 43, 1 (8 f.); Kammerbeschluß, in: HFR 1990, 42; Kammerbeschluß, in: HFR 1992, S. 424; näher *Lehner/Waldhoff* (N 14), Rn. A 160 ff., A 442 ff.
790 *Rudolf Bernhardt*, Verfassungsrecht und völkerrechtliche Verträge, in: HStR VII, 1992, § 174; *Vogel* (N 780), Rn. 45 ff.
791 *Michael Lang*, Doppelbesteuerungsabkommen und innerstaatliches Recht, 1992, S. 32 ff.; *Vogel* (N 780), Rn. 58.
792 *Vogel* (N 780), Rn. 193 ff.
793 So die ganz h.M. und die deutsche Staatspraxis, BFH, in: BStBl II, 1995, S. 129 (= BFHE 175, 351); BStBl II, 1995, S. 718 (= BFHE 178, 59); *Bernhardt* (N 790), Rn. 29; *Lehner/Waldhoff* (N 14), Rn. A 516a.
794 So vorrangig *Klaus Vogel*, Wortbruch im Verfassungsrecht, in: JZ 1997, S. 161; ders., Keine Bindung an völkerrechtswidrige Gesetze im offenen Verfassungsstaat, in: FS für Peter Häberle, 2004, S. 481; ders., Völkerrechtliche Verträge und innerstaatliche Gesetzgebung, in: IStR 2005, S. 29; *Hanspeter Daragan*, Treaty override und Grundgesetz, in: IStR 1998, S. 225; *Florian Becker*, Völkerrechtliche Verträge und parlamentarische Gesetzgebungskompetenz, in: NVwZ 2005, S. 289; vermittelnd *Ekkehart Reimer/Alexander Rust*, Treaty Override im deutschen Internationalen Steuerrecht, in: IStR 2005, S. 843.
795 Zur Funktionsweise *Vogel* (N 780), Rn. 68 ff.; *Lehner/Waldhoff* (N 14), Rn. A 517 ff.

§ 116 Achter Teil: III. Finanzwesen

160
Leistungsfähigkeitsprinzip im internationalen Steuerrecht

Der räumliche Anwendungsbereich des Prinzips der Besteuerung nach der individuellen wirtschaftlichen Leistungsfähigkeit ist aus der allgemeinen Grundrechtsdogmatik, genauer: der Frage der grenzüberschreitenden Geltung der Grundrechte zu entwickeln. Diese ist grundsätzlich zu bejahen, wenn sich auch die Wirkkraft der Grundrechte in grenzüberschreitenden Kontexten vermindern mag[796]. Die Sicherstellung der Besteuerung nach der individuellen wirtschaftlichen Leistungsfähigkeit und das Gelingen zwischenstaatlicher Koordination bei der Verteilung von Besteuerungszuständigkeiten stehen in einem Spannungsverhältnis, beide Gesichtspunkte können nicht gleichzeitig voll verwirklicht werden. Es handelt sich einmal um die Binnenperspektive aus der Sicht der beteiligten Staaten, ein andermal um die Außenperspektive der Koordination des Handelns verschiedener Staaten. Da eine ausbleibende internationale Kooperation eine leistungsfähigkeitsgerechte Besteuerung auch im Inland behindern würde, folgen aus dem Leistungsfähigkeitsprinzip Direktiven für den Abschluß und das Aushandeln von Doppelbesteuerungsabkommen. Die deutsche Staatsgewalt unterliegt damit aus Art. 3 Abs. 1 GG einer Einwirkungspflicht auf die ausländischen Verhandlungspartner, möglichst einer Steuerverteilung zwischen den Vertragsstaaten des beabsichtigten Doppelbesteuerungsabkommens zuzustimmen, die eine Besteuerung nach der wirtschaftlichen Leistungsfähigkeit der (deutschen) Steuerbürger ermöglicht[797]. Da Verträge stets der Zustimmung beider Vertragspartner bedürfen, kann es sich insofern nur um eine Bemühenslast handeln. Grundrechtsdogmatisch handelt es sich um eine Schutzpflicht zugunsten des deutschen Steuerzahlers gegenüber ausländischen Hoheitsträgern[798]. Soweit möglich, ist verbleibende Doppelbesteuerung mittels unilateraler Maßnahmen abzustellen[799]. Entgegen der wohl noch herrschenden Meinung ist daher das Leistungsfähigkeitsprinzip verfassungsrechtliche Direktive auch bei grenzüberschreitenden Steuersachverhalten[800].

Einwirkungspflicht der deutschen Staatsgewalt

II. Einwirkungen des europäischen Gemeinschaftsrechts

161
Ansatzpunkte der Ein- und Wechselwirkung

Die bundesstaatliche Finanzverfassung erfährt eine Verzahnung mit dem Finanzierungsmodus der Europäischen Gemeinschaften[801]. Das Haushaltsrecht und die parlamentarische Haushaltsautonomie werden durch die zahlreichen Fonds und Förderprogramme der Gemeinschaften überlagert, teil-

---

796 BVerfGE 6, 290 (295); 29, 348 (358 ff.); 31, 58 (74); 57, 9 (23); 100, 313 (362 ff.); *Gunther Elbing*, Zur Anwendung der Grundrechte bei Fällen mit Auslandsbezug, 1992; *Klaus Stern*, Das Staatsrecht der Bundesrepublik Deutschland, Bd. III/1, 1988, S. 1231 f.; *Helmut Quaritsch*, Der grundrechtliche Status der Ausländer, in: HStR V, ²2000 (¹1992), § 120 Rn. 73 ff.; *Dieter Blumenwitz*, Die Auslegung völkerrechtlicher Verträge, in: Jörg Manfred Mössner/Dieter Blumenwitz u. a., Doppelbesteuerungsabkommen und nationales Recht, 1995, S. 5 (18).
797 *Lehner/Waldhoff* (N 14), Rn. A 186.
798 *Elbing* (N 796), S. 103 f.
799 Vgl. aus dem deutschen Recht etwa § 34c EStG.
800 Wie hier *Frotscher* (N 768), § 1 Rn. 21 ff.; abweichend BFH, in: BStBl II, 1975, S. 497.
801 *Ulrich Häde*, Europarechtliche Einwirkungen auf die nationale Finanzverfassung, in: Kai A. Konrad/Beate Jochimsen (Hg.), Finanzkrise im Bundesstaat, 2006, S. 197.

weise ausgehöhlt[802]. Das gesamte nationale Steuerrecht sieht sich – im Bereich der indirekten Steuern – ausdrücklichen Diskriminierungsverboten und Harmonisierungsaufträgen (Art. 90–93 EGV) ausgesetzt[803], im Bereich der direkten Steuern vor allem den zum Teil massiven Einwirkungen durch die Grundfreiheiten[804] und das europäische Beihilfenregime[805].

Da die europäischen Gemeinschaften kein Bundesstaat sind und auch nicht das Ziel verfolgen, für eine angemessene Finanzausstattung der Mitgliedstaaten zu sorgen, ist es nur konsequent, daß das Primärrecht keine den Art. 104a ff. GG vergleichbare umfassende Regelung der Finanzhoheit[806] enthält[807]. Dennoch lassen sich einzelne europäische Finanz(teil-)hoheiten herausarbeiten. So kann seit Bestehen des Eigenmittelsystems[808] von einer gemeinschaftsrechtlichen Ertragshoheit gesprochen werden. Wenn auch keine dem Art. 104a GG vergleichbare Aufteilung der Ausgabenhoheit im Bereich der Gemeinschaften besteht, lassen sich einzelne Ausgabenzuständigkeiten aus den Regelungen über die drei Strukturfonds[809] sowie zahlreichen anderen Artikeln, die den Gemeinschaften explizit „Förderbefugnisse" einräumen, herleiten[810]. Ferner sollen fördernde Maßnahmen immer schon dann statthaft sein, wenn die Gemeinschaften allgemein zum Tätigwerden ermächtigt sind[811], wobei freilich das beherrschende Prinzip der begrenzten Einzelermächtigung nach Art. 5 Abs. 2 EGV zu beachten ist. Unklar und umstritten indes ist, ob im Gemeinschaftsrecht ein allgemeines Konnexitätsprinzip[812] gilt[813]. Eine eigene Verwaltungskompetenz kommt den Gemeinschaften hinsichtlich aller hier relevanten Abgaben nicht zu, die Verwaltung erfolgt durch die Mitgliedstaaten, in Deutschland vor allem auf der Kompetenzgrundlage des Art. 108 Abs. 1 GG[814]. Damit sind Interessenkonflikte zwischen den Mitgliedstaaten und dem Fiskalinteresse der Gemeinschaften vorprogrammiert[815]. Die innerbundesstaatliche Verteilung von EG-Fördermitteln stellt ein ungelöstes finanzverfassungsrechtliches Problem dar[816].

162

Europäische Finanzhoheiten

Keine europäische Verwaltungskompetenz

---

802 *Häde* (N 40), S. 402 ff.; *Bettina Schöndorf-Haubold*, Die Strukturfonds der Europäischen Gemeinschaft, 2005, durchgehend, insbes. S. 467 f., 472 ff.
803 *Christian Waldhoff*, in: Christian Calliess/Matthias Ruffert (Hg.), EUV/EGV, ³2006, Art. 90 ff. EGV
804 S. u. Rn. 167.
805 S. u. Rn. 168.
806 Zum Begriff der Finanzhoheit(en) s. o. Rn. 61.
807 *Dieter Birk*, Verteilung der Finanzhoheit, in: ders. (Hg.), Handbuch des Europäischen Steuer- und Abgabenrechts, 1995, § 5 Rn. 10.
808 S. u. Rn. 163.
809 Art. 34 Abs. 2; 146; 160 EGV; Art. 268 EGV i. V. m. Art. 28 Abs. 2; 41 Abs. 2 EUV.
810 Betont kritisch zur Strukturpolitik *Christian Konow*, Europäische Strukturpolitik, in: ZG 2005, S. 328.
811 *Hans Dieter Jarass*, Die Kompetenzverteilung zwischen der Europäischen Gemeinschaft und den Mitgliedstaaten, in: AöR 121 (1996), S. 173 (183).
812 S. o. Rn. 72.
813 Ablehnend *Häde* (N 40), S. 403; bejahend *Birk* (N 807), Rn. 62.
814 Vgl. *Hans-Wolfgang Arndt/Manfred Haas*, EG-Abgaben: Normierung, Vollzug, Rechtsschutz, in: RIW 1989, S. 715 ff.
815 *Klaus Vogel/Michael Rodi*, Probleme bei der Erhebung von EG-Eigenmitteln aus rechtsvergleichender Sicht, 1995, S. 20 und durchgehend.
816 *Christian Busse*, Die Verteilung von EU-Finanzmitteln auf die deutschen Bundesländer, in: DÖV 2004, S. 93.

§ 116   *Achter Teil: III. Finanzwesen*

1. Finanzierung der Europäischen Gemeinschaften und bundesstaatliche Finanzverfassung

163
Eigenmittelsystem

Das sogenannte Eigenmittelsystem der Gemeinschaften (Art. 269 EGV) soll in Abkehr von der Beitragsfinanzierung die supranationale Integration von Mitgliedsbeiträgen unabhängig machen und mit eigenen Mitteln ausstatten[817]. Die Agrarabschöpfungen, die Zolleinnahmen der vollharmonisierten Zollunion, Anteile am Umsatzsteueraufkommen sowie ein an die wirtschaftliche Leistungsfähigkeit der Mitgliedstaaten anknüpfendes Eigenmittel („bruttosozialproduktbezogenes Eigenmittel") sind die wichtigsten Finanzquellen[818]. Im Ergebnis ist der Grad der Finanzautonomie der Gemeinschaften trotz des Übergangs zum Eigenmittelsystem nach wie vor gering. Das Letztentscheidungsrecht bei der Beschlußfassung über Eigenmittel steht nämlich nicht den Organen der Gemeinschaft, auch nicht deren Rat, sondern den Mitgliedstaaten im Rahmen ihrer Verfassungsordnungen zu. Durch das gesamte Verfahren werden die Souveränitätsvorbehalte der Mitgliedstaaten im Finanzbereich augenfällig[819].

164
Eigene Besteuerungskompetenzen der EG?

Die BSP-Eigenmittel erweisen sich letztlich als kaschierte Mitgliedsbeiträge[820]. Das aktuelle System der Eigenmittelfinanzierung wirft überdies vielfältige Probleme der Beitragsgerechtigkeit auf[821]. Die vorwiegend politisch geführte Diskussion über eigene Besteuerungsbefugnisse der Gemeinschaft wirft vielfältige integrationspolitische Fragen und Probleme auf bis hin zum sogenannten Demokratiedefizit und zur Finalität des Integrationsprozesses[822].

2. Vergemeinschaftung der Geldverfassung

165
Wirtschafts- und Währungsunion

Einen überragenden Grad der Vergemeinschaftung hat inzwischen das Währungsrecht erreicht[823]. Durch die vom Bundesverfassungsgericht gebilligte[824] Teilnahme Deutschlands an der im Maastricht-Vertrag aufgerichteten Wirtschafts- und Währungsunion sind die geldrechtlichen Befugnisse in mitgliedstaatlicher Hand auf eine vernachlässigbare Größe geschrumpft[825]. Die Anforderungen für die Teilnahme haben gravierende Auswirkungen auf das jeweilige nationale Haushalts- und Staatsschuldenrecht[826]. Zwischen den beteiligten nationalen Zentralbanken und der Europäischen Zentralbank ist

---

817 *Häde* (N 40), S. 427 ff.; *Bettina Meermagen*, Beitrags- und Eigenmittelsystem, 2002.
818 Vgl. statt anderer nur *Waldhoff* (N 803), Art. 269 EGV Rn. 5 ff.
819 *Peter M. Schmidhuber*, Die Notwendigkeit einer neuen Finanzverfassung der EG, in: EuR 1991, S. 329 (337); *Volkmar Götz*, Beitragsgerechtigkeit im EU-Finanzierungssystem, in: FS für Peter Selmer, 2004, S. 641.
820 *Waldhoff* (N 803), Art. 269 EGV Rn. 4; zur „Rückentwicklung" hin zu einer Beitragsfinanzierung durch die zunehmende Bedeutung der BSP-Eigenmittel vgl. ders., ebd., Art. 268 EGV Rn. 28.
821 *Waldhoff* (N 803), Art. 269 EGV Rn. 18 ff.
822 *Heinrich Weber-Grellet*, Europäisches Steuerrecht, 2005, § 5 Rn. 6 f.; wenig überzeugend *Mathias Traub*, Einkommensteuerhoheit für die Europäische Union?, 2005.
823 → Unten *Schmidt*, § 117 Rn. 10 ff.; *Charlotte Gaitanides*, Das Recht der Europäischen Zentralbank, 2005.
824 BVerfGE 89, 155; 97, 350.
825 Näher *Häde* (N 40), S. 504 ff.; *ders.* (N 55).
826 S. u. Rn. 172 ff.

im Europäischen System der Zentralbanken (ESZB) ein Verwaltungs- und Verantwortungsverbund entstanden[827]. Es bleibt abzuwarten, inwieweit der Bruch des supranationalen Stabilitäts- und Wachstumspaktes das ursprüngliche Konzept dauerhaft beschädigt hat[828].

3. Einwirkungen auf das Steuer-(verfassungs-)recht

a) Steuerharmonisierung

Die Steuerharmonisierung[829] durch die Europäische Gemeinschaft steht im Spannungsverhältnis zwischen den Erfordernissen eines gemeinsamen Marktes und den Souveränitätsinteressen der Mitgliedstaaten[830] einschließlich ihrer wirtschaftlichen und kulturellen Gegebenheiten[831]. Die Steuerharmonisierung ist nicht Selbstzweck, soll primär auch nicht „Integrationshebel" zur Erreichung einer „europäischen Staatlichkeit" sein, sondern dient allein der Gewährleistung der dem Binnenmarkt dienenden Freiheiten unter der Bedingung zwischenstaatlicher Wettbewerbsgleichheit[832]. Die vertraglichen Grundlagen der Gemeinschaften regeln die Harmonisierung von direkten und indirekten Steuern unterschiedlich. Die Harmonisierung der indirekten Steuern ist in Art. 93 EGV ausdrücklich und besonders geregelt; die der direkten Steuern wird dagegen nicht als solche erwähnt, sie fällt unter die allgemeine Rechtsangleichung nach Art. 94 EGV. Das binnenmarktbezogene, vereinfachte Verfahren der Mitentscheidung des Parlaments ist wegen Art. 95 Abs. 2 EGV nicht anwendbar. Auf diesen Grundlagen ist jeweils ein ganzes Bündel von Richtlinien zur Steuerharmonisierung der Verbrauch- und Umsatzsteuern ergangen[833].

166

Angleichung der indirekten Steuern

Gemeinschaftsrechtliche Grenzen der Steuerharmonisierung ergeben sich neben solchen, die durch die Anforderungen der Harmonisierungsvorschriften selbst gezogen werden[834], vor allem aus allgemeinen gemeinschaftsrechtlichen Vorgaben. Zu letzteren gehören die Diskriminierungsverbote, die gemeinschaftsrechtlichen Grundrechte sowie das Subsidiaritätsprinzip des

Grenzen der Steuerharmonisierung

---

827 Näher *Christian Seiler*, Das Europäische System der Zentralbanken (ESZB) als Verantwortungsverbund: Systemgebundene Aufgabenerfüllung durch eigenständige Kompetenzträger, in: EuR 2004, S. 52; *Werner Heun*, Die Europäische Zentralbank in der Europäischen Währungsunion, in: Klaus Beckmann/Jürgen Dieringer/Ulrich Hufeld (Hg.), Eine Verfassung für Europa, ²2005, S. 403; → unten *Schmidt*, § 117 Rn. 30.
828 *Rudolf Streinz/Christoph Ohler/Christoph Herrmann*, Totgesagte leben länger – oder doch nicht? Der Stabilitäts- und Wachstumspakt nach dem Beschluß des Rates vom 25.11.2003 über das Ruhen der Defizitverfahren gegen Frankreich und Deutschland, in: NJW 2004, S. 1553; *Ulrich Palm*, Der Bruch des Stabilitäts- und Wachstumspakts, in: EuZW 2004, S. 71; *Armin Hatje*, Die Reform des Stabilitäts- und Wachstumspaktes: Sieg der Politik über das Recht?, in: DÖV 2006, S. 597.
829 Vgl. umfassend auch *Johanna Hey*, Harmonisierung der Unternehmensbesteuerung in Europa, 1997.
830 *Paul Kirchhof*, Die Steuer als Ausdruck der Staatsverfassung, in: FS für Horst Sendler, 1991, S. 65.
831 *Klaus Vogel*, Harmonisierung des Internationalen Steuerrechts als Alternative zur Harmonisierung des (materiellen) Körperschaftssteuerrechts, in: StuW 1993, S. 380 (383).
832 Vgl. *Eckart Klein*, Der Einfluß des Europarechts auf das deutsche Steuerrecht, in: Moris Lehner (Hg.), Steuerrecht im europäischen Binnenmarkt, 1996, S. 7 (13 f.).
833 Vgl. für die Umsatzsteuerharmonisierung *Waldhoff* (N 803), Art. 93 Rn. 13.
834 *Waldhoff* (N 803), Art. 93 EGV Rn. 7.

Art. 5 Abs. 2 EGV und der Grundsatz der Erforderlichkeit/Verhältnismäßigkeit (Art. 5 Abs. 3 EGV). Aus Art. 10 EGV folgt auch für den Bereich der Steuerharmonisierung die Verpflichtung zur loyalen Zusammenarbeit mit den Mitgliedstaaten, auf deren berechtigte Interessen Rücksicht zu nehmen ist[835].

b) Auswirkungen der Grundfreiheiten und des europäischen Beihilfenregimes auf das mitgliedstaatliche Finanzrecht

167
Grundfreiheiten

Interpretation als Diskriminierungs- und Beschränkungsverbote

Die zur Zeit gravierendsten gemeinschaftsrechtlichen Vorgaben für die mitgliedstaatlichen Steuerrechte erwachsen aus den europäischen Grund- oder Marktfreiheiten: Der Warenverkehrsfreiheit (Art. 23 ff., 28 ff. EGV), der Arbeitnehmerfreizügigkeit (Art. 39 ff. EGV), der Niederlassungsfreiheit (Art. 43 ff. EGV), der Dienstleistungsfreiheit (Art. 49 ff. EGV) sowie der Kapitalverkehrsfreiheit (Art. 56 ff. EGV)[836]. In ihrer Interpretation als Diskriminierungs- und Beschränkungsverbote werden so prinzipiell alle innergemeinschaftliche Grenzen überschreitenden Besteuerungsvorgänge und ihre nationale Regelung auf die Diskriminierung von EU-Ausländern oder auf die unverhältnismäßige Erschwerung des innergemeinschaftlichen Wirtschaftsverkehrs hin effektiv überprüft. Nicht nur das gesamte nationale Außensteuerrecht muß sich diesem Test unterziehen, sondern auch zahlreiche vermeintlich rein innerstaatlich wirkende Regelungen werden erfaßt. Als Fallgruppen der Anwendung von Grundfreiheiten auf das Ertragsteuerrecht haben sich die Diskriminierung natürlicher Personen aufgrund ihrer Ansässigkeit[837], die Diskriminierung von Betriebstätten gegenüber ansässigen Gesellschaften[838], die Diskriminierung von Tochtergesellschaften[839] und die steuerliche Beschränkung im Ansässigkeitsstaat[840] herausgebildet und damit inzwischen eine gewisse Rechtssicherheit in der Beurteilung der Gemeinschaftsrechtskonformität weiterer problematischer Regelungen geschaffen. Die Diskussion kreist hier um mögliche Rechtfertigungsgründe: Neben ausdrücklichen, auf das Steu-

---

835 Vgl. *Waldhoff* (N 803), Art. 93 EGV Rn. 26 m. weit. Nachw.
836 Vorrangig und umfassend *Axel Cordewener*, Europäische Grundfreiheiten und nationales Steuerrecht, 2001; ferner *Birk* (N 807), §§ 16 ff.; *Rainer Wernsmann*, Steuerliche Diskriminierungen und ihre Rechtfertigung durch die Kohärenz des nationalen Rechts – Zur Dogmatik der Schranken der Grundfreiheiten, in: EuR 1999, S. 754; *Moris Lehner*, Begrenzung der nationalen Besteuerungsgewalt durch die Grundfreiheiten und Diskriminierungsverbote des EG-Vertrags, in: Jürgen Pelka (Hg.), Europa- und verfassungsrechtliche Grenzen der Unternehmensbesteuerung, 2000, S. 263; *Ekkehart Reimer*, Die Auswirkungen der Grundfreiheiten auf das Ertragsteuerrecht der Bundesrepublik Deutschland, in: Moris Lehner (Hg.), Grundfreiheiten im Steuerrecht der EU-Staaten, 2000, S. 39; *Christian Seiler*, Das Steuerrecht unter dem Einfluß der Marktfreiheiten, in: StuW 2005, S. 25; *Weber-Grellet* (N 822), §§ 8 ff.; *Joachim Wieland*, Der Europäische Gerichtshof als Steuergesetzgeber?, in: FS für Manfred Zuleeg, 2005, S. 492.
837 Vgl. etwa EuGH, Slg. 1990 I, 1779 – Biehl; Slg. 1992 I, 249 – Bachmann; Slg. 1995 I, 225 – Schumacker; Slg. 1995 I, 2493 – Wielockx; Slg. 1996 I, 3089 – Asscher; Slg. 1999 I, 5451 – Gschwind; Slg. 2003 I, 5933 – Gerritse.
838 Vgl. etwa EuGH, Slg. 1986, 273 – Avoir Fiscal; Slg. 1993 I, 4017 – Commerzbank; Slg. 1999 I, 6161 – Saint Gobain.
839 Vgl. etwa EuGH, Slg. 2001 I, 1727 – Metallgesellschaft/Hoechst; Slg. 2002 I, 11779 – Lankhorst/Hohorst.
840 Vgl. etwa EuGH, Slg. 1988, 5483 – Daily Mail; Slg. 1994 I, 1137 – Halliburton; Slg. 1998 I, 2793 – Gilly; Slg. 1998 I, 4695 – ICI; Slg. 2000 I, 2787 – Baars; Slg. 2000 I, 4071 – Verkooijen; Slg. 2004 I, 2409 – De Lasteyrie du Saillant.

errecht bezogenen Rechtfertigungsgründen wie Art. 58 Abs. 1 lit. a EGV wirft der ungeschriebene Rechtfertigungsgrund der Kohärenz des nationalen Steuersystems vielfältige Fragen auf. Im Sinne einer Rücksichtnahme auf die innere Konsistenz (Systemgerechtigkeit, Widerspruchsfreiheit, Symmetrie) besitzt der Europäische Gerichtshof ein flexibles Instrument, um die Nachteile in der grenzüberschreitenden wirtschaftlichen Betätigung der Unionsbürger mit der Funktionsfähigkeit der nationalen Steuerordnungen abzuwägen.

Rechtfertigungsgrund der Kohärenz

Neben den Grundfreiheiten bildet als Teilelement des gemeinschaftsrechtlichen Wettbewerbsrechts das primär- und sekundärrechtliche europäische Beihilfenregime (Art. 87 ff. EGV) den zweiten materiellen Pfeiler des Gemeinsamen Marktes bzw. Binnenmarktes. Die Bedeutung für die nationalen Steuerrechtsordnungen ist erst in den letzten Jahren voll erkannt worden[841]. Für das Recht der direkten Steuern kommt es darauf an, ob und unter welchen Voraussetzungen steuerliche Vergünstigungen oder Verschonungen[842] dem Beihilfenregime und der Beihilfenaufsicht unterfallen. Entscheidendes Kriterium ist der Binnenmarktbezug der steuerlichen Regelung, die Art. 87 ff. EGV kennen keinen steuerlichen Vorbehalt. In Konkretisierung der primärrechtlichen Vorgaben hat die „Mitteilung der Kommission über die Anwendung der Vorschriften über steuerliche Beihilfen auf Maßnahmen im Bereich der Unternehmensbesteuerung" vom 1. November 1998[843] vier Voraussetzungen thematisiert: Zunächst muß dem Begünstigten ein Vorteil verschafft werden, durch den seine normalerweise zu tragende Steuerlast vermindert wird; dieser Vorteil muß vom Staat aus staatlichen Mitteln gewährt werden; durch den Vorteil muß eine Beeinträchtigung des Wettbewerbs und des Handels zwischen den Mitgliedstaaten verursacht werden, das heißt die Verschonung muß einen grenzüberschreitenden Bezug aufweisen, und schließlich ist die Selektivität der betreffenden Maßnahme erforderlich, bestimmte Unternehmen oder Produktionszweige müssen in einer Form begünstigt werden, die nicht „durch die Natur oder einen inneren Aufbau des jeweiligen Steuersystems gerechtfertigt ist". Deutschland betreffend wurden steuerliche Anreize im Zuge der Wiedervereinigung im wesentlichen gebilligt.

168
Beihilfenrecht

Vier Voraussetzungen des Binnenmarktbezugs

c) Steuerwettbewerb unter nationalen und europäischen Vorzeichen

Richtig tariert hat der Wettbewerbsgedanke unter dem Leitgesichtspunkt der (Finanz-)Autonomie eine zentrale Funktion zur (nationalen wie supranationalen) institutionellen Einhegung staatlicher Steuergewalt[844]. Die begrenzte Wirkkraft steuerverfassungsrechtlicher Maßstäbe[845] und fortgefallene institu-

169
Alte und neue Wettbewerbssituationen

---

841 *Koschyk* (N 656); *Oliver von Schweinitz*, Abschreibungen zwischen Aufwands- und Subventionstatbestand, 2005, S. 109 ff.; *Jens Blumenberg/Martin Lausterer*, Staatliche Beihilfen im Bereich der direkten Unternehmensbesteuerung, in: FS für Albert J. Rädler, 1999, S. 1; *Georg Jochum*, Die Steuervergünstigung, 2006, S. 363 ff.
842 S. o. Rn. 63, 127.
843 ABlEG Nr. C 384/3 vom 10. 12. 1998 = BStBl I, 1999, S. 205.
844 Allgemein zur Polarität von Staat und Wettbewerb → Bd. IV, *Grzeszick*, § 78; zum Steuerwettbewerb *Johanna Hey*, Steuerwettbewerb in Deutschland, in: FS für Hermann Otto Solms, 2005, S. 35.
845 S. o. Rn. 107.

§ 116   *Achter Teil: III. Finanzwesen*

Historische Ausgangspunkte

tionelle Mechanismen zur Begrenzung der Höhe der Abgabenbelastung der Bürger[846] sind zu kompensieren. Im konstitutionellen deutschen Staatsrecht wurde hier eine institutionelle Balance zwischen der einen entsprechenden Geldbedarf hervorrufenden monarchischen Exekutive (einschließlich des Heeres) und der für die Steuerbewilligung zuständigen, das steuerzahlende Bürgertum repräsentierenden Volksvertretung erreicht. Die Verknüpfung von Steuerleistung und Stimmgewichtung im Zensuswahlrecht tat ein übriges, um die Steuerbelastung durch ein institutionelles Arrangement in Grenzen zu halten[847]. Wettbewerbselemente zur institutionellen Einhegung von Steuerbelastung wurden dem föderalen System und der bundesstaatlichen Finanzverfassung als deren zentralem Bestandteil fast vollständig ausgetrieben. Selbst im Bereich der Gewerbesteuer, in dem die Gemeinden mit ihrem Hebesatzrecht (Art. 28 Abs. 2 S. 3 Hs. 2 GG)[848] Finanzautonomie praktizieren können, wurde mit dem Verbot des autonomen Verzichts auf die Erhebung dieser Steuer[849] eine gewisse Wettbewerbsphobie erneut deutlich.

170
Begrenzungswirkung für Belastungshöhe

Verschiedene Arten von „Wettbewerb"

Da, wie gezeigt[850], die Höhe der Steuerbelastung nur eingeschränkt durch Vorgaben des materiellen Verfassungsrechts, speziell der Grundrechte, begrenzbar ist, müssen im (verfassungs-)rechtsgebundenen Finanzstaat institutionelle Mechanismen in diese Lücke stoßen. Steuerwettbewerb findet heute eher im globalen und europäischen Kontext als innerbundesstaatlich statt[851]. Allenfalls auf kommunaler Ebene mit den Hebesatzrechten der Gemeinden als Ausfluß ihrer Finanzautonomie sind Rudimente steuerlicher Wettbewerbssituationen erhalten geblieben. Die pauschale Verneinung von Existenz und Funktion von Wettbewerb im staatlichen Kontext[852] verfehlt das hiesige Anliegen: Wettbewerb zwischen Individuen oder Unternehmen am „Markt" ist von Wettbewerbssituation, die Ausfluß hoheitlicher Autonomie sind, zu unterscheiden; sie treffen sich in der Gemeinsamkeit des Anliegens, durch einen institutionellen Rahmen ausgewogene, den Gesamtnutzen mehrende Ergebnisse zu erzielen. Wenn im Bundesstaat, wenn in gestuften Rechtsordnungen oder im „Mehrebenensystem" den einzelnen (hoheitlichen, staatlichen) Akteuren oder Ebenen eigenverantwortliche Gestaltungsmöglichkeiten im finanzwirtschaftlichen Bereich, etwa die Rechtsetzungskompetenzen über Einnahmen, zustehen, kommen folgerichtig wettbewerbs-ähnliche Situationen zwischen diesen mit Finanzautonomie begabten Ebenen zustande[853]. Diese erweisen sich nicht nur als zwangsläufige Folgen eines derartigen „institutionellen Designs", welches durch die Einräumung von Autonomie unter-

---

846 S. o. Rn. 122 f., 132 ff.
847 *Waldhoff* (N 155), S. 132 ff.
848 S. o. Rn. 23, 26.
849 Gesetz zur Änderung des Gewerbesteuergesetzes und anderer Gesetze vom 23. 12. 2003 (BGBl I, S. 2922); *Hey* (N 844), S. 41 f.; vgl. dazu die Ablehnung einstweiligen Rechtsschutzes in BVerfGE 112, 216.
850 S. o. Rn. 116 ff.
851 *Berndt Runge*, Schädlicher Steuerwettbewerb in der Europäischen Union und in den OECD-Ländern, in: FS für Albert J. Rädler, 1999, S. 559; *Christoph Spengel*, Besteuerung von Einkommen, Gutachten G zum 66. DJT 2006, S. G 1 (G 6 ff., G 28 f.).
852 Pointiert *Kirchhof* (N 225), S. 39.
853 *Seiler* (N 26), S. F 7 (F 15 f.).

schiedliche Regelungen hervorbringt, sie sind auch erwünscht. Das Mißverständnis besteht in der Verwechselung des Wettbewerbs innerhalb von Gebietskörperschaften oder Ebenen mit demjenigen zwischen solchen[854]. Problematisch ist die stets verfälschende, da asymmetrische Teilnahme des Staates am von ihm mitkonstituierten Wettbewerb der gesellschaftlichen Sphäre der Freiheit[855], nicht Wettbewerbssituationen zwischen autonomen staatlichen oder quasistaatlichen Ebenen[856].

Vom überkommenen ökonomischen Wettbewerb, der sich als Folge der Ausübung grundrechtlich umhegter Freiheit auf die Sphären von Wirtschaft und Gesellschaft bezieht, ist hier eine institutionelle Balance verschiedener staatlicher oder supranationaler Ebenen angesprochen: „Wettbewerb" als notwendige Folge von Autonomie. Auch dieser „Wettbewerb" bedarf der rechtlichen Hegung und Regelung, der Regulierung. Steuerwettbewerb im Binnenmarkt entspricht dann den Integrationszielen, wenn er „fair" ist[857]. Die Europäische Gemeinschaft hat einen Verhaltenskodex zur Bekämpfung des unfairen Steuerwettbewerbs bei der Unternehmensbesteuerung („Code of Conduct") aufgestellt und darin unfaire Praktiken identifiziert[858]. Diesen Gedanken gilt es auch für Fragen eines innerstaatlichen Steuerwettbewerbs fruchtbar zu machen[859]. In diesem Sinne ist der im Ausgangspunkt bestehende Antagonismus zwischen Hoheitsprinzip und Wettbewerbselementen durch die gemeinsame Finalität im Hinblick auf das zu verwirklichende Gemeinwohl aufgehoben.

171

„Fairer" Steuerwettbewerb

4. Haushaltsrecht, Konjunktursteuerung und Staatsverschuldung

Nach Art. 104 Abs. 1 EGV vermeiden die Mitgliedstaaten übermäßige öffentliche Defizite. Überwacht wird die Einhaltung der Haushaltsdisziplin durch die EG-Kommission (Art. 104 Abs. 2 S. 2 EGV). Maßgebliche Kriterien sind das Finanzierungsdefizit und der Schuldenstand: Das Verhältnis des geplanten oder tatsächlichen öffentlichen Defizits zum Bruttoinlandsprodukt darf 3 %, das Verhältnis des öffentlichen Schuldenstands zum Bruttoinlandsprodukt darf 60 % nicht überschreiten[860]. Stellt der Rat – auf Initiative der Kommission – ein „übermäßiges Defizit" fest (Art. 104 Abs. 6 EGV), so wird zunächst ein Abhilfeverfahren eingeleitet, das in ein Sanktionsverfahren einmünden

172

Verschuldungsgrenzen aus supranationalem Recht

---

854 *Viktor Vanberg*, Auch Staaten tut Wettbewerb gut: Eine Replik auf Paul Kirchhof, in: ORDO 56 (2005), S. 47 (49).
855 Vgl. nur *Wolfgang Löwer*, Der Staat als Wirtschaftssubjekt und Auftraggeber, in: VVDStRL 60 (2001), S. 416.
856 Ausführlich *Christian Waldhoff*, Finanzautonomie und Finanzverflechtung in gestuften Rechtsordnungen, in: VVDStRL 66 (2007), S. 216 (252).
857 Vgl. auch *Joachim Wieland*, Steuerwettbewerb in Europa, in: EuR 2001, S. 119; *Waldhoff* (N 856), S. 265.
858 Vom 1.12.1997, ABlEG 1998 Nr. C 2/2, Anhang 1 = BR-DrS 814/97; dazu *Wolfgang Schön*, Neue Wege im Europäischen Steuerrecht, in: EuZW 1998, S. 129; *ders.*, Der „Wettbewerb" der europäischen Steuerordnungen als Rechtsproblem, in: Jürgen Pelka (Hg.), Europa- und verfassungsrechtliche Grenzen der Unternehmensbesteuerung, 2000, S. 191.
859 *Hey* (N 844).
860 Vgl. Art. 104 Abs. 2 S. 2 EGV i. V. m. Art. 1 des Protokolls Nr. 20 über das Verfahren bei einem übermäßigen Defizit, ABl 1992, Nr. C 191/84.

§ 116   Achter Teil: III. Finanzwesen

kann. In letzter Konsequenz können Geldbußen gegen den betroffenen Mitgliedstaat verhängt werden (Art. 104 Abs. 11 UA 1 4. Spiegelstrich EGV). Näher ausgestaltet ist das in Art. 104 EGV vorgesehene Verfahren bei einem übermäßigen Defizit im Europäischen Stabilitäts- und Wachstumspakt[861].

173
Externe Verantwortung des Bundes

Adressat der europarechtlichen Vorgaben ist der Gesamtstaat: der Bund[862]. Gemäß Art. 3 des Protokolls Nr. 20 über das Verfahren bei einem übermäßigen Defizit sind die Regierungen der Mitgliedstaaten für die Defizite des Staatssektors – also sämtlicher Gebietskörperschaften sowie der Sozialversicherungsträger[863] – verantwortlich. Zwar besteht aus Art. 23 Abs. 1 GG in Verbindung mit dem Grundsatz der Bundestreue eine innerstaatliche Verpflichtung der Länder zur Beachtung der gemeinschaftsrechtlichen Verpflichtungen[864].

Rückgriff des Bundes gegen ein Land

Allerdings stehen dem Bund erst bei einem Verstoß repressive Maßnahmen gegen das entsprechende Land zu[865] – auch läßt sich schwerlich ein Verstoß eines einzelnen Landes gegen die Haushaltsdisziplin feststellen, solange die Defizitgrenzen nicht verbindlich aufgeteilt sind.

Notwendigkeit eines „nationalen Stabilitätspakts"

Erforderlich ist demnach eine (zukunftsgerichtete) Aufteilung der Verschuldungsmöglichkeiten und etwaigen Sanktionslasten[866]. Dabei sind insbesondere Art. 109 Abs. 1 GG, der die Haushaltsautonomie von Bund und Ländern, und Art. 28 Abs. 2 GG, der die Finanzautonomie als Teil der kommunalen Selbstverwaltungsgarantie absichert, zu beachten[867]. Gestützt auf Art. 109 Abs. 3 GG[868] wurde § 51a neu ins Haushaltsgrundsätzegesetz eingefügt[869]: Danach kommen Bund und Länder ihrer Verantwortung für die Einhaltung der Haushaltsdisziplin nach und streben eine Rückführung der Nettoneuverschuldung mit dem Ziel ausgeglichener Haushalte[870] an (Abs. 1). Der Finanzplanungsrat gibt Empfehlungen zur Haushaltsdisziplin, insbesondere zu einer gemeinsamen Ausgabenlinie (Abs. 2 S. 1), überwacht die Haushaltsentwick-

---

861 Der Europäische Stabilitäts- und Wachstumspakt besteht aus der Entschließung des Europäischen Rates über den Stabilitäts- und Wachstumspakt (ABl 1997, Nr. C 236/1), der Verordnung Nr. 1466/97 des Rates vom 7. 7. 1997 über den Ausbau der haushaltspolitischen Überwachung und der Überwachung und Koordinierung der Wirtschaftspolitiken (ABl 1997, Nr. L 209/1, zuletzt geändert durch VO [EG] Nr. 1055/2005 des Rates vom 27. 6. 2005, ABl 2005, Nr. L 174/1) und der Verordnung Nr. 1467/97 des Rates vom 7. 7. 1997 über die Beschleunigung und Klärung des Verfahrens bei einem übermäßigen Defizit (ABl 1997, Nr. L 209/6, zuletzt geändert durch VO [EG] Nr. 1056/2005 des Rates vom 27. 6. 2005, ABl 2005, Nr. L 174/5). 2005 wurde das bisher relativ strenge Verfahren zugunsten der Mitgliedstaaten erheblich aufgeweicht. → Unten *Pünder*, § 123 Rn. 104 ff.
862 Vgl. nur *Vogel/Waldhoff* (N 1), Rn. 661; zur fehlenden unmittelbaren Relevanz für die Gemeinden *Heinrich Amadeus Wolff*, Die Gemeinden und der nationale Stabilitätspakt, in: DÖV 2006, S. 908.
863 Vgl. Art. 2 1. Spiegelstrich des Protokolls über das Verfahren bei einem übermäßigen Defizit.
864 *Wolfram Höfling*, Haushaltsdisziplinierung der Länder durch Bundesrecht?, Die Konvergenzkriterien des Maastrichter Vertrages und die Verteilung von Konsolidierungslasten im Bundesstaat, in: ZRP 1997, S. 231 (233); *Klaus Stern*, Die Konvergenzkriterien des Vertrags von Maastricht und ihre Umsetzung in der bundesstaatlichen Finanzverfassung, in: FS für Ulrich Everling, Bd. II, 1995, S. 1469 (1480 f.).
865 *Höfling* (N 864), S. 233; *Stern* (N 864), S. 1480 f., *Vogel/Waldhoff* (N 1), Rn. 661.
866 Allgemein zur Unabgestimmtheit *Gumboldt* (N 240); *Wolfgang Göke*, Staatsverschuldung, in: ZG 2006, S. 1; → unten *Pünder*, § 123 Rn. 112 ff.
867 *Vogel/Waldhoff* (N 1), Rn. 661.
868 Gegenäußerung der Bundesregierung, BR-Drs 14/7256, S. 15 (Anlage 3).
869 Art. 7 des Solidarpaktfortführungsgesetzes (SFG) vom 20. 12. 2001 (BGBl I, S. 3955).
870 Gemeint ist ein *materiell* ausgeglichener Haushalt, vgl. die Gesetzesbegründung der Bundesregierung, BR-Drs 14/7063, S. 34.

lung (Abs. 2 S. 2) und gibt gegebenenfalls Empfehlungen zur Wiederherstellung der Haushaltsdisziplin (Abs. 3). Am 21. März 2002 beschloß[871] der Finanzplanungsrat[872], daß bei der Gestaltung künftiger Haushalte für die Jahre 2003 und 2004 der Bund seine Ausgaben im Vergleich zu 2002 um durchschnittlich 0,5 % pro Jahr vermindern wird und die Länder und Gemeinden ihr jährliches Ausgabenwachstum auf jeweils 1 % im Jahresdurchschnitt begrenzen werden[873]. Dem lag eine Aufteilung des 2004 zulässigen Defizits von 55 zu 45 zwischen der Gesamtheit der Länder und Kommunen auf der einen und des Bundes und der Sozialversicherungsträger auf der anderen Seite zugrunde. Diese Aufteilung gilt auch für die Jahre 2005 und 2006.

Die gegenwärtige Rechtslage ist als defizitär zu beurteilen[874]: Die Aufteilung der Defizitgrenzen und deren Einhaltung beruht auf freiwilligen Absprachen, das Problem der Aufteilung der Sanktionslasten bleibt weiterhin ungeklärt. Es stellt sich damit die Frage, ob nach geltendem Verfassungsrecht eine verbindliche Aufteilung der Verschuldungsmöglichkeiten und etwaiger Sanktionslasten zulässig wäre. Artikel 2 des Gesetzes zum Vertrag vom 7. Februar 1992 über die Europäische Union vom 28. Dezember 1992[875] schafft keinen Kompetenztitel und hat ohnehin nur deklaratorischen Charakter[876]. Art. 109 Abs. 4 GG scheidet als Kompetenzgrundlage aus: Ermächtigt wird zur Normierung konjunkturpolitisch motivierter Instrumente[877]. Art. 109 Abs. 3 GG kommt nicht in Betracht, da detaillierte Regelungen keine „Grundsätze" mehr im Sinne dieser Kompetenznorm darstellten[878]. Das dritte Urteil des Bundesverfassungsgerichts zum Länderfinanzausgleich[879], in dem vorgeschlagen wird, durch finanzwirtschaftliche Kennziffern bezeichnete Grenzen, etwa bei der Kreditfinanzierung und beim Schuldensockel, gestützt auf Art. 109 Abs. 3 GG zu erlassen, betraf den nicht verallgemeinerungsfähigen Sonderfall extremer Haushaltsnotlagen einzelner Länder[880]. Art. 109 Abs. 2 GG verleiht keine Regelungs- oder Eingriffsbefugnisse gegenüber anderen Haushaltsträ-

174
Defizite der gegenwärtigen Regelung

---

871 Der Beschluß ist abgedruckt in BR-Drs 14/9154, S. 4f.
872 Dieser Beschluß stützt sich, da § 51a noch nicht in Kraft war, auf § 51 Abs. 2 S. 1 HGrG.
873 Die Ausgabenlinien wurden inzwischen der jeweiligen Entwicklung angepaßt.
874 Vgl. die Kritik von *Höfling/Rixen* (N 519), Rn. 456; *Lars Micker*, Deutsche Umsetzung der EG-rechtlichen Stabilitätsanforderungen, in: ZRP 2004, S. 229 (230f.); *Rodi* (N 644), Rn. 606.
875 BGBl II, S. 1251.
876 *Vogel/Waldhoff* (N 1), Rn. 661. Der Bundesrat sieht daher diese Norm als „Programmsatz", BR-Drs 810/92, S. 6.
877 *Paul J. Glauben*, Innerstaatliche Regelung zur Einhaltung der Verschuldenskriterien für die Währungsunion, Auswirkungen auf das Budgetrecht der Landesparlamente, in: ZG 1997, S. 233 (236f.); *Markus Heintzen*, in: v. Münch/Kunig, GGK III, ⁵2003, Art. 109 Rn. 27; *Veith Mehde*, Gesetzgebungskompetenz des Bundes zur Aufteilung der Verschuldungsgrenzen des Vertrags von Maastricht?, in: DÖV 1997, S. 616 (621f.); *Helmut Siekmann*, in: Sachs, GG, ³2003, Art. 109 Rn. 52.
878 In bezug auf die Aufteilung der Defizitgrenzen: *Mehde* (N 877), S. 619; *Stern* (N 864), S. 1486; *Vogel/Waldhoff* (N 1), Rn. 661. Differenzierend: *Uwe Hartmann*, Europäische Union und Budgetautonomie, 1994, S. 146, 178ff. Anders *Werner Heun*, in: Dreier, GG III, 2000, Art. 109 Rn. 7f. In bezug auf die Aufteilung von Sanktionslasten: *Felix Bark*, Das gemeinschaftsrechtliche Defizitverfahren, 2004, S. 178; *Heintzen* (N 877), Rn. 23.
879 BVerfGE 86, 148 (266f.).
880 Vgl. *Vogel/Waldhoff* (N 1), Rn. 661. So auch *Bark* (N 878), S. 178f.; *Mehde* (N 877), S. 620; a. A. *Heun* (N 878), Rn. 7.

§ 116 Achter Teil: III. Finanzwesen

gern[881]. Art. 23 Abs. 1 S. 2 GG ermächtigt zur Übertragung von Hoheitsrechten, jedoch nicht zur innerstaatlichen Umsetzung[882]. Schließlich scheidet auch eine ungeschriebene Gesetzgebungskompetenz (Kompetenz kraft Sachzusammenhangs) aus: Aus der gemeinschaftsrechtlichen Verpflichtung des Bundes darf keine innerstaatliche Durchführungs- oder Umsetzungskompetenz abgeleitet werden[883].

Notwendigkeit der Verfassungsergänzung

Eine Änderung des Grundgesetzes ist damit unumgänglich. Die meisten Überlegungen setzen an einer Änderung des Art. 109 GG an[884]. Eine – alternative – staatsvertragliche Lösung zwischen dem Bund und den Ländern hätte nicht die gleiche verfassungsrechtliche Legitimation wie eine Verfassungsänderung; sie wäre immer dem Vorwurf ausgesetzt, über bundesstaatliche Kompetenzen unzulässigerweise disponiert zu haben[885]. Die jüngsten Grundgesetzänderungen haben mit Art. 104a Abs. 6 und Art. 109 Abs. 4 GG n. F. zumindest innerbundesstaatliche Aufteilungen für die Lasten bei Verletzungen der supranationalen Verpflichtungen normiert. Ob das Problem damit innerbundesstaatlich gelöst ist, wird sich zeigen müssen.

Föderalismusreform 2006

G. Normative Bindung, Interpretation und gerichtliche Kontrolle des Finanzrechts und der Finanzverfassung

I. Probleme der Normativität und der Justiziabilität der bundesstaatlichen Finanzverfassung und des Steuerverfassungsrechts

175

Justiziabilität

Justiziabilität betrifft die untereinander wiederum zusammenhängenden Fragen der Geltungskraft, der Bestimmtheit und der verfassungsgerichtlichen Kontrolldichte[886]. Daß die finanzverfassungsrechtlichen Normen an der Normativität des Grundgesetzes teilnehmen und im Rahmen der Zuständigkeitsordnung der Verfassungsgerichtsbarkeit der gerichtlichen Kontrolle unterliegen, kann nicht zweifelhaft sein. Streit besteht über die Intensität von Geltungskraft und Kontrolle, das heißt über den Grad der normativen Bindung und ihre Auswirkungen für die verfassungsgerichtliche Überprüfbarkeit einfachgesetzlicher Normierungen[887]. Die Frage läßt sich zuspitzen: Fordern oder

---

881 *Rodi* (N 644), Rn. 243 m. weit. Nachw.
882 Vgl. *Hartmann* (N 878), S. 183 f.
883 *Hillgruber* (N 644), Rn. 146. Im Ergebnis so auch *Mehde* (N 877), S. 622 ff.; *Frank Littwin*, Umsetzung der Konvergenzkriterien nach Art. 104c I EGV im Bund-Länder-Verhältnis unter besonderer Berücksichtigung des Art. 109 GG, in: ZRP 1997, S. 325 (327).
884 Vgl. Nr. 38 der Beschlüsse der Abteilung Öffentliches Recht, 65. Deutscher Juristentag Bonn, Bd. II/2 Sitzungsberichte (Diskussion und Beschlußfassung), P 301 (310 f.); früher bereits *BMF, Wissenschaftlicher Beirat*, Zur Bedeutung der Maastrichtkriterien für die Verschuldungsgrenzen von Bund und Ländern, 1994, S. 48.
885 *Vogel/Waldhoff* (N 1), Rn. 661; ebenso *Rodi* (N 644), Rn. 595.
886 *Korioth* (N 83), S. 64; *Jens-Peter Schneider*, in: GG-AK³, vor Art. 104a Rn. 8.
887 Für die bundesstaatliche Finanzverfassung umfassend *Rainer Prokisch*, Justiziabilität der Finanzverfassung, 1993.

rechtfertigen die Besonderheiten des grundgesetzlichen Finanzrechts eine Verringerung der (verfassungs-)gerichtlichen Kontrolldichte?

Kontrolldichte

Insbesondere Fritz Ossenbühl hat die These von der eingeschränkten Justiziabilität der Finanzverfassung vertreten[888]. Diese ergebe sich aus der Unzulänglichkeit der normativen Maßstäbe sowie aus funktionellrechtlichen Grenzen der Verfassungsgerichtsbarkeit: Die Frage der Konkretisierungsbefugnis offener Maßstäbe steht damit im Raum. Fragen der Finanzverteilung seien regelmäßig gerichtlich nur schwer nachzuvollziehende politische Kompromisse, die ihren normativen Ausdruck im zustimmungspflichtigen Finanzausgleichsgesetz fänden. Nach dieser These kommt dem Gesetzgeber – und nicht dem Bundesverfassungsgericht – die letztverbindliche inhaltliche Ausgestaltung zu, der Finanzausgleichsgesetzgeber müsse daher diese „Zielweisung" ausfüllen, das kontrollierende Verfassungsgericht sei auf eine Willkürkontrolle beschränkt.

176
Eingeschränkte Justiziabilität finanzausgleichsrechtlicher Normen?

Hatte das Bundesverfassungsgericht noch im ersten Urteil zum Länderfinanzausgleich die Justiziabilität der Verteilungsnormen weitgehend verneint[889], wird seit den 70er Jahren des letzten Jahrhunderts die Redeweise von der Finanzverfassung als Rahmenordnung populär[890]. Im zweiten Urteil zum Länderfinanzausgleich wird der durch die eingangs zitierte Entscheidung erweckte Eindruck geminderter Justiziabilität korrigiert[891]: Die Ordnungsfunktion der bundesstaatlichen Finanzverfassung schließe es aus, von einem Recht minderer Geltungskraft auszugehen, das zur Disposition der Beteiligten stehe. Die zentrale bundesstaatliche Bedeutung der Finanzverfassung lasse jeden Gedanken an eine Ähnlichkeit mit dem völkerrechtlichen „soft law" hinfällig werden: „Dem bundesstaatlichen Verfassungsverhältnis würde auf diese Weise in einem zentralen Punkt seine Stabilität und Sicherheit, die Freiheit verbürgt, genommen. Das Grundgesetz hat auch in diesem Bereich, der nicht das Verhältnis des Bürgers zum Staat, sondern das Verhältnis zwischen Bund und Ländern sowie der Länder untereinander betrifft, rechtliche Positionen, Verfahrensregeln und Handlungsrahmen festgelegt, die Verbindlichkeit beanspruchen. Dadurch erhalten politische Kooperation und Ausein-

177
Rechtsprechung des BVerfG

---

888 *Fritz Ossenbühl*, Zur Justiziabilität der Finanzverfassung, in: FS für Karl Carstens, Bd. II, 1984, S. 743; *ders.*, Verfassungsrechtliche Grundfragen des Länderfinanzausgleichs gem. Art. 107 II GG, 1984, S. 92; ähnlich *Franz Klein*, Die Finanzverfassung als Gegenstand gerichtlicher Auseinandersetzungen insbesondere zwischen Bund und Ländern, in: FS für Georg Döllerer, 1988, S. 287; *Gunnar-Folke Schuppert/ Frank Dahrendorf*, Verfassungsrechtliche und finanzwissenschaftliche Aspekte des Länderfinanzausgleichs, 1985, S. 17 ff.; abweichende Meinung *Niebler* zu BVerfGE 72, 330, (424 [425]).
889 BVerfGE 1, 117 (134): „Die Frage, bis zu welchem Intensitätsgrad in den so abgesteckten Grenzen der horizontale Finanzausgleich vorangetrieben werden kann, ist eine finanzpolitische und keine verfassungsrechtliche. Sie entzieht sich der Prüfung durch das Bundesverfassungsgericht."
890 Zuerst in BVerfGE 39, 96 (114 f.): „Die Voraussetzungen des Art. 104a Abs. 4 S. 1 GG für das finanzielle Eingreifen des Bundes im Landesbereich sind als Rechtsbegriffe so unbestimmt, daß sich die verfassungsgerichtliche Prüfung darauf beschränken muß, ob der Bundesgesetzgeber oder die Beteiligten an Verwaltungsvereinbarungen diese Begriffe im Prinzip zutreffend ausgelegt und sich in dem dadurch bezeichneten Rahmen gehalten haben ..."; ähnlich BVerfGE 67, 256 (288 f.); das Konzept von der „Verfassung als Rahmenordnung" geht maßgeblich auf *Ernst-Wolfgang Böckenförde*, Die Methoden der Verfassungsinterpretation, in: NJW 1976, S. 2089, zurück.
891 BVerfGE 72, 330 (388 f.).

§ 116   *Achter Teil: III. Finanzwesen*

andersetzung der Glieder des föderativen Staatsverbandes Regeln und Form." Wegen der Vielzahl unbestimmter (Verfassungs-)Rechtsbegriffe komme der Rahmenkonzeption besondere Bedeutung zu[892].

178
Maßstäbegesetz

Das Konzept von der Finanzverfassung als Rahmenordnung wurde im vierten Urteil zum Finanzausgleich[893] auf eine neue Stufe gehoben. Ausgehend von der Feststellung, daß die Finanzverfassung keine unmittelbar anwendbaren Maßstäbe enthalte, wird der Finanzausgleichsgesetzgeber verpflichtet, die auf Verfassungsebene durch unbestimmte Rechtsbegriffe vorgezeichnete Verteilungsentscheidung zu konkretisieren und anwendbar zu machen[894]. Erst auf einer zweiten Stufe seien die konkreten Ansprüche und Verbindlichkeiten anhand der selbstgesetzten Maßstäbe zu konkretisieren, die konkreten finanzrechtlichen Folgerungen in Selbstbindung zu ziehen. Die „Vorhand" des Gesetzgebers bei der Interpretation der Finanzverfassung wird durch diese der Rechtsordnung an sich unbekannte Stufung verdeutlicht. Die die Folge jeder Auslegung von Verfassungsrecht darstellende Konkretisierung der Normen[895] wird arbeitsteilig zwischen parlamentarischem Gesetzgeber und Verfassungsgerichtsbarkeit justiert[896]. Das bedeutet jedoch nicht, daß die Prüfungs- und Kontrollbefugnisse des Bundesverfassungsgerichts ausgeschaltet wären. Diesem bleibt es weiterhin möglich, das Maßstäbegesetz an den verfassungsrechtlichen Vorgaben, aber auch das auf dem Maßstäbegesetz beruhende Finanzausgleichsgesetz an den im Maßstäbegesetz entwickelten Kriterien und damit mittelbar an der Finanzverfassung selbst zu messen. Dem Maßstäbe setzenden Gesetzgeber ist lediglich in einer Zwischenstufe ein zusätzlicher Konkretisierungs- und Verdeutlichungsauftrag erteilt. Auf dieser Zwischenebene der Normenhierarchie wird der Gesetzgeber gleichsam angeleitet und zur Maßstabsbildung gezwungen. Über die Selbstbindung an die vom Gesetzgeber selbst gesetzten Maßstäbe kann die anwendbare Konkretisierung in Gestalt des Finanzausgleichsgesetzes an den aus der Verfassung deduzierten Prämissen festgehalten werden. Ohne daß somit die Justiziabilität der Normen der bundesstaatlichen Finanzverfassung aufgehoben oder beeinträchtigt würde, sind dem Finanzausgleichsgesetzgeber unter funktionellrechtlichem Gesichtspunkt weitreichende Entscheidungsbefugnisse eingeräumt.

Selbstbindung des Gesetzgebers

Kein „soft law"

Zusammenfassend kann gesagt werden, daß sich das Bundesverfassungsgericht „nicht von der Magie des Wortes ‚kooperativer Föderalismus' [hat] blenden lassen"; es „verwirft die Degradierung der Finanzverfassung zu einem Recht minderer Verbindlichkeit (‚soft law')"[897], betont allerdings gleichzeitig den Rahmencharakter der Art. 104a ff. GG.

---

892 BVerfGE 72, 330 (390); *Joachim Wieland*, Die verfassungsrechtliche Rahmenordnung des Finanzausgleichs, in: Jura 1988, S. 410 (418).
893 S. o. Rn. 73.
894 BVerfGE 101, 158 (214 ff.).
895 Grundsätzlich *Hesse* (N 345), Rn. 60 ff.
896 Grundsätzlich und differenziert zum Problem vor der Entscheidung zum Maßstäbegesetz *Korioth* (N 83), S. 68 ff.
897 *Isensee* (N 59), Rn. 212.

179
Rechtsprechung des BVerfG zum Steuerverfassungsrecht

Wie dargelegt, ist das Steuerverfassungsrecht selbst Ergebnis der Interpretation und Anwendung nicht-steuerspezifischer Formulierungen des Grundgesetzes[898]. Justiziabilität und Auslegung erweisen sich in diesem Fall daher als zwei Seiten einer Medaille. Die Kontrolldichte des Bundesverfassungsgerichts hat auch – wie oben dargelegt – in diesem Bereich geschwankt[899]. Nachdem vor allem mit der ersten Entscheidung zum Ehegattensplitting[900] deutlich gemacht wurde, daß auch Grundrechte Prüfungsmaßstäbe für Steuergesetze sein können und damit letztlich die Grundrechtsbindung des Gesetzgebers nach Art. 1 Abs. 3 GG in Abgrenzung zur Weimarer Verfassungsrechtslehre auch für die Steuerrechtsetzung aktualisiert wurde, folgte in den 60er und 70er Jahren des 20. Jahrhunderts eine mittlere Phase der Rechtsprechung, in der die Maßstäblichkeit der Verfassung für die Steuergesetzgebung zurückgenommen wurde; der „Gestaltungsspielraum" des Steuergesetzgebers avancierte zum zentralen Argumentationstopos. Seit Ende der 70er Jahre hat dann zunächst der Erste Senat durch seine Rechtsprechung zur Berücksichtigung von Unterhaltsleistungen, in den 80er Jahren dann vor allem der Zweite Senat des Bundesverfassungsgerichts mit den Entscheidungen zur Zinsbesteuerung[901], zum steuerlichen Existenzminimum[902] und zur Besteuerung nach Einheitswerten[903] eine Phase neuer Qualität und Intensität in der verfassungsgerichtlichen Kontrolle der Steuergesetzgebung eingeleitet[904], die mit gewissen Einschränkungen bis heute vorhält – auch wenn sich jüngst Anzeichen einer erneuten Korrektur mehren. Die Zeit der „Immunisierungsstrategien"[905], mit deren Hilfe das Steuerrecht von den Grundrechten isoliert werden sollte, ist zumindest irreversibel beendet.

180
Grundsätzlich volle Justiziabilität

Die Argumente für eine eingeschränkte Justiziabilität, für eine besonders flexible Interpretation finanzverfassungsrechtlicher Bestimmungen vermögen nicht zu überzeugen[906]. Die Betonung des Ausnahmecharakters finanzverfassungsrechtlicher Normen[907] ist überholt[908]. Sofern überhaupt übergreifende Aussagen über die Interpretation der einzelnen Vorschrift hinaus möglich und sinnvoll sind, ist die volle Justiziabilität, die strikte Verbindlichkeit gegenüber

---
898 S. o. Rn. 98 ff.
899 S. o. Rn. 98 ff.; *Klaus Tipke*, Über Steuergesetzgebung und Verfassungsgerichtsbarkeit, in: StuW 1990, S. 316 ff.; *Hans-Wolfgang Arndt*, Existenzminimum und Einkommensteuerrecht, in: StVj 1993, S. 1 (2 f.); *Vogel/Waldhoff* (N 1), Rn. 501 ff.
900 BVerfGE 6, 55; *Tipke* (N 899), S. 316, spricht von einem „Paukenschlag"; aus der frühen Rechtsprechung können etwa auch noch BVerfGE 6, 273; 7, 282; 8, 51; 13, 290; 13, 331; 16, 241; 19, 101; 21, 160; 23, 1; 25, 101; 26, 321; 28, 227; 33, 90; 33, 106 angeführt werden.
901 BVerfGE 84, 239; s. o. Rn. 98.
902 BVerfGE 82, 60; 99, 216; 99, 246; s. o. Rn. 109.
903 BVerfGE 93, 121; 93, 165; s. o. Rn. 116, 118.
904 Näher *Vogel/Waldhoff* (N 1), Rn. 501.
905 *Schuppert* (N 592), S. 691.
906 Grundlegend *Klaus Vogel*, Finanzverfassung und politisches Ermessen, 1972, S. 8 ff.; *Werner Heun*, in: Dreier, GG III, Vorb. zu Art. 104a–115 Rn. 20; *Siekmann* (N 56), Rn. 21 f.; zu aktuellen Fällen aus dem Haushaltsverfassungsrecht *Wolfram Höfling*, Haushaltsverfassungsrecht als Recht minderer Normativität?, in: DVBl 2006, S. 934; zu den funktionell-rechtlichen Grenzen *Prokisch* (N 887), S. 129 ff.; allgemein *Werner Heun*, Funktionell-rechtliche Schranken der Verfassungsgerichtsbarkeit, 1992.
907 So etwa *Hettlage* (N 281), S. 8.
908 *Korioth* (N 83), S. 64 ff.

§ 116   Achter Teil: III. Finanzwesen

allen Staatsorganen, die vorzugswürdige Ansicht[909]: „Unbestimmte Verfassungsbegriffe des Finanzausgleichs sind in gleicher Weise auszulegen wie sonstige unbestimmte Verfassungsbegriffe. Wie eng oder wie weit der Rahmen gezogen ist, läßt sich nur anhand der einzelnen Begriffe und Normen ermitteln."[910] Aus einer eingeschliffenen Staatspraxis kann nichts Gegenteiliges gefolgert werden, die Staatspraxis ist Gegenstand, nicht Maßstab verfassungsrechtlicher Betrachtung[911]. Staatliche Finanzmacht ist die heute relevante Erscheinungsform der Eingriffsverwaltung, die prinzipiell jeden Bürger bedroht. Das hat aufgrund der Verflechtung zwischen Zuständigkeitsordnung und Freiheitsschutz auch Rückwirkungen auf die Anwendung der Kompetenznormen der bundesstaatlichen Finanzverfassung[912]. Die Finanzverfassung zeichnet sich auch nicht durch eine prinzipiell größere Unbestimmtheit aus als andere Teile des Grundgesetzes: Für die Anwendung der Grundrechte auf Besteuerungsvorgänge versteht sich dies von selbst; die Grundrechte sind insgesamt in ihrer Formulierung eher „Lapidarformeln"[913], die der Konkretisierung harren. Die finanzverfassungsrechtlichen Kompetenznormen sind

Subtile und technische Formulierung

– ihrem Gegenstand korrespondierend – eher „subtil und technisch"[914] formuliert, von einem „grundgesetzfremden Perfektionismus geleitet"[915], ihre Regelungsdichte liegt über dem Durchschnitt der Gesamtverfassung[916]. Das Grundgesetz unterscheidet sich von der Weimarer Reichsverfassung auch dadurch, daß die Regelung des Finanzausgleichs gerade nicht vollständig dem einfachen Gesetzgeber überlassen wurde[917]. Gleichwohl durch die Verwendung unbestimmter Rechtsbegriffe[918] eingeräumte Entscheidungsspielräume können mit der Figur der Finanzverfassung als Rahmenordnung eingefangen werden: Die strikte verfassungsgerichtliche Überprüfbarkeit bezieht sich dann auf die Einhaltung des Rahmens. Für jede einzelne finanzrechtliche Norm sind diese Entscheidungs- und Beurteilungsspielräume im Wege der Auslegung herauszuarbeiten. Die Tatsache, daß sich finanzpolitische Verteilungsentscheidungen regelmäßig als politische Kompromisse darstellen, ändert nichts an der strikten Verbindlichkeit dieses Rahmens. Zu den Kontrollaufgaben des Bundesverfassungsgerichts gehört insoweit auch der (staatsorganisationsrechtliche) Minderheitenschutz wie die Sachverhaltsaufklärung[919].

---

909 Ähnlich jeweils auch *Rudolf Wendt*, Finanzhoheit und Finanzausgleich, in: HStR IV, ²1999 (¹1990), § 104 Rn. 5; *Tipke* (N 296), S. 1085; *Siekmann* (N 65), Rn. 13; *Kesper* (N 285), S. 69, 196; *Peter Selmer*, Rechtsdogmatik und Rechtspolitik unter der Finanzverfassung des Grundgesetzes, in: Karsten Schmidt (Hg.), Rechtsdogmatik und Rechtspolitik, 1990, S. 223.
910 *Korioth* (N 83), S. 76.
911 Für einen anderen Fall BVerfGE 91, 148 (171); *Korioth* (N 83), S. 66.
912 S. o. Rn. 1, 31; *Willi Geiger*, Zur Auslegung des Begriffs „notwendige Ausgaben" in Art. 106 Abs. 3 S. 4 Nr. 1 GG, in: FS für Theodor Maunz, 1981, S. 89 (90 f.); differenziert *Korioth* (N 83), S. 69.
913 *Ernst-Wolfgang Böckenförde*, Grundrechtstheorie und Grundrechtsinterpretation, in: NJW 1974, S. 1529.
914 *Isensee* (N 59), Rn. 210.
915 *Isensee* (N 19), S. 427.
916 *Waldhoff* (N 155), S. 354.
917 *Korioth* (N 83), S. 61.
918 Dazu näher *Herbert Fischer-Menshausen*, Unbestimmte Rechtsbegriffe in der bundesstaatlichen Finanzverfassung, in: Wilhelmine Dreißig (Hg.), Probleme des Finanzausgleichs, Bd. I, 1978, S. 135 ff.
919 *Prokisch* (N 887), S. 130 ff.

II. Probleme der Interpretation des Finanzrechts des Grundgesetzes

Die Normen des Finanzrechts sind grundsätzlich mit der üblichen juristischen Methodik auszulegen und anwendbar zu machen. Sofern es sich um Normen auf Verfassungsstufe handelt, ist die staatsrechtliche Methodik heranzuziehen[920]. Die Redeweise von einer Sonderstellung darf nicht überstrapaziert werden, Sonderdogmatiken sind – soweit möglich – zu vermeiden, Bereichsspezifika auf ein Mindestmaß zu begrenzen[921].

181
Methodische Fragen

Ein Charakteristikum des Finanzverfassungsrechts ist allerdings in der häufigen Verwendung ökonomischer Begrifflichkeiten – insbesondere in Folge der Verfassungsänderungen von 1967 und 1969 – zu sehen. Im Bereich der Auslegung finanzverfassungsrechtlicher Normen bleibt der Einfluß der Finanzwissenschaften wie der allgemeinen Ökonomie dennoch begrenzt. Stefan Korioth hat darauf hingewiesen, daß wirtschaftswissenschaftliche Erkenntnisse im Rahmen der historischen und der teleologischen Auslegung Bedeutung erlangen können, „indem sie mögliche wirtschaftstheoretische Motive des Normgebers und die Folgen bestimmter Entscheidungen für die effiziente Ressourcenallokation" verdeutlichen: „Insoweit sind Rechtspolitik und Rechtsdogmatik offen für das Erkenntnisprogramm der Ökonomie, denn insoweit stellt sich auch dem Recht die Gesamtproblematik gesellschaftlicher Steuerung unter dem Gesichtspunkt der Alternative, beim Recht der alternativen Entscheidung."[922] Entscheidend sei, daß die Norminterpretation nach juristischen Regeln abläuft. „Eine Verdrängung der juristischen Normativität durch ökonomische Wertgesichtspunkte kann nicht stattfinden."[923] Sowenig eine „finanzblinde" Befassung mit dem Finanzverfassungsrecht adäquat wäre[924], sosehr gilt es, die disziplinäre Identität[925] des Verfassungsrechts zu wahren. Die Interpretation und Anwendung des Finanzverfassungsrechts des Grundgesetzes erfordert daher die spezifische Verrechtlichung der wirtschaftswissenschaftlichen Begriffe[926], deren Durchleitung durch die „Filter normativer Konkretisierungsraster"[927] im Sinne einer „von den eigenen Kriterien der Rechtswissenschaft gesteuerten selektiven Rezeption"[928] sie geradezu in

182
Ökonomische Begrifflichkeiten

---

920 Vgl. nur *Hesse* (N 345), Rn. 49 ff.; *Böckenförde* (N 890).
921 Vgl. auch *Korioth* (N 83), S. 59 ff., 79 ff., 86 f., u. a. in Abgrenzung zu *Gerhard Wacke*, Das Finanzwesen der Bundesrepublik, 1950, und der dort postulierten besonderen „Finanzfunktion"; siehe bereits o. Rn. 99; vgl. zur bereichsspezifischen Argumentation allgemein *Paul Kirchhof*, Bereichsspezifische Unterscheidungen, in: FS für Walter Rudolf, 2001, S. 277 ff.
922 *Korioth* (N 83), S. 260 f.
923 *Korioth* (N 83), S. 261.
924 *Isensee* (N 19), S. 411; vgl. *Höfling* (N 519), S. 5 f.
925 Vgl. allgemein: *Matthias Jestaedt*, Das mag in der Theorie richtig sein..., 2006, S. 38, 70 ff., 74 ff., im Verhältnis zu den Wirtschaftswissenschaften: *Oliver Lepsius*, Die Ökonomik als neue Referenzwissenschaft für die Staatsrechtslehre?, in: Die Verwaltung 32 (1999), S. 429 ff.; *Waldhoff* (N 535), S. 630.
926 *Waldhoff* (N 535); vgl. *Bernd Janson*, Begrenzung der Staatsverschuldung durch Art. 115 GG – Wende in der Haushaltspolitik durch das BVerfG?, in: ZRP 1983, S. 139 (144).
927 *Wolfram Höfling*, Ökonomische Theorie der Staatsverschuldung in rechtswissenschaftlicher Perspektive, in: Christoph Engel/Martin Morlok (Hg.), Öffentliches Recht als ein Gegenstand ökonomischer Forschung, 1998, S. 85.
928 *Martin Morlok*, Vom Reiz und vom Nutzen, von den Schwierigkeiten und den Gefahren der ökonomischen Theorie für das Öffentliche Recht, in: Christoph Engel/Martin Morlok (Hg.), Öffentliches Recht als ein Gegenstand ökonomischer Forschung, 1998, S. 1 (25).

einen „verfassungsrechtspezifischen Aggregatzustand" zu transformieren hat[929]. Die zwingende Notwendigkeit eines solchen Vorgehens erhellt sich schon aus der Tatsache, daß Finanzwissenschaft und Finanzverfassungsrecht einen lediglich teilidentischen Erkenntnisgegenstand behandeln: Die Ökonomie behandelt anders als das Verfassungsrecht nicht vorrangig die Finanzbeziehungen in einer konkreten verfassungsrechtlichen Ordnung, sondern stellt in erster Linie modellhafte Überlegungen „effizient" ausgestalteter (fiktiver) Ordnungen an[930]. Die Finanzwissenschaft nimmt insoweit die klassischen Funktionen einer „Hilfswissenschaft" wahr, ohne daß damit ein pejorativer Unterton intendiert werden soll.

183
Quantifizierungsprobleme

Die Quantifizierung verfassungsrechtlicher Vorgaben stellt angesichts der Zahlenprägung des Finanzrechts ein ungelöstes strukturelles Problem dar: In der Justierung des bundesstaatlichen Finanzausgleichs stellt sich das Problem bei der Bestimmung des angemessenen Ausgleichs zwischen den am Ausgleich beteiligten Ebenen und Einheiten im Sinne eines „Nivellierungsverbots" bzw. „Abstandsgebots"[931]; im Staatsschuldenrecht hat sich der nichtquantifizierende Art. 115 GG als stumpfes Schwert mit ausgesprochen geringer Direktivkraft erwiesen; im Steuerverfassungsrecht ist das Konzept der Quantifizierung der Grenze der Steuerbelastung durch den sogenannten Halbteilungsgrundsatz wieder aufgegeben worden[932]. Andere Verfassungsordnungen scheuen sich nicht, auch zahlenmäßig ausgebildete Grenzen in ihr Finanzrecht auf Verfassungsebene mit regelmäßig größerer normativer Relevanz aufzunehmen[933].

---

929 *Höfling/Rixen* (N 519), Art. 115 Rn. 94.
930 Vgl. *Vogel/Waldhoff* (N 1), Rn. 19 mit Fn. 84, 21; *Korioth* (N 83), S. 253; ferner *Waldhoff* (N 740), S. 220; grundsätzlich *Lepsius* (N 925), S. 429 ff., zu den problematischen Folgen einer Verquickung empirischer und heuristischer Ansätze paradigmatisch ebd., S. 439.
931 Näher *Vogel/Waldhoff* (N 1), Rn. 79 f., 637.
932 S. o. Rn. 118 ff.
933 Für die Schweiz *Waldhoff* (N 155), S. 190 ff.

H. Bibliographie

Dieter Birk, Das Leistungsfähigkeitsprinzip als Maßstab der Steuernormen, 1983.
Axel Cordewener, Europäische Grundfreiheiten und nationales Steuerrecht, 2001.
Ulrich Häde, Finanzausgleich, 1996.
Hans-Günter Henneke, Öffentliches Finanzwesen, Finanzverfassung, ²2000.
ders./Hermann Pünder/Christian Waldhoff (Hg.), Recht der Kommunalfinanzen, 2006.
Karl M. Hettlage, Die Finanzverfassung im Rahmen der Staatsverfassung, in: VVDStRL 14 (1956), S. 2 ff.
Werner Heun, Staatshaushalt und Staatsleitung, 1989.
Johanna Hey, Finanzautonomie und Finanzverflechtung in gestuften Rechtsordnungen, in: VVDStRL 66 (2007), S. 277.
Hermann Höpker-Aschoff, Das Finanz- und Steuersystem des Bonner Grundgesetzes, in: AöR 75 (1949), S. 306 ff.
Irene Kesper, Bundesstaatliche Finanzordnung, 1998.
Ferdinand Kirchhof, Grundsätze der Finanzverfassung des vereinten Deutschlands, in: VVDStRL 52 (1993), S. 71 ff.
Paul Kirchhof, Besteuerung und Eigentum, in: VVDStRL 39 (1981), S. 213 ff.
Stefan Korioth, Der Finanzausgleich zwischen Bund und Ländern, 1997 (Lit.).
ders., Finanzen, in: Wolfgang Hoffmann-Riem/Eberhard Schmidt-Aßmann/Andreas Voßkuhle (Hg.), Grundlagen des Verwaltungsrechts, Bd. III, 2008, § 44.
Hanno Kube, Finanzgewalt in der Kompetenzordnung, 2004 (Lit.).
Moris Lehner, Einkommensteuerrecht und Sozialhilferecht, 1993.
Theodor Maunz, Die Finanzverfassung im Rahmen der Staatsverfassung, in: VVDStRL 14 (1956), S. 37 ff.
Bettina Meermagen, Beitrags- und Eigenmittelsystem, 2002.
Rainer Prokisch, Die Justiziabilität der Finanzverfassung, 1993.
Michael Rodi, Die Subventionsrechtsordnung, 2000.
Ute Sacksofsky, Umweltschutz durch nicht-steuerliche Abgaben, 2000.
Arndt Schmehl, Das Äquivalenzprinzip im Recht der Staatsfinanzierung, 2004.
Jens-Peter Schneider, Bundesstaatliche Finanzbeziehungen im Wandel, in: Der Staat 40 (2001), S. 272 ff.
Peter Selmer, Grundsätze der Finanzverfassung des vereinten Deutschlands, in: VVDStRL 52 (1993), S. 10 ff.
Klaus Tipke, Die Steuerrechtsordnung, Bd. I, ²2000; Bd. II, ²2003; Bd. III, ¹1993.
Klaus Vogel, Finanzverfassung und politisches Ermessen, 1972.
ders., Das ungeschriebene Finanzrecht des Grundgesetzes, in: GS für Wolfgang Martens, 1987, S. 265 ff.
ders., Der Verlust des Rechtsgedankens im Steuerrecht als Herausforderung an das Verfassungsrecht, in: Karl Heinrich Friauf (Hg.), Steuerrecht und Verfassungsrecht, 1989, S. 123 ff.
ders./Christian Waldhoff, Grundlagen des Finanzverfassungsrechts, 1999 (Lit.).
Gerhard Wacke, Das Finanzwesen der Bundesrepublik, 1950.
Christian Waldhoff, Verfassungsrechtliche Vorgaben für die Steuergesetzgebung im Vergleich Deutschland-Schweiz, 1997.
ders., Die Zwecksteuer, in: StuW 2002, S. 285 ff.
ders., Reformperspektiven im Finanzrecht, in: Die Verwaltung 39 (2006), S. 155 ff.
ders., Finanzautonomie und Finanzverflechtung in gestuften Rechtsordnungen, in: VVDStRL 66 (2007), S. 216.
Heinrich Weber-Grellet, Steuern im modernen Verfassungsstaat, 2001.

§ 117
Geld und Währung

Reiner Schmidt

Übersicht

	Rn.		Rn.
A. Begriff und Bedeutung von Geld und Währung	1– 6	C. Das Europäische System der Zentralbanken	28–43
I. Begriff von Geld und Währung	1– 3	I. Status und Organisation des Europäischen Systems der Zentralbanken und der Europäischen Zentralbank	28–34
II. Bedeutung von Geld und Währung	4– 6	II. Aufgaben und Befugnisse des Europäischen Systems der Zentralbanken und der Europäischen Zentralbank	35–38
B. Geld- und Währungsordnung der Bundesrepublik Deutschland	7–27		
I. Internationale und supranationale Bindungen	7–13		
1. Internationaler Währungsfonds	8– 9	III. Unabhängigkeit der Europäischen Zentralbank und der nationalen Zentralbanken	39–40
2. Europäische Währungsunion	10–13	IV. Rolle der Bundesbank im Europäischen System der Zentralbanken	41–43
II. Gesetzgebungskompetenz	14–16		
III. Geldverfassung und privates Geldrecht	17–19	D. Bibliographie	
IV. Aufgabe des Geldwertschutzes durch die Wirtschafts- und Währungspolitik	20–27		

A. Begriff und Bedeutung von Geld und Währung

I. Begriff von Geld und Währung

1
Juristischer Geldbegriff

Einer verfassungsrechtlichen Betrachtung des Geld- und Währungswesens der Bundesrepublik müssen mehrere thematische Ab- und Ausgrenzungen vorangehen: Zu den verschiedenen volkswirtschaftlichen Funktionen von Geld und Währung[1] ist hier ebensowenig eingehend Stellung zu nehmen wie auch nur zu den wichtigsten Geldtheorien[2]. Außerdem können weder die international-rechtlichen[3] noch die einfachgesetzlichen Rechtsregeln[4] im Mittelpunkt der Erörterungen stehen. Und schließlich muß die Geld- und Währungspolitik weitgehend außer Betracht bleiben. Gleichwohl ist jedoch die Mitberücksichtigung der genannten Materien bei der Behandlung des Geld- und Währungsverfassungsrechts unerläßlich, weil sonst die (Rechts-)Wirklichkeit von Geld und Währung verfehlt würde. Mag diese auch noch so sehr durch die Praxis eines internationalen Wirtschaftsverkehrs geprägt sein, so ist doch daran festzuhalten, daß Geld als rechtliche Erscheinung von der Anerkennung durch die Rechtsordnung abhängig ist[5]; dementsprechend kann der Streit, ob Geld ursprünglich eine volkswirtschaftliche Institution ist, heute als überholt gelten[6]. Nicht weiterführend ist deshalb auch die umstrittene Frage, ob zwischen einem juristischen und einem ökonomischen Geldbegriff zu unterscheiden ist[7]. Denn Begriffe sind nicht auf ihre Richtigkeit an sich kritisierbar, sondern nur im Hinblick auf ihre Exaktheit, Brauchbarkeit und Einfachheit. Wenn nach heute herrschender Meinung Geld nur diejenigen Phänomene sein können, denen vom Staat Geldcharakter verliehen wird, dann ist eine begriffliche geldrechtliche Betrachtung darauf verwiesen, festzustellen, was vom Staat zu Geld erklärt wurde. Sie muß aber darüber hinaus auch die Frage stellen, ob dieser Geldbegriff dem wirtschaftlichen Phänomen „Geld" gerecht wird, wobei es nicht um Deckungsgleichheit zwischen juristischer und ökonomischer Begriffsbildung, sondern nur um Fragen der jeweils funktionalen Richtigkeit gehen kann.

---

1 Siehe *Peter Bofinger/Julian Reischle/Andrea Schächter*, Geldpolitik: Ziele, Institutionen, Strategien und Instrumente, 1996; *Dieter Duwendag* u. a. (Hg.), Geldtheorie und Geldpolitik in Europa, [5]1999; *Egon Görgens/Karlheinz Ruckriegel/Franz Seitz*, Europäische Geldpolitik [4]2004; → Bd. II, *Vogel*, § 30 Rn. 7.
2 *Otmar Issing*, Einführung in die Geldtheorie, [14]2007.
3 Vgl. *Charles Proctor*, Mann on the Legal Aspect of Money, 2005; *Deutsche Bundesbank* (Hg.), Weltweite Organisationen und Gremien im Bereich von Währung und Wirtschaft, März 2003.
4 Vgl. statt vieler zum Privatrecht die Vorbemerkungen und Kommentierungen zu den §§ 244-248 BGB von *Karsten Schmidt*, in: Julius v. Staudinger, Kommentar zum BGB, [13]1997.
5 So schon *Paul Laband*, Das Staatsrecht des Deutschen Reiches, Bd. III, [5]1913, S. 170.
6 Für das Geld als Geschöpf der Rechtsordnung vor allem *Georg Friedrich Knapp*, Staatliche Theorie des Geldes, [4]1923, S. 3; für das Geld als volkswirtschaftliche Institution vgl. statt vieler *Karl Helfferich*, Geld und Banken, [6]1923, S. 320.
7 Geld kann je nach Blickwinkel Geschöpf des Wirtschaftslebens und (oder) der Rechtsordnung sein; jedenfalls ist der *Rechts*begriff des Geldes von der Anerkennung durch die Rechtsordnung abhängig, so deutlich *Schmidt* (N 4) Vorbem. zu § 244 A 2. Zum elektronischen Geld, bei dem es sich im wesentlichen nur um ein vorausbezahltes Zahlungssystem handelt, vgl. *Lorenz Müller*, Elektronisches Geld, 2002, und *Philipp Behrendt*, in: EuZW 2002, S. 364 ff.

Ein Geldbegriff hat an den Geldfunktionen anzuknüpfen, die sich in ihrer Vielzahl auf die drei Grundfunktionen des Geldes als allgemeines Tauschmittel (oder besser Wertübertragungsmittel), als Wertaufbewahrungsmittel und Recheneinheit zurückführen lassen. Diesen Funktionen wird der gegenständliche Geldbegriff nur teilweise gerecht. Danach ist Geld nämlich der in einer Recheneinheit ausgedrückte und in einem Geldzeichen, das von der Rechtsordnung als allgemeines Tauschmittel anerkannt und als solches ausgestaltet wird, verkörperte Wert[8]. Die Funktionen des Geldes hängen aber weniger von der Verkörperung in einem Geldzeichen (Banknoten, Münzen) ab, sondern von der Wertaufbewahrungs- und Wertübertragungsmöglichkeit, weshalb auch das Buch- oder Giralgeld, das heute wirtschaftlich wesentlich größere Bedeutung als das gegenständliche Geld erlangt hat, zum Geld zu rechnen ist[9]. Angesichts der Bedeutung des bargeldlosen Zahlungsverkehrs ist es sinnvoller, nicht mit dem engeren gegenständlichen Geldbegriff zu arbeiten. Geld ist nach dem hier gebrauchten erweiterten Begriff deshalb auch die durch Rechtsordnung abgesicherte, jederzeit in ein Geldzeichen umwandelbare Werteinheit[10]. Für eine öffentlich-rechtliche Betrachtung kann nämlich nichts anderes gelten als etwa für Geldordnungslehren, die Spar- und Termineinlagen wegen ihrer leichten Umwandelbarkeit in Sichteinlagen oder in Bargeld in den Geldbegriff mit einbeziehen, ebenso wie dies beispielsweise Milton Friedman für seine längerfristigen Untersuchungen der Relation von Wirtschaftswachstum und Geldmenge tat. Mag für die Behandlung der privaten Rechtsbeziehungen in den meisten Fällen ein gegenständlicher Geldbegriff noch ausreichend sein, so kann es dann, wenn die Staat-Bürger-Beziehung im Mittelpunkt des geldrechtlichen Interesses steht, nicht mehr auf die körperliche Erscheinungsform, sondern nur auf die Geldfunktionen[11] ankommen.

2 Geldbegriff und Geldfunktionen

Erweiterter Geldbegriff

Während der rechtliche Geldbegriff nur das wirtschaftliche Einzelphänomen des Geldes, also eine bestimmte Werteinheit meint, soweit sie vom Staat zu Geld erklärt wurde, stellt der Begriff „Währung" auf die gesamte staatliche Geldordnung (Geldverfassung)[12] ab. Daneben wird umgangssprachlich mit „Währung" auch die jeweils nationale Wert- und Recheneinheit bezeichnet.

3 Währungsbegriff

---

8 Zum gegenständlichen Geldbegriff *Schmidt* (N 4), Vorbem. zu § 244, A 16.
9 Zur Diskussion um die Gleichstellung von Giral- und Sachgeld vgl. *Schmidt* (N 4), Vorbem. zu § 244, A 28 ff.
10 Damit soll aber nicht übersehen werden, daß die Privatrechtsordnung Sachgeld und Buchgeld nicht gleichstellen kann; so zu Recht *Schmidt* (N 4), Vorbem. zu § 244, A 17.
11 Siehe *Issing* (N 2), S. 1.
12 Klar und zutreffend abgrenzend *Markus Heintzen*, in: v. Mangoldt/Klein/Starck, GG II, 2005, Art. 73 Rn. 32 ff. → Oben *Waldhoff*, § 116 Rn. 13.

II. Bedeutung von Geld und Währung

4
Geld als Freiheitsinstrument

Der Zusammenhang zwischen Geldverfassung, gesellschaftlicher und politischer Ordnung liegt auf der Hand. Geld ist eines der „großartigsten Werkzeuge der Freiheit, die der Mensch je erfunden hat"[13]. Nach Lenin muß man deshalb, um die bürgerliche Gesellschaft zu zerstören, nur ihr Geldwesen verwüsten. Es besteht auch Einigkeit darüber, daß in einer Zentralverwaltungswirtschaft Aufgaben und Bedeutung des Geldes andere als in der Verkehrswirtschaft sind. Während die Zentralverwaltungswirtschaft von der Sachseite der Wirtschaft her konstruiert wird, dient das Geld in der Marktwirtschaft dazu, die Entscheidungsfreiheit des einzelnen über den preisgesteuerten Ausgleich von Angebot und Nachfrage zu verwirklichen.

5
Geldwertstabilität

Jenseits der Erkenntnis dieses allgemeinen Zusammenhangs gibt es eine große Schwankungsbreite der Auffassungen, wie die Geldordnung beschaffen sein müsse. Allerdings impliziert die wirtschaftspolitische Prioritätensetzung Folgerungen. Eine Vorrangigkeit des Ziels der Geldwertstabilität bedingt unter anderem eine Organisation des Wirtschaftssektors, die eine Konterkarierung der Maßnahmen der Notenbank verhindert. So muß die Liquiditätsschöpfung durch die Geschäftsbanken beschränkt werden können; auch ist eine weitgehende Neutralität des staatlichen Finanzgebarens, insbesondere eine überwiegende Finanzierung der Staatsausgaben aus Steuern und Abgaben, unverzichtbar[14]. Wirtschaftliche Theoriebildung und wirtschaftspolitische Zielsetzungen stoßen dabei auf unverrückbare Grenzen der rechtlichen Gestaltung und der tatsächlichen Machtverteilung zwischen den demokratischen Institutionen und Gruppen.

6
Gefahren der Geldentwertung

Die fundamentale Bedeutung der Geldverfassung nicht nur für die Wirtschaftsordnung, sondern für das gesamte Gemeinwesen folgt aus den drei Grundfunktionen des Geldes[15]. Die Wirtschaftseinheiten müssen nämlich bereit sein, das Geld als gesetzliches Zahlungsmittel anzunehmen, Vermögen in Form von Guthaben statt in Form von Sachwerten anzulegen, und individuelle Haushalte, der Staatshaushalt und Unternehmen bedürfen eines Wertmaßstabes, um wirtschaftliche Werte sachlich und zeitlich miteinander vergleichen zu können. Geldentwertung gefährdet die Funktionsfähigkeit des Geldes in ihren drei Erscheinungsformen und führt zu sozialen Ungerechtigkeiten, weil die Bezieher von Geldeinkommen (Lohn- und Gehaltsempfänger, Rentner) gegenüber den Eigentümern von Sachvermögen benachteiligt werden.

Die staatliche Verantwortung für die Geld- und Währungsordnung reicht von der richtigen Gestaltung der Geldverfassung mit Hilfe öffentlich-rechtlicher und privatrechtlicher Normen und Institutionen bis hin zu einer den Geldwert sichernden Wirtschafts- und Währungspolitik.

---

13 *Friedrich August v. Hayek*, Der Weg zur Knechtschaft, Zürich o.J., S. 120 f.; → Bd. II, *Vogel*, § 30 Rn. 12 ff.
14 → Unten *P. Kirchhof*, § 118 Rn. 1 ff.
15 Zu den Eigenschaften des Geldes *Klaus Vogel*, Grundzüge des Finanzrechts des Grundgesetzes, in: HStR IV, ²1999 (¹1990), § 87 Rn. 2, 111 ff. → Oben *P. Kirchhof*, § 99 Rn. 99 ff.; *Waldhoff*, § 116, Rn. 9.

B. Geld- und Währungsordnung der Bundesrepublik Deutschland

I. Internationale und supranationale Bindungen

Nationale Währungspolitik ist eng verknüpft mit den Rahmenbedingungen und Wirkungen eines grenzüberschreitenden Waren-, Dienstleistungs- und Kapitalverkehrs und eines internationalen Währungssystems, das inzwischen im Vergleich zur politischen Ordnung der Vereinten Nationen einen höheren Integrationsgrad erreicht hat[16] und in dem insoweit die Bedeutung der Parlamente hinter diejenige der Nationalbanken und Regierungen[17], ja vielleicht sogar die der Geschäftsbanken[18], zurücktritt. Die rechtliche Ordnung dieser grenzüberschreitenden Beziehungen wird im wesentlichen bestimmt durch nationales Devisenrecht[19] und durch völkerrechtliche Verträge, unter denen das Abkommen über den Internationalen Währungsfonds (IWF)[20], die Rechtsregeln zur Konstituierung der europäischen Währungsordnung[21] und die Weltbankgruppe[22] herausragen. Daneben sind informelle Formen der Kooperation zu nennen, wie etwa im Rahmen der Bank für Internationalen Zahlungsausgleich (BIZ) oder etwa der zwölf Finanzminister der Eurozone, die innerhalb des formellen ECOFIN-Rats eine informelle Gruppe („Euro-Zwölf") bilden, während die formelle Beschlußfassung den Vertretern aller 27 Mitgliedstaaten überlassen bleibt. Die informellen Formen der Zusammenarbeit werden zunehmend zum Fundament internationaler Währungsbeziehungen[23].

7
Rechtliche Ordnung internationaler Währungsbeziehungen

---

16 Näheres bei *Reiner Schmidt*, Der Verfassungsstaat im Geflecht der internationalen Beziehungen, in: VVDStRL 36 (1978), S. 65 ff. (89 ff.).
17 Vgl. *Uwe Andersen*, Das internationale Währungssystem zwischen nationaler Souveränität und supranationaler Integration, 1977, S. 436 ff.
18 Diese sind zunehmend zur Zahlungsbilanzfinanzierung übergegangen, die bis vor 30 Jahren ausschließlich von internationalen Währungsinstitutionen wahrgenommen worden ist.
19 Dieses ist Teil des allgemeinen Außenwirtschaftsrechts, vgl. *Brun-Otto Bryde*, in: Norbert Achterberg/Günther Püttner/Thomas Würtenberger (Hg.), Besonderes Verwaltungsrecht, Bd. I, ²2000, S. 307 ff.; vgl. auch *Schmidt* (N 4), Vorbem. zu §§ 244 ff. E 1.
20 Abkommen über den internationalen Währungsfonds vom 22. 7. 1944, BGBl 1952 II, S. 638; Neufassung von 1976, BGBl 1978 II, S. 15; 3. Änderung des Abkommens von 1990, BGBl 1991 II, S. 815; zur Bedeutung und zu den Zielen des IWF vgl. *Matthias Herdegen*, Internationales Wirtschaftsrecht, ⁵2005, § 24 Rn. 1 ff.
21 Hierzu *Manfred Dauses*, I. Wirtschafts- und Währungsunion, Rn. 40 ff., in: ders. (Hg.), Handbuch des EU-Wirtschaftsrechts, Bd. I, Stand Mai 2004.
22 Zu dieser gehören die Internationale Bank für Wiederaufbau und Entwicklung (IBRD), die Internationale Entwicklungsorganisation (IDA), die Internationale Finanz-Cooperation (IFC) und die Multilaterale Investitions-Garantie Agentur (MIGA), vgl. *Deutsche Bundesbank* (N 3), S. 78 ff.
23 So schon *Wolfgang Stützel*, Über unsere Währungsverfassung, Walter Eucken-Institut, Vorträge und Aufsätze, Heft 56, 1975.

Achter Teil: III. Finanzwesen

1. Internationaler Währungsfonds

8
Flexible Wechselkurse statt Goldkonvertibilität

Der Internationale Währungsfonds[24], der auf die 1944 abgeschlossene Charta von Bretton Woods zurückgeht, bildet mit seinen über 180 Mitgliedern[25] die Grundlage des internationalen Währungssystems. Er hat seit der Aufhebung der Goldkonvertibilität des U.S. Dollars im Jahr 1971 und seit dem Übergang von festen zu flexiblen Wechselkursen im März 1973[26] nichts an Bedeutung eingebüßt.

9
Aufgaben

Den wesentlichen Aufgaben des Internationalen Währungsfonds (ausgewogenes Wachstum des Welthandels, Förderung der Stabilität der Währungen, Beseitigung von Devisenverkehrsbeschränkungen und Abbau von Zahlungsbilanzungleichgewichten[27]) dient ein vielfältiges Instrumentarium zur Liquiditäts- und Kreditversorgung der Weltwirtschaft. Besondere Bedeutung kommt dabei den Sonderziehungsrechten zu; diese sind Zahlungsmittel und Wertmesser[28]. Wegen der Flexibilität der internationalen Finanzmärkte und der Ausweitung des internationalen Kapitalverkehrs wurde die dem Internationalen Währungsfonds ursprünglich zugedachte Rolle bei der Liquiditätsversorgung überflüssig. Auch sind die Sonderziehungsrechte, wie dies ursprünglich vorgesehen war, nicht zum Hauptreservemedium geworden.

Die Zunahme der internationalen Kapitalströme und der Nutzen der Liberalisierung des Kapitalverkehrs bedingen allerdings andererseits eine effizientere Aufsicht über die internationalen Finanzmärkte.

2. Europäische Währungsunion

10

Fester EG-Wechselkurs – Währungseinheit Euro

Nicht weniger intensiv als durch den Internationalen Währungsfonds wird die Währungspolitik der Bundesrepublik durch die Europäische Währungsunion[29] eingebunden, die entsprechend dem Delors-Plan durch den Maastrichter Unionsvertrag in drei Stufen verwirklicht wurde. Mit der dritten Stufe wurde zum 1. Januar 1999 der Euro eingeführt, mit dem Umrechnungskurse unwiderruflich festgelegt wurden und die ECU (Euro) als eigenständige und einheitliche Währung für elf der fünfzehn Mitgliedstaaten konstituiert worden ist[30].

11
Vergemeinschaftung der Geld- und Währungspolitik

Die Geld- und Währungspolitik, bisher nur „Angelegenheit von gemeinsamen Interesse", wurde damit für die Mitgliedstaaten, die an der einheitlichen Währung teilnehmen, voll vergemeinschaftet (Art. 117 EGV). Kompetenzrechtlich wurde die Geld- und Währungspolitik von den nationalen Zentral-

---

24 Zu Geschichte, Mitgliedschaft, Organisation und Aufgaben des IWF vgl. *Deutsche Bundesbank* (N 3), S. 14 ff.
25 Dem Fonds gehören nunmehr fast alle Staaten der Welt an. Keine Mitglieder sind Kuba, Nord-Korea und Taiwan.
26 Die EG-Länder gingen zu diesem Zeitpunkt zum gemeinsamen „Floating" über.
27 Näheres in Art. 1 des Abkommens über den Internationalen Währungsfonds (N 20).
28 Näheres bei *Herdegen* (N 20), § 24 Rn. 5.
29 Hierzu *Ulrich Häde*, in: Christian Callies/Matthias Ruffest (Hg.), EUV/EGV-Kommentar, ³2007, Art. 4 EGV Rn. 12 ff.
30 VO (EG) 2866/98 des Rates vom 31.12.1998, ABl EG 1998, L 359 S. 1 f.

banken auf das Europäische System der Zentralbanken und die Europäische Zentralbank übertragen. Damit ist ein einheitlicher Währungsraum geschaffen, dessen Stabilitätssicherung durch die Ausstattung der Europäischen Zentralbank mit völliger Unabhängigkeit, mit deren Ausrichtung auf die Preisstabilität als vorrangigem Ziel der Währungspolitik, mit der Schaffung von Konvergenzkriterien für den Beitritt zur Währungsgemeinschaft und durch einen nachhaltigen Zwang zur Haushaltsdisziplin gewährleistet werden sollte.

Für den Eintritt in die Währungsunion sind vier Kriterien vorgesehen:

– Die Erreichung eines hohen Grades an Preisstabilität, die in einer Inflationsrate ausgedrückt wird, die derjenigen der drei Mitgliedstaaten mit der höchsten Preisstabilität nahekommt.
– Eine auf Dauer tragbare Finanzlage der öffentlichen Hand, die aus einer öffentlichen Haushaltslage ohne übermäßiges Defizit (Haushaltsdisziplin) ersichtlich wird, wobei die jährliche Neuverschuldung 3 % und die gesamte Staatsverschuldung 60 % des Bruttoinlandsprodukts nicht übersteigen darf.
– Die Einhaltung der normalen Bandbreiten des Wechselkursmechanismus des Europäischen Währungssystems.
– Die Dauerhaftigkeit der von einem Mitgliedstaat erreichten Konvergenz, für die vor allem das Niveau der langfristigen Zinssätze als Bemessungsgrundlage dient[31].

12
Konvergenzkriterien

Das in Art. 104 EGV geregelte Verfahren zur Vermeidung übermäßiger Defizite und zur Einhaltung der Haushaltsdisziplin wird durch das sogenannte Defizit-Protokoll[32] ergänzt. Insbesondere auf Betreiben der Deutschen Bundesregierung wurde ein sogenannter „Stabilitätspakt" verwirklicht, der das Verfahren des Art. 109 EGV effektuieren sollte. Vor allem wollte man die Einhaltung der 3 %-Obergrenze für das Haushaltsdefizit über die dritte Stufe der Währungsunion hinaus sicherstellen. Die Verwirklichung des Anliegens erfolgte dann aber nicht durch Vertrag, sondern durch drei Rechtsakte, nämlich die Entschließung des Europäischen Rates über den Stabilitäts- und Wachstumspakt[33], die Verordnung vom Juli 1997 über den Ausbau der haushaltspolitischen Überwachung und Koordinierung der Wirtschaftspolitiken[34] und durch eine weitere Verordnung vom Juli 1997 über die Beschleunigung und Klärung des Verfahrens bei einem übermäßigen Defizit[35]. Die ursprüngliche Sorge der Bundesregierung, die primärrechtlichen Instrumente der Art. 99 EGV und 104 EGV seien zu schwach, um die für das Funktionieren der Währungsunion unverzichtbare Haushaltsdisziplin sicherzustellen, war sicherlich nicht unberechtigt. Zwischenzeitlich hat aber die Bundesregierung

13
Stabilitätspakt

---

31 Vgl. zu den Konvergenzkriterien Art. 121 Abs. 1 EGV i. V. m. dem Protokoll (Nr. 21) über die Konvergenzkriterien nach Art. 121 des Vertrags zur Gründung der Europäischen Gemeinschaft.
32 Schlußakte des Vertrags über die Europäische Union, II Nr. 5 v. 29. 7. 1992 ABl EG C 191, 29. 7. 1992, S. 84f. Nach der Zählung des Amsterdamer Vertrags handelt es sich um das Protokoll Nr. 20. Vgl. auch VO (EG) Nr. 3605/93 des Rates vom 22. 11. 1993, ABl 1993 L 332 S. 7ff.
33 17. 6. 1997 EG C 236 S. 1f.
34 VO (EG) 1466/97 des Rates v. 7. 7. 1997 ABl EG 1997 L 209 S. 1.
35 VO (EG) 1467/97 des Rates v. 7. 7. 1997 ABl 1997 L 209 S. 6ff.

selbst – gegen jede volkswirtschaftliche Vernunft – trotz der Bedenken maßgeblicher Volkswirte und trotz der vom Bundesverfassungsgericht im „Maastricht-Urteil"[36] genannten Voraussetzungen für die Übertragung deutscher Hoheitsrechte den Stabilitätspakt und das Defizitverfahren deutlich entwertet hat.

So wurde auf Drängen vor allem auch der Bundesregierung der Stabilitäts- und Wachstumspakt durch die Reform im Jahr 2005[37] entscheidend geschwächt. Die bis dato einheitliche Vorgabe eines mittelfristigen Haushaltsziels im „präventiven" Teil des Paktes wurde länderspezifisch modifiziert. Überdies können Stukturreformen berücksichtigt werden. Bei der Feststellung eines „übermäßigen Defizits" kann gegenwärtig auf eine Vielzahl möglicher Ausnahmetatbestände und Rechtfertigungsgründe als „einschlägige Faktoren" zurückgegriffen werden. Daneben wurden die Fristen für die Defizitkorrektur bzw. im Defizitverfahren verlängert und „Verfahrensschleifen" eingeführt, die eine unbegrenzte Wiederholung einzelner Verfahrensstufen ermöglichen. Die Schwächen des ursprünglichen Paktes blieben. Insgesamt wurde das nunmehr verkomplizierte Regelungswerk in seiner Durchsetzungskraft geschwächt; das Verfahren wurde schon auf Grund der erweiterten Auslegungs- und Ermessensspielräume intransparenter. Es bleibt abzuwarten, ob die Politik mit der durch den gemilderten Anspassungsdruck gestiegenen Verantwortung umzugehen vermag.

II. Gesetzgebungskompetenz

14
Zuständigkeit des Bundes

Auf dem Gebiet der Geld- und Währungsordnung stehen dem Bund nach dem Grundgesetz weitreichende Gesetzgebungskompetenzen zu. Nach Art. 73 Abs. 1 Nr. 4 GG hat er die ausschließliche Gesetzgebungsbefugnis in bezug auf das Währungs-, Geld- und Münzwesen, sowie nach Art. 73 Abs. 1 Nr. 5 GG in bezug auf den Waren- und Zahlungsverkehr. Ergänzt werden diese Befugnisse durch Art. 88 GG, wonach der Bund eine Währungs- und Notenbank als Bundesbank errichtet. Die sprachliche Fassung des Art. 73 Abs. 1 Nr. 4 GG ist mißglückt, weil im Begriff des Währungswesens der des Geldwesens enthalten ist, das seinerseits wiederum das Münzwesen umfaßt[38]. Der Begriff des Währungswesens beinhaltet einmal Fragen der Währungsord-

---

36 BVerfGE 98, 155 ff. (siehe insbes. S. 203 f., wo die institutionellen Vorkehrungen für die Sicherung des Stabilitätsziels betont werden und für den Fall eines Scheiterns als ultima ratio die „Lösung aus der Gemeinschaft" für möglich gehalten wird).
37 Der Europäische Rat billigte im März 2005 den Bericht des ECOFIN-Rates zur „Verbesserung der Umsetzung des Stabilitäts- und Wachstumspaktes". Die Umsetzung erfolgte durch VO (EG) Nr. 1055/2005 des Rates v. 27. 6. 2005 zur Änderung der VO (EG) Nr. 1466/97, ABl. EG 2005 L 174, S. 1, und VO (EG) Nr. 1056/2005 des Rates v. 27. 6. 2005 zur Änderung der VO (EG) Nr. 1467/97, ABl EG 2005 L174, S. 5. Siehe hierzu *Häde* (N 29), Art. 104 EGV Rn. 120, 124 ff. Sehr kritisch zur Reform vor allem *Franc-Christoph Zeitler*, Was bleibt vom Stabilitäts- und Wachstumspakt?, in: FS für Reiner Schmidt, 2006 S. 223 ff.; *Deutsche Bundesbank* (Hg.), Monatsbericht April 2005, Die Änderungen am Stabilitäts- und Wachstumspakt, S. 15 ff.
38 *Markus Heintzen*, in: v. Mangoldt/Klein/Starck, GG II 2005, Art. 73 Rn. 32; *Rupert Stettner*, in: Dreier, GG II, 2006, Art. 73 Rn. 19.

nung (Bestimmung des Geldes als gesetzliches Zahlungsmittel, Entscheidung über das Verhältnis von Papier- und Münzgeld und vor allem über das Volumen des Giralgeldes), zum anderen aber auch „die tragenden Grundsätze der Währungspolitik"[39]. Die Währungspolitik ist von der allgemeinen Wirtschaftspolitik nicht nach den anzustrebenden Zielen, die oftmals zumindest weitgehend identisch sind, sondern nach der Art der eingesetzten Mittel zu unterscheiden. Sie betrifft den Einsatz von Instrumenten, die primär der Beeinflussung der Währung dienen, und umfaßt im wesentlichen die Geldpolitik und die Währungsaußenpolitik[40].

Die fortschreitende Integration im Rahmen der Europäischen Gemeinschaft läßt die genannten Grundgesetzbestimmungen zwar unberührt, weil sie nur das Verhältnis von Bund und Ländern betreffen, reduziert ihre Bedeutung allerdings weitgehend auf die Frage der Umsetzungskompetenz hinsichtlich europarechtlicher Vorgaben[41]. Die Währungshoheit der Mitgliedstaaten ist mit Vollendung der Europäischen Währungsunion auf Grundlage von Art. 121 Abs. 4 EGV und der Verordnung Nr. 974/98 des Rates[42] auf das Europäische System der Zentralbanken (ESZB) übergegangen[43]. Ihm stehen nunmehr im wesentlichen die geldpolitischen Instrumente zur Verfügung, die vorher die Bundesbank zum Einsatz bringen konnte. Die Währungsaußenpolitik, insbesondere die Wechselkursfestsetzung, die vormals der Bundesregierung oblag, gehört zwar nicht zu den dem Europäischen System der Zentralbanken übertragenen Aufgaben. Sie ist aber nicht in der Verfügungsmacht der Nationalstaaten verblieben, sondern auf den Rat übergegangen[44]. Der Bereich des Art. 73 Abs. 1 Nr. 5 GG ist aufgrund der Regelungen der Art. 2, 3, 14, 23 ff. EGV schon seit längerem dem nationalen Zugriff in weiten Teilen entzogen. Dem Bund verbleibt aber aus Art. 23 Abs. 1 S. 2 GG und insbesondere aus Art. 88 S. 2 GG eine fortwährende Struktursicherungsverantwortung auch auf diesen Gebieten[45].

15
Aushöhlung der Bundeskompetenz durch europäische Integration

Die vom Staat durch Institutionen und Rechtsvorschriften gestaltete Geldverfassung[46] der Bundesrepublik Deutschland stellt somit nur noch eine Teilordnung dar[47]. Die maßgeblichen deutschen Verfassungsnormen und einfachgesetzlichen Regelungen bilden zusammen mit den entsprechenden währungs-

16
Europäische Geldverfassung

---

39 BVerfGE 4, 60 (73).
40 Vgl. *Otmar Issing*, Stichwort „Währung" in: Görres-Gesellschaft, Staatslexikon, Bd. V, 1989, S. 854 f., 859 f.
41 Vgl. *Philip Kunig*, in: v. Münch/Kunig, GGK III, Art. 73 Rn. 18, 22.
42 Vom 3. 5. 1998, ABl EG 1998, L 139, S. 1 ff.
43 Vgl. *Ulrich Häde*, Gesamtwirtschaftliches Gleichgewicht und europäische Haushaltsdisziplin, in: JZ 1997, S. 269 (274); *Frank Schorkopf*, Die Einführung des Euro: der europäische und deutsche Rechtsrahmen, in: NJW 2001, S. 3734 (3735).
44 Vgl. Art. 111 Abs. 1, 2 EGV.
45 Vgl. BVerfGE 89, 155 (204, 208); *Uta Biskup*, Der Euro-Beschluß des Bundesverfassungsgerichts, in: ThürVBl 1999, S. 49 (54); *Jörn Kämmerer*, Die EZB als Hüterin der Gemeinschaftswährung, in: Wolfgang März (Hg.), An den Grenzen des Rechts, 2003, S. 79 (81); *Ingolf Pernice*, in: Dreier, GG III, 2000, Art. 88 Rn. 23, 39; *Peter Tettinger*, in: Sachs, GG, ³2003, Art. 88 Rn. 14.
46 Zum Begriff der Geldverfassung siehe *Manfred Borchert*, Geld und Kredit, ⁸2003, S. 1; *Issing* (N 40), S. 854, 859; *Schmidt* (N 4), Vorbem. zu §§ 244 ff., S. 50.
47 *Schorkopf* (N 43), S. 3739.

rechtlichen Bestimmungen des EG-Primär- und Sekundärrechts Bestandteile einer europäischen Geldverfassung[48]. Die wichtigsten nationalen Vorschriften sind neben den obengenannten Verfassungsnormen das Münzgesetz[49], das Gesetz über die Deutsche Bundesbank (BBankG), das Gesetz über das Kreditwesen (KWG) und das Außenwirtschaftsgesetz (AWG). Die wichtigsten währungsrechtlichen Bestimmungen des EG-Primärrechts stellen der Titel VII des EG-Vertrages und das Protokoll über die Satzung des Europäischen Systems der Zentralbanken und der Europäischen Zentralbank dar[50]. Auf dem Gebiet des Sekundärrechts sind vor allem die drei sogenannten Euro-Verordnungen[51] und die Münz-Verordnung[52]

III. Geldverfassung und privates Geldrecht

17
Unlösbarer Zusammenhang

Privates Geldrecht und öffentlich-rechtliche Geldverfassung stehen in unlösbarem Zusammenhang. Banknoten und -münzen sind zwar zur Erfüllung von Geldschulden nach den Vorschriften des Bürgerlichen Gesetzbuches grundsätzlich geeignet[53]. Darüber, wie Geldschulden zu erfüllen sind, enthält das Bürgerliche Gesetzbuch jedoch keine Regelung[54]. Dies ergibt sich erst aus der „Euro-VO II" und dem Münzgesetz[55].

18
Sicherung des Geldwertes

Der öffentlich-rechtlichen Geldverfassung kommt die Aufgabe zu, die Voraussetzungen für ein funktionierendes Privatrecht des Geldes zu schaffen[56]. Seit der Abkehr von metallgebundenen Währungen[57] und damit der Loslösung des Geldwertes vom Stoffwert der Münzen bzw. von Goldreserven kann Geld grundsätzlich durch Einsatz der Notenpresse bzw. der Prägestöcke beliebig durch den Staat vermehrt werden. Es bedarf daher der normativen Absicherung gegen Versuche, auf diese Weise den Staatshaushalt zu finanzieren, da sonst Inflation droht[58]. Verschlechterungen des Geldwertes gefährden aber die Funktionsfähigkeit des Geldes. Insbesondere das Nennwertprinzip, das zwar im Bürgerlichen Gesetzbuch nicht explizit verankert[59], der Privatrechtsordnung aber als ungeschriebene Voraussetzung immanent ist[60], ist ohne währungsrechtliche und rechtlich gebundene währungspolitische Absicherung

---

48 *Schorkopf* (N 43), S. 3739.
49 Münzgesetz vom 18.12.1999, BGBl I, 1999, S. 2402 f.
50 ABl EG C 191 vom 29.7.1992, S. 14 ff., S. 68 ff.
51 VO (EG) 1103/97 des Rates vom 17.6.1997, ABl EG 1997, L 162, S. 1 ff., VO (EG) 974/98 des Rates vom 3.5.1998, ABl EG 1998, L 139, S. 1 ff. und VO (EG) 2866/98 des Rates vom 31.12.1998, ABl EG 1998, L 359, S. 1 f.
52 VO (EG) 975/98 des Rates vom 3.5.1998, ABl EG 1998, L 139, S. 6 ff.
53 *Christian Grüneberg*, in: Palandt, Komm. z. BGB, 66 2007 § 362 Rn. 8.
54 *Dietrich v. Stebut*, Geld als Zahlungsmittel und Rechtsbegriff, in: Jura 1982, S. 561 (562). Vgl. auch *Hugo Hahn*, Währungsrecht, 1990, S. 5.
55 BGBl I 1999, S. 2402 ff.
56 *Schmidt* (N 4), S. 52.
57 Vgl. hierzu *Issing* (N 40), S. 858.
58 Vgl. *Pernice* (N 45), Art. 88 Rn. 1.
59 *Hahn* (N 54), S. 79.
60 *Klaus Vogel/Christian Waldhoff*, in: BK, Stand November 1997, Vorbem. zu Art. 104a Rn. 308. Vgl. auch *Schmidt* (N 4), S. 162.

nicht aufrechtzuhalten[61]. Zwar wird die nominale Definition der Währungseinheiten durch Kaufkraftänderungen nicht tangiert, da die einzelnen Geldzeichen keine Garantie eines bestimmten Sachwertes in sich tragen. Ohne die Erhaltung eines Mindestmaßes an Kaufmacht kann jedoch das Geld seine Funktionen als Tauschmittel, Recheneinheit und Wertaufbewahrungsmittel nicht mehr erfüllen und läßt sich das nominalistische Prinzip insgesamt auch rechtlich nicht aufrechterhalten[62]. Die Rechtsprechung hat sich ebenfalls immer wieder deutlich zum Nennwertprinzip bekannt[63].

Der Stabilisierung der Währung und der Absicherung des Nominalprinzips soll auch das grundsätzliche Verbot der Vereinbarung von Wertsicherungsklauseln dienen. Ein solches war auf nationaler Ebene zunächst in § 3 S. 2 WährG enthalten, sollte aber nach der Ablehnung der Einführung eines solchen Verbots auf Gemeinschaftsebene ersatzlos gestrichen werden[64]. Aufgrund von Befürchtungen, daß dies als Anti-Stabilitätssignal verstanden werden könnte, wurde der Inhalt von § 3 S. 2 WährG jedoch in modifizierter Form in § 2 Preisangaben- und Preisklauselgesetz[65] sowie in die Preisklauselverordnung[66] übernommen[67]. Zu den bisher schon geltend gemachten verfassungsrechtlichen Bedenken[68] gegen das Indexierungsverbot kommen nach dem Übergang der nationalen Währungshoheit noch Zweifel an der nationalen Gesetzgebungskompetenz für eine derartige Regelung[69].

19
Probleme der Indexierung

IV. Aufgabe des Geldwertschutzes durch die Wirtschafts- und Währungspolitik

Die Stabilität des Geldwertes wird nicht nur von der Währungspolitik, sondern ebenso von der allgemeinen Wirtschafts- und Finanzpolitik beeinflußt[70]. Erstere wurde fast ganz vergemeinschaftet, in bezug auf letztere trifft dies nur in Ansätzen zu[71]. Jedenfalls aber steht den Nationalstaaten seit Beginn der Währungsunion ein wesentlicher Teil des Instrumentariums zur Einwirkung

20

---

61 *Schmidt* (N 4), S. 53.
62 *Müller* (N 7), S. 13.
63 So etwa BVerfG, in: WM 1990, S. 287 (288), wo festgestellt wird, daß es sich zwar nicht um ein Verfassungsprinzip, aber um ein tragendes Ordnungsprinzip der geltenden Währungs- und Wirtschaftsordnung handelt. Ähnlich auch schon BVerfGE 50, 57 (92).
64 *Stefan Grundmann*, in: Kurt Rebmann/Franz Säcker/Roland Rixecker, Münchener Kommentar zum Bürgerlichen Gesetzbuch, Bd. II, ⁴2001, §§ 244, 245 Rn. 73; *Jürgen Schmidt-Räntsch*, Wertsicherungsklauseln nach dem Euro-Einführungsgesetz, in: NJW 1998, S. 3166. Vgl. auch *Franz-Christoph Zeitler*, Strukturen des europäischen Währungsrechts, in: Wilfried Bottke/Thomas Möllers/Reiner Schmidt, Festgabe zum 30-jährigen Bestehen der Juristischen Fakultät Augsburg, 2003, S. 345 (364).
65 BGBl I 1998, S. 1253.
66 BGBl I 1998, S. 3043 f.
67 *Schmidt-Räntsch* (N 64), S. 3166 ff. Vgl. auch BT-Drs 13/10334, S. 40 f.; BT-Drs 14/6722, S. 19; *Zeitler* (N 64), S. 364 f.
68 Zu den diesbezüglich vorgebrachten Argumenten siehe *Hahn* (N 54), S. 110 ff.
69 *Grundmann* (N 64), §§ 244, 245 Rn. 75.
70 *Kämmerer* (N 45), 92 f.
71 *Kämmerer* (N 45), S. 93. Vgl. auch *Ulrich Häde*, Gesamtwirtschaftliches Gleichgewicht, in: JZ 1997, S. 269 (276).

§ 117 *Achter Teil: III. Finanzwesen*

auf die Geldwertstabilität nicht mehr zur Verfügung[72]. Bei der Frage nach dem Bestehen einer Verpflichtung zur Stabilitätspolitik ist daher zwischen nationaler und Gemeinschaftsebene und beiden Politikbereichen zu differenzieren. Insgesamt betrachtet kann sowohl auf nationaler als auch auf Gemeinschaftsebene von einer zumindest gewissen grundsätzlichen Verpflichtung zur Stabilitätspolitik gesprochen werden.

Rechtspflicht zur Stabilitätspolitik

21
Stabilisierungsauftrag aus Art. 109 Abs. 2 GG

Auf nationaler Ebene kann der Staatszielbestimmung des Art. 109 Abs. 2 GG[73] mit ihrer Verpflichtung auf das gesamtwirtschaftliche Gleichgewicht ein unmittelbar rechtlich bindender Auftrag an Bund und Länder, die Wahrung des Geldwertes als Ziel anzustreben, entnommen werden. Aus der Entstehungsgeschichte dieser Verfassungsnorm ergibt sich, daß der Gesetzgeber in den vier Teilzielen des einfachgesetzlichen § 1 S. 2 StabG (Stabilität des Preisniveaus, hoher Beschäftigungsstand, außenwirtschaftliches Gleichgewicht und angemessenes Wirtschaftswachstum) eine zutreffende Umschreibung des unbestimmten Verfassungsbegriffs des gesamtwirtschaftlichen Gleichgewichts sah[74]. Der Begriff des gesamtwirtschaftlichen Gleichgewichts ist zwar für Veränderungen offen, die Definition aus dem Stabilitäts- und Wachstumsgesetz trifft aber mangels abweichender gesicherter Kenntnisse nach gegenwärtigem Erkenntnisstand immer noch zu[75]. Art. 109 Abs. 2 GG bezieht sich zwar seinem Wortlaut nach nur auf die Haushaltswirtschaft. Da diese jedoch untrennbar mit der sonstigen Wirtschafts- und Finanzpolitik verbunden ist, wird diese Norm überwiegend auch auf jenen Bereich bezogen[76]. Allerdings besteht bei der Feststellung, was das gesamtwirtschaftliche Gleichgewicht jeweils erfordert, ein weiter Einschätzungs- und Gestaltungsspielraum. Die Pflicht zur Berücksichtigung bedeutet auch keine strikte Beachtungspflicht[77]: Schließlich ist die Sicherung des Preisniveaus nur eines der vier gleichwertigen Teilziele des „magischen Vierecks"[78]. Ein subjektives Recht auf Währungsstabilität läßt sich aus Art. 109 Abs. 2 GG jedenfalls nicht ableiten[79].

22
Stabilisierungsauftrag aus Art. 20 Abs. 1 GG

Auch aus dem in Art. 20 Abs. 1 GG verankerten Sozialstaatsprinzip ergibt sich eine objektiv-rechtliche Verpflichtung zur Gewährleistung der wirtschaftlichen Stabilität und der wirtschaftlichen Grundlagen der Gesellschaft[80]. Inflatorische Entwicklungen führen zu ungerechten Verteilungsergebnissen[81] und

---

72 *Häde* (N 71), S. 274.
73 *Werner Heun*, in: Dreier, GG III, 2000, Art. 109 Rn. 20; *Markus Heintzen*, in: v. Münch/Kunig, GGK III, 2003 Art. 109 Rn. 14.
74 BVerfGE 79, 311 (338 f.).
75 *Heintzen* (N 73), Art. 109 Rn. 11.
76 *Helmut Sieckmann*, in: Sachs, GG, ³2003, Art. 109 Rn. 16. Vgl. auch *Hans-Martin Hänsch*, Gesamtwirtschaftliche Stabilität als Verfassungsprinzip, 2002, S. 140 f. A. A. etwa *Heintzen* (N 73), Art. 109 Rn. 16.
77 *Christian Hillgruber*, in: Mangoldt/Klein/Starck, GG III, 2005, Art. 109 Rn. 62 ff. Vgl. auch *Heun* (N 73), Art. 109 Rn. 25.
78 *Hahn* (N 54), S. 225. Für eine besondere Betonung des Stabilitätsziels allerdings *Herbert Fischer-Menshausen*, in: v. Münch/Kunig, GGK III, ³1996, Art. 109 Rn. 10, mit dem Argument, daß Verfehlungen in diesem Bereich praktisch nicht korrigierbar seien.
79 *Hahn* (N 54), S. 224 f.
80 *Heun* (N 73), Art. 109 Rn. 20. Vgl. auch *Fischer-Menshausen* (N 78), Art. 109 Rn. 8 f.; *Hänsch* (N 76), S. 133 f.; *Tettinger* (N 45), Art. 88 Rn. 20. A. A. *Hahn* (N 54).
81 *Fischer-Menshausen* (N 78), Art. 109 Rn. 10.

gehen tendenziell eher zu Lasten der sozial Schwächeren, namentlich der Rentner und Sparer, die nicht in Sachwerte ausweichen können[82].

Schließlich wird der Eigentumsgarantie des Art. 14 Abs. 1 GG nach wohl herrschender Meinung in der Literatur zumindest eine grundsätzliche objektiv-rechtliche Verpflichtung des Staates zur Bereitstellung und Sicherung einer funktionierenden und stabilen Geldordnung entnommen[83], so daß jedenfalls Extremfälle der Geldentwertung eine Verpflichtung zu staatlichem Tätigwerden auslösen könnten. Der Versuch dagegen, Art. 14 Abs. 1 GG als subjektives Abwehrrecht gegen staatliches inflationsförderndes Verhalten zu mobilisieren, hat wenig Zustimmung gefunden[84].

23
Art. 14 GG als Geldwertgarantie

Das Bundesverfassungsgericht hat in seinem „Euro-Beschluß" die Gleichwertigkeit und freie Eintauschbarkeit von Sach- und Geldeigentum zwar als eine der Funktionsgrundlagen des Art. 14 Abs. 1 GG bezeichnet[85]. Allerdings könne das subjektive Eigentumsgrundrecht aufgrund der vielschichtigen Faktoren, durch die nicht nur seitens des Staates, sondern auch durch die Grundrechtsberechtigten auf den Geldwert eingewirkt werde, genauso wie beim Sacheigentum auch beim Geldeigentum nicht mehr als die institutionelle Grundlage und die subjektive Zuordnung gewährleisten[86]. Die Ausklammerung des Tauschwertes des Geldes aus dem Schutzbereich des Eigentumsgrundrechts ist zwar nicht unproblematisch, da dessen wirtschaftliche Funktion anders als bei Sachgütern nicht primär in der Beherrschung und dem Gebrauch der körperlichen Gegenstände, sondern gerade im Tauschwert liegt[87]. Jedoch schließt die Verpflichtung der Wirtschaftspolitik auf eine Vielzahl von konfligierenden Zielen, die sich aus dem Sozialstaatsprinzip und aus Art. 109 Abs. 2 GG ergeben, eine einseitige Festlegung auf das Ziel der Geldwertstabilität aus und eröffnet einen weiten politischen Ermessens- und Gestaltungsspielraum[88].

24
Kein subjektives Abwehrrecht aus Art. 14 Abs. 1 GG

Eine objektiv-rechtliche staatliche Verpflichtung, zur Sicherung des Geldeigentums und insoweit zur Gewährleistung des Art. 14 Abs. 1 GG beizutragen, ergibt sich nach Aussage des Bundesverfassungsgerichts auch aus dem Auftrag, die Europäische Währungsunion als Stabilitätsgemeinschaft auszugestalten und so der Struktursicherungsklausel des Art. 88 S. 2 GG zu genügen[89]. Dem korrespondiere aber ebenfalls kein subjektiv-rechtlicher Anspruch auf

---

82 Vgl. BVerfGE 97, 350 (371); *Hänsch* (N 76), S. 121 f., 172; *Hahn* (N 54), S. 226.
83 Vgl. *Otto Depenheuer*, in: v. Mangoldt/Klein/Starck, GG I, 2005, Art. 14 Rn. 24; *Christian Waldhoff*, Verfassungsrechtliche Funktion und Schutz des Geldes unter dem Grundgesetz, in: Gerhard Linglbach (Hg.), Staatsfinanzen – Staatsbankrotte in der europäischen Staaten- und Rechtsgeschichte, 2000, S. 335 (352).
84 *Rudolf Wendt*, in: Sachs, GG, ³2003, Art. 14 Rn. 40.
85 BVerfGE 97, 350 (371).
86 BVerfGE 97, 350 (371).
87 *Hänsch* (N 76), S. 123 f. Vgl. auch *Brun-Otto Bryde*, in: v. Münch/Kunig, GGK I, ⁵2000, Art. 14 Rn. 24. Vgl. auch *Depenheuer* (N 83), Art. 14 Rn. 162.
88 Vgl. *Bryde* (N 87), Art. 14 Rn. 24; *Depenheuer* (N 83), Art. 14 Rn. 157.
89 BVerfGE 97, 350 (376). Vgl. hierzu auch *Tettinger* (N 45), Art. 88 Rn. 20.

§ 117 *Achter Teil: III. Finanzwesen*

bestimmte staatliche Maßnahmen im Rahmen der Ausgestaltung und Mitwirkung an der Währungsunion[90].

25
Europarechtliche Verpflichtung zur Stabilitätspolitik

Auf Gemeinschaftsebene ergibt sich aus Art. 2 EUV, Art. 2, 3, 4 EGV mit ihrer Verpflichtung unter anderem auf beständiges, nicht inflationäres Wachstum, hohe Beschäftigung und stabile Preise für die Gemeinschaft und die Mitgliedstaaten ein Grundsatz- und Zielbündel, das dem des gesamtwirtschaftlichen Gleichgewichts in Art. 109 Abs. 2 GG nicht unähnlich ist[91].

26
Preisstabilität durch das ESZB

Für das Europäische System der Zentralbanken (ESZB), dem gemäß Art. 105 Abs. 2 EGV die Aufgabe übertragen ist, die Geldpolitik der Gemeinschaft festzulegen und auszuführen, besteht allerdings eine strikte vorrangige Verpflichtung zur Gewährleistung der Preisstabilität aus Art. 105 Abs. 1 S. 1 EGV. Zur Unterstützung der allgemeinen Wirtschaftspolitik in der Gemeinschaft ist es nur verpflichtet, soweit dies ohne Beeinträchtigung des Ziels der Preisstabilität möglich ist.

27
Wenige europarechtliche Vorgaben für Wirtschafts- und Fiskalpolitik

Für die allgemeine Wirtschafts- und Fiskalpolitik, die in der Kompetenz der Mitgliedstaaten verblieben ist, finden sich dagegen mit den Art. 98 ff. EGV, die maßgeblich aufgrund deutscher Initiative in den Vertrag aufgenommen wurden, nur wenige gemeinschaftsrechtliche Vorgaben[92]. Die Koordinierung der Wirtschaftspolitiken (Art. 103 EGV), das Verbot von Zentralbankkrediten an öffentliche Einrichtungen (Art. 101 EGV) und des bevorrechtigten Zugangs zu den Finanzinstituten (Art. 102 EGV), der Haftungsausschluß für Verbindlichkeiten (Art. 103 EGV) sowie insbesondere die Pflicht zur Vermeidung übermäßiger öffentlicher Defizite (Art. 104 EGV) sollen vorrangig der Unterstützung einer stabilitätsorientierten Geld- und Währungspolitik dienen[93] und eine negative Inflationsentwicklung, verursacht durch eine expansive Fiskalpolitik der Mitgliedstaaten, vermeiden[94]. Wie oben bereits gesagt, wurde auf Drängen der Bundesrepublik[95] zur Ergänzung des lediglich repressiven Systems des Art. 104 EGV zur Überwachung der Haushaltslage der „Stabilitäts- und Wachstumspakt" geschlossen[96]. Durch ihn sollte dem Verfahren nach Art. 104 EGV ein präventives Frühwarnsystem vorgeschaltet sowie das Verfahren nach Art. 104 EGV konkretisiert und beschleunigt werden[97]. Problematisch am Stabilitäts- und Wachstumspakt ist jedoch, daß jede Entschließung gegen einen Mitgliedstaat einen qualifizierten Ratsbeschluß

---

90 BVerfGE 97, 350 (376).
91 So auch *Dian Schefold*, Zwischen Preisstabilität und gesamtwirtschaftlichem Gleichgewicht, in: FS für Ekkehart Stein, 2002, S. 201 (209); *Christian Konow*, Der Stabilitäts- und Wachstumspakt, 2002, S. 17. Ähnlich auch Art. I-3 Abs. 1, Art. III-2a und Art. III-69 der Europäischen Verfassung, auf die sich die Staats- und Regierungschefs am 17./18. 6. 2004 in Brüssel geeinigt hatten. Zur Kritik am Verfassungsentwurf aus der Sicht der Stabilitätsordnung siehe aber *Görgens* u. a. (N 1) S. 85 ff.
92 *Häde* (N 43), S. 275.
93 *Häde* (N 43), S. 275.
94 *Hänsch* (N 76), S. 57.
95 *Hänsch* (N 76), S. 283; *Konow* (N 91), S. 36 ff.; *Jan Priewe*, Fiskalpolitik in der Europäischen Währungsunion – im Dilemma zwischen Konsolidierung und Stabilisierung, in: WSI Mitteilungen 2002, S. 273.
96 *Ulrich Palm*, Der Bruch des Stabilitäts- und Wachstumspakts, in: EuZW 2004, S. 71; *Priewe* (N 95), S. 273; *Zeitler* (N 37), S. 223 ff.; → unten *Pünder*, § 123 Rn. 104 ff.
97 *Hänsch* (N 76), S. 282 f.; *Palm* (N 96), S. 71; *Zeitler* (N 64), S. 361 f.

voraussetzt. Die Bedenken an der Effektivität eines Systems, in dem mögliche Verstöße nicht von einem unabhängigen Gremium, sondern von einem, das „aus aktuellen und potentiellen Sündern besteht"[98], geprüft und festgestellt werden, haben sich inzwischen bereits als nicht unbegründet erwiesen[99].

C. Das Europäische System der Zentralbanken

I. Status und Organisation des Europäischen Systems der Zentralbanken und der Europäischen Zentralbank

Mit der Europäischen Währungsunion, die durch Einführung des Eurobargeldes am 1. Januar 2002 vollendet wurde, wurde einer der bislang größten Erfolge im Rahmen der fortschreitenden wirtschaftlichen Integration der Europäischen Union errungen. Auf Grundlage der ausdrücklichen Ermächtigung des im Zuge der verfassungsrechtlichen Absicherung des Vertrages von Maastricht eingefügten Art. 88 S. 2 GG[100] wurde die Währungshoheit der Bundesrepublik Deutschland auf das Europäische System der Zentralbanken (ESZB)[101] übertragen[102]. Die zuvor kontrovers diskutierte Frage[103], ob bereits Art. 24 GG a. F. eine Teilnahme an der Europäischen Währungsunion ermöglicht hätte, kann daher dahinstehen.	**28** Europäische Währungsunion
Auf der Ebene des Gemeinschaftsrechts ist das Europäische System der Zentralbanken durch die Art. 8, 105 ff. EGV sowie durch die Satzung der Europäischen Zentralbank[104], die dem Vertrag als Protokoll beigefügt ist[105], primärrechtlich verankert[106].	**29** Rechtsgrundlage des ESZB
Das Europäische System der Zentralbanken besteht aus der Europäischen Zentralbank (EZB) und den nationalen Zentralbanken aller Mitgliedstaa-	**30**

---

98 So *Egon Görgens*, Europäische Geldpolitik: Gefährdungspotentiale – Handlungsmöglichkeiten – Glaubwürdigkeit, in: ORDO 53 (2002), S. 31 (40). Im Verfassungsentwurf (s. o. N 91) ist zumindest vorgesehen, daß bei der Feststellung des Bestehens eines übermäßigen Defizits die Stimme des betroffenen Mitglieds nicht berücksichtigt wird (Art. III-76, Abs. 6).
99 Dies zeigte sich in den Defizitverfahren gegen Deutschland und Frankreich, die der Rat der Europäischen Union in seiner Sitzung vom 25. 11. 2003. Der durch die Kommission angerufene EuGH (Rs. C-27/04, Slg. 2004 S. I-6649) stellte hierzu in seiner Entscheidung vom 13. 7. 2004 fest, daß der Rat durch die in seinen „Schlussfolgerungen" enthaltene Aussetzungsentscheidung und die Abänderung der zuvor angenommenen Empfehlungen gegen Art. 104 EGV verstoßen habe.
100 Gesetz zur Änderung des Grundgesetzes vom 21. 12. 1992, BGBl I 1992, S. 2087.
101 Trotz der Formulierung „Europäische Zentralbank" in Art. 88 S. 2 GG ist das gesamte Zentralbanksystem der Gemeinschaft i. S. v. Art. 8 EGV gemeint (siehe *Hermann-Josef Blanke*, in: v. Mangoldt/Klein, Storck GG III, [5]2005, Art. 88 Rn. 52; *Kämmerer* [N 45], S. 79).
102 Siehe Art. 121 Abs. 4, 123 Abs. 1 S. 3, 105 ff. EGV.
103 *Tettinger* (N 45), Art. 88 Rn. 8.
104 ABl EG C 191 vom 27. 7. 1992, S. 68 ff.
105 Art. 107 Abs. 4 EGV.
106 Die die WWU betreffenden Vertragsbestimmungen sollen auch in der Europäischen Verfassung, auf die sich die Staats- und Regierungschefs am 17./18. 6. 2004 in Brüssel geeinigt haben, im wesentlichen unverändert bleiben (vgl. EZB Monatsbericht 2004, S. 55, 61, 66, 69).

§ 117 *Achter Teil: III. Finanzwesen*

ten[107], also auch derjenigen, die den Euro noch nicht eingeführt haben[108]. Die Vertragsstaaten haben sich nicht in Anlehnung an die vormalige Struktur der Deutschen Bundesbank mit ihren Landeszentralbanken für eine zentralistisch aufgebaute Zentralbank mit bloßen Hauptverwaltungen in den einzelnen Mitgliedstaaten entschieden, sondern für ein System aus eigenständigen Zentralbanken[109]. Sowohl das Europäische System der Zentralbanken als auch die Europäische Zentralbank genießen Unabhängigkeit gegenüber den Regierungen der Mitgliedstaaten und gegenüber den Organen und Einrichtungen der Gemeinschaft[110]. Diejenigen Mitgliedstaaten, die den Euro bereits eingeführt haben, werden zusammen mit der Europäischen Zentralbank aufgrund einer vom EZB-Rat eingeführten Begrifflichkeit als „Eurosystem" bezeichnet[111]. Nur die Europäische Zentralbank, nicht jedoch das Europäische System der Zentralbanken als Ganzes, besitzt eine eigene Rechtspersönlichkeit[112]. Die Europäische Zentralbank verfügt ferner über eine eigene Rechtssetzungsbefugnis[113]. In der zukünftigen Europäischen Verfassung ist ihr die Stellung eines Organs der Union eingeräumt[114]. Sie ist mit eigenem Grundkapital ausgestattet, das den einzelnen Zentralbanken zusteht[115]. Diese können nach nationalem Recht ebenfalls eine eigene Rechtspersönlichkeit haben. So ist etwa die Bundesbank gemäß § 2 S. 1 BBankG eine bundesunmittelbare juristische Person des öffentlichen Rechts, die mangels Mitglieder als Anstalt zu qualifizieren ist[116].

31
Leitung des ESZB

Das Europäische System der Zentralbanken und das Eurosystem besitzen keine eigenen Beschlußorgane. Ihre Leitung obliegt den Organen der Europäischen Zentralbank, nämlich dem EZB-Rat und dem Direktorium[117]. Neben sie tritt, sofern und solange noch nicht alle Mitgliedstaaten an der Währungsunion teilnehmen, als Beratungs- und Koordinierungsgremium[118] der Erweiterte Rat[119]. In ihm sind neben dem Präsidenten und dem Vizepräsidenten der Europäischen Zentralbank die Präsidenten aller nationalen Zentralbanken vertreten[120].

---

107 Art. 107 Abs. 1 EGV, Art. 1.1 ESZB-Satzung.
108 EZB Jahresbericht 2001, S. 186.
109 *Christian Seiler*, Das Europäische System der Zentralbanken (ESZB) als Verantwortungsverbund, Systemgebundene Aufgabenerfüllung durch eigenständige Kompetenzträger, in: EuR 2004, S. 52 (52 ff.).
110 Art. 108 EGV, Art. 107 ESZB-Satzung.
111 EZB Jahresbericht 2001, S. 186.
112 Art. 107 Abs. 2 EGV, Art. 9.1 ESZB-Satzung.
113 Art. 110 EGV, Art. 34 ESZB-Satzung.
114 Allerdings kommt ihr mit ihrer Unabhängigkeit, ihrer eigenen Rechtspersönlichkeit und eigenen Rechtssetzungsbefugnis gegenüber den anderen Organen weiterhin eine Sonderstellung zu (EZB Monatsbericht August 2004, S. 65 f.).
115 Art. 28.2 ESZB-Satzung.
116 So die h. M., siehe etwa *Blanke* (N 101), Rn. 17; *Jörn Kämmerer*, in: v. Münch/Kunig, GGK III, ⁵2003, Art. 88 Rn. 4.
117 Art. 107 Abs. 3 EGV; EZB Jahresbericht 2001, S. 186.
118 Art. 47 ESZB-Satzung.
119 Art. 123 Abs. 3 EGV, Art. 45, 47, 53 ESZB-Satzung.
120 Art. 45.2 ESZB-Satzung.

Oberstes währungspolitisches Gremium ist der Europäische Zentralbank-Rat. Er erläßt die notwendigen Leitlinien und Entscheidungen zur Erfüllung der dem Europäischen System der Zentralbanken übertragenen Aufgaben und legt die Geldpolitik der Gemeinschaft fest[121]. Der EZB-Rat setzt sich aus den Mitgliedern des Direktoriums und den Präsidenten der an der Währungsunion teilnehmenden nationalen Notenbanken zusammen[122]. Sobald aufgrund der Erweiterung des Euro-Währungsgebietes die Zahl der Zentralbankpräsidenten im EZB-Rat die 15 übersteigt, soll ein Rotationssystem eingeführt werden, wonach die Zentralbankpräsidenten abhängig von der Größe der jeweilgen Volkswirtschaft eines Mitgliedstaates unterschiedlich häufig stimmberechtigt sind[123].

32
EZB-Rat

Das Direktorium, das zentrale Exekutivorgan der Europäischen Zentralbank, ist für die laufenden Geschäfte zuständig[124]. Es führt die Geldpolitik entsprechend der Leitlinien und Entscheidungen des EZB-Rates aus, gegenüber den nationalen Zentralbanken ist es weisungsbefugt[125]. Da das Direktorium die Sitzungen des EZB-Rates vorbereitet[126], in diesem Gremium über ein erhebliches Stimmgewicht verfügt und außerdem die Sitzungshäufigkeit des EZB-Rates nicht sehr hoch ist[127], ist sein Einfluß auf die Geldpolitik nicht zu unterschätzen[128]. Das Direktorium besteht aus dem Präsidenten und dem Vizepräsidenten der Europäischen Zentralbank und vier weiteren Mitgliedern[129]. Sie werden von den Regierungen der an der Währungsunion teilnehmenden Mitgliedstaaten für eine Amtszeit von acht Jahren ernannt, eine Wiederernennung ist nicht zulässig[130].

33
Direktorium

Die nationalen Zentralbanken sind im wesentlichen für die Durchführung und Abwicklung aller Geschäfte im Aufgabenbereich des Europäischen Systems der Zentralbanken zuständig[131]. Sie unterliegen den Weisungen und Leitlinien der Europäischen Zentralbank[132].

34
Nationale Zentralbanken

---

121 Art. 12.1 ESZB-Satzung.
122 Art. 112 Abs. 1 EGV, Art. 10 Abs. 1 ESZB-Satzung.
123 Beschl. des Rates vom 21.3.2003, ABl EG 2003, L 83, S. 66 ff.
124 Art. 11.6 ESZB-Satzung.
125 Art. 12.1 Abs. 2 ESZB-Satzung.
126 Art. 12.2 ESZB-Satzung.
127 Vgl. Art. 10.5 ESZB-Satzung.
128 Vgl. *Werner Heun*, Die Europäische Zentralbank in der Europäischen Währungsunion, in: JZ 1998, S. 866 (867).
129 Art. 112 Abs. 2a EGV, Art. 11.1 ESZB-Satzung.
130 Art. 112 Abs. 2b EGV, Art. 11.2 ESZB-Satzung.
131 Vgl. Art. 9.2, 12.1 Abs. 3 ESZB-Satzung.
132 Art. 14.3 ESZB-Satzung.

II. Aufgaben und Befugnisse des Europäischen Systems der Zentralbanken und der Europäischen Zentralbank

35
ESZB als Hüter der gemeinschaftlichen Währung

Das Europäische System der Zentralbanken ist vor allem Hüter der gemeinschaftlichen Währung der Mitgliedstaaten. Ebenso wie gemäß § 12 BBank a. F.[133] vormals die Deutsche Bundesbank, ist es vorrangig verpflichtet, Preisstabilität zu gewährleisten[134]. Nur soweit dieses Primärziel nicht gefährdet wird, hat es auch die allgemeine Wirtschaftspolitik der Gemeinschaft zur Erreichung der in Art. 2 EGV genannten Ziele zu fördern[135]. Allerdings verbleibt dem Europäischen System der Zentralbanken aufgrund der Offenheit des Begriffs der Preisstabilität und des Fehlens genauer Vorschriften zu seiner Umsetzung durchaus ein nicht unerheblicher Ermessensspielraum[136]. Fraglich erscheint, ob und inwieweit es die Aufgabe der Währungssicherung erfüllen kann, solange die Wirtschaftspolitik im Gegensatz zur Währungspolitik nur in Ansätzen vergemeinschaftet ist und auch keine generelle Verpflichtung[137] der Mitgliedstaaten besteht, durch eine verantwortungsvolle Wirtschafts- und Haushaltspolitik zur Inflationseindämmung beizutragen[138].

36
Vier Hauptaufgaben des ESZB

Neben diesem allgemeinen übergreifenden Ziel werden dem Europäischen System der Zentralbanken vier Hauptaufgaben[139] sowie verschiedene Nebenfunktionen[140] zugewiesen. Die Hauptaufgaben bestehen darin, die Geldpolitik der Gemeinschaft festzulegen und auszuführen, Devisengeschäfte durchzuführen, die offiziellen Währungsreserven der Mitgliedstaaten zu halten und zu verwalten und das reibungslose Funktionieren der Zahlungssysteme zu fördern. Die Wechselkursfestlegung nach außen fällt demgegenüber nicht in den Aufgabenbereich des Europäischen Systems der Zentralbanken, sondern obliegt dem Rat[141]. Zu den Nebenfunktionen zählen vor allem beratende sowie statistische Aufgaben. Die dem Europäischen System der Zentralbanken übertragenen Funktionen umfassen also nur einen Teil der traditionellen Zentralbankaufgaben. Hervorzuheben ist schließlich, daß die genannten Aufgaben dem Europäischen System der Zentralbanken insgesamt, nicht also etwa nur oder primär der Europäischen Zentralbank übertragen sind. Die

---

133 § 12 BBankG in der Fassung bis zur Änderung durch das 6. BBankÄndG vom 22.12.1997, BGBl 1997 I, S. 3274f.
134 Art. 105 Abs. 1 S. 1 EGV, Art. 2 S. 1 ESZB-Satzung.
135 Art. 105 Abs. 1 S. 2 EGV, Art. 2 S. 1 ESZB-Satzung.
136 Vgl. *Görgens* (N 98), S. 43; *Heun* (N 128), S. 869; *Harald Plewka*, Rechtliche Grundlagen und organisatorischer Aufbau der Europäischen Zentralbank, in: Diethard Simmert/Ernst Welteke, Die Europäische Zentralbank, 1999, S. 49 (63). Der EZB-Rat definiert Preisstabilität als einen Anstieg des harmonisierten Verbraucherpreisindexes von unter 2 % im Vorjahresvergleich (vgl. EZB Jahresbericht 2001, S. 180; EZB Jahresbericht 2003, S. 26).
137 Vorgaben für die Wirtschafts- und Haushaltspolitik ergeben sich lediglich aus Art. 98, 99 EGV (Pflicht zur gegenseitigen Koordinierung), Art. 101 EGV (Verbot monetärer Haushaltsfinanzierung) und Art. 104 EGV (Begrenzung der Staatsverschuldung). Siehe hierzu auch oben Rn. 27.
138 *Kämmerer* (N 45), S. 92 f., 97. Vgl. auch *Görgens* (N 98), S. 31 f., 36, 38 f.; *Bernhard Nagel*, Wirtschaftsrecht der Europäischen Union, 2003, S. 265.
139 Art. 103 Abs. 2 EGV, Art. 3 ESZB-Satzung.
140 Art. 105 Abs. 4–6 EGV, Art. 3.3, 4, 5, 6, 21.2 ESZB-Satzung.
141 Art. 111 Abs. 1, 2 EGV. Diese Aufgabe war in der Bundesrepublik Deutschland auch niemals der Bundesbank, sondern stets der Exekutive zugeordnet.

Abgrenzung der Zuständigkeiten und Kompetenzen innerhalb des Europäischen Systems der Zentralbanken, also zwischen der Europäischen Zentralbank und den nationalen Zentralbanken, erfolgt teilweise durch unmittelbare primärrechtliche Festlegung[142], teilweise wird sie aber auch vom ESZB-Rat vorgenommen[143].

Das bei weitem größte Gewicht unter den Hauptaufgaben kommt der Geldpolitik zu. Mit ihrer Hilfe soll das vorrangige Ziel der Preisstabilität erreicht werden. Es bestehen allerdings unterschiedliche Auffassungen dazu, ob primär mit der bislang in der Bundesrepublik Deutschland dominierenden Geldmengensteuerung („monetary targeting") oder einer Strategie der direkten Inflationssteuerung („inflation targeting") nach US-amerikanischem Vorbild gearbeitet werden sollte[144]. Das Europäische System der Zentralbanken kombiniert derzeit beides[145].

37
Herausragende Bedeutung der Geldpolitik

Die Befugnisse und das Instrumentarium des Europäischen Systems der Zentralbanken sind aufgrund der herausragenden Bedeutung der Aufgabe der Geldpolitik vorwiegend geldpolitisch ausgerichtet. Seit dem Eintritt in die dritte Stufe der Währungsunion hat das Europäische System der Zentralbanken das alleinige Banknotenmonopol[146]. Banknoten können von der Europäischen Zentralbank oder den nationalen Zentralbanken, von letzteren allerdings nur mit Genehmigung der Europäischen Zentralbank, ausgegeben werden. Das Münzausgaberecht steht zwar weiterhin den Mitgliedstaaten zu, der Ausgabeumfang unterliegt aber der Genehmigung der Europäischen Zentralbank[147]. Somit kann die Europäische Zentralbank die Menge des gesamten in Umlauf gelangenden Bargeldes kontrollieren und verhindern, daß die Mitgliedstaaten die Geldpolitik des Europäischen Systems der Zentralbanken durch Geldschöpfung unterlaufen. Als weiteres Instrumentarium zur Erreichung der Ziele des Europäischen Systems der Zentralbanken verfügen die Europäische Zentralbank und die nationalen Zentralbanken nach Vorgaben der Europäischen Zentralbank über die Möglichkeit von Offenmarktgeschäften und ständigen Fazilitäten[148], wobei die Offenmarktpolitik eine herausragende Rolle spielt[149]. Ferner besteht für die in den Mitgliedstaaten niedergelassenen Kreditinstitute die Verpflichtung, bei den für sie zuständigen nationalen Zentralbanken Mindestreserveguthaben zu unterhalten, die allerdings, anders als nach dem vormaligen Mindestreservesystem der Deutschen Bun-

38
Instrumentarium der ESZB

---
142 Vgl. Art. 106 Abs. 1 S. 1, Art. 110 EGV, Art. 16 ff. ESZB-Satzung.
143 Art. 12.1, Art. 16 ff. ESZB-Satzung.
144 Vgl. *Borchert* (N 46), S. 254 f.; *Nagel* (N 138), S. 262; zum geldpolitischen Handlungsrahmen siehe EZB Monatsbericht, Februar 2005, S. 69 ff.
145 *Borchert* (N 46), S. 259 f.; *Duwendag u. a.* (N 1), S. 332 f., *Görgens* (N 98), S. 47 f.; *Nagel* (N 138), S. 262.
146 Art. 106 Abs. 1 EGV, Art. 16 ESZB-Satzung.
147 Art. 106 Abs. 2 EGV.
148 Art. 18 ESZB-Satzung.
149 *Heun* (N 128), S. 871; *Kämmerer* (N 45), S. 90; *Nagel* (N 138), S. 216.

desbank[150], verzinst werden[151]. Des weiteren kann der EZB-Rat jederzeit die Anwendung von anderen, in der ESZB-Satzung nicht aufgeführten Instrumenten beschließen[152].

III. Unabhängigkeit der Europäischen Zentralbank und der nationalen Zentralbanken

39
Rechtliche Absicherung und Ausgestaltung der Unabhängigkeit

Die Schaffung einer unabhängigen europäischen Zentralbank beruht auf der Einsicht, daß die Freiheit von politischer Einflußnahme eine wichtige Voraussetzung für die Sicherung der Geldwertstabilität und eine erfolgreiche Geldpolitik darstellt[153]. Denn die Preisstabilität als langfristiges Politikziel kollidiert regelmäßig mit den Interessen der an einer Wiederwahl interessierten Mandatsträger, die in ihren Handlungsmöglichkeiten wesentlich von Geldmenge und Geldwert abhängen und auf kurzfristige Erfolge und Zustimmung angewiesen sind[154]. Die Ausgestaltung der Zentralbankunabhängigkeit orientiert sich weitgehend am Modell der Deutschen Bundesbank[155] und geht teilweise noch über dieses hinaus. Während die Unabhängigkeit der Deutschen Bundesbank nach wohl vorherrschender Meinung nicht verfassungsrechtlich vorgegeben[156], sondern in § 12 S. 2 BBankG a.F.[157] lediglich einfachgesetzlich festgelegt war, ist die Unabhängigkeit der Europäischen Zentralbank und auch der nationalen Zentralbanken primärrechtlich[158] und damit „quasi-verfassungsrechtlich"[159] verankert. Auf nationaler Ebene ist die Unabhängigkeit der Europäischen Zentralbank und damit mittelbar auch der Deutschen Bundesbank als Bestandteil des Europäischen Systems der Zentralbanken in Art. 88 S. 2 GG verfassungsrechtlich abgesichert[160]. § 12 BBankG a.F. verbot ferner lediglich Weisungen seitens der Bundesregierung. Demgegenüber dürfen die Europäische Zentralbank, die nationalen Zentralbanken und auch die Mitglieder ihrer Beschlußorgane weder von der Europäischen Gemeinschaft und ihren Organen noch von den Mitgliedstaaten oder anderen Stellen Wei-

---

150 § 16 BBankG a.F., aufgehoben durch das 6. BBankÄndG vom 22.12.1997, BGBl 1997 I, S. 3274f.
151 Art. 19 ESZB-Satzung.
152 Art. 20 ESZB-Satzung.
153 *Jürgen Stark*, Notenbankunabhängigkeit in der Wirtschafts- und Währungsunion, in: WM 1999, S. 125.
154 Vgl. BVerfGE 89, 155 (208f.); *Görgens u.a.* (N 1), S. 81f.; *Müller* (N 7), S. 50.
155 *Zeitler* (N 64), S. 345 (348, 351); vgl. auch *Stark* (N 153), S. 125.
156 *Gunbritt Galahn*, Die Deutsche Bundesbank im Prozeß der europäischen Währungsintegration, 1996, S. 192; *Schefold* (N 91), S. 204f.).
157 § 12 BBankG in der Fassung bis zur Änderung durch das 6. BBankÄndG vom 22.12.1997, BGBl 1997 I, S. 3274f.
158 Art. 108 EGV, Art. 7 ESZB-Satzung.
159 *Schefold* (N 91), S. 208; vgl. auch *Heinz Hafke*, Einige rechtliche Anmerkungen zur Praxis der Autonomie im System der Europäischen Zentralbanken, in: FS für Siegfried Kümpel zum 70. Geburtstag, S. 185. Zur Notwendigkeit der Freistellung zentraler Notenbanken im Interesse der Währungssicherung früher schon *Reiner Schmidt*, Grundlagen und Grenzen der Unabhängigkeit der Deutschen Bundesbank, in: FS für Pan J. Zepos, Bd. II, 1973, S. 655ff.; *ders.*, Die Zentralbank im Verfassungsgefüge der Bundesrepublik Deutschland, in: Rolf Grawert (Hg.) Instrumente der sozialen Sicherung und der Währungssicherung in der Bundesrepublik Deutschland und Italien, in: Der Staat, 1981, Beiheft 5, S. 61ff.
160 *Blanke* (N 101), Rn. 35, 72; *Galahn* (N 156), S. 192f.

sungen einholen oder entgegennehmen. Diese sind ferner verpflichtet, keine Versuche einer Beeinflussung zu unternehmen. Diese institutionelle Unabhängigkeit[161] wird noch dadurch verstärkt, daß keinerlei Mitwirkungsrechte der Gemeinschaftsorgane oder der Regierungen der Mitgliedstaaten bei Entscheidungen des Europäischen Systems der Zentralbanken bestehen. Dagegen besaß die Bundesregierung gemäß § 13 Abs. 2 S. 3 BBankG a. F.[162] ein – zeitlich beschränktes – Suspensivrecht bezüglich währungspolitischer Entscheidungen der Deutschen Bundesbank. Die institutionelle Unabhängigkeit wird ferner flankiert durch die funktionelle Unabhängigkeit mit der alleinigen Verpflichtung auf das Ziel der Geldwertstabilität, was mögliche Zielkonflikte innerhalb der geldpolitischen Strategie verhindert[163], die personelle Unabhängigkeit der Mitglieder der Beschlußorgane aufgrund der Länge ihrer Amtszeiten und der Beschränkung ihrer Abberufungsmöglichkeiten sowie durch die finanzielle und budgetäre Autonomie der Europäischen Zentralbank.

Ebenso wie vormals die Unabhängigkeit der Deutschen Bundesbank wird zum Teil auch die der Europäischen Zentralbank als Verstoß gegen das Demokratieprinzip angesehen[164]. Die Übertragung der Währungshoheit auf das Europäische System der Zentralbanken ist an Art. 79 Abs. 3 i. V. m. Art 20 Abs. 1 und 2 GG zu messen; die Frage der Verfassungskonformität hat sich nicht erledigt[165].

40 Unabhängigkeit und Demokratieprinzip

Zwar ist richtig, daß die Entscheidungen im Rahmen des Europäischen Systems der Zentralbanken weder von seiten des Europäischen Parlaments noch seitens der nationalen Parlamente einer parlamentarischen Kontrolle unterliegen[166]. Auch ist die demokratische Legitimation des Europäischen Systems der Zentralbanken nur eine sehr mittelbare: Seine Errichtung beruht auf einem unmittelbar oder mittelbar durch Gesetz durch die Völker der Mitgliedstaaten legitimierten Konstitutionsakt[167]. Die Kritiker übersehen jedoch, daß diese Einschränkung des Demokratieprinzips im Interesse der Sicherung des Vertrauens in die Stabilität der Währung verfassungsrechtlich vertretbar ist und durch Art. 88 S. 2 GG legitimiert wird[168]. Empirisch begründete Erkenntnisse belegen einen positiven Zusammenhang zwischen der Unabhängigkeit von Zentralbanken und einer erfolgreichen stabilitätsorientierten Geldpolitik[169]. Die Gewährleistung von Preisstabilität wiederum macht den Gebrauch anderer grundrechtlicher Freiheiten oftmals erst möglich[170].

---

161 Zum Begriff der institutionellen Unabhängigkeit siehe *Hafke* (N 159), S. 186 f.
162 § 12 BBankG in der Fassung bis zur Änderung durch das 6. BBankÄndG vom 22.12.1997, BGBl 1997 I, S. 3274 f.
163 *Stark* (N 153), S. 125.
164 *Görgens* (N 98), S. 51; *Stark* (N 153), S. 125.
165 *Kämmerer* (N 45), S. 89.
166 *Görgens* (N 98), S. 52.
167 *Ingolf Pernice*, in: Dreier, GG III, 2000 Art. 88 Rn. 26.
168 BVerfGE 89, 155 (208 f.).
169 *Görgens* (N 98), S. 53; *Hafke* (N 159), S. 187 f.; *Klaus Liebscher*, Stabilitätsauftrag und Zentralbankunabhängigkeit, in: Simmert/Welteke (N 136), S. 71 (82, 84).
170 *Kämmerer* (N 45), S. 89.

IV. Rolle der Bundesbank im Europäischen System der Zentralbanken

41
Aufgaben der Bundesbank innerhalb des ESZB

Mit Beginn der dritten Stufe der Wirtschafts- und Währungsunion hat die Deutsche Bundesbank ihre Zuständigkeit für eine eigenständige Geldpolitik zugunsten des Europäischen Systems der Zentralbanken verloren. Allerdings ist sie zusammen mit den anderen nationalen Zentralbanken Kapitaleignerin der Europäischen Zentralbank[171]. Über ihren Präsidenten ist sie als Mitglied des EZB-Rats an der Beschlußbildung des Europäischen Systems der Zentralbanken[172] und damit an allen Entscheidungen der europäischen Geldpolitik beteiligt[173]. Auch bereits im Vorfeld wirken Vertreter der nationalen Zentralbanken über Arbeitsgruppen und Ausschüsse mit, welche die Beschlüsse vorbereiten und dem EZB-Rat Empfehlungen unterbreiten[174]. Außerdem kommen den nationalen Zentralbanken wichtige Unterstützungsaufgaben für das Europäische System der Zentralbanken im Bereich der Statistik zu[175].

Wahrnehmungs- und Vollzugskompetenz der Bundesbank

Zur wichtigsten Aufgabe ist allerdings die Umsetzung der geldpolitischen Beschlüsse und Vorgaben des Europäischen Systems der Zentralbanken geworden. Die Deutsche Bundesbank hat somit in erster Linie eine Wahrnehmungs- und Vollzugskompetenz. Ihr obliegt mit wenigen Ausnahmen die Durchführung der geldpolitischen und der anderen operativen Geschäfte des Europäischen Systems der Zentralbanken in Deutschland[176]. Die von den deutschen Geschäftsbanken zu unterhaltenden Mindestreserven werden auf Konten der Deutschen Bundesbank gehalten[177]. Ferner ist die Deutsche Bundesbank mit Genehmigung der Europäischen Zentralbank zur Ausgabe von Banknoten berechtigt[178].

42
Aufgaben der Bundesbank außerhalb des ESZB

Die nationalen Zentralbanken dürfen des weiteren Aufgaben außerhalb des Europäischen Systems der Zentralbanken wahrnehmen, es sei denn, der EZB-Rat stellt fest, daß diese nicht mit den Zielen und Aufgaben des Europäischen Systems der Zentralbanken vereinbar sind[179]. Der Deutschen Bundesbank obliegt hier insbesondere eine Mitwirkung an der Bankenaufsicht[180]. Ferner hat sie, soweit dies unter Wahrung ihrer Aufgabe als Bestandteil des Europäischen Systems der Zentralbanken möglich ist, die allgemeine Wirt-

---

171 Art. 28.1 ESZB-Satzung. Zur veränderten Funktion der Bundesbank siehe *Deutsche Bundesbank* (Hg.), Die Deutsche Bundesbank, 2006, S. 34 ff.
172 Art. 10.1, 12.1 Abs. 1 ESZB-Satzung.
173 *Zeitler* (N 64), S. 359.
174 *Deutsche Bundesbank*, Geschäftsbericht 2001, S. 138 f.
175 *Ernst Welteke*, Die Rolle der Deutschen Bundesbank im Europäischen System der Zentralbanken, in: Simmert/Welteke (N 136), S. 143 (145).
176 *Deutsche Bundesbank* (N 174), S. 138; vgl. auch Art. 12.1 ESZB-Satzung.
177 *Jörg Geerlings*, Die neue Rolle der Bundesbank im Europäischen System der Zentralbanken, in: DÖV 2003, S. 322 (326).
178 Art. 106 Abs. 1 EGV, Art. 16 Abs. 1 S. 1, 2 ESZB-Satzung, § 14 BBankG.
179 Art. 14.4. ESZB-Satzung.
180 Siehe hierzu *Geerlings* (N 177), S. 326 ff. Von der grundsätzlichen Möglichkeit, Aufgaben aus dem Gebiet der Bankenaufsicht gem. Art. 105 Abs. 6 EGV auf die EZB zu übertragen, wurde bislang kein Gebrauch gemacht.

schaftspolitik der Bundesregierung zu unterstützen[181], die Bundesregierung in Angelegenheiten von währungspolitischer Bedeutung zu beraten und ihr auf Verlangen Auskunft zu geben[182]. Bereits seit 1994 darf die Deutsche Bundesbank nicht mehr als Kreditgeber des Staates tätig werden und auch keine Schuldtitel der öffentlichen Hand mehr erwerben[183], sondern nur noch die technische Abwicklung bei der Emission von letzteren als Fiskalagent übernehmen[184]. Dadurch soll die Finanzierung von Haushaltsdefiziten durch Geldschöpfung vermieden werden[185]. Derartige direkt bzw. indirekt notenbankfinanzierte Staatskredite waren aber auch schon vorher nur in sehr begrenztem Umfang zulässig[186].

Wegen des veränderten Aufgabenbereichs der Deutschen Bundesbank im Rahmen des Europäischen Systems der Zentralbanken infolge der Einführung des Euro wurde ihre Organisationsstruktur verändert[187]. Mit dem aus dem Präsidenten, dem Vizepräsidenten und sechs weiteren Mitgliedern bestehenden Vorstand verfügt die Bundesbank seit der Umstrukturierung nur noch über ein Leitungsorgan[188], das die bislang vom Zentralbankrat, vom Direktorium und den Vorständen der Landeszentralbanken wahrgenommenen Aufgaben erfüllt. Die früheren Zweigstellen der Deutschen Bundesbank, die zuletzt neun Landeszentralbanken, sind in „Hauptverwaltungen"[189] umgewandelt worden, die als nachgeordnete Verwaltungseinheiten gegenüber dem Vorstand weisungsabhängig sind.

43 Neue Organisationsstruktur

---

181 § 12 S. 2 BBankG.
182 § 13 Abs. 1 BBankG.
183 Art. 101 Abs. 1 EGV, Art. 21.1 ESZB-Satzung, § 20 S. 1 BBankG in der Fassung ab dem 5. BBankÄndG vom 8.7.1994, BGBl I 1994, S. 1465f.
184 Art. 21.2 ESZB-Satzung.
185 *Zeitler* (N 64), S. 348.
186 § 20 Abs. 1 Nr. 1 BBankG in der Fassung bis zur Änderung durch das 5. BBankÄndG vom 8.7.1994, BGBl I, S. 1465f.; vgl. *Zeitler* (N 64), S. 355.
187 Durch das 7. BBankÄndG vom 23.3.2002, BGBl I, S. 1159.
188 *Deutsche Bundesbank* (N 174), S. 118; vgl. ferner § 7 Abs. 1 BBankG.
189 Vgl. § 8 BBankG.

D. Bibliographie

Peter Bofinger/Julian Reischle/Andrea Schächter, Geldpolitik: Ziele, Institutionen, Strategien und Instrumente, 1996.
Manfred Borchert, Geld und Kredit, [8]2003.
Dieter Duwendag/Karl-Heinz Ketterer/Wim Kösters/Rüdiger Pohl/Diethard Simmert, Geldtheorie und Geldpolitik in Europa, [5]1999.
Deutsche Bundesbank (Hg.), Fünfzig Jahre Deutsche Mark, 1998.
Charlotte Gaitanides, Das Recht der Europäischen Zentralbank. Unabhängigkeit und Kooperation in der Europäischen Währungsunion, 2005.
Egon Görgens/Karlheinz Ruckriegel/Franz Seitz, Europäische Geldpolitik, [4]2004.
Ulrich Häde, Gesamtwirtschaftliches Gleichgewicht und europäische Haushaltsdisziplin, in: JZ 1997, S. 269 ff.
Hugo Hahn, Währungsrecht, 1990.
Werner Heun, Die Europäische Zentralbank in der Europäischen Wirtschaftsunion, in: JZ 1998, S. 866 ff.
Otmar Issing, Einführung in die Geldtheorie, [14]2007.
Bernhard Nagel, Wirtschaftsrecht der Europäischen Union,[4]2003
Charles Proctor, Mann on the Legal Aspect of Money. Oxford, [6]2005.
Karsten Schmidt, Geldrecht. Kommentierung der §§ 244-248 BGB, in: Julius v. Staudinger, Kommentar zum BGB, [13]1997 (Lit.).
Martin Selmayr, Das Recht der Wirtschafts- und Währungsunion, Bd. I: Die Vergemeinschaftung der Währung, 2002.
Diethard Simmert/Ernst Welteke, Die Europäische Zentralbank, 1999.
Albrecht Weber (Hg.), Währung und Wirtschaft. Das Geld im Recht, FS für Hugo Hahn, 1997.

§ 118
Die Steuern

Paul Kirchhof

Übersicht

	Rn.		Rn.
A. Die Steuer als Preis der Freiheit	1– 79	3. Mindestgarantien	134–139
I. Die freiheitsgerechte Finanzierung des Staates	1– 15	IV. Andere Freiheitsrechte	140–167
1. Das Gesicht eines freiheitlichen Finanzstaates	1– 5	1. Die Besteuerung des Nichteigentümers	141–144
2. Rechtliche Mäßigung der Steuergewalt	6– 15	2. Mitbetroffenheit in anderen Grundrechten	145–165
II. Die freiheitsgerechte Art des Steuerzugriffs	16– 22	3. Die Wahlschuld	166–167
III. Wirkungen der Besteuerung	23– 79	V. Gleichheit	168–219
1. Lenkung, Umverteilung	23– 25	1. Gleichheit je nach finanzieller Belastbarkeit	168–173
2. Unausweichliche Last	26– 64	2. Vierstufiges Vergleichsverfahren	174–181
a) Gesetz und Vollzug	26– 33	3. Finanzielle Leistungsfähigkeit	182–193
b) Die Steuergestaltung	34– 38	4. Praktische Verdeutlichung	194–219
c) Die steuerjuristische Betrachtungsweise	39– 45	a) Die bereichsspezifische Anwendung	195–197
d) Die Steuersubvention	46– 64	b) Unvermeidliche Last	198–202
3. Die Betroffenheit des Steuerpflichtigen in seinen Grundrechten	65– 69	c) Schutz der Privatsphäre	203–204
4. Die Ertragswirkung	70– 76	d) Besteuerungszweck und Vergleichsziel	205–210
5. Staatsquote, Steuerquote	77– 79	e) Gleichheit in der Zeit	211–213
B. Das verfassungsrechtliche Maß	80–219	f) Die „Wettbewerbsneutralität"	214–217
I. Der Steuereingriff	80– 89	g) Soziale Gleichheit	218–219
1. Keine ausdrücklichen Aussagen	81– 83	C. Die verfassungsrechtliche Struktur des Steuerzugriffs	220–278
2. Die Greifbarkeit der Steuergewalt im Grundrechtsverhältnis	84– 89	I. Das Steuersubjekt	221–229
		1. Der Steuerinländer	221–226
II. Vorbehalt des Gesetzes	90–116	2. Die Besteuerung von Hoheitsträgern	227–229
1. Von der Bewilligung zum Gesetzesvorbehalt	90– 93	II. Der Steuergegenstand	230–265
2. Schutzfunktion des Gesetzes	94– 96	1. Einkommen	232–236
3. Typisierung	97–103	2. Vermögensbestand	237–240
4. Gesetz, Verordnung, Satzung	104–108	3. Vermögensverwendung	241–256
5. Rückwirkende Gesetzgebung	109–116	4. Erbschaft und Schenkung	257–265
III. Der Eigentumsschutz	117–139	III. Die Bemessungsgrundlage	266–270
1. Belastung des Eigentümers	117–125	IV. Der Steuersatz	271–278
2. Ausgleich zwischen Finanzbedarf und Privateigentum	126–133	D. Bibliographie	

959

A. Die Steuer als Preis der Freiheit

I. Die freiheitsgerechte Finanzierung des Staates

1. Das Gesicht eines freiheitlichen Finanzstaates

1
Arbeit und Kapital in privater Hand

Der Verfassungsstaat garantiert die Berufs- und Eigentümerfreiheit, beläßt deshalb die Produktionsfaktoren Arbeit und Kapital in privater Hand und verzichtet strukturell auf staatliche Unternehmen, die dem Staat Erträge erbringen könnten. Die Arbeitskraft und die Wirtschaftsgüter werden grundsätzlich von den freiheitsberechtigten Menschen privat genutzt; der freiheitsverpflichtete Staat ist insoweit von der Bewirtschaftung dieser Ertragsquellen ausgeschlossen. Er ist darauf verwiesen, durch Steuern am Erfolg privaten Wirtschaftens teilzuhaben. Der Steuerertrag hängt vom Ergebnis privatwirtschaftlicher Leistungen ab; öffentliche und private Hand sind in gemeinsamem Interesse an einer prosperierenden Wirtschaft verbunden.

2
Dreiklang von gesellschaftlicher Freiheit, staatlicher Besteuerung und demokratischer Legitimation

Die Steuer ist der Preis der Freiheit: Wenn die Gesellschaft grundrechtliche Freiheit beansprucht, insbesondere die wirtschaftlichen Freiheiten der Berufs-, Eigentümer- und Vereinigungsfreiheit wahrnimmt, in dieser wirtschaftlichen Freiheit zugleich eine Grundlage sittlicher Freiheit sieht[1], ist dem Staat ein allein in seiner Hoheitsgewalt begründeter Zugriff auf seine Bürger und deren Eigentum verwehrt. Der Verfassungsstaat darf sich nur in Achtung vor der Freiheit und Gleichheit seiner Bürger finanzieren, deshalb nur steuerlich an dem von den Bürgern in Freiheit erwirtschafteten und freiheitlich geschützten Eigentum teilhaben. Dabei richtet der freiheitliche Staat seinen Steuerzugriff in bemerkenswerter Liberalität auf den wirtschaftlichen Erfolg der Freiheitsberechtigten, nicht auf ihre persönliche Erwerbskraft oder auf ein Äquivalent für empfangene Staatsleistungen aus. Wer in Deutschland mit staatlicher Unterstützung studiert und deshalb glänzende Erwerbsmöglichkeiten gewonnen hat, sich dann aber zu einer zweijährigen Weltreise entscheidet und dementsprechend die Steuerzahlung im Inland verweigert, wird in dieser seiner Freiheit respektiert. Eine Kopfsteuer, die in den USA lange als Bedingung des Wahlrechts galt („poll tax")[2], in Großbritannien noch vor 20 Jahren als Gemeindekopfsteuer neu eingeführt wurde und heute noch in einigen Schweizer Kantonen gilt[3], erscheint dem modernen Verfassungsstaat unvertretbar, weil sein Freiheitsverständnis keine allgemeine Pflicht anerkennt, sich für den Staat anstrengen und erwerben zu müssen. Außerdem können viele Menschen wegen ihres Alters, wegen unzulänglicher Ausbildung, Krankheit oder fehlendem Arbeitsplatz nicht erwerben, beanspruchen deswegen die Hilfe des sozialen Staates. Die Rechtsgemeinschaft bietet dem einzelnen generell Erwerbs- und Tauschmöglichkeiten, die er nutzt und deshalb in die-

---

[1] *Wolfgang Schön*, Steuergesetzgebung zwischen Markt und Grundgesetz, in: Rudolf Mellinghoff/Gerd Morgenthaler/Thomas Puhl (Hg.), Die Erneuerung des Verfassungsstaates, 2003, S. 143 (148).
[2] *Klaus Tipke*, Die Steuerrechtsordnung, ²2000, S. 473 f.
[3] *Tipke* (N 2), S. 473 ff.

ser Nutzungsmöglichkeit der Gemeinschaft verpflichtet ist[4]. Die in der Gemeinschaft des Rechts, des Friedens und des Marktes angelegte Sozialpflichtigkeit des Erwerbs nutzt der Staat, um die Menschen in der anonymen, indirekten Steuer, insbesondere der Umsatzsteuer, formal gleich zu belasten, sie daneben in einer individualisierenden Personensteuer, insbesondere der Einkommensteuer, freiheitlich differenzierend steuerlich in Pflicht zu nehmen.

Die indirekte Steuer folgt eher der vom Wahlrecht her geläufigen formalen Gleichheit, hält damit die Allgemeinheit und Gleichheit von Wahlrecht und Steuerlast in einem Zusammenhang, während die je nach individueller Finanzkraft bemessene Einkommensteuer die Steuerpflichtigen eher in ihrer freiheitlich hergestellten Verschiedenheit erfaßt. Die Struktur der Einkommensteuer, die den existenznotwendigen Bedarf verschont und Einkommen progressiv besteuert, sowie der Umsatzsteuer, die Börsen- und Finanzumsätze ausnimmt, haben allerdings zur Folge, daß die Finanzschwachen bei der direkten Steuer eher entlastet, bei der indirekten Steuer eher benachteiligt werden. Die Finanzstarken hingegen werden bei den indirekten Steuern bevorzugt, bei den direkten Steuern zwar progressiv, oft aber in einer verkürzten Bemessungsgrundlage belastet. Der urdemokratische Gedanke, das Wahlrecht entspreche der Steuerpflicht[5], und der freiheitsgerechte Gedanke, alle Staatsbürger seien je nach ihrer unterschiedlichen wirtschaftlichen Lage für die Finanzierung der Gemeinlasten gleich verantwortlich[6], haben im geltenden Steuerrecht noch nicht zu einem Zusammenklang gefunden. Dieser Strukturfehler betrifft die gerechte Verteilung der Lasten, kaum die aus Steuererträgen erzielte Handlungsmacht des Staates. Die „voraussetzungslose" Steuer[7] sichert die finanzielle Handlungsfähigkeit der parlamentarischen Demokratie, die grundsätzliche Zweckfreiheit der Steuer[8] stützt die Budgethoheit des Parlaments und die innere Unbefangenheit des Staates gegenüber seinen Finanziers.

3
Demokratische Gleichheit und freiheitliche Verschiedenheit

Der Staat kann als Garant von Freiheit und Gleichheit sein Steuerkonzept allerdings nicht in autonomer Souveränität für sein Staatsgebiet verwirklichen, steht vielmehr in einer internationalen Konkurrenz offener Staaten[9]. Wenn die Staatsgrenzen für Personen, Waren, Wissen, Leistungen und Kapital offen sind, können Unternehmen und Einzelpersonen Sitz und Wohnsitz in das Land verlegen, das ihnen rechtlich die besten Entfaltungsbedingungen bietet. Der Steuerpflichtige ist nicht mehr dem Steuergesetz unausweichlich

4
Besteuerung in einem weltoffenen Markt

---

4 Vgl. *Klaus Vogel*, Rechtfertigung der Steuer: Eine vergessene Vorfrage, in: Der Staat, 1986, S. 481 (496 f.); *Paul Kirchhof*, Empfiehlt es sich, das Einkommensteuerrecht zur Beseitigung von Ungleichbehandlungen und zur Vereinfachung neu zu ordnen?, Gutachten F für den 57. Deutschen Juristentag 1988, S. F 16 f.
5 Vgl. dazu *Tipke* (N 2), S. 474 (no taxation without representation).
6 *Dieter Birk*, Das Leistungsfähigkeitsprinzip als Maßstab der Steuernormen, 1983; *Wolfgang Rainer Walz*, Steuergerechtigkeit und Rechtsanwendung, 1980; *Moris Lehner*, Einkommensteuerrecht und Sozialhilferecht, 1993; *Tipke* (N 2), S. 479 f.
7 *Otto Mayer*, Deutsches Verwaltungsrecht, 1924, Bd. I, S. 316; *Rudolf Wendt*, Finanzhoheit und Finanzausgleich, in: HStR IV, ²1999 (¹1990), § 104, Rn. 16 ff.; → oben *Waldhoff*, § 116 Rn. 85.
8 *Christian Waldhoff*, Verfassungsrechtliche Grenzen der Zwecksteuer, in: StuW 2002, S. 285.
9 *Schön* (N 1), S. 152.

unterworfen, sondern er akzeptiert die Steuer durch Beibehaltung oder Veränderung seines Sitzes. Das Recht, einzuwandern, auszuwandern oder auch Asyl zu suchen, scheint das Recht zu bieten, auch das einschlägige Recht zu wählen. Diese Offenheit für die Vielfalt der Staaten und ihres jeweiligen Rechts ist heute ein Faktum, rechtfertigt sich aber nicht aus einem „Wettbewerb" der Staaten um das bessere Recht, der die Geltung des jeweiligen Rechts allein deshalb billigt, weil es den Steuerpflichtigen am günstigsten erschiene. Der Wettbewerb hätte für das Steuerrecht zur Folge, daß sich im Werben um Unternehmen der Staat mit der niedrigsten Steuerlast, dem anspruchslosesten Umweltrecht, dem schwächsten Verbraucherschutzrecht und mit verminderten Arbeitnehmerrechten durchsetzte, der vermeintliche Wettbewerb also einen Niedergang an Rechtskultur organisierte. Zudem könnte nur der Mensch die Angebote dieses „Wettbewerbs" annehmen, den seine Familie, seine Zugehörigkeit zu einem demokratischen Staatsvolk, seine Gebundenheit in Sprache, Kultur und Verantwortlichkeit in seinem Lebensumfeld nicht an seinen bisherigen Standort bindet; dieser „Wettbewerb" würde also weniger Weltoffenheit und Anpassungsfähigkeit organisieren und mehr kulturell, demokratisch und familiär entwurzeln. Zudem gäbe der Wettbewerbsgedanke einem Staat kein Recht, dem anderen Staatsangehörige gezielt abzuwerben, den anderen Staat in die Insolvenz zu drängen, ihn sich durch feindliche Übernahme einzuverleiben oder ihm auch nur im Notfall solidarische Hilfe und Finanzausgleich zu verweigern. Die Wahl unter den Rechtsordnungen verschiedener Staaten unterwirft das Recht nicht der Freiheit des einzelnen, gefährdet eher Freiheit und Gleichheit in der Unsicherheit wählbaren Rechts. Deshalb drängt die Offenheit der Staaten und der Märkte zu einem verallgemeinerungsfähigen Steuerrecht[10], lädt aber nicht zu entwurzelnder Standortwahl ein, drängt die Staaten auch nicht zu immer weiter greifenden Steuer- und damit Leistungsverzichten, schon gar nicht in eine Technik der Fiskalillusion[11], die Gemeinwohlprojekte sichtbar fördert, deren Finanzierung aber hinter komplexen Steuerregeln oder gar einer überhöhten Staatsverschuldung verbirgt[12].

5
Alternativen der Staatsfinanzierung

Der Verfassungsstaat finanziert sich nicht aus Kriegsbeute und Kriegsanleihe[13], zwingt den freien Bürger nicht im Rahmen von Lehensverhältnissen[14] oder von Arbeitszwang (Art. 12 Abs. 2 GG) zu Dienstleistungen für den Staat, befriedigt seinen Sachbedarf nur in Ausnahmefällen durch Enteignung, die

---

10 Vgl. *Klaus Vogel/Moris Lehner*, Doppelbesteuerungsabkommen, Kommentar, ⁴2003, Einleitung; *Schön* (N 1), S. 180 f.
11 *Charles Blankart*, Öffentliche Finanzen in der Demokratie, ⁶2006, 7. Kapitel, Abschnitt D.
12 *Paul Kirchhof*, Das Wettbewerbsrecht als Teil einer folgerichtigen und widerspruchsfreien Gesamtrechtsordnung, in: ders. (Hg.), Gemeinwohl und Wettbewerb, 2005, S. 1 ff.; *Paul Kirchhof*, Freiheitlicher Wettbewerb und staatliche Autonomie – Solidarität, in: ORDO, Bd. 56, 2005, S. 39 ff.; → oben *P. Kirchhof*, § 99 Rn. 108 ff.
13 Zum römischen „tributum" vgl. *Lorenz von Stein*, Lehrbuch der Finanzwissenschaft, Bd. I, ⁴1878, S. 226; *Hans Philipp*, Tributum und tributus, in: Wilhelm Kroll/Karl Mittelhaus (Hg.), Paulys Real-Encyclopädie der Classischen Altertumswissenschaft, 13. Halbbd., 1939, S. 1 (7, 54, 61); *Michael Stolleis*, Pecunia Nervus Rerum, 1983, S. 63 ff.
14 *Max Weber*, Grundriß der Sozialökonomie, Bd. III, 1922, S. 729 ff.

dann zu entschädigen ist (Art. 14 Abs. 3 GG). Der moderne Staat kann mit seinem Finanzbedarf und seiner Staatsverfassung auch nicht vom Ertrag der Domänen seines Königs leben[15], erwirbt kaum noch Erträge aus Monopolen, Bergregalen oder sonstigen Hoheitsrechten[16]. Auch Matrikularbeiträge der Reichsstände, die als Beweis für die Reichsunmittelbarkeit und die territoriale Unabhängigkeit gezahlt wurden[17], gehören nicht in ein Verfassungssystem, das dem Menschen Freiheit voraussetzungslos, insbesondere unabhängig von Finanzleistungen, garantiert. Dem Staat des Grundgesetzes bleibt deshalb nur die Möglichkeit, maßvoll auf den Erfolg privaten Wirtschaftens zuzugreifen, sich also durch Steuern zu finanzieren. Die Steuer sichert dem Staat insbesondere einen Anteil am privaten Einkommen, privater Nachfragekraft (Verbrauch, Mehrwert), teilweise auch am privaten Vermögen. Die Garantie der Wirtschaftsfreiheiten verweist den Staat auf das Finanzierungsinstrument der Steuern. Die Steuer ist die Rückseite der Medaille, auf deren Vorderseite das Prinzip der Freiheit geprägt ist. Sie bestimmt das alltägliche Gesicht des Verfassungsstaates[18].

2. Rechtliche Mäßigung der Steuergewalt

Mit der Entstehung des modernen Staates und der Ausbildung einer Geldwirtschaft wird die Steuer zum Hauptfinanzierungsinstrument der öffentlichen Hand, der Staat zum Steuerstaat[19]. Der Staat verfügt immer weniger über ertragbringendes öffentliches Eigentum, muß dauernd eine Beamtenschaft und eine Verteidigungsmacht finanzieren, garantiert nicht mehr nur öffentliche Sicherheit und Ordnung, sondern gewährleistet die Infrastruktur von Straßen, Armenspeisung, Krankenversorgung, Schule und Ausbildung, schließlich auch die Daseinsvorsorge und allgemeine Wohlfahrt. Dieser Staat braucht ein allgemeines, von einer Gegenleistung unabhängiges, ertragreiches Finanzierungsmittel, die Steuern. So entwickelt sich aus der Natural- oder Dienstleistung die Geldleistung, aus der genossenschaftlichen Dargabe wird die hoheitlich auferlegte Abgabe, das Entgelt weicht einer allgemeinen Gemeinlast, die gelegentliche Leistungsbewilligung (Bede) geht in ein gesetzlich verstetigtes Dauerschuldverhältnis über, der Schuldner gewinnt mit der Zahlung nicht Ansprüche und Einfluß, sondern erfüllt eine allgemeine, jedermann auferlegte Gemeinlast[20]. Schließlich wird aus der „Stiura", der Stärkung

6
Von der Dienstleistung zur Geldleistung, vom Entgelt zur Gemeinlast

---

15 *Karl Häuser*, Abriß der geschichtlichen Entwicklung der öffentlichen Finanzwirtschaft, in: HdbFW, Bd. I, ³1977, S. 3 (27); *Anton Tautscher*, Geschichte der deutschen Finanzwissenschaft bis zum Ausgang des 18. Jahrhunderts, in: HdbFW, Bd. I, ²1952, S. 382 (385 f.); → unten *Isensee*, § 122 Rn. 16.
16 *Häuser* (N 15), S. 29; *Tautscher* (N 15), S. 384.
17 *Häuser* (N 15), S. 31; *Theodor Mayer*, Geschichte der Finanzwirtschaft vom Mittelalter bis zum Ende des 18. Jahrhunderts, in: HdbFW, Bd. I, ²1952, S. 236 (242).
18 *Paul Kirchhof*, Die Steuer als Ausdruck der Staatsverfassung, in: FS für Horst Sendler, 1991, S. 65 ff.; → unten *Isensee*, § 122 Rn. 70 ff.
19 *Albert Schäffle*, Die Steuern I/II, in: Lorenz von Stein, Lehrbuch der Finanzwissenschaften, Bd. I, 1895, S. 74 (107); *Hans-Peter Ullmann*, Der deutsche Steuerstaat, 2005, S. 8, 15 f.; → Bd. II, *Vogel*, § 30 Rn. 51 f.
20 *Wilhelm Gerloff*, Steuerwirtschaftslehre, in: HdbFW, Bd. II, ²1956, S. 239 (241 f.); *v. Stein* (N 13), S. 228 f.; *Tautscher* (N 15), S. 386 f.; *Mayer* (N 15), S. 247 f.

§ 118   *Achter Teil: III. Finanzwesen*

der Staatsfinanzen[21], auch ein Instrument der Verhaltenslenkung, aus dem Finanzierungsmittel ein Steuerungsinstrument.

7
Abgaben nur aus besonderem Anlaß

Der Steuerpflichtige erlebt die Steuer nur als Preis der Freiheit, wenn das Verfassungsrecht die Steuerlast mäßigt, die einzelnen Belastungstatbestände und die Gesamtlast gleichmäßig verteilt, sie verständlich und voraussehbar vermittelt. Diese Aufgabe sucht das Verfassungsrecht in einer langjährigen Tradition zu erfüllen. Die Magna Carta Libertatum vom 19. Juni 1215[22], der standesrechtliche Vorläufer moderner Menschenrechtsgarantien, sicherte die Freiheit von unangemessenen Abgaben durch einen abschließenden Katalog besonderer Finanzierungsanlässe: Abgaben durften erhoben werden für Kriegsdienst und Befestigungsbau, für die Auslösung des in Gefangenschaft geratenen Königs, zum Ritterschlag seines ältesten Sohnes und zur ersten Eheschließung seiner ältesten Tochter. Diese Finanzierungszwecke sind uns geläufig; auch heute geht es um innere und äußere Sicherheit, um die finanzielle Bewältigung von Unrecht, um soziale Freudenfeste. Auch die Einschränkung auf den Ritterschlag des ältesten Sohnes und die Eheschließung der ältesten Tochter zeigt Lebenserfahrung und politische Klugheit: Die Einmaligkeit soll vor zusätzlichen Steueranlässen durch mehrmaligen Ritterschlag oder wiederholte Eheschließung bewahren.

8
Aufgabenlehre und Gleichheitssatz

Die Verfassung der Menschen- und Bürgerrechte von 1791 anerkannte, daß die Staatsaufgaben nunmehr regelmäßig durch Abgaben zu finanzieren seien, suchte die Abgabenlast aber dadurch zu mäßigen, daß sie eine allgemeine Abgabe nur „für den Unterhalt der Streitmacht und für die Kosten der Verwaltung" zuließ und eine gleichmäßige Verteilung auf alle Bürger unter Berücksichtigung ihrer Vermögensumstände forderte, also die Abgabenlast durch eine Staatsaufgabenlehre und einen Grundrechtsschutz begrenzte[23].

9
Friedrich der Große

Auch in Deutschland bemühten sich Staatstheorie und Staatsrecht, den steuerlichen Zugriff an Gleichmaß und Übermaßverbot zu binden. Friedrich der Große spricht in seinem Zweiten politischen Testament (1768)[24] von der „großen Frage", ob man bei der Besteuerung das Wohl des Staates oder des einzelnen vorziehen müsse. „Ich antworte, daß der Staat aus einzelnen zusammengesetzt ist und es nur ein Wohl für den Fürsten und seine Untertanen gibt. Die Hirten scheren ihre Schafe, aber sie ziehen ihnen nicht das Fell ab ... Es ist gerecht, daß jeder einzelne dazu beiträgt, die Ausgaben des Staates tragen zu helfen, aber es ist gar nicht gerecht, daß er die Hälfte seines jährlichen Einkommens mit dem Souverän teilt. Bauer, Bürger und Edelmann müssen in einem gut verwalteten Staat einen großen Teil ihrer Einkünfte selbst genießen und sie nicht mit der Regierung teilen".

---

21 Vgl. *Häuser* (N 15), S. 228; *Mayer* (N 15), S. 247 (dort auch der Hinweis auf das Wort „stuofa", das mit dem Hohlmaß „stauf" in Verbindung gebracht wird).
22 Magna Carta Libertatum von 1215, bearbeitet von Hans Wagner, 1951, S. 28 f.
23 *Günther Franz* (Hg.), Staatsverfassungen, 1964², S. 303 (307).
24 Die politischen Testamente der Hohenzollern, bearbeitet von Richard Dietrich, 1986, S. 499.

Die modernen Verfassungen suchen ihren Ausgangspunkt, um die Besteuerungsgewalt zu binden, vor allem im Gleichheitssatz. Diese Gleichheit ist eine mäßigende, keine die Steuerbelastung treibende Gleichheit. Sie verteilt die Steuerlasten allgemein – privilegienfeindlich – auf alle Leistungsfähigen und macht sie im Bewußtsein dieser Gleichheit erträglicher. Die Steuer ist eine Gemeinlast, die grundsätzlich alle Inländer trifft. Der Staat greift dabei – ohne individuelle Gegenleistung – auf das Vermögen des einzelnen zu; er verpflichtet ihn, von dem Seinigen etwas abzugeben[25].

10
Mäßigende Gleichheit

Diese Gleichheit der Besteuerung war Ausfluß der staatsbürgerlichen Gleichheit und wurde seit dem Ende des 18. Jahrhunderts stufenweise verwirklicht. Die staatsbürgerliche Rechtsgleichheit verlange ein Gesetz, das für alle Einwohner eines Staates gleichermaßen gilt und dem sich kein Stand und keine Person entziehen kann[26]. Dementsprechend sollten die Steuerlasten auf alle der staatlichen Gemeinschaft Zugehörigen ohne jede rechtliche oder tatsächliche Ausnahme gleich verteilt werden. Die Bayerische Verfassung von 1818 betonte in der Allgemeinheit der Besteuerung einen Gleichheitssatz, der keine Ausnahme zuläßt und einen gleichen Belastungserfolg für alle Einwohner sicherstellen will: „Die Theilnahme an den Staats-Lasten ist für alle Einwohner des Reichs allgemein, ohne Ausnahme irgendeines Standes und ohne Rücksicht auf vormals bestandene besondere Befreyungen"[27]. § 8 der Badischen Verfassung von 1818 sah vor, daß alle Badener „ohne Unterschied zu allen öffentlichen Lasten" beitragen und alle Abgabenbefreiungen aufgehoben bleiben[28]. Die Preußische Verfassung von 1850[29] schafft jegliche Bevorzugung „in betreff der Steuern" ab und verbietet zukünftige Bevorzugungen, bestätigt also in diesem Privilegienverbot, daß das Steuerrecht bisher bestehende Ungleichheiten überwinden, also Belastungsgleichheit herstellen und damit für die bisherigen Steuerzahler eine Entlastung bewirken soll.

11
Allgemeine Last, unausweichlich für jeden Stand und jede Person

Art. 134 der Weimarer Reichsverfassung nahm diese Entwicklung auf und begründete einen speziellen, den allgemeinen Gleichheitssatz des Art. 109 WRV für das Steuerrecht verdeutlichenden Gleichheitssatz: „Alle Staatsbürger ohne Unterschied tragen im Verhältnis ihrer Mittel zu allen öffentlichen Lasten nach Maßgabe der Gesetze bei". In einer Zeit, in der die Gleichheit vor dem Gesetz vielfach allein als eine der Rechtsidee immanente Forderung nach Rechtsanwendungsgleichheit verstanden wurde[30] und die Rechtsetzungsgleichheit als zweiten Teilinhalt der Gleichheit vor dem Gesetz erst lang-

12
Art. 134 WRV

---

25 BVerfGE 84, 239 (269) – Zinsurteil.
26 *Otto Dann*, Gleichheit, in: Otto Brunner/Werner Conze/Reinhart Koselleck, Geschichtliche Grundbegriffe, Bd. II, 1975, S. 1014 (1024f.).
27 Verfassungs-Urkunde des Königsreichs Baiern von 1818, Titel IV, § 13, Gesetzblatt für das Königreich Baiern, 1818, Sp. 101.
28 Staats- und Regierungsblatt 1818, S. 101.
29 Art. 101, Preußische Gesetzessammlung 1850, S. 17.
30 Vgl. *Gerhard Anschütz*, Die Verfassungsurkunde für den Preußischen Staat vom 31. Januar 1850, Bd. I, 1912, Art. 4 Erläuterung 3.

sam Anerkennung fand³¹, forderte Art. 109 im Zusammenwirken mit Art. 134 WRV eine Belastungsgleichheit, die durch Gesetzgebung und Gesetzesvollzug herzustellen ist. Dementsprechend machen die Reichsabgabenordnung vom 13. Dezember 1919³² und – ihr folgend – § 3 Abs. 1 S. 1 AO 1977 die Belastungsgleichheit zu einem konstituierenden Merkmal des Steuertatbestandes: Geldleistungen sind nur dann Steuern, wenn sie allen auferlegt werden, bei denen der Tatbestand zutrifft, an den das Gesetz die Leistungspflicht knüpft³³.

13
Gleichmaß und Übermaßverbot

Wenn nach dieser Verfassungsidee alle Inländer³⁴ „im Verhältnis ihrer Mittel" – modern gesprochen: je nach ihrer finanziellen Leistungsfähigkeit – zu allen öffentlichen Lasten beitragen, treffen sich Gleichmaß und Übermaßverbot in dem Erfordernis der je nach individueller, finanzieller Leistungsfähigkeit angemessenen Last. Diese Last allerdings ist nicht notwendig auf das tatsächliche Einkommen, das gegenwärtig verfügbare Vermögen und die tatsächliche Kaufkraft ausgerichtet, sondern kann auch Sollerträge umfassen; nach Art. 63 WRV hat jeder Deutsche die sittliche Pflicht, seine geistigen und körperlichen Kräfte so zu betätigen, wie es das Wohl der Allgemeinheit erfordert. Diese Verpflichtung zur Erwerbsanstrengung für das Gemeinwohl liegt schon der objektiven Ertragsteuer in der liberalen Marktwirtschaft des 19. Jahrhunderts zugrunde, die individuelle Leistungsfähigkeit an dem auf Dauer durchschnittlich erzielbaren, geschätzten Reinertrag der Ertragsquellen Grund und Boden, Gebäude und Gewerbebetrieb gemessen hat³⁵.

14
Recht: Kultur des Maßes, Geld: Tendenz zur Maßlosigkeit

Mit den verfassungsrechtlichen Maßstäben allerdings ist eine Kultur des Maßes und der Gleichheit im Steuerwesen noch nicht garantiert. Vielmehr scheint im Geld eine Tendenz zur Maßstabslosigkeit und damit zur Maßlosigkeit angelegt: Geld ist geprägte Freiheit³⁶, ist eine Blankettbefähigung zu beliebigem wirtschaftlichen Handeln, kann nach eigenem Gutdünken gegen Güter und Dienstleistungen eingetauscht werden. Dieser Wert setzt die Knappheit des Geldes voraus. Der Mensch aber sucht möglichst viel Geld zu erwerben, Gewinn und Einkommen zu maximieren, folgt dem Prinzip des Mehr, nie dem des Genug. Der Verfassungsstaat hingegen ist einer Kultur des Maßes verpflichtet. Er festigt mit seiner Geldmengenpolitik die Stabilität des Geldwertes und des allgemeinen Einlösungsvertrauens³⁷, achtet in seinem Steuerzugriff das Übermaßverbot und den Gleichheitssatz, bestimmt in der Summe seines Gesamtbudgets die Verfügbarkeit des Geldes in staatlicher

---

31 *Heinrich Triepel*, Goldbilanzenverordnung und Vorzugsaktien, 1924, S. 26 ff.; *Heinrich Aldag*, Die Gleichheit vor dem Gesetze in der Reichsverfassung, 1925, S. 4 ff.; *Gerhard Leibholz*, Die Gleichheit vor dem Gesetz, 1925¹, S. 30 ff.; *Erich Kaufmann*, Die Gleichheit vor dem Gesetz im Sinne des Art. 109 der Reichsverfassung, in: VVDStRL, Heft 3, 1927, S. 2 ff.
32 RGBl 1919, S. 1993 – RAO – § 1 Abs. 1 S. 1.
33 Zu dieser Entwicklung vgl. auch BVerfGE 84, 239 (269 ff.) – Zinsurteil.
34 Zu diesem Begriff s. u. Rn. 168 und N 457.
35 *Eckart Schremmer*, Über „gerechte Steuern". Ein Blick zurück ins 19. Jahrhundert, 1994, S. 14 ff.
36 Das Sprachbild, im Geld verkörpere sich „geprägte Freiheit", verwendet das Bundesverfassungsgericht in seiner Entscheidung BVerfGE 97, 350 (371) – Euro – und lehnt sich dabei an ein Wort Fjodor Dostojewskis aus dem Roman „Aufzeichnungen aus einem Totenhaus" (1. Teil, übersetzt von Dieter Pommerenke, 1994, S. 25) an.
37 BVerfGE 97, 350 (371 f.) – Euro.

Macht oder individueller Freiheit. Allerdings fordert der moderne Mensch immer mehr gutes Geld vom Staat, drängt diesen deshalb, mehr und mehr die Herrschaft über die in einer Nationalökonomie[38] verfügbaren Güter zu übernehmen und insoweit deren ökonomische Freiheit zu verkürzen. Auch die Gleichheit der Besteuerung ist zeitweilig mehr Ideal als Rechtswirklichkeit. Ein feinsinniger Analytiker der Geschichte der Staaten, Alexis De Tocqueville, beobachtet für die letzten drei Jahrhunderte der Monarchie vor der Französischen Revolution in Frankreich einen „erstaunlichen und unheilvollen Erfindungsgeist im Finanzwesen"[39], der immer wieder die Allerärmsten besteuert und die Reichen verschont. Eine Regierung trenne mit jedem Jahr durch eine ungleiche Besteuerung die Klassen und isoliere die Menschen entschiedener, als sie es bis dahin gewesen waren. Das Geldbedürfnis nötige eine „milde, aber der Öffentlichkeit und Kontrolle entbehrende Regierung" zu „gewalttätigen und unehrlichen Kunstgriffen, ... sobald einmal erst die Zeit ihre Macht geheiligt und sie von der Furcht vor Revolutionen, dieser letzten Schutzwehr der Völker, befreit hat"[40].

Heute wird das Gleichheitsproblem insbesondere sichtbar, wenn der Gesetzgeber die Steuerlast zu den indirekten Steuern verschiebt, bei der Besteuerung des Einkommens Einzelkaufmann, Personengesellschaft und Kapitalgesellschaft unterschiedlich belastet, Familien benachteiligt und mehr als 500 Ausnahmen bei der Besteuerung des Einkommens gewährt. Hier zeigt sich eine reale Mächtigkeit, der das Grundgesetz mit seinen Freiheitsgarantien und seinem Gleichheitssatz gegenwärtig kaum gewachsen ist. Die verfassungsrechtliche Mäßigung des Steuerrechts bleibt eine „Schicksalsfrage des modernen Verfassungsstaates"[41].

15
Gleichheit und reale Mächtigkeit

II. Die freiheitsgerechte Art des Steuerzugriffs

Mit der Grundsatzentscheidung für eine Steuerfinanzierung ist allerdings noch nicht die Freiheitlichkeit der Staatsfinanzierung gesichert. Diese hängt von dem rechtfertigenden Grund für den Steuerzugriff, damit von Art und Intensität der Steuer ab. Solange die Steuer den Schutz entgilt, den der Staat dem Leben und Vermögen des einzelnen bietet, bemißt sich die Besteuerung nach der gewährten Sicherheit; Steuergegenstand ist die geschützte Person und das geschützte Vermögen, der Weg zu einem Belastungssystem aus Kopf- und Vermögensteuer ist vorgezeichnet[42]. Schuldet der Bürger dem Staat hingegen den Einsatz seiner Arbeitskraft und seines Vermögens, so bemißt sich

16
Kopf- und Vermögensteuer

---

[38] Zur Ökonomie einer Nation vgl. *Friedrich List*, Das nationale System der politischen Ökonomie, Bd. I, 1841, Nachdruck 1982, S. 190 f., 210 f.; zum Begriff ferner *Karl Mathy*, in: Carl von Rotteck/Carl Welcker, Das Staats-Lexikon – Encyklopädie der sämmtlichen Staatswissenschaften für alle Stände, Bd. IX, 1847, Nachdruck 1990, S. 355 ff.
[39] *Alexis De Tocqueville*, Der alte Staat und die Revolution, II 10 hg. v. Jacob P. Mayer, 1989³, S. 107.
[40] *De Tocqueville* (N 39), S. 107.
[41] *Franz Klein*, Steuerrecht unter Verfassungskontrolle – Ein Plädoyer für die Steuervereinfachung, in: FS für Karl Beusch, 1993, S. 423 ff.
[42] *Samuel Pufendorf*, De jure naturae et gentium, 1672, liber VII cap. 4 § 7; liber VIII cap. 5 § 4 f.

die Steuerlast nach der erwarteten Erwerbsanstrengung für das Gemeinwohl, belastet also Grundstücke und Gewerbebetriebe, differenzierend auch die Köpfe in einer Sollertragsteuer nach dem durchschnittlich erzielbaren, geschätzten Reinertrag der Ertragsquellen Grund und Boden, Gebäude, Gewerbebetrieb und Person[43].

17
Sollertragsteuern

Diese Besteuerung betont den Dienst- und Pflichtenstatus des Bürgers, schafft aber auch Anreize für eine besondere Erwerbsanstrengung: Bei überdurchschnittlichem Erwerbserfolg bleibt der Mehrertrag steuerfrei, bei unterdurchschnittlichem Ertrag wird der Steuerpflichtige gleichwohl zu durchschnittlichen Sollerträgen belastet, wirtschaftliche Trägheit oder Ungeschicklichkeit werden also steuerlich benachteiligt[44].

18
Direkte und indirekte Steuern

Sieht der Staat seinen Zweck weniger im gewährten Schutz, entläßt er den Bürger auch aus der Erwerbspflicht für den Staat in die Erwerbsfreiheit, fördert er vor allem Wohlstand und Genuß seiner Bürger. Rechtfertigender Grund für den Staat und seine Steuer ist dann das Angebot konsumierbarer Wirtschaftsgüter; der Weg zu den indirekten Steuern ist gewiesen.

19
Ertragsteuern

Versteht der Staat sich hingegen mehr als Produktivitätsgemeinschaft mit seinen Bürgern, so bemißt er seine Steuern weniger nach Verbrauch oder Bedarf und mehr nach dem Zuwachs an Wirtschaftsgütern. Folgerichtig wird dann der individuelle Reinertrag besteuert, der anfangs als Sollertrag eines Grundstücks definiert wird, später als die in einem bestimmten Zeitraum hinzuerworbenen Vermögenswerte[45].

20
Indirekte Steuer: unmerklich, allgemein, neutral

Die Gewichtung zwischen indirekten und direkten Steuern bestimmt über die Allgemeinheit und Gleichheit der Besteuerung. Während anfangs die Verbrauchsteuern eingeführt wurden, um auch die oberen Stände in die Steuerpflicht einzubeziehen, begünstigten diese Steuern – einschließlich der Zölle – letztlich die Bezieher größerer Einkommen, weil diese sparen und investieren, insoweit den indirekten Steuern ausweichen können, während die Bezieher kleinerer Einkommen ihr Gesamteinkommen zum Konsum brauchen und damit den indirekten Steuern unterwerfen müssen. „Indirekte Steuer und Aristokratie bilden einen ebenso unzertrennlichen Bund wie direkte Steuer und Demokratie"[46]. Die indirekte Steuer bleibt allerdings eine unmerkliche Steuer – die Akzise ist ein „heimlicher Dieb"[47] –, belastet den Menschen bei Genuß und Vergnügen, erfaßt auch die Fremden, die im Lande Handel treiben und sich aufhalten, schwächt nicht – wie Kontributionen und Schatzungen – den Erwerbstrieb, lähmt nicht Handel und Wandel[48]. Die indirekte Steuer ersparte den Herrschern auch die bei veranlagten Steuern notwendigen wie-

---

43 *Eckart Schremmer*, Über „gerechte Steuern". Ein Blick zurück ins 19. Jahrhundert, 1994, S. 14 ff.
44 *Eckart Schremmer* (N 43), S. 17.
45 Zur Entwicklung vgl. *Julius von Soden*, Nationalökonomie, Bd. III, 1808, § 552; Bd. V, 1811, §§ 1 f., 119 f.; *Theodor Anton Heinrich von Schmalz*, Handbuch der Staatswirthschaftslehre, 1808, § 411.
46 *Fritz Karl Mann*, Steuerpolitische Ideale, 1937, S. 57.
47 *Christianus Teutophilus*, Entdeckte Goldgrube in der Accise, 1685, S. 49.
48 *Mann* (N 46), S. 54 f.

derholten Bitten um Steuerbewilligung, weil die einmal bewilligte, bleibende Akzise keiner weiteren Bewilligung bedurfte[49].

Erst die Aufklärung, die dem Allgemeinheits- und Gleichheitspostulat Raum verschafft und die „Freiwilligkeit" etwa der Fleisch- oder Mehlakzise in Frage stellt, fordert eine steuerliche Individualgerechtigkeit, die den einzelnen je nach seinen Fähigkeiten zur Mitfinanzierung des Gemeinwesens heranzieht. Bei der indirekten Steuer bleibt der Steuerträger, der Konsument, in der Anonymität des Marktes, so daß die Steuer jeden Konsumenten formal gleich belastet, mag er reich oder arm sein. Nur die direkte Steuer nimmt den Steuerpflichtigen in seinen persönlichen Einkommens-, Vermögens- und Familienverhältnissen tatbestandlich zur Kenntnis, kann also nach dessen individueller Leistungsfähigkeit bemessen werden. Die Allgemeinheit der Besteuerung – die Einbeziehung aller bisher privilegierten Stände – wurde im Gedanken der indirekten Steuer, die materielle Gleichheit der Besteuerung – ihre Bemessung je nach individueller Leistungsfähigkeit – durch die direkte Steuer verwirklicht.

21
Indirekte Steuer: nicht individualgerecht

Allerdings entwickelt sich die Besteuerung nicht als eine Geschichte logischer Besteuerungsideale und bürgerlichen Gerechtigkeitssinns. Die Entfaltung des Steuerstaates ist von Widerstand und Protest gegen die Besteuerung begleitet. Steuerrevolten und Steuerboykotts, Steuerumgehungen in der Grauzone des Rechts und Steuerhinterziehung begleiten insbesondere Steuerreformen, die Abgabenlasten erhöht haben[50]. Bahnbrecher der allgemeinen direkten Besteuerung waren vor allem Kriegszeiten[51]. Im 19. Jahrhundert läßt dann der kollektive Steuerprotest nach, die individuelle Hinterziehung von Steuern nimmt zu[52]. Der einzelne Bürger wird selbstbewußt, versteht sich andererseits weniger als mitverantwortliches Glied seiner Staatsgemeinschaft, sucht den individuellen Ausweg gegen eine als übermäßig empfundene Steuerlast in der Grauzone des Rechts oder auch jenseits des Rechts, hat weniger Hoffnung und Kraft, für eine generelle Berichtigung der Steuermaßstäbe zu kämpfen. Dieser Befund – Folge individueller Freiheitskraft und staatsbürgerlicher Schwäche – dauert bis heute an und ist ein wesentlicher Grund für den rechtsstaatlichen Niedergang des Steuerrechts.

22
Kollektiver Protest und individuelles Ausweichen

---

49 *Mann* (N 46), S. 57 f.
50 *Richard Tilly*, Unruhen und Proteste in Deutschland im 19. Jahrhundert, in: ders., Kapital, Staat und Sozialer Protest in der deutschen Industrialisierung, 1980, S. 143 f.
51 *Fritz Karl Mann*, Beiträge zur Steuersoziologie: III. Krieg und Besteuerung, in: FinArch 2 (1934), S. 287 f.
52 *Günter Schmölders*, Finanzpolitik, ³1970, S. 334; *Ullmann* (N 19), S. 48.

III. Wirkungen der Besteuerung

1. Finanzierung, Steuerung, Lenkung, Umverteilung

23
Privatnützige und gemeindienliche Herrschaft über Geld

Die Steuer überträgt Geldvermögen von der privaten auf die öffentliche Hand, mindert also die individuelle ökonomische Handlungsfreiheit und mehrt die staatliche Macht des Geldes. Das Geld dient nicht mehr dem privaten Nutzen, sondern dem gemeinen Wohl. Das Geld wird nicht mehr vom Privateigentümer in Freiheit verwendet, sondern vom Gesetzgeber nach den Regeln des Budgetrechts. Aus dem Privatgut ist durch staatlichen Eingriff[53] ein Gemeingut geworden. Dadurch ändert sich gesamtwirtschaftlich die Struktur des freiheitlich erreichbaren Lebensbereichs: Je mehr der Staat steuerlich die Geldherrschaft übernimmt, je größer sein Anteil am Bruttoinlandsprodukt wird, desto weniger werden Leistungen getauscht und desto mehr Geld verteilt. Der Private erwirbt Geld, nachdem er dafür eine Leistung erbracht hat; der Staat erzielt Steuererträge ohne Gegenleistung. An dieser Schnittstelle von staatlicher Bedarfsgemeinschaft und freiheitlichem Wirtschaften stellt sich die klassische Frage des Aristoteles nach der Tausch- und der Bedarfsgerechtigkeit[54]. Die freiheitliche Struktur des Wirtschaftssystems und das Maß der Steuerlast hängen von den finanzerheblichen Staatsaufgaben ab: Ohne staatliche Finanzzuwendungen für Schwache und Erfolglose gibt es keine allgemeine Freiheit für jedermann. Ohne staatlich bereitgestellte Gemeingüter[55] entfaltet sich individuelle Freiheit in der Gemeinschaft von Markt und Demokratie nicht angemessen. Andererseits wirkt die wachsende staatliche Finanzmacht nicht nur als Garant, sondern als Gegner der Freiheit[56]. Das Kernproblem einer maßvollen Besteuerung betrifft deshalb die Lehre von maßvollen Staatsaufgaben.

24
Steuerprogression, Konjunktursteuerung, Zweckbindung

Moderne Verfassungsstaaten unterscheiden strikt zwischen dem staatlichen Erwerb von Finanzmacht – dem Steuerrecht – und der Verwendung des Finanzaufkommens – dem Haushaltsrecht. Der Steuerzahler soll nicht dank seiner Zahlungen größeren Einfluß auf den Finanzstaat gewinnen als der Nichtzahler; der Steuerstaat bewahrt sich Unabhängigkeit und Unbefangenheit gegenüber seinem Finanzier, wenn er über die Verwendung der Steuererträge entscheidet. Doch wird diese Trennung von ertragbringender Steuerhoheit und finanzpolitisch gestaltender Budgethoheit[57] schon im Steuerrecht vielfach durchbrochen. Die Steuerprogression ist anfangs Ausdruck einer Gleichheit, die sich nicht nach den individuellen Gütern, sondern den Bedürf-

---

53 *Otto Mayer*, Deutsches Verwaltungsrecht, Bd. I, 1895, S. 245 ff.
54 Aristoteles unterscheidet in der Nikomachischen Ethik zwischen der Gerechtigkeit beim Austausch von Gütern zwischen Privaten, der iustitia commutativa, und der Gerechtigkeit bei der Zuteilung öffentlicher Lasten und Wohltaten, der iustitia distributiva, vgl. *ders.*, Nikomachische Ethik, Buch V, 1131 a (übersetzt von Franz Dirlmeier, 1956, S. 100 f.).
55 *Michael Anderheiden*, Gemeinwohl in Republik und Union, 2006, S. 110 ff.
56 *Paul Kirchhof*, Der Staat als Garant und Gegner der Freiheit, 2004.
57 Vgl. *Waldhoff* (N 8), S. 285.

nissen bemißt⁵⁸. Später beansprucht die progressive Steuer, notwendiges und überflüssiges Vermögen voneinander zu unterscheiden⁵⁹. Schließlich wird die Progression zum Instrument sozialpolitischer Umverteilung⁶⁰. Daneben versucht die Wirtschaftspolitik, die Konjunktur beherrschbar zu machen, die Haushalte von Bund und Ländern auf die Erfordernisse des gesamtwirtschaftlichen Gleichgewichts, das „magische Viereck" (§ 1 StabG), auszurichten (Art. 109 Abs. 2 GG), die rechtsverbindliche Regel also durch ein Stück Magie zu ergänzen. Der Einkommensteuersatz kann um bis zu 10 % gesenkt oder erhöht werden, um eine schwache Konjunktur zu beleben oder eine überschäumende Konjunktur zu bremsen⁶¹. Die abgabenpolitische Steuerbarkeit der Konjunktur wird heute allerdings sehr nüchtern eingeschätzt. Diese Steuerung wirkt nicht zielgenau, Markt und Wettbewerb erlauben Steuerüberwälzungen, Steuerinterventionen veranlassen Ausweichreaktionen und verfremden den Markt. Außerdem wird die Trennung von Steuer- und Haushaltshoheit auch durch eine Zweckbindung des Steueraufkommens im Steuergesetz gelockert⁶². Ob dem Grundsatz der Gesamtdeckung des Haushalts Verfassungsrang zukommt, hat das Bundesverfassungsgericht bisher offengelassen⁶³. Jedenfalls darf die Dispositionsfreiheit des Haushaltsgesetzgebers in seiner jährlichen Bewilligung nicht durch einmalige Entscheidung des Steuergesetzgebers erheblich eingeengt werden⁶⁴

25
Steuersubvention

Während die Steuerprogression und die Konjunktursteuerung eine Breitenwirkung zu erzielen suchen und damit das Prinzip der allgemeinen Steuer wahren, durchbricht die Steuersubvention die Allgemeinheit der Steuer, um individuell erwünschtes Verhalten steuerlich zu begünstigen, unerwünschtes zu benachteiligen. Der Steuergesetzgeber entlastet die umweltfreundliche Energieerzeugung, belastet die Nutzung umweltschädlicher Technik. Diese Steuerlenkung durchbricht bewußt das Prinzip der gleichmäßigen Besteuerung, einer der beiden Gerechtigkeitsmaßstäbe des Steuerrechts. Jede Finanzzuwendung trägt den Hang zum Privileg in sich. Wenn der Staat heute 80 Millionen Euro zu verteilen hätte und jedem der 80 Millionen Bürger einen Euro gäbe, bliebe diese Zuwendung schlechthin wirkungslos. Gibt er aber 80 Bürgern je eine Million Euro, so erreicht er eine verläßliche Lenkungswirkung. Zudem ist der Maßstab für die Steuerverschonung besonders kompromißanfällig, damit für den Zugriff mächtiger Gruppen zugänglich. Im Regelfall steht der Rechtsstaat vor den klaren Handlungsalternativen eines Ja oder Nein:

---

58 *Mann* (N 46), S. 161, 263; *Friederike Knaupp*, Der Einkommensteuertarif als Ausdruck der Steuergerechtigkeit, 2004, S. 21, 29. Zu den verschiedenen Progressionsrechtfertigungen ebd., S. 17 ff., 40 ff.
59 *Mann* (N 46), S. 163 f., 264; *Knaupp* (N 58), S. 21, 29.
60 *Mann* (N 46), S. 165, 311 f., 318, 322; *Knaupp* (N 58), S. 33.
61 *Klaus Stern/Paul Münch/Karl-Heinrich Hansmeyer*, Gesetz zur Förderung der Stabilität und des Wachstums der Wirtschaft, ²1972, S. 42 ff., 52; vgl. heute § 51 Abs. 3 EStG; s. auch *Paul Kirchhof*, in: ders. (Hg.), EStG Kompaktkommentar, ⁷2007, § 51 Rn. 50.
62 BVerfGE 93, 319 (348) – Wasserentnahmegebühr; BVerfGE 110, 274 (294 f.) – Ökosteuer; *Waldhoff* (N 8), S. 285.
63 BVerfGE 93, 319 (348) – Wasserentnahmegebühr.
64 BVerfGE 93, 319 (348) – Wasserentnahmegebühr; strenger die Rechtsprechung zu den Sonderabgaben → unten *P. Kirchhof*, § 119 Rn. 105 ff.

Eine Gefahr wird abgewehrt, ein Arzneimittel zugelassen, ein Kernreaktor betrieben, ein Straftäter festgenommen. Die Verteilung von Geld hingegen scheint allein von der Willensentscheidung des staatlichen Wohltäters abzuhängen. Bei der Steuersubvention gibt es so viele Kompromisse wie eine Summe in Euro teilbar ist. Der Übergang vom rechtlichen Regeln zum finanzwirtschaftlichen Steuern schwächt die Gleichheit und Verhältnismäßigkeit, die stets in der tatsächlichen Geeignetheit, Erforderlichkeit und Angemessenheit Konturenschärfe gewinnt. Deshalb fordert das Verfassungsrecht, daß die Steuer grundsätzlich eine unausweichliche[65] Gemeinlast ist, die der Staat jedem Inländer je nach finanzieller Leistungsfähigkeit gleich zur Finanzierung staatlicher Aufgaben auferlegt[66]. Nur ausnahmsweise darf der Gesetzgeber steuerlich bevorzugen oder benachteiligen und die Steuer lenkend für außerfiskalische Verwaltungsziele einsetzen[67]. Die Steuersubvention ist zwar zulässig[68], darf aber nur nach bestimmten verfassungsrechtlichen Vorgaben vom Gesetzgeber angeboten werden. Im System eines rechtsstaatlichen Steuerrechts ist die Steuersubvention ein Fremdkörper[69].

2. Unausweichliche Last

a) Steuergesetz und Steuervollzug

26
Tatsächliche Gleichheit der Last

Die Steuer ist die Gemeinlast, die allen Inländern je nach ihrer finanziellen Leistungsfähigkeit auferlegt wird. Bedingung der Besteuerung ist also die Belastungsgleichheit, die Unausweichlichkeit[70]. Das Steuergesetz sichert diese Belastungsgleichheit jedoch nicht schon durch einen materiellen Belastungsgrund, der dem Gleichheitssatz entspricht; vielmehr muß der Gesetzgeber Regelungen treffen, die die Steuerpflichtigen auch tatsächlich gleich belasten[71], die Steuerlast also auch im Besteuerungsverfahren unausweichlich macht, der steuermindernden oder steuervermeidenden Sachverhaltsgestaltung keinen Raum öffnet.

27
Überwälzung von Steuerlasten

Der gesetzliche Steuertatbestand trifft auf einen Steuerpflichtigen, der einer staatlich angeordneten Zahlungspflicht möglichst ausweichen will. Er verzichtet auf einen steuerpflichtigen Konsum, weil die Verbrauchsteuer das Wirtschaftsgut zu sehr verteuert hat, oder unterläßt einen Einkommenserwerb, weil ihm der Einkommenszuwachs nach Steuer nicht mehr attraktiv erscheint. Vor allem aber wird der Steuerpflichtige die materielle Steuerlast durch privatrechtlichen Vertrag auf andere überwälzen wollen[72]. Eine solche Steuer-

---

65 BVerfGE 96, 1 (6f.) – Arbeitnehmerfreibetrag; BVerfGE 101, 97 (309) – Arbeitszimmer.
66 BVerfGE 84, 239 (269) – Zinsbesteuerung.
67 BVerfGE 93, 121 (146f.) – Vermögensteuer; BVerfGE 98, 106 (117) – Verpackungsteuer – und s.u. Rn. 46.
68 Vgl. auch § 3 Abs. 1 AO.
69 *Paul Kirchhof u.a.*, Karlsruher Entwurf zur Reform des Einkommensteuergesetzes, 2001, S. 19f.
70 BVerfGE 84, 239 (268) – Zinsbesteuerung; BVerfGE 96, 1 (6f.) – Arbeitnehmerfreibetrag; BVerfGE 101, 97 (309) – Arbeitszimmer; vgl. auch BVerfGE 93, 121 (134) – Vermögensteuer.
71 BVerfGE 84, 239 (269). – Zinsbesteuerung; BVerfGE 110, 94 (112f.) – Spekulationssteuer.
72 *Schön* (N 1), S. 167f.

überwälzung ist bei der Umsatzsteuer die Regel, die der Unternehmer zwar schuldet, aber über den Preis auf den Endverbraucher überwälzt. Oft wird aber auch eine Gewinnsteuer vom Unternehmen dadurch auf andere verlagert, daß das Unternehmen Kosten senkt, etwa die Löhne zu Lasten der Arbeitnehmer abbaut, oder Einnahmen erhöht, etwa die Preise zu Lasten der Konsumenten steigert. In gesamtwirtschaftlicher Sicht haben die Anpassungsprozesse des Marktes vielfach zur Folge, daß eine individuelle Steuerlast des Unternehmens oder des Unternehmers an eine unübersehbar große Zahl von Wirtschaftssubjekten weitergegeben wird, sie also „diffundiert"[73]. Der steuerliche Blutegel könne an jeder beliebigen Stelle des Körpers angesetzt werden, die wirtschaftliche Belastung werde immer vom Blutkreislauf in seiner Gesamtheit getragen[74]. Eine solche verallgemeinernde Überwälzungslehre schwächt den Blick für die individualgerechte Steuer, stumpft vor allem gegenüber der Frage nach der gerechten Steuer, dem Vorzug von direkter oder indirekter Steuer ab[75]. Das rechtsstaatliche Erfordernis der Unausweichlichkeit der Steuerlast bemißt sich deshalb nach dem gesetzlichen Belastungsgrund: Ist eine Steuer, wie die Umsatzsteuer, auf Überwälzung angelegt, bewährt sie sich, wenn die Last den Steuerträger erreicht. Erwartet der gesetzliche Belastungsgrund eine Besteuerung des Schuldners, fordert die Unausweichlichkeit, daß die Steuerlast bei diesem verbleibt[76].

28
Strukturelle Erhebungsdefizite

Das Erfordernis der rechtlich und tatsächlich gleichen Last betrifft insbesondere das Verhältnis von materiellem Steuerrecht und Verfahrensrecht. Das materielle Steuergesetz muß die Gewähr seiner regelmäßigen Durchsetzbarkeit soweit wie möglich in sich selbst tragen[77]. Fordert das materielle Steuerrecht die Besteuerung der Zinserträge und baut diese Besteuerung auf die Steuererklärung des Pflichtigen, verhindert das Verfahrensrecht aber weitgehend eine Kontrolle der Richtigkeit dieser Erklärung – dort durch ein steuerwirksames Bankgeheimnis –, so verfehlt diese Steuerbelastung die Lastengleichheit, weil sie nahezu allein auf der Erklärungsbereitschaft des Steuerpflichtigen aufbaut und deswegen auf Kontrollen angewiesen ist. Eine Besteuerung allein nach Deklaration ohne Verifikation begründet einen strukturellen Erhebungsmangel, der zur Unvereinbarkeit mit Art. 3 Abs. 1 GG führt und eine gesetzgeberische Pflicht zur Normensanierung begründet[78].

29
Kontrollmitteilungen, Quellenbesteuerung, Typisierung

Soweit die tatsächlichen Gegebenheiten die Kontrollmöglichkeiten des Staates einschränken, hat der Gesetzgeber grundsätzlich Erhebungsarten zu wählen, die diese tatsächlichen Schwierigkeiten überwinden und materiell eine Gleichheit im Belastungserfolg herstellen. Das Bundesverfassungsgericht hat deshalb für die Erfassung der Kapitaleinkünfte Kontrollmitteilungen oder

---

73 *Nicolas Francois Canard*, Grundsätze der Staatswissenschaft, 1801 (deutsch: 1958), Textziffer 122.
74 Canard (N 73), Textziffer 107 (dort auch mit der Folgerung, alte Steuer sei gute Steuer).
75 *Wilhelm Röpke*, Finanzwissenschaft, 1929, § 31, S. 99.
76 BVerfGE 101, 151 (155) – Schwarzwaldklinik, zur Umsatzsteuer; BVerfGE 101, 132 (139) – Heileurythmisten, zur Umsatzsteuer.
77 BVerfGE 84, 239 (272) – Zinsbesteuerung.
78 BVerfGE 84, 239 (273f.) – Zinsbesteuerung.

eine Quellenbesteuerung angeregt, die als Definitivsteuer ausgestaltet ist und typisierend in einem linearen Satz den absetzbaren Aufwand und den Progressionssatz in Durchschnittswerten widerspiegelt[79]. Auch bei der Lohnsteuer gewährleistet die Quellensteuer eine verläßliche Steuererhebung[80]. Die gesetzliche Typisierung[81] bietet eine Hilfe für die Gleichmäßigkeit des Gesetzesvollzugs. Der Gleichheitssatz fordert nicht eine immer mehr individualisierende und spezialisierende Gesetzgebung, die letztlich die Gleichmäßigkeit des Gesetzvollzuges gefährdet, sondern die Regelung eines allgemeinverständlichen und möglichst unausweichlichen Belastungsgrundes[82]. Allerdings begründen nur strukturelle Erhebungsdefizite einen Gleichheitsverstoß; eine unzulängliche Vollziehbarkeit eines Steuergesetzes, die ihren Grund in der fehlenden Rechtstreue des Schuldners hat, ist durch gleichheitsrechtliche Anforderungen an den Gesetzgeber kaum zu beheben[83].

30
Drei Steuerrechtsordnungen

Im geltenden Steuerwesen ringen gegenwärtig drei Steuerrechtsordnungen um die tatsächliche Herrschaft[84]: Die verfassungsrechtliche Steuerordnung, die durch die Garantie der Eigentümerfreiheit eine maßvolle, durch die Garantie der Besteuerungsgleichheit eine gleichmäßige Besteuerung sichert und sich am Prinzip der Besteuerung nach der finanziellen Leistungsfähigkeit ausrichtet. Daneben steht die gesetzliche Steuerordnung, die vom Parlament hervorgebracht worden ist und in den Gesetzes- und Verordnungstexten als positives Recht Verbindlichkeit beansprucht. Der Steuerpflichtige aber erlebt das Recht in Form der Verwaltungspraxis, die sich – in Anwendung dieser Gesetze – tatsächlich ereignet, die durch Verwaltungsvorschriften, Kontrollgepflogenheiten und tatsächliche Verständigung die gesetzlichen Vorgaben deutlich lockert. Die Gründe für diese Unterschiede zwischen dem verfassungsrechtlich Gebotenen, dem gesetzlich Gewollten und dem im Gesetzesvollzug Praktizierten liegen in der komplizierten und widersprüchlichen Gesetzgebung, in der Mitwirkungsbedürftigkeit der Besteuerung bei Steuererklärung, Selbstveranlagung, Steuerermittlung und Steuervollstreckung[85], in den steuervermeidenden Sachverhaltsgestaltungen[86], in einer allgemeinen Verweigerungsmentalität, die über die selbstverständliche Unlust zum Steuerzahlen hinausgeht. Die Unverständlichkeit und Widersprüchlichkeit des Rechts verschleiern die steuerlichen Belastungsgründe und gefährden die Einsichtigkeit des Steuerrechts. Der Pflichtige versteht kaum noch die Bedingtheit der Eigentümer- und Berufsfreiheit durch Steuern[87]. Eine sinkende Steuerungsfähigkeit der gesetzlichen Regeln nimmt die Steuermoral

---

79 BVerfGE 84, 239 (282 f.) – Zinsbesteuerung.
80 BVerfGE 96, 1 (7 f.) – Arbeitnehmerfreibetrag; *Gregor Kirchhof*, Die Erfüllungspflichten des Arbeitgebers im Lohnsteuerverfahren, 2005, S. 72 ff.
81 BVerfGE 82, 159 (185 f.) – Absatzfonds; BVerfGE 96, 1 (6) – Arbeitnehmerfreibetrag; BVerfGE 101, 297 (309) – Häusliches Arbeitszimmer.
82 BVerfGE 101, 297 (309) – Häusliches Arbeitszimmer.
83 BVerfG, 1. Kammer des 2. Senats, Beschluß vom 12. 4. 1996, in: NJW 1996, S. 2086 f. – Bordellbetrieb.
84 *Rolf Eckhoff*, Rechtsanwendungsgleichheit im Steuerrecht, 1999, S. 64 f.
85 *Roman Seer*, Verständigungen in Steuerverfahren, 1996, S. 8 f.
86 S. u. Rn. 34 ff.
87 S. u. Rn. 117 ff., 146 ff.

auf den bloßen Gesetzesgehorsam zurück und läßt ihn damit ins Leere laufen[88]. Der Steuerpflichtige empfindet in einer von Konkurrenz und Wettbewerb geprägten Wirtschaftsordnung die Steuerlast also nicht als Ausdruck seiner Zugehörigkeit zu einem freiheitlichen Staat, sondern deutet seine persönliche Steuerlast „realistisch" als Folge fehlender Gestaltungscleverneß, vielleicht auch als Interventionsschwäche seiner Verbände. Die „voraussetzungslose" Steuer[89] ohne gesetzlich ausgeprägten Belastungsgrund entfremdet den Pflichtigen vom Steuerrecht. Das um Detailgenauigkeit und Einzelfallgerechtigkeit bemühte Gesetz wird vielfach auch durch die tatsächliche Entwicklung des Wirtschaftslebens überholt. Die Bereitschaft zur Illegalität, insbesondere auf dem Schwarzmarkt und auf internationalen, in der Zuordnung zu einem Steuerfiskus geschwächten Märkten, wächst. Eine wirksame Gegenwehr der Finanzbehörden scheitert teilweise an ihrer Personalausstattung, an ihren räumlich begrenzten Hoheitsbefugnissen und an der erschwerten Ermittelbarkeit des steuererheblichen Sachverhalts.

31
Legalität und Verständigung

Finanzbehörden und Steuerpflichtige sind deshalb beim Gesetzesvollzug auf Verständigung angewiesen[90]. Die Beteiligten des Steuerrechtsverhältnisses klären vor allem Sachverhalts-, Bewertungs- und Schätzungsungewißheiten für das weitere Verfahren einvernehmlich. Eine zwischen den Beteiligten ungewisse materielle Rechtslage wird für zukünftige Gestaltungen durch behördliche Zusage aufgrund eines vom Steuerpflichtigen dargestellten Sachverhalts ausgeräumt, sodann für die Steuerfestsetzung und nach einer Außenprüfung bei der Schlußbesprechung vergleichsähnlich im gegenseitigen Nachgeben zur individuellen Gewißheit geformt. Im Erhebungs- und Vollstreckungsverfahren stützen sich Billigkeitsmaßnahmen, aber auch einzelne Formen der Erhebung, Vollstreckung und steuerlichen Haftung auf eine gegenseitige Verständigung. Der Bundesfinanzhof anerkennt die „tatsächliche Verständigung" als Vereinbarung über eine bestimmte Sachbehandlung als bindend, weist hingegen die Vereinbarung über den Steueranspruch als unzulässig zurück[91]. Der Steuerpflichtige ist nicht nur Adressat von Gesetz und Steuerbescheid, sondern mitgestaltend und auf Einvernehmen angelegt am Besteuerungsverfahren beteiligt.

32
Maßvoller Gesetzesvollzug

Die Finanzverwaltung hat inzwischen verstetigte Methoden maßvollen Gesetzesvollzugs entwickelt[92]. Der Steuerpflichtige bietet der Finanzbehörde den steuererheblichen Sachverhalt in Bilanzen und Steuererklärungen (Deklarationsprinzip), arbeitet dann bei der Ermittlung des wirtschaftlichen Sachverhalts bei sich ändernden ökonomischen Wirklichkeiten mit den Behörden zusammen (Kooperationsprinzip); die Aufgabe der Finanzbehörde zur

---

88 *Eckhoff* (N 84), S. 36 f.
89 S. u. Rn. 87.
90 *Seer* (N 85), S. 8 f.; kritisch auch zur tatsächlichen Verständigung: *Peter Selmer*, Der gerechte Steuerstaat, in: FinArch, N.F. 52 (1995), S. 234 (241); *Hartmut Söhn*, Steuervereinbarungen und Verfassungsrecht, in: FS für Peter Selmer, 2004, S. 911.
91 BFH, in: BStBl II, 1985, S. 354 (357); BStBl II, 1991, S. 45 (46); zur dreistufigen Entwicklung dieser Rechtsprechung vgl. *Seer* (N 85), S. 67 f.
92 *Sebastian Müller-Franken*, Maßvolles Verwalten, 2004, S. 135 f.

hoheitlichen Prüfung und Kontrolle (Verifikationsprinzip) tritt zurück[93]. Das konsensuale Verwaltungshandeln ist vielfach in gesetzlichen Vorschriften über die „Angemessenheit" von Rechtsgestaltungen, Betriebsausgaben, Verträgen zwischen Familienangehörigen, verdeckten Gewinnausschüttungen oder Leistungen bei grenzüberschreitenden Geschäftsbeziehungen zwischen verbundenen Kapitalgesellschaften angelegt, wird bei „Mißbrauchstatbeständen" nahegelegt. Tatbestände der Bewertung, der Schätzung und eines Billigkeitserlasses müssen im Verstehens- und Erfahrungshorizont des Steuerpflichtigen gesehen werden[94]. Bei Ermessenstatbeständen und analogieähnlichen Auslegungstechniken begegnen sich Steuerstaat und Steuerpflichtiger fast auf einer Stufe in gegenseitigem Entgegenkommen[95]. Vielfach überlagert die tatsächliche Vermutung eines typischen Sachverhalts die konkrete und individuelle Ermittlung des Steuerfalls; Beweiswürdigungen und Beweismaßkonkretisierungen stützen sich vielfach auf „tatsächliche Vermutungen"[96]. Die in den Massenverfahren überforderte Verwaltungspraxis kontrolliert Steuererklärungen nur noch auf deren äußere Ordnungsgemäßheit, Vollständigkeit, Schlüssigkeit und Plausibilität[97]. Eine derart verminderte Kontrolle ersetzt die Einzelermittlung durch zufallsgesteuerte Stichprobenkontrolle, Kontrollmitteilungen und typisierte Unrechtsvermutungen gegenüber bestimmten Branchen, Gestaltungsgepflogenheiten und Wirtschaftsräumen. Die Finanzverwaltung richtet ihren Ermittlungsaufwand an dem zu erwartenden Ertrag aus, bildet dabei „Größenklassen", nach denen die Prüfungshäufigkeit und Prüfungsintensität bemessen wird. Verwaltungsvorschriften (Art. 108 Abs. 7 GG) begründen anstelle des Gesetzes die Besteuerungsmaßstäbe, die in der Besteuerungspraxis vielfach das alleinige Maß für individuelle Besteuerung bieten[98]. Das materielle Steuergesetz enthält nur ein Versprechen der Besteuerungsgleichheit, das erst durch das konkretisierende und individualisierende Besteuerungsverfahren eingelöst wird[99].

33
Anerkennung der Steuerzahlung als gemeindienliche Leistung

Diese weniger auf Legalität und mehr auf tatsächliche Verständigung angelegte Besteuerung vermengt die seit Aristoteles[100] unterschiedenen zwei Formen der Gerechtigkeit: die zuteilende Gerechtigkeit, nach der ein Gemeinwesen Lasten und Wohltaten angemessen zuteilt, und die austauschende Gerechtigkeit, bei der die Menschen untereinander in der vertraglichen Annäherung in einer gemeinsamen Vereinbarung übereinstimmen. Die zuteilende Gerechtigkeit wird nach dem Bedarf der einzelnen Person zugemessen, erfährt in deren Lebensbedingungen ihre Angemessenheit. Die ausgleichende Gerechtigkeit überläßt den Vertragspartnern freie Hand, bemißt das Angemessene nach dem Wert der ausgetauschten Leistungen. Dieses System des

---

93 *Eckhoff* (N 84), S. 319 f.
94 Vgl. insgesamt *Seer* (N 85), S. 13 f.
95 *Müller-Franken* (N 92), S. 154 f.
96 Für eine Übersicht *Müller-Franken* (N 92), S. 271 f.
97 Vgl. *Klaus Buciek*, Grenzen des „maßvollen Gesetzesvollzugs", in: DStZ 1995, S. 513.
98 Vgl. *Müller-Franken* (N 92), S. 360 f.
99 *Eckhoff* (N 84), S. 571.
100 *Aristoteles*, Nikomachische Ethik, Buch V, 1131 a (übersetzt von Franz Dirlmeier), 1956, S. 100 f.

vereinbarten Steuereingriffs ist nur erträglich, wenn diese „dritte Steuerordnung" sich verläßlich an den verfassungsrechtlichen Vorgaben und dem jeweils allgemein bewußten Belastungsgrund der Einzelsteuer ausrichtet. Das Bewußtsein von der Notwendigkeit der Steuer und eines selbstbewußten Stolzes über den steuerlich erbrachten Beitrag für die Rechtsgemeinschaft muß allerdings noch entfaltet werden. Deswegen sollte der Gesetzgeber erwägen, das Steuergeheimnis zu lockern und durch Veröffentlichung von Steuerlisten die großen, verdienstvollen Steuerzahler der Allgemeinheit vorzustellen[101]. Eine solche Bekanntgabe der Steuerleistungen durch Steuerlisten war zu Zeiten der Weimarer Reichsverfassung ein aktueller rechtspolitischer Gedanke[102]. Im Deutschen Bundestag ist 1950 ein Antrag, Steuerlisten offenzulegen, gescheitert, weil die Sorge herrschte, die Veröffentlichung von Einkommen würde Neid, Mißgunst, Gehässigkeit, Intrigen, Verleumdungen, Kriminalität, Denunziation und Kapitalflucht anregen[103]. Doch werden diese niedrigen Instinkte auch durch die reale Lebensführung der Erfolgreichen, ihre gesellschaftliche Stellung, den Rang eines Berufes, die unternehmerischen Bilanzen ausgelöst. Die Veröffentlichung der Zahlungen aus direkten Steuern wäre deshalb ein Instrument, um den Bürgerstolz auf den wirtschaftlichen Erfolg zu fördern, der dem einzelnen, steuerlich aber auch der Allgemeinheit zugute kommt. Auf dieser Grundlage könnten der Bundespräsident, der Ministerpräsident eines Landes und der Oberbürgermeister einer Stadt – in Anlehnung an den DAX – die dreißig besten Steuerzahler öffentlich rühmen und ihnen in geeigneter Form danken. Im abendlichen Fernsehen könnte ein Steuer-DAX – einmal im Monat – einen höheren Informationswert gewinnen als der gegenwärtige Börsen-DAX.

b) Die Steuergestaltung: Besteuerung des atypischen Sachverhalts

Das Steuerrecht verfehlt oft die gleichheitsgebotene Unausweichlichkeit, weil die gesetzliche Regel auf den steuerbewußt gestalteten Grenzfall trifft, das Steuerrecht also nicht auf die ökonomische Normalität, sondern auf die steuergestaltend verfremdete Realität zugreifen muß. Der Steuerpflichtige plant nicht nur bei seinem wirtschaftlichen Vorhaben die Steuern als Kostenfaktor ein (Steuerplanung), sondern sucht sie durch steuerbewußte Gestaltung seines Wirtschaftens zu verringern oder zu vermeiden[104]. Der „Schlagbaum des Steuertatbestandes" wird „an dem Normalwege, auf welchem der Verkehr ein

34
Der Vertrag – ein Instrument zur Begründung steuerlicher Ungleichheit?

---
101 Zur Offenlegung von Steuerlisten im Ausland: *Klaus Tipke*, Die Steuerrechtsordnung, Bd. I, ²2000, S. 230 f.
102 Der Reichsminister der Finanzen legte bereits am 11.11.1931 auf Ersuchen des Reichstags eine „Denkschrift über die Offenlegung der Steuerlisten im Ausland" vor (RT-Drs V/1234).
103 Die Fraktion der SPD brachte Anfang 1950 einen Antrag ein, öffentliche Steuerlisten einzuführen (BT-Drs I/602 Ziff. 7). Die Bestimmung sollte lauten: „Für die veranlagte Einkommensteuer sind bei jedem Finanzamt Listen zu führen, aus welchen ersichtlich ist: Name und Wohnung des Steuerpflichtigen, das für das Jahr erklärte und das veranlagte Einkommen. Diese Listen sind zur Einsicht für jedermann öffentlich zugänglich zu machen." Der Antrag wurde abgelehnt (BT-Plenarprot. I/42, S. 1420 D). Auch ein zweiter Versuch im folgenden Jahr hatte keinen Erfolg (BT-Plenarprot. I/143, S. 5644 D ff.; I/145, S. 5740 C ff.).
104 *Johanna Hey*, Steuerplanungssicherheit als Rechtsproblem, 2002, S. 9 f., 11 f.

§ 118　　*Achter Teil: III. Finanzwesen*

bestimmtes wirtschaftliches Ziel in der Regel zu erreichen strebt", errichtet[105]; der Steuerpflichtige hingegen sucht durch zivilrechtliche Gestaltungen sein Wirtschaften auf Nebenwege zu verlegen und damit die steuerliche Maut auf dem Normalweg zu vermeiden. In dieser Vermeidbarkeit der Steuerlast liegt das Kernproblem des gegenwärtigen Steuerrechts. Vielfach laden die fehlende Systematik, Formulierungsschwäche, Widersprüchlichkeit und Detailfülle des geltenden Steuerrechts zu einer solchen Vermeidungsstrategie ein[106].

Steuerjuristische Betrachtungsweise　Deswegen muß das Steuerrecht durch ein einfaches und unausweichliches Steuerrecht Steuerplanung erleichtern und Steuergestaltung zurückweisen[107], im übrigen in einfachen Regeln[108] und in einer eigenständigen steuerjuristischen Betrachtungsweise[109] ermitteln, welches Gestaltungsverhalten steuererheblich und welches steuerunerheblich ist, wann der zivilrechtliche Vertrag einen steuererheblichen Sachverhalt verändert und wann die Anwendung des Steuergesetzes verhindern muß, daß der Vertrag als Instrument dient, steuerliche Ungleichheiten zu begründen. Wer aus Liebe zu Afrika nach Kenia auswandert und sein Wertpapiervermögen in Deutschland beläßt, braucht nunmehr seine Zinserträge weder in Deutschland noch in Kenia zu versteuern[110]; der Besteuerung fehlt die gesetzliche Grundlage. Wenn ein Schwiegervater hingegen bei der Kettenschenkung an seinen Schwiegersohn die höheren Freibeträge des eigenen Kindes durch Zwischenschaltung seiner Tochter nutzen will, obwohl vertraglich die Zuwendung an den Schwiegersohn schon vorgezeichnet ist, bewertet die Rechtsprechung[111] diesen Vorgang als Durchgangserwerb, blickt durch die zweigliedrige Schenkung hindurch auf das Verhältnis von Schenker und letztlich Beschenktem und nimmt den Zwischenerwerb erbschaftsteuerrechtlich nicht zur Kenntnis. Diese Steuergestaltungen brauchen nicht als „Mißbrauch von Gestaltungsmöglichkeiten des Rechts" (§ 42 AO) qualifiziert und durch eine gesetzliche Analogie aufgefangen zu werden[112]. Der Rechtsanwender hat vielmehr im Blickwinkel des Steuergesetzes den steuererheblichen Kern der individuellen Leistungskraft oder der in der Kaufkraft vermuteten Leistungsfähigkeit zu ermitteln und diesen trotz

---

105 *Albert Hensel*, Steuerrecht, ³1933, S. 95.
106 *Hey* (N 104), S. 3; vgl. auch BFH, in: DStR 2007, S. 64 (65) – Begrenzter Verlustausgleich bei gesetzlich eröffnetem Dispositionsraum für private Veräußerungsgeschäfte (§ 23 EStG).
107 *Paul Kirchhof*, Der verfassungsrechtliche Auftrag zur Steuervereinfachung, in: FS für Dietrich Meyding, 1994, S. 3.
108 Zu den Analysen des Steuerrechts als „Chaos", „Dickicht", „Dschungel" u. a. *Michael Rodi*, Die Steuerrechtsordnung zwischen Gesetzgebungskunst, Ethik und Verfassungsrecht, in: ZG 1993, S. 369 f.
109 *Paul Kirchhof*, Der Vertrag als Ausdruck grundrechtlicher Freiheit, in: FS für Peter Ulmer, 2003, S. 1211 (1223 f.); *ders.*, Der Vertrag – ein Instrument zur Begründung steuerlicher Ungleichheit?, in: FS für Volker Röhricht, 2005, S. 917 (927 f.), und s. u. Rn. 39 ff.
110 *Joachim Lang*, in: Klaus Tipke/Joachim Lang, Steuerrecht, ¹⁸2005, § 5 Rn. 101.
111 BFH, in: BStBl III, 1955, S. 395; 1962, S. 206; BStBl II, 1994, S. 120.
112 Vgl. *Albert Hensel*, Zur Dogmatik des Begriffs „Steuerumgehung", in: FG für Zitelmann, 1923, S. 230; *Hans-Jürgen Papier*, Die finanzrechtlichen Gesetzesvorbehalte und das grundgesetzliche Demokratieprinzip, 1973, S. 187; *Josef Isensee*, Das Billigkeitsprojektiv des Steuergesetzes – Rechtfertigung und Reichweite des Steuererlasses im Rechtssystem des Grundgesetzes, in: FS für Werner Flume, Bd. II, 1978, S. 137; *Susanne Sieker*, Umgehungsgeschäfte, 2001, S. 58 ff.

formaler und rechtstechnischer Ablenkung wirklichkeitsgerecht[113] zu erfassen. Die „Steuerumgehung" ist mit der Anerkennung der teleologischen Auslegung, der richterlichen Rechtsfortbildung und der verfassungskonformen Auslegung als eigenständiges Korrekturelement überflüssig geworden[114].

Das Steuerrecht fragt deshalb nicht, was privatrechtlich erklärt, sondern welcher steuererhebliche Tatbestand – das Einkommen, der Umsatz, der Erbanfall – durch privatrechtliche Erklärung erreicht worden ist. Wenn der Vater seinem studierenden Sohn für zwei Jahre an einer Darlehensforderung einen Nießbrauch einräumt, um die Zinserträge dem Sohn steuerlich zuzuweisen und dort eine niedrigere Progression und Freibeträge anwenden zu können, so ist dieser zivilrechtlich wirksame Übertragungsvorgang steuerlich unerheblich, weil er nur die Einkünfte, nicht aber die Einkunftsquelle überträgt, also den steuererheblichen Zustandstatbestand des Kapitalvermögens nicht verändert[115]. Wenn beim Mantelkauf Anteile einer abwicklungs- und löschungsreifen Kapitalgesellschaft einem Erwerber übertragen werden, die Gesellschaft danach aber mit neuem Betriebsvermögen wieder am Wirtschaftsleben teilnimmt, so mögen die Verluste gesellschaftsrechtlich in der Gesellschaft verbleiben; steuerrechtlich jedoch können die Verluste von der wirtschaftlich erneuerten Gesellschaft nicht geltend gemacht werden, weil der Verlustabzug „nicht dem Rechtskleid, sondern den verlusttragenden Unternehmen" zusteht[116].

35
Maßgeblichkeit des steuererheblichen Erfolges, nicht des Rechtskleides

Vielfach soll die Wahl der rechtlichen Organisationsform eines Unternehmens Belastungsunterschiede herbeiführen. Die Entstehung der GmbH & Co. KG – der Personengesellschaft mit beschränkter Haftung – im Jahre 1912[117] hatte ausschließlich steuerrechtliche Gründe. Damals wurden die ausgeschütteten Gewinne doppelt – einmal bei der Gesellschaft mit beschränkter Haftung und später beim Gesellschafter – besteuert. Deshalb wurde die GmbH & Co. KG als Ersatzform der ursprünglich reinen Gesellschaft mit beschränkter Haftung ersonnen: Die Gesellschaft mit beschränkter Haftung wurde Komplementärin und verpachtete ihr Betriebsvermögen an die Kommanditgesellschaft zu einem Preis, der gerade ihre eigenen Aufwendungen deckte. Im Ergebnis fiel damit der Unternehmensgewinn bei der Kommanditgesellschaft an, die Doppelbelastung war mit Ausnahme des eigenen Gewinnanteils der Gesellschaft mit beschränkter Haftung als Mitglied der Kommanditgesellschaft vermieden, die bisherige Unternehmensverfassung aber weitgehend erhalten[118].

36
GmbH & Co. KG

---

113 BVerfGE 87, 153 (172) – Grundfreibetrag; BVerfGE 93, 121 (136) – Vermögensteuer; BVerfGE 99, 218 (233) – Kinderbetreuungskosten; BVerfGE 99, 246 (260f.) – Familienleistungsausgleich.
114 Susanne Sieker, Umgehungsgeschäfte, 2001.
115 Vgl. *Hans Georg Ruppe*, Übertragung von Einkunftsquellen ins Steuerrecht, in: DStJG 1 (1978), S. 7f.; vgl. auch BFH, in: BStBl II, 1977, S. 115; 1991, S. 38.
116 BFH, in: BStBl III, 1966, S. 289 (291); vgl. auch nunmehr § 8 Abs. 4 KStG und dazu BFH, in: BStBl II, 2002, S. 395.
117 Anerkannt durch das Bayerische Oberlandesgericht in: BayObLGZ 13, 69, sowie später (1922) in: RGZ 105, 101.
118 *Manfred Groh*, Das Steuerrecht als unerwünschte Quelle des Gesellschaftsrechts, in: BB 1984, S. 304 (305f.).

37

Kombination der Vorteile eines Personenunternehmens und einer Kapitalgesellschaft

Heute hat die GmbH & Co. KG vor allem die Funktion, die Vorteile eines Personenunternehmens mit denen einer Kapitalgesellschaft zu vereinen, ohne die Rechtsform wechseln zu müssen. Je nach wirtschaftlicher Lage der beteiligten Gesellschafter können Gewinne von der Kommanditgesellschaft auf die Komplementär-GmbH verlagert und erst dann an die Gesellschafter ausgeschüttet werden, wenn sie einem günstigen Einkommensteuersatz unterliegen oder gar Verluste erwirtschaftet haben[119]. Im übrigen können auch die unterschiedlichen Steuersätze, die das Einkommensteuerrecht und das Körperschaftsteuerrecht bereithalten, verbunden mit einer möglichen Gewerbesteuerbelastung erzielter Gewinne, einer flexibel gestaltbaren GmbH & Co. KG entgegenkommen. Die Sonderstellung der GmbH & Co. KG zeigt sich auch dann, wenn ihre Anteile vererbt werden sollen. Zur Ermittlung der erbschaftsteuerlichen Bemessungsgrundlage werden die Anteile an der Komplementär-GmbH nach § 12 Abs. 5 ErbStG in Verbindung mit § 11 Abs. 2 BewG mit dem gemeinen Wert bewertet, der auch den künftigen Ertrag des Unternehmens berücksichtigt[120]. Für die Anteile an der Kommanditgesellschaft ist hingegen nach § 109 BewG der (zumeist niedrigere) Steuerbilanzwert maßgeblich. Verfügt die Komplementär-GmbH über kein wesentliches Vermögen, wird die GmbH & Co. KG praktisch wie ein Personenunternehmen besteuert, obwohl ihre zivilrechtliche Haftung einer Gesellschaft mit beschränkter Haftung ähnelt[121]. Die Rechtsform ist zudem bedeutsam für die Gewerbesteuerbelastung und die Anrechnung der Gewerbesteuer auf die Einkommensteuer[122]. Zivilrechtlich werden Betriebe häufig gespalten, um den Zugriff der Gläubiger in der Insolvenz zu vermindern. Gerät die zumeist produzierende Kapitalgesellschaft in eine wirtschaftliche Schieflage, können deren Gläubiger nicht auf das Grundvermögen des Besitzunternehmens zurückgreifen.

38

Bundesverfassungsgericht: Schwarzwaldklinik

Diese Steuergestaltungen finden heute weitgehend Anerkennung. Allerdings fordert das Bundesverfassungsgericht[123] hier eine grundlegende Änderung: Die bloße Wahl der Organisationsform eines Unternehmens rechtfertige für sich genommen keine Belastungsunterschiede. In dem dort zu entscheidenden Fall der „Schwarzwaldklinik" waren unterschiedliche Steuerlasten im Umsatz- und Gewerbesteuerrecht entstanden, weil eine Schwarzwaldklinik vom Chefarzt – also vom Freiberufler – geführt wurde, die andere hingegen in Form der Gesellschaft mit beschränkter Haftung – also als Gewerbebetrieb kraft Rechtsform – organisiert war. Die Nichtgewährung einer umsatzsteuerlichen Steuervergünstigung allein aufgrund der Rechtsform des Unternehmens verstoße gegen das Gleichbehandlungsgebot (Art. 3 Abs. 1 GG). Auch die Garantie der Vereinigungsfreiheit (Art. 9 Abs. 1 GG) wird durch steuerliche Verteuerung der Wahl einer bestimmten Rechtsform gefährdet und inhaltlich ausgehöhlt.

---

119 *Dieter Schneeloch*, Besteuerung und betriebliche Steuerpolitik, Bd. II, ²2002, S. 441 f.
120 Zum „Stuttgarter Verfahren" *Rudolf Rössler/Max Troll*, Kommentar zum BewG, ¹⁸2003, § 11 Rn. 40 ff.; vgl. aber nunmehr BVerfG, 1 BvL 10/02 v. 7.11.2006 – Bewertung im Erbschaftsteuerrecht.
121 *Schneeloch* (N 119), S. 446.
122 Bei niedrigen Gewerbesteuerhebesätzen kann § 35 EStG eine höhere einkommensteuerliche Entlastung gewähren als die gewerbesteuerliche Belastung.
123 BVerfGE 101, 151 (156 f.) – Schwarzwaldklinik – und s. u. Rn. 150, 207.

c) Die steuerjuristische Betrachtungsweise

Das Steuerrecht muß somit den steuererheblichen Sachverhalt eigenständig würdigen. Der Belastungsgrund ist in einfachen und allgemeinverständlichen Tatbeständen auszudrücken[124]. Wertungen aus anderen Rechtsbereichen sind dabei Erkenntnishilfen, nicht bindende Vorgaben. Übernimmt das Steuerrecht Begriffe aus einer anderen Teilrechtsordnung, so muß durch Auslegung ermittelt werden, ob mit der Übernahme des Begriffes auch der Inhalt dieses Begriffes übertragen worden ist, oder ob das Steuerrecht dem Begriff einen eigenständigen Inhalt gibt. Wenn § 26 EStG für die Besteuerung der Ehegatten an den Tatbestand „Ehe" anknüpft, § 15 Abs. 1 S. 2 Nr. 2 EStG den Begriff der Offenen Handelsgesellschaft oder Kommanditgesellschaft verwendet oder § 1 Abs. 1 KStG die verschiedenen Formen der juristischen Personen aufnimmt, meint diese Anknüpfung an statusbegründende Rechtsvorschriften des Zivil- und Gesellschaftsrechts den jeweils dort begründeten Rechtsakt. Politische Parteien im Sinne des § 10b Abs. 2 EStG sind nur solche im Sinne des § 2 PartG[125]. Ausdrückliche Verweise des Einkommensteuergesetzes auf sonstige rechtliche Regelungen nehmen die angesprochenen Normen in ihrer jeweiligen Entwicklung tatbestandlich in das Steuergesetz auf (dynamische Verweisung). Der Tatbestand „Euro" folgt in einem förmlichen, währungsrechtlich begründeten Nominalismus strikt den Vorgaben des Währungsrechts.

39
Steuergesetzliche Übernahme von Begriffen

Handelt hingegen § 21 Abs. 1 S. 1, § 2 Abs. 1 Nr. 6 EStG von „Einkünften aus Vermietung und Verpachtung", so beschränken sich diese Einkünfte keineswegs auf diejenigen aus einem Miet- und Pachtvertrag, bezeichnen vielmehr alle Einkünfte, die aus der zeitlich begrenzten entgeltlichen Überlassung zum Gebrauch oder zur Nutzung von unbeweglichen Gegenständen des Privatvermögens oder damit zusammenhängender Rechte erzielt werden[126]. Der Steuerpflichtige wird diese Qualifikation seiner Einkünfte also nicht durch Abschluß eines Leasingvertrages vermeiden können. Erfaßt § 15 Abs. 1 S. 1 EStG die Einkünfte aus „Gewerbebetrieb", so ist dieser Begriff des Gewerbebetriebes nicht mit dem zivilrechtlichen (§ 1822 Nr. 3 und 4 BGB) oder dem handelsrechtlichen Begriff des Gewerbebetriebes (§§ 1, 2 HGB) identisch. Einkünfte aus Land- und Forstwirtschaft behalten selbst dann ihre Qualifikation, wenn das Unternehmen nach § 3 Abs. 2 HGB in Verbindung mit § 2 HGB eingetragen ist (Kann-Kaufmann). Einkünfte aus Kapitalvermögen oder aus Vermietung und Verpachtung werden nicht zu gewerblichen, selbst wenn eine vermögensverwaltende Gesellschaft als Offene Handelsgesellschaft oder Kommanditgesellschaft in das Handelsregister eingetragen ist (§§ 105 Abs. 2, 161 HGB). Ebensowenig begründet die Eigenschaft als eingetragener Scheinkaufmann (§ 5 HGB) Gewerblichkeit im Sinne des § 15

40
Eigenständige steuerliche Begriffsbildung

---

[124] *Paul Kirchhof*, Der verfassungsrechtliche Auftrag zur Steuervereinfachung, in: FS für Dietrich Meyding, 1994, S. 3.
[125] BFH, in: BStBl II, 1991, S. 508.
[126] *Rudolf Mellinghoff*, in: Paul Kirchhof (Hg.), EStG Kompaktkommentar, [7]2007, § 21 Rn. 1.

EStG[127]. Eine solche „Relativität der Rechtsbegriffe"[128] ist in einer widerspruchsfreien, aber je nach Sachbereichen differenzierten Rechtsordnung angelegt.

41
Grunderwerbsteuer

Im Ergebnis bindet der Steuertatbestand nur in Ausnahmefällen – insbesondere bei statusbegründenden Rechtsakten – an zivilrechtliche Vorgaben. Wenn der Erwerber einer Eigentumswohnung die Grunderwerbsteuer dadurch zu verringern sucht, daß er vom Bauträger nur einen Grundstücksteil erwirbt, dieser aber das Grundstück nur verkauft, wenn der Käufer ihn auch mit der Errichtung des Bauwerks beauftragt, so erwirbt der Käufer in dem kombinierten Kauf-Werkvertrag ein bebautes Grundstück. Seine Grunderwerbsteuer (§ 9 Abs. 1 Nr. 1 GrunderwerbsteuerG) bemißt sich nach dem Preis für das gesamte fertiggestellte Objekt[129].

42
Basisgesellschaft

Gründet eine inländische Gesellschaft in einem Niedrigsteuerland eine Basisgesellschaft, auf die sie durch überhöhte Verrechnungspreise oder Konzernumlagen inländische Gewinne verlagert, fragt das Steuerrecht zunächst nach den außersteuerrechtlichen Gründen für die Errichtung der ausländischen Basisgesellschaft, insbesondere, ob diese eine erwerbswirtschaftliche oder nur eine vermögensverwaltende Tätigkeit entfaltet[130], und sodann nach der Realitätsgerechtigkeit („Angemessenheit") der Preisgestaltung unter zwei Vertragspartnern, unter denen kein Interessengegensatz besteht[131]. Gesellschaftsgründung und Austauschvertrag dienen vielfach weniger dem erwerbswirtschaftlichen Handeln als der Steuergestaltung, beanspruchen also eine Rechtsfolge, die für vertragliche Vereinbarungen nicht zugänglich ist.

43
Außensteuerrecht

Der Fall der Basisgesellschaft deutet bereits darauf hin, daß im Rahmen weltoffenen Wirtschaftens die Wahl des Firmen- oder Investitionsstandortes vielfach auch eine Entscheidung über das anzuwendende Recht enthält[132]. Dadurch ist das Steuerrecht nicht mehr unausweichliche Folge eines Erwerbshandelns, sondern gewählte Last. Der Gesetzgeber entwickelt über das Außensteuergesetz Maßstäbe, um die grenzüberschreitende Erwerbstätigkeit von der nur formalen grenzüberschreitenden Zurechnungsgeste zu unterscheiden. Gegenwärtig sucht die Gesetzgebung Wege, um die Gewinnverlagerung in ein Niedrigsteuerland einzudämmen, insbesondere wenn die Finanzierungsaufwendungen im Inland geltend gemacht werden, Gewinne aber im Ausland anfallen; wenn Aktien entgeltlich einem ausländischen Unternehmen überlassen werden und dieses die Dividenden steuerfrei erhält; wenn Patente, Lizenzen und Übertragungsrechte von der deutschen Mutter an die ausländische Tochter verkauft, dann aber gegen Entgelt in Deutschland

---

127 Vgl. insgesamt *Wolfgang Reiß*, in: Paul Kirchhof (Hg.), EStG Kompaktkommentar, [7]2007, § 15 Rn. 15.
128 *Karl Engisch*, Einführung in das juristische Denken, [8]1983, S. 78, 156 f.
129 BVerfG, Beschluß der 3. Kammer des Zweiten Senats vom 27.12.1991, in: BStBl II, 1992, S. 212 (213 f.).
130 BFH, in: BStBl II, 1977, S. 265; vgl. auch BFH, in: BStBl II, 1993, S. 84.
131 Zur Problematik der Verrechnungspreise im Handelsverkehr mit dem Ausland: *Hans Flick/Franz Wassermeyer/Hubertus Baumhoff*, Außensteuerrecht Kommentar, 6. Aufl., Loseblatt, Stand: Mai 2003, § 1 Rn. 8 ff.
132 S. o. Rn. 4.

genutzt und zudem die Gewinne an die deutsche Mutter steuerfrei ausgeschüttet werden dürfen. Ein steuererheblicher Vorgang ist dem Staat zuzurechnen, dessen Rechtsgemeinschaft ihn ermöglicht.

Ähnliche, wenn auch deutlich einfachere Sachverhalte bietet der Einkaufstourismus. Wer bis zum Jahr 1999 mit Butterfahrten auf naher See durch den Ort der Leistung eine Freistellung von Zöllen und indirekten Steuern zu erreichen suchte oder wer sich von der Ferienreise Genußmittel mit geringeren Verbrauchsteuerbelastungen mitbringt, der nutzt grundsätzlich ein Steuerprinzip, das den Erwerbsort typisierend als Konsumort qualifiziert. Hier lädt das Steuerrecht in seinen räumlichen Anknüpfungspunkten zur Steuergestaltung ein; es wird folgerichtig an diesen Vorgaben festgehalten.

44
Indirekte Steuern je nach Erwerbsort

Diese Beispiele[133] mögen belegen, daß das Steuerrecht in eigenen Tatbeständen Belastungsgründe regelt, die steuerliche Leistungsfähigkeit eigenständig gesetzlich definiert, damit nur bei ausdrücklichen Verweisungen oder tatbestandlichen Anknüpfungen in den Regelungen einer anderen Teilrechtsordnung seinen Maßstab findet. Das Steuergesetz fragt nicht nach dem Inhalt eines Vertrages, sondern nach dem durch Erwerbshandeln erzielten Einkommen, der am Markt eingesetzten Kaufkraft oder der angefallenen Erbmasse. Es begründet Belastungsgleichheit je nach individuellem wirtschaftlichem Erfolg, nicht nach vertraglichem Gestaltungsgeschick.

45
Maßgeblichkeit der durch Erwerbshandeln erzielten Eigentumswirkung

d) Die Steuersubvention

Die Unausweichlichkeit der Last wird aber auch durch den Gesetzgeber durchbrochen, wenn er dem Steuerpflichtigen eine Steuerentlastung in Aussicht stellt, um ihn zu einem staatlich erwünschten Verhalten – einer umweltschützenden Maßnahme[134], einer die Infrastruktur stärkenden Investition, einer kulturpolitischen Initiative – zu veranlassen. Diese Steuerlenkung ist fragwürdig[135], weil sie ein Finanzierungsmittel als Verwaltungsmittel einsetzt, damit eine Steuerlast ausspricht, aber einen Freiheitsverzicht veranlaßt. Deswegen ist die Steuersubvention im System der verfassungsrechtlichen Handlungsmittel ein Fremdkörper.

46
Steuerlast geregelt, Freiheitsverzicht veranlaßt

aa) Freiheitseingriff schon bei der Willensbildung

Die Lenkungssteuer greift in die Freiheit des Steuerpflichtigen besonders subtil und wirkungsvoll ein, weil sie ihn durch einen Steueranreiz, zum Beispiel eine Fördergebiets-AfA, zu einem bestimmten Verhalten veranlaßt oder durch die Androhung von Sonderbelastungen, zum Beispiel die steuerliche Verteuerung des Autos ohne Katalysator – theoretisch auch durch die

47
Steuersubvention als Fremdkörper

---

133 Zu grenzüberschreitenden Sachverhalten bei der Unternehmensbesteuerung in Europa vgl. *Johanna Hey*, Perspektiven der Unternehmensbesteuerung in Europa, in: StuW 2004, S. 193 (195 f.).
134 *Claudio Franzius*, Bundesverfassungsgericht und indirekte Steuerung im Umweltrecht, in: AöR 2001, S. 403.
135 Für eine weitgehende soziale Lenkungsfunktion der Steuer *Heinrich Weber-Grellet*, Steuern im modernen Verfassungsstaat, 2001; zurückhaltend *Klaus Tipke*, Steuerrechtsordnung, Bd. III, 1993, S. 1060 ff.; *Hey* (N 104), S. 4 ff.

§ 118 *Achter Teil: III. Finanzwesen*

Besteuerung von Tabak, Alkohol und Energie – von einer bestimmten Verhaltensweise fernhält, ihm also ein Stück seiner Freiheit abkauft. Das motivationslenkende Steuergesetz wirkt bereits auf die Entstehung eines Willens ein[136], vermeidet fast unmerklich den Interessengegensatz zwischen freiheitsverpflichtetem Staat und freiheitsberechtigtem Bürger, drängt den Steuerpflichtigen vielfach in die ökonomische Unvernunft – die Investition in den Schiffsbau oder in Verlust- und Abschreibungsgesellschaften – und nutzt sein Gewinnstreben, um ihn in tiefe Verbeugungen vor dem modernen Geßler-Hut des Steuerrechts so einzuüben, daß er den Blick für selbstbestimmte Anliegen und Aufgaben verliert. Der Steueranreiz, in „Schrottimmobilien" zu investieren[137], hat die Steuerpflichtigen zu einem wirtschaftlichen Verhalten jenseits aller Vernunft veranlaßt.

48
Zugriff auf das steuerlich gebundene Eigentum

Diese Steuerherrschaft greift nicht nur auf den Steuerbetrag zu, sondern erfaßt den gesamten Lenkungstatbestand. Bei der Finanzsteuer schuldet der Steuerpflichtige lediglich einen bestimmten Zahlbetrag, kann im übrigen aber in voller Eigentümerfreiheit über sein danach verbliebenes Eigentum disponieren. Steuersubventionen hingegen binden weitgehend das Eigentum, das der Steuerpflichtige im Rahmen des Steuersubventionsprogramms einsetzt, um sich die erhoffte Steuerentlastung zu „verdienen". Er gibt ein Stück Eigentümerfreiheit über sein Betriebs- oder Privatvermögen auf.

49
Möglichkeit des „Freikaufens"

Zielungenauigkeit

Andererseits verliert das mit dem Instrumentarium der Steuer verfolgte Verwaltungsprogramm, etwa des Umweltschutzes oder der Kulturförderung, an Verläßlichkeit, weil der Steuerpflichtige sich durch Steuerzahlung von der Verwaltungspflicht freikaufen, der steuerlich überbrachte Lenkungsanreiz also scheitern kann. Vielfach erreicht die Steuerlenkung auch nicht alle Adressaten. Der Umweltschutz durch erhöhte Energiesteuern trifft den Mountainbiker nicht, weil dieser die Umwelt ohne Benzinverbrauch belastet. Der einkommensteuerliche Anreiz zu einer umweltfreundlichen Anlage spricht den Geringverdiener nicht an, weil er sowieso keine Einkommensteuer schuldet. Die Lenkung ist also ungenau, kann scheitern. Lenkungssteuern sind deswegen nur dann geeignete Verwaltungsmittel, wenn ein Verfehlen des Verwaltungsziels hingenommen werden kann[138].

bb) Bewußte Ungleichheit

50
Ungleichheit insbesondere bei einer progressiven Steuer

Die Lenkungssteuern durchbrechen die Regeltatbestände der steuerlichen Belastungsgleichheit. Sie sind deshalb als bewußte finanzwirtschaftliche Bevorzugung oder Benachteiligung besonders rechtfertigungsbedürftig. Dies gilt insbesondere, wenn die progressive Einkommensteuer dem Steuerpflichtigen einen Abzug von der Bemessungsgrundlage gestattet, der gut Verdienende also allein wegen seines hohen Einkommens eine hohe Subvention, der

---

136 S. u. Rn. 68 f.
137 BGH, in: NJW 2004, S. 27 (31); BGH, Urteil vom 25. 4. 2006, XI ZR 193/04, S. 1 (4); BGH, Urteil vom 16. 5. 2006, XI ZR 6/04.
138 BVerfGE 98, 106 (121) – Verpackungsteuer; BVerfGE 110, 274 (292 f.) – Ökosteuer; BVerfG, in: NJW 2007, S. 573 (575) – Bewertung im Erbschaftsteuerrecht.

gering Verdienende allein wegen seines geringen Einkommens eine geringe Subvention erhält. Warum etwa sollte bei einem Steueranreiz zur Firmengründung oder für umweltfreundliche Bauweisen der Großverdiener 45 Cent pro eingesetztem Euro empfangen, der Mittelverdiener nur 25 Cent und der Kleinverdiener null Cent? Der steuerlich überbrachte Lenkungsanreiz erreicht den Geringverdiener in der Regel nicht, weil dieser ohnehin keine Einkommensteuer zahlt, während der Großverdiener dank seines hohen Einkommens die Freiheit gewinnt, durch Steuerzahlung dem Lenkungsanreiz auszuweichen. Die grundrechtlich garantierte Freiheit, deren Wahrnehmung die Steuer lenkt, berechtigt nicht mehr den Menschen, sondern den zahlungsfähigen Steuerschuldner.

Vielfach begründet die Lenkungssteuer auch einen systemimmanenten Widerspruch, wenn sie einerseits die Vermeidung bestimmter, zum Beispiel umweltschädlicher, Verhaltensweisen anregt, zugleich aber gleichbleibende oder möglichst steigende Erträge aus der (Öko-)Steuer sichern will. Der Umweltminister wirkt hier auf größtmögliche Schonung der Umwelt, also auf verminderte Steuererträge hin, der Finanzminister hingegen auf gleichbleibende, möglichst steigende Erträge, damit auf eine stetige, möglichst wachsende Umweltbelastung. Eine solche Gegenläufigkeit der Handlungsziele begründet eine institutionelle Befangenheit der handelnden Staatsorgane und wird vom Bürger als widersprüchliche, also gleichheitswidrige[139] Verhaltensanweisung empfunden.

51 Institutionelle Befangenheit

Die Steuersubvention ufert gegenwärtig in einer Vielfalt und Widersprüchlichkeit aus, so daß sie von Parlament, Öffentlichkeit und Bürger kaum noch durchschaut und in ihrer Gleichheitswidrigkeit nur schwer kritisiert werden kann. Allein das Einkommen- und Körperschaftsteuerrecht bietet gegenwärtig 517 Ausnahmetatbestände. Das Parlament und die Öffentlichkeit kennen das Gesamtvolumen der Steuersubventionen und auch die Begünstigten im einzelnen nicht, können sich deshalb – anders als bei der Leistungssubvention – in den Haushaltsberatungen nicht jährlich der Richtigkeit und Fortsetzungswürdigkeit des Subventionsprogramms vergewissern. Der Subventionsempfänger bedient sich durch Erfüllung des steuerlichen Entlastungstatbestandes selbst. Die Effektivität der Steuersubvention wird kaum noch in einem förmlichen Verwaltungsverfahren geprüft. Die Öffentlichkeit mißversteht Steuersubventionen deshalb sehr bald als ungerechtfertigte Steuerschlupflöcher. Das Steuergesetz und der Steuergesetzgeber sind in ihrem Gerechtigkeitsauftrag diskreditiert.

52 Verlust an Öffentlichkeit und Transparenz

---

139 Zum Gebot der widerspruchsfreien, folgerichtigen Steuergesetzgebung vgl. BVerfGE 98, 83 (97f.) – Landesabfallabgabe; BVerfGE 98, 106 (118f.) – Verpackungsteuer; BVerfG, in: NJW 2007, S. 573 (575) – Bewertung im Erbschaftsteuerrecht.

cc) Kompetenzverfremdungen

53
Subvention zu Lasten fremder Kassen

Die Steuersubvention beansprucht eine Steuergesetzgebungskompetenz für einen Verwaltungszweck, erweitert damit – insbesondere bei den Kultursubventionen – die Bundeskompetenz, modifiziert das Erfordernis einer Zustimmung des Bundesrates[140], überfordert die auf das Steuerrecht spezialisierte Finanzverwaltung mit nicht steuerlichen Verwaltungsaufgaben, gewährt bei Gemeinschaftsteuern – der Einkommen-, Körperschaft- und Umsatzsteuer – oder bei Landesertragsteuern, insbesondere der Erbschaftsteuer, Bundeszuwendungen zu Lasten fremder (Landes-)Haushalte. Entscheidet sich der Bundesgesetzgeber zum Beispiel für die einkommensteuerliche Verschonungssubvention, bestimmt er den Subventionsinhalt und den Begünstigten, zwingt aber die Länder zur anteiligen Mitfinanzierung.

54
Verfremdung des Finanzausgleichs

Zugleich verfremdet die Verschonungssubvention das bundesstaatliche Ertragszuteilungssystem und den Finanzausgleich: Das Steueraufkommen steht grundsätzlich in voller Höhe den Ertragsberechtigten zu, die dann ihre Erträge auch für Leistungssubventionen verwenden mögen. Bei der Steuersubvention hingegen erscheint die individuelle Begünstigung als vermindertes Steueraufkommen, steht also für einen Finanzausgleich nicht zur Verfügung. Hat ein Ausgleichsbeteiligter – hier: der Bund – vorab Regelsteuereinnahmen durch Steuerverschonung bereits verwendet, bleibt diese Finanzkraft in der Bemessungsgrundlage des Finanzausgleichs unberücksichtigt.

55
Aussagekraft des Bruttoinlandsprodukts

Auch die verfassungsrechtliche Kontrolle des staatlichen Zugriffs auf das Bruttoinlandsprodukt wird verzerrt, wenn Steuersubventionen staatliche Mindereinnahmen vorspiegeln, obwohl der Staat durch die steuerverschonende Lenkung bereits über ein Regelsteueraufkommen verfügt und er dabei Herrschaft auch über die subventionsrechtlich in Pflicht genommenen Wirtschaftsgüter des Steuerpflichtigen gewinnt. Solange die Steuersubventionen nicht beseitigt oder zumindest in verläßlichen Schätzungen in die Berechnung der Staatsquote einbezogen werden, sind die Verlautbarungen über diese Quote fehlerhaft.

56
Gefährdung des grundrechtlichen Teilungsmodells Staat und Gesellschaft

Die Vermengung von freiheitsberechtigtem Handeln des Bürgers und freiheitsverpflichtetem Handeln des Staates in dem steuersubventionierten Verwaltungsprogramm gefährdet zudem das grundrechtliche Teilungsmodell zwischen Staat und Gesellschaft. Aus der Trennung von Staatlichkeit und Privatwirtschaft wird ein Mischsystem, aus dem rechtlichen Befehl der monetäre Anreiz, aus der hoheitlich auferlegten Pflicht eine Verständigung, aus gegenseitiger Distanz wird stetige Nähe. Dabei werden Verantwortlichkeiten verwischt, Rechtsmaßstäbe relativiert, Staat und Bürger in eine wechselseitige Befangenheit gedrängt.

---

140 Vgl. Art. 105 Abs. 3 GG.

dd) Wachsende Anforderungen durch das Bundesverfassungsgericht

Das Bundesverfassungsgericht stellt deshalb wachsende Anforderungen an eine Steuersubvention. Zwar trägt eine Besteuerungskompetenz auch die Lenkungssteuer. Der Abgabegesetzgeber muß aber, wenn er eine Abgabe als Verwaltungsmittel einsetzen will und damit in den Kompetenzbereich des Sachgesetzgebers übergreift, die beabsichtigte Lenkung der Konzeption und Ausgestaltung der Sachregelung anpassen; ohne eine solche inhaltliche Abstimmung verstößt das lenkende Abgabegesetz gegen die Kompetenzordnung[141]. Das Rechtsstaatsprinzip fordert sodann eine folgerichtige Ausgestaltung aller Regelungen, insbesondere die realitätsgerechte und folgerichtige Abbildung des Steuergegenstandes in der Bemessungsgrundlage, so daß den Normadressaten nicht gegenläufige, widersprüchliche Verbindlichkeiten erreichen[142].

57 Inhaltliche Abstimmung von Steuerregelung und Sachregelung

Das Bundesverfassungsgericht stärkt die Transparenz und die gesetzgeberische Verantwortlichkeit für die Steuersubvention auch durch das Erfordernis, der Gesetzgeber müsse die Steuersubvention bewußt und erkennbar regeln. Eine bloß tatsächliche, zu Belastungsungleichheiten führende Entwicklung – dort das Zurückfallen der Einheitswerte hinter die Verkehrswerte – kann ein Steuergesetz nicht in den Dienst auch außerfiskalischer Zwecke stellen[143]. Inhaltlich muß das Subventionsprogramm in Ziel und Grenze „mit hinreichender Bestimmtheit tatbestandlich vorgezeichnet und gleichheitsgerecht ausgestaltet", müssen die Lenkungszwecke in Form zielgenauer und „normenklarer" Verschonungsregelungen vorgegeben sein[144], um der Anwendung des Verhältnismäßigkeitsprinzips und des Gleichheitssatzes einen verläßlichen Anknüpfungspunkt zu bieten[145]. Ein „Nachschieben von Gründen" für eine Belastungsungleichheit außerhalb des Gesetzgebungsverfahrens ist nicht zulässig.

58 Benennung von Ziel und Grenzen

Sodann bindet das Gericht die Steuerintervention in ihrem Zweck. Der Steuergesetzgeber darf das Verhalten der Steuerpflichtigen nur aus Gründen des Gemeinwohls fördern und lenken[146], hat diesen gemeinwohldienlichen Lenkungszweck vom Gruppenprivileg abzugrenzen, seine Gemeinwohlverpflichtung nachdrücklich gegenüber tagesaktuellen Interventionswünschen abzuschirmen. Dabei wird sich erweisen, daß der Tatbestand „nur zum Wohle der Allgemeinheit" ähnlich den Enteignungsvoraussetzungen (Art. 14 Abs. 3 S. 1 GG) als griffige Grenze gehandhabt werden kann.

59 Gründe des Gemeinwohls

---

141 BVerfGE 98, 83 (97 f., 104 f.) – Landesabfallabgabe.
142 BVerfGE 98, 106 (118 f.) – Verpackungsteuer; BVerfG, in: NJW 2007, S. 573 (575) – Bewertung im Erbschaftsrecht.
143 BVerfGE 93, 121 (147) – Vermögensteuer; vgl. auch BVerfGE 98, 106 (117 f.) – Landesabfallabgabe; BVerfGE 105, 73 (112 f.) – Rentenbesteuerung.
144 BVerfGE 99, 280 (296) – Zulage Ost; BVerfGE 93, 121 (148) – Vermögensteuer; BVerfG, in: NJW 2007, S. 573 (576) – Bewertung im Erbschaftsteuerrecht.
145 Zur Würdigung der tatsächlichen Subventionswirkungen vgl. BVerfGE 85, 264 (313) – Parteienfinanzierung VI.
146 BVerfGE 93, 121 (147) – Vermögensteuer.

60 Hinreichendes Maß an zweckgerechter Ausgestaltung	Nichtfiskalische Ziele rechtfertigen eine steuerliche Lenkung nur, wenn „ein Mindestmaß an zweckgerechter Ausgestaltung des Vergünstigungstatbestandes" gewahrt ist[147]. Fehlt diese Abstimmung zwischen ausgleichsbedürftigem Nachteil und Ausgleichswirkung der Steuervergünstigung, so entfällt ein rechtfertigender Grund für die Steuerbevorzugung[148].
61 Zweckgebundenheit der Steuervergünstigung	Hat die Steuersubvention ihren Zweck erreicht oder ist dieser aus sonstigen Gründen entfallen, so ist sie nicht mehr gerechtfertigt, also abzubauen; dieser Abbau dient der folgerichtigen Ausgestaltung des gesetzlichen Belastungsgrundes und ist schon in dieser Funktion gerechtfertigt[149]. Zudem ist eine Aufhebung der Steuersubvention geeignet, das Steuerrecht zu vereinfachen und ein „ordnungspolitisches Signal" zu setzen[150]. Zwar bietet das steuergesetzliche Subventionsangebot eine Vertrauensgrundlage, auf die der Steuerpflichtige sein steuerlich veranlaßtes Verhalten stützt[151]; er darf aber jedenfalls bei unbefristeten Steuervergünstigungen nicht erwarten, daß die gesetzlichen Rahmenbedingungen zu seinen Gunsten auf Dauer erhalten bleiben[152]. Das Subventionsrechtsverhältnis begründet eine vertragsähnliche Rechtsbeziehung und verpflichtet zur gegenseitigen Rücksichtnahme; deswegen muß der Steuerpflichtige seine langfristigen Dispositionen auch auf die sich wandelnden Anliegen des Staates und seiner Gesetzgebung einrichten[153].
62 Keine grundrechtliche Verfestigung der Steuersubvention	Der verfassungspolitisch unerwünschte, verfassungsrechtlich bedenkliche Tatbestand einer Steuersubvention wird nicht durch ein Grundrecht verfestigt. Wer das gesetzliche Angebot einer Steuersubvention annimmt, erwirbt deshalb kein durch Art. 14 Abs. 1 GG geschütztes Eigentum; diese Rechtsposition ist nicht durch Einsatz von Arbeit oder Kapital erworben worden[154]. Ebenso formt die Unternehmerfreiheit, gewährleistet in Art. 2 Abs. 1 und Art. 12 Abs. 1 GG, nicht eine steuerbegünstigende Gesetzeslage zu einem grundrechtlich geschützten Bestand, mag sie auch zur Dispositionsgrundlage eines Unternehmens geworden sein[155]. Zwar versprechen auch steuerbegünstigende Gesetze in ihrer Allgemeingültigkeit Beständigkeit[156], sollen dem Wirtschaftsleben stetige normative Rahmenbedingungen bieten, begründen deshalb bei der Disposition im Vertrauen auf ein Steuergesetz eine schützenswerte Vertrauensgrundlage[157]. Rechtsfolge dieses verfassungsrechtlich geschützten Vertrauens ist jedoch kein „abwägungsresistenter" Vertrauens-

---

147 BVerfGE 105, 73 (113f.) – Rentenbesteuerung; unter Hinweis auf BVerfGE 93, 121 (148) – Vermögensteuer – und 99, 280 (296) – Zulage Ost.
148 BVerfGE 105, 73 (113f.) – Rentenbesteuerung.
149 BVerfGE 105, 17 (34) – Sozialpfandbriefe.
150 BVerfGE 105, 17 (35) – Sozialpfandbriefe.
151 BVerfGE 97, 67 (80) – Schiffsbausubvention.
152 BVerfGE 105, 17 (40) – Sozialpfandbriefe.
153 BVerfGE 105, 17 – Sozialpfandbriefe, dort allerdings S. 38f.: Die Vertrauensgrundlage sei bei einer steuerrechtlichen Lenkungsvorschrift „verstärkt"; vgl. im übrigen: BVerfGE 72, 200 (254f.) – Deutschschweizerisches Doppelbesteuerungsabkommen; BVerfGE 97, 67 (78f.) – Schiffsbausubvention; *Paul Kirchhof*, Rückwirkung von Steuergesetzen, in: StuW 2000, S. 221 f.
154 BVerfGE 97, 67 (83) – Schiffsbausubvention.
155 BVerfGE 97, 67 (83) – Schiffsbausubvention.
156 BVerfGE 105, 17 (38) – Sozialpfandbriefe.
157 BVerfGE 97, 67 (80) – Schiffsbausubvention.

schutz, sondern nur der Anspruch, daß der Gesetzgeber zwischen Gemeinwohlanliegen und Vertrauensschutz abwägt[158]. Läßt der Gesetzgeber bereits erkennen, daß er eine Subvention aufgeben will, muß der Steuerpflichtige seine steuerveranlaßte Vertragsgestaltung auf die zu erwartende Änderung abstimmen oder seinen steuerveranlaßten Kapitaleinsatz bewußt als Risikokapital bemessen[159].

Diese Rechtsprechung des Bundesverfassungsgerichts vermittelt in einem stetig präzisierten Verfassungsmaßstab zwischen der Wirklichkeit wuchernder Steuersubventionen und dem rechtsstaatlichen Gebot gleicher, unausweichlicher und folgerichtiger Steuerbelastung. Der Gesetzgeber als Erstinterpret des Grundgesetzes sollte über diesen Gegenwartsstand des Verfassungsrechts hinausgreifen und auf alle Ausnahmetatbestände im Steuerrecht verzichten. Dadurch wird das Steuerrecht grundlegend vereinfacht, die Steuerpflicht wirkt wieder unausweichlich und gleichheitsgerecht, die Allgemeinheit der Besteuerung wehrt Steuerprivilegien ab. Es entsteht ein Steuersystem, an dessen Grundentscheidungen sich folgerichtige und widerspruchsfreie Einzelregelungen ausrichten.

63
Möglichst Verzicht auf jede Subvention

Wenn der Gesetzgeber die gegenwärtig für die Besteuerung des Einkommens geltenden 517 Ausnahmetatbestände aufhebt, verbreitert er die Bemessungsgrundlage für die Besteuerung des Einkommens um 240 Milliarden Euro jährlich, erhöht damit das Steueraufkommen, das dann – aufkommensneutral – durch Absenkung der Steuersätze an die Allgemeinheit der Steuerpflichtigen zurückgegeben werden kann. Auf dieser Grundlage erhält der Staat weiterhin den schon bisher durch Besteuerung des Einkommens erzielten Steuerertrag, wenn er jedem Steuerpflichtigen einen Grundfreibetrag von 8000 Euro gewährt, die üblichen Werbungskosten in einem Vereinfachungsfreibetrag von 2000 Euro pauschaliert, sodann das den Betrag von 10 000 Euro übersteigende Einkommen zunächst mit 15 v.H., dann mit 20 v.H. und schließlich mit einem Regelsteuersatz von 25 v.H. belastet[160]. Diese Belastungsobergrenze garantiert jedermann, der in Deutschland wirtschaftlich erfolgreich sein wird, daß ihm mehr als Dreiviertel seines Einkommens zur freiheitlichen Verwendung verbleiben. Der Steuersatz ist radikal gesenkt, die steuerliche Lenkung der Einkommensverwendung völlig entfallen. Der Steuerpflichtige kann in der Sicherheit eines verständlichen, gleichen, maßvollen Steuerrechts planen und wirtschaften[161]. Der Rechtsstaat steht wieder für Freiheit, die Demokratie für die Allgemeinheit des Gesetzes, der soziale Staat bei den Einnahmen für Belastungsgleichheit, bei den Ausgaben für Bedarfsgleichheit. Der Verfassungsstaat zeigt sein Gesicht in der klassischen Prägung durch Freiheit, Gleichheit, Verläßlichkeit.

64
Rechtspolitische Chancen eines Verzichts auf Steuersubventionen

---

158 BVerfGE 105, 17 (43 f.) – Sozialpfandbriefe.
159 BVerfGE 97, 67 (82 f.) – Schiffsbausubvention.
160 *Paul Kirchhof*, Einkommensteuergesetzbuch – ein Vorschlag zur Reform der Einkommen- und Körperschaftsteuer, 2003, S. VI.
161 *Kirchhof* (N 160), S. VII.

§ 118 *Achter Teil: III. Finanzwesen*

3. Die Betroffenheit des Steuerpflichtigen in seinen Grundrechten

65
Steuer als Grundrechtseingriff

Die Steuer überträgt Geldeigentum von der privaten auf die öffentliche Hand, ist deshalb ein Eigentumseingriff; die Lenkungssteuer wirkt außerdem in die jeweils von der Lenkung betroffenen Freiheiten des Adressaten ein, ist deshalb auch vor diesen Freiheiten – der Berufsfreiheit, der Unternehmerfreiheit, der Medienfreiheit, der Freiheit von Kunst und Wissenschaft – zu rechtfertigen.

66
Eigentumsentzug

Die Steuer greift zunächst in das Privateigentum ein. Geldeigentum geht von privater in öffentliche Hand über. Das Bundesverfassungsgericht hat schon in seiner frühesten Rechtsprechung[162] den Eigentumsentzug durch Steuern angesprochen und die prinzipielle, aber verfassungsrechtlich gebundene Vereinbarkeit von Eigentumsschutz und Steuerrecht hervorgehoben[163].

67
Grundsatzentscheidung: Besteuerung nur der Eigentümer

Das Verständnis des Steuerzugriffs als Eingriff in das privatnützige Individualeinkommen hat eine doppelte Funktion: Zunächst wird – heute nur noch als historische Klarstellung – deutlich gemacht, daß dem besteuernden Staat nicht uneingeschränktes Eigentum an dem Vermögen seiner Untertanen zusteht[164], somit auch der Steuerstaat bei seinen Eingriffen grundrechtsgebunden, nicht grundrechtsberechtigt ist. Vor allem aber bestätigt die Ausrichtung des Steuerrechts auf die Eigentumsgarantie in Art. 14 GG die soziale Grundentscheidung, nur den Eigentümer steuerpflichtig zu machen, den Eigentumslosen hingegen steuerlich zu verschonen. Wer auch heute noch Art. 14 GG als grundrechtlichen Kernmaßstab staatlicher Besteuerungsgewalt in Frage stellt, mag diese Staatsgewalt aus den verfassungsrechtlichen Bindungen entlassen, vielleicht auch der vermeintlichen Verlegenheit einer steuerlichen entschädigungslosen Enteignung entrinnen wollen; im Ergebnis aber gefährdet er das verfassungsrechtliche Prinzip, daß nur der Eigentümer – der Inhaber steuerbarer Leistungsfähigkeit – zur Steuerfinanzierung des Staates herangezogen, der Nichteigentümer hingegen von der Besteuerung verschont wird.

68
Betroffenheit anderer Grundrechte durch die Lenkungssteuer

Wenn die Lenkungssteuer in die Freiheit des Steuerpflichtigen schon bei der anfänglichen Bildung eines Freiheitswillens eingreift, sie dem Freiheitsberechtigten also ein Stück seiner Freiheit „abkauft", wirkt das Steuerrecht – insbesondere bei Investitionsanreizen – auf die Nutzungs- und Verfügungsfreiheit des Eigentümers ein, beeinflußt ihn aber vielfach auch als Eingriff in andere Grundrechte[165]. Die steuerliche Verteuerung eines Autos ohne Katalysator bestimmt die Kaufentscheidung eines Käufers, der Anreiz zum ökologischen Verzicht auf das Fahrzeug die Berufsfreiheit und die allgemeine Handlungsfreiheit bei der Freizeitgestaltung, die Bevorzugung der Kapitalgesellschaft

---

162 BVerfGE 2, 237 (241f., 259f.) – Lastenausgleich, dingliche Sicherung.
163 BVerfGE 4, 7 (17) – Investitionshilfe; BVerfGE 6, 290 (298) – Ersatzvermögensabgabe; BVerfGE 8, 274 (330) – Preisgesetz; BVerfGE 10, 89 (116) – Erft-Verband; BVerfGE 10, 354 (371) – Bayerische Ärzteversorgung; BVerfGE 14, 221 (241) – Fremdrenten; BVerfGE 19, 119 (129) – Couponsteuer; BVerfGE 82, 159 (190) – Absatzfonds; BVerfGE 105, 73 (32) – Sozialpfandbriefe; st. Rspr.
164 *Johann Jacob Moser*, Von der Landeshoheit in Cameral-Sachen, 1773, S. 209f.; *Mann* (N 46), S. 15f.
165 Art. 12 GG, Art. 9 GG, Art. 6 GG, Art. 5 GG, Art. 2 GG, Art. 13 GG.

beeinflußt die Wahrnehmung der Vereinigungsfreiheit[166], die Steuerentlastung für Kunst und Wissenschaft legt Finanzierungen in diesen Lebensbereichen nahe, der Steueranreiz für die Denkmalpflege oder für den umweltschonenden Energieverbrauch berührt das Recht an der eigenen Wohnung, eine Steuerbegünstigung einer bestimmten Aufteilung der Erziehungsaufgabe unter Ehegatten würde in den Kern der von Art. 6 Abs. 1 GG geschützten Eheautonomie eingreifen.

Dennoch stellt sich verfassungsrechtlich die Frage, ob das steuerliche Handlungsmittel die Grundrechtswirkungen im wesentlichen auf den Schutzbereich des Art. 14 Abs. 1 GG beschränkt, weil der durch Lenkungssteuern angeregte Freiheitsverzicht durch Zahlung vermeidbar ist. Der von einer Lenkungssteuer Betroffene steht vor der Wahl, entweder den steuerlichen Nachteil oder den durch Lenkung beanspruchten Freiheitsverzicht hinzunehmen. Er könnte also durch Steuerzahlung – einen Eigentumsverlust – seine Handlungsfreiheit im übrigen bewahren. Andererseits wirkt ein Freiheitsverzicht als Preis für die Steuerersparnis. Teilweise kommt die Verhaltenslenkung einem Befehl gleich, insbesondere wenn der Adressat nicht über die Geldmittel verfügt, um der Steuerlenkung auszuweichen. In anderen Fällen wirkt der Lenkungsanreiz so intensiv, daß sich für den Steuerpflichtigen in der Normallage praktisch nur die Alternative des Freiheitsverzichtes stellt. Hier bietet insbesondere das Umweltsteuerrecht Beispiele für einen verläßlichen Lenkungserfolg. Deswegen ist die steuerlich angebotene Wahlschuld stets in ihren beiden Alternativen – der Zahlung und des Freiheitsverzichts – vor den jeweils betroffenen Grundrechten zu rechtfertigen.

69
Steuerliche Wahlschuld

4. Die Ertragswirkung

Das Grundgesetz stattet den Staat durch die Steuern mit Finanzmitteln aus; die Stiura stärkt den Staatshaushalt. Der Staat gewinnt die Macht des Geldes grundsätzlich durch die „voraussetzungslosen" Steuern[167], empfängt dadurch Finanzmacht, ohne dem Steuerzahler bei Verwendung der Steuererträge rechtlich verpflichtet zu sein. Erträge sind vollständig in den Staatshaushalt einzubringen[168]. Der Steuerertrag steht insgesamt und grundsätzlich ungebunden[169] zur Disposition des Haushaltsgesetzgebers (Art. 110 GG).

70
Voraussetzungslosigkeit und Budgetbindung

Das Grundgesetz verteilt in einer eigenen Finanzverfassung (X. Abschnitt) die in der Steuer vermittelte Finanzmächtigkeit sorgfältig innerhalb des bundesstaatlichen Systems von Kompetenzen und Befugnissen. Sie regelt in Art. 106 und 107 GG eine eigene Ertragshoheit, die Bund und Ländern eine autonome Verfügungsgewalt über ein ihnen vorbehaltenes Steueraufkommen sichert, in dieser Autonomie aber auch eine finanzwirtschaftliche Eigenver-

71
Bundesstaatliche Ertragshoheit

---

166 Vgl. aber *Wolfgang Schön*, Steuerreform in Deutschland – Anmerkungen zum verfassungsrechtlichen Rahmen, in: FS für Hermann Otto Solms, 2005, S. 263.
167 S. u. Rn. 87.
168 → Unten *Heintzen*, § 120 Rn. 25 ff.
169 S. aber oben Rn. 24.

§ 118   *Achter Teil: III. Finanzwesen*

antwortlichkeit begründet[170]. Dieses bundesstaatliche Verteilungssystem geht davon aus, daß der Staat seine Finanzmacht im wesentlichen aus Steuererträgen ableitet; die Regelungen der primären Ertragsverteilung in Art. 106 GG handeln vom Steueraufkommen. Nach Art. 106 GG stehen das Aufkommen aus bestimmten Steuern allein dem Bund, das Aufkommen aus anderen Steuern allein den Ländern zu (Trennsystem). Abs. 1 weist dem Bund das Aufkommen aus den Zöllen[171], den meisten Verbrauchsteuern, aus der – nicht mehr erhobenen – Straßengüterverkehrsteuer, einigen – ebenfalls nicht mehr erhobenen – Rechtsverkehrsteuern, aus den Abgaben im Rahmen der Europäischen Gemeinschaft, etwaigen einmaligen Vermögensabgaben und aus der Ergänzungsabgabe zur Einkommensteuer und zur Körperschaftsteuer[172] zu. Die Länder haben nach Abs. 2 die Ertragshoheit über die Vermögensteuer[173], die Erbschaftsteuer, die Kraftfahrzeugsteuer, die nicht dem Bund und nicht Bund und Ländern gemeinsam zugewiesenen Verkehrsteuern, die Biersteuer und die Spielbankenabgabe. Die drei wichtigsten Steuern – Einkommensteuer, Körperschaftsteuer und Umsatzsteuer – sind Gemeinschaftsteuern (Art. 106 Abs. 3 GG). Am Aufkommen der Einkommen- und Körperschaftsteuer werden Bund und Ländergesamtheit je zur Hälfte beteiligt (Art. 106 Abs. 3 S. 2 GG). Die Gemeinden erhalten einen Anteil an dem Aufkommen der Einkommensteuer (Art. 106 Abs. 5 GG)[174] und der Umsatzsteuer (Art. 106 Abs. 5 a GG)[175]. Das Aufkommen der Umsatzsteuer wird im Rahmen der primären Steuerertragsverteilung zwischen Bund und Ländern durch einfaches Bundesgesetz nach dem jeweiligen Deckungsbedarf verteilt. Das Aufkommen aus der Grundsteuer, der Gewerbesteuer[176], den örtlichen Verbrauch- und Aufwandsteuern verbleibt grundsätzlich bei den Kommunen (Art. 106 Abs. 6 GG).

72
Verteilung unter den Ländern

Die nach der vertikalen Ertragsaufteilung zwischen Bund und Ländergesamtheit den Ländern zugewiesenen Steuererträge teilt Art. 107 GG sodann in der horizontalen Ertragsaufteilung nach drei Maßstäben auf die einzelnen Länder

---

170 Vgl. die Entscheidung des 2. Senats des Bundesverfassungsgerichts zum Normenkontrollantrag des Landes Berlin, BVerfG, 2 BvF 3/03 vom 19.10.2006, Absatz-Nr. 1 (173f.); → oben *Waldhoff*, § 116 Rn. 65ff.
171 Das Zollaufkommen ist allerdings vom Bund an die EG abzuführen, vgl. Art. 2 des Ratsbeschlusses vom 21.4.1970 (ABl EG 1970 Nr. L 94, S. 19); 1988 wurden 6,2 Mrd. DM abgeführt (Finanzbericht 1990, S. 171).
172 Vgl. § 1 SolZG.
173 Die Vermögensteuer wird seit dem 1.1.1997 wegen Verletzung des Art. 3 Abs. 1 GG nicht mehr erhoben, BVerfGE 93, 121 (122, 148f.) – Vermögensteuer. Das VStG wird aber weiterhin im Bundesgesetzblatt veröffentlicht und übt – gleichsam als Steuer mit dem Steuersatz 0 – die Sperrwirkung des Art. 72 Abs. 2 GG gegenüber den Ländern aus; a.A. *Joachim Lang*, in: Klaus Tipke/Joachim Lang, Steuerrecht, [18]2005, § 3 Rn. 30, der wegen des strengen Erforderlichkeitsprinzips des Art. 105 Abs. 2 GG in Verbindung mit Art. 72 Abs. 2 GG (BVerfGE 111, 226 – Juniorprofessur; BVerfGE 112, 226 – Studiengebühren; BVerfGE 111, 10 – Ladenschluß) die Bundeskompetenz für eine Neukonzeption des VStG verneint.
174 *Wendt* (N 7), § 104 Rn. 64.
175 Vgl. Gesetz zur Neuordnung der Gemeindefinanzen vom 8.9.1969 (BGBl I, S. 1587), zuletzt geändert durch Gesetz vom 26.4.2006 (BGBl I, S. 1090), §§ 1ff. (Gemeindeanteil an der Einkommensteuer); §§ 5a ff. (Gemeindeanteil an der Umsatzsteuer).
176 Vgl. § 6 Gemeindefinanzreformgesetz (Umlage zugunsten von Bund und Ländern nach Maßgabe des Gewerbesteueraufkommens); zur Entwicklung vgl. Finanzberichte des Bundesministeriums der Finanzen, April 2006.

auf: Der regelmäßige Anknüpfungspunkt für die Zuteilung ist der Ort, an dem die Finanzbehörden die Steuern vereinnahmen (Zuteilung nach dem „örtlichen Aufkommen", Abs. 1 S. 1); der zweite für den Länderanteil an der Umsatzsteuer geltende Verteilungsmaßstab ist die Einwohnerzahl eines jeden Landes (Zuteilung pro Kopf, Abs. 1 S. 4 Hs. 1); eine dritte ergänzende Verteilung gleicht einen Steuereinnahmerückstand eines Landes gegenüber den durchschnittlichen Landessteuererträgen außerhalb der Umsatzsteuer aus (Zuteilung zur Ergänzung unterdurchschnittlicher Steuereinnahmen, Abs. 1 S. 4 Hs. 2); für diesen korrigierenden Ausgleich steht höchstens ein Viertel des Länderanteils am Aufkommen der Umsatzsteuer zur Verfügung[177]: Diese Verteilung der Landessteuererträge auf die einzelnen Länder richtet sich nach dem – den ersten beiden Maßstäben gemeinsamen – Grundgedanken an der örtlichen Steuerkraft aus, folgt also der Gebietshoheit der Länder. Wird dieses örtliche Aufkommen durch die Steuererhebungstechnik – insbesondere bei einer Zentralisierung der Betriebsstättenerträge und der Lohnsteuerzahlungen – verfremdet, so werden diese Verzerrungen durch ein Abgrenzungs- und Zerlegungsgesetz korrigiert (Art. 107 Abs. 1 S. 2 und 3 GG). Soweit die örtliche Erhebung nicht die örtliche Steuerkraft erfaßt, muß der Anknüpfungspunkt der Ertragsverteilung entsprechend dem Grundgedanken des örtlichen Aufkommens verändert werden. Das Grundgesetz sieht deshalb für die Umsatzsteuer, die beim leistenden Unternehmer erhoben wird, jedoch die Nachfragekraft des Konsumenten erfassen will, eine Verteilung je nach Einwohnern, also nach typisierter Konsumkraft vor.

Im Anschluß an das in Art. 107 Abs. 1 GG geregelte „Trennsystem", das jedem Land den Teil des in seinem Staatsgebiet aufgebrachten Aufkommens an Landessteuern zur eigenverantwortlichen Verwendung beläßt, modifiziert Art. 107 Abs. 2 GG die Länderfinanzautonomie und verpflichtet den Bundesgesetzgeber, einen angemessenen horizontalen Finanzausgleich unter den Ländern herzustellen. Die steuerwirtschaftlichen Folgen einer vorgefundenen Gebietshoheit und einer daran anknüpfenden Ertragshoheit (Trennsystem nach örtlicher Steuerkraft) werden in ihren augenfälligsten Auswirkungen abgeschwächt, soweit die bundesstaatliche Statusgleichheit der Länder für jedes Land einen ähnlichen finanzwirtschaftlichen Handlungsraum fordert. Art. 107 Abs. 2 S. 1 und 2 GG sehen vor, daß die unterschiedliche Finanzkraft der Länder durch Leistungen der finanzstarken an die finanzschwachen Länder angemessen – im Maß von finanzwirtschaftlicher Autonomie und bundesstaatlichem Zusammenhalt[178] – ausgeglichen wird. Dieser angemessene Ausgleich sichert einen in zweifacher Weise modifizierten Angleichungserfolg: Der Gleichheitssatz („ausgeglichen") verlangt eine rechtliche Wertung vor-

73
Finanzausgleich unter den Ländern

---

[177] Vgl. *Paul Kirchhof*, Der Verfassungsauftrag zum Länderfinanzausgleich als Ergänzung fehlender und als Garant vorhandener Finanzautonomie, 1982, S. 5 f.; *Josef Isensee*, Idee und Gestalt des Föderalismus im Grundgesetz, in: HStR IV, ²1999 (¹1990), § 98 Rn. 43, 54; *Wendt* (N 7), § 104 Rn. 67 ff.; → oben *Waldhoff*, § 116 Rn. 73 ff.

[178] BVerfGE 1, 117 (131) – Finanzausgleichsgesetz; BVerfGE 72, 330 (383 ff.) – Länderfinanzausgleich I; BVerfGE 86, 148 (216 ff.) – Länderfinanzausgleich II; BVerfGE 101, 158 (216 ff.) – Maßstäbegesetz.

handener Unterschiede und ihre annähernde, die Autonomie wahrende Verminderung; der Grundsatz der Verhältnismäßigkeit („angemessen") beschränkt die Intensität der Angleichung mit Blick auf die für die Angleichung verwendeten, einem anderen Land autonom zustehenden Finanzmittel[179].

74
Maßstäbegesetz, Finanzausgleichsgesetz, Haushaltsgesetz

Die Finanzverfassung regelt das Steuerverteilungs- und Ausgleichssystem nur in unbestimmten Begriffen, die der Gesetzgeber durch anwendbare, allgemeine, ihn selbst bindende Maßstäbe gesetzlich zu konkretisieren und zu ergänzen hat[180]. Der Gesetzgeber hat zunächst in einem Maßstäbegesetz[181] langfristige, im Rahmen kontinuierlicher Planung fortzuschreibende Zuteilungs- und Ausgleichsmaßstäbe zu entwickeln. Diese Maßstäbe des Finanzausgleichs werden bereits gebildet, bevor deren spätere Wirkungen konkret bekannt werden. In dieser langfristig in die Zukunft vorausgreifenden Maßstabsgesetzgebung gewinnen Bundestag und Bundesrat eine Unabhängigkeit, die eine gewisse Distanz zu dem praktischen, rechnerischen Ertragsanliegen der Gegenwart schafft. Auf der Grundlage des durch das Maßstäbegesetz verdeutlichten Verfassungsrechts sind dann eher kurzfristig geltende, auf periodische Überprüfung angelegte Zuteilungs- und Ausgleichsfolgen in einem Finanzausgleichsgesetz zu entwickeln[182]. Auch die Ertragshoheit steht deshalb unter Gesetzesvorbehalt: zunächst des Maßstäbegesetzes, dann des Finanzausgleichsgesetzes, dann des Haushaltsgesetzes. Dabei sind die verfassungsrechtlichen Maßstäbe für Ertragshoheit und Finanzausgleich sehr konkret; für die Budgetentscheidungen des Parlaments setzt das Verfassungsrecht nur einen allgemeinen, weitgehend formalen Rahmen.

75
Bundesergänzungszuweisungen

Das Finanzausgleichsgesetz kann vorsehen, daß der Bund leistungsschwachen Ländern zur ergänzenden Deckung ihres allgemeinen Finanzbedarfs aus seinen Mitteln Ergänzungszuweisungen gewährt (Art. 107 Abs. 2 S. 3 GG)[183]. Hebt es dabei die Finanzkraft leistungsschwacher Länder allgemein an (Fehlbetragsergänzungszuweisungen), so ist der Gesetzgeber an die Maßstäbe des horizontalen Finanzausgleichs gebunden, darf deshalb nur den erstberechtigten Ländern Mittel zuweisen, hat das Nivellierungsverbot zu beachten und darf die Finanzkraftreihenfolge unter den Ländern nicht verändern[184]. Finanziert der Bund Sonderlasten einzelner Länder mit (Sonderergänzungszuweisungen), so darf diese Ausnahmeintervention vorübergehend wegen der gesetzlich benannten und begründeten Sonderlast überdurchschnittliche Finanzkraft verschaffen[185]. Doch haben die Länder wegen ihrer finanzwirtschaftlichen Eigenständigkeit und politischen Autonomie grundsätzlich für

---

179 Vgl. *Paul Kirchhof*, Der Verfassungsauftrag zum Länderfinanzausgleich als Ergänzung fehlender und als Garant vorhandener Finanzautonomie², 1982, S. 9 f.; *Wendt* (N 7), § 104 Rn. 73 f.; sowie BVerfGE 116, 327 (380) – Berlin; → oben *Waldhoff*, § 116 Rn. 73.
180 BVerfGE 101, 158 (214 f.) – Maßstäbegesetz.
181 BVerfGE 101, 158 (217) – Maßstäbegesetz.
182 BVerfGE 101, 158 (217) – Maßstäbegesetz.
183 BVerfGE 101, 158 (224) – Maßstäbegesetz.
184 BVerfGE 101, 158 (224) – Maßstäbegesetz.
185 BVerfGE 72, 330 (404) – Länderfinanzausgleich I; BVerfGE 101, 158 (224 f.) – Maßstäbegesetz.

die haushaltspolitischen Folgen autonomer Entscheidungen selbst einzustehen und kurzfristige Finanzschwächen selbst zu überbrücken[186].

Der Haushalt der Europäischen Union mit einem Volumen von 105,7 Mrd. Euro (2005)[187] wird durch Abführungen der Mitgliedstaaten finanziert. Mit einem Finanzierungsanteil von 20,9 % des EU-Haushalts ist Deutschland – vor Frankreich mit 16,6 % – der mit Abstand größte Beitragszahler unter den 25 EU-Mitgliedstaaten. Der deutsche Beitrag zur Finanzierung der Europäischen Union wird allein vom Bund erbracht – im wesentlichen durch einen Abzug von der Umsatzsteuer und vom Bruttonationaleinkommen, daneben durch Zölle und Agrarabgaben[188]. Der Europäische Rat hat die Existenz von Haushaltsungleichgewichten anerkannt und Änderungen am bestehenden Eigenmittelsystem beschlossen, um die Lastenteilung zwischen den Mitgliedstaaten fairer zu gestalten[189].

76
Finanzierung der EU

5. Staatsquote und Steuerquote

Die Garantie von Beruf- und Eigentümerfreiheit läßt die Produktionsfaktoren Arbeit und Kapital grundsätzlich in privater Hand, drängt also strukturell die Herrschaft des Staates über Arbeitskraft und Eigentum zurück. In der Rechtswirklichkeit allerdings beansprucht Deutschland für die Gesamtausgaben des Staates für das Jahr 2004 47 % des Bruttoinlandsprodukts[190] (Staatsquote), gibt durch Steuern und Sozialabgaben für das Jahr 2004 34,6 % des Bruttoinlandsprodukts in öffentliche Hand (Aufgabenquote)[191] und beansprucht über Steuern für das Jahr 2004 20,4 % des Bruttoinlandsprodukts (Steuerquote)[192]. Diese staatlichen Anteile müssen bei einer wirklichkeitsgerechten Beurteilung der finanzwirtschaftlichen Herrschaftsbereiche von Staat und privater Hand noch erhöht werden, weil das Angebot von Abgabenvergünstigungen formal die staatlichen Einnahmen und Ausgaben senkt, real aber den finanzwirtschaftlichen Einfluß des Staates vermehrt, der bei diesen Lenkungsabgaben zwar auf den Steuerbetrag verzichtet, dafür aber die Steuerminderung davon abhängig macht, daß der Steuerpflichtige seine Eigentümerdispositionen zu wesentlichen Teilen in den Dienst des steuerlich überbrachten Verwaltungsprogramms stellt[193]. Heute dürfte sich der Anteil des Staates an der realen Finanzmächtigkeit der Hälfte des Bruttoinlandsprodukts nähern. Dadurch ist strukturell die Freiheitsverteilung zwischen freiheitsverpflichtetem Staat und freiheitsberechtigtem Privateigentümer gefährdet.

77
Strukturelle Gefährdung des grundrechtlichen Freiheitssystems

---

186 BVerfGE 72, 330 (404) – Länderfinanzausgleich I; BVerfGE 101, 158 (224 f.) – Maßstäbegesetz.
187 Finanzbericht 2006 des Bundesministeriums der Finanzen, 2006, S. 84.
188 Finanzbericht 2006 (N 187), S. 84 f.
189 Finanzbericht 2006 (N 187), S. 84.
190 Finanzbericht 2006 (N 187), S. 409.
191 Finanzbericht 2006 (N 187), S. 411.
192 Finanzbericht 2006 (N 187), S. 412.
193 S. o. Rn. 55.

78

Verlust einer Kultur des Maßes

Eine Gesamtwürdigung finanzstaatlichen Verhaltens muß eine Staatsverschuldung von 1,5 Billionen Euro[194] einbeziehen, die stetige Erwartung der Bürger nach höheren staatlichen Finanzleistungen berücksichtigen[195], die langfristigen gesetzlichen Leistungspflichten und insbesondere die kaum noch erfüllbaren Zukunftsversprechen der öffentlich-rechtlichen Versicherer für Arbeitslosigkeit, Krankheit und Alter in Rechnung stellen. Dem Finanzstaat droht die Kultur des Maßes verlorenzugehen. Grundsätzlich sollte der Staat aus Steuererträgen finanziert werden, diese Erträge durch grundrechtliche Mäßigung des individuellen Steuerzugriffs in ein Gesamtmaß binden, das Geld als geprägte Freiheit deutlich überwiegend in privater Hand bleiben. Diese gesamtwirtschaftliche Mäßigung ist zwar in einem vom grundrechtlichen Individualrechtsschutz und der verfassungsrechtlichen Vagheit der Verpflichtung auf das gesamtwirtschaftliche Gleichgewicht geprägten Verfassungssystem nur in einer Rahmenvorgabe justiziabel; der Gesetzgeber als Erstinterpret des Grundgesetzes wird dieses Maß aber durch wesentliche Korrekturen wieder zur Geltung bringen müssen.

79

Gutes Recht oder gutes Geld?

Dabei wird der Gesetzgeber insbesondere die Frage stellen, ob er eher durch gutes Recht oder durch gutes Geld die Wirklichkeit bestimmen will. Die rechtliche Anordnung ist verbindlich, wirkt verläßlich, definiert in Allgemeinheit und Gleichheit Rechte und Pflichten der Bürger. Das Geld neigt zum Privileg, drängt im Bemühen um Gewinnmaximierung in die Maßstabslosigkeit, wirkt wenig verläßlich und beansprucht monetäre Freiheitsvoraussetzungen für die öffentliche Hand, die strukturell in die private Hand gehören. Deswegen muß das Verfassungsrecht den Finanzstaat wieder auf das rechtsstaatliche Prinzip verweisen, daß der Staat grundsätzlich rechtlich und nicht finanzwirtschaftlich handelt, der Bürger von ihm gutes Recht und nicht gutes Geld erwartet – eine Wirkungsvoraussetzung der Verfassung und eine Wahrnehmungsvoraussetzung für die Grundrechte[196].

B. Das verfassungsrechtliche Maß der Besteuerung

I. Der Steuereingriff

80

Klassischer Eingriff

Die Steuer entzieht dem Pflichtigen privatnütziges Eigentum und gibt es in staatliche Hand, greift also in das Grundrecht der Eigentümerfreiheit ein. Der Steuerzugriff ist – wie der polizeiliche Eingriff – Anlaß für die klassische Lehre vom Eingriff in Freiheit und Eigentum, für den der Gesetzesvorbehalt und der Grundrechtsschutz gelten[197].

---

194 *Bundesministerium der Finanzen*, Bundeshaushalt 2005 – Tabellen und Übersichten, November 2004, S. 22, Tabelle 8, und S. 31, Tabelle 14.
195 S. o. Rn. 14.
196 Vgl. dazu *Paul Kirchhof*, Grundrechtsinhalte und Grundrechtsvoraussetzungen, in: HdbGR, Bd. I, 2004, § 21.
197 *Mayer* (N 7), S. 245 ff.; BVerfGE 115, 97 (111) – Obergrenze für Einkommen- und Gewerbesteuer.

1. Keine ausdrücklichen Aussagen zum Besteuerungsmaß

Das Grundgesetz ist beim Maß für die staatliche Besteuerungsgewalt verschwiegen. Während die bundesstaatliche Finanzverfassung sorgfältig ausgestaltet ist, blieb der Vorschlag, die Eigentumsgarantie steuerbezogen zu modifizieren[198], ohne Wirkung. Auch ein späterer Versuch, das Steuererhebungsrecht im Text der Finanzverfassung an den Maßstab einer relativen Bedarfsdringlichkeit zu binden, ist für das Grundgesetz bisher gescheitert[199]. Der Auftrag, „eine Überbelastung der Steuerpflichtigen" zu vermeiden (Art. 106 Abs. 3 S. 4 Nr. 2 GG), betrifft die Verteilung der Umsatzsteuer, nicht die Bemessung der Steuerlasten. Der Sachzusammenhang zwischen Staatsaufgaben und Staatsausgaben ist zwar im Konnexitätsprinzip (Art. 104 a Abs. 1 GG) der Finanzverfassung vorangestellt, wirkt dort aber als Prinzip der Ertragsverteilung, nicht der Ertragsbemessung[200].

81
Schweigen des GG

Dieser Verzicht auf eine ausdrückliche Regelung von Steuergleichmaß und Steuerübermaßverbot liegt in der Konsequenz eines Grundrechtsschutzes, der alle staatliche Gewalt bindet (Art. 1 Abs. 3, Art. 20 Abs. 3 GG), deswegen nicht jeweils für eine besondere Art des Grundrechtseingriffs verdeutlicht werden muß. Die Grundrechte schützen den Berechtigten gegenüber der Steuergewalt in gleicher Weise wie gegenüber jeder anderen Ausübung von Hoheitsbefugnissen.

82
Grundrechtsschutz gegenüber aller staatlichen Gewalt

Dennoch ist in den ersten Jahren des Grundgesetzes ein deutliches Zögern erkennbar, den Grundrechtsschutz gegenüber der Besteuerungsgewalt kraftvoll zur Wirkung zu bringen. Der Grund liegt in den rechtlichen und tatsächlichen Verhältnissen der Nachkriegszeit. Die Folgen des Krieges lenken die Aufmerksamkeit auf eine gemeinsame, weitgehend staatliche Gewährleistung der Existenzbedingungen für jedermann. Insoweit entsprechen verfassungsrechtliche Grenzziehungen zwischen Besteuerungsgewalt und Individualeigentum nicht den Bedürfnissen der Zeit. Die deutsche Nachkriegsgesellschaft war zudem in zwei Interessengruppen geteilt: Diejenigen, die durch Vertreibung und Kriegsschäden ihr Vermögen verloren haben, und diejenigen, die wesentliche Teile ihres Vermögens behalten hatten. Deswegen suchte der Gesetzgeber eine Lastenausgleichsabgabe einzuführen, wonach 50 % des für den Stichtag des 21. Juni 1948 registrierten Vermögens an einen Lastenausgleichsfonds abzuführen waren[201]. Diese Abgabe hat zwar, weil sie in dreißig Jahresraten zahlbar war und die Bemessungsgrundlage nicht nach der Vermögenssubstanz, sondern nach den Erträgen ermittelt wurde, die ihr zugedachte

83
Historische Gründe gegen einen kraftvollen Grundrechtsschutz

---
198 *Richard Thoma*, Kritische Würdigung des Grundrechtskatalogs, in: Der Parlamentarische Rat 1948–1949. Akten und Protokolle, Bd. V/1, 1993, S. 361 ff.
199 Vgl. RegE zum Finanzverfassungsgesetz 1955 in den Formulierungen des Bundestags- und Gesamtausschusses, BT-Drs II/960, S. 3; die Neufassung scheiterte an der Ablehnung des Bundesrates, 132. Sitzung v. 3. 12. 1954, Sten-Prot, S. 336 f.
200 Vgl. Art. 104 a Abs. 1, Art. 106 Abs. 4 S. 2; zu den Ansätzen dieses Gedankens *Albert Hensel*, Der Lastenausgleich, in: VJSchStFR 3 (1929), S. 1, 5, 35 f.; *Johannes Popitz*, Der künftige Finanzausgleich zwischen Reich, Ländern und Gemeinden, 1932, S. 112 f., 127.
201 Gesetz über den Lastenausgleich vom 14. 8. 1952 (BGBl I, S. 446); *Peter Graf Kielmansegg*, Nach der Katastrophe. Eine Geschichte des geteilten Deutschland, 2000, S. 362.

§ 118   *Achter Teil: III. Finanzwesen*

praktische Bedeutung nicht gewonnen. Sie hat die Rechtsgemeinschaft aber mit dem Gedanken vertraut gemacht, die Besteuerungsgewalt als eine elementare Umverteilungsmacht zu nutzen. Zudem hatten die Alliierten für das deutsche Steuerrecht angeordnet, daß der Einkommensteuerspitzensatz 95 % betragen müsse[202]. Der Gesetzgeber ist auch dieser Zumutung eines Übermaßes pragmatisch ausgewichen und hat die Bemessungsgrundlage durch viele Ausnahme- und Durchbrechungstatbestände so zurückgenommen, daß kaum mehr als das halbe Einkommen besteuert werden mußte. Dennoch trägt auch diese rechtliche Ausgangslage dazu bei, daß sich anfangs eine grundrechtlich strukturierte Steuergesetzgebung kaum entwickeln konnte.

2. Die Greifbarkeit der Steuergewalt im Grundrechtsverhältnis

84
Unschärfe des staatlichen Besteuerungszwecks

Der Grundrechtschutz gegenüber der Besteuerungsgewalt scheint nur schwer einen Anknüpfungspunkt zu finden, weil das Steuerrecht den staatlichen Finanzbedarf befriedigt, dieser aber in einer vagen Staatsaufgabenlehre kaum rechtlich greifbare Konturen zu finden scheint. Die Allgemeinheit des Steuerfinanzierungszwecks droht insbesondere den Gleichheitssatz und das Übermaßverbot als Verfassungsmaßstab für den Steuergesetzgeber deutlich zu schwächen[203]. Gleichheit ist stets „verhältnismäßige" Gleichheit, beobachtet tatsächliche Ähnlichkeit oder Verschiedenheit immer nur „hinsichtlich", mit Sicht, mit Blick auf ein Vergleichsziel, auf eine bestimmende Gemeinsamkeit – das tertium comparationis[204]. Das Übermaßverbot fordert, insoweit übereinstimmend, eine Maßstabsgerechtigkeit hinsichtlich eines bestimmten Ziels, eine „Angemessenheit" des Mittels, mißt die Belastungswirkungen staatlichen Handelns am Belastungsziel[205]. Gleichheitsgebot und Übermaßverbot bewähren sich im Verhältnis zum jeweiligen Regelungsziel. Das Ziel der Steuer aber, den staatlichen Finanzbedarf zu decken, ist gegen Wachstumstendenzen, ein Übermaß nicht gefeit. Die gegenläufige Hoffnung, die Grundrechte mögen die Steuerlasten mäßigen und dadurch auch den staatlichen Finanzaufgaben Grenzen setzen, scheint enttäuscht zu werden.

85 Der Besteuerungszweck, den öffentlichen Finanzbedarf zu decken, scheint jede Steuer zu rechtfertigen[206]; auch eine Kopfsteuer oder eine das Einkom-

---

202 Kontrollratsgesetz Nr. 12 vom 11.2.1946, in: Amtsblatt des Kontrollrats in Deutschland 1946; sowie Gesetz vom 29.4.1950 (BGBl I, S. 95); Gesetz vom 28.12.1950 (BGBl I, 1951, S. 20); *Peter Bareis*, Die Reform der Einkommensteuer vor dem Hintergrund der Tarifentwicklung seit 1934, in: FS für Klaus Offerhaus, 1999, S. 1053, 1058.
203 BVerfGE 115, 97 (117) – Obergrenze für Einkommen- und Gewerbesteuer.
204 Vgl. BVerfGE 55, 72 (88) – Präklusion; BVerfGE 75, 108 (157) – Künstlersozialversicherung; BVerfGE 76, 256 (329) – Beamtenaltersversorgung.
205 BVerfGE 7, 377 (404ff.) – Apothekenurteil; BVerfGE 19, 330 (337) – Sachkundenachweis; BVerfGE 28, 264 (280) – Abgeordnetenüberprüfung; BVerfGE 30, 292 (315) – Erdölbevorratung; BVerfGE 41, 251 (264f.) – Speyer-Kolleg; std. Rspr.; *Paul Kirchhof*, Gleichmaß und Übermaß, in: FS für Peter Lerche, 1993, S. 133ff.
206 So noch BVerfGE 115 97, (115) – Obergrenze für Einkommen- und Gewerbesteuer; *Klaus Vogel*, in: VVDStRL 47 (1989), S. 66 (Diskussionsbeitrag), spricht vom „maßlosen" Zweck; vgl. auch *Moris Lehner*, Einkommensteuerrecht und Sozialhilferecht, 1993, S. 405.

men zu 100% konfiskatorisch belastende Einkommensteuer würden diesen Zweck erreichen. Grundsätzlich aber gewinnt jede Teilrechtsordnung in einem konkreten Ziel ihr sinnstiftendes und sinnbegrenzendes Leitmotiv: Das Strafrecht bemißt die Strafe nach der individuellen Schuld des Täters. Das Zivilrecht bringt im Vertrag die Privatautonomie zur Wirkung. Das Polizeirecht folgt den tatsächlichen Erfordernissen der Gefahrenabwehr und Gefahrenvorsorge. Das Berufsrecht spiegelt die Anforderungen der jeweiligen beruflichen Leistung. Das Steuerrecht scheint dem Gesetzgeber kein ähnlich griffiges Leitmotiv zu bieten, weil jede – auch eine abwegige – Steuer den Zweck der Ertragserzielung erfüllt.

Erforderlichkeit eines sinnstiftenden und sinnbegrenzenden Leitmotivs

86

Dennoch muß und kann auch die Steuer durch einen konkreten Zweck gerechtfertigt werden. Auch für das Steuerrecht läßt sich ein sinnstiftender und sinnbegrenzender Zweck definieren und ein sachlich rechtfertigender Belastungsgrund erkennen. Die Steuer soll dem Staat nicht in beliebiger Weise – durch Raub, Brandschatzung oder Konfiskation – Erträge zuführen, sondern den freiheitlichen Verfassungsstaat am Erfolg privaten Wirtschaftens teilhaben lassen. Besteuerungsziel ist also nicht ein beliebiges Aufkommen, sondern die staatliche Teilhabe am Erfolg individuellen Arbeitens, individueller Eigentumsnutzung und individueller Kaufkraft. Die Steuer rechtfertigt sich nicht, weil sie staatliche Erträge erzielt, sondern weil sie freiheitskonform den Staat am individualnützigen Erfolg privaten Wirtschaftens teilhaben läßt.

Freiheitskonforme Teilhabe am Erfolg individuellen Wirtschaftens

87

Dieses Besteuerungsziel der Teilhabe läßt sich auf einer zweiten Konkretisierungsstufe verdeutlichen. Die Steuer ist zwar insoweit „voraussetzungslos", als sie von „bedingenden Zusammenhängen" „losgelöst" ist[207]. Diese „Voraussetzungslosigkeit" grenzt die Steuern insbesondere von Gebühren und Beiträgen ab, zieht zugleich die Trennungslinie zu den Bußen und zum Kostenersatz[208]. Sie besagt jedoch nicht, daß die Steuerbelastung ohne staatsrechtliche Voraussetzung wäre, sie keiner verfassungsrechtlichen Rechtfertigung bedürfe. Die Erhebung der Steuern findet nicht schon in der Unterwerfung des Individuums unter eine Gebietshoheit einen ausreichenden Grund[209]. Vielmehr ist auch der Steuerpflichtige im Verfassungsstaat der Gebietshoheit nur unter den Bedingungen des Grundgesetzes unterworfen: Die Steuer greift nicht willkürlich auf die finanzielle Leistungsfähigkeit des Steuerpflichtigen zu, sondern beansprucht eine maßvolle und gleichmäßige Teilhabe am jeweiligen Besteuerungsgegenstand. Deswegen findet die Einkommensteuer ihren rechtfertigenden Grund in der staatlichen Teilhabe am individuellen Einkommen, die Umsatzsteuer in der Teilhabe an der individuellen Kaufkraft, die Erbschaftsteuer in der Teilhabe an der angefallenen Erbmasse, der Zoll in der Teilhabe am Wert des eingeführten Wirtschaftsguts.

Steuer ist voraussetzungslos, aber nicht ohne staatsrechtliche Voraussetzungen

---

207 *Mayer*, (N 7), S. 316.; *Wendt* (N 7), § 104, Rn. 16 ff.; → oben *Waldhoff*, § 116 Rn. 85.
208 Vgl. *Res Auer*, Sonderabgaben, 1980, S. 29 f.; *Wolfgang Knies*, Steuerzweck und Steuerbegriff, 1976, S. 64 f.; → unten *P. Kirchhof*, § 119 Rn. 18 ff.
209 So aber *Ernst Blumenstein*, System des Steuerrechts, Bd. I, 1945, S. 2 f.

88

Beitrag der Rechtsgemeinschaft zum individuellen Erfolg

Diese Rechtfertigung durch Teilhabe läßt sich durch den Beitrag der Rechtsgemeinschaft, repräsentiert durch den Staat, zu dem individualnützigen Erfolg privaten Wirtschaftens vertiefen: Der Mensch erzielt Einkommen dank eigener Leistung, stützt sich dabei aber auf einen Markt von Anbietern und Nachfragern, auf eine Rechtsordnung zur Begründung und Durchsetzung vertraglicher Verbindlichkeiten, auf ein Banken- und Währungswesen, auf durch Schulen und Hochschulen gut ausgebildete Arbeitnehmer, auf einen gewerblichen Rechtsschutz, auf eine friedenstiftende Rechtsordnung, auf Rechtssicherheit in der Nationalökonomie und dem durch sie eröffneten Weltmarkt. Allein eine wertvolle Leistung – das zu seinen Lebzeiten noch nicht verstandene Wort des Dichters, die ihrer Zeit vorauseilende Melodie eines Komponisten, das dem Stilempfinden erst der Zukunft entsprechende Gemälde eines Malers – führt noch nicht zu einem Einkommen; Einkommen entsteht erst, wenn die Rechtsgemeinschaft eine Leistung durch Entgelt anerkannt hat. Ebenso begründet allein die Kaufkraft – wenn sie in der Wüste eingesetzt werden sollte – noch keinen Umsatz; erst die Infrastruktur eines umfassenden und allgemeinen Leistungsangebotes des Marktes erlaubt es dem Nachfrager, seine Kaufkraft in Gegenleistungen einzutauschen. Deshalb rechtfertigt sich die „voraussetzungslose" Steuer als Teilhabe am jeweiligen individuellen Erfolg privatnützigen Wirtschaftens, der sich seinerseits auf die von der Rechtsgemeinschaft bereitgestellte Freiheitsstruktur von Marktordnung, Frieden, Rechtssystem, Schul- und Ausbildungswesen stützt.

89

Gleichheit und Verhältnismäßigkeit nach dem jeweiligen Gegenstand steuerlicher Teilhabe

Die steuerliche Teilhabe am Erfolg privatnützigen Wirtschaftens bietet damit sowohl dem Gleichheitssatz wie auch dem Verhältnismäßigkeitsprinzip einen sinnstiftenden und eingriffsbegrenzenden Zweck. Der Steuereingriff ereignet sich nicht in einer Sphäre verminderten rechtsstaatlichen Schutzes, nicht in einem „Ozonloch des Rechtsstaates"[210], der die Steuergegenstände und den Steuerschuldner der sengenden Kraft der Steuerlast schutzlos preisgibt und dadurch zu zerstören droht. Vielmehr gestattet das Grundgesetz nur eine steuerliche Teilhabe am jeweiligen privatnützigen Ergebnis der Erwerbswirtschaft, die in der Intensität verhältnismäßig bleibt und in der Bemessung die Erfolge aller Wirtschaftssubjekte gleichmäßig zur Finanzierung des Gemeinwesens heranzieht.

II. Der Vorbehalt des Gesetzes

1. Von der Bewilligung zum Gesetzesvorbehalt

90

Steuergesetz als Freiheitseingriff und als Freiheitsgarantie

Die Steuer greift in das individuelle Vermögen ein, das der Steuerpflichtige erworben, ererbt oder zum Konsum eingesetzt hat, unterliegt deshalb als Grundrechtseingriff dem Gesetzesvorbehalt[211]. Das Gesetz bestimmt, welcher Teil des Einkommens, der Erbmasse, der Kaufkraft dem Staat zusteht und

---

210 *Klaus Vogel*, Grundzüge des Finanzrechts des Grundgesetzes, in: HStR IV, ²1999 (¹1990), § 87 Rn. 88.
211 S.o. Rn. 80.

welcher Teil dem privaten Nutzen dient, regelt also den steuerlichen Eingriff, zugleich aber auch die Privatnützigkeit des jeweiligen Eigentums. Die Steuer bestimmt den Preis der Freiheit, fordert deshalb eine Steuerzahlung als Bedingung eines freiheitlichen Wirtschaftssystems[212], sichert aber zugleich den für Besteuerung unzugänglichen Bereich privatnützigen Wirtschaftens. Das Steuergesetz definiert Inhalt und Schranken des Eigentums (Art. 14 Abs. 1 S. 2 GG): Wenn ein Steuergesetz eine Steuer von 25 % fordert, ermächtigt es zu 25 % zu einem Eingriff, sichert aber ebenso zu 75 % den privatnützigen Bestand des Steuergegenstandes.

91
Steuern dank Zustimmung der Stände

Die Steuer wurde anfangs in vertragsähnlicher Verständigung zwischen Herrscher und Untertan bestimmt, erschien als Preis für den vom Staat gewährten Schutz von Person und Besitz, folgte aus persönlichen Lehens- und Dienstpflichten, wurde insbesondere in finanziellen Ausnahmesituationen erbeten[213]. Eine Steuererhebung ohne Zustimmung der Untertanen galt als Tyrannei[214]. Der Fürst, der seinen Finanzbedarf für Hof und Regierung des Landes nicht aus den Erträgen des Kammergutes decken konnte, durfte mit Zustimmung der Stände und der Steuerzahler Steuern erheben[215]. Auch bei wachsendem Finanzbedarf – einem stehenden Heer, einem sich entwickelnden Beamtentum, zunehmender öffentlicher Wohlfahrtsaufgaben – war die territoriale Finanzgewalt auf Fürst und Stände aufgeteilt[216]. Den Landständen waren die Steuerbewilligung, die Erhebung der Abgaben, der Schuldendienst und deren Verwaltung vorbehalten.

92
Gesellschaftsvertrag zum Schutz des Eigentums

Erst als mit der Aufklärung die individuelle Freiheit zum Jedermannsrecht wurde, das Allgemeinheits- und Gleichheitspostulat Raum gewann, verlor die Idee der Freiwilligkeit – sozialpolitisch kämpferisch insbesondere für die Fleisch- oder Mehlakzise in Frage gestellt – an rechtfertigender Kraft. Ursprünglich beanspruchte der Herrscher uneingeschränktes Eigentum an dem Vermögen seiner Untertanen, suchte so das Steuerbewilligungsrecht der Stände zu überwinden[217]. Sodann suchte insbesondere die Mittelklasse – der Adel war steuerbefreit – den steuerlichen Zugriff auf das Privateigentum zu mäßigen, schloß deshalb mit dem Herrscher einen Gesellschaftsvertrag zum Schutze des Eigentums, der den Herrscher an einem willkürlich besteuernden Eingriff in das Privateigentum hinderte. Schließlich verdeutlicht der europäische Liberalismus des 19. Jahrhunderts den Eigentumsschutz in einem Eigentumsrecht, das die Besteuerungsgewalt des Staates vielfach begrenzt. Der Staat habe „jene prinziplosen oder bloß von Willkür oder von hablustiger Berechnung diktierten Steuersysteme" zu unterlassen und Gleichheit sowie Verhältnismäßigkeit der Belastung zu bewahren[218].

---

212 S. o. Rn. 2 ff.
213 *Mann* (N 46), S. 119 f.
214 *Mann* (N 46), S. 42 m. Nachw.
215 *Ullmann* (N 19), S. 15.
216 *Josef Isensee*, Steuerstaat als Staatsform, in: FS für Hans Peter Ipsen, 1977, S. 409 f.
217 *Johann Jacob Moser*, Von der Landeshoheit in Cameral-Sachen, 1773, Neudruck 1967, S. 107 f.
218 *Carl von Rotteck*, Stichwort „Eigentum", in: ders./Carl Welcker (Hg.), Das Staats-Lexikon – Encyklopädie der sämmtlichen Staatswissenschaften für alle Stände, Bd. IV, 1846, S. 211 (214).

§ 118 *Achter Teil: III. Finanzwesen*

93
Schwäche des Gesetzesvorbehalts

Mit der Anerkennung der Menschenrechte[219] und der parlamentarischen Demokratie geht das Besteuerungsrecht auf das Parlament über. Man glaubt in den Anfängen der Demokratie eine maßvolle und gleichmäßige Steuerlast allein dadurch sichern zu können, daß die Steuerpflichtigen selbst – durch ihre Repräsentanten – über die Steuerlast entscheiden und in dieser Selbstbetroffenheit gewährleisten, daß sie nicht von übermäßigen Steuerlasten betroffen oder durch Steuerprivilegien benachteiligt werden. Diesen demokratischen Optimismus haben wir inzwischen verabschiedet. Gegenwärtig empfiehlt sich der Abgeordnete weniger als Garant niedriger Steuerlasten, sondern als Vordenker zusätzlicher Staatsleistungen und damit weiterer Steuererhöhungen. Solange die Erwartungen der Menschen an den Staat auf mehr staatliche Finanzleistungen drängen, wird der Abgeordnete diesen Begehren nachgeben, durch Leistungsversprechen Beifall heischen, sodann weiteren Applaus durch weitere Staatsleistungen – also weitere Steuererhöhungen – erhoffen. Der Schutz des einzelnen gegen die Steuergewalt gerät dadurch parlamentarisch ins Hintertreffen. Selbst ein so elementares und allgemeines Anliegen wie die einkommensteuerliche Verschonung des Existenzminimums, das jedem Einkommensbezieher erlaubt, seinen und seiner Familie Elementarbedarf aus eigener Kraft zu finanzieren, und eine staatliche Sozialhilfe erübrigt, wird nicht durch Parlamentsentscheid gesichert, sondern muß durch das Bundesverfassungsgericht gegen den Gesetzgeber gewährleistet werden[220].

2. Schutzfunktion des Gesetzes

94
Gegenwärtige Bedeutung des Gesetzesvorbehalts

Diese Schwäche des Gesetzesvorbehalts läßt bei ausuferndem staatlichen Finanzbedarf staatliche Steuerbegehrlichkeiten ungehemmt auf den Grundrechtsschutz des Steuerpflichtigen prallen, fordert damit die Grundrechte der Art. 14 GG und Art. 3 GG zu einer wirksamen Gegenwehr. Dennoch bewahrt oder gewinnt auch gegenwärtig der Gesetzesvorbehalt individuell spürbare Schutzfunktionen: Der Gesetzesvorbehalt begrenzt in tatbestandlicher Bestimmtheit[221] den Steuereingriff, gewährleistet die Rückbindung der steuerlichen Belastungsentscheidung an den Wähler zunächst in einem Verantwortungsrisiko der Abgeordneten. Der Grundsatz, „keine Besteuerung ohne parlamentarische Repräsentation"[222] („no taxation without representation") diente der amerikanischen Unabhängigkeitsbewegung als Argument, um die Steuerzahlung an London zu verweigern, mag heute bei der Zweitwohnungsteuer eine bescheidene Bedeutung gewinnen, wenn diese Steuer den Privat-

---

219 *Klaus Vogel*, Gesetzgeber und Verwaltung, in: VVDStRL 24 (1966), S. 125 ff. (147 ff.).
220 BVerfGE 87, 153 (170) – Grundfreibetrag; BVerfGE 82, 60 (89 f.) – Familienexistenzminimum; BVerfGE 99, 16 (233) – Kinderbetreuungskosten; BVerfGE 99, 276 (259 f.) – Familienleistungsausgleich.
221 Zu den verfassungsrechtlichen Anforderungen: *Lerke Osterloh*, Gesetzesbindung und Typisierungsspielräume bei der Anwendung der Steuergesetze, 1992, S. 109 ff. m. Nachw.; zu großzügig BVerfGE 48, 210 (223 ff.) – „aus volkswirtschaftlichen Gründen zweckmäßig".
222 *William S. Carpenter* „Taxation without representation", in: Dictionary of American History, Bd. V, 1976; *Edmund Morgan*, Inventing the People: The Rise of Popular Sovereignty in England and America, New York, 1989.

konsum vor allem dessen belastet, der in der Gemeinde nicht wahlberechtigt ist. Das Bundesverfassungsgericht[223] fordert deshalb zumindest eine Belastung auch der Zweitwohnung von Wahlberechtigten. Der Parlamentsvorbehalt und das Erfordernis einer Zustimmung des Bundesrates (Art. 105 Abs. 3 GG) sichert eine breite öffentliche Debatte, bezieht dabei auch die dem Vorbehalt des Parlamentsgesetzes unterfallenden[224] Steuervergünstigungen ein und fordert für die grundsätzlich privilegienfeindliche steuerliche Gemeinlast[225] eine öffentliche Rechtfertigung vor dem Gleichheitssatz (Art. 3 Abs. 1 GG)[226]. Das Gesetz ist auch der Ort, in dem die bewußte Entscheidung des Gesetzgebers für den Einsatz der Steuer nicht nur als Finanzierungs-, sondern auch als Lenkungsinstrument erkennbar werden muß[227]. Es macht eine steuerintervenierende Einwirkung in den Bereich der Verwaltungsgesetzgebung (Art. 70 ff. GG) bewußt[228], veranlaßt auch die parlamentarische Prüfung, ob statt einer aus dem Bundeshaushalt zu erbringenden, vom Haushaltsgesetzgeber jährlich neu verantworteten Leistungssubvention eine Verschonungssubvention – häufig zu Lasten fremder Haushalte – angeboten werden darf[229]. Zugleich regelt das Steuergesetz den Ausgangsbefund für die bundesstaatliche Ertragsverteilung, auf dem verfassungsrechtliche, gesetzlich verdeutlichte Verteilungsregeln aufbauen[230]. Schließlich gewinnt der Gesetzesvorbehalt im Steuerrecht Bedeutung auch für das Strafrecht, weil der Straftatbestand der vorsätzlichen Steuerverkürzung und der Ordnungswidrigkeitstatbestand der leichtfertigen Steuerverkürzung seinen Maßstab in den Steuergesetzen findet (§§ 370, 378 AO), Art. 103 Abs. 2 GG[231] deshalb für die strafbewehrten Pflichten des Steuerrechts das rechtsstaatliche Erfordernis gesetzlicher Bestimmtheit[232] verdeutlicht.

Vor allem aber regelt das Gesetz die grundsätzliche Belastungsentscheidung, an die eine weitere Ausgestaltung der Steuer gleichheitsrechtlich durch das Gebot der Widerspruchsfreiheit und Folgerichtigkeit gebunden ist[233]. Insoweit ist der Gesetzgeber dem Prinzip einer Einheit der Gesetzgebung verpflichtet, wird also beim eigenen Wort genommen, solange dieses gilt. Das Prinzip gesetzlicher Einheit und Folgerichtigkeit bestimmt auch das Verhältnis der materiellen steuerlichen Lastengleichheit zu den formellen Erhebungs- und Durchsetzungsregeln, die erst den tatsächlichen Belastungserfolg

95
Gesetz als Ausgangspunkt für gesetzliche Folgerichtigkeit

---

223 BVerfGE 65, 325 (343) – Zweitwohnungsteuer; vgl. auch BVerfGE 114, 316 (332 ff.) – Zweitwohnungsteuer bei Ehegatten.
224 BVerfGE 93, 121 (147 f.) – Vermögensteuer.
225 BVerfGE 84, 239 (269 f.) – Zinsbesteuerung.
226 BVerfGE 84, 239 (268 f.) – Zinsbesteuerung.
227 Vgl. BVerfGE 93, 121 (147 f.) – Vermögensteuer.
228 BVerfGE 98, 106 (118 ff.) – Verpackungsteuer.
229 BVerfGE 93, 121 (147) – Vermögensteuer.
230 S. o. Rn. 71 ff.
231 Zur Anwendbarkeit des Art. 103 Abs. 2 GG auch auf Bußgeldvorschriften vgl. BVerfGE 71, 108 (114) – Antiatomkraftplakette.
232 Vgl. BVerfGE 26, 41 (42 f.) – Grober Unfug; BVerfGE 45, 363 (370 f.) – Strafvorschriften über Landesverrat.
233 BVerfGE 84, 239 (271) – Zinsbesteuerung; BVerfGE 87, 153 (170) – Grundfreibetrag; BVerfGE 93, 121 (136) – Vermögensteuer; BVerfGE 98, 83 (97 f.) – Landesabfallabgabe; BVerfGE 98, 106 (118 f.) – Verpackungsteuer.

§ 118 *Achter Teil: III. Finanzwesen*

sicherstellen[234]. Wirkt eine Erhebungsregel strukturell gegen einen Besteuerungstatbestand und kann der Besteuerungsanspruch deswegen weitgehend nicht durchgesetzt werden, führt die dadurch bewirkte Gleichheitswidrigkeit zur Verfassungswidrigkeit auch der materiellen Norm. Dies gilt insbesondere, wenn das einkommensteuerrechtliche Deklarationsprinzip nicht durch ein verfahrensrechtliches Verifikationsprinzip ergänzt wird[235].

96
Europarechtliche Rechtsquellen

Die gesetzlichen Grundlagen des in Deutschland verbindlichen Steuerrechts haben ihren Geltungs- und Erkenntnisgrund nicht nur in deutschen Gesetzen, sondern ebenso im Recht der Europäischen Gemeinschaft. Die Europäische Union hat für die indirekten Steuern – entsprechend ihrer Tradition eines für unbehinderten grenzüberschreitenden Leistungsverkehr offenen Wirtschaftsraums – eine unmittelbare Regelungskompetenz[236]. Vor allem das deutsche Umsatzsteuerrecht ist heute völlig durch die Mehrwertsteuer-Systemrichtlinie geprägt, die entgegen ihrem Charakter als Richtlinie kaum noch Entscheidungsraum für den deutschen Gesetzgeber offenläßt[237]. Die direkten Steuern stehen zwar in der Zuständigkeit der Mitgliedstaaten, müssen ihre Besteuerungsbefugnisse aber unter Wahrung des Gemeinschaftsrechts ausüben[238]. Deswegen gewinnen insbesondere die vier Grundfreiheiten[239] wesentlichen Einfluß auch auf das deutsche Einkommen- und Körperschaftsteuerrecht[240]. Diese europarechtlichen Erkenntnisquellen für deutsches Steuerrecht sind noch nicht vollständig in ein rechtsstaatliches und demokratisches System arbeitsteiliger Rechtsquellen (Art. 23 Abs. 1 GG) eingefügt, weil der Europäische Gerichtshof in der Intensität seiner Grundrechtspflege grundrechtliche Kompetenzausübungsschranken nahezu als Kompetenzzuweisungen nutzt und die Regelungszuständigkeit bei den indirekten Steuern den Europäischen Rat zum Gesetzgeber macht, für dieses exekutiv gesetzte Recht sich aber gerade für das Steuerrecht die Frage stellt, ob eine Besteuerung ohne ausreichende parlamentarische Repräsentation der Steuerpflichtigen zulässig ist. Zudem scheint der Maßstab der Kohärenz[241] in einem von vielen Ausnahme- und Ausweichtatbeständen geprägten Steuerrecht noch nicht hinreichend rechtsstaatlich entwickelt. Auch das Beihilfeverbot[242] hat noch nicht die Kraft einer strukturierenden Steuergesetzgebungskontrolle gewonnen.

---

234 BVerfGE 84, 239 (272) – Zinsbesteuerung; s. u. Rn. 174 ff.
235 BVerfGE 84, 239 (272) – Zinsbesteuerung.
236 *Reimer Voß*, in: Eberhard Grabitz/Meinhard Hilf (Hg.), Das Recht der Europäischen Union, Art. 93 EGV, Rn. 9.
237 *Wolfram Birkenfeld*, Umsatzsteuerhandbuch, ³1998, § 21 Rn. 37.
238 EuGH Slg. 1995, I-2493, Rn. 16-Wielockx; Slg. 2005, I-2057, Laboratoire Fournier; Slg. 2006, I-0000, Van Hilten-van der Heijden.
239 *Axel Cordewener*, Europäische Grundfreiheiten und nationales Steuerrecht, 2002, S. 823.
240 Zur Niederlassungsfreiheit: EuGH Slg. 2005, I-10837 – Marks & Spencer, Slg. 2006, I-0000 – Keller Holding; für die Kapitalverkehrsfreiheit: EuGH Slg. 2006, 1736 – Centro di Musicologia Walter Stauffer/Finanzamt München; für die Arbeitnehmerfreizügigkeit: EuGH Slg. 2006, 1-1711 – Ritter Coulais; für die Dienstleistungsfreiheit: EuGH HFR 2006 – FKP Scorpio Konzernproduktionen GmbH.
241 EuGH Slg. 1992, I-249 – Bachmann; Slg. 1995, I-3955 – Svensson und Gustavsson; Slg. 1992, I-305 – Kommission/Belgien.
242 Zu dessen Geltung auch für Steuervergünstigungen vgl. Mitteilung der Kommission, ABl EG 1988, Nr. C 384, S. 3.

3. Typisierung

Das Steuergesetz ist wie jedes Gesetz auf Allgemeinheit angelegt, erfaßt die Realität in der Normalität, darf im Typus verallgemeinern und vergröbern. Wenn ein Mensch Deutscher, Hobbysportler, promoviert, Autofahrer, Hausbesitzer und Gewerbetreibender ist, hebt das Einkommensteuergesetz das Gewerbetreiben hervor, vernachlässigt die übrigen Qualifikationen, weil sie für die Einkommensteuer unerheblich sind. Insoweit besteht alles Recht aus Typisierungen[243]. Inwieweit dabei der normative Typus den Rechtstypus verfehlt, die Typisierung der gemeinten Rechtsfolge nicht entspricht oder Überdifferenzierungen den Allgemeinvollzug gefährden, beantwortet der Gleichheitssatz. Der Gleichheitssatz verlangt vom Gesetzgeber, daß er für jeden Sachverhalt das Steuererhebliche in das Licht seiner Tatbestände rückt, das Steuerunerhebliche hingegen im Dunkel des steuerlich Bedeutungslosen beläßt. In diesem Auftrag, das Steuererhebliche hervorzuheben, muß jede gesetzliche Regelung verallgemeinern.

97
Das Gesetz muß verallgemeinern

Die Allgemeinheit der Besteuerung zwingt den Gesetzgeber, die Tatbestände generell und abstrakt zu formulieren, vereinfachend und vergröbernd auf häufig wiederkehrende Sachverhalte und zählbare Tatbestände zurückzuführen. Steuergerechtigkeit ist deshalb regelmäßig Typengerechtigkeit[244]. Wenn der Gesetzgeber bei seinen Steuerregelungen typisierend Sachverhalte aufnimmt und atypische Sachverhalte und Härtefälle von Gesetzes wegen außer acht läßt[245], so findet diese Typisierung in der Sozialpflichtigkeit eines jeden Eigentums und der generell gesteigerten Sozialpflichtigkeit eines jedes Eigentumsgebrauchs (Art. 14 Abs. 2 GG) eine verfassungsrechtliche Vorgabe. Wenn das Eigentum und der Eigentumsgebrauch ungeachtet konkreter Eigenarten und individueller Besonderheiten sozialpflichtig und damit steuerbar sind, so erspart diese Verfassungsregel dem Steuergesetzgeber eine Differenzierung, die jede Individualität und konkrete Besonderheit aufnimmt. Im Rahmen dieser Typisierungsbefugnis gestattet der Gleichheitssatz auch gesetzliche Regelungen, die statt einer ermittelbaren Wirklichkeit einen gesetzestechnisch einfacher greifbaren Sachverhalt als Belastungsgrund wählt[246]. Die Grenzen einer solchen Typisierung liegen in dem Entscheidungsrahmen, den eine Sozialpflichtigkeit des Eigentums im Gegensatz zur persönlichen Verpflichtung des Eigentümers setzt. Das Bundesverfassungsgericht verweist auf das Verhältnismäßigkeitsprinzip, das ein angemessenes Verhältnis zwischen den Vorteilen der Typisierung und der mit ihr notwendig verbundenen Ungleichheit der steuerlichen Belastung verlange[247].

98
Steuergerechtigkeit ist Typengerechtigkeit

---

243 *Osterloh* (N 221), S. 95 ff.; *Rolf Eckhoff*, Rechtsanwendungsgleichheit im Steuerrecht, 1999, S. 71.
244 Vgl. BVerfGE 31, 119 (131) – Besteuerung von Musikautomaten; *Josef Isensee*, Die typisierende Verwaltung, 1976, S. 96 f.; *Paul Kirchhof*, Der verfassungsrechtliche Auftrag zur Steuervereinfachung, in: FS für Dietrich Meyding, 1994, S. 3 ff.
245 BVerfGE 82, 159 (185 f.) – Absatzfonds; BVerfGE 87, 153 (172) – Grundfreibetrag; BVerfGE 96, 1 (6) – Arbeitnehmerfreibetrag; BVerfGE 101, 297 (309) – Arbeitszimmer; BVerfGE 112, 268 (280 f.) – Erwerbsbedingte Kinderbetreuungskosten.
246 BVerfGE 96, 1 (6) – Arbeitnehmerfreibetrag; BVerfGE 101, 207 (309) – Arbeitszimmer.
247 BVerfGE 101, 297 (312) – Arbeitszimmer; BVerfGE 112, 268 (280 f.) – Erwerbsbedingte Kinderbetreuungskosten; BVerfG, in: NJW 2007, S. 573 (578 f.) – Bewertung im Erbschaftsteuerrecht.

99
Orientierung am Regelfall

Der Gesetzgeber darf sich grundsätzlich am Regelfall orientieren und ist nicht gehalten, allen Besonderheiten jeweils durch Sonderregelungen Rechnung zu tragen[248]. Diese gesetzlichen Verallgemeinerungen müssen allerdings auf eine möglichst weite, alle betroffenen Gruppen und Regelungstatbestände einschließende Beobachtung aufbauen[249], müssen sich realitätsgerecht am typischen Fall orientieren[250]. Der Gesetzgeber hat deshalb gerade im Steuerrecht einen Gestaltungsraum für generalisierende, typisierende und pauschalierende Regelungen[251]. Verfehlt der Gesetzgeber den generell gemeinten Lebenssachverhalt, ist die Norm gleichheitswidrig. Führt eine verfassungsgemäße Typisierung zu einem gesetzlich nicht gewollten Überhang an Steuerlasten, ist die Finanzbehörde im Einzelfall verfassungsrechtlich zu einem Billigkeitserlaß verpflichtet[252].

100
Gleichheit in einer verständlichen und unausweichlichen Allgemeinheit

Der Gleichheitssatz fordert deshalb nicht eine immer mehr individualisierende und spezialisierende Gesetzgebung, die letztlich die Gleichmäßigkeit des Gesetzesvollzuges gefährdet, sondern die Regelung eines allgemein verständlichen und möglichst unausweichlichen Belastungsgrundes[253]. Zudem veranlaßt der Schutz der Privatsphäre oft die Gesetzestechnik der Typisierung[254].

101
Praktikabilität des Gesetzesvollzugs

Während die Verhinderung von Steuerumgehungen das im Gesetz angelegte Besteuerungsgleichmaß zur Geltung bringt, dient das Erfordernis einer Gesetzespraktikabilität dem gleichmäßigen Gesetzesvollzug. Art. 3 GG sichert neben der Rechtsetzungsgleichheit ebenso die Rechtsanwendungsgleichheit. Ein gleichmäßiger Gesetzesvollzug aber verlangt praktikable, für alle Beteiligten verständliche Gesetzesinhalte. Das Bundesverfassungsgericht verweist deshalb auf die Sachnotwendigkeit von Praktikabilitätserwägungen bei der Gesetzgebung[255], rückt aber von einer generellen Anerkennung dieser Praktikabilitätsgesichtspunkte ab[256]. Technische Erhebungsschwierigkeiten könnten nur nach Maßgabe des Verhältnismäßigkeitsprinzips Differenzierungen rechtfertigen[257]. Stichtags-[258] und sonstige vergröbernde Regelungen[259]

---

248 BVerfGE 82, 159 (185f.) – Absatzfonds; BVerfGE 96, 1 (6) – Arbeitnehmerfreibetrag.
249 BVerfGE 96, 1 (6) – Arbeitnehmerfreibetrag.
250 BVerfGE 112, 268 (280f.) – Erwerbsbedingte Kinderbetreuungskosten.
251 BVerfGE 112, 268 (280f.) – Erwerbsbedingte Kinderbetreuungskosten.
252 BVerfGE 48, 102 (114) – Vermögensteuer, Forstwirtschaft; BVerfGE 50, 57 (86) – Zinsbesteuerung trotz Geldentwertung.
253 BVerfGE 96, 1 (6) – Weihnachtsfreibetrag; BVerfGE 101, 297 (309) – Arbeitszimmer.
254 BVerfGE 101, 297 (310) – Arbeitszimmer.
255 Vgl. BVerfGE 22, 156 (161) – Gesellschafter-Geschäftsführer; BVerfGE 23, 1 (8f.) – Kinderfreibeträge; BVerfGE 25, 101 (109) – Sonn- und Feiertagszuschläge; BVerfGE 26, 321 (326f.) – Kapitalverkehrsteuer; BVerfGE 27, 58 (67) – Kilometer-Pauschale; BVerfGE 29, 402 (411f.) – Konjunkturzuschlag; BVerfGE 30, 250 (271) – Absicherungsgesetz; BVerfGE 32, 279 (286) – Kraftfahrzeugsteuererstattung; BVerfGE 37, 1 (30f.) – Weinwirtschaftsabgabe; BVerfGE 37, 38 (51f.) – Kleinunternehmer; BVerfGE 40, 109 (117) – Schachtelprivileg.
256 Vgl. Hinweise in BVerfGE 23, 1 (9) – Kinderfreibeträge; BVerfGE 25, 101 (109) – Sonn- und Feiertagszuschläge; BVerfGE 35, 324 (341f.) – Vergünstigung für Kapitalforderungen; BVerfGE 27, 1 (31) – Mikrozensus; BVerfGE 37, 38 (54f.) – Kleinunternehmer.
257 BVerfGE 37, 1 (30f.) – Weinwirtschaftsabgabe.
258 BVerfGE 37, 38 (55) – Kleinunternehmer.
259 BVerfGE 32, 279 (286f.) – Kraftfahrzeugsteuererstattung.

seien nicht generell, sondern am ehesten vertretbar, wenn sie die Erhebung von Massensteuern, zum Beispiel der Kfz-Steuer, ermöglichen und erleichtern.

Schließlich hat der Gesetzgeber bei der Ordnung steuerlicher Massenerscheinungen und deren Abwicklung allgemein einen Gestaltungsraum für typisierende und pauschalierende Regelungen anerkannt[260]. Dabei kann die Typisierung komplizierte Sachverhalte übersichtlicher und verständlicher machen, den Belastungsgrund verdeutlichen und in das Bewußtsein rücken[261].

102
Massenverfahren

Bei der Ausgestaltung der Typisierung darf der Gesetzgeber den unwiderleglichen Typus wählen. Für die Typisierung von Aufwandstatbeständen fordert der Gleichheitssatz nicht, daß der Gesetzgeber stets den gewillkürten Aufwand berücksichtigen müsse. Der materiellen Gleichheit kann es auch genügen, wenn der Gesetzgeber für bestimmte Arten von Aufwendungen nur den Abzug eines typisiert festgelegten Betrages gestattet. Dies hat das Bundesverfassungsgericht bereits für die Abziehbarkeit des existenzsichernden Aufwandes in einem gesetzlich typisierten Existenzminimum anerkannt[262] und sich darauf bei der Rechtfertigung des erwerbssichernden Aufwandes im Typus des Arbeitnehmerfreibetrages berufen[263]. Die Aufwandstypisierung kann sich auch am Kriterium der Erforderlichkeit orientieren, wenn die Erwerbs- und Privatsphäre funktionsbestimmt abzugrenzen ist[264]. Gegenwärtig sind insbesondere die indirekten Steuern typusbestimmt, weil sie die in der Nachfrage vermutete Leistungsfähigkeit belasten, ohne sich im Einzelfall vergewissern zu können, ob der Steuerträger Millionär oder Bettler, Lottogewinner oder Kreditnehmer ist. Doch auch das Einkommensteuergesetz ist wesentlich durch Typisierungen – vom Existenzminimum über die Afa-Sätze bis zum progressiven Steuertarif – geprägt.

103
Unwiderlegliche Typisierung

4. Gesetz, Verordnung, Satzung

Überläßt der Parlamentsgesetzgeber die Regelung steuerlicher Eingriffe dem Verordnungsgeber, so muß er die von ihm zu verantwortenden steuerlichen Eingriffe jeweils inhaltlich maßgeblich vorformen[265]. Die hinreichend bestimmte Ermächtigung zum Erlaß von Rechtsverordnungen (Art. 80 Abs. 1 GG) erfordert zumindest, daß der steuerliche Belastungsgrund – der Steuerschuldner, der Steuergegenstand, die Bemessungsgrundlage und der Steuersatz – im Parlamentsgesetz bestimmt ist[266]. Für die kommunale Steuersatzung gelten zwar nicht die für die berufsständische Satzungsautonomie maßgebli-

104
Gesetzliche Ermächtigung

---
260 BVerfGE 96, 1 (6) – Arbeitnehmerfreibetrag; BVerfGE 106, 166 (179) – Zählkindervorteil.
261 BVerfGE 96, 1 (6) – Arbeitnehmerfreibetrag; BVerfGE 89, 216 (243) – Kinderbetreuungskosten.
262 BVerfGE 87, 153 (172) – Grundfreibetrag.
263 BVerfGE 96, 1 (9) – Arbeitnehmerfreibetrag.
264 BVerfGE 101, 297 (312) – Häusliches Arbeitszimmer.
265 BVerfG, 3. Kammer des 2. Senats, in: NVwZ 1997, S. 573 (574) – Spielautomatensteuer.
266 *Paul Kirchhof*, in: ders. (Hg.), EStG Kompaktkommentar, [7]2007, § 51 Rn. 3, 10.

§ 118 *Achter Teil: III. Finanzwesen*

chen Bestimmtheitserfordernisse[267], weil bei den gemeindlichen Regelungen nicht der für berufsständische Satzungen typische Gegensatz zwischen Gemeinwohlbelangen und Gruppeninteresse besteht; erforderlich ist jedoch eine hinreichende Gesetzesgrundlage, die für Eingriffe in den Grundrechtsbereich vorausgesetzt wird[268].

Wirtschaftskraftbezogene Steuerquelle der Gemeinden

Die nach Art. 28 Abs. 2 GG gewährleistete kommunale Selbstverwaltung umfaßt auch die Grundlagen der finanziellen Eigenverantwortung; zu diesen gehört eine den Gemeinden mit Hebesatzrecht zustehende wirtschaftskraftbezogene Steuerquelle (Art. 28 Abs. 2 S. 3 GG), „um die kommunale Finanzautonomie durch den Bestand der Gewerbeertragsteuer oder durch eine andere an der Wirtschaftskraft der am Wirtschaftsleben in der jeweiligen Gemeinde Beteiligten anknüpfende Steuer zu gewährleisten"[269].

105
Zitiergebot

Art. 80 Abs. 1 S. 3 GG verpflichtet den Verordnungsgeber, die einschlägige Ermächtigungsgrundlage zu benennen. Sinn und Zweck dieser Formvorschrift ist es, jedermann eine Überprüfung zu ermöglichen, ob die Verordnung auf einer sie rechtfertigenden Ermächtigungsgrundlage beruht[270]. Dabei muß die ermächtigende Einzelvorschrift, nicht nur das ermächtigende Gesetz als solches zitiert werden[271]. Bei komplexen Rechtsmaterien genügt es, wenn hinreichend deutlich wird, auf welche der Delegationsnormen der Verordnungsgeber Bezug nimmt[272]. Nicht erforderlich sollte es deshalb sein, die jeweils einschlägige Unterermächtigung nach Nummer, Buchstabe, Satz und Fall ausdrücklich zu bezeichnen, sofern die jeweiligen Zusammenhänge eindeutig hervortreten. Insbesondere braucht nicht zu jeder Bestimmung der Verordnung einzeln angegeben zu werden, auf welcher Ermächtigung sie beruht[273]. In einer Rechtsverordnung ist jedoch nur das zugrundeliegende Parlamentsgesetz, nicht aber eine gemeinschaftsrechtliche Vorschrift, die durch eine inländische Rechtsnorm konkretisiert werden muß, anzugeben[274]. Sofern eine Rechtsverordnung mehrere Einzelregelungen trifft, genügt es mithin, wenn jede einzelne von ihnen auf eine der zitierten Rechtsgrundlagen zurückgeführt werden kann und dieser Zusammenhang hinreichend deutlich wird. Für den fast alle Ermächtigungen des Einkommensteuergesetzes zusammenfassenden § 51 reicht ein bloßer Verweis auf diese äußerst umfangreiche

---

267 BVerfGE 33, 125 (158 f.) – Fachärzte.
268 BVerfGE 7, 282 (302) – Zusatzumsatzsteuer; BVerfGE 8, 51 (60 f.) – § 51 Abs. 1 Nr. 2 c EStG; 18, 52 (60 f.) – Umfang der Besteuerungsgrundlage; BVerfGE 23, 62 (71 f.) – Verminderung der Einkommensteuer auf Vergütungen für volkswirtschaftlich wertvolle Erfindungen; BVerfGE 31, 145 (176) – Umsatzsteuerbefreiungen; BVerfGE 35, 179 (183 f.) – Pauschsätze; BVerfGE 36, 224 (228 ff.) – Berechnungskriterien für Steuersatz; BVerfGE 78, 249 (273) – Kein originärer politischer Gestaltungswille der Exekutive.
269 Begründung zum Entwurf eines Gesetzes zur Änderung des Grundgesetzes (Art. 28 GG), BT-Drs 13/8488, S. 5.
270 Vgl. hierzu BVerfGE 101, 1 (41 f.) – Hennenhaltungsverordnung.
271 BVerfGE 101, 1 (42) – Hennenhaltungsverordnung.
272 Großzügiger als das BVerfG deshalb *Ulrich Ramsauer*, in: GG-AK³, Art. 80 GG Rn. 73: Nichtigkeit nur, falls die zweifelsfreie Erkennbarkeit ausgeschlossen ist.
273 BVerfGE 20, 283 (292) – Arzneimittelgesetz; bestätigt in BVerfGE 101, 1 (42) – Hennenhaltungsverordnung.
274 BFH/NV 04, 102; BVerwG, in: DVBl 2003, S. 731.

Norm allein nicht aus. Das Zitiergebot gilt auch für die Gesetze, die eine Rechtsverordnung ändern oder ergänzen[275]; ihr Zustandekommen richtet sich nach Art. 76 ff. GG, nicht nach Art. 80 GG. Die Mitwirkung des Bundesrats bemißt sich nach dem Gesetzestyp, nicht nach Art. 80 Abs. 2 GG. Das Zitiergebot veranlaßt insbesondere die Selbstvergewisserung der Exekutive, ob sie bei ihrer Rechtsetzung noch innerhalb einer gesetzlichen Ermächtigung verbleibt. Dieser Gedanke gilt auch bei einer Verordnungsänderung durch die Legislative, die inhaltlich an die Grenzen der Ermächtigungsgrundlage (Art. 80 Abs. 1 S. 2 GG) gebunden ist. Diese Vergewisserung sichert zudem die einheitliche formelle Behandlung aller Rechtsverordnungen.

Das verfassungsrechtliche Kernproblem der Verordnunggebung im Steuerrecht liegt gegenwärtig in der Praxis des Gesetzgebers, die Rechtsverordnungen durch ein Artikelgesetz selbst zu erlassen und dadurch die verfassungsrechtlichen Maßstäbe des Verfahrens, des Geltungsrangs, der Verwerfungskompetenz, der Dispositionskompetenz, der Geltung des Zitiergebots und des Bezugsrahmens der – systematischen oder gesetzeskonformen – Auslegung in Frage zu stellen[276].

106
Gesetzliche Verordnunggebung

Die beiden letzten Neubekanntmachungen der Einkommensteuer-Durchführungsverordnung (EStDV)[277] berücksichtigen insgesamt 13 Änderungen, die mit einer Ausnahme allesamt durch Gesetz eingeführt worden sind[278]. Diese Praxis durchbricht die rechtsstaatlich gebotene Formenstrenge der Rechtsetzung[279] und begegnet deshalb prinzipiellen Bedenken. Dabei blieb bisher nach der Rechtsprechung insbesondere offen, ob die im Gesetzgebungsverfahren (Art. 76 ff. GG) und in Gesetzesform ergangenen, aber als Rechtsverordnung benannten Vorschriften Gesetzes- oder Verordnungsrang genießen[280].

107
Verlust an Formenstrenge

Nach der jüngsten Rechtsprechung des Bundesverfassungsgerichtes ist es dem Gesetzgeber erlaubt, auch Rechtsverordnungen zu ändern oder zu ergänzen[281]. Ein Bedürfnis für die Änderung einer Verordnung durch den parlamentarischen Gesetzgeber besteht insbesondere bei Änderung komplexer Regelungsgefüge, in denen förmliches Gesetzesrecht und auf ihm beruhendes Verordnungsrecht ineinander verschränkt sind. Dem parlamentarischen Gesetzgeber steht bei der Rechtsetzung eine freie Formenwahl nicht zu. Er

108
Gesetzgeberische Verordnung zulässig

---

275 Nicht ausdrücklich geklärt durch das BVerfGE 114, 196 ff. – Beitragssatzsicherungsgesetz, dafür Sondervoten *Lerke Osterloh* und *Michael Gerhardt* (unter 3.).
276 Vgl. *Kirchhof* (N 266), § 51 Rn. 14 f.
277 BGBl I, 1997, S. 1558; BGBl I, 2000, S. 717.
278 Zuvor wurde die EStDV zuletzt am 23. 6. 1992 durch Rechtsverordnung geändert (BGBl I, S. 1165).
279 Zum Verhältnis von Gesetz und Rechtsverordnung vgl. *Paul Kirchhof*, Bundesverfassungsgericht und Grundgesetz, Bd. II, S. 51 (82 ff.).
280 Gesetzesrang nehmen an: *Jürgen Jekewitz*, Deutscher Bundestag und Rechtsverordnungen, in: NVwZ 94, S. 956 (957 f.); *Rainer Lippold*, Erlaß von Verordnungen durch das Parlament und Wahrnehmung des Parlamentsvorbehalts durch Schweigen?, in: ZRP 91, S. 254 (255 f.); *Bundesministerium der Justiz*, Handbuch der Rechtsförmlichkeit, Rn. 704; für Verordnungsrang: *Hans Schneider*, Gesetzgebung, ³2002, Rn. 358.
281 BVerfGE 114, 196 (234 ff.) – Beitragssatzsicherungsgesetz; mit Sondervotum *Lerke Osterloh* und *Michael Gerhardt*, BVerfGE 114, 196 (250 ff.).

darf jedoch im Rahmen der gesetzlichen Verordnungsermächtigung (Art. 80 Abs. 1 S. 2 GG) eine geltende Verordnung ändern oder ergänzen. Dieses neue Recht wird im Gesetzgebungsverfahren hervorgebracht, schafft aber eine Rechtsverordnung. Die Geltungsvoraussetzungen folgen dem parlamentarischen Entstehungsakt. Rang, Rechtsschutzmöglichkeiten und Verwerfungskompetenzen bestimmen sich nach dem Produkt. Der Gesetzgeber darf die Rechtsverordnung im Rahmen einer Änderung eines Sachbereichs anpassen („Begleitänderung")[282], eine („isolierte") Änderung unabhängig von sonstigen gesetzgeberischen Maßnahmen ist unzulässig. Dabei ist der Gesetzgeber dem Verfahren nach Art. 76 ff. GG verpflichtet: Ein schlichter Parlamentsbeschluß genügt nicht; die Zustimmungsbedürftigkeit richtet sich nach Art. 105 Abs. 3 GG. Materiell ist die parlamentarische Änderungsbefugnis durch die Verordnungsermächtigung begrenzt[283]. Die eingefügten Teile können abermalig durch die Exekutive geändert werden, die dabei allein an die Ermächtigungsgrundlage gebunden ist; die sogenannte Entsteinerungsklausel[284] hat insoweit nur klarstellende Bedeutung[285]. Die geänderte Verordnung kann durch jedes damit befaßte Gericht überprüft werden; Art. 100 Abs. 1 GG ist nicht anwendbar, eine Vorlage an das Bundesverfassungsgericht unzulässig. Die Rechtsverordnung wird als untergesetzliches Recht ausgelegt, nicht als Teil des Systems des Einkommensteuergesetzes verstanden.

5. Rückwirkende Gesetzgebung

109
Der Gesetzgeber regelt die Zukunft

Der Gesetzgeber regelt die Zukunft, greift auf den heute noch nicht erkennbaren Fall zu, gibt Anweisungen für bevorstehendes Verhalten. Der Mensch handelt in der Gegenwart, nicht in der Zukunft, kann deshalb nur Anweisungen für morgen entgegennehmen. Wollte er nur einen Tag in die Zukunft vorgreifen, etwa heute die Klausur von morgen lesen oder beim heutigen Aktienkauf die Kurse von morgen berücksichtigen, würde ihm die tatsächliche Begrenztheit menschlicher Freiheit bewußt. Deswegen kann der Steuergesetzgeber vom Steuerpflichtigen nur in der Zukunft Zahlungen und Erklärungen erwarten. Erst setzt der Gesetzgeber die Regel, dann kann der Adressat sie befolgen. Diese Zukunftsgerichtetheit des Gesetzes klingt im Begriff der „Vor"schrift, im „Vor"rang und „Vor"behalt des Gesetzes an.

---

282 *Schneider* (N 280), Rn. 664 a. E.
283 BVerfGE 114, 196 (239) – Beitragssatzsicherungsgesetz.
284 Vgl. *Bundesministerium der Justiz* (N 280), Rn. 705 f.; der Gesetzgeber ermächtigt den Verordnungsgeber, wie ebd., Rn. 704 ff., empfohlen, regelmäßig unter der Überschrift „Rückkehr zum einheitlichen Verordnungsrang", die gesetzlich eingeführten Verordnungsbestimmungen zu ändern; vgl. zur EStDV zuletzt: BGBl I, 1993, S. 1569 (1592 f.); BGBl I, 1993, S. 2310 (2351); BGBl I, 1994, S. 3082 (3124); BGBl I, 1995, S. 1250 (1412); BGBl I, 1995, S. 1783 (1791); BGBl I, 1995, S. 1959 (1967); BGBl I, 1996, S. 2049 (2080); BGBl I, 1998, S. 2860 (2867); BGBl I, 1999, S. 388 (395); BGBl I, 1999, S. 402 (496); BGBl I, 2000, S. 1433 (1466); BGBl I, 2001, S. 1046 (1138); BGBl I, 2001, S. 3794 (3821); BGBl I, 2002, S. 3651 (3653); BGBl I, 2003, S. 1550 (1552); BGBl I, 2003, S. 2645 (2674); BGBl I, 2003, S. 2840 (2845); BGBl I, 2003, S. 3076 (3091).
285 BVerfGE 114, 196 (240) m. weit. Nachw. – Beitragssatzsicherungsgesetz; a. A. noch *Bundesministerium der Justiz* (N 280), Rn. 840.

Deshalb fordert das Rechtsstaatsprinzip für die Änderung von Gesetzen Kontinuitätsgewähr und Vertrauensschutz[286]. Die Verläßlichkeit der Rechtsordnung ist eine Grundbedingung der freiheitlichen Verfassung[287]. „Es würde der einzelne in seiner Freiheit erheblich gefährdet, dürfte die öffentliche Gewalt an sein Verhalten oder an ihn betreffende Umstände im nachhinein belastendere Rechtsfolgen knüpfen, als sie zum Zeitpunkt seines rechtserheblichen Verhaltens galten."[288] Dabei erfordert die Kontinuitätsgewähr die stetige, auf die Weiterentwicklung des Rechts bedachte Neuerung, wehrt sich gegen die abrupte, sprunghafte und widersprüchliche Änderung[289]. Dieses objektive Kontinuitätsprinzip wird im subjektiven Anspruch auf Vertrauensschutz ergänzt[290]. Der individuelle Vertrauensschutz stützt sich insbesondere auf die Grundrechte.

110
Kontinuitätsgewähr und Vertrauensschutz

Dieser Vertrauensschutz gewinnt für das Steuerrecht besondere Bedeutung, weil die Steuergesetze für den Steuerpflichtigen eine wesentliche Entscheidungsgrundlage bieten, um seine Freiheit auch im Blick auf die zu erwartende Steuerbelastung auszuüben[291]. Das rechtstaatliche Gebot der Stetigkeit und Verläßlichkeit hat zur Folge, daß eine rückwirkende Änderung des Gesetzesrechts für abgeschlossene Sachverhalte grundsätzlich unzulässig ist (echte Rückwirkung, Rückbewirkung von Rechtsfolgen)[292]. Das Einkommensteuergesetz bestimmt, wieviel des Einkommens privatnützig verwendet werden darf und welcher Teil dieses Einkommens an den Staat gezahlt werden muß, verdeutlicht insoweit „Inhalt und Schranken" (Art. 14 Abs. 1 S. 2 GG) des im Einkommen erworbenen Eigentums. Das Erbschaftsteuergesetz trifft ähnliche Regelungen für die dem Erben anfallende Erbmasse. Das Umsatzsteuerrecht sagt, welcher Teil individueller Kaufkraft beim Erwerb einer Leistung an den Staat abgeführt werden muß. Diese im Steuergesetz verdeutlichten grundrechtlichen Rechtspositionen darf der Steuergesetzgeber nicht nachträglich entwerten oder freiheitswidrig umqualifizieren[293]. Im Dauerschuldverhältnis insbesondere des Einkommen- und Umsatzsteuerrechts allerdings

111
Echte und unechte Rückwirkung im Steuerrecht

---

286 BVerfGE 13, 261 (267 ff.) – Körperschaftsteuergesetz; → Bd. IV, *Maurer*, § 79; für das Steuerrecht: *Johanna Hey*, Steuerplanungssicherheit als Rechtsproblem, 2002; *Hey* (N 104), S. 245 ff.; *Anna Leisner*, Kontinuität als Verfassungsprinzip, 2002, S. 543 ff.; *Wolfgang Spindler*, Verfassungsrechtliche Grenzen einer Rückwirkung von Steuergesetzen, in: DStR 1998, S. 953.
287 BVerfGE 72, 200 (241) – Deutsch-Schweizerisches Doppelbesteuerungsabkommen; BVerfGE 97, 67 (78) – Schiffsbausubvention.
288 BVerfGE 72, 200 (257 f.) – Deutsch-Schweizerisches Doppelbesteuerungsabkommen; BVerfGE 97, 67 (78) – Schiffsbausubvention, st. Rspr.
289 BVerfGE 60, 253 (268) – Fristversäumnis im Asylverfahren; → Bd. II, *Schmidt-Aßmann*, § 26 Rn. 81.
290 → Bd. II, *Schmidt-Aßmann*, § 26; → Bd. IV, *Maurer*, § 79.
291 *Klaus Vogel*, Rückwirkung: eine festgefahrene Diskussion, in: FS für Martin Heckel, 1999, S. 874 f.; *Stefan Muckel*, Kriterien des verfassungsrechtlichen Vertrauensschutzes bei Gesetzesänderungen, 1989, S. 73; *Klaus Tipke*, Die Steuerrechtsordnung, Bd. I, ²2000, S. 163 f.; *Monika Jachmann*, Zur verfassungsrechtlichen Zulässigkeit rückwirkender Steuergesetze, in: Thüringer Verwaltungsblätter 1999, S. 269; *Hey* (N 104), S. 203 ff.; *Leisner* (N 286), S. 455 ff., 543 ff.
292 BVerfGE 72, 200 (250 f.) – Deutsch-Schweizerisches Doppelbesteuerungsabkommen; BVerfGE 92, 277 (344) – Strafbarkeit früherer Mitarbeiter der Staatssicherheit; BVerfGE 97, 67 (79) – Schiffsbausubvention, st. Rspr.; zur gesetzlich angeordneten Rückwirkung: *Monika Jachmann*, Die Fiktion im öffentlichen Recht, 1998, S. 548 ff.
293 BVerfGE 97, 67 (79) – Schiffsbausubvention.

§ 118   Achter Teil: III. Finanzwesen

trifft der Gesetzgeber meist auf Fälle, in denen das Vertrauen in das geltende Steuergesetz bereits ins Werk gesetzt, aber noch nicht abgeschlossen ist. Bei dieser unechten Rückwirkung (tatbestandliche Rückanknüpfung) darf der Gesetzgeber die in die Zukunft wirkenden Sachverhalte grundsätzlich neu regeln, muß aber den Anspruch des Steuerpflichtigen auf einen schonenden Übergang beachten[294].

112
Abwägung zwischen Vertrauensschutz und Regelungsanliegen

Auch die unechte Rückwirkung bedarf eines sachlichen Grundes: Die Anknüpfung an einen schon in der Vergangenheit ins Werk gesetzten Sachverhalt ist nur zulässig, wenn sie für das gesetzgeberische Regelungsanliegen erforderlich und im Verhältnis zu diesem Ziel angemessen ist[295]. Die Zulässigkeit dieser Rückwirkung ergibt sich im Einzelfall aus der Abwägung zwischen dem Vertrauensschutzinteresse des Steuerpflichtigen einerseits und der Bedeutung des gesetzgeberischen Anliegens für das Gemeinwohl andererseits[296].

113
Maßgebender Zeitpunkt

Ob eine gesetzliche Neuregelung in abgeschlossene Sachverhalte einwirkt oder eine ins Werk gesetzte, aber noch fortwirkende Disposition betrifft, bemißt sich grundsätzlich nach dem Zeitpunkt der Verkündung des Gesetzes. Im Rahmen von Dauerrechtsbeziehungen, die zur gegenseitigen Rücksichtnahme verpflichten, ist maßgeblich der Zeitpunkt des endgültigen Gesetzesbeschlusses im Bundestag, von dem an diese Betroffenen mit der Verkündung und dem Inkrafttreten der Neuregelung rechnen müssen[297]. Bei dringlichem Änderungsbedarf kann schon die Ankündigung einer Gesetzesänderung den Vertrauenstatbestand schwächen[298]. Die Entscheidungen zu der Schiffsbausubvention[299] und den Sozialpfandbriefen[300] verstehen den Abbau einer nicht mehr gerechtfertigten Steuersubvention als folgerichtige Ausgestaltung der steuergesetzlichen Belastungsgründe, die grundsätzlich von einem hinreichenden Legitimationsgrund für die Änderung getragen ist[301]. Gesetze, die kein Vertrauen verdienen, insbesondere offensichtlich verfassungswidrige Gesetze, eine unklare oder verworrene Rechtslage[302], begründen von vornherein keinen Vertrauensschutz.

114
Gesetzesvertrauen und Dispositionsvertrauen

Ob der Steuerpflichtige sich auf die Fortgeltung des Gesetzes bis zum Inkrafttreten der Neuregelung verlassen kann, ob er die Entwicklung der Gesetzgebung beobachten und sich deshalb im Zeitpunkt des endgültigen Gesetzesbeschlusses auf eine Neuregelung einrichten muß oder ob er eine wegen Ver-

---

294 BVerfGE 72, 200 (250 ff.) – Deutsch-Schweizerisches Doppelbesteuerungsabkommen; BVerfGE 92, 277 (344) – Strafbarkeit früherer Mitarbeiter der Staatssicherheit; BVerfGE 97, 67 (79) – Schiffsbausubvention, st. Rspr.
295 BVerfGE 72, 200 (254) – Deutsch-Schweizerisches Doppelbesteuerungsabkommen; BVerfGE 105, 17 (43) – Sozialpfandbriefe.
296 BVerfGE 75, 246 (280) – Rechtsbeistand; BVerfGE 105, 17 (37) – Sozialpfandbriefe.
297 BVerfGE 95, 64 (87) – Wohnungsbindungsänderungsgesetz; BVerfGE 97, 67 (79) – Schiffsbausubvention.
298 BVerfGE 97, 67 (82) – Schiffsbausubvention; BVerfGE 105, 17 (37) – Sozialpfandbriefe.
299 BVerfGE 97, 67 (82) – Schiffsbausubvention.
300 BVerfGE 105, 17 (37) – Sozialpfandbriefe.
301 BVerfGE 72, 200 (254) – Deutsch-Schweizerisches Doppelbesteuerungsabkommen; BVerfGE 97, 67 (78) – Schiffsbausubvention; BVerfGE 105, 17 (43) – Sozialpfandbriefe.
302 BVerfGE 72, 200 (259 f.) – Deutsch-Schweizerisches Doppelbesteuerungsabkommen; BVerfGE 97, 67 (81 f.) – Schiffsbausubvention.

fassungswidrigkeit der Norm geschwächte oder fehlende Vertrauensgrundlage in einem Gesetz findet, bestimmt sich nach der Art der Steuer. Wenn Steuern – wie insbesondere die Verbrauchsteuern – den Steuerpflichtigen in einem punktuellen Akt treffen und als Tagesereignis über ihn kommen wie Hagel und Regen, ist allein das förmliche Inkrafttreten des Gesetzes maßgeblich. Eine rückwirkende Erhöhung etwa der Tabaksteuer, der Biersteuer oder der Mineralölsteuer ist ausgeschlossen. Bei einer verhaltenslenkenden Besteuerung[303] hingegen beansprucht der Steuerpflichtige die Vertrauensgrundlage des Gesetzes zu dem Zeitpunkt, zu dem er das gesetzliche Subventionsangebot annimmt; das Gesetz bietet ihm am Tag seiner Entscheidung für die Steuersubvention eine schutzwürdige Vertrauensgrundlage[304]. Auch wenn der Steueranspruch später entsteht, etwa gemäß § 36 Abs. 1 EStG in Verbindung mit § 25 Abs. 1 EStG mit Ablauf des Veranlagungszeitraums (Kalenderjahr), finden die Regeln der echten Rückwirkung (tatbestandlichen Rückanknüpfung) auch dann Anwendung, wenn der Pflichtige vor dem Gesetzesbeschluß disponiert hat, der Steueranspruch aber erst nach dem Gesetzesbeschluß entsteht[305]. Der Vertrauensschutz erwächst aus den Grundrechten, also aus dem Schutz von Handlungsfreiheiten insbesondere nach Art. 14, 12 GG und Art. 2 Abs. 1 GG[306], schützt deshalb in diesem Zeitpunkt ein auf ein Gesetz gestütztes Dispositionsvertrauen. Dieser verfassungsrechtliche Dispositionsschutz darf in seinem grundrechtlichen Geltungsgrund verallgemeinert werden[307]. Allerdings hatte das Bundesverfassungsgericht vielfach über steuergesetzliche Regelungen zu befinden, die offensichtlich eine Grundlage für grobe gesetzliche Ungleichheiten, teilweise für ersichtliche Verfassungswidrigkeiten geboten hatten[308], oder deren Regelung durch Zeitablauf ein Fortgeltungsvertrauen gegenüber dem Auftrag an den Gesetzgeber zur stetigen Überprüfung und Verbesserung des Rechts nicht mehr trug[309]. In diesen Fällen fehlt entweder von vornherein eine schützenswerte Vertrauensgrundlage oder sie ist durch Zeitablauf immer schwächer geworden und letztlich entfallen.

Der Gesetzgeber hat gerade für das Steuerrecht im Kontinuitätsprinzip auch eine Gleichheit in der Zeit herzustellen. Die Steuerrechtsverhältnisse sind – insbesondere im Einkommen- und Umsatzsteuerrecht – in der Regel Dauerschuldverhältnisse, damit auf Stetigkeit angelegt. Der Steuerertrag wird vom Haushaltsgesetzgeber und der mittelfristigen Finanzplanung als eine Quelle

115 Gleichheit in der Zeit

---

303 Vgl. dazu ausdrücklich BVerfGE 72, 200 (245) – Deutsch-Schweizerisches Doppelbesteuerungsabkommen; BVerfGE 97, 67 (80) – Schiffsbausubvention.
304 BVerfGE 97, 67 (80) – Schiffsbausubvention.
305 BVerfGE 97, 67 (80) – Schiffsbausubvention – unter Aufgabe der früheren Rechtsprechung, vgl. dazu BVerfGE 72, 200 (250, 252 f.) – Deutsch-Schweizerisches Doppelbesteuerungsabkommen.
306 Vgl. BVerfGE 72, 200 (250 f.) – Deutsch-Schweizerisches Doppelbesteuerungsabkommen; BVerfGE 92, 277 (344) – DDR-Spionage; BVerfGE 97, 67 (79) – Schiffsbausubvention.
307 Vgl. auch BFH, in: BStBl II, 2001, S. 499; BStBl II, 2000, S. 344; auch *Rudolf Mellinghoff*, Vertrauen in das Steuergesetz, in: DStJG 27 (2004), S. 27 (43 f.); *Vogel* (N 291), S. 875 (878); *Monika Jachmann*, Wenn die Rückwirkung zur gesetzgeberischen Routine wird, in: FS für Raupach, 2006, S. 42.
308 Vgl. BVerfGE 97, 67 (82) – Schiffsbausubvention.
309 Vgl. BVerfGE 105, 17 (30 f.) – Sozialpfandbriefe.

§ 118 *Achter Teil: III. Finanzwesen*

stetiger Finanzkraft genutzt, setzt also ebenfalls eine gewisse Kontinuität voraus. Deswegen hat zwar auch der Steuergesetzgeber den demokratischen Auftrag, idealtypisch das geltende durch das bessere Recht zu ersetzen[310]. Art. 3 Abs. 1 GG fordert aber auch dann die Gleichheit in der Zeit[311], verlangt deshalb den folgerichtigen und widerspruchsfreien[312] Übergang zum neuen Recht.

116
Gesetzliche Veränderung des Steuerunerheblichen zum Steuererheblichen

Während der Steuerpflichtige insbesondere bei verhaltenslenkendem Steuerrecht ein staatliches Subventionsangebot annimmt, er deswegen vertragsähnlich zur Beobachtung der Gesetzgebung und ihrer Entwicklung veranlaßt ist, darf vom Grundrechtsberechtigten eine solche Aufmerksamkeit für die Entwicklung des Gesetzesrechts nicht erwartet werden, wenn er bisher im Bereich des Steuerunerheblichen lebt und er erst durch die Neuregelung in ein Steuerpflichtverhältnis einbezogen wird. Solange der Freiheitsberechtigte sich im Garten der Freiheit aufhält, braucht er sich nicht stetig der Entwicklung des Steuergesetzes zu vergewissern, er genießt vielmehr ein schützenswertes Vertrauen, daß der Gesetzgeber für ihn neuartige Lasten nur durch ein in Kraft getretenes – geltendes – Gesetz begründet. Andernfalls würde die gegenwärtige Normenflut den Bürger überfordern. Er findet in der Vielfalt und Differenziertheit des Rechts nur seine Rechtssicherheit, wenn er sich auf das ihn betreffende Recht einstellt: Jeder kennt das Recht seines Lebensbereichs – das Straßenverkehrsrecht, das Baurecht, das Medizinrecht, sein Berufsrecht –, braucht sich aber für anderes Recht nicht zu interessieren. Diese Spezialisierung wirkt entlastend, ist eine Bedingung der Freiheit. Gleiches gilt für den Gewerbetreibenden, der sich auf die Besteuerung seines Gewinns einrichtet, im Unterschied zu dem Inhaber von Privatvermögen, der private Veräußerungsgewinne bisher fern jeder latenten oder aktuellen Einkommensteuerlast erzielt. Wenn der Gesetzgeber nunmehr früher nicht steuerbefangene Beteiligungen rückwirkend zu steuererheblichen Beteiligungen erklärt, müssen die bisher im Garten der Freiheit erzielten Wertzuwächse dort verbleiben und dürfen nicht rückwirkend der Besteuerung unterworfen werden[313]. Gleiches gilt, wenn der Gesetzgeber die „Spekulationsgeschäfte" des § 23 EStG nunmehr als „private Veräußerungsgeschäfte" regelt, er also ein bisher vertrautes Besteuerungssystem – der Bundesfinanzhof spricht von einem „Paradigmenwechsel"[314] – durch ein neues ersetzt und die steuerliche Unerheblichkeit der Wertzuwächse im Privatvermögen aufgibt, die Einkommensteuer damit – aus guten Gründen – prinzipiell auf alle am Markt erwirtschafteten Wertzuwächse erstreckt.

---

310 *Günter Dürig*, Zeit und Rechtsgleichheit, in: FS zum 500-jährigen Bestehen der Tübinger Juristenfakultät, 1977, S. 21 f.; *Paul Kirchhof*, Gleichheit in der Funktionenordnung, in: HStR V, ²2000 (¹1992), § 125 Rn. 50.
311 *Kirchhof* (N 310).
312 Vgl. dazu BVerfGE 84, 239 (271) – Zinsbesteuerung; BVerfGE 87, 153 – Grundfreibetrag; BVerfGE 93, 121 – Vermögensteuer; BVerfGE 98, 83 (97 f.) – Landesabfallabgaben; BVerfGE 98, 106 (118 f.) – Verpackungsteuer.
313 *Dietmar Gosch*, in: Paul Kirchhof (Hg.), EStG Kompaktkommentar, ⁷2007, § 17 Rn. 79; *Jachmann* (N 307), S. 27 (43 f.).
314 BFH, in: BStBl II, 2005, S. 398 (401).

III. Der Eigentumsschutz

1. Belastung des Eigentümers

Die Eigentumsgarantie sichert dem Eigentümer einen wirtschaftlichen Raum der Freiheit, ermöglicht ihm damit eine eigenverantwortliche Gestaltung seines Lebens[315]. Der Eigentumsschutz betrifft grundsätzlich alle vermögenswerten Rechte, die dem Berechtigten von der Rechtsordnung in der Weise zugeordnet sind, daß dieser die damit verbundenen Befugnisse, das Eigene zu erwerben, zu besitzen, zu nutzen, zu verwalten und über es zu verfügen[316], eigenverantwortlich zu seinem privaten Nutzen ausüben darf[317]. Diese Eigentumsgarantie schützt insbesondere gegen die klassischen Eingriffe staatlicher Polizeigewalt und Finanzgewalt[318]; diese polizeilichen und steuerlichen Belastungen bilden den Hintergrund für die klassische Formel vom Eingriff in Freiheit und Eigentum als Gegenstand des Vorbehalts des Gesetzes[319]. In diesen Schutzbereich der Eigentumsgarantie greift auch ein Steuergesetz als rechtfertigungsbedürftige Inhalts- und Schrankenbestimmung (Art. 14 Abs. 1 S. 2 GG) ein, wenn der Steuerzugriff tatbestandlich an das Innehaben von vermögenswerten Rechtspositionen anknüpft und so den privaten Nutzen der erworbenen Rechtspositionen zugunsten der Allgemeinheit einschränkt[320].

117
Besteuerung als Eigentumseingriff

a) Stetiger Schutz in der Rechtsprechung des Bundesverfassungsgerichts

Dementsprechend betont das Bundesverfassungsgericht von Anfang an, daß die Eigentumsgarantie zwar nicht vor der Auferlegung von Abgaben schütze, den Steuerpflichtigen aber vor einem erdrosselnden Eingriff und einer grundlegenden Veränderung seiner Einkommens- und Vermögensverhältnisse bewahre[321]. Die Steuerrechtsprechung des Gerichts beginnt mit der Frage nach der enteignenden Wirkung einer Steuer[322], hebt dann die prinzipielle Vereinbarkeit von Eigentumsschutz und Steuerrecht hervor[323] und anerkennt, daß die Besteuerung im Ergebnis nicht zu einer – auch nur schrittweisen –

118
Schutz vor grundlegender Eigentumsveränderung durch Steuer

---

315 BVerfGE 24, 367 (389) – Hamburger Deichordnungsgesetz; BVerfGE 104, 1 (8f.) – Baulandumlegung.
316 BVerfGE 97, 350 (370) – Euro; BVerfGE 105, 17 (30) – Sozialpfandbriefe.
317 BVerfGE 112, 93 (107) – Stiftung „Erinnerung, Verantwortung und Zukunft".
318 *Mayer* (N 7), S. 245 ff.; BVerfGE 115, 97 (111) – Obergrenze für Einkommen- und Gewerbesteuer.
319 BVerfGE 40, 237 (249) – Rechtsschutzverfahren im Strafvollzug; BVerfGE 47, 46 (78f.) – Sexualkundeunterricht; BVerfGE 115, 97 (111) – Obergrenze für Einkommen- und Gewerbesteuer.
320 BVerfGE 115, 97 (111) – Obergrenze für Einkommen- und Gewerbesteuer; *Paul Kirchhof*, Besteuerung im Verfassungsstaat, 2000, S. 22 ff., 50 ff.; *Moris Lehner*, Einkommsteuerrecht und Sozialrecht, 1993, S. 364 ff.; *ders.*, Verfassungsrechtliche Vorgaben für die Verlustberücksichtigung, in: ders. (Hg.), Verluste im nationalen und internationalen Steuerrecht, 2004, S. 1 (5 ff.).
321 BVerfGE 4, 7 (12) – Investitionshilfe; BVerfGE 14, 221 (241) – Fremdrenten; BVerfGE 82, 159 (190) – Absatzfonds; st. Rspr.; zur konfiskatorischen Steuer: *Reinhard Mußgnug*, Verfassungsrechtlicher und gesetzlicher Schutz vor konfiskatorischen Steuern, in: JZ 1991, S. 993.
322 BVerfGE 2, 237 (241) – Gebäudeentschuldungsteuer; BVerfGE 10, 141 (177) – Feuerversicherungsabgabe; BVerfGE 16, 147 (187) – Werkfernverkehr.
323 BVerfGE 4, 7 (17) – Investitionshilfe; BVerfGE 6, 290 (298) – Ersatzvermögensabgabe; BVerfGE 8, 274 (330) – Preisgesetz; BVerfGE 10, 89 (116) – Erft-Verband; BVerfGE 10, 354 (371) – Bayerische Ärzteversorgung.

§ 118 *Achter Teil: III. Finanzwesen*

Konfiskation führen dürfe[324]. Die Steuer betreffe den Steuerpflichtigen in seiner Verfügungsgewalt und Nutzungsbefugnis über ein Vermögen, in der Ausprägung seiner persönlichen Entfaltung im vermögensrechtlichen Bereich (Art. 14 GG)[325], dürfe die Freiheit des Steuerpflichtigen nur insoweit beschränken, als dem Steuerpflichtigen ein Kernbestand des Erfolges eigener Betätigung im wirtschaftlichen Bereich als Ausdruck der grundsätzlichen Privatnützigkeit des Erworbenen und der grundsätzlichen Verfügungsbefugnis über die geschaffenen vermögenswerten Rechtspositionen verbleibe[326]. Aus diesen Maßstäben ergibt sich für die Einkommensteuer eine Untergrenze des steuerlich zu verschonenden existenznotwendigen Bedarfs[327] und eine Obergrenze der Gesamtsteuerbelastung in der Nähe der hälftigen Teilung des Ertrages zwischen privater und öffentlicher Hand[328]. Jedenfalls darf die steuerliche Belastung im Regelfall nicht so weit gehen, daß der wirtschaftliche Erfolg des Steuerpflichtigen grundlegend beeinträchtigt wird und im Eigentum nach Steuern nicht mehr angemessen zum Ausdruck kommt[329].

119
Anfangs behutsamer, später deutlicher Grundrechtsschutz

Diese anfangs vorsichtige, später deutlichere Rechtsprechung des Bundesverfassungsgerichts zum Eigentumsschutz gegenüber der Besteuerungsgewalt beruht zunächst auf den besonderen Anfragen der Nachkriegszeit an das Verfassungsrecht – die existentielle Not, das Lastenausgleichsrecht und den Oktroi eines Spitzensteuersatzes von 95 %[330] –, gewinnt aber gegenwärtig bei der Intensität des Steuerzugriffs, die in Steuererträgen von jährlich mehr als 450 Milliarden Euro[331] sichtbar wird und in Lenkungs- und Anreiztatbeständen den Freiheitsschutz besonders fordert, schärfere Konturen.

120
Schutz auch des Forderungseigentums

Das Eigentumsverständnis ist in Deutschland ursprünglich vom zivilrechtlichen Begriff des Sacheigentums bestimmt. Danach wird ein Eigentum an Forderungen und sonstigen nicht gegenständlich verdeutlichten Vermögenspositionen nicht anerkannt. Nachdem jedoch der Grundrechtsträger heute die ökonomische Grundlage seiner individuellen Freiheit weniger in landwirtschaftlichen oder gewerblichen Betrieben oder anderen Sachgegenständen findet, sich vielmehr in seinem Lohn- und Sozialversicherungsanspruch, auch in Erträgen aus Anteilseigentum oder geistigem Eigentum die Quelle seiner ökonomischen Entfaltungsfreiheit erschließt, muß der verfassungsrechtliche Eigentumsschutz alle rechtlich ausgeformten vermögenswerten Rechtspositionen umfassen, die der Berechtigte durch Leistung erworben hat und nach

---

324 BVerfGE 14, 221 (241) – Fremdrenten; BVerfGE 19, 119 (129) – Couponsteuer; BVerfGE 82, 159 (190) – Absatzfonds; BVerfGE 105, 73 (32) – Sozialpfandbriefe; st. Rspr.
325 BVerfGE 93, 121 (137) – Vermögensteuer; BVerfGE 105, 73 (30) – Sozialpfandbriefe.
326 BVerfGE 93, 121 (137) – Vermögensteuer; BVerfGE 87, 153 (160) – Grundfreibetrag.
327 BVerfGE 87, 153 (169f.) – Grundfreibetrag; BVerfGE 99, 216 (231ff.) – Kinderbetreuungskosten; BVerfGE 99, 246 (259f., 263f.) – Familienleistungsausgleich.
328 BVerfGE 93, 121 (138) – Vermögensteuer.
329 BVerfGE 93, 121 (137) – Vermögensteuer; BVerfGE 115, 97 (113) – Obergrenze für Einkommen- und Gewerbesteuer.
330 S.o. Rn. 83.
331 *Bundesministerium der Finanzen*, Monatsbericht Juli 2004, 2004, S. 59; sowie im Anhang zu § 119 die Tabelle 2, S. 1171.

eigenverantwortlicher Entscheidung zu seinem privaten Nutzen ausüben kann[332]. Damit sind auch die steuerlich beanspruchten Vermögenspositionen, wie das Einkommen, die Kaufkraft oder ehemals das Gesamtvermögen, Eigentum im Sinne des Art. 14 GG.

Dementsprechend ist heute anerkannt, daß die Eigentumsgarantie nicht nur körperlich greifbare Sachen schützt, sondern auch geldwerte Forderungen, die der Berechtigte durch Einsatz von Arbeit und Kapital erworben hat, die ihm als materielle Grundlage persönlicher Freiheit dienen und deshalb ein Ausschließlichkeitsrecht begründen. Art. 14 GG sichert dem Eigentümer einen Freiraum finanzwirtschaftlichen Handelns, ermöglicht ihm dadurch die eigenverantwortliche Gestaltung seines Lebens[333]. Diese Garantie wirkt in einem einheitlichen Schutzbereich gegenüber allen Formen staatlicher Eingriffe, auch und gegenwärtig insbesondere gegenüber dem Steuereingriff.

121
Durch Arbeit und Kapital erworbene Ausschließlichkeitsrechte

b) Steuerliche Inhalts- und Schrankenbestimmung

Anfangs schien sich ein eigentumsrechtliches Problem auch aus der Rechtsfolge der Besteuerung zu ergeben, die einen Teil des in Art. 14 Abs. 1 S. 1 GG geschützten Vermögensbestandes in den Staatshaushalt überführt, damit zu enteignen und Entschädigungspflichten nach Art. 14 Abs. 3 GG auszulösen scheint. Der in Art. 14 gewährleistete Bestands- und subsidiäre Wertsummenschutz schlösse danach jede Besteuerung aus. Das Steuerrecht enthält jedoch rechtliche Regelbedingungen für die Zuweisung und den Fortbestand von Eigentümerrechten, entzieht nicht im Einzelfall eine generell gewährte Rechtsposition[334]. Es gehört zu den Bedingungen einer privatnützigen Eigentumsordnung, daß der auf eigene erwerbswirtschaftliche Tätigkeit strukturell verzichtende Staat sich durch Teilhabe an den in privater Hand verfügbaren und der persönlichen Freiheitsentfaltung dienenden[335] Wirtschaftsgütern finanziert. Wenn Art. 14 GG die Wirtschaftsgüter grundsätzlich der freien Verfügungsgewalt der Grundrechtsberechtigten zuordnet, verweist er den Staat strukturell darauf, sich nicht durch die Herrschaft über das Produktionsmittel Kapital zu finanzieren, sondern durch Teilhabe am Erfolg der privatnützigen Bewirtschaftung dieser Mittel durch die Freiheitsberechtigten. Die Steuer ist deshalb eine Inhalts- und Schrankenbestimmung des Eigentums im Sinne des Art. 14 Abs. 1 S. 2 GG, keine Enteignung. Wenn das Umsatzsteuer-

122
Keine Enteignung durch Besteuerung

---

332 BVerfGE 45, 142 (179) – Kaufpreisanspruch; BVerfGE 51, 193 (216 ff.) – Warenzeichen; BVerfGE 70, 278 (286) – Steuerlicher Erstattungsanspruch; BVerfGE 78, 58 (71) – Ausstattungsschutz; BVerfGE 79, 174 (191) – Erbbaurecht; BVerfGE 83, 201 (209) – Vorkaufsrecht; BVerfGE 89, 1 (6) – Mieterrecht; vgl. auch BVerfGE 70, 191 (199) – Fischereirechte; st. Rspr.
333 BVerfGE 93, 121 (137) – Vermögensteuer; BVerfGE 97, 350 (370) – Euro; BVerfGE 115, 97 (110) – Obergrenze für Einkommen- und Gewerbesteuer; *Paul Kirchhof*, Besteuerung und Eigentum, in: VVDStRL 39 (1981), S. 215 (226 ff.); *Hans-Jürgen Papier*, in: Maunz/Dürig, Komm. z. GG, Art. 14 Rn. 165 ff.; *Monika Jachmann*, Besteuerung von Unternehmen als Gleichheitsproblem, in: DStJG 23 (2000), S. 9 (16 ff.); *Lehner*, Verfassungsrechtliche Vorgaben (N 320), S. 1 (6 ff.).
334 Vgl. BVerfGE 58, 300 (330 ff.) – Naßauskiesung.
335 BVerfGE 87, 153 (169) – Grundfreibetrag.

gesetz den Steuersatz auf 19 % festsetzt, gehört eine neunzehnprozentige Abgabe, aber auch eine einundachtzigprozentige Privatnützigkeit zum Inhalt der eingesetzten Kaufkraft. Wenn das Einkommensteuergesetz einen Steuersatz bei 25 % bestimmt, sagt das Gesetz über dieses Einkommen, daß 25 % dem Staat, 75 % dem Steuerpflichtigen gehört. Art. 14 GG fordert die Steuerfinanzierung des Staates, verweist den Staat für die Erwerbsgrundlagen (das Produktivkapital) grundsätzlich aus der Position des Eigentümers in die des Steuergläubigers, beschränkt den Steuergläubiger auf einen maßvollen Zugriff auf den Steuergegenstand.

123
Generell-abstrakte Regelung von Pflichten

Grundrechtsdogmatisch kann die Qualifikation der Steuern als Enteignung heute auch dadurch zurückgewiesen werden, daß die generell-abstrakte Festlegung von Rechten und Pflichten durch den Gesetzgeber stets Inhalts- und Schrankenbestimmung des Eigentums (Art. 14 Abs. 1 S. 2 GG) bleibt, während der Enteignungsbegriff (Art. 14 Abs. 3 S. 1 GG) auf die Entziehung konkreter Rechtspositionen zur Erfüllung bestimmter öffentlicher Aufgaben beschränkt ist, also im wesentlichen durch Vorgänge der Güterbeschaffung, jedenfalls aber nicht durch gesetzliche Steuerpflichten berührt wird[336].

124
Eigentumsgerechte Ausgestaltung

Zugriff primär auf das Eigentum in Bewegung

Die Eigentumsgarantie fordert deshalb die Staatsfinanzierung durch Steuern, wehrt sie nicht ab, verlangt allerdings die eigentumsgerechte Ausgestaltung der Besteuerung. Das Steuergesetz ist eine notwendige Inhalts- und Schrankenbestimmung des Privateigentums (Art. 14 Abs. 1 S. 2 GG), das dem Eigentümer den privatnützigen Teil seines Eigentums garantiert und zugleich den Steueranspruch des Staates auf den übrigen Teil definiert. Bei diesem Ausgleich zwischen der Garantie des privatnützigen Eigentums und dem steuerlichen Zugriff auf dieses Eigentum hat der Steuergesetzgeber die schonende Form gewählt, in seinen wesentlichen Belastungen dann auf den Eigentümer zuzugreifen, wenn dieser freiwillig eine Eigentumsbewegung am Markt veranlaßt, der Steuerzugriff also nicht einen Eigentümer aus dem ihm zugeordneten Eigentumsbestand verdrängt, sondern lediglich den Preis für einen vereinbarten Gütertausch zugunsten staatlicher Teilhabe verteuert. Deswegen stützt sich das geltende Steuerrecht auf die Einkommensteuer, die den Vermögenserwerb belastet, sowie die Umsatzsteuer, die die Vermögensverwendung erfaßt. Die Einkommensteuer verringert das Entgelt für Arbeitsleistung oder Kapitaleinsatz, die Umsatzsteuer verteuert den Preis für die nachgefragte Leistung. Insoweit wirken beide Steuern – soweit sie jenseits des existenznotwendigen Bedarfs zugreifen[337] – besonders freiheitsschonend, weil sie ausschließlich an freiwillige Dispositionen anknüpfen, die der Berechtigte in Kenntnis der zu erwartenden Steuerbelastung getroffen hat. Voraussetzung ist allerdings eine kontinuierliche, verläßliche Rechtsordnung, „eine Grundbedin-

---

336 BVerfGE 104, 1 (9) – Baulandumlegung; BVerfGE 115, 97 (111f.) – Obergrenze für Einkommen- und Gewerbesteuer; im Anschluß an BVerfGE 58, 300 (330ff.) – Naßauskiesung.
337 Vgl. für die Einkommensteuer: BVerfGE 87, 153 (169f.) – Grundfreibetrag; BVerfGE 99, 216 (231ff.) – Kinderbetreuungskosten; BVerfGE 99, 246 (259f., 263f.) – Familienleistungsausgleich; für die Umsatzsteuer vgl. BVerfGE 44, 249 (266, 272) – Familienexistenzminimum im Besoldungs- und Einkommensteuerrecht.

gung freiheitlicher Verfassungen"³³⁸, die dem Eigentumsschutz eine stetige steuerrechtliche Grundlage gibt und das individuelle Vertrauen in diese Gesetzeslage zum Zeitpunkt der Disposition schützt³³⁹.

Die wirtschaftswissenschaftliche Literatur verweist gelegentlich darauf, daß die Steuer ein Instrument der Umverteilung sei und bleiben müsse³⁴⁰. Diese rechtspolitische Forderung stellt im Grunde – wohl ungewollt – alles Privateigentum zur Verteilung des Staates, der nach seiner Einschätzung immer wieder steuerlich umverteilen darf und dabei in Art und Intensität kaum begrenzt sein will. Dadurch wird der Gedanke der Freiheit verfehlt. Freiheit heißt, sich von anderen unterscheiden zu dürfen. Wer seine Erwerbsfreiheit in Anspruch genommen hat, um durch eigene Anstrengung im Vergleich zum anderen höheres Einkommen zu erwerben oder mehr Kaufkraft einsetzen zu können, braucht sich vom grundrechtsgebundenen Rechtsstaat nicht entgegenhalten zu lassen, sein freiheitlich erzielter Erfolg sei zu hoch und müsse deshalb umverteilt werden. Zwar wird eine kluge Staatspolitik darauf bedacht sein, das Gefälle in den Einkommens- und Vermögensverhältnissen nicht zu groß werden zu lassen. Die daraus sich ergebenden sozialstaatlichen Interventionen setzen aber bei den Ursprüngen der Einkommensströme – der Ausbildung, der Vermittlung eines Arbeitsplatzes, der Gewährleistung von Gesundheit, der sozialstaatlichen Flankierung des Marktwettbewerbs – an, nicht an dem einzelnen Markterfolg, der allein im Steuertatbestand aufgenommen wird. Wer unter den gesetzlich bestimmten, sozialverträglichen Rechtsbedingungen des Marktes überdurchschnittlich erfolgreich gewesen ist, darf vom freiheitsgebundenen Staat in diesem Erfolg nicht beanstandet werden. Die Steuer befähigt deswegen den Finanzstaat, in seinen Haushaltsentscheidungen zuzuteilen und umzuverteilen, ist aber selbst als Eigentumseingriff ein Finanzierungsinstrument, kein Umverteilungsinstrument.

125
Kein Instrument der Umverteilung

2. Ausgleich zwischen staatlichem Finanzbedarf und privatnützigem Eigentum

a) Das „Zugleich" von Steuerbarkeit und Privatnützigkeit

Der Verfassungsmaßstab für die steuerliche Bestimmung von „Inhalt und Schranken" des Eigentums³⁴¹ ergibt sich aus der Sozialpflichtigkeit des Art. 14 Abs. 2 GG, die in Abgrenzung zur Enteignung des Art. 14 Abs. 3 GG jedenfalls eine „erdrosselnde", die Steuerquelle selbst vernichtende Belastung ausschließt³⁴², deswegen schon begrifflich kaum noch als Steuer qualifiziert wer-

126
Text des Art. 14 Abs. 2 GG

---

338 BVerfGE 97, 67 (78) – Schiffsbausubvention.
339 BVerfGE 97, 67 (78) – Schiffsbausubvention; insoweit unter Aufgabe von BVerfGE 72, 200 (242, 250 ff.) – Deutsch-schweizerisches Doppelbesteuerungsabkommen – und s. o. Rn. 109 ff.
340 *Konrad Littmann*, Ein Valet dem Leistungsfähigkeitsprinzip, in: FS für Fritz Neumark, 1970, S. 113 ff.; *Jürgen Pahlke*, Steuerpolitische Grundsatzfragen, in: FinArch N.F. 28 (1969), S. 42 (51 f.); *René L. Frey*, Finanzpolitik und Verteilungsgerechtigkeit, in: FinArch N.F. 31 (1971/1973), S. 1 (6).
341 BVerfGE 115, 97 (114) – Obergrenze für Einkommen- und Gewerbesteuer; *Paul Kirchhof*, Besteuerung im Verfassungsstaat, 2000, S. 23 ff.; *Lehner* (N 320), S. 402 f.
342 Vgl. BVerfGE 16, 147 (161) – Werkfernverkehr; BVerfGE 38, 61 (80 f.) – Leberpfennig.

§ 118　　*Achter Teil: III. Finanzwesen*

den kann[343]. Darüber hinaus aber gibt Art. 14 Abs. 2 GG die Vorgabe: „Eigentum verpflichtet. Sein Gebrauch soll zugleich dem Wohle der Allgemeinheit dienen". Dieses „zugleich" meint grundsätzlich zu gleichen Teilen, erlaubt also eine Besteuerung allenfalls bis in die Nähe der hälftigen Teilung zwischen privater und öffentlicher Hand[344].

127
Wortlaut

Der Begriff „zugleich" bedeutet sowohl „in gleicher Weise" als auch „im selben Augenblick". Nach Trübners Deutsches Wörterbuch meint „zugleich" auch „zu gleichen Teilen"[345]. Nach dem Grimmschen Wörterbuch[346] bezeichnet „zugleich" in seiner ursprünglichen Bedeutung ein „in gleicher Weise"; das Wort enthalte meistens ein unzeitliches, logisches Element[347]. Deswegen legt der Wortlaut des Art. 14 Abs. 2 S. 2 GG nahe, die Privatnützigkeit neben der Sozialpflichtigkeit als in gleicher Weise gewährleistet zu sehen. Die Gleichzeitigkeit gäbe keinen oder allenfalls einen sehr blassen Sinn.

128
Entstehungsgeschichte

Nach der Entstehungsgeschichte folgte der geltende Text des Art. 14 Abs. 2 GG der Idee, daß „der Gebrauch des Eigentums den Zielen der Gemeinschaft dienen soll"[348]. Grundlage dieser Erörterungen war der Entwurf des Verfassungskonvents auf Herrenchiemsee: „Eigentum verpflichtet gegenüber der Gemeinschaft. Sein Gebrauch darf dem Gemeinwohl nicht zuwiderlaufen."[349] Der Redaktionsausschuß formulierte: „Eigentum verpflichtet. Seine Ausübung findet ihre Grenzen in den Lebensnotwendigkeiten der Gesamtheit und in der öffentlichen Ordnung des Gemeinwesens"[350]. Aufgrund der Diskussion im Parlamentarischen Rat wurde dann die Formulierung der Weimarer Reichsverfassung als Ausgangspunkt gewählt: „Sein Gebrauch soll zugleich dem gemeinen Besten dienen", wobei umgehend der Bezugspunkt in „Wohl der Allgemeinheit" geändert wurde[351]. Der Begriff „zugleich" der Weimarer Reichsverfassung wurde bis dahin nicht näher erläutert[352]. Als dann im Ausschuß vorgeschlagen wurde, den Begriff „zugleich" zu streichen, wurde dem widersprochen, weil das Eigentum „nicht bloß dem Wohl der Allgemein-

---

343　BVerfGE 115, 97 (115) – Obergrenze für Einkommen- und Gewerbesteuer.
344　BVerfGE 93, 121 (138) – Vermögensteuer.
345　Trübners Deutsches Wörterbuch, Bd. VIII, 1957, S. 49 f. (Begriff des Wortes „zugleich" als „zu gleichen Teilen" nachweisbar schon seit 1655).
346　*Jacob Grimm/Wilhelm Grimm*, Deutsches Wörterbuch, bearbeitet von Gustav Rosenhagen, Bd. XVI, 1954, Spalte 430 f.
347　Vgl. auch Duden, Wörterbuch der Deutschen Sprache, Bd. VIII, ²1995, S. 441 f.
348　*Hermann von Mangoldt*, 26. Sitzung des Ausschusses für Grundsatzfragen vom 30. November 1948, in: Der Parlamentarische Rat 1948–1949. Akten und Protokolle, Bd. V/2, Ausschuß für Grundsatzfragen, 1993, S. 730, 731.
349　Der Parlamentarische Rat 1948–1949. Akten und Protokolle, Bd. II, Der Verfassungskonvent auf Herrenchiemsee, S. 582.
350　Der Parlamentarische Rat 1948–1949. Akten und Protokolle, Bd. VII, Entwürfe zum Grundgesetz, 1995, S. 40, 141.
351　Der Parlamentarische Rat (N 350), S. 40, 141.
352　So schweigen *Gerhard Anschütz*, Die Verfassung des Deutschen Reichs vom 11. August 1919, Nachdruck der 14. Auflage von 1933, 1960; *Fritz Poetzsch-Heffter*, Handkommentar der Reichsverfassung, ³1928; *Friedrich Giese*, Verfassung des Deutschen Reiches vom 11. August 1919. Taschenausgabe für Studium und Praxis, 1923, Art. 154 Nr. 7, S. 348, führt allerdings aus: Der Gebrauch des Eigentums darf „dem Einzelinteresse nur deshalb und nur insoweit dienen, als dadurch zugleich die Sozialinteressen gefördert werden. Diese Vorschrift bindet den Bürger nur moralisch, [für den Staat ist sie aber ein ...] direktiver Rechtsgrundsatz."

heit" dienen dürfe³⁵³. Der Begriff „zugleich" übernimmt damit die Funktion, die Sozialpflichtigkeit und demnach auch die Steuerbarkeit zu begrenzen. Dabei sind dem Parlamentarischen Rat zwei Eckpunkte verfassungsrechtlicher Rahmengebung bewußt: (1) Der Begriff „zugleich" hat einen juristischen Gehalt. (2) Die Steuergesetzgebung darf das Eigentum nicht aushöhlen. Die ursprüngliche Formulierung des Abs. 1 S. 1 „das Eigentum wird zugleich mit dem Erbrecht gewährleistet"³⁵⁴ wurde geändert, der Begriff „zugleich" gestrichen³⁵⁵, weil man sonst hinter dem Wort „zugleich" eine „juristische Finesse" vermute³⁵⁶. Auf den Formulierungsvorschlag: „Eine Aushöhlung des Eigentums durch Entzug der wesentlichen Verfügungsrechte oder durch die Steuergesetzgebung ist unzulässig", entgegnete von Mangoldt, das „würden wir in unserem allgemeinen Satz erfassen, daß kein Grundrecht in seiner Substanz angegriffen werden darf"³⁵⁷. Insofern bestätigt die Entstehensgeschichte, daß die Finanzkraft des Steuerpflichtigen jedenfalls „nicht bloß", nicht unter Angriff auf ihre Substanz, sondern „zugleich", aber nicht überwiegend der Allgemeinheit dienen soll.

b) Zwei Urteile des Bundesverfassungsgerichts

Das Bundesverfassungsgericht hat in der Vermögensteuerentscheidung³⁵⁸ die in der Tradition der Staatsphilosophie angelegte³⁵⁹, im „zugleich" des Art. 14 Abs. 2 GG als zu gleichen Teilen anklingende, in der Wesensgehaltssperre (Art. 19 Abs. 2 GG) geregelte und als solche in der Entstehungsgeschichte bewußte Verhältnismäßigkeitsgrenze quantifiziert. Während die bisherige Rechtsprechung des Bundesverfassungsgerichts mit den Stichworten von Übermaßverbot, Angemessenheit, Erdrosselungsgrenze, Erhaltung eines Kernbestandes des privatnützigen Erfolges eigener Betätigung und der grundsätzlichen Privatnützigkeit³⁶⁰ das Verhältnismäßigkeitsprinzip als Grenze der Besteuerungsgewalt zu bestimmen sucht, trägt das Gericht nunmehr der Lebenserfahrung Rechnung, die schon Friedrich der Große praktizierte³⁶¹, daß nur ein Recht in Zahlen greifbare Schranken der Besteuerungsgewalt setzt, das eigentumsrechtliche Verhältnismäßigkeitsprinzip also quantifiziert werden muß. Der Vermögensertrag ist einerseits für eine steuerliche Gemeinlast zugänglich, andererseits aber „zugleich"³⁶² dem Berechtigten als privat-

129
Urteil zur Vermögensteuer

---

353 26. Sitzung des Ausschusses für Grundsatzfragen vom 30. November 1948, in: Der Parlamentarische Rat (N 348), S. 731.
354 Vorläufige Formulierungen der Fachausschüsse, vom Hauptausschuß in erster, zweiter, dritter und vierter Lesung angenommene Fassung, Stellungnahme des Redaktionsausschusses, Vorschlag des Fünfer-Ausschusses, Entwurf des Grundgesetzes in der Fassung der zweiten Lesung des Plenums, in: Der Parlamentarische Rat (N 350), S. 5, 95, 213, 345, 401, 535, 574.
355 Der Parlamentarische Rat (N 350), S. 5, 95, 213, 345, 401, 535, 574.
356 Der Parlamentarische Rat (N 350), S. 5, 95, 213, 345, 401, 535, 574.
357 Der Parlamentarische Rat (N 350), S. 5, 95, 213, 345, 401, 535, 574.
358 BVerfGE 93, 121 (138) – Vermögensteuer.
359 Vgl. insbesondere zu Friedrich dem Großen oben N 24.
360 S. o. Rn. 118 ff.
361 S. o. N 24.
362 Zum Streit über die Auslegung des Wortes „zugleich" als in „in gleicher Weise" s. o. (N 345-347) (Begriff des Wortes „zugleich" als „zu gleichen Teilen" nachweisbar schon seit 1655).

nütziger Ertrag zugewiesen. Nach Art. 14 GG darf eine Steuer die Eigentümerfreiheit nur so weit beschränken, daß „dem Steuerpflichtigen ein Kernbestand des Erfolges eigener Betätigung im wirtschaftlichen Bereich als Ausdruck der grundsätzlichen Privatnützigkeit des Erworbenen und der grundsätzlichen Verfügungsbefugnis über die geschaffenen vermögenswerten Rechtspositionen erhalten wird. Die Zuordnung der vermögenswerten Rechtsposition zum Eigentümer und die Substanz des Eigentums müssen gewahrt bleiben. ... Nach Art. 14 Abs. 2 GG dient der Eigentumsgebrauch zugleich dem privaten Nutzen und dem Wohl der Allgemeinheit. ... Die steuerliche Gesamtbelastung des Sollertrages muß bei typisierender Betrachtung von Einnahmen, abziehbaren Aufwendungen und sonstigen Entlastungen in der Nähe einer hälftigen Teilung zwischen privater und öffentlicher Hand" verbleiben[363]. Die steuerliche Gesamtbelastung des Sollertrages muß in diesem Rahmen bleiben und insgesamt Belastungsergebnisse vermeiden, die einer vom Gleichheitssatz gebotenen Lastenverteilung nach Maßgabe finanzieller Leistungsfähigkeit zuwiderlaufen[364], darf sich also der Obergrenze nur in gleichheitsgerechten Schritten nähern. Der Gesetzgeber kann die Belastungsobergrenze auch im Zusammenwirken von Abzugstatbeständen und Steuersätzen beachten[365]. Diese Regel gilt für den finanzwirtschaftlichen Notfall allerdings nicht. „Unter besonderen Voraussetzungen, etwa in staatlichen Ausnahmelagen, erlaubt die Verfassung auch unter den geltenden steuerrechtlichen Rahmenbedingungen einen Zugriff auf die Vermögenssubstanz"[366].

130
Entscheidung des BVerfG zur Gesamtbelastung mit Einkommen- und Gewerbesteuer

Während das Bundesverfassungsgericht in der Entscheidung zur Vermögensteuer den früheren Allgemeinformeln vom Verbot erdrosselnder Wirkung und der wesentlichen Veränderung der Einkommens- und Vermögensverhältnisse zahlenmäßige Konkretheit geben, mit der Obergrenze für die Gesamtsteuerlast[367] in der Nähe der hälftigen Teilung also die unterschiedlichen Belastungen desselben Steuerpflichtigen durch verschiedene Steuern aufeinander abstimmen und an dieser Obergrenze messen will, hat das Gericht in seiner Entscheidung über die Gesamtbelastung durch Einkommen- und Gewerbesteuer diese Obergrenze in der Nähe einer hälftigen Teilung („Halbteilungsgrundsatz") wieder auf das Verbot einer grundlegenden Beeinträchtigung des wirtschaftlichen Erfolges zurückgenommen[368]. Diese Entscheidung verstärkt mit guten Gründen die Einschlägigkeit und begrenzende Funktion des Art. 14 GG gegenüber der Besteuerungsgewalt jedenfalls für den Bestand des Hinzuerworbenen, insbesondere die Erhöhung der individuellen Leistungsfähigkeit

---

363 BVerfGE 93, 121 (137f.) und 3. Leitsatz – Vermögensteuer; dazu: *Hermann Butzer*, Freiheitliche Grenzen der Steuer- und Sozialabgabenlast, 1999.
364 BVerfGE 93, 121 (138) – Vermögensteuer.
365 BVerfGE 93, 121 (138) – Vermögensteuer.
366 BVerfGE 93, 121 (138) – Vermögensteuer.
367 Zum kumulativen Grundrechtseingriff vgl. *Gregor Kirchhof*, Kumulative Belastung durch unterschiedliche staatliche Maßnahmen, in: NJW 2006, S. 732 ff.
368 BVerfGE 115, 97 (115) – Obergrenze für Einkommen- und Gewerbesteuer.

durch den Erwerb von Eigentum³⁶⁹, entnimmt auch dem eigentumsrechtlichen Verhältnismäßigkeitsgrundsatz die Anforderungen an ein hinreichendes Maß an Rationalität (Eignung und Erforderlichkeit der Beeinträchtigung) und an Abgewogenheit beim Ausgleich zwischen den beteiligten individuellen Belangen und denen der Allgemeinheit (Art. 14 Abs. 2 GG)³⁷⁰, anerkennt auch ausdrücklich – unter Hinweis auf Art. 106 Abs. 3 S. 4 Nr. 2 GG – den Auftrag, eine Überbelastung des Steuerpflichtigen zu vermeiden, als gleichsam selbstverständlichen verfassungsrechtlichen Grundsatz, wählt dann jedoch wieder die allgemeine Verhältnismäßigkeitsprüfung, die „hinreichend Spielraum für die Gewichtung der Freiheitsbeeinträchtigung und des rechtfertigenden öffentlichen Interesses läßt"³⁷¹. Dieser Maßstab hatte zur Folge, daß eine Gesamtbelastung aus Einkommen- und Gewerbesteuer von 57,58 %, bezogen auf den Gesamtbetrag der Einkünfte, noch hingenommen worden ist.

c) Verhältnismäßigkeit nach Teilhabe am jeweiligen Steuergegenstand

Die Entscheidung des Bundesverfassungsgerichts zur Gesamtbelastung mit Einkommen- und Gewerbesteuer³⁷² sagt ausdrücklich, daß „die Belastung mit Steuern den im Verhältnismäßigkeitsprinzip enthaltenen Geboten der Eignung und der Erforderlichkeit kaum greifbare Ansatzpunkte für eine Begrenzung" biete. Wäre diese These richtig, fehlte dem Verhältnismäßigkeitsgrundsatz im Steuerrecht „ein hinreichendes Maß an Rationalität"³⁷³. Zwar werden Steuern – wie das Gericht zu Recht sagt³⁷⁴ – für den Zweck, Einnahmen zur Deckung des staatlichen Finanzbedarfs zu erzielen, grundsätzlich immer geeignet und erforderlich sein. Bliebe die Verfassung aber bei diesem Ergebnis stehen, liefe das Erforderlichkeitsprinzip nahezu leer. Dem Senat scheint dieses Ergebnis erwünscht, weil er damit der „Gefahr" entgehen will, „dem Gesetzgeber mittelbar eine verfassungsgerichtliche Ausgaben- und damit eine Aufgabenbeschränkung aufzuerlegen, die das Grundgesetz nicht ausdrücklich vorsieht"³⁷⁵. Grundsätzlich aber setzen die Grundrechte jedem staatlichen Eingriff Grenzen und begründen damit auch ausdrücklich Schranken für staatliche Aufgaben, Befugnisse und Kompetenzen. Das Verhältnismäßigkeitsprinzip findet auch in der Steuerrechtsordnung ein konkretes – sinnstiftendes und sinnbegrenzendes – Ziel: Die Steuer soll nämlich nicht nur in beliebiger Weise – durch willkürliche und übermäßige Belastungen – dem Staat Einnahmen verschaffen, sondern freiheitskonform teilhaben am Erfolg individuellen Wirtschaftens³⁷⁶. Wenn der Gesetzgeber die steuerlichen Bela-

131
Verhältnismäßigkeit je nach Steuergegenstand

---
369 BVerfGE 115, 97 (112) – Obergrenze für Einkommen- und Gewerbesteuer.
370 BVerfGE 115, 97 (113) – Obergrenze für Einkommen- und Gewerbesteuer.
371 BVerfGE 105, 17 (32) – Sozialpfandbriefe, zu Art. 2 Abs. 1 GG; BVerfGE 115, 97 (114 f.) – Obergrenze für Einkommen- und Gewerbesteuer.
372 BVerfGE 115, 97 (115) – Obergrenze für Einkommen- und Gewerbesteuer.
373 BVerfGE 115, 97 (113) – Obergrenze für Einkommen- und Gewerbesteuer.
374 BVerfGE 115, 97 (115) – Obergrenze für Einkommen- und Gewerbesteuer.
375 BVerfGE 115, 97 (115) – Obergrenze für Einkommen- und Gewerbesteuer.
376 Vgl. BVerfGE 93, 121 (137 f.) – Vermögensteuer – und s. o. Rn. 84 ff.

§ 118 *Achter Teil: III. Finanzwesen*

stungsgründe vor allem im Einkommen, im Umatz, in der angefallenen Erbmasse oder in einem besonderen Konsum definiert, soll der Staat just an dieser neuerworbenen oder zum Tausch und Konsum eingesetzten finanziellen Leistungsfähigkeit teilhaben. Der Grundrechtsschutz bewährt sich im Schutz des erworbenen Einkommens, der im Umsatz eingesetzten Kaufkraft, der angefallenen Erbmasse oder der speziellen Konsumkraft. Die Grundrechte schützen jeweils diese konkreten individuellen Vermögenswertpositionen. Würden sie diese unverhältnismäßig entziehen, in ihrem Wesensgehalt schwächen, in ihrer privaten Nutz- und Verfügbarkeit mehr als halbieren, wäre die Eigentumsgarantie verletzt. Die Steuer ist somit Teilhabe am jeweils individuellen Erfolg privaten Wirtschaftens, gibt damit dem Verhältnismäßigkeitsprinzip in seiner Rationalität (Eignung, Erforderlichkeit) wie auch in der Abwägung des angemessenen Verhältnisses zwischen Besteuerungszweck und Besteuerungslast Maß und Ziel.

132
Verhältnismäßigkeit der Einzelsteuerlast und der Gesamtlast

Ist die eigentumsrechtliche Angemessenheit jeweils im Zugriff auf das Einkommen, den Gewerbeertrag, den umsatzsteuerlichen Mehrwert, den Erbanfall, auf Tabak, Alkohol oder Energie verfassungsrechtlich gerechtfertigt, fordert die Eigentumsgarantie darüber hinaus die Prüfung, ob die durch das Zusammenwirken der verschiedenen Einzelsteuern herbeigeführte Gesamtsteuerlast[377] mit der verfassungsrechtlichen Garantie eines privatnützigen Eigentums übereinstimmt. Würde die Einkommensteuer eine noch vertretbare Belastung des Einkommens begründen, die Gewerbesteuer aber aus demselben Einkommen bezahlt werden müssen und dadurch die Belastbarkeitsgrenze überschreiten, müßte das Verfassungsrecht dieses Übermaß beanstanden – wohl mit einer Unvereinbarkeitsentscheidung, die es dem Gesetzgeber überläßt, die Belastung bei der Einkommen- oder der Gewerbesteuer zurückzunehmen. Gleiches gilt für die indirekte Steuer, wenn etwa der Energieverbrauch mit einer für sich genommen vertretbaren Umsatzsteuer und einer entsprechenden Mineralölsteuer belastet wird, in der Kumulierung dieser Belastungen aber ein unvertretbares Übermaß entsteht. Dieses verfassungsrechtliche Maß für die jeweilige Einzelsteuer und für die Gesamtbelastung wird aber verfassungsrechtlich nur wirksam werden, wenn die jeweilige Obergrenze in Zahlen ausgedrückt wird. Deswegen sollte die Verfassungsrechtsprechung bald zu einer quantifizierten Verdeutlichung des eigentumsrechtlichen Verhältnismäßigkeitsprinzips zurückfinden.

133
Staatsaufgaben, Gesetzesvorbehalt, Grundrechtsschutz

Dieser individualisierende Grundrechtsschutz wird strukturierend den Steuerzugriff des Finanzstaates formen, damit seine Finanzmacht in Grenzen halten, dementsprechend der Haushaltshoheit des Gesetzgebers Schranken setzen. Die verfassungsgebundene, deswegen nicht unbeschränkte Finanzmächtigkeit des Staates läßt sich gegenwärtig durch eine Staatsaufgabenlehre und einen Gesetzesvorbehalt kaum mäßigen[378]. Würde auch das grundrechtliche Maß

---

377 Zum kumulativen Grundrechtseingriff vgl. *Gregor Kirchhof*, Kumulative Belastung durch unterschiedliche staatliche Maßnahmen, in: NJW 2006, S. 732 ff.
378 S. o. Rn. 94.

staatlicher Finanzmacht in Allgemeinformeln geschwächt, könnte die staatliche Steuer- und Finanzmacht in die Maßstabslosigkeit, in die Maßlosigkeit, in die Willkür entweichen.

3. Die eigentumsrechtlichen Mindestgarantien

Jenseits dieser Belastungsobergrenze, an die sich der Gesetzgeber allenfalls in gleichheitsgerechten Schritten annähern darf[379], enthält die Eigentumsgarantie sowohl im Wesensgehalt des privatnützigen Eigentums als auch in der Sozialpflichtigkeit des Eigentums eine Bestandsgarantie, die auch gegenüber dem Steuerzugriff wirkt. Garantiert ist der Bestand insbesondere der Funktion des jeweiligen Eigentums: Das Geldeigentum sichert dem Bezieher ein finanzielles Lebensführungsminimum; das eigene Haus ermöglicht ihm das Wohnen; seine Nachfragekraft vermittelt ihm den Konsum; sein Erwerbserfolg bietet die Grundlage selbstbestimmter Freiheit.

134
Bestandsgarantie je nach Funktion des Eigentums

Der einzelne erzielt sein Einkommen zunächst, um davon zu leben. Würde der Staat das existenznotwendige Einkommen besteuern, so würde er die Funktion der Eigentumsgarantie, dem Eigentümer einen Freiraum im vermögensrechtlichen Bereich zu sichern und ihm dadurch eine eigenverantwortliche Gestaltung seines Lebens zu ermöglichen[380], verfehlen, ihm außerdem einen Anspruch auf staatliche Sozialhilfe gewähren müssen. Das vom Grundrechtsberechtigten zur Bestreitung seines notwendigen Lebensunterhalts und – unter Berücksichtigung von Art. 6 Abs. 1 GG – desjenigen seiner Familie benötigte Einkommen (Existenzminimum) ist deshalb für eine Besteuerung schlechthin nicht verfügbar[381]. Das verfassungsrechtliche Gebot, das existenznotwendige Einkommen von der Einkommensteuer zu verschonen, schützt vor allem die Primärfunktion des Einkommens, den Lebensunterhalt des Steuerpflichtigen und seiner Familie zu sichern[382], damit auch den Sozialstaat entsprechend zu entlasten. Selbst eine defizitäre Haushaltslage oder ein besonderer Finanzbedarf des Staates böten keinen rechtfertigenden Grund, um diesen Maßstab zu durchbrechen[383].

135
Existenzminimum

Jenseits dieses Existenzminimums ist das Lebensführungsvermögen, die ökonomische Grundlage der weiteren Lebensgestaltung und persönlichen Entfaltung des Steuerpflichtigen, gegen den Zugriff durch andere Steuern geschützt. Belastet die Vermögensteuer auch Wirtschaftsgüter, die der persönlichen Lebensführung des Steuerpflichtigen und seiner Familie dienen und einen Freiheitsraum für die eigenverantwortliche Gestaltung seines persönlichen Lebens ermöglichen, so genießt dieses Vermögen einen besonderen Schutz[384].

136
Lebensführungsvermögen

---

379 BVerfGE 93, 121 (138) – Vermögensteuer.
380 BVerfGE 97, 350 (371) – Euro.
381 BVerfGE 87, 153 (169f.) – Grundfreibetrag; BVerfGE 112, 268 (280) – Berufsbedingte Kinderbetreuungskosten; *Moris Lehner*, Einkommensteuerrecht und Sozialhilferecht, 1993, S. 299ff.
382 BVerfGE 87, 153 (169) – Grundfreibetrag.
383 BVerfGE 87, 153 (172f.) – Grundfreibetrag.
384 BVerfGE 93, 121 (140f.) – Vermögensteuer; vgl. auch BVerfGE 93, 165 (177f.) – Erbschaftsteuer.

§ 118   *Achter Teil: III. Finanzwesen*

Dieser Schutz verlangt für das aus versteuertem Einkommen gebildete Vermögen in der Regel eine Freistellung des der persönlichen Lebensgestaltung dienenden Vermögens auch von Sollertragsteuern[385]. Dieser Anspruch steht grundsätzlich jedem Steuerpflichtigen zu; jeder Ehegatte hat einen eigenen gleichen Anspruch[386]. Eine typisierende Quantifizierung dieses individuellen Lebensführungsvermögens muß die Kinder aufgrund ihres Unterhaltsanspruchs gegen ihre Eltern an deren Vermögensverhältnissen und Lebensgestaltung teilhaben lassen[387]. Stirbt ein Ehegatte, so ist die Kontinuität der gemeinsam geschaffenen Lebensgrundlage zu wahren, die Erwartung verstetigter Lebensbedingungen auch im Todesfall zu achten; eine erhöhte Besteuerung ist insoweit unzulässig[388].

137
Familiengut

Eine entsprechende Garantie des persönlichen Lebensführungsvermögens schützt die Weitergabe des Familiengutes von den Eltern auf die Kinder gegen einen erbschaftsteuerlichen Zugriff. Auch hier soll das Lebensführungsvermögen in den Grenzen der jeweils erreichten wirtschaftlichen Normalität gegen einen Steuerzugriff abgeschirmt werden[389].

138
Quantifizierte Mindestgrenzen

Die Erfahrung lehrt, daß im Steuerrecht nur quantifizierbare – in Zahlen ausgedrückte – Grenzen greifen. Würde das Verfassungsrecht lediglich eine „angemessene" Verschonung von Existenzminimum und Lebensführungsvermögen fordern, so wäre dieses Verfassungspostulat allgemeiner Zustimmung gewiß, praktisch aber bedeutungslos, weil die Angemessenheit hier zu vieldeutig ist. Das Bundesverfassungsgericht hat es sich zur Aufgabe gemacht, die jeweiligen Mindestgrenzen in Zahlen auszudrücken. Das Existenzminimum des einzelnen Einkommensempfängers bemißt sich zumindest nach dem, was dem Sozialhilfeempfänger als existenznotwendiger Bedarf aus öffentlichen Mitteln zugewendet wird[390]. Entsprechend müssen die Sachleistungen für Kinder bemessen werden[391]. Die Betreuungsleistungen können nach den bisher nur den Alleinerziehenden gewährten Kinderbetreuungskosten berechnet werden, der Erziehungsbedarf am bisherigen Haushaltsfreibetrag orientiert und mit zunehmender Kinderzahl abgestuft werden[392]. Das individuelle Lebensführungsvermögen folgt jeweils den erreichten ökonomischen und kulturellen Standards, greifbar in den Werten durchschnittlicher Einfamilienhäuser[393]. Dabei muß selbstverständlich der Grundeigentümer und der Inhaber anderer Vermögenswerte in einem gleichen Individualbedarf steuerlich frei-

---

385 BVerfGE 93, 121 (141) – Vermögensteuer.
386 BVerfGE 93, 121 (141) – Vermögensteuer.
387 BVerfGE 93, 121 (141 f.) – Vermögensteuer.
388 BVerfGE 93, 121 (142) – Vermögensteuer.
389 BVerfGE 93, 165 (175) – Erbschaftsteuer.
390 BVerfGE 87, 153 (170 f.) – Grundfreibetrag; BVerfGE 99, 246 (259 f.) – Kinderexistenzminimum I; BVerfGE 99, 268 (271) – Kinderexistenzminimum II; BVerfGE 99, 273 (277) – Kinderexistenzminimum III.
391 BVerfGE 99, 216 (241 f.) – Familienlastenausgleich II.
392 BVerfGE 99, 216 (241 f.) – Familienlastenausgleich II; vgl. auch BVerfG, 3. Kammer des Zweiten Senats, Beschluß v. 23. 11. 1999 – 2 BvR 1455/98.
393 BVerfGE 93, 121 (141) – Vermögensteuer.

gestellt werden³⁹⁴. In ähnlicher Weise ist das erbschaftsteuerlich freizustellende Familiengut zu quantifizieren³⁹⁵.

Das Bundesverfassungsgericht regt schließlich an, die steuerliche Verschonung dieses Elementarbedarfs für den Verwaltungsvollzug zu vereinfachen und für jedermann erreichbar zu machen, so daß jedenfalls für den Kinderexistenzbedarf alle Abzugspositionen in einem einheitlichen gesetzlichen Abzugsbetrag zusammengefaßt und verfahrensrechtlich vereinfacht – insbesondere ohne Antragserfordernis – zugeteilt werden³⁹⁶.

Gesetzliche Vereinfachung

139
Vorgefundene Sozialbindung

Die Bestandsgarantie für das Eigentum gegenüber der Besteuerungsgewalt gilt im übrigen für jedes individuelle Eigentum in seiner jeweiligen Größe und Beschaffenheit. Freiheit heißt, sich unterscheiden zu dürfen, mehr Eigentum als der andere erwerben und das vorhandene Eigentum zudem noch mehren zu dürfen. Zwar darf der Gesetzgeber an erhöhter Leistungsfähigkeit auch überproportional – auch durch eine Progression³⁹⁷ – teilhaben. Aber auch hier bietet das Verbot, die jeweiligen Einkommens- und Vermögensverhältnisse durch Besteuerung grundlegend zu beeinträchtigen, eine Bestandsgarantie für das jeweilige konkrete Eigentum. Darüber hinaus kann auch eine das vorhandene Eigentum schon belastende Sozialpflichtigkeit der weiteren sozialen Verpflichtung durch Steuern entgegenstehen. Deshalb ist es für die Erbschaftsteuer ein wesentlicher Unterschied, ob der Erbe in einer Geldsumme und in Wertpapieren frei verfügbare Liquidität erbt oder aber einen in seinem Zweck gewidmeten und als wirtschaftliche Funktionseinheit zusammengehörenden Betrieb. Betriebe unterliegen als Garant von Produktivität und Arbeitsplätzen insbesondere durch die Verpflichtungen gegenüber den Arbeitnehmern, das Betriebsverfassungsrecht, das Wirtschaftsverwaltungsrecht und durch die langfristigen Investitionen einer gesteigerten rechtlichen Bindung. „Sie hat zur Folge, daß die durch die Erbschaftsteuer erfaßte finanzielle Leistungsfähigkeit des Erben nicht seinem durch den Erbfall erworbenen Vermögenszuwachs voll entspricht. Die Verfügbarkeit über den Betrieb und einzelne dem Betrieb zugehörige Wirtschaftsgüter ist beschränkter als bei betrieblich ungebundenem Vermögen"³⁹⁸. Diese verminderte Leistungsfähigkeit ist bei den Erben zu berücksichtigen, die einen solchen Betrieb weiterführen, also den Betrieb weder veräußern noch aufgeben, ihn vielmehr in seiner Sozialgebundenheit aufrechterhalten, ohne daß Vermögen und Ertragskraft des Betriebes durch den Erbfall vermehrt würden. Die Erbschaftsteuerlast darf hier die Fortführung des Betriebes steuerlich nicht gefährden³⁹⁹.

---

394 BVerfGE 93, 121 (141) – Vermögensteuer.
395 BVerfGE 93, 165 (175) – Erbschaftsteuer.
396 BVerfGE 99, 216 (242 f.) – Familienlastenausgleich II; BVerfGE 108, 52 (75) – Barunterhalt für Kinder; vgl. auch BVerfGE 87, 153 (176 f.) – Grundfreibetrag; Freibeträge nach §§ 13 Abs. 3, 20 Abs. EStG und § 9 Nr. 1 EStG sowie die Freistellung nach §§ 3 und 3 b EStG genügen dem Erfordernis einer allgemein zu gewährenden Freistellung des existenzsichernden Aufwandes nicht; s. u. Rn. 164.
397 *Knaupp* (N 58), S. 33.
398 BVerfGE 99, 216 (242 f.) – Familienlastenausgleich II; BVerfGE 108, 52 (75) – Barunterhalt für Kinder; BVerfGE 87, 153 (176 f.) – Grundfreibetrag.
399 BVerfGE 93, 165 (176) – Erbschaftsteuer, insoweit zu Art. 3 Abs. 1 GG.

IV. Andere Freiheitsrechte

140
Drei Fallgruppen

Die Steuer fordert vom Grundrechtsberechtigten Geldeigentum, greift also in das nach Art. 14 GG geschützte Eigentum ein. Dieser grundrechtliche Schutz der Eigentümerfreiheit ist in der Regel der speziellere, hinter den die anderen Freiheitsgarantien zurücktreten. Der Steuerpflichtige ist jedoch auch durch andere Grundrechte geschützt, wenn

(1) der Nichteigentümer besteuert werden soll,

(2) andere Freiheitsrechte eigenständig mitbetroffen sind und

(3) die Lenkungssteuer weniger Geldzahlungen fordert, sondern die willentliche Eingliederung in ein staatliches Verwaltungsprogramm veranlassen soll.

1. Die Besteuerung des Nichteigentümers

141
Steuer jenseits des sozialpflichtigen Eigentums?

Jede Steuerschuld wird durch Zahlung von Geldeigentum erfüllt; der Steuerpflichtige erleidet einen Eigentumseingriff. Deshalb muß der steuergesetzlich gewählte Belastungsgrund sich vor der Eigentumsgarantie des Art. 14 GG rechtfertigen lassen. Knüpft das Gesetz an Tatbestände außerhalb des Privateigentums an, fehlt der Steuer die Rechtfertigung aus der Sozialpflichtigkeit des Privateigentums, aus der finanziellen Leistungsfähigkeit des Steuerpflichtigen. Begründet das Steuergesetz eine Eigentümerpflicht gegenüber einer Person, deren Eigentum tatbestandlich nicht vorausgesetzt wird, so spricht eine Vermutung gegen die Verfassungsmäßigkeit dieses Gesetzes.

142
Hundesteuer bei Tierschutzpflege

Derartige Steuerpflichten sind selten. Das deutsche Steuerrecht belastet die tatsächlich festgestellte oder vermutete Leistungsfähigkeit[400]. Das Bundesverfassungsgericht hatte jedoch in einer Kammerentscheidung über eine Tierfreundin zu entscheiden, die streunende Hunde in ihrem Garten gepflegt, gefüttert und auf Dauer gehalten hatte. Die kommunale Finanzbehörde erhob daraufhin Hundesteuer. Die Hundesteuer ist eine Aufwandsteuer[401], belastet also die in der Einkommensverwendung für den persönlichen Lebensbedarf zum Ausdruck kommende wirtschaftliche Leistungsfähigkeit[402]. Die Hundehalterin verwendet kein Einkommen für den persönlichen Lebensbedarf, sondern nimmt ihren eigenen Lebensbedarf zugunsten der Hunde zurück. Deswegen entfällt der rechtfertigende Belastungsgrund einer Sozialpflichtigkeit des Eigentumsgebrauchs, der in einem Aufwand vermuteten finanziellen Leistungsfähigkeit. Die steuerliche Belastung ist nicht gerechtfertigt. Das Bundesverfassungsgericht verweist hier in verfassungskonformer Auslegung der Hundesteuer und der Vorschriften zum sachlichen Billigkeitserlaß (§§ 163, § 227 AO) auf eine verfassungsrechtliche Pflicht zum Erlaß dieser Steuer[403].

---

400 S.u. Rn. 185.
401 *Lang* (N 110), § 3 Rn. 34 und s.u. Rn. 240.
402 BVerfGE 49, 343 (354) – Abgabe wegen Änderung der Gemeindeverhältnisse; BVerfGE 16, 64 (74) – Einwohnersteuer; BVerfGE 65, 325 (343) – Zweitwohnungsteuer.
403 BVerfG, 3. Kammer des 2. Senats – 2 BvR 1651/90.

143
Zweitwohnungsteuer, Einwohnersteuer, Fonds

Ähnliche Fälle betreffen die Belastung einer Studentenwohnung durch Zweitwohnungsteuer, weil ein zweiter Wohnsitz am Studienort keine belastbare Leistungsfähigkeit begründet[404]. Auch die Einwohnersteuer, die jeden volljährigen, selbstständig auf eigene Rechnung lebenden und nicht nur vorübergehend in der Gemeinde Wohnraum beanspruchenden Einwohner belastet, erfaßte das Wohnen in der Gemeinde, mag der Steuerpflichtige dafür eigenes Geld aufwenden oder eine Finanzierung durch Dritte nutzen. Auch hier wurde der Steuerpflichtige belastet, ohne daß der Tatbestand eine finanzielle Leistungsfähigkeit typisierend vermuten läßt. Das Bundesverfassungsgericht hat diese Steuer 1963 als eine im Rahmen des kommunalen Steuererfindungsrechts vertretbare, mit anderen Steuern nicht gleichartige Steuer gerechtfertigt, dabei allerdings die grundrechtliche Rechtfertigung dieser Belastung nicht geprüft[405]. Heute könnte das Wohnen allein eine Steuer nicht rechtfertigen, mag allenfalls als Anknüpfungspunkt für Gebühren und Beiträge dienen. Auch wenn das Auslandinvestmentgesetz fiktive Kapitalerträge aus „grauen" und „schwarzen Fonds" besteuert, mögen auch tatsächlich Verluste entstanden sein, wird eine berechtigte Besteuerung von Kapitalerträgen und „Veräußerungsgewinnen" in dieser konkreten Ausgestaltung zu einer Belastung eines nichterzielten Einkommens. Die Einkommensteuer wird auf ein Nichteinkommen angewandt; ihr fehlt der rechtfertigende Grund, sie ist deshalb verfassungswidrig.

144
Eigentümerlast ohne Eigentumsgrund

Der Einwohnersteuer fehlt der rechtfertigende Belastungsgrund, weil der Steuerpflichtige aus dem Wohnen seine Steuerschuld nicht bezahlen kann, er vielfach wohnt, ohne den Wohnaufwand selbst zu tragen. Das Auslandinvestmentgesetz sucht Fehlentwicklungen der Steuergestaltung entgegenzuwirken, wählt dabei aber fiktive Zurechnungen, die sich so weit von der Realität entfernen, daß sie auch als Typus nicht mehr verfassungsrechtlichen Bestand haben können. Bei der Hundesteuer für die Hundeschützerin wird ein prinzipiell gerechtfertigtes Gesetz mit dem Belastungsgrund einer Aufwandsteuer fehlerhaft angewandt; eine verfassungskonforme Auslegung führt zu sachgerechten Ergebnissen. Allen drei Fällen ist gemeinsam, daß eine gesetzliche oder interpretierende Regelabweichung den gesetzlich begründeten Belastungsgrund des besteuerbaren Geldeigentums verfehlt. Der Steuerpflichtige wird nicht im tatbestandlichen Rechtsgrund eines sozialpflichtigen, also steuerbaren Eigentümertatbestandes erfaßt, muß aber die Steuer aus seinem Geldeigentum bezahlen. Daraus ergibt sich grundsätzlich die Verfassungswidrigkeit der Steuerlast. Unvertretbar wäre es, wegen des fehlenden Tatbestands eines Geldeigentums den Maßstab des Art. 14 GG zu übergehen, die Steuerbelastung etwa nur an der allgemeinen Handlungsfreiheit des Art. 2 Abs. 1 GG zu messen und dadurch einen konturenärmeren, auch gleichheitsrechtlich weniger klaren Maßstab zu gewinnen. Der Eingriff bestimmt sich nach der

---

[404] *Rainer Wernsmann*, Verfassungsrechtliche Probleme der Heranziehung von Studierenden zur Zweitwohnungsteuer, in: Jura 2000, S. 175 (179); zur Zweitwohnungsteuer BVerfGE 65, 325 (246 f.) – Zweitwohnsitzsteuer; BVerfGE 114, 316 (332 ff.) – Zweitwohnungsteuer bei Ehegatten.
[405] BVerfGE 16, 64 (73 f.) – Einwohnersteuer.

belastenden Rechtsfolge, der Zahlungspflicht, rechtfertigt sich in nach deren tatbestandlichen Voraussetzungen. Wird Geldeigentum entzogen, ohne im Eigentum gerechtfertigt zu sein, verstößt diese Belastung gegen Art. 14 GG, erlaubt nicht Geldleistungspflichten, die den Steuerpflichtigen bis zum Verlust der allgemeinen Handlungsfreiheit einschränken dürften.

2. Mitbetroffenheit in anderen Grundrechten

145 Andere Freiheitsrechte können jedoch neben der Eigentumsgarantie die Besteuerungsgewalt formen und mäßigen. Dies gilt vor allem für die Berufsfreiheit (Art. 12 GG), die Vereinigungsfreiheit (Art. 9 GG) und den Schutz von Ehe und Familie (Art. 6 GG).

a) Die Berufsfreiheit

146 *Steuerliche Teilhabe am Erwerbserfolg* — Beruf ist die Arbeitstätigkeit, die dem Erwerb, dem Einkommen des einzelnen dient. Insoweit schützt die Berufsfreiheit als subjektives öffentliches Recht den individuellen Erwerb durch Arbeit, garantiert zugleich auch als objektives Prinzip eine freiheitliche Erwerbsordnung[406]. Art. 12 GG beläßt die Arbeitskraft in der Hand des Freiheitsberechtigten; der Staat darf keinen seiner Finanzierung dienenden Arbeitszwang ausüben (Art. 12 Abs. 2 GG). Er ist darauf verwiesen, steuerlich am Erfolg eines Erwerbens teilzuhaben oder in Sollertragsteuern eine bestimmte Erwerbserwartung an den Freiheitsberechtigten zu richten.

146 *Beruf als die dem Erwerb dienende Arbeit* — Der Beruf bietet dem einzelnen eine Lebensaufgabe, erlaubt ihm ein Stück persönlicher Lebensgestaltung und Begegnung, eröffnet ihm die Möglichkeit zu individueller Leistung, läßt ihn die Anerkennung des Einkommens empfangen. Art. 12 GG erfaßt im Tatbestand „Beruf" nicht nur die Erwerbstätigkeit, die ökonomische Lebensgrundlage ist[407], sondern auch den ergänzenden, den kurzfristigen, ebenso den wechselnden und den verlustbringenden Arbeitseinsatz. Voraussetzung ist lediglich ein verstetigtes Erwerbsbemühen durch Arbeit. Beruf ist die auf Dauer angelegte Erwerbstätigkeit durch Arbeit. Die Berufsfreiheit schützt die Erwerbstätigkeit, die Eigentümerfreiheit die Herrschaft über das Erworbene[408]. Beruf ist die Erwerbsarbeit, Eigentum der Erwerbserfolg. Beide Freiheitsrechte zerschneiden nicht einen einheitlichen Lebensvorgang, sondern schützen ihn jeweils in einem Schwerpunkt der Freiheitstätigkeit: Art. 12 GG formt und mäßigt den staatlichen Zugriff auf die Arbeit, Art. 14 GG den Zugriff auf das Kapital.

147 *Einkommensteuer* — Die Steuer ist Erwerbsbedingung, also Teil der objektiven Berufsordnung, zugleich aber auch Eingriff in die individuelle Erwerbsfreiheit und ihren

---

[406] BVerfGE 50, 290 (362) – Mitbestimmung.
[407] So die ständige Formel seit BVerfGE 7, 377 (397 ff.) – Apotheken-Urteil; vgl. BVerfGE 97, 228 (252 f.) – Kurzberichterstattung; BVerfGE 105, 252 (265) – Glycol; kritisch *Rüdiger Breuer*, Freiheit des Berufs, in: HStR VI, ²2001 (¹1989), § 147 Rn. 34 ff.
[408] BVerfGE 30, 292 (335) – Bevorratungspflicht für Erdöl.

Erfolg. Die Einkommensteuer vermindert den Arbeitslohn und das Arbeitshonorar, verringert also den Freiheitsraum des beruflichen Erwerbs. Andererseits belastet die Einkommensteuer erst die zugeflossenen Einkünfte, also das bereits erworbene, dem Berechtigten zugeordnete Eigentum und greift damit in den Schutzbereich des Art. 14 GG ein. Die Einkommensteuer beansprucht also staatliche Teilhabe am individuell erworbenen Eigentum, am bereits vermögensrechtlich zugeordneten Eigentum. Eine übermäßige Besteuerung wirkt aber auch auf das Berufsziel, den Erfolg in Anspruch genommener Berufsfreiheit zurück. Es empfiehlt sich deshalb, nicht in einer filigranen Lehre von den Grundrechtskonkurrenzen die Betroffenheit des Einkommensteuerpflichtigen in seiner Berufs- und Eigentümerfreiheit zu unterscheiden. Beide Grundrechte weisen den Steuerzugriff in die Grenzen einer gestuften Verhältnismäßigkeit und damit auch eines bereichsspezifischen Gleichmaßes.

Auch bei der Umsatzsteuer, der zweiten wesentlichen Zugriffsart des deutschen Steuerrechts, wirken der Schutz des Art. 12 und des Art. 14 GG zusammen, hier allerdings nicht wegen einer Betroffenheit des Steuerpflichtigen in beiden Grundrechten (Grundrechtskonkurrenz), sondern wegen der Betroffenheit mehrerer Grundrechtsträger durch denselben staatlichen Eingriff (Grundrechtskollision). Die Umsatzsteuer ist eine Endverbrauchersteuer, belastet also den Nachfrager in seiner Kaufkraft, die aus Einkommen, Vermögen, Erbschaft, Schenkung, Darlehen, Sozialversicherung oder Almosen entstanden sein mag. Belastet wird also ein die Kaufkraft begründendes Eigentum, das sich gegenüber seinem – beruflichen oder außerberuflichen – Entstehensgrund verselbständigt hat. Der Nachfrager ist als Steuerträger in seinem Geldeigentum, beim Tausch auch im sonstigen Eigentum betroffen und deshalb durch Art. 14 GG geschützt. Der Unternehmer hingegen erlebt als Steuerschuldner die – in der Regel überwälzbare – Umsatzsteuerlast als Verteuerung seiner Preise, also als eine Bedingung seiner beruflichen Erwerbstätigkeit, wird durch eine überwälzbare Steuer weniger in seinem Eigentum betroffen. Er nimmt den geschuldeten Steuerbetrag von seinem Vertragspartner entgegen und zahlt ihn an die Finanzbehörde. Insoweit muß auch diese Steuer den Anforderungen des Art. 12 GG (unmittelbar beim Steuerschuldner) und des Art. 14 GG (mittelbar beim Steuerträger) genügen. Allerdings läuft ein grundrechtlicher Gerichtsschutz vielfach leer, weil der Unternehmer die Umsatzsteuer als durchlaufenden Posten kaum verspürt, der Steuerträger aber in keinem unmittelbaren Steuerpflichtverhältnis zum Staat steht.

148 Umsatzsteuer

b) Die Vereinigungsfreiheit

Art. 9 Abs. 1 GG sichert die Freiheit, privatrechtliche Vereinigungen zu gründen, ihnen beizutreten oder fernzubleiben[409]. Jedes staatliche Hinwirken auf bestimmte Zusammenschlüsse oder deren staatliche Behinderung beschränkt die Freiheit des Art. 9 Abs. 1 GG. Diese Vereinigungsfreiheit wird gegenwär-

149 Steuerliche Einwirkung auf die Vereinigungsfreiheit

---

409 BVerfGE 10, 89 (102) – Erftverband; BVerfGE 38, 281 (297f.) – Arbeitnehmerkammern; BVerfGE 50, 290 (354) – Mitbestimmung.

tig durch das Steuerrecht wesentlich beeinträchtigt. Die Gewerblichkeit und damit die Gewerbesteuer hängen von der Rechtsform eines Unternehmens ab. Die ertragsteuerlichen Folgen sind für Einzelkaufmann, Personengesellschaft und Kapitalgesellschaft unterschiedlich. Die Leistungsverhältnisse zwischen Unternehmer und Unternehmen werden steuerrechtlich bei Kapitalgesellschaften, Mitunternehmerschaften und Einzelunternehmen unterschiedlich erfaßt und belastet. Der steuererhebliche Umfang des dem Unternehmen gewidmeten Vermögens bestimmt sich nach der Wahl der Unternehmensform. Die im Unternehmen thesaurierten Gewinne bei Kapitalgesellschaften werden bevorzugt. Auch die Kombination von Körperschaft und Mitunternehmerschaft in der GmbH & Co. KG, das Konzernrecht und die Organschaft führen zu einer steuerbestimmten Wahrnehmung der Vereinigungsfreiheit. Das Steuerrecht wird zu einem wesentlichen, oft zu dem alleinigen Maßstab bei der Wahrnehmung der Vereinigungsfreiheit.

150
Schwarzwaldklinik

Das Bundesverfassungsgericht[410] hat sich dieser Entwicklung entgegengestellt und hervorgehoben, daß die bloße Wahl der Organisationsform eines Unternehmens für sich genommen keine Belastungsunterschiede rechtfertige. Der Entscheidung lag eine unterschiedliche Besteuerung medizinischer Leistungen im Umsatzsteuerrecht und im Gewerbesteuerrecht allein wegen der Rechtsform einer Klinik zugrunde. Das Gericht betont, daß allein die Rechtsform eines Unternehmens vor dem Gleichheitssatz (Art. 3 Abs. 1 GG) grundsätzlich keinen sachlichen Grund für die umsatzsteuerliche Ungleichbehandlung darstelle. Die Versagung einer Steuervergünstigung nur aufgrund der Rechtsform des Unternehmens verstoße daher gegen Art. 3 Abs. 1 GG[411]. Belastungsdifferenzierungen je nach natürlicher oder juristischer Person sind also nur dann vertretbar, wenn sie in einer der jeweiligen Organisationsform zugrundeliegenden wirtschaftlichen Wirklichkeit gerechtfertigt werden können. Hier werden insbesondere die Unterscheidungen zwischen einer anonymen Kapitalgesellschaft und einer personengeprägten Unternehmung, zwischen einer unternehmerbestimmten und einer arbeitnehmerorientierten Unternehmung, zwischen einer einem bestimmten – insbesondere gemeinnützigen – Zweck gewidmeten Ertragseinheit und einer reinen Erwerbseinheit auch steuererheblich sein können. Andererseits müssen steuererheblich ähnliche Wirtschaftsorganismen steuerlich gleich belastet werden, mögen sie als Gesellschaft mit beschränkter Haftung oder als Aktiengesellschaft organisiert sein, in Form einer juristischen Person oder als Einzelkaufmann betrieben werden, das steuerliche Konstrukt einer GmbH & Co. KG wählen oder in der Normalität einer Gesellschaft mit beschränkter Haftung wirken.

151
Art. 9 Abs. 1 GG als das speziellere Grundrecht

Diese vom Bundesverfassungsgericht zum Gleichheitssatz entwickelte Rechtsprechung kann durch das Freiheitsrecht des Art. 9 Abs. 1 GG verdeutlicht und fortgebildet werden. Die Gleichheit findet in der Vereinigungsfreiheit einen konkreten Vergleichsmaßstab. Art. 9 GG formt die zu vergleichenden

---

410 BVerfGE 101, 151 (156f.) – Schwarzwaldklinik.
411 BVerfGE 101, 151 (156f.) – Schwarzwaldklinik.

Gruppen, wird also im Freiheitsrecht prägnanter verfassungsrechtlich angeleitet. Das in Art. 9 Abs. 1 GG gewährleistete Recht, Einzelunternehmer zu bleiben, eine Mitunternehmerschaft zu wählen, eine Körperschaft zu gründen oder ihr beizutreten, gewährt eine Gestaltungsfreiheit vom Staat, die grundsätzlich auch den steuerlichen Eingriff in diese Freiheit abwehrt. Das Steuerrecht ist deshalb so zu regeln, daß die Regelbesteuerung den wirtschaftlichen Erfolg von Erwerbstätigkeit und Marktteilhabe unabhängig von der Rechtsform eines Unternehmens trifft. Das Steuerrecht darf grundsätzlich nicht Anlaß sein, daß ein Unternehmer seine Erwerbstätigkeit nicht mehr unter eigenem Namen, in höchstpersönlicher Verantwortung und Haftung trifft, darf andererseits die Freiheitsberechtigten auch nicht hindern, ein Unternehmen in einer juristischen Person zu verselbständigen und von den beteiligten Unternehmern zu lösen.

Haben Menschen von ihrer Vereinigungsfreiheit Gebrauch gemacht, entsteht eine juristische Person, die sich nach Art. 19 Abs. 3 GG auch auf Grundrechte berufen kann. Art. 9 Abs. 1 GG schützt diese Vereinigungen in ihrer Gründung, ihrer Existenz und Betätigung[412]. Dabei folgt der Tatbestand der juristischen Person von Verfassungs wegen nicht stets der zivilrechtlichen Verselbständigung eines betrieblichen Organismus, umfaßt vielmehr auch Mitunternehmerschaften und andere weniger formalisierte Betriebseinheiten[413]. Der Schutz der juristischen Person sichert nicht die zivilrechtliche Form, sondern die gewollte Gemeinschaft in ihrem Bestand und ihrer Betätigung. Geschützt sind Kapitalgesellschaften, ebenso aber auch Personengesellschaften. Insoweit ist das Postulat der Rechtsformneutralität der Besteuerung[414] von Art. 19 Abs. 3 GG für das Verfassungsrecht vorweggenommen.

152
Juristische Person

Die steuerrechtliche Qualifikation der juristischen Person und die Zuordnung von Ertrag und Aufwand zu juristischer Person, Personengesellschaft und Einzelperson ist steuergesetzlich bisher nicht gelungen. Bis 1977 begründete die Körperschaftsteuer eine echte Doppelbelastung der Körperschaft neben der Einkommensteuerbelastung der hinter ihr stehenden natürlichen Person[415]. Von 1977 bis 2001 galt das Anrechungssystem, das die rechtliche Verselbständigung einer Körperschaft zum Steuersubjekt nicht als ausreichenden Grund für eine eigenständige Besteuerung dieser Körperschaft anerkannte, die Körperschaftsteuerzahlung der juristischen Person vielmehr im Ergebnis als bloße Vorauszahlung auf die Einkommensteuerschuld der hinter ihr stehenden natürlichen Person verstanden hat. Die seitdem geltende Regelung mit Tarifspreizung, Halbeinkünfteverfahren, Differenzierung zwischen thesaurierten und konsumierten Gewinnen sowie unterschiedlichen Steuersätzen

Zuordnung von natürlicher und juristischer Person

---

412 *Detlef Merten*, Vereinsfreiheit, in: HStR VI, ²2001 (¹1989), § 144 Rn. 29.
413 BVerfGE 4, 7 (12) – Investitionshilfe, OHG; BVerfGE 10, 89 (99) – Erftverband, Handelsgesellschaften; BVerfGE 19, 52 (55) – Gesetzlicher Richter, KG; BVerfGE 20, 283 (290) – Arzneimittelgesetz, KG.
414 *Joachim Lang*, Prinzipien und Systeme der Besteuerung von Einkommen, in: DStJG 24 (2001), S. 49, 60; Hey (N 104), S. 155, 161 ff.
415 Vgl. *Brigitte Knobbe-Keuck*, Bilanz- und Unternehmensrecht, ⁹1993, S. 558 f.; *Johanna Hey*, in: Klaus Tipke/Joachim Lang, Steuerrecht, ¹⁸2005, § 11 Rn. 6.

bei Veräußerungsgewinnen macht deutlich, daß das Geheimnis der juristischen Person bis heute nicht gelöst ist. Sie scheint im Ertragsteuerrecht ein unselbständiges Steuersubjekt zu sein, im Umsatzsteuerrecht ein nichtkonsumierender Unternehmer, im Erbschaftsteuerrecht der juristisch törichte Versuch der Unsterblichkeit. Die gegenwärtigen Versuche des Gesetzgebers, Kapitalgesellschaft und Personengesellschaften gleichzustellen oder in einem Optionsrecht die Gleichstellung zu eröffnen, verschieben den rechtlichen Bruch von der Grenzlinie zwischen Kapitalgesellschaft und Personengesellschaft hin zu der Grenzlinie zwischen Personenmehrheit und Einzelperson.

153
Rechtsformneutraler Schutz durch Verfassungsrecht, Europarecht, Gesellschaftsrecht

Die Vereinigungsfreiheit des Art. 9 Abs. 1 GG und der rechtsformunabhängige Schutz eines wirtschaftlichen Organismus durch Art. 19 Abs. 3 GG fordern deshalb ein Steuerrecht, das keine Belastungsunterschiede allein nach der Organisationsform begründet. Diese Entwicklung wird verstärkt durch die Grundfreiheiten der Europäischen Gemeinschaft, die ebenfalls nicht die Unterscheidung zwischen juristischer Person und Personengesellschaft aufnehmen[416]. Dem Anliegen einer rechtsformneutralen Gleichheit kommen auch gesellschaftsrechtliche Erwägungen entgegen, die das Nebeneinander von Einzelkaufmann, Personengesellschaft (Mitunternehmerschaft) und juristischer Person (Körperschaft) aufheben und nur noch zwischen Einzelperson und rechtlich verselbständigtem Wirtschaftsorganismus unterscheiden wollen[417].

154
Gestufter Eigentumsschutz

Allerdings kann die Eigentümerfreiheit je nach Anonymität des Eigentümers und seiner Verschränkung mit der Berufsfreiheit der Arbeitnehmer unterschiedlich gewährleistet sein[418]. Je mehr der Eigentümer sein Geld- und Beteiligungseigentum aus der eigenen Verwahrung und Nutzung gelöst und zu einem anonymen Beteiligungs-[419] und Fondseigentum gemacht hat, desto schwächer wird der Schutz der personalen[420] Eigentumsfreiheit (Art. 14 Abs. 1, 19 Abs. 3 GG). Insofern ist das durch Arbeit oder eigenhändige Vermögensbewirtschaftung erworbene Eigentum auch gegenüber der Besteuerung stärker geschützt als das Einkommen aus anonymer Fremdbewirtschaftung.

c) Der Schutz von Ehe und Familie

155

Besondere praktische Bedeutung für das Steuerrecht hat Art. 6 GG gewonnen[421]. Die in dieser Vorschrift angelegte Institutsgarantie, der dort enthaltene besondere Gleichheitssatz und Förderungsauftrag enthalten klare Leitprinzipien für den Steuergesetzgeber.

---

416 *Paul Kirchhof*, Maßstäbe für die Ertragsbesteuerung von Unternehmen, in: DStJG 25 (2002), S. 1 (5 f.).
417 Vgl. *Karsten Schmidt*, Die BGB-Außengesellschaft: rechts- und parteifähig, in: NJW 2001, S. 993 ff.; *Thomas Raiser*, Gesamthand und juristische Person im Lichte des neuen Umwandlungsrechts, in: AcP 194 (1994), S. 494 ff. (540 ff.).
418 BVerfGE 50, 290 (339 f., 344 ff.) – Mitbestimmung.
419 Zur heutigen Realität der Unternehmensverbindungen vgl. *Carl-Heinz Witt*, Die Konzernbesteuerung, 2006.
420 *Lehner* (N 320), S. 21 f.
421 Vgl. schon *Albert Hensel*, System des Familiensteuerrechts, 1922, Nachdruck (hg. v. Ekkehart Reimer/ Christian Waldhoff), 2000, S. 125 ff.; → Bd. IV, *Seiler*, § 81 Rn. 35 ff.

Art. 6 Abs. 1 GG schützt die Vereinigung in Ehe und Familie besonders, weil dem Staat und seiner Rechtsordnung an diesen Gemeinschaften um seiner Zukunft in einer Jugend und deren guter Erziehung willen besonders gelegen ist. Das Steuerrecht muß die Ehe als Erwerbsgemeinschaft und die Familie als Unterhaltsgemeinschaft als tatbestandliche Vorgabe anerkennen. Gegenwärtig allerdings berücksichtigt es die gesellschaftsrechtlichen Erwerbsgemeinschaften als steuererheblich, nimmt die Ehe- und Familiengemeinschaft hingegen eher zögernd zur Kenntnis. Wenn Ehegatten oder Familien eine Handelsgesellschaft oder eine Kapitalgesellschaft gründen, erscheint es selbstverständlich, daß sie den dort erzielten Gewinn nach Gesellschaftsvertrag untereinander aufteilen und entsprechend dieser Aufteilung – progressionsmindernd und Freibeträge begründend – versteuern und so ein Ehegatten- und Familiensplitting erreichen dürfen. Wenn das Ehegattensplitting der Erwerbsgemeinschaft der Ehe ähnliche Steuerregeln anbietet, folgt es damit schlicht dem Gebot der Belastungsgleichheit; ein besonderer Schutz der Ehe (Art. 6 Abs. 1 GG) ist damit noch nicht gewährt. Ein Familiensplitting ist derzeit gesetzlich nicht vorgesehen, wird aber rechtspolitisch erwogen.

Gleichheit der Erwerbsgemeinschaften

aa) Die Besteuerung der Ehegatten

Das Bundesverfassungsgericht bekräftigt den Verfassungstatbestand der Ehe als die auf das Kind angelegte Gemeinschaft von Mann und Frau, die den Kindern die besten Entfaltungsmöglichkeiten bietet[422]. Die Rechtsordnung kann den Willen der Partner zur Ehe nur verläßlich erfassen, im übrigen die Privatsphäre innerhalb der Ehe nur ausreichend schützen, wenn der Tatbestand der Ehe der formwirksam geschlossenen ehelichen Gemeinschaft vorbehalten ist. Die nichteheliche Lebensgemeinschaft kann deshalb eine steuerliche Gleichstellung mit Ehegatten nicht verlangen[423]. Grundlage der steuererheblichen Ehe ist die durch den Ehevertrag begründete rechtsverbindliche Erwerbs-, Unterhalts-, Haus- und Beistandsgemeinschaft[424].

156
Steuererheblichkeit nur der formalen Ehe

Die Ehe ist eine „Gemeinschaft des Erwerbs, in der sich die Ehegatten aufgaben- und arbeitsteilend zusammengeschlossen haben"[425]. Diese Erwerbsgemeinschaft wird im Ehegattensplitting sachgerecht erfaßt. Dieses Splitting ist deshalb keine beliebig veränderbare Steuerbegünstigung, sondern eine an dem Schutzgebot des Art. 6 Abs. 1 GG und der wirtschaftlichen Leistungsfähigkeit der Ehepaare orientierte sachgerechte Besteuerung[426]. Diese Zusammenveranlagung setzt eine Ehe, nicht auch einen kindbedingten Bedarf voraus[427]. Im Rahmen der dem Gesetzgeber obliegenden Typisierung der steuer-

157
Zusammenveranlagung

---

422 BVerfGE 76, 1 (51) – Familiennachzug; BVerfGE 99, 145 (156) – gegenläufige Entführungen.
423 BVerfG, 3. Kammer des Zweiten Senats, Beschluß v. 15. 5. 1990, – 2 BvR 592/90, in: BStBl II, 1990, S. 764; zu steuerrechtlichen Folgen der gleichgeschlechtlichen Lebenspartnerschaft – Berücksichtigung der Unterhaltspflicht nach § 33a EStG; vgl. jetzt aber BVerfGE 105, 313 (356 f.) – Lebenspartnerschaftsgesetz.
424 Vgl. dazu BVerfGE 80, 81 (94 f.) – Volljährigenadoption.
425 BVerfGE 61, 319 (345 f.) – Ehegattensplitting.
426 BVerfGE 61, 319 (347) – Ehegattensplitting.
427 BVerfGE 99, 216 (240) – Kinderbetreuungskosten.

§ 118 *Achter Teil: III. Finanzwesen*

erheblichen Sachverhalte[428] geht der Gesetzgeber davon aus, daß die Ehe Ausgangspunkt und Grundlage einer Familie ist und als solche unter dem besonderen Schutz der staatlichen Ordnung steht. Ob die Ehegatten sich dann tatsächlich Kinder wünschen, wie sie ihre Erwerbs- und Erziehungsaufgaben eheintern aufteilen, ob sie für die Erfüllung der Erziehungs- und Betreuungsaufgaben fremde Hilfe in Anspruch nehmen, ist allein Sache der Ehegatten, die den Schutz der ehelichen Erwerbsgemeinschaft im Einkommensteuerrecht nicht berührt[429]. Das Bundesverfassungsgericht hat die Erwerbsgemeinschaft der Ehe sodann auch für die Vermögensteuer und die Erbschaftsteuer besonders geschützt und – insbesondere für den überlebenden Ehegatten – verdeutlicht[430].

158
Ehegattenverträge

Schließen die Ehegatten untereinander Gesellschafts- oder Arbeitsverträge, so überlagert diese zivilrechtliche Gestaltung den Ehevertrag. Das Steuerrecht prüft für diese Rechtsverhältnisse im Rahmen eines Fremdvergleichs, ob das Ehegattengesellschafts- oder Ehegattenarbeitsverhältnis ernstlich vereinbart, tatsächlich erfüllt und angemessen entgolten worden ist. Diese Prüfung verletzt nicht das aus dem besonderen Gleichheitssatz des Art. 6 Abs. 1 GG entwickelte Diskriminierungsverbot[431], weil es nicht Nachteile an den Tatbestand der Ehe knüpft, sondern die Unterscheidung zwischen Leistungsaustauschverhältnis und Familienrechtsbeziehung trotz des fehlenden Interessengegensatzes unter den Ehegatten zu treffen sucht. Art. 6 Abs. 1 GG enthält einen besonderen Gleichheitssatz, der verbietet, Ehe und Familie gegenüber anderen Lebens- und Erziehungsgemeinschaften schlechter zu stellen (Diskriminierungsverbot)[432], nicht aber die Unterscheidung zwischen familienrechtlicher und leistungsrechtlicher Rechtsbeziehung erschwert.

159
Oder-Konto

Wenn der Bundesfinanzhof allerdings im Rahmen der Prüfung, ob der Arbeitnehmerehegatte die unter Fremden übliche Entlohnung erhalte und hierüber frei – vom Arbeitgeberehegatten uneingeschränkt – verfügen könne, die Überweisung des Lohns auf ein Oder-Konto (Kontoinhaber: Ehemann „oder" Ehefrau) als nicht widerlegbares Indiz für das Fehlen eines Leistungsaustauschverhältnisses bewertet, obwohl das Arbeitsverhältnis ernstlich vereinbart, tatsächlich erfüllt und angemessen entgolten worden ist, so verstößt diese Verselbständigung eines Beweisanzeichens zu einem negativen Tatbestandsmerkmal gegen das Diskriminierungsverbot[433]. Soweit die Rechtsprechung aus dem ehegemäßen Gemeinschaftskonto steuerlich nachteilige Folgen zu Lasten der Ehegatten ableitet, ist sie mit Art. 6 Abs. 1 GG nicht vereinbar.

---

[428] BVerfGE 87, 153 (172) – Grundfreibetrag; BVerfGE 96, 1 (6) – Arbeitnehmerfreibetrag – und s. o. Rn. 97 ff.
[429] BVerfGE 61, 319 (346 f.) – Ehegattensplitting; BVerfGE 99, 216 (231 f.) – Kinderbetreuungskosten.
[430] BVerfGE 93, 121 (141) – Vermögensteuer; BVerfGE 93, 165 (175) – Erbschaftsteuer.
[431] BVerfGE 99, 216 (232) – Kinderbetreuungskosten.
[432] BVerfGE 99, 216 (232) – Kinderbetreuungskosten.
[433] BVerfG, 1. Kammer des Zweiten Senats, Beschluß v. 7. 12. 1995, – 2 BvR 802/90, in: BStBl II, 1996, S. 34 (36) – Oderkonto I; BVerfG, 1. Kammer des Zweiten Senats, Beschluß v. 9. 1. 1996, – 2 BvR 1293/90 –, FamRZ 1996, S. 599 f. – Oderkonto II.

bb) Die Besteuerung der Familie

Die Familie ist im Gegensatz zur Ehe keine Erwerbsgemeinschaft, sondern eine Unterhaltsgemeinschaft. Die Kinder tragen heute kaum zum Unterhalt der Familie bei, beanspruchen vielmehr selbst Unterhalt durch die Eltern. Das Einkommensteuerrecht erfaßt das Kind deshalb nicht als Steuerpflichtigen, der einen Teil des elterlichen Einkommens mitverdient hätte, sondern als Unterhaltsberechtigten, der die steuerliche Leistungsfähigkeit der unterhaltspflichtigen Eltern mindert. Da die Eltern einen Teil ihres Einkommens als Unterhaltsleistungen an die Kinder weitergeben müssen, können sie über diesen Einkommensbetrag nicht anderweitig verfügen; ihre steuerbare Leistungsfähigkeit ist insoweit im Vergleich zu kinderlosen Personen mit gleichem Einkommen verringert[434]. Die einkommensteuerliche Bemessungsgrundlage muß dementsprechend vermindert werden[435]. Der Steuergesetzgeber unterliegt bei der verfassungsrechtlich gebotenen Verschonung des Familienexistenzminimums[436], bei der differenzierenden Würdigung von Aufwendungen jenseits des Elementarbedarfs, jedoch innerhalb der grundrechtlich geschützten Sphäre privater Lebensführung[437] sowie in der Bindung an das Leistungsfähigkeitsprinzip[438] strikteren Bindungen des Eingriffsrechts als bei den sozialrechtlichen Regelungen zur Familienförderung[439].

160
Familie als Unterhaltsgemeinschaft

Allerdings darf die Höhe des Kinderfreibetrages – anders als die familienrechtliche Bemessung der Unterhaltspflicht – im erforderlichen Minimum in Anlehnung an das Sozialhilferecht typisiert werden[440]. Hier unterscheidet sich gegenwärtig die steuerliche Berücksichtigung von existenzsicherndem und erwerbssicherndem Aufwand grundlegend: Die Unterhaltspflicht mindert trotz gesetzlicher Verpflichtung zu höherem Unterhalt bei höherem Einkommen nur in einem Minimum die einkommensteuerliche Bemessungsgrundlage; Betriebsausgaben und Werbungskosten hingegen können trotz ihrer vom Berechtigten bestimmten Höhe im jeweiligen gewillkürten tatsächlichen Aufwand abgesetzt werden[441].

161
Kinderfreibetrag

Die Mindesterfordernisse eines Kindesunterhalts lassen sich heute allerdings nicht mehr in einem bloßen Existenzminimum ausdrücken, das dem Kind lediglich Obdach, Kleidung und Nahrung gibt. Vielmehr tritt neben diesen

162
Sachbedarf, Erziehungsbedarf, Betreuungsbedarf

---

434 BVerfGE 82, 60 (86f.) – Familienexistenzminimum; BVerfGE 99, 246 (259f.) – Familienleistungsausgleich; BVerfGE 112, 164 (174f.) – Familienbesteuerung; dazu *Otfried Seewald/Dagmar Felix*, Das steuerfreie Existenzminimum der Familie – Widerspruch oder Wende in der Rechtsprechung des Bundesverfassungsgerichts, in: VSSR, 1995, S. 277.
435 BVerfGE 87, 153 (170) – Grundfreibetrag.
436 BVerfGE 82, 60 (86f.) – Familienexistenzminimum; BVerfGE 99, 246 (259f.) – Familienleistungsausgleich; BVerfGE 112, 164 (174f.) – Familienbesteuerung.
437 BVerfGE 107, 27 (49) – Doppelte Haushaltsführung.
438 BVerfGE 82, 60 (86f.) – Familienexistenzminimum; BVerfGE 112, 164 (174f.) – Familienbesteuerung.
439 BVerfGE 110, 412 (436) – Teilkindergeld; BVerfGE 112, 164 (174f.) – Familienbesteuerung.
440 BVerfGE 82, 60 (88) – Familienexistenzminimum; BVerfGE 87, 153 (170ff.) – Grundfreibetrag; BVerfGE 91, 93 (111f.) – Kindergeld; BVerfGE 106, 166 (179) – Zählkindergeld.
441 Vgl. aber die neue Rspr. des BVerfG, die zwischen frei verfügbarem und nicht frei verfügbarem Einkommen unterscheidet, BVerfGE 107, 27 (49) – Doppelte Haushaltsführung; BVerfGE 112, 268 (280) – Erwerbsbedingte Kinderbetreuungskosten.

Mindestsachbedarf auch ein Erziehungs- und Betreuungsbedarf[442]. Der Erziehungsbedarf deckt die Aufwendungen, die Eltern aufzubringen haben, „um dem Kind eine Entwicklung zu ermöglichen, die es zu einem verantwortlichen Leben in dieser Gesellschaft befähigt", die das Kind also etwa in die moderne Welt der Mehrsprachigkeit einführt, an den Entwicklungen des Computer- und Telekommunikationswesens teilhaben läßt, seine Bedürfnisse nach Reisen und Ferienbegegnungen maßvoll erfüllt[443]. Der Betreuungsbedarf entsteht dadurch, daß die Kinder persönliche Zuwendung, Erziehung und Begleitung brauchen (Art. 6 Abs. 2 GG), dieser Bedarf bei nicht eigenhändiger Erbringung durch die Eltern eine Finanzierung der temporären Ersatzeltern, bei eigenhändiger Erbringung durch einen Elternteil dessen Einkommensverzicht zur Folge hat[444].

163
Familiäre Schutzminima

Das Existenzminimum wird in Anlehnung an das Sozialhilferecht berechnet[445], der Erziehungsbedarf im bisherigen Haushaltsfreibetrag skizziert, der Betreuungsbedarf in Annäherung an den Abzugsbetrag für Kinderbetreuungskosten (§ 33c EStG a. F.) quantifiziert[446]. Schließlich hat das Bundesverfassungsgericht den Schutz der Familie (Art. 6 Abs. 1 GG) auch für die Vermögensteuer und die Erbschaftsteuer verdeutlicht. Die Vermögensteuer hat das der persönlichen Lebensführung des Steuerpflichtigen und seiner Familie dienende Vermögen grundsätzlich zu verschonen. Der Wert dieses Vermögens wird in einem durchschnittlichen Einfamilienhaus quantifiziert[447]. Die Erbschaftsteuer hat die Weitergabe des Familiengutes von den Eltern an die Kinder in gleicher Höhe von der Erbschaftsbesteuerung freizustellen[448].

164
Einfachheit und Klarheit der rechtlichen Regelungen

Der Gesetzgeber hat die kindbedingte Minderung der Leistungsfähigkeit steuerpflichtiger Eltern im Vergleich zu kinderlosen Steuerpflichtigen nach dem rechtsstaatlichen Gebot der Voraussehbarkeit und Berechenbarkeit der Steuerlasten zu berücksichtigen. Geboten ist eine Einfachheit und Klarheit der gesetzlichen Regelung, die es auch dem nicht steuerrechtskundigen Pflichtigen erlauben, seinen – strafbewehrten (§ 370 AO) – Erklärungspflichten sachgerecht zu genügen[449]. Da die kindbedingte Minderung der steuerlichen Leistungsfähigkeit von einfachen personenbezogenen Daten wie Familienstand, Anzahl der Kinder und Alter bestimmt wird, jedoch von konkreten Aufwendungen unabhängig ist, kann der Minderungstatbestand in einem einzigen Grundtatbestand erfaßt und unabhängig von Anträgen und sonstigen formalen Voraussetzungen gewährt werden[450]. Gerade wenn die kindgerechte steuerliche Entlastung und familiäre Förderung von einem Zusammenspiel

---

442 BVerfGE 99, 216 (231 f.) – Kinderbetreuungskosten; vgl. auch BVerfGE 99, 246 (259 f., 263 f.) – Familienleistungsausgleich, sowie BVerfGE 112, 268 (280) – Erwerbsbedingte Kinderbetreuungskosten.
443 BVerfGE 99, 216 (231 f.) – Kinderbetreuungskosten.
444 BVerfGE 99, 216 (231 f.) – Kinderbetreuungskosten.
445 BVerfGE 82, 60 (94) – Familienexistenzminimum.
446 Vgl. BVerfGE 99, 216 (231 f.) – Kinderbetreuungskosten.
447 BVerfGE 93, 121 (141) – Vermögensteuer.
448 BVerfGE 93, 165 (175) – Erbschaftsteuer.
449 BVerfGE 99, 216 (242 f.) – Kinderbetreuungskosten.
450 BVerfGE 99, 216 (231 f.) – Kinderbetreuungskosten.

von Normen unterschiedlicher Regelungsbereiche – dort des Kindergeld-, Unterhalt-, Steuer- und Sozialhilferechts – abhängt, müssen die Klarheit des Norminhalts und die Voraussehbarkeit der Ergebnisse der Normanwendung auch im Hinblick auf dieses Zusammenwirken gesichert sein[451]. Die das Kindergeld betreffenden Regelungen in ihrer sozial-, steuer- und familienrechtlichen Verflechtung genügen dem Grundsatz der Normenklarheit immer weniger[452]. Die gesetzgebenden Organe sind von Verfassungs wegen aufgefordert, hier Abhilfe zu schaffen[453].

Der Schutz des Art. 6 Abs. 1 GG gilt insbesondere dem Schutzbedürftigsten, dem Kind, das in der Ehe die beste Voraussetzung für seine „körperliche, geistige und seelische Entwicklung findet"[454]. Mit diesem nachdrücklichen Hinweis sucht das Bundesverfassungsgericht zwei Entwicklungslinien unserer Gesellschaft zu mäßigen, die eine Bereitschaft zum Kind und damit die Zukunft des Verfassungsstaates bedrohen: den ausgeprägten Hang zum Erwerbsstreben, das eine angemessene Entfaltung von Ehe und Familie gefährdet, sowie ein Mißverständnis des Gleichberechtigungsanspruchs, das berufliche Gleichheit zu Lasten des besonders schützenswerten Kindes entfalten will.

165
Schutz des Kindes

3. Die Wahlschuld

Die Steuer betrifft Grundrechte jenseits des Art. 14 GG insbesondere dann, wenn sie den Staat nicht finanzieren, sondern den Steuerpflichtigen lenken soll. Die Steuersubvention[455] stellt dem Steuerpflichtigen bei einem dem Staat erwünschten Verhalten eine Steuerentlastung in Aussicht oder kündigt ihm bei staatlich unerwünschtem Verhalten eine Sonderbelastung an, setzt die Steuer also nicht als Finanzierungs-, sondern als Verwaltungsmittel ein. Die Steuer begründet eine Wahlschuld, stellt den Steuerpflichtigen vor die Alternative, entweder die Steuer zu zahlen oder den steuerbelasteten Tatbestand zu meiden. Die vom Gesetzgeber beabsichtigte Wirkung liegt demnach außerhalb der Betroffenheit des Eigentümers: Der Steuerpflichtige soll sich gesundheitsgemäß verhalten, Denkmäler pflegen, an seinen Bauten Kunstwerke anbringen, Wohnraum schaffen, für die Bildung und Ausbildung seiner Kinder mehr Geld einsetzen. Soweit das Steuerrecht zu Umweltschutz, Investitionen, Firmengründungen, Infrastruktur- und Regionalwirtschaftspolitik anregt, sucht es die Wahrnehmung der Eigentümerfreiheit zu lenken, wirkt also in den Schutzbereich des Art. 14 GG ein, jedoch nicht durch Entzug des Steuerbetrages, sondern durch Lenkung jenseits dieser Eigentumsbindung. Insoweit ist in allen Lenkungsfällen ein Grundrecht jenseits der Steuerforderung betroffen.

166
Lenkung grundrechtlicher Freiheit

---

451 BVerfGE 108, 52 (75) – Barunterhalt für Kinder.
452 BVerfGE 108, 52 (75) (Leitsatz 2) – Barunterhalt für Kinder.
453 BVerfGE 108, 52 (77) – Barunterhalt für Kinder; für eine verfassungsrechtlich begrenzte Vergleichsperspektive einerseits für die einkommensteuerliche Belastung, andererseits für das Besoldungs-, Versorgungs- und Sozialversicherungsrecht allerdings: BVerfGE 105, 73 (111) – Rentenbesteuerung.
454 BVerfGE 76, 1 (51) – Familiennachzug; BVerfGE 99, 145 (156) – gegenläufige Entführungen.
455 S. o. Rn. 25, 46 ff.

167

Eingriff in beginnende Willensbildung

Alle diese Lenkungswirkungen sind Eingriffe in den Schutzbereich des Grundrechts, das die Freiheit in dem gelenkten Lebensbereich schützt. Diese Grundrechtseingriffe wirken besonders sensibel, weil sie dem Steuerpflichtigen schon die Entwicklung eines freien Willens durch das Steuersparmotiv „abkaufen"[456], der Eingriff in die Phase beginnender Willensbildung also besonders sorgfältig geprüft und gemäßigt werden muß. Lenkungssteuern sind Freiheitseingriffe, die nahezu alle Grundrechte betreffen können.

V. Gleichheit

1. Gleichheit je nach finanzieller Belastbarkeit

168

Gleichheit nicht des Menschen, sondern des Finanziers

Wenn nach Art. 3 Abs. 1 GG „alle Menschen" vor dem Gesetz gleich sind und nach Art. 3 Abs. 3 GG „niemand" wegen persönlichkeitsspezifischer Eigenheiten benachteiligt oder bevorzugt werden darf, scheint das Steuergesetz alle Menschen gleich belasten zu sollen – den Habenichts wie den Millionär mit einem gleichen Steuerbetrag pro Kopf. Eine solche Kopfsteuer verstieße aber offensichtlich gegen den Gleichheitsgrundsatz, weil sie die Menschen mit gleichen Zahlungspflichten belegt, obwohl ihre Fähigkeit zu zahlen unterschiedlich ist. Die Gleichheit aller Menschen vor dem Gesetz meint deswegen nicht die gleiche Belastungsfolge für jedermann – dieses wäre ein Differenzierungsverbot, das letztlich die Gesetzgebung als Gestaltungs- und Unterscheidungsauftrag in Frage stellt –, sondern fordert die Gleichbehandlung des Menschen nach seiner jeweiligen, durch die gesetzliche Regelung betroffenen Lebenslage. Männer und Frauen sind gleich in der jeweiligen Steuerlast, ungleich in Mutterschutz und Wehrpflicht. Arm und Reich sind gleich im Wahlrecht, jedoch verschieden in der steuerlichen Belastbarkeit. Deutsche und Ausländer sind gleich besteuerbar, jedoch verschieden im Auslieferungsrecht. Gleichheit verlangt die jeweilige Gleichbehandlung. Dieses sagt bereits der steuerspezifische Gleichheitssatz des Art. 134 WRV, wonach „alle Staatsbürger"[457] ohne Unterschied verpflichtet sind, „im Verhältnis ihrer Mittel zu allen öffentlichen Lasten" nach Maßgabe der Besteuerung beizutragen[458]. Das Steuerrecht bemißt die steuerliche Lastengleichheit somit nach der Belastbarkeit des Steuerpflichtigen in seinem Eigentum – seinem Einkommen, seiner

---

456 S. o. Rn. 47.
457 Die Verwendung des Begriffs „Staatsbürger" statt „Inländer" wurde schon damals als „schief und unbedacht" gerügt; *Richard Thoma*, Grundrechte und Polizeigewalt, in: FG für das Preußische Oberverwaltungsgericht, 1925, S. 183 (199); *Gerhard Anschütz*, Die Verfassung des Deutschen Reichs vom 11. August. 1919, [14]1933, Art. 134 Anm. 1; vgl. aber auch *Karl Strupp*, Die Rechtsstellung der Staatsangehörigen und der Staatsfremden, in: Gerhard Anschütz/Richard Thoma, Handbuch des Deutschen Staatsrechts, Bd. I, 1930, S. 274; zur Bedeutung der Staatsangehörigkeit für die Steuerpflicht in anderen Ländern vgl. *Klaus Vogel*, in: ders./Moris Lehner, Doppelbesteuerungsabkommen, Kommentar, [4]2003, Einleitung Rn. 3.
458 *Heinrich Aldag*, Die Gleichheit vor dem Gesetz in der Reichsverfassung, 1925, S. 83 f., bringt mit diesem Begriff die steuerspezifische Relativität des Gleichheitsbegriffes zum Ausdruck; zur Frage, ob Art. 134 WRV unmittelbar anzuwendendes Recht gewesen ist, vgl. RFHE 27, 321; 28, 208; zur gesetzesanleitenden Deutung des Art. 134 WRV: *Enno Becker/Albert Hensel/Johannes Popitz*, Die steuerliche Gleichheit vor dem Gesetz, in: Vorwort zum Sonderheft VJSchrStFR 4 (1930), S. 325.

Erbschaft, seinem Vermögen, seiner Kaufkraft –, greift in den Schutzbereich des Art. 14 GG ein und empfängt dort seinen Differenzierungsmaßstab oder entwickelt ihn aus dem gleichheitsrechtlichen Differenzierungsauftrag unmittelbar nach der Funktion der Steuer, dem Pflichtigen Eigenes wegzunehmen und auf die öffentliche Hand zu übertragen. Dieses Eigentum ist Rechtfertigungs- und Differenzierungsgrund der Steuer. Der Grundrechtsträger hat kein Grundrecht auf Steuerfreiheit, sondern auf je nach sozialpflichtigem Eigentum gleichmäßige Verteilung der Steuerlast[459].

169
Gleichheit durch Parlamentsvorbehalt?

Die Besteuerungsgleichheit ist entgegen den ursprünglichen Erwartungen heute nicht schon durch das parlamentarische Gesetzgebungsverfahren, den Gedanken der Repräsentation gesichert[460]. Der Abgeordnete repräsentiert weniger den Steuerpflichtigen in seinem Anliegen nach maßvoller und gleichmäßiger Last; er stellt seine Arbeit vielmehr in den Dienst der Leistungserwartungen an den Staat, die jeweils Steuererhöhungen voraussetzen. Zudem sind im Parlament oft Gruppenanliegen wirksamer vertreten als Gesamtinteressen, so daß die gut organisierte Minderheit der Mehrheit höhere Lasten zumuten, die gleichheitsgerechte Regel immer mehr durch Ausnahme- und Lenkungstatbestände durchbrochen werden kann. Oft werden die Lasten der Gegenwart auf künftige Generationen überwälzt. Je mehr das Handlungsmittel der Steuer für einen intervenierenden, planenden, gesamtwirtschaftlich gegensteuernden und zu Maßnahmegesetzen neigenden Finanzstaat eingesetzt wird, desto mehr verliert das allgemeinverbindliche Steuergesetz seine Allgemeinheit und die darin angelegte Gleichheit. Deshalb bemüht sich die Steuerrechtswissenschaft seit Jahrzehnten um die materielle Bindung des Steuergesetzgebers[461].

Steuerliche Gleichheit handelt also nicht vom gleichen Rechtswert aller Personen[462], sondern von der Gleichheit in der finanziellen Leistungsfähigkeit des einzelnen[463]. Diese Leistungsfähigkeit des Steuerpflichtigen hängt von sei-

170

---

459 Vgl. *Rolf Eckhoff*, Rechtsanwendungsgleichheit, S. 305 ff., 576.
460 S. o. Rn. 93 f.
461 *Albert Hensel*, Verfassungsrechtliche Bindungen des Steuergesetzgebers – Besteuerung nach der Leistungsfähigkeit – Gleichheit vor dem Gesetz, in: VJSchrStFR 4 (1930), S. 441 ff.; *Ernst Blumenstein*, Der Grundsatz der Gleichheit vor dem Gesetz im schweizerischen Steuerrecht, ebd., S. 329 ff.; *Paul Guggenheim*, Die Gleichheit vor dem Steuerrechtssatz der romanischen und der von ihr beeinflußten slavischen Staatenwelt, ebd., S. 400 ff.; *Otto Wittschieben*, Der Gleichheitsgrundsatz im österreichischen Finanz- und Steuerrecht, ebd., S. 422 ff.; *Franz Klein*, Gleichheitssatz und Steuerrecht, 1966; *Klaus Vogel*, Das Verbot „gleichartiger" örtlicher Verbrauch- und Aufwandsteuern in Art. 105 Abs. 2 a GG, in: FS für Kuno Barth, 1971, S. 169 ff.; *Peter Selmer*, Finanzordnung und Grundgesetz, in: AöR 101 (1976), S. 399 (442 ff.); *Paul Kirchhof*, Steuergleichheit, in: StuW 1984, S. 297 ff.; *Lang* (N 110), § 4 Rn. 70 f.; *Hans-Wolfgang Arndt*, Gleichheit im Steuerrecht, in: NVwZ 1988, S. 787 ff.; *Dieter Birk*, Gleichheit und Gesetzmäßigkeit der Besteuerung, in: StuW 1989, S. 201 ff.; *Rolf Eckhoff*, Rechtsanwendungsgleichheit im Steuerrecht, 1999.
462 Dazu bereits *Hans Nawiasky*, Die Gleichheit vor dem Gesetz im Sinne des Art. 109 der Reichsverfassung, in: VVDStRL 3 (1972), S. 25 (35 f.); *Michael Sachs*, in: Klaus Stern, Das Staatsrecht der Bundesrepublik Deutschland III/1, 1988, S. 652.
463 Grundlegend *Klaus Tipke*, Die Steuerrechtsordnung, Bd. I, ²2000, S. 479 ff.; *Klaus Vogel/Christian Waldhoff*, Grundlagen des Finanzverfassungsrechts, 1999, Rn. 516 ff.; *Dieter Birk*, Das Leistungsfähigkeitsprinzip als Maßstab der Steuernormen, 1993, S. 6 ff.; *Joachim Becker*, Transfergerechtigkeit und Verfassung, 2001, S. 94 ff.; *Rudolf Mellinghoff*, Verfassungsgebundenheit des Steuergesetzgebers, in: FS für Peter Bareis, 2005, S. 171 (177 ff.); s. u. Rn. 194 ff.; → oben *Waldhoff*, § 116 Rn. 100 ff.

§ 118 *Achter Teil: III. Finanzwesen*

Rechtfertigung der Steuer durch ein belastbares Steuerobjekt

nem Eigentum ab, das er erarbeitet, getauscht, ererbt hat, aber auch von den gesetzlichen Vorgaben, die den Erwerbenden im Wirtschaftsleben binden. Das Steuergesetz wählt aus der Vermögensgesamtheit eines Steuerpflichtigen einen sozialpflichtigen Gegenstand, um ihn gesondert einer Besteuerung zu unterwerfen. Der Steuerschuldner wird belastet, weil er Einkommen bezieht, weil er Grundbesitz hat, weil er ein Kraftfahrzeug hält oder weil er eine entgeltliche Lieferung im Inland ausführt. Die Steuergesetze bestätigen, daß die steuerliche Wertsummenschuld stets auf die Minderung eines konkreten Eigentumsbestandes angelegt ist, wenn sie die Zahlungspflicht des Steuerschuldners als Belastung des Steuerobjekts definieren und von dem „zu versteuernden Einkommen" (§ 2 Abs. 5 EStG), den „steuerbaren Umsätzen" (§ 1 UStG), den „verbrauchsteuer- und zollpflichtigen Waren" (§ 46 AO) sprechen. Das steuerliche Zugriffsobjekt wird noch deutlicher aus dem Gesamtvermögen des Steuerpflichtigen herausgehoben, wenn das Gesetz den Steuergegenstand dinglich für die Steuerschuld haften läßt, zum Beispiel das Grundstück für die Grundsteuer (§ 12 GrStG, §§ 74, 75, 76 AO) oder die zoll- und verbrauchsteuerpflichtige Ware für Zölle und Verbrauchsteuern (§ 76 AO, ferner §§ 74, 75 AO).

171
Gestaltungsraum des Gesetzgebers

Dabei hat der Gesetzgeber einen beachtlichen Gestaltungsraum, das rechtfertigende öffentliche Interesse am Steuerertrag und die Beeinträchtigung des Steuerpflichtigen in seiner Freiheit gleichheitsgerecht zu gewichten[464]. Der Gesetzgeber kann das Erworbene, insbesondere die Erträge, belasten, könnte aber auch an die Erwerbsfähigkeit, die Sollerträge, anknüpfen. Ebenso steht dem Gesetzgeber ein Entscheidungsraum offen, die individuell festgestellte Leistungsfähigkeit, das Einkommen, zu besteuern, oder aber typisierend auf die vermutete Leistungsfähigkeit, den Umsatz, den Verbrauch zuzugreifen.

172
Personale und erwerbsbezogene Gleichheit

Je mehr das Steuerrecht, vor allem bei der Verschonung des existenznotwendigen Lebensbedarfs und bei der freiheitserheblichen Lenkung, auf die Person einwirkt, gilt ein strikter „personaler Gleichheitssatz"; je mehr die Regelung die rechtlichen Bedingungen von Eigentum und Erwerb betrifft, greift ein allgemeines Objektivitätsgebot (Willkürverbot)[465]. Dieses kann in der Realität und der Rechtsordnung Vorgaben aufnehmen, so daß es im Gebot der sachgerechten Tatbestandsbildung, dem Postulat der Widerspruchsfreiheit gegenüber den Wertungen der Gesamtrechtsordnung und des Steuergesetzes und dem Gebot der Folgerichtigkeit gegenüber dem gesetzlich gewählten Belastungsgrund schärfere Konturen gewinnt[466]. Je mehr die zu vergleichenden Sachverhalte von dem durch demokratische Entscheidung veränderbaren Umfeld abhängen, desto mehr verallgemeinert sich der Gleichheitssatz zu einem bloßen Objektivitätsgebot. Das Bundesverfassungsgericht betont den personalen Bezug des Gleichheitssatzes, wenn es das Grundrecht des Art. 3

---

464 BVerfGE 105, 17 (32) – Sozialpfandbriefe; BVerfGE 115, 97 (114f.) – Belastung mit Einkommen- und Gewerbesteuer, dort allerdings zu Art. 2 Abs. 1 GG.
465 Vgl. *Klaus Vogel*, Der Verlust des Rechtsgedankens im Steuerrecht als Herausforderung an das Verfassungsrecht, in: VDStjG 12 (1989), S. 123 (139f.).
466 S. u. Rn. 174ff.

Abs. 1 GG vor allem als verletzt ansieht, wenn eine Gruppe von Normbetroffenen im Vergleich zu anderen anders behandelt wird, obwohl zwischen beiden Gruppen keine Unterschiede von solcher Art und solchem Gewicht bestehen, daß sie die ungleiche Behandlung rechtfertigen könnten[467]. Der Maßstab bestimmt sich letztlich nach der Nähe der Gleichheitsfrage zu einem Freiheitsrecht[468]. Der Grundrechtsschutz ist um so strikter, je mehr sich die Ungleichbehandlung auf die Ausübung grundrechtlich geschützter Freiheiten nachteilig auswirkt[469]. Auf dieser Grundlage scheint sich ein dreistufiger Gleichheitssatz zu entwickeln: der persönlichkeitsbezogene Gleichheitssatz als Grundrecht des Art. 3 Abs. 1 GG; der sachbereichsbezogene Gleichheitssatz des Art. 3 Abs. 1 GG, der im Steuerrecht der Garantie gleicher Eigentumsfreiheit (Art. 14 GG) nahekommt; und ein allgemeines Objektivitätsgebot (Willkürverbot) als Ausfluß des Rechtsstaatsprinzips, das offensichtlich unerträgliches Unrecht abwehrt[470].

Der sachbereichsbezogene Gleichheitssatz handelt im Steuerrecht von der Sozialpflichtigkeit des Steuergegenstandes, veranlaßt damit die Frage, ob die in Art. 14 GG garantierte Freiheit ein spezielleres Gleichheitsmaß bietet als der allgemeine Gleichheitssatz. Diese Frage wird von der Rechtsprechung für Art. 6 GG ausdrücklich bejaht[471]. Gleiches gilt für die Garantie des privatnützigen Eigentums, das nach Art. 14 Abs. 2 GG sozialpflichtig und damit steuerbar ist, das nach Art. 14 Abs. 3 GG niemals eine enteignungsgleiche Besteuerungsintensität zuläßt, weil Enteignungen nur gegen Entschädigung zulässig sind. Der spezielle Gleichheitssatz des Art. 14 GG fordert zunächst die grundlegende Unterscheidung zwischen Eigentümern und Nichteigentümern und verweist den Steuergesetzgeber nach Art. 14 Abs. 2 GG grundsätzlich auf die Belastung des Eigentümers. Innerhalb der Eigentumsgarantie ist der Eigentumsgebrauch nach Art. 14 Abs. 2 GG stärker sozialpflichtig als die bloße Innehabung von Eigentum (Art. 14 Abs. 2 S. 1 GG), so daß der steuerliche Zugriff auf einen Bestand deutlich engeren Grenzen unterliegt als der Zugriff auf das genutzte Eigentum, bei dem der Eigentümer sein Wirtschaftsgut bei der Veräußerung selbst einer Neubewertung unterwirft oder aber sein Wirtschaftsgut als Ertragsquelle einsetzt, die Steuer deshalb auch dort nur als Verteuerung eines Leistungstausches wirkt. Auf dieser Grundlage darf der Gesetzgeber Arbeits- und Kapitalertrag gleich behandeln. Deshalb ist es folgerichtig, daß der Gesetzgeber den Steuerzugriff im wesentlichen auf das Ein-

173
Art. 14 GG als besonderer Gleichheitssatz

---

467 BVerfGE 55, 72 (88) – Präklusion; seither häufig vgl. BVerfGE 68, 287 (301) – Rechnungszinsfuß; BVerfGE 70, 278 (287 f.) – Steuerlicher Erstattungsanspruch.
468 BVerfGE 106, 166 (176) – Zählkindervorteil; BVerfGE 111, 176 (184) – Kindergeld für Ausländer.
469 BVerfGE 105, 73 (110 f.) – Rentenbesteuerung; BVerfGE 112, 164 (174) – Familienbesteuerung.
470 *Paul Kirchhof*, Objektivität und Willkür, in: FS für Willi Geiger, 1989, S. 82 (105 f.); ähnlich das Schweizer Recht, vgl. *Daniel Thürer*, Das Willkürverbot nach Art. 4 BV, in: Veröffentlichungen des Schweizer Juristenvereins 121 (1987), S. 417 (428); *Fritz Gygi*, Freie und beschränkte Prüfung im staatsrechtlichen Beschwerdeverfahren, in: FS für Hans Huber, Bern 1981, S. 191 (192 f., 198); zum Erfordernis sachbereichsbezogen vernünftiger Differenzierungsgründe vgl. BVerfGE 93, 121 (135) – Vermögensteuer; BVerfGE 105, 17 (46) – Sozialpfandbriefe.
471 BVerfGE 99, 216 (232) – Familienleistungsausgleich; BVerfGE 112, 268 (279) – Erwerbsbedingte Kinderbetreuungskosten.

§ 118 *Achter Teil: III. Finanzwesen*

kommen und auf den Vermögensgebrauch (Umsatz) ausrichtet. Diese Belastungsschwerpunkte sind gleichheitsgerecht, weil diese Steuern die Eigentümer bei der freiwilligen Eigentümerdisposition belasten, sie also Eigentümer und Nichteigentümer sowie Eigentumsbestand und Eigentumsgebrauch sachgerecht unterscheiden.

2. Vierstufiges Vergleichsverfahren

174
Anknüpfung an Realität und Recht

Die gesetzliche Auswahl steuerlicher Belastungsgründe findet demnach zunächst in der vorgefundenen Belastbarkeit der Inländer[472] in ihren Wirtschaftsgütern (Eigentum) ihren Anknüpfungspunkt, sodann aber auch in der gesetzlich statuierten, in ihrer Geltung und kontinuierlichen Gestaltungswirkung vergleichserheblichen Rechtslage[473]. In dieser Ausrichtung auf Realität und Recht kann der rechtlich gebotene Vergleich in einem vierstufigen Vergleichsverfahren bewußt gemacht werden.

175
Sachgerechtigkeit

Zunächst muß der Gesetzgeber die tatsächlich vorgefundenen Verschiedenheiten individueller Belastbarkeit vollständig und unverfälscht aufnehmen und als tatsächliche Grundlage der Besteuerbarkeit würdigen (Sachgerechtigkeit). Die steuerliche Bemessungsgrundlage muß den jeweiligen Belastungsgrund realitätsgerecht erfassen[474]. Das Existenzminimum ist entsprechend den tatsächlichen Bedürfnissen zu bemessen[475], die Einkommensteuer in einer der Wirklichkeit gerecht werdenden Art, insbesondere der Quellensteuer, zu erheben[476], die Bewertung von Steuergütern nach den tatsächlichen Vermögenswerten abzubilden[477]. Hat sich die Wirklichkeit nach Erlaß des Steuergesetzes verändert, hat der Gesetzgeber diese Entwicklung aufzunehmen und seine Regelungen den tatsächlichen Verhältnissen anzupassen[478].

Finanzielle Leistungsfähigkeit

Der grundsätzliche Gestaltungsraum des Gesetzgebers, die steuerwürdigen Sachverhalte tatbestandlich zu bestimmen, wird für den Bereich des Steuer-

---

472 S. u. Rn. 221.
473 Anfangs zurückhaltend gegenüber einer Bindung des Gesetzgebers an vorgegebene, selbstgeschaffene Rechtsprinzipien oder Systeme – zum Verhältnis zwischen Steuerrecht und Zivilrecht: BVerfGE 13, 331 (340) – Personenbezogene Kapitalgesellschaften; BVerfGE 18, 224 (232) – Gesellschafter-Geschäftsführer; BVerfGE 25, 309 (313) – Personengleichheit bei Verlustabzug; BVerfGE 29, 104 (117) – Pensionsrückstellungen; zum Verhältnis zwischen Steuerrecht und Währungsrecht BVerfGE 50, 57 – Zinsbesteuerung; zum Verhältnis von Steuerrecht und privatem und öffentlichem Unterhaltsrecht BVerfGE 6, 55 (77) – Steuersplitting; BVerfGE 43, 108 (118f.) – Kinderfreibeträge; BVerfGE 44, 249 (264f.) – Alimentationsprinzip; zum Verhältnis zwischen Steuerrecht und dem Recht der Altersversorgung BVerfGE 54, 11 (25f.) – Renten- und Pensionsbesteuerung. Zur allenfalls losen Bindung des Gesetzgebers an die „Eigengesetzlichkeit" einzelner Lebensbereiche BVerfGE 9, 338 (349f.) – Hebammenaltersgrenze; BVerfGE 11, 283 (293) – Angestelltenversicherungsgesetz; BVerfGE 13, 225 (228) – Bahnhofsapotheke Frankfurt; BVerfGE 40, 121 (129f.) – Waisenrente II; BVerfGE 42, 64 (72) – Zwangsversteigerung I; BVerfGE 43, 13 (21) – Kumulierung von Waisenrenten; weit. Nachw. bei *Paul Kirchhof*, Besteuerung im Verfassungsstaat, 2000, 34f.
474 BVerfGE 93, 121 (136) – Vermögensteuer; BVerfGE 99, 280 (290) – Zulage Ost; BVerfGE 105, 73 (126) – Rentenbesteuerung; BVerfGE 105, 17 (46) – Sozialpfandbriefe.
475 BVerfGE 87, 153 (172) – Grundfreibetrag; BVerfGE 99, 216 (293) – Kinderbetreuungskosten.
476 BVerfGE 84, 239 (281f.) – Zinsbesteuerung.
477 BVerfGE 93, 121 (142ff.) – Vermögensteuer; BVerfGE 93, 165 (173) – Erbschaftsteuer, BVerfG, 1 BVL 10/02 v. 7.11.2006 – Bewertung im Erbschaftsteuerrecht.
478 BVerfGE 93, 121 (136, 142f.) – Vermögensteuer; BVerfGE 93, 165 (173, 176) – Erbschaftsteuer.

rechts und insbesondere für den des Einkommensteuerrechts vor allem durch das Gebot der Ausrichtung der Steuerlast am Prinzip der finanziellen Leistungsfähigkeit begrenzt[479]. Der Gesetzgeber wird insbesondere die Funktionsunterschiede von Einkommen, Vermögen und Vermögensverwendung in ihrer Bedeutung für die individuelle Belastbarkeit prüfen, aber auch die Verschiedenheit eines Familien- und eines Junggeselleneinkommens, von Betriebsvermögen und Privatvermögen, von existenzsicherndem und erwerbssicherndem Aufwand und insbesondere[480] von verfügbarem und nicht verfügbarem Geldeigentum, auch von notwendigem Konsumgut und Luxusartikeln bei der Auswahl der Besteuerungstatbestände berücksichtigen.

Die sachgerecht im Steuertatbestand erfaßten Ähnlichkeiten und Verschiedenheiten müssen sodann in den Rahmen der Gesamtrechtsordnung eingefügt und entsprechend den rechtlichen Vorgaben differenziert werden (Widerspruchsfreiheit in der Gesamtrechtsordnung). Die Gesamtrechtsordnung enthält viele für die Besteuerungsgleichheit erhebliche Wertungen. Das Grundgesetz bestimmt den Vergleich vor allem in der abgestuften Sozialpflichtigkeit und damit Steuerbarkeit des ruhenden Eigentums (Art. 14 Abs. 1 S. 1 GG) und des Eigentumsgebrauchs (Art. 14 Abs. 2 S. 2 GG), prägt den steuerlichen Vergleich aber auch durch den Schutz von Ehe und Familie (Art. 6 GG) und die Berufsfreiheit (Art. 12 GG) sowie die bundesstaatliche Rechtfertigung regionaler Differenzierungen durch Landessteuern. Die gleichheitsrechtliche Wertung der Steuerlasten wird außerdem auf einfachgesetzliche Vorgaben ausgerichtet, auf die ein Steuergesetz aufbaut oder Bezug nimmt. Die Privatrechtsordnung gestattet jedermann grundsätzlich eine freie Gestaltung seiner Wirtschaftsverhältnisse, erlaubt damit auch die Veränderung des steuererheblichen Sachverhalts. Das Währungsrecht bietet dem Steuerrecht in dem Wert eines Euro die Berechnungsgrundlage und macht die steuerrechtlichen Regelungen dadurch von der Wertentwicklung, das heißt der Entwicklung der Preise, Löhne, Sozialleistungen, Gebühren und Beiträge abhängig[481]. Darüber hinaus knüpft das Steuerrecht in seinen gleichheitserheblichen Wertungen vielfach an Vorgaben anderer Teilrechtsgebiete an, zum Beispiel an das Rentenrecht, das Recht der juristischen Person, das Parteienrecht, das Recht staatlicher Gebietshoheit und die rechtliche Ordnung des Zeitablaufs. Gelegentlich kann der Gleichheitssatz eine vermehrte Berücksichtigung anderweitiger Rechtsvorgaben fordern, zum Beispiel wenn der exi-

176
Widerspruchsfreiheit in der Gesamtrechtsordnung

---

479 BVerfGE 105, 73 (125 f.) – Rentenbesteuerung; BVerfGE 107, 27 (46) – Doppelte Haushaltsführung; s. u. Rn. 182 ff.
480 BVerfGE 107, 27 (49) – Doppelte Haushaltsführung; BVerfGE 112, 268 (280) – Erwerbsbedingte Kinderbetreuungskosten.
481 Vgl. zur Rezeption des Währungsrechts in das Steuerrecht nach dem Nominalwertprinzip BVerfGE 50, 57 – Nominalwertprinzip; sowie *Hans F. Zacher*, Geldwert und Recht, in: Verhandlungen des 50 DJT 1974, Bd. II, S. N 5 ff.; *Klaus Kröger*, Die ungerechte Besteuerung der Kapitalzinsen nach ihrem Nennwert in der Inflation, in: JZ 1979, S. 631 ff.; *Klaus Vogel*, Anm. zu BVerfG, Beschluß v. 19. 12. 1978, in: NJW 1979, S. 1151 (1158).

§ 118　　　　　*Achter Teil: III. Finanzwesen*

stentielle Bedarf im Einkommensteuerrecht realitätsgerecht[482] zu verschonen und dabei auf den im Sozialrecht anerkannten Mindestbedarf, auf das Recht des Vollstreckungsschutzes und die private Unterhaltspflicht abzustimmen ist[483]. Hat der Gesetzgeber (1992) den existenznotwendigen Bedarf pro Jahr für das Sozialrecht auf 12 407 DM bemessen, für das Einkommensteuerrecht hingegen auf 5616 DM, so ist diese Regelung in ihrer Widersprüchlichkeit mit dem Grundgesetz unvereinbar[484].

177
Widerspruchsfreiheit innerhalb des Steuerrechts

Die Einzelsteuer ist daneben auch im Binnenbereich des Steuersystems widerspruchsfrei auszugestalten (Widerspruchsfreiheit innerhalb des Steuerrechts). Das Gleichmaß der Steuerlast beurteilt sich nicht allein nach der Einzelsteuer, sondern nach der Belastung des einzelnen Steuerpflichtigen durch seine Gesamtsteuerlast, die Summe der Belastungen aus den einzelnen Steuerarten. Der Gleichheitssatz fordert zum Beispiel eine besondere Rechtfertigung, wenn die Einkommensteuer und die Gewerbesteuer unkoordiniert[485] nebeneinander erhoben werden, wenn durch die Häufung von Einkommen- und Umsatzsteuer ein zum Unterhalt und damit zum Konsum verpflichteter Vater mehr an absoluten Steuerbeträgen aufbringen muß als der gleichverdienende Junggeselle[486], wenn das Zusammenwirken von Einkommensteuer und Schenkungsteuer zu unterschiedlichen Belastungen je nach der Aufeinanderfolge von Schenkung und Veräußerung führt oder wenn ein Grundstück kumulativ mit Grundsteuer und objektiven Zurechnungen einer Sollertragsteuer belastet würde.

178
Folgerichtigkeit

Eine sachgerecht und widerspruchsfrei konzipierte Belastungsentscheidung muß bei der Ausgestaltung des Einzelsteuergesetzes den Belastungsgrundgedanken folgerichtig weiterführen und insbesondere in eine Bemessungsgrundlage umsetzen (Folgerichtigkeit). Wenn der Steuergesetzgeber die Grundentscheidung für die Besteuerung des Einkommens getroffen hat, fordert der Gleichheitssatz, daß diese einmal getroffene Belastungsentscheidung so in den Einzelregelungen der Bemessungsgrundlage, des Steuerpflichtigen, der Bewertung oder der Steuerperiode umgesetzt wird, daß die Detailregelung aus dem Grundsatz folgt, die Ausführung in der Ausgangsentscheidung ihren rechtfertigenden Grund findet[487]. Belastungsunterschieden, die einander widersprechen,

---

482　BVerfGE 44, 249 (275 f.) – Familienexistenzminimum im Besoldungs- und Einkommensteuerrecht; BVerfGE 66, 214 – Zwangsläufige Unterhaltsaufwendungen; BVerfGE 82, 60 (94) – Familienexistenzminimum; BVerfGE 99, 216 (231 f.) – Kinderbetreuungskosten; BVerfGE 108, 52 (75) – Barunterhalt für Kinder; BVerfGE 112, 268 (279) – Erwerbsbedingte Kinderbetreuungskosten.
483　*Paul Kirchhof*, Empfiehlt es sich, das Einkommensteuerrecht zur Beseitigung von Ungleichbehandlungen und zur Vereinfachung neu zu ordnen?, in: Verhandlungen des 57. DJT, 1988, Gutachten F, S. F 1 (59 f.).
484　BVerfGE 87, 153 (170) – Grundfreibetrag.
485　Vgl. BVerfGE 115, 97 (110) – Obergrenze für Einkommen- und Gewerbesteuer; vgl. auch BVerfGE 116, 164 (180 f.) – § 32 c EStG.
486　BVerfGE 82, 60 (86) – Familienexistenzminimum; BVerfGE 87, 153 (170) – Grundfreibetrag; BVerfGE 99, 216 (231 f.) – Kinderbetreuungskosten; BVerfGE 99, 246 (59 f.) – Familienleistungsausgleich.
487　BVerfGE 84, 153 (179) – Zinsurteil; BVerfGE 105, 73 (112) – Rentenbesteuerung; BVerfGE 105, 17 (47) – Sozialpfandbriefe; BVerfG, in: NJW 2007, S. 573 (575) – Bewertung im Erbschaftsteuerrecht; st. Rspr.

fehlt der rechtfertigende Grund; sie sind deshalb gleichheitswidrig. Zugleich verstoßen sie gegen die Freiheitsgarantien, wenn die fehlende Folgerichtigkeit der Freiheitsbeschränkung die Einsichtigkeit nimmt. Die fehlende Folgerichtigkeit ist deshalb auch mit dem Rechtsstaatsprinzip unvereinbar.

Dieses Folgerichtigkeitsgebot hat seinen Geltungsgrund im Gleichheitssatz, seinen Ursprung im Rechtsstaatsprinzip und im Bundesstaatsprinzip. Setzt der Bundesgesetzgeber im Bundesumweltrecht auf das Kooperationsprinzip, der Landesgesetzgeber hingegen in den Landesabfallgesetzen[488] und der kommunale Satzunggeber bei der Verpackungsteuer[489] – jeweils im Rahmen seiner Steuerkompetenz – auf eine Lenkung durch steuerlichen Zwang, so widersprechen die niederrangigen Normen dem Bundesrecht und müssen deshalb wegen Verstoßes gegen das bundesstaatliche Folgerichtigkeitsgebot weichen. Gäbe es nur eine Gleichheitswidrigkeit und damit einen Verstoß gegen das rechtsstaatliche Folgerichtigkeitsgebot, müßte der Gesetzgeber die Gegenläufigkeiten ausräumen.

179
Geltungsgrund

Besteuert der Gesetzgeber grundsätzlich die Markteinnahmen, sieht er aber dennoch eine Steuerfreiheit für Stellenzulagen als Lohnbestandteil (§ 3 Nr. 12 S. 1 EStG) vor, so ist diese Steuerfreiheit nicht mit dem gesetzlichen Belastungsprinzip vereinbar und schafft bereits grundsätzlich ein gleichheitswidriges Steuerprivileg[490]. Erfaßt das Vermögensteuergesetz nach den Vorgaben des Bewertungsgesetzes die verschiedenen Vermögensarten nicht annähernd mit dem gleichen Ausgangswert – das einheitswertgebundene Vermögen wird in Vergangenheitswerten, das Geldvermögen zu Gegenwartswerten erfaßt –, so ist diese ungleiche Behandlung verfassungswidrig. Zudem verlangt das Folgerichtigkeitsgebot, daß die Vermögensteuer auf die steuerliche Vorbelastung des Vermögens durch Ertragsteuern und durch indirekte Steuern abgestimmt wird; für eine ergänzende Besteuerung eines mehrfach vorbelasteten Vermögens besteht insoweit nur noch ein enger Raum[491]. Im Interesse verfassungsrechtlich gebotener steuerlicher Lastengleichheit muß der Einkommensteuergesetzgeber seine Regelungen darauf ausrichten, „daß Steuerpflichtige bei gleicher Leistungsfähigkeit auch gleich hoch besteuert werden (,horizontale' Steuergerechtigkeit), während (in ,vertikaler' Richtung) die Besteuerung höherer Einkommen im Vergleich mit der Steuerbelastung niedriger Einkommen dem Gerechtigkeitsgebot genügen muß"[492]. Auch die Gleichheit im Tarif ist durch das Gebot der Folgerichtigkeit bestimmt. Entscheidet sich der Gesetzgeber für einen progressiven Steuertarif, muß dieser „in folgerichtig gestalteten Übergängen" bemessen werden[493]. Hat eine Steuersubvention im

180
Beispiele aus der Rechtsprechung

---

488 BVerfGE 98, 83 (100) – Landesrechtliche Abfallabgabe.
489 BVerfGE 98, 106 (125 f.) – Kommunale Verpackungsteuer.
490 BVerfGE 99, 280 (295) – Zulage Ost.
491 BVerfGE 93, 121 (137) – Vermögensteuer; vgl. nunmehr auch BVerfG, in: NJW 2007, S. 573 (575) – Bewertung im Erbschaftsteuerrecht.
492 Vgl. BVerfGE 82, 60 (89) – Kindergeld, steuerfreies Existenzminimum; BVerfGE 99, 246 (260) – Kinderexistenzminimum; BVerfGE 105, 73 (125 f.) – Rentenbesteuerung; BVerfGE 110, 414 (433) – Teilkindergeld; 112, 268 (279) – Erwerbsbedingte Kinderbetreuungskosten.
493 BVerfGE 84, 239 (271) – Zinsurteil; BVerfGE 93, 121 (137) – Vermögensteuer; BVerfGE 99, 246 (290) – Familienlastenausgleich.

Rahmen einer progressiven Besteuerung zur Folge, daß die Bezieher hoher Einkommen höhere Subventionen als die Bezieher niedriger Einkommen erhalten, weil die Subvention durch Abzug von der Bemessungsgrundlage angeboten wird, so ist diese Regelung gleichheitswidrig[494]. Fordert das Einkommensteuergesetz eine Besteuerung von Zinsen[495] oder privaten Spekulationsgewinnen bei Wertpapieren[496], verhindert aber eine strukturell gegenläufige Erhebungsregel – das „Bankengeheimnis"[497] – die Wirksamkeit dieser Regel, so bindet dieses widersprüchliche, auf „Ineffizienz angelegte Recht" die Gleichheit im Belastungserfolg[498].

181
Gesetzliche Prinzipien

Einzelsteuergesetzliche Prinzipien wie das Individualprinzip, das Markteinkommensprinzip, das Nettoprinzip, das Einheitswertprinzip, das Periodizitätsprinzip, das Ursprungs- oder Bestimmungslandprinzip enthalten bestimmte, die Einzelsteuer rechtfertigende Grundgedanken, von denen sich der Gesetzgeber für die Dauer der einmal getroffenen Grundentscheidung bei der Ausgestaltung der Steuer nicht mehr lösen darf[499]. Die Folgerichtigkeit steht also zwischen den verbindlichen Vorgaben des Grundgesetzes und der autonomen Entscheidung des Gesetzgebers: Wenn und solange das Gesetz eine Regel aufstellt – das Einkommensteuergesetz besteuert das Markteinkommen als Personensteuer nach dem Nettoprinzip, dem Welteinkommensprinzip, dem Periodizitätsprinzip –, ist diese Regel folgerichtig auszuführen; Abweichungen bedürfen einer besonderen Rechtfertigung.

3. Besteuerung der finanziellen Leistungsfähigkeit

a) Verfassungsrechtlicher Geltungsgrund

182
Objektivitätsgebot

Der Gleichheitssatz ist jedenfalls verletzt, „wenn sich ein vernünftiger, sich aus der Natur der Sache ergebender oder sonst wie sachlich einleuchtender Grund für die gesetzliche Differenzierung oder Gleichbehandlung nicht finden läßt, kurzum, wenn die Bestimmung als willkürlich beanstandet werden muß"[500]. Dieses Willkürverbot beanstandet die staatlichen Entscheidungen, die „bei verständiger Würdigung der das Grundgesetz beherrschenden Gedanken nicht mehr verständlich sind"[501]. Der Maßstab achtet bei der verfassungsgerichtlichen Kontrolle die Entscheidungskompetenz des Gesetzge-

---

494 Vom BVerfG bisher nur für die streng formale Gleichheit der politischen Parteien untereinander entschieden: BVerfGE 85, 264 (315f.) – Parteienfinanzierung.
495 BVerfGE 84, 239 (268ff.) – Zinsurteil.
496 BVerfGE 110, 94 (112ff.) – Spekulationssteuer; vgl. auch BVerfGE 108, 52 (73ff.) – Barunterhalt für Kinder.
497 Zum Unterschied von Individualschutz und Institutionenschutz vgl. *Jens Petersen*, Das Bankgeheimnis zwischen Individualschutz und Institutionsschutz, 2005.
498 *Rolf Eckhoff*, Rechtsanwendungsgleichheit im Steuerrecht, 1999, S. 527ff.; *Brun-Otto Bryde*, Die Effektivität von Recht als Rechtsproblem, 1993, S. 20f.
499 S. o. Rn. 95; *Christoph Degenhart*, Systemgerechtigkeit und Selbstbindung des Gesetzgebers als Verfassungspostulat, 1976.
500 BVerfGE 1, 14 (52) – Südweststaat, std. Rspr.; vgl. BVerfGE 75, 108 (157) – Künstlersozialversicherungsgesetz; BVerfGE 78, 249 (278, 287) – Fehlbelegungsabgabe.
501 BVerfGE 4, 1 (6f.) – Bindung durch Rechtsinstanz.

bers als Erstinterpreten der Verfassung und hebt den bloßen Fehler bei der Anwendung des Steuergesetzes vom verfassungserheblichen Rechtsbruch ab. Gefordert ist also für das Steuerrecht ein sachbereichsbezogen vernünftiger oder sonstwie einleuchtender Grund[502], eine Sachgerechtigkeit und Billigkeit in der Eigenheit des steuerlich zu regelnden Gegenstandes. Das Willkürverbot wird zum Objektivitätsgebot[503], das nicht nur Willkür abwehrt, sondern in dem Besteuerungsgegenstand des Eigentums mehr Positivität gewinnt. Das Objektivitätsgebot ist ein positiv gewendetes Willkürverbot. Willkür ist Wahl (Kür) nach Wollen, Entscheiden und Handeln allein nach eigenem Willen. Das Objektivitätsgebot gewinnt konkretere Orientierung in der für das jeweilige Rechtsgebiet maßgebenden Grundsatzwertung, für das Steuerrecht also in der eigentumsrechtlichen Unterscheidung zwischen Eigentümer und Nichteigentümer, Eigentumserwerb, Eigentumsbestand und Eigentumsgebrauch. Dieses Objektivitätsgebot wird als äußerste Grundsatzgewähr materieller Gerechtigkeit insbesondere Bedeutung gewinnen, wenn steuerbewußte Sachverhaltsgestaltungen grobe Ungleichheiten hervorrufen[504], das Angebot von Steuersubventionen oder Formulierungsmängel unvertretbare Steuerentlastungen zur Folge haben[505], die Ausgestaltung und Handhabung des Steuerrechts, insbesondere bei der Bewertung und beim Verfahrensvollzug, zu erheblichem Belastungsgefälle führen[506], das Mühen um immer mehr Individualgerechtigkeit die Allgemeinheit und damit die Gleichheit des Gesetzes gefährdet[507], die Ermittlungs- und Vollzugsgrenzen zwischen Inland und Ausland schlechthin unvertretbare Belastungsunterschiede zur Folge haben[508].

183 Zusammenwirken von Gleichheit und Eigentumsgarantie

Der Gleichheitssatz verbindet sich mit dem Eigentumsschutz zum Grundprinzip einer Besteuerung nach der finanziellen Leistungsfähigkeit[509]: Der Steuerpflichtige wird nicht belastet, weil er als Mensch erwerben und deshalb zur Staatsfinanzierung beitragen könnte, sondern weil er als Eigentümer über Zahlkraft verfügt. Dieser allgemeine Besteuerungsgrundsatz klingt bereits in Art. 134 WRV an[510] und galt schon damals nach überwiegender Auffassung[511] als eine Vorgabe für die Steuergesetzgebung. Das Leistungsfähigkeitsprinzip ist heute als zentraler Maßstab für die Besteuerungsgleichheit und das Verbot

---

502 BVerfGE 75, 108 (157) – Künstlersozialversicherungsgesetz; BVerfGE 76, 256 (329) – Beamtenversorgung.
503 *Paul Kirchhof*, Der allgemeine Gleichheitssatz, in: HStR V, ²2000 (¹1992), § 124, Rn. 245f.
504 S. o. Rn. 34 ff.
505 S. o. Rn. 46 ff.
506 S. o. Rn. 26 ff.
507 S. o. Rn. 97 ff.
508 S. o. Rn. 42 ff.
509 Grundlegend *Klaus Tipke*, Die Steuerrechtsordnung, Bd. I, ²2000, S. 479 ff.; *Vogel/Waldhoff* (N 463), Rn. 516 ff.; *Dieter Birk*, Das Leistungsfähigkeitsprinzip als Maßstab der Steuernormen, 1993, S. 6 ff.; *Joachim Becker*, Transfergerechtigkeit und Verfassung, 2001, S. 94 ff.; *Mellinghoff* (N 463), S. 171 (177 ff.); s. u. Rn. 194 ff.
510 S. o. Rn. 12; *Joachim Lang*, Die Bemessungsgrundlage der Einkommensteuer, 1988, S. 99 ff.
511 *Gerhard Anschütz*, Die Verfassung des Deutschen Reichs vom 11. August 1919, ¹⁴1933, Art. 134 Anm. 4; *Hensel* (N 461), S. 463.

des Besteuerungsübermaßes anerkannt[512] und wird auch vom Bundesverfassungsgericht genutzt[513], um die Verfassungsmaßstäbe zu verdeutlichen. Das Prinzip der finanziellen Leistungsfähigkeit enthält eine steuerrechtliche Konkretisierung des Gleichheitssatzes und stimmt diesen Gleichheitssatz auf das in Art. 14 GG geregelte Übermaßverbot ab. Steuerliche Leistungsfähigkeit zeigt sich – wie das Eigentum in Art. 14 GG – in dem, was jemand hat, weniger in dem Grund, weswegen jemand etwas erwerben konnte. Dieser Maßstab belastet das Einkommen gleich – mag es leichter Hand an der Börse oder in Tag- und Nachtarbeit erworben sein. Er versteuert den Umsatz gleich, mag das Entgelt der Millionär oder der Bettler bezahlen. Erst die Sozialpflichtigkeit des Eigentums (Art. 14 Abs. 2 GG) veranlaßt dann gewollte Differenzierungen nach generellen Erwerbsgründen[514].

184
Erkenntnisquelle, nicht Rechtswertungsquelle

Das Postulat einer Besteuerung nach der finanziellen Leistungsfähigkeit bleibt jedoch Erkenntnisquelle für die konkrete Steuerrechtsfindung, ist nicht nur Rechtswertungsquelle, die ihre konkrete Aussage erst durch Gesetz gewönne. Allerdings muß der Gesetzgeber die Steuerwürdigkeit im jeweiligen Sachverhalt sichtbar machen, wenn er einige Teile des Sachverhalts ins Licht des Steuerrechtserheblichen rückt und andere Teile dieses Sachverhalts in der Dunkelheit des Vergleichsunerheblichen beläßt und damit den das Gesetz bestimmenden Belastungsmaßstab benennt. Bei diesem konkretisierenden Nachzeichnen der im individuellen Sachverhalt angelegten Steuerwürdigkeit fordert die Gleichheit je nach Zahlungsfähigkeit, daß die Steuer ausschließlich auf Wirtschaftsgüter zugreift, die eine Zahlungsfähigkeit vermitteln, damit eine steuerliche Belastbarkeit begründen. Die Lastenzuteilung nach dem Prinzip der Zahlungsfähigkeit weist insbesondere auf Einkommen und Ertrag. Vermögen und Bereicherung stehen als Besteuerungsgegenstände zur Verfügung, sofern eine realitätsgerechte Bewertung möglich ist.

---

512 Vgl. insbesondere *Klaus Tipke*, Die Steuerordnung, Bd. II, 2000. S. 479 ff.; *ders.*, Über „richtiges Steuerrecht", in: StuW 1988, S. 262 (269); *Lang* (N 110), § 4 Rn. 13; *Fritz Neumark*, Grundsätze gerechter und ökonomisch rationaler Steuerpolitik, 1970, S. 121 f.; *Klaus Vogel*, Steuergerechtigkeit und soziale Gestaltung, in: DStZ/A 1975, S. 409 ff.; *Paul Kirchhof*, Der verfassungsrechtliche Auftrag zur Besteuerung nach der finanziellen Leistungsfähigkeit, in: StuW 1985, S. 319 ff.; *ders.*, in: Paul Kirchhof/Hartmut Söhn/Rudolf Mellinghoff (Hg.), Einkommensteuergesetz, Komm. Losebl., Stand: November 2006, § 2 Rn. A 167 f.; *Stern/Münch/Hansmeyer* (N 61), § 46 Abs. 5 (S. 1109 f.); *Karl Heinrich Friauf*, Steuergleichheit, Systemgerechtigkeit und Dispositionssicherheit als Prämissen einer rechtsstaatlichen Einkommensbesteuerung, in: StuW 1985, S. 308 (312 f.); *Dieter Birk*, Das Leistungsfähigkeitsprinzip als Maßstab der Steuernormen, 1983; *Joachim Lang*, Familienbesteuerung, in: StuW 1983, S. 104 f.; *Klaus Tipke/Joachim Lang*, Zur Reform der Familienbesteuerung, in: StuW 1984, S. 127 (129 f.); zur Alternative des Äquivalenzprinzips vgl. *Dieter Birk*, Leistungsfähigkeitsprinzip, 1983, S. 23 ff.; *Rolf Eckhoff*, Rechtsanwendungsgleichheit im Steuerrecht, 1999, S. 159 ff.
513 BVerfGE 6, 55 (67) – Steuersplitting; BVerfGE 14, 34 (41) – Ehegattenveranlagung; BVerfGE 43, 108 (119 f.) – Kinderfreibetrag; BVerfGE 47, 1 (29) – Hausgehilfin; BVerfGE 55, 274 (302) – Berufsausbildungsabgabe; BVerfGE 61, 319 (343 ff.) – Ehegattensplitting; BVerfGE 66, 214 (223) – Unterhaltsaufwendungen; BVerfGE 67, 290 (297) – Unterhaltszahlungen an geschiedene Ehegatten; BVerfGE 82, 60 (86 f.) – Steuerfreies Existenzminimum; BVerfGE 107, 27 (47) – Doppelte Haushaltsführung; BVerfGE 110, 412 (433) – Teilkindergeld; BVerfGE 112, 164 (175) – Familienbesteuerung; BVerfGE 112, 268 (279) – erwerbsbedingte Kinderbetreuungskosten; st. Rspr.
514 S. u. Rn. 218 ff.; s. o. Rn. 98, 126 ff.

b) Einkommen

185
Einkommensteuer, nicht Bereicherungsteuer

Der deutlichste Ausdruck individueller Zahlungsfähigkeit ist der Zuwachs an Individualvermögen, das Einkommen[515]. Die Gleichheit je nach Zahlungsfähigkeit fordert, alle Individualeinnahmen grundsätzlich vollständig und gleichmäßig zu erfassen[516]. Die Besteuerung nach der individuellen Leistungsfähigkeit unterscheidet allerdings nicht lediglich danach, ob jemand zahlen kann, ob also bei ihm „etwas zu holen ist", sondern prüft, ob die unterschiedliche Zahlungsfähigkeit eine Besteuerung rechtfertigt. Damit weist der Vergleich über den bloßen Realbefund verschiedener individueller Zahlungskraft hinaus auf die Sozialpflichtigkeit im Entstehungsgrund dieser Zahlungsfähigkeit. Die Sozialpflichtigkeit des Einkommens ergibt sich daraus, daß erst das Zusammenwirken zwischen der Leistung des Einkommensbeziehers und der Nachfrage und Entgeltbereitschaft zu einem Einkommen führt. Einkommen wird nicht schon durch bloße individuelle Anstrengung, sondern durch ihren Markterfolg, also durch gegenseitiges Tauschen erzielt. Das Einkommen ist deshalb gleichermaßen von einer Individualleistung und vom Markt, das heißt von der Rechts- und Wirtschaftsgemeinschaft abhängig. Das Erwerben ist ein Vorgang des wirtschaftlichen Begegnens mit dem Mitbürger, mit dem staatlich organisierten und geförderten Markt unter Nutzung der vom Staat angebotenen rechtlichen Ordnung, der Ausbildung der Arbeitskräfte, der Bereitschaft zu Friedlichkeit und Vertrag, von Gerichtsbarkeit und Vollstreckung. Das Erzielen von Einkommen stützt sich außerdem wesentlich auf Organisationen, die von der Allgemeinheit des Rechts, der Arbeitnehmer und der Nachfrager getragen werden[517]. Einkommenserwerb ist deshalb individueller Vermögenszugang durch individuelle Nutzung gemeinschaftlich angebotener Erwerbsmöglichkeiten. Diese Nutzung des allgemeinen Marktes begründet die gesteigerte Sozialpflichtigkeit (Art. 14 Abs. 2 S. 2 GG) des hinzuerworbenen Individualvermögens. Die Einkommensteuer realisiert typisierend den Anteil der Rechtsgemeinschaft am individuellen Erwerb.

186
Markteinkommen

Auf der Grundlage einer dem Markt entlehnten und deshalb eine Besteuerung rechtfertigenden Zahlungsfähigkeit ist der Leistungsempfang außerhalb des Marktes nicht steuerbar. Auch Leistungen an sich selbst, insbesondere die Wertschöpfung für den privaten Eigenbedarf und die Nutzung privater Wirtschaftsgüter, bleiben steuerfrei. Entsprechend ist der Aufwand für eine nicht erwerbswirtschaftliche Betätigung (Vermögensverwaltung und sogenannte „Liebhaberei") einkommensteuerrechtlich unerheblich. Insbesondere Unterhaltszahlungen, Entschädigungsleistungen, staatliche Transferleistungen und Subventionen[518] werden grundsätzlich nicht besteuert.

---

515 BVerfGE 107, 27 (46) – Doppelte Haushaltsführung; BVerfGE 112, 268 (279f.) – erwerbsbedingte Kinderbetreuungskosten.
516 Vgl. dazu *Paul Kirchhof*, Empfiehlt es sich, das Einkommensteuerrecht zur Beseitigung von Ungleichbehandlungen und zur Vereinfachung neu zu ordnen?, in: Verhandlungen des 57. DJT, 1988, Gutachten F, S. F 1 (35f.); *Dieter Birk*, Gleichheit und Gesetzmäßigkeit der Besteuerung, in: StuW 1989, S. 215.
517 Vgl. *Vogel* (N 4), S. 481 (506).
518 Vgl. aber BFHE 147, 157; 151, 373; dazu *Kirchhof* (N 516), S. F 25; zum Realsplitting vgl. § 22 Nr. 1 a EStG; zur Entschädigung für entgangene oder entgehende Einnahmen § 24 Abs. 1 EStG.

§ 118 Achter Teil: III. Finanzwesen

187
Abzugsfähiger Aufwand

Das Leistungsfähigkeitsprinzip beschränkt die Steuerbelastung sodann auf das frei verfügbare, nicht für andere rechtlich anerkannte Zwecke bereits gebundene Einkommen[519]. Deshalb verlangt die Belastungsgleichheit, den existenz- und den erwerbsichernden Individualaufwand, auch anderen pflichtbestimmten Aufwand und Aufwendungen für die Sicherung der eigenen Zukunft einkommensteuerlich zu verschonen, soweit der Aufwand nicht Vermögen bildet[520]. Bei der Verschonung des existenzsichernden Aufwandes ist zu unterscheiden, ob aus dem Einkommen nur der Einkommensbezieher oder auch sein Ehepartner und seine Familie ihren existentiellen Bedarf zu decken haben[521]. Beim Abzug des erwerbssichernden Aufwandes zwingt der Gleichheitsatz nicht zu einer Abziehbarkeit aller im Zusammenhang mit den steuerbaren Einnahmen stehenden Aufwendungen in voller Höhe[522]. Der Gleichheitssatz veranlaßt vielmehr die Prüfung, ob abziehbar nicht lediglich die mit der Nutzung einer Erwerbsgrundlage verbundenen Aufwendungen sein sollen, während die Aufwendungen in die Erwerbsgrundlage als vermögensbildende oder vermögenserhaltende Maßnahmen nicht absetzbar sind. Eine Unterscheidung zwischen einem erwerbsdienlichen und einem vermögenswirksamen Aufwand würde auch eine Gleichbehandlung der Aufwendungen für die Erwerbsgrundlage Arbeit und die Erwerbsgrundlage Vermögen sicherstellen. Bereits nach geltendem Recht sind Aufwendungen für die eigene Arbeitskraft als „Lebensführungskosten" grundsätzlich nicht absetzbar und werden nur bei besonderer Nähe des Aufwandes zur Erwerbssphäre zum Abzug zugelassen[523]. Zudem sind Typisierungen und Pauschalierungen auch beim erwerbssichernden Aufwand möglich[524].

188
Abzug von der Bemessungsgrundlage und von der Steuerschuld

Im Rahmen einer progressiven Besteuerung bestimmt das Leistungsfähigkeitsprinzip auch die Art des Abzuges. Soweit eine Belastungsgerechtigkeit durch einen mit wachsender Bemessungsgrundlage überproportional ansteigenden Steuertarif hergestellt wird, müssen Vermögenszuwächse, die eine Besteuerung nicht rechtfertigen, von der progressiven Besteuerung ausgenommen, also von der Bemessungsgrundlage abgezogen werden. Dies gilt insbesondere für die existenz- und erwerbssichernden Aufwendungen, soweit sie Einnahmen als nicht disponibel oder pflichtbestimmt und deshalb für eine Einkommensbesteuerung nicht verfügbar qualifizieren. Soll hingegen eine Steuervergünstigung gewährt, also ein entlastender Vorzug außerhalb der

---

519 BVerfGE 107, 27 (49) – Doppelte Haushaltsführung; BVerfGE 112, 268 (280) – Erwerbsbedingte Kinderbetreuungskosten; *Mellinghoff* (N 463), S. 171 (177 ff.).
520 BVerfGE 107, 27 (49) – Doppelte Haushaltsführung; BVerfGE 112, 268 (280) – Erwerbsbedingte Kinderbetreuungskosten.
521 *Kirchhof* (N 516), S. F 51; vgl. auch BVerfGE 61, 319 (344 ff.) – Ehegattensplitting; BVerfGE 66, 214 – Zwangsläufige Unterhaltsaufwendungen; BVerfGE 67, 290 (297 f.) – Unterhaltszahlungen an geschiedene Ehegatten; BVerfGE 68, 143 (152 f.) – Splittingtarif.
522 So die Veranlassungsformel des § 4 Abs. 4 EStG und der in Anlehnung daran interpretierte Werbungskostentatbestand des § 9 Abs. 1 EStG, vgl. BFHE 132, 431.
523 Zur Unterscheidung von Ausbildungs- und Fortbildungskosten in neuerer Rspr. und Gesetzgebung vgl. *Peter Fischer*, in: Paul Kirchhof (Hg.), EStG Kompaktkommentar, ^{7}2007, § 10 Rn. 28 f.
524 BVerfGE 96, 1 (9) – Arbeitnehmerfreibetrag – unter Berufung auf BVerfGE 87, 153 (172) – Grundfreibetrag; vgl. auch BVerfGE 101, 297 (312) – Arbeitszimmer – sowie die Afa-Sätze.

Belastungsgleichheit überbracht werden, so ist in der Regel eine überproportionale Steigerung dieser Vergünstigung mit wachsender Bemessungsgrundlage nicht gerechtfertigt. Geboten ist deshalb ein Abzug von der Steuerschuld, nicht von der Bemessungsgrundlage[525].

Traditionell wird das „fundierte" Einkommen aus Kapital[526] höher belastet. Das Kapital biete eine verläßliche und stetigere Einkommensquelle, müsse kein Existenzminimum finanzieren, werde nicht krank, altere nicht und erspare dem Eigentümer weitgehend Arbeitsanstrengungen. Inzwischen wächst die Bereitschaft, Einkünfte aus Kapital und Arbeit gleich zu belasten, weil sich beide Ertragsquellen in der Entwicklung des modernen Kündigungsschutzes, des Rechts der Alterssicherung und der Erfordernisse des Kapitalmanagements jedenfalls teilweise angeglichen haben. Wenn das Kapital nun aber privilegiert wird, geraten wir von einem vertretbaren Gleichheitsanliegen in die Benachteiligung der Arbeit und verlieren Standfestigkeit, Recht und politische Vernunft.

189
Fundiertes Einkommen

c) Vermögensbestand

Individuelle Leistungsfähigkeit kommt nicht nur im hinzuerworbenen Einkommen, sondern auch im Vermögensbestand zum Ausdruck. Beim ruhenden Vermögensbestand allerdings rechtfertigt sich die Steuerbarkeit nicht aus dem marktabhängigen Vermögensgebrauch, sondern allein aus der Sozialpflichtigkeit des ruhenden Vermögens (Art. 14 Abs. 2 S. 1 GG), also aus seiner Nutzbarkeit. Eine Belastungsgleichheit hat zunächst den individuellen Vermögensbestand und seine individuelle Nutzbarkeit zu wahren, nimmt dann aber das Privatvermögen auch als eine der für den Staat verfügbaren Ertragsquellen in Anspruch und unterstellt in Respekt vor der Eigentümerfreiheit eine regelmäßige Nutzung dieses Vermögens, ohne den Eigentümer konkret zur Nutzung zu zwingen. Die Bestandsteuern rechtfertigen sich also als Sollertragsteuern[527], nicht als Substanzverzehr. Die Belastungsgleichheit je nach individueller Leistungsfähigkeit fordert bei den Bestandsteuern, die verschiedenen Vermögensarten in ihrer Ertragsfähigkeit vollständig und sachgerecht zu erfassen; hier genügt das geltende Bewertungsrecht nicht den Anforderungen der Gleichheit. Das Vermögensteuergesetz ist deshalb nicht anwendbar[528].

190
Bestandsteuern

---

525 So das BVerfG – bisher nur – für die formale Gleichheit, BVerfGE 85, 264 (313 f.) – Parteienfinanzierung VI.
526 Zur Besteuerung des „fundierten Einkommens" BVerfGE 13, 331 (347 ff.) – Personenbezogene Kapitalgesellschaft; 93, 121 (139 f.) – Vermögensteuer; Begründung des Preußischen Gesetzesentwurfs vom 2. November 1892 wegen einer Ergänzungsteuer, Nr. 6 der Drucksachen des preußischen Abgeordnetenhauses (17. Legislaturperiode, V. Session 1892/93), abgedruckt in: Finanzarchiv 10, Bd. I, 1893, S. 370 ff.; *Klaus Tipke*, Die Steuerrechtsordnung, Bd. II, ²2003, S. 922 ff.
527 BVerfGE 93, 121 (138) – Vermögensteuer.
528 s. o. N 173.

d) Kauf- und Konsumkraft

191
Typisierende Gleichheit bei überwälzbaren Steuern

Die indirekten Steuern verpflichten den Steuerschuldner als den Unternehmer, der einen Verbrauchs- und Verkehrsvorgang vermittelt, belasten aber den Steuerträger, der in der Anonymität des Marktes bleibt. Sie nehmen die persönlichen Einkommens-, Vermögens- und Familienverhältnisse des Steuerträgers nicht zur Kenntnis, sind insofern nicht nach individueller Leistungsfähigkeit bemessen. Die steuerliche Belastbarkeit des Steuerträgers wird vielmehr nach Art und Weise des erworbenen Wirtschaftsgutes vermutet. Belastungsgleichheit kann insoweit nur in grober Typisierung der beim jeweiligen Nachfrager erwarteten Zahlungsfähigkeit hergestellt werden.

192
Notwendiger und vermeidbarer Bedarf

Diese Typisierung ist jedenfalls bei der Deckung eines nicht notwendigen – vermeidbaren – Bedarfs vertretbar. Bei der Deckung des existenznotwendigen Bedarfs hingegen kann aus dem Bedarf nicht auch auf eine entsprechende Zahlungsfähigkeit geschlossen werden, es sei denn, das soziale Leistungsrecht sichert jedermann eine seinem Mindestbedarf einschließlich der Steuern entsprechende finanzielle Grundausstattung, im übrigen müßte die Befriedigung des existentiellen Bedarfs von indirekten Steuern verschont werden. Bei der Belastung nicht notwendiger, aber durch Gewöhnung vertraut gewordener Wirtschaftsgüter, zum Beispiel des Tabaks, des Alkohols und oft auch der Energie, aber auch bei den gelegentlich als „Luxusgüter" qualifizierten Gegenständen des gehobenen Bedarfs ist eine steuerliche Verteuerung der Waren vertretbar, sofern sie nicht die Nachfragebereitschaft und damit die Nachfragefreiheit gefährdet oder beseitigt. Prohibitivsteuern, die zum Beispiel aus gesundheits- und umweltpolitischen Gründen das besteuerte Verhalten unterbinden sollen, sind als Durchbrechung der Regelbesteuerung, das heißt als Lenkungssteuern zu rechtfertigen[529].

193
Umsatzsteuer zahlt der Bettler wie der Millionär

Wenn auch die Steuern auf die Kaufkraft, die Verwendung von Einkommen und Vermögen, aus dem Gedanken einer Besteuerung nach der Leistungsfähigkeit erklärt werden[530], so ist damit zutreffend ausgesagt, daß der Güterverbrauch steuerbare Leistungsfähigkeit ausdrückt. Die Besteuerung dieser Nachfragekraft belastet aber eine vermutete Nachfragefähigkeit, nicht eine tatbestandlich festgestellte, individuelle Verfügungsmacht über Einkommen oder Vermögen. Die Belastungsgleichheit trifft deshalb den vermuteten Typus des Zahlungsfähigen, nicht die reale Zahlungskraft des einzelnen. Die Umsatzsteuer zahlt der Bettler wie der Millionär. Indirekte Steuern folgen weniger dem Leistungsfähigkeitsprinzip als vielmehr dem Anliegen, durch unmerkliche Verteuerung von Wirtschaftsgütern zu besteuern. Dabei erhöht die Umsatzsteuer das Preisniveau generell, die Verbrauch- und Verkehrsteuern belasten einzelne Leistungen als besondere Steuerquellen. Allerdings muß der Bezieher eines kleineren Einkommens sein gesamtes Einkommen konsumieren, damit den indirekten Steuern unterwerfen, während der Bezie-

---

529 S. o. Rn. 47 ff.
530 *Klaus Tipke*, Steuerordnung, Bd. II, 2000, S. 479 ff.; *Lang* (N 110), § 4 Rn. 81; anders schon *Kirchhof* (N 512), S. 319 (324).

her eines größeren Einkommens sparen und investieren, insoweit die indirekten Steuern gänzlich vermeiden kann. Deswegen sagt Johannes Popitz, die indirekte Steuer sei die „brutalere, primitivere unter den allgemeinen Besteuerungsformen"[531]. Die Erwartung einer Ethik, der Mensch solle sparen und investieren, sich nicht der Völlerei und Verschwendung hingeben[532], wird durch die allgemeine Verbrauchsteuer nicht gestärkt. Zwar würden wir heute nicht mehr behaupten, die direkten Steuern veredelten das Finanzwesen, die indirekten hingegen zögen es ins Gemeine hinab[533], doch sind jedenfalls die Gewichtungen zwischen indirekten und direkten Steuern verfassungsrechtlich ausgewogen zu gestalten, tendenziell die festgestellte Leistungsfähigkeit eher als die vermutete Leistungsfähigkeit zu belasten.

4. Praktische Verdeutlichung eines steuerlichen Gleichheitssatzes

Der Gleichheitssatz des Art. 3 Abs. 1 GG fordert die gleiche Teilhabe des Staates am Erfolg freien Wirtschaftens, findet also in dem die Steuer rechtfertigenden Belastungsgrund – insbesondere der steuerbaren Leistungsfähigkeit im Einkommen und der vermuteten Leistungsfähigkeit in der Kaufkraft – sein Vergleichsziel. Die Steuerlast wird nach dem Einkommen oder dem Mehrwert bemessen, aus dem der Steuerpflichtige die Last finanzieren soll.

194
Gleichheit je nach wirtschaftlichem Erfolg

a) Die bereichsspezifische Anwendung des Art. 3 GG

Der Gleichheitssatz ist deshalb „bereichsspezifisch" auf das Steuerrecht anzuwenden[534], die Gleichheit je nach steuererheblicher Betroffenheit zu bemessen. Die Besteuerungsgleichheit meint die Gleichheit je nach finanzieller Leistungsfähigkeit, eine Belastung je nach Verfügungsfreiheit des Eigentümers[535], rechtfertigt den steuerlichen Eingriff in das Eigentum, der gegenüber dem Nichteigentümer nicht zu rechtfertigen wäre, bemißt dabei die Zugriffsintensität so, daß sie eine staatliche Teilhabe am Erwerb, an der Nutzung, Verwaltung und Verfügung des Eigentümers vermittelt[536], daß der Kernbestand des Erfolges eigener wirtschaftlicher Betätigung als Ausdruck der grundsätzlichen Privatnützigkeit des Erworbenen erhalten bleibt[537]. Soweit die Steuer andere Freiheitsrechte berührt, gewinnt sie auch dort konkrete Vergleichsmaßstäbe.

195
Besteuerung des Eigentümers je nach Eigentum

---

531 *Johannes Popitz*, Allgemeine Verbrauchsteuer, in: Wilhelm Gerloff/Franz Meisel, Handbuch der Finanzwissenschaft, Bd. II, 1927, VI. 2. A., S. 180 (182).
532 *Max Weber*, in: ders., Die protestantische Ethik und der „Geist" des Kapitalismus, Teil I, in: Archiv für Sozialwissenschaft und Sozialpolitik, Bd. XX, 1904, S. 1 ff., Teil II, in: a. a. O., Bd. XXI, 1905, S. 1 ff.
533 *Constantin Frantz*, Die sociale Steuerreform als die conditio sine qua non, wenn der socialen Revolution vorgebeugt werden soll, 1881, Neudruck 1972, S. 170; vgl. auch *Detlef J. Blesgen/Ralf P. Welter* (Hg.), Der Akzisen-Streit. Schriften zur finanztheoretischen Kontroverse deutscher Frühkameralisten, 1717/1718, Nachdruck 2006.
534 BVerfGE 93, 121 (135) – Vermögensteuer; BVerfGE 105, 17 (46) – Sozialpfandbriefe.
535 BVerfGE 87, 151 (169) – Grundfreibetrag; BVerfGE 93, 121 (137) – Vermögensteuer.
536 Zu diesen Funktionen des Eigentums vgl. BVerfGE 97, 350 (370) – Euro; BVerfGE 105, 17 (30) – Sozialpfandbriefe; BVerfGE 115, 97 (111 ff.) – Obergrenze für Einkommen- und Gewerbesteuer.
537 BVerfGE 93, 121 (137) – Vermögensteuer; vgl. auch BVerfGE 87, 153 (169) – Grundfreibetrag.

196
Ehe und Familie

Ehegatten sind nach der besonderen Wertung des Art. 6 Abs. 1 GG als Erwerbsgemeinschaft durch den Steuergesetzgeber anzuerkennen[538], Familien in ihrer Besonderheit als Unterhaltsgemeinschaft zu besteuern[539]. Die einkommensteuerliche Untergrenze in dem Existenzminimum läßt sich am gediegensten aus der Berufs- und Eigentümerfreiheit sowie aus dem Schutz von Ehe und Familie entwickeln[540], die Obergrenze folgt unmittelbar aus Art. 14 Abs. 1 und 2 GG[541].

197
Verhältnismäßigkeit und Gleichheit

Entfaltet Art. 3 GG den Gleichheitssatz für das Steuerrecht, findet der steuerliche Eingriff in das Privateigentum in dem dort geltenden Verhältnismäßigkeitsprinzip ein Maß und eine Schranke, die auch für den Gleichheitssatz erheblich sind: Zu vergleichen sind die Gruppen von Arm und Reich, von Eigentümern und Nichteigentümern, von den Erwerbern von Eigentum (Einkommen) und den Verwendern von Eigentum (indirekte Steuern), von Existenzbedarf und Luxusbedarf, von Ehen und Nicht-Ehen, Familien und Nicht-Familien, von beruflichem Erwerb und privater Lebensgestaltung. Die Gestaltung von Freiheit in all diesen Lebensbereichen ist jeweils durch besondere Freiheitsrechte, insbesondere Art. 14, 12, 9, 6 und 2 Abs. 1 GG geschützt. Insoweit begegnet sich hier das freiheitsrechtliche Verhältnismäßigkeitsprinzip mit dem gleichheitsrechtlichen Angemessenheitsprinzip. Die Verhältnismäßigkeit mäßigt den Zugriff auf privatnütziges Eigentum, die Gleichheit sichert, daß jedes so belastbare Eigentum in ähnlicher Intensität besteuert wird. Die Einheit der Verfassungsordnung bewährt sich in Ergebnissen, die eine Steuerlast in ihrer Finanzierungsfunktion freiheits- und gleichheitskonform gemeinsam rechtfertigen und abstufen[542].

b) Die unvermeidliche Last

198
Kernproblem der Besteuerungsgegenwart

Die Rechtfertigung der Steuer im Belastungsgrund des Steuergegenstandes fordert die unausweichliche Steuerlast[543]. Der Steuerzahler wird gleichheitsgerecht belastet, weil er sich im Einkommen, in der Erbmasse, im Umsatz oder im Konsum als belastbar erweist, nicht weil er sich willentlich für eine Besteuerung angeboten hat. Dieses Postulat der Unausweichlichkeit der Last ist die verfassungsrechtliche Antwort auf die größte Schwäche des gegenwärtigen Besteuerungswesens, die Vermeidbarkeit der Steuer durch steuerbewußte Sachverhaltsgestaltung[544]. Der Steuerpflichtige hat zu zahlen, weil er finanzwirtschaftlich leistungsfähig ist, nicht weil er gesetzlich angebotene oder

---

538 BVerfGE 61, 319 (346 f.) – Ehegattensplitting.
539 BVerfGE 82, 60 (82) – Familienexistenzminimum; BVerfGE 99, 216 (233 f.) – Kinderbetreuungskosten; BVerfGE 99, 246 (259 f.) – Familienleistungsausgleich; vgl. auch BVerfGE 93, 121 (141) – Freistellung des durchschnittlichen Einfamilienhauses in der Vermögensteuer; BVerfGE 93, 165 (175) – Familiengut in der Erbschaftsteuer.
540 Vgl. eher noch in Ansätzen BVerfGE 87, 153 (169 f.) – Grundfreibetrag; BVerfGE 93, 121 (149 f.) – Vermögensteuer; BVerfGE 93, 165 (177 f.) – Erbschaftsteuer; BVerfGE 99, 216 (231 f.) – Kinderbetreuungskosten; BVerfGE 99, 246 (259 f.) – Familienleistungsausgleich.
541 BVerfGE 93, 121 (138) – Vermögensteuer – und s. o. Rn. 126 ff.
542 Vgl. auch *Paul Kirchhof*, Gleichmaß und Übermaß, in: FS für Peter Lerche, 1993, S. 133 ff.
543 BVerfGE 96, 1 (6) – Arbeitnehmerfreibetrag – und s. o. Rn. 26 ff.
544 S. o. Rn. 34 ff.

zugelassene Ausweichstrategien nicht hinreichend genutzt hat. Die Steuer wird vom Staat gleich- und freiheitsgerecht zugeteilt, nicht ähnlich dem Schachspiel zwischen Finanzamt und Steuerpflichtigen mit Witz, Geschick und Finten ausgespielt. Den Steuerpflichtigen erreicht die Last, weil er wirtschaftlichen Erfolg hatte, nicht weil er sich intellektuell vorwerfen müßte, er hätte seinen Erfolg steuertaktisch nur ungenügend bemäntelt.

Der Gesetzgeber muß die Steuerpflicht deshalb so ausgestalten, daß jeder Pflichtige im tatsächlichen Belastungserfolg gleich zur Finanzierung der Staatsaufgaben herangezogen wird[545]. Das materielle Steuergesetz hat im Tatbestand den Belastungsgrund zu nennen, der die grundrechtserhebliche Verschiedenheit – nach Einkommen, Vermögen oder Nachfragekraft –[546] erfaßt, in dieser Tatbestandlichkeit durch Steuergestaltung nicht verändert werden kann, außerdem die Gewähr seiner regelmäßigen Durchsetzbarkeit soweit wie möglich in sich trägt[547].

199
Gleichheit im tatsächlichen Belastungserfolg

Sodann ist das Verfahrensrecht so zu regeln, daß das materielle Gesetz auch tatsächlich verläßlich vollzogen werden kann; strukturelle Erhebungsmängel führen zur Unvereinbarkeit mit Art. 3 Abs. 1 GG und begründen eine gesetzgeberische Pflicht zur Normensanierung[548]. Deshalb hat der Steuergesetzgeber vor allem deutlich zu regeln, wann er – insbesondere bei statusbegründenden Rechtsakten – bewußt an zivilrechtliche Vorgaben anknüpft und wann er – wie in der Regel – der Besteuerung eine eigenständige steuerjuristische Betrachtungsweise zugrunde legt[549]. Der Gesetzgeber kann den Belastungstatbestand auch durch Typisierung unausweichlich machen[550]. Schließlich ist die Erhebungsform der Quellensteuer ein geeignetes Instrument, um die Unausweichlichkeit im Gesetzesvollzug zu gewährleisten[551].

200
Gleicher Gesetzesvollzug

Die steuerliche Gesetzgebungspraxis der Gegenwart gibt Anlaß, das rechtsstaatliche Erfordernis des einfachen und verständlichen Gesetzes nachdrücklich in Erinnerung zu rufen. Wenn die frühere Regelung über die einkommensteuerliche Mindestbesteuerung – den begrenzten Verlustausgleich – in § 2 Abs. 3 EStG a. F.[552] sprachlich so gefaßt ist, daß der Gesetzestext das inhaltlich Gemeinte nicht hinreichend erkennbar in Sprache überbringt, so verletzt diese Gesetzgebung den rechtsstaatlichen Grundsatz der Normenklarheit[553]: Das Gesetz ist nicht ordnungsgemäß beschlossen (Art. 77 Abs. 1 S. 1 GG) und

201
Das einfache und verständliche Gesetz

---

545 BVerfGE 84, 239 (268) – Zinsbesteuerung; BVerfGE 93, 121 (134) – Vermögensteuer.
546 BVerfGE 93, 121 (134) – Vermögensteuer.
547 BVerfGE 84, 239 (272) – Zinsbesteuerung.
548 BVerfGE 84, 239 (272 ff.) – Zinsbesteuerung; anders die unzulängliche Vollziehbarkeit wegen fehlender Rechtstreue des Steuerschuldners, BVerfGE, 1. Kammer des 2. Senats, in: NJW 1996, S. 2086 f. – Bordellbetrieb.
549 BVerfG, 1. Kammer des 2. Senats, in: NJW 1992, S. 1219 f. – Grunderwerbsteuer; s. o. Rn. 39 ff.
550 Vgl. BVerfGE 82, 159 (185 f.) – Absatzfonds; BVerfGE 87, 153 (172) – Grundfreibetrag; BVerfGE 96, 1 (6) – Arbeitnehmerfreibetrag; BVerfGE 101, 297 (309) – Arbeitszimmer; s. o. Rn. 97 ff.
551 BVerfGE 96, 1 (7 f.) – Arbeitnehmerfreibetrag, für die Lohnsteuer; BVerfGE 84, 239 (282 f.) – Zinsurteil, für die Einkünfte aus Kapitalvermögen.
552 Vgl. dazu *Paul Kirchhof*, in: ders. (Hg.), EStG Kompaktkommentar, ⁷2007, § 2 Rn. 82.
553 BFH, in: DStR 2006, S. 2019 – Vorlagebeschluß zu § 2 Abs. 3 EStG a. F.; grundsätzlich, *Osterloh*, (N 221), S. 109 ff.

§ 118   *Achter Teil: III. Finanzwesen*

nicht ordnungsgemäß zustande gekommen (Art. 78 GG), weil weder die Abgeordneten des Bundestages noch die Mitglieder des Bundesrates ihren Entscheidungsgegenstand verstehen konnten. Es ist nicht ordnungsgemäß verkündet (Art. 82 Abs. 1 S. 1 GG), weil im Bundesgesetzblatt zwar ein Text, nicht aber ein die Steuerlast rechtfertigender Belastungsgedanke verkündet worden ist. Die Regelung bietet auch keinen hinreichenden Maßstab für die Verwaltung der Einkommensteuer durch die Landesfinanzbehörden (Art. 108 Abs. 2 S. 1 GG), weil das Bundesfinanzministerium die gesetzliche Vorschrift nicht in deutscher Sprache, sondern nur durch Rechenhilfen erläutern kann, die Steuer aber unter Gesetzes-, nicht unter Computervorbehalt steht. Vor allem aber verlangt das aus Art. 20 Abs. 3 GG folgende rechtstaatliche Bestimmtheitsgebot, daß der Betroffene aus dem Gesetz die Rechtslage erkennen und nach ihr sein Verhalten ausrichten kann. Dies gilt im Grundsatz der Tatbestandsmäßigkeit der Besteuerung insbesondere für das Steuerrecht, weil der Inhalt einer Steuerschuld weitgehend von der gesetzlichen Entscheidung abhängt[554], bei den Veranlagungssteuern zudem die steuerlichen Erklärungspflichten strafbewehrt sind, der Steuerpflichtige also im vorhinein nach Art. 103 Abs. 2 GG die an ihn gestellten Anforderungen erkennen können muß[555].

202
Gesetzlicher Dialog des Verstehens

Im übrigen droht der Rechtsstaat zu scheitern, wenn der Bürger an einer zentralen Bewährungsprobe des Rechts, dem steuerlichen Eingriff, den rechtfertigenden Grund für die Steuerbelastung nicht erkennen kann, die Belastungsunterschiede ihm nicht einsichtig sind, das Belastungsmaß im Steuersatz (vgl. § 32 a EStG) für ihn unverständlich bleibt, der Gesetzgeber insoweit den Dialog mit dem Steuerpflichtigen verweigert, der Steuerpflichtige den Eindruck gewinnen muß, er solle sich dem Gesetz unterwerfen, ohne es verstehen zu können.

c) Schutz der Privatsphäre

203
Deutsche Steuertradition vermeidet „inquisitorisches Verfahren"

Das gleichheitsrechtliche Erfordernis einer realitätsoffenen, sachgerechten Bildung der Steuertatbestände findet eine Grenze in dem verfassungsrechtlichen Schutz des Privatbereichs, der gegen steuerlichen Einblick und Zugriff abgeschirmt ist. Der Respekt vor der Privatsphäre entspricht guter deutscher Steuerrechtstradition. Das süddeutsche, französisch beeinflußte Ertragsteuerrecht belastete prinzipiell nur die marktoffenbaren Vorgänge[556]. Das preußische, englisch beeinflußte Einkommensteuerrecht war bewußt auf das bloße Einschätzen bestimmter Steuerstufen angelegt[557], um ein „inquisitorisches

---

[554] S. o. Rn. 90 ff.
[555] Vgl. BVerfGE 99, 216 (243) – Kinderbetreuungskosten.
[556] *Georg von Schanz*, Das bayerische Ertragsteuersystem und seine Entwicklung, in: FinArch 17 (1900), S. 551 ff.; *Ferdinand Lewald*, Die direkten Steuern im Großherzogtum Baden, in: FinArch 3 (1886), S. 783 ff.
[557] Karl Mamroth, Geschichte der preußischen Staatsbesteuerung 1806 bis 1816, 1890; *Bernhard Fuisting*, Die gesetzliche Entwicklung des preußischen Steuersystems und die schematische Darstellung der Einkommensteuer, 1894.

Verfahren" zu vermeiden⁵⁵⁸. Die für das deutsche Steuerrecht traditionelle Unterscheidung zwischen den marktoffenbaren Vorgängen, die für staatliche Aufsicht und Besteuerung zugänglich sind, und privater Lebenssphäre, die gegen fiskalisches Einwirken abgeschirmt bleiben muß, findet in der Sozialpflichtigkeit des Privatvermögens ihren gegenwärtigen Geltungsgrund. Das Einkommen ist steuerbar, weil es am Markt gewonnen wird, sein Entstehen auch dem Vertragspartner verdankt; die Nachfragekraft wird besteuert, wenn sie am Markt in Erscheinung tritt. Marktzugehörige Vorgänge sind marktoffenbar, werden nicht gegen das Beobachten Unbeteiligter abgeschirmt.

Der Belastungsgrund für die Steuern auf das Einkommen und die Vermögensverwendung verweist also von vornherein nur auf marktoffenbare Sachverhalte. Das Prinzip, nur allgemein sichtbare Vorgänge zu besteuern, gewinnt im grundrechtlichen Datenschutz⁵⁵⁹ zusätzliche verfassungsrechtliche Gestaltungskraft, scheint allerdings gegenwärtig in der Steuerpolitik vernachlässigt zu werden.

204
Marktoffenbarer Belastungsgrund

d) Besteuerungszweck und Vergleichsziel

Die Besteuerungsgleichheit verlangt einen Binnenvergleich innerhalb der steuerlichen Lastenzuteilung, erlaubt keine Rechtfertigung durch die Verwendung des Steueraufkommens. Es ist eine Errungenschaft des modernen Verfassungsstaates, daß er das Steuerrecht (Art. 105 ff. GG) und das Haushaltsrecht (Art. 110 ff. GG) strikt voneinander getrennt hat, die Steuer dem Parlament also ein Aufkommen ohne jede Zweckbindung zur Verfügung stellt. Das Haushaltsbewilligungsrecht ist ein wesentliches Gestaltungsmittel für zukünftige Politik und aktualisiert den fundamentalen Grundsatz der Gleichheit der Bürger bei der Auferlegung öffentlicher Lasten: Alles Aufkommen aus der Gemeinlast der Steuern wird an die Gemeinschaft der Pflichtigen zurückgegeben⁵⁶⁰. Zweckgebundene Sonderabgaben verkürzen die Budgethoheit des Parlaments (Art. 110 Abs. 1 GG), sind deshalb nur als seltene Ausnahme zulässig⁵⁶¹. Zweckgebundene Steuern, wie sie bei der Mineralölsteuer seit längerem geläufig und bei der Besteuerung des Heizöls geltendes Recht gewesen sind⁵⁶², gefährden die verfassungsrechtliche Stellung und Funktion des Parlaments im Haushaltsgeschehen, sind deshalb nur zulässig, wenn ihr Volumen

205
Vergleich lediglich auf der Lastenseite

---

558 Motive zum Entwurf eines Klassen- und klassifizierten EStG vom 2.1.1851 für die königlich preußischen Staaten, Stenografische Berichte über die Verhandlungen der Zweiten Kammer, Bd. III, Anlagen zu den Verhandlungen der Zweiten Kammer, 1. Abteilung, Ast Nr. 19, 59.
559 BVerfGE 67, 100 (142 f.) – Flick-Untersuchungsausschuß, in Anlehnung an 65, 1 (38 f.) – Volkszählung; BVerfGE 101, 297 (309) – Arbeitszimmer; vgl. vordem BVerfGE 27, 1 (5 f.) – Mikrozensus; BVerfGE 27, 344 (350 f.) – Ehescheidungsakten; BVerfGE 32, 373 (379) – Ärztliche Schweigepflicht; BVerfGE 35, 202 (220 f.) – Lebach; BVerfGE 44, 353 (372 f.) – Durchsuchung Drogenberatungsstelle; BVerfGE 54, 148 (155) – Eppler; BVerfGE 56, 37 (41 f.) – Auskunftspflicht nach Konkursordnung; BVerfGE 63, 131 (142 f.) – Gegendarstellung.
560 BVerfGE 55, 274 (303) – Ausbildungsförderungsgesetz; unter Hinweis auf *Julius Hatschek*, Deutsches und Preußisches Staatsrecht, ²1930, Bd. II, S. 274 ff.; BVerfGE 82, 159 (178 f.) – Absatzfonds.
561 BVerfGE 82, 159 (181); 91, 186 (201 f.) – Kohlepfennig.
562 *Waldhoff* (N 8), S. 285, dort auch zum Rennwett- und Lotteriegesetz, zum Stabilitätszuschlag, zur Gemeindeabgabe.

§ 118 *Achter Teil: III. Finanzwesen*

strukturell unerheblich ist und die Koppelung von Einnahmen und Ausgaben durch einen besonderen finanzwirtschaftlichen Grund gerechtfertigt ist. Steuern ohne rechtliche Bindung (Verwendungsbindung), die lediglich durch politische Absichtserklärungen mit einem Finanzierungsvorhaben verknüpft werden (Verwendungsabsicht), sind politisch zu beurteilen[563]. Verpflichtet der Gesetzgeber nur mittelbar zu Geldzuwendungen zwischen Grundrechtsberechtigten (Quersubventionen), fordert er einen Zwangsrabatt von Apotheken und pharmazeutischen Unternehmen oder verpflichtet er Netzbetreiber zur Abnahme regenerativer Energien zu Preisen über dem Marktüblichen, so lockert auch er die Trennung zwischen Steuer- und Budgetentscheidung[564]. Steuerfreistellungen dürfen nicht Ausgaben der öffentlichen Haushalte ersetzen, weil eine derartige Verkürzung des Zahlungsweges haushaltsverfassungsrechtlich vorgesehene Entscheidungen umgehen würde. Eine einkommensteuerfreie Stellenzulage für Bundesbeamte würde auch zu Lasten der Länderhaushalte gewährt werden (Art. 106 Abs. 1 und 2 GG), steht dem Bundessteuergesetzgeber deshalb nicht zu[565]. Das Gleichheitsmaß der Besteuerung bestimmt sich deshalb ausschließlich nach der staatlichen Teilhabe am Einkommen, an der Erbmasse, an der Nachfragekraft oder am örtlichen Aufwand[566].

206
Steuerverwendung unabhängig von Steuerbelastung

Durch die Trennung von Steuererhebung und haushaltsrechtlicher Verwendungsentscheidung gewinnt der Staat rechtsstaatliche Distanz und Unabhängigkeit gegenüber seinen Finanziers und ist bei der Haushaltsentscheidung allen Bürgern – mögen sie Steuerzahler sein oder nicht – in gleicher Weise verantwortlich. Der Steuerzahler gewinnt nicht dank seiner Zahlungskraft vermehrten Einfluß auf den Leistungsstaat. Eine Gewissensentscheidung des Steuerpflichtigen, der Organisation und Finanzierung der Verteidigung ablehnt, berührt deswegen nicht Grund und Höhe seiner Steuerzahlungspflicht, mag der Steuerertrag auch anteilig zur Finanzierung der Verteidigung dienen. Über die Verwendung dieser Haushaltsmittel entscheidet allein das Parlament (Art. 110 Abs. 2 und 3 GG); dabei sind die Abgeordneten ausschließlich ihrem Gewissen verantwortlich (Art. 38 Abs. 1 S. 2 GG)[567]. Es bleibt bei der Regel: Die Steuer rechtfertigt sich aus der tatsächlichen oder vermuteten Leistungsfähigkeit, nicht aus der Verwendung des Steueraufkommens. Wenn der Bürger, der kein Einkommen erzielen kann oder will und deshalb keine Einkommensteuer zahlt, dennoch steuerlich finanzierte öffentliche Güter nutzt oder soziale Leistungen empfängt, so rechtfertigt sich dieses staatliche Angebot im Binnensystem staatlichen Leistens, berührt den Maßstab staatlichen Nehmens nicht[568].

---

563 *Waldhoff* (N 8), S. 285 (291 ff.); → oben *Waldhoff*, § 116 Rn. 139.
564 *Hanno Kube/Ulrich Palm/Christian Seiler*, Finanzierungsverantwortung für Gemeinwohlbelange, in: NJW 2003, S. 927 (931).
565 BVerfGE 99, 280 (296) – Zulage Ost.
566 S. o. Rn. 24.
567 BVerfG, 3. Kammer des 2. Senats, in: NJW 1993, S. 455 f. – Einkommensteuerfinanzierter Verteidigungshaushalt; → unten *Heintzen*, § 120 Rn. 63 ff.
568 *Monika Jachmann*, Steuergesetzgebung zwischen Gleichheit und wirtschaftlicher Freiheit, 2000, S. 57; a. A. *Schön* (N 1), S. 162 f.

Bei einem Vergleich innerhalb des Steuerrechts unterscheidet der Gleichheitssatz zwischen vertikaler Steuergerechtigkeit, die vor allem höhere Einkommen im Vergleich mit den niedrigeren Einkommen sachgerecht besteuert, und horizontaler Steuergerechtigkeit, die Steuerpflichtige bei gleicher Leistungsfähigkeit gleich belastet. Diese Unterscheidung hat das Bundesverfassungsgericht insbesondere für den Vergleich zwischen Eltern und kinderlosen Steuerpflichtigen gleicher Einkommensstufe im Hinblick auf das Schutzgebot des Art. 6 Abs. 1 GG entfaltet[569]. Das verfassungsrechtliche Postulat der Besteuerung unabhängig von der Rechtsform des Unternehmens (Rechtsformneutralität)[570] verlangt ebenfalls eine gleiche Belastung Steuerpflichtiger bei gleicher Leistungsfähigkeit; dieses ist insbesondere ein aktuelles Anliegen gegenüber dem derzeitigen Gefälle zwischen Einkommen- und Körperschaftsteuer, zwischen juristischer Person, Personengesellschaft und Einzelkaufmann. Praktische Bedeutung gewinnt die vertikale Steuergerechtigkeit auch im Steuertarif. Wenn ein einheitlicher Steuersatz die höhere Bemessungsgrundlage höher belastet, also eine Umsatzsteuer von 19% auf einen Kaufpreis von 1000 Euro zu einer zehnmal so hohen Steuerschuld führt wie die Anwendung desselben Steuersatzes auf eine Kaufpreisforderung von 100 Euro, so entspricht diese Steuergerechtigkeit der Idee der proportionalen Gleichheit. Bei den direkten Steuern erscheint aber auch ein progressiver Steuertarif vertretbar, der mit steigendem Einkommen den Steuersatz überproportional erhöht[571].

207
Horizontale und vertikale Gerechtigkeit

Wenn der Steuervergleich nach dem sachlich rechtfertigenden Grund für die Teilhabe des Staates an der jeweiligen Finanzkraft des Steuerpflichtigen und nach der Intensität dieser Teilhabe fragt, ist allerdings zu entscheiden, ob der Staat auch dann an einem wirtschaftlichen Erfolg steuerlich partizipieren darf, wenn dieser und sein Entstehensgrund rechtlich mißbilligt werden. Diese Frage ist gegenwärtig noch nicht geklärt. Das Einkommensteuergesetz läßt den Staat an einem durch Bestechungs- und Schmiergelder erzielten Einkommen partizipieren, schließt aber den gewinnmindernden Abzug dieser Gelder als Betriebsausgaben aus (§ 4 Abs. 5 Nr. 10 EStG). Wenn bei dieser Gesetzeslage die Höhe der Schmiergelder die der Gewinne übersteigt, wird das Gleichheitsproblem offensichtlich. Die Praxis hilft sich teilweise mit Ausweichreaktionen jenseits der Legalität, so daß eine rechtswidrige Handlung weitere zur Folge hat.

208
Sittenwidrige Erträge

Das Bundesverfassungsgericht hat in einer Nichtannahmeentscheidung dargelegt, daß das Einkommensteuerrecht an der wirtschaftlichen Leistungsfähigkeit des Steuerpflichtigen ausgerichtet, deswegen kein rechtfertigender Grund erkennbar sei, weshalb die Rechts- oder Sittenwidrigkeit des Einkommenserwerbs von der Einkommensteuer entlasten solle[572]. Es wäre vielmehr gleichheitswidrig, wenn der Schritt in die Illegalität die Steuerentlastung zur

209
Keine Steuergestaltung durch bewußte Illegalität

---
569 BVerfGE 82, 60 (89) – Familienexistenzminimum; s. o. Rn. 160 ff.
570 BVerfGE 101, 151 (156 f.) – Schwarzwaldklinik; s. o. Rn. 150.
571 S. u. Rn. 271 ff.
572 BVerfG, 1. Kammer des 2. Senats, in: NJW 1996, S. 2086 – Bordellbetrieb.

Folge hätte, deshalb der bedachte kleine Schritt in die Rechtswidrigkeit (Ordnungswidrigkeit) zu steuersparenden Gestaltungen einladen könnte. Das Bundesverfassungsgericht sagt zu Recht, daß kein Wertungswiderspruch in einer gesetzlichen Regelung liege, die ein bestimmtes Verhalten und einen bestimmten Erfolg strafrechtlich verfolge und die Einziehung des rechtswidrig Erlangten im Wege des Verfalls anordne, einen dem Täter dennoch aus der Straftat verbleibenden wirtschaftlichen Vorteil nicht steuerlich privilegiere und damit jeden finanzwirtschaftlichen Anreiz zu rechtswidrigem Verhalten vermeide. Wenn die Rechtsordnung das strafrechtliche Mittel des Verfalls vorsehe, um dem Straftäter das durch die Tat Erlangte nicht auf Dauer zugute kommen zu lassen, die dem Straftäter aber dennoch verbliebenen Früchte seiner Tat jedoch weiterhin besteuere, erscheine dieses folgerichtig[573].

210
Lenkungssteuern

Andere Grundsätze gelten, wenn eine Lenkungssteuer den Pflichtigen zu einem bestimmten Verhalten veranlassen soll. Selbstverständlich darf der Staat dieses Lenkungsinstrument nicht einsetzen, um den Adressaten in die Illegalität oder Sittenwidrigkeit zu führen. Auch eine prohibitive Zusatzbelastung eines mißbilligten Verhaltens, das dieses im Einklang mit der Gesamtrechtsordnung durch die Zusatzlast vermeiden will, erscheint verfassungsrechtlich fragwürdig, weil diese Zusatzlast auch die Hoffnung auf Steuererträge, damit eine institutionelle Befangenheit begründen kann. Das Bundesverfassungsgericht weist in dem Spielautomatenbeschluß[574] auf die Frage hin, ob eine besondere Besteuerung von Gewaltspielautomaten und damit die finanzwirtschaftliche Teilhabe der öffentlichen Hand an staatlich mißbilligten Veranstaltungen gerechtfertigt ist oder ob das Lenkungsziel allein mit ordnungsrechtlichen Mitteln durchgesetzt werden muß. Nach einer neueren Nichtannahmeentscheidung – nunmehr der 3. Kammer des 1. Senats[575] – ist die Erhebung einer erhöhten Spielautomatensteuer auf die Gewaltautomaten mit ihrer edukatorischen Einwirkung auf den Spieler und ihrer Versteuerung dieser Automaten – mit dem Grundgesetz vereinbar.

e) Gleichheit in der Zeit

211
Belastung der gegenwärtigen Leistungsfähigkeit zur Finanzierung des gegenwärtigen Finanzbedarfs

Das Steueraufkommen dient der fortlaufenden, gegenwartsnahen Finanzierung staatlicher Aufgaben. Der Gleichheitssatz fordert insoweit auch eine Belastungsgleichheit in der Zeit. Die Steuerpflichtigen sind je nach ihrer finanziellen Leistungsfähigkeit nicht nur in ihrem Lebenseinkommen[576], sondern je nach gegenwärtigen Markteinnahmen, Existenzbedürfnissen und Erwerbsaufwendungen gleichmäßig zu belasten[577]. Insbesondere der Einkommensteuerpflichtige soll mit seinem gegenwärtigen steuerpflichtigen Einkom-

---

573 BVerfG, 1. Kammer des 2. Senats, in: NJW 1996, S. 2086 – Bordellbetrieb; dort auch die Auseinandersetzung mit dem Preußischen OVG PrOVG Sts 1 282 f., KG, in: DJZ 1906, S. 1322; RGSt 37, 74 f., 45, 97 (99 f.) sowie die Stellungnahmen des BFH.
574 BVerfG, 3. Kammer des 2. Senats, in: NVwZ 1997, S. 573 (575).
575 BVerfG, in: DVBl 2001, S. 1135.
576 So aber *Klaus Tipke*, Die Steuerrechtsordnung², 2003, S. 754 ff. m. weit. Nachw.
577 BVerfGE 87, 153 (169) – Grundfreibetrag.

men zur Deckung des gegenwärtigen staatlichen Finanzbedarfs beitragen. Dementsprechend ist die Einkommensteuer in ihrer Ausgestaltung als Jahressteuer und in ihrer kontinuierlichen Erhebung auch auf eine Belastungsgleichheit in der Zeit angelegt[578]. Sie dient als periodisch wiederkehrende Belastung gegenwärtiger Einkommen der Ausstattung des Staates mit Finanzmitteln für das jeweilige Haushaltsjahr[579].

Die wirksamste Form eines gegenwartsnahen Gesetzesvollzugs bietet die Quellensteuer, die das Einkommensteuergesetz für die Lohnsteuer, die Kapitalertragsteuer und die sogenannte Aufsichtsratsteuer kennt[580] und nunmehr auf alle Einkünfte aus Kapital erweitern wird. Ist der Quellenabzug bei anderen Einkünften nicht möglich oder nicht gesetzlich vorgesehen, so werden Steuerzahlungen nicht in gleicher Gegenwartsnähe erbracht, das gesetzliche Ziel einer gegenwartsnahen und unausweichlichen Steuererhebung wird also nicht vollständig verwirklicht. Dies mag dem Gesetzgeber Anlaß sein, die Zeitgleichheit und Unausweichlichkeit der Steuerlast zu verbessern. Der Gleichheitssatz allerdings fordert einen Gesamtvergleich der steuererheblichen Unterschiede – dort zwischen Lohneinkünften und den übrigen Einkunftsarten –, der die typischerweise zusammentreffenden Vor- und Nachteile insgesamt beobachtet und bewertet. In diesen Gesamtvergleich sind auch die jeweiligen Zeitwirkungen der Maßstäbe für Gewinn- und Überschußeinkünfte, die gesetzlichen Regelungen zur Annäherung der Belastungszeitpunkte und zum Ausgleich von Liquiditätsunterschieden einzubeziehen[581].

212
Gegenwartsnaher Gesetzesvollzug

Das Bewertungsrecht muß das Bewertungsgut realitätsgerecht abbilden und die Entwicklung im späteren Zeitverlauf aufnehmen. Ein Auto hat bei der Anschaffung den Wert des Kaufpreises, veranlaßt später bei der Entsorgung aber noch Kosten. Sand in der Wüste ist Gemeingut, Sand wird im Betonmischer zum Wirtschaftsgut, Sand im Getriebe ist Ärgernis. Das Steuerrecht muß diese Unterschiede in abstrakten Maßstäben wirklichkeitsnah erfassen, sodann die Entwicklung der Werte – etwa eines Grundstücks – in der Zeit mitschreitend nachzeichnen[582].

213
Bewertung

f) Die „Wettbewerbsneutralität"

Das Bundesverfassungsgericht konkretisiert den Gleichheitssatz als Maßstab der Steuern auch im Postulat der Wettbewerbsneutralität: Die Steuer soll keine unterschiedlichen Lasten begründen, die Marktwettbewerb und Freiheitswahrnehmung verfremden. Eine Steuer ist wettbewerbsneutral, wenn sie jede im Einkommen vorhandene oder in Kaufkraft vermutete Leistungsfähigkeit gleich belastet, auf Steuersubventionen und Strafsteuern verzichtet, steu-

214
Jede Steuer ist wettbewerbswirksam

---

578 BVerfGE 96, 1 (7) – Arbeitnehmerfreibetrag.
579 BVerfGE 87, 153 (179) – Grundfreibetrag.
580 BVerfGE 96, 1 (7 f.) – Arbeitnehmerfreibetrag.
581 BVerfGE 96, 1 (8) – Arbeitnehmerfreibetrag.
582 BVerfGE 93, 121 (136 f.) – Vermögensteuer – und nunmehr BVerfG, in: NJW 2007, S. 573 ff. – Bewertung im Erbschaftsteuerrecht.

erlich nicht fördert oder sozialschädliches Verhalten zu verhindern sucht[583]. Zwar ist eine völlig wettbewerbsneutrale Steuer kaum denkbar; jede Belastungswirkung verursacht zumindest geringfügige Vor- oder Nachteile im Wettbewerb. Grundsätzlich verfassungswidrig ist jedoch eine Steuer, die eine Gruppe von Steuerpflichtigen gegenüber Wettbewerbern in eine empfindlich ungünstigere Wettbewerbslage geraten läßt[584].

215
Wettbewerbsneutralität und Leistungsfähigkeitsprinip

Dieser Gleichheitsmaßstab der Wettbewerbsneutralität unterscheidet sich vom Prinzip der Besteuerung nach der individuellen Leistungsfähigkeit. Das Leistungsfähigkeitsprinzip fragt danach, über welche Zahlungskraft der einzelne Steuerpflichtige nach seinen individuellen Verhältnissen verfügt. Die Wettbewerbsneutralität hingegen beobachtet den Anbieter am Markt und sieht ihn in dieser marktbezogenen Tätigkeit in einer ähnlichen Anonymität wie die indirekte Steuer den Nachfrager. Das Postulat einer Wettbewerbsneutralität sichert eine Gleichheit beim Werben um Nachfrager und Anbieter, das Leistungsfähigkeitsprinzip hingegen wahrt eine Belastungsgleichheit je nach Erworbenem. Die Wettbewerbsneutralität handelt von der Gleichheit im Erwerben, also den indirekten Steuern und den Vorwirkungen einer Besteuerung des Erworbenen auf den Erwerbsvorgang. Betroffen ist mehr die Berufs- als die Eigentümerfreiheit. Das Postulat der Wettbewerbsneutralität ermittelt nicht den Unterschied individueller Leistungsfähigkeit im Einkommen und Vermögen, sondern fordert Gleichheit in preisbildenden Maßstäben für Marktwirtschaftlichkeit gegenüber anonymen Anbietern und Nachfragern.

216
Anwendungsbereich bei den indirekten Steuern

Die Rechtsprechung fordert Wettbewerbsneutralität deshalb vor allem für die indirekten Steuern. Die Allphasen-Bruttoumsatzsteuer war nicht wettbewerbsneutral und bevorzugte die mehrstufigen Unternehmen im Vergleich zu einstufigen Wettbewerbern, weil sie in der Produktionskette auf jeder Produktionsstufe je einmal anfiel, bei Produktionsketten innerhalb eines Konzerns (Innenumsätze in einer Organschaft) aber nur insgesamt einmal gezahlt werden mußte. Das Bundesverfassungsgericht verlangt im Umsatzsteuerurteil[585] für die einstufigen und mehrstufigen Unternehmen eine Gleichheit in der Preisbemessungsgrundlage. Die auf Überwälzung[586] angelegte Umsatzsteuer erlaubt keine Begünstigung des Unternehmers, allenfalls Differenzierungen für den Verbraucher[587]. Zu Verbrauchsteuern fragt das Gericht, ob die Nachsteuer auf Schaum- und Branntwein die Gleichheit der Chancen im Wettbewerb beeinträchtige[588]. Es analysiert die Wettbewerbslage beim Angebot von Dienstleistungen und Warenlieferungen[589], bei Schallplatten und son-

---

583 Schön (N 1), S. 154 f., 173 ff.
584 BVerfGE 21, 12 (27 f.) – Allphasenumsatzsteuer; BVerfGE 27, 375 (389) – Haushaltssicherungsgesetz; BVerfGE 36, 321 (334 f.) – Schallplatten; BVerfGE 37, 38 (52 ff.) – Kleinunternehmer; BVerfGE 101, 132 (139) – Heileurythmisten; BVerfGE 101, 151 (155 f.) – Schwarzwaldklinik.
585 BVerfGE 21, 12 (27 f.) – Allphasenumsatzsteuer; BVerfGE 18, 1 (8 ff.) – Zulässigkeit.
586 S. o. Rn. 27.
587 BVerfGE 101, 132 (139) – Heileurythmisten; BVerfGE 101, 151 (155 f.) – Schwarzwaldklinik; aber BVerfGE 85, 238 (244 ff.) – Personenbeförderungsgesetz.
588 BVerfGE 27, 375 (386) – Haushaltssicherungsgesetz.
589 BVerfGE 37, 38 (48 f.) – Kleinunternehmer.

stigen Kulturerzeugnissen[590], bei Röstkaffee und Nescafe[591]. Die starre Grenze bei einer Umsatzbesteuerung der Kleinunternehmen in Höhe von – damals – 60000 DM bewirke erhebliche Wettbewerbsverzerrungen unter Konkurrenten durch überwälzbare, preiswirksame Lasten und begründe deshalb gleichheitsrechtliche Bedenken, die auf Dauer nicht hingenommen werden dürfen[592]. Für alle Steuerarten gilt jedenfalls grundsätzlich das Verbot, planmäßig durch das Steuerrecht die Wettbewerbslage zu ändern; dieses Verbot betrifft zum Beispiel die Zweigstellensteuer zum Schutz gegen auswärtige Konkurrenz[593].

Eine Steuerbemessung nach Wettbewerbsgleichheit ist allerdings ökonomisch mit einer Besteuerung nach dem Leistungsfähigkeitsprinzip verknüpft. Das Postulat der wettbewerbskonformen Besteuerung handelt von der ersten Phase des Steuerzugriffs auf den Gütertausch, das Postulat der Leistungsfähigkeitsteuer von dem zweiten Zugriff auf den individuellen Erfolg der Erwerbstätigkeit. Die steuerlich respektierte Wettbewerbsgleichheit am Markt stützt in der Regel die Leistungsfähigkeit des durch direkte Steuern belasteten Unternehmers. Die Einkommensteuer baut auf den Erhalt der individuellen Erwerbsgrundlage (Einkommensquelle) und setzt deshalb einen funktionsfähigen, steuerlich nicht verfremdeten Marktwettbewerb voraus. Die Wettbewerbsneutralität des Steuerrechts ist eine Grundlage für Erhalt und Festigung der Erwerbsquelle, nicht jedoch Maßstab für die steuerliche Teilhabe an Einkünften und Ertrag. Ein steuerlicher Verstoß gegen die Wettbewerbsneutralität kann das Recht auf Einkommen (Art. 14 Abs. 1, Art. 12 Abs. 1 GG), nicht aber das aus dem Wettbewerb hervorgegangene Einkommen beeinträchtigen. Die Wettbewerbsneutralität kann bei den direkten Steuern durch Ausnahmen, Lücken und Lenkungtatbestände verletzt werden, die von der Regelbelastung abweichen und dadurch die Gleichheit der Marktchancen grob verzerren.

217
Wettbewerbsgleichheit stützt unternehmerische Leistungsfähigkeit

g) Soziale Gleichheit

Das Prinzip des sozialen Staates bestätigt und verdeutlicht den Besteuerungsgrundsatz des Leistungsfähigkeitsprinzips[594]. Wenn das Bundesverfassungsgericht die vermögensteuerlichen Freibeträge für Kinder und Ehegatten[595], die

218
Geltungsgrund sozialer Gleichheit

---
590 BVerfGE 36, 321 (334) – Schallplatten.
591 BVerfGE 19, 64 (69 f.) – Röstkaffee.
592 BVerfGE 37, 38 (55 ff.) – Kleinunternehmer.
593 BVerfGE 21, 160 (167 f.) – Zweigstellensteuer; BVerfGE 19, 101 (111 f.) – Zweigstellensteuer; zum umgekehrten Fall einer Wettbewerbsangleichung durch die Verdoppelung der Schankerlaubnissteuer für Zweitbetriebe vgl. BVerfGE 29, 327 (335 f.) – Schankerlaubnissteuer für Zweitbetriebe.
594 Vgl. BVerfGE 13, 290 (298) – Ehegatten-Arbeitsverhältnisse; BVerfGE 21, 160 (169) – Zweigstellensteuer; BVerfGE 23, 74 (80) – Freibeträge für Veranlagungsgemeinschaften; BVerfGE 26, 1 (10) – Dauerschulden/Dauerschuldzinsen; BVerfGE 26, 172 (185) – Gewerbesteueraufkommen der Gemeinden; BVerfGE 29, 402 (412) – Konjunkturzuschlag; BVerfGE 32, 333 (339, 343) – Ergänzungsabgabe; BVerfGE 36, 66 (72) – Berücksichtigung sozialer Gesichtspunkte bei Leistungsfähigkeitsteuern; BVerfGE 37, 38 (51) – Kleinunternehmer; auch *Selmer* (N 90), S. 449.
595 BVerfGE 23, 74 (80) – Freibeträge für Veranlagungsgemeinschaften.

objektsteuerliche Verschonung kapitalschwacher Unternehmen[596], die einkommensteuerliche Freistellung eines Existenzminimums[597] und eine Minderbelastung mittlerer Einkommen und damit die Progression[598] aus dem Sozialstaatsgrundsatz rechtfertigt[599], so ergibt sich eine deutlichere Begründung aus dem Gebot sachgerechter Differenzierung nach steuerlicher Belastbarkeit, also aus der speziellen Sozialpflichtigkeit des Art. 14 Abs. 2 GG.

219
Steuerliche und sozialrechtliche Tatbestände des Bedarfs

Das gesetzlicher Konkretisierung bedürftige Prinzip des sozialen Staates[600] fordert eine besondere Gleichheit im steuerlich und leistungsrechtlich bewirkten Erfolg staatlichen Gestaltens. Deshalb zieht das Prinzip des sozialen Staates für das Steuerrecht die Verbindungslinie zum Sozialrecht und verlangt zumindest eine inhaltliche Abstimmung staatlichen Nehmens mit dem staatlichen Geben im Tatbestand eines existentiellen oder um der Menschenwürde und Freiheit willen anerkannten Individualbedarfs[601]. Das Steuerrecht muß jedenfalls den Bedarf bei der Einkommensbesteuerung verschonen, den das Sozialrecht den Bedürftigen ohne Einkommen gewährt[602]. Darüber hinaus erwartet das Freiheitsprinzip Selbsthilfe vor Sozialhilfe; deshalb soll der Erwerbende mehr an erworbenen Einnahmen behalten dürfen als der Erwerbslose an Staatsleistungen empfängt.

C. Die verfassungsrechtliche Struktur des Steuerzugriffs

220
Vier Strukturelemente

Die staatsrechtlichen Vorgaben für die Steuergesetzgebung lassen sich in den vier Strukturelementen eines Steuertatbestandes – dem Steuersubjekt, dem Steuerobjekt, der Bemessungsgrundlage und dem Steuersatz – verdeutlichen. Das Grundgesetz enthält keinen Vorentwurf für den einzelnen Steuerzugriff, wohl aber Teilregelungen, an die der Gesetzgeber bei der Entwicklung des Steuerrechts gebunden ist[603].

---

596 BVerfGE 26, 1 (10) – Dauerschulden/Dauerschuldzinsen.
597 BVerfGE 66, 214 – Zwangsläufige Unterhaltsaufwendungen; BVerfGE 82, 60 ff. – Kindergeld; BVerfGE 87, 153 (169) – Existenzminimum.
598 BVerfGE 32, 333 (339) – Ergänzungsabgabe; BVerfGE 36, 66 (72) – Berücksichtigung sozialer Gesichtspunkte bei Leistungsfähigkeitsteuern; BVerfGE 43, 108 (119) – Kinderfreibeträge; BVerfGE 61, 319 (343) – Ehegattensplitting.
599 *Moris Lehner*, Einkommensteuerrecht und Sozialhilferecht, 1993; *Dieter Birk*, Das Leistungsfähigkeitsprinzip als Maßstab der Steuernormen, 1983.
600 BVerfGE 65, 182 (193) – Sozialplan.
601 BVerfGE 82, 60 (86 f.) – Familienexistenzminimum; BVerfGE 87, 153 (170 ff.) – Grundfreibetrag; BVerfGE 99, 126 (242 f.) – Kinderbetreuungskosten; BVerfGE 99, 246 (259 f.) – Familienleistungsausgleich; BVerfGE 108, 52 (75) – Barunterhalt für Kinder.
602 Zur Einfachheit und Klarheit steuer- und sozialrechtlicher Regeln s. o. Rn. 164.
603 Für eine rechtsvergleichende Übersicht über das Steuerverfassungsrecht in anderen Staaten: *Vogel/Waldhoff* (N 463), Rn. 596 ff., 672 ff.; *Klaus Tipke*, Europäisches Steuerverfassungsrecht, in: FS für Klaus Vogel, 2000, S. 561; *Peter Häberle*, Das nationale Steuerverfassungsrecht im Textstufenvergleich, ebd., S. 139 ff.

I. Das Steuersubjekt

1. Der Steuerinländer

Die staatliche Besteuerungsgewalt erfaßt grundsätzlich alle der Gesetzgebungshoheit unterworfenen Personen und knüpft mit dem Tatbestand der wirtschaftlichen Belastbarkeit grundsätzlich an die Gebietshoheit[604] an. Zwar sprach Art. 134 WRV noch von einer Lastentragungspflicht „aller Staatsbürger"; die Verwendung des Tatbestandes „Staatsbürger" wurde aber schon damals als „schief und unbedacht" gerügt[605]. Auch unter Geltung der Weimarer Reichsverfassung begründete das Steuerrecht nicht nur Zahlungspflichten von Deutschen, sondern auch von Ausländern[606]. Darin unterscheidet sich das deutsche Einkommensteuerrecht zum Beispiel vom US-amerikanischen, das bis heute in der Staatsangehörigkeit ein (Alternativ-)Merkmal zur Begründung der unbeschränkten Steuerpflicht erblickt[607]. Eine – verfassungsrechtlich zulässige – Ausdehnung der Anknüpfungsmerkmale auch in Deutschland liefe wegen der Doppelbesteuerungsabkommen weitgehend leer[608].

221 Besteuerung der Inländer, nicht der Staatsbürger

Der Steuerzugriff erfaßt den Pflichtigen in seiner finanziellen Belastbarkeit, verpflichtet also nicht jede Person, sondern nur diejenigen, die über Einkommen, Vermögen, Kraft zu Nachfrage oder Aufwand verfügen und deshalb die Voraussetzungen für eine steuerliche Teilhabe an individueller Zahlungskraft bieten[609]. Dieser Belastungsgrund individueller Zahlungsfähigkeit bietet auch den räumlichen Anknüpfungspunkt für die Besteuerungshoheit. Grundsätzlich steht das Besteuerungsrecht dem Staat zu, in dessen Gebiet sich der steuerbegründende Vorgang des Erwerbs oder der Nachfrage ereignet oder das Besteuerungsgut belegen ist.

222 Zahlungsfähiger Inländer

Sitz einer Person oder Belegenheit einer Sache hängen allerdings nicht selten davon ab, in welchem Umfang andere Steuerstaaten durch ein günstigeres Steuerrecht Ausweichstrategien veranlassen[610]. Das Geld flieht wie ein „scheues Reh" den hochbesteuerten Finanzplatz, sucht behände die Steueroase. Unternehmen können Produktionsstandorte verlegen, Gewinne und Verluste durch Vereinbarungen mit ihrer Tochtergesellschaft verschieben, Werte in der Produktion, in der Forschung oder im Handel entstehen lassen. Flugzeuge und Schiffe können auf ausländische Häfen oder Flugplätze ausweichen. Staatsverfassung und Staatsrecht verstanden im 19. Jahrhundert[611]

223 Internationale Ausweichstrategien

---

604 Diese als wesentliche Voraussetzung der Besteuerung betonend *Blumenstein* (N 209), S. 2 f.; zur Entwicklung von mittelalterlicher Herrschafts- und Gefolgschaftsbeziehung zur modernen Gebietshoheit, zu Staatsangehörigkeit und Unionsbürgerschaft, vgl. *Klaus Vogel,* von der Territorialhoheit zur Unionsbürgerschaft, in: FS für Christian Starck, 2007, S. 679.
605 S. o. Rn. 168 und N 457.
606 *Anschütz* (N 457), Art. 134 Anm. 1; *Thoma* (N 457), S. 274.
607 *Richard Doernberg*, International Taxation in a Nutshell, West Law School, ⁶2004, S. 19 ff.; *Reuven Avi-Yonah*, International Tax as International Law, in: Tax Law Review, Vol. 57, (2004), S. 484 ff.
608 Ausführlich *Wolfgang Schön*, Steuerstaat und Freizügigkeit, in: Ulrich Becker/Wolfgang Schön, Steuer- und Sozialstaat im europäischen Systemwettbewerb (2005), S. 41 ff. (50 ff.).
609 S. o. Rn. 87 f.
610 Vgl. *Rolf Peffekoven*, Theorie des Steuerexports, 1975; *Schön* (N 1), S. 145 f.
611 *Vogel* (N 4), S. 481 (487 f.).

§ 118 *Achter Teil: III. Finanzwesen*

wie auch noch während der Weimarer Reichsverfassung[612] den Staat als eine sittlich geprägte Verantwortungsgemeinschaft, in der jeder Bürger dasselbe „Opfer" für den Staat zu erbringen habe[613]. Art. 134 WRV nahm die „Staatsbürger"[614] in Pflicht, im Verhältnis ihrer Mittel die finanzielle Handlungsfähigkeit ihres Staates zu sichern. Dementsprechend knüpfte das Reichseinkommensteuergesetz 1920 die Steuerpflicht noch an die Staatsangehörigkeit, stellte den Pflichtenstatus – insbesondere die Wehrpflicht und die Steuerpflicht – bewußt in einen Zusammenhang mit der staatlichen Schutzgemeinschaft und demokratischen Entscheidungsteilhabe. Erst das Einkommensteuergesetz 1925 bemißt die Steuerpflicht nicht nach der persönlichen Zugehörigkeit zum Staat, sondern nach der wirtschaftlichen Zugehörigkeit der Steuerquelle zum Staatsgebiet[615]. Heute wird der Staat weniger als Schicksalsgemeinschaft und eher als Erwerbsgemeinschaft verstanden, die dem Steuerpflichtigen den Nutzen einer Infrastruktur bietet, ihm die Rahmenbedingungen für Erwerb und Einkommen sichert. Zunehmend wird der Staat allerdings auch als Teil eines Weltmarktes gesehen, der die Unternehmen mit dem Angebot bevorzugender Steuer umwerben möge. Die rechtspolitische Tendenz dieser Entwicklung ist fatal: Einkünfte aus Arbeit werden langfristig mit den steuerlichen Regelsätzen besteuert, Einkünfte aus Kapital unterliegen weltweit einer sinkenden Steuerlast[616]. Eine Verlagerung der Steuerlast von den direkten zu den indirekten Steuern verschiebt sodann die Steuerlast von der Arbeit zum Konsum, so daß vor allem der Existenzbedarf von Familien und Beziehern kleiner Einkommen überproportional belastet wird[617]. Diese Entwicklung ist insbesondere für Staaten wie Deutschland verfehlt, die im wesentlichen wegen der Kraft ihrer Köpfe – der Arbeit – leistungsfähig sind und mit ihren Erfindungen, Urheberrechten, Patenten und insgesamt ihrem geistigen Eigentum Kapital locken und binden.

224
Wohnsitzprinzip, Quellenprinzip, Doppelbesteuerungsabkommen

Bei der Besteuerung des Einkommens beansprucht die überwiegende Mehrheit der Staaten heute allerdings ein Zugriffsrecht nicht nur auf das Inlandseinkommen, sondern auch auf das Welteinkommen[618] eines Steuerpflichtigen. Steuersubjekt ist der Inländer[619] mit allen seinen Erwerbsgrundlagen. Neben dieser Besteuerung des Welteinkommens nach dem Wohnsitzprinzip besteuern die Staaten Einkünfte aus den im Inland belegenen Einkunftsquellen auch dann, wenn sie Steuerausländern gehören oder zugute kommen (Quellenprinzip). Aufgrund der Überschneidung dieser Prinzipien kommt es zu Doppelbesteuerungen, die allenfalls durch völkervertragliche Regelungen (Doppelbesteuerungsabkommen) vermieden werden, nach denen jeweils der eine der beiden Vertragsstaaten auf die Besteuerung verzichtet (Freistellungs-

---

612 Art. 63 WRV; s. o. Rn. 13.
613 *Schön* (N 1), S. 164.
614 Vgl. dazu aber oben Rn. 168.
615 Zur Entwicklung *Alfons Mrozek*, Kommentar zum Einkommensteuergesetz, 1926, § 2 EStG Anm. 1 b; *Schön* (N 1), S. 164.
616 *Schön* (N 1), S. 176.
617 S. o. Rn. 195 ff.
618 Vgl. §§ 1 Abs. 1 und 2, 2 Abs. 1 S. 1 EStG, § 1 KStG.
619 Gelegentlich auch der Staatsangehörige, vgl. *Klaus Vogel*, in: ders./Moris Lehner, Doppelbesteuerungsabkommen, Kommentar ⁴2003, Einleitung Rn. 3.

methode) oder der eine Staat die Steuer des anderen auf seine eigene Steuerforderung anrechnet (Anrechnungsmethode)[620]. Anerkennt man prinzipiell das originäre Zugriffsrecht mehrerer Staaten auf dasselbe Einkommen, so enthalten die Doppelbesteuerungsabkommen „Verteilungsnormen"[621], die wesentlich von der vertraglichen Verständigung abhängen. Sieht man hingegen den rechtfertigenden Belastungsgrund der Einkommensteuer nicht nur im individuellen Zuwachs von Einkommen, sondern in der Abhängigkeit des individuellen Einkommens vom Markt und in der Repräsentation der Allgemeinheit dieses Marktes durch den Steuerstaat[622], so kommt den Doppelbesteuerungsabkommen die Aufgabe zu, die originäre Zugriffsberechtigung der einzelnen Staaten je nach ihrem Mitwirkungsanteil am Entstehen des Einkommens und damit an deren Sozialpflichtigkeit (Steuerbarkeit) verdeutlichend zu bestimmen. Auf dieser Grundlage verteilen die Doppelbesteuerungsabkommen nicht eine den Staaten im vorhinein zustehende Berechtigung im Überschneidungsbereich, sondern führen die im innerstaatlichen Recht zu weit definierten Besteuerungsansprüche auf ihren sachlichen Legitimationsgrund zurück. Besteuern darf grundsätzlich nur der Staat, in dessen Gebiet sich der Erwerb ereignet, das heißt die Erwerbsgrundlage (Kapital, Arbeit, Fachwissen, Kaufkraft) genutzt wird. Soweit ein Einkommen nicht auf dem Binnenmarkt eines Staates, sondern auf dem Weltmarkt erzielt worden ist, schwächt sich die Legitimationskraft des Wohnsitzprinzips für den Zugriff auf individuelle Einkommen wesentlich ab[623]. Diese Abschwächung ist heute kaum noch durch den klassischen Antagonismus von unbeschränkter und beschränkter Steuerpflicht zu erfassen. Der Einfluß der Doppelbesteuerungsabkommen, gemeinschaftlicher Vorgaben (vor allem der Grundfreiheiten der Art. 39 ff. EGV) und Regeln innerstaatlicher Mißbrauchsabwehr haben eine Dynamisierung der persönlichen Einkommensteuerpflicht veranlaßt, die durch eine Reihe von Zwischenformen gekennzeichnet ist[624].

Die indirekte Besteuerung erfaßt den die Wirtschaftsgüter verteilenden Unternehmer oder die an einem Verkehrsvorgang Beteiligten als Steuerschuldner, will aber den das Gut nutzenden und verbrauchenden Empfänger als Steuerträger belasten. Belastungsgrund und damit Anknüpfungspunkt für eine Besteuerung ist letztlich die individuelle Nachfragekraft. Die Industriestaaten haben deshalb in ihrer nationalen Gesetzgebung zumindest für die Umsatzsteuer ein Bestimmungslandprinzip entwickelt, das durch Entlastung des Exports und Belastung des Imports das steuerliche Zugriffsrecht letztlich dem Land zuweist, in dessen Gebiet die Waren endgültig verbleiben, also der

225
Bestimmungsland und Ursprungsland

---

620 *Vogel* (N 517), Einleitung, Anm. 1, 23 ff.; *ders.*, Die Besteuerung von Auslandseinkünften – Prinzipien und Praxis, in: VDStjG 8 (1985), S. 3 (28 f. a. E.); *ders.*, Neue Gesetzgebung zur DBA-Freistellung, in: IStR, 2007, S. 225.
621 *Klaus Vogel* (N 517), Einleitung, Anm. 1, 23 ff.
622 S. o. Rn. 2, 87 f.
623 Vgl. *Paul Kirchhof* (N 512), § 2 Rn. A 145 f.
624 *Moris Lehner/Christian Waldhoff*, in: Paul Kirchhof/Hartmut Söhn/Rudolf Mellinghoff (Hg.), Einkommensteuergesetz, Komm. Losebl., Stand: November 2006, § 1 Rn. D 1; *Moris Lehner/Ekkehart Reimer*, Quelle versus Ansässigkeit, in: IStR 2005, S. 542 (543 ff.).

§ 118 Achter Teil: III. Finanzwesen

Konsum zu erwarten ist[625]. Im grenzüberschreitenden Warenverkehr ist deshalb nach dem Konzept der Umsatzsteuer als Endverbrauchsteuer der Staat zuständig, in dem der Endverbraucher nachfragt. Deswegen regelt grundsätzlich das Bestimmungsland und nicht das Ursprungsland die Umsatzsteuer für die Leistung an den Endverbraucher. Das Bestimmungsland beansprucht auch die Ertragshoheit für das Steueraufkommen[626]. Bei Lieferungen wird das Bestimmungslandprinzip grundsätzlich dadurch verwirklicht, daß die innergemeinschaftliche Lieferung und die Ausfuhr steuerbefreit, der innergemeinschaftliche Erwerb und die Einfuhr besteuert werden. Das Ursprungslandprinzip gilt innerhalb der Europäischen Union insbesondere bei Abhollieferungen von Nichtunternehmern, beim Versandhandel und bei Lieferungen während einer innergemeinschaftlichen Beförderung. Dienstleistungen folgen grundsätzlich dem Ursprungslandprinzip – dem Sitz des Leistenden –, verwirklichen aber über eine Fülle von Ausnahmevorschriften das Bestimmungslandprinzip[627]. Materiell soll stets „aus Gründen, die mit den nationalen Haushalten zusammenhängen, und entsprechend den Grundsätzen der Umsatzsteuer als einer allgemeinen Steuer auf den Verbrauch"[628] das Umsatzaufkommen dem Land zustehen, in dem der Endverbrauch stattfindet; damit bleibt das Bestimmungslandprinzip seinem Grundgedanken nach weiterhin wirksam. Lediglich formal ist der Übergang zum Ursprungslandprinzip vorgesehen: Die Steuer soll im Ursprungsland erhoben, dann aber durch einen Ausgleichsmechanismus, das sogenannte Clearingsystem, dem Bestimmungsland zugewiesen werden[629]. Da eine Verständigung auf ein Clearingsystem jedoch nicht möglich war, wurde das Vorhaben aufgegeben, die „Übergangslösung" bis auf weiteres zur Dauerlösung.

226
Bindungen der Bundesrepublik bei Vertragsverhandlungen

Die Unterwerfung individueller Belastbarkeit unter die Besteuerungsgewalt eines bestimmten Staates vollzieht sich gegenwärtig nach Regeln, die durch die einfache Steuergesetzgebung und durch völkerrechtliche Verträge gebildet werden. Das Völkerrecht kennt kein generelles steuerliches Territorialprinzip, das es verbieten würde, Rechtsfolgen des innerstaatlichen Rechts auch an ausländische Sachverhalte anzuknüpfen[630]. Ebenso begründet das allgemeine Völkerrecht kein Verbot der Doppelbesteuerung[631]. Das Grundgesetz beläßt dem deutschen Steuergesetzgeber und der Bundesrepublik

---

625 Vgl. §§ 4 Nr. 1, 6 Abs. 1 UStG i. V. m. § 15 Abs. 3 Nr. 1 UStG.
626 *Europäische Kommission*, Vorschlag für eine Vollendung des Binnenmarktes: Einführung eines Clearingmechanismus für die Mehrwertsteuer im innergemeinschaftlichen Handelsverkehr, KOM (1987) 323 endg./2, S. 1 f.; *Europäische Kommission*, Vollendung des Binnenmarktes – Weißbuch der Europäischen Kommission an den Europäischen Rat, 1985, Tz. 172, 212; Ebenso für eine Zuteilung des Steueraufkommens zum Staat des Verbrauchs Committee on Fiscal Affairs der OECD, vgl. *Wolfram Reiß*, Umsatzsteuerliche Problemfelder des Internet, in: StbJb 1998/99, S. 391 (394).
627 Vgl. *Reiß* (N 626), S. 391 (399).
628 Arbeitspapier der Kommission der Europäischen Gemeinschaften: Vollendung des Binnenmarktes – Einführung eines Clearingmechanismus für die Mehrwertsteuer im innergemeinschaftlichen Handelsverkehr –, in: BR-Drs. 352/87, Ziff. 1.1.
629 Art. 28 l Abs. 2 der 6. EG-Richtlinie (RL 77/388/EWG) = Art. 402 Abs. 1 der MwSt-Systemrichtlinie (RL 2006/112/EG).
630 *Vogel* (N 517), Einleitung, Anm. 1, 23 ff.
631 BFHE 115, 319.

Deutschland einen erheblichen Entscheidungs- und Verhandlungsraum. Allerdings ist der Steuergesetzgeber gehalten, im Gesamtergebnis von Steuergesetzgebung und Abkommenspolitik den rechtfertigenden steuerlichen Belastungsgrund tatbestandlich auszuprägen und dementsprechend den Anknüpfungspunkt für die Besteuerungshoheit nach individueller finanzieller Belastbarkeit zu wählen.

2. Die Besteuerung von Hoheitsträgern

Mit der Steuer greift der Staat teilhabend auf Ergebnisse privaten Wirtschaftens zu; die Umverteilung von Finanzkraft unter Hoheitsträgern ist grundsätzlich eine Frage des Finanzausgleichs. Bei der Steuer ist der Staat Gläubiger, nicht Schuldner. Dennoch gibt es keine staatsrechtliche Regel, die eine Besteuerung von Hoheitsträgern prinzipiell verbieten würde. Das Reichsbesteuerungsgesetz von 1911[632] ging noch von der Grundauffassung aus, „daß die Besteuerung des Reichs durch die Gliedstaaten und ihre Gemeinden (Gemeindeverbände) dem Gedanken der Reichshoheit überhaupt zuwiderlaufe"[633]. Das „Gesetz über die gegenseitigen Besteuerungsrechte des Reichs, der Länder und Gemeinden (Besteuerungsgesetz)" vom 10. August 1925[634] begründet demgegenüber jedoch ein Prinzip der Gegenseitigkeit der Steuerpflichten des Reichs gegenüber den Ländern und Gemeinden und umgekehrt[635]. Grundsätzlich wurde die Ausübung öffentlicher Gewalt nicht den direkten Steuern und den Verkehrsteuern unterworfen; Vermögensgegenstände, Einkünfte und Verkehrsakte, die der privaten wirtschaftlichen Betätigung der öffentlichen Hand dienten, wurden jedoch – wenn auch mit wesentlichen Ausnahmen – besteuert[636]. Heute stellt die Steuerpflicht der Betriebe gewerblicher Art von juristischen Personen des öffentlichen Rechts im Körperschaft-, Gewerbe- und Umsatzsteuerrecht[637] die Wettbewerbsneutralität der Besteuerung im Verhältnis zwischen privaten und konkurrierenden öffentlichen Unternehmen her[638].

227
Betriebe gewerblicher Art

Die Ausübung der Besteuerungsgewalt macht den Staat zum Steuergläubiger, den Privaten zum Steuerschuldner. Das Steuerrechtsverhältnis verpflichtet den Privaten gegenüber dem öffentlich-rechtlichen Hoheitsträger. Wenn die öffentliche Hand[639] sich jedoch erwerbswirtschaftlich betätigt[640], verläßt sie

228
Wettbewerbsneutralität

---

632 Reichsbesteuerungsgesetz vom 15.4.1911 (RGBl, S. 187 ff.).
633 So die Begründung zum Besteuerungsgesetz von 1925, RT-Drs 1924/25, Nr. 801, S. 4.
634 RGBl I, 1925, S. 252.
635 Vgl. dazu *Ottmar Bühler*, Die Zuständigkeitsverteilung auf dem Gebiete des Finanzwesens, in: Anschütz/Thoma I, § 29, S. 342 ff.
636 Vgl. zu den einzelnen Steuerarten *Bühler* (N 531), S. 343 f.
637 Für eine Übersicht: *Karin Heger*, in: Dietmar Gosch, Körperschaftsteuergesetz, Kommentar, 2005, § 4 Rn. 7 ff., Rn. 57 (zur Gewinnerzielungsabsicht), Rn. 42 ff. (zu Ausnahmen: Vermögensverwaltung, Land- und Forstwirtschaft), Rn. 13 (zur Konkurrentenklage).
638 Vgl. Begründung zum Entwurf eines Körperschaftsteuergesetzes, 1925, Verhandlungen des Reichstages, 3. Wahlperiode 1924/25, Bd. 400, in: RT-Drs Nr. 796 unter A I, S. 8; zu den öffentlichen Unternehmen als Wirtschaftsfaktor → *Isensee*, § 122 Rn. 51.
639 Zur Frage, ob der Betrieb oder die Gebietskörperschaft Steuersubjekt ist, vgl. BFH, in: BStBl II, 1974, S. 391; BStBl II, 1992, S. 432.
640 Vgl. §§ 1 Abs. 1 Nr. 6, 4 KStG (kraft Rechtsform), § 2 Abs. 1 S. 2 UStG; § 2 Abs. 1 GewStDV; § 14 AO; zur Wettbewerbsneutralität der Umsatzsteuer BVerfGE 43, 58 (79) – ärztliche Laborgemeinschaften.

ihre Rechtsposition als steuerfinanzierter Hoheitsträger und beteiligt sich am allgemeinen Markt eines Güter- oder Dienstleistungstausches. Insoweit ist es vertretbar, erwerbswirtschaftliche Erträge, Erwerbsgrundlage und Umsatz der öffentlichen Hand einer Besteuerung zu unterwerfen. Das Ziel einer Wettbewerbsneutralität[641], das hier[642] eine kosten- und damit preisbildende Belastungsgleichheit zwischen unterschiedlichen Konkurrenten herstellen soll, legt eine Besteuerung der Betriebe gewerblicher Art von juristischen Personen[643] des öffentlichen Rechts nahe[644]. Demnach gilt die Ausgangsregel, daß die Ausübung öffentlicher Gewalt keine finanzielle Belastbarkeit und damit keine Steuerwürdigkeit begründet, während eine gewerbliche Betätigung der öffentlichen Hand für eine wettbewerbsschützende Steuerbelastung zugänglich ist[645]. Die Besteuerung öffentlicher Unternehmen vermehrt nicht die Gesamteinnahmen öffentlicher Kassen, sondern vermindert sie um die Steuererhebungskosten[646].

229
Verschränkung von Hoheitsausübung und Erwerbstätigkeit

Die Unterscheidung zwischen der nicht steuerbaren Ausübung öffentlicher Gewalt und einer steuerlich belastbaren gewerblichen Tätigkeit zieht nur eine prinzipielle Grenze, bestimmt keine strikt voneinander abgehobenen Tatbestände. Die Zuordnung ist insbesondere gesetzlich zu verdeutlichen, wenn, wie bei Arbeitsbetrieben in Haftanstalten[647], eine Erwerbstätigkeit Teilinhalt einer Ausübung der öffentlichen Gewalt ist, wenn eine Erwerbsgrundlage und ein Erwerbshandeln, wie früher bei der öffentlich-rechtlichen Gebäudeversicherung[648], einem öffentlich-rechtlichen Zweck der Sicherung oder Daseinsvorsorge[649] dient, wenn, wie bei der Veranstaltung von Rundfunk- und Fernsehsendungen[650], eine prinzipiell grundrechtlich geschützte Tätigkeit in öffentlich-rechtlicher Organisations- und Handlungsform[651] ausgeübt oder wenn ein Betrieb gewerblicher Art verpachtet wird[652]. Die Differenzierung

---

641 BFH, in: BStBl II, 1990, S. 866; BStBl II, 1993, S. 380; BStBl II, 1997, S. 230.
642 Anders in der Unterscheidung für direkte und indirekte Besteuerung von Privaten, s. o. Rn. 215 ff.
643 Zur Abgrenzung: BFH, in: BStBl III, 1952, S. 41; BStBl II, 2005, S. 501.
644 Vgl. auch §§ 1 Abs. 1 Nr. 6, 4 KStG; § 2 Abs. 3 UStG; Art. 4 Abs. 5 der 6. EG-Richtlinie = Art. 13 der MwSt-Systemrichtlinie; die Rechtsprechung scheint der Unterscheidung zwischen Leistungsentgelt und Zuschuß mehr Aufmerksamkeit zu schenken als der Unterscheidung zwischen Steuerrecht und Finanzausgleich, vgl. BFHE 153, 445 ff.; EuGH, in: UR 1989, S. 275 ff.
645 Für eine systembildende Entscheidungskompetenz des Steuergesetzgebers *Peter Selmer/Lerke Schulze-Osterloh*, Besteuerung öffentlicher Unternehmen und Wettbewerbsneutralität, in: DÖV 1978, S. 381 ff.; für eine Beschränkung der Umsatzsteuergesetzgebungskompetenz nach Art. 105 Abs. 2 GG a. F. auf den privatwirtschaftlichen Leistungsaustausch vgl. BVerfGE 31, 314 (333) – 2. Rundfunkentscheidung; abweichende Meinung der Richter *Willi Geiger, Hans Justus Rinck* und *Walter Rudi Wand*, ebd., S. 337 (346): Umsatzbesteuerung von öffentlich-rechtlichen juristischen Personen als eine „Frage der Zweckmäßigkeit, der wirtschaftlichen Vernunft und der Finanzpolitik".
646 *Roman Seer*, Inhalt und Funktion des Begriffs „Betrieb gewerblicher Art" für die Besteuerung der öffentlichen Hand („Taxation of public authorities"), in: DStR 1992, S. 1751 ff. (Teil I), S. 1790 ff. (Teil II).
647 Dazu BFH, in: BStBl II, 1965, S. 95 f.
648 Vgl. BFHE 99, 42; zum öffentlich-rechtlichen Versicherungsmonopol: BVerfGE 41, 205 (217) – Gebäudeversicherungsmonopol.
649 Dazu § 4 Abs. 3 KStG.
650 BVerfGE 31, 314 (323 f.) – 2. Rundfunkentscheidung.
651 Vgl. BVerfGE 31, 314 (329 f.) – 2. Rundfunkentscheidung, sowie die abweichende Meinung der Richter *Willi Geiger, Hans Justus Rinck* und *Walter Rudi Wand*, ebd., S. 337 (337 f.).
652 Dazu § 4 Abs. 4 KStG.

zwischen der steuerfinanzierten Ausübung öffentlicher Gewalt und der steuerbaren gewerblichen Betätigung[653] könnte heute auch praktische Bedeutung gewinnen, wenn die Gemeinden aufgrund des Art. 28 Abs. 2 S. 3 GG eine Zuschlagsteuer zur Einkommensteuer beanspruchen[654], damit auch die vom Staat gezahlten Löhne und Gehälter zur Bemessungsgrundlage für eine Wertschöpfung werden.

II. Der Steuergegenstand

Der Zugriffsgegenstand der Besteuerung ist durch das Prinzip der Teilhabe am marktabhängigen und deshalb sozialpflichtigen Erfolg privaten Wirtschaftens vorgezeichnet; einzelne Steuerarten werden in den Gegenständen der Gesetzgebungskompetenz (Art. 105 GG)[655] und der Ertragshoheit (Art. 106 GG) skizziert. Das Grundgesetz lehnt sich in seinen Steuertatbeständen an die allgemeine, hergebrachte Rechtsordnung und ihre Steuerarten an[656] und wahrt so die Kontinuität der Steuerentwicklung.

230 Zugriff auf den marktabhängigen Erfolg privaten Wirtschaftens

Die Steuer greift auf die sozialpflichtige Zahlungsfähigkeit des einzelnen in der Phase des Einkommenserwerbs, des Vermögensbestandes und der Vermögensverwendung zu. Der Zugriff insbesondere auf Einkommen und Kaufkraft (Umsatz) ist sachgerecht[657]; seine gesetzliche Ausgestaltung allerdings verfremdet oft einen richtigen Belastungsgrund zu grob fehlerhaften gesetzlichen Vorgaben.

231 Drei Zugriffsphasen

1. Einkommen

Das Gebot einer Besteuerung nach der individuellen, finanziellen Leistungsfähigkeit wird am deutlichsten durch die Einkommsteuer verwirklicht[658]. Die finanzielle Leistungsfähigkeit kommt nicht schon in den individuellen Einnahmen, sondern erst in dem nach Abzug der notwendigen Ausgaben verbleibenden Einkommen zum Ausdruck. Besteuerungsgegenstand ist deshalb das um erwerbssichernde und existenzsichernde Aufwendungen verminderte

232 Einkommensteuer

---

653 Zur Besteuerung öffentlicher Unternehmen: *Peter Friedrich/Peter Kupsch* (Hg.), Die Besteuerung öffentlicher Unternehmen, 1981; *Kurt Meßmer*, Der Betrieb gewerblicher Art im Körperschaftsteuerrecht – ein Stiefkind des Gesetzgebers, in: FS für Hugo von Wallis, 1985, S. 341 ff.; *Christian Pestalozza*, Rundfunkanstalten und Mehrwertsteuer, in: StuW 1972, S. 81 (84).
654 Zu früheren Plänen einer kommunalen Wertschöpfungsteuer vgl. *Wiss. Beirat beim Bundesministerium der Finanzen*, Gutachten zur Reform der Gemeindesteuern in der Bundesrepublik Deutschland, Schriftenreihe des BMF, H. 31, 1982, S. 47 f.; *Arbeitsgruppe Steuerreform Baden-Württemberg*, Steuern der neunziger Jahre, 1987, S. 28 f. (mehrheitlicher Vorschlag); *Sachverständigenrat zur Begutachtung der gesamtwirtschaftlichen Entwicklung*, Jahresgutachten 1984/85, in: BT-Drs 10/2541, Tz. 470; Jahresgutachten 1986/87, in: BT-Drs 10/6562, Tz. 288 ff.; *Wendt* (N 7), § 104 Rn. 66.
655 Vgl. BVerfGE 31, 314 (331) – 2. Rundfunkentscheidung – zu Art. 105 Abs. 2 GG a. F.
656 BVerfGE 31, 314 (331) – 2. Rundfunkentscheidung – für die Gesetzgebungskompetenz und BVerfGE 72, 330 (383) – Finanzausgleich I – für die Ertragshoheit.
657 S. o. Rn. 87 ff., 185 ff.
658 BVerfGE 13, 290 (297) – Ehegatten Arbeitsverhältnisse; BVerfGE 29, 402 (412) – Konjunkturzuschlag; BVerfGE 32, 333 (339) – Ergänzungsabgabe; BVerfGE 36, 66 (72) – Berücksichtigung sozialer Gesichtspunkte bei Leistungsfähigkeitsteuern; BVerfGE 43, 108 (120); 68, 143 (152 f.) – Splittingtarif.

§ 118 *Achter Teil: III. Finanzwesen*

Markteinkommen[659]. Die Einkommensteuer belastet natürliche Personen in ihrem frei verfügbaren[660], durch Teilhabe am allgemeinen Markt erzielten Vermögenszuwachs. Die Einkommensteuer belastete ursprünglich – im Preußischen Einkommensteuergesetz 1891 – das Einkommen mit einem progressiven Tarif von 0,67 bis 4 %, heute mit einem Tarif von 15 bis 45 %[661]. Der Eingangssteuersatz setzt jenseits des Existenzminimums von 7664 Euro pro Jahr ein; der Spitzensteuersatz beginnt ab 52152 Euro. Die Besteuerung des Einkommens – einschließlich der Lohnsteuer und Körperschaftsteuer – erbringt mit rund 160 Mrd. Euro (2005) jährlich das höchste Aufkommen einer Einzelsteuer[662].

233
Belastung der vom Markt abgeleiteten, disponiblen Zahlungsfähigkeit

Die Besteuerung des Einkommens erfaßt den periodischen, am Markt erworbenen Zuwachs an Privatvermögen, belastet den Steuerpflichtigen in der Phase des Hinzuerwerbs und wirkt insofern schonend, als ihm auch nach dem Steuerzugriff eine wesentliche Bereicherung verbleibt. Die Besteuerung des Einkommens ist auf die individuellen Einkommens- und Vermögensverhältnisse unter Berücksichtigung der notwendigen Aufwendungen auszurichten. Rechtfertigender Belastungsgrund ist die individuelle, vom allgemeinen Markt abgeleitete disponible Zahlungsfähigkeit. Voraussetzung der Einkommensteuer ist eine den Markt beanspruchende Erwerbsgrundlage (Zustandstatbestand)[663], die Nutzung dieser Grundlage (Handlungstatbestand)[664] und ein dabei erzielter Gewinn oder Überschuß (Erfolgstatbestand)[665]. Das geltende Einkommensteuergesetz trifft derzeit aber unvertretbare Unterscheidungen: Es differenziert zwischen sieben Einkunftsarten (Erwerbsgrundlagen) mit unterschiedlichen Belastungsfolgen, überzeichnet den Unterschied zwischen Gewinn und Überschuß, zwischen Einkünften aus Kapital und Arbeit, behandelt Einzelpersonen und Personengesellschaften (Mitunternehmerschaften) ungleich, eröffnet in Lenkungs- und Ausweichstatbeständen mehr als 500 Vermeidungsmöglichkeiten, benachteiligt Familien, auch Einzelerwerbende im Vergleich zur Erwerbsgemeinschaft[666]. Das Einkommensteuergesetz ermöglicht in seinen Kerntatbeständen eine sachgerechte und folgerichtige staatliche Teilhabe am Einkommen, enthält aber so viele Verfremdungen und Durchbrechungen dieser Ausgangstatbestände, daß dadurch Maß und Gleichmaß der Besteuerung verfehlt werden.

---

659 BVerfGE 43, 108 (120f.) – Kinderfreibeträge; anders etwa *Lang* (N 175), S. 34, der das Einkommensteuerobjekt auf den Einkünftebegriff reduziert und damit den Besteuerungsgegenstand allein durch die objektive Leistungsfähigkeit unter Ausgrenzung der subjektiven Leistungsfähigkeit umschrieben sieht.
660 BVerfGE 107, 27 (49) – Doppelte Haushaltsführung; BVerfGE 112, 268 (280) – Erwerbsbedingte Kinderbetreuungskosten.
661 § 32 a EStG, dazu *Claus Lambrecht*, in: Paul Kirchhof (Hg.), EStG Kompaktkommentar, [7]2007, § 32 a, Rn. 2.
662 *Bundesministerium der Finanzen*, Tabelle Kassenmäßige Einnahmen und Steuerarten in den Kalenderjahren 2002–2005, 2006.
663 § 2 Abs. 1 S. 1 EStG: Land- und Forstwirtschaft, Gewerbebetrieb, die Praxis des Freiberuflers, der Arbeitsplatz des Arbeitnehmers, das Kapital, die vermietete unbewegliche Sache, Rentenstammrecht.
664 § 2 Abs. 1 S. 1 EStG: Das „Erzielen" von Einkünften „aus" einer Erwerbsgrundlage.
665 *Paul Kirchhof*, in: ders. (Hg.), EStG Kompaktkommentar, [7]2007, § 2 Rn. 2ff.
666 *Kirchhof* (N 665), § 2 Rn. 2ff.

Die Körperschaftsteuer belastet das Einkommen von Körperschaften, das heißt von juristischen Personen, Personenvereinigungen und Vermögensmassen[667]. Die Körperschaftsteuer knüpft an die Rechtsform an und erfaßt das Einkommen der Körperschaften. Die Geschichte dieser Steuer[668] lehrt, daß die Verselbständigung eines wirtschaftlichen Betriebes zu einem Steuersubjekt die Doppelbelastung des Gewinns bei Körperschaft und Kapitalgeber nicht rechtfertigt. Zudem schafft das Körperschaftsteuergesetz bei der Besteuerung des thesaurierten im Vergleich zum nicht entnommenen oder reinvestierten Gewinn der Einkommensteuerschuldner grobe Ungleichheiten, wenn der Steuersatz für die Körperschaft 15 %, für Einzelkaufmann oder Personengesellschaft aber 45 % betragen kann. Deshalb sollte die Körperschaftsteuer in die Einkommensteuer integriert werden[669].

234
Körperschaftsteuer

Auch die Gewerbesteuer erfaßt in ihrem Bemessungsfaktor, dem Gewerbeertrag, den marktabhängigen Vermögenszufluß. Dennoch ist die Gewerbesteuer eine Realsteuer im Sinne des Art. 106 Abs. 6 S. 1 GG; sie wird in Art. 106 Abs. 6 S. 4 ausdrücklich als eine der beiden Real- und Objektsteuern verstanden, die Steuergüter losgelöst von den persönlichen Verhältnissen der Inhaber belasten[670]. Die Gewerbesteuer bestimmt ihren Gegenstand „Gewerbebetrieb" nach objektiven Merkmalen und ohne Rücksicht auf die Rechtsbeziehungen zwischen Betrieb und beteiligten Einzelpersonen[671], muß dieses Objektsteuerprinzip jedoch nicht durchgängig und uneingeschränkt verwirklichen[672]. Ihr Bemessungsfaktor ist allerdings nicht mehr Gewerbekapital und Lohnsumme, sondern nur noch der „Gewerbeertrag", der einen durch Hinzurechnungen und Kürzungen objektivierten Ist-Ertrag besteuert. Dennoch gilt die Gewerbesteuer im Gegensatz zur Einkommensteuer weiterhin als eine Objektsteuer[673], eine den Gemeinden zustehende wirtschaftskraftbezogene Steuerquelle (Art. 28 Abs. 2 S. 3 GG). Soweit die Gewerbesteuer noch Objektsteuer ist, braucht sie nicht, wie in § 35 EStG vorgesehen, auf die Einkommensteuer angerechnet zu werden. Wird sie aber angerechnet, dürfte die gezahlte, aber nicht getragene Steuer insoweit nicht auch noch als Betriebsausgabe bei der Einkommensteuer abgezogen werden. Zudem führt die pauschale Anrechnung bei niedrigen Hebesätzen zu einer Überkompensation.

235
Gewerbeertragssteuer

---

667 Vgl. BVerfGE 13, 261 (268 ff.) – Rückwirkende Steuern; BVerfGE 22, 156 (159 ff.) – Gesellschafter-Geschäftsführer; BVerfGE 34, 103 (109 ff.) – Aufsichtsratsmitglieder.
668 S. o. Rn. 152.
669 Vgl. *Paul Kirchhof*, Einkommensteuergesetzbuch, Ein Vorschlag zur Reform der Einkommen- und Körperschaftsteuer, 2004.
670 Vgl. *Klaus Vogel/Hannfried Walter*, in: BK (Zweitb.), Art. 106 Rn. 249; *Heinrich Montag*, in: Klaus Tipke/Joachim Lang, Steuerrecht, ^{18}2005, § 12 Rn. 1, S. 155; vgl. auch § 3 Abs. 2 AO.
671 BVerfGE 25, 28 (38) – Betriebsaufspaltung im Gewerbesteuerrecht; BVerfGE 46, 224 (237) – Gewerbesteuerpflicht.
672 BVerfGE 13, 331 (345) – Personenbezogene Kapitalgesellschaften; BVerfGE 25, 28 (38) – Betriebsaufspaltung im Gewerbesteuerrecht; BVerfGE 23, 1 (8) – Kinderfreibeträge; BVerfGE 46, 224 (237) – Gewerbesteuerpflicht; vgl. auch Begründung zum Entwurf eines Gesetzes zur Änderung des Grundgesetzes (Art. 28 GG), Drucks. 13/8488, S. 5 (Alternativität von Gewerbeertragsteuer oder einer anderen wirtschaftskraftbezogenen Steuer); s. o. Rn. 104.
673 BFH, in: BStBl II, 2000, S. 316; BStBl II, 2004, S. 17; kritisch *Dietmar Gosch*, Einige aktuelle und zugleich grundsätzliche Bemerkungen zur Gewerbesteuer, in: DStZ 1998, S. 327 (334).

Schließlich ist es nicht folgerichtig, die Gewerbesteuer für natürliche Personen und Personengesellschaften faktisch abzuschaffen, für juristische Personen aber beizubehalten[674]. Der niedrige Körperschaftsteuersatz bietet systematisch, oft auch rechnerisch keinen angemessenen Ausgleich[675].

236
Kirchensteuer

Die Kirchensteuer belastet auf der Grundlage des Art. 140 GG in Verbindung mit Art. 137 Abs. 6 WRV, des Kirchensteuerrechts der Länder und der Kirchensteuerordnungen Kirchenmitglieder[676]. Die Kirchensteuer wird heute als Zuschlag zur Einkommensteuer und Lohnsteuer erhoben[677]. Hinzu treten kann ein Kirchgeld[678]. Soweit die Kirchensteuer als Zuschlagsteuer zur Einkommensteuer erhoben wird, bindet die Einkommensteuer Staat und Kirche zu einer Gläubigergemeinschaft, die in der Einkommensteuer eine gemeinsame Rechtsbasis, in den Finanzbehörden gemeinsame Organe und im Einkommensteuerschuldner einen gemeinsamen Financier haben. Das Kirchensteuerwesen ist eine gemeinsame Angelegenheit von Staat und Kirche[679], die eine Verantwortungsgemeinschaft für Inhalt und Wirkungen der Steuern vom Einkommen bilden. Die Verpflichtung der Arbeitgeber zur Einbehaltung und Abführung auch der Kirchenlohnsteuer stützt sich nicht auf kirchliche, sondern auf staatliche Anordnung[680]; sie setzt eine Eintragung der Religionszugehörigkeit auf der Lohnsteuerkarte voraus[681].

2. Vermögensbestand

237
Besteuerung der Sollerträge

Das geltende Steuerrecht erfaßt den Vermögensbestand durch die Grundsteuer und die Aufwandsteuern. Die Vermögensteuer wird nicht mehr erhoben[682]. Die Angemessenheit der Steuerlast richtet sich nach dem unterstellten Mindestnutzen des Privatvermögens; die Gleichheit bestimmt sich nach der Ertragsfähigkeit des Vermögensbestandes.

238
Frühere Vermögensteuer

Die Vermögensteuer belastete das Gesamtvermögen[683], das heißt das „Weltvermögen"[684] in seinem Sollertrag[685] als Ausdruck individueller finanzieller Leistungsfähigkeit. Die Vermögensteuer wirkte insoweit für den Steuerpflichtigen, der Erträge aus seinem Vermögen erwirtschaftete, wie eine zusätzliche

---

674 *Dietmar Gosch*, in: Paul Kirchhof, EStG Kompaktkommentar, [7]2007, § 35 Rn. 2, 22.
675 *Heike Jochum*, Das Bundesverfassungsgericht als Hüter der Gewerbesteuer?, in: StB 2005, S. 254.
676 BVerfGE 19, 206 (206 ff.) – Kirchenbausteuer; BVerfGE 268, (273 ff.) – Kirchenlohnsteuer II; BVerfGE 20, 40 – Getrennte Veranlagung zur Kirchensteuer; BVerfGE 44, 37 – Überlegungsfrist bei der Kirchensteuer; zur staatlichen Anerkennung kirchenrechtlicher Mitgliedschaftsregelungen vgl. BVerfGE 30, 415 (421 f.) – Mitgliedschaftsrecht.
677 Vgl. dazu § 51 a EStG.
678 Vgl. *Heiner Marré*, Das kirchliche Besteuerungsrecht, in: HdbStKirchR II, S. 5 (10 f.); *Paul Kirchhof*, Die Einkommensteuer als Maßstab für die Kirchensteuer, in: DStZ/A (1986), S. 25 ff.
679 BVerfGE 19, 206 (217) – Kirchenbausteuer; BVerfGE 73, 388 (399) – Kirchgeld.
680 BVerfGE 44, 103 – Kirchensteuereinbehalt.
681 BVerfGE 49, 375 – Religionszugehörigkeit auf der Lohnsteuerkarte.
682 S. o. N 173.
683 Vgl. § 4 Abs. 1 Nr. 1 VStG.
684 BFHE 153, 422.
685 BVerfGE 93, 121 (136) – Vermögensteuer.

Ertragsteuer[686]. Vermögenserträge gelten als „fundiertes" Einkommen, dem eine höhere Steuerkraft beizumessen ist als dem „unfundierten" Arbeitseinkommen[687]. Die stärkere Besteuerung des aus dem Vermögen fließenden Einkommens im Vergleich zum Arbeitseinkommen ist verfassungsrechtlich vertretbar, weil die Vermögenseinkünfte nicht den zur Erzielung von Tätigkeitseinkünften notwendigen persönlichen Einsatz und die sich daraus ergebende Gebundenheit und Einschränkung der individuellen Lebensgestaltungsmöglichkeiten voraussetzen[688]. Derzeit ist das Vermögensteuergesetz jedoch nach einer Entscheidung des Bundesverfassungsgerichtes[689] nicht anwendbar[690], weil die Bewertung von Grund- und Geldvermögen nicht gleichheitsgerecht gestaltet ist. Die Unanwendbarkeit eines im Bundesgesetzblatt verkündeten Gesetzes unterscheidet sich vom aufgehobenen Gesetz, weil der Bundesgesetzgeber noch von seiner Gesetzgebungskompetenz (Art. 105 Abs. 2 GG) – gleichsam mit einem Steuersatz von 0 % – Gebrauch gemacht hat, damit die Sperrwirkung des Art. 72 Abs. 1 GG gegenüber den Ländern andauert.

239
Grundsteuer

Die Grundsteuer, eine der beiden Realsteuern, belastet den Grundbesitz, das heißt Betriebe der Land- und Forstwirtschaft, Betriebsgrundstücke und private Grundstücke. Auch die Grundsteuer erfaßt den Sollertrag[691] objektsteuerlich ungeachtet der persönlichen Verhältnisse des Steuerschuldners. Damit wird der Grundbesitz in seinen Erträgen durch die Einkommensteuer und die Grundsteuer zweifach belastet. Diese Vielfachbelastung ist gegenwärtig allerdings durch eine nicht realitätsgerechte niedrige Bewertung des Grundbesitzes deutlich gemindert[692].

240
Aufwandsteuern

Aufwandsteuern knüpfen tatbestandlich an einen Vermögensbestand an, belasten aber die Vermögensverwendung für den persönlichen Lebensbedarf, in der die wirtschaftliche Leistungsfähigkeit zum Ausdruck kommt[693]. Die wichtigsten Beispiele sind kommunale Aufwandsteuern wie die Hundesteuer, die Jagd- und Fischereisteuer, die Vergnügungsteuer, die Spielgerätesteuer, die Fremdenverkehrsteuer und die Zweitwohnungsteuer[694]. Die Aufwandsteuern knüpfen in ihrer konkreten Ausgestaltung an den Einsatz finanzieller Mittel für die Aufrechterhaltung eines tatsächlichen oder rechtlichen Zustandes an, der den privaten Verbrauch von Gütern und Leistungen ermöglicht.

---

686 BVerfGE 43, 1 (7) – Beschränkt Steuerpflichtige; s. o. Rn. 129 ff.
687 Vgl. BVerfGE 13, 331 (348) – Personenbezogene Kapitalgesellschaften; BVerfGE 43, 1 (7) – Beschränkt Steuerpflichtige.
688 BVerfGE 43, 1 (7) – Beschränkt Steuerpflichtige.
689 BVerfGE 93, 121 (146 ff.) – Vermögensteuer; dazu *Hans-Wolfgang Arndt*, Besteuerungsgewalt oder Steuerrecht, in: FS für Wolfgang Ritter, 1997, S. 307 ff.; zur Bewertung: *Paul Kirchhof*, Verfassungsrechtliche Maßstäbe für die einheitswertabhängigen Steuern, in: FS zum 30jährigen Bestehen der Münchner Juristischen Gesellschaft, 1996, S. 243.
690 S. o. N 173.
691 BVerfGE 41, 269 (281) – Helgoland-Gesetz.
692 Dazu *Michael Balke*, Über Grundstücks-Einheitswerte, in: StuW 1987, S. 364 ff.
693 BVerfGE 21, 54 (64) – Finanzamt Kleve.
694 Zur Zweitwohnungsteuer BVerfGE 65, 325 (246 f.) – Zweitwohnungsteuer; BVerfGE 114, 316 (332 ff.) – Zweitwohnungsteuer bei Ehegatten; keine örtlichen Aufwandsteuern sind die Schankerlaubnissteuer sowie die Fremdenverkehrsabgabe, BVerfGE 42, 223 (227 ff.) – Alpirsbach; auch die Einwohnersteuer ist keine Aufwandsteuer; BVerfGE 16, 64 (74) – Einwohnersteuer.

Sie belasten meist das Halten von Gegenständen, das den Gegenstand gebraucht, nicht verbraucht[695]. Belastungsgrund für eine typisierende und vergröbernde Erfassung der finanziellen Leistungsfähigkeit ist die Finanzierung eines Wirtschaftsgutes durch einen Aufwand[696]. Die Besteuerung des Gebrauchs und des Aufrechterhaltens eines Zustandes durch Aufwandsteuern ist dem Landesgesetzgeber nur in der Begrenzung auf „örtliche" Steuern gestattet (Art. 105 Abs. 2 a GG). Ein Beispiel einer überörtlichen Aufwandsteuer bietet die bundesgesetzlich geregelte Kraftfahrzeugsteuer[697], die das Halten von Fahrzeugen zum Verkehr auf öffentlichen Straßen belastet, sich also von den Verbrauchsteuern dadurch unterscheidet, daß sie einen Gebrauch, nicht einen Verbrauch tatbestandlich erfaßt[698].

3. Vermögensverwendung

241
Belastet wird der Unternehmer, erwartet wird eine Überwälzung

Die dritte steuerliche Zugriffstelle erfaßt die in der Nachfrage nach Wirtschaftsgütern angelegte und typisierend vermutete Zahlungskraft. Die Belastung der Vermögensverwendung durch indirekte Steuern beläßt den Steuerträger in der Anonymität des Marktes, ist also nicht auf die persönliche Leistungsfähigkeit des Belasteten ausgerichtet. Steuerschuldner ist in der Regel der Unternehmer, bei dem sich die Leistungen und Verkehrsvorgänge ereignen; die Überwälzung auf den Steuerträger wird erwartet, ist jedoch nicht durch steuerliche Regeln sichergestellt. Die Vermögensverwendung wird durch die Umsatzsteuer, die Verkehrsteuern, die Verbrauchsteuern und die Zölle besteuert.

242
Umsatzsteuer

Die Umsatzsteuer[699] ist mit einem jährlichen Steueraufkommen von etwa 140 Mrd. Euro[700] neben der Einkommensteuer die zweite große Säule der Staatsfinanzierung in Deutschland. Der Staat fordert eine Teilhabe am Umsatz, weil er die Nutzung des Marktes und damit die Verwendung finanzieller Mittel durch den Nachfrager ermöglicht; der Nachfrager kann seine Kaufkraft in Deutschland am Markt nur nutzen, weil er hier die Infrastruktur eines seinen Bedarf befriedigenden Angebots vorfindet. Der 100-Euro-Schein in der

---

695 *Jutta Förster*, Die Verbrauchsteuern, 1989, S. 110 f.; *Dieter Birk*, Steuerrecht, Bd. I, § 7 Rn. 10; insoweit allerdings ist die Getränke- und Speisesteuer keine Aufwandsteuer, sondern eine Verbrauchsteuer, vgl. BVerfGE 16, 306 (316 f.). – Getränke- und Speiseeissteuer.
696 Vgl. auch BVerfGE 65, 325 (346 ff.) – Zweitwohnsitzsteuer; BVerfGE 114, 316 (334) – Zweitwohnungsteuer bei Ehegatten: „Zustand", der typischerweise wirtschaftliche Leistungsfähigkeit zum Ausdruck bringt.
697 Der Steuerertrag ist nach Art. 106 Abs. 2 Nr. 3 GG den Ländern zugewiesen; insoweit ist die Qualifikation als (Real-)Verkehrsteuer oder Aufwandsteuer unerheblich; vgl. aber BFH, in: BStBl II, 1986, S. 593; BStBl II, 1973, S. 807; s. u. Rn. 248.
698 *Förster* (N 695), S. 124; vgl. BVerfGE 32, 279 (284 ff.) – Kraftfahrzeugsteuererstattung; der Landesertrag aus der Kfz-Steuer (Art. 106 Abs. 2 Nr. 3 GG) beträgt 8,6 Mrd. Euro.
699 Für eine Übersicht: *Wolfram Reiß*, in: Klaus Tipke/Joachim Lang, Steuerrecht[18], 2005, § 14. Die Richtlinien der EU bezeichnen die Umsatzsteuer als Mehrwertsteuer. Dieser Begriff ist mißverständlich, weil der Unternehmer auch dann eine Leistung versteuern muß, wenn er zum Beispiel eine Ware unter seinem Einstandspreis verkauft (vgl. *Holger Stadie*, in: Günter Rau/Erich Dürrwächter, Komm. zum UStG, Einf. Rn. 130). Im folgenden wird daher die national übliche Bezeichnung „Umsatzsteuer" verwendet.
700 S. o. N 662.

Tasche erlaubt in Deutschland Genuß, in der Wüste würde er das Verdursten nicht verhindern. Der Steuerträger trägt mit der Umsatzsteuer zum Erhalt dieser Nachfragestruktur bei[701]. Das deutsche Umsatzsteuerrecht – und das der anderen Mitgliedstaaten der Europäischen Union – wurde vor allem durch die 6. EG-Richtlinie entscheidend geprägt[702]. Sie trifft detaillierte Regelungen zum Gegenstand der Steuer, zum Steuerpflichtigen, zur Bemessungsgrundlage, zu den Steuerbefreiungen und zum Vorsteuerabzug. Die 6. EG-Richtlinie wurde zum 1. Januar 2007 durch die Mehrwertsteuer-Systemrichtlinie ersetzt, die alle bisherigen europäischen Richtlinien zur Umsatzsteuer ohne inhaltliche Änderungen in einem Text zusammenfaßt[703].

243 Besteuerung der Endverbraucher

Die Umsatzsteuer besteuert Leistungen eines Unternehmers gegen Entgelt. Sie belastet letztlich die vom Endverbraucher am Markt genutzte Kaufkraft, die zu einem marktoffenbaren Leistungsaustausch führt. Folgerichtig bestimmt sie daher die Leistung zum Steuerobjekt, wählt als Bemessungsgrundlage das gezahlte Entgelt und bemißt den Steuersatz als einen festen Vomhundertsatz dieses Entgelts (19%, 7%). Steuertechnisch nimmt sie den entgeltlich leistenden Unternehmer als Steuerschuldner in Pflicht, der die Umsatzsteuer zusammen mit dem Entgelt vom Endverbraucher einnehmen und an den Fiskus abführen soll. Die Umsatzsteuer ist damit nach ihrer technischen Anknüpfung an entgeltliche Leistungen des Unternehmers eine allgemeine Verkehrsteuer, nach ihrer Belastungswirkung eine allgemeine Verbrauchersteuer[704]. Die Besteuerung der entgeltlichen Leistung wird ergänzt durch die Besteuerung der unentgeltlichen Wertabgabe, bei der ein Unternehmer Gegenstände aus seinem Unternehmen für private Zwecke verwendet, dadurch wie ein Endverbraucher konsumiert. Die Umsatzsteuer ist auf Überwälzung an den Endverbraucher als Steuerträger angelegt; gleichwohl wird die Überwälzung vom Gesetz nicht durch steuerliche Regeln sichergestellt[705].

244 Unternehmerische Leistung

Dagegen soll der Unternehmer, der eine Leistung empfängt, nicht mit Umsatzsteuer belastet sein, soweit seine Eingangsleistungen in eigene steuerpflichtige Ausgangsleistungen münden. Verwirklicht wird diese „Neutralität" der Umsatzsteuer durch den Vorsteuerabzug, der es dem leistungsempfangenden Unternehmer erlaubt, die ihm vom leistenden Unternehmer berechnete Umsatzsteuer von seiner eigenen Umsatzsteuerschuld abzuziehen oder sich erstatten zu lassen.

245 Nullsummenspiel

Durch die Entgegennahme der Umsatzsteuer durch den leistenden Unternehmer und die Auszahlung der zugehörigen Vorsteuer an den leistungsempfan-

---

701 *Paul Kirchhof*, Entwicklungsmöglichkeiten der Umsatzsteuer im Rahmen von Verfassungs- und Europarecht, in: UR 2002, S. 541 (542 f.).
702 Sechste Richtlinie des Rates 77/388/EWG vom 17. 5. 1977 zur Harmonisierung der Rechtsvorschriften der Mitgliedstaaten über die Umsatzsteuern – Gemeinsames Mehrwertsteuersystem: einheitliche steuerpflichtige Bemessungsgrundlage, ABl EG 1977 Nr. L 145, S. 1.
703 Richtlinie 2006/112/EG des Rates vom 28. November 2006 über das gemeinsame Mehrwertsteuersystem, ABl EU 2006 Nr. L 347, S. 1.
704 So BVerfGE 31, 314 (331) – 2. Rundfunkentscheidung; *Hartmut Söhn*, Die Umsatzsteuer als Verkehrsteuer und/oder Verbrauchsteuer, in: StuW 1975, S. 1; *Klaus Tipke*, UR 1972, S. 2.
705 Zur Überwälzung s. o. Rn. 27.

genden Unternehmer wird ein – für den Fiskus gewaltiges – Nullsummenspiel in Gang gesetzt[706], bei dem etwa vier Fünftel der von den Vertragspartnern in Rechnung gestellten und bezahlten Umsatzsteuer in Form von Vorsteuer verrechnet oder erstattet wird[707]. Erst bei der Leistung eines Unternehmers an den Endverbraucher vereinnahmt der Fiskus die Umsatzsteuer endgültig, weil der Endverbraucher mangels Unternehmereigenschaft keine Vorsteuer mehr geltend machen kann. Zur Erzielung des verbleibenden steuerlichen Ertrags muß also immer der fünffache Betrag zwischen leistendem Unternehmer, Fiskus und leistungsempfangendem Unternehmer dokumentiert und bewegt werden.

246
Reformvorschläge

Der Vorsteuerabzug hat sich in den letzten Jahren bei der Steuerhinterziehung als Achillesverse der Umsatzsteuer erwiesen[708]. Das Problem der Nichtabführung der Umsatzsteuer und der Vorsteuererschleichung – insbesondere durch grenzüberschreitende Karussellgeschäfte, Scheinrechnungen und Geschäfte ohne Rechnung – führt zu Steuerausfällen, die jährlich auf mehrere Milliarden Euro geschätzt werden[709]. Zudem führt das Vorsteuerabzugsverfahren in Fällen der Insolvenz neben dem Ausfall der Umsatzsteuer oft auch zum Ausfall von Vorsteuerrückforderungen. Erste Reformbemühungen des deutschen Gesetzgebers im Steuerverkürzungsbekämpfungsgesetz vom 19. Dezember 2001[710] stellen deshalb vor allem den Vorsteuerabzug des leistungsempfangenden Unternehmers, der unabhängig von der Entrichtung der Umsatzsteuer beim leistungserbringenden Unternehmer besteht, in Frage. Hier wird insbesondere für Leistungen zwischen Unternehmern[711] erwogen, die Umsatzsteuerschuld vom leistungserbringenden Unternehmer auf den leistungsempfangenden Unternehmer übergehen zu lassen („Reverse Charge"), um Umsatzsteuerschuld und Vorsteuerabzug bei derselben Person – dem Leistungsempfänger – zusammenzuführen und dort unmittelbar zu verrechnen. Wegen der unmittelbaren Verrechnung beim Leistungsempfänger muß der Fiskus dann Vorsteuern nur noch zahlen, wenn er die Umsatzsteuer beim Leistenden eingenommen hat. Die einstweilige Ablehnung der Anträge der Bundesrepublik Deutschland und Österreichs auf Einführung des Reverse Charge[712] hat gezeigt, daß eine tiefgreifende Reform des Umsatzsteuerrechts nur gelingen kann, wenn der europäische Richtliniengeber bereit ist, die Mehrwertsteuer-Systemrichtlinie grundsätzlich neu zu fassen. Dabei müssen auch andere Mittel zur Bekämpfung des Umsatzsteuerbetrugs erwogen wer-

---

706 *Elmar Mittler*, Einführung von Vorstufenbefreiungen als Mittel zur Umsatzsteuer-Betrugsbekämpfung, in: UR 2001, S. 385.
707 *Statistisches Bundesamt*, Fachserie 14, Reihe 8, Finanzen und Steuern, Umsatzsteuer, 2004, Zeitreihe 1, 1.1 und Tz. 9.3: vereinnahmte Umsatzsteuer ca. 550 Mrd. Euro, Umsatzsteuerertrag ca. 140 Mrd. Euro.
708 *Wolfram Reiß*, Vorsteuerabzug – Achillesverse der Mehrwertsteuer?, in: UR 2002, S. 561.
709 Vgl. *Ifo-Institut*, in: Ifo-Schnelldienst 2005, Heft 21, S. 14; *Werner Widmann*, Planspiel, Finanzministerkonferenz, Sachverständigenrat, Koalitionsvertrag: alle wollen jetzt nur das eine: Reverse Charge, in: UR 2006, S. 13.
710 Gesetz zur Bekämpfung von Steuerverkürzungen bei der Umsatzsteuer und zur Änderung anderer Steuergesetze (Steuerverkürzungsbekämpfungsgesetz – StVBG) vom 19.12.2001 (BGBl I, S. 3922).
711 Von den im Jahr 2003 in Deutschland gezahlten Netto-Entgelten von ca. 4,3 Billionen Euro entfallen allein 1,5 Billionen auf das verarbeitende Gewerbe und 0,7 Billionen auf den Großhandel.
712 Europäische Kommission, Dok. KOM 2006 (404) endg.

den, insbesondere eine Vorstufenbefreiung, bei der die am Nullsummenspiel teilhabenden Umsätze zwischen zwei Unternehmern gänzlich aus der Umsatzsteuer ausgenommen werden. Danach erscheint auch die Abschaffung der Steuerbefreiung der innergemeinschaftlichen Lieferung geboten, um grenzüberschreitende Karussellgeschäfte unmöglich zu machen. Ebenso erwägenswert ist ein genereller Übergang zur Ist-Versteuerung, so daß der leistungsempfangende Unternehmer Vorsteuern erst abziehen kann, wenn er das Entgelt an den leistenden Unternehmer bezahlt hat[713]; dadurch würden insbesondere die insolvenzbedingten Einnahmeausfälle vermieden. Schließlich sollten die unübersichtlichen und unausgewogenen Steuerbefreiungen und ermäßigten Steuersätze aufgehoben werden. Diesen Änderungen im materiellen Umsatzsteuerrecht müssen sodann Verbesserungen des Verwaltungsvollzuges folgen.

247
Verkehr- und Verbrauchsteuern

Verkehr- und Verbrauchsteuern belasten die in einer Nachfrage und Konsumbereitschaft zum Ausdruck kommende vermutliche Zahlungsfähigkeit. Die Verkehrsteuern erfassen diese Zahlungsfähigkeit typisierend in Akten oder Vorgängen des Rechtsverkehrs, in der Vornahme eines Rechtsgeschäfts[714]. Die Verbrauchsteuern hingegen knüpfen an den Übergang des Verbrauchsgutes aus der steuerlichen Bindung in den nicht gebundenen Marktverkehr an[715], in der Regel an den tatsächlichen Übergang der belasteten Ware vom Herstellungsbetrieb in den freien Verkehr, an den Verbrauch der belasteten Ware im Betrieb und an die Einfuhr der belasteten Ware in das Steuerinland. Tatbestandstechnisch setzt die Verkehrsteuer zwei Personen voraus, die aufgrund eines Vorgangs des Rechtsverkehrs Leistungen erbringen oder Rechtsansprüche begründen; die Verbrauchsteuer hingegen hat allein das Verbringen oder den Verbrauch einer Ware bei einer Person, dem Hersteller oder Importeur zum Gegenstand. Die Verbrauchsteuer wird der Einfachheit halber beim Hersteller oder Verteiler des Gutes erhoben, soll aber auf den End- oder Letztverbraucher überwälzt werden[716]. Dabei ist die Überwälzbarkeit nicht rechtlich gewährleistet[717], sondern typusbestimmendes Merkmal; ob der Unternehmer die Steuer durch Preiserhöhung, Umsatzsteigerung oder Kostensenkung[718] auffängt, entscheidet er in Einschätzung seines Marktes.

---

713 Dazu *Holger Stadie*, Soll oder Ist – das ist jetzt die Frage!, in: UR 2004, S. 137, 398; *Claudia Wesselbaum-Neugebauer*, Soll- versus Ist-Besteuerung oder die Finanzierungsneutralität der Umsatzsteuer, in: UR 2004, S. 401.
714 BVerfGE 16, 64 (73) – Einwohnersteuer. Wenn in herkömmlicher Terminologie von den Rechtsverkehrsteuern die Realverkehrsteuern als Oberbegriff für die Straßengüterverkehrsteuer und die Kraftfahrzeugsteuer abgehoben werden (vgl. Art. 106 Abs. 1 Nr. 3, Abs. 2 Nr. 3 im Vergleich zu Art. 106 Abs. 2 Nr. 4 GG), so ist diese Unterscheidung gegenwärtig ohne Bedeutung: Die Straßengüterverkehrsteuer ist inzwischen aufgehoben, die Kraftfahrzeugsteuer eine Aufwandsteuer, s. o. Rn. 240, deren Ertrag in Art. 106 Abs. 2 Nr. 3 GG ausdrücklich den Ländern zugewiesen ist. Zur Qualifikation als Verkehrsteuer vgl. aber BFH, Urteil vom 27. 6. 1973, BFHE 110, 213 = BStBl II, 1973, S. 807 und BFH, Urteil vom 22. 4. 1986, BFHE 147, 180 = BStBl II, 1986, S. 593: die Kfz-Steuer knüpfe nicht an die Auslieferung des Kfz ab Fabrik, sondern an den öffentlich-rechtlichen Akt der Zulassung zum Straßenverkehr an.
715 Vgl. BVerfGE 16, 64 (74) – Einwohnersteuer; BVerfGE 110, 274 (295) – Ökosteuer.
716 BVerfGE 98, 106 (124) – Verpackungsteuer; BVerfGE 110, 274 (195 ff.) – Ökosteuer.
717 BVerfGE 110, 274 (295) – Ökosteuer; s. o. Rn. 27.
718 BVerfGE 110, 274 (295) – Ökosteuer.

§ 118 *Achter Teil: III. Finanzwesen*

Verkehrsteuern und Verbrauchsteuern entfalten ähnliche Belastungswirkungen; sie treffen letztlich den Nachfrager. Verkehrsteuern belasten jedoch gelegentlich beide am Rechtsvorgang Beteiligten mit einer Schuld oder einer Haftung.

248
In Art. 106 GG vorgesehene Verkehrsteuern

Art. 106 GG weist die Kapitalverkehrsteuern, die Versicherungsteuer und die Wechselsteuer in die Ertragshoheit des Bundes (Abs. 1 Nr. 4), die übrigen Verkehrsteuern, das heißt die Grunderwerbsteuer, die Feuerschutzsteuer, die Rennwett- und Lotteriesteuer in die Ertragshoheit der Länder (Abs. 2 Nr. 4). Die Kapitalverkehrsteuern wurden inzwischen jedoch abgeschafft, die Börsenumsatzsteuer zum 1. Januar 1991, die Gesellschafts- und Wechselsteuer zum 1. Januar 1992[719]. Die Umsatzsteuerbefreiungen für diese Kapitalverkehrsvorgänge (§ 4 Nr. 8 Buchstaben e, f UStG), die eine Doppelbelastung mit Umsatzsteuer und Kapitalverkehrsteuer vermeiden sollten, wurden jedoch beibehalten. Verkehrsgeschäfte mit Wertpapieren, Gesellschaftsanteilen und Wechseln sind somit derzeit – im Sog eines internationalen Standards – gänzlich von der Verkehrsbesteuerung ausgenommen. Als Verkehrsteuern werden gegenwärtig erhoben: Die Versicherungsteuer mit einem Bundessteuerertrag von rund 8,7 Mrd. Euro und die Grunderwerbsteuer mit einem Ländererertrag von 4,7 Mrd. Euro, die Rennwett- und Lotteriesteuer mit einem Ländererertrag von 1,8 Mrd. Euro und die Feuerschutzsteuer mit einem Ländererertrag von 0,3 Mrd. Euro. Art. 106 Abs. 2 Nr. 6 GG nennt außerdem die Abgabe von Spielbanken ausdrücklich als Gegenstand der Landesertragshoheit. Diese Verteilungsregeln anerkennen die herkömmlichen Verbrauch- und Aufwandsteuern, hindern aber nicht prinzipiell eine Erneuerung oder Abschaffung dieser Steuern.

Grunderwerbsteuer

Die Grunderwerbsteuer[720] soll den Erwerb der wirtschaftlichen Verfügungsmacht über Grundstücke besteuern. Insoweit belastet die Grunderwerbsteuer die Grundstücksumsätze, unterscheidet sich von der Umsatzsteuer aber dadurch, daß sie auch Grundstücksumsätze im privaten Bereich erfaßt und einen Vorsteuerabzug nicht kennt. Die Grunderwerbsteuer ist durch das Grunderwerbsteuergesetz 1983[721] gerechter und einfacher gestaltet worden; durch Beseitigung vieler Steuerbefreiungen konnte der Steuersatz von 7 % auf 3,5 % gesenkt werden[722]. Nach Art. 105 Abs. 2 a S. 2 GG haben die Länder nunmehr die Befugnis, den Steuersatz bei der Grunderwerbsteuer zu bestimmen. Im Rahmen der Umsatzsteuerharmonisierung wären Lieferungen von Baugrundstücken und Neubauten durch Unternehmer steuerbar und steuerpflichtig[723]. Deutschland hat jedoch von einer Ausnahmeermächtigung[724]

---

719 Vgl. Art. 4 des Finanzmarktförderungsgesetzes vom 22. 2. 1990 (BGBl I, S. 266).
720 Das Grunderwerbsteuerrecht war anfangs Landesrecht und ist aufgrund der durch das 21. Gesetz zur Änderung des Grundgesetzes vom 12. 5. 1969 (BGBl I, S. 359) begründeten konkurrierenden Gesetzgebungskompetenz des Bundes durch das Grunderwerbsteuergesetz 1983 vom 17. 12. 1982 (BGBl I, S. 1777) bundeseinheitlich geregelt.
721 Grunderwerbsteuergesetz (GrEStG) 1983 vom 17. 12. 1982 (BGBl I, S. 1777).
722 Jahressteuergesetz 1997 vom 20. 12. 1996 (BGBl I, S. 2049).
723 Art. 13 Teil B Buchstabe g und h i. V. m. Art. 4 Abs. 3 Buchstabe a und b der 6. EG-Richtlinie = Art. 135 Abs. 1 Buchstaben j und k i. V. m. Art. 12 der MwSt-Systemrichtlinie.
724 Art. 28 Abs. 3 Buchstabe b i. V. m. Anhang F Nr. 16 der 6. EG-Richtlinie = Art. 371 i. V. m. Anhang X Teil B Nr. 9 der MwSt-Systemrichtlinie.

Gebrauch gemacht und die Lieferung von Baugrundstücken und Neubauten von der Umsatzsteuer befreit[725]. Diese Ermächtigung sollte gestrichen werden, so daß alle Lieferungen von Grundstücken umsatzsteuerpflichtig würden. Deutschland konnte jedoch bisher seine Regelung, wonach alle Grundstücksumsätze umsatzsteuerbefreit, aber grunderwerbsteuerpflichtig sind, auch gegenüber dem EG-Recht bewahren[726].

Die Versicherungsteuer belastet den Versicherungsaufwand; besteuert wird die Zahlung des Versicherungsentgelts aufgrund eines Versicherungsrechtsverhältnisses. Die Feuerschutzsteuer[727] belastet speziell die Entgelte für Feuerversicherungen. Sie wird neben der Versicherungsteuer erhoben; die Doppelbelastung wird allerdings durch einen ermäßigten Steuersatz bei der Versicherungsteuer – in der Regel 14 % statt 19 % – berücksichtigt[728]. Formal unterscheiden sich beide Steuern dadurch, daß bei der Versicherungsteuer der Versicherungsnehmer, bei der Feuerschutzsteuer das Versicherungsunternehmen Steuerschuldner sind. In beiden Fällen trifft die Steuerlast aber letztlich den Versicherungsnehmer. Die Unterscheidung ist rechtlich erheblich, da der Ertrag der Versicherungsteuern nach Art. 106 Abs. 1 Nr. 4 GG dem Bund zusteht, der Ertrag der Feuerschutzsteuer nach Art. 106 Abs. 2 Nr. 4 GG hingegen den Ländern.

249
Versicherungsteuer, Feuerschutzsteuer

Die Rennwettsteuer[729] belastet das Wetten am Totalisator beim Buchmacher anläßlich öffentlicher Pferderennen und anderer öffentlicher Leistungsprüfungen für Pferde, die Lotteriesteuer die im Inland veranstalteten öffentlichen Lotterien und Ausspielungen. Die Unternehmer, Buchmacher oder Veranstalter als Steuersubjekte überwälzen die Steuerlast auf den Nachfrager, der in seiner Spielbereitschaft individuelle Zahlungsfähigkeit sichtbar werden läßt.

250
Rennwett- und Lotteriesteuer

Die Grunderwerbsteuer, die Rennwett- und Lotteriesteuer und die Feuerschutzsteuer sind traditionelle Verkehrsteuern, deren Aufkommen Art. 106 GG den Ländern zuweist. Die herkömmliche Anerkennung dieser Steuerarten begründet eine verfassungsrechtliche Vermutung für die Verfassungsmäßigkeit dieser Zugriffsarten, schließt aber nicht aus, daß ihnen aufgrund der wirtschaftlichen Entwicklung, einer zunehmenden Bedeutung benachbarter Steuern, insbesondere der Umsatzsteuer, sowie Vorgaben des Europarechts anderweitige verfassungsrechtliche Bedenken entgegenstehen. Sie sollten insgesamt in die Umsatzsteuer integriert werden.

251
Herkömmlich anerkannte Steuern in verändertem Umfeld

Die Spielbankenabgabe, die in Art. 106 Abs. 2 Nr. 6 GG als Gegenstand der Landesertragshoheit ausdrücklich geregelt ist und materiell den Verkehrsteu-

252
Spielbankenabgabe

---
725 Vgl. § 4 Nr. 9 Buchstabe a UStG.
726 Vgl. schon BT-Drucks. 9/251 S. 14 unter V.1.
727 Die Feuerschutzsteuer stützt sich auf das Feuerschutzsteuergesetz vom 21. 12. 1979 (BGBl I, S. 2353), mit späteren Änderungen.
728 Vgl. § 11 Abs. 2 Nr. 1 VersStG.
729 Die Rennwett- und Lotteriesteuer hat ihre Rechtsgrundlage im Rennwett- und Lotteriesteuergesetz vom 8. 4. 1922 (RGBl I, S. 335, 393), zuletzt geändert durch Art. 25 des 2. Rechtsbereinigungsgesetzes vom 16. 12. 1986 (BGBl I, S. 2441).

§ 118　　　*Achter Teil: III. Finanzwesen*

ern zuzurechnen wäre[730], belastet den Betrieb einer Spielbank. Der deutsche Gesetzgeber hat die Umsatzsteuerbefreiung für das Glücksspiel mit Geldeinsatz insgesamt aufgehoben, so daß diese Umsätze umsatzsteuerpflichtig geworden sind[731]. Daraufhin haben einige Länder die Spielbankenabgabe in Höhe der Umsatzsteuer gestundet[732]. Die Spielbankenabgabe soll demnächst bundesweit unter den Ländern abgestimmt und geändert werden[733].

Besondere Verbrauchsteuern

An besonderen Verbrauchsteuern werden zur Zeit in der Bundesertragshoheit (Art. 106 Abs. 1 Nr. 1 GG) erhoben: die Mineralölsteuer mit einem Aufkommen (2005) in Höhe von 40 Mrd. Euro, die Tabaksteuer (Aufkommen 14 Mrd. Euro), die Stromsteuer (Aufkommen 6,5 Mrd. Euro), die Branntweinsteuer (Aufkommen: 2,1 Mrd. Euro), die Kaffeesteuer (Aufkommen 1 Mrd. Euro), die Schaumweinsteuer (0,4 Mrd. Euro) und neuerdings die Alkopopsteuer[734] mit einem Aufkommen von 10 Mio. Euro.

253
Reform der besonderen Verbrauchsteuern

Die Verbrauchsbesteuerung insbesondere der Energie, aber auch der Genußmittel ist ertragreich, wird deswegen beibehalten werden. Dies ist vor allem dort bedenklich, wie jüngst bei der Alkopopsteuer, wo eine Prohibitivsteuer ein schädliches Verhalten erschweren oder unterbinden soll, der Steuerertrag den Fiskus aber auf steigende Erträge und damit auf ein vermehrtes Schädigungsverhalten hoffen läßt. Der Staat sollte grundsätzlich auf Prohibitivsteuern verzichten[735]. Eine Integration der besonderen Verbrauchsteuern in die allgemeine Umsatzsteuer allerdings ist nur schwer möglich, weil die Verbrauchsteuern nicht die unternehmerische Leistung zum Ausgangstatbestand wählen, ihnen außerdem nicht die – durch Vorsteuerabzug verwirklichte – Entlastung der Unternehmen entspricht. Im übrigen wirkt die Europäische Union auf die Vereinheitlichung von besonderen Verbrauchsteuern hin[736]. Die Richtlinie 92/12/EWG vom 25. Februar 1992 („Systemrichtlinie")[737] hat für Mineralöl, Tabak und alkoholische Getränke Vereinheitlichungen vorgegeben, die durch das Verbrauchsteuer-Binnenmarktgesetz[738] in deutsches Recht umgesetzt worden sind. Zugleich wurden die Verbrauchsteuern auf Salz, Zucker, Leuchtmittel und Tee abgeschafft. Die Europäische Union setzt der Phantasie der Mitgliedstaaten aber bei der Schaffung neuer Verbrauch-

---

730　BVerfGE 28, 119 (150 f.) – Spielbank, läßt die Qualifizierung der Spielbankabgabe als Steuer und ihre Einordnung in das Steuersystem ausdrücklich offen.
731　Vgl. § 4 Nr. 9 Buchstabe b, 2. Alt. UStG, vgl. aber EuGH, Urteil vom 17. 2. 2005 („Linneweber" und „Akriditis"), Rs. C-453/02 und C-462/02, UR 2005, S. 194.
732　Vgl. LT-Drucks Baden-Württemberg 14/18 vom 14. 6. 2006, S. 3.
733　Vgl. LT-Drucks Baden-Württemberg 14/18 vom 14. 6. 2006, S. 4.
734　Gesetz vom 23. 7. 2004, (BGBl I, S. 1857) eingeführt zum 1. 7. 2004.
735　S. o. Rn. 49.
736　Vgl. insgesamt *Harald Jatzke*, Das System des deutschen Verbrauchsteuerrechts unter Berücksichtigung der Ergebnisse der Verbrauchsteuerharmonisierung in der Europäischen Union, 1997.
737　ABl EG Nr. L 76, S. 1; dazu *Lang* (N 110), § 16 Rn. 2.
738　Gesetz vom 21. 12. 1992 (BGBl I, S. 2150).

steuern⁷³⁹ kaum Grenzen. Den Ländern steht das Aufkommen aus der Biersteuer in Höhe von 0,8 Mrd. Euro zu (Art. 106 Abs. 2 Nr. 5 GG). Das den Gemeinden zustehende Aufkommen aus den örtlichen Verbrauchsteuern (Art. 106 Abs. 6 S. 1 GG)⁷⁴⁰ erstreckt sich derzeit auf die Getränkesteuer und die Schankerlaubnissteuer⁷⁴¹.

Zölle sind Steuern⁷⁴², die nach Maßgabe des Zolltarifs auf die Warenbewegung über die Grenzen vom Ausland ins Inland (Einfuhr) erhoben werden⁷⁴³. Der Zollkodex⁷⁴⁴ (ZK) hat zum 1. Januar 1994 als europäische Rechtsverordnung die grundlegenden zollrechtlichen Vorschriften geregelt und damit bestehende nationale Vorschriften abgelöst. Ergänzt wird der Zollkodex insbesondere durch die Durchführungsverordnung zum Zollkodex⁷⁴⁵ und die Zollbefreiungsverordnung⁷⁴⁶.

254
Zölle

Verbrauchsteuerähnlich wirken schließlich auch die Finanzmonopole⁷⁴⁷. Art. 105 Abs. 1 GG anerkennt Finanzmonopole und weist das Aufkommen aus diesen Monopolen dem Bund zu. Nachdem das Zündwarenmonopol entfallen ist⁷⁴⁸, gibt es gegenwärtig nur noch das Branntweinmonopol, ein als Herstellungs-, Einfuhr- und Zwischenhandelsmonopol gestalteter, als Interventionsmaßnahme geplanter und als überwälzte Last wirksamer Abgabentatbestand⁷⁴⁹. Betroffen sind primär die Produzenten und Händler, die jedoch die abgabenähnliche Belastung in der Regel an die Konsumenten weiterge-

255
Finanzmonopole

---

739 Frankreich: Mineralöl, Tabak, Bier und bestimmte alkoholfreie Getränke, Wein, Kohlenwasserstoffe, Speiseöl; Großbritannien: Mineralöl, Tabak, Alkohol, Wein, Bier; Belgien: Mineralöl, Tabak, Alkohol, Bier, Wein, Kaffee, alkoholfreie Getränke, Energie; Niederlande: Mineralöl und andere Brennstoffe, Energie, Tabak, Wein, Bier, Kaffee, alkoholfreie Getränke, Energie; Österreich: Mineralöl, Tabak, Bier, Alkohol, Schaumwein, Elektrizität, Erdgas, Getränke, Speiseeis; Dänemark: Energie, insb. Mineralöl, Strom, Kohlendioxyd, FCKW, Weich-PVC, Antibiotika, Wachstumsförderer in Futtermitteln, Kohle, Tabak, Alkohol, Bier, Wein, Tee, Mineralwasser, Kaffee, Schokolade und andere Zuckerwaren, Speiseeis, Glühlampen und Sicherungen, Müll, Verpackungen, Pestizide, NiCd-Batterien, Chlorlösungsmittel, Schwefel, Erdgas und Stadtgas, Abwasser, Leitungswasser.
740 Zur Gesetzgebungshoheit der Länder vgl. Art. 105 Abs. 2 a GG und hierzu BVerfGE 65, 325 (343 ff.) – Zweitwohnsitzsteuer; BVerfGE 69, 174 (183) – Hamburger Getränkesteuer; zur Delegation dieser Kompetenz auf die Gemeinden vgl. *Stern* (N 61), § 41 III 4 (S. 1154 ff.).
741 Für eine Übersicht über die Verbrauchsteuern mit Rechtsquellennachweisen: *Lang* (N 110), § 16 Rn. 1 ff.
742 Vgl. § 3 Abs. 3 AO i.V.m. Art. 4 Nr. 10 (Einfuhrabgaben) und Nr. 11 (Ausfuhrabgaben) VO (EWG) Nr. 2913/92 (Zollkodex).
743 BVerfGE 8, 260 (269) – Helgoland-Gesetz; BFHE 97, 456.
744 Verordnung (EWG) Nr. 2913/92 des Rates zur Festlegung des Zollkodexes der Gemeinschaften vom 12. 10. 1992, ABl EG Nr. L 302, S. 1, ber. ABl EG 1993 Nr. L 79, S. 84 und durch ABl EG 1996 Nr. L 97, S. 38.
745 Verordnung (EWG) Nr. 2454/93 der Kommission mit Durchführungsvorschriften zu der Verordnung (EWG) Nr. 2913/92 des Rates zur Festlegung des Zollkodexes der Gemeinschaften vom 2. 7. 1993, ABl EG 1993 Nr. L 253, S. 1, ber. ABl EG 1994 Nr. L 268, S. 32, ABl EG 1996 Nr. L 180, S. 34, ABl EG 1997 Nr. L 156, S. 59 und ABl EG 1999 Nr. L 111, S. 88.
746 Verordnung (EWG) Nr. 918/83 des Rates über das gemeinschaftliche System der Zollbefreiungen vom 28. 3. 1983, ABl EG Nr. L 105, S. 1.
747 *Peter Badura*, Das Verwaltungsmonopol, 1963, S. 220; *Ernst Rudolf Huber*, Deutsche Verfassungsgeschichte seit 1789, Bd. IV, 1969, S. 1072 f.; *Paul Kirchhof*, Verwalten durch „mittelbares" Einwirken, S. 401 f.; → unten *Isensee*, § 122 Rn. 94.
748 Gesetz vom 27. 8. 1982 (BGBl I, 1241).
749 Vgl. *Badura* (N 747), S. 231; *Kirchhof* (N 747), S. 401 f.; *Winfried Brohm*, Strukturen der Wirtschaftsverwaltung, 1969, S. 111; vgl. auch BVerfGE 14, 105 (111) – Branntweinmonopol; *Wendt* (N 7), § 104 Rn. 26.

ben. Insoweit ist das Finanzmonopol eine Ertragsquelle, die den Verbrauch belastet und den Verbrauchermarkt intervenierend zu verwalten sucht.

256
Belastung des Nachfragers im nachgefragten Gut

Die Besteuerung der Eigentumsverwendung belastet ein in den Marktverkehr gebrachtes, dabei von den Beteiligten freiwillig einer Neubewertung unterworfenes Gut. Die Angemessenheit des Steuerzugriffs richtet sich nach der Überwälzbarkeit auf den (anonymen) Durchschnittsnachfrager. Die Zahlungsfähigkeit des Nachfragers und Konsumenten wird aufgrund des Steuerobjekts vermutet. Die Belastung der Vermögensverwendung durch indirekte Steuern erfaßt marktoffenbare Vorgänge, nimmt in der Regel den Unternehmer als Steuerschuldner in Pflicht, ist deshalb in der Erhebungsform einfach, in der Belastungswirkung aufgrund der Überwälzung im Preis nahezu unmerklich.

4. Erbschaft und Schenkung

257
Besteuerung der empfangenen Bereicherung

Die Erbschaftsteuer[750], deren Erhebung in der Aufkommenshoheit der Länder durch Art. 106 Abs. 2 Nr. 2 GG anerkannt ist, erfaßt die durch den Erbanfall vom einzelnen Erben empfangene Bereicherung[751]. Die Schenkungsteuer als zweite Alternative der Erbschaftsteuer belastet jede freigiebige Zuwendung unter Lebenden, die den Bedachten bereichert. Steuergegenstände sind der Erwerb von Todes wegen, Schenkungen unter Lebenden, Zweckzuwendungen und das Vermögen von Familienstiftungen im Turnus von 30 Jahren.

258
Belastung des unentgeltlichen Zuwachses an Leistungsfähigkeit

Die Erbschaftsteuer ist keine Steuer auf das Einkommen, weil sie keine steuerliche Teilhabe an einem marktabhängigen Erwerb vermittelt und nicht das Erwerbseinkommen belastet. Sie besteuert auch nicht den Vermögensbestand, weil sie anläßlich des Vermögensübergangs entsteht, also den Tatbestand eines Vermögenszuwachses erfaßt. Schließlich ist die Erbschaftsteuer auch keine Kontroll- oder Nachholsteuer zur Einkommensteuer, da sie vom vorherigen Entstehen einer Einkommensteuerschuld und ihrer Erfüllung unabhängig ist. Belastungsgrund der Erbschaft- und Schenkungsteuer ist allein der Tatbestand des Erbanfalls, der Zuwachs von Vermögen ohne Leistungen des Empfangenden allein nach Bestimmung des Erblassers, des Schenkers oder im Rahmen eines familiären Verbundes als Vermögensgemeinschaft[752]. Die Erbschaftsteuer ist eine Erbanfallsteuer, die nicht den Gesamtnachlaß, sondern die beim Empfänger mit dem Erbanfall eintretende Bereicherung belastet[753]. Diese Belastungsentscheidung fordert generell eine Bewertung nach dem gemeinen Wert, dem durch Verkauf realisierbaren Ver-

---

750 Vgl. dazu *Klaus Tipke*, Die Steuerrechtsordnung, Bd. II, ²2003, S. 745 f.; *Roman Seer*, Die neue Erbschaftsteuer und Schenkungsteuer auf dem verfassungsrechtlichen Prüfstand, in: StuW 1997, S. 283; *Dieter Birk* (Hg.), Steuern auf Erbschaft und Vermögen, in: DStJG 22 (1999), dort insbesondere die Beiträge von *Jens-Peter Meincke*, *Georg Crezelius* und *Rudolf Mellinghoff*; *Jens-Peter Meincke*, Erbschaftsteuergesetz, Kommentar[14], 2004.
751 *Walter Leisner*, Erbrecht, in: HStR VI, ²2001 (¹1989), § 150 Rn. 25 ff.
752 BVerfGE 93, 165 (173) – Erbschaftsteuer.
753 BVerfG, in: NJW 2007, S. 573 (575) – Bewertung im Erbschaftsteuerrecht.

kehrswert[754] aufgrund von Steuerklassen, persönlicher Steuerbefreiungen und eines progressiven Steuersatzes gestuft auf individuelle Leistungsfähigkeit ausgerichtet. Die erbschaftsteuerliche Belastungsgleichheit setzt allerdings Bewertungsprinzipien voraus, die den wirklichen Werten nahekommen oder zumindest die Relation zwischen den tatsächlichen Werten der verschiedenen Wirtschaftsgüter realitätsgerecht ausweisen. Das Bundesverfassungsgericht hat 1976 für die Erbschaftsteuer eine Korrektur des Bewertungsrechts angemahnt[755], 1983 nochmals auf dieses Erfordernis hingewiesen[756], 1993 diese Maßstäbe deutlicher formuliert[757] und nunmehr 2007 in einer Grundsatzentscheidung die Erhebung der Erbschaftsteuer mit einheitlichen Steuersätzen für mit dem Gleichheitssatz unvereinbar erklärt, weil sie an Steuerwerte anknüpft, deren Ermittlung bei wesentlichen Gruppen von Vermögensgegenständen (Betriebsvermögen, Grundvermögen, nicht börsennotierte Anteile an Kapitalgesellschaften und land- und forstwirtschaftlichen Betrieben) die Wirklichkeit des jeweiligen Verkehrswertes verfehlt[758].

259
Rechtfertigung der Erbschaft- und Schenkungsteuer

Eine Besteuerung der Erbschaft und auch der Schenkung[759] erfaßt nicht den individuellen Vorteil aus einer Teilhabe am allgemeinen Markt und kann deshalb nicht aus der Sozialpflichtigkeit einer solchen Teilhabe gerechtfertigt werden. Die Steuerbarkeit dieser Bereicherung ergibt sich auch nicht aus einem allgemeinen Umverteilungsziel; dem stünde die Garantie des Privateigentums (Schenkung) und des Erbrechts (Erbschaft) in Art. 14 Abs. 1 S. 1 GG entgegen. Sozialpflichtig und damit steuerbar werden Erbschaft und Schenkung allein dadurch, daß der Erbe und Beschenkte Leistungsfähigkeit gewinnt, die Eigentümerfreiheit des Art. 14 Abs. 1 S. 1 GG nicht die Testierfreiheit in voller Eigentümerkontinuität für die gesamte Erbmasse garantiert, sondern das „Erbrecht", also ein Rechtsinstitut auf rechtliche Ausgestaltung der Rechtsnachfolge anlegt und insoweit auch einen Raum für staatliche Teilhabe eröffnet. Bei dieser Ausgestaltung wird der Gesetzgeber insbesondere berücksichtigen, ob ein Wirtschaftsgut – wie das Elternhaus bei der Weitergabe von den Eltern auf die Kinder – ein als Familiengut[760] schon gemeinsam genutztes Eigentum darstellt, deshalb ähnlich der einkommensteuerrechtlichen Erwerbsgemeinschaft der Ehe (Splitting-Verfahren) oder auch der Familie (Familiensplitting) bereits als familiäres Gemeinschaftsgut im Übergang behandelt werden muß, oder ob der Empfänger seine Bereicherung als bisher Unbeteiligter entgegennimmt, die Rechtspolitik deshalb vor der Frage steht, ob dieser allein auf dem Willen des Erblassers oder Schenkers beruhende Vermögenszuwachs für eine deutlich höhere Besteuerung zugänglich ist, ob dieser „unverdiente" Erwerb also einen steuerlichen Chancenausgleich und eine-

---

754 BVerfG, in: NJW 2007, S. 573 (576) – Bewertung im Erbschaftsteuerrecht.
755 BVerfGE 41, 269 (282f., 291) – Helgoland-Gesetz.
756 BVerfGE 65, 160 (170) – Ertragswertverfahren; BVerfGE 79, 106 (121) – Hinterbliebenenversorgung/ Komplementärswitwe.
757 BVerfGE 93, 165 (172ff.) – Erbschaftsteuer.
758 Vgl. BVerfG, in: NJW 2007, S. 573 ff. – Bewertung im Erbschaftsteuerrecht.
759 Zur Entwicklung vgl. *Meincke* (N 750), Einführung, Rn. 9ff.
760 BVerfGE 93, 165 (172f.) – Erbschaftsteuer.

§ 118 *Achter Teil: III. Finanzwesen*

Umverteilung rechtfertigen kann. Das steuerliche Zugriffsrecht ist um so enger, je mehr die Erbmasse von den Erben – insbesondere in ehelicher Erwerbsgemeinschaft oder im familiären Verbund – miterworben oder mitgepflegt worden ist. Es ist um so weiter, je weniger die Erbmasse in einer persönlichen Generationenfolge gebunden ist[761]. Eine gewisse Differenzierung der Steuerlast je nach familiärer Nähe zwischen Erblasser und Erbe ist deshalb zumindest bei der gegenwärtigen Höhe der Erbschaftsteuerbelastung verfassungsrechtlich geboten[762]. Auch hier[763] ist die frei verfügbare Erbmasse, etwa Geld oder Wertpapiere, eher belastbar als gebundenes Vermögen, etwa ein Betrieb[764]. Die Besteuerung der Schenkung – mit der Inanspruchnahme auch des Schenkers – rechtfertigt sich nach gleichen Maßstäben; die Schenkung ist in der Regel eine vorweggenommene Erbschaft.

260
Verfassungsrechtliche Grenzen der Erbschaftsbesteuerung

Die Erbschaftsteuer belastet den durch den Erbfall beim Erben anfallenden Vermögenszuwachs, die dadurch vermittelte finanzielle Leistungsfähigkeit[765]. Die Steuerbelastung muß aber den grundlegenden Gehalt der Erbrechtsgarantie wahren, zu dem die Testierfreiheit und das Prinzip des Verwandtenerbrechts gehören. Sie darf Sinn und Funktion des Erbrechts als Rechtseinrichtung und Individualgrundrecht nicht zunichte oder wertlos machen[766]. Das Erbrecht sichert den Fortbestand des Privateigentums als Grundlage eigenverantwortlicher Lebensgestaltung[767] im Wege der Rechtsnachfolge, läßt also dieses Privateigentum nicht mit dem Tode des Eigentümers untergehen oder auf den Staat übergehen. Insoweit ergänzt die Erbrechtsgarantie die Eigentumsgarantie und bildet zusammen mit dieser die langfristig wirksame Grundlage für die im Grundgesetz vorgegebene private Vermögensordnung[768]. Dem Recht des Erblassers, zu vererben, entspricht das Recht der Erben, kraft Erbfolge zu erwerben[769]. Die Erbschaftsteuer darf allerdings – weil sie an einen Vermögensübergang anknüpft – das Erbrecht weitergehend einschränken als ein Eigentumsbestand eingeschränkt werden dürfte[770]. Sie findet ihre Grenze dort, wo die Steuerpflicht den Erwerber übermäßig belastet und die ihm zugewachsenen Vermögenswerte grundlegend beeinträchtigt[771].

---

761 BVerfGE 93, 165 (172 ff.) – Erbschaftsteuer.
762 BVerfGE 93, 165 (174 f.) – Erbschaftsteuer; deswegen ist auch die Steuerbarkeit von Zuwendungen unter Ehegatten im gesetzlichen Güterstand der Zugewinngemeinschaft; BFH, in: BStBl II, 1994, S. 366, problematisch BFH, BFH/NV 2001, 908; BFH/NV 2005, 355 (beide Urteile behandeln die freie und endgültige Verfügungsbefugnis über den überlassenen Vermögensgegenstand), BFH/NV 1996, 871 (Schaffung einer gemeinsamen Wohngrundlage). Der Zugewinnausgleich bei Beendigung des Güterstandes ist steuerfrei (§ 5 ErbStG). Eine ehebestätigende Schenkung darf aber nicht schlechter behandelt werden als ein eheauflösendes Schicksal.
763 Vgl. BVerfGE 93, 121 (140 ff.) – für die Vermögensteuer.
764 BVerfGE 93, 165 (176) – Erbschaftsteuer.
765 BVerfGE 93, 165 (172) – Erbschaftsteuer.
766 BVerfGE 93, 165 (173) – Erbschaftsteuer.
767 BVerfGE 83, 201 (208) – Vorkaufsrecht; BVerfGE 97, 350 (370) – Euro.
768 BVerfGE 91, 346 (358) – Erbfolge nach dem Grundstückverkehrsgesetz; BVerfGE 93, 165 (174) – Erbschaftsteuer.
769 BVerfGE 93, 165 (174) – Erbschaftsteuer.
770 BVerfGE 93, 165 (174) – Erbschaftsteuer.
771 BVerfGE 63, 312 (327) – Erbersatzsteuer für Familienstiftungen; BVerfGE 93, 165 (172) – Erbschaftsteuer.

Besondere Maßstäbe gelten für den erbschaftsteuerrechtlichen Zugriff auf die Erbmasse bei Familiengut und Betriebsvermögen. Nach Art. 6 Abs. 1 GG muß der Zugriff auf das Familiengut derart gemäßigt werden, daß den ihren Eltern nachfolgenden Kindern zumindest der deutlich überwiegende Teil des Nachlasses verbleibt, oder, bei kleineren Vermögen, völlig steuerfrei zugute kommt. Für den Nachlaßwert, der ungeschmälert verbleiben muß, gibt der Wert des persönlichen Gebrauchsvermögens – in Übereinstimmung mit dem Schutz des Vermögens vor der Vermögensteuer – einen tauglichen Anhalt[772]. Für die Erbfolge unter Ehegatten muß in der Erbmasse noch das Ergebnis der ehelichen Erwerbsgemeinschaft erhalten bleiben und auch eine im Erbrecht angelegte Mitberechtigung der Kinder am Familiengut gewahrt werden[773].

261 Besondere Verfassungsmaßstäbe für Familiengut und Betriebsvermögen

Bei der gesetzlichen Gestaltung der Steuerlast ist auch zu berücksichtigen, daß die Existenz von bestimmten Betrieben – namentlich von mittelständischen Unternehmen – durch zusätzliche finanzielle Belastungen der Erbschaftsteuer gefährdet werden kann. Derartige Betriebe sind als Garant von Produktivität und Arbeitsplätzen, insbesondere durch die Verpflichtungen gegenüber den Arbeitnehmern, das Betriebsverfassungsrecht, das Wirtschaftsverwaltungsrecht und durch langfristige Investitionen schon in besonderer Weise rechtsgebunden und sozialverpflichtet. Diese gesteigerten rechtlichen Bindungen haben zur Folge, daß die durch die Erbschaftsteuer erfaßte finanzielle Leistungsfähigkeit des Erben nicht seinem durch Erbfall erworbenen Vermögenszuwachs voll entspricht. Die Verfügbarkeit über den Betrieb und einzelne dem Betrieb zugehörige Wirtschaftsgüter ist beschränkter als bei betrieblich ungebundenem Vermögen[774]. Wer eine Geldsumme von einer Million Euro erbt, gewinnt auch nach Zahlung der Erbschaftsteuer ein wesentliches Stück ökonomisch fundierter Freiheit. Wer hingegen ein Unternehmen im Wert von einer Million Euro erbt, kann durch die Erbschaftsteuer in die Insolvenz gedrängt werden, also das Unternehmen völlig verlieren. Deshalb fordert der Gleichheitssatz (Art. 3 Abs. 1 GG), diese verminderte Leistungsfähigkeit bei den Erben zu berücksichtigen, die einen solchen Betrieb weiterführen, also den Betrieb weder veräußern noch aufgeben, ihn vielmehr in seiner Sozialgebundenheit aufrechterhalten, ohne daß Vermögen und Ertragskraft des Betriebes durch den Erbfall vermehrt würden. Die Fortführung dieses Betriebes darf – unabhängig von der verwandtschaftlichen Nähe zwischen Erblasser und fortführendem Erben – nicht gefährdet werden[775].

262 Besondere Verfassungsmaßstäbe für besonders sozialgebundene Unternehmen

Die Erbschaftsteuer krankt gegenwärtig an einer unzulänglichen Bewertung, insbesondere des Betriebs- und Grundvermögens im Vergleich zum Geldvermögen[776], an der nicht ausreichenden Verschonung von Familiengut und

263 Reform der Erbschaftsteuer

---

772 BVerfGE 93, 165 (174 f.) – Erbschaftsteuer; in Anschluß an BVerfGE 93, 121 (140 ff.) – Vermögensteuer: Orientierung an den Werten durchschnittlicher Einfamilienhäuser.
773 BVerfGE 93, 165 (175) – Erbschaftsteuer.
774 BVerfGE 93, 165 (175 f.) – Erbschaftsteuer.
775 BVerfGE 93, 165 (176) – Erbschaftsteuer.
776 BVerfGE 93, 165 (174 f.) – Erbschaftsteuer; BVerfG, in: NJW 2007, S. 573 ff. – Bewertung im Erbschaftsteuerrecht.

§ 118　　　*Achter Teil: III. Finanzwesen*

gebundenem Betriebsvermögen[777] sowie an zu vielen Ausnahmeregelungen. Die Notwendigkeit grundlegender Reformen ist anerkannt. Dementsprechend plant die Bundesregierung eine Erbschaftsteuerreform insbesondere für die Unternehmensnachfolge. Der Kabinettsentwurf des Gesetzes zur Erleichterung der Unternehmensnachfolge[778] sieht vor, die Erbschaftsteuer auf begünstigtes Vermögen zunächst von Gesetzes wegen über zehn Jahre unverzinslich zu stunden und die Steuerschuld jährlich um 10 % erlöschen zu lassen, solange der Erwerber das begünstigte Vermögen behält und das Unternehmen fortführt. Voraussetzung ist, daß der Betrieb in einem nach dem Gesamtbild der wirtschaftlichen Verhältnisse (Umsatz, Auftragsvolumen, Betriebsvermögen, Anzahl der Arbeitnehmer) vergleichbaren Umfang fortgeführt wird. Wird begünstigtes Vermögen ganz oder teilweise veräußert, der Betrieb aufgegeben oder werden Anteile verdeckt in eine Kapitalgesellschaft eingelegt, endet die Stundung. Die Erbmasse ist nunmehr frei verfügbar. Die verbleibende gestundete Steuer ist sofort fällig. Begünstigt wird nur das produktive Vermögen. Ausgenommen sind Wirtschaftsgüter, die ihrer Natur nach typischerweise nicht der Herstellung oder dem Vertrieb von Waren und Dienstleistungen dienen. Darunter fallen zum Beispiel vermietete oder verpachtete Grundstücke, Flugzeuge, Schiffe, Konzessionen, gewerbliche Schutzrechte, Lizenzen, Geld, Geldforderungen, Kunstgegenstände und Anteile an Kapitalgesellschaften bis 25 %. Bei Kapitalgesellschaften, in denen Stimmrechte zwingend nur einheitlich ausgeübt werden dürfen, werden die Anteile der gebundenen Anteilseigner zusammengerechnet. Gegenüber diesem komplizierten, in der Vermögensbindung nicht hinreichend entwicklungsoffenen Modell wird gegenwärtig auch erwogen, die Erbschaftsteuer – jenseits des verfassungsrechtlich gebotenen Schutzes für das Familiengut – von allen Ausnahmen zu befreien und dementsprechend die Steuersätze zu senken und dadurch eine für alle tragbare Steuerbelastung zu erreichen.

264
Entscheidung des Bundesverfassungsgerichtes zur Bewertung allein nach dem gemeinen Wert

Das Bundesverfassungsgericht hat den Gesetzgeber nunmehr beauftragt, das Erbschaftsteuerrecht bis zum 31. Dezember 2008 neu zu regeln, weil die bisherige Bewertung sich nicht realitätsgerecht allgemein an dem Verkehrswert (gemeinen Wert) orientiert und damit gleichheitswidrige Belastungsgründe verursacht. Bei der Bewertung des Betriebsvermögens werden derzeit die Steuerbilanzwerte des Ertragsrechts übernommen, die durch bilanzpolitische Maßnahmen – insbesondere die Bildung stiller Reserven durch Sonderabschreibungen, den Nichteinsatz von Geschäfts- und Firmenwert, andererseits die Berücksichtigung der Schulden zum Nennwert – wesentlich beeinflußt werden können, so daß Betriebsvermögen nur noch mit rund 58 % ihres Substanzwertes angesetzt wurden[779]. Bei bebauten Grundstücken wird durch ein vereinfachtes Ertragswertverfahren mit einem starren Einheitsvervielfältiger der tatsächliche Wert eines Grundstücks verfehlt, weil diese gesetzliche Typisierung die in der Grundstücksart und seiner Lage angelegten Bewertungsun-

---
777 BVerfGE 93, 165 (175 f.) – Erbschaftsteuer.
778 Kabinettsentwurf eines Gesetzes zur Erleichterung der Unternehmensnachfolge vom 25.10.2006.
779 BVerfG, in: NJW 2007, S. 573 (577 f.) – Bewertung im Erbschaftsteuerrecht.

terschiede nicht erfaßt[780]. Zudem bleiben in Gebieten mit hohen Grundstückspreisen die aufstehenden Gebäude regelmäßig ohne Auswirkung auf den Steuerwert. Die Einzelergebnisse differieren zwischen weniger als 20 und über 100%. Bei unbebauten Grundstücken folgt die Bewertung elf Jahre alten Vergangenheitswerten, verfehlt damit den aus dem Gleichheitssatz folgenden verfassungsrechtlichen Auftrag, die Vermögensgegenstände mit Gegenwartswerten zu erfassen oder vergangenheitsbezogene Werte entwicklungsbegleitend fortzuschreiben[781].

Bei der Bewertung von Anteilen an Kapitalgesellschaften haben wiederum die Übernahme der Steuerbilanzwerte, aber auch bestimmte Verwaltungsverfahren („Stuttgarter Verfahren") zur Folge, daß die erzielten Steuerwerte im Durchschnitt deutlich unter dem gemeinen Wert liegen, also die Wertverhältnisse nicht realitätsgerecht abbilden[782]. Schließlich verstößt auch die Bewertung von land- und forstwirtschaftlichem Vermögen gegen die aus dem Gleichheitssatz folgenden Anforderungen der realitätsgerechten Ermittlung des gemeinen Werts, weil sich diese Bewertung vor allem nach dem aus der Vermögenssubstanz erzielbaren Ertrag, nicht nach dem bei einer Veräußerung erreichbaren Preis bemißt, vor allem aber die mit dem Betrieb verbundenen Schulden in ihrem Verkehrswert angesetzt werden, so daß diese Grundbesitzwerte im Durchschnitt lediglich rund 10% des Verkehrswertes erreichen und sich bei den Fällen, in denen ausschließlich Betriebe der Land- und Forstwirtschaft übertragen wurden, keine festzusetzende Erbschaftsteuer mehr ergeben hat[783]. Wenn der Gesetzgeber diese Bewertungsfehler ausräumt und eine realitätsgerechte Bemessungsgrundlage bereitstellt, wird dies Anlaß sein, alle bisherigen Begünstigungs- und Ausnahmetatbestände, aber auch die Freibeträge und Steuersätze in Frage zu stellen.

265
Stuttgarter Verfahren

III. Die Bemessungsgrundlage

Der Steuergegenstand wird in der Steuerbemessungsgrundlage tatbestandlich deutlicher gefaßt und umgrenzt und zugleich in einer zählbaren Größe ausgedrückt. Ein Steuertatbestand muß den wirtschaftlichen Belastungsgrund in zählbare Einheiten umsetzen, um daraus in Anwendung des Steuersatzes eine in Euro faßbare Steuerschuld abzuleiten. Das geltende Steuerrecht quantifiziert das Steuerobjekt in der Regel in seinem wirtschaftlichen Wert, der im vereinbarten Entgelt, in einer sonstigen Gegenleistung oder in einer eigens für Besteuerungszwecke durchgeführten Bewertung erfaßt wird. Indirekte Steuern knüpfen auch an technische Vorgaben an, insbesondere die Stückzahl, die Menge, die Größe, das Gewicht, das Hohlmaß und das Flächenmaß von Waren und sonstigen Wirtschaftsgütern.

266
Umsetzung des Belastungsgrundes in zählbare Einheiten

---

780 BVerfG, in: NJW 2007, S. 573 (579 ff.) – Bewertung im Erbschaftsteuerrecht.
781 Vgl. BVerfG 93, 165 (173, 176 f.) – Einheitsbewertung Erbschaftsteuer; BVerfG, in: NJW 2007, S. 573 (582) – Bewertung im Erbschaftsteuerrecht.
782 Vgl. BVerfG, In: NJW 2007, S. 573 (583 f.) – Bewertung im Erbschaftsteuerrecht.
783 BVerfG, in: NJW 2007, S. 573 (584 f.) – Bewertung im Erbschaftsteuerrecht.

267
BVerfG zur folgerichtigen und realitätsgerechten Bemessungsgrundlage

Das Bundesverfassungsgericht hat in seiner Entscheidung zur Bewertung im Erbschaftsteuerrecht[784] eine gleichheitserhebliche Dogmatik von Steuergegenstand (Belastungsgrund), Bemessungsgrundlage und darauf aufbauenden Rechtsfolgedifferenzierungen entwickelt. Diese für die Erbschaftsteuer entwickelte gleichheitsrechtliche Arbeitshilfe läßt sich für andere Steuerarten verallgemeinern. Die gleichmäßige Belastung der Steuerpflichtigen hängt davon ab, daß der Steuergegenstand nach der dort getroffenen Belastungsentscheidung folgerichtig umgesetzt und realitätsgerecht abgebildet wird[785]. Dabei ist die Bewertung eines Wirtschafsgutes in der Bemessungsgrundlage „aus verfassungsrechtlichen Gründen bereits vom Ansatz her ungeeignet", außerfiskalische Förderungs- und Lenkungsziele zu verfolgen[786]. Der Versuch einer Lenkung auf der Bewertungsebene führe zu uneinheitlichen, von dem jeweils gesetzlich gewollten Wert abweichenden Bewertungsergebnissen, so daß schon beim ersten Schritt zur Ermittlung der Steuerbelastung darauf verzichtet werde, die Begünstigungswirkung den Begünstigungsadressaten möglichst gleichmäßig zugute kommen zu lassen. Dadurch werden zufällig und willkürlich eintretende Entlastungen bereits strukturell angelegt[787]. Der Steuergesetzgeber genügt dem gleichheitsrechtlichen Gebot der Folgerichtigkeit nur, wenn er für den Steuerpflichtigen erkennbar, für alle Rechtsbeteiligten nachvollziehbar seine Regelungen in drei Schritten entwickelt: Zunächst trifft der Gesetzgeber im Steuergegenstand seine Belastungsgrundentscheidung, bildet diese sodann in der Bemessungsgrundlage folgerichtig und realitätsgerecht ab, kann erst danach in weiteren, sich anschließenden Schritten auf diese realitätsgerechte Bemessungsgrundlage – zielgenaue und normenklare – steuerliche Verschonungsregelungen aufbauen, auch Freibeträge gewähren oder Steuersätze differenzieren. Die Bemessungsgrundlage aber bleibt der Spiegel des Steuergegenstandes in Zahlen.

268
Folgerichtige Verdeutlichung des Steuergegenstandes

Während der Gesetzgeber bei der Auswahl der Steuergegenstände das Gebot der Sachgerechtigkeit[788] und Widerspruchsfreiheit[789] zu verwirklichen hat, findet er bei der Definition der Bemessungsgrundlage im Steuergegenstand seine Vorgaben. Die Bemessungsgrundlage bestätigt und verdeutlicht die im Steuergegenstand ausgedrückte Steuerbarkeit und drückt sie in zählbaren Meßeinheiten aus. Bemessungsgrundlagen stehen deshalb unter der Maxime der Folgerichtigkeit[790].

---

784 Vgl BVerfG, in: NJW 2007, S. 573 ff. – Bewertung im Erbschaftsteuerrecht.
785 Vgl. BVerfG, in: NJW 2007, S. 573 (575) – Bewertung im Erbschaftsteuerrecht; im Anschluß an BVerfGE 23, 242 (257) – Wertpapierbesitz; 25, 216 (226) – Wertfortschreibung; 30, 129 (143 f.) – Erbbauzinsen; BVerfGE 41, 269 (280, 282 f.) – Helgoland-Gesetz; BVerfGE 93, 165 (172 f.) – Vermögensteuer.
786 Vgl. BVerfG, in: NJW 2007, S. 573 (576) – Bewertung im Erbschaftsteuerrecht.
787 Vgl. BVerfG, in: NJW 2007, S. 573 (576) – Bewertung im Erbschaftsteuerrecht.
788 S. o. Rn. 175.
789 S. o. Rn. 176 f.
790 S. o. Rn. 178.

Vielfach wird allerdings der steuerliche Belastungsgrund erstmals in der Bemessungsgrundlage deutlich sichtbar. Das Einkommen ist in der Bemessungsgrundlage des zu versteuernden Einkommens tatbestandlich definiert, der Umsatz im Entgelt beim Leistungstausch. Gelegentlich dient eine steuerliche Bemessungsgrundlage der Quantifizierung mehrerer Steuergegenstände. Das Bewertungsgesetz ist ein Instrument, das durch ein aufeinander abgestimmtes Bewertungssystem mit vergleichbaren Werten eine gleichmäßige Besteuerung durch mehrere Einzelsteuern zu erreichen sucht[791]. Es ist darauf ausgerichtet, die verschiedenen Vermögensarten in eine Relation zueinander zu bringen, um eine gleichmäßige Bewertung der Güter als Grundlage einer gerechten Besteuerung zu schaffen[792]. Die dadurch sichtbar gemachte Binnenbeziehung unter den bewertungsabhängigen Steuern stellt die Einzelsteuer in das System einer Vielsteuerordnung und dient damit auch der Widerspruchsfreiheit innerhalb des Gesamtsteuersystems[793].

269 Sichtbarkeit des Steuergegenstandes in der Bemessungsgrundlage

Die Bemessungsgrundlage darf keine Einbruchstelle mehr bieten, um den steuerlichen Belastungsgrund intervenierend zu verfremden. Die Durchbrechung einer Regelbesteuerung durch eine Niedrigbewertung kann als Bewertungssubvention nicht mehr gerechtfertigt werden[794]. Das Grundgesetz regelt die Steuer als Finanzierungsmittel, das zwar auch als Verwaltungsmittel genutzt werden mag, dann aber zielgenau und normenklar die Verschonungsregelungen von der allgemeinen Bemessungsgrundlage abheben muß[795].

270 Verwaltungsrechtliche Verfremdung der Bemessungsgrundlage

IV. Der Steuersatz

Der Steuersatz bestimmt den Steuerbetrag, der sich aus der Bemessungsgrundlage ergibt. Der Steuersatz benennt für die Bemessungsgrundlage einen bestimmten Betrag, in der Regel einen Vomhundert- oder Vomtausendsatz. Soweit ein Steuergesetz eine Mehrheit von Steuersätzen, einen Steuertarif, vorsieht, kann dieser progressiv verlaufen, das heißt mit wachsender Bemessungsgrundlage überproportional ansteigen, oder regressiv, das heißt mit wachsender Bemessungsgrundlage überproportional sinken. Gegenwärtig verläuft insbesondere der Einkommen- und Erbschaftsteuertarif progressiv. Die indirekten Steuern, insbesondere die Umsatzsteuer, wirken regressiv, weil Steuerpflichtige mit höherem Einkommen einen Teil dieses Einkommens sparen und investieren, insoweit der indirekten Besteuerung größtenteils ausweichen können.

271 Steuerbetrag als Anteil an der Bemessungsgrundlage

Bei der Bemessung des Steuersatzes hat der Gesetzgeber einen Gestaltungsraum. Die Entscheidung über den staatlichen Finanzbedarf und damit die finanzerheblichen Aufgaben ist eine in die Verantwortlichkeit des jeweiligen

272 Gesetzlicher Entscheidungsraum

---
791 BVerfGE 41, 269 (279) – Helgoland-Gesetz; BVerfG, in: NJW 2007, S. 573 ff. – Bewertung im Erbschaftsteuerrecht.
792 BVerfGE 23, 242 (252); 93, 121 (146 ff.) – Vermögensteuer; BVerfGE 93, 165 (176 f.) – Erbschaftsteuer.
793 S. o. Rn. 177.
794 S. o. Rn. 258.
795 S. o. Rn. 259.

§ 118 *Achter Teil: III. Finanzwesen*

Parlaments gestellte Grundsatzentschließung. Die Belastbarkeit hängt zudem wesentlich von der Würdigung und Gewichtung der jeweiligen Wirtschaftslage und der sozialen Verhältnisse ab. Die Besteuerungsintensität wird durch die Gleichheitsbindung des Gesetzgebers auf seine anderen Belastungsentscheidungen abgestimmt; das Übermaßverbot bedarf gesetzlicher Ausprägung. Das Verfassungsrecht unterwirft den Gesetzgeber deshalb bei der Entscheidung über den Steuersatz weniger engen Bindungen als bei der Definition des Besteuerungsgegenstandes, des Steuersubjekts und erst recht der steuerlichen Bemessungsgrundlage.

273
Linearer oder progressiver Tarif

Seit Beginn des modernen Steuerwesens ist umstritten, ob eine steuerliche Bemessungsgrundlage um der Gleichheit willen jeweils mit demselben Steuersatz belastet werden soll oder ob mehrere, mit wachsender Bemessungsgrundlage ansteigende Steuersätze (progressiver Tarif) dem Gleichheitsgedanken eher entsprechen[796]. Eine Besteuerung der im jeweiligen Wirtschaftsgut angelegten Leistungsfähigkeit fordert grundsätzlich die Belastung dieser Leistungsfähigkeit jeweils mit demselben Steuersatz. Die bürgerliche Sozialreform zu Mitte des 19. Jahrhunderts aber ersetzte die rein finanzierende durch eine sozialpolitische Steuerpolitik, die den proportionalen Steuersatz durch einen progressiven Steuertarif ablöste, das Besitzeinkommen gegenüber dem Arbeitseinkommen stärker belastete, die Einkommensteuer durch Vermögen- und Luxussteuern sowie Abgaben auf den unverdienten Gewinn ergänzte[797]. Die „Opfertheorie" forderte, daß die Steuer nach der Größe des Vermögens abgestuft werden müsse: Je größer das Vermögen sei, desto entbehrlicher werde es für die Befriedigung der Lebensbedürfnisse. Das Lebensnotwendige müsse steuerfrei bleiben, der Luxus könnte hoch und das Überflüssige ganz weggesteuert werden[798]. Das deutsche Einkommensteuerrecht kennt seit 1891 einen progressiven Tarif – damals in Preußen von 0,67 bis 4%, entlastet gegenwärtig in einem Grundfreibetrag für den Steuerpflichtigen und seine Familie das existenznotwendige Einkommen völlig und beginnt nach dieser Nullzone eine Progression mit einem Eingangssteuersatz von 15% und einem Spitzensteuersatz von 45%, der bei einem zu versteuernden Einkommen von 52.152 Euro erreicht wird. Danach geht der Tarif gleichbleibend in einen Proportionalsatz von 45% über. Die Mehrzahl der Lohnsteuerzahler liegt mit ihren Einkommen im Progressionsbereich. Allerdings wird der Spitzensteuersatz heute – im Vergleich zu seinen Vorgängern – relativ früh

---

796 *Friedrich August von Hayek*, Die Ungerechtigkeit der Steuerprogression, in: Schweizer Monatshefte 7 (1952), S. 580; *Kurt Schmidt*, Die Steuerprogression 1960, die Theorie vom proportionalen Opfer, in: FinArch, N.F. 26 (1967), S. 385; *Heinz Haller*, Problem der progressiven Besteuerung, 1970; *Peter Bareis*, Die Reform der Einkommensteuer vor dem Hintergrund der Tarifentwicklung seit 1934, in: FS Klaus Offerhaus, 1999, S. 1053; *Michael Elicker*, Kritik an der direkten progressiven Einkommensteuerung: Plädoyer für eine „flache Steuer" – aus rechtswissenschaftlicher Sicht, in: StuW 2000, S. 3; *Knaupp* (N 58), S. 17 ff.; *Dieter Dziadkowsky*, Plädoyer für einen transparenten und realitätsbezogenen („bürgernahen") Einkommensteuertarif, in: BB 1985, Beilage 9/1985, S. 1.
797 *Mann* (N 46), S. 306 f., 312 f.; *Knaupp* (N 58), S. 32 f.; *Joachim Lang*, in: Klaus Tipke/Joachim Lang, Steuerrecht, 2005[18], § 9 Rn. 800 f.
798 *Lang* (N 797), Rn. 801; *Knaupp* (N 58), S. 59 f.

erreicht⁷⁹⁹. Neben der Freistellung des Grundbedarfs⁸⁰⁰ verschont das Einkommensteuerrecht auch einen aus dem Einkommen zu finanzierenden privaten Sonderbedarf (Sonderausgaben, außergewöhnliche Belastungen). Zudem sichert das Ehegattensplitting, in Zukunft wohl auch ein Familiensplitting, daß die Grundfreibeträge in der ehelichen Erwerbsgemeinschaft und der familiären Unterhaltsgemeinschaft jedem dieser Beteiligten zugute kommen und die Progression gemindert wird. Auch das Erbschaftsteuerrecht ist durch persönliche Freibeträge und einen von der verwandtschaftlichen Nähe abhängigen Stufentarif familienbezogen und sozial gestaltet.

Der progressive Tarif erscheint in der gegenwärtigen Ausgestaltung heute kaum noch einsichtig. Er hat für die Einkommensteuer bewirkt, daß die Bemessungsgrundlage gegenwärtig durch 517 Ausnahmetatbestände durchlöchert ist, bei hohen Einkommen oft also nur noch ein Bruchteil des tatsächlichen Einkommens besteuert wird, der Steuertarif damit seine Funktion gänzlich verfehlt⁸⁰¹. Die Progression verleitet zu unwirtschaftlichen und sinnwidrigen Steuersparmodellen, insbesondere durch Übertragung von Einkünften auf Angehörige⁸⁰², durch Einkommensverschiebungen zwischen inländischer Muttergesellschaft und ausländischer Tochtergesellschaft⁸⁰³, durch Verschiebung des Einkommens auf die Zukunft und auf einen anderen Berechtigten, insbesondere bei Vereinbarung einer Rente oder dauernden Last⁸⁰⁴, durch die Verführung zu Torheiten wie die Investition in die „Schrottimmobilie"⁸⁰⁵. Die Steuerprogression trifft unkundige und ortsgebundene Gutverdiener am härtesten, am wenigsten diejenigen, die dank Geschick und wirtschaftlicher Erfahrung über hohe Einkommen und große steuerliche Gestaltungskraft verfügen. Die Progression verursacht offensichtliche Gleichheitswidrigkeiten, wenn eine Steuersubvention durch Abzug von der Bemessungsgrundlage gewährt wird, das höhere Einkommen deshalb höher entlastet wird als das niedrigere⁸⁰⁶. Die Progression erfaßt das Einkommen nicht gleichheitsgerecht und rechtsformneutral, wenn das Körperschaftsteuerrecht zwei lineare Steuersätze, das Einkommensteuerrecht einen progressiven Tarif kennt. Das Nominalwertprinzip, das Euro gleich Euro setzt, führt bei steigendem Nominalwert in eine „kalte Progression", bringt also eine stetige Steuererhöhung mit sich, ohne daß darüber in einem förmlichen Gesetzgebungsverfahren beschlossen worden wäre⁸⁰⁷. Die Progression führt zu materiellen Verwerfungen, wenn Einkünfte, die in mehreren Veranlagungszeiträumen erwirtschaftet werden – etwa von einem Autor, der drei Jahre an seinem Werk arbeitet und dann bei Abgabe von seinem Verlag ein hohes Honorar erzielt –, dann aber in

274
Verwerfungen durch den progressiven Tarif

---
799 *Bareis* (N 796), S. 1053.
800 BVerfGE 87, 153 (170 f.) – Existenzminimum.
801 Vgl. *Paul Kirchhof* (Hg.), Einkommensteuergesetzbuch, 2003.
802 S. o. Rn. 24.
803 S. o. Rn. 42 f.
804 Vgl. *Peter Fischer*, in: Kirchhof (N 801), § 22 Rn. 27 ff.
805 S. o. Rn. 47.
806 S. o. Rn. 50.
807 *Knaupp* (N 58), S. 60 ff.

einem Veranlagungszeitraum geballt anfallen. Ähnliches gilt, wenn bei der Besteuerung, insbesondere bei den Abzugsteuern (Kapitalertragsteuer) – nur ein Teil des Einkommens bekannt ist oder wenn – wie bei der Pauschalbesteuerung von Arbeitslohn – der Empfänger einer steuerpflichtigen Leistung unbekannt ist. Zudem veranlaßt der progressive Steuertarif eine Fülle von Sonderregeln, trägt damit wesentlich zur Verkomplizierung des Steuersystems bei[808]. Die besonderen Veranlagungsformen für Ehegatten, die Tarifbegrenzung für gewerbliche Einkünfte, der modifizierte Steuersatz für außergewöhnliche Einkünfte, einzelne Rücklagen, der begrenzte Abzug von Parteispenden, die Sonderregelung des Unterhalts für den geschiedenen Ehegatten, die Pauschalierung bei der Lohnsteuer oder bei Leistungen durch Dritte, der Progressionsvorbehalt, das Halbeinkünfteverfahren, die Korrektur der proportionalen Vorbelastung mit Kapitalertragsteuer und der progressiven Vorbelastung mit Lohnsteuer wären entbehrlich oder könnten systematisch wesentlich vereinfacht werden, wenn es keine Progression gäbe[809].

275
Gleichheit durch niedrige Steuersätze und Breite der Bemessungsgrundlage

Insgesamt läßt sich eine gleichmäßige Besteuerung heute am ehesten erreichen, wenn die Einkommensteuer den existenznotwendigen Bedarf verschont, sodann auf alle Ausnahme- und Sonderregelungen verzichtet, dementsprechend die Bemessungsgrundlage wieder auf das tatsächlich erzielte Einkommen verbreitert, dann aber mit einem niedrigen Steuersatz – von etwa 25 % – auskommt[810]. Allerdings ist international eine Spreizung von Körperschaftsteuersatz und Spitzensteuersatz der Einkommensteuer zum Durchbruch gekommen[811], die im Ergebnis Einkünfte aus Arbeit langfristig mit den steuerlichen Regelsätzen belastet, Einkünfte aus Kapital einer weltweit sinkenden Steuerlast unterwirft[812]. Damit stellt sich dem Verfassungsstaat des Grundgesetzes die Frage, ob er eine solche Differenzierung nach Produktionsfaktoren zu Lasten der Arbeitseinkünfte zulassen will[813]. Das Grundgesetz, die Entwicklung des deutschen Steuerrechts und die Anliegen des Wirtschaftsstandortes Deutschland geben eine klare Antwort: Der Gleichheitssatz (Art. 3 Abs. 1 GG) verbietet eine Benachteiligung der Arbeit. Die Tradition der „fundierten Einkommen"[814] legt eher eine Höherbelastung der Erträge aus Kapital nahe, gestattet jedenfalls nicht eine Mehrbelastung der Erträge aus Arbeit. Der Wirtschaftsstandort Deutschland lebt aus der Kraft seiner Köpfe – der Erfinder, Unternehmer, Wissenschaftler und Künstler –, die in der Nutzung ihres geistigen Eigentums das Kapital anlocken, wird deshalb allenfalls steuerlich zugunsten der Arbeit, nicht des Kapitals lenken.

276 Der Gleichheitssatz stemmt sich gegen diese Fehllenkung und die Verkomplizierung des Rechts und fordert rechtfertigende Gründe für die Differenzie-

---

808 *Knaupp* (N 58), S. 70 ff.
809 Für eine Übersicht: *Knaupp* (N 58), S. 59 ff.
810 *Kirchhof* (N 801), 2003, § 2 Abs. 4; *Michael Elicker*, Entwurf einer proportionalen Netto-Einkommensteuer, 2004.
811 *Lang* (N 797), § 9, Rn. 804; *Schön* (N 1), S. 176 f.
812 *Schön* (N 1), S. 176.
813 Sehr engagiert *Schön* (N 1), S. 177.
814 S. o. Rn. 189.

rung eines Steuertarifs. Eine progressive Besteuerung folgt grundsätzlich nicht aus dem Prinzip der finanziellen Belastbarkeit (Zahlungsfähigkeit), das eine Teilhabe am jeweiligen Erfolg privaten Wirtschaftens vermittelt, ohne nach den Gründen unterschiedlicher Marktteilhabe zu fragen[815]. Ein progressiver Einkommensteuertarif rechtfertigt sich deshalb nicht aus einem generellen Umverteilungsanliegen, sondern aus der Tatsache, daß die Höhe des individuellen Einkommens nicht nur von der individuellen Leistung, sondern auch von Marktbedingungen, rechtlichen Vorgaben und dem Nachfrageverhalten der Rechtsgemeinschaft abhängt, also der höhere Einkommenserfolg ebenso gemeinschaftsbedingt wie leistungsabhängig ist[816]. Die Einkommen- und Körperschaftsteuer bieten mit ihren Differenzierungen und Ausnahmen heute verkürzte Bemessungsgrundlagen, die den progressiven oder gestuften Tarif in seinen Wirkungen völlig verzerren. Kann ein Großverdiener sein Einkommen durch Ausnahmetatbestände klein rechnen, ist der Spitzensteuersatz nur noch ein Ablenkungstatbestand. Werden Subventionen durch Mindern der Bemessungsgrundlage angeboten, verkehrt der Progressionssatz die Steuerentlastung regressiv: Der Spitzenverdiener spart pro Euro 45 %, der Kleinverdiener 0 %. Das ist offensichtlich gleichheitswidrig[817]. Bei einer produktbezogenen Tarifdifferenzierung durch indirekte Steuern kann der Gleichheitssatz Differenzierungen nach der im jeweiligen Wirtschaftsgut zum Ausdruck kommenden vermuteten Zahlungsfähigkeit fordern[818].

Differenzierte Steuertarife

Der grundsätzlich weite Entscheidungsraum des Gesetzgebers bei der Bestimmung des staatlichen Finanzbedarfs und der Belastungsintensität hat zur Folge, daß das Volumen der vom einzelnen zu tragenden Einzelsteuerlast und ebenso seine steuerliche Gesamtbelastung im Verfassungsrecht nur grob vorgezeichnet sind. Das Besteuerungsgleichmaß trifft bei der gesetzlichen Auswahl von Steuergegenstand, Steuerschuldner und Bemessungsgrundlage auf seine Bewährungsprobe. Für den Steuersatz wirkt das Postulat der materiellen Belastungsgleichheit vor allem als Gebot quantitativer Folgerichtigkeit. Eine Progression ist „in folgerichtigen Übergängen" zu bemessen[819]. Das Übermaßverbot hingegen bestimmt Beginn, Ende und Verlauf einer Progressionszone: Das Existenzminimum ist zu verschonen[820], die Belastungsobergrenze für die den einzelnen Grundrechtsträger erreichende Steuergesamtlast wird durch das „Zugleich" von Allgemeindienlichkeit und Individualnützigkeit des Eigentumsgebrauchs[821] geregelt, der Progressionsverlauf ist durch die Verfügbarkeit und Pflichtgebundenheit des Einkommens grob vorgezeichnet[822].

277
Übermaßgrenze

---

815 S. o. Rn. 185.
816 S. o. Rn. 88 ff., 185 ff.; auch BVerfGE 36, 66 (72) – Berücksichtigung sozialer Gesichtspunkte bei Leistungsfähigkeitsteuern.
817 S. o. Rn. 50.
818 BVerfGE 19, 64 (69 ff.) – Röstkaffee; BVerfGE 36, 321 (339) – Schallplattenumsatzsteuer; BVerfGE 37, 38 (48 f.) – Kleinunternehmer.
819 BVerfGE 93, 121 (138) – Vermögensteuer.
820 S. o. Rn. 163 ff.
821 BVerfGE 93, 121 (138) – Vermögensteuer; s. o. Rn. 126, 129.
822 S. o. Rn. 187 ff., 193 ff.

278
Verständlichkeit der
Steuerlast, Steuertarif

Für den Steuerpflichtigen machen Steuersatz und Steuertarif Gleichmaß und Mäßigung der Steuerlast sichtbar. Die Regeln über den Steuersatz müssen deshalb besonders einfach, allgemein verständlich und einsichtig sein. Sie sollen dem Steuerpflichtigen sagen, ob er den biblischen Zehnten schuldet, ein Fünftel, ein Viertel, ein Drittel seines Einkommens, 10 % oder 19 % des Kaufpreises. Wer den Steuersatz nicht versteht, wird die Steuerlast insgesamt nicht als gerecht verstehen können. Wenn allerdings der Einkommensteuerpflichtige in § 32 a EStG die Regelungen über den Einkommensteuertarif liest, steht er ratlos vor Gesetzgebungswille und Gesetzgebungskunst. Hat er zum Beispiel ein zu versteuerndes Jahreseinkommen von 40 000 Euro erzielt, so beträgt die tarifliche Einkommensteuer nach § 32 a Abs. 1 S. 1 Nr. 2: $(228{,}74 \times z + 2397) \times z + 989$, wobei „$z$" ein Zehntausendstel des 12 739 übersteigenden Teils des auf einen vollen Euro-Betrag abgerundeten zu versteuernden Einkommens ist. Mit dieser Regelung verweigert der Gesetzgeber den Dialog mit dem Steuerpflichtigen. Er fordert Unterwerfung unter eine Verbindlichkeit beanspruchende Formel trotz Nichtverstehens. Das schwächt die Einsicht für eine notwendige Gemeinlast, damit allgemein das Rechtsbewußtsein. Der Steuerpflichtige wird in Distanz zu seinem Rechtsstaat gerade dort verwiesen, wo der redliche Bürger am ehesten in eine Krise zu Recht und Staat gerät: beim Finanzamt. Der Bürger verliert Vertrauen in das Recht, büßt ein Stück Selbstsicherheit und Freiheitskraft in der Gewißheit über das Recht ein, zweifelt an der Leistungsfähigkeit von Parlament und parlamentarischer Demokratie. Deshalb muß der Verfassungsstaat den Steuerpflichtigen mehr als mündigen Bürger behandeln, im Steuerrecht auf seine Freiheitsfähigkeit bauen. Recht und Demokratie brauchen wechselseitiges Vertrauen zwischen Staat und Bürger, also eine Vertrautheit im Recht. Hier liegt eine der Gegenwartsaufgaben der Gesetzgebung.

D. Bibliographie

Dieter Birk, Das Leistungsfähigkeitsprinzip am Maßstab der Steuernormen, 1983.
Rolf Eckhoff, Rechtsanwendungsgleichheit im Steuerrecht, 1999.
Johanna Hey, Steuerplanungssicherheit als Rechtsproblem, 2002.
Josef Isensee, Steuerstaat als Staatsform, in: FS für Hans Peter Ipsen, 1977, S. 409 ff.
Monika Jachmann, Gemeinnützigkeit in Europa, 2006.
Paul Kirchhof, Einkommensteuergesetzbuch, 2003.
Hanno Kube, Finanzgewalt in der Kompetenzordnung, 2004.
Moris Lehner, Einkommensteuerrecht und Sozialhilferecht, 1993.
Anna Leisner, Kontinuität als Verfassungsprinzip. Unter besonderer Berücksichtigung des Steuerrechts, 2002.
Sebastian Müller-Franken, Maßvolles Verwalten, 2004.
Lerke Osterloh, Gesetzesbindung und Typisierungsspielräume bei der Anwendung der Steuergesetze, 1992.
Hans-Jürgen Papier, Die finanzrechtlichen Gesetzesvorbehalte und das grundgesetzliche Demokratieprinzip, 1973.
Thomas Puhl, Budgetflucht und Haushaltsverfassung, 1996.
Susanne Sieker, Umgehungsgeschäfte, 2001.
Roman Seer, Verständigungen im Steuerverfahren, 1996.
Wolfgang Schön, Steuergesetzgebung zwischen Markt und Grundgesetz, in: Rudolf Mellinghoff/Gerd Morgenthaler/Thomas Puhl (Hg.), Die Erneuerung des Verfassungsstaates, 2003, S. 143 ff.
Klaus Tipke, Die Steuerrechtsordnung, Bd. I, ^{2}2000; Bd. II, ^{2}2003; Bd. III, 1993.
Hartmut Söhn, Erwerbsbezüge, Markteinkommenstheorie und Besteuerung nach der Leistungsfähigkeit, in: FS für Klaus Tipke, 1995, S. 343 ff.
Klaus Vogel, Der offene Finanz- und Steuerstaat, Ausgewählte Schriften, 1991.
Rainer Wernsmann, Verhaltenslenkung in einem rationalen Steuersystem, 2005.
Carl-Heinz Witt, Die Konzernbesteuerung, 2006.

§ 119
Nichtsteuerliche Abgaben

Paul Kirchhof

Übersicht

	Rn.
A. Nichtsteuerliche Abgaben als Ausnahme	1– 16
I. Steuern und Entgeltabgaben	1– 8
II. Entgelt oder Vorteilsabschöpfung	9– 11
III. Formgebundene Abgabetypen	12– 16
B. Die Entgeltabgaben: Gebühren und Beiträge	17– 68
I. Rechtfertigung entgeltähnlicher Abgaben	17– 25
II. Die Gebühr	26– 61
1. Der Gebührentatbestand	26– 56
a) Entgelt oder Gemeinlast	26– 37
b) Der Belastungsgrund	38– 42
c) Der Gebührenschuldner	43– 44
d) Die Gebührenbemessung	45– 56
2. Ungebundenheit des Gebührenaufkommens	57– 58
3. Kompetenzen	59– 61
III. Der Beitrag	62– 68
1. Der Beitrag im System der öffentlichen Aufgaben	62– 66
2. Die vermutete Gruppenbevorzugung	67– 68
C. Sonderabgaben	69–106
I. Begriff	69– 70
II. Verfassungsrechtliche Maßstäbe der Sonderabgabe	71– 87
1. Kompetenzrechtliche Schranken	75– 77
2. Finanzierungsverantwortlichkeit	78– 83
a) Erfordernis der homogenen Gruppe	79– 80
b) Die Finanzverantwortung der Gruppe	81– 83

	Rn.
3. Gruppennützige Verwendung des Aufkommens	84– 85
4. Haushaltsrechtliche Informationspflicht	86
5. Erfordernis periodisch wiederkehrender Legitimation der Abgabe	87
III. Wirkungen einer Sonderabgabe	88–106
1. Die Gestaltungswirkungen der Abgabe	90–104
a) Die ausgleichende Sonderabgabe	90– 92
b) Die lenkende Sonderabgabe	93– 95
c) Die fördernde Sonderabgabe	96– 98
d) Die sogenannte Verursacherabgabe	99–103
e) Sonstige Funktionen einer Sonderabgabe	104
2. Die Entwicklung des Sonderabgabentatbestands in der Verfassungsrechtsprechung	105–106
D. Sonstige Abgaben	107–126
I. Auffangtatbestand ohne rechtfertigende Kraft	107–108
II. Erscheinungsformen sonstiger Abgaben	109–126
1. Sozialversicherungsrechtliche Solidarabgabe	110–112
2. Die Verbandslast	113–116
3. Entwicklungslinien des gegenwärtigen Abgabenrechts	117–126
E. Abgabenaufkommen (Tabellen)	
F. Bibliographie	

§ 119   *Achter Teil: III. Finanzwesen*

A. Nichtsteuerliche Abgaben als Ausnahme

I. Steuern und Entgeltabgaben

1
Steuerfinanzierung als Regel

Der Staat erbringt seine Leistungen nach Bedarf, verkauft sie nicht um des Entgelts willen. Die polizeiliche Sicherheit beansprucht jeder Inländer, mag er Millionär oder Bettler sein. Das staatliche Recht berechtigt und verpflichtet jeden Menschen gleich; die Menschen- und Jedermannsrechte dürfen nicht dem Zahlungsfähigen vorbehalten werden. Das Angebot schulischer Bildung gilt gerade auch für denjenigen, der sich eine privatfinanzierte Bildung nicht leisten könnte. Und der soziale Staat sichert dem Bedürftigen das Existenzminimum, weil er seinen Bedarf aus eigener Kraft nicht finanzieren kann. Soweit der Staat austeilend und umverteilend individuelles Einkommen und Vermögen gerechter zuweisen oder mit der Macht des Geldes Wirtschaftsabläufe und Konjunktur steuern will, braucht er ebenfalls eine Finanzausstattung, die von einem Leistungstausch unabhängig ist. Deswegen ist die Steuer das Finanzierungsmittel des gleichheitsgebundenen Rechtsstaates, des dem Bedürftigen verpflichteten sozialen Staates, der allen Bürgern verantwortlichen Demokratie, der Republik.

2
Wachsende Attraktivität nichtsteuerlicher Abgaben

Obwohl allein die Steuer dem freiheitlichen Verfassungsstaat die innere Unabhängigkeit und Distanz zu seinem Finanzier sichert, die öffentliche Hand vom freien Gütertausch und von erwerbswirtschaftlichen Tätigkeiten prinzipiell fernhält, kennt das deutsche Abgabenrecht traditionell neben der Steuer auch die Gebühr und den Beitrag[1]. Als der Umweltschutz zu einem Kernthema des Rechts wurde und die Rechtswissenschaft sich um ein vielfältiges Instrumentarium des Umweltschutzes bemühte, wurde die Abgabe auch als Preis und als Lenkungsmittel für die Nutzung der Umwelt entdeckt, insbesondere die Verleihungsgebühr[2] sowie eine Ressourcennutzungsgebühr[3] als Mittel eingesetzt, um die Vorteile der Umweltbelastung abzuschöpfen und die Umweltverschmutzung prohibitiv zu verteuern[4], auch wenn der Staat die

---

1 *Dieter Wilke*, Gebührenrecht und Grundgesetz, 1973; *Karl-Heinrich Friauf*, Öffentliche Sonderlasten und Gleichheit der Steuerbürger, in: FS für Hermann Jahrreiß, 1974, S. 45 f.; *Ferdinand Kirchhof*, Die Höhe der Gebühr, 1981, S. 134; *Klaus Vogel*, Vorteil und Verantwortlichkeit. Der doppelgliedrige Gebührenbegriff des Grundgesetzes, in: Verantwortlichkeit und Freiheit. FS für Willi Geiger zum 80. Geburtstag, 1989, S. 518 f.; *Michael Kloepfer*, Die lenkende Gebühr, in: AöR 97 (1972), S. 232 f.; *Rudolf Wendt*, Die Gebühr als Lenkungsmittel, 1975.
2 *Ferdinand Kirchhof*, Die Verleihungsgebühr als dritter Gebührentyp, in: DVBl 1987, S. 554 ff.; *Jörn Heimlich*, Die Verleihungsgebühr als Umweltabgabe, 1996, S. 52; *Joachim Wieland*, Die Konzessionsabgaben, 1991; zur Grundsatzfrage: *Christoph Trzaskalik*, Inwieweit ist die Verfolgung ökonomischer, ökologischer und anderer öffentlicher Zwecke durch Instrumente des Abgabenrechts zu empfehlen?, in: Verh. des 63. DJT, 2000, Bd. I, E S. 9 f.; dazu: *Paul Kirchhof*, Lenkungsteuern, in: GS für Christoph Trzaskalik, 2005, S. 395 ff.
3 *Dietrich Murswiek*, Die Ressourcennutzungsgebühr, Zur rechtlichen Problematik des Umweltschutzes durch Abgaben, in: NuR 1994, S. 170 ff.
4 *Heinz Grossekettler*, Steuerstaat versus Gebührenstaat: Vor- und Nachteile, in: Ute Sacksofsky/Joachim Wieland (Hg.), Vom Steuerstaat zum Gebührenstaat, 2000, S. 24 ff.; *Reinhard Hendler*, Staatsfinanzierung durch Gebühren oder Steuern – Vor- und Nachteile aus juristischer Perspektive, ebd., S. 68 (69 f.). *Ute Sacksofsky*, Umweltschutz durch nicht-steuerliche Abgaben, 2000; *Rüdiger Breuer u. a.* (Hg.), Umweltschutz durch Abgaben und Steuern, 1992; *Martin Wasmeier*, Umweltabgaben und Europarecht, 1995; *Paul Kirchhof* (Hg.), Umweltschutz im Abgaben- und Steuerrecht, in: DStJG 15, 1993; *Gertrude Lübbe-Wolff/Bernhard W. Wegener* (Hg.), Umweltschutz durch kommunales Satzungsrecht, ³2002.

Umwelt nicht bewirtschaftet und für sie nichts aufgewendet hat. Der Zugriff auf die Umwelt – insbesondere die Entsorgung von Lasten durch Luft und Gewässer, der Verbrauch der Natur als Standort für Bauten und Transportwege oder schädigende Emissionen – soll jedenfalls nicht unentgeltlich möglich sein, außerdem so verteuert werden, daß der Umweltschädiger zu einem umweltschonenden Verhalten gedrängt wird. Gebühr oder Beitrag werden zu Vorteilsausgleich und Lenkungsmittel, die Finanzierung des Staatshaushaltes tritt in den Hintergrund. Die Abgabe soll vor allem belasten[5], weniger finanzieren.

Teilweise gilt die Entgeltabgabe nicht nur als Umweltinstrument, um finanzwirtschaftlich eine Verursacherverantwortlichkeit einzufordern und Abschreckungssignale zu überbringen; vielmehr erscheint die Entgeltabgabe als ein der Steuer grundsätzlich überlegener Abgabetyp, der die Funktion der Abgabe, den Staat finanzwirtschaftlich für seine Bürger leistungsfähig zu machen, schon im Individualrechtsverhältnis bewußt macht, in der Angemessenheit von Leistung und Gegenleistung der staatlichen Abgabengewalt ein Maß setzt, damit Kontrolle ermöglicht und einen wirtschaftlichen Umgang mit dem Abgabeaufkommen fördert, außerdem Ausweichstrategien erübrigt und Erhebungskosten vermindert[6]. Der Schuldner von Entgeltabgaben werde sich des Vorteils seiner Zahlung deutlicher bewußt als der Steuerzahler. Der Gebühr fehle der „Entfremdungscharakter"[7]. Die Entgeltabgabe stärke das Gespür für eine Kostenverantwortung, führe die Belastung der Allgemeinheit auf einen individuell spürbaren Nachteil zurück[8]. Der Gedanke an die Siedler in Amerika, die gemeinsam eine Kirche oder ein schützendes Fort bauten, dann aber denjenigen, der sich daran nicht beteiligte, ausschlossen[9], deutet auf die Aufgaben eines Elementarstaates, der Schutz gewährt und das Staatsvolk in geistigem Zusammenhalt eint. Eine stärker nutzerbezogene Staatsfinanzierung könne eine Abwanderung der beweglichen Produktionsfaktoren in den Staat mit den niedrigsten Steuersätzen (Steuerflucht) in gewissem Umfang begegnen, wenn staatliche Leistungen nur noch gegen Entgelt erreichbar wären[10]. Die Entgeltabgabe verknüpfe die staatliche Einnahme

3
Gebührenstaat?

---

5 Vgl. aber auch BVerfGE 110, 274 (291 ff.) – Ökosteuer; kritisch dazu: *Peter Selmer*, Ökologische Steuerreform, Verfassungsrecht und Bundesverfassungsgericht, in: GS für Christoph Trzaskalik, 2005, S. 411 ff.; siehe auch: *Evelyn Haas*, Ist die so genannte Ökosteuer verfassungsgemäß?, in: FS für Reinhard Mußgnug, 2005, S. 205.
6 *Werner Heun*, Die Entwicklung des Steuerstaatskonzepts in theoretischer und tatsächlicher Hinsicht, in: Sacksofsky/Wieland (N 4), S. 10 (19 f.); *Grossekettler* (N 4), S. 44 f.; *Dieter Birk/Rolf Eckhoff*, Staatsfinanzierung durch Gebühren und Steuern: Vor- und Nachteile aus juristischer Perspektive, in: Sacksofsky/Wieland (N 4), S. 54 (60 f.) – im Ergebnis eher kritisch; *Hendler* (N 4), S. 68 (77 f.); *Susanne Meyer*, Ressourcennutzungsgebühren als Entgelterhebung für Freiheitsgebrauch, in: Sacksofsky/Wieland (N 4), S. 144 f. – im Ergebnis deutlich kritisch; *Dietrich Dickertmann*, Erscheinungsformen und Wirkungen von Umweltabgaben aus ökonomischer Sicht, in: Paul Kirchhof (Hg.), Umweltschutz im Abgaben- und Steuerrecht, in: DStJG 15, 1993, S. 33 (46 f.).
7 *Birk/Eckhoff* (N 6), S. 56, 60; *Ute Sacksofsky*, Staatsfinanzierung durch Gebühren, in: dies./Wieland (N 4), S. 188 (190 f.).
8 *Grossekettler* (N 4), S. 37 f.; *Hendler* (N 4), S. 71 f.; *Meyer* (N 6), S. 144 f.; *Sacksofsky* (N 7), S. 190 f.
9 *Grossekettler* (N 4), S. 37.
10 *Sacksofsky* (N 7), S. 192; *Grossekettler* (N 4), S. 40; *Fritz W. Scharpf*, Globalisierung als Beschränkung der Handlungsmöglichkeiten nationalstaatlicher Politik, in: Jahrbuch für Neue Politische Ökonomie 17 (1998), S. 41 (60 f.).

mit der Ausgabe, steigere damit die Kostenverantwortung, erzwinge ein Abwägen von Kosten und Leistungen[11], erschwere auch die Taktik der Verbände, gruppenbegünstigende Vorteile möglichst unmerklich auf die Schultern vieler Steuerzahler zu verteilen[12]. Zudem gelte im Kommunalrecht das Prinzip der Subsidiarität der Steuer[13], also der Grundsatz, daß nicht die Allgemeinheit durch die Gemeinlast der Steuern die kommunalen Leistungen bezahlen solle, die lediglich einem einzelnen zugute kommen[14]. Schließlich zeigt das Abgabenaufkommen, daß zwar Bund und Länder überwiegend durch Steuern finanziert werden, die Gemeindehaushalte sich aber auf Gebühren- und Beitragserträge stützen, auch der Gesamtstaat nicht überwiegend aus Steuern finanziert wird, wenn die Sozialversicherung in Aufgabe und Finanzierung dem Gesamtstaat zugerechnet wird[15]. Deswegen wird die tatsächliche oder auch eine rechtlich erwünschte Finanzstaatlichkeit mit dem Stichwort des „gebührenfinanzierten Dienstleistungsstaates"[16] gekennzeichnet, der „Gebührenstaat" statt des Steuerstaates gefordert[17], zumindest eine stärkere Finanzierung des Staates durch nichtsteuerliche Abgaben verlangt[18].

4
„Marktfähigkeit" staatlicher Leistungen

Die Frage, ob der Verfassungsstaat sich grundsätzlich aus Steuern oder aus Entgeltabgaben finanziert, betrifft die klassische[19] Alternative, ob ein Gemeinwesen Lasten und Wohltaten angemessen zuteilt (zuteilende Gerechtigkeit) oder die Menschen untereinander in vertraglicher Vereinbarung Güter tauschen (austauschende Gerechtigkeit). Zu unterscheiden ist, ob die staatliche Leistungen „marktfähig", auf Tausch und Erwerb, angelegt sind oder ob sie einen Bedarf decken, der von der Bereitschaft und Fähigkeit zur Gegenleistung unabhängig, oft sogar in der fehlenden Leistungsfähigkeit des Empfängers begründet ist. Der friedenstiftende Staat beansprucht Hoheitsgewalt, Souveränität, um das Gemeinwesen durch Recht zu ordnen, Distanz gegenüber Bürgern und Inländern zu wahren und in Unabhängigkeit und Unbefangenheit gleiches Recht gegenüber jedermann – Armen und Reichen – zu wahren. Die Finanzverfassung trennt deshalb die Einnahmeseite (Steuerrecht, Art. 105 ff. GG) strikt von der Ausgabenseite (Haushaltsrecht, Art. 110 ff. GG), damit der Finanzier keinen besonderen Einfluß auf staatliches Verhalten des Staates allein wegen seiner Steuerzahlung gewinnt. Der freiheitliche Rechtsstaat beläßt mit der Garantie der Berufs-, Eigentümer- und Vereinigungsfreiheit die Produktionsfaktoren Kapital und Arbeit sowie die Produktionseinheit des Unternehmens in privater Hand, zieht sich strukturell aus dem Lebensbereich von Erwerbswirtschaft, Produktion, Handel, Markt und Wett-

---

11 *Sacksofsky* (N 7), S. 194 f.
12 *Grossekettler* (N 4), S. 42.
13 *Hendler* (N 4), S. 68 (79 f.).
14 Zur rechtlichen Verbindlichkeit dieser Regel vgl. BVerwG, in: KStZ 1993, S. 193 (194).
15 *Ferdinand Kirchhof*, Vom Steuerstaat zum Abgabenstaat, in: Verw 21 (1966), S. 137 (145 ff.); *Sacksofsky* (N 7), S. 198 f., sowie im Anhang die Tabellen 1, 2 und 3, S. 1170 ff.; → unten *F. Kirchhof*, § 125 Rn. 18.
16 *Christof Gramm*, Vom Steuerstaat zum gebührenfinanzierten Dienstleistungsstaat, in: Der Staat 36 (1997), S. 267 (267 f.); vgl. auch *Hendler* (N 4), S. 79.
17 *Grossekettler* (N 4), S. 44; *Sacksofsky* (N 7).
18 *Sacksofsky* (N 4), S. 261 und passim.
19 *Aristoteles*, Nikomachische Ethik, Buch V, 1131 a (übersetzt von Franz Dirlmeier), 1956, S. 100 f.

bewerb zurück. In dieser Freiheitskonzeption ist eine Steuerfinanzierung angelegt, die den Staat am Erfolg privaten Wirtschaftens teilhaben läßt, ihn aber nicht in den Leistungstausch drängt und nicht in der Entgelterwartung Befangenheit begründet[20].

Der Gleichheitssatz fordert, die wesentlichen Staatsleistungen – militärische und polizeiliche Sicherheit, das Recht und seine Organe, soziale Leistungen, Bildung und Ausbildung, verkehrstechnische und medizinische Infrastruktur – jedermann anzubieten, mag er Entgelte zahlen oder nicht. Diese staatlichen Leistungen sind Pflichtaufgaben, die, selbst wenn sie individuell zurechenbar wären, nicht unter Finanzierungsvorbehalt stehen. Deswegen wird der Staat den Schutz der Deiche gegen die Flut einem Zahlungsunwilligen nicht verweigern können, vielmehr jedermann den Hochwasserschutz bieten und diesen steuerlich finanzieren; stünden die Menschenrechte und Sozialleistungen nur dem Zahlungsfähigen zu, wären also viele Menschen in ihren Grundrechten wie in ihrer Existenz durch Armut gefährdet, würde der Verfassungsstaat sich selbst widerlegen. Auch würde die Aussicht auf Entgeltabgaben Maßstäbe und Motive staatlichen Entscheidens verfremden, die Staatsverwaltung kommerzialisieren und eine institutionelle Befangenheit in die Staatsorgane hineintragen[21], weil der Finanzminister die Staatsleistungen dem Meistbietenden oder zumindest dem Zahlungsbereiten vorbehalten, der Sozialminister hingegen vor allem die Bedürftigen mit staatlichen Leistungen bedenken will; der Grundsatz „Wer nicht will deichen, der muß weichen!"[22] ist nicht mehr zeitgemäß.

5
Staatliche Pflichtaufgaben

Der Staat erzielt seine Einnahmen deswegen grundsätzlich steuerlich nach der individuellen Belastungsfähigkeit je nach finanzieller Leistungsfähigkeit[23], nicht nach den Prinzipien der Tauschgerechtigkeit. Auf dem freiheitlichen Markt wird das Geld nach der Tauschgerechtigkeit in der vertraglichen Vereinbarung verteilt. Der angemessene – nicht der gerechte – Preis wird von den Nachfragern durch ihre Kaufentscheidung am Markt gefunden[24]. Dieses System der Tauschgerechtigkeit ist ungeeignet, wenn der Staat Leistungen nicht um des Entgelts willen erbringen, sondern nach Bedarf zuwenden will. Maßstab ist das Recht, nicht das Entgeltangebot. Würde ein Beamter, der dem Fahrtüchtigen einen Führerschein, dem Bauberechtigten eine Baugenehmigung zu erteilen hat, dafür ein Entgelt verlangen, würde der Staat sich mit dem härtesten Mittel strafrechtlicher Gegenwehr – wegen Bestechlichkeit – dagegen wehren. Deswegen ist es eine Fehlentwicklung, wenn der Staat UMTS-Berechtigungen gegen Höchstgebot versteigert[25] oder die Bundesregierung eine Gesetzesinitiative zurücknimmt, wenn der gesetzlich betroffene Verband forschender Arzneimittelhersteller eine Geldsumme in einen Fonds

6
Leistungsfähigkeitsprinzip, nicht Tauschgerechtigkeit

---

20 → Oben *P. Kirchhof*, § 118 Rn. 2.
21 → Oben *P. Kirchhof*, § 118 Rn. 51 – dort zur Lenkungssteuer.
22 Vgl. *Grossekettler* (N 4), S. 31.
23 → Oben *P. Kirchhof*, § 118 Rn. 182 f.
24 *Ludwig Erhard*, Soziologie des Kartellproblems, in: Karl Hohmann (Hg.), Ludwig Erhard. Gedanken aus fünf Jahrzehnten, 1988, S. 514.
25 BVerfGE 105, 185 (187) – Verteilung der UMTS-Erlöse.

einzahlt[26]. Der Staat finanziert sich durch Steuern, die nach der im Einkommen ersichtlichen individuellen Leistungsfähigkeit oder der in der Kaufkraft vermuteten Leistungsfähigkeit bemessen werden, aber von einer individuellen Gegenleistung unabhängig sind[27].

7
Konkretere Bindung nichtsteuerlicher Abgaben?

Es bleibt die Frage, ob die Entgeltabgabe im Leistungstausch – dem Äquivalenzprinzip oder dem Kostendeckungsprinzip – einer deutlicheren verfassungsrechtlichen Bindung als die Steuer unterliegt[28], sie deshalb in Maßstab und Kontrolle eines Wirtschaftlichkeitsprinzips rechtsstaatlich deutlicher geformt werden kann. Nichtsteuerliche Abgaben werden in ihren Bemessungsprinzipien dem Grunde und der Höhe nach jedoch nicht deutlicher gebunden[29], weil die Abgabenbemessung im Äquivalenzprinzip vage bleibt, im Kostendeckungsprinzip nicht anerkannt ist, außerdem in der Ausrichtung auf Wirklichkeit und Wahrscheinlichkeit, auch in der Zulässigkeit von Lenkung und Intervention Konturen verliert[30]. Statt dessen muß der Staat bewußt machen, daß Einkommen und Umsatz auch von Leistungen der Rechtsgemeinschaft abhängen und die Steuern sich aus diesen Leistungen – in einer allgemeinen, nicht individuellen Äquivalenz – rechtfertigen[31]: Der Mensch kann Einkommen nur erzielen, wenn die Rechtsgemeinschaft einen Markt von Anbietern und Nachfragern bereitstellt, ihm eine Rechtsordnung zur Begründung und Durchsetzung vertraglicher Verbindlichkeiten bietet, ein Banken- und Währungssystem ihm ein Wirtschaften mit Geld und Krediten erlaubt, Schulen und Hochschulen die Arbeitnehmer gut ausbilden, eine friedenstiftende Rechtsordnung nationale Sicherheit im Weltmarkt bietet und gewerblicher Rechtsschutz den Rahmen für ein erfolgreiches Wirtschaften schafft. Ebenso begründet die individuelle Kaufkraft erst einen Umsatz, wenn die Infrastruktur eines umfassenden und allgemeinen Leistungsangebotes es dem Nachfrager gestattet, seine Kaufkraft in Gegenleistungen einzutauschen. Die Steuer ist also „voraussetzungslos"[32], weil sie keinen individuellen Leistungstausch voraussetzt; sie hat jedoch zur Voraussetzung, daß die Rechtsgemeinschaft mit ihrer Friedensordnung, ihrem Recht, ihrem Markt, ihrem Geld- und Währungssystem, ihrer Bildung und vor allem ihrer Kaufkraft individuelles Einkommen und individuellen Umsatz möglich macht. Richtet die verfassungsrechtliche Rechtfertigung der jeweiligen Steuer den Blick auf

---

26 *VFA Verband Forschender Arzneimittelhersteller e. V.*, Stellungnahme zum Entwurf eines Gesetzes zur Änderung des Gesetzes zur Sicherung der Beitragssätze in der gesetzlichen Krankenversicherung und in der gesetzlichen Rentenversicherung (Drucksache 15/542) und zum Antrag „Aufhebung der gesundheitspolitischen Maßnahmen im Beitragssatzsicherungsgesetz" (Drucksache 15/652), Stand: 12.5.2003, S. 2; dazu *Christian Rybak*, Rechtsstaat am Verhandlungstisch, 2007, S. 271 ff.
27 → Oben *P. Kirchhof*, § 118 Rn. 182 f., 185 f.
28 Vgl. *Heun* (N 6), S. 19.
29 Vgl. *Heun* (N 6), S. 19.
30 Vgl. *Petra Helbig*, Soziale Staffelung von Gebühren, in: Sacksofsky/Wieland (N 4), S. 85 (93 ff.); *Hendler* (N 4), S. 72 f.; zur umgekehrten bloßen Äquivalenzrhetorik zur Begründung von Mineralölsteuer, Gewerbesteuer, Kfz-Steuer vgl. Birk/Eckhoff (N 6), S. 61 f.
31 → Oben *P. Kirchhof*, § 118 Rn. 88.
32 *Otto Mayer*, Deutsches Verwaltungsrecht, 1924, Bd. I, S. 316; *Klaus Vogel*, Grundzüge des Finanzrechts des Grundgesetzes, in: HStR IV, ²1999, § 87 Rn. 43 f.; *Rudolf Wendt*, Finanzhoheit und Finanzausgleich, in: HStR IV, ²1999, § 104, Rn. 16 ff.

diese Allgemeinäquivalenz der Einkommen- und der Umsatzsteuer, so findet sie im Einkommen und im Umsatz auch den sinnstiftenden und eingriffsbegrenzenden Zweck, den das allgemeine Ziel der Steuern, staatliche Einnahmen zu erzielen, nicht bietet[33]. Der Verfassungsstaat erzielt mit den Steuern nicht beliebig – durch Übermaß, Konfiskation und Willkür – seine Erträge, sondern durch maßvolle und gleichmäßige Teilhabe an dem Steuergegenstand, der eine Steuerbelastung rechtfertigt. In dieser Verhältnismäßigkeit der Steuerlast zur Einzelsteuer und sodann zur Gesamtlast gewinnen die freiheitsrechtliche Verhältnismäßigkeit und die gleichheitsrechtliche Angemessenheit rechtlich klare Konturen.

Die Entgeltabgaben werden auch als Instrument empfohlen, um steuerliche Ausweichstrategien zu bekämpfen und damit das Kernproblem des gegenwärtigen Steuerrechts[34] zu lösen. Die Abgabepflicht sei deutlich eingeschränkt, wenn der Abgabepflichtige nicht eine steuerliche Gemeinlast zur Finanzierung des Staatshaushaltes zu tragen, sondern eine Gegenleistung für eine individuell empfangene Staatsleistung zu erbringen habe. Soweit diese These staatliche Zuwendungen auf individuell entgoltene Leistungen beschränkt, kann sie zu einer neuen Staatsaufgabenlehre beitragen, den Verfassungsstaat auf den schlanken und deshalb starken Staat zurückführen. Wird sie auch als staatliches Schenkungsverbot verstanden, könnte sie eine Radikalreform einleiten und letztlich alle staatlichen Subventionen in Frage stellen[35]. Doch sind die Entgeltabgaben letztlich keine Alternative zur Besteuerung, weil die wesentlichen Pflichtaufgaben des Staates – insbesondere die Leistungen des Militärs und der Polizei, die Gewähr einer allgemeinen Rechtsordnung, die Schaffung eines stabilen Rahmens für Wirtschaft und Markt, Organisation und Integration der Demokratie – sich individuell nicht zurechnen lassen, andere Staatsleistungen, insbesondere die Zuwendungen des sozialen Staates und die Subventionen des lenkenden Staates gerade unabhängig von einer Gegenleistung erbracht werden, schließlich die staatlich bereitgestellte Infrastruktur und die Gemeinwohlgüter[36] ihrer Widmung nach Güter im Gemeingebrauch und nicht im Individualgebrauch sind. Würde für die übrigen staatlichen Individualleistungen ein Entgelt gefordert, das auch allgemeine Kosten deckt, könnten die Staaten, deren Gemeinleistungen nicht der deutschen Hochkultur entsprechen, die Einzelleistungen „preisgünstiger" anbieten, damit erneut eine Ausweichreaktion und Abgabenflucht veranlassen. Deswegen wird der Steuergesetzgeber den internationalen Ausweichstrategien durch die Zuordnung der Steuerquelle zum Staatsgebiet je nach wirtschaftlicher Zugehörigkeit beggnen. Besteuern darf nur der Staat, in dessen Gebiet sich der Erwerb ereignet, das heißt die Erwerbsgrundlage genutzt wird, oder in dessen Gebiet der Konsument ein Wirtschaftsgut nachfragt[37]. Dabei ist für die staats-

8
Gegenwehr gegen Ausweichstrategien

---

33 → Oben *P. Kirchhof*, § 118 Rn. 89, 131 f.
34 → Oben *P. Kirchhof*, § 118 Rn. 34 f.
35 Zur haushaltswirtschaftlichen Bedeutung vgl. *Alfred Boss/Astrid Rosenschon*, Subventionen in Deutschland, Eine Bestandsaufnahme, in: Kieler Arbeitspapier Nr. 1267, Januar 2006.
36 *Michael Anderheiden*, Gemeinwohl in Republik und Union, 2004, S. 5 ff.
37 → Oben *P. Kirchhof*, § 118 Rn. 224 ff.

rechtliche Gegenwehr gegen Ausweichstrategien entscheidend, daß das Bemühen der Staaten um bevorzugende Steueranreize im Werben um Unternehmen nicht als ein legitimer „Wettbewerb" gerechtfertigt wird, vielmehr stets bewußt bleibt, daß Staaten auf Zusammenarbeit angelegt sind: Es droht kein wettbewerbswidriges Kartell bei einem EG-gemeinschaftlichen Umsatzsteuerrecht. Die Staaten sind nicht zur feindlichen Übernahme bereit, sondern stützen sich in ihrem Status auch finanzwirtschaftlich. Demokratien werben dem anderen Staat nicht ihre Bürger ab, richten ihr Handeln vielmehr auf ihre eigenen, rechtlich definierten Staatsbürger aus. Der Gleichheitssatz untersagt eine rechtliche Begünstigung des Meistbietenden; Brot ist käuflich, das Recht nicht[38]. Deswegen bleibt es bei der Regel, daß der Staat sich durch Steuern finanziert, die Entgeltabgaben deshalb jeweils der Rechtfertigung bedürfen[39].

II. Entgelt oder Vorteilsabschöpfung

9
Entgeltabgabe ohne staatliche Gegenleistung?

Die Gebühr ist der „Verwaltungspreis"[40], folgt dem „Prinzip der speziellen Entgeltlichkeit"[41], verliert aber diese griffige rechtliche Bindung eines Austauschverhältnisses, wenn sie im Umweltrecht bei Inanspruchnahme knapper Umweltgüter erhoben wird. Diese Umweltressourcen werden nämlich vorgefunden, sind von staatlicher Tätigkeit und sogar von der Existenz staatlicher Gewalt unabhängig[42]. Gebühren sind nicht mehr eine Gegenleistung für eine besondere Staatsleistung, sondern gleichen einen Vorteil aus, der den Begünstigten besser als andere Bürger stellen würde[43]. Die Besonderheit, daß dieser Vorteil nicht durch staatliche Leistung gewährt worden ist, soll tatbestandlich durch eine staatliche Duldung der Umweltnutzung aufgefangen werden[44]. Dabei unterscheidet sich die Duldung von der abgabenrechtlich unerheblichen bloßen Untätigkeit dadurch, daß eine rechtliche Möglichkeit des Einschreitens besteht[45]. Diese Duldung ist aber allenfalls dann rechtserheblich, wenn die geduldete Nutzung ein staatlich bewirtschaftetes Gut, etwa die Entnahme von Wasser, betrifft[46]. Atmet der Mensch hingegen die – durch staatliche Umweltpolitik reiner gewordene – Luft, kann er dank staatlichen

---

38 *Paul Kirchhof*, Freiheitlicher Wettbewerb und staatliche Autonomie – Solidarität, in: ORDO 56 (2005), S. 39; → oben *P. Kirchhof*, § 99 Rn. 38.
39 *Heun* (N 6), S. 21; *Peter Selmer*, Verfassungsrechtliche und finanzrechtliche Rahmenbedingungen, in: Rüdiger Breuer u.a. (Hg.), Umweltschutz durch Abgaben und Steuern, 1992, S. 15 (31 f.); *Christof Gramm*, Ersatz von Polizeikosten, in: Sacksofsky/Wieland (N 4), S. 179 (185 f.).
40 *Walter Leisner*, Verwaltungspreis – Verwaltungssteuer, in: GS für Hans Peters, 1967, S. 730 f.
41 *Wendt* (N 1), S. 54 f.; *Jost Pietzcker*, Abgrenzungsprobleme zwischen Benutzungsgebühr, Verleihungsgebühr, Sonderabgabe und Steuer, in: DVBl 1987, S. 774 (775); *Hendler* (N 4), S. 71.
42 *Dieter Birk*, „Vorteilsabschöpfung" durch Abgaben: Eine neue Kategorie nichtsteuerlicher Umweltabgaben, in: FS für Wolfgang Ritter, 1997, S. 41 f.; *Meyer* (N 6), S. 150; *Sacksofsky* (N 4), S. 88 f. (allerdings unter Hinweis auf BVerfGE 93, 319 [345] – Wasserpfennig); *Selmer* (N 39), S. 43 f.
43 Vgl. *Sacksofsky* (N 7), S. 190; dagegen *Selmer* (N 39), S. 43 f.; *Birk/Eckhoff* (N 6), S. 63 f.
44 So der Vortrag des Landes Baden-Württemberg zur Rechtfertigung der Wasserentnahmegebühr in BVerfGE 93, 319 (330) – Wasserpfennig.
45 *Meyer* (N 6), S. 151.
46 *Meyer* (N 6), S. 151.

Umweltschutzes wieder in Rhein und Neckar schwimmen, nutzt er den Wald zum Joggen oder zur künstlerischen Inspiration, so verflüchtigt sich die staatliche Duldung in die staatliche Garantie einer allgemeinen Handlungsfreiheit[47], würde also die Freiheitswahrnehmung unter Gebührenvorbehalt stellen und insoweit eine Gebühr nicht rechtfertigen[48]. Grundsätzlich sollen alle staatlichen Handlungen und Leistungen die individuelle Existenz in Freiheit und Entfaltung begünstigen, der Allgemeinheit der Bürger einen Vorteil vermitteln. Diese Allgemeinbegünstigung wird aber durch die Gemeinlast der Steuern finanziert. Eine Duldungsgebühr fordert deshalb eine Auseinandersetzung mit der Frage, ob freiheitsdienliche Staatstätigkeiten ohne individuell zurechenbaren staatlichen Aufwand entgeltfähig sind.

Der Tatbestand der Entgeltabgaben – Gebühren und Beiträge – braucht von Verfassungs wegen eine klare, justiziable Abgrenzung von der Steuer, weil die Gesetzgebungs-, Ertrags- und Verwaltungshoheit für beide Abgabenarten verschieden ist, der grundrechtliche Schutz der Freiheits- und Gleichheitsrechte für Gemeinlast und Individualausgleich unterschiedlich wirkt und die kumulative Belastung[49] mit Steuern und Entgeltabgaben systematisch gerechtfertigt werden muß. Je mehr das Erfordernis der staatlichen Leistung als konstituierende Voraussetzung des Gebührenbegriffs zurücktritt, damit auch solche Vorteile als gebührenfähig erscheinen, die von einer korrespondierenden Gegenleistung des Staates unabhängig sind[50], um so mehr verwischen sich die Tatbestände von Entgeltgebühr und Steuer[51]. Die verfassungserheblichen Grenzen werden noch schwächer, wenn die Gebühr als „Verleihungsgebühr" für die Verschaffung eines subjektiven öffentlichen Rechts verlangt wird[52] oder wenn nicht ein individuell Begünstigter, sondern eine Gruppe vermutlich Begünstigter mit der Entgeltabgabe belastet wird, also nicht eine Gebühr, sondern ein Beitrag erhoben wird[53]. Der Lenkungszweck allein kann die Finanzlast durch Abgaben nicht rechtfertigen[54]. Eine Umweltschädigung bleibt eine Umweltlast, mag sie auch bezahlt sein. Umgekehrt bleibt eine Abgabenschuld ein Eigentumseingriff[55], mag ihr auch ein gemeinschaftsschädliches oder gemeinschaftsgefährdendes Verhalten vorausgehen. Oft besteht sogar die Gefahr, daß eine Gemeinschädlichkeit als Abgabentatbestand staatliche Ertragserwartungen weckt, der Staat sich deshalb

10
Verfassungsrechtliche Bedeutung der Abgabetypen

---

47 BVerfGE 80, 137 – Reiten im Walde.
48 *Susanne Meyer*, Gebühren für die Nutzung von Umweltressourcen, 1995, S. 238 f.; *dies.* (N 6), S. 152; *Joachim Sanden*, Perspektiven der Umweltnutzungsabgaben nach der „Wasserpfennig-Entscheidung" des Bundesverfassungsgerichts, in: UPR 1996, S. 181.
49 *Gregor Kirchhof*, Kumulative Belastung durch unterschiedliche staatliche Maßnahmen, in: NJW 2006, S. 732 ff.
50 Vgl. *Vogel* (N 1), S. 518.
51 *Selmer* (N 39), S. 43; *Reinhard Hendler*, Umweltabgaben und Steuerstaatsdoktrin, in: AöR 115 (1990), S. 577 (602 f.); *Lerke Osterloh*, „Öko-Steuern" und verfassungsrechtlicher Steuerbegriff, in: NVwZ 1991, S. 823 (846).
52 *Franz Mayer*, Allgemeines Verwaltungsrecht, ³1985, S. 353; *Klaus Vogel/Hannfried Walter*, in: BK, Art. 105 Rn. 40; weit. Nachw. s. o. N 2
53 S. u. Rn. 62 ff.
54 → Oben *P. Kirchhof*, § 118 Rn. 46 f.
55 → Oben *P. Kirchhof*, § 118 Rn. 117 f.

§ 119 *Achter Teil: III. Finanzwesen*

wegen des Abgabeaufkommens mit diesem Tatbestand arrangiert und auch seine ordnungsrechtliche Gegenwehr schwächt. Beispiele bilden die gesundheitspolitischen Lenkungssteuern – die Alkohol- und Tabakabgaben, die Alkopopsteuer – und die umweltpolitischen Steuern auf Energieverbrauch.

11
Schwächung des Leistungsfähigkeitsprinzips

Eine Steuer, die nach der individuellen Leistungsfähigkeit des Pflichtigen bemessen wird[56], bietet dem Gesetzgeber oft deutlichere Verfassungsgrenzen als die Entgeltabgaben, die nicht in dem individuell zurechenbaren staatlichen Aufwand ihre Grenze finden. Die Gebühr wird oft nicht nach den Kosten, sondern nach dem empfangenen Vorteil bemessen, dabei nicht in der Wirklichkeit von Aufwand und Haushalt, sondern nach Wahrscheinlichkeit und Vermutung verankert, teilweise auch um der Lenkung und Intervention Willen bewußt über das Leistungsäquivalent und die Kostendeckung hinaus ausgedehnt. Eine soziale Staffelung der Entgeltabgabe drängt das Maß der Austauschgerechtigkeit weiter in den Hintergrund. Der Beitrag verpflichtet oft eine Gruppe im Tatbestand der vermuteten Begünstigung, ohne den individuell empfangenen Vorteil oder die individuelle Leistungsfähigkeit tatbestandlich zu ermitteln. Der kooperative Beitrag ist nur noch Folge der Mitgliedschaft in einem öffentlich-rechtlichen Verband[57]. Der Anliegerbeitrag wird auch bei demjenigen erhoben, der weder von der Erschließungsleistung tatsächlich begünstigt ist noch über eine tatbestandlich greifbare finanzielle Leistungsfähigkeit verfügt[58]. Im Sozialversicherungsrecht entschwindet der Abgabentatbestand des „Beitrags" in einem eigenen versicherungsrechtlichen Äquivalenzprinzip, im Prinzip der Gruppensolidarität und einem versicherungstypischen Umverteilungsauftrag[59]. Die Kompetenzordnung der Finanzverfassung und die grundrechtliche Verhältnismäßigkeit und Gleichheit[60] scheinen durch die Vielfalt tatsächlicher Abgabenerhebung an Gestaltungskraft wesentlich einzubüßen.

III. Formgebundene Abgabetypen

12
Strenge Anforderungen des Bundesverfassungsgerichts

Demgegenüber fordert das Bundesverfassungsgericht in gefestigter Rechtsprechung eine in Formenklarheit und Formenwahrheit deutliche Unterscheidung der steuerlichen von den nichtsteuerlichen Abgaben[61]. Die Finanzverfassung des Grundgesetzes (Art. 104a ff.) baut auf eine Steuerfinanzierung

---

56 → Oben *P. Kirchhof*, § 118 Rn. 126 f., 182 f.
57 Vgl. *Helmut Siekmann*, in: Sachs, GG Komm., ³2003, vor Art. 104a, Rn. 67 f.; *Heun* (N 6), S. 19; s. u. Rn. 113 ff.
58 *Joachim v. Barb/Joachim Fritz/Josef Menzen/Herbert Strack*, Ansatzpunkte für die Bemessung von Erschließungsvorteilen als Grundlagen für die Heranziehung zu Erschließungsbeiträgen, 1981.
59 *Josef Isensee*, Umverteilung durch Sozialversicherungsbeiträge, 1973, S. 13 f.; *Helge Sodan*, Private Krankenversicherung und Gesundheitsreform 2007, 2006; *Peter Axer*, Normsetzung der Exekutive in der Sozialversicherung. Ein Beitrag zu den Voraussetzungen und Grenzen untergesetzlicher Normsetzung im Staat des Grundgesetzes, 2000; → unten *F. Kirchhof*, § 125 Rn. 30.
60 → Oben *P. Kirchhof*, § 118 Rn. 84 f.
61 BVerfGE 82, 159 (181) – Absatzfonds; BVerfGE 91, 186 (203 f.) – Kohlepfennig; BVerfGE 92, 91 (113) – Feuerwehrabgaben; BVerfGE 98, 83 (100) – Landesabfallabgaben; BVerfGE 101, 141 (147) – Ausgleichsfonds; BVerfGE 108, 1 (13 f.) – Rückmeldegebühr; BVerfGE 108, 186 (217) – Altenpflegeabgaben; BVerfGE 110, 370 (387) – Klärschlammentschädigungsfonds.

des Staates auf, trifft für diese Finanzierung Regelungen der Gesetzgebungskompetenz, der Ertragshoheit und der Verwaltungszuständigkeit und würde in der Stabilität ihrer bundesstaatlichen und parlamentarischen Gewährleistungsinhalte gefährdet, wenn die nichtsteuerlichen Abgaben nicht eindeutig und einsichtig von den Steuern abgegrenzt, dann in klare Zulässigkeitsschranken gewiesen wären, der einfache Gesetzgeber sich deshalb durch die Gestaltung der Abgaben der finanzverfassungsrechtlichen Bindung entziehen könnte[62]. Außerdem strukturieren Grundrechte und das Haushaltsverfassungsrecht die Abgabentypen.

Die bundesstaatliche Finanzverfassung bindet in ihrer „Begrenzungs- und Schutzfunktion"[63] die nichtsteuerlichen Abgaben dem Grunde und der Höhe nach. Es würde der auf Formenklarheit und Formenbindung angelegten und angewiesenen Finanzverfassung[64] zuwiderlaufen, wenn nichtsteuerliche Abgaben tatbestandlich nicht so deutlich von den Steuern abgehoben werden könnten, daß die Überschreitung des verfassungsrechtlichen Abgabentatbestandes (der Gebühr, des Beitrags, der Sonderabgabe) in die Verfassungswidrigkeit führt und nicht in einem allgemeinen Tatbestand einer Aufwandsteuer aufgefangen würde[65]. Eine Steuer unterfällt der Kompetenzordnung der Art. 105 ff. GG, eine nichtsteuerliche Abgabe den allgemeinen Regeln der Art. 70 ff. GG[66]. Dabei bestimmen die Gesetzgebungskompetenzen des Grundgesetzes, (a) welcher Gesetzgeber – Bund oder Land – zum Erlaß einer Regelung zuständig ist, und legen zugleich (b) den Umfang der Regelungsbefugnis fest, begrenzen also den Verfassungstatbestand der Abgaben, die der Gesetzgeber in Wahrnehmung einer ihm zustehenden Sachkompetenz auferlegen darf[67]. Die Regeln der Ertragshoheit stellen sicher, daß Gesamtstaat und Gliedstaaten am Gesamtertrag der Volkswirtschaft sachgerecht beteiligt werden und sie durch die ihnen verfügbaren Gesamteinnahmen ihre Aufgaben angemessen erfüllen können[68]. Die Finanzverfassung schützt auch die Individualrechte der Bürger: Sie fordert bei der Ertragsverteilung (Art. 106 Abs. 3 S. 4 Nr. 2 GG), daß „eine Überbelastung der Steuerpflichtigen vermieden" wird, gewährleistet aber vor allem, daß die verschiedenen Gesetzgeber nicht unter Umgehung der finanzverfassungsrechtlichen Zuständigkeitsregeln die grundrechtlich geschützten Ressourcen der Bürger durch einen weiteren Zugriff übermäßig belasten[69]. Zur Wahrung der Geltungskraft dieser Finanz-

13
Kompetenzordnung

---

[62] BVerfGE 108, 1 (15 f.) – Rückmeldegebühr. Vgl. auch BVerfGE 55, 274 (300 ff.) – Ausbildungsplatzförderungsabgabe; BVerfGE 78, 249 (266 f.) – Fehlbelegungsabgabe; BVerfGE 110, 370 (387 f.) – Klärschlammentschädigungsfonds.
[63] BVerfGE 108, 1 (14) – Rückmeldegebühr.
[64] BVerfGE 105, 185 (193 f.) – UMTS-Lizenzen.
[65] BVerfGE 108, 1 (14) – Rückmeldegebühr.
[66] BVerfGE 4, 7 (13) – Investitionshilfe; 108, 1 (13) – Rückmeldegebühr; std. Rspr.
[67] BVerfGE 93, 319 (342) – Wasserpfennig; 108, 1 (15) – Rückmeldegebühr.
[68] BVerfGE 55, 274 (300) – Ausbildungsplatzförderungsabgabe; BVerfGE 78, 249 (266) – Fehlbelegungsabgabe; BVerfGE 93, 319 (342) – Wasserpfennig; BVerfGE 105, 185 (194) – UMTS-Lizenzen; BVerfGE 108, 1 (15) – Rückmeldegebühr.
[69] Vgl. BVerfGE 78, 249 (266) – Fehlbelegungsabgabe; BVerfGE 93, 319 (342) – Wasserpfennig; BVerfGE 108, 1 (15 f.) – Rückmeldegebühr.

verfassung bedürfen nichtsteuerliche Abgaben einer „besonderen sachlichen Rechtfertigung"[70]. Sie müssen sich zudem ihrer Art nach von der Steuer, die voraussetzungslos auferlegt und geschuldet wird, deutlich unterscheiden[71].

14
Belastungsgleichheit

Die Erhebung einer nichtsteuerlichen Abgabe muß auch den Anforderungen der Belastungsgleichheit der Abgabepflichtigen genügen. In der Regel ist der Schuldner einer nichtsteuerlichen Abgabe zugleich Steuerpflichtiger, wird also bereits durch Steuern in seiner finanziellen Leistungsfähigkeit belastet und hat insoweit seinen Beitrag zur Finanzierung der Gemeinlasten erbracht. Neben dieser steuerlichen Inanspruchnahme bedürfen nichtsteuerliche Abgaben, die den einzelnen zu einer weiteren Finanzleistung heranziehen, eines besonderen sachlichen Rechtfertigungsgrundes[72].

15
Vollständigkeit des Haushaltsplans

Der in Art. 110 GG angelegte Verfassungsgrundsatz der Vollständigkeit des Haushaltsplans ist berührt, wenn der Gesetzgeber Einnahmen- und Ausgabenkreisläufe außerhalb der Budgethoheit des Parlaments organisiert. Der Grundsatz der Vollständigkeit des Haushalts unterstellt grundsätzlich das gesamte staatliche Finanzaufkommen der Budgetplanung und Budgetentscheidung von Parlament und Regierung. Dadurch wird gewährleistet, daß das Parlament in regelmäßigen Abständen den vollen Überblick über das dem Staat verfügbare Finanzvolumen und damit auch über die dem Bürger auferlegten Abgabenlasten gewinnt, in diesem Wissen jede Ausgabenposition und jede Steuerlast regelmäßig überprüft, seine Planungs-, Kontroll- und Rechenschaftsverfahren auf diese in Einnahmen und Ausgaben vollständigen Budgets stützt[73].

16
Verallgemeinerung der Rechtsprechung zu den Sonderabgaben

Diese Maßstäbe sind für die – nur „als seltene Ausnahme" zulässigen – Sonderabgaben entwickelt[74] und nunmehr vom Bundesverfassungsgericht in der Entscheidung zur baden-württembergischen Rückmeldegebühr[75] für alle nichtsteuerlichen Abgaben verallgemeinert worden. Die Begrenzungs- und Schutzfunktion der Finanzverfassung fordert eine deutliche Abgrenzung der nichtsteuerlichen Abgaben von der – allein in der Finanzverfassung geregelten – Steuer dem Grunde und der Höhe nach. Die grundgesetzliche Finanzverfassung verlöre ihren Sinn und ihre Funktion, wenn ein Gesetzgeber unter Rückgriff auf die Sachgesetzgebungskompetenzen durch beliebige andere Abgaben die finanzverfassungsrechtlichen Verteilungsregeln umgehen oder aber durch beliebig hohe nichtsteuerliche Abgaben das finanzverfassungsrechtliche Belastungs- und Verteilungsmaß unterlaufen könnte. Die baden-württembergische Rückmeldegebühr, die als Verwaltungsgebühr für die

---

70 BVerfGE 108, 1 (16) – Rückmeldegebühr.
71 BVerfGE 108, 1 (16) – Rückmeldegebühr.
72 BVerfGE 108, 1 (16) – Rückmeldegebühr.
73 BVerfGE 55, 264 (303) – Ausbildungsplatzförderung; BVerfGE 57, 139 (162) – Berufsausbildungsabgabe; BVerfGE 108, 1 (16f.) – Rückmeldegebühr; std. Rspr., s. u. Rn. 72.
74 BVerfGE 82, 159 (181) – Absatzfonds; BVerfGE 91, 186 (203f.) – Kohlepfennig; BVerfGE 92, 91 (113) – Feuerwehrabgaben; BVerfGE 98, 83 (100) – Landesabfallabgaben; BVerfGE 101, 141 (147) – Ausgleichsfonds; BVerfGE 108, 186 (217) – Altenpflegeabgaben; BVerfGE 110, 370 (198ff.) – Klärschlamm-Entschädigungsfonds.
75 BVerfGE 108, 1 (16f.) – Rückmeldegebühr; vgl. auch BVerfGE 93, 319 (343f.) – Wasserpfennig.

Rückmeldung einen Verwaltungsaufwand von durchschnittlich – 1997 – 8,33 DM ausgleichen konnte, aber in Höhe von 100 DM erhoben werden sollte, wurde zu wesentlichen Teilen „voraussetzungslos erhoben", „tritt insoweit als Mittel der staatlichen Einnahmeerzielung in Konkurrenz zur Steuer" und ist deshalb „mit Art. 70 Abs. 1 GG in Verbindung mit Art. 105, 106 GG unvereinbar"[76]. Der Gesetzgeber wird, wenn er den Typ der „Rückmeldegebühr" wählt, im Verfassungssystem der Abgaben beim Wort genommen.

B. Die Entgeltabgaben: Gebühren und Beiträge

I. Rechtfertigung entgeltähnlicher Abgaben

Das deutsche Abgabenrecht anerkennt traditionell neben der Steuer auch die Gebühr und den Beitrag. Die Steuer ist die Abgabe, die den Staat finanziell ausstattet, ohne im Abgabentatbestand bereits eine Ausgabenentscheidung vorauszusetzen. Gebühren und Beiträge hingegen gleichen einen vom Staat empfangenen Vorteil aus, sind grundsätzlich durch einen staatlichen Aufwand bedingt. Der Gebührenschuldner entgilt eine Leistung, die ihm wegen seines Entgelts gebührt. Der Beitragsschuldner trägt zum Bestand einer Einrichtung bei, die ihm individualisierbar zur Benutzung zur Verfügung steht. Die Gebühr schöpft den Vorteil einer individualdienlichen Leistung ab oder überwälzt einen individuell zurechenbaren Aufwand. Der Beitrag fordert die individuelle Mitfinanzierung einer individualdienlichen öffentlichen Einrichtung. Die Gebühr wird für eine staatliche Leistung geschuldet; der Beitrag bereits für ein Leistungsangebot. Beide Formen der Entgeltabgaben – meist als „Vorzugslasten" bezeichnet – verlangen einen Vorteil oder einen Aufwand, der einem einzelnen (Gebühr) oder einer Gruppe (Beitrag) zugerechnet werden kann. Die Entgeltabgabe verknüpft staatliches Nehmen und Geben in einem Abgabenschuldverhältnis, während die Steuer auf Privatvermögen zugreift, ohne den Betroffenen in eine bevorzugende Nähe zu staatlichen Leistungen zu bringen. Das Aufkommen aus Gebühren und Beiträgen belief sich 2004 auf 24,281 Mrd. Euro[77].

17 Die Gebühr entgilt eine Leistung, der Beitrag ein Leistungsangebot

Das Grundgesetz enthält keinen abschließenden Kanon zulässiger Abgabetypen, setzt aber in der Finanzverfassung, den Grundrechten und dem Haushaltsrecht einen Rahmen, innerhalb dessen der Gesetzgeber Abgaben erheben oder neue Abgaben erfinden darf[78]. Dabei sind die Entgeltabgaben das Instrument, das dem Staat die Zuwendung einer individuellen Leistung

18 Verfassungsrechtlicher Rahmen für Entgeltabgaben

---
76 BVerfGE 108, 1 (32) – Rückmeldegebühr.
77 Das Aufkommen teilt sich auf in Bund: 1,786 Mrd. Euro; Länder: 5.474 Mrd. Euro; Gemeinden und Gemeindeverbände: 16,251 Mrd. Euro; Zweckverbände: 0,730 Mrd. Euro; Sozialversicherung: 0,039 Mrd. Euro. Vgl. dazu *Statistisches Bundesamt*, Fachserie 14, Reihe 3.1, 2004.
78 Vgl. BVerfGE 108, 1 (15 f.) – Rückmeldegebühr; BVerfGE 78, 249 (266) – Fehlbelegungsabgabe; BVerfGE 93, 319 (342) – Wasserpfennig.

erlaubt, ohne dem Empfänger die darin angelegte finanzwirtschaftliche Bereicherung zu belassen. Die Entgeltabgaben fordern den finanzwirtschaftlichen Vorteil staatlichen Leistens ganz oder teilweise zurück oder kompensieren einen durch Zugriff auf Gemeingüter erlangten individuellen Vorteil. Die Gebühr ist die öffentlich-rechtliche Geldleistung, die dem Schuldner wegen einer individuell zurechenbaren öffentlichen Bevorzugung auferlegt wird und jedenfalls auch dazu bestimmt ist, in Anknüpfung an diese Leistung deren Kosten zu decken[79]. Entsprechend dient der Beitrag zur Finanzierung eines bevorzugenden Angebots eines Vorteils zur Deckung von dessen Kosten.

19
Gesetzlicher Gestaltungsraum fordert gesetzliche Klarstellung

Die Gebühr kann also dem Zweck dienen, einen Vorteil auszugleichen und Kosten zu decken, daneben aber auch Verhalten lenken und soziale Zwecke verfolgen[80]. Auch der Beitrag kann der Verhaltenslenkung und sozialen Zielen dienen. Diese unterschiedlichen Zwecke der Entgeltabgaben nehmen dem Tatbestand der Entgeltabgabe Klarheit und Trennschärfe, weisen dem Gesetzgeber die Verantwortung zu, den rechtfertigenden Grund für die Erhebung von Entgeltabgaben neben den Steuern im Gesetz zu benennen und für den Abgabenschuldner erkennbar zu machen. Bei der Vielfalt der Zwecke einer Entgeltabgabe – Vorteilsausgleich, Kostendeckung, Verhaltenslenkung, soziale Zwecke – hat der Gesetzgeber zu regeln, welcher Zweck eine Entgeltabgabe und ihre Bemessung rechtfertigen soll. Nur wenn der gesetzliche Tatbestand einer Gebühr oder eines Beitrags den Gebührenzweck erkennbar auf eine gesetzgeberische Entscheidung stützt, ist sie auch geeignet, sachlich rechtfertigende Gründe für die Gebührenbemessung zu liefern[81]. Dieses Erfordernis der Normenklarheit und Normenwahrheit folgt aus dem Demokratieprinzip wie aus dem Rechtsstaatsprinzip: Wenn die Verfassung dem Abgabengesetzgeber einen weiten Entscheidungs- und Gestaltungsraum öffnet, obliegt es dem Gesetzgeber – gleichsam als Kehrseite dieses Gestaltungsraums –, in eigener Verantwortung erkennbar zu bestimmen, welche Zwecke er verfolgen und in welchem Umfang er die Finanzierungsverantwortlichkeit der Abgabenschuldner einfordern will[82]. Zugleich muß der Gesetzgeber Art und Intensität des Grundrechtseingriffs hinreichend deutlich vorzeichnen und dem Abgabenschuldner klar sagen, welche Kosten einer öffentlichen Leistung und welche Vorteile in die Bemessung der Abgabe einbezogen werden. Zudem ist die klare gesetzliche Definition von Grund und Grenze der Abgabe Voraussetzung dafür, daß mehrere Abgaben in der Rechtsordnung so aufeinander abgestimmt werden können, daß der Abgabenschuldner nicht durch unterschiedliche Abgaben zur Deckung gleicher Kosten einer Leistung oder zur Abschöpfung desselben Vorteils einer Leistung mehrfach herangezogen wird[83].

---

79 BVerfGE 108, 1 (13) – Rückmeldegebühr.
80 BVerfGE 108, 1 (18) – Rückmeldegebühr.
81 BVerfGE 108, 1 (20) – Rückmeldegebühr; zum parallelen Erfordernis einer erkennbaren gesetzgeberischen Entscheidung bei Lenkungssteuern vgl. BVerfGE 93, 121 (147f.) – Vermögensteuer; 99, 280 (296) – Aufwandentschädigung-Ost; BVerfGE 105, 73 (112f.) – Pensionsbesteuerung.
82 BVerfGE 108, 1 (20) – Rückmeldegebühr.
83 BVerfGE 108, 1 (20) – Rückmeldegebühr.

Grundsätzlich wird der Finanzbedarf des Staates nach dem Prinzip der Gemeinlast, nicht der Individuallast, also durch Steuern, nicht durch „Vorzugslasten" gedeckt[84]. Solange staatliches Handeln der Allgemeinheit zugute kommt, muß der staatliche Aufwand auch durch die Allgemeinheit finanziert werden. Vermehrt der Staat durch Leistungen ein Individualvermögen, so ist aber begründungsbedürftig, warum er einen einzelnen – insbesondere durch Subventionen – beschenkt oder die Bereicherungswirkung wieder – durch Entgeltabgaben – ganz oder teilweise zurücknimmt. Ebenso bedarf es der Rechtfertigung, daß der Staat Leistungen von der Bereitschaft und Fähigkeit zu einer finanziellen Gegenleistung abhängig macht. Das Rechtsstaatsprinzip wehrt eine Kommerzialisierung der Hoheitsverwaltung ab[85] und begrenzt Abgaben, die eine Nachfrage nach Staatsleistungen auf die Zahlungsfähigen beschränken.

20
Rechtfertigungsbedürftigkeit des Aufwandsausgleichs

Abgaben, die einen individuell zurechenbaren Aufwand auf den Verantwortlichen oder Begünstigten überwälzen, sind verfassungsrechtlich grundsätzlich nicht ausgeschlossen. Die Zulässigkeit von Gebühren klingt im Text des Grundgesetzes bei der Gesetzgebungskompetenz für die Erhebung und Verteilung von Straßenbenutzungsgebühren (Art. 74 Abs. 1 Nr. 22 GG) und bei dem Inhalt zustimmungsbedürftiger Rechtsverordnungen (Art. 80 Abs. 2 GG) an. Rechtfertigender Belastungsgrund für Gebühren und Beiträge ist der Ausgleich individualdienlichen Aufwands durch Individuallasten[86]. Die „Vorzugslast" hat die Aufgabe, den durch eine Staatsleistung zugewendeten Vermögenswert zu neutralisieren. Sie bewirkt idealtypisch, daß das Gesamtvermögen des Vorteilsempfängers unverändert bleibt. Wer für die Ausstellung einer Urkunde eine den Verwaltungsaufwand deckende Verwaltungsgebühr bezahlt, für die Lieferung von Strom den Strompreis in Form einer Gebühr entrichtet oder in einer Studiengebühr eine Lehrleistung anteilig mitfinanziert, empfängt öffentlich-rechtliche Leistungen oder Leistungsangebote, ohne den darin gewährten Vermögenszuwachs behalten zu dürfen. In diesen Modellfällen nimmt die Entgeltabgabe einen individuell zurechenbaren Vermögensvorteil zurück, der durch eine staatliche Leistung oder Einrichtung gewährt wird, jedoch im staatlichen Handlungsprogramm nicht angelegt ist. Die „Vorzugslast" trennt das Verwaltungsprogramm von seinen Finanzwirkungen und beansprucht diejenigen Finanzvorteile für die Allgemeinheit, die den einzelnen erreicht haben, ihm jedoch im Rahmen der Verwaltungsaufgabe nicht zugewendet werden sollten.

21
Trennung des Verwaltungsprogramms von seinen Finanzwirkungen

Gebühren und Beiträge haben demnach ihre Berechtigung insbesondere bei staatlichen Handlungen, die einen Sachbereich gestalten, dabei aber nur die Verwaltungswirkung, nicht auch eine finanzwirtschaftliche Zuwendung überbringen sollen. Untersucht eine technische Prüfbehörde die Verkehrssicherheit einer Anlage, so soll dieses Verwaltungshandeln technische Sicherheit

22
Ausgleich einer finanzwirtschaftlichen Nebenwirkung sachlichen Gestaltens

---

84 → Oben *P. Kirchhof*, § 118 Rn. 1 ff.; s. o. Rn. 17.
85 → Oben *P. Kirchhof*, § 99 Rn. 106.
86 BVerfGE 7, 244 (254 f.) – Abgrenzung des Beitrags von der Zwecksteuer der Badischen Weinabgabe; BVerfGE 9, 291 (297 f.) – Feuerwehrbeitrag; BVerfGE 14, 312 (317 f.) – Angestelltenversicherungsgesetz; BVerfGE 42, 223 (226) – Fremdenverkehrsabgabe; BVerfGE 20, 257 (269) – Gebühren im Kartellverfahren; BVerfGE 50, 217 (226 f.) – Gebührengesetz Nordrh.-Westf.

gewährleisten. Die Wirkung der Prüfung beschränkt sich jedoch nicht auf diesen Verwaltungserfolg, sondern bereichert den Anlagenbetreiber auch um den Vermögenswert der Prüfungshandlung. Diese finanzwirtschaftliche Nebenwirkung darf durch eine Verwaltungsgebühr zurückgenommen werden. Versorgt die Stadtverwaltung den Hauseigentümer mit Wasser, so soll sie ihm nicht Geldaufwendungen zur Befriedigung seines Wasserbedarfs ersparen, sondern lediglich den Verwaltungserfolg einer gesundheitsgerechten, den Grundsätzen ordnungsgemäßer Gewässerbewirtschaftung entsprechenden, verläßlichen Versorgung erreichen. Die abgabenrechtliche Folge dieses Verwaltungsprogramms ist die Benutzungsgebühr. Werden in einem Kurort öffentliche, allgemein zugängliche Kureinrichtungen geschaffen, so soll die Erholungs- und Freizeitqualität des Ortes gesteigert, nicht aber der Kurgast gegenüber dem Einwohner, dem Träger der öffentlichen Gemeinlasten, bevorzugt werden. Deshalb ist es sachgerecht, die Fremden zur entgeltlichen Nutzung einzuladen und zu einem Aufwandsausgleich heranzuziehen. Bestimmt ein Nutzungsangebot für den Gemeingebrauch die Leistungsempfänger nicht individuell, so wird die Gruppe der vermutlichen Leistungsempfänger zu einem Beitrag, der Kurtaxe, herangezogen.

23
Rechtfertigung jenseits von Äquivalenz und Kostendeckung

Je weniger eine Entgeltabgabe auf eine äquivalente Vorteilsabschöpfung oder einen realitätsgerechten Kostenausgleich ausgerichtet ist, desto schwächer wird die Rechtfertigung aus dem Gedanken der Entgeltlichkeit. Soweit Gebühren für die Versorgung der Bevölkerung mit Wasser, Gas, Elektrizität oder die Entsorgung von Abwasser und Müll erhoben werden, fordert die öffentliche Hand ein öffentlich-rechtliches Entgelt für einen wirtschaftlichen Leistungstausch. Drängt hingegen das öffentliche Versorgungsanliegen den Leistungstausch in den Hintergrund, bietet der Staat insbesondere Kinderbetreuung, Schulen und Volkshochschulen an, Badeanstalten und Büchereien, Verkehrsverbindungen, Theater und Museen, so leistet die öffentliche Hand entweder unentgeltlich oder sie staffelt die Gebühren nach sozialen Maßstäben, ermäßigt sie für bestimmte Personengruppen – Studenten, Sozialhilfeempfänger, Schwerbehinderte oder Rentner –, erwartet von den Nutzern von vornherein keine Kostendeckung, sondern eine anteilige Mitfinanzierung[87]. Die Mischfinanzierung aus Steuern und Entgeltabgaben verlangt eine kompetenzrechtliche, gleichheitsrechtliche und haushaltsrechtliche Zuordnung von Steuern und Entgeltabgaben; der verfassungsrechtliche Rechtfertigungsbedarf für die Teilentgelte steigt. Wird im Umweltrecht eine Ressourcennutzungsgebühr erhoben, der Vorteil eines individuellen Zugriffs auf das Gemeingut öffentlich-rechtlicher Ressourcen abgeschöpft, so rechtfertigt sich diese Abgabe nicht aus einer staatlichen Leistung, weil der Staat

---

87 Zu den verschiedenen Erscheinungsformen vgl. *Helbig* (N 30), S. 85 f. Für den Modellfall einer sozialen Staffelung der Kindergartengebühren in Grenzen des Kostendeckungsprinzips vgl. BVerfGE 97, 332 (346 f.) – gestaffelte Kindergartenbeiträge; zu Parallelen einer privatrechtlich ausgestalteten Entgeltfinanzierung öffentlich-rechtlicher Leistungen vgl. *Alfons Gern*, Sozialtarife im Kommunalabgabenrecht, in: DVBl 1984, S. 1164 (1169); *Helmut Siekmann*, Verfassungsrechtliche Grenzen der Entgeltpolitik in der Entsorgungswirtschaft, in: Helmut Brede (Hg.), Preise und Gebühren in der Entsorgungswirtschaft, 1998, S. 47 (63 ff.).

nicht geleistet hat und eine staatliche Duldung allenfalls bei staatlich bewirtschafteten Gemeingütern als Leistung gelten kann[88]. Diese Abgaben können allenfalls durch den Ausgleich eines individuellen Vorteils gerechtfertigt werden. Eine Vorteilsabgabe, die nicht eine individualisierbare Leistung und einen dementsprechenden Aufwand ausgleicht, findet ihren Maßstab vor allem im Gleichheitssatz: Nur wenn der individuelle Vorteil sich so deutlich von der Allgemeinbegünstigung staatlicher Tätigkeit abhebt, daß er gegenüber Art. 3 Abs. 1 GG unvertretbar erscheint, mag eine solche Vorteilsabgabe gerechtfertigt sein. Das freie Atmen ist Allgemeingut; die Nutzung der Luft zum Transport umweltschädlicher Emissionen beansprucht einen Sondervorteil.

Der Zweck der Lenkung und eines sozialen Ausgleichs hingegen kann eine Entgeltabgabe nicht eigenständig rechtfertigen. Bei der Lenkungssteuer[89] ist der Grundrechtsberechtigte in zwei Grundrechtspositionen betroffen: Er muß entweder die Abgabenlast hinnehmen (Zahlungspflicht) oder sich dem abgabenrechtlich überbrachten Lenkungsbefehl unterwerfen (Freiheitsverzicht). Ihn trifft eine Wahlschuld[90], entweder die Abgabe zu zahlen oder die Abgabe durch ein dem staatlichen Lenkungsprogramm entsprechendes Verhalten zu meiden. Die Grundrechtseingriffe beider Alternativen sind in der gesetzlichen Ermächtigung angelegt, bedürfen also jeweils eigenständiger Rechtfertigung. Soweit der Abgabeschuldner nicht zahlen kann oder nicht zahlen will, kann die Abgabenalternative auch nicht als schonendere Maßnahme gegenüber dem Freiheitsverlust gedeutet werden; die Verhaltenslenkung wirkt dann als Verhaltensbefehl. Die lenkende Abgabe vermehrt somit den Rechtfertigungsbedarf, greift aber nicht im legitimen Lenkungszweck auch als Rechtfertigungsgrund für die Abgabenlast.

24
Lenkungszwecke

Der soziale Staat wird Abgaben vielfach abstufen, um weniger leistungsfähige Gruppen geringer zu belasten oder gänzlich von der Abgabe zu verschonen. Wenn der Staat seine Leistungen insbesondere bei der Daseinsvorsorge nicht nur dem Leistungsfähigen vorbehalten, sondern auch dem Leistungsschwachen gewähren will, wird er die sozial gestaffelte Gebühr wählen[91]. Die Neigung des Gesetzgebers zu derartigen Sozialtarifen scheint zu wachsen. Einige Landesgebühren- und kommunale Abgabengesetze allerdings wehren sich gegen diese Staffelung[92]. Diese soziale Gestaltung betrifft nicht den Abgabentyp, sondern die Bemessung der Abgabenhöhe. Eine prinzipiell gerechtfertigte Gebühr wird als abgestufte Gebühr[93] erhoben, die den Rahmen des Aufwandes der Staatsleistungen nicht übersteigt, die Gebührensätze jedoch für die finanzwirtschaftlich schwächeren Nutzer degressiv staffelt. Wird daneben eine umverteilende Gebühr[94] erhoben, so soll das Gesamtgebührenaufkom-

25
Soziale Zwecke

---
88 S. o. Rn. 9.
89 *Kloepfer* (N 1), S. 232; *Wendt* (N 1), S. 54 f.
90 Zur Parallele bei der Lenkungssteuer → oben *P. Kirchhof*, § 118 Rn. 69, 166.
91 Zu Beispielen s. o. Rn. 23.
92 *Kloepfer* (N 1), S. 232 (241); *Helbig* (N 30), S. 99.
93 Zum Begriff *F. Kirchhof* (N 1), S. 145 ff.
94 *F. Kirchhof* (N 1), S. 145 f.

§ 119 *Achter Teil: III. Finanzwesen*

men alle Kosten der öffentlichen Hand decken, die Ermäßigung für wirtschaftlich Schwächere durch eine Sonderbelastung der wirtschaftlich Stärkeren ausgleichen. Die leistungsfähigen Gebührenschuldner sollen also oberhalb der Kostenverursachung belastet werden. Der Gedanke der Entgeltabgabe rechtfertigt diese Gebührengestaltung nicht[95]. Das Prinzip des sozialen Staates erlaubt oder fordert, Bedürftige und Finanzschwache zu begünstigen, gestattet es aber nicht, Finanzstarke neben der – auch progressiven – Steuer zusätzlich zu belasten. Finanzier sozialer Aufgaben ist grundsätzlich der Steuerzahler, nicht der Schuldner von Entgeltabgaben[96]. Soziale Gründe mögen die Staffelung einer Abgabenhöhe rechtfertigen, begründen aber nicht einen eigenen Typus der Entgeltabgaben.

II. Die Gebühr

1. Der Gebührentatbestand

a) Entgelt oder Gemeinlast

26
Wertabschöpfung und Kostenüberwälzung

Die Gebühr wird als Entgelt für Staatsleistungen – für die öffentliche Versorgung mit Energie oder Wasser, die Durchführung eines fairen Gerichtsverfahrens, den Abschluß einer staatlichen Prüf- und Kontrolleistung – erhoben, ebenso aber auch als Ausgleich für den von einem einzelnen verursachten Aufwand[97]. Gebührenrechtliche Entgeltlichkeit meint also nicht einen vertragsähnlichen Leistungstausch, sondern setzt eine individuelle Verantwortlichkeit für einen Einsatz öffentlicher Mittel voraus[98]. Die Gebühr erfüllt eine Doppelfunktion: Sie fordert eine Wertabschöpfung, soweit sie ausschließlich an eine individuell zurechenbare Leistung anknüpft[99]; sie überwälzt Kosten, soweit sie eine individuelle Verantwortlichkeit für einen öffentlichen Aufwand einfordert[100]. Modellfall für diese Kostenüberwälzung wegen individueller Aufwandverantwortlichkeit ist die „Kostenprovokation"[101] durch den polizeilichen Handlungs- oder Zustandsstörer, der polizeirechtlich individuell für die Gefahrenabwehr verantwortlich und deshalb gebührenrechtlich auch individuell kostenverantwortlich ist[102]. Die Gebühr setzt eine „individuell zurechenbare Leistung"[103] oder eine individuell zu verantwortende Kostenver-

---

95 Für eine Vereinbarkeit umverteilender Gebühren mit dem Äquivalenzprinzip *Helbig* (N 30), S. 91 f.
96 Zum Sozialversicherungsbeitrag s. u. Rn. 110 ff.
97 *Adolph Wagner*, Finanzwissenschaften, 2. Theil: Theorie der Besteuerung, Gebührenlehre und allgemeine Steuerlehre, ²1890, S. 36 (38) (Abgaben wegen eines „geleisteten Dienstes" und wegen einer von dem einzelnen verursachten Ausgabe [„Kostenprovokation"]); *Georg Strutz*, Gebühren, in: HwStW IV, ⁴1927, S. 616 ff.; zu beiden *Vogel* (N 1), S. 518 (524 f.).
98 *Dieter Wilke*, Gebührenrecht und Grundgesetz, 1973, S. 105, 109.
99 *Wilke* (N 98), S. 100 f.
100 *Vogel* (N 1), S. 525 f.
101 *Wagner* (N 97), S. 38.
102 Zu den Grenzen *Karl Heinrich Friauf*, Zur Problematik des Rechtsgrundes und der Grenzen der polizeilichen Zustandshaftung, in: FS für Gerhard Wacke, 1972, S. 293 f.
103 *Wilke* (N 98), S. 100 f.

ursachung[104] voraus, die eine Gebühr zur „ausgleichenden Gegenleistung" macht[105]. Diese individuelle Finanzierungsverantwortlichkeit für einen öffentlichen Aufwand[106] entsteht, wenn ein Schuldner die Kosten individualisierbar veranlaßt hat oder wenn er durch den Aufwand individualisierbar bevorzugt worden ist. Diese Verantwortlichkeitsgründe weisen auf die Prinzipien der Kostendeckung und des Vorteilsausgleichs, nach denen die Gebühr zu bemessen ist. Zugleich wehrt das Rechtsstaatsprinzip in diesen Kriterien eine Kommerzialisierung der Hoheitsverwaltung ab[107] und errichtet die abgabenrechtliche Barriere gegen eine Bestechlichkeit der Staatsverwaltung.

Grundsätzlich erfüllt der Staat seine Aufgaben unentgeltlich und finanziert sich aus Steuern. Alle Rechtsstaaten sind von der Aufgabe bestimmt, Gewaltanwendung als Vorrecht des Stärkeren auszuschließen, die Gewalt deshalb zu „entprivatisieren" und staatlichen Organen vorzubehalten[108], durch die staatliche Rechtsordnung Freiheit und Rechtsgleichheit der Menschen zu sichern, Grundrechte und eine am Gemeinwohl ausgerichtete Staatsgewalt zu begründen[109]. Eine einheitliche innere und äußere Souveränität der Staatlichkeit[110] bindet jede Gewalt an das Recht, begründet die Herrschaft des Rechts[111]. Seitdem gehört die Sicherheit zu den Pflichtaufgaben des Staates[112] und bietet den ursprünglichen Grund für die Erhebung staatlicher Steuern. Traditionell sind Steuern der Preis, den die Bürger, die ihren Geschäften und Berufen nachgehen, dem Staat als dem Garanten des gesellschaftlichen Friedens schulden: emptae pacis pretium[113]. Dieses Denken führte im Liberalismus zur Rechtfertigung der Steuer als Gegenleistung des Bürgers für den Schutz, den der Staat ihm an Leib, Leben und Habe angedeihen läßt (Assekuranztheorie)[114]. Zwar hat der moderne Steuerstaat heute einen wesentlich erweiterten Aufgabenkreis zu erfüllen; er mag auch die Funktion der Steuer vom Finanzierungs- auf den Lenkungszweck erweitern. Die Grundstruktur des Rechtsstaates bleibt jedoch gleich: Er erfüllt seine Kernaufgabe der Sicherheit auf der Finanzierungsgrundlage einer „voraussetzungslosen" Steuer[115].

27
Grundsatz: entgeltlose Staatsleistung

---

104 *Vogel* (N 1), S. 525 f.
105 *Wendt* (N 1), S. 49 f.
106 BVerfGE 118, 1 (31) – Rückmeldegebühr – läßt offen, ob Leistungen Dritter – anderer, nicht die Gebühr fordernder öffentlicher Träger oder privater Leistungserbringer – überhaupt eine Gebühr und deren Bemessung rechtfertigen können.
107 *Herbert Krüger*, Die Auflage als Instrument der Wirtschaftsverwaltung, in: DVBl 1955, S. 518 (520).
108 *Hans Joachim Faller*, Gewaltmonopol des Staates und Selbstschutzrecht des Bürgers, in: FS für Willi Geiger, 1989, S. 3 (18).
109 *Hans-Joachim Faller* (N 108), S. 18; *Detlef Merten*, Rechtsstaat und Gewaltmonopol, 1975, S. 67.
110 *Ernst Forsthoff*, Der Staat der Industriegesellschaft, 1971, S. 11; *Josef Isensee*, Der Verfassungsstaat als Friedensgarant, in: Rudolf Mellinghoff u.a. (Hg.), Die Erneuerung des Verfassungsstaates, 2003, S. 7 ff.; *Ulrich Haltern*, Was bedeutet Souveränität?, 2007.
111 BVerfGE 49, 24 (56 f.) – Kontaktsperre.
112 BVerfGE, 49, 24 (56 f.) – Kontaktsperre.
113 *Thomas Hobbes*, De cive XIII/10.
114 *Fritz Karl Mann*, Steuerpolitische Ideale, 1937, S. 105 f.
115 Vgl. *Josef Isensee*, Schutz des staatsabhängigen Unternehmens vor Sonderbelastung, in: FS für Klaus Vogel, 2000, S. 93 (113); *ders*. (N 110), S. 9 ff.

28 Sicherheit als Bedingung steuerlicher Leistungsfähigkeit	Dieser Elementargedanke des Verfassungsstaates führt zur Besteuerung nach der individuellen Leistungsfähigkeit und wendet sich gegen die Entgeltlichkeit staatlichen Leistens. Das Leistungsfähigkeitsprinzip[116] gewinnt zunächst als Negation des Entgeltprinzips praktische Bedeutung. Solange die Steuer ein Entgelt für staatlich erbrachte Leistungen, insbesondere den Schutz von Leben und Vermögen des einzelnen ist, muß sie nach der gewährten Sicherheit bemessen werden. So entstehen Kopfsteuern, aber auch Vermögensteuern. Soll die Steuerlast hingegen auf die wirtschaftlichen Verhältnisse der Bürger abgestimmt, außerdem auf die Produktionsfaktoren Kapital und Arbeit gleichmäßig verteilt werden, so verläßt das Steuerrecht den Entgeltgedanken und wendet sich dem Prinzip einer gleichmäßigen Belastung aller Menschen je nach finanzieller Leistungsfähigkeit (Zahlungsfähigkeit) zu[117]. Diese Leistungsfähigkeit aber, auf welche die Steuer legitim zugreift, stützt sich auf Sicherheit: Der Steuerstaat kann auf die Leistungsfähigkeit der Steuerpflichtigen nur zugreifen, wenn und soweit sie in innerer Sicherheit Einkommen erwerben und Kaufkraft einsetzen können[118].
29 Generelle Last und generelle Leistung	Diesen Sinnzusammenhang zwischen Staatsaufgaben und Staatsfinanzierung wahrt auch das staatliche Budgetrecht. Zwar trennt Art. 110 Abs. 1 GG die staatliche Ausgabenpolitik strikt von der staatlichen Einnahmenpolitik (Art. 105 GG), um den Steuerstaat von seinem Finanzier unabhängig zu machen und ihm innere Souveränität und Unbefangenheit zu geben. Der Verfassungsgrundsatz der Vollständigkeit des Haushaltsplans erhält aber den fundamentalen Grundsatz der Gleichheit der Bürger bei Auferlegung öffentlicher Lasten zu Gunsten allgemeiner Aufgaben[119]. Der Gleichheit aller Bürger bei der Auferlegung von Steuern entspricht ihre Gleichheit in der Entgegennahme öffentlicher Leistungen[120]. Im Kern wird die Sicherheit für jedermann durch eine Jedermannsteuer finanziert.
30 Polizeiliche Sicherheit nicht unter Gebührenvorbehalt	Diese Grundentscheidung für die steuerfinanzierte Sicherheit gewährleistet die Gleichheit vor dem Gesetz. Würde die Polizei nur denjenigen schützen, der ihre Leistungen auch zu honorieren bereit und in der Lage ist, so blieben oft gerade die Schutzbedürftigsten – Kinder, Kranke, Arbeitslose, altersgebrechliche Menschen – schutzlos. Müßte die Polizei jeden Monat bei allen Haushaltungen eine Gebühr für die gewährte Sicherheit kassieren, bliebe das Grundanliegen des modernen Rechtsstaates, auch dem finanziell Schwachen eine Statusgleichheit im Recht und in der Sicherheit anzubieten, unerfüllt. Würde diese Sicherheitsgebühr gar nach unternehmerischem Erfolg und der damit verbundenen Gefährdungslage differenziert, müßte also das Großkaufhaus mit erheblicher Publikumswirkung deutlich mehr Sicherheitsgebühr bezahlen als der Konkur-

---

[116] *Friedrich Julius Neumann*, Die Steuer nach der Steuerfähigkeit, in: Jahrbücher für Nationalökonomie und Statistik, Bd. I, 1880, S. 511 f.; *Dieter Birk*, Das Leistungsfähigkeitsprinzip als Maßstab der Steuernormen, 1983, S. 6 f.; *Dieter Pohmer/Gisela Jurke*, Zu Geschichte und Bedeutung des Leistungsfähigkeitsprinzips, in: FinArch 1984, S. 445, und → oben *P. Kirchhof*, § 118 Rn. 182 ff.
[117] *Theodor Schmalz*, Handbuch der Staatswirtschaftslehre, 1808, § 406 f.
[118] *Isensee* (N 115), S. 113.
[119] Vgl. *Julius Hatschek*, Deutsches und Preußisches Staatsrecht, Bd. II, ²1930, S. 274 f.
[120] BVerfGE 55, 274 (302 f.) – Ausbildungsplatzförderungsabgabe.

rent ohne Publikumsresonanz, so wäre eine an den wirtschaftlichen Erfolg – den Gewinn – anschließende progressive Einkommensteuer in ihrer Legitimität grundlegend in Frage gestellt. Der Rechtsstaat – mit den Prinzipien des Gewaltmonopols, der Herrschaft eines für alle gleichen Gesetzes, der menschenrechtlichen Statusgleichheit für jedermann – und der Steuerstaat mit einer Besteuerung nach dem Prinzip der individuellen Leistungsfähigkeit haben zur Bedingung, daß die innere Sicherheit steuerlich finanziert wird.

Soweit an Flughäfen eine „Luftsicherheitsgebühr" erhoben wird, betrifft diese das Durchsuchen von Personen und des von ihnen mitgeführten Gepäcks bei Betreten der nicht allgemein zugänglichen Bereiche des Flugplatzes. Die Gebühr entgilt eine bestimmte, im Einzelfall erbrachte Amtshandlung, nicht eine allgemeine, jedermann gewidmete Gefahrenabwehr[121]. Die Sicherheitskontrolle ist eine individuell zurechenbare erbrachte Leistung, die für die kontrollierten Fluggäste das Gefährdungsrisiko konkret mindert. Darin individualisiert sich die Amtshandlung und der mit der Amtshandlung verbundene Leistungserfolg[122], der eine Gebühr nach dem Prinzip der Vorteilsabschöpfung[123] rechtfertigen mag. Zusatzgebühren für den bewaffneten Schutz der Kontrollstellen, die Streife im Sicherheitsbereich nach dem Rahmenplan der Luftsicherheit und den bewaffneten Schutz gefährdeter Luftfahrzeuge hingegen entgelten keine „begünstigende Amtshandlung" (§ 32 Abs. 1 Nr. 13 LuftVG, § 48 Abs. 1 S. 2 VwVfG), weil eine derartige Amtshandlung die Begründung oder Bestätigung eines Rechts oder eines rechtlich erheblichen Vorteils voraussetzt; dies ist offenkundig nicht der Fall[124]. Diese Kosten einer allgemeinen Risikovorsorge finanzieren nicht eine individuell zurechenbare öffentliche Leistung[125]; sie begründen auch keinen individuellen Vorteil, der durch Gebühr ganz oder teilweise abgeschöpft werden dürfte[126].

31
Luftsicherheitsgebühr

Die Nichtannahmeentscheidung der Ersten Kammer des Ersten Senats des Bundesverfassungsgerichts zur Flughafensicherheitsgebühr[127], eine Nichtentscheidung, in der das Gericht eine Senatsentscheidung über die in der Beschwerde vorgetragene Rechtsfrage ablehnt, bestätigt diese Grundlinie des Gebührenrechts. Der Beschluß handelt von der Flugsicherheitsgebühr, die Flugunternehmen wegen einer staatlich durchgeführten konkreten und individuellen Personen- und Gepäckkontrolle auferlegt werden. Die Kammer weist in ihren Erwägungsgründen ausdrücklich darauf hin, daß „die Fluggastkontrolle in spezieller und individualisierbarer Weise die Fluggesellschaft als Flugveranstalter" betreffe. Eine Sicherheitsgebühr ist nur bei speziellen und

32
Nichtannahme des Bundesverfassungsgerichts

---

121 Vgl. BVerwG, in: NVwZ 1994, S. 1102 (1103); zur Privatisierung dieser Aufgabe *Hartmut Maurer*, Allgemeines Verwaltungsrecht, ¹⁶2006, § 23 Rn. 56; *Peter Badura*, Wirtschaftsverwaltungsrecht, in: ders. u. a. (Hg.), Besonderes Verwaltungsrecht, ¹³2005, Kap. 3 Rn. 113.
122 BVerwG, in: NVwZ 1994, S. 1102 (1105).
123 BVerfGE 108, 1 (18) – Rückmeldegebühr.
124 BVerwG, Urt. vom 18. 3. 2004 – BVerwG 3 C 24.03, Umdruck S. 11; der Schwerpunkt der Entscheidung liegt auf der mangelnden gesetzlichen Ermächtigungsgrundlage und der Kontrolldichte bei der Überprüfung von Gebühren.
125 Vgl. zum Maßstab BVerfGE 108, 1 (18) – Rückmeldegebühr; *Wilke* (N 98), S. 265.
126 Zum Maßstab vgl. BVerfGE 93, 309 (344) – Wasserpfennig; BVerfGE 108, 1 (18) – Rückmeldegebühr.
127 BVerfG, in: NVwZ 1999, S. 176 (177).

individualisierbaren Sicherheitsleistungen der öffentlichen Hand zulässig, die Erfüllung der allgemeinen Aufgabe der Gefahrenabwehr hingegen wendet niemandem einen individuellen Vorteil zu und kann deshalb auch keine Gebührenpflicht zur Folge haben. Die Fahrgast- und Gepäckkontrolle nach dem Luftverkehrsgesetz unterscheidet sich von der Wahrnehmung allgemeiner polizeilicher Aufgaben dadurch, daß hier jeder einzelne Fluggast und jedes einzelne Gepäckstück kontrolliert, dort hingegen nur das Verkehrsgeschehen allgemein auf Störungs- und Gefahrenlagen hin überwacht wird.

33
Ausgleichspflicht von Bahnverkehrsunternehmen

§ 3 BPolG ermächtigt den Verordnungsgeber, für die Erfüllung polizeilicher Aufgaben auf dem Gebiet der Bahnanlagen des Bundes von den begünstigten Verkehrsunternehmen für die erlangten Vorteile einen angemessenen Ausgleich zu verlangen. Die Verordnung hat bisher nur die Deutsche Bahn AG zur Gebührenzahlung verpflichtet, ist deshalb vom Bundesverwaltungsgericht[128] wegen der Ausgleichspflicht nur eines einzigen begünstigten Verkehrsunternehmens für unwirksam erklärt worden. Ungeachtet dieses Verstoßes gegen die gesetzliche Ermächtigung des § 3 BPolG trifft die Verkehrsunternehmen aber auch keine zurechenbare Pflicht (Verantwortungsprinzip) und sie empfangen durch die polizeiliche Aufgabenerfüllung auch keinen konkreten Sondervorteil (Vorteilsprinzip)[129]. Die Tätigkeit der Bundespolizei verbleibt im Rahmen der allgemeinen, nicht individualisierbaren Gefahrenabwehr, rechtfertigt also keine Gebühr. Eine Verantwortungsgebühr entfällt, weil die Verkehrsunternehmen die Gefahren nicht durch eigenes – nicht störendes – Verhalten unterbinden könnten. Eine Vorteilsgebühr kommt nicht in Betracht, weil die polizeiliche Sicherung den Verkehrsbetrieben nicht mehr als jedem anderen Großunternehmen zugute kommt[130].

34
Besondere Gefahren von Massenveranstaltungen

Allerdings geht von Großveranstaltungen, bei denen der Veranstalter erhebliche Menschenmassen anzieht, wegen der Ansammlung der Menschen eine besondere Gefahr aus. Größere Konzerte, Sportveranstaltungen, Großkundgebungen veranlassen den Einsatz von Polizeikräften, der über die Normalität alltäglicher Gefahrenvorsorge und Gefahrenabwehr hinausgeht. In der Regel aber sind diese Ansammlungen und Versammlungen Ausdruck wahrgenommener grundrechtlicher Freiheit, gehören deshalb zu der Normallage, die von den staatlichen Sicherheitsorganen steuerfinanziert geschützt wird. Deswegen gibt es für Demonstrationen – einschließlich Spontandemonstrationen – keine Gebührenpflicht[131]. Bei verbotenen und aufgelösten Demonstrationen können Teilnehmer, die Adressat polizeilicher Verfügungen geworden sind und diese nicht befolgt haben, als Störer in Pflicht genommen und auch zu den Kosten herangezogen werden. Auch dort wird allerdings ein speziell zuzuord-

---

128 BVerwGE 126, 60 – Ausgleichsgebühr für bahnpolizeiliche Leistungen.
129 Vgl. BVerfGE 108, 1 (18) – Rückmeldegebühr; BVerfGE 93, 319 (344) – Wasserpfennig.
130 Das BVerwGE 126, 60 (74) läßt im Ergebnis offen, ob die „schwerwiegenden Bedenken" durchgreifen, daß die Ausgleichsabgabe gegenüber dem Prinzip des Steuerstaates sachlich nicht gerechtfertigt sei.
131 *Wolfgang Sailer*, Haftung für Polizeikosten, in: Hans Lisken/Eberhard Denninger (Hg.), Handbuch des Polizeirechts, ³2001, S. 1076 f. m. weit. Nachw.

nender Aufwand vorausgesetzt; eine Gesamtschuld der Störer kommt nicht in Betracht[132]. Bei anderen, nicht kommerziellen – religiösen, politischen, verbandspolitischen – Veranstaltungen belastete eine Kostenüberwälzung die Wahrnehmung ideeller Freiheitsrechte und trifft deshalb bereits von Verfassungs wegen auf deutliche Schranken[133]. Das Polizeigesetz von Baden-Württemberg kannte allerdings vorübergehend eine besondere Kostenerstattungspflicht privater Veranstalter, soweit die Kosten polizeilicher Maßnahmen dadurch entstehen, daß weitere als die im örtlichen Dienst eingesetzten Polizeibeamten herangezogen werden müssen (§ 81 Abs. 2 S. 1 Polizeigesetz Baden-Württemberg). Diese Regelung wurde mit dem Gesetz zur Änderung des Polizeigesetzes im Jahre 1991 abgeschafft[134], weil Baden-Württemberg seine Veranstalter nicht gegenüber Veranstaltungen in anderen Bundesländern benachteiligen wollte[135]. Zudem diene der Einsatz bei solchen Großveranstaltungen „zumindest auch den polizeilichen Interessen an der Aufrechterhaltung des Straßenverkehrs sowie sonstiger Sicherheitsbelange"[136]. Deswegen kommt eine Polizeipflichtigkeit eines Veranstalters von Großveranstaltungen allenfalls in Betracht, wenn dieser Veranstalter als Zweckveranlasser polizeipflichtig wäre[137]. Ein Veranstalter etwa von Fußballbundesligaspielen hat zwar die praktische Erfahrung, daß die Fußballfans auch als Störer auftreten. Sein Interesse ist es aber, daß es gerade nicht zu Ausschreitungen kommt[138]. Der Veranstalter ist durch die auftretenden Störungen in der Wahrnehmung seiner grundrechtlichen Freiheiten[139] gestört, beansprucht deshalb polizeilichen Schutz. Insoweit entfällt eine Polizeipflichtigkeit und eine daran anknüpfende Kostenfolge, soweit Störungen die Ausnahme bleiben.

35
Veranstalterhaftung

Ist der Veranstalter Störer, trifft ihn eine Kostenhaftung, wenn ihm gegenüber eine gefahrabwehrende polizeiliche Aufforderung rechtmäßig hätte ergehen können, die Polizei also im Wege der unmittelbaren Ausführung oder des Sofortvollzugs an seiner Stelle tätig werden könnte[140]. Der Veranstalter etwa eines Fußballspiels oder eines Open-Air-Konzertes aber wäre zur Anordnung der erforderlichen Verkehrsregelungen sowie zur Beobachtung und Begleitung des Besucherstroms im öffentlichen Verkehrsraum nicht befugt[141]. Die Polizei nimmt die Ersatzhandlung an Stelle des Störers, nicht an Stelle des

---

132 *Sailer* (N 131), S. 1077 f.
133 Weitergehend: *Sailer* (N 131), S. 1075.
134 Gesetzentwurf der Landesregierung von Baden-Württemberg; LTDrucks (Baden-Württemberg) 10/5230 vom 7. 5. 1991.
135 LTDrucks (Baden-Württemberg) 10/5230 vom 7. 5. 1991, S. 60.
136 LTDrucks (Baden-Württemberg) 10/5230 vom 7. 5. 1991, S. 61.
137 Vgl. *Joachim Lege*, Polizeieinsätze bei Fußball-Bundesligaspielen, in: VerwArch 89 (1998), S. 71 (75).
138 *Thomas Würtenberger/Dirk Heckmann/Rainer Riggert*, Polizeirecht in Baden-Württemberg, ^{5}2002, Rn. 499.
139 *Peter J. Tettinger*, Besonderes Verwaltungsrecht/1, ^{6}2001, Rn. 338, verweist auf Art. 8, 12 und 2 Abs. 1 GG und kommt daher nicht zur Störereigenschaft des Veranstalters als Zweckveranlasser, auch nicht bei Fußballspielen, da ein hinreichend konkreter Anhaltspunkt hierfür fehle.
140 *Sailer* (N 131), S. 1073.
141 *Volkmar Götz*, Kostenrecht der Polizei und Ordnungsverwaltung, in: DVBl 1984, S. 14 (17).

Veranstalters vor[142], so daß eine Kostenerstattung im Rechtsgrund des Störers, in der Regel auch des Zweckveranlassers entfällt. Deshalb kommt allenfalls eine Kostenhaftung der Veranstalter nach allgemeinem Gebührenrecht in Betracht. Gebühren für Amtshandlungen dürfen aber wiederum nur erhoben werden, wenn die Handlungen dem Gebührenschuldner nach dem Veranlasserprinzip oder dem Vorteilsprinzip individuell zurechenbar sind[143]. Nur wenn der Veranstalter unmittelbar und individuell von den Sicherheitsmaßnahmen profitiert und sich dadurch die entsprechenden Kosten erspart, darf er wegen einer zugleich im öffentlichen Interesse wahrgenommenen Amtshandlung mit Gebühren belastet werden[144]. Derartige Gebührenpflichten für Veranstaltungen finden sich in Sachsen[145], wo für private Absperr- und besondere Sicherheitsmaßnahmen Gebühren erhoben werden; ebenso in Sachsen-Anhalt[146], wo für die besondere Inanspruchnahme von Bediensteten, Diensthunden und Fahrzeugen der Polizei Pauschalgebühren verlangt werden.

36
Herkömmlicher Gebührenzweck; Verwaltungs- und Benutzungsgebühr

Der verfassungsrechtliche Gebührentatbestand definiert somit im wesentlichen Ausnahmen zur Steuerfinanzierung[147]. Staatliche Pflichtaufgaben werden in der Regel durch Steuern finanziert. Andere Staatsleistungen sind für eine Gebühr nur zugänglich, wenn sie von der Entgeltfähigkeit und Entgeltbereitschaft des Schuldners abhängig gemacht werden dürfen. Der Gleichheitssatz und die Freiheitsrechte veranlassen stets die Frage, ob der Steuerzahler, der bereits mit seinen Steuern den Staat finanziert, noch zusätzlich zu einer Gebühr herangezogen werden darf[148]. Die Kompetenznormen des Grundgesetzes binden sodann die Gebühr in dem Rahmen der Sachkompetenz, die der Gesetzgeber bei der Erhebung nichtsteuerlicher Abgaben beansprucht[149]. Der Gleichheitssatz verdeutlicht diesen Maßstab der Abgabenkonkurrenzen und Abgabenkollisionen. In diesem verfassungsrechtlich eröffneten Regelungsbereich bilden die Verwaltungs- und die Nutzungsgebühr Regeltatbestände, die neben der Besteuerung eine Vorteilsabschöpfung oder einen Kostenausgleich zu rechtfertigen vermögen. Die Verwaltungsgebühr ist die Gegenleistung für eine dem Schuldner individuell gewidmete Amtshandlung, zum Beispiel für die behördliche oder gerichtliche Entscheidung über seinen Antrag oder Rechtsbehelf, eine Beurkundung oder eine Zwangsvollstreckung. Die Nutzungsgebühr entgilt die Inanspruchnahme einer öffentlichen Einrichtung, zum Beispiel von Verkehrsmitteln, Badeanstalten, Schulen. Die Versorgung mit Wasser, Strom, Gas und Entsorgungsleistungen wird durch ein öffentlich-rechtliches Entgelt entgolten.

---

142 *Sailer* (N 131), S. 1074.
143 *Bodo Pieroth/Bernhard Schlink/Michael Kniesel*, Polizei- und Ordnungsrecht, ⁴2007, § 25 Rn. 20.
144 *Sailer* (N 131), S. 1075.
145 § 1 KVz (Sachsen) i. V. m. lfd. Nr. 75 TarSt 10.1 – 2 des KVz (Sachsen).
146 § 1 Abs. 1 AllGO (Sachsen-Anhalt) i. V. m. lfd. Nr. 75 TarSt 5 des Kostentarifs der AllGO (Sachsen-Anhalt).
147 BVerfGE 108, 1 (14 ff.) – Rückmeldegebühr; *Anne Wohlfeil/Christian Kaeser*, Lenkung durch Gebühren, in: GS für Christoph Trzaskalik, 2005, S. 431 (432 ff.).
148 BVerfGE 108, 1 (16) – Rückmeldegebühr.
149 BVerfGE 108, 1 (15) – Rückmeldegebühr.

Als weiterer Gebührentyp wird die „Verleihungsgebühr" genannt, die eine **37**
Verschaffung eines subjektiven öffentlichen Rechts entgelte[150]. Verleihungs- Verleihungsgebühr
gebühren würden zum Beispiel gefordert für die Erlaubnis, Rundfunk zu
hören, am Telefonverkehr teilzunehmen, Straßen über den Gemeingebrauch
hinaus zu nutzen, Bodenschätze abzubauen oder Abfall unternehmerisch ent-
sorgen zu dürfen. Doch werden hier nicht Rechte entgeltlich erworben, sondern Nutzungen entgolten. Rechte werden individuell je nach Berechtigung,
nicht nach Zahlungsbereitschaft zugeteilt. Würde der Akt der „Rechtsverlei-
hung", der keinen besonderen Aufwand erfordert und den Adressaten auch
nicht rechtlich bevorzugt, zum Anknüpfungspunkt für eine Abgabepflicht, so
wäre diese Gebühr Zugangsbarriere für das Recht: Die Gleichheit aller vor
dem Gesetz – seien sie reich oder arm – wäre gefährdet, die Gebühr kaum
noch von der Steuer unterscheidbar[151], die „Bestechlichkeit" zum Verwal-
tungsprinzip geworden. Angesichts der Vielzahl von Erlaubnistatbeständen
insbesondere im Wirtschaftsrecht, Berufsrecht, Baurecht, Straßenverkehrsrecht und im Recht der Technik gewänne der Abgabengesetzgeber einen Er-
findungsraum, der kaum in der geltenden Finanzverfassung mit ihren bundesstaatlichen und grundrechtsstärkenden Gewährleistungen[152] gebunden wäre.
Das Bemühen, den Umweltschutz abgabenrechtlich zu gestalten und durchzusetzen[153], gewänne ein Gestaltungsmittel, das ein Finanzierungsinstrument als
Verbots- oder als Verhinderungsmittel einsetzt, ohne im Gebührentatbestand
den Belastungsmaßstab und das Ertragsaufkommen zu rechtfertigen. Vor
allem aber gäbe eine „Kommerzialisierung" der öffentlichen Verwaltung[154]
mit der entgeltabhängigen Vergabe von Berechtigungen eine Errungenschaft
des Steuerstaates preis, die staatliches Verwalten durch „unentgeltliche" Steuern finanziert und damit die Unbefangenheit des Verwaltungsentscheids
gegen fiskalische Ertragsanliegen abschirmt. Die Maxime staatlichen Verwaltungsrechts ist die rechtsstaatliche Qualität, nicht die ertragswirtschaftliche
Ergiebigkeit staatlichen Handelns[155]. Eine „Verleihungsgebühr" wäre oft eine
vom Staat begründete „Last für die Freiheit", die eine Befugnis des Grund-
rechtsträgers zur Inanspruchnahme seiner Freiheit von einer Geldzahlung
abhängig macht[156]. Eine Verleihung ist deshalb in einem Rechtsstaat, der
Berechtigungen nach Maßstäben des Rechts und nicht nach der Zahlungsbe-

---

150 *Vogel/Walter* (N 52), Art. 105 Rn. 40; *Franz Mayer*, Allgemeines Verwaltungsrecht, ⁵1985, S. 353; *Joachim Wieland*, Die Konzessionsabgaben, 1991.
151 *Karl Heinrich Friauf*, „Verleihungsgebühren" als Finanzierungsinstrument für öffentliche Aufgaben?, in: FS der rechtswissenschaftlichen Fakultät zur 600-Jahr-Feier der Universität zu Köln, 1989, S. 679 (693) (mit dem Hinweis auf die parallele Problematik der Zulässigkeit von Sonderabgaben).
152 BVerfGE 55, 274 (300 ff.) – Ausbildungsplatzförderungsabgabe; *Friauf* (N 1), S. 45 ff.
153 *Ferdinand Kirchhof*, Die Verleihungsgebühr als dritter Gebührentyp. Zugleich ein Beitrag zu ihrer Eignung als Umweltabgabe, in: DVBl 1987, S. 554 ff.; *ders.*, Der Baden-Württembergische „Wasserpfennig", in: NVwZ 1987, S. 1031 (1035); *Sacksofsky* (N 4), S. 95 ff., 106 ff.; *Wieland* (N 150), S. 308 ff.
154 *Krüger* (N 107), S. 518 (520).
155 *Paul Kirchhof*, Der Verfassungsauftrag zum Länderfinanzausgleich als Ergänzung fehlender und als Garant vorhandener Finanzautonomie, 1982, S. 79 f.
156 *Friauf* (N 151), S. 683 f.

reitschaft der Nachfrager verleiht, ein Anachronismus[157]. Die öffentliche Hand darf bei der Verleihung eines Rechts zur Nutzung öffentlicher Einrichtungen allenfalls ein pauschaliertes Entgelt für die erwartete Nutzung, eine typisierende Vorauszahlung auf den Nutzungsvorteil verlangen, zum Beispiel für den vermuteten Empfang von Rundfunksendungen[158], Telefonaten oder die beantragte Straßensondernutzung. Soweit darüber hinaus ein rechtspolitisches Bedürfnis für die abgabenrechtliche Belastung einer Rechtsverschaffung geltend gemacht wird, dürfte nicht an ein Entgelt für eine Rechtsgewähr, sondern an einen Vorteilsausgleich für eine sonst gleichheitswidrige Bevorzugung oder eine Kostenüberwälzung gedacht sein. Diese aber fordern einen anderen Abgabentyp[159].

b) Der Belastungsgrund

38
Einfordern individueller Kostenverantwortlichkeit

Die Inanspruchnahme einer Amtshandlung oder die Nutzung einer öffentlichen Einrichtung begründen eine Entgeltverantwortlichkeit des Gebührenschuldners, wenn der Schuldner zwar die Leistung der Hoheitsausübung oder Daseinsvorsorge empfangen, ihm aber nicht der damit verbundene Vermögensvorteil zugewendet werden soll. Eine Kostenverantwortung kann aber auch außerhalb bewußter Austauschverhältnisse begründet werden. Der Zweck der Gebühr wird dann weniger im entgeltlichen Vorteilsausgleich und mehr in einer kostenüberwälzenden Last sichtbar[160]. Entsteht zum Beispiel ein öffentlicher Aufwand durch rechtswidriges Verhalten eines einzelnen, so kann diese „Kostenprovokation"[161] eine Gebührenpflicht begründen. Selbst eine Kostenverursachung ohne Pflichtverletzung, zum Beispiel eines polizeilichen Handlungs- oder Zustandsstörers, kann Gebührenpflichten zur Folge haben, wenn die Kostenverantwortlichkeit individualisierbar vorgefunden ist. Deshalb wird die polizeirechtliche Verantwortlichkeit des Störers in Gebührentatbeständen als Kostenverantwortlichkeit aufgenommen[162]. Darüber hinausgehend kann der Gesetzgeber Gebührenpflichten begründen, wenn jemand öffentliche Güter individuell über den Gemeingebrauch hinaus in Anspruch nimmt, die öffentliche Hand zum Beispiel den Zugriff Privater auf Bodenschätze oder Gewässer duldet[163] oder ein Emittent die öffentlichen

---

157 Die Verleihungsgebühr hat bereits im Abgabensystem von *Otto Mayer*, Deutsches Verwaltungsrecht, ³1924, Bd. I, S. 315, keinen Platz; ebenso nicht bei *Walter Jellinek*, Verwaltungsrecht, ³1931, S. 388, und bei *Fritz Fleiner*, Institutionen des deutschen Verwaltungsrechts, ⁸1928, S. 425 ff.
158 Zur Qualifikation der Rundfunkgebühr vgl. *Günter B. Krause-Ablaß*, Kommunaler und privater Rundfunk im lokalen Bereich, in: DÖV 1962, S. 249 ff.; VGH München, in: DVBl 1967, S. 332; BVerwGE 22, 299 (304); 29, 214; *Hans Peter Ipsen*, Die Rundfunkgebühr, ²1958, S. 60 ff.
159 Die herkömmlich genannten Modellfälle sind anders zu qualifizieren; zur Spielbankenabgabe vgl. *P. Kirchhof* N (155), S. 68; zur bergrechtlichen Feldes- und Förderabgabe → oben *P. Kirchhof*, § 118 Rn. 77 f., 81; zur Sondernutzung *Friauf* (N 151), S. 691; zum Fernmelde- und Rundfunkrecht, *ders.*, ebd., S. 692.
160 *Vogel* (N 1), S. 533, spricht von einem „doppelgliedrigen" verfassungsrechtlichen Gebührenbegriff.
161 *Wagner* (N 97), S. 38.
162 Vgl. *Bill Drews* u.a., Gefahrenabwehr, ⁹1986, S. 676 f.; zu den Grenzen der Kostenverantwortlichkeit des Zustandsstörers siehe *Friauf* (N 102), S. 293 ff.
163 Vgl. *Wilke* (N 98), S. 58.

Güter von Luft und Wasser in besonders belastender Weise nutzt. Im Rahmen des Umweltschutzes wird sich allerdings die Abgabenbelastung oft von der individualisierenden Gebühr zum gruppenbelastenden Beitrag verschieben.

Eine Gebühr kann auch erhoben werden, um das Verhalten des Gebührenschuldners zu lenken. Die Säumnisgebühr belastet eine verspätete Pflichterfüllung oder Ausübung von Gestaltungsrechten; die Mißbrauchsgebühr wird bei sachlich nicht gerechtfertigter, mutwilliger Inanspruchnahme von Staatsorganen erhoben[164]; das Umweltschutzrecht mag durch Abschreckungsgebühren umweltbelastende Tatbestände unterbinden. Dabei setzt die Lenkung einen rechtfertigenden Gebührengrund voraus: Eine zu lange Nutzung einer Einrichtung, eine übermäßige Beanspruchung staatlicher Organe oder eine umweltbelastende Nutzung allgemeiner Ressourcen rechtfertigt die Gebühr dem Grunde nach. Das Lenkungsziel wird durch eine Erhöhung oder Verminderung der Gebühr erreicht. Eine Verteuerung knapper öffentlicher Güter dämpft die Nachfrage nach diesen Gütern; eine progressiv mit der Dauer einer Berechtigung, zum Beispiel eines Patents, steigende Gebühr fördert die Bereitschaft zur Aufgabe dieses Rechts; Mengenrabatte regen eine die Abwicklung erleichternde Nachfrageart an; „Mondscheintarife" beeinflussen die Benutzungszeit.

39
Lenkungstatbestände dem Grunde und der Höhe nach

Da das Verfassungsrecht keinen eigenen Gebührentatbestand kennt, der Aufwandsausgleich deshalb nur einer der möglichen Rechtfertigungsgründe für eine Gebühr ist, schließt es eine an einen Aufwand anknüpfende lenkende Gebühr nicht schlechthin aus[165]. Die Gebühr ist kein verfassungsrechtliches Rechtsinstitut, kann deshalb als Finanzierungsmittel ebenso wie als Handlungsmittel eingesetzt werden. Der Gebührengesetzgeber nutzt die Sachkompetenz bei der finanzierenden Gebühr als Annexkompetenz[166], bei der lenkenden Gebühr auch[167] als Gestaltungskompetenz. Beansprucht jemand öffentliche Güter, könnte er aber von der öffentlichen Hand von deren Nutzung ausgeschlossen werden[168], so kann die Zulassung oder Duldung individuell bevorzugen, deshalb eine Gebührenbelastung rechtfertigen. Soweit eine Ausschlußgebühr das unerwünschte Verhalten völlig unterbindet, wirkt sie nur als Handlungsmittel (Verbot), nicht auch als Finanzierungsmittel. Eine solche, kein Abgabenaufkommen hervorbringende Gebühr verfremdet das Abgabenrecht in verfassungswidriger Weise, weil es Erträge verheißt, ohne Erträge zu erzielen. Die Wahl eines abgabenrechtlichen Lenkungsinstruments wider-

40
Gebühr als Finanzierungs- und Handlungsmittel

---

164 Vgl. zum Beispiel § 34 Abs. 2 BVerfGG; zur „mutwilligen" Beantragung von Amtshandlungen vgl. auch Art. 19 BayKostG, § 11 Abs. 2 LGebG Bad.-Württ.
165 So aber für den verwaltungsrechtlichen Gebührenbegriff *Wolf von Dreising*, Verwaltungskostengesetz, 1971, Erl. 5 zu § 3.
166 Siehe *Hans-Werner Rengeling*, Gesetzgebungszuständigkeit, in: HStR IV, ²1999 (¹1990), § 100 Rn. 168; *Rudolf Wendt*, Finanzhoheit und Finanzausgleich, in: HStR IV, ²1999 (¹1990), § 104 Rn. 44.
167 Beschränkend auf die Annexkompetenz, die den Sachbereich nicht regeln dürfe: Leisner (N 40), S. 730, 732, s. u. Rn. 60.
168 Zu diesem Kriterium der Nicht-Ausschließbarkeit neben dem der Nicht-Rivalität gleichzeitiger Nutzer vgl. *Richard A. Musgrave/Peggy B. Musgrave/Lore Kullmer*, Die öffentlichen Finanzen in Theorie und Praxis, Bd. I, ⁴1987, S. 60 f.

spricht zudem dem Regelungsziel, wenn öffentliche Leistungen oder Einrichtungen den Nachfrager unabhängig von seiner Zahlungsfähigkeit oder Zahlungsbereitschaft erreichen müssen, der Nachfrager einen Anspruch auf die Begünstigung hat oder der Gleichheitssatz eine andere Gebührenbemessung gebietet[169]. Schließlich darf eine lenkende Gebühr nicht das Regelungsziel der Sachnorm unterlaufen[170], zum Beispiel das Recht auf Erlaubnis zum Fahren eines Kraftfahrzeugs nicht durch eine verkehrspolitische Prohibitivgebühr zu einem Recht der Zahlungskräftigen verfälschen.

41
Beschränkte Tauglichkeit der Abgaben als Lenkungsmittel

Eine Lenkungsgebühr ist ebenso wie eine Lenkungssteuer nur eingeschränkt als Instrument sachlicher Gestaltung geeignet. Der Gebührentatbestand erlaubt es dem Zahlungsbereiten, dem im Lenkungstatbestand überbrachten Verhaltensbefehl auszuweichen. Der Verhaltensbefehl kann deshalb durch eine lenkende Abgabe nur ersetzt werden, wenn der Rechtsstaat auch ein Scheitern eines Lenkungsprogramms hinnehmen kann. Im übrigen begründet ein abgabenrechtliches Handlungsmittel Ertragserwartungen: Der Inhaber der Ertragshoheit wird sich an das aus den Lenkungsabgaben erzielte Aufkommen gewöhnen; sein Bemühen um einen Lenkungserfolg, der seine Erträge sinken läßt, könnte deshalb geschwächt sein[171].

42
Gesetzesvorbehalt, Gestaltungsraum des Gesetzgebers

Öffentlicher Aufwand und individualisierbare Finanzierungsverantwortlichkeit können nur durch den Gesetzgeber zu einem Gebührentatbestand verknüpft werden. Für die Regelung der Gebühren als öffentlichen Abgaben gilt der Vorbehalt des Gesetzes[172]. Der Gebührengesetzgeber verfügt über einen Entscheidungs- und Gestaltungsraum, welchen öffentlichen Aufwand er durch ein Gebührenaufkommen decken und welche individuell zurechenbare Finanzverantwortlichkeit er in einer Gebührenschuld einfordern will[173]. Auch die Entscheidung über eine Verhaltenssteuerung durch Gebührenregelungen ist grundsätzlich dem Gesetzgeber zugewiesen[174]. Stets muß das Gesetz aber Tatbestand und Bemessungsgrundlage mit Bestimmtheit regeln und in diesem ersichtlichen Tatbestand den Anforderungen von Finanzverfassung, Gleichheitssatz und parlamentarischem Haushaltsrecht genügen[175]. Der gesetzgeberische Entscheidungsraum erlaubt insbesondere eine Typisierung der Gebührentatbestände, eine Vergröberung nach Wahrscheinlichkeit und Vermutung[176], die entweder die Verantwortlichkeit für das Entstehen von Kosten betont und deswegen die kostenüberwälzende Gebühr regelt oder die wirtschaftliche Bevorzugung durch eine öffentliche Leistung zum Tatbestand macht und deswegen die wertabschöpfende Gebühr als Rechtsfolge vor-

---

169 Vgl. *Kloepfer* (N 1), S. 232 ff.; *F. Kirchhof* (N 1), S. 134; *Klaus Vogel*, Grundzüge des Finanzrechts des Grundgesetzes, in: HStR IV, ²1999 (¹1990), § 87 Rn. 53.
170 *F. Kirchhof* (N 1), S. 135.
171 → Oben *P. Kirchhof*, § 118 Rn. 49.
172 BVerfGE 20, 257 (269) – Bundesrecht in Berlin.
173 Vgl. BVerfGE 50, 217 (226) – Gebührenmaßstäbe.
174 BVerfGE 50, 217 (226 f.) – Gebührenmaßstäbe.
175 BVerfG 108, 1 (19 f.) – Rückmeldegebühr.
176 BVerfGE 108, 1 (19) – Rückmeldegebühr.

sieht[177]. Soweit der Gesetzgeber die Finanzierungsverantwortlichkeit nicht einem einzelnen, sondern einer Gruppe zuweist, werden die Übergänge von Gebühren und Beiträgen fließend. Verfassungsrechtlich rechtfertigungsbedürftig ist der Aufwandsausgleich als Ausnahme zur Steuer, demgegenüber tritt die verwaltungsrechtliche Grenzziehung zwischen Gebühr und Beitrag in den Hintergrund.

c) Der Gebührenschuldner

Gebührenschuldner ist grundsätzlich, wer einen öffentlichen Aufwand veranlaßt oder durch diesen Aufwand begünstigt worden ist[178]. Die Finanzierungsverantwortlichkeit trifft denjenigen, der eine Amtshandlung beantragt, eine öffentliche Einrichtung zu seinem persönlichen Vorteil nutzt, den Einsatz öffentlicher Personal- oder Sachmittel durch sein Verhalten oder durch den Zustand einer ihm zuzurechnenden Sache veranlaßt, auch Ressourcen „über Gebühr" nutzt. In der Regel ist der Gebührenschuldner zugleich Veranlasser und Begünstigter. Bei der Begünstigung ist allerdings zu unterscheiden, ob ein Verfahrensablauf oder das Verfahrensergebnis Anlaß für die Gebührenbelastung ist. Bei einem erfolglosen Widerspruchsverfahren[179] oder einem zur Bestrafung führenden Strafverfahren liegt die Durchführung eines rechtsstaatlichen Verfahrens im Interesse des Betroffenen; er ist Veranlasser und Begünstigter.

43 Zurechnung einer individualisierbaren Finanzierungsverantwortlichkeit

Bei der Abgrenzung der Schuldnertatbestände hat der Gesetzgeber einen Einschätzungsraum. Der zu überwälzende Aufwand läßt sich nur vergröbernd einer individuellen Leistung zurechnen, weil insbesondere die Gemeinkosten unabhängig von der konkreten Leistungshandlung entstehen. Hält die öffentliche Hand zum Beispiel eine Beratungsstelle oder eine Notfallstation für Vergiftungs- oder Katastrophenvorsorge bereit, wird diese Einrichtung in einem Haushaltsjahr aber nur einmal beansprucht, so läßt sich ohne gesetzliche Tatbestandsbildung kaum unterscheiden, ob diese Inanspruchnahme zu einem individualisierbaren Aufwand führt. Die Finanzierungsverantwortlichkeit mehrerer Schuldner bedarf insbesondere gesetzlicher Abgrenzung, wenn ein staatliches Dienstleistungsunternehmen unterschiedliche Leistungen mit unterschiedlichem Aufwand erbringt. Deckt ein Parkhaus mit Hilfe der Parkgebühren Defizite bei den Verkehrsbetrieben[180], so bedarf dieser umverteilende Belastungsausgleich unter den Nutzern der öffentlichen Verkehrsinfrastruktur einer besonderen Rechtfertigung. Allein die Organisationsstruktur des öffentlichen Leistungserbringers rechtfertigt noch nicht eine abgabenrechtliche Umverteilung außerhalb von Tatbeständen individueller Finanzierungsverantwortlichkeit. Sollte eine Gemeinde den Betrieb einer Tiefgarage und einer Volkshochschule in einem öffentlichen Unternehmen zum innerbe-

44 Zurechnung von Gemeinkosten, Ausgleich unter Gebührenschuldnern

---
177 Vgl. dazu *Vogel* (N 1), S. 530 f.
178 *Vogel* (N 1), S. 530 f.
179 Vgl. BVerfGE 50, 217 (228 f.) – Gebührenmaßstäbe.
180 Zur Parallele bei der früheren Post vgl. *Wilke* (N 98), S. 280.

d) Die Gebührenbemessung

45
Vorteilsausgleich, Kostenüberwälzung

Die Höhe der Gebühr bestimmt sich nach der Finanzierungsverantwortlichkeit, die durch den Gebührentatbestand eingefordert wird. Ergibt sich die Finanzierungsverantwortlichkeit des Gebührenschuldners aus dem finanziellen Vorteil einer Staatsleistung, der nicht bei ihm verbleiben soll, so ist die Gebühr als Vorteilsausgleich zu bemessen. Hat die Finanzierungsverantwortlichkeit in einer Kostenverursachung ihren Grund, so ist die Gebührenhöhe an dem Aufwand der öffentlichen Hand zu orientieren[181]. Bei den herkömmlichen Verwaltungs- und Benutzungsgebühren können das Vorteils- und das Kausalitätsprinzip eine Gebühr rechtfertigen; die Gebühr darf deshalb als Vorteilsausgleich und als Kostenüberwälzung bemessen werden. Insoweit ist es folgerichtig, wenn die Höhe der Gebühr am Äquivalenz- und am Kostendeckungsprinzip gemessen wird.

46
Bemessung nach dem gesetzlich benannten Zweck

Allerdings erschien sowohl das Äquivalenz- wie das Kostendeckungsprinzip lange Zeit als sehr vager Ausdruck des Verhältnismäßigkeitsprinzips; aus dem Äquivalenzprinzip schienen keine strengen, aus dem Kostendeckungsprinzip überhaupt keine verfassungsrechtlichen Bindungen zu resultieren[182]. Nunmehr – nach der Entscheidung des Bundesverfassungsgerichts zur Rückmeldegebühr[183] – sind die Gebühren in dem verfassungsrechtlichen Rahmen zu bemessen, der durch die Alternativität zum Regelfall der Steuer – durch die begrenzte Sachkompetenz des Gesetzgebers, durch die Erfordernisse der Belastungsgleichheit, durch die kumulative Wirkung aller Abgaben sowie durch die Haushaltsverantwortlichkeit des Parlaments – die Gebührenbemessung begrenzt. Stets ist die Höhe der Gebühr nach der Finanzierungsverantwortlichkeit zu bestimmen, die der Gesetzgeber durch die Ausgestaltung des konkreten Gebührenstatbestandes eingefordert hat: Die Bemessung der Gebühr ist verfassungsrechtlich gerechtfertigt, wenn ihre Höhe durch zulässige Gebührenzwecke legitimiert ist, die der Gesetzgeber bei der tatbestandlichen Ausgestaltung der Gebühr erkennbar verfolgt. Benennt der Gesetzgeber mit hinreichender Normenklarheit und Normenwahrheit den Gebührenzweck der Kostendeckung, so darf er die Gebühren so bemessen, daß die speziellen Kosten der individuell zurechenbaren öffentlichen Leistung ganz oder teilweise gedeckt werden[184]. Will der Gesetzgeber mit der Gebühr erkennbar

---

181 Für eine Alternativität auf der Grundlage seines doppelgliedrigen verfassungsrechtlichen Gebührenbegriffs: *Vogel* (N 1), S. 530 f.
182 Vgl. *Hendler* (N 4), S. 72 ff.; *Helbig* (N 30), S. 88 f.; *Sacksofsky* (N 7), S. 193 f.
183 BVerfGE 108, 1 (15 f., 18 ff.) – Rückmeldegebühr.
184 BVerfGE 108, 1 (18) – Rückmeldegebühr; vgl. auch BVerfGE 50, 217 (226) – Gebührenmaßstäbe; 97, 332 (345) – Kindergartenbeiträge; *Wilke* (N 98), S. 265.

Vorteile ausgleichen, rechtfertigt sich die Höhe der Gebühr allein aus dem besonderen, vom Gebührenschuldner empfangenen Vorteil, der durch die Gebühr ganz oder teilweise abgeschöpft werden soll[185]. Beim Lenkungszweck sagt das Bundesverfassungsgericht, daß die Gebührenhöhe „unter Berücksichtigung des Ziels einer begrenzten Verhaltenssteuerung" festgelegt werden dürfe[186]. Verfolgt die Gebührenregelung auch soziale Zwecke, darf die Gebührenbelastung insbesondere nach der Leistungsfähigkeit unterhalb einer kostenorientierten Obergrenze des Gebührensatzes abgestuft werden[187].

Die Gebühr rechtfertigt sich also dem Grunde und der Höhe nach aus dem individuell zurechenbaren, von der öffentlichen Hand gewährten Vorteil, darf aber nicht ganz oder teilweise „voraussetzungslos erhoben" werden, insoweit also nicht „als Mittel der staatlichen Einnahmeerzielung in Konkurrenz zur Steuer" treten[188]: (a) Ihre Ausgestaltung und Bemessung muß im Rahmen der jeweiligen Sachkompetenz verbleiben, bedarf auch kompetenzrechtlich im Verhältnis zur Steuer einer besonderen, unterscheidungskräftigen Legitimation[189]: Die polizeirechtliche Inpflichtnahme eines Störers darf nur die Erstattung des durch die Störung veranlaßten Aufwandes fordern, eine umweltrechtliche Ressourcennutzungsgebühr nur den durch die Umweltnutzung erzielten Vorteil abschöpfen, eine verfahrensrechtliche Kostenregelung nur den in dem Verfahren angelegten rechtstaatlichen Vorteil ausgleichen, die Kindergartengebühr selbst bei sozialer Abstufung eine kostenorientierte Obergrenze nicht überschreiten[190]. (b) Der Gleichheitssatz bemißt die Gebühr im Unterschied zur Steuer nicht nach der individuellen finanziellen Leistungsfähigkeit, sondern nach dem empfangenen Vorteil oder dem zu verantwortenden Aufwand. Auch hier genügt der Gesetzgeber dem Gleichheitssatz nur, wenn er den rechtfertigenden Grund für die Gebühr und die Gebührenhöhe im Gesetz hinreichend bestimmt benennt und folgerichtig verwirklicht. (c) Schließlich erlaubt der verfassungsrechtliche Grundsatz der Vollständigkeit des Haushaltsplans nur eine Gebührenbemessung, die im jeweiligen Haushalt des gebührenerhebenden Organs Gebührengrund und Gebührenhöhe planbar macht, der gemeinte Aufwand oder Vorteil also auch für den Haushaltsgesetzgeber nachvollziehbar ist. Dieser Maßstab kann aus den Freiheitsrechten des betroffenen Gebührenschuldners noch weiter verdeutlicht werden.

47 Drei Maßstäbe der Gebührenbemessung

Im Vorteilsausgleich beansprucht die Gebühr Privatvermögen als Tauschgut, nutzt also die Bereitschaft des Eigentümers, sein Privatvermögen zum Erwerb von Leistungen der öffentlichen Hand einzusetzen. Soweit die öffentliche

48 Äquivalenzprinzip

---

185 Vgl. BVerfGE 93, 319 (344) – Wasserpfennig; BVerfGE 108, 1 (18) – Rückmeldegebühr.
186 BVerfGE 108, 1 (18) – Rückmeldegebühr – unter Hinweis auf BVerfGE 50, 217 (226f., 230f.) – Gebührenmaßstäbe; BVerfGE 79, 1 (28) – Urheberrecht.
187 Vgl. BVerfGE 97, 332 (346f.) – Kindergartengebühren; BVerfGE 80, 103 (107) – Gebührenmaßstäbe; BVerfGE 108, 1 (18) – Rückmeldegebühr.
188 BVerfGE 108, 1 (32) – Rückmeldegebühr.
189 BVerfGE 108, 1 (17) – Rückmeldegebühr.
190 BVerfGE 97, 332 (346f.) – Kindergartengebühren: Rechtfertigung zumindest der in diesen Grenzen bleibenden Gebührenstaffelung.

Hand verzichtbare Leistungen anbietet, vermehrt das gebührenpflichtige Angebot die Möglichkeiten zur Ausübung der Eigentümerfreiheit. Bei der rechtlich gebotenen Nachfrage nach Amtshandlungen oder der Nutzung von Monopoleinrichtungen der öffentlichen Hand übt der Eigentümer jedoch nicht seine Freiheit zum Tausch aus, sondern deckt einen unausweichlichen Bedarf und unterwirft sich der staatlichen Gebührenanforderung, weil Hoheitsakte und Monopolangebote keine Preisbildung im Markt der Wettbewerber gestatten; der Tausch- oder Nutzungswert kann deshalb nur vermutet und geschätzt werden. Die leistungsorientierte Gebühr wird hier zutreffend durch das Äquivalenzprinzip von der die Gemeinlasten verteilenden Steuer abgegrenzt: Das „Entgelt" ist nur angemessen, wenn es lediglich den Zuwendungsvorteil abschöpft[191].

49 Kostendeckungsprinzip

Die rechtfertigende Kraft einer Austauschgerechtigkeit schwächt sich ab, je weniger der Leistungsempfänger die Leistung freiwillig nachfragt und dadurch das Wertäquivalent individualisierend bestätigt. Eine aufgedrängte Leistung ist nicht schon deshalb gerechtfertigt, weil sie wertäquivalent ist. Vielmehr gibt die Eigentümerfreiheit die Entscheidung für oder gegen einen entgeltlichen Tausch grundsätzlich in die Hand des Grundrechtsberechtigten. Bei der aufgedrängten Leistung, zum Beispiel der rechtlich gebotenen Kontrolle privater Einrichtungen oder Güter, dem Anschluß- und Benutzungszwang[192], der Zwangsuntersuchung oder Freiheitsentziehung sowie den Leistungen der öffentlichen Hand, die ersatzweise für die private Hand erbracht werden oder zur Gegenwehr gegen private Gefährdungen oder Störungen erforderlich sind, kann die Gebühr nicht durch die freiheitliche Nachfrage nach einer wertäquivalenten Leistung, sondern nur durch eine Finanzierungsverantwortlichkeit des Gebührenschuldners für den staatlichen Aufwand gerechtfertigt werden. Hier bemißt sich die Höhe der Gebühr nach dem Aufwand, den der Gebührenschuldner für den öffentlichen Hauhalt veranlaßt und deshalb zu verantworten hat. Auch das Kostendeckungsprinzip bleibt jedoch eine bloße Faustregel, die eine aufwandorientierte Gebühr von der Gemeinlast der Steuer abhebt, für die individualisierende Kostenverteilung nur eine grobe Orientierungshilfe bietet. Vor allem die Gemeinkosten lassen sich kaum von den für den einzelnen aufgewandten Individualkosten abgrenzen; vielfach ist der Aufwand für das Einrichten und Bereithalten öffentlicher Verwaltungskraft, zum Beispiel bei der Polizei, der Feuerwehr oder einem Kontrolldienst, so umfassend, daß die individuelle Inanspruchnahme dieser Einrichtungen die Gesamtkalkulation kaum verändert. Die Überwälzung individuell veranlaßter Kosten wird dann wiederum als annähender Vorteilsausgleich bemessen.

50 Lenkung

Auch die lenkende Gebühr wird oft im Rahmen einer aufwandsabhängigen Finanzierungsverantwortlichkeit bleiben; eine Verspätungs- oder eine Mißbrauchsgebühr wirkt lenkend auf den Willen des Schuldners ein, finanziert aber zugleich den mit der Verspätung oder dem Mißbrauch verbundenen

---

191 → Oben *Waldhoff*, § 116 Rn. 87.
192 Dazu *Birk/Eckhoff* (N 6), S. 63.

öffentlichen Aufwand. Die Lenkungsgebühr darf jedoch je nach dem Lenkungszweck den Rahmen der Kostendeckung allenfalls überschreiten[193], wenn die Nachfrage nach einer verzichtbaren Staatsleistung durch Verteuerung gedrosselt, die Dauer einer Nutzung begrenzt oder die Nutzung einer öffentlichen Einrichtung auf bestimmte Zeiten ausgerichtet werden soll. Gestaffelte, je nach Lenkungswiderstand des Gebührenschuldners wachsende Gebührentarife lösen sich prinzipiell vom Äquivalenz- und vom Kostendeckungsprinzip. Eine ähnliche Verhaltenslenkung kann auch durch Steuern erreicht werden; auch die lenkende Gebühr muß sich deshalb von der Steuer durch eine Vorteils- oder Aufwandsabhängigkeit abheben. Der Zweck der Verhaltenssteuerung erweitert den Rahmen der Gebührenbemessung allerdings erheblich: Er kann über die Kostendeckung hinausgreifen[194], um durch Verteuerung ein bestimmtes Verhalten zu unterbinden; er kann aber ebenso von der Gebührenbelastung befreien, um zu einem bestimmten Verhalten anzuregen. Der Gleichheitsmaßstab einer lenkenden Gebühr ist nicht die Belastungsgleichheit, sondern die Gleichheit im finanziellen Anreiz je nach erwünschtem oder mißbilligtem Verhalten. Dabei kann die Gebühr unterschiedliche Lenkungswirkungen – eine Besinnungs-, Anreiz- und Abschreckungswirkung[195] – erzielen. Rechtfertigungsbedürftig sind beide zur Wahl gestellten[196] Auswirkungen eines Lenkungstatbestandes: Die Gebührenbelastung des Privatvermögens und die Verhaltenslenkung im Rahmen einer Verhaltensfreiheit[197].

Die Höhe der Gebühr wird auch nur punktuell durch ein verfassungsrechtliches Schenkungs- oder Entgeltverbot bestimmt. Wenn das Bundesverfassungsgericht von einer „aus dem Dienst am Gemeinwohl folgenden selbstverständlichen Verpflichtung, bei einer Veräußerung öffentlichen Vermögens einen angemessenen Preis zu erstreben", spricht[198], so fordert es den marktangemessenen Preis für rein fiskalische Veräußerungsgeschäfte, für marktfähige Güter, läßt aber bereits für eine wirtschafts- oder sozialpolitische Veräußerung Abweichungen vom Marktpreis zu[199]. Das Rechtsstaatsprinzip und der Gleichheitssatz verbieten unentgeltliche Leistungen nur bei Individualbevorzugungen ohne rechtfertigenden Grund, untersagen also insbesondere das Privileg, die Parteipatronage, die Selbstbevorteilung befangener Amtsträger und subventionsrechtliche Begünstigungen für das nicht gemeinwohldienliche Eigentum. Im übrigen ist verfassungsrechtlich nicht ausgeschlossen, daß öffentliche Leistungen für bestimmte Sachbereiche allgemein verbilligt oder unentgeltlich erbracht werden, zum Beispiel im Bereich des Verkehrs, der

51 Schenkungsverbot?

---
193 BVerfGE 50, 217 (226f.) – Gebührenmaßstäbe.
194 BVerfGE 50, 217 (226f.) – Gebührenmaßstäbe.
195 *Wohlfeil/Kaeser* (N 147), S. 436f.
196 Kritisch: *Trzaskalik* (N 2), E 22, E 63; dazu *P. Kirchhof* (N 2), S. 406ff.
197 Vgl. zur Parallele der Lenkungssteuern → oben *P. Kirchhof*, § 118 Rn. 46ff.; zur lenkenden Gebühr *Kloepfer* (N 1); *Wendt* (N 1).
198 BVerfGE 12, 354 (364) – Volkswagenprivatisierung.
199 BVerfGE 12, 354 (364) – Volkswagenprivatisierung; kritisch zum Privatisierungspreis im Wahljahr *Wilke* (N 98), S. 156; → unten *Isensee*, § 122 Rn. 104f.; 115ff.

§ 119　　　*Achter Teil: III. Finanzwesen*

Kultur und des Sports. Allerdings stellt sich für den überforderten sozialen Staat – etwa bei der Studiengebühr – die Frage, ob die unentgeltliche Staatsleistung von den Steuerzahlern finanziert werden soll, die selbst gerne diese Leistung in Anspruch nähmen, von ihr aber ausgeschlossen und dadurch für ihre gesamte Erwerbsbiographie benachteiligt sind.

52
Entgeltverbot?

Das Grundgesetz kennt keine ausdrücklichen Gebühren- oder Entgeltverbote. Bei der Erfüllung staatlicher Pflichtaufgaben[200] und beim Vollzug elementarer staatsbürgerlicher Rechte, zum Beispiel des Wahl- oder Petitionsrechts, ist eine Gebührenforderung aber meist ausgeschlossen. Soweit Grundrechte ausdrückliche Schutzaufträge (Art. 1 Abs. 1, Art. 6 Abs. 1 GG) oder Schutzpflichten (Art. 2 Abs. 2 GG)[201] begründen, bedarf eine Gebührenerhebung gesonderter Rechtfertigung. Im übrigen ist stets zu gewährleisten, daß eine Gebührenbelastung nicht die Ausübung eines Grundrechts verhindert, zum Beispiel Rundfunkgebühren nicht die individuelle Inanspruchnahme der Informations- und Meinungsäußerungsfreiheit in heute allgemein üblichen Formen gefährden. Schon diese verfassungsrechtliche Schranke beschränkt aber nicht notwendig die Gebührenhöhe, sondern kann auch durch eine sozialstaatliche Stütze hinreichender individueller Nachfragekraft gewahrt bleiben. Ausdrückliche Entgeltverbote kennen lediglich einige Landesverfassungen, vor allem in Vorschriften über Schulgeld, Lehr- und Lernmittelfreiheit.

53
Inanspruchnahme eines Grundrechts, Grundrechtsausübung, Grundrechtseingriff

Soweit eine Staatsleistung die Grundrechtsverwirklichung ermöglicht, zum Beispiel eine berufliche Erlaubnis erteilt, die Eheschließung wirksam werden läßt, Gerichtsschutz gewährt oder einen Studienplatz einräumt, berührt die Gebührenpflicht die Grundrechtsausübung, muß deshalb in diesen grundrechtsbeschränkenden Wirkungen gerechtfertigt werden. Unzulässig wären standesamtliche Gebühren, die eine Eheschließung erschweren; Fahrerlaubnisgebühren, die eine Beteiligung am allgemeinen Straßenverkehr eindämmen; oder Berufszulassungsgebühren, die eine Bedürfnissteuerung bezwecken. Gebührenpflichten, die an eine Erlaubnis zur Grundrechtsausübung anknüpfen, sind als bloße Abschöpfung des Rechtsvorteils nicht zu rechtfertigen, weil der Vorteil bereits durch das Grundrecht – ohne Fiskalvorbehalt – zugewiesen ist. Gebührenpflichten, die an das staatliche Ermöglichen oder Erleichtern der Freiheitsausübung anknüpfen, können als Vorteilsausgleich bemessen werden, soweit die staatliche Freiheitshilfe nur einzelnen Ausübungswilligen zugute kommt. In beiden Fällen ist jedenfalls eine Kostenüberwälzung vertretbar, wenn die jeweilige grundrechtliche Freiheit dadurch nicht behindert wird. Eine repressive Steuerung rechtlich unerwünschter Tätigkeiten, zum Beispiel der Inanspruchnahme von Dispensen oder des Betreibens von Spielbanken[202], kann als Lenkungsgebühr gerechtfertigt sein.

---

200 S.o. Rn. 5.
201 BVerfGE 39, 1 (46) – Schwangerschaftsabbruch I; BVerfGE 49, 24 (53) – Kontaktsperre-Gesetz; BVerfGE 49, 89 (140ff.) – Kalkar I; BVerfGE 53, 30 (57) – Mülheim-Kärlich; BVerfGE 56, 54 (73ff.) – Fluglärm.
202 *Wilke* (N 98), S. 317.

Soweit Gebühren an grundrechtseingreifendes Staatshandeln anknüpfen, zum Beispiel eine beantragte Bau- oder Berufsgenehmigung versagt, in die Körperintegrität eingegriffen oder die Bewegungsfreiheit entzogen wird, ist die Gebührenbelastung Folgewirkung des Grundrechtseingriffs und deshalb eng innerhalb des Kostendeckungsprinzips gebunden.

Die Gebührenbemessung muß berücksichtigen, ob die erbrachte Leistung dem Nichtzahlungsfähigen oder Nichtzahlungswilligen vorenthalten werden darf. Die Rechtsschutzgewähr des Art. 19 Abs. 4 GG verbietet zum Beispiel, den Rechtsschutz vornehmlich nach Maßgabe wirtschaftlicher Leistungsfähigkeit zu eröffnen[203]. Zwar wird von den meisten Gebühren eine gewisse Hemmungswirkung für die Inanspruchnahme der gebührenpflichtigen Leistung ausgehen; Staatsleistungen dürfen jedoch in der Regel nicht nach Finanzkraft angeboten werden. Umgekehrt darf das für die direkten Steuern maßstabgebende Prinzip der individuellen Zahlungsfähigkeit (Leistungsfähigkeit)[204] die Gebührenbemessung grundsätzlich nicht beeinflussen, weil die kostenbezogene[205] Gebühr einen öffentlichen Aufwand verteilt. Sollen Gebühren nach sozialen Gesichtspunkten verbilligt, zum Beispiel Kindergartengebühren für Einkommensschwache ermäßigt werden, so darf dieser Verzicht auf Kostenüberwälzung nicht durch eine Gebührenerhöhung zu Lasten der anderen Eltern, sondern muß als Gemeinlast des Sozialstaates, also aus Steueraufkommen finanziert werden[206]. Die Gebühr ist vorteils- und aufwandsorientiert, von der Zahlungsfähigkeit des Leistungsempfängers nur insoweit abhängig, als sie kein Hindernis für rechtstaatlich gebotene oder nach dem Gleichheitssatz[207] zu verallgemeinernde Leistungen sein darf.

54 Keine Gebühr je nach Leistungsfähigkeit

Die Gebührenbemessung findet in der gleichheitsrechtlichen Vertretbarkeit des Entgelts ihren wesentlichen Maßstab. Aus Art. 3 Abs. 1 GG folgt, daß Gebühren nicht unabhängig von den Kosten der gebührenpflichtigen Staatsleistung festgesetzt werden dürfen und daß Gebührenhöhe und Gebührenstaffelung dem Zweck der völligen oder teilweisen Kostendeckung entsprechen und sich deshalb als sachgerecht erweisen[208]. Darüber hinaus fordert der Gleichheitssatz eine Binnengleichheit innerhalb der vom Gesetzgeber begründeten Bemessungsprinzipien. Eine Rückmeldegebühr darf nur die Verwaltungslast der Rückmeldung decken, nicht auch – wie die Studiengebühren – die Vorteile einer Mitgliedschaft in der Universität[209]. Bei gleichartig beschaffenen Leistungen, die in rechnerischen und finanziellen Leistungseinheiten erfaßt werden können, sind die Gebührenmaßstäbe und Gebührensätze in Grenzen der Praktikabilität und Wirtschaftlichkeit so zu wählen und

55 Gleichheit im Entgelt

---

203 BVerfGE 50, 217 (231) – Gebührenmaßstäbe; BVerfGE 51, 295 (302) – Prozeßkostenhilfe.
204 → Oben *P. Kirchhof*, § 118 Rn. 182 ff.
205 BVerfGE 50, 217 (230) – Gebührenmaßstäbe.
206 BVerfGE 97, 332 (346) – Kindergartenbeiträge: Staffelung „zumindest" unbedenklich, solange die Höchstgebühr im Rahmen des Kostendeckungsprinzips bleibt; *Isensee* (N 59), S. 34; vgl. auch BVerfGE 28, 66 (87) – Fernsprechgebühren; *Vogel* (N 169), Rn. 100.
207 BVerfGE 50, 217 (227) – Gebührenmaßstäbe.
208 BVerfGE 50, 217 (227) – Gebührenmaßstäbe.
209 BVerfGE 108, 1 (27 ff.) – Rückmeldegebühr.

§ 119　*Achter Teil: III. Finanzwesen*

56
Wirklichkeitsmaßstab, Wahrscheinlichkeitsmaßstab, Durchschnittsmaßstab

zu staffeln, daß sie Leistungsunterschieden Rechnung tragen, damit die verhältnismäßige Gleichheit unter den Gebührenschuldnern wahren[210].

Eine als Wertabschöpfung oder Kostenüberwälzung bemessene Gebühr hat grundsätzlich den Wert der Leistung und die Höhe des Aufwandes realitätsgerecht zu erfassen. Nachdem jedoch der Wert und der Aufwand einer Einzelleistung oft nicht exakt ermittelt werden können, Gebühren im übrigen in Massenverwaltungsverfahren erhoben werden, kann nicht jede Gebühr nach der Zahl, dem Maß und dem Wert der real erbrachten Leistung berechnet (Wirklichkeitsmaßstab), sondern vielfach nur nach Wahrscheinlichkeit und Vermutung vergröbert bestimmt und pauschaliert werden (Wahrscheinlichkeitsmaßstab). Deshalb darf zum Beispiel eine Müllabfuhrgebühr nach Zahl und Größe der Mülltonnen bemessen und die tatsächliche Inanspruchnahme der Entsorgungsleistungen vernachlässigt werden. Auch erlaubt es das Ziel flächendeckender Versorgung oder Erschließung, den Gesamtaufwand nach Durchschnittskosten auf alle Leistungsempfänger nominal gleich zu verteilen. Würden zum Beispiel für einen Strom- oder Wasseranschluß in einem einsamen Gebirgsdorf die tatsächlichen Kosten in Rechnung gestellt, so wäre der Nachfrager wirtschaftlich von der Leistung ausgeschlossen, die Erschließung der Randgebiete damit zu Lasten der gesamten Verkehrs- und Versorgungsstruktur unmöglich geworden.

2. Ungebundenheit des Gebührenaufkommens

57
Grundsatz der Gesamtdeckung

Wenn die Gebühr sich durch ihre Entgeltlichkeit von der Steuer unterscheidet, so bedeutet dieses nicht, daß das Gebührenaufkommen ausschließlich zur Finanzierung der gebührenpflichtigen Leistung verwendet werden darf. Nach dem haushaltsrechtlichen Grundsatz der Gesamtdeckung[211] dienen grundsätzlich alle Einnahmen als Deckungsmittel für alle Ausgaben. Auch das Aufkommen aus kostendeckenden Abgaben fließt deshalb in den allgemeinen Staatshaushalt oder den Haushalt eines verselbstständigten Verwaltungsträgers[212]. Die Prinzipien von Vorteilsausgleich und Kostendeckung sind deswegen Belastungsgrund und Bemessungsmaßstab für ein Abgabenschuldverhältnis, nicht jedoch Maßstab für die Verwendung der Erträge. Sie erfassen früheren Aufwand, betreffen nicht zukünftige Ausgaben.

58
Abgabenschuldverhältnis und haushaltsrechtliche Maßstäbe

Ein gebührenrechtlicher Vorteilsausgleich oder eine Kostenüberwälzung setzt in der Regel voraus, daß die entgeltpflichtige staatliche Leistung oder nutzbare Einrichtung bereits aus allgemeinen Haushaltsmitteln finanziert ist, der Aufwand also nicht ermöglicht, sondern überwälzt werden soll. Oft wird der Staat den gebührenpflichtigen Aufwand vorfinanzieren, um ihn später von den Leistungsempfängern ausgleichen zu lassen. Vorteilsausgleichende und

---
210 BVerfGE 50, 217 (227) – Gebührenmaßstäbe.
211 Vgl. § 8 BHO, § 7 HGrG.
212 S.o. Rn. 15ff.

kostenüberwälzende Gebühren dürfen sogar erhoben werden, wenn der Aufwand für die entgeltlich nutzbaren Einrichtungen durch öffentliche Zuschüsse gedeckt ist[213], zum Beispiel eine kommunale Einrichtung durch Bundes- oder Landeszuschüsse finanziert wird, die Nutzungsgebühr deshalb auf der Bemessungsgrundlage des Nutzungswerts oder des Aufwands für die Nutzbarkeit die zukünftige Finanzkraft der Gemeinde stärkt.

3. Kompetenzen

Das Grundgesetz regelt die Materie „Gebührenrecht" nicht in einer systematischen Kompetenzzuweisung[214]. Dennoch gilt nicht die Grundregel des Art. 70 Abs. 1 GG, nach der die Länder für das Gebührenrecht gesetzgebungszuständig wären. Vielmehr ergibt sich die Gesetzgebungspflicht zur Gebührenerhebung als Annex der den Aufwand oder den Vorteil begründenden Sachmaterie[215]. Die entgeltähnlichen Abgabeforderungen für Verwaltungsleistungen stehen in unmittelbarem Sachzusammenhang mit den Regelungen des Verwaltungsaufbaus und des Verwaltungsverfahrens, die ihrerseits in die Annexkompetenz der materiellen Gesetzgebungsbefugnisse nach Art. 70 ff. GG[216] fallen[217]. Der Bund kann danach Gebührenregelungen im Bereich der ausschließlichen Gesetzgebungskompetenz[218] und insbesondere im Bereich der konkurrierenden Gesetzgebung[219], aber auch im Bereich der Grundsatzgesetzgebung (Art. 109 Abs. 3, Art. 140 GG) vorsehen. Die Gesetzgebungskompetenz der Länder betrifft vor allem Gebühren im Schulrecht, im Kommunalrecht und im allgemeinen Polizeirecht[220]. Die Länder dürfen kein Gebührenrecht regeln, das von der Bundesexekutive einzufordern wäre, weil Bundesbehörden nicht Landesgesetze ausführen[221].

59 Annexgesetzgebung

Die gebührenrechtliche Inanspruchnahme einzelner[222] Sachmaterien deckt auch eine gebührenrechtliche Lenkung, die sich in derselben Sachmaterie auswirkt. Wirkt der Lenkungseffekt hingegen in einer anderen Sachmaterie, so besteht zwar weiterhin eine Regelungskompetenz; der Regelungsinhalt muß

60 Gesetzgebungskompetenz für Gebührenerhebung und Lenkungswirkung

---

213 PrOVGE 104, 20 (21 f.).
214 Art. 74 Abs. 1 Nr. 22 GG und Art. 80 Abs. 2 GG sind singuläre Ausnahmen.
215 *Wilke* (N 98), S. 161 ff.; *F. Kirchhof* (N 1), S. 132.
216 Vgl. Art. 84 Abs. 1, 85 Abs. 1 GG; BVerfGE 22, 180 (209 f.) – Jugendhilfe; *Rengeling* (N 166), Rn. 168; *Wendt* (N 166), Rn. 44.
217 *Wendt* (N 1), S. 32 f.
218 Zum Beispiel in auswärtigen Angelegenheiten (Art. 73 Abs. 1 Nr. 1 GG), in Staatsangehörigkeitsangelegenheiten (Art. 73 Abs. 1 Nr. 2 GG), für das Postgebührenrecht (Art. 73 Abs. 1 Nr. 7 GG) oder das Patentgebührenrecht (Art. 73 Abs. 1 Nr. 9 GG).
219 Zum Beispiel bei den Gerichtskosten (Art. 74 Abs. 1 Nr. 1 GG), bei den standesamtlichen Gebühren (Art. 74 Abs. 1 Nr. 2 GG), den Gebühren der Ausländerbehörden (Art. 74 Abs. 1 Nr. 4 GG), dem Recht der Wirtschaft (Art. 74 Abs. 1 Abs. 1 Nr. 11 GG), dem Kartellgebührenrecht (Art. 74 Abs. 1 Nr. 16 GG).
220 Zur Bundesgesetzgebungskompetenz im Polizeirecht vgl. Art. 73 Abs. 1 Nr. 10 GG; ferner Art. 73 Abs. 1 Nr. 14 GG.
221 BVerfGE 12, 205 (221) – 1. Rundfunkentscheidung; BVerfGE 21, 312 (325) – Wasser- und Schiffahrtsverwaltung; BVerfGE 26, 338 (368) – Eisenbahnkreuzungsgesetz.
222 Zu umfänglichen Globalgesetzen des Gebührenrechts vgl. *Wilke* (N 98), S. 178 f.

aber auf die Regelung der Sachmaterie abgestimmt werden[223].

61
Ertragshoheit

Die Ertragshoheit für das Gebührenaufkommen liegt bei dem Inhaber der Gebührenerhebungskompetenz[224]. Da die Gebührenerhebung der Vorteilsabschöpfung und Aufwandsüberwälzung dient, ist die Körperschaft erhebungsberechtigt, die den Vorteil zugewendet und den Aufwand getätigt hat. Die Gebührenerträge müssen deshalb dem abschöpfenden oder aufwendenden Hoheitsträger zufließen und in seinem Haushalt verfügbar sein. Soweit der Inhaber der Gesetzgebungskompetenz bei der Sachregelung auch Leistungs- und Aufwandszuständigkeiten begründet, muß er die Ertragskompetenz entsprechend zuweisen. Die Zuweisung der Ertragskompetenz folgt der Zuständigkeit für die Leistung oder den Aufwand. Die Ertragshoheit dürfte nicht einem Hoheitsträger zugewiesen werden, der nicht für die Gebühren zuständig wäre[225]. Müßte ein Gebührenaufkommen ersatzlos an einen anderen Hoheitsträger abgeführt werden, so deckten diese Gebühren nicht einen Aufwand, sondern würden zu einem Instrument des Finanzausgleichs. Der für die Gebührenerhebung zuständige Gesetzgeber hat diese Ertragshoheit klarzustellen.

III. Der Beitrag

1. Der Beitrag im System der öffentlichen Aufgaben

62
Anknüpfung an staatliches Leistungsangebot

Der Beitrag[226] unterscheidet sich von der Gebühr idealtypisch dadurch, daß er nicht den Empfang, sondern das bevorzugende Angebot einer Leistung der öffentlichen Hand entgilt. Der Beitrag beteiligt den Interessenten an den Kosten einer öffentlichen Einrichtung, die ihm individualisierbar zur Nutzung zur Verfügung steht. Der Beitrag finanziert die Investition, deren Nutzer noch nicht individuell bestimmt sind, sondern in einer Gruppe vermutet werden. Beiträge erfassen die vermuteten Vorteile, die eine Gruppe aus einem öffentlichen Aufwand ziehen wird. Ökonomisch deckt der Beitrag Fixkosten für das Bereitstellen nutzbarer Einrichtungen, die Gebühr hingegen besondere Kosten, die durch eine Nutzung öffentlicher Einrichtungen verursacht werden[227]. Gelegentlich nimmt der Beitrag eine Finanzierungsverantwortlichkeit auf, die – in der Art eines „Ersatzgeldes" – aus der Nichterfüllung einer Gruppenleistungspflicht abgeleitet wird.

63
Beitrag und Gebühr

Der Beitrag ist von der spezielleren, individuelleren Gebühr abgehoben, läßt sich jedoch nicht mit tatbestandlicher Striktheit von der Gebühr unterscheiden. Ob ein Gesetzgeber sich für eine Gebühr oder einen Beitrag entscheidet,

---

223 Zur steuerlichen Parallele BVerfGE 98, 83 (97f., 104f.) – Landesabfallabgaben; BVerfGE 98, 106 (118f.) – Verpackungsteuer; → oben *P. Kirchhof*, § 118 Rn. 57.
224 *Wilke* (N 98), S. 53.
225 *Wilke* (N 98), S. 53.
226 Begriff wohl erstmals bei *Friedrich J. Neumann*, Die progressive Einkommensteuer im Staats- und Gemeinde-Haushalt, in: Schriften des Vereins für Socialpolitik, Bd. VIII, 1874, S. 65, 209 (Anm. 29 a); *Wendt* (N 166), Rn. 71; → oben *Waldhoff*, § 116 Rn. 90.
227 *Grossekettler* (N 4), S. 20ff.; vgl. auch *Peter Bohley*, Gebühren und Beiträge, in: HdbFW, ³1977, S. 1ff.

hängt oft lediglich von ermittlungs- oder erhebungstechnischen Überlegungen ab. Läßt sich nur die Gruppe der vermutlichen Leistungsnachfrager, nicht aber der individuelle Leistungsempfänger tatbestandlich bestimmen, so wählt der Gesetzgeber den Beitrag und nicht die Gebühr. Manche Beiträge, zum Beispiel für leitungsgebundene Grundstücksanschlüsse, knüpfen an individuell zurechenbare Leistungen an. Andere Beiträge wie die Anlieger- und Erschließungsbeiträge nehmen Gruppen zur Finanzierung von Einrichtungen in Anspruch, die zumindest überwiegend von der Allgemeinheit genutzt werden. Beiträge wie die Fremdenverkehrsabgabe[228] oder die Kurtaxe[229] schöpfen einen Vorteil ab, den die Gruppe der Beitragspflichtigen nach typisierender Lebenserfahrung aus einer Einrichtung ziehen wird. Angesichts dieser Wirkungsbreite des Beitrags zwischen Leistungsentgelt und Gemeinlast ist der Beitrag lediglich als ein „Etikett" charakterisiert worden, unter dem sich eine Gebühr oder eine Steuer verberge[230].

64
Beiträge und Steuern

Je mehr sich die individuelle Finanzierungsverantwortlichkeit der Beitragsschuldner in allgemeine Vermutungen und Typisierungen verflüchtigt, die persönliche Finanzierungsverantwortlichkeit des Abgabenschuldners sich also in der Allgemeinheit einer Gemeinlast verliert, desto mehr nähert sich der Beitrag der Steuer an und verliert seine Berechtigung neben der Steuer. Der Beitrag kann zur janusköpfigen Abgabe[231] werden. Fordert ein Beitrag keinen Ausgleich für einen der Gruppe der Beitragsschuldner zurechenbaren Aufwand, sondern belastet er lediglich eine Gruppe, der aus Leistungszuwendungen an die Allgemeinheit oder an einen Dritten Vorteile zuwachsen, so ist diese Abgabe eine Steuer. Die Zwecksteuer, die auch der Finanzierung einer bestimmten öffentlichen Aufgabe dient, unterscheidet sich vom Beitrag dadurch, daß der Kreis der Steuerpflichtigen nicht auf Personen begrenzt ist, die einen individualisierbaren wirtschaftlichen Vorteil durch ein öffentliches Vorhaben angeboten erhalten. Bei den Zwecksteuern ist das Aufkommen für die Haushaltsplanung verwendungsgebunden, bei den Beiträgen die Rechtfertigung und die Höhe der Abgabe durch den öffentlichen Aufwand vorgegeben. Eine Abgabe ist jedenfalls immer dann eine Steuer und kein Beitrag, wenn sie Begünstigte und Nichtbegünstigte zur Finanzierung einer staatlichen Leistung heranzieht[232]. Die Fremdenverkehrsabgabe hingegen ist ein Beitrag, keine Steuer, weil sie von allen Personen erhoben wird, denen aus einem kommunalen Kurbetrieb oder dem Fremdenverkehr unmittelbar oder mittelbar besondere wirtschaftliche Vorteile erwachsen und sie nach dem Umfang dieser besonderen wirtschaftlichen Vorteile bemessen ist[233].

---

228 BVerfGE 42, 223 (228 f.); → oben *Waldhoff*, § 116 Rn. 90.
229 *Wilke* (N 98), S. 133.
230 *Wilke* (N 98), S. 139.
231 So die Charakterisierung des Beitrags bei *Jellinek* (N 157), S. 391: „eines Mittcldings zwischen Gebühr und Steuer".
232 Vgl. BVerfGE 7, 244 (256 f.) – Badische Weinabgabe; BVerfGE 49, 343 (353 f.) – Abgaben wegen Änderung der Gemeindeverhältnisse; BVerfGE 65, 325 (344) – Zweitwohnungsteuer.
233 BVerfGE 42, 223 (228) – Hinweispflicht.

65 Beitrag und Sonderabgabe	Der Beitrag ähnelt der Sonderabgabe, weil die Gruppe der Abgabenschuldner sich durch eine Finanzierungsverantwortlichkeit für einen öffentlichen Aufwand bestimmen läßt[234]. Die Sonderabgabe ist eine beitragsähnliche Abgabe[235]. Der Beitrag unterscheidet sich jedoch von der Sonderabgabe dadurch, daß die Finanzierungsverantwortlichkeit der Beitragsschuldner sich aus dem Angebot eines ungerechtfertigten Vorteils oder aus der Kostenverantwortung ergibt, während die Finanzierungsverantwortlichkeit der Schuldner von Sonderabgaben aus der zu finanzierenden Aufgabe folgt[236]. Der Beitrag finanziert die Erfüllung einer Staatsaufgabe, die Sonderabgabe die einer Gruppenaufgabe. Dieser Unterschied wirkt sich insbesondere in der Bindung des Abgabenaufkommens aus: Das Aufkommen der Sonderabgabe fließt nicht in den allgemeinen Staatshaushalt, sondern wird einer „gruppennützigen" Verwendung in einem Sonderfonds vorbehalten[237]. Das Beitragsaufkommen hingegen fließt stets in den allgemeinen Staatshaushalt oder den Haushalt einer anderen Gebietskörperschaft. Der Beitrag ist deshalb als eine Sonderbelastung einer Gruppe zu rechtfertigen; die Sonderabgabe bedarf einer weiteren Rechtfertigung, weil sie den Verfassungsgrundsatz der Vollständigkeit des Haushaltsplans durchbricht[238].
66 Mitgliedsbeiträge Sozialversicherungsbeiträge	Nicht zu den Beiträgen im Sinne einer in den allgemeinen Haushalt fließenden Vorzugslast gehören die sogenannten Mitgliedsbeiträge. Diese Verbandslasten werden von Mitgliedern öffentlich-rechtlicher Verbände aufgebracht und dienen dazu, die Verbandstätigkeit zu finanzieren. Die Mitgliedsbeiträge knüpfen lediglich an die Mitgliedschaft oder auch an eine mitgliedschaftsähnliche Zuordnung[239] an, setzen aber nicht voraus, daß der Pflichtige einen besonderen Vorteil erhält. Der Schuldner einer Verbandslast beteiligt sich zwar an der Finanzierung öffentlicher Aufgaben; diese ist den Beteiligten jedoch zur Wahrnehmung in öffentlich-rechtlichen Verbänden überlassen[240]. Das verfassungsrechtliche Problem der Mitgliedsbeiträge liegt deshalb zunächst in der Rechtfertigung eines solchen Zwangsverbandes, erst danach in der an die Zwangsmitgliedschaft anknüpfenden Verbandslast[241]. Nicht zu den Beiträgen gehören auch die sogenannten Sozialversicherungsbeiträge[242]. Merkmal des Beitrags ist der Ausgleich von Vorteil und Lasten[243]. In der Sozialversicherung hingegen dient die Beitragserhebung dem Risikoausgleich unter den versi-

---

234 Zur Parallele der Sonderabgaben vgl. BVerfGE 55, 274 (306) – Ausbildungsplatzförderungsabgabe: „Homogene Gruppe" in „Sachnähe" zu dem mit der Abgabenerhebung verfolgten Zweck; s. u. Rn. 79 ff.
235 BVerfGE 55, 274 (316) – Ausbildungsplatzförderungsabgabe, betont für die Berufsbildungsabgabe den „Beitragsgedanken" und den „Entgeltcharakter".
236 Vgl. BVerfGE 55, 274 (306) – Ausbildungsplatzförderungsabgabe.
237 BVerfGE 55, 274 (307) – Ausbildungsplatzförderungsabgabe.
238 Vgl. BVerfGE 55, 274 (303) – Ausbildungsplatzförderungsabgabe.
239 *Wilke* (N 98), S. 120; *Albrecht Merkt*, Die mitgliedschaftsbezogene Abgabe des öffentlichen Rechts, 1990.
240 *Vogel/Walter* (N 52), Art. 105 Rn. 39 f.
241 S. u. Rn. 113 ff.
242 → Unten *F. Kirchhof*, § 125 Rn. 23.
243 BVerfGE 9, 291 (297) – Feuerwehrabgabe; BVerfGE 14, 312 (317) – Angestelltenversicherungsgesetz.

cherten Arbeitnehmern und der allgemeinen Fürsorge der Arbeitgeber für die Arbeitnehmer. Der Sozialversicherungsbeitrag wird durch das versicherungsrechtliche Äquivalenzprinzip und durch das Prinzip der Gruppensolidarität bestimmt[244], begründet stets auch – wie alle Versicherungen – ein Umverteilungssystem, das die zukünftig geschädigten Mitglieder aus dem laufenden Beitragsaufkommen von nichtgeschädigten entschädigt[245]. Die Leistungen der Versicherungsträger stehen nicht immer in einem entsprechenden Verhältnis zu den Leistungen, die Arbeitgeber und Arbeitnehmer erbringen. Den Arbeitgebern erwächst aus ihren Beiträgen zur Rentenversicherung jedenfalls nicht unmittelbar ein individueller Vorteil. Deshalb gilt das Prinzip des Vorteilsausgleichs für die Sozialversicherung nicht[246].

2. Die vermutete Gruppenbevorzugung

Der Beitrag ist ein Grenztatbestand zwischen Gebühr und Steuer, bei dem der Vorteil eines öffentlichen Aufwandes nicht bei einer Einzelperson individualisierbar ist, sondern nur für eine Gruppe sachnaher Empfänger staatlicher Leistungsangebote vermutet werden kann. Je mehr sich die Finanzierungsverantwortlichkeit der Abgabenschuldner in der Allgemeinheit einer Gemeinlast verliert, desto weniger läßt sich ein Beitrag gegenüber dem Grundprinzip einer Steuerfinanzierung des Staates[247] rechtfertigen. Ein Beitrag ist nur zulässig, wenn und soweit er als öffentlich-rechtlicher Vorteilsausgleich[248] den Vermögenswert eines Vorzugsangebots abschöpft oder den Interessenten an den Kosten einer öffentlichen Einrichtung beteiligt (a), ihm einen individualisierbaren Vorteil anbietet (b)[249] oder von einer gruppenbezogenen Leistungspflicht entlastet (c). Ein Beitragsschuldverhältnis darf deshalb nur gegenüber demjenigen begründet werden, der ein vorgefundenes, objektives Interesse an der Errichtung oder Nutzbarkeit einer öffentlichen Einrichtung nachweisbar besitzt. Der Beitragsschuldner hebt sich von der Allgemeinheit der Steuerzahler in der Regel durch eine räumliche Nähe zu der öffentlichen Einrichtung ab. Der Anliegerbeitrag zieht den Anlieger wegen der Nachbarschaftslage seines Grundstücks zu den Erschließungskosten einer öffentlichen Straße heran, weil diese Straße die Nutzbarkeit des angrenzenden Grundstücks verbessert und damit den Grundstückswert steigert. Der Beitrag schöpft die durch die öffentliche Hand bewirkte Wertsteigerung ab.

67
Ausgleichslast für ein bevorzugendes Leistungsangebot

---

244 *Isensee* (N 59), S. 13 f.; s. u. Rn. 110 ff.; *Heun* (N 6), S. 19.
245 *Grossekettler* (N 4), S. 36.
246 BVerfGE 11, 105 (117) – Familienlastenausgleich; 14, 312 (317 f.) – Angestelltenversicherungsgesetz; 75, 108 (158) – Künstlersozialversicherung; dazu s. u. Rn. 110. ff.
247 → Oben *P. Kirchhof*, § 118 Rn. 1 ff.
248 *Fleiner* (N 157), S. 418 i. V. m. S. 427; vgl. zum Erfordernis des räumlichen und funktionalen Zusammenhangs für die Erhebung von Beiträgen für den Straßenausbau *Hanno Kube*, Verfassungsrechtliche Probleme der pauschalierenden Erhebung von Beiträgen für den Straßenausbau, in: LKRZ, 2007, S. 93 ff.
249 Vgl. auch BVerfGE 9, 291 (298) – Feuerwehrabgabe; BVerfGE 14, 312 (317) – Angestelltenversicherungsgesetz; BVerfGE 38, 281 (311) – Arbeitnehmerkammern.

Mit der Kurtaxe entgelten die Kurgäste die befristete, bevorzugende Nutzbarkeit der Kureinrichtungen, die für sie aufgrund der Wahl ihres Aufenthaltsortes von objektivem Interesse sind. Ihre Finanzierungsverantwortlichkeit ergibt sich aus ihrer in der Wahl des Kurortes ersichtlichen Erwartung, daß sie ein auf die Kurgäste ausgerichtetes Angebot zur Nutzung von Kureinrichtungen erreicht.

68
Bemessungsgrundsätze, Kompetenzen

Der Beitrag unterscheidet sich von der Gebühr demnach in dem Erfordernis, die abgabenrechtliche Finanzverantwortung im Typus einer vermuteten Gruppenbevorzugung gesondert zu rechtfertigen. Ist der Beitrag jedoch ebenso wie die Gebühr als Aufwandsausgleich begründbar, so gelten für die Beiträge dieselben Bemessungsmaßstäbe und Kompetenzregeln wie für die Gebühr[250]. In verfassungsrechtlicher Sicht ist der Beitrag eine sorgfältig zu begründende Erscheinungsform einer Vorteilsabschöpfung oder Kostenüberwälzung, jedoch kein eigenständiger verfassungsrechtlicher Abgabentatbestand. Das Bundesverfassungsgericht leitet die Kompetenz des Gesetzgebers zur Einführung außersteuerlicher Abgaben und zur Regelung ihrer Verwendung aus den allgemeinen Sachzuständigkeiten nach Art. 73 ff. GG ab[251].

C. Sonderabgaben

I. Begriff

69
Unterschied zu Steuer und Vorzugslast

Die Grundsatzentscheidung für eine Steuerfinanzierung des Staates schließt nicht schlechthin aus, daß der Gesetzgeber im Rahmen seines Entscheidungsraums auch andere Abgabenarten einführt. Auf dieser Grundlage hat sich eine Sonderabgabe[252] entwickelt, die eine besondere Finanzierungsverantwortlichkeit der Abgabenschuldner für eine Finanzierungsaufgabe einfordert[253]. Diese Sonderabgabe unterscheidet sich von der Steuer, weil ihr Aufkommen nicht in den allgemeinen Staatshaushalt fließt und sie nicht individuelle Leistungsfähigkeit erfaßt, sondern eine Gruppe wegen einer speziellen Verantwortlichkeit für eine ihnen obliegende Finanzaufgabe belastet. Im Gegensatz zu den Gebühren und Beiträgen ist die Sonderabgabe auch von Leistungen oder Leistungsangeboten des Staates unabhängig, neutralisiert also keinen durch eine Staatsleistung zugewendeten Vermögenswert.

---

250 S.o. Rn. 59 ff.
251 BVerfGE 4, 7 (13) – Investitionshilfe; BVerfGE 8, 274 (317) – Preisgesetz; BVerfGE 18, 315 (328 f.) – Marktordnung; BVerfGE 29, 402 (409) – Konjunkturzuschlag; BVerfGE 37, 1 (16 f.) – Stabilitätsfonds; BVerfGE 55, 274 (297) – Ausbildungsplatzförderungsabgabe; s. o. Rn. 59.
252 Zum Aufkommen aus Sonderabgaben und sonstigen Abgaben vgl. im Anhang Tabelle 3 und Tabelle 4, S. 1172.
253 BVerfGE 82, 159 (181) – Absatzfonds; BVerfGE 91, 186 (203 f.) – Kohlepfennig; BVerfGE 92, 91 (113) – Feuerwehrabgaben; BVerfGE 98, 83 (100) – Landesabfallabgaben; BVerfGE 101, 141 (147) – Ausgleichsfonds; BVerfGE 108, 186 (217) – Altenpflegeabgaben; BVerfGE 110, 370 (388 ff.) – Klärschlamm-Entschädigungsfonds.

Die Sonderabgaben umfassen ursprünglich als Auffangtatbestand alle Abgaben, die sich nicht als Steuern, Gebühren oder Beiträge qualifizieren lassen. Heute haben die Sonderabgaben in der Hauhaltsflüchtigkeit[254] des Abgabenaufkommens, in der Sonderbelastung einer durch spezielle Finanzierungsverantwortlichkeit gekennzeichneten Gruppe und in der kompetenzrechtlichen Zugehörigkeit zu einer Sachmaterie eine verfassungsrechtliche Ausprägung erfahren, die in einem eigenständigen Abgabentypus ihre Rechtfertigung und Grenze findet. Allerdings sind die Verfassungsmaßstäbe der Sonderabgaben inzwischen zu einem Maßstab für alle nichtsteuerlichen Abgaben verallgemeinert worden[255]. Die Sonderabgaben bleiben aber ein Tatbestand mit Warnfunktion, auch mit rechtfertigender Kraft. Außerhalb dieses eng umgrenzten Abgabentypus werden die übrigen Erscheinungsformen einer Abgabe im allgemeinen Auffangtatbestand der sonstigen Abgaben erfaßt und dort in gesteigertem Rechtfertigungsbedarf an den auch für die Sonderabgaben geltenden Maßstäben gemessen[256].

70
Kein Auffangtatbestand, sondern besonders rechtfertigungsbedürftiger Abgabentypus

II. Verfassungsrechtliche Maßstäbe der Sonderabgabe

Da die Sonderabgabe eine Gruppe neben den Steuerlasten zusätzlich belastet, ein nicht in den Haushalt eingestelltes Aufkommen erbringt und sich den Regelungen der Finanzverfassung entzieht, begegnet sie prinzipiellen verfassungsrechtlichen Bedenken und ist nur als „seltene Ausnahme"[257] zulässig. Die Sonderabgabe durchbricht das Prinzip der steuerlichen Lastengleichheit (Art. 3 Abs. 1 GG)[258] und bürdet dem Abgabenschuldner neben der die Allgemeinheit treffenden Steuerpflicht eine zusätzliche Sonderlast auf. Diese Sonderbelastung einer Gruppe muß durch einen besonderen Belastungsgrund gerechtfertigt werden können. Voraussetzung für eine Sonderabgabe ist eine finanzrechtliche Verantwortlichkeit der Abgabenschuldner für eine bestimmte Finanzierungsaufgabe, in der sich die Schuldner der Sonderabgabe von der Allgemeinheit der Steuerpflichtigen abheben.

71
Sonderbelastung allenfalls bei besonderer Finanzierungsverantwortlichkeit

Wegen dieser gruppenbezogenen Finanzierungsverantwortlichkeit steht das Aufkommen aus einer solchen Abgabe nicht zur Erfüllung allgemeiner, nach parlamentarischer Bestimmung wechselnder Finanzaufgaben des Staates zur Verfügung, sondern ist der Finanzierung einer bestimmten, die Gruppe der

72
Haushaltsflüchtigkeit allenfalls bei besonderer Zweckgebundenheit

---

254 Zum Prinzip der „Vollständigkeit des Haushaltsplans" s. o. Rn. 15.
255 BVerfGE 108, 1 (14ff.) – Rückmeldegebühr; zum parallelen Maßstab der Entgeltabgaben s. o. Rn. 12 ff; Bemühungen, die Rechtsfigur der Sonderabgabe aufzugeben (*Sacksofsky* [N 4]; *Wolfgang Jakob*, Sonderabgaben – Fremdkörper im Steuerstaat?, in: FS für Franz Klein, 1994, S. 663 ff.), werden deshalb den Handlungsraum des Gesetzgebers nicht erweitern.
256 S. u. Rn. 107 ff.
257 BVerfGE 82, 159 (181) – Absatzfonds; BVerfGE 91, 186 (203 f.) – Kohlepfennig; BVerfGE 92, 91 (113) – Feuerwehrabgaben; BVerfGE 98, 83 (100) – Landesabfallabgaben; BVerfGE 101, 141 (147) – Ausgleichsfonds; BVerfGE 108, 186 (217) – Altenpflegeabgaben; BVerfGE 110, 370 (384 ff.) – Klärschlamm-Entschädigungsfonds.
258 S. o. Rn. 14.

Abgabenschuldner verpflichtenden Sachaufgabe vorbehalten. Diese Zweckbindung des Abgabeaufkommens hat zur Folge, daß die durch die Sonderabgabe gewonnene Finanzkraft außerhalb des Haushaltsplans bleibt, sie sich als haushaltsflüchtige Abgabe der periodischen parlamentarischen Haushaltskontrolle entzieht und das Prinzip der Haushaltsklarheit beeinträchtigt[259]. Die Sonderabgabe finanziert eine „schwarze Kasse", über die ein Organ der Exekutive ohne regelmäßige parlamentarische Anleitung und Kontrolle verfügt.

73
Abgabenrechtliche Inanspruchnahme einer Sachkompetenz allenfalls bei Sachgestaltungen

Mit der Erfindung einer nichtsteuerlichen Abgabe löst der einfache Gesetzgeber sein Abgabenerhebungsrecht und die nachfolgende Abgabenhoheit von den finanzverfassungsrechtlichen Regeln über die Gesetzgebungs-, Verwaltungs- und Ertragshoheit (Art. 105–108 GG). Die auf eine Sachregelungskompetenz gestützte und der Finanzierung einer speziellen Sachaufgabe vorbehaltene Sonderabgabe gefährdet die Allgemeinverbindlichkeit und Gestaltungskraft der Finanzverfassung (X. Abschnitt des Grundgesetzes) und fördert die Entwicklung einer „apokryphen Finanzverfassung"[260]. Die abgabenrechtliche Inanspruchnahme einer Sachkompetenz ist allenfalls zulässig, wenn die abgabenrechtliche Regelung die Sachmaterie gestaltet, ihre Wirkungen also über die Aufkommenserzielung hinausgreifen.

74
Krisen- und Rechtfertigungstatbestand

Der Tatbestand der Sonderabgabe benennt einen Fremdkörper im Verfassungsrecht und fordert Rechtfertigungsgründe für die Abgabe. Während im Steuertatbestand grundsätzlich die Merkmale der verfassungsrechtlich vorgesehenen Staatsfinanzierung definiert werden, bezeichnet der Tatbestand der Sonderabgabe das Gegenteil, die verfassungsrechtlichen Bedenklichkeiten. Jedes der drei Einzelmerkmale – die Sonderlast, die Haushaltsflüchtigkeit und die Nichtanwendung der Finanzverfassung – begründen selbständige verfassungsrechtliche Zweifel, die durch drei Rechtfertigungsgründe – die Finanzverantwortlichkeit der Gruppe, die gruppennützige Verwendung und die sachgestaltende Wirkung – ausgeräumt werden müssen. Bei Abgaben, die nur durch einzelne dieser Krisensymptome gekennzeichnet sind, bleibt ein verminderter, aber auch noch elementarer verfassungsrechtlicher Rechtfertigungsbedarf[261]. Die Sonderabgabe ist nur in engen, kompetenzrechtlichen und materiellen Grenzen und auch dann nur befristet zulässig.

1. Kompetenzrechtliche Schranken

75
Die Zuständigkeit zur Einführung außersteuerlicher Abgaben und zur Regelung ihrer Verwendung ergibt sich aus den allgemeinen Sachzuständigkeiten

---

259 Vgl. dazu die Kleine Anfrage aus der Mitte des Bundestages zu den parafiskalischen Sonderabgaben, in: BT-Drs 9/382 vom 30. 4. 1981.
260 *Selmer* (N 39), S. 183; *Friauf* (N 1), S. 48f.
261 Insoweit im Anliegen übereinstimmend BVerfGE 55, 274 (300f.) – Ausbildungsplatzförderungsabgabe, in der Tatbestandsbildung allerdings darüber hinausgehend (S. 305); die „Sonderabgabe" ist Krisen-, nicht Rechtfertigungstatbestand.

der Art. 70ff. GG²⁶². Die Inanspruchnahme einer Sachkompetenz setzt allerdings voraus, daß der Gesetzgeber mit der Abgabenerhebung einen Sachzweck verfolgt, der über die bloße Mittelbeschaffung hinausgeht. Das Abgabengesetz muß außer der Belastung des Abgabepflichtigen und der Verwendung des Aufkommens auch eine „gestaltende Einflußnahme" auf den in der Kompetenzgrundlage bezeichneten Sachbereich regeln²⁶³. Nur wenn der Gesetzgeber durch die Sonderabgabe in dem jeweiligen Kompetenzbereich gestaltend wirkt, er zum Beispiel die Wirtschaft (Nr. 11), die Landwirtschaft (Nr. 17) oder den Grundstücksverkehr (Nr. 18) lenkend oder intervenierend beeinflußt, kann er sich auf die Art. 70ff. GG stützen und sich im Einzelfall über den bundesstaatlich begründeten Ausschließlichkeitsanspruch der Finanzverfassung (Art. 104 a ff. GG) für das Finanzwesen hinwegsetzen²⁶⁴. Steuern finden in der Finanzverfassung, gestaltende Abgaben in den Art. 70ff. GG ihre Kompetenzgrundlage. Abgaben mit einem unspezifizierten allgemeinen Finanzierungszweck können deshalb nicht auf die Sachkompetenz der Art. 70ff. GG gestützt werden; eine Sonderabgabe in Form einer Gemeinlast ist dem Grundgesetz fremd²⁶⁵.

Sachkompetenz deckt nur gestaltende Abgaben

Mit der einfachgesetzlichen Einführung einer nichtsteuerlichen Abgabe werden neben der Gesetzgebungskompetenz der Finanzverfassung zugleich ihre Bestimmungen über die Ertragshoheit und die Verwaltungshoheit außer Anwendung gesetzt. Die Verteilung der Gesetzgebungs-, Ertrags- und Verwaltungskompetenzen für die Steuern regelt jedoch einen Kernbereich der bundesstaatlichen Struktur und der politischen Machtverteilung in der Bundesrepublik Deutschland²⁶⁶. Würden die außersteuerlichen Abgaben nicht eindeutig von den Steuern abgegrenzt und sodann in enge Zulässigkeitsschranken gewiesen, so würden dadurch die auf eine Steuerfinanzierung aufbauenden²⁶⁷ Regelungen der Art. 105–108 GG zur Disposition des einfachen Gesetzgebers gestellt und damit einer „der am sorgfältigsten behauenen und in einer Kette von Verfassungsänderungen mehrfach modifizierten Ecksteine aus dem Gefüge der bundesstaatlichen Verfassung" gebrochen²⁶⁸; die Stabilität der Finanzverfassung, ihr bundesstaatlicher und parlamentsrechtlicher Gewährleistungsinhalt, wären gefährdet²⁶⁹. Der prinzipielle Aus-

76
Gesetzgebungs-, Ertrags- und Verwaltungskompetenzen

---

262 BVerfGE 4, 7 (13) – Investitionshilfe; BVerfGE 8, 274 (317) – Preisgesetz; BVerfGE 18, 315 (328f.) – Marktordnung; BVerfGE 29, 402 (409) – Konjunkturzuschlag; BVerfGE 37, 1 (16f.) – Stabilitätsfonds; BVerfGE 67, 256 (274) – Investitionshilfeabgabe; BVerfGE 82, 159 (181) – Absatzfonds; BVerfGE 91, 186 (202f.) – Kohlepfennig; BVerfGE 110, 370 (384ff.) – Klärschlamm-Entschädigungsfonds.
263 Vgl. BVerfGE 67, 256 (275) – Investitionshilfeabgabe; *Rengeling* (N 166), Rn. 168.
264 Vgl. BVerfGE 55, 274 (304) – Ausbildungsplatzförderungsabgabe; BVerfGE 67, 256 (275) – Investitionshilfeabgabe.
265 Vgl. BVerfGE 67, 256 (278) – Investitionshilfeabgabe.
266 Vgl. BVerfGE 55, 274 (300ff.) – Ausbildungsplatzförderungsabgabe.
267 Vgl. BVerfGE 78, 249 (266f.) – Fehlbelegungsabgabe.
268 *Karl Heinrich Friauf*, Zur Zulässigkeit von außersteuerlichen Sonderabgaben, in: FS für Willy Haubrichs, ²1977, S. 103 (107).
269 Vgl. BVerfGE 55, 274 (300ff.) – Ausbildungsplatzförderungsabgabe; BVerfGE 78, 249 (266) – Fehlbelegungsabgabe; BVerfGE 82, 159 (181) – Absatzfonds; BVerfGE 91, 186 (202) – Kohlepfennig; BVerfGE 108, 186 (217) – Altenpflegeabgabe.

schließlichkeitsanspruch der in Art. 105–108 GG geregelten Gesetzgebungs-, Ertrags- und Verwaltungshoheit fordert, daß der Staat seine Einnahmen grundsätzlich durch Besteuerung erzielt, eine außerhalb der Finanzverfassung verbleibende Abgabe hingegen nur unter besonderen Voraussetzungen einführt[270].

77
Vollständigkeit des Haushaltsplans

Haushaltsflüchtige Sonderaufkommen durchbrechen schließlich den Verfassungsgrundsatz[271] der Vollständigkeit des Haushaltsplans[272]. Dieses Prinzip sichert die stetige parlamentarische Entscheidung und Kontrolle über alle Einnahmen, wahrt die Distanz zwischen staatlichem Finanzier und parlamentarischen Entscheidungen über die Verwendung des Finanzaufkommens, gewährleistet im übrigen die Allgemeinheit und Gleichheit der die Gemeinschaft treffenden Lasten, indem er die Finanzierung der Lasten aus den von allen gemeinsam aufgebrachten Steuermitteln sicherstellt[273]. Zudem garantiert die Vollständigkeit des Haushaltsplans die vollständige Übersicht über alle Einnahmen bei der Bemessung des bundesstaatlichen Finanzausgleichs (vgl. Art. 106 Abs. 3, Art. 107 Abs. 2 GG). Auch das Haushaltsverfassungsrecht setzt demnach den prinzipiell steuerfinanzierten Staat voraus und begrenzt die Erhebung von Sonderabgaben.

2. Finanzierungsverantwortlichkeit

78
Rechtfertigung durch eine Finanzverantwortlichkeit

Der rechtfertigende Grund, der in Ausnahmefällen die prinzipiellen verfassungsrechtlichen Bedenken gegen eine neben den Steuern erhobene Sonderabgabe überwinden kann, liegt in einer Verantwortlichkeit einer vorgefundenen Gruppe für die Finanzierung einer Aufgabe. Das Bundesverfassungsgericht[274] sieht in der Homogenität der zur Abgabe verpflichteten Gruppe und in der Sachnähe dieser Gruppe zu einer Finanzierungsaufgabe den rechtfertigenden Grund für die gesetzliche Zuweisung einer Finanzierungsverantwortlichkeit. Diese vorgefundene Finanzierungsverantwortung rechtfertigt auch vor dem Gleichheitssatz (Art. 3 GG) die Zusatzlast neben der Steuer. Mit diesen Kriterien einer Homogenität durch Sachnähe, aus der sodann das Erfordernis einer gruppennützigen Verwendung des Abgabeaufkommens folgt,

---

270 Vgl. BVerfGE 78, 249 (266f.) – Fehlbelegungsabgabe.
271 BVerfGE 55, 274 (303) – Ausbildungsplatzförderungsabgabe; *Thomas Puhl*, Budgetflucht und Haushaltsverfassung, 1996, S. 114f.
272 BVerfGE 82, 159 (181) – Absatzfonds; BVerfGE 91, 186 (203f.) – Kohlepfennig; BVerfGE 92, 91 (113) – Feuerwehrabgabe; BVerfGE 98, 83 (100) – Landesabfallabgaben; BVerfGE 101, 141 (147) – Ausgleichsfonds; BVerfGE 108, 186 (217) – Altenpflegeabgabe; BVerfGE 110, 370 (384ff.) – Klärschlamm-Entschädigungsfonds.
273 Vgl. *Friauf* (N 1), S. 48; s. o. Rn. 15ff., 21ff.
274 BVerfGE 55, 274 (305f.) – Ausbildungsplatzförderungsabgabe; BVerfGE 67, 256 (266ff.) – Investitionshilfeabgabe; BVerfGE 57, 139 (166ff.) – Schwerbehindertenabgabe; BVerfGE 82, 159 (181) – Absatzfonds; BVerfGE 91, 186 (203f.) – Kohlepfennig; BVerfGE 92, 91 (113) – Feuerwehrabgabe; BVerfGE 98, 83 (100) – Landesabfallabgabe; BVerfGE 101, 141 (147) – Ausgleichsfonds; BVerfGE 108, 186 (217) – Altenpflegeabgabe; BVerfGE 110, 370 (384) – Klärschlamm-Entschädigungsfonds.

sind die Zulässigkeitsmerkmale einer Sonderabgabe abschließend definiert. Sonderabgaben, die nur eine dieser Voraussetzungen nicht erfüllen, sind unzulässig[275].

a) Erfordernis der homogenen Gruppe

Eine gesellschaftliche Gruppe darf nur mit einer Sonderabgabe belastet werden, wenn sie durch eine gemeinsame, in der Rechtsordnung oder in der gesellschaftlichen Wirklichkeit vorgegebene Interessenlage oder durch andere besondere Gemeinsamkeiten von der Allgemeinheit und anderen Gruppen abgrenzbar ist, wenn sie also durch eine finanzerhebliche Homogenität gebildet war. Dem Gesetzgeber wäre es verwehrt, für eine beabsichtigte Abgabenerhebung beliebig Gruppen nach Gesichtspunkten zu bilden, die nicht in der Rechts- oder Sozialordnung materiell vorgegeben sind[276].

79
Abgrenzbarkeit der Gruppe durch eine besondere Gemeinsamkeit

Würde dem Gesetzgeber ein weiter Entscheidungsraum bei der Abgrenzung der sonderbelasteten Gruppe eingeräumt, so könnte er die allgemeinen Steuern durch besondere Zweckabgaben ersetzen. Eine solche Austauschbarkeit ließe sich mit der Grundsatzentscheidung der Verfassung für einen steuerfinanzierten Staat und dem daran anschließenden Gebot der Formenklarheit im Abgabenwesen nicht vereinbaren[277].

80
Formenklarheit

b) Die Finanzverantwortung der Gruppe

Eine Gruppe ist zur Finanzierung einer bestimmten Aufgabe nur verpflichtet, wenn zwischen dem Kreis der Abgabepflichtigen und dem mit der Abgabenerhebung verfolgten Zweck eine spezifische Sachnähe besteht. Der Gleichheitssatz gestattet die Sonderbelastung einer Gruppe nur, wenn die Gruppe dem mit der Abgabenerhebung verfolgten Zweck evident näher steht als jede andere Gruppe oder die Allgemeinheit der Steuerzahler. Die Lastengleichheit setzt voraus, daß der Abgabegesetzgeber diese Sachnähe real vorfindet; es genügt nicht, wenn er diese Sachnähe erst herstellt.

81
Vorgefundene Sachnähe zur Finanzaufgabe

Die Sachnähe rechtfertigt eine Gruppenbelastung, soweit sie eine besondere Gruppenverantwortung für die Erfüllung der mit der außersteuerlichen Abgabe zu finanzierenden Aufgabe begründet. Die durch die Sonderabgabe zu finanzierende Aufgabe muß ganz überwiegend in die Sachverantwortung der belasteten Gruppe, nicht in die Verantwortlichkeit der staatlichen Allgemeinheit fallen[278].

82
Sachverantwortung für die Aufgabe

---

275 BVerfGE 67, 256 (278) – Investitionshilfeabgabe; weit. Nachw. s. o. N 274.
276 Vgl. BVerfGE 55, 274 (305 f.) – Ausbildungsplatzförderungsabgabe; BVerfGE 67, 256 (276) – Investitionshilfeabgabe.
277 BVerfGE 78, 249 (266 f.) – Fehlbelegungsabgabe; *Friauf* (N 1), S. 54; vgl. auch BVerfGE 108, 1 (14, 20) – Rückmeldegebühr – zum Gebührenzweck.
278 BVerfGE 55, 274 (306 f.) – Ausbildungsplatzförderungsabgabe; BVerfGE 57, 139 (166 ff.) – Schwerbehindertenabgabe; BVerfGE 67, 256 (276) – Investitionshilfeabgabe; BVerfGE 82, 159 (181) – Absatzfonds; BVerfGE 91, 186 (203 f.) – Kohlepfennig; BVerfGE 92, 91 (113) – Feuerwehrabgabe; BVerfGE 98, 83 (100) – Landesabfallabgabe; BVerfGE 101, 141 (147) – Ausgleichsfonds; BVerfGE 108, 186 (217) – Altenpflegeabgabe; BVerfGE 110, 370 (384 f.) – Klärschlamm-Entschädigungsfonds.

83
Eindeutig überwiegendes Gruppeninteresse

Vielfach werden sich das Allgemein- und das Gruppeninteresse an der Finanzierung einer Aufgabe überlagern. Öffentliche Angelegenheiten entsprechen oft auch Gruppenanliegen; das Interesse der Allgemeinheit an der verläßlichen und wirtschaftlichen Versorgung durch Güter trifft zum Beispiel auf das Interesse der Produzenten und Händler am Absatz dieser Güter. Öffentliche Angelegenheiten sind grundsätzlich aus Steuermitteln zu finanzieren. Eine Finanzierung durch Sonderabgaben zu Lasten einer Gruppe ist verfassungsrechtlich nur zu rechtfertigen, wenn im konkreten Fall die Gruppennützigkeit das Allgemeininteresse an der Maßnahme eindeutig überwiegt. Andernfalls bleibt es bei der Regel, daß staatlich angeordnete Finanzierungen aus dem allgemeinen Haushalt, das heißt grundsätzlich aus Steuermitteln, erbracht werden[279].

3. Gruppennützige Verwendung des Aufkommens

84
Verwendung im überwiegenden Interesse der Gesamtgruppe

Die außersteuerliche Belastung einer Gruppe setzt schließlich voraus, daß das Abgabeaufkommen im Interesse der Gruppe der Abgabepflichtigen, also „gruppennützig", verwendet wird. Dieses Erfordernis einer gruppennützigen Verwendung besagt allerdings nicht, daß das Aufkommen im spezifischen Interesse jedes einzelnen Abgabepflichtigen zu nutzen wäre; es genügt, wenn es überwiegend im Interesse der Gesamtgruppe verwendet wird[280].

85
Fremdnützige Sonderabgaben

„Fremdnützige" Sonderabgaben sind in der Regel unzulässig. Ausnahmen lassen sich allenfalls begründen, wenn eine finanzielle Inanspruchnahme der Abgabepflichtigen zu Gunsten fremder Begünstigter aus vorgefundenen triftigen Gründen eindeutig gerechtfertigt ist[281], das heißt wenn eine finanzielle Zwangspatenschaft der Abgabepflichtigen für den fremdnützigen Zweck besteht oder die belastete Gruppe eine besondere soziale Verpflichtung gegenüber der begünstigten Gruppe trifft[282]. Die grundsätzliche Unzulässigkeit fremdnütziger Sonderabgaben[283] ist im Gleichheitssatz, ebenso aber auch in der Sozialpflichtigkeit des Privatvermögens (Art. 14 Abs. 2 S. 1 GG) angelegt. Individualvermögen, auch das Eigentum am Geld, ist nur gemeinwohlpflichtig, prinzipiell nicht gruppengebunden, schon gar nicht für fremde Gruppen sozialpflichtig. Grundsätzlich dürfen öffentliche Abgaben deshalb nur für Aufgaben der Allgemeinheit, das heißt steuerlich zur ungebundenen Verwendung des Haushaltsgesetzgebers erhoben werden. Veranlaßt eine zweckgebundene Abgabe die Abgabenschuldner sodann, öffentliche Maßnahmen, die in ihrem eigenen Interesse getroffen werden, selbst zu finanzieren, so zwingt die Abgabe zur finanziellen Selbsthilfe. Die Privatnützigkeit der Zweckabgabe rechtfertigt die Sonderlast und die Zweckbindung. Was diesen Sonder-

---
279 *Friauf* (N 268), S. 118 f.
280 BVerfGE 55, 274 (307 f.) – Ausbildungsplatzförderungsabgabe; BVerfGE 67, 256 (276 f.) – Investitionshilfabgabe; weit. Nachw. s. o. N 274.
281 Vgl. BVerfGE 55, 274 (307) – Ausbildungsplatzförderungsabgabe.
282 Vgl. *Reinhard Mußgnug*, Die zweckgebundene öffentliche Abgabe, in: FS für Ernst Forsthoff, 1972, S. 259 (292), mit den Beispielen Heizölsteuer, Sozialversicherungsbeiträge der Arbeitgeber und Übernahme von Bergbaualtlasten durch die gewerbliche Wirtschaft; *Friauf* (N 268), S. 118.
283 Vgl. auch *Mußgnug* (N 282), S. 288 ff.

abgaben an Allgemeinwohldienlichkeit abgehen mag, gleichen sie durch Eigennützigkeit zu Gunsten der Abgabenschuldner aus. Deshalb sind sie verfassungsrechtlich zulässig. Wird hingegen eine Gruppe mit fremdnützigen Abgaben belastet, so wird das Fehlen der Allgemeinnützigkeit nicht durch gruppendienliche Privatnützigkeit aufgefangen. Deshalb sind fremdnützige Abgaben grundsätzlich unzulässig[284].

4. Haushaltsrechtliche Informationspflicht

In neuerer Rechtsprechung[285] hat das Bundesverfassungsgericht die Rechtfertigungsbedürftigkeit einer neben der Steuer erhobenen besonderen Abgabe noch durch eine haushaltsrechtliche Informationspflicht verschärft: Sonderabgaben sind zum Schutz des parlamentarischen Budgetrechts in einer dem Haushaltsplan beigefügten Anlage zu dokumentieren. In diese sind alle nicht steuerlichen Abgaben aufzunehmen, die weder Gebühr noch Beitrag sind und bei denen mangels sonstiger spezieller Sach- und Zweckzusammenhänge eine Konkurrenz zur Steuer nicht von vornherein ausgeschlossen ist.

86
Schutz des parlamentarischen Budgetrechts

5. Erfordernis periodisch wiederkehrender Legitimation der Abgabe

Da die Sonderabgabe gegenüber der Steuer die seltene Ausnahme zu bleiben hat, ist der Gesetzgeber bei einer auf längere Zeit angelegten Finanzierung einer Aufgabe gehalten, seine ursprüngliche Entscheidung für den Einsatz des „Ausnahmeinstruments" Sonderabgabe periodisch zu überprüfen und insbesondere festzustellen, ob veränderte Umstände, der Wegfall des Finanzierungszwecks oder die Zielerreichung eine Änderung oder Aufhebung des Abgabentatbestandes fordern[286]. Der Bestand der Sonderabgabe hängt jeweils vom speziellen Finanzbedarf und damit von der fortdauernden Finanzverantwortlichkeit der Abgabenschuldner ab[287]; er steht unter dem Vorbehalt veränderter Umstände, ist vorläufig und in der Regel nur vorübergehend zu rechtfertigen. In dieser Überprüfungs- und Nachbesserungspflicht gewinnt das Parlament ein Stück periodischen Budgetrechts zurück.

87
Überprüfungs- und Aufhebungspflicht

---

284 BVerfGE 55, 274 (305f.) – Ausbildungsplatzförderungsabgabe; BVerfGE 67, 256 (266ff.) – Investitionshilfeabgabe; BVerfGE 57, 139 (166ff.) – Schwerbehindertenabgabe; BVerfGE 82, 159 (181) – Absatzfonds; BVerfGE 91, 186 (203f.) – Kohlepfennig; BVerfGE 92, 91 (113) – Feuerwehrabgabe; BVerfGE 98, 83 (100) – Landesabfallabgabe; BVerfGE 101, 141 (147) – Ausgleichsfonds; BVerfGE 108, 186 (217) – Altenpflegeabgabe; BVerfGE 110, 370 (384) – Klärschlamm-Entschädigungsfonds.
285 BVerfGE 108, 186 (280) – Altenpflegeumlage; BVerfGE 110, 370 (393) – Klärschlamm-Entschädigungsfonds.
286 BVerfGE 55, 274 (308) – Ausbildungsplatzförderungsabgabe; BVerfGE 57, 139 (162f.) – Schwerbehindertenabgabe; BVerfGE 82, 159 (181) – Absatzfonds; BVerfGE 110, 370 (392) – Klärschlamm-Entschädigungsfonds.
287 BVerfGE 55, 274 (308) – Ausbildungsplatzförderungsabgabe; BVerfGE 57, 139 (162f.) – Schwerbehindertenabgabe; BVerfGE 82, 159 (181) – Absatzfonds; BVerfGE 110, 370 (392) – Klärschlamm-Entschädigungsfonds.

III. Wirkungen einer Sonderabgabe

88
Gestaltungswirkung und Fondsbindung

Der verfassungsrechtliche Krisentatbestand der Sonderabgabe muß seine Alarm- und Korrekturfunktion gegenwärtig gegenüber einem Gesetzgeber erfüllen, der zunehmend bereit zu sein scheint, die Abgabenerhebung als Instrument insbesondere der Sozialpolitik, der Umweltpolitik, der Energie- und Rohstoffpolitik, der Entwicklungspolitik und der Agrarpolitik einzusetzen. Dabei soll die Abgabe in der Regel gestaltend auf den Gegenstand der Politik einwirken, zugleich aber auch einen besonderen Finanzierungsfonds erbringen, der ein finanzwirtschaftliches Handlungsinstrumentarium für eine bestimmte Aufgabe reserviert. So wird die Allgemeinheit der Finanzierungslast durch eine Gruppenverpflichtung abgelöst, die umfassende und regelmäßig erneuerte Ausgabenentscheidung und Verwendungskontrolle des Parlaments in Bereichszuständigkeiten parzelliert, die Entscheidungskraft meist vom Parlament auf die Exekutive verlagert und das bundesstaatliche Gesetzgebungs- und Ertragsverteilungssystem durch das System der Sachkompetenzen überlagert.

89
Ausgleich, Lenkung, Förderung

In der Vielfalt der Sonderabgaben lassen sich deutliche Schwerpunkte in dem Belastungsgrund und der Gestaltungswirkung der Abgabe erkennen[288]: die gestaltenden Wirkungen des Interventionsausgleichs, der Förderung, der Lenkung und des Störungsausgleichs. Diese Merkmale kennzeichnen aber auch andere Abgaben; sie treten bei der Sonderabgabe nur deutlicher hervor, weil diese Abgabe stets eine Kompetenz zur Sachgestaltung in Anspruch nimmt und eine Finanzierungsverantwortlichkeit der Gruppe einfordert. Das Belastungsziel der Staatsfinanzierung hingegen, das die Steuer legitimiert, kann eine Sonderabgabe nicht selbständig rechtfertigen.

1. Die Gestaltungswirkungen der Abgabe

a) Die ausgleichende Sonderabgabe

90
Korrektur staatlich veranlaßter Ungleichheit

Sonderabgaben übernehmen die Funktion einer Ausgleichsabgabe, wenn Belastungen oder Vorteile innerhalb eines bestimmten Erwerbs- oder Wirtschaftszweiges ausgeglichen werden sollen[289]. Diese Ausgleichsfunktion gewinnt staatsrechtserhebliche Konturen, wenn der Ausgleich auf einen durch staatliches Verhalten bewirkten Vorteil oder eine durch staatliche Interven-

---

[288] Zur Systematisierung der Sonderabgabe vgl. *Wolfgang Richter*, Zur Verfassungsmäßigkeit von Sonderabgaben, 1977, S. 54 ff.; *Franz Rottländer*, Haushaltspolitische Bedeutung und Verfassungsmäßigkeit von Sonderabgaben, 1988, S. 22 ff.; *Wolfgang Puwalla*, Qualifikation von Abgaben, 1987, S. 70 ff.; *Hans-Wolfgang Arndt*, Steuern, Sonderabgaben und Zwangsanleihen, 1983, S. 38 ff.; *Werner Patzig*, Steuern-Gebühren-Beiträge und „Sonderabgaben", in: DÖV 1981, S. 729 (738 f.); *Theodor Maunz*, in: Maunz/Dürig, Komm. z. GG, Art. 105 Rn. 16 f.; *Paul Henseler*, Begriffsmerkmale und Legitimation von Sonderabgaben, 1984; *Jakob* (N 255).

[289] *Richter* (N 288), S. 58 f.; *Rottländer* (N 288), 1977, S. 24; *Patzig* (N 288), 729 (742 f.); → oben *Waldhoff*, § 116 Rn. 94.

tion hervorgerufene Belastung beschränkt wird[290]. Die Abgaben korrigieren eine durch vorausgehende staatliche Intervention – insbesondere durch Planungen, Strukturmaßnahmen oder Staatsleistungen – bewirkte Belastungsungleichheit und stellen durch die Abgabenlast wieder materielle Gleichheit her, erreichen ihren Zweck also nicht primär durch das staatliche Abgabenaufkommen, sondern durch den individuell spürbaren Belastungserfolg. Die Ausgleichsabgabe nach dem Milch- und Fettgesetz kompensiert zum Beispiel die durch Staatsintervention verursachte Wettbewerbsverzerrung auf dem Milchmarkt[291]. Die Schwerbehindertenabgabe fordert Ersatz für eine von den Arbeitgebern tatsächlich nicht erbrachte Naturalleistungspflicht, die Einstellung von Schwerbehinderten[292]. Die Feuerwehrabgabe[293] belastet den Wehrpflichtigen, aber in dieser Pflicht nicht in Anspruch genommenen Bürger. Diese Sonderabgaben ersetzen im Rahmen vorgefundener Rechtspflichten die real nicht vollziehbare Pflichtengleichheit durch eine ökonomische Lastengleichheit; sie fordern eine Art Ersatz für nicht zu erbringende Naturalleistungen.

Aus dem Ausgleichsziel ergibt sich die begrenzte Zulässigkeit der Abgabe: Der Rechtsstaat will nicht tatsächliche Verschiedenheiten einebnen, sondern unvermeidliche Fehlwirkungen des Rechts oder anderer staatlicher Einwirkungen korrigieren. Die Ausgleichsabgabe steuert unerwünschten Neben- oder Folgewirkungen eines dennoch verfassungsmäßigen Staatshandelns entgegen oder nimmt im Rahmen zulässiger Staatsinterventionen einen vorgefundenen Ausgleichbedarf auf. Sie kann im übrigen allenfalls annähernde Gleichheit wiederherstellen, weil die wirtschaftlichen Auswirkungen staatlichen Einwirkens nicht mit der abgabenrechtlichen Last identisch sind. Die Ausgleichsabgabe ist insoweit auf die Fälle einer rechtsstaatlich unvermeidbaren realen Ungleichheit beschränkt, die eine staatliche Korrektur erfordern.

91
Gegensteuerung gegen Fehlwirkungen staatlichen Handelns

Staatliche Interventionsfolgen werden oft nach wirtschaftspolitischen Steuerungen, insbesondere nach nationaler oder supranationaler Bewirtschaftung des Marktes ausgeglichen[294]. Die Ausgleichsabgabe nach dem Milch- und Fettgesetz[295] belastet im Rahmen einer Milchmarktordnung ausgelieferte Milch, um Qualitäts- und Absatzförderung zu betreiben. Der Bevorratungsbeitrag für die Mineralölbevorratung („Ölpfennig"[296]) belegt das Herstellen und den Import von Erdöl und Erdölerzeugnissen mit einer Abgabe, um die gesetzlichen Pflichtvorräte an Heiz- und Kraftstoffen zu finanzieren. Die Stromabgabe („Kohlepfennig") hat die Lieferung von Elektrizität an Endver-

92
Ausgleich hoheitlicher Bewirtschaftung

---

290 Vgl. *Paul Kirchhof*, Verfassungsrechtliche Beurteilung der Abwasserabgabe des Bundes 1983, S. 24; *Patzig* (N 288), S. 742; BVerfGE 13, 167 (170) – Feuerwehrabgabe; BVerfGE 18, 315 (328) – Marktordnung; BVerfGE 57, 139 (153) – Schwerbehindertenabgabe; real vorgefundene Unterschiede werden im Rahmen von staatlichen Interventionsprogrammen als ausgleichsbedürftig aufgenommen, BVerfGE 8, 274 (316) – Preisgesetz; BVerfGE 17, 287 (292) – Hebammengesetz.
291 BVerfGE 18, 315 – Marktordnung.
292 BVerfGE 57, 139 (166) – Schwerbehindertenabgabe.
293 BVerfGE 92, 91 (109 ff.) – Feuerwehrabgabe.
294 Vgl. dazu bereits *Volkmar Götz*, Wirtschaftsverwaltungsrechtliche Ausgleichsabgaben, in: AöR 85 (1960), S. 200 ff.
295 Vgl. dazu BVerfGE 18, 315 – Marktordnung.
296 § 18 Erdöl BerG

braucher zum Gegenstand und dient der Subventionierung von Stromerzeugern bei Verwendung von Steinkohle[297]. Weitere Beispiele bieten die Produktionsabgaben für die Überschreitung eines Produktionslimits im Rahmen einer Marktordnung[298], die Benzinbleiabgabe[299], der Absatzfonds[300], der Ausgleichsfonds[301], der Klärschlamm-Entschädigungsfonds[302] und die Abfallabgaben[303]. Auch diese Ausgleichsabgaben gestalten Wirtschaftsbereiche, in denen durch staatliche Subventionen, Mengenkontingentierungen, Leistungspflichten oder Bewirtschaftungsformen die vorgefundene Realität des Wirtschaftslebens wesentlich verändert, deshalb zumindest ein staatlich veranlaßter Ansatzpunkt für ausgleichende Interventionen vorgegeben ist. Ob und inwieweit die staatliche Intervention jeweils eine ausgleichende Sonderabgabe rechtfertigt, bestimmt sich wiederum nach der Finanzverantwortung der Abgabenschuldner für die Ausgleichsaufgabe.

b) Die lenkende Sonderabgabe

93
Abgabenrechtlich überbrachter Verhaltensbefehl

Die einen Sachbereich gestaltende Sonderabgabe ist häufig darauf angelegt, ein bestimmtes Verhalten durch ausweichbare Belastungen zu lenken. Die Abgabe belastet bestimmte, dem Staat unerwünschte Verhaltensweisen, um den potentiellen Abgabenschuldner zur Vermeidung dieser Tatbestände zu veranlassen. Diese Abgabe erreicht ihr Ziel idealtypisch bei einem Nullaufkommen. Eine Umweltschutzabgabe zum Beispiel soll umweltbelastende Handlungsweisen unterbinden[304], die Schwerbehindertenabgabe den Abgabenschuldner zum Bereitstellen von Arbeitsplätzen veranlassen[305]; die Berufsausbildungsabgabe größere Unternehmen zur Erhaltung und Schaffung von Ausbildungsplätzen drängen[306], die Abfallabgabe umwelterhebliches Verhalten lenken[307]. Diese Abgaben überbringen primär einen Verhaltensbefehl: Das Gesetz verbietet zwar nicht ein bestimmtes Verhalten, belastet dieses jedoch durch eine Abgabe in einer Weise, daß der Tatbestandsadressat nach ökonomischer Bewertung der ihm offengelassenen Alternativen den Abgabentatbestand häufig oder in der Regel vermeiden wird. Die Lenkungsabgabe dient im Ergebnis nicht einem Finanzierungszweck, sondern der Durchsetzung eines Verwaltungsprogramms. Dennoch hat diese Abgabe grundsätzlich auch einen Finanzeffekt: Das Abgabenaufkommen wird zur Erfüllung des Verwaltungsprogramms eingesetzt, dem auch die abgabenrechtliche Lenkung dient.

---

297 BVerfGE 91, 186 (200 ff.) – Kohlepfennig.
298 Vgl. dazu *Rottländer* (N 288), S. 24.
299 BenzinbleiG vom 18. 5. 1971 i. d. F. des Ergänzungsgesetzes vom 25. 11. 1975 (BGBl I, S. 2919).
300 BVerfGE 82, 159 – Absatzfonds.
301 BVerfGE 101, 141 – Ausgleichsfonds.
302 BVerfGE 110, 370 – Klärschlamm-Entschädigungsfonds.
303 BVerfGE 98, 83 – Landesabfallabgaben.
304 Vgl. zum Beispiel die Abwasserabgabe nach dem Abwasserabgabengesetz vom 13. 9. 1986 (BGBl I, S. 2771, berichtigt S. 3007); dazu *P. Kirchhof* (N 290), S. 25 f.; *Richter* (N 288), S. 57 f.
305 Vgl. BVerfGE 57, 139 f. – Schwerbehindertenabgabe.
306 Vgl. BVerfGE 55, 274 f. – Ausbildungsplatzförderungsabgabe.
307 BVerfGE 98, 83 – Landesabfallabgabe.

Die Lenkungsfunktion einer Abgabe erleichtert nicht die kompetenzrechtliche[308] und materielle Legitimation der Abgabe, sondern fordert eine zusätzliche Rechtfertigung. Eine Lenkungsfunktion übernimmt auch die Steuer[309] und die Gebühr[310]; sie kann auch das Ausnahmeinstrument einer Sonderabgabe alleine nicht rechtfertigen. Eine lenkende Sonderabgabe ist nur zulässig, wenn die Erfüllung des Lenkungsziels in die Verantwortlichkeit der sonderbelasteten Gruppe fällt, die finanzielle Gruppenverantwortlichkeit also durch eine handlungsbezogene ersetzt werden darf. Die Umweltschutzabgabe fordert das Unterlassen von Handlungen, deren Belastungswirkung von der Gruppe der Abgabenschuldner zu verantworten ist. Die Schwerbehindertenabgabe veranlaßt ein flexibles Bereitstellen von Arbeitsplätzen, die nunmehr von § 77 SGB IX gefordert wird. Finanzierungs- und Handlungsverantwortlichkeit treffen die Abgabenschuldner alternativ in einer Verantwortlichkeit für einen durch Geld- oder Sachleistung erreichbaren Erfolg.

94 Doppelte Rechtfertigungsbedürftigkeit der „Wahlschuld"

Beide alternativ zur Wahl gestellten Belastungswirkungen[311] müssen sodann – ebenso wie bei der Steuer – gesondert gerechtfertigt werden: Der im Abgabentatbestand überbrachte Verhaltensbefehl hat den verfassungsrechtlichen Anforderungen, insbesondere den grundrechtlich gewährleisteten Handlungsfreiheiten zu entsprechen; daneben muß die Abgabenlast mit der Eigentumsgarantie übereinstimmen. Die dem Pflichtigen überlassene Wahlmöglichkeit[312] kann die verfassungsrechtlichen Anforderungen an die Abgabe nicht schwächen, sondern fordert eine Rechtfertigung beider Alternativen, der Zahllast und des Freiheitsverzichts.

95 Verhaltensbefehl und Abgabenbefehl

c) Die fördernde Sonderabgabe

Einzelne Sonderabgaben erreichen ihre gestaltenden Wirkungen weniger im Belastungseffekt, als vielmehr in der Verwendung des Aufkommens zur Förderung von Sachaufgaben. Diese fördernden Abgaben stützen die Existenzfähigkeit und die Entwicklung von Wirtschaftszweigen, Branchen oder Berufsgruppen, leisten Hilfe beim Absatz, der Lagerhaltung oder der Qualitätsverbesserung. Die fördernden Abgaben kommen den Steuern besonders nahe, weil sie eine öffentliche Aufgabe finanzieren, die sonst durch allgemeine, der Ausgabenentscheidung des Parlaments unterworfene Steuern finanziert werden. Die fördernde Sonderabgabe ist deshalb verfassungsrechtlich fragwürdig[313].

96 Grundsatz der Gemeinlast

Die fördernde Abgabe schlägt die Brücke zwischen der Belastung des Förderungspflichtigen und der Begünstigung der Förderungsempfänger. In der Form der Sonderabgabe ist eine solche Förderung nur zulässig, wenn die Abgabenschuldner eine Finanzierungsverantwortlichkeit für den Förderungsauftrag trifft. Diese Verantwortlichkeit ergibt sich bei den gruppennützigen

97 Finanzverantwortlichkeit für den Förderungsauftrag

---

308 So aber *Arndt* (N 288), S. 95 f.
309 → Oben *P. Kirchhof*, § 118 Rn. 46 ff.
310 S. o. Rn. 26.
311 Kritisch: *Trzaskalik* (N 2), E 22, E 63; dazu *P. Kirchhof* (N 2), S. 397 ff.
312 Zur Steuer → oben *P. Kirchhof*, § 118 Rn. 69, 166.
313 Vgl. *Richter* (N 288), S. 60; *Rottländer* (N 288); *Patzig* (N 288), S. 740; *Puwalla* (N 288), S. 23.

§ 119 *Achter Teil: III. Finanzwesen*

Förderungsabgaben aus der Verwendung des Abgabeaufkommens für eigene Angelegenheiten der Abgabeschuldner, die lediglich gemeinschaftsfinanziert organisiert ist, während ohne das Abgabeaufkommen jeder der Schuldner sich ihrer hätte annehmen müssen[314]. Als Beispiel für eine solche Förderungsabgabe gilt die Abgabe nach § 43 Weingesetz[315].

98
Unzulässigkeit fremdnütziger Förderabgaben

Bei fremdnützigen Förderabgaben sind die Abgabepflichtigen von den durch die Verwendung der Abgabe Begünstigten weitgehend oder völlig verschieden. Diese Förderungsabgaben sind verfassungsrechtlich unzulässig, weil es an einer gruppennützigen Verwendung fehlt[316].

d) Die sogenannte Verursacherabgabe

99
Typisierende Finanzierungsverantwortlichkeit für verursachte Kosten

Bei umweltpolitisch veranlaßten Sonderabgaben wird die Gruppenverantwortlichkeit für den Finanzierungszweck vielfach daraus abgeleitet, daß der Abgabenschuldner die Kosten staatlicher Maßnahmen verursacht habe. Die Abgaben werden vom Verursacher oder Veranlasser für die ihm zuzurechnende Beeinträchtigung öffentlicher Belange erhoben. Er soll typisierend mit Kosten belastet werden, die durch seine Handlungen hervorgerufen werden, die nach geltendem Recht jedoch nicht – wie bei der Gebühr – als individualisierbarer Aufwand überwälzt werden können, sondern von der Allgemeinheit als Einbuße an Gütern in Gemeingebrauch getragen werden. Als wichtigste Beispiele gelten die frühere Ausgleichsabgabe zur Altölbeseitigung, die das Herstellen und Importieren von Mineralölerzeugnissen zum Abgabeobjekt macht, um aus dem Abgabeaufkommen Zuschüsse zur Altölbeseitigung zu finanzieren[317]; oder die Abwasserabgabe, die das Einleiten verschmutzter Abwässer in Gewässer belastet, um Maßnahmen zur Verbesserung der Gewässergüte finanziell zu unterstützen[318]. Weitergehende Pläne für umweltpolitisch wirksame Sonderabgaben, zum Beispiel ein das Kraftfahren zur Finanzierung von Lärmschutzmaßnahmen belastender „Lärmschutzpfennig", ein das Herstellen von Einwegflaschen zur Finanzierung von Abfallbeseitigungsmaßnahmen belastender „Einwegpfennig"[319], eine die Emission von Abwärme zur Unterstützung von Fernwärmeprojekten abgabepflichtig machende „Abwärmeabgabe" oder eine die Erzeugung von Verbrauchsgütern mit kostenintensiver Abfallbeseitigung zur Förderung der Abfallbeseitigung erfassende „Abfallausgleichsabgabe" stützen sich jeweils auf dieses Verursacherprinzip.

---

314 *Patzig* (N 288); S. 740; *Puwalla* (N 288), S. 23.
315 Zum früheren Weinwirtschaftsgesetz vgl. BVerfGE 37, 1 – Stabilitätsfonds.
316 Als Beispiele werden die Filmabgabe nach dem Förderungsgesetz vom 25.6.1979 (BGBl I, S. 803), *Mußgnug* (N 282); der Kohlepfennig nach § 4 des 3. Verstromungsgesetzes vom 13.12.1974 (BGBl I, S. 3473), BVerfGE 91, 186 (200) – Kohlepfennig; sowie die Abgaben nach dem Milch- und Fettgesetz, die Abwasserabgabe (N 304), die Abgabe nach § 4 Seefischereigesetz und die Berufsausbildungsabgabe genannt; BVerfGE 55, 274 – Ausbildungsplatzförderungsabgabe.
317 Vgl. § 4 AltölG, aufgehoben durch § 30 AbfG.
318 AbwAG vom 13.9.1976 (BGBl I, S. 2721, berichtigt S. 3007).
319 Vgl. BVerfGE 98, 106 (117 ff.) – Verpackungsteuer; siehe auch BVerfGE 98, 83 (97 ff.) – Landesabfallabgabe.

Bei derartigen umweltpolitischen Sonderabgaben, die vielfach als „Öko-Steuern"[320] gefordert werden, dennoch aber meist wegen einer Gruppenbelastung und einer Fondsbindung des Aufkommens als Sonderabgaben zu qualifizieren sind, ist vor allem die gruppenbezogene Zurechnung einer Finanzierungsverantwortlichkeit und die Haushaltsflüchtigkeit des Abgabeaufkommens im Rahmen eines übergreifenden Umweltschutzkonzepts zu prüfen. Die Umweltschutzsonderabgaben könnten Anlaß sein, das Erfordernis wiederkehrender parlamentarischer Legitimation[321] zu einer kontinuierlichen Prüfungs-, Nachbesserungs- und Fortschreibungspflicht dieser Umweltpolitik mit finanzrechtlichen Mitteln auszuformen.

100
Öko-Steuern

Der Zurechnungstatbestand des Verursachens oder Veranlassens bezeichnet eine Finanzierungsverantwortlichkeit aus vorangegangenem Tun, bedarf aber in diesem Rechtfertigungsgrund deutlicherer Ausprägung. Nicht jede fernliegende Kostenursache in der Abfolge einer langen Kausalkette kann eine Finanzierungsverantwortlichkeit der Abgabenschuldner rechtfertigen; nur die aufwandsnahe Ursache, die unmittelbare Verursachung der Kosten nehmen den Verursacher in Pflicht, rechtfertigen deshalb eine Kostenzurechnung – in der Regel dann aber im Tatbestand der Gebühr. Dabei ist der Begriff „Unmittelbarkeit"[322] ein Indiz für eine inhaltliche Verlegenheit, das rechtlich Gemeinte nicht prägnant angeben zu können[323]. Der Verursachungsgedanke fordert deshalb eine vom Gesetzgeber deutlich getroffene Aussage, wann zwischen der Belastungswirkung und der Belastungshandlung ein so enger – nicht fremdvermittelter – Zusammenhang besteht, daß dieser den verfassungsrechtlichen Ausnahmetatbestand der Sonderabgabe zu rechtfertigen vermag. Die verfassungsrechtliche Grenze einer absonderbaren Finanzierungsverantwortlichkeit einer Gruppe wäre jedenfalls überschritten, wenn allgemeine „Umweltabgaben" tatbestandlich nur noch umweltschädliche Handlungen ungeachtet zurechenbarer Verantwortlichkeit für den umweltbelastenden Effekt erfassen würden. Den individualisierbaren Kostenausgleich leistet die – in den Haushalt fließende – Gebühr; die Umweltgemeinlasten finanziert die Steuer.

101
Kostenverursachung und Kostenzurechnung

Die Eigenart einer eine Sachkompetenz in Anspruch nehmenden „Verursacherabgabe" liegt in der gestaltenden Wirkung von Abgabenbelastung oder Finanzierungserfolg. Das bloße Abgabenaufkommen (Aufkommenseffekt) ist notwendige Eigenart jeder Abgabe, vermag also den Ausnahmetatbestand

102
Aufkommen, Finanzierbarkeitseffekt, Finanzierungsverantwortung

---

320 Vgl. aber auch BVerfGE 110, 274 (291 ff.) – Ökosteuer; kritisch dazu: *Peter Selmer*, Ökologische Steuerreform, Verfassungsrecht und Bundesverfassungsgericht, in: GS für Christoph Trzaskalik, 2005, S. 411 ff.; siehe auch: *Evelyn Haas*, Ist die so genannte Ökosteuer verfassungsgemäß?, in: FS für Reinhard Mußgnug, 2005, S. 205.
321 BVerfGE 55, 274 (308) – Ausbildungsplatzförderungsabgabe; BVerfGE 57, 139 (166 ff.) – Schwerbehindertenabgabe; BVerfGE 82, 159 (181) – Absatzfonds; BVerfGE 110, 370 (392) – Klärschlamm-Entschädigungsfonds.
322 Eine im Recht geläufige Kategorie, zum Beispiel bei der unmittelbaren Geltung des Rechts, den unmittelbaren Wahlen, der Unmittelbarkeit einer Gefahr, einer Täterschaft, eines Schadens, einer Haftung oder eines Beweises; *Paul Kirchhof*, Verwalten durch „mittelbares" Einwirken, 1975, S. 9 ff.
323 Vgl. *Hans Carl Nipperdey*, Tatbestandsaufbau und Systematik der deliktischen Grundtatbestände, in: NJW 1967, S. 1985 (1990).

der Sonderabgabe nicht zu begründen. Die durch die Abgabe ermöglichte Finanzierbarkeit der zu gestaltenden Sachaufgabe (Finanzierbarkeitseffekt) rechtfertigt – wie bei der Förderabgabe – die Sonderbelastung nur, wenn die vorangegangene Kostenverursachung eine besondere Verantwortlichkeit der Abgabenschuldner für die Finanzierung der Sachaufgabe begründet. Stets muß die Art der zu finanzierenden Aufgabe den speziellen Finanzbedarf vom allgemeinen derart abheben, daß die durch das Steuerrecht erreichte relative Lastengleichheit für die Finanzierung dieser Aufgaben durchbrochen werden darf. Die Gruppenverantwortlichkeit der Abgabenschuldner setzt eine Garantenstellung für den Finanzierungserfolg voraus.

103 *Verfestigung eines Sonderfonds*

Eine abgabenrechtliche Lenkung, die ein bestimmtes Verhalten erschweren soll, wird in der Regel durch Steuern oder Gebühren, nicht durch Sonderabgaben vollzogen. Das Aufkommen aus einer Sonderabgabe fließt in einen gruppennützigen Sonderfonds, gewöhnt also die begünstigte Gruppe und die den Fonds verwaltenden Amtsträger an ein stetiges Abgabenaufkommen. Fortwährendes Aufkommen aber setzt eine fortwährende Erfüllung des Abgabentatbestandes voraus. Der Interessenkonflikt zwischen einem Aufkommenanliegen und einem Vermeidungsanliegen wird deshalb gerade bei der Sonderabgabe die Gegenwehr gegen das unerwünschte Verhalten schwächen und entgegen dem Lenkungsplan das unerwünschte Verhalten verstetigen.

e) Sonstige Funktionen einer Sonderabgabe

104 *Konjunkturzuschlag, Investitionshilfe*

Die rechtfertigenden Gründe für eine Sonderabgabe lassen sich nicht abschließend systematisieren. Einzelne Abgaben können aus mehreren Gründen eine Finanzierungsverantwortlichkeit der Abgabenschuldner einfordern. Vereinzelt sind auch Sonderabgaben erhoben worden, die keine der geläufigen Funktionen des Ausgleichs, der Lenkung, der Förderung oder der Störungsverantwortlichkeit wahrnehmen. Der rückzahlbare Konjunkturzuschlag entzog das Abgabeaufkommen lediglich für eine bestimmte Zeit dem Geldkreislauf und erreichte damit eine überindividuelle gesamtwirtschaftliche Steuerung[324]. Die rückzahlbare Investitionshilfe[325] war eine vorübergehende Zwangsanleihe, die nicht als Sonderabgabe gerechtfertigt werden konnte. Die solidarische Konkurrentenhilfe nach dem Modell der Investitionshilfeabgabe[326] begründete eine Gruppenverantwortlichkeit aus der gemeinsamen, aber unterschiedlich wirksamen Betroffenheit durch die Kriegsfolgen. Die Unterschiedlichkeit dieser Erscheinungsformen von der zweckgebundenen Gemeinlast (Konjunkturzuschlag) bis zur Zwangsinvestition (Investitionshilfe) belegt weniger die Breite zulässiger Sonderabgaben als die Vielfalt gesetzlichen Gestaltungswillens, der im Tatbestand der Sonderabgabe zu begrenzen ist.

---

324 Vgl. BVerfGE 29, 402 – Konjunkturzuschlag.
325 BVerfGE 67, 256 (281 ff.) – Investitionshilfegesetz.
326 BVerfGE 4, 7 – Investitionshilfe.

2. Die Entwicklung des Sonderabgabentatbestands in der Verfassungsrechtsprechung

Die Sonderabgabe bezeichnet einen verfassungsrechtlichen Krisentatbestand, eine Verfassungsgefährdung durch gruppennützige Sonderbelastungen mit haushaltsflüchtigem Ertrag. Dieser Gefahrenlage hat das Bundesverfassungsgericht gegengesteuert. Die Verfassungsrechtsprechung nimmt anfangs die Sonderabgabe in ihrem speziellen Rechtfertigungsbedarf auf[327], entwickelt sodann seit der Entscheidung über die Berufsausbildungsabgabe[328] einen eng begrenzten Rechtfertigungstatbestand, der die besondere, neben die Steuer tretende Abgabenlast und die Verwendung des Abgabenaufkommens außerhalb des Staatshaushalts nur bei einer speziellen Finanzierungsverantwortlichkeit der Abgabenschuldner für die besondere Finanzierungsaufgabe anerkennt. Wenn auf dieser Grundlage die Sonderabgabe als „seltene Ausnahme"[329] gerechtfertigt wird, ist die bisherige Linie einer nur begrenzt zugelassenen Sonderabgabe bekräftigt und bestärkt worden. Sonderbelastende und haushaltsflüchtige Abgaben, die nicht durch eine besondere Finanzierungsverantwortlichkeit der Abgabenschuldner gerechtfertigt werden können, sind grundsätzlich unzulässig[330]. Die Haushaltsflüchtigkeit der Abgabe ist in neuerer Rechtsprechung[331] als ein besonders unterscheidungskräftiges Krisensymptom aufgenommen worden, das einen gesteigerten Rechtfertigungsbedarf begründet und durch haushaltsrechtliche Informationspflichten über alle jährlich erhobenen Sonderabgaben dem Grunde und der Höhe nach teilweise aufgefangen werden soll[332]. Solche Abgaben werden in der Regel auch nicht im Auffangtatbestand der „sonstigen Abgaben" eine verfassungsrechtliche Grundlage finden können. Das Krisensymptom der nichtsteuerlichen Abgabe trifft in der Sonderabgabe auf einen Rechtfertigungstatbestand der ausnahmsweisen Zulässigkeit, in der „sonstigen Abgabe" auf einen Auffangtatbestand, der nur bei speziellen Verfassungstiteln[333] das Verdikt der Verfassungswidrigkeit vermeidet. Nichtsteuerliche Abgaben finden somit im Tatbestand der Sonderabgaben einen engen, aber gesicherten Rechtfertigungsgrund, geraten jedoch im Auffangtatbestand der sonstigen Abgaben in den Bereich des verfassungsrechtlich Bedenklichen.

105
Sonderabgabe als eng begrenzter Rechtfertigungstatbestand

---

327 BVerfGE 4, 7 – Investitionshilfe; BVerfGE 8, 274 – Preisgesetz; BVerfGE 18, 315 – Marktordnung.
328 BVerfGE 55, 274 – Gesetz zur Förderung des Angebots an Ausbildungsplätzen zu der Berufsausbildung vom 7.9.1976 (BGBl I, S. 2658); vgl. auch schon BVerfGE 37, 1 (16) – Stabilitätsfonds.
329 BVerfGE 55, 274 (275, LS 4) – Ausbildungsplatzförderungsabgabe; vgl. auch BVerfGE 57, 139 (168) – Schwerbehindertenabgabe; BVerfGE 13, 167 (170) – Feuerwehrabgabe; BVerfGE 57, 139 (169) – Schwerbehindertenabgabe.
330 Zur Besonderheit von Stabilisierungsabgaben vgl. BVerfGE 29, 402 – Konjunkturzuschlag; BVerfGE 67, 256 – Investitionshilfeabgabe.
331 BVerfGE 82, 159 (181) – Absatzfonds; BVerfGE 91, 186 (203f.) – Kohlepfennig; BVerfGE 98, 83 (100) – Landesabfallabgaben; BVerfGE 101, 141 (147) – Ausgleichsfonds.
332 BVerfGE 108, 186 (280) – Altenpflegeumlage; BVerfGE 110, 370 (393) – Klärschlamm-Entschädigungsfonds.
333 S. u. Rn. 107ff., zu den Sozialversicherungsbeiträgen und Verbandslasten.

106
Verallgemeinerung der Begrenzungs- und Schutzfunktion der Finanzverfassung

Diese Maßstäbe für die Zulässigkeit von Sonderabgaben sind in der Entscheidung des Bundesverfassungsgerichts zur Rückmeldegebühr[334] für die Gebühren und letztlich für alle nichtsteuerlichen Abgaben verallgemeinert worden. Die Begrenzungs- und Schutzfunktion der auf Formenklarheit und Formenbindung angelegten und angewiesenen Finanzverfassung[335] wird durch alle nichtsteuerlichen Abgaben unterlaufen, die nicht drei Voraussetzungen erfüllen: (1.) Sie finden jenseits der Finanzverfassung eine Kompetenzgrundlage, die den jeweiligen Gesetzgeber regelungszuständig macht und zugleich den Umfang der Regelungsbefugnis begrenzt[336], (2.) Der Abgabentatbestand benennt einen gegenüber dem Gleichheitssatz (Art. 3 Abs. 1 GG) hinreichend rechtfertigenden Grund, der für die – den Staat bereits steuerlich finanzierenden – Steuerschuldner eine zusätzliche Abgabenbelastung vertretbar erscheinen läßt, außerdem das kumulative Zusammenwirken verschiedener Abgaben so aufeinander abstimmt, daß dieses den Gebührenschuldner als gerechtfertigt erkennbar wird und den demokratischen Gesetzgeber in eine Selbstvergewisserung über die von ihm gewollte Last und ihre Kumulierung zwingt[337]. (3.) Der Verfassungsgrundsatz der Vollständigkeit des Haushaltsplans, der das Budgetrecht des Parlaments, seine Planungs-, Entscheidungs-, Kontroll- und Rechenschaftsverfahren gegen einfachgesetzliche Verfremdung sichert[338], gestattet für die Sonderabgaben eine Ausnahme, verlangt für die Entgeltabgaben klare gesetzliche Aussagen zu Gebührenzweck und Gebührenhöhe. Der verfassungsrechtliche Rahmen für die Sonderabgaben – die gestaltende Sachkompetenz im Unterschied zur Steuerkompetenz, die gleichheitserhebliche Zusatzlast neben der Besteuerung und das Verbot der Haushaltsflüchtigkeit – hat sich somit von einem Sondermaßstab für Sonderabgaben zu einem Allgemeinmaßstab für nichtsteuerliche Abgaben entwickelt. Die auf eine Steuerfinanzierung angelegte Finanzverfassung erlaubt nichtsteuerliche Abgaben nur unter besonderen Voraussetzungen in einem deutlich umgrenzten Gestaltungsrahmen für den Gesetzgeber.

---

334 BVerfGE 108, 1 (14 f.) – Rückmeldegebühr.
335 BVerfGE 105, 185 (193 f.) – UMTS-Lizenzen; 108, 1 (14) – Rückmeldegebühr.
336 BVerfGE 34, 139 (146) – Fahrbahndecke; BVerfGE 55, 274 (298) – Ausbildungsplatzförderungsabgabe; BVerfGE 108, 1 (15) – Rückmeldegebühr.
337 BVerfGE 108, 1 (16, 20) – Rückmeldegebühr.
338 BVerfGE 108, 1 (16 f.) – Rückmeldegebühr.

D. Sonstige Abgaben

I. Auffangtatbestand ohne rechtfertigende Kraft

Das Grundgesetz enthält zwar keinen abschließenden Kanon zulässiger Abgabetypen[339], weist durch die Grundentscheidung für den steuerfinanzierten Staat aber alle nichtsteuerlichen Abgaben als rechtfertigungsbedürftige Belastungstatbestände aus. Gebühren und Beiträge sind als Entgeltabgaben eine gerechtfertigte Besonderheit im Verfassungssystem der Abgaben. Die Sonderabgabe bleibt die seltene Ausnahme, gegen die eine widerlegbare Vermutung der verfassungsrechtlichen Bedenklichkeit spricht und die aus der Eigenart der Einzelabgabe gerechtfertigt werden muß. In diesen drei Abgabentypen sind jedoch die Möglichkeiten verfassungskonformer Abgabenerhebung nicht abschließend umgrenzt. Weitere Abgaben bleiben zulässig, wenn und soweit das Prinzip des steuerfinanzierten Staates nicht entgegensteht, die Grundrechte eine Zusatzbelastung neben den anderen Abgaben erlauben, die bundesstaatliche Ordnung der Gesetzgebungskompetenz, Ertragshoheit und Verwaltungszuständigkeit nicht verfremdet wird und die sonstige Einnahme sich in das Haushaltsverfassungsrecht einfügen läßt.

107 Rechtfertigungsbedürftigkeit aller nichtsteuerlichen Abgaben

Die Erscheinungsformen dieser weiteren Abgabearten werden in dem Auffangtatbestand der sonstigen Abgaben[340] zusammengefaßt. Dieser Sammelbegriff bezeichnet einen gesteigerten Rechtfertigungsbedarf, ohne selbst einen rechtfertigenden Grund für diese Abgaben zu nennen. Die sonstige Abgabe steht außerhalb der gefestigten Fundamente einer auf die Steuer ausgerichteten Finanzverfassung und begründet einen zu den ausdrücklich im Grundgesetz vorgesehenen Abgabenbelastungen hinzukommenden Eingriff in Privatvermögen. Sollte das Aufkommen einer sonstigen Abgabe zweck- oder fondsgebunden sein, ist zudem die Budgethoheit des Parlaments gefährdet. Die sonstige Abgabe ist eine im Text des Grundgesetzes nicht vorgesehene Individualbelastung und Aufkommensquelle, die nur dann vor der Verfassung Bestand hat, wenn sie sich durch besondere rechtfertigende Gründe in das Gefüge des Abgabenverfassungsrechts einfügen läßt.

108 Auffangtatbestand bezeichnet gesonderten Rechtfertigungsbedarf

II. Erscheinungsformen sonstiger Abgaben

Der Auffangtatbestand der sonstigen Abgaben umfaßt alle gesetzgeberischen Abweichungen von den Abgabetypen der Steuer, der Entgeltabgaben und der Sonderabgabe, verweist deshalb auf die verfassungsrechtliche Rechtfertigungsbedürftigkeit jeder dieser sonstigen Abgaben. Beispiele einer sonstigen Abgabe sind insbesondere die sozialversicherungsrechtliche Solidarabgabe („Sozialversicherungsbeitrag") und die Verbandslast („Mitgliedsbeitrag").

109

---

339 BVerfGE 108, 1 (15) – Rückmeldegebühr; BVerfGE 108, 186 (215) – Altenpflegeabgabe; BVerfGE 110, 370 (387) – Klärschlamm-Entschädigungsfonds.
340 Zum Aufkommen aus Sonderabgaben und sonstigen Abgaben vgl. im Anhang Tabelle 3 und Tabelle 4, S. 1172.

§ 119 Achter Teil: III. Finanzwesen

1. Sozialversicherungsrechtliche Solidarabgabe

110
Finanzwirtschaftliche Bedeutung

Die wichtigste, außerhalb der Finanzverfassung erhobene Abgabe ist die sozialversicherungsrechtliche Solidarabgabe, die sich aus Gruppensolidarität, Äquivalenzprinzip und Umverteilungsauftrag entwickelt hat[341]. Sie bildet die finanzwirtschaftliche Grundlage einer kollektiven Alters-, Krankheits- und Krisenvorsorge. Ihr reines Beitragsaufkommen erreichte 2004 insgesamt 424 Mrd. Euro[342] und übertraf damit das Steueraufkommen des Bundes[343] und das Volumen des Bundeshaushalts[344] erheblich. Nach Art. 74 Abs. 1 Nr. 12 GG steht dem Bund die konkurrierende Gesetzgebungszuständigkeit für die „Sozialversicherung einschließlich der Arbeitslosenversicherung" zu. Diese Kompetenz zur Regelung eines besonderen finanzwirtschaftlichen Ausgleichsfonds zur Deckung sozialer Lasten[345] ist auch auf die Finanzierung der Sozialversicherung, also auf die Erhebung von Sozialversicherungsabgaben gerichtet[346]. Der finanzwirtschaftliche Risikoausgleich trennt das Aufkommen aus den Sozialversicherungsbeiträgen von vornherein von den allgemeinen, durch steuerliche Gemeinlasten aufgebrachten Finanzmitteln des Staates. Der Schuldner einer Sozialversicherungsabgabe wird gesondert zu einer Solidarausgleichsleistung verpflichtet, gewinnt dafür aber für sich oder für einen anderen, für dessen Risiko er einzustehen hat[347], einen Versicherungsschutz. Die Sozialversicherung ist deshalb auf der Einnahmenseite gruppengebunden, auf der Ausgabenseite fondsgebunden; die Sozialhilfe und die sonstigen Sozialleistungen des Staates werden hingegen von der Allgemeinheit, also durch Steuern, finanziert und im Rahmen der Gemeinwohlbindung, also durch den Staatshaushalt, bemessen.

111
Erwerb von Sicherheit

Die Sozialversicherungsabgabe unterscheidet sich von der Steuer demnach dadurch, daß sie gruppenbezogen erhoben und verwendet wird. Die Abgabe ist an das Versicherungsprinzip angelehnt, das eine Risikovorsorge je nach geleisteten Versicherungsbeiträgen verspricht. Dieses Versicherungsprinzip wird jedoch durch einen versicherungsinternen Solidarausgleich durchbrochen, eine Umverteilung durch je nach Berufseinkommen differenzierte Abgabepflichten, bedarfsnivellierende Sachleistungen und eine familienbezogene Ausweitung der Versicherten. Zu Sozialversicherungsabgaben herangezogen werden kann der Versicherte oder ein Dritter, der für die Risikovor-

---

341 Zur Sozialversicherung: *Isensee* (N 59); *Harald Bogs*, Sozialversicherung im Staat der Gegenwart, 1973; *Friedhelm Hase*, Versicherungsprinzip und sozialer Ausgleich, 2000; *Peter Axer*, Normsetzung der Exekutive in der Sozialversicherung, 2000, S. 284ff.; *Anna Lenze*, Staatsbürgerversicherung und Verfassung, 2005; → unten *F. Kirchhof*, § 125 Rn. 23ff.
342 Statistisches Jahrbuch 2006, S. 196; vgl. im Anhang Tabelle 3, S. 1172.
343 187 Mrd. Euro, vgl. im Anhang Tabelle 1, S. 1170.
344 2004: 251,6 Mrd. Euro, Finanzbericht des Bundesministeriums für Finanzen 2006, S. 14.
345 Vgl. BVerfGE 11, 105 (111ff.) – Familienlastenausgleich; BVerfGE 14, 312 (317) – Angestelltenversicherungsgesetz; BVerfGE 63, 1 (35) – Schornsteinfegerversorgung; BVerfGE 75, 108 (146) – Künstlersozialversicherung; zu sozialrechtlichen Erstattungsansprüchen, deren Qualifikation als „Abgabe" offen ist, vgl. BVerfGE 81, 156 (187f.) – Arbeitsförderungsgesetz 1981.
346 BVerfGE 75, 108 (148) – Künstlersozialversicherung; → unten *F. Kirchhof*, § 125 Rn. 20ff.
347 Zur Künstlersozialabgabe, die bei den „Vermarktern" aufgrund der gezahlten Entgelte – auch der Nichtversicherten – erhoben wird, BVerfGE 75, 108 (108f., 157ff.) – Künstlersozialversicherung; dazu *Hase* (N 341), S. 182f.; *Lenze* (N 341), S. 429, 496.

sorge eines Versicherten mit einzustehen hat[348]. Der Sicherungsanspruch wird durch Umlage, ergänzt auch durch Steuern finanziert. Jedenfalls die auf einer eigenen Beitragsleistung des Versicherten beruhende Rentenanwartschaft wird zu einem grundrechtlich geschützten Eigentum (Art. 14 GG)[349]. Auch die Beitragsleistungen des mitverantwortlichen Arbeitgebers begründen Rentenanwartschaften des Arbeitnehmers, weil auch dieser Aufwand von Privatvermögen im Rahmen eines Arbeitsrechtsverhältnisses zum Erwerb der Versicherungsleistung beiträgt, die fremdnützigen Arbeitgeberabgaben für den Arbeitnehmer finanzwirtschaftlich Lohnbestandteil sind[350].

112
Sonderfonds mit solidargemeinschaftlichem Auftrag

Allerdings wird die Sozialversicherung derzeit aus Steuermitteln mitfinanziert, so daß der rechtfertigende Gedanke der Solidarität und der Versicherungsäquivalenz schwächer wird. Je mehr in Zukunft die öffentlich-rechtliche Sozialversicherung organisatorisch und finanzwirtschaftlich mit den privaten Versicherungen zumindest in der Gesundheitsfinanzierung verschränkt werden soll, desto mehr schwindet die rechtfertigende Kraft von Gruppensolidarität, Gruppenäquivalenz und Umverteilung innerhalb der Versichertengruppe. Ein solches Gemeinlastsystem müßte an der Finanzverfassung gemessen und gegenüber den Grundrechten der privaten Versicherer, Versicherungsnehmer und versicherungsrechtlich finanzierten Dienstleister gerechtfertigt werden[351]. Die Zweckbindung der Sozialversicherungsabgabe wird kaum noch durch die Ertragshoheit von Sozialversicherungsträgern organisatorisch abgesichert, deren Ausgabekompetenz im Sozialversicherungsauftrag gebunden ist. Diese Sonderfonds geraten trotz ihrer rechtlichen Verselbständigung und einer mitgliedschaftsähnlichen Organisationsform unter den Einfluß des Gesetzgebers; die haushaltsflüchtige Abgabe sichert nicht mehr die „Entpolitisierung" der Sozialversicherung.

2. Die Verbandslast

Das deutsche Recht kennt eine Vielzahl von Zwangsverbänden, denen Personengruppen als Mitglieder zugeordnet und sodann zur Finanzierung der Verbandslasten herangezogen werden[352]. Teilweise organisieren diese Zwangsverbände eine freiheitliche „Selbsthilfe"[353], um die individuelle Freiheitsausübung zu stärken, zum Beispiel die Durchsetzungskraft privater Anbieter

113
Finanzwirtschaftliche Folgeverantwortlichkeit aus einem Handlungsauftrag

---

348 Insbesondere der Arbeitgeber; vgl. im übrigen BVerfGE 66, 1 – Konkursausfallgeld; 75, 108 (146 f.) – Künstlersozialversicherung; zum „Sozialbeitrag" der Studenten vgl. *Josef Isensee*, Nichtsteuerliche Abgaben – ein weißer Fleck in der Finanzverfassung, in: Staatsfinanzierung im Wandel, Schriften des Vereins für Socialpolitik, N.F. 134 (1982), S. 435 (448 f.).
349 BVerfGE 53, 257 (289 f.) – Versorgungsausgleich I; BVerfGE 58, 81 (109) – Ausbildungsausfallzeiten; *Peter Krause*, Eigentum an subjektiven öffentlichen Rechten, 1982, S. 161 ff.; *Hase* (N 341), S. 210 ff.; *Lenze* (N 341), S. 181 ff.; kritisch: *Hans Schneider*, Der verfassungsrechtliche Schutz von Renten in der Sozialversicherung, 1980.
350 *Hase* (N 341), S. 176 ff.; *Lenze* (N 341), S. 383.
351 *Helge Sodan*, Private Krankenversicherung und Gesundheitsreform 2007, 2007.
352 → Oben *Waldhoff*, § 116 Rn. 89.
353 BVerfGE 18, 315 (328) – Marktordnung; BVerfGE 55, 274 (314) – Ausbildungsplatzförderungsabgabe: „Erzwungene Selbsthilfe"; *Götz* (N 294), S. 217; vgl. auch BVerfG, in: DVBl 2007, S. 248 – Jagdgenossenschaft, Nichtannahmeentscheidung.

oder Nachfrager gegenüber einem staatlich bewirtschafteten Markt oder einem Monopol zu verbessern. Während diese Zwangsmitgliedschaft eher als Freiheitshilfe gemeint ist, geben andere Zwangsverbände öffentliche Aufgaben in die Hand einer Gruppe, um sich deren Sachnähe und Fachkunde zunutze zu machen und damit die Angehörigen dieser Gruppe für die Richtigkeit staatlichen Handelns in Pflicht zu nehmen[354]. Diese Art öffentlicher Selbstverwaltung weist Aufgaben und Verantwortlichkeiten zu, begründet also vor allem Pflichten. Der Eingriff in den grundrechtlich geschützten Freiheitsbereich wird besonders offenkundig, wenn der Zwangsverband das Verhalten seiner Mitglieder regeln und das Einhalten dieser Regeln überwachen sowie eine von den Mitgliedern beanspruchte Freiheitsausübung auf ein gemeinverträgliches Maß zurückdrängen soll. Diese Formen berufsständischer, gesundheits- und sozialwirtschaftlicher Selbstverwaltung nutzen den Zwangsverband, um Grundrechtsbindungen und Grundrechtsschranken in Formen der Autonomie zu überbringen und fortzubilden. Gelegentlich begründet die Zwangsmitgliedschaft auch einen bloßen Lastenverband, der zur Mithilfe und Finanzierung mitgliedsnütziger Aufgaben wie der Deichsicherung, der Wasserbewirtschaftung, der Fischerei- und Jagdbewirtschaftung[355] oder des Umweltschutzes dient[356]. Derartige Unterhaltverbände[357] und Abwasserverbände[358] bilden Lastengemeinschaften zur gemeinsamen Erfüllung einer gesetzlichen Aufgabe.

114
Keine selbstverständliche Folge der Zwangsmitgliedschaft

Eine mitgliedschaftsbezogene Abgabe ist nicht selbstverständliche Folge einer gesetzlich angeordneten Pflichtmitgliedschaft in einem öffentlich-rechtlichen Verband[359]. Selbst die steuerliche Gemeinlast rechtfertigt sich nicht schon aus der bloßen Zugehörigkeit des Schuldners zum Gemeinwesen, seiner „Zwangsinkorporierung" in den Einflußbereich der staatlichen Gebietshoheit, sondern erst aus hinzutretenden Gründen individueller Leistungsfähigkeit und Marktteilhabe[360]. Ebenso legitimieren sich die Sonderabgaben nicht schon aus der Zugehörigkeit der Schuldner zu einer homogenen Gruppe, sondern aus der Finanzierungsverantwortlichkeit für eine bestimmte Aufgabe; die Gebühren und Beiträge nicht allein aus Gemeinsamkeiten mit anderen Abgabeschuldnern, sondern aus dem individuell zurechenbaren Aufwand. Auch die Verbandslast findet in der Zwangsmitgliedschaft keinen ausreichenden Grund. Ein Zwangsverband könnte staatliche Subventionen verteilen, öffentliche Mittel bewirtschaften, öffentliche Aufgaben auf Rechnung des Staatshaushalts erfüllen oder entgeltliche Leistungen erbringen. Der Zwangs-

---

354 Vgl. BVerfGE 71, 81 (102 ff.) – Arbeitnehmerkammern in Bremen.
355 BVerfG, in: DVBl 2007, S. 248 – Jagdgenossenschaft, Nichtannahmeentscheidung.
356 Vgl. BVerfGE 10, 89 – Erftverband; BVerfGE 70, 191 – Fischereibezirke; BVerwGE 42, 210.
357 Vgl. BVerfGE 10, 89 (100 f.) – Erftverband.
358 Dazu *Josef Isensee*, Äquivalenz, Kostenausgleich, Verbandssolidarität im Abgabenrecht, in: GS für Wilhelm Karl Geck, 1989, S. 355 ff.
359 So aber BVerfGE 12, 319 (323) – Tübinger Versorgungsanstalt; BVerwGE 42, 210 (217) – Niedersächs. Wasserverband; vgl. auch *Isensee* (N 346), S. 448; *Dieter Mronz*, Körperschaften und Zwangsmitgliedschaft, 1973, S. 43 mit Fn. 7, 286.
360 → Oben *P. Kirchhof*, § 118 Rn. 1 ff., 221 ff.

verband ist nur die mitgliedschaftliche Form, in der Pflichten zugeteilt und Freiheiten ausgeübt werden[361]. Deshalb bestimmt nicht die negative Vereinigungsfreiheit die Grenze für die Verbandslast; vielmehr muß der innerhalb des Zwangsverbands vollzogene Grundrechtseingriff je nach dem betroffenen Schutzbereich eigenständig gerechtfertigt werden[362]. Die Verbandslast folgt somit dem Grunde und der Höhe nach nicht schon aus der Mitgliedschaft, sondern aus der im Rahmen der Mitgliedschaft zu erfüllenden Finanzverantwortlichkeit.

Wäre die Mitgliedschaft rechtfertigender Belastungsgrund der Verbandslast, so hätten gleiche Mitgliedsrechte gleiche Mitgliedsbeiträge zur Folge, die „Mitgliedsbeiträge" wären in gleichen Beiträgen pro Mitgliedschaft zu bemessen. Die an der mitgliedschaftlich zu erfüllenden Aufgabe ausgerichtete Verbandslast hingegen erlaubt tätigkeitsbezogene Differenzierungen, zum Beispiel bei der berufsständischen Kammer nach dem im Berufseinkommen oder im Umsatz ersichtlichen Tätigkeitsumfang, nach der in der Selbständigkeit oder Unselbständigkeit erkennbaren Tätigkeitsverantwortung. Tätigkeitsunterschiede können unterschiedliche Abgabenlasten zur Folge haben, wenn die Tätigkeitsverantwortlichkeit des einzelnen Mitglieds eine Finanzierungsverantwortlichkeit einschließt. In der mitgliedschaftlichen Selbsthilfe ist auch eine Selbstfinanzierung angelegt. Bei der Ausgliederung öffentlicher Aufgaben in die Hand Sachkundiger erscheint allerdings eine staatliche Finanzierung der Aufgaben naheliegend, weil privates Sachwissen, nicht aber privates Vermögen genutzt und gebunden werden soll. Die körperschaftliche Selbstverwaltung durch Sachbetroffene und der darin angelegte Zuwachs an Freiheit rechtfertigen jedoch eine Selbstfinanzierung, die zudem die Verantwortlichkeit autonomer Finanzentscheidungen stärkt. Im übrigen entspricht auch hier die Selbstfinanzierung dem Autonomieprinzip. Lediglich bei dem Lastenverband hat die Verbandsaufgabe die Finanzierungspflichten zum Hauptinhalt; der auf Finanzierung angelegte Lastenverband bindet nicht die Handlungsfähigkeit, sondern die Finanzierungsfähigkeit in einem körperlichen Verbund. Ein zulässiger[363] Zwangsverband rechtfertigt demnach auch die Verbandsabgabe, soweit die Verbandsaufgabe eine Selbstfinanzierung erlaubt.

115
Abgabe je nach Handlungsverantwortung

---

361 Vgl. auch *Karl Heinrich Friauf*, Die negative Vereinigungsfreiheit als Grundrecht, in: FS für Rudolf Reinhardt, 1972, S. 389 (397 f.).

362 Dies mag einer der Gründe sein, weswegen das BVerfG die Zwangsmitgliedschaft in einem öffentlichrechtlichen Verband nicht an Art. 9 GG, sondern an der allgemeinen Handlungsfreiheit (Art. 2 Abs. 1 GG) mißt, BVerfGE 10, 89 (102) – Erftverband; 10, 354 (361 f.) – Bayerische Ärzteversorgung.

363 Zum Erfordernis einer legitimen öffentliche Aufgabe, die nicht staatliche Pflichtaufgabe ist, vgl. BVerfGE 38, 281 (297, 299) – Arbeitnehmerkammern; zur Subsidiarität gegenüber einer Aufgabenerfüllung durch privatrechtliche Verbände BVerfGE 38, 281 (303 f.) – Arbeitnehmerkammern; vgl. auch BVerfGE 50, 290 (353 ff.) – Mitbestimmung; zur Verpflichtung auf Gemeinwohlinteressen und das Verbot eines Vertretens partikularer Interessen BVerfGE 10, 89 (102) – Eftverband; BVerfGE 15, 235 (241) – Zwangsmitgliedschaft; BVerfGE 38, 281 (297 ff.) – Arbeitnehmerkammern; BVerfGE 71, 81 (94 f.; 103 ff.) – Arbeitnehmerkammern in Bremen; zur Übertragbarkeit von Rechtsetzungsbefugnissen BVerfGE 33, 125 (158 f.) – Facharzt.

116

Mitgliedsbeitrag im System der Abgaben

Die Verbandslast hebt sich von der steuerlichen Gemeinlast ab, wenn die Aufgabe des Zwangsverbandes oder die autonome Aufgabenerfüllung die Verbandsmitglieder finanzverantwortlich macht. Die Verbandslast legitimiert sich aus dieser mitgliedergebundenen Finanzierungsaufgabe neben dem Beitrag, auch wenn die Verbandsleistungen den Mitgliedern nicht bevorzugend angeboten werden. Verbandslast und Sonderabgabe haben eine besondere Verantwortlichkeit der Abgabenschuldner für die Finanzierung der Aufgabe und eine dementsprechende Haushaltsflüchtigkeit des Abgabeaufkommens gemeinsam. Die Verbandslast unterscheidet sich jedoch von der Sonderabgabe durch die mitgliedschaftlich autonome Entscheidung über die Abgabenbelastung und die Verwendung des Abgabeaufkommens. In der Regel lehnt sich die Verbandlast zudem an den Handlungsauftrag des Zwangsverbandes an, ist also nicht nur Finanzierungsmittel wie die Sonderabgabe, sondern unterstützt den Handlungsauftrag des Zwangsverbandes. Die Sonderabgabe rechtfertigt sich aus einer Finanzierungsverantwortlichkeit, die Verbandslast als finanzwirtschaftliche Folgeverantwortlichkeit aus einem Handlungsauftrag. Innerhalb eines finanzierenden Lastenverbandes allerdings haben sich Verbandslast und Sonderabgabe einander stark angenähert. In dieser Ähnlichkeit wird der besondere verfassungsrechtliche Rechtfertigungsbedarf erneut sichtbar.

3. Entwicklungslinien des gegenwärtigen Abgabenrechts

117

Umweltschutzabgaben

Die verfassungsrechtlichen Maßstäbe für die Entwicklung des Abgabenrechts – die materielle Bindung der Abgabe im Sachbereich der jeweiligen Kompetenzvorschrift, ihre gleichheitsrechtliche Rechtfertigung und Ausgestaltung neben der Steuerlast und die prinzipielle Gebundenheit des Abgabeaufkommens im allgemeinen Staatshaushalt – stehen vor der Aufgabe, das Abgabenrecht wieder auf die Grundfunktionen der Steuern und der Entgeltabgaben zurückzuführen, den Eingriff in die Willensfreiheit der Grundrechtsträger möglichst dem Verwaltungsrecht vorzubehalten und nicht auf das Abgabenrecht zu verlagern, staatliches Ausgleichen und Umverteilen an klare Maßstäbe zu binden. Das moderne Abgabenrecht findet seinen Ausgangspunkt im Umweltschutz, der die „Ressourcennutzungsgebühr" entwickelt hat[364], knappe Umweltgüter nicht durch eine verbindliche Nutzungsordnung, sondern mit finanzwirtschaftlichen Mitteln bewirtschaftet, daneben öffentlich-rechtliche Entgelte für Sondernutzungen fordert, vor allem aber durch Lenkungsabgaben die Umwelt schonen will[365]. Die Abgabe finanziert eine öffentliche Aufgabe, gleicht aber nicht Staatsleistungen aus; sie kompensiert wirtschaftliche Vorteile dank besonderer Umweltbelastung, verteuert die

---

364 *Murswiek* (N 3), S. 170 ff.; *Winfried Kluth*, Verfassungs- und abgabenrechtliche Rahmenbedingungen der Ressourcenbewirtschaftung, in: NuR 1997, S. 105.
365 Vgl. *Paul Kirchhof*, Verfassungsrechtliche Grenzen von Umweltabgaben, in: ders. (Hg), Umweltschutz im Abgaben- und Steuerrecht, in: DStJG 15 (1993), S. 3 f.; *Gertrude Lübbe-Wolff/Bernhard Wegener* (Hg.), Umweltschutz durch kommunales Satzungsrecht, ³2002; *Sacksofsky* (N 4); *Rüdiger Breuer u. a.* (Hg.), Umweltschutz durch Abgaben und Steuern, in: UTR 16, 1992; *Martin Wasmeier*, Umweltabga-

Umweltnutzung zur Mäßigung und Abschreckung der Umweltstörer, unterstützt und bestärkt folgerichtig[366] eine materielle Umweltschutzordnung.

Die verfassungsrechtliche Frage der Finanzierungsverantwortung stellt sich neu, wenn der Staat eine Elementarversorgung – insbesondere mit Post- und Telekommunikationsleistungen – nicht mehr eigenhändig erbringt, sondern nur noch staatlich gewährleistet. Werden Universaldienstleistungen nach den gesetzlichen Vorschriften nicht ausreichend oder angemessen erbracht, verpflichtet der Staat einzelne – in der Regel marktbeherrschende – Unternehmen, diese Leistungen zu erbringen, und legt allen Unternehmen eine Abgabe zur Finanzierung der Universaldienstleistungen auf, wenn diese von den verpflichteten Unternehmen mit Verlust erbracht werden[367]. Der Staat nimmt also seine Gewährleistungsverantwortung wahr, indem er zur Leistung verpflichtet, die Finanzierung von Leistungsdefiziten aber durch Abgaben sicherstellt. Diese Abgabe ist ein Preis der Privatisierung, Ausdruck einer staatlichen Gewährleistungsverantwortung, die nicht eine eigenhändige Leistung des Staates fordert, ihm jedoch eine finanzwirtschaftliche Verantwortlichkeit für ein partielles Marktversagen aufdrängt.

118 Abgaben zur Finanzierung von Universaldienstleistungen

Auch das Rundfunkwesen hat nach Beendigung des Rundfunkmonopols die einfache Struktur der Rundfunkgebühr in einer Vielfalt neuer Abgaben abgelöst. Die Landesrundfunkanstalten und das ZDF sind vertraglich verpflichtet worden, für die Durchführung von Kabelpilotprojekten einen Betrag von 35 Millionen DM je Vorhaben beizusteuern. Dieser „Kabelgroschen" sollte von den Rundfunkteilnehmern durch eine erhöhte Rundfunkgebühr aufgebracht werden, auch wenn die Rundfunkteilnehmer am Kabelfernsehen uninteressiert waren oder an den Pilotprojekten nicht teilnehmen konnten[368]. Daneben

119 Kabelgroschen, Aufsichtsgroschen, Modellgroschen

---

ben und Europarecht, 1995; *Hans-Jürgen Ewers/Christoph Hassel*, Umweltabgaben als Lenkungs- und Finanzierungsinstrument, in: Paul Kirchhof/Manfred J. N. Neumann (Hg.), Freiheit, Gleichheit, Effizienz, ökonomische und verfassungsrechtliche Grundlagen der Steuergesetzgebung, 2001, S. 97 f.; *Susanne Meyer*, Die Gebühr als finanzrechtliches Instrument zur Erhebung von Umweltabgaben, in: NVwZ 2000, S. 1000; *Clemens Weidemann*, Rechtsstaatliche Anforderungen an Umweltabgaben, in: DVBl 1999, S. 73; *Johanna Hey*, Rechtliche Zulässigkeit von Umweltabgaben unter dem Vorbehalt ihrer ökologischen und ökonomischen Wirksamkeit, in: StuW 1998, S. 32; *Wolfram Höfling*, Verfassungsfragen einer ökologischen Steuerreform, in: StuW 1992, S. 242; *Hans D. Jarass*, Verfassungsrechtliche Grenzen für die Erhebung nichtsteuerlicher Abgaben, in: DÖV 1989, S. 1013; sodann zu Einzelerscheinungen: *Michael Kloepfer/Thilo Brandner*, Rechtsprobleme der Grenzwerte für Abwassereinleitungen, in: ZfW 28 (1989), S. 1 f.; *Stefan Klinski*, Der verfassungs- und europarechtliche Rahmen einer streckenbezogenen „Schwerverkehrsabgabe", in: DVBl 2002, S. 221; *Gerrit Manssen*, Finanzverfassungsrechtliche Aspekte der Einführung einer Nahverkehrsabgabe, in: DÖV 1996, S. 12.

366 BVerfGE 98, 106 (126) – Kommunale Verpackungsteuer; BVerfGE 98, 83 (101) – Landesrechtliche Abfallabgabe; *Clemens Weidemann*, Rechtsstaatliche Anforderungen an Umweltabgaben, in: DVBl 1999, S. 73 (mit dem Stichwort der „Konzeptkonformität").

367 Vgl. *Joachim Lege*, Wer soll die Grundversorgung mit Post und Telefon bezahlen?, in: DÖV 2001, S. 969; *Thomas von Danwitz*, Die Universaldienstfinanzierungsabgaben im Telekommunikationsgesetz und im Postgesetz als verfassungswidrige Sonderabgaben, in: NVwZ 2000, S. 615; *Michael Elicker*, Die Abgabe nach § 16 des Neuen Postgesetzes als verfassungswidrige Sonderabgabe, in: ArchPT 1998, S. 201. Zu dem aus dem Rundfunkrecht stammenden Begriff „Grundversorgung" vgl. auch BVerfGE 73, 118 – Niedersächsisches Landesrundfunkgesetz.

368 *Roman Merznicht*, Der „Aufsichtsgroschen". Die verfassungsrechtliche Problematik der Finanzierung der Zulassungs- und Aufsichtsfunktionen der Landesmedienanstalten aus der Rundfunkgebühr, 1992, S. 55 f.

sollten staatliche Aufsichtsbehörden über den Privatfunk (Landesmedienanstalten) durch Abzweigung von 2% des Rundfunkgebührenaufkommens finanziert werden (Aufsichtsgroschen)[369], obwohl die Aufsicht über den Privatfunk zur Sicherung von Rundfunkfreiheit und Meinungsvielfalt allgemeine Aufgabe des Staates ist, deswegen grundsätzlich vom Staat selbst oder aber von den Veranlassern der Aufsicht, den Privatfunkunternehmen, zu finanzieren ist[370]. Schließlich sollen private Anbieter von Rundfunksendungen, die ihre Programme ganz oder teilweise durch Werbung oder Entgelte finanzieren, jährlich eine Abgabe für Modellprojekte des nichtkommerziellen lokalen Hörfunks (Modellgroschen) zahlen[371]. Kabelpilotprojekte, Modellversuche des nichtkommerziellen lokalen Hörfunks und Aufsichtsanstalten sollen also durch Programmanbieter, damit mittelbar durch Rundfunkgebühren, durch private Rundfunkentgelte oder durch Werbeentgelte finanziert werden. Die Entstaatlichung des Rundfunkwesens hat eine abgabenrechtliche Finanzierung von Aufsicht und Fortentwicklung des Rundfunkwesens zur Folge. Die öffentliche Hand nimmt sich wiederum in der eigenhändigen Leistungserbringung zurück, sucht aber mit dem Instrumentarium des Abgabenrechts auszugleichen, zu beaufsichtigen, neue Entwicklungen anzustoßen und zu lenken.

120
Ausgleichende Abgaben
Fehlbelegungsabgabe

Schließlich dient das Abgabenrecht als wohlfeiles Instrument, um immer dort finanzwirtschaftlich auszugleichen, wo ein Ausgleichsbedürfnis auftritt. Die Fehlbelegungsabgabe[372] fordert eine dem Bauherrn gewährte, von diesem aber an den Mieter weiterzugebende Subvention vom Mieter zurück, wenn dieser die durch Subvention erreichten Mietzinsvorteile empfängt, ohne weiterhin im sozialen Wohnungsbau wohnberechtigt zu sein. Eine Rückabwicklung der Subventionsleistungen im Rahmen des Subventionsrechtsverhältnisses ist nicht möglich, weil der die Subventionsleistung empfangende Bauherr subventionsberechtigt bleibt, der subventionsbegünstigte Mieter hingegen außerhalb des Subventionsrechtsverhältnisses steht. Das Abgabenrecht kann in derartigen Fällen einer überschießenden staatlichen Gunst[373] Fehlwirkungen eines Leistungsprogramms[374] korrigieren.

121
Feuerschutzabgabe, Vermögensabgabe

Die Feuerschutzabgabe fordert im Rahmen einer allgemeinen Feuerwehrdienstpflicht einen angemessenen Ausgleich von den Dienstpflichtigen, die tatsächlich zur Dienstleistung in der Feuerwehr nicht benötigt werden, die

---

369 *Merznicht* (N 368), S. 42 f.; *Wolfgang Hoffmann-Riem*, Finanzierung und Finanzkontrolle der Landesmedienanstalten, 1994.
370 *Thomas Oppermann/Michael Kilian*, Rechtsgrundsätze der Finanzierung öffentlich-rechtlichen Rundfunks in der dualen Rundfunkverfassung der Bundesrepublik Deutschland, 1989, S. 97 f. Zur Problematik auch der Finanzierung einer Überwachungsbehörde allein durch die überwachten Unternehmen am Beispiel der Umlage aller Kosten nach dem Kreditwesengesetz vgl. BVerwG, in: JZ, 2007, S. 466 ff, mit Anmerkung von *Hanno Kube*, ebd., S. 471 ff.
371 *Gunnar Folke Schuppert*, Zur verfassungsrechtlichen Zulässigkeit von Zwangsabgaben privater Sender, in: ZUM 1995, S. 1 f.
372 BVerfGE 78, 249 (266 ff., 277 ff.) – Fehlbelegungsabgabe.
373 Vgl. *P. Kirchhof* (N 322), S. 384.
374 Zur Zweckbindung des Abgabeaufkommens innerhalb dieses Leistungsprogramms vgl. BVerfGE 78, 249 (269 f.) – Fehlbelegungsabgabe.

deshalb an Stelle der Dienstleistungslast eine Abgabenlast zu tragen haben[375]. Wenn hingegen eine Arbeitsmarktabgabe Beamte mit Kosten der Arbeitsmarktförderung belasten soll[376], so sucht eine solche Abgabe eine Finanzierungsverantwortlichkeit zu begründen, die das beamtenrechtliche Prinzip der ungemessenen, aber angemessenen Alimentation gerade ausschließt. Soweit mit der Wiedervereinigung Deutschlands eine Vermögensabgabe vorgesehen war, die den Entzug von Eigentumspositionen, soweit diese nicht rückgängig gemacht werden sollten oder konnten[377], ausgleichen sollte, gerät der Finanzstaat an die Grenze seiner Leistungs- und Umlagefähigkeit, der das gesamte, in der ehemaligen DDR erlittene Unrecht – an Leib und Leben, an Freiheit, an beruflicher, familiärer und religiöser Entfaltungsfähigkeit, an Freizügigkeit und Freiheit des Denkens – finanzwirtschaftlich kaum ausgleichen kann[378]. Wenn schließlich eine Umweltbelastung durch Dienstfahrzeuge oder Ferienflüge mit einer Ausgleichszahlung für umweltfördernde Rekultivierungsmaßnahmen ausgeglichen werden soll, scheint die Zahlung für eine Schädigung die schädigende Handlung zu legitimieren. Wenn ein Straftäter eine Körperverletzung beginge, dem Verletzten aber gleichzeitig einen Scheck für den Schadensersatz und das Schmerzensgeld überreichte, würde der Täter sich vom Unrechtsvorwurf nicht „freikaufen" können. Der Blick für den Rechtsgüterschutz ist in der Aufmerksamkeit für einen finanziellen Schadensausgleich bedrohlich getrübt.

Andere „Abgaben" finanzieren nicht öffentliche Aufgaben, sondern vermitteln eine private, vertraglich nicht begründbare Entgeltzahlung, regeln damit in der Form einer öffentlich-rechtlich auferlegten Zahlungspflicht einen privatrechtlichen, angemessenen Preis. Wenn die technische Entwicklung von Geräten und Speichermedien darauf angelegt ist, zur Herstellung von Vervielfältigungen genutzt zu werden und damit die Vergütungsansprüche der Urheber leerlaufen zu lassen, suchen pauschale Geräteabgaben diese im Rahmen legaler Kopien entstehenden Verluste für die Urheber auszugleichen, können diesen Verlust dann aber nur in kollektiven Verteilungssystemen nach pauschalen Wahrscheinlichkeitsregeln den einzelnen Urhebern gutschreiben[379].

122
Pauschale Geräteabgabe

Die klassische, aristotelische Unterscheidung zwischen staatlich zugeteilter und privat vereinbarter Gerechtigkeit wird völlig aufgehoben, wenn der Staat den privatvertraglichen Austausch nutzt, um Geld hoheitlich von einem zum anderen Vertragspartner zu übertragen. Im Normalfall nimmt der Staat steu-

123
Quersubvention

---

375 *Jochen Rozek*, Feuerwehrdienstpflicht, Feuerschutzabgabe und die „neue Formel" des Bundesverfassungsgerichts zu Art. 3 Abs. 3 GG, in: BayVBl 1993, S. 646.
376 *Monika Jachmann*, Zur Verfassungsmäßigkeit einer Arbeitsmarktabgabe für Beamte, in: ZBR 1993, S. 133.
377 Vgl. *Klaus Stern/Uwe Aussem*, Die Vermögensabgabe, in: Verw 2 (1994), S. 1 (6 ff.).
378 Vgl. BVerfGE 84, 90 (128 ff.) – Bodenreform I; BVerfGE 84, 133 – Abwicklung von DDR-Einrichtungen, soweit dort Art. 3 GG diskutiert und dann ein Gesamtausgleich gefordert wird.
379 Vgl. BGH, in: NJW 2002, S. 964 f. – Scanner-Urteil; *Jörg Geerlings*, Das Urheberrecht in der Informationsgesellschaft und pauschale Geräteabgaben im Licht der verfassungs- und europarechtlicher Vorgaben, in: GRUR 2004, S. 207; *Christoph Degenhart*, Verfassungsfragen urheberrechtlicher Geräteabgaben nach dem 2. Korb, in: K&R 2006, S. 388.

§ 119 *Achter Teil: III. Finanzwesen*

erlich eine Geldsumme und weist den Steuerertrag später als Subvention einem Berechtigten zu. Bei der Quersubventionierung[380] wählt der Staat einen abgekürzten Zahlungsweg und verpflichtet den einen Vertragspartner, im Vertrag ein höheres Leistungsentgelt zu bezahlen, das den anderen wie eine Subvention begünstigt.

Erneuerbare-Energien-Gesetz

Das Erneuerbare-Energien-Gesetz[381] verpflichtet die Betreiber von Netzen für die allgemeine Stromversorgung, Strom aus erneuerbaren Energiequellen abzunehmen und zu einem gesetzlich überhöhten Mindestpreis zu vergüten. Im Jahre 2005 sind rund 2,7 Milliarden Euro von den Stromversorgern an die Einspeiser von erneuerbarer Energie gezahlt worden. Der Gesetzgeber fördert so finanziell die umweltverträgliche Stromerzeugung aus regenerativer Energie, ohne aber als Steuerbehörde oder als Subventionsbehörde in Erscheinung zu treten. Der staatlich gebotene Geldtransfer wird ausschließlich zwischen Privaten im Rahmen des vertraglichen Entgelts gezahlt.

124
Preisrabatte für Arzneimittel

In einer ähnlichen Methode versucht der Gesetzgeber, die finanziellen Grundlagen der gesetzlichen Krankenversicherung zu konsolidieren. Er legt den Herstellern von Arzneimitteln Preisrabatte auf, um dadurch die Budgets der Krankenversicherungsträger von Ausgaben für Arzneimittel zu entlasten. Das Sozialgesetzbuch ordnet einen Abschlag von 6 % auf Arzneimittel an, die nicht der Festbetragsregelung unterliegen. Damit werden im Jahre 2005 die Pharmaunternehmen mit Umsatzeinbußen von mehr als 500 Millionen Euro belastet[382].

125
Mutterschaftsgeld

Eine der ältesten Formen staatlicher Umverteilung in Vertragsform bietet das Arbeitsrecht, das die Arbeitgeber verpflichtet, die Hauptlast des Mutterschaftsgeldes durch Lohnfortzahlung zu tragen, also die werdende Mutter finanziell abzusichern und ihr dadurch zu gestatten, die Mutterschutzfristen im Dienst ihrer Gesundheit und des Kindes ohne finanzielle Sorgen in Anspruch zu nehmen[383]. Diese Zahlungen, die sich im Jahre 2004 auf rund 1,3 Milliarden Euro beliefen, werden heute in einem Umlagesystem erbracht, das der einzelne Arbeitgeber nicht für seine Arbeitnehmerinnen, sondern für alle Mutter gewordenen Arbeitnehmerinnen erbringt, um den einzelnen Arbeitgeber nicht zu veranlassen, von der Einstellung potentieller Mütter abzusehen. Auch hier werden innerhalb eines Arbeitsrechtsverhältnisses abgekürzt Steuern erhoben und entsprechende Leistungen erbracht, ohne daß die staatliche Verwaltung in Erscheinung träte[384].

126

Der Gesetzgeber hat bei der Erfindung und Fortentwicklung neuer Abgabentypen einen beachtlichen Entscheidungsraum[385], ist nicht in einem verfassungsrechtlich abschließenden Kanon von Abgabetypen gebunden[386]. Den-

---

380 *Hanno Kube/Ulrich Palm/Christian Seiler*, Finanzierungsverantwortung für Gemeinwohlbelange, in: NJW 2003, S. 927.
381 Erneuerbare-Energien-Gesetz (EEG) v. 21.7.2004, in: BGBl I, S. 1918ff.
382 Vgl. § 130a Abs. 1 SGB V.
383 §§ 13, 14 MuSchG sowie § 200 RVO
384 *Kube/Palm/Seiler* (N 380), S. 927 (930ff.).
385 BVerfGE 108, 1 (13f.) – Rückmeldegebühr.
386 BVerfGE 108, 1 (15) – Rückmeldegebühr; BVerfGE 108, 186 (215) – Altenpflegeabgabe; BVerfGE 110, 370 (387) – Klärschlamm-Entschädigungsfonds.

noch ist jede Abgabe dem Grunde, ihrer Ausgestaltung und ihrer Höhe nach in einem verfassungsrechtlichen Rahmen begrenzt. Eine nichtsteuerliche Abgabe bedarf besonderer Rechtfertigung, weil die Steuer das Regelinstrument zur Finanzierung des Staatshaushaltes ist. Eine solche Rechtfertigung beanspruchen die Entgeltabgaben, wenn und soweit die staatliche Leistung den Zahlungsfähigen und Zahlungsbereiten vorbehalten werden darf, außerdem die Abgabe in einer Äquivalenz einer Finanzierungsverantwortung ihre Grenze findet. Vorgefundene Finanzierungsverantwortlichkeiten können als seltene Ausnahme durch Sonderabgaben eingefordert werden, die dann gruppennützig verwendet, ihr Aufkommen dementsprechend in einem Sonderfonds gebunden werden. Daneben steht in der Tradition des deutschen Abgabenrechts die finanziell und strukturell bedeutsame Sozialversicherungsabgabe, die sich im verfassungsrechtlichen Rahmen von Gruppensolidarität, versicherungsrechtlicher Äquivalenz und generationenübergreifender Verteilungsgerechtigkeit bewegt. Gegen alle weiteren Abgaben spricht die widerlegbare Vermutung, daß sie das verfassungsrechtliche System der Abgaben sprengen, deshalb nicht mit dem Grundgesetz vereinbar sind. Diese Vermutung kann insbesondere aus einem finanzwirtschaftlichen Gestaltungsauftrag der jeweiligen Sachkompetenz, einer gleichheitsrechtlichen Vertretbarkeit der sonstigen Abgabe neben den Regelabgaben und einer Zuführung des Abgabenaufkommens in den allgemeinen Staatshaushalt widerlegt werden. Der Abgabenschuldner erwartet Sicherheit in einem folgerichtigen System zusammenwirkender Abgabenlasten. Die Grundrechte fordern ein Gesamtsystem des Rechts, das Verwaltungsrecht und Abgabenrecht sachgerecht und folgerichtig aufeinander abstimmt. Planbarkeit und Stetigkeit der Finanzausstattung der Staatshaushalte verlangen eine einsichtige und übersichtliche gesetzliche Konzeption der Abgaben, die in ihren individuellen Gesamtlasten wie in der finanziellen Befähigung der jeweiligen Gebietskörperschaft allgemein verständlich ist. Die grundrechtlichen Jedermannsrechte drängen auch hier auf das allgemeine, jedem Betroffenen zugängliche und erfahrbare Recht.

Zurück zur Abgabe als Finanzierungsmittel und als Leistungsentgelt

E. Abgabenaufkommen (Tabellen)

Tabelle 1: Die Einnahmen in den Jahren 2004 und 2005 in Mrd. Euro

	aus	Bund 2004	Bund 2005	Länder 2004	Länder 2005	Gemeinden 2004	Gemeinden 2005	insgesamt 2004	insgesamt 2005
1	Steuern	187,0[1]	190,1[1]	163,3[2]	163,9[2]	51,1[3]	54,2[4]	401,4	408
2	Gebühren	1,8[5]	4,7[6]	5,4[7]	5,4[8]	16,1[9]	15,9[10]	23,3	26
3	Beiträgen	–	–	–	–	2,0[9]	1,8[10]	2,0	1
4	Münzeinnahmen	0,26[11]	0,21[12]	–	–	–	–	0,26	0
5	Bundesbankgewinn	0,25[13]	0,68[7]	–	–	–	–	0,25	0
6	Erwerbswirtschaftlicher Tätigkeit	1,01[14]	1,41[8]	4,52[15]	6,98[16]	8,59[17]	8,87[18]	14,12	17
7	Einnahmen insgesamt ohne Kreditaufnahme[19]	212,1	228,6	231,7	235,3	127,2	134,0	571,0	597
8	Kreditaufnahme[20]	39,5[21]	31,2[22]	22,8[21]	21,4[22]	0,9[21]	0,1[22]	63,2	52
9	Nachrichtlich: fundierte Schulden insgesamt	860,2[23]	887,9[24]	454,0[25]	478,9[26]	88,9[27]	88,5[28]	1.403,1	1.455
10	Steueranteil an den Gesamteinnahmen (Zeile 7) in %	88,17	83,16	70,48	69,66	40,17	40,45		
11	Anteil der Gebühren und Beiträge (Zeilen 2 und 3) an den Gesamteinnahmen (Zeile 7) in %	0,85	2,06	2,33	2,29	14,23	13,21		
12	Anteil der erwerbswirtschaftlichen Einnahmen (Zeile 6) an den Gesamteinnahmen (Zeile 7) in %	0,48	0,62	1,95	2,97	6,75	6,62		
13	Anteil der Kreditaufnahme (Zeile 8) an den Gesamteinnahmen (Zeile 7) in %	18,62	13,65	9,84	9,09	0,71	0,07		

1 Finanzbericht 2006, S. 14.
2 Finanzbericht 2006, S. 135.
3 Finanzbericht 2006, S. 136.
4 Finanzbericht 2007, S. 132.
5 Statistisches Bundesamt, Öffentliche Finanzen, Fachserie 14, R 2, 1.– 4. Vierteljahr 2004, S. 76.
6 Statistisches Bundesamt, Öffentliche Finanzen, Fachserie 14, R 2, 1.– 4. Vierteljahr 2005, S. 78.
7 Statistisches Bundesamt, Öffentliche Finanzen, Fachserie 14, R 2, 1.– 4. Vierteljahr 2004, S. 77.
8 Statistisches Bundesamt, Öffentliche Finanzen, Fachserie 14, R 2, 1.– 4. Vierteljahr 2005, S. 79.
9 Finanzbericht 2006, S. 190.
10 Finanzbericht 2007, S. 190.
11 Statistisches Bundesamt, Öffentliche Finanzen, Fachserie 14, R 2, 1.– 4. Vierteljahr 2004, S. 80.
12 Statistisches Bundesamt, Öffentliche Finanzen, Fachserie 14, R 2, 1.– 4. Vierteljahr 2005, S. 82.
13 Finanzbericht 2006, S. 250.
14 Finanzbericht 2006, S. 250.
15 Statistisches Bundesamt, Öffentliche Finanzen, Fachserie 14, R 2, 1.– 4. Vierteljahr 2004, S. 77.
16 Statistisches Bundesamt, Öffentliche Finanzen, Fachserie 14, R 2, 1.– 4. Vierteljahr 2005, S. 79.
17 Statistisches Bundesamt, Öffentliche Finanzen, Fachserie 14, R 2, 1.– 4. Vierteljahr 2004, S. 77.
18 Statistisches Bundesamt, Öffentliche Finanzen, Fachserie 14, R 2, 1.– 4. Vierteljahr 2005, S. 79.
19 In den Einnahmen sind noch weitere, nicht näher aufgeschlüsselte Einnahmen außer den aufgeführten enthalten.
20 Nettokreditaufnahme, also Kreditaufnahme insgesamt abzüglich Tilgungen.
21 Finanzbericht 2007, S. 388.
22 Finanzbericht 2007, S. 389.
23 Stand 31.12.2004. Einschließlich der ab 1.1.1980 mit übernommenen Schulden des Lastenausgleichfonds sowie einschließlich der 1.1.1999 mit übernommenen Schulden des Bundeseisenbahnvermögens, des Ausgleichsfonds „Steinkohle" sowie des Erblastentilgungsfonds, des ERP-Sondervermögens, des Fonds „Deutsche Einheit" und des Entschädigungsfonds, Finanzbericht 2006, S. 384.
24 Stand 31.12.2005. Einschließlich der vom Bund mit übernommenen Schulden des Bundeseisenbahnvermögens, des Ausgleichsfonds „Steinkohle" sowie des Erblastentilgungsfonds, des ERP-Sondervermögens, des Fonds „Deutsche Einheit" und des Entschädigungsfonds, Finanzbericht 2007, S. 391.
25 Finanzbericht 2006, S. 384.
26 Finanzbericht 2007, S. 391.
27 Finanzbericht 2006, S. 384.
28 Finanzbericht 2007, S. 391.

Tabelle 2: Das Gesamtsteueraufkommen und seine Aufteilung auf die einzelnen Gebietskörperschaften in Mrd. Euro

Gesamte Steueraufkommen nach Steuerarten	2004	2005	Aufteilung des Steueraufkommens auf							
			EG		Bund		Länder		Gemeinden	
			2004	2005	2004	2005	2004	2005	2004	2005
Lohnsteuer, veranlagte ESt und Zinsabschlag[1]	136,08	135,67			57,93	57,77	57,93	57,77	20,22	20,13
Nicht veranlagte Steuern vom Ertrag und Körperschaftsteuer[2]	23,04	26,28			11,52	13,14	11,52	13,14	–	–
Umsatzsteuer[3]	137,36	139,75			67,96	74,18	66,55	62,67	2,85	2,90
Mehrwertsteuer-Eigenmittel[4]			2,96	3,26	– 2,96	– 3,26				
					65,00	70,29				
Gewerbesteuer	28,37	32,13	–	–	–	–	–	–	22,71	25,91
Gewerbesteuerumlage[5]					1,46	1,55	4,20[6]	4,67[6]	–	–
Mineralölsteuer	41,78	40,10			41,78	40,10	–	–	–	–
Tabaksteuer	13,63	14,27			13,63	14,27	–	–	–	–
Versicherungsteuer	8,75	8,75			8,75	8,75	–	–	–	–
Kaffeesteuer	1,03	1,00			1,03	1,00	–	–	–	–
Branntweinsteuer	2,19	2,14			2,19	2,14	–	–	–	–
Kraftfahrzeugsteuer	7,74	8,67			–	–	7,74	8,67	–	–
Zölle[7]	3,06	3,38	3,06	3,38						
Gesamt[8]	442,84	452,08	19,64[9]	21,71[9]	186,95	190,18	179,87	180,43	56,38	59,76

Quelle: Statistisches Jahrbuch 2005, S. 572 und 2006, S. 576/577.

[1] Gemäß Art. 106 Abs. 5 S. 1 GG i.V.m. § 1 des Gesetzes zur Neuordnung der Gemeindefinanzen (BGBl I, 1969, S. 1587, zuletzt geändert durch Gesetz v. 26.4.2006, BGBl I, 2006, S. 1090) stehen den Gemeinden 15 % der Lohnsteuer und der veranlagten Einkommensteuer zu. Die restlichen 85 % werden zu gleichen Teilen auf den Bund (42,5 %) und die Länder (42,5 %) aufgeteilt. Die nicht veranlagte Einkommensteuer (Kapitalertragsteuer) wird ohne den Gemeindeanteil gleichmäßig auf den Bund (50 %) und die Länder (50 %) verteilt. Beides ergibt sich aus Art. 106 Abs. 3 S. 2 GG.

[2] Die Körperschaftsteuer wird wie die nicht veranlagte Einkommensteuer zwischen dem Bund und den Ländern hälftig verteilt, Art. 106 Abs. 3 S. 2 GG.

[3] Die Aufteilung ergibt sich aus Art. 106 Abs. 3 S. 2 und Abs. 5 a S. 3 GG i.V.m. § 1 FAG (Gesetz über den Finanzausgleich zwischen Bund und Ländern) in der am 31. Dezember des jeweiligen Ausgleichsjahres geltenden Fassung. Für das Jahr 2004 war der Aufteilungsschlüssel Bund 49,50 %, Länder 48,40 % und Gemeinden 2,10 % und im Jahre 2005 Bund 53,09 %, Länder 44,83 % und Gemeinden 2,08 %.

[4] Auf Grundlage des Art. 269 EGV sind gemäß Art. 2 Abs. 1 Buchstabe a) des Beschlusses des Rates vom 29. September 2000 (2000/597/EG, Euratom – Amtsblatt Nr. L 253 vom 7.10.2000) 0,5 % der einheitlichen Bemessungsgrundlage der Mehrwertsteuer als eigene Mittel der EG an diese abzuführen. Dieser Satz erfährt allerdings noch eine Korrektur nach Abs. 4 Buchstabe b), so daß der effektive Satz im Jahre 2005 lediglich 0,31 % betrug.

[5] Gemäß Art. 106 Abs. 6 S. 4 GG i.V.m. § 6 des Gesetzes zur Neuordnung der Gemeindefinanzen (BGBl I, 1969, S. 1587, zuletzt geändert durch Gesetz v. 26.4.2006, BGBl I, 2006, S. 1090) führen die Gemeinden von dem ihnen gemäß Art. 106 Abs. 6 S. 1 GG zustehenden Gewerbesteueraufkommen eine Gewerbesteuerumlage an den Bund und die Länder ab.

[6] Einschließlich der erhöhten Gewerbesteuerumlage.

[7] Das Aufkommen der Zölle steht zwar gemäß Art. 106 Abs. 1 Nr. 1 GG dem Bund zu, dieser hat das Aufkommen aber gemäß Art. 2 Abs. 1 Buchstabe b) des Beschlusses des Rates vom 29. September 2000 (2000/597/EG, Euratom – Amtsblatt Nr. L 253 vom 7.10.2000) an die EG abzuführen.

[8] Die hier ausgewiesenen Gesamtaufkommen umfassen die Aufkommen aus allen Steuern.

[9] Auf Grundlage des Art. 269 EGV erhalten die Europäischen Gemeinschaften gemäß Art. 2 Abs. 1 Buchstabe d) des Beschlusses des Rates vom 29.9.2000 (2000/597/EG, Euratom – Amtsblatt Nr. L 253 vom 7.10.2000) zusätzlich zu den Zöllen und den Mehrwertsteuer-Eigenmitteln sogenannte Bruttosozialprodukt-Eigenmittel. Im Jahre 2004 betrugen diese 13,59 Mrd. € und im Jahre 2005 15,08 Mrd. €.

§ 119 Achter Teil: III. Finanzwesen

Tabelle 3: Das Beitragsaufkommen der Sozialversicherungen

Mio. Euro

	2003	2004
Beiträge der Versicherten[1]	183.399	185.859
Beiträge der Arbeitgeber[2]	171.471	169.980
Nachrichtlich: Unterstellte Beiträge der Arbeitgeber[3]	71.557	68.814
insgesamt	426.427	424.653

Quelle: Statistisches Jahrbuch 2006, S. 196.

1 Einschließlich Beiträgen, die Institutionen für ihre Leistungsempfänger zahlen.
2 Ohne Berücksichtigung der unterstellten Beiträge der Arbeitgeber.
3 Unterstellte Beiträge bezeichnen den Gegenwert für die Sozialleistungen, die von den Arbeitgebern direkt, also ohne Zwischenschaltung der Sozialversicherung, einer Versicherungsgesellschaft oder einer rechtlich selbständigen Pensionskasse, ohne dass zu diesem Zweck spezielle Fonds oder Rückstellungen gebildet werden, gegenwärtigen oder früheren Arbeitnehmern oder sonstigen Berechtigten gezahlt werden (z. B. Entgeltfortzahlung im Krankheitsfall, Aufwendungen für die betriebliche Altersvorsorge oder die Beihilfe bei Beamten).

Tabelle 4: Das Aufkommen aus den sogenannten „parafiskalischen Abgaben" (überwiegend Sonderabgaben) des Bundes 2004 und 2005 in Mio. Euro[1]

	2004	2005
Filmabgabe der Kino- und Videowirtschaft	38,50	40,60
Bahnpolizeiliche Ausgleichszahlung	63,90	63,90
Verwaltungskostenumlage der Bundesanstalt für Finanzdienstleistungsaufsicht	89,32	78,15
Verwaltungskostenumlage der Bundesanstalt für Finanzdienstleistungsaufsicht im Zusammenhang mit den Kosten des Bilanzkontrollgesetzes	–	9,82
Verwaltungskostenumlage für das Bundesaufsichtsamt für den Wertpapierhandel	0,15	0,00
Verwaltungskostenumlage für das Bundesaufsichtsamt für das Kreditwesen	0,02	19,32
Verwaltungskostenumlage für das Bundesaufsichtsamt für das Versicherungswesen	0,80	–
Finanzierungszuschuss zur Museumsstiftung Post und Telekommunikation	14,20	14,00
Beiträge zur Einlagensicherung und Anlegerentschädigung der Wertpapierhandelsunternehmen bei der Kreditanstalt für Wiederaufbau	3,15	4,28
Beiträge zur Entschädigungseinrichtung deutscher Banken	42,42	59,30
Feldes- und Förderabgabe	454,06	k.A.
Produktionsabgabe Zucker	153,90	272,00
Beiträge zur Absatzförderung der deutschen Land- und Ernährungswirtschaft	92,00	90,50
Beiträge zur Förderung der Forst- und Holzwirtschaft	10,30	12,20
Abgabe für den Deutschen Weinfonds	11,20	11,30
Beitrag zum Klärschlamm-Entschädigungsfonds	7,70	7,30
(Zusatz-)Abgabe im Milchbereich	130,60	136,10
Umlage nach dem Milch- und Fettgesetz	22,70	24,20
Winterbeschäftigungs-Umlage	162,12	143,90
Umlage für das Insolvenzgeld	1511,89	1291,80
Schwerbehindertenausgleichsabgabe	529,70	489,61
Abgabe zur Inbetriebnahme von Güterschiffen und Schubbooten	0,26	–
Investitionszuschlag zur Krankenhaus-Investitionsfinanzierung in den neuen Ländern und Berlin (Ostteil)	151,10	159,30
DRG-Systemzuschlag	4,80	4,60
Zuschlag zur Finanzierung von Ausbildungsstätten und Ausbildungsvergütungen	–	800,00
Fallbezogener Zuschlag für das Institut für Qualität und Wirtschaftlichkeit im Gesundheitswesen	0,70	5,90
Qualitätssicherungszuschläge	18,80	20,00
Abwasserabgabe	k.A.	k.A.
Insgesamt	3514,29	3758,08

Quelle: Bundeshaushaltsplan 2006, S. 86 ff. und 2007, S. 91 ff.

1 Die Nennung einer Abgabe in dieser Liste qualifiziert die Abgabe nicht als Sonderausgabe.

F. Bibliographie

Rüdiger Breuer u. a. (Hg.), Umweltschutz durch Abgaben und Steuern, 1992.
Karl-Heinrich Friauf, Öffentliche Sonderlasten und Gleichheit der Steuerbürger, in: FS für Hermann Jahrreiß, 1974, S. 45 ff.
Jörn Heimlich, Die Verleihungsgebühr als Umweltabgabe, 1996.
Ferdinand Kirchhof, Die Höhe der Gebühr, 1981.
ders., Die Verleihungsgebühr als dritter Gebührentyp, in: DVBl 1987, S. 554 ff.
Paul Kirchhof (Hg.), Umweltschutz im Abgaben- und Steuerrecht, in: DStJG 15, 1993.
Michael Kloepfer, Die lenkende Gebühr, in: AöR 97 (1972), S. 232 ff.
Gertrude Lübbe-Wolff/Bernhard W. Wegener (Hg.), Umweltschutz durch kommunales Satzungsrecht, ^{3}2002.
Dietrich Murswiek, Die Ressourcennutzungsgebühr. Zur rechtlichen Problematik des Umweltschutzes durch Abgaben, in: NuR 1994, S. 170 ff.
Ute Sacksofsky, Umweltschutz durch nicht-steuerliche Abgaben, 2000.
dies./*Joachim Wieland* (Hg.), Vom Steuerstaat zum Gebührenstaat, 2000.
Peter Selmer, Ökologische Steuerreform, Verfassungsrecht und Bundesverfassungsgericht, in: GS für Christoph Trzaskalik, 2005, S. 411 ff.
Christoph Trzaskalik, Inwieweit ist die Verfolgung ökonomischer, ökologischer und anderer öffentlicher Zwecke durch Instrumente des Abgabenrechts zu empfehlen?, in: Verh. des 63. DJT, 2000, Bd. I, E S. 9 ff.
Klaus Vogel, Vorteil und Verantwortlichkeit. Der doppelgliedrige Gebührenbegriff des Grundgesetzes, in: Verantwortlichkeit und Freiheit. FS für Willi Geiger zum 80. Geburtstag, 1989, S. 518 ff.
Martin Wasmeier, Umweltabgaben und Europarecht, 1995.
Rudolf Wendt, Die Gebühr als Lenkungsmittel, 1975.
Joachim Wieland, Die Konzessionsabgaben, 1991.
Dieter Wilke, Gebührenrecht und Grundgesetz, 1973.

§ 120
Staatshaushalt

Markus Heintzen

Übersicht

	Rn.		Rn.
A. Begriff, Rechtsgrundlagen und juristische Problemfelder des Staatshaushalts	1– 8	E. Haushaltsplan und Haushaltsgesetz	50–57
		I. Rechtswirkungen des gesetzlich festgestellten Haushaltsplans	53–56
B. Historische Vorprägung – Geltungsgeschichte der Art. 109 ff. GG – europäische Perspektiven	9–14	II. Rechtswirkungen des Haushaltsgesetzes im übrigen	57
		F. Haushaltskreislauf	58–75
C. Haushaltsfunktionen	15–21	I. Budgetinitiative der Bundesregierung	61–62
I. Allgemeines	15–16	II. Budgetentscheidung des Gesetzgebers	63–71
II. Finanzpolitische Funktion	17	1. Verfahren nach Art. 110 Abs. 3 GG	63–66
III. Politische Funktion	18	2. Besondere Verfahren	67–71
IV. Kontrollfunktion	19–20	a) Nothaushalt (Art. 111 GG)	68
V. Wirtschaftspolitische Funktion	21	b) Über- und außerplanmäßige Ausgaben (Art. 112 GG)	69–71
D. Haushaltsgrundsätze	22–49	III. Budgetvollzug	72–75
I. Allgemeines	22–24	1. Verantwortung der Bundesregierung	72–73
II. Einzelne verfassungsrechtliche Haushaltsgrundsätze	25–49	2. Mitwirkungsrechte des Bundestages	74–75
1. Vollständigkeit und Einheit des Haushalts	25–30	G. Finanzplanung	76–83
2. Bruttoprinzip	31	I. Verfassungsauftrag	76
3. Sachliche und zeitliche Spezialität	32–36	II. Gesetzliche Ausgestaltung	77–81
4. Haushaltsklarheit, -wahrheit und -öffentlichkeit	37–41	III. Politische Bedeutung	82–83
		H. Finanzkontrolle	84–96
5. Vorherigkeit und Jährlichkeit des Haushalts	42–43	I. Träger und Arten	85–88
		II. Gegenstand und Maßstäbe	89–91
6. Formelle Ausgeglichenheit des Haushalts	44–46	III. Wirkungsweisen	92–93
		IV. Entlastung	94–96
7. Gesamtdeckung und Nonaffektation	47	I. Reform der öffentlichen Haushaltswirtschaft	97
8. Wirtschaftlichkeit und Sparsamkeit	48	J. Bibliographie	
9. Konkurrenzen der Haushaltsgrundsätze	49		

A. Begriff, Rechtsgrundlagen und juristische Problemfelder des Staatshaushalts

1   Der Staatshaushalt[1] ist ein von der Regierung aufgestellter, notwendig durch förmliches Gesetz beschlossener Plan. In ihm werden für eine bestimmte Periode, in der Regel ein Kalenderjahr, vorab grundsätzlich alle (voraussichtlichen und überwiegend anderenorts normierten) Einnahmen und Ausgaben in Geld[2] systematisch und spezifiziert aufgeführt sowie die Exekutive zu Ausgaben und Verpflichtungen ermächtigt[3]. Es handelt sich um ein kompliziertes Rechenwerk, das die Planung, Bewirtschaftung, Buchung, Abrechnung und Kontrolle dieser Einnahmen und Ausgaben betrifft. In diesem Beitrag sind nur die staatsrechtlichen Grundlagen, nicht die haushaltsrechtlichen Ausgestaltungen und nicht die volkswirtschaftlichen Dimensionen darzustellen[4]. Prägende Elemente des Staatshaushaltsrechts sind die Budgethoheit des Parlaments[5], also des Bundestages[6], und die Grundsätze der Vollständigkeit, Einheit und Ausgeglichenheit. Der Staatshaushalt hat nach der klassischen Darstellung von Fritz Neumark[7] eine finanzpolitische, eine politische, eine kontrollierende und eine wirtschaftspolitische Funktion.

Budgethoheit des Parlaments

2   „Staat" sind der Bund und die Länder, deren Haushaltswirtschaft gemäß Art. 109 Abs. 1 GG selbstständig und voneinander unabhängig ist, deren Haushaltsrecht gemäß Art. 109 Abs. 3 GG aber gemeinsamen Grundsätzen

---

1 Synonym „Budget" oder „Etat". Zu Etymologie und Zusammenhang dieser Begriffe vgl. die einschlägigen Artikel in HRG und in *Friedrich Kluge*, Etymologisches Wörterbuch der deutschen Sprache, 1989. Zur Etymologie des Wortes „Finanzen" → Bd. II, *Vogel*, § 30 Rn. 1.
2 Zu dem Zusammenhang von staatlicher Haushaltswirtschaft und Geldwirtschaft *Christoph Gröpl*, Haushaltsrecht und Reform, 2001, S. 14 (m. weit. Nachw.).
3 Ähnliche Definition bei *Bert Rürup*, Öffentlicher Haushalt, in: StL[7], Sp. 107.
4 Nützliche Auflistung von Fachbegriffen des Haushaltsrechts (einschließlich des Gruppierungsplans) bei *Gröpl* (N 2), S. 607ff.; zur Bedeutung der Finanzwissenschaft siehe ebd., S. 6 f. mit Fn. 20. – Aus dem Lehrbuchbereich der finanzwissenschaftlichen Literatur, deren Umfang der staatsrechtlichen nicht nachsteht, vgl. *Charles Blankart*, Öffentliche Finanzen in der Demokratie, [5]2003; *Dieter Brümmerhoff*, Finanzwissenschaft, [8]2001; *Dieter Cansier/Stefan Bayer*, Einführung in die Finanzwissenschaft, 2003; *Gerhard Graf*, Grundlagen der Finanzwissenschaft, [2]2005; *Horst Zimmermann/Klaus-Dirk Henke*, Finanzwissenschaft, [8]2001. Eine stärkere gegenseitige Berücksichtigung und Befruchtung von Finanzverfassungsrecht und Finanzwissenschaft wird zwar oft gefordert, angesichts des Umfangs und der Komplexität beider Bereiche stellt sie aber eine enorme Aufgabe dar. Vgl. insoweit aus juristischer Sicht *Anne van Aaken*, „Rational Choice" in der Rechtswissenschaft, 2003; *Bernd Grzeszick*, Läßt sich eine Verfassung kalkulieren?, in: JZ 2003, S. 647 ff.; *Oliver Lepsius*, Die Ökonomik als neue Referenzwissenschaft für die Staatsrechtslehre?, in: Die Verwaltung 32 (1999), S. 429 ff.
5 Zur Haushaltshoheit *Werner Heun*, Staatshaushalt und Staatsleitung, 1989, S. 18 ff., 151 ff.; vgl. auch *Gröpl* (N 2), S. 71, aber auch ebd., S. 280 ff., wo vom „Mythos parlamentarischer Budgetsteuerung" gesprochen wird. Zweifel an der Budgethoheit auch bei *Josef Isensee*, Budgetrecht des Parlaments zwischen Schein und Sein, in: JZ 2005, S. 971 ff., der Stimmen zitiert (S. 972 rechte Spalte), wonach der Etat nur ein Zahlenfriedhof und Budgethoheit Fossil der Verfassungsgeschichte und Verfassungsfolklore sei, und der andererseits von einem sakrosankten Element der Verfassungsordnung (S. 972 linke Spalte) spricht. → Oben *Waldhoff*, § 116 Rn. 122 ff.
6 Zur Rolle des Bundesrates, der gemäß Art. 50 GG an der Bundesgesetzgebung mitwirkt, der gemäß Art. 77 Abs. 1 S. 1 GG Bundesgesetze aber nicht beschließt und dem bei Haushaltsgesetzen nur ein Einspruchsrecht zusteht, s. u. Rn. 66.
7 *Fritz Neumark*, Der Reichshaushalt, 1929, S. 15 ff.; *ders.*, Theorie und Praxis der Budgetgestaltung, in: HdbFW, [2]1952, S. 554 ff. Näheres s. u. Rn. 15 ff.

folgt. Die Begriffe „Staatshaushalt" und „öffentlicher Haushalt" sind nicht synonym. Der Begriff „öffentlicher Haushalt" ist weiter, weil er, neben den Haushalten von Bund und Ländern, auch die Haushalte der juristischen Personen der mittelbaren Staatsverwaltung umfaßt, insbesondere die kommunalen Haushalte[8] und die Haushalte der Sozialversicherungsträger[9]. Weiterhin spielt das Haushaltswesen der Europäischen Gemeinschaft in der Wirtschafts- und Währungsunion eine zunehmend wichtige Rolle[10]. Staatshaushaltsrecht und öffentliches Haushaltsrecht ähneln einander in ihrer kameralistischen Ausgestaltung[11], auch in ihren Grundsätzen[12]; Staatshaushaltsrecht ist aber materielles Verfassungsrecht, deutsches öffentliches Haushaltsrecht im übrigen Verwaltungsrecht[13], das für einfachgesetzliche Reformvorhaben im Rahmen des Neuen Steuerungsmodells flexibler ist. Nur im Staatshaushaltsrecht geht es um das Verhältnis von Verfassungsorganen, im wesentlichen Bundestag und Bundesregierung, und in diesem Sinne um Politik. Dieser Abgrenzung sollte nicht entgegengehalten werden, sie orientiere sich formal an Rechtsträgern, denn Geld benötigt eben klare, centgenaue Zuordnungen[14].

Staatshaushaltsrecht und öffentlicher Haushalt

Die Ausgrenzung der mittelbaren Staatsverwaltung, von privatrechtsförmiger Verwaltung, allgemeiner privatrechtsförmiger Betätigung des Bundes[15] sowie von nicht rechtsfähigen Bundesbetrieben und Sondervermögen aus dem Staatshaushalt führt zwar für Bundestag und Bundesregierung zu einem Einflußverlust, doch genau dies ist Sinn von Dezentralisierung und Privatisierung. Das Staatshaushaltsrecht vollzieht hier politische Entscheidungen und deren verfassungsrechtliche Rechtfertigung nach. Nicht-Etatisierung bei Dezentralisierung oder Privatisierung ist nicht geboten, wohl erlaubt; bei Etatisierung trotz Dezentralisierung oder Privatisierung muß der Gesetzgeber sich fragen, ob seine Regelung nicht widersprüchlich ist.

3

Nicht-Etatisierung bei Dezentralisierung oder Privatisierung

---

8 Zu den kommunalen Haushalten siehe *Hermann Pünder*, Haushaltsrecht im Umbruch. Eine Untersuchung am Beispiel der Kommunalverwaltung, 2003.
9 Vgl. z. B. *Volker von Wahl/Eckhardt Zenker*, Das Haushaltsrecht der Bundesanstalt für Arbeit, ³2000.
10 Haushaltsrecht der EG und Staatshaushaltsrecht sind voneinander noch so unabhängig, daß für eine Darstellung des deutschen Staatshaushaltsrechts hier eine Verweisung auf die einschlägigen Normen, im wesentlichen die Art. 246 ff. und 268 ff. EGV und auf einschlägige Literatur genügt. Vgl. etwa *Ulrich Häde*, Finanzausgleich in der Europäischen Union, 2000; *Kommission der EG* (Hg.), Die Finanzverfassung der Europäischen Union, 2002; *Max Lienemeyer*, Die Finanzverfassung der Europäischen Union, 2002; *Matthias Rossi*, Europäisches Parlament und Haushaltsverfassungsrecht, 1997; *Christian Waldhoff*, Probleme des europäischen Finanzausgleichs im Lichte der Erweiterung der Europäischen Union, in: ZEuS 2000, S. 201 ff.
11 Teilweise sind die Normen identisch. Die BHO findet gemäß ihrem § 105 Abs. 1 auf bundesunmittelbare juristische Personen des öffentlichen Rechts grundsätzlich Anwendung.
12 Zu den Haushaltsgrundsätzen vgl. die Bund, Länder und Gemeinden zusammenfassende systematische Gesamtdarstellung von *Robert Heller*, Haushaltsgrundsätze für Bund, Länder und Gemeinden, 1998.
13 Zum Grenzfall der Bundesbetriebe und der Sondervermögen im Sinne von Art. 110 Abs. 1 S. 1 GG s. u. Rn. 28. Zu den Sondervermögen im Sinne von Art. 115 Abs. 2 GG → unten *Isensee*, § 122 Rn. 19; *Pünder* Rn. 74 ff.
14 Die Begriffe „Haushaltsträger" und „Rechtsträger" unterscheiden sich im übrigen in Randbereichen: *Gröpl* (N 2) , S. 47 f.
15 Zu Beliehenen *Thomas Puhl*, Budgetflucht und Haushaltsverfassung, 1996, S. 119 ff.; zu Verwaltungshelfern *Martin Burgi*, Funktionale Privatisierung und Verwaltungshilfe, 1999, S. 177.

4
Haushaltsverfassung

Finanzverfassung

Das Haushaltswesen des Bundes ist Thema der Art. 109–115 GG, mit Art. 110 GG als zentraler Bestimmung[16]. Dieser Teil des X. Abschnitts des Grundgesetzes wird darum als „Haushaltsverfassung" bezeichnet; er bildet zusammen mit der bundesstaatlichen Finanzverfassung in den Art. 104a–109 GG[17] die Finanzverfassung. Der X. Abschnitt des Grundgesetzes ist damit, wie der VII. und VIII. Abschnitt, zweigeteilt; der eine Teil betrifft das Verhältnis von Bund und Ländern, der andere Interna des Bundes[18]. Solche Einteilungen und Bezeichnungen haben eine Orientierungsfunktion, keine juristische Relevanz; sie sind nicht trennscharf und müssen dies nicht sein[19]. Art. 109 GG gehört zu beiden Komplexen, weil er das Verhältnis von Bund und Ländern betrifft, wie die Art. 104a–108, im Unterschied zu den Art. 110–115 GG, bei denen es nur um Angelegenheiten des Bundes geht, und weil er zugleich Fragen des Haushaltswesens regelt, wie die Art. 110–115, im Unterschied zu den Art. 104a–108, die Einnahmen und Ausgaben gesondert in den Blick nehmen[20]. Dem Vermögens- und Schuldenrecht gebührt eine Sonderstellung außerhalb von Haushaltsperioden; es ist langfristiger. Anders als eine ungeschriebene Finanzverfassung gibt es keine ungeschriebene Haushaltsverfassung; die ungeschriebene Finanzverfassung[21] soll grundrechtlich-rechtsstaatliche Schranken der Besteuerungsgewalt enthalten; die Haushaltsverfassung dagegen hat das Verhältnis des Staates zu Individuen und ihren Unternehmen gerade nicht im Blick; überdies passen ungeschriebene, Abwägungen erfordernde Prinzipien schlecht in ein so technisches Rechtsgebiet, das seinen Akteuren grundsätzlich abwägungsresistente Kompetenzen und sicherlich abwägungsresistente Gelder zuweist[22].

5
Einfachgesetzliche Konkretisierung

Die Vorgaben des Grundgesetzes werden konkretisiert im Kern durch das Haushaltsgrundsätzegesetz (HGrG)[23], die Bundeshaushaltsordnung (BHO)[24], die für den Bund die §§ 2–48 HGrG übernimmt, das Gesetz über den Bun-

---

16 Zu letzterem BVerfGE 79, 311 (329). Ebenso *Christoph Gröpl*, in: BK, Art. 110 Rn. 5.
17 Außerhalb des X. Abschnitts des Grundgesetzes gehören zur Finanzverfassung noch die Art. 91a, 91b, 120, 120a, 134 und 135. → Oben *Waldhoff*, § 116 Rn. 57 ff.
18 Zu dieser Zweiteilung s. nur *Johannes Hellermann*, in: von Mangoldt/Klein/Starck, GG III, Art. 104a Rn. 1.
19 Zu solchen begrifflichen Orientierungen vgl. *Klaus Ulsenheimer*, Untersuchungen zum Begriff „Finanzverfassung", 1969; *Klaus Vogel/Christian Waldhoff*, in: BK, vor Art. 104a Rn. 1 ff.
20 Zur systematischen Zuordnung von Art. 109 GG, der zum Teil als Scharnier bezeichnet wird, *Gröpl* (N 2), S. 11 f.; *Werner Heun*, in: Dreier, GG III, Art. 109 Rn. 10; *Christian Hillgruber*, in: v. Mangoldt/Klein/Starck, GG III, Art. 109 Rn. 4; *Jens-Peter Schneider*, in: GG-AK³, vor Art. 104a Rn. 2; alleinige Zuordnung zum Haushaltsverfassungsrecht bei *Michael Rodi*, in: BK, Art. 109 Rn. 41; alleinige Zuordnung zur föderalen Finanzverfassung bei *Herbert Fischer-Menshausen*, in: v. Münch/Kunig, GGK III, 1996, Art. 109 Rn. 1.
21 Prägend *Klaus Vogel*, Das ungeschriebene Finanzrecht des Grundgesetzes, in: GS für Wolfgang Martens, 1987, S. 265 ff.; weiter *Vogel/Waldhoff* (N 19), Rn. 36.
22 Hierzu grundsätzlich *Andreas Heusch*, Der Grundsatz der Verhältnismäßigkeit im Staatsorganisationsrecht, 2003. Auf diese Fragen ist bei den Haushaltsgrundsätzen (s. u. Rn. 23) zurückzukommen.
23 Vom 19. 8. 1969 (BGBl I, S. 1273), zuletzt geändert durch Art. 63 des Dritten Gesetzes für moderne Dienstleistungen am Arbeitsmarkt vom 23. 12. 2003 (BGBl I, S. 2848).
24 I.d.F. vom 19. 8. 1969 (BGBl I, S. 1284), zuletzt geändert durch Art. 3 des Gesetzes vom 17. 6. 1999 (BGBl I, S. 1334).

desrechnungshof (BRHG)[25], das Gesetz zur Förderung der Stabilität und des Wachstums der Wirtschaft (StabG)[26], das Bundeswertpapierverwaltungsgesetz[27], durch den Einigungsvertrag (Art. 21–24 Evtr)[28] sowie durch praktisch bedeutsame Allgemeine Verwaltungsvorschriften des Bundesministers der Finanzen zur Bundeshaushaltsordnung (mit Anhängen; VV-BHO)[29]. Neben diesen Regelungen, die auf unbestimmte Zeit gelten, ist auf nur befristet gültige Vorschriften in den Haushaltsgesetzen oder in sogenannten Haushaltsbegleitgesetzen hinzuweisen, um den Überblick über die Rechtsquellen des Staatshaushaltsrechts des Bundes zu komplettieren[30]. Das Haushaltsgrundsätzegesetz und Teile des Stabilitäts- und Wachstumsgesetzes verpflichten als Grundsatzgesetze nach inzwischen weitgehend unstreitiger Ansicht, in Durchbrechung des Grundsatzes „Lex posterior derogat legi priori", auch den späteren Bundesgesetzgeber, es sei denn, dieser ändert das Haushaltsgrundsätzegesetz (HGrG) oder das Stabilitätsgesetz (StabG) selbst; seinen Grund findet das nicht darin, daß Grundsatzgesetze eine normenhierarchisch eigene Kategorie wären, sondern darin, daß Art. 109 Abs. 3 GG dies materiell-rechtlich so anordnet[31]. Bundeshaushaltsordnung und Bundeshaushaltsgesetz sind dagegen gleichrangig.

Das deutsche Haushaltsrecht ist spätestens seit dem 15. und dem 20. Gesetz zur Änderung des Grundgesetzes[32] unitarisch; die Normen von Bund und Ländern stimmen zum Teil wörtlich überein[33]; föderale Besonderheiten sind selten. Geringfügige Divergenzen ergeben sich daraus, daß die Landesverfassungen den Haushaltskreislauf der jeweiligen Staatsorganisation anpassen müssen; Abweichungen finden sich sodann bei der Finanzkontrolle, dem Vermögensrecht und dem Recht öffentlicher Unternehmen. Diese Unitarisierung paßt zu dem gesamtstaatlichen Steuerverbund.

6
Unitarisierung des deutschen Haushaltsrechts

Der Staatshaushalt und sein Verfassungsrecht haben eine respektable, inzwischen wohl aber auch belastende[34] Tradition. Beleg für seine aktuelle Bedeutung[35] sind allein das Finanz- und das Textvolumen, beim Bundeshaushalt

7

---

25 I.d.F. vom 11.7.1985 (BGBl I, S. 1445), zuletzt geändert durch Art. 17 des Bundesdisziplinarrechts-Neuordnungsgesetzes vom 9.7.2001 (BGBl I, S. 1510).
26 Vom 8.6.1967 (BGBl I, S 582), zuletzt geändert durch Art. 101 der Achten Zuständigkeitsanpassungsverordnung vom 25.11.2003 (BGBl I, S. 2304). Aufzählung einschlägiger Vorschriften bei *Gröpl* (N 2), S. 40.
27 Vom 11.12.2001 (BGBl I, S. 3519). Durch dieses Gesetz sind die zum Teil vorkonstitutionellen Rechtsgrundlagen der Bundesschuldenverwaltung abgelöst worden.
28 Vom 31.8.1990 (BGBl II, S. 889).
29 Rundschreiben des BMF vom 14.3.2001 (GMBl 2001, S. 307), zuletzt geändert durch Rundschreiben des BMF vom 22.7.2004 (GMBl 2005, S. 286).
30 Hinsichtlich des Rechts der Bundesländer und ihrer Kommunen vgl. *Klaus Grupp*, Haushaltsrecht, in: Norbert Achterberg/Günter Püttner/Thomas Würtenberger (Hg.), Besonderes Verwaltungsrecht, ²2000, Bd. II, § 19 Rn. 12 ff. Zum Bund s. a. *Gröpl* (N 2), S. 30 ff.; *ders.* (N 16), Art. 110 Rn. 58 ff.
31 Vgl. nur *Rodi* (N 20), Art. 109 Rn. 351 ff.; Kritik bei *Heun* (N 20), Art. 109 Rn. 33; *Helmut Siekmann*, in: Sachs, GG-Komm., ³2003, Art. 109 Rn. 38 ff.
32 Vom 12.5.1969 (BGBl I, S. 357) bzw. 8.6.1967 (BGBl I, S. 581).
33 Vgl. aber *Gröpl* (N 2), S. 38: „... für den rechtsvergleichenden Haushaltspraktiker steckt der Teufel im Detail ...", mit Beispielen auf S. 38 f.
34 Zu letzterem auch *Gröpl* (N 2), S. 583 ff.
35 Zu der aktuellen Bedeutung des Staatshaushalts stehen seine nicht seltene Geringschätzung oder Nichtbeachtung in der Rechtswissenschaft in einem unverständlichen Kontrast; zu letzterem auch *Gröpl* (N 2), S. 2.

2005 gut 2.800 Seiten[36]. Im Jahr 2005 standen im Bundeshaushalt voraussichtliche Einnahmen von 232 Mrd. Euro (plus 22 Mrd. Euro Kredite) voraussichtlichen Ausgaben in Höhe von 254 Mrd. Euro gegenüber; der Haushalt von Nordrhein-Westfalen als einwohnerreichstes Bundesland brachte es 2005 auf ein Ausgabenvolumen von gut 47 Mrd. Euro, derjenige der Freien Hansestadt Bremen als kleinstes Bundesland auf 2,76 Mrd. Euro und derjenige der EU/EG auf 116,5 Mrd. Euro. In der Gegenwart sind allerdings auch Bedeutungsverluste nicht zu übersehen: Der das Staatshaushaltsrecht ursprünglich prägende Gegensatz von Parlament und Regierung[37] hat sich zu einem Gegensatz von Regierungsmehrheit im Parlament und Regierung einerseits und Opposition andererseits abgeschwächt[38]. Das Parlament ist nicht mehr Anwalt von Wirtschaftlichkeit und Sparsamkeit, der im Interesse kostenbewußter Bürger eine ausgabenfreudige Exekutive zu begrenzen hätte, sondern, insbesondere im Hinblick auf demokratische Wahlen, eine Institution, deren Ausgabefreudigkeit selbst Gegenstand verfassungsrechtlicher Beschränkungsversuche ist, wie des Budgetinitiativmonopols der Bundesregierung gemäß Art. 110 Abs. 3 GG oder des – politisch bedeutungslosen – Zustimmungsvorbehalts der Bundesregierung bei parlamentarisch veranlaßten Ausgabenerhöhungen oder Einnahmenminderungen gemäß Art. 113 GG. Für ein Gemeinwesen, das sich, wie die Bundesrepublik Deutschland, seit 40 Jahren an das Schuldenmachen gewöhnt hat[39], wird Haushaltswirtschaft nicht essentiell sein. Dem öffentlichen Haushaltsrecht, vor Jahrzehnten noch Vorbild, haben das Rechnungslegungs- und Bilanzrecht sowie das Kapitalmarktrecht der Privatwirtschaft den Rang inzwischen abgelaufen, so die Doppik der Kameralistik[40], die Wirtschaftsprüfung der öffentlichen Finanzkontrolle.

8
Haushaltsverfassungsrecht beschränkt sich, wie alles Verfassungsrecht, auf Grundsätze, und dies in zwei Hinsichten. Es entscheidet Macht-, Zuständigkeits-, Verfahrens- und Formfragen im Verhältnis der Verfassungsorgane und installiert eine Kontrolle; es macht sodann inhaltliche Vorgaben für das Haushaltsrecht, das ihm im Rang nachgeht. Das erste betrifft den Haushaltskreis-

---

36 Das erste preußische Budget von 1821 (s. u. N 46) bringt es dagegen nur auf fünf Seiten. Vor gut 100 Jahren, 1905, umfaßte der Reichshaushalt 1433 Seiten, von denen ca. 70 % auf Militär und Kolonien entfielen. Der Regierungsentwurf des Reichshaushalts für 1927 umfaßte 1.420 Druckseiten; vgl. *Wolfgang Spielhagen/Arndt Jessen*, Der Reichshaushalt 1927, S. 14. Vgl. weiter *Wolfgang Heindl*, Die Haushalte von Reich, Ländern und Gemeinden in Deutschland von 1925 bis 1933, 1984. Die Anzahl der Haushaltsstellen in neueren Bundeshaushalten wird von *Hermann Dommach*, in: Ernst Heuer, Kommentar zum Haushaltsrecht, Bd. I, § 35 BHO Rn. 4 (Stand: November 2003), mit 6.900 (ohne Bezugsjahr) angegeben; vgl. dazu auch, kritisch zum Spezialitätsgrundsatz, *Gröpl* (N 2), S. 168 Fn. 183.
37 Vgl. *Horst Dreier*, Der Kampf um das Budgetrecht als Kampf um die staatliche Steuerungsherrschaft – Zur Entwicklung des modernen Haushaltsrechts, in: Wolfgang Hoffmann-Riem/Eberhard Schmidt-Aßmann (Hg.), Effizienz als Herausforderung an das Verwaltungsrecht, 1998, S. 59ff., dem zufolge die Bedeutung des Budgethoheit sich mit der Zunahme parlamentarischen Einflusses im übrigen relativiert habe (ebd., S. 88).
38 Nicht unterschätzt werden darf der rechtlich nicht greifbare fraktionsübergreifende Korpsgeist der „Haushälter" im Bundestag. Vgl. z. B. *Heun* (N 5), S. 341 f.
39 Statistisches Material bei *Hans-Günter Henneke*, Öffentliches Finanzwesen. Finanzverfassung, ²2000, Rn. 539 ff.
40 Hierzu *Gröpl* (N 2), S. 380 ff.

lauf, die Finanzplanung und -kontrolle[41], das zweite die Haushaltsgrundsätze[42]. Beides kommt zusammen bei Haushaltsplan und Haushaltsgesetz[43]; beides steht in einer Wechselbeziehung zu den Haushaltsfunktionen[44].

B. Historische Vorprägung – Geltungsgeschichte der Art. 109 ff. GG – europäische Perspektiven

Das geltende Staatshaushaltsrecht ist traditionsgeprägt und bietet damit der historischen Methode der Verfassungsinterpretation zahlreiche Anknüpfungen[45]. Als bis heute grundsätzlich unangefochtene Zusammenfassung der Geschichte sind die Vollständigkeit und die Einheit des Budgets sowie die Budgethoheit des Parlaments anzusehen, die sich in Deutschland später als in den Zentralstaaten Frankreich und Großbritannien herausgebildet haben, aber bis zum Ende des 19. Jahrhunderts entwickelt waren. Der „allgemeine Etat"[46] ist die Abkehr von einem unübersichtlichen Nebeneinander verschiedener Kassen des Landesherrn, die aus unterschiedlichen Quellen gespeist wurden und die jeweils unterschiedlichen Quellen dienten[47]. „Allgemeiner Etat" bedeutet eine Verstetigung und eine Steigerung der öffentlichen Einnahmen und Ausgaben, an denen insbesondere das Bürgertum parlamentarisch beteiligt sein wollte. Steuerbewilligungs-, heute Steuer- und Haushaltsrecht haben gemeinsame verfassungsgeschichtliche Wurzeln[48], die bis heute, etwa in dem Bezug der Besteuerung auf Veranlagungszeiträume[49] oder in der Rückwirkungsdogmatik des Steuerrechts[50], nachwirken. Den Anfang einer sich bis in die Gegenwart fortsetzenden und in ihren Grundzügen kontinuierlichen Entwicklung bildet Art. 99 der revidierten preußischen Verfassung vom

9

„Allgemeiner Etat"

Revidierte preußische Verfassung von 1850

---
41 S. u. Rn. 58 ff., 76 ff.
42 S. u. Rn. 22 ff. Das Budgetmonopol der Bundesregierung gehört nicht zu den Haushaltsgrundsätzen, weil es nicht den Inhalt des Haushalts betrifft, sondern das Haushaltsverfahren; a. A. *Gunter Kisker*, Staatshaushalt, in: HStR IV, ²1999 (¹1990), § 89 Rn. 58.
43 S. u. Rn. 50 ff.
44 S. u. Rn. 15 ff.
45 Ausführlich *Karl Heinrich Friauf*, Der Staatshaushaltsplan im Spannungsfeld zwischen Parlament und Regierung, Bd. I, 1968, der die Entwicklung vom Frühkonstitutionalismus bis 1933 darstellt. Kürzer *Klaus Stern*, Das Staatsrecht der Bundesrepublik Deutschland, Bd. II, 1980, § 45 III (S. 1064 ff.); → oben *Waldhoff*, § 116 Rn. 121.
46 So die Bezeichnung in der Gesetzsammlung für die Preußischen Staaten von 1821, S. 48 ff. Volltitel: „Allgemeiner Etat der Einnahmen und Ausgaben für den gewöhnlichen Staatsbedarf in dem Jahre 1821".
47 Zur aktuellen Problematik von Nebenhaushalten s. u. Rn. 28. Das Nebeneinander hat sich bis heute in der Sozialversicherung erhalten; zum Risikostrukturausgleich in der gesetzlichen Krankenversicherung vgl. BVerfGE 113, 167.
48 Nachw. bei *Markus Heintzen*, in: v. Münch/Kunig, GGK III, vor Art. 110 Rn. 15.
49 Vgl. auch *Gröpl* (N 2), S. 151. Zum Konzept einer nachgelagerten Besteuerung *Christian Dorenkamp*, Nachgelagerte Besteuerung von Einkommen, Besteuerungsaufschub für investive Reinvermögensmehrungen, 2004.
50 Ansätze, diese von Veranlagungszeiträumen zu lösen und stärker dispositionsschutzbezogen auszugestalten, in: BVerfGE 97, 67 und 105, 17.

31. Januar 1850: „Alle Einnahmen und Ausgaben des Staates müssen für jedes Jahr im voraus veranschlagt und auf den Staatshaushalts-Etat gebracht werden. Letzterer wird jährlich durch ein Gesetz festgestellt."[51]

10 Preußischer Budgetkonflikt

Die Feststellung durch Gesetz erfolgte gemäß Art. 62 Abs. 1 der Preußischen Verfassung gemeinschaftlich durch den König, das Herrenhaus und das Haus der Abgeordneten. Dies führte zu dem haushaltstypischen Problem, daß Exekutive (damals König) und Volksvertretung (Haus der Abgeordneten) sich nicht einigen können, aber „das Staatsleben auch nicht einen Augenblick stillstehen kann"[52]. In Preußen hat es, ausgelöst durch politischen Streit über eine Vergrößerung des Heeres, von 1862 bis 1866 kein Budget gegeben; die Exekutive hat in dieser Zeit die Staatsgeschäfte ohne Budget geführt. Dieser Zustand, der preußische Budget-, später Verfassungskonflikt[53], im September 1866 durch Indemnitätsgesetz pragmatisch[54] beendet[55], könnte heute nicht mehr eintreten, weil die Regierung sich in der Regel auf eine parlamentarische Mehrheit wird stützen können, weil sie kaum vier Jahre gegen das Parlament überleben könnte, weil in diesen vier Jahren die Budgetpflicht vor dem Bundesverfassungsgericht durchgesetzt worden wäre und weil der seit 1949 unveränderte Art. 111 GG Vorsorge für kürzere Konflikte trifft. Heute hört das Staatsrecht hier nicht mehr auf[56] und ein vergleichbarer politischer Konflikt ist heute in einer parlamentarischen Parteiendemokratie irreal.

11 Reichsverfassungen von 1871 und 1919

Die Reichsverfassung von 1871 übernahm in Art. 69 zwar weitgehend die Formulierung des Art. 99 der revidierten preußischen Verfassung von 1850; Gesetzgeber waren aber nur noch Reichstag und Bundesrat, nicht mehr die Krone. Auch Art. 85 Abs. 1 und 2 WRV lehnte sich an die Formulierung seiner Vorgänger an; der Reichsrat hatte jedoch kein Vetorecht mehr, sondern nur noch ein Einspruchsrecht, wobei der Reichstag zur Zurückweisung eines Einspruchs gemäß Art. 74 Abs. 3 S. 4 WRV immerhin eine Zweidrittelmehrheit aufbieten mußte[57]. Die Zurückdrängung des föderalen Organs hat sich im Parlamentarischen Rat fortgesetzt. Für den Bundesrat ist es zwar beim Einspruchsrecht geblieben; ein Einspruch kann gemäß Art. 77 Abs. 4 S. 1 GG aber grundsätzlich mit der Mehrheit der Mitglieder des Bundestages zurückgewiesen werden.

---

51 PrGS 1850, S. 17 ff.; abgedruckt u. a. bei *Ernst Rudolf Huber*, Quellen zum Staatsrecht der Neuzeit, Bd. I, 1951, S. 209 ff.
52 Zitat aus der Rede Otto von Bismarcks in der Adreßdebatte des preußischen Abgeordnetenhauses vom 27.1.1863, abgedruckt bei *Ernst Rudolf Huber*, Deutsche Verfassungsgeschichte seit 1789, Bd. III, ³1988, S. 310.
53 → Bd. I, *Wahl*, § 2 Rn. 41 ff.; *E. R. Huber*, § 4 Rn. 15. Aus finanzrechtlicher Sicht *Gröpl* (N 16), Rn. 15 ff.
54 Zu Labands Budgettheorie, die nach Beilegung des Konflikts veröffentlicht worden ist, s. u. Rn. 52.
55 Text bei *Huber* (N 51), S. 315.
56 So der berühmte Kommentar zu dem damaligen Konflikt: „Das Staatsrecht hört hier auf." (*Georg Meyer/Gerhard Anschütz*, Lehrbuch des deutschen Staatsrechts, ⁷1919, S. 906).
57 Das Einspruchsrecht des Reichsrats war – so *Johannes Heckel*, Die Budgetverabschiedung, insbesondere die Rechte und Pflichten des Reichstags, in: Anschütz/Thoma, Bd. II, S. 392 (401) – praktisch bedeutungslos, weil der Reichsrat nicht wegen einer Meinungsverschiedenheit über einzelne Positionen das Schicksal des ganzen Etats in Frage zu stellen gewagt hätte.

1949 war das Staatshaushaltsrecht kein Bereich verfassungsrechtlicher Innovation oder grundsätzlicher Kontroverse, letzteres weder im Verhältnis der politischen Parteien noch im Verhältnis zu den westlichen Siegermächten des Zweiten Weltkriegs. Art. 109 GG war zunächst mit seiner auf den heutigen Absatz 1 beschränkten Regelung betont föderalistisch, was sich aber nicht hat durchsetzen lassen. Die Kernvorschrift des Art. 110 GG steht in der Tradition von Art. 85 WRV. Die Vorschrift des Art. 111 GG schafft Klarheit hinsichtlich des Nothaushaltsrechts. Die Art. 112, 114 und 115 GG lassen sich der Sache nach auf die Reichshaushaltsordnung von 1922 zurückverfolgen. Art. 113 GG, der Zustimmungsvorbehalt der Bundesregierung bei finanzwirksamen Gesetzen, nach seinem Urheber im Parlamentarischen Rat auch Lex Höpker-Aschoff genannt[58], ist zwar neu, könnte aber wegen praktischer Bedeutungslosigkeit folgenlos gestrichen werden.

12
Tradition der Regelungen im Grundgesetz

Auch seither hat sich wenig geändert[59]. Von 42 Änderungen des Grundgesetzes, die es bis 2005 gegeben hat, betreffen nur zwei diese Materie, nämlich das 15. und das 20. Änderungsgesetz zum Grundgesetz[60]. Deren Hauptneuerung, ein Bekenntnis zum Keynesianismus, betrifft Art. 109 GG, dessen Absätze 2–4 1969 angefügt worden sind, während der heutige Art. 109 Abs. 1 GG mit dem ursprünglichen Art. 109 GG identisch ist, sowie Art. 115 GG, der 1969 umfassend geändert worden ist. Diese Änderungen haben aber inzwischen mit dem Niedergang ihrer wirtschaftswissenschaftlichen Grundlage erheblich an Bedeutung eingebüßt[61], Art. 115 GG auch in Konkurrenz mit den jedenfalls tatbestandlich präziseren Vorgaben in Art. 104 EGV und dem Protokoll über das Verfahren bei einem übermäßigen Defizit. In Art. 110 GG sind Abs. 3 und Abs. 4 S. 2 neu[62], Art. 111 wurde nie geändert, die Änderungen bei den Art. 112–114 GG berühren nicht deren Grundaussagen, sondern betreffen Details[63]. Die Wiedervereinigung Deutschlands, die Schaffung einer europäischen Wirtschafts- und Währungsunion, Versuche, die Effizienz der staatlichen Verwaltung durch Privatisierungen und Wettbewerbsstrukturen zu steigern[64], schließlich die Wirtschaftskrise der letzten Jahre haben die volkswirtschaftlichen Grundlagen und den rechtlichen Bezugsrahmen des Haushaltsverfassungsrechts zwar verändert, nicht aber dieses selbst. Die von der europäischen Integration insbesondere in den Art. 104 und 121 EGV geforderte Konvergenz ist weniger eine rechtliche als eine flexible haushaltspolitische Größe[65]; es geht

13
Bekenntnis zum Keynesianismus

Änderungen im Grundgesetz

---

58 Dazu *Rudolf Werner Füßlein*, in: JöR N.F. 1 (1951), S. 816.
59 Zu den Reformen des unterverfassungsrechtlichen Haushaltsrechts Ende der 60er und Ende der 90er Jahre des 20. Jahrhunderts s. *Gröpl* (N 2), S. 185 ff., 213 ff., 219 ff.
60 S. o. N 23 f.
61 U. a. *Beate Jochimsen*, Ökonomische Analyse der exzessiven Verschuldung von Landeshaushalten am Beispiel der Verfassungswidrigkeit des Berliner Haushalts, in: DÖV 2004, S. 511 ff. Vgl. auch *Detmar Doering*, War Keynes ein Keynesianer?, in: Cicero 2005, Heft 8, S. 94 f.
62 Vgl. die Übersicht bei *Gröpl* (N 16), Art. 110 Rn. 4.
63 Vgl. *Heintzen* (N 48), Art. 112 Rn. 2; Art. 113 Rn. 2; Art. 114 Rn. 2.
64 Zum Haushaltsverfassungsrecht insoweit *Andreas Musil*, Wettbewerb in der staatlichen Verwaltung, 2005, S. 169 ff., 205 ff.
65 Zu ihrer Berücksichtigung in der deutschen Finanzplanung § 51a HGrG; dazu *Lars Micker*, Deutsche Umsetzung der EG-rechtlichen Stabilitätsanforderungen, in: ZRP 2004, S. 229 ff.; *Rodi* (N 20), Art. 109 Rn. 602 ff.

um die Vermeidung übermäßiger öffentlicher Defizite in den Mitgliedstaaten und um das Verhältnis von Gemeinschaftshaushalt und nationalen Haushalten.

14
Staatshaushalt der DDR

Die DDR war für die deutsche Verfassungsgeschichte eine haushaltsverfassungsrechtliche Sackgasse. Der Staatshaushaltsplan wurde in der Verfassung von 1968/74 nicht erwähnt[66]. In einem politischen System ohne Gewaltenteilung war das konsequent. Anders ist das Bild auf der Ebene des Gesetzesrechts. Im Sozialismus war der Staatshaushalt ein Kernstück der Staatsfinanzen und ein wichtiges Leitungsinstrument[67]. Der Zentralismus des Staatshaushaltsrechts der DDR läßt milder über bundesdeutsche Nebenhaushalte denken, denn diese sind auch Spiegel einer offenen und pluralistischen Gesellschaft. In der DDR gab es schließlich eine Staatliche Finanzrevision, deren Personal zum Teil vom Bundesrechnungshof übernommen worden ist.

C. Haushaltsfunktionen

I. Allgemeines

15

Der Staatshaushalt hat mit Zahlenwerken privatwirtschaftlicher Rechnungslegung gemeinsam, daß ihnen Funktionen[68] in uneinheitlicher Terminologie und Systematik zugeschrieben werden. Dies sind beim Staatshaushalt nach einer 1929 von Neumark vorgestellten, seither fortgeschriebenen, terminologisch variierten und konkreten Verfassungen angepaßten Einteilung (1) die finanzpolitische Funktion (synonym Bedarfsdeckungs-, Koordinierungs-, Planungs- oder Steuerungsfunktion), (2) die politische Funktion (synonym Gestaltungs-, Programm- oder Staatslenkungsfunktion), (3) die Kontrollfunktion (synonym juristische Funktion), (4) die wirtschaftspolitische Funktion.

Vier Funktionen

16

Nach den Funktionen richten sich zunächst die Grundsätze des Haushaltsrechts und der Inhalt des Haushaltsplans. So ist die unterschiedliche rechtliche Ausgestaltung öffentlicher Haushalte und privatwirtschaftlicher Rechnungslegung mit unterschiedlichen Funktionen leicht zu erklären. Funktionen sind

---

66 Vgl. *Georg Brunner*, Das Staatsrecht der Deutschen Demokratischen Republik, in: HStR I, ²1995 (¹1987), § 10 Rn. 39. Ausführlich *Klaus Fuchs*, Haushaltsrecht und Haushaltswirtschaft in der DDR, in: Die Verwaltung 13 (1980), S. 213 ff.; *Johannes Gurtz/Gotthold Kaltofen*, Der Staatshaushalt der DDR, ²1982; *Herwig E. Haase*, Deutsche Demokratische Republik, Finanz- und Steuersystem, in: Handwörterbuch des Steuerrechts, Bd. I, ²1981, S. 345 ff.; *Erwin Rohde/Heinz Fengler*, Der Staatshaushalt der DDR, 1959. Art. 9 Abs. 4 der DDR-Verfassung von 1968/74 sprach lediglich von einem „Finanzsystem"; die Staatshaushaltsordnung der DDR (vom 13.12.1968, GBl I, S. 383 ff.) enthielt dagegen Haushaltsgrundsätze, die denen des bundesdeutschen Haushaltsgrundsätzegesetzes nicht fremd sind.
67 Artikel „Staatshaushalt", in: Meyers Neues Lexikon, Bd. XIII, 1976, S. 94 (95).
68 Zur Privatwirtschaft vgl. etwa *Klaus Ruhnke*, Rechnungslegung nach IFRS und HGB, 2005, S. 3 ff. Zu den Funktionen speziell des deutschen Einzelabschlusses *Jens Berberich*, Ein Framework für das DRSC. Modell einer verfassungskonformen gesellschaftlichen Selbststeuerung im Bilanzrecht, 2002; *Stefan Thiele/Jörn Stellbrink/Stefan Ziesemer*, Einführung, in: Jörg Baetge/Hans-Jürgen Kirsch/Stefan Thiele (Hg.), Bilanzrecht, Losebl., Ordner 1, Rn. 21 ff. – Zu weiteren Funktionen *Gröpl* (N 2), S. 87 ff.

sodann Richtpunkte für die teleologische Interpretationsmethode; deren Sinnfrage tut einem zum Formalen tendierenden Gebiet wie dem Haushaltsrecht gut. Die Funktionen haben normativen Gehalt, sind im wesentlichen aus den Art. 109–115 GG abzuleiten und zum Teil in den §§ 2 HGrG, 2 BHO niedergelegt. Als Grundsätze müssen sie berücksichtigen, daß im Haushaltsrecht, als centgenauem Recht, für Abwägungen weniger Raum ist; als Grundsätze können sie aber auch verhindern, daß Präzision so übertrieben wird, daß Zwecke aus dem Blick geraten[69].

Normativer Gehalt

II. Finanzpolitische Funktion

Gemäß Art. 110 Abs. 1 S. 2 GG[70] ist der Haushalt in Einnahme und Ausgabe auszugleichen. Der gesamte Finanzbedarf für eine Haushaltsperiode muß durch Einnahmen, notfalls Krediteinnahmen, gedeckt sein. Aus dieser finanzpolitischen Haushaltsfunktion ergibt sich keine Begrenzung der staatlichen Kreditaufnahme. Aus ihr ergibt sich keine Abhängigkeit von Ausgaben, faktisch oder rechtlich zwingend oder fakultativ, von Einnahmen oder umgekehrt. Da Einnahmen und Ausgaben als Gesamtgrößen einander gegenübergestellt werden, steht sie einer Verknüpfung bestimmter Einnahmen mit bestimmten Ausgaben entgegen (Prinzip der Nonaffektation)[71].

17

Prinzip der Nonaffektation

III. Politische Funktion

Der Staatshaushalt wird – auf der Ausgabenseite – als ziffernmäßig exakter Ausdruck des politischen Handlungsprogramms der Regierung bezeichnet[72]. Der Haushaltsplan ist nicht nur ein Wirtschaftsplan, sondern zugleich ein staatsleitender Hoheitsakt[73]. Das ist mit politischer Funktion gemeint. Im Haushaltsplan spiegeln sich die umfangreichen, in der zweiten Hälfte des 20. Jahrhunderts stark, möglicherweise über das finanzierbare Maß hinaus gestiegenen Aufgaben des sozialen Rechtsstaats und die so zu erklärende hohe Staatsquote[74]. In ihm spiegelt sich weiter das Ringen der politischen Kräfte um knappe finanzielle Ressourcen. In der politischen Funktion finden sich der Einfluß von Parlament und Öffentlichkeit wieder. Ein Haushalt ist nicht nur Spiegel eines Programms, sondern selbst Programm, etwa indem er anderenorts formulierten Aufgaben und Zielen eine konkrete finanzielle

18

Haushaltsplan als staatsleitender Hoheitsakt

---

69 Kritik zieht vor allem der Spezialitätsgrundsatz auf sich; *Gröpl* (N 2), S. 168, spricht von einer Eutrophierung des Spezialitätsgedankens, sogar von Spezialisationswahnsinn (S. 258).
70 Vgl. auch §§ 8 Abs. 2 HGrG, 11 Abs. 2 BHO.
71 S. u. Rn. 47.
72 BVerfGE 79, 311 (329). Näher *Stern* (N 45), § 49 II 3 c (S. 1198) m. weit. Nachw., auch älterer und nicht juristischer Literatur in Fn. 38.
73 BVerfGE 45, 1 (32); 70, 324 (355); 79, 311 (328 f.).
74 Zu diesem Begriff und seinen Variablen (insbesondere Einbeziehung von Sozialversicherungen oder öffentlichen Unternehmen, Einbeziehung von Transfer- oder Zinszahlungen, Periodisierung von Zu- und Abflüssen) *Cansier/Bayer* (N 4), S. 30 ff.; *Klaus Staender*, Lexikon der öffentlichen Finanzwirtschaft, ⁶2004, S. 387 ff.

§ 120 *Achter Teil: III. Finanzwesen*

Gestalt gibt. Letzteres muß freilich dahin eingeschränkt werden, daß im Haushalt vielfach Einnahmen und Ausgaben nur registriert werden, die in anderen Rechtsnormen dem Grunde oder auch der Höhe nach festgeschrieben sind[75]. Stellt ein Haushalt nicht genügend Geld bereit, um gesetzlich begründete Ansprüche Dritter gegen die öffentliche Hand zu befriedigen, so vermögen die vorhandenen Haushaltsansätze solche Ansprüche nicht zu beschränken; dieses unstreitige Ergebnis wird teils normhierarchisch, teils mit der nur formellen Gesetzeskraft des Haushalts, teils mit den §§ 3 Abs. 2 HGrG bzw. BHO als Kollisionsregeln, teils mit der Annahme über- oder außerplanmäßiger Ausgaben begründet[76]. Die „freie Spitze", die nicht durch Rechtsnormen außerhalb des Haushalts festgelegten Ausgaben (zwangsläufige Ausgaben), ist gering; zuverlässige Zahlen gibt es zwar nicht[77], doch dürfte sie auf keinen Fall mehr als 10 % der Gesamtsumme ausmachen.

Keine Beschränkungsfunktion

IV. Kontrollfunktion

19

Haushaltsplan und Haushaltsgesetz sind nicht nur die Grundlage, sondern auch eine Grenze der staatlichen Haushaltswirtschaft. Sie sind Maßstab für deren Kontrolle auf Wirtschaftlichkeit und Ordnungsmäßigkeit (Art. 114 Abs. 2 S. 1 GG). Das ist mit „Kontrollfunktion" gemeint. „Wirtschaftlichkeit" umfaßt in der Sprache des Haushaltsrechts die sachliche Richtigkeit. „Wirtschaftlich" bedeutet entweder, ein vorgegebenes Ergebnis mit möglichst wenig Mitteln zu erreichen (Minimalprinzip) oder mit vorgegebenen Mitteln ein möglichst gutes Ergebnis zu erreichen (Maximalprinzip). Das Minimalprinzip stimmt, nach überwiegender Ansicht, mit dem Grundsatz der Sparsamkeit überein. Wirtschaftlichkeit und Sparsamkeit sind formale Optimierungsgebote, die fordern, daß optimiert wird, aber nicht festlegen, was optimiert werden soll. Die normative Kraft dieser Gebote sollte darum nicht überschätzt werden[78]. Ordnungsmäßigkeit umfaßt rechnerische Richtigkeit und die Einhaltung der Regeln von Kameralistik, Gesetz und Verfassung. In diesem Kriterium steckt latent ein bürokratisches, seinem Anliegen widersprechendes Potential. Es hat gute Gründe, daß Art. 114 Abs. 2 S. 1 GG, von der alphabetischen Reihenfolge abweichend, erst die Wirtschaftlichkeit und dann die Ordnungsmäßigkeit nennt.

Wirtschaftlichkeit durch Minimal- oder Maximalprinzip

---

75 In diesem Sinne bezeichnet *Gunnar F. Schuppert*, Die Steuerung des Verwaltungshandelns durch Haushaltsrecht und Haushaltskontrolle, in: VVDStRL 42 (1984), S. 216 (218f.), das Haushaltsrecht als Verfahrensrecht des Finanzstaates, in welchem Einnahmen, überwiegend Steuereinnahmen, und Ausgaben, überwiegend Ausgaben des Leistungsstaates, aufeinander abgestimmt werden.

76 Zuletzt *Gröpl* (N 2), S. 81 f., der dies an anderer Stelle (ebd., S. 155) als Grund dafür nennt, daß das Haushaltsrecht in Schwindsucht verfalle und zwischen Abgaben- und Leistungssphäre aufgezehrt werde.

77 Vgl. die schon älteren Zahlen bei *Heinrich Koller*, Der öffentliche Haushalt als Instrument der Staats- und Wirtschaftslenkung, 1983, S. 200 f.; *Ekkehard Moeser*, Die Beteiligung des Bundestages an der staatlichen Hoheitsgewalt, 1978, S. 74 ff., 124 ff. Noch geringere Prozentwerte nennt *Gröpl* (N 2), S. 155.

78 Vgl. *Walter Krebs*, Kontrolle in staatlichen Entscheidungsprozessen, 1984, S. 186; ihm folgend *Musil* (N 64), S. 82. Zu den noch abstrakteren Kriterien der Effektivität und der Effizienz vgl. *Wolfgang Hoffmann-Riem*, Einleitende Problemskizze, in: ders./Eberhard Schmidt-Aßmann (Hg.), Effizienz als Herausforderung an das Verwaltungsrecht, 1998, S. 11 ff.; *Walter Leisner*, Effizienz als Rechtsprinzip, 1971; *Eberhard Schmidt-Aßmann*, Effizienz als Herausforderung an das Verwaltungsrecht, in: Hoffmann-Riem/ders. (N 78), S. 245 ff.

Die Kontrollfunktion hat aber nicht nur eine retrospektive, sondern auch eine politisch-prospektive Dimension: Die Bundesregierung muß sich jedes Jahr dem Bundestag stellen. Hinzu kommt, politisch von deutlich geringerem Gewicht, die parlamentarische Entlastung. Finanziell ist die Bundesregierung damit vom Bundestag abhängig.

20
Politisch-prospektive Dimension

V. Wirtschaftspolitische Funktion

Eine wirtschaftspolitische Funktion erhält der Staatshaushalt durch den Versuch, die von ihm wegen seines Volumens unvermeidbar ausgehenden volkswirtschaftlichen Effekte in den Dienst politischer Ziele, zum Beispiel der Arbeitsmarkt- oder der Konjunkturpolitik, zu stellen. Art. 109 Abs. 2 GG instrumentalisiert den Staatshaushalt für eine antizyklische Fiskalpolitik nach dem Leitbild der Theorie von John M. Keynes[79]; sie verpflichtet den Staat, damit auch den Staatshaushalt, auf das Leitbild eines (die einzelnen Volkswirtschaften isoliert betrachtenden) gesamtwirtschaftlichen Gleichgewichts, das gemäß § 1 StabG in einem optimalen Balancezustand von vier Größen bestehen soll („magisches Viereck"): Stabilität des Preisniveaus, hoher Beschäftigungsstand, außenwirtschaftliches Gleichgewicht, stetiges und angemessenes Wirtschaftswachstum. Diese Theorie, Ende der 1960er Jahre in Deutschland en vogue, ist volkswirtschaftlich und wirtschaftspolitisch längst überholt[80], im Grundgesetz steht sie freilich noch immer[81]. Die Konsequenz aus dieser positivrechtlich nicht zu ändernden Tatsache kann nur eine deutliche Warnung sein, Verfassungsrecht zu eng an solche Theorien zu binden. Pragmatisch behilft man sich damit, sie im Rahmen von Ermessen zu ignorieren oder selektiv zu nutzen, etwa zur Rechtfertigung der Überschreitung der Kreditobergrenze des Art. 115 Abs. 1 S. 2, 1. Hs. GG[82]. Eine bleibende Bedeutung hat die gesamtwirtschaftliche Unitarisierung des Haushaltswesens von Bund und Ländern. In der Versenkung verschwunden sind jedoch die im Stabilitätsgesetz vorgesehenen haushaltspolitischen Instrumente. Zwischen der sogenannten wirtschaftspolitischen Funktion des Staatshaushalts und den sogenannten Sozialzwecken von Steuern gibt es Parallelen. Im Haushalts- wie im Steuerrecht ist die Versuchung des Staates groß, seine verfassungsrechtlich nur schwach gezügelte Finanzmacht für außerfiskalische Zwecke zu nutzen, auch wenn er von letzteren möglicherweise wenig versteht. Im Haushaltsrecht ist der Staat damit offensichtlich gescheitert; dafür sind die negativen rechtlichen Effekte solcher Instrumentalisierung gering. Im Steuerrecht ist es noch umgekehrt.

21

Gesamtwirtschaftliches Gleichgewicht

Parallelen zu Sozialzwecken von Steuern

---

79 *John Maynard Keynes*, The General Theory of Employment, Interest and Money, London 1936; → unten *Pünder*, § 123 Rn. 8.
80 Deutliches Signal ist, daß seit mehr als drei Jahrzehnten von keinem der Kommentare zum StabG eine Neuauflage erschienen ist: *Alex Möller* (Hg.), Kommentar zum Gesetz zur Förderung der Stabilität und des Wachstums der Wirtschaft, ²1969; *Klaus Stern u. a.*, Gesetz zur Förderung der Stabilität und des Wachstums der Wirtschaft, ²1972.
81 Dazu *Heintzen* (N 48), Art. 109 Rn. 2.
82 Vgl. *Jochimsen* (N 61). – Skeptisch schon *Kisker* (N 42), § 89 Rn. 21.

D. Haushaltsgrundsätze

I. Allgemeines

22

Erkenntnisse der Finanzwissenschaft und -politik

Haushaltsgrundsätze sind Rechtsnormen, die für den Inhalt von Haushaltsplänen verfassungsrechtliche oder grundsatzgesetzliche Anforderungen aufstellen und in den Haushaltsordnungen von Bund und Ländern übernommen und ausgestaltet werden[83]. Die Haushaltsgrundsätze dienen den Haushaltsfunktionen[84]. Sie können als verbindliche Zusammenfassung von Erkenntnissen der Finanzwissenschaft und der Finanzpolitik verstanden werden und sind, dank ihrer Flexibilität, deren Brücken in das Haushaltsverfassungsrecht; letzteres kann an Budgetierung bis zu Globalbudgets verdeutlicht werden, die die Wirtschaftlichkeit des Haushaltsvollzugs steigern sollen, aber mit dem Spezialitätsgrundsatz abgestimmt werden müssen.

23

Keine klare Aussage zur Rechtsnatur

Die Bezeichnung „Grundsätze" beschreibt zunächst ihre systematische Stellung im Haushaltsrecht. Die Bezeichnung „Grundsätze" bringt sodann zum Ausdruck, daß einige von ihnen, jedenfalls in der Verfassung, nicht ausdrücklich niedergelegt sind, sondern durch Verfassungsinterpretation erschlossen werden müssen, so die Grundsätze der Klarheit und Wahrheit. Die Bezeichnung „Grundsätze" enthält keine klare Aussage zur Rechtsnatur[85]. Im Sinne der rechtstheoretischen Unterscheidung von Regeln und Prinzipien[86] handelt es sich überwiegend um Regeln, die entweder starr einzuhalten oder die mit ausdrücklichen Ausnahmen versehen sind; Optimierungsgebote sind dagegen der Grundsatz der Haushaltsklarheit und, zum Teil, der Grundsatz der Spezialität. Einheitlich für alle Haushaltsgrundsätze gültige Aussagen über ihre Rechtsnatur sind nicht möglich[87]; dies betrifft insbesondere die Rechtfertigung von Ausnahmen und die Rechtsfolgen von Verstößen; der Grundsatzbegriff ist haushaltsverfassungsrechtsspezifisch. Die Bezeichnung „Grundsatz" läßt schließlich keinen Rückschluß auf die Rechtsquelle zu: Haushaltsgrundsätze können formell Verfassungsrecht sein; Haushaltsgrundsätze können aber auch Gesetzesrecht sein[88], wobei der Begriff der Grundsatzgesetzgebung

---

83 Grundsatzgesetzliche Anforderungen sind für Bund und Länder verbindlich, verfassungsrechtliche Anforderungen nur für den jeweiligen föderalen Verband. Zum Teil werden Haushaltsgrundsätze nach Kriterien wie Inhalt und Form, Rahmen oder System eingeteilt. Von ihnen zu unterscheiden sind Grundsätze, die den Haushaltsvollzug betreffen, z. B. die Ordnungsmäßigkeit der Haushaltswirtschaft, oder Grundsätze, die nicht nur die Haushaltswirtschaft betreffen, z. B. Art. 109 Abs. 2 GG.
84 Insoweit die Kontrollfunktion in den Vordergrund stellend *Gunnar F. Schuppert*, in: Dieter Umbach/Thomas Clemens (Hg.), Grundgesetz. Mitarbeiterkommentar und Handbuch, Bd. II, 2002, Art. 110 Rn. 26.
85 *Kisker* (N 42), § 89 Rn. 61, spricht von Soll-Vorschriften. Den Diskussionsstand zusammenfassend *Gröpl* (N 2), S. 97 ff.; *ders.* (N 16), Art. 110 Rn. 149 ff.; *Heintzen* (N 48), Art. 110 Rn. 13.
86 Vgl. *Jan-Reinard Sieckmann*, Regelmodelle und Prinzipienmodelle des Rechtssystems, 1990.
87 Dies ist nicht als Argument gegen das Grundsätzekonzept gemeint. Selbst der Grundsatz der Verhältnismäßigkeit harmonisiert das grundrechtliche Schrankenregime nur im Ansatz und bedarf vielfältiger einzelgrundrechtlicher Konkretisierung.
88 Gesamtübersicht, nach verfassungsrechtlichen und nicht-verfassungsrechtlichen Grundsätzen gegliedert ist, bei *Gröpl* (N 2), S. 92 ff., mit dem berechtigten Hinweis, daß die Trennung beider Normebenen zum Teil schwierig ist (ebd., S. 96).

weniger haushaltsrechtlich als bundesstaatsrechtlich geprägt ist (Art. 109 Abs. 3 GG).

24
Verfassungsrechtliche Haushaltsgrundsätze

Der Kreis der verfassungsrechtlich niedergelegten oder ableitbaren Haushaltsgrundsätze liegt fest. Die Liste dieser Grundsätze weist bei allen Wechselbezügen und Überschneidungen wenig sachlichen Zusammenhang auf; sie enthält, was dem Verfassunggeber als besonders wichtig erscheint. Als solche Haushaltsgrundsätze werden bei leicht schwankender Terminologie genannt[89]:

– der Grundsatz der Vollständigkeit des Haushalts
  (Art. 110 Abs. 1 S. 1 GG)[90],
– der Grundsatz der Einheit des Haushalts (Art. 110 Abs. 1 S. 1 GG),
– das Bruttoprinzip (Art. 110 Abs. 1 GG),
– der Grundsatz der sachlichen und zeitlichen Spezialität
  (Art. 110 Abs. 1 S. 1 GG),
– der Grundsatz der Klarheit und Wahrheit des Haushalts
  (Art. 110 Abs. 1 S. 1 GG),
– der Grundsatz der Vorherigkeit des Haushalts (Art. 110 Abs. 2 S. 1 GG),
– der Grundsatz der Jährlichkeit des Haushalts (Art. 110 Abs. 2 GG),
– der Grundsatz der Öffentlichkeit des Haushalts (Art. 110 Abs. 1 S. 1 und Abs. 2 S. 1 GG),
– der Grundsatz der Ausgeglichenheit des Haushalts
  (Art. 110 Abs. 1 S. 2 GG),
– der Grundsatz der Gesamtdeckung (Verfassungsnatur streitig[91]),
– das Bepackungsverbot (Art. 110 Abs. 4 GG)[92],
– der Grundsatz der Wirtschaftlichkeit und Sparsamkeit
  (Art. 114 Abs. 2 S. 1 GG).

In diese Liste wird üblicherweise der Grundsatz der Subordination des Haushaltsplans unter die Rechtsnormen über die in ihn einzustellenden Einnahmen oder Ausgaben, zum Beispiel Steuern oder Beamtengehälter, nicht aufgenommen; der Grundsatz „Lex posterior derogat legi priori" gilt im Verhältnis zwischen Leistungsgesetzen und Haushaltsgesetzen nicht. Dieser Grundsatz betrifft unmittelbar nicht den Inhalt, sondern die Rechtsnatur des Plans, hat auf den Inhalt aber erhebliche Auswirkungen. Gleiches gilt für Grundsätze der Gesetzesförmigkeit oder der fehlenden Drittwirkung des Haushalts.

---

89 Ausführlich *Gröpl* (N 16), Art. 110 Rn. 77 ff., mit einer zusammenfassenden Übersicht der Grundsätze und ihrer Durchbrechungen (ebd., Rn. 148).
90 Synonyme Bezeichnungen: „Universalitäts-" und „Veranschlagungsgrundsatz".
91 Vgl. *Heintzen* (N 48), Art. 110 Rn. 6.
92 Wegen des Zusammenhangs mit Haushaltsplan und Haushaltsgesetz wird auf das Bepackungsverbot erst in Teil E. bei Rn. 57 eingegangen.

II. Einzelne verfassungsrechtliche Haushaltsgrundsätze

1. Vollständigkeit und Einheit des Haushalts

25

Sicherung der Budgethoheit des Parlaments

Der Vollständigkeitsgrundsatz gebietet, alle zu erwartenden Einnahmen und alle voraussichtlichen Ausgaben und Verpflichtungsermächtigungen[93], kurz: alle etatmäßigen Aktivitäten[94] in den Haushaltsplan einzustellen. Der dem Vollständigkeitsgrundsatz dienende Einheitsgrundsatz gebietet, daß es nur einen Staatshaushalt gibt, in dem Einnahmen und Ausgaben auszugleichen sind, nicht eine schwerer überblickbare Mehrzahl. Beide Grundsätze bezwecken, die Budgethoheit des Parlaments zu sichern, der Öffentlichkeit und den mit Finanzplanung und Finanzkontrolle befaßten Institutionen einen lückenlosen Überblick über das Budget zu ermöglichen, die Haushaltsdisziplin zu wahren und, nicht zuletzt, die Bildung von Sonderetats zu erschweren[95], aus denen Sonderinteressen unauffälliger befriedigt werden können. Das Bundesverfassungsgericht hat ausgeführt, der Vollständigkeitsgrundsatz aktualisiere auch den fundamentalen Grundsatz der Gleichheit der Bürger bei der Auferlegung öffentlicher Lasten und sei damit eine wesentliche Ausprägung rechtsstaatlicher Demokratie[96].

26

Verbot schwarzer Kassen

Ganz praktisch ergibt sich aus dem Vollständigkeitsgrundsatz das Verbot sogenannter schwarzer Kassen, Schattenhaushalte, Geheimfonds[97] und dergleichen der Exekutive, die Geldflüsse am Parlament vorbei ermöglichen. Soweit es sich dabei um kleinere Beträge handelt, haben schwarze Kassen, gemessen am Zweck der Haushaltsgrundsätze, aber kein Verfassungsniveau, sondern sind gegebenenfalls Verstöße gegen einfaches Recht. Aus dem Zweck der Haushaltsgrundsätze ergibt sich für das Verfassungsrecht, nicht notwendig für das „einfache" Haushaltsrecht, ein Bagatellvorbehalt. Reservefonds für „Unvorhergesehenes" sind wegen Art. 112 GG nicht erforderlich.

27

Einnahmen und Ausgaben

Einnahme und Ausgabe sind haushaltsrechtliche Fachbegriffe[98]. Einnahmen sind alle im Haushaltsjahr kassenmäßig eingehenden Deckungsmittel, ohne Rücksicht auf Art oder Herkunft, ohne durchlaufende Posten und ohne Kassenverstärkungskredite. Ausgaben sind alle im Haushaltsjahr bei Fälligkeit getätigten Geldzahlungen und vergleichbare Finanztransaktionen, nicht die

---

93 Zu diesem Begriff *Gröpl* (N 2), S. 59 f. Zu der Frage, ob der verfassungsrechtliche Vollständigkeitsgrundsatz (nicht nur das unterverfassungsrechtliche Haushaltsrecht) auch die Veranschlagung aller Verpflichtungsermächtigungen gebietet, anders *Hillgruber*, in: v. Mangoldt/Klein/Starck, GG III, Art. 110 Rn. 49, unter Hinweis auf *Puhl* (N 15), S. 230 Fn. 617, mit der Begründung, das Vollständigkeitsprinzip beziehe sich nur auf das jeweilige Haushaltsjahr. Diese Sicht ist aber zu formal, weil eine Verpflichtungsermächtigung künftige Ausgaben verursachen kann und die Ausgrenzung von Verpflichtungsermächtigungen dem Zweck der Schaffung dieses Instituts zuwiderläuft, Schattenhaushalte zu verhindern (zum Zweck *Gröpl* [N 16], Art. 110 Rn. 34).
94 Vgl. BVerfGE 70, 324 (357); weiter BVerfGE 82, 159 (179); 91, 186 (202); 93, 319 (343).
95 Klassisch *Neumark* (N 7), S. 194. Vgl. auch *Siekmann* (N 31), Art. 110 Rn. 53 f.
96 BVerfGE 55, 274 (303); 91, 186 (201 f.). Vgl. weiter BVerfGE 79, 311 (329).
97 Zu diesen *Uwe Hähnlein/Hanns-Lothar Endell/Eduard Hans Jahnz*, Reptilienfonds und Finanzkontrolle: Wie öffentlich ist die Kontrolle geheimer Staatsausgaben, in: DÖV 1998, S. 305 ff.
98 Vgl. §§ 10 Abs. 3 HGrG, 13 Abs. 3 BHO. Details bei *Heintzen* (N 48), Art. 110 Rn. 12; *Hillgruber* (N 20), Art. 110 Rn. 31 f.

Tilgung von Kassenverstärkungskrediten, nicht Steuervergünstigungen (im Unterschied zu Subventionen), nicht Sachleistungen, wohl Zuführungen an Rücklagen. Daß, trotz gleicher ökonomischer Wirkung auf der Seite des Empfängers und auf der Seite des Leistenden, Steuervergünstigungen auf der Einnahmen- und nicht, wie Subventionen, auf der Ausgabenseite geführt werden, schwächt die Budgethoheit des Parlaments und deren Erfolgskontrolle.

Vollständigkeit und Einheit des Haushalts sind berührt, wenn der Gesetzgeber Einnahme- oder Ausgabekreisläufe außerhalb des Budgets organisiert[99], und sei es in anderen Gesetzen. Diese Grundsätze richten sich insbesondere gegen Nebenhaushalte. Nebenhaushalte werden von den genannten Haushaltsgrundsätzen nicht generell verboten. In einem weiteren Sinne kann man auch die Haushalte der juristischen Personen der mittelbaren Staatsverwaltung, insbesondere die Sozialversicherungsträger, als Nebenhaushalte bezeichnen. In ihrer Summe haben bei diesem weiten Begriffsverständnis Nebenhaushalte inzwischen sogar ein größeres Volumen als der Bundeshaushalt[100]. Nach einer engeren Begriffsdefinition[101] sind Nebenhaushalte vom Bund mit eigener Finanz- und Haushaltshoheit ausgestattete Institutionen, die staatliche Aufgaben im Auftrag des Bundes wahrnehmen, und zwar mit öffentlichen Mitteln, mit Zuwendungen aus dem Bundeshaushalt oder mit vom Bund eröffneten erwerbswirtschaftlichen Mitteln. Problematisch an dieser Konstruktion ist die Auslagerung aus dem Staatshaushalt. Keine Nebenhaushalte sind die Wirtschaftspläne der Geheimdienste, denn sie sind über einen darin enthaltenen Verweisungstitel mit dem Staatshaushalt verbunden[102]. Die Zulässigkeitskriterien für Nebenhaushalte sind nirgends ausdrücklich niedergelegt, sondern müssen durch Interpretation von Art. 110 Abs. 1 GG erschlossen werden und sind entsprechend teilweise unklar. Klar und unbestritten ist das Erfordernis einer parlamentsgesetzlichen Grundlage, das die Budgethoheit des Parlamentes sichert. Doch dieses Kriterium ist nicht das einzige[103]. Es kann nicht im Belieben des einfachen Gesetzgebers stehen, wie er mit Anforderungen (und deren ratio) umgeht, die sich ausdrücklich aus Art. 110 Abs. 1 S. 1 GG ergeben. Zwar gibt es keine quantitativen Grenzen für Nebenhaushalte; zu fordern ist aber ein überwiegender, die Abweichung von den Grundsätzen der Vollständigkeit und Einheit rechtfertigender wirtschaftlicher oder organisatorischer Grund[104]. Diese Anforderungen konvergieren mit denen für Sonderabgaben, die eine Ursache für Nebenhaushalte sind[105]. Unzulässig soll Budgetflucht[106] zum Zweck der Verschleierung einer schlech-

28

Nebenhaushalte

Budgetflucht

---

99 BVerfGE 82, 159 (178 f.); 91, 186 (202); 108, 186 (216 ff., 218) – Sonderabgaben; 93, 319 (343); 108, 1 (16 f.).
100 Bestandsaufnahme bei *Puhl* (N 15), S. 84 ff. *Isensee* (N 5), S. 979 rechte Spalte, bezeichnet Entparlamentarisierung und Entpolitisierung der Fonds als den eigentlichen Sinn der sozialen Selbstverwaltung. → Oben *P. Kirchhof*, § 99 Rn. 102.
101 *Michael Kilian*, Nebenhaushalte des Bundes, 1993, S. 275. Vgl. auch *Puhl* (N 15), S. 37.
102 BVerfGE 70, 324 (357 f. – Mehrheitsvotum; 379 – Sondervotum Mahrenholz).
103 A.A. *Hillgruber* (N 20), Art. 110 Rn. 40 ff., 46, dessen Ansicht den Vorzug größerer Klarheit hat und nur selten zu anderen Ergebnissen kommen dürfte als die von mir vertretene Gegenposition.
104 Ähnlich *Heun* (N 20), Art. 110 Rn. 20; *Kilian* (N 101), S. 556; *Siekmann* (N 31), Art. 110 Rn. 96 f.
105 Zu diesem Zusammenhang *Heintzen* (N 48), Art. 110 Rn. 14; *Schuppert* (N 84), Art. 110 Rn. 30, 33.
106 Begriffsprägend *Christian Smekal*, Die Flucht aus dem Budget, 1977.

ten Finanzlage sein, doch hat dieses subjektive Merkmal sich noch nie nachweisen lassen. Im übrigen unterliegen auch Nebenhaushalte der Finanzkontrolle, insbesondere des Bundesrechnungshofs; „Budgetflucht" ist damit keine Flucht aus der Finanzkontrolle.

29
Bundesbetriebe und Sondervermögen

Gemäß Art. 110 Abs. 1 S. 1, 2. Hs. GG zugelassene Nebenhaushalte sind Bundesbetriebe und Sondervermögen. Bei ihnen brauchen[107], abweichend[108] vom Brutto-, vom Vollständigkeits- und vom Einheitsprinzip, nur die Zu- und Abführungen in den Bundeshaushalt eingestellt zu werden[109] (Nettoprinzip); sie wirtschaften nach eigenen Haushalts- oder Wirtschaftsplänen. Sie sind zwar Haushaltsträger, aber keine selbständigen juristischen Personen des öffentlichen Rechts, so daß sich ihre Ausgliederung aus dem Staatshaushalt nicht von selbst versteht. Bundesbetriebe sind rechtlich unselbständige abgesonderte Teile der Bundesverwaltung, deren Tätigkeit erwerbswirtschaftlich ausgerichtet ist, zum Beispiel die Bundesdruckerei oder die Bundesmonopolverwaltung für Branntwein. Sondervermögen sind rechtlich unselbständige abgesonderte Teile des Bundesvermögens, die durch Gesetz oder auf Grund eines Gesetzes entstanden und zur Erfüllung einzelner Aufgaben des Bundes bestimmt sind, zum Beispiel der Fonds Deutsche Einheit oder der Erblastentilgungsfonds. Schranken für die Errichtung von Sondervermögen ergeben sich insbesondere im Hinblick auf Art. 115 Abs. 2 GG.

30
Gewährleistung der Übersichtlichkeit des Haushaltsplans

Der Vollständigkeitsgrundsatz wäre auch erfüllt, wenn alle Einnahmen und Ausgaben in mehreren Budgets desselben Haushaltsträgers erfaßt wären. Dagegen richtet sich der Einheitsgrundsatz, der aus der Formulierung „den Haushaltsplan" in Art. 110 Abs. 1 S. 1, 1. Hs. GG abgeleitet wird. Der Einheitsgrundsatz verlangt, daß es nur einen Staatshaushalt gibt, und verbietet Aufspaltungen[110]. Gegen seine ratio, die Übersichtlichkeit des Haushalts zu gewährleisten, kann man zwar einwenden, auch ein Haushalt, der dem Einheitsgrundsatz entspreche, sei unübersichtlich; darauf wäre zu replizieren, daß die Unübersichtlichkeit ohne den Einheitsgrundsatz noch größer sein könnte; der Einheitsgrundsatz stärkt vor allem die Aussagekraft des Gesamtplans. Keine Teilhaushalte sind Gliederungen des einen Haushaltsplans, zum Beispiel gemäß § 13 BHO in Einzelpläne und Gesamtplan[111]. Kein Teilhaushalt

Nachtragshaushalt

ist ein Nachtragshaushalt, denn er ist mit dem regulären Haushalt systematisch verzahnt und kann, wegen seiner besonderen Voraussetzungen, von diesem nicht abgekoppelt werden. Die Sonderhaushalte rechtlich unselbständiger Betriebe oder Sondervermögen des Bundes sind Teilhaushalte, werden

Ausnahmebestimmungen

aber von der Ausnahmebestimmung des Art. 110 Abs. 1 S. 1, 2. Hs. GG mittelbar erlaubt. Eine weitere ausdrückliche Erlaubnis von Teilhaushalten findet sich in Art. 110 Abs. 2 S. 2 GG[112]. Ein verfassungswidriger Teilhaushalt,

---

107 Die Ausnahme ist also optional.
108 A. A. *Theodor Maunz*, in: Maunz/Dürig, Komm. z. GG, Art. 110 Rn. 34, der dem 2. Hs. nur klarstellende Bedeutung beimißt.
109 Zu den Begriffen „Zu-" und „Abführung" vgl. Nr. 1.4 VV zu § 26 BHO.
110 Zu seiner Bedeutung für Nebenhaushalte *Kilian* (N 101), S. 113 ff.; *Puhl* (N 15), S. 114 ff.
111 Zu weiteren Gliederungen *Gröpl* (N 16), Rn. 103.
112 S. u. Rn. 43. Der umgekehrte Fall, ein Doppelhaushalt, wird von Art. 110 Abs. 2 S. 1 GG erlaubt; s. u. Rn. 43.

zugleich ein Verstoß gegen die Budgetpflicht und gegen den Haushaltsgrundsatz der Vorherigkeit liegen vor, wenn etwa von einer Minderheitsregierung ein Haushalt auf das beschränkt wird, wofür sich eine Parlamentsmehrheit beschaffen läßt, und anderes zunächst ausgeklammert wird. Dieses Vorgehen läßt offen, ob und wann ein vollständiger Haushalt und ein Haushaltsausgleich zustande kommen, und unterläuft den Zwang zum Kompromiß, unter den die Budgetpflicht Parlament und Regierung stellt. Wer dieses Vorgehen mit der Maßgabe zuläßt, es müsse ein dringender Grund vorliegen[113], hat das Problem, dieses unbestimmte Merkmal trotz Einschätzungsprärogative der beteiligten Verfassungsorgane juristisch in den Griff zu bekommen; andererseits liegt ein Teilhaushalt näher am verfassungsrechtlich Gebotenen als Etatlosigkeit. Trotz der Juristen immer faszinierenden Vorstellung von Einheit ist die Bedeutung des haushaltsverfassungsrechtlichen Einheitsgrundsatzes gering: Er hat nur dienende Funktion im Verhältnis zu den Grundsätzen der Vollständigkeit und der Vorherigkeit sowie zur Budgetpflicht; es gibt zahlreiche geschriebene und ungeschriebene Ausnahmen[114]; die ratio ist unklar; Anwendungsfälle lassen sich nur schwer finden.

2. Bruttoprinzip

Nach dem Bruttoprinzip müssen Einnahmen und Ausgaben in voller Höhe und getrennt voneinander in den Haushalt eingestellt werden (so §§ 12 Abs. 1 S. 1 HGrG, 15 Abs. 1 S. 1 BHO). Das Bruttoprinzip verbietet Saldierungen, 1969 ist das Bruttoprinzip wegen der großen Zahl für nötig erachteter Ausnahmen nicht ausdrücklich in das Grundgesetz aufgenommen worden[115]. Sein Verfassungsrang entspricht mittlerweile aber der überwiegenden Meinung[116]. Er wird im Umkehrschluß aus Art. 110 Abs. 1 S. 1, 2. Hs. GG und mit den Grundsätzen der Vollständigkeit und Einheit des Haushalts begründet; eine Veranschlagung nach dem Nettoprinzip kann Budgetflucht sein. Problemfälle[117] für das Bruttoprinzip sind Subventionen, die als Steuervergünstigungen nicht auf der Ausgaben-, sondern, aus diesem Sachzusammenhang gelöst, auf der Einnahmenseite gebucht werden[118], weiter die Nettoveranschlagung aufgenommener Kredite, etwa im Hinblick auf Tilgung oder Umschuldung, sowie die Einstufung von Bundesergänzungszuweisungen und der Umsatzsteueranteile der Europäischen Gemeinschaft als Mindereinnahmen, nicht

31

Problemfälle

---

113 So BVerfGE 45, 1 (34); hierzu, anhand eines damals aktuellen Beispiels aus Hessen, *Kisker* (N 42), § 89 Rn. 68, das auch dem Grundsatz der Vorherigkeit und der Budgetpflicht zugeordnet werden könnte.
114 Übersicht bei *Michael Noll*, Haushalt und Verfassung, 2000, S. 24 ff. Zum Ergänzungshaushalt auch *Maunz* (N 108), Art. 110, Rn. 67.
115 Vgl. BT-Drs V/3040, S. 44; zu BT-Drs V/3605, S. 10.
116 A. A. *Hans-Bernhard Brockmeyer*, in: Schmidt-Bleibtreu/Klein, Komm. z. GG, Art. 110 Rn. 12a; *Hillgruber* (N 20), Art. 110 Rn. 59 ff., 76.
117 Ausführlich *Puhl* (N 15), S. 236 ff.
118 Hierzu *Heintzen* (N 48), Art. 104a Rn. 39, Art. 105 Rn. 36, Art. 110 Rn. 16. Je geringer der sachliche Zusammenhang zwischen der Steuer und der Subvention ist, desto heftiger werden die verfassungsrechtlichen Bedenken; vgl. auch *Gröpl* (N 16), Art. 110 Rn. 113.

als Ausgaben des Bundes. Die Nettoveranschlagung von Krediten läßt sich verfassungsrechtlich damit rechtfertigen, daß Art. 115 Abs. 1 S. 2 GG als lex specialis von den „Einnahmen aus Krediten" spricht, nicht von der Aufnahme von Krediten; dem Bruttoprinzip wird insoweit auch durch die Finanzierungsübersicht und den Kreditfinanzierungsplan Rechnung getragen, die Bestandteile eines Haushaltsplans sind.

3. Sachliche und zeitliche Spezialität

32
Grundsatz der Einzelveranschlagung

Der Spezialitätsgrundsatz, synonym Grundsatz der Einzelveranschlagung, betrifft die Ausgabenseite des Staatshaushalts[119]. „Spezialität" heißt in sachlicher Hinsicht, daß Mittel nur für einen bestimmten Zweck und in bestimmter Höhe bewilligt werden; in zeitlicher Hinsicht bedeutet „Spezialität" eine grundsätzliche Bindung der Bewilligung an ein Haushaltsjahr (mit den Ausnahmen mehrjähriger Budgets und übertragbarer Mittel). Der Spezialitätsgrundsatz ist ein Bestimmtheitsgebot, das den parlamentarischen Einfluß auf das Haushaltswesen sichern soll. Anders als das allgemeine rechtsstaatliche Bestimmtheitsgebot empfindet die Haushaltspraxis ihn nicht als unbestimmt; geklagt wird eher über Überspezialisierung, die dem Parlament keinen Nutzen mehr bringe, weil es das so immer komplizierter gewordene Zahlenwerk nicht mehr überblicken könne. Der Spezialisierungsgrad wird faktisch von Ausgabenpositionen vorgegeben, die außerhalb des Haushalts rechtlich festgeschrieben sind und die in den Haushalt übernommen werden müssen. Ein Vorwurf, der Spezialitätsgrundsatz bewirke kleinteilige Bürokratie, wäre deshalb vordergründig; eine „Entspezialisierung" nur des Haushalts würde an solchen rechtlichen Budgetvorgaben nichts ändern und könnte darum falsche Erwartungen wecken; die insoweit in § 6a HGrG enthaltenen Ansätze hat die Staatspraxis nur verhalten aufgegriffen[120]. Das Haushaltsgesetzesrecht gestaltet die Tiefengliederung des Haushaltsplans und damit den Spezialitätsgrundsatz aus. Was einen Haushaltstitel als kleinste Budgeteinheit konstituiert, ergibt sich von dort.

33
Spezialisierungsgrad

Verfassungsrechtlich ist der Grad nötiger Spezialität nicht fest vorgegeben[121], abgesehen von dem Sonderfall des Art. 87a Abs. 1 S. 2 GG. Nur für Globalbudgets ist eindeutig, daß sie auf der Ebene des Staatshaushalts einer aus-

---

119 Zu seinem Verfassungsrang auch der nordrhein-westfälische Verfassungsgerichtshof: NVwZ 1992, S. 470; NVwZ 1995, S. 159 f.; NWVBl 1996, S. 291 (295). Einfachgesetzlich vgl. §§ 27 Abs. 1 S. 1 HGrG, 45 Abs. 1 S. 1 BHO.
120 Skeptisch schon in der Bewertung der gesetzlichen Neuregelung *Klaus Lüder*, Verpaßte Chance, in: DÖV 1998, S. 285 (287). Vgl. auch *Christoph Gröpl*, Das Haushaltsrechts-Fortentwicklungsgesetz, in: NVwZ 1998, S. 1251 (1255, 1257).
121 So auch *Gröpl* (N 2), S. 243, 271 f., 283 (sub 2, 1. Spiegelstrich), 285, 312 f., 321 ff., 325, 584, 588, 590. Vgl. auch den Vorschlag *Hillgrubers* (N 20), Art. 110 Rn. 105 a. E., im Interesse parlamentarischer Steuerung bei gesetzesfreier Verwaltung ein höheres Maß an Spezialität zu verlangen als bei gesetzesakzessorischer Verwaltung. Dagegen die Beobachtung von *Gröpl* (N 2), S. 169 f., daß der Spezialisierungsgrad sich oft umgekehrt zu Umfang und Gestaltbarkeit einer Ausgabe verhalte. Zum Verhältnis von Spezialisierung und parlamentarischer Budgethoheit *Wolfgang Hoffmann-Riem*, Finanzkontrolle und Steuerungsaufsicht im Gewährleistungsstaat, in: DÖV 1999, S. 221 (225 f.).

drücklichen verfassungsrechtlichen Grundlage bedürfen[122]. Der haushaltsrechtliche Spezialitätsgrundsatz ist der wohl einzige verfassungsrechtliche Bestimmtheitsgrundsatz, der sich dem Vorwurf der Über-, nicht der Untertreibung ausgesetzt sieht.

Als Grundlage des Spezialitätsgrundsatzes wird überwiegend Art. 110 Abs. 1 S. 1 GG angesehen, zum Teil der Plural von Einnahmen und Ausgaben, der Globalsummen verbiete, zum Teil ein aus Art. 110 Abs. 2 S. 1 GG und auch dem Demokratieprinzip herleitbares Wesentlichkeitskriterium[123]. Die Exekutive darf nur keine „unangemessene Verfügungsmacht" über Haushaltsmittel erhalten, so das Kriterium des Bundesverfassungsgerichts[124], das Spielräume für Verwaltungsmodernisierung läßt[125].

34
Grundlage

Der Spezialitätsgrundsatz ist im Hinblick auf die parlamentarische Budgethoheit zweischneidig. Er will sie schützen, gefährdet sie aber zugleich. Weniger Spezialisation gäbe dem Parlament vielleicht mehr Macht. Es kann deshalb nicht als Einbuße parlamentarischen Einflusses aufgefaßt werden, wenn in den letzten Jahren die Zahl der Haushaltstitel zurückgegangen ist[126].

35
Parlamentarische Macht

Der Grundsatz der Spezialität betrifft in einem engeren Sinne die Auf- und Feststellung eines Haushaltsplans. Damit er beim Haushaltsvollzug durch die Verwaltung nicht leerläuft, sind auf seiner verfassungsrechtlichen Grundlage auch die den Vollzug betreffenden Grundsätze der sachlichen und der Betragsbindung angelegt, ohne daß damit haushaltsrechtliche Details, etwa zu Deckungsfähigkeiten, zu Leertiteln oder zum „Dezemberfieber"[127], präjudiziert wären.

36
Spezialität im Vollzug

4. Haushaltsklarheit, -wahrheit und -öffentlichkeit

Klarheit und Wahrheit können keine strikten Rechtsgebote sein. Das Recht ist bescheidener und verlangt nur die Vermeidung des klaren Gegenteils. Etwas Trickserei gehört zum Geschäft jedes Haushälters und sollte, vor dem Hintergrund von Art. 110 Abs. 1 S. 2 GG, vernünftigerweise nicht verfassungswidrig sein.

37
Keine strikten Rechtsgebote

Budgetklarheit wird durch Vorschriften über die Gliederung des Budgets verwirklicht[128], die im Staatshaushaltsrecht, ebenso wie im Rechnungslegungs-

38
Budgetklarheit

---

122 Beispiel: die Globalsummen, die den Berliner Bezirken gemäß Art. 85 Abs. 2 der Verfassung von Berlin zugewiesen werden; diese Globalsummen müssen freilich von Globalhaushalten unterschieden werden. Vgl. *Gröpl* (N 2), S. 241 ff., 280; *Hanno Kube*, Neue Steuerung im Haushaltsrecht, in: DÖV 2000, S. 810 (816 f.).
123 Vgl. insoweit *Gröpl* (N 16), Art. 110 Rn. 106; *Hillgruber* (N 20), Art. 110 Rn. 54.
124 BVerfGE 70, 324 (357).
125 Zu einem Zusammenhang zwischen Spezialitätsgrundsatz und Budgetflucht durch Privatisierung *Schuppert* (N 84), Art. 110 Rn. 36.
126 *Isensee* (N 5), S. 979 linke Spalte, nennt für 1995 die Zahl von 11.000 und für 1998 die Zahl von 6.500 Haushaltstiteln.
127 *Gröpl* (N 2), S. 172 ff., zur Übertragbarkeit von Haushaltsmitteln auf das nächste Jahr ebd., S. 203 ff.
128 Näheres in Kommentierungen zu § 13 BHO. Ferner *Albert Leicht*, Die Haushaltsreform, 1970, S. 40 ff.; *Erwin Piduch*, Zehn Jahre Haushaltsreform, in: DÖV 1979, S. 881 (882 f.).

recht der Privatwirtschaft, eine große Rolle spielen, weil sie ein Budget übersichtlich und vergleichbar machen und für den Bundeshaushalt und für die Haushalte der Bundesländer seit Ende der 1960er Jahre übereinstimmen[129].

39
Budgetwahrheit – Verbot qualifizierter Fehlprognosen

Budgetwahrheit zielt auf die Prognose, die in jedem Haushalt steckt und die schwierig ist, weil zwischen den ersten Schritten zur Aufstellung eines Haushalts und dem Ende der Haushaltsperiode knapp zwei Jahre vergehen. Verboten sind qualifizierte, in der Literatur unterschiedlich umschriebene Fehlprognosen. Den Staat treffen Prognose- und Überwachungspflichten, denen er auf der Einnahmenseite insbesondere durch den Arbeitskreis Steuerschätzung[130] und auf der Ausgabenseite durch Beauftragte für den Haushalt, die bei jeder mittelbewirtschaftenden Stelle zu bestellen sind (§ 9 BHO), nachkommt.

Arbeitskreis Steuerschätzung

Ausgestaltungsgebote, zum Beispiel Gesetzesvorbehalt oder Weisungsfreiheit für den Arbeitskreis Steuerschätzung, können aus dem Grundsatz der Budgetwahrheit insoweit nicht abgeleitet werden. Dieser Arbeitskreis legt, zeitlich abgestimmt mit der Haushalts- und Finanzplanung, im Mai und im November jedes Jahres zuverlässige Steuerschätzungen vor, die nach den einzelnen Steuerarten differenzieren. Ihm gehören neben dem federführenden Bundesministerium der Finanzen das Bundesministerium für Wirtschaft und Arbeit, die sechs großen deutschen Wirtschaftsforschungsinstitute, das Statistische Bundesamt, die Deutsche Bundesbank, der Sachverständigenrat zur Begutachtung der gesamtwirtschaftlichen Entwicklung, die Länderfinanzministerien und die Bundesvereinigung kommunaler Spitzenverbände an.

40
Ansatz globaler Minderausgaben

Nach einer verbreiteten Ansicht ist der Ansatz globaler Minderausgaben dann ein Verstoß gegen die Haushaltswahrheit, wenn diese den erfahrungsgemäß am Jahresende nicht verausgabten „Bodensatz" überschreiten[131]; ein Indiz dafür kann sein, daß die Minderausgabe danach bemessen ist, was zur Herstellung eines Haushaltsausgleichs erforderlich ist; Untersuchungen über die Wirkung globaler Minderausgaben sind allerdings Mangelware. Konsequent weitergedacht bedeutet das, jede Unterfinanzierung einer staatlichen Aufgabe sei grundsätzlich verfassungswidrig; wenn der Staat eine Aufgabe übernehme (was ihm in weitem Umfang freisteht), dann müsse er diese Aufgabe auch finanzieren können; könne er eine Aufgabe nicht finanzieren, so müsse er darauf verzichten; angesichts immenser Staatsverschuldung läge in einem solchen Konsequenzgebot viel Zündstoff. Die Alternative zur Unterfinanzierung, die Vorspiegelung von Einsparungen, die doch nicht erzielt werden können, verstößt gleichfalls gegen den Grundsatz der Haushaltswahrheit. Stellt sich nachträglich heraus, daß Einnahmen zu hoch oder Ausgaben zu niedrig angesetzt worden sind, läßt sich aus dem Grundsatz der Budgetwahrheit keine Pflicht ableiten, dem im Rahmen des Budgetvollzugs entgegenzuwirken.

---

129 Übersicht über die Gliederung des Haushalts bei *Heller* (N 12), S. 179 ff.
130 Zu ihm *Fritz-René Grabau/Irina Hundt*, Haushaltsplan und Steuerschätzung, in: DStZ 2004, S. 783 ff.
131 Vgl. etwa *Gröpl* (N 16), Art. 110 Rn. 118; *Heun* (N 20), Art. 110 Rn. 21.

Budgetöffentlichkeit ist die Konsequenz des aus Demokratie- und Rechtsstaatsprinzip hergeleiteten Öffentlichkeitsgebots und teilt dessen Grenzen[132]; der Grundsatz der Budgetöffentlichkeit stellt keine selbständigen Anforderungen an staatliche Geheimhaltung, sondern ist akzessorisch. Mit der Budgetöffentlichkeit ist es vereinbar, daß gemäß § 1 S. 2 BHO aus Praktikabilitätsgründen nur der Gesamtplan und nicht die Einzelpläne im Bundesgesetzblatt publiziert werden[133], denn der Gesamtplan nimmt auf die Einzelpläne Bezug, und die Einzelpläne können von jedermann angefordert werden. Dies gilt auch, wenn Einzelpläne besonderen Transparenzgeboten unterliegen, wie bei Höhe und Amtsausstattung von Abgeordneten gemäß Art. 48 Abs. 3 S. 1 GG.

41
Budgetöffentlichkeit

5. Vorherigkeit und Jährlichkeit des Haushalts

Nach dem Vorherigkeitsgrundsatz des Art. 110 Abs. 2 S. 1 GG wird der Haushaltsplan vor dem Beginn eines Rechnungsjahres, das grundsätzlich mit dem Kalenderjahr übereinstimmt, durch das Haushaltsgesetz festgestellt. Es handelt sich weder um eine Ordnungsvorschrift[134] noch um einen Rechtsgrundsatz im eigentlichen Sinne, sondern um eine strikte Regel, die alle beteiligten Verfassungsorgane verpflichtet; für die Bundesregierung heißt das, daß sie die Budgetvorlage so rechtzeitig einbringen muß, daß bei normalem Verlauf mit einer rechtzeitigen Verabschiedung zu rechnen ist[135]. § 30 BHO nennt als zeitliche Grenze die erste Sitzungswoche des Bundestages nach dem 1. September. Die Verletzung des Vorherigkeitsgrundsatzes löst besondere Rechtsfolgen aus: Das verspätet beschlossene Budget ist nicht verfassungswidrig und nichtig, sondern tritt rückwirkend in Kraft; die etatlose Zwischenzeit wird gemäß Art. 111 GG mit einem Nothaushalt als „lästiger", tunlichst zu vermeidender Alternative[136] überbrückt.

42
Feststellung vor Beginn des Rechnungsjahres

Nach dem Jährlichkeitsprinzip[137], ebenfalls in Art. 110 Abs. 2 S. 1 GG, wird der Haushaltsplan in der Regel für ein Jahr aufgestellt. Dies ist zunächst Konsequenz der Budgethoheit des Parlaments; die Regierung soll zu einem „alljährlichen Bittgang"[138] gezwungen sein. Bei allen faktischen Zweifeln an der parlamentarischen Budgethoheit, die sich auf die überlegene Arbeitskapazität der Bundesregierung und die begrenzte Steuerungsfähigkeit staatlichen Han-

43
„Alljährlicher Bittgang"

---

132 Zum Demokratieprinzip als Grundlage: BVerfGE 70, 324 (358). Zu den Grenzen: *Matthias Jestaedt*, Das Geheimnis im Staat der Öffentlichkeit: Was darf der Verfassungsstaat verbergen?, in: AöR 126 (2001), S. 204 ff. Vgl. im übrigen §§ 10a BHO, 42 Abs. 4 HGrG.
133 Ebenso BVerfGE 20, 56 (93); 65, 283 (291).
134 So die klare Mahnung des BVerfG (E 45, 1 [33]) vor dem Hintergrund, daß bis 1980 das Vorherigkeitsprinzip regelmäßig mißachtet worden ist, und zwar nicht nur wegen politischen Streits. Seit der Mahnung des BVerfG ist der Vorherigkeitsgrundsatz 1999 verletzt worden, nach einem Regierungswechsel (dazu allgemein *Gröpl* [N 16], Art. 110 Rn. 129; *Maunz* [N 108], Art. 110 Rn. 22), dann von 2003 bis 2005 in Folge (Haushaltsgesetze vom 30. 4. 2003, vom 18. 2. 2004 und vom 3. 3. 2005).
135 Vgl. § 30 BHO. Zur Bedeutung dieses Grundsatzes auch BVerfGE 66, 26 (38).
136 S. u. Rn. 68.
137 Synonym Annuitäts- oder Periodizitätsprinzip, zu unterscheiden vom Jährigkeitsprinzip, der zeitlichen Dimension des Spezialitätsgrundsatzes, die den Haushaltsvollzug betrifft; zu letzterem *Gröpl* (N 16), Art. 110 Rn. 126.
138 Zitat: *Kisker* (N 42), Rn. 70. Zum verfassungsgeschichtlichen Hintergrund u. a. *Stern* (N 45), § 50 III 5.

delns allgemein stützen, bleibt es rechtlich bei den schlichten Tatsachen, daß das Parlament jährlich nein sagen kann, wenn es das will, und daß die Budgetentscheidung eine der wichtigsten politischen Sachentscheidungen ist. Für das Jährlichkeitsprinzip spricht weiter die mit der Dauer des Bewilligungszeitraums steigende Prognoseunsicherheit, schließlich die Möglichkeit einer Änderung der parlamentarischen Mehrheiten[139]. Zwar kennt das Jährlichkeitsprinzip seit 1969 zwei Ausnahmen, passend zur damaligen Einführung einer mehrjährigen Finanzplanung. Gemäß Art. 110 Abs. 2 S. 1 GG kann der ganze, gemäß Art. 110 Abs. 2 S. 2 GG können Teile des Haushaltsplans für mehrere, gemäß §§ 9 HGrG, 12 BHO maximal für zwei Jahre (Doppelhaushalt) aufgestellt werden, wobei Veranschlagung und Ausgleich auch dann jeweils für ein Jahr erfolgen. Von dieser Möglichkeit hat die Staatspraxis des Bundes in mehr als 30 Jahren keinen Gebrauch gemacht. Das Jährlichkeitsprinzip wird dadurch ergänzt, daß in den Haushaltsplan nur Einnahmen und Ausgaben eingestellt werden dürfen, die in diesem Jahr fällig werden[140].

Doppelhaushalt

6. Formelle Ausgeglichenheit des Haushalts

44

Gemäß Art. 110 Abs. 1 S. 2 GG[141] ist der Haushaltsplan in Einnahme und Ausgabe auszugleichen. Die Gesamtsumme der veranschlagten Ausgaben darf die Gesamtsumme der veranschlagten Einnahmen nicht übersteigen. Dieser Grundsatz wird von der ganz herrschenden Meinung in einem formellen, nicht in einem materiellen Sinne verstanden, das heißt, er steht einer Verschuldung nicht entgegen, sofern die Schulden von Krediteinnahmen gedeckt sind[142]; Einnahme meint auch die Einnahme auf Kredit. Der Grundsatz der Ausgeglichenheit des Haushalts ist andererseits nicht nur eine formale Buchhaltungsregel[143], sondern eine ernste Mahnung zur Sparsamkeit an alle am Gesetzgebungsverfahren beteiligten Organe[144], überdies eine der wesentlichen Grundlagen der Systematik des Haushaltsrechts. In ihm äußert sich die Aufgabe des Staatshaushalts, zwischen der Abgaben- und der Leistungssphäre zu vermitteln. Rechtlich handhabbare Kriterien für eine Begrenzung der staatlichen Kreditaufnahme – neben Art. 115 Abs. 1 S. 2 und Art. 109 Abs. 2 GG und Art. 104 EGV – lassen sich ihm aber ebensowenig entnehmen wie eine Subsidiarität der Einnahmenerzielung durch Kreditaufnahme oder eine Trennung von ordentlichen und außerordentlichen Einnahmen oder umgekehrt eine Ermächtigung, Staatsschulden zur Herstellung eines Haushaltsausgleichs zu Lasten der Gläubiger gesetzlich zu annullieren, über deren Identität

Kredit als Einnahme

---

139 Ein Haushalt ist freilich nie auf das Ende einer Legislaturperiode befristet; das gilt grundsätzlich auch für die nach Art. 110 Abs. 2 GG zulässigen Mehrjahreshaushalte.
140 *Gröpl* (N 16), Art. 110 Rn. 127, dort auch zu Verpflichtungsermächtigungen.
141 Entsprechend §§ 2 S. 1 HGrG und BHO.
142 Statt vieler *Rudolf Wendt/Michael Elicker*, Staatskredit und Rücklagen, in: VerwArch 95 (2004), S. 471 (484 ff.); → unten *Pünder*, § 123 Rn. 29 ff.
143 So *Herbert Fischer-Menshausen*, in: v. Münch/Kunig, GGK III, ³1996, Art. 110 Rn. 26; *Hillgruber* (N 20), Art. 110 Rn. 80.
144 So BVerfGE 1, 144 (161). Dazu *Heintzen* (N 48), Art. 110 Rn. 27.

und Leistungsfähigkeit wenig diskutiert wird. Ein materielles Verständnis des Ausgleichsgebots scheitert daran, daß durch Verfassungsinterpretation inhaltliche Vorgaben für die Haushaltswirtschaft aus ihm nicht abgeleitet werden können. Mit der Aussage, Krediteinnahmen müßten die „Ausnahme" sein[145], ist praktisch nichts gewonnen.

Das Ausgleichsgebot steht in einem Zusammenhang mit dem Grundsatz der Haushaltswahrheit. Es ist unzulässig, einen Haushaltsausgleich herzustellen, indem Einnahmen zu hoch und Ausgaben zu niedrig angesetzt werden[146]. Doch auch diese sind wegen Prognosespielräumen keine festen Grenzen; disziplinierender wirkt die politische Scheu vor Nachtragshaushalten. Stellt sich beim Haushaltsvollzug heraus, daß die Ist-Einnahmen hinter den Soll-Einnahmen zurückbleiben, so dürfen die veranschlagten Ausgaben nicht einfach in voller Höhe getätigt werden, denn das Ausgleichsgebot betrifft auch den Haushaltsvollzug.

45
Ausgleichsgebot und Haushaltswahrheit

Ein Haushalt, der mehr Ausgaben vorsieht als Einnahmen, ist verfassungswidrig und begründet keine Ausgabenermächtigung. Der umgekehrte Fall – mehr Einnahmen als Ausgaben – ist dagegen unproblematisch. Globale Minderausgaben sind nur unter den schon genannten Voraussetzungen unproblematisch[147].

46
Nicht mehr Ausgaben als Einnahmen

7. Gesamtdeckung und Nonaffektation

Gesamtdeckung bedeutet, daß alle Einnahmen als Deckungsmittel für alle Ausgaben dienen (so §§ 7 S. 1 HGrG, 8 S. 1 BHO). Nonaffektation bedeutet im Haushaltsrecht[148], daß bestimmte Einnahmen nicht bestimmten Ausgaben zugeordnet sind[149]. Der Verfassungsrang dieses haushaltsrechtlichen Grundsatzes wird überwiegend bestritten[150]. Das leuchtet wegen der großen Bedeutung von Gesamtdeckungs- und Nonaffektationsprinzip für die Budgethoheit des Parlaments nicht ein. Sie beide sichern die Beweglichkeit des Haushalts; die Unabhängigkeit bestimmter Einnahmen von bestimmten Ausgaben gewährleistet demokratische Entscheidungsfreiheit und rechtsstaatliche Distanz. Beiden Sätzen von Art. 110 Abs. 1 GG, interpretiert man diese im

47

Verfassungsrang

---

145 So etwa *Stern* (N 45), § 50 III 10 b, S. 1249 f.: wertende Betrachtungsweise.
146 Zu prozeduralen Auswirkungen eines Verbots einer bloß rechnerischen Deckung im Haushaltskreislauf *Maunz* (N 108), Art. 110 Rn. 49, 51.
147 Zu dem Verhältnis von globalen Minderausgaben und Haushaltsausgleich s. auch *Hillgruber* (N 20), Rn. 81; *Maunz* (N 108), Art. 110 Rn. 58. Zu globalen Minderausgaben umfassend *Christoph Gröpl*, Zur verfassungsrechtlichen Problematik globaler Minderausgaben, 2005.
148 Das Nonaffektationsprinzip hat auch steuerverfassungsrechtlichen Gehalt, der sich in der Gegenleistungsfreiheit der Steuer als Merkmal des verfassungsrechtlichen Steuerbegriffs äußert. Im Steuerrecht betrifft es das Verhältnis von Einnahme und Aufgabe, im Haushaltsrecht das Verhältnis von Einnahme und Ausgabe. Zum Steuerrecht *Paul Kirchhof*, Staatliche Einnahmen, in: HStR IV, ²1999 (¹1990), § 88 Rn. 14; *Klaus Vogel*, Grundzüge des Finanzrechts des Grundgesetzes, ebd., § 87 Rn. 102.
149 Zum Verhältnis beider Prinzipien *Heun* (N 5), S. 272 (Identität).
150 *Gröpl* (N 2), S. 274 m. weit. Nachw. Unentschieden wohl BVerfGE 93, 319 (348); in der Tendenz eher ablehnend BVerfGE 110, 274 (294); den Verfassungsrang klar ablehnend BVerfG, in: NVwZ 2003, S. 467 (470) – Kammerentscheidung. → Oben *Waldhoff*, § 116 Rn. 140 f., 143.

Lichte der Haushaltsfunktionen, können sie darum entnommen werden, und zwar als Grundsatz, der Ausnahmen zuläßt, aber unter Rechtfertigungszwang stellt. Eine denkbare Ausnahme wäre die Zuweisung von Mehreinnahmen an die Stelle, die diese Einnahmen erzielt – um dieser Stelle das Argument abzuschneiden, es lohne sich nicht, Einnahmequellen zu erschließen, weil dieses Geld im anonymen Staatshaushalt verschwinde[151]. Zwischen Nonaffektation und Neuem Steuerungsmodell besteht ein Spannungsverhältnis; indem dieses Modell auf das Eigeninteresse jeder mittelbewirtschaftenden Stelle setzt, hat es Tendenzen zur Fondswirtschaft[152].

8. Wirtschaftlichkeit und Sparsamkeit

48

Wirtschaftlichkeit wird in Art. 114 Abs. 2 S. 1 GG als ein Kontrollmaßstab des Bundesrechnungshofs ausdrücklich erwähnt. Es bedeutet, entweder ein vorgegebenes Ziel unter Einsatz möglichst weniger knapper Mittel zu erreichen (Minimalprinzip) oder mit vorgegebenen Mitteln einen größtmöglichen Ertrag zu erzielen (Maximalprinzip); ersteres wird auch als Sparsamkeit bezeichnet[153]. Das Wirtschaftlichkeitsprinzip setzt Vorgaben voraus; es sagt, daß optimiert werden soll, aber nicht was[154]. Wirtschaftlichkeit „an sich" ist – jedenfalls für einen Juristen – nicht denkbar[155]. Da der Gesetzgeber über solche Vorgaben verfügen kann, wird eine Bindung des (Haushalts-)Gesetzgebers an die Grundsätze der Wirtschaftlichkeit und der Sparsamkeit zum Teil negiert[156]; diese Grundsätze beträfen dann nur den Haushaltsvollzug, nicht die Haushaltsaufstellung. Das geht jedoch zu weit. Wirtschaftlichkeit ist nicht nur Kontroll-, sondern auch Bindungsnorm. Von einer Bindung des Gesetzgebers gehen auch die §§ 6 Abs. 1 HGrG, 7 Abs. 1 S. 1 BHO aus. Zwar hat der Gesetzgeber einen Gestaltungsspielraum, dieser kann aber nicht grenzenlos sein. Rechts- und Finanzkontrolle müssen bei der Anwendung dieses Maßstabs die Grenzen zu Politik und Zweckmäßigkeit beachten. Das Wirtschaftlichkeitsprinzip sei eine haushaltsrechtliche Ausprägung des Verhältnismäßigkeitsgrundsatzes[157]; dies erklärt auf dessen dritter Stufe Unwägbarkeiten, die aber nicht dazu führen dürfen, das Wirtschaftlichkeitsprinzip völlig in die Hand des Gesetzgebers zu geben.

Wirtschaftlichkeit als Bindungsnorm

---

151 Dazu *Gröpl* (N 2), S. 217 f.
152 A. A. *Gröpl* (N 2), S. 252 ff.; zu Bedenken gegen Zweckbindungen vgl. aber auch ebd., S. 275.
153 Auflistung verwandter Begriffe bei *Hans Herbert von Arnim*, Wirtschaftlichkeit als Rechtsprinzip, 1988, S. 47 ff.; *Hermann Butzer* (Hg.), Wirtschaftlichkeit durch Organisations- und Verfahrensrecht, 2004; *Sebastian Müller-Francken*, Maßvolles Verwalten, 2004, S. 74 ff. → Unten *Gröpl*, § 121 Rn. 9 ff.
154 *Musil* (N 64), S. 82, im Anschluß an *Krebs* (N 78), S. 183 ff. Ebenso *Gröpl* (N 2), S. 289 f.
155 *Niklas Luhmann*, Kann die Verwaltung wirtschaftlich handeln?, in: VerwArch 51 (1960), S. 97 (98 ff.).
156 Ausführliche Darstellung dieser Problematik bei *Gröpl* (N 16), Art. 110 Rn. 140 m. weit. Nachw. Zum Topos der Wirtschaftlichkeit ferner *ders.* (N 2), S. 343 ff.
157 VerfGH Nordrhein-Westfalen, in: NVwZ 2004, S. 217 (Leitsatz 2 und S. 218). Zur Konkretisierungsfähigkeit des Grundsatzes der Verhältnismäßigkeit, die sich auch am gebührenrechtlichen Äquivalenzprinzip demonstrieren ließe: *Markus Heintzen*, Die einzelgrundrechtlichen Konkretisierungen des Grundsatzes der Verhältnismäßigkeit, in: DVBl 2004, S. 721 ff.

9. Konkurrenzen der Haushaltsgrundsätze[158]

Während für Einnahmen und Ausgaben der Grundsatz der Einmalveranschlagung im Haushaltsplan gilt, überschneiden die verfassungsrechtlichen Haushaltsgrundsätze sich vielfältig, was juristisch zwar weitgehend folgenlos ist, juristische Prüfungen aber gelegentlich redundant werden läßt. In einer Liste von Konkurrenzen der Haushaltsgrundsätze sind als wichtigste Punkte zu nennen: Ist ein Budgetansatz für Ausgaben zum Beispiel bewußt zu niedrig gewählt, etwa ein Ansatz für Gehälter, in dem zu erwartende Tarifsteigerungen nicht ausgewiesen werden, um Tarifverhandlungen mit den Gewerkschaften nicht zu gefährden, so verstößt dies gegen die Grundsätze der Vollständigkeit und der Wahrheit, auch wenn die Steigerungen an anderer Stelle, als solche nicht erkennbar, in den Haushalt aufgenommen werden, es läßt sich in dem Beispielsfall aber mit der Chancengleichheit auch des staatlichen Arbeitgebers in Tarifverhandlungen rechtfertigen[159]. Nicht gegen den Vollständigkeitsgrundsatz, sondern nur gegen die Haushaltswahrheit wird verstoßen, wenn Einnahmen[160] oder Ausgaben zu hoch oder Einnahmen oder Ausgaben unter verschleiernden Bezeichnungen veranschlagt werden; auch das ist möglicherweise zu rechtfertigen, etwa mit staatlichen Geheimhaltungsinteressen im Bereich der Geheimdienste. Hinsichtlich der Staatsausgaben überschneiden sich die Grundsätze der Klarheit und der Spezialität; hinsichtlich der Staatseinnahmen ist insoweit nur der Grundsatz der Klarheit – der Herkunft von Mitteln – anwendbar. Wird nach dem Netto-, nicht nach dem Bruttoprinzip veranschlagt, so beeinträchtigt das neben dem Grundsatz der Vollständigkeit auch den Grundsatz der Haushaltswahrheit; es kann denselben Effekt haben wie Budgetflucht.

49

Ansatz der Ausgaben zu niedrig

Ansatz der Ausgaben zu hoch

E. Haushaltsplan und Haushaltsgesetz

Art. 110 Abs. 2 S. 1 GG unterscheidet, entsprechend der deutschen Verfassungstradition[161], zwischen Haushaltsplan (Budget) und Haushaltsgesetz[162]. Der Plan besteht aus der Gegenüberstellung der Einnahmen und Ausgaben einer Rechnungsperiode. Das Gesetz enthält zunächst und vor allem die par-

50

---

158 Zum Verhältnis der verfassungsrechtlichen Haushaltsgrundsätze zu außerhaushaltsrechtlichen Verfassungsbestimmungen *Gröpl* (N 16), Art. 110, Rn. 83 ff.
159 Insbesondere zu dem Beispielsfall *Philipp Kreibohm*, Verdeckte Reserven in staatlichen Haushalten, in: LKV 2005, S. 143 ff.; Gegenposition *Nico Gumboldt*, Versteckte Reserven in staatlichen Haushalten, in: LKV 2005, S. 442 (444), der aber nicht zur Kenntnis nimmt, daß die Personalkostensteigerungen anders behandelt werden als die Personalkosten, und der allenfalls theoretisch ein Problem für die Haushaltsklarheit konzedieren will. Zu dem Beispielsfall auch *Brockmeyer* (N 116), Art. 110 Rn. 17; *Maunz* (N 108), Art. 110 Rn. 37 Fn. 2.
160 Etwa zu optimistische Steuerschätzungen zur Verschleierung von Staatsverschuldung.
161 Eine Besonderheit ist Art. 66 Abs. 2 S. 1 der Verfassung der Freien und Hansestadt Hamburg, wonach der Haushaltsplan durch Beschluß der Bürgerschaft festgestellt wird.
162 Zum Verwirrungspotential dieser Unterscheidung *Schuppert* (N 54), Art. 110 Rn. 21.

Rechtliche Einheit

lamentarische „Feststellung" des Plans, darüber hinaus Kreditermächtigungen, weiterhin Vorschriften über die Haushaltswirtschaft beim Umgang mit den vorgesehenen Einnahmen und Ausgaben, zum Beispiel Flexibilisierungen, wie die Anordnung von Deckungsfähigkeit oder Übertragbarkeit, Vorgaben für den Umgang mit Planstellen. Rechtlich bilden sie beide eine Einheit. Der Plan, unter Einschluß aller Einzelpläne, Anlagen und Erläuterungen, ist Anlage und damit integraler Bestandteil des Gesetzes[163]. Das Gesetz wird auch als Mantel des Plans bezeichnet[164]. Sein Kernbestandteil ist der Plan, der festgestellt wird; es enthält aber auch Regelungen, die darüber hinausgehen, wenn auch auf den Plan bezogen.

51

Haushaltsplan als formelles Gesetz

Zwischen Plan und Gesetz wird unterschieden, weil der gesetzlich festgestellte Plan Rechtswirkungen hat, die von den Rechtswirkungen materieller Gesetze abweichen. Es ist insoweit nicht richtig, wenn das Haushaltsgesetz insgesamt als ein Gesetz wie jedes andere bezeichnet wird[165]. Abgesehen von zahlreichen Abweichungen beim Gesetzgebungsverfahren hat das Haushaltsgesetz hinsichtlich des Haushaltsplanes besondere Rechtswirkungen. Diese besonderen Wirkungen werden in § 3 HGrG (für den Bund entsprechend in § 3 BHO) genannt: Der Plan ermächtigt erstens die Verwaltung zur Leistung von Ausgaben und zum Eingehen von Verpflichtungen, verpflichtet sie aber nicht. Der Plan entfaltet zweitens keine Außenwirkung, durch ihn werden Ansprüche und Verbindlichkeiten des Bürgers mithin weder begründet noch aufgehoben. Bei all dem enthält der Plan drittens keine abstrakt-generellen, sondern Einzelfallregelungen. Er ist in diesem Sinne Gesetz im bloß formellen Sinne. Weil diese Besonderheiten nur den Plan betreffen, ist es umgekehrt eine Vergröberung, Plan und Gesetz als Einheit zu bezeichnen[166]. Dies alles ergibt sich nicht aus juristischer Deduktion aus dem Verfassungsbegriff „Feststellung", die zu Recht als unfruchtbar und müßig bezeichnet wird[167].

52

Labands Budgettheorie

Die Besonderheit von Haushaltsplan und auch Haushaltsgesetz herausgearbeitet zu haben, ist bleibendes Verdienst der Budgettheorie von Paul Laband[168], auch wenn die Kernaussagen dieser Theorie heute überholt sind[169]. Für Laband war der Haushaltsplan ein Regierungsakt und ein rechtsindifferentes Zahlenwerk, das Rechte und Pflichten weder für den einzelnen noch für Staatsorgane begründet[170], und das Haushaltsgesetz eine im voraus er-

---

163 BVerfGE 20, 56 (91); 38, 121 (126).
164 So schon *Kurt Heinig*, Das Budget, Bd. I, 1949, S. 300.
165 Dazu *Gröpl* (N 16), Art. 110 Rn. 55. Richtig ist wohl, daß, entgegen der Labandschen Budgettheorie, das Parlament, wie bei jedem Gesetz, das entscheidende Verfassungsorgan ist, nicht die Regierung.
166 So BVerfGE 20, 56 (92 f.); 38, 121 (126).
167 So ausdrücklich und zu Recht *Hillgruber* (N 20), Art. 110 Rn. 94.
168 Vgl. v. a. *Paul Laband*, Das Budgetrecht nach den Bestimmungen der Preußischen Verfassungs-Urkunde unter Berücksichtigung der Verfassung des Norddeutschen Bundes, in: Zeitschrift für Gesetzgebung und Rechtspflege in Preußen 1870, S. 625 ff. (Separatdruck 1871, Nachdruck 1971). Weiter: *ders.*, Das Recht des Abgeordnetenhauses zu Budget-Aenderungen, in: Neue preußische Zeitung (Kreuz-Zeitung) vom 21. 2. 1863 (anonym); *ders.*, Das Finanzrecht des Deutschen Reiches, in: Hirths Annalen 1873, Sp. 405 ff.; *ders.*, Zur Lehre vom Budgetrecht, in: AöR 1 (1885), S. 172 ff.
169 (Ablehnende) Erwähnung findet sie noch in BVerfGE 20, 56 (91).
170 Hinsichtlich der Staatsorgane relativierend *Kisker* (N 42), Rn. 23 Fn. 42.

teilte Entlastung der Regierung ohne konstitutive Bedeutung für deren Haushaltswirtschaft, die Gegenstand der Entlastung ist. Dies lief auf eine nachträgliche Rechtfertigung der Position der Exekutive im preußischen Budgetkonflikt hinaus und fügte sich ein in die Debatte um die Unterscheidung von formellem und materiellem Gesetz[171]. Von Labands Theorie bleibt, daß das Haushaltsgesetz dem Plan keine Außenwirkung vermittelt und die Exekutive nicht verpflichtet. Im übrigen ist sie heute mit der Tatsache unvereinbar, daß das Grundgesetz die Budgethoheit in vollem Umfang dem Gesetzgeber zuweist. An der Effektivität dieser Zuweisung mag man mit gutem Grund zweifeln; der eindeutige Befund ist eine „überragende verfassungsrechtliche Stellung des Gesetzgebers im Verhältnis zu den anderen an der Aufstellung des Haushaltsplans beteiligten Verfassungsorganen"[172]. Es ist eine politische Frage, wie das Parlament diese Stellung nutzt.

I. Rechtswirkungen des gesetzlich festgestellten Haushaltsplans

53 Organgesetz – keine Außenwirkung

Der Haushaltsplan ist ein Organgesetz[173]. Adressaten sind ausschließlich Staatsorgane. Ansprüche und Verbindlichkeiten Dritter, insbesondere des Bürgers, werden durch den Haushaltsplan nicht begründet. Stellt der Haushaltsplan zugunsten von Bürgern Gelder bereit, zum Beispiel für Subventionen, so ergibt sich allein daraus noch keine Verpflichtung des Staates zur Auszahlung dieser Gelder und kein korrespondierender Anspruch der Begünstigten[174]. Verpflichtung wie Anspruch setzen eine außerbudgetäre Rechtsgrundlage voraus[175], zumindest eine Verwaltungspraxis, die sich, veranlaßt durch den Haushaltsplan, zu einer Selbstbindung der Verwaltung und einem Gleichbehandlungsanspruch der Begünstigten verdichtet. Gibt es für einen Anspruch eine Grundlage außerhalb des Budgets, so ist es umgekehrt für diesen Anspruch unerheblich, wenn die zu seiner Erfüllung erforderlichen Geldmittel nicht in den Haushaltsplan eingestellt worden sind; auch insoweit hat der Plan keine Außenwirkung. Haushaltsrecht beruht auf der Prämisse der staatlichen Leistungsfähigkeit und Insolvenzunfähigkeit[176].

Insolvenzunfähigkeit

54 Haushaltsrecht und Außenrecht

Die allgemeinen Regeln der Gesetzeskonkurrenz passen auf das Verhältnis von Haushaltsrecht und staatlichem Außenrecht nicht[177]. Problematisch und umstritten ist die Frage, inwieweit der Haushaltsplan die Anforderungen des Gesetzesvorbehalts erfüllen kann. Nach ständiger Rechtsprechung des Bun-

---

171 Zu der Debatte um den Gesetzesbegriff *Michael Stolleis*, Geschichte des öffentlichen Rechts in Deutschland, Bd. II, 1992, S. 370 f.
172 Zitat: BVerfGE 45, 1 (32); ähnlich 70, 324 (356).
173 So die treffende Bezeichnung bei *Stern* (N 45), § 49 III 4b, S. 1203; → oben *P. Kirchhof*, § 99 Rn. 101.
174 Ausführlich *Siekmann* (N 31), Art. 110 Rn. 35 ff.
175 Außerbudgetäres Recht kann Verpflichtung und Anspruch freilich unter einen Haushaltsvorbehalt stellen. Denkbar sind auch politische Wechselwirkungen zwischen Haushaltsplan und außerbudgetärem Recht; vgl. das Beispiel bei *Isensee* (N 5), S. 978, daß die parlamentarische Debatte über die Einstellung der Geldmittel für Scharfrichter in den Haushaltsplan eine 1906 in Frankreich geführte Debatte über die Beibehaltung der Todesstrafe präjudiziert hat.
176 Zu diesem Fragenkreis *Anna Leisner*, Die Leistungsfähigkeit des Staates, 1998.
177 Hierzu *Gröpl* (N 2), S. 360 ff.

Rechtsgrundlage für Subventionen

desverwaltungsgerichts[178] bedürfen Subventionen grundsätzlich keiner materiell-gesetzlichen Grundlage; vielmehr genüge auch jede andere parlamentarische Willensäußerung, insbesondere die Bereitstellung der zu Subventionen erforderlichen Mittel im Haushaltsplan. Dies ist insbesondere problematisch, wenn der einschlägige Haushaltstitel allgemein gehalten ist oder wenn die Subvention die Grundrechtssphäre Dritter berührt.

55

Abstrakte Normenkontrolle

Um Rechtswirkungen des Haushaltsplans im Verhältnis zur Justiz geht es bei der Frage, ob der Plan Prüfungsgegenstand vor dem Bundesverfassungsgericht[179] sein könne. Für die abstrakte Normenkontrolle wird dies bejaht, weil ein Haushaltsgesetz als Ermächtigungsgesetz im organschaftlichen Rechtskreis Recht im Sinne von Art. 93 Abs. 1 Nr. 2 GG, § 76 Abs. 1 BVerfGG sei[180]. Eine Normenkontrolle kann auch nach Ablauf des entsprechenden Haushaltsjahres noch beantragt werden, solange der Haushalt noch rechtliche Wirkungen hat, was für Kreditermächtigungen gemäß § 18 Abs. 3 BHO bis zum Ende des nächsten Haushaltsjahres zutrifft[181]. Ist ein Normenkontrollantrag erfolgreich, so wird nicht unmittelbar der umstrittene Haushaltstitel für nichtig erklärt, sondern die Feststellungsformel des Haushaltsgesetzes in Verbindung mit dem Titel[182].

Konkrete Normenkontrolle

Die fehlende Außenwirkung des Haushaltsplans wird in Verfahren der konkreten Normenkontrolle die Entscheidungserheblichkeit[183] und bei Verfassungsbeschwerden die Beschwerdebefugnis[184] ausschließen. In Organstreitverfahren, mithin wieder Innenrechtsstreitigkeiten, sind dagegen vielfältige Konstellationen denkbar, in denen das Haushaltsgesetz als Organgesetz Gegenstand sein könnte.

56

Ermächtigungswirkung

Im Verhältnis zur Bundesregierung hat das Haushaltsgesetz Ermächtigungswirkung. Die Bundesregierung wird zu Ausgaben ermächtigt, unter Beachtung der Betragsgrenzen und der Zweckbindung der Haushaltstitel (Dispositiv). Ohne diese Ermächtigung dürfte kein Haushaltsgeld ausgegeben werden. Eine Verpflichtung, Haushaltsansätze zu vollziehen, ergibt sich nicht aus diesen selbst; sie muß außerbudgetär begründet werden. Die Ermächtigungswirkung betrifft grundsätzlich nur die Ausgaben-, nicht die Einnahmenseite des Haushalts; eine Besonderheit sind insoweit die Krediteinnahmen[185].

---

178 Seit BVerwGE 6, 282 (287f.). Dazu umfassend *Michael Rodi*, Die Subventionsordnung, 2000, S. 505 ff. (der Vorbehalt des Gesetzes bei Subventionen) und 516 ff. (die Bedeutung des Haushaltsplans für das Subventionsrecht).
179 Übersicht über die bisherigen Verfahren vor dem BVerfG und vor Landesverfassungsgerichten bei *Gröpl* (N 16), Art. 110 Rn. 66 f. Vgl. auch *Hillgruber* (N 20), Art. 110 Rn. 101 ff.; *Maunz* (N 108), Art. 110 Rn. 17 ff.
180 BVerfGE 20, 56 (89 ff.); 79, 311 (326).
181 VerfGH Nordrhein-Westfalen, in: NVwZ 2004, S. 217 (Leitsatz 1 und S. 218) für die Rechtslage in Nordrhein-Westfalen, die derjenigen des Bundes entspricht.
182 Beispiel BVerfGE 20, 56 (57). Weiter *Kyrill Schaefer*, Das Haushaltsgesetz jenseits der Kreditfinanzierungsgrenzen, 1993, S. 46 ff., 114 ff.
183 BVerfGE 38, 121 (125).
184 Vgl. insoweit auch *Bettina C. Elles*, Die Grundrechtsbindung des Haushaltsgesetzgebers, 1996.
185 *Isensee* (N 5), S. 974: „Auf der Einnahmenseite ist der Haushaltsplan nicht rechtliche Ermächtigung, sondern ökonomische Prognose, im wesentlichen Produkt der Steuerschätzung."

II. Rechtswirkungen des Haushaltsgesetzes im übrigen

Das Haushaltsgesetz im übrigen ist kein Organgesetz. Es kann, wie jedes andere Gesetz, Außenwirkung haben; die §§ 3 HGrG und BHO greifen hier nicht. Allerdings verbietet das Bepackungsverbot (Art. 110 Abs. 4 S. 1 GG), in das Haushaltsgesetz Vorschriften aufzunehmen, die sich nicht auf die Einnahmen und Ausgaben des Bundes (sachliches Bepackungsverbot) und auf den Zeitraum beziehen, für den das Haushaltsgesetz beschlossen wird (zeitliches Bepackungsverbot[186]); von dem zeitlichen Bepackungsverbot macht Art. 110 Abs. 4 S. 2 GG Ausnahmen. Einen sachlichen Zusammenhang würden Vorschriften zu Zielvereinbarungen und Kontraktmanagement im Rahmen des Neuen Steuerungsmodells wahren. Mit dem Bepackungsverbot sollen sachfremde Erwägungen von der Budgetentscheidung ferngehalten werden; das Bepackungsverbot dient weiter der Normenklarheit und der Verfahrensbeschleunigung[187]. Diese Zweckbestimmung ist neueren Datums; früher wurde als Zweck des Bepackungsverbots angegeben, die Legislative zu hindern, in die Budgetplanung der Exekutive einzugreifen; das ist heute mit der Budgethoheit des Parlaments unvereinbar[188]. Haushaltsbegleitgesetze liegen außerhalb der Gesetzeseinheit des Haushaltsgesetzes und damit außerhalb des Wirkungsbereichs des Bepackungsverbots[189], anders Haushaltsgesetze, die als Artikelgesetze aufgebaut sind; das Bepackungsverbot läßt sich mithin leicht umgehen. Einige Landesverfassungen kennen kein Bepackungsverbot[190]; es kann nicht zum Bestand eines gemeindeutschen Haushaltsverfassungsrechts gezählt werden.

57

Sachliches und zeitliches Bepackungsverbot

F. Haushaltskreislauf

Die Entfaltung des Haushaltswesens in der Zeit zwischen den beteiligten Verfassungsorganen nennt man Haushaltskreislauf[191]. Der Haushaltskreislauf umfaßt auf der Ebene des Verfassungsrechts des Bundes folgende Stationen[192]:
- die Budgetinitiative der Bundesregierung (Art. 110 Abs. 3 GG), der die Aufstellung des Haushaltsplanes, insbesondere die Budgetverhandlungen zwischen Finanz- und Fachressorts vorangegangen sind,
- die Feststellung des Haushaltsplans durch das Haushaltsgesetz (Art. 110 Abs. 2 GG),

58

Von der Budgetinitiative zur Entlastung

---
186 Zum zeitlichen Bepackungsverbot siehe *Wendt/Elicker* (N 142), S. 488 ff.
187 Zu ihm das Urteil des Landesverfassungsgerichts Mecklenburg-Vorpommern vom 7. 7. 2005, in: LVerfGE 8/04, unter IV.
188 Vgl. *Wendt/Elicker* (N 142), S. 489 f.
189 Zu ihnen *Heun* (N 5), S. 212 ff.
190 Dies gilt für sechs von sechzehn Bundesländern, nämlich Bayern, Berlin, Brandenburg, Bremen, Hamburg und Nordrhein-Westfalen.
191 Synonym „Haushaltsverfahren" oder „Budgetprozeß"; vgl. *Gröpl* (N 2), S. 112. → Oben *Waldhoff*, § 116 Rn. 131 ff.
192 Die z. T. anders als hier systematisiert werden.

- der Vollzug von Plan und sonstigem Gesetz durch die Verwaltung (einschließlich Parlaments- und Justizverwaltung; im Grundgesetz nicht normiert),
- Rechnungslegung durch den Bundesminister der Finanzen, Finanzkontrolle insbesondere durch den Bundesrechnungshof, schließlich die Entlastung der Bundesregierung durch Bundestag und Bundesrat (Art. 114 Abs. 1 und 2 GG).

Dieser Kreislauf wiederholt sich grundsätzlich jährlich. Das Verfahren steht bis zum Beginn des Haushaltsjahres unter hohem Zeitdruck, der sich im Laufe eines Haushaltsjahres noch einmal zum sogenannten Dezemberfieber steigert, dem Bemühen, Haushaltsmittel, die zum Jahresende verfallen würden, noch auszugeben; dieses Dezemberfieber ist ein ärgerlicher, aber nur schwer vermeidbarer Nebeneffekt sachlich gebotener Periodisierung. Rechnungsprüfung und Entlastung unterliegen diesem Zeitdruck nicht. Entlastungsbeschlüsse erfolgten in letzter Zeit knapp zwei, drei Jahre nach dem Haushaltsjahr, auf das sie sich beziehen[193]. Entsprechend gering ist aber die Aufmerksamkeit, die ihnen zuteil wird. Auf die Finanzkontrolle, die nicht nur zeitlich distanziert ist, wird gesondert eingegangen, ebenso auf die Finanzplanung, die eine längerfristige Perspektive hat[194].

Dezemberfieber

59
Kontinuität der Planung

Die Wiederholung des Zyklus ermöglicht Lernprozesse und Optimierung. Zum Beispiel muß ein Fachministerium des Bundes, welches das Finanzressort und den Haushaltsausschuß mit einem überhöhten Haushaltsansatz „über den Tisch gezogen hat", damit rechnen, bei Haushaltsvollzug und Finanzkontrolle aufzufallen und in der Folge mit Mißtrauen bedacht zu werden. Dies wird das Fachministerium schon bei der Haushaltsaufstellung berücksichtigen. Der Effekt ist zwar informell und nicht meßbar, aber sehr wahrscheinlich groß. Er wird durch personelle Kontinuität und Identität verstärkt („Pappenheimer-Prinzip"), letzteres etwa beim Bundestag im Verhältnis von Rechnungsprüfungs- und Haushaltsausschuß.

60

Budgetpflicht als Bemühenspflicht

Die Bundesregierung, den Bundestag und den Bundesrat trifft eine Budgetpflicht[195]. Sie haben gemeinsam für das rechtzeitige Zustandekommen eines gesetzlich festgestellten Haushaltsplans zu sorgen. Bei allem politischen Streit müssen die Staatsgeschäfte weitergehen, tunlichst auf der Grundlage eines parlamentarisch festgestellten Budgets. Die Budgetpflicht ist eine Bemühenspflicht. Sie schließt Untätigkeit und Obstruktion aus, vor allem verspätete Budgetinitiativen der Bundesregierung, nicht aber politischen Dissens in Bundestag oder Bundesrat. Das Haushaltswesen bildet im Gegenteil eine Bühne, die sich für die Austragung politischer Konflikte besonders eignet; daran

---

193 Für das Haushaltsjahr 2000 am 20.8.2002 (GMBl, S.669), für 2001 am 16.9.2003 (GMBl, S.710), für 2002 am 30.8.2004 (GMBl, S.1016); für 2003 war die Entlastung im Oktober 2005 noch nicht erfolgt. Etwas längere Zeiten nennt *Ernst Gottfried Mahrenholz*, in: GG-AK, Art. 114 Rn. 29, 40. Zu der zeitlichen Lücke auch *Andreas Greifeld*, Der Rechnungshof als Wirtschaftlichkeitsprüfer, 1981, S. 87 f.
194 S. u. Rn. 76 ff. und 84 ff.
195 Nach den drei Verfassungsorganen differenzierend *Mahrenholz* (N 193), Art. 110 Rn. 27, 30, 31. Zu Auflockerungen im Fall einer Neuwahl *Maunz* (N 108), Art. 110 Rn. 22.

ändert die Budgetpflicht nichts. Sie verpflichtet die Beteiligten, sich um einen politischen Kompromiß zu bemühen, zum Beispiel die Bundesregierung zu einer erneuten Budgetinitiative, nachdem der erste Entwurf gescheitert ist, und deutet bei einem Scheitern dieser Bemühungen auf ernste Konsequenzen. Das Nothaushaltsrecht des Art. 111 und die Regelung zu über- und außerplanmäßigen Ausgaben in Art. 112 GG entlasten von der Budgetpflicht nicht. Umgekehrt sind ihrer verfassungsgerichtlichen Durchsetzung enge zeitliche und funktionelle Grenzen gesetzt[196].

I. Budgetinitiative der Bundesregierung

Abweichend von Art. 76 Abs. 1 GG hat nur die Bundesregierung das Recht zur Budgetinitiative (einschließlich Nachtrags- und Ergänzungshaushalte). Dieses Monopol ergibt sich zwar nicht ausdrücklich, wohl aber mittelbar aus den Art. 110 Abs. 3 und 113 Abs. 1 GG und ist unbestritten. Denn allein die Bundesregierung verfügt über die Arbeitskapazität und die Vernetzung mit der Bundesverwaltung, die nötig sind, um einen Budgetentwurf zu fertigen. Selbst die Bundesregierung kommt angesichts der Komplexität der Aufgabe nicht umhin, einzelne Ansätze einfach fortzuschreiben („Überrollen").

61
Monopol

Innerhalb der Bundesregierung kommt dem Bundesminister der Finanzen die zentrale Stellung bei der Aufstellung eines ausgeglichenen und bedarfsgerechten Budgetentwurfs zu. Der Budgetinitiative der Bundesregierung geht, ab dem Beginn des Jahres vor dem Haushaltsjahr, ein verfassungsrechtlich nicht normiertes Budgetaufstellungsverfahren nach dem sogenannten Bottom-up-Prinzip voraus, das den §§ 27 ff. BHO zugrunde liegt[197]. Es wird durch ein Haushaltsaufstellungsschreiben eröffnet, in dem das Finanz- die Fachressorts zu Voranschlägen auffordert. Dieses Bedarfsanmeldungsverfahren vollzieht sich in den einzelnen Ressorts über die Beauftragten für den Haushalt der mittelbewirtschaftenden Stellen, und zwar von der unteren zur obersten Hierarchiestufe. Da die Bedarfsanmeldungen regelmäßig die zu verteilende Finanzmasse übersteigen, treten die Haushaltsreferenten der Fachressorts mit ihren Spiegelreferenten im Bundesministerium der Finanzen in Haushaltsverhandlungen, an denen der Haushaltsausschuß des Bundestags und der Bundesrechnungshof mitwirken. Führen diese Verhandlungen zu keiner Einigung, so entscheidet in einem gestuften Verfahren äußerstenfalls die Bundesregierung, wobei dem Bundesminister der Finanzen das Widerspruchsrecht gemäß § 26 Abs. 1 GOBReg zusteht. Für die Bedarfsanmeldungen des Bundespräsidenten sowie der Präsidenten von Bundestag, Bundesrat, Bundesverfassungsgericht und Bundesrechnungshof gelten die besonderen Vorschriften der §§ 28 Abs. 3, 29 Abs. 3 BHO. Das Bundesministerium der Finanzen faßt die Budgetverhandlungen zum Entwurf des Haushaltsplans zusammen. Dieser wird mit dem Entwurf des Haushaltsgesetzes gemäß § 29 Abs. 1 BHO von der

62
Bundesminister der Finanzen

Haushaltsverhandlungen

Entwurf des Haushaltsplans

---
196 Vgl. aber BVerfGE 45, 1 zum Nachtrags- und zum Ergänzungshaushalt.
197 Nachweise zu Einzelheiten bei *Gröpl* (N 2), S. 112 f., Kritik ebd., S. 158 ff.; zum BMF ebd., S. 305 f.

§ 120 *Achter Teil: III. Finanzwesen*

Bundesregierung beschlossen und, abweichend von Art. 76 Abs. 2 GG[198], gleichzeitig beim Bundestag eingebracht und dem Bundesrat zugeleitet; für letzteren gibt es starre Äußerungsfristen, Art. 76 Abs. 2 S. 3 und 4 GG gelten nicht.

II. Budgetentscheidung des Gesetzgebers

1. Verfahren nach Art. 110 Abs. 3 GG

63

Die Kompetenz zur Feststellung des Haushaltsplans liegt ausschließlich und undelegierbar[199] beim förmlichen Gesetzgeber, vor allem beim Bundestag. Für das Verfahren in Bundestag, Bundesrat und gegebenenfalls Vermittlungsausschuß gelten die für die Bundesgesetzgebung allgemein einschlägigen Vorschriften des Grundgesetzes und der jeweiligen Geschäftsordnungen. Die wichtigste Besonderheit ist § 95 GOBT. Wie im Kabinett dem Bundesminister der Finanzen, so kommt im Bundestag dessen Haushaltsausschuß eine hervorgehobene Stellung als Hüter des Haushaltsausgleichs und als Moderator zwischen konkurrierenden Fachinteressen zu. Ihm wird der Entwurf nach der Ersten Lesung überwiesen[200]; Fachausschüsse sind (nur) gutachtlich zu hören; der Bundesrechnungshof wirkt beratend mit[201].

Haushaltsausschuß

64
Keine Ratifikationslage

Der Bundestag kann die Budgetvorlage der Bundesregierung ändern[202]. Er befindet sich nicht in einer Ratifikationslage (wie bei Staatsverträgen gemäß § 82 Abs. 2 GOBT); eine solche Beschränkung wäre mit seiner Budgethoheit unvereinbar. Gegen ausgabenerhöhende Änderungen kann die Bundesregierung sich gemäß Art. 113 GG (lex Höpker-Aschoff) wehren[203]. „Gesetz" im Sinne von Art. 113 GG ist auch das Haushaltsgesetz. Daß die Bundesregierung der sie tragenden Parlamentsmehrheit finanzpolitischen Widerstand leistete, ist in der Staatspraxis seit 50 Jahren indes nicht mehr vorgekommen[204], auch nach einer Verfassungsänderung im Jahr 1969 nicht, die Art. 113 GG effektiver machen wollte. Art. 113 GG könnte folgenlos aus dem Grundgesetz gestrichen werden. Eine nähere Beschäftigung mit dieser Vorschrift ist vor diesem Hintergrund wohl zu Recht als „l'art pour l'art" bezeichnet worden[205]. Änderungen des Budgetentwurfs der Bundesregierung durch den Bundestag halten sich

---

198 Diese Abweichung dient der Verfahrensbeschleunigung.
199 Dies betrifft auch Zielvereinbarungen im Rahmen des Neuen Steuerungsmodells. Zu ihnen vgl. Stand und Perspektiven des Leistungsauftrags in Rheinland-Pfalz. Workshop zur politischen Steuerung durch Zielvorgaben im Haushalt, hg. vom Präsidenten des Landtags Rheinland-Pfalz, 2005.
200 Zu einem Verzicht auf die Erste Lesung *Christoph Gröpl*, Verzicht auf die „Erste Lesung" bei Änderung von Gesetzentwürfen?, in: LKV 2004, S. 438 ff., sowie das Urteil des Landesverfassungsgerichts Mecklenburg-Vorpommern vom 7. 7. 2005 (Aktenzeichen LVerfGE 8/04).
201 → Bd. III, *Hufeld*, § 56 Rn. 27.
202 Unstr.; vgl. etwa *Maunz* (N 108), Art. 110 Rn. 24; *Siekmann* (N 31), Art. 110 Rn. 75.
203 Vgl. ergänzend § 87 GOBT.
204 Etwas häufiger ist der Fall, daß die Bundesregierung mit einer Anwendung von Art. 113 GG gedroht hat, doch auch das ist nicht effektiv.
205 So ausdrücklich *Heun* (N 20), Art. 113 Rn. 4; ähnlich *Heintzen* (N 48), Art. 113 Rn. 1; *Mahrenholz* (N 193), Art. 113 Rn. 2.

auch in Grenzen; so sollen bei einem Haushaltsgesamtvolumen von 250 Mrd. Euro in den letzten Jahren nur Ansätze in Höhe von 1 Mrd. Euro verändert worden sein[206]; diese Zahlen relativieren sich freilich, wenn man in Rechnung stellt, daß die „freie Spitze" eines Haushalts, die allein gestaltbar ist, deutlich unter 250 Mrd. Euro liegt.

Sonderformen der Haushaltsgesetzgebung sind der Nachtrags- und der Ergänzungshaushalt. Beide durchlaufen das Verfahren der Haushaltsgesetzgebung, nur später als der ursprüngliche Haushalt, aber noch bis zum Ende des Haushaltsjahres[207]; beide verschmelzen mit dem ursprünglichen Haushalt zu einer Einheit, so daß der Grundsatz der Haushaltseinheit gewahrt wird; beide dienen der Änderung, insbesondere der Aktualisierung des ursprünglichen Haushalts. Der wesentliche Unterschied zwischen Ergänzungs- und Nachtragshaushalt betrifft den Zeitpunkt dieser Änderung. Erfolgt die Änderung zwischen Budgetinitiative und Verabschiedung des Haushalts, spricht man von einer Ergänzung. Erfolgt die Änderung später, wenn der ursprüngliche Haushalt bereits „steht", spricht man von einem Nachtrag; es muß ein neues Haushaltsgesetzgebungsverfahren durchgeführt werden, eine Prozedur, welche die Praxis scheut[208]. Eine Alternative zu einer Ergänzungsvorlage ist die Einreichung einer Nachschiebeliste zur Aktualisierung einzelner Haushaltspositionen beim federführenden Haushaltsausschuß, dem nach der Ersten Lesung im Plenum der Budgetentwurf zugeleitet worden ist und der die Nachschiebeliste zu dem Entwurf hinzunimmt; da hierdurch Förmlichkeiten des verfassungsrechtlich geregelten Gesetzgebungsverfahrens umgangen werden können, ist dieses Verfahren nur bei unwesentlichen Änderungen zulässig.

65
Nachtrags- und Ergänzungshaushalt

Nachschiebeliste

Das Haushaltsgesetz ist ein Einspruchsgesetz. Die Rolle des Bundesrates in der Haushaltsgesetzgebung des Bundes ist gering[209]. Zwar sollte das Einspruchsrecht im allgemeinen nicht unterschätzt werden; in den seltenen Fällen des Art. 77 Abs. 4 S. 2 GG (Zweidrittelmehrheit der Bundestagsopposition im Bundesrat) kann es zu einer faktischen Vetoposition erstarken, die aber in einem Spannungsverhältnis zur Budgetpflicht des Bundesrates steht. Im Fall des Bundeshaushalts macht der Bundesrat von seinem Einfluß nur einen zurückhaltenden Gebrauch, wohl weil es um die Haushaltswirtschaft des Bundes geht, die gemäß Art. 109 Abs. 1 GG von den Ländern selbständig und unabhängig ist, und weil er, wie der Bundestag, unter Zeitdruck steht und sich scheut, in das komplexe, nur schwer zu überblickende Gefüge eines Staatshaushalts einzugreifen[210]. Das Interesse der Länder, die Finanzmacht des Bundes gering zu halten, wird schon von den Regeln der Finanzverfassung im engeren Sinne über die Gesetzgebungs-, Verwaltungs- und Ertragshoheit hinreichend berücksichtigt. Zu der schwachen Stellung des Bundesrats paßt das

66
Einspruchsrecht des Bundesrates

---

206 Zahlen bei *Isensee* (N 5), S. 976 linke Spalte.
207 Zum Nachtragshaushalt vgl. § 33 S. 2 BHO.
208 Vgl. auch §§ 32, 33 BHO.
209 Zu den Gründen s. o. Rn. 1.
210 Zur Rolle des Bundesrates auch *Heun* (N 5), S. 401 ff.

Fehlen einer Art. 76 Abs. 2 GG entsprechenden Regelung: Die Bundesregierung bringt, auch um Zeit zu sparen, den Haushaltsentwurf nicht zunächst beim Bundesrat, sondern gleichzeitig bei Bundesrat und Bundestag ein. Zwar entscheiden Bundestag und Bundesrat gleichberechtigt über die Entlastung der Bundesregierung (Art. 114 Abs. 1 GG), doch hat diese Entscheidung kaum politische Bedeutung.

2. Besondere Verfahren

67

Über- und außerplanmäßige Ausgaben

Nothaushalt

Organstreitverfahren

Art. 111 und Art. 112 GG ermächtigen zu einer Haushaltswirtschaft ohne haushaltsgesetzliche Grundlage. Art. 111 GG betrifft den etatlosen Zustand, also das Fehlen eines Haushaltsgesetzes, zu dem es insbesondere kommen kann, wenn, abweichend vom Vorherigkeitsgrundsatz, ein Haushaltsgesetz erst während der laufenden Haushaltsperiode, im Extremfall noch später beschlossen wird. Art. 112 GG betrifft über- und außerplanmäßige Ausgaben, die – im grundsätzlich existierenden – Haushaltsplan entweder nicht in der gebotenen Höhe oder gar nicht veranschlagt sind. In beiden Fällen hat das Grundgesetz Planersatzfunktion; im Fall des Art. 111 GG spricht man von einem Nothaushalt. Es liegt auf der Hand, daß zwei Artikel des Grundgesetzes es an Bestimmtheit nicht mit einem Haushaltsplan aufnehmen können. Andererseits durchbrechen diese Artikel die Budgethoheit des Parlaments. Deshalb müssen ihre tatbestandlichen Voraussetzungen im Interesse dieser Budgethoheit eng ausgelegt werden. Vor allem bei der Annahme von Beurteilungsspielräumen ist Vorsicht geboten, denn so wüchse der Exekutive – bei Art. 111 GG der Bundesregierung, bei Art. 112 GG dem Bundesminister der Finanzen – eine Gestaltungsmacht zu, wie sie im Verfahren nach Art. 110 GG nur der Gesetzgeber hat. Zu diesem „Normal"-Verfahren müssen beide Normen lästige Alternative sein: Art. 111 GG, um ein Motiv für die schnellstmögliche Erfüllung der Budgetpflicht zu geben, die keinesfalls erlischt[211]; Art. 112 GG, um dessen Subsidiarität gegenüber einem Nachtragshaushalt oder gegenüber einer Verlagerung von Ausgaben in das nächste Haushaltsjahr zu unterstreichen. Die enge Auslegung als Ausnahmebestimmungen schließt es nach der zutreffenden Ansicht des Bundesverfassungsgerichts[212] nicht aus, Art. 112 im Rahmen von Art. 111 Abs. 1 GG anzuwenden, denn auch auf der Grundlage des Planersatzes des Art. 111 Abs. 1 GG kann es unvorhergesehene und unabweisbare Bedürfnisse geben. Da die Art. 111 und 112 GG Ausnahmen von der Budgethoheit des Parlaments sind, können das Parlament und seine Gliederungen sich gegen eine Überschreitung der darin der Exekutive erteilten Ermächtigung nach den allgemeinen Regeln im Organstreitverfahren vor dem Bundesverfassungsgericht zur Wehr setzen.

---

211 Während es im Fall des Art. 112 GG dabei bleibt, daß die Budgetpflicht erfüllt ist. Kommt im Fall des Art. 111 GG ein Haushaltsgesetz nachträglich zustande, so muß es Maßnahmen, die auf seiner Grundlage getroffen worden sind, übernehmen.
212 BVerfGE 45, 1 (37); weit. Nachw. bei *Heintzen* (N 48), Art. 112 Rn. 4.

a) Nothaushalt (Art. 111 GG)

An die Stelle einer haushaltsgesetzlichen Ausgabenermächtigung tritt gemäß Art. 111 GG ein verfassungsrechtliches Ausgabenminimalprogramm, das nur unter Berufung auf Art. 112 GG, nicht aber aus konjunkturpolitischen Gründen (Art. 109 Abs. 2, 115 Abs. 1 S. 2 GG) ausgedehnt werden kann. Einzige tatbestandliche Voraussetzung ist das nicht-rechtzeitige Inkrafttreten eines Haushaltsgesetzes. Der Grund dafür ist gleich; es kann ein Haushaltskonflikt[213], zeitliche Überforderung oder schlichte Nachlässigkeit sein. Art. 111 GG sichert die Funktionsfähigkeit des Staates und die Stabilität seiner Regierung, die nicht plötzlich ohne Geld dastehen soll, und die Budgethoheit des Parlaments, indem der Exekutive der Haushaltsvollzug ohne parlamentarisches Budget zwar ermöglicht, aber doch unattraktiv gemacht wird. Die Rechtsfolge von Art. 111 Abs. 1 GG ist eine vorläufige, auf das Notwendige beschränkte, den Status quo fortschreibende, in drei Alternativen weiter konkretisierte Ausgabenermächtigung[214], die etwa die Schaffung neuer Planstellen nicht umfaßt; um diese Ausgaben finanzieren zu können, erteilt Art. 111 Abs. 2 GG eine allgemein als großzügig angesehene Kreditermächtigung, deren Ausübung sich aber im Rahmen des Art. 115 Abs. 1 S. 2 GG halten muß. Art. 111 GG ist seit 1949 nicht geändert worden, was als Indiz dafür anzusehen ist, daß die Regelung sachgerecht ist.

68
Zielsetzung des Art. 111 GG

b) Über- und außerplanmäßige Ausgaben (Art. 112 GG)

Art. 112 GG enthält nach der für sein Verständnis grundlegenden Entscheidung des Bundesverfassungsgerichts vom 25. Mai 1977 eine subsidiäre Notkompetenz[215] für den Fall, daß ein Budget, das immer eine Prognose über einen Zeitraum von einem Jahr ist, von der Wirklichkeit überholt wird, keine Kompetenz zu allgemeinen Plankorrekturen. Inhaber dieser Kompetenz ist, nach Maßgabe möglicher gesetzlicher Ausgestaltung, der Bundesminister der Finanzen; dieser wird aus dem Kreis der Bundesminister als eigenständiges Gegengewicht zu den ausgabenorientierten Fachministern hervorgehoben und in eine unmittelbare Rechtsbeziehung zum Bundestag gebracht[216]; seine Ermessensentscheidung hat sich zwar an den Richtlinien der Politik der Bundesregierung auszurichten, die dem Bundestag gegenüber für die Anwendung von Art. 112 GG verantwortlich ist; ihr kann auch von der Bundesregierung die Grundlage entzogen werden, indem ein Nachtragshaushaltsverfahren eingeleitet oder die Befriedigung eines finanziellen Bedürfnisses in das nächste Jahr verschoben wird; von der Beschlußkompetenz der Bundesregierung

69
Subsidiäre Notkompetenz

---

213 Zum Haushaltskonflikt von 1972, dem bislang stärksten in der Geschichte der Bundesrepublik Deutschland, *Werner Patzig*, Haushaltsrecht des Bundes und der Länder, Bd. I, 1981, Rn. 207 ff.
214 Zu ihnen vgl. insbesondere zwei Entscheidungen des Großen Senats des Bundesrechnungshofs vom 30. 11. und vom 7. 12. 1972, bei: *Helmut Karehnke*, Parlamentarisches Budgetrecht, vorläufige Haushaltsführung durch die Bundesregierung und Notbewilligungsrecht des BMF für Haushaltsüberschreitungen, in: DÖV 1976, S. 361.
215 BVerfGE 45, 1 (Leitsatz 3).
216 Darin kommt die Verfassungserwartung zum Ausdruck, er möge für finanzielle Seriosität und Stabilität sorgen. Dieser Erwartung muß sich jeder Bundesminister der Finanzen stellen.

§ 120 *Achter Teil: III. Finanzwesen*

gemäß § 26 GOBReg oder von Rekursen anderer Minister ist der Bundesminister der Finanzen in den Fällen des Art. 112 GG aber freigestellt[217]. Seine Entscheidung ist gemäß § 116 Abs. 1 S. 1 BHO endgültig.

70
Verfassungsrechtliche Überprüfung

Uneingeschränkter verfassungsgerichtlicher Überprüfung unterliegen die Tatbestandsmerkmale „unvorhergesehen" und „unabweisbar"; sie eröffnen, im Unterschied zu dem Merkmal „Bedürfnis", keinen Beurteilungsspielraum[218]. „Unvorhergesehen" heißt nicht „unvorhersehbar"[219]; es bleibt auch Raum für Fehlerkorrektur. „Unabweisbar" bedeutet unter anderem, daß kein Wahlrecht zwischen einem Nachtragshaushalt und der Anwendung von Art. 112 GG besteht. Das Bedürfnis kann sich, anders als bei Art. 111 GG, auf neuartige, im Vorjahresbudget nicht enthaltene Ausgaben richten. Quantitative Bewilligungsgrenzen kennt Art. 112 GG nicht. Die Befugnis zu Haushaltsüberschreitungen deckt keine Maßnahmen, die auf Dauer wirken, zum Beispiel die Schaffung von Planstellen[220], und keine konjunkturpolitischen Maßnahmen, bei denen es nicht um einen Staatsbedarf geht.

71
Kein Recht zur Kreditaufnahme

Art. 112 GG äußert sich nicht zu der Frage, wie über- oder außerplanmäßige Ausgaben einnahmenseitig gedeckt werden sollen. Der Bundesminister der Finanzen erhält nicht das Recht, die Kreditaufnahme entsprechend zu erweitern. Das stünde in einem klaren Widerspruch zu dem Gesetzesvorbehalt in Art. 115 Abs. 1 S. 1 GG. Vielmehr sollen gemäß § 37 Abs. 3 BHO solche Ausgaben durch Einsparungen bei anderen Ausgaben in demselben Einzelplan ausgeglichen werden. Hinzuweisen ist weiter auf das Instrument des Kassenverstärkungskredits.

III. Budgetvollzug

1. Verantwortung der Bundesregierung

72
„Hausgut" der Exekutive

Daß der Budgetvollzug Sache der Exekutive ist, wird in der Haushaltsverfassung des Grundgesetzes nicht besonders erwähnt, ergibt sich aber schon aus dem Grundsatz der Gewaltenteilung. Der Budgetvollzug ist „Hausgut" der Exekutive[221]. Innerhalb der Bundesregierung kommt dem Bundesminister der Finanzen von Verfassungs wegen eine besondere Stellung zu[222].

Die Exekutive ist für einen wirtschaftlichen und sparsamen Haushaltsvollzug verantwortlich.

---

217 Ausführlich zu Fragen der regierungsinternen Willensbildung BVerfGE 45, 1 (46 ff.).
218 BVerfGE 45, 1 (29, 39).
219 BVerfGE 45, 1 (Leitsatz 5).
220 Zu einer Kapitalerhöhung bei bundesunmittelbaren Unternehmen BVerfGE 45, 1 (45).
221 So schon *Richard Thoma*, Der Vorbehalt der Legislative und das Prinzip der Gesetzmäßigkeit, in: Anschütz/Thoma, Bd. II, S. 221 (228).
222 Dazu *Paul Kirchhof*, Die Gewaltenkontrolle zwischen Haushalts- und Wirtschaftsminister, in: BB 1971, S. 1469 ff.; *Franz Klein*, Die staatsrechtliche Stellung des Bundesministers der Finanzen, in: DVBl 1962, S. 573 ff.; *Falko Frhr. von Lilien-Waldau*, Der Bundesminister der Finanzen als Haushaltsminister, 1972; *Rolf Seikel*, Der Finanzminister bei der output-orientierten Haushaltssteuerung, in: DÖV 2000, S. 525 ff.

Verantwortung setzt Entscheidungskompetenzen voraus. Diese ergeben sich **73**
daraus, daß der gesetzlich festgestellte Haushaltsplan die Bundesregierung   Ermächtigung,
nur ermächtigt, nicht aber verpflichtet. Zwar sind die meisten Ausgaben   keine Verpflichtung
außerhalb des Budgets in einer auch für die Bundesregierung verbindlichen
Weise festgeschrieben. Es bleibt aber genügend Spielraum bei der Verteilung
der Budgetmittel auf diese Rechtspositionen. Die bloß ermächtigende Wirkung des Haushaltsgesetzes und das Vorhandensein einer „freien Spitze"
rechtlich nicht festgelegter Mittel ist die Grundlage für zahlreiche einfachgesetzliche Mittel der Haushaltssteuerung, wie Einwilligungsvorbehalte bei
bestimmten Ausgaben oder haushaltsrechtliche Sperren[223].

Die Mittelzuweisung, -verteilung und -bewirtschaftung sind Gegenstand
umfangreicher Regelungen des Haushaltsverwaltungsrechts, die hier nicht
darzustellen sind.

2. Mitwirkungsrechte des Bundestages

Mitwirkungsrechte des Bundestages beim Haushaltsvollzug[224] greifen in einen **74**
der Bundesregierung zugewiesenen Bereich ein und sind dementsprechend
problematisch.

Verfassungsrechtlich zu hinterfragen sind insbesondere sogenannte qualifi- **75**
zierte Sperrvermerke, die Ausgaben oder Verpflichtungsermächtigungen,   Qualifizierte
etwa gesetzlich nicht vorgeschriebene Rüstungsausgaben der Bundeswehr[225],   Sperrvermerke
von einer vorherigen parlamentarischen Zustimmung abhängig machen (§ 22
S. 3 BHO)[226], die vielfach durch den Haushaltsausschuß des Bundestags
erfolgt. Zu nennen sind weiter parlamentarische Zustimmungsvorbehalte bei
einer nachträglichen Ausweitung des haushaltsgesetzlichen Bewilligungsrahmens, etwa bei Umschichtungen[227]. Gegen qualifizierte Sperrvermerke wird
vorgebracht, sie verschränkten Haushaltsgesetzgebung und Haushaltsvollzug
und verstießen damit gegen den Grundsatz der Gewaltenteilung und gegen
die Zuständigkeitsabgrenzung zwischen Plenum und Ausschuß. Sind sie
Haushaltsvollzug, so handele es sich um einen verfassungswidrigen Übergriff
der Legislative in den Funktionsbereich der Exekutive. Sind sie Haushaltsge-

---

223 Näheres bei *Gröpl* (N 2), S. 120 ff. Zum Haushaltsvollzug auch *Dieter Birk*, Haushaltsplanung und Haushaltsvollzug, in: FS für Werner Hoppe, 2000, S. 285, 294 ff.
224 Zu der entsprechenden Frage im Staatsvermögensrecht vgl. *Dieter Birk/Rainer Wernsmann*, Beteiligungsrechte des Parlaments bei der Veräußerung von Staatsvermögen, insbesondere bei Unternehmensbeteiligungen, in: DVBl 2005, S. 1 ff.
225 Beispiel bei *Ulrich Hufeld*, Der Budgetkonflikt um das Transportflugzeug A400 M, in: NVwZ 2002, S. 957 ff.
226 Von qualifizierten sind einfache Sperrvermerke zu unterscheiden (§ 36 S. 1 BHO im Unterschied zu den §§ 36 S. 2, 22 S. 3 BHO). Beim einfachen Sperrvermerk entscheidet der Bundesminister der Finanzen über die Freigabe der Mittel. Der einfache Sperrvermerk ist keine Delegation parlamentarischer Ausgabenbewilligungsrechte, sondern ein Internum der Exekutive beim Haushaltsvollzug.
227 Zu dem Unterschied von qualifizierten Sperrvermerken und parlamentarischen Zustimmungsvorbehalten *Hillgruber* (N 20), Art. 110 Rn. 74. Zum Ganzen aus der älteren Literatur *Reinhard Hoffmann*, Haushaltsvollzug und Parlament, 1972; *Herbert Mandelartz*, Das Zusammenwirken von Parlament und Regierung beim Haushaltsvollzug, 1980; *Moeser* (N 77).

setzgebung, als nachgeholte parlamentarische Bewilligung[228], so seien sie, im Unterschied zu einfachen Sperrvermerken, grundsätzlich unproblematisch; verfassungswidrig sei dann allerdings eine Delegation der Entscheidungsbefugnis vom Plenum auf einen Ausschuß. Staatspraxis und vorherrschende Literaturansicht folgen dem nicht, zu Recht, weil die Distinktionen zwischen Gesetzgebung und Vollzug sowie zwischen Plenum und Ausschuß in dieser Strenge verfassungsrechtlich nicht vorgegeben sind[229]. Die Bundeshaushaltsordnung läßt in der Schwebe, ob Sperrvermerke der Haushaltsaufstellung oder der Ausführung des Haushaltsplans zuzurechnen sind, indem sie diese Frage zweimal regelt, den Erlaß eines Sperrvermerks in § 22, in dem Teil „Aufstellung des Haushaltsplans", und die Aufhebung der Sperre in § 36, in dem Teil „Ausführung des Haushaltsplans". Zwar geht § 22 S. 3 BHO davon aus, daß qualifizierte Sperrvermerke eine rechtfertigungsbedürftige Ausnahme sind, wobei diese Aussage in einem Spannungsverhältnis zur Realität steht. Eine mögliche Rechtfertigung ist fehlende Etatreife zur Zeit der parlamentarischen Beratung[230], die sich in einer schnellebigen Zeit leicht plausibel machen läßt; eine weitere Rechtfertigung ist das parlamentarische Interesse an der Durchsetzung von Budgetauflagen. Trotz des flexiblen Kriteriums muß man sich aber fragen, ob die große Zahl qualifizierter Sperrvermerke nicht Verantwortlichkeiten verwischt und die Arbeitskapazität des Bundestages überfordert. Die Entscheidung über die Aufhebung einer Sperre erfolgt vielfach nicht durch das Bundestagsplenum, sondern durch seinen Haushaltsausschuß[231]. Gegen seine Umwandlung von einem beratenden in einen beschließenden Ausschuß, die juristisch nachvollzieht, was politische Realität ist, ist grundsätzlich nichts einzuwenden; einen Verfassungsvorbehalt für beschließende Ausschüsse gibt es nicht; er folgt weder aus Art. 110 Abs. 2 GG – weil Sperrvermerke keine Gesetzgebung sind, sondern nachträgliche Entscheidungen, die sich regelmäßig am Einzelfall orientieren – noch aus Grundsätzen des Parlamentsrechts[232]. Rechtspolitisch ist zu qualifizierten Sperrvermerken zweierlei anzumerken: § 22 S. 3 BHO sollte realitätsgerecht dahin geändert werden, daß vielfach nicht das Parlamentsplenum, sondern der Haushaltsausschuß entscheidet; der Bundestag sollte, wie bei der Handhabung des Spezialisationsgrundsatzes auch, überlegen, ob im Interesse wirksamer parlamentarischer Steuerung weniger nicht mehr ist.

Haushaltsausschuß als beschließender Ausschuß?

---

228 Zu dieser für das Verständnis des Meinungsstreits zentralen Deutung, die auf einfache Sperrvermerke und Zustimmungsvorbehalte zu übertragen wäre, vgl. *Gröpl* (N 16), Art. 110 Rn. 74 Fn. 310; *Hillgruber* (N 20), Art. 110 Rn. 98.
229 In der Sache wohl ebenso *Gröpl* (N 16), Art. 110 Rn. 74; *Schuppert* (N 84), Art. 110 Rn. 50.
230 Als Grund nennt *Mahrenholz* (N 193), Art. 110 Rn. 68 – Terminnot.
231 Zu einer Beteiligung auch des Verteidigungsausschusses *Heun* (N 5), S. 457 ff.
232 Zu letzterem *Maunz* (N 108), Art. 110 Rn. 73.

G. Finanzplanung

I. Verfassungsauftrag

Art. 109 Abs. 3 GG eröffnet seit Juni 1967 die Möglichkeit, durch Grundsatzgesetz für Bund und Länder gemeinsam geltende Grundsätze für eine mehrjährige (mittelfristige) Finanzplanung (Mifrifi) aufzustellen[233]. Auf diese Weise soll die Haushaltswirtschaft, mit dem kurzfristigen Rhythmus des Jährlichkeitsprinzips, an länger dauernden Konjunkturzyklen orientiert und in diesem Sinne verstetigt sowie rationalisiert werden[234]. Der Gesetzgeber hat von dieser Option Gebrauch gemacht. Gemäß den §§ 9 und 14 StabG ist der Haushaltswirtschaft des Bundes und der Länder jeweils eine fünfjährige Finanzplanung zugrunde zu legen, die jährlich der Entwicklung anzupassen und fortzuführen ist[235]. Weitere gesetzliche Grundlagen sind die §§ 10, 11 und 17 StabG, 50–52 HGrG und 10 Abs. 2 BHO, nicht das Maßstäbegesetz. Obwohl es in Art. 109 Abs. 3 GG „können" heißt, dürfte die Finanzplanung vom Gesetzgeber nicht ersatzlos abgeschafft werden, etwa wegen eines Mißverhältnisses zwischen personellem und finanziellem Aufwand und haushaltspolitischem Nutzen. Art. 109 Abs. 3 GG ist ein Verfassungsauftrag. Das folgt weniger aus der Erforderlichkeit einer Finanzplanung für eine Haushaltspolitik, die gemäß Art. 109 Abs. 2 GG den Erfordernissen des gesamtwirtschaftlichen Gleichgewichts Rechnung trägt, als aus Art. 106 Abs. 3 S. 4 Nr. 1 S. 2 GG, der für die Zwecke der Umsatzsteuerverteilung zwischen dem Bund und den Ländern eine mehrjährige Finanzplanung voraussetzt[236]. Diese Finanzplanung muß wegen Art. 109 Abs. 1 GG föderal gegliedert sein; eine sogenannte integrierte Finanzplanung entspräche nicht dem Verfassungsauftrag[237]. In Deutschland gibt es demnach 17 Finanzplanungen; die oft beschworene Gefahr von Widersprüchen und Blockaden hat sich als irreal erwiesen; unitarischen Bedürfnissen ist durch Koordination der Finanzplanungen von Bund und Ländern Genüge zu tun. Dies ist Aufgabe des Finanzplanungsrates, in dem Bund, Länder und Gemeinden vertreten sind und der, seinerseits in Abstimmung mit dem Konjunkturrat (§ 18 StabG), Koordinierungsempfehlungen gibt (§ 51 HGrG). Weiterhin sind Bund und Länder einander gemäß § 17 StabG zu notwendigen Auskünften verpflichtet.

76

Orientierung der Haushaltswirtschaft an Konjunkturzyklen

Voraussetzung für Umsatzsteuerverteilung

Finanzplanungsrat

---

233 Zur ursprünglichen Konzeption *Herbert Fischer-Menshausen*, Mittelfristige Finanzplanung im Bundesstaat, in: Joseph H. Kaiser (Hg.), Planung III, 1968, S. 73 ff. Vgl. auch *Wolfgang Graf Vitzthum*, Parlament und Planung, 1978, S. 164 ff., 312 ff.
234 Zu diesen Zielen BVerfGE 101, 158 (218 f.).
235 Aktueller Überblick mit weit. Nachw. bei *Birk* (N 224), S. 286 ff.; *Heller* (N 12), S. 294 ff.; *Rodi* (N 20), Art. 109 Rn. 387 ff.; siehe auch den aktuellen Finanzplan des Bundes 2005 bis 2009, BT-Drs 16/751.
236 Wobei sich die – nicht juristische – Frage aufdrängt, ob diese Finanzplanung in den Verhandlungen zwischen dem Bund und den Ländern über die Umsatzsteuerverteilung je eine größere Rolle gespielt hat.
237 Zu letzterem *Rodi* (N 20), Art. 109 Rn. 411.

II. Gesetzliche Ausgestaltung

77
Keine Aufgabenplanung

Finanzplanung soll Umfang und Zusammensetzung der voraussichtlichen Ausgaben und die Deckungsmöglichkeiten in ihren Wechselbeziehungen zu der mutmaßlichen Entwicklung des gesamtwirtschaftlichen Leistungsvermögens darstellen, gegebenenfalls in Alternativrechnungen, deren Vorlage von den gesetzgebenden Körperschaften verlangt werden kann; vorgesehene Investitionsschwerpunkte sind zu erläutern und zu begründen (so zusammen §§ 9 Abs. 1 S. 2 StabG, 50 Abs. 4 HGrG). Finanzplanung ist keine Aufgabenplanung und kann diese nicht ersetzen.

78
Aufstellung durch den Bundesminister für Finanzen

Der Finanzplan wird vom Bundesminister der Finanzen aufgestellt[238] und begründet, von der Bundesregierung beschlossen und Bundestag und Bundesrat, spätestens mit dem Entwurf des Haushaltsgesetzes, für das nächste Haushaltsjahr vorgelegt[239]. Das Parlament hat kein Mitentscheidungsrecht; wegen der bloß indikativen Wirkung von Finanzplänen ist das verfassungsrechtlich unbedenklich. Rechtspolitische Bemühungen, das Parlament stärker in die Finanzplanung zu integrieren, scheitern daran, daß das Parlament sich für Finanzplanung üblicherweise nur wenig interessiert. Die tatsächliche Verzahnung von Finanzplanung und Budgetaufstellung erfolgt im Haushaltsausschuß[240].

79
Funktion

Die Finanzplanung dient der Haushaltsgesetzgebung, indem sie diese in einen mittelfristigen Zeitrahmen stellt und Konsequenzen aus dem jeweils laufenden Haushaltsvollzug zieht. Mittelbar hat sie darum dieselben Funktionen. Ihre politische Funktion ist wegen der größeren Zeitperspektive Ziel von Interessenvertretungen, denen es um Besitzstandswahrung geht; weiterhin eignet sie sich als argumentativer Ansatz der Opposition im Wahlkampf.

80
Jährliche Anpassung und Fortschreibung

Der Finanzplan ist jährlich der Entwicklung anzupassen und fortzuschreiben; man spricht von einer gleitenden Planung mit fünfjährigem Planungshorizont; dies trägt dem Umstand Rechnung, daß ein längerer Planungszeitraum auf einer größeren Abstraktionshöhe, beide Vergleiche bezogen auf einen Haushaltsplan, schwieriger zu überblicken ist. Wegen der Abstraktheit, wegen des Fehlens einer Aufgabenplanung und wegen der schwachen parlamentarischen Beteiligung ist auf die Gefahr hingewiesen worden, daß der Finanzplan sich allmählich zu einem bedeutungslosen „Zahlenfriedhof"[241], zu einem „prolongierten Jahreshaushalt"[242] entwickelt, der schon quantitativ hinter dem Haushaltsplan deutlich zurückbleibt.

81
Rechtlich unverbindlich

Der Finanzplan ist rechtlich nicht verbindlich. Es handelt sich um eine indikative Planung, die das Parlament nicht verpflichtet, schon weil sie von der Regierung stammt. Faktisch fällt es ihm schwer, sich Gehör zu verschaffen, weil eine Parteien- und Mediendemokratie kurzfristiger denkt und handelt.

---

238 Es muß unterschieden werden vom Finanzbericht, den gemäß § 31 BHO der Bundesminister der Finanzen erstattet.
239 Der Fall, daß es in einem Jahr wegen eines Doppelhaushalts keinen Haushaltsplan gibt, auf den ein Finanzplan sich beziehen könnte, ist ungeregelt.
240 Vgl. *Sven Hölscheidt*, Der Haushaltsausschuß des Deutschen Bundestages, 1988, S. 70.
241 *Kisker* (N 42), § 89 Rn. 81 mit weit. Nachw.
242 *Gunnar F. Schuppert*, Die Steuerung des Verwaltungshandelns durch Haushaltsrecht und Haushaltskontrolle, in: VVDStRL 42 (1984), S. 216 (227), der auch sonst deutliche Worte findet.

III. Politische Bedeutung

Finanzplänen haftet ein Hauch technokratischer Planungseuphorie der 1960er Jahre an. Wer etwa in § 10 Abs. 1 S. 1 StabG liest, als Unterlagen für die Finanzplanung stellten die Bundesministerien für ihren Geschäftsbereich mehrjährige Investitionsprogramme auf, und dann aus § 50 Abs. 5 HGrG erfährt, daß diese mehrjährigen Investitionsprogramme auf der Grundlage der Finanzplanung überarbeitet werden, wer weiter in Rechnung stellt, daß in den Finanzplan die Finanzstatistik und die volkswirtschaftliche Gesamtrechnung eingeht, der ahnt, daß es sich um schwere, etwas selbstreferentielle Lektürekost handelt. Politiker und Parlamente zeigen an Finanzplänen erfahrungsgemäß wenig dauerhaftes Interesse. Vor überzogenen Erwartungen an die Finanzplanung ist zu warnen. Der im Vergleich mit Haushaltsplänen bescheidene Textumfang ist ein realistisches Abbild ihrer tatsächlichen Bedeutung[243]. Bedeutung kann der Finanzplanung bei Haushaltsverhandlungen zwischen Finanzressort und Fachressorts zukommen.

82

Geringer Einfluß

Andererseits stellt Finanzplanung sachlich fundierte Informationen bereit. So hätte im Land Berlin mit den Mitteln der Finanzplanung schon Anfang der 1990er Jahre erkannt werden können, daß eine extreme Haushaltsnotlage droht, wenn sich die Haushaltspolitik des Landes nicht ändert; die Politik hat sich nicht geändert, und das Ende ist bekannt[244]. Möglicherweise wird das Interesse an Finanzplanung in dem Maße zunehmen, wie internationaler Druck der Staatsverschuldung harte Grenzen setzt. Was derzeit bei überwiegend negativer Beurteilung wohl fehlt, ist eine ökonomische Evaluation der Qualität und der Kosten von Finanzplanung.

83

Bereitstellung fundierter Informationen

H. Finanzkontrolle

Finanzkontrolle[245] ist die letzte Station im Haushaltskreislauf. In ihr geht es darum, ob der gesetzlich festgestellte Haushalt wirtschaftlich und ordnungsgemäß vollzogen worden ist. Finanzkontrolle erfolgt ex post, was das Postulat größtmöglicher Gegenwartsnähe erklärt. Sie soll Konsequenzen für die künf-

84

---

243 Der Finanzplan des Bundes 2004 bis 2008 (BT-Drs 15/3661) bringt es auf 85 Seiten, das sind gut 3 % des Bundeshaushaltsplanes 2004. Dies kann auch positiv gesehen werden: Das politisch Wesentliche lasse sich kurz ausdrücken, in einer Weise, welche die Informationsverarbeitungskapazität des Parlaments nicht übersteige.
244 Vgl. die Beiträge in: Ulrich Baßeler u. a. (Hg.), Berlin – Finanzierung und Organisation einer Metropole, 2006. Die Verfassung von Berlin enthält eine ausdrückliche Regelung zur Finanzplanung (Art. 86 Abs. 3), auf die sich die Antragsteller in einem Organstreitverfahren vor dem Verfassungsgerichtshof des Landes Berlin stützen, in dem es darum geht, ob der fünfjährige Finanzplan auch dann jährlich fortzuführen und dem Abgeordnetenhaus vorzulegen ist, wenn, wegen eines zuvor beschlossenen Doppelhaushalts für ein Haushaltsjahr, kein gesonderter Haushaltsgesetzentwurf für das nächste Haushaltsjahr eingebracht und verabschiedet werden muß.
245 Mit diesem Begriff umschreibt § 1 S. 1 BRHG die Aufgabe des Bundesrechnungshofs. → Unten *Gröpl*, § 121 Rn. 39 ff.

§ 120   *Achter Teil: III. Finanzwesen*

Demokratisches und republikanisches Muß

tige Haushaltswirtschaft haben[246]. Sie ist ein demokratisches und republikanisches Muß, weil es auf der Ebene des Bundes überwiegend um die Verwendung gegenleistungsfrei erhobener Steuern geht, 2004 wie 2005 jeweils um ca. 187 Milliarden Euro (von einer gesamtstaatlichen Summe von 443 bzw. 445 Milliarden Euro).

I. Träger und Arten

85
Interne und externe Kontrolle

Man unterscheidet interne und externe Kontrolle; die externe Kontrolle erfolgt teils durch den Bundesrechnungshof, teils durch Bundestag und Bundesrat. Zentrale Figur der internen Finanzkontrolle ist der Beauftragte für den Haushalt. Interne Kontrolle erfolgt weiter durch Aufsichtsbehörden und Finanzministerien. Der internen Kontrolle dienen zahlreiche Vorschriften über Zahlungen, Buchführung und Rechnungslegung[247]. Eine besondere interne Finanzkontrolle erfolgt durch die Staatsschuldenverwaltung. Interner Kontrolle haftet der Verdacht an, sie sei nicht unabhängig; sie bedarf darum externer Ergänzung.

Historische Entwicklung

Historisch hat Finanzkontrolle als exekutivische Selbstkontrolle begonnen und sich in zwei Richtungen weiterentwickelt: Rechnungshöfe wurden verselbständigt und auch der Legislative zugeordnet[248]; die Organe der Legislative spielen eine eigene Rolle, sie sind Adressaten der Jahresrechnung der Bundesregierung sowie des Jahresberichts des Bundesrechnungshofs und entscheiden über die Entlastung der Bundesregierung.

86
Bundesrechnungshof

Träger der externen Finanzkontrolle ist im Kern der von Art. 114 Abs. 2 GG institutionell garantierte Bundesrechnungshof[249], der als oberste Bundesbehörde (§ 1 S. 1 BRHG) zwischen Legislative und Exekutive steht, der mit den Prüfungsämtern des Bundes (§§ 20a BRHG, 100 BHO) seit 1998 de facto einen Verwaltungsunterbau besitzt[250] und der die politische Finanzkontrolle durch Bundesregierung, Bundestag und auch Bundesrat fachlich und möglichst zeitnah unterstützt. Der „Hof" betreibt rechnungsabhängige Finanzkontrolle, er prüft mithin die vom Bundesminister der Finanzen gemäß Art. 114 Abs. 1 GG gelegte Rechnung. Daneben steht, auf der verfassungsrechtlichen Grundlage von Art. 114 Abs. 2 S. 3 GG, die rechnungsunabhängige

---

246 Kontrolle und Beratung schließen einander nicht aus. Gemäß § 88 Abs. 2 BHO kann der Bundesrechnungshof aufgrund von Prüfungserfahrungen Bundestag, Bundesrat, Bundesregierung und einzelne Bundesministerien, nicht aber die nachgeordnete Verwaltung beraten. Die Gefahr der Befangenheit bei der Prüfung wird dadurch reduziert, daß die Beratung aufgrund von Prüfungserfahrungen erfolgen soll. Zu diesem Fragenkreis vgl. *Holger Miß*, Die Unabhängigkeit von Bundesrechnungshof und Abschlußprüfern im Spannungsfeld zwischen Prüfung und Beratung – Eine vergleichende Untersuchung, Diss. FU Berlin, 2005.
247 Vgl. z. B. Teil IV der BHO (§§ 70 ff.)
248 Das „Heranführen des Bundesrechnungshofes an das Parlament" (Bericht des Rechtsausschusses des Bundestages zu BT-Drs 5/3605) war eines der Ziele der Änderung von Art. 114 Abs. 2 GG im Mai 1969.
249 → Bd. III, *Hufeld*, § 56.
250 → Bd. III, *Hufeld*, § 56 Rn. 54. Anders als die Vorprüfungsstellen vor 1998 sind diese Prüfungsämter nicht nur fachlich, sondern auch organisatorisch und dienstrechtlich Teil des Bundesrechnungshofes, nicht der zu prüfenden Verwaltung.

Finanzkontrolle, also die Prüfung der Haushalts- und Wirtschaftsführung, die in sachlicher und zeitlicher Hinsicht unabhängig vom Haushalt stattfindet. Die rechnungsunabhängige Finanzkontrolle ist durch Änderung des Art. 114 Abs. 2 S. 1 GG im Mai 1969 gestärkt und ausdrücklich in das Grundgesetz aufgenommen worden. Der Rechnungshofkontrolle unterliegen die unmittelbare Bundesverwaltung ebenso wie Stellen außerhalb der unmittelbaren Bundesverwaltung (mittelbare Staatsverwaltung, Beteiligungsunternehmen, juristische Personen des Privatrechts, sonstige Dritte, gemäß den §§ 91, 92, 104, 105, 111 und 112 BHO)[251]. Es gilt der Grundsatz der Universalität der Finanzkontrolle. Finanzkontrolle durch den Bundesrechnungshof reicht weiter als der Staatshaushalt. Ihre Grenzen sind, das deutet schon die Zahl der eben aufgezählten Vorschriften an, genau gezogen und streitanfällig. Wichtige Ausnahmen betreffen die Sozialversicherungsträger (§ 112 BHO) und die Fraktionsfinanzierung (§ 53 Abs. 2 AbgG); schwierige Fragen beiderseitiger Unabhängigkeit stellen sich im Verhältnis von Rechnungshöfen und Justiz, letztere im Unterschied zu Justizverwaltung[252].

Universalität der Finanzkontrolle

Quer zu der Einteilung nach intern und extern liegt die Unterscheidung in eine politische und eine fachliche Finanzkontrolle[253]. Sie erklärt die Gliederung von Art. 114 GG in zwei Absätze.

87
Politische und fachliche Kontrolle

Neben interner und externer, fachlicher und politischer Finanzkontrolle steht die Kontrolle durch die demokratische Öffentlichkeit, die von Medien oder gesellschaftlichen Organisationen wie dem Bund der Steuerzahler ausgeübt wird. Sie ist Ausübung grundrechtlicher Freiheit; sie ist vor allem in Bereichen wichtig, in denen alle politischen Parteien ein gemeinsames Interesse an möglichst wenig Kontrolle haben.

88
Kontrolle durch die Öffentlichkeit

II. Gegenstand und Maßstäbe

Gegenstand der Finanzkontrolle ist zunächst die Haushalts- und Vermögensrechnung, die gemäß Art. 114 Abs. 1 GG der Bundesminister der Finanzen jährlich vorlegt und die zusammenfassend auch als „Jahresrechnung" bezeichnet wird. Die Haushaltsrechnung bezieht sich auf die Bewirtschaftung des Haushaltsplans, die Vermögensrechnung auf finanzrelevante Maßnahmen des Staates außerhalb des Haushaltsvollzugs; erstere folgt Regeln der Kameralistik, letztere solchen der kaufmännischen Buchführung. Haushalts- und Vermögensrechnung sind Geldrechnungen, keine bloß wertenden Berichte.

89
„Jahresrechnung"

---

251 Zu dem nicht ganz klaren Kreis der Prüfungsadressaten *Dirk Behrendt*, Die Prüfungstätigkeit des Bundesrechnungshofs außerhalb der unmittelbaren Bundesverwaltung, 2004. Zu einzelnen Grenz- und Streitfragen *Walter Leisner*, Staatliche Rechnungsprüfung Privater, 1990; *Fritz Ossenbühl*, Rundfunkfreiheit und Rechnungsprüfung, 1984. – Die Rechnung des Bundesrechnungshofes wird von Bundestag und Bundesrat geprüft, die auch die Entlastung erteilen (§ 101 BHO).
252 Vgl. *Hans Blasius/Burkhard Stadtmann*, Justiz und Finanzkontrolle, in: DÖV 2002, S. 12 ff., mit finanziell gewichtigen Beispielen insbesondere aus dem Betreuungsrecht; *Thomas Franz*, Prüfungen des Bundesrechnungshofs bei den Gerichten des Bundes, in: Helmuth Schulze-Fielitz (Hg.), Fortschritte der Finanzkontrolle in Theorie und Praxis, 2000 (Die Verwaltung, Beiheft 3), S. 75 ff.
253 Zu einer Haushaltsaufsicht aus steuerungstheoretischer Perspektive *Hoffmann-Riem* (N 37), S. 221 ff.

§ 120   *Achter Teil: III. Finanzwesen*

Haushaltsvollzug und Haushaltsgesetz

Vorgaben zu ihrem Inhalt sind dem Grundgesetz in den weiten Grenzen, die sich aus ihrem Zweck im Haushaltskreislauf ergeben, nicht zu entnehmen. Gegenstand ist sodann und in der Realität vor allem der Haushaltsvollzug. Gegenstand kann schließlich das Haushaltsgesetz sein, um dessen Optimierung es geht. Der Bundesrechnungshof darf Haushaltsansätze und ihre Verwendung als verfassungswidrig beanstanden[254]; solche Beanstandungen haben freilich keinen Einfluß auf die Gültigkeit des Haushaltsgesetzes[255]; der Bundesrechnungshof besitzt auch nicht die Befugnis, eine verfassungsgerichtliche Prüfung in Gang zu setzen. Der Rechnungshof spielt aber legitimerweise eine politische Rolle jenseits des Betriebs der politischen Parteien; die Frage, wieweit er zum Beispiel von einem politischen Prüfungsrecht Gebrauch macht, ist nur am Rande eine Rechtsfrage[256].

90

Wirtschaftlichkeit und Ordnungsmäßigkeit

Maßstäbe sind gemäß Art. 114 Abs. 2 S. 1 GG, der insoweit nicht nur für den Bundesrechnungshof gilt, Wirtschaftlichkeit und Ordnungsmäßigkeit. In der Bezeichnung „Finanzkontrolle" kommt zum Ausdruck, daß es um mehr geht als den Nachvollzug der rechnerischen Richtigkeit, als um Rechnungsprüfung im engeren Sinne. Hinsichtlich des Wirtschaftlichkeitsgrundsatzes kann auf die Ausführungen zu den Haushaltsgrundsätzen verwiesen werden[257]. Ordnungsmäßigkeit bedeutet rechnerische Richtigkeit und Rechtmäßigkeit, insbesondere Vereinbarkeit mit dem Haushaltsrecht. Formale Kriterien der Ordnungsmäßigkeit werden in der Praxis der Finanzkontrolle trotz der Stärkung ihrer rechnungsunabhängigen Komponente durch Verfassungsänderung im Mai 1969 nach wie vor stark, vielleicht zu stark betont[258].

91

Finanzkontrolle und Gerichtskontrolle

Zweckmäßigkeit als Kontrollmaßstab

Von „Kontrolle" fühlen Juristen sich angesprochen. Das Kontrollobjekt „Finanzen" scheint verlockend. Doch ist Vorsicht geboten. Unabhängige, dem politischen Kräftespiel entrückte Finanzkontrolle hat in letzter Zeit eine Wertschätzung genossen[259], der ihre Effektivität nicht immer entspricht. Die Realität von Finanzkontrolle erfaßt man nicht mit Theorien zur Kontrolle als Verfassungsprinzip, sondern in Euro und Cent. Finanzkontrolle und Gerichtskontrolle haben zwar Gemeinsamkeiten, wie die gerichtsanalog ausgestaltete Unabhängigkeit des Bundesrechnungshofs und die Anwendung rechtlicher Kontrollmaßstäbe, wie die Ordnungsmäßigkeit der Haushaltsführung und, in einem Kernbereich, deren Wirtschaftlichkeit und Verfassungsmäßigkeit, es überwiegen aber die Unterschiede. Finanzkontrolle wendet auch ökonomische Kontrollmaßstäbe an, aus juristischer Sicht Maßstäbe der Zweckmäßigkeit. Funktionellrechtlich ist das unbedenklich, weil externe Finanzkontrolleure keine verbindlichen Entscheidungen treffen und darum nicht fremde Beurteilungsspielräume verletzen können. Da Finanzkontrolle nicht zu ver-

---

[254] Nachw. zu der zurückhaltenden Praxis des Bundesrechnungshofs bei *Gröpl* (N 2), S. 569 f.
[255] BVerfGE 20, 56 (96).
[256] Hierzu auch → Bd. III, *Hufeld*, § 56 Rn. 4, 23, 30 f., 33, 38, 39, 56. Zur Empfehlung von Gesetzesänderungen s. § 6 Abs. 2 PO-BRH. Vgl. auch *Gunter Kisker*, Rechnungshof und Politik, in: Hans H. von Arnim (Hg.), Finanzkontrolle im Wandel, 1989, S. 195 ff.
[257] S. o. Rn. 22 ff.; → unten *Gröpl*, § 121 Rn. 16, 43 f., 48 ff., 52 ff.
[258] Ebenso *Gröpl* (N 2), S. 568, relativierend ebd., S. 569.
[259] Vgl. *Hans Herbert von Arnim*, Staatslehre der Bundesrepublik Deutschland, 1984, S. 394 ff.

bindlichen Entscheidungen führt, ist auch keine überschneidungsfreie Abgrenzung der Zuständigkeiten von Bundesrechnungshof und Landesrechnungshöfen erforderlich[260]. Ein weiterer Unterschied liegt darin, daß Finanzkontrolle sich ihre Prüfungsgegenstände selbst aussucht und unangemeldet und selektiv erfolgen kann (§ 89 Abs. 2 BHO)[261].

III. Wirkungsweisen

Rechnungshöfe werden – im Hinblick auf die fehlende rechtliche Sanktion ihrer Kritik, nicht im Hinblick auf Grenzen ihrer Kapazität – gern als „Ritter ohne Schwert" bezeichnet[262], parlamentarische Entlastungsbeschlüsse als das Wegräumen von „Budgetleichen"[263]. Die Wirkung von Finanzkontrolle hängt ab von Medienaufmerksamkeit, parlamentarischer Befassung[264] und Wählerinteresse. All dies läßt sich rechtlich nicht steuern. Finanzkontrolle beruht auf der Überzeugungskraft von Argumenten, dies in einem Bereich, der vielfach als wenig intellektuell gilt.

92
Keine rechtlichen Sanktionen

Ein wichtiges Medium von Finanzkontrolle ist der Bericht[265], den der Bundesrechnungshof jährlich gemäß Art. 114 Abs. 2 S. 2 GG erstattet, dies unmittelbar der Bundesregierung, dem Bundestag und dem Bundesrat. Das Wort „unmittelbar", ebenso die Zuschreibung „richterlicher Unabhängigkeit", die nicht nur dem einzelnen Mitglied des Bundesrechnungshofs gilt, sondern auch dem Hof selbst, bringen dessen verfassungsrechtliche Stellung zum Ausdruck, die sich gegen eine eindeutige Verortung im System der Gewaltenteilung sperrt. In den Jahresbericht des Bundesrechnungshofes, der unter anderem als Bundestagsdrucksache veröffentlicht wird, findet nur ein Teil der Prüfungsergebnisse als „Bemerkungen" (§ 97 BHO) Eingang. Diese Selektionsbefugnis sollte nicht unterlaufen werden, indem dem Parlament oder gar einzelnen Abgeordneten ein Anspruch auf Einsicht in alle Prüfungsergebnisse gegeben wird[266]. Jenseits der Prüfung von buchungs- und zahlenmäßiger Richtigkeit der Jahresrechnung ist der Bundesrechnungshof eben nicht bloßes Hilfsorgan[267] des Bundestages. Es muß seine Sache sein, in den „Bemerkungen" Grenzen zu Informations-Overkill und Papierkorbprodukt zu finden. Wer

93
Jahresbericht des Bundesrechnungshofes

---

260 Zum Verhältnis zur europäischen Ebene: *Josef Isensee*, Außenvertretung der deutschen Rechnungshöfe in der Europäischen Union, 2001.
261 *Isensee* (N 5), S. 980 linke Spalte, spricht von virtueller Allgegenwart des Rechnungsprüfers, die das Amtsgewissen eines jeden, der mit öffentlichen Geldern umgehe, in heilsamer Unruhe halte.
262 So zuerst wohl von *Karl Dreßler*, Stellung und Aufgabe des Bundesrechnungshofs, in: Bundesrechnungshof (Hg.), 250 Jahre Rechnungsprüfung, 1964, S. 157 (172).
263 Zitat: *Heinig* (N 164), S. 11.
264 Insoweit kritisch *Gröpl* (N 2), S. 286.
265 Zum Berichtswesen zusammenfassend → Bd. III, *Hufeld*, § 56 Rn. 42 ff.
266 Vgl. BVerfGE 92, 130 (Anträge auf Erlaß einer einstweiligen Anordnung); dazu *Günter Drange*, Publizität im Verhältnis von Bundesrechnungshof und Bundestag, Diss. FU Berlin, 2006.
267 Zu diesem unklaren Begriff vgl. Art. 10 Abs. 2 S. 2 und Art. 45b S. 1 GG. Es sei klargestellt, daß der Bundesrechnungshof auch kein Verfassungsorgan ist, worüber im Hinblick auf dann mögliche verfassungsprozeßrechtliche Konsequenzen diskutiert wird. Zur Parteifähigkeit im Organstreitverfahren, die inzwischen wohl überwiegend und zu Recht bejaht wird, → Bd. III, *Hufeld*, § 56 Rn. 55; ferner *Heintzen* (N 48), Art. 114 Rn. 17.

§ 120   *Achter Teil: III. Finanzwesen*

<small>Gespräch mit zuständiger Dienststelle</small>

unmittelbar den Machthabern vortragen darf, muß dieses Recht haben, soll er ernst genommen werden. Ein weiteres Medium der Finanzkontrolle ist das Gespräch über Prüfungsergebnisse zwischen Bundesrechnungshof und jeweils zuständiger Dienststelle (§ 96 BHO); auf dieser Ebene lassen Detailfragen sich abseits öffentlicher Aufmerksamkeit klären.

IV. Entlastung

94

<small>Gleichberechtigte Entscheidung von Bundestag und Bundesrat</small>

Die Entlastung bildet den Abschluß des Haushaltskreislaufes, der damit insgesamt im Durchschnitt knapp vier Jahre dauert: das Haushaltsjahr, zuvor ein Jahr für die Aufstellung des Haushalts, danach bis zu zwei Jahre für den Abschluß der Bücher, die Finanzkontrolle und die Entlastung. Über die Entlastung entscheiden Bundestag und Bundesrat gleichberechtigt und voneinander unabhängig in einer nur in § 114 Abs. 2 BHO festgelegten Reihenfolge durch schlichten Beschluß. Bei divergierenden Voten ist kein Vermittlungsverfahren vorgesehen. Es ist hier nicht erforderlich, weil die Verweigerung der Entlastung keine rechtliche Wirkung hat. Die Entlastung setzt ein positives Votum von Bundestag und Bundesrat voraus; bei einem negativen Votum nur eines dieser Organe ist sie verweigert.

95

<small>Anspruch auf Entlastungsentscheidung</small>

<small>Keine rechtlichen Wirkungen</small>

Zu einer Entscheidung über die Entlastung, egal ob positiv oder negativ, sind Bundestag und Bundesrat im Rahmen ihrer Budgetpflicht verpflichtet; sie darf nicht einfach unterbleiben, wie dies auf Landesebene, wohl aus Vergeßlichkeit, schon geschehen ist; als möglicherweise Begünstigte hat die Bundesregierung einen Anspruch auf eine Entlastungsentscheidung, der verfassungsprozessual durchsetzbar ist. Die Entlastungsentscheidung hat sich an den Verfassungsmaßstäben der Wirtschaftlichkeit und Sparsamkeit zu orientieren, so daß auch eine Ablehnung der Entlastung verfassungsgerichtlich überprüfbar wäre; wegen der Unbestimmtheit der einen Anspruch auf Entlastung bedingenden Rechtsbegriffe ist eine „Aufhebung" der Ablehnung bei Verpflichtung zur Neubescheidung aber praktisch kaum vorstellbar. Entlastung wie Ablehnung haben keine rechtlichen Wirkungen[268]; die Entlastung legalisiert oder präkludiert nichts; die Ablehnung begründet keine Verantwortlichkeit und führt zu keiner Sanktion. Die Entlastungsentscheidung ist eine politische Feststellung. Eine nur teilweise Entlastung gibt es nicht, was trotz Entlastung Kritik an einzelnen Maßnahmen oder Mitgliedern der Bundesregierung nicht ausschließt. Gegenstand der Entlastungsentscheidung ist die Haushalts- und Wirtschaftsführung der Bundesregierung; der in Art. 114 Abs. 1 GG genannte Bericht der Bundesregierung ist Grundlage, aber nicht Gegenstand. Die Entlastungsentscheidung erstreckt sich nicht auf die Einzelpläne des Bundeshaushalts, für deren Vollzug die Bundesregierung keine Verantwortung trifft, wie die Einzelpläne für Bundestag oder Bundesrat.

<small>268 Einzige Ausnahme: ein Normenkontrollverfahren, das vor dem BVerfG wegen des zugrundeliegenden Haushaltsgesetzes geführt wird, soll unzulässig werden (so BVerfGE 20, 56 [94]); das ist aus Gründen des Minderheitenschutzes nicht unproblematisch.</small>

Anders als die parlamentarische Haushaltsdebatte ist die Entlastungsdebatte „kein großes Spektakel"[269]. Schon wegen des zeitlichen Abstandes zum Haushaltsjahr zieht die Entlastung kaum öffentliche Aufmerksamkeit auf sich und eignet sich die darüber geführte Verhandlung nicht zu politischer Selbstdarstellung oder Kritik oder einer finanzpolitischen Generalaussprache. Möglicherweise haben auch die beteiligten Personen in der Zwischenzeit gewechselt. Die Entlastung gilt der Bundesregierung, die den ihr zugrundeliegenden Haushalt vollzogen hat, auch wenn diese Regierung nicht mehr im Amt ist. Liegt zwischen Haushaltsjahr und Entlastung eine Neuwahl, so erfolgt die Entlastung nicht durch den Bundestag, der diesen Haushalt festgestellt hat, sondern durch den neuen Bundestag. Die politische Bedeutung von Entlastungsdebatte und Entlastungsentscheidung ist insgesamt gering. Immerhin stellt das Institut der Entlastung sicher, daß Bundestag und Bundesrat im Haushaltszyklus das letzte Wort haben. Ein Entlastungsverfahren rechtfertigt keine Verzögerung eines späteren Budgetaufstellungsverfahrens.

96

Geringe politische Bedeutung

I. Reform der öffentlichen Haushaltswirtschaft

Haushaltsrecht ist nach der Reformphase Ende der 1960er Jahre wieder seit dem Beginn der 1990er Jahre Gegenstand von – diesmal langjährigen – Reformüberlegungen und „Reform" genannten Gesetzesänderungen. Leitbegriffe sind diesmal Flexibilisierung, Budgetierung oder Controlling; Ideengeber sind nicht, wie bei den Haushaltsreformen Ende der 1960er Jahre, Volkswirte, sondern Betriebswirte, die im Bereich der privaten Wirtschaft auf international erworbene und anerkannte Erfahrungen verweisen können. Die Reform ist freilich in die Jahre gekommen. Der Bericht „Das Neue Steuerungsmodell" der Kommunalen Gemeinschaftsstelle für Verwaltungsvereinfachung ist 1993 erschienen[270]; gedankliche Vorläufer[271] gelten in den USA schon seit mehr als 30 Jahren als gescheitert. Fragt man – durch Erfahrung mit „Reform" im Nachkriegsdeutschland inzwischen gewitzt, etwa an die hoffärtigen Ansprüche (Globalsteuerung) der Haushaltsreformen Ende der 1960er Jahre und deren Verblassen denkend – nüchtern, was der vom Siegeszug der Computertechnologie sicher beförderte neue Reformschub in mehr als einem Jahrzehnt positiv und meßbar hervorgebracht hat, so wird sich Ernüchterung breitmachen[272]; wer dem widersprechen will, möge Ergebnisse benennen. Verwunderlich ist diese Bilanz nicht, unter anderem weil die Reformen an außerbudgetären Vorgegebenheiten, an der Staatsverschuldung und an der

97

Ernüchterung des Reformeifers

---

269 Zitat: *Kisker* (N 42), Rn. 95.
270 Nachweise u. a. bei *Volker Maaß*, Experimentierklauseln für die Verwaltung und ihre verfassungsrechtlichen Grenzen, 2001, S. 19 ff.
271 Einzelheiten bei *Gröpl* (N 2), S. 233.
272 Zum Haushaltsrechtsfortentwicklungsgesetz vom Dezember 1997: *Monika Böhm*, Fortentwicklung des Haushaltsrechts, in: NVwZ 1998, S. 934 ff.; *Gröpl* (N 2), S. 213 ff.

§ 120   *Achter Teil: III. Finanzwesen*

juristischen Festschreibung von ca. 90% der staatlichen Ausgaben[273] nichts ändern[274]. Soweit Reformen den Staatshaushalt betreffen und nicht im Rahmen der Verwaltungsmodernisierung Haushalte verselbständigter Organisationseinheiten (wie Kommunen oder Sozialversicherungsträger), haben sie selten Verfassungsniveau; vielfach geht es um Experimente im einfachen Recht. Soweit Reformmodelle Verfassungsniveau haben, zielen sie nicht selten auf eine rechtliche Schwächung der parlamentarischen Budgethoheit – möglicherweise zu deren faktischer Stärkung[275]. Ob dieser Preis bezahlt werden soll, ist letztlich eine verfassungspolitische Frage, deren Beantwortung über das parlamentarische Budgetrecht hinausreicht und von einer Bewertung des parlamentarischen Regierungssystems insgesamt abhängt; sie hängt auch ab von einer derzeit noch ausstehenden Evaluation der Reformbemühungen und von derzeit ebenfalls nicht absehbaren Gegenbewegungen. Der Haushaltsgrundsatz der Spezialität, gegen den die Reformbemühungen sich im Kern richten, ist einerseits „die eigentliche Waffe des Budgetgebers"[276], also des Parlaments. Die These, dieser Grundsatz sei übertrieben worden, hat andererseits viel für sich, so daß angenommen werden darf, daß für Reformen genügend Spielraum ist, bevor verfassungsrechtliche Systemfragen gestellt werden müssen. Haushaltsreform erweist sich dabei als Teil der Korrektur der größten Übertreibung von Verfassungsjuristen in den letzten Jahrzehnten, gipfelnd in einem Totalvorbehalt des Gesetzes. Änderungen des Grundgesetzes, des „Gedächtnisses" der deutschen Demokratie[277], sollten ultima ratio bleiben.

Experimente im einfachen Recht

Haushaltsgrundsatz der Spezialität

---

273 Zur Gesetzesdichte vgl. die Zahlen bei *Gröpl* (N 2), S. 296 mit Fn. 135.
274 Dazu auch *Gröpl* (N 2), S. 439 ff.
275 Vgl. insoweit *Gröpl* (N 2), S. 264 ff., insb. 282 ff.; → oben *P. Kirchhof*, § 99 Rn. 102.
276 Zitat: *Mahrenholz* (N 193), Art. 110 Rn. 54.
277 Formulierung bei *Paul Kirchhof*, Diskussionsbeitrag, in: VVDStRL 58 (1998), S. 236.

J. Bibliographie

Christoph Degenhart/Helmuth Schulze-Fielitz/Heinz Schäffer/Alexander Ruch, Kontrolle der Verwaltung durch Rechnungshöfe, in: VVDStRL 55 (1996), S. 190 ff., 228 ff., 278 ff., 298 ff.
Karl Heinrich Friauf, Der Staatshaushaltsplan im Spannungsfeld zwischen Parlament und Regierung, Bd. I, 1968.
ders./Heinz Wagner, Öffentlicher Haushalt und Wirtschaft, in: VVDStRL 27 (1969), S. 1 ff., 47 ff.
Christoph Gröpl, Haushaltsrecht und Reform, 2001.
Klaus Grupp, Haushaltsrecht, in: Norbert Achterberg/Günter Püttner/Thomas Würtenberger (Hg.), Besonderes Verwaltungsrecht, Bd. II, ^{2}2000, § 19.
Robert Heller, Haushaltsgrundsätze für Bund, Länder und Gemeinden, 1998.
Ernst Heuer, Kommentar zum Haushaltsrecht, Loseblatt.
Werner Heun, Staatshaushalt und Staatsleitung, 1989.
Josef Isensee, Budgetrecht des Parlaments zwischen Schein und Sein, in: JZ 2005, S. 971 ff.
Michael Kilian, Nebenhaushalte des Bundes, 1993.
Paul Kirchhof, Die Steuerung des Verwaltungshandelns durch Haushaltsrecht und Haushaltskontrolle, in: NVwZ 1983, S. 505 ff.
Gunter Kisker, Staatshaushalt, in: HStR IV, ^{2}1999 (^{1}1990), § 89.
Sieghard von Köckritz, Bundeshaushaltsordnung (BHO). Kommentar, Loseblatt.
Walter Krebs, Kontrolle in staatlichen Entscheidungsprozessen, 1984.
Hanno Kube, Finanzgewalt in der Kompetenzordnung, 2004.
Veith Mehde, Neues Steuerungsmodell und Demokratieprinzip, 2000.
Reinhard Mußgnug, Der Haushaltsplan als Gesetz, 1976.
Albert von Mutius/Gunnar Folke Schuppert, Die Steuerung des Verwaltungshandelns durch Haushaltsrecht und Haushaltskontrolle, in: VVDStRL 42 (1984), S. 147 ff., 216 ff.
Michael Noll, Haushalt und Verfassung, 2000.
Werner Patzig, Haushaltsrecht des Bundes und der Länder, Bd. I: Grundriß, 1981, Bd. II und III: Loseblatt-Kommentar.
Erwin Adolf Piduch, Bundeshaushaltsrecht. Kommentar, Loseblatt, ^{2}2004.
Hermann Pünder, Haushaltsrecht im Umbruch. Eine Untersuchung am Beispiel der Kommunalverwaltung, 2003.
Thomas Puhl, Budgetflucht und Haushaltsverfassung, 1996.
Hanns H. Seidler, Globalhaushalte und ihre rechtlichen Schranken. Oder: Das späte Leiden am preußischen Budgetkonflikt, in: KJ 1996, S. 75 ff.
Friedrich Karl Vialon, Haushaltsrecht, ^{2}1959.

§ 121
Wirtschaftlichkeit und Sparsamkeit staatlichen Handelns

Christoph Gröpl

Übersicht

	Rn.
A. Stellenwert von Wirtschaftlichkeit und Sparsamkeit	1– 8
I. Schattendasein in der traditionellen Staatsrechtslehre	1
II. Vom „Nachtwächterstaat" zum „Finanzstaat"	2– 3
III. Einfluß der Wirtschaftswissenschaften: „Ökonomisierung" des Rechts	4– 8
1. Staat und Recht als Gegenstände wirtschaftswissenschaftlicher Forschungsansätze	4– 6
2. Auswirkungen auf Recht und Verwaltung – Grenzen der Ökonomisierung	7– 8
B. Begriff, rechtliche Verankerung und Wirkung	9–38
I. Begriffe der Wirtschaftlichkeit und Sparsamkeit	9–15
1. Wirtschaft, Wirtschaften, Wirtschaftlichkeit und ökonomisches Prinzip	9
2. Verhältnis von Wirtschaftlichkeit zu Sparsamkeit; Rationalität und Gemeinwohlverpflichtung	10–11
3. Formaler Charakter des Wirtschaftlichkeitsprinzips	12
4. Wirtschaftlichkeit und Effizienz	13
5. Wirtschaftlichkeit und Effektivität	14
6. Schwierigkeiten objektiver Meßbarkeit	15
II. Verankerung und Wirkung der Grundsätze von Wirtschaftlichkeit und Sparsamkeit	16–24
1. Verfassungsrechtlicher Ausgangspunkt	16
2. Ausdehnung über die Rechnungshofprüfung hinaus	17–20

	Rn.
3. Einfaches Gesetzesrecht	21–23
4. Europäisches Gemeinschaftsrecht	24
III. Rechtscharakter der Grundsätze von Wirtschaftlichkeit und Sparsamkeit	25–30
1. Unterscheidung zwischen Regel und Prinzip	26–29
2. Wirtschaftlichkeit und Sparsamkeit als Rechtsprinzipien	30
IV. Vereinbarkeit von Wirtschaftlichkeit mit anderen Prinzipien und Regeln	31–32
1. Auflösung des Widerstreits zwischen Effizienz und Effektivität	31
2. Verhältnis zu Gesetzmäßigkeit und Rechtsstaatlichkeit	32
V. Kompetenz- und Anwendungsfragen	33–38
1. Wirtschaftlichkeit und Sparsamkeit auf staatsrechtlicher Ebene – Rücknahme der Kontrollintensität	33–34
2. Wirtschaftlichkeit und Sparsamkeit auf verwaltungsrechtlicher Ebene	35–38
C. Kontrolle der Wirtschaftlichkeit und Sparsamkeit	39–57
I. Externe und interne Finanzkontrolle	39
II. Finanzkontrolle am Beispiel des Bundesrechnungshofs	40–45
III. Abgrenzung zur Rechtskontrolle	46–47
IV. Mängel der Wirtschaftlichkeitskontrolle	48–51
V. Neue Ansätze der Finanzkontrolle	52–57
D. Bibliographie	

A. Stellenwert von Wirtschaftlichkeit und Sparsamkeit

I. Schattendasein in der traditionellen Staatsrechtslehre

1
Über Geld spricht man nicht, Geld hat man

Wirtschaftlichkeit und Sparsamkeit als Maßgaben und Maßstäbe staatlichen Handelns waren nicht nur dem öffentlichen Bewußtsein, sondern auch der spezifisch juristischen Wahrnehmung über lange Zeit weit entrückt. Jahrzehnte galt es zumindest im prosperitätsverwöhnten Westteil Deutschlands als ausgemacht, wenn nicht sogar als trivial, daß der Staat sich seine finanziellen Ressourcen mühe- und grenzenlos selbst beschaffen könne. Das Grundgesetz und die Verfassungen der Länder erwähnen die Grundsätze der Wirtschaftlichkeit und Sparsamkeit lediglich beiläufig und an versteckter Stelle[1]; in den Staatsgrundlagenbestimmungen des Art. 20 GG ist davon keine Rede. Fast scheint es, als gelte die Floskel: Über Geld spricht man nicht, Geld hat man. Auch die Staatsrechtslehre richtete ihren Blick traditionell auf die Grundrechte sowie auf Demokratie, Rechts-, Sozial- und Bundesstaatlichkeit; überwiegend tut sie dies auch heute noch[2]. Dabei geraten die ökonomischen Grundlagen ihres Erkenntnisobjektes in Gefahr, übersehen zu werden.

II. Vom „Nachtwächterstaat" zum „Finanzstaat"

2
„Finanzblindheit"

Im „Nachtwächterstaat"[3] des 19. Jahrhunderts zeitigte die „Finanzblindheit"[4] von Staatsrecht und Staatsrechtswissenschaft insofern keine gravierenden Folgen, als sich das Gemeinwesen auf seine „klassischen" Kernaufgaben – namentlich innere und äußere Sicherheit sowie Justiz – beschränkte und im übrigen der (segmentierten) Gesellschaft Freiraum zur autonomen, staatsfreien Regelung namentlich sozialer und wirtschaftlicher Fragen gewährte[5]. Kostenintensiv war seinerzeit das Militär – staatliche Sozialpolitik oder gar staatliche Verantwortung für das gesamtwirtschaftliche Gleichgewicht[6] existierten zumeist nur in gelehrten Abhandlungen. Daraus resultierte ein

---

1 In Art. 114 Abs. 2 S. 1 GG, ausführlich s. u. Rn. 16 ff. Entsprechende Vorschriften sind in den meisten Landesverfassungen zu finden, siehe z. B. in Art. 106 Abs. 2 S. 3 SaarlVerf.
2 Die Vereinigung der Deutschen Staatsrechtslehrer befaßte sich indes wiederholt mit finanz- und haushaltsrechtlichen Fragen, vgl. VVDStRL 27 (1969), S. 1 ff. (Öffentlicher Haushalt und Wirtschaft); VVDStRL 42 (1984), S. 147 ff. (Die Steuerung des Verwaltungshandelns durch Haushaltsrecht und Haushaltskontrolle); VVDStRL 55 (1996), S. 190 ff. (Kontrolle der Verwaltung durch Rechnungshöfe); VVDStRL 62 (2003), S. 366 ff. (Selbstverwaltung angesichts von Europäisierung und Ökonomisierung).
3 Diese spöttische Bezeichnung für das Staatsideal des klassischen Liberalismus wird Ferdinand Lassalle (1825–1861) zugeschrieben; s. *Rudolf Gmür*, Grundriß der deutschen Rechtsgeschichte, ⁷1996, Rn. 423; *Thomas Nipperdey*, Deutsche Geschichte 1800–1866, S. 742, zum Liberalismus ebd., S. 286 ff., 718 ff.; vgl. auch *ders.*, Deutsche Geschichte 1866–1918, Bd. I, S. 345.
4 So *Josef Isensee*, Steuerstaat als Staatsform, in: FS für Hans Peter Ipsen, 1977, S. 409 (412).
5 Zur Entwicklung der Verwaltung s. nur *Eberhard Laux*, Bürokratiekritik, in: DÖV 1988, S. 657 f. m. weit. Nachw.; zur Wirtschaftsgeschichte → Bd. IV, *Schmidt*, § 92 Rn. 1 ff. m. weit. Nachw. dort in N 1.
6 Siehe seit 1968 den für Bund und Länder gleichermaßen verbindlichen Art. 109 Abs. 2 GG sowie § 1 des Gesetzes zur Förderung der Stabilität und des Wachstums der Wirtschaft vom 8. 6. 1967 (BGBl I, S. 582) mit spät. Änd.

"schlanker Staat" alten Typs, der sich mit für heutige Verhältnisse unvergleichlich geringen personellen und sächlichen Ressourcen bescheiden konnte.

Dies änderte sich im Verlauf des 20. Jahrhunderts, vor allem seit dessen 60er und 70er Jahren, in tatsächlicher und rechtlicher Hinsicht grundlegend. Die Aufgaben des modernen Staates und seiner Untergliederungen haben sich insbesondere auf sozialem Gebiet nahezu explosionsartig vermehrt[7]. Als Abgaben- und Leistungsstaat greift das Gemeinwesen vor allem über das Medium Geld in fast allumfassender Weise in gesellschaftliche Bereiche, teilweise bis in deren letzte Verästelungen, ein[8]. Gerade Sozialstaatlichkeit im Sinne von Art. 20 Abs. 1 und Art. 28 Abs. 1 S. 1 GG ist ohne die massive Inanspruchnahme finanzieller Ressourcen schlechterdings nicht denkbar. Insofern muß der moderne Staat notwendigerweise zugleich „Finanzstaat" sein; in den Staatsgrundlagenbestimmungen des Art. 20 GG ist dieser Staatstypus angelegt und vorausgesetzt[9]. Um es auf den Punkt zu bringen: ohne Finanzstaat kein Sozialstaat. Deutlich wird dies angesichts einer sozialstaatlich indizierten Staatsquote von annähernd 50 %[10]. Die Schattenseiten dieses enormen Finanzbedarfs des modernen Staates blieben in den Jahrzehnten eines scheinbar ungebremsten Wirtschaftswachstums weitgehend verborgen; in der wirtschaftlichen Krise, die auch die Krise des Finanzstaates bedeutet, treten sie um so deutlicher hervor[11]. Angesichts der absoluten Höhe der öffentlichen Gesamtverschuldung, angesichts der jährlichen Bruttokreditaufnahme, deren größter Teil zur Umschuldung verwendet werden muß, angesichts der jährlichen Zinsverpflichtungen und angesichts der gleichwohl unverzagten Bereitschaft zu weiterer Nettoneuverschuldung werden Wirtschaftlichkeit und Sparsamkeit so zu unabdingbaren Handlungsvoraussetzungen der öffentlichen Hand[12].

3
Sozialstaat

Finanzstaat

---

7 Vgl. nur *Klaus Stern*, Das Staatsrecht der Bundesrepublik Deutschland, Bd. I, 1984, § 21 IV 1 m. weit. Nachw.
8 Zu diesem grundlegenden Wandel vgl. *Dietrich Budäus/Stefanie Finger*, Stand und Perspektiven der Verwaltungsreform, in: Verw 1999, S. 313 (314 ff.). Zur Ausübung der Staatsgewalt durch Geld s. *Klaus Vogel/Christian Waldhoff*, BK, Bd. X, Vorbem. z. Art. 104a–115 Rn. 309 ff.; → oben *P. Kirchhof*, § 99 Rn. 6, 99 ff.; *Waldhoff*, § 116 Rn. 8 f.
9 Ausführlich zum Begriff des Finanzstaates → Bd. II, *Vogel*, § 30 Rn. 3 ff. (22 ff.).
10 Die Staatsquote betrug in Deutschland 2001 47,6 %, 2002 48,1 %, 2003 48,4 %, 2004 46,9 %, 2005 46,7 %, siehe *Statistisches Bundesamt* (Hg.), Statistisches Jahrbuch 2006, S. 644; → *P. Kirchhof*, § 118 Rn. 77.
11 S. *Christoph Gröpl*, Haushaltsrecht und Reform, 2001, S. 183 f., 442 f.; s. auch *Thilo Sarrazin*, Logik der Budgetierung, in: StWissStPr 1997, S. 49 (50 f.); *Vogel/Waldhoff* (N 8), Vorbem. z. Art. 104a–115 Rn. 259, 319.
12 Ähnlich *Ferdinand Kirchhof*, Haushaltsrecht als Steuerungsressource, in: DÖV 1997, S. 749 f.

III. Einfluß der Wirtschaftswissenschaften: „Ökonomisierung" des Rechts

1. Staat und Recht als Gegenstände wirtschaftswissenschaftlicher Forschungsansätze

4

Institutionen-
ökonomik

Ursprünglich bilden Wirtschaftlichkeit und Sparsamkeit den Forschungsgegenstand der Wirtschaftswissenschaften. Der Einfluß dieser Grundsätze auf das Recht wächst in dem Maße, in dem sich das Forschungsinteresse der Wirtschaftswissenschaften an Staat und Recht verstärkt. Dies ist seit gut zwei Jahrzehnten der Fall; mittlerweile hat sich dafür die Bezeichnung „Ökonomisierung" eingebürgert[13]. Die moderne Institutionenökonomik[14] richtet ihren Blick auf die überindividuellen Voraussetzungen des Wirtschaftens, mit anderen Worten auf die institutionellen Grundlagen arbeitsteiliger Gesellschaften. Diese Institutionen[15], die gesellschaftlichen Regeln des Rechts, die Sitten, Gewohnheiten und Traditionen, sind danach nicht vorgegebene Daten, nicht gleichsam unabänderliche und damit zu vernachlässigende Bedingungen. Vielmehr sollen sie als ökonomische Variablen zentrale Determinanten für wirtschaftliche Entwicklungsprozesse darstellen[16]. Die Wirkung von Institutionen besteht darin, daß sie Handlungsmöglichkeiten für die wirtschaftlichen Akteure entweder eröffnen (zum Beispiel durch die Gewährung von Vertragsfreiheit[17]) oder aber sanktionieren (etwa durch zivilrechtliche Haftung oder durch strafrechtliche Repression). Daraus leitet sich die Grundeinsicht der Institutionenökonomik ab: Kosten fallen nicht nur innerhalb des Preismechanismus an, sondern auch unter solchen Umständen, die eine Teilnahme am Markt erst ermöglichen. Für solche nicht unmittelbar preisbezogenen Aufwendungen der Wirtschaftsteilnehmer wurde der Begriff „Transaktions-

---

13 S. *Janbernd Oebbecke*, Selbstverwaltung angesichts von Europäisierung und Ökonomisierung, 1. Bericht, in: VVDStRL 62 (2003), S. 366 (367 ff.); *Martin Burgi*, Selbstverwaltung angesichts von Europäisierung und Ökonomisierung, 2. Bericht, in: VDStRL 62 (2003), S. 405 (425 f.); *Christoph Gröpl*, Ökonomisierung von Verwaltung und Verwaltungsrecht, in: VerwArch 93 (2002), S. 459 (460 f.), jew. m. weit. Nachw.; → Bd. IV, *Isensee*, § 71 Rn. 149.

14 Zu den Untergruppen der modernen Institutionenökonomik s. *Rudolf Richter*, Institutionen ökonomisch analysiert, 1994, S. 3. Die Endsilbe „-ik" weist auf den Unterschied zwischen Ökonomik als wirtschaftswissenschaftliche Methode und Ökonomie (Wirtschaft) als Gegenstandsbereich hin; vgl. *Gebhard Kirchgässner*, Homo oeconomicus, 1991, S. 2. Kritisch *Rolf Gröschner*, Der homo oeconomicus und das Menschenbild des Grundgesetzes, in: Christoph Engel/Martin Morlok (Hg.), Öffentliches Recht als ein Gegenstand ökonomischer Forschung, 1998, S. 35 (38). Ähnlich *Christian Kirchner*, Das Öffentliche Recht als ein Gegenstand ökonomischer Forschung – die Begegnung mit der deutschen Staatsrechtslehre mit der Konstitutionellen Politischen Ökonomie, in: Christoph Engel/Martin Morlok (Hg.), ebd., S. 315 f. (319). „Ökonomie" (engl. „economy") bezeichnet den engen Gegenstandsbereich der Wirtschaftswissenschaft im neoklassischen Sinne, die „Güterwirtschaft", „Ökonomik" (engl. „economics") dagegen den allgemeinen sozialwissenschaftlichen Forschungsansatz der Theorie von Wahlentscheidungen unter Verwendung des ökonomischen Paradigmas.

15 Der Institutionenbegriff ist vieldeutig: Zum einen meint er ganz allgemein Regeln, Sitten, Konventionen, zum anderen konkrete rechtliche Institute wie Eigentum, Haftung usw., zum dritten aber auch Unternehmen, Gewerkschaften, andere Verbände u. dgl.; vgl. *Christian Kirchner*, Regulierung durch öffentliches Recht und/oder Privatrecht aus der Sicht der ökonomischen Theorie des Rechts, in: Wolfgang Hoffmann-Riem/Eberhard Schmidt-Aßmann (Hg.), Öffentliches Recht und Privatrecht als wechselseitige Auffangordnungen, 1996, S. 63 (71 f.).

16 Vgl. *Richter* (N 14), S. 2.

17 S. § 311 Abs. 1 BGB, Art. 2 Abs. 1 GG und BVerfGE 74, 129 (151 f.) – std. Rspr.

kosten" eingeführt[18]. Als Beispiele dienen Kosten zur Beschaffung von Informationen, auch über den Inhalt von Rechten und Pflichten, und zu deren Durchsetzung.

Ein Spezialgebiet innerhalb der Institutionenökonomik ist die ökonomische Theorie (Analyse) des Rechts[19]. Ihre Besonderheit liegt darin, daß sie das ökonomische Paradigma[20] der Ressourcenknappheit, des eigennutzorientierten Rationalverhaltens und des methodologischen Individualismus[21] auf das vorgefundene Rechtssystem anwendet und dabei die Rechtsnormen vergleichenden Modellüberlegungen unterzieht[22]. Im Vorfeld bedarf es dazu kritischer Funktionsanalysen, in denen die Aufgaben des Rechts sowie die Anforderungen an das Recht beschrieben werden. Anschließend wird das geltende Recht mit alternativen rechtlichen Regelungen kontrastiert[23] und ausgehend davon nach neuen sozialen Steuerungs- und Ordnungsmöglichkeiten gefragt.

5 Ökonomische Theorie des Rechts

Ein weiterer Unterfall der Institutionenökonomik ist die „Schule" des „Public Choice", die ihrerseits im großen und ganzen mit „Social Choice", „Constitutional Choice" oder „Neuer Politischer Ökonomie" zusammenfällt[24]. Statt auf das Recht (wie bei der ökonomischen Theorie des Rechts) wird das ökonomische Paradigma hier auf Politik und Gesellschaft angewendet. Einher gehen damit Analyse und Kritik der Massendemokratie einschließlich des Wählerverhaltens, der politischen Parteien sowie der Verwaltung (Bürokratie). Gefordert werden auch hier mehr Wettbewerb, mehr Markt und damit mehr Rationalität; den grundlegenden Maßstab bildet wiederum das Wirtschaftlichkeitsprinzip.

6 Public Choice, Neue Politische Ökonomie

---

18 Transaktionskosten sind die Kosten der Betreibung eines Wirtschaftssystems, das heißt die Kosten der Bereitstellung, Nutzung, Aufrechterhaltung und Umorganisation von Institutionen. In einer modernen Wirtschaft umfassen sie mehr als die Hälfte des Bruttosozialproduktes; vgl. *Richter* (N 14), S. 5 f. und 59. Zur Kritik vgl. nur *Horst Eidenmüller*, Effizienz als Rechtsprinzip, 1998, S. 97 ff., 165. Vgl. auch *Christoph Möllers*, Kooperationsgewinne im Verwaltungsprozess, in: DÖV 2000, S. 667 (668).

19 Der Begriff „ökonomische *Analyse* des Rechts" wurde maßgeblich geprägt von *Richard A. Posner*, The Economic Approach to Law, Texas Law Review, Bd. 53 (1975), S. 757 ff., und bringt den umstrittenen Chicago-Ansatz zum Ausdruck, der die ökonomischen Wertungen auf die Rechtsordnung überträgt und dadurch in Widerspruch zu deren normativen Vorgaben gerät. Neutraler, aber vielleicht auch weniger prägnant, erscheint der Begriff „ökonomische *Theorie* des Rechts". Vgl. *Kirchner* (N 15), S. 64, 72 f., auch zur – zutreffenden – Auffassung der ökonomischen Theorie des Rechts als Teilausschnitt der Neuen Institutionenökonomik. Dazu auch *Richter* (N 14), S. 3.

20 Hierzu etwa *Kirchner* (N 15), S. 71.

21 Der methodologische Individualismus will – im Gegensatz zum Funktionalismus oder der Systemtheorie Luhmannscher Prägung – kollektive Phänomene durch Rückführung auf individuelles Handeln erklären. Dieses soll sich durch eine rationale Auswahl aus den Alternativen auszeichnen, die dem Individuum subjektiv zur Verfügung stehen. In der Regel steht dabei die individuelle Nutzenmaximierung im Vordergrund. S. *Gebhard Kirchgässner*, Es gibt keinen Gegensatz zwischen dem Menschenbild des Grundgesetzes und dem homo oeconomicus!, in: Christoph Engel/Martin Morlok (Hg.), Öffentliches Recht als ein Gegenstand ökonomischer Forschung, 1998, S. 49 (51 f.); kritisch hierzu *Gröschner* (N 14), S. 36 ff.

22 *Ronald H. Coase*, Das Problem der sozialen Kosten, in: Heinz-Dieter Assmann/Christian Kirchner/Erich Schanze (Hg.), Ökonomische Analyse des Rechts, 1993, S. 129 ff.; *Richard A. Posner*, Economic Analysis of Law, Boston u. a. 1977, S. 3 ff.

23 Vgl. *Coase* (N 22), S. 129 ff.; ihm folgend *Kirchner* (N 15), S. 73 ff.; vgl. auch *Eidenmüller* (N 18), S. 59 ff.

24 S. grundlegend *Gordon Tullock*, Public Choice, in: John Eatwell/Murray Milgate/Peter Newman (Hg.), The New Palgrave. A Dictionary of Economics, London u. a. 1987, S. 1040 ff.; konkret zu den Auswirkungen auf das öffentliche Recht die Beiträge in *Christoph Engel/Martin Morlok* (Hg.), Öffentliches Recht als ein Gegenstand ökonomischer Forschung, 1998.

2. Auswirkungen auf Recht und Verwaltung – Grenzen der Ökonomisierung

7

New Public Management

KGSt

Die Exekutive, insbesondere die Regierungen von Bund und Ländern, hat die Forschungsergebnisse und die damit nicht selten verbundenen Forderungen der Wirtschaftswissenschaften vielfach beherzt aufgenommen. Die Vereinigten Staaten und Großbritannien wurden dabei als nachahmenswertes Beispiel angesehen[25]. Mittlerweile steht das Schlagwort „New Public Management" (NPM) als Oberbegriff für die weltweite Bewegung zur administrativen Erneuerung unter dem Rationalitätsanspruch der Ökonomik[26]. Vorreiter in Deutschland war vor allem die Kommunale Gemeinschaftsstelle für Verwaltungsvereinfachung (KGSt), deren Entwurf eines neuen Steuerungsmodells von Gemeinden und Kreisen auch auf die staatliche Verwaltung einwirkte. Frucht dessen war unter anderem die Etablierung eines (strategischen) Verwaltungscontrollings, dessen Funktion darin besteht, die politische und administrative Leitungsebene mit wichtigen Steuerungs- und Schlüsselinformationen zu versorgen, um ausgehend davon die wirtschaftliche und sparsame Erfüllung der Verwaltungsaufgaben zu fördern[27].

8

Komplexitätsreduktion der Ökonomik

Universalitätsanspruch der Wirtschaftswissenschaften

Der Einfluß der Ökonomik auf Recht und Verwaltung wird bisweilen als Universalitätsanspruch oder gar Imperialismus kritisiert[28] und ist in der Tat zweischneidig: Einerseits stellen Wirtschaftlichkeit und Sparsamkeit wichtige Leitlinien des modernen Finanzstaates dar. Andererseits dürfen sich die Maximen eines „gerechten" Staatswesens nicht ausschließlich auf diese Grundsätze beschränken. Denn das zugrundeliegende ökonomische Paradigma[29] führt in der Regel zu einer – für rein ökonomische Analysen durchaus tauglichen – Reduktion der gesellschaftlichen Komplexität auf den rational handelnden homo oeconomicus. Der Vielgestaltigkeit der vorgefundenen Verhältnisse wird das nicht gerecht. Zwar mag dadurch die Einschätzungs- und Entscheidungskraft der Marktteilnehmer gestärkt und das Streben nach individuellem Eigennutzen gefördert werden[30]; zugleich besteht indes die Gefahr, die wirtschaftlich Erfolglosen, irrational Handelnden und ökonomisch Notleidenden auszublenden[31]. Ein übergroßes Vertrauen in die Erfüllung öffentlicher Aufgaben allein durch den Markt kann auf diese Weise die Probleme verschärfen, zu deren Milderung die kompensatorische Idee des Sozialstaates in die Praxis umgesetzt wurde. Insofern birgt die Ökonomisierung das Risiko einer ver-

---

25 S. *Gröpl* (N 11), S. 184 f.
26 Hierzu und zum Folgenden *Ernst-Hasso Ritter*, Integratives Managment und Strategieentwicklung in der staatlichen Verwaltung, in: DÖV 2003, S. 93 ff. m. weit. Nachw.
27 *Gröpl* (N 11), S. 239 ff.; *Klaus Lüder*, Verwaltungscontrolling, in: DÖV 1993, S. 265 ff.
28 S. *Posner* (N 22), S. 15 f.; *Gebhard Kirchgässner*, Ökonomie als imperial(istisch)e Wissenschaft, in: Jahrbuch für Neue Politische Ökonomie, Bd. VII (1988), S. 128 ff. („ökonomischer Imperialismus").
29 S. o. Rn. 5 f.
30 Stark differenzierend zum Eigennutzen *Kirchgässner* (N 21), S. 52 ff., der darin im Ergebnis keinen Widerspruch zum Menschenbild des Grundgesetzes sieht.
31 S. *Paul Kirchhof*, Der Staat als Organisationsform politischer Herrschaft und rechtlicher Bindung, in: DVBl 1999, S. 637 (653 f.).

steckten Rücknahme des sozialstaatlich gebotenen Ausgleichs[32]. Jenseits des Wirtschaftlichkeitsdenkens bestehen indes freiheitserhebliche Lebensbereiche wie Kultur, Privatheit, Gleichberechtigung und Umwelt, zu deren Gewährleistung und Durchsetzung der Staat durch die Schaffung einer „Sozialkultur" aufgerufen ist. Hier dürfen auch normative Elemente ihren Platz finden, das heißt Wertungen (des Gesetzgebers), die – soweit sie nachvollziehbar begründet werden – der strengen Empirik nicht zugänglich sein und der ökonomischen Logik nicht aus der Seele sprechen müssen. Freilich sollte die Schaffung einer „Sozialkultur" so weit wie möglich „marktkonform" vonstatten gehen, das heißt unter Ausnutzung der auf dem Wirtschaftlichkeitsgedanken beruhenden Selbststeuerungsmechanismen des Marktes (Nutzenmaximierung oder Kostenminimierung), wie es etwa das Anliegen der ökonomischen Theorie des Rechts ist. Erweist sich dies aber als nicht zu bewerkstelligen, darf sich die staatliche Gemeinschaft in wohlbegründeten Fallkonstellationen aufgrund ausgewogener politischer Entscheidung auch über ökonomische Interessen und Prinzipien hinwegsetzen. Ökonomisierung findet ihre Grenzen in den unabdingbaren Wesensmerkmalen des sozialen Rechtsstaats[33].

„Sozialkultur"

B. Begriff, rechtliche Verankerung und Wirkung

I. Begriffe der Wirtschaftlichkeit und Sparsamkeit

1. Wirtschaft, Wirtschaften, Wirtschaftlichkeit und ökonomisches Prinzip

Hinter dem Ruf nach Wirtschaftlichkeit und Sparsamkeit steht die ökonomische Forderung nach einer möglichst optimalen Befriedigung der theoretisch unbegrenzten Bedürfnisse des Menschen durch rationale Nutzung knapper Güter (Ressourcen). In diesem Vorgang, in der Optimierung der Güterallokation, besteht das „Wirtschaften". „Wirtschaft" ist demzufolge die Gesamtheit der menschlichen (und sodann auch der staatlichen) Tätigkeiten, die der Bedürfnisbefriedigung durch den Einsatz knapper Güter dienen[34]. In diesem

9
Rationale Nutzung knapper Güter

---

32 *Helmuth Schulze-Fielitz*, Die kommunale Selbstverwaltung zwischen Diversifizierung und Einheit der Verwaltung, in: Hans-Günter Henneke (Hg.), Organisation kommunaler Aufgabenerfüllung, 1997, S. 223 (248 f.) m. weit. Nachw.; *Rudolf Wendt*, Haushaltsrechtliche und gemeindewirtschaftsrechtliche Hemmnisse, in: Hans-Günter Henneke (Hg.), Stärkung der kommunalen Handlungs- und Entfaltungsspielräume, 1996, S. 115 (121).
33 So auch *Eberhard Schmidt-Aßmann*, Das allgemeine Verwaltungsrecht als Ordnungsidee, 1998, Kap. 1 Rn. 44 m. weit. Nachw.; *Karl Oettle*, Elemente der Ökonomisierung des Verwaltungshandelns, in: Verw, Bd. 32 (1999), S. 291 ff. (292).
34 Hierzu und zum Folgenden *Rolf Schwinn*, Betriebswirtschaftslehre, 1993, S. 3 f.; vgl. auch *Hans Herbert v. Arnim*, Wirtschaftlichkeit als Rechtsprinzip, 1988, S. 19 ff., der im Recht neben dem Maximum- und Minimumprinzip noch den ökonomischen Differenz- und Quotientenansatz fruchtbar machen will, zugleich aber auf die Begrenzungsfunktion des Haushaltsplans aufmerksam macht. S. dazu auch *Andreas Greifeld*, Der Rechnungshof als Wirtschaftlichkeitsprüfer, 1981, S. 16 ff.; *Wolfgang Hoffmann-Riem*, Effizienz als Herausforderung an das Verwaltungsrecht. Einleitende Problemskizze, in: ders./ Eberhard Schmidt-Aßmann (Hg.), Effizienz als Herausforderung an das Verwaltungsrecht, 1998, S. 11 ff. (23).

§ 121   Achter Teil: III. Finanzwesen

Sinne erfordert die Bewirtschaftung knapper Ressourcen eine Entscheidung über alternative Güterverwendungen. Soll diese Entscheidung rational sein, so bieten sich folgende Varianten an:

Nutzenmaximierung – Kostenminimierung

– die Erzielung eines möglichst hohen Nutzens auf der Grundlage eines im voraus feststehenden Einsatzes an Ressourcen (Nutzenmaximierung, Maximum- oder Ergiebigkeitsprinzip) oder

– die Erreichung eines vorab festgelegten Nutzens unter möglichst geringem Ressourcenverbrauch (Kostenminimierung, Minimum- oder Sparsamkeitsprinzip[35]).

2. Verhältnis von Wirtschaftlichkeit zu Sparsamkeit; Rationalität und Gemeinwohlverpflichtung

10

Sparsamkeit als Unterfall der Wirtschaftlichkeit

Beide Varianten der Entscheidung über alternative Güterverwendungen sind Ausdruck des ökonomischen Prinzips; und dieses ökonomische Prinzip stellt lediglich eine andere Bezeichnung für den Grundsatz der Wirtschaftlichkeit dar[36]. Deutlich wird damit, daß Wirtschaftlichkeit und Sparsamkeit nicht in einem gleichrangigen Verhältnis zueinander stehen, sondern daß der Sparsamkeitsgrundsatz als Minimumprinzip einen Unterfall des allgemeineren Wirtschaftlichkeitsprinzips darstellt. Insofern dürfen die Grundsätze der Wirtschaftlichkeit und Sparsamkeit auch zusammenfassend und vereinfachend als „Wirtschaftlichkeitsgrundsatz" bezeichnet werden.

11

Rationalitätsprinzip

Abstrahiert von seinen beiden vorgenannten Entscheidungsvarianten zielt der Wirtschaftlichkeitsgrundsatz darauf ab, ein möglichst günstiges Verhältnis zwischen Ressourceneinsatz und Nutzen[37] zu erreichen (generelles Extremumprinzip). Damit ist er Ausfluß des allgemeineren Rationalitätsprinzips, das namentlich die methodische Seite normativer Direktiven heraushebt und

---

35 Zum Sparsamkeitsprinzip werden im Schrifttum Sonderansichten vertreten, neuerdings insbes. von *Hans-Heinrich Dreßler*, in: Erwin Adolf Piduch, Bundeshaushaltsrecht, fortgeführt von Hans-Heinrich Dreßler (Hg.), Loseblattslg. Stand: Juli 1999, Einf. Abschn. VI a. E. (S. 39 f.): Nach seiner Ansicht ist das Sparsamkeitsprinzip kein Unterfall des Wirtschaftlichkeitsprinzips, sondern besteht daneben, ja nimmt gegenüber diesem sogar den ersten Platz ein. Dreßler baut auf einer Definition von *Samuel Smiles*, Die Sparsamkeit, 1876, S. 15, auf und ordnet Sparsamkeit in die zeitliche Dimension ein: Sparsamkeit bildet im Rahmen der verfügbaren Einnahmen die absolute Obergrenze der Ausgaben in einer bestimmten Haushaltsperiode. Dieser Gedanke von Dreßler ist äußerst wichtig, allein begrifflich paßt er weniger zur Sparsamkeit als zum Gebot des Haushaltsausgleichs. – Zu einer eigenen Definition der Sparsamkeit vgl. auch *Klaus Stern*, Das Staatsrecht der Bundesrepublik Deutschland, Bd. II, 1980, § 34 III 3 c δ. Vgl. im übrigen *Bianca Fischer*, Abschied von der „Sparsamkeit"?, in: JZ 1982, S. 6 (11); *Klaus Grupp*, Die „Grundsätze der Wirtschaftlichkeit und Sparsamkeit" im Haushaltsrecht, in: JZ 1982, S. 231 (234 ff.); *ders.*, Steuerung des Verwaltungshandelns durch Wirtschaftlichkeitskontrolle?, in: DÖV 1983, S. 661 (662), jew. m. weit. Nachw.

36 Zu den unterschiedlichen Wirtschaftlichkeitsbegriffen der Ökonomie näher *Peter Eichhorn*, Wirtschaftlichkeit der Verwaltung, in: Klaus Chmielewicz/ders. (Hg.), Handwörterbuch der Öffentlichen Betriebswirtschaftslehre, 1989, Sp. 1795 (1797 ff.). Differenzierend zwischen ökonomischer und administrativer Wirtschaftlichkeit *Günter Gaentzsch*, Gesetzmäßigkeit und Wirtschaftlichkeit der Verwaltung: Beißt oder vertägt sich das?, in: DÖV 1998, S. 952 (954). Zur weitgehenden Gleichsetzung mit dem Begriff der Produktivität vgl. *Oettle* (N 33), S. 296.

37 *Klaus Grupp*, Wirtschaftlichkeit im „schlanken Staat", in: Helmuth Schulze-Fielitz (Hg.), Fortschritte der Finanzkontrolle in Theorie und Praxis, 2000, S. 9 (12).

in diesem Sinne auf Transparenz und Nachvollziehbarkeit abstellt[38]. Das Rationalitätsprinzip gründet sich seinerseits auf die Gemeinwohlverpflichtung des Staates, die ihn gemäß Art. 1 Abs. 1 S. 2 GG zum Dienst am Menschen anhält und nicht umgekehrt den Menschen zum Dienst am Staat[39].

3. Formaler Charakter des Wirtschaftlichkeitsprinzips

Eine Tatsache verdient besondere Beachtung: Der Grundsatz der Wirtschaftlichkeit verkörpert ein rein formales Prinzip. Denn er charakterisiert lediglich die Art der Durchführung eines bestimmten Handelns, trifft aber keinerlei Aussagen über die dahinter stehenden Beweggründe und Ziele[40]. Wirtschaftlichkeit „an sich" ist demzufolge nicht denkbar[41]. Das ökonomische Prinzip kann nur angewandt werden, wenn es auf ein normativ vorgegebenes Ziel bezogen und anschließend gefragt wird, mit welchem Mittelaufwand dieses Ziel erreicht worden ist[42]. Alternativ dazu läßt sich der Wirtschaftlichkeitsgrundsatz operationalisieren, wenn der Ressourceneinsatz vorab festgelegt und sodann gemessen wird, bis zu welchem Grad das Ziel verwirklicht ist. Notwendig sind mithin stets externe Parameter, die ihrerseits gerade im politisch-staatsrechtlichen Bereich mit individuellen Wertungen aufgeladen werden können. Dies gilt es stets zu bedenken und offenzulegen.

12 Keine Wirtschaftlichkeit „an sich"

Externe Parameter

4. Wirtschaftlichkeit und Effizienz

Enge Verwandtschaft besteht zwischen „Wirtschaftlichkeit" und „Effizienz". Beide Begriffe beschreiben eine optimierte Mittel-Zweck-Relation und werden nicht selten synonym verwendet[43]. In den Wirtschaftswissenschaften werden jedoch bisweilen Differenzierungen angebracht: So sollen bei der Wirt-

13 Wirtschaftlichkeit als Unterfall von Effizienz

---

38 Vgl. *Greifeld* (N 34), S. 8 ff.; *Eberhard Schmidt-Aßmann*, Effizienz als Herausforderung an das Verwaltungsrecht. Perspektiven der verwaltungsrechtlichen Systembildung, in: Wolfgang Hoffmann-Riem/Eberhard Schmidt-Aßmann (Hg.), Effizienz als Herausforderung an das Verwaltungsrecht, 1998, S. 245 (248); a. A. *v. Arnim* (N 34), S. 48; *ders.*, Ist „der rationale Staat" möglich?, in: ders./Klaus Lüder (Hg.), Wirtschaftlichkeit in Staat und Verwaltung, 1993, S. 67 (68): Identität von Rationalität und Wirtschaftlichkeit.
39 Vgl. z. B. BVerfGE 42, 312 (332); BVerfGE 49, 89 (132); VerfGH Rheinl.-Pfalz, in: NVwZ-RR 1998, S. 145 (149); *v. Arnim* (N 34), S. 74 ff. → Bd. IV, *Isensee*, § 71 Rn. 1 ff., 110 ff.
40 Statt aller *Günter Wöhe*, Einführung in die Allgemeine Betriebswirtschaftslehre, 1996, S. 2. – Demgegenüber geht der wohlfahrtsökonomische Effizienzbegriff darüber hinaus: Wirtschaftlichkeit ist danach nicht nur ein formaler Mechanismus zur Optimierung beliebiger Ziele, sondern Zweck an sich. Vgl. dazu *Eidenmüller* (N 18), S. 56. – Beispiele zur Perversion des offenen Wirtschaftlichkeitsprinzips bei *v. Arnim* (N 38), S. 69 ff.
41 Eingehend dazu *Niklas Luhmann*, Kann die Verwaltung wirtschaftlich handeln?, in: VerwArch 51 (1960), S. 97 (98 ff.). → Oben *Heintzen*, § 120 Rn. 48.
42 *v. Arnim* (N 34), S. 36 ff.; *Markus Heintzen*, in: v. Münch/Kunig, GGK III ^{5}2003, Art. 114 Rn. 24; *Walter Leisner*, Effizienz als Rechtsprinzip, 1971, S. 38; *Klaus Vogel*, Grenzen der Finanzkontrolle, in: DVBl 1970, S. 193 (195); *Lerke Osterloh*, Wortprotokoll der 77. Sitzung des Haushaltsausschusses des Deutschen Bundestages vom 24. 9. 1997 über die Öffentliche Anhörung zum HRFG, Ausschuß-Drucks. 13/2830, S. 27; *Helmuth Schulze-Fielitz*, Kontrolle der Verwaltung durch Rechnungshöfe, in: VVDStRL 55 (1996), S. 231 (254 ff.).
43 So etwa *Heinrich Reinermann*, Wirtschaftlichkeitsanalysen, in: Ulrich Becker/Werner Thieme (Hg.), Handbuch der Verwaltung, Heft 4.6, 1974, S. 1 ff.; *Jürgen Schmidt*, Wirtschaftlichkeit in der öffentlichen Verwaltung, 1977, S. 16; ebenso wohl auch *Hoffmann-Riem* (N 34), S. 21; differenzierend: *Hermann Pünder*, Haushaltsrecht im Umbruch, 2003, S. 59 ff.

schaftlichkeit im engeren Sinne ökonomische Maßstäbe wie Einnahmen und Ausgaben, Kosten und Leistungen usw. im Vordergrund stehen, während Effizienz auch außerökonomische Zweckmäßigkeiten (etwa politischer, kultureller oder medizinischer Provenienz) ins Auge faßt. Folgt man dieser – nicht immer durchzuhaltenden – Unterscheidung, bildet „Effizienz" den Oberbegriff, „Wirtschaftlichkeit" den Unterbegriff[44]. Im rechtswissenschaftlichen Kontext braucht diesem Stufenverhältnis indes keine tiefere Beachtung geschenkt zu werden[45], auch wenn es einen genuin juristischen Begriffsinhalt von „Wirtschaftlichkeit", der sich von dem der Wirtschaftswissenschaften unterscheidet, nicht gibt[46].

5. Wirtschaftlichkeit und Effektivität

14
Verhältnis zwischen Mitteleinsatz und Leistung

Verhältnis zwischen Aufgabe und Wirkung

Demgegenüber besteht zwischen „Effizienz" bzw. „Wirtschaftlichkeit" auf der einen und „Effektivität" auf der anderen Seite ein deutlicherer Unterschied, der nicht verwässert werden darf[47]: „Wirtschaftlichkeit" stellt ab auf das (zu optimierende) Verhältnis zwischen Mitteleinsatz (Input) und Leistung (Output), das heißt auf den Bedarf von (zumeist finanziellen) Ressourcen zur Zielverwirklichung. Hingegen nimmt „Effektivität" die Relation zwischen vorgegebener Aufgabe (Ziel) und tatsächlicher Wirkung einer Maßnahme (Outcome), also den Grad der Zielerreichung, in den Blick[48]. Auf rechtlichem Gebiet orientiert sich Effektivität an dem durch Verfassung oder Gesetz jeweils festgelegten, im Prozeß der Rechtsanwendung näher konkretisierten Ziel. Hierbei geht es um die bestmögliche Verwirklichung eines bestimmten anzustrebenden Zustandes[49]. Bei den zur Auswahl stehenden Maßnahmen bleiben indes die dafür erforderlichen Kosten und damit die Frage nach der Effizienz (Wirtschaftlichkeit) unberücksichtigt. Überspitzt ausgedrückt:

---

44 Vgl. dazu *Eichhorn* (N 36), Sp. 1795 (1802); ihm folgend *v. Arnim* (N 34), S. 47 f.; vgl. auch *Schmidt-Aßmann* (N 38), S. 246 ff.: enger und weiter Effizienzbegriff; S. 251, 255. Einen sehr weiten Effizienzbegriff legt auch *Hoffmann-Riem* (N 34), S. 19 ff., seinen Ausführungen zugrunde.
45 Ähnlich auch *Eidenmüller* (N 18), S. 55.
46 *Eidenmüller* (N 18), S. 55; *Adolf Hüttl*, Das Wirtschaftlichkeitsprinzip in der öffentlichen Verwaltung, 1964, S. 205 ff., zit. bei *Grupp* (N 35), S. 661 (662).
47 Das Schrifttum sieht diesen Unterschied häufig nicht; s. *Gaentzsch* (N 36), S. 954; *Peter Häberle*, Effizienz und Verfassung, in: AöR 98 (1973), S. 625 (627); *Philip Kunig*, Das Rechtsstaatsprinzip, 1986, S. 438 ff.; *Leisner* (N 42), S. 7, und die Kritik an der undifferenzierten Gleichsetzung von *v. Arnim* (N 34), S. 47, Fn. 1; *Rainer Wahl*, Verwaltungsverfahren zwischen Verwaltungseffizienz und Rechtsschutzauftrag, in: VVDStRL 41 (1983), S. 151 (163); *Rudolf Steinberg*, Komplexe Verwaltungsverfahren zwischen Verwaltungseffizienz und Rechtsschutzauftrag, in: DÖV 1982, S. 619 (620 f.); s. auch *Frido Wagener*, in: VVDStRL 41 (1983), S. 272 (Diskussionsbeitrag); *Pünder* (N 43), S. 59 ff.
48 Ähnlich *Hoffmann-Riem* (N 34), S. 11 (16 ff.); *ders.*, Tendenzen in der Verwaltungsrechtsentwicklung, in: DÖV 1997, S. 433 (437); *Schmidt-Aßmann* (N 38), S. 246 ff.; *Schulze-Fielitz* (N 32), S. 261. – Grafische Gegenüberstellung in: HessMdF, Zentrale Koordinierungsstelle für die Reform des Haushalts- und Rechnungswesens, Landesverwaltung 2000, Leitfaden Rechnungswesen, S. 10. – Demgegenüber setzt *v. Arnim* (N 34), S. 51, Effektivität mit dem wirtschaftlichen Maximumprinzip gleich, was nicht zu überzeugen vermag.
49 Der Topos der Funktionsfähigkeit bleibt dagegen dahinter zurück und garantiert nur einen Minimalstandard, vgl. *Kyrill-Alexander Schwarz*, Funktionsfähigkeit als Abwägungstopos, in: BayVBl 1998, S. 710 (711).

Effektives Handeln braucht nicht notwendig effizient zu sein; Effektivität ist effizienzblind[50].

6. Schwierigkeiten objektiver Meßbarkeit

Bei der Anwendung des Wirtschaftlichkeitsprinzips insbesondere in Staat und Verwaltung erhebt sich das Problem der Meßbarkeit: Kosten und vor allem Nutzen öffentlicher Maßnahmen lassen sich oftmals nicht eindeutig quantifizieren; damit aber verschwimmen die Maßstäbe zur Bestimmung der Wirtschaftlichkeit[51]. Der Grund dafür liegt maßgeblich im Gemeinwohlbezug der öffentlichen Güter[52] und der damit verbundenen Schwierigkeit einer objektiven Zielbestimmung und -bewertung. Den Wirtschaftlichkeitsgrundsatz allein deshalb aus dem Staats- und Verwaltungsrecht zu verabschieden, wäre freilich voreilig. Anzumahnen ist vielmehr eine operationable, das heißt vor allem transparente und nachvollziehbare Vorgabe der Wirtschaftlichkeitsparameter durch die dafür zuständigen Organe. Im demokratischen Rechtsstaat muß diese Kompetenz bei allen wesentlichen Fragen des Gemeinwohls[53] den Parlamenten von Bund und Ländern zukommen. Verfassungsrechtlich konkretisiert wird dies im parlamentarischen Budgetbewilligungs- und Entlastungsrecht (für den Bund gemäß Art. 110 Abs. 2, Art. 114 Abs. 1 GG[54]) sowie im Recht zur Fachgesetzgebung nach Maßgabe der Art. 70 ff. GG. Die Ausfüllung der damit gelieferten Kriterien nach Maßgabe des Wirtschaftlichkeitsprinzips im Einzelfall ist Sache des Gesetzesvollzugs und damit der Verwaltung; die Wirtschaftlichkeitskontrolle obliegt speziell dafür gebildeten Organen, den Rechnungshöfen, auf die noch zurückzukommen sein wird[55]. Dieses Kompetenzverteilungsschema hindert die Öffentlichkeit nicht daran, parlamentarische Entscheidungen und exekutives Handeln vorbereitend, begleitend und nachgängig zu kommentieren. Diskussionstabus auch und gerade über Wirtschaftlichkeitsfragen dürfen im demokratischen Rechtsstaat nicht errichtet werden[56]. Quantifizierungsmaßstab und Beurteilungsgrundlagen für Effizienzkriterien muß das öffentliche Rechnungswesen liefern. Hier freilich liegt derzeit noch einiges im argen. Es ist ein Desiderat der Staatswissenschaft, das

15
Bewertungsfrage als Kompetenzfrage

---

50 Anderer Ansicht *Hoffmann-Riem* (N 34), S. 18, 25; *Schmidt-Aßmann* (N 38), S. 248, die beide Prinzipien im jeweiligen Kontext aufeinander beziehen wollen.
51 Hierzu und zum Folgenden: *Heintzen* (N 42), Art. 114 Rn. 24 m. weit. Nachw.
52 Öffentliche Güter zeichnen sich nach herkömmlichem Verständnis – im Gegensatz zu privaten Gütern – dadurch aus, daß sie gemeinschaftlich von vielen gleichzeitig genutzt werden können, also keine Konsumrivalität besteht und niemand vom Konsum ausgeschlossen werden kann; zusätzliche Nutznießer verursachen i. d. R. keine Mehrkosten. Klassische Beispiele sind die Landesverteidigung, die öffentliche Sicherheit oder die Straßenbeleuchtung. Näher dazu *Hans Hirsch*, Öffentliche Güter, in: Klaus Chmielewicz/Peter Eichhorn (Hg.), Handwörterbuch der Öffentlichen Betriebswirtschaftslehre, 1989, Sp. 1077 ff.
53 Zur Wesentlichkeitslehre s. BVerfGE 34, 165 (192 f.); 49, 89 (126); 61, 260 (275); 98, 218 (251) *Hans D. Jarass*, in: ders./Bodo Pieroth, Komm. z. GG, ⁶2002, Art. 20 Rn. 46.
54 Vgl. entsprechend Art. 70 Abs. 2, Art. 78 Abs. 3, Art. 80 Abs. 1 S. 1 BayVerf; Art. 105 Abs. 1 S. 3, Art. 106 Abs. 2 S. 1 SaarlVerf und die Verfassungen der anderen Länder.
55 S. u. Rn. 39 ff.
56 Zur demokratischen Meinungsbildung auf der Grundlage von Art. 5 Abs. 1 GG s. nur *Roman Herzog*, in: Maunz/Dürig, Komm. z. GG, Bd. I, Art. 5 I, II Rn. 4 ff.; → Bd. III, *Schmitt Glaeser*, § 38 Rn. 28 ff.

II. Verankerung und Wirkung der Grundsätze von Wirtschaftlichkeit und Sparsamkeit

1. Verfassungsrechtlicher Ausgangspunkt

16
Kontrollauftrag der Rechnungshöfe

Die Klärung der (verfassungs-)rechtlichen Verwurzelung sowie vor allem der juristischen Bedeutung und Reichweite der Grundsätze von Wirtschaftlichkeit und Sparsamkeit gestaltet sich nicht einfach. Zurückzuführen ist dies einerseits auf den dürftigen Verfassungsbefund und andererseits auf eine juristische Abwehrhaltung gegenüber dem „Universalitätsanspruch" der Ökonomik[58]. Dies rührt daher, daß in dem Umfang, in dem die Grundsätze der Wirtschaftlichkeit und Sparsamkeit rechtliche Geltungskraft erlangen, die Pforten der Jurisprudenz für ökonomische Maßstäbe und Wertungen geöffnet werden[59], was aus juristischer Sicht auf eine wissenschaftliche Selbstentmündigung durch Fremdbestimmung hinausläuft. Einzig relevante Textstellen auf verfassungsrechtlicher Ebene sind Art. 114 Abs. 2 S. 1 GG und die entsprechenden Verfassungsbestimmungen der Länder[60]. Danach haben der Bundesrechnungshof und die Rechnungshöfe der Länder (unter anderem) die Wirtschaftlichkeit der Haushalts- und Wirtschaftsführung zu prüfen[61]. Mehr ist damit nicht gesagt; der Wortlaut der Vorschriften trägt nur einen spezifischen Kontrollauftrag, gibt indes nichts her für die Frage, ob der Wirtschaftlichkeitsmaßstab in der Sache darüber hinausreicht und – bejahendenfalls – wer als Regelungsadressat in Betracht kommt und weiter, ob es subjektiv Normbegünstigte gibt.

2. Ausdehnung über die Rechnungshofprüfung hinaus

a) Exekutive

17
Bindung der Verwaltung an Wirtschaftlichkeit und Sparsamkeit

Bei den Rechnungshöfen als alleinigen Adressaten der Grundsätze von Wirtschaftlichkeit und Sparsamkeit kann es nicht sein Bewenden haben. Wirtschaftlichkeit und Sparsamkeit ergeben nämlich nur dann Sinn, wenn sie nicht nur den Prüfungsmaßstab für die Rechnungshöfe darstellen, sondern zugleich eine maßgebliche Handlungsmaxime für die Verwaltung. Anderenfalls fände die Wirtschaftlichkeitskontrolle keinen Anknüpfungsgegenstand, liefe insoweit leer und wäre selbst ineffizient, weil überflüssig. Daher ist nahezu einhel-

---

57 Näher dazu *Gröpl* (N 11), S. 390 ff. und 410 ff. m. weit. Nachw.
58 S. o. Rn. 8. Zu den relevanten Forschungsrichtungen der Ökonomie s. o. Rn. 4 ff.
59 S. o. Rn. 7 f.
60 So z. B. Art. 80 Abs. 1 S. 2 BayVerf, Art. 106 Abs. 2 S. 3 SaarlVerf; s. im übrigen die Übersicht bei *Erwin Adolf Piduch*, in: ders., Bundeshaushaltsrecht, fortgeführt von Hans-Heinrich Dreßler (Hg.), Loseblattslg. Stand: Juli 1999, Anhang zu Art. 114 GG.
61 Hierzu näher s. u. Rn. 43, 48 ff., 52 ff.

lig anerkannt, daß die in Art. 114 Abs. 2 S. 1 GG niedergelegten Grundsätze der Wirtschaftlichkeit und Sparsamkeit über den Wortlaut der Norm hinaus Bindungswirkung für die Exekutive entfalten und somit in zeitlicher Hinsicht vor der Kontrolltätigkeit der Rechnungshöfe ansetzen[62].

b) Legislative und Judikative

Wie aber steht es mit der Legislative und der Judikative? Streng am Wortlaut des Art. 114 Abs. 2 S. 1 GG orientiert ließe sich argumentieren, daß eine verfassungsrechtlich radizierte Wirtschaftlichkeitspflicht nur für die Haushalts- und Wirtschafts*führung* besteht, mithin für die Verwaltung, nicht aber für den Gesetzgeber, erst recht nicht für die gemäß Art. 20 Abs. 3, Art. 97 Abs. 1 GG nur an Gesetz und Recht gebundene Rechtsprechung. Dies griffe indes zu kurz. Denn eine Freistellung dieser beiden Staatsgewalten wäre mit der unumstrittenen Wirtschaftlichkeitsverpflichtung der Exekutive schwer zu vereinbaren[63]. Grundlegende Maßstäbe staatlichen Handelns wie Rechtsstaatlichkeit, Sozialstaatlichkeit oder Demokratie sind ebensowenig segmentierbar wie die Grundsätze der Wirtschaftlichkeit und Sparsamkeit. Anderenfalls bliebe es Legislative und Judikative von Rechts wegen unbenommen, Wirtschaftlichkeitsanstrengungen der Verwaltung zu konterkarieren. Die Staatsorgane setzten sich mithin zueinander, der Staat zu sich selbst in Widerspruch und verstieße gegen das Rechtsstaatsprinzip[64] und in einem weiteren Sinne auch gegen das verfassungsrechtliche Gemeinwohl- und Rationalitätsgebot[65]. Demgemäß binden die Grundsätze der Wirtschaftlichkeit und Sparsamkeit auch den Gesetzgeber[66] und grundsätzlich ebenso die rechtsprechende Gewalt[67].

18 Bindung aller Staatsfunktionen

Für eine solche staatsgewaltenübergreifende und umfassende Wirtschaftlichkeitsverpflichtung streitet auch Art. 20a GG, der seit 1994 den Schutz der natürlichen Lebensgrundlagen gebietet[68]: Unmittelbar bezieht sich diese Umweltschutzklausel nur auf die biologischen Ressourcen von Fauna und Flora. Bedenkt man jedoch, daß die finanziellen Ressourcen, also Geldmittel, letztlich nur eine wertmäßige Verkörperung von Produktionsfaktoren darstellen, muß das in Art. 20a GG auf die Umwelt beschränkte Nachhaltigkeitsge-

19 Finanzstaatliche Interpretation des Nachhaltigkeitsgebots

---

62 Vgl. nur BSGE 56, S. 197 (198); VerfGH Rh.-Pf., in: NVwZ-RR 1998, S. 145 (149); *v. Arnim* (N 34), S. 71 ff. m. weit. Nachw.; *Heintzen* (N 42), Art. 114 Rn. 27; *Klaus Grupp*, Rechtsprobleme der Privatfinanzierung von Verkehrsprojekten, in: DVBl 1994, S. 140 (146); *Schmidt-Aßmann* (N 33), Kap. 6 Rn. 91; zweifelnd jedoch *Helmut Siekmann*, in: Sachs, GG Komm., ³2003, Art. 110 Rn. 67, 68 m. weit. Nachw.; ablehnend *Wolf-Rüdiger Schenke* und *Günter Püttner*, in: VVDStRL 41 (1983), S. 274 (275) bzw. S. 282 (Diskussionsbeiträge).
63 Im Ergebnis ebenso: *v. Arnim* (N 34), S. 82 ff.; *Greifeld* (N 34), S. 83 ff.; *Walter Krebs*, Kontrolle in staatlichen Entscheidungsprozessen, 1984, S. 170 ff.
64 Zum Grundsatz des widerspruchsfreien Verhaltens im Rahmen der Gesetzgebung s. BVerfGE 98, 106 (118 f.). Vgl. auch *Paul Kirchhof*, Die Verschiedenheit der Menschen und die Gleichheit vor dem Gesetz, Carl Friedrich von Siemens Stiftung, Themen, Bd. 62 (1996), S. 38 ff. (zum gesetzgeberischen Gebot der Folgerichtigkeit).
65 S. die Nachw. in N 38 und 39, zudem *Eidenmüller* (N 18), S. 463 ff.; *Peter Häberle*, in: VVDStRL 41 (1983), S. 277 (Diskussionsbeitrag).
66 So dezidiert VerfGH Nordrhein-Westfalen, in: DÖV 2004, S. 121 (ebd.).
67 Zu den Besonderheiten im Bereich der Rechtsprechung s. sogleich u. Rn. 20.
68 Eingefügt durch Gesetz vom 27. 10. 1994 (BGBl I, S. 3146).

bot seinem Sinn nach auch auf die Schonung monetärer Mittel als Platzhalter für materiale Ressourcen übertragen werden dürfen[69]. Aus alledem folgt: Die Grundsätze von Wirtschaftlichkeit und Sparsamkeit wurzeln im Verfassungsrecht[70]; sie sind nicht nur Kontrollnorm, sondern auch Bindungsnorm[71].

c) Besonderheiten für die rechtsprechende Gewalt

20
Differenzierung zwischen Rechtsprechung und Gerichtsverwaltung

Hinsichtlich der Bindung der rechtsprechenden Gewalt an das Wirtschaftlichkeitsprinzip ist freilich zu differenzieren[72]: Die Judikative ist uneingeschränkt Adressatin des Wirtschaftlichkeitsgrundsatzes, wo es um die Effizienz der eigenen Arbeit und Aufgabenerfüllung geht[73]. Insbesondere was die Gerichtsverwaltung[74] anbelangt, geht es um die Effizienzbindung eigenen Handelns und nicht, wie bei der genuinen Rechtsprechungsaufgabe, um die Rechtskontrolle fremden Handelns. Hier gilt etwas anderes: Die Beurteilungsgrößen der rechtsprechenden Gewalt sind Gesetz und Recht, wie dies Art. 20 Abs. 3 und Art. 97 Abs. 1 GG vorgeben und das einschlägige Prozeßrecht (etwa § 113 Abs. 1 S. 1, Abs. 5 VwGO) konkretisiert. Als Prüfungsmaßstab können die Grundsätze der Wirtschaftlichkeit und Sparsamkeit mithin nur dort in Betracht kommen, wo sie tatbestandlich normiert sind[75]. Darauf wird noch zurückzukommen sein[76].

3. Einfaches Gesetzesrecht

21
Haushaltsrecht als Kerngebiet

Das verfassungsrechtliche Wirtschaftlichkeitsprinzip erfährt im einfachen Gesetzesrecht seine bereichsspezifischen Ausformungen[77]. Das Kerngebiet stellt hierbei das Haushaltsrecht dar: Bei der Aufstellung und Ausführung des Haushaltsplans sind die Grundsätze der Wirtschaftlichkeit und Sparsamkeit zu beachten – so übereinstimmend § 6 Abs. 1 des Haushaltsgrundsätzegeset-

---

69 Im Ergebnis ähnlich *Hoffmann-Riem* (N 34), S. 20, auch mit Nachw. auf die umweltschutzrechtliche Literatur; *Schmidt-Aßmann* (N 33), Kap. 6 Rn. 92; zu Art. 20a GG vgl. nur *Dietrich Murswiek*, in: Michael Sachs (Hg.), Komm. z. GG, ³2003, Art. 20a, insbes. Rn. 27 ff. und 37 ff.
70 So auch *Schmidt-Aßmann* (N 33), Kap. 6 Rn. 93, der ohne weitere Begründung auch das freiheitssichernde Verhältnismäßigkeitsprinzip als verfassungsrechtliche Wurzel des Effizienzgrundsatzes ansieht; vgl. auch *Utz Schliesky*, Mehr Wirtschaftlichkeit durch ein zusätzliches Verwaltungsverfahren, in: DÖV 1996, S. 109 ff. (110). Zurückhaltender hierzu *Hoffmann-Riem* (N 34), S. 51.
71 Mit jeweils unterschiedlichem Argumentationsansatz ebenso *v. Arnim* (N 34), S. 60 f., 72 ff.; *Hoffmann-Riem* (N 34), S. 19 ff.; bezogen auf die Exekutive auch *Schmidt-Aßmann* (N 38), S. 255. Kritisch *Hans Herbert v. Arnim*, Die Verfassung hinter der Verfassung, in: ZRP 1999, S. 326 ff. (328): „... kaum eine rechtliche Bindung wird in der Praxis so häufig ignoriert. Das Vollzugsdefizit ist hier ... eklatant ..."
72 S. dazu auch *Hans Blasius/Burkard Stadtmann*, Justiz und Finanzkontrolle, in: DÖV 2002, S. 12 ff.
73 Zu Wirtschaftlichkeit in der Gerichtsverwaltung s. näher *Martin Eifert*, Neues Steuerungsmodell – Modell für die Modernisierung der Gerichtsverwaltung?, in: Verw 30 (1997), S. 75 ff. (79 ff.). Krit. *Andreas Voßkuhle*, Das „Produkt" der Justiz, in: Helmuth Schulze-Fielitz/Carsten Schütz (Hg.), Justiz und Justizverwaltung zwischen Ökonomisierungsdruck und Unabhängigkeit, in: Die Verwaltung, 2002, Beiheft 5, S. 35 ff.
74 Zur Gerichtsverwaltung im Haushaltsrecht s. *Gröpl* (N 11), S. 49 f.; allgemein → oben *Wilke*, § 112 Rn. 40 ff.
75 Etwa im Rahmen von § 10 S. 2 VwVfG; hierzu *Hoffmann-Riem* (N 34), S. 23 f.; außerhalb normierter Prüfungstatbestände besteht eine Beschränkung auf die justizielle Selbstkontrolle, siehe *Thomas Franz*, Prüfungen des Bundesrechnungshofs bei den Gerichten des Bundes, in: Helmuth Schulze-Fielitz (Hg.), Fortschritte der Finanzkontrolle in Theorie und Praxis, 2000, S. 75 (88).
76 S. u. Rn. 33 f., 47.
77 Überblick bei *Hoffmann-Riem* (N 34), S. 23, 36 f., 40 ff.

zes[78], § 7 Abs. 1 S. 1 der Bundeshaushaltsordnung (BHO)[79] und der in gleicher Paragraphenzählung kodifizierten Landeshaushaltsordnungen (LHO)[80] sowie die entsprechenden kommunalrechtlichen Vorschriften der Länder[81]. Vergleichbare Vorschriften enthalten etwa auch § 69 Abs. 2 SGB IV für die Sozialversicherungsträger[82] sowie die Rundfunkgesetze der Länder für die öffentlich-rechtlichen Rundfunkanstalten[83]. Das Korrelat zu diesen Bindungsvorschriften befindet sich als Kontrollvorgabe für den – weiter unten noch näher zu betrachtenden[84] – Bundesrechnungshof in § 90 Nr. 3 und 4 BHO, für die Rechnungshöfe der Länder in den entsprechenden Vorschriften der Landeshaushaltsordnungen sowie für die zuständigen Rechnungsprüfungsorgane auf kommunaler Ebene in den kommunalrechtlichen Vorschriften der Länder[85].

22 Keine Relativierung nach Innen- und Außenrecht

Die einfachgesetzliche Verwurzelung des Wirtschaftlichkeitsprinzips in den haushaltsrechtlichen Vorschriften schafft die Gefahr seiner Banalisierung. Denn traditionellerweise wird das Haushaltsrecht – anknüpfend an § 3 Abs. 2 BHO/LHO[86] – dem Innenrecht zugeordnet, das nur staatsinterne Wirkung entfalten könne[87]; Verstöße dagegen könnten keine Konsequenzen für die Rechtmäßigkeit haben[88]. Eine solche Differenzierung ist zurückzuweisen, da sie Anleihe bei der längst überholten Impermeabilitätstheorie des Konstitu-

---

78 Gesetz über die Grundsätze des Haushaltsrechts des Bundes und der Länder (Haushaltsgrundsätzegesetz – HGrG) vom 19. 8. 1969 (BGBl I, S. 1273) mit spät. Änd. – Zu Stellung und Bedeutung dieses Gesetzes näher *Gröpl* (N 11), S. 38.
79 Bundeshaushaltsordnung (BHO) vom 19. 8. 1969 (BGBl I, S. 1284) mit spät. Änd.
80 Etwa die Haushaltsordnung des Freistaates Bayern (Bayerische Haushaltsordnung – BayHO) vom 8. 12. 1971 (BayRS 630-1-F) mit spät. Änd. oder das Gesetz Nr. 938 betreffend Haushaltsordnung des Saarlandes (Saarl. LHO) vom 3. 11. 1971 i. d. F. der Bek. vom 5. 11. 1999 (Saarl. ABl 2000, S. 194). – Zu Unterschieden zwischen der Bundeshaushaltsordnung und den Landeshaushaltsordnungen s. *Gröpl* (N 11), S. 38 ff.
81 So z. B. Art. 61 Abs. 2 S. 1 der Gemeindeordnung für den Freistaat Bayern (BayGO) i. d. F. der Bek. vom 22. 8. 1998 (BayRS 2020-1-1-I) mit spät. Änd.; § 82 Abs. 2 des Saarländischen Kommunalselbstverwaltungsgesetzes (SaarlKSVG) vom 15. 1. 1964 i. d. F. der Bek. vom 27. 6. 1997 (Saarl. ABl S. 682) mit spät. Änd.
82 Zu den Trägern der Sozialversicherung s. näher §§ 29 ff. SGB IV. – Besondere Ausprägungen des Wirtschaftlichkeitsgrundsatzes für die gesetzliche Kranken- und Pflegeversicherung enthalten § 2 Abs. 1 S. 1, § 4 Abs. 3, 4, § 12 Abs. 1, § 70 Abs. 1 S. 2 SGB V, § 4 Abs. 3 SGB XI. Dazu *Karl-Jürgen Bieback*, Effizienzanforderungen an das sozialstaatliche Leistungsrecht, in: Wolfgang Hoffmann-Riem/Eberhard Schmidt-Aßmann (Hg.), Effizienz als Herausforderung an das Verwaltungsrecht, 1998, S. 127 (131); *Gabriele Neugebauer*, Das Wirtschaftlichkeitsgebot in der Gesetzlichen Krankenversicherung, 1996, passim.
83 S. z. B. § 37 Abs. 1 des Saarl. Mediengesetzes (SMG) vom 27. 2. 2002 (Saarl. ABl S. 498, ber. S. 754) mit spät. Änd. Zu den Grundsätzen der Wirtschaftlichkeit und Sparsamkeit als Prüfungsmaßstäbe für die Kommission zur Überprüfung und Ermittlung des Finanzbedarfs der Rundfunkanstalten (KEF) s. § 14 Abs. 1 des Rundfunkstaatsvertrags (RStV) vom 31. 8. 1991 (transformiert z. B. durch Saarl. Gesetz vom 29. 10. 1991, Saarl. ABl 1290 mit spät. Änd. sowie § 3 Abs. 1 des Rundfunkfinanzierungs-Staatsvertrages (RFinStV) vom 31. 8. 1991 (transformiert z. B. durch Saarl. Gesetz vom 29. 10. 1991, Saarl. ABl 1290) mit spät. Änd.
84 S. u. Rn. 40 ff.
85 S. etwa Art. 103 ff. BayGO (N 81); §§ 122 und 123 SaarlKSVG (N 81).
86 Nach § 3 Abs. 2 BHO/LHO werden durch den Haushaltsplan Ansprüche oder Verbindlichkeiten weder begründet noch aufgehoben.
87 Näher dazu *Gunter Kisker*, HStR IV, ²1999 (¹1990), § 89 Rn. 26 m. weit. Nachw.; *Gröpl* (N 11), S. 42 ff. m. weit. Nachw.
88 So *Hoffmann-Riem* (N 34), S. 24, der einige Seiten später (auf S. 50) indes eher die Gegenauffassung zu vertreten scheint; unentschieden *Siekmann* (N 62), Art. 110 Rn. 69.

tionalismus macht, die den staatlichen Binnenbereich als nahezu rechtsfreien Raum ansah[89]. Richtigerweise führt eine Verletzung des Wirtschaftlichkeitsgrundsatzes zur Rechtswidrigkeit des zugrundeliegenden staatlichen Aktes[90]; eine abschwächende Relativierung nach innen- oder außenrechtlichen Kriterien kann es nicht geben[91].

23
Kein Individualschutz

Eine andere Frage ist freilich, ob der einzelne die Beachtung der Grundsätze der Wirtschaftlichkeit und Sparsamkeit einfordern und sich gegebenenfalls auf die Verletzung dieser Prinzipien berufen kann. Die Antwort liefert die Schutznormlehre, wonach eine Rechtsvorschrift nur dann für den einzelnen streitet, wenn und soweit sie nicht nur der Allgemeinheit, sondern zumindest auch individuellen Interessen dient[92]. Solche Individualinteressen lassen sich aus den vorgenannten Verpflichtungen der öffentlichen Hand zu Wirtschaftlichkeit und Sparsamkeit nicht herauslesen; diese Vorschriften dienen vielmehr allein dem öffentlichen Interesse an der Minimierung des Ressourcenverbrauchs und der Optimierung des Ergebnisses staatlichen Wirtschaftens. Die sich daraus ergebenden Vorteile für den einzelnen sind bloße Rechtsreflexe[93]. Für die Veranschlagungen des Haushaltsplans wird dies durch § 3 Abs. 2 BHO/LHO[94] ausdrücklich normiert, wonach durch den Haushaltsplan Ansprüche oder Verbindlichkeiten weder begründet noch aufgehoben werden können.

4. Europäisches Gemeinschaftsrecht

24
Geltung des Wirtschaftlichkeitsgrundsatzes auch im europäischen Gemeinschaftsrecht

Angesichts der umfassenden Geltungskraft des Wirtschaftlichkeitsgrundsatzes verwundert es nicht, daß dieses Prinzip auch im europäischen Gemeinschaftsrecht eine Heimstatt findet. So haben die Mitgliedstaaten und die Europäische Gemeinschaft gemäß Art. 98 S. 2 EGV ihre Wirtschaftspolitik „im Einklang mit dem Grundsatz einer offenen Marktwirtschaft mit freiem Wettbewerb" zu gestalten, wodurch – so der Vertragstext – ein effizienter Einsatz der Ressourcen gefördert wird. Mittelbar werden die Mitgliedstaaten auch durch die Defizitkriterien des Art. 104 EGV in Verbindung mit dem darauf beruhenden Protokoll über das Verfahren bei einem übermäßigen Defizit[95] sowie durch die damit verbundene Verpflichtung zur Haushaltsdisziplin zu wirtschaftlichem und sparsamem Handeln angehalten. Auf Unionsebene

---

89 Zur Impermeabilitätstheorie s. *Ernst-Wolfgang Böckenförde*, Gesetz und gesetzgebende Gewalt, ²1981, S. 233 ff., 257 ff., 272 ff.; *v. Arnim* (N 34), S. 96.
90 *v. Arnim* (N 34), S. 60.
91 Damit hat die Differenzierung zwischen Innen- und Außenrecht im wesentlichen nur formale Bedeutung im Hinblick darauf, wer Adressat des jeweiligen Rechtssatzes ist.
92 S. dazu nur BVerwGE 78, 40 (42 f.); BVerfGE 83, 182 (194 f.); *Eberhard Schmidt-Aßmann*, in: Maunz/Dürig, Komm. z. GG, Bd. II, Art. 19 Abs. IV Rn. 127 ff. m. weit. Nachw.; *Hans-Jürgen Papier*, Rechtsschutzgarantie gegen die öffentliche Gewalt, in: HStR VI, ²2001 (¹1989), § 154 Rn. 39 ff.
93 Ebenso *v. Arnim* (N 34), S. 102.
94 Entsprechend § 3 Abs. 2 HGrG.
95 Art. 1 des Protokolls über das Verfahren bei einem übermäßigen Defizit (BGBl 1992 II, S. 1309). Das Protokoll ist gem. Art. 311 EGV n. F. Bestandteil des Vertrags zur Gründung der Europäischen Gemeinschaft. Zum Defizitverfahren → unten *Pünder*, § 123 Rn. 104 ff.

wird die Haushaltsführung durch den Rechnungshof überwacht, der ein selbständiges Organ der Europäischen Gemeinschaft darstellt[96]. Wichtiger Maßstab ist dabei gemäß Art. 248 Abs. 2 UAbs. 1 S. 1 EGV die Wirtschaftlichkeit. Diesem Kontrollkriterium muß dieselbe bindende Rückwirkung auf das Handeln der Gemeinschaftsorgane zukommen wie Art. 114 Abs. 2 S. 1 GG auf nationaler Ebene[97].

III. Rechtscharakter der Grundsätze von Wirtschaftlichkeit und Sparsamkeit

Wenn die Grundsätze der Wirtschaftlichkeit und Sparsamkeit im Staat gewaltenübergreifende und umfassende Geltung beanspruchen[98], stellt sich die Frage, wie sie sich im Konfliktfall zu anderen Normen verhalten. Daß derartige Kollisionen insbesondere mit dem Rechtsstaats- und Sozialstaatsprinzip auftreten, liegt auf der Hand. Denn gerade auf den Gebieten des rechtsstaatlichen Individualrechtsschutzes und der sozialstaatlichen Individualsicherung mag es isoliert betrachtet selten ein Zuviel des Guten geben – das aber widerspräche den Grundsätzen der Wirtschaftlichkeit und Sparsamkeit.

25
Kollisionen von Wirtschaftlichkeit und Sparsamkeit mit anderen Normen

1. Unterscheidung zwischen Regel und Prinzip

Um die Grundsätze der Wirtschaftlichkeit und Sparsamkeit mit anderen Rechtsnormen zu harmonisieren, ist eine Bestimmung ihres Rechtscharakters erforderlich. In diesem Zusammenhang differenziert die Rechtstheorie zwischen den Begriffen der Rechtsregel und des Rechtsprinzips[99]. Prinzipien sind solche Normen[100], die gebieten, daß etwas – abhängig von den jeweiligen rechtlichen und tatsächlichen Möglichkeiten – in einem möglichst hohen Maße verwirklicht wird. Prinzipien sind demnach Optimierungsgebote, die in unterschiedlichen Graden erfüllt werden können[101]. Demgegenüber können

26
Prinzipien als Optimierungsgebote

Regeln als strikte Gebote

---

96 Art. 7 Abs. 1 S. 1 Anstrich 5, Art. 246–248 EGV.
97 S. o. Rn. 17 ff.
98 S. o. Rn. 17 ff.
99 Überblick über die rechtswissenschaftliche Entwicklung bei *Ulrich Penski*, Rechtsgrundsätze und Rechtsregeln, in: JZ 1989, S. 105 ff.; w. Nachw. bei *Hans-Joachim Koch*, Die normtheoretische Basis der Abwägung, in: Wilfried Erbguth/Janbernd Oebbecke/Hans-Werner Rengeling/Martin Schulte (Hg.), Abwägung im Recht, 1996, S. 9 (16, dort Fn. 31). – Zur Einordnung in die Deontologie statt in die Axiologie s. *Robert Alexy*, Theorie der Grundrechte, 2001, S. 126 ff.
100 Zum Begriff der Norm s. *Alexy* (N 99), S. 40 ff. Nicht ankommen soll es hier auf die – umstrittene – terminologische Unterscheidung zwischen Rechtsnorm und Rechtssatz, wonach Rechts*normen* nur solche abstrakt-generellen Regelungen sein können, die Pflichten und Rechte für den Bürger oder andere rechtsfähige Personen begründen, ändern oder aufheben, während Rechtssätze entweder den Oberbegriff darstellen oder nur im öffentlich-rechtlichen Binnenbereich vorkommen (etwa als Verwaltungsvorschriften). S. dazu *Hartmut Maurer*, Allgemeines Verwaltungsrecht, [15]2004, § 4 Rn. 3; *Böckenförde* (N 89), S. 233 ff., 259 ff. und 271 ff.; a. A. *Hans Kelsen*, Reine Rechtslehre, Wien [2]1960, S. 73 ff.
101 *Alexy* (N 99), S. 75 f., aufbauend auf *Ronald Dworkin*, Taking Rights Seriously, London [2]1978, S. 22 ff., 71 ff.; zur ökonomischen Optimierung *Schulze-Fielitz* (N 42), S. 254 ff.; *Thomas Würtenberger*, Rechtliche Optimierungsgebote oder Rahmensetzungen für das Verwaltungshandeln?, in: VVDStRL 58 (1999), S. 144 (dort Fn. 15). – Sehr krit. dazu: *Peter Lerche*, Die Verfassung als Quelle von Optimierungsgeboten?, in: FS für Klaus Stern, 1997, S. 197 (204 ff.); ihm folgend: *Thomas v. Danwitz*, Rechtliche Optimierungsgebote, in: DVBl 1998, S. 928 (936).

§ 121 *Achter Teil: III. Finanzwesen*

Rechtsregeln nur entweder ganz oder aber gar nicht erfüllt werden; graduelle Abstufungen des Maßes der Realisierung bestehen bei ihnen nicht. Soweit eine Regel gilt, ist es geboten, genau das zu tun, was sie verlangt – nicht mehr und nicht weniger[102].

27
Regelkonflikt

Geraten zwei Rechtsregeln miteinander in Konflikt, muß für eine der Regeln eine Ausnahmeklausel aufgestellt oder eine der Regeln insgesamt für ungültig erklärt werden. Dies geschieht durch Konfliktvorschriften, die ihrerseits Regelcharakter haben, wie zum Beispiel „lex specialis derogat legi generali", „lex posterior derogat legi priori" oder durch bundesstaatliche Rangregeln wie Art. 31 GG. Auf diese Weise werden Regelkonflikte durch den Gedanken des „Alles-oder-nichts" gelöst[103].

28
Prinzipienkollision;
Angemessenheits-
Verhältnismäßigkeit

Der Widerstreit zweier Prinzipien wird demgegenüber dadurch gelöst, daß einem der beiden Prinzipien der Vorrang eingeräumt wird – allerdings nur in der jeweiligen Kollisionssituation[104]. Anders als beim Regelkonflikt verfällt das zurücktretende Prinzip nicht der Ungültigkeit, sondern bleibt wirksam. Das jeweilige Vorrangverhältnis beruht dabei auf einem Präferenzsatz, der besagt, welches Prinzip in welcher konkreten Kollisionssituation zurücktritt[105]. Gewonnen wird dieses Ergebnis mit Hilfe einer Güterabwägung nach den Kriterien des Übermaßverbots[106] oder des Verhältnismäßigkeitsgrundsatzes[107]. Dabei handelt es sich nicht um die klassisch verwaltungsrechtliche, traditionell polizeirechtliche Verhältnismäßigkeitsabwägung, die stets einen festen Bezugspunkt hat, nämlich den Zweck eines bestimmten Gesetzes, und ausgehend davon Geeignetheit, Erforderlichkeit und Verhältnismäßigkeit (im engeren Sinne) eines konkreten Eingriffs ermittelt. Vielmehr richtet sich die Güterabwägung bei der Prinzipienkollision nach der sogenannten Angemessenheits-Verhältnismäßigkeit[108], die keinen festen Bezugspunkt für ein bestimmtes Prinzip hat, um zu vermeiden, daß diesem von vornherein ein Über-

---

102 *Alexy* (N 99), S. 76 f., mit Verweisen auf *Dworkin* (N 101), S. 22 ff., 71 ff., und *Josef Esser*, Grundsatz und Norm in der richterlichen Fortbildung des Privatrechts, ³1974, S. 95. – Zur Kritik an der hier vorgestellten Theorie: *Koch* (N 99), S. 17 ff. m. weit. Nachw.
103 *Alexy* (N 99), S. 77 ff. und 88. Bei Regelkonflikten stellt sich mithin die Frage der Normgeltung (*Alexy*, ebd., S. 79). Die Einfügung von Ausnahmeklauseln in Regeln kann wiederum aufgrund von Prinzipien erfolgen.
104 Wichtig ist dabei, daß es sich nicht um einen konkret-individuellen Einzelfall handelt, sondern um einen Typus, aus dem eine generelle Regelung erwächst; s. *Ernst-Wolfgang Böckenförde*, Zur Lage der Grundrechtsdogmatik nach 40 Jahren Grundgesetz, 1990, S. 53, dort Fn. 111.
105 Präferenzsätze stellen ihrerseits selbst Rechtsregeln dar, vgl. *Alexy* (N 99), S. 79 ff. Prinzipienkollisionen finden jenseits der Dimension der Geltung in der Dimension des (Über-)Gewichts der involvierten Prinzipien statt (*Alexy*, ebd., S. 79, mit Verweis auf *Dworkin* [N 101], S. 26 f.).
106 Geschichtlicher Überblick bei *Klaus Stern*, Zur Entstehung und Ableitung des Übermaßverbots, in: FS für Peter Lerche, 1993, S. 165 ff.
107 S. dazu *Ludwig Hirschberg*, Der Grundsatz der Verhältnismäßigkeit, 1981; *Bernhard Schlink*, Abwägung im Verfassungsrecht, 1976 – Nach *Alexy* (N 99), S. 100 (dort Fn. 84 m. weit. Nachw.) ist der Verhältnismäßigkeitsgrundsatz seinerseits nicht als Prinzip, sondern als Regel einzustufen.
108 Zu dieser dogmatischen Unterscheidung und ihren Konsequenzen *Böckenförde* (N 104), S. 53 f. m. weit. Nachw., freilich mit Blick auf die Konfliktbewältigung objektiver Grundrechtsgehalte. Im Ergebnis ebenso bzgl. der Finanzverfassung: *Fritz Ossenbühl*, Maßhalten mit dem Übermaßverbot, in: FS für Peter Lerche, 1993, S. 151 (163); BVerfGE 79, 311 (341 f.). – Kritisch zum Topos der Angemessenheit *Stern* (N 35), § 34 III 3 c γ m. weit. Nachw.: „Angemessenheitsvorstellungen lösen ohne zusätzliche Parameter das gestellte Entscheidungsproblem nicht."

gewicht zukommt. Ziel ist hier statt dessen ein angemessener Ausgleich, eine praktische Konkordanz von grundsätzlich gleichrangigen Prinzipien[109].

Kollidiert – als dritte Konfliktmöglichkeit – ein Prinzip mit einer Regel, muß das die Regel stützende und sich hinter ihr verbergende Prinzip aufgedeckt werden, so daß sich zwei Prinzipien gegenüberstehen. Kommt dem Prinzip, das die Regel stützt, in der jeweiligen Falltypik ein größeres Gewicht zu, tritt das andere Prinzip zurück, die Regel bewahrt ihre Geltung. Für die umgekehrte Situation – das die Regel stützende Prinzip ist schwächer und muß demnach zurücktreten – verliert die Regel ihren strikt definitiven Charakter. Dogmatisch wird dies oftmals im Wege der teleologischen Reduktion durch Einfügung einer Ausnahmeklausel erreicht[110].

29
Kollision zwischen Regel und Prinzip

2. Wirtschaftlichkeit und Sparsamkeit als Rechtsprinzipien

Untersucht man die Grundsätze der Wirtschaftlichkeit und Sparsamkeit auf ihren Rechtscharakter, zeigt sich, daß diese Grundsätze keine starre, regelhafte Geltung beanspruchen. Ihre normative Richtung deutet vielmehr dahin, das Verhältnis zwischen Mitteleinsatz und Nutzen stetig und in allen Bereichen zu verbessern. Sie lassen sich nicht nur „ganz oder gar nicht" verwirklichen, sondern eher graduell in Abhängigkeit von kollidierenden Prinzipien[111]. Damit sind die Grundsätze der Wirtschaftlichkeit und Sparsamkeit als Rechtsprinzipien zu qualifizieren[112]. Wirtschaftlichkeitskriterien sind auf Optimierung im Einzelfall hin angelegt; den Maßstab bildet dabei der Verhältnismäßigkeitsgrundsatz im Sinne der Angemessenheits-Verhältnismäßigkeit. Ausgehend davon läßt sich formulieren: Die Grundsätze von Wirtschaftlichkeit und Sparsamkeit konstituieren ein spezifisches Verhältnismäßigkeitsprinzip in finanzrechtlicher Ausprägung[113].

30
Wirtschaftlichkeit und Sparsamkeit als Optimierungsgebote

Spezifisches Verhältnismäßigkeitsprinzip in finanzrechtlicher Ausprägung

IV. Vereinbarkeit von Wirtschaftlichkeit mit anderen Prinzipien und Regeln

1. Auflösung des Widerstreits zwischen Effizienz und Effektivität

Nicht selten erheben Lobbygruppen die Forderung, einer bestimmten – ihnen förderlichen – Staatsaufgabe den absoluten Vorrang einzuräumen, indem einseitig auf die Verwirklichung eines (gruppen)spezifischen Anliegens abgestellt wird, „koste es, was es wolle". Dabei drohen konfligierende Staatsziele aus

31
Optimierende Zuordnung

---

109 Dazu wiederum *Böckenförde* (N 104), S. 53 Fn. 111 m. weit. Nachw.; *Peter Lerche*, Übermaß und Verfassungsrecht, 1999, S. 134 ff., S. 258.
110 *Alexy* (N 99), S. 88 f.
111 Dies stellt *Luhmann* (N 41), S. 97 ff., jedenfalls konkludent in Abrede, wenn er die von ihm thematisch gestellte Frage verneint. Zu Recht a. A. in Auseinandersetzung mit ihm: *v. Arnim* (N 34), S. 41 ff.; *Grupp* (N 35), S. 665.
112 Ebenso auch *Hoffmann-Riem* (N 34), S. 23.
113 So auch VerfGH Nordrhein-Westfalen, in: DÖV 2004, S. 121; *Paul Kirchhof*, in: VVDStRL 42 (1984), S. 287 (Diskussionsbeitrag). Ähnlich *ders.*, Steuerung des Verwaltungshandelns, in: NVwZ 1983, S. 505 (514): „finanzstaatliche Konkretisierung des Verhältnismäßigkeitsgrundsatzes".

dem Blick zu geraten[114]. Bis in die 90er Jahre des vorigen Jahrhunderts hinein wurden die Frage der Kosten einer bestimmten Maßnahme und damit die Grundsätze der Wirtschaftlichkeit und Sparsamkeit als „Sekundärtugenden" zugunsten einer effektiven Zielerreichung hintangestellt[115]. Die Effektivität eines beliebigen Rechtsprinzips erstarkte solchermaßen zur unverrückbaren Konstante, die stets maximal verwirklicht werden und an der sich der Mitteleinsatz ausrichten mußte. Indes widerspricht die Postulierung eines solchen Minimalprinzips (möglichst geringer Ressourceneinsatz für eine vorgegebene Effektivität) der Angemessenheits-Verhältnismäßigkeit, die keine festen Bezugspunkte kennt[116]. Effektivität darf daher nicht als unumstößliche Regel, Wirtschaftlichkeit nicht als stets nachgiebiges Prinzip aufgefaßt werden. Die isolierte Konzentration auf die absolute Erreichung eines einzigen Staatsziels mündete anderenfalls wegen der Begrenztheit der Ressourcen in die fehlende Umsetzbarkeit anderer, gegebenenfalls gleichrangiger Aufgaben. Der kompromißlose Einsatz von Ressourcen zugunsten der Effektivität eines einzigen Ziels wäre im übrigen ineffizient, wenn die Gesamtheit der Staatsziele bei anderer Allokation der Mittel in toto effektiver erreicht würde. Der Ausweg aus dieser Sackgasse kann nur darin bestehen, den Gegensatz zwischen Effizienz (Wirtschaftlichkeit) und Effektivität aufzulösen: Beide Rechtsprinzipien sind in der jeweiligen Fallkonstellation einander in der Weise optimierend zuzuordnen, daß der Ressourceneinsatz (das „Mittel" im Sinne der Wirtschaftlichkeit) zum jeweiligen Zweck, der sich aus Effektivitätserwägungen speist, ins Verhältnis gesetzt wird. Dadurch wird die Effektivität der konkreten Aufgabe zum Bestandteil der Effizienz; Wirtschaftlichkeit wird durch Effektivität gewinnbringend aufgeladen[117].

2. Verhältnis zu Gesetzmäßigkeit und Rechtsstaatlichkeit

32
Vorrang der Gesetzmäßigkeit vor Wirtschaftlichkeit und Sparsamkeit

Stringenz der Gesetzmäßigkeit

Gesetzmäßiges Handeln ist einer der Grundpfeiler des Rechtsstaates (Art. 20 Abs. 3 GG). Verstößt der Staat gegen das Gesetz, handelt er rechtswidrig. Bräche er das Gesetz regel- oder gar planmäßig, ohne sanktioniert zu werden, müßte das Gesetzmäßigkeitsgebot aus der Rechtsordnung verabschiedet werden; damit aber verlöre auch der Begriff der Rechtsordnung selbst seinen Sinn und löste sich auf. Das Gesetzmäßigkeitsgebot kann deshalb im Sinne der oben dargelegten Differenzierung[118] nur Rechtsregel, nicht aber Rechtsprinzip sein. Nun sind die Situationen, in denen die Gesetzmäßigkeit mit den Grundsätzen von Wirtschaftlichkeit und Sparsamkeit in Konflikt gerät, zahl-

---

114 Vgl. hierzu etwa BVerfGE 84, 34 (46, 49 ff.); 84, 59 (72, 77 ff.); vgl. im übrigen *Kunig* (N 47), S. 441 ff. Selbstkritisch zur Verwaltungsrechtsprechung auch *Gaentzsch* (N 36), S. 952 und S. 956 f., sowie *Horst Sendler*, Zur Unabhängigkeit des Verwaltungsrichters, in: NJW 1983, S. 1449 (1457 f.). – Zur Vereinbarkeit von Rechtsschutzeffektivität und Verwaltungseffizienz *Albert. v. Mutius*, Grundrechtsschutz contra Verwaltungseffizienz im Verwaltungsverfahren?, in: NJW 1982, S. 2150 ff.
115 So auch *Schmidt-Aßmann* (N 38), S. 248 f.; s. o. Rn. 1 f.
116 S. o. Rn. 28.
117 Ähnlich *Hoffmann-Riem* (N 34), S. 18, 25, der beim Konflikt von Effizienz und Effektivität – m. E. etwas zu pauschal – sogar von einem „Scheinproblem" spricht.
118 S. o. Rn. 26.

reich: Oftmals ließe sich wirtschaftlicher handeln, wenn das Gesetz umgangen oder gar verletzt würde. Zur Auflösung dieses Widerstreits muß das hinter der Gesetzmäßigkeit stehende Prinzip – das Rechtsstaatsprinzip (Art. 20 Abs. 3, Art. 28 Abs. 1 S. 1 GG) – mit dem Wirtschaftlichkeitsprinzip abgewogen werden. Dabei zeigt sich: Auch wenn der Wirtschaftlichkeitsgrundsatz tiefer in die Geschichte zurückreichen mag als das Gesetzmäßigkeitsgebot im Rahmen der Rechtsstaatlichkeit – im Konfliktfall muß schon mit Rücksicht auf Art. 20 Abs. 3 GG stets die Gesetzmäßigkeit die Oberhand behalten[119]. Wirtschaftlichkeit und Sparsamkeit dürfen niemals das alleinige Maß des Staates, nicht die Mitte öffentlichen Handelns sein. Etwas anderes zu propagieren, hieße den Rechtsstaat durch den bloßen, wertneutralen „Effizienzstaat" zu ersetzen, eine Idee, mit der sich nicht „Staat machen", geschweige denn ein Verfassungsstaat bauen ließe[120]. Dort allerdings, wo Recht und Gesetz Raum lassen, muß der Wirtschaftlichkeitsgrundsatz ernst genommen werden[121]. Eberhard Schmidt-Aßmann beklagt völlig zu Recht, daß Effizienz als Maßstab in der Verwaltungsrechtslehre – man möchte hinzufügen: und weit darüber hinaus – viel zuwenig ausgeprägt ist[122]. Günter Dürig hatte den Irrweg, „fiskalische Motive" ausnahmslos als sachfremde Beweggründe aus der Rechtsdiskussion zu verbannen, spätestens 1973 verlassen[123]; lange Jahre fand er zu wenig Gefolgschaft.

V. Kompetenz- und Anwendungsfragen

1. Wirtschaftlichkeit und Sparsamkeit auf staatsrechtlicher Ebene – Rücknahme der Kontrollintensität

Die Abwägung der Grundsätze der Wirtschaftlichkeit und Sparsamkeit mit anderen Rechtsprinzipien ist ein ergebnisoffener Prozeß, in den notwendigerweise zahlreiche Wertungen einfließen. Damit entfernt sich die Angelegenheit vom rein Rechtlichen und wird politisch. Wirtschaftlichkeit verallgemeinert sich zum Erfolgskriterium staatlichen Handelns; zugleich wird das Urteil darüber unsicherer, der Rationalitätsgewinn fragwürdiger[124]. Um so mehr drängt sich die Frage auf, wem die Letztentscheidungskompetenz für diese Güterabwägung im Rahmen der Angemessenheits-Verhältnismäßigkeit[125] zukommt. Handelt es sich darum, das Gemeinwohl mit dem Mittel des Geset-

33 Gemeinwohlgestaltung durch die Parlamente; Einschätzungsprärogative

---
119 Hierzu *Gaentzsch* (N 36), S. 953, 955.
120 Vgl. *Kirchhof* (N 31), S. 645.
121 Zum Verhältnis des Rechtsstaats- und Demokratieprinzips zu Wirtschaftlichkeitsaspekten s. *Hanno Kube*, Zu Rechtsstaatlichkeit, Demokratie und der Autonomie rechtlicher Rationalität – im Spiegel der Haushaltsrechtsreform, in: Verw 35 (2002), S. 507 (516 ff.).
122 *Eberhard Schmidt-Aßmann*, in: Wolfgang Hoffmann-Riem/ders. (Hg.), Effizienz als Herausforderung an das Verwaltungsrecht, 1998, S. 245 (265 ff.), ebd. auch zum Folgenden.
123 *Günter Dürig*, in: Maunz/Dürig, Komm. z. GG, Bd. I, Art. 3 Abs. 1, Rn. 362 und 456 (Bearbeitung von 1973).
124 Ausführlich dazu: *Schulze-Fielitz* (N 42), S. 257 ff. m. zahlr. weit. Nachw.; vgl. auch *Krebs* (N 63), S. 187 f., 217.
125 S. o. Rn. 28.

zes allgemeinverbindlich und abstrakt-generell zu gestalten, ist dazu die Staatsgewalt berufen, die unmittelbar demokratisch legitimiert und pluralistisch zusammengesetzt ist: die Parlamente von Bund und Ländern[126]. Ihnen kommt bei der Zuordnung der verschiedenen, unter Umständen widerstreitenden Rechtsprinzipien die Einschätzungsprärogative und damit ein Kreationsspielraum zu, der nur eingeschränkt überprüfbar ist[127]. Dieser Respekt vor der Legislative führt in der Praxis dazu, daß weder die Gerichte noch die Rechnungshöfe das Ausgabengebaren der Parlamente wirkungsvoll überwachen[128]. So verläuft die gerichtliche Kontrollgrenze auf der Plausibilitätslinie: Die Grundsätze von Wirtschaftlichkeit und Sparsamkeit sind erst verletzt, wenn bei gleicher Effektivität eindeutig wirtschaftlichere Alternativen bestehen oder wenn die konkret gefundene Lösung unter Wirtschaftlichkeitsgesichtspunkten schlechterdings unvertretbar erscheint[129]. Auf die Prüfungstiefe der Rechnungshöfe wird noch zurückzukommen sein[130].

34
Kommunale und funktionale Selbstverwaltung

Im Rahmen der kommunalen und funktionalen Selbstverwaltung kommt den Gemeinden, Gemeindeverbänden und anderen Selbstverwaltungsträgern ein ähnlicher Beurteilungs- und Entscheidungsspielraum zu, soweit deren Finanzautonomie anerkannt ist[131]. Für die kommunalen Gebietskörperschaften sind die Grundlagen der finanziellen Eigenverantwortung in Art. 28 Abs. 2 S. 3 GG ausdrücklich verankert, was sich unmittelbar auf die Handhabung des einfachgesetzlich normierten Wirtschaftlichkeits- und Sparsamkeitsgebots[132] auswirkt: Die Schwelle zur Rechtswidrigkeit wird hierbei nach überwiegender Auffassung in der Rechtsprechung erst dann überschritten, wenn das kommunale Handeln „mit den Grundsätzen vernünftigen Wirtschaftens schlechthin unvereinbar" ist[133] – wobei freilich offenbleibt, wann dies der Fall sein soll. Im Ergebnis läuft diese Rechtsprechung auf eine spürbare Rücknahme der Rechtskontrolle hinaus.

---

126 Zur Wesentlichkeitslehre s. o. N 53. → Bd. IV, *Isensee*, § 71 Rn. 89 ff., 110 ff.
127 So bzgl. der verfassungsgerichtlichen Kontrolle ausdrücklich VerfGH Rheinl.-Pfalz, in: NVwZ-RR 1998, S. 145 (149). s. im übrigen auch BVerfGE 97, 169 (176f.); 99, 367 (389); 109, 190 (236) – std. Rspr.
128 Ähnlich *Hans Herbert v. Arnim*, Demokratie vor neuen Herausforderungen, in: ZRP 1995, S. 340 ff. (343 f.); *Gunter Kisker*, Sicherung von „Wirtschaftlichkeit und Sparsamkeit" durch den Rechnungshof, in: NVwZ 1983, S. 2167 (2168); s. u. Rn. 49.
129 S. u. Rn. 47. Anderes sollte für die Finanzkontrolle durch die Rechnungshöfe gelten, s. u. Rn. 52 und *Schulze-Fielitz* (N 42), S. 264 m. weit. Nachw.
130 S. u. Rn. 44, 52 ff.
131 Die Frage der Parlamentseigenschaft der kommunalen Kollegialorgane ist demgegenüber unerheblich. Von der h. M. wird sie im übrigen verneint, s. nur BVerfGE 32, 346 (361); 78, 344 (348).
132 Vgl. hierzu z. B. Art. 61 Abs. 2 S. 1 BayGO (N 81), § 82 Abs. 2 SaarlKSVG (N 81) und die entsprechenden Vorschriften der anderen Bundesländer.
133 So BayVGH, in: BayVBl 1992, S. 628 (630); 1998, S. 402 (403); OVG Nordrh.-Westf., in: DÖV 1991, S. 611 (612). Für eine höhere gerichtliche Kontrolldichte offenbar OVG Saarland AS 31 (2004), 97 (100 f.).

2. Wirtschaftlichkeit und Sparsamkeit auf verwaltungsrechtlicher Ebene

a) Grundlagen für eine Beachtung von Wirtschaftlichkeit und Sparsamkeit

Im Gegensatz zur Legislative, der bei der Herstellung von Angemessenheits-Verhältnismäßigkeit[134] ein weiter Einschätzungs- und Gestaltungsspielraum zukommt, ist die Verwaltung bei ihrer Tätigkeit an die gesetzgeberischen Vorgaben gebunden. Problemlos gelingt die Implementierung der Grundsätze der Wirtschaftlichkeit und Sparsamkeit in die Rechtsanwendung durch die Verwaltung dort, wo Effizienz ein Merkmal des gesetzlichen Tatbestandes ist[135]. Dies ist freilich selten[136]. Weit häufiger stellt sich die Frage, ob Wirtschaftlichkeitsaspekte als Auslegungskriterien für unbestimmte Rechtsbegriffe (mit und ohne Beurteilungsspielraum) oder als Ermessens- und Abwägungsgesichtspunkte im Rahmen der Rechtsfolgenfindung in die Verwaltungsarbeit einfließen können. Dies bedarf einer normativen Begründung. Das verfassungsrechtlich radizierte Effizienzprinzip[137] erscheint hier viel zuwenig konkret. Dogmatisch tragfähiger sind § 7 Abs. 1 S. 1 und § 34 Abs. 2 S. 1 BHO/LHO[138], wonach die Verwaltung bei der Ausführung des Haushaltsplans, namentlich bei der Bewirtschaftung der Ausgabemittel, die Grundsätze der Wirtschaftlichkeit und Sparsamkeit zu beachten hat.

35 Implementierung der Grundsätze von Wirtschaftlichkeit und Sparsamkeit

b) Kollision von Wirtschaftlichkeit und Sparsamkeit mit dem Verwaltungsrecht

Angesichts einer auf § 7 Abs. 1 S. 1 und § 34 Abs. 2 S. 1 BHO/LHO gestützten generellen Geltung der Grundsätze der Wirtschaftlichkeit und Sparsamkeit fragt sich, wie sich diese haushaltsrechtlichen Handlungsanweisungen im Konfliktfall zu verwaltungsrechtlichen Normen verhalten. Die traditionelle Auffassung geht dahin, daß die haushaltsrechtlichen Grundsätze der Wirtschaftlichkeit und Sparsamkeit auf die Auslegung und Anwendung von Verwaltungsrecht keinen Einfluß haben dürften[139]. Begründet wird dies mit dem rein innenrechtlichen Charakter des Haushaltsrechts, das anderen Rechtsvorschriften stets zu weichen habe. Diese Differenzierung zwischen Innenrecht und Außenrecht erweist sich dogmatisch jedoch als nicht tragfähig[140]. Daher sind zu Recht neuere Auffassungen im Vordringen, die Verwaltungs- und

36 Analyse der Einzelnorm bzw. des jeweiligen Normtypus

---

134 S. o. Rn. 28 und N 108.
135 Ausführlich dazu und zum Folgenden: *Gröpl* (N 13), S. 464 ff., 473 ff. m. weit. Nachw.
136 Ansätze finden sich in § 10 S. 2 VwVfG (einfache, zweckmäßige und zügige Durchführung des Verwaltungsverfahrens), in den §§ 17 und 18 VwVfG (Vereinfachungen bei Massenverfahren), in den Kostengesetzen (Gebührenbemessung auf der Grundlage einer Kosten- und Leistungsrechnung, vgl. z. B. Art. 6 Abs. 2 S. 2 BayKostG) oder in § 9 Abs. 2 S. 3 SGB XII (Unerheblichkeit von Wünschen des Sozialhilfeempfängers bei unverhältnismäßigen Mehrkosten). Vgl. auch *Hoffmann-Riem* (N 34), S. 11 (44 ff.).
137 S. o. Rn. 16 ff.
138 Entsprechend § 6 Abs. 1 und § 19 Abs. 2 S. 1 HGrG.
139 *Jürgen Keppeler*, Die Grenzen des behördlichen Versagungsermessens, 1989, S. 159 ff. m. weit. Nachw. Vgl. auch *Bill Drews/Gerhard Wacke/Klaus Vogel/Wolfgang Martens*, Gefahrenabwehr, 1986, S. 381; *Wolfgang Hoffmann-Riem*, in: VVDStRL 42 (1984), S. 285 f. (Diskussionsbeitrag); anders *ders.* (N 34), S. 50, 15 Jahre später.
140 S. o. Rn. 22.

§ 121 *Achter Teil: III. Finanzwesen*

Haushaltsrecht stärker miteinander verzahnen wollen[141]. Notwendig ist dabei eine Analyse der Einzelnorm bzw. des jeweiligen Normtypus[142], auch vor dem Hintergrund von § 3 Abs. 2 BHO/LHO: Daraus folgt zum einen, daß sich der Bürger namentlich im Rahmen von § 42 Abs. 2, § 113 Abs. 1 S. 1 VwGO nicht auf die Grundsätze der Wirtschaftlichkeit und Sparsamkeit berufen kann, sondern nur auf subjektives öffentliches (Fach-)Recht, etwa auf (Sozial-)Leistungsansprüche[143]. Dessen ungeachtet ist die Verwaltung jedoch andererseits sowohl an das Verwaltungs- als auch an das Haushaltsrecht gebunden. Zur Lösung dieses Normanwendungskonflikts der Verwaltung erweist sich die Lex-posterior-Regel als untauglich, weil Verwaltungs- und Haushaltsrecht chronologisch nicht aufeinander abgestimmt sind. So würden etwa wegen des Jährlichkeitsgundsatzes[144] die Haushaltsgesetze entgegenstehendes Fachrecht regelmäßig verdrängen.

37

Ertragreicher erscheint die Konfliktbewältigung mit Hilfe der Lex-specialis-Regel: Die Grundsätze der Wirtschaftlichkeit und Sparsamkeit haben als Bestandteil des Haushaltsrechts die gesamte Wirtschaftätigkeit der öffentlichen Hand zum Gegenstand und sind mithin als leges generales zu qualifizieren. Demgegenüber regeln die Verwaltungsgesetze eine Einzelmaterie sachspezifisch und stellen insoweit leges speciales dar[145]. Daraus ergibt sich, daß die Grundsätze der Wirtschaftlichkeit und Sparsamkeit dort keine rechtliche Wirkung zu entfalten vermögen, wo die speziellen Verwaltungsgesetze ein abschließendes, striktes Programm normieren, etwa bei Pflichtleistungen in weiten Teilen des sozialen Leistungsrechts[146]. Dort, wo das Verwaltungsrecht hingegen keine oder nur sehr dünne Strukturen vorgibt, etwa im Rahmen der nicht-gesetzesakzessorischen Verwaltung, zum Beispiel bei der Entscheidung über die Gewährung „freiwilliger" Subventionen und anderer Zuwendungen im Sinne von § 23 BHO/LHO[147], gelangen die Grundsätze der Wirtschaftlich-

---

141 So dezidiert und wiederholt *Schmidt-Aßmann* (N 33), Kap. 2 Rn. 41, Kap. 6 Rn. 89 ff., 127. Differenzierend *Andreas Voßkuhle*, „Ökonomisierung" des Verwaltungsverfahrens, in: Verw 34 (2001), S. 347 ff.
142 *Albert v. Mutius*, Die Steuerung des Verwaltungshandelns durch Haushaltsrecht und Haushaltskontrolle, in: VVDStRL 42 (1984), S. 147 (189 ff.); *Hans-Jürgen Papier*, Der Wandel der Lehre von Ermessens- und Beurteilungsspielräumen als Reaktion auf die staatliche Finanzkrise, in: Hoffmann-Riem/Schmidt-Aßmann (Hg.), Effizienz als Herausforderung an das Verwaltungsrecht, 1998, S. 231 ff. (234); *Schmidt-Aßmann* (N 33), Kap. 6 Rn. 127 (Einzelnormanalyse).
143 S. dazu bereits o. Rn. 23.
144 S. Art. 110 Abs. 2 S. 1 GG bzw. die entsprechenden Vorschriften der Landesverfassungen (etwa Art. 78 Abs. 1 und 3 BayVerf, Art. 105 Abs. 1 S. 3 SaarlVerf) sowie § 1 S. 1, § 2 S. 1, § 4 S. 1, § 11 BHO/LHO.
145 Hierzu und zum Folgenden: *Paul Kirchhof*, in: VVDStRL 42 (1984), S. 288 (Diskussionsbeitrag); *Papier* (N 142), S. 233; *Gunnar Folke Schuppert*, Die Steuerung des Verwaltungshandelns durch Haushaltsrecht und Haushaltskontrolle, in: VVDStRL 42 (1984), S. 216 (235 ff.).
146 Die Grundsätze der Wirtschaftlichkeit und Sparsamkeit kommen jedoch dort zum Tragen, wo sie als übergreifendes Leistungsprinzip ausdrücklich normiert und deshalb bei der Gesetzesauslegung heranzuziehen sind, so etwa im Recht der Gesetzlichen Krankenversicherung gem. § 12 Abs. 1 SGB V. Dazu näher *Papier* (N 142), S. 237 f.
147 Entspricht § 14 HGrG. Die Legaldefinition der Zuwendung in § 23 BHO/LHO ist mißglückt. Gemeint sind damit nur zweckgebundene und zukunftsbezogene *Geld*leistungen an Personen oder Stellen außerhalb des Staates, auf die der Empfänger keinen dem Grunde oder der Höhe nach unmittelbar durch Rechtsvorschrift begründeten Anspruch hat; s. *Hermann Dommach*, in: Ernst Heuer, Kommentar zum Haushaltsrecht, Bd. I, Loseblattslg., Stand: Dezember 1999, § 23 BHO Rn. 4; *Gröpl* (N 11), S. 193; *Walter Rzepka*, Staatliches Haushaltsrecht, 1984, Rn. 194 ff.

keit und Sparsamkeit ungleich stärker zur Geltung. Hier hat die zuständige Behörde genau zu prüfen, ob der mit der Zuwendungsvergabe verbundene öffentliche Zweck nicht durch andere Maßnahmen oder wenigstens durch die Auswahl anderer Empfänger „besser", also effizienter und effektiver, erreicht werden kann[148].

Dazwischen verbleibt ein großer Bereich, für den das bereichsspezifische Verwaltungsrecht zwar normative Aussagen trifft, diese aber aufgrund von tatbestandlichen Beurteilungs-, planerischen Gestaltungs- und rechtsfolgenbezogenen Ermessensspielräumen zum Teil offen gestaltet. Hier wäre es zu apodiktisch und nicht überzeugend, Wirtschaftlichkeitserwägungen von vornherein als unstatthaft auszuschließen[149]. Zu berücksichtigen ist, daß insbesondere § 40 VwVfG und der dahinter stehende rechtsstaatliche Gedanke[150] die Verwaltung bei der Ausfüllung von gesetzlichen Spielräumen primär auf den konkreten Gesetzeszweck verpflichten, ihr also aufgeben, die im Gesetz abstrakt-generell vorgenommenen Wertungen nachzuvollziehen und für den konkreten Fall „zu Ende zu denken". Daneben ist allerdings auch zu berücksichtigen, daß die Grundsätze der Wirtschaftlichkeit und Sparsamkeit normativ in § 7 Abs. 1 BHO/LHO verwurzelt sind. Dies bedeutet zwar nicht, daß Wirtschaftlichkeitsüberlegungen unvermittelt die Oberhand gewinnen dürfen. Durchaus zulässig ist es indes, die Grundsätze der Wirtschaftlichkeit und Sparsamkeit neben die fachgesetzlichen Sachspezifika zu stellen und mit ihnen abzuwägen[151]. Ein illustratives Anwendungsgebiet hat die Verwaltungsrechtsprechung hier in Verbindung mit dem – umstrittenen[152] – Institut des intendierten Ermessens aufgetan: Danach bewirken die Grundsätze der Wirtschaftlichkeit und Sparsamkeit, daß im Fall der Verfehlung des mit einer öffentlichen Zuwendung verfolgten Zwecks das Ermessen bei § 49 Abs. 3 VwVfG im Regelfall nur durch Widerruf des zugrundeliegenden Subventionsbescheids fehlerfrei ausgeübt wird[153]. In derartigen Konstellationen erlangt das Wirtschaftlichkeitsprinzip als ermessenslenkende Vorschrift zumindest mittelbar Einfluß auf das gegenüber dem einzelnen wirkende (allgemeine) Verwaltungsrecht.

38
Wirtschaftlichkeit und Sparsamkeit als Abwägungskriterien

---

148 Vgl. § 44 Abs. 1 S. 1 i. V. m. § 23 BHO/LHO (entsprechend § 26 Abs. 1 S. 1 i. V. m. § 14 HGrG).
149 Ausführlich zur Thematik: *v. Mutius* (N 142), S. 175 ff., 197 ff., 206 f.; *Papier* (N 142), S. 235 ff.; *Schuppert* (N 145), S. 253 f.
150 Vgl. *Maurer* (N 100), § 4 Rn. 23 ff.; *Michael Sachs*, in: Paul Stelkens/Heinz Joachim Bonk/Michael Sachs, Komm. z. VwVfG, § 40 Rn. 4 m. weit. Nachw.
151 Zurückhaltender *Paul Kirchhof*, Steuerung des Verwaltungshandelns, in: NVwZ 1983, S. 505 (511 f.); ihm folgend *Papier* (N 142), S. 234, der ebenfalls haushaltsrechtlichen Erwägungen nur die Rolle eines Zweitmotivs zuerkennen will.
152 Ausführlich und kritisch dazu *Heinz-Joachim Pabst*, Intendiertes Ermessen und Normauslegung, in: VerwArch 93 (2002), S. 540 ff. m. zahlr. weit. Nachw.
153 BVerwGE 105, 55 (58); BayVGH, in: BayVBl 2003, S. 153 (ebd.).

C. Kontrolle der Wirtschaftlichkeit und Sparsamkeit

I. Externe und interne Finanzkontrolle

39

Träger der Finanzkontrolle

Im demokratischen Rechts- und Sozialstaat, der zugleich Finanzstaat ist[154], stellt die Finanzkontrolle neben der Rechtskontrolle eine eigene Kategorie der Überprüfung staatlicher Organe und Behörden dar[155]. Systematisch läßt sie sich in die sogenannte externe und interne Finanzkontrolle unterteilen.

Externe Kontrolle

Die externe Finanzkontrolle zeichnet sich dadurch aus, daß die Haushalts- und Wirtschaftsführung des Staates durch Stellen außerhalb der mittelbewirtschaftenden Verwaltung überprüft wird. Oberste Organe der externen Finanzkontrolle in der Demokratie sind die Parlamente (Art. 20 Abs. 2, Art. 114 Abs. 1 GG und die vergleichbaren Vorschriften der Landesverfassungen[156]). Sie werden dabei in ganz maßgeblicher, faktisch verselbständigter Weise durch den jeweiligen Rechnungshof (Bundesrechnungshof und Rechnungshöfe der Länder) unterstützt[157]. Neben die Rechnungshöfe treten in der Sondermaterie des Staatsschuldenrechts als spezifische Finanzkontrolleure die Bundeswertpapierverwaltung (BWpV)[158] und die Schuldenverwaltungen der Länder[159]. Zudem üben im gesellschaftlichen Bereich die Medien[160] und private (Interessen-)Vereinigungen verschiedenster Art, etwa der Bund der Steuerzahler (BdSt), eine gewisse externe Finanzkontrolle aus, ohne sich freilich auf öffentlich-rechtliche Prüfungskompetenzen stützen zu können. Im Gegensatz dazu steht die interne Finanzkontrolle. Sie wird durch die mittelbewirtschaftende Behörde und Kasse selbst, ihre vorgesetzten Fach- und Aufsichtsbehörden und vor allem durch das jeweilige Finanzministerium durchgeführt. Dazu stellen die Bundeshaushaltsordnung und die Haushaltsordnungen der Länder eine Reihe von behördeninternen Informations- und Einwilligungsbefugnissen auf[161].

Rechnungshof

Interne Finanzkontrolle

---

154 S. o. Rn. 3.
155 Zur Abgrenzung zwischen Finanz- und Rechtskontrolle s. u. Rn. 46.
156 So etwa Art. 80 Abs. 1 S. 1 BayVerf; Art. 106 Abs. 1 und Abs. 2 S. 1 und 2 SaarlVerf.
157 → Bd. III, *Hufeld*, § 56 Rn. 4 ff. Zur grenzüberschreitenden Kooperation der obersten Rechnungskontrollbehörden s. *Axel Nawrath*, Die internationale Zusammenarbeit der Rechnungshöfe, in: DÖV 2000, S. 861 ff.; → oben *Heintzen*, § 120 Rn. 84 ff.
158 Bis zum 31.12.2001 führte die BWpV die Bezeichnung Bundesschuldenverwaltung, s. § 1 S. 1 des Gesetzes zur Neuordnung des Schuldbuchrechts des Bundes und der Rechtsgrundlagen der Bundesschuldenverwaltung (Bundeswertpapierverwaltungsgesetz – BWpVerwG) vom 11.12.2001 (BGBl I, S. 3519).
159 Hierzu *Jörg Jaeckel*, Staatsschuldenwesen, in: Franz Klein (Hg.), Öffentliches Finanzrecht, ²1993, Abschn. VII Rn. 19f. Eine wesentliche Aufgabe ist dabei die Beurkundung aufzunehmender Kredite, die nur im Rahmen der vom Gesetzgeber erteilten Kreditermächtigungen erfolgen darf (vorbeugende Kreditaufnahmekontrolle), vgl. § 2 Abs. 1 Nr. 1, §§ 3, 7 ff. BWpVerwG (Fn. 157).
160 Den Medien steht in Erfüllung ihrer öffentlichen Aufgabe der Meinungsbildung ein eigenständiger Auskunftsanspruch gegenüber den Behörden zu, der auch Fragen der Wirtschaftlichkeit und Sparsamkeit umfaßt. Vgl. § 5 Saarl. Mediengesetz (SMG) vom 27.2.2002 (Saarl. ABl S. 498) mit spät. Änd. sowie die vergleichbaren Vorschriften der anderen Länder.
161 S. etwa die Einwilligungsvorbehalte der Finanzministerien gem. § 37 Abs. 1 und 2, § 38 Abs. 2, § 39 Abs. 2 und § 40, § 44 Abs. 3, § 45 Abs. 3, § 48, § 50 Abs. 2 und § 54, § 58 Abs. 2, § 59 Abs. 2 BHO/LHO u. a. m. Insofern verschwimmen die Unterschiede zwischen Haushaltssteuerung und -kontrolle. Näher dazu *Gröpl* (N 11), S. 124 ff., 131 ff., 239 ff. Zu Organisation und Aufgabe der Kassen s. § 79 BHO/LHO.

II. Finanzkontrolle am Beispiel des Bundesrechnungshofs

1. Organisation

Hauptakteure der externen Finanzkontrolle sind die Rechnungshöfe des Bundes und der Länder. Sie gleichen sich in Organisations- und Aufgabenstruktur sowie hinsichtlich ihrer praktischen Tätigkeit[162]. Aus Gründen der Vereinfachung wird daher im folgenden nur der Bundesrechnungshof vorgestellt[163]. Nach Art. 114 Abs. 2 S. 1 GG, § 88 Abs. 1 BHO[164] unterliegt die gesamte Haushalts- und Wirtschaftsführung[165] des Bundes der Prüfung durch den Bundesrechnungshof (BRH). Der Bundesrechnungshof ist gemäß § 1 S. 1 des Bundesrechnungshofgesetzes (BRHG)[166] eine oberste Bundesbehörde[167] und ein unabhängiges Organ der Finanzkontrolle mit Sitz in Bonn (§ 2 Abs. 1 S. 1 BRHG)[168]. Seinen Mitgliedern kommt gemäß Art. 114 Abs. 2 S. 1 GG, § 3 Abs. 4 BRHG die richterliche Unabhängigkeit zu[169].

40
Rechtsstellung des Bundesrechnungshofs

Aufgaben

Der Präsident des Bundesrechnungshofs nimmt zugleich das Amt des Bundesbeauftragten für Wirtschaftlichkeit in der Verwaltung (BWV) wahr[170]. Dessen Aufgabe besteht darin, durch Vorschläge, Gutachten oder Stellungnahmen auf eine wirtschaftliche Erfüllung der Bundesaufgaben und eine dementsprechende Organisation der Bundesverwaltung einschließlich der Sondervermögen und Betriebe des Bundes hinzuwirken. Beraten werden neben der Bundesverwaltung und Bundesregierung auch der Bundestag und der Bundesrat. Anders als der Bundesrechnungshof darf der Bundesbeauftragte für Wirtschaftlichkeit in der Verwaltung auch aus eigener Initiative und unabhängig von Prüfungserfahrungen beraten. Außerdem kann er seine Meinung sehr schnell und frühzeitig mitteilen, während der Bundesrechnungshof Maßnahmen der Verwaltung zwar zunehmend zeitnah und begleitend prüft,

41
Bundesbeauftragter für Wirtschaftlichkeit in der Verwaltung

---

162 S. Art. 80 BayVerf, Art. 106 Abs. 2 S. 3, Abs. 3 SaarlVerf sowie die entsprechenden Verfassungsbestimmungen der anderen Länder und die Rechnungshofgesetze der Länder. Die persönliche und sachliche Unabhängigkeit wird für die Mitglieder der Landesrechnungshöfe im übrigen durch § 134 S. 1 Hs. 1 BRRG bundeseinheitlich vorgegeben.
163 → Bd. III, *Hufeld*, § 56 Rn. 4 ff. Zur gemeinsamen Prüfung mehrerer Rechnungshöfe s. *Gröpl* (N 11), S. 565 m. weit. Nachw.
164 Entspricht § 42 Abs. 1 HGrG.
165 Zu diesen Begriffen s. u. Rn. 43.
166 Gesetz über den Bundesrechnungshof (Bundesrechnungshofgesetz – BRHG) vom 11. 7. 1985 (BGBl I, S. 1445) mit spät. Änd.; Ermächtigungsgrundlage: Art. 114 Abs. 2 S. 3 GG.
167 Damit zählen die Rechnungshöfe zur Exekutive, s. *Thomas Groß*, Exekutive Befugnisse der Rechnungshöfe, in: VerwArch 95 (2004), S. 194 (195 ff.). → Bd. III, *Hufeld*, § 56 Rn. 30 f.
168 Zu den seit 1998 bestehenden Prüfungsämtern als „Unterbau" des Bundesrechnungshofs s. *Gröpl* (N 11), S. 560 f.
169 Kritisch zur praktischen Umsetzung *Joachim Wieland*, Rechnungshofkontrolle im demokratischen Rechtsstaat, in: DVBl 1995, S. 894 (898 f.); kritisch zur Verbeamtung auf Zeit, die § 134 S. 2 BRRG zuläßt: *Detlef Merten*, Grundgesetz und Berufsbeamtentum, in: ders./Rainer Pitschas/Matthias Niedobitek (Hg.), Neue Tendenzen im öffentlichen Dienst, 1998, S. 1 (10 f.).
170 S. die Richtlinien für die Tätigkeit des Bundesbeauftragten für Wirtschaftlichkeit in der Verwaltung (BWV) vom 26. 8. 1986 (BAnz. Nr. 163 S. 12485) sowie § 20 Abs. 1 S. 2 der Gemeinsamen Geschäftsordnung der Bundesministerien (GGO) i. d. F. des Beschlusses des Bundeskabinetts vom 26. 6. 2000 und der Bek. des Bundesministeriums des Innern (BMI) vom 9. 8. 2000 (GMBl S. 526). → Bd. III, *Hufeld*, § 56 Rn. 30 f.

§ 121   Achter Teil: III. Finanzwesen

sich aber erst äußern darf, wenn eine finanzwirksame Entscheidung der Verwaltung bereits getroffen ist[171].

2. Prüfungsadressaten

42
Unmittelbare und mittelbare Bundesverwaltung sowie Dritte als Prüfungsadressaten

Die Prüfungstätigkeit des Bundesrechnungshofs erstreckt sich gemäß § 88 Abs. 1 BHO auf die Haushalts- und Wirtschaftsführung des Bundes, das heißt sämtlicher Behörden der unmittelbaren Bundesverwaltung einschließlich seiner Sondervermögen und Betriebe[172]. Um diese Aufgabe effektiv erfüllen zu können, muß der Bundesrechnungshof auch bei Stellen außerhalb der unmittelbaren Bundesverwaltung (Dritten) prüfen, insbesondere dann, wenn diesen Dritten Bewirtschaftungsbefugnisse über Bundesmittel eingeräumt sind[173]. Bei dieser Verwendungs- bzw. Betätigungsprüfung haben die Dritten Erhebungshandlungen des Bundesrechnungshofs zu dulden oder an ihnen mitzuwirken. Allerdings werden sie dadurch nicht selbst zu Prüfungsadressaten, sondern sind (nur) Erhebungsbetroffene[174]. Neben der unmittelbaren Bundesverwaltung sind Prüfungsadressaten des Bundesrechnungshofs gemäß §§ 111, 112 Abs. 1 und Abs. 2 S. 1 BHO auch bundesunmittelbare juristische Personen des öffentlichen Rechts[175] sowie laut §§ 104, 112 Abs. 2 S. 2 BHO[176] bestimmte juristische Personen des privaten Rechts, letztere jedoch nur dann, wenn sie kraft Gesetzes Zuschüsse des Bundes erhalten, wenn der Bund gesetzlicher Garantiegeber für sie ist oder wenn das Prüfungsrecht vertraglich vereinbart oder durch Satzung vorgesehen ist.

3. Prüfungsgegenstände

43
Rechnungsprüfung i.e.S.

Die Kontrolltätigkeit des Bundesrechnungshofs bezieht sich gemäß Art. 114 Abs. 2 S. 1 Fall 1 GG zunächst auf die (Jahres-)Rechnung[177], die das Bundesministerium der Finanzen nach Abschluß eines jeden Haushaltsjahres gemäß

---

171 S. u. Rn. 53.
172 Vgl. dazu § 26 Abs. 1 und 2, §§ 74, 87 und 113 BHO/LHO. § 113 S. 2 BHO/LHO wird von § 88 Abs. 1 BHO/LHO umfaßt und hat nur klarstellende Bedeutung. – In den Ländern bestehen ähnliche Vorschriften für die Kontrolle der Landesverwaltung, vgl. die Synopse bei *Axel Nawrath*, in: Ernst Heuer, Kommentar zum Haushaltsrecht, Bd. II, Abschn. IV/0. Zu den Prüfungsadressaten s. auch *Groß* (N 167), S. 204 f.
173 Die Einzelheiten regeln die §§ 91 und 92 BHO/LHO (entsprechend §§ 43, 44 HGrG); vgl. zur Ergänzung auch §§ 66 und 67 BHO/LHO. S. *Ernst Heuer*, Grenzen von Prüfungs- und Erhebungsrechten, in: Heinz Günter Zavelberg (Hg.), Die Kontrolle der Staatsfinanzen – Geschichte und Gegenwart – 1714–1989, 1989, S. 181 ff.
174 Näher *Heintzen* (N 42), Art. 114 Rn. 27 ff.; *Rolf-Dietrich Kammer*, in: Ernst Heuer, Kommentar zum Haushaltsrecht, Loseblattslg., Stand: Dezember 1999, Bd. I, § 91 BHO Rn. 1 und 2 (dort auch zur Außenwirkung der Vorschrift als Erhebungsrecht zugunsten des BRH); *Klaus Lange*, Die Prüfung staatlicher Zuwendungen durch den Rechnungshof, in: Heinz Günter Zavelberg (Hg.), Die Kontrolle der Staatsfinanzen – Geschichte und Gegenwart – 1714–1989, 1989, S. 279 ff. Zur Durchsetzung der Prüfungsrechte des § 92 BHO/LHO vgl. §§ 66, 67 BHO/LHO und § 54 LHO.
175 Vgl. § 48 Abs. 1, 2 HGrG. Die Prüfungsaufgabe nach § 104 BHO besteht unabhängig von Zuschüssen oder Garantieverpflichtungen, auf die aber § 55 HGrG abstellt; vgl. *Manfred Eibelshäuser/Bernhard Wallis*, in: Ernst Heuer, Kommentar zum Haushaltsrecht, Loseblattslg., Stand: Dezember 1999, § 111 BHO Rn. 1.
176 Vgl. dazu § 48 Abs. 3 HGrG. Zur Verfassungsmäßigkeit der Vorschrift vgl. BVerwGE 74, 58 (60 ff.).
177 S. die Vorschriften zur Jahresrechnung in den §§ 80 ff. BHO/LHO (entsprechend §§ 37 ff. HGrG).

Art. 114 Abs. 1 GG, § 114 Abs. 1 S. 1 BHO dem Bundestag und dem Bundesrat[178] zur Entlastung der Bundesregierung vorzulegen hat[179]. Diese Art der Finanzkontrolle stellt die „klassische" Rechnungsprüfung dar, die sich auf die belegmäßige und rechnerische Richtigkeit konzentriert[180]. Über diese Rechnungsprüfung im engeren Sinne hinausgehend überwacht[181] der Bundesrechnungshof das gesamte Finanzgebaren seiner Prüfungsadressaten[182]. Legitimiert wird diese rechnungsunabhängige Finanzkontrolle durch Art. 114 Abs. 2 S. 1 Fall 2 GG und § 88 Abs. 1 BHO, wonach die gesamte Haushalts- und Wirtschaftsführung Prüfungsgegenstand ist[183]. Haushaltsführung meint dabei die Bewirtschaftung des Haushaltsplans nach kameralistischen Rechnungsgrundsätzen[184], Wirtschaftsführung die finanzrelevanten Maßnahmen der öffentlichen Hand außerhalb des klassischen Haushaltsvollzugs auf der Grundlage der kaufmännischen Buchführung[185].

<small>Rechnungs-unabhängige Finanzkontrolle</small>

4. Prüfungsmaßstäbe

Die Prüfungsmaßstäbe des Bundesrechnungshofs ergeben sich aus Art. 114 Abs. 2 S. 1 GG und konkretisierend aus § 90 BHO[186]. Danach beschränkt sich die Rechnungshofkontrolle nicht auf die rechnerische Richtigkeit (Rechnungsprüfung im engeren Sinne), auf die – zum Teil nicht positivierten[187] – formalen Buchführungs- und Rechnungslegungsvorschriften oder auf die Einhaltung der Bestimmungen von Haushaltsplan, Haushaltsgesetz und Haushaltsordnung. Neben diese bewirtschaftungs- und buchungsbezogene Ordnungsmäßigkeit (§ 90 Nr. 1, 2 BHO)[188] sind seit der Haushaltsreform 1969 verstärkt auch materiell-ökonomische Kriterien getreten: Neben der Frage nach möglichen Vollzugsalternativen bilden hier die Grundsätze der Wirtschaftlichkeit und Sparsamkeit (§ 90 Nr. 3 und 4 i. V. m. § 7 BHO) die wesentlichen

44

<small>Rechnerische Richtigkeit, Ordnungsmäßigkeit, Wirtschaftlichkeit und Sparsamkeit, Vollzugsalternativen</small>

---

178 Speziell zur Entlastung durch den Bundesrat: *Peter J. Tettinger*, Rechtsfragen der Entlastung nach Rechnungslegung (Art. 114 Abs. 1 GG), in: StuW 1978, S. 58 (63).
179 Nach hergebrachtem Verständnis fungiert der Bundesrechnungshof insoweit als „Hilfsorgan" des Parlaments. S. dazu o. Rn. 39 und *Wieland* (N 169), S. 903.
180 S. hierzu und zum Folgenden *Herbert Fischer-Menshausen*, in v. Münch/Kunig, GGK III, ³1996, Art. 114 Rn. 13ff. m. weit. Nachw.
181 Das Verb „überwachen" im Zusammenhang mit der Rechnungshoffunktion wird z.B. in Art. 56 Abs. 1 SchlHolVerf verwendet und stellt gegenüber dem Prüfen ein Maius dar; vgl. *Gernot Korthals*, Perspektiven für eine wirksamere öffentliche Finanzkontrolle, in: DÖV 2002, S. 600 (601).
182 → Bd. III, *Hufeld*, § 56 Rn. 9. Zu den Prüfungsadressaten s.o. Rn. 42.
183 Konkretisiert wird dies z.T. durch § 89 Abs. 1 BHO/LHO, wonach Kontrollobjekt insbes. alle Maßnahmen sind, die sich finanziell auswirken können.
184 Zur Kameralistik s. *Gröpl* (N 11), S. 373 ff.
185 *Dommach* (N 147), Vorbem. zu Teil I BHO sub IV 3; *Albert v. Mutius/Axel Nawrath*, in: Ernst Heuer, Kommentar zum Haushaltsrecht, Bd. I, Art. 114 GG Rn. 24; *Nawrath* (N 172), Bd. I, § 88 BHO Rn. 5; *Andreas Nebel*, in: Piduch, Bundeshaushaltsrecht, fortgeführt von Hans-Heinrich Dreßler (Hg.), Loseblattslg., Stand: Juli 1999, § 110 BHO Rn. 1; Spezifizierungen bei *Fischer-Menshausen* (N 180), Art. 114 Rn. 15. Zum Vergleich der kaufmännischen mit der kameralistischen Buchführung s. *Gröpl* (N 11), S. 387 ff.
186 § 90 BHO/LHO ohne Entsprechung im HGrG.
187 S. etwa §§ 60, 71 ff. BHO/LHO (entsprechend §§ 33, 34 ff. HGrG).
188 Soweit die Rechnungslegungstechnik rechtsverbindlich geregelt ist, überschneiden sich technische Ordnungsmäßigkeit und Rechtmäßigkeit, vgl. *Vogel/Waldhoff* (N 8), Art. 114 Rn. 86, 93.

Maßstäbe. Dieser deutlichen Ausweitung der Prüfungskompetenz des Bundesrechnungshofs kommt eine wichtige Allokationsfunktion zu, die die fehlende Effizienzkontrolle durch die Märkte zumindest partiell ersetzen soll[189].

5. Prüfungsergebnisse

45
„Bemerkungen" des Bundesrechnungshofs

Konkrete Ergebnisse seiner Prüfungen bespricht der Bundesrechnungshof nach Maßgabe von § 96 BHO[190] mit der jeweils geprüften mittelbewirtschaftenden Stelle. Je nach Bedeutung kann er dabei auch andere Dienststellen, den Haushaltsausschuß des Deutschen Bundestages und das Bundesministerium der Finanzen einbinden. Eine Zusammenfassung der Prüfungsergebnisse, insbesondere unter den Gesichtspunkten der Wirtschaftlichkeit und Sparsamkeit, wird gemäß § 97 BHO[191] jährlich nach Zuleitung an den Bundestag, an den Bundesrat und an die Bundesregierung veröffentlicht[192]. Diesen Bemerkungen zur Haushalts- und Wirtschaftsführung kommt zum Teil erhebliche Breitenwirkung auf die öffentliche und veröffentlichte Meinung zu[193].

III. Abgrenzung zur Rechtskontrolle

46
Unterschiedliche Prüfungsmaßstäbe und -kompetenzen; subjektiv-rechtliche Aspekte

Durch die Normierung in Art. 114 Abs. 2 S. 1 GG und den entsprechenden Vorschriften der Landesverfassungen[194] sowie in § 7 Abs. 1 S. 1, §§ 90, 97 Abs. 2 BHO/LHO[195] sind die Grundsätze der Wirtschaftlichkeit und Sparsamkeit zu – wenn auch unbestimmten – Rechtsbegriffen geworden[196]. Damit stellt sich die Frage nach dem Verhältnis der Finanzkontrolle durch die Rechnungshöfe zur Rechtskontrolle durch die Judikative (Art. 20 Abs. 3, Art. 92 ff. GG)[197]. Der grundlegende Unterschied besteht im Prüfungsmaßstab: Während die Rechtskontrolle – wie es die Bezeichnung bereits verrät – vom Recht dirigiert wird, sind Prüfungsmaßstab der Finanzkontrolle die haushaltsrechnungsbezogene Ordnungsmäßigkeit sowie die Grundsätze der Wirtschaftlichkeit und Sparsamkeit. Zudem ist der subjektiv-rechtliche Aspekt in Bedacht zu nehmen: Bei Verletzungen in eigenen Rechten durch die öffentliche Gewalt hat der einzelne einen Anspruch auf gerichtlichen Rechtsschutz (Art. 19 Abs. 4 GG). Anders bei Verletzungen der Wirtschaftlichkeit und

---

189 So *Jens Harms*, Haushaltswirtschaftliche Reformen und Finanzkontrolle, in: Verwaltung und Management (VM) 1995, S. 230 (231); vgl. auch *Greifeld* (N 34), S. 83 ff.; *Wieland* (N 169), S. 895 ff.
190 Ohne Entsprechung im HGrG.
191 S. vor allem § 97 Abs. 2 Nr. 2 i. V. m. § 90 Nr. 3, § 7 Abs. 1 BHO/LHO. – § 97 BHO/LHO entspricht § 46 Abs. 1, 2 HGrG.
192 Zum gegen die Veröffentlichung gerichteten Unterlassungsanspruch Drittbetroffener s. BayVGH, in: BayVBl 1999, S. 631 f.
193 *Greifeld* (N 34), S. 89, spricht von „Machtmitteln für den Rechnungshof". Ähnlich *Michael Bertrams*, 50 Jahre Rechnungshof Nordrhein-Westfalen, in: NWVBl 1999, S. 1 (5); *Korthals* (N 181), S. 603.
194 S. o. Art. 106 Abs. 2 S. 3 SaarlVerf und im übrigen die Übersicht bei *Piduch* (N 60), Anhang zu Art. 114 GG.
195 Ohne Entsprechung im HGrG.
196 Vgl. *v. Arnim* (N 34), S. 18, 81 ff.; *Vogel/Waldhoff* (N 8), Art. 114 Rn. 100.
197 S. dazu nur *Schmidt-Aßmann* (N 92), Art. 19 IV Rn. 12 und 153; → oben *Heintzen*, § 120 Rn. 91.

Sparsamkeit: Da diese Grundsätze ausschließlich im öffentlichen Interesse bestehen[198], fehlt konsequenterweise die normative Grundlage, die der Finanzkontrolle eine subjektiv-rechtliche Komponente verleihen könnte. Ein weiterer Unterschied besteht in der Rechtsfolgenkompetenz: Im Gegensatz zur Rechtsprechung steht den Rechnungshöfen als Wirtschaftlichkeitsprüfern keinerlei Macht zur Vernichtung von oder zur Verpflichtung zu Rechtsakten oder Tathandlungen zu[199]; sie sind „Ritter ohne Schwert"[200]. Deshalb können originäre Kompetenzbereiche von Legislative oder Exekutive durch die Finanzkontrolle nicht verletzt werden.

Daraus folgt für die Rechtsprechung, daß sie ihre Prüfungsintensität bei Wirtschaftlichkeitsfragen im Tatbestand auf eine weit gestaltete Vertretbarkeitskontrolle zurückzunehmen hat[201]. Noch viel mehr gilt das für die Ermessenskontrolle auf der Rechtsfolgenseite: Wirtschaftlichkeitsverstöße sind gerichtlicherseits nur dann beachtlich, wenn in ihnen zugleich ein rechtsrelevanter Ermessensfehler im Sinne von § 114 S. 1 VwGO liegt[202]; im übrigen muß Wirtschaftlichkeit insoweit mit der ebenfalls nicht justiziablen Zweckmäßigkeit gleichgesetzt werden[203]. Fungierten die Gerichte als Wirtschaftlichkeitsprüfer, gerieten sie in Konflikt zu den Aufgaben der Rechnungshöfe. Rechtmäßigkeitskontrolle ist nicht Finanzkontrolle – und umgekehrt[204].

47
Prüfungsintensität der Rechtsprechung

IV. Mängel der Wirtschaftlichkeitskontrolle

1. Konturenarmut

Seit den Haushaltsreformen von 1969 gewinnen die Grundsätze von Wirtschaftlichkeit und Sparsamkeit zunehmend Bedeutung als zentrale Prüfungsmaßstäbe; § 90 Nr. 3 und 4 BHO/LHO ist Ausdruck dessen[205]. Im Gegensatz zur eher formalen Prüfung der Haushaltsrechnung auf ihre Ordnungsmäßigkeit gestalten sich Wirtschaftlichkeitskontrollen allerdings vielschichtiger und damit schwieriger: Rein ökonomische Effizienz kann im gemeinwohlorientierten (Sozial-)Staat kein tauglicher Maßstab sein, da sich zahlreiche Faktoren nicht physikalisch-mathematisch quantifizieren, sondern nur (politisch) abwä-

48
Komplexe Mittel-Zweck-Zusammenhänge

---

198 S. dazu o. Rn. 23.
199 Vgl. dazu auch v. Arnim (N 34), S. 104 ff. m. weit. Nachw. zum Streitstand; Kisker (N 128), S. 2168 f.; Krebs (N 63), S. 203; Schuppert (N 145), S. 261.
200 So Karl Dreßler, Stellung und Aufgabe des Bundesrechnungshofs, in: Bundesrechnungshof (Hg.), 250 Jahre Rechnungsprüfung, 1964, S. 157 (172). – Zu den (seltenen) exekutivischen Befugnissen der Rechnungshöfe s. Groß (N 167), S. 203 ff.
201 S. BSGE 56, 197 (199).
202 Vgl. auch § 102 FGO. Zur Ermessensfehlerlehre s. nur Maurer (N 100), § 7 Rn. 7 (19 ff.).
203 Zur Zugehörigkeit von Wirtschaftlichkeitserwägungen zur Zweckmäßigkeit im kommunalen Bereich s. Joachim Wieland, Staatliche Finanzkontrolle im Bereich kommunaler Selbstverwaltung, in: DVBl 1999, S. 1470 (1473).
204 Ähnlich Christoph Degenhart, Kontrolle der Verwaltung durch Rechnungshöfe, in: VVDStRL 55 (1996), S. 190 (207).
205 Vgl. Schulze-Fielitz (N 42), S. 254 ff.

gend bewerten lassen²⁰⁶. Dabei müssen im Rahmen der Finanzkontrolle vielfach komplexe Mittel-Zweck-Zusammenhänge nachvollzogen werden, bei denen Wertungen erforderlich sind und die deshalb in verschiedene Richtungen entschieden werden können. Eindeutigkeit, geschweige denn Einheitlichkeit oder Einstimmigkeit lassen sich hier kaum erzielen²⁰⁷.

2. Keine Kompetenz zur Kontrolle parlamentarisch-politischer Entscheidungen

49
Finanzkontrolle bei politischen Wertungen

Im demokratischen Rechtsstaat müssen alle wesentlichen Entscheidungen von der Legislative getroffen werden²⁰⁸. Dies wirft die Frage auf, inwieweit parlamentarische Wertungen von Wirtschaftlichkeits- und Sparsamkeitsgesichtspunkten den Gegenstand der Rechnungshofkontrolle bilden dürfen²⁰⁹. Der Bundesrechnungshof bemerkt dazu standardisiert: „Politische Entscheidungen im Rahmen des geltenden Rechts unterliegen nicht der Beurteilung durch den Bundesrechnungshof. Prüfungserkenntnisse, die die Voraussetzungen oder Auswirkungen derartiger Entscheidungen betreffen, können aber eine Überprüfung durch die zuständigen Stellen gerechtfertigt erscheinen lassen; insofern hält es der Bundesrechnungshof für geboten, hierüber oder über die Umsetzung derartiger Entscheidungen zu berichten."²¹⁰ Diese Formel spiegelt eine mehr oder weniger starke Prüfungszurückhaltung wider, die insofern problematisch erscheint, als eine trennscharfe Abgrenzbarkeit zwischen politischen und nicht-politischen (fachlichen) Angelegenheiten in vielen Situationen nicht möglich ist²¹¹. Die Ausgrenzung (vermeintlich) politischer Fragen birgt daher die Gefahr von Prüfungslücken²¹².

3. Gesamtwirtschaftliche statt betriebswirtschaftlicher Effizienz

50
Bevorzugung der gesamtwirtschaftlichen Effizienz

Soweit die Rechnungshöfe mit der Wirtschaftlichkeitskontrolle Ernst machen, kann es in bezug auf den Kontrollmaßstab zu Reibungen zwischen gesamt- und betriebswirtschaftlicher Effizienz kommen²¹³. Um ein Beispiel zu geben: Personaleinsparungen führen einerseits unmittelbar zur Senkung der

---

206 Darin liegt auch ein Teil der Schwierigkeiten einer Kosten- und Leistungsrechnung im öffentlichen Bereich; näher dazu *Gröpl* (N 11), S. 414 ff. und 435 ff. Vgl. im übrigen *Grupp* (N 35), S. 665.
207 Vgl. nur *Degenhart* (N 204), S. 208 f.; *Udo Müller*, Perspektiven von Haushaltsreform und Finanzkontrolle, in: ders. (Hg.), Haushaltsreform und Finanzkontrolle, 1997, S. 13 (24); *Vogel/Waldhoff* (N 8), Art. 114 Rn. 88 ff.
208 S. hierzu o. Rn. 33.
209 Zu Forderungen nach einer Einbeziehung des Parlaments *v. Arnim* (N 34), S. 107 ff.; *Krebs* (N 63), S. 170 ff. (196 ff., 202); *Wieland* (N 169), S. 895 m. weit. Nachw. Ausführliche Nachw. zur Lit. bei *Fischer-Menshausen* (N 180), Art. 114 Rn. 11a, 17.
210 Vgl. nur *BRH*, Bem. 1999 zur Haushalts- und Wirtschaftsführung, BT-Drs 14/1667 vom 11.10.1999, S. 7.
211 Vgl. *Fischer-Menshausen* (N 180), Art. 114 Rn. 11a, 17 m. zahlr. weit. Nachw.
212 S. dazu auch u. Rn. 52.
213 Zur wissenschaftlichen Differenzierung s. *Peter Eichhorn*, Innovative Konzepte für Prüfung und Organisation von Rechnungshöfen, in: Udo Müller (Hg.), Haushaltsreform und Finanzkontrolle, 1997, S. 53 (59 ff.); *Oettle* (N 33), S. 296 f.

Personalausgaben, in der Folge zu einem betriebswirtschaftlich günstigeren Ergebnis für die öffentliche Verwaltung und zu einer Entlastung für den Haushalt. Andererseits resultiert daraus nicht selten eine Erhöhung der Arbeitslosenzahlen, was Lohnsteuer- und damit Einnahmeausfälle sowie Mehrausgaben für die Arbeitslosenunterstützung zur Folge hat. Dasselbe Dilemma stellt sich, wenn die Verwaltung im Einkaufsbereich hart kalkuliert und die Preise drückt: Haushaltsentlastung hier, Steuerausfälle und schlimmstenfalls gar Insolvenzen bei den privaten Lieferanten und Leistungserbringern dort. Der Bundesrechnungshof neigt hier bisweilen zu einer Bevorzugung der gesamtwirtschaftlichen Effizienz unter Vernachlässigung haushaltsträgerorientierter Wirtschaftlichkeit[214]. Diese Perspektive mag nicht ohne jede Berechtigung sein; den Vorrang aber muß die „betriebsbezogene" Wirtschaftlichkeitsprüfung genießen: Denn Kontrollgegenstand des Bundesrechnungshofs ist die Haushalts- und Wirtschaftsführung des Bundes (§ 88 Abs. 1 BHO); deren Auswirkungen auf das gesamtwirtschaftliche Steuer- und Sozialsystem können deshalb trotz Art. 109 Abs. 2 GG, § 2 S. 3 BHO erst in zweiter Linie Berücksichtigung finden.

4. Verhaftung im System der Verwaltungsbuchführung

Die Wirtschaftlichkeitsprüfung orientiert sich nicht selten am geltenden System der Verwaltungsbuchführung mit all seinen Mängeln[215]. Dessen Grundelemente sind die Einnahmen und Ausgaben im jeweiligen Haushaltsjahr, nicht aber der periodengerechte Werteverzehr und Güterzuwachs (Aufwand und Ertrag bzw. Kosten und Leistungen). So kann es geschehen, daß Investitionen als zu teuer und damit als Verstoß gegen das Sparsamkeitsprinzip (§ 7 Abs. 1 S. 1, § 90 Nr. 3 BHO/LHO) kritisiert werden, obwohl sie eine wesentlich längere und unterhaltskostenärmere Nutzungsdauer aufweisen als die vermeintlich billigere Alternative und somit auf die Totale bezogen wirtschaftlicher sind[216]. Das Fehlen rationaler Maßstäbe auf dem Gebiet des öffentlichen Rechnungswesens wirkt sich so unmittelbar nachteilig auf die Finanzkontrolle aus.

51 Untauglichkeit der hergebrachten Verwaltungsbuchführung

---

214 So jedenfalls bei einem vergleichbaren Beispiel im Zusammenhang mit der Bahnreform; s. *Heinz Dürr*, Kann der Staat als Unternehmer erfolgreich sein?, in: Verwaltung und Management (VM) 1995, S. 4 (7).
215 Ausführlich dazu *Gröpl* (N 11), S. 380 ff.
216 Beispiele bei *Dürr* (N 214), S. 7; a. A. *Dreßler* (N 35), Einf. Abschn. VI a. E. (S. 39 f.).

§ 121   *Achter Teil: III. Finanzwesen*

V. Neue Ansätze der Finanzkontrolle

1. Kontrolle politischer Entscheidungen

52
Kein Nachteil einer Vollkontrolle politischer Wertungen

Der moderne Finanz- und Sozialstaat bedarf einer permanenten Hinterfragung auch und gerade politischer Entscheidungen unter Wirtschaftlichkeitsgesichtspunkten[217]. Nicht nur der Vollzug, sondern das zu vollziehende Programm selbst muß im Sinne einer Nutzenmaximierung in den Mittelpunkt der Prüfungsarbeit rücken[218]. Dafür sind die Rechnungshöfe namentlich wegen der richterlichen Unabhängigkeit ihrer Mitglieder (Art. 114 Abs. 2 S. 1 GG) prädestiniert. Die unmittelbar demokratisch legitimierte Willensbildung und Willensdurchsetzung der Legislative und der kommunalen Kollegialorgane werden dadurch nicht in Mitleidenschaft gezogen. Denn anders als die Rechtsprechung verfügen die Rechnungshöfe über keinerlei imperative oder kassatorische Befugnisse, mit denen sie Dispositionen von Exekutive oder Legislative aufheben oder in ihr Gegenteil verkehren könnten. Ihr einziges Machtmittel ist das der – rechtsfolgenlosen – Beanstandung, mit anderen Worten der überzeugenden Argumentation[219]. Aufgrund dieser „Rechtsmachtlosigkeit" erscheint die rückhaltlose Information und ökonomische Stellungnahme durch die Rechnungshöfe um so wichtiger, zunächst gegenüber Verwaltung, Regierung und Parlament, sodann auch gegenüber der Öffentlichkeit.

2. Gegenwartsnahe Prüfung

53
Gegenwartsnahe Prüfungen

Bereits die Haushaltsreformen von 1969 versuchten, die Finanzkontrolle durch die Rechnungshöfe durch „gegenwartsnahe" Prüfungen und die Intensivierung der Zusammenarbeit mit der Legislative zu effektivieren[220]. Ausdruck dessen ist § 94 Abs. 1 BHO/LHO, wonach die Rechnungshöfe den Zeitpunkt ihrer Prüfungen nach pflichtgemäßem Ermessen selbst bestimmen können. Seitdem hat sich die Rechnungshofkontrolle in der Tat fortentwickelt und ist insbesondere zeitlich erheblich näher an die zu prüfenden Verwal-

---

217 So auch *Degenhart* (N 204), S. 203, 205 ff.; *Andreas v. Gall/Horst-Raimund Wulle*, Organisationsprüfungen durch den Bundesrechnungshof, in: DÖV 2000, S. 845 (854); *Kisker* (N 128), S. 2169; *Udo Müller*, Die institutionelle Unabhängigkeit der Rechnungshöfe, in: DVBl 1994, S. 1276 (1278); *Bert Rürup/ Hanns Seidler*, Von der fiskalischen Haushaltskontrolle zur politischen Erfolgskontrolle, in: Verw 1981, S. 501 (512 ff.); differenzierend *v. Mutius/Nawrath* (N 185), Art. 114 GG Rn. 33; *Helmut Vaitl*, Die Aufgaben der Rechnungshöfe im Spannungsfeld der Politik, in: BayVBl 1995, S. 581 (583 f.); a. A. *Vogel/Waldhoff* (N 8), Art. 114 Rn. 105.
218 Vgl. *Krebs* (N 63), S. 192 ff., 196; *Herbert Rischer*, Finanzkontrolle staatlichen Handelns, 1995, S. 302; *Schulze-Fielitz* (N 42), S. 246.
219 S. dazu auch Rn. 45 f.
220 Vgl. BT-Drs 5/3605 vom 5. 12. 1968, S. 13. Ähnlich *Deutscher Bundestag*, Wissenschaftliche Dienste, Ausarbeitung zur Frage einer Übermacht der Exekutive im Haushaltsverfahren der Bundesrepublik, S. 12 ff.; *Karl Maria Hettlage*, Grundfragen einer Neuordnung des Deutschen Finanzrechts, in: Friedrich Schäfer (Hg.), Finanzwissenschaft und Finanzpolitik, 1964, S. 77 ff.; *Hans Clausen Korff*, Neuordnung der Haushaltswirtschaft des Bundes – Ziele und Aussichten einer Haushaltsreform, in: Friedrich Schäfer (Hg.), Finanzwissenschaft und Finanzpolitik, 1964, S. 101 ff.; *Hannes Rehm*, Analyse und Kritik der Bundeshaushaltsreform, 1975, S. 29 ff.

tungsvorgänge herangerückt[221]: Anders als früher warten die Rechnungshöfe das Ende des Haushaltsjahres nicht mehr ab, bevor sie mit ihren Prüfungen beginnen. Eine Grenze aber zieht die Logik: Kontrolle setzt einen prüfungsfähigen Gegenstand voraus, einen Sachverhalt, der jedenfalls von der Entscheidungsfindung der zu prüfenden Behörde her abgeschlossen ist. Insofern muß es beim Grundsatz der „nachgehenden Kontrolle" bleiben[222] – anderenfalls würde sich Finanzkontrolle in Verwaltungssteuerung verwandeln, wozu die Rechnungshöfe nicht legitimiert sind[223]. Das bedeutet freilich nicht, daß die Rechnungshofkontrolle stets erst dann einsetzen darf, wenn eine Maßnahme vollzogen ist. Die Rechnungshöfe dürfen sich mit ihrer Prüfung zwar nicht in die Entscheidungskompetenz der Verwaltung einmischen, bei Fehlentscheidungen brauchen sie aber auch nicht zu warten, „bis das Kind in den Brunnen gefallen ist"[224]. Gemäß § 89 Abs. 1 Nr. 2 BHO/LHO kann die Prüfung bereits vor der Umsetzung der Entscheidung einsetzen und als mitschreitende Maßnahmenprüfung auch prophylaktisch wirken[225]. Diese prospektive Orientierung kommt auch in § 97 Abs. 2 Nr. 4 BHO/LHO zum Ausdruck, wonach die Rechnungshöfe Maßnahmen (scil. zur Stärkung der Wirtschaftlichkeit) für die Zukunft empfehlen können.

Mitschreitende Prüfung

3. Beratung

Wird die Grenze der Nachherigkeit unterschritten, verwandelt sich die „mitschreitende" Prüfung in selbständige, von der Prüfung unabhängige Beratung[226] über künftige Entscheidungen und Maßnahmen, insbesondere in Fragen der Wirtschaftlichkeit und Sparsamkeit. Diese Art von Tätigkeit wurde den Rechnungshöfen nach Maßgabe von § 88 Abs. 2 BHO/LHO durch die Haushaltsreform 1969 eröffnet[227]. Die selbständige Beratung beschränkt sich freilich de lege lata auf das Parlament[228], die Regierung und einzelne Ministerien, um die finanzielle Verantwortungssphäre der mittelbewirtschaftenden Stellen nicht zu tangieren[229]. Dies erscheint zu eng: Es ist nicht einzusehen, warum die den Ministerien nachgeordneten Behörden gerade bei Problemen der Wirtschaftlichkeit und Sparsamkeit von einer Fachberatung durch die Rechnungshöfe ausgeschlossen sein sollten. Eine Arbeitsüberlastung der Rechnungshöfe träte dadurch nicht ein, weil die selbständige Beratung nach § 88 Abs. 2 Satz 1 BHO/LHO in deren Ermessen liegt und deshalb in begründeten Fällen (etwa in Bagatellangelegenheiten) abgelehnt werden darf. Vor

54
Wirtschaftlichkeitsberatung auch nachgeordneter Behörden

---

221 *Wieland* (N 169), S. 896.
222 *Fischer-Menshausen* (N 180), Art. 114 Rn. 13, 15; *Schulze-Fielitz* (N 42), S. 248 m. weit. Nachw.
223 A. A. *Christoph Degenhart*, Rechtsfragen zeitnaher Prüfung durch den Rechnungshof, in: Helmuth Schulze-Fielitz (Hg.), Fortschritte der Finanzkontrolle in Theorie und Praxis, 2000, S. 55 (61 f.).
224 So *v. Mutius/Nawrath* (N 185), Bd. I, Art. 114 GG Rn. 24.
225 Vgl. *Fischer-Menshausen* (N 180), Art. 114 Rn. 13, 15.
226 Zur Abgrenzung von selbständiger zu der mit der Prüfungsarbeit zusammenhängenden unselbständigen Beratung vgl. *Nawrath* (N 172), Bd. I, § 88 BHO Rn. 9.
227 Entspricht § 42 Abs. 5 HGrG. Vorgängervorschrift: § 101 der Reichshaushaltsordnung (RHO); hierzu *Nawrath* (N 172), Bd. I, § 88 BHO Rn. 9.
228 Auf Bundesebene ist gem. Art. 114 Abs. 2 S. 2 GG zudem dem Bundesrat zu berichten.
229 Vgl. BT-Drs 5/3040 vom 21. 6. 1968, S. 66.

diesem Hintergrund wird die Zurückhaltung der Rechnungshöfe bei ihrer Beratungstätigkeit in der Praxis mit guten Argumenten bedauert[230]. Zu begrüßen wäre es, wenn sich diese Funktion in ihrer Bedeutung der nachgängigen Finanzkontrolle weiter annäherte.

4. Neue Steuerungs- und Prüfungsmaßstäbe

55
„Output-" statt „Inputorientierung"
Budgetierung

Im Rahmen der Diskussion um Haushaltsreformen wird seit Beginn der 90er Jahre des vorigen Jahrhunderts um neue Konzepte der öffentlichen Haushaltswirtschaft gerungen; Schlüsselbegriffe sind das Neue Steuerungsmodell (NSM) und die Budgetierung. Steht im bisherigen Haushaltssystem die Steuerung der Verwaltung mit Hilfe detaillierter Mittelvorgaben (Input-Steuerung) im Mittelpunkt, legen die Reformvorschläge den Schwerpunkt auf das Leistungsergebnis und die davon ausgehenden Wirkungen (Output- bzw. Outcome-Orientierung)[231]. Die Verwaltungssteuerung vollzöge sich demzufolge nicht mehr anhand der Zuweisung personeller und sächlicher Ressourcen, sondern mit Blick auf die zu liefernde Leistung und ihre Wirksamkeit. Danach würden die Budgets der einzelnen Bewirtschaftungseinheiten („Kostenstellen") dotiert[232].

56
Aufgabenerfüllung

Ändern sich so die Instrumente der administrativen Lenkung und die daran gebundenen Verantwortlichkeiten, hat dies unmittelbare Rückwirkung auf die Kontrolle; beide Begriffe, Verantwortung und Kontrolle, sind unlösbar miteinander verbunden[233]: Auch die Rechnungshofkontrolle muß sich mithin an den neuen Maßstäben orientieren und ihren Prüfungsgegenstand ausweiten. Statt des Aufgabenvollzugs werden die Aufgabenerfüllung selbst, ihre Wirtschaftlichkeit und Wirksamkeit in den Vordergrund treten[234]; der Prüfungsschwerpunkt wird sich von der formalen Rechtmäßigkeit, der traditionellen Ordnungsmäßigkeit auf die Richtigkeit im Sinne des Informationszwecks verlagern[235]. Zu untersuchen sind dabei die Wirtschaftlichkeit und Sparsamkeit im weiteren Sinne, insbesondere die Ablauforganisation, die Zweckmäßigkeit von Rechnungswesen und interner Kontrolle, die Personalbemessung, die Investitionsrealisierung, die Wahrnehmung von Führungsaufgaben vor dem Hintergrund der Zielvorgaben, die Entscheidungsrationalität, die Minimierung finanzieller und juristischer Risiken wie auch die Akzeptanz der konkreten Tätigkeit in der Öffentlichkeit[236]. Die neuen Prüfungsraster sind verstärkt ökonomischer Natur und weit weniger formalisiert als die der Input-Steuerung.

---

230 *Dürr* (N 214), S. 7.
231 S. *Gröpl* (N 11), S. 226 ff.
232 Näher *Gröpl* (N 11), S. 236 ff., 244 ff.
233 So *Rainer Pitschas*, Struktur- und Funktionswandel der Aufsicht im Neuen Verwaltungsmanagement, in: DÖV 1998, S. 907 (908); ähnlich auch *Degenhart* (N 204), S. 197 f.; *Christoph Gusy*, Das parlamentarische Regierungssystem und der Bundesrat, in: DVBl 1998, S. 917 (924 f.).
234 Ähnlich *Harms* (N 189), S. 233.
235 So *Klaus Lüder*, Reform des öffentlichen Haushalts- und Rechnungswesens und Finanzkontrolle, in: DÖV 2000, S. 837 (842).
236 Ähnlich *Eichhorn* (N 213), S. 56 f.

Auf weiten Gebieten steht eine Operationalisierung noch aus. Hier bedarf es sowohl seitens der Rechnungshöfe, aber auch seitens der Verwaltung und Wissenschaft noch ganz erheblicher Entwicklungs- und Umsetzungsarbeit, etwa durch die Aufstellung von adäquaten Produktbeschreibungen und Leistungskennzahlen, die auf die Zielvorgaben und ihre tatsächlichen Auswirkungen abgestimmt sind[237], aber auch durch Entwicklung von spezifischen Grundsätzen ordnungsmäßiger öffentlicher Buchführung und Rechnungslegung (GoöB) in Anlehnung an die handelsrechtlichen Grundsätze ordnungsmäßiger Buchführung und Bilanzierung (GoB)[238]. Solange und soweit solche abstrakt-generellen Parameter fehlen, lassen sich „maßstabslose" Prüfungsfelder durch Vergleich verschiedener Prüfungsadressaten (scil. Behörden) anhand von zuvor ermittelten Eckwerten („Richtwerten") überbrücken: Durch ein solches „Benchmarking" können nicht nur Qualitäts- und Quantitätsunterschiede festgestellt, sondern im Endeffekt auch neue Maßstäbe gewonnen werden. Diese heuristische Methode hat sich bereits in den vergangenen Jahren beim Bundesrechnungshof als Querschnittsprüfung bewährt[239].

57

Operationalisierung

Richtwerte

---

237 Vgl. *Eichhorn* (N 213), S. 63; *Bert Rürup*, Notwendigkeit und Probleme, S. 43 (51). – Zum Auseinanderklaffen von Leistungskennzahlen und Zielvorgaben sowie von Output und Outcome und den damit verbundenen steuerungstheoretischen Problemen s. *W. Hoffmann-Riem*, Finanzkontrolle, in: DÖV 1999, S. 221 (224f.).
238 Dazu näher *Lüder* (N 235) S. 842 f. m. weit. Nachw.
239 Vgl. § 18 Abs. 3, § 21 der Prüfungsordnung des Bundesrechnungshofs vom 19. 11. 1997, abgedr. bei *Nawrath* (N 172), Bd. II, Abschn. VI/4. Dazu ausführlich *Axel Mennicken/Heinz Günter Zavelberg*, Querschnittsprüfungen des Bundesrechnungshofs, in: DÖV 1999, S. 986ff.; s. auch *v. Gall/Wulle* (N 217), S. 854f.

L. Bibliographie

Hans Herbert von Arnim, Wirtschaftlichkeit als Rechtsprinzip, 1988 (Lit.).
ders./Klaus Lüder (Hg.), Wirtschaftlichkeit in Staat und Verwaltung, 1993 (Lit.).
Hans-Heinrich Dreßler, in: Erwin Adolf Piduch, Bundeshaushaltsrecht (Loseblattkommentar), Einführung, Abschn. VI a. E. (S. 39 f.).
Peter Eichhorn, Wirtschaftlichkeit der Verwaltung, in: Klaus Chmielewicz/Peter Eichhorn (Hg.), Handwörterbuch der Öffentlichen Betriebswirtschaftslehre (HWÖ), 1989, Sp. 1795 ff.
Horst Eidenmüller, Effizienz als Rechtsprinzip, ^{2}1998 (Lit.).
Bianca Fischer, Abschied von der „Sparsamkeit"?, in: JZ 1982, S. 6 ff.
Günter Gaentzsch, Gesetzmäßigkeit und Wirtschaftlichkeit der Verwaltung, in: DÖV 1998, S. 952 ff.
Andreas Greifeld, Der Rechnungshof als Wirtschaftlichkeitsprüfer, 1981 (Lit.).
Christoph Gröpl, Haushaltsrecht und Reform, 2001 (Lit.).
ders., Ökonomisierung von Verwaltung und Verwaltungsrecht, in: VerwArch 93 (2002), S. 459 ff.
Peter Häberle, Effizienz und Verfassung, in: AöR 98 (1973), S. 625 ff.
Wolfgang Hoffmann-Riem/Eberhard Schmidt-Aßmann (Hg.), Effizienz als Herausforderung an das Verwaltungsrecht, 1998 (Lit.).
Klaus Grupp, Die „Grundsätze der Wirtschaftlichkeit und Sparsamkeit" im Haushaltsrecht, in: JZ 1982, S. 231 ff.
ders., Steuerung des Verwaltungshandelns durch Wirtschaftlichkeitskontrolle, in: DÖV 1983, S. 661 ff.
Gunter Kisker, Sicherung von „Wirtschaftlichkeit und Sparsamkeit" durch den Rechnungshof, in: NVwZ 1983, S. 2167 ff.
Niklas Luhmann, Kann die Verwaltung wirtschaftlich handeln?, in: VerwArch 51 (1960), S. 97 ff.
Karl Oettle, Elemente der Ökonomisierung des Verwaltungshandelns, in: Verw 32 (1999), S. 291 ff.
Heinrich Reinermann, Wirtschaftlichkeitsanalysen, in: Ulrich Becker/Werner Thieme (Hg.), Handbuch der Verwaltung, Heft 4.6, 1976, S. 1 ff.
Jürgen Schmidt, Wirtschaftlichkeit in der öffentlichen Verwaltung, ^{2}1977.
Helmuth Schulze-Fielitz (Hg.), Fortschritte der Finanzkontrolle in Theorie und Praxis, 2000.

§ 122
Staatsvermögen

Josef Isensee

Übersicht

	Rn.		Rn.
A. Begriff und Sache	1–51	D. Staatsvermögen unter Rechtfertigungszwang der Verfassung	76– 99
I. Das Problem einer Definition	1– 4	I. Keine Legitimation aus den Grundrechten	76– 78
II. Definition durch Staatspraxis	5–11	II. Legitimation vor den Grundrechten	79– 97
III. Staat als Vermögensträger	12–19	1. Grundrechte als Grenze	79– 80
1. Strukturelle und historische Voraussetzungen	12–16	2. Privateigentum als Institution	81– 84
2. Verfassungsrechtliche Kriterien staatlicher Trägerschaft	17–19	3. Öffentlicher Zweck und staatliche Subsidiarität	85– 92
IV. Verwaltungs- und Finanzvermögen	20–36	4. Grundrechtsschutz für Konkurrenten	93– 94
1. Dichotomie	20–26	5. Sachgerechtigkeit und Willkürverbot	95– 97
2. Qualifikation	27–31	III. Erfordernis demokratischer Legitimation	98– 99
3. Gegenstände	32–36	E. Vermögensverfügung, Bestandsschutz, Privatisierung	100–117
V. Privateigentum und/oder hoheitliche Sachherrschaft	37–44	I. Verwaltung und Verfügung über das Staatsvermögen	100–103
1. Unterscheidung von Eigentum und öffentlicher Sachherrschaft	37–39	1. Kompetenz der Exekutive	100–101
2. Figur eines öffentlichen Eigentums	40–43	2. Zustimmungsvorbehalt des Parlaments	102–103
3. Theorie des modifizierten Privateigentums	44	II. Sicherung des Bestandes	104–114
VI. Inkurs: Gebäudeeigentum und Staatsrepräsentation	45–48	1. Erhaltung des Grundstockvermögens	104–106
VII. Statistische Daten	49–51	2. Res extra commercium	107–110
B. Rechtsquellen	52–67	3. Schutz deutschen Kulturguts	111
I. Staatsvermögen als Thema der Verfassungsgesetze von Bund und Ländern	52–58	4. Schutz vor Zwangsvollstreckung und Insolvenz	112–114
II. Rechtsquellen unterhalb der Verfassung	59–64	III. Privatisierung	115–117
III. Staatsvermögensordnung ohne Kodifikation	65–67	F. Staatsvermögen im Bundesstaat	118–129
C. Staatsvermögen im Steuerstaat	68– 75	I. Keine Bundesgarantie für Landesvermögen	118–120
I. Staatstypus nach Art der Finanzierung	68– 70	II. Überleitung des Staatsvermögens nach Staatsumbrüchen	121–125
II. Steuerstaat als Verfassungsprinzip	71– 72	III. Kompetenzverteilung zwischen Bund und Ländern	126–129
III. Grundentscheidung für das Privateigentum	73– 75	G. Bibliographie	

1265

A. Begriff und Sache

I. Das Problem einer Definition

1
Vorläufige Definition

„Staatsvermögen" bezeichnet die Gesamtheit der geldwerten Güter und Rechte des Staates. Das ist noch keine abschließende, vollends keine allseits anwendbare Definition. Es gibt nicht den einen Begriff, der für die Praxis wie für die Wissenschaft, für die Ökonomie wie für das Recht und innerhalb des Rechts für all seine Disziplinen maßgeblich wäre. Das Grundwort „Vermögen" nimmt in der Rechtssprache unterschiedliche Bedeutungen an, wenn es im bürgerlichen Recht oder im Strafrecht verwendet wird, im Insolvenz- oder im Sozialrecht, im Steuer- oder im Verfassungsrecht. Vieldeutig ist auch das Bestimmungswort „Staat"[1].

Fehlen eines öffentlichen Vermögensrechts

Die Jurisprudenz kennt keine etablierte Disziplin des öffentlichen Vermögensrechts, vergleichbar dem öffentlichen Haushaltsrecht, dem öffentlichen Sachen- oder Anstaltsrecht (obwohl, wie sich zeigen wird, diese Rechtsgebiete jeweils auf ihre Weise das Staatsvermögen berühren). Das rechtliche Feld ist noch nicht dogmatisch erschlossen und noch nicht systematisch beackert worden. Es fehlt der positivrechtliche Kristallisationskern in der Verfassung, eine Vorschrift wie jene des Art. 115 GG über Zulässigkeit und Grenzen des Staatskredits, eine Verfassungsnorm, die sich über die Interpretation ihres Textes hinaus entfaltet zu einer in sich geordneten Dogmatik. Vielmehr muß das Staatsvermögen als Materie des Staatsrechts überhaupt erst konstituiert werden.

2

Kontext Finanzverfassung

Identität und Kontur erlangt der Begriff des Staatsvermögens durch einen bestimmten Kontext. Dieser verschafft ihm in Abgrenzung zu Gegenbegriffen praktischen oder theoretischen Sinn. Der im folgenden maßgebliche Kontext ist die Finanzverfassung, genauer: das Finanzrecht in seinen verfassungsrechtlichen Bezügen. Das Finanzrecht umschließt auch das Vermögensrecht. Denn das Vermögen gehört zu den Voraussetzungen und Mitteln finanzstaatlichen Handelns[2]. Es fügt sich mit den Einnahmen und Ausgaben zu einer Trias des Nehmens, des Gebens und des Habens.

3

Einnahmen/Ausgaben und Vermögen/Schulden

Das Grundgesetz nennt als weitere Kategorie die Schulden des Staates. Diese rechnet es nicht von vornherein seinem Vermögen zu, wenn es die Gegenstände der Rechnungslegung, die der Bundesminister der Finanzen dem Parlament schuldet, aufzählt: die Einnahmen und die Ausgaben sowie das Vermögen und die Schulden (Art. 114 Abs. 1 GG). Die Aufzählung enthält zwei Begriffspaare. Diese aber sind heterogen. „Einnahmen" und „Ausgaben" bezeichnen Bewegungen, Zufluß wie Abfluß von Geld. „Vermögen" und „Schulden" aber bedeuten jeweils einen Bestand, statische Elemente also, indes jene dynamische verkörpern. Der Inhalt des Vermögens braucht nicht in Geld zu bestehen, im Unterschied zum Inhalt der Einnahmen, Ausgaben und Schulden. Vielmehr kann es Grundstücke, Kapitalbeteiligungen, Forderungen

---

[1] Zu den verschiedenen Staatsbegriffen des Grundgesetzes →Bd. II, *Isensee*, § 15 Rn. 137 ff.
[2] →Oben *P. Kirchhof*, § 99 Rn. 116, 117.

und sonstige geldwerte Güter umfassen. Insoweit ist Geld lediglich der Bewertungsmaßstab, nicht aber die Sache selbst. Das Vermögen bildet eine mögliche Quelle von Einnahmen, etwa wenn es Erträge abwirft, ebenso einen möglichen Grund von Ausgaben, wenn seine Erhaltung Aufwendungen erfordert. Prima facie kann der Begriff des Vermögens sich also mit den Begriffen der Einnahmen und Ausgaben überschneiden. Hier ist Abgrenzung vonnöten, die der Interpret zu leisten hat. Dagegen ist eine Kollision innerhalb der Begriffspaare ausgeschlossen. Ein Rechnungsposten ist entweder als Einnahme oder als Ausgabe zu qualifizieren, entweder dem Vermögen oder den Schulden zuzurechnen. Tertium non datur.

Eine Definition, die dem Vermögensbegriff des Art. 114 Abs. 1 GG gerecht wird, beansprucht nicht Geltung für andere Artikel des Grundgesetzes, die ihrerseits von „Vermögen" sprechen. So nimmt dieses Wort in der Übergangsvorschrift des Art. 134 Abs. 1 GG, wonach das Vermögen des Reiches grundsätzlich Bundesvermögen wird, einen anderen Inhalt an und erfaßt auch die Verbindlichkeiten[3]. Doch eine Übergangsvorschrift, welche die Folgen eines Staatsumbruchs regelt und sich durch Vollzug erledigt, taugt wenig, eine reguläre Rechtsfigur zu beschreiben. Dauerhafte Bedeutung kommt dagegen dem Verfassungsauftrag zur jährlichen Rechnungslegung nach Art. 114 Abs. 1 GG zu. Sein Verständnis des Staatsvermögens bildet daher eine geeignete Ausgangsgröße. Diese verträgt Modifikationen, wenn sie mit anderen Normen oder Erkenntnisinteressen kollidiert.

4

Unterschiedliche Bedeutungen des Begriffs „Staatsvermögen"

Ausgangsgröße: „Vermögen" i. S. v. Art. 114 Abs. 1 GG.

II. Definition durch Staatspraxis

1. Vermögen als Thema der Jahresrechnung des Finanzministers

Der Verfassungsauftrag zur Rechnungslegung wird konkretisiert durch die Bundeshaushaltsordnung[4], diese wiederum durch die Jahresrechnung, über die der Bundesminister der Finanzen den Verfassungsauftrag für das jeweilige Haushaltsjahr erfüllt. Die Jahresrechnung setzt sich zusammen aus der Haushaltsrechnung, die Einnahmen und Ausgaben erfaßt, und der Vermögensrechnung, die sich auf den Bestand des Vermögens und der Schulden bezieht. Die Rechenwerke folgen je eigenen Regeln[5]. Der Bundesminister definiert den Begriff des Vermögens, den er seiner Vermögensrechnung zugrunde legt: „Unter Vermögen des Bundes ist grundsätzlich die Gesamtheit der im Eigentum des Bundes stehenden Sach- und Geldwerte einschließlich der Rechte und Forderungen mit Ausnahme der lediglich kassen- bzw. haushaltsmäßig abzuwickelnden Bestände zu verstehen."[6]

5

Haushalts- und Vermögensrechnung

Definition des Vermögens in der Jahresrechnung

---

3 S. u. Rn. 8 f., 121.
4 §§ 80 ff. BHO.
5 §§ 80, 81, 86, 114 Abs. 1 S. 1 BHO.
6 Haushaltsrechnung und Vermögensrechnung des Bundes für das Haushaltsjahr 2006 (zit.: Jahresrechnung 2006), Vorwort, S. 1.

6 Vermögens- bestandteile	Die Bestandteile des Vermögens werden aufgelistet, und zwar nach folgenden Hauptgruppen: 1. unbewegliche Sachen, 2. bewegliche Sachen, 3. Wirtschaftsbetriebe, 4. geldwerte Rechte. Die vierte Hauptgruppe, die der geldwerten Rechte, wird untergliedert in: 4.1 Kapitalbeteiligungen (nicht börsennotiert oder börsennotiert), 4.2 internationale Einrichtungen (Internationale Bank für Wiederaufbau und Entwicklung, Internationale Entwicklungsorganisation, Europäische Atomgemeinschaft etc.), 4.3 Darlehensforderungen, Wertpapiere, 4.4 sonstige Geldforderungen, 4.5 Kassenbestände.
7 Einnahmen im Rechnungsjahr kein Vermögen	Die Definition der Jahresrechnung hält Distanz zu den Einnahmen und Ausgaben, die Thema der gesonderten Haushaltsrechnung sind, welche neben der Vermögensrechnung steht. Die Finanzmittel, die im Laufe des Rechnungsjahres zugeflossen sind, werden als „Einnahmen" verbucht. Folglich brauchen sie nicht dem „Vermögen" zugerechnet und auch nicht in die Vermögensrechnung einbezogen zu werden[7].
8 Schulden kein Vermögen Verkehrswert von Verwaltungs- vermögen? Aktivvermögen nach Art. 114 Abs. 1 GG	Nicht zum Vermögen gehören die Schulden, die in der Vermögensrechnung als eigene Kategorie ausgewiesen werden[8]. Als Schulden gelten „alle in Geld zu erfüllenden Verpflichtungen des Bundes, soweit sie nicht der laufenden Haushaltswirtschaft angehören. Ausgenommen sind daher die im Rahmen der Kassen- und Haushaltsführung abzuwickelnden Verbindlichkeiten."[9] Das Verwaltungsvermögen widersetzt sich der Kommerzialisierung. Für viele seiner Gegenstände gibt es keinen Markt. Es wäre müßig, in diesem Kontext den Verkehrswert nachzufragen[10]. Es besteht kein wesentlicher Zusammenhang zwischen Vermögen und Schulden[11]. Eine Saldierung hätte keinen Aussagewert[12]. Zweck der Vermögensrechnung ist es lediglich, den Bestand des Vermögens und der Schulden zu Beginn und Änderungen während des Rechnungsjahres als Informationsgrundlage für das Parlament auszuweisen sowie die Auswirkungen der Haushaltsführung zu überprüfen[13]. Die Kriterien der Jahresrech-

---

7 *Kyrill A. Schwarz*, in: v. Mangoldt/Klein/Starck, GG III, [4]2001, Art. 114 Abs. 1 Rn. 27. – Allerdings enthält die Vermögensrechnung in einer eigenen Rubrik die Zusammenstellung der in ihr nachgewiesenen Vermögenszugänge und -abgänge mit haushaltsmäßiger Zahlung und der in der Haushaltsrechnung ausgewiesenen vermögenswirksamen Haushaltseinnahmen und -ausgaben (5.1.3).
8 →Unten *Pünder*, § 123 Rn. 20 ff.
9 Jahresrechnung 2006 (N 6), S. 1.
10 *Theodor Maunz*, in: Maunz/Dürig, Komm. z. GG, Stand: 1984, Art. 114 Rn. 13; *Karl Heinrich Friauf*, Staatsvermögen, in: HStR IV, [2]1999 ([1]1990), § 90 Rn. 5; *Schwarz* (N 7), Art. 114 Abs. 1 Rn. 26.
11 *Herbert Fischer-Menshausen*, in: v. Münch/Kunig, GGK III, [3]1996, Art. 114 Rn. 6; *Maunz* (N 10), Art. 114 Rn. 13.
12 *Erwin Adolf Piduch*, Bundeshaushaltsrecht, Stand: Dezember 2005, Art. 114 GG Anm. 10; *Schwarz* (N 7), Art. 114 Abs. 1 Rn. 26.
13 § 86 BHO. Dazu *Klaus Vogel/Paul Kirchhof*, in: BK, Stand: Juni 2007, Art. 114 Rn. 45; *Schwarz* (N 7), Art. 114 Rn. 26.

nung entsprechen der herrschenden Auslegung des Art. 114 Abs. 1 GG: Als Vermögen gilt das vor Beginn des Rechnungsjahres vorhandene Aktivvermögen[14].

Der Begriff „Staatsvermögen", wie er sich hier darstellt, hebt sich planmäßig ab von dem gängigen Begriff des Erwerbslebens, das „im allgemeinen unter Vermögen den Saldo zwischen Aktiv- und Passivwerten, also das Reinvermögen, versteht"[15]. In der Tat enthalten die einfachen Gesetze unterschiedliche Vermögensbegriffe. Hier finden sich Vorschriften, die das Vermögen neben die Schulden stellen[16] oder unter „Vermögen" allein die Aktiva verstehen[17]. Dagegen gehören in anderen Zusammenhängen auch die Verbindlichkeiten zum Vermögen, so daß dieses die Differenz der Aktiva und der Passiva ausmacht[18]. Das Grundgesetz selbst hält den Vermögensbegriff, den es in Art. 114 Abs. 1 verwendet, nicht durch, wenn es in der Übergangsvorschrift des Art. 134 Abs. 1 GG die Verbindlichkeiten in das Vermögen einbezieht[19]. Die Mehrdeutigkeit des Wortes zwingt aber gerade dazu, einen eindeutigen Text und Kontext als Grundlage des Begriffs zu bestimmen. Das aber ist die Vorschrift des Art. 114 Abs. 1 GG.

9 Unterschied zum Reinvermögen

Mehrdeutigkeit des Wortes „Vermögen"

2. Dogmatische Folgerungen

Die Kriterien, nach denen der Bundesminister der Finanzen das Vermögen des Bundes feststellt, ergeben keine authentische Interpretation des Vermögensbegriffs in Art. 114 Abs. 1 GG. Eine solche ist auf einer Normstufe unterhalb der Verfassung gar nicht möglich. Doch kommt das Vermögenskonzept der Jahresrechnung ihr immerhin nahe. Denn der Bundesminister der Finanzen ist der einzige Adressat der Verfassungsnorm. Ihr Vollzug hat amtlichen Charakter. Darin liegt tätige Verfassungsinterpretation. Deren Ergebnis ist unbestritten. Der Begriff des Vermögens erlangt eindeutige, klar strukturierte Gestalt, die sich in der Staatspraxis bewährt[20].

10 Tätige Verfassungsinterpretation durch den Finanzminister

Der Vermögensbegriff, dem die Jahresrechnung folgt, entspricht der Auslegung, die Art. 114 Abs. 1 GG im Schrifttum erfährt[21]. Dem Kontext gemäß bezieht er sich nur auf den Bund. Doch seine Kriterien lassen sich verallgemeinern und auch auf die Länder beziehen. Pars pro toto steht der Vermö-

11 Verallgemeinerungsfähige Kriterien

---

14 *Vogel/Kirchhof* (N 13), Art. 114 Rn. 44; *Schwarz* (N 7), Art. 114 Abs. 1 Rn. 27.
15 Jahresrechnung 2006 (N 6), S. 1.
16 § 242 Abs. 1 HGB: Pflicht des Kaufmanns, in der Bilanz das Verhältnis seines Vermögens und seiner Schulden darzustellen; vgl. auch § 266 Abs. 2 und 3 HGB.
17 § 311b Abs. 2 und 3 BGB – Vermögensübertragung (*Helmut Heinrichs*, in: Palandt, BGB, 66.2007, § 311b Rn. 60; *Herbert Grziwotz*, in: Erman, BGB, 11.2004, § 311b Rn. 86); § 1365 BGB – Verfügung über das Vermögen im ganzen (*Gerd Brudermüller*, in: Palandt, BGB, 66.2007, § 1365 Rn. 2).
18 §§ 1373 ff. BGB – Zugewinnausgleich (*Brudermüller* [N 17], § 1374 Rn. 4); § 1922 BGB – Universalsukzession; § 4 EStG (*Wolfgang Heinicke*, in: Ludwig Schmidt, Einkommensteuergesetz, 26.2007, § 4 Rn. 42, 101); § 263 StGB (*Herbert Tröndle/Thomas Fischer*, Strafgesetzbuch, 54.2007, § 263 Rn. 55).
19 S. u. Rn. 121.
20 Zur Verfassungsauslegung durch die Staatspraxis *Josef Isensee*, Verfassungsrecht als „politisches Recht", in: HStR VII, 1992, § 162 Rn. 58 ff.; *Sebastian Müller-Franken*, Staatspraxis und Verfassungsauslegung, in: FS für Josef Isensee, 2007, S. 229 ff.
21 Vgl. *Vogel/Kirchhof* (N 13), Art. 114 Rn. 45; *Schwarz* (N 7), Art. 114 Abs. 1 Rn. 26.

§ 122   Achter Teil: III. Finanzwesen

gensbegriff des Bundes für das Staatsvermögen überhaupt. Er entspricht der staatsrechtlichen Tradition, wie Tatarin-Tarnheyden sie für die Weimarer Ära repräsentiert: Staatsvermögen war für ihn die Gesamtheit von Sachwerten, die ihre rechtlich bestimmte Einheit in ein und demselben Hoheitssubjekt – hier dem Staate als dem zur Verfügung über diese Sachwerte Befugten – finden[22]. Heute wird das Staatsvermögen definiert als die Gesamtheit der vermögenswerten Güter und Rechte, über die der Staat (also Bund und Länder) zu verfügen berechtigt ist[23]. Wenn man die tautologische Spezifizierung des „Vermögens" durch das Merkmal „vermögenswert" vermeidet und das Merkmal „geldwert" wählt, bestätigt sich die vorläufige Definition des Anfangs: Staatsvermögen ist die Gesamtheit der geldwerten Güter und Rechte des Staates. Das Geld als solches wird ausgeklammert. Sedes materiae für ein Staatsrecht des Geldes sind vornehmlich die Geld- und Währungsordnung sowie das Haushaltsrecht[24].

Staatsrechtliche Definition

III. Staat als Vermögensträger

1. Strukturelle und historische Voraussetzungen

12

Das Staatsvermögen als Realität, aber auch schon als bloße Denkmöglichkeit, setzt ein ausdifferenziertes Staatswesen voraus. Historisch gesehen ist dieses alles andere als selbstverständlich.

13

Unterscheidung von Staat und Gesellschaft

a) Der Staat als Träger des Vermögens muß sich als eigene Größe formiert und von den nichtstaatlichen Vermögensträgern abgesetzt haben. Dazu bedarf es der Distinktion zwischen einer Sphäre des Öffentlichen und einer Sphäre des Privaten. Im Hintergrund steht die staatstheoretische Grundunterscheidung von Staat und Gesellschaft, letztere verstanden als die Gesamtheit aller nichtstaatlichen Wirtschaftssubjekte in ihrem Sein, ihrem Handeln und ihrer Habe[25]. Diese müssen sich auf dem Markt mit seinen Risiken und Chancen behaupten, können sich aber gegenüber den Ingerenzen des freiheitlich verfaßten Staates auf ihre Grundrechte, mithin auch auf die Garantie ihres Eigentums berufen, indes dieser selbst nicht den Schutz der Grundrechte genießt, sondern als deren notwendiger Garant, aber auch als deren virtueller Widersacher fungiert[26].

14

Juristische Person als Zurechnungsschema

b) Als Vermögensträger bedarf der Staat der Organisation und der relativen Rechtsfähigkeit[27]. Er muß sich als Rechtssubjekt konstituieren und als juristische Person ausweisen, um am Rechtsverkehr teilnehmen zu können und Inhaber von Vermögensrechten zu sein. Mit den Worten Zachariäs: dem Staat

---

22 *Edgar Tatarin-Tarnheyden*, Die Verfügung über das Staatsvermögen, in: Anschütz/Thoma, Bd. II, S. 417 (419).
23 *Friauf* (N 10), § 90 Rn. 2. Ähnlich *Klaus Stern*, allerdings ohne das Adjektiv „vermögenswert" (Das Staatsrecht der Bundesrepublik Deutschland, Bd. II, 1980, S. 1257), und *Friauf* (N 10), § 90 Rn. 2, jedoch mit dem tautologischen Zusatz „vermögenswert".
24 → Oben *Schmidt*, § 117; *Heintzen*, § 120.
25 → Bd. II, *Rupp*, § 31 Rn. 3 ff., 17 ff., 29 ff.
26 → Bd. II, *Rupp*, § 31 Rn. 29 ff.
27 → Bd. II, *Isensee*, § 15 Rn. 79 ff., 165.

wird insofern juristische Persönlichkeit beigelegt, „als er die Fähigkeit besitzt, Sachen (auch Teile des Grund und Bodens) eigentümlich zu besitzen"[28]. Die Qualität der juristischen Person kann der Staatsorganisation als Gesamtheit zukommen oder – so die Rechtslage in Deutschland – ihren einzelnen Gliederungen. Die jeweilige juristische Person (Bund, Land, Gemeinde, Fonds, öffentliches Unternehmen) ist Inhaberin der Gegenstände, also der Grundstücke, Forderungen, Wertpapiere, Devisen, Sammlungen. Die Eigenschaft der juristischen Person sagt nichts aus über die Substanz des Staates[29]. Vielmehr bildet sie lediglich ein Zurechnungsschema[30]. Als solches ist es allerdings gerade für die privatrechtlichen Beziehungen des Staates (um die es beim Staatsvermögen wesentlich geht) unentbehrlich.

c) Die Hoheitsgewalt des Staates (imperium) muß sich absetzen von seinem Eigentum und seinen eigentumsähnlichen Rechten (dominium). Darin liegt die schlechthinnige Abkehr von der Vorstellungswelt des Patrimonialstaates. Ihm galt das Staatsgebiet als das vom Vater ererbte Vermögen des Landesherrn, und dieser fungierte als Obereigentümer des Bodens, dessen Bewohner als Zubehör im sachenrechtlichen Sinne erschienen. Seine Herrschaftsbefugnisse leiteten sich ab aus dem Grundeigentum: „ein bloßer Ausfluß der Privat-Rechte des Herrschenden, die natürliche Folge der Macht und des besitzenden Eigentums, und von denselben sowenig als der Schatte vom Körper zu trennen möglich."[31] Wenn alle Staatsgewalt Vermögen ist und jedwedes Gut dem Staat gehört, ist für die Kategorie eines besonderen Staatsvermögens weder Platz noch Bedarf. Doch die Theorie des Patrimonialstaates ist längst verabschiedet. Das Staatsgebiet gilt heute weder als Grund noch als Gegenstand der staatlichen Herrschaft, sondern als der Raum, innerhalb dessen Herrschaft über Menschen ausgeübt wird[32]. Die Gebietshoheit erstreckt sich auch auf die Grundeigentümer. Sie selbst aber besteht unabhängig vom Grundeigentum. Der Staat ist notwendig Hoheitsträger, doch kann er auch Träger von Eigentum und anderen privaten Vermögensrechten sein, also auch eine privatrechtliche Position einnehmen, die der Form und dem Rechtsgrund nach der des Privaten gleicht.

15
Unterscheidung Hoheitsgewalt und Eigentum

Patrimonialstaat

Der moderne Staat als Herrschaftsverband löste sich ab von der Person des Herrschers, die Ämterorganisation von den Amtsinhabern, die juristische Person von den natürlichen Personen, die für sie handeln. Mit dieser Unterscheidung war der überkommene Status des landesherrlichen „Kammerguts" (später auch „Domänen") nicht zu vereinbaren, dem die Sonderung nach der öffentlichen Stellung und nach der privaten Existenz des Landesherrn fremd war. Ursprünglich umfaßte das Vermögen die Gesamtheit der Grundbesitzun-

16
Staatsvermögen und Vermögen des Herrschers

„Kammergut"

---

28 *Heinrich Albert Zachariä*, Deutsches Staats- und Bundesrecht, 2. Teil, ³1867, S. 496 ff.
29 →Bd. II, *Isensee*, § 15 Rn. 163 ff.
30 *Reinhold Zippelius*, Allgemeine Staatslehre, ¹⁵2007, S. 79 f.
31 *Carl Ludwig von Haller*, Restauration der Staatswissenschaft, ²1820, Bd. I, S. 479. – Kritik der Patrimonialstaatstheorie: *Robert von Mohl*, Enzyklopädie der Staatswissenschaften, 1859, S. 301 ff.; *Herbert Krüger*, Allgemeine Staatslehre, ²1966, S. 137 ff., 820 ff.; *Zippelius* (N 30), S. 72, 92.
32 →Bd. II, *Isensee*, § 15 Rn. 51; *Vitzthum*, § 18 Rn. 4 ff.

§ 122 *Achter Teil: III. Finanzwesen*

gen des Landesherrn, darunter auch solche aus vormaligem Reichs- und Kirchenvermögen, sowie die Einkünfte aus nutzbaren Regalien, Sporteln und Nachsteuern, Familiengüter wie Güter aufgrund öffentlich-rechtlicher Titel[33]. Im Prozeß der Entpersönlichung und Veramtlichung staatlicher Herrschaft zerbrach diese Einheit. Das Privatvermögen des Fürsten („Schatullgut") und das Staatsvermögen („Kammergut") wurden einem gesonderten Rechtsregime zugewiesen, jenes der privaten Verfügungsmacht des fürstlichen Eigentümers, dieses der verfassungsgebundenen Disposition der Staatsorgane der konstitutionellen Monarchie[34]. Exemplarisch war die Rechtslage in Württemberg aufgrund der Verfassungsurkunde von 1819: der Staat war im Besitz eines ordentlichen Staatsguts („Kammergut"), in das Grundstücke, Gefälle und nutzbare Rechte aus vormaligem königlichem (Familienfideikommiß-)-Besitz eingebracht waren. Die Einkünfte aus dem Kammergut wurden lediglich für Staatsausgaben verwendet, belastet mit der Verbindlichkeit, „neben den persönlichen Bedürfnissen des Königs als Staats-Oberhauptes und der Mitglieder des Königlichen Hauses" (Zivilliste) „auch den mit der Staats-Verwaltung verbundenen Aufwand, so weit es möglich ist, zu bestreiten; es kommt ihm daher die Eigenschaft eines von dem Königreich unzertrennlichen Staats-Gutes zu."[35] Dem Monarchen verblieben als Privatvermögen die Einkünfte aus der Zivilliste, aus dem verbliebenen Hofkammergut sowie aus privatem Erwerb[36].

"Schatullgut"

Die Auseinandersetzung wurde jedoch in den einzelnen Staaten unterschiedlich in Eile, Nachdruck und Gründlichkeit betrieben, so daß nach dem Ende der deutschen Monarchien 1918 noch viele Fragen offen waren und die Auseinandersetzung mit den vormals regierenden Häusern nunmehr den republikanischen Erben zufiel[37]. Bis heute ist sie noch immer nicht überall mit letzter Konsequenz durchgeführt worden. Unklarheit darüber, ob Kunstwerke oder Archivgut im Eigentum des Landes stehen oder den Erben des früheren Landesherrn gehören, geben weiterhin Stoff für Rechtsstreitigkeiten, wenn die Erben darauf ausgehen, das von ihnen prätendierte Eigentum zu versilbern[38].

Vermögensauseinandersetzung mit Fürstenhäusern

---

33 *Georg Meyer/Gerhard Anschütz*, Lehrbuch des Deutschen Staatsrechts, [7]1919, S. 320 f.
34 Dazu *Meyer/Anschütz* (N 33), S. 322 ff. (Nachw.); *Friauf* (N 10), § 90 Rn. 11 ff.
35 § 103 Verfassungsurkunde für Württemberg. Dazu *Robert von Mohl*, Das Staatsrecht des Königreichs Württemberg, Bd. I, [2]1840, S. 636 ff.
36 *v. Mohl* (N 35), S. 262 ff., 282 ff.
37 Zur Lösung im Freistaat Bayern *Walter Leisner*, Monarchisches Hausrecht in demokratischer Gleichheitsordnung – Der Wittelsbacher Ausgleichsfonds in Bayern, 1968.
38 Ein Beispiel war der juristische Streit, der im Jahre 2006 die Öffentlichkeit bewegte, über eine Vereinbarung zwischen dem Haus Baden und dem Land Baden-Württemberg, daß das Land wegen der bestehenden Rechtsunsicherheit über das Eigentum Handschriften aus der Badischen Landesbibliothek und Hans Baldung Griens Markgrafentafel (Karlsruher Kunsthalle) ankaufen solle. Dazu *Reinhard Mußgnug*, Die Rechtslage ist klar, in: FAZ v. 10.10.2006, Nr. 235, S. 33; *Dieter Martens*, Der Baldung-Grien-Code, in: FAZ v. 2.11.2006, Nr. 255, S. 39, 41.

2. Verfassungsrechtliche Kriterien staatlicher Trägerschaft

„Staat" sind Bund und Länder, zentrale Institutionen und deren verselbständigte Trabanten. Der staatliche Sektor reicht so weit wie die Staatsgewalt, die, vom Volk legitimiert, in allen ihren Erscheinungen an die Grundrechte gebunden ist, gleich ob es sich um ihre unmittelbaren oder mittelbaren Erscheinungen handelt[39]. In diesem Zusammenhang kommt es nicht auf die Rechtsform an, in der die Träger organisiert sind, nicht darauf, ob sie mit eigener Budgethoheit ausgestattet sind oder nicht, ob ihre Finanzwirtschaft kameralistischen oder betriebswirtschaftlichen Regeln folgt, ob sie zu den Zentral- oder den Nebenhaushalten gehören[40]. Dagegen deckt sich der ganze Staatssektor mit dem Kontrollbereich der Rechnungshöfe des Bundes und der Länder. Der Generalauftrag zur Finanzkontrolle, der ihnen obliegt, ist auf Vollständigkeit angelegt. Er erfaßt jedwede Form staatlicher Organisation, die hoheitliche wie die privatrechtliche, die behördliche wie die unternehmerische[41].

17

„Staat" in diesem Sinne ist ein Inbegriff, nicht aber ein Rechtssubjekt, dem Vermögensgegenstände rechtlich zugeordnet werden können. Als solche kommen nur rechtlich verselbständigte Organisationseinheiten in Betracht[42]. Zu diesen gehören die juristischen Personen des öffentlichen wie des privaten Rechts, doch nicht allein diese. Das maßgebliche Kriterium ist nicht die Rechtsfähigkeit einer Organisationseinheit, sondern deren Vermögensfähigkeit. Die Rechtsfähigkeit schließt diese in der Regel ein. Doch die Rechtsfähigkeit als solche, gleich ob sie im öffentlichen oder privaten Recht gründet, wird im staatlichen Sektor relativiert durch die Kompetenzordnung. Eine Organisationseinheit ist rechtsfähig nur nach Maßgabe ihrer Kompetenzen und unabhängig nur in bezug auf bestimmte Rechtssätze[43]. So gibt es denn keine vollrechtsfähigen, sondern nur kompetenzdifferenziert teilrechtsfähige Organisationseinheiten und keine völlig unabhängigen, sondern nur abgestufte, normbegrenzte Organisationseinheiten. Es kommt also darauf an, daß das Gesetz ihnen gerade in vermögensrechtlicher Hinsicht Selbständigkeit zuspricht, so daß sie Eigentümer oder Inhaber sonstiger Rechte sein können. Soweit das der Fall ist, kommen alle Formen staatlicher Organisation für die

18

Rechtliche Zuordnung von Vermögensgegenständen

Vermögensfähigkeit

Relativität der Rechtsfähigkeit

Relativität der Unabhängigkeit

---

39 →Bd. II, *Isensee*, § 15 Rn. 145 ff.; *Rupp*, § 31 Rn. 5 ff.; *Wolfgang Rüfner*, Grundrechtsadressaten, in: HStR V, ²2000 (¹1992), § 117 Rn. 2 ff. Zur Unterscheidung von grundrechtsfähiger und staatlicher Organisation *Josef Isensee*, Anwendung der Grundrechte auf juristische Personen, in: HStR V, ²2000 (¹1992), § 118 Rn. 24 ff.
40 Dazu *Michael Kilian*, Nebenhaushalte des Bundes, 1993, S. 45 ff.; *Thomas Puhl*, Budgetflucht und Haushaltsverfassung, 1996, S. 21 ff. →Bd. III, *Puhl*, § 48 Rn. 37 ff.
41 Zum Prinzip der Vollständigkeit der Rechnungsprüfung *Walter Krebs*, Kontrolle in staatlichen Entscheidungsprozessen, 1984, S. 182; *Gunter Kisker*, Staatshaushalt, in: HStR IV, ²1999 (¹1990), § 89 Rn. 117 ff.; →Bd. III, *Hufeld*, § 56 Rn. 30 ff. Zum österreichischen Recht *Johannes Hengstschläger*, Der Rechnungshof, 1982, S. 172; *Heinz Schäffer*, Kontrolle der Verwaltung durch Rechnungshöfe, in: VVDStRL 55 (1996), S. 278 (290).
42 →Oben *Krebs*, § 108 Rn. 16 ff., 24 ff.
43 →Oben *Krebs*, § 108 Rn. 25, 26. Vgl. auch *Fritz Fabricius*, Relativität der Rechtsfähigkeit, 1963, S. 106 ff.; *Ulrich Scheuner*, Voraussetzung und Form der Errichtung öffentlicher Körperschaften (außerhalb des Kommunalrechts), 1967, in: ders., Staatstheorie und Staatsrecht, 1976, S. 605 (616 f.); *Jörn W. Winterfeld*, Grenzen des Handelns juristischer Personen des öffentlichen Rechts im Privatrechtsverkehr, Diss. Bonn, 1986, S. 15 ff., passim; *Steffen Detterbeck*, Zum präventiven Rechtsschutz gegen Ultra-vires-Handlungen öffentlich-rechtlicher Zwangsverbände, 1989, S. 29 ff.

§ 122   *Achter Teil: III. Finanzwesen*

Vermögensträgerschaft in Betracht: Körperschaften wie Anstalten, Stiftungen des öffentlichen wie des privaten Rechts, Staatsbetriebe wie Sondervermögen.

19
Sondervermögen

Eine Zuordnung eigener Art bildet das Sondervermögen, das Gegenstand verfassungs- und haushaltsrechtlicher Vorschriften ist[44]. Laut amtlicher Definition sind Sondervermögen rechtlich unselbständige, abgesonderte Teile des Bundesvermögens, die durch Gesetz oder aufgrund eines Gesetzes entstanden und zur Erfüllung einzelner Aufgaben des Bundes bestimmt sind[45]. Der Erfüllung bestimmter Aufgaben des Bundes gewidmet, werden sie getrennt vom allgemeinen Bundesvermögen verwaltet. Sie stellen einen eigenen Haushalts- und Wirtschaftsplan auf. Sie sind aus der allgemeinen Etatisierungspflicht entlassen; nur die Zuführungen und die Ablieferungen müssen im Haushaltsplan des Muttergemeinwesens veranschlagt werden[46]. Damit werden die Grundsätze der Einheit und Vollständigkeit des Haushalts durchbrochen[47]. Als „rechtlich unselbständige" Organisationseinheiten haben sie nicht den Status der juristischen Person des öffentlichen oder des privaten Rechts, mithin nicht die (scheinbare) Vollrechtsfähigkeit. Gleichwohl genießen sie relative Rechts-

Vermögensfähigkeit

fähigkeit, eben darin Vermögensfähigkeit[48]. Die Eigenart dieses Organisationstypus liegt darin, daß der Status vom wirtschaftlichen Substrat, einem Teil des Staatsvermögens, definiert wird, nicht dagegen von der Tätigkeit, dem Zweck oder den Mitgliedern, und daß die Freistellung von Haushaltsgrundsätzen der rechtliche Ausweis seiner begrenzten Eigenständigkeit ist.

IV. Verwaltungs- und Finanzvermögen

1. Dichotomie

20
Labands klassische Typologie

Unter dem Einfluß der Finanzwissenschaft unterscheidet die Staatsrechtslehre seit dem 19. Jahrhundert zwei Typen des Staatsvermögens: das Verwaltungs- und das Finanzvermögen[49]. Die Typologie findet ihre klassische Gestalt

---

44 Art. 110 Abs. 1 S. 1 und Art. 115 Abs. 2 GG; §§ 26 Abs. 2, 61 Abs. 3, 85 Nr. 2, 88 Abs. 1, 113 BHO; § 52 Abs. 3 HGrG; § 19 S. 1, 25 S. 2 StabG.

45 2.1 VV-BHO zu § 26. Dazu *Puhl* (N 40), S. 126 ff. Zum Status der Deutschen Bundesbahn als Sondervermögen vor der Organisationsprivatisierung *Werner Stumpf*, Die Bewirtschaftung eines Sondervermögens, Diss. Würzburg 1985. Weitere Beispiele → Bd. IV, *Ronellenfitsch*, § 98 Rn. 21 ff.; *Hartmut Bauer*, Die finanzverfassungsrechtliche Integration der neuen Länder, in: HStR IX, 1997, § 206 Rn. 37, 40 ff., 59. – Zum Pendant des privatrechtlichen Sondervermögens *Barbara Dauner-Lieb*, Unternehmen in Sondervermögen, 1998, S. 37 ff.

46 Art. 110 Abs. 10 Hs. 2 GG, § 26 Abs. 2 BHO. Überdies kann das Gesetz für Sondervermögen die Schranken der Kreditfinanzierung aufheben (Art. 115 Abs. 2 GG). Zu dieser prekären, mißbrauchsaffinen Ausnahmevorschrift →unten *Pünder*, § 123 Rn. 74 ff.

47 Dazu *Puhl* (N 40), S. 129; *Andreas Nebel*, in: Piduch (N 12), Stand: Dezember 2005, Art. 110 GG Rn. 43 ff.; → unten Heintzen, § 120 Rn. 29.

48 Zur Frage, ob und wieweit ein Sonderstatus rechtlichen Schutz vor dem Zugriff des Muttergemeinwesens bietet, *Christian Waldhoff*, Verfassungsrechtliche Probleme des ERP-Sondervermögens, in: DÖV 2005, S. 674 ff.

49 Der Ursprung liegt in *Lorenz von Steins* Unterscheidung zwischen „Staatsbesitz", der, zum Organismus der Verwaltung gehörend, nicht dazu bestimmt ist, einen eigenen Ertrag zu geben, und den auf Ertrag ausgerichteten „Staatsdomänen", zu denen auch die Staatsunternehmungen gehören (Lehrbuch der Finanzwissenschaft, ^{2}1871, S. 154 ff.). Später ging *von Stein* aber zu einer Dreiteilung zwischen Staatsbesitz, Staatsgütern und Staatsunternehmungen über (Lehrbuch der Finanzwissenschaft, 2. Teil, 1. Abteilung, ^{5}1885, S. 142 f.).

bei Paul Laband. Er versteht unter Verwaltungsvermögen alle Wertobjekte, „welche den für die Erfüllung der staatlichen Zwecke und Aufgaben erforderlichen Apparat bilden, also zum Dienst der Behörden und zum Betriebe der Staatsanstalten gehören: das *Inventar* des Staates"[50]. Die Objekte des Verwaltungsvermögens enthalten nicht freies, disponibles Kapital. Vielmehr sind sie hinsichtlich ihrer Verwendung gebunden[51]. Dagegen dient das Finanzvermögen, so Laband, nicht direkt den Staatszwecken. Vielmehr setzt es die Regierung durch seinen Kapitalwert oder dessen Erträge in die Lage, einen Teil der für die Durchführung der Staatszwecke erforderlichen Kosten zu bestreiten: als „werbendes" oder „wirtschaftliches" Vermögen des Staates[52]. Anders gewendet: Laband unterscheidet zwischen Besitzungen des Staates, die ausschließlich zu seiner Finanzierung bestimmt sind (Domänen und Forsten, Berg-, Hütten- und Salzwerke, Handels- und Fabrik-Etablissements und Eisenbahnen), sowie solchen, die nichtfiskalischem, öffentlichem Interesse gewidmet sind (Exerzierplätze und Kasernen, Gymnasial-, Gerichts- und Regierungsgebäude, Magazine)[53]. Labands Unterscheidung gründet also in der Beziehung der Vermögensobjekte zu den Staatsaufgaben. Das Finanzvermögen erleichtert dem Staat indirekt deren Erfüllung. Erwerb und Verwaltung sind rechtlich frei. Dagegen wird das Verwaltungsvermögen durch den Staatszweck gefordert und gebunden. Es ist „wesentlich" für den Staat, indes das Finanzvermögen kontingent ist, Zufallswerk der Geschichte. „Als Subjekt des Finanzvermögens erscheint der Staat als Kapitalist, der sein Vermögen zu seinem pekuniären Vorteil ausbeutet; als Subjekt des Verwaltungsvermögens stellt der Fiskus sein Vermögen dem öffentlichen Dienst zu Gebot."[54] Auf den Geleisen, die Laband gelegt hat, bewegt sich seither die staats- und verwaltungsrechtliche Dogmatik des Staatsvermögens[55].

21
Umschreibung des Verwaltungsvermögens in Art. 135 Abs. 2 GG

Das Grundgesetz folgt der Unterscheidung, wenn es, von seiner generellen Regelung der Vermögensnachfolge abweichend, eine Sonderregelung für (Verwaltungs-)Vermögen trifft, das nach seiner ursprünglichen Zweckbestimmung überwiegend für Verwaltungsaufgaben bestimmt war oder nach seiner gegenwärtigen, nicht nur vorübergehenden Benutzung überwiegend Verwaltungsaufgaben dient[56]. Das Bundesverfassungsgericht ergänzt diese grundgesetzliche Umschreibung des Verwaltungsvermögens um die Umschreibung

---

50 *Paul Laband*, Das Staatsrecht des Deutschen Reiches, Bd. II, ²1891, S. 854.
51 *Laband* (N 51), S. 854.
52 *Laband* (N 51), S. 854 f.
53 *Paul Laband*, Das Budgetrecht (1871), Nachdruck 1971, S. 25.
54 *Laband* (N 51), S. 855.
55 Exemplarisch: *Georg Meyer*, Lehrbuch des Deutschen Verwaltungsrechts, Teil II, 1885, S. 173 ff.; ders., Lehrbuch des Deutschen Staatsrechts, 1895, S. 640; *Meyer/Anschütz* (N 33), S. 873, 907; *Fritz Fleiner*, Institutionen des Deutschen Verwaltungsrechts, ²1912, S. 307 ff.; *Otto Mayer*, Deutsches Verwaltungsrecht, Bd. II, ³1924, S. 50; *Walter Jellinek*, Verwaltungsrecht, ³1931, S. 505 f.; *Julius Hatschek*, Lehrbuch des deutschen und preußischen Verwaltungsrechts, ⁷/⁸1931, S. 45; *Ernst Forsthoff*, Lehrbuch des Verwaltungsrechts, Bd. I, ¹⁰1973, S. 376 f.; *Stern* (N 23), S. 1260 ff.; *Friauf* (N 10), § 90 Rn. 28 f.; *Jürgen Salzwedel*, Anstaltsnutzung und Nutzung öffentlicher Sachen, in: Hans-Uwe Erichsen (Hg.), Allgemeines Verwaltungsrecht, ¹⁰1995, § 42 Rn. 13. →Oben *P. Kirchhof*, § 99 Rn. 116.
56 Art. 135 Abs. 2 GG. Ähnlich Art. 134 Abs. 2 GG.

§ 122　　*Achter Teil: III. Finanzwesen*

Einigungsvertrag

des („werbenden") Finanzvermögens dahin, daß dieses der öffentlichen Verwaltung lediglich mittelbar durch seinen Kapitalwert dient und seine Erträgnisse zur Finanzierung des Verwaltungsaufwandes nutzbar gemacht werden[57]. Die hergebrachte Zweiteilung geht in den Einigungsvertrag ein, der den Nachlaß der DDR unterschiedlich zuteilt, je nachdem, ob es sich um Vermögen der DDR handelt, das unmittelbar bestimmten Verwaltungsaufgaben dient (Verwaltungsvermögen), oder um öffentliches Vermögen von Rechtsträgern im Beitrittsgebiet „einschließlich des Grundvermögens und des Vermögens in der Land- und Forstwirtschaft, das nicht unmittelbar bestimmten Verwaltungsaufgaben dient (Finanzvermögen)"[58].

22
„Dienst"
„Widmung"

In den Definitionen ist die Rede vom „Dienen" der Vermögensobjekte, nicht aber von deren „Widmung". Der Dienst ist die reale Nutzung, Indienstnahme ein Realakt, die Widmung dagegen ein Rechtsakt, der in unterschiedlicher Form oder auch formlos ergehen kann[59]. Die Widmung als solche begründet nicht den Unterschied zwischen den beiden Typen des Staatsvermögens etwa dahin, daß der eine die Widmung erfordere, der andere nicht. Freilich sind die Gegenstände des Verwaltungsvermögens notwendig einem bestimmten Zweck gewidmet, mag die Widmung auch nur informell erfolgen, nur im Rückschluß aus der tatsächlichen Nutzung erkennbar oder aus unvordenklicher Verjährung ableitbar sein[60]. Darin liegt aber kein Spezifikum. Auch Gegenstände des Finanzvermögens können gewidmet werden, Liegenschaften und Kapital einem kommunalen Wirtschaftsbetrieb, Wohngebäude der (tunlichst lukrativen) Vermietung auf dem Markt. Thesaurierten Beständen an Geld und Gold ermangelt dagegen die Widmung, desgleichen brachliegenden Grundstücken. Doch enthalten sie das Potential zur finanziellen Nutzung. Entscheidend ist nicht das Vorliegen oder Fehlen der Widmung, sondern die (zumindest potentielle) Nutzung für einen öffentlichen oder finanziellen Zweck.

23
Rationale Legitimation des Verwaltungsvermögens

Der begrifflichen Unterscheidung korrespondiert die unterschiedliche Legitimation. Der Bestand des Verwaltungsvermögens läßt sich rational legitimieren aus den Erfordernissen staatlicher Funktion. Dagegen kann sich das Finanzvermögen nicht aus solcher Notwendigkeit herleiten. Allenfalls stiftet es mittelbaren Nutzen, soweit es Erträge abwirft, die in den Staatshaushalt eingehen. Das ist ein fiskalisch willkommener Effekt, doch keine rechtserhebliche, rationale Legitimation. Denn der Steuerstaat der Gegenwart finanziert sich durch hoheitliche Teilhabe am Markterfolg der Privaten, nicht jedoch aus eigenem Marktgewinn. Im übrigen sind nicht alle Mobilien und Immobilien,

Historische
Erklärung

die nicht zum Verwaltungsvermögen gehören, lukrativ. Der Bestand des Finanzvermögens läßt sich nur historisch erklären; als *„zufälliges*, durch die historische Entwicklung der Finanzwirtschaft dem Fiskus überliefertes Ver-

---

57 BVerfGE 10, 20 (37) unter Berufung auf *Fritz Fleiner, Ernst Forsthoff* und *Walter Jellinek.*
58 Art. 21 Abs. 1 S. 1 und Art. 22 Abs. 1 S. 1 Evtr. S. u. Rn. 125.
59 *Peter Axer*, Die Widmung als Schlüsselbegriff des Rechts der öffentlichen Sachen, 1994, S. 33 ff., 86 ff., passim.
60 Zu letzterer Figur *Axer* (N 59), S. 94 ff. (Nachw.).

mögen"⁶¹. Historische Erklärung ist noch keine traditionale Legitimation⁶². So stehen sich im Begriffspaar „Verwaltungs-" und „Finanzvermögen" Notwendigkeit und Kontingenz gegenüber.

Labands Zweier-Typologie hat bisher allen Überlegungen getrotzt, sie um einen dritten Typus anzureichern, so um den des Betriebsvermögens: das Vermögen der wirtschaftlichen Einrichtungen der öffentlichen Hand, insbesondere der Eigenbetriebe, der land- und forstwirtschaftlichen Betriebe und der wirtschaftlichen Unternehmen der Daseinsvorsorge (Gas- und Wasserbetriebe, Schlachthäuser, Fahrzeugparks etc.)⁶³. Der Vorschlag hat sich nicht durchgesetzt, aus gutem Grund, weil die dritte Kategorie keine neuen Einsichten über Recht und Realien erschließt und auch keinen Tatbestand bezeichnet, an den einheitliche Rechtsfolgen anknüpfen. Was als Betriebsvermögen figurieren soll, läßt sich entweder dem Verwaltungs- oder dem Finanzvermögen zurechnen⁶⁴. Als gleichwertige Größe könnte es den Anschein von ökonomischer Eigenständigkeit wecken jenseits der staatsrechtlichen Bindungen.

24
Keine dritte Kategorie

Betriebsvermögen

Das Bundesverfassungsgericht weist den Versuch zurück, den ehemals preußischen Kulturbesitz als Vermögen sui generis auszuweisen⁶⁵, weil die Verwaltung mancher Museumsbestände sich der reinen Vermögensverwaltung annähere, um ihn so der Alternative zu entziehen, ihn entweder als Verwaltungs- oder Finanzvermögen zu behandeln. Eine Besonderheit, die der museale Bestand mit anderem wertvollem Verwaltungsvermögen gemeinsam habe, könne ihm den Charakter als Verwaltungsvermögen nicht nehmen und aus ihm ein Drittes machen, das die traditionelle Unterscheidung zwischen Finanz- und Verwaltungsvermögen sprengen würde⁶⁶.

25
Kulturbesitz – kein Vermögen sui generis

kein Vermögen bei Generis

Auf der anderen Seite wird die Zweiteilung mit der These angegriffen, daß die Kategorie des Finanzvermögens entbehrlich sei, weil es ein solches heute nicht gebe und von Rechts wegen nicht geben dürfe. Denn alles Staatsvermögen, auch das scheinbar nur erwerbswirtschaftlicher Unternehmen, diene öffentlichen Aufgaben⁶⁷. Mithin seien alle sächlichen Mittel des Staates als Verwaltungsvermögen auszuweisen. Da diese Kategorie keine Distinktion mehr leiste, sei auch sie hinfällig. Das staatstheoretische Fundament legte Herbert Krüger: Das Staatsgut sei ausschließlich auf das Gemeinwohl ausgerichtet. Ihm kämen eine gesteigerte Existenz gegenüber dem Privateigentum und eine höhere Bestimmung zu. Seinem Wesen nach habe es repräsentativen Charakter, so daß es sich der Zuordnung zum Privatrecht entziehe und eigent-

26
Verwerfung der Zweiteilung, Leugnung des Finanzvermögens

Krügers Staatstheorie der öffentlichen Natur der Sachmittel

---
61 So *Laband* (N 51), S. 855.
62 Zu den Arten der Legitimation *Max Weber*, Wirtschaft und Gesellschaft (1922), Studienausgabe 1956, S. 167 ff.
63 So die Umschreibung durch *Hans J. Wolff/Otto Bachof/Rolf Stober*, Verwaltungsrecht, Bd. II, ⁶2000, S. 682 – freilich bezogen auf das Recht der öffentlichen Sachen im Verwaltungsgebrauch, nicht auf das Vermögensrecht. Ein Ansatz zu einer Dreiteilung findet sich schon bei *v. Stein* (N 49) mit seinem Vorschlag, Staatsbesitz, die eigentlichen Staatsgüter und die Staatsunternehmungen zu unterscheiden.
64 Zutreffend *Friauf* (N 10), § 90 Rn. 30.
65 So *Hans Holtkotten*, in: BK, Stand: Juni 2007, Art. 135 GG, Anm. II 2d.
66 BVerfGE 10, 20 (37 f.).
67 *Bernhard Schmitz*, Die Unterscheidung zwischen Finanz- und Verwaltungsvermögen im Lichte des modernen Rechts- und Wirtschaftsstaates, 1966, S. 84 ff., 123 ff., 131 ff., 206 ff. (Nachw.).

§ 122   *Achter Teil: III. Finanzwesen*

lich als res extra commercium zu behandeln sei. „In Wahrheit sind öffentliche Existenz und ebensolche Bestimmung die allein echte und dauernde ‚Natur' dieser Sachen und Rechte."[68] Das ist freilich ein staatstheoretisches Leitbild, dem, wie Krüger selbst feststellt, Recht und Realität nicht entsprechen. Er räumt ein, die sachlichen Staatsmittel seien praktisch von „unvergüteter" Natur, ebenso wie die Sachmittel eines Privatmannes, allenfalls in ihrer Ausübung beschränkt durch von außen kommende Vorschriften des öffentlichen Rechts[69]. In der Tat haben sich Recht und Realität dem staatstheoretischen Ideal bislang nicht angepaßt. Das positive Recht beharrt auf der Unterscheidung und die Staatspraxis geht weiterhin von ihr aus[70]. In der Praxis neigen Wirtschaftsbetriebe der öffentlichen Hand dazu, ihre gewinnorientierte Tätigkeit aus öffentlichen Verwaltungsaufgaben zu legitimieren, um politische (damit freilich nicht notwendig auch rechtliche) Resistenz gegen Privatisierungsvorhaben zu gewinnen. So lassen sich staatliche Spielbanken[71] und kommunale Sparkassen[72] gern von Gutachtern den Gemeinwohlnimbus der funktionellen Unentbehrlichkeit zuschreiben, um ihre privilegierte Stellung unbehelligt von Parlament und öffentlicher Meinung zu halten.

2. Qualifikation

27

Kein Grenzenlosigkeitsschluß

Überwiegen des Verwaltungszweckes

Im Einzelfall kann es schwierig sein, einen Vermögensgegenstand entweder als Verwaltungs- oder als Finanzvermögen zu qualifizieren. Das ergibt jedoch noch kein rechtliches Argument, die Zweiteilung überhaupt zu verwerfen[73]. Aus der Schwierigkeit, die rechtliche Grenze zu erkennen, läßt sich nicht folgern, daß es keine rechtliche Grenze gibt[74]. Die beiden Grundmuster des Staatsvermögens können sich freilich überschneiden. Wo aber die Aufteilung eines Vermögensgutes im Überschneidungsbereich nicht angezeigt ist, kommt es darauf an, ob es überwiegend für Verwaltungsaufgaben bestimmt ist oder nicht[75].

28

Anwendungskonflikte

Eine positive Definition jeder der beiden Erscheinungsformen des Staatsvermögens, die eine nach dem Verwaltungszweck nichtfinanzieller Art, die andere nach dem Finanzierungszweck, kann zu positiven oder negativen Anwendungskonflikten führen, wenn derselbe Gegenstand beiderlei Zwecken

---

68 *Krüger* (N 31), S. 329 ff. (331). – Kritik: *Hans Hugo Klein*, Die Teilnahme des Staates am wirtschaftlichen Wettbewerb, 1968, S. 119 ff.
69 *Krüger* (N 31), S. 331.
70 Exemplarisch BVerfGE 10, 20 (37 f.). Zur Existenz erwerbswirtschaftlicher Staatsbetriebe BVerfGE 12, 354 (363) – Volkswagenwerk. Kritik: *Krüger* (N 31), S. 610; *Schmitz* (N 67), S. 129 f. →Bd. IV, *Ronellenfitsch*, § 98 Rn. 20 ff., 53 ff.
71 Zu diesen BVerfGE 28, 119 (148); 102, 197 (215 ff.); BVerfG, Kammerbeschluß v. 26.3.2007, in: WRP 2007, S. 636 ff.; *Hans-Jürgen Papier*, Staatliche Monopole und Berufsfreiheit, in: FS für Klaus Stern, 1997, S. 543 (555 ff.). Europarechtliche Sicht: EuGH, Urt. v. 6.3.2007, in: JZ 2007, S. 732 ff., mit Anm. *Hans-Detlef Horn*, S. 736 ff.
72 *Klaus Stern*, Sparkassen und Kommunen (1984), in: ders., Der Staat des Grundgesetzes, 1992, S. 918 ff.
73 Verfehlt *Schmitz* (N 67), S. 27 ff., 207 ff. – Die „flüssige Grenze" räumen ein *Meyer/Anschütz* (N 33), S. 873.
74 *Carl Schmitt*, Freiheitsrechte und institutionelle Garantien (1931), in: ders., Verfassungsrechtliche Aufsätze, 1958, S. 140 (147).
75 Vgl. die Definition in Art. 135 Abs. 2 GG.

dient oder wenn er sich weder dem einen noch dem anderen ohne Gewaltsamkeit zurechnen läßt. Entscheidend für die Lösung ist der jeweilige gesetzliche Kontext. Im Zweifel kommt es jedoch nur darauf an, daß sich eine öffentliche, nichtfiskalische Zweckbestimmung nachweisen läßt und daß diese dominiert[76]. Ist das der Fall, so ist die Qualifikation als Verwaltungsvermögen gerechtfertigt. Sonst aber liegt notwendig Finanzvermögen vor. Hier erweisen sich die Definitionen des Art. 21 und 22 EVtr als hilfreich, die lediglich das Verwaltungsvermögen positiv umschreiben und das Finanzvermögen zum Auffangtatbestand bestimmen.

Die Qualifikation einer Sache als Verwaltungs- und Finanzvermögen kann sich im Laufe der Zeit ändern oder doch problematisch werden. Sie folgt der Entwicklung der Staatsaufgaben. So dienten die Domänen[77] anfänglich der Versorgung des landesherrlichen Hofes und des Militärs. Insofern ließen sie sich – in heutiger Begrifflichkeit – dem Verwaltungsvermögen zurechnen. Seit sich der Zweck erledigt hat und ihnen nur noch die Aufgabe obliegt, finanzielle Erträge für die Staatskasse zu erbringen, haben sie sich in Finanzvermögen verwandelt. Eine Rückverwandlung wäre denkbar, wenn sie künftig zu ertragsunabhängigen Forschungsstätten für die Agrarwissenschaft oder zu gewinnindifferenten Mustergütern für ökologischen Landbau umgewidmet würden.

29 Wandel der Staatsaufgaben

Domänen

Umwidmung von Immobilien

Die barocke Residenz des Monarchen entsprach im Zeitalter des Absolutismus der Notwendigkeit der Repräsentation. Der Zweck ist entfallen. Gleichwohl hat das Bauwerk nicht darum schon unwiederbringlich die Qualität als Verwaltungsvermögen verloren. Der demokratische Staat kann sein Erbgut auf seine Weise weiter nutzen, in Repräsentations-Leihe bei einer repräsentationstüchtigeren vordemokratischen Staatsform: als Sitz des Ministerpräsidenten, der Volksvertretung, eines Gerichts oder einer Universität. Er kann es aber auch wegen seines historischen und künstlerischen Ranges oder wegen seiner Bedeutung als Wahrzeichen bewahren, pflegen und der Öffentlichkeit präsentieren – und sich darin als Kulturstaat darstellen. In einer solchen Metamorphose der öffentlichen Zwecke bleibt der Charakter des Verwaltungsvermögens erhalten[78].

30 Barocke Residenz

Zweckmutation

Die Eisenbahn, die sich zunächst privater Initiative verdankte, wurde nach ihrer Verstaatlichung dem fiskalischen Sektor zugerechnet und galt als prototypisches Finanzvermögen[79]. Freilich erwies sie zunehmend ihre öffentliche Bedeutung für die Erschließung des staatlichen Raums und für die Verkehrsversorgung der Bevölkerung; überdies nahm der Staat sein Unternehmen in

31 Bahn

---

[76] Exempel ist die Bindung der kommunalen Wirtschaftsbetriebe an einen öffentlichen Zweck. Dazu *Günter Püttner*, Die öffentlichen Unternehmen, 1985, S. 131.
[77] Dazu *Carl von Rotteck*, Domainen, in: ders./Carl Welcker (Hg.), Staatslexikon, Bd. IV, 1837, S. 459 ff.; *Robert v. Mohl*, Staatsrecht des Königreiches Württemberg, Bd. II, ²1840, S. 788 ff.; *Meyer/Anschütz* (N 33), S. 819, 870 ff.; *Alois Böckhoff*, Domänen, in: StL⁵, Bd. I, 1926, Sp. 1472 ff.; *Karl Häuser*, Abriß der geschichtlichen Entwicklung der öffentlichen Finanzwirtschaft, in: HdbFW, Bd. I, ³1977, S. 4 (28 ff.).
[78] Zum Charakter des musealen Besitzes und der „Bildungsanstalten" als Verwaltungsvermögen BVerfGE 10, 20 (37 f.) – Preußischer Kulturbesitz.
[79] *Laband* (N 51), S. 855 f.; *ders.* (N 53), S. 25.

den Dienst für diverse sozialpolitische Nebenaufgaben. Die öffentlichen Aufgaben der Eisenbahn rechtfertigten denn auch die Zuwendungen, die der Bund aus dem allgemeinen Staatshaushalt an die als Sondervermögen organisierte, chronisch defizitär wirtschaftende Deutsche Bundesbahn leistete. Dennoch blieb sie dem unternehmerischen Ziel des Gewinns, das sie hartnäckig verfehlte, weiterhin verpflichtet. Mit einem gewissen Trotz gegen die Wirklichkeit wurde sie weiterhin zum Finanzvermögen gezählt[80]. Seit der Organisationsprivatisierung der Bahn ist Differenzierung angezeigt. Die Schienenwege als solche sind Verwaltungsvermögen. Dagegen ist das rollende Material dem Finanzvermögen zuzurechnen. Insofern wirkt sich die Organisation der Deutschen Bahn als Wirtschaftsunternehmen in privatwirtschaftlicher Form aus, das wettbewerbs- und gewinnorientiert nach kaufmännischen Grundsätzen geführt wird[81], indes der Bund kraft seiner Hoheitsgewalt sicherzustellen hat, daß dem Wohl der Allgemeinheit, insbesondere den Verkehrsbedürfnissen, beim Ausbau und Erhalt des Schienennetzes sowie bei den Verkehrsangeboten Rechnung getragen wird[82].

Scheidung von Schienenwegen und rollendem Material

3. Gegenstände

a) Verwaltungsvermögen

32

Das Verwaltungsvermögen kann dem internen Gebrauch durch die Staatsorganisation dienen (internes Verwaltungsvermögen) oder dem Gebrauch durch externe Benutzer (externes Verwaltungsvermögen)[83]. Zu den Interna gehören etwa Verwaltungsgebäude, ihre Einrichtung, Büromaterial und Fahrzeuge, militärische Anlagen und Gerätschaften[84], Magazine und Archive. Das interne Vermögen folgt den Eigenbedürfnissen der staatlichen Organisation und es sichert die Grundlage ihrer Funktion. Es ist eigentlich nur Mittel zum Zweck des Staates. Gleichwohl fügt sich das interne Verwaltungsvermögen der Definition, die den unmittelbaren Dienst für bestimmte Verwaltungsaufgaben verlangt[85]. Denn es handelt sich um instrumentale Staatsaufgaben, solche also, welche das Instrumentarium staatlichen Handelns betreffen: die persönlichen und sächlichen Mittel zur Realisierung der eigentlichen Gemeinwohlzwecke, dem Gegenstand der finalen Staatsaufgaben[86]. Instrumentalen Charakter hat auch die Finanzierung durch Steuern; daher gehören die Gebäude und das Material der Finanzverwaltung zum Verwaltungsvermögen. Außen vor verbleiben dagegen die Gegenstände der erwerbswirtschaftlichen Staatstätigkeit, die nur mittelbar zur Staatsfinanzierung beiträgt.

Internes Verwaltungsvermögen

Instrumentale Staatsaufgaben

Finanzverwaltung

---

80 *Stern* (N 23), S. 1262.
81 →Bd. IV, *Uerpmann-Wittzack*, § 89 Rn. 41 ff.
82 →Bd. IV, *Butzer*, § 74 Rn. 19 ff., 27; *Uerpmann-Wittzack*, § 89 Rn. 46 f.
83 *Stern* (N 23), S. 1261; *Friauf* (N 10), § 90 Rn. 34. – Für das Recht der öffentlichen Sachen *Klaus Stern*, Die Öffentliche Sache, in: VVDStRL 21 (1964), S. 183 (195 f.).
84 *Stern* (N 23), S. 1261; *Friauf* (N 10), § 90 Rn. 34.
85 Vgl. Art. 21 Abs. 1 S. 1 Evtr.
86 →Bd. IV, *Isensee*, § 73 Rn. 32 f., 73.

Zum externen Vermögen gehören die öffentlichen Sachen im Gemeingebrauch: Straßen, Verkehrswege, Erholungsgelände, Gewässer, der Meeresstrand. Ferner zählen dazu die der anstaltlichen Nutzung gewidmeten Räume und sonstige Gegenstände der Kindergärten, Schulen, Universitäten, Krankenhäuser, Theater, Museen, Verkehrsmittel, Markthallen und sonstigen öffentlichen Einrichtungen[87].

33 Externes Verwaltungsvermögen

Öffentliche Sachen werden generell dem Verwaltungsvermögen zugerechnet[88]. Allerdings ist ein Vorbehalt anzumelden: daß die öffentlichen Sachen überhaupt zum Vermögen des Staates gehören. So kann das Grundeigentum an einem Straßen- oder Parkgrundstück in privater Hand stehen, lediglich mit einer dem Verwaltungszweck gemäßen Dienstbarkeit belastet[89]. Diese aber hat als solche keinen Vermögenswert. Andererseits reicht das Verwaltungsvermögen, auch das externe, über die öffentlichen Sachen hinaus[90]. Eine Sache braucht noch nicht rechtlich gewidmet und real in Dienst gestellt zu sein, also noch nicht den Status der öffentlichen Sache erlangt zu haben, und kann doch schon zum Verwaltungsvermögen gehören, so ein für den Straßenbau erworbenes oder enteignetes Grundstück[91]. Ein solches Grundstück verliert seine Zugehörigkeit zum Verwaltungsvermögen erst dann, wenn der Bau endgültig unterbleibt oder die Straße gebaut, aber später entwidmet wird.

34 Öffentliche Sachen als Verwaltungsvermögen

Beginn der Qualität als Verwaltungsvermögen

Grundsätzlich ist festzustellen: das Verwaltungsvermögen ist keine Kategorie des Rechts der öffentlichen Sachen, sondern eine solche des Finanzrechts[92]. Die Typologie der öffentlichen Sachen, die Rechtsfigur der Widmung, die Ausgestaltung der Benutzungsverhältnisse sind keine finanzrechtlichen Themen. Sie sagen nichts aus über Staatsfinanzierung und Staatsvermögen. Aus dem gleichen Grunde scheidet das Anstaltsrecht für den vorliegenden Fragenkreis aus. Allenfalls bieten diese Kategorien Anhaltspunkte dafür, ob ein Vermögensgegenstand von seiner Zweckwidmung her als Verwaltungsvermögen zu qualifizieren ist. Das ist aber auch alles. Das Recht des Staatsvermögens bildet den Unterbau für das öffentliche Sachen- und Anstaltsrecht sowie für alle jene Rechtsmaterien, über die sich die finalen Staatsaufgaben realisieren.

35 Irrelevanz des öffentlichen Sachenrechts

Staatsvermögen als Unterbau

b) Finanzvermögen

Staatsvermögen, das nicht zum Verwaltungsvermögen gehört, ist Finanzvermögen. In der Regel handelt es sich um Objekte, die durch ihre wirtschaftliche Nutzung Erträge für den Staatshaushalt abwerfen oder aufgrund ihres Geldwertes die Finanzkraft des Staates steigern können, was nicht ausschließt, daß sie in der Realität defizitär arbeiten. Sie helfen der öffentlichen

36

---

87 *Stern* (N 23), S. 1261; *Friauf* (N 10), § 90 Rn. 34.
88 Repräsentativ *Salzwedel* (N 55), § 42 Rn. 13.
89 Dazu *Salzwedel* (N 55), § 42 Rn. 4 f., 6 ff., 13; *Fritz Ossenbühl*, Öffentliche und private Nutzung der Hofgartenwiese, 1984, S. 13 ff.
90 *Salzwedel* (N 55), § 42 Rn. 13.
91 *Friauf* (N 10), § 90 Rn. 35.
92 Grundsatzkritik am „Recht der öffentlichen Sachen": *Axer* (N 59), S. 218 ff.

1281

§ 122   *Achter Teil: III. Finanzwesen*

Dominanz des Finanzinteresses

Hand, am allgemeinen Wirtschaftsverkehr, auch in Konkurrenz zu Privaten, teilzunehmen, oder dienen Anlagezwecken[93]. Das Finanzinteresse, das hier obwaltet, schließt andere öffentliche Belange nicht schlechthin aus. Doch ist das Finanzvermögen nicht unmittelbar einem öffentlichen Zweck gewidmet. Vielmehr kann dessen Förderung eine erwünschte Nebenwirkung sein, etwa die Sicherung von Arbeitsplätzen oder der Schutz regionaler Strukturen. Herkömmliche Beispiele des Finanzvermögens sind Domänen und Forsten, Bergwerke und Salinen, Fabriken und Eisenbahnen[94]. Heutige Erscheinungen sind die Wirtschaftsbetriebe der öffentlichen Hand und die Beteiligungen an ihnen (darunter die Landesbanken und kommunalen Sparkassen, die öffentlichen Privatversicherer, die in Staatshand verbliebenen Anteile an der teilprivatisierten Volkswagenwerk AG), Wohnanlagen und sonstige Vermietobjekte, Wertpapiere, Darlehensforderungen, Kassenbestände. In diese Kategorie fallen auch die Sondervermögen wie das ERP-Sondervermögen, das Bundeseisenbahnvermögen, der Fonds Deutsche Einheit und das Treuhandvermögen[95].

V. Privateigentum und/oder hoheitliche Sachherrschaft

1. Unterscheidung von Eigentum und öffentlicher Sachherrschaft

37
Privatrechtliche Zuordnung als Regel

Die Gegenstände des Vermögens sind dem jeweiligen staatlichen Träger nach Privatrecht zugeordnet, es sei denn, daß ein Gesetz oder sonstiger Hoheitsakt ausdrücklich die Zuordnung nach öffentlichem Recht vorsehen. Die Inhaberschaft gründet also auf einem privatrechtlichen Titel wie (Privat-)Eigentum, Dienstbarkeit, Schuldverhältnis, Aktie, GmbH-Anteil. Unter dem Aspekt der privatrechtlichen Zuordnung steht der staatliche Eigentümer nicht anders da als der private. Doch wird der privatrechtliche Status des ersteren a posteriori je nach Art des Gegenstandes überlagert von öffentlich-rechtlichen Zielvorgaben und Pflichten, mit der möglichen Folge, daß der privatrechtliche Titel weiter nichts ist als der Sockel, der einen öffentlich-rechtlichen Aufbau trägt.

38
Konnex von Eigentum und öffentlicher Sachherrschaft

Die vermögensrechtliche und die aufgabenrechtliche Kompetenz sollten grundsätzlich bei demselben Träger liegen. Die Personalunion ist prinzipiell um der klaren Verantwortung und um der Einfachheit der Verwaltung willen erstrebenswert. Insbesondere ist sie bei Immobilien, die einer öffentlichen Nutzung dauerhaft gewidmet sind (Verkehrsanlagen, Verwaltungsgebäuden), zu fordern, es sei denn, daß die Art der Nutzung den Eigentumserwerb nicht notwendig macht oder daß besondere Umstände ihn verhindern. Wo die Personalunion aber besteht, darf sie nur dann aufgelöst werden, wenn das Grundstück entwidmet wird. Der Konnex von Eigentum und öffentlicher Sachherr-

---

[93] Vgl. *Stern* (N 23), S. 1262; *Friauf* (N 10), § 90 Rn. 4, 36.
[94] *Laband* (N 53), S. 25.
[95] Siehe die Übersichten der Jahresrechnung 2006 (N 6), S. 1429 ff.

schaft ist nicht überall realisiert, auch nicht bei den öffentlichen Sachen. Diese können einem privaten Eigentümer gehören, aber auch einer anderen staatlichen Körperschaft. Die Divergenz erzeugt Konflikte, wenn der private Eigentümer von Exponaten eines staatlichen Museums diese versilbern will oder wenn der Eigentümer eines Grundstücks, das die Gemeinde im Einvernehmen mit ihm als öffentliches Erholungsgelände verwaltet, sich gegen eine Zweckentfremdung (etwa zugunsten einer Großdemonstration) zur Wehr setzt[96]. Die geltenden Straßengesetze dringen aus guten Gründen darauf, daß der Träger der Straßenbaulast auch Eigentümer des Grundstücks ist, das der Straße dient[97]. Doch lassen sie die Widmung auch zu, wenn es einem anderen gehört und dieser der Widmung zugestimmt hat oder der Träger der Straßenbaulast den Besitz durch Vertrag, durch vorzeitige Besitzeinweisung im Enteignungsverfahren oder in einem anderen gesetzlichen Verfahren erlangt hat[98]. Das Bindeglied kann privatrechtlicher Natur sein (etwa eine Dienstbarkeit oder Miete nach bürgerlichem Recht) oder öffentlich-rechtlicher Natur (etwa ein verwaltungsrechtlicher Vertrag oder eine hoheitlich-einseitige Inpflichtnahme)[99]. Der Inhaber der öffentlichen Sachherrschaft darf die Sache ihrem Zweck gemäß nutzen, wie er durch die Widmung vorgegeben ist. Der Eigentümer hat die Nutzung zu dulden, aber auch nur in dem Rahmen, der durch die von ihm übernommene oder ihm oktroyierte Pflicht abgesteckt ist. Durchwegs bleibt bei Sachen im Gemeingebrauch vom (Privat-)Eigentum kaum mehr übrig als ein leeres Gehäuse des Privatrechts, in das sich hoheitliche Sachherrschaft auf Dauer einquartiert hat. Öffentliche Sachen, die nicht im Eigentum des Staates stehen, gehören nicht zum Staatsvermögen. An ihnen zeigt sich, daß das öffentliche Sachenrecht nicht kongruent ist mit dem öffentlichen Vermögensrecht.

Divergenz

Öffentliche Sachen außerhalb des Staatsvermögens

Die Fundierung des Staatsvermögens in den Instituten des Privatrechts hat in Deutschland eine Tradition, deren Wurzeln über das 19. Jahrhundert zurückgreifen. Ehe sich die Unterscheidung zwischen privatem und öffentlichem Recht im modernen Sinne durchsetzte, verstand sich der Staat (bzw. sein Herrscher) bereits als Eigentümer seiner Vermögensgüter. Seine Rechtsbeziehungen zu den Bürgern bewegten sich in den Formen des Privatrechts[100]. Zu Beginn des 19. Jahrhunderts hypostasierte die Fiskustheorie die Staatskasse zum eigenen Rechtssubjekt, das als Fiskus neben den Staat als Hoheitsträger trat. In dieser Erscheinung kam ihm öffentliche Rechtsnatur zu, in jener private. Dem Fiskus wurden die Einnahmen, die Ausgaben und das Vermögen

39
Fundierung des Vermögens im Eigentum

Fiskustheorie

---

96 Ein Beispiel für letztere Konstellation ist der Bonner Hofgarten, der im Eigentum der Universität steht, von der Stadt aber im Einvernehmen mit ihr als öffentliche Erholungsanlage genutzt wird. Schwierigkeiten ergeben sich für den Fall, daß die Grenzen der bisherigen Nutzung überschritten und die Anlage für Großdemonstrationen bereitgestellt wird. Dazu *Ossenbühl* (N 89), S. 13 ff.
97 Vgl. § 11 StrWGNRW; § 13 ThürStrG.
98 Vgl. § 2 Abs. 2 FStrG; § 6 Abs. 5 StrWGNRW; § 6 Abs. 3 ThürStrG.
99 Zu den Befugnissen des öffentlichen Sachherrn im Straßenrecht *Axer* (N 59), S. 108 ff.; *Hans-Jürgen Papier*, Recht der öffentlichen Sachen, ³1988, S. 62 ff.
100 Näher *Klein* (N 68), S. 121 ff., 129.

§ 122   Achter Teil: III. Finanzwesen

nach privatrechtlichen Regeln zugerechnet[101]. Damit bahnte sich die Entwicklung an, daß das Verwaltungsvermögen dem Zugriff privater Gläubiger entzogen wurde. Das Theoriekonstrukt der staatlichen Doppelexistenz wurde abgelöst durch die identitäre Betrachtungsweise. Hoheitsträger und Fiskus verschmolzen nunmehr zu einer einzigen juristischen Person, die sowohl in hoheitlicher als auch in privatrechtlicher Form zu handeln vermochte. Die Entwicklung lief auf die Theorie des modifizierten Privateigentums hinaus[102]. Diese ordnet die Vermögensgegenstände nach privatrechtlichen Regeln zu, indes sie die Nutzung für den öffentlichen Zweck grundsätzlich (wenn auch nicht notwendig) dem öffentlichen Recht anheimgibt. Die Staatsaufgabe, der das jeweilige Vermögensobjekt gewidmet ist, belastet und beschränkt die den privatrechtlichen Formen korrespondierende Privatautonomie und zehrt sie auf, so daß nur ein nudum ius zurückbleibt[103]. Der Theorie, die auf privatrechtlicher Basis den etwaigen unterschiedlichen Erfordernissen des öffentlichen Wohls Genüge tun will, entspricht im großen und ganzen die Staatspraxis. Sie beherrscht weithin die Rechtsdogmatik. Freilich stößt sie hier und da auf prinzipiellen Widerspruch.

Rechtliche Identität des Staates

Theorie des modifizierten Privateigentums

2. Figur eines öffentlichen Eigentums

40

Wider die deutsche Entwicklung wehrten sich im 19. und 20. Jahrhundert die aus römisch-rechtlichen Vorstellungen genährten Strebungen zur Publifizierung des Staatsvermögens[104]. Sie verbanden sich mit französischen Rechtsvorstellungen eines dem öffentlichen Recht unterliegenden Staatseigentums (domaine public). Otto Mayer versuchte, diese Rechtsfigur dem deutschen Recht zu implantieren als „öffentlich-rechtliches Eigentum" an öffentlichen Sachen. Seine Merkmale: die Zugehörigkeit der Sache zu einer Trägerschaft öffentlicher Verwaltung sowie ein unmittelbares Dienstbarwerden für einen öffentlichen Zweck[105]. Die privatrechtliche Ordnung sollte ersetzt werden durch die dem öffentlichen Zweck gemäße Ordnung, bei der es grundsätzlich die Behörde in der Hand behalte, alles nur so zu regeln und gelten zu lassen, wie es mit jenem Zweck vereinbar sei. Das rechtliche Schicksal der öffentlichen Sache bestimme sich, wie die ganze öffentliche Verwaltung, planmäßig von innen heraus, statt durch das freie Spiel der durcheinanderwirkenden privatrechtlichen Kräfte[106]. Das Privateigentum an der öffentlichen Sache sollte ohne Rest aufgehen in der hoheitlichen Sachherrschaft der Behörde. Als öffentliches Eigentum kam nur das Verwaltungsvermögen in Betracht, und aus diesem nur der engere Kreis der Sachen, die sich durch „besondere

Domaine public

Öffentlich-rechtliches Eigentum nach Otto Mayer

---

101 Zur Fiskustheorie *Wolfgang Rüfner*, Verwaltungsrechtsschutz in Preußen von 1749 bis 1842, 1962, S. 169 ff.; *Martin Bullinger*, Vertrag und Verwaltungsakt, 1962, S. 200 ff.; *Dirk Ehlers*, Verwaltung in Privatrechtsform, 1984, S. 75 ff. Grundsätzliche Kritik an der Figur des Fiskus überhaupt *Krüger* (N 31), S. 323 ff.
102 Dazu *Klein* (N 68), S. 129 ff.; *Axer* (N 59), S. 48 ff. Zur dualistischen Konstruktion auch *Papier* (N 99), S. 9 ff.
103 Dazu *Papier* (N 99), S. 131 ff.
104 Dazu *Klein* (N 68), S. 126 ff. Vgl. auch *Otto Mayer* (N 55), S. 41 ff.
105 *Mayer* (N 55), S. 46.
106 *Mayer* (N 55), S. 41.

Unmittelbarkeit" der Erfüllung des öffentlichen Zweckes auszeichneten, etwa Wege, Gewässer, Deiche und Festungswerke[107]. Daher deckte Otto Mayers Konzept weder die Objekte des internen Verwaltungsvermögens ab noch die des Finanzvermögens[108].

Mayers Vorstoß zugunsten eines öffentlichen Eigentums kam zu spät. Längst waren die Weichen in Richtung auf ein publizistisch überlagertes Privateigentum gestellt. Das Schlüsselerlebnis für die Dogmatik war der 1859 entbrannte Streit zwischen den Halbkantonen Basel-Stadt und Basel-Land, ob an Festungswerken ausschließlich Hoheitsrechte bestünden, diese als res extra commercium dem Privateigentum schlechthin inkompatibel seien (die römisch-rechtliche Position Rudolf von Iherings) oder ob an ihnen Privateigentum bestehe, das nur vom öffentlichen Recht überlagert werde und im Fall der Entwidmung (Schleifung) wieder voll auflebe (die deutsch-rechtliche Position Heinrich Dernburgs). Am Ende setzte sich Dernburgs Position durch, in der Dogmatik wie in der Praxis[109].

41

Baseler Schanzenstreit

Vereinzelten Versuchen, in der Ära des Grundgesetzes an Otto Mayers Lehre anzuknüpfen und dem öffentlichen Eigentum Anerkennung zu verschaffen[110], blieb der nachhaltige Erfolg versagt. Die Lehre beharrt wie eh und je auf der privatrechtlichen Zuordnung. Von öffentlichen Sachen, so die repräsentative Position Werner Webers, kann nur dort die Rede sein, „wo körperliche Gegenstände im Sinne der allgemeinen Eigentumsordnung gegeben sind und diese in spezifischer Weise in die Verwaltungsordnung hineingenommen werden"[111].

42

Gleichwohl hat die Figur des (ausschließlich) „öffentlichen Eigentums" Eingang in Landesgesetze gefunden, in Hamburg für öffentliche Wege und Deichgrundstücke[112], in Baden-Württemberg für das Bett der Gewässer erster und zweiter Ordnung[113]. Das Hamburger Wegegesetz definiert wie folgt: „Das öffentliche Eigentum begründet eine hoheitliche Sachherrschaft. Die in öffentlichem Eigentum stehenden Gegenstände sind dem Rechtsverkehr entzogen. Die Vorschriften des bürgerlichen Rechts, insbesondere über den Besitz und das Eigentum, finden keine Anwendung."[114] Kompetenzrechtlich ist die Einführung eines öffentlich-rechtlichen Eigentums zulässig[115].

43

Öffentliches Eigentum nach Landesgesetzen

Legaldefinition

---

107 *Mayer* (N 55), S. 50 ff.
108 *Mayer* (N 55), S. 50.
109 *Heinrich Dernburg*, Rechtsgutachten über den zwischen den Kantonen Basel-Landschaft und Basel-Stadt obwaltenden Streit bezüglich der Festungswerke bei der Stadt Basel mit Rücksicht auf die Lehre von den öffentlichen Sachen, 1862. Darstellung des Baseler Schanzenstreits und seiner nachhaltigen Wirkungen *Axer* (N 59), S. 36 ff. (Nachw.).
110 Aus verwaltungsrechtlicher Sicht: *Stern* (N 23), S. 183 (188 ff.). Aus staatstheoretischer Sicht *Krüger* (N 31), S. 329 ff.
111 *Werner Weber*, Die Öffentliche Sache, in: VVDStRL 21 (1964), S. 145 (181 Ls. 3), näher S. 149, 165 ff., 168 ff.
112 § 4a Abs. 1 Gesetz zur Ordnung deichrechtlicher Verhältnisse; § 4 Abs. 1 Wegegesetz. Dazu *Weber* (N 111), S. 151 ff.; *Axer* (N 59), S. 43 f. (Nachw.).
113 § 4 Abs. 1 Wegegesetz. Dazu *Weber* (N 111), S. 161 ff.; *Oliver Lepsius*, Besitz und Sachherrschaft im öffentlichen Recht, S. 165 ff.
114 § 4 Abs. 1 S. 4–6 Wegegesetz.
115 Näher BVerfGE 24, 367 (386 ff.). Dazu *Werner Rengeling*, Gesetzgebungszuständigkeit, in: HStR IV, ²1999 (¹1990), § 100 Rn. 130.

Doch die landesrechtlichen Sonderregelungen haben nicht Schule gemacht. In ihrer Vereinzelung sind sie Ausnahmen, welche die Regel bestätigen: die Doppelnatur der Herrschaft an öffentlichen Sachen, des privaten Eigentums als Grundlage und, darauf aufbauend, der öffentlich-rechtlichen Sachherrschaft[116]. Eine vereinzelte Rechtsmeinung, das Grundgesetz habe dem Bund ein öffentliches, nicht aber ein privates Eigentum an den bisherigen Reichswasserstraßen, Reichsautobahnen und Reichsstraßen zugewiesen[117], hat sich nicht durchgesetzt[118].

3. Theorie des modifizierten Privateigentums

44 Im Ergebnis stimmen die herrschende Staatspraxis und Rechtslehre heute darin überein, daß die Zuordnung der Vermögensobjekte zum Staat dem Privatrecht folgt. Hier gibt es keinen Unterschied zwischen dem Verwaltungs- und dem Finanzvermögen. Dagegen wirken sich die staatsspezifischen Anforderungen des Gemeinwohls, die den Eigentumsgebrauch steuern und eine öffentlich-rechtliche Sachherrschaft begründen, nach Art, Umfang und Intensität unterschiedlich aus. Wenn die hoheitliche Bindung an den öffentlichen Zweck auf das Privatrecht gesattelt wird, heißt das nicht, daß damit das Privatrecht die Richtung bestimmt. Vielmehr dient es, um im Bilde zu bleiben, als das Roß, das den Reiter trägt, der es leitet und zügelt. Die juridische Prozedur, welche die Zweckbindung als nachträgliche Beschränkung eines ursprunghaften Eigentums behandelt („Privateigentum mit publizistischen Beschränkungen")[119], darf nicht als Anerkennung einer vorgegebenen Willkürfreiheit des Staates gedeutet werden[120]. Das Privatrecht zieht nicht Privatautonomie nach sich. Diese ist dem Staat verschlossen[121]. Die Dominanz der staatlichen Zweckbindung bleibt unbeeinträchtigt. So kann das Eigentum sich auf ein nudum ius reduzieren. Gleichwohl bewahrt es seine Elastizität und lebt in seinen Befugnissen wieder auf, wenn die Sache entwidmet oder privatisiert oder sonst die öffentliche Sachherrschaft zurückgenommen wird, ebenso, wenn die Nutzung so verändert oder erweitert werden soll, daß sie insoweit nicht mehr von der bisherigen Zustimmung gedeckt wird. Die privatrechtliche Zuordnung erweist sich als praktisch brauchbar und als sachgerecht[122].

Keine Privatautonomie des Staates

---

116 Vgl. BVerfGE 24, 367 (388).
117 So *Richard Bartlsperger*, in: BK, Stand: Juni 2007, Art. 90 Rn. 33.
118 Vgl. *Theodor Maunz*, in: Maunz/Dürig, Komm. z. GG, Stand: 1962, Art. 89 Rn. 17 ff.; Art. 90 Rn. 12 ff.; *Günter Hoog*, in: v. Münch/Kunig, GGK III, ⁴/⁵2003, Art. 89 Rn. 12; Art. 90 Rn. 4.
119 Dazu *Mayer* (N 55), S. 45
120 So aber *Krüger* (N 31), S. 331.
121 *Klein* (N 68), S. 140; *Krüger* (N 31), S. 327; *Josef Isensee*, Subsidiaritätsprinzip und Verfassungsrecht, ²2001, S. 204 ff., passim; *Rüfner* (N 39), § 117 Rn. 41 ff.; →Bd. IV, *Ronellenfitsch*, § 98 Rn. 41. S. auch unten Rn. 76 ff.
122 Überzeugend *Klein* (N 68), S. 129 ff.; Kritik an der herrschenden Lehre *Lepsius* (N 113), S. 150 ff.

VI. Inkurs: Gebäudeeigentum und Staatsrepräsentation

Eine Sonderstellung unter den Sachen im Verwaltungsvermögen nehmen die Gebäude ein, die Sitz von Staatsorganen sind, wie Parlaments- und Regierungsbauten[123]. Vornehmlich dienen sie der Arbeit der Organe, auch wenn die Bauten für den Empfang von Besuchern ausgerüstet sind und, wie der Plenarbereich des Deutschen Bundestages, dem Publikum offenstehen. Doch die Bedeutung der Staatsbauten geht über ihren internen Gebrauch hinaus. In ihrer Erscheinung manifestiert sich das Selbstverständnis der Staatsorgane nach außen. Sie stellen sich in ihren Amtssitzen der Öffentlichkeit dar und bieten ihr ein bestimmtes bauliches Bild, in dem sie wahrgenommen werden wollen[124]. Sie sind Medien der Repräsentation, in denen die Einheit des demokratischen Staates sichtbar werden sollte wie vormals die Einheit einer mittelalterlichen Stadtrepublik in ihrem Rathaus oder die eines barocken Fürstenstaates in seinem Residenzschloß. Doch die deutsche Demokratie tut sich schwer mit der Repräsentation[125], und das nicht etwa, weil sie keine geeigneten Architekten fände, sondern weil sie ein gebrochenes Verhältnis zu ihrer Staatlichkeit hat, diese tunlichst zurücknimmt und sich als Dienstleistungsunternehmen wie andere auch ausweist, nicht von einer Staatsidee, sondern nur noch von ihrer Funktion her nach betriebswirtschaftlichen Effizienzkriterien „modern" zu legitimieren versucht, mithin ihre Bauten ausschließlich auf Funktionalität ausrichtet und sich damit den Banken und Versicherungsunternehmen angleicht, wie sich auch das Amtsverständnis der höchsten Organwalter dem der Manager anpaßt.

45 — Selbstdarstellung der Staatsorgane — Bauliche Repräsentation

Exemplarisch ist der Sitz der Staatskanzlei Nordrhein-Westfalens: zur Miete in den oberen Stockwerken eines Düsseldorfer Hochhauses, unter einem Dach mit Personalberatern, Rechtsanwaltskanzleien, Logistikunternehmen, Maklerbüros und Restaurants[126]. Vermieter ist nach Eigentumswechsel eine US-amerikanische Investmentfirma. An sich gibt es keine Rechtsnorm, die dem Ministerpräsidenten verböte, seinen Amtssitz in Mietetagen zu verlegen. Doch ist es eine Frage des Stils, daß die höchste Behörde eines Landes sich nicht als Wirtschaftsunternehmen geriert, das sie nicht ist, und daß sie nicht das Gesetz der verfaßten Staatlichkeit verleugnet, nach dem sie angetreten ist. Das Bild, das eine Staatskanzlei zur Hochhausetagenmiete abgibt: Kündbarkeit mit Attitüde von Mobilität, Amtsverleugnung, Öffentlichkeitsflucht, pri-

46 — Staatskanzlei zur Miete — Grundeigentum als Frage des Stils

---

123 Mutatis mutandis gilt das Folgende für die Residenzen aller exponierten Stellen der Staatsorganisation, etwa für oberste Gerichte.
124 Dazu *Helmut Quaritsch*, Probleme der Selbstdarstellung des Staates, 1977, S. 19 ff.; *Mathias Schreiber*, Selbstdarstellung der Bundesrepublik Deutschland: Repräsentation des Staates in Bauten und Gedenkstätten, in: Jörg-Dieter Gauger/Justin Stagl (Hg.), Staatsrepräsentation, 1992, S. 191 ff.; *Kaspar Kraemer*, Ästhetik des politischen Raumes, in: Otto Depenheuer (Hg.), Staat und Schönheit, 2005, S. 75 ff.
125 *Josef Isensee*, Staatsrepräsentation und Verfassungspatriotismus, in: Gauger/Stagl (N 124), S. 223 (226 ff.); *Michael Kilian*, Das Land ohne Gesicht, in: Depenheuer (N 124), S. 145 ff.
126 Der Umzug in „eines der ersten Bürohäuser Europas" aus einer 1910/11 erbauten Villa, die seit 1959 den Ministerpräsidenten als Amtssitz gedient hatte, erfolgte 1999 auf Betreiben von Ministerpräsident Wolfgang Clement. Dazu: Das Düsseldorfer Stadttor. Nutzer Staatskanzlei, http://www.stadttor.de/ nutzer.htm. Vgl. auch FAZ v. 13.11.1998, Nr. 264, S. 4.

§ 122   *Achter Teil: III. Finanzwesen*

vatistischer Chefetagen-Höhenrausch, Mimikry einer Managementgesellschaft. Die Staatskanzlei verweigert sich der Repräsentation. Staatliche Repräsentation aber läßt sich nicht mieten.

47

Sparsamkeit

Repräsentation als Staatsaufgabe

Der Verzicht auf amtsangemessene Selbstdarstellung und Repräsentation ließe sich nicht durch eine etwaige Kostenersparnis rechtfertigen. Denn Wirtschaftlichkeit und Sparsamkeit sind keine Staatsaufgaben, sondern nur Maßstäbe für ihre Verwirklichung[127]. Zu den Staatsaufgaben gehören dagegen die amtsgemäße Selbstdarstellung und Repräsentation. In deren unmittelbaren Dienst können Staatsbauten gestellt werden. Sie sind daher legitime Zielvorgaben für den (zu Wirtschaftlichkeit und Sparsamkeit gehaltenen) Einsatz öffentlicher Mittel[128].

48

Würde der Demokratie

Mehr als jede andere Staatsform ist die Demokratie auf öffentliche Selbstdarstellung und staatliche Repräsentation angewiesen, damit auch darauf, sich selbst, ihr Gefüge und das Kontinuum der Staatlichkeit im Wechsel der politischen Mehrheitsverhältnisse der Bürgerschaft in Staatsbauten sichtbar zu machen[129]. Ein Staat, der sich aus dem Willen des Volkes legitimiert, hat auf seine Weise Würde[130]. Diese aber braucht er nicht zu verbergen.

VII. Statistische Daten

49

Vermögen des Bundes 2004 bis 2006

Die Jahresrechnungen des Bundesministeriums der Finanzen 2004 bis 2006 verschaffen ein Bild von dem realen Volumen des Staatsvermögens des Bundes (also ohne Länder und Kommunen)[131].

Bundesvermögen ohne unbewegliche und bewegliche Sachen

Gegenstand	Bestand 31.12.2004	Bestand 31.12.2005	Bestand 31.12.2006
Vermögen der Bundesanstalten und -einrichtungen	121.153,25 €	121.153,25 €	121.153,25 €
Betriebsvermögen	33.146.806.767,52 €	31.978.059.643,22 €	32.457.301.493,48 €
allgemeines Kapital- und Sachvermögen	94.265.021.496,23 €	94.289.570.091,94 €	111.548.217.239,47 €
Summe	127.411.949.417,00 €	126.267.750.888,41 €	144.005.639.886,20 €

---

127 *Isensee* (N 121), S. 299 ff. → Oben *Gröpl*, § 121 Rn. 9 ff., 16 ff.
128 „Die staatliche Selbstdarstellung als solche kann nur von ihren eigenen, d.h. ihren jeweiligen Voraussetzungen angemessen beurteilt werden. Weshalb es auch wenig sinnvoll wäre, das Darstellungsprogramm des Charlottenburger Schlosses mit den Augen des Bundes der Steuerzahler zu überprüfen ..." (*Quaritsch* [N 124], S. 21). Das gilt cum grano salis auch für die neuen Parlaments- und Regierungsbauten in Berlin.
129 *Quaritsch* (N 124), S. 10 ff. Vgl. auch Otto Depenheuer, Selbstdarstellung der Politik, 2002, S. 11 ff., 78 ff.
130 Dazu *Karl Josef Partsch*, Von der Würde des Staates, 1967, S. 8 ff., 22 ff., 28 ff.; *Detlef Merten*, Zur Würde des Staates, in: FS für Josef Isensee, 2007, S. 123 ff.
131 Vgl. Haushaltsrechnung und Vermögensrechnung des Bundes für das Haushaltsjahr 2004 (zit.: Jahresrechnung 2004), S. 1366 ff.; Haushaltsrechnung und Vermögensrechnung des Bundes für das Haushaltsjahr 2005 (zit.: Jahresrechnung 2005), S. 1374 ff.; Jahresrechnung 2006 (N 6), S. 1360 ff.

Die Jahresrechnungen erfassen in einer gesonderten Aufstellung das Liegenschaftsvermögen des Bundes[132]. Dieses setzt sich zusammen aus den unbeweglichen Sachen des grundsätzlich ertraglosen allgemeinen Verwaltungsvermögens, den Sachen im Gemeingebrauch (wie den Bundesautobahnen, Bundesstraßen und Kanälen), dem unbeweglichen Vermögen der Bundesanstalten und -einrichtungen, dem unbeweglichen Betriebsvermögen sowie den unbeweglichen Sachen des allgemeinen Kapital- und Sachvermögens, das, soweit möglich, wirtschaftlich genutzt und verwendet wird.

50
Liegenschaftsvermögen

Liegenschaftsvermögen des Bundes

Gegenstand	Bestand 31.12.2004	Bestand 31.12.2005	Bestand 31.12.2006
allgemeines Verwaltungsvermögen	460.041,2 ha	370.502,3 ha	356.208,9 ha
Sachen in Gemeingebrauch	1.103.921,9 ha	1.158.858,4 ha	4.616.566,6 ha
Vermögen der Bundesanstalten und -einrichtungen	2.295,2 ha	2.358,1 ha	2.370,5 ha
allgemeines Kapital- und Sachvermögen	211.025,1 ha	52.810,4 ha	52.893,4 ha
Summe	1.777.283,4 ha	1.584.529,2 ha	5.028.039,4 ha

Die Bundesanstalt für Immobilienaufgaben (BImA) soll bis zum Jahre 2012 das Liegenschaftsvermögen des Bundes im wesentlichen übernehmen. Mit der Gründung der Bundesanstalt am 1. Januar 2005 ist bereits ein Teil der Liegenschaften kraft Gesetzes in ihr Eigentum überführt worden. Deren Kapitalwert wird als Betriebsvermögen des Bundes ausgewiesen.

Die Unternehmen der öffentlichen Hand (Bund, Länder, Gemeinden) bilden trotz der Privatisierungsmaßnahmen einen wichtigen Faktor der Volkswirtschaft[133]. Im Jahre 1997 trugen sie mit einer Bruttowertschöpfung in Höhe von 148,9 Mrd. Euro zur Bruttowertschöpfung aller deutschen Unternehmen 9,7 v. H. und zu derjenigen aller Wirtschaftsbereiche insgesamt 8,4 v. H. bei. Ihre Bruttoanlageinvestitionen von 50,7 Mrd. Euro machten 13,8 v. H. der Bruttoanlageinvestitionen aller Unternehmen und 12,3 v. H. der Investitionen aller Wirtschaftsbereiche insgesamt aus. Die Schwerpunkte der öffentlichen Unternehmen liegen in der Versorgung mit Energie und Wasser (45,6 v. H.), der Entsorgung (71,0 v. H.), dem Verkehr und dem Nachrichtenwesen (46,7 v. H.), den Banken und Versicherungen (45,9 v. H.) sowie dem Grundstücks- und Wohnungswesen (3,5 v. H.)[134].

51
Öffentliche Unternehmen

---
132 Vgl. Jahresrechnung 2004 (N 131), S. 1370 f.; Jahresrechnung 2005 (N 131), S. 1378 f.; Jahresrechnung 2006 (N 6), S. 1364 f.
133 Die folgenden Angaben: *Hans-Ulrich Braun/Wolf Leetz*, Statistik der öffentlichen Unternehmen in Deutschland, in: Gesellschaft für öffentliche Wirtschaft (Hg.). Die öffentliche Wirtschaft in Deutschland, 2001, S. 65 ff.
134 Jeweils bezogen auf die Bruttowertschöpfung im Jahre 1997.

B. Rechtsquellen

I. Staatsvermögen als Thema der Verfassungsgesetze von Bund und Ländern

52 Das Staatsvermögen ist kein zentrales Regelungsthema für das Grundgesetz und für die meisten der Landesverfassungen. Doch wird es in unterschiedlichen Zusammenhängen berührt. Aspekte verfassungsrechtlicher Regelung sind:

– die Zuordnung von Vermögensobjekten,
– Garantien für den Bestand des Vermögens und parlamentarische Zustimmungsvorbehalte für Vermögensverfügungen,
– Vorgaben für den Staatshaushalt,
– Schutz des Vermögens der Gemeinden.

53
Unikat Art. 63 NiedersachsVerf

Eine Besonderheit stellt dagegen die Niedersächsische Verfassung dar, die im Abschnitt über das Finanzwesen dem „Landesvermögen" einen eigenen Artikel 63 widmet:

„(1) Das Landesvermögen ist Eigentum des Volkes. Landesvermögen darf nur mit Zustimmung des Landtages veräußert oder belastet werden. Die Zustimmung kann allgemein oder für den Einzelfall erteilt werden.

(2) Für die Veräußerung und Belastung von Vermögen, das im Eigentum Dritter steht und vom Land verwaltet wird, gilt Abs. 1 entsprechend."

„Eigentum des Volkes"

Rarität ist die lapidare Kennzeichnung als „Eigentum des Volkes". Eine rechtliche Zuordnung leistet die Sentenz nicht, weil das Volk als solches kein Rechtsträger ist, sondern der Ursprung der demokratischen Legitimation der Staatsgewalt in allen ihren Trägern sowie die Referenzgröße des republikanischen Gemeinwohls[135]. Dagegen regt sich ein Pathos, das zwar in Verfassungsgesetzen üblich ist, doch nicht im Zusammenhang mit den Staatsfinanzen[136]. Die Zuordnung an das Volk leistet demokratische Letztbegründung und sie fordert das Ethos eines treuhänderischen Umgangs. „Hartes" Recht ist dagegen der anschließende Zustimmungsvorbehalt. Rechtliche Zuordnung wie Zustimmungsvorbehalt sind allerdings auch gängige Themen für die anderen Verfassungsgesetze.

54
Träger des Vermögens

Das Grundgesetz regelt die Fragen der Zuordnung, wenn es den Bund als Eigentümer seiner Eisenbahnen, die als Wirtschaftsunternehmen in privatrechtlicher Form geführt werden, ausweist, soweit die Tätigkeit den Bau, die Unterhaltung und das Betreiben von Schienenwegen umfaßt[137]. Während diese Vorschrift einer künftigen Privatisierung Grenzen zieht, gründen andere Zuordnungsvorschriften des Grundgesetzes in der Vergangenheit: in der Not-

---
135 →Bd. IV, *Isensee*, § 71 Rn. 22 ff., 95 ff.
136 Dazu *Josef Isensee*, Vom Stil der Verfassung, 1999, S. 12 ff., 20, 24 f., 57 ff.
137 Art. 87 e Abs. 3 S. 2 GG. →Bd. IV, *Uerpmann-Wittzack*, § 89 Rn. 44 f.

wendigkeit, das Staatsvermögen nach dem Zusammenbruch des Deutschen Reiches und der Neugliederung der Länder der nunmehrigen föderalen Gliederung gemäß zu verteilen. Es handelt sich also um Übergangsvorschriften, die den Wechsel der Träger herbeiführen, darin freilich die neue Zuordnung dauerhaft verfestigen sollten. Der Bund wird (und bleibt hinfort) Eigentümer an den bisherigen Reichswasserstraßen sowie den bisherigen Reichsautobahnen und Reichsstraßen[138]. Generelle Übergangsvorschriften beziehen sich auf die jetzige Zuordnung des Reichsvermögens insgesamt und die des Vermögens der von der Neugliederung betroffenen Länder[139]. Eine lokale Übergangsklausel enthält die Verfassung Bremens, die anläßlich der Inkorporation Bremerhavens in den Stadtstaat den Verbleib des beiderseitigen Vermögens bei seinem bisherigen Inhaber anordnete (Art. 130 BremVerf).

Übergangsvorschriften

Die Bayerische Verfassung gewährleistet den Bestand des Grundstockvermögens des Staates. Es darf in seinem Wertbestand nur aufgrund eines Gesetzes verringert werden; der Erlös aus der Veräußerung von Bestandteilen ist zu Neuerwerbungen für dieses Vermögen zu verwenden (Art. 81). Andere Landesverfassungen machen Verfügungen über das Staatsvermögen, insbesondere über seine Veräußerung, abhängig von der Zustimmung des Parlaments[140]. Laut Hessischer Verfassung darf der Gesetzgeber das Finanzwesen ertragswirtschaftlicher Unternehmungen des Staates abweichend von den Grundsätzen des Staatshaushalts regeln[141]. Nach Ablauf des Rechnungsjahres hat der Finanzminister im Bund wie in den Ländern von Verfassungs wegen auch über das Vermögen und die Schulden Rechnung zu legen[142]. Die wirtschaftliche Verwaltung und Verwendung des Landesvermögens wird vom Rechnungshof überwacht[143], die Vermögensrechnung ausdrücklich seiner Kontrolle unterstellt[144].

55
Gewähr des Grundstockvermögens

Parlamentarischer Zustimmungsvorbehalt

Rechnungsprüfung

Die Bayerische Verfassung garantiert den Gemeinden und Gemeindeverbänden, daß ihr Vermögen unter keinen Umständen zum Staatsvermögen gezogen werden darf. Sie erklärt die Vergabung solchen Vermögens für unzuläs-

56
Schutz des kommunalen Vermögens

---

138 Art. 89 Abs. 1 und Art. 90 Abs. 1 GG. Dazu Gesetz über die vermögensrechtlichen Verhältnisse der Bundeswasserstraßen v. 21.5.1951 und Gesetz über die vermögensrechtlichen Verhältnisse der Bundesautobahnen und sonstigen Bundesstraßen des Fernverkehrs v. 2.3.1951.
139 Art. 134 und 135 GG.
140 Der Zustimmungsvorbehalt erstreckt sich auf:
 – Verfügungen über Vermögen der Freien Hansestadt Bremen, besonders Erwerb, Veräußerungen und Belastung von Grundstücken, Schenkungen und Darlehensvergaben, soweit es sich nicht um Geschäfte der laufenden Verwaltung handelt (Art. 101 Abs. 1 Nr. 6 BremVerf; ähnlich Art. 66 MecklenbVorpVerf);
 – Veräußerungen und Belastungen (Art. 92 Abs. 1 SachsAnhVerf; Art. 63 Abs. 1 S. 2 und 3 Niedersachs Verf). S. u. Rn. 102, 104 ff.
141 Art. 145 HessVerf.
142 Art. 114 Abs. 1 GG; Art. 89 BadWürttVerf; Art. 106 BrandenbVerf; Art. 94 Abs. 1 BerlinVerf; Art. 67 Abs. 1 MecklenbVorpVerf; Art. 69 S. 2 NiedersachsVerf; Art. 86 S. 2 NordrhWestfVerf; Art. 120 Abs. 1 RheinlPfalzVerf; Art. 106 Abs. 2 S. 2 SaarlVerf; Art. 99 SachsVerf; Art. 97 Abs. 1 S. 2 SachsAnhVerf; Art. 55 Abs. 1 S. 1 SchlHolVerf; Art. 102 Abs. 1 S. 2 ThürVerf; Art. 70 S. 2 HambVerf (Pflicht des Senats).
143 Art. 103 Abs. 3 ThürVerf; Art. 106 Abs. 2 S. 2 SaarlVerf; Art. 56 SchlHolVerf.
144 Art. 94 Abs. 1 BerlinVerf; Art. 120 Abs. 2 S. 1 RheinlPfalzVerf.

sig[145]. Andere Landesverfassungen sehen vor, daß kraft Gesetzes die Veräußerung von Kommunalvermögen von der Zustimmung der staatlichen Aufsichtsbehörde abhängig gemacht werden kann[146].

57
Sozialisierung

Gemeinwirtschaft

Hessische Sozialisierungsartikel

"Eigentum des Volkes"

Eine virtuelle Berührung mit dem Thema des Staatsvermögens bringt die Sozialisierungsermächtigung des Art. 15 GG, der die Überführung bestimmter Produktionsfaktoren in Gemeineigentum oder in andere Formen der Gemeinwirtschaft zum Zwecke der Vergesellschaftung vorsieht. Daß auf diesem Wege neues Staatsvermögen (eine Spielart des Verwaltungsvermögens) entsteht, ist denkbar, wenngleich die Ermächtigung bisher weder praktisch erprobt noch in hinlänglichem Maße interpretatorisch durchleuchtet worden ist. Klar ist lediglich, daß Vergesellschaftung nicht notwendig Verstaatlichung bedeutet. Es kommt auf den gemeinwirtschaftlichen Zweck an. Dieser könnte auch ohne einen Wechsel vom privaten auf einen öffentlichen Eigentumsträger erreicht werden[147]. Die Hessische Verfassung definiert das Gemeineigentum an sozialisierten Betrieben als „Eigentum des Volkes", ohne den Status klar festzulegen[148]. Die Semantik „Eigentum des Volkes" deckt sich mit jener, die in der Niedersächsischen Verfassung das Landesvermögen regelt[149]. Doch in Inhalt und Ziel haben die wortidentischen Formeln nichts miteinander zu tun. In Niedersachsen setzt sie die Staatlichkeit des Vermögensträgers voraus und benennt deren Grund und Ziel. In Hessen markiert sie den Gegensatz zum Privateigentum, eine von der Verfassung angestrebte Alternative zur vorgefundenen privatwirtschaftlichen Ordnung. Das hessische Konzept bildet ein Analogon zum „Volkseigentum", wie es die Verfassungen der DDR proklamierten und umschrieben[150]. Hier wie dort sind die Eigentumsvorstellungen dem ideologischen Boden des Sozialismus entwachsen. In der DDR wurde die bürgerliche Gesellschaft als das Gegenüber des Staates liquidiert. In Hessen sollte sie jedenfalls erheblich geschwächt werden. Im Ergebnis hätte das Gemeineigentum hier eben doch den Charakter des Staatsvermögens angenommen, wäre die angestrebte Sozialisierung durch die Verfassung oder aufgrund der Verfassung realisiert worden. Doch sie scheiterte auf ganzer Linie, wegen Verstößen gegen die Mindesterfordernisse der Rechtsstaatlichkeit und der Praktikabilität. Schließlich erwies sie sich auch als unvereinbar mit den Grundrechten und der Kompetenzordnung des Grundgesetzes. Die Sozialisierungsartikel sind dennoch nicht förmlich aufgehoben. Der hessische Verfassungstext ist das Fossilienkabinett eines rechtsstaatlich unbedarften Nachkriegssozialismus[151].

---

145 Art. 12 Abs. 2 BayVerf.
146 Art. 75 Abs. 1 S. 1 BadWürttVerf; Art. 89 Abs. 2 SachsVerf.
147 *Herbert Krüger*, Sozialisierung, in: GR, Bd. III/1, S. 267 (286 ff.); *Otto Depenheuer*, in: v. Mangoldt/Klein/Starck, GG I, ⁴1999, Art. 15 Rn. 19 ff. Anders wohl *Brun-Otto Bryde*, in: v. Münch/Kunig, GGK I, ⁵2000, Art. 15 Rn. 12 f. (öffentlich-rechtlicher Träger, Staatskommissar, Staatsbeteiligung); *Axer* (N 59), S. 45 (öffentlich-rechtliche Träger, Staat oder Kommunen). Zur rechtlichen Relevanz des Art. 15 GG: *Depenheuer*, a.a.O., Art. 15 Rn. 4 ff. S. auch unten Rn. 73.
148 Art. 40 S. 1 HessVerf. Dazu *Karl Ballerstedt*, Der Begriff des Gemeineigentums, 1952, S. 3 ff.
149 Art. 63 Abs. 1 NiedersachsVerf. S. o. Rn. 53.
150 Art. 25 Abs. 1, Art. 28 DDR-Verf (1949); Art. 10, 12 DDR-Verf (1974). →Bd. II, *Brunner*, § 11 Rn. 33 ff.
151 *Matthias Herdegen*, Strukturen und Institut des Verfassungsrechts der Länder, in: HStR VI, ²2001 (¹1989), § 97 Rn. 61.

Die disparaten Artikel des Grundgesetzes berühren das Thema des Staatsvermögens durchweg nur am Rande, messen ihm also nur marginale Bedeutung zu. Das Staatsvermögen gehört nicht zu den Grundlagen der Verfassungsordnung. Es ist nicht Gegenstand einer Gesamtentscheidung über Form und Inhalt der politischen Einheit[152]. Der Staat des Grundgesetzes nimmt das Staatsvermögen hin, wie er es vorgefunden hat, stellt es nicht in Frage und bezieht es wie andere Vorfindlichkeiten in seine demokratischen, rechtsstaatlichen und föderalen Strukturen ein. Er hält das Thema nicht für so wichtig, daß er seinen Bestand und seine Strukturen eigens festschriebe wie die hergebrachte Institution des Berufsbeamtentums oder die hergebrachten Elemente des Staatskirchenrechts. Soweit er das Thema berührt (in Art. 114 Abs. 1 GG), geschieht es mit einer gewissen Beiläufigkeit. Eine Ausnahme bilden die Übergangsvorschriften. Wo der Träger des Staatsvermögens untergegangen, desorganisiert oder umgestaltet war, konnte die Verfassung nicht an den Status quo anknüpfen. Hier mußte sie die Zuordnung von sich aus regeln. Nur diese Bestimmungen widmen sich direkt und relativ eingehend dem Thema Staatsvermögen. Ihre rechtliche Wirkung ist allerdings erschöpft, wenn sie, einmal vollzogen, die reguläre Vermögenskompetenz auf Dauer hergestellt haben.

58
Disparate Regelungen am Rande

Vorfindlichkeit

Übergangsvorschriften

II. Rechtsquellen unterhalb der Verfassung

Unterhalb der Verfassungsebene entspringen die ergiebigsten Quellen des Staatsvermögensrechts. Die Regelungen lassen sich nach verschiedenen Kriterien typologisch ordnen in:

- generelle Regelungen des Staatsvermögens und spezielle Regelungen einzelner Vermögenssparten und -objekte;
- Normen von dauerhaftem Geltungs- und Befolgungsanspruch sowie Übergangs- und Maßnahmegesetze;
- vermögensrechtliche und aufgabenrechtliche Regelungen;
- Sonderrecht für den Staat und für alle geltende Gesetze;
- Regelungen von staatsrechtlichem und von lediglich einfachrechtlichem Belang.

Dieselben Gesetze können unter jeweils anderem Aspekt mehrfach typologisch erfaßt werden.

59
Typologien der Vermögensregelungen

Generelle Regelungen für das Vermögen als Ganzheit finden sich im Haushaltsrecht, zumal in der Bundeshaushaltsordnung (etwa §§ 63 ff., 86 BHO), dem Haushaltsgrundsätzegesetz und den Haushaltsordnungen der Länder. Generelle Bedeutung kam auch der Reichsschuldenordnung vom 13. Februar 1924 wie dem Reichsschuldbuchgesetz vom 31. Mai 1910 zu, desgleichen dem Reichsvermögens-Gesetz vom 16. Mai 1961. Speziellen Charakter besitzen

60
Generelle und spezielle Regelungen

---

[152] Mithin gehört es nicht zur positiven Verfassung im Sinne *Carl Schmitts* (Verfassungslehre, ¹1928, S. 20 ff.).

§ 122 *Achter Teil: III. Finanzwesen*

dagegen das Gesetz über die vermögensrechtlichen Verhältnisse der Bundeswasserstraßen vom 21. Mai 1951 und die Straßen- und Wegegesetze des Bundes und der Länder.

61
Dauer- und Übergangsregelungen

Dauerhafte Geltung beanspruchen die haushaltsrechtlichen Vorschriften über den Erwerb und den Verlust von Vermögensgegenständen[153] oder über die Buchführung[154]. Dagegen erschöpfen sich die Übergangsregelungen in der Zuordnung des Vermögens an einen neuen Rechtsträger, so die Gesetze zur vorläufigen wie zur abschließenden Regelung der Rechtsverhältnisse des Reichsvermögens und der preußischen Beteiligungen vom 21. Juli 1951 und vom 16. Mai 1961[155], das Gesetz über die vermögensrechtlichen Verhältnisse der Deutschen Bundesbahn vom 2. März 1981, das Gesetz zur Abwicklung und Entflechtung des ehemaligen reichseigenen Filmvermögens vom 5. Juni 1953 oder die Regelungen des Einigungsvertrages über öffentliches Vermögen und Schulden[156]. Gesetze dieser Art entsprechen mehr oder weniger dem Typus des Maßnahmegesetzes[157]. Freilich ist es Sinn der Übergangsregelungen, einen Rechtszustand auf Dauer zu begründen. Übergangs- und Dauergesetz lassen sich kombinieren, wie es das Gesetz zur Einrichtung einer Stiftung „Preußischer Kulturbesitz" und zur Übertragung von Vermögenswerten des ehemaligen Landes Preußen an die Stiftung vom 25. Juli 1957 zeigt, das nicht nur die Zuordnung des Vermögens regelt, sondern auch die Kreation seines Trägers sowie dessen Verfassung.

62
Vermögens- und Aufgabennormen

Rein vermögensrechtlichen Charakter haben das Gesetz über die vermögensrechtlichen Verhältnisse der Bundesautobahnen und sonstigen Bundesstraßen des Fernverkehrs vom 2. März 1951 oder das Gesetz über die vermögensrechtlichen Verhältnisse der Bundeswasserstraßen vom 21. Mai 1951. Desgleichen enthalten die Gesetze des Wasser- wie des Wegerechts Vorschriften über das Eigentum an den jeweiligen öffentlichen Sachen; doch dominieren die Bestimmungen über deren öffentliche Nutzung und Verwaltung, jener Staatsaufgabe, der die Sachen gewidmet sind. Alle Normen, die Staatsaufgaben umschreiben, zeitigen offen oder verdeckt rechtliche Wirkungen auch für die vermögensrechtliche Seite der Objekte des Verwaltungsvermögens. Insofern sind die Normen des Wehrrechts wie des Sozialrechts, des Schulrechts wie des Strafvollzugsrechts indirekt für das jeweilige Vermögensrecht bedeutsam.

63
Sonderrecht für den Staat und für alle geltende Gesetze

Normen des Haushaltsgesetzes oder des Rechts der öffentlichen Verkehrswege sind auf die öffentliche Hand als Vermögensträger zugeschnitten. Doch die Verfügung über die Vermögensobjekte und deren Verwaltung unterliegt auch den für alle geltenden Gesetzen, soweit deren Anwendung nicht durch Sonderregelungen oder durch die Eigenart des Staates ausgeschlossen wird.

---

153 § 63 f. BHO.
154 § 73 ff. BHO.
155 „Reichsvermögens-Gesetz".
156 Art. 21 ff. Evtr.
157 Vgl. BVerfGE 15, 126 (146 f.). Zum Typus →Bd. IV, *Maurer*, § 79 Rn. 85; → oben *Ossenbühl*, § 100 Rn. 85.

Zu den für alle geltenden Gesetzen gehören das Sachenrecht des Bürgerlichen Gesetzbuchs mit den Figuren des Eigentums, der Dienstbarkeit und sonstiger dinglicher Rechte, das Vertragsrecht sowie das Institut der Verkehrssicherungspflicht. Das Recht des Staatsvermögens ist also eingebettet in die allgemeine Rechtsordnung.

Gesetze, die in der Normenhierarchie unterhalb der Verfassung stehen, können gleichwohl von staatsrechtlichem Belang sein. Dazu bedarf es nicht der pauschalen, inhaltsnivellierenden Unterstellung, daß einfaches Recht per se „konkretisiertes Verfassungsrecht" sei. Vielmehr muß eine Norm für Bestand, Form und Legitimation des Verfassungsstaates bedeutsam sein. Das ist jedenfalls gegeben bei den Vorschriften des Staatshaushalts, aber auch bei den Übergangsvorschriften, die nach staatlichem Umbruch, wie der Desorganisation des Deutschen Reiches oder dem Beitritt der DDR, das Staatsvermögen der neuen Gliederung der Staatsgewalt gemäß umverteilen.

64
Staatsrechtliche Relevanz einfachen Rechts

III. Staatsvermögensordnung ohne Kodifikation

Die Gesamtheit der Regelungen des Staatsvermögens bildet, ungeachtet verschiedener Sonderregelungen, kein Rechtsgebiet für sich, sondern als Querschnittsmaterie einen Bestandteil unterschiedlicher Rechtsgebiete.

65
Querschnittsmaterie

Aus Weimarer Zeit stammt das Desiderat nach einer Staatsvermögensordnung[158]. Initiativen dazu, die verstreuten Regelungen über Bestand, Verwaltung und Verfügung zu sichten und zu kodifizieren, gelangten nicht über Ansätze hinaus[159]. Heute sind ernsthafte Bemühungen um eine Kodifikation nicht zu beobachten. Sie wären auch müßig. Denn die Phänomene sind so heterogen, die rechtlichen Regelungsbedürfnisse so unvereinbar, der Stoff so unübersichtlich, daß die Kodifikationsreife fehlt. Die einheitliche Regelung für dergestalt verschiedene Gegenstände geriete leicht zum rechtlichen Prokrustesbett. Ein (zweifelhafter) Zugewinn an Rechtssicherheit würde nicht aufgewogen durch das (wahrscheinliche) Risiko der Sachwidrigkeit.

66
Keine Kodifikationsreife

Im Recht des Staatsvermögens waltet nicht Chaos. Das Staatsvermögen unterliegt, wie alle anderen Erscheinungen der Staatsgewalt, den Regeln der Verfassung über Kompetenzverteilung, Grundrechtsbindung, rechtsstaatliche Verwaltung, Staatsziele. Darüber hinaus greifen die spezifischen wie die für alle geltenden Gesetze. Daher gibt es längst eine Staatsvermögensordnung, und zwar eine solche, die der Kodifikation nicht bedarf. Sie tut den praktischen Bedürfnissen, alles in allem genommen, Genüge, was nicht ausschließt, daß Verbesserungen und Anpassungen im einzelnen angebracht sind. Die geltende Staatsvermögensordnung ist die Rechtsordnung.

67

Die Rechtsordnung als Staatsvermögensordnung

---

158 *Tatarin-Tarnheyden* (N 22), S. 422.
159 *Julius Landmann*, Geschichte des öffentlichen Kredits, in: HdbFW, Bd. III, S. 1 (11); *Friauf* (N 10), § 90 Rn. 16.

C. Staatsvermögen im Steuerstaat

I. Staatstypus nach Art der Finanzierung

68

Eigentumsherrschaft

Die reale Verfassung, in der ein Gemeinwesen ist, und die rechtliche, die es hat, hängen in erheblichem Maße ab von Art und Ergiebigkeit seiner Finanzquellen. Die Geschichte der Finanzwirtschaft läßt verschiedene idealtypische Muster erkennen. Das mittelalterliche Reich beruhte, ökonomisch gesehen, auf Grundeigentum. Landeshoheit war Eigentumsherrschaft, das Land „im Grunde nichts anderes als ein großes Herrschaftsgut"[160]. Das Reichsgut wie die Domänen des Territorialfürsten lieferten den Unterhalt für Hof und Verwaltung. Aus Landeigentum ging die Lehensordnung hervor: eine Hierarchie der Grundbesitzrechte, der eine Hierarchie der Abhängigkeitsverhältnisse mit Dienst- und Treupflichten korrespondierte[161]. Das Grundeigentum gewährleistete dem Landesherrn relative Autarkie. Reichten jedoch die Eigenmittel nicht aus, so mußte er die Stände angehen, Leistungen „beizusteuern". Die Steuer, die daraus hervorging, galt bis ins 19. Jahrhundert hinein als lediglich subsidiäre Finanzquelle[162]. – Der frühneuzeitliche merkantilistische Fürsten-

Merkantilistischer Unternehmerstaat

staat nahm Züge des Unternehmerstaates an, indem er selber Manufakturen und Fabriken anlegte und betrieb, von der Porzellanmanufaktur bis zum Stahlwerk. Er betrachtete die Wirtschaftstätigkeit als eine im Grunde staatliche Veranstaltung[163]. Wesentliche Bereiche behielt er sich selbst vor als Regalien, ließ deren Nutzung durch Privatunternehmer nur gegen Entgelt zu und schuf sich so eine weitere Einnahmequelle. Zu diesen Regalien gehörten die Ausbeutung von Bodenschätzen (Bergbau, Salinen), die Nutzung der Natur (Jagd, Fischerei) wie der Wege (Wegezoll), das Postwesen, selbst die Münzprägung. Fiskalische Interessen und Landesentwicklung wirkten zusammen[164].

Sozialistischer Unternehmerstaat

Aus völlig anderen Intentionen ging der sozialistische Unternehmerstaat hervor. Er zog die Verfügungsgewalt über die Produktionsmittel an sich, weil er die wirtschaftliche Macht, die sich in ihnen verkörperte, als den Ursprung auch der politischen Macht sah. Die Enteignung der „Kapitalisten" sollte das Proletariat aus wirtschaftlicher Ohnmacht erlösen und an die politische Macht hieven. Doch sie führte das totalitäre Herrschaftssystem einer Parteioligar-

---

160 *Gerhard Anschütz*, Rückblick auf ältere Entwicklungsstufen der Staatsbildung und des Staatsrechts in Deutschland, in: Anschütz/Thoma, Bd. I, S. 17 (25).
161 *François Louis Ganshof*, Was ist das Lehenswesen? (übersetzt aus dem Französischen), 1961, S. XIII, 120 ff.
162 Vgl. *Adolph Wagner*, Finanzwissenschaft, 2. Teil, ²1890, S. 274 ff.; *v. Mohl* (N 35), S. 634 ff.; *Meyer/ Anschütz* (N 33), S. 321.
163 *Ernst Rudolf Huber*, Deutsche Verfassungsgeschichte seit 1789, Bd. I, ²1960, S. 201; *Häuser* (N 77), S. 40 ff. Beispiele merkantilistischer Wirtschaftspolitik *Fritz Blaich*, Die Epoche des Merkantilismus, 1973, S. 115 ff., 127 ff., 155 ff., 172 ff.
164 Dazu *Wagner* (N 162), S. 259 ff.; *Klein* (N 68), S. 54 ff. – Ein später Ausläufer des Unternehmerstaats war das Finanzmonopol der Deutschen Zündwarenmonopolgesellschaft, die das ausschließliche Recht zur Übernahme und Weiterveräußerung der von deutschen Fabriken hergestellten Zündwaren sowie zur Ein- und Ausfuhr des Produkts besaß. Dieses Monopol wurde 1930 durch das Zündwarenmonopolgesetz errichtet, um eine Anleihe des schwedischen „Zündwarenkönigs" Ivar Kreuger zu sichern. 1982 wurde es durch Gesetz aufgehoben. Dazu *Ernst Rudolf Huber*, Wirtschaftsverwaltungsrecht, Bd. I, ²1953, S. 562 ff.

chie herauf, die sich als Avantgarde des Proletariats und als sein Amtsvormund begriff. Der sozialistische Staat, der kraft seiner Zentralverwaltungswirtschaft umfassend über Kapital und Arbeit disponierte, nicht beschränkt durch die ökonomischen Gesetze des (Binnen-)Marktes, konnte seinen Finanzbedarf im wesentlichen über die Regulierung der Preise und Löhne sättigen, auch wenn er in der Praxis nicht schlechthin auf das Instrument der Steuer verzichtete[165].

Grundherrschaft, Unternehmerstaat merkantilistischer wie sozialistischer Observanz – so heterogen diese finanzwirtschaftlichen Systeme auch sind, gemeinsam ist ihnen, daß die Staatsgewalt über eigene wirtschaftliche Ressourcen verfügt und direkt auf sie zugreifen kann. Ob Grundeigentum oder Unternehmenseigentum, stets handelt es sich um Staatsvermögen, das die wirtschaftliche Basis bildet. Von ihnen allen setzt sich der Steuerstaat ab[166]. Dieser leistet prinzipiellen Verzicht auf das Staatsvermögen als Finanzquelle. Seine Finanzkraft gründet im Leistungsvermögen der Bürger. Reguläre Form seiner Einnahmen ist die Steuer[167]. **69**

Der Steuerstaat zieht die Konsequenz aus der Geldwirtschaft. Er erkennt dem Bürger das Recht auf Geld als „geprägte Freiheit"[168] zu und gewinnt selber durch die Abgaben für sich die Freiheit, über Einnahmen und Ausgaben zu disponieren. Freilich wandelt sich die geprägte Freiheit, grundrechtlich gesehen, für ihn in rechtsgebundene Macht. Der Steuerstaat aber akkumuliert nicht Grundstücks-, Unternehmens- und Anteilseigentum, um daraus seine Ausgaben zu bestreiten, und er sucht darum auch nicht Gewinn am Markt. Vielmehr beläßt er Kapital und Arbeit grundsätzlich in privater Hand und begnügt sich damit, am wirtschaftlichen Erfolg der Privaten zu partizipieren: ein „Parasit" der Privatwirtschaft, deren treibende Kraft das Privatinteresse ist[169]. Der Steuerstaat setzt Marktwirtschaft voraus. Diese bildet gleichsam den Boden, von dessen Früchten er lebt[170]. Wie die Ernte ausfällt, hängt von Faktoren ab, die sich seinem Einfluß mehr oder weniger entziehen, dem Einsatz der Privaten, ihrem Geschick und ihrer Fortune, den Gegebenheiten des Marktes. Der Steuerstaat achtet die Freiheit und baut darauf, daß Erwerbsstreben und Bürgersinn, daß die spontanen, schöpferischen Potenzen der Gesellschaft die Steuerquellen nähren[171]. Die Steuer ist der Preis, den der Bürger für seine Freiheit der staatlich organisierten Allgemeinheit entrichten muß[172]. **70**

„Parasit" der Privatwirtschaft

---

165 →Bd. I, *Brunner*, § 11 Rn. 32 ff.; *Fritz Ossenbühl*, Eigentumsfragen, in: HStR IX, 1997, § 212 Rn. 1, 14.
166 Zu diesem Typus *Josef Isensee*, Steuerstaat als Staatsform, in: FS für Hans Peter Ipsen, 1977, S. 409 ff. (Nachw.). →Bd. II, *Vogel*, § 30 Rn. 51 ff.; →oben *Waldhoff*, § 116 Rn. 5; *P. Kirchhof*, § 118 Rn. 1 ff.
167 Die besonderen Zulässigkeitsbedingungen der nichtsteuerlichen Abgaben dürfen in diesem Zusammenhang vernachlässigt werden. →Oben *P. Kirchhof*, § 119 Rn. 1 ff.
168 Die Metapher Dostojewskys zitiert BVerfGE 97, 350 (371).
169 So die Charakteristik durch *Joseph Schumpeter*, Die Krise des Steuerstaats, ¹1918, in: Rudolf Hickel (Hg.), Die Finanzkrise des Steuerstaates, 1976, S. 40 (345 f.).
170 Zur verfassungsrechtlichen Erheblichkeit der Marktwirtschaft *Hans Heinrich Rupp*, Die Soziale Marktwirtschaft in ihrer Verfassungsbedeutung, in: HStR IX, 1997, § 203 Rn. 8 ff., 14 ff., 16 ff.
171 Insofern handelt es sich um vorrechtliche Erwartungen an den Steuerbürger. Dazu *Josef Isensee*, Grundrechtsvoraussetzung und Verfassungserwartungen an die Grundrechtsausübung, in: HStR V, ²2000 (¹1992), § 115 Rn. 163 ff.
172 *Isensee* (N 166), S. 423 ff. →Oben *P. Kirchhof*, § 118 Rn. 1 ff.

§ 122 *Achter Teil: III. Finanzwesen*

II. Steuerstaat als Verfassungsprinzip

71
Verfassungsqualität des Steuerstaates
Relevanz für die EU

Von Haus aus ein empirischer Idealtypus der Finanzwissenschaft, ist der Steuerstaat in das verfassungsstaatliche Konzept des Grundgesetzes eingegangen. Ihm kommt Geltung als Verfassungsprinzip zu[173]. Doch der nationale Steuerstaat muß sich heute unter supranationalen Bedingungen behaupten. Der Steuergegenstand wird geprägt durch Recht und Realität des europäischen Binnenmarktes, während der Schwerpunkt der Steuerkompetenz weiterhin beim Nationalstaat liegt[174].

72
Verfassungsgewähr des Steueraufkommens

Das Grundgesetz garantiert Bund und Ländern die finanzwirtschaftliche Handlungsfähigkeit nicht über eine Ausstattung mit Vermögensgegenständen, sondern dadurch, daß es sie über den Steuerertrag, unter bestimmten Voraussetzungen ergänzt durch Zuweisungen des horizontalen und vertikalen Finanzausgleichs, befähigt, ihre Aufgaben eigenverantwortlich zu erfüllen. Daher regelt die Finanzverfassung auch nur die Verteilung des Aufkommens aus Steuern und Finanzmonopolen sowie den Finanzausgleich[175].

III. Grundentscheidung für das Privateigentum

73
Grundentscheidung für die Freiheit von Arbeit und Kapital

Die Grundrechte enthalten die Grundentscheidung für die freiheitliche Ordnung von Arbeit und Kapital sowie für das Vermögen in der Hand des Privaten. Sie schirmen die Selbstbestimmung des einzelnen über seine Arbeitskraft, über Wahl wie Ausübung des Berufs ab gegen staatliche Ingerenzen. Sie verbieten Arbeitszwang und Zwangsarbeit und lassen öffentliche Dienstpflichten nur unter engen Voraussetzungen zu. Das Privateigentum, auch das an Produktionsmitteln, steht unter dem Schutz der Verfassung. Die Enteignung darf nicht zu fiskalischen Zwecken erfolgen[176]. Sie taugt schon deshalb nicht zur Einnahmeerzielung, weil sie die Pflicht zu angemessener Entschädigung nach

Sozialisierung

sich zieht. Die Sozialisierung böte an sich die Möglichkeit, Grund und Boden, Naturschätze und Produktionsmittel in Gemeineigentum, damit in mögliche Verfügungsgewalt des Staates zu überführen, insofern einen öffentlichen Bedarf zu decken. Doch handelt es sich um einen Atavismus innerhalb des Verfassungstextes, über den die Verfassungsentwicklung wie die globale Wirtschaftsentwicklung hinweggezogen sind[177]. Allenfalls zeitigt er noch die rechtliche Wirkung dahin, zu verhindern, daß die staatliche Wirtschaftspolitik ohne die Förmlichkeiten, die materiellen Voraussetzungen und die Entschädigungsfolgen, die mit einer Maßnahme nach Art. 15 GG verbunden wären, auf Umwegen „kalte Sozialisierung" bewirkt[178]. Dagegen taugt die Ermächtigung nicht dazu, den Steuerstaat abzulösen durch den Aufbau einer neuen Art von

---

173 *Isensee* (N 166), S. 420 ff. →Bd. II, *Vogel*, § 30 Rn. 69 ff.
174 *Ulrich Hufeld*, Steuerstaat als Staatsform in Europa, in: FS für Josef Isensee, 2007, S. 857 ff.; *Christian Seiler*, Steuerstaat und Binnenmarkt, ebd., S. 875 ff.
175 BVerfGE 95, 234 (249); 95, 250 (264). S. u. Rn. 118 ff.
176 *Walter Leisner*, Eigentum, in: HStR V, ²2000 (¹1992), § 149 Rn. 170.
177 *Depenheuer* (N 147), Art. 15 Rn. 4 ff. S. auch oben Rn. 57.
178 *Walter Leisner*, Sozialisierungsartikel als Eigentumsgarantie (1975), in: ders., Eigentum, 1996, S. 233 ff.; *Depenheuer* (N 147), Art. 15 Rn. 7 ff., 23 ff.

Eigentümer- oder Unternehmerstaatlichkeit[179]. Die Sozialisierungsermächtigung des Art. 15 GG bildet auch kein verfassungsrechtliches Hindernis für eine Politik der Privatisierung von Gegenständen des Staatsvermögens[180].

Das steuerstaatliche Verfassungsprinzip untersagt nicht schlechthin Erwerb und Besitz von Staatsvermögen. Doch verbietet es, das Staatsvermögen zur regulären Finanzquelle auszuweiten und ein System staatlicher Finanzautarkie aufzubauen. Die wesentliche rechtspraktische Bedeutung liegt darin, daß der reguläre Weg zu Staatseinnahmen nur über die Steuer führt[181]. An sich gehört die Staatsfinanzierung zu den notwendigen Erfordernissen des Gemeinwohls. Doch sie ist gebunden an den Formenkanon der Finanzverfassung; damit unterliegt sie dem Primat der Steuer. Außerhalb der Steuer verliert das Fiskalinteresse seine Legitimität, so daß es insoweit aus dem Kreis der öffentlichen Belange ausscheidet, die staatliches Handeln rechtfertigen können. Gewinnerzielung als solche legitimiert nicht staatliches Handeln. Allenfalls kann sie, wenn das Handeln bereits durch ein außerfiskalisches öffentliches Interesse gerechtfertigt wird, als zusätzliches Interesse in Betracht kommen, genauer: als erwünschte Nebenwirkung[182].

74
Unterscheidung zwischen fiskalischen und öffentlichen Belangen

Daraus ergeben sich Folgen für die Anwendung der Grundrechte. Juridisch gesehen bildet die Steuererhebung einen Grundrechtseingriff. Doch der Steuereingriff ist der Art nach legitim. Diese generelle Unbedenklichkeit bringt allerdings für das konkrete Steuergesetz und den einzelnen Steuerbescheid keinen verfassungsrechtlichen Freibrief. Vielmehr müssen diese sich an verfassungsrechtlichen Direktiven messen lassen, welche sie zügeln und mäßigen[183]. Der grundrechtlich privilegierte Status, den die Steuer als Einnahmequelle genießt, kommt dem Staatsvermögen nicht zu.

75
Steuereingriff der Art nach legitim

D. Staatsvermögen unter Rechtfertigungszwang der Verfassung

I. Keine Legitimation aus den Grundrechten

Das Staatsvermögen ist Bestandteil der öffentlichen Gewalt, als solcher gemäß Art. 1 Abs. 3 GG gebunden an die Grundrechte. Es entgeht dieser Bindung nicht dadurch, daß es in privatrechtlicher Form organisiert, aus der Exekutivhierarchie ausgegliedert und auf einen rechtsfähigen Fonds übertragen, mit Autonomie und Budgethoheit ausgestattet wird und so den Weisungen

76
Grundrechtsbindung des Fiskus

---

179 Den Vorschlag, das Problem der Staatsverschuldung durch Gemeinwirtschaft zu lösen, machte am Ende des ersten Weltkriegs *Rudolf Goldscheid* (Staatssozialismus oder Staatskapitalismus, 1917, in: Hickel [N 169], S. 40 ff.; *ders.*, Staat, öffentlicher Haushalt und Gesellschaft, 1926, ebd., S. 253 ff.). Kritik *Schumpeter* (N 169), S. 329 ff.
180 BVerfGE 12, 354 (363 f.).
181 Zu den Ausnahmen der nichtsteuerlichen Abgaben →oben *Waldhoff*, § 116 Rn. 86 ff.; → oben *P. Kirchhof*, § 119 Rn. 69 ff., 107 ff.
182 *Krüger* (N 31), S. 327; *Ehlers* (N 101), S. 93 f.; *Peter Selmer*, Wirtschaftliche Betätigung der öffentlichen Hand und Unternehmergrundrechte, in: Rolf Stober/Hanspeter Vogel (Hg.), Wirtschaftliche Betätigung der öffentlichen Hand, 2000, S. 75 (84 ff.); *Isensee* (N 121), S. 207 f., 299 ff., 367; → Bd. IV, *ders.*, § 73 Rn. 73; *Ronellenfitsch*, § 98 Rn. 32 ff.
183 →Oben *P. Kirchhof*, § 118 Rn. 80 ff.

der Regierung wie der Budgethoheit des Parlaments mehr oder weniger entgleitet[184]. Denn die Grundrechtsbindung haftet nicht an der organisatorischen Form, sondern an der staatlichen Substanz[185]. Auf der Staatlichkeit aber lastet in allen ihren Erscheinungen die Pflicht, die Grundrechte zu wahren und zu schützen[186]. Diese Pflicht erfaßt auch das fiskalische Handeln[187].

77
Keine Grundrechtsberechtigung

Daraus folgt zwingend, daß das fiskalische Handeln sich nicht seinerseits auf Grundrechte stützen kann. Denn das identische Rechtssubjekt kann nicht in derselben Hinsicht Adressat und Inhaber von Grundrechten sein. Daher darf sich der Fiskus gegenüber der staatlichen Hoheitsgewalt nicht auf die Eigentumsgarantie oder auf den Gleichheitssatz berufen[188]. Als Faktor der öffentlichen Gewalt hat er diese Grundrechte einzulösen, nicht aber einzufordern.

Keine Privatautonomie des Fiskus

Auch Privatautonomie steht ihm nicht zu[189]. Obwohl er sich der privatrechtlichen Form bedient, erlangt er dadurch nicht den Status des Privaten. Wie sich die öffentliche Gewalt nicht durch organisatorische Vorkehrungen der Grundrechtsverpflichtung entziehen kann, so kann sie auch nicht mit solchen Mitteln eine Grundrechtsberechtigung erschleichen. Sie bleibt dem Gesetz der Staatlichkeit verpflichtet: sich rückhaltlos auf das Gemeinwohl auszurichten[190].

78
Ermessen statt Freiheit

Wenn der Fiskus einen Miet- oder Darlehensvertrag nach bürgerlichem Recht schließt, genießt er nicht die Vertragsfreiheit des Bürgers. Vielmehr betätigt er das Ermessen öffentlicher Verwaltung. Darin aber hat er nicht teil an der grundrechtlich unterfangenen substantiellen Abschluß- und Vertragsfreiheit, die hinter den Vertragstypen und den inhaltlichen Offerten des dispositiven Privatrechts steht. Darum ist der staatliche Vertragspartner dem privaten nicht strukturell unterlegen. Er kann Verhandlungsmacht einsetzen und Verhandlungsspielraum beanspruchen in dem Maße, aber auch nur in dem Maße, wie es die Vertragsparität erfordert. – Ein Wirtschaftsgut, das in privater Hand verdinglichte Freiheit bedeutet, verwandelt sich in öffentlicher Hand zu verdinglichter Macht. Dort steht es dem individuellen Bedarf und dem subjektiven Belieben zur Verfügung. Hier dagegen ist es von vornherein eingebunden in objektive, überindividuelle Belange. Die Nutzung des privaten Gutes findet in allgemeinen Normen ihre rechtliche Schranke, die des öffentlichen Gutes dagegen ihre rechtliche Grundlage und die Möglichkeit einer Rechtfertigung[191]. Im Ergebnis zeigt sich, daß das Staatsvermögen im Bestand und Gebrauch nicht auf Grundrechten bauen kann.

---

[184] Zu diesen Phänomenen *Ehlers* (N 101), S. 247 f.; *Puhl* (N 40), S. 164 f.
[185] *Isensee* (N 39), § 118 Rn. 22 ff.
[186] *Rüfner* (N 39), § 117 Rn. 2 ff., 39 ff., 47 ff.
[187] *Klein* (N 68), S. 164 ff., 234; *Ehlers* (N 101), S. 212 ff.; →Bd. IV, *Ronellenfitsch*, § 98 Rn. 46 ff.
[188] *Ehlers* (N 101), S. 78 ff.; *Joachim Burmeister*, Vom staatsgerichteten Grundrechtsverständnis zum Grundrechtsschutz für Staatsfunktionen, 1971, S. 66 ff.; *Fritz Ossenbühl*, Bestand und Erweiterung des Wirkungskreises der Deutschen Bundespost, 1980, S. 113 ff., 122 ff.; *Herbert Bethge*, Die Grundrechtsberechtigung juristischer Personen nach Art. 19 Abs. 3 GG, 1985, S. 61 ff., 100 ff., 109 ff.; *Wolfgang Rüfner*, Grundrechtsträger, in: HStR V ²2000 (¹1992), § 116 Rn. 63 ff., 80 f.; *Isensee* (N 39), § 118 Rn. 24 ff. Gegenansicht zur lediglich formell privatisierten Deutschen Bahn *Robert Uerpmann*, in: v. Münch/Kunig, GGK III, ⁴/⁵2003, Art. 87 e Rn. 10.
[189] *Krüger* (N 31), S. 323 ff.; *Klein* (N 68), S. 140; *Isensee* (N 121), S. 204 ff.; *Ehlers* (N 101), S. 82 ff. S. o. Rn. 44.
[190] →Bd. IV, *Isensee*, § 71 Rn. 20 ff., 132 ff.
[191] →Oben *P. Kirchhof*, § 99 Rn. 116 f.

II. Legitimation vor den Grundrechten

1. Grundrechte als Grenze

Wenn das Staatsvermögen sich auch nicht *aus* den Grundrechten rechtfertigen läßt, so muß es sich doch *vor* ihnen rechtfertigen. Sie bilden nicht die Grundlage seines Erwerbs, seines Besitzes und seines Gebrauchs, sondern den Maßstab für deren Zulässigkeit und deren Schranke. Der Rechtfertigungszwang tritt ein, soweit Erwerb, Besitz oder Gebrauch die grundrechtlich geschützte Sphäre des Privaten berühren. Der grundrechtliche Rechtfertigungszwang konvergiert mit dem, der sich aus dem steuerstaatlichen Prinzip ergibt. Von der Regel der Staatsfinanzierung durch Steuern macht die Finanzierung aus Vermögenserträgen und Vermögensveräußerungen eine Ausnahme, die als solche der Begründung bedarf. Die Finanzverfassung, die eine auf Gewinn gerichtete Staatswirtschaft ausschließt, schützt im Ergebnis den wirtschaftlichen Freiraum der Grundrechtsträger.

79 Grundrechte als Maßstab der Zulässigkeit von Staatsvermögen

Grundrechtlicher und steuerstaatlicher Rechtfertigungszwang

Die Frage nach der grundrechtlichen Rechtfertigung des Staatsvermögens kann nicht pauschal beantwortet werden. Vielmehr ist Differenzierung geboten nach den Auswirkungen, die Erwerb, Besitz und Gebrauch auf die Grundrechte zeitigen. In seiner Grundrechtsrelevanz unterscheidet sich der interne Besitz von Vermögensgegenständen von deren externer Nutzung. Bei dieser macht es einen Unterschied, ob der Staat seine Wirtschaftsgüter in den Wettbewerb mit Privaten einbringt oder ob er den Wettbewerb durch ein Monopol ausschließt. Die Frage der Rechtfertigung stellt sich für das Verwaltungsvermögen anders als für das Finanzvermögen.

80 Notwendige Differenzierung

2. Privateigentum als Institution

Durch das Haben von Vermögensgegenständen greift der Staat noch nicht in grundrechtlich geschützte Positionen einzelner ein. Gleichwohl zeitigt auch das bloße Haben bereits grundrechtliche Relevanz, indem es den Freiraum der Privaten zu Erwerb, Besitz und Nutzung von Wirtschaftsgütern einschränken und somit an die objektive Dimension der Grundrechte als Grundlage der freiheitlichen Gesellschaftsordnung rühren kann[192].

81 Objektive Dimension der Grundrechte

Eine solche Kollision drohte, wenn der Gesetzgeber in der Finanzierung der gesetzlichen Rentenversicherung vom gegenwärtigen Umlageverfahren zum Kapitaldeckungsverfahren zurückkehrte, wie es in deren Anfängen bestanden hat und heute noch für Privatversicherer besteht. Heute werden die Renten aus dem Aufkommen der laufenden Beiträge finanziert, die Ausgaben eines Kalenderjahres durch die Einnahmen desselben Kalenderjahres (und, soweit erforderlich, durch Entnahme aus der Schwankungsreserve) gedeckt[193]. Die Beitragszahlungen der erwerbstätigen Generation kommen für die laufenden

82 Finanzierung der Rentenversicherung

Umlageverfahren

Generationenvertrag

---
192 →Bd. II, *Rupp*, § 31 Rn. 29 ff., 34 ff., 48 ff.
193 § 153 Abs. 1 SGB VI.

§ 122   *Achter Teil: III. Finanzwesen*

Renten der älteren Generation auf. Die Umstellung auf Kapitaldeckung würde bei dem derzeitigen Rentenvolumen erfordern, daß jährlich fünf bis sechs Billionen Euro aus Erträgen vorgehalten werden müßten[194]. Eine solche Transaktion wäre praktisch gar nicht durchführbar, erwiese sich wirtschafts- und ordnungspolitisch als dubios und stieße auch auf rechtliche Hindernisse[195]. Die Fonds der Sozialversicherung erhöben sich zu einem Leviathan des Staatsvermögens. Die Balance zwischen Staat und Gesellschaft verschöbe sich zu Lasten der letzteren. Die privaten Anleger würden mehr oder weniger vom Inlandsmarkt verdrängt, so daß sich eine Art von Sozialstaatskapitalismus etablierte. In dem Maße aber, in dem das Beitragsaufkommen in ausländische Anlagen flösse, entzöge es sich der deutschen Staatsgewalt, die doch weiterhin für die Rechtmäßigkeit und die Funktionsfähigkeit der sozialen Sicherungssysteme einzustehen hätte. Die Rückkehr zum Kapitaldeckungsverfahren scheiterte letztlich auch an der Grundrechtsgarantie des Eigentums als Institution.

Quantitative Schranke

Die bloße Quantität der erforderlichen Akkumulation von Staatsvermögen geriete schon in Widerspruch zur Grundrechtsgarantie.

83

DDR-Erbe an Grund- und Betriebsvermögen

Das Problem der grundrechtsgefährdenden Quantität ergab sich mit der deutschen Wiedervereinigung, als die Masse an Grund- und Unternehmenseigentum der öffentlichen Hand, die Hinterlassenschaft des sozialistischen Systems der DDR, dem Bund, den Ländern und den Kommunen zufiel – ein erheblicher Teil davon Beutegut aus sowjetischen Enteignungen, die als Folge grundgesetzlich abgesicherter Bestimmungen des Einigungsvertrages nicht rückgängig gemacht worden sind[196]. Die Konzentration von Vermögen in öffentlicher Hand setzt den sozialistischen Unternehmerstaat unter neuen Verfassungsbedingungen fort, hemmt den Aufbau einer dem Grundgesetz gemäßen Privatrechtsgesellschaft und Marktwirtschaft und steht im Widerspruch zum grundrechtlichen Institut des Eigentums. In der Übergangszeit hinnehmbar, ist dieser Zustand auf Dauer vor der Eigentumsgarantie, aber auch vor den anderen Freiheitsgrundrechten, die an das Eigentum anknüpfen wie das der Berufsfreiheit, nicht zu rechtfertigen. Die Grundrechtsordnung

Privatisierung

erteilt einen Auftrag zur Privatisierung. Dabei entspräche es dem Gleichheitssatz, wenn die menschenrechtswidrig depossedierten Alteigentümer durch Einräumung von Vorkaufsrechten begünstigt würden[197].

84

Keine Rückkehr zum Unternehmerstaat

Die Eigentumsverfassung des Grundgesetzes verbietet dem Staat, seine Finanzkraft einzusetzen, um eine ganze Wirtschaftsbranche aufzukaufen, insoweit das steuerstaatliche Element zurücknehmen und den Unternehmer-

---

[194] *Raimund Waltermann*, Sozialrecht, ^{6}2006, S. 159.
[195] *Wolfgang Rüfner*, Möglichkeiten und Grenzen einer Neuordnung der Finanzierung öffentlich-rechtlicher Sozialisierungssysteme, in: SDSRV 45 (1999), S. 101 (113 ff.); *Franz Ruland*, Rentenversicherung, in: Bernd Baron von Maydell/Franz Ruland (Hg.), Sozialrechtshandbuch, ^{2}1996, S. 877 (907); *Waltermann* (N 194), S. 158.
[196] Art. 41 Evtr mit Anlage III; Art. 143 Abs. 3 GG. Dazu BVerfGE 84, 90 (117 ff.); 94, 12 (34 ff.); 112, 1 (24 ff.); *Ossenbühl* (N 165), § 212 Rn. 54 ff., 89 ff., 100 ff.; *Matthias Schmidt-Preuß*, Die Treuhand-Verwaltung, ebd., § 219 Rn. 37 ff.
[197] *Josef Isensee*, Rechtsstaat – Vorgabe und Aufgabe der Einung Deutschlands, in: HStR IX, 1997, § 202 Rn. 131.

staat wieder heraufzuführen[198] und die Privaten vom Markt oder aus einem seiner Sektoren zu verdrängen[199].

3. Öffentlicher Zweck und staatliche Subsidiarität

Staatsvermögen ist kein Selbstzweck. Der öffentlichen Hand ist es verwehrt, Vermögen zu akkumulieren, um ihre Macht mit wirtschaftlichen Mitteln zu steigern oder um sich eine zusätzliche Einnahmequelle zu erschließen. Vielmehr muß ein öffentlicher Zweck den Besitz oder den Erwerb von Vermögensgegenständen rechtfertigen.

85 Weder Macht- noch Finanzinteressen

Das Verwaltungsvermögen entspricht schon von seiner Definition her diesem Erfordernis, gleich, ob es einem internen oder einem externen Zweck gewidmet ist. Die Widmung braucht sich nicht auf das Minimum der unbedingt erforderlichen Sachausstattung zu beschränken. Die Verwaltung ist hier nicht an das Übermaßverbot gebunden, wie wenn es sich um einen Grundrechtseingriff im technischen Sinne handelte. Vielmehr kann sie Ermessen walten lassen. Doch muß das Objekt der Widmung überhaupt tauglich sein, dem öffentlichen Zweck zu dienen, und es muß nach Art und Ausmaß dafür angemessen sein. Langfristige Planungen sind möglich. Die Verwaltung braucht den Fall des konkreten Grundstücksbedarfs nicht abzuwarten. Sie darf eine Grundstücksreserve bilden, sei es auch nur, um im Bedarfsfall über Tauschobjekte zu verfügen[200].

86 Verwaltungsvermögen

Reichweite der Widmung

Die eigentlichen Legitimationsprobleme bereitet das Finanzvermögen. Der unmittelbare und überwiegende Dienst für ein Gemeinwohlinteresse scheidet definitionsgemäß aus. Das Fiskalinteresse bietet keinen Legitimationstitel. Die Übergangsbestimmungen der Art. 134, 135 und 135 a GG weisen jedoch darauf hin, daß es Finanzvermögen gibt und daß dieses nicht von vornherein illegitim sein kann. Das ist jedoch nur ein Argument für die Zulässigkeit des Finanzvermögens in seinem vorkonstitutionellen Bestand, und noch nicht einmal für dessen Bestand auf Dauer, vollends nicht für dessen Erweiterung[201]. Immerhin spricht insofern ein favor traditionis für die Zulässigkeit.

87 Finanzvermögen

Favor traditionis

Der Aufbau von Staatsvermögen läßt sich schwerlich damit rechtfertigen, daß der Staat es zu Zwecken der Wirtschaftslenkung verwenden möchte. Freilich nimmt das Beschaffungswesen auch wirtschafts- und sozialpolitische Rücksichten und es zeitigt entsprechende Effekte[202]. Doch setzt es voraus, daß für die zu beschaffenden Gegenstände überhaupt ein legitimer Bedarf besteht, vom Büromaterial bis zu Verkehrswegen und Kommunikationsnetzen. Für

88 Wirtschaftslenkung Beschaffungswesen

---

198 So ein finanzpolitischer Vorschlag *Goldscheids* (N 179).
199 Zum Verdrängungswettbewerb *Rüdiger Breuer*, Die staatliche Berufsregelung und Wirtschaftslenkung, in: HStR VI, ²2001 (¹1989), § 148 Rn. 61.
200 *Püttner* (N 76), S. 131; *Isensee* (N 121), S. 289. Die Verwaltung des Bundesvermögens kennt die Kategorie des allgemeinen Grundvermögens, das nicht für Verwaltungszwecke oder den Gemeinbrauch benutzt wird. Aus diesem deckt der Bund in erster Linie seinen Bedarf an Liegenschaften (2.2, 3.1 VV-BHO zu § 64).
201 →Bd. IV, *Ronellenfitsch*, § 98 Rn. 42.
202 *Jost Pietzcker*, Der Staatsauftrag als Instrument des Verwaltungshandelns, 1978, S. 304 ff.

§ 122 *Achter Teil: III. Finanzwesen*

Offenmarktpolitik

Beschaffungsabteilungen von Behörden sind jedoch Konjunktursteuerung und Sozialgestaltung keine Primärziele. Das unterscheidet sie von der Europäischen Zentralbank und den nationalen Zentralbanken, denen die Offenmarktpolitik ein Instrument der Währungs- und Stabilitätspolitik ist[203]. Eine Vorratswirtschaft ins Blaue hinein verstieße gegen das Gebot des Haushaltsrechts, daß Vermögensgegenstände nur erworben werden sollen, soweit sie zur Erfüllung der Aufgaben des Staates in absehbarer Zeit erforderlich sind[204]. Das Gebot dient der Wirtschaftlichkeit und Sparsamkeit der Haushaltsführung, doch hindert es auch eine Expansion des Staatsvermögens auf Kosten der Grundrechtsgesellschaft.

89
Öffentliche Zwecke des Fiskalvermögens

Als öffentliche Zwecke, denen das Finanzvermögen, insbesondere Wirtschaftsbetriebe, dienstbar sein könnte, werden unter anderem angeführt[205]:

– Sicherung der Unabhängigkeit des Staates gegenüber in- und ausländischen Unternehmen in Fragen militärischen oder sonst prekären Bedarfs;
– Sicherung des Wettbewerbs und Verhinderung privater Monopole;
– Einbringung spezifischer Komponenten in den Markt wie soziale Belange oder Umweltschutz, Denkmal- oder Rechtsgüterschutz;
– stetige Garantie öffentlicher Interessen wie Förderung strukturschwacher Regionen;
– Vorbildfunktion;
– Unterrichts- und Versuchszwecke;
– Ausgleich für Marktversagen, etwa in notwendigen Versorgungsleistungen, die für Private nicht rentabel wären;
– Sicherung von Arbeitsplätzen.

90
Nachträgliche Legitimation des Finanzvermögens

Keine Selbstermächtigung zur Umwidmung

Doch die Möglichkeiten einer nachträglichen Legitimation des Finanzvermögens durch Zwecke solcher Art sind begrenzt. Rechtlich verselbständigte Fonds und Wirtschaftsunternehmen, gleich, ob als juristische Person des öffentlichen oder des privaten Rechts organisiert, können nicht über ihre Widmung disponieren und nicht von sich aus Gemeinwohlziele wählen, falls diese außerhalb ihres durch Gesetz, Satzung oder Gesellschaftsvertrag definierten Wirkungskreises liegen. Wo die entsprechende Rechtsgrundlage fehlt, kann auch das Muttergemeinwesen sie nicht über seine aufsichtlichen oder gesellschaftsrechtlichen Befugnisse oktroyieren, auch nicht über seine gesetzlich vorgesehenen Sicherstellungs- und Regulierungsermächtigungen. So darf der Bund als Eigentümer der Deutschen Bahn nicht kraft seiner gesellschaftsrechtlichen Befugnisse auf eine Geschäftsführung hinwirken, die kaufmännischen Grundsätzen zuwiderliefe (Art. 87 Abs. 3 S. 1 GG). Seiner Gewährleistungsverantwortung (Art. 87e Abs. 4 GG) kann er nur mit verwaltungsrechtlichen Mitteln genü-

---

203 →Oben *Schmidt*, § 117 Rn. 38. – Vgl. *Alfred Bosch*, Offenmarktpolitik, in: StL, Bd. V, [6]1960, Sp. 1156 ff.; *Otto Gandenberger*, Theorie der öffentlichen Verschuldung, in: HdbFW, Bd. III, 1981, S. 3 (11); *Heinz Haller*, Finanzwirtschaftliche Stabilisierungspolitik, ebd., S. 459 (482).
204 § 63 Abs. 1 BHO.
205 Beispiele bei *Ossenbühl* (N 188), S. 107 ff.; *Stern* (N 23), S. 1262; *Friauf* (N 10), § 90 Rn. 41.

gen[206]. Auf der anderen Seite können Gemeinden oder sonstige mittelbar staatliche Organisationen sich nicht deshalb profitablen Tätigkeiten kraft Selbstermächtigung zuwenden, weil sie sich nicht damit abfinden, nur unrentable Tätigkeiten auszuüben. Im steuerstaatlichen Verbund sind sie den Notwendigkeiten der Rentabilität strukturell enthoben. Sie arbeiten nicht rentabel, obwohl sie durch Verfassungs- und Gesetzesrecht genötigt werden, ihre Finanzmittel so wirtschaftlich und sparsam wie möglich zur Erfüllung ihrer Aufgaben einzusetzen[207].

Zumutung der Unrentabilität

Die Legitimation des Staatsvermögens folgt dem Subsidiaritätsprinzip[208]. Dessen Kriterien sind weithin schon vorgezeichnet in § 67 DGO und weiterhin fortgeschrieben in den geltenden Gemeindeordnungen, wenn auch im Anwendungsbereich stark eingeschränkt und in ihrer Normativität abgeschwächt[209]. Vergleichbare Barrieren für die Bundesbeteiligung an wirtschaftlichen Unternehmen baut das Haushaltsrecht auf[210]. Die Rechtfertigung erfordert,

91
Subsidiaritätsprinzip

– daß ein legitimer öffentlicher Zweck die unternehmerische Tätigkeit leitet;
– daß die Aufgabe ihrer Art nach für die Verwaltung geeignet und diese ihr in ihrer Leistungsfähigkeit gewachsen ist;
– daß der Zweck nicht ebensogut und wirtschaftlich durch einen Privaten erfüllt werden kann;
– daß das Mittel des staatlichen Handelns zwecktauglich, unter den zwecktauglichen das für den betroffenen Grundrechtsträger das schonendste ist und diesen nicht unverhältnismäßig belastet (Übermaßverbot).

Das Subsidiaritätsprinzip ist mehr als eine sozialethische Maxime und eine ordnungspolitische Klugheitsregel. Es ist auch und wesentlich das verfassungsrechtliche Regulativ, das den grundrechtlichen Handlungsvorrang der Privaten vor der Staatsgewalt im Bereich gemeinsamer (konkurrierender) Gemeinwohlkompetenzen gewährleistet. Anders gewendet: Es bildet den Modus der Rechtfertigung für die Ingerenzen der Staatsgewalt in den grundrechtlich geschützten Freiraum der Gesellschaft[211].

92
Grundrechtliche Fundierung des Subsidiaritätsprinzips

4. Grundrechtsschutz für Konkurrenten

Der Rechtfertigung bedarf nicht nur der klassische Eingriff durch hoheitlichen Zwang, sondern auch die Teilnahme des Staates am wirtschaftlichen

93

---

206 *Josef Isensee*, Schutz des staatsabhängigen Unternehmens vor Sonderbelastung, in: FS für Klaus Vogel, 2000, S. 93 (107 f.); *Hubertus Gersdorf*, in: v. Mangoldt/Klein/Starck, GG III, ⁴2001, Art. 87e Rn. 66 ff., 77 ff.; *Uerpmann* (N 188), Art. 87e Rn. 16.
207 →Oben *Gröpl*, § 121 Rn. 9 ff., 16 ff.
208 *Isensee* (N 121), S. 281 ff., 365 ff.
209 Vgl. § 107 NWGO; § 71 ThürKO. Dazu *Püttner* (N 76), S. 128 ff.; *Klein* (N 68), S. 73 ff.; *Isensee* (N 121), S. 74 ff.
210 § 65 Abs. 1 BHO. Dazu *Karl-Heinz Nöhrbaß*, in: Piduch (N 12), Stand: Dezember 2005, § 65 BHO Rn. 7 ff.
211 →Bd. IV, *Isensee*, § 73 Rn. 65 ff.

Grundrechtseingriff durch Konkurrenz

Wettbewerb, gleich, ob sie aus erwerbswirtschaftlichen oder interventionistischen Motiven erfolgt. Der Grundrechtseingriff wird heute weit verstanden. Er erfaßt jedwede, sei es auch nur faktische, ungezielte, mittelbare Ingerenz in grundrechtliche Schutzbereiche gegen den Willen des Betroffenen[212]. Staatliche Konkurrenzwirtschaft, die an die Schutzbereiche der Berufs- und Eigentumsfreiheit rührt, löst den grundrechtlichen Rechtfertigungszwang aus[213]. Der Umstand, daß dem Staat schärfere Instrumente zur Verfügung stehen als die Teilnahme am Wettbewerb, etwa Enteignung oder Sozialisierung, bietet keinen Freibrief für den Eintritt in den Wettbewerb[214]. Von der Zulässigkeit rechtlich gebundener Maßnahmen kann nicht auf die Zulässigkeit ungebundener Maßnahmen gefolgert werden. Vollends führt von einer Vermögenseinbuße, die durch Entschädigung ausgeglichen wird, keine Analogie zu einer entschädigungslosen Einbuße.

94
Finanzmonopol

Den schärfsten Grundrechtseingriff bildet das Finanzmonopol: das Recht eines Staatsunternehmens, unter Ausschluß aller Konkurrenz zum Zwecke der Gewinnerzielung Wirtschaftsgüter bestimmter Art herzustellen, zu beziehen oder zu vertreiben. Das Finanzmonopol bildet für den Privatunternehmer, dem es den Marktzugang sperrt, ein Berufsverbot, und zwar eine objektive Beschränkung der grundrechtlich geschützten Berufswahl. Das fiskalische Interesse ist kein legitimes Ziel, das die Einschränkung rechtfertigen könnte. Im Widerspruch zu diesem grundrechtlichen Befund stehen die Kompetenztitel für Finanzmonopole (Art. 105 Abs. 1, Art. 106 Abs. 1, Art. 108 Abs. 1 S. 1 GG), die also deren Zulässigkeit voraussetzen[215]. Doch gilt das nur für die vorkonstitutionellen Finanzmonopole, von denen heute nur noch das Branntweinmonopol existiert. Die Gründung neuer oder die Wiederbelebung aufgelöster Finanzmonopole ist ausgeschlossen[216]. Dem grundrechtlichen

Verwaltungsmonopol

Rechtfertigungszwang unterliegen auch die Verwaltungsmonopole, soweit sie sich auf Tätigkeiten beziehen, die der Art nach Privaten zugänglich sind wie die der mit Anschluß- und Benutzungszwang ausgestatteten Einrichtungen der kommunalen Daseinsvorsorge. Diese greifen sowohl in Grundrechte der virtuellen privaten Konkurrenten ein wie in die der Zwangsabnehmer. Daß eine legitime öffentliche Aufgabe vorliegt, rechtfertigt allein noch nicht den Ausschluß privater Anbieter, denn grundsätzlich können auch sie öffentliche Aufgaben wahrnehmen, soweit sie nicht dem Staat vorbehalten sind.

---

212 Nachw. *Josef Isensee*, Das Grundrecht als Abwehrrecht und als staatliche Schutzpflicht, in: HStR V, ²2000 (¹1992), § 111 Rn. 58 ff.; *Rolf Eckhoff*, Der Grundrechtseingriff, 1992, S. 173 ff., 236 ff.
213 *Ehlers* (N 101), S. 102 ff.; *Isensee* (N 121), S. 286 ff.; *ders.*, Privatwirtschaftliche Expansion öffentlich-rechtlicher Versicherer, in: DB 1979, S. 145 (147 ff.); →Bd. IV, *Ronellenfitsch*, § 98 Rn. 32, 35 ff.
214 So bei *Lutz Richter*, Verwaltungsrecht der öffentlichen Anstalt, in: VVDStRL 6 (1929), S. 68, 82 ff.; *Karl August Bettermann*, Gewerbefreiheit der öffentlichen Hand, in: FS für Ernst E. Hirsch, 1968, S. 1 (16 ff.); *Breuer* (N 199), § 148 Rn. 48. Dagegen *Isensee* (N 121), S. 214 f.
215 BVerfGE 14, 105 (111); 41, 205 (218).
216 Dazu *Isensee* (N 121), S. 201 ff.; *Rudolf Wendt*, Finanzhoheit und Finanzausgleich, in: HStR IV, ²1999 (¹1990), § 104 Rn. 26; *Breuer* (N 199), § 148 Rn. 63; *Hans-Jürgen Papier*, Grundgesetz und Wirtschaftsordnung, in: HdbVerfR, ²1994, S. 799 (817); *Hans-Joachim Horn*, Das deutsche Branntweinmonopol unter EWG-Vertrag und Grundgesetz, 1987, S. 272 ff.; *Markus Heintzen*, in: v. Münch/Kunig, GGK III, ⁴/⁵2003, Art. 105 Rn. 42. Zur europarechtlichen Seite *Horn*, a.a.O., S. 86 ff., 144 ff.

Den Privaten kommt gemäß dem in den Grundrechten verkörperten Subsidiaritätsprinzip der Handlungsvorrang in der Verwirklichung der gemeinwohlrelevanten Aufgaben zu[217]. Das Verwaltungsmonopol ist nur dann zu rechtfertigen, wenn es zur Verwirklichung der öffentlichen Aufgabe unerläßlich ist und Private dafür nicht bereitstehen oder diese den spezifischen Anforderungen nicht gewachsen sind[218].

Subsidiaritätsprinzip

5. Sachgerechtigkeit und Willkürverbot

Das Verwaltungsvermögen legitimiert sich aus dem öffentlichen Zweck, dem es gewidmet ist. Soweit dieser der verfassungsrechtlichen Probe auf seine Zulässigkeit standhält, gilt das auch für die Gegenstände, die zu seiner Verwirklichung notwendig oder zumindest dienlich sind. Die Eigenart der Staatstätigkeit kann auch die rechtliche Sonderbehandlung ihres sachlichen Substrats vor dem allgemeinen Gleichheitssatz rechtfertigen, etwa ein Sonderrecht für Grundeigentum an Gewässern oder Straßen. Der Gleichheitssatz kommt ohnehin nur zum Zuge, soweit der Bestand oder die Verwaltung des öffentlichen Vermögens Nachteile für Private nach sich zieht. Das Risiko besteht vor allem bei der erwerbswirtschaftlichen Betätigung des Fiskus.

95
Verwaltungsvermögen

Allgemeiner Gleichheitssatz

An sich steht die öffentliche Hand der privaten nicht gleich, auch wenn sie in privatrechtlicher Form tätig wird, schon deshalb nicht, weil sie die privatrechtliche Form nicht nötig hat. Sie hält von Haus aus die überlegene Position kraft ihres Rückhalts in Hoheitsmacht, Besteuerungsgewalt, Insolvenzunfähigkeit. Sie nutzt die Chancen des Marktes; doch sie ist seiner Risiken in ihren vollen Konsequenzen enthoben. Faktisch, teilweise auch rechtlich steht hinter den Verwaltungstrabanten und Fiskalaten der staatliche Gewährträger und vermittelt ihnen Vertrauen und Kreditwürdigkeit. Wenn die Träger der gesetzlichen Krankenversicherung ihren Pflichtmitgliedern gegen ein Zusatzentgelt Leistungen anbieten, die über das gesetzlich vorgeschriebene, allgemeine Niveau hinausgehen, brechen sie in den Markt der Privatversicherer ein und nutzen ihr Verwaltungsmonopol aus für ihre Anschlußgeschäfte. Sie operieren von einer hoheitlich definierten Finanzbasis aus: den Pflichtbeiträgen, die im Bedarfsfall durch Zuschüsse aus dem allgemeinen Staatshaushalt ergänzt werden und so die strukturelle Zahlungsfähigkeit garantieren, sowie dem Umlageverfahren, das ihnen die den Privatversicherern obliegende Last der Kapitaldeckung erspart, nicht zuletzt der Steuerfreiheit, die sie im Unterschied zu ihren Konkurrenten genießen. Steuervergünstigungen der öffentlichen Hand, wie sie herkömmlich für Sparkassen, Forstärar und staatliche Monopole bestanden, steigern die strukturelle Ungleichheit des Fiskus zum Privileg[219].

96
Apriorische Ungleichheit von Staat und Privaten

Konkurrenz der GKV zur PKV

---

217 → Bd. IV, *Isensee*, § 43 Rn. 27 f., 67 f., 71 ff.
218 Zur Rechtfertigung von Verwaltungsmonopolen *Breuer* (N 199), § 148 Rn. 64 ff.; *Papier* (N 216), S. 817 ff.; *Klaus Stern*, Das Staatsrecht der Bundesrepublik Deutschland, Bd. IV/1, 2006, S. 1904 ff. Zum Grenzfall des Spielbankenmonopols der Länder *Papier* (N 71), S. 554 ff., 548 ff.
219 Verfassungsrechtliche Kritik: *Hans Carl Nipperdey/Hans Schneider*, Die Steuerprivilegien der Sparkassen, 1966; *Walter Leisner*, Die Unzulässigkeit steuerlicher Fiskalprivilegien (1970), in: ders., Eigentum, ²1998, S. 937 ff. – Zum geltenden Körperschaftsteuerrecht *Karin Heger*, in: Dietmar Gosch, KStG, 2005, § 4 Rn. 21 ff., 106 ff.

§ 122 *Achter Teil: III. Finanzwesen*

Fiskalprivilegien

Fiskalprivilegien kollidieren mit dem Gleichheitssatz, desgleichen mit den Grundrechten der privaten Konkurrenten, die sich unter den Bedingungen der für alle geltenden Steuergesetze zu behaupten haben[220]. Eine Rechtfertigung ist, wenn überhaupt, nur unter ungewöhnlichen Umständen denkbar.

97

Gefährdete Effizienz

Im übrigen können die rechtlichen Vorteile der staatlichen Wirtschaftsbetriebe dazu führen, daß, weil ihnen der Rationalisierungsdruck, unter dem die privaten Wettbewerber stehen, erspart bleibt, sie dafür aber an Effizienz und Wirtschaftlichkeit hinter diesen zurückbleiben. Da sie kaufmännischen und nicht administrativ-kameralistischen Maximen folgen und die Prinzipien des öffentlichen Amtes hier nicht greifen, werden Budgetkontrolle und politische Kontrolle erschwert, Parteienfilz und Korruption dagegen erleichtert.

III. Erfordernis demokratischer Legitimation

98

Staatsvermögen, dem die Legitimation aus den Grundrechten versagt bleibt, ist in Besitz und Gebrauch angewiesen auf demokratische Legitimation[221]. Diese wird in personeller Hinsicht gewährleistet durch die individuelle Bestellung der Amtswalter, die sich letztlich auf das Volk zurückführen läßt, in sachlicher Hinsicht vornehmlich durch die Bindung an das von der Volksvertretung beschlossene Gesetz, das innerhalb der Exekutive durch Weisungshierarchie vermittelt wird. Spezifische Probleme wirft die materielle Legitimation auf. Der allgemeine demokratisch wie rechtsstaatlich fundierte Vorbehalt des Gesetzes, der nicht als Totalvorbehalt konzipiert ist, aktualisiert sich bei staatlichen Eingriffen im engeren Sinne sowie bei wesentlichen Entscheidungen[222]. Diese Voraussetzungen sind durchwegs nicht erfüllt. Die Vermögensverwaltung ist gesetzesfreie Verwaltung. Für diese gilt lediglich der Vorrang des Gesetzes. Die bestehenden Gesetze betreffen nur einzelne Aspekte des Staatsvermögens, bilden jedoch keine durchgehende Regelung[223]. Überhaupt wird das Staatsvermögen vom Gesetz mehr vorausgesetzt denn geregelt. Wichtiger ist der Haushaltsvorbehalt[224]. Der Haushaltsplan aber erfaßt das Staatsvermögen nur, soweit es für die zu erwartenden Einnahmen, die zu leistenden Ausgaben und die voraussichtlich benötigten Verpflichtungsermächtigungen erheblich ist[225]. Für die Betriebe und Sondervermögen des Bundes werden die Grundsätze der Einheit und Vollständigkeit des Haushaltsplans von Verfassungs wegen zurückgenommen[226]. Materielle demokratische Legitimation fließt der Vermögensverwaltung jedoch über andere, nicht gesetzlich formalisierte Kanäle zu: den Vorbehalt der parlamentarischen Ein-

Materielle Legitimation

Allgemeiner Vorbehalt des Gesetzes

Haushaltsvorbehalt

Außergesetzlicher Legitimationsfluß

---

220 *Leisner* (N 219), S. 954 ff.
221 →Bd. II, *Böckenförde*, § 24 Rn. 11 ff.; *Matthias Jestaedt*, Demokratieprinzip und Kondominialverwaltung, 1993, S. 265 ff.
222 → Oben *Ossenbühl*, § 101 Rn. 23 ff., 29 ff.
223 S. o. Rn. 55 ff.
224 → Oben *Heintzen*, § 120 Rn. 25 ff.
225 Art. 110 Abs. 1 S. 1, 1. Hs. GG; § 11 Abs. 2 BHO; § 98 Abs. 2 HGrG. Zum Zusammenhang der Vermögensverfügung mit dem Haushaltsrecht *Tatarin-Tarnheyden* (N 22), S. 423 f.
226 Art. 110 Abs. 1 S. 1, 2. Hs. GG, § 26 BHO. S. o. Rn. 19.

willigung für die Veräußerung von Grundstücken[227]; den Einfluß des Parlaments auf die Regierung durch Vertrauen und Kontrolle, nicht zuletzt die Kontrolle der Vermögens- und Schuldenrechnung, die der Bundesfinanzminister nach Ablauf des Haushaltsjahres vorzulegen hat[228]; die Steuerung der Verwaltung durch die Regierung kraft ihrer Weisungs- und Aufsichtsbefugnisse.

Der Zufluß an demokratischer Legitimation wird jedoch gehemmt durch Auslagerung von Vermögen auf verselbständigte Fonds, die sich der Budgethoheit des Parlaments und dem Einfluß der Regierung entziehen und zu einer von der Verfassung nicht vorgesehenen dritten Organisationsebene entwickeln, die der hinlänglichen demokratischen Legitimation entbehrt, die sie an sich benötigt; eine grundrechtliche Legitimation erlangt sie aber nicht, weil eine substantielle Privatisierung nicht stattfindet[229]. Einen Beitrag, die Einheit der Staatsgewalt, die Bedingungen der Möglichkeit demokratischer Legitimation, aufrechtzuerhalten, leistet die externe Finanzkontrolle durch den (seinerseits unabhängigen) Rechnungshof als Informationshelfer des Parlaments[230].

99
Nebenhaushalte

Budgetflucht

Finanzkontrolle

E. Vermögensverfügung, Bestandsschutz, Privatisierung

I. Verwaltung und Verfügung über das Staatsvermögen

1. Kompetenz der Exekutive

Die Zuständigkeit für die Verwaltung des Bundesvermögens liegt nach den Regeln demokratischer Gewaltenteilung bei der Exekutive. Bundeseigene Grundstücke, die der Bund für seine Verwaltungszwecke oder im Rahmen des Gemeingebrauchs in seinem Aufgabenbereich benutzt, werden von den zuständigen Bundesministerien, den ihnen nachgeordneten Dienststellen oder den im Auftrag des Bundes tätigen Dienststellen der Länder und Kommunen verwaltet. Die Verwaltung kann aber im Einvernehmen der zuständigen Ministerien auf die Bundesvermögensverwaltung übertragen werden[231]. Die Vermögensverwaltung bezieht sich auf den privatrechtlichen Unterbau, nicht auf den öffentlich-rechtlichen Überbau einer Sache. So erfüllt der Verwalter eines Schulgebäudes die Straßenreinigungs- und die Verkehrssicherungspflicht. Ihm obliegt die allgemeine Sorge für die räumlichen Voraussetzungen eines ordnungsgemäßen Schulbetriebs. Er übt das (private) Hausrecht gegenüber Hausfremden aus[232]. Die Vermögensverwaltung bewegt sich in den

100
Vermögensverwaltung der Exekutive

Hausrecht

---
227 § 64 Abs. 2 BHO. Weitergehende Vorbehalte in den Landesverfassungen s. o. Rn. 47, 51.
228 S. o. Rn. 5 ff.
229 Zu diesen Problemen → Bd. III, *Puhl*, § 48 Rn. 33 ff., 41 ff.; *ders.* (N 40), S. 159 ff., 347 ff.; *Kilian* (N 40), S. 81 ff.; *Horst Dreier*, Hierarchische Verwaltung im demokratischen Staat, 1991, S. 228 ff., 283 ff., 296 ff.
230 *Josef Isensee*, Budgetrecht des Parlaments zwischen Schein und Sein, in: JZ 2005, S. 971 (980 f.).
231 2.1.1 VV-BHO zu § 64.
232 Dazu *Ehlers* (N 101), S. 439 ff.; *Friauf* (N 10), § 90 Rn. 32; *Axer* (N 59), S. 192 ff.

§ 122 *Achter Teil: III. Finanzwesen*

Bahnen der allgemeinen Regeln des Verwaltungsrechts; so folgt sie auch den Geboten des wirtschaftlichen und sparsamen Umgangs mit den öffentlichen Mitteln.

101
Veräußerung von Grundstücken

Auch Verfügungen über das Staatsvermögen liegen im Zuständigkeitsbereich der Exekutive[233]. Das Haushaltsrecht des Bundes verlangt aber für die Veräußerung von Grundstücken und die Bestellung dinglicher Rechte an ihnen die Einwilligung des Bundesministeriums der Finanzen und des für das Bundesvermögen zuständigen Bundesministeriums[234]. Verfügungen über Gegenstände des Staatsvermögens können über ihren privat- und verwaltungsrechtlichen Charakter hinaus staatsrechtliche Relevanz erlangen.

2. Zustimmungsvorbehalt des Parlaments

102
Zustimmungsvorbehalt nach § 64 Abs. 2 BHO

Bei Grundstücken von erheblichem Wert oder besonderer Bedeutung ist die Veräußerung nach Haushaltsrecht grundsätzlich an die (vorherige) Einwilligung des Bundestages und des Bundesrates geknüpft, falls die Veräußerung nicht vorab im Haushaltsplan vorgesehen war[235]. Da die „besondere Bedeutung" unabhängig vom Geldwert durch das besondere parlamentarische Interesse begründet wird[236], liegt es im politischen Ermessen von Bundestag und Bundesrat, jede Grundstücksveräußerung von ihrer Zustimmung abhängig zu machen. Die Voraussetzung des Parlamentsvorbehalts ist so unbe-

Verstoß gegen den Vorbehalt

stimmt, daß ein Verstoß nur staatsinterne Folgen zeitigen kann, wie es denn auch dem organisationsinternen Geltungsanspruch von haushaltsrechtlichen Vorschriften entspricht. Nichtigkeit des Rechtsgeschäfts nach § 134 BGB tritt nicht ein, weil kein organisationsexternes „gesetzliches Verbot" verletzt wurde[237]. An sich sind Einnahmen aus Vermögensveräußerungen bei den Einnahmen im Haushaltsplan aufzuführen (§ 13 Abs. 3 Nr. 1 BHO)[238]. Wenn aber statt dessen eine Einwilligung nach § 64 Abs. 2 BHO erfolgt, so ist der Erlös bei der Rechnungsstellung als überplanmäßige Einnahme auszuweisen[239].

Parlamentsvorbehalte in Landesverfassungen

Einzelne Landesverfassungen gehen darüber hinaus und erstrecken den Zustimmungsvorbehalt auf jedwede Veräußerung von Vermögen und auf dessen Belastung[240] sowie auf weitere Vermögensverfügungen, Erwerb, Schenkung und Darlehenshingabe[241].

---

233 Zu den Arten der Verfügung *Tatarin-Tarnheyden* (N 22), S. 428 ff. Zu der in der Weimarer Ära praktizierten, rechtlich umstrittenen öffentlich-rechtlichen Verpfändung von Staatsvermögen (Verstrickung) *ders.*, a.a.O., S. 426 ff.
234 § 64 Abs. 1 und Abs. 4 S. 2 BHO.
235 § 64 Abs. 2 BHO. Veräußerungen mit einem Wert zwischen 1,5 und 5 Mio. Euro bedürfen der Zustimmung der Berichterstatter für den Einzelplan 08 des Haushaltsausschusses des Bundestages, solche mit einem Wert über 15 Mio. Euro bedürfen der Einwilligung des Haushaltsausschusses des Bundestages und des Finanzausschusses des Bundesrates (*Güntzel*, in: Heuer, Kommentar zum Haushaltsrecht, Stand: 2006, § 64 Anm. 4).
236 5.6 VV-BHO zu § 64.
237 Zutreffend *Tatarin-Tarnheyden* (N 22), S. 431 ff., zur Weimarer Rechtslage.
238 Gruppierungsplan 125, 131-133.
239 Näher *Tatarin-Tarnheyden* (N 22), S. 423 f.
240 Art. 92 Abs. 1 S. 1 SachsAnhVerf; Art. 92 Abs. 1 S. 1 SachsAnhVerf; Art. 63 Abs. 1 S. 2 NiedersachVerf.
241 Art. 101 Abs. 1 Nr. 6 BremVerf. Hinsichtlich des Erwerbs vgl. auch Art. 66 Abs. 1 S. 1 MecklenbVorpVerf.

Über den Vorbehalt wirkt das Parlament an Vermögenstransaktionen von politischem Gewicht mit, solchen nämlich, die des parlamentarischen Diskurses und der Publizität der breiten Entscheidungsgrundlage bedürfen. Routineangelegenheiten, Geschäfte der laufenden Verwaltung und Bagatellfälle bleiben ausgenommen[242].

103
Staatsrechtliche Erheblichkeit der Verfügungen

II. Sicherung des Bestandes

1. Erhaltung des Grundstockvermögens

Gemäß Art. 81 S. 1 BayVerf darf das Grundstockvermögen des Staates in seinem Wertbestand nur auf Grund eines Gesetzes verringert werden[243]. Grundstockvermögen ist alles Vermögen, das von den zuständigen Organen nicht zum „Aufbrauch" durch die Verwaltung bestimmt ist. Zu ihm gehören das Verwaltungs- wie das Finanzvermögen, nicht jedoch Kassenbestand, Rücklagen und Einnahmen, die durch Budget oder Sachgesetz einem bestimmten Ausgabenzweck gewidmet sind[244]. Die Verfassungsgarantie setzt voraus, daß die Exekutive von sich aus, also ohne formellgesetzliche Ermächtigung, Gegenstände des Grundstockvermögens veräußern darf, wenn der Erlös ihrem Verkehrswert entspricht, also den Wert des Grundstockvermögens nicht verringert. Eine Verringerung wird jedoch damit nicht ausgeschlossen. Allerdings bedarf sie der Grundlage in einem förmlichen Gesetz und der Rechtfertigung durch einen öffentlichen Zweck, etwa einen solchen der Sozialpolitik oder der Kulturförderung[245]. Der Erlös aber, gleich, ob er dem Verkehrswert entspricht oder dahinter zurückbleibt, muß zu Neuerwerbungen für das Grundstockvermögen verwendet werden (Art. 81 S. 2 BayVerf). Der Grundsatz der Nonaffektation wird damit durchbrochen. Die Zweckbindung an das Grundstockvermögen bleibt erhalten, nicht aber dessen Substanz, immerhin aber dessen Geldwert nach Maßgabe des Verkaufserlöses.

104
Wertgarantie des Art. 81 BayVerf

Begriff „Grundstockvermögen"

Im Bundesrecht existiert keine ausdrückliche Garantie dieses Inhalts. Gleichwohl enthält das Haushaltsrecht einzelne Vorschriften, die eine ähnliche Tendenz erkennen lassen:
– den Zustimmungsvorbehalt des Parlaments (§ 64 Abs. 2 BHO);
– das Gebot der Wertermittlung (§ 64 Abs. 3 BHO);
– das Gebot der Veräußerung nur zu vollem Wert, soweit nicht die formellen und materiellen Bedingungen einer Ausnahme erfüllt sind (§ 63 Abs. 3 S. 1 BHO)[246];
– das Gebot der Wirtschaftlichkeit der Veräußerung (§ 7 Abs. 1 S. 1 BHO).

105

---

242 Vgl. Art. 101 Abs. 1 Nr. 6 BremVerf; Art. 92 Abs. 1 S. 2 SachsAnhVerf. *Tatarin-Tarnheyden* (N 22), S. 420, unterscheidet danach, ob „ein leitender demokratischer Staatsgestaltungsakt vorliegt oder ein bloßer technischer Verwaltungsakt".
243 Zum historischen Dogma der Unveräußerlichkeit von Staatsvermögen *Robert von Mohl*, Die Polizei-Wissenschaft nach den Grundsätzen des Rechtsstaates, Bd. II, ²1844, S. 47 ff.; *Klein* (N 68), S. 124 ff.
244 *Theodor Meder*, Die Verfassung des Freistaates Bayern, ⁴1992, Art. 81 Rn. 2.
245 Zulässigkeit der Abweichung vom Marktpreis aus wirtschafts- und sozialpolitischen Gründen: BVerfGE 12, 354 (364) – VW-Privatisierung.
246 Dazu BVerfGE 12, 354 (364).

§ 122 *Achter Teil: III. Finanzwesen*

106
Dogma der Unveräußerlichkeit des Staatsgutes

In diesen Vorkehrungen des Bestandsschutzes lebt das Dogma der Unveräußerlichkeit des Staatsgutes („Kammergut") aus der konstitutionellen Monarchie weiter, wie sie die Verfassungsurkunde für Württemberg von 1819 repräsentiert: „Das Kammer-Gut ist in seinem wesentlichen Bestande zu erhalten, und kann daher ohne Einwilligung der Stände weder durch Veräußerung vermindert, noch mit Schulden oder sonst mit einer bleibenden Last beschwert werden."[247] Tief verwurzeltes Mißtrauen gegen die Exekutive regt sich noch heute, daß sie das Staatsgut vergeuden könne, obwohl der Staat „nichts zu verschenken" habe, auch keine Geschenke an die Wählerklientel. Auf dieser Linie liegt die verfassungspolitische Forderung, um der Sauberkeit des staatlichen Lebens willen die Unveräußerlichkeit des Staatsgutes verfassungsmäßig festzuschreiben[248]. Das geltende Verfassungs- und Gesetzesrecht bleibt jedoch hinter diesem Postulat zurück.

2. Res extra commercium

107
Verkehrsunfähige Sachen

Verwaltungsvermögen

Substantiellen Bestandsschutz erhalten Gegenstände, die als res extra commercium dem privatrechtlichen Verkehr entzogen sind. Diese Eigenschaft kommt nicht von vornherein allen Gegenständen schon deshalb zu, weil sie zum Staatsvermögen gehören[249]. Doch wird sie grundsätzlich den Gegenständen des Verwaltungsvermögens zuerkannt: den Sachen im Gemeingebrauch (Meeresstrand, öffentliche Gewässer, Wege) und im Anstaltsgebrauch (Schulgebäude, öffentliche Verkehrsbetriebe, Strafanstalten, Friedhöfe), aber auch Sachen, die der behördeninternen Nutzung gewidmet sind (Bürobauten, Gerichtsakten). Dagegen wird den Objekten des Finanzvermögens die Qualität generell abgesprochen[250].

108
Eigentumswechsel zwischen Hoheitsträgern

Der Ausschluß vom Rechtsverkehr bezieht sich nicht auf die Möglichkeit des Eigentumsübergangs innerhalb der Staatsorganisation, etwa zwischen Bund und Land, Land und Gemeinde, Staat und Universität, wenn die Eigentumslage etwa bei einer Neuordnung der Verwaltungskompetenzen angepaßt werden soll.

109
Privater Grundeigentümer einer öffentlichen Sache

Soweit eine Straße oder eine sonstige öffentliche Sache nicht dem Inhaber der öffentlichen Sachherrschaft gehört, sondern einem Privaten, bleibt diesem unbenommen, über sein Eigentum, das freilich derzeit kaum mehr ist als ein nudum ius, zu verfügen. Die Verfügung ist wirksam, doch die Widmung wird nicht berührt[251]. Die Duldungspflicht, die auf dem Grundstück lastet, geht auf den neuen Eigentümer über, unabhängig davon, ob er von der Last weiß oder nicht. Der Übergang wirkt sich nicht auf die öffentliche Nutzung aus[252].

---

247 § 107 Abs. 1 VUWürtt. Dazu v. *Mohl* (N 35), S. 637. Vgl. auch *Laband* (N 53), S. 25 ff. *Meyer/Anschütz* (N 33), S. 321.
248 *Krüger* (N 31), S. 332.
249 Zu weit gehend *Krüger* (N 31), S. 331.
250 *Georg Holch*, in: Münchener Kommentar zum BGB, Bd. I, ⁵2006, § 90 Rn. 39 f.; *Helmut Heinrichs*, in: Palandt, BGB, ⁶⁶2007, Überblick vor § 90 Rn. 12 f.
251 So § 6 Abs. 6 StrWGNRW.
252 *Axer* (N 59), S. 98 ff. Anders *Papier* (N 99), S. 80 f.

Dagegen besteht für den staatlichen Verwalter der öffentlichen Sache, der – so der Regelfall – zugleich deren Eigentümer ist, ein Verfügungsverbot. Er darf sein Grundstück weder veräußern noch belasten, solange es dem öffentlichen Zweck gewidmet ist. Er hat Rechtsklarheit, Störungsfreiheit und Effizienz zu gewährleisten und sogar Schein der Irritation zu vermeiden. Ein nudum ius ist für ihn keine Handelsware. Erst wenn das Grundstück entwidmet, die Eigenschaft als res extra commercium erloschen ist, darf er darüber disponieren. Daher ist ihm verwehrt, Verwaltungsgebäude ohne vorherige Entwidmung zu veräußern und sie gleichzeitig zur weiteren Nutzung zurückzumieten oder zu leasen („Sale-and-Lease-Back"), so daß er von der Rolle des Eigentümers in die des Mieters oder Leasingnehmers wechselt, während die öffentliche Funktion des Baus überdauert. Dem finanziellen Vorteil des Verkaufserlöses steht die dauerhafte Verpflichtung gegenüber, Mietzinsen oder Leasingraten zu entrichten. Die momentane Liquidität wird durch nachhaltige Lasten erkauft. Finanzverfassungsrechtlich qualifiziert, bildet der Erlös eine Krediteinnahme; diese aber muß die verfassungsrechtlichen Schranken des Art. 115 GG einhalten[253]. Hielte das Finanzmanöver aber die Grenzen ein, so verlöre es seinen Sinn. Denn es ist gerade darauf angelegt, diese zu unterlaufen.

110
Verfügungsverbot für den Staat

Rückmietverkauf

„Sale-and-Lease-Back"

Schranken der Kreditaufnahme

3. Schutz deutschen Kulturguts

Deutsches Kulturgut genießt gesetzlichen Schutz gegen Abwanderung ins Ausland durch ein Ausfuhrverbot unter Genehmigungsvorbehalt und durch Registrierung in staatlichen Verzeichnissen[254]. Der Schutz erfaßt Kunstwerke, Bibliotheksgut und andere Kulturgüter, deren Abwanderung einen wesentlichen Verlust für den deutschen Kulturbesitz bedeuten würde, sowie Archivgut von wesentlicher Bedeutung für die deutsche politische Kultur- und Wirtschaftsgeschichte[255]. Das Gesetz bezieht sich grundsätzlich nur auf Kulturgut in privater Hand. Es findet keine Anwendung auf national wertvolles Kultur- und Archivgut in öffentlichem Eigentum, soweit zu dessen Veräußerung nur oberste Bundes- oder Landesbehörden zuständig sind oder die Genehmigung einer Aufsichtsbehörde notwendig ist[256]. Das Gesetz setzt voraus, daß Kulturgut in öffentlicher Hand seiner Natur nach res extra commercium ist: dem staatlichen Eigentümer als berufenem Hüter deutscher Kultur und Wahrer des historischen Gedächtnisses der Nation ist der Export von Kulturgütern ebenso versagt wie die Veräußerung im Inland. Der Freistaat Sachsen darf seine Schätze in der Dresdner Gemäldegalerie und im Grünen Gewölbe weder an

111
Schutz gegen Ausfuhr

---

253 Zum einschlägigen „Liegenschaftsmodell Schleswig-Holsteins": BVerfGE 99, 57 (67ff.). → Unten *Pünder*, § 123 Rn. 22 Anm. 87, Rn. 28 ff.
254 Gesetz zum Schutz deutschen Kulturguts gegen Abwanderung v. 6. 8. 1955. Kompetenztitel zur ausschließlichen Gesetzgebung: Art. 73 Abs. 1 Nr. 5a GG. → Bd. IV, *Steiner*, § 86 Rn. 16ff. Zum völkerrechtlichen Schutz → Bd. IV, *Fassbender*, § 76 Rn. 50.
255 § 1 Abs. 1, § 10 des Gesetzes.
256 § 18 Abs. 1 des Gesetzes. Die Eintragung in eines der Register auf Antrag oder nach Anmeldung ist aber möglich (§ 18 Abs. 2 des Gesetzes).

§ 122　　　*Achter Teil: III. Finanzwesen*

deutsche noch an ausländische Banken verpfänden. Kulturgut im Staatseigentum rechnet seiner vermögensrechtlichen Qualität nach zum Verwaltungsvermögen[257].

4. Schutz vor Zwangsvollstreckung und Insolvenz

112
Schutz vor Gläubigern

Das Staatsvermögen wird auch geschützt vor dem Zugriff der Gläubiger. Die Zwangsvollstreckung gegen den Bund oder ein Land wegen einer Geldforderung setzt die Ankündigung durch den Gläubiger und eine nachfolgende Wartezeit von vier Wochen voraus[258]. Der Zwangsvollstreckung entzogen sind Sachen, die für die Erfüllung öffentlicher Aufgaben des Schuldners unentbehrlich sind – das sind Gegenstände des Verwaltungsvermögens, für die ein besonders dringlicher Bedarf besteht – sowie Sachen, deren Veräußerung ein öffentliches Interesse entgegensteht, etwa Kunstschätze, Archive, Bibliotheken[259]. Der Schuldnerschutz erstreckt sich auch auf Körperschaften, Anstalten und Stiftungen des öffentlichen Rechts[260].

113
Völkerrechtlicher Schutz vor Vollstreckung

Der Schutz des Staates vor seinen Gläubigern setzt sich fort im Ausland. Er genießt in bestimmtem Maße Immunität vor Vollstreckungsmaßnahmen eines ausländischen Staates in sein auf dessen Territorium belegenes Vermögen. Das Völkerrecht verbietet, in Objekte zu vollstrecken, die der Erfüllung hoheitlicher Zwecke gewidmet sind, selbst wenn der Vollstreckungstitel sich nicht auf hoheitliches Verhalten (acta iure imperii), sondern auf außerhoheitliche Maßnahmen (acta iure gestionis) bezieht. So darf der Gerichtsstaat nicht auf das Verwaltungsvermögen einer diplomatischen Vertretung zugreifen, auch nicht auf das allgemeine Bankkonto, aus dem die Botschaft ihre Ausgaben bestreitet[261].

114
„Insolvenzunfähigkeit" des Staates

Unzulässig ist auch das Insolvenzverfahren über das Vermögen von Bund und Ländern, grundsätzlich auch über das der ihrer Aufsicht unterstehenden juristischen Personen des öffentlichen Rechts[262]. Die reale Möglichkeit des Staatsbankrotts wird so nicht ausgeschlossen, der Fall also, daß der Staat zahlungsunfähig oder zahlungsunwillig wird. Doch wäre ein Insolvenzverfahren über das Vermögen des Bundes oder eines Landes unvereinbar mit deren Verfassung, weil es sich nicht in die Kompetenz- und Verfahrensordnung der obersten Staatsorgane einfügen und nicht mit dem Eigentumsgrundrecht der privaten Gläubiger vereinbaren ließe. Im Ernstfall bliebe nur der Rekurs auf eine über-

---

257 BVerfGE 12, 20 (37f.).
258 § 882a Abs. 1 ZPO.
259 § 882a Abs. 2 S. 1 ZPO. Dazu *Wolfgang Münzberg*, in: Stein/Jonas, ZPO, [22]2004, § 882a Rn. 20.
260 § 882 Abs. 3 ZPO. Für Gemeinden und Gemeindeverbände gilt Landesrecht (§ 15 Nr. 3 EGZPO).
261 Zu allgemeinen Regeln des Völkerrechts BVerfGE 16, 27 (33ff.); 46, 342 (364ff.); 64, 1 (12ff.); B. v. 6. 12. 2006, in: WM 2007, S. 57 (58ff.) – kein pauschaler Verzicht auf diplomatische Immunität; B. v. 8. 5. 2007, in: WM 2007, S. 1315 (1316ff.) – kein Leistungsverweigerungsrecht des Staates gegenüber Privaten im Staatsnotstand bei Zahlungsunfähigkeit. Dazu *Georg Ress*, Entwicklungstendenzen der Immunität ausländischer Staaten, in: ZaöRV 40 (1980), S. 217ff.; *Karl Doehring*, Völkerrecht, 1999, Rn. 658ff.; *Knut Ipsen*, Völkerrecht, [4]1999, § 26 Rn. 17ff.; *Rudolf Dolzer*, Der Areopag in Abseits, in: NJW 2001, S. 3525.
262 § 12 InsO. → Oben *Waldhoff*, § 116 Rn. 32ff.; *Josef Isensee*, Die Insolvenzunfähigkeit des Staates, in: Markus Heintzen/Lutz Kruschwitz (Hg.), Unternehmen in der Krise, 2004, S. 227 (232ff., 236ff., 245ff.).

gesetzliche, präterkonstitutionelle Bankrottverfassung übrig. Deren Grundsätze lassen sich aus den Vorgaben des Grundgesetzes für die Abwicklung des Staatsbankrotts des Deutschen Reiches und der DDR erschließen[263].

III. Privatisierung

Es liegt grundsätzlich im politischen Ermessen des Staates, sein Finanzvermögen zu privatisieren[264]. Keine verfassungsrechtliche Vorschrift gebietet ihm, sein „Tafelsilber" zusammenzuhalten. Der republikanische Steuerstaat hat für „Tafelsilber" keine Verwendung. Dagegen kann eine Privatisierung von überkommenen, heute entbehrlichen Vermögensgegenständen ihrerseits legitimen öffentlichen Zielen dienen und gemeindienliche Wirkungen zeitigen. So darf der Staat sich mit Vermögensobjekten auch ihrer Verwaltung entledigen, einer Aufgabe, der er nach Organisation und Personalstruktur weniger gewachsen ist als die Privatwirtschaft. Privatisierung kann den Markt beleben, das Privateigentum als Potential bürgerlicher Freiheit stärken, den Kreis der Eigentümer erweitern sowie soziale Verteilungsgerechtigkeit fördern und mit der Mehrung des gesellschaftlichen Wohlstandes das Steueraufkommen erhöhen[265]. Insofern dient die Privatisierung auch dem Prinzip des Steuerstaates. Dessen Finanzkraft gründet nicht im eigenen Vermögen, sondern in dem seiner Bürger. Im Ergebnis kann die Privatisierung dazu beitragen, die marktwirtschaftlichen Grundrechtsvoraussetzungen zu stärken.

115
Finanzvermögen

Marktwirtschaftliche Grundrechtsvoraussetzungen

Der Verkauf der funktionslos gewordenen Domänen gehört seit dem 19. Jahrhundert zum Programm liberaler Ordnungspolitik, wie überhaupt die Zurückdrängung des Eigentums der toten Hand. Nach Robert von Mohl wird der Besitz von Domänen „um so schädlicher, je höher die Einsicht und die Zahl des Volkes steigt". Der Staat verwalte teuer, häufig nachlässig und unzweckmäßig. Überwachungen aber könnten selbst im besten Falle nur positiven und groben Schaden abwenden, „nie aber zu Vorteilen verhelfen, welche nur Freiheit und Raschheit des Handelns zu erzeugen vermögen". Die Gründe verstärkten sich noch bedeutend, wenn der Verkauf zur gleichen Zeit einem Mangel an Grundeigentum abhelfe[266]. Ähnliche ordnungspolitische Intentionen leiteten die Privatisierung des Volkswagenwerks und der VEBA-Anteile des Bundes durch Vergabe von „Volksaktien". Das wirtschafts- und sozialpolitische Konzept rechtfertigte eine Abweichung vom Marktpreis, der an sich für die Veräußerung von öffentlichem Vermögen angemessen wäre[267]. Freilich hatte die Verteilung von Vergünstigungen sich der Prüfung vor dem Gleichheitssatz zu unterziehen[268].

116
Domänen

Liberale Ordnungspolitik

---

263 Näher *Isensee* (N 262), S. 241 ff., 244 f.
264 BVerfGE 12, 354 (363).
265 Zur Beschaffung landwirtschaftlichen Siedlungslandes durch Veräußerung von Domänen nach 1918 *Böckhoff* (N 77), Sp. 1472 (1474 f.).
266 *v. Mohl* (N 243), S. 44 ff.
267 BVerfGE 12, 354 (363 f.).
268 Die Hoffnung der Parlamentsmehrheit, durch Privatisierung Wählergunst zu erlangen, ist in der Demokratie nicht per se verfassungswidrig (BVerfGE 12, 354 [363]). Gegenposition *Krüger* [N 31], S. 332).

117
Verwaltungs-
vermögen

Verfassungsrechtliche Schwierigkeiten können sich bei der Privatisierung von Verwaltungsvermögen ergeben[269]. Dieses ist nicht schlechthin privatisierungsresistent. Die Schwierigkeiten liegen nicht im öffentlichen Vermögensrecht und sie lassen sich auch nicht in dessen Rahmen lösen. Vermögensrecht ist dienendes Recht: Recht im Dienst der Staatsaufgaben, denen die Gegenstände gewidmet sind[270]. Die ausschließlichen Staatsaufgaben, vor allem jene, über die sich das staatliche Gewaltmonopol realisiert, sind prinzipiell resistent gegen Privatisierung, die konkurrierenden Staatsaufgaben dagegen sind einer Privatisierung zugänglich, soweit Private sie ebensogut bewältigen können wie die öffentliche Hand und der Staat die notwendigen Erfordernisse des Gemeinwohls gegenüber dem Marktgeschehen sicherstellt und gegebenenfalls privatunternehmerisches Verhalten korrigiert[271]. Die Flugsicherung[272] wie der Strafvollzug sind wesentliche Staatsaufgaben, die der Staat in eigener Regie halten muß. Daher darf er auch nicht die dazugehörenden Mobilien und Immobilien an Private veräußern, weder „Tower" und Logistik der Flugsicherung noch die Anlagen der Strafanstalten. Dagegen stehen Post und kommunale Daseinsvorsorge einschließlich ihrer Vermögensgegenstände zur Disposition, soweit der Staat seinem Sicherstellungsauftrag Genüge tut. Solange er jedoch eine an sich privatisierungsfähige Aufgabe selber betreibt, ist es Gebot der Konsequenz, daß er auch Eigentümer des dazugehörenden Verwaltungsvermögens bleibt.

F. Staatsvermögen im Bundesstaat

I. Keine Bundesgarantie für Landesvermögen

118

Grundausstattung
Verwaltungs-
vermögen

Eigenstaatlichkeit
der Länder

Die Länder verfügen über wirtschaftlichen Reichtum an Staatsvermögen, den sie in einem erheblichen Maße ererbt haben. Insoweit ist dieser Bestand kontingent. Notwendig ist jedoch die Ausstattung mit Verwaltungsvermögen, das den Staatsaufgaben Genüge tut. Das Verwaltungsvermögen (nicht aber das Finanzvermögen) gehört zur Grundausstattung der Staatlichkeit, die das Grundgesetz den Ländern zuerkennt. Die Anerkennung der Eigenstaatlichkeit schließt die Vermögensfähigkeit der Länder ein sowie die Gewährleistung ihres Verwaltungsvermögens. Das Grundgesetz setzt sie sowohl bei den Län-

---

269 Gemeint ist nicht die Organisationsprivatisierung, die sich auf die Rechtsform beschränkt und die staatliche Trägerschaft nicht aufhebt, sondern die substantielle (Aufgaben- und Funktions-)Privatisierung. Dazu *Martin Burgi*, Funktionale Privatisierung und Verwaltungshilfe, 1999, S. 8, 10, 61, 66, 71 ff.; 145 ff. → Bd. IV, *Burgi*, § 75 Rn. 6 ff.; *Won-Woo Lee*, Privatisierung als Rechtsproblem, 1997, S. 148 ff.; *Gregor Kirchhof*, Rechtsfolgen der Privatisierung, in: AöR 132 (2007), S. 215 (224 ff., 236 ff.).
270 Zur Typologie der Staatsaufgaben → Bd. IV, *Isensee*, § 73 Rn. 27 ff.; *Burgi*, § 75 Rn. 1 ff., 16 ff.
271 → Bd. IV, *Butzer*, § 74 Rn. 1 ff., 19 ff., 38 ff.
272 Bundespräsident *Horst Köhler* fertigte das Gesetz zur Neuregelung (Aufgabenprivatisierung) der Flugsicherung am 7. 4. 2006 nicht aus und hielt lediglich eine Organisationsprivatisierung für statthaft; die Gewährleistungsverantwortung des Staates sei nicht hinlänglich abgesichert (Presseerklärung des Bundespräsidenten). Dazu *Christian J. Tams*, Art. 87d GG und die Neuordnung der Flugsicherung, in: NVwZ 2006, S. 1226 ff.; *Gabrielle Kirchhoff/Marius Boewe*, Die Privatisierung der Deutschen Flugsicherung GmbH, in: ZLW 2007, S. 17 ff.

dern als auch beim Bund als selbstverständlich voraus. Die Vermögensausstattung von Bund und Ländern ist denn auch kein eigenes Regelungsthema der Verfassung (wenn man von den Fragen des Vermögensübergangs absieht)[273].

Doch der Bundesstaat, den das Grundgesetz aufbaut, übernimmt keine Garantie für eine hinreichende Vermögensausstattung seiner Glieder. Er aktiviert dafür nicht die Einstandspflicht der föderalen Solidargemeinschaft. Vollends gibt er dem einzelnen Land keinen Anspruch auf Zuteilung bestimmter Vermögensgegenstände[274]. Die Bundesverfassung gewährleistet allein die Ausstattung mit Geld. Dessen Basis aber ist das Steueraufkommen, das die Länder befähigt, in eigener Entscheidungsverantwortung die Ausgaben zu tätigen, die sich aus der Wahrnehmung ihrer Aufgaben ergeben[275]. Zu diesem Behuf erhalten sie Ertragskompetenzen, die einen Anteil am gesamtstaatlichen Steueraufkommen sichern. Soweit das eigene Steueraufkommen den Erfordernissen der selbständigen und eigenverantwortlichen Aufgabenerfüllung nicht Genüge tut, trifft das Grundgesetz Vorkehrungen, die Ergebnisse der primären Verteilung der Steuererträge zu korrigieren durch Finanzausgleich, Ergänzungszuweisungen, Finanzhilfen und Ausgleichszahlungen – sämtlich Zuweisungen von Geld, nicht aber von Vermögensgegenständen[276]. Das Thema des Staatsvermögens könnte freilich berührt werden, wenn die Finanzkraft der Länder zu ermitteln ist, deren Unterschiede durch Ergänzungszuweisungen des Bundes auszugleichen sind[277]. Das Bundesverfassungsgericht will denn auch die Finanzkraft nicht auf die Steuerkraft reduzieren, sondern umfassend verstehen als die gesamte Finanzlage, mithin auch die nichtsteuerlichen Einnahmen berücksichtigen[278]. An sich könnten also die Einnahmen aus Vermögen für die Bestimmung von Leistungsfähigkeit oder Leistungsschwäche der Länder erheblich werden. Doch das Bundesverfassungsgericht fordert nicht, sämtliche Einnahmen der Länder zu addieren. Vielmehr läßt es zu, eine Einnahme bei der Berechnung der Finanzkraft unberücksichtigt zu lassen, wenn sie ihrem Volumen nach nicht ausgleichsrelevant ist, in allen Ländern gleich anfällt oder der Aufwand der Ermittlung ihrer Höhe zu dem möglichen Ausgleichseffekt außer Verhältnis steht. Im Ergebnis konvergieren denn doch Finanzkraft und Steuerkraft, jedenfalls solange die Steuerkraft die Finanzkraft der Länder „widerspiegelt"[279]. Damit dürfte das Staatsvermögen als Einnahmequelle in der Regel eine quantité négligeable bleiben.

119
Kein Anspruch des Landes gegen den Bund

Finanzkraft als Steuerkraft

Finanzausgleich nach Art. 107 Abs. 2 GG

Die Finanzverfassung des Bundesstaates hält sich also im Rahmen des Steuerstaates. Für sie ist die zu entscheidende Machtfrage die Verteilung von Geld, nicht die Verfügung über (Sach-)Vermögen. Daher regelt das Grundgesetz eingehend die Verteilung der Steuerkompetenzen, während es die der Vermögenskompetenzen weitgehend ausblendet.

120
Bundesstaat als Steuerstaat

---

273 BVerfGE 95, 243 (249).
274 BVerfGE 95, 250 (264).
275 Art. 104a Abs. 1, Art. 109 Abs. 1 GG.
276 BVerfGE 95, 243 (249).
277 Art. 107 Abs. 2 S. 1 GG.
278 BVerfGE 72, 330 (397 ff.).
279 BVerfGE 72, 330 (399 f.).

II. Überleitung des Staatsvermögens nach Staatsumbrüchen

121 Das Grundgesetz war jedoch gezwungen, in den Übergangsbestimmungen der Art. 134 bis 135a das Schicksal des Staatsvermögens zu regeln, welches das Deutsche Reich hinterlassen hatte, sowohl der Aktiva als auch der Passiva[280], und dieses Erbe der neuen föderativen Struktur gemäß auf Bund und Länder zu verteilen[281]. Grundsätzlich wies es das Vermögen des Reiches im allgemeinen dem Bund zu, das Verwaltungsvermögen im besonderen aber den nunmehrigen Aufgabenträgern. Das Vermögen von Ländern, die untergegangen oder in ihrem Gebiet neu zugeschnitten waren, fiel grundsätzlich an das Land, dem das Gebiet nunmehr gehörte oder das jetzt deren Aufgaben wahrnahm. Im übrigen überließ die Verfassung dem Bundesgesetzgeber Spielräume für abweichende Regelungen[282], auch in der für Übergangsregelungen unvermeidlichen Form von Maßnahmegesetzen[283].

122
Zukunftsgerichteter Neuanfang

Leitgedanke der Übergangsregelungen durch Verfassung und Gesetz war nicht die Abrechnung über die Vergangenheit, von der die neue Verfassungsordnung abrückte, sondern die Schaffung einer Grundlage für die Zukunft[284]. „Auch der Grundsatz der ‚Kontinuität' kann nicht hindern, unter die frühere verhängnisvolle Finanzwirtschaft einen Strich zu ziehen. Treu und Glauben, besonders das Vertrauen in diese Kontinuität, gebieten nichts anderes, weil gerade eine Fortsetzung ruinöser Finanzwirtschaft verhindern würde, daß Treu und Glauben wieder einkehren"[285]. Daher gebot das Grundgesetz nicht, die Länder in bestimmte Besitzstände wieder einzusetzen[286]. Die Bereinigung des Staatsbankrotts, den das Deutsche Reich (wie später die DDR) hinterlassen hatte, mußte daher von der jeweils gegebenen historischen Situation ausgehen und das hinterlassene öffentliche Vermögen den Trägern öffentlicher Aufgaben in einer Weise zuordnen, die ihnen die Erfüllung der von ihnen wahrzunehmenden Aufgaben künftig ermöglichte[287].

123
Erledigung durch Vollzug

Dauerhafte Legitimation

Die Übergangsvorschriften der Art. 134 bis 135e GG haben sich im wesentlichen durch Vollzug erledigt. Einzelne Spätwirkungen zeitigten sie, als mit der Wiedervereinigung der (West-)Berlinvorbehalt der Westalliierten wegfiel und sie nach Abzug ihrer Stationierungstruppen Grundstücke aus vormaligem Reichsvermögen freigaben[288]. Gleichwohl stifteten die Überleitungsmaßnahmen dauerhafte Legitimation. Sie bilden den Rechtsgrund für die Zuordnung der Vermögensgegenstände. Insofern ermöglichen sie auch Rückschlüsse auf

---

280 BVerfGE 15, 126 (133f., 136ff.); 19, 150 (159). S. o. Rn. 4, 8f.
281 BVerfGE 95, 250 (263). Zum Problem der Rechts- und Pflichtennachfolge *Johannes Dietlein*, Nachfolge im öffentlichen Recht, 1999, S. 432ff., 463ff., 473ff.
282 Zur Sonderkompetenz nach Art. 135 Abs. 4 GG: BVerfGE 10, 20 (35ff.) – Stiftung „Preußischer Kulturbesitz"; BVerfGE 12, 205 (253).
283 BVerfGE 15, 126 (146f.).
284 BVerfGE 15, 126 (141). Vgl. auch BVerfGE 95, 250 (264).
285 BVerfGE 15, 126 (146).
286 BVerfGE 95, 250 (264).
287 BVerfGE 95, 250 (264) – bezogen auf die Nachfolge der DDR.
288 Dazu *Ute Mager*, in: v. Münch/Kunig, GGK III, 4/5 2003, Art. 134 Rn. 1, 13.

die reguläre Verteilung der föderalen Kompetenzen in Angelegenheiten des Staatsvermögens.

Erneuerte, wenn auch nur indirekte Bedeutung erlangten die Übergangsvorschriften als Vorbild für die Regelung des Nachlasses der DDR. Jedoch können die Übergangsvorschriften, die der Situation von 1945 bis 1949 verhaftet sind, nicht pauschal auf die Vermögensnachfolge der DDR im Jahre 1990 übertragen werden[289]. Die grundgesetzliche Erbteilung des Reichsvermögens hatte sich ohnehin nur auf das Binnensystem der Bundesrepublik, also auf Bund, westliche Länder und Verwaltungstrabanten beschränkt, die Außenbeziehung zur DDR aber ausgeklammert. Nach 1949 waren die Vermögensgegenstände durchwegs von dem deutschen Teilstaat übernommen worden, auf dessen Territorium sie belegen waren, bei Kunstgegenständen oft bedingt durch den zufälligen Ort der kriegsbedingten Auslagerung[290]. Der auch mit völkerrechtlichen Argumenten ausgetragene Prätendentenstreit ist mit der Herstellung der deutschen Einheit erledigt.

124
Nachlaß der DDR

Zuordnung zu einem der deutschen Teilstaaten

Mit ihr aber erhob sich die Frage, wie das Vermögen der DDR, die als Zentralstaat organisiert war, zwischen dem auf ihrem Gebiet wiedererstandenen Ländern und dem Bund aufzuteilen war. Darüber verständigten sich die beiden deutschen Staaten im Einigungsvertrag[291]. Das Verwaltungsvermögen der DDR ging auf den Bund über, sofern es nicht seiner Zweckbestimmung nach überwiegend für Verwaltungsaufgaben bestimmt war, die nunmehr von Ländern, Gemeinden (Gemeindeverbänden) oder sonstigen Trägern öffentlicher Verwaltung wahrzunehmen sind. Das Verwaltungsvermögen folgte also der Verwaltungskompetenz und sorgte so für die funktionsgerechte Ausstattung der Verwaltung[292]. Das Finanzvermögen wurde je zur Hälfte des Gesamtwertes dem Bund und den Ländern des Beitrittsgebietes zugeteilt. Das „volkseigene" Wohnungsvermögen ging auf die Kommunen über mit der Auflage, daß diese es unter Berücksichtigung sozialer Belange schrittweise in eine marktwirtschaftliche Wohnungswirtschaft überführen sollen[293].

125
Art. 21 und 22 Einigungsvertrag

Finanzvermögen

III. Kompetenzverteilung zwischen Bund und Ländern

1. Kompetenz für das Verwaltungsvermögen

Die Überleitungsvorschriften der Art. 134 bis 135e GG enthalten einzelne Aufträge und Ermächtigungen an den Bundesgesetzgeber[294]. Diese setzen eine Gesetzgebungskompetenz voraus, sei es, daß sie auf einer vorhandenen

126
Gesetzgebungskompetenzen des Bundes

---

289 BVerfGE 95, 250 (263 f.).
290 Dazu *Reinhard Mußgnug*, Wem gehört Nofretete?, 1977.
291 Dazu *Ossenbühl* (N 165), § 212 Rn. 11 ff.; *Bauer* (N 44), Rn. 38 f.; *Dietlein* (N 281), S. 548 ff., 572 ff.
292 Näher *Ossenbühl* (N 165), § 212 Rn. 11.
293 Art. 22 Abs. 4 S. 1-3 Evtr.
294 Art. 134 Abs. 4; Art. 135 Abs. 4, 5, 6 S. 2, Art. 135a GG. Privatisierungsauftrag der Treuhandanstalt: Art. 25 Evtr. – Dazu *Matthias Schmidt-Preuß*, Die Treuhandverwaltung, in: HStR IX, 1997, § 219 Rn. 37 ff.

§ 122 *Achter Teil: III. Finanzwesen*

Kompetenzen für Verwaltungsvermögen

Annexkompetenz

Rauchverbot

127
Aufgabenakzessorische Vermögenskompetenz

Verallgemeinerungsfähige Kompetenzregelung des Art. 134 Abs. 2 GG

128

aufbauen oder eine neue begründen[295]. Im übrigen aber gibt es keinen allgemeinen Kompetenztitel für eine Gesetzgebung über das Staatsvermögen als solches, wohl aber für einzelne Arten des Verwaltungsvermögens, etwa für den Bau, die Unterhaltung und das Betreiben von Schienenwegen des Bundes (Art. 73 Abs. 1 Nr. 6a GG), den Bau und die Unterhaltung von Landstraßen für den Fernverkehr (Art. 74 Abs. 1 Nr. 22 GG) oder für die Errichtung und den Betrieb von Kernenergieanlagen (Art. 73 Abs. 1 Nr. 14 GG). Ferner besitzt der Bund die Gesetzgebungszuständigkeit für einzelne Staatsaufgaben, denen Vermögensgegenstände gewidmet sind, so für den Verkehr von Eisenbahnen des Bundes (Art. 73 Abs. 1 Nr. 6a GG), den Straßenverkehr (Art. 74 Abs. 1 Nr. 22 GG), den Luftverkehr (Art. 74 Abs. 1 Nr. 6 GG), für Postwesen und Telekommunikation (Art. 74 Abs. 1 Nr. 7 GG). Wenn das Verwaltungsvermögen in den verschiedenen Aufgabenbereichen des Bundes durchwegs nicht auf eine ausdrückliche Kompetenzzuweisung gestützt werden kann, bedeutet das nicht, daß ohne weiteres nach Art. 30 und 70 GG das Recht der Gesetzgebung bei den Ländern liegt. Vielmehr hat der Bund eine Annexkompetenz[296], sofern er über die Gesetzgebungskompetenz für die Aufgabe verfügt und diese durch eigene Behörden ausführt. So kann er ein Rauchverbot in seinen Räumen anordnen, gleich ob diese interner oder externer Nutzung gewidmet sind, gleich ob Behördenbüro, Bahnhof oder Zugabteil[297]. Soweit der Vollzug den Ländern obliegt, hat der Bund immerhin die Annexzuständigkeit für Organisation und Verfahren (Art. 84 Abs. 1 GG).

Allgemein gilt: die Verwaltungsvermögenskompetenz ist Bestandteil der Aufgabenkompetenz. Der zuständige Aufgabenträger hat auch die Annexkompetenz, die dem jeweiligen Zweck gemäßen Vermögensgegenstände zu erwerben, zu verwalten und zu veräußern. Insoweit entspricht die ungeschriebene Verwaltungskompetenz für das Verwaltungsvermögen der Überleitungsvorschrift des Art. 134 Abs. 2 GG. Der in ihr verkörperte Kompetenzgedanke ist verallgemeinerungsfähig. Er gelangt auch in Art. 21 Abs. 1 und 2 EvtR angemessen zum Ausdruck.

2. Kompetenz für das Fiskalvermögen

Das Fiskalvermögen, in ihm die Wirtschaftsbetriebe und -beteiligungen der öffentlichen Hand, steht für sich selbst. Im Unterschied zum Verwaltungsvermögen knüpft es an keine kompetenzdifferenzierte Materie der Staatsaufgaben an. Das Grundgesetz weist dem Bund keine Gesetzgebungs- oder Verwal-

---

[295] Der Gesetzgebungsauftrag über die Verwaltung des Finanzvermögens nach Art. 22 Abs. 2 EvtR gründet auf dem Titel „auswärtige Angelegenheiten" (Art. 73 Abs. 1 Nr. 1 GG), die Ausübung durch Bundesgesetz auf der Natur der Sache.
[296] Zur Figur der Annexkompetenz *Theodor Maunz*, in: Maunz/Dürig, GG, Art. 70 Rn. 4, 9.
[297] Die Natur der Sache (so *Holger Zuck*, Bundeskompetenz für einen gesetzlichen Nichtraucherschutz nach französischem Vorbild, in: DÖV 1993, S. 936 [944]) oder der Sachzusammenhang ergeben hier allerdings keine plausible Begründung für eine Bundeskompetenz. Das Hausrecht der Exekutive kompensiert nicht den Mangel der Gesetzgebungskompetenz, so aber *Matthias Rossi/Sophie-Charlotte Lenski*, Föderale Regelungsbefugnisse für öffentliche Rauchverbote, in: NJW 2006, S. 2657 (2660).

tungszuständigkeit für das Fiskalvermögen zu. Nach Hans Hugo Klein soll dem Bund jedoch die konkurrierende Gesetzgebung für die eigene wirtschaftliche Betätigung wie die der Länder zustehen kraft des Titels „Recht der Wirtschaft" (Art. 74 Abs. 1 Nr. 11 GG)[298]. Doch das spezifische Regelungsthema des Finanzvermögens wird dadurch nicht abgedeckt, auch nicht die Kompetenz zu Besitz und Verwaltung des Finanzvermögens. Es handelt sich um gesetzesfreie Verwaltung. Nach dem kompetenzrechtlichen Verteilungsprinzip des Art. 30 GG müßte an sich das gesamte Fiskalvermögen den Ländern zufallen. Das Ergebnis geriete jedoch in Widerspruch zu den Bestimmungen des Grundgesetzes, die Finanzvermögen und Fiskaltätigkeit des Bundes voraussetzen, indem sie ihm die Verwaltung der Finanzmonopole zuweisen und den Übergang von erwerbswirtschaftlichen Unternehmen auf ihn vorsehen[299].

Das Fiskalvermögen wie die Fiskaltätigkeit liegen jenseits des kompetenzrechtlichen Horizonts. Das Gesetz der Alternativität, daß eine Materie entweder dem Bund oder den Ländern zugeteilt wird, greift hier nicht. Vielmehr zeigt sich eine kompetenzfreie Zone. Der Besitz und die Nutzung des Fiskalvermögens treten jedoch in den regulären Kompetenzbereich ein, sowie sie in den Dienst eines öffentlichen Zwecks gestellt werden; nunmehr teilen sie die Kompetenz, der die betreffende Sachmaterie angehört[300]. Die kompetenzielle Indifferenz des Fiskalvermögens kommt in den Übergangsbestimmungen der Art. 134 Abs. 1 und 135 Abs. 6 des Grundgesetzes zum Ausdruck[301], die auch insoweit Momente der allgemeinen föderalen Zuständigkeitsordnung repräsentieren.

129
Kompetenzfreie Zone

---

298 *Klein* (N 68), S. 193 f.
299 Art. 108 Abs. 1 S. 1 (Finanzmonopole), Art. 134 Abs. 1 (Nachfolge in Reichsvermögen), Art. 135 Abs. 6 GG (Übergang von Beteiligungen an Unternehmen des öffentlichen Rechts).
300 *Püttner* (N 76), S. 162; *Ossenbühl* (N 188), S. 131; *Josef Isensee*, Idee und Gestalt des Föderalismus im Grundgesetz, in: HStR IV, ²1999 (¹1990), § 98 Rn. 192.
301 Bestätigt durch Art. 22 Abs. 1 Evtr.

§ 122 *Achter Teil: III. Finanzwesen*

G. Bibliographie

Peter Axer, Die Widmung als Schlüsselbegriff des Rechts der öffentlichen Sachen, 1994.
Martin Burgi, Funktionale Privatisierung und Verwaltungshilfe, 1999.
Dirk Ehlers, Verwaltung in Privatrechtsform, 1984.
Josef Isensee, Subsidiaritätsprinzip und Verfassungsrecht, ²2001.
ders., Steuerstaat als Staatsform, in: Festschrift für Hans Peter Ipsen, 1977, S. 409 ff.
Hans Hugo Klein, Die Teilnahme des Staates am wirtschaftlichen Wettbewerb, 1968.
Herbert Krüger, Allgemeine Staatslehre, ¹1964.
Paul Laband, Das Staatsrecht des Deutschen Reiches, Bd. II, ²1891.
Georg Meyer/Gerhard Anschütz, Lehrbuch des Deutschen Staatsrechts, ⁷1914.
Fritz Ossenbühl, Bestand und Erweitung des Wirkungskreises der Deutschen Bundespost, 1970.
ders., Öffentliche und private Nutzung der Bonner Hofgartenwiese, 1984.
Hans-Jürgen Papier, Recht der öffentlichen Sachen, ³1998.
Thomas Puhl, Budgetflucht und Haushaltsverfassung, 1996.
Günter Püttner, Die öffentlichen Unternehmen, 1985.
Bernhard Schmitz, Die Unterscheidung zwischen Finanz- und Verwaltungsvermögen im Lichte des modernen Rechts- und Wirtschaftsstaates, 1966.
Klaus Stern, Das Staatsrecht der Bundesrepublik Deutschland, Bd. II, 1980.
Edgar Tatarin-Tarnheyden, Die Verfügung über das Staatsvermögen, in: Anschütz/Thoma, Bd. II, 1932, S. 417 ff.

§ 123
Staatsverschuldung

Hermann Pünder

Übersicht

	Rn.		Rn.
A. Der Kredit als Instrument staatlicher Finanzierung	1–13	2. Verhältnismäßigkeit der überhöhten Kreditaufnahme	65–71
I. Legitimität der Staatsverschuldung	2–10	3. Kein Überschreiten der Obergrenze wegen einer extremen Haushaltsnotlage	72–73
1. Kreditaufnahme zur gerechten Lastenverteilung zwischen den Generationen	3–7	IV. Kreditaufnahme bei Sonderhaushalten und anderen Nebenhaushalten des Bundes	74–79
2. Kreditaufnahme als konjunkturpolitisches Gestaltungsmittel	8–10	1. Notwendigkeit einer restriktiven Auslegung des Art. 115 Abs. 2 GG	74–77
II. Ausmaß der Staatsverschuldung	11–13	2. Keine Umgehung der Kreditvorgaben durch Schaffung juristischer Personen	78–79
B. Verfassungsrechtliche Vorgaben	14–101	V. Reformüberlegungen	80–101
I. Notwendigkeit einer gesetzlichen Ermächtigung	14–26	1. Ausgangspunkt: Restriktive Auslegung der verfassungsrechtlichen Verschuldungsvorgaben	81–83
1. Anforderungen an die gesetzliche Ermächtigungsgrundlage	15–19	2. Empfehlungen zur Begrenzung der Neuverschuldung und zum Abbau der Altschulden	84–95
2. Begriff der Kreditaufnahme	20–23	3. Ergänzende Reform des Haushaltsrechts	96–101
3. Rechtswirkung der Kreditermächtigung, Organisation und Formen des Staatskredits	24–26	C. Vorgaben aus dem Europäischen Gemeinschaftsrecht	102–119
II. Grenzen der Kreditaufnahme außerhalb einer Störung des gesamtwirtschaftlichen Gleichgewichts	27–59	I. Vermeidung eines übermäßigen öffentlichen Defizits	103
1. Obergrenze der Kreditaufnahme	28–43	II. Verfahren bei einem übermäßigen Defizit	104–111
2. Berücksichtigung des gesamtwirtschaftlichen Gleichgewichts	44–53	1. Überwachungsverfahren	105–109
3. Nachrangigkeit der Kreditaufnahme	54–59	2. Sanktionsmaßnahmen	110–111
III. Überschreitung der Obergrenze im Ausnahmefall einer Störung des gesamtwirtschaftlichen Gleichgewichts	60–73	III. Reformüberlegungen	112–115
		IV. Regelung der Kostentragung im innerstaatlichen Recht	116–119
1. Vorliegen einer Störung des gesamtwirtschaftlichen Gleichgewichts	61–64	D. Bibliographie	

§ 123   *Achter Teil: III. Finanzwesen*

A. Der Kredit als Instrument staatlicher Finanzierung

1
Fiskalillusion des Staatskredits

Die Staatsverschuldung dient der Finanzierung von Defiziten öffentlicher Haushalte. Da der Haushalt in Einnahme und Ausgabe auszugleichen ist (Art. 110 Abs. 1 S. 2 GG), muß der Haushaltsgeber, wenn er mehr als die erwarteten Einnahmen ausgeben will, entweder die Steuern (oder andere öffentliche Abgaben wie Gebühren, Beiträge, Sonderabgaben etc.) anheben, Vermögensgegenstände veräußern oder sich Geld am Kapitalmarkt beschaffen. Kreditaufnahmen sind politisch verführerisch, da sie den Steuerzahler zunächst nicht fühlbar belasten. Zins- und Tilgungslasten sind erst später durch Steuererhöhungen oder Ausgabekürzungen zu tragen[1]. Es besteht die Gefahr, daß Bürger den Zusammenhang zwischen Wohltaten der Gegenwart und Opferlasten der Zukunft nicht zutreffend erkennen und würdigen („Fiskalillusion")[2]. Manchem dürfte die Lastenverschiebung in die Zukunft sogar willkommen sein[3].

I. Legitimität der Staatsverschuldung

2
Kameralismus

Über die Legitimität der staatlichen Kreditaufnahme besteht seit jeher Streit. Während merkantilistisch geprägte „Kameralisten" die Neigung der Landesherren, ihren Bedarf für Hofhaltung, Landesverwaltung, Militär und wirtschaftliche Aktivitäten nicht durch Einnahmen aus Regalien, Domänenerträgen und Steuern, sondern zunehmend durch Kredite zu decken, wissenschaft-

---

1 In der Volkswirtschaftslehre wird freilich auch das sog. Ponzi-Spiel diskutiert, wonach die Finanzierung der staatlichen Zinsausgaben in jeder Periode nicht über Steuern, sondern zusätzliche Kredite erfolgt. Dann würden nachfolgende Generationen niemals belastet. Die Begrenzung der Verschuldungsmöglichkeiten wäre ökonomisch kontraproduktiv. Den Überlegungen braucht hier nicht weiter nachgegangen zu werden. Zutreffend weist der *Sachverständigenrat zur Begutachtung der gesamtwirtschaftlichen Entwicklung*, Staatsverschuldung wirksam begrenzen – Expertise im Auftrag des Bundesministers für Wirtschaft und Technologie, 2007, S. 41 ff., darauf hin, daß ein staatliches Ponzi-Spiel zu einer explodierenden Schuldenstandsquote und letztlich einer staatlichen Insolvenz führen würde. Siehe auch *Oliver Perschau*, Positive Theorien der öffentlichen Verschuldung unter rationalen Erwartungen, 1999, S. 50 ff. Charles Ponzi hatte es übrigens in den 1920er Jahre in den USA mit einem „Schneeballsystem" zu Reichtum gebracht. Als das System platzte, landete er im Gefängnis. Er starb verarmt in einem Obdachlosenasyl.
2 Grundlegend *David Ricardo*, Funding System (1820), in: Piero Sraffa (Hg.), The Works and Correspondence of David Ricardo, Bd. IV, 1951, S. 149 ff.; deutsch: Untersuchungen über das Anleihesystem, in: Karl Diehl/Paul Mombert (Hg.), Das Staatsschuldenproblem (mit einer Einführung von Rudolf Hickel) 1980, S. 94 ff.; *James Buchanan/Richard Wagner*, Democracy in Deficit – The Political Legacy of Lord Keynes, New York 1977. Dazu etwa *Wolfram Höfling*, Staatsschuldenrecht, 1993, S. 100 ff.; *Thomas Puhl*, Budgetflucht und Haushaltsverfassung, 1996, S. 474 f.; *Klaus Bröcker*, Grenzen staatlicher Verschuldung im System des Verfassungsstaats, 1997, 198 ff.; *Karl Heinz Friauf*, Staatskredit, in: HStR IV, ²1999 (¹1990), § 91 Rn. 10.
3 Zum Wählerverhalten in Verschuldungsfragen *Stefan Funke*, Die Verschuldungsordnung – Ein Beitrag zur finanzwirtschaftlichen Ordnungspolitik, 1995, S. 221 ff.

lich eher unterstützten[4], sah die klassische Nationalökonomie die staatliche Kreditaufnahme kritisch. David Ricardo bezeichnete die öffentliche Verschuldung im Jahr 1820 gar als eine der „furchtbarsten Geißeln, die jemals zum Unglück eines Volkes erfunden worden ist"[5]. In der Aufbruchstimmung der beginnenden Industrialisierung schlug das Pendel zurück. Lorenz von Stein erklärte: „Ein Staat ohne Staatsschuld thut entweder zu wenig für seine Zukunft, oder er fordert zuviel von seiner Gegenwart"[6]. Für Carl Dietzel gehört der Staatskredit „zu den segensreichsten Institutionen der neueren Staatenentwicklung"; er sei „der großartigste Hebel des mächtigen volkswirthschaftlichen Fortschrittes und damit der hohen Cultur der europäischen Völkerfamilie", ja sogar „der archimedische Standpunkt, der die Welt aus ihren Angeln hebt"[7]. Andererseits beklagte Jacob Burckhardt, die Staatsverschuldung sei „das große, jammervolle Hauptridikül" des 19. Jahrhunderts gewesen; diese Art, „das Vermögen der künftigen Generationen vorweg zu verschleudern", beweise „einen herzlosen Hochmut als wesentlichen Charakterzug"[8]. Im Grundgesetz der Bundesrepublik Deutschland haben sich vor allem zwei Überlegungen zur Rechtfertigung der Staatsverschuldung niedergeschlagen[9].

Klassische Nationalökonomie

1. Kreditaufnahme zur gerechten Lastenverteilung zwischen den Generationen

Zum einen wird die Kreditaufnahme, sofern sie der Finanzierung von Investitionen dient, als Ausdruck einer „gerechten Lastenverteilung zwischen den Generationen" gerechtfertigt. Investition bedeutet Verzicht auf gegenwärtigen Konsum zugunsten eines künftigen Werteverzehrs. Für die gegenwärtige Generation ist die Kreditfinanzierung von Investitionen insofern von Vorteil, als bei der Vorab- oder Sofortdeckung der damit verbundenen Ausgaben auch Bürger zur Finanzierung herangezogen würden, die aus den geschaffenen Einrichtungen möglicherweise keinen Nutzen mehr ziehen. Dieser Effekt läßt sich mit der Kreditfinanzierung vermeiden, da bei der damit verbundenen

3
Lastenverschiebung

---

4 Siehe etwa *Carl August v. Struensee*, Abhandlungen über wichtige Gegenstände der Staatswissenschaft (1777), in: Karl Diehl/Paul Mombert (Hg.), Das Staatsschuldenproblem (mit einer Einführung von Rudolf Hickel), 1980, S. 47 (50): „Schulden, die der Staat macht, um dem inneren Wohlstande des Landes aufzuhelfen, um große und nützliche Entwürfe zum Besten des Ganzen auszuführen, und die bisherige nachtheilige Handelsbalanz in eine vortheilhafte zu verwandeln, sind, wenn diese Absichten erreicht werden, gewiß vortheilhaft." Vgl. im Überblick auch *Höfling* (N 2), S. 107 ff.; *Friauf* (N 2), § 91 Rn. 1 ff. Zur Entwicklung der öffentlichen Verschuldung seit dem 16. Jahrhundert *Eckhard Wandel*, Öffentliche Verschuldung – I. Geschichte, in: HdWW, Bd. V, 1980, S. 474 ff.
5 Siehe *Ricardo* (N 2), S. 197 (deutsche Ausgabe: S. 94, 140).
6 *Lorenz von Stein*, Lehrbuch der Finanzwissenschaft, ²1871, S. 666. Vgl. dazu auch BVerfGE 79, 311 (353); *Höfling* (N 2), S. 115 ff.
7 *Carl Dietzel*, Das System der Staatsanleihen im Zusammenhang der Volkswirtschaft betrachtet, 1855, S. 140 ff. Dazu *Höfling* (N 2), S. 109 ff.
8 *Jacob Burckhardt*, Weltgeschichtliche Betrachtungen (hg. v. Rudolf Marx, 1963), S. 133.
9 Zur Überbrückungsfunktion der Staatsverschuldung etwa *Otto Gandenberger*, Öffentliche Verschuldung – II. Theoretische Grundlagen, in: HdWW, Bd. V, 1980, S. 480 (496 ff.); zu den sog. Kassenverstärkungskrediten s. u. Rn. 23.

"Nachherdeckung"[10] der Investitionsausgaben Nutzung und Finanzierungslast zeitlich zusammenfallen, eine Begründung, die bereits von Johann Caspar Bluntschli erwogen wurde[11] und von Richard Abel Musgrave mit „pay as you use" beschrieben wird[12]. Manche halten die investitionsorientierte Verschuldung für die „Goldene Regel der Finanzpolitik", weil Investitionen kommende Generationen „reicher" machen[13]. Im Idealfall kommt es zu keiner ungerechtfertigten Belastung künftiger Generationen. Es wird ein Lastenausgleich bewirkt. Künftige Nutznießer heutiger Ausgaben werden an den Finanzierungslasten beteiligt. Hans Peters erläuterte[14]: „So gefährlich und vermeidenswert manche Arten von Schulden sind, so gibt es doch solche, die im Rahmen einer geordneten Verwaltung nicht nur zulässig, sondern gar geboten sein können. Die Finanzverwaltung des früheren Staates Preußen war vorbildlich. Ein großer Teil der Schulden, die Preußen bis 1914 belasteten, waren Schulden, die für den Ausbau des Eisenbahnnetzes der damals preußischen Bahnen aufgenommen waren. Es wäre unbillig und finanzwirtschaftlich falsch gewesen, etwa den Bau einer Eisenbahnlinie der Generation während der Baujahre aus laufenden Haushaltsmitteln zuzumuten, während Vorteile und Einnahmen den nachfolgenden Generationen zukamen. Hier war die Aufnahme von Anleihen mit längerer Amortisationsfrist das richtige Mittel, die Last denen aufzubürden, die auch den Vorteil hatten."

4

Begrenzung durch Investitionsausgaben

Auf der anderen Seite wird verlangt, daß die laufende Staatstätigkeit nicht durch Kredite finanziert wird. Ausdrücklich bestimmt Art. 115 Abs. 1 S. 2 Hs. 1 GG, daß die Einnahmen aus Krediten die Summe der im Haushaltsplan veranschlagten Ausgaben für Investitionen nicht überschreiten dürfen. Dadurch werden nachfolgende Generationen (im metaphorischen, nicht im biologischen Sinne[15]) geschützt. Verhindert wird, daß Leistungen, die der vorherigen Generation zugute gekommen sind, durch spätere Generationen finanziert werden müssen, die deshalb den zu ihrer Zeit sich stellenden Aufgaben nicht mehr oder jedenfalls nicht mehr umfassend nach eigener Prioritätensetzung nachkommen können. Diejenigen, die von den laufenden Staatsleistungen

---

10 Der Begriff „Nachherdeckung" ist üblich, allerdings nur in materieller Betrachtungsweise richtig, wenn man darauf abstellt, daß die Kosten für die Ausgaben zwar zunächst durch den Kredit gedeckt, letztlich aber erst später im Wege der Zins- und Tilgungszahlung aufgebracht werden. In formeller Hinsicht gleichen Krediteinnahmen den Haushalt im Sinne des Art. 110 Abs. 1 S. 2 GG aus.
11 *Johann Caspar Bluntschli*, Allgemeines Staatsrecht, Bd. II, ⁴1868, S. 422, fand es als „unbillig", die gegenwärtigen Steuerpflichtigen allein mit Ausgaben zum Beispiel für „Wasserbauten, Straßenanlagen, Verwaltungs- und Justizreformen" zu belasten, „während doch die Verwendung zum Besten der folgenden Geschlechter gemacht" werde.
12 *Richard Abel Musgrave*; The Theory of Public Finance – A Study in Public Economy, New York 1959. Vgl. *Gandenberger* (N 9), S. 490 f.; *Paul Henseler*, Verfassungsrechtliche Aspekte zukunftsbelastender Parlamentsentscheidungen, in: AöR 108 (1983), S. 489 (516 ff.); *Funke* (N 3), S. 99 ff.
13 Siehe etwa *Sachverständigenrat* (N 1), S. 31 f., 49 ff., 74 ff. Näher *Ben J. Hejdra/Lex Meijdam*, Public Investment and Intergenerational Distribution, in: Journal of Economic Dynamics & Control 26 (2002), S. 707 ff.
14 *Hans Peters*, Lehrbuch der Verwaltung, 1949, S. 215.
15 *Josef Isensee*, Schuldenbarriere für Legislative und Exekutive – Zu Reichweite und Inhalt der Kreditkautelen des Grundgesetzes, in: FS für Karl Heinz Friauf, 1996, S. 705 ff. (706). Vgl. auch *Henseler* (N 12), S. 520 f.; *Dieter Birnbacher*, Verantwortung für zukünftige Generationen, 1988, S. 23 ff. („Wie zukünftig sind die ‚zukünftigen Generationen'?!"); *Sachverständigenrat* (N 1), S. 41.

profitieren, sollen diese auch bezahlen. Hierauf hat bereits Albert Hensel deutlich hingewiesen[16]. Nach dem Gedanken der „intergenerativen" bzw. – konkreter in der Begrifflichkeit der Haushaltswirtschaft gesprochen – der „interperiodischen Gerechtigkeit"[17] ist für jede Rechnungsperiode der Ressourcenverbrauch durch das Ressourcenaufkommen zu decken[18]. Zukunftsbelastende Einnahmen sollen zumindest in gleicher Höhe zu zukunftsbegünstigenden Ausgaben führen[19]. Gefordert ist eine im Blick auf die Belastungsfolgen für künftige Generationen „nachhaltige" Haushaltswirtschaft. Da Kredite Belastungen künftiger Haushalte darstellen, soll solcher Zukunftslast auch eine Zukunftsgunst, also ein durch Kreditmittel geschaffener dauerhafter Vorteil für die Gesamtheit, gegenüberstehen. Der Staat wird seiner Verantwortung für „künftige Generationen" nicht allein dadurch gerecht, daß er die „natürlichen Lebensgrundlagen" bewahrt (Art. 20a GG). Er muß den Nachfolgenden auch echte demokratische Entscheidungsoptionen offenhalten[20].

<small>Interperiodische Gerechtigkeit</small>

Die haushaltswirtschaftlichen Überlegungen wurzeln rechtsphilosophisch in einer utilitaristischen Ethik. Dieter Birnbacher plädiert für den „intergenerationellen Nutzensummenutilitarismus"[21]. Den wohl wichtigsten Beitrag zur Diskussion hat John Rawls innerhalb seiner „Theorie der Gerechtigkeit" geleistet[22]: Wenn in einem fiktiven Urzustand alle Generationen, die je auf Erden lebten, vereinbaren müßten, wie allen Generationen ein angemessener Gewinn zuzubilligen sei, würden sie sich – wenn ihnen unter einem „Schleier des Nichtwissens" („veil of ignorance") nicht bekannt wäre, welcher Generation sie später angehören – auf einen allgemeinen Spargrundsatz („just savings principle") einigen, so daß jede Generation den gerechten Teil von ihren Vorfahren erhält und ihrerseits den Nachfahren den gerechten Teil weitergibt. Hans Jonas beruft sich auf das „Prinzip der Verantwortung" und erweitert den kategorischen Imperativ von Immanuel Kant um die zeitliche

<small>5
Utilitaristische Ethik als Ausgangspunkt</small>

---

16 *Albert Hensel*, Der Finanzausgleich im Bundesstaat in seiner staatsrechtlichen Bedeutung, 1922, S. 169 ff.
17 Siehe *Klaus Lüder*, Neues öffentliches Haushalts- und Rechnungswesen, 2001, S. 36.
18 Siehe *Hermann Pünder*, Haushaltsrecht im Umbruch, 2003, S. 412 f., sowie etwa *Gisela Färber*, Budgetierung – Möglichkeiten, praktische Erfahrungen, Folgen für das Parlament, in: Staatswissenschaften und Staatspraxis 1997, S. 61 (63 ff.). Zur haushaltsrechtlichen Umsetzung s. u. Rn. 96 ff.
19 Vgl. BVerfGE 79, 311 (334); BVerfG, Urt. v. 9.7.2007, 2 BvF 1/4, Rn. 125; HessStGH, Urt. v. 12.12.2005, in: NVwZ-RR 2006, S. 657 (661); NWVerfGH, Urt. v. 2.9.2003, in: DÖV 2004, S. 121 (122); NWVerfGH, Urt. v. 13.2.2007, Tz. 47; sowie etwa *Dieter Birk*, Die finanzverfassungsrechtlichen Vorgaben und Begrenzungen der Staatsverschuldung, in: DVBl 1984, S. 745; *Wolfram Höfling*, Ökonomische Theorie der Staatsverschuldung in rechtswissenschaftlicher Perspektive, in: Christoph Engel/Martin Morlok (Hg.), Öffentliches Recht als Gegenstand ökonomischer Forschung, 1998, S. 85 (96).
20 S. u. Rn. 58 ff.
21 Vgl. *Birnbacher* (N 15), S. 101 ff.
22 *John Rawls*, A Theory of Justice, Cambridge 1971, 284 ff. Zusammenfassend *Stefan Mückl*, „Auch in Verantwortung für die künftigen Generationen" – „Generationengerechtigkeit" und Verfassungsrecht, in: FS für Josef Isensee, 2007, S. 183 (184 f.). Für eine rechtsphilosophische Einordnung *Heinz Kleger*, Gerechtigkeit zwischen Generationen, in: Peter Paul Müller-Schmid (Hg.), Begründung der Menschenrechte, Archiv für Rechts- und Sozialphilosophie, Beiheft Nr. 26 (1986), S. 147 (177 ff.).

§ 123   *Achter Teil: III. Finanzwesen*

Dimension: „Handle so, daß die Wirkungen deiner Handlung verträglich sind mit der Permanenz echten menschlichen Lebens auf Erden."[23]

6 *Volkswirtschaftliche Kritik an der Lastenverschiebungsthese*
In der Volkswirtschaftslehre ist die Lastenverschiebungsthese allerdings nicht unumstritten. Die sogenannte neue Orthodoxie hält die Lastenverschiebung nur im Sonderfall der Verschuldung im Ausland für schlüssig. Bei inländischer Verschuldung stünden den durch die Kreditaufnahme entstandenen Schuldnerpositionen des Staates entsprechende private Gläubigerpositionen gegenüber. Die zukünftige Generation sei deshalb nicht ärmer, als sie es ohne Kreditaufnahme gewesen wäre. Abba P. Lerner betont: „We owe it to ourselves."[24] Dem tritt vor allem James M. Buchanan entgegen[25]. Überzeugend wird darauf hingewiesen, daß zwar zum Zeitpunkt der freiwilligen Kredithingabe keine Belastung des Kreditgebers entsteht, also lediglich ein „Aktiventausch" stattfindet, eine Belastung aber dann eintritt, wenn Steuern zur Tilgung der früher aufgenommenen Kredite erhoben werden. Denn dann kommt es durch Zwang zu einem Entzug von Vermögenswerten ohne Gegenleistung.

7 *Vorwegbindung zukünftiger Generationen*
Der grundgesetzlichen Regelung des Art. 115 Abs. 1 S. 2 GG liegt die Lastenverschiebungsthese zugrunde. Bei der Auslegung und Anwendung der Vorschrift sowie bei Überlegungen de constitutione ferenda ist freilich zu berücksichtigen, daß die Legitimität des „pay-as-you-use"-Arguments zweifelhaft ist. Ob Investitionen tatsächlich einen Zukunftsnutzen haben, muß im Einzelfall kritisch beurteilt werden[26]. Nicht zu verkennen ist, daß nachfolgenden Generationen fremde Präferenzen oktroyiert werden. Spätere Haushaltsgeber werden ihre eigenen Politikvorstellungen haushaltsrechtlich insofern nicht voll durchsetzen können, als sie die Folgen von Entscheidungen früherer Haushaltsgeber zu tragen haben[27]. Johann Ludwig Klüber meinte schon im 19. Jahrhundert, „daß Staatsschuldenmachen nicht weniger sey, als die Mittel der Zukunft den Bedürfnissen der Gegenwart opfern"[28]. Charles Blankart erklärt: „Wenn beispielsweise ein öffentliches Denkmal gebaut wird, so läßt sich die Meinung vertreten, dieses erfreue auch zukünftige Generationen. Daher sollten auch sie über den Schuldendienst dafür bezahlen. Doch damit ist über die Legitimität der Verschuldung noch nichts ausgesagt. Denn die

---

23 *Hans Jonas*, Das Prinzip der Verantwortung, 1979, S. 36.
24 *Abba P. Lerner*, The Burden of the National Debt (1948), abgedruckt in: James M. Ferguson (Hg.), Public Debt and Future Generations, Chapel Hill 1964, S. 16 (17).
25 Grundlegend *James M. Buchanan*, Public Principles of Public Dept, Homewood 1958. Vgl. auch *Gandenberger* (N 9), S. 488; *Henseler* (N 12), S. 517 f.; *Werner Heun*, Staatsverschuldung und Grundgesetz, in: Die Verwaltung 18 (1985), S. 1 (7 ff.); *Hans Herbert v. Arnim/Dagmar Weinberg*, Staatsverschuldung in der Bundesrepublik Deutschland, 1986, S. 37 ff.; *Höfling* (N 2), S. 162 ff.; *Rudolf Wendt/Michael Elicker*, Staatsverschuldung und intertemporäre Lastengerechtigkeit, in: DVBl 2001, S. 497 (498).
26 Vgl. *Günter Schmölders*, Finanzpolitik, ³1970, S. 73 f.; *Otto Gandenberger*, Intertemporale Verteilungswirkungen der Staatsverschuldung, in: Heinz Haller/Willi Albers (Hg), Probleme der Staatsverschuldung, 1972, S. 189 ff.; *Günter Püttner*, Staatsverschuldung als Rechtsproblem, 1980, S. 12 ff.; *Dieter Duwendag*, Staatsverschuldung – Notwendigkeit und Gefahren, 1983, S. 38 ff.; *Wolfgang Göke*, Staatsverschuldung – Zur desolaten Lage des Finanzverfassungsrechts des Bundes und der Länder, in: ZG 2006, S. 1 (19); *Joachim Wieland*, Staatsverschuldung als Herausforderung für die Finanzverfassung, in: JZ 2006, S. 751 (753).
27 Vgl. NWVerfGH, Urt. v. 2. 9. 2003, in: DÖV 2004, S. 121 (122). Relativierend *Heun* (N 25), S. 24 f.
28 *Johann Ludwig Klüber*, Öffentliches Recht des Teutschen Bundes und der Bundesstaaten, ⁴1840, § 339, S. 532.

zukünftigen Generationen sind gar nicht gefragt worden, ob sie dieses Denkmal wollen. Denkmäler, welche die erstellende Generation einmal als schön empfunden hat, mögen von ihren Nachfahren als grundhäßlich betrachtet werden."[29] Dasselbe trifft für eine ganze Reihe von derartigen „Investitionen" zu, die zudem Werteverluste erleiden und Unterhaltungslasten verursachen. Nicht jedes öffentliche Gebäude und nicht jeder Aufbau von Infrastruktur bringt späteren Generationen Nutzen und rechtfertigt damit eine Lastentragung durch unsere Kinder und Enkel. „Pay-as-you-use" ist in solchen Fällen nicht legitim; die „Goldene Regel der Finanzpolitik" büßt an Glanz ein.

2. Kreditaufnahme als konjunkturpolitisches Gestaltungsmittel

Zum anderen wird die Kreditaufnahme als ein konjunkturpolitisches Gestaltungsmittel angesehen[30]. Die Ende der 1960er Jahre beschlossene Verfassungsreform gründete auf dieser Überlegung[31]. Es ging um die ökonomische Instrumentalisierung der Haushalts- und Finanzpolitik. Ausdrücklich wurde festgelegt, daß Bund und Länder bei ihrer Haushaltswirtschaft den „Erfordernissen des gesamtwirtschaftlichen Gleichgewichts" Rechnung zu tragen haben (Art. 109 Abs. 2 GG) und daß durch Bundesgesetz für Bund und Länder gemeinsam geltende Haushaltsgrundsätze unter anderem „für eine konjunkturgerechte Haushaltswirtschaft" aufgestellt werden können (Art. 109 Abs. 3 GG). Zudem wurde „zur Abwehr einer Störung des gesamtwirtschaftlichen Gleichgewichts" eine Ausnahme vom durch den Lastenverschiebungsgedanken geprägten Grundsatz zugelassen, der die Höhe der Einnahmen aus Krediten auf die Summe der Ausgaben für Investitionen begrenzt (Art. 115 Abs. 1 S. 2 Hs. 2 GG). Zugrunde liegt die sogenannte Theorie vom antizyklischen Budget, die sich vor allem auf die von John Maynard Keynes unter dem Eindruck der weltwirtschaftlichen Depression in den 1930er Jahren entwickelten

8
Finanzreform 1969

Keynessche
Budgettheorie

---

29 *Charles B. Blankart*, Öffentliche Finanzen in der Demokratie, ²1994, S. 334.
30 Vgl. BVerfGE 79, 311 (331); NWVerfGH, Urt. v. 2.9.2003, in: DÖV 2004, S. 121 ff.; HessStGH, Urt. v. 12.12.2005, in: NVwZ-RR 2006, S. 657 (658 f.). Kritisch BVerfG, Urt. v. 9.7.2007, 2 BvF 1/4, Rn. 123, 133 ff.
31 Art. 109 Abs. 2 und 3 GG beruht auf dem 15. Gesetz zur Änderung des Grundgesetzes vom 8.6.1967 (BGBl I, S. 581). Am gleichen Tag wurde auch das Gesetz zur Förderung der Stabilität und des Wachstums der Wirtschaft verkündet (BGBl I, S. 582). Art. 115 GG wurde durch das 20. Gesetz zur Änderung des Grundgesetzes vom 2.5.1969 (BGBl I, S. 357) novelliert. Teil der sog. großen Haushalts- und Finanzreform waren auch das Haushaltsgrundsätzegesetz vom 19.9.1969 (BGBl I, S. 1273) und die Bundeshaushaltsordnung (BGBl I, S. 1284). Die Diskussion wurde maßgeblich geprägt durch das sog. Troeger-Gutachten (Kommission für die Finanzreform, Gutachten über die Finanzreform in der Bundesrepublik Deutschland, 1966). Zur Reform aus zeitgenössischer Sicht *Karl Heinrich Friauf*, Öffentlicher Haushalt und Wirtschaft, in: VVDStRL 27 (1969), S. 15 ff.; *Peter Badura*, Wirtschaftsverfassung und Wirtschaftsverwaltung, 1971, S. 55 ff. Im übrigen etwa *Höfling* (N 2), S. 124 ff.; *Klaus Vogel/Christian Waldhoff*, Grundlagen des Finanzverfassungsrechts, 1999, Rn. 211 ff.; *Norbert Hauser*, Reform des Haushalts- und Rechnungswesens auf Bundesebene, in: Hermann Pünder (Hg.), Neues öffentliches Finanzmanagement – Das doppische Haushalts- und Rechnungswesen: Reform und erste Erfahrungen, 2007, S. 13 (14 ff.); sowie zum politischen Hintergrund *Udo Di Fabio/Rudolf Mellinghoff*, Sondervotum zu BVerfG, Urt. v. 9.7.2007, 2 BvF 1/4, Rn. 175 f.

§ 123 *Achter Teil: III. Finanzwesen*

Überlegungen stützt[32]. Danach soll der Staat in wirtschaftlichen Krisen zur Finanzierung von zusätzlichen Staatsausgaben („deficit spending") oder von Steuersenkungen („deficit without spending") Kredite aufnehmen, um eine zusätzliche Nachfrage zu schaffen, die zu mehr Beschäftigung und zur Erhöhung des Sozialprodukts führt.

9
Monetaristische Schule

Der „Keynesianismus" hat die Diskussion lange Zeit geprägt. Es findet sich freilich auch eine – von Milton Friedman geführte – „Gegenrevolution in der Geldtheorie"[33]. Vertreter der sogenannten monetaristischen Schule weisen vor allem auf den „crowding out"-Effekt der Staatsverschuldung hin[34]. Danach führt die öffentliche Verschuldung zu Zinssteigerungen, die – was schon Adam Smith erkannt hatte[35] – private Investitionen zurückdrängen und damit die erhofften beschäftigungssteigernden Wirkungen vermehrter Staatsausgaben oder verminderter Besteuerungen neutralisieren, wenn nicht gar die konjunkturpolitischen Absichten des „deficit spending" ins Gegenteil verkehrt werden. Hinzu kommen außenwirtschaftliche Verdrängungseffekte, weil der internationale Zustrom von Geldkapital tendenziell eine Aufwertung der inländischen Währung bewirkt, wodurch sich die Exportchancen verschlechtern und Importe zunehmen. Von der sogenannten Angebotstheorie wird außerdem geltend gemacht, daß gesamtwirtschaftliche Schwäche und hohe Arbeitslosigkeit vor allem kosten- und strukturbedingt seien. Durch eine die Nachfrage stimulierende Schuldenpolitik seien die Probleme ohnehin nicht zu lösen[36]. Manche meinen sogar, daß durch zusätzliche Maßnahmen

---

32 *John Maynard Keynes*, The General Theory of Employment, Interest und Money, New York 1936. Siehe auch BVerfGE 79, 311 (331), BVerfG, Urt. v. 9.7.2007, 2 BvF 1/4, Rn. 123; sowie aus volkswirtschaftlicher Sicht *Funke* (N 3), S. 77 ff.; *Sachverständigenrat* (N 1), S. 45 ff. m. weit. Nachw. Die Rolle von Keynes für die Theorie der Staatsverschuldung relativierend *Wendt/Elicker* (N 25), S. 503; *Mückl* (N 22), S. 189. Für Hinweise auf frühe deutsche Ansätze einer „fiscal policy" *Höfling* (N 2), S. 125 ff. → oben *Heintzen*, § 120 Rn. 21.

33 Siehe *Milton Friedman*, The Counter-Revolution in Monetary Theory, London 1970, deutsch: Die Gegenrevolution in der Geldtheorie, in: Peter Kalmbach (Hg.), Der neue Monetarismus, 1973, S. 47 ff.

34 Vgl. zur Kritik BVerfGE 79, 311 (335f.), sowie etwa *Gandenberger* (N 9), S. 483 ff.; *Rüdiger Pohl*, Staatsverschuldung und die „crowding-out"-Debatte, in: Diethard B. Simmert/Kurt-Dieter Wagner (Hg.), Staatsverschuldung kontrovers, 1981, S. 366 ff.; *Robert Dohm*, Staatsverschuldung mit Verdrängungseffekt?, in: Diethard B. Simmert/Kurt-Dieter Wagner (Hg.), Staatsverschuldung kontrovers, 1981, S. 381 ff.; *Uwe Westphal*, Empirische Aspekte des Crowding-out, in: Werner Ehrlicher (Hg.), Geldpolitik, Zins und Staatsverschuldung, 1981, S. 209 ff.; *Helmuth Kern*, Monetäre Wirkungen der Staatsverschuldung, 1981, S. 116 ff.; *Höfling* (N 2), S. 279 ff.; *Roland Lappin*, Kreditäre Finanzierung des Staates unter dem Grundgesetz, 1994, S. 72 ff.; *Funke* (N 3), S. 138 ff.; *Sachverständigenrat* (N 1), S. 637 ff. Relativierend *Heun* (N 25), S. 10 ff.; *Helmut Siekmann*, in: Sachs, GG Komm., [4]2007, Art. 115 GG Rn. 4.

35 Vgl. *Adam Smith*, An Inquiry into the Nature and Causes of the Wealth of Nations, London [1]1776; dt.: Der Wohlstand der Nationen – Eine Untersuchung seiner Natur und seiner Ursachen (übersetzt von Horst Claus Recktenwald), 1974, S. 798.

36 Vgl. auch BVerfGE 79, 311 (339f.); BVerfG, Urt. v. 9.7.2007, 2 BvF 1/4, Rn. 152; Sondervotum der Richter *Udo Di Fabio* und *Rudolf Mellinghoff* (Rn. 186 ff.). Näher etwa *Georg Brenner/Carl E. Haury/ Ernst-Moritz Lipp*, Staatsverschuldung und Verfassung – Bestandsaufnahme und Neubesinnung, in: FinArch n. F. 38 (1980), S. 236 (248 f.); *Werner Ehrlicher*, Aspekte der Staatsverschuldung, in: Der Staat 24 (1985), S. 31 (42 ff.); *Otto Gandenberger*, Was kann die Staatsverschuldung in der Zukunft leisten? – Pessimistische Neubewertung eines wirtschaftspolitischen Instrumentariums, in: Horst Zimmermann (Hg.), Die Zukunft der Staatsfinanzierung, 1988, S. 173 (176 ff.). Kritisch gegenüber der angebotsorientierten Grundposition der Mehrheit im Sachverständigenrat zur Begutachtung der gesamtwirtschaftlichen Entwicklung aber *Peter Bofinger*, in: Die Chance nutzen – Reformen mutig vorantreiben, Jahresgutachten 2005/2006, S. 209 ff.

ganz allgemein weder die Arbeitslosigkeit gesenkt noch das Wirtschaftswachstum erhöht werden könne[37].

So beachtlich die Kritik in der Nationalökonomie an dem deficit spending auch ist, ein verfassungsrechtliches Verdikt ergibt sich angesichts der Regelungen in Art. 109 Abs. 2 und Art. 115 Abs. 1 S. 2 Hs. 2 GG daraus nicht[38]. Die Berücksichtigung der Einwände obliegt grundsätzlich dem zur Kreditaufnahme ermächtigenden Parlament und dem verfassungsändernden Gesetzgeber. In der verfassungsgerichtlichen Kontrolle der Kreditermächtigung kann allerdings die Plausibilität und Nachvollziehbarkeit der Abwägungsentscheidung überprüft werden[39]. Die politische Praxis lehrt freilich, daß Defizite in Zeiten prosperierender Konjunktur – obwohl dazu eine verfassungsrechtliche Verpflichtung besteht[40] – kaum zurückgenommen werden. Erfahrungsgemäß formieren sich erhebliche Widerstände, wenn der Haushalt konsolidiert werden soll.

10
Kein verfassungsrechtliches Verdikt

II. Ausmaß der Staatsverschuldung

Dies zeigt nicht zuletzt die Entwicklung der Staatsverschuldung im Bundeshaushalt[41]. Eigentlich sollte Art. 109 Abs. 2 in Verbindung mit Art. 115 Abs. 1 S. 2 GG zu einem ausgeglichenen Staatshaushalt ohne Schuldensockel führen, indem in Aufschwungphasen die aufgelaufenen Schulden getilgt und Reserven gebildet werden. In der Praxis ist dies seit Inkrafttreten dieser Regelungen kaum je geschehen. Das Bundesverfassungsgericht beanstandet, daß die staatliche Verschuldungspolitik in den vergangenen nahezu vier Jahrzehnten nicht antizyklisch betrieben worden sei, sondern einseitig zur Vermehrung der Schulden geführt habe[42].

11
Politik der Schuldenvermehrung

In den ersten Jahren der Bundesrepublik machten die öffentlichen Haushalte von der Kreditfinanzierung – trotz der Kriegslasten und Aufbaunotwendigkeiten – allerdings nur sehr zurückhaltend Gebrauch. Es gab zeitweilig sogar – allerdings am Parlament in einem „Juliusturm" vorbeifinanzierte – Rücklagen[43]. Kreditfinanzierte Ausgabenprogramme wurden, dem Leitbild einer

12
Anfängliche Zurückhaltung

---

37 Siehe etwa *Beate Joachimsen*, Ökonomische Analyse der Staatsverschuldung von Länderhaushalten am Beispiel der Verfassungswidrigkeit des Berliner Haushalts, in: DÖV 2004, S. 511 (514).
38 So auch BVerfGE 79, 311 (336); BVerfG, Urt. v. 9.7.2007, 2 BvF 1/4, Rn. 127, 132; *Friauf* (N 2), § 91 Rn. 36; *Höfling* (N 2), S. 237 f.
39 S. u. Rn. 63 f., 66, 69.
40 S. u. Rn. 49 ff.
41 Vgl. *Funke* (N 3), S. 52 ff.; *Puhl* (N 2), S. 475 ff.; *Bröcker* (N 2), 97 ff.; *Wendt/Elicker* (N 25), S. 498 f.; *Paul Kirchhof*, Die Staatsverschuldung als Ausnahmeinstrument, in: FS für Reinhard Mußgnug, 2005, S. 131 (133 f.); *Göke* (N 26), S. 15; *Dieter Engels/Dieter Hugo*, Verschuldung des Bundes und rechtliche Schuldengrenzen, in: DÖV 2007, S. 445 f.; *Sachverständigenrat* (N 1), S. 9 ff.; → oben *P. Kirchhof*, § 99 Rn. 102.
42 BVerfG, Urt. v. 9.7.2007, 2 BvF 1/4, Rn. 133. Ebenso die Sondervoten der Richter *Udo Di Fabio* und *Rudolf Mellinghoff*, Rn. 178 ff., sowie von *Herbert Landau*, Rn. 219.
43 Der Begriff „Juliusturm" bezeichnete in den 1950er Jahren für die Finanzierung der Wiederaufrüstung angehäufte Kassenreserven des Bundes. Angespielt wurde auf den Wehrturm der ehemaligen Zitadelle in Spandau, in dem bis 1914 ein Teil der französischen Kriegsentschädigung als „Kriegsschatz" aufbewahrt wurde.

antizyklischen Finanzpolitik entsprechend, erstmals zur Bewältigung der Rezession von 1966/67 aufgelegt, in der darauffolgenden Boomphase aber wieder abgebaut. Ab dann wirkte die Staatsverschuldung wie Opium[44]. Das schlechte Gewissen beim staatlichen Schuldenmachen in Rezessionsphasen war so betäubt, daß in den darauffolgenden Aufschwungphasen der Schuldenberg nicht abgetragen, sondern durch eine erhöhte Neuverschuldung, meist zur Finanzierung weiterer Sozialleistungen, weiter aufgestockt wurde. Die Schulden stiegen und stiegen: Im Jahr 1970 hatte der Bund einen Schuldenstand von 28 Mrd. Euro, der sich bis 1980 auf 120 Mrd. Euro vervierfachte, in den nächsten zehn Jahren auf 360 Mrd. Euro stieg und im Jahr 2000 774 Mrd. Euro erreichte. Seitdem wuchs die Staatsverschuldung etwas langsamer. Zum Jahresende 2006 betrug sie mit ca. 917 Mrd. Euro immerhin noch das 33fache des Schuldenstandes von 1970. Der Schuldendienst ist in Höhe von rund 40 Mrd. Euro der zweitgrößte einzelne Ausgabeposten im Bundeshaushalt. Die Dramatik des Schuldenanstiegs wird besonders deutlich, wenn man ihn zur volkswirtschaftlichen Leistungskraft in Beziehung setzt: Während die Verschuldung des Bundes im Jahr 1970 noch bei rund 8 % des Bruttoinlandsprodukts lag, erreichte sie Ende 2006 rund 40 %. Betrachtet man nicht nur die Schuld des Bundes, sondern die Gesamtverschuldung in Deutschland, war zum Jahresende 2006 jeder Bundesbürger mit einer Finanzschuld von rund 18 000 Euro belastet. Dieses bedrückende „strukturelle Staatsdefizit" entstand deshalb, weil die Gebietskörperschaften ihre Ausgaben vielfach höher ansetzten als ihre Einnahmen und den Haushalt durch Schuldenaufnahmen nur formell ausglichen, also die Flucht in die Verschuldung antraten.

13
Implizite Schulden

Zu dieser offenen Verschuldung treten die sogenannten impliziten Schulden. Langfristige Lasten ergeben sich vor allem aus den Versorgungsansprüchen der Beamten[45] und den zukünftigen Ansprüchen an die umlagefinanzierten Sozialversicherungen (gesetzliche Krankenversicherung, gesetzliche Rentenversicherung, soziale Pflegeversicherung)[46]. Insgesamt gibt es eine erhebliche „Tragfähigkeitslücke"[47]. Implizite Schulden lassen sich durch gesetzliche Leistungsrücknahmen reduzieren, während sich der Staat den privatrechtliche Ansprüchen der Gläubiger auf Zins und Tilgung – läßt man eine bewußte Inflationierung oder den Staatsbankrott außer Betracht[48] – nicht entziehen kann. So werden auf nächste Generationen Lasten verlagert, die kaum mehr zu schultern sein werden. Daß ein hoher Schuldenstand langfristig zu „Wachstumsverlusten" führt, ist in der ökonomischen Theorie anerkannt und durch empirische Untersuchungen belegt[49]. Der Schuldensockel hängt

---

44 *Isensee* (N 15), S. 708.
45 Näher zu den Personalausgaben mit rechtspolitischen Empfehlungen, insbesondere zur Bildung von Pensionsrücklagen, *Christoph Gröpl*, Schwächen des Haushaltsrechts – Wege zu einer nachhaltigen Finanzwirtschaft, in: Die Verwaltung 39 (2006), S. 215 (234 ff.).
46 Dazu im Zusammenhang mit dem Staatsschuldenrecht etwa *Mückl* (N 22), S. 196 ff.; *Siekmann* (N 34), Art. 115 GG Rn. 5.
47 Näher *Sachverständigenrat* (N 1), S. 24 ff.
48 Zum Staatsbankrott bzw. dem Problem der Insolvenzfähigkeit des Staates → oben *Waldhoff*, § 116 Rn. 32 ff.
49 Siehe nur *Sachverständigenrat* (N 1), S. 1, 31 ff.

mittlerweile wie ein „Klotz am Bein" der Konjunktur und der politischen Handlungsspielräume; die praktischen Möglichkeiten, dem Sozialstaatsprinzip durch ausgleichende, vorsorgende und fördernde Maßnahmen zu entsprechen, sind verringert[50]. Vor diesem Hintergrund ist die vom Keynesianismus geprägte Krediteuphorie einer Ernüchterung gewichen. Manche sehen gar schon das – bereits von Adam Smith beschworene[51] – Damoklesschwert des Staatsbankrotts als Menetekel[52]. Jedenfalls wird inzwischen vor allem über rechtliche Möglichkeiten zur Begrenzung der Staatsverschuldung diskutiert[53].

B. Verfassungsrechtliche Vorgaben

I. Notwendigkeit einer gesetzlichen Ermächtigung

Nach Art. 115 Abs. 1 S. 1 GG bedarf die Aufnahme von Krediten – wie auch die hier nicht behandelte Übernahme von Bürgschaften, Garantien oder sonstigen Gewährleistungen, die zu Ausgaben in künftigen Rechnungsjahren führen können – einer der Höhe nach bestimmten oder bestimmbaren Ermächtigung durch Bundesgesetz. Die Vorgabe entspricht der Verfassungstradition[54]. Das Erfordernis einer Kreditermächtigung durch Gesetz gehört zum Kern des parlamentarischen Budgetrechts[55]. Spätere Haushaltsgeber werden präjudiziert, da die Kreditaufnahme Verbindlichkeiten zur Verzinsung und Tilgung schafft, die in künftigen Haushaltsjahren erfüllt werden müssen. Art. 110 Abs. 2 S. 1 GG, der für die Feststellung des Haushaltsplans ein Haushaltsgesetz verlangt, wird insoweit ergänzt. Darüber hinaus korrespondiert der Gesetzesvorbehalt für die Kreditaufnahme dem Grundsatz der Gesetzmäßigkeit der Besteuerung, da die Kreditaufnahme zukünftige Steuererhebungen nötig macht, weil die Kreditmittel bei Fälligkeit regelmäßig verbraucht sein und auch nicht in Form eines liquiden Surrogats zur Verfügung stehen werden. Schließlich entspricht die Notwendigkeit einer gesetzgeberischen Bewilligung auch der wesentlichen Bedeutung der Kreditpolitik für die Wirtschaftsentwicklung. Eine eng begrenzte Durchbrechung des parlamentarischen Bud-

14

Kernbereich des parlamentarischen Budgetrechts

---

50 So das Sondervotum *Di Fabio/Mellinghoff* (N 31), Rn. 163, 202.
51 *Smith* (N 35), S. 803.
52 Vgl. *Horst Kratzmann*, Der Staatsbankrott – Begriff, Erscheinungsformen, Regelung, in: JZ 1982, S. 319 ff.; *Josef Isensee*, Damoklesschwert über der Staatsverfassung: der Staatsbankrott, in: FS für Peter Selmer, 2004, S. 687 ff.; *Wolfram Höfling*, Haushaltsverfassungsrecht als Recht minderer Normativität?, in: DVBl 2006, S. 934 (935); *Mückl* (N 22), S. 192.
53 Vgl. nur BVerfG, Urt. v. 9. 7. 2007, 2 BvF 1/4, mit den Sondervoten von *Udo Di Fabio/Rudolf Mellinghoff*, Rn. 161 ff., und *Herbert Landau*, Rn. 204 ff.
54 Vgl. etwa § 102 FRV, in: Ernst Rudolf Huber, Dokumente zur deutschen Verfassungsgeschichte, Bd. I, ³1978, S. 63 ff.; Art. 73 RV, in: ders., Bd. II, ³1986, S. 380 ff.; Art. 87 Verfassung des Deutschen Reichs vom 11. 8. 1919, in: RGBl 1919, S. 1400. Ausführlich zu den historischen Wurzeln *Höfling* (N 2), S. 12 ff.
55 Vgl. zum systematischen Zusammenhang BerlVerfGH, Beschl. v. 21. 3. 2003, in: NVwZ-RR 2003, S. 537 (538 f.); sowie etwa *Rudolf Wendt*, in: v. Mangoldt/Klein, GG III, ⁵2005, Art. 115 Rn. 14.

get- und Kreditbewilligungsrechts gibt es zur Finanzierung des sogenannten Nothaushalts (Art. 111 Abs. 2 GG)[56].

1. Anforderungen an die gesetzliche Ermächtigungsgrundlage

a) Parlamentsvorbehalt

15 Zur Sicherung des Budgetrechts ist ein vom Bundestag beschlossenes Parlamentsgesetz in formellem Sinne erforderlich. Eine Rechtsverordnung nach Art. 80 GG genügt nicht[57]. Die Exekutive soll gerade nicht über die Kreditaufnahme verfügen dürfen. Allerdings wirkt dieses Erfordernis einer parlamentarischen Ermächtigung wegen der politischen Verführungskraft der Kreditaufnahme kaum begrenzend. Regierung und Parlamentsmehrheit verfolgen in aller Regel gleichgerichtete Ziele (vgl. Art. 63, 67, 68 GG). Und auch von der Opposition ist in Verschuldungsfragen meist wenig Widerstand zu erwarten[58]. Die intuitiv einleuchtende, aber auch empirisch belegbare sogenannte ökonomische Theorie der Politik („Public Choice") weist darauf hin, daß auf Wiederwahl bedachte Politiker im Konkurrenzkampf um Wählerstimmen[59] der Gegenwart größere Bedeutung beimessen als der langfristigen Perspektive. Deswegen müßten „eigennützigen" Politikern institutionelle Schranken gesetzt werden, damit sie die Verschuldung nicht über das „wohlfahrtsoptimale Maß" hinaus zu ihrem Vorteil erhöhen[60]. Zumindest stellt der Parlamentsvorbehalt aber sicher, daß die Kreditaufnahme publik wird. Die gesetzliche Ermächtigung setzt ein Warnsignal und ermöglicht öffentliche Diskussion und Kontrolle[61].

Formelles Parlamentsgesetz

Publizität

16 Deswegen reicht die bloße Einstellung in den Haushaltsplan nicht aus[62]. Dieser bildet zwar mit dem Haushaltsgesetz eine rechtliche Einheit[63]. Angesichts der ohnehin außerordentlichen Komplexität des Haushaltsplans[64] ist aber eine gesonderte Ermächtigung erforderlich. Regelmäßig ist die Kreditermächtigung Teil des Haushaltsgesetzes, das gemäß Art. 110 Abs. 2 S. 1 GG den

Kreditermächtigung im Haushaltsgesetz

---

56 Dazu etwa *Höfling* (N 2), S. 61 ff.; → oben *Heintzen*, § 120 Rn. 67 f.
57 Vgl. nur *Werner Heun*, in: Dreier, GG III, Art. 115 Rn. 15 (m. weit. Nachw.)
58 Näher zu den Anreizen der Regierungspolitiker und der Opposition *Funke* (N 3), S. 195 ff., 215 ff.
59 Grundlage aller politischen Wettbewerbsmodelle ist die „Konkurrenztheorie der Demokratie" von *Joseph Alois Schumpeter*, Capitalism, Socialism, and Democracy, New York 1942.
60 Vgl. vor allem *Buchanan/Wagner* (N 2) sowie etwa *Duwendag* (N 26), S. 145 ff.; *Höfling* (N 2), S. 97 ff.; *Funke* (N 3), S. 191 ff.; *Perschau* (N 1), S. 185 ff.; *Joachimsen* (N 37), S. 511 ff.; *Sachverständigenrat* (N 1), S. 54 ff., mit Hinweis auf die empirischen Studien von *Alberto Alesina/Guido Tabellini*, A Positive Theory of Fiscal Deficits, in: Review of Economic Studies 57 (1990), S. 403 ff.; *Robert J. Franzese*, The Positive Political Economy of Public Debt – An Empirical Examination of the OECD Postwar Experience, University of Michigan 1998; *Torsten Persson/Guido Tabellini*, Political Economics – Explaining Economic Policy, Cambridge, Mass. 2000. Zur sog. Neuen Institutionenökonomik – insbesondere zur „Principal-Agent"-Theorie und zum „Eigennutz-Axiom" – vgl. nur *Pünder* (N 18), S. 16 ff. (m. weit. Nachw.).
61 Vgl. *Höfling* (N 2), S. 17 ff.; *Isensee* (N 15), S. 712. Aus volkswirtschaftlicher Perspektive *Funke* (N 3), S. 445 ff.
62 Vgl. BerlVerfGH, Beschl. v. 21. 3. 2003, in: NVwZ-RR 2003, S. 537 (538); sowie etwa *Höfling* (N 2), S. 19 ff.; *Wendt* (N 55), Art. 115 Rn. 14.
63 Vgl. *Theodor Maunz*, in: Maunz/Dürig, Komm. z. GG, Art. 115 Rn. 8.
64 Vgl. *Pünder* (N 18), S. 161 ff.

Haushaltsplan feststellt (vgl. § 18 Abs. 2 BHO). Dies ist gut so, da die Öffentlichkeit gerade hier Informationen über die Kreditbelastung erwartet und ein enger Zusammenhang mit den Ausgabebewilligungen nach Art. 110 Abs. 1 S. 1 GG besteht. Das Parlament sollte deshalb – auch wenn es verfassungsrechtlich nicht dazu verpflichtet ist[65] – davon absehen, Kreditklauseln in Fachgesetzen unterzubringen oder selbständige Kreditermächtigungsgesetze zu erlassen[66].

b) Zeitliche Grenzen der Kreditermächtigung

Die Kredite können sowohl unbefristet als auch befristet bewilligt werden[67]. Für Kreditermächtigungen im Haushaltsgesetz – praktisch der wichtigste Fall – läßt Art. 110 Abs. 4 S. 2 GG eine Ausnahme vom Prinzip der Jährlichkeit des Haushalts (Art. 110 Abs. 2 GG) zu. Dementsprechend wurde einfachgesetzlich festgelegt, daß Kreditbewilligungen bis zum Ende des nächsten Haushaltsjahres, bei verspäteter Verkündung des Haushaltsgesetzes sogar noch darüber hinaus gelten (§ 13 Abs. 2 HGrG, § 18 Abs. 3 BHO).

17 Unbefristete und befristete Kredite

Dies begünstigt eine gefährliche Schattenwirtschaft. In der Praxis gilt nämlich das „Kühlschrankprinzip": Im Haushaltsvollzug werden zunächst diejenigen Kreditermächtigungen in Anspruch genommen, deren „Verfallsdatum" zu überschreiten droht („first-in-first-out"-Methode). Selbst ein Kreditmehrbedarf in zweistelliger Milliardenhöhe kann aufgrund vorhandener Restkreditermächtigungen leicht aufgefangen werden[68]. Angesichts dieser „geräuschlosen" Möglichkeit ist zumindest nicht auszuschließen, daß die Kreditaufnahme durch ungerechtfertigt optimistische Annahmen zu gering veranschlagt wird. Es empfiehlt sich vor diesem Hintergrund, daß das Parlament Kreditermächtigungen stets auf das Haushaltsjahr begrenzt. Jedenfalls aber ist – obwohl Art. 110 Abs. 4 S. 2 GG fortgeltende Kreditermächtigungen zuläßt – das Kredit-Investitions-Junktim des Art. 115 Abs. 1 S. 2 Hs. 1 GG zu beachten. Rest-Kreditermächtigungen dürfen nur in Anspruch genommen werden, wenn sie durch Ausgabereste von nicht abgeflossenen Investitionsausgaben (vgl. § 19, § 45 Abs. 2 und 3 BHO) gedeckt sind. Sonst ist die Schattenkreditwirtschaft nicht nur „schwerlich mit dem Grundgedanken der Begrenzung der Verschuldung vereinbar"[69], sondern verfassungswidrig[70]. Nichts spricht freilich dagegen, daß der Gesetzgeber für Kassenverstärkungskredite die sogenannte Revolvierbarkeit zugelassen hat (§ 13 Abs. 1 Nr. 2 S. 2 HGrG, § 18 Abs. 2 Nr. 2 S. 2 BHO), das heißt die erneute Nutzung einer Ermächtigung, sofern der Kredit zurückgezahlt ist[71].

18 Kühlschrankprinzip

Revolvierbarkeit

---

65 Vgl. nur *Heun* (N 57), Art. 115 Rn. 15; *Siekmann* (N 34), Art. 115 GG Rn. 24.
66 Für die Zusammenfassung in einem eigenen „Verschuldungsgesetz" *Funke* (N 3), S. 459.
67 Unbefristet ist etwa die Kreditermächtigung nach § 6 Abs. 3 StabG. S. u. Rn. 62.
68 Siehe *Engels/Hugo* (N 41), S. 449. Ausführlich *Höfling* (N 2), S. 72 ff.; *ders./Stephan Rixen*, in: BK, Art. 115 Rn. 219 (Stand: 2003).
69 So BVerfG, Urt. v. 9. 7. 2007, 2 BvF 1/4, Rn. 138.
70 Ebenso *Christian Jahndorf*, Grundlagen der Staatsfinanzierung durch Kredite und alternative Finanzierungsformen im Finanzverfassungs- und Europarecht, 2003, S. 179 ff.; *Gröpl* (N 45), S. 224 f.
71 Vgl. *Höfling* (N 2), S. 86 ff.; *ders./Stephan Rixen*, in: BK, Art. 115 Rn. 217 (Stand: 2003). Zu den Kassenverstärkungskrediten s. u. Rn. 23.

c) Angabe der Bruttokreditaufnahme

19
Bestimmbarkeit

Aus Gründen der Publizität muß der Höchstbetrag der Kredite in der Regel bestimmt sein. Allerdings reicht nach Art. 115 Abs. 1 S. 1 GG eine Bestimmbarkeit aus. Dies trägt dem Umstand Rechnung, daß bei zweckgebundenen Krediten ein „bestimmter" Betrag kaum festzulegen ist. Entscheidend ist, daß die Tatbestandsvoraussetzungen der künftigen Verbindlichkeiten so festgelegt sind, daß der Höchstbetrag daraus ableitbar ist[72]. Im Haushaltsplan werden Einnahmen aus Krediten – in Abkehr vom Grundsatz der Bruttoveranschlagung (§ 15 Abs. 1 S. 1 BHO) – mit Tilgungsausgaben verrechnet (§ 15 Abs. 1 S. 2 BHO)[73]. Für den Parlamentsvorbehalt des Art. 115 Abs. 1 S. 1 GG genügt der Nettobetrag nicht. Weil maßgeblich ist, wie die Haushaltswirtschaft künftiger Jahre insgesamt belastet wird, muß die Kreditermächtigung – anderes gilt für Art. 115 Abs. 1 S. 2 GG – den Bruttobetrag der aufgenommenen Kredite abdecken[74]. Dies schließt Kredite zur Ablösung früherer Kredite ein[75]. Auch hierfür ist eine parlamentarische Ermächtigung erforderlich.

2. Begriff der Kreditaufnahme

a) Finanzschulden

20
Finanz- und Verwaltungsschulden

Was zur Kreditaufnahme gehört, ergibt sich aus dem Zusammenhang mit Art. 110 GG: Es geht um Geldmittel, die zu Einnahmen im Haushaltsplan führen und später zurückgezahlt werden müssen. Im Gegensatz zu diesen „Finanzschulden" werden „Verwaltungsschulden" vom Parlamentsvorbehalt des Art. 115 Abs. 1 S. 1 GG nicht erfaßt[76]. Die Unterscheidung geht auf Paul Laband zurück[77]. Gemeint sind Verbindlichkeiten, welche aus der laufenden Verwaltungstätigkeit erwachsen, aber nicht der Einnahmebeschaffung dienen. Beispiele sind Vergütungsforderungen oder Kaufpreisansprüche gegen den Staat. Vor allem aber unterliegen die große Teile zukünftiger Haushalte bindenden Pensionslasten als Verwaltungsschulden nicht dem Parlamentsvorbehalt des Art. 115 Abs. 1 S. 1 GG. Verwaltungsschulden fallen unter das parlamentarische Ausgabenbewilligungsrecht nach Art. 110 GG. Führen sie zu Verbindlichkeiten in künftigen Haushaltsjahren, bedarf es einer sogenannten

---

72 Vgl. BT-Drs. V/3040, S. 46. Siehe auch *Höfling* (N 2), S. 25 f.; *Heun* (N 57), Art. 115 Rn. 16.
73 Vgl. etwa *Höfling* (N 2), S. 176 ff.; *Heun* (N 57), Art. 110 Rn. 18; *ders.*, Staatshaushalt und Staatsleitung, 1989, S. 429 f. mit Fn. 122.
74 Vgl. etwa *Wendt* (N 55) Art. 115 Rn. 17. Zu Art. 115 Abs. 1 S. 2 GG s. u. Rn. 30.
75 Vgl. *v. Arnim/Weinberg* (N 25), S. 106.
76 Vgl. RPVerfGH, Urt. v. 20. 11. 1996, in: NVwZ-RR 1998, S. 145 (147); BT-Drs V/3040, S. 47 Tz. 129; sowie etwa *Höfling* (N 2), S. 29 ff.; *Heun* (N 57), Art. 115 Rn. 11. Für einen Vergleich der Kreditbegriffe in den verschiedenen Teilrechtsordnungen *Lappin* (N 34), S. 107 ff.; *Ferdinand Kirchhof*, Haushaltssanierung durch „sale and lease back" von Verwaltungsgebäuden?, in: DÖV 1999, S. 242 (246 ff.).
77 *Paul Laband*, Das Finanzrecht des Deutschen Reichs, in: Hirth's Annalen des Deutschen Reiches für Gesetzgebung, Verwaltung und Statistik 1873, Sp. 405 ff.; *ders.*, Das Staatsrecht des Deutschen Reiches, Bd. IV, ⁵1914, S. 362 ff. Dazu *Höfling* (N 2), S. 33 ff.; → oben *Isensee*, § 122 Rn. 20.

Verpflichtungsermächtigung im Haushaltsplan[78]. Die einfachgesetzliche Normierung (§ 38 Abs. 1 BHO) ist wegen der Durchbrechung des haushaltsrechtlichen Jährlichkeitsgrundsatzes (Art. 110 Abs. 2 GG) und aufgrund der volkswirtschaftlichen Bedeutung der impliziten Staatsverschuldung verfassungsrechtlich geboten[79].

b) Notwendigkeit einer ökonomischen Auslegung

Sieht man Art. 115 Abs. 1 GG im Zusammenhang mit Art. 110 Abs. 1 S. 1 GG, erfaßt die Vorschrift nur die Kreditaufnahme „des Bundes"[80]. Die damit verbundenen Umgehungsgefahren hat der Verfassungsgerichtshof Berlin klar erkannt: Es besteht die Möglichkeit, daß Teile der Finanzwirtschaft durch Verlagerung von Aufgaben aus der unmittelbaren Staatsorganisation auf staatlich gesteuerte juristische Personen des öffentlichen oder privaten Rechts dem parlamentarischen Budget- und Kreditbewilligungsrecht entzogen werden[81]. Eine solche Flucht in Nebenhaushalte muß durch eine ökonomische Auslegung des Kreditbegriffs im Sinne des Art. 115 Abs. 1 GG unterbunden werden[82]. Eine Kreditaufnahme liegt vor, wenn dem Staat unmittelbar oder mittelbar Geldleistungen zugewandt werden, die er zurückzahlen und in der Regel auch verzinsen muß[83]. Wenn er öffentliche Aufgaben nicht aus Steuergeldern finanzieren will und sich – statt einen Kredit aufzunehmen – privates Kapital auf andere Weise zur Finanzierung öffentlicher Aufgaben nutzbar macht, sind die damit verbundenen langfristig laufenden Zahlungsverpflichtungen verfassungsrechtlich wie eine Kreditaufnahme zu behandeln, wenn der Finanzierungsaspekt im Vordergrund steht. Im Einklang mit § 20 Abs. 3 und § 25 StabG muß auch die „Kreditaufnahme Dritter, die wirtschaftlich der Kreditaufnahme" des Staates „gleichkommt", parlamentarisch bewilligt werden.

21 Gefahr der Flucht in Nebenhaushalte

Kreditaufnahme auch bei mittelbaren Geldleistungen

Dies gilt jedenfalls für die Aufnahme von Krediten durch eine juristische Person des öffentlichen oder des privaten Rechts, die überwiegend oder ausschließlich finanzwirtschaftliche Transaktionen durchführen soll, für die letzt-

22 Unterbindung von Umgehungsversuchen

---

78 Vgl. RPVerfGH, Urt. v. 20.11.1996, in: NVwZ-RR 1998, S.145 (148); *Christian Kaeser*, Alternative Finanzierungsmodelle der öffentlichen Hand und Kreditschranken des Art. 115 GG, 2002; *Pünder* (N 18), S. 232 ff., 310 f.; *Gröpl* (N 45), S. 230 ff.
79 Zur impliziten Staatsverschuldung s. o. Rn. 13.
80 S. u. Rn. 78 ff.
81 BerlVerfGH, Beschl. v. 21.3.2003, in: NVwZ-RR 2003, S. 537 (540).
82 Vgl. *Höfling* (N 2), S. 49 ff.; *Puhl* (N 2), S. 155 ff.; *F. Kirchhof* (N 76), S. 247; *Christian Jahndorf*, Alternative Finanzierungsformen des Staates, in: NVwZ 2001, S. 620 ff.; *ders.*, Grundlagen der Staatsfinanzierung durch Kredite und alternative Finanzierungsformen im Finanzverfassungs- und Europarecht, 2003, S. 288 ff., 300 ff.; *Christian Bernd Hüsken/Suzanne Mann*, Der Staat als „Homo Oeconomicus", in: DÖV 2005, S. 143 (148); *Siekmann* (N 34), Art. 115 GG Rn. 22. A. A. sind etwa *Heun* (N 57), Art. 115 Rn. 13; *Michael Droege*, „Notruf nach Karlsruhe" – Die Begrenzung der Staatsverschuldung und das Heraufziehen des Jurisdiktionsstaates im Haushaltsverfassungsrecht, in: VerwArch 98 (2007), S. 101 (105).
83 BerlVerfGH, Beschl. v. 31.3.2003, in: NVwZ-RR 2003, 537 (538). Aus dem Schrifttum etwa *Siekmann* (N 34), Art. 115 GG Rn. 22.

lich der Staat haftet[84]. Der Anwendungsbereich des Parlamentsvorbehalts ist auch in Fällen privater Vorfinanzierung eröffnet, wenn ein Dritter im Auftrag des Staates in eigenem Namen und für eigene Rechnung Kredite zur Finanzierung von Staatsaufgaben aufnimmt, der Schuldendienst aber vom Staat übernommen wird[85]. Schließlich darf die Unterscheidung zwischen Finanz- und Verwaltungsschulden nicht zu einer Umgehung der Vorgaben des Art. 115 Abs. 1 GG führen. Eine parlamentarische Kreditermächtigung ist erforderlich, wenn die „Verwaltungsschulden" so ausgestaltet sind, daß sie zumindest auch eine mittelbare Finanzierungsfunktion haben. Eine verdeckte Kreditaufnahme kann bei Waren- oder Dienstleistungsgeschäften mit langfristigen Stundungen, bei Leasing- und Forfaitierungsfinanzierungen, Mietkauf- und Ratenkaufkonstruktionen sowie bei Betreibermodellen gegeben sein[86]. Für Einnahmen aus dem „Liegenschaftsmodell" Schleswig-Holsteins, dem ein „sale-and-lease-back" zugrunde lag, hat das Bundesverfassungsgericht im Wege der einstweiligen Anordnung entschieden, daß sie vorläufig nicht als Veräußerungserlöse, sondern als Einnahmen aus Kredit zu behandeln seien[87].

c) Kassenverstärkungskredite

23

Kein verfassungsrechtlicher Parlamentsvorbehalt

Sogenannte Kassenverstärkungskredite – das heißt Kredite zur Aufrechterhaltung einer ordnungsmäßigen Kassenwirtschaft – werden einfachgesetzlich von einer parlamentarischen Ermächtigung abhängig gemacht (§ 13 Abs. 1 Nr. 2 S. 1 HGrG, § 18 Abs. 2 Nr. 2 S. 1 BHO). Das ist sinnvoll, entspricht aber nicht einer verfassungsrechtlichen Verpflichtung, da diese Kredit nur kurzfristige Liquiditätsengpässe innerhalb eines Haushaltsjahres überbrücken sollen[88]. Der Schutzzweck von Art. 115 Abs. 1 S. 1 GG fordert keine gesetzliche Ermächtigung, weil die staatlichen Finanzierungsspielräume nicht erweitert,

---

84 Siehe *Puhl* (N 2), S. 507 ff.; *Heun* (N 57), Art. 115 Rn. 135; *Siekmann* (N 34), Art. 115 GG Rn. 61. Ähnlich *Wendt* (N 55), Art. 115 Rn. 70. Der BerlVerfGH, Beschl. v. 21. 3. 2003, in: NVwZ-RR 2003, S. 537 (540), hat diese Einschätzung nicht ausgeschlossen, sah aber im Fall der Berliner Stadtreinigungsbetriebe (BSR) diese Voraussetzungen nicht als gegeben an, weil die BSR über eigenes Vermögen verfügte und eigene Sachaufgaben erfüllte.
85 Siehe *Puhl* (N 2), S. 155 ff., 509; *Bröcker* (N 2), S. 192 ff.; *Siekmann* (N 34), Art. 115 GG Rn. 61; *Wolfram Höfling*, Private Vorfinanzierung öffentlicher Verkehrsinfrastrukturprojekte – ein staatsschuldenrechtliches Problem?, in: DÖV 1995, S. 141 (145). Vgl. auch BerlVerfGH, Beschl. v. 21. 3. 2003, in: NVwZ-RR 2003, S. 537 (540; im zu entscheidenden Fall aber ablehnend). Ausführlich zu den verschiedenen Fallgruppen *Jahndorf* (N 70), S. 261 ff.
86 Näher *Klaus Grupp*, Rechtsprobleme der Privatfinanzierung von Verkehrsprojekten, in: DVBl 1994, S. 140 (143 ff.); *Höfling* (N 2), S. 30 ff., 43 ff.; *ders.* (N 85), S. 141 ff.; *F. Kirchhof* (N 76), S. 242 ff.; *Jahndorf* (N 82), S. 620 ff.; *Christoph Gröpl*, Haushaltsrecht und Reform, 2001, S. 526 ff.; *Siekmann* (N 34), Art. 115 GG Rn. 22, 60 ff. Allerdings hat der RPVerfGH, Urt. v. 20. 11. 1996, in: NVwZ-RR 1998, S. 145 ff., die Finanzierung der Umgehungsstraße der Gemeinde Mogendorf durch ein Leasing- und Forfaitierungsmodell („Mogendorfer Modell") nicht dem Kreditrecht der Verfassung unterstellt.
87 BVerfGE 99, S. 57 (58). Das Land hatte seine Liegenschaften zum Verkehrswert an die Landesinvestitionsbank veräußert und mittelbar von dieser gemietet, da sie weiterhin zur Erfüllung öffentlicher Aufgaben benötigt wurden. Der von der Investitionsbank zur Finanzierung des Geschäfts aufgenommene Kredit wurde wirtschaftlich dem Land zugerechnet, zumal dieses für die Rückzahlung einzustehen hatte. Vgl. *F. Kirchhof* (N 76), S. 242 ff.; *Gröpl* (N 86), S. 526 ff.; *Jahndorf* (N 82), S. 621; *ders.* (N 70), S. 323 ff.
88 Wie hier etwa *Wendt* (N 55), Art. 115 Rn. 20 f.; *Maunz* (N 63), Art. 115 Rn. 11. Anders BT-Drs V/3040, S. 46 f. Tz. 124 und 128; sowie etwa *Höfling* (N 2), S. 46 ff.; *Friauf* (N 2), § 91 Rn. 27. Allgemein zur Überbrückungsfunktion der Staatsverschuldung etwa *Gandenberger* (N 9), S. 496 ff.

künftige Haushalte nicht belastet und die Entscheidungsbefugnisse des Parlaments über die Deckungsmittel des Haushalts nicht berührt werden. Weil nur die Schwankungen im Eingang von Deckungsmitteln ausgeglichen werden sollen, dürfen Kassenverstärkungskredite nicht später als sechs Monate nach Ablauf des Haushaltsjahres, für das sie aufgenommen worden sind, fällig werden (§ 13 Abs. 1 Nr. 2 S. 3 HGrG, § 18 Abs. 2 Nr. 2 S. 3 BHO).

3. Rechtswirkung der Kreditermächtigung, Organisation und Formen des Staatskredits

Die parlamentarischen Kreditermächtigungen richten sich – wie die Ausgabebewilligungen im Haushaltsplan gemäß Art. 110 GG – an die Exekutive (vgl. § 3 Abs. 1 BHO). Wegen der Begrenzung auf den Binnenbereich liegt ein sogenanntes Organgesetz vor[89]. Als Recht im Sinne von Art. 93 Abs. 1 Nr. 2 GG unterliegt es der abstrakten Normenkontrolle durch das Bundesverfassungsgericht[90]. Innerhalb der Bundesexekutive ist der Bundesfinanzminister Adressat der Ermächtigung[91]. Er entscheidet, wann, in welchen Beträgen und unter welchen Modalitäten der Bund Kredite aufnimmt. Beratend wirken die Deutsche Bundesbank[92], die Bietergruppe Bundesemissionen[93], der Zentrale Kapitalmarktausschuß[94], der Konjunkturrat für die öffentliche Hand (vgl. § 18 StabG) und der Finanzplanungsrat (vgl. § 51 f. HGrG) mit.

24
Organgesetz

Rechtsgrundlage für die technische Abwicklung der Kreditaufnahme und das „debt management"[95] ist das Gesetz zur Regelung des Schuldenwesens des Bundes (BSchuWG) vom 12. Juli 2006[96]. Danach kann das Bundesfinanzministerium der „Bundesrepublik Deutschland – Finanzagentur GmbH", deren

25

---

89 Siehe etwa *Höfling* (N 2), S. 22; *Siekmann* (N 34), Art. 115 GG Rn. 15.
90 Siehe BVerfGE 311 (327); Urt. v. 9.7.2007, 2 BvF 1/4, Rn. 70. Zum Entscheidungsinhalt *Matthias Rossi*, Verschuldung in extremer Haushaltsnotlage, in: DVBl 2005, S. 269 (272); *Christian Pestalozza*, Auch haushalterische Not macht erfinderisch, in: LKV 2004, S. 63 ff.
91 Vgl. § 18 Abs. 2 S. 1 BHO. Entsprechendes gilt gem. § 13 Abs. 1 S. 1 HGrG für die Länder.
92 Vgl. §§ 12 f. BbankG; § 51 Abs. 1 HGrG; § 62 BHO; § 18 Abs. 4 StabG.
93 Nur Mitglieder der Bietergruppe Bundesemissionen, die das frühere Bundesanleihekonsortium ersetzt, können unverzinsliche Schatzanweisungen, Bundesobligationen und Bundesanleihen im sogenannten Tenderverfahren ersteigern. Vgl. dazu http://www.deutsche-finanzagentur.de.
94 Aufgabe des Zentralen Kapitalmarktausschusses, ein freiwilliger Zusammenschluß von Mitgliedern der relevanten Emissionsbanken, ist die Optimierung der Inanspruchnahme des organisierten Kapitalmarkts durch Beratungen und Empfehlungen. An den Sitzungen können Vertreter der Bundesbank und der Bundesregierung teilnehmen. Vgl. *Thorsten Hadeler*, Gabler-Wirtschaftslexikon, Teil S-Z, 15. 2000, S. 3581.
95 Vgl. dazu *Georg Milbradt*, Ziele und Strategien des Debt Management, 1975; *Gandenberger* (N 9), S. 480 (499); *Höfling* (N 2), S. 336 ff.
96 BGBl I, S. 1466. Das BSchuWG ersetzt das Bundeswertpapierverwaltungsgesetz vom 11.12.2001 (BGBl I, S. 3519), wonach die „Bundeswertpapierverwaltung" als Bundesoberbehörde unter Rechts- und Fachaufsicht des Bundesfinanzministeriums für die Kreditverwaltung zuständig war. Bis 2001 war die „Bundesschuldenverwaltung" als Nachfolgerin der Reichsschuldenverwaltung mit der Verwaltung der Bundesschulden betraut. Rechtsgrundlagen waren die Reichsschuldenordnung vom 13.2.1924 (RGBl I, S. 95), das Gesetz über die Errichtung einer Schuldenverwaltung des Vereinigten Wirtschaftsgebietes vom 13.7.1948 (WiGBl S. 73) und die Verordnung über die Bundesschuldenverwaltung vom 13.12.1949 (BGBl 1950, S. 1). Vgl. zur historischen Entwicklung *Klaus Stern*, Das Staatsrecht der Bundesrepublik Deutschland, Bd. II, 1980, S. 1270; *Höfling* (N 2), S. 376 ff.; *Maunz* (N 63), Art. 115 Rn. 4 f.

Technische Abwicklung durch die Bundesrepublik Deutschland – Finanzagentur GmbH

alleiniger Gesellschafter der Bund ist, durch Rechtsverordnung die Aufnahme von Krediten für den Bund und seine Sondervermögen, die Verwaltung der Schulden, die Führung des Bundesschuldenbuches und den Abschluß von Geschäften zur Steuerung der Liquidität übertragen (§ 1 Abs. 1 BSchuWG). Von dieser Ermächtigung wurde Gebrauch gemacht[97]. Die Finanzagentur untersteht der Rechts- und Fachaufsicht des Bundesfinanzministeriums (§ 2 Abs. 1 BSchuWG).

26
Kreditarten

Art. 115 GG regelt nicht, welche Arten der Kreditaufnahme zulässig sind. Nach § 4 Abs. 1 BSchuWG kann der Bund Schuldverschreibungen (insbesondere durch Begebung von Schuldbuchforderungen) ausgeben, Darlehen gegen Schuldscheine aufnehmen, Wechselverbindlichkeiten eingehen oder sich Bankkrediten oder sonstiger an den Finanzmärkten üblicher Finanzierungsformen bedienen. Die Aufzählung ist nicht abschließend. Zu den Standardprodukten zählen: Bundesanleihen, Bundesobligationen, Bundesschatzanweisungen, Bundesschatzbriefe, Finanzierungsschätze, unverzinsliche Schatzanweisungen, Schuldscheindarlehen, neuerdings auch Fremdwährungs- und inflationsindexierte Anleihen sowie derivative Finanzierungsinstrumente (sog. Swaps)[98].

II. Grenzen der Kreditaufnahme außerhalb einer Störung des gesamtwirtschaftlichen Gleichgewichts

27
Ausgaben zu werbenden Zwecken

Bis zur Verfassungsreform von 1969 bestimmte Art. 115 S. 1 GG, daß Geldmittel im Wege des Kredits – Art. 87 der Weimarer Reichsverfassung folgend – nur bei „außerordentlichem Bedarf" und in der Regel nur für „Ausgaben zu werbenden Zwecken" (das heißt für „rentable" Objekte) beschafft werden durften[99]. Demgemäß waren die in Betracht kommenden Vorhaben und die zu ihrer Finanzierung aufgenommenen Kredite haushaltsrechtlich – Vergleichbares gilt heute noch auf kommunaler Ebene[100] – in einen „außerordentlichen Haushaltsplan" einzustellen, der gesondert auszugleichen war. Diese Konzeption, die maßgeblich auf Arbeiten von Adolph Wagner zurückgeht[101], wurde aufgegeben, um eine „getrennte Betrachtung der finanzpoliti-

---

[97] Verordnung über die Übertragung von Aufgaben nach dem Bundesschuldenwesengesetz (Bundesschuldenwesenverordnung – BSchuWV) vom 19 7. 2006 (BGBl I, S. 1700).

[98] Näher http://www.deutsche-finanzagentur.de. Vgl. zu den Schuldformen im Überblick *Wilhelmine Dreißig*, Öffentliche Verschuldung, in: HdWW, Bd. V, 1980, S. 504 (510 ff.); *Höfling* (N 2), S. 344 ff.; *Lappin* (N 34), S. 132 ff.; *Funke* (N 3), S. 50 ff.

[99] Vgl. dazu BVerfGE 37, 311 (352 ff.); HessStGH, Urt. v. 12. 12. 2005, in: NVwZ-RR 2006, S. 657 (658); sowie etwa *Stern* (N 96), S. 1272 ff.; *Höfling* (N 2), S. 121 ff.; *Lappin* (N 34), S. 59 ff.; *Göke* (N 26), S. 3 f.

[100] Vgl. zur kommunalrechtlichen Unterscheidung zwischen dem Verwaltungs- und Vermögenshaushalt *Pünder* (N 18), S. 79 ff. Siehe auch *Ekkehard Grunwald*, Erste Erfahrungen: Kreditaufnahme, Haushaltsausgleich und Haushaltskonsolidierung unter dem neuen Haushalts- und Rechnungswesen, in: Hermann Pünder (Hg.), Neues öffentliches Finanzmanagement – Das doppische Haushalts- und Rechnungswesen: Reform und erste Erfahrungen, 2007, S. 107 (116 ff.).

[101] Vgl. etwa *Adolph Wagner*, Die Ordnung der Finanzwirtschaft und der öffentliche Kredit (1897), abgedruckt in: Karl Diehl/Paul Mombert (Hg.), Das Staatsschuldenproblem (mit einer Einführung von Rudolf Hickel), 1980, S. 253 ff. Dazu *Höfling* (N 2), S. 111 ff.

schen und der wirtschaftspolitischen Ziele und Aufgaben der Kreditwirtschaft" auszuschließen[102]. Nunmehr gilt gemäß Art. 115 Abs. 1 S. 2 Hs. 1 GG, daß die Einnahmen aus Krediten die Ausgaben für Investitionen im Regelfall nicht überschreiten dürfen[103]. Ausnahmen sind gemäß Art. 115 Abs. 1 S. 2 Hs. 2 GG nur „zur Abwehr einer Störung des gesamtwirtschaftlichen Gleichgewichts" zulässig[104]. Da Art. 115 Abs. 1 S. 2 Hs. 1 GG für die „gesamtwirtschaftlichen Normallagen"[105] nur die äußerste Grenze der Nettoneuverschuldung nennt, wäre es denkbar, daß unterhalb dieser Grenzziehung der Haushaltsgesetzgeber bei seiner Entscheidung über die Höhe der Verschuldung verfassungsrechtlich nicht gebunden wäre[106]. Das ist indes nicht der Fall. Die Vorschrift ist nicht als abschließende lex specialis zu verstehen. Zu berücksichtigen ist vor allem Art. 109 Abs. 2 GG, wonach Bund und Länder bei ihrer Haushaltswirtschaft den Erfordernissen des gesamtwirtschaftlichen Gleichgewichts Rechnung zu tragen haben[107]. Zudem folgt eine grundsätzliche Nachrangigkeit der Kreditaufnahme aus der Verfassungsentscheidung für den Steuerstaat, dem Wirtschaftlichkeitsgrundsatz und dem Demokratieprinzip[108].

Investitionsgrenze

1. Obergrenze der Kreditaufnahme

Dem Kredit-Investitions-Junktim des Art. 115 Abs. 1 S. 2 Hs. 1 GG liegt die bereits erörterte Überlegung zugrunde, daß sich die Finanzierung von Investitionen durch Kredite unter dem Gesichtspunkt einer gerechten Lastenverteilung zwischen den Generationen rechtfertigt[109]. Allerdings sind Krediteinnahmen und Investitionsausgaben nur als Gesamtgrößen aufeinander bezogen; es geht nicht um die Kreditfinanzierung einzelner Investitionen[110].

28
Junktimklausel

a) Begriff der Einnahme aus Krediten

Berechnungsgrundlage der Kreditobergrenze im gesamtwirtschaftlichen Normalfall sind die „Einnahmen aus Krediten". Ausgangspunkt der Auslegung ist der Kreditbegriff des Art. 115 Abs. 1 S. 1 GG. Es geht um sogenannte Finanz-, nicht um Verwaltungsschulden, wobei auch hier der Kreditbegriff zur Vermeidung von Umgehungen ökonomisch zu bestimmen ist[111]. Kassenverstärkungskredite fallen schon deshalb nicht in das Kredit-Investitions-Junktim, weil es

29
Finanzschulden

---

102 Begründung zur Haushaltsreform, BT-Drs V/3040, Tz. 62. Zum wirtschaftspolitischen Hintergrund der Reform s. o. Rn. 8.
103 S. u. Rn. 28 ff.
104 S. u. Rn. 60 ff.
105 Bundesregierung, Gesetzentwurf zur Änderung des Grundgesetzes, Begründung, BT-Drs V/3040, S. 39 Tz. 61; BVerfGE 79, 311 (333); BVerfG, Urt. v. 9. 7. 2007, 2 BvF 1/4, Rn. 124.
106 So offenbar – aber kritisch – *Püttner* (N 26), S. 12, 20.
107 S. u. Rn. 44 ff.
108 S. u. Rn. 54 ff.
109 S. o. Rn. 3 ff.
110 Vgl. zum kommunalen Haushaltsrecht *Pünder* (N 18), S. 226 ff.; → Oben *Heintzen*, § 120 Rn. 44.
111 A. A. ist etwa RPVerfGH, Urt. v. 20. 11. 1996, in: NVwZ-RR 1998, S. 145 (148 f.). Zum ökonomischen Kreditbegriff nach Art. 115 Abs. 1 S. 1 GG s. o. Rn. 21 f.

§ 123   *Achter Teil: III. Finanzwesen*

sich nicht um Kredite im Sinne des Art. 115 Abs. 1 S. 1 GG handelt[112]. Folgt man dieser Einschätzung nicht, scheiden sie aus, weil sie per saldo den Schuldenstand nicht erhöhen[113].

30
Abzug von Tilgungsausgaben

Allerdings macht schon die Begrenzung auf die Kredit-Einnahmen deutlich, daß für die Berechnung nach Art. 115 Abs. 1 S. 2 GG die Tilgungsausgaben abgezogen werden können. Die Höhe der erlaubten Kreditaufnahme soll nicht von der Zufälligkeit des jeweiligen Tilgungsbedarfs abhängen. Demgemäß wird im Haushaltsplan – abweichend vom sonst geltenden Prinzip der Bruttoveranschlagung, wonach die Einnahmen und Ausgaben in voller Höhe und getrennt voneinander zu veranschlagen sind (§ 15 Abs. 1 S. 1 BHO) – bei der Veranschlagung von Einnahmen aus Kredite vom Kreditmarkt der für die Tilgung von Altschulden erforderliche Aufwand von vornherein abgesetzt (§ 15 Abs. 1 S. 2 BHO). Maßgeblich für die Zukunftsbelastung ist allein die

Nettoneuverschuldung

„Nettoneuverschuldung"[114]. Umschuldungsmaßnahmen – das heißt Kreditaufnahmen zur Tilgung bestehender Schulden – bedürfen zwar einer parlamentarischen Ermächtigung nach Art. 115 Abs. 1 S. 1 GG[115], bleiben aber bei Art. 115 Abs. 1 S. 2 GG außer Betracht, da die Schuldenlast insgesamt nicht ansteigt.

31
Altschulden keine Durchlaufposten

Politisch ist freilich problematisch, daß die Beschränkung des Anwendungsbereichs von Art. 115 Abs. 1 S. 2 GG auf die Aufnahme neuer Krediten dazu führen kann, daß die Altschulden aus dem Blick parlamentarischer und öffentlicher Kritik geraten. Bei der periodischen Erneuerung der älteren Kredite geht es um mehr als bloß um einen Durchlaufposten im Haushalt[116]. Insofern ist daran zu erinnern, daß außerhalb einer Störung der gesamtwirtschaftlichen Normallage eine verfassungsrechtliche Pflicht zur Rückführung der Altschulden besteht[117]. Immerhin sind die saldierten Tilgungsausgaben aus dem Kreditfinanzierungsplan ersichtlich (§ 13 Abs. 4 Nr. 3 BHO). Er ist Bestandteil des Gesamtplans, der zusammen mit dem Haushaltsgesetz verkündet wird (§ 1 S. 2 BHO).

32
Kreditfinanzierte Rücklagen in Nordrhein-Westfalen

Das verfassungsrechtliche Kredit-Investitions-Junktim ist der Politik naturgemäß lästig. So hat das Land Nordrhein-Westfalen die Begrenzung dadurch zu relativieren versucht, daß kassenmäßige Überschüsse vergangener Jahre, die zum Teil durch Kredite finanziert waren, einer allgemeinen Rücklage zugeführt wurden. Dies widerspricht schon der Verpflichtung zur Rückführung der Verschuldung und dem Wirtschaftlichkeitsgebot[118]. Hier ist bedeutsam, daß auf diese Weise ein auch kreditfinanziertes „Einnahmenpolster" entstand, auf

---

112 S. o. Rn. 23.
113 Vgl. *Wendt* (N 55), Art. 115 Rn. 20 f.; *Maunz* (N 63), Art. 115 Rn. 35. Zu Mißbrauchsfällen *Höfling* (N 2), S. 178 ff.
114 Vgl. HessStGH, Urt. v. 12.12.2005, in: NVwZ-RR 2006, S. 657 (661); NWVerfGH, Urt. v. 13.2.2007, Tz. 42 f.; sowie etwa *Puhl* (N 2), S. 487; *Bröcker* (N 2), S. 59 f.; *Wendt* (N 55), Art. 115 Rn. 20 f.; *Maunz* (N 63), Art. 115 Rn. 35; *Siekmann* (N 34), Art. 115 GG Rn. 32. A. A. *Lappin* (N 34), S. 139 ff.
115 S. o. Rn. 19.
116 So bereits *Friauf* (N 2), § 91 Rn. 42.
117 S. u. Rn. 49 f.
118 S. u. Rn. 50 u. 57.

das zurückgegriffen wurde, als die planmäßigen Einnahmen aus Steuern und Krediten zur Ausgabenfinanzierung nicht ausreichten und eine Erhöhung der Kreditaufnahme wegen der verfassungsrechtlich festgelegten Kreditobergrenze nicht in Betracht kam. Dem ist der nordrhein-westfälische Verfassungsgerichtshof mit Recht entgegengetreten[119]. Das Junktim zwischen zukunftsbelastenden Krediten und zukunftsbegünstigenden Investitionen bezieht sich nämlich stets auf die gleiche Haushaltsperiode[120]. Mit der kreditfinanzierten Rücklage wurden aber Kreditmittel aus der Vergangenheit nutzbar gemacht, die wegen der Kreditbegrenzung eigentlich nicht zur Verfügung gestanden hätten. Unterschreiten die Krediteinnahmen eines Haushaltsjahres die Investitionsausgaben, rechtfertigt dies nicht die Überschreitung der Investitionssumme in einem anderen Haushaltsjahr. Die kreditfinanzierten Entnahmen aus der Rücklage hätten demgemäß den „Einnahmen aus Krediten" im Sinne des Art. 115 Abs. 1 S. 2 Hs. 1 GG zugerechnet werden müssen.

b) Begrenzung durch die Investitionsausgaben

Entscheidend für die Begrenzungswirkung des Art. 115 Abs. 1 S. 2 Hs. 1 GG ist der Begriff der Investitionsausgaben. Eine allgemeingültige Definition gibt es nicht. In den Wirtschaftswissenschaften wird mit verschiedenen Investitionsbegriffen gearbeitet, je nachdem, welchen wirtschaftlichen Vorgang man beschreiben will[121]. Der Gesetzgeber ist dem Konkretisierungsauftrag des Art. 115 Abs. 1 S. 3 GG – nach einer Mahnung des Bundesverfassungsgerichts[122] – durch die Regelung des § 13 Abs. 3 Nr. 2 S. 2 BHO, dem § 10 Abs. 3 Nr. 2 HrGG entspricht, nachgekommen; dabei wurde freilich nur die vom Verfassungsgericht problematisierte bisherige Staatspraxis kodifiziert[123]. Die Kreditobergrenze ergibt sich danach aus der Summe der „Ausgaben für a) Baumaßnahmen, soweit sie nicht militärische Anlagen betreffen, b) den Erwerb von beweglichen Sachen, soweit sie nicht als sächliche Verwaltungsausgaben veranschlagt werden oder soweit es sich nicht um Ausgaben für militärische Beschaffungen handelt, c) den Erwerb von unbeweglichen Sachen, d) den Erwerb von Beteiligungen und sonstigem Kapitalvermögen,

33
Investitionsbegriff

---

119 NWVerfGH, Urt. v. 2. 9. 2003, in: DÖV 2004, S. 121 ff. Ebenso *Dieter Birk*, Sparen auf Pump? – Darf der Staat Kredite zur Verwendung in späteren Haushaltsjahren aufnehmen?, in: FS für Peter Selmer, 2004, S. 589 ff.; *Henning Tappe*, Kreditfinanzierte Rücklagen im Haushaltsrecht, in: NWVBl 2005, S. 209 ff. A. A. sind etwa *Rudolf Wendt/Michael Elicker*, Staatskredit und Rücklagen – Grundsätzliche Anmerkungen aus Anlass des Streits um die Verfassungsmäßigkeit der Haushalte 2001 und 2002 des Landes Nordrh.-Westf., in: VerwArch 94 (2004), S. 471 ff.; *Nico Gumboldt*, Zur Verfassungsmäßigkeit kreditfinanzierter Rücklagen in öffentlichen Haushalten, in: NVwZ 2005, S. 36 ff.; Siekmann (N 34), Art. 115 GG Rn. 28.
120 Vgl. *Hans-Michael Wolffgang*, Die Fortgeltung von Kreditermächtigungen nach § 13 Abs. 2 S. 1 HGrG – Grundlage für eine „Schattenkreditwirtschaft"?, in: DVBl 1984, S. 1049 (1053f.); *Isensee* (N 185), S. 714; Gumboldt (N 119), S. 39. Relativierend Wendt/Elicker (N 119), S. 492ff.
121 Vgl. *Otto Gandenberger*, Verfassungsgrenzen der Staatsverschuldung, in: FinArch n. F. 48 (1990), S. 28 (34); Birk (N 19), S. 747; Höfling (N 2), S. 187f.
122 BVerfGE 79, 311 (352, 354 f.).
123 Kritisch BVerfG, Urt. v. 9. 7. 2007, 2 BvF 1/4, Rn. 136 („nur formelle Erfüllung des verfassungsrechtlichen Regelungsauftrags"); ebenso *Landau*, Sondervotum, Rn. 209; schärfer Sondervotum *Di Fabio/Mellinghoff*, Rn. 172 („Vertrauen enttäuscht", „verweigerte Konkretisierungsleistung"). Siehe auch Höfling (N 52), S. 936: „Affront" des Gesetzgebers.

§ 123   Achter Teil: III. Finanzwesen

von Forderungen und Anteilsrechten an Unternehmen, von Wertpapieren sowie für die Heraufsetzung des Kapitals von Unternehmen, e) Darlehen, f) die Inanspruchnahme aus Gewährleistungen, g) Zuweisungen und Zuschüsse zur Finanzierung von Ausgaben für die in den Buchstaben a bis f genannten Zwecke".

34
Verfassungsrechtliche Bindung des Gesetzgebers

Die Regelung ist am verfassungsrechtlichen Investitionsbegriff zu messen. Ein Beurteilungsspielraum steht dem Gesetzgeber insoweit nicht zu[124], zumal es – was nicht zuletzt die nachlässige Umsetzung des Regelungsauftrags des Art. 115 Abs. 1 S. 3 GG zeigt – nicht ungefährlich ist, derjenigen Institution die materielle Ausgestaltung der Begrenzungsvorschrift zu übertragen, die durch sie in Schranken gewiesen werden soll. Die Kreditgrenze muß sich am „pay-as-you-use"-Grundsatz orientieren, wonach die späteren Nutznießer der Investitionen über den Schuldendienst anteilsmäßig an deren Kosten beteiligt werden sollen[125]. In den Worten des Bundesverfassungsgerichts soll „der haushaltswirtschaftliche Vorgriff auf zukünftige Einnahmen ... dadurch begrenzt werden, daß der Kredit nur im Umfang der Ausgaben mit zukunftsbegünstigendem Charakter in Anspruch genommen werden darf."[126] In der Begründung des Gesetzesentwurfes zur Neufassung des Art. 115 GG heißt es, daß als Investitionen diejenigen öffentlichen Aufgaben anzusehen seien, die „bei makroökonomischer Betrachtung die Produktionsmittel der Volkswirtschaft erhalten, vermehren oder verbessern"[127].

35
Keine Berücksichtigung konsumtiver Ausgaben

Notwendig ist allerdings eine Einschränkung. Soll Art. 115 Abs. 1 S. 2 Hs. 1 GG nicht lediglich ein moralischer Appell an den Gesetzgeber sein und die vom Grundgesetz intendierte Begrenzungsfunktion nicht obsolet werden, reicht der bloße zukunftsbegünstigende Charakter einer Aufwendung nicht aus. Vielmehr liegt eine Investition – dem alltagssprachlichen Begriffsverständnis folgend – nur dann vor, wenn eine wirtschaftliche Substanz geschaffen wird, die real und dauerhaft auf künftige Haushaltsjahre übertragen werden kann und zukünftige Haushaltsgeber damit von eigenen Aufwendungen entlastet[128]. Die gilt jedenfalls für den Erwerb von Grundstücken, wertsteigernde Baumaßnahmen, Unternehmensbeteiligungen und Kapitalanlagen (vgl. § 13 Abs. 3 Nr. 2 S. 2 Buchstaben a, c und d BHO). Konsumtive Aufwendungen werden – was sich im Umkehrschluß aus der Regelung in § 13 Abs. 3 Nr. 2 S. 2 BHO ergibt – nicht erfaßt. Diejenigen, die von den laufenden Staatsleistungen profitieren, sollen sie auch bezahlen[129]. Zudem werden Ausgaben

---

124 Siehe Sondervotum *Landau* (N 42), Rn. 209; *Henseler* (N 12), S. 513 f.; *Heun* (N 25), S. 19 f.; *Höfling* (N 2), S. 199 ff.; *Bröcker* (N 2), S. 68 ff.; *Wendt/Elicker* (N 25), S. 501; *Siekmann* (N 34), Art. 115 GG Rn. 37 f. A. A. sind *Maunz* (N 63), Art. 115 Rn. 39; *Lerke Osterloh*, Staatsverschuldung ab Rechtsproblem?, in: NJW 1990, S. 145 (150 ff.). Das Bundesverfassungsgericht, Urt. v. 9.7.2007, 2 BvF 1/4, betont zwar, daß die Konkretisierung des Investitionsbegriffs „in erster Linie dem Verantwortungsbereich des einfachen Gesetzgebers" zukommt (Rn. 132), läßt aber die Frage einer „korrigierenden Auslegung" ausdrücklich offen (Rn. 140).
125 S. o. Rn. 3.
126 BVerfGE 79, 311 (334). Ebenso BVerfG, Urt. v. 9.7.2007, 2 BvF 1/4, Rn. 125.
127 BT-Drs V/3040, S. 47 Tz. 137.
128 So bereits *Friauf* (N 2), § 91 Rn. 48 f.
129 S. o. Rn. 4.

für die Ausbildung (sogenannte Investitionen in das „human capital") trotz ihres Zukunftsbezuges infolge der Unmöglichkeit der Abgrenzung von konsumtiven und produktiven Anteilen ausgeschieden[130]. Im Bildungsbereich können nur die Investitionen in das Sachkapital, nicht aber Personalausgaben kreditfinanziert werden. Darüber, daß alle Ausgaben für militärische Zwecke als konsumtive Staatsausgaben qualifiziert werden (§ 13 Abs. 3 Nr. 2 S. 2 Buchstaben a und b BHO), besteht seit langem weitgehend Einigkeit[131].

Im übrigen ist der gesetzgeberisch zugrunde gelegte Investitionsbegriff aber zu weit geraten. Die Summe des auf Basis von § 13 Abs. 3 Nr. 2 S. 2 BHO ermittelten Investitionsvolumens ist auf Grundlage einer verfassungskonformen teleologischen Auslegung um erhebliche Beträge zu reduzieren. Vor allem ist nicht nur die Berechnungsgrundlage („Einnahmen aus Krediten"), sondern auch der Begrenzungsmaßstab („Summe der im Haushaltsplan veranschlagten Investitionen") netto zu berechnen[132]. Es kommt auf die Netto-(neu)investitionen an. Nur diese Beschränkung wird dem verfassungsrechtlichen Junktim zwischen zukunftsbelastender Staatsverschuldung und zukunftsbegünstigenden Investitionen gerecht. Stellte man auf die Bruttoinvestitionen ab, könnte ein unbegrenzter Schuldenberg zu Lasten späterer Haushaltsjahre aufgetürmt werden, dem kein begünstigendes Äquivalent mehr gegenüber steht.

36
Begrenzung auf Nettoinvestitionen

Daß der Wortlaut des Art. 115 Abs. 1 S. 2 GG eher auf die Bruttoausgaben hindeutet[133], erklärt sich vor allem aus der Perspektive der Finanzverfassungs- und Haushaltsreform Ende der 1960er Jahre. Angesichts der geringen Höhe der damaligen jährlichen Neuverschuldung glaubte man offenbar, daß die Summe der im Haushaltsplan ausgewiesenen Investitionen als regelmäßige Verschuldungsgrenze ausreicht[134]. Heute ist soviel Naivität nicht mehr angebracht. Auch das Bundesverfassungsgericht hält die Kritik am schematischen Ansatz von Bruttoinvestitionen für „überzeugend", läßt jedoch die Frage, ob eine am Zweck der Regelgrenze orientierte „korrigierende Auslegung" angebracht ist, ausdrücklich „mangels Entscheidungserheblichkeit" offen[135]. Ob diese Zurückhaltung im zu entscheidenden Fall angemessen war – die Sonder-

37
Undeutliche Formulierung von Art. 115 GG

---

130 Vgl. BVerfGE 79, 311 (337); *Henseler* (N 12), S. 526f.; *Heun* (N 25), S. 16f.; *Höfling* (N 2), S. 216f.; *Friauf* (N 2), § 91 Rn. 47. Anders *Osterloh* (N 124), S. 148 ff.; *Wieland* (N 26), S. 753; *Sachverständigenrat* (N 1), S. 5, 80 ff.
131 Gegen eine Ausweitung des Investitionsbegriffs auf investive Verteidigungsausgaben BVerfGE 79, 311 (337). Näher *Henseler* (N 12), S. 527 f.; *Höfling* (N 2), S. 212. Kritisch etwa *Werner Patzig*, Nochmals: Zur Problematik der Kreditfinanzierung staatlicher Haushalte – Das Urteil des BVerfG vom 18. 4. 1989 und seine Konsequenzen, in: DÖV 1989, S. 1022 (1026).
132 A. A. NWVerfGH, Urt. v. 13. 2. 2007, Tz. 44 ff.; sowie etwa *Droege* (N 82), S. 107 ff. Wie hier *Höfling* (N 2), S. 173 ff., 191 ff.; *v. Arnim/Weinberg* (N 25), S. 113 ff.; *Friauf* (N 2), § 91 Rn. 51; *Gröpl* (N 45), S. 223; *Siekmann* (N 34), Art. 115 GG Rn. 42.
133 Daß der Wortlaut des Art. 115 Abs. 1 Hs. 1 GG der Beschränkung auf Nettoinvestitionen nicht entgegensteht, macht *Landau* (N 42), Sondervotum, Rn. 217 ff., deutlich.
134 So BVerfG, Urt. v. 9. 7. 2007, 2 BvF 1/4, Rn. 139, mit Hinweis auf *Wilhelmine Dreißig*, Probleme des Haushaltsausgleichs, in: Heinz Haller (Hg.), Probleme der Haushalts- und Finanzplanung, 1969, S. 9 (37 f.); *dies.*, Zur Neuregelung der Kreditfinanzierung im Haushaltsrecht der BRD, in: FinArch n. F. 29 (1970), S. 499 (502 f.); *Karl-Heinrich Hansmeyer*, Der öffentliche Kredit, ²1969, S. 70. S. Sondervotum *Landau* (N 42), Rn. 219.
135 Siehe BVerfG, Urt. v. 9. 7. 2007, 2 BvF 1/4, Rn. 137 ff.

§ 123   *Achter Teil: III. Finanzwesen*

voten sehen das mit Nachdruck anders[136] –, mag hier dahinstehen. Jedenfalls kann die großzügige gesetzgeberische Auslegung des Investitionsbegriffs von dem Zweck des Art. 115 Abs. 1 S. 2 Hs. 1 GG, die Kreditaufnahme im Interesse der nachfolgenden Generationen zu begrenzen, nicht überzeugen[137].

38
Fehlende Berücksichtigung von Abschreibungen

Zum einen ist nicht einzusehen, warum Werterhaltungsmaßnahmen und Ersatzanschaffungen als Investitionen gelten, während der nicht-monetäre Wertverlust der Vermögensgegenstände, der sich in den sogenannten Abschreibungen niederschlägt, bei der Ermittlung der Kreditgrenze nicht abgezogen wird[138]. Dagegen wird vorgebracht, daß die Berechnung auf praktisch kaum überwindbare Schwierigkeiten stoße[139]. Diese stehen einer verfassungsgemäßen Anwendung von Art. 115 Abs. 1 S. 2 GG jedoch nicht entgegen. Eine Umstellung von der kameralen Buchführung auf ein am kaufmännischen Vorbild orientiertes doppisches Rechnungswesen, das den gesamten Ressourcenverbrauch, vor allem auch Abschreibungen erfaßt, steht ohnehin an[140]. Für eine solche Reform gibt es auf kommunaler Ebene mittlerweile genügend Vorbilder[141]. Zudem könnten zum Beispiel die in den volkswirtschaftlichen Gesamtrechnungen ausgewiesenen Abschreibungen auf das Sachvermögen des Bundes als Hilfsgröße herangezogen werden[142].

39

Desinvestitionen

Nicht schlüssig ist zum anderen, daß zwar jeder Vermögenserwerb als Investition gilt, Erlöse aus Vermögensveräußerungen (Verkauf des „Tafelsilbers") aber auch dann nicht vom Investitionsvolumen abgezogen werden, wenn sie zur Haushaltsfinanzierung eingesetzt werden und damit dauerhaft das Vermögen des Bundes und künftige Einnahmemöglichkeiten verringern[143]. Einnahmen aus der Vermögensverwertung (sogenannte Desinvestitionen) müssen die Kreditgrenze reduzieren; sie sollten nur zur Schuldentilgung eingesetzt werden[144]. Darlehen können nur dann als Investitionen gelten, wenn der Empfänger sie für Investitionen nutzt[145]. Außerdem sind – wenn schon die Darlehensvergabe und die Inanspruchnahme aus Gewährwährleistungen als

---

136 BVerfG, Urt. v. 9.7.2007, 2 BvF 1/4, Sondervotum der Richter *Di Fabio/Mellinghoff*, Rn. 172, 189; Sondervotum des Richters *Landau*, Rn. 204 ff.
137 Vgl. insbesondere das ausführliche Sondervotum von *Landau* (N 42), Rn. 209 ff.
138 Vgl. BVerfG, Urt. v. 9.7.2007, 2 BvF 1/4, Rn. 137 f.; sowie das Sondervotum *Di Fabio/Mellinghoff*, Rn. 171, und das Sondervotum *Landau*, Rn. 213. Aus der Literatur etwa *Höfling* (N 2), S. 192 ff.
139 Vgl. etwa NWVerfGH, Urt. v. 13.2.2007, Tz. 45; *Heun* (N 57), Art. 115 Rn. 22. Siehe auch *Jahndorf* (N 70), S. 169 ff.
140 S. u. Rn. 96 ff. Näher *Pünder* (N 18), S. 322 ff. Zum Stand der Reformen *Hauser* (N 31), S. 13 ff.
141 Vgl. etwa *Edgar Quasdorff*, Die Reform des kommunalen Haushalts- und Rechnungswesens, in: Hermann Pünder (Hg.), Neues öffentliches Finanzmanagement – Das doppische Haushalts- und Rechnungswesen: Reform und erste Erfahrungen, 2007, S. 37 ff.
142 So *Engels/Hugo* (N 41), S. 452; *Sachverständigenrat* (N 1), S. 77.
143 Siehe BVerfG, Urt. v. 9.7.2007, 2 BvF 1/4, Rn. 138; sowie das Sondervotum *Di Fabio/Mellinghoff*, Rn. 171, und das Sondervotum *Landau*, Rn. 214. A. A. ist etwa *Droege* (N 82), S. 111. Zu den Verfahrensvorgaben (§§ 64 f. BHO) *Dieter Birk/Rainer Wernsmann*, Beteiligungsrechte des Parlaments bei der Veräußerung von Staatsvermögen, insbesondere Unternehmensbeteiligungen, in: DVBl 2005, S. 1 ff.
144 Vgl. *Ferdinand Kirchhof*, Wege aus der Staatsverschuldung, in: FS für Klaus Vogel, 2000, S. 241 (245 f.); *Jahndorf* (N 70), S. 172 f.; *Engels/Hugo* (N 41), S. 449, 452.
145 Vgl. *Höfling* (N 2), S. 213 f.; *Bröcker* (N 2), S. 75; *Göke* (N 26), S. 21; Sondervotum *Landau* (N 42), Rn. 215.

Investitionen gelten und damit über Schulden finanziert werden dürfen – die Einnahmen aus Darlehensrückflüssen und aus der Inanspruchnahme von Gewährleistungen vom kreditbegrenzenden Investitionsvolumen abzuziehen[146].

Darüber hinaus ist die Regelung, wonach Zuweisungen und Zuschüsse zur Finanzierung von Investitionsausgaben Dritter als Investitionen angesehen werden – das kommunale Haushaltsrecht spricht insofern von Investitionsförderungsmaßnahmen[147] –, kritisch zu sehen. Die Summe der Finanzierungshilfen übersteigt die der Sachinvestitionen um ein Mehrfaches. Die Gefahr des Mißbrauchs ist groß und muß durch Auflagen begrenzt werden, damit sichergestellt ist, daß der Empfänger auch wirklich Investitionen finanziert[148]. Zudem darf es, wenn die Investitionsförderung einen anderen Hoheitsträger begünstigt, nicht zu einer Doppelveranschlagung in den Haushaltsplänen des Gebers und des Empfängers und damit zur – in gesamtwirtschaftlicher Perspektive ungereimten – Möglichkeit zur Verschuldung in doppelter Investitionshöhe kommen[149]. Schließlich ist das Maß der berücksichtigungsfähigen Investitionsausgaben dann zu mindern, wenn schon der Haushaltsgesetzgeber selbst im Haushaltsplan den Einsatz der investiven Ausgabemittel durch Ausweisung einer globalen Minderausgabe reduziert[150].

40
Investitionsförderungsmaßnahmen

c) Keine Umgehung des Kredit-Investitions-Junktims im Haushaltsvollzug

Art. 115 Abs. 1 S. 2 Hs. 1 GG beschränkt die Höhe der Kreditaufnahme auf die Summe der „im Haushaltsplan veranschlagten" Investitionen. Daraus wird von vielen gefolgert, daß für die Kreditgrenze allein die Veranschlagung und nicht der tatsächliche Haushaltsvollzug maßgebend sei[151]. Vorgebracht wird, daß sich das Kreditbegrenzungsgebot mit der gesetzlichen Feststellung des Haushaltsplanes „verbraucht" habe – „sei es beachtet oder ausnahmsweise durchbrochen"[152].

41
Im Haushaltsplan veranschlagte Investitionen

Dem ist nicht zu folgen. Art. 115 Abs. 1 S. 2 GG bindet die Höhe der Kreditaufnahme aus „pay-as-you-use"-Überlegungen an die Höhe der Investitionen[153]. Vor diesem Hintergrund ist ein sogenannter asymmetrischer Haushaltsvollzug, bei dem man sich zwar im Haushaltsgesetz an die Verschuldungsgrenze hält, im Haushaltsvollzug aber weniger als geplant für Investitionen ausgibt, obwohl man das angesetzte Kreditvolumen ausschöpft, nicht nur

42
Verfassungswidrigkeit eines asymmetrischen Haushaltsvollzugs

---

146 Vgl. Sondervotum *Landau* (N 42), Rn. 214, 216; *Engels/Hugo* (N 41), S. 452; *Höfling* (N 2), S. 213 f.
147 Vgl. *Pünder* (N 18), S. 226, 506 f.
148 Vgl. *Henseler* (N 12), S. 528 ff.; *Pünder* (N 18), S. 506 f.; *Jahndorf* (N 70), S. 165 ff.; sowie – zur schweizerischen Rechtslage – *Ernst Buschor*, Haushaltsführung und Finanzplanung, 1984, S. 13 f.
149 A.A. *Jahndorf* (N 70), S. 173 ff. Wie hier *Eberhard Fricke*, Kreditbegrenzung im Staatshaushalt – Eine vertane Chance des Bundesgesetzgebers, in: FinArch n.F. 48 (1990), S. 222 (234); *Höfling* (N 2), S. 218 ff.; *Siekmann* (N 34), Art. 115 GG Rn. 41; *Gröpl* (N 45), S. 222.
150 So auch *Droege* (N 82), S. 108 f. Ausführlich *Gröpl* (N 45), S. 240 ff.
151 Vgl. NiedersStGH, Beschl. v. 4. 3. 1997, in: DÖV 1997, S. 549 (550); sowie etwa *Heun* (N 57), Art. 115 Rn. 23; *Siekmann* (N 34), Art. 115 GG Rn. 52 f.; *Droege* (N 82), S. 109. Unklar BVerfG, Urt. v. 9. 7. 2007, 2 BvF 1/04, Rn. 159.
152 So *Wendt* (N 55), Art. 115 Rn. 46.
153 S. o. Rn. 3 ff.

„verfassungsfremd"[154], sondern verfassungswidrig, weil künftige Generationen mit Kreditverpflichtungen belastet werden, ohne gleichwertige Vorteile aus Investitionen genießen zu können[155]. Wenn schon der Haushaltsgesetzgeber an die verfassungsrechtliche Kreditbegrenzung gebunden ist, muß dies erst recht für die Exekutive gelten. Hierfür spricht auch, daß die allgemeine Haushaltsdirektive des gesamtwirtschaftlichen Gleichgewichts (Art. 109 Abs. 2 GG) umfassend für die Haushaltswirtschaft und damit auch für die Kreditaufnahme gilt[156]. Insofern ist zu berücksichtigen, daß die gesamtwirtschaftlichen Auswirkungen einer Kreditaufnahme nicht durch die Haushaltsplanung, sondern erst durch den Haushaltsvollzug entstehen. Nur die tatsächliche Kreditaufnahme kann das gesamtwirtschaftliche Gleichgewicht beeinflussen.

43
Maßgeblichkeit der tatsächlich geleisteten Investitionen

Schließlich spricht für die Bindung der Exekutive an die Kreditobergrenze die Gefahr, daß das Investitionsvolumen im Haushaltsplan – unter Verstoß gegen den verfassungsrechtlichen Grundsatz der Haushaltswahrheit[157] – zu hoch veranschlagt wird, um den Kreditspielraum auszuweiten. Zudem könnte die Exekutive im Haushaltsvollzug mit dem tatsächlichen Investitionsvolumen hinter dem Haushaltsplan zurückbleiben und die auf die unterlassenen Investitionen entfallenen Kreditmittel zur Deckung von allgemeinen Fehlbeträgen verwenden. Dies würde der vom Bundesverfassungsgericht hervorgehobenen „normativen Intention ..., die Staatsverschuldung zu begrenzen"[158], geradewegs zuwiderlaufen. Es kommt mithin auf die tatsächlich geleisteten Investitionsausgaben an. Die Exekutive kann Kredite im Haushaltsvollzug nur aufnehmen, wenn sie in entsprechender Höhe investiert.

2. Berücksichtigung des gesamtwirtschaftlichen Gleichgewichts

44
Grundsätzliche Bedeutung von Art. 109 Abs. 2 GG

Unabhängig von der Regelbegrenzung der Kreditaufnahme in Art. 115 Abs. 1 S. 2 Hs. 1 GG besteht nach Art. 109 Abs. 2 GG die Pflicht, die Entscheidung über die Höhe der Neuverschuldung – wie es etwa Art. 83 S. 2 der nordrheinwestfälischen Landesverfassung ausdrücklich betont – „entsprechend den Erfordernissen des gesamtwirtschaftlichen Gleichgewichts" zu treffen. Der verfassungsändernde Gesetzgeber setzte als selbstverständlich voraus, daß Art. 109 Abs. 2 GG normative Wirkung für die öffentliche Kreditaufnahme

---

154 So *F. Kirchhof* (N 144), S. 245.
155 Siehe *Wolffgang* (N 120), S. 1054; *Höfling* (N 2), S. 340 ff.; *Isensee* (N 15), S. 719 ff.; *ders.*, Staatsverschuldung im Haushaltsvollzug, in: DVBl 1996, S. 173 ff.; *Udo Müller*, Die Geltung der verfassungsrechtlichen Kredithöchstgrenze des Art. 115 Abs. 1 S. 2 GG im Haushaltsvollzug, in: DÖV 1996, S. 490 ff.; *Friauf* (N 2), § 91 Rn. 43; *Gröpl* (N 45), S. 223 f. Vgl. auch *Bundesrechnungshof*, Bemerkungen 1994, BT-Drs 12/8490, S. 21 f. Für eine einfachgesetzliche Herleitung aus § 2 BHO *Jahndorf* (N 70), S. 182 ff.
156 S. u. Rn. 44 ff.
157 Vgl. dazu *Pünder* (N 18), S. 72. Siehe zur „Pflicht zur Schätzgenauigkeit" auch BVerfG, Urt. v. 9. 7. 2007, 2 BvF 1/4, Rn. 104.
158 BVerfGE 79, 311 (337). Resignierend BVerfG, Urt. v. 9. 7. 2007, 2 BvF 1/4, Rn. 133 („Das Regelungskonzept des Art. 115 Abs. 1 S. 2 GG hat sich als verfassungsrechtliches Instrument rationaler ... Begrenzung der staatlichen Schuldenpolitik in der Realität als nicht wirksam erwiesen.").

auch nach der Neufassung des Art. 115 GG entfaltet[159]. Art. 115 Abs. 1 S. 2 stellt sich nicht als abschließende Spezialregelung dar, sondern nur als eine auf die Kreditaufnahme bezogene zusätzliche Grenze gegenüber Art. 109 Abs. 2 GG. Das Parlament unterliegt bei der Bemessung der Kredithöhe nicht allein der Bindung an das Investitionsvolumen. Es darf nicht ohne Rücksicht auf etwa entgegenstehende Belange des gesamtwirtschaftlichen Gleichgewichts in konjunkturellen Gleichgewichts- oder gar Boomphasen Kredite in voller Höhe der Investitionsausgaben vorsehen. Die auf das Investitionsvolumen bezogene Kreditgrenze des Art. 115 Abs. 1 S. 2 Hs. 1 GG darf nur insoweit ausgenutzt werden, wie das mit den Anforderungen des gesamtwirtschaftlichen Gleichgewichts vereinbar ist. Art. 109 Abs. 2 GG wird einfachgesetzlich konkretisiert: Die wirtschafts- und finanzpolitischen Maßnahmen müssen „im Rahmen der marktwirtschaftlichen Ordnung gleichzeitig zur Stabilität des Preisniveaus, zu einem hohen Beschäftigungsstand und außenwirtschaftlichem Gleichgewicht bei stetigem und angemessenen Wirtschaftswachstum beitragen" (§ 1 S. 2 StabG)[160].

a) Finanzwirtschaftliches Übermaßverbot für die Kreditaufnahme

In dieser Hinsicht stellt Art. 109 Abs. 2 die Kreditaufnahme im gesamtwirtschaftlichen Normalfall unter ein finanzwirtschaftliches Übermaßverbot[161]. Das ist nicht unumstritten[162]. Immerhin hat das Bundesverfassungsgericht aber betont, daß die Kreditaufnahme in der Normallage „nach Maßgabe dessen eingeschränkt (wird), was in Wahrung der Erfordernisse des gesamtwirtschaftlichen Gleichgewichts geboten erscheint."[163] Entsprechende Hinweise finden sich im Landesrecht[164]. Wie bei der in Art. 115 Abs. 1 S. 2 Hs. 2 GG geregelten Kreditaufnahme bei einem Überschreiten der Investitionsgrenzen zur Abwehr einer Störung des gesamtwirtschaftlichen Gleichgewichts gilt auch für die Kreditaufnahme nach Art. 115 Abs. 1 S. 2 Hs. 1 GG das Prinzip der Verhältnismäßigkeit, das nicht nur die Kollision zwischen dem Allgemeininteresse und den grundrechtlich geschützten Individualinteressen im Wege einer abgestuften Güterabwägung klärt, sondern auch dann von Bedeutung ist, wenn verfassungsrechtlich geschützte Rechtsgüter einander so zugeordnet sind, daß sie je für sich im Wege einer „praktischen Konkordanz" Wirksamkeit entfalten müssen[165]. Nutzen und Nachteil der Kreditaufnahme müssen in einem angemessenen Verhältnis zueinander stehen. Die Parlamentarier

45

Praktische Konkordanz verfassungsrechtlich geschützter Rechtsgüter

---

159 Vgl. BT-Drs V/3040, S. 39 Tz. 60, sowie etwa *Birk* (N 19), S. 748; *Höfling* (N 2), S. 150 ff.; *Wendt/Elicker* (N 25), S. 499.
160 Vgl. hierzu BVerfGE 79, 311 (338 f.); BVerfG, Urt. v. 9. 7. 2007, 2 BvF 1/4, Rn. 145 ff.; sowie etwa *Höfling* (N 2), S. 225 ff.; *Lappin* (N 34), S. 68 ff.
161 Vgl. dazu schon *Birk* (N 19), S. 746, 748.
162 A. A. sind etwa *Heun* (N 25), S. 21 ff.; *Gumboldt* (N 119), S. 40; *Siekmann* (N 34), Art. 115 GG Rn. 10.
163 BVerfGE 79, 311 (334).
164 Vgl. § 18 Abs. 2 BayLHO, wonach eine Nettokreditaufnahme bis zur Höhe der Investitionsausgaben in den Staatshaushalt eingestellt werden darf, soweit sie „notwendig" ist, um den Erfordernissen des gesamtwirtschaftlichen Gleichgewichts Rechnung zu tragen.
165 Vgl. *Konrad Hesse*, Grundzüge des Verfassungsrechts der Bundesrepublik Deutschland, [20]1999, Rn. 72, 317. Zu Art. 115 Abs. 1 S. 2 Hs. 2 GG s. u. Rn. 65 ff.

haben bei ihrer Entscheidung über die Kreditaufnahme nicht nur zu bedenken, daß die Verschuldung das Wirtschaftswachstum wegen der Verdrängung privater Investitionen und der Verschlechterung der Exportchancen gegenwärtig gefährdet, sondern auch, daß die Ausnutzung gegenwärtiger Gestaltungsmöglichkeiten zu einer Zukunftsbelastung führt, die sich im Schuldenstand und in den Zinsverpflichtungen ausdrückt[166]. Es besteht die Gefahr, daß künftige Krediteinnahmen wegen der parallel laufenden Zinszahlungen kaum noch zur wirtschaftspolitischen Lenkung durch „Konjunkturankurbelung" genutzt werden können.

b) Pflicht zur Unterschreitung der Kreditobergrenze

46
Antizyklische und prozyklische Finanzpolitik

In gesamtwirtschaftlichen Normallagen wird die Kreditaufnahme von Art. 115 Abs. 1 S. 1 Hs. 1 GG zwar nicht ausgeschlossen. Sie ist aber deutlich unterhalb der Summe der Investitionen zu halten[167]. Die Kreditobergrenze darf nicht ständig „ausgereizt" werden. Nach der Art. 115 Abs. 1 S. 2 und Art. 109 Abs. 2 GG zugrundeliegenden Theorie vom antizyklischen Budget ist es nicht nur angesagt, in wirtschaftlichen Krisen zur Finanzierung zusätzlicher Staatsaufgaben oder von Steuersenkungen Kredite aufzunehmen, um eine zusätzliche, zu mehr Beschäftigung führende Nachfrage zu schaffen[168]. Vielmehr müssen sich die Haushaltsgeber in der Phase eines wirtschaftlichen Aufschwungs mit den Staatsausgaben zurückhalten. Eine „prozyklische" Finanzpolitik ist stabilitätswidrig, da staatliches Parallelverhalten die Schwankungen der Konjunkturzyklen verstärkt[169]. Dies gilt auch für eine prozyklisch wirkende Verschuldung. Sie verstößt gegen Art. 109 Abs. 2 GG. Bei einer Überhitzung der Konjunktur, in Boom-Zeiten, sind hohe Defizite besonders gefährlich[170].

47
Konjunkturausgleichsrücklage

Demgemäß sieht – man weiß es kaum[171] – § 5 Abs. 1 StabG bei einer „die volkswirtschaftliche Leistungsfähigkeit übersteigenden Nachfrageausweitung" Zuführungen an eine „Konjunkturausgleichsrücklage" vor, der gemäß § 5 Abs. 3 StabG „bei einer Abschwächung der allgemeinen Wirtschaftstätigkeit" die zusätzlich erforderlichen Deckungsmittel zunächst entnommen wer-

---

166 S. o. Rn. 9 und zum Ausmaß der Staatsverschuldung Rn. 11 ff.
167 Angedeutet in BVerfGE 79, 311 (334). Vgl. auch BerlVerfGH, Urt. v. 31. 10. 2003, in: DVBl 2004, S. 308 (310). Aus dem Schrifttum etwa *Fricke* (N 149), S. 232 ff.; *Lappin* (N 34), S. 76 ff.; *Höfling* (N 52), S. 934 (935); *Engels/Hugo* (N 41), S. 451.
168 S. o. Rn. 8.
169 Vgl. BVerfGE 79, 311 (341); sowie etwa *Brenner/Haury/Lipp* (N 36), S. 237, 239 f.; *Heun* (N 25), S. 23 f.; *Höfling* (N 2), S. 246 f., 271 ff.; *Lappin* (N 34), S. 76 ff.; *Friauf* (N 2), § 91 Rn. 34; *Wendt/Elicker* (N 25), S. 500.
170 Vgl. *Gandenberger* (N 9), S. 485; *ders.* (N 121), S. 32 f.
171 Bisher hat die Bundesregierung mit Zustimmung des Bundesrates nur zweimal durch Rechtsverordnung (§ 15 Abs. 1 StabG) angeordnet, daß dieser Rücklage Mittel zuzuführen sind. Vgl. Verordnung vom 24. 7. 1969 über die Bildung von Konjunkturausgleichsrücklagen durch Bund und Länder im Haushaltsjahr 1969 (BGBl I, S. 940); Verordnung vom 21. 4. 1970 über die Bildung von Konjunkturausgleichsrücklagen durch Bund und Länder im Haushaltsjahr 1970 (BGBl I, S. 411). Diese Konjunkturausgleichsrücklagen wurden jedoch bis 1975 wieder aufgelöst. Vgl. Verordnung vom 13. 11. 1974 über die Freigabe von Mitteln aus den Konjunkturausgleichsrücklagen der Haushaltsjahre 1969 und 1970 (BGBl I, S. 3135); Zweite Verordnung vom 8. 10. 1975 über die Freigabe von Mitteln aus den Konjunkturausgleichsrücklagen der Haushaltsjahre 1969 und 1970 (BGBl I, S. 2615). Seitdem wurden der Rücklage keine neuen Mittel zugeführt. Ausführlich *Michael Rodi*, in: BK, Art. 109 Rn. 460 ff., 481 (Stand: 2004).

den sollen. Insofern ist freilich zu beachten, daß die Rücklage nicht ihrerseits durch Kredite finanziert[172], jedenfalls aber eine kreditfinanzierte Rücklage nicht zur Umgehung des Kredit-Investitions-Junktims genutzt werden darf[173].

Zudem sehen die §§ 19–22 StabG die Möglichkeit zur Limitierung der öffentlichen Kreditaufnahme durch den Bund, die Länder, die Gemeinden und Gemeindeverbände sowie die öffentlichen Sondervermögen und Zweckverbände zum Zwecke der Dämpfung einer überschäumenden Konjunktur vor[174]. Der sogenannte Schuldendeckel bedarf einer Rechtsverordnung mit Zustimmung des Bundesrates (§ 19 StabG). Verfassungsrechtliche Grundlage ist Art. 109 Abs. 4 Nr. 1 GG. In diametralem Gegensatz zur Ratio dieser Regelungen hat der Bund trotz guter Konjunkturlage seine Verschuldung exzessiv ausgeweitet[175]. Daß bei einer Kreditaufnahme unterhalb der Grenzen der Investitionsausgaben dem Lastenverteilungsgedanken zum Nachteil der gegenwärtigen Generation nicht entsprochen wird, ist angesichts der derzeitig ohnehin immensen Zukunftsbelastung durch Zins- und Tilgung und im Hinblick auf den Umstand, daß die „pay-as-you-use"-Argumentation wegen der Aufdrängung fremder Präferenzen ohnehin zweifelhaft ist[176], hinzunehmen. Es gibt keine Pflicht zur Lastenverschiebung auf die Zukunft.

48 Schuldendeckel

c) Pflicht zur Tilgung aufgenommener Kredite

Im übrigen verlangt die Vorsorge für Zeiten eines wirtschaftlichen Abschwungs, daß der Staat in einer guten Konjunktur die früher im gesamtwirtschaftlichen Interesse eingegangene Verschuldung in angemessener Frist zurückführt[177]. Die pessimistische Einschätzung von Adam Smith, daß es kaum jemals gelungen sei, die öffentliche Schuld, wenn sie einmal eine bestimmte Höhe überstiegen habe, auf gerechte Weise und vollständig zurückzuzahlen[178], darf unter dem Grundgesetz nicht Wirklichkeit werden. Dies ist hervorzuheben, weil der Bund inzwischen bei guter konjunktureller Lage durch Verbreiterung der Bemessungsgrundlage für die Einkommensteuer und die Erhöhung der Verbrauchssteuern sein Finanzaufkommen erheblich steigert, ohne daß bislang die aufgelaufenen Bundesschulden getilgt werden[179]. Der Bund hat – sieht man von der Verwendung eines Teils der einmaligen Einnahmen aus der Versteigerung der UMTS-Lizenzen ab – nach Jahrzehnten des ununterbrochenen Anstiegs der Bundesschulden bislang noch nicht einmal begonnen, den Schuldensockel durch eine echte Tilgung,

49 Bislang noch keine echte Schuldentilgung

---

172 S. u. Rn. 50, 57.
173 Vgl. NWVerfGH, Urt. v. 2.9.2003, in: DÖV 2004, S. 121 ff. A. A. ist etwa *Gumboldt* (N 119), S. 38. Näher s. o. Rn. 32.
174 Vgl. *Höfling* (N 2), S. 423 ff.; *Lappin* (N 34), S. 90 f.
175 So bereits *Friauf* (N 2), § 91 Rn. 65. Zur Entwicklung der Staatsverschuldung s. o. Rn. 11 ff.
176 S. o. Rn. 7.
177 Andeutungen auf die Pflicht zur Rückführung des Schuldenstandes in BVerfGE 79, 311 (334); BVerfG, Urt. v. 9.7.2007, 2 BvF 1/4, Rn. 125. Deutlicher Sondervotum *Di Fabio/Mellinghoff* (N 31), Rn. 164, 177, 180 ff. Siehe im übrigen etwa *Friauf* (N 2), § 91 Rn. 52; *Wendt/Elicker* (N 25), S. 500; *Höfling* (N 52), S. 935; *Siekmann* (N 34), Art. 115 GG Rn. 51. A. A. *Droege* (N 82), S. 112.
178 *Smith* (N 35), S. 140, 803.
179 Zum Hinweis darauf s. Sondervotum *Di Fabio/Mellinghoff* (N 31), Rn. 164.

das heißt eine Tilgung, die die Summe der Neuverschuldung übersteigt, abzubauen. Die Verfassungsrichter Udo Di Fabio und Rudolf Mellinghoff sehen das als eine „wiederkehrende Dauerrechtsverletzung" an[180].

50
Verfassungsrechtliche Verpflichtung zur Konsolidierung

Die verfassungsrechtliche Verpflichtung zur Konsolidierung eines einmal entstandenen strukturellen Defizits ergibt sich aus Art. 109 Abs. 2 GG in Verbindung mit Art. 115 Abs. 1 S. 2 Hs. 2 GG, weil der Staat den für konjunkturelle Störungslagen erforderlichen finanzpolitischen Handlungsspielraum zurückgewinnen muß. In den Worten des Bundesverfassungsgerichts: Es muß „verhindert werden, daß sich – jeweils unterhalb der Höchstgrenze des Art. 115 Abs. 1 S. 2 Hs. 1 GG – ein stetig wachsender Schuldensockel bildet, der schließlich die Fähigkeit des Staatshaushalts, auf die Probleme der Gegenwart und Zukunft zu reagieren, in Frage stellt"[181]. Der Haushaltsgeber ist mithin verpflichtet, finanzielle Spielräume zu einer Verschuldungsrückführung zu nutzen. Die Bildung kreditfinanzierter Rücklagen ist damit unvereinbar[182]. Die zur Abwehr oder Beseitigung einer Störung des gesamtwirtschaftlichen Gleichgewichts aufgenommenen Schulden müssen bis zum Ende des Konjunkturzyklus durch laufende, nicht kreditäre Einnahmen getilgt sein. Der Schuldenstand darf sich per saldo nicht erhöhen. Eine Kreditaufnahme, die über einen ganzen Konjunkturzyklus hinweg höher ist als die Summe der Investitionsausgaben in diesem Zeitraum, verstößt gegen die Verfassung.

51
Überschreitung der Kreditobergrenze als Ausnahme

Hinzu kommt, daß sich die von Art. 115 Abs. 1 S. 2 Hs. 2 GG zugelassene Überschreitung der an die Summe der Investitionen gebundenen Kreditobergrenze nach dem Verfassungskonzept als eine Ausnahme darstellt. Die Folgen der Inanspruchnahme einer Ausnahmeklausel sind schnellstmöglich rückgängig zu machen, um den verfassungsrechtlichen Regelfall wiederherzustellen. Das Regel-Ausnahme-Verhältnis wird in sein Gegenteil verkehrt, wenn der Staatshaushalt permanent ein hohes strukturelles Defizit vor sich herschiebt. Die verfassungsrechtlich als Ausnahme gedachte Situation darf nicht zum Normalfall werden. Die Beseitigung des früher entstandenen Schuldensockels mit seinen Zins- und Tildungslasten ist erforderlich, damit auf die nachfolgenden Generationen Zins- und Tilgungslasten allenfalls in der Höhe verschoben werden, die dem Nutzen aus den früher getätigten Investitionen entspricht[183]. Vor allem müssen außerordentliche Einnahmen (zum Beispiel Steuermehreinnahmen und Privatisierungserlöse) – was § 5 Abs. 2 StabG ausdrücklich verlangt – zur Schuldentilgung verwendet werden[184]. Die mit der Zweckbindung verbundene Durchbrechung des haushaltsrechtlichen Gesamtdeckungsgrundsatzes ist ohne weiteres möglich (§ 8 S. 1 und 2 BHO)[185].

---

180 Sondervotum *Di Fabio/Mellinghoff* (N 31), Rn. 199, 200.
181 BVerfGE 79, 311 (355 f.).
182 NWVerfGH, Urt. v. 2. 9. 2003, in: DÖV 2004, S. 121 ff.; a. A. *Wendt/Elicker* (N 119), S. 476; *Gumboldt* (N 119), S. 38.
183 S. o. Rn. 3 ff.
184 Für eine Zweckbindung der Steuermehreinnahmen zur Tildung von Altschulden *P. Kirchhof* (N 41), S. 143.
185 Vgl. zur Zweckbindung als Ausnahme vom Grundsatz der Bruttoveranschlagung *Pünder* (N 18), S. 205 ff., 276, 296 ff.

d) Einschätzungs- und Beurteilungsspielraum des Parlaments mit Darlegungspflicht

Die Abwägung zwischen den gegenwärtigen und den zukünftigen Möglichkeiten der Sicherstellung eines gesamtwirtschaftlichen Gleichgewichts bedarf einer politischen Entscheidung, die vor den Wählern zu verantworten ist. Der Gesetzgeber hat – was das Bundesverfassungsgericht für auf Art. 115 Abs. 1 S. 2 Hs. 2 GG gestützte Maßnahmen im Ausnahmefall einer Störung des gesamtwirtschaftlichen Gleichgewichts ausdrücklich betont hat[186] – einen Einschätzungs- und Beurteilungsspielraum, der verfassungsgerichtlich nur beschränkt überprüfbar ist. Zudem ergibt sich aus Art. 115 Abs. 1 S. 2 Hs. 1 GG eine verfassungsgesetzliche Vermutung dafür, daß Krediteinnahmen dem finanzwirtschaftlichen Übermaßverbot entsprechen, wenn die Höchstgrenze der Investitionsausgaben nicht erreicht wird[187].

52

Beschränkte verfassungsgerichtliche Überprüfbarkeit

Damit die verfassungsrechtliche Abwägungsverpflichtung nicht leerläuft, ist aber gleichwohl zu fordern, daß der zur Kreditaufnahme ermächtigende Gesetzgeber seine Erwägungsgründe plausibel darlegt. Dies gilt nicht nur für den Ausnahmefall einer Überschreitung der Kreditobergrenze des Art. 115 Abs. 1 S. 2 Hs. 2 GG[188], sondern aufgrund von Art. 109 Abs. 2 GG auch für den Regelfall der Kreditaufnahme unterhalb der Investitionssumme. Die Darlegungen müssen eine öffentliche Diskussion und eine verfassungsgerichtliche Kontrolle ermöglichen. Eine formelhafte Begründung reicht nicht aus. Die Abwägung muß nach dem Inhalt des Haushaltsplanes und den Materialien der Beratungen nachvollziehbar sein. Genügt der Haushaltsgesetzgeber seiner Darlegungslast nicht, ist die Kreditermächtigung schon aus diesem formellen Grunde verfassungswidrig[189]. Dies muß auch dann gelten, wenn die Kreditaufnahme inhaltlich in Abwägung mit den Anforderungen des Art. 109 Abs. 2 GG rechtfertigungsfähig wäre[190]. Andernfalls bestünde die Gefahr, daß die Politik die Darlegungslast nicht ernst nimmt. Ein formeller Verfassungsverstoß liegt vor, wenn der Gesetzgeber eine Darlegung überhaupt unterläßt, seine Darlegung nicht plausibel ausfällt oder sich außerhalb des Einschätzungsspielraums bewegt.

53

Pflicht zur plausiblen Darlegung

---

186 Vgl. BVerfGE 79, 311 (343 ff.); BVerfG, Urt. v. 9. 7. 2007, 2 BvF 1/4, Rn. 131, 142 ff., 145 ff. Näher s. u. Rn. 63 ff.
187 Ebenso *Birk* (N 19), S. 748.
188 So aber wohl *Birk* (N 19), S. 748. Zur Darlegungslast beim Überschreiten der regelmäßigen Kreditobergrenze BVerfGE 79, 311 (343 ff.); BVerfG, Urt. v. 9. 7. 2007, 2 BvF 1/4, Rn. 131, 142 ff., 145 ff. Skeptisch gegenüber einer Begründungslast *Patzig* (N 131), S. 1027; *Wieland* (N 26), S. 753 f.; *Mückl* (N 22), S. 192; *Christian Waldhoff*, „Der Gesetzgeber schuldet nichts als das Gesetz", in: FS für Josef Isensee, 2007, S. 325 ff. Vgl. dagegen aber die strengen Anforderungen von BerlVerfGH, Urt. v. 31. 10. 2003, in: DVBl 2004, S. 308 ff.; HessStGH, Urt. v. 12. 12. 2005, in: NVwZ-RR 2006, S. 657 (662). Gegen einen „justiziablen Verfassungsvollzug" *Droege* (N 82), S. 114. Näher s. u. Rn. 61 ff.
189 Vgl. für den Fall einer Überschreitung der regelmäßigen Kreditgrenze BerlVerfGH, Urt. v. 31. 10. 2003, in: DVBl 2004, S. 308 (314 ff.)
190 Vgl. – allerdings zur Darlegungspflicht nach Art. 115 Abs. 1 S. 2 Hs. 2 GG – *Isensee* (N 15), S. 718.

3. Nachrangigkeit der Kreditaufnahme

54
Vorrang der Steuerfinanzierung

Eine Abwägungspflicht mit Darlegungslast ergibt sich auch aus dem Umstand, daß die Kreditaufnahme gegenüber der Steuerfinanzierung nachrangig ist. Ausdrücklich bestimmt die Landesverfassung von Berlin in Art. 87 Abs. 2 S. 1, daß Kredite nur aufgenommen werden dürfen, „wenn andere Mittel zur Deckung nicht vorhanden sind"[191]. Entsprechend wird im Kommunalrecht die Kreditaufnahme nur erlaubt, „wenn eine andere Finanzierung nicht möglich ist oder wirtschaftlich unzweckmäßig wäre"[192]. Dies gilt auch für die Bundesebene.

a) Steuerstaatsprinzip

55
Staatskredit als Ausnahme

Die Kreditaufnahme durchbricht die steuerstaatliche Regel, wonach der Staat seinen Finanzbedarf grundsätzlich durch Steuereinnahmen zu decken hat[193]. Der Staatskredit ist bloß ein Instrument ergänzender Bedarfsdeckung und als Ausnahme rechtfertigungsbedürftig. Die grundsätzliche Nachrangigkeit der Kreditaufnahme entspricht der Verfassungstradition[194]. Seit den Verfassungen des Konstitutionalismus wird eine „rechtfertigende Ursache" der Kreditaufnahme verlangt[195]. Ausdrücklich bestimmte § 51 FRV, daß die Reichsgewalt nur in „außerordentlichen Fällen" befugt war, „Anleihen zu machen oder sonstige Schulden zu contrahieren"[196]. Vergleichbares galt nach der Verfassungsurkunde für das Königreich Bayern von 1818[197], der Reichsverfassung von 1871[198] und der Weimarer Reichsverfassung[199] und gilt bis heute nach Art. 82 S. 1 der Bayerischen Verfassung, Art. 141 der Hessischen Verfassung und Art. 72 der Verfassung der Freien und Hansestadt Hamburg. Im Zuge der Verfassungsreform von 1969 wurde zwar die Bestimmung des Art. 115 GG a.F., wonach Geldmittel nur „bei einem außerordentlichen Bedarf" beschafft werden dürfen, gestrichen. Bei der grundsätzlichen Nachrangigkeit der Kreditaufnahme ist es aber geblieben. Nach wie vor geht das Grundgesetz vom Prinzip eines in seinen Ausgaben durch reguläre, nicht kreditfinanzierte Einnahmen ausgeglichenen Haushalts aus; Art. 115 Abs. 1 S. 2 GG läßt hiervon eine Ausnahme regelmäßig nur zu, sofern Investitionen getätigt werden[200].

---

191 Dazu *Michael Kloepfer/Matthias Rossi*, Die Verschuldung der Bundesländer im Verfassungs- und Gemeinschaftsrecht, in: VerwArch 94 (2003), S. 319 (323 f.).
192 Vgl. etwa § 77 Abs. 3 GO Nordrh.-Westf.
193 Vgl. etwa *Lappin* (N 34), S. 46 ff.; *Isensee* (N 15), S. 706; *ders.*, Steuerstaat als Staatsform, in: FS für Hans Peter Ipsen, 1977, S. 409 ff.; *Jahndorf* (N 70), S. 87 ff.; *P. Kirchhof* (N 41), S. 134; → oben *Waldhoff*, § 116 Rn. 84; *P. Kirchhof*, § 118 Rn. 1 ff.
194 Vgl. dazu auch BVerfGE 79, 311 (352 ff.).
195 *Johann Ludwig Klüber*, Öffentliches Recht des Teutschen Bundes und der Bundesstaaten, ⁴1840, S. 531. Vgl. *Stern* (N 96), S. 1272; *Heun* (N 25), S. 3 ff.
196 *Huber* (N 54), Bd. I, S. 63 ff.
197 Art. VII § 11 Abs. 2, § 12 der Verfassungsurkunde. Vgl. *Ernst Rudolf Huber*, Dokumente zur deutschen Verfassungsgeschichte, Bd. I, 1961, S. 152.
198 § 73 der Reichsverfassung. Vgl. *Huber* (N 54), Bd. II, S. 380 ff.
199 Art. 87 der Verfassung des Deutschen Reichs vom 11. 8. 1919 (RGBl 1919, S. 1400).
200 S. Sondervotum *Di Fabio/Mellinghoff* (N 31), Rn. 170.

b) Wirtschaftlichkeitsgebot

56

Das Regel-Ausnahme-Verhältnis von Steuer- und Kreditfinanzierung folgt auch aus dem Wirtschaftlichkeitsgrundsatz, der in Art. 114 Abs. 2 GG als Maßstab für die Prüfung des Haushaltsvollzugs durch den Bundesrechnungshof Ausdruck gefunden hat. Als verfassungsrechtlich verwurzeltes Rechtsprinzip und Optimierungsgebot bindet es aber auch – was einfachgesetzlich in § 7 Abs. 1 BHO bzw. § 6 Abs. 1 HGrG klargestellt wird – den Haushaltsgeber[201]. Dem Wirtschaftlichkeitsgrundsatz ist als Mindestgebot zu entnehmen, daß ein bestimmtes Ziel mit dem geringstmöglichen Einsatz von Mitteln zu erreichen ist[202]. Dem widerspricht im Grundsatz die Kreditfinanzierung staatlicher Aufgaben, da den Steuerzahlern für die gleiche Staatsleistung höhere Kosten (Verwaltungskosten und Zinszahlungen) entstehen[203].

Bindung des Haushaltsgebers an den Wirtschaftlichkeitsgrundsatz

57

Zudem ist dem nordrhein-westfälischen Verfassungsgerichtshof darin zu folgen, daß die Bildung von Rücklagen aus Haushaltsüberschüssen ausgeschlossen ist, wenn gleichzeitig kostenträchtige Kredite aufgenommen werden[204]. Denn die zur Rücklagenbildung vorgesehenen Mittel könnten alternativ dazu eingesetzt werden, den Verschuldungsbedarf zu drosseln. Da die Anlage der Rücklagemittel in Guthaben gegenüber einer Verwendung zur Verminderung der Nettokreditaufnahme regelmäßig Zinsnachteile zur Folge hat, darf der Staat nicht „auf Pump" sparen[205].

Kreditminderung vor Rücklagenbildung

c) Demokratie als Herrschaft auf Zeit

58

Schließlich ergibt sich die Nachrangigkeit der Kreditaufnahme auch aus dem Demokratieprinzip (Art. 20 Abs. 1 und 2 GG)[206]. Demokratie ist Herrschaft auf Zeit[207]. Dies kommt nicht allein in Periodizität und Diskontinuität der Volksvertretung zum Ausdruck (Art. 39 GG), sondern auch in der Jährlichkeit der Haushaltsplanung (Art. 110 Abs. 2 GG)[208]. Im Falle der Steuerfinanzierung staatlicher Leistungen bestimmt das Volk als Souverän über seine eigenen Lasten. Regierung und Parlamentsmehrheiten müssen die politische Verantwortung für die finanziellen Kosten ihrer Politik selbst übernehmen. Demgegenüber entscheiden bei der Kreditaufnahme die grundsätzlich nur für

Infragestellung des Demokratieprinzips

---

201 Siehe im Zusammenhang mit dem Staatsschuldenrecht NWVerfGH, Urt. v. 2. 9. 2003, in: DÖV 2004, S. 121 (128); Urt. v. 13. 2. 2007, Tz. 68; RPVerfGH, Urt. v. 20. 11. 1996, in: NVwZ-RR 1998, S. 145 (149); sowie etwa *Hans Herbert v. Arnim*, Wirtschaftlichkeit als Rechtsprinzip, 1988, S. 71, 82; *Gröpl* (N 86), S. 347 ff. Gegen eine Bindung der Kreditvergabe an den Wirtschaftlichkeitsgrundsatz sind beispielsweise *Gumboldt* (N 119), S. 41; *Droege* (N 82), S. 103. Zweifelnd *Wendt/Elicker* (N 119), S. 472 ff.
202 Ausführlich *Pünder* (N 18), S. 57 ff.
203 Vgl. *F. Kirchhof* (N 144), S. 348; *Friedrich Halstenberg*, Staatsverschuldung ohne Tilgungsplanung – Grenzen der Kreditermächtigung des Grundgesetzes, in: DVBl 2001, S. 1405 (1407); *Pünder* (N 18), S. 455.
204 NWVerfGH, Urt. v. 2. 9. 2003, in: DÖV 2004, S. 121 (128); a. A. *Wendt/Elicker* (N 119), S. 472 ff.; *Gumboldt* (N 119), S. 41.
205 *Birk* (N 119), S. 595.
206 A. A. sind etwa *Heun* (N 25), S. 25 ff.; *Höfling* (N 2), S. 95 ff.; *Siekmann* (N 34), Art. 115 GG Rn. 11.
207 Vgl. im Zusammenhang mit der Staatsverschuldung BVerfGE 79, 311 (343); sowie etwa *Henseler* (N 12); *Pünder* (N 18), S. 62 f.; *Kloepfer/Rossi* (N 191), S. 324 ff.; *Andreas Graser*, Nachhaltige Entwicklung und Demokratie, 2006.
208 Vgl. *Pünder* (N 18), S. 145.

die Gegenwart legitimierten Institutionen über eine Lastenverschiebung auf – politisch kaum artikulationsfähige[209] – künftige Generationen von Steuerzahlern[210]. Deren wirtschaftliche Möglichkeiten zur Staatsgestaltung werden durch Zins- und Tilgungslasten eingeschränkt. Spätere Gesetzgeber können zwar die von den Vorgängern erlassenen Gesetze grundsätzlich wieder aufheben oder ändern („lex posterior derogat legi priori"), sich aber den Tilgungs- und Zinsverpflichtungen aus Krediten, die von ihren Vorgängern zur Finanzierung von deren Ausgaben aufgenommen wurden, nicht entziehen. Zur Rechtfertigung von Ausnahmen kann nicht ohne weiteres auf die Notwendigkeit einer gerechten Lastenverteilung der Investitionskosten verwiesen werden, da den nachfolgenden Generationen fremde Präferenzen oktroyiert werden[211].

59 Natürlich gehört es – worauf das Bundesverfassungsgericht hinweist[212] – zu den Aufgaben des demokratischen Gesetzgebers, über die Amtsperiode hinauszusehen, Vorsorge für die dauerhafte Befriedung von Gemeinschaftsinteressen zu treffen und damit auch die Entscheidungsgrundlagen nachfolgender Generationen inhaltlich vorauszubestimmen. Daß dies auch für die Haushaltswirtschaft gilt, zeigt Art. 110 Abs. 1 S. 2 GG, der sich mit einem formellen Haushaltsausgleich begnügt[213]. Verlangt wird nur, daß die Summe der veranschlagten Einnahmen rechnerisch der Summe der veranschlagten Ausgaben entspricht. Auch wenn jedes demokratische Mandat nur auf Zeit verliehen ist, sind dem Haushalt langfristig belastende Entscheidungen nicht generell verboten[214]. Entgegen der Einschätzung des Bundesverfassungsgerichts[215] sind sie aber stets rechtfertigungsbedürftig, damit gewährleistet bleibt, daß jeder Haushaltgeber im Sinne einer „interperiodischen Gerechtigkeit" einen haushaltswirtschaftlichen Spielraum hat[216]. Andernfalls wären die Wahlrechtsgrundsätze Art. 38 Abs. 1 S. 1 GG entwertet und im zeitlichen Ablauf eine Gleichheit der Mitwirkungsmöglichkeiten nicht gewährleistet. Immerhin hat das Verfassungsgericht später die Koppelung der Krediteinnahmen an die Investitionsausgaben als einen „in der demokratischen Ordnung des Staates

Rechtfertigungspflicht für langfristig belastende Haushaltsentscheidungen

---

209 Zu Reformvorschlägen im Wahlrecht *Mückl* (N 22), S. 202.
210 Siehe *Isensee* (N 15), S. 706; sowie *Hans Herbert v. Arnim*, Grundprobleme der Staatsverschuldung, in: BayVBl 1981, S. 514 (518 f.); *Paul Kirchhof*, Grenzen der Staatsverschuldung in einem demokratischen Rechtsstaat, in: Finanzpolitik im Umbruch: Zur Konsolidierung öffentlicher Haushalte, 1984, S. 271 (277); *Wendt* (N 55), Art. 115 Rn. 2.
211 S. o. Rn. 7.
212 Vgl. BVerfGE 79, 311 (343).
213 Vgl. etwa *Reinhard Mußgnug*, Der Haushaltsplan als Gesetz, 1976, S. 199; *Höfling* (N 2), S. 307 ff.; *Theodor Maunz*, in: Maunz/Dürig, Komm. z. GG, Art. 110 Rn. 42; *Heun* (N 57), Art. 110 Rn. 25; *Christian Hillgruber*, in: v. Mangoldt/Klein/Starck, GG III, Art. 110 Rn. 53. Anders *Lappin* (N 34), S. 94 ff. Zu Reformüberlegungen s. u. Rn. 89 ff.
214 Dies betonen etwa *Höfling* (N 2), S. 95 ff.; *Friauf* (N 2), § 91 Rn. 91; *Henseler* (N 12), S. 497 ff.; *Höfling* (N 19), S. 89; *Gröpl* (N 86), S. 459 f.
215 Vgl. BVerfGE 79, 311 (343).
216 Vgl. BerlVerfGH, Beschl. v. 21. 3. 2003, in: NVwZ-RR 2003, S. 537 (538); *Henseler* (N 12), S. 500, 508 ff.; *Helmut Schlesinger*, Staatsverschuldung – ohne Ende?, 1993, S. 221 ff.; *Adelheid Zeis*, Ein neues kommunales Haushaltsrecht für ein Neues Steuerungsmodell, 1999, S. 170; *Pünder* (N 18), S. 62 f.; *Kloepfer/Rossi* (N 191), S. 325; *Jahndorf* (N 70), S. 109 ff.; s. o. Rn. 4.

hochrangigen demokratischen Verfassungsgrundsatz" bezeichnet²¹⁷. Der Verfassungsrichter Herbert Landau hat verdeutlicht, daß das Demokratieprinzip die staatliche Verschuldung zwar nicht verbietet, jedoch gebietet, sie zu begrenzen, um die Handlungsspielräume künftiger Haushaltsgesetzgeber zu wahren²¹⁸.

III. Überschreitung der Obergrenze im Ausnahmefall einer Störung des gesamtwirtschaftlichen Gleichgewichts

Nach Art. 115 Abs. 1 S. 2 Hs. 2 GG sind über den Investitionsausgaben liegende Kreditaufnahmen „nur zur Abwehr einer Störung des gesamtwirtschaftlichen Gleichgewichts" zulässig. Die herkömmliche Objektbezogenheit der Verschuldung wurde insofern durch eine „situationsbezogene" Betrachtungsweise ersetzt²¹⁹. Die meisten Landesverfassungen sind dem gefolgt²²⁰. Maßgeblich für die Zulässigkeit einer überhöhten Kreditaufnahme können dann auch die Wirtschaftslage und der Stand der Beschäftigung im jeweiligen Bundesland sein²²¹. Art. 115 Abs. 1 S. 2 Hs. 2 GG ist als Ausnahmeklausel zu Art. 115 Abs. 1 S. 2 Hs. 1 GG konzipiert. Die Verfassung geht davon aus, daß eine die Investitionssumme überschreitende Kreditaufnahme regelmäßig verfassungswidrig ist. Liegt keine Ausnahmekonstellation vor, ist eine Kreditaufnahme, die die Investitionssumme überschreitet, nicht erlaubt. Zur Finanzierung nicht konjunkturbedingter Fehlbeträge darf die investitionsbezogene Deckungsregel in keinem Fall überschritten werden²²². Die Haushaltspraxis

60

Situationsbezogene Betrachtungsweise

---

217 BVerfGE 99, 57 (67). Ebenso NWVerfGH, Urt. v. 13. 2. 2007, Tz. 59.
218 Sondervotum *Landau* (N 42), Rn. 211.
219 Vgl. BVerfGE 79, 311 (332 f.); BVerfG, Urt. v. 9. 7. 2007, 2 BvF 1/4, Rn. 123 f.; *Höfling* (N 2), S. 143 ff.; *Siekmann* (N 34), Art. 115 GG Rn. 8. Zur Verfassungsreform s. o. Rn. 8.
220 Vgl. Art. 87 Abs. 2 S. 2 Hs. 2 BerlinVerf; Art. 103 Abs. 1 S. 3 BrandenVerf; Art. 131 a S. 2 Hs. 2 BremVerf; Art. 117 S. 2 Hs. 2 RheinlPfalzVerf; Art. 95 S. 2 Hs. 2 SaarlVerf; Art. 99 Abs. 3 SachsAnhVerf. Art. 65 Abs. 2 MVVerf läßt ein Überschreiten der regelmäßigen Kreditobergrenze „zur Überwindung einer schwerwiegenden Störung oder unmittelbaren Bedrohung der Wirtschafts- und Beschäftigungsentwicklung des Landes" zu. Ähnlich sind Art. 53 S. 2 S. 2 Hs. 2 SchlHolVerf und Art. 98 Abs. 2 S. 3 ThürVerf. Art. 71 S. 3 NiedersachsVerf erlaubt eine Ausnahme auch „zur Abwehr einer akuten Bedrohung der natürlichen Lebensgrundlagen", Art. 108 SaarlVerf auch „bei Vorliegen eines außerordentlichen Bedarfs". Nur in Bayern, Hamburg und Hessen wurde die Landesverfassung nicht dem Grundgesetz angepaßt (Art. 82 BayVerf, Art. 72 HambVerf, Art. 141 HessVerf). Siehe zur Rechtslage in Hessen HessStGH, Urt. v. 12. 12. 2005, in: NVwZ-RR 2006, S. 657 ff. Vgl. für einen Überblick zum Landesverfassungsrecht der Kreditaufnahme *Kloepfer/Rossi* (N 191), S. 319 ff.
221 Anders – nur bei Störung des gesamtwirtschaftlichen Gleichgewichts auf Bundesebene – *Hans-Günter Henneke*, Not kennt kein Gebot und macht erfinderisch – Gesetzgeberische Gestaltungsspielräume und Darlegungslasten bei der Nettokreditaufnahme, in: NiedersächsVBl 1997, S. 218 (221); *Kyrill-A. Schwarz*, Voraussetzungen und Grenzen staatlicher Kreditaufnahme, in: DÖV 1998, S. 721 (723 f.); *Kloepfer/Rossi* (N 191), S. 323 f.; *Joachimsen* (N 37), S. 513; *Markus Kerber*, Verfassungshüter oder Verfassungsgesetzgeber? – Über die Souveränität der Landesverfassungsgerichte bei der Schaffung von Ausnahmetatbeständen zu Verschuldungsgrenzen, in: DÖV 2004, S. 691 (694). Wie hier BerlVerfGH, Urt. v. 31. 10. 2003, in: DVBl 2004, S. 308 (312 f.); NiedersStGH, Urt. v. 10. 7. 1997, in: NdsVBl 1997, S. 227, 229; *Christian Waldhoff*, Verfassungsrechtlicher Sparzwang im Landeshaushalt unter den Bedingungen einer „extremen Haushaltsnotlage", in: NVwZ 2004, S. 1062 ff.; *Rossi* (N 90), S. 271. Den Konjunkturzusammenhang zwischen dem gesamten Bundesgebiet und den einzelnen Bundesländern erläutert der *Sachverständigenrat* (N 1), S. 150 ff.
222 So bereits *Friauf* (N 2), § 91 Rn. 52.

entspricht dem freilich nicht. In den zehn Jahren zwischen 1997 und 2007 hat der Bund von dieser Möglichkeit fünfmal Gebrauch gemacht. In zwei Haushaltsjahren (1996 und 2005) lag der Haushaltsvollzug deutlich über der Regelkreditgrenze des Art. 115 Abs. 1 S. 2 Hs. 1 GG[223]. Art. 115 Abs. 1 S. 2 Hs. 2 GG knüpft die außerordentlich hohe Kreditaufnahme an besondere verfassungsrechtliche Bedingungen und stellt sie unter einen besonderen Rechtfertigungszwang. Voraussetzung für das Überschreiten der Kreditobergrenze ist eine Störung des gesamtwirtschaftlichen Gleichgewichts[224] und die Verhältnismäßigkeit der Maßnahme[225].

1. Vorliegen einer Störung des gesamtwirtschaftlichen Gleichgewichts

61
Gegenwärtige oder bevorstehende Rezession

Art. 115 Abs. 1 S. 2 Hs. 2 GG liegt die auf John Maynard Keynes zurückgeführte Theorie vom antizyklischen Budget zugrunde[226]. Eine Störung des gesamtwirtschaftlichen Gleichgewichts kann demnach nur bei einer wirtschaftlichen Rezession vorliegen[227]. Diese Störung muß freilich nicht bereits eingetreten sein. Im Hinblick auf den Normzweck genügt es, wenn die Rezession unmittelbar bevorsteht.

a) Notwendigkeit einer ernsthaften und nachhaltigen Störung

62
Inanspruchnahme der Ausnahmeregelung nur in außerordentlichen Fällen

Das Bundesverfassungsgericht betont, daß die Inanspruchnahme der Ausnahmeregelung zwar nicht erst in einem „extremen Notstandsfall", aber doch nur dann gerechtfertigt ist, wenn das gesamtwirtschaftliche Gleichgewicht „ernsthaft und nachhaltig" gestört ist oder eine solche Störung unmittelbar droht[228]. Dem ist zu folgen. Art. 115 Abs. 1 S. 2 Hs. 2 GG ist – der Verfassungstradition entsprechend – für „außerordentliche Fälle" gedacht. Es müssen – was die Verfassungsrichter Udo Di Fabio und Rudolf Mellinghoff hervorheben – strenge Maßstäbe gelten; die Rezession muß ein antizyklisches Verhalten „geradezu erzwingen"[229]. Nähme man an, daß die Investitionsgrenze schon bei kurzfristigen Nachfrageschwächen überschritten werden könnte[230], wäre der Ausnahmecharakter des Art. 115 Abs. 1 S. 2 Hs. 2 GG gefährdet, da das gesamtwirtschaftliche Gleichgewicht stets labil ist. Die Wahrscheinlichkeit

Magisches Viereck

eines Abbaus des Schuldensockels wäre gering[231]. Die Teilziele des gesamtwirtschaftlichen Gleichgewichts – Stabilität des Preisniveaus, hoher Beschäftigungsstand, außenwirtschaftliches Gleichgewicht, stetiges und angemessenes

---

223 Vgl. *Engels/Hugo* (N 41), S. 449; für die Zeit davor *Halstenberg* (N 203), S. 1406.
224 S. u. Rn. 61 ff.
225 S. u. Rn. 65 ff.
226 S. o. Rn. 8 ff.
227 Ökonomisch gesehen ist auch eine Boom-Phase eine Störung des Gleichgewichts. Vgl. *Brenner/Haury/Lipp* (N 36), S. 242.
228 BVerfGE 79, 311 (339); BVerfG, Urt. v. 9. 7. 2007, 2 BvF 1/4, Rn. 126, 131. Ebenso NiedersStGH, Beschl. v. 17. 2. 1997, in: NdsVBl 1997, S. 132 f.; Urt. v. 10. 7. 1997, in: NdsVBl 1997, S. 227 f.; VerfG Mecklenb.-Vorp., Urt. v. 7. 7. 2005, in: LKV 2006, S. 23 (24).
229 Sondervotum *Di Fabio/Mellinghoff* (N 31), Rn. 169, 173, 177. Zur Verfassungstradition s. o. Rn. 27.
230 So etwa *Heun* (N 57), Art. 115 Rn. 25.
231 S. Sondervotum *Di Fabio/Mellinghoff* (N 31), Rn. 199.

Wirtschaftswachstum (§ 1 S. 2 StabG)[232] – stellen sich als ein „magisches Viereck" dar. Die üblichen volkswirtschaftlichen Schwankungen reichen für eine Inanspruchnahme der Ausnahmeklausel nicht aus. Art. 115 Abs. 1 S. 2 Hs. 2 GG kann nur eine wirkliche konjunkturpolitische Krisensituation meinen[233]. Dabei genügt es, wenn nur der Beschäftigungsstand als Teilziel des gesamtwirtschaftlichen Gleichgewichts außer Balance geraten ist[234], wenngleich die kosten- und strukturbedingten Probleme der Arbeitslosigkeit sich mit einem „deficit spending" nicht bekämpfen lassen[235]. Ohnehin ermächtigt § 6 Abs. 3 StabG das Bundesministerium der Finanzen, über den im Haushaltsgesetz festgelegten Kreditrahmen hinaus zweckgebundene Kredite bis zu einer Höhe von 5 Mrd. DM aufzunehmen (die Währungsumstellung auf den Euro wurde noch nicht berücksichtigt). Die Mittel stehen zur Verfügung, um Maßnahmen zu finanzieren, die eine die Ziele des § 1 StabG gefährdende Abschwächung der allgemeinen Wirtschaftstätigkeit bekämpfen. Die Kreditermächtigung ist – im Gegensatz zu den haushaltsgesetzlichen Kreditermächtigungen – zeitlich unbefristet[236].

b) Einschätzungs- und Beurteilungsspielraum des Parlaments mit Darlegungspflicht

„Störung des gesamtwirtschaftlichen Gleichgewichts" ist ein unbestimmter Rechtsbegriff. Erforderlich ist eine den gewählten Parlamentariern obliegende politische Einschätzung. Die verfassungsgerichtliche Nachprüfbarkeit ist beschränkt[237]. Dem Haushaltsgesetzgeber steht – was das Bundesverfassungsgericht zu Recht betont – ein Einschätzungs- und Beurteilungsspielraum zu, dem allerdings eine Darlegungslast im Gesetzgebungsverfahren korrespondiert[238]. Darzulegen sind „die Diagnose, daß das gesamtwirtschaftliche Gleichgewicht ernsthaft und nachhaltig gestört ist, die Absicht, durch die erhöhte Kreditaufnahme diese Störung abzuwehren, und die begründete Prognose, daß und wie durch die erhöhte Kreditaufnahme dieses Ziel erreicht werden kann, sie also zur Abwehr der Störung des gesamtwirtschaftlichen Gleichgewichts geeignet erscheint."[239] Außerdem muß der Haushaltsgeber zu erkennen geben, ob er mit den Einschätzungen von Finanzplanungsrat, Konjunkturrat, Sachverständigenrat zur Begutachtung der gesamtwirtschaftlichen

63
Unbestimmter Rechtsbegriff

---

232 Vgl. hierzu BVerfGE 79, 311 (338 f.); BVerfG, Urt. v. 9.7.2007, 2 BvF 1/4, Rn. 145 ff.
233 Siehe etwa *Wendt/Elicker* (N 25), S. 502. Kriterien für die Feststellung eines gravierenden konjunkturellen Abschwungs erläutert der *Sachverständigenrat* (N 1), S. 153 ff.
234 Siehe BVerfG, Urt. v. 9.7.2007, 2 BvF 1/4, Rn. 145 ff.
235 S.o. Rn. 9; s.u. Rn. 67.
236 Für die Vereinbarkeit mit Art. 115 *Klaus Stern*, in: ders./Paul Münch/Karl-Heinrich Hansmeyer, Gesetz zur Förderung der Stabilität und des Wachstums der Wirtschaft, ²1972, § 6 Anm. VIII 2. Allgemein zur Befristung der Kreditermächtigungen s.o. Rn. 17 f.
237 Anders *Birk* (N 19), S. 749.
238 Siehe BVerfGE 79, 311 (343 ff.); BVerfG, Urt. v. 9.7.2007, 2 BvF 1/4, Rn. 131, 145 ff. Ebenso NiedersStGH, in: NdsVBl 1997, S. 227 ff.; BerlVerfGH, Urt. v. 31.10.2003, in: DVBl 2004, S. 308 (314 ff.); VerfG Mecklenb.-Vorp., Urt. v. 7.7.2005, in: LKV 2006, S. 23 ff.; HessStGH, Urt. v. 12.12.2005, in: NVwZ-RR 2006, S. 657 (662 ff.); sowie *Birk* (N 19), S. 749; *Höfling* (N 2), S. 297 ff.; *Isensee* (N 15), S. 716 ff. Außerdem s.o. Rn. 52 f.
239 BVerfGE 79, 311 (345). Siehe auch BVerfG, Urt. v. 9.7.2007, 2 BvF 1/4, Rn. 143, 146.

§ 123　　Achter Teil: III. Finanzwesen

Entwicklung und Deutscher Bundesbank[240] übereinstimmt oder warum er davon abweicht[241].

64
Darlegungspflicht im Gesetzgebungsverfahren zur Feststellung des Haushaltsplans

Demgemäß legt § 18 Abs. 1 S. 2 Nr. 1 BHO – in § 13 HGrG fehlt eine entsprechende Regelung[242] – ausdrücklich fest, daß im Gesetzgebungsverfahren zur Feststellung des Haushaltsplans insbesondere darzulegen ist, „daß das gesamtwirtschaftliche Gleichgewicht ernsthaft und nachhaltig gestört ist oder eine solche Störung unmittelbar bevorsteht". Die Darlegungsverpflichtung ergibt sich aber auch schon daraus, daß Art. 115 Abs. 1 S. 2 GG für den Fall der Überschreitung der Investitionsgrenze die Vermutung der Verfassungswidrigkeit aufstellt[243]. Zudem sind die Darlegungen für die öffentliche Kontrolle der Kreditentscheidungen nötig. Verfassungsgerichtlich ist zu überprüfen, ob die Einschätzung und Beurteilung des Gesetzgebers nachvollziehbar und vertretbar ist. Lassen sich die Gründe für die Inanspruchnahme der Ausnahmebefugnis nicht durch Aussagen der gesetzlich verankerten Organe der finanz- und wirtschaftspolitischen Meinungs- und Willensbildung und Auffassungen in Volkswirtschaftslehre und Finanzwissenschaft erhärten[244], ist das Überschreiten der Regelgrenze der Verschuldung von vornherein unzulässig.

2. Verhältnismäßigkeit der überhöhten Kreditaufnahme

65

Angesichts des Ausnahmecharakters von Art. 115 Abs. 1 S. 2 Hs. 2 GG reicht das bloße Vorliegen einer Störung des gesamtwirtschaftlichen Gleichgewichts für eine überhöhte Kreditaufnahme nicht aus. Die vom Grundgesetz angestrebte verfassungsrechtliche Domestizierung der Staatsverschuldung kann nur gelingen, wenn dem Regel-Ausnahme-Verhältnis volle praktische Wirksamkeit verschafft wird[245].

a) Eignung zur Abwehr einer Störung des gesamtwirtschaftlichen Gleichgewichts

66

Die über die Investitionsausgaben hinausgehende Staatsverschuldung muß – der Rechtsprechung des Bundesverfassungsgerichts entsprechend[246] – nach Ausmaß und Zweck dazu bestimmt und geeignet sein, die Störung des gesamtwirtschaftlichen Gleichgewichts zu beseitigen. Dem Parlament kommt auch insoweit ein Einschätzungs- und Beurteilungsspielraum zu, dem – was

---

240 § 51 HGrG, § 18 StabG, Gesetz über die Bildung eines Sachverständigenrates zur Begutachtung der gesamtwirtschaftlichen Entwicklung" vom 14.8.1963, zuletzt geändert am 31.10.2006 (BGBl I, S. 2407); § 13 BBankG.
241 BVerfGE 79, 311 (345). Zu diesen Institutionen s. o. Rn. 24.
242 Zu Recht kritisch *Fricke* (N 149), S. 237 f.
243 A. A. ist *Heun* (N 25), S. 22 f.
244 Vgl. BVerfGE 79, 311 (344); sowie die ausführliche Auseinandersetzung mit den Jahresgutachten des Sachverständigenrates zur Begutachtung der gesamtwirtschaftlichen Entwicklung in BVerfG, Urt. v. 9.7.2007, 2 BvF 1/4, Rn. 145 ff.; im Ergebnis a. A. freilich *Di Fabio/Mellinghoff*, Sondervotum, Rn. 183 ff., sowie *Landau*, Sondervotum, Rn. 204 ff.
245 So bereits *Friauf* (N 2), § 91 Rn. 53.
246 BVerfGE 79, 311 (339); BVerfG, Urt. v. 9.7.2007, 2 BvF 1/4, Rn. 131. Vgl. auch VerfG Mecklenb.-Vorp., Urt. v. 7.7.2005, in: LKV 2006, 23 (24); sowie etwa *Höfling* (N 2), S. 287 ff.

das Bundesverfassungsgericht herausgestellt hat[247] – eine Darlegungslast korrespondiert; denn nur durch den Zwang zu einer konkreten Rechtfertigung kann ein dem Ausnahmecharakter von Art. 115 Abs. 1 S. 2 Hs. 2 GG entsprechender restriktiver und zugleich willkürfreier Gebrauch der Ermächtigung zumindest tendenziell sichergestellt werden[248]. Mittlerweile verlangt § 18 Abs. 1 S. 2 Nr. 2 BHO – anders als § 13 HGrG – ausdrücklich, daß im Gesetzgebungsverfahren zur Feststellung des Haushaltsplans insbesondere darzulegen ist, daß die erhöhte Kreditaufnahme dazu bestimmt und geeignet ist, die Störung des gesamtwirtschaftlichen Gleichgewichts abzuwehren[249].

Einschätzungsprärogative und korrespondierende Darlegungslast des Gesetzgebers

Dabei muß sich das Parlament auch mit den von der volkswirtschaftlichen Geld- und Angebotstheorie hervorgehobenen Einwänden gegen die Kreditaufnahme als konjunkturpolitisches Gestaltungsmittel auseinandersetzen[250]: Staatliche Kreditaufnahmen können private Investitionen verdrängen und Exportchancen verschlechtern. Zur Bekämpfung nicht konjunktureller, sondern kosten- und strukturbedingter Probleme auf der Angebotsseite des Marktes ist „deficit spending" zur Ausweitung der Nachfrage von vornherein ungeeignet und damit unzulässig[251]. Das Bundesverfassungsgericht hat sich zu dieser Schlußfolgerung freilich nicht durchringen können, aber immerhin Zweifel an der Eignung geäußert[252]. Wenn der Schuldensockel die grenzüberschreitende Neuverschuldung mitverursacht hat, ist ein mittelfristiges Konsolidierungskonzept vorzulegen[253]. Wieder beschränkt sich die verfassungsgerichtliche Kontrolle dabei auf die Prüfung, ob Beurteilung und Einschätzung des Gesetzgebers nachvollziehbar und vertretbar sind[254].

67
Berücksichtigung volkswirtschaftlicher Theorien

b) Erforderlichkeit und Angemessenheit der überhöhten Kreditaufnahme

Ob die erhöhte Kreditaufnahme darüber hinaus den Prinzipien der Erforderlichkeit und Angemessenheit entsprechen muß, ist umstritten. Das Bundesverfassungsgericht meint, daß es über die Eignung hinaus keine weiteren einschränkenden Erfordernisse gebe[255]. Dem ist nicht zu folgen. Soweit das Gericht darauf verweist, daß die Störungsabwehr und das Kreditlimit einander nicht wie ein staatlicher Eingriff und der Freiheitsbereich des Privaten gegenüberstehen, ist dem schon entgegenzuhalten, daß der Verhältnismäßigkeitsgrundsatz auch sonst dazu dient, die Durchbrechung von Rechtsregeln

68
Kritik an der Rechtsprechung des BVerfG

---

247 BVerfGE 79, 311 (343 ff.); BVerfG, Urt. v. 9.7.2007, 2 BvF 1/4, Rn. 131.
248 So bereits *Friauf* (N 2), § 91 Rn. 57.
249 Nach BVerfGE 79, 311 (345) ist von Verfassungs wegen keine bestimmte Form für die Darlegungen vorgeschrieben. Kritisch *Jahndorf* (N 70), S. 222 ff.
250 S. o. Rn. 9.
251 Siehe *Brenner/Haury/Lipp* (N 36), S. 250; *v. Arnim/Weinberg* (N 25), S. 3768, 93 f.; *Wendt/Elicker* (N 25), S. 503 f.
252 BVerfG, Urt. v. 9.7.2007, 2 BvF 1/4, Rn. 152.
253 Vgl. *Göke* (N 26), S. 9.
254 BVerfGE 79, 311 (343); BVerfG, Urt. v. 9.7.2007, 2 BvF 1/4, Rn. 142 ff., 145 ff. Kritisch etwa *Göke* (N 26), S. 8.
255 BVerfGE 79, 311 (340 ff.). Ebenso *Heun* (N 25), S. 21 ff.; *Höfling* (N 2), S. 290 ff.; *Droege* (N 82), S. 111. A. A. sind etwa *Henseler* (N 12), S. 535 f.; *Birk* (N 19), S. 749; *Isensee* (N 15), S. 715 ff. Aus volkswirtschaftlicher Perspektive *Funke* (N 3), S. 312 ff., 435 ff.

auf das rechtfertigungsfähige Maß zu reduzieren. Hierauf wurde bereits im Hinblick auf die Beachtung des gesamtwirtschaftlichen Gleichgewichts bei der Kreditaufnahme unterhalb der Investitionsgrenze eingegangen[256]. Zudem verkennt das Bundesverfassungsgericht, daß Kredite grundsätzlich nicht der Finanzierung von konsumtiven Ausgaben dienen sollen. Art. 115 Abs. 1 S. 2 Hs. 1 GG will nachfolgende Generationen schützen, indem verhindert wird, daß Leistungen, die der vorherigen Generation zugute gekommen sind, durch spätere Generationen finanziert werden müssen. Diejenigen, die von Staatsleistungen profitieren, sollen diese auch bezahlen[257]. Von diesem Grundsatz läßt Art. 115 Abs. 1 S. 2 Hs. 2 GG zwar eine Ausnahme zu, die aber nur dann in Anspruch genommen werden kann, wenn es zur Abwendung der Störung des gesamtwirtschaftlichen Gleichgewichts keine anderen zwecktauglichen Alternativen gibt und die Kreditfinanzierung des Konsums nicht außer Verhältnis zu den Belastungen der nachfolgenden Generationen steht.

69
Erhöhte Investitionen und Absenkung der Steuersätze als mildere Mittel

Als milderes Mittel kommt vor allem die Erhöhung der Investitionsausgaben in Betracht. Die damit verbundene Ausweitung des regelmäßigen Kreditspielraums nach Art. 115 Abs. 1 S. 1 Hs. 1 GG schafft nicht nur im Sinne der Theorie vom antizyklischen Budget eine zusätzliche Nachfrage, sondern gewährleistet auch im Sinne der gerechten Lastenverteilung zwischen den Generationen, daß den zukunftsbelastenden Einnahmen in gleicher Höhe zukunftsbegünstigende Ausgaben gegenüberstehen[258]. Zudem ist zu bedenken, daß die Konjunktur auch durch Absenkung der Steuersätze angekurbelt werden kann[259]. Das setzte freilich eine Konjunkturausgleichsrücklage voraus, da die Steuereinnahmen in der Rezession ohnehin zurückgehen[260]. Unter dem Gesichtspunkt der Angemessenheit ist zu berücksichtigen, daß die mit der Staatsverschuldung verbundene Zukunftsbelastung die Wirksamkeit des demokratischen Prinzips in Frage stellt[261]. Die demokratisch legitimierte Macht ist nur auf Zeit verliehen. Mit der Ermächtigung zur Kreditaufnahme geht das Parlament darüber hinaus und beschränkt die demokratischen Gestaltungsmöglichkeiten zukünftiger Generationen. Art. 115 Abs. 1 S. 2 Hs. 1 GG rechtfertigt dies, sofern der Zukunftslast ein Gegenwert gegenübersteht. Sollen späteren Generationen – was Art. 115 Abs. 1 S. 2 Hs. 2 GG ausnahmsweise zuläßt – zu Lasten ihrer eigenen Gestaltungsmöglichkeiten den laufenden Konsum der Vergangenheit finanzieren, müssen die Entscheidungsträger schwerwiegende Gründe anführen. Dabei ist auch zu beachten, daß der in der Vergangenheit aufgehäufte Schuldenberg heute bereits eine bedrohliche Höhe erreicht hat[262]. Die verfassungsgerichtliche Kontrolle ist aber auch inso-

---

256 S. o. Rn. 45.
257 S. o. Rn. 4.
258 S. o. Rn. 3 ff.
259 Vgl. BVerfGE 79, 311 (350).
260 Vgl. *Wendt/Elicker* (N 25), S. 503. Zur Konjunkturausgleichsrücklage s. o. Rn. 47.
261 S. o. Rn. 58 f.
262 Vgl. aber BVerfG, Urt. v. 9. 7. 2007, 2 BvF 1/4, Rn. 144: „Auch eine langfristig besorgniserregende Entwicklung des Schuldenstandes beeinträchtigt nicht die verfassungsrechtliche Kompetenz des Gesetzgebers zu einer situationsabhängigen diskretionären Fiskalpolitik."

weit auf die Überprüfung von Nachvollziehbarkeit und Vertretbarkeit der Darlegungen des Haushaltsgesetzgebers beschränkt[263].

Jedenfalls müssen kreditfinanzierte Konjunkturprogramme stets reversibel angelegt sein[264]. Daß Art. 109 Abs. 2 GG zur Rückführung der Kreditaufnahme und zum Abbau der Staatsverschuldung verpflichtet, wurde bereits gezeigt[265]. Vor diesem Hintergrund sind kreditfinanzierte Konjunkturprogramme, die zu finanziellen Dauerbelastungen für den Staatshaushalt führen, weil sie nach Überwindung der Störung des gesamtwirtschaftlichen Gleichgewichts praktisch nicht mehr abgebaut werden können, verfassungsrechtlich unzulässig. Vor allem dürfen neue Leistungstatbestände nicht mit Kredit finanziert werden, da sich – wie die Erfahrung zeigt – soziale Besitzstände erfahrungsgemäß nur mit großen Schwierigkeiten zurückführen lassen[266]. Art. 109 Abs. 2 GG steht einer strukturellen Kreditaufnahme entgegen, soweit sie einen Schuldensockel entstehen oder ihn weiter anwachsen läßt, der den Handlungsspielraum des Staates derart dauerhaft beeinträchtigt, daß die Kreditaufnahme zukünftig nicht mehr zur konjunkturpolitischen Stabilisierung bei einer Störung des gesamtwirtschaftlichen Gleichgewichts eingesetzt werden kann. Daß eine strukturelle Staatsverschuldung nicht zur dauerhaften Hypothek für den fiskalischen Handlungsspielraum der Zukunft werden darf, folgt im übrigen auch aus dem Demokratiegebot[267]. Der Gesetzgeber sollte deshalb überlegen, Leistungsgesetze im Regelfall zu befristen, damit die Ausgaben – der Periodizität des Haushaltsplans (Art. 110 Abs. 2 GG) vergleichbar – einer regelmäßigen, formalisierten parlamentarischen Kontrolle unterliegen und sich die Rechtfertigungslast für den Fortbestand der Staatsleistung politisch auf die Begünstigten verlagert[268].

70 Reversible Konjunkturprogramme

Befristete Leistungsgesetze

c) Keine Verpflichtung zur überhöhten Kreditaufnahme bei einer Störung des gesamtwirtschaftlichen Gleichgewichts

Viele meinen, daß sich aus Art. 109 Abs. 2 GG, der Bund und Länder verpflichtet, den Erfordernissen des gesamtwirtschaftlichen Gleichgewichts Rechnung zu tragen, eine untere Grenze der staatlichen Kreditaufnahme ergibt[269]. Das geht zu weit. Angesichts der beachtlichen Kritik in der Volkswirtschaftslehre gegen das „deficit spending" des Keynesianismus, der zweifelhaften Legitimation der „pay-as-you-use"-Überlegungen und der ohnehin immensen Staatsverschuldung besteht im Falle einer sich abschwächenden

71

---

263 S. o. Rn. 63 f.
264 Vgl. *Ehrlicher* (N 36), S. 34; *Friauf* (N 2), § 91 Rn. 37 ff.; *Wendt/Elicker* (N 25), S. 500; *P. Kirchhof* (N 41), S. 141 f.
265 Rn. 46 ff., 49 ff.
266 Vgl. *Peter Badura*, Die Talfahrt der öffentlichen Finanzen und die verfassungsrechtlichen Grenzen von Staatsausgaben und Sanierungsmaßnahmen, in: FS für Mußgnug, 2005, S. 149 ff. Zur Entwicklung der Staatsverschuldung s. o. Rn. 11 ff.
267 S. o. Rn. 58 ff.
268 Vgl. etwa *Höfling* (N 2), S. 296; *P. Kirchhof* (N 41), S. 141 f.
269 So etwa *Brenner/Haury/Lipp* (N 36), S. 242; *Lappin* (N 34), S. 78 ff.; *Friauf* (N 2), § 91 Rn. 34.

Konjunktur keine Verschuldungspflicht[270]. Im übrigen: Selbst wenn Art. 109 Abs. 2 GG Bund und Länder in einer Rezessionsphase zu verstärkten Ausgaben verpflichten würde, besagte dies keineswegs, daß die zur Finanzierung erforderlichen Gelder auf dem Kreditwege unter Überschreitung der regelmäßigen Investitionsausgabengrenze beschafft werden müßten[271]. In Betracht kommt auch eine andere Prioritätensetzung. Nachfragestimulierende Investitionsvorhaben können auch durch eine Umschichtung im Haushalt zu Lasten der laufenden Staatsaufgaben finanziert werden.

Alternative Maßnahmen

3. Kein Überschreiten der Obergrenze wegen einer extremen Haushaltsnotlage

72
Eingeschränkte Finanzwirtschaft der Länder

Dem können rechtliche Grenzen entgegenstehen. Dies gilt vor allem für die Landesebene. Art. 109 Abs. 1 GG, wonach Bund und Länder in ihrer Haushaltswirtschaft selbständig und voneinander unabhängig sind, trifft auf die finanzwirtschaftliche Realität, daß die Länder in ihrer Einnahmen- und Ausgabenwirtschaft erheblich eingeschränkt sind[272]. Zum einen müssen sie die erheblichen Ausgaben bei der Ausführung von Bundesgesetzen als eigene Angelegenheiten (Art. 83, 84, 104a GG) leisten. Zum anderen beruhen auch die Einnahmen der Länder weitgehend auf bundesrechtlichen Vorgaben (vgl. Art. 105 Abs. 2 GG). Vor diesem Hintergrund hat der Berliner Verfassungsgerichtshof – ohne Not, da er eine Störung des gesamtwirtschaftlichen Gleichgewichts angenommen hatte[273] – behauptet, daß die Obergrenze der Investitionsausgaben – über den Wortlaut der dem Bundesrecht entsprechenden Kreditbegrenzungsregel hinaus – nicht nur „zur Abwehr einer Störung des gesamtwirtschaftlichen Gleichgewichts" überschritten werden kann, sondern auch, wenn eine „extreme Haushaltsnotlage" besteht[274].

73
Schutz nachfolgender Generationen

Dieser Darlegung, die der Hessische Staatsgerichtshof teilt[275], ist energisch zu widersprechen. Schon das Bundesverfassungsgericht hat betont, daß die Ausnahmeregelung des Art. 115 Abs. 1 S. 2 Hs. 2 GG „nicht den extremen Fall eines sogenannten Haushaltsnotstandes" zum Gegenstand hat[276]. Wenn das gesamtwirtschaftliche Gleichgewicht nicht gestört ist, muß die regelmäßige Verschuldungsgrenze – das heißt die Summe der Investitionsausgaben – zum Schutz der nachfolgenden Generationen eingehalten werden. Soweit dies wegen einer extremen Haushaltsnotlage nicht geschehen kann, muß die Kre-

---

270 S.o. Rn. 7, 9, 11 ff. Siehe auch *Höfling* (N 2), S. 303 ff., 306 f. (zum sog. Leverage-Effekt); *Jahndorf* (N 70), S. 102.
271 Vgl. *Heun* (N 25), S. 23; *Henseler* (N 12), S. 532.
272 Vgl. nur *Kloepfer/Rossi* (N 191), S. 320 f.
273 Zur Einordnung als obiter dictum *Pestalozza* (N 90), S. 65; *Rossi* (N 90), S. 273.
274 BerlVerfGH, Urt. v. 31. 10. 2003, in: DVBl 2004, S. 309 (311 ff.). Kritisch NWVerfGH, Urt. v. 13. 2. 2007, Tz. 63; sowie etwa *Pestalozza* (N 90), S. 65; *Kerber* (N 221), S. 694; Wolfram Höfling, Die sog. extreme Haushaltsnotlage – Anmerkungen zu einem ungeschriebenen Begriff des Finanzverfassungsrechts, in: FS für Hans Herbert v. Arnim, 2004, S. 259 (268 f.); *Rossi* (N 90), S. 273 ff.; *Badura* (N 266), S. 152 f.; *Siekmann* (N 34), Art. 115 GG Rn. 44.
275 HessStGH, Urt. v. 12. 12. 2005, in: NVwZ-RR 2006, S. 657 ff. (mit vier Sondervoten).
276 BVerfGE 79, 311 (334 f.).

ditaufnahme stets unterbleiben. Daß das Land in einer extremen Haushaltsnotlage die Fähigkeit zu einem „konjunkturgerechten Haushaltsgebaren" und zu „konjunktursteuerndem Handeln" verloren hat[277], ist im Hinblick auf die Verschuldungsgrenzen hinzunehmen. Dies gilt – was der nordrhein-westfälische Verfassungsgerichtshof mit angemessener Deutlichkeit klar gemacht hat[278] – auch für den Fall eines Regierungswechsels während des laufenden Haushaltsjahres. Der Haushaltsgeber muß mit den Folgen der Versäumnisse früherer Haushaltsgeber leben[279]. Laufende Staatstätigkeit darf nicht durch Kredite finanziert werden. Andernfalls müßten spätere Generationen Leistungen bezahlen, die ihnen nicht zugute gekommen sind[280]. Extreme Haushaltsnotlagen müssen in der Gegenwart – gegebenenfalls durch Unterstützungen des Bundes und der anderen Länder[281] – bekämpft werden[282].

IV. Kreditaufnahme bei Sonderhaushalten und anderen Nebenhaushalten des Bundes

1. Notwendigkeit einer restriktiven Auslegung des Art. 115 Abs. 2 GG

Art. 115 GG gilt grundsätzlich auch für die rechtlich unselbständigen Teile des Bundesvermögens, welche als sogenanntes Sondervermögen besonderen materiellen Zwecken gewidmet und wirtschaftlich abgesondert sind[283]. Allerdings läßt Art. 115 Abs. 2 GG eine abweichende Regelung durch Bundesgesetz zu. Angesichts der erheblichen wirtschaftlichen Bedeutung der Sondervermögen – die Kreditaufnahme des Bundes über Nebenhaushalte hat zeitweise ein Mehrfaches der direkten Kreditaufnahme betragen[284] – ist die Ausnahmeregelung problematisch. Wenn der Bundesgesetzgeber bestimmt, daß für Sondervermögen Kredite ohne die eigentlich nach Art. 115 Abs. 1 S. 1 GG erforderliche besondere gesetzliche Ermächtigung aufgenommen werden können, verzichtet das Parlament weitgehend auf die Ausübung seines Budgetrechts, zumal bei Sondervermögen in den Haushaltsplan nur die Zuführungen oder die Ablieferungen eingestellt zu werden brauchen (Art. 110 Abs. 1 S. 1 Hs. 2 GG)[285]. Vor diesem Hintergrund sollte der Bundestag von der Ausnahmebefugnis nur restriktiv Gebrauch machen. Wenn Sondervermögen Schulden aufnehmen sollen, muß dies im Haushaltsgesetz verankert sein.

74
Gefährdung des parlamentarischen Budgetrechts

---

277 Vgl. BVerfGE 86, S. 148 (266).
278 NWVerfGH, Urt. v. 13.2.2007, Tz. 48 ff.
279 So BVerfGE 79, 311 (340).
280 S.o. Rn. 4.
281 Vgl. BVerfGE 86, 148 (258 ff.); 116, 327 ff.; BerlVerfGH, Urt. v. 31.10.2003, in: DVBl 2004, S. 309 (311 f.). Kritisch aus volkswirtschaftlicher Perspektive etwa *Funke* (N 3), S. 244 ff.
282 Für die Zulässigkeit der übermäßigen Kreditaufnahme in der „Zwischenwartezeit" bis zu einer Entscheidung des Bundesverfassungsgerichts *Höfling* (N 52), S. 940.
283 Siehe nur *Puhl* (N 2), S. 497 ff., 514 ff.; *Peter Selmer*, Art. 115 Abs. 2 GG – eine offene Flanke der Staatsverschuldung, in: FS für Klaus Stern, 1997, S. 567 (574 f.). Zur Begrifflichkeit VV Nr. 2.1 zu § 26 BHO sowie etwa *Thomas Puhl*, a.a.O., 126 ff.; → oben *Isensee*, § 122 Rn. 19.
284 Vgl. *Puhl* (N 2), S. 475 ff.; *Siekmann* (N 34), Art. 115 GG Rn. 41, 53.
285 Weniger kritisch *Markus Heintzen*, in: v. Münch/Kunig, GGK III, Art. 115 Rn. 20. Zum Parlamentsvorbehalt s.o. Rn. 14 ff.

Jedenfalls muß jede Kreditaufnahme für Sondervermögen präventiv vom Parlament kontrolliert werden[286].

75
Sachlicher Grund bei Bildung von Sondervermögen

Im übrigen bedarf es wegen der Einschränkung des Budgetrechts, der Gefahren der Kreditaufnahme und aufgrund des Ausnahmecharakters der haushaltsrechtlichen Verselbständigung für Bildung von Sondervermögen eines sachlichen Grundes[287]. Der von der Absonderung zu erwartende Gewinn an Effizienz und Sachnähe muß in rechtem Verhältnis zu haushaltsrechtlichen Verlusten stehen. Naheliegend ist allenfalls die Schaffung von Bundesbetrieben, ein in Art. 110 Abs. 1 S. 1 GG ausdrücklich erwähnter Unterfall der Sondervermögen[288], da sich diese Sondervermögen den „Erfordernissen des freien Wettbewerbs anzupassen" haben[289].

76
Kreditobergrenze gilt auch bei Sondervermögen

Dem Wortlaut nach bezieht sich Art. 115 Abs. 2 GG auch auf Art. 115 Abs. 1 S. 2 GG. Danach könnte der Bund in seinen Sondervermögen Kredite aufnehmen, ohne an die grundsätzliche Obergrenze der Investitionsausgaben gebunden zu sein. Bedenkt man die Umgehungsmöglichkeiten und den Umstand, daß – wenn die Kreditaufnahme die Investitionsausgaben überschreitet – nachfolgende Generationen Leistungen finanzieren müssen, die ihnen nicht zugute gekommen sind, und den sich zu ihrer Zeit stellenden Aufgaben nicht mehr in vollem Umfang nachkommen können, ist eine teleologische Reduktion angebracht[290]. Danach dürfen die Krediteinnahmen des Bundes einschließlich der Sondervermögen die gesamten Investitionsausgaben des Bundes nur ausnahmsweise zur Abwehr einer Störung des gesamtwirtschaftlichen Gleichgewichts überschreiten. De constitutione ferenda empfiehlt sich zur Klarstellung eine Streichung von Art. 115 Abs. 2 GG[291]. Daß die Haushaltswirtschaft den Erfordernissen des gesamtwirtschaftlichen Gleichgewichts Rechnung tragen muß (Art. 109 Abs. 2 GG), gilt unbeschränkt auch für Sondervermögen. Dies ist allgemeine Auffassung[292].

77
Finanzierung der Wiedervereinigung

Die Vorschrift des Art. 115 Abs. 2 GG hat vor allem für die Finanzierung der Wiedervereinigung Deutschlands eine erhebliche Rolle gespielt, nachdem sie durch die Privatisierung von Bahn und Post – der sogenannten vorkonstitutionellen Sondervermögen[293] – zunächst weniger wichtig geworden war. Die Kosten der Einheit wurden überwiegend mit Schulden am Haushalt vorbei finanziert. Allerdings hat die Wiedervereinigung zu einer Störung des gesamt-

---

286 Siehe *Puhl* (N 2), S. 501 ff.
287 Siehe *Puhl* (N 2), S. 170 ff.; *Selmer* (N 283), S. 581 ff.; *Jahndorf* (N 70), S. 72 ff.
288 Zu dieser Einordnung *Puhl* (N 2), S. 146 ff.; *Hillgruber* (N 213), Art. 110 Rn. 48.
289 So VV Nr. 1.2. zu § 36 BHO
290 Ähnlich *Michael Kilian*, Die Nebenhaushalte des Bundes, 1993, S. 724; *Puhl* (N 2), S. 520 ff. Für eine Mißbrauchsschranke *Höfling* (N 2), S. 332 f.
291 Siehe *Joachim Wieland*, Einen und Teilen – Grundsätze der Finanzverfassung des vereinten Deutschlands, in: DVBl 1992, S. 1181 (1191); *Funke* (N 3), S. 306 ff., 458 f.; *Ferdinand Kirchhof*, Der notwendige Ausstieg aus der Staatsverschuldung, in: DVBl 2002, S. 1569 (1576); *Hans Willi Weinzen*, Offene Flanke der Staatsverschuldung schließen: Art. 115 Abs. 2 GG streichen, in: DÖV 2007, S. 509 (510 ff.); *Sachverständigenrat* (N 1), S. 118.
292 Siehe etwa *Höfling* (N 2), S. 322 f.; *Puhl* (N 2), S. 441 ff.; *Wendt* (N 55), Art. 115 Rn. 68. Allgemein zur Bedeutung von Art. 109 Abs. 2 GG für die staatliche Kreditaufnahme Rn. 44 ff.
293 Dazu *Weinzen* (N 291), S. 510 ff.

wirtschaftlichen Gleichgewichts geführt, so daß sich die zur Finanzierung der Vereinigungslasten genutzten haushaltsrechtlichen Konstruktionen – Fonds „Deutsche Einheit"[294] und Erblastentilgungsfonds – als Sonder-"Vermögen"[295] – vor Art. 115 Abs. 1 S. 2 Hs. 2 GG rechtfertigen lassen[296]. Ob es politisch sinnvoller gewesen wäre, die Kosten der Einheit durch steuerpolitische Opfer der Bevölkerung und durch Ausschöpfung aller Kürzungspotentiale in den Haushalten der Gebietskörperschaften zu finanzieren, mag hier dahinstehen[297]. Jedenfalls ist es zu begrüßen, daß der Bund mittlerweile den Schuldendienst des Erblastentilgungsfonds sowie des „Bundeseisenbahnvermögens" und des Ausgleichsfonds „Steinkohleneinsatz" in seiner Rechnung führt und die Schulden des Fonds „Deutsche Einheit" zumindest mit übernommen hat[298].

2. Keine Umgehung der Kreditvorgaben durch Schaffung juristischer Personen

Selbständige juristische Personen des öffentlichen oder des privaten Rechts werden prinzipiell weder von Art. 115 Abs. 1 GG noch von Art. 115 Abs. 2 GG erfaßt, selbst wenn sie vom Bund finanziert werden oder der Bund für ihre Verbindlichkeiten haftet. Die Vorschriften beziehen sich – wie auch Art. 110 GG – auf den Bund als juristische Person des öffentlichen Rechts. Das schließt rechtlich unselbständige Verwaltungseinheiten ein (was sich auch aus der Ausnahmeregelung des Art. 110 Abs. 1 S. 1 Hs. 2 GG ergibt), nicht aber selbständige Rechtsträger. Gegen eine finanzwirtschaftlich orientierte weite Auslegung von Art. 110 und Art 115 GG spricht vor allem die historische Perspektive[299]. So bestimmte schon § 2 Abs. 1 Nr. 4 des Ausführungsgesetzes zu Art. 99 der Preußischen Verfassung von 1850, daß die „Einnahmen und Ausgaben derjenigen zu besonderen Zwecken bestimmten Fonds, über welche dem Staate allein die Verfügung zusteht", nur dann in den „Staatshaushaltsetat" aufgenommen werden müssen, sofern diese Fonds „nicht juristische Persönlichkeit besitzen"[300].

78

Historische Perspektive

Nicht zu verkennen ist, daß die enge Auslegung der ausdrücklichen verfassungsrechtlichen Vorgaben dem Bund eine Flucht aus dem Budgetrecht und den Begrenzungen der Kreditaufnahme ermöglicht. Deshalb bedarf die Aus-

79

---

294 Vgl. *Peter Selmer*, Art. 115 Abs. 2 GG – eine offene Flanke der Staatsverschuldung, in: FS für Klaus Stern, 1997, S. 567 (569 ff.); *Gunnar Folke Schuppert*, in: Umbach/Clemens, GG II, Art. 115 Rn. 43; *Weinzen* (N 291), S. 512 ff.
295 *Siekmann* (N 34), Art. 115 GG Rn. 58, bezweifelt, ob die bloße Zusammenfassung von Schulden in einem selbständigen Fonds ein Sonder*vermögen* im Sinne des Art. 115 Abs. 2 GG ist.
296 Vgl. etwa *Höfling* (N 2), S. 330 ff.; *Wolfgang Kitterer*, Rechtfertigung und Risiken einer Finanzierung der deutschen Einheit durch Staatsverschuldung, in: Karl Heinrich Hansmeyer (Hg.), Finanzierungsprobleme der deutschen Einheit, 1993, S. 39 ff. Kritisch *Wieland* (N 291), S. 1191.
297 Kritisch etwa *Fricke* (N 149), S. 229.
298 Näher im Überblick *Siekmann* (N 34), Art. 115 GG Rn. 55
299 Vgl. BerlVerfGH, Beschl. v. 21. 3. 2003, in: NVwZ-RR 2003, S. 537 (539); *Hillgruber* (N 213), Art. 110 Rn. 19 ff. Näher *Puhl* (N 2), S. 121 ff.
300 Entsprechendes galt für Art. 69 Abs. 1 der Norddeutschen Bundesverfassung von 1867 und der Reichsverfassung von 1871 sowie für Art. 85 Abs. 1 der WRV. Der Parlamentarische Rat wollte daran nichts ändern. Die Haushaltsreform von 1969 ließ den beschränkten Anwendungsbereich unberührt.

Rechtfertigungsbedürfnis der Ausgliederung

gliederung in außerbudgetär geführte Nebenhaushalte einer parlamentsgesetzlichen Grundlage und einer besonderen Rechtfertigung[301]. Auch ist die parlamentarische Kontrolle zu gewährleisten[302]. Im übrigen ist – was oben näher ausgeführt wurde – die Flucht aus den Kreditvorgaben dadurch zu verbauen, daß die Verschuldung von juristischen Personen, die keine eigenen Sachaufgaben, sondern im wesentlichen finanzwirtschaftliche Funktionen erfüllen, als „Aufnahme von Krediten" im Sinne von Art. 115 Abs. 1 S. 1 GG angesehen und den „Einnahmen aus Krediten" im Sinne des Art. 115 Abs. 1 S. 2 GG hinzugerechnet wird[303].

V. Reformüberlegungen

80

Angesichts der geradezu rasanten Dynamik der öffentlichen Verschuldung erstaunt es nicht, daß die Beherrschbarkeit der kreditpolitischen Staatsaktivitäten und der Abbau der Altschulden derzeit heftig diskutiert werden. Die Analyse fällt ernüchternd aus. Bezieht man nicht nur die mit der offenen Verschuldung verbundenen Zins- und Tilgungslasten, sondern auch die sogenannte implizite Verschuldung ein, werden der nächsten Generation Lasten in nicht verantwortbarem Umfang aufgebürdet[304]. Die Zeit ist reif für Reformen. Dies hat auch das Bundesverfassungsgericht deutlich gemacht[305]: Das Regelungskonzept das Art. 115 Abs. 1 S. 2 GG habe sich „als verfassungsrechtliches Instrument rationaler Steuerung und Begrenzung staatlicher Schuldenpolitik in der Realität als nicht wirksam erwiesen". Weil eine übermäßige Staatsverschuldung und die damit verbundene wachsende Zinslast das Wachstum der Wirtschaft hemmen, die aktuellen Handlungsspielräume des Staates verengen und Finanzierungslasten in die Zukunft verlagern, spreche vieles dafür, „die gegenwärtige Fassung des Art. 115 GG in ihrer Funktion als Konkretisierung der allgemeinen Verfassungsprinzipien des demokratischen Rechtsstaats für den speziellen Bereich der Kreditfinanzierung staatlicher Aufgaben nicht mehr als angemessen zu werten und verbesserte Grundlagen für wirksame Instrumente zum Schutz gegen eine Erosion gegenwärtiger und künftiger Leistungsfähigkeit des demokratischen Rechts- und Sozialstaats zu schaffen".

Kritik des BVerfG an Art. 115 GG

---

301 Vgl. *Kilian* (N 290), S. 545 ff.; *Puhl* (N 2), S. 167 ff., 175 ff.; *Hillgruber* (N 213), Art. 110 Rn. 21.
302 Wie hier *Puhl* (N 2), S. 158, 189 ff., 210 ff.; *Andreas Nebel*, in: Erwin Piduch (Begr.), Bundeshaushaltsrecht, 40. Erg.-Lfg. 2004, Art. 110 Rn. 37.
303 S. o. Rn. 21 f., 29.
304 Zur offenen und impliziten Staatsverschuldung s. o. Rn. 11 ff.
305 BVerfG, Urt. v. 9. 7. 2007, 2 BvF 1/4, Rn. 133 f.

1. Ausgangspunkt: Restriktive Auslegung der verfassungsrechtlichen Verschuldungsvorgaben

Manche betrachten die Verschuldenspolitik der letzten Jahrzehnte als eine „Geschichte der permanenten Mißachtung des Verfassungsrechts"[306]. Dennoch hat das Bundesverfassungsgericht die „naheliegende Schlußfolgerung", daß „die Dichte der – in der Vergangenheit offenbar nicht wirksamen – verfassungsgerichtlichen Kontrolle erhöht werden müsse", nicht gezogen und allein dem verfassungsändernden Gesetzgeber die „Auswahl und Institutionalisierung von Regeln" aufgegeben, die „für gegebene Verschuldungsspielräume einen Ausgleich über mehrere Haushaltsjahre sicherstellen" und dabei „in geeigneter Weise dem Anreiz zur Verschiebung von Ausgleichslasten auf nachfolgende Generationen entgegenwirken"[307]. Dieser Zurückhaltung sind die Verfassungsrichter Udo Di Fabio und Rudolf Mellinghoff in einem Sondervotum vehement entgegengetreten[308]. Art. 115 GG sei in seinem Sinn und Zweck über Jahrzehnte mißachtet worden. Eine unkontrollierte Talfahrt der öffentlichen Finanz- und Haushaltswirtschaft könne nicht so sehr durch rechtspolitische Forderungen nach besseren Bremsen verlangsamt werden, sondern zuallererst durch die Betätigung der bereits vorhandenen Bremsen. Nach Auffassung von Herbert Landau läßt die Senatsmehrheit jedes Bemühen vermissen, der exzessiven staatlichen Schuldenpolitik durch eine gebotene restriktive Anwendung des Normprogramms von Art. 109 Abs. 2 und Art. 115 Abs. 1 S. 2 GG Grenzen zu setzen[309].

81 Uneinigkeit des BVerfG

Daß das Grundgesetz de lege lata eine restriktive Auslegung der Vorgaben zur Staatsverschuldung verlangt, wurde bereits dargelegt. Demnach muß erstens eine Flucht aus dem Kreditverfassungsrecht dadurch verhindert werden, daß nicht nur die unmittelbaren Staatskredite, sondern auch die Kreditaufnahme Dritter, die wirtschaftlich einer Kreditaufnahme des Staates gleichkommen, dem Parlamentsvorbehalt und der Kreditobergrenze unterworfen werden[310]. Zweitens ist das die Kreditaufnahme regelmäßig begrenzende Investitionsvolumen netto zu berechnen[311]. Um dem Junktim zwischen zukunftsbelastender Staatsverschuldung und zukunftsbegünstigender Investition gerecht zu werden, müssen von den im Haushaltsplan veranschlagten Investitionsausgaben der Wertverlust der Vermögensgegenstände, die Vermögensveräußerungen sowie die Einnahmen aus Darlehensrückflüssen und der Inanspruchnahme von Gewährleistungen abgezogen werden. Zuweisungen und Zuschüsse zur Finanzierung von Investitionen Dritter können nur dann einbezogen werden, wenn die Gefahr des Mißbrauchs durch Auflagen begrenzt wird. Auch darf es nicht zu einer Doppelveranschlagung in den Haushaltsplänen des Gebers und des Empfängers kommen. Schließlich ist das

82 Verhinderung der Budgetflucht

Begrenzung auf Nettoinvestitionen

Keine Doppelveranschlagung

---
306 So *Höfling* (N 52), S. 935.
307 BVerfG, Urt. v. 9.7.2007, 2 BvF 1/4, Rn. Rn. 135.
308 Sondervotum *Di Fabio/Mellinghoff* (N 31), Rn. 162 f.
309 Sondervotum *Landau* (N 42), Rn. 204.
310 Zur ökonomischen Auslegung s. o. Rn. 21 f., 29.
311 S. o. Rn. 33 ff.

§ 123　　　*Achter Teil: III. Finanzwesen*

Globale Minderausgaben

Maß der berücksichtigungsfähigen Investitionsausgaben zu mindern, wenn der Einsatz der investiven Ausgabemittel durch Ausweisung einer globalen Minderausgabe reduziert ist. Drittens muß das Kredit-Investitions-Junktim zur Vermeidung von Umgehungen auch im Haushaltsvollzug gelten[312]. Die Exekutive darf Kredite nur in der Höhe aufnehmen, in der Investitionsausgaben tatsächlich geleistet werden.

83

Ständige Beachtung des gesamtwirtschaftlichen Gleichgewichts

Viertens muß die Entscheidung über die Höhe der Neuverschuldung auch außerhalb von Störungslagen entsprechend den Erfordernissen des gesamtwirtschaftlichen Gleichwichts getroffen werden[313]. Insofern – und im Hinblick auf die in dem Steuerstaatsprinzip, dem Wirtschaftlichkeitsgrundsatz und dem Demokratiegebot fundierte grundsätzliche Nachrangigkeit der Kreditaufnahme gegenüber der Steuerfinanzierung[314] – besteht ein finanzwirtschaftliches Übermaßverbot. In wirtschaftlichen Normallagen muß die Neuverschuldung deutlich unterhalb der Investitionssumme liegen. Eine prozyklische Finanzpolitik ist stabilitätswidrig, da sie die Schwankungen der Konjunkturzyklen verstärkt. In einer guten Konjunktur muß die Verschuldung zur Vorsorge für Zeiten eines Abschwungs zurückgeführt werden. Von der Ausnahmebefugnis zur Überschreitung der investitionsbezogenen Deckungsregel darf –

Überschreitung der Kreditobergrenze als Ausnahme

fünftens – nur Gebrauch gemacht werden, wenn das gesamtwirtschaftliche Gleichgewicht ernsthaft und nachhaltig gestört ist[315]. Kurzfristige Nachfrageschwächen reichen nicht aus. Zudem muß die überhöhte Kreditaufnahme dem Gebot der Verhältnismäßigkeit entsprechen[316]. Das Parlament muß sich auch mit den in der Volkswirtschaftslehre gegen die Eignung der Kreditaufnahme vorgebrachten Einwänden auseinandersetzen. Eine die regelmäßige Obergrenze überschreitende Verschuldung ist nur zulässig, wenn es keine Alternativen gibt und die Kreditfinanzierung des Konsums nicht außer Verhältnis zu den Belastungen der nachfolgenden Generationen steht. Als milderes Mittel kommt vor allem die Erhöhung der Investitionsausgaben in Betracht, die den regelmäßigen Kreditspielraum ausweitet. Im Hinblick auf die Angemessenheit der Kreditaufnahme ist zu berücksichtigen, daß die mit der Staatsverschuldung verbundene Zukunftsbelastung das demokratische

Keine Ausnahmeregelung für Sondervermögen

Prinzip in Frage stellt. Schließlich ist – sechstens – die Ausnahmeregelung für die Sondervermögen des Bundes restriktiv zu handhaben[317]. Die Verschuldung der Sondervermögen ist in das Kredit-Investitions-Junktim einzubeziehen. Zur Klarstellung empfiehlt sich de constitutione ferenda eine Streichung von Art. 115 Abs. 2 GG.

312　S. o. Rn. 41 ff.
313　S. o. Rn. 44 ff.
314　S. o. Rn. 55 ff.
315　S. o. Rn. 62.
316　S. o. Rn. 65 ff.
317　S. o. Rn. 74 ff.

2. Empfehlungen zur Begrenzung der Neuverschuldung und zum Abbau der Altschulden

Die Frage der Verschuldungsbegrenzung ist letztlich weniger rechtlich als politisch zu beantworten. Das Parlament hat einen mit einer Darlegungsverpflichtung korrespondierenden Einschätzungs- und Beurteilungsspielraum. Die Erwägungen sind verfassungsgerichtlich nur auf Nachvollziehbarkeit und Vertretbarkeit zu überprüfen[318]. Zu einer verfassungsgerichtlichen Kontrolle kommt es erst gar nicht, wenn die im Normenkontrollverfahren nach Art. 93 Abs. 1 Nr. 2 GG Antragsbefugten hieran nicht interessiert sind, etwa weil die Regierung von einer großen Koalitionen getragen wird oder sich die Opposition ihren zukünftigen Handlungsspielraum als Regierung nicht durch Verfassungsrechtsprechung einschränken lassen bzw. die Gunst der normalerweise nicht auf gegenwärtige Sparsamkeit bedachten Wähler nicht verscherzen will[319]. Daher spricht de constitutione ferenda viel dafür, den Kreis der Antragsbefugten um den Bundesrechnungshof zu erweitern, der in einer institutionellen Distanz zur Regierung steht und zudem über das erforderliche Fachwissen verfügt[320]. Im übrigen läßt sich, selbst wenn sich Kläger gegen das Haushaltsgesetz finden, die Verschuldung nicht nachträglich durch Urteilsspruch beseitigen (was der Zulässigkeit der Normenkontrolle freilich nicht entgegensteht[321]).

84

Bundesrechnungshof als Antragsbefugter im Normenkontrollverfahren

a) Neuorientierung des Verfahrens zur Aufstellung des Haushaltsplanes

Zur Begrenzung der Neuverschuldung sollte zum einen das Verfahren zur Aufstellung des Haushaltsplanes geändert werden. Die traditionelle Haushaltsplanung verläuft von unten nach oben („bottom-up")[322]. Die für die jeweiligen Einzelpläne zuständigen Stellen werden aufgefordert, die sogenannten Voranschläge zu übersenden, die neben Einnahmeschätzungen vor allem Bedarfsanmeldungen enthalten (§ 27 Abs. 1 S. 1 BHO). Politisch wird über den Bedarf, nicht über die Verteilung der vorhandenen Mittel entschieden. Dabei gehört es zu den Üblichkeiten des Verfahrens, mögliche Budgetkürzungen durch einen taktischen Zuschlag vorwegzunehmen (sogenannte Padding-Strategien) oder Folgekosten eines Projekts bewußt niedrig zu veranschlagen, um durch die Irreversibilität eines einmal begonnenen Vorhabens den Dienststellenetat auszudehnen. Zudem beruhen überhöhte Voranschläge auf der Erkenntnis, daß sich Einsparungen oft in Mittelkürzungen in den Haushaltsplanungen der Folgejahre niederschlagen[323]. Die Expansionsautomatik („adding-machine approach"[324]) entspricht dem Bürokratiemodell von

85

Problem überhöhter Bedarfsanmeldungen

---

318 S. o. Rn. 52 ff., 63 f., 66 ff.
319 Vgl. *Wieland* (N 26), S. 753 f.; *Engels/Hugo* (N 41), S. 453. Zur sog. ökonomischen Theorie der Politik s. o. Rn. 15.
320 Siehe *Rossi* (N 90), S. 275 f. Kritisch *Sachverständigenrat* (N 1), S. 113.
321 Vgl. BVerfGE 37, 311 (327).
322 Ausführlich *Gröpl* (N 86), 112 ff.; *Pünder* (N 18), S. 93 ff., 184 ff.
323 Vgl. *Gröpl* (N 86), S. 158 ff.; *Pünder* (N 18), S. 186 ff.
324 *Paul Senf*, Kurzfristige Haushaltsplanung, in: Fritz Neumark (Hg.), Handbuch der Finanzwissenschaft, Bd. I, ³1977, S. 371 (382).

William A. Niskanen, wonach das Wachstum von Staatsaufgaben durch budgetmaximierende bürokratische Akteure begründet wird[325].

86
Überhöhte Einnahmenschätzung

Verschärft wird die Misere dadurch, daß die Regierung die Einnahmeentwicklung – obwohl es eine Pflicht zur „Schätzgenauigkeit" gibt[326] – zunächst oft überschätzt[327]. Realistische Angaben über die zu erwartenden Steuern liegen erst mit den sogenannten Novemberschätzungen am Ende der Haushaltsberatungen – das heißt in der Regel eine Woche vor der sogenannten Bereinigungssitzung des Haushaltsausschusses – vor. Dabei wird üblicherweise deutlich, daß die Einnahmen erheblich hinter den Ausgabeansätzen zurückbleiben (was in Politik und Öffentlichkeit zu den angesichts der zu optimistischen Prognosen überzogenen Hiobsbotschaften von einer Finanzkrise führt[328]). Dann kommt es fast zwangsläufig zu einer Erhöhung der Nettokreditaufnahme, um den Haushalt formell auszugleichen (Art. 110 Abs. 1 S. 2 GG), da wegen der Pflicht zur Vorherigkeit des Haushalts (Art. 110 Abs. 2 S. 1 GG) eine detaillierte Beratung über Ausgabenkürzungen kaum noch möglich ist.

87
Umstellung vom „bottom-up"-Prozeß auf das „top-down"-Verfahren

Dieser die Verschuldung treibende Mechanismus kann vermieden werden, wenn der Plan einnahmeorientiert aufgestellt wird[329]. Am Anfang muß ein „Kassensturz" stehen, bei dem die realistisch zu erwartenden Einnahmen ohne Kredite bestimmt werden. Hieraus ergibt sich die zu verteilende Finanzmasse, die im folgenden Haushaltsverfahren als Obergrenze der Ausgaben nicht überschritten werden darf. Auf dieser Grundlage sollte das Parlament in einem Eckwertebeschluß die verfügbaren Haushaltsmittel auf die Einzelpläne verteilen[330]. Hier werden dann politische Prioritäten bzw. (in Zeiten von Finanzierungsengpässen) Posterioritäten gesetzt. Das Verfahren wird sich als eine politische Herausforderung darstellen, da die Obergrenze der Ausgaben allein von der Einnahmeentwicklung bestimmt wird. Erforderlichenfalls muß der Haushalt durch Ausgabenkürzungen, nicht durch Steuererhöhungen oder gar Kreditaufnahmen ausgeglichen werden. Die schweizerische Bundesverfassung bestimmt seit 2001 in Art. 126 Abs. 2 ausdrücklich, daß sich „der Höchstbetrag der im Voranschlag zu bewilligenden Gesamtausgaben unter

---

325 Vgl. *William A. Niskanen*, Bureaucracy and Representative Government, Chicago, 1971; ders., Bureaucracy: Servant or Master, London, 1973.
326 Das BVerfG, Urt. v. 9.7.2007, 2 BvF 1/4, Rn. 104, betont, daß die Pflicht zur Schätzgenauigkeit nicht nur durch bewußt falsche, sondern auch durch „gegriffene" Etatsätze trotz naheliegender Möglichkeiten besserer Informationsgewinnung verletzt werden kann. Die Schätzungen müßten aus der Sicht ex ante sachgerecht und vertretbar ausfallen.
327 Siehe *Engels/Hugo* (N 41), S. 451.
328 Vgl. *Ferdinand Kirchhof*, Das Haushaltsrecht als Steuerungsressource – Neue Steuerungstechniken im Staatshaushalt zum Abbau seines strukturellen Defizits, in: DÖV 1997, S. 749 f.; *Peter Bofinger*, in: Sachverständigenrat (N 1), S. 171.
329 Vgl. *Gröpl* (N 86), S. 228 ff.; *Pünder* (N 18), S. 372 ff.; *Engels/Hugo* (N 41), S. 451; *Sachverständigenrat* (N 1), S. 5, 83 ff.
330 Den einzelnen Fachbereichen ist dann ein Globalbudget zuzuweisen, weil die aufgabenvollziehenden Fachabteilungen die Rationalisierungs- und Kürzungspotentiale besser kennen. Vgl. zu den damit verbundenen Fragen *Hermann Pünder*, Verfassungsrechtliche Vorgaben für die Normierung neuer Steuerungsmodelle, in: DÖV 2001, S. 70 ff.; aus Sicht der Praxis *Helga Bickeböller/Frank Möller*, Politische Steuerung unter dem neuen Haushalts- und Rechnungswesen, in: Hermann Pünder (Hg.), Neues öffentliches Finanzmanagement – Das doppische Haushalts- und Rechnungswesen: Reform und erste Erfahrungen, 2007, S. 65 ff.

Berücksichtigung der Wirtschaftslage nach den geschätzten Einnahmen (richtet)." Schweden hat nach einer Haushaltskrise die Haushaltsplanung schon ab Mitte der 1990er Jahre von einem „bottom-up"-Prozeß auf das „top-down"-Verfahren umgestellt – und damit bemerkenswerte Konsolidierungserfolge erreicht: Seit Jahren werden Haushaltsüberschüsse erzielt. Die Schuldenquote ist deutlich zurückgegangen[331].

Dem erwähnten Kassensturz kann die sogenannte Frühjahrsschätzung der Steuereinnahmen zugrunde gelegt werden[332]. Zur Vorsicht sollte von den prognostizierten Einnahmen ein Abschlag vorgenommen werden[333]. Insofern kann auf Kanada verwiesen werden. Dort gelang eine Haushaltskonsolidierung, nachdem sich die Haushaltsplanung konsequent am Vorsichtsprinzip ausrichtete und zudem eine Sicherheitsreserve („contingency reserve") eingeführt wurde, die nur in Notfällen ausgeschöpft werden darf und ansonsten für den Schuldenabbau eingesetzt wird[334]. Manche meinen, daß eine solche Umstellung des Haushaltsplanungsverfahrens verfassungsrechtlich geboten ist[335]. Wie dem auch sei; sicher ist, daß eine Neuordnung der Haushaltsplanung die verfassungsrechtlich geforderte grundsätzliche Nachrangigkeit der Kreditaufnahme eindeutig besser als bisher zur Geltung brächte[336].

88
Orientierung an der Frühjahrsschätzung der Steuereinnahmen

b) Materieller Haushaltsausgleich

Zum anderen sollte sich der Haushaltsgeber in gesamtwirtschaftlichen Normallagen zu einem materiellen Haushaltsausgleich durchringen, in dem die Einnahmen die Ausgaben ohne Kredite decken. Das wäre eine Ideallösung zum Ausstieg aus der Schuldenspirale[337]. Auch die Kreditfinanzierung von Investitionen sollte nur in Ausnahmefällen möglich sein[338]. In Bayern wurde ausdrücklich, allerdings nur einfachgesetzlich normiert, daß der Staatshaushalt regelmäßig ohne Einnahmen aus Krediten ausgeglichen werden soll (Art. 18 Abs. 1 LHO)[339]. Art. 110 Abs. 1 S. 2 GG, wonach der Haushaltsplan in Einnahme und Ausgabe auszugleichen ist, legt einen materiellen Haushaltsausgleich zwar nahe[340], verlangt ihn aber nicht. Nach bislang einhelliger Auffassung und angesichts der langjährigen Staatspraxis ist ein formeller Haushaltsausgleich genügend, der die Einnahmen aus Krediten einbezieht[341]. Notwendig ist eine politische Entscheidung, die sich – insofern hat das Bundesver-

89
Notwendigkeit einer Verfassungsänderung

---

331 Siehe *Bertelsmann-Stiftung*, Erfolgreiche Budgetkonsolidierungen im internationalen Vergleich, 2006, S. 76; *Engels/Hugo* (N 41), S. 455.
332 Zur Frage, ob die Prognosen verbindlich auf eine unabhängige Institution ausgelagert werden sollten, *Sachverständigenrat* (N 1), S. 899 (i. E. ablehnend).
333 Vgl. auch Sondervotum *Di Fabio/Mellinghoff* (N 31), Rn. 193.
334 Siehe *Bertelsmann-Stiftung* (N 331), S. 101; *Engels/Hugo* (N 41), S. 455.
335 So *Engels/Hugo* (N 41), S. 451.
336 Zur Nachrangigkeit der Kreditaufnahme s. o. Rn. 54 ff.
337 So *F. Kirchhof* (N 291), S. 1573.
338 S. u. Rn. 90, 93 f. A. A. ist der *Sachverständigenrat* (N 1), S. 4, 74 ff.
339 Rechtsgrundlage ist Art. 82 S. 1 BayVerf, der bestimmt, das „im Wege des Kredits Geldmittel nur bei außerordentlichem Bedarf beschafft werden (dürfen)."
340 Vgl. insbesondere Sondervotum *Di Fabio/Mellinghoff* (N 31), Rn. 166 ff.
341 S. o. Rn. 59. Vgl. zu den Überlegungen, Art. 110 Abs. 1 S. 2 GG eine materielle Aussage zu entnehmen, etwa *Puhl* (N 2), S. 494 ff.; sowie Sondervotum *Di Fabio/Mellinghoff* (N 31), Rn. 168 ff.

§ 123　　　*Achter Teil: III. Finanzwesen*

90
Kein absolutes Verschuldungsverbot

Bundesverfassung der Schweiz als Vorbild

fassungsgericht recht³⁴² – zur langfristigen Begrenzung der Staatsverschuldung in einer Verfassungsänderung niederschlagen sollte³⁴³.

Dabei kann das Erfordernis zur Beeinflussung von Konjunkturzyklen weiterhin Beachtung finden³⁴⁴. Ein absolutes Verschuldungsverbot empfiehlt sich nicht³⁴⁵ (und dürfte von der Politik auch kaum akzeptiert werden). So darf in Bayern nach Art. 18 Abs. 2 LHO eine Nettokreditaufnahme bis zur Höhe des Investitionsvolumens eingestellt werden, soweit sie notwendig ist, um den Erfordernissen des gesamtwirtschaftlichen Gleichgewichts Rechnung zu tragen, oder aus einem vergleichbar schwerwiegenden Grund. Eine Bindung an die Haushaltsperiodizität empfiehlt sich nicht, da diese den Konjunkturzyklen widerspricht³⁴⁶. Man sollte insoweit dem schweizerischen Vorbild folgen: Art. 126 Abs. 1 der Bundesverfassung legt nur fest, daß der Bund seine Ausgaben und Einnahmen „auf Dauer" im Gleichgewicht zu halten hat. Da Einnahmen und Ausgaben für das einzelne Haushaltsjahr differieren dürfen, kann der Staat die Konjunktur in Rezessionen weiterhin anfachen und in Wachstumsphasen eine prozyklische Ausgabenpolitik vermeiden³⁴⁷. Die absolute Verschuldung muß aber über einen Konjunkturzyklus hinweg stabilisiert werden und bei fortgesetztem Wirtschaftswachstum sinken³⁴⁸. Zudem sollte – wie in der Schweiz (Art. 126 Abs. 2 der Bundesverfassung) – der Höchstbetrag der Gesamtausgaben „unter Berücksichtigung der Wirtschaftslage" nach den geschätzten Einnahmen berechnet, mithin um einen „Konjunkturfaktor" erhöht oder vermindert werden³⁴⁹. Folgt man dem, dürfen die Ausgaben die Einnahmen in wirtschaftlich schlechteren Jahren überschreiten, müssen aber – damit die Einnahmen und Ausgaben „auf Dauer" im Gleichgewicht sind – die Einnahmengrenze unterschreiten, wenn die Wirtschaft überdurchschnittlich wächst. Läßt man wie in Bayern – anders als nach gegenwärtigem Bundesverfassungsrecht³⁵⁰ – die Kreditaufnahme auch bei einer Störung des gesamtwirtschaftlichen Gleichgewichts nur bis zur Höhe der Investitionsausgaben zu³⁵¹, wird die Neuverschuldung zusätzlich begrenzt.

91　Weiter sollte – wie im schweizerischen Recht (Art. 126 Abs. 3) – geregelt werden, daß der regelmäßige Höchstbetrag bei einem „außerordentlichen Zah-

---

342 BVerfG, Urt. v. 9. 7. 2007, 2 BvF 1/4, Rn. 135.
343 Vgl. zu den verschiedenen Gesetzesinitiativen *Engels/Hugo* (N 41), S. 454 f. Änderungen von Art. 115 und Art. 109 GG sind auch auf der Agenda der nächsten Phase der Föderalismusreform. Vgl. BT-Drs 16/3885 v. 14. 12. 2006.
344 Allgemein dazu s. o. Rn. 8 ff.
345 So auch *Sachverständigenrat* (N 1), S. 73 ff., 86 ff.
346 Vgl. *Ehrlicher* (N 36), S. 37 f.
347 Siehe *P. Kirchhof* (N 41), S. 144 f. Vgl. zur Gefahr, daß eine Schuldenschranke zu einer prozyklischen Politik führt, die „andere Meinung" von *Peter Bofinger*, in: Sachverständigenrat (N 1), S. 165 ff.
348 Vgl. *René Stauffer*, in: Bernhard Ehrenzeller/Philipp Mastronardi/Rainer J. Schweizer/Klaus A. Vallender (Hg.), St. Galler Kommentar zur schweizerischen Bundesverfassung, 2002, Art. 126 Rn. 9; *Andreas Glaser*, Begrenzung der Staatsverschuldung – Ein Vergleich deutscher und schweizerischer Regelungen, in: DÖV 2007, S. 98 (100). Zur Tilgungspflicht in Deutschland de constitutione lata s. o. Rn. 49 f.
349 Vgl. dazu *Engels/Hugo* (N 41), S. 454.
350 S. o. Rn. 61 ff.
351 A. A. *Sachverständigenrat* (N 1), S. 74 ff.

lungsbedarf" – gemeint sind etwa schwere Naturkatastrophen oder einmalige Ereignisse wie die deutsche Wiedervereinigung (nicht aber Rezessionen, da diese bereits von der grundsätzlichen Höchstgrenze erfaßt werden[352]) – ausnahmsweise erhöht werden darf, da eine Finanzierung über Steuern die gegenwärtige Generation unvertretbar hoch belasten würde. Die Entscheidung hierüber sollte durch Bundesgesetz getroffen werden, das, da die Staatsverschuldung des Bundes auch Auswirkungen auf die Länder hat, der Zustimmung des Bundesrates bedürfte. Eine zusätzliche Begrenzung träte ein, wenn für die Beschlußfassung in beiden Kammern eine Zweidrittelmehrheit verlangt würde[353]. *Ausnahmen nur bei außerordentlichem Zahlungsbedarf*

Notwendig ist schließlich ein (virtuelles) Ausgleichskonto als Gedächtnis der Schuldenschranken[354]. Dies ist die eigentliche „Schuldenbremse"[355]. Verhindert werden muß, daß der Grundsatz des materiellen Haushaltsausgleichs durch die Inanspruchnahme der Ausnahmeregeln konterkariert wird. Die auf dem Ausgleichskonto festgehaltenen Belastungen müssen in den Folgejahren abgebaut werden. Art. 126 der schweizerischen Bundesverfassung bestimmt, daß, wenn die in der Staatsrechnung ausgewiesenen Gesamtausgaben die normierten Höchstbeträge überschreiten, die Mehrausgaben in den Folgejahren zu kompensieren sind[356]. Dieser Sanktionsmechanismus (der gegebenenfalls verfassungsgerichtlich durchzusetzen ist[357]) würde die Einhaltung der Kreditbegrenzungsnormen wirksam unterstützen[358]. Erstmals würde eine echte Tilgung aufgenommener Schulden erreicht. Darüber hinaus mag man an Sanktionen denken, die die Steuerzahler unmittelbar belasten, etwa an einen zweckgebundenen Zuschlag auf die Einkommensteuerschuld („Schuldensoli")[359]. **92** *Virtuelles Ausgleichskonto*

c) Nettoneuverschuldung zur Finanzierung von Investitionen?

Die hier vorgeschlagenen Regeln akzeptieren zwar Kreditaufnahmen als konjunkturpolitisches Gestaltungsmittel, berücksichtigen aber den überkommenen Gedanken, wonach (Netto-)Investitionen zur gerechten Lastverteilung **93** *Keine investitionsorientierte Verschuldung mehr*

---

352 A.A. *Engels/Hugo* (N 41), S. 454; *Sachverständigenrat* (N 1), S. 56, 86 f.; für die Schweiz *Stauffer* (N 348), Art. 126 Rn. 32. Wie hier *P. Kirchhof* (N 41), S. 145. Noch restriktiver *F. Kirchhof* (N 144), S. 251.
353 So *Sachverständigenrat* (N 1), S. 4, 101. Vgl. auch *P. Kirchhof* (N 41), S. 144 f. In der Schweiz hat darüber hinaus die Bundesversammlung mit Zustimmung der Mehrheit der Mitglieder jeder der beiden Räte zu beschließen
354 Näher *Sachverständigenrat* (N 1), S. 6, 87 ff.
355 Vgl. dazu *Graser* (N 207), S. 214 ff.; *Engels/Hugo* (N 41), S. 454.
356 Dazu *Stauffer* (N 348), Art. 126 Rn. 18. Kantonale Vorschriften sind präziser, da sie eine zwingende zeitliche Vorgabe für die Kompensation von bis zu fünf Jahren enthalten. Vgl. *Andreas Glaser*, Begrenzung der Staatsverschuldung – Ein Vergleich deutscher und schweizerischer Regelungen, in: DÖV 2007, S. 98 (101 ff.).
357 Zu Reformüberlegungen hinsichtlich des Normenkontrollverfahrens s.o. Rn. 84.
358 Vgl. die vom *Sachverständigenrat* (N 1), S. 123 ff., vorgenommene retrospektive Berechnung bei Einführung der von ihm vorgeschlagenen Schuldenschranken. In der Schweiz soll der Trend zur zunehmenden Verschuldung seit der Reform zum Stillstand gekommen sein. Vgl. *Glaser* (N 356), S. 99.
359 Siehe *Sachverständigenrat* (N 1), S. 8.

zwischen den Generationen finanziert werden sollten, nur für den Ausnahmefall einer Störung des gesamtwirtschaftlichen Gleichgewichts. Zugrunde liegt nicht nur die Überlegung, daß die Legitimität des „pay-as-you-use"-Arguments zweifelhaft ist, weil späteren Generationen fremde Präferenzen zu Lasten eigener Gestaltungsspielräume oktroyiert werden, sondern vor allem auch, daß auf die zukünftigen Generationen schon jetzt Schuldenlasten in nicht verantwortbarer Höhe verlagert wurden[360]. In der Schweiz ist eine investitionsorientierte Verschuldung überhaupt nicht vorgesehen; die Zustimmungsquote in der Volksabstimmung von 2001 zu dieser Änderung der Bundesverfassung lag bei 84,7 %. Das Gebot der gerechten Lastenverteilung verlangt nicht nur die Aufnahme neuer Schulden zur Investitionsfinanzierung nicht. Im Gegenteil: Die bestehenden Schulden müssen abgebaut werden[361]. Es sollte – um eine jährliche Debatte zu vermeiden – verfassungsgesetzlich festgelegt werden, daß außerordentliche Einnahmen (zum Beispiel Steuermehreinnahmen und Privatisierungserlöse) in Abkehr vom haushaltsrechtlichen Grundsatz der Gesamtdeckung (§ 8 S. 1 BHO) zweckgebunden (§ 8 S. 2 BHO) für die Tilgung von Altschulden zu verwenden sind[362].

Verwendung außerordentlicher Einnahmen zur Schuldentilgung

94 Will man die Kreditfinanzierung von Investitionen – der „Goldenen Regel der Finanzpolitik" entsprechend[363] – weiterhin auch in gesamtwirtschaftlichen Normallagen zulassen, muß jedenfalls, was bereits gezeigt wurde[364], der herkömmliche Investitionsbegriff dadurch korrigiert werden, daß Minderungen des staatlichen Vermögens abgezogen werden: Abschreibungen sind herauszurechnen, Einnahmen aus „Desinvestitionen" gegenzurechnen. Zudem sind Doppelzählungen bei verschiedenen Gebietskörperschaften zu vermeiden. Am besten wäre eine Rückkehr zur konkreten Objektfinanzierung in Anlehnung an die Rechtslage vor der Verfassungsreform[365]. Sichergestellt werden muß, daß Nutzungsdauer und Investitionsausgaben sich entsprechen und der Schuldendienst aus sofortdeckenden Einnahmen bestritten und spätestens mit Ende des wirtschaftlichen Nutzungszeitraums abgeschlossen wird.

Rückkehr zur konkreten Objektfinanzierung

d) Sonstige Empfehlungen

95 Weitere Empfehlungen ergeben sich aus der Analyse der herkömmlichen Verfassungsvorgaben. Zum einen sollte das Parlament, auch wenn es verfassungsrechtlich nicht dazu verpflichtet ist, Kreditermächtigungen nicht in Fachgesetzen erteilen, sondern in das Haushaltsgesetz aufnehmen[366]. Dies trägt dem

Befristete Kreditermächtigungen im Haushaltsgesetz

---

360 S. o. Rn. 7, 11 ff.
361 S. o. Rn. 49 ff.
362 Für eine Zweckbindung der Steuermehreinnahmen zur Tilgung von Altschulden *P. Kirchhof* (N 41), S. 143.
363 S. o. Rn. 3 ff.
364 S. o. Rn. 33 ff. Ausführlich *Sachverständigenrat* (N 1), S. 3 ff., 75 ff.
365 S. o. Rn. 27. Vgl. für einen Normierungsvorschlag *Gröpl* (N 45), S. 229 f.
366 S. o. Rn. 16.

Umstand Rechnung, daß zwischen Kreditaufnahme und Ausgabenbewilligung ein enger Zusammenhang besteht und die Öffentlichkeit Informationen über die Kreditbelastung gerade hier und mit Recht erwartet. Zudem sollten die Parlamentarier die Kreditermächtigungen zeitlich begrenzen, um zu verhindern, daß ein Kreditmehrbedarf im Haushaltsvollzug durch vorhandene Restkreditermächtigungen geräuschlos aufgefangen werden kann[367].

3. Ergänzende Reform des Haushaltsrechts

Da es für die Umsetzung der Reformvorhaben vor allem auf den politischen Willen von Regierung, Parlament und Wählerschaft ankommt, empfiehlt sich ergänzend für das Haushaltsrecht ein Paradigmenwechsel. Das Bewußtsein für die Notwendigkeit der Verschuldungsbegrenzung und des Abbaus von Altschulden ist zu schärfen. Das traditionelle „Geldverbrauchskonzept" (a) ist auf ein umfassendes „Ressourcenverbrauchskonzept" umzustellen (b), damit nicht nur die offene, sondern auch die implizite Staatsverschuldung deutlich wird[368].

96 Paradigmenwechsel im Haushaltsrecht

a) Mängel des Geldverbrauchskonzepts der kameralistischen Haushaltsplanung

Die „kamerale" Haushaltsplanung krankt daran, daß sie als bloße Einnahmen- und Ausgabenrechnung (vgl. Art. 110 Abs. 1 S. 1 GG) kein klares Bild über den Gesamtressourcenverbrauch liefert, da die nicht kassenwirksamen Kosten nicht erfaßt werden und somit unberücksichtigt bleibt, welche Ressourcen tatsächlich zur Erstellung einer bestimmten Leistung verzehrt werden („Full Accrual-Accounting"[369])[370]. Nicht einbezogen werden im gegenwärtigen Cash-Accounting vor allem Abschreibungen (als Äquivalent für den Werteverlust), kalkulatorische Eigenkapitalzinsen (als Ausdruck für das gebundene Kapital), der in der Haushaltsperiode (zum Beispiel durch Pensionszusagen oder unterlassene Bauunterhaltungen) angelegte Aufwand künftiger Haushaltsjahre und Kosten interner Leistungen. Auf diese Weise werden „finanzielle Illusionen" aufrechterhalten, statt ein realistisches Bild der finanziellen Lage und der aufgrund von Entscheidungen in Gegenwart und Vergangenheit zu erwartenden künftigen finanziellen Belastungen zu vermit-

97 Kein realistisches Bild der finanziellen Lage

---

367 S. o. Rn. 18.
368 Vgl. dazu umfassend unter Einbezug des Verwaltungsorganisationsrechts *Pünder* (N 18), S. 178 ff., 323 ff. Zum Stand der Reformen auf Bundes-, Landes- und kommunaler Ebene *Hermann Pünder* (Hg.), Neues öffentliches Finanzmanagement – Das doppische Haushalts- und Rechnungswesen: Reform und erste Erfahrungen, 2007. Zur impliziten Staatsverschuldung s. o. Rn. 13.
369 Während das „Cash-Accounting" die finanziellen Transaktionen zum Zeitpunkt ihrer Zahlungswirksamkeit berücksichtigt, stellt das „Accrual"-Prinzip auf den Zeitpunkt des Entstehens der Forderung bzw. einer Verbindlichkeit ab. Nach dem „Full-Accrual"-Prinzip werden auch die nicht-zahlungswirksamen Ressourcenzuwächse und Ressourcenverbräuche zum Zeitpunkt ihres Entstehens erfaßt. Siehe *Klaus Lüder*, Haushalts- und Finanzplanung, S. 417, 424.
370 Siehe *Pünder* (N 18), S. 178 ff.

teln[371]. Weder für Regierung und Verwaltung noch für das Parlament und die Öffentlichkeit wird offenkundig, inwieweit die Haushaltswirtschaft die nachfolgenden Haushaltgeber in ihren Dispositionsmöglichkeiten einschränkt. Der periodenbezogene Verbrauch des Vermögens wird nicht deutlich, die tatsächliche Höhe der „Verschuldung" nicht offengelegt[372]. Dies verführt dazu, verfügbare finanzielle Mittel sofort zu binden und künftige finanzielle Belastungen außer acht zu lassen. Die durch den fehlenden Nachweis des Vermögensverzehrs verdeckte Lastenverschiebung widerspricht dem Gedanken der „intergenerativen" bzw. – konkreter gesprochen – der „interperiodischen Gerechtigkeit", wonach für jede Rechnungsperiode der Ressourcenverbrauch durch das Ressourcenaufkommen zu decken ist[373].

b) Umstellung auf ein an der kaufmännischen Buchführung orientiertes Ressourcenverbrauchskonzept

98

Doppische Haushaltswirtschaft

Dem kann entgegengewirkt werden, wenn, den Reformen im kommunalen Haushaltsrecht folgend, die Haushaltsplanung des Bundes auf ein an der kaufmännischen „doppelten" Buchführung orientiertes System umgestellt wird, welches ermöglicht, sowohl Zahlungs- als auch „Erfolgsgrößen" zu buchen[374]. Eine Orientierungshilfe findet sich in den „International Public Sector Accounting Standards" (IPSAS)[375]. In einer „doppischen" Haushaltswirtschaft soll es einerseits einen „Ergebnishaushalt" geben, in dem anstelle der kameralen Einnahmen und Ausgaben – formal angelehnt an die Gewinn- und Verlustrechnung nach dem sogenannten Gesamtkostenverfahren[376] – die erwarteten „Erträge" (Ressourcenaufkommen) und die veranschlagten „Auf-

---

371 Vgl. *Klaus Lüder*, Bedarf es einer Reform des staatlichen Rechnungswesens in der Bundesrepublik Deutschland?, in: DÖV 1989, S. 1005 (1007); *Monika Kuban*, Kommunale Haushaltspolitik, in: Hellmut Wollmann/Roland Roth (Hg.), Kommunalpolitik – politisches Handeln in den Gemeinden, ²1998, S. 477 (484); *Wolfgang Peiner*, Reform des Haushalts- und Rechnungswesens auf Landesebene, in: Pünder (N 368), S. 28 ff.
372 Siehe *Klaus Lüder*, Ein kaufmännisches Rechnungswesen für die öffentliche Verwaltung? – Plädoyer für das Überdenken der Zweckmäßigkeit des staatlichen Rechnungswesens in der Bundesrepublik Deutschland, in: FS für Ludwig Mülhaupt, 1987, S. 245 (251); *Christine Ahlgrimm*, Neugestaltung des öffentlichen Haushaltswesens auf der Grundlage des Ressourcenverbrauchs, 1999, S. 19.
373 S. o. Rn. 4.
374 Dieses Konzept wurde auf kommunaler Ebene in Nordrh.-Westf. (§§ 75 ff. GO Nordrhein-Westf.) und Niedersachsen (§§ 82 ff. GO Niedersachs.) bereits verwirklicht; Hessen hat sich für ein Optionsmodell entschieden (§ 92 Abs. 3 i. V. m. §§ 94 ff. bzw. 114a ff. GO Hess.). Zum aktuellen Stand der Reformen siehe http://www.doppik.de. Zu den ersten Erfahrungen auf kommunaler Ebene und zum Stand der Reformen in den Landesverwaltungen und im Bund vgl. die Beiträge in Pünder (N 368). Umfassend *Pünder* (N 18), S. 321 ff.
375 Dazu *Berit Adam*, Internationale Rechnungslegungsstandards für die Öffentliche Verwaltung (IPSAS) – Eine kritische Analyse unter besonderer Berücksichtigung ihrer Anwendbarkeit in Deutschland, 2004. Vgl. auch *Jochen R. Pampel/Johannes Sass*, Entwicklungen im neuen öffentlichen und kaufmännischen Rechnungswesen – Vergleich in einer steuerungsorientierten und prozessualen Perspektive, in: Pünder (N 368), S. 143 ff.
376 Die kaufmännische Gewinn- und Verlustrechnung kann sowohl nach dem Gesamtkostenverfahren (§ 275 Abs. 2 HGB) als auch nach dem Umsatzkostenverfahren (§ 275 Abs. 3 HGB) aufgestellt werden (§ 275 Abs. 1 HGB). Das Umsatzkostenverfahren ist für die Ergebnisrechnung der öffentlichen Hand nicht geeignet, da es sich an den Verkaufserlösen orientiert. Zur Unterscheidung zwischen der Produktionserfolgsrechnung (Gesamtkostenverfahren) und Absatzerfolgsrechnung *Jörg Baetge/Hans-Jürgen Kirsch/Stefan Thiele*, Bilanzen, ⁵2001, S. 549 ff.

wendungen" (Ressourcenverbräuche) aufgeführt sind. Nach dem Gebot der intergenerativen bzw. interperiodischen Gerechtigkeit muß der Grundsatz gelten, daß gegenwärtige Generationen nicht mehr an Ressourcen verbrauchen dürfen, als sie durch deren Aufkommen ersetzen können[377]. Dem bisher möglichen „Leben von der Substanz" muß entgegengewirkt werden. Denn: „Ein Mops wird sich eher eine Wurstkollektion zulegen, als daß ein parlamentarisch regierter Staat Steuergelder auf die hohe Kante legt" (Joseph A. Schumpeter)[378]. Ziel des „Ergebnishaushalts" ist die Substanzerhaltung und die gerechte Belastung der Nutzergenerationen im Zeitablauf. Besser als bislang wird dadurch gewährleistet, daß der Staat auch zukünftig in der Lage ist, seine Aufgaben umfassend zu erfüllen und Gestaltungsspielräume auszunutzen. Zudem gewährleistet die Pflicht zur Erwirtschaftung der Abschreibungen, daß Ersatz- und Erneuerungsinvestitionen nicht durch kostenträchtige Kredite finanziert werden müssen. In jedem Fall wird die Belastung künftiger Haushaltsjahre offengelegt. Weist der Ergebnishaushalt einen Fehlbetrag aus, bedeutet dies, daß die Summe der Abschreibungen und Zuführungen zu Rückstellungen nicht durch einen zahlungswirksamen Ertragsüberschuß gedeckt ist[379]. Der Staat lebt von der Substanz. Folge ist eine geringere Finanzierung von Investitionen durch Eigenmittel, was ein geringeres Investitionsvolumen oder eine höhere Kreditfinanzierung nach sich zieht.

Ressourcenaufkommen und -verbräuche

Andererseits werden in einem „Finanzhaushalt" – in Anlehnung an die betriebswirtschaftliche Kapitalflußrechnung[380] – als Zahlungsstromrechnung die „Einzahlungen" und die „Auszahlungen" des Haushaltsjahres und insbesondere auch die geplanten Investitionen und deren Finanzierung ausgewiesen. Das kamerale Ziel des Haushaltsausgleichs als Deckung der Ausgaben durch die Einnahmen (Art. 110 Abs. 1 S. 2 GG) ist weiterzuverfolgen[381]. Der Nachweis der tatsächlichen Zahlungsabwicklung ist wegen der für die öffentliche Hand charakteristischen Finanzierung über nicht leistungsabhängige Erträge wie Steuern und Zuweisungen nötig. Zudem verlangt die intergenerative Gerechtigkeit ein Rechenwerk, das die dauerhafte und solide Staatsfinanzierung belegt. Durch Staffelung und systematische Strukturierung der Transaktionen lassen sich Zwischensalden ausweisen, die die Finanzierungsquellen offenlegen. Transparent wird, wo die verschiedenen liquiditätswirksamen Mittel herkommen und wofür sie verwendet werden. Wenn sowohl aus laufender

99

Transparenz

---

377 S.o. Rn. 4.
378 Auf dieses bekannte Bonmot weist etwa *Friauf* (N 31), S. 13, hin. Weniger bildreich *Thilo Sarrazin*, Finanzpolitik als schöpferische Zerstörung – Gestaltungschancen der Budgetierung im Zeichen der Finanzkrise, Verwaltung und Management 1996, S. 260 (261): „Die Eigenart der politischen Willensbildung bringt es offenbar mit sich, daß im Unterschied zum Unternehmenssektor in keinem der politisch-demokratischen unterliegenden Bereiche finanzielle Reserven gebildet werden."
379 Ist das Jahresergebnis ausgeglichen, deckt der zahlungswirksame Ertragsüberschuß auch die nicht zahlungswirksamen Abschreibungen und Zuführungen zu Rückstellungen. Daraus ergibt sich, daß für die Finanzierung von Investitionen in dieser Höhe Eigenmittel zur Verfügung stehen.
380 In der Kapitalflußrechnung werden die Investitions- und Finanzierungsströme sowie ihre Auswirkungen auf die Liquidität dargestellt.
381 Vgl. *Klaus Lüder*, Bedarf einer Reform des staatlichen Rechnungswesens in der Bundesrepublik Deutschland?, in: DÖV 1989, S. 1005 (1007); *Ahlgrimm* (N 372), S. 21 ff. Zu anderen Auffassungen hinsichtlich der Deckungsregeln im Finanzhaushalt *Pünder* (N 18), S. 362 m. weit. Nachw.

§ 123   Achter Teil: III. Finanzwesen

Verwaltungs- als auch aus Investitions- und Finanzierungstätigkeit Cash Flows ausgewiesen werden, wird der konsumtive, investive oder finanzwirtschaftliche Charakter der Ausgaben deutlich[382]. Wesentliche Basis für die Beurteilung der finanziellen Situation ist die Darstellung des Finanzmittelbestandes. Durch seine systematische Herleitung kann dieser Saldo das staatliche „Innenfinanzierungspotential" ausweisen. Dabei können „Finanzierungskennzahlen" die finanzielle Steuerung unterstützen[383].

100
Bilanz als Gedächtnis des Ressourcenverbrauchskonzepts

Am Jahresende werden beide Haushalte in einer „Ergebnis-" und einer „Finanzrechnung" abgeschlossen. Hinzu kommt als „Vermögensrechnung" eine Bilanz, die das Bruttovermögen, die Schulden und das Reinvermögen nachweist[384]. Der Bilanz kommt im öffentlichen Finanzmanagement eine vergleichbare Rolle zu wie in der Privatwirtschaft. Sie ist das „Gedächtnis des Ressourcenverbrauchskonzepts"[385]. Es dokumentiert den jährlichen Abschreibungsbedarf und den Umfang der Kapitalbindung. Veräußerungen von Vermögen reduzieren die Vermögenspositionen auf der Aktivseite der Bilanz. Rückstellungspositionen auf der Passivseite weisen auf Ausgabeverpflichtungen in der Zukunft hin.

101
Politische Brisanz

Allerdings sind die mit einer neuorientierten Haushaltswirtschaft verbundenen Kosten nicht zu unterschätzen[386]. Überdies: Der Paradigmenwechsel ist politisch brisant. Wenn der Staat schon bislang die Kredite nur mit Schwierigkeiten tilgen kann, wird sich die Lage noch verschärfen, wenn er künftig gehalten ist, den gesamten Substanzverzehr abzudecken, also die Abschreibungen der laufenden Periode, den Rückstellungsbedarf für Ausgaben zukünftiger Perioden und (wie bisher) Zinsen auf das Fremdkapital zu erwirtschaften[387]. Übergangsregelungen bieten sich an. Aber: Nicht Verschleierung, sondern „ehrliche Zahlen" sind geboten[388].

---

382 Vgl. zum „Cash Flow" als „Erfolgsindikator" etwa *Horst Gräfer*, Bilanzanalyse, [7]1997, S. 155 ff. Kritisch *Henner Schierenbeck*, Grundzüge der Betriebswirtschaftslehre, [15]2000, S. 618 f.
383 Vgl. aus betriebswirtschaftlicher Sicht *Schierenbeck* (N 382), S. 620 ff.; *Henner Michael Bitz/Dieter Schneeloch/Wilfried Wittstock*, Der Jahresabschluß – Rechtsvorschriften, Analyse, Politik, [3]2000, S. 390 ff., 499, 511 f.; *Baetge/Kirsch/Thiele* (N 376), S. 7 ff.
384 Siehe *Pünder* (N 18), S. 393 ff. Zu den Problemen der Eröffnungsbilanz *Peiner* (N 372), S. 31 ff.; *Werner Haßenkamp/Bernhard Kampshoff*, Erste Erfahrungen: Die Eröffnungsbilanz, in: Pünder (N 368), S. 81 ff.
385 *Kommunale Gemeinschaftsstelle*, Vom Geldverbrauchs- zum Ressourcenverbrauchskonzept – Leitlinien für ein neues kommunales Haushalts- und Rechnungsmodell auf doppischer Grundlage, Bericht 1/1995, S. 14.
386 Vgl. *Pünder* (N 18), S. 2003, S. 431 ff.
387 Siehe *Pünder* (N 18), S. 478 f. Vgl. auch *Peiner* (N 372), S. 34; *Grunwald* (N 100), S. 107 ff.
388 *Hermann Pünder*, Ehrliche Zahlen, in: Der Gemeinderat 04/2001, S. 16 f. Ähnlich *Hansjürgen Bals*, Der ehrliche Haushalt: Ziel der kommunalen Haushaltsrechtsreform, in: ZKF 1996, S. 194 (196 ff.); *Kuban* (N 371), S. 486 f.

C. Vorgaben aus dem Europäischen Gemeinschaftsrecht

Vorgaben für die Begrenzung der Staatsverschuldung ergeben sich mittlerweile nicht nur aus dem nationalen Verfassungsrecht, sondern auch aus den gemeinschaftsrechtlichen Bestimmungen zur Wirtschafts- und Währungsunion (WWU)[389]. Art. 104 Abs. 1 EGV verlangt von den Mitgliedstaaten, daß sie „übermäßige öffentliche Defizite" vermeiden[390]. Zur Durchsetzung der Verpflichtung wurde in Art. 104 Abs. 2–11 EGV ein komplexes Überwachungs- und Sanktionsverfahren normiert[391], das allerdings reformbedürftig ist[392]. Europäisches Gemeinschaftsrecht beansprucht in den Mitgliedstaaten grundsätzlich einen Anwendungsvorrang und unmittelbare Geltung[393]. Da sich die Verpflichtung, übermäßige Defizite zu vermeiden, auf den Mitgliedstaat insgesamt, also in Deutschland auf Bund, Länder und Gemeinden sowie auf die – in der Defizitfinanzierung freilich weitgehend eingeschränkten[394] – Sozialversicherungsträger (vgl. Art. 2 Spiegelstrich 1 des sogenannten Defizitprotokolls[395]) bezieht, läßt sich dem Gemeinschaftsrecht jedoch kein konkreter Maßstab, geschweige denn eine klare Obergrenze für die Verschuldung der jeweiligen Körperschaften entnehmen. Schon deshalb – und weil die gemeinschaftsrechtlichen Sanktionsbestimmungen Vorrang haben – kann ein Verstoß gegen die haushaltswirtschaftlichen Vorgaben des Gemeinschaftsrechts weder die Nichtigkeit parlamentarischer Kreditermächtigungen noch deren Unwirksamkeit zur Folge haben[396]. Die innerstaatliche Verteilung etwaiger Zahlungspflichten der Bundesrepublik Deutschland aus Sanktionsmaßnahmen ist seit der Föderalismusreform im Grundgesetz geregelt[397].

102 Gemeinschaftsrechtliche Bestimmungen zur Wirtschafts- und Währungsunion

---

389 Insgesamt zur Überlagerung der deutschen Finanzverfassung durch das europäische Gemeinschaftsrecht → oben *Waldhoff*, § 116 Rn. 161 ff.
390 Die Verpflichtung gilt seit dem Beginn der dritten Stufe der WWU am 1. 1. 1999 (Art. 116 Abs. 3 UAbs. 2 EGV) für alle Mitgliedstaaten, also grundsätzlich auch für jene, die den Euro noch nicht eingeführt haben (vgl. Art. 122 Abs. 3 EGV). Eine Ausnahmeregelung besteht für das Vereinigte Königreich (Nr. 6 des Protokolls über einige Bestimmungen betreffend das Vereinigte Königreich Großbritannien und Nordirland, ABl EG Nr. C 191/87).
391 S. u. Rn. 104.
392 S. u. Rn. 112 ff.
393 Vgl. nur *Dirk Ehlers*, Verwaltung und Verwaltungsrecht im demokratischen und sozialen Rechtsstaat, in: ders./Hans-Uwe Erichsen, Allgemeines Verwaltungsrecht, ¹³2006, § 2 Rn. 95 ff.
394 Den Sozialversicherungsträgern ist eine Kreditaufnahme am freien Kapitalmarkt zur Finanzierung ihrer Aufgaben grundsätzlich untersagt. Gemäß § 20 Abs. 1 SGB IV, der für alle Zweige der Sozialversicherung gilt, werden die Mittel der Sozialversicherung einschließlich der Arbeitsförderung durch Beiträge, staatliche Zuschüsse (vgl. Art. 120 Abs. 1 S. 4 GG) und sonstige Einnahmen aufgebracht. Siehe auch § 364 SGB III (zur Arbeitslosenversicherung), §§ 220, 222 SGB V (zur gesetzlichen Krankenversicherung), § 153 SGB VI (zur gesetzlichen Rentenversicherung), §§ 54 ff. SGB XI (zur gesetzlichen Pflegeversicherung). Vgl. aus volkswirtschaftlicher Perspektive *Funke* (N 3), S. 38 ff. Allgemein → unten *F. Kirchhof*, § 125.
395 BGBl II, 1992, S. 1309. Das „Protokoll über das Verfahren bei einem übermäßigen Defizit" (Nr. 20) beruht auf Art. 104 Abs. 2 UAbs. 2 EGV und ist nach Art. 311 EGV Bestandteil des europäischen Primärrechts.
396 Vgl. BVerfG, Urt. v. 9. 7. 2007, 2 BvF 1/4, Rn. 141; *Heun* (N 57), Art. 115 Rn. 5; *Jahndorf* (N 70), Art. 104 EGV Rn. 89; *Siekmann* (N 34), Art. 115 GG Rn. 18.
397 S. u. Rn. 116 ff.

I. Vermeidung eines übermäßigen öffentlichen Defizits

103
Zwei Referenzkriterien

Finanzierungsdefizitgrenze

Schuldenstandsgrenze

Nach Art. 104 Abs. 1 EGV müssen die Mitgliedstaaten übermäßige öffentliche Defizite vermeiden. Das soll insbesondere Preisstabilität im Euro-Raum gewährleisten[398]. Was unter einem „übermäßigen öffentlichen Defizit" zu verstehen ist, ergibt sich aus den Maßstäben, die der Kommission bei der Überwachung der „Entwicklung der Haushaltslage und der Höhe des öffentlichen Schuldenstandes in den Mitgliedstaaten im Hinblick auf die Feststellung schwerwiegender Fehler" (Art. 104 Abs. 2 S. 1 EGV) vorgegeben sind. Gemäß Art. 104 Abs. 2 S. 2 EGV prüft die Kommission die mitgliedstaatliche „Haushaltsdisziplin" anhand von zwei Kriterien, die durch das sogenannte Defizitprotokoll näher bestimmt werden. Maßgeblich ist, ob das „Verhältnis des geplanten oder tatsächlichen öffentlichen Defizits zum Bruttoinlandsprodukt" den Referenzwert von 3 % und ob das „Verhältnis des öffentlichen Schuldenstands zum Bruttoinlandsprodukt" den Referenzwert von 60 % überschreitet[399]. Eine Überschreitung der Referenzwerte ist freilich nicht gleichbedeutend mit einem Verstoß gegen die Haushaltsdisziplin. Art. 104 Abs. 2 S. 2 EGV sieht nämlich für beide Kriterien Ausnahmen vor. Dies gilt für das Finanzierungsdefizit, wenn es „erheblich und laufend zurückgegangen ist und einen Wert in der Nähe des Referenzwerts erreicht hat oder der Referenzwert nur ausnahmsweise und vorübergehend überschritten wird und das Verhältnis in der Nähe des Referenzwertes bleibt", und für das Schuldenstandskriterium, wenn das Verhältnis von Schuldenstand und Bruttoinlandsprodukt „hinreichend rückläufig ist und sich rasch genug dem Referenzwert nähert". Die Regelungen tragen dem Umstand Rechnung, daß sich ein hohes Defizit beim Übergang zu einer disziplinierten Haushaltspolitik nicht sofort beseitigen läßt[400].

II. Verfahren bei einem übermäßigen Defizit

104
Wachstums- und Stabilitätspakt

Das Verfahren zur Überwachung der mitgliedstaatlichen Haushaltsdisziplin und das Sanktionsverfahren werden durch den sogenannten Stabilitäts- und Wachstumspakt konkretisiert, der auf eine Initiative der deutschen Bundesregierung zurückgeht und sich aus drei Rechtsakten – zwei Verordnungen und

---

398 Vgl. *Matthias Sutter*, Der Stabilitäts- und Wachstumspakt in der Europäischen Union – Grundlagen, Abstimmungsmacht und Glaubwürdigkeit der Sanktionierung übermäßiger Defizite, 2000, S. 40 ff.; *Moritz Kilger*, Der Stabilitäts- und Wachstumspakt – Seine wirtschaftspolitische Begründung und die bisher erreichten Ergebnisse, 2004, S. 21 ff.; *Felix Bark*, Das gemeinschaftsrechtliche Defizitverfahren – Reformansätze und ihre rechtlichen Umsetzungsmöglichkeiten, 2004, S. 68.
399 Vgl. Art. 104 Abs. 2 Buchstaben a und b EGV i. V. m. Art. 1 Spiegelstriche 1 und 2 des Defizitprotokolls Nr. 20.
400 Siehe *Ulrich Häde*, in: Christian Calliess/Matthias Ruffert (Hg.), Kommentar zu EU-Vertrag und EG-Vertrag, ³2007, Art. 104 EGV Rn. 36.

einer Entschließung des Europäischen Rats – zusammensetzt[401]. Von zentraler Bedeutung für die Überwachung der mitgliedstaatlichen Haushaltspolitik ist die Verordnung (EG) Nr. 1467/97 des Rats vom 7. Juli 1997 über die Beschleunigung und Klärung des Verfahrens bei einem übermäßigen Defizit[402]. Die Verordnung wurde im Jahr 2005 geändert, um die Umsetzung des Stabilitäts- und Wachstumspakts zu verbessern[403]. Die Reform war unzulänglich; teilweise wird sogar befürchtet, daß sie zu einer Schwächung der mitgliedstaatlichen Haushaltsdisziplin führen könnte[404].

1. Überwachungsverfahren

a) Kommissionsbericht bei Nichterfüllung der Haushaltskriterien

Das Defizitverfahren beginnt mit einem Bericht der Kommission, wenn ein Mitgliedstaat keines oder auch nur eines der Referenzkriterien erfüllt oder wenn ungeachtet der Erfüllung der Kriterien die Gefahr eines übermäßigen Defizits besteht (Art. 104 Abs. 3 EGV). In dem Bericht wird auch berücksichtigt, ob das öffentliche Defizit die öffentlichen Ausgaben für Investitionen übertrifft (Art. 104 Abs. 3 S. 2 Hs. 1 EGV). Mithin liegt die Idee einer gerechten Lastenverteilung zwischen den Generationen – die „Goldene Regel der Finanzpolitik" – auch dem Gemeinschaftsrecht zugrunde[405]. Zudem berücksichtigt der Bericht „alle sonstigen einschlägigen Faktoren, einschließlich der Wirtschafts- und Haushaltslage des Mitgliedstaats" (Art. 104 Abs. 3 S. 2 Hs. 2 EGV). Gemeint sind etwa das Wirtschaftswachstum, die Inflation und der Beschäftigungsgrad. Das Gemeinschaftsrecht erkennt die Kreditaufnahme also als konjunkturpolitisches Gestaltungsmittel an[406]. Durch die Ausdehnung der Prüffaktoren wird der Kommission ermöglicht, einzelfallbezogen einerseits deutliche Übersteigerungen der Referenzwerte als gerechtfertigt darzustellen, andererseits aber auch geringfügige Überschreitungen als schwerwiegende Fehler zu beschreiben[407]. Ergänzt wird die primärrechtliche Regelung durch Art. 2 Abs. 2 der VO (EGV) Nr. 1467/97, wonach die Kommission den

105

Kreditaufnahme als konjunkturpolitisches Gestaltungsmittel

---

401 Ausführlich zum Verfahren bei einem übermäßigen Defizit demnächst *Philipp Raidt*, Die Durchsetzung der wirtschaftspolitischen Vorgaben der Wirtschafts- und Währungsunion. Vgl. zur deutschen Vorreiterrolle *Sutter* (N 398), S. 29 ff.; *Christian Konow*, Der Stabilitäts- und Wachstumspakt, 2002, S. 33 ff. → Oben *Schmidt*, § 117 Rn. 13.
402 ABl EG Nr. L 209, S. 6. Grundlage für den Erlaß ist Art. 104 Abs. 14 EGV. Hinzu kommen die Verordnung (EG) Nr. 1466/97 des Rats vom 7.7.1997 über den Ausbau der haushaltspolitischen Überwachung und Koordinierung der Wirtschaftspolitiken, ABl 1997 Nr. L 209, S. 1, und der Entschließung des Europäischen Rats über den Stabilitäts- und Wachstumspakt, ABl 1997 Nr. C 236, S. 1.
403 VO (EG) Nr. 1056/2005 des Rats v. 27.6.2005 zur Änderung der VO (EG) Nr. 1467/97 über die Beschleunigung und Klärung des Verfahrens bei einem übermäßigen Defizit, ABl 2005 Nr. L 174 S. 5.
404 *Europäischer Wirtschafts- und Sozialausschuß*, Die Stärkung der Economic Governance – die Reform des Stabilitäts- und Wachstumspakts, Stellungnahme 2006/C 88/15, ABl 2006 Nr. C 88/68, 73. Nach Auffassung der *Europäischen Zentralbank*, Stellungnahme vom 3.6.2005, ABl 2005 Nr. C 144/16, hätte die VO (EG) Nr. 1467/97 „so wenig wie möglich" geändert werden sollen. Ausdrücklich positiv dagegen *Armin Hatje*, Die Reform des Stabilitäts- und Wachstumspakts: Sieg der Politik über das Recht?, in: DÖV 2006, S. 597 (604). Ausführlich zu den Änderungen *Raidt* (N 401).
405 Allgemein dazu s. o. Rn. 3 ff.
406 Allgemein dazu s. o. Rn. 18 ff.
407 *Bernhard Kempen*, in: Rudolf Streinz (Hg.), EUV/EGV, 2003, Art. 104 EGV Rn. 25.

§ 123　　　*Achter Teil: III. Finanzwesen*

Referenzwert in der Regel nur dann aufgrund eines schweren Wirtschaftsabschwungs als ausnahmsweise überschritten betrachtet, wenn das reale Bruttoinlandsprodukt innerhalb eines Jahres um mindestens 2 % zurückgegangen ist.

b) Ratsentscheidung über das Bestehen eines übermäßigen Defizits

106

Stellungnahme und Empfehlung der Kommission

Ihren Bericht überläßt die Kommission zunächst dem Wirtschafts- und Finanzausschuß (vgl. Art. 114 Abs. 2 EGV) zur – für die Kommission nicht verbindlichen – Stellungnahme (Art. 104 Abs. 4 EGV). Wenn sie der Auffassung ist, daß in einem Mitgliedstaat „ein übermäßiges Defizit besteht oder sich ergeben könnte", legt die Kommission dem Rat eine Stellungnahme und eine Empfehlung zur Entscheidung vor (Art. 104 Abs. 5 und 6 EGV)[408]. Sodann entscheidet der Rat rechtsverbindlich „unter Berücksichtigung der Bemerkungen, die ein Mitgliedstaat gegebenenfalls abzugeben wünscht", und „nach Prüfung der Gesamtlage" mit qualifizierter Mehrheit[409], ob ein übermäßiges Defizit besteht (Art. 104 Abs. 6 EGV)[410]. Daß der Rat dabei auf „Empfehlung" und nicht auf „Vorschlag" der Kommission entscheidet, ist eine bedeutsame Abweichung vom gemeinschaftsrechtlichen Regelfall, da der Rat Änderungen eines „Vorschlags" der Kommission grundsätzlich nur einstimmig beschließen kann (Art. 250 Abs. 1 EGV), während das in Art. 104 Abs. 6 vorausgesetzte Erfordernis der qualifizierten Mehrheit unabhängig davon gilt, ob der Rat der Kommissionsempfehlung Folge leistet oder nicht[411]. Die Ratsentscheidung ist für die nachfolgenden Verfahrensschritte konstitutiv. Da der Rat „nach Prüfung der Gesamtlage" entscheidet, kommt ihm bei seiner Entscheidung über das Bestehen eines übermäßigen Defizits ein Beurteilungsspielraum zu. Dabei kann er als politisches Leitgremium auch politische Überlegungen einbeziehen[412]. Derartige Zweckmäßigkeitserwägungen dürfen allerdings dem allgemeinen Ziel, Preisstabilität zu gewährleisten (Art. 4 Abs. 2, 3 EGV), nicht zuwiderlaufen[413].

408　Siehe Art. 3 Abs. 2 VO (EG) Nr. 1467/97. Gem. Art. 249 Abs. 5 EGV sind weder die Empfehlung noch die Stellungnahme der Kommission für den Rat verbindlich.
409　Vgl. zur Stimmengewichtung Art. 205 Abs. 2 EGV.
410　Vgl. *Kempen* (N 407), Art. 104 EGV Rn. 27.
411　Zu Reformüberlegungen s. u. Rn. 113. Unabhängig davon, zu welchem Ergebnis er bei der Defizitprüfung gelangt, ist der Rat zur Entscheidung verpflichtet. Siehe *Mathias Schulze-Steinen*, Rechtsfragen zur Wirtschaftsunion – Möglichkeiten der gemeinschaftlichen Gestaltung mitgliedstaatlicher Wirtschaftspolitik nach dem EG-Vertrag, 1997/1998, S. 252; *Konow* (N 401), S. 121 f.
412　Vgl. *Schulze-Steinen* (N 411), S. 255; *Doris Hattenberger*, in: Jürgen Schwarze (Hg.), EU-Kommentar, 2000, Art. 104 EGV Rn. 28; *Bark* (N 398), S. 94; *Rudolf Streinz/Christoph Ohler/Christoph Herrmann*, Totgesagte leben länger – oder doch nicht? – Der Stabilitäts- und Wachstumspakt nach dem Beschl. des Rates vom 25. 11. 2003 über das Ruhen der Defizitverfahren gegen Frankreich und Deutschland, in: NJW 2004, S. 1553 (1554). A. A. sind *Kempen* (N 407), Art. 104 EGV Rn. 28; *Ulrich Palm*, Preisstabilität in der Europäischen Wirtschafts- und Währungsunion – Eine rechtliche Untersuchung des stabilitätssichernden Instrumentariums insbesondere im Hinblick auf die Disziplinierung der mitgliedstaatlichen Haushaltspolitik, 2000, S. 163; *Konow* (N 401), S. 124.
413　Vgl. *Georg Jochum*, in: Kay Hailbronner/Heinrich Wilms (Hg.), Recht der Europäischen Union, Kommentar, Bd. II, Stand: März 2005, Art. 104 EGV Rn. 7; *Rüdiger Bandilla*, Ist der Stabilitäts- und Wachstumspakt rechtlich durchsetzbar? Anmerkungen zum Urteil des Gerichtshofes in der Rechtssache Kommission/Rat (C-27/04), in: FS für Manfred Zuleeg, 2005, S. 538 (545); *Häde* (N 400), Art. 104 EGV Rn. 7.

c) Empfehlungen des Rats und Inverzugsetzung

Wird ein übermäßiges Defizit festgestellt, richtet der Rat an den betreffenden Mitgliedstaat „Empfehlungen mit dem Ziel, dieser Lage innerhalb einer bestimmten Frist abzuhelfen" (Art. 104 Abs. 7 EGV)[414]. Der „Defizitsünder" soll also zunächst auf „freundschaftlich-kollegialem Weg" zur Korrektur seiner Finanzpolitik bewegt werden[415]. Der Inhalt dieser Empfehlungen wird durch den EG-Vertrag nicht ausdrücklich festgelegt. Detailempfehlungen zu konkreten wirtschaftspolitischen oder fiskalischen Maßnahmen sind wegen der grundsätzlichen Entscheidungs- und Handlungsautonomie der Mitgliedstaaten in Fragen der Wirtschaftspolitik ausgeschlossen[416]. Ausdrücklich wird bestimmt, daß die Empfehlungen des Rats zunächst nicht veröffentlicht werden (Art. 104 Abs. 7 S. 2 EGV)[417]. Muß der Rat aber feststellen, daß „seine Empfehlungen innerhalb der gesetzten Frist keine wirksamen Maßnahmen ausgelöst haben", so kann er seine Empfehlungen veröffentlichen (Art. 104 Abs. 8 EGV). Dadurch wird der politische Druck auf den „Defizitsünder" verstärkt[418].

107

„Freundschaftlich-kollegiale Vorgehensweise"

Leistet der Mitgliedstaat den Empfehlungen nicht Folge, kann der Rat den Mitgliedstaat „mit der Maßgabe in Verzug ... setzen, innerhalb einer bestimmten Frist Maßnahmen für den nach Auffassung des Rats zur Sanierung erforderlichen Defizitabbau zu treffen" (Art. 104 Abs. 9 UAbs. 1 EGV)[419]. Hierdurch wird der betreffende Staat gewissermaßen „abgemahnt"[420]. Ihm soll unmittelbar vor Augen geführt werden, daß er mit Sanktionen rechnen muß, wenn er die erforderlichen Maßnahmen nicht innerhalb der gesetzten Frist ergreift. Ausdrücklich wird festgelegt, daß der Rat den Mitgliedstaat ersuchen kann, nach einem konkreten Zeitplan Berichte vorzulegen, um die Anpassungsbemühungen überprüfen zu können (Art. 104 Abs. 9 UAbs. 2 EGV).

108

Abmahnung

---

414 Siehe Art. 3 Abs. 3 VO (EG) Nr. 1467/97: „Stellt der Rat gem. Artikel 104 c Absatz 6 fest, daß ein übermäßiges Defizit besteht, so spricht er gleichzeitig gem. Artikel 104 c Abs. 7 Empfehlungen an den betreffenden Mitgliedstaat aus".
415 *Konow* (N 401), S. 143.
416 Ähnlich *Palm* (N 412), S. 164; *Hattenberger* (N 412), Art. 104 EGV Rn. 32; *Hedwig Ongena*, in: Hans von der Groeben/Jürgen Schwarze (Hg.), Kommentar zum Vertrag über die Europäische Union und zur Gründung der Europäischen Gemeinschaft, Bd. III, ⁶2003, Art. 104 EGV Rn. 51; *Kempen* (N 407), Art. 104 EGV Rn. 31; *Rüdiger Bandilla*, in: Eberhard Grabitz/Meinhard Hilf (Hg.), Das Recht der Europäischen Union. Kommentar, Loseblt., Stand: Oktober 2006, Art. 104 EGV Rn. 25.
417 Der betroffene Mitgliedstaat kann die Empfehlungen selbstverständlich veröffentlichen. Dies kann sinnvoll sein, wenn die Regierung die Öffentlichkeit oder das Parlament von der Notwendigkeit einer Haushaltskonsolidierung überzeugen will.
418 Skeptisch *Hattenberger* (N 412), Art. 104 EGV Rn. 36.
419 Art. 5 VO (EG) Nr. 1467/97 legt fest, daß der Beschluß über die Inverzugsetzung binnen eines Monats ergehen muß, nachdem der Rat gem. Art. 104 Abs. 8 EGV festgestellt hat, daß keine wirksamen Maßnahmen ergriffen wurden. Erforderlich sind eine Kommissionsempfehlung und ein Ratsbeschluß gemäß Art. 104 Abs. 13 EGV.
420 Siehe etwa *Palm* (N 412), S. 165; *Kempen* (N 407), Art. 104 EGV Rn. 34; *Konow* (N 401), S. 156 ff.; *Jochum* (N 413), Art. 104 EGV Rn. 25.

d) Ausschluß des Vertragsverletzungsverfahrens

109
Politischer Charakter der Bewertungen

Zu den Eigenarten des Defizitverfahrens zählt, daß Kommission und Mitgliedstaaten ihre Rechte auf Klageerhebung nach Art. 226 bzw. Art. 227 EGV im Rahmen des Art. 104 Abs. 1–9 EGV nicht ausüben können (Art. 104 Abs. 10 EGV). Die aus dem Überwachungsverfahren erwachsenden Handlungspflichten sind also nicht – wie bei mitgliedstaatlichen Verstößen gegen Gemeinschaftsrecht an sich üblich – im Wege des Vertragsverletzungsverfahrens einklagbar. Zentrale Kontrollinstanz im Defizitverfahren ist der Rat. Deutlich wird, daß das Gemeinschaftsrecht davon ausgeht, daß alle Bewertungen einen politischen Charakter haben. Dessen ungeachtet ist ein Vertragsverletzungsverfahren statthaft, wenn ein Mitgliedstaat den sich aus einer Sanktion nach Art. 104 Abs. 11 EGV ergebenden Verpflichtungen nicht nachkommt[421].

2. Sanktionsmaßnahmen

110
Kein Sanktionsautomatismus

Befolgt ein Mitgliedstaat auch die „Abmahnung" nach Art. 104 Abs. 9 EGV nicht, so „kann" der Rat beschließen, „eine oder mehrere" der in Art. 104 Abs. 11 EGV genannten Sanktionen „zu verhängen oder zu verschärfen" (Art. 104 Abs. 11 EGV). Die Aufzählung ist grundsätzlich abschließend[422]. Ein Sanktionsautomatismus besteht nicht[423]. Zum einen kann der Rat den Mitgliedstaat verpflichten, vor der Emission von Schuldverschreibungen und sonstigen Wertpapieren „vom Rat näher zu bezeichnende Angaben" zu veröffentlichen (Art. 104 Abs. 11 Spiegelstrich 1 EGV). Da sich die Angaben auf die Haushaltslage beziehen, werden sie auf den Kapitalmärkten zu Zinsaufschlägen und zudem zu einer verstärkten öffentlichen Diskussion führen. Zum anderen kann der Rat die Europäische Investitionsbank (EIB) „ersuchen, ihre Darlehenspolitik gegenüber dem Mitgliedstaat zu überprüfen" (Art. 104 Abs. 11 Spiegelstrich 2 EGV)[424]. Wesentlich einschneidender ist die

Unverzinsliche Einlage

Verpflichtung, eine „unverzinsliche Einlage in angemessener Höhe" bei der Gemeinschaft zu hinterlegen, bis das übermäßige Defizit nach Ansicht des Rates korrigiert worden ist (Art. 104 Abs. 11 Spiegelstrich 3 EGV). Dem Mit-

---

421 Art. 104 Abs. 10 EGV bezieht sich ausdrücklich nur auf die Abs. 1–9 und nicht auf Abs. 11.
422 Eine – hinsichtlich ihrer Berechtigung umstrittene – weitere Sanktion bildet die Aussetzung von Mittelbindungen aus dem Kohäsionsfonds im Falle der Feststellung eines übermäßigen Defizits im Empfängermitgliedstaat. Siehe Art. 4 VO (EG) Nr. 1084/2006. Dazu *Bark* (N 398), S. 267.
423 Zwar legt die sekundärrechtliche Konkretisierung in Art. 6 S. 1 VO (EG) Nr. 1467/97 („Sind die Voraussetzungen für eine Anwendung des Artikel 104 c Absatz 11 erfüllt, so verhängt der Rat Sanktionen gem. Artikel 104 c Absatz 11") die Annahme eines Sanktionsautomatismus nahe. Dies ist indes mit den primärrechtlichen Festlegungen in Art. 104 EGV nicht vereinbar. Vgl. *Jean-Victor Louis*, A Legal and Institutional Approach for Building a Monetary Union, in: CMLRev 1998, S. 33 (72); *Streinz/Ohler/Herrmann* (N 412), S. 1556.
424 Eine bindende Weisung wäre mit der Autonomie der EIB unvereinbar. Vgl. *Kempen* (N 407), Art. 104 EGV Rn. 38; *Bandilla* (N 416), Art. 104 EGV Rn. 39.

gliedstaat werden Finanzmittel – zumindest zeitweise[425] – entzogen[426]. Das schärfste Sanktionsmittel ist die „Geldbuße in angemessener Höhe" (Art. 104 Abs. 11 Spiegelstrich 4 EGV). Im Unterschied zur unverzinslichen Einlage wird sie auch dann nicht zurückgezahlt, wenn es dem Mitgliedstaat gelingt, das übermäßige Defizit abzubauen[427]. Nach Art. 11 S. 1 VO (EGV) Nr. 1467/97 soll unter den Sanktionen die unverzinsliche Einlage der Regelfall sein. Indes kann es aus Gründen der Verhältnismäßigkeit im Einzelfall geboten sein, zunächst zu einer milderen Sanktion zu greifen. Umgekehrt ist bei besonders krassen Verstößen gegen die Haushaltsdisziplin an eine sofortige Verhängung einer Geldbuße zu denken.

Geldbuße

Bislang hat zwar noch kein Defizitverfahren über die Überwachungsstufen hinaus die Ebene der Sanktionsverhängung erreicht, doch machen die gegen Deutschland und Frankreich gerichteten Verfahren deutlich, daß ein Voranschreiten bis zur Sanktionsverhängung keineswegs ausgeschlossen ist. 2002 war in der Bundesrepublik das Finanzierungsdefizit auf 3,7 % des Bruttoinlandsprodukts angestiegen. Im Januar 2003 stellte der Rat für Deutschland – wenige Monate später auch für Frankreich – konstitutiv gemäß Art. 104 Abs. 6 EGV das übermäßige Defizit fest[428]. Beiden Staaten wurden gemäß Art. 104 Abs. 7 EGV Maßnahmen zur Defizitkorrektur empfohlen. In der schwelenden Debatte über die Funktionsfähigkeit des Haushaltsüberwachungsverfahrens kam es im November 2003 zu einem vorläufigen Höhepunkt. Da es an der erforderlichen Mehrheit fehlte, entschied der Rat nicht, wie an sich geboten, über Maßnahmen nach Art. 104 Abs. 8 und Abs. 9 EGV. Beschlossen wurden nur „Schlußfolgerungen", die unter anderem eine Abänderung der Kommissionsempfehlungen zum Inhalt hatten. Zudem wurde entschieden, die Verfahren „vorerst auszusetzen"[429]. Hiergegen erhob die Kommission Klage vor dem Europäischen Gerichtshof. Das Gericht erklärte das Aussetzen der Defizitverfahren und die Abänderung der Kommissionsempfehlungen für unver-

111
Defizitverfahren gegen Deutschland und Frankreich

---

425 Nach Art. 13 VO (EG) Nr. 1467/97 wird die unverzinsliche Einlage „in der Regel" in eine Geldbuße umgewandelt, wenn das übermäßige Defizit auch zwei Jahre nach der Entscheidung über die Verpflichtung zur Leistung der Einlage nicht korrigiert wurde.
426 Die Höhe der Einlage ergibt sich aus Art. 12 VO (EG) Nr. 1467/97. Bei einem Finanzierungsdefizit i. S. d. Art. 104 Abs. 2 lit. a EGV setzt sich der Betrag der ersten Einlage aus einer festen (0,2 % des BIP) und einer variablen Komponente (i. H. v. 10 % der Differenz zwischen dem als Prozentsatz des BIP des Vorjahres ausgedrückten Defizit und dem Referenzwert i. H. v. 3 % des BIP) zusammen (Art. 12 Abs. 1). Allerdings darf eine einzelne Einlage nicht 0,5 % des BIP übersteigen (Art. 12 Abs. 3). Ausführlich *Konow* (N 401), S. 171 ff.
427 Zur Verwendung der Zwangseinlagen und Geldbußen äußert sich Art. 16 VO (EG) Nr. 1467/97. Danach werden Zwangseinlagen bei der Kommission hinterlegt. Die hierbei entstehenden Zinsen werden ebenso wie die Geldbußen als Einnahmen i. S. v. Art. 269 EGV angesehen und „unter den teilnehmenden Mitgliedstaaten, die kein übermäßiges Defizit ... aufweisen, im Verhältnis zu ihrem Anteil am gesamten BSP aufgeteilt". Hierzu *Max Lienemeyer*, Die Sanktionen des Stabilitätspaktes und ihre Vereinnahmung, in: EWS 1997, S. 257 (260 ff.); *Kempen* (N 407), Art. 104 EGV Rn. 39.
428 Entscheidung 2003/89/EG vom 21. 1. 2003 (ABl 2003 Nr. L 34/16); Entscheidung 2003/487/EG vom 3. 6. 2003 (ABl 2003 Nr. L 165/29).
429 Press Release, 2546th Council Meeting – Economic and Financial Affairs, 14492/03 (Presse 320).

§ 123   *Achter Teil: III. Finanzwesen*

einbar mit Art. 104 EGV[430]. Die zu Unrecht ausgesetzten Verfahren mußten weitergeführt werden. Im März 2006 wurde Deutschland unter Setzung einer Frist gemäß Art. 104 Abs. 9 EGV dazu aufgefordert, das Defizit unter 3 % zu senken. Es bestand die Gefahr, daß die Bundesrepublik, ehemals vehemente Verfechterin eines strikten Stabilitätspakts, als erster Mitgliedstaat mit Sanktionen nach Art. 104 Abs. 11 EGV belegt worden wäre. Im Juni 2007 stellte der Rat das Verfahren ein, nachdem es Deutschland gelungen war, sein Defizit unter die Marke von 3 % zu senken[431].

III. Reformüberlegungen

112
Kritik am Defizitverfahren

Das Defizitverfahren sieht sich einer vielfältigen Kritik ausgesetzt. Sie reicht vom Vorwurf mangelnder Klarheit einiger Bestimmungen und der Verwendung zu vieler unbestimmter Rechtsbegriffe über Kritik an der zentralen Zuständigkeit des Rats als politischem Organ bis hin zu Zweifeln generell am Sinn finanzieller Sanktionen gegenüber Staaten, die ohnehin bereits ein zu hohes Defizit aufweisen. Allein für die englischsprachige wirtschaftswissenschaftliche Fachliteratur wurden „101 Proposals to reform the Stability and Growth Pact" ausgemacht[432].

113

Die Reformbedürftigkeit ergibt sich nicht zuletzt aus der Erfahrung, daß unter Geltung des Regelwerks bei der Abstimmung im Rat mit politischen Rücksichtnahmen und Stimmrechtsallianzen zu rechnen ist. Vor dem Hintergrund der rechtlich vergleichsweise eindeutig zu bewertenden Verfahren gegen Deutschland und Frankreich könnte man daran denken, die Fiskalpolitik der Mitgliedstaaten nicht durch den Rat, sondern – nach dem Vorbild der Europäischen Zentralbank (EZB) im Bereich der Währungspolitik – durch eine politisch unabhängige Institution überwachen zu lassen[433]. Die Schaffung einer neuen Einrichtung dürfte allerdings auf absehbare Zeit politisch kaum

Kontrolle durch eine politisch unabhängige Institution

---

430 EuGH, Rs. C-27/04, Urteil v. 13. 7. 2004, Kommission/Rat der Europäischen Union, Slg. 2004 I, S. 6679 ff. (Rn. 86 ff., 91 ff.) Vgl. dazu *Gert Nicolaysen*, Der EuGH zum Defizitverfahren nach Art. 104 EGV und dem „Stabilitätspakt". Urteilsanmerkung zu Rs. C-27/04, Urt. v. 13. 7. 2004, in: DVBl 2004, S. 1321 ff.; *Markus Kotzur*, Anm. zu EuGH, Rs. C-27/04, Kommission/Rat, in: JZ 2004, S. 1071 ff.; *Streinz/Ohler/Herrmann* (N 412), S. 1553 ff.; *Ulrich Palm*, Der Bruch des Stabilitäts- und Wachstumspakts, in: EuZW 2004, S. 71 ff.; *Ulrich Häde*, Anm. zu EuGH, Rs. C-27/04, Kommission/Rat, in: EuR 2004, S. 750 ff.

431 Siehe Pressemitteilung des ECOFIN-Rats v. 5. 6. 2007, 10319/07 (Presse 126), S. 7. Zuvor hatte bereits die Kommission in einer Mitteilung an den Rat eine positive Bewertung der Maßnahmen Deutschlands zur Korrektur des übermäßigen Defizits bis zum Jahr 2007 abgegeben. Siehe Kommissionsmitteilung v. 19. 7. 2006, Dok.-Nr. SEC (2006) 990 final.

432 *Jonas Fischer/Lars Jonung/Martin Larch*, 101 Proposals to reform the Stability and Growth Pact. Why so many? – A Survey, European Commission – Economic Papers, No. 241, 2006, S. 3 ff., 39 ff.

433 Vgl. *Carsten Hefeker*, Credible At Last? Reforming the Stability Pact, in: Intereconomics 2003, S. 15 (18); *Vito A. Muscatelli/Piergiovanna Natale/Patrizio Tirelli*, A Simple and Flexible Alternative to the Stability and Growth Pact Deficit Ceilings. Is it at Hand?, in: CESifo Working Paper No. 1006, 2003, S. 15; *Peter Henseler*, Galgenfrist für den Stabilitätspakt – Interinstitutionelle Handlungsspielräume von Rat und Kommission im Verfahren bei einem übermäßigen Defizit nach Auffassung des EuGH, in: ZEuS 2004, S. 541 (557 f.); *Klaus F. Zimmermann*, Nur Reformen retten den europäischen Stabilitäts- und Wachstumspakt, in: Zeitschrift für Wirtschaftspolitik 53 (2004), S. 72 (78); *Charles Wyplosz*, Fiscal Policy: Institutions Versus Rules, in: National Institute Economic Review 191 (2005), S. 70 ff.

durchsetzbar sein⁴³⁴. Eher möglich erscheint es, die Entscheidungshoheit vom Rat auf eine andere bereits bestehende Gemeinschaftseinrichtung – auf die Kommission, die Europäische Zentralbank oder den Europäischen Gerichtshof – zu übertragen⁴³⁵. Naheliegender ist es aber, die Stellung der Kommission im gegenwärtigen Verfahrensablauf zu stärken. Verbesserungen ergäben sich, wenn die Kommission im Defizitverfahren nicht nur „Empfehlungen" aussprechen dürfte, sondern – was der Verfassungsentwurf für die Ratsentscheidung über das Bestehen eines übermäßigen Defizits vorsah – ein Vorschlagsrecht hätte⁴³⁶. Änderungen eines Kommissionsvorschlags kann der Rat nur einstimmig beschließen (Art. 250 Abs. 1 EGV). Läßt sich Einstimmigkeit nicht erzielen, muß der Rat, will er dennoch eine Änderung erreichen, die Kommission davon überzeugen, ihren eigenen Vorschlag abzuändern. Zudem muß eine Änderung der Abstimmungsregeln im Rat in Betracht gezogen werden. So sollte die Entscheidung des Rats über das Bestehen eines übermäßigen Defizits – dem Verfassungsentwurf entsprechend – ohne die Stimme des betreffenden Mitgliedstaats getroffen werden⁴³⁷. Solidarisierungseffekte sind dadurch zu vermeiden, daß Mitgliedstaaten, bei denen ein übermäßiges Defizit förmlich festgestellt wurde, von der Entscheidung über Maßnahmen gegen andere Defizitsünder ausgeschlossen werden⁴³⁸.

Stärkung der Kommission

Reformbedarf ergibt sich weiter im Hinblick auf die Sanktionen. Es ist bislang unklar, wie zu verfahren wäre, wenn ein Mitgliedstaat einer Sanktion nach Art. 104 Abs. 11 EGV nicht Folge leistet. Gegenüber Mitgliedstaaten dürften Zwangsvollstreckung und Aufrechnung kaum in Betracht kommen⁴³⁹. Geldbußen sind für finanziell angeschlagene Staaten wenig sinnvoll. Andere Sanktionsmechanismen – etwa die Aussetzung von Anwesenheits-, Rede- und Mitwirkungsrechten oder des Stimmrechts – sind in Betracht zu ziehen⁴⁴⁰.

114
Neue Sanktionsmechanismen

---

434 Vgl. *Friedrich Heinemann*, Die strategische Klugheit der Dummheit – keine Flexibilisierung des Stabilitätspakts ohne Entpolitisierung, in: Zeitschrift für Wirtschaftspolitik 53 (2004), S. 62 (69 f.).
435 *Bark* (N 398), S. 261 ff.; *Jakob de Haan/Helge Berger/David-Jan Jansen*, Why has the Stability and Growth Pact Failed?, in: International Finance 2004, vol. 7, Issue 2, S. 235 (256).
436 Art. III-184 Abs. 6 Verfassungsentwurf. Hierzu *Rüdiger Stotz*, Neuerungen im Bereich der Wirtschafts- und Währungsunion, in: Jürgen Schwarze (Hg.), Der Verfassungsentwurf des Europäischen Konvents. Verfassungsrechtliche Grundstrukturen und wirtschaftsverfassungsrechtliches Konzept, 2004, S. 221, 224; *Sylvester C. W. Eijffinger*, How Can the Stability and Growth Pact be Improved to Achieve both Stronger Discipline and Higher Flexibility, in: Intereconomics 2003, S. 10 (15); *Bark* (N 398), S. 249.
437 Art. III-184 Abs. 6 Verfassungsentwurf. Dazu etwa *Fabian Amtenbrink/Jakob de Haan*, Economic Governance in the European Union: Fiscal Policy Discipline Versus Flexibility, in: CMLRev 2003, S. 1075 (1102); *Bark* (N 398), S. 248 f.
438 Vgl. *Bark* (N 398), S. 258 f.; *Matthias Herdegen*, Europarecht, ⁸2006, § 25 Rn. 23.
439 Siehe *Kempen* (N 407), Art. 104 EGV Rn. 40; *Bark* (N 398), S. 101 f.; *Palm* (N 412), S. 168; *Häde* (N 400), Art. 104 EGV Rn. 74 f. Anders freilich Uwe Hartmann, Europäische Union und die Budgetautonomie der deutschen Länder – Haushaltsdisziplin im Rahmen der EWWU nach Art. 104 c EGV und deren innerstaatliche Umsetzung im Geltungsbereich des Grundgesetzes, 1994, S. 77; *Dieter Blumenwitz/Burkhard Schöbener*, Stabilitätspakt für Europa: Die Sicherstellung mitgliedstaatlicher Haushaltsdisziplin im Europa- und Völkerrecht, 1997, S. 39 ff.; *Martin Selmayr*, Das Recht der Wirtschafts- und Währungsunion, Bd. I: Die Vergemeinschaftung der Währung, 2002, S. 344 mit Fn. 1473.
440 Siehe *Rolf H. Hasse*, Alternativen zum Stabilitätspakt von Dublin: in: WD 1997, S. 15 (18 f.); *Palm* (N 412), S. 189; *Willem H. Buiter*, How to Reform the Stability and Growth Pact, in: Central Banking 13 (2003), S. 49 (57); *Bark* (N 398), S. 265 f.; *Iain Begg/Waltraud Schelkle*, The Pact Is Dead: Long Live The Pact, in: National Institute Economic Review 189 (2004), S. 86 (96); *Wim Boonstra*, Proposals for a Better Stability Pact, in: Intereconomics 2005, S. 4 (7).

115
Korrekturen der Referenzkriterien

Schließlich wird bei den Referenzkriterien über Korrekturen nachgedacht. Manche wollen die Ausnahmebestimmungen nach Art. 104 Abs. 2 S. 2 EGV flexibilisieren[441]. Beklagt wird, daß die 3%-Grenze für das Haushaltsdefizit willkürlich und in ihrer genauen Höhe ökonomisch nicht zu rechtfertigen sei. Gegen die Einführung flexibler Kriterien spricht, daß dadurch bei der Beurteilung der mitgliedstaatlichen Haushaltslage noch weitere Spielräume entstünden. Das geltende System ist mit seinen festen Referenzwerten und Ausnahmetatbeständen vergleichsweise einfach zu handhaben und transparent[442]. Es wird vorgeschlagen, im Hinblick auf die Ermittlung des Haushaltsdefizits bestimmte Staatsausgaben nicht zu berücksichtigen[443]. Dies kann etwa für kreditfinanzierte staatliche Investitionen gelten, die zwar zur Erhöhung des Haushaltsdefizits beitragen, mittelfristig aber Nutzen stiften und positive konjunkturelle Effekte hervorrufen können. Besonders ausgefallen ist der Vorschlag, ein System handelbarer Verschuldungsrechte einzuführen[444]. Dieses Modell knüpft gedanklich an das bereits verwirklichte Handelssystem für Emissionszertifikate an[445]. Nicht zuletzt angesichts der bislang auch auf diesem Feld vergleichsweise geringen Erfahrung mit diesem Mechanismus dürfte sich dieses Modell auf absehbare Zeit aber kaum verwirklichen lassen.

IV. Regelung der Kostentragung im innerstaatlichen Recht

116
Gemeinsame Verantwortung von Bund und Ländern

Sanktionen der Europäischen Gemeinschaft treffen die Mitgliedstaaten als völkerrechtliche Einheit. In Mehrebenensystemen wie der Bundesrepublik Deutschland wirft dies die Frage auf, ob und wie die finanziellen Lasten – unverzinsliche Einlagen und Geldbußen nach Art. 104 Abs. 11 EGV – auf

---

441 Zum Streitstand sowie zu Flexibilisierungsvorschlägen siehe etwa *Bob Hancké/Waltraud Schelkle/Jürgen Meyer*, Pro & Contra: Flexibilisierung des Stabilitätspakts?, in: ZRP 2003, S. 28; *Jürgen Meyer*, Flexibilisierung des Stabilitätspakts?, ebd., S. 28; *Amtenbrink/de Haan* (N 437), S. 1095 ff.; *Eijffinger* (N 436), S. 10 ff.; *Florian Höppner/Christian Kastrop/Stefan Olbermann/Thomas Westphal*, Der Stabilitäts- und Wachstumspakt in der Praxis, in: Vierteljahreshefte zur Wirtschaftsforschung 73 (2004), S. 345 (350 ff.); *Roel M.W.J. Beetsma/Xavier Debrun*, Implementing the Stability and Growth Pact. Enforcement and Procedural Flexibility, European Central Bank, Working Paper Series, No. 433, 2005, S. 9 f.; *Wyplosz* (N 433), S. 76 ff.
442 Vgl. *Ottmar Issing*, Der Stabilitäts- und Wachstumspakt – unentbehrliches Korrelat zur einheitlichen Geldpolitik, in: Kreditwesen 2003, S. 13 (14); *Renate Ohr/André Schmidt*, Der Stabilitäts- und Wachstumspakt: Eine Analyse unter Berücksichtigung konstitutionen- und institutionenökonomischer Aspekte, in: Wolf Schäfer (Hg.), Zukunftsprobleme der europäischen Wirtschaftsverfassung, 2004, S. 199 ff.; *Bark* (N 398), S. 80 f.
443 Siehe nur *Höppner/Kastrop/Olbermann/Westphal* (N 441), S. 351; *Stephan Bredt*, Der europäische „Stabilitätspakt" benötigt mitgliedstaatliche Verankerung, in: EuR 2005, S. 104.
444 Vgl. dazu *Alessandra Casella*, Tradeable deficit permits: efficient implementation of the Stability Pact in the European Monetary Union, in: Economic Policy, 1999, S. 323 ff.; *dies.*, Tradeable Deficit Permits, in: Anne Brunila/Marco Buti/Daniele Franco (Hg.), The Stability and Growth Pact: The Architecture of Fiscal Policy in EMU, New York 2001, S. 394 ff.; *Jörg Schröder*, Verschuldungslizenzen als Alternative zum Stabilitäts- und Wachstumspakt, in: WD 1999, S. 412 ff.; *Bark* (N 398), S. 169 f., 241.
445 Siehe hierzu nur *Alexander Reuter/Ralph Busch*, Einführung eines EU-weiten Emissionshandels – die Richtlinie 2003/87/EG, in: EuZW 2004, S. 39 ff.; *Dirk Weinreich/Simon Marr*, Handel gegen Klimawandel – Überblick und ausgewählte Rechtsfragen zum neuen Emissionshandelssystem, in: NJW 2005, S. 1078 ff.; *Charlotte Kreuter-Kirchhof*, Die europäische Emissionshandelsrichtlinie und ihre Umsetzung in Deutschland, in: EuZW 2004, S. 711 ff.; *Stefan Kobes*, Grundzüge des Emissionshandels in Deutschland, in: NVwZ 2004, S. 513 ff.

die verschiedenen Ebenen verteilt werden. Da das Grundgesetz zunächst keine ausdrückliche Festlegung enthielt, war die Lastenverteilung umstritten[446]. Seit der Föderalismusreform von 2006 gelten die Regelungen des Art. 109 Abs. 5 GG und des Sanktionszahlungs-Aufteilungsgesetzes (SZAG)[447]. Demnach sind die Verpflichtungen der Bundesrepublik Deutschland aus Rechtsakten der Europäischen Gemeinschaft auf Grund des Art. 104 EGV zur Einhaltung der Haushaltsdisziplin von Bund und Ländern gemeinsam zu erfüllen (Art. 109 Abs. 5 S. 1 GG, § 1 S. 2 SZAG)[448].

117
Feste Lastenverteilungsquote

Sanktionsmaßnahmen werden von Bund und Ländern im Verhältnis von 65 zu 35 getragen (Art. 109 Abs. 5 S. 2 GG, § 2 Abs. 1 S. 1 SZAG). Diese vertikale Aufteilung der Sanktionslasten berücksichtigt nicht, inwieweit das übermäßige gesamtstaatliche Haushaltsdefizit vom Bund oder den Ländern verursacht wurde. Damit sind die Anreize, Defizite zu vermeiden, gering[449]. Allerdings hat der Bund im Vergleich zu den Ländern eine hohe Haftungsquote zu tragen. Dies trägt dem Umstand Rechnung, daß er die Einnahmen der Länder maßgeblich beeinflußt[450].

118
Lastenverteilung unter den Ländern

Den auf die Länder entfallenden Anteil trägt die Ländergesamtheit im Rahmen der horizontalen Lastenverteilung solidarisch zu 35 % (das sind 12,25 % des Gesamtbetrages) entsprechend der jeweiligen Einwohnerzahl (Art. 109 Abs. 5 S. 3 Hs. 1 GG, § 2 Abs. 1 S. 2 SZAG). Hierdurch werden diejenigen Länder benachteiligt, die sich zu einer nur geringen oder gar keiner Neuverschuldung durchgerungen haben[451]. Ein gewisser Anreiz, Defizite zu vermeiden, ergibt sich aber dadurch, daß die übrigen 65 % der Länderlasten (das heißt 22,75 % des Gesamtbetrages) dem Verursachungsbeitrag entsprechend von den jeweiligen Ländern zu tragen sind (Art. 109 Abs. 5 S. 3 Hs. 2 GG, § 2 Abs. 1 S. 2 Hs. 1 SZAG)[452]. Ausdrücklich wird in § 2 Abs. 1 S. 2 Hs. 2 SZAG klargestellt, daß diejenigen Länder, die einen ausgeglichenen oder positiven Finanzierungssaldo aufweisen, an dem Teil der Sanktionslasten, der sich nach dem Verursachungsbeitrag bemißt, nicht beteiligt werden. Der Lastenanteil der

---

446 Ausführlich *Johannes Hellermann*, Die Europäische Wirtschafts- und Währungsunion als Stabilitätsgemeinschaft und der nationale Stabilitätspakt in der bundesstaatlichen Solidargemeinschaft, in: EuR 2000, S. 24, 28 ff.
447 Gesetz zur Änderung des Grundgesetzes vom 28. 8. 2006 (BGBl I, Nr. 41, S. 2034, 2037); Gesetz zur innerstaatlichen Aufteilung von unverzinslichen Einlagen und Geldbußen gemäß Art. 104 des Vertrages zur Gründung der Europäischen Gemeinschaft vom 5. 9. 2006 (BGBl I, S. 2098, 2104, Art. 14 des Föderalismusreformbegleitgesetzes). Der Regelungsauftrag ergibt sich aus Art. 109 Abs. 5 S. 4 GG.
448 § 1 S. 3 SZAG stellt klar, daß eine Zahlungspflicht der Länder mit der Bekanntgabe eines Beschlusses des Rates über Sanktionszahlungen an den Bund entsteht, die Sanktionen gemäß Art. 104 EGV aber nur den Bund treffen. Vgl. auch BT-Drs 16/814, 21.
449 Vgl. etwa *Winfried Kluth*, in: ders. (Hg.), Föderalismusreformgesetz – Einführung und Kommentierung, 2007, Art. 109 Rn. 6; *Siekmann* (N 34), Art. 109 GG Rn. 62, 66.
450 S. o. Rn. 72. Vgl. auch *Claus Dieter Classen*, in: Christian Starck (Hg.), Föderalismusreform, 2007, S. 119.
451 Vgl. *Helmut Siekmann* (N 34), Art. 109 GG Rn. 66.
452 In § 2 Abs. 1 S. 2 Hs. 1 SZAG wird als Verursachungsbeitrag der Anteil des Finanzierungsdefizits des jeweiligen Landes an der Summe der Finanzierungsdefizite aller Länder definiert. Dabei werden die Finanzierungssalden der Gemeinden, Gemeindeverbände und Zweckverbände den jeweiligen Ländern zugeordnet (§ 2 Abs. 2 S. 2 SZAG). Näheres zur Berechnung des Finanzierungssaldos ergibt sich aus § 2 Abs. 2 S. 1 SZAG.

§ 123   *Achter Teil: III. Finanzwesen*

Länder mit einem Haushaltsdefizit steigt entsprechend an. Das dürfte zur Defizitvermeidung anspornen. Allerdings legt § 2 Abs. 3 SZAG fest, daß für die Dauer einer vom Bundesverfassungsgericht festgestellten „extremen Haushaltsnotlage" die Zahlungsverpflichtungen „im Rahmen eines abgestimmten Sanierungskonzepts" gestundet werden. Dies ist plausibel, wenngleich mögliche Fehlanreize nicht zu verkennen sind[453]. Wenn kein einziges Bundesland ein Finanzierungsdefizit aufweist, kann Art. 109 Abs. 5 S. 3 GG nicht zur Anwendung kommen. Trifft die Bundesrepublik Sanktionslasten allein wegen eines Haushaltsdefizits auf Bundesebene, müssen alle Bundesländer den gesamten Länderanteil nach Art. 109 Abs. 5 S. 2 GG gemeinsam tragen. In einer solchen Konstellation müssen sich die Länder gegenüber dem Bund solidarisch zeigen.

119
Finanzautonomie der Länder und Gemeinden

Obwohl Art. 3 S. 2 des Defizitsprotokolls ausdrücklich betont, daß „die Regierungen der Mitgliedstaaten" zu gewährleisten haben, „daß die innerstaatlichen Verfahren im Haushaltsbereich sie in die Lage versetzen, ihre sich aus diesem Vertrag ergebenden Verpflichtungen in diesem Bereich zu erfüllen", verfügt der Bund gegenüber Ländern und kommunalen Gebietskörperschaften über keine Steuerungsmöglichkeiten (die Zuschüsse zu den Lasten der Sozialversicherungen trägt ohnehin der Bund, Art. 120 Abs. 1 S. 4 GG[454]). Die Empfehlungen des Finanzplanungsrates nach § 51a Abs. 2 und 3 HGrG sind unverbindlich[455]. Zwingenden Vorgaben des Bundes steht die verfassungsrechtlich garantierte haushaltswirtschaftliche Selbständigkeit der Länder (Art. 109 Abs. 1 GG) und der Kommunen (Art. 28 Abs. 2 GG) entgegen[456]. Diese in präventiver Hinsicht bestehende Lücke muß im Rahmen der Föderalismusreform II geschlossen werden[457].

---

453 Kritisch *Siekmann* (N 34), Art. 109 GG Rn. 69. Positiver *Claus Dieter Classen*, in: Christian Starck (Hg.), Föderalismusreform, 2007, S. 122.
454 Zur fehlenden Kreditfinanzierungsmöglichkeit der Sozialversicherungen s. o. Rn. 102.
455 Dazu *Iris Kemmler*, Nationaler Stabilitätspakt und Aufteilung der EU-Haftung zwischen Bund und Ländern nach der Föderalismusreform, in: LKV 2006, S. 529 (530); *Lars Micker*, Deutsche Umsetzung der EG-rechtlichen Stabilitätsanforderungen, in: ZRP 2004, S. 229 ff.
456 Ob Art. 109 Abs. 3 GG de constitutione lata als Rechtsgrundlage für verbindliche Vorgaben des Bundes ausreicht, ist umstritten. Vgl. nur *Claus Dieter Classen*, in: Christian Starck (Hg.), Föderalismusreform, 2007, S. 257 ff. (m. weit. Nachw.). Art. 109 Abs. 4 GG genügt in diesem Zusammenhang nicht. Vgl. *Hellermann* (N 446), S. 32 ff.
457 Vgl. BT-Drs 16/3884; sowie etwa *Ulrich Häde*, Zur Föderalismusreform in Deutschland, in: JZ 2006, S. 930, 938; *Siekmann* (N 34), Art. 109 GG Rn. 70.

F. Bibliographie

Hans Herbert v. Arnim/Dagmar Weinberg, Staatsverschuldung in der Bundesrepublik Deutschland, 1986.
Dieter Birk, Die finanzverfassungsrechtlichen Vorgaben und Begrenzungen der Staatsverschuldung, in: DVBl 1984, S. 745 ff.
Michael Droege, „Notruf nach Karlsruhe" – Die Begrenzung der Staatsverschuldung und das Heraufziehen des Jurisdiktionsstaates im Haushaltsverfassungsrecht, in: VerwArch 98 (2007), S. 101 ff.
Dieter Engels/Dieter Hugo, Verschuldung des Bundes und rechtliche Schuldengrenzen, in: DÖV 2007, S. 445 ff.
Andreas Graser, Nachhaltige Entwicklung und Demokratie, 2006.
Christoph Gröpl, Schwächen des Haushaltsrechts – Wege zu einer nachhaltigen Finanzwirtschaft, in: Die Verwaltung 39 (2006), S. 215 ff.
Ekkehard Grunwald, Erste Erfahrungen: Kreditaufnahme, Haushaltsausgleich und Haushaltskonsolidierung unter dem neuen Haushalts- und Rechnungswesen, in: Hermann Pünder (Hg.), Neues öffentliches Finanzmanagement – Das doppische Haushalts- und Rechnungswesen: Reform und erste Erfahrungen, 2007, S. 107 ff.
Paul Henseler, Verfassungsrechtliche Aspekte zukunftsbelastender Parlamentsentscheidungen, in: AöR 108 (1983), S. 489 ff.
Werner Heun, Staatsverschuldung und Grundgesetz, in: Die Verwaltung 18 (1985), S. 1 ff.
Wolfram Höfling, Staatsschuldenrecht – Rechtsgrundlagen und Rechtsmaßstäbe für die Staatsschuldenpolitik in der Bundesrepublik Deutschland, 1993.
Josef Isensee, Schuldenbarriere für Legislative und Exekutive – Zu Reichweite und Inhalt der Kreditkautelen des Grundgesetzes, in: FS für Karl Heinz Friauf, 1996, S. 705 ff.
Christian Jahndorf, Grundlagen der Staatsfinanzierung durch Kredite und alternative Finanzierungsformen im Finanzverfassungs- und Europarecht, 2003.
Ferdinand Kirchhof, Der notwendige Ausstieg aus der Staatsverschuldung, in: DVBl 2002, S. 1569 ff.
Paul Kirchhof, Die Staatsverschuldung als Ausnahmeinstrument, in: FS für Reinhard Mußgnug, 2005, S. 131 ff.
Michael Kloepfer/Matthias Rossi, Die Verschuldung der Bundesländer im Verfassungs- und Gemeinschaftsrecht, in: VerwArch 94 (2003), S. 319 ff.
Roland Lappin, Kreditäre Finanzierung des Staates unter dem Grundgesetz – Ein Plädoyer gegen den Kreditstaat, 1994.
Stefan Mückl, „Auch in Verantwortung für die künftigen Generationen" – „Generationengerechtigkeit" und Verfassungsrecht, in: FS für Josef Isensee, 2007, S. 183 ff.
Lerke Osterloh, Staatsverschuldung ab Rechtsproblem?, in: NJW 1990, S. 145 ff.
Hermann Pünder, Haushaltsrecht im Umbruch, 2003.
Thomas Puhl, Budgetflucht und Haushaltsverfassung, 1996.
Sachverständigenrat zur Begutachtung der gesamtwirtschaftlichen Entwicklung, Staatsverschuldung wirksam begrenzen – Expertise im Auftrag des Bundesministers für Wirtschaft und Technologie, 2007.
Rudolf Wendt/Michael Elicker, Staatsverschuldung und intertemporäre Lastengerechtigkeit, in: DVBl 2001, S. 497 ff.

§ 124
Subventionen

Jörn Axel Kämmerer

Übersicht

	Rn.			Rn.
A. Grundlagen	1–4	E.	Ausgestaltung	48–56
B. Terminologie und Typologie	5–23		I. Subventionsverhältnis	48–49
I. Terminologie	5–11		II. Gestaltungsvarianten	50–56
1. Wirtschafts- und rechtspolitischer Oberbegriff der Subvention	5–6		1. Verwaltungsakt (hoheitliche Bewilligung)	51
			2. Zweistufenmodell	52
2. Europarechtlicher Begriff der staatlichen Beihilfe	7–8		3. Mehrpolige Subventionierung	53
3. Subventionen im Sinne des Welthandelsrechts	9		4. Sonderfälle	54–56
		F.	Verfahrensrechtliche Kontrolle	57–59
4. Juristisches Begriffsspektrum und Subventionsverständnis in Deutschland	10–11		I. Welthandelsrecht	57
			II. Europäisches Gemeinschaftsrecht	58
II. Typologie	12–23		III. Nationales Recht	59
1. Leistungs- und Verschonungssubventionen	12–20	G.	Rückabwicklung	60–70
			I. Gesetzliche Grundlage	60
2. Direkte und indirekte Subventionen	23		II. Widerruf und Rücknahme	61–68
			1. Widerruf	62–63
C. Rechtliche Grundlagen der Subventionsvergabe	24–39		2. Rücknahme	64–68
I. Welthandelsrecht	24		III. Rückabwicklung bei vertraglicher Ausgestaltung	69–70
II. Europäisches Gemeinschaftsrecht	25–28		1. Öffentlich-rechtlicher Vertrag	69
III. Staatliches Recht	29–39			
1. Verfassungsrecht	29–34		2. Subventionierung im „Dreieck"	70
2. Verwaltungsrecht	35–39	H.	Rechtsschutz	71–75
D. Subventionen und Grundrechte	40–47		I. Subventionsempfänger	72–73
I. Subventionsanspruch	41–43		1. Versagung der Subvention	72
1. Spezialgesetzliche Anspruchsgrundlagen	41		2. Rückforderung der Subvention	73
2. Grundrechtlich vermittelter Subventionsanspruch	42–43		II. Konkurrent	74–75
II. Abwehrrechte	44–47		1. „Positive" und „negative" Konkurrentenklage	74–75
1. Subventionsempfänger	44			
2. Konkurrent	45–47	I.	Bibliographie	

A. Grundlagen

1
Instrument staatlicher Steuerung

Subventionen, vornehmlich Instrumente der Wirtschaftsförderung, können auch als staatliche Steuerungsmittel für vielfältige Ziele zum Einsatz kommen[1]. Ihr Schwerpunkt liegt im Bereich der Leistungsverwaltung: Durch Zuerkennung von Geld- oder Sachleistungen oder auch von Belastungsverschonungen sucht die öffentliche Hand Unternehmer wirtschaftlich zu unterstützen (finanzielle Förderung, Anschubfinanzierung) oder ein bestimmtes, nicht notwendigerweise wirtschaftliches, Verhalten der Begünstigten (Investitionen in Umweltschutz oder Arbeitsplatzsicherung) zu erwirken. Es kann konditionell, beispielsweise durch Auflagen, mit der Vorteilsgewährung verknüpft oder auch nur Gegenstand bloßer Erwartungen des Subventionsgebers sein. Gleichwohl ist Subventionierung keine reine Angelegenheit der Exekutive, sondern die Voraussetzungen für die Gewährung einer Leistung sind vielfach, wenn auch keineswegs stets, gesetzlich verankert.

2
Verzerrung des Wettbewerbs

Steuervergünstigungen

Auftrag zum Subventionsabbau

Subventionsbegriff

Die verbreitete und berechtigte Skepsis gegenüber Subventionen wurzelt in ihrer Eignung zur Verzerrung der Freiheitsvoraussetzungen, insbesondere des wirtschaftlichen Wettbewerbs. Selbst ihren Empfängern wird, auch wenn Subventionen die wirtschaftlichen Grundlagen ihres Handelns stärken, kraft der Zweckbindung der Zuschüsse ein Stück Freiheit abgekauft. Im schlimmsten Fall blockieren Subventionen den wirtschaftlichen Strukturwandel und generieren Fehlallokationen von Produktionsfaktoren[2]. Bei Steuervergünstigungen, also Subventionierung durch Belastungsverschonung, wird zudem die Frage nach der Steuergerechtigkeit selektiver Vorteile laut. Steuervergünstigungen führen zu ungleichen Abgabenlasten, die selbst im Fall ihrer verfassungsrechtlichen Rechtfertigung die Stimmigkeit und Funktionalität des Steuersystems zu konterkarieren vermögen[3]. Subventionsabbau ist aus allen diesen Gründen nicht nur ein legitimes rechtspolitisches Ziel, sondern kann, wo Wettbewerbsfreiheit oder Belastungsgleichheit beeinträchtigt sind, auch verfassungsrechtlich geboten sein. Der Erkenntnis folgend, daß staatliche Subventionen ständiger Kontrolle bedürfen, verpflichtet das Stabilitätsgesetz vom 8. Juni 1967 die Bundesregierung, jährlich einen Bericht „über die Entwicklung der Finanzhilfen des Bundes und der Steuervergünstigungen", besser bekannt als Subventionsbericht[4], herauszugeben (§ 12 StWG). Dieser gibt Auskunft über die Fortschritte beim Subventionsabbau sowie über die Auftei-

---

1 Dazu *Hans Peter Ipsen*, Subventionen, in: HStR IV, ²1999 (¹1990), § 92 Rn. 1 ff., 15 ff., 22 ff.
2 *Reiner Schmidt*, Wirtschaftspolitik, Wirtschaftsverwaltungsorganisation, Wirtschaftsförderung, in: Norbert Achterberg/Günter Püttner/Thomas Würtenberger (Hg.), Besonderes Verwaltungsrecht, Bd. I, ²2000, § 1 Rn. 147; *Gertrude Lübbe-Wolff*, Die Grundrechte als Eingriffsabwehrrechte, 1988, S. 234 f.; ferner *Dirk Ehlers*, Die Kontrolle von Subventionen, in: DVBl 1993, S. 861 (861 ff.); vgl. dazu auch *Michael Rodi*, Die Subventionsrechtsordnung, 2000, S. 18 ff.; außerdem *Folko Bührle*, Gründe und Grenzen des „EG-Beihilfenverbots", 2006, S. 37 ff., 61 ff.
3 Vgl. *Paul Kirchhof*, Die freiheitsrechtliche Struktur der Steuerrechtsordnung, in: StuW 2006, S. 3 (16 f.) m. weit. Nachw.; → oben *P. Kirchhof*, § 99 Rn. 102; *ders.*, § 118 Rn. 46 ff.
4 Vgl. Bericht der Bundesregierung über die Entwicklung der Finanzhilfen des Bundes und der Steuervergünstigungen für die Jahre 2003 bis 2006, BT-Drs 16/1020.

lung der Förderung auf die einzelnen Bereiche. Die Länder berichten nach Maßgabe des jeweiligen Landesrechts ebenfalls regelmäßig über die von ihnen gewährten Subventionen.

Ein signifikanter Subventionsabbau ist ungeachtet dieser Kontroll- und Transparenzmechanismen bisher nicht gelungen; vielmehr verharrt das Volumen der in Europa und insbesondere in Deutschland gewährten Subventionen auf hohem Niveau. Beim Bund betrug ihr Umfang ausweislich des 20. Subventionsberichtes 2006 21,9 Mrd. Euro (von denen mit 50,3 % die Hälfte auf die gewerbliche Wirtschaft und 23,5 % auf das Wohnungswesen entfielen)[5] und lag damit um 800 Mio. Euro unter dem Quantum von 2003[6]. Die Mindereinnahmen durch Steuervergünstigungen fielen nach einem deutlichen Anstieg zuletzt wieder auf das Niveau von 2003 zurück[7]. Insgesamt zeichnet sich eine Schwerpunktverlagerung von der primär unternehmensbezogenen Finanzierung auf Steuerungssubventionen ab. Die Europäische Kommission gibt im EU-Anzeiger für staatliche Beihilfen deren Gesamtumfang für das Frühjahr 2005 mit 53 Mrd. Euro (bezogen auf 2003) in 15 Mitgliedstaaten an, unter denen Deutschland (Bund und Länder), gemessen am BIP-Anteil des Beihilfengesamtbetrages, den dritten Rang einnimmt[8]. Nicht zuletzt die deutsche Einheit, in deren Folge Fördermaßnahmen zugunsten der Umstrukturierung der ostdeutschen Wirtschaft, darunter zur Privatisierung von Unternehmen sowie zur Behebung von Strukturschwächen, ergriffen wurden, hemmte einen nachhaltigen Subventionsabbau; mit Blick auf den beschleunigten Anstieg des Förderungsvolumens kursierte gar das Schlagwort von der „Renaissance der Wirtschaftssubventionen"[9].

3
Volumen der Subventionen

Renaissance der Wirtschaftssubventionen?

4

Ein weiterer Abbau von Subventionen wird auch unter ordnungspolitischem Vorzeichen postuliert: Staatliche Wirtschaftshilfe solle nur als Unterstützung unternehmerischer Selbsthilfe angelegt sein dürfen und sei insofern wesensgemäß transitorischer Natur[10]. Einen zusätzlichen Impetus zum Subventionsabbau vermittelt die steigende Staatsverschuldung, der durch Reduzierung entbehrlicher Staatsausgaben begegnet werden soll. Eine verfassungsrechtliche

---

5 20. Subventionsbericht (N 4), S. 17, 19.
6 20. Subventionsbericht (N 4), S. 17, 19 f.; dabei sind allerdings (direkte) Finanzhilfen wie auch (indirekte) Steuervergünstigungen erfaßt.
7 20. Subventionsbericht (N 4), S. 7, 21.
8 KOM (2005) 147 endg. vom 20. 4. 2005, S. 4, 6, 13. Der BIP-Anteil der Beihilfen betrug in Deutschland 0,77 % gegenüber 0,57 % im EU(15)-Durchschnitt. Hinsichtlich des absoluten Beihilfevolumens (16 Mrd. Euro) hat Deutschland gar den Spitzenplatz inne. – Von den deutschen Beihilfen entfielen 32 Mrd. Euro auf Industrie und Dienstleistungen, 14 Mrd. Euro auf Landwirtschaft und Fischerei, weitere rund 6 Mrd. Euro auf den Kohlebergbau und 1 Mrd. Euro auf den Straßen- und Luftverkehr (ebd., S. 5).
9 *Hans-Peter Vierhaus*, Abtretbarkeit von Wirtschaftssubventionen, in: NVwZ 2000, S. 734. Der 19. Subventionsbericht (BT-Drs 15/1635) wies eine Steigerung des Gesamtsubventionsvolumens zwischen 1990 und 1995 auf, welche die Erhöhung während des gesamten vorangegangenen Jahrzehnts übertrifft; der Zuwachs beschleunigte sich abermals bis 2000 (1980: 12,5 Mrd. Euro; 1990: 15,1 Mrd. Euro; 1995: 18,5 Mrd. Euro; 2000: 23,1 Mrd. Euro). Erst mit der Jahrtausendwende ist eine Stagnation eingetreten.
10 Vgl. 15. Subventionsbericht, BT-Drs 13/2230, S. 9; *Ehlers* (N 2), S. 862 m. weit. Nachw.; *Hermann Hill*, Rechtsverhältnisse in der Leistungsverwaltung, in: NJW 1986, S. 2602 (2605); *Rolf Stober*, Rechtliche Rahmenbedingungen der Wirtschaftsförderung, in: BB 1996, S. 1845 (1847). → Bd. II, *Rupp*, § 31 Rn. 51 ff.; → Bd. IV, *Isensee*, § 73 Rn. 65 ff.

Grundentscheidung zugunsten des Abbaus von Subventionen läßt sich dem Grundgesetz indes nicht entnehmen. Ein umfassendes Subsidiaritätsprinzip, aus dem eine allgemeine konstitutionelle Pflicht zum Subventionsabbau abgeleitet werden könnte, besteht nicht. Eine Rechtspflicht zur Beseitigung von Subventionen besteht nur in Einzelfällen[11], wenn die Benachteiligung anderer Marktteilnehmer durch die Subvention eine Grundrechtsverletzung bei Konkurrenten nach sich zieht. Übersteigen die Ausgaben des Bundes dessen Einnahmen, bietet Subventionsabbau einen probaten Ansatzpunkt für die Rückkehr zu einem ausgeglichenen und damit zugleich verfassungskonformen Haushalt. Subventionskritischer als das Grundgesetz geben sich der EG-Vertrag und das Welthandelsrecht, die jeweils eine grundsätzliche Ächtung von Subventionen aussprechen.

B. Terminologie und Typologie

I. Terminologie

1. Wirtschafts- und rechtspolitischer Oberbegriff der Subvention

5

Kein allgemeingültiger Subventionsbegriff

Ein allgemeingültiger Subventionsbegriff existiert in Deutschland nicht. Das Verständnis variiert mit der Fachdisziplin[12] und innerhalb dieser mit dem Bezugsgegenstand. Im juristischen Sprachgebrauch wird „Subvention" oft synonym für den jeweils verwendeten gesetzlichen Topos oder – in Ermangelung eines solchen – als dessen Platzhalter verwendet. Zugleich steht „Subvention" als Sammelbegriff für alle diese Topoi, die sich durch gemeinsame Eigenschaften auszeichnen, in Bedeutung und Tragweite aber nicht kongruent zu sein brauchen[13]. Wenn „Subvention", etwa im Strafrecht[14] und in einzelnen anderen Bundes- und Landesgesetzen[15], auch zum Gesetzesbegriff erhoben worden ist, gestattet dies keinen Rückschluß auf Existenz und Inhalt eines allgemeinen Subventionsverständnisses. Eine – auch normative – Leitfunktion fällt allenfalls dem gemeinschaftsrechtlichen Terminus der staatlichen Beihilfe[16] zu. Da er sämtliche nach deutschem Sprachgebrauch zu den Wirtschaftssubventionen gerechneten Maßnahmen umschließt, werden die Be-

---

11 So auch *Rolf Gröschner*, in: Dreier, GG II, Art. 20 Rn. 50; vgl. aber *Rolf Stober*, Allgemeines Wirtschaftsverwaltungsrecht, 15 2006, S. 223.
12 Vgl. etwa zum wirtschaftswissenschaftlichen Subventionsbegriff Rodi (N 2), S. 30 ff.; *Dieter Bös*, Gedanken zum Subventionsbegriff in den Wirtschaftswissenschaften, in: Karl Wenger (Hg.), Förderungsverwaltung, 1973, 43 ff.
13 *Ehlers* (N 2), S. 861; *Bührle* (N 2) meidet den Begriff der Subvention und spricht in Anlehnung an *Peter-Christian Müller-Graff*, in ZHR 152 (1988), S. 403 (410), von „Subsidie". Zur Forderung nach einer verfassungsrechtlichen Verankerung der Subventionsbegrenzung vgl. *Stober* (N 11), S. 287.
14 S. u. Rn. 11 ff.
15 Aus dem Bundesrecht etwa: Gesetz zur Neuordnung der Steinkohlensubventionen vom 12. 12. 1997, BGBl I, S. 3048; Gesetz gegen mißbräuchliche Inanspruchnahme von Subventionen vom 29. 7. 1976, BGBl I, S. 2037.
16 S. u. Rn. 7 ff.

griffe „Beihilfe" und „Subvention" oft synonym gebraucht[17]. Dieser Usus ist im Lichte gemeinschaftsrechtlicher Begriffstradition angreifbar und kontrastiert mit der Tatsache, daß sich keine der geltenden Sprachfassungen des EG-Vertrages des Wortes „Subvention" bedient.

Aus staats- und verwaltungswissenschaftlicher Sicht, die sich mit der wirtschafts- und finanzwissenschaftlichen Betrachtung im Kern deckt[18], ist Subvention ein vermögenswerter Vorteil, den der Staat oder ein anderer Verwaltungsträger Personen außerhalb eines synallagmatischen Austauschverhältnisses und ohne marktgemäße Gegenleistung zuwendet[19]. Keine Übereinstimmung ergibt sich bei den Fragen, inwieweit ein durch Verschonung von finanziellen Lasten begründeter Vermögensvorteil den Subventionsbegriff erfüllt („Verschonungssubventionen"[20]), ob Subventionen stets durch einen Vermögenstransfer gekennzeichnet sind, ob auch Zuwendungen an öffentliche Unternehmen Subventionen darstellen, ob eine Gegenleistung die Subsumtion zwingend ausschließt, ob ferner eine Subvention nur dann vorliegt, wenn sie einem im öffentlichen Interesse liegenden Zweck dient, und schließlich ob auch zwecksuntaugliche und damit rechtswidrige Bezuschussungen dem Begriff unterfallen[21].

6
Begriff „Subvention"
Staatliche Zuwendung eines Vermögenswerts ohne Gegenleistung
„Verschonungssubventionen"

2. Europarechtlicher Begriff der staatlichen Beihilfe

Der EGKS-Vertrag führte den Begriff der Subvention in Art. 4 lit. d sowie Art. 54 Abs. 5 neben dem der Beihilfe auf. Der Europäische Gerichtshof betrachtete die Termini nicht als deckungsgleich, sondern verstand unter Subventionen lediglich positive Leistungen, während der weitere Begriff der Beihilfe auch Belastungsverminderungen mit gleichartiger Wirkung erfassen sollte[22]. Diese Unterscheidung übertrug der Gerichtshof nicht nur auf den EG-Vertrag, obwohl dieser den Begriff der Subvention nicht kennt[23], son-

7
Subvention und Beihilfe

---

17 I.d.S. etwa *Ipsen* (N 1), § 92 Rn. 5, 31 ff.; *Thomas Oppermann*, Europarecht, ³2005, § 16 Rn. 1; *Johannes-Friedrich Beseler*, Die Abwehr von Dumping und Subventionen durch die Europäischen Gemeinschaften, 1980, S. 75 ff.; siehe auch *Hans-Wolfgang Arndt*, Subventionen im Lichte des Europarechts, in: Udo Steiner (Hg.), Besonderes Verwaltungsrecht, ⁸2006, S. 751 ff.; krit. hingegen *Peter Badura*, in: Eberhard Schmidt-Aßmann, Besonderes Verwaltungsrecht, ¹³2005, S. 362; *Schmidt* (N 2), § 1 Rn. 152.
18 S. o. N 12.
19 Definition bei *Hartmut Maurer*, Allgemeines Verwaltungsrecht, ¹⁶2006, § 17 Rn. 5; ferner *Schmidt* (N 2), § 1 Rn. 149; *Görg Haverkate*, Subventionsrecht, in: Reiner Schmidt (Hg.), Öffentliches Wirtschaftsrecht, BT 1, 1995, § 4 Rn. 6 ff.; *Vierhaus* (N 9), S. 734; *Ipsen* (N 1), § 92 Rn. 22 ff; ebenso für eine Beschränkung des verwaltungsrechtlichen Subventionsbegriffs *Rolf Stober*, Besonderes Wirtschaftsverwaltungsrecht, ¹³2004, S. 256.
20 Zur Bezeichnung von Leistungssubventionen als „Subventionen i. e. S." *Stober* (N 19), S. 254; ferner *Wilfried Berg*, Subventionsverfahren und Subventionsvergabe zwischen Effizienz und Formalismus, in: GewArch 1999, S. 1 (2).
21 Vgl. *Haverkate* (N 19), S. 343; *Rodi* (N 2), S. 45 f.
22 Vgl. nur EuGH, Rs. C-501/00 – Spanien/Kommission – Slg. 2004, I-6717, Rn. 90; Rs. C-390/98 – Banks/The Coal Authority – Slg. 2001, I-6117, Rn. 30; krit. insoweit *Norbert Löw*, Der Rechtsschutz des Konkurrenten gegenüber Subventionen aus gemeinschaftsrechtlicher Sicht, 1992, S. 37 ff.
23 Vgl. EuGH, Rs. C-53/00 – Ferring – Slg. 2001, I-9067, Rn. 15.

dern hielt an ihr auch nach dem Außerkrafttreten des EGKS-Vertrags (2001) fest[24].

Art. 87-89 EGV[25] beziehen sich nur auf staatliche Beihilfen, nicht auch auf Gemeinschaftsbeihilfen. Staatliche Beihilfe ist jeder staatliche oder aus staatlichen Mitteln (einschließlich der unmittelbaren Staatsverwaltung) gewährte geldwerte Vorteil, der einem Unternehmen unmittelbar oder mittelbar zuteil wird[26]. Art. 87 Abs. 1 EGV, der insoweit nur Rudimente einer Legaldefinition aufweist, legt vornehmlich die materiellen Grenzen für die Vergabe von Beihilfen – Einzelbeihilfen ebenso wie abstrakte Beihilferegelungen[27] – fest: Sie sind unzulässig, wenn sie durch Begünstigung bestimmter Unternehmen oder Produktzweige den Wettbewerb verfälschen oder zu verfälschen drohen, soweit der Handel zwischen Mitgliedstaaten beeinträchtigt wird. Damit wird das in Art. 3 Abs. 1 lit. g EGV festgeschriebene Gemeinschaftsziel des unverfälschten Wettbewerbs konkretisiert. Zuwendungen gegenüber Privaten, die keinen Bezug zu wirtschaftlichen Tätigkeiten aufweisen (wie Kindergeld, Sozialhilfe, Eigenheimzulage, gegebenenfalls Steuervergünstigungen), sind keine Beihilfen im gemeinschaftsrechtlichen Sinne, solange sie nicht wenigstens mittelbar, etwa über die weitere Verwendung der Zuschüsse, bestimmten Wirtschaftsunternehmen zugute kommen. Kennzeichnend für einen wirtschaftlichen Vorteil ist, daß ihm keine angemessene Gegenleistung des Empfängers gegenübersteht. Erbringt dieser eine Gegenleistung zu günstigeren als den marktüblichen Bedingungen, ist die staatliche Leistung bereits als Beihilfe zu qualifizieren[28]. Unerheblich ist, ob der Vorteil in Gestalt einer positiven Zuwendung oder einer Belastungsverschonung vermittelt wird[29]. Im Zweifel, vor allem bei staatlichen Finanzleistungen an öffentliche Unternehmen, ist das Vorliegen eines marktunangemessenen Vorteils am Maßstab eines „market economy investor", also am Verhalten eines hypothetischen, idealtypischen Unternehmers, zu bestimmen[30]. Das Erfordernis der Selektivität des Vorteils – er kann einem oder mehreren Unternehmen, aber auch einer gesamten Branche (Produktionszweig) zuwachsen – ist nur bei allgemei-

Wettbewerbserhebliche Zuwendung

Keine gleichwertige Gegenleistung

---

24 Vgl. EuGH, verb. Rs. C-128 und 129/03 – AEM –, EuLF 2005, S. 93, Rn. 38; Rs. C-276/02 – Spanien/Kommission –, EWS 2004, S. 458, Rn. 24. Zum Verhältnis zwischen Beihilfen und Subventionen näher *Bührle* (N 2), S. 233 ff.
25 Dazu ausführlich *Martin Oldiges*, Die Entwicklung des Subventionsrechts seit 1996 – Teil 1: Gemeinschaftsrechtliche Beihilfeaufsicht und innerstaatlicher Rechtsrahmen für Subventionen, in: NVwZ 2001, S. 280 (281 ff.); *Alfred Dickersbach*, Die Entwicklung des Subventionsrechts seit 1993, in: NVwZ 1996, S. 962 (963); *Antonis Metaxas*, Grundfragen des europäischen Beihilferechts, 2002, S. 35 ff.; *Thomas Lübbig/Andrés Martín-Ehlers*, Beihilfenrecht der EU, 2003, Rn. 44 ff.
26 Vgl. dazu *Christian Koenig/Jürgen Kühling*, in: Rudolf Streinz (Hg.), EUV/EGV, 2003, Art. 87 Rn. 27 ff.; *Wolfram Cremer*, in: Christian Calliess/Matthias Ruffert, EUV/EGV, Art. 87 ³2007 Rn. 9 ff.; *Gabriela von Wallenberg*, in: Eberhard Grabitz/Meinhard Hilf, EUV/EGV, 24. EL 2004, Art. 87 Rn. 4.
27 Zur Unterscheidung vgl. Art. 1 lit. d, e BeihVerfVO.
28 EuG, Rs. T-14/96 – BAI – Slg. 1999, II-139, Rn. 71 ff.
29 Vgl. nur EuGH, Rs. C-387/92 – Banco de Crédito Industrial SA – Slg. 1994, I-877, S. 904 Rn. 13 f.
30 EuGH, Rs. C-303/88 – ENI-Lanerossi – Slg. 1991, I-1433, Rn. 21 f.; *Cremer* (N 26), Art. 87 Rn. 7; *Wolfgang Mederer/Anne van Ysendyk*, in: Hans von der Groeben/Jürgen Schwarze, EU, Bd. II, 2004, Art. 87 Rn. 10; *v. Wallenberg* (N 26), Art. 87 Rn. 33; *Christian Koenig/Jürgen Kühling/Nikolai Ritter*, EG-Beihilfenrecht, ²2005, Rn. 74 ff.

nen wirtschaftspolitischen Maßnahmen nicht erfüllt[31]. Hinsichtlich des Passus „staatlich oder aus staatlichen Mitteln" verlangt die herrschende Meinung eine zumindest mittelbare Belastung eines öffentlichen Haushalts; unter dieser Voraussetzung kann das Staatlichkeitskriterium auch bei Auszahlung eines Kreditbetrages durch einen Privaten gewahrt sein. Die Europäische Kommission wertet auch einen durch ein privates Kreditrating vermittelten Kapitalmarktvorsprung, der auf gesetzlichen Sicherungen und Einstandspflichten beruht und dem nur potentiell eine Haushaltsbelastung korrespondiert, noch als – unzulässige – staatliche Beihilfe (Anstaltslast und Gewährträgerhaftung bei Sparkassen und Landesbanken)[32]. Ein restriktiveres Beihilfenverständnis vertritt der Europäische Gerichtshof, wenn der Staat einem Unternehmen finanziellen Ausgleich für Sonderbelastungen aus der Erbringung von Dienstleistungen der Daseinsvorsorge gewährt[33].

Nicht nur weil Wirtschaftssubventionen stets Beihilfen darstellen, sondern auch in verfahrensrechtlicher Hinsicht prägt und überformt der europarechtliche Begriff der Beihilfe den normativ ungefestigten nationalen der Subvention. Eine Beihilfe darf erst gewährt werden, wenn die Europäische Kommission Gelegenheit zur Überprüfung ihrer Rechtmäßigkeit erhalten hat[34]. Die Dominanz des Beihilfebegriffs und des Beihilferechts zeigt sich nicht zuletzt darin, daß die Rückforderung einer gegen europarechtliche Vorschriften verstoßenden Beihilfe in der Regel zwingend ist („effet utile"[35]), so daß die gleichzeitige Verletzung nationaler Rechtsvorschriften daneben kaum ins Gewicht fällt.

8

Prüfungszuständigkeit der Kommission

Rückforderung

---

31 *Bertold Bär-Bouyssière*, in: Jürgen Schwarze, EU, Art. 87, Rn. 34 ff.; vgl. auch EuGH, verb. Rs. 6 und 11/69 – Kommission/Frankreich – Slg. 1969, S. 523 Rn. 21/23. Es kommt nicht auf den Zweck der Begünstigung, sondern auf die begünstigende Auswirkung einer Maßnahme an (*Bär-Bouyssière*, ebd., Rn. 36; EuGH, Rs. 173/73 – Italien/Kommission – Slg. 1974, S. 709, Rn. 26/28; Rs. 310/85 – Deufil – Slg. 1987, S. 901, Rn. 8). Wenn die staatlichen Stellen bei der Gewährung einer Vergünstigung über einen Ermessensspielraum verfügen, kann ebenfalls eine selektive Maßnahme vorliegen (*Bär-Bouyssière*, ebd., Rn. 37; EuGH, Rs. C-241/94 – Frankreich/Kommission – Slg. 1996, I-4551, Rn. 23 f.).
32 *Michael Gruson*, Zur Subsidiarität der Gewährträgerhaftung bei öffentlich-rechtlichen Banken, in: WM 2003, S. 321 ff.; *Ulrich-Peter Kinzl*, Anstaltslast und Gewährträgerhaftung, 2002; *Heike Jochum*, Die deutschen Landesbanken und Girozentralen am Ende einer langen Tradition? – Ein Beitrag zur vergabe- und wettbewerbsrechtlichen Stellung der deutschen Landesbanken und Girozentralen, in: NZBau 2002, S. 69; *Lübbig/Martín-Ehlers* (N 25), Rn. 245 ff.; *Hans-Jörg Niemeyer/Simon Hirsbrunner*, Anstaltslast und Gewährträgerhaftung bei Sparkassen und die Zwischenstaatlichkeitsklausel in Art. 87 EG, in: EuZW 2000, S. 364 ff.; *Gabriele Quardt*, Zur Abschaffung von Anstaltslast und Gewährträgerhaftung, in: EuZW 2002, S. 424 ff.; Vereinbarung der EU-Kommission über die Zukunft der Sparkassen und Landesbanken vom 17. 7. 2001.
33 Beihilfe ist nun nicht mehr die Zuwendung des wirtschaftlichen Vorteils ohne marktgerechte Gegenleistung, sondern die eines Vorteils, dem zum Zuwendungszeitpunkt nicht nachweislich eine marktgerechte Gegenleistung gegenübersteht. Diese Tatbestandsreduktion hat dem EuGH mit Recht Kritik eingetragen, insbesondere weil sie Art. 86 EGV als eigentlichem Ort für die Rechtfertigung daseinsvorsorgebedingter Zuschüsse den Boden entzieht. EuGH, Rs. C-53/00 – Ferring – Slg. 2001, I-9067; EuGH, Urteil vom 24. 7. 2003 – Rs. C-280/00 – Altmark – EuZW 2003, S. 496, 501.
34 S. u. Rn. 25 ff.
35 S. u. Rn. 67 ff.

3. Subventionen im Sinne des Welthandelsrechts

9

SCM-Übereinkommen

Eine für die Parteien der Welthandelsorganisation und damit sowohl für Deutschland als auch für die Europäische Gemeinschaft beachtliche Definition des Begriffs „Subvention" findet sich in Art. 1 Abs. 1 des WTO-Übereinkommens über Subventionen (Agreement on Subsidies and Countervailing Measures – SCM-Übk.). Danach ist Subvention jeder finanzielle Betrag durch die öffentliche Hand oder jede Form einer Einkommens- oder Preisstützung mit Vorteil für den Empfänger[36]. Da aus Art. 1 SCM-Übk. vielfach abgeleitet wird, daß dem zugeflossenen Vorteil eine Vermögenseinbuße seitens des Zuwendenden gegenüberstehen müsse, besteht nicht hinsichtlich aller zugewandten Vermögensvorteile Einigkeit über ihre Qualifikation als Subventionen im welthandelsrechtlichen Sinne[37]. Art. 2 schränkt den Anwendungsbereich des SCM-Übereinkommens allerdings auf „spezifische" Subventionen ein, die bestimmten Unternehmen, Gruppen von Unternehmen oder auch bestimmten Wirtschaftszweigen zugute kommen. Damit deckt sich der Regelungsbereich des SCM-Übereinkommens weitgehend mit Art. 87 ff. EGV.

4. Juristisches Begriffsspektrum und Subventionsverständnis in Deutschland

10

Finanzhilfe

Zuwendungen

Dem deutschen Verwaltungsrecht fehlt ein übergreifendes Subventionsgesetz und damit auch ein allgemeiner Subventionsbegriff: Unterstützungsleistungen werden im Lichte des jeweiligen Regelungszwecks und nicht generalisierend betrachtet[38]. Die Rückforderung verbotener Subventionen richtet sich grundsätzlich nach den allgemeinen Vorschriften des Verwaltungsverfahrensrechts über Rücknahme und Widerruf von Verwaltungsakten, die eine Geldleistung oder teilbare Sachleistung gewähren (§ 48 Abs. 2, § 49 Abs. 3, § 49a VwVfG). Des Begriffs „Finanzhilfe" bedient sich § 12 StabG, wenn auch nur, um den Stabilitätszielen des § 1 auch insoweit zur Geltung zu verhelfen, und daher ohne nähere Umschreibung ihrer Spezifika. Das Haushaltsrecht kennt den Begriff „Zuwendungen" (vgl. § 14 HGrG, §§ 23, 44 BHO), zu verstehen als „Ausgaben und Verpflichtungsermächtigungen für Leistungen an Stellen außerhalb der Bundesverwaltung zur Erfüllung bestimmter Zwecke." Diese Legaldefinition stellt auf die haushaltsrechtlichen Wirkungen der Ausgaben

---

36 Siehe näher *Stefan Ohlhoff*, Verbotene Beihilfen nach dem Subventionsabkommen der WTO im Lichte aktueller Rechtsprechung, in: EuZW 2000, S. 645 (646 ff.); *Carsten Grave*, Der Begriff der Subvention im WTO-Übereinkommen über Subventionen und Augleichsmaßnahmen, 2002, S. 124 ff.

37 So z. B. bei der Darlehensvergabe zu einem niedrigeren als dem marktüblichen Zinssatz, wenn der Staat wegen günstiger Refinanzierungsmöglichkeiten keine Vermögenseinbuße erleidet; vgl. *Werner Meng*, in: Rolf Stober/Hanspeter Vogel (Hg.), Subventionsrecht und Subventionspolitik auf dem Prüfstand, 1999, S. 79; *Grave* (N 36), S. 170 ff.

38 Anders in der Schweiz: Subventionsgesetz (Bundesgesetz über Finanzhilfen und Abgeltungen) v. 5. 10. 1990, BBl 1990 III, S. 564, vgl. dazu *René Arthur Rhinow*, Wesen und Begriff der Subvention in der schweizerischen Rechtsordnung, 1971, S. 74 ff., 128 ff.; *Maurer* (N 19), § 17 Rn. 3; *Schmidt* (N 2), § 1 Rn. 148. Vgl. auch den Vorschlag des 55. Deutschen Juristentages für eine Subventions-Kodifikation in Deutschland (55. DJT 1984, Bd. II, S. M 199). Für eine gesetzlich begründete Erfolgskontrolle *Ehlers* (N 2), S. 866 f.

ab, weswegen auf den Zuwendungsempfänger nicht weiter Bezug genommen wird. Auch „Subvention" selbst findet als Gesetzesbegriff Verwendung, insbesondere im Strafrecht. Nach der Legaldefinition des § 264 Abs. 7 StGB[39] liegt eine Subvention vor, wenn eine Leistung aus öffentlichen Mitteln, die nach Bundes- oder Landesrecht gewährt wird, Unternehmen oder Betrieben zugute kommt und der Förderung der Wirtschaft dient (Nr. 1), ohne daß ihr eine marktmäßige Gegenleistung gegenübersteht; so sind damit etwa soziale Unterstützungsleistungen ausgeklammert.

Strafrechtlicher Begriff

Die Frage nach der Verallgemeinerungsfähigkeit einfachgesetzlicher Subventionsbegriffe, insbesondere des strafrechtlichen, bleibt rein akademischer Natur, solange das Staats- und Verwaltungsrecht den Subventionscharakter einer Vorteilsgewährung nicht mit spezifischen Rechtsfolgen verknüpft und einfachgesetzlicher Spezialterminologie den Vorrang gibt[40]. Als – heuristischer – Oberbegriff der Staats- und Verwaltungswissenschaft weist derjenige der Subvention weiterhin unscharfe Konturen und umstrittene Grenzen auf. Beschränkt man den Fokus mit einem Teil des verwaltungswissenschaftlichen Schrifttums auf wirtschaftsbezogene Maßnahmen[41] – „Wirtschaftssubvention" ist dann ein Pleonasmus –, so zeigt sich eine weiter gehende Übereinstimmung mit dem strafrechtlichen Subventionsbegriff und überdies mit dem gemeinschaftsrechtlichen Begriff der Beihilfe als dann, wenn auch soziale Fördermaßnahmen als Subventionen verstanden werden. Übereinstimmung zwischen dem strafrechtlichen Beihilfebegriff und den Beihilferegeln des Gemeinschaftsrechts bestehen auch hinsichtlich der Einbeziehung öffentlicher Unternehmen in den Empfängerkreis (vgl. Art. 87 Abs. 1 i. V. m. Art. 86 Abs. 1 EGV). Die tradierte Anschauung, der zufolge Vorteilsgewährungen an öffentliche Unternehmen keine Subventionen sind, muß nicht nur dem strafrechtlichen Subventionsbegriff die Verallgemeinerungsfähigkeit absprechen, sondern zugleich dem der gemeinschaftsrechtlichen Beihilfe seine prägende Wirkung auf das deutsche Subventionsverständnis[42]. Angesichts der Europäisierung auch des Rechts der öffentlichen Unternehmen[43] und der bereits angesprochenen materiell- und verfahrensrechtlichen Dominanz des Beihilferechts erscheinen solche Restriktionen auch zunehmend lebensfremd. In Zweifel aber muß der Modellcharakter des strafrechtlichen Subventionsbegriffes für Vorteile gezogen werden, die aus der Befreiung oder Linderung

11

Heuristischer Oberbegriff

---

39 Vgl. dazu auch Gesetz gegen mißbräuchliche Inanspruchnahme von Subventionen (Subventionsgesetz – SubvG) vom 29. 7. 1976 (BGBl I, S. 2037).
40 Gegen diese *Schmidt* (N 2), § 1 Rn. 148; *Jürgen Gündisch*, Die Entwicklung des Subventionsrechts 1980 bis 1983, in: NVwZ 1984, S. 489; *Albert Bleckmann*, Subventionsrecht, 1978, S. 7; vgl. auch *ders.*, Ordnungsrahmen für das Recht der Subventionen, in: 55. DJT, Bd. I (Gutachten), D 12. Anders hingegen *Arndt* (N 17), S. 934 f.
41 In diesem Sinne etwa *Klaus Stern*, Rechtsfragen der öffentlichen Subventionierung Privater, in: JZ 1960, S. 518 ff.; *Volkmar Götz*, Recht der Wirtschaftssubventionen, 1966, S. 8 ff.
42 Vgl. nur *Arndt* (N 15), S. 934; *Wilhelm Henke*, Das Recht der Wirtschaftssubventionen als öffentliches Vertragsrecht, 1979, S. 2.
43 Vgl. TransparenzRL 80/723/EWG der Kommission vom 25. 6. 1980, ABl 1980 L 195, 35 ff. (zuletzt geändert durch RL 2005/81/EG vom 28. 11. 2005, ABl 2005 L 312, 47 ff.).

von Belastungen erwachsen: Sie unterliegen grundsätzlich dem gemeinschaftsrechtlichen Beihilfebegriff, dem strafrechtlichen der Subvention hingehen nur in eingeschränktem Maße. In Schrifttum und Rechtsprechung hat sich die Anschauung weithin durchgesetzt, daß auch Belastungsverschonungen eine Subventionskategorie bilden („Verschonungssubventionen")[44]. In dieser Hinsicht konvergiert der Begriff der staatlichen Beihilfe – wenn auch nicht der gemeinschaftsrechtliche Subventionsbegriff – mit dem herrschenden verwaltungswissenschaftlichen Subventionsverständnis besser als der strafrechtliche Terminus der Subvention, der eine positive Leistung voraussetzt.

II. Typologie

1. Leistungs- und Verschonungssubventionen

12

Die Klassifizierung von Subventionen in Leistungs- und Verschonungssubventionen[45] hat keine normative, sondern nur typologische Bedeutung. Der wirtschaftliche Vorteil eines Adressaten, der eine positive Leistung aus staatlichen Mitteln erhält, unterscheidet sich nicht von dem des Adressaten, der von einer Last (etwa einer Abgabe) verschont wird. Der Staatshaushalt hat im einen Fall Mehrausgaben, im anderen Mindereinnahmen zu gewärtigen. Dem SCM-Übereinkommen gilt als finanzielle Beihilfe auch eine solche, die gewährt wird, indem auf normalerweise zu entrichtete Abgaben verzichtet wird bzw. diese nicht erhoben werden[46]. Für den Europäischen Gerichtshof umfassen Subventionen nur positive Leistungen, Beihilfen hingegen auch Belastungsverschonungen[47]. Die ideelle Gleichwertigkeit von Leistung und Verschonung kommt in der Feststellung des Bundesverfassungsgerichts zum Ausdruck, eine Subvention könne steuerrechtlich (durch Minderbelastungen) überbracht werden und brauche nicht in einer direkten finanziellen Zuwendung zu bestehen[48]. Auch § 12 StabG stellt Steuervergünstigungen haushaltsrechtlich explizit den Finanzhilfen gleich. Nicht in allen Fällen ist die positive Leistung von der Verschonung überdies klar abgrenzbar; so liegt in der Zuwendung eines vermögenswerten Gutes gegen nicht marktgerechte Gegenleistung sowohl eine Verschonung von Lasten (Zahlungspflicht) als auch eine teilweise unentgeltliche Zuwendung des Gutes selbst.

---

44 BVerfGE 110, 274, 293, m. weit. Nachw.; *Ipsen* (N 1), § 92 Rn. 13, 30; *Badura* (N 17), Kap. 3, Rn. 85: ausschließlich abgabenrechtliche Kategorie.
45 Grundlegend hierzu *Hans Zacher*, Verwaltung durch Subventionen, in: VVDStRL 25 (1967), S. 308 (317 f.) mit Fn. 36; *Henke* (N 42), S. 2; *Paul Kirchhof*, Verwalten durch mittelbares Einwirken, 1977, S. 380 f.; *Gunnar Folke Schuppert*, Verwaltungswissenschaft, 2000, S. 218 ff.
46 Art. 1.1 (a)(1)(ii) SCM-Übk.
47 EuGH, Rs. C-75/97 – Belgien/Kommission – Slg. I-1999, S. 3671, Rn. 23; Rs. C-200/97 – Ecotrade – Slg. 1998, I-7907, Rn. 34; EuGH, Rs. 30/59 – De Gezamenlijke Steenkolenmijnen in Limburg/Hohe Behörde – Slg. 1961, S. 3, 43, sowie Rs. C-387/92 – Banco de Crédito Industrial SA – Slg. 1994, I-877, S. 904 Rn. 13.
48 Vgl. BVerfGE 110, 274, 293 – Ökosteuer; *Christian Starck*, in: v. Mangoldt/Klein/Starck, GG I, Art. 3 Abs. 1 Rn. 187.

a) Arten der Leistungssubventionen

(aa) Verlorene Zuschüsse

Das verwaltungsrechtliche Gegenstück zur privatrechtlichen Schenkung ist der verlorene Zuschuß. Dem Empfänger wird eine staatliche Geldleistung zugewendet, die für einen bestimmten im öffentlichen Interesse liegenden Zweck zum Einsatz kommen soll. Der Zuschuß ist insoweit „verloren", als – außer im Fall des Widerrufs wegen Zweckverfehlung – keine Rückzahlungspflicht besteht.

13
Zuwendung

(bb) Unentgeltliche Naturalleistungen

Nicht nur Geld-, auch Sachleistungen kann die öffentliche Hand unentgeltlich (oder verbilligt und damit in der Sache teilunentgeltlich) zuwenden, etwa indem Bauland zu Sonderpreisen offeriert wird (etwa bei sogenannten Einheimischenmodellen)[49]. Der Übergang zur Verschonungssubvention ist hier fließend[50].

14
Sachleistung ohne Entgelt

(cc) Kostenlose Dienstleistungen

Ebenso wie durch Geld- und Sachleistungen kann auch durch entgeltfreie Dienstleistungen ein wirtschaftlicher Vorteil des Empfängers begründet werden. Insoweit wird von einer „diffusen Form der Subventionierung" gesprochen[51]: Da der Staat nicht verpflichtet ist, für seine Dienste ein Entgelt in Form einer Gebühr zu verlangen, und seine Tätigkeit in erster Linie über Steuern finanziert, bereitet das Bestimmen der Subventionsschwelle Schwierigkeiten. Eine Subvention ist jedenfalls dann anzunehmen, wenn der Staat kostenlos Beratungs- oder Informationsleistungen erbringt, die in vergleichbarer Weise von Privaten gegen Entgelt am Markt angeboten werden[52].

15

Kostenfreie Beratung und Information

(dd) Darlehen

Vom verlorenen Zuschuß unterscheidet sich das Darlehen durch seine Rückzahlbarkeit: Im Umfang der vorherigen Belastung wächst der öffentlichen Hand später wieder ein finanzieller Vorteil zu. Die Darlehensbegebung ist jedenfalls dann als Subvention einzustufen, wenn dem Empfänger ein wirtschaftlicher Vorteil zuteil wird, den er am Markt nicht hätte erlangen können – vor allem bei Vorzugsbedingungen oder unzureichender Bonität, die einen privaten Kredit nicht oder nur unter ungünstigen Konditionen gerechtfertigt hätte. Das Darlehen kann unter Zwischenschaltung eines spezialisierten öffentlichen Kreditinstituts oder auch einer Privatbank gewährt werden. Die

16
Rückzahlung

Kreditgewährung trotz unzureichender Bonität

---

49 VGH München, in: NVwZ 1999, S. 1008 (1011); zustimmend etwa *Wolfgang Kahl/Angelika Röder*, Subventionierung des örtlichen Gewerbes mittels Städtebaurecht?, in: JuS 2001, S. 24 (27); *Jürgen Busse*, LG Karlsruhe: Nr. 6 Zur Vereinbarkeit eines Einheimischenmodells mit dem AGB-Gesetz, in: DNotZ 1998, S. 486 (489).
50 S. o. Rn. 12 ff.
51 *Schuppert* (N 45), S. 219.
52 Vgl. auch Art. 1.1 (a)(1)(iii) SCM-Übk.

Bank kann als Erfüllungsgehilfe (Auszahlungsstelle) der subventionierenden Körperschaft in Erscheinung treten, die ihrerseits Darlehensgeberin bleibt. Schließt die Bank hingegen im eigenen Namen einen Darlehensvertrag, nachdem die öffentlich-rechtliche Körperschaft die Subvention bewilligt hat, fallen Darlehens- und Subventionsgeber auseinander[53]. Die eigentliche Subvention besteht dann in der staatlichen Bewilligung (Sicherung) des Darlehens.

(ee) Bürgschaften, Risikoübernahme

17

Staatliche Sicherung gegen Risiken

Ebenfalls als Subvention wird die Erklärung der öffentlichen Hand qualifiziert, für die Erfüllung einer fremden Verbindlichkeit einstehen zu wollen. § 23 Abs. 1 HGrG unterwirft Bürgschaften, Garantien und sonstige Gewährleistungen, die in künftigen Haushaltsjahren budgetrelevante Ausgaben nach sich ziehen können, der Notwendigkeit einer gesetzlichen Ermächtigung. Mit der wirtschaftlichen Absicherung eines Kreditvertrages wird dem Empfänger, wenn er den Kredit am Markt andernfalls zu diesen Konditionen nicht hätte erlangen können, ein – subventionstypischer – Vorteil zuteil. Eine Garantieerklärung kann der Staat oder ein von ihm beauftragtes Kreditinstitut auch zugunsten eines privaten Gläubigers, insbesondere bei Auslandsinvestitionen, für den Fall des Scheiterns eines Risikogeschäfts übernehmen und diesen damit vom Ausfallrisiko ganz oder zum Teil befreien („Hermes-Bürgschaften")[54]. Solche Risikoübernahmen können Züge eines Versicherungsverhältnisses aufweisen; in der Regel werden mit der Ausführung spezialisierte staatliche Einrichtungen oder Kreditinstitute betraut[55].

(ff) Kapitalbeteiligungen der öffentlichen Hand

18

Nicht auf Wirtschaftlichkeit ausgelegte Beteiligung

Eine Unternehmensbeteiligung von juristischen Personen des öffentlichen Rechts an Kapitalgesellschaften ist im Grundsatz weder Finanzhilfe gemäß § 12 StabG noch Zuwendung im Sinne des § 23 BHO/LHO. Als Beihilfe im gemeinschaftsrechtlichen Sinn ist sie jedoch anzusehen, wenn ein auf Wirtschaftlichkeit des Handelns ausgerichteter, vernünftig denkender Geschäftsmann („market economy investor") an Stelle der juristischen Person die Beteiligung nicht übernommen oder als Kapitalinhaber keine Zuschüsse mehr an das Unternehmen geleistet hätte[56]. Damit kommt auch den Finanzbeziehungen zwischen dem Staat und öffentlichen oder gemischtwirtschaftlichen Unternehmen beihilferechtliche Relevanz zu.

---

53 Vgl. *Maurer* (N 19), § 17 Rn. 28; *Hans Peter Bull*, Allgemeines Verwaltungsrecht mit Verwaltungslehre, [7]2005, Rn. 916.
54 Hierzu *Dieter Sellner/Christoph Külpmann*, Rechtsschutz bei der Gewährung von Ausfuhrgewährleistungen des Bundes, in: RIW 2003, S. 410ff.; *Johannes Siebelt*, Garantien für Kapitalanlagen im Ausland, in: NJW 1994, S. 2860 (2861) m. weit. Nachw.; *Klaus Hopt/Ernst-Joachim Mestmäcker*, Die Rückforderung staatlicher Beihilfen nach europäischem und deutschem Recht, in: WM 1996, S. 753 (802); vgl. auch BGH, Beschl. v. 7. 11. 1996 – IX ZB 15/96 –, NJW 1997, S. 328 ff.
55 Zu diesen *Sellner/Külpmann* (N 54), S. 410 (411).
56 S. o. N 30.

(gg) Bevorzugung bei Vergabe öffentlicher Aufträge

Die Bevorzugung eines Bewerbers bei der Vergabe öffentlicher Aufträge – eine dem Grundsatz des wirtschaftlichsten Angebots gemäß § 97 Abs. 5 GWB bzw. der Verdingungsordnungen widersprechende Auftragsvergabe – gilt ebenfalls als Subvention[57]. In der Regel ist sie bereits nach den Maßstäben des Vergaberechts rechtswidrig, es sei denn, daß die Abweichung vom Wirtschaftlichkeitsmaßstab „vergabefremde Kriterien" (wie Umweltschutz, Arbeitsplatzsicherung, Tariftreue) zulässigerweise berücksichtigt[58]. Es handelt sich dann um Lenkungssubventionen, bei denen die Begünstigung eines Bewerbers lediglich das Mittel zur Verfolgung eines gemeinwohldienlichen Zieles darstellt.

19
Vergabefremde Kriterien

(hh) Prämien und Preise

Von den unter (aa) bis (gg) dargestellten Arten der Subventionierung unterscheiden sich Prämien (etwa für die Stillegung von Industrien oder die Aufgabe landwirtschaftlicher Flächen, für die Schaffung von Arbeitsplätzen oder die Einstellung von Arbeitskräften) und Preise (wie Film- und Literaturpreise) darin, daß die Bezuschussung nicht auf künftiges privates Handeln angelegt ist, sondern als Anerkennung für vorgängiges Handeln gewährt wird. Insoweit werden sie als „Ex-post-Subventionen" apostrophiert[59].

20
Anerkennung erbrachter Leistungen

b) Arten der Verschonungssubventionen

Diffuser präsentiert sich die Typik der Verschonungssubventionen, zum einen bei der Abgrenzung von allgemeinen Maßnahmen wirtschaftspolitischen und sonstigen Charakters, zum anderen wegen der nicht immer trennscharf durchführbaren Differenzierung zwischen positiven Leistungen im Sinne (teil-)unentgeltlicher Zuwendungen einerseits und Aufwendungsersparnissen andererseits. Als Verschonungssubventionen werden Vergünstigungen bezeichnet, die nicht in einer aktiven Zuwendung, sondern in der Befreiung einzelner oder auch einer ganzen Branche von einer allgemeinen Abgabeverpflichtung oder der Beseitigung oder Minderung einer den Adressaten andernfalls treffenden individuellen Abgabenlast bestehen, sofern daraus ein wirtschaftlicher Vorteil erwächst[60]. Unerheblich ist die Zielsetzung der Verschonung. Das Steuerrecht gewährt Entlastungen meist zu Lenkungszwecken. Solche Steuerbefreiungen und Steuerermäßigungen (vgl. auch § 12 StabG) können bereits durch Gesetz eingeräumt werden, bedürfen vielfach jedoch der Konkretisie-

21
Entlastung bei allgemeiner Abgabenpflicht

---

57 *Schuppert* (N 45), S. 219.
58 Vgl. dazu etwa BVerfG NJW 2007, S. 51 ff.; *Martin Burgi*, Vergabefremde Zwecke und Verfassungsrecht, in: NZBau 2001, S. 64 ff.; *Jörn Axel Kämmerer/Gregor Thüsing*, Tariftreue im Vergaberecht, in: ZIP 2002, S. 596 (597 ff.); *Kristian Fischer*, Vergabefremde Zwecke im öffentlichen Auftragswesen: Zulässigkeit nach Europäischem Gemeinschaftsrecht, in: EuZW 2004, S. 492 ff.
59 *Zacher* (N 45), S. 327; *Rodi* (N 2) S. 576 f.
60 Ausführlich dazu *Schuppert* (N 45), S. 220 f.; vgl. auch *Rodi* (N 2), S. 53.

rung durch Verwaltungsakt[61]. Eine andere praxisrelevante Form der Verschonungssubvention ist die Altlastenfreistellung, bei welcher der Subventionsgeber die Einstandspflicht für die Schadstofffreiheit zur Verfügung gestellter Flächen oder Anlagen übernimmt[62].

22
Verzicht auf Rückforderung

Als „sekundäre Verschonungssubventionen" könnte die Entscheidung der öffentlichen Hand bezeichnet werden, von einem Recht auf Rückforderung einer gewährten Leistung (die selbst eine Subvention gewesen sein mag) keinen Gebrauch zu machen. Diese Spielart führt die Subvention allerdings an ihre ontologischen wie funktionalen Grenzen: Kommt ein Verwaltungshandeln dem Betroffenen nur deswegen zugute, weil die Behörde sich für eine für diesen günstige Variante der Ermessensausübung entschieden hat, ist mit der Qualifizierung des Falles als Subventionierung kein Erkenntnismehrwert verbunden. Eine relative Vergünstigung liegt überdies nur dann vor, wenn die Behörde ihr Ermessen in vergleichbaren Fällen anders ausübt und damit eine – gleichheitswidrige – Unterschiedlichbehandlung vorliegt.

2. Direkte und indirekte Subventionen

23

Divergenz von Adressaten und Vorteilsempfänger

Die Gegensatzbegriffe der direkten und indirekten Subventionen werden vielfach gleichgesetzt mit dem Antagonismus von Leistungs- und Verschonungssubventionen. Die Prämisse, daß „Geben" stets direkt, „Verzicht auf Nehmen" stets indirekt erfolge, ist jedoch fragwürdig; die Trennlinie sollte anders gezogen werden: Direkt, offen oder unmittelbar ist die Subventionierung, wenn der Adressat des Rechtsaktes (Verwaltungsakt oder Gesetz), auf dem der wirtschaftliche Vorteil beruht, mit dem Empfänger des Vorteils übereinstimmt. Sie ist indirekt, verdeckt oder mittelbar, soweit Adressat und Vorteilempfänger auseinanderfallen. Eine ausschließlich indirekte Vorteilsgewährung kommt in der Rechtspraxis zwar kaum vor[63]. Bedeutung wächst der Unterscheidung zwischen direkter und indirekter Vorteilsgewährung jedoch zu, wo die Zuordnung zu einem normativen Begriff eine bestimmte Qualifikation voraussetzt, die den Rechtsrahmen enger zieht als den – heuristischen – der Subvention. So können soziale Unterstützungsleistungen (wie Sozialhilfe) trotz fehlender Unternehmenseigenschaft der Empfänger wegen der mit ihnen einhergehenden mittelbaren Förderung von Wirtschaftsbetrieben, bei denen Gutscheine oder Coupons eingelöst werden können, staatliche Beihilfen im Sinne des Art. 87 EGV darstellen[64]. Das gleiche gilt für Verbrauchsteuervorteile, wenn von ihnen mittelbar auch die Hersteller des mit der Steuer belegten Produktes profitieren.

---

61 Vgl. *Klaus Tipke/Joachim Lang*, Steuerrecht 2005 S. 799 ff.; *Henke* (N 42), S. 2; *Schuppert* (N 45), S. 220 ff.
62 Vgl. dazu etwa *Hans-Peter Vierhaus*, Altlastenfreistellung als Wirtschaftsförderung – Eine Rechtsprechungsübersicht, in: NVwZ 2004, S. 418 ff.; *Raimund Körner*, Bodenschutzrechtlicher Wertausgleich und Altlastenfreistellung, in: NVwZ 2004, S. 699 ff.; *Thomas Michel*, Altlastenfreistellung in der Rechtsprechung, in: LKV 2000, S. 465 ff.
63 Vgl. *Heinrich Bartling*, Direkte und indirekte Subventionierung durch die Bundesanstalt für Arbeit, in: BB 1993, S. 208 (209 und 213 ff.).
64 In der Regel greift dann aber die Ausnahme des Art. 87 Abs. 2 lit a EGV; vgl. *Koenig/Kuehling/Ritter* (N 30), Rn. 193.

C. Rechtliche Grundlagen der Subventionsvergabe

I. Welthandelsrecht

Das Allgemeine Zoll- und Handelsabkommen (GATT) 1947 suchte in Art. XVI Abs. 1 durch Normierung allgemeiner Notifikations- und Konsultationspflichten zwischen den Parteien die Vergabe von Subventionen rechtlich zu umhegen und statuierte mit Art. XVI Abs. 2-5 sowie Art. VI Abs. 3 grundständige, auf die Beschränkung von Ausfuhrsubventionen gerichtete Vorschriften. Konkretisierungen dieser im GATT 1994 fortgeltenden Regeln finden sich unter dem Dach der Welthandelsorganisation (außerhalb des Dienstleistungs- und Landwirtschaftsbereiches) nunmehr im SCM-Übereinkommen[65]. Es bindet als WTO-Mitglieder nicht nur die Bundesrepublik Deutschland, sondern auch die Europäische Gemeinschaft[66]. Für sogenannte spezifische Subventionen (Art. 2) folgt das SCM-Übereinkommen einem „Ampelansatz", der Subventionen in zwei Klassen einteilt: „rote", also verbotene (Art. 3; insbes. Exportsubventionen und Importsubstitutions-Subventionen) und „gelbe", also erlaubnisfähige (Art. 5f. SCM-Übk.) Subventionen. Die dritte Kategorie der nicht anfechtbaren „grünen" Subventionen existiert seit 31. Dezember 1999 nicht mehr (Art. 8, 31 SCM-Übk.).

24
GATT

Rote, gelbe und grüne Subventionen

II. Europäisches Gemeinschaftsrecht

Keine Subvention darf in Deutschland bewilligt werden, soweit die Vorschriften des europäischen Wettbewerbsrechts über Beihilfen entgegenstehen; hierbei greifen verfahrens- und materiellrechtliche Schranken ineinander. Subventionen unterliegen, wenn ihre Adressaten (oder Profiteure) Unternehmen im gemeinschaftsrechtlichen Sinne sind und damit der Beihilfetatbestand des Art. 87 Abs. 1 EGV[67] erfüllt ist, mithin einem doppelten und gestuften Rechtfertigungserfordernis, dem eine Prüfung auf zwei verfahrensrechtlichen Ebenen entspricht: Zuvörderst ist die Vergabe einer Subvention an den gemein-

25

Beihilfeverbot

Zweistufige Prüfung

---

65 Vgl. dazu umfassend *Grave* (N 36); *Tim Becker*, Das WTO-Subventionsübereinkommen, 2001; *Michael Sánchez Rydelski*, EG- und WTO-Antisubventionsrecht, 2001.
66 Antisubventionsverordnung, VO (EG) Nr. 2026/97 des Rates vom 6. 10. 1997 über den Schutz gegen subventionierte Einfuhren aus nicht zur EG gehörenden Ländern, ABl EG 1997 Nr. L 288, S. 1, „die die zuvor geltende VO (EG) Nr. 3284/94 vom 22. 12. 1994, ABl EG 1994 Nr. L 349, 22, wegen redaktioneller Mängel und vorgenommenen Änderungen ersetzt", daneben Handelshemmnisverordnung = VO (EG) Nr. 3286/94 des Rates vom 22. 12. 1994 zur Festlegung der Verfahren der Gemeinschaft im Bereich der gemeinsamen Handelspolitik zur Ausübung der Rechte der Gemeinschaft nach internationalen Handelsregeln, insbesondere den im Rahmen der WTO vereinbarten Regeln, ABl EG 1994 Nr. L 349, S. 71, geändert durch VO (EG) Nr. 356/95, ABl EG 1995, Nr. L 41, S. 3; näher *Martin Lukas*, Stand und Perspektiven des EG-Antisubventionsrechts, in: EWS 2000, S. 203; *Michael Sánchez Rydelski*, Das handelspolitische Schutzinstrument der Antisubventions-Verordnung, in: EuZW 1996, S. 423. Zur WTO-Mitgliedschaft der EG vgl. auch *Peter Behrens*, Uruguay Runde und die Gründung der WTO, in: Meinhard Hilf/Stefan Oeter, WTO-Recht, 2005, § 6 Rn. 27, 32 ff.; vgl. *Jürgen Schwarze*, EU-Kommentar, Art. 133 Rn. 211; EuGH, Rs. 69/89 – Nakajima/Rat – Slg. 1991, I-2069, Rn. 26 ff. (bezogen auf Antidumping-Kodex von 1979).
67 S. o. Rn. 7 ff.

schaftsrechtlichen Beihilferegeln – dem grundsätzlichen Beihilfeverbot des Art. 87 EGV und seinen sekundärrechtlichen Konkretisierungen – zu messen. Die förmliche Überprüfung ihrer Beachtung obliegt nach Art. 88 Abs. 3 EGV der Europäischen Kommission, bei welcher der Subventionsgeber Beihilfen (gesetzliche Beihilfeprogramme oder Einzelbeihilfen) anzumelden hat. Der Ablauf dieses supranationalen, interbehördlichen „Vorschaltverfahrens" bestimmt sich nach der sogenannten Beihilfeverfahrensverordnung (BeihVerfVO)[68]. Seine Durchführung ist grundsätzlich condicio sine qua non für die Vergabe der Beihilfe gegenüber dem Empfänger auf der zweiten – mitgliedstaatlichen – verfahrensrechtlichen Ebene.

26
Sperrwirkung

Neue Beihilfen sind grundsätzlich bei der Kommission anzumelden. Art. 88 Abs. 3 S. 3 EGV bzw. Art. 3 BeihVerfVO statuieren ein Durchführungsverbot („Stand-still-Gebot"; „Sperrwirkung"[69]) für staatliche Beihilfen, solange nicht eine „Genehmigung" der Kommission vorliegt oder eine Vermutung ihres Vorliegens eingreift. Bei Nichtanmeldung kann eine bereits gewährte Beihilfe – falls sie materiell genehmigungsfähig ist, zumindest einstweilen – zurückgefordert werden[70]. Erlaubt ist die angemeldete Zuwendung, wenn sie sich nicht als Beihilfe erweist, wenn im Vorverfahren eine „Entscheidung, keine Einwände zu erheben", getroffen wird (Art. 4 Abs. 3 BeihVerfVO) oder das förmliche Prüfverfahren (Art. 88 Abs. 2 EGV) mit einer „Positiventscheidung"

Positiv- und Negativentscheidung

über die Vereinbarkeit der Beihilfe mit dem Gemeinsamen Markt abgeschlossen wird (Art. 7 Abs. 3, 4 BeihVerfVO). Endet die Prüfung der Kommission mit der Entscheidung, daß die Beihilfe mit dem Gemeinsamen Markt unvereinbar ist („Negativentscheidung", Art. 7 Abs. 5 BeihVerfVO), darf die Beihilfe nicht eingeführt werden.

27
Legalausnahmen

Der Prüfungsumfang der Kommission umschließt außer den Tatbestandsvoraussetzungen des Art. 87 Abs. 1 EGV auch die Erfüllung der in Abs. 2 verankerten Ausnahmetatbestände (Legalausnahmen). Kraft Delegation der Rechtsetzungsermächtigung des Rates nach Art. 89 EGV kann die Kommis-

Gruppenfreistellungsverordnungen

sion überdies Gruppenfreistellungsverordnungen für Art. 87 Abs. 3 EGV unterfallende Sachverhalte erlassen – eine Kompetenz[71], von der sie in weitem Umfang Gebrauch gemacht hat. Freistellungsverordnungen existieren derzeit für Beihilfen für kleine und mittlere Unternehmen mit weniger als 250 Beschäftigten – „KMU-Beihilfen" – sowie für Ausbildungsbeihilfen und

De-minimis-Beihilfen

Beschäftigungsbeihilfen. Auch „De-minimis-Beihilfen" im Umfang von nicht mehr als 100 000 Euro über einen Zeitraum von drei Jahren sind, obschon nicht von Art. 87 Abs. 3 EGV erfaßt, Gegenstand einer Freistellungsrege-

---

[68] VO (EG) 659/1999 vom 22. 3. 1999, in: ABl EG 1999, Nr. L 83, S. 1.
[69] *Christian Koenig/Jürgen Kühling*, in: Streinz (N 26), Art. 88 Rn. 4; *Cremer* (N 26), Art. 88 Rn. 11.
[70] S. u. Rn. 66ff.
[71] Grundlage ist die VO (EG) Nr. 994/1998 des Rates über die Anwendung der Artikel 87 und 88 des Vertrags zur Gründung der Europäischen Gemeinschaft auf bestimmte Gruppen horizontaler Beihilfen vom 7. 5. 1998, ABl 1998, Nr. L 142, S. 1.

lung⁷². Im Juni 2005 stellte die Kommission einen „Aktionsplan staatliche Beihilfen" vor, wonach die Verantwortung für die Beihilfeprüfung in Zukunft zwischen der Kommission und den Mitgliedstaaten nach dem Muster der Kartellprüfung aufgeteilt werden soll⁷³. Der Weg zu diesem Ziel führt möglicherweise über eine allgemeine Gruppenfreistellungsverordnung. Kommt es zur Verwirklichung des Planes, würde nicht nur die Überprüfung der Einhaltung der materiellrechtlichen Regeln (und nicht nur der Einhaltung der verfahrensrechtlichen Imperative) des EG-Beihilferechts zunehmend zur Angelegenheit des nationalen Subventionsgebers erhoben. Auch die nationalen Gerichte würden, anders als bisher, die materiellen gemeinschaftsrechtlichen Voraussetzungen der Beihilfegewährung in die Überprüfung der Rechtmäßigkeit der Rückforderung einzubeziehen haben.

Sonderregeln gelten für Beihilfen in den Bereichen Landwirtschaft (Art. 34 Abs. 2, 36 EGV) und Verkehr (Art. 73 EGV)⁷⁴. Auch öffentliche Unternehmen können Beihilfeempfänger sein, doch ist für diese und Beliehene die Ausnahmebestimmung des Art. 86 Abs. 2 EGV beachtlich.

28
Landwirtschaft, Verkehr

III. Staatliches Recht

1. Verfassungsrecht

a) Subventionszuständigkeiten nach dem Grundgesetz

Das Grundgesetz kennt keine allgemeine Subventionszuständigkeit. Schlösse man daraus allerdings, daß die Zuständigkeit zur Subventionsvergabe der Exekutive kraft ihrer Organisationsgewalt als „Fondskompetenz" zustehe, würde die verfassungsrechtlich festgeschriebene Verteilung der Sachkompetenzen konterkariert⁷⁵. Insofern können Subventionierungskompetenzen auch kaum aus der Natur der Sache abgeleitet werden. In der Regel folgt die

29
Fondskompetenz

---

72 VO (EG) Nr. 70/2001 der Kommission vom 12.1.2001, ABl EG 2001, Nr. L 10, S. 33 (Art. 3 Abs. 1) – KMU; VO (EG) Nr. 68/2001 der Kommission vom 12.1.2001, ABl EG 2001, Nr. L 10, S. 20 (Art. 3 Abs. 1) – Ausbildung; VO (EG) Nr. 2204/2002 der Kommission vom 5.12.2002, ABl EG 2002, Nr. L 337, S. 3 – Beschäftigung (Art. 3 Abs. 2); VO (EG) Nr. 69/2001 der Kommission vom 12.1.2001, ABl EG 2001, Nr. L 10, S. 30 (Art. 3 Abs. 1, 2) – De minimis. – Grundlage dieser drei Verordnungen ist die Verordnung über die Anwendung der Art. 87f. EGV auf bestimmte Gruppen horizontaler Beihilfen (mit Ermächtigung der Kommission zum Erlaß von Gruppenfreistellungsverordnungen), VO Nr. 994/98 des Rates v. 7.5.1998, ABl EG Nr. L 142, S. 1 ff. Zu diesen Beihilfekategorien *Andreas Bartosch*, Die neuen Gruppenfreistellungsverordnungen im EG-Beihilfenrecht, in: NJW 2001, S. 921 (924 f.); *Volker Zuleger*, Die neue Gruppenfreistellungsverordnung für Beschäftigungsbeihilfen, in: EuZW 2003, S. 270 ff.; *Cremer* (N 26), Art. 87 Rn. 24, 56; *Christian Koenig/Jürgen Kühling*, Beihilfen an kleine und mittlere Unternehmen (KMU) unter Berücksichtigung der geplanten EG-Verordnung für KMU, in: DVBl 2000, S. 1025 (1026 f.).
73 Aktionsplan staatliche Beihilfen: Weniger und besser ausgerichtete staatliche Beihilfen – Roadmap zur Reform des Beihilferechts 2005-2009 (Konsultationspapier) vom 7.6.2005.
74 Dazu etwa *Rodi* (N 2), S. 181 ff.
75 Vgl. *Hans Peter Ipsen*, Öffentliche Subventionierung Privater, in: Öffentliches Wirtschaftsrecht, 1985, Rn. 35; *Josef Isensee*, Idee und Gestalt des Föderalismus im Grundgesetz, in: HStR IV, ²1999 (¹1990), § 98 Rn. 190.

Kompetenz kraft Sachzusammenhangs

Kompetenz für die Vergabe von Subventionen dem Sachzusammenhang mit der Zuständigkeit für den Sachbereich, auf den der wirtschaftliche Vorteil bezogen ist[76]. Soll die Subventionierung auf gesetzlicher Grundlage erfolgen[77], muß an die Verteilung der Gesetzgebungskompetenzen nach Art. 70 ff. GG angeknüpft werden. Andernfalls[78] muß die Verwaltungszuständigkeit der Länder auf Art. 30 GG gestützt werden[79]. Ob es sich bei Subventionierung um die Wahrnehmung einer Ausgabenkompetenz handelt, die der Aufgabenkompetenz grundsätzlich akzessorisch ist (Art. 104a Abs. 1 GG)[80], oder bereits um die Wahrnehmung einer Sachaufgabe („Subventionsverwaltung"[81]), läßt sich oft nicht eindeutig feststellen, doch kann dies im Ergebnis dahinstehen. Die bloß theoretische Option für den Erlaß eines Gesetzes im Bereich der konkurrierenden Gesetzgebungszuständigkeiten (Art. 72, 74 GG) kann dem Bund jedenfalls nicht die in Art. 84 GG verankerten, an die Ausführung eines Bundesgesetzes geknüpften Aufsichtsbefugnisse vermitteln. Anders wird man für die in die ausschließliche Gesetzgebungszuständigkeit des Bundes fallenden Bereiche entscheiden müssen, bei denen sich im Einzelfall auch eine Subventions(verwaltungs)kompetenz des Bundes aus der Natur der Sache ergeben kann[82].

Verwaltungskompetenz

30 Besondere Zuständigkeiten

Spezielle Kompetenzzuweisungen mit Subventionsbezug nimmt das Grundgesetz nur an wenigen Stellen vor, so in Gestalt konkurrierender Gesetzgebungskompetenzen (Art. 74 Abs. 1 GG) für Ausbildungsbeihilfen und die Förderung der wissenschaftlichen Forschung (Nr. 13), für die Land-, Forst- und Fischereiwirtschaft (Nr. 17) und die wirtschaftliche Sicherung der Krankenhäuser (Nr. 19a). Die Verbesserung der regionalen Wirtschaftsstruktur ist gemäß Art. 91a Abs. 1 Nr. 1 GG zwar Gemeinschaftsaufgabe von Bund und Ländern. Die grundsätzliche Zuständigkeit der Länder bleibt also, weil der Bund insoweit an einer genuinen Landesangelegenheit nur mitwirkt, unberührt. Dies traf auch auf Art. 104a Abs. 4 GG a. F. zu: Räumte der Bund den Ländern Finanzhilfen für besonders bedeutsame Investitionen (und damit auch Subventionen) ein, so durfte er die Entscheidung des fraglichen Landes über Ziel, Umfang und Empfänger nicht ignorieren[83]. Für örtliche Beihilfen besteht, wenn sie in den Kernbereich der kommunalen Selbstverwaltung gemäß Art. 28 Abs. 2 GG fallen, eine ausschließliche und unentziehbare

Kommunale Beihilfen

---

76 Dazu *Hans-Werner Rengeling*, Gesetzgebungszuständigkeit, in: HStR IV, ²1999 (¹1990), § 100 Rn. 56 ff., 59 ff.
77 S. u. Rn. 35 ff.
78 Zur Zulässigkeit gesetzesfreier Subventionsvergabe s. u. Rn. 31.
79 Vgl. auch *Rodi* (N 2), S. 334 ff. (339); *Jost Pietzcker*, Zuständigkeitsordnung und Kollisionsrecht im Bundesstaat, in: HStR IV, ²1999 (¹1990), § 99; *Willi Blümel*, Verwaltungszuständigkeit, ebd., § 101 Rn. 7.
80 Vgl. hierzu etwa *Haverkate* (N 19), Rn. 20; *Erich K. Schmitz*, Finanzierungs-, Verwaltungs- und Gesetzgebungszuständigkeit des Bundes und der Länder auf dem Gebiet der sektoralen Wirtschaftsförderung, 1991, S. 100.
81 Vgl. zu dem Begriff der Aufgabe *Schmitz* (N 80), S. 107.
82 Kritisch dazu *Haverkate* (N 19), Rn. 22 f.
83 Vgl. *Jörn Axel Kämmerer*, Gemeinschaftsaufgabe Forschungsförderung versus Elitehochschulförderung aus Bundesmitteln – Vom kooperativen zum korrumpierten Bundesstaat?, in: RdJB 2004, S. 152 (160) m. weit. Nachw.

Zuständigkeit der Gemeinden[84]. Die Zuständigkeit für Steuerverschonungen steht in der Regel derjenigen Körperschaft zu, die nach Art. 105 GG die Steuergesetzgebungskompetenz innehat; bei nichtsteuerlichen Abgaben folgt sie der Sachzuständigkeit für den Bezugsgegenstand[85].

b) Gesetzesvorbehalt

Die Diskussion darüber, ob und gegebenenfalls wann Subventionen einer gesetzlichen Ermächtigung bedürfen, reicht in die 50er Jahre des 20. Jahrhunderts zurück. War die „Fondswirtschaft" in der Weimarer Ära rechtlich kaum hinterfragt worden und war das Subventionsrecht insgesamt noch „juristisches Niemandsland" gewesen[86], bildete sich unter der Geltung des Grundgesetzes nicht nur ein Bewußtsein für die Notwendigkeit der Zuordnung von Subventionen zum öffentlichen Recht (die zunächst als Rechtsschutzvoraussetzung verstanden wurde) heraus, sondern auch für ihre Verortung im Rechtsstaatskontext. Die damit aufgeworfene Frage nach der Geltung des Gesetzesvorbehalts[87] ist für Verschonungssubventionen, die als Einschränkungen eines Eingriffstatbestands ohnehin gesetzlich zu regeln sind, weniger relevant als für Leistungssubventionen, die im Zuge eines Verwaltungsverfahrens gewährt werden. Reine Emanationen der gewährenden (Leistungs-)Verwaltung unterliegen nicht dem allgemeinen Gesetzesvorbehalt, der auf Eingriffsakte beschränkt ist[88]. Nach überkommener Auffassung sind Subventionen insofern im Grundsatz „gesetzesfrei", wenn auch eine parlamentarische Willensäußerung ohne Gesetzesform, „insbesondere etwa die etatmäßige Bereitstellung der zur Subventionierung erforderlichen Mittel", für notwendig gehalten wird[89]. Ratio dieser Parlamentsbeteiligung ist weniger die Legitimierung von Grundrechtseingriffen als vielmehr, dem Etatrecht des Parlaments als besonderer Ausprägung des Gesetzmäßigkeitsprinzips und der Gewaltenteilung einen Weg zu bahnen[90], so daß eine Apostrophierung des Haushaltsvorbehalts als eines (eingeschränkten) Gesetzesvorbehalts nicht

31

Verschonungssubventionen

Grundsätzliche „Gesetzesfreiheit", aber Erfordernis parlamentarischer Bewilligung

---

84 Vgl. *Bleckmann* (N 40), S. 68 f. (Kernbereich der Selbstverwaltungsgarantie); *Kay Waechter*, Kommunalrecht, ³1997, S. 394 ff. (Wirtschaftsförderungsauftrag der Kommunen); vgl. auch *Rekka Schubert*, Kommunale Wirtschaftsförderung, 1998, S. 88 ff., insbes. 96 f., und 131 ff.; außerdem *Rodi* (N 2), S. 404.
85 Vgl. etwa BVerfGE 108, 1, 13 – Rückmeldegebühr; st. Rspr.
86 *Hans Peter Ipsen*, Öffentliches Wirtschaftsrecht, S. 6; *ders.* (N 1), § 92 Rn. 1.
87 Zur Problematik des Gesetzesvorbehalts eingehend *Rolf Stober*, Der Vorbehalt des Gesetzes und Verwaltungsvorschriften im Subventionsrecht, in: GewArch 1993, S. 136 ff. und 187 ff.; *Albert Bleckmann*, Verh. 55. DJT, Bd. I (Gutachten), D 71 ff.; *Karl Heinrich Friauf*, Bemerkungen zur verfassungsrechtlichen Problematik des Subventionswesens, in: DVBl 1966, S. 729 (733 ff.); *Götz* (N 41), S. 281 ff.; *Ipsen* (N 1), § 92 Rn. 37. → Oben *Ossenbühl*, § 101 Rn. 25 f., 33, 35 ff.
88 *Stober* (N 87), S. 141; *Friauf* (N 87) S. 733 ff.; *Helmuth Schulze-Fielitz*, in: Dreier, GG II, ²2006, Art. 20 Rn. 107.
89 BVerwGE 6, 282 (287 f.) – Preisausgleich für Ölmühlen; 58, 45 (48); 104, 220 (222); BVerfGE 8, 155 (167 f.); 38, 121 (126); *Peter Badura*, Das Subventionsverhältnis, in: WiVerw 1978, S. 137 (141 ff.); *Hans D. Jarass*, Der Vorbehalt des Gesetzes bei Subventionen, in: NVwZ 1984, S. 473 (480); anders *Hartmut Bauer*, Der Gesetzesvorbehalt im Subventionsrecht, in: DÖV 1983, S. 53 (59). → Oben *Heintzen*, § 120 Rn. 54.
90 Vgl. *Albert Bleckmann*, Der Gesetzesbegriff des Grundgesetzes, in: DVBl 2004, S. 333 (338); ferner *Stober* (N 11), S. 67, m. weit. Nachw.; siehe aber auch *Oldiges* (N 25), S. 286.

§ 124 *Achter Teil: III. Finanzwesen*

ganz überzeugen kann⁹¹. Das Gebot der Veranlagung im Haushaltsplan wird für Subventionen, die mit der Übernahme von Einstandspflichten einhergehen und zu Ausgaben in künftigen Rechnungsjahren führen, unabhängig von der Reichweite des Gesetzesvorbehalts auch durch Art. 115 GG untermauert, der insoweit eine der Höhe nach bestimmte oder bestimmbare Ermächtigung in einem Bundesgesetz verlangt. Im Lichte des Gebots der Haushaltsvollständigkeit wird „Bundesgesetz" im Sinne der Bestimmung nur als „Haushaltsgesetz" gedeutet werden können⁹².

32

Wesentlichkeitslehre

Gesetzesvorbehalt wegen Betroffenheit der Rechte Dritter

Haushaltsvorbehalt

Eingriffsvorbehalt

Totalvorbehalt

Die „Gesetzesfreiheit" der Subventionsbegebung gilt – auch nach überkommener Auffassung – nicht, wenn nach den Grundsätzen der in Rechtsprechung und Schrifttum weithin akzeptierten, den hergebrachten Eingriffsvorbehalt modifizierenden „Wesentlichkeitslehre" eine gesetzliche Ermächtigung geboten ist⁹³, und insbesondere, wenn die Bevorzugung eines einzelnen zugleich als Eingriff in die Rechte eines Dritten wirkt⁹⁴. Eigentlich müßte dies zu einer fast vollständigen Überlagerung des „Haushaltsvorbehalts" durch das Erfordernis eines Parlamentsgesetzes führen. Die herrschende Ansicht entzieht sich dieser Erkenntnis und rekurriert dabei auf die These, Art. 12 Abs. 1 und 2 Abs. 1 GG schützten nicht vor dem Wettbewerb und dem Markt⁹⁵. Diese zustimmungswürdige Feststellung aber ist auf das Hinzutreten des Staates als Wettbewerber bezogen. Auf staatlich veranlaßte Einwirkungen auf den Wettbewerb durch Subventionierung eines Marktteilnehmers kann der Befund nicht ohne weiteres übertragen werden: Während der Betrieb eines staatlichen Unternehmens als in der Regel marktkonform angesehen werden muß, wird durch die Subvention einem Marktteilnehmer ein wirtschaftlicher Vorteil zugewiesen, den er aus eigener Leistungskraft – also mit Mitteln des Wettbewerbs – so nicht hätte erlangen können. Dies nährt die Annahme, daß so gut wie alle Subventionen – eben weil sie das Potential zu Eingriffen in die Freiheit des Wettbewerbs besitzen – dem Gesetzesvorbehalt unterfallen müssen, es sei denn, ein betroffener Konkurrent (wofür Substitutionswettbewerb genügt) existiert nicht und ist nicht in Sicht⁹⁶. Dieses Ergebnis kommt den Vertretern des Totalvorbehalts nahe, die, mit unterschiedlichen Erwägungen, für eine umfängliche Geltung des Gesetzesvorbehalts im Bereich der Leistungsverwaltung plädieren⁹⁷.

---

91 A.A. *Bleckmann* (N91), S. 338 m. weit. Nachw., auf der Basis der Annahme, daß dem Haushaltsplan Außenwirkung zukomme. → Oben *Ossenbühl*, § 101 Rn. 52 ff.
92 Ebenso *Erwin Adolf Piduch*, Bundeshaushaltsrecht, ²1995 ff., Art. 115 Rn. 11; a.A. die wohl h.M., so etwa *Hans-Bernhard Brockmeyer*, in: Schmidt-Bleibtreu/Klein, Komm. z. GG, ¹⁰2004, Art. 115 Rn. 5 m. weit. Nachw.
93 Für den Subventionsbereich vgl. *Haverkate* (N 19), Rn. 38.
94 BVerfGE 58, 257; BVerwGE 90, 112 (126); näher *Schmidt* (N 2), § 1 Rn. 167 f.
95 BVerfGE 24, 236 (251); 34, 252 (256); 55, 261 (269); 94, 372 (390 ff.); 110, 274 (288) – Ökosteuer; *Jarass* (N 89), S. 477; anders *Rupert Scholz*, in: Maunz/Dürig, Komm. z. GG, Art. 12 Rn. 111 f. m. weit. Nachw. (47. Lfg. 2006).
96 Ähnlich wie hier *Peter-Michael Huber*, Konkurrenzschutz im Verwaltungsrecht, 1991, S. 497, 497 ff.; anders in der Begründung (einen Eingriffscharakter der Subventionsvergabe in der Regel ablehnend) *Görg Haverkate*, Rechtsfragen des Leistungsstaates, 1983, S. 196 ff.
97 *Bleckmann* (N 90), S. 338, bezeichnet dies als Ansicht der h.L.; dafür etwa *Schmidt* (N 2), § 1 Rn. 169; *Stober* (N 11), S. 65 f.; *Maurer* (N 19), § 6 Rn. 14 f.; *Dieter Jesch*, Gesetz und Verwaltung, ²1968, S. 204 f., 227; *Hans Heinrich Rupp*, Grundfragen der heutigen Verwaltungsrechtslehre, ²1991, S. 113 ff.; *Manfred Zuleeg*, Subventionskontrolle durch Konkurrentenklage, 1974, S. 82 ff. → Oben *Ossenbühl*, § 101 Rn. 23 ff.

Auch die herrschende Ansicht hält ein Parlamentsgesetz in Konstellationen für erforderlich, die sich durch eine „untrennbare Wechselbeziehung" zwischen Belastung und Begünstigung auszeichnen[98], ohne deren Voraussetzungen näher zu umreißen. Als gleichsam qualifizierte Bezuschussung, die in aller Regel grundrechtswesentlich ist, gelten Subventionsmaßnahmen, die Dritte in Grundrechten betreffen, welche den Staat zur Wahrung besonderer Neutralität anhalten. So bedarf etwa die finanzielle Unterstützung von Religionsgemeinschaften oder von Organisationen, deren Zweck in öffentlichen Warnungen vor religiösen Bewegungen besteht, mit Blick auf Art. 4 Abs. 1, 2 GG der Ermächtigung durch Gesetz[99]. Gleiches gilt für die staatliche Unterstützung bestimmter Presseunternehmen im „besonders ‚grundrechtssensiblen' Bereich" der Presse[100], gegen die sich Konkurrenten unter Berufung auf Art. 5 Abs. 1 S. 2 GG wehren können. Wo die Begründung des Subventionsempfängers mit dessen eigener Belastung (durch Nebenbestimmungen) einhergeht, wird mitunter das Konstrukt des „Verwaltungsakts auf Unterwerfung" als funktionales Surrogat des Parlamentsvorbehalts herangezogen[101].

33

Grundrechtssensible Zuwendungen

c) Materielles Verfassungsrecht

Das Verfassungsrecht determiniert die Subventionsvergabe in vielfältiger Weise. Insbesondere Grundrechte des Betroffenen und seiner Konkurrenten bestimmen nicht nur die formellen Voraussetzungen für die Subventionsvergabe (Gesetzesvorbehalt), sondern auch ihre materiellrechtliche Zulässigkeit[102]. Objektiv-rechtliche Vorgaben des Verfassungsrechts erlangen, nicht nur weil sie für die relevanten Bereiche durch einfache Gesetze konkretisiert worden sind (Art. 109 Abs. 2 GG durch § 12 StabG, Art. 110 ff. GG durch HGrG und BHO/LHO), sondern auch wegen ihrer meist relativ allgemein gefaßten Normbefehle nur beschränkte Bedeutung als Subventionierungsdeterminanten.

34

Objektiv-rechtliche Determinanten

2. Verwaltungsrecht

a) Gesetzliche Vorschriften

Wird ein Gesetz über die Subventionierung erlassen, zeitigt der Vorrang des Gesetzes Wirkung: Subventionsvergaben dürfen fürderhin nur noch auf der Grundlage seiner positiven Normen erfolgen, eine haushaltsrechtliche Verankerung reicht insoweit nicht aus. Die gesetzliche Fundierung der Subventionsvergabe ist noch immer lückenhaft. Sein Titel scheint Anspruch auf allgemeine Geltung zu erheben, doch ist das Subventionsgesetz vom 29. Juli 1976 nur auf Maßnahmen gegen mißbräuchliche Inanspruchnahme von Subventionen im Sinne des Subventionsbetruges nach § 264 StGB durch Modifizierung

35

Vorrang des Gesetzes

„Subventionsgesetz"

---
98 BVerwGE 6, 282 (288).
99 BVerwGE 90, 112 (122); anders OVG Berlin, in: NVwZ 1991, S. 798 ff.
100 OVG Berlin, in: DVBl 1975, S. 905, 907; OLG Frankfurt a.M., in: NVwZ 1993, S. 706 f. Vgl. auch BVerfGE 80, 124 (133 ff.).
101 S. u. Rn. 37 ff.; vgl. die Nachw. unten in N 112.
102 Dazu umfassend s. u. Rn. 40 ff.

§ 124   *Achter Teil: III. Finanzwesen*

des Verwaltungsverfahrens bei der Subventionsgewährung bezogen[103]. Sektoren, in denen die Voraussetzungen und zum Teil auch Modi der Subventionsvergabe gesetzlich geregelt sind, sind unter anderem die Filmförderung[104], der Bergbau[105], die Krankenhausfinanzierung[106] und – im Rahmen der Gemeinschaftszuständigkeit gemäß Art. 91a Abs. 1 Nr. 1, 2 GG – die Verbesserung der regionalen Wirtschafts- und Agrarstruktur[107]. Typisch sind gesetzliche Subventionierungsregelungen überdies im Bereich der Förderung von Schulen und Kindergärten, des Umweltschutzes und – nach gemeinschaftsrechtlichen Vorgaben – im Agrarsektor. Ob diesen Vorschriften subjektive öffentliche Rechte auf Subventionsgewährung oder wenigstens auf ermessensfehlerfreie Entscheidung entnommen werden können, muß in Ansehung der jeweiligen Einzelnorm beantwortet werden.

b) Verwaltungsvorschriften

36

Gesetzesvertretende Verwaltungsvorschriften

Verwaltungsvorschriften betreffend die Vergabe von Subventionen sind, oft mit kritischem Unterton, als „Gesetzes-" oder „Ordnungssurrogate" charakterisiert worden[108]. In der Tat füllen sie das aufgrund der weitgehenden „Gesetzesfreiheit" im Subventionsrecht vorgefundene Vakuum zum erheblichen Teil wieder aus („gesetzesvertretende" Verwaltungsvorschriften)[109], konkretisieren aber auch existente Gesetzesnormen. Andockstellen für Verwaltungsvorschriften sind auf Bundes- und Landesebene insbesondere die Haushaltsordnungen, namentlich §§ 23, 26 und 44 BHO/LHO. Bei diesen Verwaltungsvorschriften ist zwischen allgemeinen Nebenbestimmungen und Förderrichtlinien zu differenzieren.

(aa) Allgemeine Nebenbestimmungen

37

Nebenbestimmungen als „allgemeine Geschäftsbedingungen" der Subventionsvergabe

In funktionaler Hinsicht stellen Allgemeine Nebenbestimmungen die „allgemeinen Geschäftsbedingungen" der Subventionsvergabe dar. Als Verwaltungsvorschriften sind sie zwar Binnenrecht der Exekutive, erlangen jedoch durch Beifügung zum Zuwendungsbescheid – nach Ansicht des Bundesverwaltungsgerichts reicht die ausdrückliche Bezugnahme durch Normverweis

---

103 BVerwG, in: NVwZ 2003, S. 1384 (1385); *Stober* (N 19), S. 250.
104 Filmförderungsgesetz vom 25.6.1979 (i.d.F. der Bekanntmachung vom 24.8.2004, BGBl I, S. 2277).
105 Vgl. nur das Gesetz über die weitere Sicherung des Einsatzes von Gemeinschaftskohle in der Elektrizitätswirtschaft (3. Verstromungsgesetz) vom 13.12.1974 (BGBl I, S. 3473), zuletzt geändert durch Gesetz v. 7.7.2005, BGBl I, S. 1970.
106 Gesetz zur wirtschaftlichen Sicherung der Krankenhäuser und zur Regelung der Krankenhauspflegesätze (Krankenhausfinanzierungsgesetz – KHG) vom 10.4.1991, BGBl I, S. 885 (zuletzt geändert am 31.10.2006, BGBl I, S. 2407), dort insbes. §§ 8ff.; Krankenhausgesetze der Länder, z.B. §§ 19ff. KHG NW vom 16.12.1998, GVBl, S. 696 (zuletzt geändert durch Art. 2 des Gesetzes v. 21.12.2006, GVBl, S. 631).
107 §§ 2 und 3 des Gesetzes über die Gemeinschaftsaufgabe „Verbesserung der regionalen Wirtschaftsstruktur" vom 6.10.1969, BGBl I, S. 1861, zuletzt geändert durch Art. 137 VO v. 31.10.2006, BGBl I, S. 2407.
108 *Zacher* (N 45), S. 312f.; *Martin Oldiges*, Richtlinien als Ordnungsrahmen der Subventionsverwaltung, in: NJW 1984, S. 1927 (1929); *Horst Sendler*, Subventionen in der höchstrichterlichen Rechtsprechung, in: WiVerw 1978, S. 156 (161ff.); *Haverkate* (N 19), Rn. 34f.; *Schuppert* (N 45), S. 226.
109 *Gunnar Folke Schuppert*, Die Steuerung des Verwaltungshandelns durch Haushaltsrecht und Haushaltskontrolle in: VVDStRL 40 (1984), S. 216 (237) mit Fn. 75; kritisch: *Walter Krebs*, Probleme der rechtlichen Steuerung und Kontrolle von Wirtschaftssubventionen, in: ZRP 1984, S. 224 (225).

aus (§ 37 Abs. 1 VwVfG)¹¹⁰ – als dessen Bestandteil Verbindlichkeit für den Adressaten. Herausragende Bedeutung kommt außer den Allgemeinen Nebenbestimmungen für Zuwendungen zur Projektförderung (ANBest-P), ergänzt um die Baufachlichen Nebenbestimmungen (NBest-Bau), den Allgemeinen Nebenbestimmungen für Zuwendungen zur institutionellen Förderung (ANBest-I) zu. Hinzu können im Bereich bestimmter Ressorts (Bildung und Forschung) Besondere Nebenbestimmungen kommen. Die von der Bundesexekutive erlassenen Nebenbestimmungen finden auf Landesebene weitgehend wortgleiche Entsprechungen. Während institutionelle Förderung einem Unternehmen als solchem zugute kommt (Ausgleich erlittener Verluste), ist Projektförderung auf ein inhaltliches Ziel zugeschnitten und vermag insoweit auch Lenkungswirkung zu zeitigen¹¹¹. Allgemeine Nebenbestimmungen, deren Rechtsnatur offiziell nicht präzisiert wird, verkörpern grundsätzlich Auflagen (vgl. § 36 Abs. 2 Nr. 4 VwVfG). Angesichts ihres Umfang und der Detailliertheit der durch Allgemeine Nebenbestimmungen begründeten Verbindlichkeiten entfalten sie grundsätzlich erst mit dem ausdrücklichen Einverständnis des Adressaten für diesen Wirksamkeit. Für diese Konstruktion wurde die (umstrittene) Rechtsfigur der „Verwaltungsakte auf Unterwerfung" geprägt. Für den Subventionsempfänger (freilich nicht für Dritte) soll mit Blick auf die in den Nebenbestimmungen verkörperten Belastungen auf solche Weise der Gesetzesvorbehalt surrogiert werden¹¹². Die Allgemeinen Nebenbestimmungen setzen unter anderem Vorgaben für die Vergabe von Aufträgen durch den Empfänger, sie erlegen diesem Mitteilungspflichten für den Fall bestimmter Änderungen der Sach- oder Rechtslage auf und geben vor, nach welchen Maßgaben die Kostenabrechnung vorzunehmen und in welcher Form und zu welchem Zeitpunkt der Nachweis über die Mittelverwendung zu erbringen ist. Bei institutionellen Zuwendungen ist die Behörde zur Prüfung des Wirtschaftsplanes berechtigt.

Außenwirkung auf den Adressaten

Verwaltungsakte auf Unterwerfung

Bedenken gegen Allgemeine Nebenbestimmungen richten sich nicht nur gegen den Pflichtenoktroi, der die wirtschaftliche Handlungsfreiheit des Empfängers erheblich einschränkt¹¹³. Auch besteht – noch diesseits der durch § 36 Abs. 3 VwVfG gesetzten Grenze – die Gefahr, daß über Allgemeine Nebenbestimmungen subventionsfremde Zwecke zur Behaltensgrundlage erhoben werden. Dies kann bereits für die Bindung der Empfänger an die Vergabe-

38

Verfolgung subventionsfremder Zwecke

---

110 BVerwG, in: NVwZ 2005, S. 1085 (1086); BVerwG, in: NVwZ-RR 1997, S. 278 (279); BVerwGE 116, 332.
111 Vgl. *Albrecht Schleich*, Nebenbestimmungen in Zuwendungsbescheiden des Bundes und der Länder, in: NJW 1988, S. 236 (237); *Jürgen Schmidt*, Vergabe und Verwaltung öffentlicher Zuwendungen an und durch kommunale Gebietskörperschaften, in: Praxis der Kommunalverwaltung, E 3 a, 1.2.2.3.
112 Vgl. BVerwG, in: NJW 1969, S. 809; BVerwGE 75, 109 (117); *Peter Weides*, Widerruf von Zuwendungsbescheiden, in: JuS 1985, S. 364 ff. (369); zu Recht kritisch *Schleich* (N 111); *Görg Haverkate*, Rechtsfragen des Leistungsstaates, 1983, S. 158 ff.; *Huber* (N 96), S. 497 ff.; *Lübbe-Wolff* (N 2), S. 215 ff.; allgemein zur Rechtsfigur des Verwaltungsakts auf Unterwerfung *Hans-Lutwin Gitzinger*, Verwaltungsakt auf Unterwerfung – Antragsbedingter Verwaltungsakt oder öffentlich-rechtlicher Vertrag?, 1963, S. 1 ff.; *Werner Schiedermair*, Der Verwaltungsakt auf Unterwerfung, 1967.
113 So verbietet beispielsweise Nr. 1.3 ANBest-I dem Zuwendungsempfänger, seine Bediensteten besserzustellen als vergleichbare Staatsbedienstete.

richtlinien (vgl. 3.1 ANBest-P) angenommen werden, die den Staat zu Wirtschaftlichkeit und Sparsamkeit anhalten sollen, damit der Wettbewerb durch staatliche Auftragsvergabe nicht beeinträchtigt wird. Insoweit ist eine restriktive Handhabung geboten: Nicht schon Verstöße gegen vergaberechtliche Grundsätze vermögen insofern die Rückforderung der Subvention auszulösen, sondern nur ein unwirtschaftlicher Umgang, der den eigentlichen Subventionszweck verfehlt[114].

(bb) Förderrichtlinien

39
Verdeutlichung der Subventionsgrundlagen durch Förderrichtlinien

Eine weitere Kategorie von Verwaltungsvorschriften sind Förderrichtlinien (Subventionsrichtlinien), in welchen die Grundlagen der Subventionsvergabe für die spezifischen Subventionsbereiche (Zweck und Gegenstand, Art und Umfang der Förderung, Zuwendungsempfänger und Voraussetzungen der Zuwendung, Geltung von Nebenbestimmungen, Antragsmodalitäten) festgehalten sind[115]. Auch wenn Förderrichtlinien keine rechtliche Außenwirkung zukommt, sollen von ihnen doch Signalwirkungen für die potentiellen Antragsteller ausgehen. Diesem Publizitätsinteresse wird durch die Veröffentlichung im Bundesanzeiger (oder den Ministerialblättern der Länder) sowie in der Regel auf den Internet-Seiten der Ministerien Rechnung getragen[116]. Als Verwaltungsvorschriften zur Durchführung der Haushaltsordnung bedürfen Förderrichtlinien vor ihrem Erlaß der Anhörung des Bundesrechnungshofs (§§ 5, 103 Abs. 1 BHO/LHO).

Subventionskodizes

Keine Verwaltungsvorschriften sind Subventionskodizes wie derjenige der Konferenz der Wirtschaftsminister vom 7. Juli 1982 mit Grundsätzen für die Gewährung von Finanzhilfen, Steuervergünstigungen und Gewährleistungen an Unternehmen der gewerblichen Wirtschaft; als gesetzesvertretendes Selbstbeschränkungsabkommen bindet dieser Kodex nur die beteiligten Wirtschaftsminister untereinander[117].

D. Subventionen und Grundrechte

40
Kaum ein Bereich des Verwaltungsrechts wird von den Grundrechten so stark überformt wie die Subventionsverwaltung. Ursächlich dafür ist vor allem ein Mangel an einfachgesetzlichen Konkretisierungen verfassungsrechtlicher Vorgaben, die Anwendungsvorrang vor den allgemeinen Grundrechtsaussagen beanspruchen könnten. Grundrechte wirken nicht nur als Leistungsrechte

---

114 *Clemens Antweiler*, Subventionskontrolle und Aufgabenvergabekontrolle durch Bewilligungsbehörden und Rechnungshöfe, in: NVwZ 2005, S. 168 (171).
115 Hierzu *Oldiges* (N 108), S. 1928; *ders.* (N 25), S. 286; *Zacher* (N 45), S. 312 ff.; *Storr*, in: Ruthig/Storr, Öffentliches Wirtschaftsrecht, 2005, Rn. 546 ff.
116 Vgl. *Schmidt* (N 111), E 3 a, 1.2.2.4.
117 *Stober* (N 19), S. 251, m. weit. Nachw.

(Anspruch auf Subventionsgewährung), sondern vermitteln demjenigen, der durch die Förderung des Konkurrenten beeinträchtigt wird, auch Abwehrrechte. Über die Lage der Eingriffsschwelle, die auch für die Geltung des Gesetzesvorbehalts bedeutsam ist[118], besteht keine Einigkeit.

Leistungs- und Abwehrrechte

I. Subventionsanspruch

1. Spezialgesetzliche Anspruchsgrundlagen

Grundrechte können Ansprüche auf Subventionen vermitteln. Diese Teilhaberechte sind überall dort von Bedeutung, wo keine spezialgesetzliche Grundlage einen (originären) Leistungsanspruch einräumt. Ausdrückliche verfassungsrechtliche Anspruchsgrundlagen lassen sich nicht, einfachgesetzliche außerhalb des Bereichs der Sozialleistungen nur vereinzelt nachweisen (§ 8 Abs. 1 KHG)[119]. Haushaltsgesetz und Haushaltsplan dienen nur der Zweckbindung öffentlicher Mittel und begründen mangels Außenwirkung keine Individualrechte (§ 3 Abs. 2 BHO)[120]. Fehlt es an einem expliziten spezialgesetzlichen Leistungsanspruch, kann grundsätzlich nur eine fehlerfreie Ermessensentscheidung begehrt werden, es sei denn, das Ermessen hat sich – etwa aufgrund vorgängiger Verwaltungspraxis oder einer Zusage – auf null reduziert.

41

Wenige spezialgesetzliche Subventionsansprüche

2. Grundrechtlich vermittelter Subventionsanspruch

a) Originäre Ansprüche

Unmittelbare, originäre grundrechtliche Leistungsansprüche können, wenn überhaupt, nur bei extremen, nicht anders abwendbaren Gefahren für das grundrechtlich geschützte Gut bestehen. Soweit eine staatliche Schutzpflicht für dieses besteht, steht dem Grundrechtsverpflichteten eine Einschätzungsprärogative hinsichtlich der Frage zu, auf welche Weise er den Erfordernissen des Grundrechtsschutzes Rechnung tragen will[121]; eine Verengung des Entscheidungsspektrums auf Finanzierungsmaßnahmen wird daher kaum jemals anzunehmen sein. Auch die Eigentumsgarantie (Art. 14 Abs. 1 S. 1 GG) vermag keinen Anspruch auf Subventionierung zu begründen: Da staatliche Zuschüsse nicht auf Eigenleistungen des Empfängers beruhen und der Erwerbstatbestand zudem in der Zukunft liegt, ist schon der Schutzbereich

42

Grundrechtliche Leistungsansprüche

Kaum originäre grundrechtliche Leistungsansprüche

Eigentumsgarantie

---

118 S. o. Rn. 11 ff.
119 Im Grundgesetz ist an keiner Stelle ein Subventionsanspruch eingeräumt; auch Art. 7 Abs. 4 GG vermittelt keinen solchen, sondern verpflichtet den Gesetzgeber nur, die tatsächlichen Rahmenbedingungen für das Bestehen privater Schulen zu gewährleisten; vgl. BVerfGE 90, 107 (117).
120 *Tobias Busch*, Subventionsrecht in der Rechtsprechung, in: JuS 1992, S. 563 (564); ebenso OVG Berlin, Beschluß v. 19. 8. 2004, Az. 8 S 89.04; → oben *Heintzen*, § 120 Rn. 51.
121 BVerfGE 77, 170 (214); 79, 174 (202); 85, 191 (212).

des Grundrechts nicht eröffnet[122]. Im Schrifttum wird dieser Befund mitunter relativiert für den Fall, daß im berechtigten Vertrauen auf eine erstmalige oder in der begründeten Erwartung einer Folgesubvention Investitionen getätigt worden sind: Die Zurückweisung des Antrags könne dann Art. 14 Abs. 1 S. 1 GG zuwiderlaufen[123]. Indes steht in diese Konstellationen mit Blick auf die Entwertung der getätigten Vermögensdispositionen doch der Eingriff im Vordergrund; die Gewährung der Subvention ist dann funktionales Surrogat der Erstattung frustrierter Aufwendungen.

b) Derivative Ansprüche

43

Gleichheitssatz

Ein subjektives öffentliches Recht auf Gewährung einer Subvention kann, auch im gesetzesfreien Raum, durch den allgemeinen Gleichheitssatz (Art. 3 Abs. 1 GG) vermittelt werden, wenn sich die Verwaltung durch eine ständige Praxis selbst gebunden hat[124]; dies ist vor allem für den übergangenen Konkurrenten eines bereits Subventionierten von Bedeutung. Voraussetzung ist, daß die einfachgesetzliche Grundlage der Subventionierung subjektive öffentliche Rechte vermittelt oder daß – bei gesetzesfreier Ausgestaltung – wenigstens ein Individualanspruch auf fehlerfreie Ermessensausübung besteht. Eine Bindung der Verwaltung wird vor allem durch Verwaltungsvorschriften[125] bewirkt, welche den Subventionsgeber auf bestimmte Förderprogramme festlegen und insoweit die Vergabevoraussetzungen fixieren. Solche Richtlinien – und damit die Subventionspraxis – können im Grundsatz jederzeit erlassen oder geändert werden, solange die Änderung nicht willkürlich ist und kein schutzwürdiges Vertrauen auf den Fortbestand einer Förderung verletzt wird. Daran fehlt es nach Ansicht des Bundesverwaltungsgerichts bereits dann, wenn der Betroffene zwar Vermögensdispositionen getroffen hat, aber den sachlichen Grund für die Änderung der Richtlinien zumindest hätte kennen müssen[126].

II. Abwehrrechte

1. Subventionsempfänger

44

Schutz der erworbenen Subventionen

Bereits begründete Subventionsrechtsverhältnisse bleiben grundrechtlich determiniert. Während ein Anspruch auf Subventionierung nicht auf die Eigentumsgarantie gestützt werden kann, genießt der Empfänger einer rechtmäßigen Zuwendung mit deren Erhalt den Schutz des Art. 14 Abs. 1 GG, der

---

[122] Vgl. BVerfGE 18, 392 (397); 80, 124 (137); 97, 67 (83); *Michael Wild*, Grundrechtseingriff durch Unterlassen staatlicher Leistungen? – Die Grundrechte als Grenze des Abbaus von Subventionen, in: DÖV 2004, S. 366 (367).
[123] *Wild* (N 122), S. 370 f.; *Utz Schliesky*, Öffentliches Wirtschaftsrecht – deutsche und europäische Grundlagen, ²2003, S. 86 f.; a. A. BVerfGE 72, 175 (196); 78, 249 (284); *Hans Hofmann*, in: Schmidt-Bleibtreu/Klein, GG, ¹⁰2004, Art. 14 Rn. 23.
[124] Vgl. aus der jüngsten Rspr. BVerwG, in: NVwZ 2003, S. 1384 f.; siehe auch *Alfred Dickersbach*, Die Entwicklung des Subventionsrechts seit 1984, in: NVwZ 1993, S. 846 (849).
[125] S. o. Rn. 39.
[126] BVerwGE 104, 220 (229 f.); BVerwG, in: NVwZ 2006, 1184 (1188).

ein Recht zum Behaltendürfen vermittelt. Die Entziehung der zugewandten Mittel kann darüber hinaus in seine Berufsfreiheit (Art. 12 Abs. 1 GG) eingreifen. Die Rechtsgrundlage für das Behaltendürfen entfällt mit Rücknahme und Widerruf, die grundsätzlich keine Enteignungen darstellen, sondern nur inhaltsbestimmend wirken.

2. Konkurrent

a) Wettbewerbsfreiheit

Im wirtschaftlichen Bereich verändern Subventionen stets die Wettbewerbssituation: Die Begünstigung eines Anbieters von Gütern oder Dienstleistungen benachteiligt den übergangenen Konkurrenten entsprechend. Betroffen ist er in seinem Grundrecht auf Wettbewerb, das in Art. 12 Abs. 1 GG verankert ist, welcher sowohl die materiellen Grundlagen ökonomischen Handelns als auch die Beteiligung an Marktvorgängen sichert. Nach anderer Auffassung ist zwischen der von Art. 12 Abs. 1 GG umfaßten Freiheit zur Teilnahme am Wettbewerb und der durch Art. 2 Abs. 1 GG geschützten konkreten Wettbewerbsposition, die allein durch Subventionierung betroffen sein könne[127], zu differenzieren. Nach wieder anderer Auffassung wird diese Beeinträchtigung des Wettbewerbserfolges nur von Art. 3 Abs. 1 GG erfaßt[128]. Wo auch immer man das Recht auf Wettbewerb verorten will, setzt seine Verletzung in jedem Fall ein Konkurrenzverhältnis zwischen Subventionsempfänger und Kläger voraus. Diese dürfen nicht auf getrennten Märkten operieren, sondern müssen mindestens im Substitutionswettbewerb zueinander stehen[129].

45
Grundrecht auf Wettbewerb

Einigkeit besteht weder über die Anforderungen an einen Eingriff in die Wettbewerbsfreiheit noch an ihre Verletzung. Schrifttum und Rechtsprechung haben in Fällen, die als Eingriffskonstellationen anerkannt wurden, meist auch die materielle Rechtswidrigkeit der Subvention erkannt. So soll die Wettbewerbsfreiheit der Konkurrenten verletzt sein, wenn die Marktbedingungen in einer Weise verzerrt werden, daß der Konkurrent in unerträglichem Maße und unzumutbar geschädigt wird, ihm die sinnvolle Berufsausübung erheblich erschwert oder gar seine Existenzfähigkeit in Frage gestellt wird[130]. Der „Normalfall" einer Subvention soll hingegen, da die Förderdimension im

46
Eingriffsmaßstab

---

127 BVerwGE 87, 37 (39 ff., 51); Nachweise zum Meinungsstand v. a. bei. *Manfred Gubelt*, in: v. Münch/Kunig, GGK I, Art. 12, Rn. 93; *Helmut Rittstieg*, in: Erhard Denninger u. a., GG-AK, ³2001, Art. 12, Rn. 80; *Scholz* (N 95), Art. 12, Rn. 115; *Peter J. Tettinger*, in: Sachs, GG-Komm., Art. 12, Rn. 162; vgl. auch BVerfGE 41, 251, 261; 87, 153, 169; skeptisch *Dieter Murswiek*, in: Sachs, GG-Komm., ³2003, Art. 2 Rn. 87.
128 *Josef Franz Lindner*, Zur grundrechtsdogmatischen Struktur der Wettbewerbsfreiheit, in: DÖV 2003, S. 185 (191); wohl auch *Murswiek* (N 127). Dahingestellt daher z. B. von *Udo Di Fabio*, in: Maunz/Dürig, Komm. z. GG, Art. 2 Rn. 118 (39. Lfg. 2001).
129 Vgl. *Bleckmann* (N 40), S. 151.
130 BVerwGE 30, 191 (197); 60, 154 (160); 65, 167 (174); 71, 183 (191); BVerfGE 36, 47 (58); 36, 120 (137); *Stober* (N 87), S. 144; kritisch, aber für eine Mindestschwelle, *Haverkate* (N 19), Rn. 79. In diesen Fällen wird als Maßstab von der h. M. allerdings Art. 12 Abs. 1 GG herangezogen, da einer existenzbedrohenden Maßnahme stets „berufsregelnde Tendenz" attestiert wird; vgl. auch *Huber* (N 96), S. 321 f. u. 487.

Vordergrund stehe, schon keinen Grundrechtseingriff bewirken[131]. Nimmt man hingegen an, daß Art. 12 Abs. 1 GG (oder Art. 2 Abs. 1 GG) in Verbindung mit Art. 3 Abs. 1 GG umfassenden Schutz gegen jede Verzerrung des Wettbewerbs vermitteln und jede Subvention eines Wirtschaftsunternehmens mit einem Verzerrungseffekt einhergeht[132], führt die Subventionierung auch in aller Regel zu einem Eingriff in die Wettbewerbsfreiheit. Die für die staatliche Wirtschaftsteilnahme geltenden Maßstäbe lassen sich auf den Fall staatlicher Subventionierung von Privaten nicht übertragen[133]: Diese bedingt nicht eine „systemimmanente Verschärfung" des Konkurrenzdrucks, wie der Marktteilnehmer sie auch bei Hinzutreten privater Konkurrenten zu gewärtigen hätte, sondern verbessert die Marktsituation eines Wettbewerbsteilnehmers auf nicht marktkonforme Weise. Inwieweit der Konkurrent eine Benachteiligung hinzunehmen hat, hängt dann vom Ziel der Subventionsmaßnahme und insbesondere einer Verhältnismäßigkeitsprüfung ab. Der mit der Subventionsvergabe einhergehende Grundrechtseingriff muß im Subventionszweck seine Rechtfertigung finden. Art. 12 Abs. 1 i. V. m. Art. 3 Abs. 1 GG ist also bereits dann verletzt, wenn, ohne daß ein sachlicher Grund (vernünftige Erwägungen des Gemeinwohls) dafür vorliegt, die Erfolgschancen eines Marktteilnehmers im Verhältnis zu denen seines Konkurrenten durch eine staatliche Intervention beeinträchtigt werden[134].

b) Andere Grundrechte

47 Andere Freiheitsrechte können einer Subventionierung insbesondere entgegenstehen, wenn ein Unternehmen staatlich unterstützt wird, das keine Wettbewerber hat, oder wenn der Nutznießer der Förderung nicht wirtschaftlich tätig ist. Die Subventionierung von Presseunternehmen bedarf wegen Betroffenheit der Pressefreiheit (Art. 5 Abs. 1 S. 2 GG) jedenfalls dann der gesetzlichen Grundlage, wenn sie sich auf Staatsfreiheit und Kritikbereitschaft der Presse auswirkt, nicht jedoch im Fall lediglich technischer Unterstützung. Wegen der staatlichen Neutralitätspflicht verletzt eine solchermaßen für den redaktionellen Teil relevante Pressesubvention in aller Regel Art. 5 Abs. 1 S. 2 GG, wenn sie nicht als horizontale Subvention allen Presseunternehmen der Branche zugute kommt[135]. Auch die staatliche Förderung einzelner Religionsgemeinschaften oder Vereinigungen mit religionsbezogenem Informationsanspruch bedarf wegen Betroffenheit der Religionsfreiheit (Art. 4 Abs. 1, 2 GG) einer gesetzlichen Grundlage, insbesondere wenn sie zu Beeinträchtigungen unbeteiligter Dritter führt[136]. Sie kann nur in dem Maße gestattet sein, in dem auch die Staatsleitung bei eigenen Maßnahmen – etwa Warnungen der Guber-

---

131 BVerwGE 90, 112 (120); *Oldiges* (N 108), S. 1928 f.; zust. *Stober* (N 87), S. 142.
132 S.o. Rn. 32.
133 Diesen Unterschied betont *Di Fabio* (N 128), Art. 2 Abs. 1, Rn. 118 ff.; vgl. auch *ders.*, ebd., Rn. 121 ff.; BVerwGE 71, 183 (193); 39, 329 (336 f.), zur grundrechtlichen Bewertung staatlicher Konkurrenz.
134 *Lindner* (N 128), S. 190 f.; vgl. auch *Haverkate* (N 19), Rn. 81, 89 ff.
135 BVerfGE 80, 124 (133 f.); NJW 1975, S. 1938 (1939); OVG Münster, in: NVwZ 1991, S. 174 (175). Näher *Schmidt* (N 2), § 1 Rn. 171.
136 BVerwGE 90, 112 (122); vgl. auch BVerwGE 75, 109 (117).

native – selbst nicht strikt zur Neutralität angehalten ist[137]. Verschonungssubventionen schließlich sind, sofern sie nicht auch Unternehmen betreffen, vornehmlich an Art. 3 Abs. 1 GG zu messen. Jede mit lenkenden Steuersubventionen einhergehende Abweichung vom Grundsatz der Belastungsgleichheit muß durch Gemeinwohlerwägungen gerechtfertigt werden, wobei der Gesetzgeber den über die Ertragserzielung hinausgehenden Lenkungszweck auch kenntlich zu machen hat[138].

E. Ausgestaltung

I. Subventionsverhältnis

Das Rechtsverhältnis zwischen einem Verwaltungsträger – dem Subventionsgeber – und dem Adressaten der Subvention – dem Subventionsempfänger – wird in Anlehnung an den Begriff des Verwaltungsrechtsverhältnisses meist als „Subventionsverhältnis" bezeichnet[139]. Der dem Topos anhaftende juristische Erkenntniswert ist gering: Rechte und Pflichten zwischen Subventionsgeber und -nehmer entspringen nicht etwa dem Subventionsverhältnis, sondern seinem Begründungsakt. Das Subventionsverhältnis wird durch einen Subventionszweck bestimmt, der bereits durch den Antrag des Privaten umrissen wird und durch die gesetzliche Regelung über die Mittelvergabe und die Statuierung von Nebenbestimmungen zum Zuwendungsakt eine Präzisierung erfährt. Nur soweit der Subventionszweck[140] durch Gesetz oder Nebenbestimmungen Rechtsverbindlichkeit erfährt, ist er für das Subventionsverhältnis rechtlich bedeutsam[141].

48

Maßgeblichkeit des Begründungsaktes

Private Kreditinstitute, die in die Subventionsvergabe eingeschaltet werden, werden oft als „Subventionsmittler" bezeichnet[142]. Mit diesem pauschalisierenden Terminus werden signifikante Unterschiede zwischen den Formen privater Beteiligung an der Subventionsvergabe eingeebnet. So ist der nach § 44 Abs. 3 BHO beliehene Private – als Behörde – im Umfang der Beleihung selbst als Subventionsgeber anzusehen[143], während die als bloße Auszahlungsstelle für ein staatliches Darlehen fungierende Bank in die Kategorie des Ver-

49

Subventionsmittler

---

137 Vgl. nur BVerfGE 105, 279 ff. In einzelnen Fällen kann die Vergabe einer Subvention auch an den speziellen Gleichheitssätzen der Art. 3 Abs. 2 und 3 GG scheitern; vgl. *Oldiges* (N 25), S. 286 m. weit. Nachw.
138 Vgl. BVerfGE 93, 121 (147); *Kirchhof* (N 3), S. 17.
139 *Henke* (N 42), S. 5; *Ipsen* (N 86), S. 128; *Arndt* (N 17), S. 937; *Bleckmann* (N 87), S. D 9.
140 Zu den Funktionen des Subventionszwecks vgl. *Rodi* (N 2), S. 62 ff.; ferner *Berg* (N 20), S. 1.
141 *Maurer* (N 19), § 17 Rn. 9; *Stober* (N 19), S. 371; siehe *ders.*, ebd., S. 372 f., zur umstrittenen Konkretisierung des Subventionszwecks.
142 *Klaus Peter Berger*, in: MüKoBGB, ⁴2004, vor § 488, Rn. 91; *Dirk Ehlers*, in: Friedrich Schoch/Eberhard Schmidt-Aßmann/Rainer Pietzner (Hg.), VwGO, § 40 Rn. 255.
143 Vgl. *Ulrich Stelkens*, Die Stellung des Beliehenen innerhalb der Verwaltungsorganisation – dargestellt am Beispiel der Beleihung nach § 44 III BHO/LHO, in: NVwZ 2004, S. 304 (308), wo dennoch der Begriff „beliehener Subventionsmittler" Verwendung findet.

1423

waltungshelfers fällt. Wieder anders gelagert ist der Fall, daß ein privates Kreditinstitut ein Darlehen vergibt, das durch staatliche Bürgschaft gesichert wird: Dem Selbstverständnis des Privaten wird es hier widersprechen, als Subventionsmittler angesehen zu werden; aus seiner Sicht dient die Subvention (in Gestalt der Bürgschaftszusage) vielmehr der Vermittlung des Darlehens.

II. Gestaltungsvarianten

50

Formenwahl

Welcher Rechtsinstrumente sich der Subventionsgeber bedient, hängt in erster Linie vom Subventionstyp ab. In manchen Fällen, vor allem bei horizontalen Verschonungssubventionen (die allen Unternehmen der Branche gleichermaßen zugute kommen), kann das Subventionsverhältnis bereits durch gesetzliche Regelung gestaltet werden. In aller Regel bedarf es jedoch, selbst bei horizontalen Leistungssubventionen, der Konkretisierung im Verhältnis zum einzelnen Empfänger. Bei dieser individuell-konkreten Subventionierung[144] stehen dem Subventionsgeber kraft der Formenwahlfreiheit der Verwaltung[145] mehrere Ausgestaltungsvarianten zu Gebote. In der Praxis wird er sich bei der konkreten Auswahl unter ihnen jedoch von Praktikabilitätsgesichtspunkten leiten lassen. In den weitaus meisten Fällen liegt der Zuwendung ein Verwaltungsakt zugrunde; dieser kann jedoch mit einem privatrechtlichen Vertrag verbunden werden, den auch ein Dritter abschließen kann, oder mit einem öffentlich-rechtlichen Schuldverhältnis. Auch die Ersetzung des Verwaltungsakts durch einen Vertrag ist möglich. Unklarheiten bei der gewählten Ausgestaltungsform gehen zu Lasten des Subventionsgebers; der Subventionsnehmer kann sich dann auf die ihm günstigste Deutungsvariante stützen[146].

1. Verwaltungsakt (hoheitliche Bewilligung)

51

Bewilligung durch Verwaltungsakt als Normalfall

Leistungssubventionen werden meist – aber nicht zwingend – auf der Grundlage eines mitwirkungs-, insbesondere antragsbedürftigen Verwaltungsaktes (Leistungs- bzw. Bewilligungsbescheid) vergeben. In sonstigen Fällen hat der Subventionsgeber die Wahl zwischen einstufig öffentlich-rechtlicher Ausgestaltung oder der Koppelung des Verwaltungsakts mit einem Vertrag[147]. Im Zweifelsfall ist eine Subventionierung durch Verwaltungsakt anzunehmen[148], was jedoch nicht bedeutet, daß eine Vermutung zugunsten der einseitig-

---

144 Vgl. *Dickersbach* (N 124), S. 849 f.
145 VGH Kassel, in: NVwZ 1990, S. 879; *Dirk Ehlers*, Rechtsprobleme bei der Rückforderung von Subventionen, in: GewArch 1999, S. 305 f.; *Dickersbach* (N 124), S. 849 f.; *Gerhard Flaig*, Subventionsrecht, in: Franz Klein (Hg.), Öffentliches Finanzrecht, Bd. VI, ²1993, Rn. 97 ff.; krit. *Dirk Ehlers*, Subventionsrecht und Subventionspolitik auf dem Prüfstand, in: Stober/Vogel (N 37), S. 128 f.
146 VGH Kassel, in: NVwZ 1990, S. 879; *Stober* (N 19), S. 272.
147 Vgl. *Arndt* (N 17), S. 938; *Bull* (N 53), Rn. 758; *Hans Peter Ipsen*, Verwaltung durch Subventionen, in: VVDStRL 25 (1967), S. 257 (298); *Bleckmann* (N 40), S. 85 ff.; VGH Kassel, in: NVwZ 1990, S. 879; skeptisch: *Manfred Zuleeg*, Die Rechtsform der Subvention, S. 46 ff.
148 BVerwGE 41, 305 (306); 52, 155 (165); VGH Kassel, in: NVwZ 1990, S. 879.

hoheitlichen Begründung eines Subventionsverhältnisses besteht: Vielmehr ist im konkreten Fall der Behördenwille zu ermitteln. Spätestens mit der Einfügung des heutigen § 49 Abs. 3 in die Verwaltungsverfahrensgesetze ist die Subventionsbewilligung durch Verwaltungsakt (Leistungsbescheid) zum gesetzlichen Normalfall der Leistungssubvention geworden[149]. Dem Subventionszweck wird regelmäßig durch Verbindung des Bescheides mit Nebenbestimmungen (§ 36 VwVfG), insbesondere Auflagen, Rechnung getragen, wobei in der Praxis standardisierte Allgemeine Nebenbestimmungen zur Anwendung kommen[150].

2. Zweistufenmodell

Ein durch Verwaltungsakt begründetes Subventionsverhältnis kann ein- oder mehrstufig ausgestaltet werden. Bei einstufiger Ausgestaltung ist der Verwaltungsakt, in dem Bewilligung und Gewährung zusammenfallen, alleinige Rechtsgrundlage. Von Zweistufigkeit wird gesprochen, wenn sich die Rechtswirkung des Verwaltungsakts auf die Bewilligung (das „Ob") der Subvention beschränkt und die konkrete Ausgestaltung („das Wie") durch privatrechtlichen oder auch öffentlich-rechtlichen Vertrag vorgenommen wird. Das Zweistufenmodell kommt bei der Kreditvergabe vielfach zur Anwendung sowie bei Rechtsbeziehungen, die durch wiederkehrende Leistungen (monatliche Raten des Subventionsgebers oder regelmäßige Erstattungen einschließlich Zinsen des Subventionsnehmers) geprägt oder als Dauerschuldverhältnisse ausgestaltet sind. Der überkommene Begriff „Zweistufentheorie"[151] suggeriert zu Unrecht das Vorliegen eines rechtstheoretischen Konstrukts oder einer bloßen Deutungsvariante. Zwar entstammt er einer Zeit, als es für notwendig befunden wurde, zur Eröffnung von Rechtsschutzmöglichkeiten das Vorliegen eines Verwaltungsakts zu simulieren[152]. Mit dem Entfallen der ursprünglichen raison d'être[153] aber kann und muß Zweistufigkeit nur attestiert werden, wenn sie auch empirisch belegbar ist; daher erscheint es angemessen, sie als Ausgestaltungsmodell zu begreifen. Nur einzelne Gesetze erklären das Zweistufenmodell zum Regelfall[154]. Ob Leistungssubventionen ein- oder zweistufig gewährt werden, bestimmt sich nach der Gestaltung des Einzelfalls. Verlorene Zuschüsse allerdings werden regelmäßig einstufig, also durch Leistungsverwaltungsakt, zugewendet. Folge der zweistufigen Ausge-

52
Bewilligung und Ausgestaltung als unterschiedliche „Stufen"

Zweistufentheorie

---

149 So bereits für die alte Rechtslage *Zuleeg* (N 147), S. 59 ff.; *Badura* (N 89), S. 143.
150 S. o. Rn. 37 f.
151 Grundlegend *Hans Peter Ipsen*, Rechtsfragen der Investitionshilfe, in: AöR 78 (1952/53), S. 284, (289 ff.); ders., Öffentliche Subventionierung Privater, in: DVBl 1956, S. 602 (604); ders. (N 75), S. 61 ff.; ders. (N 1), § 92 Rn. 60 ff.; *Otto Bachof*, Der Rechtsschutz im öffentlichen Recht: Gelöste und ungelöste Probleme, in: DÖV 1953, S. 417 (423); *Herbert Krüger*, Wirtschaftsverfassung, Wirtschaftsverwaltung, Rechtsstaat, in: BB 1953, S. 565 (567); *Manfred Zuleeg*, Die Zweistufenlehre, in: Peter Oberndorfer/Herbert Schmabeck (Hg.), FS für Ludwig Fröhler, 1980, S. 275 ff.
152 Vgl. *Paul Stelkens/Ulrich Stelkens*, in: Paul Stelkens/Hans-Joachim Bonk/Michael Sachs (Hg.), VwVfG, ⁶2001, § 35 Rn. 69a mit Fn 538.
153 *Götz* (N 41), S. 56 ff.
154 Vgl. § 102 des II. WoBauG.

staltung ist, daß Rechtsschutz vor unterschiedlichen Gerichten zu suchen ist, je nachdem, ob sich das Begehren auf das „Ob" der Subventionierung bezieht (Klage gegen Ablehnung des Antrags auf Zuwendung) oder das „Wie" (Darlehensbedingungen). Kritik am Zweistufenmodell entzündet sich vor allem an der Schwierigkeit einer Abgrenzung zwischen Bewilligung und Ausführung der Subventionsvergabe sowie an Problemen bei der Rückabwicklung[155].

3. Mehrpolige Subventionierung

53

Subventionsvergabe im „Dreieck"

Der Subventionsgeber braucht nicht zugleich als Kreditgeber zu handeln, sondern kann den Abschluß des Darlehensvertrages durch ein (privates oder öffentliches) Kreditinstitut auch lediglich veranlassen, indem er eine Bürgschaft oder Garantieerklärung abgibt, den Zins unmittelbar verbilligt oder in anderer Form im Verhältnis zum Kreditgeber eine Einstandspflicht für die Darlehensverbindlichkeiten des Subventionsempfängers übernimmt. Das Zweistufenmodell erfährt dabei insoweit eine Modifikation[156], als der Verwaltungsakt – der in der gegenüber dem Darlehensnehmer erklärten Bewilligung der Bürgschaftsübernahme durch Vertrag mit dem Kreditinstitut zu sehen ist – mit dem Abschluß gleich zweier Verträge einhergeht: eines regelmäßig privatrechtlichen Darlehens- und eines (aus Akzessorietätsgründen) ebenfalls privatrechtlichen Sicherungsvertrags. Von der Subventionsbegebung im Dreiecksverhältnis sind die Fälle zu unterscheiden, in denen ein Kreditinstitut selbst mit der Befugnis zur Subventionsvergabe beliehen wird (vgl. § 44 Abs. 3 BHO)[157], zum anderen Konstellationen, in welchen das Kreditinstitut als bloßes Werkzeug oder als Bote, das heißt als reine Zahlstelle, in Erscheinung tritt, ohne selbst Vertragspartner des Kreditvertrages zu werden[158]. Ebensowenig kann von einer dreipoligen Ausgestaltung gesprochen werden, wo es an einer Konditionierung des Darlehensvertrages durch die Sicherungsabrede fehlt. Der Inhalt des Bewilligungsbescheides freilich ist innerhalb des „Dreiecks" der gleiche wie in jenen Fällen, in denen der Subventionsempfänger bereits selbst über ein Darlehen verhandelt hat und die Bank den Vertragsabschluß unter die Bedingung der Beibringung einer öffentlich-rechtlichen Sicherheit gestellt hat: die Bewilligung der (in der Zukunft liegenden) Bürgschaftsübernahme[159] (oder unter Umständen der Refinanzierung des aufgenommenen Kredits). Auf den Abschluß des Darlehensvertrages, der aus Sicht der erlassenden Behörde res inter alios acta ist, kann der Subventionsempfänger aus dem Bewilligungsbescheid jedoch nicht klagen. Die „Polung" im Drei-

---

155 *Maurer* (N 19), § 17 Rn. 14 ff.; s. u. Rn. 69 f.
156 So *Maurer* (N 19), § 17 Rn. 28; vgl. auch *Gerd Kirchhoff*, Subventionen als Instrument der Lenkung und Koordinierung, 1973, S. 99 („verlängerter Arm").
157 Hierzu *Stelkens* (N 143), S. 304 ff. Inhaltsgleiche Bestimmungen finden sich im Landeshaushaltsrecht (§ 44 Abs. 3 – in Brandenburg und Nordrhein-Westfalen § 44 Abs. 2 – LHO).
158 BVerwG, in: NVwZ 1985, S. 517 (518); *Maurer* (N 19), § 17 Rn. 28; vgl. dazu auch *Rodi* (N 2), S. 654 ff.
159 Da eine Bürgschaft wesensgemäß drittnützig ist, bedarf es des Konstrukts eines Vertrages zugunsten Dritter zwischen Behörde und Kreditinstitut nicht.

ecksverhältnis kann auch umgekehrt werden, indem sich ein Privater für die Rückzahlung eines öffentlich-rechtlichen Zuschusses verbürgt[160].

4. Sonderfälle

a) Vorläufige Subventionsbewilligung

Die vorläufige Bewilligung einer Subvention ist zulässig[161]. Bei ihr handelt es sich nicht um einen Verwaltungsakt sui generis[162], sondern die Vorläufigkeit des Behaltendürfens ist Merkmal des Subventionsgegenstandes selbst: Ihn zeichnet aus, daß er dem Empfänger nicht dauerhaft, sondern nur bis zu einer endgültigen Entscheidung nach finaler Rechts- und Sachverhaltsermittlung zur Verfügung steht[163]. Fällt diese negativ aus, entfällt der Rechtsgrund für das Behaltendürfen, da sich der vorläufige Subventionsbescheid erledigt hat (§ 43 Abs. 2 VwVfG); analog § 49a Abs. 1 VwVfG kann die vorläufig bewilligte Leistung dann zurückgefordert werden. Das gleiche Ergebnis kann durch Verbindung des Bewilligungsbescheides mit einem Widerrufsvorbehalt (§ 36 Abs. 2 Nr. 3 VwVfG) erreicht werden. Die Subventionsbewilligung erfolgt vor allem dann vorläufig, wenn kurzfristig Bedarf an staatlicher Unterstützung erwächst, ohne daß im gleichen Zeitraum eine detaillierte Prüfung vorgenommen werden kann.

54
Bewilligung unter Vorbehalt

Vorläufigkeit

Widerrufsvorbehalt

b) Subventionszusage

Benötigt der Antragsteller für die Vorverhandlungen zur Aufnahme eines Kredits den Nachweis einer Sicherheit, kann diese durch eine Zusicherung (nach § 38 VwVfG oder aufgrund von Spezialregelungen) oder – bei vertraglicher Bewilligung – eine Zusage hergestellt werden. Die Zusicherung ist auf die spätere Bewilligung einer Subvention gerichtet und damit selbst ein Verwaltungsakt[164].

55
Zusage und Zusicherung einer Sicherheit

c) Vertragsmodell

Anstatt eine Leistungssubvention durch Verwaltungsakt zu bewilligen, kann der Subventionsgeber auch das Instrument des öffentlich-rechtlichen Vertrags wählen (vgl. § 54 S. 2 VwVfG). Der Austauschcharakter (vgl. § 56 VwVfG) des Vertrages kann ausdrücklich festgeschrieben sein, aber auch nur in der Erwartung der Erfüllung des Subventionszieles bestehen (atypischer oder „hinkender" Austauschvertrag). Der öffentlich-rechtliche Vertrag als Subventions-

56
Öffentlich-rechtlicher Vertrag

---

160 Dazu *Ehlers* (N 145), S. 129 m. Fn. 7 m. weit. Nachw.
161 *Andreas Stücke*, Eigentum an Wirtschaftssubventionen, 1991, S. 35 ff. m. weit. Nachw.; OVG Münster, in: NVwZ 1991, S. 588; BVerwGE 67, 99 ff.; 74, 357 (365); BVerwG, in: NJW 1992, S. 705; *Paul Tiedemann*, Der vorläufige Verwaltungsakt in der Leistungsverwaltung, in: DÖV 1981, S. 786 (789 f.); *Franz-Joseph Peine*, Der vorläufige Verwaltungsakt, in: DÖV 1986, S. 857; *Maurer* (N 19), § 9 Rn. 63b; einschränkend *Rodi* (N 2), S. 682 m. weit. Nachw.
162 In diese Richtung aber wohl *Tiedemann* (N 161), S. 786; ebenso BVerwG, in: NJW 1983, S. 2043.
163 BVerwGE 67, 99; *Dickersbach* (N 124), S. 850; *Stober* (N 19), S. 271 f.
164 Vgl. nur *Hans-Günter Henneke*, in: Hans Joachim Knack (Hg.), VwVfG, 8.2004, § 38 Rn. 21; *Paul Stelkens/Ulrich Stelkens* (N 152), § 38 Rn. 3.

§ 124　　　　　*Achter Teil: III. Finanzwesen*

Kooperatives Verwaltungshandeln

grundlage entspricht dem Ideal „kooperativen Verwaltungshandelns"[165] und kann der effizienten Abstimmung von Förderungswunsch und Förderungszielen dienlich sein[166]. Aufgrund des grundsätzlichen Wahlrechts der Verwaltung bei der Ausgestaltung der Rechtsbeziehungen zum Privaten kommt auch der Abschluß eines privatrechtlichen Vertrages, insbesondere eines Darlehensvertrages im Sinne von § 488 BGB, in Betracht.

F. Verfahrensrechtliche Kontrolle

I. Welthandelsrecht

57

Eine scharfe Abgrenzung zwischen Kontroll- und Streitbeilegungsmechanismen unter dem SCM-Übereinkommen ist kaum möglich. Abhilfe gegen (verbotene oder anfechtbare) Subventionen bietet ein im Übereinkommen verankertes Konsultationsverfahren (Art. 4 SCM-Übk.), welches die Regeln des Dispute Settlement Understanding (DSU) der Welthandelsorganisation teilweise modifiziert. Ein Panel zur quasigerichtlichen Streitbeilegung wird erst eingesetzt, wenn die Konsultationen zwischen den Parteien erfolglos geblieben sind. Überdies ist anderen Mitgliedstaaten das Recht eingeräumt, subventionierten Einfuhren durch Ausgleichsmaßnahmen wie Zölle zu begegnen

Verfahrensregeln des SCM-Übereinkommens

(Art. 10 ff. SCM-Übk.)[167]. Das Übereinkommen verpflichtet zur jährlichen Ex-post-Notifizierung aller Subventionsprogramme des WTO-Mitglieds (Transparenzverpflichtung)[168]. Ein SCM-Ausschuß (Art. 24) agiert als Informationspool hinsichtlich subventionsrelevanter Vorgänge, gibt gutachtliche Stellungnahmen ab, übt gewisse Überwachungsfunktionen aus und ist auch zum Teil in die Streitschlichtung involviert[169].

II. Europäisches Gemeinschaftsrecht

58
Beihilfekontrolle

Die Beihilfekontrolle durch die Europäische Kommission gemäß Art. 88 Abs. 3 EGV und der Beihilfeverfahrensverordnung geht der Gewährung von Subventionen, die zugleich Beihilfen im gemeinschaftsrechtlichen Sinne sind, nicht nur funktional, sondern in der Regel auch in zeitlicher Hinsicht vor. Hat die Kommission die Zuwendung einer Beihilfe ausdrücklich gestattet, ist es der zuständigen nationalen Behörde grundsätzlich verwehrt, die Zuwendung

---

165 Vgl. dazu auch *Elke Gurlit*, Verwaltungsvertrag und Gesetz, 2000, S. 46 ff.; *Henke* (N 42), S. 26 ff., insbes. 28; *Volker Schlette*, Die Verwaltung als Vertragspartner, 2000, S. 143 ff. jeweils m. weit. Nachw.
166 Der öffentlich-rechtliche Vertrag eröffnet die Möglichkeit, eine Vertragsstrafe für den Fall der Nichterfüllung oder mißbräuchlichen Anwendung zu vereinbaren, und erleichtert die Rückforderung bei zweckwidriger Verwendung; *Henke* (N 42), S. 342; *Stober* (N 19), S. 272 f.
167 Vgl. nur *Wolfgang Weiß/Christoph Herrmann*, Welthandelsrecht, 2003, Rn. 698 ff.
168 Vgl. *Lukas* (N 66), S. 206 f.
169 Art. 9.3-9.5, 24.4, 25.9-12, 26 SCM-Übk.

unter dem Gesichtspunkt der Verfälschung des Wettbewerbs zu versagen. Die Befugnisse der Kommission erstrecken sich auf eine präventive Kontrolle in Form der Überprüfung der Vereinbarkeit neu angemeldeter oder umgestalteter Beihilfen an Art. 87 EGV (Art. 88 Abs. 2, 3 EGV i. V. m. Art. 2 ff. BeihVerfVO)[170] und eine repressive im Fall der (formellen oder materiellen) Rechtswidrigkeit der Beihilfegewährung (Art. 10 ff. BeihVerfVO). Bestehende Beihilferegelungen, das heißt abstrakt-normative Vergabegrundlagen (Art. 1 lit. d BeihVerfVO), die von der Kommission bereits gutgeheißen worden sind, unterliegen deren ständiger Kontrolle nach Maßgabe von Art. 88 Abs. 1 EGV, Art. 17 ff. BeihVerfVO. Hinzu kommen fortlaufende Überwachungsvorgaben und Unterrichtungspflichten der Mitgliedstaaten nach Maßgabe der Art. 21 und 22 EGV[171].

Verstößt die Beihilfegewährung gegen Art. 87 ff. EGV, ordnet die Kommission grundsätzlich durch Entscheidung gegenüber dem Mitgliedstaat an, die Beihilfe vom Empfänger nach Maßgabe seiner mitgliedstaatlichen Rechtsvorschriften zurückzufordern (Art. 14 BeihVerfVO)[172]. Diese „Rückforderungsentscheidung" ist von der „Rückforderungsanordnung" gemäß Art. 11 Abs. 2 BeihVerfVO zu unterscheiden, welche unter der Voraussetzung einer noch nicht durchgeführten präventiven Beihilfeprüfung der Kommission nach deren Ermessen ergeht. In keinem dieser Fälle besteht jedoch noch ein Ermessensspielraum der nationalen Behörden bezüglich der Aufhebung des Zuwendungsbescheides und der Rückforderung.

Rückforderungsbefehl

III. Nationales Recht

Auf der mitgliedstaatlichen Rechtsebene findet Subventionskontrolle durch unterschiedliche Behörden und mit differenten Zielsetzungen statt[173]. Soweit eine gesetzliche Grundlage für entbehrlich gehalten wird, beschränkt sich der normative Bezugspunkt von Aufsicht und Kontrolle auf die zweckgerechte Verwendung und vor allem auf die Beachtung allgemeiner, besonderer und auch individuell formulierter Nebenbestimmungen, mit welchen dem Empfänger Verhaltensvorgaben und Berichtspflichten auferlegt werden. Unklar ist, ob die nationale Behörde auch verpflichtet ist, die Notwendigkeit einer Rücknahmeentscheidung wegen Verletzung Europäischen Gemeinschaftsrechts zu ermitteln. Geht man davon aus, daß Art. 87 EGV für nationale Behörden – bis jetzt – erst aufgrund der konkretisierenden Entscheidung der

59

Zweckbezogene Aufsicht und Kontrolle

---

170 Zum europarechtlichen Aufsichtsverfahren eingehend *Oldiges* (N 25), S. 284 ff.; vgl. auch *Schmidt* (N 2), § 1 Rn. 162 f.
171 Zu Unterrichtungspflichten *Adinda Sinnaeve*, Die ersten Gruppenfreistellungen – Dezentralisierung der Beihilfenkontrolle?, in: EuZW 2001, S. 69 (74 f.) – Normative Grundlagen: Art. 9 VO 70/2001 (KMU); Art. 7 VO 68/2001 (Ausbildung); Art. 3 VO 994/98 v. 7. 5. 1998, ABl 1998 L 142, S. 1; VO Nr. 69/2001 v. 12. 1. 2001 über die Anwendung der Art. 87 und 88 auf „De-minimis"-Beihilfen.
172 Nach Ansicht des EuGH ist dies die „logische Konsequenz" der zuvor festgestellten Unvereinbarkeit: EuGH, Rs. C-142/87 – Belgien/Kommission – Slg. 1990 I, S. 959, Rn. 66; vgl. bereits Rs. 310/85 – Deufil/Kommission – Slg. 1987, S. 901.
173 Eingehend *Ehlers* (N 2), S. 861 ff.

Europäischen Kommission verbindlich wird[174], ist die mit der Subventionsvergabe befaßte Stelle nach Art. 21 BeihVerfVO zwar zur Überwachung bestehender Beihilferegelungen verpflichtet, kann jedoch die Entscheidung über die Rechtsfolgen der Kommission überlassen. Trifft die Kommission dann eine Rückforderungsanordnung aufgrund mißbräuchlicher Anwendung einer Beihilfe (Art. 23 BeihVerfVO), muß die nationale Behörde ihre Kontrollkompetenz in Gestalt einer Rücknahmeentscheidung wahrnehmen[175].

"Selbstkontrolle" der Verwaltung

Eine – wenn auch abstrakte – "Selbstkontrolle" der Verwaltung bewirken die nach § 12 Abs. 2 bis 4 StabG erforderlichen Subventionsberichte (zu denen noch die Jahresberichte der Mitgliedstaaten nach Art. 21 BeihVerfVO kommen). Daneben steht die Subventionskontrolle durch die Rechnungshöfe[176]. Schließlich findet eine allgemeine präventive Kontrolle, die indes mehr Züge einer rechtspolitischen Tendenzprüfung aufweist, im Rahmen der Haushaltsberatung des Parlaments statt[177].

G. Rückabwicklung

I. Gesetzliche Grundlage

60

Actus contrarius der Bewilligung

Anders als die Gewährung der Subvention ist die Anordnung ihrer Rückabwicklung[178] ein Eingriff in eine Vermögensposition und bedarf als solcher einer über die haushaltsrechtliche Ermächtigung hinausreichenden gesetzlichen Grundlage. Die "Kehrseitentheorie"[179], wonach, wenn Grundlage der Zuwendung ein Verwaltungsakt war, auch die Rückforderung – als actus contrarius – durch Verwaltungsakt zu erfolgen hat, erfuhr durch § 49a VwVfG eine gesetzliche Verankerung. Im Rahmen der §§ 48, 49, 49a VwVfG ist zwischen der Beseitigung des Rechtsgrundes für das Behaltendürfen (durch Rücknahme oder Widerruf des Bewilligungsbescheides) und der Rückabwicklung in re (durch Geltendmachung des Erstattungsanspruchs im Wege eines Verwaltungsakts) zu unterscheiden[180]. Der Erstattungsanspruch entsteht erst mit Wegfall des Rechtsgrundes, so daß der Subventionsgeber, um die Zuwendung zurückzuerhalten, zwei Verwaltungsakte zu erlassen hat, die jedoch miteinander verbunden werden können. Hat die Behörde den Leistungs-Verwaltungsakt durch Rücknahme oder Widerruf beseitigt, ist sie zum

---

174 So *Cremer* (N 26), Art. 87 Rn. 7; *Mederer/van Ysendyk* (N 30), Art. 87 Rn. 3; *Rudolf Geiger*, EUV/EGV, ⁴2004, Art. 87 Rn. 6.
175 S. u. Rn. 65 ff.
176 Dazu *Antweiler* (N 114), S. 168.
177 Näher *Christoph Gusy*, Subventionsrecht (Teil 2), in: JA 1991, S. 327 (333).
178 Umfassend zum Themenkomplex *Dirk Ehlers*, Rechtsprobleme bei der Rückforderung von Subventionen, in: GewArch 1999, S. 305 ff.; *Martin Oldiges*, Die Entwicklung des Subventionsrechts seit 1996, 2. Teil, in: NVwZ 2001, S. 626 ff.
179 Dazu *Hubert Meyer*, in: Hans Joachim Knack (Hg.), VwVfG, ⁸2004, § 48 Rn. 34 m. weit. Nachw.
180 *Schmidt* (N 2), § 1 Rn. 177; BVerwGE 62, 1 (3).

Erlaß des Rückforderungs-Verwaltungsakts gemäß § 49a Abs. 1 VwVfG verpflichtet. Wo sich die Zuwendung am Zweistufenmodell orientierte, ist eine Rückforderung der gewährten Leistung durch Verwaltungsakt allerdings ausgeschlossen. Vielmehr hat der Subventionsgeber im zweipoligen Begebungsverhältnis den Darlehensvertrag zu kündigen[181], falls darin nicht vereinbart ist, daß die Erklärung des Widerrufs oder der Rücknahme zur Fälligkeit des gesamten noch ausstehenden Darlehensbetrages führt. In der Verwaltungsjudikatur findet sich jedoch die Auffassung, daß eine wegen Verstoßes gegen Europäisches Gemeinschaftsrecht rechtswidrige Beihilfe, deren Rückforderung die Europäische Kommission angeordnet hat, unabhängig vom Modus ihrer Begebung durch Verwaltungsakt zurückgefordert werden dürfe. Zur Begründung wird zum einen auf die öffentlich-rechtliche Natur der vorgängigen Kommissionsentscheidung, zum anderen – was überzeugender erscheint – auf das Gebot der praktischen Wirksamkeit („effet utile") des Gemeinschaftsrechts verwiesen[182].

Rückforderung

Effet utile

II. Widerruf und Rücknahme

Rücknahme und Widerruf stehen, anders als der Erlaß des auf sie folgenden Rückforderungsbescheids, grundsätzlich im Ermessen der bewilligenden Behörde, sofern nicht spezialgesetzliche Regeln eine rechtlich gebundene Entscheidung gebieten oder die Rechtswidrigkeit auf einer Zuwiderhandlung gegen die Vorschriften des Europäischen Gemeinschaftsrechts über die Gewährung von Beihilfen beruht[183].

61

Ermessen

1. Widerruf

Gründe, welche den Widerruf eines Zuwendungsbescheides rechtfertigen[184], sind die Verfehlung der im Gesetz oder Zuwendungsbescheid verankerten Zweckbindung (vgl. § 48 Abs. 3 Nr. 1 VwVfG) und die Nichterfüllung einer mit dem Bescheid verbundenen Auflage (vgl. § 48 Abs. 3 Nr. 2 VwVfG). Bei Verfehlung des mit der Subvention verbundenen Zweckes ist zur Wahrung des Grundsatzes der Wirtschaftlichkeit und Sparsamkeit staatlichen Handelns im Regelfall auf Widerruf des Bewilligungsbescheides zu erkennen[185]. Zweck-

62

Widerrufsgründe

---
181 *Maurer* (N 19), § 17 Rn. 19; *Fritz Rittner*, Wirtschaftsrecht, ²1987, S. 510 m. weit. Nachw.; *Schmidt* (N 2), § 1 Rn. 186 f.
182 OVG Berlin-Brandenburg, in: NVwZ 2005, S. 104 (105).
183 S. u. Rn. 66.
184 Die Behörde kann die Bewilligung jedoch auch mit einer auflösenden Bedingung für den Fall der Zweckverfehlung verbinden und dann direkt auf § 49a Abs. 1 VwVfG rekurrieren.
185 BVerwGE 105, 55 (58); BayVGH, in: NVwZ 2001, S. 931 (933); OVG Münster, in: NVwZ-RR 2003, S. 803 (805); *Oldiges* (N 25), S. 629; kritisch bzw. ablehnend zur Figur des intendierten Ermessens etwa *Martin Borowski*, Intendiertes Ermessen, in: DVBl 2000, S. 149 (159 f.); *Wilfried Erbguth*, Rücknahmefrist und intendiertes Ermessen: Vertrauensschutz im (bayerischen) Abwind – VGH München, in: NVwZ 2001, S. 931, in: JuS 2002, S. 333 f.; *Maurer* (N 19), § 7 Rn. 12; *Heinz-Joachim Pabst*, Intendiertes Ermessen und Normauslegung, in: VerwArch 93 (2002), S. 540 (547 ff.); *Uwe Volkmann*, Das intendierte Verwaltungsermessen, in: DÖV 1996, S. 282 ff.

verfehlung ist insbesondere anzunehmen, wenn die geförderte betriebliche Tätigkeit innerhalb der Bindungsfrist eingestellt wird[186], aber auch, wenn der Bedarf für eine Subvention wegfällt, weil die Finanzierung aus anderen Gründen gesichert ist[187]. Werden zugewandte Mittel für einen anderen als den angestrebten Zweck verwendet und ist die Zuwendung notifikationsbedürftig, liegt gar eine wegen Verstoßes gegen das Durchführungsverbot rechtswidrige Beihilfe vor (§ 3 BeihVerfVO), die der Rücknahme unterliegt.

63
Nebenbestimmungen

Nebenbestimmungen, mit denen der Zuwendungsbescheid versehen wird, dienen überwiegend, wenn auch nicht ausschließlich, der Absicherung ordnungsgemäßer Mittelverwendung. In aller Regel finden standardisierte Allgemeine Nebenbestimmungen Verwendung, die durch Beifügung zum Leistungsbescheid oder auch durch bloße Verweisung individuelle Außenrechtswirkung erlangen[188]. Angesichts der Detailliertheit Allgemeiner Nebenbestimmungen, die zum Teil nur mittelbar auf die Sicherung des Subventionszweckes gerichtet sind, kann nicht jede Verfehlung einer darin enthaltenen Pflicht – etwa bloße Säumnis bei der Erbringung der Verwendungsnachweise – den „Regelfall" des Widerrufs begründen. Vertrauensschutz verdient insbesondere dann Berücksichtigung, wenn der Subventionsempfänger den Grund für die Nichterfüllung einer Auflage nicht zu vertreten hat.

2. Rücknahme

a) Verletzung nationaler Rechtsvorschriften

64
Konkurrenz nationaler und supranationaler Verbote

In der Rechtspraxis ist die Rücknahme von Subventionen, deren Rechtswidrigkeit auf der Verletzung nationaler Rechtsnormen gründet, kein allzu häufiges Phänomen, was auch auf die niedrige Regulierungsdichte im Subventionsrecht zurückzuführen ist. Vielfach wird Rechtswidrigkeit zugleich aus einem Verstoß gegen Europäisches Gemeinschaftsrecht resultieren (infra b), der dann die Rückforderung zwingend gebietet.

65
Vorzeitige Ausführung des Vorhabens

Praktisch bedeutsam ist die Rücknahme der Subvention wegen vorzeitigen, schon vor dem Bewilligungszeitpunkt liegenden Beginns der Vorhabensausführung. Ein solcher – der schon bei Abschluß von Liefer- und Leistungsverträgen vor Erlaß des Bewilligungsbescheides vorliegen soll[189] – vermag allerdings nicht generell die Rechtswidrigkeit des Leistungsbescheides zu begründen. Erforderlich ist vielmehr die durch einen vorausgegangenen Bescheid hergestellte Bindung an einschlägige Förderrichtlinien oder eine Mißachtung dieser Verwaltungsvorschriften, die sich in einer Verletzung des allgemeinen Gleichheits-

---

186 OVG Lüneburg, in: NVwZ 1985, S. 120 (121); OVG Koblenz, in: NJW 1986, S. 2129; *Hans D. Jarass*, Die Rückforderung zweckwidrig verwendeter Subventionen, in: DVBl 1984, S. 855 (856); *Ehlers* (N 145), S. 315.
187 OVG Münster, in: DÖV 2003, S. 511 = NVwZ-RR 2003, S. 473 (374).
188 S. o. Rn. 37.
189 Vgl. OVG Weimar, 2 KO 433/03 vom 27. 4. 2004, ThürVBl 2004, S. 241, 243.

satzes niederschlägt[190]. Solange Subventionsrichtlinien keine Außenrechtswirkung erzeugen, können sie die Rechtswidrigkeit des Bewilligungsbescheides[191] selbst dann nicht begründen, wenn im Zuge des Subventionsantrags ein Verbot des vorzeitigen Beginns förmlich anerkannt wird. In solchen Fällen besteht lediglich ein Widerrufsrecht wegen Zweckverfehlung[192].

b) Verletzung Europäischen Gemeinschaftsrechts

Einige Besonderheiten sind zu beachten, wenn die Rechtswidrigkeit der Subvention auf einem Verstoß gegen Europäisches Gemeinschaftsrecht beruht. Hat die Europäische Kommission die Subvention zugelassen, so ist für eine Rücknahme praktisch nur Raum, wenn sich ein Konkurrent mit der Nichtigkeitsklage nach Art. 230 Abs. 4 EGV erfolgreich gegen die Genehmigungsentscheidung gewehrt hat[193]. Häufiger wird die erforderliche Notifizierung der Beihilfe durch den Mitgliedstaat (Art. 88 Abs. 3 EGV) unterblieben oder das Prüfungsverfahren noch nicht abgeschlossen sein. Ist die Beihilfe notifizierungsbedürftig und hat die Kommission ihre einstweiligen Rückforderung angeordnet, ist der Mitgliedstaat also schon unabhängig von der Einhaltung der materiellen Beihilferegeln zur Rücknahme verpflichtet[194]. Die in Art. 11 Abs. 2 BeihVerfVO niedergelegte Befugnis der Kommission, dem Mitgliedstaat unter bestimmten Voraussetzungen (Vorliegen einer Beihilfe, dringend gebotenes Vorgehen, zu befürchtender erheblicher und nicht wieder gutzumachender Schaden) nach pflichtgemäßem Ermessen die einstweilige Rückforderung der Beihilfe aufzugeben („Rückforderungsanordnung"), konkretisiert das Durchführungsverbot (Art. 88 Abs. 3 S. 3 EGV, Art. 3 BeihVerfVO), das seinerseits den Grundsatz der praktischen Wirksamkeit des Gemeinschaftsrechts, „effet utile" (Art. 10 Abs. 2 EGV), reflektiert. Daher ist eine Entscheidung über die einstweilige Rückforderung selbst dann nicht ausgeschlossen, wenn aufgrund der materiellen Rechtslage eine Genehmigung zu erwarten ist[195]. In der Rechtspraxis meidet die Kommission die Rückforderungsanordnung und sucht, wenn möglich, eine auf die materielle Rechtswidrigkeit der Beihilfe gestützte Rückforderungsentscheidung nach Art. 14 BeihVerfVO zu treffen[196]. Diese Vorschrift räumt ihr allerdings kein Ermessen ein.

66

Nicht notifizierte Beihilfen

---

190 OVG Weimar, 2 KO 433/03 vom 27. 4. 2004; zur ersten Variante vgl. OVG Münster, Urt. v. 3. 9. 2002, Az. 15 A 2777/00; vgl. auch OVG Magdeburg, in: LKV 2000, 545, für den Fall einer normativ wirksamen Fristbestimmung für die Ausführung des Projekts.
191 BVerwG, in: NVwZ 2003, S. 1384; *Ehlers* (N 160), S. 147 f.; krit. gegenüber dem Verbot vorzeitigen Beginns etwa *Rolf Stober* (N 10), S. 1853.
192 BVerwG, in: NVwZ 1987, S. 498 (499).
193 Vgl. auch *Matthias Nickel*, Das Spannungsverhältnis zwischen EG-Recht und den §§ 48–49a VwfG, 1999, S. 97 ff.
194 Vgl. Erwägungsgrund Nr. 13 zur BeihVerfVO.
195 *Adinda Sinnaeve*, Die Rückforderung gemeinschaftsrechtswidriger nationaler Beihilfen, 1997, S. 79 f.; *Christian Koenig/Thomas Pickartz*, Die aufschiebend bedingte staatliche Beihilfengewährung nach der Verfahrensverordnung in Beihilfesachen, in: NVwZ 2002, S. 151 (152); *Matthias Mähring*, Grundzüge des EG-Beihilfenrechts, in: JuS 2003, S. 448 (453); zur anstehenden Genehmigung *Martin Heidenhain*, in: Handbuch des Europäischen Beihilferechts, 2003, § 33 Rn. 20.
196 Dazu EuGH, Rs. C-39/94 – SFEI – Slg. 1996 I, S. 3547, Rn. 43; *Christian Koenig/Jürgen Kühling*, in: Streinz (N 26), Art. 88 Rn. 24.

67 Die Rücknahme und Rückforderung staatlicher Subventionen, die den Beihilferegeln des Gemeinschaftsrechts widersprechen, richten sich zwar nach Bundes- oder Landesrecht. Für den Fall aber, daß die Europäische Kommission dem Mitgliedstaat (durch rechtlich gebundene Entscheidung, Art. 249 Abs. 4 EGV, Art. 14 Abs. 1 BeihVerfVO) die Rückforderung einer materiell rechtswidrigen Beihilfe aufgegeben hat oder der Subventionsgeber von sich aus den Gemeinschaftsrechtsverstoß korrigiert, modifiziert der „effet utile" die Regeln der §§ 48 ff. VwVfG. Vertrauensschutz darf, auch wenn er als Grundsatz des Gemeinschaftsrechts anerkannt ist, nur ausnahmsweise, nicht aber in dem von §§ 48 ff. VwVfG vorgeschriebenen Umfang[197] berücksichtigt werden.

Kaum Vertrauensschutz Es besteht nach Ansicht des Bundesverwaltungsgerichts „keinerlei Ermessen"; der gutgläubige Empfänger ist wegen des vorrangigen Interesses an der Einhaltung des Gemeinschaftsrechts auch dann nicht gegen den Verlust der zugewandten Leistung geschützt, wenn er bereits Vermögensdispositionen getroffen hat[198]. Ebensowenig kann die Jahresfrist des § 48 Abs. 4 VwVfG die Rücknahme beschränken. Dem Empfänger steht kein Entreicherungseinwand nach § 49a Abs. 2 VwVfG zu[199].

68 Die verwaltungsrechtlichen Rücknahmeregeln stellen eine markante Einbruchstelle für das europäische Beihilferecht dar, das zu einer weitgehenden

Europäisierung des Subventionsverwaltungsrechts Europäisierung des Subventionsverwaltungsrechts führt[200]. Ist auch der gegen den Gerichtshof erhobene Anwurf der Kompetenzüberschreitung[201] ungerechtfertigt, steht doch der Empfänger einer gemeinschaftsrechtswidrigen Beihilfe nicht nur in materiell-rechtlicher, sondern auch in verfahrensrechtlicher

Schlechtere Position des Beihilfeempfängers Hinsicht erheblich schlechter als der einer nur gegen nationale Bestimmungen verstoßenden Subvention. Er ist auch nicht Partei des Beihilfeprüfungsverfahrens, sondern bleibt auf Anhörungsrechte (Art. 6 BeihVerfVO) und das Recht auf Mitteilung der Entscheidung (Art. 20 S. 2 BeihVerfVO) beschränkt. Friktionen können sich auch ergeben, wo im Bundesstaat der Adressat der Kommissionsentscheidung (der Bund) und der Subventionsgeber nicht identisch sind: Fällt die Beihilfevergabe in die ausschließliche Zuständigkeit der Länder, fehlt es dem Bund an Zwangsmitteln, um die Rückforderung durch Landesbehörden oder Kommunen zu erwirken.

---

197 EuGH, Rs. 24/95 – Alcan – Slg. 1997, I-1591, Rn. 37 f.; im Grundsatz bereits Rs. 70/72 – Kommission/Deutschland – Slg. 1973, S. 813, Rn. 13; Rs. C-348/93 – Spanien/Kommission – Slg. 1995, I-673, Rn. 26.
198 EuGH, Rs. C-5/89 – Kommission/Deutschland – Slg. 1990, I-3437, Rn. 17; BVerwGE 92, 81 (87); krit. *Thorsten Richter*, Rückforderung gemeinschaftswidriger Subventionen nach § 48 VwVfG, in: DÖV 1995, S. 846 (851 ff.); ebenfalls krit. *Nickel* (N 195), S. 139 ff.
199 EuGH, Rs. 24/95 – Alcan – Slg. 1997, I-1591, Rn. 49 ff.
200 Näher *Oldiges* (N 25), S. 631 ff. m. weit. Nachw. (gemeinschaftskonforme Auslegung); zur früheren Rspr. *Dickersbach* (N 25), S. 968 ff.; ferner *Richter* (N 198), S. 846 ff.
201 *Rupert Scholz*, Zum Verhältnis von europäischem Gemeinschaftsrecht und nationalem Verwaltungsverfahrensrecht, in: DÖV 1998, S. 261 (264 ff.); *Rupert Scholz/Hans Hofmann*, Perspektiven der europäischen Rechtsordnung, in: ZRP 1998, S. 295 (299 f.); a. A. *Jochen Abr. Frowein*, Kritische Bemerkungen zur Lage des deutschen Staatsrechts aus rechtsvergleichender Sicht, in: DÖV 1998, S. 806 (807 f.); *Ehlers* (N 145), S. 132 ff.; *Sinnaeve* (N 195), S. 189 f.

III. Rückabwicklung bei vertraglicher Ausgestaltung

1. Öffentlich-rechtlicher Vertrag

Wurde die Subvention (allein) durch öffentlich-rechtlichen Vertrag gewährt[202], führt der Verstoß gegen Art. 88 Abs. 2, 3 EGV zur Nichtigkeit (§ 59 Abs. 1 VwVfG i.V.m. § 134 BGB)[203]; der daraus erwachsende öffentlich-rechtliche Erstattungsanspruch ist durch Leistungsklage vor den Verwaltungsgerichten geltend zu machen[204]. In Betracht kommt, wenn der Vertrag gültig ist, auch eine Kündigung gemäß § 60 VwVfG. Für privatrechtliche Verträge hat der Bundesgerichtshof angenommen, daß ein Verstoß gegen Art. 88 Abs. 3 S. 3 EGV über § 134 BGB deren Nichtigkeit begründet und dem Subventionsempfänger damit einen Konditionsanspruch verschafft[205].

69 Vertragsnichtigkeit

2. Subventionierung im „Dreieck"

Die Rückabwicklung von Subventionen, die unter Bildung eines „Dreiecks" zwischen einer öffentlich-rechtlichen Körperschaft, einem Kreditinstitut und dem Subventionsempfänger gewährt werden, erweist sich regelmäßig als komplex. Dies gilt auch, wenn den Vertragsbeziehungen kein Verwaltungsakt (so in Gestalt einer Bürgschaftsbewilligung) vorgeschaltet ist. Widerruf oder Rücknahme dieses Verwaltungsaktes bilden anders als bei verlorenen Zuschüssen und grundsätzlich auch zweistufiger Ausgestaltung im zweipoligen Verhältnis keine hinreichende Basis für die Entziehung des wirtschaftlichen Vorteils – die bei Verstoß der Subvention gegen europäisches Beihilferecht aber zwingend geboten ist. Der Modus der Rückabwicklung hängt außer von der Gestaltung der Vertragsbeziehungen davon ab, ob ein Fall des Widerrufs oder der Rücknahme vorliegt, und bei Rechtswidrigkeit, ob diese auf einem Verstoß gegen Gemeinschaftsrecht beruht. Nimmt man an, daß als Folge eines Verstoßes gegen Art. 87 EGV jedenfalls zum Zeitpunkt einer Negativentscheidung der Kommission Nichtigkeit eines Subventionsvertrages eintritt (§ 134 BGB), kann die Rückabwicklung nach Bereicherungsrecht erfolgen[206]; ob Nichtigkeit aber auch im Verhältnis zum Kreditinstitut als drit-

70 Komplexe Rückabwicklung

---

202 Vgl. *Martin Gellermann*, Verwaltungsvertragliche Subventionsverhältnisse im Spannungsfeld zwischen Beihilfekontrolle und Verwaltungsverfahrensrecht, in: DVBl 2003, S. 481 (481).
203 *Ehlers* (N 145), S. 162 ff.; *Barbara Remmert*, Nichtigkeit von Verwaltungsverträgen wegen Verstoßes gegen das EG-Beihilfenrecht, in: EuR 2000, S. 469 (477 f.); vgl. auch *Storr* (N 115) Rn. 693 ff.; etwas anders *Matthias Pechstein*, Nichtigkeit beihilfengewährender Verträge nach Art. 93 III 3 EGV, in: EuZW 1998, S. 495 (496 f.) (Nichtigkeitsfolge direkt aus Art. 88 EGV). A. A. – schwebende Unwirksamkeit gemäß § 58 Abs. 2 VwVfG – OVG Münster, in: NVwZ 1984, S. 522 (524); *Schmidt* (N 2), § 1 Rn. 187; *Jens-Peter Schneider*, Vertragliche Subventionsverhältnisse im Spannungsfeld zwischen europäischem Beihilferecht und nationalem Verwaltungsrecht, in: NJW 1992, S. 1197 (1198 ff.); *Matthias Habersack*, Staatsbürgschaften und EG-vertragliches Beihilfeverbot, in: ZHR 159 (1995), S. 663 (683).
204 Ein Leistungsbescheid darf nur bei entsprechender gesetzlicher Grundlage erlassen werden, BVerwGE 89, 345 (348).
205 Vgl. *Dimitris Triantafyllou*, Europäisierte Privatrechtsgestaltung im Bereich der Beihilfenaufsicht, in: DÖV 1999, S. 51 (55 ff.); *Ehlers* (N 145), S. 166; BGH, in: EuZW 2003, S. 444 (445).
206 *Ernst Steindorff*, Rückabwicklung unzulässiger Beihilfen nach Gemeinschaftsrecht, in: ZHR 152 (1988), S. 474 (488); *Ehlers* (N 145), S. 165 f.; a. A. *Hopt/Mestmäcker* (N 54), S. 801.

§ 124 *Achter Teil: III. Finanzwesen*

Kündigung des Darlehens

ter Partei anzunehmen ist, kann keineswegs als gesichert gelten. Mit Blick darauf, aber auch zur Rückabwicklung im Fall des Widerrufs, wird die Körperschaft darauf zu achten haben, daß zwischen Kreditinstitut und Darlehensempfänger ein außerordentliches Kündigungsrecht für den Fall vereinbart ist, daß der Bürgschaftsvertrag aus wichtigem Grund gekündigt (§ 775 BGB) oder ein auf Darlehensbegebung gerichteter Auftrag oder Kreditauftrag widerrufen wird, und das Kreditinstitut vertraglich verpflichten, dieses Recht auch auszuüben. Soweit das Kreditinstitut infolge der Kündigung des Darlehens mit Ansprüchen ausfällt, kann es die Körperschaft als Bürgen haftbar machen oder, insbesondere im Fall ihrer gemeinschaftsrechtlich veranlaßten Kündigung, Schadensersatz in Anspruch nehmen.

H. Rechtsschutz

71
Unterschiedliche Ausprägungen

Die Rechtsschutzmöglichkeiten gegen Subventionen sind unterschiedlich stark ausgeprägt, je nachdem, ob der Empfänger der Subvention oder sein Konkurrent Rechtsschutz begehrt und ob die Rechtswidrigkeit der Subventionierung auf einem Verstoß gegen nationales Recht oder Europäisches Gemeinschaftsrecht[207] beruht.

I. Subventionsempfänger

1. Versagung der Subvention

72

Verpflichtungsklage

Gegen die Ablehnung einer Subventionsgewährung kann sich der Antragsteller auf dem Verwaltungsrechtsweg wehren, wobei grundsätzlich die Verpflichtungsklage (in Form der Versagungsgegenklage) die statthafte Verfahrensart ist. Erfolg hat sie nur dann, wenn durch einfaches Gesetz ein Subventionsanspruch begründet ist oder der Kläger im Verhältnis zu Konkurrenten gleichheitswidrig, insbesondere im Widerspruch zu Subventionsrichtlinien, benachteiligt wird[208]. Erfolglos bleibt sie insbesondere, wenn die Europäische Kommission zuvor eine Negativentscheidung gefällt hat oder eine nicht notifizierungsbedürftige Beihilfe durch europäisches Sekundärrecht verboten ist. Im letztgenannten Fall kann das befaßte Gericht gegebenenfalls eine Vorabentscheidung des Europäischen Gerichtshofs nach Art. 234 EGV zur Auslegung der Sekundärrechtsnorm erwirken. Gegen eine Negativentscheidung kann der Subventionsempfänger, der – obwohl er nicht Partei, sondern nur sonsti-

---

207 Vertiefend zur zweiten Variante: *Carsten Nowak*, Konkurrentenschutz in der EG, 1997; *Martin J. Reufels*, Europäische Subventionskontrolle durch Private, 1997; *Erik Staebe*, Rechtsschutz bei gemeinschaftswidrigen Beihilfen vor europäischen und deutschen Gerichten, 2001; *Ute Reußow*, Die Kompetenzen nationaler Gerichte im Anwendungsbereich des EG-Beihilferechts, 2005.
208 *Maurer* (N 19), § 17 Rn. 4; siehe ferner BVerwG in: NVwZ 2003, S. 1384.

ger „Beteiligter" (Art. 1 lit. h BeihVerfVO) des Beihilfegenehmigungsverfahrens ist – durch sie unmittelbar und individuell betroffen wird, Nichtigkeitsklage erheben (Art. 230 Abs. 4 EGV)[209].

2. Rückforderung der Subvention

Hat der Subventionsgeber die Bewilligung durch Rücknahme oder Widerruf aufgehoben, ist hiergegen verwaltungsprozessualer Schutz in Gestalt von Widerspruch und Anfechtungsklage eröffnet. Beruht die Rücknahme des Bewilligungsbescheides auf einer Rückforderungsentscheidung der Europäischen Kommission gegen den Mitgliedstaat, muß der Subventionsempfänger gegen die Kommissionsentscheidung Nichtigkeitsklage an das Europäische Gericht erster Instanz (Art. 230 Abs. 4 EGV) wenden, sofern nicht schon der Mitgliedstaat diesen Weg beschritten hat. Klagt der Subventionsempfänger nicht binnen zwei Monaten (Art. 230 Abs. 5 EGV), wird die Rückforderungsentscheidung bestandskräftig. Das Verhältnis zwischen gemeinschaftsrechtlichem und „dezentralem" verwaltungsgerichtlichem Rechtsschutz ist komplex[210] und richtet sich stets auch nach den Umständen des Einzelfalles. Jedenfalls liegt in der Rücknahme der Beihilfe ein von der Rückforderungsentscheidung zu unterscheidender Verwaltungsakt, den der Empfänger, um ihn nicht bestandskräftig werden zu lassen, nach den Regeln der Verwaltungsgerichtsordnung anfechten muß. Die Bestandskraft der Rückforderungsentscheidung präkludiert das Verwaltungsgericht allerdings insoweit, als es die Vereinbarkeit der Beihilfe mit Art. 87 EGV dann nicht mehr überprüfen darf[211].

73
Anfechtungsklage, Nichtigkeitsklage

II. Konkurrent

1. „Positive" und „negative" Konkurrentenklage

Mit der „positiven Konkurrentenklage" begehrt der übergangene Konkurrent Gleichstellung mit dem Subventionsempfänger. Von diesem im Wege der Verpflichtungsklage (als Versagungsgegenklage) geltend zu machenden Teilhabebegehren zu unterscheiden ist der Fall, daß ein Marktteilnehmer, der seine Wettbewerbschancen durch die Förderung eines Konkurrenten beeinträchtigt sieht, diese abwehren will; dann ist Anfechtungsklage („negative Konkurrentenklage") und zusätzlich gegebenenfalls eine auf Rückzahlung gerichtete Verpflichtungs- oder Leistungsklage zu erheben. Hat aber die Kommission die Beihilfe durch Entscheidung nach Art. 4 Abs. 2 oder Art. 7 Abs. 3 BeihVerfVO bereits „genehmigt", wird der Konkurrent die Kommissionsentscheidung im Wege des Art. 230 Abs. 4 EGV (Nichtigkeitsklage) vor dem Europäi-

74
Positive Klage
Verpflichtungsklage, Nichtigkeitsklage

Negative Klage

---

209 BGH, in: WM 2004, S. 693; dazu *Hans Micklitz*, Zur Klagebefugnis des Subventionsbegünstigten nach EG Art. 230 Abs 4, in: EWiR 2004, S. 969 f.; ferner *Schmidt* (N 2), § 1 Rn. 164.
210 Zu den Grundlagen insbes. *Carsten Nowak*, Das Verhältnis zwischen zentralem und dezentralem Individualrechtsschutz im Europäischen Gemeinschaftsrecht, in: EuR 2000, S. 724 ff.
211 Vgl. EuGH, Rs. C-188/92 – Textilwerke Deggendorf – Slg. 1994, I-833, Rn. 17.

§ 124 *Achter Teil: III. Finanzwesen*

schen Gerichtshof angreifen[212]. Das Beschreiten des Verwaltungsrechtswegs parallel hierzu wird man für entbehrlich erachten dürfen: Auch wenn der Subventionsbescheid in Bestandskraft erwachsen ist, muß einer Nichtigkeitsentscheidung des Europäischen Gerichtshofs grundsätzlich durch Rücknahme Rechnung getragen werden. Die Anrufung nationaler Verwaltungsgerichte ist grundsätzlich ausreichend, wo die Subventionsvergabe unter Mißachtung des Durchführungsverbots der Art. 88 Abs. 3 S. 3 EGV und Art. 3 BeihVerfVO oder gar eine Negativentscheidung der Kommission erfolgt. Insoweit erkennt der Europäische Gerichtshof den Verwaltungsgerichten, denen lediglich verwehrt ist, über Entscheidungen der Europäischen Kommission zu befinden[213], als „funktionalen Gemeinschaftsgerichten" sogar die vorrangige Entscheidungskompetenz zu[214]. Dem Durchführungsverbot attestierte er frühzeitig individualschützende Wirkung[215]. Um den geforderten „effet utile" des Europarechts zu gewährleisten, ist eine gemeinschaftsfreundliche Anwendung der für die Klagebefugnis nach § 42 Abs. 2 VwGO maßgeblichen Schutznormkriterien geboten („Europäisierung der Schutznormtheorie")[216]. Im Schrifttum ist mit Blick auf die Ansicht des Europäischen Gerichtshofs, die Beihilfemaßnahme sei in diesem Fall „ungültig", umstritten, ob der Verstoß gegen das Durchführungsverbot Nichtigkeit oder nur Anfechtbarkeit des Verwaltungsaktes nach sich zieht. Den Vorzug verdient die zweitgenannte Auffassung, die sich in das System des deutschen Verwaltungsrechts fügt, ohne die Wirksamkeit des Gemeinschaftsrechts zu vereiteln[217]. Bei vertraglicher Ausgestaltung des Subventionsverhältnisses kommt eine auf Unwirksamkeit eines mit dem Konkurrenten abgeschlossenen Subventionsvertrages gerichtete Feststellungsklage in Betracht[218].

Individualschützende Wirkung des Durchführungsverbots

75 Solange dem Konkurrenten die Anrufung des Europäischen Gerichtshofs zu Gebote steht, kommt es auf die – umstrittene – Frage, ob Art. 87 Abs. 1 EGV die individuelle Handlungs- und Entscheidungsfreiheit auf wirtschaftlichem

---

212 Differenzierend und zum Teil abweichend *Koenig/Kühling/Ritter* (N 30), Rn. 410; *Moritz Lumma*, Stellung Dritter in der Beihilfekontrolle, in: EuZW 2004, S. 457 (458f.); *Carsten Nowak*, Grundrechtlicher Drittschutz im EG-Beihilfenkontrollverfahren, in: DVBl 2000, S. 20 (21f.); *ders.* (N 210), S. 731 f.; *Schmidt* (N 2), § 1 Rn. 164, 191; EuGH, Rs. C-188/92 – Textilwerke Deggendorf –, a. a. O.
213 Vgl. im übrigen Bekanntmachung über die Zusammenarbeit zwischen der Kommission und den Gerichten der Mitgliedstaaten im Bereich der staatlichen Beihilfen, ABl EG Nr. C 312 vom 31. 11. 1995, S. 8; hierzu auch *Klaus Landry*, in: Stober/Vogel (N 37), S. 187.
214 Vgl. nur EuGH, Rs. C-354/90 – FNCE – Slg. 1991, I-5505, Rn. 8ff.; Rs. C-39/94 – SFEI/La Poste – Slg. 1996, I-3547, Rn. 39 f.
215 Grundlegend EuGH, Rs. 6/64 – Costa/E.N.E.L. – Slg. 1964, S. 1254, 1273.
216 So wohl VG Magdeburg in: EuZW 1998, S. 669 (670), m. zust. Anm. von *Matthias Pechstein*, S. 672; ebenso *Christian Koenig/Jürgen Kühling*, in: Streinz (N 26), Art. 88 Rn. 44f.; *Staebe* (N 207), S. 189ff. m. weit. Nachw.
217 Vgl. – jeweils m. weit. Nachw. zum Meinungsspektrum – *Reußow* (N 207), S. 174 – für Anfechtbarkeit; *Staebe* (N 207), S. 183 – für Nichtigkeit.
218 OVG Münster, in: NVwZ 1984, S. 522 (523); *Schmidt* (N 2), § 1 Rn. 192; nach a. A. Klage auf Unterlassung des Abschlusses eines Subventionsvertrags, also allgemeine Leistungsklage; vgl. dazu *Hans-Uwe Erichsen*, Konkurrentenklage im öffentlichen Recht, in: Jura 1994, S. 385; *Huber* (N 96), S. 399 m. weit. Nachw.

Gebiet schützt[219], nicht an. Verlagert aber die Kommission durch Gruppenfreistellungen künftig die beihilfeverfahrensrechtliche Prüfungsbefugnis zunehmend auf die Mitgliedstaaten, so darf dies auf seiten des Konkurrenten nicht zu einer Beschränkung des Rechtsschutzes führen. Will man im Bereich der Anwendung europäischen Gemeinschaftsrechts auf die Schutznormtheorie nicht verzichten, so muß – auch um der praktischen Wirksamkeit des Gemeinschaftsrechts willen – dem auf mitgliedstaatlicher Ebene dann unmittelbar anwendbaren Art. 87 Abs. 1 und seinen sekundärrechtlichen Konkretisierungen spätestens dann die für § 42 Abs. 2 VwGO erforderliche individualschützende Wirkung attestiert werden.

Verlagerung des Beihilfeverfahrens auf staatliche Behörden?

Garantie gerichtlichen Schutzes

---

219 *Schmidt* (N 2), § 1 Rn. 192; *Gabriela von Wallenberg*, in: Eberhard Grabitz/ Meinhard Hilf, EUV/EGV, Maastrichter Fassung, Art. 93 EGV Rn. 32.

§ 124 *Achter Teil: III. Finanzwesen*

I. Bibliographie

Clemens Antweiler, Subventionskontrolle und Auftragsvergabekontrolle durch Bewilligungsbehörden und Rechnungshöfe, in: NVwZ 2005, S. 168 ff.
Tobias Bender, Subventionen, in: Meinhard Hilf/Stefan Oeter (Hg.), WTO-Recht, 2005, S. 235 ff.
Wilfried Berg, Subventionsverfahren und Subventionsvergabe zwischen Effizienz und Formalismus, in: GewArch 1999, S. 1 ff.
Folko Bührle, Gründe und Grenzen des „EG-Beihilfenverbots", 2006.
Dirk Ehlers, Die Kontrolle von Subventionen, in: DVBl 1993, S. 861 ff.
ders., Rechtsprobleme bei der Rückforderung von Subventionen, in: GewArch 1999, S. 305 ff.
Klaus Fritsch, Rechtliche Grenzen der Subventionierung durch Kommunen, in: DB 1998, S. 1549 ff.
Carsten Grave, Der Begriff der Subvention im WTO-Übereinkommen über Subventionen und Ausgleichsmaßnahmen, 2002.
Volkmar Götz, Recht der Wirtschaftssubventionen, 1966.
Görg Haverkate, Rechtsfragen des Leistungsstaates, 1983.
Martin Heidenhain/Christoph v. Donat, Handbuch des Europäischen Beihilferechts, 2003.
Wilhelm Henke, Das Recht der Wirtschaftssubventionen als öffentliches Vertragsrecht, 1979.
Peter M. Huber, Konkurrenzschutz im Verwaltungsrecht, 1991.
Hans Peter Ipsen, Öffentliche Subventionierung Privater, 1956.
Hans D. Jarass, Der Vorbehalt des Gesetzes bei Subventionen, in: NVwZ 1984, S. 473 ff.
Gerd Kirchhoff, Subventionen als Instrument der Lenkung und Koordinierung, 1973.
Christian Koenig/Nikolai Ritter, EG-Beihilfenrecht, ²2005.
Norbert Löw, Der Rechtsschutz des Konkurrenten gegenüber Subventionen aus gemeinschaftsrechtlicher Sicht, 1992.
Thomas Lübbig/Andrés Martín-Ehlers, Beihilfenrecht der EU, 2003.
Antonis Metaxas, Grundfragen des europäischen Beihilferechts, 2002.
Mathias Nickel, Das Spannungsverhältnis zwischen EG-Recht und den §§ 48–49a VwfG, 1999.
Martin Oldiges, Die Entwicklung des Subventionsrechts seit 1996, in: NVwZ 2001, S. 280 ff., 626 ff.
Fritz Ossenbühl, Europarechtliche Beihilfenaufsicht und nationales Gesetzgebungsverfahren, in: DÖV 1998, S. 811 ff.
Ute Reußow, Die Kompetenzen nationaler Gerichte im Anwendungsbereich des EG-Beihilferechts, 2005.
Michael Rodi, Die Subventionsrechtsordnung, 2000.
Albrecht Schleich, Nebenbestimmungen in Zuwendungsbescheiden des Bundes und der Länder, in: NJW 1988, S. 236 ff.
Adinda Sinnaeve, Die Rückforderung gemeinschaftsrechtswidriger nationaler Beihilfen: Kollisionen im Spannungsverhältnis zwischen Gemeinschafts- und nationalem Recht, 1997.
Erik Staebe, Rechtsschutz bei gemeinschaftswidrigen Beihilfen vor europäischen und deutschen Gerichten, 2001.

§ 125
Finanzierung der Sozialversicherung

Ferdinand Kirchhof

Übersicht

	Rn.
A. Grundlagen	1–21
I. Finanzierung von Sozialstaat und Sozialversicherung	1
II. Sozialversicherung und verfassungsrechtliche Determinanten	2
III. Sozialversicherung und europarechtliche Determinanten	3
IV. Vielfalt und Einheitlichkeit in der Sozialversicherung	4–16
1. Tiefe organisatorische Gliederung in Versichertengemeinschaften	4–5
2. Selbständigkeit jedes Sozialversicherungsträgers im Haushalt	6–7
3. Fülle der Finanzierungsinstrumente in der Sozialversicherung	8
4. Umkehr von der Vielfalt zur Einheit in der Sozialversicherung?	9–10
5. Einheitlichkeit in den Finanzen, Begrenzung der Autonomie	11–16
a) Bundeseinheitliches Programm	11
b) Geringer Umfang der Satzungsautonomie	12–13
c) Einheit auf der Ausgabenseite	14
d) Einheit auf der Einnahmenseite	15
e) Identische Haushaltsvorschriften	16
V. Bedeutung der Sozialabgaben	17–21
1. Anwachsen des Finanzvolumens	17
2. Auswirkungen	18
3. Sozialrecht als Sozialfinanzrecht	19–21

	Rn.
B. Finanzierungsinstrumente der Sozialversicherung	22–47
I. Sozialversicherungsbeiträge	23–36
1. Klassifikation im Abgabensystem	23
2. Beiträge als Hauptfinanzierungsinstrument	24
3. Legitimation	25–36
a) Versicherungsprinzip	27
b) Prinzip der sozialen Verantwortung	28–29
c) Prinzip des sozialen Ausgleichs	30–32
d) Weitere Legitimationsgründe	33
e) Untaugliche Rechtfertigungsgründe	34–36
II. Bundeszuschuß	37–41
1. Begrenzter Zuschuß des Bundes	37
2. Zuschuß als unproblematische Budgetentscheidung	38
3. Arten	39
4. Funktion	40–41
III. Transfers zwischen Sozialversicherungsträgern	42–47
1. Dauerhafte Finanzquelle	42
2. Arten	43–45
3. Gefahren der Transfers	46–47
C. Liquiditätsgarantien für Sozialversicherungsträger	48–53
I. Einfachgesetzliche Haftung des Bundes	48–49
II. Liquiditätshaftung Dritter	50
III. Verfassungsrechtliche Bundesgarantie	51–53
D. Haushalt der Sozialversicherung	54–55
I. Kopie des staatlichen Haushaltsrechts	54
II. Spartenhaushalte	55
E. Bibliographie	

A. Grundlagen

I. Finanzierung von Sozialstaat und Sozialversicherung

1
Fürsorge und Versorgung durch Steuern, Sozialversicherung durch Beiträge

Der deutsche Staat widmet sich seinen sozialen Aufgaben vornehmlich[1] in drei Tätigkeitsfeldern: der sozialen Fürsorge[2], die individuelle Notlagen und konkrete Bedürfnisse ausgleicht, zum Beispiel durch Ausbildungsförderung oder Wohngeld; der Sozialversorgung[3], welche Gesundheitsschäden finanziell kompensiert, die vom Gemeinwesen zu verantwortende Sonderopfer darstellen, zum Beispiel in der Versorgung von Kriegsopfern oder bei Impfschäden; und in der Sozialversicherung[4], in der die Versicherten ihre allgemeinen Lebensrisiken wie Krankheit, Alter oder Arbeitslosigkeit in Versichertengemeinschaften abdecken. Soziale Fürsorge und Versorgung werden in der Regel aus Haushalts- und damit aus Steuermitteln bestritten, während die Sozialversicherung ein eigenes Finanzierungssystem entwickelt hat, das in erster Linie Sozialversicherungsbeiträge einsetzt, aber auch noch andere, anderenorts unübliche Finanzinstrumente verwendet. Deswegen sind soziale Fürsorge und Versorgung ein Thema des Steuerstaats, die Sozialversicherung aber eine Aufgabe für den Abgabenstaat, der weitere Formen öffentlicher Finanzlasten verwendet.

II. Sozialversicherung und verfassungsrechtliche Determinanten

2
Karge Verfassungsaussagen

Die deutsche Sozialversicherung ist im letzten Drittel des 19. Jahrhunderts aus praktischen Bedürfnissen entstanden, hat sich nach der finanziellen Leistungsfähigkeit der Versicherungsgemeinschaften entwickelt und findet bis in die Gegenwart keine exakten und abschließenden staatsrechtlichen Anleitungen. Dennoch markiert das Grundgesetz einige Orientierungspunkte: Es gibt im Sozialstaatsgebot (Art. 20 Abs. 1, 28 Abs. 1 GG) dem Staat den Auftrag zur existentiellen Sicherung seiner Einwohner[5]. Die Grundrechte verpflichten die öffentlich-rechtliche Sozialversicherung auf Gleichheit, garantieren im Versicherungsverhältnis materielle Freiheit und gewährleisten den Schutz von Menschenwürde, Ehe und Familie. Nach Art. 87 Abs. 2 GG ist die deutsche Sozialversicherung in mittelbarer Staatsverwaltung zu organisieren[6]. Art. 120 Abs. 1 S. 4 GG weist dem Bund die Deckung von Finanzlücken der Sozialversicherung zu. Weitere ausdrückliche Vorgaben zur Finanzierung der Sozialversicherung bietet das Grundgesetz nicht. Es trifft jedoch Vorkehrungen, welche alle Sozialversicherungsträger in der Praxis zu einer bundesweit ein-

---

[1] Zu anderen Formen sozialer Staatstätigkeit im Steuer- und Subventionsrecht vgl. z. B. *Ferdinand Kirchhof*, Finanzierungsinstrumente des Sozialstaats, in: DStJG 29, S. 47 f.
[2] Art. 74 Abs. 1 Nr. 7 GG.
[3] Art. 73 Abs. 1 Nr. 13 GG.
[4] Art. 74 Abs. 1 Nr. 12 GG.
[5] Z. B. BVerfGE 76, 256 (362); 68, 193 (209); 45, 376 (387); 40, 121 (133); 35, 202 (236).
[6] BVerfGE 36, 383 (393); 63, 1 (35).

heitlichen Grundstruktur führen. Die Kompetenz des Bundes zur Gesetzgebung in Art. 74 Abs. 1 Nr. 12 GG ergibt ein weitgehend bundeseinheitliches Sozialversicherungsrecht durch einfache Gesetze.

Das Grundgesetz hat also dem Sozialgesetzgeber einige Maximen auf den Weg gegeben; die Organisation in mittelbarer Staatsverwaltung und die Bezeichnung als Sozialversicherung[7] manifestieren ihre traditionelle Finanzierungsweise durch Sozialversicherungsbeiträge[8]. Der Grundsatz der Lastengleichheit gibt diesen Beiträgen in Verbindung mit sozialen Elementen ihre Prägung. Diese Vorgaben der Verfassung sind aber inhaltlich karg und systematisch ungeordnet. Das Verfassungsrecht läßt der Sozialpolitik bei Entscheidungen über die Finanzierung der Sozialversicherung einen weiten Spielraum. Ihr vollständiges, inneres System und ihre abschließende Gestalt gewinnt die Sozialversicherung erst im einfachen Gesetz.

Weiter Raum für Sozialpolitik

III. Sozialversicherung und europarechtliche Determinanten

Das Europarecht gibt im sekundären Normbereich kaum Regeln für die Sozialversicherung vor. Zwar würden Art. 42 und 136ff. EGV Harmonisierungsvorschriften erlauben. Die Europäische Gemeinschaft hat sich jedoch entsprechend der Grundrichtung dieser primären Vertragsnormen zu einer offenen Methode der Koordination entschieden, statt die nationalen Sozialrechtsordnungen zu harmonisieren[9]. Art. 20 ff. und 33 ff. EU-Grundrechte-Charta enthalten ebenfalls Bestimmungen mit Bedeutung für das Sozialversicherungsrecht; dieser Normenkomplex ist aber noch nicht in Kraft getreten. Das Europarecht spielt daher für die Finanzierungssysteme der nationalen Sozialversicherung zur Zeit keine Rolle.

3
Zurückhaltung des Europarechts

IV. Vielfalt und Einheitlichkeit in der Sozialversicherung

1. Tiefe organisatorische Gliederung in Versichertengemeinschaften

Von den fünf Zweigen der Sozialversicherung – Kranken-, Pflege-, Unfall-, Renten-, und Arbeitslosenversicherung – wird nur die Arbeitslosenversicherung von einer bundesweiten Bundesagentur für Arbeit betreut, die anderen Zweige bestehen aus einer Fülle organisatorisch und rechtlich selbständiger Körperschaften, die im Inneren meist einen einheitlichen Aufbau aufweisen. Die Verfassung trifft in Art. 87 Abs. 2 S. 1 GG die Entscheidung, daß Sozialversicherungsträger, deren Zuständigkeitsbereich sich über das Gebiet eines Landes hinaus erstreckt, „als bundesunmittelbare Körperschaften des öffent-

4

Vorgaben des Grundgesetzes

---

[7] Art. 74 Abs. 1 Nr. 12, 87 Abs. 2 und 120 Abs. 1 S. 4 GG.
[8] BVerfGE 63, 1 (35); 62, 354 (366); 11, 105 (111).
[9] Vgl. dazu *Maximilian Fuchs/Ulrich Preis*, Sozialversicherungsrecht, 2005, S. 1009 ff.; *Bertram Schulin/ Gerhard Igl*, Sozialrecht, [7]2002, S. 506 ff.

lichen Rechts" geführt werden[10]. Damit wird in erster Linie die Verwaltungskompetenz zwischen Bund und Ländern verteilt; das Grundgesetz will nicht einen bestimmten inneren Aufbau der Sozialversicherungsträger nach den präzisen Vorstellungen des Verwaltungsorganisationsrechts vorschreiben, sondern sie allein der mittelbaren Staatsverwaltung zuordnen[11]. Für die gesetzliche Kranken-, Pflege-, Unfall- und Rentenversicherung schafft erst das Sozialgesetzbuch IV – also ein einfaches Gesetz – Klarheit, indem es diese Versicherungsträger als rechtsfähige Körperschaften des öffentlichen Rechts mit Selbstverwaltung ausgestaltet[12]. Die §§ 31 ff. SGB IV zeichnen für sie einheitliche Strukturen der Binnenorganisation vor, nämlich Vorstand und Verwaltungsrat, Vertreterversammlung und Geschäftsführer[13].

5
Vielfalt in mittelbarer Staatsverwaltung

Trotz dieser einfachgesetzlichen Einheitlichkeit in der Binnenstruktur besteht eine bunte Landschaft der Sozialversicherungsträger. Die Zahl der Krankenkassen ist in den letzten Jahren zwar reduziert worden, ihre Unterarten der Allgemeinen Ortskrankenkassen, der Betriebs-, Innungs-, See- und landwirtschaftlichen Krankenkassen sowie der Ersatzkassen und der Deutschen Rentenversicherung Knappschaft-Bahn-See blieben aber erhalten[14]. In der Unfallversicherung wirken 35 gewerbliche und 10 landwirtschaftliche Berufsgenossenschaften[15]. Dazu kommen etliche Gemeindeunfallversicherungsverbände, Unfallkassen für Feuerwehren, für Gemeinden und Kommunen, für Eisenbahn, Post und Telekom sowie die Unfallkasse des Bundes[16]. Die Rentenversicherung wird wahrgenommen von zwei Versicherungsträgern des Bundes, 22 Regionalträgern der Länder sowie den landwirtschaftlichen Alterskassen bei den Berufsgenossenschaften[17]. Hinzu treten 95 Versorgungswerke kammerfähiger Freier Berufe und die selbständigen Zusatzversorgungskassen oder Pensionssicherungsanstalten von Bund, Ländern und Gemeinden. Die Pflegeversicherung wird von Pflegekassen betreut, die bei den Krankenversicherungen und bei der Deutschen Rentenversicherung Knappschaft-Bahn-See errichtet sind[18]. Die Fülle der Sozialversicherungsträger mit unterschiedlichen Zuständigkeiten und jeweils besonderem Versichertenkreis verlangt ein differenziertes Finanzierungssystem, um den individuellen Bedarf jeder Versichertengemeinschaft zu befriedigen.

---

10 Ausnahme in Satz 2, daß Versicherungsträger mit Zuständigkeit über bis zu drei Länder bei entsprechender Aufsichtsregelung noch landesangehörig bleiben können.
11 BVerfGE 63, 1 (36); 21, 362 (371); 36, 383 (393, 399).
12 § 29 Abs. 1 SGB IV.
13 Die Bundesagenturen leiten Vorstand, Geschäftsführung, Verwaltungsrat und Verwaltungsausschüsse (§§ 371 ff. SGB III).
14 § 21 Abs. 2 SGB I und § 4 Abs. 2 SGB V; → Bd. IV, *Rüfner*, § 96 Rn. 103 ff.
15 § 22 Abs. 2 SGB I, § 114 Abs. 1 SGB VII i. V. m. Anlage 1.
16 § 22 Abs. 2 SGB I, § 114 Abs. 1 SGB VII.
17 § 23 Abs. 2 SGB I und § 49 ALG; → Bd. IV, *Rüfner*, § 96 Rn. 110 ff.
18 § 21 a Abs. 2 SGB I und § 46 Abs. 1 SGB XI.

2. Selbständigkeit jedes Sozialversicherungsträgers im Haushalt

Die Wahrnehmung der Sozialversicherungsaufgabe durch eine Fülle rechtlich selbständiger Körperschaften des öffentlichen Rechts mit Selbstverwaltungsrecht, wie sie in Art. 87 Abs. 2 GG angedeutet und in §§ 29 Abs. 1 SGB IV und 367 Abs. 1 SGB III für die fünf Zweige der Sozialversicherung verbindlich gemacht worden ist, bedeutet zugleich, daß jeder Leistungsträger über ein eigenes Vermögen und einen eigenen Haushalt verfügt[19]. Der organisatorischen folgt die finanzielle Selbständigkeit der Sozialversicherungsträger.

6
Finanzielle Selbständigkeit

Die organisatorische und finanzielle Gliederung des Leistungsapparats bietet etliche Vorteile. Kleine Haushalte ordnen die eingenommenen Mittel sicherer und effektiver den zu bestreitenden Aufgaben zu. Sie orientieren Kosten und Einnahmen stärker an den Aufgaben; psychologisch fördert das die Bereitschaft der Beitragsbelasteten zur Finanzierung, weil auch für sie die Verwendung der Gelder überschaubarer wird; die Aufteilung der Sozialversicherung in verschiedene spartenbezogene Haushalte führt dazu, daß sich drohende Haushaltslücken schneller ankündigen und eine intransparente Quersubventionierung zwischen verschiedenen Sparten erschwert wird. Letztlich zeichnet auch die bereits verfassungsrechtlich angedeutete Finanzierung durch Beiträge diese Trennung in einzelne Haushalte und eine Bildung kleiner Organisationen im Sozialversicherungsrecht vor.

7
Kleine Einheiten

3. Fülle der Finanzierungsinstrumente in der Sozialversicherung

Die Sozialversicherung bedient sich vielfältiger Finanzierungsformen. Während sich die Haushalte von Bund und Ländern vornehmlich aus Steuern speisen, bietet die Sozialversicherung ein buntes Bild unterschiedlicher Finanzierungsinstrumente. Zur Aufbringung der Mittel werden Sozialversicherungsbeiträge, Vermögenserträge aus Geldanlagen, Rücklagen zur Liquiditätssicherung, Erstattungsansprüche bei Schädigung durch Dritte oder zwischen Versicherungsträgern, Zuschüsse des Bundes für versicherungsfremde Leistungen oder zur Garantie der Aufgabenerfüllung sowie Finanztransfers in Form von Gemeinlasten oder Finanzausgleichs- und Haftungsverbünden eingesetzt. Es liegt auf der Hand, daß unterschiedliche Finanzierungsinstrumente, die in der Praxis wild gewachsen, von kurzfristig aufgetauchten Einzelproblemen diktiert und auf die individuellen, monetären Interessen des jeweiligen Sozialversicherungsträgers zugeschnitten sind, die große Gesamtaufgabe sozialer Sicherung mit dem Bedarf an kontinuierlichen und planbaren Finanzquellen verfehlen können. Hier sind für die wenigen vorhandenen Normen der Verfassung zumindest klare Interpretationen notwendig, um eine hektische Gesetzgebung und wenig aufeinander abgestimmte Normen wieder zu einer funktionstauglichen Sozialstruktur zusammenzuführen.

8
Acht Finanzierungsquellen

---

[19] Zum Haushaltsrecht s. §§ 67 ff. SGB IV.

4. Umkehr von der Vielfalt zur Einheit in der Sozialversicherung?

9
Tendenz zur Bundeseinheitlichkeit

Die letzte Dekade hat eine Tendenz entwickelt, entweder Sozialversicherungsträger zu größeren Einheiten zusammenzuschließen oder aber ihre organisatorische Eigenständigkeit zu belassen, sie jedoch finanziell zusammenzuspannen. Die Gesetze errichten vermehrt landes- oder bundesweite Kassen, obwohl die Erfahrungen mit großen Einheiten, wie der Bundesagentur für Arbeit, nicht gerade positiv ausfielen. Im Finanzwesen sorgen Finanz- und Risikostrukturausgleich, Gemeinlastverfahren und Haftungsverbund für Einheitlichkeit, während organisationsrechtlich weiter Selbständigkeit herrscht. Diese Entwicklung suggeriert der Öffentlichkeit Vielfalt und Wettbewerb, obwohl finanziell Verbund und Bundeseinheit bestehen. Die Deutsche Rentenversicherung aus zwei Trägern auf der Bundesebene oder die Bundesagentur für Arbeit zielen letztlich auf einen einzigen, bundesweiten Versicherungsträger in jedem Versicherungszweig.

10
Paradigmenwechsel?

Wird diese Entwicklung weitergeführt, werden die Finanzstrukturen zwar übersichtlicher; die Idee der Versichertengemeinschaft und das Ziel eines Wettbewerbs unter den Sozialversicherungsträgern schwinden jedoch. Die Sozialversicherung würde tragende Elemente verlieren; von einer Weiterentwicklung in diese Richtung ist deshalb abzuraten. Am Ende könnte die Frage: „Volksversicherung aus Beiträgen oder Sozialversorgung aus Haushaltsmitteln?" stehen, denn eine bundesweite Risikogemeinschaft wird deckungsgleich mit der Gesamtheit der Einwohner Deutschlands; die Beitragserhebung verlöre als zweites Abgabensystem neben der Steuer ihren Sinn, wenn alle nach ihrer gesamten Leistungsfähigkeit in denselben „Topf" zahlten, und müßte einer Steuerfinanzierung weichen. Dann würden freilich die Art. 74 Abs. 1 Nr. 12 und 87 Abs. 2 GG als Befugnis für Beiträge und zur Bildung von Selbstverwaltungskörperschaften obsolet; an ihre Stelle träten die Steuerkompetenz nach Art. 105 GG und die Verwaltungsbefugnisse der Finanzbehörden aus Art. 108 GG. Bevor man einen derartig grundlegenden Umbau plant, sollten diese Konsequenzen bedacht werden.

5. Einheitlichkeit in den Finanzen, Begrenzung der Autonomie

a) Bundeseinheitliches Programm

11

Sozialstaatliche Zielsetzung

Während Formen, Verfahren und Rechtssubjekte im Sozialversicherungsrecht getrennt sind, beschreiten gemeinsame materielle Normen zunehmend den Weg zur Einheitlichkeit. Eine erste materiell einheitliche Ausrichtung besteht in der für alle Sozialversicherungsträger gleichen sozialstaatlichen Zielsetzung, wie sie sich aus dem Grundgesetz und den generellen Vorschriften des SGB I ergibt. Wenn das SGB I auch für die konkreten Ansprüche und die Leistungsverhältnisse zwischen Versicherten und Versicherungsträgern wegen des Vorbehalts einzelgesetzlicher Vorschriften im Besonderen Teil des SGB nach § 2 Abs. 1 S. 2 SGB I von minderer Bedeutung ist, so steuert doch die Programmatik des § 1 SGB I die gesamte Sozialversicherung einheitlich, indem sie die verfassungsrechtlich gebotene Sozialstaatlichkeit im Versicherungsbereich detailliert und darüber hinausgehend die Aufgaben aller Sozialversicherungsträger präzisiert. Mit gleichem Ziel beschreiben §§ 18 ff. SGB I die Art der von den Sozialversicherungsträgern bereitzustellenden Leistungen und deren grundsätzliche Kompetenzen.

b) Geringer Umfang der Satzungsautonomie

Die Sozialversicherungsträger genießen zwar formell Selbstverwaltungs- und Rechtsetzungsrechte. Diese sind jedoch nur in den Einzelgesetzen eingeräumt und inhaltlich nicht umfangreich. Art. 87 Abs. 2 GG garantiert der Sozialversicherung weder Autonomie noch Allzuständigkeit, wie es nach Art. 28 Abs. 2 GG für die Gemeinden geschieht. § 29 SGB IV verleiht zwar ein Selbstverwaltungsrecht; es beschränkt sich jedoch auf das Recht zur Selbst-„Verwaltung" und enthält kein eigenständiges Rechtsetzungsrecht. Dieses ergibt sich auch noch nicht aus §§ 33 f. SGB IV, die vom Satzungs- und sonstigen autonomen Recht der Sozialversicherungsträger handeln, sondern erst aus einzelgesetzlichen Vorschriften[20]. Die tatsächliche Selbstverwaltungsfreiheit und Rechtsetzungsautonomie der Sozialversicherung gründet damit nicht auf einer einzigen Befugnisnorm; erst die vielen Einzelnormen des Sozialversicherungsrechts zeichnen das Bild tatsächlicher Bewegungsfreiheit im Sozialversicherungsrecht.

12

Recht zur Selbst-„Verwaltung"

Prüft man diese Normen im einzelnen auf den Umfang der dort eingeräumten Freiheiten, so ergibt sich, daß die Autonomie der Sozialversicherungsträger zwar formell in Selbstverwaltungs- und Rechtsetzungsbefugnissen vorgegeben ist, aber inhaltlich weitgehend reglementiert wird. Die Sozialversicherungsträger können keine Finanzpolitik nach eigenem Willen betreiben, sondern ihre formelle Eigenständigkeit materiell lediglich zur Differenzierung einer detaillierten Sozialgesetzgebung nach den Unterschieden in der Versichertenstruktur, den versicherten Risiken, deren Kosten und den notwendigen Leistungen nutzen. Die Autonomie der Sozialversicherung dient nur dem Vollzug einer detaillierten Gesetzgebung[21]. Die Begrenzung der Eigenständigkeit beginnt damit, daß Satzungen von finanzieller Bedeutung nicht auf eine generelle Satzungsermächtigung gestützt werden können, sondern für Einzelfälle gesetzliche Rechtsgrundlagen mit inhaltlich engen Grenzen und Auflagen gebildet werden[22]. Der zur Satzungsgebung berechtigte Leistungsträger kann das Gesetz nur noch detaillierend nachzeichnen. Ferner bedürfen diese Satzungen regelmäßig der Genehmigung der Aufsichtsbehörde[23], die – obwohl nach § 87 Abs. 1 SGB IV nur Rechtsaufsicht – durch ausführliche materielle Vorgaben im Gesetz imstande ist, das Satzungsgebaren eingehend zu lenken[24].

13

Ausprägung gesetzlicher Vorgaben

---

20 Dazu *Ferdinand Kirchhof*, Die eigenständige Rechtsetzung der gesetzlichen Krankenkassen, in: VSSR 1983, S. 175, 181 f.; → oben *Ossenbühl*, § 105 Rn. 11 f.
21 So BVerfGE 39, 302 (313).
22 S. z. B. *Kirchhof* (N 20), S. 175, 200.
23 § 34 Abs. 1 S. 2 SGB IV, § 195 SGB V, § 47 Abs. 2 SGB XI.
24 → Oben *Ossenbühl*, § 105 Rn. 57.

c) Einheit auf der Ausgabenseite

14
Instrumente einheitlichen Ausgabenverhaltens

Neben diesem autonomiebegrenzenden Zusammenspiel von Spezialermächtigung, Genehmigungserfordernis und Aufsicht sorgen weitere Faktoren für ein einheitliches Finanzgebaren der Sozialleistungsträger in ihren Versicherungszweigen: Nach § 30 SGB IV dürfen die Versicherungsträger nur für gesetzlich vorgesehene oder zugelassene Aufgaben Mittel einsetzen. Ein aufgabenerweiternder Zugriff auf andere Sozialbereiche innerhalb ihres grundsätzlichen Aufgabenkreises wie bei den Gemeinden ist ihnen damit versagt. Zudem bestimmt ein in § 31 SGB I einfachgesetzlich niedergelegter und gegenüber dem verfassungsrechtlichen, allgemeinen Vorbehalt des Gesetzes verschärfter sozialrechtlicher Gesetzesvorbehalt, daß Rechte und Pflichten nur begründet, festgestellt, geändert oder aufgehoben werden können, soweit ein Gesetz es vorschreibt oder zuläßt. Aufgabenbereich, Mittelverwendung und materielles Sozialleistungsrecht sind damit streng und eng an die Gesetze gebunden, die Autonomie in der Aufgabenwahrnehmung ist fast beseitigt. Dazu kommen zahlreiche zusätzliche rechtliche oder informelle Einflußnahmen auf den individuellen Sozialleistungsträger zur Vereinheitlichung des gesamten Geschehens in einem Versicherungszweig: auf informellem Wege sorgen vor allem die zahlreichen Mustersatzungen von Behörden und Verbänden für eine tatsächlich gleiche Leistungs- und Finanztätigkeit. Innerhalb der Verbände werden die Verhaltensweisen zwischen den Mitgliedern abgestimmt[25].

d) Einheit auf der Einnahmenseite

15
Deckungsautonomie

Auf der Einnahmenseite käme eine Autonomie der Sozialversicherung von nennenswerter Bedeutung nur bei den Beiträgen in Frage, denn die Höhe der staatlichen Zuschüsse will der Bund verständlicherweise selbst bestimmen. Oft werden aber die Beitragssätze durch Bundesgesetze für alle Versicherungsträger eines Zweiges gemeinsam festgelegt. Für Leistungsträger, welche ein eigenes Beitragsfestsetzungsrecht besitzen, sieht § 21 SGB IV vor, daß die Beiträge so bemessen werden müssen, daß sie die gesetzlichen Ausgaben des Versicherungsträgers decken und die gesetzlichen Betriebsmittel und Rücklagen bereitstellen. Darüber hinausgehen dürfen sie nicht. Einzelgesetze wiederholen diese vorgenannte Regel[26] und ziehen zusätzliche, starre Bemessungsgrenzen, die nicht nur die Gesamthöhe der durch die Beiträge zu erzielenden Einnahmen festsetzen, sondern auch den Grundsatz der Beitragsgleichheit zwischen den Versicherten eines Versicherungsträgers anordnen und eventuelle Variationen der Sätze gesetzlich im Tatbestand umschreiben oder in Bemessungsprinzipien vorzeichnen[27]. Damit kann ein Leistungsträger seine Beitragshoheit nicht mehr zur selbständigen Finanzpolitik verwenden, sondern mit ihrer Hilfe nur noch Ausgaben und Einnahmen langfristig zur

---

25 Zur geringen Reichweite der Autonomie: BVerfGE 39, 302 (313); *Harald Bogs*, Die Sozialversicherung im Staat der Gegenwart, 1973, S. 230 ff.; *Kirchhof* (N 20), S. 175, 198 ff.
26 Z. B. § 220 SGB V.
27 Enge Vorschriften für die Krankenversicherung z. B. in §§ 241 ff. SGB V; Einteilung in Gefahrenklassen bei der Unfallversicherung, § 157 SGB VII.

Deckung bringen. Solche Techniken sorgen für Gleichheit und mindern die Autonomie im Sozialfinanzrecht[28].

Zudem bewirkt bereits das Rechtsinstitut des Sozialversicherungsbeitrags Einheitlichkeit in der Sozialversicherung, denn die Finanzierung durch Beiträge bindet wegen ihres Sonderlastcharakters und des Grundsatzes der Belastungsgleichheit die Sozialversicherungsträger an verfassungsrechtliche Vorgaben, etwa an den Nachweis sachlicher, besonderer Belastungsgründe[29].

Einheitlichkeit durch Sozialversicherungsbeiträge

e) Identische Haushaltsvorschriften

Die einheitlichen Haushaltsvorschriften der §§ 67 ff. SGB IV dienen nur der äußeren Gleichförmigkeit des Haushaltsgeschehens, denn es werden lediglich Rechenwerk und Haushaltsablauf vereinheitlicht. Gleiches gilt für das gemeinsame Einzugsverfahren der Beiträge (Gesamtsozialversicherungsbeitrag[30]) durch die gesetzlichen Krankenkassen[31].

16
Äußere Gleichförmigkeit

V. Bedeutung der Sozialabgaben

1. Anwachsen des Finanzvolumens

Das Finanzwesen der Sozialversicherung wird mittlerweile von der explosiven Steigerung ihres monetären Volumens bestimmt. Sozialpolitik und -gesetzgebung verlieren den Blick für den Bedarf an Leistungen und für Notlagen und wenden sich den Einnahmen und der Sicherung sozialer Bestände zu. Die Finanzvolumina werden vor allem in der Kranken-, Pflege- und Unfallversicherung aufgebläht, weil Medizin und Technik leistungsfähiger geworden sind und so mehr Diagnose- und Behandlungsmethoden kostspieliger Art erbracht werden müssen. In allen fünf Versicherungszweigen wirkt sich zudem die Steigerung der Personalkosten aus: Zum einen fließen die Gehälter des medizinischen und pflegenden Personals als Kosten in den Haushalt der Versicherungsträger ein und steigern dessen Volumen, zum anderen wachsen die lohnbezogenen Geldleistungen an die Versicherten mit der Steigerung des Lohnniveaus. Zudem sinkt die Zahl der Erwerbstätigen wegen einer stagnierenden Wirtschaft; damit fehlen einem am Lohn orientierten Beitragssystem Einnahmen. Technik und die Steigerung des Wohlstands der Gesellschaft sind Faktoren, die Einnahmen und Ausgaben der Sozialversicherung beeinflussen. Hinzu kommt, daß – vor allem in der Kranken-, Pflege- und in der Rentenversicherung – die Altersstruktur der Bevölkerung alle Leistungsträger zu höheren Aufwendungen und folglich auch zu höheren Einnahmen zwingt. Das Problem verschärft sich durch die Gegensätzlichkeit, daß aus demographischen Gründen die Zahl der Renten- und Krankheitsfälle steigt und sich zugleich

17

Gründe der Bedarfssteigerungen

---

28 Vgl. dazu *Stefan Hertwig*, Das Verwaltungsrechtsverhältnis der Mitgliedschaft Versicherter in einer gesetzlichen Krankenkasse, 1989, S. 165.
29 S. u. Rn. 25 f.
30 §§ 28 d ff. SGB IV.
31 § 28 h Abs. 1 SGB IV.

die Gruppe der Beitragszahler wegen des Ausscheidens der Rentner und Pensionäre aus dem Erwerbsleben ohne entsprechenden Zuwachs neuer Erwerbstätiger verkleinert. Dadurch steigt nicht nur der Finanzbedarf der Sozialversicherung, sondern auch die individuelle Belastung der Beitragszahler an. Als letzter Faktor der Erhöhung des Finanzvolumens ist die bisherige Freigebigkeit und Großzügigkeit der Sozialpolitik zu nennen. Die Zwangsversicherung ist in den letzten Dekaden sehr ausgedehnt, die Sozialversicherungsleistungen sind nach Art und Umfang durch politische Willensentscheidungen erhöht worden.

2. Auswirkungen

18

Diese Faktoren führen zu einem ausgedehnten Sozialfinanzsystem. Das deutsche Sozialbudget belief sich z.B. 2003 auf etwa 700 Mrd. Euro[32], während die Steuereinnahmen des Bundes dieses Jahres nur etwa 205 Mrd. Euro ergaben[33]. Die Rentenversicherung erbrachte Leistungen in Höhe von 490 Mrd. Euro, die Krankenversicherung etwa 145 Mrd. Euro[34]. Die Zahlen belegen, daß Beitragshöhe und Finanzierbarkeit eines der Hauptthemen der Sozialversicherung geworden sind. Da dieses Finanzierungsvolumen zu etwa zwei Dritteln durch Beiträge und nur zu einem Drittel durch Zuschüsse finanziert wird[35], muß das Finanzproblem in erster Linie im privaten Geldbeutel des Beitragszahlers beantwortet werden und gewinnt dort politische Brisanz. Der Umfang der Beiträge, der mittlerweile vom Großteil der Bevölkerung gezahlt wird, wirft zudem die Frage auf, ob der Sozialversicherungsbeitrag nicht allmählich von einer Sonderlast in eine Gemeinlast übergeht, welche mit der Steuer als grundsätzlich allgemeinem Finanzierungsmittel konkurriert und den Steuerstaat in einen Abgabenstaat überführt[36].

Finanzierbarkeit der Sozialversicherung

3. Sozialrecht als Sozialfinanzrecht

19

Die Sozialversicherungsträger finanzieren sich vor allem durch Abgaben. Ihre Leistungen erbringen sie nur zu einem geringen Teil in der Form von Dienst- oder Sachleistungen; entweder zahlen sie an die Leistungsempfänger unmittelbar Geld aus – so bei Rente oder Krankengeld –, oder – wenn der versicherte Kranke einen Anspruch auf Heilbehandlung hat – sie bedienen sich Dritter zur Leistungserbringung und bezahlen sie für die Heilbehandlung. Letztlich lenken die Träger der gesetzlichen Sozialversicherung deshalb Finanzströme und bewegen Geldmassen, um ihre Aufgaben zu erfüllen. Wolfgang Rüfner hat das mit dem Schlagwort von der „monetären Schlagseite"

Sachleistungsprinzip

Finanzielle Leistungsverschaffung

---

32 BMGS, Sozialbudget 2003, S. 4.
33 BMF, Monatsbericht 07/02, S. 44.
34 BMGS, Sozialbudget 2003, S. 18.
35 *Bruno Molitor*, Soziale Sicherung, 1987, S. 184.
36 Dazu *Ferdinand Kirchhof*, Vom Steuerstaat zum Abgabenstaat?, in: Die Verwaltung 1988, S. 137 (144ff.). Zur Begründung, warum der Sozialversicherungsbeitrag dennoch rechtlich Sonderlast bleibt und deren Zulässigkeitskriterien erfüllen muß, S. 144, sowie *Isensee* (N 41), S. 25, 41 und 51f.

des Sozialversicherungsrechts zutreffend gekennzeichnet. Sozialrecht wird auf diese Weise weitgehend zum Sozialfinanzrecht.

Für dieses Sozialfinanzrecht existieren wenige Vorgaben im Grundgesetz. Art. 74 Abs. 1 Nr. 12 GG erkennt den Sozialversicherungsbeitrag an[37]. Art. 87 Abs. 2 GG zielt in dieselbe Richtung, weil sich die dort verfassungsrechtlich akzeptierten Selbstverwaltungskörperschaften des Sozialrechts nach Organisation und Geschichte des Beitrags bedienen. Hinzu treten selbstverständlich die Grundrechte; im Vordergrund steht für die Sonderlast des Sozialversicherungsbeitrags der Gleichheitsgrundsatz, der die Abgabeform nach Belastungsgründen geradezu prägt. Ferner spielt der Schutz von Ehe und Familie (etwa in der kostenfreien Familienkrankenversicherung) eine bedeutende Rolle.

Art. 120 Abs. 1 S. 4 GG ordnet an, daß der Bund die Zuschüsse zur Sozialversicherung trägt und konstituiert damit auf Verfassungsebene die Finanzierungsform des Staatszuschusses.

20
Sozialfinanzverfassung

Da die Art. 105 bis 108 GG keine Abgaben-, sondern lediglich eine Steuerverfassung enthalten, werden dort keine Aussagen über den Sozialversicherungsbeitrag gemacht. Das Sozialfinanzverfassungsrecht stützt sich deshalb in erster Linie auf die genannten Grundrechte und die Art. 74 Abs. 1 Nr. 12, 87 Abs. 2 und 120 Abs. 1 S. 4 GG. Das Bundesverfassungsgericht schließt in einer jüngeren Entscheidung daraus, daß die Art. 74 Abs. 1 Nr. 12, 87 Abs. 2 und 120 Abs. 1 S. 4 GG eine geschlossene Finanzverfassung für die Sozialversicherung bilden würden, welche andere Vorschriften der Finanzverfassung ausschlösse[38]. Damit schießt es über das Ziel hinaus: Diese Vorschriften sind zwar exklusiv für die Sozialversicherung bestimmt, können aber nicht Normen des Grundgesetzes verdrängen, die andere monetäre Fragen regeln[39]. Vor allem die Regeln zur Lastentragung und zur Haushaltsautonomie von Bund und Ländern (Art. 104 a und 109 GG) sind in gleicher Weise wie auf andere Staatsteile anzuwenden. Die Auffassung des Bundesverfassungsgerichts würde im Ergebnis zu einer Exemtion des Sozialversicherungsrechts vom Grundgesetz führen, die sich lediglich auf drei Normen enger Zielsetzung stützt, nämlich auf die Kompetenz zur Gesetzgebung über Sozialversicherungsbeiträge aus Art. 74 Abs. 1 Nr. 12 GG, auf eine organisationsrechtliche Vorgabe nach Art. 87 Abs. 2 GG und auf eine spezielle Bestimmung, welche Gebietskörperschaft Defizite zu tragen hat. Daraus wurde der Schluß auf eine materiell vollständige, alle Fragen beantwortende Regelung ihres Finanzrechts gezogen und letztlich eine Flucht ins Sozialversicherungsrecht angetreten.

21
Flucht ins Sozialversicherungsrecht?

---

37 Zuletzt BVerfGE 113, 167 (195); BVerfGE 81, 156 (185).
38 BVerfGE 113, 167 (200); ebenso *Stefan Korioth*, Der Finanzausgleich zwischen Bund und Ländern, 1997, S. 49 f.; vorsichtig bejahend *Hans-Jürgen Papier*, Verfassungsrechtliche Probleme bei der Organisation der Sozialversicherungsträger, in: FS für Franz Knöpfle, 1996, S. 273, 286. → Oben *Waldhoff*, § 116 Rn. 10.
39 So auch *Christian Rolfs*, Das Versicherungsprinzip im Sozialversicherungsrecht, 2000, S. 128 ff.

B. Finanzierungsinstrumente der Sozialversicherung

22
Beiträge, Zuschüsse und Transfers

Für die Finanzierung der Sozialversicherung steht – wie bereits aufgeführt[40] – eine Fülle von Instrumenten bereit. Neben Sozialversicherungsbeiträgen und Bundeszuschüssen existieren weitere Arten der Mittelbeschaffung, nämlich Vermögenserträge durch Rücklagen, Erstattungsansprüche wegen Schädigungen durch Dritte und Transferleistungen zwischen Versichertengemeinschaften in Form von Finanzausgleich, Gemeinlastenausgleich oder Haftungsverbund. Der in den Gesetzen oft auftauchende Begriff der Umlage wird in zwei Bedeutungen verwendet: zum einen für Abgaben von Privaten an Sozialversicherungsträger; dann handelt es sich lediglich um eine andere Etikettierung von Sozialversicherungsbeiträgen. Zum anderen sind damit aber auch finanzielle Transfers zwischen Sozialversicherungsträgern gemeint, um Ausgleichssysteme zu betreiben. Zu den wesentlichen Finanzierungsinstrumenten der Sozialversicherung gehören der Beitrag, der Zuschuß und mittlerweile auch der Transfer zwischen Versicherungsträgern; auf sie konzentriert sich die folgende Darstellung.

I. Sozialversicherungsbeiträge

1. Klassifikation im Abgabensystem

23
Eigenständiger Abgabentyp

Sozialversicherungsbeiträge sind Versicherungsprämien der staatlichen Sozialversicherung, welche ihre Leistungen finanzieren. Ihre rechtliche Einordnung ist streitig. In der rechtswissenschaftlichen Diskussion wurden sie als Steuer, Beitrag, Verbandslast oder Abgabe sui generis klassifiziert[41]. Obwohl in manchen Versicherungszweigen der überwiegende Teil der Bevölkerung sozialversichert ist, erfüllen sie nicht die Merkmale der Steuer, die eine gegenleistungslose Gemeinlast zur allgemeinen Finanzierung des Staatshaushaltes bildet. Denn die Sozialversicherungsbeiträge sind rechtlich nicht als Gemein-, sondern als Sonderlast konzipiert. Sie werden oft nicht voraussetzungslos, sondern für ein Versicherungsrecht geschuldet[42], und sie sollen statt des allgemeinen Staatshaushalts einen eigenständigen, mit einer besonderen sozialstaatlichen Aufgabe versehen Haushalt eines Sozialversicherungsträgers finanzieren[43]. Mangels korporativer Legitimation können sie auch nicht den Verbandslasten zugeschlagen werden, welche die Mitglieder einer Körperschaft zu deren Finanzierung entrichten, denn sie werden auch von Nichtversicherten erhoben oder Anstalten zugeführt[44]; zudem liegt der Schwerpunkt

---

40 S. o. Rn. 8.
41 S. dazu BVerfGE 14, 312 (317f.); *Josef Isensee*, Umverteilung durch Sozialversicherungsbeiträge, 1973, S. 32ff.
42 BVerfG, in: NVwZ 1989, S. 547 (548); *Otto Mayer*, Deutsches Verwaltungsrecht, Bd. I, 1924, S. 315f.
43 Zum Merkmal der Steuer als Mittel der Finanzierung des allgemeinen Finanzbedarfs des Staates: BVerfGE 55, 274, (305, 309ff.); 57, 139 (166). → Oben *P. Kirchhof*, § 119 Rn. 110ff.
44 Sie fließen z. B. der Bundesagentur für Arbeit zu.

des Sozialversicherungsverhältnisses weniger in einer korporativen Bindung des Versicherten an seine Versichertengemeinschaft als in der Erwartung finanzieller Leistungen bei Eintritt des versicherten Risikos. Unter den Begriff des finanzrechtlichen Beitrags, welcher für das Angebot eines staatlichen Vorteils zu zahlen ist, können sie nicht gefaßt werden, weil Versicherungsrechte erkauft werden, die auch fremdnützig einem Dritten zugute kommen können, weil der soziale Ausgleichsgedanke kein vor Art. 3 GG haltbares Bemessungsprinzip für finanzrechtliche Beiträge darstellt und weil in der Rentenversicherung von aktiven Berufstätigen noch kein aktueller, sofort wahrzunehmender Vorteil zu genießen ist. Eine Einordnung als Gebühr, als Preis für eine entgegengenommene Staatsleistung, verbietet sich, denn eine Leistung wird erst bei Eintritt des Risikos, nicht bei Entstehen der Zahlungspflicht erbracht[45]. Zu den Sonderabgaben kann man sie nicht zählen, weil sie ausschließlich Finanzierungszwecke verfolgen und keine zeitlich begrenzten Lasten für atypische Sachverhalte darstellen, welche der Pflicht zur steten Überprüfung ihrer Zulässigkeit unterliegen. Sozialversicherungsbeiträge sind vielmehr eigenständige Abgaben[46], nämlich Sonderlasten, die zweckgebunden in die Sonderhaushalte von Sozialversicherungsträgern fließen und als Versicherungsprämie nach dem generellen Risiko der jeweiligen Versichertengemeinschaft und nach weiteren sozialen Bemessungsprinzipien berechnet werden.

2. Beiträge als Hauptfinanzierungsinstrument

Sozialversicherungsbeiträge sind das Hauptfinanzierungsinstrument der Sozialversicherung. Sie werden in der Regel nach dem Arbeitsentgelt bemessen und paritätisch von Arbeitnehmer und Arbeitgeber erhoben. Seit 1957 finanzieren die aktiven Beschäftigten die Sozialversicherung im Umlageverfahren; vorher wurden die sozialversicherungsrechtlichen Leistungsansprüche mit einer Kapitaldeckung unterfüttert, wie sie heute noch bei den berufständischen Versorgungswerken üblich ist. Der Beitrag wird in der Regel bundeseinheitlich gesetzlich tarifiert, allein die gesetzliche Krankenversicherung und die Unfallversicherung arbeiten mit unterschiedlichen Sätzen für jeden Versicherungsträger. Wenn der Sozialversicherungsbeitrag sich nach dem Lohn bemißt, verhindern Geringfügigkeits- und Beitragsbemessungsgrenzen eine volle Erfassung der Leistungsfähigkeit; ferner werden grundsätzlich nur das Arbeitsentgelt, aber keine anderen Einkunftsarten erfaßt. Zur Entlastung des Arbeitsmarkts verfolgt der Gesetzgeber mittlerweile die Politik, die Beiträge von den Löhnen zu entkoppeln, mehr am Risiko zu orientieren und allein von den Arbeitnehmern zu erheben; zur Verbesserung der Finanzen unterliegt er zur Zeit der Versuchung, das Gesamteinkommen zur Bemessungsgrundlage zu machen.

24
Bemessung

---

45 Zur Abgrenzung von den Vorzugslasten z.B. *Christian Behlert*, Staffelung von Leistungsentgelten der Verwaltung nach dem Einkommen der Nutzer, 2002, S. 137f.
46 *Ferdinand Kirchhof*, Sozialversicherungsbeitrag und Finanzverfassung, in: NZS 1999, S. 161, 164; *Heinrich Reiter*, Soziallast als Steuerlast, in: FS für Franz Klein, 1994, S. 1101, 1104. → Oben *Waldhoff*, § 116 Rn. 94.

3. Legitimation

25
Sonderlast und Legitimation

Die Beitragsbelastung durch den einzelnen Sozialversicherungsträger ist Sonderlast. Sie betrifft nur einen kleinen Ausschnitt aus der Gruppe aller gleich leistungsfähigen Bürger. Die Tatsache, daß der Großteil der Bevölkerung in der Sozialversicherung Mitglied ist, steht dieser Klassifikation als Sonderlast nicht entgegen, denn man zahlt seinen Beitrag nicht in eine Einheitsversicherung für alle, sondern in die Kasse seiner jeweiligen Versichertengemeinschaft, in der man Mitglied ist; jene betreut nur ihre Mitglieder, also eine begrenzte Versichertengemeinschaft. Als Sonderlast bedarf die Beitragsbelastung einer besonderen Rechtfertigung vor Art. 3 GG[47]. Der zu ihrer Legitimation notwendige Sachgrund bestimmt zum einen die Bildung der Gruppe der Zahlungspflichtigen und zum anderen den Tatbestand und die Höhe des Beitrags. Für den Sozialversicherungsbeitrag gelten typische Rechtfertigungsgründe, wie das Versicherungsprinzip oder die Prinzipien der sozialen Verantwortung und des sozialen Ausgleichs; weitere Legitimationsargumente sind vor Art. 3 GG nicht ausgeschlossen.

26
Rechtsprechung des Bundessozialgerichts

Während das Bundesverfassungsgericht Sozialversicherungsbeiträge wegen ihres Sonderlastcharakters stets am Grundsatz der Belastungsgleichheit mißt[48], also Rechtfertigungsgründe für Grund und Höhe verlangt, hat sich das Bundessozialgericht von derartigen Überlegungen schon weiter entfernt. In der Entscheidung zur Rentenversicherung zweifelt es grundsätzlich die Geltung des Art. 3 GG für Sozialversicherungsbeiträge an, prüft Vergleichsgruppen nur innerhalb der Sozialversicherung, um den Vergleich von nichtversicherten Unbelasteten und versicherten Sonderbelasteten zu vermeiden und äußert sich sehr zurückhaltend zu der Notwendigkeit von Legitimationsprinzipien[49]. Auf diese Weise wird dem Gleichheitsgrundsatz nicht mehr Rechnung getragen.

a) Versicherungsprinzip

27
Versicherungsprämie

Das Versicherungsprinzip bildet den ersten typischen Legitimationsgrund für die Belastung mit Sozialversicherungsbeiträgen[50]. Sie werden in der Funktion einer Versicherungsprämie zur Abdeckung des Risikos der Versichertengemeinschaften gezahlt[51]. Der Versicherte erhält ein Anwartschaftsrecht auf Versicherungsleistung bei Eintreten des Risikos. Soweit ein Sozialversicherungsbeitrag allein dieses Risiko abdeckt, ist er in Grund und Höhe stets als Sonderlast gerechtfertigt. Dabei ist im Versicherungsprinzip auch die mone-

---

47 *Hans F. Zacher*, Sozialpolitik und Verfassung im ersten Jahrzehnt der Bundesrepublik Deutschland, 1980, S. 186; *Wolfgang Rüfner*, Landesbericht für die Bundesrepublik Deutschland, in: Hans F. Zacher (Hg.), Die Rolle des Beitrags in der sozialen Sicherung, 1980, S. 177 (220).
48 BVerfGE 113, 167 (219); BVerfGE 81, 156 (185); 76, 256 (300); 75, 108 (158); *Rainer Wernsmann*, Die Finanzierung der Sozialversicherung durch Beiträge und Steuern aus der Sicht der deutschen Verfassung, in: DRV 2001, S. 67, 68.
49 BSGE 81, 276 (286ff.); kritisch dazu zu Recht z.B. *Fuchs/Preis* (N 9), S. 70f.
50 BVerfGE 113, 167 (221f.); 76, 256 (300f.); *Wernsmann* (N 48), S. 67, 68.
51 BVerfGE 90, 226 (240) m. weit. Nachw.

täre Differenz zwischen den individuellen Zahlungen und den späteren Leistungen an die Versicherten enthalten, denn eine Versicherung beruht auf dem Prinzip, daß die gesamte Gemeinschaft zur Abdeckung eines generellen Risikos zahlt, das nicht bei allen oder nur in individuell verschiedenen Zeiträumen und Volumina auftritt. Der Ausgleich zwischen Jung und Alt in der Krankenversicherung, zwischen Gefährdeten und Ungefährdeten in der Unfallversicherung sowie zwischen Rüstigen und Gebrechlichen in der Pflegeversicherung beruht auf diesem Prinzip genereller Äquivalenz des Beitrags[52].

b) Prinzip der sozialen Verantwortung

Das Versicherungsprinzip herrscht in allen privaten und öffentlichen Versicherungen. Die Sozialversicherung bietet zusätzlich schon in ihrem Namen eine soziale Komponente, die als zweiter typischer Rechtfertigungsgrund dient[53]. Nach dem Prinzip der sozialen Verantwortung zahlen Dritte für Leistungsrechte anderer. Belastungsgrund ist die tatsächlich vorgefundene, besondere Verantwortung für die Absicherung fremder Risiken. Mit diesem Prinzip wird ein Beitrag gerechtfertigt, den ein Dritter für einen Versicherten zahlt, mit dem kein Arbeitsverhältnis besteht. Rechtsprechung und Literatur begründen meist auch den Arbeitgeberanteil paritätisch getragener Beiträge mit diesem Prinzip der sozialen Verantwortung. Dieser Anteil ist aber lediglich ein in der Leistungstechnik geänderter Bestandteil des Arbeitnehmerlohns[54], der nur beim Arbeitgeber als Betriebsausgabe abgezogen und erst in § 3 Nr. 62 EStG von der Lohnsteuer befreit wird. Demnach ist er keine Drittlast und wird nur vom Versicherungsprinzip legitimiert.

28 Drittzahler aus Verantwortung

Das Prinzip der sozialen Verantwortung taugt erst zur Belastung Dritter, wenn sich in tatsächlich vorgefundenen Fallgruppen das besondere Einstehenmüssen für Dritte ergibt, das über das bloße Aufeinanderangewiesensein hinausgeht und historisch-sachlich vorgefunden wird. So werden nach diesem Prinzip Hinterbliebenenrenten, Renten an nicht erwerbsmäßig tätige Pflegepersonen oder Unfallrenten an Nothelfer finanziert.

Besonderes Einstehenmüssen

Das Bundesverfassungsgericht hat zu Recht eine beitragslegitimierende Verantwortung in sonstigen „auf Dauer ausgerichteten, integrierten Arbeitszusammenhängen"[55] vorgefunden. In dieser Entscheidung, die sich mit der Künstlersozialabgabe zwischen Verwertern und Künstlern befaßt, wurde die Definition jedoch sogleich materiell sehr strapaziert, indem das Bundesverfassungsgericht eine solche Verantwortung in „kulturgeschichtlich gewachsenen besonderen Verhältnissen gleichsam symbiotischer Art"[56] erkannte. Diese be-

29 Überdehnung des Prinzips

---

52 BVerfGE 76, 220 (236 f.).
53 BVerfGE 76, 256 (301); 10, 141 (166).
54 Vgl. dazu BVerfGE 97, 35 (44) m. weit. Nachw.; 69, 272 (302); *Josef Isensee*, Empfiehlt es sich, die Zuweisung von Risiken und Lasten im Sozialrecht neu zu ordnen?, in: DJT 1992, Q 35, 53; *Kirchhof* (N 46), S. 161, 165.
55 BVerfGE 75, 108 (158).
56 BVerfGE 75, 108 (158).

griffliche Öffnung des Verantwortungszusammenhanges überdehnt die soziale Verantwortung, weil sie eine Vielzahl von zufälligen Vermittlungs- oder Kaufverträgen mit unterschiedlichen Kontrahenten dauerhaften, personenbezogenen Dienstleistungsbeziehungen des Arbeitsrechts gleichsetzt.

Neuer Ansatz des BVerfG

Ganz verwässert wird das Prinzip sozialer Verantwortung in einem andersartigen, neueren Ansatz des Bundesverfassungsgerichts. Es gestattet dem Gesetzgeber, zur Bildung und Erhaltung leistungsfähiger Solidargemeinschaften neue Pflichtmitglieder in die Sozialversicherung einzubeziehen[57]. Damit werden Dritte ohne soziale Schutzbedürftigkeit allein aus finanziellen Interessen des Sozialversicherungsträgers erfaßt und als Schuldner einer Sonderlast herangezogen, obwohl in ihrer Person gar kein Belastungsgrund, sondern nur eine ergiebige Ertragsquelle gefunden wurde[58].

c) Prinzip des sozialen Ausgleichs

30

Dritter Rechtfertigungsgrund für die Sonderlast ist der soziale Ausgleich zur Umverteilung innerhalb der Versichertengemeinschaft durch gezielte Mehrbelastung einer ihrer Gruppen über deren eigenes Risiko hinaus zum Zweck der Entlastung anderer Gruppen, etwa die beitragsfreie Familienkrankenversicherung[59]. Dieses Prinzip steht in fortwährendem Konflikt mit dem Gleichheitsgrundsatz, denn die Begünstigung der einen Gruppe wird von der besonderen Belastung einer anderen Gruppe getragen, nur weil sie sich in derselben Versichertengemeinschaft befindet. In der Familienversicherung wird so die allgemeine Staatsaufgabe der Familienförderung von Versichertengruppen bestritten, die nur für die Absicherung ihrer eigenen Risiken errichtet werden, statt deren Finanzierung der Allgemeinheit und damit dem Steuerzahler anzulasten[60]. Der Grundsatz der Belastungsgleichheit verlangt in solchen Fällen eine Steuer-, keine Beitragsfinanzierung.

Konflikt mit Belastungsgleichheit

31

Überdehnung des Prinzips

Das Bundesverfassungsgericht will neuerdings derartige Bedenken allgemein abwehren, indem es jeglichen sozialen Ausgleich in das Versicherungsprinzip mit dem Argument einbezieht, jeder könne von der Rolle des Ausgleichsfinanzierers in die des Ausgleichsempfängers geraten[61]. Das überzeugt nicht, denn dieser soziale Ausgleich geht über die Verteilung des Gesamtrisikos aller Versicherten einer Gemeinschaft hinaus und belastet nach anderen Merkmalen. Er löst sich vom Risikogedanken. Die Sozialversicherung schützt bei Unfall, Krankheit oder Pflegebedürftigkeit, aber nicht vor schlechten Vermögenslagen oder Einkommensverhältnissen.

---

57 BVerfGE 113, 167 (220 f.); ebenso *Joachim Wieland*, Verfassungsrechtliche Grenzen der Beitragserhebung in der gesetzlichen Krankenversicherung, in: VSSR 2003, S. 259, 269 und 271.
58 *Ferdinand Kirchhof*, Finanzierungsinstrumente des Sozialstaats, in: DStJG 29, S. 45, 54.
59 § 3 S. 3 SGB V.
60 *Kirchhof* (N 58), S. 45, 54.
61 BVerfGE 113, 167 (221).

Zu Recht geht das Gericht jedoch davon aus, der soziale Ausgleich sei bereits traditionell in der Sozialversicherung akzeptiert[62]. In der Tat ist die herkömmliche Belastung – gerade in der Familienversicherung[63] – von Art. 74 und 87 GG historisch vorgefunden und anerkannt worden und deshalb zulässig. Dieses materiell allerdings schwache Traditionsargument kann aber keine Ausdehnung des sozialen Ausgleichs über den historischen Tatbestand hinaus legitimieren[64]. Die Gesetzgebung trägt dem zur Zeit nicht Rechnung.

32
Schwaches Traditionsargument

d) Weitere Legitimationsgründe

Weitere Legitimationsgründe der Sonderlast der Sozialversicherungsbeiträge sind vor Art. 3 GG möglich. So hat eine Belastung erwerbstätiger Rentner zur Vermeidung von Wettbewerbsverzerrungen gegenüber anderen Erwerbstätigen vor dem Grundsatz der Belastungsgleichheit Bestand[65]. „Beliebige Konfigurationen, die sich der Gesetzgeber fallweise zusammensuchen kann", sind allerdings nicht ausreichend[66]; sachliche Belastungsgründe müssen als ökonomische oder historische, belegbare Fakten nachgewiesen werden. Die typischen Prinzipien der Versicherung, der Verantwortung und des sozialen Ausgleichs bleiben aber die regelmäßigen Legitimationsgründe für den Sozialversicherungsbeitrag.

33

Sachliche, belegbare Gründe

e) Untaugliche Rechtfertigungsgründe

Auf der Suche nach Geld für unterfinanzierte Sozialversicherungsträger und damit nach umfangreicheren Rechtfertigungsgründen haben Gesetzgebung und Rechtsprechung weitere Argumentationstopoi gefunden, um eine ausgreifendere Sonderbelastung zu legitimieren. Der Grundsatz der Solidarität wird in der öffentlichen Diskussion dazu oft als sprachlich sympathischer Begriff eingesetzt[67]. In der Realität handelt es sich aber eher um einen politischen Kampfbegriff ohne Inhalt, der emotionale Sperren oder Tabus gegen eine rationale und gerechte Beitragsbemessung aufstellt. Sofern sich ein Solidaritätsprinzip mit den drei genannten Prinzipien der Versicherung, der Verantwortung und des Ausgleichs decken sollte, ist er als zusätzlicher Begriff überflüssig; die drei anderen können trennschärfer den legitimierenden Sachgrund für die Sonderbelastung darstellen. In einem weiter verstandenen, populären Sinn beschreibt er allein ein vages Einstehenmüssen einer Person für eine andere, ohne die eigentliche Sachlegitimation dafür zu benennen. Er belegt einen Tatbestand oder einen Wunsch nach Geldtransfer, aber

34

Grundsatz der Solidarität

---

62 BVerfGE 113, 167 (196).
63 Auf Art. 6 GG ist die Familienversicherung nicht zu stützen. Der Schutz der Familien in Art. 6 GG berechtigt zur Begünstigung von Ehegatten und Kindern in der Familienversicherung; das Grundrecht gibt aber wegen seiner Funktion als Abwehrrecht gegen den Staat umgekehrt keinen Titel zur Belastung der anderen Mitversicherten.
64 *Wolfgang Rüfner*, Gleichheitssatz und Willkürverbot – Struktur und Anwendung im Sozialversicherungsrecht, in: NZS 1992, S. 81.
65 BVerfGE 14, 312 (318 ff.).
66 BVerfGE 75, 108 (158).
67 Z.B. BVerfGE 69, 272 (303); 58, 81 (110); *Wieland* (N 57), S. 259, 264 f. und 273 ff.

35
Grundsatz der Leistungsfähigkeit

nicht dessen Rechtfertigung. Als trennscharfes Prinzip zur Rechtfertigung taugt er nicht.

Auch das Leistungsfähigkeitsprinzip ist kein Rechtfertigungsgrund für diese Sonderlasten. Beitragspflichten nach der Leistungsfähigkeit des jeweiligen Abgabenschuldners verletzen den Gleichheitsgrundsatz[68], sofern die Sozialversicherung nicht Lohn- oder Arbeitsentgelt ersetzt. Obwohl das Bundesverfassungsgericht zu Recht festgestellt hat, daß allgemeine Leistungsfähigkeitserwägungen nicht zur Sonderbelastung mit Sozialversicherungsbeiträgen ausreichen[69], haben in den folgenden Jahren Gesetze[70] und Rechtsprechung[71] zunehmend mit ihnen argumentiert. Eine Belastung nach Leistungsfähigkeit würde die Beiträge in gefährliche Nähe zur Steuer rücken. Risiko und soziale Verantwortung korrespondieren nicht mit der Leistungsfähigkeit des Versicherten. Die Leistungsfähigkeit erfaßt disponible Finanzmittel, der Sozialversicherungsbeitrag fordert eine besondere Legitimation aus dem Versicherungsverhältnis. Wer nach Leistungsfähigkeit in der Sozialversicherung belastet, übersieht, daß der Kreis der Beitragsschuldner in einer Versichertengemeinschaft für ihre Sonderinteressen gebildet ist, nur bestimmte Personen erfaßt und andere, zum Beispiel Selbständige und Beamte, ausspart. Die bereits von der allgemeinen Steuer abgeschöpfte Leistungsfähigkeit kann nicht ein zweites Mal zur Rechtfertigung einer Sonderbelastung dienen.

36
Finanzierbarkeit und Stabilität der Sozialversicherung

Als dritter untauglicher Rechtfertigungsgrund für eine Belastung mit Beiträgen werden nach der Rechtsprechung die Finanzierbarkeit und Stabilität der Sozialversicherung als hohes Verfassungsgut angeführt[72]. Selbstverständlich ist die Stabilität der Sozialversicherung ein hohes Gut und ihre Finanzierung unerläßlich. Dieser Befund ergibt aber noch keinen Eingriffstitel für Sonderlasten. Er würde sogar ihren aktuellen Finanzbedarf zur Belastungsrechtfertigung erklären. Andere Staatsaufgaben wie Bildung, Infrastruktur oder Umweltschutz sind gleichermaßen wichtig. Es ist aber noch niemand auf die Idee gekommen, allein in der Bedeutung einer Aufgabe einen Eingriffsgrund für Sonderbelastungen zu sehen.

II. Bundeszuschuß

1. Begrenzter Zuschuß des Bundes

37
Zunehmende Bedeutung

Neben den Sozialversicherungsbeiträgen nimmt der Bundeszuschuß wegen der gestiegenen Sozialleistungen und der Änderungen im Altersaufbau der Bevölkerung eine zunehmend größere Rolle in der Sozialfinanzierung ein. Vor allem die Kranken- und Rentenversicherung können ihren Haushaltsbedarf nicht mehr allein durch Beiträge decken; in der Pflegeversicherung zeich-

---

68 *Walter Kannengießer*, Vom Sozialrecht zur Sozialsteuer?, in: FS für Franz Klein, 1994, S. 1119, 1131.
69 BVerfGE 75, 108 (158).
70 Z.B. § 240 Abs. 1 S. 2 SGB V.
71 Z.B. BVerfGE 92, 53 (69 ff.); 79, 223 (237); BSG, in: SGb 1987, S. 169, 171 f.
72 BVerfG, Beschluß v. 18.7.2005, Rz. 127 ff.

net sich mittlerweile ebenfalls eine Beitragsunterdeckung ab. Hier springt der Staatszuschuß als erhebliches, meist dauerndes Finanzierungsmittel ein[73]. Da nach Art. 120 Abs. 1 S. 4 GG der Bund die Zuschüsse zu den Lasten der Sozialversicherung mit Einschluß der Arbeitslosenversicherung und der Arbeitslosenhilfe trägt, wird in Durchbrechung des Grundsatzes der Verwaltungskausalität aus Art. 104 a Abs. 1 GG ein Zuschuß stets vom Bund geleistet. Den Ländern ist eine derartige Finanzierung auch für ihre eigenen Sozialversicherungsträger untersagt[74]. Aus dem Terminus „Zuschuß" ergibt sich ferner sein begrenztes Volumen. Die Sozialversicherung kann nicht auf eine völlige Finanzierung in dieser Form umgestellt werden. Der Typus der beitragsgedeckten Sozialversicherung muß erhalten bleiben[75].

2. Zuschuß als unproblematische Budgetentscheidung

Der Bundeszuschuß ist verfassungsrechtlich in der Regel unproblematisch, denn er erfordert keine neue Sonderbelastung der Bürger, sondern wird aus dem Bundeshaushalt geleistet. Als bloße Verwendungsentscheidung des Haushaltsgesetzgebers mit umfassendem Budgetermessen äußert sich in ihm die staatliche Fürsorge für die Sozialversicherung.

38
Keine neue Sonderbelastung der Bürger

3. Arten

Zeitlich begrenzte, situative Zuschüsse in Einzelfällen werden an notleidende Sozialversicherungsträger wegen gesetzlicher Liquiditätsgarantien in der Form von zinslosen Darlehen[76], selten als verlorene Zuschüsse[77] gewährt. Dauernde Zuschüsse sollen Unterdeckungen in der Beitragsfinanzierung eines Sozialversicherungsträgers ausgleichen. Bei allgemeinen Defiziten im Haushalt eines Trägers werden sie an Änderungen in der Summe der Arbeitsentgelte oder der Beitragssätze geknüpft[78]. Nimmt ein Sozialversicherungsträger nicht beitragsgedeckte[79], versicherungsfremde[80] oder gesetzlich übertragene[81] Zusatzaufgaben wahr, so werden besondere dauernde Zuschüsse geleistet, um Fremdlasten oder allgemeine Staatsaufgaben nicht über Beiträge zu finanzieren.

39
Situative und dauernde Zuschüsse

---

73 Der Allgemeine Bundeszuschuß zur Rentenversicherung betrug z.B. 2003 36,6 Mrd. Euro; insgesamt werden vom Bund mit 53,9 Mrd. Euro 24,1 % ihrer gesamten Einnahmen finanziert; BReg. v. 13.8.2004, in: DRV 2004, S. 569, 571.
74 *Ulrich Häde*, Finanzausgleich, 1996, S. 99; *Kirchhof* (N 46), S. 161, 162.
75 Z.B. *Hermann Butzer*, Fremdlasten in der Sozialversicherung, 2001, S. 640 f.
76 Z.B. § 214 SGB VI.
77 Z.B. § 364 SGB III.
78 Z.B. § 213 Abs. 2 SGB VI.
79 § 46 Abs. 1 SGB II, § 213 Abs. 3 und 4 SGB VI.
80 § 221 SGB V.
81 § 363 SGB III.

4. Funktion

40
Erhebungsgrund und Aufkommenswidmung

Nach Art. 3 GG bedürfen Sozialversicherungsbeiträge eines besonderen Erhebungsgrundes; dieser bestimmt ebenfalls über die Verwendung des Beitragsaufkommens[82]. Art. 3 GG verbietet es, dem Krankheitsrisiko gewidmete Beiträge zum Beispiel für Arbeitsbeschaffungsmaßnahmen einzusetzen. Weil sie widmungsgerecht zu verwenden sind, können mit ihnen Fremdlasten oder allgemeine Staatsaufgaben nicht bestritten werden. Diese Aufgabe kommt dem Zuschuß nach Art. 120 Abs. 1 S. 4 GG zu[83]. Das Bundesverfassungsgericht hat in solchen Fällen eine Verpflichtung zum Bundeszuschuß allerdings verneint[84], weil es im sozialen Ausgleichsprinzip eine Berechtigung zur Finanzierung der Gesamtaufgaben eines Sozialversicherungsträgers aus seinem Beitragsaufkommen sieht. Auch könne eine in Art. 87 Abs. 2 GG körperschaftlich organisierte Sozialversicherung innerhalb der jeweiligen Versichertengemeinschaft beliebig umverteilen. Diese Auffassung führt zu einer beliebigen Verwendung des Beitragsaufkommens, obwohl diese Abgaben zu einem bestimmten Zweck erhoben wurden und damit nicht wie das Aufkommen aus voraussetzungslos erhobenen Steuern disponibles Finanzvolumen erbringen.

41
Inkongruenz von Zwecksteueraufkommen und Versicherungsbedarf

Ökonomische Probleme können Zuschüsse hervorrufen, die aus Zwecksteuern stammen. Werden Zuschüsse an die gesetzliche Krankenkasse für versicherungsfremde Leistungen aus dem Tabaksteueraufkommen finanziert[85], so kann der Steuerstaat politisch geschickt Steuererhöhung und Finanzierungszweck miteinander verbinden. Steueraufkommen und damit gedeckter Sozialversicherungsbedarf können sich aber gegenläufig entwickeln. Wird ein fester Anteil an der Tabaksteuer für die gesetzliche Krankenversicherung eingesetzt, so ist es möglich, daß ein überraschend hohes Steueraufkommen der Sozialversicherung zuviel Ertrag bringt oder daß ein enttäuschender Steuerertrag deren Defizite nicht vollständig abdecken kann. Im letztgenannten Fall muß der Zuschuß bedarfsgerecht ausfallen und der Hinweis auf seine Finanzierung aus dem Zwecksteueraufkommen bleibt unverbindlich. Fehlbeträge müssen von anderen Haushaltstiteln des Staates ausgeglichen werden.

III. Transfers zwischen Sozialversicherungsträgern

1. Dauerhafte Finanzquelle

42

Da das Sozialversicherungssystem bisher in zahlreiche selbständige Träger mit eigenständigem Aufkommen und Haushalten gegliedert ist, greift der Gesetzgeber bei Defiziten des einen Trägers immer häufiger in die Haushalte des anderen ein, um nicht selbst zum Zuschuß herangezogen zu werden. Deshalb

---

82 BVerfGE 113, 167 (203 ff.).
83 So z. B. auch *Butzer* (N 75), S. 310 u. 638 ff.; *Reiter* (N 46), S. 1101, 1116 ff.; *Walter Leisner*, Fremdlasten der Sozialversicherung – ein schwerwiegender Verfassungsverstoß, in: NZS 1996, S. 97, 101.
84 BVerfGE 113, 167 (211 ff.).
85 § 221 SGB V. In der Rentenversicherung erbringen nach § 213 Abs. 3 und 4 SGB VI Umsatz- und Energiesteuern einen „zusätzlichen Bundeszuschuß" und einen „Erhöhungsbetrag".

sind gesetzlich angeordnete Transfers zwischen Sozialversicherungsträgern mittlerweile zur dauernden Einrichtung und zur erheblichen Einnahmequelle angewachsen, obwohl sie Autonomie und finanzielle Eigenständigkeit dieser Träger bedrohen, die zweckgebundenen Beiträge der Versicherten unter der Hand für andere Versicherungsaufgaben und -gemeinschaften umwidmen und die Transparenz und Effizienz der einzelnen Träger verschwimmen lassen.

Umgehung der Zuschußpflicht

2. Arten

Transfers bestehen in den drei Grundformen der Gemeinlast, des Finanzausgleichs und des Haftungsverbunds. Bei der Gemeinlast bestreiten Sozialversicherungsträger die Kosten für gleichgeartete Aufgaben kollektiv. Dauernde Gemeinlastverbünde mit erheblichem Ausmaß existieren in der Renten-, Unfall- und Pflegeversicherung[86]. Andere Gemeinlasten werden nur begründet, wenn ein Sozialversicherungsträger überdurchschnittlich hohe Ausgaben nicht mehr aus eigenen Kräften decken kann[87], oder sie entstehen fallbezogen, wenn durch Umlagen bestimmte besonders aufwendige Leistungsfälle gemeinsam finanziert werden[88].

43
Gemeinlast

Als zweiter Transfertyp kommt der Finanzausgleich unter Sozialversicherungsträgern vor, der einen Ausgleich von Haushaltsdefiziten vorsieht[89]. Eine Sonderform dieses Finanzausgleichs stellt der Risikostrukturausgleich nach § 266 ff. SGB V in der gesetzlichen Krankenversicherung dar. Um einen günstigen eigenen Beitragssatz zu erreichen, haben Krankenversicherungen unter anderem die Option, möglichst viele Versicherte mit guten gesundheitlichen Risiken als Mitglieder zu gewinnen. Dieser Wettbewerb um gute Risiken anstelle des Bemühens um kostengünstige Aufgabenerfüllung ist politisch nicht gewünscht. Daher wird mit dem Risikostrukturausgleich ein Transfer nach Finanzbedarf, Einnahmen und Morbiditätsfaktoren der jeweiligen Krankenversicherung angeordnet.

44
Finanzausgleich

In jüngster Zeit ist bei den Betriebskrankenkassen eine neue Form des Eventualtransfers aufgetaucht, der Haftungsverbund. Die Verbände dieser Kassen müssen für die Verbindlichkeiten von Kassen haften, die geschlossen wurden, und dürfen die dadurch entstehende Belastung durch Umlagen bei den anderen Mitgliedskassen refinanzieren[90]. Auf diese Weise wird für die anderen Verbandskassen eine Zusatzlast begründet, die Transfers zwischen den Krankenkassen hervorruft.

45
Haftungsverbund

---

86 §§ 219 SGB VI, 173 SGB VII, 66 SGB XI.
87 Z.B. Rentenlastenausgleich unter gewerblichen Berufsgenossenschaften nach § 176 SGB VII.
88 §§ 265, 265 a und 269 SGB V.
89 Z.B. früher in der Rentenversicherung nach § 218 SGB VI.
90 §§ 155, 265 a SGB V.

3. Gefahren der Transfers

46
Bedrohung der Finanzautonomie

Die Transfers zwingen die Sozialversicherungsträger in ein Geflecht situativ entstandener Finanzverbünde, die spezielle und einzelne Finanzprobleme lösen wollen[91], im Ergebnis jedoch dauerhaft die Finanzautonomie der Sozialversicherungszweige und -träger aufheben. Sie verwischen die Verantwortlichkeit für das Finanzgebaren der jeweiligen Kasse und führen finanziell von einem System vieler einzelner Kassen zur großen Einheitskasse, obwohl man mit derartigen Großorganisationen bei der Bundesagentur für Arbeit und bei der Deutschen Rentenversicherung wenig positive Erfahrungen gemacht hat. Für das Publikum werden an der Haustür der einzelnen Kasse ein gegliedertes System und eine Beitragsbelastung für die Abdeckung des eigenen Risikos suggeriert, während man die Finanzen im Haus bereits bundesweit zusammengelegt hat. Dies begründet Gefahren für Transparenz und Beitragsgerechtigkeit.

47
Risikostrukturausgleich

Der Risikostrukturausgleich bietet hierfür ein eindrückliches Beispiel. Als Transfer marginalen Volumens konzipiert, bewegt er jährlich mittlerweile ca. 16 Mrd. Euro. Das übertrifft den Umfang des horizontalen Finanzausgleichs zwischen den Ländern nach Art. 107 Abs. 2 GG. Jener besitzt im Grundgesetz eine ausdrückliche Zulassung; der Risikostrukturausgleich wird aber ohne positive verfassungsrechtliche Befugnis allein auf die „Sozialversicherung" in Art. 74 Abs. 1 Nr. 12 GG gestützt. Die einzelne Krankenkasse kann ihr Jahresbudget mittlerweile nicht mehr zuverlässig kalkulieren, weil der Risikostrukturausgleich zu nicht vorausberechenbaren, fast zufälligen, zusätzlichen Finanzlasten erheblichen Ausmaßes führt. So wurde der Risikostrukturausgleich 1995 viermal ausgeglichen, in sechs Jahresrechnungen berücksichtigt und fünfzehnmal neu eingefordert; im Jahr 2001 ist er vom Bundesversicherungsamt zum 25. Mal neu berechnet worden. Der belastende Zufall im Finanzverbund für den einzelnen Sozialversicherungsträger wird zum dauerhaften Unfall im Haushaltswesen der Sozialversicherung.

---

91 „Die Praxis der Zuschüsse hatte bisweilen manipulativen, an der jeweiligen Haushaltslage ausgerichteten Charakter." Vgl. *Reiter* (N 46), S. 1101, 1109.

C. Liquiditätsgarantien für Sozialversicherungsträger

I. Einfachgesetzliche Haftung des Bundes

Bundeszuschüsse werden für versicherungsfremde, staatlich übertragene oder nicht beitragsgedeckte Aufgaben der Sozialversicherungsträger meistens als verlorene Zuschüsse endgültig geleistet. Festgestellten oder drohenden Defiziten einzelner Sozialversicherungsträger begegnet man in erster Linie mit Transfers zwischen ihnen, vor allem im Wege des Finanzausgleichs und des Haftungsverbunds. Wenn beide Finanzierungsmethoden nicht mehr ausreichen, garantiert der Bund teilweise einfachgesetzlich die Liquidität der Sozialversicherungsträger. Er bietet eine Garantie im Vorfeld drohender Insolvenz als ultima ratio[92]. Tritt der Liquiditätsnotstand ein, so hilft der Bund mit rückzahlbaren Liquiditätshilfen; in gravierenden und langfristigen Notfällen kann die Garantie auch in einen endgültigen Bundeszuschuß ohne Rückzahlungspflicht münden. Derartige Garantien sind nach Art. 120 Abs. 1 S. 4 GG nur vom Bund, nicht von den Ländern zu leisten.

48 Rückzahlbare und endgültige Liquiditätshilfen

Einfachgesetzliche Liquiditätsgarantien sind in der Arbeitslosen- und in der Rentenversicherung vorgesehen. Nach § 364 SGB III erhält die Bundesagentur für Arbeit Liquiditätshilfen als zinslose Darlehen, die zurückzuzahlen sind; nach § 214 SGB VI steht den Trägern der Rentenversicherung in Notfällen eine Liquiditätshilfe des Bundes zu, die ebenfalls als zinsloses, rückzahlbares Darlehen zur Verfügung gestellt wird. Während die Bundesgarantie in der Rentenversicherung stets nur vorläufige Liquidität bereitstellt, wandelt sie sich in der Arbeitslosenversicherung nach § 365 SGB III bei Finanznot über das Haushaltsjahr hinaus in einen endgültigen Zuschuß um. In den anderen Zweigen der Sozialversicherung sind derartige Liquiditätshilfen des Bundes nicht vorgesehen.

49 Einfachgesetzliche Liquiditätsgarantien

II. Liquiditätshaftung Dritter

Da Art. 120 Abs. 1 S. 4 GG lediglich die Lastentragung zwischen Bund und Ländern regelt, aber keine Aussage über das Verhältnis des Sozialstaats zur Gesellschaft trifft, bleibt es den Sozialversicherungsgesetzen unbenommen, außerhalb der notwendigen staatlichen Grundsicherung private Dritte im Wege der Haftung für die Liquidität eines Sozialversicherungsträgers heranzuziehen, sofern ihnen besondere Verantwortung für ihn zukommt. Das ist bei den gesetzlichen Krankenkassen der Fall, die zugunsten bestimmter Betriebe oder Berufszweige errichtet worden sind. So tragen unter anderem die Arbeitgeber die Haftung für Defizite ihrer Betriebskrankenkasse[93] und die

50 Einfachgesetzliche Garantenstellung Privater

---

[92] *Ferdinand Kirchhof*, Finanzierung der Krankenversicherung, in: Bertram Schulin (Hg.), Handbuch des Sozialversicherungsrechts, Bd. I, 1994, § 53 Rn. 56.
[93] § 155 Abs. 4 SGB V und § 156 SGB V erweitern dies allerdings auf die öffentlichen Verwaltungen, die Betriebskrankenkassen unterhalten.

Innungen für die Fehlbeträge der ihnen zugeordneten Innungskrankenkassen[94]. Damit werden einzelgesetzliche Haftungspflichten begründet, die zu Ansprüchen führen können.

III. Verfassungsrechtliche Bundesgarantie

51 Wenn Defizite der Sozialversicherungsträger entstehen, die sie nicht mehr selbst bereinigen können, und einfachgesetzlich keine staatliche Liquiditätshilfe vorgesehen ist, stellt sich die Frage, ob Art. 120 Abs. 1 S. 4 GG den Bund unmittelbar zur Deckung verpflichtet.

52
Entscheidungen des Bundessozialgerichts

Zweifelsohne gibt Art. 120 Abs. 1 S. 4 GG dem Bund die Befugnis zur Leistung von Zuschüssen an die Sozialversicherungsträger. Fraglich ist indessen, ob sich aus Art. 120 Abs. 1 S. 4 GG auch eine objektive Verpflichtung oder gar ein subjektiver Anspruch einer notleidenden Versicherungsgemeinschaft auf Liquiditätshilfe gegen den Bund ergibt. Das Bundessozialgericht hat in zwei Entscheidungen aus der Lastenverteilungsregel des Art. 120 GG eine Finanzverantwortung des Bundes für Allgemeine Ortskrankenkassen herausgelesen[95], die auch bundesgesetzlich nicht beseitigt werden könne[96]. Sozialstaatsprinzip und Art. 120 Abs. 1 S. 4 GG bürdeten dem Bund die Finanzverantwortung für die Allgemeinen Ortskrankenkassen auf. Die einzelne Kasse könne daraus zwar nicht unmittelbar einen Anspruch herleiten; es stehe aber verfassungskräftig fest, daß eine objektive Verpflichtung des Bundes bestünde, die allerdings noch gesetzlich ausgeformt werden müsse[97]. Damit hat das Bundessozialgericht eine Garantie des Bundes für die Liquidität von Sozialversicherungsträgern dem Grunde nach festgestellt.

53
Objektive Pflicht statt individueller Anspruch

Einig ist man sich mittlerweile darüber, daß aus Art. 120 Abs. 1 S. 4 GG kein individueller Anspruch der einzelnen Kasse gegenüber dem Bund hervorgeht[98]. Eine objektive Rechtspflicht des Bundes zur Auffüllung anderweitig nicht gedeckter Defizite dürfte sich aber aus Art. 120 Abs. 1 S. 4 GG ergeben. Wenn das Sozialstaatsprinzip nach Art. 20 Abs. 1 und Art. 28 Abs. 1 GG den Staat verpflichtet, soziale Sicherung bereitzustellen, wenn die Anstaltslast als allgemeines Rechtsinstitut jeden Anstaltsträger zur finanziellen Sicherung der Aufgabenerfüllung seiner Anstalt zwingt, weil er diese auf die Organisation mittelbarer Staatsverwaltung ausgelagert hat[99], dann kann die indikativische Anordnung in Art. 120 Abs. 1 S. 4 GG, daß der Bund Zuschüsse „leistet", nur bedeuten, daß er zur Liquiditätshilfe verpflichtet ist. Sie ist allerdings als ultima ratio unter die Bedingung gestellt, daß auf andere Weise keine aufgabengerechte Finanzierung zu erreichen ist.

---

94 § 164 Abs. 5 SGB V.
95 BSGE 47, 148 (155); 34, 177.
96 In BSGE 90, 231 (263) läßt es diese Frage wieder offen.
97 Vgl. auch BVerfGE 14, 221 (235).
98 BVerfGE 14, 221 (235); BVerfGE 113, 167 (213 f.); *Häde* (N 74), S. 99; *Reiter* (N 46), S. 1101, 1105.
99 Vgl. hierzu *Iris Kemmler*, Die Anstaltslast, 2001, S. 73 ff., 158 ff.

D. Haushalt der Sozialversicherung

I. Kopie des staatlichen Haushaltsrechts

Das in den §§ 67 ff. SGB IV skizzierte Haushaltsrecht der Sozialversicherungszweige kopiert weitgehend das staatliche Haushaltsrecht; es weicht nur ab, wo sozialversicherungsrechtliche Besonderheiten es verlangen. Diese Vorschriften sowie aufgrund des § 78 SGB IV erlassene Verordnungen regeln den Haushaltskreislauf mit seinem jährlichen Haushaltplan, der von der Vertreterversammlung nach § 70 Abs. 1 SGB IV beschlossen wird[100]. Der Haushaltsplan ist genehmigungspflichtig[101], weil die Haushaltsautonomie nur der Detaillierung und Ausführung der sozialversicherungsrechtlichen Gesetzesvorschriften dienen soll.

54

Jährlicher Haushaltsplan

II. Spartenhaushalte

Besonderheiten treten auf, wenn ein Sozialversicherungsträger mehrere Sozialversicherungszweige oder -sparten betreut. Dann wird die Trennung der Haushalte in zwei oder mehrere Einzelhaushaltspläne vorgesehen. So ist nach § 71 SGB IV der Haushaltsplan der Deutschen Rentenversicherung Knappschaft-Bahn-See jeweils gesondert für die Kranken-, die Pflege- sowie für die allgemeine und knappschaftliche Rentenversicherung festzustellen.

55

Haushaltstrennung bei Doppelaufgabe

---

100 Bei der Bundesagentur für Arbeit stellt ihn der Vorstand auf; § 71 a SGB IV.
101 Z.B. §§ 70 Abs. 2–5, 71 Abs. 3, 71a Abs. 2, 71 d SGB IV.

E. Bibliographie

Peter Axer, Normsetzung der Exekutive in der Sozialversicherung, 2000.
Joachim Becker, Transfergerechtigkeit und Verfassung, 2001.
Friedhelm Hase, Versicherungsprinzip und sozialer Ausgleich, 2000.
Ferdinand Kirchhof, Sozialversicherungsbeitrag und Finanzverfassung, in: NZS 1999, S. 161 ff.
ders., Verfassungsrechtliche Probleme einer umfassenden Kranken- und Rentenversicherung – „Bürgerversicherung", in: NZS 2004, S. 1 ff.
ders., Finanzierungsinstrumente des Sozialstaats, in: DStJG 29, S. 45 ff.
Heinrich Reiter, Soziallast als Steuerlast, in: FS für Franz Klein, 1994, S. 1101 ff.
Christian Rolfs, Das Versicherungsprinzip im Sozialversicherungsrecht, 2000.
Arndt Schmehl, Das Äquivalenzprinzip im Recht der Staatsfinanzierung, 2004.

Personenregister

Aristoteles **118** 23, 33

Bachof, Otto **110** 27
Barbey, Günther **112** 20
Becker, Enno **116** 85
Bettermann, Karl August **112** 2, 59f., 63f., 67, 70ff., 74, 79f.
Birnbacher, Dieter **123** 5
Blankart, Charles **123** 7
Bluntschli, Johann Caspar **123** 3
Buchanan, James McGill **116** 136, **123** 6
Burckhardt, Jacob **123** 2

Colbert, Jean-Baptiste **116** 37

Dernburg, Heinrich **122** 41
Dietzel, Carl **123** 2
Dürig, Günter **121** 32

Ehrlich, Eugen **100** 1
Erzberger, Matthias **116** 71
Eschenburg, Theodor Rudolf Georg **111** 47

Forsthoff, Ernst **110** 27, **116** 116f.
Friedman, Milton **117** 2, **123** 9
Friedrich der Große (König von Preußen) **118** 9, 129
Friesenhahn, Ernst **106** 11

Gneist, Rudolf von **108** 86

Heitmann, Steffen **111** 68, **113** 62
Heller, Hermann **101** 56
Hensel, Albert **116** 66, **123** 4
Höpker-Aschoff, Hermann **116** 79, **120** 12

Jellinek, Walter **110** 27
Jesch, Dietrich **101** 23
Jhering, Rudolf von **122** 41
Jonas, Hans **123** 5

Kant, Immanuel **123** 5
Keynes, John Maynard **120** 21, **123** 8, 61

Klüber, Johann Ludwig **123** 7
Krüger, Herbert **106** 9, **111** 64, **122** 26

Laband, Paul **100** 8f., **116** 142, **120** 52, **122** 20, 24, **123** 20
Law, John **116** 37
Lenin, Wladimir Iljitsch **117** 4
Lerner, Abba Ptachya **123** 6

Mangoldt, Hermann von **118** 128
Mayer, Otto **108** 38, 102, **116** 85, **122** 40ff.
Mazarin, Jules **116** 37
Merkl, Adolf Julius **109** 5
Mohl, Robert von **122** 116
Musgrave, Richard Abel **123** 3

Neumark, Fritz **120** 1, 15
Niskanen, William A. **123** 85

Peters, Hans **123** 3
Popitz, Johannes **118** 193

Rawls, John **123** 5
Ricardo, David **123** 2
Richelieu (Kardinal) **116** 37
Richter, Lutz **108** 90
Roethe, Eberhard **103** 43

Scheuner, Ulrich **106** 8
Schumpeter, Joseph Alois **123** 98
Smith, Adam **123** 9, 13, 49
Sully, Herzog von **116** 37

Tatarin-Tarnheyden, Edgar **122** 11
Thoma, Richard **108** 32
Tocqueville, Alexis de **118** 14
Triepel, Heinrich **116** 155

Wagner, Adolph **123** 27
Weber, Maximilian Carl Emil **107** 5
Weber, Werner **116** 21
Wicksell, Knut **116** 136
Wolff, Hans Julius **110** 24

Zachariä, Heinrich Albert **122** 14

Halbfette Zahl = §§; magere Zahl = Rn.

Gesetzesregister

Übersicht

I. Verfassungsrecht
   1. Grundgesetz (chronologisch)
   2. Änderungsgesetze zum Grundgesetz (chronologisch)
   3. Herrenchiemseer-Entwurf von 1948
   4. Weimarer Reichsverfassung von 1919
   5. Reichsverfassung von 1871
   6. Verfassung des Norddeutschen Bundes von 1867
   7. Preußische Verfassung von 1850
   8. Frankfurter Paulskirchenverfassung von 1849
   9. Verfassungen der Deutschen Demokratischen Republik (chronologisch)
   10. Landesverfassungen (alphabetisch)
   11. Alte Landesverfassungen (alphabetisch)

II. Dokumente zur Rechtslage Deutschlands
   Vertrag über die Herstellung der Einheit Deutschlands (Einigungsvertrag) vom 31. August 1990

III. Bundesrecht (alphabetisch)
   1. *AbfG*, Abfallgesetz
   2. *AbgG*, Abgeordnetengesetz
   3. *AbwAG*, Abwasserabgabengesetz
   4. *AEG*, Allgemeines Eisenbahngesetz
   5. *AFG*, Arbeitsförderungsgesetz
   6. *AGG*, Allgemeines Gleichbehandlungsgesetz
   7. *AktG*, Aktiengesetz
   8. *ALG*, Gesetz über die Alterssicherung der Landwirte
   9. *AlkopopStG*, Alkopopsteuergesetz
   10. *AltölG*, Altölgesetz
   11. *AMG*, Arzneimittelgesetz
   12. *AO*, Abgabenordnung
   13. *ArbGG*, Arbeitsgerichtsgesetz
   14. *ArbSchG*, Arbeitsschutzgesetz
   15. *ARG*, Anhörungsrügengesetz
   16. *AStG*, Außensteuergesetz
   17. *AsylVerfG*, Asylverfahrensgesetz
   18. *AtG*, Atomgesetz
   19. *AtSMV*, Atomrechtliche Sicherheitsbeauftragten- und Meldeverordnung
   20. *AuslG*, Ausländergesetz
   21. *AuslInvestmG*, Auslandinvestmentgesetz
   22. *AWG*, Außenwirtschaftsgesetz
   23. *BABG*, Gesetz über die vermögensrechtlichen Verhältnisse der Bundesautobahnen und sonstigen Bundesstraßen des Fernverkehrs
   24. *BauGB*, Baugesetzbuch
   25. *BAVAV*, Gesetz über die Errichtung einer Bundesanstalt für Arbeitsvermittlung und Arbeitslosenversicherung

26. *BBankG*, Gesetz über die Deutsche Bundesbank
27. *BBesG*, Bundesbesoldungsgesetz
28. *BBG*, Bundesbeamtengesetz
29. *BDG*, Bundesdisziplinargesetz
30. *BDSG*, Bundesdatenschutzgesetz
31. *BeamtVG*, Beamtenversorgungsgesetz
32. *BerBiFG*, Berufsbildungsförderungsgesetz
33. *BerHG*, Beratungshilfegesetz
34. *BetrAVG*, Betriebsrentengesetz
35. *BetrVG*, Betriebsverfassungsgesetz
36. *BewG*, Bewertungsgesetz
37. *BGB*, Bürgerliches Gesetzbuch
38. *BGG*, Behindertengleichstellungsgesetz
39. *BGleiG*, Bundesgleichstellungsgesetz
40. *BHO*, Bundeshaushaltsordnung
41. *BImSchG*, Bundes-Immissionsschutzgesetz
42. 5. *BImSchV*, Verordnung über Immissionsschutz- und Störfallbeauftragte
43. 22. *BImSchV*, Verordnung über Immissionswerte für Schadstoffe in der Luft
44. *BJagdG*, Bundesjagdgesetz
45. *BLV*, Bundeslaufbahnverordnung
46. *BMinG*, Bundesministergesetz
47. *BNatSchG*, Bundesnaturschutzgesetz
48. *BPersVG*, Bundespersonalvertretungsgesetz
49. *BPolG*, Bundespolizeigesetz
50. *BRAO*, Bundesrechtsanwaltsordnung
51. *BRHG*, Bundesrechnungshofgesetz
52. *BRRG*, Beamtenrechtsrahmengesetz
53. *BSchuWG*, Bundesschuldenwesengesetz
54. *BSchuWV*, Bundeschuldenwesenverordnung
55. *BSHG*, Bundessozialhilfegesetz
56. *BtMG*, Betäubungsmittelgesetz
57. *BVerfGG*, Bundesverfassungsgerichtsgesetz
58. *BWaStrVermG*, Gesetz über die vermögensrechtlichen Verhältnisse der Bundeswasserstraßen
59. *BWpVerwG*, Bundeswertpapierverwaltungsgesetz
60. *DBVermG*, Gesetz über die vermögensrechtlichen Verhältnisse der Deutschen Bundesbahn
61. 2. *DGRlEWG*, Zweites Gesetz zur Durchführung von Richtlinien der Europäischen Wirtschaftsgemeinschaft über die Niederlassunsgfreiheit und den freien Dienstleistungsverkehr
62. *DRiG*, Deutsches Richtergesetz
63. *DWG*, Deutsche-Welle-Gesetz
64. *EEG*, Erneuerbare-Energien-Gesetz
65. *EGGVG*, Einführungsgesetz zum Gerichtsverfassungsgesetz
66. *EGZPO*, Einführungsgesetz zur Zivilprozeßordnung
67. *EntlG*, Gesetz zur Entlastung der Gerichte in der Verwaltungs- und Finanzgerichtsbarkeit
68. *ErbStG*, Erbschaftsteuer- und Schenkungsteuergesetz
69. *ErG*, Errichtungsgesetz
70. *EStDV*, Einkommensteuer-Durchführungsverordnung

Gesetzesregister (Übersicht)

71. *EStG*, Einkommensteuergesetz
72. *EUVtrG*, Gesetz zum Vertrag vom 7. Februar 1992 über die Europäische Union
73. *FeuerschStG*, Feuerschutzsteuergesetz
74. *FeV*, Fahrerlaubnis-Verordnung
75. *FFG*, Filmförderungsgesetz
76. *FGG*, Gesetz über die Angelegenheiten der freiwilligen Gerichtsbarkeit
77. *FGO*, Finanzgerichtsordnung
78. *FilmAbwG*, Gesetz zur Abwicklung und Entflechtung des ehemaligen reichseigenen Filmvermögens
79. *FinAG*, Finanzausgleichsgesetz
80. *FinMFG*, Finanzmarktförderungsgesetz
81. *FödBeG*, Föderalismusreform-Begleitgesetz
82. *FStrG*, Bundesfernstraßengesetz
83. *FVG*, Finanzverwaltungsgesetz
84. *G10*, Gesetz zu Artikel 10 GG
85. *GBO*, Grundbuchordnung
86. *GbV*, Gefahrgutbeauftragtenverordnung
87. *GemFinRefG*, Gemeindefinanzreformgesetz
88. *GenG*, Gesetz betreffend die Erwerbs- und Wirtschaftsgenossenschaften
89. *GenTG*, Gentechnikgesetz
90. *GewStDV*, Gewerbesteuer-Durchführungsverordnung
91. *GewStG*, Gewerbesteuergesetz
92. *GGO*, Gemeinsame Geschäftsordnung der Bundesministerien
93. *GOBR*, Geschäftsordnung des Bundesrates
94. *GOBReg*, Geschäftsordnung der Bundesregierung
95. *GO-BT*, Geschäftsordnung des Deutschen Bundestages
96. *GOVermA*, Gemeinsame Geschäftsordnung des Bundestages und des Bundesrates für den Ausschuß nach Artikel 77 des Grundgesetzes (Vermittlungsausschuß)
97. *GPSG*, Geräte- und Produktsicherheitsgesetz
98. *GrEStG*, Grunderwerbsteuergesetz
99. *GrStG*, Grundsteuergesetz
100. *GRW*, Gesetz über die Gemeinschaftsaufgabe „Verbesserung der regionalen Wirtschaftsstruktur"
101. *GüKG*, Güterkraftverkehrsgesetz
102. *GVG*, Gerichtsverfassungsgesetz
103. *GWB*, Kartellgesetz
104. *HAG*, Heimarbeitsgesetz
105. *HG 2003*, Haushaltsgesetz 2003
106. *HG 2004*, Haushaltsgesetz 2004
107. *HG 2005*, Haushaltsgesetz 2005
108. *HGB*, Handelsgesetzbuch
109. *HGrG*, Haushaltsgrundsätzegesetz
110. *HRFG*, Haushaltsrechts-Fortentwicklungsgesetz
111. *HRG*, Hochschulrahmengesetz
112. *2. HStruktG*, Zweites Haushaltsstrukturgesetz
113. *HwO*, Handwerksordnung
114. *IFG*, Informationsfreiheitsgesetz
115. *IHKG*, Gesetz zur vorläufigen Regelung des Rechts der Industrie- und Handelskammern

Gesetzesregister (Übersicht)

116. *InsO*, Insolvenzordnung
117. *JGG*, Jugendgerichtsgesetz
118. *JStG 1997*, Jahressteuergesetz 1997
119. *JuSchG*, Jugendschutzgesetz
120. *KHG*, Krankenhausfinanzierungsgesetz
121. *KO*, Konkursordnung
122. *KontSpG*, Kontaktsperregesetz
123. *KrW-/AbfG*, Kreislaufwirtschafts- und Abfallgesetz
124. *KSchG*, Kündigungsschutzgesetz
125. *KStG*, Körperschaftsteuergesetz
126. *KultgSchG*, Kulturgutschutzgesetz
127. *KWG*, Kreditwesengesetz
128. *LadSchlG*, Ladenschlußgesetz
129. *LAG*, Lastenausgleichsgesetz
130. *LMBG*, Lebensmittel- und Bedarfsgegenständegesetz
131. *LuftVG*, Luftverkehrsgesetz
132. *MaßstG*, Maßstäbegesetz
133. *MilchFettG*, Milch- und Fettgesetz
134. *MPG*, Medizinproduktegesetz
135. *MünzG*, Münzgesetz
136. *MuSchG*, Mutterschutzgesetz
137. *OWiG*, Ordnungswidrigkeitengesetz
138. *PAngG*, Preisangaben- und Preisklauselgesetz
139. *ParlStG*, Gesetz über die Rechtsverhältnisse der Parlamentarischen Staatssekretäre
140. *PartG*, Parteiengesetz
141. *PatAnwO*, Patentanwaltsordnung
142. *PrKV*, Preisklauselverordnung
143. *PUAG*, Untersuchungsausschußgesetz
144. *ReichsvermögensG*, Reichsvermögens-Gesetz
145. *RennwLottG*, Rennwett- und Lotteriegesetz
146. *ROG*, Raumordnungsgesetz
147. *RöV*, Röntgenverordnung
148. *RVO*, Reichsversicherungsordnung
149. *RVOVerkG*, Gesetz über die Verkündung von Rechtsverordnungen
150. *SeeFischG*, Seefischereigesetz
151. *SeemG*, Seemannsgesetz
152. *SFG*, Solidarpaktfortführungsgesetz
153. *SG*, Soldatengesetz
154. *SGB I*, Sozialgesetzbuch: Allgemeiner Teil
155. *SGB II*, Sozialgesetzbuch: Grundsicherung für Arbeitsuchende
156. *SGB III*, Sozialgesetzbuch: Arbeitsförderung
157. *SGB IV*, Sozialgesetzbuch: Sozialversicherung
158. *SGB V*, Sozialgesetzbuch: Gesetzliche Krankenversicherung
159. *SGB VI*, Sozialgesetzbuch: Gesetzliche Rentenversicherung
160. *SGB VII*, Sozialgesetzbuch: Gesetzliche Unfallversicherung
161. *SGB IX*, Sozialgesetzbuch: Rehabilitation und Teilhabe behinderter Menschen
162. *SGB X*, Sozialgesetzbuch: Verwaltungsverfahren, Schutz der Sozialdaten, Zusammenarbeit der Leistungsträger und ihre Beziehungen zu Dritten
163. *SGB XI*, Sozialgesetzbuch: Soziale Pflegeversicherung
164. *SGB XII*, Sozialgesetzbuch: Sozialhilfe

Gesetzesregister (Übersicht)

165. *SGG*, Sozialgerichtsgesetz
166. *SolZG 1995*, Solidaritätszuschlagsgesetz 1995
167. *StabG*, Stabilitäts- und Wachstumsgesetz
168. *StBerG*, Steuerberatungsgesetz
169. *StGB*, Strafgesetzbuch
170. *StHG*, Staatshaftungsgesetz
171. *StiftungsG Preußischer Kulturbesitz*, Gesetz zur Errichtung einer Stiftung „Preußischer Kulturbesitz"
172. *StPO*, Strafprozeßordnung
173. *StrlSchV*, Strahlenschutzverordnung
174. *StromStG*, Stromsteuergesetz
175. *StruktHG*, Strukturhilfegesetz
176. *StrVG*, Strahlenschutzvorsorgegesetz
177. *StUG*, Stasi-Unterlagen-Gesetz
178. *StVBG*, Steuerverkürzungsbekämpfungsgesetz
179. *StVZO*, Straßenverkehrs-Zulassungs-Ordnung
180. *SubvG*, Subventionsgesetz
181. *SZAG*, Sanktionszahlungs-Aufteilungsgesetz
182. *TKG*, Telekommunikationsgesetz
183. *TVG*, Tarifvertragsgesetz
184. *TzBfG*, Teilzeit- und Befristungsgesetz
185. *UAG*, Umweltauditgesetz
186. *UStG*, Umsatzsteuergesetz
187. *UVPG*, Umweltverträglichkeitsprüfungsgesetz
188. *UZwG*, Gesetz über den unmittelbaren Zwang bei Ausübung öffentlicher Gewalt durch Vollzugsbeamte des Bundes
189. *VerbStBG*, Verbrauchsteuer-Binnenmarktgesetz
190. *VerkVereinfG*, Gesetz über vereinfachte Verkündungen und Bekanntgaben
191. *VerpackV*, Verpackungsverordnung
192. *VersStG*, Versicherungsteuergesetz
193. *3. VerstromG*, Drittes Verstromungsgesetz
194. *VStG*, Vermögensteuergesetz
195. *VwGO*, Verwaltungsgerichtsordnung
196. *VwVfG*, Verwaltungsverfahrensgesetz
197. *WährG*, Währungsgesetz
198. *WBeauftrG*, Gesetz über den Wehrbeauftragten des Deutschen Bundestages
199. *WDO*, Wehrdisziplinarordnung
200. *WeinG*, Weingesetz
201. *WeinWiG*, Weinwirtschaftsgesetz
202. *WHG*, Wasserhaushaltsgesetz
203. *WiPO*, Wirtschaftsprüferordnung
204. *2. WoBauG*, Zweites Wohnungsbaugesetz
205. *WoBindG*, Wohnungsbindungsgesetz
206. *ZDG*, Zivildienstgesetz
207. *ZollG*, Zollgesetz
208. *ZPO*, Zivilprozessordnung
209. *ZuStAnpG*, Zuständigkeitsanpassungs-Gesetz

Gesetzesregister (Übersicht)

IV. Landesrecht (alphabetisch)
   1. Baden-Württemberg
      (1) *AGVwGO*, Gesetz zur Ausführung der Verwaltungsgerichtsordnung
      (2) *GO*, Gemeindeordnung
      (3) *LBG*, Landesbeamtengesetz
      (4) *LGebG*, Landesgebührengesetz
      (5) *LHG*, Landeshochschulgesetz
      (6) *PolG*, Polizeigesetz
      (7) *StGHG*, Gesetz über den Staatsgerichtshof
      (8) *StrG*, Straßengesetz
      (9) *VwG*, Verwaltungsgesetz
      (10) *VwVfG*, Verwaltungsverfahrensgesetz
   2. Bayern
      (1) *AGVwGO*, Gesetz zur Ausführung der Verwaltungsgerichtsordnung
      (2) *BG*, Beamtengesetz
      (3) *GO*, Gemeindeordnung
      (4) *HG*, Hochschulgesetz
      (5) *HO*, Haushaltsordnung
      (6) *KostG*, Kostengesetz
      (7) *StG*, Stiftungsgesetz
   3. Berlin
      (1) *AGGVG*, Gesetz zur Ausführung des Gerichtsverfassungsgesetzes
      (2) *HG*, Hochschulgesetz
      (3) *LBG*, Landesbeamtengesetz
      (4) *RiG*, Richtergesetz
      (5) *VerfGHG*, Gesetz über den Verfassungsgerichtshof
   4. Brandenburg
      (1) *BG*, Beamtengesetz
      (2) *GO*, Gemeindeordnung
      (3) *HO*, Haushaltsordnung
      (4) *HSchG*, Hochschulgesetz
      (5) *OG*, Organisationsgesetz
      (6) *PersVG*, Personalvertretungsgesetz
      (7) *VerfGG*, Gesetz über das Verfassungsgericht
   5. Hamburg
      (1) *DOG*, Deichordnungsgesetz
      (2) *HG*, Hochschulgesetz
      (3) *WG*, Wegegesetz
   6. Hessen
      (1) *AGVwGO*, Gesetz zur Ausführung der Verwaltungsgerichtsordnung
      (2) *BG*, Beamtengesetz
      (3) *GO*, Gemeindeordnung
      (4) *HSchG*, Hochschulgesetz
   7. Mecklenburg-Vorpommern
      (1) *HSchG*, Hochschulgesetz
      (2) *KV*, Kommunalverfassung
      (3) *LVerfGG*, Gesetz über das Landesverfassungsgericht
      (4) *LOG*, Landesorganisationsgesetz
      (5) *PetBüG*, Petitions- und Bürgerbeauftragtengesetz

Gesetzesregister (Übersicht)

- 8. Niedersachsen
  - (1) *AGVwGO*, Ausführungsgesetz zur Verwaltungsgerichtsordnung
  - (2) *GO*, Gemeindeordnung
  - (3) *HG*, Hochschulgesetz
- 9. Nordrhein-Westfalen
  - (1) *ArchG*, Architektengesetz
  - (2) *BekanntmVO*, Bekanntmachungsverordnung
  - (3) *BG*, Beamtengesetz
  - (4) *DO*, Disziplinarordnung
  - (5) *DSchG*, Denkmalschutzgesetz
  - (6) *DSG*, Datenschutzgesetz
  - (7) *GO*, Gemeindeordnung
  - (8) *HeilBerG*, Heilberufsgesetz
  - (9) *HG*, Hochschulgesetz
  - (10) *KAG*, Kommunalabgabengesetz
  - (11) *KHG*, Krankenhausgesetz
  - (12) *LFoG*, Landesforstgesetz
  - (13) *LGG*, Landesgleichstellungsgesetz
  - (14) *LHO*, Landeshaushaltsordnung
  - (15) *LWKG*, Landwirtschaftskammergesetz
  - (16) *MRVG*, Maßregelvollzugsgesetz
  - (17) *OBG*, Ordnungsbehördengesetz
  - (18) *OG*, Organisationsgesetz
  - (19) *PVG*, Personalvertretungsgesetz
  - (20) *SchFG*, Schulfinanzierungsgesetz
  - (21) *SchVG*, Schulverwaltungsgesetz
  - (22) *SpkG*, Sparkassengesetz
  - (23) *StiftG*, Stiftungsgesetz
  - (24) *StrWG*, Straßen- und Wegegesetz
  - (25) *VerfGHG*, Gesetz über den Verfassungsgerichtshof
- 10. Rheinland-Pfalz
  - (1) *AGVwGO*, Gesetz zur Ausführung der Verwaltungsgerichtsordnung
  - (2) *BBeauftrG*, Gesetz über den Bürgerbeauftragten
  - (3) *GO*, Gemeindeordnung
  - (4) *HochSchG*, Hochschulgesetz
  - (5) *StiftG*, Stiftungsgesetz
- 11. Saarland
  - (1) *AGVwGO*, Ausführungsgesetz zur Verwaltungsgerichtsordnung
  - (2) *KSVwG*, Kommunalselbstverwaltungsgesetz
  - (3) *LHO*, Landeshaushaltsordnung
  - (4) *MG*, Mediengesetz
  - (5) *NG*, Naturschutzgesetz
  - (6) *OG*, Organisationsgesetz
  - (7) *VerfGHG*, Gesetz über den Verfassungsgerichtshof
- 12. Sachsen
  - (1) *GO*, Gemeindeordnung
  - (2) *HSchG*, Hochschulgesetz
  - (3) *IntegrG*, Integrationsgesetz
  - (4) *JG*, Justizgesetz
  - (5) *7. KVz*, Siebentes Kostenverzeichnis

Gesetzesregister (Übersicht)

13. Sachsen-Anhalt
    (1) *AllGO*, Allgemeine Gebührenordnung
    (2) *GemO*, Gemeindeordnung
    (3) *HSchG*, Hochschulgesetz
    (4) *LVerfGG*, Gesetz über das Landesverfassungsgericht
14. Schleswig-Holstein
    (1) *BG*, Beamtengesetz
    (2) *BüG*, Bürgerbeauftragten-Gesetz
    (3) *GO*, Gemeindeordnung
    (4) *HSG*, Hochschulgesetz
    (5) *VwG*, Verwaltungsgesetz
15. Thüringen
    (1) *HSchG*, Hochschulgesetz
    (2) *KO*, Thüringer Kommunalordnung
    (3) *StrG*, Straßengesetz
    (4) *ThürBüG*, Bürgerbeauftragtengesetz
    (5) *VerfGHG*, Gesetz über den Verfassungsgerichtshof

V. Staatsverträge der Länder (chronologisch)
   1. Staatsvertrag über den Rundfunk im vereinten Deutschland vom 31. August 1991
   2. Rundfunkfinanzierungsstaatsvertrag vom 31. August 1991
   3. ZDF-Staatsvertrag vom 31. August 1991

VI. Europäisches Gemeinschaftsrecht
   1. Primärrecht (chronologisch)
      (1) Vertrag über die Gründung der Europäischen Gemeinschaft für Kohle und Stahl (EGKS-Vertrag) vom 18. April 1951
      (2) Vertrag zur Gründung der Europäischen Atomgemeinschaft (EURATOM/EAG) vom 25. März 1957
      (3) Vertrag zur Gründung der Europäischen (Wirtschafts-) Gemeinschaft vom 25. März 1957 (EGV)
      (4) Vertrag über die Europäische Union (Maastricht-Vertrag) vom 7. Februar 1992 (EUV)
      (5) ESZB-Satzung vom 7. Februar 1992 (Protokoll Nr. 18)
      (6) Protokoll (Nr. 20) über das Verfahren bei einem übermäßigen Defizit vom 7. Februar 1992
      (7) Protokoll (Nr. 21) über die Konvergenzkriterien nach Art. 121 des Vertrags zur Gründung der Europäischen Gemeinschaft vom 7. Februar 1992
      (8) Charta der Grundrechte der Europäischen Union vom 7. Dezember 2000
      (9) Entwurf eines Vertrages über eine Verfassung für Europa vom 18. Juni 2004
      (10) Vertrag über eine Verfassung für Europa vom 29. Oktober 2004
   2. Verordnungen (chronologisch)
      (1) Zollbefreiungsverordnung (EWG) Nr. 918/83 vom 28. März 1983
      (2) Verordnung (EWG) Nr. 2913/92 zur Festlegung des Zollkodex der Gemeinschaften vom 12. Oktober 1992
      (3) Durchführungsverordnung zum Zollkodex (EWG) Nr. 2454/93 vom 2. Juli 1993

Gesetzesregister (Übersicht)

   (4) Verordnung (EG) Nr. 3605/93 vom 22. November 1993
   (5) Verordnung (EG) Nr. 3284/94 vom 22. Dezember 1994
   (6) Handelshemmnisverordnung (EG) Nr. 3286/94 vom 22. Dezember 1994
   (7) Euro-Verordnung I (EG) Nr. 1103/97 vom 17. Juni 1997
   (8) Verordnung (EG) Nr. 1466/97 über den Ausbau der haushaltspolitischen Überwachung und der Überwachung und Koordinierung der Wirtschaftspolitiken vom 7. Juli 1997
   (9) Verordnung (EG) Nr. 1467/97 über die Beschleunigung und Klärung des Verfahrens bei einem übermäßigen Defizit vom 7. Juli 1997
  (10) Antisubventionsverordnung (EG) Nr. 2026/97 vom 6. Oktober 1997
  (11) Euro-Verordnung II (EG) Nr. 974/98 vom 3. Mai 1998
  (12) Münz-Verordnung (EG) Nr. 975/98 vom 3. Mai 1998
  (13) Verordnung (EG) Nr. 994/1998 vom 7. Mai 1998
  (14) Euro-Verordnung III (EG) Nr. 2866/98 vom 31. Dezember 1998
  (15) Verordnung (EG) Nr. 44/2001 vom 22. Dezember 2000
  (16) Verordnung (EG) Nr. 68/2001 vom 12. Januar 2001
  (17) Verordnung (EG) Nr. 69/2001 über die Anwendung der Artikel 87 und 88 EG-Vertrag auf „De-minimis"-Beihilfen vom 12. Januar 2001
  (18) Verordnung (EG) Nr. 70/2001 über die Anwendung der Artikel 87 und 88 EG-Vertrag auf staatliche Beihilfen an kleine und mittlere Unternehmen der Kommission vom 12. Januar 2001
  (19) Verordnung (EG) Nr. 1606/2002 über die Anwendung internationaler Rechnungslegungsstandards vom 19. Juli 2002
  (20) Verordnung (EG) Nr. 2204/2002 vom 12. Dezember 2002
  (21) Verordnung (EG) Nr. 1055/2005 vom 27. Juni 2005
  (22) Verordnung (EG) Nr. 1056/2005 vom 27. Juni 2005
  (23) Verordnung (EG) Nr. 1084/2006 vom 11. Juli 2006
3. Richtlinien (chronologisch)
   (1) Richtlinie 77/388/EWG vom 17. Mai 1977
   (2) UVP-Richtlinie 85/337/EWG vom 27. Juni 1985
   (3) Systemrichtlinie 92/12/EWG vom 25. Februar 1992
   (4) Datenschutz-Richtlinie 95/46/EG vom 24. Oktober 1995
   (5) Richtlinie 2000/43/EG zur Anwendung des Gleichbehandlungsgrundsatzes ohne Unterschied der Rasse oder der ethnischen Herkunft vom 29. Juni 2000
   (6) Richtlinie 2000/78/EG zur Festlegung eines allgemeinen Rahmens für die Verwirklichung der Gleichbehandlung in Beschäftigung und Beruf vom 27. November 2000
   (7) Datenschutz-Richtlinie für elektronische Kommunikation 2002/58/EG vom 12. Juli 2002
   (8) Richtlinie 2002/73/EG vom 23. September 2002
   (9) Öffentlichkeits-Richtlinie 2003/35/EG vom 26. Mai 2003
  (10) Richtlinie 2004/113/EG vom 13. Dezember 2004
  (11) Richtlinie 2006/25/EG über künstliche optische Strahlung vom 5. April 2006
  (12) Mehrwertsteuer-Systemrichtlinie 2006/112/EG vom 28. November 2006

Gesetzesregister (Übersicht)

VII. Sonstiges zwischenstaatliches Recht (chronologisch)
 1. Übereinkommen über den Internationalen Währungsfonds vom 22. Juli 1944
 2. Europäische Menschenrechtskonvention vom 4. November 1950
 3. Allgemeines Zoll- und Handelsabkommen (GATT) vom 15. April 1994
 4. WTO-Übereinkommen über Subventionen und Ausgleichsmaßnahmen (Agreement on Subsidies and Countervailing Measures – SCM) vom 15. April 1994

VIII. Vorkonstitutionelles Recht (chronologisch)
 1. Magna Charta Libertatum vom 19. Juni 1215
 2. Gewerbeordnung für den Norddeutschen Bund vom 21. Juni 1869
 3. Preußisches Arbeiterschutzgesetz vom 1. Juni 1891
 4. Preußisches Einkommensteuergesetz vom 24. Juni 1891
 5. Reichsschuldbuchgesetz vom 31. Mai 1910
 6. Reichsbesteuerungsgesetz vom 15. April 1911
 7. Reichsabgabenordnung vom 13. Dezember 1919
 8. Einkommensteuergesetz vom 29. März 1920
 9. Reichshaushaltsordnung vom 31. Dezember 1922
 10. Reichschuldenordnung vom 13. Februar 1924
 11. Einkommensteuergesetz vom 10. August 1925
 12. Gesetz über die gegenseitigen Besteuerungsrechte des Reichs, der Länder und Gemeinden (Besteuerungsgesetz) vom 10. August 1925
 13. Zündwarenmonopolgesetz vom 29. Januar 1930
 14. Gesetz zur Behebung der Not von Volk und Reich vom 24. März 1933
 15. Gesetz über den Neuaufbau des Reichs vom 30. Januar 1934
 16. Deutsche Gemeindeordnung vom 30. Januar 1935
 17. Kontrollratsgesetz Nr. 12 vom 11. Februar 1946

IX. Ausländische Verfassungen (alphabetisch)
 1. Frankreich
 2. Schweiz

X. Menschen- und Bürgerrechtserklärungen
 Bill of Rights von Virginia vom 12. Juni 1776

Gesetzesregister (Verfassungsrecht)

I. Verfassungsrecht

1. Grundgesetz (chronologisch)

(1) Grundgesetz für die Bundesrepublik Deutschland in der Ursprungsfassung vom 23. Mai 1949

Art. 24	**117** 28	Art. 115	**123** 55
Art. 105 Abs. 2	**118** N645, N655	Art. 115 Satz 1	**123** 27

(2) Grundgesetz für die Bundesrepublik Deutschland vom 23. Mai 1949; durch das Sechzehnte Gesetz zur Änderung des Grundgesetzes vom 18. Juni 1968 eingefügte oder geänderte Artikel

114 N116

(3) Grundgesetz für die Bundesrepublik Deutschland vom 23. Mai 1949; durch das Einundzwanzigste Gesetz zur Änderung des Grundgesetzes (Finanzreformgesetz) vom 12. Mai 1969 eingefügte oder geänderte Artikel

Art. 104a Abs. 4	**116** 76, **124** 30	Art. 114 Abs. 2	**120** N248

(4) Grundgesetz für die Bundesrepublik Deutschland vom 23. Mai 1949; durch das Gesetz zur Änderung des Grundgesetzes vom 27. Oktober 1994 (zweiundvierzigste Änderung) eingefügte oder geänderte Artikel

102 29

(5) Grundgesetz für die Bundesrepublik Deutschland vom 23. Mai 1949; durch das Gesetz zur Änderung des Grundgesetzes (Artikel 96) vom 26. Juli 2002 (einundfünfzigste Änderung) geänderte oder eingefügte Artikel

Art. 84 Abs. 1	**102** 45 f.	Art. 96	**114** 21

(6) Grundgesetz für die Bundesrepublik Deutschland vom 23. Mai 1949; zuletzt geändert durch das Gesetz zur Änderung des Grundgesetzes (Artikel 22, 23, 33, 52, 72, 73, 74, 74a, 75, 84, 85, 87c, 91a, 91b, 93, 98, 104a, 104b, 105, 107, 109, 125a, 125b, 125c, 143c) vom 28. August 2006 (zweiundfünfzigste Änderung)

	123 N447	Art. 1 Abs. 1	**115** 4
Satz 1	**106** 15	Art. 2	**118** N165
	43, **102** N43	Art. 2 Abs. 1	99 37, 73, **101** 21,
Art. 1	**99** 63, **115** 3		**108** 81, 84,
Art. 1 Abs. 1	**99** 14, **108** 84,		**110** 101 f., **114** 2,
	115 3, N18, N19,		8, 28, **115** 2, 16 f.,
	116 104, 106, 113,		25, N337, N393,
	119 52		**116** 31, **118** 62,
Art. 1 Abs. 1 Satz 1	**99** 219		114, 144, 197,
Art. 1 Abs. 1 Satz 2	**99** 219 f., **121** 11		N464, **119** N139,
Art. 1 Abs. 2	**99** 219		N362, **121** N17,
Art. 1 Abs. 3	**99** 14, 84, 219,		**124** 32, 45 f.
	100 35, **101** 71,	Art. 2 Abs. 2	**100** N22, **109** 22,
	106 17, 29,		**115** 19, **119** 52
	108 60, 77,	Art. 2 Abs. 2 Satz 2	**99** 219, **115** 22,
	112 1 f., **116** 179,		45, N371
	118 82, **122** 17, 76	Art. 2 Abs. 2 Satz 3	**99** N721

Halbfette Zahl = §§; magere Zahl = Rn.; N = Fußnote

Gesetzesregister (Verfassungsrecht)

Art. 3	**118** 94, 101, 197, **119** 78, N378, **125** 23, 25 f., 33, 40	Art. 6 Abs. 2	**108** 82, **115** 22, N147, **118** 162
		Art. 6 Abs. 4	**99** 122
		Art. 6 Abs. 5	**99** 220, **102** N37
Art. 3 Abs. 1	**100** 35, N22, **103** 50, **104** 54 f., 63, **115** 16, 20, 40, N90, N137, **116** 103 f., 106, 160, **118** 38, 94, 115, 150, 168, 172, 194, 200, 262, 275, N173, N399, **119** 23, 55, 71, 106, **124** 43, 45 ff.	Art. 7	**99** 115, **108** 84
		Art. 7 Abs. 3	**99** 122
		Art. 7 Abs. 4	**108** 82, **109** 21, **124** N119
		Art. 7 Abs. 4 Satz 1	**99** 219
		Art. 8	**109** 22, **119** N139
		Art. 9	**114** 7, **118** 145, 151, 197, N165, **119** N362
		Art. 9 Abs. 1	**108** 81, **118** 38, 149, 151 ff.
		Art. 9 Abs. 3	**99** 129, 219, **100** 39, **105** 41, **108** 81, **110** 61, 101, **114** 24
Art. 3 Abs. 2	**99** 220, **102** N37, **115** N146, **124** N137		
Art. 3 Abs. 2 Satz 2	**99** 23, **111** 58	Art. 10 Abs. 1	**99** 219
Art. 3 Abs. 3	**118** 168, **124** N137	Art. 10 Abs. 2	**99** N721
		Art. 10 Abs. 2 Satz 2	**99** N767, **112** 25, **120** N267
Art. 3 Abs. 1	**115** 26		
Art. 4	**124** 33, 47	Art. 11 Abs. 1	**99** 47
Art. 4 Abs. 1	**99** 214, 219	Art. 11 Abs. 2	**99** N721
Art. 4 Abs. 2	**99** 214, 219	Art. 12	**99** 73, **109** 22 ff., 51, **118** 114, 145 f., 148, 176, 197, N165, **119** N139
Art. 4 Abs. 3	**109** 22		
Art. 4 Abs. 3 Satz 1	**99** 219		
Art. 5	**118** N165		
Art. 5 Abs. 1	**99** 73, **108** 81, 83, **121** N56	Art. 12 Abs. 1	**99** 60, 214, **104** 50, N91, **105** N80, **111** 67, **113** 20, **115** 22, N283, **118** 62, 217, **124** 32, 44 ff., N130
Art. 5 Abs. 1 Satz 1	**99** 219, **113** 89		
Art. 5 Abs. 1 Satz 2	**99** N282, **105** N40, **109** 22, **113** 91, N120, **124** 33, 47		
Art. 5 Abs. 1 Satz 3	**99** 219	Art. 12 Abs. 1 Satz 1	**99** 60
Art. 5 Abs. 2	**99** N721	Art. 12 Abs. 2	**99** 219, **118** 5, 145
Art. 5 Abs. 3	**108** 83 f., **109** 22, **113** 77	Art. 12 Abs. 3	**99** 219, **112** 85
		Art. 12a Abs. 3	**99** N721
Art. 5 Abs. 1	**115** 42	Art. 12a Abs. 4	**99** N721
Art. 5 Abs. 1 Satz 2	**115** 42	Art. 12a Abs. 5	**99** N721
Art. 6	**108** 84, **118** 145, 155, 173, 176, 197, N165, **125** N63	Art. 12a Abs. 6	**99** N721
		Art. 13	**99** 72, **114** N49, **115** N143, **118** N165
Art. 6 Abs. 1	**99** 220, **116** 104, **118** 135, 155, 157 ff., 163, 165, 196, 207, 261, **119** 52	Art. 13 Abs. 1	**99** 219
		Art. 13 Abs. 2	**99** 18, N721, N722, **112** 47, 85
		Art. 13 Abs. 3	**99** 20, N473, N721, **112** 85

Halbfette Zahl = §§; magere Zahl = Rn.; N = Fußnote

Gesetzesregister (Verfassungsrecht)

Art. 13 Abs. 4	**99** N473		N165, **119** 54, **121** 46
Art. 13 Abs. 5	**99** N473		
Art. 14	**99** 116, **109** 22 ff., **116** 46, 104, 110, 120, N594, **118** 67, 94, 114, 118, 120 ff., 129 f., 140 f., 144, 146 ff., 166, 168, 172 f., 183, 197, **119** 111	Art. 19 Abs. 4 Satz 1	**99** 18, **112** 7, 24, 47, 82
		Art. 19 Abs. 4 Satz 2	**112** 47, 82
		Art. 20	**99** 63, **108** 61 f., 86, 88 f., **112** 5, 34, **116** 105, **121** 1, 3
		Art. 20 Abs. 1	**99** 121, **108** 89, N318, **113** 27, **116** 104, 113, **117** 22, 40, **121** 3, **125** 2, 53
Art. 14 Abs. 1	**115** 22, **117** 23 f., **118** 62, 69, 154, 196, 217, **124** 44		
Art. 14 Abs. 1 Satz 1	**118** 122, 176, 259, **124** 42	Art. 20 Abs. 2	**99** 14, 121, **106** 25, 29, **107** N31, N37, **108** 46, 90, N318, **109** 34 f., 37, **111** 56, **112** 2, 6, 17, 24, **116** 17, **117** 40, **121** 39, **123** 58
Art. 14 Abs. 1 Satz 2	**118** 90, 111, 117, 122 ff.		
Art. 14 Abs. 2	**116** 112, 120, **118** 98, 126, 128 ff., 173, 183, 196, 218		
Art. 14 Abs. 2 Satz 1	**118** 173, 190, **119** 85	Art. 20 Abs. 2 Satz 1	**99** 15, 82, **112** 1, **113** 27, 40, **116** 18
Art. 14 Abs. 2 Satz 2	**118** 127, 176, 185	Art. 20 Abs. 2 Satz 2	**99** 219, **106** 10, 17, 20, 27, **112** 1, 6, 9 f., 16 f., 19, 23, 34, 41, 46, 56, 82, N61, **113** 2, 11, 74
Art. 14 Abs. 3	**99** 72, N473, **118** 5, 122, 126, 173		
Art. 14 Abs. 3 Satz 1	**118** 59, 123		
Art. 14 Abs. 3 Satz 2	**99** N721	Art. 20 Abs. 3	**99** 14, 84 f., 93, 219, **100** 4, 14, 17 f., 35, 39, **101** 1, 3, 5, 71, **104** 83, **106** 17, **107** N31, **108** 46, 60, 103, **109** 20, 64, **112** 1 f., 28, 49, **113** 29, **115** 16, N90, N283, N337, **118** 82, 201, **121** 18, 20, 32, 46
Art. 14 Abs. 3 Satz 4	**112** 47, 82		
Art. 15	**122** 57, 73, N147		
Art. 15 Satz 1	**99** N721		
Art. 16 Abs. 1 Satz 2	**99** N721		
Art. 16 Abs. 2 Satz 1	**99** 219		
Art. 17	**111** 65		
Art. 18	**99** N473, **110** 90		
Art. 19 Abs. 1 Satz 1	**99** 3, **100** 12		
Art. 19 Abs. 2	**99** 52, **118** 129		
Art. 19 Abs. 3	**108** 77, **118** 152 ff.		
Art. 19 Abs. 4	**99** 122, 155, 236, N473, **104** 83, **106** 14, 17, 28, **108** 55, **109** 20, 24, 30, **112** 25, 65, 73, **113** 2, **114** 8 f., 11 f., 23, 28, 30, N48, N127, N144, N158, N174, **115** 5 f., 10, 16 f., 22, 29, 55, N35,	Art. 20 Abs. 4	**112** 5
		Art. 20a	**99** 23, **112** 1 f., **121** 19, N69, **123** 4
		Art. 21	**110** N121
		Art. 21 Abs. 3	**101** 37
		Art. 22 Abs. 1	**116** 16
		Art. 23	**99** 27 f., 84
		Art. 23 Abs. 1	**99** 42, 44, **114** N251, **116** 173, **118** 96

Halbfette Zahl = §§; magere Zahl = Rn.; N = Fußnote

Gesetzesregister (Verfassungsrecht)

Art. 23 Abs. 1 Satz 2	**99** 45, **101** 39, **116** 174, **117** 15	Art. 31	**99** 46, 84, **100** 92, **101** 3, N11, **113** 5f., **115** 13, **121** 27
Art. 23 Abs. 1 Satz 3	**99** 44f.		
Art. 23 Abs. 3 Satz 3	**101** 39		
Art. 23 Abs. 7	**101** 39	Art. 32	**116** 159
Art. 24	**99** 27, 84	Art. 33	**99** 162, **106** 17, 35, **107** N88, **110** 3, 6, 11, 57
Art. 24 Abs. 1	**100** 39, 63, 89, **101** 39, N48		
Art. 24 Abs. 2	**100** 39	Art. 33 Abs. 1	**116** 114
Art. 25	**99** 84, **100** 39, 63, 65, 87	Art. 33 Abs. 2	**99** 60, 95f., 162, 201, 220, N351, **110** 6f., 47, 75, 80f., N121, **111** 58
Art. 25 Satz 1	**100** 41		
Art. 25 Satz 2	**100** 87		
Art. 26 Abs. 1 Satz 1	**99** 219	Art. 33 Abs. 3	**99** 96, **110** 6
Art. 26 Abs. 2 Satz 3	**101** 35	Art. 33 Abs. 4	**99** 96ff., **107** 71, **110** 1f., 6, 12f., 15f., 21, 24f., 29, 40, 52, 59, 71, 108
Art. 28 Abs. 1	**99** 46, 123f., **108** 61f., 86, 88f., N318, **116** 104f., 113, **125** 2, 53		
		Art. 33 Abs. 5	**99** 96, 98, 122, N358, **101** 37, **107** 2, 49, **110** 1, 6, 12, 30, 37f., 50ff., 59, 74, 91, 95, N90, **113** 3, 13, 20, 67, 73, 91, **116** 50
Art. 28 Abs. 1 Satz 1	**104** 83, **108** 70, **109** 37, **111** N128, **112** 5, **121** 3, 32		
Art. 28 Abs. 1 Satz 2	**108** 52, 62, 93, **109** 35, **116** 18		
Art. 28 Abs. 1 Satz 3	**108** 62		
Art. 28 Abs. 1 Satz 4	**108** 62		
Art. 28 Abs. 2	**99** 48, 127, **101** 37, N48, N108, **105** 5f., 18, 25, **106** 17, 31, **107** 54f., **108** 17, 48, 62, 83, **109** 20, 35, **111** 52, **116** 17, 20, 23, 52, 173, N132, **118** 104, **123** 119, **124** 30, **125** 12	Art. 34	**99** 94, **107** N88
		Art. 34 Satz 1	**112** 51
		Art. 34 Satz 3	**112** 47, 82
		Art. 35 Abs. 2	**99** 20, **108** N271
		Art. 35 Abs. 3	**108** N271
		Art. 37 Abs. 2	**111** 23
		Art. 38	**99** 15
		Art. 38 Abs. 1	**106** 34
		Art. 38 Abs. 1 Satz 1	**99** 122, **123** 59
		Art. 38 Abs. 1 Satz 2	**99** 70, 176, 200, **102** 58, **118** 206
Art. 28 Abs. 2 Satz 1	**116** 20f.	Art. 38 Abs. 2	**99** 94, N353
Art. 28 Abs. 2 Satz 3	**116** 18, 23f., 26, **118** 104, 229, 235, **121** 34	Art. 38 Abs. 3	**99** N353, **101** 37, N48
		Art. 39	**123** 58
Art. 28 Abs. 2 Satz 3 Hs. 2	**116** 169	Art. 39 Abs. 1	**106** 34
		Art. 40	**108** N71
Art. 28 Abs. 3	**112** 5	Art. 41 Abs. 3	**101** 37, N48
Art. 29	**99** 70, **116** 152	Art. 42 Abs. 1 Satz 1	**102** 30
Art. 29 Abs. 2 Satz 1	**101** 35	Art. 42 Abs. 1 Satz 2	**99** N567
Art. 29 Abs. 7 Satz 2	**101** 35	Art. 42 Abs. 2	**99** 177, **106** 34
Art. 30	**108** 72, 75, **111** 51, **114** 14, **122** 126, 128, **124** 29	Art. 42 Abs. 2 Satz 1	**99** 176
		Art. 43 Abs. 2	**111** 24
		Art. 44 Abs. 4 Satz 1	**106** 14
		Art. 45b	**111** 1, 3

Halbfette Zahl = §§; magere Zahl = Rn.; N = Fußnote

Gesetzesregister (Verfassungsrecht)

Art. 45b Satz 1	**111** 6, **120** N267	Art. 73 ff.	**119** 68
Art. 45b Satz 2	**101** 37, **111** 6	Art. 73 Abs. 1 Nr. 1	**119** N218, **122** N295
Art. 48 Abs. 3 Satz 1	**120** 41		
Art. 48 Abs. 3 Satz 3	**101** 37, N48	Art. 73 Abs. 1 Nr. 2	**119** N218
Art. 50	**120** N6	Art. 73 Abs. 1 Nr. 3	**99** 47
Art. 52 Abs. 3 Satz 1	**102** 27	Art. 73 Abs. 1 Nr. 4	**117** 14
Art. 53a	**99** 138, **102** 83	Art. 73 Abs. 1 Nr. 5	**99** 47, **117** 14 f.
Art. 54 Abs. 7	**101** 37	Art. 73 Abs. 1 Nr. 5a	**122** N254
Art. 56	**106** 15	Art. 73 Abs. 1 Nr. 6a	**122** 126
Art. 58 Satz 1	**102** 65	Art. 73 Abs. 1 Nr. 7	**119** N218
Art. 59 Abs. 2	**99** 27, 45, 67, 190, 228, **100** 9, 41, 66, 87, **101** 39, N48, **102** 31, **116** 159	Art. 73 Abs. 1 Nr. 8	**110** 30, 99
		Art. 73 Abs. 1 Nr. 9	**119** N218
		Art. 73 Abs. 1 Nr. 10	**99** 47, **119** N220
		Art. 73 Abs. 1 Nr. 13	**125** N3
Art. 59 Abs. 2 Satz 1	**100** 27, **102** 87	Art. 73 Abs. 1 Nr. 14	**99** 47, **119** N220, **122** 126
Art. 59 Abs. 2 Satz 2	**100** N157		
Art. 60	**113** 10	Art. 74	**124** 29, **125** 32
Art. 60 Abs. 1	**99** N354	Art. 74 Abs. 1	**124** 30
Art. 61 Abs. 1 Satz 3	**99** N567	Art. 74 Abs. 1 Satz 1	**109** 12
Art. 62 ff.	**107** N98	Art. 74 Abs. 1 Nr. 1	**112** 13 ff., 21, 24, **113** 6, N11, **114** 4, 16, N22, **115** 12, **119** N219
Art. 62	**108** N71		
Art. 63	**99** 70, **112** 7, **123** 15		
Art. 63 Abs. 1	**106** 34	Art. 74 Abs. 1 Nr. 2	**119** N219
Art. 63 Abs. 2	**99** 177	Art. 74 Abs. 1 Nr. 4	**119** N219
Art. 64 Abs. 1	**106** 34	Art. 74 Abs. 1 Nr. 6	**122** 126
Art. 65	**99** 124, **106** 34, **108** 62, N71	Art. 74 Abs. 1 Nr. 7	**122** 126, **125** N2
		Art. 74 Abs. 1 Nr. 11	**119** 75, N219, **122** 128
Art. 65 Satz 2	**107** 43		
Art. 65 Satz 3	**107** 43	Art. 74 Abs. 1 Nr. 12	**116** 10, 29, 93, **119** 110, **125** 2, 10, 20 f., 47, N4, N7
Art. 65 Satz 1	**107** 43		
Art. 67	**99** 70, 173, **112** 7, **123** 15		
Art. 68	**99** 70, **112** 7, **123** 15	Art. 74 Abs. 1 Nr. 13	**124** 30
		Art. 74 Abs. 1 Nr. 16	**119** N219
Art. 68 Abs. 1	**99** 94	Art. 74 Abs. 1 Nr. 17	**119** 75, **124** 30
Art. 69 Abs. 2	**106** 34	Art. 74 Abs. 1 Nr. 18	**119** 75
Art. 70 ff.	**99** 47, 84, **112** 4, **116** 62, **118** 94, **119** 13, 59, 75, **121** 15, **124** 29	Art. 74 Abs. 1 Nr. 19a	**124** 30
		Art. 74 Abs. 1 Nr. 22	**116** 86, **119** 21, N214, **122** 126
		Art. 74 Abs. 1 Nr. 27	**110** 11, 30, 99
Art. 70	**122** 126	Art. 74a	**108** 28
Art. 70 Abs. 1	**99** 46, **119** 16, 59	Art. 74a Abs. 4	**113** 7
Art. 71	**99** 47	Art. 75	**108** 28
Art. 72	**124** 29	Art. 76 ff.	**118** 105, 107 f.
Art. 72 Abs. 1	**118** 238	Art. 76	**99** 70, **102** 2, **112** 7
Art. 72 Abs. 2	**114** 4, 14, 16, N23, N82, **115** 12, **116** 63, 79, N299, **118** N173		
		Art. 76 Abs. 1	**102** 18, 22, 25, 27, 84, **106** 17, **120** 61
		Art. 76 Abs. 2	**116** 131, **120** 62, 66

Halbfette Zahl = §§; magere Zahl = Rn.; N = Fußnote

Gesetzesregister (Verfassungsrecht)

Art. 76 Abs. 2 Satz 1	**102** 16, 20	Art. 81 Abs. 1	**102** 81
Art. 76 Abs. 2 Satz 3	**102** 23 f., **120** 62	Art. 82	**99** 70, **102** 2
Art. 76 Abs. 2 Satz 4	**120** 62	Art. 82 Abs. 1 Satz 1	**102** 64, 69,
Art. 76 Abs. 3	**102** 29		**118** 201
Art. 77	**99** 70, **102** 2,	Art. 82 Abs. 1 Satz 2	**103** 75, N190
	116 131	Art. 82 Abs. 2	**103** 76
Art. 77 Abs. 1	**102** 40 f.	Art. 82 Abs. 2 Satz 1	**102** 75
Art. 77 Abs. 1 Satz 1	**102** 6, 30,	Art. 82 Abs. 2 Satz 2	**102** 77
	118 201, **120** N6	Art. 83 ff.	**99** 46, **106** 17,
Art. 77 Abs. 1 Satz 2	**102** 44		**107** 42, N87,
Art. 77 Abs. 2	**99** N333		**108** 72, 75, **112** 4,
Art. 77 Abs. 2 Satz 1	**102** 48, 53		**116** 72
Art. 77 Abs. 2 Satz 2	**102** 3	Art. 83	**108** 48, 72,
Art. 77 Abs. 2 Satz 3	**102** 58		**111** 51, **123** 72
Art. 77 Abs. 2 Satz 4	**102** 52, 54	Art. 84	**107** 45, **123** 72,
Art. 77 Abs. 2 Satz 5	**102** 48		**124** 29
Art. 77 Abs. 3	**102** 49, 52	Art. 84 Abs. 1	**101** N108, **102** 44,
Art. 77 Abs. 4	**102** 49, **116** 131		N100, N105,
Art. 77 Abs. 4 Satz 1	**120** 11		**109** 5, 12,
Art. 77 Abs. 4 Satz 2	**120** 66		**119** N216,
Art. 78	**99** 70, **102** 2, 49,		**122** 126
	51, 53, 64, N142,	Art. 84 Abs. 1 Satz 7	**116** 25
	118 201	Art. 84 Abs. 2	**101** 37, **104** 4, 9,
Art. 79	**99** 153, **102** 2		35, 77, 79
Art. 79 Abs. 1	**99** 84, **102** N18	Art. 84 Abs. 3	**99** 226, **108** 48
Art. 79 Abs. 2	**99** 84, **102** 86	Art. 84 Abs. 3 Satz 2	**111** 25 f.
Art. 79 Abs. 3	**99** 84, 177,	Art. 84 Abs. 4 Satz 1	**112** 25
	108 87, **112** 5,	Art. 84 Abs. 5	**107** N107
	117 40	Art. 85	**107** 45, **108** 48
Art. 80	**99** 84, **100** 33, 48,	Art. 85 Abs. 1	**101** N108,
	103 20, N190,		**119** N216
	104 N13, **112** 7,	Art. 85 Abs. 1 Satz 2	**116** 25
	118 105, **123** 15	Art. 85 Abs. 2	**101** 37, **104** 4, 9,
Art. 80 Abs. 1	**101** 15, 62,		35, 77, 79
	103 10, 15 ff., 19 f.,	Art. 85 Abs. 3	**107** N107
	29, 36, 65, **104** 77,	Art. 85 Abs. 4	**99** 226, **107** N107
	105 33, 39,	Art. 85 Abs. 4 Satz 2	**111** 26
	118 104	Art. 86 ff.	**111** 51
Art. 80 Abs. 1 Satz 1	**103** 30	Art. 86	**99** 124, 126,
Art. 80 Abs. 1 Satz 2	**103** 20, 22, 25, 63,		N502, **108** 39, 62,
	N56, **105** 33,		64, 99, N68,
	118 105, 108		N236, N262,
Art. 80 Abs. 1 Satz 3	**103** 71, N198,		**109** 12
	118 105	Art. 86 Satz 2	**99** 120, **108** 71,
Art. 80 Abs. 1 Satz 4	**103** 29, 36		N357
Art. 80 Abs. 2	**103** 53 ff., N102,	Art. 87	**104** N35,
	116 86, **118** 105,		**108** N236, **125** 32
	119 21, N214	Art. 87 Abs. 1	**108** 64, N68,
Art. 80 Abs. 4	**103** 33		N236
Art. 80a Abs. 1 Satz 2	**99** N567	Art. 87 Abs. 1 Satz 1	**108** N69, N242
Art. 81	**102** 2, **112** 7	Art. 87 Abs. 1 Satz 2	**108** N70

Halbfette Zahl = §§; magere Zahl = Rn.; N = Fußnote

Gesetzesregister (Verfassungsrecht)

Art. 87 Abs. 2	**99** 126, **108** 39, 64, 67, N78, **116** 10, **125** 2, 6, 10, 12, 20 f., 40, N7	Art. 91a Abs. 1 Nr. 1	**124** 30, 35
		Art. 91a Abs. 1 Nr. 2	**124** 35
		Art. 91a Abs. 2	**101** 35, 37, N108
		Art. 91a Abs. 2 Satz 1	**101** 35
		Art. 91a Abs. 3	**99** 138
Art. 87 Abs. 2 Satz 1	**125** 4	Art. 91b	**99** 138, **108** N271, **112** 4, **116** 72, 76, **120** N17
Art. 87 Abs. 3	**101** 37, **108** 39, 64, 67, 72		
Art. 87 Abs. 3 Satz 1	**99** N502, **108** 21, 71, N70, N245, N369, **122** 90	Art. 92 ff.	**112** 1 f., 4, 57, 90, **114** 13, **121** 46
		Art. 92	**99** 94, 134, 245, **100** 14, **112** 16 f., 20 f., 23, 25, 27, 57 f., 60, 63, 66 f., 69, 72, 75 ff., 82, 88, N227, N234, **113** 2, 4, 12 f., 17 f., 21, 28, 36, 44, 48 f., 51, 55, 57, 62, 64, 69, 74, 91, 113, N28, N163, N164, N189, **114** 1, 7, 11, 14, 22 f., 28
Art. 87 Abs. 3 Satz 2	**108** 71, N246		
Art. 87a Abs. 1 Satz 2	**99** 138, **120** 33		
Art. 87b	**108** N68, N236		
Art. 87b Abs. 1 Satz 1	**108** N244		
Art. 87b Abs. 1 Satz 3	**101** 37, N108		
Art. 87d	**108** 68, N68, N236		
Art. 87d Abs. 1	**108** N69, N250		
Art. 87d Abs. 1 Satz 1	**108** N246		
Art. 87d Abs. 1 Satz 2	**108** 68, N236		
Art. 87d Abs. 2	**101** 37, N108		
Art. 87e	**108** 68, N236, N250		
Art. 87e Abs. 1	**108** N68, N236	Art. 92 Hs. 1	**112** 1, 16, 18, 24, 26, 33, 57, 60, 71 ff., 77 ff., 84 f., N2, **113** 6, 11, 54 f., 68
Art. 87e Abs. 1 Satz 1	**108** N246		
Art. 87e Abs. 3 Satz 1	**108** 68		
Art. 87e Abs. 3 Satz 2	**108** N251, **122** N137		
Art. 87e Abs. 3 Satz 3	**108** N251	Art. 92 Hs. 2	**112** 10, 16, 18 f., 21, 24, 86 ff., **113** 6, 11, 14, 17, 44, 46, 55
Art. 87e Abs. 4	**99** 240 f., **108** 68, N252, **122** 90		
Art. 87e Abs. 4 Satz 1	**99** 122		
Art. 87f	**99** 241, **108** 68, N250	Art. 93	**99** 120, **112** 15, 73
		Art. 93 Abs. 1 Satz 1	**99** N754
Art. 87f Abs. 1	**99** 122, 240, **108** 68	Art. 93 Abs. 1 Nr. 1	**102** 53, **112** N92, N209
Art. 87f Abs. 2 Satz 1	**108** 68	Art. 93 Abs. 1 Nr. 2	**102** 53, **103** 83, **112** N91, N209, **120** 55, **123** 24, 84
Art. 87f Abs. 2 Satz 2	**108** N236, N246		
Art. 88	**99** 121, **105** N40, **117** 14		
Art. 88 Satz 2	**111** N132, **117** 15, 28, 39 f., N101	Art. 93 Abs. 1 Nr. 3	**112** N92, N209
		Art. 93 Abs. 1 Nr. 4	**112** N209, N278
Art. 89	**108** N69	Art. 93 Abs. 1 Nr. 4a	**99** 52, 122, **103** 83, **112** N92
Art. 89 Abs. 1	**122** N138		
Art. 89 Abs. 2	**108** N236	Art. 93 Abs. 2	**101** N108
Art. 90 Abs. 1	**122** N138	Art. 94	**99** 120, **113** N164
Art. 91	**108** N271	Art. 94 Abs. 1	**112** 28
Art. 91a	**108** N271, **112** 4, **116** 72, 76, **120** N17	Art. 94 Abs. 2	**101** 37, N108
		Art. 94 Abs. 2 Satz 1	**113** N94
		Art. 94 Abs. 2 Satz 2	**112** N278

Halbfette Zahl = §§; magere Zahl = Rn.; N = Fußnote

Gesetzesregister (Verfassungsrecht)

Art. 95	**99** 120, **112** 73, **113** N164, **114** 11, 14, 21f., 28f.	Art. 100 Abs. 1	**99** 70, **100** N22, **103** 38, 83, N230, **112** 30, N91, **118** 108
Art. 95 Abs. 1	**112** 15, 64, **114** 14, 21, 29, N114	Art. 100 Abs. 2	**114** 45
		Art. 101 ff.	**114** N35, **115** 4
		Art. 101	**114** 6, 36 f., **115** N5
Art. 95 Abs. 2	**112** 28, **113** 2 ff., N29	Art. 101 Abs. 1 Satz 2	**111** 5, **112** 57, 77, **113** 63 f., 91, N162, **114** 2, 7, 11, 16, 33, 42, N35, N251, **115** 14, 17
Art. 95 Abs. 3	**112** N2, **114** 15		
Art. 95 Abs. 3 Satz 2	**101** 37, N108		
Art. 95 Abs. 1	**114** 27		
Art. 96	**112** 73, **114** 7, 14, 21		
Art. 96 Abs. 1	**112** 15, **114** 14	Art. 101 Abs. 1 Satz 2	**114** 34 f., 38, 41, 43 f., 46, 48, N218, N271
Art. 96 Abs. 2	**112** 15		
Art. 96 Abs. 2 Satz 5	**113** 2 ff., N29		
Art. 96 Abs. 3	**112** 15	Art. 101 Abs. 1 Satz 1	**114** 34
Art. 96 Abs. 5	**112** 15	Art. 101 Abs. 2	**112** 87 ff., **114** 38, 48
Art. 97	**99** 134, **112** 23, 82, **113** 2, 55, 91, N29, **114** 1, 7, 11, 17, 42	Art. 102	**99** 219
		Art. 103	**115** N5
		Art. 103 Abs. 1	**112** 77, **113** 65, **114** 2, 8, 11, **115** 2, 13, 22, 30, 33, 35 f., 45 f., 50, N147, N193, N229, N237, N389
Art. 97 Abs. 1	**100** 14 f., **112** 21, 28, 32, 41, 43, 46, 49, 57, 60, 77, **113** 2, 4, 18, 20 ff., 29, 35, 40, 55, 57, 62, 64, 80, N213, **121** 18, 20		
		Art. 103 Abs. 2	**105** 36, **118** 94, 201, N231
Art. 97 Abs. 1 Hs. 2	**113** 19, 24, 28	Art. 103 Abs. 3	**110** 65
Art. 97 Abs. 2	**110** 50, **113** 3 f., 7, 13, 67, 70 f., 73, 86	Art. 103 Abs. 1	**115** 18, 38, 48, N22, N362
		Art. 104	**112** 63, 65, 80, **114** N49, **120** 13
Art. 97 Abs. 2 Satz 1	**99** 138, **113** 72		
Art. 97 Abs. 2 Satz 2	**113** 72	Art. 104 Abs. 1	**100** 10
Art. 97 Abs. 2 Satz 3	**113** 72	Art. 104 Abs. 1 Satz 1	**99** N721
Art. 98 ff.	**99** 120	Art. 104 Abs. 1 Satz 2	**99** 219, N721
Art. 98	**113** 2	Art. 104 Abs. 2	**99** 18, 72, **112** 47, 73
Art. 98 Abs. 1	**113** 3 f., 10, N9, N28, N33		
Art. 98 Abs. 2	**99** N567, **113** 3 f., 7, 13, 72, N29	Art. 104 Abs. 2 Satz 1	**99** N722, **112** 85
		Art. 104 Abs. 3	**99** 72
Art. 98 Abs. 3	**101** N108, **113** 3 f., 10, N9, N28, N33	Art. 104 Abs. 3 Satz 1	**99** 20, N722, **112** 85
Art. 98 Abs. 3 Satz 1	**113** 7	Art. 104 Abs. 3 Satz 2	**99** N722, **112** 85
Art. 98 Abs. 3 Satz 2	**113** 7	Art. 104 Abs. 4	**99** 72
Art. 98 Abs. 4	**113** 3, N29	Art. 104a ff.	**112** 4, **116** 1, 10, 14, 57 f., 84, 162, 178, **119** 12, 75, **120** 4
Art. 98 Abs. 5	**113** 3, 13, 72, N29		
Art. 98 Abs. 5 Satz 2	**113** 7		
Art. 100	**100** 35		

Halbfette Zahl = §§; magere Zahl = Rn.; N = Fußnote

Gesetzesregister (Verfassungsrecht)

Art. 104a	**116** 10, 162, N328, N331, **123** 72, **125** 21	Art. 106 Abs. 3 Satz 4 Nr. 2	**116** 120, **118** 81, 130, **119** 13
Art. 104a Abs. 1	**116** 72, **118** 81, N200, **122** N275, **124** 29, **125** 37	Art. 106 Abs. 4	**116** 143
		Art. 106 Abs. 4 Satz 2	**118** N200
		Art. 106 Abs. 5	**116** 23, 26, N76
Art. 104a Abs. 2 ff.	**99** 106	Art. 106 Abs. 5a	**116** 23
Art. 104a Abs. 3	**116** 72	Art. 106 Abs. 6	**116** 26, N76
Art. 104a Abs. 6	**116** 174, N364	Art. 106 Abs. 6 Satz 1	**116** 23, **118** 235, 253
Art. 104b	**99** 106, **116** 72, 76	Art. 106 Abs. 6 Satz 4	**118** 235
Art. 104b Abs. 1	**116** 18, N76	Art. 106 Abs. 7	**116** 23, N76
Art. 105 ff.	**116** 84, **118** 205, **119** 4, 13, 73, 76, **125** 21	Art. 106 Abs. 8	**99** 106, **116** 16, 18, N76
		Art. 106 Abs. 9	**116** 18, N76
Art. 105 f.	**99** 45	Art. 106a	**108** N252
Art. 105	**112** 4, **116** 27, 63, 70, 146, **118** 230, **119** 16, 29, **124** 30, **125** 10	Art. 107	**116** 73, 143, **118** 71 f.
		Art. 107 Abs. 1	**116** 65, 73, **118** 73
		Art. 107 Abs. 1 Satz 1	**116** 73, **118** 72
Art. 105 Abs. 1	**116** 63, **118** 255, **122** 94	Art. 107 Abs. 1 Satz 2	**116** 73, **118** 72
		Art. 107 Abs. 1 Satz 3	**118** 72
Art. 105 Abs. 2	**116** 63, **118** 238, N173, **123** 72	Art. 107 Abs. 1 Satz 4	**116** 73
		Art. 107 Abs. 1 Satz 4 Hs. 1	**118** 72
Art. 105 Abs. 2a	**116** 27, 63 f., **118** 240, N740	Art. 107 Abs. 1 Satz 4 Hs. 2	**116** 73, **118** 72
Art. 105 Abs. 2a Satz 2	**116** 76, **118** 248		
Art. 105 Abs. 3	**116** 80, N76, **118** 94, 108, N140	Art. 107 Abs. 2	**101** 38, N109, **116** 73, **118** 73, **119** 77, **122** 119, **125** 47
Art. 106 ff.	**116** 58		
Art. 106	**116** 14, 28, 65 f., 70, 73, 95, 104, 146, **118** 71, 230, 248, 251, **119** 16	Art. 107 Abs. 2 Satz 1	**118** 73, **122** N277
		Art. 107 Abs. 2 Satz 1 Hs. 2	**116** N76
		Art. 107 Abs. 2 Satz 2	**118** 73
Art. 106 Abs. 1	**118** 205, **122** 94	Art. 107 Abs. 2 Satz 3	**118** 75
Art. 106 Abs. 1 Nr. 1	**118** 252	Art. 107 Abs. 3 Satz 3	**116** 73
Art. 106 Abs. 1 Nr. 3	**118** N714	Art. 108	**108** 62, **112** 4, **116** 69, **125** 10
Art. 106 Abs. 1 Nr. 4	**118** 248 f.		
Art. 106 Abs. 1 Nr. 7	**116** 30	Art. 108 Abs. 1	**116** 162
Art. 106 Abs. 2	**118** 205	Art. 108 Abs. 1 Satz 1	**116** 70, **122** 94, N299
Art. 106 Abs. 2 Nr. 2	**118** 257		
Art. 106 Abs. 2 Nr. 3	**118** N697, N698, N714	Art. 108 Abs. 1 Satz 2	**101** 37, **108** 71, **116** 69
Art. 106 Abs. 2 Nr. 4	**118** 248 f., N714	Art. 108 Abs. 2 Satz 1	**116** 70, **118** 201
Art. 106 Abs. 2 Nr. 5	**118** 253	Art. 108 Abs. 4	**116** 69
Art. 106 Abs. 2 Nr. 6	**118** 248, 252	Art. 108 Abs. 4 Satz 2	**116** N76
Art. 106 Abs. 3	**116** 73, 143, N76, **119** 77	Art. 108 Abs. 5	**116** 63, 70, N76, N323
Art. 106 Abs. 3 Nr. 1	**99** 138	Art. 108 Abs. 6	**112** 4, 15, **116** N76
Art. 106 Abs. 3 Satz 3	**101** 38, N48, N109		
Art. 106 Abs. 3 Satz 4 Nr. 1	**116** N912, **120** 76	Art. 108 Abs. 7	**116** N76, **118** 32

Halbfette Zahl = §§; magere Zahl = Rn.; N = Fußnote

Gesetzesregister (Verfassungsrecht)

Art. 109 ff.	**116** 1, 130, **120** 4, 12 f., 16	Art. 110 Abs. 1 Satz 1	**120** 24, 28, 34, N13, **122** N44, **123** 16, 21, 75, 97
Art. 109	**116** 174, **120** 4, 12 f., N20, **123** N343, **125** 21	Art. 110 Abs. 1 Satz 1 Hs. 1	**120** 30, **122** N225
Art. 109 Abs. 1	**116** 146, 173, **120** 2, 13, 66, 76, **122** N275, **123** 72, 119	Art. 110 Abs. 1 Satz 1 Hs. 2	**120** 29 ff., **122** N226, **123** 74, 78
		Art. 110 Abs. 1 Satz 2	**116** 50, **120** 17, 24, 37, 44, **123** 1, 59, 86, 89, 99, N10, N341
Art. 109 Abs. 2	**99** 23, 110, N687, **116** 2, 97, 126, 174, **117** 21, 24 f., **118** 24, **120** 21, 44, 68, 76, N83, **121** 50, N6, **123** 8, 10 f., 27, 42, 44 ff., 50, 53, 70 f., 76, 81, N31, N292, **124** 34	Art. 110 Abs. 2	**99** 140, **101** N48, N109, **116** 123, **118** 206, **120** 24, 58, 75, N139, **121** 15, **123** 17, 20, 58, 70
		Art. 110 Abs. 2 Satz 1	**116** 131, **120** 24, 34, 42 f., 50, N112, **121** N144, **123** 14, 16, 86
Art. 109 Abs. 3	**99** 125, 138, N687, **101** 38, N48, N109, **116** 173 f., **119** 59, **120** 2, 5, 23, 76, **123** 8, N31, N456	Art. 110 Abs. 2 Satz 2	**120** 30, 43
		Art. 110 Abs. 3	**99** 70, **102** 2, 84, **116** 131, **118** 206, **120** 7, 13, 58, 61, 63
Art. 109 Abs. 4	**99** N687, **116** 174, **123** N456	Art. 110 Abs. 4	**116** 142, **120** 24
		Art. 110 Abs. 4 Satz 1	**120** 57
Art. 109 Abs. 4 Nr. 1	**123** 48	Art. 110 Abs. 4 Satz 2	**120** 13, 57, **123** 17 f.
Art. 109 Abs. 4 Satz 3	**103** 53		
Art. 109 Abs. 4 Satz 4	**103** N163	Art. 110 Abs. 10 Hs. 2	**122** N46
Art. 109 Abs. 5	**116** N365, **123** 116	Art. 111	**116** 131, N673, **120** 10, 12 f., 42, 60, 67 f., 70, N211
Art. 109 Abs. 5 Satz 1	**123** 116		
Art. 109 Abs. 5 Satz 2	**123** 117 f.	Art. 111 Abs. 1	**120** 67 f.
Art. 109 Abs. 5 Satz 3	**123** 118	Art. 111 Abs. 2	**120** 68, **123** 14
Art. 109 Abs. 5 Satz 3 Hs. 1	**123** 118	Art. 112 ff.	**120** 13
		Art. 112	**116** 131, **120** 12, 26, 60, 67 ff., N211
Art. 109 Abs. 5 Satz 3 Hs. 2	**123** 118	Art. 113	**99** 70, **102** 2, 85, **116** 131, 154 f., N755, **120** 7, 12, 64, N204
Art. 109 Abs. 5 Satz 4	**123** N447		
Art. 110 ff.	**118** 205, **119** 4, **120** 4, **124** 34		
Art. 110	**99** 20, 45, 125, 138, **101** 38, **118** 70, **119** 15, **120** 4, 12, 67, **123** 20, 24, 78	Art. 113 Abs. 1	**120** 61
		Art. 114	**99** 226, **111** N132, **116** 123, 131, **120** 12, 58, 87
Art. 110 Abs. 1	**116** 141, **118** 205, **119** 29, **120** 24, 28, 47	Art. 114 Abs. 1	**116** 131, **120** 66, 86, 89, 95, **121** 15, 39, 43, N178, **122** 3 f., 8 ff., 58, N142

Gesetzesregister (Verfassungsrecht)

Art. 114 Abs. 2	**99** 6, 107, 234, **108** 62, N349, **109** 21, **111** 41, **116** 131, **120** 86, **123** 56	Art. 115e Abs. 2	**102** 83
		Art. 115f	**112** 4
		Art. 115f Abs. 1	**111** 28
		Art. 115f Abs. 1 Nr. 2	**111** 27
		Art. 115g Satz 1	**112** 4
Art. 114 Abs. 2 Satz 1	**99** 106, **120** 19, 24, 48, 86, 90, **121** 16 ff., 24, 40, 43 f., 46, 52, N1	Art. 115h	**99** N567
		Art. 115i Abs. 1	**111** 28
		Art. 115i Abs. 2	**111** 28
		Art. 115k	**103** N74
Art. 114 Abs. 2 Satz 2	**120** 93, **121** N228	Art. 117 Abs. 1	**102** N37
Art. 114 Abs. 2 Satz 3	**120** 86, **121** N166	Art. 118	**116** 152
Art. 115	**99** 45, 145, **116** 50, 84, 97, 123, 183, **120** 12 f., **122** 1, 110, **123** 26, 34, 37, 44, 74, 78, 80 f., N31, N343, **124** 31	Art. 119	**103** 53
		Art. 119 Satz 1	**103** N43, N74
		Art. 120	**108** 62, **116** 72, **120** N17, **125** 52
		Art. 120 Abs. 1 Satz 4	**116** 10, **123** 119, N394, **125** 2, 20 f., 37, 40, 48, 50 ff., N7
Art. 115 Abs. 1	**123** 21 f., 78		
Art. 115 Abs. 1 Satz 1	**120** 71, **123** 14, 19 f., 23, 29 f., 74, 79, N111	Art. 120a	**108** 62, **120** N17
		Art. 127	**103** N43, N74
		Art. 129 Abs. 1	**102** 72
Art. 115 Abs. 1 Satz 1 Hs. 1	**123** 46, 69	Art. 130	**108** 62
		Art. 132 Abs. 4	**103** 53, N43, N74
Art. 115 Abs. 1 Satz 2	**120** 31, 44, 68, **123** 7, 11, 19, 30 f., 37 f., 42, 44, 46, 55, 64, 76, 79 ff., N74, N155, N158	Art. 134 ff.	**122** 121, 123, 126
		Art. 134	**116** N160, **120** N17, **122** 87, N139
Art. 115 Abs. 1 Satz 2 Hs. 1	**120** 21, **123** 4, 18, 27 f., 32 f., 35, 37, 41, 44 f., 50, 52, 60, 68 f., N133	Art. 134 Abs. 1	**122** 4, 9, 129, N299
		Art. 134 Abs. 2	**122** 127, N56
		Art. 134 Abs. 4	**116** 46
Art. 115 Abs. 1 Satz 2 Hs. 2	**123** 8, 10, 27, 45, 50 ff., 60 ff., 65 f., 68 f., 73, 77, N165, N190	Art. 135	**108** 62, **120** N17, **122** 87, N139
		Art. 135 Abs. 2	**122** 21, N56, N75
		Art. 135 Abs. 4	**122** N282, N294
Art. 115 Abs. 1 Satz 3	**123** 33 f.	Art. 135 Abs. 5	**122** N294
Art. 115 Abs. 2	**120** 29, N13, **122** N44, N46, **123** 74, 76 ff., 83, N283, N291, N294, N295	Art. 135 Abs. 6	**122** 129, N299
		Art. 135 Abs. 6 Satz 2	**122** N294
		Art. 135a	**116** N160, **122** 87, N294
		Art. 140 ff.	**99** 48
Art. 115a ff.	**112** 4	Art. 140	**99** 219, **116** 28, 54, 63, **118** 236, **119** 59
Art. 115a	**99** N567		
Art. 115a Abs. 1	**102** 82	Art. 143 Abs. 3	**122** N196
Art. 115c Abs. 3	**108** 62	Art. 143a Abs. 1 Satz 2	**108** N257
Art. 115d	**102** 2, **112** 4	Art. 143b Abs. 3 Satz 2	**108** N257
Art. 115d Abs. 2	**102** 82	Art. 146	**99** 84
Art. 115e	**99** N567, **102** 2	Art. l Abs. 1	**115** 38
Art. 115e Abs. 1	**102** 83		

Halbfette Zahl = §§; magere Zahl = Rn.; N = Fußnote

Gesetzesregister (Verfassungsrecht)

2. Änderungsgesetze zum Grundgesetz (chronologisch)

(1) Fünfzehntes Gesetz zur Änderung des Grundgesetzes vom 8. Juni 1967

120 6

(2) Zwanzigstes Gesetz zur Änderung des Grundgesetzes vom 12. Mai 1969

120 6

(3) Einundzwanzigstes Gesetz zur Änderung des Grundgesetzes (Finanzverfassungsgesetz) vom 12. Mai 1969

118 N720

(4) Gesetz zur Änderung des Grundgesetzes vom 21. Dezember 1992

117 N100

(5) Gesetz zur Änderung des Grundgesetzes (Artikel 22, 23, 33, 52, 72, 73, 74, 74a, 75, 84, 85, 87c, 91a, 91b, 93, 98, 104a, 104b, 105, 107, 109, 125a, 125b, 125c, 143c) vom 28. August 2006

99 17

3. Entwurf des Verfassungskonvents in Herrenchiemsee (10. – 23. August 1948)

§ 117 Abs. 2   **103** N146

4. Verfassung des Deutschen Reichs (Weimarer Reichsverfassung) vom 11. August 1919

	102 71, **109** 21, **118** 33, 128, **123** 55	Art. 85 Abs. 2	**120** 11
		Art. 87	**123** 27, N54, N199
Art. 15	**111** 44	Art. 105	**114** N183
Art. 19	**108** 57	Art. 109	**118** 12
Art. 31	**111** 44	Art. 129 Abs. 1 Satz 3	**99** 108
Art. 33 Abs. 2	**111** 44	Art. 130 Abs. 1	**99** N358
Art. 48 Abs. 1	**111** 45	Art. 134	**116** 98, N531, **118** 12, 168, 183, 221, 223, N458
Art. 48 Abs. 2	**111** 45		
Art. 63	**118** 13, N612		
Art. 70	**102** N152	Art. 136 Abs. 4	**99** 219
Art. 73 Abs. 4	**116** 153, 155	Art. 137 Abs. 3	**116** 54
Art. 74 Abs. 3 Satz 4	**120** 11	Art. 137 Abs. 3 Satz 1	**99** 48
Art. 85	**120** 12	Art. 137 Abs. 5	**116** 54
Art. 85 Abs. 1	**120** 11, **123** N300	Art. 137 Abs. 6	**116** 28, 63, **118** 236

5. Verfassung des Deutschen Reiches vom 16. April 1871

	116 121, **123** 55, N300	Art. 18	**111** 45
		Art. 69	**120** 11
		Art. 70 f.	**116** 141

6. Verfassung des Norddeutschen Bundes vom 16. April 1867

	100 N20
Art. 69 Abs. 1	**123** N300

Gesetzesregister (Verfassungsrecht)

7. Preußische Verfassung vom 31. Januar 1850

| | **116** 121, **118** 11 | Art. 99 | **120** 9, 11 |
| Art. 62 Abs. 1 | **120** 10 | | |

8. Frankfurter Reichsverfassung (Paulskirchenverfassung) vom 28. März 1849

| § 51 | **123** 55 | § 102 | **123** N54 |
| § 73 | **123** N198 | § 140 | **109** 21 |

9. Verfassungen der Deutschen Demokratischen Republik (chronologisch)

(1) Verfassung der Deutschen Demokratischen Republik vom 7. Oktober 1949

| | **122** 57 | Art. 28 | **122** N150 |
| Art. 25 Abs. 1 | **122** N150 | | |

(2) Verfassung der Deutschen Demokratischen Republik vom 6. April 1968 (in der Fassung vom 7. Oktober 1974)

| | **120** 14, **122** 57 | Art. 10 | **122** N150 |
| Art. 9 Abs. 4 | **120** N66 | Art. 12 | **122** N150 |

10. Landesverfassungen (alphabetisch)

(1) Verfassung des Landes Baden-Württemberg vom 11. November 1953

Art. 12 Abs. 1	**99** N676	Art. 66 Abs. 1	**113** N21
Art. 20 Abs. 2	**105** N14	Art. 66 Abs. 2	**113** N24
Art. 21	**99** N676	Art. 68 Abs. 3 Satz 1	**113** N153
Art. 45 Abs. 3	**108** N355	Art. 70 Abs. 1	**104** N35
Art. 60 Abs. 6	**116** N739	Art. 70 Abs. 2	**99** N456
Art. 61	**103** N52, N191	Art. 75 Abs. 1 Satz 1	**108** N164,
Art. 63	**103** N191		**122** N146
Art. 65 Abs. 1	**113** N19	Art. 89	**122** N142
Art. 65 Abs. 2	**113** N20		

(2) Verfassung des Freistaates Bayern vom 2. Dezember 1946 (in der Fassung vom 15. Dezember 1998)

	122 55 f.	Art. 80	**121** N162
Art. 5 Abs. 3	**112** N55, N64,	Art. 80 Abs. 1 Satz 1	**121** N54, N156
	113 N17	Art. 80 Abs. 1 Satz 2	**121** N60
Art. 9 Abs. 2 Satz 2	**103** N130, N163	Art. 81	**122** 55
Art. 11 Abs. 2 Satz 1	**105** N57	Art. 81 Satz 1	**122** 104
Art. 12 Abs. 2	**122** N145	Art. 81 Satz 2	**122** 104
Art. 33a	**111** 15	Art. 82	**123** N220
Art. 49	**108** N355	Art. 82 Satz 1	**123** 55, N339
Art. 70 Abs. 2	**121** N54	Art. 83 Abs. 4	**108** N164
Art. 73	**116** N739	Art. 85	**113** N20
Art. 77 Abs. 1	**104** N35	Art. 87 Abs. 1	**113** N21
Art. 77 Abs. 1 Satz 2	**99** N456	Art. 88	**113** N27
Art. 78 Abs. 1	**121** N144	Art. 91 Abs. 1	**115** N71
Art. 78 Abs. 3	**121** N54, N144	Art. 96 Satz 1	**110** 74

Halbfette Zahl = §§; magere Zahl = Rn.; N = Fußnote

Gesetzesregister (Verfassungsrecht)

(3) Verfassung von Berlin vom 23. November 1995

	123 54	Art. 79 Abs. 2	**113** N27
Art. 15 Abs. 1	**115** N71	Art. 82	**113** N22
Art. 47 Abs. 1 Satz 2	**103** N163	Art. 85 Abs. 2	**120** N122
Art. 55 Abs. 2	**108** N355	Art. 86 Abs. 3	**120** N244
Art. 56	**108** N355	Art. 87 Abs. 2 Satz 1	**123** 54
Art. 58 Abs. 4	**108** N355	Art. 87 Abs. 2 Satz 2	**123** N220
Art. 59 Abs. 5	**102** N70	Hs. 2	
Art. 62 Abs. 5	**116** N739	Art. 94 Abs. 1	**122** N142, N144
Art. 79 Abs. 1	**113** N19, N20		

(4) Verfassung des Landes Brandenburg vom 20. August 1992

Art. 11 Abs. 1	**107** N148	Art. 103 Abs. 1 Satz 3	**123** N220
Art. 52 Abs. 3	**115** N71	Art. 106	**122** N142
Art. 52 Abs. 4 Satz 1	**115** 45	Art. 108 Abs. 1	**113** N20
Art. 74	**111** 15	Art. 108 Abs. 2	**113** N27
Art. 76 Abs. 2	**116** N739	Art. 109	**113** N22
Art. 97 Abs. 1 Satz 2	**108** N164		

(5) Landesverfassung der Freien Hansestadt Bremen vom 21. Oktober 1947

Art. 70 Abs. 2	**116** N739	Art. 135 Abs. 1	**113** N19
Art. 101 Abs. 1 Nr. 6	**122** N140, N241 f.	Art. 135 Abs. 2	**113** N27
Art. 130	**122** 54	Art. 136	**113** N22
Art. 131a Satz 2 Hs. 2	**123** N220	Art. 137 Abs. 1	**113** N21

(6) Verfassung der Freien und Hansestadt Hamburg vom 6. Juni 1952

Art. 49 Abs. 1	**102** N70	Art. 62 Satz 2	**113** N27
Art. 50 Abs. 1 Satz 2	**116** N739	Art. 63	**113** N22
Art. 53	**103** N52	Art. 66 Abs. 2 Satz 1	**120** N161
Art. 62 Satz 1	**113** N19	Art. 70 Satz 2	**122** N142
		Art. 72	**123** 55, N220

(7) Verfassung des Landes Hessen vom 1. Dezember 1946

	122 55, 57	Art. 127 f.	**113** N21
Art. 40 Satz 1	**122** N148	Art. 127 Abs. 4 Satz 1	**113** N23
Art. 118	**103** N52	Art. 137 Abs. 3 Satz 2	**108** N164
Art. 124 Abs. 1 Satz 2	**116** N739	Art. 141	**123** 55, N220
Art. 126 Abs. 1	**113** N19	Art. 145	**122** N141
Art. 126 Abs. 2	**113** N20		

(8) Verfassung des Landes Mecklenburg-Vorpommern vom 23. Mai 1993

Art. 36	**111** 18	Art. 66	**122** N140
Art. 37	**111** 15	Art. 66 Abs. 1 Satz 1	**122** N241
Art. 52 Abs. 3	**113** N255	Art. 67 Abs. 1	**122** N142
Art. 59 Abs. 3	**116** N739	Art. 72 Abs. 4	**108** N164
Art. 60 Abs. 2	**116** N739	Art. 76 Abs. 1 Satz 2	**113** N20
Art. 65 Abs. 2	**123** N220	Art. 76 Abs. 2	**113** N27

(9) Niedersächsische Verfassung vom 19. Mai 1993

Art. 43 Abs. 2	**104** N35	Art. 48 Abs. 1 Satz 3	**116** N739

Halbfette Zahl = §§; magere Zahl = Rn.; N = Fußnote

Gesetzesregister (Verfassungsrecht)

Art. 51 Abs. 1	**113** N19	Art. 63	**122** 53
Art. 51 Abs. 2	**113** N27	Art. 63 Abs. 1	**122** 53, N149
Art. 51 Abs. 4	**113** N20	Art. 63 Abs. 1 Satz 2	**122** N140, N240
Art. 57 Abs. 5	**108** N164	Art. 63 Abs. 1 Satz 3	**122** N140
Art. 62	**111** 15	Art. 69 Satz 2	**122** N142
		Art. 71 Satz 3	**123** N220

(10) Verfassung des Landes Nordrhein-Westfalen vom 28. Juni 1950

	111 N34	Art. 72 Abs. 2	**113** N27
Art. 3 Abs. 3	**113** N20	Art. 77	**99** N456, **111** 55
Art. 4 Abs. 2	**107** N148, **111** 14	Art. 77 Satz 1	**104** N35
Art. 11	**99** N676	Art. 77a Abs. 1	**111** 14
Art. 16	**105** N14, N55	Art. 77a Abs. 2	**111** 14
Art. 34	**103** N52	Art. 77a Abs. 3	**111** 14
Art. 52 ff.	**108** N355	Art. 78 Abs. 4	**108** N164
Art. 58	**111** 14	Art. 83 Satz 2	**123** 44
Art. 60	**103** N44	Art. 86 Satz 2	**122** N142
Art. 68 Abs. 1 Satz 4	**116** N739	Art. 87	**108** N67
Art. 70	**103** N52, N191	Art. 87 Abs. 1	**111** N132
Art. 71 Abs. 2	**103** N191		

(11) Verfassung für Rheinland-Pfalz vom 18. Mai 1947

Art. 6 Abs. 2	**115** N71	Art. 120 Abs. 1	**122** N142
Art. 39 Abs. 1	**105** N55	Art. 120 Abs. 2 Satz 1	**122** N144
Art. 49 Abs. 3 Satz 2	**108** N164	Art. 121	**113** N19, N20
Art. 109 Abs. 3 Satz 2	**116** N739	Art. 122 Abs. 2	**113** N21
Art. 110	**103** N52	Art. 123 Abs. 1	**113** N27
Art. 111	**103** N44	Art. 132	**113** 7
Art. 112	**103** N44	Art. 134 Abs. 3 Satz 1	**113** N255
Art. 117 Satz 2 Hs. 2	**123** N220		

(12) Verfassung des Saarlandes vom 15. Dezember 1947

Art. 99 Abs. 1 Satz 3	**116** N739	Art. 106 Abs. 3	**121** N162
Art. 104	**103** N52	Art. 108	**123** N220
Art. 105 Abs. 1 Satz 3	**121** N54, N144	Art. 109 Abs. 1	**113** N19
Art. 106 Abs. 1	**121** N156	Art. 110 Satz 1	**113** N20
Art. 106 Abs. 2 Satz 1	**121** N54, N156	Art. 111 Satz 2	**113** N21
Art. 106 Abs. 2 Satz 2	**121** N156, **122** N142, N143	Art. 111 Satz 3	**113** N21
		Art. 111 Satz 4	**113** N21
Art. 106 Abs. 2 Satz 3	**121** N1, N60, N162, N194	Art. 116	**99** N456, **104** N35
		Art. 122	**108** N164

(13) Verfassung des Freistaates Sachsen vom 27. Mai 1992

Art. 57	**111** 15	Art. 79 Abs. 1	**113** N21
Art. 73 Abs. 1	**116** N739	Art. 80 Abs. 2	**113** N25
Art. 77 Abs. 1	**113** N19	Art. 89 Abs. 1	**108** N164
Art. 77 Abs. 2	**113** N20	Art. 89 Abs. 2	**122** N146
Art. 77 Abs. 3	**113** N27	Art. 95 Satz 2 Hs. 2	**123** N220
Art. 78 Abs. 2	**115** N71	Art. 99	**122** N142
Art. 78 Abs. 3 Satz 1	**115** 45, N72		

Halbfette Zahl = §§; magere Zahl = Rn.; N = Fußnote

Gesetzesregister (Dokumente zur Rechtslage Deutschlands)

(14) Verfassung des Landes Sachsen-Anhalt vom 16. Juli 1992

	113	Art. 87 Abs. 4	**108** N164
Art. 21 Abs. 4	**115** N71	Art. 92 Abs. 1	**122** N140
Art. 63	**111** 15	Art. 92 Abs. 1 Satz 1	**122** N240
Art. 81 Abs. 1 Satz 3	**116** N739	Art. 92 Abs. 1 Satz 2	**122** N242
Art. 83 Abs. 1	**113** N18, N19, N27	Art. 97 Abs. 1 Satz 2	**122** N142
		Art. 99 Abs. 3	**123** N220
Art. 83 Abs. 2	**113** N20		

(15) Verfassung des Landes Schleswig-Holstein vom 13. Dezember 1949 (in der Fassung vom 13. Juni 1990)

	113	Art. 43 Abs. 2	**113** N22
Art. 33	**103** N52	Art. 46 Abs. 3	**108** N164
Art. 38 Abs. 2	**104** N35	Art. 53 Satz 2 Satz 2 Hs. 2	**123** N220
Art. 38 Abs. 3	**99** N456		
Art. 41 Abs. 2	**116** N739	Art. 55 Abs. 1 Satz 1	**122** N142
Art. 43 Abs. 1 Satz 1	**113** N16	Art. 56	**122** N143
Art. 43 Abs. 1 Satz 2	**113** N20	Art. 56 Abs. 1	**121** N181

(16) Verfassung des Freistaates Thüringen vom 25. Oktober 1993

Art. 37 Abs. 3	**110** N147	Art. 89 Abs. 3	**113** N24
Art. 69	**111** 15	Art. 94	**108** N164
Art. 82 Abs. 2	**116** N739	Art. 98 Abs. 2 Satz 3	**123** N220
Art. 86 Abs. 1	**113** N19	Art. 102 Abs. 1 Satz 2	**122** N142
Art. 86 Abs. 2	**113** N20	Art. 103 Abs. 3	**122** N143
Art. 88 Abs. 1 Satz 1	**115** N71		

11. Alte Landesverfassungen (alphabetisch)

(1) Verfassung des Landes Baden (Gesetz, die badische Verfassung betreffend) vom 21. März 1919

§ 8	**118** 11	§ 23 Abs. 3	**116** 153

(2) Verfassungsurkunde für das Königreich Bayern vom 26. Mai 1818

118 11, **123** 55

(3) Verfassungsurkunde für das Königreich Württemberg vom 25. September 1819

	122 16
§ 103	**122** N35

II. Dokumente zur Rechtslage Deutschlands

Vertrag zwischen der Bundesrepublik Deutschland und der Deutschen Demokratischen Republik über die Herstellung der Einheit Deutschlands (Einigungsvertrag) vom 31. August 1990

	122 21	Art. 21	**120** 5, **122** 28
Art. 21 ff.	**122** N156	Art. 21 Abs. 1	**122** 127
Art. 21 f.	**122** 125	Art. 21 Abs. 1 Satz 1	**122** N58, N85

Art. 21 Abs. 2	**122** 127	Art. 22 Abs. 4 Satz 2	**122** N293
Art. 22	**122** 28	Art. 22 Abs. 4 Satz 3	**122** N293
Art. 22 Abs. 1	**122** N301	Art. 25	**122** N294
Art. 22 Abs. 1 Satz 1	**122** N58	Art. 41	**122** N196
Art. 22 Abs. 2	**122** N295	Art. 134 Abs. 4	**122** N294
Art. 22 Abs. 4 Satz 1	**122** N293		

III. Bundesrecht (alphabetisch)

1. Gesetz über die Vermeidung und Entsorgung von Abfällen (Abfallgesetz) vom 27. August 1986

§ 30   **119** N317

2. Gesetz über die Rechtsverhältnisse der Mitglieder des Deutschen Bundestages (Abgeordnetengesetz) vom 18. Februar 1977 (in der Fassung vom 21. Februar 1996)

§ 44b	**115** N119	§ 53 Abs. 2	**120** 86

3. Gesetz über Abgaben für das Einleiten von Abwasser in Gewässer (Abwasserabgabengesetz) vom 13. September 1976 (in der Fassung vom 18. Januar 2005)

                     119 N318

4. Allgemeines Eisenbahngesetz, erlassen als Artikel 5 des Gesetzes zur Neuordnung des Eisenbahnwesens vom 27. Dezember 1993

§ 5 Abs. 1	**108** N176	§ 14 Abs. 5	**108** N176
§ 14 Abs. 3a	**108** N176		

5. Arbeitsförderungsgesetz vom 25. Juni 1969

§ 116 Abs. 3 Satz 2	**104** N151, **105** 15	§ 242 Abs. 2	**105** N47
§ 186c Abs. 2 Satz 2	**116** N164, N258	§ 243	**105** N47
§ 189 Abs. 1	**108** 39		

6. Allgemeines Gleichbehandlungsgesetz, erlassen als Artikel 1 des Gesetzes zur Umsetzung europäischer Richtlinien zur Verwirklichung des Grundsatzes der Gleichbehandlung vom 14. August 2006

	99 N333
§ 19 Abs. 5	**99** N333

7. Aktiengesetz vom 6. September 1965

§ 23	**105** 40	§ 161	**99** 134

8. Gesetz über die Alterssicherung der Landwirte, erlassen als Artikel 1 des Gesetzes zur Reform der agrarsozialen Sicherung (Agrarsozialreformgesetz) vom 29. Juli 1994

§ 49   **125** N17

9. Gesetz über die Erhebung einer Sondersteuer auf alkoholhaltige Süßgetränke (Alkopops) zum Schutz junger Menschen 23. Juli 2004

                     118 N734

Halbfette Zahl = §§; magere Zahl = Rn.; N = Fußnote

Gesetzesregister (Bundesrecht)

10. Gesetz über Maßnahmen zur Sicherung der Altölbeseitigung vom 23. Dezember 1968

§ 4   119 N317

11. Gesetz über den Verkehr mit Arzneimitteln (Arzneimittelgesetz), erlassen als Artikel 1 des Gesetzes zur Neuordnung des Arzneimittelrechts vom 24. August 1976 (in der Fassung vom 12. Dezember 2005)

§ 63a	**111** 42	§ 75	**111** 42
§ 74a	**111** 42	§ 79	**103** N76, N77

12. Abgabenordnung vom 16. März 1976 (in der Fassung vom 1. Oktober 2002)

	109 16, **116** 63	§ 14	**118** N640
§ 1	**109** 16	§ 42	**118** 34
§ 2	**116** 159	§ 46	**118** 170
§ 3	**116** 28, 85	§ 74	**118** 170
§ 3 Abs. 1	**116** 85, **118** 12, N68	§ 75	**118** 170
		§ 76	**118** 170
§ 3 Abs. 1 Hs. 1	**116** 85	§ 130	**99** N621
§ 3 Abs. 1 Hs. 2	**116** 8	§ 163	**118** 142
§ 3 Abs. 2	**118** N670	§§ 172 f.	**99** N621
§ 3 Abs. 3	**118** N742	§ 227	**118** 142
§§ 8 f.	**116** 158, N151	§ 370	**118** 94, 164
§§ 10 f.	**116** N151	§ 378	**118** 94
§ 10	**116** 158		

13. Arbeitsgerichtsgesetz vom 3. September 1953 (in der Fassung vom 2. Juli 1979)

§ 1	**113** N32	§§ 20 ff.	**113** N45
§ 2	**112** N208, N279	§ 20 Abs. 2	**113** N253
§ 2 Abs. 1 Nr. 1	**112** N158	§§ 21 ff.	**113** N250
§ 9 Abs. 2	**113** N30	§ 34 Abs. 1 Satz 1	**112** N136
§ 15 Abs. 1	**104** N168	§ 40 Abs. 2 Satz 1	**112** N136
§ 15 Abs. 1 Satz 1	**112** N136	§ 45 Abs. 2	**112** N99
§ 16	**113** N167	§ 67 Abs. 1	**115** N354
§ 16 Abs. 2	**113** N148	§ 72	**113** N12

14. Gesetz zur Umsetzung der EG-Rahmenrichtlinie Arbeitsschutz und weiterer Arbeitsschutzrichtlinien (Arbeitsschutzgesetz – ArbSchG) vom 7. August 1996

§ 13 Abs. 2   **111** 42

15. Gesetz über die Rechtsbehelfe bei Verletzung des Anspruchs auf rechtliches Gehör vom 9. Dezember 2004

115 56

16. Gesetz über die Besteuerung bei Auslandsbeziehungen (Außensteuergesetz), erlassen als Artikel 1 des Gesetzes zur Wahrung der steuerlichen Gleichmäßigkeit bei Auslandsbeziehungen und zur Verbesserung der steuerlichen Wettbewerbslage bei Auslandsinvestitionen vom 8. September 1972

§ 2   **116** N776

Halbfette Zahl = §§; magere Zahl = Rn.; N = Fußnote

Gesetzesregister (Bundesrecht)

17. Gesetz über das Asylverfahren (Asylverfahrensgesetz) vom 16. Juli 1982 (in der Fassung vom 27. Juli 1993)

§ 6	**111** 30	§ 76 Abs. 4	**113** N157

18. Gesetz über die friedliche Verwendung der Kernenergie und den Schutz gegen ihre Gefahren (Atomgesetz) vom 31. Oktober 1976 (in der Fassung vom 15. Juli 1985)

	101 79
§ 7 Abs. 2 Nr. 3	**104** 32, 72

19. Verordnung über den kerntechnischen Sicherheitsbeauftragten und über die Meldung von Störanfällen und sonstigen Ereignissen (Atomrechtliche Sicherheitsbeauftragten- und Meldeverordnung) vom 14. Oktober 1992

§§ 2 ff.	**111** 42

20. Gesetz über die Einreise und den Aufenthalt von Ausländern im Bundesgebiet (Ausländergesetz) vom 9. Juli 1990

§§ 91a ff.	**111** 29

21. Gesetz über den Vertrieb ausländischer Investmentanteile und über die Besteuerung der Erträge aus ausländischen Investmentanteilen vom 28. Juli 1969 (in der Fassung vom 9. September 1998)

118 143 f.

22. Außenwirtschaftsgesetz vom 28. April 1961 (in der Fassung vom 26. Juni 2006)

	117 16
§ 10 Abs. 2	**103** N76

23. Gesetz über die vermögensrechtlichen Verhältnisse der Bundesautobahnen und sonstigen Bundesstraßen des Fernverkehrs vom 2. März 1951

122 62, N138

24. Baugesetzbuch vom 23. Juni 1960 (in der Fassung vom 23. September 2004)

§ 10	**99** 140, **105** N12	§§ 127 ff.	**116** 90
§ 10 Abs. 1	**105** N141	§§ 214 ff.	**109** 24, 69, N184
§ 10 Abs. 3	**105** N174	§§ 214 f.	**105** 62, **112** N88

25. Gesetz über die Errichtung einer Bundesanstalt für Arbeitsvermittlung und Arbeitslosenversicherung vom 10. März 1952

105 N47

26. Gesetz über die Deutsche Bundesbank vom 26. Juli 1957 (in der Fassung vom 22. Oktober 1992)

	117 16, N187	§ 12	**117** 35, 39
§ 2 Satz 1	**117** 30	§ 12 Satz 2	**117** 39, N181
§ 7 Abs. 1	**117** N188	§ 13	**123** N240
§ 7 Abs. 4	**110** N7	§ 13 Abs. 1	**117** N182
§ 8	**117** N189	§ 13 Abs. 2	**117** 39
§§ 12 f.	**123** N92	§ 14	**117** N178

Halbfette Zahl = §§; magere Zahl = Rn.; N = Fußnote

Gesetzesregister (Bundesrecht)

§ 16	**117** N150	§ 31	**105** N41
§ 20 Abs. 1 Nr. 1	**117** N186	§ 34	**105** N41
§ 20 Satz 1	**117** N183	§ 34 Satz 2	**105** N177

27. Bundesbesoldungsgesetz vom 23. Mai 1975 (in der Fassung vom 6. August 2002)

§ 14a	**110** N68
§ 18	**110** 88
§ 19	**110** 88

28. Bundesbeamtengesetz vom 14. Juli 1953 (in der Fassung vom 31. März 1999)

§ 2	**110** 14	§ 55 Satz 2	**113** N67
§ 3 Abs. 2	**107** N116	§ 56	**107** N6
§ 3 Abs. 2 Satz 1	**110** 21	§ 56 Abs. 1	**107** N211
§ 3 Abs. 2 Satz 2	**113** N67	§ 56 Abs. 2	**99** N347, N361,
§ 7 Abs. 1 Nr. 1	**99** N351		**107** N7, N202,
§ 7 Abs. 1 Nr. 2	**110** 71		N213, N214
§ 7 Abs. 2	**110** N110	§ 56 Abs. 2 Satz 2	**107** N215
§ 8 Abs. 1 Satz 2	**107** N190	§ 56 Abs. 2 Satz 3	**107** N220
§ 8 Abs. 2 Satz 1	**106** 38	§ 56 Abs. 3	**99** N347, N361,
§ 23	**107** N190		**107** N202, N213,
§§ 36 ff.	**107** N74		N214, N215,
§ 36	**110** 38		N220
§ 36 Abs. 1	**106** 38	§ 77	**107** N190
§ 38 Abs. 2 Satz 2	**107** N215	§ 79	**104** N62
§ 52	**107** N4, N114	§ 81 Abs. 2 Satz 1	**110** N118, **113** 90
§ 52 Abs. 1 Satz 1	**110** 74	§ 94	**108** N35
§ 53	**110** N117	§§ 95 ff.	**107** N46
§ 54	**107** N5, N195	§ 98 Abs. 1 Nr. 1	**107** N136
§ 55	**107** N2, N114,	§ 98 Abs. 1 Nr. 2	**107** N136
	N205	§ 98 Abs. 1 Nr. 3	**107** N136

29. Bundesdisziplinargesetz vom 9. Juli 2001

§§ 5 ff.	**107** N201	§ 23	**112** N165
§ 5	**110** 90	§ 134	**122** 102
§ 10	**110** 90		

30. Bundesdatenschutzgesetz vom 20. Dezember 1990 (in der Fassung vom 14. Januar 2003)

§ 2 Abs. 4	**111** 42	§ 24 Abs. 1	**111** 9
§ 4f	**111** 31, 42	§ 25	**111** 9
§ 4g	**111** 31, 42	§ 26 Abs. 1	**111** 9
§ 9	**109** 52	§ 26 Abs. 2	**111** 9
§ 12	**111** 9	§ 26 Abs. 3	**111** 9
§ 22 Abs. 1	**111** 9	§ 26 Abs. 4	**111** 9, N111
§ 22 Abs. 4	**111** 9	§ 38	**111** 9
§ 22 Abs. 5	**111** 9	§ 42	**111** 31
§ 23 Abs. 1 Satz 3	**111** 9, 49		

31. Gesetz über die Versorgung der Beamten und Richter in Bund und Ländern (Beamtenversorgungsgesetz) vom 24. August 1976 (in der Fassung vom 16. März 1999)

§ 3 Abs. 2	**110** 34

Gesetzesregister (Bundesrecht)

32. Gesetz zur Förderung der Berufsbildung durch Planung und Forschung vom 23. Dezember 1981

105 N44

33. Gesetz über Rechtsberatung und Vertretung für Bürger mit geringem Einkommen (Beratungshilfegesetz) vom 18. Juni 1980

115 N163

34. Gesetz zur Verbesserung der betrieblichen Altersversorgung vom 19. Dezember 1974

§ 10	**116** N165	§ 17 Abs. 2	**116** 52, N165

35. Betriebsverfassungsgesetz vom 15. Januar 1972 (in der Fassung vom 25. September 2001)

	100 N149	§ 98 Abs. 2	**111** 42
§ 77 Abs. 4 Satz 1	**100** 61		

36. Bewertungsgesetz vom 16. Oktober 1934 (in der Fassung vom 1. Februar 1991)

	118 269	§ 109	**118** 37
§ 11 Abs. 2	**118** 37		

37. Bürgerliches Gesetzbuch vom 18. August 1896 (in der Fassung vom 1. Januar 2002)

	117 18	§ 775	**124** 70
§ 25	**105** 40	§ 839	**104** 46, N80
§ 89 Abs. 2	**116** N222	§ 839 Abs. 2	**115** 15
§ 133	**104** 60	§§ 1373 ff.	**122** N18
§ 134	**124** 69 f.	§§ 1564 ff.	**112** N164, N221
§ 305 Abs. 2	**100** N151	§ 1671	**112** N222
§ 311 Abs. 1	**121** N17	§ 1822 Nr. 3	**118** 40
§ 311b Abs. 2	**122** N17	§ 1822 Nr. 4	**118** 40
§ 311b Abs. 3	**122** N17	§ 1922	**122** N18
§ 611a Abs. 1	**115** N146	§ 1936	**116** 96

38. Gesetz zur Gleichstellung behinderter Menschen vom 27. April 2002

§§ 14 f. **111** 29

39. Gesetz zur Gleichstellung von Frauen und Männern in der Bundesverwaltung und in den Gerichten des Bundes (Bundesgleichstellungsgesetz) vom 30 November 2001

§ 3	**111** 33	§ 21	**111** 32
§ 16 Abs. 1	**111** 32	§ 22 Abs. 1	**111** 32
§ 19 Abs. 1	**111** 32	§ 22 Abs. 1 Satz 1	**111** 32

40. Bundeshaushaltsordnung vom 19. August 1969

	116 130, **120** 5, **123** N31, **124** 34	§ 2 Satz 1	**120** N141, **121** N144
§ 1 Satz 1	**121** N144	§ 2 Satz 3	**121** 50
§ 1 Satz 2	**120** 41, **123** 31	§ 3	**120** 51, 57
§ 2	**120** 16, **123** N155	§ 3 Abs. 1	**123** 24

Halbfette Zahl = §§; magere Zahl = Rn.; N = Fußnote

Gesetzesregister (Bundesrecht)

§ 3 Abs. 2	**120** 18, **121** 22 f., 36, N86, **124** 41	§ 27 Abs. 1 Satz 1	**123** 85
§ 4 Satz 1	**121** N144	§ 28 Abs. 1 Satz 2	**116** 131
§ 5	**124** 39	§ 28 Abs. 3	**120** 62
§ 7	**121** 44	§ 29	**116** 131
§ 7 Abs. 1	**121** 38, N191, **123** 56	§ 29 Abs. 1	**120** 62
		§ 29 Abs. 3	**120** 62
§ 7 Abs. 1 Satz 1	**120** 48, **121** 21, 35 f., 46, 51, **122** 105	§ 30	**116** 131, **120** 42, N135
		§ 31	**116** 131, **120** N238
§ 8	99 N404, **116** 141, **119** N211	§ 32	**120** N208
		§ 33	**120** N208
§ 8 Satz 1	**116** 140, **120** 47, **123** 51, 93	§ 33 Satz 2	**120** N207
		§§ 34 ff.	**116** 131
§ 8 Satz 2	**123** 51, 93	§ 34 Abs. 2	**116** 131
§ 9	**111** 31, **120** 39	§ 34 Abs. 2 Satz 1	**121** 35 f.
§ 9 Abs. 2 Satz 1	**116** 131	§ 36	**120** 75, **123** N289
§ 10 Abs. 2	**120** 76	§ 36 Satz 1	**120** N226
§ 10a	**120** N132	§ 36 Satz 2	**120** N226
§ 11	**121** N144	§ 37 Abs. 1	**121** N161
§ 11 Abs. 2	**120** N70, **122** N225	§ 37 Abs. 2	**121** N161
		§ 37 Abs. 3	**120** 71
§ 12	**120** 43	§ 38	**116** 131
§ 13	**120** 30	§ 38 Abs. 1	**123** 20
§ 13 Abs. 3	**120** N98	§ 38 Abs. 2	**121** N161
§ 13 Abs. 3 Nr. 1	**122** 102	§ 39 Abs. 2	**121** N161
§ 13 Abs. 3 Nr. 2 Satz 2	**123** 33, 35 f.	§ 39 Abs. 3	**121** N161
§ 13 Abs. 4 Nr. 3	**123** 31	§ 40	**121** N161
§ 15 Abs. 1 Satz 1	**120** 31, **123** 19, 30	§ 41	**116** 131
§ 15 Abs. 1 Satz 2	**123** 19, 30	§ 44	**124** 10, 36
§ 18 Abs. 1 Satz 2 Nr. 1	**123** 64	§ 44 Abs. 1 Satz 1	**121** N148
§ 18 Abs. 1 Satz 2 Nr. 2	**123** 66	§ 44 Abs. 3	**121** N161, **124** 49, 53
§ 18 Abs. 2	**123** 16	§ 45	**116** 131
§ 18 Abs. 2 Nr. 2 Satz 1	**123** 23	§ 45 Abs. 1 Satz 1	**120** N119
§ 18 Abs. 2 Nr. 2 Satz 2	**123** 18	§ 45 Abs. 2	**123** 18
§ 18 Abs. 2 Nr. 2 Satz 3	**123** 23	§ 45 Abs. 3	**121** N161, **123** 18
§ 18 Abs. 2 Satz 1	**123** N91	§ 48	**121** N161
§ 18 Abs. 3	**120** 55, **123** 17	§ 49	**110** N134
§ 19	**123** 18	§ 50 Abs. 2	**121** N161
§ 22	**120** 75	§ 50 Abs. 3	**121** N161
§ 22 Satz 3	**120** 75, N226	§ 54	**121** N161
§ 23	**121** 37, N147, N148, **124** 10, 18, 36	§ 58 Abs. 2	**121** N161
		§ 59 Abs. 2	**121** N161
		§ 60	**121** N187
§ 26	**120** N109, **122** N226, **123** N283, **124** 36	§ 61 Abs. 3	**122** N44
		§ 62	**123** N92
		§§ 63 ff.	**122** 60
§ 26 Abs. 1	**121** N172	§§ 63 f.	**122** N153
§ 26 Abs. 2	**121** N172, **122** N44, N46	§ 63 Abs. 1	**122** N204
		§ 63 Abs. 3 Satz 1	**122** 105
§§ 27 ff.	**120** 62	§§ 64 f.	**123** N143

Halbfette Zahl = §§; magere Zahl = Rn.; N = Fußnote

Gesetzesregister (Bundesrecht)

§ 64 Abs. 1	**122** N234	§ 90 Nr. 3	**121** 21, 44, 48, 51, N191
§ 64 Abs. 2	**122** 102, 105, N227, N235	§ 90 Nr. 4	**121** 21, 44, 48
§ 64 Abs. 3	**122** 105	§ 91	**120** 86, **121** N173
§ 64 Abs. 4 Satz 2	**122** N234	§ 92	**120** 86, **121** N173, N174
§ 65 Abs. 1	**122** N210		
§ 66	**121** N173, N174	§ 94 Abs. 1	**121** 53
§ 67	**121** N173, N174	§ 96	**120** 93, **121** 45
§§ 71 ff.	**116** 131, **121** N187	§ 97	**120** 93, **121** 45, N191
§§ 73 ff.	**122** N154	§ 97 Abs. 2	**121** 46
§ 74	**121** N172	§ 97 Abs. 2 Nr. 2	**121** N191
§ 76	**116** 131	§ 97 Abs. 2 Nr. 4	**121** 53
§ 79	**121** N161	§ 100	**120** 86
§§ 80 ff.	**116** 131, **121** N177, **122** N4	§ 101	**120** N251
		§ 103 Abs. 1	**124** 39
§ 80	**122** N5	§ 104	**120** 86, **121** 42, N175
§ 81	**122** N5		
§ 85 Nr. 2	**122** N44	§ 105	**108** N149, **120** 86
§ 86	**22** N5, **122** 60, N13	§ 105 Abs. 1	**120** N11
§ 87	**121** N172	§ 111	**120** 86, **121** 42
§ 88 Abs. 1	**121** 40, 42 f., 50, N172, **122** N44	§ 112	**120** 86
		§ 112 Abs. 1	**121** 42
§ 88 Abs. 2	**111** 41, **120** N246, **121** 54	§ 112 Abs. 2 Satz 1	**121** 42
		§ 112 Abs. 2 Satz 2	**121** 42
§ 88 Abs. 2 Satz 1	**121** 54	§ 113	**121** N172, **122** N44
§ 89 Abs. 1	**121** N183		
§ 89 Abs. 1 Nr. 2	**121** 53	§ 113 Satz 2	**121** N172
§ 89 Abs. 2	**120** 91	§ 114 Abs. 1 Satz 1	**121** 43, **122** N5
§ 90	**121** 44, 46, N186	§ 114 Abs. 2	**120** 94
§ 90 Nr. 1	**121** 44	§ 116 Abs. 1 Satz 1	**120** 69
§ 90 Nr. 2	**121** 44		

41. Gesetz zum Schutz vor schädlichen Umwelteinwirkungen durch Luftverunreinigungen, Geräusche, Erschütterungen und ähnliche Vorgänge (Bundes-Immissionsschutzgesetz) vom 15. März 1974 (in der Fassung vom 26. September 2002)

§ 48	**104** N168	§ 51	**108** N35, **109** 19
§ 48a	**103** N68	§§ 53 ff.	**111** 42
§ 48a Abs. 1 Satz 3	**103** 25	§§ 58a ff.	**111** 42

42. Fünfte Verordnung zur Durchführung des Bundes-Immissionsschutzgesetzes (Verordnung über Immissionsschutz- und Störfallbeauftragte) vom 30. Juli 1993

§ 1 Abs. 1	**111** 42	§ 1 Abs. 2	**111** 42

43. Zweiundzwanzigste Verordnung zur Durchführung des Bundes-Immissionsschutzgesetzes (Verordnung über Immissionswerte für Schadstoffe in der Luft) vom 11. September 2002

104 N17

Gesetzesregister (Bundesrecht)

44. Bundesjagdgesetz vom 29. November 1952 (in der Fassung vom 29. September 1976)

§ 25 Abs. 2   **108** N154

45. Verordnung über die Laufbahnen der Bundesbeamten (Bundeslaufbahnverordnung) vom 15. November 1978 (in der Fassung vom 2. Juli 2002)

§ 2 Abs. 1	**110** 91	§§ 40 f.	**107** N190
§ 23	**110** N139	§ 40 Abs. 1	**110** N140
§ 29	**110** N139		

46. Gesetz über die Rechtsverhältnisse der Mitglieder der Bundesregierung (Bundesministergesetz) vom 17. Juni 1953 (in der Fassung vom 27. Juli 1971)

§ 1   **106** 33, **110** N7

47. Gesetz über Naturschutz und Landschaftspflege (Bundesnaturschutzgesetz) vom 25. März 2002

§ 29 Abs. 1 Satz 1 Nr. 1   **103** N197

48. Bundespersonalvertretungsgesetz vom 15. März 1974

§ 2	**107** N169	§ 69 Abs. 4 Satz 4	**107** N173
§§ 66 f.	**107** N167	§§ 75 ff.	**107** N47, N53
§ 69 Abs. 1	**107** N47	§ 98	**110** N72
§ 69 Abs. 4 Satz 3	**107** N173	§ 105	**110** N72

49. Gesetz über die Bundespolizei (Bundespolizeigesetz) vom 19. Oktober 1994

§ 3   **119** 33

50. Bundesrechtsanwaltsordnung vom 1. August 1959

§§ 60 ff.	**105** N20	§ 106 Abs. 2 Satz 1	**113** N151

51. Gesetz über den Bundesrechnungshof (Bundesrechnungshofgesetz) vom 11. Juli 1985

	120 5, **121** N166	§ 2 Abs. 1 Satz 1	**121** 40
§ 1	**108** N230, N349	§ 3 Abs. 4	**121** 40
§ 1 Satz 1	**120** 86, N245, **121** 40	§ 20a	**120** 86

52. Rahmengesetz zur Vereinheitlichung des Beamtenrechts (Beamtenrechtsrahmengesetz) vom 1. Juli 1957 (in der Fassung vom 31. März 1999)

	110 36, **113** 10	§ 19	**110** N59
§ 2	**110** 14	§ 20	**110** N59
§ 4 Abs. 1 Nr. 1	**99** N351	§ 22 Abs. 1	**110** 90
§ 4 Abs. 1 Nr. 2	**110** 71	§ 23	**110** 90
§ 4 Abs. 2	**110** N110	§ 23 Abs. 3	**110** 90
§ 4 Abs. 3	**110** N103	§ 23 Abs. 4	**110** 90
§ 5 Abs. 1	**110** 84	§ 24	**110** 90
§ 5 Abs. 2 Satz 2	**110** 84	§§ 31 f.	**107** N74
§§ 11 ff.	**110** 36	§ 31	**106** N137, **110** 38
§ 12 Abs. 3 Satz 1	**110** 36	§ 31 Abs. 1	**106** 37

Halbfette Zahl = §§; magere Zahl = Rn.; N = Fußnote

Gesetzesregister (Bundesrecht)

§ 35	**107** N4	§ 38 Abs. 3	**99** N347, N361,
§ 35 Abs. 1	**110** N117		**107** N202, N213,
§ 35 Abs. 1 Satz 1	**110** 74		N214, N215
§ 36	**107** N5, N114,	§ 44	**110** 64
	N195	§ 44a	**110** 37, N57
§ 37	**107** N2, N114,	§ 45	**110** 90
	N205	§ 45 Abs. 1	**110** 64
§ 37 Satz 2	**113** N67	§ 50	**110** 31
§ 38	**107** N6	§ 58	**110** 61
§ 38 Abs. 1	**107** N211	§§ 121 ff.	**110** 36
§ 38 Abs. 2	**99** N347, N361,	§ 134 Satz 1 Hs. 1	**121** N162
	107 N7, N202,	§ 134 Satz 2	**121** N169
	N213, N214		

53. Gesetz zur Regelung des Schuldenwesens des Bundes (Bundesschuldenwesengesetz) vom 12. Juli 2006

	123 25, N96	§ 2 Abs. 1	**123** 25
§ 1 Abs. 1	**123** 25	§ 4 Abs. 1	**123** 26

54. Verordnung zur Übertragung von Aufgaben nach dem Bundesschuldenwesengesetz (Bundeschuldenwesenverordnung) vom 19. Juli 2006

123 N96, N97

55. Bundessozialhilfegesetz vom 30. Juni 1961 (in der Fassung vom 23. März 1994)

§ 101a   **104** N55

Bundessozialhilfegesetz vom 30. Juni 1961 (in der Fassung vom 20. Januar 1987)

§ 22   **104** N55

56. Gesetz über den Verkehr mit Betäubungsmitteln (Betäubungsmittelgesetz) vom 28. Juli 1981 (in der Fassung vom 1. März 1994)

§ 1 Abs. 2	**103** N76	§ 1 Abs. 3	**103** N76

57. Gesetz über das Bundesverfassungsgericht (Bundesverfassungsgerichtsgesetz) vom 12. März 1951 (in der Fassung vom 11. August 1993)

§ 13 Nr. 6	**103** 83	§ 31 Abs. 2 Satz 3	**102** 72
§ 13 Nr. 8a	**112** N92	§ 34 Abs. 2	**119** N164
§ 15 Abs. 4 Satz 3	**113** 55	§§ 63 ff.	**102** 53
§ 17	**113** N30	§§ 76 ff.	**102** 53
§ 24 Satz 1	**113** N174	§ 76	**103** 83
§ 31	**101** 8	§ 76 Abs. 1	**120** 55
§ 31 Abs. 1	**99** N757,	§ 90	**103** 83
	112 N168,	§ 90 Abs. 2 Satz 1	**99** N606
	113 N94	§ 93 Abs. 1 Satz 1	**115** N425
§ 31 Abs. 2	**101** N17,	§ 95 Abs. 2	**112** N92
	112 N170,	§ 95 Abs. 3 Satz 2	**112** N92
	113 N94		

58. Gesetz über die vermögensrechtlichen Verhältnisse der Bundeswasserstraßen vom 21. Mai 1951

122 60, 62, N138

Halbfette Zahl = §§; magere Zahl = Rn.; N = Fußnote

Gesetzesregister (Bundesrecht)

59. Gesetz zur Neuordnung des Schuldbuchrechts des Bundes und der Rechtsgrundlagen der Bundesschuldenverwaltung (Bundeswertpapierverwaltungsgesetz) vom 11. Dezember 2001

	120 5	§ 3	**121** N159
§ 1 Satz 1	**121** N158	§§ 7 ff.	**121** N159
§ 2 Abs. 1 Nr. 1	**121** N159		

60. Gesetz über die vermögensrechtlichen Verhältnisse der Deutschen Bundesbahn vom 2. März 1951

122 61

61. Zweites Gesetz zur Durchführung von Richtlinien der Europäischen Wirtschaftsgemeinschaft über die Niederlassungsfreiheit und den freien Dienstleistungsverkehr vom 14. Dezember 1979

§ 2 Abs. 2   **103** N157

62. Deutsches Richtergesetz vom 8. September 1961 (in der Fassung vom 19. April 1972)

	113 10	§ 29 Satz 1	**113** N128, N166
§ 1	**112** 19, N1	§§ 30 ff.	**113** N38
§ 3	**110** 2, **113** N201	§ 34	**113** N214, N244
§ 4	**112** 34, 40, N1	§ 36 Abs. 2	**112** 34
§ 4 Abs. 1	**112** 34, 40, **113** 74	§§ 38 ff.	**113** N221
§ 4 Abs. 2	**112** 34, **113** 74	§ 38	**113** N222
§ 4 Abs. 2 Nr. 1	**112** 40, 42	§ 39	**110** N117, **113** 76, 89
§§ 5 ff.	**113** N37, N124, N197	§ 41 Abs. 1	**113** 77
§ 5 Abs. 1	**113** N198	§ 41 Abs. 2	**113** 77
§ 8	**113** N125	§ 43	**113** 77
§ 9	**113** N197	§ 44 Abs. 1	**113** N132
§ 9 Nr. 1	**99** N351	§ 44b Abs. 2	**113** N257
§ 9 Nr. 3	**113** N124	§ 45 Abs. 1	**113** N43
§ 10 Abs. 1	**113** N126	§ 45 Abs. 1 Satz 1	**113** N256
§ 11	**113** N127, N205	§ 45 Abs. 1 Satz 2	**113** N260
§ 12	**113** N127, N207	§ 45 Abs. 2	**113** N44, N258
§ 14	**113** N127, N208	§ 45 Abs. 3	**113** N44, N258
§ 17 Abs. 1	**113** N199	§ 45 Abs. 4	**113** N44
§ 17 Abs. 2	**113** N200	§ 45 Abs. 5	**113** N44
§ 21 Abs. 1	**113** N245	§ 45 Abs. 6	**113** N44
§ 21 Abs. 2 Nr. 4	**113** N246	§ 45 Abs. 7	**113** N44
§ 21 Abs. 2 Nr. 5	**113** N243	§ 45 Abs. 8	**113** N44
§§ 22 f.	**113** N247	§ 45 Abs. 9	**113** N45
§ 24	**113** N247	§ 46	**113** 90, N41
§ 26 Abs. 1	**113** 78 f.	§§ 61 ff.	**113** N39
§ 26 Abs. 2	**113** 78	§§ 71 ff.	**113** N40
§§ 27 f.	**113** N126	§ 71 Abs. 1 Satz 1	**113** N42
§ 27 Abs. 2	**113** N211	§§ 77 ff.	**113** N15

Gesetzesregister (Bundesrecht)

63. Gesetz über die Rundfunkanstalt des Bundesrechts „Deutsche Welle" vom 16. Dezember 1997 (in der Fassung vom 11. Januar 2005)

§ 31 Abs. 3	**108** N36

64. Gesetz für den Vorrang Erneuerbarer Energien (Erneuerbare-Energien-Gesetz), erlassen als Artikel 1 des Gesetzes zur Neuregelung des Rechts der Erneuerbaren Energien im Strombereich vom 21. Juli 2004

119 123

65. Einführungsgesetz zum Gerichtsverfassungsgesetz vom 27. Januar 1877

§ 23	**112** N157	§ 24 Abs. 2	**104** 49

66. Einführungsgesetz zur Zivilprozeßordnung vom 30. Januar 1877

§ 15 Nr. 3	**122** N260

67. Gesetz zur Entlastung der Gerichte in der Verwaltungs- und Finanzgerichtsbarkeit vom 31. März 1978

§ 9	**114** N156

68. Erbschaftsteuer- und Schenkungsteuergesetz vom 17. April 1974 (in der Fassung vom 27. Februar 1997)

	118 111	§ 12 Abs. 5	**118** 37
§ 5	**118** N762		

69. Gesetz über die Errichtung einer Stiftung „Hilfswerk für Kinder" vom 17. Dezember 1971

105 N52

70. Einkommensteuer-Durchführungsverordnung vom 21. Dezember 1955 (in der Fassung vom 10. Mai 2000)

118 107

71. Einkommensteuergesetz vom 16. Oktober 1934 (in der Fassung vom 19. Oktober 2002)

	118 97, 103, 111, 122, 180f., 208, 212, 233	§ 3 Nr. 12 Satz 1 § 3 Nr. 62 § 3b	**118** 180 **125** 28 **118** N396
§§ 1 f.	**116** N776	§ 4	**122** N18
§ 1	**116** N151	§ 4 Abs. 4	**118** N522
§ 1 Abs. 1	**118** N618	§ 4 Abs. 5 Nr. 10	**118** 208
§ 1 Abs. 1 Satz 1	**116** 158	§ 9 Abs. 1	**118** N522
§ 1 Abs. 2	**118** N618	§ 9 Nr. 1	**118** N396
§ 1 Abs. 4	**116** 158	§ 10b Abs. 2	**118** 39
§ 2 Abs. 1 Nr. 6	**118** 40	§ 13 Abs. 3	**118** N396
§ 2 Abs. 1 Satz 1	**118** N618, N663, N664	§ 15 § 15 Abs. 1 Satz 1	**118** 40 **118** 40
§ 2 Abs. 2	**116** 112	§ 15 Abs. 1 Satz 2 Nr. 2	**118** 39
§ 2 Abs. 5	**118** 170	§ 20 Abs. 4	**118** N396
§ 3	**118** N396	§ 21 Abs. 1 Satz 1	**118** 40

Halbfette Zahl = §§; magere Zahl = Rn.; N = Fußnote

Gesetzesregister (Bundesrecht)

§ 22 Nr. 1 lit. a	**118** N518	§ 33c	**118** 163
§ 23	**118** 116, N106	§ 34c	**116** N776, N799
§ 24 Abs. 1	**118** N518	§ 35	**118** 235, N122
§ 25 Abs. 1	**118** 114	§ 36 Abs. 1	**118** 114
§ 26	**118** 39	§§ 49 ff.	**116** 158, N776
§ 32a	**118** 202, N661	§ 51	**118** 105
§ 32a Abs. 1 Satz 1 Nr. 2	**118** 278	§ 51 Abs. 1 Nr. 2 lit. c	**118** N268
		§ 51 Abs. 3	**103** 62, N160, **118** N61
§ 32c	**118** N485		
§ 33a	**118** N423	§ 51a	**118** N677

Einkommensteuergesetz vom 16. Oktober 1934 (in der Fassung vom 16. April 1997)

§ 2 Abs. 3   **118** 201, N553

Einkommensteuergesetz vom 16. Oktober 1934 (in der Fassung vom 28. Dezember 1950)

                           118 N202

72. Gesetz zum Vertrag vom 7. Februar 1992 über die Europäische Union vom 28. Dezember 1992

Art. 2   **116** 174

73. Feuerschutzsteuergesetz vom 21. Dezember 1979 (in der Fassung vom 10. Januar 1996)

                           118 N727

74. Verordnung über die Zulassung von Personen zum Straßenverkehr (Fahrerlaubnis-Verordnung) vom 18. August 1998

§§ 15 ff.   **108** N154

75. Gesetz über Maßnahmen zur Förderung des deutschen Films (Filmförderungsgesetz) vom 25. Juni 1979 (in der Fassung vom 24. August 2004)

	105 N45, **119** N316, **124** N104	§ 6 Abs. 1	**108** N36

Gesetz über Maßnahmen zur Förderung des deutschen Films (Filmförderungsgesetz) vom 22. Dezember 1967

§ 6 Abs. 6 Satz 2   **104** N13, N151

76. Gesetz über die Angelegenheiten der freiwilligen Gerichtsbarkeit vom 17. Mai 1898

                    114 N34
§ 18 Abs. 1 Satz 1   **112** N230

77. Finanzgerichtsordnung vom 6. Oktober 1965 (in der Fassung vom 28. März 2001)

§ 1	**112** N43, N71	§§ 16 ff.	**113** N136
§ 2	**114** N160	§§ 17 ff.	**113** N250
§ 11 Abs. 4	**112** N99	§ 18 Abs. 1 Nr. 1	**113** N248

Gesetzesregister (Bundesrecht)

§ 23	**113** N252	§ 33 Abs. 1	**112** N208, N279
§ 25	**113** N254	§ 82	**111** 5
§ 31	**112** N136	§ 102	**121** N202
§ 32	**112** N137	§ 110	**99** N756
		§ 110 Abs. 1	**112** N163

78. Gesetz zur Abwicklung und Entflechtung des ehemaligen reichseigenen Filmvermögens

    122 61

79. Gesetz über den Finanzausgleich zwischen Bund und Ländern (Finanzausgleichsgesetz) vom 28. August 1969 (in der Fassung vom 20. Dezember 2001)

| | **116** 75, N335, | § 9 Abs. 2 | **116** N58 |
| | **118** 74 | | |

80. Gesetz zur Verbesserung der Rahmenbedingungen der Finanzmärkte (Finanzmarktförderungsgesetz) vom 22. Februar 1990

Art. 4   **118** N719

81. Föderalismusreform-Begleitgesetz vom 5. September 2006

| Art. 14 | **123** N447 | Art. 104 | **123** N447 |

82. Bundesfernstraßengesetz vom 6. August 1953 (in der Fassung vom 20. Februar 2003)

§ 17   **99** 140

83. Gesetz über die Finanzverwaltung (Finanzverwaltungsgesetz) vom 6. September 1950 (in der Fassung vom 4. April 2006)

| | **116** 69 | § 8 Abs. 1 Satz 1 | **116** 69 |
| §§ 8 f. | **116** 69 | | |

84. Gesetz zur Beschränkung des Brief-, Post- und Fernmeldegeheimnisses (Gesetz zu Artikel 10 GG) vom 26. Juni 2001

§§ 14 ff.   **112** N83

85. Grundbuchordnung vom 24. März 1897

    114 N34

86. Verordnung über die Bestellung von Gefahrgutbeauftragten und die Schulung der beauftragten Personen in Unternehmen und Betrieben vom 12. Dezember 1989 (in der Fassung vom 26. März 1998)

§ 1 Abs. 1   **111** 42

87. Gesetz zur Neuordnung der Gemeindefinanzen (Gemeindefinanzreformgesetz) vom 8. September 1969 (in der Fassung von 4. April 2001)

| §§ 1 ff. | **118** N175 | § 6 | **118** N176 |
| §§ 5 a ff. | **118** N175 | | |

Halbfette Zahl = §§; magere Zahl = Rn.; N = Fußnote

Gesetzesregister (Bundesrecht)

88. Gesetz betreffend die Erwerbs- und Wirtschaftsgenossenschaften (Genossenschaftsgesetz) vom 1. Mai 1889

§ 6   **105** 40

89. Gesetz zu Regelung der Gentechnik (Gentechnikgesetz) vom 20. Juni 1990 (in der Fassung vom 16. Dezember 1993)

§ 3 Nr. 9   **111** 42
§ 6 Abs. 4   **111** 42

90. Gewerbesteuer-Durchführungsverordnung vom 24. März 1956 (in der Fassung vom 15. Oktober 2002)

§ 2 Abs. 1   **118** N640

91. Gewerbesteuergesetz vom 1. Dezember 1936 (in der Fassung vom 14. Mai 1984)

§ 16 Abs. 4 Satz 1   **99** N170

92. Gemeinsame Geschäftsordnung der Bundesministerien vom 26. Juli 2000

	102 4	§ 58	**102** 66
§ 20 Abs. 1 Satz 2	**121** N170	§ 60	**102** 72
§ 21	**111** N89	§ 61	**102** 79
§§ 40 ff.	**102** 13	§§ 62 ff.	**103** 69, N194
§ 40	**102** 14	§ 62 Abs. 2	**103** 69
§ 45 Abs. 2	**111** N89	§ 62 Abs. 3	**103** 69
§ 48 Abs. 2	**102** 15	§§ 66 ff.	**103** 75
§ 53	**102** 17	§ 66 Abs. 1	**103** N216
§ 56 Abs. 1	**102** 26	§ 76 Abs. 1	**102** 72
§ 56 Abs. 3	**102** 26	§ 76 Abs. 1 Nr. 2	**103** 75
§ 57	**102** 29	§ 76 Abs. 3 Nr. 1	**103** 75

Allgemeiner Teil (GGO I) vom 8. Januar 1958 (in der Fassung vom 15. Oktober 1976)

§ 5	**111** N89	§ 44 Abs. 4	**108** N35
§ 9	**111** N89	§ 47 Abs. 3	**108** N35

Besonderer Teil (GGO II) vom 8. Januar 1958 (in der Fassung vom 15. Oktober 1976)

§ 23	**111** N89	§ 67	**108** N35
§ 24	**108** N35		

93. Geschäftsordnung des Bundesrates vom 10. Juni 1988 (in der Fassung vom 26. November 1993)

	102 3
§ 11 Abs. 4	**102** 57

94. Geschäftsordnung der Bundesregierung vom 11. Mai 1951

§ 15	**102** 3	§ 26 Abs. 1	**120** 62
§ 15 Abs. 1	**102** 16	§ 28	**102** 3
§ 15 Abs. 1 lit. c	**103** 31	§ 29	**102** 3
§ 16 Abs. 3	**102** 3	§ 30	**103** 75
§ 26	**120** 69		

1508   Halbfette Zahl = §§; magere Zahl = Rn.; N = Fußnote

Gesetzesregister (Bundesrecht)

95. Geschäftsordnung des Deutschen Bundestages vom 28. Januar 1952 (in der Fassung vom 2. Juli 1980)

§ 55	**102** 38	§ 81 Abs. 3	**102** 35
§ 69 Abs. 1	**102** 38	§ 81 Abs. 4	**102** 35
§ 69 Abs. 5	**102** 39	§ 82 Abs. 2	**120** 64
§ 70	**108** N35	§ 83 Abs. 1	**102** 35
§ 70 Abs. 1 Satz 1	**102** 39	§ 83 Abs. 2	**102** 35
§§ 75 ff.	**102** 3	§ 85 Abs. 1 Satz 1	**102** 36
§ 76 Abs. 1	**102** 25	§ 85 Abs. 1 Satz 2	**102** 36
§ 76 Abs. 2	**102** 25	§ 85 Abs. 2	**102** 37
§ 78	**102** 31	§ 86	**102** 37
§ 79	**102** 32	§ 87	**120** N203
§ 80	**102** 32	§ 95	**102** 84, **120** 63
§ 80 Abs. 2	**102** 32	§ 122 Abs. 3	**102** 79
§ 81 Abs. 1 Satz 1	**102** 34	§ 125	**102** 43
§ 81 Abs. 1 Satz 2	**102** 33	§ 125 Satz 1	**102** 41
§ 81 Abs. 2	**102** 35	§ 126	**102** 3

96. Gemeinsame Geschäftsordnung des Bundestages und des Bundesrates für den Ausschuß nach Artikel 77 des Grundgesetzes (Vermittlungsausschuß) vom 19. Mai 1951 (in der Fassung vom 30. April 2003)

§ 1	**102** 57	§ 5	**102** 63
§ 3 Satz 3	**102** 63	§ 6	**102** 63

97. Gesetz über technische Arbeitsmittel und Verbraucherprodukte (Geräte- und Produktsicherheitsgesetz) vom 6. Januar 2004

§ 8	**101** N123

98. Grunderwerbsteuergesetz vom 17. Dezember 1982 (in der Fassung vom 26. Februar 1997)

§ 9 Abs. 1 Nr. 1	**118** 41

Grunderwerbsteuergesetz vom 17. Dezember 1982

                        118 248

99. Grundsteuergesetz vom 7. August 1973

§ 12	**118** 170

100. Gesetz über die Gemeinschaftsaufgabe „Verbesserung der regionalen Wirtschaftsstruktur" vom 6. Oktober 1969

§§ 2 f.	**124** N107

101. Güterkraftverkehrsgesetz vom 17. Oktober 1952

§ 53 Abs. 1	**105** N43

102. Gerichtsverfassungsgesetz vom 27. Januar 1877 (in der Fassung vom 9. Mai 1975)

	112 62, **113** 9, 13, 15, 28, 33, **114** 5	§ 1	**112** 18 f., 22, N1, N78, **113** N31
		§ 12	**112** 62

Halbfette Zahl = §§; magere Zahl = Rn.; N = Fußnote

Gesetzesregister (Bundesrecht)

§ 13	**110** 27, **112** 62, 64, N279	§ 109 Abs. 1 Nr. 3	**113** N145
		§ 115	**112** N139
§§ 21a ff.	**112** 40 f.	§ 120	**114** N162
§ 21a Abs. 2 Satz 1	**112** N139	§ 132 Abs. 4	**112** N99
§ 21h	**112** N139	§ 132 Abs. 6 Satz 4	**113** N171
§ 22 Abs. 1	**113** N156	§ 133	**113** N12
§ 22 Abs. 6	**113** N128	§ 135	**113** N12
§ 22g Abs. 2	**114** 40	§ 137	**100** 50
§ 23b Abs. 3 Satz 2	**113** N128	§ 169 Satz 2	**115** 42, N290
§ 24 Abs. 1 Nr. 2	**114** N161	§§ 185 ff.	**115** 37
§ 24 Abs. 1 Nr. 3	**114** N161	§§ 192 ff.	**113** 9, 52, N58
§§ 29 ff.	**113** N134	§§ 194 ff.	**113** 47
§ 29	**113** N167	§ 194 Abs. 2	**113** 47
§§ 31 ff.	**113** N250	§ 195	**113** 47
§ 36	**113** N251	§ 196	**113** 47, N54
§ 40	**113** N252	§ 196 Abs. 1	**113** N172
§ 59 Abs. 1	**112** N139	§ 196 Abs. 4	**113** N171
§§ 76 f.	**113** N134		

103. Gesetz gegen Wettbewerbsbeschränkungen (Kartellgesetz) vom 27. Juli 1957 (in der Fassung vom 15. Juli 2005)

§ 1	**99** 169	§ 63	**112** N157
§ 49	**104** N172	§§ 97 ff.	**109** 19, **116** 128
§ 50 Abs. 1 Satz 4	**104** N71, N172	§ 97 Abs. 5	**124** 19

104. Heimarbeitsgesetz vom 14. März 1951

§ 19	**105** N129

105. Gesetz über die Feststellung des Bundeshaushaltsplanes für das Haushaltsjahr 2003 (Haushaltsgesetz 2003) vom 30. April 2003

120 N134

106. Gesetz über die Feststellung des Bundeshaushaltsplans für das Haushaltsjahr 2004 vom 18. Februar 2004

120 N134

107. Gesetz über die Feststellung des Bundeshaushaltsplans für das Haushaltsjahr 2005 vom 3. März 2005

120 N134

108. Handelsgesetzbuch vom 10. Mai 1897

§ 1	**118** 40	§ 266 Abs. 2	**122** N16
§ 2	**118** 40	§ 266 Abs. 3	**122** N16
§ 3 Abs. 2	**118** 40	§ 275 Abs. 1	**123** N376
§ 5	**118** 40	§ 275 Abs. 2	**123** N376
§ 105 Abs. 2	**118** 40	§ 275 Abs. 3	**123** N376
§ 161	**118** 40	§ 292a Abs. 2	**99** N529
§ 242 Abs. 1	**122** N16		

Halbfette Zahl = §§; magere Zahl = Rn.; N = Fußnote

Gesetzesregister (Bundesrecht)

109. Gesetz über die Grundsätze des Haushaltsrechts des Bundes und der Länder (Haushaltsgrundsätzegesetz) vom 19. August 1969

	116 130, **120** 5, N66, **121** N186, N195, **123** N31, **124** 34	§ 33 §§ 34 ff. §§ 37 ff. § 42 Abs. 1	**121** N187 **121** N187 **121** N177 **121** N164
§§ 2 ff.	**120** 5	§ 42 Abs. 4	**120** N132
§ 2	**120** 16	§ 42 Abs. 5	**121** N227
§ 2 Satz 1	**120** N141	§ 43	**121** N173
§ 3	**120** 51, 57	§ 44	**121** N173
§ 3 Abs. 2	**120** 18, **121** N94	§ 46 Abs. 1	**121** N191
§ 6 Abs. 1	**120** 48, **121** 21, N138, **123** 56	§ 46 Abs. 2 § 48 Abs. 1	**121** N191 **121** N175
§ 7	**99** N404, **119** N211	§ 48 Abs. 2 § 48 Abs. 3	**121** N175 **121** N176
§ 7 Satz 1	**120** 47	§§ 50 ff.	**120** 76
§ 8 Abs. 2	**120** N70	§ 50	**116** 131
§ 9	**120** 43	§ 50 Abs. 4	**120** 77
§ 10 Abs. 3	**120** N98	§ 50 Abs. 5	**120** 82
§ 10 Abs. 3 Nr. 2	**123** 33	§§ 51 f.	**123** 24
§ 12 Abs. 1 Satz 1	**120** 31	§ 51	**120** 76, **123** N240
§ 13	**123** 64, 66	§ 51 Abs. 1	**123** N92
§ 13 Abs. 1 Nr. 2 Satz 1	**123** 23	§ 51 Abs. 2 Satz 1	**116** N872
§ 13 Abs. 1 Nr. 2 Satz 2	**123** 18	§ 51a	**116** 173, N872, **120** N65
§ 13 Abs. 1 Nr. 2 Satz 3	**123** 23		
§ 13 Abs. 1 Satz 1	**123** N91	§ 51a Abs. 1	**116** 173
§ 13 Abs. 2	**123** 17	§ 51a Abs. 2	**123** 119
§ 13 Abs. 2 Satz 1	**123** N120	§ 51a Abs. 2 Satz 1	**116** 173
§ 14	**116** 127, **121** N147, N148, **124** 10	§ 51a Abs. 2 Satz 2 § 51a Abs. 3 § 52 Abs. 3	**116** 173 **116** 173, **123** 119 **122** N44
§ 19 Abs. 2 Satz 1	**121** N138	§ 54	**121** N174
§ 23 Abs. 1	**124** 17	§ 55	**108** N149, **121** N175
§ 26 Abs. 1 Satz 1	**121** N148		
§ 27 Abs. 1 Satz 1	**120** N119	§ 98 Abs. 2	**122** N225

110. Gesetz zur Fortentwicklung des Haushaltsrechts von Bund und Ländern vom 22. Dezember 1997

99 103

111. Hochschulrahmengesetz vom 26. Januar 1976 (in der Fassung vom 19. Januar 1999)

§ 58 Abs. 1	**108** N128	§ 58 Abs. 2 Satz 1	**105** 58
§ 58 Abs. 2	**105** 8		

112. Zweites Haushaltsstrukturgesetz vom 22. Dezember 1981

	102 N134	Art. II § 1	**108** N202

113. Gesetz zur Ordnung des Handwerks (Handwerksordnung) vom 17. September 1953 (in der Fassung vom 24. September 1998)

§ 105 Abs. 1 Satz 1   **105** N161

Halbfette Zahl = §§; magere Zahl = Rn.; N = Fußnote

Gesetzesregister (Bundesrecht)

114. Gesetz zur Regelung des Zugangs zu Informationen des Bundes (Informationsfreiheitsgesetz) vom 25. Januar 2005

§ 13 Abs. 1   **111** N40

115. Gesetz zur vorläufigen Regelung des Rechts der Industrie- und Handelskammern vom 18. Dezember 1956

                105 N18   § 12   **122** N262

116. Insolvenzordnung vom 5. Oktober 1994

§ 11	**116** 47	§ 12 Abs. 1 Nr. 2	**116** 49, N235
§ 12	**116** 47	§ 12 Abs. 2	**116** 48
§ 12 Abs. 1	**116** 47	§ 36	**116** 54
§ 12 Abs. 1 Nr. 1	**116** 48 f., 51		

117. Jugendgerichtsgesetz vom 4. August 1953 (in der Fassung vom 11. Dezember 1974)

§ 33a   **113** N167

118. Jahressteuergesetz 1997 vom 20. Dezember 1996

                118 N722

119. Jugendschutzgesetz vom 23. Juli 2002

§§ 17 ff.   **107** N161

120. Gesetz zur wirtschaftlichen Sicherung der Krankenhäuser und zur Regelung der Krankenhauspflegesätze (Krankenhausfinanzierungsgesetz) vom 29. Juni 1972 (in der Fassung vom 10. April 1991)

§§ 8 ff.   **124** N106   § 8 Abs. 1   **124** 41

121. Konkursordnung vom 10. Februar 1877 (in der Fassung vom 20. Mai 1898)

                114 5

122. Gesetz zur Änderung des Einführungsgesetzes zum Gerichtsverfassungsgesetz vom 20. September 1977

                102 N35

123. Gesetz zur Förderung der Kreislaufwirtschaft und Sicherung der umweltverträglichen Beseitigung von Abfällen (Kreislaufwirtschafts- und Abfallgesetz) vom 27. September 1994

§ 54	**111** 42	§ 57	**103** N68
§ 55	**111** 42		

124. Kündigungsschutzgesetz vom 10. August 1951 (in der Fassung vom 25. August 1969)

                105 N46

Gesetzesregister (Bundesrecht)

125. Körperschaftsteuergesetz vom 31. August 1976 (in der Fassung vom 15. Oktober 2002)

	118 234	§ 1 Abs. 1 Nr. 6	**118** N640, N644
§§ 1 ff.	**116** N776	§ 4	**118** N640, N644
§ 1	**118** N618	§ 4 Abs. 3	**118** N649
§ 1 Abs. 1	**116** 158, N151,	§ 4 Abs. 4	**118** N652
	118 39	§ 8 Abs. 4	**118** N116

126. Gesetz zum Schutz deutschen Kulturgutes gegen Abwanderung vom 6. August 1955 (in der Fassung vom 8. Juli 1999)

	122 N254	§ 10	**122** N255
§ 1 Abs. 1	**122** N255	§ 18 Abs. 1	**122** N256
§§ 2 ff.	**111** 29	§ 18 Abs. 2	**122** N256

127. Gesetz über das Kreditwesen vom 10. Juli 1961 (in der Fassung vom 9. September 1998)

	117 16	§ 10 Abs. 1 Satz 3	**104** N172
§ 10 Abs. 1	**104** N168	§ 23 Abs. 2	**103** N185
§ 10 Abs. 1 Satz 2	**104** N71		

128. Gesetz über den Ladenschluß (Ladenschlußgesetz) vom 28. November 1956 (in der Fassung vom 2. Juni 2003)

§ 10 Abs. 1   **103** N76

129. Gesetz über den Lastenausgleich (Lastenausgleichsgesetz) vom 14. August 1952

           118 N201

130. Gesetz zur Neuordnung und Bereinigung des Rechts im Verkehr mit Lebensmitteln, Tabakerzeugnissen, kosmetischen Mitteln und sonstigen Bedarfsgegenständen (Gesetz zur Gesamtreform des Lebensmittelrechts) vom 15. August 1974 (in der Fassung vom 9. September 1997)

§§ 33 f.   **107** N46

131. Luftverkehrsgesetz vom 1. August 1922 (in der Fassung vom 27. März 1999)

	119 32	§ 32 Abs. 1 Nr. 13	**119** 31
§ 29 Abs. 3	**108** N154		

132. Gesetz über verfassungskonkretisierende allgemeine Maßstäbe für die Verteilung des Umsatzsteueraufkommens, für den Finanzausgleich unter den Ländern sowie für die Gewährung von Bundesergänzungszuweisungen (Maßstäbegesetz) vom 9. September 2001

           100 94, **118** 74

133. Gesetz über den Verkehr mit Milch, Milcherzeugnissen und Fetten (Milch- und Fettgesetz) vom 29. Februar 1951 (in der Fassung vom 10. Dezember 1952)

           119 92, N316

Halbfette Zahl = §§; magere Zahl = Rn.; N = Fußnote

Gesetzesregister (Bundesrecht)

134. Gesetz über Medizinprodukte (Medizinproduktegesetz) vom 2. August 1994 (in der Fassung vom 7. August 2002)

§ 31   **111** 42

135. Münzgesetz, erlassen als Artikel 2 des Gesetzes über die Änderung währungsrechtlicher Vorschriften infolge der Einführung des Euro-Bargeldes (Drittes Euro-Einführungsgesetz) vom 16. Dezember 1999

117 16 f.

136. Gesetz zum Schutze der erwerbstätigen Mutter (Mutterschutzgesetz) vom 24. Januar 1952 (in der Fassung vom 20. Juni 2002)

§ 13   **119** N383   § 14   **119** N383

137. Gesetz über Ordnungswidrigkeiten (Ordnungswidrigkeitengesetz) vom 24. Mai 1968 (in der Fassung vom 19. Februar 1987)

§ 1	**112** N205	§ 65	**112** N205
§ 17	**112** N205	§§ 67 ff.	**112** 47
§ 35	**112** N205	§ 74	**115** N389

138. Gesetz zur Regelung von Preisangaben vom 3. Dezember 1984 (Preisangaben- und Preisklauselgesetz)

§ 2   **117** 19

139. Gesetz über die Rechtsverhältnisse der Parlamentarischen Staatssekretäre vom 24. Juli 1974

§ 1 Abs. 3   **110** N7

140. Gesetz über die politischen Parteien (Parteiengesetz) vom 24. Juli 1967 (in der Fassung vom 31. Januar 1994)

	112 93	§ 10 Abs. 5 Satz 1	**112** 93
§ 2	**118** 39	§ 14 Abs. 1 Satz 1	**112** 93

141. Patentanwaltsordnung vom 7. September 1966

§§ 53 ff.   **105** N20

142. Preisklauselverordnung vom 23. September 1998

117 19

143. Gesetz zur Regelung des Rechts der Untersuchungsausschüsse des Deutschen Bundestages (Untersuchungsausschußgesetz) vom 19. Juni 2001

§ 10	**111** 8	§ 10 Abs. 2 Satz 2	**111** N20
§ 10 Abs. 2	**111** 47	§ 10 Abs. 4 Satz 2	**111** 47

144. Gesetz zur Regelung der Rechtsverhältnisse des Reichsvermögens und der preußischen Beteiligungen vom 16. Mai 1961 (Reichsvermögens-Gesetz)

122 60 f.

Gesetz zur vorläufigen Regelung der Rechtsverhältnisse des Reichsvermögens und der preußischen Beteiligungen vom 21. Juli 1951

122 61

Halbfette Zahl = §§; magere Zahl = Rn.; N = Fußnote

145. Rennwett- und Lotteriegesetz vom 8. April 1922

| | **118** N729 | § 16 | **116** N702 |

146. Raumordnungsgesetz, erlassen als Artikel 2 des Gesetzes zur Änderung des Baugesetzbuchs und zur Neuregelung des Rechts der Raumordung (Bau- und Raumordnungsgesetz 1998 – BauROG) vom 18. August 1997

§§ 6 ff. **109** 4

147. Verordnung über den Schutz vor Schäden durch Röntgenstrahlen (Röntgenverordnung) vom 8. Januar 1987 (in der Fassung vom 30. April 2003)

§§ 13 ff. **111** 42

148. Reichs-Versicherungsordnung vom 19. Juli 1911 (in der Fassung vom 15. Dezember 1924)

§ 200	**119** N383	§§ 708 ff.	**105** N31
§§ 320 ff.	**105** N29	§§ 1338 ff.	**105** N29
§§ 671 f.	**105** N29		

149. Gesetz über die Verkündung von Rechtsverordnungen vom 30. Januar 1950

| | **103** N192 |
| § 1 Abs. 1 | **103** N213 |

150. Seefischereigesetz vom 12. Juli 1984 (in der Fassung vom 6. Juli 1998)

§ 4 **119** N316

151. Seemannsgesetz vom 26. Juli 1957

| § 75 Abs. 1 | **108** N154 | § 106 | **108** N154 |
| § 101 | **108** N154 | | |

152. Gesetz zur Fortführung des Solidarpaktes, zur Neuordnung des bundesstaatlichen Finanzausgleichs und zur Abwicklung des Fonds „Deutsche Einheit" (Solidarpaktfortführungsgesetz) vom 20. Dezember 2001

Art. 7 **116** N869

153. Gesetz über die Rechtsstellung der Soldaten (Soldatengesetz) vom 19. März 1956 (in der Fassung vom 30. Mai 2005)

§ 1 Abs. 1	**110** 2	§ 11 Abs. 2	**107** N216, N220
§ 10 Abs. 6	**110** N117	§ 31	**104** N62
§ 11 Abs. 1 Satz 3	**107** N216		

154. Sozialgesetzbuch – Erstes Buch (I) – Allgemeiner Teil, erlassen als Artikel I des Gesetzes vom 11. Dezember 1975

| § 1 | **125** 11 | § 13 | **99** N686 |
| § 2 Abs. 1 Satz 2 | **125** 11 | § 14 | **99** N686 |

Gesetzesregister (Bundesrecht)

§§ 18 ff.	**125** 11	§ 22 Abs. 2	**125** N15, N16
§ 21 Abs. 2	**125** N14	§ 23 Abs. 2	**125** N17
§ 21a Abs. 2	**125** N18	§ 31	**125** 14

155. Sozialgesetzbuch – Zweites Buch (II) – Grundsicherung für Arbeitsuchende, erlassen als Artikel 1 des Vierten Gesetzes für moderne Dienstleistungen am Arbeitsmarkt vom 24. Dezember 2003

§ 46 Abs. 1	**125** N79

156. Sozialgesetzbuch – Drittes Buch (III) – Arbeitsförderung, erlassen als Artikel 1 des Arbeits-Förderungsreformgesetzes vom 24. März 1997

§ 359 Abs. 2 Satz 2	**116** 52, N164	§ 367 Abs. 1	**125** 6
§ 363	**125** N81	§ 367 Abs. 3	**108** 39
§ 364	**123** N394, **125** 49, N77	§§ 371 ff.	**125** N13
		§ 399	**110** 106
§ 365	**125** 49		

157. Sozialgesetzbuch – Viertes Buch (IV) – Gemeinsame Vorschriften für die Sozialversicherung, erlassen als Artikel I des Gesetzes vom 23. Dezember 1976 (in der Fassung vom 23. Januar 2006)

§ 20 Abs. 1	**123** N394	§§ 67 ff.	**125** 16, 54, N19
§ 21	**125** 15	§ 69 Abs. 2	**121** 21
§§ 28d ff.	**125** N30	§ 70 Abs. 1	**125** 54
§ 28h Abs. 1	**125** N31	§ 70 Abs. 2 ff.	**125** N101
§§ 29 ff.	**121** N82	§ 71	**125** 55
§ 29	**125** 12	§ 71 Abs. 3	**125** N101
§ 29 Abs. 1	**125** 6, N12	§ 71a	**125** N100
§ 30	**125** 14	§ 71a Abs. 2	**125** N101
§§ 31 ff.	**125** 4	§ 71d	**125** N101
§§ 33 f.	**125** 12	§ 78	**125** 54
§ 34 Abs. 1	**105** 57	§ 87 Abs. 1	**105** 57, **125** 13
§ 34 Abs. 1 Satz 2	**125** N23		

Sozialgesetzbuch – Viertes Buch (IV) – Gemeinsame Vorschriften für die Sozialversicherung, erlassen als Artikel I des Gesetzes vom 23. Dezember 1976

§ 29 Abs. 1	**108** N247	§ 53	**111** 30

158. Sozialgesetzbuch – Fünftes Buch (V) – Gesetzliche Krankenversicherung, erlassen als Artikel 1 des Gesundheits-Reformgesetzes vom 20. Dezember 1988

	119 124	§ 140h	**111** 29
§ 2 Abs. 1 Satz 1	**121** N82	§ 155	**125** N90
§ 3 Satz 3	**125** N59	§ 155 Abs. 4	**125** N93
§ 4 Abs. 2	**125** N14	§ 156	**125** N93
§ 4 Abs. 3	**121** N82	§ 164 Abs. 5	**125** N94
§ 4 Abs. 4	**121** N82	§ 195	**125** N23
§ 12 Abs. 1	**121** N82, N146	§ 210 Abs. 2	**105** 12
§ 70 Abs. 1 Satz 2	**121** N82	§ 220	**123** N394, **125** N26
§ 81 Abs. 3 Nr. 2	**105** 12		
§ 91 Abs. 9	**105** 12	§ 221	**125** N80, N85
§ 130a Abs. 1	**119** N382	§ 222	**123** N394

Halbfette Zahl = §§; magere Zahl = Rn.; N = Fußnote

Gesetzesregister (Bundesrecht)

§ 240 Abs. 1 Satz 2	**125** N70	§ 265a	**125** N88, N90
§§ 241 ff.	**125** N27	§§ 266 ff.	**125** 44
§ 265	**125** N88	§ 269	**125** N88

159. Sozialgesetzbuch – Sechstes Buch (VI) – Gesetzliche Rentenversicherung, erlassen als Artikel 1 des Rentenreformgesetzes 1992 vom 18. Dezember 1989 (in der Fassung vom 19. Februar 2002)

§ 143 Abs. 2 Satz 1	**110** 106	§§ 213 Abs. 2	**125** N78
§ 153	**123** N394	§ 214	**125** 49, N76
§ 153 Abs. 1	**122** N193	§ 218	**125** N89
§ 213 Abs. 3	**125** N79, N85	§ 219	**125** N86
§ 213 Abs. 4	**125** N79, N85		

160. Sozialgesetzbuch – Siebtes Buch (VII) – Gesetzliche Unfallversicherung, erlassen als Artikel 1 des Unfallversicherungs-Einordnungsgesetzes vom 7. August 1996

§ 22 Abs. 1	**111** 42	§ 157	**125** N27
§ 114 Abs. 1	**125** N15, N16	§ 173	**125** N86
§ 144	**110** 106	§ 176	**125** N87

161. Sozialgesetzbuch – Neuntes Buch (IX) – Rehabilitation und Teilhabe behinderter Menschen, erlassen als Artikel 1 des Gesetzes vom 19. Juni 2001

§ 77	**119** 94	§ 98	**111** 42

162. Sozialgesetzbuch – Zehntes Buch (X) – Verwaltungsverfahren, Schutz der Sozialdaten, Zusammenarbeit der Leistungsträger und ihre Beziehungen zu Dritten, erlassen als Artikel I des Gesetzes vom 18. August 1980 (in der Fassung vom 18. Januar 2001)

	109 16	§ 1	**109** 16

163. Sozialgesetzbuch – Elftes Buch (XI) – Sozialverwaltungsverfahren und Sozialdatenschutz, erlassen als Artikel 1 des Pflege-Versicherungsgesetzes vom 26. Mai 1994

§ 4 Abs. 3	**121** N82	§§ 54 ff.	**123** N394
§ 46 Abs. 1	**125** N18	§ 66	**125** N86
§ 47 Abs. 2	**125** N23		

164. Sozialgesetzbuch – Zwölftes Buch (XII) – Sozialhilfe, erlassen als Artikel 1 des Gesetzes zur Einordnung des Sozialhilferechts in das Sozialgesetzbuch vom 27. Dezember 2003

§ 9 Abs. 2 Satz 3	**121** N136	§ 116	**104** N168
§ 28	**104** 28		

165. Sozialgerichtsgesetz vom 3. September 1953 (in der Fassung vom 23. September 1975)

§ 1	**112** N43, **113** N32	§ 42	**112** N99
§ 1 Satz 1	**112** N71	§ 51	**112** N279
§ 12 Abs. 3	**113** N146	§ 51 Abs. 1	**112** N208
§ 14	**113** N253	§ 61 Abs. 2	**113** N30
§§ 16 ff.	**113** N250	§ 118	**111** 5
§ 17 Abs. 2	**113** N249	§ 141	**99** N756
§ 17 Abs. 4	**113** N249	§ 141 Abs. 1	**112** N163
§ 41 Abs. 6 Satz 3	**113** N171	§ 160	**113** N12, **114** N159

Halbfette Zahl = §§; magere Zahl = Rn.; N = Fußnote

Gesetzesregister (Bundesrecht)

166. Solidaritätszuschlagsgesetz 1995 vom 23. Juni 1993

§ 1   **118** N172

167. Gesetz zur Förderung der Stabilität und des Wachstums der Wirtschaft vom 8. Juni 1967

	116 N663, **117** 21,	§ 10 Abs. 1 Satz 1	**120** 82
	120 5, 21,	§ 11	**120** 76
	123 N31	§ 12	**116** 127, **124** 10,
§ 1	**118** 24, **120** 21,		12, 18, 21, 34
	121 N6, **123** 62,	§ 12 Abs. 2 ff.	**124** 59
	124 10	§ 14	**120** 76
§ 1 Satz 2	**117** 21, **123** 44, 62	§ 15 Abs. 1	**123** N171
§ 2 Abs. 2	**103** N158	§ 17	**120** 76
§ 3	**99** 131	§ 18	**120** 76, **123** 24,
§ 5 Abs. 1	**123** 47		N240
§ 5 Abs. 2	**123** 51	§ 18 Abs. 4	**123** N92
§ 5 Abs. 3	**123** 47	§§ 19 ff.	**123** 48
§ 6 Abs. 3	**123** 62, N67	§ 19 Satz 1	**122** N44
§ 9	**120** 76	§ 20 Abs. 3	**123** 21
§ 9 Abs. 1 Satz 2	**120** 77	§ 25	**123** 21
§ 10	**120** 76	§ 25 Satz 2	**122** N44

168. Steuerberatungsgesetz vom 16. August 1961 (in der Fassung vom 4. November 1975)

§§ 73 ff.   **105** N20   § 97 Abs. 2   **113** N150

169. Strafgesetzbuch vom 15. Mai 1871 (in der Fassung vom 13. November 1998)

| § 57a | **115** N313 | § 263 | **122** N18 |
| §§ 61 ff. | **112** N207 | § 264 Abs. 7 | **116** 127, **124** 10 |

170. Staatshaftungsgesetz vom 26. Juni 1981

102 N94

171. Gesetz zur Errichtung einer Stiftung „Preußischer Kulturbesitz" und zur Übertragung von Vermögenswerten des ehemaligen Landes Preußen auf die Stiftung vom 25. Juli 1957

122 61

172. Strafprozeßordnung vom 1. Februar 1877 (in der Fassung vom 7. April 1987)

	114 5	§ 142	**115** N253
§ 23 Abs. 2	**114** 46, N259	§ 142 Abs. 1	**115** N264
§ 24	**113** N193	§ 145a	**115** N200
§ 26a	**114** N260	§ 146	**115** N266
§ 33a	**115** N412, N413	§ 147	**115** 32
§ 96	**115** N199	§ 153	**112** N113
§ 98	**112** N156	§ 168c Abs. 2	**115** N260
§ 100	**112** N156	§ 263 Abs. 1	**113** N173
§ 103 Abs. 1	**115** N351	§ 313 Abs. 2 Satz 1	**115** N389
§ 105	**112** N154	§ 331	**113** N59
§ 114	**112** N154		

Halbfette Zahl = §§; magere Zahl = Rn.; N = Fußnote

Gesetzesregister (Bundesrecht)

173. Verordnung über den Schutz vor Schäden durch ionisierende Strahlen (Strahlenschutzverordnung), erlassen als Artikel 1 der Verordnung für die Umsetzung von EURATOM-Richtlinien zum Strahlenschutz vom 20. Juli 2001

§§ 31 ff.	**111** 42	§ 49 Abs. 1 Satz 3	**104** 9, N57

174. Stromsteuergesetz, erlassen als Artikel 1 des Gesetzes zum Einstieg in die ökologische Steuerreform vom 24. März 1999

§ 10 Abs. 2   **116** 139

175. Gesetz über die Finanzhilfen des Bundes nach Artikel 104a des Grundgesetzes an die Länder Freistaat Bayern, Berlin, Freie und Hansestadt Hamburg, Niedersachsen, Nordrhein-Westfalen, Rheinland-Pfalz, Saarland und Schleswig-Holstein (Strukturhilfegesetz) vom 20. Dezember 1988

116 75

176. Gesetz zum vorsorgenden Schutz der Bevölkerung gegen Strahlenbelastung (Strahlenschutzvorsorgegesetz) vom 19. Dezember 1986

102 N35

177. Gesetz über die Unterlagen des Staatssicherheitsdienstes der ehemaligen Deutschen Demokratischen Republik (Stasi-Unterlagen-Gesetz) vom 20. Dezember 1991 (in der Fassung vom 18. Februar 2007)

§ 2	**111** 11	§ 37	**111** 11
§ 35 Abs. 1	**111** 11, N29	§ 38 Abs. 1	**111** 11
§ 35 Abs. 5	**111** 11	§ 39	**111** 11
§ 36 Abs. 1	**111** 12, 49	§ 40 Abs. 1	**111** 11

178. Gesetz zur Bekämpfung von Steuerverkürzungen bei der Umsatzsteuer und zur Änderung anderer Steuergesetze vom 19. Dezember 2001

118 246

179. Straßenverkehrs-Zulassungs-Ordnung vom 13. November 1937 (in der Fassung vom 28. September 1988)

§ 29   **108** N154, N156

180. Gesetz gegen mißbräuchliche Inanspruchnahme von Subventionen (Subventionsgesetz), erlassen als Artikel 2 des Ersten Gesetzes zur Bekämpfung der Wirtschaftskriminalität (1. WiKG) vom 29. Juli 1976

124 N15, N39

181. Gesetz zur innerstaatlichen Aufteilung von unverzinslichen Einlagen und Geldbußen gemäß Art. 104 des Vertrags zur Gründung der Europäischen Gemeinschaft (Sanktionszahlungs-Aufteilungsgesetz) vom 5. September 2006

	123 116	§ 2 Abs. 1 Satz 2 Hs. 1	**123** 118, N452
§ 1 Satz 2	**123** 116	§ 2 Abs. 1 Satz 2 Hs. 2	**123** 118
§ 1 Satz 3	**123** N448	§ 2 Abs. 2 Satz 1	**123** N452
§ 2 Abs. 1 Satz 1	**123** 117	§ 2 Abs. 2 Satz 2	**123** N452
§ 2 Abs. 1 Satz 2	**123** 118	§ 2 Abs. 3	**123** 118

Halbfette Zahl = §§; magere Zahl = Rn.; N = Fußnote

Gesetzesregister (Bundesrecht)

182. Telekommunikationsgesetz vom 22. Juni 2004

§ 54   **109** 9

Telekommunikationsgesetz vom 25. Juli 1996

§ 11   **99** 41

183. Tarifvertragsgesetz vom 9. April 1949 (in der Fassung vom 25. August 1969)

	100 61, **105** 41	§ 4 Abs. 1	**100** N148
§ 1 Abs. 1	**100** N148	§ 4 Abs. 2	**105** 41

184. Gesetz über Teilzeitarbeit und befristete Arbeitsverträge vom 21. Dezember 2000

                110 N57

185. Umweltauditgesetz vom 7. Dezember 1995 (in der Fassung vom 4. September 2002)

§ 28   **99** 230

186. Umsatzsteuergesetz vom 26. November 1979 (in der Fassung vom 21. Februar 2005)

	118 122	§ 4 Nr. 8 lit. f	**118** 248
§ 1	**118** 170	§ 4 Nr. 9 lit. a	**118** N725
§ 2 Abs. 1 Satz 2	**118** N640	§ 4 Nr. 9 lit. b Alt. 2	**118** N731
§ 2 Abs. 3	**118** N644	§ 6 Abs. 1	**118** N625
§ 4 Nr. 1	**118** N625	§ 15 Abs. 3 Nr. 1	**118** N625
§ 4 Nr. 8 lit. e	**118** 248		

187. Gesetz über die Umweltverträglichkeitsprüfung vom 12. Februar 1990 (in der Fassung vom 25. Juni 2005)

§ 7   **109** 58

188. Gesetz über den unmittelbaren Zwang bei Ausübung öffentlicher Gewalt durch Vollzugsbeamte des Bundes vom 10. März 1961

§ 7 Abs. 1 Satz 2	**107** N216	§ 7 Abs. 2 Satz 2	**107** N220
§ 7 Abs. 2 Satz 1	**107** N216	§ 7 Abs. 3	**107** N216

189. Gesetz zur Anpassung von Verbrauchsteuer- und anderen Gesetzen an das Gemeinschaftsrecht sowie zur Änderung anderer Gesetze (Verbrauchsteuer-Binnenmarktgesetz) vom 21. Dezember 1992

                118 253

190. Gesetz über vereinfachte Verkündungen und Bekanntgaben vom 18. Juli 1975

                102 73

191. Verordnung über die Vermeidung und Verwertung von Verpackungsabfällen (Verpackungsverordnung) vom 27. August 1998

§ 6 Abs. 3   **99** 230

192. Versicherungsteuergesetz vom 8. April 1922 (in der Fassung vom 10. Januar 1996)

§ 11 Abs. 2 Nr. 1   **118** N728

Gesetzesregister (Bundesrecht)

193. Gesetz über die weitere Sicherung des Einsatzes von Gemeinschaftskohle in der Elektrizitätswirtschaft (Drittes Verstromungsgesetz) vom 13. Dezember 1974

	124 N105	§ 4	**119** N316

194. Vermögensteuergesetz vom 17. April 1974 (in der Fassung vom 14. November 1990)

	118 180, 190, 238, N173	§ 4 Abs. 1 Nr. 1	**118** N683

195. Verwaltungsgerichtsordnung vom 21. Januar 1960 (in der Fassung vom 19. März 1991)

§ 1	**112** 12, 22, **113** N32	§ 47 Abs. 5 Satz 2 § 48	**112** N170 **114** 30
§ 6 Abs. 1	**113** N157, **115** N229	§ 48 Abs. 1 Satz 1 § 50	**114** 30 **114** N73
§ 6 Abs. 1 Satz 2	**113** N128	§ 54 Abs. 1	**113** N193
§ 11 Abs. 4	**100** 50, **112** N99	§ 55	**113** N30
§ 11 Abs. 6 Satz 4	**113** N171	§ 61	**108** 59, N219
§§ 19 ff.	**113** N45	§ 61 Nr. 1	**108** 59, N145, N224
§§ 19 f.	**113** N135		
§§ 20 ff.	**113** N250	§ 61 Nr. 2	**108** 59, N145
§ 35	**111** N97	§ 61 Nr. 3	**108** 59
§ 36	**111** N97	§§ 68 ff.	**108** N156
§ 38	**112** 40	§ 70 Abs. 1	**108** N156
§ 38 Abs. 1	**112** N136	§ 78 Abs. 1 Nr. 1	**108** N156
§ 39	**112** 33, 40	§ 80 Abs. 7	**115** N233, N425
§ 40	**110** 27	§ 96 Abs. 2	**111** 5
§ 40 Abs. 1	**108** 59, **112** N208, N279, **114** 23	§ 98 § 99	**111** 5 **115** 30, N199
§ 42 Abs. 2	**111** 17, **121** 36, **124** 74 f.	§ 113 Abs. 1 Satz 1 § 113 Abs. 1 Satz 4	**112** 51, **121** 20, 36 **115** 29
§ 43 Abs. 2 Satz 2	**112** 51	§ 113 Abs. 5	**121** 20
§ 44a	**109** 5, 68, N180	§ 114	**112** N218
§ 47	**101** N26, **105** 63, **112** 31, 44, **114** 30	§ 114 Satz 1 § 121	**121** 47 **99** N756, **112** N163
§ 47 Abs. 1	**103** 82		
§ 47 Abs. 1 Nr. 1	**112** 44	§ 129	**113** N59
§ 47 Abs. 1 Nr. 2	**103** 82, **104** 86, N56	§ 130a § 132	**115** N191 **113** N12
§ 47 Abs. 1 Satz 2	**104** 86	§ 144 Abs. 6	**113** N61, N93
§ 47 Abs. 2	**103** 38	§ 152a	**115** N424, N427
§ 47 Abs. 2 Satz 1	**112** 44	§ 187	**113** N14
§ 47 Abs. 2 Satz 2	**112** 64		

196. Verwaltungsverfahrensgesetz vom 25. Mai 1976 (in der Fassung vom 5. Mai 2003)

	109 8	§§ 4 ff.	**109** 18
§ 1	**109** 17 f.	§ 4	**109** N157
§ 1 Abs. 1	**109** 18	§ 5	**109** N157
§ 1 Abs. 4	**108** N146	§ 6	**109** N157
§ 2	**109** 16	§ 7	**109** N157

Halbfette Zahl = §§; magere Zahl = Rn.; N = Fußnote

Gesetzesregister (Bundesrecht)

§ 8	**109** N157	§ 45	**109** 69
§ 9	**109** 8, 18	§ 45 Abs. 1 Nr. 2	**99** N719
§ 10 Satz 2	**109** N164,	§ 45 Abs. 3	**99** N719
	121 N75, N136	§ 46	**99** N719, **109** 5,
§ 11 Nr. 1	**108** N145		18, 69
§ 11 Nr. 2	**108** N145	§§ 48 ff.	**124** 60, 67
§ 13	**109** 59	§ 48	**99** N621, **109** 18,
§ 17	**121** N136		41, **112** 50, 71
§ 18	**121** N136	§ 48 Abs. 1 Satz 2	**119** 31
§§ 20 f.	**109** N39	§ 48 Abs. 2	**99** N621, **124** 10
§ 20	**109** N46	§ 48 Abs. 3 Nr. 1	**124** 62
§§ 23	**109** N39	§ 48 Abs. 3 Nr. 2	**124** 62
§ 24	**109** 18	§ 48 Abs. 4	**124** 67
§ 28	**99** N473, **109** 28	§ 49	**99** N621, **112** 71
§ 29	**109** 18, 28	§ 49 Abs. 3	**121** 38, **124** 10, 51
§§ 31 ff.	**109** N39	§ 49a	**124** 10
§ 35	**108** 34	§ 49a Abs. 1	**124** 54, N184
§ 36	**124** 51	§ 49a Abs. 2	**124** 67
§ 36 Abs. 2 Nr. 3	**124** 54	§ 54	**108** N146
§ 36 Abs. 2 Nr. 4	**124** 37	§ 54 Satz 2	**109** 18, **124** 56
§ 36 Abs. 3	**124** 38	§ 56	**124** 56
§ 37	**99** N618	§ 58	**99** N627
§ 37 Abs. 1	**124** 37	§ 58 Abs. 2	**124** N203
§ 38	**124** 55	§ 59	**109** 18, 24
§ 39	**99** N616, N719	§ 59 Abs. 1	**124** 69
§ 40	**112** N218, **121** 38	§ 60	**124** 69
§ 43	**109** 18	§ 71a	**109** 58
§ 43 Abs. 1	**99** N619	§ 71b	**109** 58
§ 43 Abs. 2	**124** 54	§ 71c	**109** 58
§ 44	**99** N620, **112** 50	§ 71d	**109** 58
§§ 45 f.	**109** 24	§ 71e	**109** 58

Verwaltungsverfahrensgesetz vom 25. Mai 1976

109 14

197. Erstes Gesetz zur Neuordnung des Geldwesens (Währungsgesetz) vom 20. Juni 1948

§ 3 Satz 2   **117** 19

198. Gesetz über den Wehrbeauftragten des Deutschen Bundestages (Gesetz zu Artikel 45b des Grundgesetzes) vom 26. Juni 1957 (in der Fassung vom 16. Juni 1982)

§ 1	**111** 6	§ 13	**111** 7
§ 1 Abs. 2	**111** 6	§ 15 Abs. 1	**111** 7
§ 5 Abs. 1	**111** 6	§ 15 Abs. 4	**111** 7
§ 5 Abs. 2	**111** 6	§ 16 Abs. 1	**111** 7

199. Wehrdisziplinarordnung, erlassen als Artikel 1 des Zweiten Gesetzes zur Neuordnung des Wehrdisziplinarrechts und zur Änderung anderer Vorschriften (2. WehrDiszNOG) vom 16. August 2001

§§ 3 ff.   **107** N190

200. Weingesetz erlassen als Artikel 1 des Gesetzes zur Reform des Weinrechts vom 8. Juli 1994 (in der Fassung vom 16. Mai 2001)

§ 40 Abs. 1	**108** N36	§ 43	**119** 97

201. Gesetz über Maßnahmen auf dem Gebiete der Weinwirtschaft vom 29. August 1961 (in der Fassung vom 29. Oktober 1992)

	119 N315
§ 16	**105** N42

202. Gesetz zur Ordnung des Wasserhaushalts (Wasserhaushaltsgesetz) vom 19. August 2002

§ 6a	**103** N68	§§ 21a ff.	**111** 42
§ 7a Abs. 1	**104** 72		

203. Gesetz über eine Berufsordnung der Wirtschaftsprüfer (Wirtschaftsprüferordnung) vom 24. Juli 1961 (in der Fassung von 5. November 1975)

§ 4	**105** N20

204. Zweites Wohnungsbaugesetz (Wohnungsbau- und Familienheimgesetz) vom 27. Juni 1956 (in der Fassung vom 19. August 1994)

§ 102	**124** N154

205. Gesetz zur Sicherung der Zweckbestimmung von Sozialwohnungen (Wohnungsbindungsgesetz) vom 24. August 1965 (in der Fassung vom 13. September 2001)

§ 5a Satz 1	**103** 51

206. Gesetz über den Zivildienst der Kriegsdienstverweigerer (Zivildienstgesetz) vom 13. Januar 1960 (in der Fassung vom 17. Mai 2005)

§ 2 Abs. 2	**111** 30

207. Zollgesetz vom 14. Juni 1961 (in der Fassung vom 18. Mai 1970)

§ 77 Abs. 7	**103** N161

208. Zivilprozeßordnung vom 30. Januar 1877 (in der Fassung vom 5. Dezember 2005)

	114 5	§ 495a	**115** N389
§ 42	**113** N193	§ 514 Abs. 2	**115** 56
§ 139	**115** N216	§ 522 Abs. 2	**115** N421
§ 222 Abs. 2	**115** 48	§ 531 Abs. 2 Nr. 3	**115** N351
§ 296 Abs. 2	**115** N356	§ 538	**113** N60
§§ 306 f.	**112** N203	§ 541 Abs. 1 Satz 1 Hs. 2	**114** N246
§ 321	**115** N418		
§ 321a	**115** 56, N421	§ 543 Abs. 2	**115** N157
§ 322	**112** N163	§ 562	**113** N60
§ 325	**112** N163	§ 563 Abs. 1	**113** N61, N93
§ 330	**112** N203	§ 563 Abs. 2	**113** N61, N93
§ 331	**112** N203	§ 882 Abs. 3	**122** N260
§ 331a	**112** N203	§ 882a	**116** 47
§ 355	**111** 5	§ 882a Abs. 1	**122** N258
§ 361	**111** 5	§ 882a Abs. 2 Satz 1	**122** N259

Halbfette Zahl = §§; magere Zahl = Rn.; N = Fußnote

§ 882a Abs. 3	**116** 54	§ 1032 Abs. 1	**112** 91
§§ 1029 ff.	**112** 92	§ 1055	**112** 91
§ 1029 Abs. 1	**112** 91	§ 1059	**112** 91
§ 1030	**112** 91	§ 1066	**112** 92

Zivilprozeßordnung vom 30. Januar 1877 (in der Fassung vom 12. September 1950)

§ 114 Abs. 2 Satz 1	**115** N174	§ 577 Abs. 2 Satz 2	**115** N337
§ 513	**115** N420	§ 1025 Abs. 1	**112** 91
§ 554a	**114** N170		

209. Gesetz zur Anpassung gesetzlich festgelegter Zuständigkeiten an die Neuabgrenzung der Geschäftsbereiche von Bundesministern (Zuständigkeitsanpassungs-Gesetz) vom 18. März 1975

103 N92

IV. Landesrecht (alphabetisch)

1. Baden-Württemberg

(1) Gesetz zur Ausführung der Verwaltungsgerichtsordnung vom 22. März 1960 (in der Fassung vom 16. August 1994)

§ 5 Abs. 1   **105** N181

(2) Gemeindeordnung für Baden-Württemberg vom 25. Juli 1955 (in der Fassung vom 24. Juli 2000)

§ 2 Abs. 3	**108** N168	§ 146	**108** N196
§ 125	**108** N209		

(3) Landesbeamtengesetz Baden-Württemberg in der Fassung vom 21. Oktober 1996

§ 6 Abs. 1 Nr. 1   **99** N351

(4) Landesgebührengesetz vom 14. Dezember 2004

§ 11 Abs. 2   **119** N164

(5) Landeshochschulgesetz vom 1. Januar 2005

§ 8 Abs. 1 Satz 1	**108** N128	§ 8 Abs. 6	**108** N197

(6) Polizeigesetz vom 21. November 1955 (in der Fassung vom 13. Januar 1992)

§ 81 Abs. 2 Satz 1   **119** 34

(7) Gesetz über den Staatsgerichtshof vom 13. Dezember 1964

§ 7 Abs. 1   **113** N131, N153

(8) Straßengesetz Baden-Württemberg vom 11. Mai 1992

§ 2 Abs. 2   **122** N98

(9) Verwaltungsgesetz vom 2. Januar 1984 (in der Fassung vom 3. Februar 2005)

§§ 20 ff.   **108** N184

Gesetzesregister (Landesrecht)

(10) Verwaltungsverfahrensgesetz für Baden-Württemberg vom 21. Juni 1977 (in der Fassung vom 12. April 2005)

        108 N63

2. Bayern

(1) Gesetz zur Ausführung der Verwaltungsgerichtsordnung vom 20. Juni 1992

Art. 4	**112** N143	Art. 5 Abs. 1	**105** N181

(2) Bayerisches Beamtengesetz vom 27. August 1998

	110 N59	Art. 63 Abs. 1	**110** N117
Art. 36	**110** N59		

(3) Gemeindeordnung für den Freistaat Bayern vom 25. Januar 1952 (in der Fassung vom 22. August 1998)

Art. 8 Abs. 1	**108** N166	Art. 103 ff.	**121** N85
Art. 61 Abs. 2 Satz 1	**121** N81, N132	Art. 109 Abs. 1	**108** N165
Art. 87 Abs. 1 Satz 1 Nr. 4	**108** N291	Art. 109 Abs. 2 Satz 2	**108** N167
		Art. 117a	**108** N196
Art. 89 ff.	**108** N151	Art. 119 f.	**108** N209

(4) Bayerisches Hochschulgesetz vom 23. Mai 2006

Art. 11 Abs. 1	**108** N128

(5) Haushaltsordnung des Freistaates Bayern (Bayerische Haushaltsordnung – BayHO) vom 8. Dezember 1971

Art. 18 Abs. 1	**123** 89	Art. 18 Abs. 2	**123** 90, N164

(6) Kostengesetz vom 20. Februar 1998

Art. 6 Abs. 2 Satz 2	**121** N136	Art. 19	**119** N164

(7) Bayerisches Stiftungsgesetz vom 19. Dezember 2001

        108 N132

3. Berlin

(1) Gesetz zur Ausführung des Gerichtsverfassungsgesetzes vom 23. März 1992

§ 12a	**112** N149

(2) Gesetz über die Hochschulen im Land Berlin (Berliner Hochschulgesetz) vom 12. Oktober 1990 (in der Fassung vom 13. Februar 2003)

§ 2 Abs. 1 Satz 1	**108** N128	§ 7a	**108** N197

(3) Landesbeamtengesetz vom 20. Februar 1979 (in der Fassung vom 19. Mai 2003)

§ 47 Abs. 2 Satz 1	**113** N267

Halbfette Zahl = §§; magere Zahl = Rn.; N = Fußnote

Gesetzesregister (Landesrecht)

(4) Berliner Richtergesetz vom 18. Januar 1963 (in der Fassung vom 27. April 1970)

§ 7   **113** N267

(5) Gesetz über den Verfassungsgerichtshof vom 8. November 1990

§ 2 Abs. 1 Satz 1	**113** N255
§ 3 Abs. 2	**113** N220
§ 3 Abs. 3	**113** N153
§ 15	**113** N30

4. Brandenburg

(1) Brandenburgisches Beamtengesetz vom 8. Oktober 1999

§ 4 Abs. 2	**107** N116	§ 21	**107** N6
§ 4 Abs. 3	**107** N111	§ 21 Abs. 2	**107** N7, N202
§ 18	**107** N4, N114	§ 21 Abs. 3	**107** N202
§ 19	**107** N5, N195	§ 121 Abs. 1 Nr. 1	**107** N137
§ 20	**107** N114, N205	§ 121 Abs. 1 Nr. 2	**107** N137
§ 20 Abs. 1	**107** N2	§ 121 Abs. 1 Nr. 3	**107** N137

(2) Gemeindeordnung für das Land Brandenburg vom 15. Oktober 1993

§ 3 Abs. 4	**108** N168	§ 120	**108** N165
§ 25 Abs. 4	**111** N83	§§ 122 ff.	**108** N160, N172
§ 112 Abs. 1 Satz 3	**107** N139	§ 130	**108** N209
§§ 119 ff.	**107** N127	§ 132 Abs. 1	**108** N169

(3) Landeshaushaltsordnung des Landes Brandenburg in der Fassung vom 21. April 1999

§ 44 Abs. 3   **124** N157

(4) Gesetz über die Hochschulen des Landes Brandenburg vom 20. Mai 1999 (in der Fassung vom 6. Juli 2004)

§ 2 Abs. 1 Satz 1	**108** N128
§ 2 Abs. 5a	**108** N197
§ 2 Abs. 6	**108** N197

(5) Gesetz über die Organisation der Landesverwaltung (Landesorganisationsgesetz) vom 24. Mai 2004

	108 N63	§ 18	**108** N369
§ 15	**108** N184	§§ 19 f.	**108** N172
§ 15 Abs. 2	**108** N185	§§ 20 f.	**108** N369
§ 15 Abs. 3	**108** N187		

(6) Personalvertretungsgesetz für das Land Brandenburg (Landespersonalvertretungsgesetz) vom 15. September 1993

§§ 62 ff.	**107** N175	§§ 63 ff.	**107** N47
§ 62	**107** N47		

Gesetzesregister (Landesrecht)

(7) Gesetz über das Verfassungsgericht vom 13. Juli 1993 (in der Fassung vom 22. November 1996)

§ 4 Satz 5	**113** N255		

5. Hamburg

(1) Gesetz zur Ordnung deichrechtlicher Verhältnisse vom 29. April 1964

§ 4a Abs. 1	**122** N112		

(2) Hamburgisches Hochschulgesetz vom 18. Juli 2001

§ 2 Abs. 1 Satz 1	**108** N128	§ 2 Abs. 3	**108** N197

(3) Hamburgisches Wegegesetz vom 22. Januar 1974

§ 4 Abs. 1	**122** N112, N113	§ 4 Abs. 1 Satz 5	**122** N114
§ 4 Abs. 1 Satz 4	**122** N114	§ 4 Abs. 1 Satz 6	**122** N114

6. Hessen

(1) Hessisches Gesetz zur Ausführung der Verwaltungsgerichtsordnung vom 6. Februar 1962

§ 11 Abs. 1	**105** N181		

(2) Hessisches Beamtengesetz vom 21. März 1962 (in der Fassung vom 11. Januar 1989)

§ 110	**103** 70		

(3) Hessische Gemeindeordnung vom 25. Februar 1952 (in der Fassung vom 1. April 2005)

§ 4	**108** N168	§ 133	**108** N196
§ 92 Abs. 3	**123** N374	§ 142	**108** N209
§§ 94 ff.	**123** N374	Art. 114a ff.	**123** N374

(4) Hessisches Hochschulgesetz vom 6. Juni 1978 (in der Fassung vom 28. März 1995)

§ 88 Abs. 2	**108** N197		

7. Mecklenburg-Vorpommern

(1) Gesetz über die Hochschulen des Landes Mecklenburg-Vorpommern (Landeshochschulgesetz) vom 5. Juli 2002

§ 15 Abs. 3	**108** N197		

(2) Kommunalverfassung für das Land Mecklenburg-Vorpommern vom 13. Januar 1998 (in der Fassung vom 8. Juni 2004)

§ 42a	**108** N196	§ 85	**108** N209

(3) Gesetz über das Landesverfassungsgericht vom 19. Juli 1994

§ 8 Abs. 2	**113** N131		

Halbfette Zahl = §§; magere Zahl = Rn.; N = Fußnote

Gesetzesregister (Landesrecht)

(4) Organisationsgesetz für das Land Mecklenburg-Vorpommern (Landesorganisationsgesetz) vom 14. März 2005

	108 N63	§ 11	**108** N184
§ 4	**108** N369	§ 16 Abs. 1	**108** N185
§ 10 Abs. 4	**108** N369	§ 16 Abs. 2	**108** N187

(5) Gesetz zur Behandlung von Vorschlägen, Bitten und Beschwerden der Bürger sowie über den Bürgerbeauftragten des Landes Mecklenburg-Vorpommern (Petitions- und Bürgerbeauftragtengesetz) vom 5. April 1995

111 18

8. Niedersachsen

(1) Niedersächsisches Ausführungsgesetz zur Verwaltungsgerichtsordnung vom 1. Juli 1993

§ 6a   **105** N181

(2) Niedersächsische Gemeindeordnung vom 4. März 1955 (in der Fassung vom 28. Oktober 2006)

§ 5 Abs. 1	**108** N166	§ 113a	**108** N151
§§ 82 ff.	**123** N374	§ 127 Abs. 1 Satz 2	**108** N165

(3) Niedersächsisches Hochschulgesetz vom 24. Juni 2004 (in der Fassung vom 26. Februar 2007)

§ 1 Abs. 3   **108** N197

9. Nordrhein-Westfalen

(1) Architektengesetz vom 4. Dezember 1969

§§ 7 ff.   **105** N21

(2) Verordnung über die öffentliche Bekanntmachung von kommunalem Ortsrecht vom 26. August 1999

§ 2	**105** N171	§§ 11 ff.	**111** 35
§ 3 Abs. 2	**105** N174		

(3) Beamtengesetz für das Land Nordrhein-Westfalen (Beamtengesetz) vom 6. Mai 1970 (in der Fassung vom 1. Mai 1981)

§ 3 Abs. 4	**107** N116	§ 58	**107** N2, N205
§ 5 Abs. 1	**107** N111	§ 59	**107** N6
§ 33 Satz 2	**105** N171	§ 59 Abs. 2	**107** N7, N202
§ 55	**107** N4	§ 59 Abs. 3	**107** N202
§§ 57 f.	**107** N114	§ 110 Abs. 1 Nr. 1	**107** N137
§ 57	**107** N5, N195	§ 110 Abs. 1 Nr. 2	**107** N137

(4) Disziplinarordnung des Landes Nordrhein-Westfalen vom 20. Januar 1970

§ 55 Abs. 3   **107** N138

Gesetzesregister (Landesrecht)

(5) Gesetz zum Schutz und zur Pflege der Denkmäler im Lande Nordrhein-Westfalen (Denkmalschutzgesetz) vom 11. März 1980

§ 24   **111** 39

(6) Gesetz zum Schutze personenbezogener Daten (Datenschutzgesetz Nordrhein-Westfalen) vom 9. Juni 2000

	111 N40	§ 21	**111** 16
§§ 21 ff.	**111** 14	§ 32a	**111** 37

(7) Gemeindeordnung für das Land Nordrhein-Westfalen vom 21. Oktober 1952 (in der Fassung vom 14. Juli 1994)

§ 3 Abs. 2	**108** N168	§ 107 Abs. 1 Satz 1 Nr. 3	**108** N291
§ 5 Abs. 2	**111** 52		
§ 7 Abs. 6	**112** N88	§ 114a	**105** 6, **108** N151
§ 9	**105** N98, **111** 36	§§ 116 ff.	**107** N127
§§ 19 f.	**108** N172	§ 116 Abs. 1	**108** N165
§ 62 Abs. 2 Satz 1	**105** N158	§§ 118 ff.	**108** N160
§§ 75 ff.	**123** N374	§ 119 Abs. 2	**108** N169
§ 77 Abs. 3	**123** N192	§ 121	**111** 37
§§ 80 ff.	**108** N172	§ 126	**108** N209
§ 105 Abs. 2	**107** N139	§ 128 Abs. 2	**116** N257
§ 107	**122** N209	§ 129	**108** N196

(8) Heilberufsgesetz vom 23. November 1988 (in der Fassung vom 27. April 1994)

§§ 1 ff.   **105** N21

(9) Gesetz über die Hochschulen des Landes Nordrhein-Westfalen vom 14. März 2000

§ 2 Abs. 1	**108** N128	§ 106	**108** N175
§ 2 Abs. 4	**105** N175	§ 106 Abs. 3	**111** 37
§ 6	**108** N197	§ 107	**108** N175
§ 23	**111** 38	§ 108	**105** 58
§ 44 Abs. 2	**111** 37		

(10) Kommunalabgabengesetz für das Land Nordrhein-Westfalen vom 21. Oktober 1969

§ 5 Abs. 1	**116** N469	§ 8 Abs. 2	**116** N469

(11) Krankenhausgesetz des Landes Nordrhein-Westfalen vom 16. Dezember 1998

124 N106

(12) Landesforstgesetz des Landes Nordrhein-Westfalen vom 11. März 1980 (in der Fassung vom 24. April 1980)

§ 56	**111** 39	§ 57 Abs. 1	**111** 39

(13) Gesetz zur Gleichstellung von Frauen und Männern für das Land Nordrhein-Westfalen (Landesgleichstellungsgesetz) vom 9. November 1999

§§ 15 ff.   **111** 38

Halbfette Zahl = §§; magere Zahl = Rn.; N = Fußnote

Gesetzesregister (Landesrecht)

(14) Landeshaushaltsordnung Nordrhein-Westfalen in der Fassung vom 26. April 1999

§ 9   **111** 37   § 44 Abs. 2   **124** N157

(15) Gesetz über die Errichtung der Landwirtschaftskammern Nordrhein-Westfalen (Landwirtschaftskammergesetz) vom 11. Februar 1949

                 105 N19   § 24 Abs. 5   **111** 39
§ 18 Abs. 4   **111** 39

(16) Maßregelvollzugsgesetz vom 15. Juni 1999

§ 31   **111** 39

(17) Gesetz über Aufbau und Befugnisse der Ordnungsbehörden (Ordnungsbehördengesetz) vom 16. Oktober 1956 (in der Fassung vom 13. Mai 1980)

§§ 25 ff.   **103** N193

(18) Gesetz über die Organisation der Landesverwaltung (Landesorganisationsgesetz) vom 10. Juli 1962

           108 N63   § 9   **108** N66
§ 3   **108** N66   § 9 Abs. 2   **111** 39
§ 4   **108** N66   § 11   **108** 51
§ 6   **108** N66   § 12 Abs. 1   **108** N185
§ 6 Abs. 2   **111** 39   § 13 Abs. 1   **108** N187
§ 6 Abs. 3   **111** N115   § 18   **108** N369
§ 7   **108** N66   § 20   **108** N172
§ 7 Abs. 3   **111** N115   § 21   **108** N172, N369

(19) Personalvertretungsgesetz für das Land Nordrhein-Westfalen (Landespersonalvertretungsgesetz) vom 3. Dezember 1974

§§ 64 f.   **107** N175   §§ 72 ff.   **107** N47, N175
§ 66 Abs. 1   **107** N47

(20) Gesetz über die Finanzierung der öffentlichen Schulen (Schulfinanzierungsgesetz) vom 3. Juni 1958 (in der Fassung vom 17. April 1979)

§ 7 Abs. 3   **103** N175

(21) Schulverwaltungsgesetz vom 18. Januar 1985

§ 26 Abs. 1 Satz 1   **103** N174   § 26b Abs. 1   **103** N175

(22) Gesetz über die Sparkassen sowie über die Sparkassen- und Giroverbände in der Fassung vom 10. September 2004

§ 32 Abs. 2   **103** N130, N210

(23) Stiftungsgesetz für das Land Nordrhein-Westfalen vom 21. Juni 1977 (in der Fassung vom 15. Februar 2005)

                 108 N132

Gesetzesregister (Landesrecht)

(24) Straßen- und Wegegesetz des Landes Nordrhein-Westfalen vom 23. September 1995

§ 6 Abs. 5	**122** N98	§ 11	**122** N97
§ 6 Abs. 6	**122** N251		

(25) Gesetz über den Verfassungsgerichtshof vom 14. Dezember 1989

§ 3 Abs. 3	**113** N220	§ 3 Abs. 4	**113** N220

10. Rheinland-Pfalz

(1) Landesgesetz zur Ausführung der Verwaltungsgerichtsordnung vom 5. Dezember 1977

§ 5a Abs. 1   **105** N181

(2) Gesetz über den Bürgerbeauftragten vom 3. Mai 1974

§ 1 Abs. 1   **111** 19

(3) Gemeindeordnung für Rheinland-Pfalz vom 14. Dezember 1973 (in der Fassung vom 31. Januar 1994)

§ 2 Abs. 2 Satz 1	**108** N166	§ 86b	**108** N151
§ 86a	**108** N151	§ 126	**108** N209

(4) Hochschulgesetz Rheinland-Pfalz vom 21. Juli 2003

§ 2 Abs. 9   **108** N197

(5) Landesstiftungsgesetz vom 19. Juli 2004

108 N132

11. Saarland

(1) Saarländisches Ausführungsgesetz zur Verwaltungsgerichtsordnung vom 5. Juni 1960

§ 5a Abs. 1   **105** N181

(2) Gesetz über die kommunale Selbstverwaltung der Gemeinden, Ämter und Landkreise (Kommunalselbstverwaltungsgesetz) vom 15. Januar 1964 (in der Fassung vom 27. Juni 1997)

§ 6	**108** N166	§§ 125 ff.	**108** N172
§ 82 Abs. 2	**121** N81, N132	§ 126a	**108** N196
§ 122	**121** N85	§ 136	**108** N209
§ 123	**121** N85	§ 137	**108** N172

(3) Haushaltsordnung für das Saarland vom 3. November 1971 (in der Fassung vom 5. November 1999)

§ 7 Abs. 1 Satz 1   **121** N80

(4) Saarländisches Mediengesetz (SMG) vom 27. Februar 2002

§ 5	**121** N160	§ 37 Abs. 1	**121** N83

Halbfette Zahl = §§; magere Zahl = Rn.; N = Fußnote

Gesetzesregister (Landesrecht)

(5) Gesetz zum Schutz der Natur und Heimat im Saarland (Saarländisches Naturschutzgesetz) vom 5. April 2006

§ 29 Abs. 1	**111** 35	§ 29 Abs. 3	**111** 39
§ 29 Abs. 2	**111** 39		

(6) Landesorganisationsgesetz vom 2. Juli 1969 (in der Fassung vom 27. März 1997)

	108 N63	§ 13 Abs. 1	**108** N187
§ 6	**108** N64	§ 18	**108** N369
§ 11	**108** N184	§ 20	**108** N172
§ 12 Abs. 1	**108** N185	§ 21	**108** N172, N369

(7) Gesetz über den Verfassungsgerichtshof vom 17. Juli 1958 (in der Fassung vom 6. Februar 2001)

§ 2 Abs. 3 Satz 1	**113** N147	§ 11	**113** N30
§ 3 Abs. 2 Satz 2	**113** N153		

12. Sachsen

(1) Gemeindeordnung für den Freistaat Sachsen vom 1. Mai 1993 (in der Fassung vom 18. März 2003)

§ 131   **108** N196

(2) Gesetz über die Hochschulen im Freistaat Sachsen (Sächsisches Hochschulgesetz) vom 11. Juni 1999

§ 99   **108** N197

(3) Gesetz zur Verbesserung der Integration von Menschen mit Behinderungen im Freistaat Sachsen (Sächsisches Integrationsgesetz) vom 30. Juli 2005

§ 10   **111** 35

(4) Gesetz über die Justiz im Freistaat Sachsen (Sächsisches JustizG) vom 24. November 2000

114 N97

(5) Siebente Verordnung des Sächsischen Staatsministeriums der Finanzen über die Festsetzung der Verwaltungsgebühren und Auslagen vom 9. Juli 2006

§ 1   **119** N145

13. Sachsen-Anhalt

(1) Allgemeine Gebührenordnung des Landes Sachsen-Anhalt vom 30. August 2004

§ 1 Abs. 1   **119** N146

(2) Gemeindeordnung für das Land Sachsen-Anhalt vom 5. Oktober 1993

§§ 113a ff.	**108** N151	§ 141	**108** N209
§ 116 Abs. 1	**108** N151	§ 146	**108** N196

(3) Hochschulgesetz des Landes Sachsen-Anhalt vom 5. Mai 2004

§ 57   **108** N197

Gesetzesregister (Landesrecht)

(4) Gesetz über das Landesverfassungsgericht vom 23. August 1993

§ 33 Abs. 1   **113** N30

14. Schleswig-Holstein

(1) Beamtengesetz für das Land Schleswig-Holstein vom 3. August 2005

§ 88a Abs. 3 Satz 4   **110** N57

(2) Gesetz über die Bürgerbeauftragte oder den Bürgerbeauftragten für soziale Angelegenheiten des Landes Schleswig-Holstein (Bürgerbeauftragten-Gesetz) vom 15. Januar 1992

§ 1   **111** N45

(3) Gemeindeordnung für Schleswig-Holstein vom 24. Januar 1950 (in der Fassung vom 28. Februar 2003)

§ 3 Abs. 1	**108** N168	§ 106a	**108** N151
§§ 47 f.	**111** N83	§ 135a	**108** N196

(4) Gesetz über die Hochschulen und das Universitätsklinikum Schleswig-Holstein (Hochschulgesetz) vom 28. Februar 2007

§ 15a   **108** N197

(5) Allgemeines Verwaltungsgesetz für das Land Schleswig-Holstein vom 1. Januar 1968 (in der Fassung vom 2. Juni 1992)

	108 N63	§ 37	**108** N151
§ 14 Abs. 1	**108** N184	§ 38	**108** N369
§ 14 Abs. 2	**108** N184	§ 41	**108** N151
§ 15 Abs. 1	**108** N185	§ 42	**108** N369
§ 15 Abs. 2	**108** N187	§ 46	**108** N122, N151
§ 19	**108** N172	§ 47	**108** N369
§ 24	**108** N369		

15. Thüringen

(1) Thüringer Hochschulgesetz vom 21. Dezember 2006

§§ 11 f.   **108** N197

(2) Thüringer Kommunalordnung vom 28. Januar 2003

§ 71   **122** N209
§§ 124 f.   **108** N209

(3) Thüringer Straßengesetz vom 7. Mai 1993

§ 6 Abs. 3   **122** N98
§ 13   **122** N97

(4) Thüringer Gesetz über den Bürgerbeauftragten (Thüringer Bürgerbeauftragtengesetz) vom 25. Mai 2000

§ 1 Abs. 1   **111** N46

Gesetzesregister (Europäisches Gemeinschaftsrecht)

(5) Gesetz über den Verfassungsgerichtshof vom 28. Juni 1994 (in der Fassung vom 6. Februar 2001)

| § 4 Abs. 2 Satz 2 | **113** N220 | § 9 Abs. 1 Satz 1 | **113** N131 |

V. Staatsverträge der Länder (chronologisch)

1. Staatsvertrag über den Rundfunk im vereinten Deutschland vom 31. August 1991

§ 14 Abs. 1   **121** N83

2. Rundfunkfinanzierungsstaatsvertrag vom 31. August 1991

§ 3 Abs. 1   **121** N83

3. ZDF-Staatsvertrag vom 31. August 1991

§ 21 Abs. 1   **108** N36

VI. Europäisches Gemeinschaftsrecht

1. Primärrecht (chronologisch)

(1) Vertrag über die Gründung der Europäischen Gemeinschaft für Kohle und Stahl (EGKS-Vertrag) vom 18. April 1951

Art. 4 lit. d	**124** 7	Art. 14 Abs. 3	**100** 68
Art. 14	**100** 68	Art. 54 Abs. 5	**124** 7
Art. 14 Abs. 2	**100** 89		

(2) Vertrag zur Gründung der Europäischen Atomgemeinschaft (EURATOM/EAG) vom 25. März 1957

| Art. 161 | **100** 68, **103** 9 | Art. 161 Abs. 2 | **100** 68, 89, **103** 9 |

(3) Vertrag zur Gründung der Europäischen Gemeinschaft vom 25. März 1957 in der Fassung des Vertrages von Amsterdam vom 2. Oktober 1997 (zuletzt geändert durch EU-Beitrittsakte 2003 vom 16. April 2003)

	117 16, **124** 5	Art. 21 f.	**124** 58
Art. 2	**117** 15, 25, 35	Art. 23 ff.	**116** 63, 167,
Art. 3	**117** 15, 25		**117** 15
Art. 3 Abs. 1 lit. g	**124** 7	Art. 28 ff.	**116** 167
Art. 4	**117** 25	Art. 34 Abs. 2	**116** N809, **124** 28
Art. 4 Abs. 2	**123** 106	Art. 36	**124** 28
Art. 4 Abs. 3	**123** 106	Art. 39 ff.	**116** 167, **118** 224
Art. 5 Abs. 2	**116** 162, 166	Art. 39 Abs. 4	**110** N29
Art. 5 Abs. 3	**116** 166	Art. 42	**125** 3
Art. 7 Abs. 1	**121** N96	Art. 43 ff.	**116** 167
Art. 8	**117** 29, N101	Art. 49 ff.	**116** 167
Art. 10	**109** 40, **116** 166	Art. 56 ff.	**116** 167
Art. 10 Abs. 2	**124** 66	Art. 58 Abs. 1 lit. a	**116** 167
Art. 14	**117** 15	Art. 73	**124** 28

Halbfette Zahl = §§; magere Zahl = Rn.; N = Fußnote

Gesetzesregister (Europäisches Gemeinschaftsrecht)

Art. 86	**124** N33	Art. 104 Abs. 3 Satz 2	**123** 105
Art. 86 Abs. 1	**124** 11	Hs. 2	
Art. 86 Abs. 2	**124** 28	Art. 104 Abs. 4	**123** 102, 106, 109
Art. 87 ff.	**116** 127, 168, **124** 7, 9, 58	Art. 104 Abs. 5	**123** 102, 106, 109
Art. 87 f.	**109** 46	Art. 104 Abs. 6	**116** 172, **123** 102, 106, 109, 111
Art. 87	**116** 45, **124** 23, 58 f., 70, 73	Art. 104 Abs. 7	**123** 102, 107, 109, 111
Art. 87 Abs. 1	**124** 7, 11, 25, 27, 75	Art. 104 Abs. 7 Satz 2	**123** 107
		Art. 104 Abs. 8	**123** 102, 107, 109, 111, N419
Art. 87 Abs. 2	**124** 27	Art. 104 Abs. 9	**123** 102, 109 ff.
Art. 87 Abs. 2 lit. a	**124** N64	Art. 104 Abs. 9 UAbs. 1	**123** 108
Art. 87 Abs. 3	**124** 27		
Art. 88	**124** 58, N203	Art. 104 Abs. 9 UAbs. 2	**123** 108
Art. 88 Abs. 2	**124** 26, 69		
Art. 88 Abs. 3	**124** 25, 58, 66, 69	Art. 104 Abs. 10	**123** 102, 109, N421
Art. 88 Abs. 3 Satz 3	**124** 26, 66, 69, 74	Art. 104 Abs. 11	**123** 102, 109 ff., 114, 116
Art. 89	**124** 27		
Art. 90 ff.	**116** 161	Art. 104 Abs. 11 UAbs. 1	**116** 172
Art. 93	**116** 166		
Art. 94	**116** 166	Art. 104 Abs. 13	**123** N419
Art. 95 Abs. 2	**116** 166	Art. 104 Abs. 14	**123** N402
Art. 98 ff.	**116** 9	Art. 104c	**123** N439
Art. 98	**117** N137	Art. 105 ff.	**117** 29, N102
Art. 98 Satz 2	**121** 24	Art. 105 Abs. 1 Satz 1	**117** 26, N134
Art. 99	**117** 13, N137	Art. 105 Abs. 1 Satz 2	**117** N135
Art. 101	**117** 27	Art. 105 Abs. 2	**117** 26
Art. 101 Abs. 1	**117** N183	Art. 105 Abs. 4	**117** N140
Art. 102	**117** 27	Art. 105 Abs. 5	**117** N140
Art. 103	**117** 27	Art. 105 Abs. 6	**117** N140, N180
Art. 103 Abs. 2	**117** N139	Art. 106 Abs. 1	**117** N146, N178
Art. 104	**116** 172, **117** 13, 27, N99, N137, **120** 13, 44, **121** 24, **123** 111, 116, N423, N430, N448	Art. 106 Abs. 1 Satz 1	**117** N142
		Art. 106 Abs. 2	**117** N147
		Art. 107 Abs. 1	**117** N107
		Art. 107 Abs. 2	**117** N112
		Art. 107 Abs. 3	**117** N117
		Art. 107 Abs. 4	**117** N105
Art. 104 Abs. 1	**116** 172, **123** 102 f., 109	Art. 108	**117** N110, N158
		Art. 109	**117** 13
Art. 104 Abs. 2	**123** 102, 109	Art. 110	**117** N113, N142
Art. 104 Abs. 2 lit. a	**123** N399, N426	Art. 111 Abs. 1	**117** N44, N141
Art. 104 Abs. 2 lit. b	**123** N399	Art. 111 Abs. 2	**117** N44, N141
Art. 104 Abs. 2 Satz 1	**123** 103	Art. 112 Abs. 1	**117** N122
Art. 104 Abs. 2 Satz 2	**116** 172, N860, **123** 103, 115	Art. 112 Abs. 2 lit. a	**117** N129
		Art. 112 Abs. 2 lit. b	**117** N130
Art. 104 Abs. 2 UAbs. 2	**123** N395	Art. 114 Abs. 2	**123** 106
		Art. 116 Abs. 3 UAbs. 2	**123** N390
Art. 104 Abs. 3	**123** 102, 105, 109		
Art. 104 Abs. 3 Satz 2 Hs. 1	**123** 105		

Gesetzesregister (Europäisches Gemeinschaftsrecht)

Art. 117	**117** 11	Art. 248 Abs. 2	**121** 24
Art. 121	**120** 13	UAbs. 1 Satz 1	
Art. 121 Abs. 1	**117** N31	Art. 249	**100** 42, 68, **102** 10
Art. 121 Abs. 4	**117** 15, N102	Art. 249 Abs. 2	**100** 68, 89, **103** 9,
Art. 122 Abs. 3	**123** N390		**104** 89
Art. 123 Abs. 1 Satz 3	**117** N102	Art. 249 Abs. 3	**100** 68
Art. 123 Abs. 3	**117** N119	Art. 249 Abs. 4	**124** 67
Art. 136 ff.	**125** 3	Art. 249 Abs. 5	**123** N408
Art. 146	**116** N809	Art. 250 Abs. 1	**123** 106, 113
Art. 160	**116** N809	Art. 253	**103** 72
Art. 195	**111** 21	Art. 254 Abs. 2	**104** 89
Art. 205 Abs. 2	**123** N409	Art. 268 ff.	**120** N10
Art. 226	**123** 109	Art. 268	**116** N809
Art. 227	**123** 109	Art. 269	**116** 163,
Art. 230 Abs. 4	**124** 66, 72 ff.		**123** N427
Art. 230 Abs. 5	**124** 73	Art. 293	**116** N781
Art. 234	**114** 45, **124** 72	Art. 311	**121** N95,
Art. 246 ff.	**120** N10, **121** N96		**123** N395

(4) Vertrag über die Europäische Union (Maastricht-Vertrag) vom 7. Februar 1992 in der Fassung des Vertrages von Amsterdam vom 2. Oktober 1997 (zuletzt geändert durch EU-Beitrittsakte 2003 vom 16. April 2003)

Art. 2	**117** 25	Art. 28 Abs. 2	**116** N809
Art. 6 Abs. 2	**115** 15	Art. 41 Abs. 2	**116** N809

Vertrag über die Europäische Union vom 7. Februar 1992

117 10

(5) Protokoll (Nr. 18) über die Satzung des Europäischen Systems der Zentralbanken und der Europäischen Zentralbank vom 7. Februar 1992 (ESZB-Satzung)

Art. 1	**117** N107	Art. 14	**117** N132
Art. 2 Satz 1	**117** N134, N135	Art. 14.4.	**117** N179
Art. 3	**117** N139, N140	Art. 16 ff.	**117** N142, N143
Art. 4	**117** N140	Art. 16	**117** N146
Art. 5	**117** N140	Art. 16 Abs. 1 Satz 1	**117** N178
Art. 6	**117** N140	Art. 16 Abs. 1 Satz 2	**117** N178
Art. 7	**117** N158	Art. 18	**117** N148
Art. 9	**117** N112, N131	Art. 19	**117** N151
Art. 10	**117** N127, N172	Art. 20	**117** N152
Art. 10 Abs. 1	**117** N122	Art. 21	**117** N140, N183, N184
Art. 11	**117** N124, N129, N130	Art. 28	**117** N115, N171
Art. 12	**117** N121, N126, N143, N176	Art. 34	**117** N113
		Art. 45	**117** N119, N120
Art. 12 Abs. 1	**117** N172	Art. 47	**117** N118, N119
Art. 12 Abs. 2	**117** N125	Art. 53	**117** N119
Art. 12 Abs. 3	**117** N131	Art. 107	**117** N110

(6) Protokoll (Nr. 20) über das Verfahren bei einem übermäßigen Defizit vom 7. Februar 1992

	117 N32	Art. 2	**116** N863
Art. 1	**116** N860, **121** N95	Art. 3	**116** 173

(7) Protokoll (Nr. 21) über die Konvergenzkriterien nach Art. 121 des Vertrags zur Gründung der Europäischen Gemeinschaft vom 7. Februar 1992

117 N31

(8) Charta der Grundrechte der Europäischen Union vom 7. Dezember 2000

Art. 20 ff.	**125** 3	Art. III-184 Abs. 6	**123** N436, N437
Art. 33 ff.	**125** 3		

(9) Entwurf eines Vertrages über eine Verfassung für Europa des Europäischen Konvents und der Regierungskonferenz vom 18. Juni 2004

	117 N106	Art. III-69	**117** N91
Art. I-3 Abs. 1	**117** N91	Art. III-76 Abs. 6	**117** N98
Art. III-2a	**117** N91		

(10) Vertrag über eine Verfassung für Europa vom 29. Oktober 2004

	99 26, **100** 69, 91	Art. I-32 Abs. 1	**100** N172
Art. I-10	**100** 88		

2. Verordnungen (chronologisch)

(1) Verordnung (EWG) Nr. 918/83 des Rates über das gemeinschaftliche System der Zollbefreiungen vom 28. März 1983

118 254

(2) Verordnung (EWG) Nr. 2913/92 des Rates vom 12. Oktober 1992 zur Festlegung des Zollkodex der Gemeinschaften

	118 254	Art. 4 Nr. 11	**118** N742
Art. 4 Nr. 10	**118** N742		

(3) Verordnung (EWG) Nr. 2454/93 der Kommission mit Durchführungsvorschriften zu der Verordnung (EWG) Nr. 2913/92 des Rates zur Festlegung des Zollkodexes der Gemeinschaften vom 2. Juli 1993

118 254

(4) Verordnung (EG) Nr. 3605/93 des Rates vom 22. November 1993 über die Anwendung des dem Vertrag zur Gründung der Europäischen Gemeinschaft beigefügten Protokolls über das Verfahren bei einem übermäßigen Defizit

117 N32

(5) Verordnung (EG) Nr. 3284/94 des Rates vom 22. Dezember 1994 über den Schutz gegen subventionierte Einfuhren aus nicht zur Europäischen Gemeinschaft gehörenden Ländern

124 N66

Gesetzesregister (Europäisches Gemeinschaftsrecht)

(6) **Verordnung (EG) Nr. 3286/94 des Rates vom 22. Dezember 1994** zur Festlegung der Verfahren der Gemeinschaft im Bereich der gemeinsamen Handelspolitik zur Ausübung der Rechte der Gemeinschaft nach internationalen Handelsregeln, insbesondere den im Rahmen der Welthandelsorganisation vereinbarten Regeln

124 N66

(7) **Verordnung (EG) Nr. 1103/97 des Rates vom 17. Juni 1997** über bestimmte Vorschriften im Zusammenhang mit der Einführung des Euro (Euro-Verordnung I)

117 16

(8) **Verordnung (EG) Nr. 1466/97 des Rates vom 7. Juli 1997** über den Ausbau der haushaltspolitischen Überwachung und der Überwachung und Koordinierung der Wirtschaftspolitiken

116 N861, **117** 13,
123 N402

(9) **Verordnung (EG) Nr. 1467/97 des Rates vom 7. Juli 1997** über die Beschleunigung und Klärung des Verfahrens bei einem übermäßigen Defizit

	116 N861, **117** 13, **123** 104, N404	Art. 11 Satz 1	**123** 110
		Art. 12	**123** N426
Art. 2 Abs. 2	**123** 105	Art. 12 Abs. 1	**123** N426
Art. 3 Abs. 2	**123** N408	Art. 12 Abs. 3	**123** N426
Art. 3 Abs. 3	**123** N414	Art. 13	**123** N425
Art. 5	**123** N419	Art. 16	**123** N427
Art. 6 Satz 1	**123** N423		

(10) **Verordnung (EG) Nr. 2026/97 des Rates vom 6. Oktober 1997** über den Schutz gegen subventionierte Einfuhren aus nicht zur Europäischen Gemeinschaft gehörenden Ländern (Antisubventionsverordnung)

124 N66

(11) **Verordnung (EG) Nr. 974/98 des Rates vom 3. Mai 1998** über die Einführung des Euro (Euro-Verordnung II)

117 15 ff.

(12) **Verordnung (EG) Nr. 975/98 des Rates vom 3. Mai 1998** über die Stückelungen und technischen Merkmale der für den Umlauf bestimmten Euro-Münzen

117 16

(13) **Verordnung (EG) Nr. 994/1998 des Rates vom 7. Mai 1998** über die Anwendung der Artikel 87 und 88 des Vertrags zur Gründung der Europäischen Gemeinschaft auf bestimmte Gruppen horizontaler Beihilfen

	124 N71, N72
Art. 3	**124** N171

(14) **Verordnung (EG) Nr. 2866/98 des Rates vom 31. Dezember 1998** über die Umrechnungskurse zwischen dem Euro und den Währungen der Mitgliedstaaten, die den Euro einführen (Euro-Verordnung III)

117 16, N30

(15) Verordnung (EG) Nr. 44/2001 des Rates vom 22. Dezember 2000 über die gerichtliche Zuständigkeit und die Anerkennung und Vollstreckung von Entscheidungen in Zivil- und Handelssachen

        115 N81

(16) Verordnung (EG) Nr. 68/2001 der Kommission vom 12. Januar 2001 über die Anwendung der Artikel 87 und 88 EG-Vertrag auf Ausbildungsbeihilfen

        124 N72
Art. 7   **124** N171

(17) Verordnung (EG) Nr. 69/2001 der Kommission vom 12. Januar 2001 über die Anwendung der Artikel 87 und 88 EG-Vertrag auf „De-minimis"-Beihilfen

        124 N72, N171

(18) Verordnung (EG) Nr. 70/2001 der Kommission vom 12. Januar 2001 über die Anwendung der Artikel 87 und 88 EG-Vertrag auf staatliche Beihilfen an kleine und mittlere Unternehmen

        124 N72
Art. 9   **124** N171

(19) Verordnung (EG) Nr. 1606/2002 des Europäischen Parlaments und des Rates vom 19. Juli 2002 betreffend die Anwendung internationaler Rechnungslegungsstandards

        99 N529

(20) Verordnung (EG) Nr. 2204/2002 der Kommission vom 12. Dezember 2002 über die Anwendung der Artikel 87 und 88 EG-Vertrag auf Beschäftigungsbeihilfen

        124 N72

(21) Verordnung (EG) Nr. 1055/2005 des Rates vom 27. Juni 2005 zur Änderung der Verordnung (EG) Nr. 1466/97 über den Ausbau der haushaltspolitischen Überwachung und der Überwachung und Koordinierung der Wirtschaftspolitiken

        117 N37

(22) Verordnung (EG) Nr. 1056/2005 des Rates vom 27. Juni 2005 zur Änderung der Verordnung (EG) Nr. 1467/97 über die Beschleunigung und Klärung des Verfahrens bei einem übermäßigen Defizit

        117 N37,
        123 N403

(23) Verordnung (EG) Nr. 1084/2006 des Rates vom 11. Juli 2006 zur Errichtung des Kohäsionsfonds und zur Aufhebung der Verordnung (EG) Nr. 1164/94

Art. 4   **123** N422

Gesetzesregister (Europäisches Gemeinschaftsrecht)

3. Richtlinien (chronologisch)

(1) Sechste Richtlinie 77/388/EWG des Rates vom 17. Mai 1977 zur Harmonisierung der Rechtsvorschriften der Mitgliedstaaten über die Umsatzsteuern – Gemeinsames Mehrwertsteuersystem: einheitliche steuerpflichtige Bemessungsgrundlage

	118 242, N702	Art. 13	**118** N723
Art. 4 Abs. 3	**118** N723	Art. 28 Abs. 3	**118** N724
Art. 4 Abs. 5	**118** N644	Art. 28l Abs. 2	**118** N629

(2) Richtlinie 85/337/EWG des Rates vom 27. Juni 1985 über die Umweltverträglichkeitsprüfung bei bestimmten öffentlichen und privaten Projekten

	109 43, N122	Art. 8	**109** 43
Art. 3	**109** 43		

(3) Richtlinie 92/12/EWG des Rates vom 25. Februar 1992 über das allgemeine System, den Besitz, die Beförderung und die Kontrolle verbrauchsteuerpflichtiger Waren (Systemrichtlinie)

118 253

(4) Richtlinie 95/46/EG des Europäischen Parlaments und des Rates vom 24. Oktober 1995 zum Schutz natürlicher Personen bei der Verarbeitung personenbezogener Daten und zum freien Datenverkehr (Datenschutzrichtlinie)

Art. 28   **111** N26

(5) Richtlinie 2000/43/EG des Rates vom 29. Juni 2000 zur Anwendung des Gleichbehandlungsgrundsatzes ohne Unterschied der Rasse oder der ethnischen Herkunft

99 N333

(6) Richtlinie 2000/78/EG des Rates vom 27. November 2000 zur Festlegung eines allgemeinen Rahmens für die Verwirklichung der Gleichbehandlung in Beschäftigung und Beruf

99 N333

(7) Richtlinie 2002/58/EG des Europäischen Parlaments und des Rates vom 12. Juli 2002 über die Verarbeitung personenbezogener Daten und den Schutz der Privatsphäre in der elektronischen Kommunikation (Datenschutzrichtlinie für elektronische Kommunikation)

111 N26

(8) Richtlinie 2002/73/EG des Europäischen Parlaments und des Rates vom 23. September 2002 zur Änderung der Richtlinie 76/207/EWG des Rates zur Verwirklichung des Grundsatzes der Gleichbehandlung von Männern und Frauen hinsichtlich des Zugangs zur Beschäftigung, zur Berufsbildung und zum beruflichen Aufstieg sowie in Bezug auf die Arbeitsbedingungen

99 N333

(9) Richtlinie 2003/35/EG des Europäischen Parlaments und des Rates vom 26. Mai 2003 über die Beteiligung der Öffentlichkeit bei der Ausarbeitung bestimmter umweltbezogener Pläne und Programme und zur Änderung der Richtlinie 85/337/EWG und 96/61/EG des Rates in Bezug auf die Öffentlichkeitsbeteiligung und den Zugang zu Gerichten

Art. 3   **109** N122

(10) Richtlinie 2004/113/EG des Rates vom 13. Dezember 2004 zur Verwirklichung des Grundsatzes der Gleichbehandlung von Männern und Frauen beim Zugang zu und bei der Versorgung mit Gütern und Dienstleistungen

                     99 N333

(11) Richtlinie 2006/25/EG des Europäischen Parlaments und des Rates vom 5. April 2006 über Mindestvorschriften zum Schutz von Sicherheit und Gesundheit der Arbeitnehmer vor der Gefährdung durch physikalische Einwirkungen (künstliche optische Strahlung)

                     99 91, N334, N335

(12) Richtlinie 2006/112/EG des Rates vom 28. November 2006 über das gemeinsame Mehrwertsteuersystem

	99 39, **118** 96, 242, 246, N703	Art. 135 Abs. 1 lit. j	**118** N723
Art. 12	**118** N723	Art. 135 Abs. 1 lit. k	**118** N723
Art. 13	**118** N644	Art. 371	**118** N724
		Art. 402 Abs. 1	**118** N629

VII. Sonstiges zwischenstaatliches Recht (chronologisch)

1. Übereinkommen über den Internationalen Währungsfonds vom 22. Juli 1944

               117 N20
Art. 1   **117** N27

2. Europäische Konvention zum Schutze der Menschenrechte und Grundfreiheiten (Europäische Menschenrechtskonvention) vom 4. November 1950

	100 66	Art. 6 Abs. 1 Satz 1	**113** 12, **114** 42
Art. 3	**115** 50	Art. 6 Abs. 2	**115** N39
Art. 5 Abs. 3	**115** 45, N315	Art. 6 Abs. 3	**115** 38
Art. 6	**114** 11, **115** 2, 54, N8, N39	Art. 6 Abs. 3 lit. a	**115** 33
		Art. 6 Abs. 3 lit. e	**115** 37
Art. 6 Abs. 1	**114** 8, **115** 9, 14, 17, 20, 25, 38, 43, 45, 50f., N164, N234	Art. 13	**115** N307

3. Allgemeines Zoll- und Handelsabkommen (General Agreement on Tariffs and Trade – GATT 1994) vom 15. April 1994

               116 127, **124** 24

Allgemeines Zoll- und Handelsabkommen (General Agreement on Tariffs and Trade – GATT 1947) vom 30. Oktober 1947

	124 24	Art. XVI Abs. 1	**124** 24
Art. VI Abs. 3	**124** 24	Art. XVI Abs. 2 ff.	**124** 24

4. WTO-Übereinkommen über Subventionen und Ausgleichsmaßnahmen (Agreement on Subsidies and Countervailing Measures – SCM) vom 15. April 1994

	124 12, 24 f., 57 f., N169	Art. 7 Abs. 3 f.	**124** 26
		Art. 7 Abs. 3	**124** 74
§ 3	**124** 62	Art. 7 Abs. 5	**124** 26
Art. 1	**124** 9, N46, N52	Art. 8	**124** 24
Art. 1 lit. d	**124** 58, N27	Art. 10 ff.	**124** 57 f.
Art. 1 lit. e	**124** N27	Art. 11 Abs. 2	**124** 58, 66
Art. 1 lit. h	**124** 72	Art. 14	**124** 58, 66
Art. 2 ff.	**124** 58	Art. 14 Abs. 1	**124** 67
Art. 2	**124** 9, 24	Art. 17 ff.	**124** 58
Art. 3	**124** 24, 26, 66, 74	Art. 20 Satz 2	**124** 68
Art. 4	**124** 57	Art. 21	**124** 59
Art. 4 Abs. 2	**124** 74	Art. 23	**124** 59
Art. 4 Abs. 3	**124** 26	Art. 24	**124** 57
Art. 5 f.	**124** 24	Art. 31	**124** 24
Art. 6	**124** 68		

VIII. Vorkonstitutionelles Recht (chronologisch)

1. Magna Charta Libertatum vom 19. Juni 1215

118 7

2. Gewerbeordnung für den Norddeutschen Bund vom 21. Juni 1869

§ 134   **99** N435

3. Preußisches Arbeiterschutzgesetz vom 1. Juni 1891

§ 115   **99** N435

4. Preußisches Einkommensteuergesetz vom 24. Juni 1891

118 232

5. Reichsschuldbuchgesetz vom 31. Mai 1910

122 60

6. Reichsbesteuerungsgesetz vom 15. April 1911

118 227

7. Reichsabgabenordnung vom 13. Dezember 1919

	118 12	§ 1 Abs. 1 Satz 1	**118** N32
§ 1	**116** 85		

Halbfette Zahl = §§; magere Zahl = Rn.; N = Fußnote

Gesetzesregister (Menschen- und Bürgerrechtserklärungen)

8. Einkommensteuergesetz vom 29. März 1920

                118 223

9. Reichshaushaltsordnung vom 31. Dezember 1922

                120 12   § 101   **121** N227

10. Reichschuldenordnung vom 13. Februar 1924

                122 60, **123** N96

11. Einkommensteuergesetz vom 10. August 1925

                118 223

12. Gesetz über die gegenseitigen Besteuerungsrechte des Reichs, der Länder und Gemeinden (Besteuerungsgesetz) vom 10. August 1925

                118 227

13. Zündwarenmonopolgesetz vom 29. Januar 1930

                122 N164

14. Gesetz zur Behebung der Not von Volk und Reich vom 24. März 1933

                103 14

15. Gesetz über den Neuaufbau des Reichs vom 30. Januar 1934

                103 14

16. Deutsche Gemeindeordnung vom 30. Januar 1935

§ 67   **122** 91   § 116   **116** 52

17. Kontrollratsgesetz Nr. 12 vom 11. Februar 1946

                118 N202

IX. Ausländische Verfassungen (alphabetisch)

1. Französische Verfassung vom 3. September 1791

                118 8

2. Bundesverfassung der schweizerischen Eidgenossenschaft vom 18. April 1999

	116 138	Art. 130 Abs. 2	**116** N704
Art. 126	**116** N246, **123** 92	Art. 131 Abs. 3	**116** N704
Art. 126 Abs. 1	**123** 90	Art. 159	**116** N246
Art. 126 Abs. 2	**123** 87, 90	Art. 196 Nr. 12	**116** N246
Art. 126 Abs. 3	**123** 91		

X. Menschen- und Bürgerrechtserklärungen

Bill of Rights von Virginia vom 12. Juni 1776

                99 N2

Halbfette Zahl = §§; magere Zahl = Rn.; N = Fußnote

Sachregister

Bearbeitet von Marjana Pfeifer und Marcus Zelyk

Abfallausgleichsabgabe 119 99
Abgaben, nichtsteuerliche 119 1 ff.
– Beiträge *siehe dort*
– Belastungsgleichheit 119 14
– Entgelt oder Vorteilsabschöpfung 119 9 ff.
– und Finanzverfassung 119 73, 76
– formgebundene Abgabentypen 119 12 ff.
– Gebühren *siehe dort*
– und individuelle Leistungsfähigkeit 119 11
– und Lenkungszwecke 119 24
– Maßstäbe für die Zulässigkeit von ~ 119 106
– Normenklarheit 119 19
– Rechtfertigungsbedürfnis 119 13 f., 107, 126
– Sonderabgaben *siehe dort*
– sonstige ~ 116 94 f., 119 107 ff.
 – als Auffangtatbestand 119 108
 – Erscheinungsformen 119 109 ff.
 – Sozialversicherungsbeiträge *siehe dort*
 – Verbandslasten *siehe dort*
– und Steuern 119 8, 12 ff.
– verfassungsrechtliche Bindung 119 7
– verfassungsrechtlicher Rahmen 119 18
– Vorteilsausgleich 119 2
– wachsende Attraktivität 119 2
– Zweckvielfalt 119 19
Abgabengesetzgebung
– weiter Gestaltungsraum 119 19, 126
Abgabenordnung 116 70 *siehe auch* Gesetzesregister
Abgabenrecht
– Ausgleichsfunktion 119 120
– Entwicklungslinien 119 117 ff.
– und Leistungsrecht 99 105
– und Sachkompetenz 119 73
– und Verwaltungsrecht 99 106
Abgabenstaat
– und Sozialversicherung 125 1, 18
Abgeordnete
– freies Mandat 99 200

– Kreditaufnahme 123 15
– ruhendes Mandat 99 201
– Steuergesetzgebung 118 93, 169
– Vertreter des ganzen Volkes 99 176
Absprachen, formlose 99 4 f., 192 ff.
– gesetzesvermeidende ~ 99 165 ff.
 – Rechtsstellung des Privaten 99 169
 – verfassungsrechtliche Bindung 99 168
 – Verlust an rechtsstaatlicher Qualität 99 167
– beim Gesetzesvollzug 99 68, 193
– und Gesetzgebung 99 67
– in der Rechtsprechung 99 5
– und Rechtsverwirklichung 99 196
– Selbstbeschränkungsabsprachen 99 166 ff.
– Tauschfähigkeit des Gegenstandes 99 195
– Verfassungsabsprachen 99 199
Abwärmeabgabe 119 99
Abwasserabgabe 119 99
Akzeptanz
– und Demokratieprinzip 109 36
– und Verwaltungsverfahren 109 36
Alimentation 110 44 f.
– familiengerechte Gehaltsbemessung 110 44
– lebenslange ~ 110 45
Allgemeine Geschäftsbedingungen 100 62
Allgemeine Nebenbestimmungen
– Subventionsvergabe 124 37 f.
– und Subventionswiderruf 124 63
Allgemeine Ortskrankenkassen 125 5
– Finanzverantwortung des Bundes 125 51
Allgemeines Gleichbehandlungsgesetz 99 91 *siehe auch* Gesetzesregister
Allgemeines Zoll- und Handelsabkommen (GATT)
– und Subventionen 124 24
Allgemeinheit
– des Gesetzes 99 86 f., 181 f., 100 11 f.
Allgemeinverbindlichkeitserklärung
– Satzungen als ~ 105 46

Halbfette Zahl = §§; magere Zahl = Rn.; unterstrichene Zahl = Hauptfundstelle

Sachregister

– des Tarifvertrags **105** 41
Allzuständigkeit des Staates **99** 9
– keine Alleinzuständigkeit **99** 10
Altlastenfreistellung
– als Verschonungssubvention **124** 21
Amt **99** 93 ff., **108** 36
– abstrakt-funktionelles ~ **110** 87
– Amtsstelle **107** 49
– anvertrautes ~ **99** 94
– Begriff **110** 85
– Fremdorientierung **107** 74
– funktionelles ~ **110** 86
– funktionsspezifischer Inhalt **106** 33
– Gemeinwohlbindung **107** 105
– Idee des ~es **110** 5
– Neutralität **110** 74
– objektives Prinzip **107** 107 f.
– politisches ~ **106** 33 ff.
– und Verwaltungsamt **107** 25
– staatsrechtlich gebundenes ~ **99** 13
– Stabilität **110** 85 ff.
– statusrechtliches ~ **110** 85
– Verwaltungs~ **106** 35
Ämterhierarchie
– als Voraussetzung der Remonstration **107** 98 f.
Ämterordnung **110** 85 ff.
Ämterpatronage **110** 10, 80 ff.
– Abwehrmöglichkeiten **110** 82
– Folgen **110** 81
Amtsbezeichnung **110** 49
Amtseid **99** 95
Amtsethos **99** 93
Amtshaftung
– wegen Verletzung von Verwaltungsvorschriften **104** 46
Amtswalter siehe Beamte
Ancien régime **116** 37
Angestellte im öffentlichen Dienst **110** 1
– befristete Arbeitsverträge **110** 107 f.
– Dienstordnungsangestellte **110** 106
– Rechte **110** 105 ff.
– Sozialverwaltung **110** 106
– Streikrecht **110** 112 f.
– Verfassungstreue **110** 109 ff.
Annexverwaltung **108** 5
Annexzuständigkeit
– im Gebührenrecht **119** 40, <u>59</u>
– Sonderabgaben **119** 75
– Verwaltungsvermögen **122** 126 f.

Anpassungsgesetze **100** 30
Anrechnungsverfahren
– körperschaftsteuerliches ~ **118** 152
Anschluß- und Benutzungszwang **105** 33
Anstalten des öffentlichen Rechts **108** 37 f., 67
– Abgrenzung zur Körperschaft **108** 39
– Anstaltsordnungen **104** 6
– Deutsche Bundesbank **105** 14
– funktionelle Sonderstellung **105** 27
– intermediäre ~ **105** 13, 15
– der mittelbaren Staatsverwaltung **105** 13, 16
– Organisationsgewalt **105** 27
– Rundfunkanstalten **105** 14
– Satzungen
  – Außenwirkung **105** 15
  – Bekanntmachung **105** 61
– Satzungsautonomie **105** 13 ff., 27
– staatsunabhängige ~ **105** 13 f.
– Typologie **105** 13 ff.
Äquivalenzprinzip
– gebührenrechtliches ~ **116** 87, **119** 45 ff., 48
– und Steuerstaatlichkeit **116** 5, 133 ff.
Arbeiter im öffentlichen Dienst **110** 1
– Recht der ~ **110** 105 ff.
– Sozialverwaltung **110** 106
Arbeitgeber
– Haftung für Defizite der Betriebskrankenkassen **125** 50
Arbeitskampfrecht
– gesetzesvertretendes Richterrecht **100** 53
Arbeitskreis Steuerschätzung **120** 39
Arbeitslosenversicherung
– Bundesagentur für Arbeit **125** 4
– Bundeszuschuß **125** 37
– Liquiditätsgarantien **125** 49
Arbeitsrecht
– Mutterschaftsgeld **119** 125
Archivgut
– Vermögensauseinandersetzung mit Fürstenhäusern **122** 16
Argentinien
– Staatsnotstand **116** 40
Artikel-Gesetze **100** 30
Arzneimittelrecht **104** 10

Sachregister

Atomrecht
- Empfehlungen **104** 9
- KTA-Regeln **104** 9
- Regelungsstruktur **104** 9
- Richtlinien **104** 9
- Sicherheitskriterien **104** 9
- technische Regelungswerke **104** 9
- Verwaltungsvorschriften im ~ **104** 9, 72

Aufhebungsverordnungen **103** 58

Aufklärung
- Steuergerechtigkeit **118** 21

Aufsicht **99** 239 ff.
- allgemeine Organaufsicht **108** 51
- Aufsichtsmodalitäten **108** 48
- Bundesaufsicht **108** 48
- innerhalb der unmittelbaren Staatsverwaltung **108** 51
- Dienstaufsicht **108** 51
- Fachaufsicht **99** 229, **108** 51
- Gerichtsschutz gegen staatliche Aufsichtsmaßnahmen **108** 56
- Intensität **108** 47
- Kommunalaufsicht **108** 48
- über die mittelbare Staatsverwaltung **99** 242
- und Privatrechtsubjekte **108** 50
- Rechtsaufsicht **99** 229, **108** 47
- Selbsteintrittsrecht **108** 51
- Sonderaufsicht **108** 48
- Verwaltungsaufsicht **99** 135, 229
- über Verwaltungsträger **108** 46 ff.
- und Weisungsrecht **99** 229

Aufsichtsgroschen **119** 119

Aufwandsteuern **118** 240
- Hundesteuer **118** 142, 240

Ausbildungsplatzförderungsabgabe **116** 91

Ausgaben *siehe* Staatsausgaben

Ausgleichsabgaben **116** 94, **119** 90 ff.
- Abwasserabgabe **119** 99
- zur Altölbeseitigung **119** 99
- Feuerwehrabgabe **119** 90
- Kohlepfennig **119** 92
- nach dem Milch- und Fettgesetz **119** 90, 92
- Ölpfennig **119** 92
- Schwerbehindertenabgabe **116** 94, **119** 90

Außenrecht
- und Innenrecht **104** 5, **108** <u>32 ff.</u>, **121** 22, 36
  - Relationsbegriffe **108** 34
  - Unterscheidbarkeit **104** 38, **108** 34 f.

Außensteuerrecht **118** 43

Autonomie **99** 36 f.
- und Rechtsetzung **100** 47
- Selbstverwaltung *siehe dort*
- staatliche ~ und individuelle Freiheit **99** 36 f.
- und Wettbewerb **99** 39

Badische Verfassung (1818)
- Besteuerungsgleichheit **118** 11
- Finanzausschlußklausel **116** 153

Baseler Schanzenstreit **122** 41

Bayerische Verfassung (1818)
- Besteuerungsgleichheit **118** 11

Beamte **107** 82 ff., **110** 1, 13 ff.
siehe auch Berufsbeamtentum
- Begriff **110** 14, 84
  - statusrechtlicher ~ **110** 66
- Beratung des Vorgesetzten **107** 91 f., 94
- Beurteilung in der Verwaltungspraxis **110** 98
- deutsche Staatsangehörigkeit **99** 95
- Dienstherrenwechsel **110** 51
- Dienstposten **110** 16
- dienstrechtliche Beurteilung **110** 97
- eigene Personalvertretung **110** 48
- Eigenentscheidung **107** 74 ff.
  - Maßstäbe **107** 75 ff.
  - Spielräume **107** 75, 80 f.
- Form der Ernennung **110** 84
- Fürsorgepflicht
  - Übernormierung **110** 68
  - Verrechtlichung **110** 67 ff.
- Gehorsam **107** 49, 82
- Gesetzesunterworfenheit **110** 39
- Gewähr der Verfassungstreue **110** 73 f.
- hoheitsrechtliche Befugnisse **99** 97
- inhaltliche Verantwortung **107** 89 ff.
- persönliche Verantwortung *siehe* Beamte, persönliche Verantwortung
- Pflichten **107** 2, 87
  - zur vollen Hingabe **107** 85

- im Privatleben **110** 64
- Rechenschaftspflicht **107** 83
- zur Zurückhaltung **110** 78
- zusätzliche Pflichten **110** 64
- politischer Amtsbonus **110** 79
- Stellung **107** 73
- Streikverbot **99** 98
- Teilzeit~ **110** 37
- Treuepflicht **99** 97, **110** 41 f.
  - politische ~ **110** 71 ff.
  - Übernormierung **110** 68
  - als unverzichtbare Voraussetzung **110** 71
  - Verrechtlichung **110** 67 ff.
- Treuhänder des Staatsvolkes **99** 94 f.
- Unparteilichkeit **99** 96
- und verfassungsrechtliche Fürsorgepflicht **110** 41
- verfassungsunmittelbare Inpflichtnahme **110** 70
- Wahrnehmung fremder Interessen **107** 74
- Wahrnehmungszuständigkeiten **107** 49
- Weisungsbefolgungspflicht **107** 94
  - Grenzen **107** 96 ff.
- Weisungsgebundenheit **99** 204

Beamte, persönliche Verantwortung **107** 73 ff.
- und Außenverantwortung des Staates **107** 87
- dienstliche ~ **107** 87
- Entlastung durch Remonstration **107** 100
- erweiterte ~ **107** 91
- Grenzen **107** 96 ff.
- politische ~ **107** 87
- für Rechtmäßigkeit **107** 90
- Risiken der Fehlbeurteilung **107** 101
- bei strafbaren Handlungen **107** 103
- bei Verletzung der Menschenwürde **107** 103
- Vorrang der Folgepflicht **107** 94
- für Wahrnehmung des Außenrechts **107** 97
- kein Weigerungsrecht **107** 93
- und Weisungsgebundenheit **107** 1 f., 86, 93 ff.
- und Weisungshierarchie **107** 73 ff., 106 ff.

- als zentrale Vollzugsbedingung **107** 105
- für Zweckmäßigkeit **107** 90

Beamtenbesoldung
- amtsgemäße ~ **110** 88 *siehe auch* Alimentation
- formalisierte ~ **110** 88
- und private Einkünfte **110** 51
- keine Sonderabreden **110** 63
- Vereinheitlichung **110** 31 ff.
- Zusicherungen **110** 31

Beamtenrecht **110** 30 ff.
- und Dienstrecht **107** 86
- Fach- und Dienstvorgesetzter **107** 51
- Formklarheit **110** 83 ff.
- Formstrenge **110** 83
- Gesetzgebungszuständigkeit des Bundes **110** 30
- Konkretisierung der hergebrachten Grundsätze **110** 66 ff.
- Personalgewalt **107** 50

Beamtenrechtlicher Funktionsvorbehalt **110** 13 ff.
- Ausnahmen **110** 15
- Außenwirksamkeit **110** 22
- im Bereich des Beschaffungswesens **110** 19
- und Dienstposten **110** 16 f.
- im Bereich der Eingriffsverwaltung **110** 17
- keine Funktionssperre **110** 15
- im Bereich der Hilfsdienste **110** 18
- und höchstrichterliche Rechtsprechung **110** 29
- hoheitliche Befugnisse **110** 16
- im Bereich der Leistungsverwaltung **110** 24 ff.
  - Anknüpfung an die Rechtsform **110** 27
  - Ausklammerung **110** 26
  - Einbeziehung **110** 28
- im Bereich privatrechtlichen Verwaltungshandelns **110** 24 ff.
- Reichweite **110** 16 ff.
- schlichte Hoheitsverwaltung **110** 22
- nur für Spitzenpositionen? **110** 20
- und Vorgesetztenvorbehalt **110** 21
- und zulässiger Einsatz hoheitlicher Mittel **110** 23

Sachregister

Beamtenrechtsrahmengesetz
110 36 ff. *siehe auch* Gesetzesregister
– Regelungsdichte 110 36
– Regelungsspielraum der Länder
  110 38
– Teilzeitbeamte 110 37
Beamtenstatus 110 13 ff.
– und Arbeitnehmerverhältnis
  110 59 ff.
– keine Reduktion auf Rollen und
  Funktionen 110 60
– Sonder~ 110 59 f.
– Unteilbarkeit 110 59
Beamtenverhältnis
– Beendigung 110 90
– besonderes Dienst- und Treue-
  verhältnis 110 41
– und Gemeinzweck 110 59
– Hauptberuflichkeit 110 40
– Sonderstatusverhältnis 110 59 ff.
Beamtenversorgung 110 45
– amtsbezogene ~ 110 45
– bedarfsunabhängige ~ 110 45
– Beitragsfreiheit 110 45
– Gesetzgebungskompetenz des
  Bundes 110 34
Beamtenversorgungsgesetz 110 35
siehe auch Gesetzesregister
Beamter, politischer 106 37 ff., 107 30,
  110 20
– Begriff 106 37
– und parlamentarische Demokratie
  106 39
– Rechtfertigungsproblematik 106 39
– statusrechtliche Besonderheiten
  106 38
Beauftragte 111 1 ff.
– Amt der
  Gleichstellungsbeauftragten 111 58
– Beachtung der bundesstaatlichen
  Kompetenzverteilung 111 51 ff.
– Beachtung der Länderkompetenzen
  111 51
– Beauftragter für die Unterlagen des
  Staatssicherheitsdienstes *siehe dort*
– und beauftragter Richter 111 5
– Bestandsanalyse 111 4 ff.
– Betriebsbeauftragte 111 42, 67
– Bundesbeauftragter für Wirtschaftlich-
  keit in der Verwaltung 111 41, 121 41

– des Bundestages 111 6 ff.
– Datenschutzbeauftragte *siehe dort*
– demokratische Legitimation
  – Abschwächung 111 57
  – bestimmtes Legitimationsniveau
    111 56
  – niedrigeres Legitimationsniveau
    111 58
– Einrichtung eines Registers 111 68
– Einsetzung als Ausnahme 111 69
– in einzelnen Ministerien 111 30
– einzelner Ministerien 111 30
– Ermittlungsbeauftragter 111 8
– Ernennung durch Exekutivorgane
  111 22 ff.
– von Exekutivorganen 111 50 ff.
– Gleichstellungsbeauftragte 111 32 f.
– Grundrechtsgefährdungen 111 66
– Grundrechtsschutz 111 65
– für den Haushalt 120 39, 85
– und institutioneller
  Gesetzesvorbehalt 111 54
– und kommunale
  Organisationshoheit 111 52 f.
– und kommunale Selbstverwaltungsgarantie 111 52
– Kritik am Beauftragtenwesen
  111 62 f.
– auf Landesebene *siehe* Landesbeauf-
  tragte
– Neueinsetzung unter Beachtung von
  Gemeinwohlerwägungen 111 68
– und Organisationsgewalt 111 55
– Organisationstyp 111 1
– Organqualität 111 64
– Parlamentsbeauftragte *siehe dort*
– in der Privatwirtschaft 111 42
– Regierungsbeauftragte *siehe* Beauftragte der Bundesregierung
– Staatsbeauftragte *siehe dort*
– Tätigkeitsbericht 111 69
– unüberschaubare Großzahl 111 68
– bei Verwaltungsstellen 111 31 ff.
– Wehrbeauftragte *siehe dort*
Beauftragte der Bundesregierung
111 23 ff.
– Arten 111 29
– und Bundesaufsicht 111 26
– als Hilfsorgane der Bundes-
  regierung 111 25

Sachregister

– Rechte und Pflichten **111** 23 ff.
– und Verteidigungsfall **111** 27
– Weisungsrecht gegenüber den Ländern **111** 23
– Zutrittsrecht zu Bundestagssitzungen **111** 24
Beauftragter für die Unterlagen des Staatssicherheitsdienstes
– als Administrativeinheit **111** 12
– Aufgabenbereich **111** 11
– und Landesbeauftragte **111** 11
– als Leiter eines Bundesoberbehörde **111** 61
– ressortfreie Bundesoberbehörde **111** 61
– Stellung **111** 11 f.
– Unabhängigkeit **111** 12
Behörden 107 46 ff.
– allgemeine Dienstanweisungen **104** 21
– außenrechtliche Zuständigkeitsverteilung **107** 48
– Begriff **108** 43
– Geschäftsordnung der ~ **104** 21
– Gliederung **107** 49
– Verselbständigung **107** 48
Beihilfe
– europarechtlicher Begriff **124** 7 f.
– und Subvention **124** 5, 7 f.
Beiträge 116 88 ff., **119** <u>62 ff.</u>
– Bemessungsmaßstäbe **119** 68
– Entgelt für Leistungsangebot **119** 17, 62
– und Gebühren **119** 17 ff., 63
– Kompetenzen **119** 68
– Kostendeckung **119** 18
– und Sonderabgaben **119** 65
– und Steuern **119** 64
– Verbandslasten *siehe dort*
– und Zwecksteuern **116** 145
Beitragsaufkommen
– Ungebundenheit **119** 65
Beitragsschuldner
– Finanzierungsverantwortlichkeit **119** 65
– Gruppenvorteil **119** 67 f.
– räumliche Nähe **119** 67
Belastungsgleichheit, steuerliche
siehe Besteuerungsgleichheit
Beliehene 108 13, 45
– Grundrechtsschutz **108** 77

– Umweltgutachter **99** 230
Bemessungsgrundlage, steuerliche 118 266 ff.
– Abzug **118** 188
– und Belastungsgrund **118** 175
– Bestimmung im Parlamentsgesetz **118** 104
– Durchlöcherung **118** 52, 64, <u>274</u>
– Folgerichtigkeit **118** 178, 267 f.
– Nachkriegszeit **118** 83
– Nettoprinzip **116** 112 f., **118** 181
– und Steuergegenstand **118** 267 f.
– und Steuersatz **118** 271
– Verbreiterung **118**, 64
Bepackungsverbot 116 142, **120** 57
Berlin
– Sonderlastenausgleich **116** 16
Berlin/Bonn-Gesetz
– Finanzhilfen **116** 16
Beruf
– Begriff **118** 145 f.
Berufsausbildungsabgabe
– Rechtsprechung des BVerfG **119** 105
Berufsbeamtentum 110 13 ff.
siehe auch Beamte; Beamtenverhältnis
– Alimentationsprinzip **110** 44 f.
– Alimentierungskürzung **116** 50
– Ämterpatronage **110** 80 ff.
– Abwehr **110** 82
– Folgen **110** 81
– Amtsbezeichnung **110** 49
– Außenseiter **110** 96
– und Beteiligung der Spitzenorganisationen **110** 62
– Dienst nach Vorschrift **110** 69
– Disziplinarverfahren **110** 65, 90
– Ersatz für streikende Angestellte **110** 113
– Fachhochschulausbildung **110** 93
– Gesetzgebungsauftrag **110** 57
– Hauptberuflichkeit **110** 40
– hergebrachte Grundsätze *siehe* Hergebrachte Grundsätze des Berufsbeamtentums
– institutionelle Garantie **110** 54
– Laufbahngefüge **110** 93 ff.
– Laufbahngruppen **110** 92 ff.
– Aufstieg **110** 94
– Tendenz zur Zweigliederung **110** 95

1550   Halbfette Zahl = §§; magere Zahl = Rn.; unterstrichene Zahl = Hauptfundstelle

Sachregister

- Laufbahnordnung **110** 91 ff.
- Laufbahnprinzip **110** 36, 46, <u>91</u>
- Leistungsgrundsatz **110** 47
- Leistungsmessung **110** 97 f.
- Mitbestimmung **107** 69 ff., **110** 99 ff.
- Neutralitätspflicht **110** 76 f.
- Objektivitätspflicht **110** 77
- Parteieinfluß **110** 74
- Personalsteuerungsinstrument **110** 97
- Planstelle **110** 86
- politische Patronage **110** 75
- Politisierung **110** 75
- Schutz wohlerworbener Rechte **110** 51
- Spitzenposition auf Zeit **110** 89
- Streikverbot **110** 43, 62
- Strukturgarantie **110** 38, 56 f.
- keine Tarifautonomie **110** 62
- Teilzeitbeamte **110** 37
- unpolitische Eignungsauslese **110** 80
- Vorgesetztenvorbehalt **110** 21

Berufsfreiheit
- und öffentliches Amt **99** 95
- und Richteramt **113** 20
- staatlicher Informationseingriff **99** 214
- und Steuerrecht **118** 145 ff.
- Steuerstaatlichkeit **118** 1 ff.
- und Subventionen **124** 44 ff.

Berufsgenossenschaften
- gewerbliche ~ **125** 5
- landwirtschaftliche ~ **125** 5

Berufskammern **105** 9

Berufsordnungen **105** 10
- staatsbildende Normen in ~ **105** 32

Beschäftigungspolitik
- und Sozialversicherungsbeiträge **125** 24

Besoldungsgesetz **110** 31
siehe auch Gesetzesregister

Besonderes Gewaltverhältnis
- Anstaltsordnungen **104** 6
- Gesetzesvorbehalt **101** 32 f.
- Sonderverordnungen **104** 6
- und Verwaltungsvorschriften **104** 6

Besteuerung **118** 16 ff., 221 ff.
- Belastungshöhe **116** 116 ff.
- Belastungsobergrenze **118** 131 ff.
- Bemessungsgrundlage *siehe dort*
- drei Zugriffsphasen **118** 231
- der Ehegatten **118** 156 ff.
- Eigentümer **118** 67, 117 ff.
- des Einkommens natürlicher Personen *siehe* Einkommensteuer
- des Einkommens von Körperschaften *siehe* Körperschaftsteuer
- keine Enteignung **118** 122 ff.
- der Familie **118** 160 ff.
- freiheitsgerechte ~ **118** 16 ff.
- grenzüberschreitende ~ **116** 103, 160, **118** 224
- von Hoheitsträgern **118** 227 ff.
- individuelle Zahlungsfähigkeit **118** 222, 233
- der Kauf- und Konsumkraft **118** 191 ff.
- Leistungsfähigkeitsprinzip, steuerliches *siehe dort*
- Nichteigentümer **118** 141 ff.
- rechtswidrige Handlungen **118** 208 f.
- steuerjuristische Betrachtungsweise **118** 39 ff.
- verfassungsrechtliches Maß **118** 80 ff.
- im weltoffenen Markt **118** 4, 42 f.
- Widerstand gegen die ~ **118** 22
- Wirkungen der ~ **118** 23 ff.
- Wohnsitzprinzip **118** 224

Besteuerungsgewalt **118** 81 ff., 221
- in der Demokratie **118** 93
- Gebietshoheit **118** 221
- und Gleichheitssatz **118** 10
- Grundrechtsschutz **118** 81 ff.
- Halbteilungsgrundsatz **118** <u>129 f.</u>
- Mäßigung **118** 133
  – durch Grundrechte **118** 145 ff.
  – rechtliche ~ **118** 6 ff.
- Rechtsprechung des BVerfG **118** 118 f., 129 f.

Besteuerungsgleichheit **116** 100 ff., **118** <u>168 ff.</u> *siehe auch* Steuergerechtigkeit
- abzugsfähiger Aufwand **118** 187
- Bestandsteuern **118** 190
- und Besteuerungsverfahren **118** 26
- Bewertung im Erbschaftsteuerrecht **118** 258, 264 f.
- in deutschen Verfassungen **118** 26
- Ehegattensplitting **118** 155 ff.

Halbfette Zahl = §§; magere Zahl = Rn.; unterstrichene Zahl = Hauptfundstelle

Sachregister

- einheitlicher Steuersatz 118 275 f.
- Gleichheit in der Zeit 118 115, 211 ff.
- indirekte Steuern 118 191 ff.
- individueller wirtschaftlicher Erfolg 118 45
- Leistungsfähigkeitsprinzip, steuerliches *siehe dort*
- und Lenkungssteuern 118 50 ff.
- und nichtsteuerliche Abgaben 119 14
- Objektivitätsgebot 118 182
- und Rechtsformneutralität 118 150 ff.
- Schutz der Privatsphäre 118 203 f.
- und Sonderabgaben 119 71
- strukturelle Erhebungsdefizite 118 28 f., 200
- Verzicht auf Steuervergünstigungen 118 63 f.
- Wettbewerbsneutralität 118 214 ff.
- Widerspruchsfreiheit in der Gesamtrechtsordnung 118 176

Besteuerungshoheit 116 61

Besteuerungsverfahren
- und Belastungsgleichheit 118 26, 200
- gleichmäßiger Gesetzesvollzug 118 101
- Verständigung der Beteiligten 118 31 f.

Bestimmtheitsgebot
- und Gesetzesvorbehalt 101 30
- haushaltsrechtliches ~ 120 32 ff.
- und Rechtsstaatlichkeit 103 20
- und Rechtsverordnungen 103 20 ff., 105 39
  - demokratische Begründung 103 20
  - Ermächtigung zum Erlaß 103 20 ff.
  - Kontrolldichte 103 21
  - und Rechtsstaatlichkeit 103 20
  - Spannungslage 103 23
  - Sperre für Pauschalermächtigungen 103 22
  - Umsetzung von Europarecht 103 25
- im Steuerrecht 118 201
- und Verwaltungsinterpretation 101 7
- und Vorrang des Gesetzes 101 7

Bestimmungslandprinzip, steuerrechtliches 118 225

Betriebskrankenkassen 125 5
- Haftung der Arbeitgeber für Defizite 125 50
- Haftungsverbund 125 45

Betriebsvereinbarungen 100 61

Betriebsvermögen
- als Nebenhaushalte 120 29
- der öffentlichen Hand 122 24

Bewertungsgesetz 118 269 *siehe auch* Gesetzesregister

Bewertungsrichtlinien 104 26

Bildungswesen
- Funktion 99 209

Branntweinmonopol 118 255

Budgetflucht *siehe* Nebenhaushalte

Budgethoheit *siehe* Haushaltshoheit des Parlaments

Budgetierung 99 103

Bund
- als Hauptverwaltungsträger 108 17
- Liegenschaftsvermögen 122 50
- Währungshoheit 117 14 f.

Bund und Länder
- Finanzplanung 120 76
- Finanzrecht 116 14
- Finanzverfassung 120 4
- Finanzverwaltung 116 69 ff.
- gemeinsame Verantwortung für Sanktionen der Europäischen Gemeinschaft 123 116 ff.
- Haushaltsrecht 120 6
- Kompetenzverteilung 99 46
- Steuerertragshoheit 116 66, 118 71
- zweistufiger Staatsaufbau 116 17 f.

Bundesagentur für Arbeit
- Trägerin der Arbeitslosenversicherung 125 4

Bundesanstalt für Immobilienaufgaben 122 50

Bundesaufsicht 108 48

Bundesbank *siehe* Deutsche Bundesbank

Bundesbeauftragter für Wirtschaftlichkeit in der Verwaltung 111 41, 121 41

Bundesergänzungszuweisungen 118 75
- und Ertragshoheit 116 68
- extreme Haushaltsnotlagen 116 73

Bundesfinanzverwaltung 116 71

Bundesgebiet
- einheitliche/gleichwertige Lebensverhältnisse 116 77 ff.

Bundesgesetzblatt
- Verkündung von Gesetzen 102 72 f.

Bundeshaushaltsordnung *siehe auch* Gesetzesregister

Sachregister

- Finanzkontrolle   120 86, 121 39 ff.
Bundeskanzler
- Kanzlerprinzip   107 43
- Richtlinienkompetenz   107 43

Bundesminister
- Ermächtigung zum Erlaß von Rechtsverordnungen   103 31
- öffentlich-rechtliches Amtsverhältnis   110 3

Bundesminister der Finanzen
- Ermächtigung zur Kreditaufnahme   123 24 f.
- Finanzplan   120 78
- Haushaltsentwurf   120 62
- Haushaltssperre   116 131
- Jahresrechnung   120 89   *siehe dort*
- Notkompetenz   120 68 ff.
- Vermögensverfügung   122 101

Bundespersonalausschuß   107 58, 60

Bundespräsident
- Ausfertigung von Gesetzen   102 69 ff.
  - formelles Prüfungsrecht   102 69
  - Frist   102 71
  - materielles Prüfungsrecht   102 70
  - Pflicht zur ~   102 70
- Gegenzeichnung von Gesetzen   102 64 ff.

Bundesrat
- Beteiligung an der Gesetzgebung   102 44 ff.
  - Einspruchsgesetze   102 44, 48 ff.
  - Zustimmungsgesetze   102 44 ff., 51 ff.
- Beteiligung an Gesetzesentwürfen   102 17
- Gesetzesinitiative   102 27 ff.
  - keine kompetentielle Beschränkung   102 28
  - Mehrheitsbeschlüsse   102 27
  - Mitwirkung der Bundesregierung   102 29
  - Recht zur ~   102 18
- und Haushaltsgesetz   120 66
- Mitwirkung bei der Verordnungsgebung   103 53 ff.
- Zweite Kammer?   102 44

Bundesrechnungshof   120 86, 121 39 ff.
- Beratungsfunktion   120 63
- Finanzkontrolle   *siehe dort*
- gesamtwirtschaftliche Effizienz   121 50

- Jahresbericht   120 93, 121 45
- Kontrollmaßstab   120 48
- und Normenkontrollverfahren   123 84
- Organisation   121 40
- politische Rolle   120 89
- Präsident   121 41
- Prüfungsadressaten   121 42
- Unabhängigkeit   120 93

Bundesregierung
- Allzuständigkeit im Exekutivbereich   107 26
- als Amt   107 106
- Beteiligung am Haushaltskreislauf
  - Anspruch auf Entlastung   120 94 ff.
  - Budgetvollzug   120 72 f.
  - Initiativmonopol   120 18, 58, 61 ff.
  - rechtzeitige Budgetvorlage   120 42
- und Bundestag
  - Staatsleitung zur gesamten Hand   106 11 f.
- Eigenständigkeit   107 76
- Ermächtigung zum Erlaß von Rechtsverordnungen   103 30
- ethisch-politische Tugenden   106 15
- und Gemeinwohlfindung   107 77
- gerichtliche Kontrolle   106 14
- Gesetzesentwurf
  - Änderung   102 17, 21
  - Eilbedürftigkeit   102 23
  - Einbringung beim Bundestag   102 22 f.
  - Gegenäußerung   102 21
  - Übernahme durch Abgeordneteninitiative   102 24
- Gesetzesinitiative   102 20 ff.
- gewaltenübergreifender Charakter   106 10
- Handlungskompetenzen   99 45
- und Haushaltsgesetz   120 56
- Initiativkompetenz gegenüber der Verwaltung   107 26
- Kabinettsprinzip   106 13
- Kanzlerprinzip   106 13
- Kollegialprinzip   107 43
- kompetenzrechtliche Zuordnung   106 10 ff.
- Leitungskompetenz über die Verwaltung   107 41
- parlamentarisches Regierungssystem   107 39

Halbfette Zahl = §§; magere Zahl = Rn.; unterstrichene Zahl = Hauptfundstelle

Sachregister

- und Parlamentsmehrheit **107** 41
- prinzipielle Eigenständigkeit **107** 39
- und Regierungsakt **106** 7 f.
- Regierungsfunktion *siehe dort*
- Ressortprinzip **106** 13
- staatliche Planung **99** 142
- Staatsleitung **107** 76
- Steuerungsinstanz der Verwaltung **107** 26
- Theorie der Exekutivgewalt **106** 9
- Verantwortung **99** 134 f.
  - parlamentarische ~ **107** 40, **108** 66
  - politische ~ **107** 88
- und Verwaltung **106** 1 ff., **107** 23 ff., 32
  - Abgrenzbarkeit **106** 29 f., 32 ff.
  - im parlamentarisch-demokratischen Legitimationsgefüge **107** 39 ff.
  - Polarität **107** 24 ff., 28 ff., 43 f.
  - Überlappung **107** 29 f.
  - Unterscheidung **107** 31
  - Verklammerung **107** 27, 43 f.
- Verwaltungsaufsicht **99** 135, 229

Bundesrepublik Deutschland
- Defizitverfahren **123** 111
- Geld- und Währungsordnung **117** 7 ff.

Bundesrepublik Deutschland – Finanzagentur GmbH 123 25

Bundessozialgericht, Entscheidungen
- Liquiditätsgarantien für Sozialversicherungsträger **125** 52
- Rentenversicherung **125** 26

Bundesstaat
- und Finanzverfassung **116** 57 ff., **118** 71 ff.
- Gliedstaaten **99** 46
- und Grundgesetz **99** 120
- Vollzugsverträge **99** 189

Bundesstaatlichkeit
- dezentralisierte Staatsgewalt **99** 123, 203
- und Folgerichtigkeit **118** 179
- kooperativer Föderalismus **99** 66
- mitgestaltende Kontrolle **99** 227 ff.

Bundestag
- Beauftragte des ~es **111** 6 ff.
- Budgethoheit *siehe* Haushaltshoheit des Parlaments
- und Bundesregierung **106** 11 f.
- Diskontinuität *siehe* Diskontinuität des Bundestages

- Finanzkontrolle **121** 39
- Flucht aus der Verantwortung? **101** 48
- Gesetzgebungsarbeit im ~ **102** 30 ff.
- Gesetzgebungspraxis **102** 5
- Gesetzgebungsverfahren *siehe dort*
- Gewohnheitsrecht **102** 5
- Handlungskompetenzen **99** 45
- Haushaltshoheit *siehe* Haushaltshoheit des Parlaments
- als Herr der Rechtsetzung **103** 17
- als Hüter des Gemeinwohls **105** 30
- Mitwirkung bei der Verordnungsgebung **103** 46, 57 ff.
  - Formen **103** 59
  - legitimes Interesse **103** 61
  - Zulässigkeit **103** 60 ff.
- kein Rechtsetzungsmonopol **103** 15
- Wahl des Beauftragten für die Unterlagen des Staatssicherheitsdienstes **111** 11
- Wahl des Datenschutzbeauftragten **111** 9
- Wahl des Wehrbeauftragten **111** 7
- Wehrbeauftragte als Hilfsorgane **111** 6
- wissenschaftliche Dienste **102** 26
- Zugriffsrecht **101** 64
- Zuständigkeiten
  - ausschließliche ~ **101** 14 f.
  - übertragbare ~ **101** 14 f.

Bundestagsausschüsse
- Beratung von Gesetzesvorlagen **102** 38 f.
  - Anhörungen **102** 39
  - Ausschluß der Öffentlichkeit **102** 38
- Mitwirkung bei der Verordnungsgebung **103** 46, 64 f.
  - Praxis der Länder **103** 64
  - Zulässigkeit **103** 65

Bundesverfassungsgericht
- Anforderungen an Steuersubventionen **118** 57 ff.
- Definition der Satzung **105** 1
- als Ersatzgesetzgeber **101** 13
- Kernbereichslehre **112** 8
- Kontrolle der Steuergesetzgebung **116** 179

- Kontrolle des Gesetzgebungsverfahrens **102** 6
- Regelungsaufträge an den Gesetzgeber **102** 11
- als Revisionsinstanz? **115** 48

Bundesverfassungsgericht, Entscheidungen
- Absatzfondgesetz **116** 92
- Altenpflegeumlage **116** 92
- Ausbildungsplatzförderungsabgabe **116** 91
- Berufsausbildungsabgabe **119** 105
- zur Besteuerungsgewalt **118** 118 f., 129 f.
- zur Besteuerungsgleichheit **118** 178 ff.
- Bewertung im Erbschaftsteuerrecht **118** 258, 264 f.
- Bremer Personalvertretung **110** 104
- Ehegattensplitting **116** 179
- Euro-Beschluß **117** 24
- zum Existenzminimum **118** 103
- Facharztbeschluß **105** 29
- Feuerwehrabgabe **116** 92
- Gesamtbelastung mit Einkommen- und Gewerbesteuer **118** 130 f.
- zu gesetzgeberischen Verordnungen **118** 108
- zum Gleichheitssatz **116** 106
- Hamburgisches Deichordnungsgesetz **109** 22
- Insolvenzunfähigkeit von Kirchen **116** 54
- Kalkar-Beschluß **101** 61
- Klärschlamm **116** 93
- Kohlepfennig **116** 92
- Künstlersozialabgabe **125** 29
- zum Länderfinanzausgleich **116** 18, 24, 74, 177 f.
- zum Leistungsfähigkeitsprinzip **116** 104 f.
- Lippeverband **100** 45 f., **105** 26
- Mülheim-Kärlich **109** 22
- Notkompetenz des Finanzministers **120** 68 f.
- Rastede **109** 35
- Rechtschreibreform **101** 61
- Rechtsschutz gegen den Richter **114** 28
- Risikostrukturausgleich **125** 21, 29, 31 f., 40
- Rückmeldegebühr **119** 16, 106
- Schiffsbausubvention **118** 113
- Schwarzwaldklinik **118** 38, 150
- Schwerbehinderten-Ausgleichsabgabe **116** 92
- Sonderabgaben **116** 31
- Sozialpfandbriefe **118** 113
- Spielautomaten **118** 210
- Staatsbankrott **116** 46 f.
- zur Staatsverschuldung **123** 62, 66 ff., 80 f.
- zur Steuerbelastung **116** 117 ff.
- steuerliche Gesamtbelastung **116** 120
- Umsatzsteuer **118** 216
- Vermögensteuer **116** 64, 118, **118** 129
- Volkszählungsurteil **111** 10
- Wasserpfennig **116** 86, 140
- zum Wohnsitzprinzip **116** 158

Bundesverwaltung **108** 60, 64 ff.
- keine Einflußnahme der Länder **108** 72
- fakultative ~ **99** 120
- Finanzkontrolle **121** 42
- mittelbare ~ **99** 126, **108** 64 ff.
  - Strukturvorgaben **108** 67
- obligatorische ~ **99** 120
- privatrechtliche ~ **108** 68 f.
  - bundesstaatliche Begrenzung **108** 75
- unmittelbare ~ **99** 126, **108** 64 ff.
  - keine durchgängige Behördenhierarchie **108** 66
  - verfassungsrechtliches Gebot **108** 65
- verfassungsrechtliche Vorgaben **108** 64 ff.

Bundeswertpapierverwaltung
- Finanzkontrolle **121** 39

Bürger
- Eigenverantwortung **99** 89
- in der Finanzverfassung **116** 31
- informierter ~ **99** 209 ff.
- und Staat *siehe* Staat und Gesellschaft

Bürgerbeauftragte **111** 18 ff.
- Aufgabenbereich **111** 18 f.
- und Datenschutzbeauftragter **111** 20
- europäische ~ **111** 21
- Stellung **111** 18

Datenschutz 107 61 ff.
- und staatliche Informationstätigkeit 99 211, 215
- im Steuerrecht 118 204

Datenschutzbeauftragte
- Aufgabenbereich 111 9
- auf Landesebene *siehe* Landesdatenschutzbeauftragte
- und Recht auf informationelle Selbstbestimmung 111 10
- Stellung 111 9

DDR *siehe* Deutsche Demokratische Republik

Defizitverfahren 123 104 ff.
- Abmahnung 123 108
- gegen Deutschland und Frankreich 123 111
- Kommissionsbericht 123 105
- Kritik am ~ 123 112
- politischer Charakter 123 109
- Ratsempfehlung 123 107
- Ratsentscheidung 123 104
- Reformüberlegungen 123 112 ff.
- Sanktionsmaßnahmen 123 110 ff.

Delors-Plan 117 10

Demographische Entwicklung
- und Sozialversicherung 125 17

Demokratie
- demokratische Legitimation von Beauftragten 111 56 ff.
- Einhelligkeit über die Verfassungsgeltung 99 152
- und Gesetzesvorbehalt 101 19, 34, <u>42 f.</u>
- Hierarchie als Bauprinzip in der ~ 107 72
- Mehrheitsprinzip 99 176
- parlamentarische ~
  - und Plebiszite in Finanzfragen 116 154
  - und politische Beamte 106 39
  - und Steuerstaatlichkeit 116 5
- Staatsgewalt in der ~ 99 81 f.
- Staatsrepräsentation 122 45 ff.
- unmittelbare ~ und Finanzfragen 116 152 ff.
- verfahrensgeprägte ~ 109 33

Demokratieprinzip
- und Akzeptanz 109 36
- Bestimmtheitsgebot 103 20
- ministerialfreie Räume 108 95 f.

- und Mitbestimmung im öffentlichen Dienst 110 104
- und Partizipation 109 37
- und Pluralisierung der Verwaltungsorganisation 108 93 ff.
- und Staatsverschuldung 123 58 f., 69
- und Totalvorbehalt 101 23
- Unabhängigkeit des EZB 117 40
- und verselbständigte Verwaltungseinheiten 108 96
- und Verwaltungsverfahren 109 33 ff.
  - instrumentale Bezüge 109 34
  - Selbstverwaltung 109 35
- und Weisungsfreiheit 107 22
- Zentralität der Exekutive 107 21

Demonstration
- und Gebührenpflicht 119 34

Deutsche Bahn
- und polizeiliche Verkehrssicherung 119 33
- als Staatsvermögen 122 31

Deutsche Bundesbank
- als Anstalt 117 30
- Aufgaben 117 41 f.
- Autonomie 105 14
- frühere Unabhängigkeit 117 39
- neue Organisationsstruktur 117 43

Deutsche Demokratische Republik
- Haushaltsrecht 120 14
- sozialistischer Unternehmerstaat 122 83
- Staatsbankrott 116 39
- Volkseigentum 122 57

Deutsche Einheit
- Fonds ~ 123 77
- Wiedervereinigung *siehe dort*
- Wirtschaftssubventionen 124 3

Deutsches Reich
- Überleitung des Staatsvermögens 122 121

Dezentralisierung
- und Haushaltsrecht 120 3
- Idee der Selbstverwaltung 100 49
- durch Satzungen 105 38 f.
- der Verwaltung 107 45

Dienstaufsicht 108 51, 113 78 ff.
- und äußerer Ordnungsbereich richterlicher Tätigkeit 113 80 f.
- und Kernbereich richterlicher Tätigkeit 113 80 f.

1556   Halbfette Zahl = §§; magere Zahl = Rn.; unterstrichene Zahl = Hauptfundstelle

Sachregister

– Maßnahmen nach § 26 Abs. 2 DRiG **113** 78
– und Rechtsweg **113** 82
– und richterliche Unabhängigkeit **113** 79
Dienstrecht **108** 29
– und Amtswalterrecht **107** 86
– Aufgabe des ~s **107** 84
Dienstvorgesetzter **107** 51
– Beratung **107** 91 f., 94
– Vorgesetztenvorbehalt **110** 21
Diskontinuität des Bundestages **102** 41 ff.
– formelle ~ **102** 41
– Inhalt **102** 41 f.
– Mängel als Folge der ~ **102** 42
– materielle ~ **102** 41
– Rechtsgrundlage **102** 43
– Sinn **102** 43
– Verfassungsgewohnheitsrecht **102** 43
Domänen **118** 5, **122** 16, 68
– Funktionswandel **122** 29
– Verkauf **122** 116
Doppelbesteuerung
– bei grenzüberschreitenden Steuerfällen **116** 157
Doppelbesteuerungsabkommen **116** 159 f., **118** 224

Effektivität staatlichen Handelns
– und Wirtschaftlichkeit **121** 14, 31
Effizienz staatlichen Handelns *siehe* Wirtschaftlichkeit staatlichen Handelns
Ehe
– Erwerbsgemeinschaft **118** 156
Ehe und Familie, Schutz
– Erbschaftsteuer **118** 261
– im Steuerrecht **118** 155 ff.
Ehegattensplitting **118** 155 ff.
Eigentum
– Eingriff **105** 33
– Gesetzesvorbehalt **101** 18
– Grund~ und Gebietshoheit **122** 15
– öffentliches ~ **99** 116, **122** 40 ff.
  – Legaldefinition **122** 43
– privates ~ **118** 117 ff.
  – Funktionen **99** 116 f.
  – Grundentscheidung für ~ **122** 73
  – als Institution **122** 81

– und öffentliche Sachherrschaft **122** 38
– Sozialpflichtigkeit **118** 98, **126** ff.
– staatliches ~
  – keine Privatautonomie des Staates **122** 44
  – privatrechtliche Zuordnung **122** 37 ff., 44
– steuerlich gebundenes ~ **118** 48, 117 ff.
– Vermögen als ~ **118** 120
– Volkseigentum **122** 57
Eigentumsgarantie
– als besonderer Gleichheitssatz **118** 173
– und Erbrechtsgarantie **118** 260
– als Geldwertgarantie **117** 23 f.
– Schutzgüter
  – Forderungen **118** 120 f.
  – Vermögen **118** 120
– Staatsbankrott **116** 46
– und Steuern **116** 116 ff., **118** 65 ff., 80 f.
– im Steuerrecht **118** 117 ff.
  – Bestandsgarantie **118** 134, 139
  – und Gemeinwohl **118** 126 ff.
  – Gesetzesvorbehalt **118** 90
  – gestufter Schutz **118** 154
  – Rechtsprechung des BVerfG **118** 118 f.
– Steuerstaatlichkeit **116** 110, **118** 1 ff.
– und Steuervergünstigungen **118** 62
– und Subventionsanspruch **124** 42
Eigentumsschutz
– im Liberalismus des 19. Jahrhunderts **118** 92
Einfluß
– geistiger ~ des Staates **99** 208
Einheit
– der Staatsgewalt **107** 17
– der Verwaltung **108** 16 ff.
Einigungsvertrag *siehe auch* Gesetzesregister
– Finanz- und Verwaltungsvermögen **122** 21, 28
– Nachlaßzuteilung **122** 21
– Vermögensüberleitung **122** 125
Einkommen
– Abhängigkeit von der Rechtsgemeinschaft **118** 88, 185, **119** 7
– fundiertes ~ **118** 189, 238

Sachregister

- Sozialpflichtigkeit **118** 185
- als Steuergegenstand **118** 87, 131 f., <u>232 ff.</u>

Einkommensteuer **118** 232 f.
- Belastung des Vermögenserwerbs **118** 124
- und Berufsfreiheit **118** 147
- und Eigentumsgarantie **118** 147
- und Erbschaftsteuer **118** 258
- Ertragshoheit **118** 71
- als Jahressteuer **118** 211
- Liebhaberei **118** 186
- Markteinkommen **118** 185 f.
- Nettoprinzip **116** 112 f.
- Progression *siehe* Steuerprogression
- sittenwidrige Erträge **118** 208 f.
- Verbreiterung der Bemessungsgrundlage **118** 64

Einkommensteuergesetz *siehe auch* Gesetzesregister
- unvertretbare Unterscheidungen **118** 233

Einkommensteuerrecht
- Kinder im ~ **118** 160 ff.

Einnahmen, staatliche
siehe Staatseinnahmen

Einspruchsgesetze **102** 48 ff.
- Beteiligung des Bundesrats **102** 44, 48 ff.
- Einspruch **102** 49
- Einwirkungsrecht des Bundesrats **102** 50
- Verfahren **102** 48 ff.
- Vermittlungsverfahren **102** 48

Einwegpfennig **119** 99

Einwohnersteuer
- und Leistungsfähigkeit **118** 143 f.

Enquête-Kommissionen
- Verfassungsreform **116** 75

Entsteinerungsklausel **100** 30, **118** 108

Erblastentilgungsfonds **123** 77

Erbrechtsgarantie **118** 260

Erbschaftsteuer **118** <u>257 ff.</u>
- Betriebsvermögen **118** 139, 262 f.
- und Eigentumsgarantie **118** 137
- Familienschutz **118** 163
- Rechtfertigung **118** 259
- Reform der ~ **118** 263

Ermächtigungsgesetze **103** 13
- Absage an ~ **103** 15

Ermessen
- Satzungsermessen *siehe dort*
- Verordnungsermessen *siehe dort*
- Verwaltungsermessen *siehe dort*

Ermessensrichtlinien **104** 61
- Abweichen von der Selbstbindung **104** 69
- Bindungswirkung **104** 68 ff.
- als gerichtlicher Prüfungsmaßstab und -gegenstand **104** 70
- Verwaltungsvorschriften **104** 25

Erneuerbare-Energien-Gesetz
- Mindestpreise **119** 123

Erster Weltkrieg
- Staatsbankrott **116** 39

Ertragshoheit
- Begriff **116** 66
- und Finanzzuweisungen **116** 68
- Gebühren **119** 61
- Steuern *siehe* Steuerertragshoheit

ESZB *siehe* Europäisches System der Zentralbanken

Etat *siehe* Haushalt

EU-Ministerrat *siehe* Rat der Europäischen Union

Europa
- als einheitlicher Rechtsraum **114** 20

Europäische Gemeinschaft
- Eigenmittelsystem **116** 163 f.
- einheitlicher Währungsraum **117** 11, 15
- Europäisches System der Zentralbanken (ESZB) *siehe dort*
- fairer Steuerwettbewerb **116** 171
- in der Finanzverfassung **116** 30
- gesamtwirtschaftliches Gleichgewicht **117** 25
- Staatenverbund **100** 67
- Steuerharmonisierung **116** 166
- Verordnungen
- und Rechtsverordnungen **103** 9

Europäische Grundfreiheiten
- und nationales Steuerrecht **116** 167

Europäische Integration
- Gesetzesvorbehalte für die ~ **101** 39
- Souveränität der Mitgliedstaaten **99** 27 f.
- als Verfassungsauftrag **99** 28
- Währungshoheit des ESZB **117** 15

1558 Halbfette Zahl = §§; magere Zahl = Rn.; unterstrichene Zahl = Hauptfundstelle

- Währungsrecht **116** 9, 36
Europäische Kommission
- Defizitverfahren **123** 105 ff.
Europäische Menschenrechtskonvention
siehe auch Gesetzesregister
- angemessene Dauer von Gerichtsverfahren **115** 45
- Beweisverwertungsverbote **115** 50
- als Erkenntnisquelle **115** 14
- und Grundrechte **115** 14
- und Prozeßgrundrechte **115** 14
- Recht auf Beiordnung eines Dolmetschers **115** 37
Europäische Union (EU)
- Haushalt **118** 76
- Rat *siehe* Rat der Europäischen Union
- Souveränität der Mitgliedstaaten **99** 27 f.
- Staatenverbund **99** 25, 44
- Staatshandeln in der ~ **99** 25 ff.
- Steuerstaatlichkeit **122** 71
- Währungsunion **117** 10 ff.
Europäische Verwaltungskooperation
- eigene gestufte Verfahren **109** 45
- horizontale Zusammenarbeit **109** 47
- informationelle Kooperation **109** 47
- institutionelle Kooperation **109** 47
- Notwendigkeit der Zusammenarbeit **109** 46
- prozedurale Kooperation **109** 47
- Umfang **109** 48
- und Verfahrensrecht **109** 49
- vertikale Zusammenarbeit **109** 47
Europäische Währungsunion **117** 10 ff., 28
- Defizit-Protokoll **117** 13, **123** 102
- Geldwertstabilität **117** 20
- Konvergenzkriterien **117** 12
- Stabilitäts- und Wachstumspakt **117** 13, **123** 104 ff.
- als Stabilitätsgemeinschaft **117** 24
Europäische Zentralbank (EZB)
- Direktorium **117** 33
- EZB-Rat **117** 32
- und nationale Zentralbanken **117** 34
- Offenmarktpolitik **122** 88
- Organ der Union **117** 30

- Unabhängigkeit **117** 30, 39 f.
Europäischer Gerichtshof
- und Steuerrecht **118** 96
Europäischer Verfassungsvertrag **99** 26, **100** 69 *siehe auch* Gesetzesregister
Europäisches Beihilfenrecht
- Begriff der Beihilfe **124** 7 f.
- Beihilfenverbot **124** 25 ff.
- Freistellungsverordnungen **124** 27
- und nationales Steuerrecht **116** 168
- Prüfungszuständigkeit der Kommission **124** 8, 26 f., 58 f.
- Rückforderungsbefehl **124** 58 ff., 66 ff.
- und Zahlungsunfähigkeit **116** 45
Europäisches Gemeinschaftsrecht **100** 67 ff.
- Anwendungsvorrang **100** 89
- besondere Verbrauchsteuern **118** 253
- und Bürgerbeauftragter **111** 21
- effet utile **124** 60, 66 f.
- europäische Verwaltungskooperation **109** 45 ff. *siehe auch* Europäische Verwaltungskooperation
- und Finanzverfassung **116** 161 ff.
- Gemeinschaftskartellrecht **100** 90
- und Grundgesetz **100** 91
- Indienstnahme des nationalen Verfahrensrechts **109** 40
- und innerstaatliches Recht **100** 88 ff.
- Pflichten zur innerstaatlichen Gesetzgebung **102** 10
- primäres ~ **100** 67
- und Recht auf informationelle Selbstbestimmung **111** 10
- als Rechtsmasse eigener Art **100** 67
- sekundäres ~ **100** 67 f.
  - Empfehlungen **100** 68
  - Richtlinien **100** 68
  - Verordnungen **100** 68
- Sozialversicherung **125** 3
- und Staatsverschuldung **123** 102 ff.
  - Defizitverfahren *siehe dort*
  - Finanzierungsdefizitgrenze **123** 103
  - Schuldenstandsgrenze **123** 103
  - Stabilitäts- und Wachstumspakt **117** 13, 27, **123** 104
- Steuerrecht **118** 96
- und Subventionen **124** 5, 7 f., 25 ff.
- und Umsatzsteuer **118** 242

Sachregister

- Umsetzung durch Rechtsverordnungen   103 25
- und Verwaltungsverfahrensrecht   109 38 ff.
  - Instrumentalisierung   109 40 ff.
  - Umorientierung   109 43 ff.
  - Vertrauensschutz   109 41
- und Verwaltungsvorschriften   104 88 ff.
- Wirtschaftlichkeitsgrundsatz   121 24

Europäisches Parlament
- Ernennung eines Bürgerbeauftragten   111 21

Europäisches System der Zentralbanken (ESZB)   117 28 ff.
- Aufgaben   117 35 ff.
- Banknotenmonopol   117 38
- Eurosystem   117 30 f.
- Leitung   117 31
- Preisstabilität   117 26, 35
- Rechtsgrundlage   117 29
- Struktur   117 30
- Unabhängigkeit   117 30
- Währungshoheit   117 15, 28

Eurosystem   117 30 f.

Exekutive   *siehe* Bundesregierung; Verwaltung; Vollziehende Gewalt

Existenzminimum
- Familien~   118 135 ff., 160
- quantifizierte Mindestgrenzen   118 138
- Steuer- und Sozialrecht   118 217
- Steuerverschonung   116 113, 118 118, 135
- Typisierungen   118 103

Facharztbeschluß   105 29
Fachaufsicht   108 51
Fachhochschulen
- und gehobener Dienst   110 93

Fachkreise
- Beteiligung an Gesetzesentwürfen   102 15

Fachverwaltungsrecht   109 24
Familie
- beitragsfreie Familienkrankenversicherung   125 30 ff.
- Besteuerung   118 160 ff.
- Existenzminimum   118 135 ff., 160
- Unterhaltsgemeinschaft   118 155

Fehlbelegungsabgabe   119 120
Feuerschutzsteuer   118 249
Feuerwehrabgabe   119 90, 121
Finanzausgleich, bundesstaatlicher
- Albrecht-Initiative   116 75
- horizontaler ~   116 73, 118 72 ff.
  - Finanzkraft   122 119
  - Maßstäbegesetz   116 178, 118 74
  - Rechtsprechung des BVerfG   116 18, 24
- primärer ~   116 73
- Reformperspektiven   116 80 f.
- sekundärer ~   116 73
- und Steuersubventionen   118 54
- vertikaler ~   116 73
- vierstufiges System   116 73 f.

Finanzausgleichsgesetz   116 75, 118 74 f.
Finanzausgleichssystem   116 73
Finanzausschlußklauseln   116 152 ff.
- Anwendungsbereich   116 155

Finanzhilfe
- Begriff   124 10

Finanzhoheit   116 61
- Besteuerungsgewalt   *siehe dort*
- europäische ~en   116 162
- und Finanzautonomie   116 19
- bei Gebühren   116 62

Finanzhoheit, kommunale   116 19 ff.
- Anspruch auf Finanzausstattung   116 21
- kein Bundesdurchgriff   116 18, 25
- im Grundgesetz   116 20, 23 f.
- Hebesatzrecht   116 26, 118 104
- Steuer- und Abgabenhoheit   116 22 f.
- Steuererfindungsrecht   116 27
- und Steuerwettbewerb   116 169 f.
- Subsidiarität der Steuer   119 3

Finanzkontrolle   120 84 ff., 121 39 ff.
- Arten   120 85 ff.
- Bundesrechnungshof   *siehe dort*
- externe ~   120 86, 121 39 ff., 122 99
- des ganzen Staates   122 17
- Gegenstand   120 89, 121 43
- und Gerichtskontrolle   120 91, 121 46 f.
- interne ~   121 39
- Maßstäbe   120 90, 121 44
- nachgängige ~   121 53 ff.
- neue Ansätze   121 52

Sachregister

- durch die Öffentlichkeit **120** 88
- politische Entscheidungen **121** 49
- Rechnungshöfe *siehe dort*
- und Rechnungsprüfung **120** 90, **121** 43
- und Verwaltungsbuchführung **121** 51

Finanzmacht, staatliche **99** 111 f.
- als Gegener der Freiheit **118** 23
- Rechtsbindung **116** 3 f.
- aus Steuererträgen **118** 70 f.
- und Übermaßverbot **118** 133 f.

Finanzmonopole **118** 255
- Brandweinmonopol **122** 94
- Grundrechtseingriff **122** 94

Finanzplanung **120** 76 ff.
- Finanzplanungsrat **120** 76
- Funktion **120** 79
- politische Bedeutung **120** 82
- Unverbindlichkeit **120** 81
- Verfahren **120** 78
- Verfassungsauftrag **120** 76

Finanzplanungsrat **116** 173 f.

Finanzpolitik
- antizyklische ~ **123** 46
- europarechtliche Vorgaben **117** 27
- investitionsorientierte Verschuldung als goldene Regel der ~ **123** 3
- prozyklische ~ **123** 46, 83
- Schuldenvermehrung **123** 11
- stimulierende Schuldenpolitik **123** 8 f.

Finanzrecht **116** 1 ff.
- Akteure **116** 14 ff.
- und Finanzverfassung **116** 1
- Gegenstand des ~s **116** 1
- Geldverfassung *siehe dort*
- Interpretationsprobleme **116** 181 f.
- und offene Staatlichkeit **116** 156 ff.
- Quantifizierungsprobleme **116** 182
- Staatsbankrott **116** 32 ff.
- Steuerungsfunktion **116** 8

Finanzreform
- 1967/1969 **116** 72, 75 f., **123** 8
  - Neuerungserfordernis **99** 103
- Erzbergersche ~ **116** 71
- Zentralverwaltung **116** 71

Finanzstaat **99** 99 ff.
- Entwicklung **121** 2 f.
- Finanzkontrolle *siehe dort*
- freiheitlicher ~ **118** 1 ff.
- Leistungsfähigkeit **99** 108

- Überforderung **118** 78 f.

Finanzverfassung **116** 1 ff., 57 ff., **120** 4
- Abgabensystem **116** 83
- Änderungen **120** 13
- apokryphe ~ **99** 66, **119** 75
- Bedeutung **116** 57 ff.
- und bundesstaatliche Ordnung **116** 59
- bündisches Prinzip **116** 73
- und Europäische Gemeinschaft **116** 30, 161 ff.
- und Finanzrecht **116** 1
- und Finanzverwaltung **116** 71
- als Folgeverfassung **116** 58
- und Geldverfassung **116** 13
- Geldverteilung **122** 120
- im Grundgesetz **116** 1 f.
- Haushaltsrecht **116** 121 ff.
- historische Grundlagen **120** 12
- Justiziabilität **116** 175 ff., 180
- Konkretisierung **120** 5
- Konnexitätsprinzip **116** 72, **118** 81
- und nichtsteuerliche Abgaben **119** 12 ff., 73, 76
- und ökonomische Begrifflichkeiten **116** 182
- als Rahmenordnung **116** 177 f.
- Rolle der Gemeinden **116** 17 ff.
- und Sozialversicherung **116** 29, **125** 20 f.
- Staatsvermögen **122** 2 ff.
- als Steuerfinanzverfassung **116** 10, 84
- und Steuerschuldner **116** 31
- ungeschriebene ~ **120** 4
- Zweistufigkeit **116** 18

Finanzvermögen
- Deutsche Bahn **122** 31
- im Einigungsvertrag **122** 21, 28
- Gegenstände **122** 36
- historische Erklärung **122** 23
- Kompetenzverteilung **122** 128 f.
- Labands klassische Typologie **122** 20
- Legitimationsprobleme **122** 87 ff.
- Leugnung des ~s **122** 26
- öffentliche Zwecke **122** 89
- Privatisierung **122** 115 f.

Finanzverwaltung
- Bundes~ **116** 71
- und Finanzverfassung **116** 71
- Fondsverwaltung **116** 72

Halbfette Zahl = §§; magere Zahl = Rn.; unterstrichene Zahl = Hauptfundstelle

Sachregister

- maßvoller Gesetzesvollzug **118** 32
- Organisation **116** 69 ff.
- Verständigung mit Steuerpflichtigen **118** 31 f.
- als Verwaltungsvermögen **122** 32
- Vollzugsprobleme **116** 71

Finanzwirtschaft
- der Länder **123** 72

Fiskus
- Fiskalprivilegien **122** 96
- Grundrechtsbindung **122** 76
- Nullsummenspiel bei Umsatzsteuer **118** 245
- keine Privatautonomie **122** 77 f.
- Sozialversicherung als Parafiskus **116** 10
- als Teil der Privatrechtsgesellschaft **99** 158

Fiskustheorie **122** 39

Föderalismus **99** 46
- Politikverflechtungsfalle **116** 76
- und Rechtsetzung **100** 47
- Sonderstatus der Stadtstaaten **116** 15

Föderalismusreform
- 2006
  - Abbau der Mischfinanzierung **116** 76
  - Besoldung im öffentlichen Dienst **110** 32
  - Finanzverfassung **116** 75 f.
  - kommunale Finanzhoheit **116** 25
  - und Verantwortung für europarechtliche Sanktionsmaßnahmen **123** 116 ff.
- und Staatsorganisation **99** 125

Föderativverordnungen **103** 54

Folgerichtigkeitsgebot
- im Steuerrecht **118** 178 ff.

Formgebundenheit **99** 63 ff.

Frankreich
- Defizitverfahren **123** 111

Französische Revolution
- Haushaltsdefizit **116** 38

Freiheit **99** 36
- Anstrengung zur ~ **99** 61
- Eingriffe in die ~ **105** 33
- Fähigkeit zur ~ **99** 89
- Gefährdung **99** 91
- Gegenwarts~ **99** 90
- und Geld **117** 4

- durch Geldleistungen **99** 112
- Gesetzesvorbehalt **101** 18
- und Planung **99** 146
- als Recht **99** 90
- durch Selbstverwaltung **99** 130
- und staatlich Verteilungsverantwortlichkeit **99** 62
- und Staatsgewalt **99** 12
- Steuer als Preis der ~ **118** 1 ff.
- und Steuerrecht **118** 125
- durch tatsächliches Staatshandeln **99** 222
- von Verwaltungsorganisation **108** 81
- als Vorgabe für den Staat **107** 12
- und Weisungshierarchie **107** 108 f.
- Zukunfts~ **99** 90

Freiheitsrechte
- und Teilhaberechte **99** 60 f.

Freiheitsvertrauen **99** 91

Freiheitsvorsorge
- Staatsmittel zur ~ **99** 17

Fremdenverkehrsabgabe
- als Beitrag **116** 90, **119** 63 f.

Funktionsvorbehalt, beamtenrechtlicher *siehe* Beamtenrechtlicher Funktionsvorbehalt

Fürsorge, soziale
- Finanzierung **125** 1

Fürsorgepflicht, beamtenrechtliche
- Einebnung durch Übernormierung **110** 68
- Verrechtlichung **110** 67 ff.

Fürsorgepflicht, verfassungsrechtliche **110** 41

GATT *siehe* Allgemeines Zoll- und Handelsabkommen

Gebühren **119** 26 ff.
- und allgemeine Risikovorsorge **119** 31
- Begriff **116** 86
- Belastungsgrund **119** 38 ff.
- Duldungs~ **119** 9
- Flughafensicherheitsgebühr **119** 32
- Gesetzesvorbehalt **119** 41
- Kostendeckung **119** 18, 26
- als Kostenüberwälzung **119** 34, 38
- Leistungsentgelt **119** 17, 26
- Lenkungs~ **119** 39 ff.
- Luftsicherheitsgebühr **119** 31

1562   Halbfette Zahl = §§; magere Zahl = Rn.; unterstrichene Zahl = Hauptfundstelle

Sachregister

– Nutzungs~ **119** 36
– öffentlich-rechtliche
  Nutzungsregime **116** 86
– Ressourcennutzungs~ **119** 2
– Säumnis~ **119** 39
– sozial gestaffelte ~ **119** 25, 54
– umverteilende ~ **119** 25, 54
– Verantwortungsprinzip **119** 33 f., 38
– Verleihungs~ **119** 2, 37
– Verwaltungs~ **119** 36
– und Zwecksteuern **116** 145
Gebührenaufkommen
– Ertragshoheit **119** 57
– Ungebundenheit **119** 57 f.
Gebührenbemessung 119 45 ff.
– Äquivalenzprinzip **119** 45 ff., 48
– Durchschnittsmaßstab **119** 56
– und Grundrechtsausübung **119** 53
– und individuelle Leistungsfähigkeit
  119 54
– Kostendeckungsprinzip **119** 45 ff.,
  49
– Rechtfertigung **119** 46 f.
– Wahrscheinlichkeitsmaßstab **119** 56
Gebührenertragshoheit 119 61
Gebührengesetzgebung
– Annexkompetenz **119** 40, 59
– Gestaltungsraum **119** 42
Gebührenrecht
– Äquivalenzprinzip **116** 87
– Kostendeckungsprinzip **116** 87
Gebührenschuldner 119 43 f.
– Finanzierungsverantwortlichkeit
  119 43 ff., 49
– Störer als ~ **119** 34 f.
– Zweckveranlasser als ~ **119** 34 f.
Gebührentatbestand 119 26 ff.
– Typisierungen **119** 42
Gefahrenabwehr
– Staatsmittel zur ~ **99** 17
Gefahrenvorsorge
– Staatsmittel zur ~ **99** 17
Geld
– Assignaten **116** 38
– Bedeutung **117** 4 f.
– Begriff
  – erweiterter ~ **117** 2
  – gegenständlicher ~ **117** 2
  – juristischer ~ **117** 1
  – ökonomischer~ **117** 1

– verfassungsrechtlicher ~ **116** 9
– als Blankettinstrument **99** 104
– und Freiheit **117** 4, **118** 14, **122** 70
– Funktionen **117** 2
– Gefahren der Geldentwertung **117** 6
– als Gemeingut **118** 23
– staatliche Finanzkraft **99** 6, 99 ff., 111,
  116 9
– Vergemeinschaftung **116** 9
– Verhaltenssteuerung **116** 2
  siehe auch Steuervergünstigungen
Geldpolitik
– als Aufgabe des ESZB **117** 26, 36 ff.
– Teil der Währungspolitik **117** 14
– Unabhängigkeit der EZB **117** 39 f.
– Vergemeinschaftung **117** 11
Geldstrafen
– und Abgabe **116** 94
Geldverfassung 117 3 ff.
– Bedeutung **117** 6, 17 f.
– europäische ~ **117** 16
– und Finanzverfassung **116** 13
– und privates Geldrecht **117** 17 f.
– Vergemeinschaftung **116** 165
Geldwert
– Nennwertprinzip **117** 18
– Sicherung **117** 18
– Stabilität **117** 5, 20 f.
– verfassungsrechtliche Garantie
  117 23 f.
Geldwesen
– Gesetzgebungskompetenz **117** 14
Geldwirtschaft
– Wesen der ~ **116** 1
Gemeinden
– Doppelrolle **116** 17
– Finanzhoheit *siehe* Finanzhoheit,
  kommunale
– und Finanzverfassung **116** 17 ff.
– Gebietshoheit der ~ **105** 34
– als Hauptverwaltungsträger **108** 17
– Insolvenzunfähigkeit **116** 52
– Selbstverwaltung *siehe* Selbstverwaltung, kommunale
– Teil des Staates **116** 17 f.
**Gemeinsame Geschäftsordnung der
Bundesministerien 102** 4 *siehe auch*
Gesetzesregister
Gemeinwesen
– und Staatsorganisation **99** 118

Halbfette Zahl = §§; magere Zahl = Rn.; unterstrichene Zahl = Hauptfundstelle   1563

Sachregister

Gemeinwohl
- Bindung der Amtsausübung an das ~ **107** 107
- Definition durch die Regierung **107** 77
- und Eigentumsgarantie **118** 126 ff.
- durch Gesetz **107** 78
- und Gesetzgeber **99** 134
- und Grundgesetz **99** 74, 134
- Grundrechte als Handlungspflichten **99** 58
- als Handlungsmaßstab **107** 9 f.
- Konkretisierung in der Weisungshierarchie **107** 79
- normative Ausformung **107** 78
- Parlament als Hüter **105** 30
- Rationalitätsprinzip **121** 11
- und Staatsgewalt **99** 13
- und Steuersubventionen **118** 59
- Verantwortung des Staates **99** 9
- und Verwaltungsverfahren **109** 4
- Wirtschaftlichkeit staatlichen Handelns **121** 15

Generationen, künftige
- gerechte Lastenverteilung **123** 68 f.
- und Haushaltsnotstand **123** 73
- Schuldenbelastung **123** 93
- Schutz durch das Grundgesetz **99** 145
- und Staatskredite **123** 3 ff.
  - Vorwegbindung **123** 7, 58 f.
- und Staatsverschuldung **123** 80

Generationenvertrag 122 82

Gerechtigkeit
- nach Aristoteles **118** 33
- austauschende ~ **118** 33
- intergenerative ~ **123** 4
- interperiodische ~ **123** 4, 59, <u>97 ff.</u>
- zuteilende ~ **118** 33

Gerichte
- aufnahmebereite ~ **115** 46
- Aufstellung allgemeiner Rechtsgrundsätze **112** 32
- Ausübung der rechtsprechenden Gewalt **112** 19
- Berücksichtigungs- und Erwägungspflichten **115** 46
- als besondere Organe der Rechtsprechung **112** 19, **113** 11
- Betreuung durch Fachministerien **112** 39

- Bindung an Verwaltungsakte **112** 50 f.
- Einrichtung der ~ **114** 14 ff.
  - durch die Länder **114** 17
- Errichtung **114** 17
- fakultative Bundesgerichte **114** 14
- Festlegung der Gerichtsbezirke **114** 17
- Funktion der Geschäftsverteilungspläne **114** 36
- Fürsorgepflichten **115** 34
- Gerichtspräsident **112** 42 ff.
- Gerichtsverwaltung **112** 40 ff.
- gleichwertige ~ **114** 22
- Größe der Gerichtsbezirke **114** 19
- Hinweispflicht für Rechtsauffassung **115** 33
- Informationspflichten **115** 30 f.
- innere Organisation durch die Justizverwaltung **114** 19
- inzidente Normenkontrolle **112** 30
- Justizverwaltung **112** 40 f.
- Kernbereich gerichtlicher Selbstverwaltung **112** 12, 40 f.
- Kollegialgerichte *siehe dort*
- keine normsetzende Instanz **112** 32
- oberste Bundesgerichte **114** 14
  - und fachspezifische Instanzgerichte **114** 21
  - Wahrung der Rechtseinheit **114** 15
- Organunabhängigkeit **112** 22
- personelle Bindung an den Staat **112** 89
- Pflicht zum widerspruchsfreien Verhalten **115** 49
- prinzipale Normenkontrolle **112** 31
- Rechtsmittel~ als objektives Verfassungsgebot **114** 29 ff.
- und Richter **112** 18 ff.
- Sondergerichte auf Länderebene **112** 88 f.
- Unabhängigkeit **112** 21 f., 39
- Verbot von Ausnahmegerichten **114** 34, 48
- verfassungsrechtliche Garantie **112** 16
- Vorlagepflichten **114** 45

Gerichtliche Kontrolle 99 236 ff.
- der Bundesregierung **106** 14

1564   Halbfette Zahl = §§; magere Zahl = Rn.; unterstrichene Zahl = Hauptfundstelle

Sachregister

- nachträgliche, regelbildende Kontrolle **99** 237
- von Rechtsverordnungen **103** 80 ff.
- von Satzungen **105** 48
- der Verwaltung **99** 155, **104** 41 f.
- von Verwaltungsvorschriften **104** 85 ff.

Gerichtsbarkeit
- Arbeitsgerichtsbarkeit **114** 24
- einzelne Fachgerichtsbarkeit **114** 22 ff.
- fachliche Gliederung **114** 21
- freiwillige ~ **112** 65
- Gleichwertigkeit der Gerichtsbarkeiten **114** 22
- mehrinstanzliche ~ **114** 28 ff.
  - kein Anspruch auf ~ **114** 28 f.
  - Beschränkung auf eine Tatsacheninstanz **114** 30
- mittelbare Staatsgerichtsbarkeit **112** 87 f.
- ordentliche ~ **114** 25
  - vierstufiger Aufbau **114** 30
- organisatorisch vereinheitlichte ~ **114** 26
- private ~ **112** 90 ff.
- Sondergerichte auf Länderebene **112** 88 f.
- Sozialgerichtsbarkeit **114** 24
  - dreistufiger Aufbau **114** 30
- unmittelbare Staatsgerichtsbarkeit **112** 87
- Verwaltungsgerichtsbarkeit **115** 6
  - Rechtsschutzgarantie **114** 23 f.
  - Verfahrensunterworfenheit des Bürgers **115** 6

Gerichtsentscheidungen
- keine Allgemeinverbindlichkeit **112** 53
- Bindung der Legislative **112** 55
- Bindung der Verwaltung **112** 52 ff.
- erweiterte Bindungswirkung **112** 54
- objektive Rechtskraft **112** 52
- subjektive Rechtskraft **112** 52

Gerichtsorganisation **114** 1 ff.
- Beendigung einer Rechtszersplitterung **114** 5
- im Bundesstaat **114** 14 ff.
- Entwicklungsoffenheit **114** 26
- im europäischen Rahmen **114** 20
- fachspezifische Instanzgerichte
  - und oberste Bundesgerichte **114** 21
- freiheitssichernde Funktion **114** 3, 7, 32 f.
- Gesetzgebung des Bundes für die ~ **114** 16 f.
  - Errichtung der Gerichte **114** 17
  - Festlegung der Gerichtsbezirke **114** 17
- und gesetzlicher Richter **114** 33 ff.
  - Erreichbarkeit **114** 47
- Rechtseinheit im Bundesstaat **114** 4 f.
- rechtsprechungsexterne Gesichtspunkte **114** 18
- und Rechtsprechungskompetenzen **114** 14 f.
- rechtsstaatliche Funktion **114** 33 f.
- in rechtsstaatlicher Gebundenheit **114** 18
- und Richtervorbehalte **114** 47
- Spannungsverhältnis von Effizienz und Bürgernähe **114** 19
- verfassungsrechtliche Anforderungen **114** 3
- verfassungsrechtliche Direktiven **114** 11 ff.
- verfassungsrechtliche Grundlagen **114** 1 ff.
- in verfassungsrechtlicher Determiniertheit **114** 13
- Wahrung der Kernkompetenzen **114** 27
- Zuständigkeiten **114** 4
- Zuständigkeiten der Länder **114** 16 ff.
  - Einrichtung der Gerichte **114** 17

Gerichtsverfahren **115** 1 ff.
- angemessene Verfahrensdauer **115** 45
- als Bundesrecht **115** 12
- Einleitung **115** 25 ff.
- Fristen **115** 47 f.
- gerichtliche Entscheidung **115** 46 ff.
- Gesetzgebungszuständigkeiten **115** 12
- Gleichheit vor dem Gesetz **115** 1
- und Grundgesetz
  - verfassungsrechtliche Determinanten **115** 10 ff.

Halbfette Zahl = §§; magere Zahl = Rn.; unterstrichene Zahl = Hauptfundstelle

Sachregister

- verfassungsrechtliche Funktionen **115** 1 ff.
- verfassungsrechtlicher Auftrag **115** 5 ff.
- verfassungsrechtliche Gebundenheit **115** 30 ff.
- Institut der Prozeßkostenhilfe **115** 26
- Instrument des einstweiligen Rechtsschutzes **115** 6
- und Menschenwürdegarantie **115** 3
- Öffentlichkeit **115** 41 ff.
  - und geordneter Verfahrensablauf **115** 43
  - Kontrolle durch die Medien **115** 42
  - Kontrolle durch die Öffentlichkeit **115** 41
  - Pressefreiheit **115** 42
  - Rundfunkfreiheit **115** 42
  - Schranken **115** 43 f.
  - Schutz von Persönlichkeitsrechten **115** 43
  - verfassungsrechtliche Zuordnung **115** 41 f.
- Präklusionsvorschriften **115** 49
- Prozeßgrundrechte als verfassungsrechtliche Direktiven **115** 2
- prozessuale Waffengleichheit **115** 20
- Recht auf geordneten Verfahrensablauf **115** 16
- Recht auf Zugang zum ~ **115** 16
- Recht des ~ s
  - Eigenständigkeit **115** 21
  - gleichmäßige und berechenbare Anwendung **115** 25
  - Grundrechtsausgestaltung im ~ **115** 10 ff.
  - Grundrechtsrelevanz **115** 21
  - Landesgrundrechte als Maßstab **115** 13
  - materiell-grundrechtliche Einflüsse **115** 22
  - Rechtseinheit im Bundesstaat **115** 12
  - Vorranggesetzgebung **115** 12
  - Willkürverbot **115** 20
- Rechtsschutzerfordernisse **115** 6
- rechtsstaatliche Funktion **115** 3
- Strafverfahren *siehe dort*
- kein unmittelbarer Rückgriff auf Art. 1 Abs. 1 GG **115** 4

- Verfahrensgarantien der EMRK **115** 2
- vergleichbare Standards im europäischen Rechtsraum **115** 15
- Verwaltungsgerichtsbarkeit
  - Zugang **115** 29
- und Verwaltungsverfahren **109** 30 ff.
  - funktionaler Zusammenhang **109** 30
  - institutionelles Rücksichtnahmegebot **109** 32
- Vorverurteilung durch die Medien **115** 44
- Wiedereinsetzung **115** 47
- Zivilverfahren *siehe dort*

Gesamtdeckungsprinzip **116** 31, 140 f., **120** 17, 47
- Durchbrechung **116** 148 f.
- und Leistungsfähigkeitsprinzip **116** 147
- als Verfassungsgrundsatz **116** 140, 148, **118** 24

Gesamtwirtschaftliches Gleichgewicht
- Europäische Gemeinschaft **117** 25
- und Gesetzgeber, Einschätzungsprärogative **123** 52
- und Kreditaufnahme **123** 44 ff.
  - finanzwirtschaftliches Übermaßverbot **123** 45, 83
- Haushaltsvollzug **123** 42
- magisches Viereck **120** 21, **123** 62
- Schuldentilgungspflicht **123** 49 ff.
- und Sondervermögen **123** 76
- Störung **123** 60 ff.
  - Darlegungspflicht **123** 64
  - und Gesetzgeber, Einschätzungsprärogative **123** 63
  - Rezession **123** 61
  - keine Verschuldungspflicht **123** 71
  - Wiedervereinigung **123** 77
- und Währungsstabilität **117** 21
- und Wirtschaftspolitik **118** 24

Geschäftsordnungen
- administrative ~ **104** 21
- keine Außenwirkung **102** 3
- Autonomie **102** 3
- Gesetzgebungsverfahren **102** 3

Gesellschaft
- freiheitsberechtigte ~ **99** 31
- und Geld **117** 4

Sachregister

- Neue Politische Ökonomie **121** 6
- Staat und ~ *siehe dort*

Gesetz **99** 181 ff.
- als abstrakt-generelle Regelung **100** 11
- Adressat **99** 184
- Allgemeinheit **99** 86 f., 181 f., **100** 11 f., 32
- Anpassungs~ **100** 30
- Artikel-Gesetze **100** 30
- Auslegungsbedürftigkeit **101** 7
- Bedeutungsverlust **100** 43, 71 ff.
- befristetes ~ **100** 79
- Begriff *siehe* Gesetzesbegriff
- Berichtigung **102** 78 f.
- Bindung des Richters an das ~ **112** 49
- als Druckmittel **100** 24
- Eingriffsermächtigung **99** 163
- Einzelfallgesetze **100** 32
- europäische Gesetze **100** 72
- als Experiment **100** 23
- Form **100** 20
- formale Typisierungen **100** 31 ff.
- förmliches ~
  - und Satzungen **105** 28 ff.
- als Fremdbindung der Verwaltung **104** 53
- Funktion **99** 18, 182, **100** 19 ff.
  - instrumentale ~ **99** 183, **100** 21 ff.
- Gesetzesbindung der Verwaltung **101** 1
- Gesetzestypen **100** 26 ff.
- Grundlage des Rechtsstaates **99** 154
- als Grundlage einer Rechtsordnung **100** 20
- Grundlagengesetz **100** 33
- Herrschaft des ~es **101** 1
- Impulse zum Erlaß **102** 9
- Individualgesetze **100** 11 f.
- Inhalt **100** 17 f., 20, 26 ff.
- Lehre des 19. Jhd. **100** 21
- mangelnde Gesetzesqualität **100** 80
- im materiellen Sinne **100** 15
- Nichtigkeit aufgrund Verfassungsverstoßes **101** 10
- als Ordnungsinstrument von Einzelfällen **100** 12
- Planungsinstrument **99** 138
- Präjudizierung politischer Entscheidungen **100** 73
- qualitätsbestimmende Merkmale **100** 76
- als Rahmenordnung für gesellschaftliche Initiativen **100** 74
- und Rechtsverordnung **100** 48, **103** 3, 10 ff.
- Regelungsdichte
  - und Gesetzesvorbehalt **101** 30
- Schlüsselstellung im demokratischen Rechtsstaat **100** 76
- als Schranke des Verwaltungshandelns **101** 6
- sozialethische Bedeutung **100** 22
- Sozialstaatsgesetz **100** 23
- Stellung in der Normenhierarchie **101** 2
- steuerliche Nichtanwendungsgesetze **112** 55
- Steuerungseffekte **100** 22 ff.
- symbolisches ~ **100** 25
- Typologie **100** 26 ff.
- unpolitisches Gesetzesverständnis **100** 21
- Unvollständigkeit **103** 43
- und Verfassung **100** 19, 34 ff.
- unter Verordnungsvorbehalt **103** 27
- Verstoß untergesetzlicher Normen gegen ~ **101** 9
- Vertragsgesetze **100** 27
- und Verwaltungsvorschriften **104** 27 ff.
- und Wille des Volkes **100** 4
- Zukunftgerichtetheit **118** 109

Gesetz und Recht **100** 1 ff., <u>4 ff.</u>, 14 ff.
- und Gerechtigkeit **100** 18
- Unterscheidungen **100** 15 f.
- Zusammenhang **100** 14

Gesetzesbegriff **100** 5 ff.
- doppelter ~ **100** 9
- dualistischer ~ **100** 9 f., 15
- und Etablierung der Gewaltenteilung **100** 6
- formaler ~ **100** 9 f., 13
- historischer Rückblick **100** 6 f.
- kein raumzeitloser ~ **100** 5
- und Konstitutionalismus **100** 6
- materieller ~ **100** 9
- Schrankenziehungsformel **100** 8

- Verfassungsabhängigkeit 100 6f.
Gesetzesentwurf
- Abstimmung 102 35
- Änderungsanträge 102 36
- Ausarbeitung in der Ministerialverwaltung 102 12
- Ausschußberatung 102 33
- Behandlung im Bundestag 102 30ff.
- Beratungen 102 31ff.
- Beteiligung
  - des Bundesrates 102 17
  - von Fachkreisen 102 15
  - der Länder 102 15
  - des Ressorts 102 14
  - von Verbänden 102 15
- der Bundesregierung 102 13
  - Änderung 102 21
  - Eilbedürftigkeit 102 23
  - Einbringung beim Bundestag 102 22f.
  - Übernahme durch Abgeordneteninitiative 102 24
- Entbehrlichkeit der dritten Lesung 102 31
- Gegenäußerung der Bundesregierung 102 17, 21
- Kabinettsvorlagen 102 16f.
- Lesungen 102 31ff.
- Referentenentwurf 102 13ff.
- Schlußabstimmung 102 37
- Verfahren der dritten Lesung 102 36
- Verfahren der ersten Lesung 102 32
- Verfahren der zweiten Lesung 102 34
Gesetzesinitiative 102 18ff.
- Abgeordneteninitiative 102 24f.
  - Quorum 102 25
  - Übernahme einer Regierungsvorlage 102 24
- des Bundesrates 102 27ff.
  - keine kompetentielle Beschränkung 102 28
  - Mehrheitsbeschlüsse 102 27
  - Mitwirkung der Bundesregierung 102 29
  - Recht zur ~ 102 18
- der Bundesregierung 102 20ff.
  - Recht zur ~ 102 18
  - Stellungnahme des Bundesrates 102 20f.

Gesetzeslücken
- administratives Ergänzungsrecht der Verwaltung 104 49f.
Gesetzesvollzug
- und formlose Absprachen 99 193
- und innerdienstliche Weisung 99 203
- konkretisierende Rechtsschöpfung 99 86f.
Gesetzesvorbehalt 101 11ff.
- Abhängigkeit von der staatlichen Praxis 101 12
- Abhängigkeit von der Verfassungsstruktur 101 12
- allgemeiner ~ 108 101
- allgemeiner, ungeschriebener 101 40
- Auftrag an den Gesetzgeber 99 49f.
- als Ausgestaltungsvorbehalt 101 21
- Ausweitungstendenzen 101 22, 25
- und autonome Rechtsetzung der Verwaltung 104 12f.
- in besonderen Gewaltverhältnissen 101 32f.
- und Bestimmtheit 101 30
- und Delegationsprinzip 101 14ff.
- und Demokratie 101 19, 34, 42f., 51
- für Eingriffe in Freiheit und Eigentum 101 18
- Eingriffssatzungen 105 33
- als Eingriffsvorbehalt 101 18, 21, 31, 40
- Entwicklungsgeschichte 101 18f.
- für die europäische Integration 101 39
- finanzrechtlicher ~ 101 38
- Formvorbehalt 101 50
- im Gebührenrecht 119 41
- und Gewaltenteilung 101 11ff.
- Grenzen 101 63ff.
  - sachstrukturelle ~ 101 77ff.
  - verfassungsrechtliche ~ 101 66ff.
- grundrechtlicher ~ 101 21, 36, 108 85, 101
- und Grundrechtsgewährleistung 101 21
- haushaltsrechtlicher ~ 101 38
- institutionell-organisatorischer ~ 101 37
- institutioneller ~ 108 70f., 101

Sachregister

- und Rechtsstaat **111** 54f.
- für internationale Beziehungen **101** 39
- und Judikative **101** 60
- Kategorie des Eingriffs **101** 44
- und kommunale Selbstverwaltung **105** 33
- als Kompetenzproblem **101** 11ff.
- Konsequenzen für die Satzungsautonomie **105** 32ff.
- im konstitutionellen Staat **101** 18
- Neuorientierung durch das Grundgesetz **101** 20
- organisationsrechtlicher ~ **108** 70
- und Parlamentsvorbehalt **101** 14ff., 41ff.
  - Verhältnis **101** 15, 51
- und persönlichkeitsgeprägte Beziehungen **101** 80
- politische Bedeutsamkeit **101** 45
- pragmatische Fortentwicklung **101** 29
- Rechtsetzungsformen **100** 81
- rechtsstaatlicher ~ **101** 21, <u>42ff.</u>, 50f.
- und Regelungsdichte **101** 30
- und regelungsfeindliche Sachbereiche **101** 79
- Regelungspflicht **101** 63ff.
- und Regierungsvorbehalt **101** 67
- Reichweite **101** 11ff.
- Sachvorbehalte **101** 50
- Satzungen
  - mit Strafbewehrungen **105** 36
- und Satzungsautonomie **105** 28ff.
- und Schule **101** 33f.
- sozialrechtlicher ~ **125** 14
- spezieller ~ **101** 35
- und Staatshandeln **99** 18
- Staatskredite **123** 14ff.
- und Staatsorganisation **99** 124
- statusbildende Normen in der Berufsordnung **105** 32
- im Steuerrecht **116** 31, **118** 90ff.
  - Schutzfunktion **118** 94
- und Subventionen **101** 25f., **120** 54, **124** 31f.
- Totalvorbehalt *siehe dort*
- Typologie **101** 35ff.
- für Verfahrensregelungen **104** 50
- für die Verselbständigung von Verwaltungseinheiten **108** 102
- und Verwaltungsvorbehalte **101** 68ff.
- und Verwaltungsvorschriften **104** 77
- und Vorbehalt des Gesetzes **101** 17
- Wesentlichkeitstheorie **101** 43ff.

Gesetzgebende Gewalt
- Bindung an Gerichtsentscheidungen **112** 55
- und Gewaltenteilungsgrundsatz **112** 8
- Kompetenzabgrenzung zur Exekutive
  - und Gesetzesvorbehalt **101** 11ff.
- und rechtsprechende Gewalt **112** 28ff.
- Regelungskompetenz gegenüber der Judikative **112** 28
- Regelungspflicht und -recht **101** 63ff.

Gesetzgeber
- Beratung durch Rechnungshöfe **121** 54
- Bindung an das Grundgesetz **100** 36
- Einschätzungsprärogative
  - und Billigkeit **99** 87
  - gesamtwirtschaftliches Gleichgewicht **123** 52, 63
  - Wirtschaftlichkeitsgrundsatz **121** 33, 49
- Gestaltungsfreiheit bei der Beseitigung von Kriegsfolgen **116** 46
- langfristige Haushaltsentscheidungen **123** 59
- Parteilichkeit **113** 34
- und staatsleitender Plan **99** 142
- unveräußerliche Verantwortlichkeit **99** 134
- als Verordnungsgeber **103** 38f.
- kein Wettbewerber **99** 39
- Wirtschaftlichkeitsgrundsatz **121** 18
- Zugriffsrecht **108** 71

Gesetzgebung *siehe auch* Rechtsetzung
- Artikel-Gesetzgebung **103** 38f.
  - Einheitskonzeption **103** 39
- Bindung an die Verfassung **100** 36
- Delegation an die Verwaltung **101** 15
- Entparlamentarisierung **100** 71
- Entsteinerungsklausel **100** 30
- Errichtung der Gerichte **114** 17
- europarechtliche Pflichten zur ~ **102** 10
- Festlegung der Gerichtsbezirke **114** 17

Halbfette Zahl = §§; magere Zahl = Rn.; unterstrichene Zahl = Hauptfundstelle

- gegenwärtige Regelungsproblematik **103** 4
- Gesetzgebungsverfahren *siehe dort*
- Gesetzgebungswissenschaft **100** 84
- und informale Absprachen **99** 67
- Konkretisierung der Verfassung **100** 35
- Mangel an empirischen Erhebungen **100** 27
- Motive zur ~ **102** 9
- und Normenflut **99** 3
- Notkompetenz der Verwaltung **104** 52
- politischer Gestaltungswille **102** 9
- Prinzip der Nichtentgeltbarkeit **99** 40
- Recht und Wirklichkeit **100** 82
- Rechtfertigungszwang am Maßstab der Verfassung **100** 37
- Regelungsaufträge des BVerfG **102** 11
- regelungsbedürftige Materien der Wissenschaft und Technik **100** 75
- Regelungsverluste des Parlaments **103** 4
- und Selbstregulierung **100** 74
- Übergang der Regelungsmacht auf die EU **100** 72
- Umschichtung auf die Exekutive **100** 77
- verfassungsändernde ~ **102** 86
- verfassungsrechtlicher Gesetzgebungsauftrag **102** 11
- Verlust der staatlichen Regelungsmacht **100** 71
- und Verordnunggebung
  - kooperative Normsetzung **103** 4, 16
- Vertragsgesetze **102** 87
- und Verwaltung **106** 22 ff.
  - funktionsgerechte Organstruktur **106** 12, 25
- Vorbereitung **102** 8 ff.

Gesetzgebung und Verwaltung **106** 22 ff.
- funktionsgerechte Organstruktur **106** 12, 25
- Komplementärfunktion **101** 74, 78

Gesetzgebungsnotstand **102** 81
- Gesetzgebungsverfahren im ~ **102** 81

Gesetzgebungsrecht
- Unveräußerbarkeit **99** 165

Gesetzgebungsverfahren **102** 1 ff.
- Ausfertigung **102** 68 ff.
- Beratung **102** 31 ff.
  - Anhörungen **102** 39
  - Ausschluß der Öffentlichkeit **102** 38
  - Ausschußbericht **102** 39
  - Beschlußempfehlung **102** 39
  - dritte Beratung **102** 36 f.
  - erste Beratung **102** 32
  - zweite Beratung **102** 33 ff.
- Beschluß **102** 40
  - Unverrückbarkeit des Parlamentsbeschlusses **102** 40
- in besonderen Fällen **102** 80 ff.
- Beteiligung des Bundesrates **102** 44 ff.
  - Einspruchsgesetze **102** 44
  - Zustimmungsgesetze **102** 44 ff.
- Beteiligung Dritter **100** 83
- des Bundes **102** 1 ff.
- Gegenzeichnung **102** 64 ff.
- und Geschäftsordnungen **102** 3
- Gesetzesentwurf *siehe dort*
- Gesetzesinitiative *siehe dort*
- im Gesetzgebungsnotstand **102** 81
- und Grundgesetz **102** 2
- Inkrafttreten des Gesetzes **102** 74 ff.
- institutionalisierter Einigungsprozeß **102** 55
- Kontrolle durch das BVerfG **102** 6
- Nacht- und Nebelgesetze **102** 5
- Praxis des Parlaments **102** 5
- Rationalisierung **102** 7
- rechtliche Grundlagen **102** 1 ff.
- Stationen **102** 19 ff.
- Verkündung **102** 72 ff.
- Vermittlungsverfahren **102** 55 ff.
- Verrechtlichungstendenzen **102** 6 f.
- im Verteidigungsfall **102** 82
- und Verwaltungsvorschriften **102** 4
- Vorbereitungsphase **100** 82
- Zäsur der Wahlperioden **102** 41

Gesetzgebungszuständigkeiten
- befugnisbegrenzende ~ **99** 47
- des Bundes
  - im Bereich des Beamtenrechts **110** 30

1570 Halbfette Zahl = §§; magere Zahl = Rn.; unterstrichene Zahl = Hauptfundstelle

- im Bereich der
  Beamtenversorgung **110** 34
- im Gebührenrecht **119** 59
- Rauchverbot **122** 126
- Sozialversicherungsrecht **125** 2
- Verwaltungsvermögen **122** 126 ff.
- Währungs-, Geld- und
  Münzwesen **117** 14 f.
- bei der Einrichtung der Gerichte
  114 14
- Finanzvermögen **122** 128
- konkurrierende ~
  - und Gerichtsorganisation **114** 16
  - und Gerichtsverfahren **115** 12
- der Länder
  - im Gebührenrecht **119** 59
- nichtsteuerliche Abgaben **119** 13
- Steuer~ *siehe dort*

Gesundheitsreform 2007 99 91
Gewährleistungsstaat 99 241
Gewährleistungsverantwortung, staatliche *siehe* Sicherstellungsauftrag, staatlicher
Gewaltenteilung 99 45, **107** 16
- Bedeutung **112** 5 f.
- und besondere Organe **112** 9 ff.
  - Eigenständigkeit der Organe
    112 11 f.
  - Organgruppen **112** 10
  - Sonderungs- und Trennungsgebot
    112 11, 41
  - spezielle Eignung der Organe **112** 13
  - Verbot organisatorischer Verschmelzung **112** 12
  - keine Verfassungsorgane **112** 10
- Durchbrechungen **112** 7, 15 ff.
- funktionelle ~ **112** 6
- funktionsgerechte Organstruktur
  101 60 f.
- und Gesetzesvorbehalt **101** 11 ff.
- innerhalb der Gewalten **108** 91
- als Gewaltenverantwortung **99** 45
- Gewaltenverschränkung **112** 27 ff.
- Grenzen der
  Gewaltenbeschränkung **112** 8
- Modifikationen **112** 7
- organisatorische ~ **112** 6
- Prinzip politischer Machtverteilung
  112 6
- und Rechtsetzung **100** 47

- Rechtsprechung im Schema der ~
  112 3 ff.
- Rechtsprechungsmonopol **112** 27 ff.
- und Rechtsverordnungen **103** 10
- und Selbstkontrolle **99** 231 f.
- statusrechtliche ~ **106** 33 ff., 36
- System gegenseitiger Gewaltenkontrolle **112** 7
- als tragendes Verfassungsprinzip
  112 5
- verfassungsrechtliches Gewaltenteilungsschema **112** 4
- Verwirklichung **112** 7

Gewaltmonopol, staatliches
- und Selbsthilfe **99** 32
- und Steuerstaat **119** 27 ff.

Gewerbekapitalsteuer
- Abschaffung **116** 26

Gewerbesteuer
- Ertragshoheit **118** 71
- als Objektsteuer **118** 235
- Rechtsformabhängigkeit **118** 37 f.,
  149

Gewerkschaften
- und Personalvertretung im öffentlichen Dienst **110** 101

Gewohnheitsrecht 100 57 ff.
- Anwendungsbereich **100** 58
- Entstehungsvoraussetzungen **100** 59
- formales Element **100** 57
- als gewachsenes Recht **100** 57
- Minimum an Konsens **100** 59
- objektives Element **100** 57
- Observanzen **100** 58
- und positives Recht **100** 40, 59
- richterliche Anerkennung **100** 60
- subjektives Element **100** 57
- mit Verfassungsrang **102** 5
- im Verwaltungsrecht **100** 58

Gleichheit
- kein Anspruch auf Fehlerwiederholung **104** 67
- formelle ~ im Zivilverfahren **115** 40
- und freiheitliche Verschiedenheit
  118 3
- vor dem Gesetz **99** 86 f., **115** 1
- materielle ~ im Zivilverfahren
  115 40
- prozessuale Waffengleichheit **115** 20
- vor dem Richter **115** 20

Sachregister

- im Verfahren **115** 20
- verhältnismäßige ~ **118** 84
- Willkürverbot **115** 20
- keine ~ im Unrecht **104** 67

Gleichheitsrechte
- und Freiheitsrechte **99** 60

Gleichheitssatz
- besonderer ~
  - des Art. 6 Abs. 1 GG **118** 158
  - des Art. 14 GG **118** 173
- dreistufiger ~ **118** 172
- und Finalität **99** 21
- im Gebührenrecht **119** 47, 55
- und Informationsvergabe **99** 215
- Leistungsfähigkeitsprinzip **116** 104
- neue Formel des BVerfG **116** 106
- Objektivitätsgebot **118** 172
- personaler ~ **118** 172
- Prinzip der Lastengleichheit **116** 4
- und Sonderabgaben **119** 78
- und sozialer Ausgleich **125** 30
- und Sozialversicherungsbeiträge **125** 25 f.
- im Steuerrecht **116** 98, **118** 10, 173 ff. *siehe auch* Steuergerechtigkeit
  - bereichsspezifische Anwendung **118** 195 ff.
  - und Besteuerungsgewalt **118** 10
  - Folgerichtigkeit **118** 178
  - Lastengerechtigkeit **116** 11
  - Objektivitätsgebot **118** 182
  - Transfergerechtigkeit **116** 11
  - Typisierungen **118** 97 ff.
  - und Übermaßverbot **118** 13 f.
- und Subventionen **124** 43, 45 ff.
- und Verwaltungsvermögen **122** 95

Gleichstellung
- Gleichstellungsbeauftragte auf Bundesebene **111** 32 f.
- Gleichstellungsbeauftragte auf Landesebene **111** 38

Globalsteuerung **116** 76
Goldkonvertibilität **117** 8
Grunderwerbsteuer **118** 41, 248

Grundgesetz
- ausdrückliche Verbote **99** 219
- Bindung des Gesetzgebers an das ~ **100** 36
- Einsetzung von Regierungsbeauftragten **111** 23 ff.
- Entgeltverbot? **119** 52
- und europäisches Gemeinschaftsrecht **100** 91
- Finanzverfassung *siehe dort*
- Formung von Tathandlungen **99** 219
- als fragmentarischer Plan staatlicher Entwicklung **99** 137
- und Gemeinwohl **99** 74
- und Gesetz **100** 34 ff.
- Gesetzgebungsauftrag **102** 11
- und Gesetzgebungsverfahren **102** 2
- Gewaltenteilung **99** 45
- und internationales Recht **100** 39
- Kompetenznormen
  - zwingender Charakter **108** 74
- Kompetenzordnung **99** 42 ff.
- numerus clausus der Rechtsetzungsformen **100** 44 ff.
- Organisationsnormen **108** 60 ff.
  - zwingender Charakter **108** 74
- und privatrechtliche Organisationsformen **108** 68
- prozessuale Gewährleistungen **115** 17 ff.
- und Rechtsprechung **112** 1, **114** 6 f.
- als Rechtsquelle **100** 35
- Rechtsstabilität durch das ~ **100** 36
- und Regierungsfunktion **106** 1 ff.
- und Richterstatus **113** 2 ff.
- Schutz künftiger Generationen **99** 145
- Sozialfinanzverfassung **125** 20 f.
- Sozialisierungsermächtigung **122** 57, 73
- Sozialstaatsgebot **125** 2
- staatliches Rechtsetzungsmonopol **100** 38 f.
- und Staatsgewalt **99** 14
- und Staatshandeln **99** 1
- und Staatskredite **123** 10, <u>14 ff.</u>
- Staatsorganisation **99** 119 f.
- Staatsvermögen **122** 4
- und Staatsziele **99** 23
- Stufung des Behördenaufbaus **108** 67
- und supranationales Recht **100** 39
- unmittelbare Geltung **100** 35
- Verbot des Unternehmerstaates **122** 84
- und Verfahren **109** 21 ff.
- als Verfahrensordnung **99** 70 f.

Sachregister

- verfassungsrechtliches Gewaltenteilungsschema **112** 4
- Verfassungsvorbehalt **100** 44
- Vermögenszuordnung **122** 54
- Verstoß gegen das ~
  - Fehlerfolge **101** 10
  - grundsätzliche Nichtigkeit **101** 10
- und Verwaltung **106** 16 ff.
- und Verwaltungsorganisation **108** 62 ff.
  - Gesetzesvorbehalte **108** 63
  - Richtungsentscheidungen **108** 63
  - Verwaltungszuständigkeiten **108** 63
- und Verwaltungsverfahren **109** 21 ff.
- Vorrang der Verfassung **100** 34, **101** 2
- und Weisungshierarchie **107** 37 ff.
- Wirtschaftlichkeit staatlichen Handelns **121** 16 ff.

Grundgesetzänderung
- als Ausnahme **99** 153

Grundrechte
- Auffanggrundrecht **101** 21
- Ausgestaltung im Recht des Gerichtsverfahrens **115** 10 ff.
- als Befugnisnormen **99** 49 ff.
- und Besteuerung **118** 81 ff., 131
- Eigentumsschutz **122** 73
- faktische Beeinträchtigung **108** 80
- Gewährleistungen der Europäischen Menschenrechtskonvention **115** 14
- grundrechtliche Gesetzesvorbehalte **101** 36
- als Handlungsaufträge **99** 58
- als Leistungsrechte **108** 80
- organisationsbestimmende Wirkung **108** 83 f.
- als Organisationsverbote **108** 81
- und Planungsteilhabe **99** 143
- und private Selbstbestimmung **99** 156
- prozedural-organisatorische Komponenten **109** 22
- Prozeßgrundrechte *siehe dort*
- und Staatsorganisation **99** 122
- und Staatsvermögen **122** 77 ff.
- und Subventionen **124** 40 ff.
- als Teilhaberechte **99** 58 ff.
- als Verfahrensgarantien **99** 217
- Verfahrensrecht und ~ der Landesverfassungen **115** 13

- verfahrensrechtliche Gewährleistungen **109** 23
- Verlust von inhaltlicher Verläßlichkeit **99** 59
- und Verwaltungsorganisation **108** 76 ff.

Grundrechtsausübung
- und Gebührenpflichten **119** 53

Grundrechtsbeeinträchtigung
- faktische ~ **99** 64

Grundrechtseingriff
- durch staatliche Informationstätigkeit **99** 214 f.
- durch staatliche Konkurrenzwirtschaft **122** 93
- im Steuerrecht **118** 65 ff., 80 ff., **122** 75 ff.
- und Übermaßverbot **99** 50 f.

Grundrechtsschranken
- Garantie des Berufsbeamtentums **110** 57

Grundrechtsschutz
- im Steuerrecht **118** 131
- durch Verfahren **99** 72 f., **109** 21 ff., 25

Grundrechtsträger
- Beliehene **108** 77
- Verwaltungsträger **108** 77

Grundrechtsverzicht **99** 163
Grundsteuer **118** 239

Halbeinkünfteverfahren **118** 152
Halbteilungsgrundsatz **116** 118, **118** 118, 126 ff.
Handlungsfreiheit, allgemeine
- als Auffanggrundrecht **101** 21

Handwerkskammern **105** 10
Haushalt **116** 121 ff., **120** 1 ff.
- allgemeiner Etat **120** 9
- ausgeglichener ~ **116** 50, **120** 44
- Bedeutung **120** 7
- Budgetflucht **99** 102, **120** 28
- Budgetpflicht **120** 60
- Bundeszuschuß an Sozialversicherungsträger **125** 37 f.
- Doppelhaushalt **120** 43
- Ergänzungshaushalt **120** 65
- der Europäischen Union **118** 76
- Funktion **116** 124, **120** 1, <u>15 ff.</u>
  - finanzpolitische ~ **120** 17
  - Kontroll~ **120** 19 f.

Sachregister

- politische ~ **120** 18
- wirtschaftspolitische ~ **120** 21
- Globalhaushalte **116** 132
- Haushaltsgrundsätze *siehe dort*
- Haushaltsnotstand **123** 72 f.
- Nachschiebeliste **120** 65
- Nachtragshaushalt **120** 30, 45, 65
- Nebenhaushalte *siehe dort*
- Nothaushalt **120** 42, <u>67 f.</u>, **123** 14
- Rücklagen **123** 57
- Schulden **123** 12
- Staats~ und öffentlicher ~ **120** 2
- über- und außerplanmäßige Ausgaben **120** 67 ff.
- Überschreitung der Kreditobergrenze als Ausnahme **123** 51, <u>62</u>, 83
- verfassungswidriger ~ **120** 46
- Vorbehalt des Möglichen **99** 108 ff.
- Wirkungsschwäche **99** 102

Haushaltsausschuß
- Aufhebung qualifizierter Sperrvermerke **120** 75
- Stellung im Budgetverfahren **120** 63

Haushaltsbegleitgesetze **100** 30, **120** 5, 57
Haushaltsgesetz **116** 131, **120** 50 ff.
- keine Außenwirkung **120** 51, **124** 41
- befristete Kreditermächtigung **123** 95
- Bepackungsverbot **116** 142, **120** 57
- Budgettheorie Labands **120** 52
- als Einspruchsgesetz **120** 66
- Ermächtigungswirkung **120** 55
- Finanzkontrolle **120** 89
- und Haushaltsplan **120** 50 ff.
- Kreditermächtigung im ~ **123** 16
- Normenkontrolle **120** 55
- Normenkontrollverfahren **123** 84
- Organgesetz **99** 101
  - kein reines ~ **120** 57
- Organstreitverfahren **120** 55

Haushaltsgesetzgebung **102** 84 f., **120** 63 ff.
- und Finanzplanung **120** 79
- und qualifizierte Sperrvermerke **120** 75
- Rolle des Bundesrates **120** 66
- Sonderformen **120** 65

Haushaltsgrundsätze **116** 141, **120** 22 ff.
- Ausgeglichenheit **120** 44 ff.
- Bagatellvorbehalt **120** 26
- Bruttoprinzip **120** 31

- Einheit des Haushalts **120** 25, <u>30</u>
- Gesamtdeckung **116** 140 f., **120** 47
  - im Gebührenrecht **119** 57
  - und Schuldentilgung **123** 51
- Jährlichkeit **120** 43, **123** 58
- Klarheit **120** 37 f.
- Konkurrenzen **120** 49
- Nonaffektion **120** 47
- Öffentlichkeit **120** 41
- Rechtsnatur **120** 23
- Spezialität **120** 32 ff.
- verfassungsrechtliche ~ **120** 24 ff.
- Vollständigkeit *siehe* Haushaltsvollständigkeit
- Vorherigkeit **120** 42
- Wahrheit **120** 37 ff., 45
- Wirtschaftlichkeit und Sparsamkeit **120** 48, **121** 21 ff.

Haushaltsgrundsätzegesetz **120** 5
siehe auch Gesetzesregister

Haushaltshoheit des Parlaments **118** 206, **120** <u>63 ff.</u>
- Ausnahmen **120** 67 ff.
- Bedeutung **116** 122 f.
- Effektivität **120** 52
- Finanzschulden **123** 20
- Gefährdung **99** 102, **116** 132
- Grundstücksveräußerung **122** 102
- und Haushaltsgrundsätze **116** 140 f.
- historische Entwicklung **120** 9 ff.
- Jährlichkeitsprinzip **120** 43
- Kassenverstärkungskredite **123** 23
- Kontrollfunktion **116** 122 ff., **120** 19 f.
- Kreditermächtigung **123** 14 ff.
- Nebenhaushalte *siehe dort*
- Rechnungshöfe als Informationshelfer **122** 99
- und Sondervermögen **123** 74
- und Spezialitätsgrundsatz **120** 35
- und Steuervergünstigungen **120** 27
- Verwaltungsschulden **123** 20

Haushaltskonsolidierung
- in Kanada **123** 88
- verfassungsrechtliche Verpflichtung zur ~ **123** 50

Haushaltskreislauf **116** 131, **120** 58 ff.
- Budgetaufstellungsverfahren **120** 62
- Budgetinitiative der Bundesregierung **120** 61 ff.

Sachregister

- Dezemberfieber **120** 58
- Einspruchsrecht des Bundesrates **120** 66
- Entlastung **120** 94 ff.
- Finanzkontrolle *siehe dort*
- Haushaltshoheit des Parlaments **120** 63
- Haushaltsverhandlungen **120** 62
- Vollzug durch die Exekutive **120** 72 f.

Haushaltsplan **116** 121 ff., **120** 15 ff.
- Anlage über Sonderabgaben **119** 86
- Budgettheorie Labands **116** 142, **120** 52
- keine Doppelveranschlagung **123** 82
- Entwurf des Finanzministers **120** 62
- als formelles Gesetz **120** 51 *siehe auch* Haushaltsgesetz
- Funktionen **99** 101
- gesetzlich festgestellter ~
  – keine Außenwirkung **120** 53
  – Normenkontrolle **120** 55
  – als Organgesetz **99** 101, **120** 53
  – Organstreitverfahren **120** 55
- als gesetzliche Grundlage **101** 26 f.
- globale Minderausgaben **120** 40, **123** 82
- und Haushaltsgesetz **120** 50 ff.
- Organisationsfunktion **116** 125
- Publizierung **120** 41
- qualifizierte Sperrvermerke **120** 75
- und Sonderabgaben **116** 92
- und staatliche Planung **99** 138
- staatsleitender Hoheitsakt **120** 18
- und Subventionen **120** 54, **124** 31
- Verpflichtungsermächtigung im ~ **123** 20
- und Verwendungsbindungen **116** 142
- Vollständigkeit *siehe* Haushaltsvollständigkeit

Haushaltsplanung *siehe auch* Finanzplanung
- bottom-up-Prinzip **123** 85
- und Finanzplanung **99** 138
- und globale Mindereinnahmen **99** 103
- kameralistische ~ **123** 97
- Kassensturz **123** 87 f.
- Neuordnung **123** 85 ff.

- Ressourcenverbrauchskonzept **123** 98
- top-down-Verfahren **123** 87
- überhöhte Bedarfsanmeldungen **120** 45, **123** 85
- überhöhte Einnahmenschätzungen **120** 45, **123** 86

Haushaltsrecht
- Budgetklarheit **120** 38
- Bundesbeteiligung an wirtschaftlichen Unternehmen **122** 91
- in der DDR **120** 14
- als Teil des Finanzverfassungsrechts **120** 2
- Gefährdungen **116** 132
- historische Entwicklung **120** 9 ff.
- und Insolvenzunfähigkeit des Staates **120** 53
- Koordinationsleistung **116** 124 f.
- Paradigmenwechsel **123** 96 ff.
- und Plebiszite **116** 152 ff.
- prägende Elemente **120** 1
- und Privatisierung **120** 3
- Rechtsquellen **116** 130, **120** 5
- Staats~ und öffentliches ~ **120** 2
- und Steuerrecht **118** 24
- Unitarisierung **120** 6
- und Verwaltungsrecht **116** 151, **121** 36 ff.
- und Wirtschaftlichkeit **120** 7
- Wirtschaftlichkeitsgrundsatz **121** 21 ff.

Haushaltsreform **99** 103
Haushaltsstrukturgesetze **100** 30
Haushaltsverfassung **120** 4
- Funktion **120** 8

Haushaltsvollständigkeit
- und Gebührenrecht **119** 47
- Nebenhaushalte *siehe dort*
- und nichtsteuerliche Abgaben **119** 15
- Sicherungsfunktion **120** 25 f.
- und Sonderabgaben **119** 65, 72, <u>77</u>
- und Subventionen **124** 31
- Verbot schwarzer Kassen **120** 26

Haushaltsvollzug
- asymmetrischer ~ **123** 42
- durch die Exekutive **120** 72 f.
- Finanzkontrolle **120** 89
- Junktimklausel **123** 41 ff.

Halbfette Zahl = §§; magere Zahl = Rn.; unterstrichene Zahl = Hauptfundstelle

Sachregister

- Mitwirkung des Bundestages **120** 74 f.
- und Spezialitätsgrundsatz **120** 36
- Wirtschaftlichkeit **120** 48

Haushaltswirtschaft
- doppische ~ **123** 98
- Kritik des BVerfG **123** 80 f.
- Ordnungsmäßigkeit **120** 19
- Reform der öffentlichen ~ **120** 97
- Reformüberlegungen **123** 80 ff.
- Wirtschaftlichkeit **120** 19

Hergebrachte Grundsätze des Berufsbeamtentums 110 39 ff.
- Alimentationsprinzip **110** 44 f.
- Amtsbezeichnung **110** 49
- amtsbezogene Versorgung **110** 45
- Beachtungspflicht **110** 55
- Beamtenversorgung **110** 45
- Berücksichtigungspflicht **110** 55
- besonderes Dienst- und Treueverhältnis **110** 41
- Fürsorgepflicht **110** 41
- grundrechtsgleiche Rechte **110** 56
- Grundsatzcharakter **110** 52
- Hauptberuflichkeit **110** 40
- Herkommen **110** 53
- und Hochschulrecht **110** 50
- keine ~ **110** 51
- Konkretisierung im Beamtenrecht **110** 66 ff.
- Laufbahnprinzip **110** 46, 91
- Leistungsgrundsatz **110** 47
- eigene Personalvertretung **110** 48
- und richterliche Unabhängigkeit **110** 50
- kein Schutz vor Detailregelungen **110** 51
- Streikverbot **110** 43
- Treuepflicht **110** 42
- Voraussetzungen **110** 52 f.
- Weimar als Traditionsbasis **110** 53

Hochschulen
- Autonomie **99** 48, **105** 8, 58
- Bekanntmachung der Satzungen **105** 61
- Hochschulrecht **110** 50
- Hochschulsatzungen **105** 58
- Satzungsgewalt **105** 8
- und Wissenschaftsfreiheit **108** 84

Homo homini deus 99 12
Homo homini lupus 99 12

Homogenitätsgebot
- und Ausübung der Organisationsgewalt **99** 123

Hundesteuer 118 142, 240

Immissionsschutzrecht
- Verwaltungsvorschriften im ~ **104** 8

Impermeabilitätstheorie 100 8, **108** 32 ff., **121** 22

Individualgesetze 100 11 f.
Individualnützigkeit 99 114
Individualverordnungen 103 47 f.

Industrie- und Handelskammern 105 9

Inflation
- historische Beispiele **116** 38 f.

Information
- Grundlage der Mitbestimmung **99** 209 ff.
- und Vertraulichkeit **99** 211
- innerhalb der Verwaltung **107** 61 ff.

Informationelle Selbstbestimmung 107 62, **111** 10
Informationseingriff 99 214
Informationsfreiheit
- und Rundfunkgebühren **119** 52

Informationstätigkeit, staatliche 99 210 ff.
- als Grundrechtseingriff **99** 214 f.
- Verhaltenslenkung durch ~ **99** 17, 212

Informelles Staatshandeln *siehe* Staatshandeln, informales

Innenrecht
- und Außenrecht **104** 5, **108** 32 ff., **121** 22, 36
- Relationsbegriffe **108** 34
- Unterscheidbarkeit **104** 38, **108** 34 f.
- Verwaltungsvorschriften als ~ **104** 44

Innungskrankenkassen 125 5
- Haftung der Innungen für Defizite **125** 5

Insolvenzrecht
- juristische Personen des öffentlichen Rechts **116** 47
- und Kirchen **116** 54
- Reinigungsfunktion **116** 32

1576 Halbfette Zahl = §§; magere Zahl = Rn.; unterstrichene Zahl = Hauptfundstelle

Sachregister

Internationale Beziehungen
– Gesetzesvorbehalte für ~ **101** 39
Internationale Verschuldungskrise
116 41 ff.
Internationale Währungsbeziehungen
– rechtliche Ordnung **117** 7
Internationaler Währungsfonds
117 8 f.
Internationales Recht **100** 39, 41 f., <u>63 ff.</u>
Internationales Steuerrecht **116** 156 ff.
– und Leistungsfähigkeitsprinzip
116 160
Investitionen
– Begriff **123** 33 ff.
– Desinvestitionen **123** 39
– Investitionsförderungsmaßnahmen
123 40
– Nettoinvestitionen **123** 36
– und Staatskredite **123** 3 ff., <u>28 ff.</u>, 93 f.
Ius aequum **99** 87
Ius strictum **99** 87

Jahresrechnung **120** 89, **122** 5 ff.
– 2004 bis 2006 **122** 49 ff.
– Liste der Vermögensbestandteile
122 6
– tätige Verfassungsinterpretation
122 10
Judikative *siehe* Rechtsprechende
Gewalt; Rechtsprechung
Junktimklausel
– bei Staatskrediten **123** 28 ff.
Juristische Personen
– im Steuerrecht **118** 152
– Zurechnungsschema **122** 14
Juristische Personen des öffentlichen
Rechts **108** 36 ff.
– Anstalt **108** 37 f., 67
– Bedeutung der Organisationstypen
108 39
– und Beliehene **108** 45
– Grundrechtsschutz **108** 77
– Innen- und Außenrecht **108** 34
– Insolvenzunfähigkeit **116** 47 f., 53 ff.,
122 114
– Körperschaft **108** 37, <u>39</u>, 67
– Kreditaufnahme **123** 22, 78
– rechtsfähige Verwaltungseinheit
108 30, 40
– Stiftung **108** 37 f.

– und teilrechtsfähige Verwaltungseinheit **108** 41
– Wesensmerkmal **108** 42
Justizgewähranspruch
– nach Art. 6 EMRK **115** 17
– Bereitstellung eines unparteiischen
Richters **114** 11
– und Justizgewährpflicht **114** 13
– und Privatrechtsbeziehungen **114** 9
– als Rechtsschutzgarantie **114** 8 f.
– Zugang zum Verfahren **115** 16 f.
Justizgrundrechte *siehe* Prozeßgrundrechte

Kabelgroschen **119** 119
Kabinettsprinzip
– und Regierungsfunktion **106** 13
Kabinettsvorlagen **102** 16 f.
Kameralismus **123** 2, 97
Kammergut **122** 16
– Unveräußerlichkeit **122** 106
Kammern der freien Berufe **105** 10
Kanzlerprinzip
– und Regierungsfunktion **106** 13,
107 43
Kapital
– und Arbeit, Gleichwertigkeit **118** 189
Kassenärztliche Vereinigungen
– Satzungsautonomie **105** 27
– Richtlinien des Gemeinsamen
Bundesausschusses **105** 12
Kausalabgaben *siehe* Vorzugslasten
Kenntnisverordnungen **103** 58
Kernenergie
– Bundeskompetenz **99** 47
Keynesianische Theorie **120** 13, 21,
123 8, 61
Kinderfreibetrag **118** 161
Kirchen
– Insolvenzunfähigkeit **116** 54
Kirchensteuer **116** 28, **118** 236
Koalitionsfreiheit
– als grundrechtliches Organisations-
verbot **108** 81
Kodifikationsgesetze **100** 29
Kohärenz
– im Steuerrecht **118** 96
Kohlepfennig **116** 92, **119** 92
Kollegialgerichte
– Abstimmung **113** 45 ff.

- keine globale ~ 113 46
- Abstimmungsmehrheiten 113 53 ff.
  - absolute Stimmenmehrheit 113 54
  - höhere ~ 113 54
- Anzahl der Richter 113 48
- Beratung 113 45 ff.
- einheitliche Entscheidung 113 45
- Entscheidungsfindung 113 48
- gesetzlich normierte Grundsätze 113 47
- Sonderstellung des Vorsitzenden 113 53
- Stimmengewichtung 113 53
- Stimmengleichheit 113 55
- als vorzugswürdige Organisationsform 113 44
- Zusammensetzung der Spruchkörper 113 49 ff.
  - Anforderungen des Art. 92 GG 113 49
  - ehrenamtliche Richter 113 51 f.
  - Hilfsrichter 113 50

Kollegialorgane 107 67
Kollegialprinzip 107 43
Kollektive Güter 99 115
Kollisionsrecht
- Prinzipienkollision 121 28
- Regelkonflikt 121 27

Kommissionen 107 67
Kommunalaufsicht 108 48
Kommunale Selbstverwaltung *siehe* Selbstverwaltung, kommunale
Kommunalrecht
- Kommunalbankrott 116 52

Kommunen *siehe* Gemeinden
Kompetenzen *siehe* Zuständigkeiten
Kompetenzordnung
- Gesetzgebungszuständigkeiten *siehe dort*
- Relativität der Rechtsfähigkeit 122 18
- verfassungsrechtliche ~ 99 42 ff.

Konferenz der Landtagspräsidenten
- Föderalismusreform 116 75

Konjunkturausgleichsrücklage 123 47
Konkordanz, praktische *siehe* Praktische Konkordanz
Konnexitätsprinzip 116 72
Konsens
- und Einhelligkeit 99 151

Konstitutionalismus
- Gesetzesvorbehalt 101 18
- Impermeabilitätstheorie 121 22

Kontinuitätsgewähr
- im Steuerrecht 118 115
- und Vertrauensschutz 118 110

Kontrolle staatlichen Handelns 99 224 ff.
- und Aufsicht 99 229, 239 ff.
- ausschließliche ~ 99 245
- berichtigende Einwirkung 99 224
- Finanzkontrolle *siehe dort*
- Kompetenz zur Einflußnahme 99 226
- maßstabgebundene Beanstandung 99 226
- mitgestaltende ~ 99 227 ff.
  - und Aufsicht 99 229
  - Zusammenwirken von Staatsorganen 99 228
- politische Kontrolle 99 227
- durch die rechtsprechende Gewalt *siehe* Gerichtliche Kontrolle
- Selbstkontrolle 99 231 ff.
  - selbstregelnde ~ 99 234
  - selbstveranlaßte ~ 99 233
  - verhaltensbestimmende ~ 99 232
- und Verantwortung 99 225
- Zusammenwirken verschiedener Kontrollen 99 243 ff.

Kontrollmitteilungen
- und Steuergerechtigkeit 118 29

Kooperationsgesetze
- international determinierte ~ 100 28

Kopfsteuer 118 2, 16
- und Besteuerungsgleichheit 118 168
- Verbot einer ~ 116 108

Körperschaften, öffentlich-rechtliche 108 37, 67
- Abgrenzung zur Anstalt 108 39
- und Bundesanstalt für Arbeit 108 39
- Satzungsgewalt 105 9 f.
- Sozialversicherungsträger 125 4 ff.

Körperschaftsteuer 118 234
- Anrechnungssystem 118 152
- Ertragshoheit 118 71

Kostendeckungsprinzip
- gebührenrechtliches ~ 116 87, 119 45 ff., 49

Kraftfahrzeugsteuer
- überörtliche Aufwandsteuer 118 240

Krankenkassen, gesetzliche
– Einzug des Gesamtsozialversicherungsbeitrags   **125** 16
– Unterarten   **125** 5
– Verbände der Krankenkassen   **105** 12

Krankenkassen, landwirtschaftliche   **125** 5

Krankenversicherung, gesetzliche
– Beiträge   **125** 24   *siehe auch* Sozialversicherungsbeiträge
– beitragsfreie Familienkrankenversicherung   **125** 30 ff.
– Bundeszuschuß   **125** 37
– Finanzausgleichsverfahren   **125** 44
– Preisrabatte für Arzneimittel   **119** 124
– Versicherungsträger   **125** 4 f.
– Zusatzleistungen   **122** 96

Kredite   *siehe* Staatskredite

KTA-Regeln   **104** 9

Kulturgut, deutsches
– Schutz gegen Ausfuhr   **122** 111
– im Staatseigentum   **122** 111
  – kein Vermögen sui generis   **122** 25
– Vermögensauseinandersetzung mit Fürstenhäusern   **122** 16

Kurtaxe   **119** 22
– als Beitrag   **116** 90, **119** 63
– räumliche Nähe   **119** 67

Länder
– Beteiligung an Gesetzesentwürfen   **102** 15
– Bundesergänzungszuweisungen   **118** 75
– Eigenständigkeit   **99** 46
– keine Einflußnahme auf die Bundesverwaltung   **108** 72
– eingeschränkte Finanzwirtschaft   **123** 72
– Eingliederung der neuen ~ in die Finanzordnung   **116** 75
– Einrichtung der Gerichte   **114** 17
– Finanzverwaltung   **116** 14, 69
– und Gemeinden   **116** 18
– als Hauptverwaltungsträger   **108** 17
– Kompetenzen bei der Gerichtsorganisation   **114** 16 ff.
– Regelung „durch Gesetz"   **103** 33
– Sondergerichte auf Länderebene   **112** 88 f.
– Staatlichkeit
  – fehlende Finanzautonomie   **116** 80 f.
  – und Steuerertragshoheit   **116** 67
  – Verwaltungsvermögen   **122** 118

Länderfinanzausgleich   *siehe* Finanzausgleich, bundesstaatlicher horizontaler

Landesbeauftragte   **111** 13 ff., 34 ff.
– Arten   **111** 39
– Bürgerbeauftragter   **111** 18 ff.
– freiwillige Bestellung durch die Kommunen   **111** 40
– Gleichstellungsbeauftragte   **111** 38
– bei einzelnen Ministerien   **111** 36
– Regierungsbeauftragte   **111** 35
– bei Verwaltungsstellen   **111** 37 ff.

Landesdatenschutzbeauftragte   **111** 14
– und Bürgerbeauftragter   **111** 20
– Institutionalisierung in den Verfassungen   **111** 14 f.
– in Nordrhein-Westfalen   **111** 14
– in Sachsen   **111** 17
– Unabhängigkeit   **111** 49
– unterschiedliche Verfassungsaussagen   **111** 16

Landesregierungen
– Bestimmung eines Beauftragten im Verteidigungsfall   **111** 29
– Ermächtigung zum Erlaß von Rechtsverordnungen   **103** 32

Landesverfassungen
– Richterstatus   **113** 5 ff.
  – amtsrechtlicher ~   **113** 7
  – dienstrechtlicher ~   **113** 7
  – funktionsrechtlicher ~   **113** 6

Landesverwaltung
– unmittelbare ~   **108** 20

Landwirtschaftskammern   **105** 9

Lärmschutzpfennig   **119** 99

Lastenausgleichsfonds   **118** 83

Lastengerechtigkeit
– der Gesamtabgabenbelastung   **116** 11
– und Staatskredite   **123** 3 ff., 68 f.

Lebensverhältnisse
– einheitliche/gleichwertige ~ im Bundesgebiet   **116** 77 ff.

Legislative   *siehe* Gesetzgeber

Legitimation, demokratische   **99** 121, **107** 20 f.
– Legitimationskette   **107** 40
– organisatorisch-personelle ~   **99** 121

Sachregister

- Quellen **108** 93
- sachlich-inhaltliche ~ **99** 121
- und Weisungsgebundenheit
  - Ausnahmen **107** 22
Legitimationsniveau 99 121
Leistungsfähigkeit
- des Staates **99** 108 ff., **116** 35
Leistungsfähigkeitsprinzip, steuerrechtliches 116 100 ff., **118** 170 ff., 182 ff.
- Ehegattensplitting **118** 157
- und Eigentumsgarantie **116** 110
- als Erkenntnisquelle **118** 184
- und Gebührenrecht **116** 87
- und Gesamtdeckungsprinzip **116** 147
- und grenzüberschreitende Besteuerung **116** 103, 160
- und indirekte Steuern **118** 191 ff.
- und innere Sicherheit **119** 28
- im internationalen Steuerrecht **116** 160
- Kinderbetreuung **118** 164
- und nichtsteuerliche Abgaben **119** 11
- objektives Nettoprinzip **116** 112
- und sozialpflichtiges Eigentum **118** 142 ff.
- und Sozialstaatlichkeit **118** 217
- und Sozialversicherungsbeiträge **125** 35
- und Steuerprogression **116** 108
- subjektives Nettoprinzip **116** 113
- keine Tauschgerechtigkeit **119** 6
- verfassungsrechtliche Grundlage **116** 104
- in der Weimarer Reichsverfassung **118** 12 f.
- und Wettbewerbsneutralität **118** 215
Leistungsrecht
- und Abgabenrecht **99** 105
Leistungsverwaltung
- und Funktionsvorbehalt **110** 24 ff.
  - Anknüpfung an die Rechtsform **110** 27
  - Ausklammerung **110** 26
  - Einbeziehung **110** 28
- in öffentlich- oder privatrechtlicher Form **110** 24
- Rechtsform **110** 27
- Subventionen **124** 1
- und Vorbehalt des Möglichen **99** 106, 108 ff.

Lenkung, staatliche
- durch Beteiligung Dritter **99** 131
- durch Geld **99** 99 ff.
  - Befugnis **99** 107
- gesetzesvermeidende Absprachen **99** 165 ff.
- durch staatliche Informationstätigkeit **99** 212
- durch Steuern *siehe* Lenkungssteuern
Lenkungsabgaben 116 94
- Lenkungsgebühren *siehe dort*
- Lenkungssteuern *siehe dort*
- Sonderabgaben als ~ **119** 93 ff.
Lenkungsgebühren 119 39 ff.
- Gebührenbemessung **119** 50
- als Handlungsmittel **119** 40 f.
Lenkungssteuern 99 91, **116** 133, **118** 46 ff.
- Freiheitsverlust **99** 91
- Ökosteuern *siehe dort*
- Prohibitivsteuern **118** 210
- und Steuergerechtigkeit **118** 25
- Steuergesetzgebungszuständigkeit **116** 63
- Verhaltenssteuerung **116** 8
- und Verwaltungskompetenz **99** 47
- Wahlschuld **118** 49, 69, 166 f., **119** 24
Lex posterior derogat legi priori
- und Haushaltsgesetze **121** 36
- Regelkonflikt **121** 27
Lex specialis derogat legi generali
- und Haushaltsgesetze **121** 37
- Regelkonflikt **121** 27
Liberalismus
- Eigentumsschutz **118** 92
Lotteriesteuer 118 250 f.
Luftsicherheitsgebühr 119 31

Magisches Viereck 120 21, **123** 62
Magna Charta Libertatum 118 7
Marktwirtschaft
- und Geld **117** 4
- Voraussetzung für den Steuerstaat **122** 70
Maßnahmegesetze 100 11, 32, **103** 48
Maßnahmeverordnungen 103 47 f., 74
Maßstäbegesetz 100 33, **116** 74, 178, **118** 74 *siehe auch* Gesetzesregister

Sachregister

Medien
- externe Finanzkontrolle **121** 39
- Informationsvermittlung **99** 211

Mehrebenensystem **99** 25 f.

Mehrheit
- Art der ~en **99** 177

Mehrheitsprinzip **99** 170 ff.
- Entscheidungsbefugnis **99** 178
- Ersatzentscheidungsverfahren **99** 177
- Gleichheit der Stimmen **99** 175
- Voraussetzungen **99** 171 ff.

Meinungsfreiheit
- und Richteramt **113** 89 ff.
  - Alternativität **113** 89
  - Grenzen **113** 92
  - Vermengung **113** 90

Menschenrechte
- und Besteuerungsgewalt **118** 93
- in der Französischen Verfassung (1791) **118** 8
- universale ~ **99** 3, 150
- und Völkerrecht **99** 25

Menschenwürde
- Konkretisierung durch die Prozeßgrundrechte **115** 3
- Verletzung durch eine Weisung **107** 103

Menschenwürdegarantie
- und allgemeiner Gleichheitssatz **116** 106
- steuerliches Existenzminimum **116** 113

Minderheitenschutz **99** 172

Mineralölsteuer
- Äquivalenzbeziehung **116** 149

Minister
- öffentlich-rechtliches Amtsverhältnis **110** 3

Ministerialfreie Räume **99** 135, **111** 59
- und Demokratieprinzip **108** 95 f.

Ministerialorganisation
- und Regierungsvorbehalt **108** 99

Ministerialverwaltung
- verfassungsrechtliches Verbot **108** 67

Ministerialvorbehalt **108** 95

Ministerien
- als oberste Verwaltungsbehörden **108** 5

- Verantwortung für die Verwaltung **99** 135
- Vermögensverwaltung **122** 100

Mischverordnungen **103** 34

Mischverwaltung **108** 73 f.
- Oberfinanzdirektionen **116** 69

Mitbestimmung
- im öffentlichen Dienst **107** 69 ff., **110** 99 ff.
- und Demokratieprinzip **110** 104
- direktive Mitbestimmung **110** 103
- Personalhoheit **107** 71, **110** 104
- und Personalvertretungsrecht **110** 99 ff.
- Schranken **107** 70
- keine Verfassungsgarantie **110** 102
- Verfassungsgrenzen **110** 103 f.
- verfassungsrechtliche Grundlage **110** 102

Modellgroschen **119** 119

Möglichen, Vorbehalt des **99** 108

Monarchie
- Ende der ~ und Vermögensauseinandersetzung **122** 16

Monetaristische Schule **123** 9

Münzwesen
- Gesetzgebungskompetenz **117** 14

Mutterschaftsgeld **119** 125

Nachkriegssozialismus
- und hessische Verfassung **122** 57

Nachlaufverordnungen **103** 58

Nacht- und Nebelgesetze **102** 5

Nachtwächterstaat **121** 2

Nationalökonomie
- klassische ~ und Staatsverschuldung **123** 2

Nationalsozialismus
- Verordnunggebung **103** 14

Nebenhaushalte
- Begriff **120** 28
- Bundesbetriebe **120** 29
- Flucht in ~ **99** 102, **116** 132, **122** 99
  - und Kreditaufnahme **123** 21, 79, 82
- Sondervermögen **120** 29, **122** 19, **123** 74 ff.
- und Staatskredite **123** 74 ff.
- Verbot von ~n? **120** 28

Halbfette Zahl = §§; magere Zahl = Rn.; unterstrichene Zahl = Hauptfundstelle   1581

Sachregister

Neues Steuerungsmodell 99 125, 108 53f., 120 97
– Globalhaushalte 116 132
– Kontrakte 99 190
– und Nonaffektion 120 47
– Outputorientierung 121 55ff.
– richterliche Unabhängigkeit 112 45
– Verwaltungscontrolling 121 7
Neutralität
– des Amtes 110 74
Niedersächsische Verfassung *siehe auch* Gesetzesregister
– Eigentum des Volkes 122 53, 57
– Landesvermögen 122 53
Nivellierungsverbot 116 73
Nonaffektionsprinzip *siehe* Gesamtdeckungsprinzip
Normen
– statusbildende ~ 105 32
– untergesetzliche ~ 101 9
Normenflut 99 3
– Lösungsvorschlag 100 79
– Verlust des Basiskonsens 100 78
Normenhierarchie 101 2
Normenklarheit
– Grundsatz der ~ 118 201
– nichtsteuerliche Abgaben 119 19
– im Steuerrecht 118 164
Normenkontrolle
– abstrakte ~ von Verwaltungsvorschriften 104 86
– Haushaltsgesetz 120 55
– inzidente ~ 112 30
– prinzipale ~ 112 31
– Rechtsverordnungen 103 81ff.
– Satzungen 105 63
Notare
– öffentlich-rechtliches Amtsverhältnis 110 3

Oberfinanzdirektionen
– Mischverwaltung 116 69
Oberfinanzpräsident
– als Bundes- und Landesbeamter 116 69
Objektives Nettoprinzip 116 112
Observanzen 100 58
Öffentlich-rechtliche Rundfunkanstalten
– Insolvenzunfähigkeit 116 55
Öffentlich-rechtlicher Vertrag

– als Ausnahme 99 159
– beidseitige Gestaltungskraft und Verantwortlichkeit 99 160
– gebundene Vertragsfreiheit 99 161
Öffentliche Unternehmen *siehe* Unternehmen, öffentliche
Öffentlicher Dienst 99 96ff., 110 1ff.
– Ämterpatronage 110 10
– Angestellte
 – Dienstordnungsangestellte 110 106
 – Recht der ~n 110 105ff.
 – Streikrecht 110 112f.
 – Verfassungstreue 110 109ff.
– Arbeiter
 – Recht der ~ 110 105ff.
 – Arbeitsrecht des ~ 107 84, 110 105ff.
– Ausschluß von Individualinteressen 107 84f.
– Auswahlkriterien 110 8
– Bedienstetengruppen 110 1
– befristete Arbeitsverträge 110 107f.
– Besoldung
 – und Föderalismusreform 110 32
 – Verordnungen der Landesregierungen 110 33
– Chancengleichheit 110 7ff.
– Dienstrecht 110 4f.
– Eignung 110 9
– Gleichheit des Zugangs 110 7
– Leistungsprinzip 110 8
– und Minister 110 3
– Mitbestimmung im ~ 110 99ff.
 – Personalhoheit 107 71
 – Schranken 107 70
– und Notare 110 3
– Parteieinfluß 110 74ff.
– Parteiproporz 110 10
– Personalvertretung
 – Gesetzgebungskompetenz 110 99
 – und Gewerkschaften 110 101
 – Gruppenprinzip 110 100
 – Personal- und Fachgewalt der Ressortminister 110 104
– Politisierung 110 75
– als Rechtsbegriff 110 1ff.
– Regelungen in der Verfassung 110 6
– Teilzeitbeschäftigung 110 37
– Verfassungsauftrag
 – Bindung der Länder 110 11

1582   Halbfette Zahl = §§; magere Zahl = Rn.; unterstrichene Zahl = Hauptfundstelle

– Konkretisierungsspielraum **110** 12
– Rahmencharakter **110** 11
– unmittelbar bindendes Bundesrecht? **110** 11
– Verfassungsrecht des ~ **110** 4 ff.
– verfassungsrechtlicher Begriff **110** 2
– Verfassungstreue **110** 109 ff.
– Vorbereitungsdienst **110** 110

Öffentliches Recht
– als Sonderrecht des Staates **108** 6

Öffentlichkeit
– Kontrolle der Staatsorgane **99** 228

Öffentlichkeitsarbeit der Bundesregierung **99** 214

Ökonomisches Prinzip *siehe* Wirtschaftlichkeit staatlichen Handelns

Ökonomisierung des Rechts **121** 4 f.
– Grenzen **121** 8
– Institutionenökonomik **121** 4
– ökonomische Analyse **121** 5

Ökosteuern
– politische Verwendungsabsicht **116** 139
– als Sonderabgaben **119** 100
– systemimmanenter Widerspruch **118** 51

Ökosteuerreform **116** 135, 139
– und Zielkonformität **116** 149

Ölpfennig **119** 92

Organe *siehe* Staatsorgane

Organisation
– rechtliche Formierung **107** 15

Organisationsentscheidungen
– und Gerichtschutz **108** 85
– und Übermaßverbot **108** 85

Organisationsgewalt **101** 72, **108** 98 ff.
– von Anstalten **105** 27
– institutioneller Gesetzesvorbehalt **108** 70 f.
– und Mitbestimmung **107** 69
– organisationsrechtlicher Gesetzesvorbehalt **108** 70
– und Verfahrensvorschriften **104** 50
– Verteilung **108** 98
– der Verwaltung **104** 19
– und Verwaltungsvorschriften **104** 76
– Zugriffsrecht des Gesetzgebers **108** 71

Organisationsnormen **104** 19 ff.

– Begriff **104** 19
– Typisierung **104** 20 f.

Organisationsrecht **108** 29 ff.
– Apersonalität **108** 29 f.
– Aufgaben **108** 29 ff.
– und Dienstrecht **108** 29
– Eigenart **108** 29 ff.
– und materielles Recht **108** 31
– als Recht **108** 33
– Zurechnungsproblematik **108** 30

Organstreit **108** 57 ff.
– Beteiligtenfähigkeit **108** 59
– Klageart **108** 59
– Klagebefugnis **108** 59
– subjektive Organrechte **108** 58 f.
– Verwaltungsorganstreitigkeiten **108** 57 ff.

Organstreitverfahren
– Ausnahmen von der Budgethoheit **120** 67
– Haushaltsgesetz **120** 55

Organstruktur
– funktionsgerechte ~ **101** 60 f.

Parlamentarischer Rat
– Eigentumsgarantie im Steuerrecht **118** 128

Parlamentsbeauftragte
– Beachtung des Gewaltenteilungsgrundsatzes **111** 46
– Erfordernis einer Zweidrittelmehrheit **111** 47
– Hilfsorgane des Parlaments **111** 46
– unechte ~ **111** 48

Parlamentsmehrheit
– und Regierung **107** 41

Parlamentsvorbehalt
– kein allumfassender ~ **101** 61
– Begriff **101** 14 f.
– als Delegationsverbot **101** 14 f., 53
– demokratischer ~ **101** 46 ff.
– als Gebot verstärkter Regelungsdichte **101** 53
– und Gesetzesvorbehalt **101** 14 ff., 41 ff.
  – Verhältnis **101** 15, 51
– und politische Homogenität von Parlament und Regierung **101** 48
– und Rechtssatzvorbehalt **101** 16
– als Sachvorbehalt **101** 50

Sachregister

– im Schulrecht **101** 46 f., 54
– staatsleitender ~ **101** 14, 50
– und Wesentlichkeitstheorie **101** 53
Parteien
– Einfluß auf den öffentlichen Dienst **110** 74 ff.
Partizipation
– Begriff **109** 37
– und Demokratieprinzip **109** 37
– und Verwaltungsverfahren **109** 37
Patrimonialstaat **122** 15
Personalgewalt
– im Beamtenrecht **107** 50
– und Mitbestimmung **107** 69 ff.
Personalvertretung **107** 69
– im öffentlichen Dienst **107** 69, **110** 99 ff.
  – Gesetzgebungskompetenz **110** 99
  – und Gewerkschaften **110** 101
  – Gruppenprinzip **110** 100
  – Personalvertretung und Fachgewalt der Ressortminister **110** 104
Personengesellschaft mit beschränkter Haftung (GmbH & Co. KG) **118** 36 f.
Pflegekassen **125** 5
Pflegeversicherung, gesetzliche
– Bundeszuschuß **125** 37
– Gemeinlastverbund **125** 43
– Versicherungsträger **125** 4 f.
Plan
– imperativer ~ **99** 140
– indikativer ~ **99** 141
– influenzierender ~ **99** 141
– und Planung **99** 139
– Zuständigkeit des Gesetzgebers für staatsleitenden ~ **99** 142
Planung, staatliche **99** 137 ff.
– begrenzte Prognosefähigkeit **99** 144
– Entscheidungsvorbereitung **99** 139
– Finanzplanung siehe dort
– und Freiheit **99** 146
– Kompetenzgrenzen **99** 147
– Planungsteilhabe **99** 143
– als Verfassungsauftrag **99** 137
– Zuständigkeit der Regierung **99** 142
Planungsrecht
– kommunales ~ **105** 45
Plebiszite
– und Finanzfragen **116** 152 ff.

Pluralität
– der Verwaltung **108** 16 ff.
Politik
– Neue Politische Ökonomie **121** 6
– Primat der ~ **102** 7
Praktische Konkordanz **99** 53
– und Finanzausgleich **116** 73
– und Kreditaufnahme **123** 45
– Prinzipienkollision **121** 28
Preisstabilität
– und europäische Währungsunion **117** 12
– Gewährleistung durch das ESZB **117** 26, 35
– Unabhängigkeit der EZB **117** 39 f.
Presse
– Subventionierung **124** 33, 47
Pressefreiheit
– Gerichtsöffentlichkeit **115** 42
– als grundrechtliches Organisationsverbot **108** 81
Preußische Verfassung (1850)
  siehe auch Gesetzesregister
– Besteuerungsgleichheit **118** 11
– Haushaltsrecht **120** 9
Preußischer Budgetkonflikt **116** 121, 150, **120** 10
Prinzip, bündisches siehe Solidarität, bündische
Privatisierung
– Aufgabenprivatisierung **108** 14
– Finanzvermögen **122** 115 f.
– formale ~ **108** 14
– und Grundgesetz **108** 68
– und Haushaltsrecht **120** 3
– materielle ~ **108** 14
– Organisations~ **99** 127
– Sicherstellungsauftrag **99** 241, **108** 15
– Staatsaufgaben **122** 117
– Vermögensprivatisierung **108** 14
– Verwaltungsvermögen **122** 117
– nach der Wiedervereinigung **122** 83
Privatnützigkeit
– des Eigentums **118** 122 ff.
Privatrechtsordnung
– und Geldverfassung **117** 18
Privatschulgarantie
– als grundrechtliches Organisationsverbot **108** 82

Privatsphäre, Schutz
– im Steuerrecht **118** 203 f.
Prohibitivsteuern **118** 253
– Rechtfertigung **118** 192
– Spielautomatensteuer **118** 210
Prozeßgrundrechte **114** 2
– Ausgestaltung in der föderalen Ordnung **115** 11
– Ausgestaltungsbedürftigkeit durch Prozeßrecht **115** 10
– und die Europäische Menschenrechtskonvention **115** 14
– Feststellung des Verfassungsverstoßes **115** 53
– Gesetzesabhängigkeit **114** 12, **115** 10
– gesetzliche Ausgestaltung **114** 12
– und Menschenwürde **115** 3
– und neue prozessuale Positionen **115** 16
– Recht auf ein faires Verfahren **115** 16
    – Geltungsbereich **115** 19
    – Präklusionsvorschriften **115** 49
    – Recht auf ein vorhersehbares Verfahren **115** 19
    – Sprachprobleme **115** 19
– Recht auf geordneten Verfahrensablauf **115** 16
– Recht auf den gesetzlichen Richter *siehe dort*
– Recht auf Zugang zum Verfahren **115** 16
– Rechtliches Gehör *siehe dort*
– Rechtsschutz durch den Richter **114** 28
– rechtsstaatliche Insichkonflikte **115** 24
– unmittelbare Geltung **115** 10
– als Verfahrensmaxime **115** 23
– als Verfassungsdirektiven **115** 2, 10
– Verletzung
    – Heilung **115** 54
    – Kassation **115** 54
    – spezifisches Verfassungsrecht **115** 53
    – Verfahrensfehler oder Verfassungsverstoß? **115** 53
Prüfungsausschüsse **107** 58

Quellenbesteuerung
– Belastungsgleichheit in der Zeit **118** 212
– und Steuergerechtigkeit **118** 29
– unausweichlicher Gesetzesvollzug **118** 200
Quellenprinzip, steuerrechtliches **118** 224
Quersubventionierung **119** 123

Rat der Europäischen Union
– und Defizitverfahren
    – Empfehlung **123** 107
    – Entschluß **123** 106
– Währungsaußenpolitik **117** 15
– Wechselkursfestlegung **117** 36
Realsteuern
– Gewerbesteuer **118** 235
– Grundsteuer **118** 239
Rechnungshöfe
– Beratungsfunktion **121** 54
– Bundesrechnungshof *siehe dort*
– gegenwartsnahe Prüfung **121** 53
– Informationshelfer des Parlaments **122** 99
– Kontrollauftrag **121** 15 f., 39, **122** 17
– Kontrollvorgabe **121** 21
– neue Prüfungsmaßstäbe **121** 56 f.
– Rechnungshof der EU **121** 24
– Rechtsmachtlosigkeit **121** 46, 52
Rechnungsprüfung
– Finanzkontrolle **120** 90, **121** 43
– rechtsunverbindliche Kontrolle **99** 234
– verfassungsrechtliche Vorgaben **122** 55
Rechnungsprüfungsämter
– kommunale ~ **107** 58
Recht
– Allgemeinheit des ~s **99** 86
– autonomes, nichtstaatliches ~ **105** 23
– Bindung an das Gesetz im materiellen Sinne **100** 15
– bundesstaatlicher Rechtsvorrang **101** 3
– Fähigkeit zum ~ **99** 88 ff.
– Geschichtlichkeit des ~s **99** 3
– und Gesetz *siehe* Gesetz und Recht

Sachregister

- als Inhalt und Grenze des Gesetzes **100** 17 f.
- innerstaatliches ~
  - und europäisches Gemeinschaftsrecht **100** 88 ff.
  - und Völkerrecht **100** 87
- Ökonomisierung **99** 6
- positives ~
  - und Gewohnheitsrecht **100** 40
- und private Rechtsetzung **100** 16
- staatsrechtliche Relevanz einfachen ~s **122** 64
- Steuerungsfähigkeit des ~s **99** 4
- Subjektivierung **99** 7 f.
- supranationales ~ **100** 39, 41, <u>63 ff.</u>
- Verbindlichkeit des ~s **99** 83 ff.
- Vorrang des Gemeinschaftsrechts **100** 89

Recht auf den gesetzlichen Richter **113** 62 ff., **114** 6 f., <u>33 ff.</u>
- Adressaten **114** 34
- als allgemeines rechtsstaatliches Erfordernis **114** 33
- Ausschluß sachwidriger Einflüsse **114** 35
- Durchbrechungen **114** 37 ff.
- und error in procedendo **114** 44
- im europäischen Rechtsraum **114** 20
- und funktionsrechtlicher Status **113** 64
- Geschäftsverteilungspläne **114** 36
- leistungsrechtliche Dimension **114** 47
- materielle Dimension **114** 7
- Mehrfachzuweisung **114** 40
- Mitwirkung eines ausgeschlossenen Richters **114** 46
- Mitwirkung eines befangenen Richters **114** 46
- Mitwirkungspläne **114** 40
- als prozessuales „Urrecht" **114** 2
- Recht auf den grundgesetzgemäßen Richter **114** 42
- und Überbesetzung von Kammern **114** 40
- und unzuständiger Richter **114** 44
- und Verbot von Ausnahmegerichten **114** 48
- Vorausbestimmung des Richters durch Gesetz **114** 35 f.
- Vorsorge für den Verhinderungsfall **114** 41

- Wahlrecht der Exekutive **114** 37
- Zurückverweisung **114** 38
- Zuständigkeitsbestimmung durch den Richter **114** 38

Rechtliches Gehör **114** 8, **115** 3
- Adressaten **115** 18
- Anhörung
  - Mündlichkeit **115** 36
  - Unmittelbarkeit **115** 36
- Anhörungsrügegesetz **115** 56
- Anspruch auf ~ **113** 65 f.
- aufnahmebereites Gericht **115** 46
- Bedeutung im Strafverfahren **115** 32
- Begrenzungen **115** 24
- Berücksichtigung des Parteivorbringens
  - Begründung bei Nichtberücksichtigung **115** 51 f.
  - Fristen **115** 47 ff.
  - Präklusion **115** 49
  - als Regelfall **115** 51
- Berücksichtigungs- und Erwägungspflichten **115** 46 ff.
- gehörserheblicher Verfahrensstoff **115** 30
- Inhalt **115** 18
- Korrektur von Gehörsverstößen **115** 56
- Modalitäten der Gehörsgewährung **115** 36
- Nachholung des Gehörs **115** 55
- ordnungsgemäßer Ablauf des Verfahrens **115** 16
- Präklusionsvorschriften **115** 49
- als prozessuales „Urrecht" **114** 2
- Recht auf Beiordnung eines Dolmetschers **115** 37
- Rechtsschutz bei Rechtsverletzung **114** 28, **115** 55
- rechtsstaatliche Anforderungen an die Beweisgewinnung **115** 50
- und Rechtsstaatsprinzip **115** 3
- Schutz vor Überraschungsentscheidungen **115** 33
- Stufen der Realisation **115** 18
- Umfang des Äußerungsrechts **115** 36
- verfassungskonforme Handhabung von Fristen **115** 47
- Verletzung **115** 35, 48

Rechtsaufsicht
- Ausführung von Bundesgesetzen durch die Länder **108** 47
- und Fachaufsicht **99** 229
- und mittelbare Bundesverwaltung **99** 126
- Satzunggebung **105** 55 ff.
- Selbstverwaltung **105** 55 ff.

Rechtsetzung
- außerstaatliche ~
  - und Gewaltmonopol **100** 39
  - und innere Souveränität **100** 39
- Dekonzentration **100** 47 ff.
- demokratische Legitimation **100** 45 f.
- Dezentralisation **100** 47 ff.
- Erweiterung der Formen und Prozesse **100** 42 f.
- und Föderalismus **100** 47
- Form und Inhalt **100** 81
- gegenwärtige Problematik **100** 70 ff.
- und Gewaltenteilung **100** 47
- informelle ~ **104** 7 ff.
- Kompetenzverteilung im demokratischen Rechtsstaat **100** 38 ff.
- Kreation neuer Formen **100** 81
- Modifikation der Rechtsetzungsformen **100** 45
- Normenflut **100** 77 ff.
- Normsetzung in der Sozialversicherung **100** 46
- numerus clausus der Rechtsetzungsformen **100** 44 ff.
- in öffentlich-rechtlicher Autonomie **99** 129, **100** 47
- personelle inhaltliche Legitimation **100** 45
- Prärogative des Staates? **100** 38 f.
- und Richterrecht **100** 50 ff.
- Verfassungsvorbehalt **100** 44
- Verknüpfung der Rechtsordnungssysteme **100** 41
- Zustimmungsverordnungen **101** 50

Rechtsetzung der Verwaltung
- autonome ~ **104** 1 ff.
  - und Gesetzesvorbehalt **104** 12 f.
- delegierte ~ **104** 77
- Festsetzung technischer und wissenschaftlicher Standards **104** 7 ff.
- Kompetenz **101** 73
- Notkompetenz **101** 74
- originäre ~ **101** 62, 73, **104** 57, 59, <u>77</u>

Rechtsetzung, private **99** 129, **100** 38 f., <u>61 f.</u>
- und Gewaltmonopol **100** 39
- und innere Souveränität **100** 39

Rechtsetzungsmonopol, staatliches **100** 38 f.
- und Grundgesetz **100** 38 f.
- und private Rechtsetzung **99** 32

Rechtsfähigkeit
- von Verwaltungseinheiten **108** 26, 30

Rechtsformabhängige Besteuerung **118** 150 ff.

Rechtsformneutralität **118** 207
- Postulat der ~ **118** 152 f.

Rechtsmittel
- keine Defizite im geltenden Recht **114** 30
- und Rechtsanwendungsgleichheit **114** 32
- Rechtsmittelklarheit **114** 32, 39
- Rechtsmittelrecht in verfassungsrechtlicher Gebundenheit **114** 32

Rechtsordnung
- Einheit der ~ **100** 85 ff.
- freiheitliche ~ als Angebot **99** 89
- Gebot der Widerspruchsfreiheit **100** 86
- und Kompetenznormen **100** 86
- Rangordnung der Rechtsquellen **100** 87 ff.
- als Staatsvermögensordnung **122** 67
- Stufenbau **100** 92 ff.
- Verknüpfung der Rechtsordnungssysteme **100** 41

Rechtsprechende Gewalt **112** 1 ff.
- Anspruch auf rechtliches Gehör **113** 65 f. *siehe auch* Rechtliches Gehör
- Art. 92 GG als zentrale Grundsatznorm? **112** 17
- Aufgabenübertragung **112** 33 ff.
  - grundsätzliche Zulässigkeit **112** 33
  - Rücknahme **112** 37
  - Schranken **112** 36
  - verfassungsrechtliche Rechtsschutzverbürgerungen **112** 35
  - kein Zuweisungsverbot aus Art. 20 GG **112** 34

Sachregister

- Ausübung durch die Gerichte **112** 19
- Ausübung durch die Richter? **112** 20
- Begrenzung des Justizgesetzgebers **112** 13
- Bestandsgarantie **112** 16
- Definitionshilfen **112** 15
- Einwirkungen auf die Exekutive **112** 47
- Gerichtspräsident als unabhängiger Repräsentant **112** 43
- und Gesetzesvorbehalt **101** 60
- und gesetzgebende Gewalt **112** 28 ff.
- als Gewalt des Rechts **99** 236
- Große Justizreform **112** 46
- und Grundgesetz **112** 1
- Neues Steuerungsmodell **112** 45
- Qualitätsmanagement **112** 46
- Rechtsprechungsmonopol, staatliches *siehe dort*
- Rechtswege **112** 81 ff.
  - Begriff **112** 83
  - Vorgaben im Grundgesetz **112** 82
- Reformbestrebungen **112** 45 f.
- Richter als personale Träger **112** 18, 20
- Staatlichkeit der Gerichte **112** 86 ff.
- und Verfahrensgrundrechte **115** 1 f.
- keine verfassungsrechtliche Definition **112** 14
- verfassungsrechtlicher Status **112** 14 ff.
- verstärkte Einwirkungsbeschränkung **112** 23
- und Verwaltung **112** 38 ff., 68 ff.
  - neutrale Agenden **112** 70
- und Wirtschaftlichkeit **121** 20

Rechtsprechung **112** 1 ff.
- Absprachen **99** 5
- Arbeitsüberlastung **113** 56
- Begriff *siehe* Rechtsprechung, Begriff
- Beurteilung der aktuellen Rechtslage **112** 67
- als dritte Gewalt **112** 2, 4
- und Durchbrechung der Gewaltenteilung **112** 15 ff.
- besondere Eigenständigkeit **112** 23
- Einheit im Bundesstaat **114** 15
- Entscheidung als wesentliches Begriffsmerkmal **112** 72
- und feststellende Verwaltungsakte **112** 69
- und Finanzkontrolle **121** 46 f.
- und freiwillige Gerichtsbarkeit **112** 65
- funktionelle ~ **112** 57
- und Gesetzesbindung **113** 28
- im Schema der Gewaltenteilung **112** 3 ff.
- und Grundgesetz **112** 1, **114** 6 f.
- grundrechtliche Konkretisierungen **114** 2
- Handlungskompetenzen **99** 45
- höchstrichterliche ~ **101** 8
- durch Kollegialgerichte **113** 44
- Konkretisierung des Normbefehls **113** 31
- Neutralität als Essentiale **112** 60 f.
- Organisation im Grundgesetz **99** 120
- und Parteilichkeit des Gesetzgebers **113** 34
- private ~ **112** 90 ff.
- Qualität **113** 56 ff.
- Rechtsprechungsmonopol, staatliches *siehe dort*
- im Rechtsstaat **114** 1, **115** 1 f.
- Rechtsstreitigkeiten **112** 66 f.
  - als Grundvoraussetzung **112** 64
- Richtermonopol **112** 24 ff.
- Sicherung des inneren Friedens **112** 56
- Sonderrolle **112** 27
- staatliche ~ **112** 86 ff.
- und Strafgewalt **112** 74
- und Strafprozeß **112** 63
- und streitentscheidende Verwaltungsakte **112** 69
- als Streitentscheidung **112** 62
- als Teil der Staatsgewalt **112** 2
- als verbindliche rechtliche Bewertung **112** 66
- Verfassungsgarantien **114** 2
- keine verfassungsrechtliche Definition **112** 14
- verfassungsrechtliche Funktionen **114** 1 f., **115** 5 ff.
- und Verwaltung **106** 23
  - Gebot der personellen Trennung **112** 12

- gewaltenteilige Restriktion der Gerichtskontrolle **106** 28
- kein Vorrang als dritte Gewalt **112** 27
- Wirtschaftlichkeitsgrundsatz **121** 18 ff.

Rechtsprechung, Begriff **112** 56 ff.
- Auffassung des BVerfG **112** 72 ff.
- Definitionshilfen **112** 15
- Definitionsprobleme **112** 58
- von Eberhard Schmidt-Aßmann **112** 80
- formeller ~ **112** 57
- funktioneller ~ **112** 75 ff.
- des GVG **112** 62
- Kombinationstheorie **112** 75 ff.
- Kompetenzkatalog als Grundlage **112** 73
- Lehre Karl August Bettermanns **112** 59 ff.
- Lehre Klaus Sterns **112** 79
- materieller ~ **112** 58, 73
- nach Norbert Achterberg **112** 79
- nach Roman Herzog **112** 80

Rechtsprechungsmonopol, staatliches **112** 14 ff., 24 ff.
- Gefahr für das ~ **112** 78
- und Gewaltenteilung **112** 27 ff.
- kein ~ für funktionelle Rechtsprechung **112** 75
- Sperrwirkung **112** 57

Rechtsprinzipien
- Begriff **121** 26
- Kollision von ~ **121** 28
- Wirtschaftlichkeitsgrundsatz **121** 30

Rechtsquellen **100** 1 ff.
- abgeleitete ~ **103** 1
- eigengeartete ~ **100** 16
- ergänzende ~ **104** 15
- Grundgesetz als Rechtsquelle **100** 35
- Hierarchie der ~ **100** 85, 93
- Kollisionen auf derselben Stufe **100** 94
- Kollisionsrecht im Bundesstaat **100** 92
- Rangordnung **100** 87 ff.
- Rechtserkenntnisquelle **100** 3
- Rechtserzeugungsquelle **100** 1
- Rechtsverordnung **100** 48
- Rechtswertungsquelle **100** 2
- Richterrecht als ~ **100** 50
- Satzungen als ~ **100** 49
- Verwaltungsvorschriften als ~ **104** 40
- Vielfalt **100** 40

Rechtsregeln
- Kollision von ~ **121** 27
- und Rechtsprinzipien **121** 26

Rechtssatz
- Begriff **104** 39
- materieller ~ **103** 1

Rechtsschutz
- kein Anspruch auf zweite Instanz **114** 28 f.
- für apersonale Rechtsstellungen **108** 55
- Berechenbarkeit der Rechtsanwendung **114** 29
- gegen dienstaufsichtsrechtliche Maßnahmen **113** 82
- effektiver ~ als Gebot des Rechtsstaates **115** 17
- effektiver ~ gegen die öffentliche Gewalt **115** 6, 29
- gegen Gehörsverletzungen **115** 55
- Gleichmäßigkeit der Rechtsanwendung **114** 29
- als Kompetenzschutz **108** 55
- durch Organisation und Verfahren **114** 11
- und Organisationsentscheidungen **108** 85
- Prozeßkostenhilfe **115** 26
- Rechtseinheit im Bundesstaat **114** 4 f.
- Rechtsschutzgarantie **114** 8 f., **115** 17
  - Verfahrensunterworfenheit des Bürgers **115** 6
- bei Rechtsverletzung **114** 28
- durch den Richter **114** 28
- gegen den Richter **114** 28
- gegen staatliche Aufsichtsmaßnahmen **108** 56
- im Subventionswesen **124** 71 ff.
  - des Konkurrenten **124** 74 f.
  - des Subventionsempfängers **124** 72 f.
- als Verfahrensstrukturgebot **109** 31
- verfassungskonforme Handhabung von Fristen **115** 47
- bei Verletzung von Verfahrensgrundsätzen **114** 28

Sachregister

– und Verwaltungsgerichtsbarkeit **114** 23
– für Verwaltungsträger **108** 56
– und Verwaltungsverfahren **109** 28
Rechtsstaat 99 2
– Begründen von Verbindlichkeiten **99** 83 ff., 180 ff.
– formgebundenes Staatshandeln **99** 63 ff.
– Funktion des Gesetzes **99** 182, **100** 19 ff.
– funktionstüchtige Strafrechtspflege **115** 7 f.
– Gesetze als Grundlage **99** 154
– als Gesetzesstaat **100** 19
– und institutioneller Gesetzesvorbehalt **111** 54 f.
– Konkretisierungen des Rechtsstaatsgebots **114** 2
– und Normenflut **99** 3
– und Rechtliches Gehör **115** 3
 siehe auch Rechtliches Gehör
– und Rechtsprechung **115** 1 f.
– Rechtsprechung im ~ **114** 1
– Rechtsstaatsgebot und Gerichtsverfahren **115** 3
– als Schleusenbegriff **99** 2
– Schlüsselstellung des Gesetzes **100** 76
– staatliche Selbstvergewisserung **99** 224
– und Staatsvolk **99** 25
– und Verleihungsgebühren **119** 38
Rechtsstaatlichkeit
– und Bestimmtheitsgebot **103** 20
– und Folgerichtigkeit **118** 179
– Funktionengliederung **108** 90
– Gebot rationaler Organisation **108** 90
– und Gesetzesvorbehalt **101** 19, 42 f.
– und Gesetzmäßigkeit **121** 32
– keine Kommerzialisierung der Hoheitsverwaltung **119** 20, 26, <u>38</u>
– und Pluralisierung der Verwaltungsorganisation **108** 91 f.
– und Steuersubventionen **118** 57
– Verbot des Mißbrauchs von Organisationsformen **108** 92
– Wirtschaftlichkeit staatlichen Handelns **121** 18, 32

Rechtsverordnungen 103 1 ff.
– absoluter Vorrang des Gesetzes **103** 17
– Allgemeinverbindlichkeit **103** 1
– Anspruch auf Erlaß **103** 52
– Aufhebung **103** 77
  – Anspruch auf ~ **103** 52
  – Aufhebungsverordnung **103** 58
  – Pflicht zur ~ **103** 51
– Ausschluß der Zustimmungspflicht des Bundesrates **103** 56
– Außerkrafttreten **103** 77
– Bedeutung **103** 2 ff.
– Begriff **103** 1
– Begründungspflicht **103** 72 ff.
– Bestimmtheitsgebot **103** 20 ff., **105** 39
– Dekonzentration durch ~ **105** 38 f.
– als delegierte Rechtsetzung der Verwaltung **104** 77
– Einzelfallregelungen **103** 47 f.
– Entschließungsermessen **103** 50
– Erfordernis einer Rechtsgrundlage **103** 17 ff.
– Erlaßpflicht **103** 50
– Ermächtigungsadressaten **103** 29 ff.
– Ermächtigungskombinationen **103** 34 f.
– fehlerhafte ~ **103** 78 ff.
– Föderativverordnungen **103** 54
– Funktion **103** 2 ff.
– gemeinsame ~ **103** 34
– und Gesetz **100** 48, **103** 10 ff.
– Gesetzesakzessorietät **103** 5
– gesetzesändernde ~ **103** 26 f.
– gesetzesergänzende ~ **103** 26 f., 43
– gesetzeskonkretisierende ~ **103** 42 f.
– gesetzesvertretende ~ **103** 26
– gesetzliche ~ **118** 106 ff.
– und Gewaltenteilung **103** 10
– grundsätzlich unpolitische Regelungen **103** 3
– Inzidenzkontrolle **103** 84
– Kenntnisverordnungen **103** 58
– kommunale ~ **105** 7
– Kontrolle **103** 80 ff.
– als Landesrecht **103** 32
– Mischverordnungen **103** 34
– Mißtrauen gegenüber ~ **103** 15
– mitwirkungsbedürftige ~ **103** 46
– Nachlaufverordnungen **103** 58

1590 Halbfette Zahl = §§; magere Zahl = Rn.; unterstrichene Zahl = Hauptfundstelle

Sachregister

- Nichtigkeit **103** 71, 79
- und Normenkontrolle **103** 81 ff.
- originäres Verordnungsrecht **103** 19
- praktische Bedeutung **103** 6
- Prüfungskompetenz der Verwaltung **103** 80
- richterliche Kontrolle **103** 42 f.
- Sammelverordnungen **103** 24, 71
- und Satzungen **103** 8, **105** 37 ff.
- selbständige ~ **103** 45
- Selbstermächtigung **103** 36
- im Steuerrecht **118** 104
- Subdelegation **103** 36 ff.
- Umsetzung von Europarecht **103** 25
- unselbständige ~ **103** 45
- und Verfahrensrecht **109** 19
- verfassungsrechtliche Bedingtheit **103** 10
- verfassungsunmittelbare ~ **103** 45
- Verkehrsverordnungen **103** 54
- und Verordnungen der Europäischen Gemeinschaft **103** 9
- Verordnungsermessen *siehe dort*
- Verordnunggeber **103** 29 ff.
- Verordnunggebung *siehe dort*
- Verordnungsvorbehalt **103** 27
- und Verwaltungsvorschriften **103** 7
- Verwerfungskompetenz der Verwaltung **103** 80
- Vorschaltverordnungen **103** 58
- Zitiergebot **103** 71, **118** 105
- aufgrund von Zustimmungsgesetzen **103** 55
- Zustimmungsverordnungen **103** 46, 58
  – nach § 51 Abs. 3 EStG **103** 62
  – als dritte Form der Rechtsetzung **103** 63
  – verfassungsrechtliche Zulässigkeit **103** 60

Rechtsweg
- Begriff **112** 83
- und rechtsprechende Gewalt **112** 81 ff.
- Vorgaben im Grundgesetz **112** 82
- Rechtswegvorbehalt und Staatshandeln **99** 18

Referentenentwurf **102** 13 ff.
Regierung *siehe* Bundesregierung
Regierung und Verwaltung **106** 1 ff., **107** 23 ff.

- Abgrenzbarkeit **106** 29 f., 32 ff.
- im parlamentarisch-demokratischen Legitimationsgefüge **107** 39 ff.
- Polarität **107** 24 ff., 28 ff., 43 f.
- Regierung als Steuerungsinstanz **107** 26
- Überlappung **107** 29 f.
- Unterscheidung **107** 31
- Verklammerung **107** 27, 43 f.

Regierungsfunktion **99** 134 f., **106** <u>1 ff.</u>, 10 *siehe auch* Staatsleitung
- Begriffsbestimmung **106** 3 ff.
- gesamthänderische Ausübung der ~ **106** 11
- gewaltenübergreifender Charakter **106** 10
- Konkretisierung **106** 6 ff.
- ministerialfreie Räume **111** 59
- rechtliche Eigenschaften **106** 6
- rechtliche Erfassung **106** 2
- rechtliche Grenzen **106** 13 f.
- und Regierungsakt **106** 7 f.
- als Staatsleitung **106** 4 f.
- Theorie der Exekutivgewalt **106** 9

Regierungsvorbehalt **101** 67, **108** 95
- und Ministerialorganisation **108** 99

Reichsverfassung 1871 *siehe auch* Gesetzesregister
- Gesamtdeckungsprinzip **116** 141
- Haushaltsrecht **120** 11

Religionsfreiheit
- staatlicher Informationseingriff **99** 214

Religionsgemeinschaften
- Subventionierung **124** 33, 47

Remonstration **107** 98 ff.
- Ämterhierarchie als Voraussetzung **107** 99
- als Amtspflicht **107** 100
- und Eilfall **107** 102
- als Entlastung von Verantwortung **107** 100
- Mißbrauchsgefahr **107** 101
- Pflicht zur ~ **107** 90, 98 f.
- Risiken der Fehlbeurteilung **107** 101
- und Treuepflicht **107** 100
- Verfahren **107** 98
- Vorrang des wirksamen Verwaltungsvollzugs **107** 102

Rennwettsteuer **118** 250 f.

Sachregister

Rentenversicherung, gesetzliche
- Bundeszuschuß 125 37
- Finanzierung 122 82
- Gemeinlastverbund 125 43
- Liquiditätsgarantien 125 49
- Versicherungsträger 125 4 f.

Ressortprinzip 107 43 f.
- und Regierungsfunktion 106 13

Richter
- abgeordnete ~
    - Begrenzung der Mitwirkung 113 50
- Ablehnung 113 66
- keine alleinige und endgültige Entscheidungsbefugnis 113 17
- kraft Auftrags
    - Begrenzung der Mitwirkung 113 50
    - kein Schutz des Art. 97 Abs. 2 GG 113 73
- Ausschluß 113 66
    - und Mitwirkung 114 46
- außerdienstliche Äußerungen 113 90
- Ausübung der rechtsprechenden Gewalt? 112 20
- beauftragter ~ 111 5
- Beendigung des Richterverhältnisses 113 83
- Befähigung zum Richteramt 113 68
- Befangenheit
    - und Mitwirkung 114 46
- und Berufsfreiheit 113 20
- Berufsrichter 113 37 f., 67 ff.
- Berufung 113 69
- Bestimmung 114 35 f.
- Bindung an das Gesetz 112 49, 113 29
- Dienstaufsicht 113 78 ff.
- besondere Dienstpflichten 113 75
- ehrenamtliche ~ *siehe* Richter, ehrenamtliche
- Entscheidungsleistung 113 30 ff.
- Entzug des gesetzlichen ~s durch die Rechtsprechung 114 43 ff.
- Erkenntnismonopol 112 63
- Ernennung 113 69
- und Gerichte 112 18 ff.
- und Gerichtsorganisation 114 33 ff.
- Geschäftsverteilung 113 63
- Gesetzesbindung 113 28 ff.
- Grundsatz der Inamovibilität 113 70
- Inkompatibilitäten 113 74
- innere Unabhängigkeit 113 75
- keine Tätigkeit in eigener Sache 112 61
- Konkretisierung des Gesetzes 113 31 ff.
- auf Lebenszeit 113 38
- Notkompetenz zur Gesetzgebung 100 56
- keine Organwalter der Gerichte 113 12
- als personale Träger der rechtsprechenden Gewalt 112 18, 20
- keine persönliche Rechtsprechungsmacht 113 14
- auf Probe
    - Begrenzung der Mitwirkung 113 50
    - kein Schutz des Art. 97 Abs. 2 GG 113 73
- Professorenrichter 113 77
- Qualitätsmanagement 112 46
- Recht als Beurteilungsnorm 112 68
- Recht auf den gesetzlichen ~ *siehe dort*
- Rechtsprechungsmonopol 112 24
- Richteranklagen 113 7
- Richtereid 113 75
- Richterkollegien 113 44 ff.
- richterliche Rechtsfortbildung 113 30
- richterliche Tätigkeit 113 80 f.
- richterliches Prüfungsrecht 112 29, 49
- Richterrecht? 112 32
- Richterstatus *siehe dort*
- Richtervorbehalt *siehe dort*
- Schutz vor Amtsenthebung 113 71 f.
    - Ausnahmen 113 72
- Schutz vor Versetzung 113 71 f.
    - Ausnahmen 113 72
- Sicherung der Unparteilichkeit 113 66
- kein subjektives Abwehrrecht 113 13
- subsidiäre Kompetenz zur Gesetzgebung 100 56
- Umfang der richterlichen Tätigkeit 113 22
- Unabhängigkeit *siehe* Richterliche Unabhängigkeit
- unzuständiger ~ 114 44
- als verfassungsunmittelbare Organe 113 12

Sachregister

– kein Verhängungsmonopol für Strafen 112 63
– Zurückhaltung in der Öffentlichkeit 113 76

Richter, ehrenamtliche 113 39 ff., 84 ff.
– aktive Mitwirkung an der Rechtsprechung 113 87
– amtsrechtliche Pflichten 113 87
– amtsrechtlicher Status 113 3
– Arten der Ämter 113 84
– Beendigung des Richterverhältnisses 113 88
– Befähigung zum Richteramt 113 43
– Berufungsverfahren 113 84 f.
– Berufungsvoraussetzungen 113 84 f.
– besonderer Richtereid 113 87
– Experten 113 41
– Funktion 113 42
– Grundsatz der Unabsetzbarkeit 113 86
– drei Gruppen von Ämtern 113 40 ff.
– persönliche Unabhängigkeit 113 86
– Qualifikation 113 39 f.
– Repräsentanten der Allgemeinheit 113 40
– kein Schutz des Art. 97 Abs. 2 GG 113 73
– Übergewicht der Stimmen 113 52
– Vorschlagslisten 113 85

Richteramt
– Befähigung zum ~ 113 68
– funktionsrechtliche Bedeutung 113 36
– und funktionsrechtlicher Status 113 16
– und Meinungsfreiheit 113 89 ff.
  – Alternativität 113 89
  – Grenzen 113 92
  – Vermengung 113 90
– Trennung vom Meinungskampf 113 91

Richterliche Unabhängigkeit
– und Dienstaufsicht 113 79
– bei funktioneller Rechtsprechung 112 77
– Geltung innerhalb des Amtes 113 20
– und Geschäftsverteilungspläne 114 36
– als hergebrachter Grundsatz des Berufsbeamtentums 110 50

– Kollision mit Gesetzesbindung 113 34 f.
– persönliche Unabhängigkeit 113 3, 67, 70 ff.
– als Pflicht 113 76, 79
– sachliche Unabhängigkeit 113 2, 22 ff.
  – Drittwirkung 113 27
  – gegenüber der Exekutive 113 23
  – keine gesellschaftliche Einflußnahme 113 27
  – Gewährleistungsbereich 113 22
  – Grenzen 113 28 ff.
  – gegenüber der Judikative 113 25
  – gegenüber der Legislative 113 24
  – keine private Einflußnahme 113 27
  – Schutzrichtung 113 23 ff.
  – keine Unabhängigkeit von Recht und Gesetz 113 24
  – Verletzung der ~ 113 26, 55
– als Strukturprinzip des GG 113 19
– verfassungsrechtliches Gebot 112 21 f.
– als Wesensmerkmal des Richters 113 19

Richterrecht 99 237 f., 100 16, 50 ff.
– und Arbeitskampfrecht 100 53
– Entscheidungshilfe für die Zukunft 99 238
– gesetzeskonkretisierendes ~ 100 51 ff.
– gesetzeskorrigierendes ~ 100 54
– gesetzesvertretendes ~ 100 53
– Grenzen 100 50, 56
– lückenfüllendes ~ 100 51 ff.
– prinzipielle Zulässigkeit 100 55
– Typologie 100 51

Richterstatus 113 1 ff.
– amtsrechtlicher ~ 113 1, 67 ff.
– bundesgesetzliche Ausgestaltung 113 6
– dienstrechtlicher ~ 113 1, 67 ff.
  – als persönlicher Status 113 67
– funktionsrechtlicher ~ 113 1
  – Abgrenzung der Elemente 113 14
  – als amtlicher Status 113 16
  – Ausgestaltungen 113 36 ff.
  – Grenzen 113 17
  – institutionelles Element 113 11, 14 f.

Halbfette Zahl = §§; magere Zahl = Rn.; unterstrichene Zahl = Hauptfundstelle

Sachregister

- Korrelation mit Justizgewährleistungspflicht **113** 62
- personales Element **113** 11 ff.
- und Recht auf den gesetzlichen
  Richter **113** 64
- Sicherungen **113** 62 ff.
- verfassungsrechtlicher Inhalt
  113 11 ff.
- Hierarchie der Statusebenen **113** 1
- landesrechtliche Regelungen **113** 6 f.
- persönlicher Status **113** 36
- Rechtsgrundlagen **113** 2 ff.
  - amtsrechtliche ~ **113** 3, 7, 10
  - Art. 92 GG als Grundnorm **113** 18
  - dienstrechtliche ~ **113** 3, 7, 10
  - einfaches Gesetzesrecht **113** 8 ff.
  - Fundamentalnormen **113** 4
  - funktionsrechtliche ~ **113** 2, 6, 9
  - im Grundgesetz **113** 2 ff.
  - in den Landesverfassungen
    113 5 ff.
- Trennung vom Beamtenstatus **113** 10
- verfassungsrechtlicher
  Normenbestand **113** 2

Richtervorbehalt **112** 24, 47, 62, **114** 47
- Beurteilung der aktuellen
  Rechtslage **112** 67
- als Kompetenzregelung **112** 84 f.
- Rechtsprechungsmonopol **112** 84
- und Staatshandeln **99** 18
- verfassungsrechtlicher ~ **112** 85

Richtlinien
- im Atomrecht **104** 9
- Bewertungsrichtlinien **104** 26

Risikostrukturausgleich **125** 44
- Rechtsprechung des BVerfG **125** 21, 29, 31 f.
- Umfang **125** 47

Rückanknüpfung, tatbestandliche *siehe*
Rückwirkung von Gesetzen, unechte

Rückbewirkung von Rechtsfolgen *siehe*
Rückwirkung von Gesetzen, echte

Rückwirkung von Gesetzen, echte
- maßgebender Zeitpunkt **118** 113
- im Steuerrecht **118** 112

Rückwirkung von Gesetzen, unechte
- maßgebender Zeitpunkt **118** 113
- im Steuerrecht **118** 112 f.

Rundfunkanstalten
- Autonomie **105** 14

Rundfunkfreiheit
- Gerichtsöffentlichkeit **115** 42
- als grundrechtliches Organisationsverbot **108** 81

Rundfunkgebühren
- als Abgabe sui generis **116** 95
- Aufsichtsgroschen **119** 119
- keine Freiheitsgefährdung **119** 52
- Kabelgroschen **119** 119

**Sachverständigenrat zur Begutachtung
der gesamtwirtschaftlichen
Entwicklung**
- Reformvorschläge **116** 81

Sammelverordnungen **103** 24, 71

Satzungen **100** 49, **105** 1 ff.
- als administrative Handlungsform
  105 45
- Adressaten **105** 34
- als Allgemeinverbindlichkeits-
  erklärung **105** 46
- von Anstalten
  - Außenwirkung **105** 15
- Anwendungsbereich **105** 4
- Außenseiterproblem **105** 24, 34 f.
- mit Außenwirkung **105** 44
- Autonomie *siehe* Satzungsautonomie
- Bedeutung **105** 1 ff.
- Begriff **105** 1 ff.
- und Berufsordnungen **105** 10
- Bewehrung **105** 36
- Bindung gegenüber
  Außenstehenden **105** 34 f.
- Definition des BVerfG **105** 1
- Dezentralisation durch ~ **105** 38 f.
- Eingriffssatzungen **105** 33
- fehlerhafte ~ **105** 62 f.
- im formellen Sinne **105** 44
- und förmliche Gesetze **105** 28 ff.
- Funktion **105** 44 ff.
- Genehmigung der Aufsichtsbehörde
  105 59
- gerichtliche Kontrolle **105** 48
- und Geschäftsordnungen **105** 42
- Gesetzesvorbehalt
  - für Strafbewehrungen **105** 36
- Gestaltungsauftrag **105** 48
- Inhalt **105** 43
- kommunale ~ **105** 6
- Bekanntmachung **105** 61

– Grundsatz der Genehmigungs-
  freiheit **105** 56
– und kommunales Planungsrecht
  105 45
– im materiellen Sinne **105** 44
– Nichtigkeit **105** 62
– Normenkontrolle **105** 63
– im öffentlichen Recht **105** 40 f.
– im Privatrecht **105** 40 f.
– Rechtsanspruch auf Erlaß **105** 50
– Rechtsschutz gegen ~ **105** 63
– und Rechtsverordnungen **103** 8,
  105 37 ff.
– Satzungsermessen *siehe dort*
– Satzunggebung *siehe dort*
– Satzungsverfahrensrecht **109** 19
– Teminologie **105** 3
– Vorrang des Gesetzes **105** 28
Satzunggebung **105** 51 ff.
– Ausfertigung **105** 60
– Bekanntmachung **105** 61
– Beschlußorgan **105** 53
– Genehmigung der Aufsichtsbehörde
  105 55 ff.
– Rechtsaufsicht **105** 55 ff.
– Satzungsbeschluß **105** 53 f.
– Satzungsinitiative **105** 52
– Satzungsoktroi **105** 54
– im Rahmen der Sozialversicherung
  105 57
– Verfahren **105** 51 ff.
Satzungsautonomie **105** 2
– begrenzte Blankovollmacht **105** 39
– und Bestimmtheitsgebot **105** 39
– Delegationstheorie **105** 21 f.
– Derelektionstheorie **105** 20, 22
– Einschätzungsprärogative des
  Satzungsgebers **105** 49
– und Gesetzesvorbehalt **105** 28 ff.
– gesetzliche Grenzen **105** 49
– der intermediären Anstalten **105** 15
– kassenärztliche Vereinigungen
  105 27
– Konsequenzen des
  Gesetzesvorbehalts **105** 32 ff.
– Korrespondenzgebot **105** 25 f.
– Legitimation **105** 24 ff.
– Originaritätstheorie **105** 19, 22
– Rechtsgrundlagen **105** 18 ff.
– Reichweite **105** 43

– Sozialversicherungsträger **125** 12 f.
– staatliche Ermächtigung **105** 22
– der staatsunabhängigen Anstalten
  105 14
– von Stiftungen **105** 17
– Systemgerechtigkeit der ~ **105** 25, 27
– verfassungsrechtliche Grundlagen
  105 18
– Verleihung an Anstalten **105** 27
Satzungsermessen **105** 47 ff.
– Abwägung **105** 49
– Ausübung **105** 49
– Beachtung gesetzlicher Vorgaben
  105 49
– Begriff **105** 47 f.
– rechtliche Bindung des
  Satzunggebers **105** 49
– und Verwaltungsermessen **105** 48
– Willkürgrenze **105** 49
Schatullgut **122** 16
Schenkungsteuer **118** <u>257 ff.</u>
– Rechtfertigung **118** 259
Schiedsgerichtsbarkeit
– privatrechtliche ~ **112** 91
Schuldendeckel **123** 48
Schuldenverwaltungen der Länder
– Finanzkontrolle **121** 39
Schule
– und Gesetzesvorbehalt **101** 33 f.
– und Parlamentsvorbehalt **101** 46 f., 54
– Privatschulgarantie als grundrecht-
  liches Organisationsverbot **108** 82
Schutznormtheorie **121** 23
Schwarzwaldklinik **118** 38, 150
Schweizerische Bundesverfassung
  siehe auch Gesetzesregister
– Haushaltsplanung **123** 87
– Staatskredite **123** 90 ff.
– und Zweckbindung von Steuern
  116 138
Schwerbehindertenabgabe **119** 90
– Rechtsprechung des BVerfG **116** 92
Seekrankenkassen **125** 5
Selbstbestimmung
– informationelle ~
  – und Datenschutzbeauftragter
    111 10
  – und europäisches Gemeinschafts-
    recht **111** 10
– private ~ **99** 156

Sachregister

Selbstbindung der Verwaltung
- Abweichungen im Einzelfall **104** 61
- kraft administrativen Willensaktes **104** 57, 74
- und Bindungswirkung **104** 64 ff.
- Flexibilität **104** 61
- Gesetzesbindung **104** 61
- aufgrund des Gleichheitssatzes **104** 54 ff., 63
- Grenzen **104** 61 ff.
- Inhalt **104** 61 ff.
- Umfang **104** 61 ff.
- Unzulässigkeit eines individuellen Abweichens **104** 62
- und Vertrauensschutz **104** 58
- an die Verwaltungspraxis **104** 55, 58, 63
- an Verwaltungsvorschriften **104** 63

Selbsthilfe
- und Gewaltmonopol **99** 32
- Verpflichtung zur freiheitlichen ~ **99** 61

Selbstverwaltung **99** 48, **100** 45, <u>49</u>, **101** 70, **107** 54
- akademische ~ **105** 8
  - Genehmigungspflicht für Satzungen **105** 58
- berufsständische ~ **105** 9 f.
  - Grenzen **105** 29 f., 32
- Garantie der ~ **105** 6
- Gründe einer Verselbständigung **99** 130 ff.
- Idee der ~ **108** 23
- im Rahmen der Gesetze **105** 55 ff.
- Rechtsaufsicht **105** 55 ff.
- Satzungsautonomie **105** 2 ff.
- Selbstverwaltungskörperschaften **105** 6 ff.
- in der Sozialversicherung **105** 11, **125** 4 f.
- und Staatsorganisation **99** 127
- wirtschaftsständische ~ **105** 9 f.

Selbstverwaltung, funktionale
- Unterscheidung zur kommunalen Selbstverwaltung **105** 5
- Wirtschaftlichkeitsgrundsatz **121** 34

Selbstverwaltung, kommunale **105** 6 f., **107** 54 ff.
- und Beauftragte **111** 52
- Binnendifferenzierungen **108** 52

- und bundesstaatliche Finanzverfassung **116** 18
- und Einheit der Staatsgewalt **107** 55
- Finanzhoheit, kommunale *siehe dort*
- finanzielle Eigenverantwortung **118** 104
- und Gesetzesvorbehalt **105** 33
- Grenzen **105** 31
- Grundsatz der Genehmigungsfreiheit **105** 56
- im Rahmen der Gesetze **107** 55 f.
  - Disposition des Gesetzgebers **107** 56
- Unterscheidung zur funktionalen Selbstverwaltung **105** 5
- verfassungsrechtliche Garantie **116** 20
- Verpflichtung zur Bestellung einer Frauenbeauftragten **111** 53
- Wirtschaftlichkeitsgrundsatz **121** 34

Sicherheit, innere
- und individuelle Leistungsfähigkeit **119** 28 f.
- Kostenhaftung des Veranstalters **119** 34 f.
- und Steuerstaat **119** 27 ff.

Sicherstellungsauftrag, staatlicher **99** 33 ff.
- und Abgabenrecht **119** 118
- nach Privatisierung **99** 240 f.
- im Verkehrswesen **99** 34

Solange I-Beschluß **100** 91
Solange II-Beschluß **100** 88, 91
Solidarität
- bundesstaatliche *siehe* Solidarität, bündische
- internationale ~ **116** 42

Solidarität, bündische **116** 73
- extreme Haushaltsnotlagen **116** 51

Solidaritätsprinzip
- und Sozialversicherungsbeiträge **125** 34

Solidaritätszuschlag
- politische Verwendungsabsicht **116** 139

Sollertragsteuern **118** 16 f., 237 ff.
- Vermögensteuer **118** 190

Sonderabgaben **116** 91 ff., **119** <u>69 ff.</u>
- Alarm- und Korrekturfunktion **119** 88

Sachregister

- kein Auffangtatbestand **119** 70
- ausgleichende ~ **119** 90 ff.
- Begriff **119** 69
- und Beiträge **119** 65
- Dokumentationspflicht **116** 92
- Einzelmerkmale **119** 74
- Finanzierungsverantwortlichkeit **119** 78 ff.
  - einer Gruppe **119** 79
  - Sachnähe **119** 81
  - Sachverantwortung **119** 82
  - überwiegendes Gruppeninteresse **119** 83
- fördernde ~ **119** 96 f.
- fremdnützige ~ **119** 85, 98
- Gestaltungswirkung **119** 90 ff.
- gruppennützige Verwendung **119** 65, 69 ff., 84 f.
- haushaltsrechtliche Informationspflicht **119** 86
- kompetenzrechtliche Schranken **119** 75 ff.
- als Krisentatbestand **119** 74, 105
- lenkende ~ **119** 93 ff.
- Rechtfertigungsbedürftigkeit **119** 74, 105
- Sonderfonds **119** 103
- sonstige Funktionen **119** 104
- Überprüfungs- und Aufhebungspflicht **119** 87
- und Verbandslasten **119** 116
- verfassungsrechtliche Maßstäbe **119** 71
- Verursacherabgaben **119** 99 ff.
- Voraussetzungen **116** 91, **119** 71, 78 ff.
- Wirkungen **119** 88 ff.
- und Zwecksteuern **116** 144

Sondervermögen **122** 19
- Erblastentilgungsfonds **123** 77
- Fonds „Deutsche Einheit" **123** 77
- als Nebenhaushalte **120** 29
- und Staatskredite **123** 74 ff., 83

Sonderverordnungen **104** 6, 74
Sonderverwaltung **108** 19
Sonnenscheinrichtlinie **99** 91
Sozialabgaben siehe Sozialversicherungsbeiträge
Sozialfinanzverfassung **125** 20 f.
- und Steuerfinanzverfassung **116** 10

Sozialgeheimnis **107** 61

Sozialhilfeleistungen
- als indirekte Subventionen **124** 23

Sozialisierung **122** 57, 73
Sozialkultur **121** 8
Sozialleistungen
- Finanzierbarkeit **125** 18, 36

Sozialpflichtigkeit
- des Eigentums **118** 98, **126** ff.
  - Betriebsvermögen **118** 262

Sozialpolitik
- verfassungsrechtliche Vorgaben **125** 2

Sozialrecht
- Sozialfinanzrecht **125** 19 ff.
- und Steuerrecht **118** 176

Sozialstaat siehe Staat, sozialer

Sozialstaatlichkeit
- Existenzsicherung **125** 2
- Gewährleistung wirtschaftlicher Stabilität **117** 22
- Liquiditätshilfe des Bundes **125** 53
- im Sozialversicherungsrecht **125** 11
- und Steuergerechtigkeit **116** 110
- und steuerliches Leistungsfähigkeitsprinzip **118** 217

Sozialversicherung
- Arbeitslosenversicherung siehe dort
- Finanzierbarkeit **125** 17 f.
- Finanzierung siehe Sozialversicherungsträger, Finanzierung
- und Finanzverfassung **116** 29
- im Grundgesetz **125** 2
- Krankenversicherung, gesetzliche siehe dort
- Pflegeversicherung, gesetzliche siehe dort
- Rentenversicherung, gesetzliche siehe dort
- Selbstverwaltung **105** 11
- Unfallversicherung, gesetzliche siehe dort
- als Versicherung **125** 27

Sozialversicherungsbeiträge **119** 110 ff., **125** 23 ff.
- als Abgabe sui generis **116** 95, **125** 23
- Arbeitgeberanteil **125** 28
- Bedeutung **125** 17 ff.
- Belastungsgleichheit **125** 2, 15, 26, 30
- Bemessung **125** 24

Halbfette Zahl = §§; magere Zahl = Rn.; unterstrichene Zahl = Hauptfundstelle

Sachregister

- finanzwirtschaftliche Bedeutung **119** 110
- als Gemeinlast **125** 18
- Legitimation **125** 25 ff.
  - sachliche Gründe **125** 33
  - soziale Verantwortung **125** 28 f.
  - sozialer Ausgleich **125** 30 ff.
  - Versicherungsprinzip **125** 27
- Leistungsfähigkeitsprinzip **125** 35
- Solidaritätsprinzip **125** 34
- als Sonderlast **125** 23, 25 ff.
- oder Steuerfinanzierung **125** 10
- und Steuern **119** 111 f.
- verfassungsrechtliche Vorgaben **125** 20 f.
- Versicherungsprinzip **119** 111
- kein Vorteilsausgleich **119** 66

Sozialversicherungsrecht
- Rechtsquellenvielfalt **104** 11
- Sozialfinanzverfassung **125** 20 f.
- Sozialstaatlichkeit **125** 11

Sozialversicherungssystem
- Arbeitslosenversicherung *siehe dort*
- Finanzierung *siehe* Sozialversicherungsträger, Finanzierung
- Krankenversicherung, gesetzliche *siehe dort*
- Pflegeversicherung, gesetzliche *siehe dort*
- Rentenversicherung, gesetzliche *siehe dort*
- Überblick **125** 4 f.
- Unfallversicherung, gesetzliche *siehe dort*

Sozialversicherungsträger
- Autonomie **105** 11, **125** 12 ff.
- finanzielle Selbständigkeit **125** 6
- Haushalte **125** 54 f.
- Insolvenzunfähigkeit **116** 56
- mittelbare Staatsverwaltung **99** 126, **125** 2, 4 f.
- Satzungen
  - Genehmigung der Aufsichtsbehörde **105** 57
- sozialstaatliche Zielsetzung **125** 11
- in der Sozialversicherung **99** 126
- Vereinheitlichung **125** 9 f.
- Wettbewerb **125** 9 f.

Sozialversicherungsträger,

Finanzierung **125** 1 ff.
- Beiträge *siehe* Sozialversicherungsbeiträge
- Bundeszuschüsse **116** 10, **125** 18, 20, 37 ff.
  - Arten **125** 39
  - Funktion **125** 40
- Deckungsautonomie **125** 15
- und demographischer Wandel **125** 17
- europarechtliche Überlagerung **116** 12
- Finanzierungsinstrumente **125** 8, 22 ff.
- kleine Einheiten **125** 7
- Liquiditätsgarantien **125** 48 ff.
- Liquiditätshaftung Dritter **125** 49
- Paradigmenwechsel? **125** 10
- Transfers zwischen Sozialversicherungsträgern **125** 42 ff.
- Umlageverfahren **122** 82, **125** 24
- verfassungsrechtliche Vorgaben **125** 2

Sozialversorgung
- Finanzierung **125** 1

Sozialverwaltung
- Dienstordnungsangestellte **110** 106

Spannungs- und Verteidigungsfall
- vereinfachte Verkündung von Gesetzen **102** 73

Sparkassen
- Insolvenzunfähigkeit **116** 56

Sparsamkeit staatlichen Handelns **121** 1 ff. *siehe auch* Wirtschaftlichkeit staatlichen Handelns
- und Wirtschaftlichkeit **121** 10

Sperrvermerke im Haushaltsplan **120** 75

Spielbankenabgabe **118** 252

Staat
- Charakterisierung des ~es **99** 1 ff.
- Einflußnahme auf privatrechtliche Verbände **108** 9
- Freiheit als Vorgabe **107** 12
- Freiheitsgarant **118** 1 ff.
- freiheitsgebundener ~ **99** 31
- geistiger Einfluß des ~es **99** 208
- Handlungs- und Wissenseinheit **99** 150
- als Handlungseinheit **99** 206

1598   Halbfette Zahl = §§; magere Zahl = Rn.; unterstrichene Zahl = Hauptfundstelle

– Insolvenzunfähigkeit **116** 47 f., **122** 114
– merkantilistischer Unternehmerstaat **122** 68 f.
– Notwendigkeit der Staatsleitung **106** 1
– Notwendigkeit des Staatshandelns **107** 10
– Patrimonialstaat **122** 15
– Rechtfertigungsbedarf **107** 12
– Rechtsetzungsmonopol **100** 38 f.
– Rechtsetzungsprärogative **100** 38 f.
– Selbstdarstellung **99** 208
– sozialistischer Unternehmerstaat **122** 68 f., 83
– Strafanspruch gegen den Bürger **114** 10
– als Vermögensträger **122** 12 ff.
– Verpflichtung zur funktionsfähigen Rechtspflege **114** 3
– als Wettbewerber **99** 35 ff.

Staat und Gesellschaft **99** 1
– apriorische Ungleichheit **122** 96
– Bedrohlichkeit der Staatsgewalt **99** 12 ff.
– Bereitschaft zum Staat **99** 88
– Distanz zwischen ~
  – Auflösung **99** 4 ff., 57, 194
  – Grundlage des Rechtsstaats **99** 209
  – und rechtliche Aufsicht **99** 240
  – durch weisungsunterworfene Verwaltung **99** 205
– Gemeinwohlfindung **99** 74 f.
– geregeltes Verfahren **99** 69 ff.
– Kommunikation zwischen ~ **108** 94
– Notwendigkeit der Staatsgewalt **99** 12 ff.
– staatliche Informationstätigkeit **99** 212 ff.
– und Steuersubventionen **118** 56
– Unterscheidung **107** 65, **122** 13
– verfassungsrechtlicher Ordnungsrahmen **99** 31 ff.
– verschiedene Grade des Einvernehmens **99** 149

Staat und Kirche
– Kirchensteuer **118** 236

Staat, moderner
– Allzuständigkeit **99** 9 f.

– Entstehung **116** 1
– Finanzmacht **99** 99 ff.
– Finanzstaat **121** 3
– und Geld **99** 99 ff., **116** 9
– und Gemeinwohl **107** 9 f.
– kein gesellschaftliches Subsystem **107** 8
– Gewaltmonopol **107** 8
– Handlungspflichten **99** 58
– als Herrschaftsverband **122** 16
– Kompetenz-Kompetenz **107** 8
– Pflege von Freiheitsvoraussetzungen **99** 2, 9
– als sozialer Staat **99** 2
– kein totalitärer ~ **99** 11
– Transparenz **107** 11
– Trennung von Steuer- und Haushaltsrecht **118** 24, <u>205</u>, **119** 4
– universaler ~ **99** 11
– Unterscheidung Hoheitsgewalt und Eigentum **122** 15
– als Verfassungsstaat **107** 14
– Verteilungsverantwortlichkeit **99** 62
– als Verwaltungsstaat **107** 7

Staat, sozialer **107** 65
– Finanzierung **125** 1 ff.
– und Finanzstaat **121** 3
– Gebührenstaffelung **119** 25, 54
– und Gesellschaft **99** 32
– Leistungserwartungen **99** 109
– Normierungsbedarf **100** 78
– Ökonomisierung des Rechts **121** 8
– und Staatskredite **123** 70
– und Staatsverschuldung **123** 13
– als Verteilerstaat **100** 22

Staateninsolvenz
– und Staatsbankrott **116** 36
– und Völkerrecht **116** 42 ff., **122** 113

Staatenverbund
– Europäische Union als ~ **99** 25, 44

Staatliche Entscheidungen **99** 148 ff.
– Beteiligung Privater **107** 66
– und Hierachieprinzip **107** 33 ff.
– Staatswillensbildung *siehe dort*

Staatlichkeit, offene
– und Finanzrecht **116** 156 ff.

Staatsangehörigkeit
– und Besteuerungshoheit **116** 158
– und Steuerpflicht **116** 31

Sachregister

Staatsaufbau
- zweistufiger ~ **116** 17 f.

Staatsaufgaben 99 30 ff.
- Entwicklungsoffenheit **99** 15
- Finanzierung *siehe* Staatsfinanzierung
- und Handlungsmittel **99** 16 ff.
- instrumentale ~ **122** 32
- Lehre von den ~ **99** 30
- obligatorische ~ **99** 33
  - Aufsicht **99** 239
  - eigenhändige Erfüllung **99** 134
  - Planung **99** 137
  - Steuerfinanzierung **119** 5 f.
- Privatisierung **122** 117
- Sicherheit, innere
- und Steuern **119** 27
- Staatsfinanzierung **116** 2
- Wahlaufgaben **99** 33

Staatsausgaben 116 126
- Ausgabenbegrenzungsschwäche **116** 131
- Ausgabenzuständigkeit **116** 72
- Begriff **120** 27
- Einstellung in den Haushaltsplan
  - Ausgeglichenheit des Haushalts **120** 44 ff.
  - Gesamtdeckung **120** 47
  - Klarheit und Wahrheit **120** 37 ff.
  - Nonaffektion **120** 47, **116** 143, 150
  - Vollständigkeit **120** 28 ff.
- und Leistungsgesetze **99** 102
- und Steuerfreistellungen **118** 205 ff.
- Subventionen als Zweckausgaben **116** 127

Staatsbankrott 116 32 ff.
- Argentinien **116** 40
- Auslandsschulden **116** 43
- historische Beispiele **116** 37 f.
- in- und ausländische Gläubiger **116** 43
- keine Liquidation **116** 46 f.
- Präventionsbemühungen **116** 50
- Rechtsprechung des BVerfG **116** 46
- Selbsterlaß der Schulden **116** 36
- und Staateninsolvenz **116** 36, **122** 114
- und Völkerrecht **116** 42 ff., **122** 113

Staatsbeauftragte
- aufsichtsführende ~ **111** 44 f.
- Begrifflichkeit **111** 44

- Beobachtungsfunktion ohne Befehlsgewalt **111** 45
- Reichs- oder Staatskommissar **111** 44
- Studie zur Einsetzung von ~ n **111** 2
- Unterscheidungen **111** 2
- und Weimarer Reichsverfassung **111** 44

Staatseinnahmen 116 82 ff.
- Abgaben, nichtsteuerliche *siehe dort*
- außerordentliche ~ und Schuldentilgung **123** 51
- Begriff **120** 27
- Einnahmensystem **116** 82
- Einstellung in den Haushaltsplan
  - Ausgeglichenheit des Haushalts **120** 44 ff.
  - Gesamtdeckung **120** 47
  - Klarheit und Wahrheit **120** 37 ff.
  - Nonaffektion **120** 47
  - Vollständigkeit **120** 28 ff.
- Steuern *siehe dort*
- kein Vermögen im Rechnungsjahr **122** 7
- Vermögensveräußerungen **122** 102
- verselbständigtes Abgabenrecht **99** 101

Staatseinnahmen, Einnahmenquellen
- Beiträge **116** 88 ff.
- Gebühren **116** 86
- Geldstrafen **116** 94
- Kredite **120** 44
- Sonderabgaben **116** 91 ff.
- sonstige Quellen **116** 96
- Staatskredite **116** 97, **120** 44, **123** 1, 29 ff.
- Steuern **116** 84 f.
- Vorzugslasten **116** 89

Staatsfinanzierung
- Alternativen der ~ **118** 5
- bewegliches System **116** 60
- Gebührenstaat? **119** 3 ff.
- als instrumentale Staatsaufgabe **116** 2, 7, 58
- je nach Staatstypus **122** 68
- durch Steuern *siehe* Steuerstaatlichkeit
- Vermögenserträge **122** 79

Staatsfunktionen
- Amtscharakter der Ausübung von ~ **106** 33

1600   Halbfette Zahl = §§; magere Zahl = Rn.; unterstrichene Zahl = Hauptfundstelle

Sachregister

– rechtliche Formierung **107** 15
Staatsgewalt **99** 12 ff., <u>81 ff.</u>
– in der Demokratie **99** 81 f.
– demokratische Legitimation **99** 121
– dezentralisierte ~ **99** 123, **107** 17
– Einheit der ~ **107** 17
– Gefahren der Parzellierung **99** 78
– und Kompetenzordnung **99** 43
– kontrolliertes Zusammenwirken **99** 246
– Notwendigkeit und Bedrohlichkeit der ~ **99** 12 ff.
– unabhängige Rechtskontrolle **99** 236
– verbindliche Pläne **99** 140
– Volk als Ursprung der ~ **107** 18
– des Volkes **99** 178, **107** 21
Staatshaftung
– und Formenbindung **99** 65
Staatshandeln **99** 179 ff.
– Ablauf **99** 136
– autonomes ~ **99** 35 ff.
– Begründen von Verbindlichkeiten **99** 83 ff., 180 ff.
– Betroffenenbeteiligung **99** 55 ff., 127, 192 ff., 216 f.
– doppelte Legitimation **116** 151
– eigenhändiges ~ **99** 133 f.
– Entformalisierung **99** 66 ff.
– Entgeltlichkeit **99** 162
– Entscheidungsfindung *siehe* Staatswillensbildung
– in der Europäischen Union **99** 25
– Formgebundenheit **99** 63 ff.
– durch formlose Absprachen **99** 192 ff.
– durch Gesetz **99** 181 ff.
– Grundlagen **99** 80 ff.
– Grundrechte als Befugnisnormen **99** 49
– und Haushaltsrecht **116** 125
– informierendes ~ **99** 212 ff.
– durch innerdienstliche Weisung **99** 202 ff.
– instrumentale Funktion des Gesetzes **99** 183
– Kompetenzordnung **99** 42 ff.
– Kontrolle *siehe* Kontrolle staatlichen Handelns
– Mittel des ~s *siehe* Staatsmittel
– Planung als ~ **99** 137 ff.
– und private Verantwortung **99** 197
– und privates Handeln **99** 34

– Publizität **99** 209 ff.
– Sparsamkeit *siehe* Sparsamkeit staatlichen Handelns
– Staatsleistungen *siehe dort*
– Staatsorganisation *siehe dort*
– und Staatsrecht **99** 29
– tatsächliches ~ **99** 64, 206 ff.
   – Freiheitsschutz **99** 222
   – und Schutzaufgaben **99** 223
   – Tathandlungen **99** 218 ff.
   – Wirkungsweisen **99** 207
– und unerwünschte Nebenwirkungen **99** 20
– veränderliche Ziele **99** 52
– verantwortlicher Entscheidungsakt **99** 148
– durch Verfahren **99** 69 ff.
– durch Vertrag **99** 157 ff., 189 ff.
– Wirkungsweisen **99** 136 ff.
– Wirtschaftlichkeit *siehe* Wirtschaftlichkeit staatlichen Handelns
– und Zeit **99** 19
– Zielgerichtetheit **99** 21 ff.
– zugleich Mittel und Zweck **99** 22
Staatshandeln, informales **99** 5, 192
siehe auch Absprachen, formlose
– Ergänzung förmlichen Staatshandelns **99** 200
– informierende und beeinflussende Pläne **99** 141
– und verfassungsrechtliche Formenbindung **99** 66 ff.
– Zielvereinbarungen **99** 190
Staatshaushalt *siehe* Haushalt
Staatskanzlei
– zur Miete **122** 46
Staatskredite **116** 97, **123** 1 ff.
– kein absolutes Verschuldungsverbot **123** 90
– außerordentlicher Zahlungsbedarf **123** 91
– befristete und unbefristete ~ **123** 17 f.
– Begriff der Kreditaufnahme **123** 20
– finanzwirtschaftliches Übermaßverbot **123** 45, 83
– Fiskalillusion **123** 1
– Formen **123** 26
– und gesamtwirtschaftliches Gleichgewicht **123** 27, 44 ff.

– und Sondervermögen 123 76
– Störung 123 60 ff.
– Gesetzesvorbehalt 120 71, 123 14 ff.
– Grenzen 123 27 ff., 33, 60 ff.
– und Grundgesetz 123 10, 14 ff.
– Haushaltsnotstand 123 72 f.
– interperiodische Gerechtigkeit 123 4
– Junktimklausel 123 28 ff.
  – und Abschreibungen 123 38
  – Bezug auf gleiche
    Haushaltsperiode 123 32
  – und Haushaltsvollzug 123 41 ff.
  – Investitionsbegriff 123 33
  – Nettoinvestitionen 123 36, 82
  – Sondervermögen 123 83
  – und Vermögensverwertungen
    123 39
– Kassenverstärkungskredite 123 18, 23, 29
– Konjunkturausgleichsrücklage 123 47
– Kreditaufnahme als konjunkturpolitisches Gestaltungsmittel 123 8 ff.
– Kreditermächtigung
  – abstrakte Normenkontrolle 123 24
  – befristete ~ 123 95
  – Bestimmbarkeit 123 19
  – Bruttokreditaufnahme 123 19
  – Darlegungspflicht 123 53
  – formelles Gesetz 123 15
  – Organgesetz 123 24
  – zeitliche Grenzen 123 17
– kreditfinanzierte Rücklagen 123 32
– Kühlschrankprinzip 123 18
– Lastenverschiebung 123 3 ff.
  – keine Pflicht zur Lastenverschiebung 123 48
– und mittelbare Geldleistungen
  123 21 f.
– und Nebenhaushalte 123 74 ff.
– Nettoneuverschuldung 123 30
– Publizität 123 15
– Reformüberlegungen 123 80 ff.
– reversible Konjunkturprogramme
  123 70
– Revolvierbarkeit 123 18
– Sale-and-Lease-Back 122 110
– Schuldendeckel 123 48
– und selbständige juristische
  Personen 123 78
– und Sondervermögen 123 74 ff.

– Staatsbankrott *siehe dort*
– als Staatseinnahmen 116 97, 120 44, 123 1, 29 ff.
– verdeckte Kreditaufnahme 123 22
– Verhältnismäßigkeit der überhöhten
  Staatskredite 123 65 ff., 83
– virtuelles Ausgleichskonto 123 92
– volkswirtschaftliche Geld- und
  Angebotstheorien 123 67
– Vorrang der Steuerfinanzierung
  123 54 ff.
Staatsleistungen
– befristete Leistungsgesetze 123 70
– Dienstleistungen 99 114
– Geld- und Sachleistungen 99 112 f.
– Inhalt 99 113
– Schuldenvorbehalt 99 110
– Vorbehalt des Möglichen 99 106, 108 ff.
Staatsleitung 106 10 *siehe auch*
Regierungsfunktion
– Begrenzung der ~ 106 13
– Begriff 106 4 f.
– gesamthänderische ~ 106 11 f.
– gewaltenübergreifender Charakter
  106 10 f.
– Mitwirkungsanteile 106 12
– Steuerung der Exekutive als ~
  107 43
Staatsmittel 99 1 ff.
– Blankettinstrumente 99 24
– Geld 99 6, 99 ff.
– informales Handeln 99 5 *siehe auch*
  Absprachen, formlose
– Information 99 209 ff.
– Personal 99 92 ff.
– Recht 99 2 ff.
– und Staatsaufgaben 99 16 ff.
– und Staatshandeln 99 21 ff.
Staatsmonopole 99 128
– mit privater Ergänzung 99 32
Staatsnotrecht 116 46
Staatsorgane
– Behördeneigenschaft 108 43
– formlose Absprachen 99 198 ff.
– Kontrolle *siehe* Kontrolle staatlichen
  Handelns
– Organleihe 108 43
– Organteil 108 43
– relative Rechtsfähigkeit 122 18

– relative Unabhängigkeit **122** 18
– Selbstdarstellung **122** 45
– subjektive Organrechte **108** 58f.
– als Vermögensträger **122** 18
Staatsorganisation 99 118ff.
– Anpassungsorganisationen **99** 132
– Ausgliederung von Tätigkeiten **99** 126ff.
– dezentralisierte Staatsgewalt **99** 123
– und Föderalismusreform **99** 125
– und Gewaltenteilung **107** 16
– und Grundgesetz **99** 119f.
– und Grundrechte **99** 122
– rechtliche Formierung **107** 15
– und Staatsvolk **99** 121
– als Wirkeinheit **99** 118
– Zurückhaltung im Staatlichen **99** 132
Staatspflege 99 208
Staatsquote
– und Steuerquote **118** 77
– und Steuersubventionen **118** 55
Staatsrecht
– und Staat **99** 31
– Staatsvermögen **122** 1
Staatsrepräsentation 122 45ff.
Staatssouveränität
– und Europäische Integration **99** 27f.
– und Kompetenzordnung **99** 43
Staatsstrukturbestimmungen
– Determinierungskraft **108** 88
– Selbstbestand **108** 87
– ungeschriebene Verfassungsrechtssätze **108** 87
– Verwaltungsorganisation **108** 86ff.
– Wechselbezüglichkeit **108** 89
Staatsvermögen 122 1ff.
– Bahn **122** 31, 54
– Bestandsschutz **122** 104ff.
– Betriebsvermögen **122** 24
– Definition **122** 1ff.
  – durch die Staatspraxis **122** 5ff.
  – staatsrechtliche ~ **122** 11
  – unterschiedliche Begriffsbedeutung **122** 4
– Finanzvermögen *siehe dort*
– und Grundgesetz **122** 4, 58
– Grundrechte als Grenze **122** 79ff.
– Jahresrechnung des Finanzministers **122** 5ff.
– Kompetenzverteilung **122** 126ff.

– Krügers Staatstheorie der öffentlichen Natur der Sachmittel **122** 26
– Kulturbesitz **122** 25
– Labands klassische Typologie **122** 20
– Liegenschaftsvermögen **122** 50
– Qualifikationsschwierigkeiten **122** 27ff.
– Recht des ~s und allgemeine Rechtsordnung **122** 63
– Rechtfertigungszwang **122** 76ff.
  – demokratische Legitimation **122** 98f.
  – notwendige Differenzierung **122** 80
  – Subsidiaritätsprinzip **122** 91
– Rechtsquellen
  – einfachgesetzliche ~ **122** 59ff.
  – verfassungsrechtliche ~ **122** 52ff.
– Schenkungsverbot? **119** 51
– Schutz vor Insolvenz **122** 114
– Schutz vor Zwangsvollstreckung **122** 112f.
– kein Selbstzweck **122** 85
– statistische Daten **122** 49ff.
– im Steuerstaat **122** 68ff.
– Übergangsregelungen **122** 54, 58, 61, 121ff.
  – und Dauerregelungen **122** 61
  – Finanzvermögen **122** 87
  – Gesetzgebungskompetenzen **122** 126
  – Vermögensbegriff **122** 4, 9
– und Vermögen des Herrschers **122** 16
– Vermögensfähigkeit der Rechtssubjekte **122** 18
– Vermögensverwaltung
  – gesetzesfreie ~ **122** 98
  – Kompetenz der Exekutive **122** 100
– Verwaltungsvermögen *siehe dort*
Staatsvermögensordnung 122 65ff.
Staatsverschuldung 99 102, **118** 78, **123** 1ff.
– Ausmaß der ~ **123** 11ff.
– bundesstaatliche Solidarität **116** 51
– und Demokratieprinzip **123** 58f., 69
– und europäisches Gemeinschaftsrecht **116** 172ff., **123** 102ff.
– Defizitverfahren *siehe dort*
– Finanzierungsdefizitgrenze **123** 103
– Schuldenstandsgrenze **123** 103

– Stabilitäts- und Wachstumspakt **116** 172 ff., **117** 13, 27, **123** 104
– Finanz- und Verwaltungsschulden **123** 20
– Haushaltsdisziplin **116** 173 f.
– implizite Schulden **123** 13
– und Investitionen **123** 3 ff.
– investitionsorientierte ∼ **123** 3
– Kritik des BVerfG **123** 80 f.
– Legitimität **123** 2
– Nettoneuverschuldung **123** 30
– Notwendigkeit einer Verfassungsänderung **123** 89
– Pflicht zur Schuldentilgung **123** 31, 49 ff., 93
– Reformüberlegungen **123** 80 ff.
– Schuldendeckel **123** 48
– und Staatsleistungen **99** 110
– kein Staatsvermögen **122** 3, 8
– Subventionsabbau **124** 4
– Überschreitung der Kreditobergrenze als Ausnahme **123** 51, <u>62</u>, 83
– und Wiedervereinigung **123** 77

Staatsverträge
– Verbindlichkeit **99** 190
– verfassungsrechtliche Gebundenheit **99** 191

Staatsverwaltung, mittelbare
– Binnendifferenzierungen **108** 52

Staatsvolk *siehe auch* Volk
– Einhelligkeit **99** 150 f.
– und Rechtsstaat **99** 25
– und Staatsorganisation **99** 121

Staatswillensbildung **99** 148 ff.
– und Ausführen **99** 179
– einhellige ∼ **99** 150 ff.
– einseitige ∼ **99** 154 ff.
– mehrheitliche ∼ **99** 170 ff.
– durch Vereinbarung **99** 157 ff.

Staatszielbestimmungen
– einheitliche/gleichwertige Lebensverhältnisse im Bundesgebiet **116** 77 ff.

Staatsziele
– und Grundgesetz **99** 23

Stabilisierungsauftrag
– verfassungsrechtlicher ∼ **117** 21 f.

Stabilitäts- und Wachstumspakt **116** 172 ff., **117** 13, 27, **123** 104 ff.
– Defizitverfahren *siehe dort*

– Entschließung gegen einen Mitgliedstaat **117** 27
– Reformüberlegungen **123** 112 ff.

Stabilitätsgesetz *siehe auch* Gesetzesregister
– Finanzplanung **120** 76
– gesamtwirtschaftliches Gleichgewicht **117** 21
– als Grundsatzgesetz **120** 5
– Subventionsbericht **124** 2

Stadtstaaten
– Sonderstatus **116** 15

Standesrichtlinien **105** 10

Stasi-Unterlagen-Gesetz **111** 11
siehe auch Gesetzesregister

Steuerarten **118** <u>71</u>, 230, 248
– besondere Verbrauchsteuern **118** 252
– Biersteuer **118** 253
– Einkommensteuer **118** 232 f.
– Erbschaftsteuer **118** 257 ff.
– Feuerschutzsteuer **118** 249
– Gewerbesteuer **118** 235
– Grunderwerbsteuer **118** 248
– Grundsteuer **118** 239
– Körperschaftsteuer **118** 234
– Kraftfahrzeugsteuer **118** 240
– Lotteriesteuer **118** 250
– Rennwettsteuer **118** 250
– Schenkungsteuer **118** 257 ff.
– Spielbankenabgabe **118** 252
– Umsatzsteuer **118** 242 ff.
– Vermögensteuer **118** 238
– Versicherungsteuer **118** 249
– Zölle **118** 254

Steuerbewilligung
– durch Landstände **118** 91

Steuererlaß
– Pflicht zum ∼ **118** 142

Steuerertragsaufteilung
– horizontale ∼ **118** 72 ff.
– Trennsystem **118** 71 ff.
– vertikale ∼ **118** 71

Steuerertragshoheit
– des Bundes **118** 71
– Eigenstaatlichkeit **116** 67
– in der Finanzverfassung **116** 65 f., **118** 71
– Gesetzesvorbehalt **118** 74
– der Länder **118** 71
– und Steuerschuldrecht **116** 66

– Verkehrsteuern **118** 248
Steuergegenstand **118** 16 ff., <u>230 ff.</u>
– Bestimmung im Parlamentsgesetz **118** 104
– Einkommen **118** 45, 232 ff.
– Erbschaft und Schenkung **118** 257 ff.
– gleichheitsgerechter ~ **118** 173
– Sozialpflichtigkeit **118** 126 ff., 173
– und steuerliche Bemessungsgrundlage **118** 267 f.
– Vermögensbestand **118** 237 ff.
– Vermögensverwendung **118** 241 ff.
Steuergeheimnis **107** 61
– und Steuerlisten **118** 33
Steuergerechtigkeit
– aktuelle Probleme **118** 15
– Besteuerungsgleichheit *siehe dort*
– Besteuerungsmaß **118** 81 ff.
– direkte und indirekte Steuern **118** 20
– Folgerichtigkeit **116** 115
– und Gesetzesvorbehalt **118** 94 f.
– gleichmäßiger Gesetzesvollzug **118** 101
– historische Entwicklung **118** 7 ff.
– horizontale ~ **116** 109, **118** 207
– Leistungsfähigkeitsprinzip **116** 100 ff.
– und Sozialstaatlichkeit **116** 110
– und Steuervergünstigungen **118** 25
– und Steuerzweck **118** 89
– Typengerechtigkeit **118** 98 ff.
– verhältnismäßige Gesamtbelastung **118** 132
– vertikale ~ **116** 109, **118** 207
Steuergesetze
– dynamische Verweise **118** 39
– Folgerichtigkeit **118** 95, 178
– Normenklarheit **118** 201, 278
– Übernahme von Begriffen **118** 39 f.
– Vollzugsdefizite **118** 28 f.
Steuergesetzgebung
– Gestaltungsraum **118** 99, 171
– Steuersatz **118** 272
– Gleichheit der Pflichtenbelastung **116** 114
– verfassungsrechtliche Vorgaben **118** 220 ff.
Steuergesetzgebungszuständigkeiten
– und Aufkommensbindungen **116** 146
– ausschließliche ~ **116** 63
– in der Finanzverfassung **116** 63

– und Finanzverwaltung **116** 69 ff.
– der Gemeinden **116** 26 f.
– Gleichartigkeit von Steuern **116** 64
– Grunderwerbsteuer **118** 248
– konkurrierende ~ **116** 63
– und Steuersubventionen **118** 53
– Übergewicht des Bundes **116** 14, 63
– im Zollwesen **116** 63
Steuergestaltung **118** 34 ff.
Steuerharmonisierung
– durch die Europäische Gemeinschaft **116** 166
– schweizerisches ~sprojekt **116** 81
Steuerhinterziehung **118** 22
– und Vorsteuerabzug **118** 246
Steuerlicher Belastungsgrund
– Bestimmung im Parlamentsgesetz **118** 104
– und Eigentumsgarantie **118** 141 ff.
– individuelle Zahlungsfähigkeit **118** 222
– Teilhabe am Erfolg individuellen Wirtschaftens **118** 86 ff.
– Typisierungen **118** 98 ff.
– unausweichlicher ~ **118** 26 ff., 198
– vierstufiges Vergleichsverfahren **118** 174
Steuerlisten **118** 33
Steuermoral **118** 30
– und Zwecksteuern **116** 134
Steuern **118** <u>1 ff.</u>
– Bedeutung **116** 84
– Bemessungsgrundlage *siehe dort*
– Besteuerungsmaß **118** 118
– Ertragswirkung **118** 70 ff.
– Finanzierungsinstrument **118** 122 ff.
– als Gemeinlast **118** 10
– Gesamtdeckungsprinzip *siehe dort*
– als Grundrechtseingriff **118** 65 ff., 80 ff., **122** 75 ff.
– und Grundrechtsschutz **118** 145 ff.
– Inhalts- und Schrankenbestimmung des Eigentums **118** 117, 122 ff.
– konfiskatorische ~ **118** 85, 118
– Lenkungszwecke **116** 133
– und nichtsteuerliche Abgaben **119** 8, 12 ff.
– politische Verwendungsabsicht **116** 139

– Preis der Freiheit **118** 1 ff., 90
– Rechtfertigung **119** 27
– und Sozialversicherungsbeiträge **119** 111 f.
– Steuer-DAX **118** 33
– kein Umverteilungsinstrument **118** 125
– unausweichliche Gemeinlast **118** 25 ff., 198
– verfassungsrechtlicher Begriff **116** 85
– voraussetzungslose ~ **116** 84, **118** 3, 87, **119** 7
– Wettbewerbsneutralität **118** 214
– und Zweckbindung **99** 105, **116** 133 ff., **118** 205

Steuern, indirekte **118** 241 ff.
– Besteuerung der Vermögensverwendung **118** 241
– und Besteuerungsgleichheit **118** 20 f.
– Einkaufstourismus **118** 44
– formale Gleichheit **118** 2 f.
– typisierende Gleichheit **118** 191 ff.
– Typisierungen **118** 103
– verhältnismäßige Gesamtbelastung **118** 132
– Wettbewerbsneutralität **118** 216

Steuerpflicht
– und Staatsangehörigkeit **116** 31
– Steuerinländer **118** 221
– und Wahlrecht **118** 3
– in der Weimarer Reichsverfassung **118** 221 ff.

Steuerpflichtige *siehe* Steuerschuldner

Steuerprogression **118** 24, 207, 274 ff.
– und Leistungsfähigkeitsprinzip **116** 108
– und Steuersubvention **118** 50
– und Übermaßverbot **118** 277

Steuerrecht
– Besteuerungsverfahren *siehe dort*
– drei Steuerrechtsordnungen **118** 30
– Ehegattenverträge **118** 158
– und Eigentumsgarantie **118** 117 ff.
– Einfluß der Grundfreiheiten **116** 167
– und europäisches Beihilfenrecht **116** 168
– und Europäisches Gemeinschaftsrecht **118** 96
– europarechtliche Einwirkungen **116** 161 ff.
– und Gesamtrechtsordnung **118** 176

– Gesetzesvorbehalt im ~ **118** 90 ff.
– Schwäche **118** 93, 169
– gesetzliche Verordnunggebung **118** 106 ff.
– GmbH & Co. KG **118** 36 f.
– und Haushaltsrecht **118** 24, 205, **120** 9, 21
– juristische Person im ~ **118** 152
– Mantelkauf **118** 35
– maßvoller Gesetzesvollzug **116** 71
– rechtsstaatlicher Niedergang **118** 22
– Rechtsverordnungen **118** 104
– Steuergestaltung **118** 34 ff.
– Typisierungen **118** 97 ff.
– Vertrauensschutz im ~ **118** 111 ff.
– und Völkerrecht **118** 226
– kein Wettbewerb der Staaten **118** 4
– Wettbewerb der Staaten **119** 8
– Widerspruchsfreiheit innerhalb des ~s **118** 177

Steuerrechtfertigung
– Äquivalenztheorie **116** 158
– Opfertheorie **116** 158, **118** 223, 273
– sozialpflichtiges Eigentum **118** 126 ff., 142 ff.
– Teilhabe am Erfolg individuellen Wirtschaftens **118** 86 ff.

Steuerreform
– ökologische ~ *siehe* Ökosteuerreform

Steuersatz **118** 271 ff.
– einheitlicher ~ **118** 275
– linearer oder progressiver ~ **118** 273
– progressiver ~ *siehe* Steuerprogression

Steuersatzung
– kommunale ~ **118** 104

Steuerschätzung **120** 39

Steuerschuldner
– Besteuerungsmaß **118** 118
– Bestimmung im Parlamentsgesetz **118** 104
– Eigentümer **118** 68
– Entfremdung vom Steuerrecht **118** 30
– und Finanzverfassung **116** 31
– Freiheitseingriff durch Lenkungssteuern **118** 47 ff.
– und Gesetzesänderungen **118** 116

1606   Halbfette Zahl = §§; magere Zahl = Rn.; unterstrichene Zahl = Hauptfundstelle

Sachregister

- Grundrechtsbetroffenheit **118** 65 ff.
- Grundrechtsschutz **118** 140
- Minderung der Zahlungspflicht **118** 22, 27
- Steuergestaltung **118** 34
- Steuerinländer **118** 221
- Vertrauensverlust **118** 278

Steuerschuldrecht
- und Steuerertragshoheit **116** 66

Steuerstaat
- und Abgabenstaat **116** 132
- historische Entwicklung **116** 150, **118** 6 ff.
- Privatisierung von Finanzvermögen **122** 115 f.
- keine Rentabilität **122** 90
- Souveränität **116** 35
- und Sozialstaat **125** 1
- Staatsvermögen im ~ **122** 68 ff.
- transnationaler ~ **116** 156
- als Verfassungsprinzip **122** 71 f.

Steuerstaatlichkeit
- und Äquivalenzprinzip **116** 5, 133 ff.
- Vorrang der Steuerfinanzierung **116** 84, **118** <u>1 ff.</u>, 122, **119** 1, **122** 69 f., 74
  - Alternativen **118** 5
  - und Äquivalenzprinzip **116** 5
  - historische Entwicklung **119** 27
  - Staatskredit als Ausnahme **123** 54 ff.

Steuerstrafrecht
- Gesetzesvorbehalt **118** 94

Steuersubjekt *siehe* Steuerschuldner

Steuersubvention *siehe* Steuervergünstigungen

Steuersystem
- Ökologisierung **116** 135

Steuerumgehung **118** 34

Steuerungsinstrumente
- neue ~ **99** 105, 125

Steuerverfassungsrecht **116** 98 ff.
- als Teil der Finanzverfassung **116** 1

Steuervergünstigungen **116** 127, **118** <u>46 ff.</u> *siehe auch* Lenkungssteuern
- Abzug von der Steuerschuld **118** 188
- und Belastungsgleichheit **124** 2
- und Eigentumsgarantie **118** 62
- und europäisches Beihilfenrecht **116** 168
- Fehlbelegungsabgabe **119** 120
- als Fremdkörper **118** 46 f.
- und Gleichheitssatz **124** 47
- Kompetenzverfremdungen **118** 53 ff.
- Rechtsprechung des BVerfG **118** 57 ff.
- als Staatseinnahmen **120** 27, 31
- und Steuergerechtigkeit **118** 25, 50 ff.
- Steuergesetzgebungszuständigkeit **116** 63
- als Subventionen **118** 25, 46 ff., **124** 6, 11 f., 21
- Verhaltenssteuerung **116** 8
- Vertrauensschutz **118** 114
- Verzicht auf ~ **118** 63 f.
- Vorläufigkeit von ~ **118** 61
- Wahlschuld **118** 69

Steuervermeidung
- Bekämpfung durch Entgeltabgaben **119** 8
- Kernproblem des Steuerrechts **118** 34
- Zusammenarbeit der Staaten **119** 8

Steuerverwaltung
- durch die Länder **116** 14

Steuervollzug *siehe* Besteuerungsverfahren

Steuerwettbewerb **116** 169 ff.
- kein ~ im weltoffenen Markt **99** 35, 38, **118** 4

Steuerzweck
- historische Entwicklung **118** 7
- Staatsfinanzierung **118** 84 ff.
- Teilhabe am Erfolg individuellen Wirtschaftens **118** 86 ff., 122 ff.
  - Verhältnismäßigkeit **118** 131
- und Übermaßverbot **118** 83 ff.

Stiftung Preußischer Kulturbesitz **105** 17

Stiftungen **108** 37 f.
- Hilfswerk für behinderte Kinder **105** 17
- mit Satzungsbefugnis **105** 17
- Stiftung Preußischer Kulturbesitz **105** 17

Strafrecht
- Auswirkungen von Verwaltungsvorschriften **104** 47

Straftat
- Besteuerung der Erträge **118** 208 f.

Halbfette Zahl = §§; magere Zahl = Rn.; unterstrichene Zahl = Hauptfundstelle   1607

Sachregister

Strafverfahren
- Anwesenheitsrecht **115** 38
- Beweisgewinnung
  - Beweisverwertungsverbote **115** 50
  - rechtsstaatliche Anforderungen **115** 50
- Durchbrechung des Legalitätsprinzip **115** 28
- Einleitung **115** 28
- freie Verteidigerwahl **115** 38
- Freiheitssicherung im ~ **114** 10
- Garantie wirksamer Verteidigung **115** 38
- grundrechtliche Schutzerfordernisse **115** 8
- Grundrechtsgewährleistung des Beschuldigten **115** 7
- intensive Eingriffsqualität **115** 8
- Prozeßabsprachen **115** 39
- Recht auf Akteneinsicht **115** 32
- und rechtliches Gehör **115** 32
- rechtsstaatliche Anforderungen **114** 10
- richterliches Erkenntnismonopol **112** 63
- kein richterliches Verhängungsmonopol **112** 63
- Schutz der individuellen Freiheit **115** 8
- staatlicher Strafanspruch **115** 7
- Transparenz im Verfahren **115** 32
- Unschuldsvermutung **115** 7 f.
- wirksame Strafverfolgung **115** 7 f.

Streikverbot
- für Beamte **110** 43, 62
- im öffentlichen Dienst **99** 98

Stromsteuer **116** 139

Strukturelle Erhebungsdefizite **118** 28 f., 95

Strukturhilfegesetz **116** 75

Studentenwerke
- Insolvenzunfähigkeit **116** 56

Stuttgarter Verfahren **118** 265

Subjektives Nettoprinzip **116** 113

Subsidiaritätsprinzip
- gemeinschaftsrechtliche Grenze der Steuerharmonisierung **116** 166
- grundrechtliche Organisationsverbote **108** 81
- Handlungsvorrang Privater **122** 94

- Legitimation des Staatsvermögens **122** 91
- und Subventionsabbau **124** 4
- verfassungsrechtliches Regulativ **122** 92

Subventionen **116** 127, **124** 1 ff.
- Auftragsvergabe **124** 19
- Begriff **124** 5 ff.
- und Beihilfe **124** 5
- Bürgschaften **124** 17, 53
- Darlehen **124** 16, 49
- Dienstleistungen **124** 15
- direkte ~ **124** 23
- Europäisches Gemeinschaftsrecht **124** 7 f., 25
- ex-post~ **124** 20
- und Gesetzesvorbehalt **101** 25 f., **124** 31 f.
- gesetzliche Regelungen **124** 35
- und Grundrechte **124** 34, 40 ff.
- Haushaltsplan als gesetzliche Grundlage **101** 26 f.
- indirekte ~ **124** 23
- Kapitalbeteiligung **124** 18
- Leistungs~ **124** 13 ff., 51 ff.
- Rechtsgrundlage **120** 54, **124** 31 f.
- Sachleistungen **124** 14
- Steuer~ **118** 25, 46 ff., **124** 21
- strafrechtlicher Begriff **124** 10 f.
- Typologie **124** 12 ff.
- Verhaltenssteuerung **116** 8
- verlorene Zuschüsse **124** 13
- Verschonungs~ **124** 21 f.
- Verwaltungsvorschriften **124** 36 ff.
- Volumen **124** 3
- im Welthandelsrecht **124** 9, 24
- Wettbewerbsverzerrung **124** 45 f.
- Zuständigkeiten
  - des Bundes **124** 29 f.
  - der Gemeinden **124** 30
  - der Länder **124** 29 f.

Subventionensansprüche
- derivative ~ **124** 43
- und Eigentumsgarantie **124** 42
- und Gleichheitssatz **124** 43
- originäre ~ **124** 42
- spezialgesetzliche ~ **124** 41

Subventionsabbau
- als Auftrag **124** 2 ff.

Subventionsbericht **124** 2 f.

1608   Halbfette Zahl = §§; magere Zahl = Rn.; unterstrichene Zahl = Hauptfundstelle

Sachregister

Subventionsempfänger
- Divergenz von Adressat und ~ **124** 23
- eigene Belastung **124** 33, 37
- und Eigentumsgarantie **124** 44
- Freiheitsverlust **124** 2, 37 f.
- und gemeinschaftsrechtswidrige Beihilfe **124** 68
- Konkurrent **124** 45, 74 f.
- öffentliche Unternehmen als ~ **124** 11, 28
- Rechtsschutz **124** 72 f.
- und Subventionsgeber *siehe* Subventionsverhältnis

Subventionskodex 124 39

Subventionskontrolle
- im Europäischen Gemeinschaftsrecht **124** 58
- durch nationale Behörden **124** 59
- im Welthandelsrecht **124** 57

Subventionsmittler
- als Verwaltungshelfer **124** 49

Subventionsrichtlinien 104 34, 75, **124** 39

Subventionsverhältnis 124 48 ff.
- Dreiecksverhältnis **124** 53
- Formenwahl **124** 50
- öffentlich-rechtlicher Vertrag **124** 56
- Rückabwicklung **124** 60 ff.
  - im Dreieck **124** 70
  - Rücknahme **124** 64 ff.
  - Vertragsnichtigkeit **124** 69
  - Widerruf **124** 62 f.
- Verwaltungsakt **124** 51
- vorläufige Bewilligung **124** 54
- Zusage **124** 55
- Zweistufenmodell **124** 52 f.

Subventionsverwaltung
- Europäisierung **124** 68

Systéme Law 116 37

Systemtheorie
- und Recht **99** 4

TA-Lärm 104 72
TA-Luft 104 8, 72
Tarifautonomie 105 41
- keine ~ im Beamtenrecht **110** 62

Tarifverträge 100 39, 61
- Allgemeinverbindlichkeitserklärung **105** 41

Technische Regeln 100 62
- im Atomrecht **104** 9

Technische und wissenschaftliche Standards
- Bestimmungen in Verwaltungsvorschriften **104** 30 ff., 71
- Festsetzung durch informelle Rechtsetzung **104** 7 ff.

Teilhabe
- finanzstaatliche ~ **99** 110
- Rechts~ **99** 110
- des Staates am Erfolg individuellen Wirtschaftens **118** 86 ff., 146 f.
  - Rechtfertigung **122** 93
  - Verhältnismäßigkeit **118** 131 ff.
- Teilhabeanspruch **99** 58 ff.

Territorialitätsprinzip, steuerliches 118 224 ff.

Totalvorbehalt 101 23 ff.
- und demokratisches Prinzip **101** 23
- und Haushaltsplan als gesetzliche Grundlage **101** 26 f.
- Inpraktikabilität **101** 28
- rechtsstaatliches Argument **101** 24

Transfergerechtigkeit 116 11

Tugenden
- ethisch-politische ~ der Regierenden **106** 15

Übergangsrecht
- administratives ~ **104** 51 f.

Übermaßverbot 99 49 ff.
- und Finalität **99** 21
- finanzwirtschaftliches ~ **123** 45, 83
- gesetzliche Ausprägung **99** 50 f.
- Maßstabsgerechtigkeit **118** 84
- und Prinzipienkollision **121** 28
- und Steuerbelastung **116** 119 f.
- und Steuerprogression **118** 277
- im Steuerrecht **118** 13 f., 129 ff.
- Wirtschaftlichkeitsprinzip **120** 48

Überwälzung
- von Steuerlasten **118** 27, 243

Umlageverfahren 122 82, **125** 24

Umsatzsteuer 118 <u>242 ff.</u>
- Allphasen-Brutto~ **118** 216
- Belastung der Vermögensverwendung **118** 124
- und Berufsfreiheit **118** 148

Sachregister

– Bestimmungslandprinzip **118** 225
– Clearingsystem **118** 225
– und Eigentumsgarantie **118** 148
– Ertragshoheit **118** 71
– grenzüberschreitende Karussellgeschäfte **118** 246
– Rechtsformabhängigkeit **118** 38
– Überwältzung von Steuerlasten **118** 27, 243
– Ursprungslandprinzip **118** 225
– Vorsteuerabzug **118** 244 ff.
Umsatzsteueraufteilung
– und Finanzplanung **120** 76
Umsatzsteuerrecht
– und Europäisches Gemeinschaftsrecht **118** 96
– Mehrwertsteuer-Systemrichtlinie **118** 96
– Reformvorschläge **118** 246
UMTS-Lizenzen 99 41
– Schuldentilgung **123** 49
Umweltgutachter
– als Beliehener **99** 230
Umweltrecht
– Gebühren im ~ **119** 9
– regulierte Selbstkontrolle **99** 230
Umweltschutz
– und nichtsteuerliche Abgaben **119** 2, 117
– Lenkungsabgabe **119** 93 f.
– Verursacherabgabe **119** 99 ff.
– ökologische Steuerreform **116** 135
– Wirtschaftlichkeitsgrundsatz **121** 19
Umweltverträglichkeitsprüfung
– Lehre der planerischen Abwägung **109** 44
– Richtlinie über die ~ **109** 43
Unfallversicherung, gesetzliche
– Beiträge **125** 24 *siehe auch* Sozialversicherungsbeiträge
– Gemeinlastverbund **125** 43
– Versicherungsträger **125** 4 f.
Universitäten *siehe* Hochschulen
Untermaßverbot 99 58
Unternehmen, öffentliche
– Besteuerung **118** 227 ff.
– als Subventionsempfänger **124** 11, 28
– als Wirtschaftsfaktor **122** 51
Untersuchungsausschüsse
– Bestimmung eines Ermittlungsbeauftragten **111** 8

Urheberschutz
– pauschale Geräteabgabe **119** 122
Ursprungslandprinzip, steuerrechtliches 118 225

Verantwortung
– Eigen~ des Bürgers **99** 89
– parlamentarische ~ **108** 66
– Regierungsverantwortung **107** 40
– staatliche ~
– der Bundesregierung **99** 134 f., **107** 88
– einzelner Organträger **99** 174
– durch Kontrolle **99** 225
– und private ~ **99** 197
– der Verwaltung **107** 88
Verbände
– Beteiligung an Gesetzesentwürfen **102** 15
– Einfluß in Ministerien **107** 67
– staatliche Einflußnahme
– Formen **108** 9
Verbandsgerichtsbarkeit
– private ~ **112** 92 f.
Verbandslasten 116 89, **119** 113 ff.
– Finanzverantwortung **119** 114
– Handlungsverantwortung **119** 115 f.
– Mitgliedsbeiträge als ~ **119** 66
– und Sonderabgaben **119** 116
Verbrauchsteuern 118 <u>247</u>
– besondere ~ **118** 252
– örtliche ~ **118** 253
– Reform der besonderen ~ **118** 253
– Vertrauensschutz **118** 114
– Verwaltung **116** 70
Verbrauchsteuervorteile
– als indirekte Subventionen **124** 23
Vereinfachungsanweisung 104 26
Vereinigungsfreiheit
– und Steuerrecht **118** 149 ff.
Vereinsautonomie 105 40
Verfahren 99 69 ff.
– ausgleichende Wirkung **99** 75
– Grundrechtsschutz durch ~ **99** 72 f.
– Kernfunktionen **99** 76
– Risiken übersteigerter Anforderungen **99** 77 ff.
– Ursprung der Gemeinwohlfindung **99** 74
Verfahrensregelungen 104 26

Sachregister

Verfahrensvorschriften 104 20
– und administrative Organisations-
  gewalt 104 50
Verfassung *siehe* Grundgesetz
Verfassung des Freistaates Bayern
  siehe auch Gesetzesregister
– Gewähr des Grundstockvermögens
  122 55, 104
– Schutz des kommunalen Vermögens
  122 56
Verfassung des Landes Hessen
  siehe auch Gesetzesregister
– Eigentum des Volkes 122 57
Verfassunggebung
– und Organisationsgewalt des Staates
  99 119
Verfassungsaufträge
– Europäische Integration 99 28
– Finanzplanung 120 76
Verfassungsgewohnheitsrecht
– Diskontinuität des Bundestages 102 43
Verfassungsrecht
– und einfaches Recht 122 64
– Verfassungsabsprachen 99 199
– und verfassungserhebliche Gepflogen-
  heiten 99 201
Verfassungsstaat
– Begrenzung der Staatlichkeit
  107 12 f.
– als Freiheitsgarant 99 27, 118 1 ff.
– Hierarchie im ~ 107 12 ff., 18 ff.
– Selbstkontrolle 99 231 ff.
Verfassungsvertrag 99 26, 100 69
Vergaberecht 116 128
Vergabeverfahren 109 10
Verhältnismäßigkeitsgrundsatz
  siehe Übermaßverbot
Verkehrsteuern 118 247 ff.
Verkehrsverordnungen 103 54
Vermittlungsausschuß 102 57 ff.
– Anrufungen 102 61
– Befugnisse 102 59 ff.
– keine Entscheidungskompetenzen
  102 60
– Erfolgsquote 102 56
– Kompromißvorschlagskompetenz
  102 60
– Mittler zwischen zwei Gesetzgebungs-
  organen 102 59
– parteipolitische Polarisierung 102 58

– Umfang des
  Vermittlungsgegenstandes 102 62
– Verfahren 102 63
– Vertraulichkeit der Beratungen
  102 63
– Weisungsfreiheit der Mitglieder
  102 58
– Zusammensetzung 102 57
– Zuständigkeit 102 59 ff.
Vermittlungsverfahren 102 55 ff.
Vermögen
– Besteuerung der Vermögens-
  verwendung 118 241 ff.
– des Herrschers und Staatsvermögen
  122 16
– Lebensführungsvermögen 118 136 ff.
– Mehrdeutigkeit des Wortes 122 9
– Sozialpflichtigkeit 118 190, 119 85
– Staatsvermögen *siehe dort*
– als Steuergegenstand 118 190, 237 ff.
– Vermögensabgabe 119 121
Vermögensteuer 118 180
– Familienschutz 118 163
– als Schutzentgelt 118 16
– als Sollertragsteuer 118 190, 238
– Urteil des BVerfG 118 129
Vermögensteuergesetz
– Unanwendbarkeit 118 190, 238
Verordnungen *siehe* Rechtsverord-
  nungen
Verordnunggebung 103 38 *siehe auch*
  Rechtsverordnungen
– Absage an Ermächtigungsgesetze
  103 15
– Anhörung Dritter 103 70
– Artikel-Gesetzgebung 103 38 f.
  – Einheitskonzeption 103 39
– Ausfertigung 103 75
– Begründungszwang 103 72 ff.
– Entsteinerungsklausel 103 38 f.
– als ergänzende Rechtsetzung 103 43
– geltende Rechtslage 103 15 f.
– und Gesetzgebung
  – kooperative Normsetzung 103 4, 16
– historische Entwicklung 103 11 ff.
  – absolute Monarchie 103 11
  – Ermächtigungsgesetze 103 13
  – konstitutionelle Monarchie 103 12
  – nationalsozialistisches System
    103 14

Sachregister

– Weimarer Republik **103** 13
– Inkrafttreten **103** 76 f.
– Kabinettsvorlage **103** 69
– Mitwirkung des Bundesrates
  103 53 ff.
– Mitwirkung des Bundestages **103** 4,
  46, 57 ff., 61
  – Formen **103** 59
  – Zulässigkeit **103** 60 ff.
– Mitwirkung Dritter **103** 53 ff., 70
– Mitwirkung von Gremien **103** 66
– Mitwirkung von
  Interessenverbänden **103** 66
– Mitwirkung von Parlaments-
  ausschüssen **103** 46, 64 f.
  – Praxis der Länder **103** 64
  – Zulässigkeit **103** 65
– Mitwirkung von Sachverständigen
  103 66
– und Normkonkretisierung **103** 42 f.
– in Notsituationen **103** 18
– Rechtsquellen **103** 68
– Reformbestrebungen **103** 28
– Reglementierung durch die Geschäfts-
  ordnung der Bundesregierung
  103 31
– kein selbständiges Verordnungs-
  recht **103** 18
– Sperrwirkung des Art. 80 Abs. 1
  GG? **103** 19
– Subdelegation **103** 36 ff.
– Verfahren **103** 29 ff.
– Verkündung **103** 75
– Verordnungsänderung durch den
  Gesetzgeber **103** 38 f.
– Vorbereitungsphase **103** 69 f.
Verordnungsermessen 103 40 ff.
– Begriff **103** 41
– Differenzierungen der Intensität
  103 43 ff.
– Differenzierungen nach
  Sachbereichen **103** 49
– Entschließungsermessen **103** 50
– nach gesetzlichen Vorgaben **103** 49
– und legislative Gestaltungsfreiheit
  103 41
– und Verwaltungsermessen **103** 41
Verpackungsteuer
– und Folgerichtigkeit **118** 179
Verschonungssubventionen
– Altlastenfreistellung **124** 21
– Gesetzesvorbehalt **124** 31
– sekundäre ~ **124** 22
– Steuervergünstigungen *siehe dort*
– und Subventionsbegriff **124** 6
Versicherungsteuer 118 249
Verteidigungsausschuß
– und Wehrbeauftragter **111** 6
Verteidigungsfall
– Bestimmung eines Beauftragten durch
  die Landesregierungen **111** 29
– Gesetzgebung im ~ **102** 73, 82
– Kompetenzen der Landesregierung
  111 28
– und Regierungsbeauftragte **111** 27
Verteilungsverantwortlichkeit 99 62
Vertrag
– zwischen Bürger und Staat **99** 157 ff.,
  189 ff.
– zwischen Hoheitsträgern **99** 190
– öffentlich-rechtlicher ~ *siehe dort*
– privatrechtlicher ~ zwischen Staat und
  Bürger **99** 164
– unter Staaten **99** 191
– als staatliche Handlungsform
  99 157 ff., 189 ff.
– Verständigung unter Gleichen
  99 157 ff.
Vertragsfreiheit
– und öffentlich-rechtlicher Vertrag
  99 161
Vertragsgesetze 100 27
Vertrauensfrage
– als Mißtrauensvotum **99** 173
– Verbindung mit Sachfrage **99** 173
Vertrauensschutz
– Dispositionsvertrauen **118** 114
– und Kontinuitätsgewähr **118** 110
– im Steuerrecht **118** 111 ff.
– und Steuervergünstigungen **118** 61 f.
**Vertrauensschutz im Bereich der
  Verwaltung**
– und Gemeinschaftsrechtsverstoß
  124 67
Verwaltung 106 16 ff.
– administratives Ergänzungsrecht
  101 74, **104** 49 f.
– Annexverwaltung **108** 5
– Ausführungspflicht **101** 5
– Außenverantwortung **107** 87

Sachregister

- Autonomie **104** 1 ff.
- Beauftragte bei Verwaltungsstellen **111** 31 ff.
- Begriff **108** 1
- Beteiligung Privater **99** 127, **108** 13
- Beurteilungs- und Ermessensraum **99** 155, **104** 67
- Bindung an Gerichtsentscheidungen **112** 52 ff.
- Bundesbeauftragte für Wirtschaftlichkeit in der ~ **111** 41
- bundeseigene ~ **108** 21
- Definitionen **106** 19 ff.
- demokratische Legitimation der ~ **101** 23
- Dezentralisation **107** 45
- Effektivität der ~ **107** 64
- Eigenkompetenz **107** 30
- Eigenständigkeit **104** 2, **106** 31
  - Gefährdung der ~ **106** 28
  - Sicht des Handlungsdenkens **104** 42
- Einheit **104** 25, **108** 16 ff., 28, **111** 60
- Einwirkung gesellschaftlicher Interessen **107** 65 ff.
- Einwirkungen durch die rechtsprechende Gewalt **112** 47
- Einzelaktgewalt **106** 26
- als Ersatzgesetzgeber **101** 13
- Finanz~ *siehe dort*
- Fremdbindung **104** 53
- Funktion
  - dienende ~ **106** 31
  - Garantie einer staatlichen ~ **106** 21
- funktionstypische Merkmale **106** 25 f.
- gerichtliche Kontrolle **99** 155, **104** 41 f.
- Gerichtsverwaltung **112** 40 ff.
- Geschäftsleitungsgewalt **104** 77
- Gesetze als Schranke **101** 6
- Gesetzesbindung **101** 1
  - als Fremdbindung **104** 53
  - als Selbstbindung **104** 61
- gesetzesfreie ~ **101** 6, **104** 33
- und Gesetzgebung *siehe* Gesetzgebung und Verwaltung
- und Grundgesetz **106** 16 ff.
- Handlungskompetenzen **99** 45
- Hauptverwaltungsträger **108** 17

- horizontale Verwaltungsgliederung **107** 42
- Idee der Selbstverwaltung **108** 23
- Innenbereich **104** 5
- Intendanturverwaltung **112** 40
- Kernbereich exekutiver Eigenverantwortung **101** 23
- Kernbereichsthese **106** 24
- Kommunikation zwischen Gesellschaft und ~ **108** 94
- Kompetenz
  - fachliche ~ **106** 26
  - Notkompetenzen zur Gesetzgebung **101** 73
  - originäre ~ **101** 14
  - professionelle ~ **106** 26
- Kompetenzverteilung zwischen Bund und Ländern **99** 46
- als Komplementärfunktion **101** 74, **106** 27 f.
- Kontrolle *siehe* Kontrolle staatlichen Handelns
- kooperative ~ **99** 7 f.
- Landesbeauftragte bei Verwaltungsstellen **111** 37 ff.
- Leitungskompetenz der Regierung **107** 41
- Lenkung der ~ durch Weisungen **99** 204
- Machtzuwachs **100** 82
- ministerialfreie Räume **111** 59
- Mischverwaltung **108** 73 f.
- Mißtrauen gegenüber der ~ **104** 16
- mittelbare Staatsverwaltung **107** 53
- Mitwirkung **107** 67
- Notkompetenz bei der Gesetzgebung **104** 52
- Organisationsgewalt **101** 72, **104** 19
- Pluralität der ~ **108** 16 ff.
- präventive Kontrolle **112** 47
- Recht als Handlungsnorm **112** 68
- Recht des ersten Zugriffs **101** 75, **106** 26 f., 31
- rechtliche Verantwortung **107** 88
- und rechtsprechende Gewalt **112** 38 ff., 68 ff.
- und Rechtsprechung
  - Gebot der personellen Trennung **112** 12

Halbfette Zahl = §§; magere Zahl = Rn.; unterstrichene Zahl = Hauptfundstelle

– gewaltenteilige Restriktion der Gerichtskontrolle **106** 28
– und Regierung *siehe* Regierung und Verwaltung
– repressive Kontrolle **112** 47
– Restkompetenz **101** 76
– Selbstbindung *siehe* Selbstbindung der Verwaltung
– Sonderverwaltungen **108** 19
– ständige Handlungsbereitschaft **106** 26
– Steuerung durch die Regierung **107** 32, 43
– Steuerungsinstrumente **108** 53 f.
– Verfahrensbeteiligung **99** 57
– verfassungsrechtliche Regelungen **106** 16 ff.
– Verordnungsrecht **101** 73, **104** 12 f.
– Verselbständigung **107** 48
– vertikale Verwaltungsgliederung **107** 42, 45
– Verwaltungsermessen *siehe dort*
– Verwaltungskooperation **108** 73
– Verwaltungskörper **107** 46
– und Verwaltungsorganisation **108** 1 ff.
– Verwaltungsvorbehalt *siehe dort*
– keine Verwerfungskompetenz **101** 10
– Vollzugsgewalt **101** 71
– Weisungshierarchie der ~ **107** 42 ff.
– Zentralität der ~ **107** 21
  – Träger aller Kompetenzen **107** 3
– Zulässigkeit der Verselbständigung **99** 135

Verwaltung, mittelbare 108 22 ff.
– Begriff **108** 18
– als grundrechtliches Gebot **108** 83
– Herausbildung eigenständiger Verwaltungsträger **108** 24
– mittelbare Kommunalverwaltung **108** 22
– mittelbare Staatsverwaltung **108** 22
– als verfassungsrechtliches Gebot **108** 67

Verwaltung, unmittelbare
– Aufsicht innerhalb der ~ **108** 51
– Begriff **108** 18 ff.
– Dekonzentration **108** 19
– Pluralität **108** 19

Verwaltungsakt 99 185 ff.
– Bestandskraft **99** 186
– Bindung der Gerichte **112** 50 f.
– Erlaß **109** 8 f.
– Konkretisierungsfunktion **99** 185
– stärkere Verbindlichkeit von Gerichtsentscheidungen **112** 71
– Subventionsvergabe **124** 51 ff.
– auf Unterwerfung **124** 33, 37
– Verfahrensabschluß **99** 185
– Vollstreckbarkeit **99** 187
– Zielanordnung **99** 197

Verwaltungsamt
– und politisches Amt **106** 32 ff., **107** 25

Verwaltungsaufbau
– mehrstufiger ~ **116** 17

Verwaltungsaufgaben
– Bedeutung **108** 97

Verwaltungsbuchbührung
– und Wirtschaftlichkeitsprüfung **121** 51

Verwaltungseinheit 108 36 ff.
– Amt **108** 36
– Autonomie **108** 66
– Begriff **108** 36
– Gerichtsschutz **108** 55
– Grad der Unabhängigkeit **108** 27
– juristische Person als rechtsfähige ~ **108** 40
– Rechtsfähigkeit **108** 26, 30
– subjektive Rechte **108** 55
– teilrechtsfähige ~ und juristische Personen **108** 41
– verselbständigte ~ und Demokratieprinzip **108** 96
– Verselbständigung **108** 25 ff.
– Zurechnungskette **108** 42

Verwaltungsermessen 103 41, **104** 25, 68, **105** 48
– intendiertes ~ **121** 38
– und Satzungsermessen **105** 48
– Subventionsrückforderung **124** 61 ff., 67
– und Verwaltungsvermögen **122** 86

Verwaltungsgliederung
– Fraktionierungstendenzen **107** 61 ff.
– Verselbständigung **107** 53 ff.
  – Begründungszwang **107** 59
  – Grenzen **107** 57

Verwaltungshandeln
– Einheit **108** 28

1614   Halbfette Zahl = §§; magere Zahl = Rn.; unterstrichene Zahl = Hauptfundstelle

- kooperatives ~ bei Subventionsvergabe   **124** 56
- Verantwortung der Regierung   **99** 135
- vereinheitlichtes ~   **99** 204
- verfassungsrechtliche Vorgaben
  99 71
- Wirtschaftlichkeitsgrundsatz   **121** 35
- Zielvereinbarungen   **99** 190

Verwaltungshelfer
- Subventionsmittler   **124** 49

Verwaltungshilfe   **99** 127

Verwaltungsmonopole   **99** 128
- Rechtfertigungszwang   **122** 94

Verwaltungsorganisation   **108** 1 ff.
- Apersonalität   **108** 29 f.
- Aufgabe als Zuordnungskriterium
  108 10
- als Ausdruck verfassungsrechtlichen
  Staatsverständnisses   **108** 86
- Begriff   **108** 1 ff.
- dezentrale ~
  - grundrechtliche Legitimation
    108 83
  - zentrale Steuerung   **108** 46
- Einheit   **108** 28
- faktische
  Grundrechtsbeeinträchtigung   **108** 80
- Freiheit von ~   **108** 81
- Gebot optimaler ~   **108** 90
- im Grenzbereich zur Gesellschaft
  108 6 f.
- Grenzen   **108** 1 ff.
- und Grundgesetz   **108** 62 ff.
- grundrechtliche Maßgaben für
  Binnenorganisation   **108** 84
- Grundrechtliche Organisationsverbote
  - Koalitionsfreiheit   **108** 81
  - Presse- und Rundfunkfreiheit
    108 81
  - Schule   **108** 82
- Grundrechtsrelevanz   **108** 76 ff.
- Grundrechtssicherung   **108** 80
- Grundrechtsverwirklichung   **108** 80
- Innen- und Außenrecht   **108** 34
- innerdienstliche Weisung   **99** 202 ff.
- Mißbrauch von
  Organisationsformen   **108** 92
- Neues Steuerungsmodell   **108** 53 f.
- normativer Zurechnungsansatz
  108 11

- öffentlich-rechtliche ~
  - Wahlfreiheit zwischen ~ und privat-
    rechtlicher ~   **108** 7
- organisationsspezifische Verfassungsbestimmungen   **108** 62 ff.
- Pluralisierung   **108** 91 ff.
- und Privatisierung   **108** 14 f.
- privatrechtliche ~   **108** 7 ff., 68 f.
- Qualifikationskriterien   **108** 8
- rechtsstaatliche Rationalität   **108** 90
- Staatlichkeit   **108** 6
- und Staatsstrukturbestimmungen
  108 86 ff.
- Steuerungsfaktoren   **108** 53
- als Teil organisierter Staatlichkeit
  108 5 ff.
- verfassungsrechtliche Relevanz
  108 60
- verfassungsrechtliche Vorgaben
  108 60 f.
- und Verwaltung   **108** 1 ff.
- und Verwaltungsprivatrecht   **108** 12
- und Verwaltungsverfahren   **109** 7
- und Verwaltungsvorbehalt   **108** 99
- und Vorrang des Gesetzes   **108** 103
- Zugriffsrecht des Gesetzgebers
  108 100
- Zuständigkeit   **108** 100

Verwaltungspraxis
- antizipierte ~   **104** 58
- und Subventionsvergabe   **124** 43
- Verwaltungsvorschriften als
  Indikatoren der ~   **104** 55

Verwaltungsrecht
- Abgrenzung zum Verwaltungsverfahrensrecht   **109** 5
- Begrenzung der richterlichen
  Kontrolle   **99** 155
- Europäisierung   **99** 44
- und Finanzrecht   **99** 106
- und Haushaltsrecht   **116** 124 f., 151
- Subventionsvergabe   **124** 35
- und Wirtschaftlichkeitsgrundsatz
  121 36 ff.

Verwaltungsreform
- Neues Steuerungsmodell   *siehe dort*
- New Public Management   **121** 7

Verwaltungsrichtlinien
- Erlaß   **109** 9

Verwaltungsträger   **108** 36 ff.

Sachregister

- Aufsicht über privatrechtliche ~ **108** 50
- Aufsicht über ~ **108** 46 ff.
- Bedeutung der Organisationstypen **108** 39
- Beliehene **108** 45
- dezentralisierte ~
  - Staatsaufsicht **108** 49
- Gerichtsschutz für ~ **108** 56
- grundrechtliche Maßgaben für Binnenorganisation **108** 84
- Grundrechtsfähigkeit **108** 77
- Grundrechtspflichtigkeit **108** 78
- privatrechtliche ~ **108** 44

Verwaltungsverbund **99** 25

Verwaltungsverfahren **109** 1 ff.
- aktuelle Bedeutung **109** 4
- akzeptanzfördernde Wirkung **109** 36
- Aufträge des ~ **109** 3
- Ausschreibungsverfahren **109** 10
- Bedarf an Sonderregelungen **109** 13
- Begriff **109** 1 ff.
- Betroffenenbeteiligung **99** 194 ff., 216 f.
- Definition des § 9 VwVfG **109** 8
- und Demokratieprinzip **109** 33 ff.
- Einleitungsphase **109** 55
- Entscheidungsformung **109** 55
- erweiterter Verfahrensbegriff **109** 9
- europäische Verwaltungskooperation **109** 45 ff.
  siehe auch Europäische Verwaltungskooperation
- und Europäisches Gemeinschaftsrecht **109** 38 ff.
- Formelemente **109** 6
- freiheitsschützende Bedeutung **99** 217
- Funktion **109** 3
  - demokratische ~ **109** 33 ff.
  - grundrechtliche ~ **109** 66
- und Gemeinwohl **109** 4
- und gerichtlicher Rechtsschutz **109** 28
- und Gerichtsverfahren **109** 30 ff.
- gestufte ~ **109** 55
- Grundrechtsrelevanz **108** 79
- Grundrechtsschutz **109** 21 ff.
- komplexe ~ **109** 56
- als Ordnungsidee **109** 2 ff.
- und Partizipation **109** 37
- Qualitätssicherungsverfahren **109** 52
- als Realgeschehen **109** 2
- Rechtsbegriffe **109** 8 ff.
- Rechtsgrundlagen **109** 1 ff., 12 ff.
- regulierte Selbstregulierung **109** 11
- Risikoverfahren **109** 53
- Strukturierung der exekutiven Entscheidung **109** 4
- keine umfassende Bundeszuständigkeit **109** 12
- als variable Arrangements **109** 26
- Verfahrenrechtsverhältnis
  - Gedanke der Waffengleichheit **109** 61
- Verfahrensermessen **109** 62
- Verfahrensfehler **109** 63 ff.
- Verfahrensfehlerfolgen **109** 63 ff.
- Verfahrensfehlerlehre
  - gesetzliche Lösungsansätze **109** 69
  - präventiver Teil **109** 63
  - repressiver Teil **109** 63
- Verfahrensphasen **109** 55 f.
- Verfahrensrechtsverhältnis
  - Figur des ~ ses **109** 60 f.
- Verfahrenssubjekte **109** 57 ff.
- Vergabeverfahren **109** 10
- und Verhältnis Staat-Bürger **109** 4
- Verteilungsverfahren **109** 51
- Verwaltungskommunikation **109** 4
- und Verwaltungsorganisation **109** 7
- Vollzug des EG-Rechts **109** 45 ff.
- Vorwirkungen der Rechtsschutzgarantie **109** 31

Verwaltungsverfahrensgesetz *siehe auch* Gesetzesregister
- Anwendungsbereich **109** 14
- Bundes- und Länderverwaltungsverfahrensgesetze **109** 17

Verwaltungsverfahrenslehre **109** 63 ff.
- Aufgabe **109** 50
- Bauformen **109** 50 ff.
- Gliederungskriterien **109** 54

Verwaltungsverfahrensrecht
- Abgrenzung zum materiellen Recht **109** 5
- Akteneinsicht **109** 29
- besonderes ~ **109** 16
- Eigengesetzlichkeit **109** 20 ff.

Sachregister

- Eigenständigkeit des einfachen ~ **109** 29
- Erlaß von Rechtsverordnungen **109** 19
- und Europäische Verwaltungskooperation **109** 49
- und Europäisches Gemeinschaftsrecht **109** 38 ff.
- Europäisierung des deutschen ~ **109** 38 ff.
  - Instrumentalisierung **109** 40 ff.
  - Umorientierung **109** 43 ff.
  - Vertrauensschutz **109** 41
- und Fachverwaltungsrecht **109** 24
- als formelles Recht **109** 5 ff.
- grundrechtliche Verankerung **109** 24
- Kodifikationen **109** 12 f.
  - Teil~ **109** 13
- als konkretisiertes Verfassungsrecht **109** 20
- konkurrierende Verfahrensregelungen **109** 15
- Merkmale des Gesetzeskonzepts **109** 18
- Satzungsverfahrensrecht **109** 19
- Säulentrias **109** 16
- sektorale Normierung **109** 14
- verfassungskonforme Gestaltung **109** 27
- Verfassungsunabhängigkeit **109** 20 ff.

Verwaltungsvermögen
- Annexzuständigkeit **122** 126 f.
- und Aufgabennormen **122** 62
- Ausschluß vom Rechtsverkehr **122** 107 f.
- Dienst der Vermögensobjekte **122** 22
- im Einigungsvertrag **122** 21, 28
- externes ~ **122** 32 f.
  - als öffentliches Eigentum **122** 40
- Finanzverwaltung **122** 32
- Gebäudeeigentum **122** 45
- Gegenstände **122** 32 ff.
- im Grundgesetz **122** 21
- internes ~ **122** 32
- Irrelevanz des öffentlichen Sachenrechts **122** 35
- Labands klassische Typologie **122** 20
- der Länder **122** 118
- Legitimation **122** 85 f., 95
- öffentliche Sachen **122** 34
- Privatisierung **122** 117
- rationale Legitimation **122** 23
- Schienennetz **122** 31
- Überwiegen des Verwaltungszweckes **122** 27
- Verwaltungsermessen **122** 86

Verwaltungsvorbehalt 101 68 ff., **106** 22 ff.
- allgemeiner ~ **106** 24
- für den Organisationsbereich **108** 99
- und Parlamentsvorbehalt **106** 25
- gegenüber der Rechtsprechung **106** 23
- spezieller ~ **106** 24

Verwaltungsvorschriften 104 4 f.
- als abschließendes Entscheidungsprogramm **104** 62
- abstraktes Normenkontrollverfahren **104** 86
- Abweichungen im Einzelfall **104** 61
- administrative Geschäftsordnungen **104** 21
- aufgrund administrativer Geschäftsleitungsgewalt **104** 76 f.
- aufgrund administrativer Organisationsgewalt **104** 50, 76 f.
- als administratives Übergangsrecht **104** 51 f.
- allgemeine Nebenbestimmungen **124** 37 f.
- Amtshaftung wegen Verletzung von ~ **104** 46
- im Arzneimittelrecht **104** 10
- im Atomrecht **104** 9, 72
- Aufwertung der ~ **104** 17
- Ausfertigung **104** 81
- als Auslegungshilfe **104** 24
- Außenwirkung **104** 45 ff., 57
- Begriff **104** 4
- und besondere Gewaltverhältnisse **104** 6
- Bestimmung technischer Standards **104** 30 ff., 71
- Bewertungsrichtlinien **104** 26
- Bindungswirkung **104** 41 ff., 64 ff.
- dogmatisches Zwielicht **104** 17
- und EG-Verordnungen **104** 89
- Einordnung in die Rechtsquellenlehre **104** 14 ff.
- Ermächtigungsgrundlage **104** 76 ff.

Halbfette Zahl = §§; magere Zahl = Rn.; unterstrichene Zahl = Hauptfundstelle

Sachregister

- ermessenslenkende ~ **104** 68 ff.
  siehe auch Ermessensrichtlinien
- und Europarecht **104** 88 ff.
- generelle Änderung **104** 62
- und gerichtliche Kontrolle **104** 85 ff.
- und Gesetze **104** 27 ff.
- gesetzesakzessorische ~ **104** 23 ff.
- gesetzesausfüllende ~ **104** 29
- gesetzesergänzende ~ **104** 27 f., 48 ff.
- gesetzeskonkretisierende ~ **104** 30 ff.
  - administrative Konkretisierungsermächtigung **104** 32
  - differenzierende Betrachtung **104** 31
- gesetzesunabhängige ~ **104** 75
- gesetzesvertretende ~ **104** 33 f., **124** 36 ff.
- gesetzesvollziehende ~ **104** 15, 24
  - Erfordernis einer Ermächtigungsgrundlage **104** 78
- und Gesetzesvorbehalt **104** 77
- und Gesetzgebungsverfahren **102** 4
- im Immissionsschutzrecht **104** 8
- als Indikatoren der Verwaltungspraxis **104** 55
- Innenwirkung **104** 5, 35, 44, 77
- Justiziabilität **104** 60
- als Maßstab und Gegenstand gerichtlicher Kontrolle **104** 85
- Mitwirkung Dritter beim Erlaß **104** 79 f.
- Nicht-Rechtssätze **103** 7, **104** 5
- Nichtanwendungserlasse **104** 65
- organisatorische ~ *siehe* Organisationsvorschriften
- Publikationspflicht **104** 82 ff.
- Rechtserzeugung von ~ **104** 76 ff.
- Rechtsnatur **104** 36 ff.
- als Rechtsquellen **104** 40
- als Rechtssätze **104** 39 f.
- und Rechtsverordnungen **103** 7
- zur Sachverhaltsermittlung **104** 26
- in Sonderstatusverhältnissen **104** 74
- und Sonderverordnungen **104** 6
- zur Steuerung des Gesetzesvollzugs **104** 7
- Subventionsrichtlinien **104** 34, 75, **124** 39
- Terminologie **104** 4
- Typologie **104** 18 ff.
- Umsetzung von EG-Richtlinien **104** 90 f.
- Vereinfachungsanweisung **104** 26
- Verfahrensregelungen **104** 26
- Verfahrensvorschriften **104** 20
- Verflechtung mit Gesetzesrecht **104** 72
- als Vergleichsmaßstäbe **104** 56
- verhaltenslenkende ~ **104** 22 ff.
- Verkündung **104** 82
- Vollzugsmandat der Exekutive **104** 78
- als vorweggenommene Verwaltungsübung **104** 60
- als Weisungen **104** 44

Verwaltungsvorschriften, norminterpretierende **104** 24, 71 ff.
- Ausfüllung administrativer Beurteilungsspielräume **104** 67
- Bindungswirkung **104** 65, 73
- Letztentscheidungskompetenz des Gerichts **104** 66

Volk *siehe auch* Staatsvolk
- alle Staatsgewalt geht vom ~ aus **107** 21
- Eigentum des ~es **122** 53, 57
- als Souverän **107** 21, **112** 9
- als Ursprung der Staatsgewalt **107** 18

Völkerrecht **100** 64 ff.
- allgemeine Regeln **100** 65
- und innerstaatliches Recht **100** 87
- Schutz vor Vollstreckung ins Staatsvermögen **122** 113
- und Staateninsolvenz **116** 42 ff.
- und Steuerrecht **118** 226
- Transformationslehre **100** 64
- Umsetzung in staatliches Recht **100** 64
- und universale Menschenrechte **99** 25
- sonstige Verwaltungsabkommen **100** 66
- Völkervertragsrecht **100** 66
- Vollzugslehre **100** 64
- als Zwischenstaatenrecht **100** 64

Völkerrechtliche Verträge
- Doppelbesteuerungsabkommen **116** 159 f.
- Verbindlichkeit **99** 190

Sachregister

– verfassungsrechtliche Gebundenheit **99** 191
Volkszählungsurteil **111** 10
Vollziehende Gewalt
– Hauptfunktionen **99** 220
– Rechtsetzungsgewalt **100** 48
– Wirtschaftlichkeitsgrundsatz **121** 17
Vorbehalt des Gesetzes *siehe* Gesetzesvorbehalt
Vorbehalt des Möglichen **99** 108
Vorrang des Gesetzes **101** 1 ff.
– Abweichungsverbot **101** 6 ff.
– Anwendungsgebot **101** 4 f.
– und Bestimmtheit des Gesetzes **101** 7
– Entwicklungsgeschichte **101** 18
– und Nichtigkeit des Gesetzes **101** 5
– als Rangordnungsregel **101** 2
– rechtsstaatlicher ~ **101** 3
– und Rechtsverordnungen **103** 17
– und Satzungen **105** 28
– und Staatsorganisation **99** 124
– Subventionsvergabe **124** 35
– Verstoß gegen ~ **101** 9 f.
– und Verwaltungsorganisation **108** 103
Vorschaltverordnungen **103** 58
Vorzugslasten **116** 86 ff. *siehe auch* Beiträge; Gebühren
– anteilige Mitfinanzierung **119** 23
– Aufwandsausgleich **119** 21 f.
– Rechtfertigung **119** 17 ff.

Wahl
– von Amtsträgern **99** 94 f.
Wahlperiode
– Ende parlamentarischer Legitimation **102** 43
Wahlrecht
– und Steuerpflicht **118** 3
Währung
– Begriff **117** 3
– Indexierungsverbot **117** 19
Währungsordnung **117** 14
Währungspolitik
– und europäische Integration **117** 15
– und europäische Währungsunion **117** 10 f.
– und internationales Währungssystem **117** 7
– Stabilitätspakt **117** 13
– Stabilitätspolitik **117** 20, 25 ff.

– und Wirtschaftspolitik **117** 14
Währungssystem
– internationales ~ **117** 7 ff.
Währungsunion
– europäische ~ *siehe* Europäische Währungsunion
Währungswesen
– Begriff **117** 14
– Gesetzgebungskompetenz **117** 14
Wasserpfennig **116** 140
Wehrbeauftragte
– Aufgabenbereich **111** 6
– als Hilfsorgane des Bundestages **111** 6
– Wahl des ~n **111** 7
– Weisungsfreiheit **111** 6
Weimarer Reichsverfassung (WRV)
siehe auch Gesetzesregister
– Besteuerungsgleichheit **118** 12 f., 168
– Eigentumsgarantie im Steuerrecht **118** 128
– Haushaltsrecht **120** 11
– und Staatsbeauftragter **111** 44
– Steuerpflicht **118** 221 ff.
– Unverletzlichkeitsgarantie wohlerworbener Rechte des Beamten **99** 108
Weimarer Republik
– Staatsvermögensbegriff **122** 11
– Verordnungsgebung **103** 13
Weisungen, innerdienstliche **99** 202 ff.
– Funktion **99** 204
Weisungshierarchie **107** 1 ff.
– und Arbeitsteilung **107** 34
– und Ausgliederung von Verwaltungseinheiten **108** 93
– als Bauprinzip **107** 3 ff.
– in der Demokratie **107** 72
– Bedeutung des positiven Rechts **107** 37 ff.
– und Beteiligung Privater an staatlichen Entscheidungen **107** 66
– und Demokratieprinzip **107** 20 f.
– Effizienz und Ökonomie **107** 6
– Einschränkungen **107** 52 ff., 72
– und Entscheidungskonkretisierung **107** 33 ff.
– der Exekutive **107** 42 ff.
– Fehlen ausdrücklicher Vorgaben **107** 81

Sachregister

- als formales Organisationsprinzip **107** 3
- und Freiheit **107** 108 f.
- Gesetzesvorbehalt **101** 43 ff.
- Grenzen **107** 52 ff.
- in Großorganisationen **107** 5 f.
- und Grundgesetz **107** 37 ff.
- Handlungseinheit der Exekutive durch ~ **107** 5, 27
- Handlungsspielräume innerhalb der ~ **107** 80
- Konkretisierung von Allgemeinwohlbelangen **107** 79
- Offenheit des Prinzips **107** 4
- und parlamentarisches Regierungssystem **107** 39
- und persönliche Verantwortung **107** 73 ff., 106 ff.
- Rolle der sachnäheren Instanzen **107** 36
- im Staat **107** 7 ff.
- als Strukturelement **107** 4 ff.
- und Verantwortungsteilung **107** 92
- im Verfassungsstaat **107** 12 ff.
- als Verfassungsvoraussetzung **107** 38
- Weisungs-, Kontroll-, Informationsstränge **107** 47

Weltbank
- Kreditvergabe **116** 41

Welthandelsorganisation (WTO)
- Subventionsbegriff **124** 9, 24
- Subventionskontrolle **124** 57

Wesensgehaltsgarantie **99** 52
- im Steuerrecht **118** 131

Wesentlichkeitstheorie **101** 43 ff., 49, 52 ff.
- Anwendung **101** 56 ff.
- und autonome Rechtsetzung der Verwaltung **104** 12 f.
- und Funktionsbereich der Exekutive **101** 62, 73
- Grundrechtsrelevanz **101** 49, 57
- Inhalt **101** 52 ff.
- Konkretisierung **101** 56 ff.
- offene Reichweite **101** 58
- organisationsrechtliche ~ **108** 101
- und Parlamentsvorbehalt **101** 53
- Regelungspflichten des Gesetzgebers **102** 11
- und Subventionen **124** 32

- Wesentlichkeitsbegriff **101** 56 ff.
- Zielrichtung **101** 52 ff.

Wettbewerb **99** 35
- der Rechtssysteme **99** 38 f.
- und Staatshandeln **99** 35 ff.

Wettbewerbsfreiheit
- als Gemeinschaftsziel **124** 7 f.
- und Subventionen **124** 2, 32, <u>45 f.</u>

Wettbewerbsneutralität
- der Besteuerung **118** 214 ff., 227 f.

Widmung
- privater Sachen **122** 38, 109
- von Staatsvermögen **122** 22, 86 ff.
  - keine Selbstermächtigung zur Umwidmung **122** 90
- Verfügungsverbot **122** 110

Wiedervereinigung
- Finanzierung **123** 77
- Privatisierung von Staatsvermögen **122** 83
- Solidaritätszuschlag **116** 139
- Vermögensabgabe **119** 121
- Vermögensaufteilung **122** 125

Willensbildung
- demokratische ~ **108** 93
- politische ~
  - und Gesamtdeckungsprinzip **116** 141
  - Mehrheitsprinzip **99** 170 ff.
- staatliche~ *siehe* Staatswillensbildung

Willkürverbot **115** 20

Wirtschaft
- Begriff **121** 9
- und Geldverfassung **117** 5, 18
- privatnützige Wirtschaftsgüter **99** 116 f.
- staatliche Intervention **99** 34
- staatliche Wirtschaftsgüter **99** 116
- keine Staats~ **118** 122
- Transaktionskosten **121** 4

Wirtschaftliche Betätigung des Staates
- gefährdete Effizienz **122** 97
- als Grundrechtseingriff **122** 93
- merkantilistischer Unternehmerstaat **122** 68 f.
- Rechtfertigungszwang **122** 91
- rechtliche Vorteile **122** 96 f.
- sozialistischer Unternehmerstaat **122** 68 f.
- Verwaltungsprivatrecht **108** 12

1620   Halbfette Zahl = §§; magere Zahl = Rn.; unterstrichene Zahl = Hauptfundstelle

Wirtschaftlichkeit staatlichen Handelns **121** 1 ff.
– Begriff **121** 9
– Bindung aller Staatsgewalt **121** 17 ff.
– und Effektivität **121** 14, 31
– und Effizienz **99** 6, **121** 13
– einfaches Gesetzesrecht **121** 21 ff.
– Einschätzungsprärogative des Gesetzgebers **121** 33
– Europäisches Gemeinschaftsrecht **121** 24
– formales Prinzip **121** 12
– im Grundgesetz **121** 16 ff.
– kein Individualschutz **121** 23
– Kollisionsfälle **121** 25 ff.
– Kontrolle **121** 39 ff., 46 ff. *siehe auch* Finanzkontrolle
– Kostenminimierung **121** 9 f.
– Maximalprinzip **120** 19, 48
– Meßbarkeit **121** 15, 48
– Minimalprinzip **120** 19, 48
– Nutzenmaximierung **121** 9 f.
– Ökonomisierung des Rechts *siehe dort*
– und Rechtsstaatlichkeit **121** 32
– und Sparsamkeit **121** 10
– Staatskredit als Ausnahme **123** 56
– und Staatsrepräsentation **122** 47
– Subventionswiderruf **124** 62
– Vermögensverwaltung **122** 100
– und Verwaltungsrecht **121** 36 ff.
– keine Vorratswirtschaft **122** 88
– Wirtschaftlichkeitsgrundsatz **121** 10 f.
  – als Kontrollmaßstab **121** 44
  – Rechtscharakter **121** 30, 46
Wirtschaftspolitik
– europarechtliche Vorgaben **117** 27
– Konjunktursteuerung **118** 24
Wissenschaftlicher Beirat beim Bundesministerium der Finanzen
– Reformvorschläge **116** 81
Wissenschaftsfreiheit
– und Hochschulen **108** 84
Wohnsitzprinzip, steuerrechtliches **116** 31, 158, **118** 224

Zentralverwaltungswirtschaft
– und Geld **117** 4
Zielvereinbarungen **99** 190

Zitiergebot
– für Rechtsverordnungen **103** 71, **118** 105
– Verordnungsänderung **118** 105
Zivilliste **122** 16
Zivilverfahren
– Dispositionsmaxime **115** 9
– europäisches ~? **115** 15
– formelle Gleichheit **115** 40
– keine umfassende Gleichwertigkeit der Kostenrisiken **115** 27
– Gleichwertigkeit der materiellen Erfolgschancen **115** 9
– materielle Gleichheit **115** 40
– privatautonome Gleichberechtigung **115** 9
– Institut der Prozeßkostenhilfe **115** 26
– rechtsstaatliche Defizite **115** 27
– Zugang zum Gericht **115** 25
Zölle **118** 254
– Bundesverwaltung **116** 70
– Zuständigkeit der EU **116** 63
Zollkodex **118** 254
Zuständigkeiten
– Abgrenzung der ~ zwischen Legislative und Exekutive
  – und Gesetzesvorbehalt **101** 11 ff.
– originäre ~ der Verwaltung **101** 14
– des Parlaments
  – ausschließliche **101** 14 f.
  – übertragbare **101** 14 f.
Zustimmungsgesetze **102** 51 ff.
– Anrufung des Vermittlungsausschusses **102** 53
– Beteiligung des Bundesrates **102** 44 ff., 51 ff.
– Frist für den Bundesrat **102** 53
– Gesetzesaufteilung **102** 47
– Halbierung der Zustimmungsquote **102** 45
– Kompetenzen des BVerfG **102** 53
– Rechtswirkung der Zustimmung **102** 51
– Statistik **102** 54
– Verweigerung der Zustimmung **102** 52 f.
– Verwerfung der Einheitsthese **102** 46
– Zweifel über Zustimmungserfordernis **102** 53

Halbfette Zahl = §§; magere Zahl = Rn.; unterstrichene Zahl = Hauptfundstelle

Sachregister

Zustimmungsverordnungen **103** 58
Zwangsverband **119** 113 ff.
Zwecksteuern **116** 133, **118** 205
– und Beiträge **119** 64
– und Finanzzuweisungen **116** 138
– und Gegenleistungsfreiheit **116** 143
– historische Entwicklung **116** 150
– Rechtfertigung **116** 149
– und Sonderabgaben **116** 144
– und Sozialversicherung **125** 41
– und Steuermoral **116** 134
– als Störfaktor **116** 151
– und Vorzugslasten **116** 145
Zweistufentheorie
– als Ausgestaltungsmodell **124** 52
– Subventionsvergabe **124** 52
Zweiter Weltkrieg
– Staatsbankrott **116** 39, 46
Zweitwohnungsteuer **118** 94
– als Aufwandsteuer **118** 240
– und Leistungsfähigkeit **118** 143